I0236540

www.ingramcontent.com/pod-product-compliance
Lightning Source LLC
Chambersburg PA
CBHW050641150426
42813CB00054B/1147
* 9 7 8 1 9 5 1 9 4 8 0 8 5 *

ספר

חזרה ברורה

על הלכות היום יומיים
שביורה דעה

הלכות מאכלות אסורות
הלכות שונות
הלכות אבה"ע מילה ופדיון הבן
הלכות ביקור חולים ואבילות

חזרה מקיפה כולל דברי

שו"ע ש"ך וט"ז

פתחי תשובה ורעק"א

והרבה מדברי גדולי האחרונים
רובו ככולו בלשונם
מסודר באופן המועיל לזכרון

כשנוגע למעשה צריך לעיין וללמוד במקור הדין

ספר זה
ספר חזרה ברורה על הלכות איסור והיתר שביורה דעה
ספר חזרה ברורה על דיני חושן משפט ע"פ הסדר של הקשו"ע
ספרי חזרה ברורה על כל ו' חלקי משנה ברורה: ג' כרכים
ספר הלכתא ברורה על מסכת שבת
ספר הלכתא ברורה על מסכת פסחים
ספר הלכתא ברורה על מסכת סוכה
ספר הלכתא ברורה על מסכת ר"ה ויומא
ספר הלכתא ברורה על מסכת תענית מגילה וחנוכה
ספר הלכתא ברורה על מסכת תענית ביצה ומו"ק
ניתן להשיג ע"י: www.chazarahmp3.com

©
כל הזכויות שמורות
אהרן זליקוביץ
תשע"ז/תשפ"ד
1139 East 12th St.
Brooklyn, NY 11230
718 - 646 - 1243
info@chazarahmp3.com

הרה"ג רב יחזקאל רוטה שליט"א

יחזקאל רוטה

אבדק"ק קארלסבורג
בארא פארק ברוקלין, נ.י. יע"א

RABBI Y. ROTH
1556-53RD STREET
BROOKLYN, N. Y. 11219
TEL:(718) 435-1502

לה"ו

תפארת שבנצח למב"י לסדר כללותיה ופרטותיה ודיקדוקיה מסיני תשע"ד לפ"ק

בימי הספירה שמסוגלים מאד ללמוד הלכה ברורה, כמבואר בתשו' המפורסמת לכ"ק זקיני זי"ע בשו"ת מראה יחזקאל סי' ק"ד בשם רבו הרה"ק מרימנאב זי"ע, שכל ההלכות שנשתכחו בימי אבלו של משה והחזירן עתניאל בן קנז כדאיתא בתמורה ט"ז, היתה בימי העומר, וע"כ מסוגל מאד בימים הקדושים הללו לעשות חזרה על הלימוד שלא ישתכח, וע"ז רומז לשון והחזירן מלשון חזרה, וע"כ מאד מתאים כעת לחזק את ידי הרב המופלג צמ"ס כמוהר"ר **אהרן זליקוביץ** שליט"א שאיתמחי מכבר לערוך חיבור **חזרה ברורה** על המ"ב או"ח, ונתעטר בהמלצות והסכמות מגדולי הרבנים שיחי', ועל של עכשיו באתי מה שהוציא עתה חדש מן הישן על הלכות או"ה שביו"ד, ובוודאי יועיל להלומדים לחזור על לימודם, ודבר גדול עשה בזה שיהי' מוכן ומזומן לפני הלומד הלכות שירוץ בהם בלי גימגום וחיפוש, ובזה יתרבה יודעי דת ודין לזכור הלכה המביא לידי מעשה, והמחבר יהי' נמנה בין מזכי הרבים להגדיל תורה ולהאדירה, ויזכה להמשיך בעבוה"ק על מי מנוחות מתוך הרחבה וכט"ס עדי שיתרומם קה"ת וישראל ב"ב אמן.

הכו"ח לחיזוק תוה"ק ולומדיה

הק' יחזקאל רוטה

קיבלנו בעד ספר "חזרה ברורה" על יו"ד הלכות איסור והיתר

בי"ד"צ שע"י העדה החרדית שליט"א

בית דין צדק
לכל מקהלות האשכנזים
שע"י "העדה החרדית"
פעיה"ק ירושלם תובב"א
רח' שטראוס 26/א

BETH DIN TZEDEK
OF THE ORTHODOX
JEWISH COMMUNITY
26\A STRAUSS ST.
JERUSALEM

FAX 02-6221317 פאקס TEL 02-6236550.טל P.O.B 5006 .ת.ד

ב"ה

הסכמת הביד"צ שליט"א

נודע בשערים המצוינים בהלכה גודל ענין החזרה והשינון לדעת את הדרך ילכון בה ואת המעשה אשר יעשון בפרט בהלכתא רברבתא כהלכות שבת וכדו' אשר לפעמים נצרך להם ואין פנאי לחפש מקורו בספר, וע"כ באו ונחזיק טובה להאי גברא יקירא הרה"ג ר' אהרן זליקוביץ שליט"א מעיר נ"י, אשר ערך ספר "חזרה ברורה" לפי סדר המשנה ברורה לחזור ולשנן הלכות שבת תחומין ועירובין שבמשנ"ב חלק ג' וד'.

והנה עבר על הספר ידידינו הגאון רבי חיים יוסף בלויא שליט"א מו"צ פעיה"ק רב שכו' פאג"י ומרבני ועד השחיטה דעדתינו, ומעיד כי הספר בנוי לתלפיות לתועלת ללומדים לשינון וחזרה, ע"כ אף ידינו תכון עמו לחלקו ביעקב ולהפיצו בישראל, והרוצים לידע את המעשה אשר יעשון עליהם לעיין בפנים הספר משנה ברורה ובהלכה, וכידוע מפי הפוסקים שאין לסמוך על ספרי הקיצורים ללא לימוד מקור הדברים בעיון כדת של תורה.

מי יתן וחפץ ה' בידיו של המחבר יצליח להגדיל תורה ולהאדירה מתוך שמחה ונחת וברכת ה' מלא, עדי נזכה לביאת גוא"צ אשר אליו מייחלים עינינו בקרוב הימים בב"א.

וע"ז באעה"ח ביום ז"ך לחודש תמוז - בין המצרים יהיה לששון ולשמחה - תשע"ה לפ"ק הביד"צ דפעיה"ק ת"ו

נאם [signature] יצחק טוביה ווייס – גאב"ד

נאם [signature] משה שטרנבוך – ראב"ד

נאם [signature] אברהם יצחק אולמאן

נאם [signature] נפתלי ה' פרנקל

קיבלנו בעד ספר "חזרה ברורה" על משנה ברורה

הרה"ג רב עזריאל אוירבאך שליט"א

בס"ד

Rabbi Azriel Auerbach
Rabbi of "Chaniche Hayeshivot"
53 Hapisga St., Bayit Vegan, Jerusalem

הרב עזריאל אוירבאך
רב בית הכנסת "חניכי הישיבות", בית וגן
רח' הפסגה 53, בית וגן, ירושלים

בס"ד

ראיתי את הספר "חזרה ברורה" הנועד לאלו אשר כבר
עסקו בעיון בשו"ע ובס' משנה ברורה - לקיים ושננתם
ובפרט בדבר הלכה בעניני או"ח אשר יום יום ידרושון
לדעת את הדרך ילכו בה. והנה המחבר עשה עבודה
יפה ומתוקנת ערוך ומסודר במעשה אומן לשם שינון הלכה
בבחינת נר לרגלי דבריך ואור לנתיבתי.
וברכה להמשך זיכוי הרבים להחדרת ההלכה היום
יומית מתוך הרחבת הדעת.

עזריאל אוירבאך

בס"ד

ראיתי את הספר "חזרה ברורה" הנועד לאלו אשר כבר עסקו בעיון בשו"ע ובס' משנה ברורה - לקיים ושננתם ובפרט בדבר הלכה בעניני או"ח אשר יום יום ידרושון לדעת את הדרך ילכו בה, והנה המחבר עשה עבודה יפה ומתוקנת ערוך ומסודר במעשה אומן לשם שינון הלכה בבחינת נר לרגלי דבריך ואור לנתיבתי.

וברכה להמשך זיכוי הרבים להחדרת ההלכה היום יומית מתוך הרחבת הדעת.

עזריאל אוירבאך

קיבלנו בעד ספר "חזרה ברורה" על משנה ברורה

הרה"ג רב ישראל גנס שליט"א

הרב ישראל גנס
רח' פנים מאירות 2
קרית מטרסדורף, ירושלים 94423

בס"ד ....

בס"ד א' אלול תשע"ב

ראיתי את הספר "חזרה ברורה" אשר הפליא לעשות האברך היקר הרב אהרן זליקוביץ שליט"א. בספר הזה יש עמל רב, יגיעה רבה, סדר נפלא, ובעיקר תועלת גדולה ללימוד המשנה ברורה שיוכלו לזכור את דבריו, הן המ"ב הן הבה"ל והן השעה"צ. ולא נצרכה אלא לברכה שיוסיף המחבר תת תנובה לזכות הרבים בעוד ספרים מועילים.

הכו"ח לכבוד התורה ועמליה פה עיה"ק ירושלים תובב"א
ישראל גנס

קיבלנו בעד ספר "חזרה ברורה" על משנה ברורה

הרה"ג רב שמואל פירסט שליט"א

Rabbi Shmuel Fuerst
6100 North Drake Avenue
Chicago, Illinois 60659
(773) 539-4241
Fax (773) 539-1208

בס"ד

הרב שמואל פירסט
דיין ומו"ץ אגודת ישראל
שיקאגא, אילינאי

ה' מנחם אב תשע"ב

ראיתי הספר "חזרה ברורה" שחיברו הר"ר אהרן זליקוביץ שליט"א שכתוב בתוכו כל דברי המחבר והרמ"א וכמעט כל דברי המ"ב ושע"צ וב"ה, והכל ערוך בסדר נאה. והתועלת מהספר יהיה להלומדי המ"ב שיוכלו לחזור על ספר מ"ב באופן קל להבין אותה על בוריה.

ובודאי ספר הנ"ל יהיה תועלת גדולה להרבה לומדי משנה ברורה שיהא להם קל לחזור על דבריו כדי שיהיו בקיאין בדבריו ועי"ז יזכו לשמור ולעשות ולקיים את דבר הלכה.

יהי רצון שיזכה המחבר שיתקבל הספר "חזרה ברורה" לפני כל הלומדים הלכות אלו ויזכה לסיים כל שאר חלקים של המ"ב, ויזכה לשבת באהלה של תורה כל ימי חייו.

הכו"ח לכבוד התורה,
בידידות, שמואל פירסט

קיבלנו בעד ספר "חזרה ברורה" על משנה ברורה

הרה"ג רב שמואל פעלדער שליט"א

RABBI SHMUEL FELDER
BETH MEDRASH GOVOAH
LAKEWOOD N.J.08701

שמואל יצחק פעלדער
דיין ומו"ץ בית מדרש גבוה
לייקואד נוי דשערזי

בעזהי"ת יום א' כ"א אייר תשע"ב לפ"ק

הן הובא לפני קונטרוס שחיברו ר' אהרן זליקוביץ שליט"א על משנה ברורה אשר בשם "חזרה ברורה" יקבנו המכיל בתוכו כל דברי המחבר והרמ"א ומ"ב, וגם תמצית דברי הביאור הלכה ושער הציון, הכל עורך בצורה מסודרת ומאירת עינים, באופן ששייך לחזור על ספר משנה ברורה עם תמצית בה"ל ושעה"צ באופן קל ובהיר בלא בלבול ועירבוביא.

ובודאי שיש בחיבור זה תועלת גדולה ללומדי משנה ברורה לחזור ולשנן הדברים בצורה מועילה ביותר למען תהיה תורתם בלבם ערוכה ושמורה להיות בקיאין בדבר הלכה ללמוד וללמד לשמור ולעשות ולקיים.

ועל כן אברך הרב המחבר שיזכה שיתקבלו הדברים באהבה ובשמחה לפני הלומדים ויזכה לחבר עוד חיבורים כזה ואחרים בתורה הקדושה ולשבת באהלה של תורה כל ימי חייו מתוך מנוחת הנפש והרחבת הדעת.

הכו"ח לכבוד התורה
שמואל יצחק פעלדער

קיבלנו בעד ספר "חזרה ברורה" על משנה ברורה

הקדמה

בעזה"י. תנא דבי אליהו: "כל השונה הלכות בכל יום מובטח לו שהוא בן עולם הבא, שנאמר 'הליכות עולם לו', אל תקרי הליכות אלא הלכות". **וכתב** הדרישה (יו"ד סי' רמ"ו סק"ב, הובא בש"ך שם סק"ה ובט"ז שם סק"ב): "יש בעלי בתים נוהגין ללמוד בכל יום גפ"ת ולא שאר פוסקים, ומביאים ראיה מהא דאמרינן סוף פרק בתרא דנדה: 'תנא דבי אליהו כל השונה הלכות בכל יום מובטח לו שהוא בן העולם הבא'. אבל לי נראה כי לא זאת המרגוע ולא בזאת יתהלל המתהלל, כי אם בזאת יתהלל השכל וידוע בספרי פוסקים דיני תורה כגון האלפסי והמרדכי והרא"ש ודומיהם, דזהו שורש ועיקר לתורתנו, ואינם יוצאים כלל בלימוד גפ"ת, דהא דתנא דבי אליהו וכו', כבר כתב רש"י שם: כל השונה הלכות, פירוש הלכות פסוקות". **וכתב** המשנ"ב (סי' קנה סק"ט): "וכשלומד רק מעט, נכון שעיקר למודו יהיה בהלכות, שידע איך להתנהג למעשה וכנ"ל, ואמרו חז"ל (ברכות ח.) על הפסוק (תהלים פז, ב): 'אוהב ה' שערי ציון מכל משכנות יעקב', אוהב ה' שערים המצוינים בהלכה יותר מכל בתי כנסיות וכו', וגם אמרו (נדה עג.): 'כל השונה הלכות בכל יום מובטח לו שהוא בן עוה"ב'".

מטרת הספר שלפנינו "חזרה ברורה" היא, להמציא להצבור כל ההלכות שביו"ד ואה"ע הנוגעים יום יום, בצורה נוחה וקלה. דבאמת כל האנשים אשר נגע יראת האלהים בלבם היו צריכים להיות בקיאים בהלכות אלו, ורק שהם נבעתים לגשת אל ספר שו"ע יו"ד וללמוד אותו עם נושאי כליו. והגם שבאמת נכללו ביו"ד הלכות חמורות שצריכות יגיעה עצומה כדי להבינם על בוריים, יש ג"כ הלכות פשוטות כגון: צדקה כיבוד אב תלמוד תורה מזוזה ביקור חולים, שאילו היו הלכות אלו נכללות בספר משנה ברורה, היו כל איש ישראל בקי בהם. רק יען שלא נכתב ספר משנה ברורה על יו"ד, והם נכללים ביחד עם ההלכות החמורות בספר אחד, לא יעלה על דעתם של הרבה אנשים לפתוח שו"ע יו"ד וללמוד אותם. אבל עכשיו שהם מסודרות בספר הזה, כל ההלכות הנוגעים יום יום ביחד, מסודר באופן ששייך ללמוד השו"ע ביחד עם הנושאי כליו בדרך קל, תקותינו שעי"ז ירבו הלומדים בהלכות אלו.

וז"ל החכמת אדם זצ"ל: "ולהוציא הטעות מלבם המורגל בפומא דאינשי, שחלק היורה דעה הוא שייך לרבני מורי צדק. ובאמת הוא טעות גדול, הגם שהאמת כן הוא שהרבה הלכות שייכים למורי צדק, מכל מקום רוב יורה דעה הוא צורך גדול לכל ישראל, כמו הלכות מאכלי עכו"ם ועבודה זרה ויין נסך ריבית ונדרים ונדה חוץ מאיזה סימנים, וכל הלכות קטנות שביורה דעה השייכים לכלל ישראל". **וכתב** עוד: "והתלמידים אשר אין להם כח להבין דברי השולחן ערוך ואחרונים, ילמוד תחלה הסימן בחיבורי, ואז יבין דבריהם. ואשר יש להם כח להבין ולהורות מדברי השולחן ערוך, אזי אחר שילמוד הסימן בשולחן ערוך יהיה לו חיבורי לחזור בו למען לא ישכח, ולא יצטרך לחזור תמיד בשולחן ערוך, ומתוך כך יכול ללמוד שאר דברים", עכ"ל.

גם בספר זה סדרתי את דברי השו"ע והנושאי כלים משולבים זה בזה - כפי שעשיתי בס"ד בספר "חזרה ברורה" על משנה ברורה ויו"ד איסור והיתר - כך שניתן לקרוא את כל הענין ברציפות,

הקדמה

כדי להקל על הלומד. **ויש** ג' תועליות שאפשר להפיק מהסדר המיוחד זה; א'. מה שמסודר באופן שאין צריך להסתכל תוך השו"ע וחוץ לשו"ע בכל אות ואות, כדי לראות מה שהנושאי כלים אומרים, שדבר זה מצד עצמו מפריע מאד על ריכוז, וגם גורם לאיבוד זמן.

ב'. אופן סדר הנושאי כלים הוא, שלפעמים אי אפשר להבינם אלא א"כ תראה את המשך דברי השו"ע, וגם לפעמים הם מביאין ציור הדומה לענין בעוד שלא נגמר עדיין הנדון לפניהם לגמרי, וזה גורם בלבול ללומד. ע"כ שיניתי את הסדר במקומות האלו, ולפעמים לקחתי קצת מדבריהם מה שנוגע להבנת דברי השו"ע, ושמתי אותם מיד אחר השו"ע, ושאר דבריהם נתתי בסוף הענין. וכל זה רק בכדי שיקל על הלומד ולא יתבלבל מפני סדר הדברים. **וגם** חלקתי סעיפים ארוכים הכוללים כמה ענינים לקטעים יותר קצרים, ובכל קטע חלקתי אותו לפרטים ע"י השחרת ראש הענין, כדי שלא יוטרד הלומד מחמת רבוי הדברים.

ג'. מה שבהרבה מקומות דברי הש"ך והט"ז הם חולקים זה על זה, או משלימין בדבריהם זה את זה, ורק שדבריהם אינם בחד מקום, פעמים שמאיזה טעם דברי האחד הוקבע בהשו"ע במקום אחר מהשני, או פעמים שדבריהם הם באמצע דברים ארוכים ולא נמצאים בקלות, ואם היו מסודרים זה מיד אחר זה, היה מסולק הרבה מהבלבול. ולכן לקטתי כל דבריהם המדברים בענין אחד, וסדרתי אותם על הסדר להקל על הלומד. ובמקומות שהם אומרים אותו הדבר, לא העתקתי את שניהם אלא רק מה שהם מוסיפים, בכדי לקצר להלומד. **והגם** שקצרתי דברי הנושאי כלים כשהם מדברים על ענינים צדדיים, וכשהם מביאים ראיות ארוכות מהסוגיות, אבל לא כל כך כמו הבאר היטב, רק יותר בהרחבה כדי לכלול בתוכו עיקר הסברות והדיונים, וגם כללתי בתוכו דברי רעק"א והפתחי תשובה ועוד אחרונים.

וזאת למודעי שדברי השו"ע והרמ"א וסידורם לא שונו על ידי בשום אופן. גם דברי הנושאי כלים הובאו בדרך כלל כלשונם ממש ללא שום שינוי, מלבד במקומות מועטים בלבד, שבהם נאלצתי לשנות מעט מחמת מה שלקטתי דבריהם מאמצע הענין ולמען הסדר הטוב.

כדי שלא יצטרך ללומד, לבדוק בכל הלכה האם הוא מדברי מהשו"ע או הרמ"א או הש"ך או הט"ז, הבאתי את דבריהם בצורת "פונטים" שונים: דברי השו"ע המחבר הובאו באותיות גדולות ברורות ב"פונט" זה: **מחבר**. ודברי הרמ"א הובאו באותיות כתב רש"י גדולות וברורות ב"פונט" זה: **רמ"א**. הציטוטים מהש"ך והנקה"כ והחלקת מחוקק נעשו באותיות רגילות ב"פונט" זה: ש"ך. את דברי הט"ז הכנסתי לסוגריים מרובעים ב"פונט" זה: [ט"ז]. ואת דברי הבית שמואל בסוגריים אחרים ב"פונט" זה: {בית שמואל}. ואת הפתחי תשובה הצגתי בסוגריים עגולים וב"פונט" שונה: (פתחי תשובה). ורעק"א, ושאר אחרונים והוספות שהוספתי, הודפסו ‹באופן זה›.

יתן ה' שספר זה יהיה לתועלת הרבים להגדיל תורה ולהאדירה, שנוכל להיות בקיאים בדבר ה' זו הלכה, ללמוד וללמד לשמור ולעשות ולקיים, ושלא אכשל ח"ו בדבר הלכה, ושאזכה להיות ממזכי הרבים, ולראות בבנין בית המקדש בב"א.

מאכלות האסורות

הלכות בשר שנתעלם מן העין

הלכות מאכלי עובד כוכבים

הלכות הכשר כלים

הלכות נותן טעם לפגם

הלכות מקואות

הלכות יין נסך

הלכות חדש

הלכות חלה

הלכות שונות

הלכות עבודת כוכבים

הלכות חקות העובדי כוכבים

הלכות מעונן ומכשף

זה * מראה שאין הסימן מובא בשלמותו

מפתח

אבה״ע מילה ופדיון הבן

זה * מראה שאין הסימן מובא בשלמותו

מפתח

הלכות קידושין

הלכות כתובות

הלכות מילה

הלכות פדיון בכור

ביקור חולים ואבילות

הלכות ביקור חולים

הלכות קריעה

הלכות אבילות

זה * מראה שאין הסימן מובא בשלמותו

מפתח

זה * מראה שאין הסימן מובא בשלמותו

§ סימן סג - דין בשר הנמצא ולא נודע מהו §

סעיף א- בשר הנמצא מושלך בשוק, הלך אחר הרוב, דכל דפריש מרובא פריש; אם היו רוב המוכרים עו"ג, אסור. ואם היו רוב המוכרים ישראל, מותר - איתא בש"ס פג"ה, דבבשר מבושל הלך אחר רוב אוכלי בשר, אם הם עובדי כוכבים אסור, ואם הם ישראלים מותר, **ואם** נמצא ביד עובד כוכבים אסור, דמסתמא הוא בשלו, וכן ביד ישראל שרי. **וכן בשר הנמצא ביד עו"ג ולא נודע ממי לקח, אם היו מוכרי הבשר ישראל, מותר** - וכ' הר"ב לקמן סי' ק"י סעיף ג', דדוקא שלא ראה שהעובד כוכבים לקחו, אבל אם ראה שהעובד כוכבים לקחו, הוי כאלו לקחו משם ואסור, וע"ש.

‹ודע דהאידנא אין שום היתר להתיר בשר הנמצא, אפי' ברוב ישראל וכל טבחי ישראל, שהרי בכל בהמה יש חלק אחורים, שברוב המקומות אין מנקרין אותן והן טרפה, וממילא דכל בשר הוה ספק אם הוא מחלק הפנים או מאחוריים, והגם שיש להכיר ביניהם, מ"מ קשה לסמוך על זה - ערוה"ש.

זה דין תורה - דקי"ל בכל דוכתי דאזלי' בתר רובא, דכתיב אחרי רבים להטות, **וכבר אסרו חכמים כל הבשר הנמצא, בין בשוק בין ביד עו"ג, אעפ"י שכל המוכרים וכל השוחטים ישראל** - משמע דבין בנמצא, בין ביד עובד כוכבים, אסרו משום בשר שנתעלם מן העין, וכן משמע דברי הרב המגיד, **ולפ"ז** אפי' ידוע בודאי שלקח העובד כוכבים מישראל בשר כשר בודאי, אסור מטעם בשר שנתעלם מן העין, **דלא** כדמשמע לכאורה בעט"ז, דבכה"ג כשר, דכתב וז"ל, אבל כבר אסרו חכמים כו' אפי' ראו שהעובד כוכבים לקחו מישראל, דשמא נבלה או טרפה מכרו לו, ויש מתירין בראה, וכן נוהגין, עכ"ל, **משמע** אבל אם ידוע בודאי דכשרה מכר לו, מותר, **וליתא**, אלא כדפי', ועוד תימא, דאי איכא למיחש דהישראל מכר לו טריפות, א"כ היאך אפשר דיש מתירין בראה, מה בכך שהמוכרים ישראלים, סוף סוף הישראלים נמי מוכרים טריפות, **אלא** ודאי אנן ישראלים דמוכרין כשר ולא טריפות כלל בעינן, כמו שיתבאר לקמן, **ונראה** דגם העט"ז ס"ל דבעינן דוקא שהישראל מוכר בשר כשר, אלא דלחומרא קאמר, דאע"ג דודאי מוכר בשר כשר, אמרי' שמא נזדמן ומכר לו טריפות, ויש מתירין בראה, כיון דלעולם מוכרין בשר כשר, **ומ"מ** לא היה צריך להאי טעמא, אלא עיקר הטעם כמ"ש הרב המגיד, משום בשר שנתעלם מן העין, **וגם** היכא שרוב המוכרים מוכרים בשר כשר, בודאי א"צ ראה, דאזלינן בתר רובא, **והכי** מוכח ממאי דקי"ל, דהא דנמצא ביד עובד כוכבים מותר, היינו דוקא שלא ראה שהעובד כוכבים לקחו, וכמ"ש לעיל.

ולא עוד, אלא הלוקח בשר והניחו בביתו ונעלם מן העין, אסור - הטעם כתבו הפוסקים, דחיישינן שמא שרצים ועופות החליפוהו, **וכתב** הרא"ש, דאפילו בבהמה שלמה חיישינן שמא עורבים החליפוהו, כדמוכח בשמעתא, וחומרא יתירה היא, עכ"ל, **ור"ל** בעובדא דאיתא התם, דרב אזיל לבי רב חנן חתניה, חזא חיותא דתליא - פי' בהמה תלויה - ולא איעלם עיניה מינה, **אבל** לפי מ"ש התוס' שם, דהאי עובדא רוב עובדי כוכבים הוי, לא מוכח מידי, דודאי כל היכא דאיכא למיחש לעובדי כוכבים, אסור, אבל לשרצים בבהמה שלמה לא חיישינן, וכן פסק בספר ת"ח, **ועוד** דנראה דבתלאו במסמר לא חיישינן לשרצים, כ"ש בבהמה שלמה, **דלא** כהב"ח שכ' בשם התוס' כהרא"ש, ולא נמצא כן בשם התוס', ואגב חורפיה הוסיף דברי הרא"ש בדברי התוס'.

והקשה בהגהות דרישה, דהרי לעיל סי' א' כתב הטור, דהמוצא בהמה שחוטה בשוק מותרת, **ותירץ** דהכא מיירי שהיא שלימה בלא ראש, ולעיל היא עם הראש, ולכן הוי שחיטה סימן, עכ"ל, **ולא** דק, דהרי הטור כתב לקמן סי' קי"ח סתם בשם הרשב"א, דשחיטה אינה סימן, והכי מוכח להדיא מדברי הרא"ש, ע"ש, **אבל** בלא"ה לק"מ, דהא ס"ל להרא"ש והטור, דברוב טבחים ישראל או ברוב ישראל, סגי כל היכא דלא חזינן דנטלו עורב, וכמ"ש לקמן, **וכן** תירץ בדרישה גופיה סי' א' סעיף כ"ב, ונעלם מהגהת דרישה דברי אביו.

אלא אם כן היה לו בו סימן, או שהיה לו בו טביעות עין והוא מכירו ודאי שהוא זה,

או שהיה צרור וחתום – [היינו כרב דס"ל, בשר שנתעלם מן העין אסור בלא סימן וטביעות עין].

טביעת עין - וכתבו הפוסקים, דכל אדם אפי' ע"ה נאמן לומר יש לו טביעת עין, מיהו דוקא חתיכות שראה אותן מתחילה היטב, וכ"פ בת"ח.

[**ואין** להקשות מאי שנא ממציאה דלא מהדרינן בטביעות עין אלא לת"ח, שאני הכא דאיסור מדרבנן בעלמא היא, ע"כ מהני טבעות עין לכל אדם, כנ"ל].

לק"מ, דהתם ממונא והכא איסורא, ואי לאו דקושתא קאמר א"כ איסורא קעביד, ול"ל למימר כלל דלית ליה טביעת עין, וק"ל, **שוב** מצאתי סיוע לדברי ברש"י פג"ה, גבי הא דאמרינן דבטביעת עינא שרי, כתב ומאבידה לא ילפינן, דהתם משום חימוד ממון חיישינן דלמא משקר כו', ע"ש, **שוב** ראיתי בתוס' ובהרא"ש והר"ן ושאר פוסקים, כתבו להדיא דאפי' ע"ה יש לו טביעת עין כאן, ובכל מילתא דאיסורא, ודלא דמי לאבידה מטעמא דאמרן, ע"ש - נקה"כ.

‹**בנקה"כ** ופר"ח ותב"ש כתבו, דאף באיסור דאורייתא, כגון מצא בשוק ברוב טבחי עכו"ם, ע"ה נאמן. **אולם** בתב"ש כתב באשה, דנאמנת רק באיסור דרבנן. **וקטן** לא מהימן אף בדרבנן, ע"ש – רעק"א›.

סעיף ב - תלה כלי מלא חתיכות בשר, ונשבר הכלי ונפלו החתיכות לארץ, ובא ומצא חתיכות ואין לו בהם לא סימן ולא טביעות עין, הרי זה אסור, שיש לומר: אותו בשר שהיה בכלי גררתו חיה או שרץ, וזה בשר אחר הוא. ואם תלאו במסמר וכיוצא בו, שאי אפשר לשרץ ליטול ולהניח, מותר.

ויש מתירין בשר שנתעלם מן העין אם מצאו במקום שהניחו – [היינו כלוי דפליג על רב].

ז"ל הר"ן בשם ספר התרומה, דע"כ לא שרי אלא בבשר הנמצא בעיר שטבחיה ישראל, דלעורבים דעלמא לא חיישינן, **וא"נ** בעיר שטבחיה עובדי כוכבים, כגון שהניחה בביתו ומצאה במקום שהניחה, דכל כה"ג לא חיישינן לעורב, **אבל** בעיר שטבחיה עכו"ם, ומצאו במקום שלא הניחה, [אפי אם הוא בביתו], ‹אם אין מקום לומר שאחד מבני הבית הניחו על מקום אחר – ערוה"ש›, חיישינן דלמא אחלפוה עורבים, דמדוכתייהו שקלו, **והני** עובדי דבעי סימנא או טביעות עין, לא מצאה במקום שהניחה, עכ"ל, ור"ל ועיר שרוב טבחים עובדי כוכבים הוה, **וכ"כ** הרשב"א בחדושיו בשם ספר התרומה, ופסק כן, **ומבואר** ברשב"א דה"ה אם נמצא בדרך חתיכות בשר וכה"ג, אם רוב עוברי דרכים ישראל, מותר, ולא חיישינן לעורב, כל כמה דלא חזינן שנטל העורב, ‹**שאם** הביא עוף בשר, חיישינן אף ברוב טבחי ישראל, שמא מעלמא הביא, **ואם** היה רוב הסביבה ישראל, כולי האי שבא ממקום רחוק לא חיישינן, דא"א היה להם להביאם כ"כ מרחוק – פמ"ג›, **וכ"ש** אם מצא בשר בשוק שרוב טבחים ישראל, דמותר, כל זה הוא דעת הפוסקים הנ"ל.

וכתב העט"ז, דאם חזר ומצאו, אע"פ שלא נתן דעתו אם הוא במקום שהניחו או לא, אין נוהגין לאסרו, אפי' במקום שרוב טבחים עובדי כוכבים כו', עכ"ל, **וצ"ע** מנ"ל הא, דמדברי הרא"ש שכתב טעמא, דלא חיישינן לעורב החליפו והביאו באותו מקום עצמו, משמע הא לא"ה אסור, וכן משמעות הפוסקים, דכתבו דעורבים מדוכתייהו שקלי.

הגה: והמנהג להקל כסברא האחרונה - ‹ובעל נפש לעצמו יחוש לדעה ראשונה שהיא דעת הגאונים, כ"כ התב"ש – ערוה"ש›. **ואפילו אם היה ביד נכרים, במקום שכל המוכרים הם ישראלים המוכרים בשר כשר** - "כל" לאו דוקא, דרובו ככולו.

פי' שידוע שאין מוכרים לעולם רק בשר כשר, הא לא"ה כגון שמוכרין לפעמים בשר טרפה במקום שמכריזין שיש טרפה, והכריזו, אז אפילו משום טרפה א' אוסרים כל המקולים, וכשנמצא שם בשר, אסור משום דהוי ליה קבוע, **וכן** אם נמצא בשר ביד עובד כוכבים אסור, ואע"ג דרוב בהמות בחזקת כשרות הן, מ"מ תקנתא דרבנן הוא שלא לקנות מן העובד כוכבים לכתחלה במקום שאין מכריזין, או במקום שמכריזין והכריזו, כ"כ התוס' פג"ה.

ועיין לקמן סימן קי"ח.

כתב הטור בשם הרשב"א, דאפי' הניח י' ומצא ט', אסורים, ‹אפי' מצאן במקום שהניחן›, דחיישינן שמא ניטלו ואלו אחרים הן, ‹כיון דאיכא ריעותא בפנינו שחסר מהם – פרישה›, ובתה"א למדו מחמץ, [**ואין** להקשות מאי

שנא מחמץ בפסח באו"ח סימן תל"ט בס"ג, די"א ה"מ בקשורים יחד דוקא, **הכא** שאני שכיון שראו חכמים לגזור בבשר שנתעלם מן העין, גזרו בכל מקום שאנו רואין שנעשה בבשר זה שום שינוי בעולם, חיישינן אח"כ לכל מה דאפשר לחוש, דעשו חיזוק לדבריהם, כנ"ל]. **זה** אינו כמ"ש בש"ך, דהכא נמי מיירי בקשורים כמו גבי חמץ - נקה"כ.

וכתב הר"ב בת"ח, דאין המנהג כהרשב"א בהניח י' ומצא ט', אלא מתירין בכל ענין, וכן באו"ה כתב, דמותר בהניח י' ומצא ט', דאמרי' חתול או עכבר גררתו, ואפי' חצי צלע שלימה, דשמא נגנב, עכ"ל, **מיהו** י"ל דהרב בת"ח לא קאמר דנוהגין להקל, אלא באינן קשורים, דכן הוא המנהג להניח כמה חתיכות ביחד בלתי מקושרים, ובכה"ג אפשר דס"ל כסברת התוספות והטור באו"ח ס"ס תל"ט, דאף גבי חמץ לא אסור אלא בקשורים, והביאו המחבר באו"ח שם, **אבל** בקשורים אין להקל, כיון דבכה"ג גבי חמץ לכו"ע אסור, והרשב"א והרא"ה אסרי הכא היכא דליכא רובא דהיתירא, וכן בעט"ז כתב סתם דבהניח י' ומצא ט' אסור, וכ"כ מהרש"ל, דבקשורים פשיטא דאסור, **אבל** באינן קשורים נראה להתיר, כיון דהר"ב אסהיד שכן המנהג, וגם האו"ה מתיר לגמרי, וכן מהרש"ל שם מתיר באינן קשורים, ואפשר דגם הרשב"א והרא"ה גופייהו לא אסרי אלא בקשורים, כדעת התוס' וסייעתם גבי חמץ, וכ"כ בפרישה בשם מורו, דהרשב"א מיירי בכה"ג, **דלא** כהב"ח בקונ' אחרון, שהשיג על הדרישה וכתב וז"ל, ובחבורי הבאתי דהרשב"א גופיה כתב דהכא אפי' אינן קשורים, עכ"ל, **וטעה** בדברי עצמו, שבחבורו כתב כן מדברי עצמו אחר דברי הרשב"א, והבין שהוא סיום דברי הרשב"א, וליתא דלא נמצא כן כלל בדברי הרשב"א, ע"ש.

תשלום דינים אלו עבס"א סעי' ד', ובסי' ד' ק"י וקי"ח ובמ"ש שם.

[**כתב** בשם המרדכי, מעשה בא לידי בתרנגולת שחוטה ושלחוה ביד עובד כוכבים בלי שומר, ונסתפק לומר שמא אחרת היתה, ושאלו להשוחט אם שחט זאת התרנגולת, ואמר אין לי בה טביעת עין, אמנם עתה שחטתי תרנגולת א', ובעל התרנגולת היה מכיר אותה, ואמר שזאת היא, והתרתי כיון שהבעל מכירה, כר"ת דאמר לית הלכתא כרב, דאמר בשר שנתעלם אסור, והקשה הב"י, דהא רב נמי מכשיר בטביעת עין, דעדיף מסי'... **אלא** שנלענ"ד לתרץ, דס"ל להמרדכי, דלא מהני סימן או טביעות עין לרב, אלא במקום שאין ריעותא וסברא לחילוף, אלא מצד חומרא בעלמא, כגון שנמצא איזה בשר ביד עובד כוכבים שלקח לעצמו, ורוב המוכרים ישראל, למה לנו לומר שהחליפה, אלא חומרא החמירו בזה שצריך סימן, לדעת הרמב"ם שפוסק כותיה בסעיף א', **אבל** אם ישראל שולח ביד עובד כוכבים בשר או עוף שחוט, שיש חשש שהעובד כוכבים החליף להנאתו, שהניח אחרת גרועה הימנה, בזה נחית דרגא לרב, דלא מהני סימן כל דהו או ט"ע, דשמא העובד כוכבים זייף ועשה ג"כ סימן זה, כגון ההיא סימן שסמך עליה רב, שחתך הבשר בתלת קרנתא, ודאי אם רוצה העובד כוכבים לזייף להנאתו, יטריח עצמו גם בזה, דמה אומנות יש בחתוך זה, וכן טביעות עין לא מהני, דשמא טרח עצמו והביא אחרת שדומה לזו במראה, דזה הוא דבר מצוי, **אבל** לוי לא חש כ"כ, ולדידיה גם בשולח ע"י עובד כוכבים סגי בטביעות עין, כנ"ל].

§ סימן קיב – דין פת של עובד כוכבים §

סעיף א - אסרו חכמים לאכול פת של עממים עובדי כוכבים, משום חתנות - אבל משום געולי עובדי כוכבים ליכא למיחש, דסתם כליהם אינן בני יומן, כדלקמן סי' קכ"ב.

(ואפילו במקום דליכא משום חתנות, אסור) - כגון פת הכומרים שאין להם בנים, אסור, דלא משום בתו של מוכר או נותן אמרו, אלא משום בנות עובדי כוכבים, שאם אין לזה יש לזה, רשב"א שם.

‹**מצא** פת בדרך, אזלינן בתר רוב עוברי דרכים, ומשמע דאם הם מחצה על מחצה, הוי ספק דרבנן ולהקל – רעק"א›.

ולא אסרו אלא פת של חמשת מיני דגן – [שזהו דבר חשוב ומביא לידי קירוב דעת], **אבל פת של קטניות ושל אורז ודוחן, אינו בכלל פת סתם שאסרו.**

הגה: וגם אינו אסור משום בישולי עובדי כוכבים אם אינו עולה על שלחן מלכים - הב"ח השיג על זה, וכתב דאין ספק דפת קטנית ואורז ודוחן אינו עולה על שולחן מלכים, כדמשמע מדברי הטור, וכ"כ ר' ירוחם, ומביאו ב"י בס' בדק הבית, וכ' שם שכן דעת הטור. [וכ"כ בלבוש ומו"ח ז"ל לענין פת של קטנית כו'].

משמע דעת המחבר והרב בכל הסימן, דאין איסור בפת של עכו"ם אלא כשאפאו עובד כוכבים, וכמ"ש בב"י לדעת הרמב"ם והרשב"א, דאע"פ שלשו וערכו עובד כוכבים, כל שעשה בו ישראל מעשה באפייה, מותר, **וע"כ** לא כתב המחבר חלוקי הדינים דלישה ועריכה שכתב בב"י, לפי שכל מ"ש בב"י היינו דוקא לדעת הר"ן והטור, משא"כ להרמב"ם והרשב"א, וק"ל, וכ"פ הרב בת"ח, והביא שם הרבה מהאחרונים שסוברים כן.

(**ועיין** בספר תפארת למשה שכתב, דפת של מומר שרי, דמשום חתנות ליכא, דאע"פ שחטא ישראל הוא ומותר לישא בתו, ע"ש).

סעיף ב - יש מקומות שמקילין בדבר ולוקחים פת מנחתום העובד כוכבים, במקום שאין שם נחתום ישראל, מפני שהיא שעת

הדחק - ול"ד לשלקות בסי' קי"ג, דלא נהגו היתר בשום מקום, דעל הפת יחיה האדם, ושייך ביה טעמא דירושלמי דחיי נפש, **ומה"ט** הקילו נמי בפת השלכת קיסם, וכן כמה דברים דלא מהני בשלקות, כמ"ש המחבר בסי' קי"ג סעיף ו'.

[**לפי שגזירת הפת לא נתפשט בכל המקומות בשעה שגזרו עליה בימי התנאים**]. ‹**ועיין** בפמ"ג שהקשה, דזה הוי ההסבר להרמ"א כמו שהסביר הש"ך, **אבל** באמת אפשר דיסוד מה דהקיל חכמים אפי' במקומות שנתפשט האיסור, משום חיי נפש, היה משום מה דלא נתפשט בכל ישראל, אבל בהני מקומות דלמעשה לא נתפשט, מקילין כהרמ"א›.

דוקא פת עובד כוכבים, אבל פת ישראל שאפאו עובד כוכבים, כתב הטור שלא נהגו בשום מקום להתיר, שהרי הוא כבישולי עובד כוכבים, וכ"כ האו"ה בשם תשובת הגאונים, והוא מדברי המרדכי שהביא כן בשם תשו' הר"ם מהגאונים, וכ"כ בת"ח, **ומבואר** בדבריהם שם, דאע"פ שהפת של עובד כוכבים אפה עובד כוכבים, נהגו בו היתר, וכ"כ העט"ז, וטעמא דלא אסרי בכה"ג פת משום בשולי עובדי כוכבים, דהוא גזירה שאין רוב הצבור יכולים לעמוד בה, **והלכך** בפת של ישראל שאפאה עובד כוכבים דלא שייך ה"ט, אסור. ‹**וע"ל** סי"א›.

(וי"א דאפילו במקום שפת ישראל מצוי, שרי) - במרדכי כתב הטעם, לפי שאותן מקומות הנוהגין היתר היינו משום שלא נתפשט איסור פת של עכו"ם בתחלת הגזירה באותן מקומות, לפי שפת של עכו"ם לא פשט איסורו בכל ישראל, **ולפ"ז** משמע דאפילו פת של בעלי בתים מותר, דהא לא נתפשט כלל איסור פת של עכו"ם באותן מקומות, וכן מוכח עוד במרדכי שם, ע"ש, **ואע"ג** דבירושלמי פא"מ אוסר פת של בעלי בתים, וכן סוברים יש פוסקים, הא אינהו נמי אסרי פלטר עכו"ם בדאיכא פלטר ישראל, והיינו משום דס"ל נתפשט האיסור בכל המקומות, אלא דחזרו והתירו משום חיי נפש, פלטר עכו"ם היכא דליכא פלטר ישראל, אבל מאן דס"ל דלא נתפשט האיסור באותן מקומות כלל, בכל ענין שרי, **ובזה** ישבתי שם על נכון מה שהתרעם הב"י על מ"ש הטור, ולדעת א"א ז"ל אין חילוק כו', ושוב מצאתי און לי במ"מ ע"ש, **אבל** מדברי האו"ה והרב והעט"ז,

מבואר דאפילו אותן שנהגו היתר בפת פלטר אף בדאיכא פלטר ישראל, אסורים בפת של בעלי בתים.

וכתבו האחרונים והרב בת"ח והב"ח שכן נתפשט המנהג, **מיהו** כתב בת"ח שם בשם הפוסקים, דבי' ימי התשובה יש ליזהר בפת של עובדי כוכבים, וכן נתבאר בא"ח סימן תר"ב ס"ב, ע"ש, **מיהו** נראה דיש ליזהר אף כל ימות השנה, שלא ליקח פת של עובד כוכבים מן הפלטר היכא דיש פלטר ישראל, אם לא שהפת עובד כוכבים יפה יותר, דאז שרי כדלקמן ס"ה.

«**והנה** במדינתנו כולם זהירים תמיד בזה בכל השנה בכל ענין, ובמקומות הרחוקים שישראל מועטים ואין פלטר ישראל, אוכלים מפלטר שלהם, אבל לא מפת בעל הבית, **אם** לא כשאין לו מה לאכול כלל והוא רעב, דאז ביכלתו לאכול גם פת בעה"ב, וכן נכון לעשות ואין לשנות – ערוה"ש».

אבל פת של בעלי בתים, אין שם מי שמורה בה להקל, שעיקר הגזירה משום חתנות, ואם יאכל פת בעלי בתים יבא לסעוד אצלם - זהו דעת הרמב"ם, אבל אנן לא קי"ל הכי כדלקמן ס"ח.

הגה: ולא מקרי פת בעל הבית, אלא אם עשאו לבני ביתו, אבל עשאו למכור, מיקרי פלטר, אע"פ שאין דרכו בכך.

וכן פלטר שעשאו לעצמו, מקרי בעל הבית - אפילו קבוע ומומחה לרבים, כל שעשאו לעצמו איכא משום איקרובי דעתא, דלדבר זה בעל בית הוא.

(**עיין** בשו"ת מים רבים, ותוכן דבריו שם לאסור הפת מהנחתום ההוא, כיון שהנחתום עוסק ג"כ בשומן של דבר אחר, אי אפשר שלא יתערב בפת הן בשעת לישה או בעריכה ואפיה, ושמא נתערב כל כך עד שיש נתינת טעם, ולכן אפי' כשהנחתום אומר שנזהר יפה, אסור, ע"ש).

סעיף ג - יש מי שאומר שאם פלטר הזמין ישראל, הרי פתו כפת בעל הבית - כ"כ הא"ח בשם הרא"ה, ובדברי הרא"ה מבואר דהיינו לשטתו, דלא אזלינן בתר תחלתו רק בתר דהשתא, **אבל** להפוסקים דסוברים דפת של פלטר מותרת לעולם אפי' קנאה בעה"ב עכו"ם ממנו, משום דבתר תחלתו אזלינן, הו"ל מותר, דכיון דבשעת אפייתו היה מותר לא מיתסר תו, וכן כתב הרשב"א להדיא, דאפילו זימנו הפלטר אצלו מותר, כיון שהיה מותר בשעת אפייתו, **ולפ"ז** קשה, דהא המחבר ס"ל לקמן ס"ז דבתר תחלתו אזלינן, והיאך כתב כאן דין זה, **ואולי** לכך כתבו בשם יש מי שאומר, **או** אפשר דס"ל מסברתו לחלק דמזמינו אצלו גרע טפי.

הגה"ה, ולי נראה דשאני הכא, כיון שהזמין פלטר את ישראל, גלוי מילתא בעלמא שעשאו לעצמו, כמ"ש הרב לעיל מיניה בסמוך, ומש"ה לא כתב במחבר דינו של הרב, דכ"ש הוא, וק"ל - נקה"כ.

סעיף ד - מקום שאין פלטר ישראל מצוי, לדעת המתירין ליקח פת מפלטר עובד כוכבים, אם הגיע שם פלטר ישראל הרי פת פלטר עובד כוכבים אסורה עד שימכור פלטר ישראל פתו - היינו לדעת המחבר ס"ב, אבל לדעת הי"א בהג"ה פשיטא דשרי, וק"ל, **ולאחר שכלה פת ישראל, חוזר פתו של עכו"ם להכשרו.**

לקח פת מפלטר עכו"ם - צ"ע דלא כתב הא"ח בשם הרא"ה שהביא ב"י, אלא שאם הגיע שם פלטר ישראל, דהפת הפלטר עכו"ם אסורה כל זמן שהוא ביד הפלטר, **אבל** אם לקחו כבר הישראל בהיתר, לא כתב דאסור, ונראה דשרי, וכ"מ לכאורה בדברי הרא"ה בב"ה.

הג"ה, אגב ריהטא כ"כ, דהגמא"ו ז"ל הבין ד"לָקח" בקמץ, ופירוש דאם לקח פת מפלטר עכו"ם וכו', «והיינו דמתחיל פיסקא אחרינא», **וזה** אינו, אלא "ליקח" בחירק, וקאי לדעת המתירין ליקח, «אדלעיל מיניה» וק"ל - נקה"כ.

סעיף ה - יש אומרים שמי שיש בידו פת, או שיש פלטר ישראל, ויש פלטר עובד כוכבים עושה פת יפה ממנו, או ממין אחר שאין בידו של פלטר ישראל, מותר לקנות מפלטר עכו"ם, במקום שנהגו היתר בפת של פלטר, דכיון דדעתו נוחה יותר בפת פלטר זה מפני חשיבותו בעיניו, הרי זה כפת דחוקה לו.

סעיף ו - במקום שנהגו היתר בפת של פלטר, אפילו הוא נלוש בביצים או שביצים טוחים על פניו, מותר - דלמאי ניחוש לה, אי משום דם, רוב ביצים אין בהם דם, כדלעיל סימן ס"ו ס"ח, ואי משום ביצי עוף טמא, אין מצויים בינינו, כלדעיל סי' פ"ו

ס"ב, ואי משום בשולי עכו"ם, דאסור בביצים לקמן סי' קי"ג ס"ד, קימחא עיקר, [כיון שהפת מותר הביצים טפלים לו], כ"כ הפוסקים, וע"ל ס"ס פ"ו ובמ"ש שם.

אבל אינפנד"ה שאפאה עובד כוכבים, אסור לאכול מהפת שלה. (ע"ל סי' קי"ג ס"ג).

הגה: ויש אוסרים בפת שביצים טוחים על פניו, משום שהן בעין ואינם בטלים לגבי פת, ויש בהם משום בשולי עכו"ם - ודמי לשלקות דלא נהגו היתר בשום מקום, כדלקמן בסי' קי"ג, **וכן נוהגין** - ‹אין הכוונה שמושחין משיחה כל שהוא, כדרך שאנו מושחין החלות בערב ש"ק, דוודאי זה מותר דלית ביה משמשא, וק"ו הוא מלעקא"ך וקיכלא"ך, **אלא** הכוונה שטוח על פניו ביצים ממש, שמרתיחים הרבה ביצים במחבת ושופכין על הפת, שיש בזה ממשות של הביצים – ערוה"ש›.

ואותן נילו"ש שקורין קיכלי"ך או מיני מתיקה שקורין לעקי"ך, הם בכלל פת, ובמקום שנוהגים היתר בפת של עכו"ם גם הם מותרים, ולא אמרינן שיש בהם משום בשולי עכו"ם – [כיון דאי קבע עלייהו סעודה מברך המוציא, ע"כ דינם כפת ממש]. **דוקא** שבלילתן עבה ויש בהן תואר לחם, כ"כ בת"ח, ‹**אבל** אם עושין בלילתן רכה כמו פיינקוכי"ן או בלינצע"ס, זהו בישול ולא אפייה ואסור – ערוה"ש›. ‹**אבל** הרבה פוסקים חלקו ע"ז, דכיון דיש לו דין פת הבאה בכיסנין, הכלל, דכל דבר שאם קובע עליו סעודה מברך המוציא, הרי זה בדין פת עכ"ם, ולא בדין שלקות – חלקת בנימין›.

ויש מיני נילו"ש שקורין קיכלי"ך שאופין אותם על ברזלים, ומושחין הברזל בשעת אפייה בחלב או חזיר, באותן יש ליזהר ולאסרן. וכן המנהג.

סעיף ז - פת בעל הבית אסורה לעולם, אפילו קנאה פלטר ממנו, ואפילו שלחה לישראל לביתו. וכן אפילו שלחה אותו ישראל לאחר, אסורה לעולם. ושל פלטר, מותרת לעולם, אפילו קנאה בעל הבית ממנו, שלא הלכו באיסור זה אחר מי שהפת בידו עכשיו, אלא אחר מי שהיה לו בשעת אפייה.

סעיף ח - יש מי שאומר דבמקום שאין פלטר מצוי כלל, מותר אפי' של בעלי הבתים - ‹דלא חמירא מדמאי, ותנן מאכילין כו' ואת האכסניא דמאי, ואמרינן בירושלמי, אפי' אכסניא ישראל משום דוחק – גר"א›.

(וא"ל להמתין על פת כשר, וכן נוהגין).

סעיף ט - הדליק עובד כוכבים התנור ואפה בו ישראל, או שהדליק ישראל ואפה עובד כוכבים, או שהדליק העובד כוכבים ואפה העובד כוכבים ובא ישראל וניער האש מעט, הרי זה מותר. ואפילו לא זרק אלא עץ אחד לתוך התנור, התיר כל הפת שבו, שאין הדבר אלא להיות היכר שהפת שלהן אסורה. (ואם נפח באש הוי כחיתוי).

סעיף י - אם אפו בתנור ע"י עכו"ם ג' פעמים ביום א', והכשירו התנור ע"י קיסם בב' הפעמים, ובפעם השלישית לא הכשירו, מותר – ‹דהסקות הראשונות מועילות להיסק האחרון יותר מקיסם וחתה, וכ"ש שגם נשארו גחלים מהסקות הראשונות - גר"א›.

הגה: וי"א דאם הכשיר התנור פעם א', ולא עמד התנור מעת לעת בלא היסק, אפילו אפאו בו כך כמה ימים, הכל מותר מכח הכשר הראשון, ויש לסמוך על זה - ‹ג"כ כנ"ל דחום הראשון מועיל להסקות האחרות בכה"ג - גר"א›.

‹**והנה** כל אלה הם קולות גדולות, ורק בשעת הדחק יש לסמוך על זה, אבל לכתחלה צריך אחד מהג' המבואר בגמ', והיינו היסק התנור, או חתיית הגחלים, או ליתן הפת לתוך התנור - ערוה"ש›.

וכתב הש"ד, דאם הוא מסופק אם הכשיר ישראל התנור או לא, שרי, דהוה ספיקא דרבנן ולקולא, וכ"כ הרב בת"ח ושאר אחרונים.

סעיף יא - פת של ישראל שאפאה עכו"ם בלא חיתוי דישראל ובלא קיסם, אסור –

[דזה יש לו דין שלקות הנזכר בסי' קי"ג, כ"פ הטור], ‹והובא בש"ך לעיל ס"ב›, ‹ור"ל דבעיסת ישראל ואפאו גוי גרע

מעיסה של גוי, דהתם בקצת מקומות נהגו היתר, ואלו עיסת ישראל ואפאו גוי הואיל ולא שכיח ולא שייך ביה חיי נפש, כל מקום אסור, **ומיהו** קיל משלקות דסגי בחיתוי, ובשלקות לא מהני חיתוי, והטעם, דבפת ניכר מלאכת החיתוי – פמ"ג.

(ואסור) לזבוני לעכו"ם, דילמא אתי לזבוני לישראל. ואם פיתת הלחם לשנים, מותר לזבוני לעכו"ם. הגה: וה"ה לכל פת של עכו"ס שאסור – «וכל זה במקום שאוכלים פת שלהם, אבל במקום שאין אוכלים, מותר למכור להם אפי' פת שלם – ערוה"ש». **ולכן נהגו שלא לקנות חתיכות פת מן העכו"ס, דחיישינן שמא הוא פת איסור ומכרה לו ישראל כך.**

סעיף יב - אם אפה עובד כוכבים הפת בלא חיתוי ישראל ובלא קיסם, אפילו קרמו פני הפת בתנור, מועיל חיתוי ישראל כל זמן שהפת צריך לתנור ומשביח באפייתו עדיין. ויש מי שאומר שאפילו הוציא הפת, יש תקנה להחזירו לתנור על ידי ישראל, אם הוא משביח.

סעיף יג - מי שאינו נזהר מפת של עובד כוכבים – «שלא פשטה זאת הגזרה של פת בכל אלו הארצות, ואין אחד מני אלף שנזהר בפת של גוי, ולוקחין מן הנחתומין כל מיני פת – לבוש. וכמ"ש הרמ"א בס"ב», **שהיסב אצל בעל הבית הנזהר מפת של עובד כוכבים, ועל השלחן פת ישראל, ופת של עובד כוכבים היפה משל ישראל, יבצע בעל הבית מן היפה, ומותר בכל אותה סעודה בפת של עובד כוכבים** - וכ"כ המחבר באו"ח סימן קס"ח ס"ה, וכ"פ הרב בת"ח שם, **וכתב** המחבר שם ברישא, דמי שנזהר מפת של עובד כוכבים, ולפניו פת של עובד כוכבים נקי ופת של ישראל אינו נקי, מסלק פת של עובד כוכבים מעל השלחן עד אחר ברכת המוציא, **וטעמא**, דברישא אין ישראל אחר מיסב אצלו, אבל בסיפא וכאן כיון דישראל אחר מיסב אצלו, אם לא יברך על פת נקייה איכא איבה, כדלקמן סעיף ט"ו בהג"ה, **ואע"ג** דמשמע שם דליכא משום איבה אלא היכא דאוכל מי שנזהר עם אחרים שאינם נזהרים, אבל האוכל רק עם א' שאינו נזהר ליכא איבה, דמאי אולמיה האי מהאי, **מ"מ** כיון דלענין ברכת המוציא מצוה לברך על היפה, אם לא יברך איכא איבה טובא, **א"נ** דוקא כשהפת של שניהם שוה, הוא דליכא איבה כשאין שם אלא א' שאינו נזהר, אבל כשהפת מי שאינו נזהר נקי ויפה יותר, ואפ"ה אינו אוכלו, ודאי איכא איבה, כן נ"ל.

[אלא דמ"מ יש קושיא על השו"ע, דמשמע לפי פסק זה שאף מי שנזהר יכול לבצוע על פת של עכו"ם, ולעיל באו"ח סימן קס"ח פסק, שיש לסלק את שאינו של ישראל, על כן נראה הטעם, דהאורח שהוא אינו נזהר ודאי יאכל מפת של עכו"ם כיון שהוא נקי, והדין נותן שהפת שיאכל עליו יבצע, כמו שכתב מהרא"י בת"ה, דאין להקדים לבצוע אלא מה שיאכל, ואם כן הבעה"ב שחייב לבצוע, ומבצע ומוציא את האורח, יבצע ממה שיאכל האורח, וכיון שהותר לו לבצוע בשבילו, הותר לו לכל הסעודה בשבילו, אע"פ שאפשר שאח"כ יאכל כל אחד פת שלו, מ"מ כיון דבשעת ביצוע צריכים לפת אחד, הותר גם אחר כך, **אבל** לא בנזהר שאוכל לבדו, כמו שעלה על דעת מהרא"י וכתב בת"ה, דלאו דוקא נקט היה מיסב על השלחן ישראל האוכל פת של עכו"ם, דבלא דידיה נמי שרי, כן נראה לע"ד ברור].

[ובאו"ה כתב, דאם הבוצע אין נזהר מפת של עכו"ם, «והמסובים נזהרים», מותר «להם» לצאת בביצוע, **אבל** אם הבוצע נזהר והמסובים אין נזהרים, ודאי טוב לו יותר להסיר הפת הנקייה מן השלחן עד אחר הביצוע, עכ"ל, וכעין זה פירש מו"ח ז"ל, וכתב דאפילו לסלקו משלחן אין צריך, וחלק על השו"ע בזה].

«נ"ל דזהו בימיהם, שהבעה"ב בירך המוציא והמסובים יצאו בברכתו, אבל עכשיו שכל אחד מברך לעצמו, אין להם שייכות זל"ז, ויאכל הבעה"ב מפיתו והאורח מפתם – ערוה"ש».

סעיף יד - כותח של עובד כוכבים, מותר, ואין חוששין לפת עובד כוכבים שבו - ואין לחוש לחלב של עובד כוכבים, כדכתבו הפרישה והב"ח בשם מהרש"ל, וכן הוא בתשובת מהר"מ מרוטנבורק, [כי חלב טמא אינו עומד, ואם נאמר שמעט נסיובי דחלבא איכא בו, מ"מ בטל במיעוטו שהרי מעורב בה, ואינו דומה לחמאה דסימן קט"ו שאינו מעורב בה, עכ"ל רש"ל, ובדרישה ומו"ח ז"ל הביאוהו, ולי הקטן נראה תמוה, היאך אמר דהנסיובי דחלבא בטל במיעוטה,

והא אמרינן ריש פרק אלו עוברין, כותח הבבלי מטמטם את הלב משום נסיוני דחלבא שבו, ואי הוי בטל לא הוה מטמטם, ותו דבהדיא איתא בפרק אין מעמידין, דבחולב לכמכא והוא כותח, דהחלב אסור, וכן במרדכי כתוב בהדיא בשם ר"ת, דחלב שחלבו עכו"ם לאכילה ולכותח, אני אוסר, עכ"ל, וכ"כ באו"ה, **ונראה לע"ד** דודאי כותח של עכו"ם אסור, אלא דכאן מיירי שנעשה בהכשר שישראל רואהו, אלא שהעכו"ם נותן שם פת שלו, דאין בזה משום איסור פת של עכו"ם, כן נראה לע"ד פשוט].

אין תימה עליהם, שכדבריהם מבואר להדיא בתשו' מהר"ר מאיר מרוטנבורק, וז"ל, דגרסינן בה"ג כותח של עכו"ם מותר, דאי משום פת דאית בה, ליתא לאיסורא בעיניה, **אבל** תימה, דאסור מטעם חלב שחלבו עכו"ם ואין ישראל רואהו, וי"ל דשמא דחלב טמא אינו עומד, ולכותח לא חזי, עכ"ל, **וא"כ** בע"כ צ"ל דשאני כותח דהיה בזמן הש"ס מכותח זה, **א"נ** כמ"ש הב"ח וז"ל, ול"נ דכותח וחמאה תרווייהו לא הוי בכלל גזירת חלב וגבינה, ובחמאה הוא דנהגו איסור במקצת מקומות, משום שנשאר חלב בגומות, אבל בכותח דליכא גומות, לא נהגו איסור בשום מקום, וגם זה בכלל דברי מהרש"ל, עכ"ל, **וא"כ** לק"מ, דכותח הבבלי ודאי שאני, שלא היה עב, ואיכא ביה נסיובי טובי, **והא** דאמרינן בחולב לכמכא, וכן מש"כ ר"ת דבחולב לכותח אסור, היינו בחולב העכו"ם לעצמו אסור בחולב לכותח, כיון שהוא חלב לפנינו, והוי בכלל גזירת חלב שחלבו עכו"ם, **ועוד** אפשר שאוסר בכותח שאינו עב, אבל כותח שמוכרים העכו"ם לאחרים, כיון שאינו חלב לפנינו, והוא עומד, שרי - נקה"כ.

הגה: וכן כל מקום שנתערבה פת של עכו"ם בשאר מאכל, בטל ברוב, בין בלח בין ביבש - אפילו הוא דבר חשוב, כ"כ בד"מ ובת"ח בשם או"ה, והאו"ה כתב דינים אלו אפילו בבישולי עכו"ם ממש, וכ"פ בת"ח.

אבל אסור לערב כדי לאכלו - וכ' בד"מ ע"ז וז"ל, ונ"ל דמ"מ יכול להיות שמותר לאכול בקערה אחת, וליכא למיסר משום הטעם שנתערב, ולא אסרו לערב לכתחלה אלא לאכול הפת עצמו, אבל משום טעמא ליכא למיחש, **אך** הגהת ש"ד אוסרת לכתחלה, עכ"ל, **ועיינתי** בהגהת ש"ד ולא מצאתי הכרח, די"ל דמיירי כשאוכל הפת עצמו, ובלאו הכי הא קערה היא כלי שני ואינו מבשל, כמ"ש בסימן ק"ה ס"ק ד'.

(**עיין** פמ"ג שכתב, מסתברא דפת עובד כוכבים ובשולי עובד כוכבים וחמאה שלהם, שנתערב לפחות מרוב ונאסר, ואח"כ נפל לתבשיל אחר, אין אומרים בו חנ"נ, להצריך רוב נגד כל מה שנאסר בתחלה, **אע"ג** דבשאר איסורי דרבנן אומרים חנ"נ, ואף איסור דבוק, כדמוכח בסי' ע"ב בלב, ושאר דוכתי, משום לתא דבב"ח, **באלו** שהקילו דא"צ ששים, לא מיחלף בבשר בחלב, ע"ש).

סעיף טו - מי שנזהר מפת עובד כוכבים, מותר לאכול בקערה עם מי שאינו נזהר ממנו, ואף על פי שטעם פת עובד כוכבים מתערב בפת ישראל, אינו חושש.

[לעיל בתחילת סימן זה, הוכיח ב"י דמותר ליקח שאור של עכו"ם ולחמץ בו העיסה, אפי' במי שנזהר מפת של עכו"ם, אע"ג שטעם כו', כי לא גזרו חכמים על פת של עכו"ם על טעם כעיקר, כ"כ רש"י, **אבל** על הפרורים שהם בעין, ודאי אסורין כל זמן שלא נתבטלו ברוב].

הגה: י"א דמי שנזהר מפת של עכו"ם ואוכל עם אחרים שאינן נזהרין, מותר לאכול עמהם משום איבה וקטטה, הואיל ואם לא יאכל עמהם פת שהוא עיקר הסעודה, התירו לו משום איבה. ואין ללמוד מכאן לשאר איסורין - אפילו חמאה של עכו"ם וכיוצא בהן, במקום שנוהגין איסור, דקיל נמי איסורייהו, וכדלקמן ס"ס קט"ו, **דדוקא** בפת איכא איבה משום דעל הלחם יחיה האדם, אבל לא בשאר מאכלים, שכמה אנשים הן שאין נפשם תאיבה לאכול חמאה וכה"ג.

סעיף טז - יש מי שאומר שהנזהר מפת עובד כוכבים, והוא בדרך, אם יש פת של ישראל עד ד' מילין, ימתין - (בספר חכמת אדם כתב, דעכ"פ לדעה זו שיעור מיל צריך לילך, אפי' אינו הולך לשם, דקי"ל לגבל ולתפלה לאחריו עד מיל. **ועיין** בתשובת ב"י, דאין חילוק בין רוכב על סוס או הולך ברגליו, וכן אם הדרך רע, **אלא** בזה יש חילוק, אם הוא הולך לבדו, או אם הולך עם בניו ובני ביתו, ע"ש).

(וככר נתבאר לעיל דנוהגין להקל) - וכוונתו לסעיף ח' - ערוה"ש.

§ סימן קיג – דיני בשולי עובדי כוכבים §

סעיף א- דבר שאינו נאכל כמו שהוא חי, וגם עולה על שלחן מלכים ללפת בו את הפת או לפרפרת – [הטעם, דעיקר הגזירה משום חתנות, ודבר שאינו חשוב כ"כ, אין אדם מזמין חבירו עליו], **שבישלו עו"ג, אפילו בכלי ישראל ובבית ישראל, אסור משום בישולי עובדי כוכבים.**

(**עבה"ט** של מהרי"ט ז"ל, שכתב דעיקר הגזירה היתה משום חתנות כו', **ועיין** בס' תפארת למשה שכתב, דלפי טעם זה שרי בישול של מומר, דמשום חתנות ליכא, **אלא** שהיה עוד טעם מבואר בב"י, דשמא יאכילנו דברים אסורים, ולפי"ז גם בישול של מומר אסור, דהוי ככופר לכל התורה כולה, ושמא יאכילנו דברים האסורים, ע"ש, **ולפי"ז** ה"ה מומר לחלל שבת בפרהסיא, או לכל התורה כולה חוץ משתים אלו, דדינו כעכו"ם, ג"כ בישולו אסור).

כתב האו"ה, קרביים וקורקבן ובני מעיים, אע"ג דאמרינן לעיל, ר"ס ע"ה, אוכליהון לאו בר אינש, ולא הוי חה"ל, מ"מ אסורים משום בישולי עובדי כוכבים, ומביאו ד"מ, **וכתב** עוד, דכמהין ופטריות עולין על שלחן מלכים משום פרפראות, ויש בו משום בשולי עובדי כוכבים, וכ"פ בת"ח.

מדלא התנה המחבר שיהא נשתנה מברייתו ע"י האור, אלמא דס"ל אפילו לא נשתנה אסור, וכדעת הרמב"ם שהביא בב"י, וכן דעת הרב בד"מ ובת"ח, **וזה** דעתו בהג"ה ס"ב, שלא התיר האפונים אלא מטעם שאינם עולים על שולחן מלכים, ולא מטעם דלא נשתנו מברייתן, וכמ"ש בד"מ ובת"ח, **אבל** באמת נראה עיקר בש"ס כהר"ן ורש"י, דאין אסור משום בשולי עובדי כוכבים אלא כשנשתנה מברייתו ע"י האור, וכ"פ בהג"א מא"ז, וכן נראה דעת הרי"ף וכמש"כ הר"ן, וכן נראה דעת ראב"ן, **מיהו** דעת שאר הפוסקים נראה דאין לחלק בזה.

סעיף ב- עירב דבר הנאכל כמו שהוא חי עם דבר שאינו נאכל כמו שהוא חי ובישלם העובד כוכבים, אם העיקר מדבר שיש בו משום בישולי עובד כוכבים, אסור. ואם לאו, מותר.

הגה: ומותר לאכול אפונים קלויים של עובדי כוכבים, וכן הקטניות שקורין ערבשי"ן, קלויים, דאינן עולים על שלחן של מלכים, וכן נהגו בהם היתר - וכתוב בת"ח, שנוהגין היתר בק"ק קראקא לקנות האגוזים שלמים שקורין שטעכ"ל נוס"ן, שמבשלים העובדי כוכבים, עכ"ל, וכ"ה בסימני ת"ח, דמותר מטעם שאין עולין על שלחן מלכים, **אם לא במקום שנהגו למשוח המחבת בחלב, שאז נוהגים בהם איסור, אבל בלאו הכי, שרי, ואין לחוש לכלים של עובדי כוכבים, דסתמן אינן בני יומן** - כדלקמן סי' קכ"ב.

ודע דמלשון רבינו הרמ"א שכתב על אפונים וקטניות קלוים טעם ההיתר מפני שאין עולין על שלחן מלכים, ולא כתב הטעם מפני שנאכלים כשהם חיים, **למדנו** מזה דכל דבר שהגם שבעת שמתבשל אוכלים אותה כשהיא חיה, כמו אפונים וקטניות שבסוף הקיץ כשמתבשלים בהגינות אוכלים אותם כשהם חיים, מ"מ כיון שאחר שנתייבשו אינן ראוים לאכול חי רק ע"י הדחק, לא מקרי נאכל כמו שהוא חי – ערוה"ש.

וכל פרי שנאכל כמו שהוא חי, אע"פ שבשלו אותו עובדי כוכבים ונמחה ונעשה תבשיל בידיהם, שרי. ועל כן אוכלין הפוידל"א שעושין העכו"ם.

סעיף ג- פנאד"ה - של דגים, כן הוא בפוסקים, **שאפאה עובד כוכבים, אסורה אפילו למי שנוהג היתר בפת של עובדי כוכבים, שהשומן נאסר כשהוא בעין משום בישולי עובדי כוכבים, ונבלע בפת** - וכ' מהר"א מטיקטין בגליון המרדכי, דאלו שומן בשר או של אווזא, סתמן כבר מהותך ואין בו משום בשולי עובדי כוכבים, דאין בישול אחר בישול, עכ"ל, **ואם** אפה עכו"ם פנאדי"ש עם שומן חי של בשר, דינו כשומן דגים, ופשוט הוא.

והיינו בפנאד"ה של עובד כוכבים, אבל פנאד"ה של ישראל שאפאה עובד כוכבים, לא נהגו היתר בשום מקום, כדלעיל בסימן קי"ב ס"ק ט"ז, **וה"ה** דמשכחת להאי דינא בפנאד"ה של ישראל שאפאה

עכו"ם, והכשירו ע"י קיסם, דמהני לענין פת כדלעיל סי' קי"ב סי"א, ולא מהני לענין בשולי עובד כוכבים לדעת המחבר בסעיף ז', **אבל** למ"ש הרב שם, דאפילו בבישול עובד כוכבים מהני קיסם, לא משכחת להאי דינא אלא בפנאד"ה של עובד כוכבים, וכ"כ ה"ר פרץ בסמ"ק.

[עיקר רבותא היא כיון דבשל עכו"ם היא, והמקום הוא ששם נוהגים היתר בפת של עכו"ם, ממילא ה"א דגם בשומן אין איסור, דהקמח הוא עיקר כמ"ש לפני זה, קמ"ל דכאן לא אמרינן כן, כיון שהשומן בעין לא בטיל].

‹**ואף** דבטל ברוב, כדלעיל סי' קי"ב סי"ד בהג"ה, הכא גרע דהשומן נראה וניכר בעין בתוך הפת, והוי כההיא דלעיל סי' קי"ב ס"ו בהג"ה, מנ"י – רעק"א›.

וכן ירקות הנאכלים חיים – [דהם מותרים משום בישול עכו"ם], **שבשלם עם בשר, אסורים, מפני ששומן של בשר נבלע בהם** – [דהו"א דהטעם של בשר שנבלע בהם הוא טפל ובטל בירקות, קמ"ל דלא].

סעיף ד - יש מי שמתיר בשפחות שלנו - שקנויות לנו, דמלאכה דעבד העובד כוכבים דישראל הוא, ומוזהר עליו בשבת מן התורה, וליתיה בכלל עובד כוכבים, והלכך ליתיה בכלל גזרות חתנות, עכ"ל תשובת הרמב"ן שהביא בית יוסף וד"מ, **ובהנך** שפחות מיירי המחבר, אבל לא בשפחות שלנו שבארצות אלו, שאין קנויות לנו רק שנשכרו לשנה, ואין אנו מוזהרין עליהם בשבת, כמו שנתבאר באו"ח סימן ש"ד, וכ"כ הב"ח.

ויש מי שאוסר, ואפילו בדיעבד. הגה: ובדיעבד, יש לסמוך אדברי מתירים - לא אתי שפיר בשפחות שלנו, וצ"ל דקאי אשפחות דמיירי המחבר, **או** ר"ל דיש לסמוך אדברי המתירין בישולי עובדי כוכבים בבית ישראל, והוא דעת ר' אברהם שהביא הטור, וכ"כ בד"מ ובת"ח בשם או"ה, **א"נ** הרב לא דקדק בזה, דעיקר דמילתא סמיך אטעמא דא"א שלא יחתה אחד מבני הבית מעט, **ועיין** במהרש"ל מביא תשובת הרמב"ן, דיש מרבותינו מתירין בשפחות, מטעם דאין איסור משום בישולי עובד כוכבים אלא בעושה מרצונו משום גזירת חתנות, אבל אלו השפחות והעבדים שלנו שעושים בע"כ בין ירצו בין לא ירצו, אין בזה קירוב הדעת, **ומ"מ** אין דבריהם מחוורין ואין אנו סומכין ע"ז, ואנו נוהגין איסור אפילו בדיעבד, ע"כ, עכ"ל, וכן הוא בתשובת הרשב"א, **ולפ"ז** י"ל דסברת המתיר שכתב המחבר הוא מטעם זה, ולזה כתב הרב דיש לסמוך עליהם בדיעבד, אלא דבב"י וד"מ לא נזכר טעם זה.

ואפילו לכתחלה נוהגין להקל בבית ישראל שהשפחות והעבדים מבשלים בבית ישראל, כי אי אפשר שלא יחתה אחד מבני הבית מעט – [כתב בד"מ, שמעינן מכאן אפילו לא כיון להתיר על ידי חיתוי זה, אלא עשאו בלא כוונה, דמותר, וכ"כ בכלבו עכ"ל, וכ"כ רמ"א כאן בסמוך, ובאו"ה כתב: אך יזהר שאותו החיתוי יועיל לתקן האש, ויועיל למהר בישולו על ידי ישראל, ע"כ לשונו].

סעיף ה - עובד כוכבים שבישל, ולא נתכוין לבישול, מותר. כיצד, עובד כוכבים שהצית אור באגם כדי להעביר החציר, ונתבשלו בו חגבים, הרי אלו מותרים, ואפילו במקום שעולים על שלחן מלכים. וכן אם חרך הראש להעביר השער, מותר לאכול ראשי האזנים שנצלו בשעת החריכה. אבל אם כיון לשם בישול, כגון שהסיק התנור לבשל בו, והיה בו בשר תחלה ונצלה, אף על פי שלא כיון לזה הבשר, שהרי לא ידע בו, אסור.

[בטור כתוב, לפיכך אם ידע שהיה בשר בתנור, אפילו חממו לייבש בו כלי, אסור, חיישינן שמא כיון גם לבישול, וקשה לי, הא כתב הטור אח"כ בסימן זה, דאם היפך בו עכו"ם ואין ידוע אם סילקו כו', ולא חיישינן שמא סילקו, דספק דבריהם להקל, ואם כן ק"ו כאן, דהא התם חזינן שעשה העכו"ם מעשה ההיפוך, ואפי' הכי לא חיישינן לאיסור, ק"ו כאן, **וא"ל** דשם אין לעכו"ם הנאה, כמ"ש ב"י בשם הרשב"א, דאם כן אפילו בשל תורה הולכין להקל, כדלקמן סי' ק"ח סעיף י', **וצריך** לדחוק ולחלק, דשאני גבי סילוק דהוא אינו דבר מצוי כ"כ לעשותו, כמו כאן שמצוי הוא לכוין גם לבישול].

סעיף ו - כל שבישלו ישראל מעט בישולו, בין בתחלה בין בסוף, מותר. לפיכך אם

הניח עובד כוכבים בשר או קדרה על גבי האש, והפך ישראל בבשר והגיס בקדרה, או שהגיס ישראל וגמר העובד כוכבים, הרי זה מותר. (ואפילו לא היה מתבשל בלא סיוע העובד כוכבים) - לכאורה קשה דהוא נגד הש"ס דעבודת כוכבים ומביאה ב"י, דאמרינן אי דלא הפך בה עובד כוכבים לא הוי בשיל, בשולי עבודת כוכבים הוא ואסור, וכן הוא בפוסקים וב"י, **וגם** באו"ה דאם הניח הישראל בשר על גבי גחלים שלא היה ראוי להתבשל ולצלות, ובא עובד כוכבים והפך בהן ונתבשל, מותר, עכ"ל, וצ"ע, **ונראה** דס"ל להאו"ה והרב דנהי דמדינא דש"ס אסור בכה"ג, מ"מ הא גם חיתוי וקיסם אסור מדינא דש"ס, דהא לא היה מתבשל בלא סיוע העובד כוכבים, ואפ"ה אנו מתירין, **אלא** היינו מטעמא דקי"ל, דכי היכי דמהני קיסם לעיל סימן קי"ב ס"י, ה"ה בבשולי עובד כוכבים, וכמ"ש הר"ף בסמ"ק ואו"ה, וא"כ כי היכי דקיסם בפת לא שרי מדינא דש"ס, כמ"ש הפוסקים בסי' קי"ב, אלא דסמכינן אמ"ש בחילופי מנהגים דבין בני א"י ובין בני בבל, דמהני, והנח להם לישראל שיהו שוגגין כו', וכמ"ש הרא"ש והטור בסי' קי"ב, א"כ ה"ה בבשולי עובד כוכבים, **וכן** הרמב"ן שהביא הר"ן דחה הך דקיסם מש"ס דלעיל, ע"ש, **ולפ"ז** הא דלא הגיה הרב בסעיף י' מידי אדברי המחבר, היינו משום שסמך עצמו אמ"ש קודם לכן, **ואפשר** לומר דכאן מיירי שהניח הישראל הגחלים, הלכך אע"פ שלא היה מתבשל בלא סיוע העובד כוכבים, שרי, דהוי כהדלקת האש בהג"ה ס"ז, דשרי, וטעמא, כיון דהישראל עשה השלהבת שרי, **ולקמן** סעיף י' מיירי שהניח העובד כוכבים הגחלים, והלכך אע"פ שהניח הישראל הבשר ע"ג גחלים, כיון דלא היה מתבשל בלא סיועת העובד כוכבים, אסור, **אבל** באו"ה ובת"ח שם משמע, דבכל גווני שרי, ע"ש, וגם כאן משמע דלא מיתכשר אלא משום שהניח הישראל הבשר ע"ג גחלים, ודוק, **ומ"מ** לענין דינא צ"ע, כיון דבש"ס איתא בהדיא, דהיכא דהניח ישראל בשר ע"ג גחלים, ובא עובד כוכבים והפך בו, אסור אם לא היה מתבשל בלא סיועת העובד כוכבים, וכ"כ הפוסקים, אלא דהאו"ה והרב מקילין בזה, ומטעמא דמדמי להו לקיסם וחיתוי, וי"ל דל"ד לקיסם וחיתוי כמו שמחלק הר"ן להדיא, ע"ש.

[תימה לי הא איתא בהדיא בגמ', אלא לאו דאי לא היפך העכו"ם לא הוי בשיל, אמאי מותר, והב"י הביאה, וכ"כ בד"מ בשם ב"י, דאי לא מתבשל בלא חיתוי עכו"ם אסור, וכן איתא בהדיא בגמרא, עכ"ל, **וצ"ל** דהכי קאמר, דלא היה מתבשל כראוי בלא סיוע עכו"ם, אבל כמאכל בן דרוסאי הוי בשיל, **אבל** באמת בלאו הכי קיי"ל כיש חולקין שהביא רמ"א בסמוך, דהדלקת אש או חיתוי מהני, והא בכזה ודאי לא היה בשיל אם לא היה מעשה עכו"ם, וכיוצא בזה הקשה הר"ן על אותן המתירין שיביא הישראל גחלים ומשים בתנור להדליק אח"כ האש, **ונראה** לע"ד, דהם סבירא להו דכשאומר אח"כ בגמרא, דאין אסור עד שיהא תחילתו וגמרו ביד עכו"ם, הדר ביה מסברא זו, ואע"פ דבלא עכו"ם לא היה מתבשל, מכל מקום כיון שהישראל סייע בהתחלה או בסוף מותר, **ונראה** לע"ד לענין הלכה דדוקא בבית ישראל יש לסמוך אקולא זו דיש חולקין של רמ"א בסמוך, כיון דיש דיעה בהתחלת סי' זה בטור בשם ה"ר אברהם, דבבית ישראל אין איסור שלקות, אע"ג דר"ת פליג עליה, מ"מ בכה"ג הוה מותר, **אבל** בבית עכו"ם אין להקל, רק שהישראל יניח הקדירה למקום הראוי להתבשל].

סעיף ז - אין שגירת (פי' הבערה, ובערו והסיקו, תרגוס ויהון סגרין) התנור מועלת אלא בפת, אבל בשאר המתבשלים אין שגירת התנור ולא הדלקת האש מעלה ומוריד, אלא ההנחה דווקא - [בר"ן כתוב הטעם, ששגירת התנור בפת, מלאכה מיוחדת בו, וב"י מביאו, עכ"ל, נראה פירושו, שבפת צריך להסיק התנור ולהוציא כל הגחלים קודם שיאפה הלחם, מה שאין כן בשאר תבשיל, מסיק האור בשעה שהתבשיל מתבשל, מוסיף והולך תמיד, ע"כ לא ניכר כ"כ מעשה ישראל], **לפיכך הרוצה לבשל במחבת בתנור של עובד כוכבים, צריך שיתן ישראל המחבת לתוך התנור, למקום הראוי להתבשל בו.**

הגה: ויש חולקין וסבירא להו דהדלקת האש או חיתוי בגחלים מהני לענין בישול כמו לענין פת, וכן נוהגין - וכתב האו"ה, אך יזהר כשמחתה

בגחלים, שאותו חיתוי יועיל לתקן האש, ויועיל למהר בישולו ע"י ישראל, עכ"ל, וכן משמע בש"ס ופוסקים, דבעינן שהישראל יעשה קירוב בישול.

ואפילו חיתוי בלא כוונה מהני ומועיל - ובהגהה שבסוף ספר או"ה [חולק על זה] ופסק, שצריך שיכוין לסייע בתיקון האש להכשיר.

וי"א דאפילו לא חיתה ישראל ולא השליך שם קיסם, רק שהכותית הדליקה האש מאש של ישראל, שרי.

ולא השליך שם קיסם - משמע אבל השליך קיסם מועיל גם בבשולי עובד כוכבים, וכן הוא בסמ"ק ובאו"ה להדיא. [**וכתב** בד"מ דה"ה דניפוח באש בפה דמהני].

‹**באמת** הם קולות גדולות, ואין ראוי לסמוך על זה רק בשעת הדחק ובבית ישראל – ערוה"ש›.

סעיף ח - נתן ישראל קדרה על האש וסלקה, ובא עובד כוכבים והחזירה, אסור - כיון שנתבשל ע"י עובד כוכבים בלא קירוב בישול דישראל, הכי אמרינן בש"ס ופוסקים, **אלא אם כן הגיע למאכל בן דרוסאי, שהוא שליש בישולו, כשסילקה.**

לאו דוקא סלקה ישראל, אלא ה"ה סלקה העובד כוכבים והחזירו, אסור, כמ"ש הרשב"א והט"ו בסעיף י' וי"א, [**והוא** מילתא דמסתברא, דכל דאסתלק ליה מעשה קמא פנים חדשות באו לכאן, והוי בישול עכו"ם ממש, וכל אפיא שוין דאסור, וכן כתב בפרישה ובלבוש, **ונראה** לי דכל שכן הוא דאסור בסילקה עכו"ם, כיון שהעכו"ם עצמו ביטל מעשה ישראל ועשה מחדש הכל, ממילא עקר שם ישראל ממלאכה זו, וזה גרע ממה שנעקרה ממילא על ידי ישראל, **ואפילו** אם תמצי לומר שגרע טפי אם סילקו ישראל, מ"מ לא קשיא אמאי לא קמשמע לן רבותא כאן דאפילו סילקו עכו"ם אסור, דיש לומר דקמ"ל דאפי' בסילק ישראל אין איסור רק קודם שהגיע למאכל בן דרוסאי ולא אחר כך], **ובב"ח** האריך לסתור ולבנות ולחלוק ע"ז, ודעתו דבסילקו עובד כוכבים והחזירו שרי, **ויש** לי להשיב על דבריו, וכאן אין מקום להאריך, כי למאי דקי"ל דאפילו הדליק ישראל האש או השליך קיסם שרי, לא נ"מ מידי בהא, דפשיטא דשרי, **ואף** שכתבתי בס"ו בשם הר"ן דיש לחלק, מכל מקום כאן כיון דלא סלקו הישראל רק העובד כוכבים, נראה דדמי מיהת לקיסם וכה"ג.

[**ובחנם** טרח בזה מו"ח ז"ל ליישב שני הסעיפים האלו אהדדי, ומה שכתב שם דבדיעבד מותר אם סילק עכו"ם והחזירה, **אין** לסמוך על זה כלל].

סעיף ט - אם בישלו עובדי כוכבים כמאכל בן דרוסאי וגמרו ישראל, יש לאסור, אלא אם כן הוא ערב שבת או ערב יום טוב או שיש הפסד מרובה בדבר. ויש מתירין בכל ענין - ‹ובענין גמרו ממש, אבל לא היפוך בעלמא, דרישה – רעק"א›, **וכן נוהגין** – [דדוקא לקולא אמרינן דמאכל בן דרוסאי הוי בישול שלא יאסרו אחר כך העכו"ם, אבל לחומרא לא, ועדיין מהני אם יגמור ישראל אחר כך]. **וכן** הסכמת רוב הפוסקים ודלא כמהרש"ל. (**ובשל"ה** כתב, דיש להחמיר כמהרש"ל, דלא מהני אחר בישול מאב"ד).

(**ועיין** בספר תפארת למשה שכתב, דמ"מ אם בישל עובד כוכבים כמאב"ד, ולקחו מהאש, וחזר בין אותו עובד כוכבים בין עובד כוכבים אחר וגמרו, אסור, **ול"ד** לדגים קטנים שמלחן עובד כוכבים וחזר וצלאן לקמן סעיף י"ב, דאמליחה לא גזרו, אבל הכא תחלתו וסופו ביד עובד כוכבים, מה לי בב"א או שלקחו בנתיים, **מיהו** אם לקחו ישראל מהאש והחזירו עובד כוכבים צ"ע, עב"ד, ע"ש).

סעיף י - הניח ישראל על גבי גחלים עוממות, שלא היה ראוי להתבשל עליהם כמאכל בן דרוסאי, ובא עובד כוכבים והפך בו ונתבשל, אסור - הא דלא הגיה הרב מידי אדברי המחבר, היינו משום שסמך עצמו אמ"ש קודם לכן בס"ו, **ואפשר** לומר דמיירי שהניח העכו"ם הגחלים, והלכך אע"פ שהניח הישראל הבשר ע"ג גחלים, כיון דלא היה מתבשל בלא סיועת העכו"ם, אסור - ש"ך לעיל ס"ו, ע"ש.

סעיף יא - הניח ישראל על גבי האש, והניח עובד כוכבים לשמרו - והוא בענין שאין לחוש בו שהחליפן העובד כוכבים, כ"כ הפוסקים ופשוט הוא, וע"ל סי' קי"ח סעיף י', **והפך בו, ואין**

ידוע עם סלקו העובד כוכבים עד שלא הגיע למאכל בן דרוסאי, מותר. (דספק דבריהם לקלא). וכן כל ספק בישולי עובדי כוכבים - [פי' שיש ספק אם חיתה ישראל האור לא], **וכיוצא בו, מותר.**

סעיף יב - דגים קטנים שמלחן ישראל או עובד כוכבים, הרי הן כמו שנתבשלו מקצת בישול, ואם צלאן עובד כוכבים אחר כן, מותרים - [דכיון שנאכלין כמות שהן חיין על ידי המליחה, אין בהם משום בישול עכו"ם, ועל המליחה תחילה לא גזרו, שלא גזרו רק בבישול שעל ידי האש].

כתבו התוס' ושאר פוסקים, דהיינו אפילו גדולים קצת, דאי קטנים ממש, הא אמרינן בש"ס דאפי' נתבשלו דגים קטנים אין בהם משום בשולי עובד כוכבים, שאינם עולים על שלחן מלכים, [**וב"י** **תירץ, דאחר** המליחה עולין הם], **והב"ח** כתב דהא דדגים קטנים אינן עולים על שלחן מלכים, היינו בדגים קטנים שגידול שלהם גדול, ואותן דגים בקטנותן אינם חשובים ואינם עולים על שלחן מלכים, **אבל** דגים קטנים שגידול שלהם לעולם קטן, הם חשובים ועולים על שלחן מלכים, והביא ראיות ע"ש.

אבל דגים מלוחים גדולים, אינם נאכלים אלא ע"י הדחק; לפיכך אם צלאן עובד כוכבים, אסורים, ויש מתירין. הגה: וכן כל דבר שנאכל חי על ידי הדחק, ובשלו עובדי כוכבים, דינו כדגים גדולים - «והעיקר כדעת האוסרים, דאכילה ע"י הדחק לא שמה אכילה, פר"ח - ערוה"ש».

וכ' האו"ה דחבושים, וערמונים הנקראים בל"א קעסטי"ן, אינן נאכלין חיין אלא ע"י הדחק, ויש בהן משום בשולי עובד כוכבים, **ובת"ח** כתב עליו, ואינו נראה בערמונים, דהא בכל מדינות אלו רוב אכילתן חיין, עכ"ל, ועיין בהגהות שבסוף ספר או"ה מ"ש לחלק בערמונים. (**ועיין** בתשובת מים רבים, מ"ש להתיר הערמונים והתורמסים, ע"ש היטב).

ובשר מלוח אינו נאכל כלל כמו שהוא חי, ואסור אם נתבשל על ידי עובד כוכבים - [בטור חשיב בשר מליח בהדי דגים קטנים, ונראה דאיהו מיירי שמלחו הרבה ונשתהה במלח זמן רב, כמו שסיים הטור על זה, עד שראויין לאכילה כך בלא בישול].

סעיף יג - דג שמלחו עובד כוכבים, ופירות שעשנן, עד שהכשירן לאכילה, הרי אלו מותרין, דמלוח אינו כרותח בגזירה זו, והמעושן אינו כמבושל. הגה: גם כבוש אינו כמבושל, דלא אסרו אלא בישול של אש - וכתבו ב"י וד"מ, ומיהו משמע דאע"פ שעשנו ישראל, אם בשלו עובד כוכבים, אסור, דומיא דדגים גדולים דבסמוך, עכ"ל, **ולכאורה** משמע דקאי גם אדגים קטנים, אבל באו"ה כתב, דדגים קטנים אפילו עישנם עובד כוכבים ובשלם אח"כ, שרי, דעישון הוא שוה בכל מיניו למליחה, ע"ש, **ולפ"ז** להיש מתירין בסעיף י"ב דגים גדולים מלוחים שבישלם עובד כוכבים, ה"ה דגים גדולים מעושנים שבשלם עובד כוכבים מותרים, וכ"כ הב"ח.

סעיף יד - ביצה, אף על פי שראויה לגומעה חיה, אם בשלה עובד כוכבים, אסורה - [הטעם, דאכילה על ידי הדחק היא, ואף ליש מתירין דסעיף י"ב בדגים גדולים, מודים כאן ובתמרים המרים דסעיף ט"ו, שכאן אין נאכלין אלא על ידי דוחק גדול, וכן סיים הטור בהדיא, על ידי דוחק גדול].

סעיף טו - תמרים המרים קצת, שאינם נאכלים אלא על ידי הדחק, אם בשלם עובד כוכבים, אסורים - כתב האו"ה, ומיהו הני אגסים ותפוחין, אף ע"פ שרוב אכילתן ע"י צלי ובישול, אם צלאן ובשלן עובד כוכבים מותרים, דמ"מ נאכלים גם כן חיין, ועוד שרוב עיקר אכילתן חי, ע"כ.

[**כתב** בד"מ בשם הגהת אלפסי, אותן אגוזים גדולים שמרקחין עם קליפתן המרה וגרעינין שלהם, אסורים משום בישול עכו"ם, דאין נאכלין חיין ועולין על שלחן מלכים, עכ"ל].

סעיף טז - כלים שבשל בהם העובד כוכבים לפנינו דברים שיש בהם משום בישולי עובדי כוכבים, צריכים הכשר - ואם נתבשלה בהן בדיעבד, ויש רוב בתבשיל, שרי, דבשולי

עובדי כוכבים בטלים ברוב, כדלעיל סי' קי"ב ס"ק כ"ג, וע"ל סימן קט"ו ס"ק י"ז.

וכתב בת"ח וז"ל, וכלים שבישלו בהן עובדי כוכבים, אסורין, לכך צריך ליזהר בשפחות עובדת כוכבים המבשלות לעצמן בבית רבן, שלא יניחו ע"ג האור, ואם קדמו והניחו כו', צריך הגעלה, עכ"ל, **ואין** להקשות דהא כתב שם דין י"ז, דבדיעבד נוהגים להתיר אפילו התבשיל שנתבשל בבית ישראל, **י"ל** כמ"ש בהג"ה שבסוף ס' או"ה, דאע"פ שבשלה בבית ישראל, אם בשלה לעצמה גרע טפי, **ואף** על גב דבפנים בת"ח מתיר בבית ישראל, מטעם דא"א שלא יחתה אחד מבני הבית, **י"ל** דאם מבשלה לעצמה אין רגילות כלל שא' מבני הבית יחתה.

ויש אומרים שאינם צריכים – ‹דכיון דטעם האיסור הוא משום חתנות, ובפליטות לא שייך איסור חתנות – ערוה"ש›. **ואף לדברי המצריכים הכשר, אם הוא כלי חרס, מגעילו שלש פעמים ודיו, מפני שאין לאיסור זה עיקר מדאורייתא.**

הגה: עובד כוכבים שבשל לחולה בשבת, מותר למוצאי שבת, אפילו לבריא, ואין בו משום בשולי עובדי כוכבים, דכל כה"ג היכרא איכא – ‹דכיון דעיקר האיסור הוא משום חתנות, אינו שייך אלא בחול שגם אנחנו יכולים, אבל בשבת שאסור לנו לבשל ומוכרחים לבשל על ידם, לא שייך הכא משום חתנות – ערוה"ש›.

[אלו הם דברי הר"ן בשם הרא"ה, הביאם ב"י, והנה בס' בדק הבית להרא"ה כתב גם כן הכי, **ובעל** משמרת הבית שהוא הרשב"א כתב על זה, וחלילה וחס, שלא הותר אפילו לחולה עצמו אלא בעת הצורך בלבד, דהיינו בשבת, הא למוצאי שבת חוזר לאיסורו, וכל שכן לבריא, ודומה לנבילה לחולה שיש בו סכנה, דמותר לו בשבת, ואם הבריא אסור, דכל דתקון רבנן כעין דאורייתא תיקון, עכ"ל, **ודבריו נכונים**].

[**ויש עוד ראייה מסי' קי"ב סעיף ח', דבמקום שאין פלטר** מצוי התירו לו אף של בעלי בתים, וזה ודאי, דאחר שיבוא למקום שיהא פלטר מצוי, חזר הפת של ב"ה לאיסורו, דהא נקט במקום שאין פלטר כו' דוקא, והה"נ כן הוא]. **אין** זה ראיה, דשאני הכא דכל כה"ג היכרא אית ליה, ולא שייך חתנות, תדע דהא דלעיל סי' קי"ב גופיה, מדברי הרא"ה בבדק הבית הוא - נקה"כ.

[**ואלו ראו ב"י ורמ"א ספר משמרת הבית, לא היו פוסקים** להיתר כהרא"ה בזה]. **ליתא** דאפשר אפי' ראו היו פוסקים כן, דבשל סופרים הלך אחר המיקל, כ"ש בפת של עכו"ם דקיל טובא, ועוד שגם דעת הר"ן בתשובה כהרא"ה - נקה"כ.

[**והיותר תימה שבסי' קכ"ג בסופו כתב ב"י תשובת הר"ן,** דלא קי"ל כהרא"ה בזה]. **ט"ס** הוא וכמ"ש לקמן ס"ס קכ"ג ע"ש - נקה"כ. [**ועיין מש"כ שם על דברי רמ"א**].

‹**ונהי** דלמעשה אין להקל בבריא, ואפי' לחולה עצמו במו"ש, וכמ"ש התו"ש בשם כמה אחרונים, דס"ל כהט"ז, עכ"פ לענין הכלים שבישלו בהן לחולה בשבת, הסומך עלייהו לא הפסיד – מ"ב סי' שכ"ח. **בודאי** לכתחלה יש להחמיר כהט"ז, ובדיעבד אם בישלו בהכלי אפילו כשהיא בת יומא, אין לאסור התבשיל – ערוה"ש. (**ובספר** חכמת אדם כתב, דיש להתיר הכלים אחר מעל"ע אפילו בלא הגעלה)›.

§ סימן קיד – דיני שכר ושאר משקין של עכו"ם §

סעיף א- כל שכר של עכו"ם, אחד שכר של תמרים או של תאנים או של שעורים או של תבואה או של דבש, אסור משום חתנות. ואינו אסור אלא במקום מכירתו, אבל אם הביא השכר לביתו ושותהו שם, מותר, שעיקר הגזרה שמא יסעוד אצלו. ולא אסרו אלא כשקובע עצמו לשתות כדרך שאדם קובע בשתיה, אבל אם נכנס בבית העכו"ם ושתה דרך עראי באקראי, מותר –

[ובפת החמירו טפי, כי על הפת יחיה האדם ובעי ריחוק טפי, פי' לפי שעושה קירוב טפי, והר"ן נתן טעם, מפני שהפת מעשה נשים, אלים חתנות דידיה טפי, ע"כ].

ואין לאסור משום בישולי עובדי כוכבים, דאסור בכל ענין כדלעיל סי' קי"ג ס"א, לפי שאינו עולה על שלחן מלכים, **ועוד** דכי היכי דהתבואה בטילה לגבי מים לענין ברכת שהכל נהיה בדברו, ה"נ בטלה לענין איסור בשול עכו"ם, כ"כ התוס' והרא"ש ושאר פוסקים, **ומ"ש** הב"ח בכאן לא ירדתי לסוף דעתו בכל דבריו ע"ש.

וכן מי שלן בבית העובד כוכבים, חשוב כביתו, ומותר לשלוח בעיר לקנות שכר מהעובד כוכבים - ואף אם העובד כוכבים אכסנאי שלו נותן לו, שותה משום איבה, כ"כ התוס' ומביאה ב"י.

הגה: ויש מתירין בשכר של דבש ותבואה - כל מין תבואה בין חיטין בין שעורים, ‹דאין אסור אלא כעין שכר שלהם שהיה של תמרים, והטעם, דליכא קירוב דעת, {דשכר תמרים היא משקה חשובה, ולא כן שכר שלנו – ערוה"ש}, וסברא ראשונה ס"ל, שלא אמרו שכר אלא שמצוי להם – גר"א›, **וכן נוהגין להקל במדינות אלו.**

(**עבה"ט** של הרב מהרי"ט ז"ל, מ"ש דמי שהיה מיקל בשכר ה"ה דמותר לשתות קאווי כו', והוא מדברי הפר"ח, **ועיין** בתשובת אא"ז פנים מאירות שחלק עליו, דאף בשכר לא היה עיקר הטעם משום דהתבואה בטילה, אלא עיקר הטעם היה דשכר שלהם לא היה עולה על שולחן מלכים, **או** כמ"ש הב"ח, דלא שייך בי' חתנות כולי האי, דלא מזמני עלייהו, וליכא קריבא דעתא כולי האי, **אבל** בקאווי עינינו רואות שעולה על שלחן מלכים ומזמני עלייהו, לכן ראוי לבעל נפש שלא לשתות קאווי או טיי"א מעובד כוכבים, ע"ש).

סעיף ב - מקום שישראל נוהגין קולא ביין של עובד כוכבים, אף השכר - של ישראל **אסור** - גזירה אטו יין שלהן, ועפ"ר וב"ח.

[**כתב** רש"ל, נ"ל דוקא במקום שמקילין קאמר, **אבל** האידנא, שנעשה בקצת מקומות בעו"ה היתר גמור, מותר לשתות שם שכר מן עכו"ם, רק שלא ישתה בביתו, עכ"ל, **ביאור** דבריו, דדוקא במקום שיודעים שיש איסור ביין של עכו"ם, רק שנוהגין בו קולא, שם עשו חכמים היכירא שלא ישתה שם שכר אטו חמרא, שירגישו שלא יקילו עוד, **אבל** במקומות שנוהגים היתר גמור, והם סבורים שאין כאן איסור כלל, נמצא שלא ידעו ממה להפריש, כי היתר גמור הוא בעיניהם, ע"כ אין שייך בזה גזירה, ומותר לשתות שם שכר, בין מישראל בין מעכו"ם, ומו"ח ז"ל נטה הדרך כפי דברי רש"ל הללו, לפרשם שמן ישראל אסור ומן העכו"ם שרי, ואינו מסתבר].

סעיף ג - יין תפוחים ויין רמונים וכיוצא בהן, מותר לשתותו בכל מקום, דדבר שאינו מצוי לא גזרו עליו.

סעיף ד - כל אלו המשקים - הנזכרים, אפי' יין תפוחים ורמונים, **וכן החומץ של שכר, אסור לקנותו מהם אם דמיהם יקרים מדמי היין, שאנו חוששים שמא עירב בהן יין (עד שאין ס' לבטלו)** - וה"ה אפילו היין ביוקר, אלא שהוא משביח בהם ביותר משום היין שנתערב בו, אסור, כן משמע בש"ס וב"י ע"ש, וכן הוא באו"ה.

[**תמהתי** למה הצריך ס', הא קי"ל בסי' קל"ד סעיף ה', דיין במים בטל בששה חלקים, והוא הדין בשאר משקים, דזה פשוט דהם מבטלים טעם היין יותר ממים, ובב"י וד"מ העתיקו כאן בשם המרדכי בשם ראבי"ה דצריך ס', אין מזה ראייה, דהוא ס"ל כדעת י"מ שמביא הטור סימן קל"ד, דצריך ס', אבל אנן לא קי"ל הכי, ע"כ בודאי גם כאן סגי בששה, כן נראה לע"ד].

לק"מ, דדוקא במים סגי בששה חלקים, משא"כ בשאר משקין, וכן מבואר באו"ה - נקה"כ.

(**ועיין** באו"ח סי' ר"ד במג"א ס"ק ט"ז, שכתב דדוקא מים שמפסידין ופוגמין היין, אבל שאר משקים אפשר שאין פוגמין, **ומ"מ** מסיק שם, דביינות <של ישראל> {צ"ל שלנו} ‹שאינם חזקים›, ודאי בטיל <בששים> {צ"ל בששה}).

בד"א, כשמוכרים בחנות; אבל אם רואה שמוציאים אותו מהחבית, מותר, ולא חיישינן שמא עירב בו יין, שאם היה מערב יין בחבית היה מתקלקל – [אבל בחנות לא מתקלקל כיון שהוא זמן מועט]. ‹והדבר פשוט שאם טבע משקה זו שלא תתקלקל ע"י היין, יש איסור אפילו מחבית – ערוה"ש›.

הגה: ואע"פ שרגילים למשוח היורות והכלים בשומן חזיר, אין לחוש, דהוי נתינת טעם לפגם, גם בטל בס'.

(**עיין** בשאילת יעב"ץ, שמורה אחד הזהיר את העם שלא לאכול פולין לחים הנלקחים מן העובד כוכבים, לפי

שהוגד לו שמכבסין אותם בבורית כדי לצחצחן, **וכתב** הוא ז"ל, דהוא חומרא בלא טעם, דבורית נותן טעם לפגם, ולא קעבדי אלא לחזותא דפולין, שיהיו נראים לבנים וצחים, וחזותא כי הא ודאי לאו מלתא, וכ"ש בזה שאין אנו יודעים האמת אם כן הוא, וכי נמי עבדי ליה ודאי פורתא בעלמא עבדי, ולא משהו ליה בגווה אלא לעבורי זוהמא, ע"ש).

גם אין לחוש אם נתנו משקין אלו בכלים של יין, ועי"ל סימן קל"ז, במקום שנהגו לתת דם או שאר איסור לתוך המלח או דיו, אם מותר או אסור - כן הוא בכל הספרים ובעט"ז, וט"ס הוא, וצ"ל קל"ד במקום קל"ז, שכן הוא שם בסוף הסימן, **או** צ"ל וע"ל סי' קל"ז, וע"ל סימן קל"ד במקום שנהגו כו', כי בסימן קל"ז נתבאר דין זה דמשקים בכלים של יין, ע"ש.

סעיף ה - יין רמונים שמוכרים לרפואה, מותר ללקחו מהתגר אפי' שלא מהחבית, אע"פ שדמיו יקרים מהיין, משום דכיון דאית ביה קפידא - אם נתערב בו חומץ וכה"ג, **לא מרע נפשיה. (וכן כל דבר שקונים מן האומן דלא מרע נפשיה).**

סעיף ו - צריך ליזהר ולבדוק ולחקור בשכר ובמשקה של דבש שעושים העובדי כוכבים עכשיו, אם נותנים בהם שמרים של יין. הגה: ואם דרכן ליתן בו שמרים, אסור לקנות מהם אם אין במשקה ס' מן השמרים - [כבר כתבתי בסעיף ד', דלדידן בששה סגי], **והוא דלא עבידי לטעמיה, דלטעמיה אפילו באלף לא בטיל.**

(**אבל** אי איכא ס' שרי, אע"ג דדבר המעמיד אוסר בכל שהוא, כדלעיל סי' פ"ז סעיף י"א, **מ"מ** י"ל דשמרים לא נקרא מעמיד, ולא דמי לגבינה, דהתם ניכר האיסור בעין שהחלב נקפא מחמתן, **משא"כ** הכא שאין האיסור ניכר כלל, שהרי השמרים אין עושים רק שהשכר תוסס מחמתן, ואין חילוק בין קודם תסיסה לאחר תסיסה כי אם לענין הטעם, אבל לענין מראה כמראהו אז כן עתה, כ"כ בשו"ת פ"י כת"י, הביאו בש"ת באו"ח סימן תמ"ח ס"ק י"א, **ומטעם** זה התיר בשמרים שעבר עליו הפסח שנתנום לתוך חבית של שכר ויש ששים, ע"ש עוד בזה).

סעיף ז - שמן ודבש של עובדי כוכבים, מותרים, ואינם נאסרים משום בישולי עובדי כוכבים - דנאכלין כמות שהן חיין, **ולא משום גיעולי עובדי כוכבים** – [דהיינו פליטת הכלי מאיסור שהיה בו], דבשר ושומן פוגם בשמן ודבש, כדלעיל סימן ק"ג ס"ד, **א"נ** סתם כלים אינן בני יומן, כדלקמן סי' קכ"ב, **ועיין** בתשובת הרב סי' נ"ד מדין היתר שמן זית.

וה"ה למים חמים שלהם - שאין בהן משום בשולי עובדי כוכבים, שנאכלין חיין, כדאיתא בשבת פרק במה טומנים, **ורש"י** פירש בע"ז, מפני שאין משתנין מברייתן ע"י האור.

ולכלי העובד כוכבים אין לחוש משום גיעולי עובדי כוכבים, דשומן פוגמן מלשתות, עכ"ל העט"ז, **ולפ"ז** אפילו הכלים של עובד כוכבים ב"י, מותר, דהא השומן פוגם במים, **ותימא** דודאי שומן משביח במים, וזהו דבר שהחוש מעיד עליו, וכן הוא בדוכתי טובי בפוסקים, ומהם בתוס' והרא"ש והר"ן, והוא פשוט, **אלא** הטעם הכא דמותרין חמין שלהן, משום דסתם כלים של עובדי כוכבים אינן ב"י, כדלקמן סי' קכ"ב סעיף ו', וע"ש, וכ"כ הר"ן שם ושאר פוסקים והוא פשוט.

סעיף ח - הקפריסין – [פירוש שומר לפרי ממין צלף, ודרך לאכלן חיין, ויש ששולקין אותן], **והקפלוטות** – [כרתין נאכלין כמות שהן חיין], **והחגבים שלהם הכבושים, מותרין, והוא שרואה שמוציאים אותם מהאוצר, אבל הנמכרים בחנות, אסורים, שמא זילף עליהם יין** – [ואפי' במקום שהיין ביוקר, מכל מקום חיישינן כדי לעשות להם ריח טוב ביין מועט שמזלף, חיישינן לזה].

וכן זיתים שלהם, הכבושים מותרים, אפילו רכים הרבה עד שגרעינתן נשמטת, ולא חיישינן שמא זילף עליהם יין, ובלבד שלא יהיו חתוכות בסכין שלהם. הגה: דמאחר שכס

חריפים, בלעו מן הסכין - כ' האו"ה, דהיינו דווקא שנתחכו לאחר שנכבשו, שאז הם חריפים, וע"ש, **והא** דלא אמרינן דהטעם נתבטל בב' וג' הראשונים ובטלים ברוב, נתבאר לעיל סי' צ"ו ס"ק כ', ע"ש.

אבל אם נכבשו בכלים של עובדי כוכבים, מותרים, דמאחר שיש מים עמהם, כבר נתבטל חריפתן, וכן כל כיוצא בזה, ועיין לעיל סימן צ"ו - דוקא שהרוב מים, אבל אם הזיתים רוב, הרי הן בחריפתן ואסורים אפילו הכלים אינן ב"י, דמשוי ליה לשבח, כדלעיל סי' צ"ה ס"ב בהג"ה.

סעיף ט - הענבים שלהם, אפילו הן לחות הרבה עד שמנטפות, מותרות. וכן כל הכבשים שאין דרכם לתת בהם יין וחומץ. וכן טרית, (פי' חתיכות דג גדול הנקרא טוניי"א בלע"ז) שאינה טרופה - פי' דג שראש ושדרה שלו ניכר שהוא טהור, **וכן ציר של דגים שיש בו כולכית. וכן עלה של חלתית, מותר.**

סעיף י - אסור ליקח מהם קורט של חלתית – [חלתית היא מין פרי שקורין בלזר"א, וחותכין את קרטיו בסכין, ואסור משום שמנונית הסכין, רש"י], **דאע"ג** דסתם כלים של עובדי כוכבים אינן ב"י, אגב חורפיה דחלתית משוי ליה לשבח.

וטרית טרופה; וחילק, דהיינו מיני דגים קטנים - שאין להם קשקשת ועתידים לגדל לאחר זמן, וקי"ל דמותר כדלעיל ר"ס פ"ג, רש"י, וכן פי' הרמב"ם בפי' המשנה והברטנורה, **מעורבים, מפני שדגים טמאים מתערבים עמהם ואינו יכול להפרידם.**

ולפי"ז משמע דשאר דגים קטנים שיש בהן קשקשת מותרים, שהרי יכול להבחין ביניהם ובין הטמאים.

וכבשים שדרך לפעמים שנותנים בהם יין.

והני מילי לאסור באכילה, אבל בהנאה, מותר - (דמשום חששא בעלמא אין לאסור בהנאה - ערוה"ש).

ואם ידוע שהכל נותנים יין, אסורים אפילו בהנאה. הגה: ומוכרו כולו, חוץ מדמי יין נסך שבו – [פי' אומדין כמה הוא דרכן לערב בכיוצא באלו, וימכרו חוץ מדמי אותו יין].

היינו מדינא, אבל למאי דקי"ל ר"ס קכ"ג, דסתם יינם בזמן הזה מותר בהנאה במקום הפסד מרובה, ה"ה הכא, וק"ל.

ואם ידוע שעובד כוכבים אחד הוא בעיר שאינו מערב בו יין, אע"פ שאר עובדי כוכבים דרכן לערב בו יין, מותר ליקח מכולן, כל זמן שלא ידוע כן בודאי שעירבו בו, דתלינן לקולא שמא לא ערבו בו - כלומר ומותר ליקח מכולן, אפילו מהן בבתיהן, דכל אחד ואחד שאני לוקח ממנו אני אומר זהו שלא עירב, ואפילו רוב דרכן להתערב, כיון שאין ידוע בודאי שעירבו אמרינן שהאחד שלא עירב מציל על כולם, כדאמרינן בסוף האשה שנתארמלה, דעיר שכבשוה כרכום, פי' חיל, כל הכהנות אסורות, ואם יש שם מחבואה אחת, דהיינו שמחזקת אחת, מצלת על כל הכהנות, והוא הדין בכל איסור דרבנן כיוצא בו.

[וק"ל דשם עדיפא מהכא, דשם יש לכל אחד מהכהנות ספק ספיקא, ספק אם היתה באותה מחבואה, אם תמצי לומר לא היתה, שמא לא נאנסה, וזה לא שייך כאן, דמה מועיל מה שאין עכו"ם זה מערב לשאר שדרכן לערב, הלא השאר הם כאלו לא היה עכו"ם זה ביניהם, **וא"ל** דכאן מיירי ג"כ מספק דלא נודע איזה עכו"ם הוא שאינו מערב, דהא לא נזכר כאן שום רמז זה דמיירי מלא ידוע איזה עכו"ם הוא, **ועוד** קשה דהאיך לומד מהר"ש מההיא דמחבואה, דשם לא מהני אלא בדיעבד להתיר הכהנות לבעליהן, משא"כ כאן התיר לקנות לכתחלה מכל עכו"ם, ונ"ל דכאן לא מיירי מספק איזה עכו"ם, אלא ידוע הוא, והספק הוא בשאר, ולימודו של מהר"ש הוא באופן זה, דשם במחבואה שבאת להתיר כל הכהנות בפעם אחת, הוי כאלו באת לשאול בבת אחת, כמו שכתבו התוספות שם, ממילא אין לך מעלה מצד שנוכל לומר על כל אחת שהיא היתה במחבואה, דהא אתה מתיר את כולם בפעם אחת, א"כ אתה מתיר בודאי אף מי שלא היתה במחבואה, **אלא** דע"כ לומר דמ"מ כיון שיש צד מעלה לאחת מהם, מהני גם להשאר, דומה לדבר מה שמצינו בסי' ק"י, באם נאבד א' מהם דמותר לאכול השאר שנים שנים דוקא, מטעם שבודאי יש ביניהם אחד שהוא

טהור, ע"כ מועיל גם להשאר, ה"נ כן הוא בהנהו כהנות, דכיון שיש אחת ביניהם שיש לה חזקה טובה, מועיל לכולם, ה"נ כן הוא בהנהו עכו"ם, אע"פ דכאן אין ספק בעכו"ם זה שודאי אינו מערב, מכל מקום הדבר שקול כמו התם, דהתם יש גריעותא דבת אחת, וזה כנגד המעלה שלא נודע מי היתה במחבואה, ע"כ כאן אנו אומרים כיון שיש עכו"ם אחד בחזקת כשרות, אמרינן דגם האחרים בחזקת כשרות, **אלא** דהתם הוה ספק דאורייתא, דהיינו איסור אונס, ע"כ מותר דוקא דיעבד, אבל כאן הוה ספק דרבנן, כמו שכתב רמ"א, מותר אפילו לכתחלה].

האריך בדברים שאינם נכונים, דהדבר פשוט דמהר"ש שבאו"ה ורמ"א, מיירי בידוע שיש עכו"ם א' שאינו מערב, ואין ידוע איזהו, אבל היכא דמכירין אותו העכו"ם, לא אמרינן דמציל, **גם** מה שהקשה דהתם בכהנות דיעבד הוא, לק"מ, דהכא נמי דיעבד הוא, כיון שכבר נעשה ביד עכו"ם - נקה"כ.

[**אלא** דקשה במ"ש רמ"א "כל שאין ידוע שעירבו", לשון רבים, הא אפי' אם נודע שיש אחד שמערב, בודאי אסורים כולם, כדמסיק אח"כ, **ע"כ** נראה לענ"ד עיקר, דאם יש בית אחד שהוא ודאי מערבין בו יין, לא מהני ליה, אף אם יש בית אחד דודאי אין מערבין, דהוי ממש דומיא דב' שבילין, דכל דתיקון רבנן כעין דאורייתא תיקון, אלא אזלינן בתר רובא כמ"ש אח"כ, ותו דההיא דשני שבילין מיירי ג"כ בטומאה דרבנן, כמבואר בת"ח הארוך דף קי"ב].

אין לו טעם, ועיין בש"ך - נקה"כ.

וכן כל כיוצא בזה באיסורי דרבנן - (עיין בתשובת נו"ב, בקדרות חרס שדרכם כאשר בא בהם סדק, נותנים לאומן לתקן ולטוח במקום הסדק שלא יפלוט, וכעת נודע שאומן א' עושה טיחה זו בגבינה חריפא, **וכתב** דיש להתיר מן הסתם, כיון שנודע ג"כ שיש בעלי מלאכות שעושים בסיד לחוד בלא גבינה, וכמ"ש הרמ"א כאן, דבזה נמי ליכא איסור דאורייתא, דקדרה דרכה להשתמש בשפע, וגבינה זו שבמקום הסדק דבר מועט היא, ולדעת הרשב"א והמחבר לעיל ס"ס צ"ט, מותר, **ואף** לדעת החולקים, ליכא רק איסור דרבנן, ולכן סמכינן לקולא, **וגם** לא ישתמשו בהם עד אחר מעל"ע, דיש לצרף ג"כ היש מתירין שבסי' ק"ג ס"ה, ע"ש).

ואם ידוע שמקצת עובדי כוכבים בודאי נותנים בו יין, ומקצתן בודאי אין נותנים בו יין, אזלינן בתר רובא, דכל דפריש מרובא פריש - דאי רוב ודאי מערבים, כל הפורש מהן אסור, ואם רוב ודאי אין מערבין, כל הפורש מהן מותר.

אבל אסור לקנות מהם בבתיהם - אף על פי שידוע שהרוב ודאי אין מערבין, ואם לקח מהן אסור, **דכל קבוע כמחצה על מחצה דמי** - כדלעיל סימן ק"י ס"ג, וה"ה אם העובדי כוכבים המוכרים יש להם חנויות, הרי נעשה קבוע בחנויות שלהם, ולא אמרינן כל דפריש מרובה פריש, אלא כשהעובד כוכבים הולך לשוק ומוכר, וק"ל.

[**ע"כ** מיירי כאן שיש ג' מינים, אחד ודאי מערבין, שני ודאי אין מערבין, שלישי הם סתם, ועל מי שקונה מהסתם קא מיירי, אי ניזול בתר רובא, **ויש** להקשות נגזור שמא יקח מן הקבוע, כדאיתא סימן ק"י סעיף ו', **ואין** לומר דשאני הכא דאפילו אם יקח מן הקבוע אין כאן אלא איסור דרבנן, שהוא סתם יינם, **דהא** אמר לעיל אם יקח מן הקבוע הו"ל איסור דרבנן, דמן התורה חד בתרי בטל, אלא דרבנן גזרו בדבר חשוב דלא ליבטל, **ואפשר** דבסתם יינם דהקילו בו חכמים, סמך על רשב"א דלעיל דלא גזר שמא יקח מן הקבוע].

לק"מ, דבפירש ממילא, וכן בלקחו עכו"ם שלא בפנינו, לא גזרינן אפי' באיסורא דאורייתא, וכדלעיל סי' ק"י, וכ"ש הכא - נקה"כ.

סעיף יא- המורייס (פי' שומן של דגים), במקום שדרכן לתת לתוכו יין, אסור. ואם היה היין יוקר מהמורייס, מותר.

[**בטור כתוב, ואם הביאו ממקום שהיין** ‹ביוקר למקום שהוא בזול›, מותר, ולא חיישינן שמא הלך במקומות שהיין בזול›, **והקשה** ב"י מן הגמרא ההוא ארבא כו', דמשמע שאם יש שום מקום בדרך שיהא היין בזול, ודאי חיישינן דילמא ההיא אורחא אזיל, אם לא שיש מניעה כההיא עקולי ופשורי בגמרא, **ובדרישה** פירש דהטור מיירי מספק אם יש מקום בדרך שהוא בזול, לזה לא חיישינן, ובגמרא מיירי שיש ודאי מקום זול בדרך, על כן הוצרכו לתת

מניעה דעיקולי ופשורי, וכן ראיתי בד"מ, **ותימה לי**, דהא פריך בגמרא ודלמא דרך צור אתא, משמע דלאו ודאי הוא שהדרך לשם דוקא, ואפ"ה מקשה להחמיר מספק, ותו דהאיך יכתוב הטור דין חדש ולא יזכור דין הגמר', **ונראה** לע"ד דמיירי בכאן שעולים מים ליבשה למכור המורייס, ואם כן יש סברא טובה דגם בצור שהיא על שפת הים ואפשר שגם שם הולך למכור מורייס, ושם נפיש חמרא, על כן יש חשש אם אין עיקולי, ופשוט, **משא"כ** כאן בדברי הטור דמיירי שאין שום יין בזול מן אותו המקום שמביאו עד הנה, ע"כ אין חשש שמא הלך מן הצד במקום שיש יין בזול, דלמה ניחוש לזה כיון שמתחילה היתה כוונתו להביא הנה, כן נראה לי נכון].

ובמקום שאין דרכם לתת לתוכו יין, מותר לקנותו מהם וכן להפקידו אצלם ולשלחו על ידם.

סעיף יב - הרשב"א היה נזהר מהכרכום, מפני שבכל הארץ ההיא היו מזלפים עליו יין הרבה, וגם מערבים בו חוטי בשר יבש.

והעולם נהגו עכשיו היתר בפשיטות בכרכום, ובני עלייה הנזהרים הם מועטים, ונראה לומר שהרשב"א לא היה נזהר אלא מפני שהיה יודע בודאי שבכל ארץ ההיא היו מזלפין עליו יין, **אבל** אנן דלא ידעינן בודאי, אם כן אמרינן דאי אפשר שלא יהיה אחד מהן שלא יזלף עליו יין, ויציל על כולן, וכי האי גוונא כתב המרדכי והאגודה פא"מ, דאע"פ שהעובדי כוכבים מתקנין לחם בשמרי יין, מותר הלחם, כי אי אפשר שלא תיקן עובד כוכבים אחד משמרי שכר, ואמרינן בכתובות אם יש שם מחבואה אחת מצלת על כל הכהונות, עכ"ל, ומביאו ב"י בסימן קכ"ג, וכ"כ האו"ה, **ואף** על גב דבד"מ לא פסק כן להקל ולומר שאי אפשר שלא יתקן אחד בהכשר, וכמו שכתוב בהג"ה בסעיף י', היינו משום שדרך העובד כוכבים לתקן באיסור, לכך לא תלינן להקל, וכן משמע בד"מ להדיא, **אבל** היכא דאין ידוע שדרכן בכך, אלא דאנן ניקום וניחוש להחמיר שמא דרכן לתקן באיסור כמו בזמן הרשב"א, אם כן פשיטא די"ל דאי אפשר שלא יתקן אחד בהכשר, **ועי"ל** דהרשב"א היה יודע שהיו מערבין בו יין הרבה, וכמו שכתוב בתשובת הרשב"א ובדברי המחבר, ולא היו בו ששים, אבל בכרכום שלנו נראה דמסתמא אית ביה ששים, דהא אין טועמין כלל טעם היין בכרכום, **וגם** החששא שמערבין בו חוטי בשר יבש ליתא בתשובת הרשב"א שבדפוס שלפנינו, ואף לתשובת הרשב"א בכתב שהיו ביד המחבר, נראה דלא חש ליה הרשב"א אלא לפי שהיה יודע שהיו מערבים בו הרבה חוטים עד שלא היו בטלים ברוב, והיו בקיאין כל כך באומנותן שערבו בענין שלא היה ניכר, והלכך אסור, **אבל** בכל הכרכום שבארצנו שהדבר ידוע וברור שיש רובא דמינכר כרכום, א"כ אפי' אם ימצא במיעוטא דמיעוטא חוטי בשר יבש, בטל הוא ברוב*, **וכיון** שכן מותר אפילו לכתחילה ליתנו לתבשיל, דודאי יש ששים בתבשיל, וכדלעיל סימן ק"ט דיבש ביבש שנתבטל ברוב מותר לבטלו אפילו לכתחלה בס' לכ"ע, וכן ליש פוסקים מותר אפילו בלא ששים, ע"ש, **ועוד** דלא שייך כאן מבטל איסור לכתחלה, כיון דספק הוא אם יש כאן שום איסור, וכדלעיל סימן פ"ד ס"ק ל"ח, וסימן קט"ו ס"ק כ"ח, **ותו** די"ל דהרשב"א לא היה נזהר אלא בכרכום שהוא לח, וא"כ גם החוטי בשר יבש לא היו יבשים לגמרי, ואם כן הם נותנים טעם, **אבל** בארצות האלו שהכרכום הוא יבש כעץ, אם כן אפילו ימצא חוט בשר יבש, לית לן בה, וכמו שנתבאר לעיל סי' פ"ז סוף סעיף י' בהג"ה, גבי עור הקיבה שנתייבש כעץ בענין דלית בה לחלוחית, שרי, **ואף** דיש ג"כ לפעמים כרכום רטוב ולח, זהו מחמת שהיה מונח במקומות הקרים ורטובים, ואפשר מתחלה היה יבש כעץ, **ותו** י"ל דדוקא הרשב"א היה נזהר לפי שהיה יודע בודאי שהיו מערבים בו חוטי בשר יבש בענין שהיה בו חשש איסור, אבל האידנא מאן לימא לן שמערבים בו בענין שהוא אסור, דלמא אין מערבין בו כלל, ואחזוקי איסורא לא מחזקינן, **ותו** דאפשר דהרשב"א היה יודע שהמוכרים הכרכום לא היו אומנים, אבל האידנא שידוע שהכרכום שבא מהארצות שגדל שם, שאומנים גדולים עושים אותו, ואומן לא מרע נפשיה כדלעיל סעיף ה', **ועוד** דידוע שיש בזמן הזה הרבה כרכום שהוא בדוק וברור שאין בו שום חוטי בשר יבש, {א"כ האי ודאי אמרינן דאחד מציל על כולן, וכדלעיל ס"י בהג"ה, **והרשב"א** מיירי שדרך כולן להתערב, **ונראה** שזהו דעת המחבר שכתב הרשב"א היה נזהר כו', מה שלא כתב כן בשום מקום, אלא שבכל דוכתי כתב עיקרא דדינא בסתם, אלא בא לומר שהרשב"א לפי שהוא ידע בודאי שיש בו חשש איסור

היה נזהר בו, וא"כ ה"ה למי שיודע כן שיש ליזהר בו, אבל בסתמא אין להחמיר - כצ"ל וחסר שלש שורות, ע"כ מצאתי כתוב בכ"י הגאון אמ"ו ז"ל - נקה"כ}.

***הגה** - לא ירדתי לסוף דעת הגאמ"ו ז"ל, הלא זה מין בשאינו מינו, כיון שאין טעמן שוין, וגם שמן אינם שוין, כמ"ש בסי' ק"ט ס"ק ח' בעצמו, ע"ש וצ"ע - נקה"כ.

§ סימן קטו – דין חלב שחלבו עכו"ם ואין ישראל רואהו, וגבינה וחמאה §

סעיף א - חלב שחלבו עובד כוכבים ואין ישראל רואהו, אסור, שמא עירב בו חלב טמא - לא שנא חלבו לצרכו או לצורך ישראל, טור והסכמת הפוסקים ופשוט הוא, [פירוש דבחלבו לצורכו יש סברא להתיר, דודאי לא עירב חלב טמא ויקלקל את חלבו, כיון דאינו מעמיד, אפילו הכי אסור].

(**עיין** בתשובת חת"ס, שהאריך להביא ראיות דחלב נאסר במנין כיון נסך וכו', ומש"ה גם במקומות דאין שום חשש חלב טמא, כל שאין ישראל רואהו אסור, ודלא כהרדב"ז ופר"ח, **ואף** אם לו יהא הלכה כהרדב"ז, כבר קבלו אבותינו עליהם כאותה דעה דמחמיר, ואסור על בני אשכנז מדינא, ואין לו התרה, וקרוב בעיני לנדר דאורייתא, והיינו אם הלכה כרדב"ז להקל, **אך** אם עיקר הדין לאסור, איננו נדר, אלא העובר הוא עבריין באיסור דרבנן, נמצא חומרו קולו).

היה חולב בביתו וישראל יושב מבחוץ, אם ידוע שאין לו דבר טמא בעדרו, מותר, אפילו אין הישראל יכול לראותו בשעה שהוא חולב – [אבל עכ"פ בעינן שישב מבחוץ בצד עדרו, והכי מוכח בגמ', דאיתא בברייתא ישראל ישב בצד עדרו של עכו"ם, ועכו"ם חולב לו ומביאו לו, היכי דמי אי דליכא דבר טמא בעדרו, פשיטא, ואי דאיכא דבר טמא בעדרו, אמאי, לעולם דאיכא דבר טמא, וכי קאי חזי ליה כו', וכתב המרדכי, י"א דאם ברור לנו דאין בהמה טמאה בעדרו, מותר ליקח מאותו עכו"ם אפי' אין ישראל רואהו, וטעות הוא, דאם כן הוה ליה להקשות, אי דליכא דבר טמא בעדרו, למה לי ישראל יושב בעדרו ורואה, **אלא** ה"פ, אי דליכא וכו' פשיטא דביושב בצד עדרו סגי, עכ"ל, **וכתב** ב"י שכן דעת הר"פ, שצריך לישראל להיות שם בתחילת החליבה, פן יערב או ישים העכו"ם חלב טמא בכלי קודם שיבוא ישראל, אפילו אין דבר טמא בעדרו, משמע שצריך ראייה אפילו באין דבר טמא, ולא סגי ביושב לחוד, מדזכר המרדכי לשון ראייה, **וקשה** מאי פריך אי דאיכא דבר טמא אמאי, דהא יש ראייה, וצריך לומר דגם המקשן ידע דבשעת ישיבה אין יכול לראות, אלא דלא ידע סברא דמרתת, וע"כ פריך אמאי מהני יושב, כיון דבאותו פעם אינו רואה, ומשני דמכל מקום כיון שיכול לראות כשעומד, מרתת, **אבל** הטור כתב בהדיא כמו הש"ע כאן, שאין יכול לראותו, וכן הוא בת"ה הארוך, **וצריך** להיות דהם מתרצים קושיית המרדכי, דבאין טמא כו' צריך עכ"פ להיות יושב מבחוץ לעדרו, והיינו שיראה שלא יכניס שם דבר טמא בשעת חליבה, **ומו"ח** ז"ל השוה דעת המרדכי עם דעת הטור, ולא נהירא].

דברי הב"ח נכונים ע"ש ועיין בש"ך - נקה"כ.

ומ"ש האו"ה דסגי ביוצא ונכנס אחר כך, כן הוא בסמ"ק שם, ומשמע דאפילו חלבו העובד כוכבים לצרכו, סגי ביוצא ונכנס, דטעמא דיוצא ונכנס לא הוי משום מירתת לחוד, אלא משום דכיון דידע שאין דבר טמא בעדרו, אע"ג שאין יכול לראותו בשעה שהוא חולב, ליכא למיחש לשום זיוף, אלא שיצא העובד כוכבים מעדר ויזייף, וכיון שיוצא ונכנס ורואה שאין העובד כוכבים יוצא מהעדר, סגי, **וכן** מוכח בש"ס בע"ז, דבדליכא דבר טמא בעדרו והישראל יושב מבחוץ, אפילו אינו יכול לראותו כלל בשעה שהוא חולב, מותר, מטעמא דכיון דישב מבחוץ הרי רואה שאי אפשר לזייף, וכן משמע מדברי הטור, **ודלא** כהפרישה שכתב טעמא דבעינן ישראל יושב מבחוץ משום מירתת.

היה לו דבר טמא בעדרו, והישראל יושב מבחוץ, והעובד כוכבים חולב לצורך ישראל, אפילו אינו יכול לראותו כשהוא יושב, אם יכול לראותו כשהוא עומד, מותר, שירא שמא יעמוד ויראהו, והוא שיודע שחלב טמא אסור לישראל - ‹ודוקא שחולב לצורך ישראל›, אבל לצורך עצמו, צריך לראות ממש בשעה שהוא חולב שלא יערב בו דבר טמא, כיון שיש דבר טמא עמו בעדרו.

ולפ"ז נראה דאפילו יוצא ונכנס מותר, כיון דטעמא הוא משום דמירתת, והכי אמרינן לקמן סי' קי"ח ור"ס קכ"ט, דהמניח עובד כוכבים אצל דברים שאם הוחלפו יש בהם איסור תורה, מותר ביוצא ונכנס מטעמא דמירתת, וכ"כ בפרישה, **והוסיף** דה"ה אפילו אינו יושב תמיד אלא יוצא ונכנס ויושב שרי, וכ"ש יוצא ונכנס למקום החלב.

הגה: ולכתחלה צריך להיות הישראל בתחלת החליבה, ויראה בכלי שלא יהיה בכלי שחולבין בו דבר טמא - קאי אפילו ארישא, דאין דבר טמא בעדרו, וכן הוא בפוסקים ובד"מ ות"ח, ופשוט הוא.

כתב הב"ח, מיהו בדיעבד התיר ר"ת אם לא ראה תחילת החליבה, כדכתב הגה"א סוף פא"מ, עכ"ל, **ואין** ענינו לכאן, דר"ת לא התיר אלא בידוע שחלב לגבינות, וכמו שיתבאר.

[**דעה זו היא דעת הר"פ שזכרתי בסמוך, אלא שבאו"ה הוסיף עליה, שיראה בכלי כו', כדמסיים רמ"א כאן].**

ונהגו להחמיר שלא יחלוב בכלי שדרכו של עובד כוכבים לחלוב בו - אפילו רואה בתחלה בכלי שאין בו שום דבר טמא, **שמא נשארו בו לחלוחי חלב של עובד כוכבים** - ולא ירגיש בו הישראל, או"ה.

מיהו בדיעבד אין לחוש לכל זה - כלומר דא"צ לחוש שיהיה כל זה, רק סגי בשהיה שם בתחלת החליבה, אפילו לא ראה בכלי, והוא ע"פ מ"ש בד"מ ובת"ח שם בשם או"ה, דבדיעבד אם לא ראה בכלי, רק ראה תחלת החליבה, מותר, עכ"ל, וכ"פ בסימנים שם, **אבל** צ"ע, דבאו"ה משמע להדיא איפכא, וז"ל, צריך שיהא שם הישראל בשעה שהעובד כוכבים מתחיל לחלוב, ויראה שאין בכלי שום חלב מתחלה, ושאין דבר טמא בעדרו, ומה"ט נוהגין בכמה מקומות ומנהג כשר הוא, שלא להניח העובד כוכבים לחלוב בכלי שקורין געל"ט בל"א, אע"פ שהוא מיוחד להחליבה, והוא דבר צונן ואינו חריף כלל, דיש לחוש שמא יהא בו מתחלה מעט חלב טמא ולא ירגיש בו הישראל, **ובדיעבד** מיהו מותר החלב, אף אם החליב העובד כוכבים באותו כלי שלו, רק שראה הישראל מתחלה בכלי, ואח"כ אפילו יצא ונכנס, עכ"ל, **אלמא** דאפילו דיעבד בעינן שראה ישראל מתחלה בכלי, וכן משמע בסמ"ק ושאר פוסקים להדיא, ע"ש, **וכן** בדין, דכיון דחלב שחלבו עובד כוכבים אסור משום שמא עירב בו חלב טמא, א"כ מה בכך שראה תחלת החליבה, אם לא ראה בכלי שמא יש שם חלב טמא בכלי קודם התחלת החליבה שיתערב אח"כ בשאר החלב, **ונראה** דגם הט"ו שכתבו ישראל יושב מבחוץ, כוונתם שהוא בענין שאין לחוש בו שיתערב בו מתחלה דבר טמא, והיינו שראה מתחלה בכלי.

[אלא שתמוה לי מ"ש רמ"א, מיהו בדיעבד אין לחוש לכל זה, דהלשון משמע דגם בהיה דבר טמא בעדרו קאמר הכי, **דהא** עלה קאי הג"ה זו, וזה פשיטא אינו, **ואפי'** באין דבר טמא כתוב באו"ה דאסור, כי היכי דלא ליפוק חורבא מיניה, אלא צריך שיהא שם הישראל בשעה שהעכו"ם מתחיל לחלוב ויראה בכלי כו', וכ"כ בשערי דורא בשם רש"י, באין ישראל רואה אפילו אין טמא בעדר אסור, ופורץ גדר ישכנו נחש, **וע"כ** צריך לומר דרמ"א קאי ארישא דלא היה טמא, וקאמר דלכתחלה לא ניקל כדברי הטור, ויהא די ביושב מחוץ לעדר ולא יראה החליבה כלל, אלא צריך לראות כו' כדברי הר"פ שזכרנו, ועל זה סיים דבדיעבד אין לחוש באין דבר טמא אם לא ראה כלל, אלא די בעומד בחוץ כו', **אבל** אם אין עומד בחוץ פשיטא דאסור אפי' דיעבד אם אין דבר טמא, **ורמ"א** סתם כאן דבריו, ויש מכשול לפני מאן דגריס ולא דייק, **ולענין** הלכה נראה דיש להחמיר, לאסור אפילו דיעבד כל שאין רואה הישראל תחילת החליבה אפילו באין שם דבר טמא]. **עיין** בש"ך נתבאר זה - נקה"כ.

ושפחות שחולבות הבהמות בבית ישראל או בדיר שלהם, כל מקום שאין בית עובד כוכבים מפסיק, ואין לחוש לדבר טמא, מותר אפילו לכתחלה להניח אותן לחלוב, אע"פ שאין שם ישראל כלל, דמאחר שהוא בבית ישראל או בשכונתו, אין לחוש לדבר טמא - (ביאור הדברים, אע"ג שנתבאר דגם בליכא דבר טמא בעדרו אסור בלא ראיית הישראל, זהו בחלב שחלבו מבהמות שלהם, אבל בחלב שחלבו מבהמות שלנו בבית הישראל או בהרפת שבחצר הישראל, לא גזרו על זה כשאין חשש מחלב טמא – ערוה"ש).

‹**ועוד** נ"ל, דלאו דוקא כשהבהמה היא לחלוטין של הישראל, אלא אפילו הישראל שכרה לחליבה, מקרי בהמה של הישראל כיון שהחלב הוא שלו, וכן להיפך כשהכותי שכר מישראל בהמה לחליבה, מקרי בהמה של כותי – ערוה"ש›.

ובת"ח שם כתב, דאם הרפת הוא אחורי הבית, אסור לכתחלה, **אבל** בד"מ כתב במסקנא, אבל מהרא"י כתב שנוהגים היתר גם בזה, וכן בפנים בת"ח שם מסיק לדברי מהרא"י בסוף, וכן משמע מדבריו בהג"ה כאן, שלא חילק בכך, וכן דעת מהרש"ל ע"ש.

אבל אם בית עובדי כוכבים מפסיק, צריך להיות ישראל, כאילו חולבות בבית עובד כוכבים - ובד"מ ובת"ח שם, דגם בכי האי גוונא מותר בדיעבד למהרא"י, וכ"פ בסימנים, וכן נראה דעת מהרש"ל שם.

‹**וידאה** לי, דה"ה אפילו בית כותי מפסיק ביניהם, אם יודע שאין שם דבר טמא הראוי לחליבה, ג"כ מותר, דזיל בתר טעמא – ערוה"ש›.

ואפילו ישראל קטן או קטנה - בני תשע שנים, **מועילים, דהעובד כוכבים מרתת לפניהם.**

‹**עיין** בס' חב"א שכתב, דנ"ל אפי' אין העובד כוכבים יודע שאסור לישראל, ול"ש מרתת, מ"מ נאמן, דאין בו חשש אלא מדרבנן שמא יחליף, ובדרבנן קטן נאמן, **ואמרו** בשם הגאון מה' יאסקי ז"ל, שלא סמך על קטן, וצ"ע, עכ"ל, **ולענ"ד** דזה תליא באם חלב נאסר במנין, שיתבאר בס"ק שאח"ז›.

ואם חלבו עובד כוכבים מקצת בהמות ולא היה שם ישראל, ואחר כך בא ישראל אל האחרים, עכשיו בזמן הזה שאין חלב דבר טמא מצוי כלל, מותר, מיהו אם לא בא שם הישראל עד אחר שנחלבו כולם, הוי כחלב שחלבו עובד כוכבים, דאסור אע"פ שאין דבר טמא בעדרו.

לא ידעתי מאין הוציא הרב זה, ולא הבנתי סברתו, אם רוצה לפסוק כמהרא"י דכתב דעכשיו לא שייך כלל דבר טמא שאינו מצוי, ולא אסר אלא חלב שחלבו עובד כוכבים מבהמות שלו ואין ישראל רואהו, והרב מיירי בבהמת ישראל, ‹וכ"כ הט"ז› [זה קאי על חולב בהמות ישראל ברפת שאחורי בית ישראל, **אמנם חלב שחלבו** עובד כוכבים מבהמה שלו לא שרינן כלל אלא א"כ ישראל רואהו], **א"כ** אפי' לא בא ישראל עד לאחר שנתחלבו כלם, שרי מה"ט, **ואי** ס"ל כאו"ה דאפילו בזמן הזה אסור אפי' דיעבד כל שבית עובד כוכבים מפסיק, א"כ אפילו נחלבו מקצת הבהמות אסור, **ונראה** דמה שהכריחו להרב לחלק בין מקצת הבהמות לכולן, הוא ממ"ש בש"ד, דר"ת התיר לר' אליעזר משנ"ץ שהיו לו רחלות חולבות ברפת שלו מאחורי ביתו, והיתה שפחתו הולכת וחולבת בלא ראיית ישראל, עכ"ל, ועלה כתב מהרא"י דבריו הנ"ל, דכן המנהג כר"ת, **ובסימן** פ"א כתב הש"ד, שר"ת הקפיד על אחד שהיו רחלותיו אצל העובד כוכבים, ושלח שם בתו בכל בקר לראות לחלוב, ולא היתה מספקת לבא לשם עד שנתחלבו רובן או כולן, עכ"ל, וכ"כ הסמ"ג בשם ר"ת ומביאו ב"י, מזה יצא לו להרב דע"כ לא הקפיד ר"ת אלא כשנחלבו רובן או כולן, אבל לא מקצתן, **אבל** באמת לא מסתבר כלל לחלק בזה בין כולם למקצתן, אלא נראה דאה"נ דר"ת היה מקפיד אם לא באה בתו רק אחר שחלבה מקצתן, ומעשה שהיה כך היה, וכן הוא בתשובת מהר"מ מרוטנבורק, דר"ת הקפיד אפילו נחלבו מקצתן, כיון שלא היה מתחילת החליבה, ע"ש, **והא** דהתיר לרבי אליעזר משנ"ץ, בדיר של ישראל שאני, דמסתפי העובד כוכבים, וע"ז בא מהרא"י לומר דאע"ג דהש"ד כתב על דברי ר"ת דמכוער הדבר לעשות כן לכתחלה, מ"מ כן המנהג הואיל ואין דבר טמא שכיח, **וקאמר** דבבהמות עובד כוכבים אפילו בדיר של ישראל אסור, וכן משמע להדיא מדברי מהרש"ל שם, דלמהרא"י תרוייהו בעינן, בהמתו של ישראל ודיר של ישראל, ע"ש, וגם בת"ח שם כתב בבית של ישראל מותר לחלוב פרותיו אף כשאין ישראל רואהו, ואם הרפת אחורי הבית או שבית עובדי כוכבים מפסיק, אסור לכתחלה, ובדיעבד בכל ענין שרי, עכ"ל, ולא מחלק בין נחלבו כולן או מקצתן, **ואולי** איזה ט"ס נפל בדבריו כאן בהג"ה, **וכל** זה בחולב לכותח או לאכול החלב כך, אבל בידוע שהעובד כוכבים חולב לגבינות, יתבאר דינו בסעיף ב', ע"ש.

‹**לכאורה** משמע בכוונת הרמ"א, דקאי גם אבהמה של הכותי, דכיון דעמידת הישראל הוי רק משום גזירה בעלמא כשאין דבר טמא בעדרו, כמו שבאמת יש מתירים לגמרי בכה"ג, ונהי דלא קיי"ל כן, מ"מ מקילינן בזה לענין כשחלבו הרבה בהמות ובא הישראל באחרונות, דעכ"פ נתקיימה

תקנת חכמים בחליבה זו, אבל כשבא לאחר גמר כל החליבה, לא חשבינן ביאתו שאח"כ כביאתו באמצע ואסור – ערוה"ש.

חלב של עובדי כוכבים אוסרים כלים שנתבשלו בהם – [וה"ה אם כבוש שם מעת לעת, כן הוא באו"ה], **כשאר איסור, אע"פ שאינו רק ספק שמא עירב בה דבר טמא, וכן גבינותיהם** - ולא דמי לבשולי עובדי כוכבים לעיל ס"ס קי"ג, די"א דאין אוסרת הכלים, **דשאני** התם דעיקר איסורין מדבריהן מחמת גזרות חתנות, אבל הכא גזרו בו משום חשש איסור דאורייתא שיש בחלב עצמו, וכן מחלק האו"ה.

וכ"כ האו"ה, ואע"ג דס"ל להאו"ה אפילו גבינות של עובד כוכבים גופיה שנפלו בתבשיל בטל ברוב, וכדלקמן ס"ק י"ז, **צ"ל** דכאן מיירי באין בתבשיל רוב נגד הכלי, **א"נ** לכתחלה אסור לבשל בו אפילו יהא בתבשיל רוב, דאסור להוסיף על שום איסור ולבטלו, כדלעיל סימן צ"ט ס"ו ע"ש, **אבל** אם נתבשל בו דיעבד, ויש רוב בתבשיל, שרי להאו"ה.

אבל לא חמאה שלהם, אפילו במקום שנהגו בה איסור, אינה אוסרת הכלים שנתבשלה בה, ולא תערובת שלה, שאם נתערבה בהיתר, הכל שרי, כדלעיל גבי פת של עובדי כוכבים, ועיין לעיל סימן קי"ב - משמע דרוב מיהו בעי בתבשיל, כדלעיל סימן קי"ב סי"ד גבי פת של עובד כוכבים, **ולפ"ז** משמע דדעת הרב דגבינה של עובד כוכבים אינה בטלה ברוב בתבשיל, **אבל** באו"ה פסק להדיא, דגבינה של עובד כוכבים בטלה ברוב בתבשיל, {ולא ביבש אם היה חה"ל}, ע"ש שהאריך בטעמו, **וצ"ל** דס"ל להרב דלא כוותיה בהא, ונ"ל ראיה לדברי הרב, ממ"ש הרשב"א בתה"א, ומביאו ב"י ס"ס קי"ג, דכל שאסרו חכמים, פלטתו אסורה כמוהו, דהא אפילו שמנו של גיד שאינו אלא ממנהג קדושים, אוסר תערובתו, בין בתערובות גופו בין בצירו ורוטבו, וכן כל איסורים של דבריהם, ככחל וגבינה של עובד כוכבים כו', עכ"ל, **הרי** נתבאר בסי' ק' סעיף ב' ובכמה דוכתי, דשמנו של גיד אוסר עד ס', וא"כ ה"ה גבינה של עובד כוכבים, **ואע"ג** דהרשב"א אוסר אף בישולי עובד כוכבים עד ס', וכבר נתבאר בסי' קי"ב ס"ק כ"ג, דהרב ס"ל בהא כהאו"ה, **מ"מ** בגבינה של עובד כוכבים פליג עליה הרב, וס"ל דשאני בישול עכו"ם דלית ביה חשש איסור דאורייתא, משא"כ גבינה של עובד כוכבים, שגזרו בו מחמת חשש איסור דאורייתא בגופו, **ותדע** דהא האו"ה גופיה אוסר הכלים שנתבשל בהם גבינה של עובד כוכבים, ומתיר הכלים שנתבשל בהם בשולי עובד כוכבים, **וכן** בבשולי עובד כוכבים ס"ל, דאפילו דבר חשוב בטל ברוב, וכמ"ש בסי' קי"ב שם, ובגבינה של עובד כוכבים ס"ל דלא בטל, וכדלעיל סי' ק"י ס"ק ס"ב בדין י"ח, **אלא** ודאי גבינה של עובד כוכבים חמירא מבשולי עובד כוכבים, **שוב** מצאתי כן בנ"י פ' הערל, שכתב דגבינה של עובד כוכבים צריך ס', ופתן ובשוליהן בטל ברוב, ע"ש, **ואע"ג** דכתב שם דגם החמאה צריך ס', מ"מ לא ס"ל להרב כוותיה בחמאה, דהא ודאי חמאה קיל טפי מבשולי עובד כוכבים, וכן בס' באר שבע תמה על הא דצריך ס' בחמאה, **ואפשר** דה"נ מיירי באותה חמאה שדרכן לערב בה דבר טמא, אבל לא בסתם חמאה, **מיהו** בס' באר שבע מדמי גבינה של עובד כוכבים לבשולי עובד כוכבים, ע"ש.

חלב של עובדי כוכבים שנאסרה, אינו מועיל אם יעשו אח"כ גבינות או חמאה ממנה, אלא נשארת באיסורה וכל מה שנעשה ממנה אסור - דוקא בסתם חלב, אבל כשאנו יודעים שדעת העובד כוכבים היה לעשות גבינות מהחלב, מותר לישראל לעשות אח"כ ממנה גבינות, כמ"ש לקמן סעיף ב'.

(**ועיין** עוד בתשובת חת"ס, אודות עיר אחת שנוהגים שמה שנזהרים אפילו מחלב שחלבו ואין ישראל רואהו, מ"מ פשוט להם להיתר גמור לאכול פת שנילוש עם חלב הנ"ל, ולוקחים מנחתום להדיא, **וכתב** דצריך עיון גדול מאין נתפשט ההיתר, הלא תערובתה אוסר אפילו הכלים, **ואפשר** כשם שכתב הכ"מ בדעת הרמב"ם, שלא גזרו אלא אחלב בעין ולא על החמאה שכבר נשתנה, כן י"ל כשנילושה עם קמח ונעשה מצירופם עיסה ונאפית, פנים חדשות באו לכאן, והו"ל כנשתנה, ויש לזה פנים במסכת כריתות דף ה' כו', **אך** חלילה לסמוך ע"ז, ע"ש).

סעיף ב - גבינות העובדי כוכבים אסרום, מפני שמעמידים אותם בעור קיבת שחיטתם שהיא נבלה.

[אבל משום בשר בחלב אין איסור דאורייתא, דצונן הוא, ואף ע"ג דקא מעמיד, אין איסור אלא מדרבנן, תוספות, וכתוב בתה"ה, דהר"י אבן מגאש הקשה עוד, למה לא יהא בטל ‹הטעם נבילה› בס', ותירץ על שני קושיות אלו, ‹למה אין הטעם נבילה בטל בס', ואמאי אין אסור משום בב"ח כיון דהוא מעמיד›, שכל האסור מחמת נתינת טעם כמו בשר בחלב, ‹דבטעמא תלי רחמנא›, אין אוסר יותר מן ס', אבל כאן בעור נבילה הוה איסור מעמיד, ואוסר בכל שהו, והראב"ד תירץ על קושיא הראשונה כמו התוספות, ועל קושיא שנייה תירץ, דכל שאסרו חכמים בשל עכו"ם, אינו מועיל ביטול ברוב, כדי שלא יפרצו, כיון דשכיח בהו טעמא].

ואפילו העמידוהו בעשבים, אסורה - שכבר גזרו על כל גבינות העכו"ם, בין העמידוה בדבר האיסור בין העמידוה בדבר המותר, הרמב"ם והפוסקים, ועיין בפוסקים שכתבו עוד טעמים אחרים לזה, ע"ש.

[דגבינות נזכר במשנה בהדיא לאיסור, ולא פלוג רבנן, כיון דאיכא שמעמידין אותה גם עכשיו בעור נבילה, משא"כ במידי דגזרו בה משום גילוי בסי' קי"ו, דמותר האידנא, דאין שייך גילוי כלל, שאין מצוי בינינו נחשים, וב"י כתב עוד בשם סמ"ק, דלר"ת דפוסק דאיסור גבינות משום גילוי, אסור גם האידנא, ואע"ג דבמים לא גזרו האידנא משום גילוי, **שאני** התם דאין טעם אחר רק גילוי, ע"כ ידעו הכל דבמקום שיש חשש יאסרו, משא"כ כאן שיש טעמים אחרים בגמר', הלכך אי שרית באין נחשים מצויים, אתי למשרי גם במצויים, דהיינו שיסברו שעיקר האיסור מטעם אחר, ובמקום שיהיה מותר מטעם אחר לא יחוש לגילוי, כן נ"ל פי' דבריו].

הגה: וכן המנהג, ואין לפרוץ גדר, אם לא במקום שנהגו בהם היתר מקדמונים.

(**עיין** בתשובת מקום שמואל, שכתב בגבינות הבאים מכרכי הים צבוע בשומן דג טמא שקורין וואלפי"ש, דכשרים מטעם שהשומן נ"ט לפגם, עיין שם).

(**עיין** בתשובת רדב"ז לענין גבינה וחלב של שומרונים).

ואם הישראל רואה עשיית הגבינות והחליבה, מותר, וכן המנהג פשוט בכל מדינות אלו - זהו ע"פ מ"ש בד"מ ובת"ח, וז"ל, כתב המרדכי, דאפילו אם ישראל רואה החליבה, והעובד כוכבים עשאה גבינות, אפ"ה אין נוהגים ללוקחן מן העובד כוכבים, **אבל** באגודה פ' שואל כ' וז"ל, אדם קונה סכום גבינות, והעובד כוכבים מתקנם בשבת, וישראל רואה ושומר ואינו מדבר, וכבר נהגו כדברי האגודה, עכ"ל, **אבל** באמת נלפע"ד דהאגודה לא פליג אהמרדכי, דהאגודה לא מיירי התם אלא לענין איסור שבת, ולכך כתב דין זה במס' שבת פרק שואל, ולא בעבודת כוכבים פא"מ גבי גבינות העובד כוכבים, אלא ודאי לא מיירי מדין איסור גבינות העובד כוכבים, ואפשר דבאמת הגבינות אסורות משום גבינות העובד כוכבים, אלא דמשום שבת מותרים, ונ"מ דמותר לקנות סכום הגבינות כך בשבת ולמכרם אח"כ לעובד כוכבים, **או** אפשר דמיירי במקומות הנוהגים היתר בגבינות עובדי כוכבים ע"פ ר"ת שהביא דבריו בפא"מ, והא דכתב וישראל רואה ושומר, היינו ששומר שלא יעשה לו שום זיוף בגבינות, **או** בהא דהאגודה שאני, שהישראל קנה מתחלה הגבינות, והרי הם שלו, ואין כאן משום גבינות העובד כוכבים, וכמ"ש לקמן, **אבל** ודאי אין לחלק בין ראה הישראל עשיית הגבינות או לא, כיון שאסרו חכמים גבינות העובד כוכבים, כל הגבינות אסרו, דהא אפילו העמידוה בעשבים אסרו משום לא פלוג, א"כ ה"ה ראה שעשאן העובד כוכבים, **והיינו** דבמתניתין פא"מ תנן סתמא גבינות העובד כוכבים אסורין, וגבי חלב העובד כוכבים תנן התם, חלב שחלבו עובד כוכבים ואין ישראל רואהו אסור, ואם ישראל רואהו מותר, אלמא דבגבינות אין חילוק בין ראה עשיית הגבינות או לא, וכן כל הפוסקים כתבו סתמא ולא חלקו בגבינות כמו שחילקו בחלב העובד כוכבים, אלא ודאי גבינות העובד כוכבים בכל ענין אסורים, **וכן** הוא בתשובת מיימוני מתשובת רבינו שמשון ב"א, וז"ל, ומעולם לא ראיתי ליקח גבינות העובד כוכבים, אפילו ראה החלב משחלבו עובד כוכבים עד שעשה ממנו, שאין לחוש לאיסור כו', עכ"ל, **וכן** הוא בתשו' מהר"מ מרוטנבורג, בגבינה שהעמיד עובד כוכבים במעמד ישראל, דבעי דליעבד ישראל מעשה, שישים ישראל הקיבה לתוך החלב, ואם עובד כוכבים משים, נ"ל אף על פי שישראל עומד על גבו, ואפילו הקיבה כשירה, אסורה, **ומ"ש** הגה"א ואו"ה, דהיכא דידוע דדעת העובד כוכבים להקפיא, אפילו לא היה בתחלת החליבה שרי, התם לא מיירי אלא מדין חלב

שחלבו עובד כוכבים ואין ישראל רואהו, וקאמרי דלא אסור משום תערובות חלב טמא, כיון דדעת העובד כוכבים להקפיא לעשות ממנו הגבינות, אם כן למה יערב חלב טמא, שהרי אינו עומד, הלכך מותר החלב, והיינו שיעשה הישראל הגבינות, וכן הוא באו"ה כלל מ"ד דין ה' להדיא, והיינו דכתב דין זה בכלל מ"ה גבי איסור חלב שחלבו עובד כוכבים, ולא כתבו בכלל מ"ו גבי איסור גבינות העובד כוכבים, אלא ודאי כדפי', וכן בתשובת מהר"מ ובהג"א שם משמע, דלא שרי אלא כשהישראל עשאם אחר כך, **ומה** שנתפשט המנהג שלוקחין גבינות מהשוואגין אע"פ שעושין אותן העובדי כוכבים, היינו משום שנהגו לשכור הבהמות, וא"כ הגבינות של ישראל הם, ולא מצינו שום איסור בשום מקום בגבינות של ישראל שעשאן עובד כוכבים, דעל גבינות העובד כוכבים גזרו ולא על גבינות ישראל שעשאן עובד כוכבים, **וכן** נוהגין ג"כ שהעובד כוכבים בבית ישראל עושים גבינות הישראל, וה"ה כשאין שוכרין הבהמות וקונין סכום גבינות ממנו, אם כן הגבינות הם בשעת עשייתן של ישראל, **אבל** אם העובד כוכבים עושה הגבינות לעצמו, אע"פ שהיה שם ישראל מתחלה ועד סוף, אסור משום גבינות העובד כוכבים, כל דלא עביד ביה ישראל מעשה, וכדאמרינן.

(**ועיין** בתשובת נו"ב, שהכריע כדברי הרמ"א, ולא כהש"ך וט"ז ופר"ח, וכן הורה המנ"י והפרי תואר, וכתב שכן פשט המנהג, **ואם** הקיבה של ישראל, אף שהעובד כוכבים נותנה לתוך החלב, מותר לכ"ע אף לכתחלה, ע"ש, **ועיין** בספר תפארת למשה, שכתב ג"כ דכל ראיות הש"ך אין מוכרחים, וכל הטעם שבש"ס באיסור גבינות עובדי כוכבים לא שייכי באם ישראל רואה, וכ"מ מכל הפוסקים).

ואם ראה עשיית הגבינות ולא ראה החליבה, יש להתיר בדיעבד - זהו כתב לפי שטתו, אבל לפע"ד לא איירי הפוסקים שעשאו העובד כוכבים גבינות, אלא מדין חלב שמותרת כשדעת העובד כוכבים לעשות הגבינות, והישראל צריך לעשות אח"כ הגבינות, וכמ"ש בס"ק הקודם, **כי אין לחוש שמא עירב בו דבר טמא מאחר שעשה גבינות מן החלב** - הלשון אינו מתוקן, דאפילו לא עשה גבינה, אלא שנחלבה החלב, מיקרי בדיעבד, כמ"ש האו"ה ומביאו בד"מ ובת"ח שם, וכ"ש לפי מה שפירשתי לעיל, דהפוסקים איירי דוקא שהישראל עשה הגבינות, **ואפשר** צ"ל, מאחר שישראל עשה כו', או לא בא הרב לומר דבכה"ג דוקא מיקרי דיעבד, אלא בא לומר דמאחר שעושה הגבינות, ליכא למיחש לתערובות חלב טמא, וק"ל, **כי דבר טמא אינו עומד, ובודאי לא עירב בו העובד כוכבים מאחר שדעתו לעשות גבינות** - כלומר שידעינן בודאי שדעתו לעשות גבינות, וכן משמע בדברי הפוסקים, **ואיתא** בתשובת מהר"מ שם, דאפילו היה לו דבר טמא בעדרו, מותר בדיעבד מה"ט דדעת העובד כוכבים להקפיא ע"ש.

ודוקא שקונה ממנו סכום גבינות או לפי המשקל, דמאחר דחלב טמא אינו עומד, אינו מערב בו דבר טמא, אבל אם קונה במדה, אסורה, או"ה, וכ"פ בת"ח.

בהג"א ובאו"ה שם איתא, דאין להתיר זה אלא במקום הפסד מרובה, וכ"כ בד"מ ובת"ח, **מיהו** היכא דראה החליבה, רק שלא היה שם בתחלת החליבה, משמע שם בהג"ה דיש להתיר בדיעבד אף בלא הפסד מרובה, וכן משמע בתשובת מהר"ם שם, ואפשר דבכה"ג כתב הרב כאן בהג"ה סתם להתיר בדיעבד.

ומכל מקום אסור לאכול החלב כך - מאחר שלא ראה החליבה, אפילו ידענו שדעת העובד כוכבים לעשות גבינות. (**וה"ט**, משום דגבי אכילת חלב בעין חמיר איסורא, דאיכא למיחש לחלב טמא, אבל לעשות ממנו גבינה דלא חמיר איסורא, דהא ללישנא קמא בגמרא מותר, אלא דאנן קיי"ל כלישנא בתרא דקאמר איכא דקאי ביני אטפי, וכיון שאינו אלא משום הך גזירה, כל שדעת הגוי להקפיא ולא לאכול, הקיל לעשות ממנו גבינה, אבל לאכול מן החלב, בכל ענין אסור – חוט השני).

[**זהו דעת ר"ת שכתבו מקצת פוסקים בשמו, דמתיר באם ידוע שהעכו"ם חולב לגבינה, אבל לא בחולב לאכילה או לכותח, ופסק באו"ה כוותיה, ולא ירדתי לסוף דעת רמ"א, דהא כבר פסק ב"י וש"ע כרמב"ם, דאפילו העמידו בודאי בעשבים, אסור משום לא פלוג, ה"נ אסור בזה כיון שלא היה אצל החליבה,** (ומשמע דלהט"ז גזירת גבינה היא גם מטעם חשש חלב טמא, וכשיטת רש"י – חלקת בנימין), **ותו דיבוא להתיר גם אכילת החלב, דהא בסימן ק"י אסר הרשב"א גם החתיכה שאינה ראויה בשביל ראויה, דקרוב לטעות אף בחשובה, אע"פ שהכל מדרבנן, מכ"ש כאן, מי יבחין לומר שהחלב אסור כיון שהגבינה**

שנעשה ממנו מותר, **ותו דהא** בחלב איכא חשש תערובות חלב טמא שהוא איסור דאורייתא, **ורמ"א עצמו** כתב בסמוך דאין לפרוץ גדר אפילו במקום ההיתר, **ובלבוש ראיתי** שכתב על זה, הא דאסר בסמוך אפי' במקום שעושין בהיתר בודאי, היינו שמצטרפים שם טעמים אחרים, **ולא ידעתי** מהו הטעם לצרף לזה, דכיון שידוע שנעשה בהיתר גמור, אין איסור אלא משום לא פלוג, ה"נ יש לאסור משום לא פלוג, דמה לי שהיה שם או לא היה שם, כיון דידוע שנעשה בהיתר, ואפ"ה אסרינן לה, **ואין ראייה** מאו"ה, שלא הביא דברי רמב"ם כלל, **ע"כ** נראה לע"ד שאין להקל גם בזה, ואין להתיר אא"כ היה ישראל אצל החליבה לפי דעת הרמב"ם, **ותו** דהא כתב ב"י דגם עכשיו יש איסור למ"ד משום גילוי לר"ת, כמו שהעתקתי בסמוך בשם סמ"ק].

הקשה על רמ"א כמה דקדוקים קלושים, ולא הרגיש במה שיש להקשות עליו, וכמ"ש בש"ך - נקה"כ.

סעיף ג- החמאה של עובדי כוכבים, אין מוחין לאנשי המקום שנוהגין בו היתר - [בחמאה הקילו במקום שאין חשש איסור, דהיינו של חלב טמא פשיטא שאין לחוש, שאינו מעמיד, ואת"ל שעירב בה תחילה חלב טמא כדי שלא לעשות חמאה, רק לאכילת חלב, מ"מ כיון דמבשלים אותה הלכו צחצוחי חלב טמא שיש בה, ומה שלא הלך ונשאר שם בטל במיעוטו, **ואע"ג** דגבי גבינות אסרינן בסמוך אפי' במקום היתר, שאני חמאה שלא היתה כלל בתוך הגזירה במשנה, ע"כ לא שייך בזה לומר לא פלוג רבנן].

ואם רוב בני המקום נוהגים איסור, אין לשנות – [ובאו"ה נותן טעם למקומות האוסרים, לפי שאין נזהרין מלערב בה איסור, וקערה שאין מקונחים].

ובמקום שאין מנהג, אם בשלה עד שהלכו צחצוחי החלב, מותרת - (עפר"ח שהשיג על המחבר, ודעתו דמותר אף ביש מנהג, וכ"כ בספר חכמת אדם בשמו, **ועיין** בתשובת נו"ב שדחה דבריו).

(**וכתב** עוד שרב אחד התיר חמאה של עובדי כוכבים במקום שנהגו איסור, ע"י הדחה ג"פ, וטעמו עפמ"ש הב"י הובא בט"ז, מי שעבר והעמיד חלב כו', דלאחר ג"פ כבר כלה חלב של עובד כוכבים, ע"כ, **וכתב** דטעמא דמסתבר הוא, ואעפ"כ כיון שלא מצאנו סברא זו, קשה להתיר, **וע"ש** עוד לענין אם רוצים להתיר המנהג שנהגו איסור בחמאה של עובד כוכבים, אם יש להם התרה).

הגה: גם מותר לבשלה לכתחלה כדי שילכו צחצוחי חלב - ואין זה כמבטל איסור לכתחלה, דשמא אין כאן איסור כלל, ועוד דאין כוונתו לבטלה, רק שילכו לה הצחצוחי חלב, ‹**כלומר** דאין הכוונה לבטל האיסור בההיתר, אלא אדרבא לכלות האיסור ע"י האש שישרף האיסור לגמרי, ואפשר שלא ישאר אף משהו איסור, ובזה מתורץ קושית הט"ז – ערוה"ש›, [**ואם ישאר קצת דרך מקרה** בטל ברוב], בית יוסף ות"ח.

[תמהתי דהא בזה שפיר מבטלינן איסור לכתחלה, כיון שהוא איסור דרבנן, כמו שכתב המגיד משנה, ודברים אלו הם לדעת רמב"ם כמבואר בב"י, והרמב"ם ס"ל בכל איסור דרבנן מבטלין לכתחלה, כל שאינו איסור תורה ממש, וע"כ דהרמב"ם כתב זה דוקא בדיעבד, והיינו דאע"ג דאיסור זה מדרבנן הוא, מ"מ אינו נכון ליקח מן העכו"ם כדי לבטל האיסור, וכמ"ש ב"י בשם הראב"ד, ע"כ כתב הרמב"ם שאם לקח החמאה לשון דיעבד].

ואם בשלה עובד כוכבים, מותרת, דסתם כליהם אינן בני יומן.

ואם הולך ממקום שאין אוכלין אותה למקום שאוכלים אותה - אע"פ שדעתו לחזור, **אוכל שם עמהם** - משא"כ בשאר איסור, ד"מ בשם או"ה, [ולא שייך כאן נותנים עליו חומרי המקום שהלך משם, דמה שאוכלין אותה במקום ההוא, משום דשם עושין אותה בהכשר בלא חשש בעולם, ואלו היו עושין כאן כמוהם היו ג"כ אוכלין אותה, אלא שלא הורגלו רובם כאן, כ"כ או"ה, ולא כמ"ש בלבוש על זה, לפי שהוא איסור קל, דכל שיש איסור, מה לי קל מה לי חמור, ותו דא"כ גם ההולך ממקום היתר לאיסור יאכל שם, דמ"ש, אלא כדפרישית]. **אבל אסור להביאה עמו ולאכלה במקום שנוהגים בה איסור, אם לא שיש בה היכר שהיא ממקומות המותרים.**

וההולך ממקום שנהגו בה היתר למקום שנהגו שם איסור, אסור לאכלה שם.

וי"א דה"ה אם הוציא ממקום היתר למקום איסור, נמי אסורה, אפילו יש בה היכר, והכי נהוג – [הטעם דהוה כמו דברים המותרים ואחרים נהגו בו איסור]. ‹דאימר במקום זה נהגו כמאן דאוסר, ולא משום דמתקנינן אותה באותו מקום בענין האיסור, עכ"ל מהרי"ל, **וכתב** בת"ח, דלפ"ז אפי' ההולך למקום שנהגו היתר, אסור היכי דדעתו לחזור, ואך כמדומה שנהגו להקל בזה, והנח להם לישראל, עכ"ל. **והא** דאסרינן בהולך למקום האיסור, {לאכול בצנעא}, אף שדעתו לחזור, היינו דחיישינן דאימא דבאותו מקום אין עושים אותו בהכשר, {דחיישינן לב' סברות לחומרא}, **ולפי"ז** ההולך ממקום המותר למקום האיסור, ומביא עמו חמאה ממקומו, ודעתו לחזור, מותר {לאכול בצנעא} ממנ"פ, מנח"י – רעק"א.

‹**עיין** בתשובת חת"ס, שנשאל באשה שלקחה חמאה מעובד כוכבים במקום שנוהגין היתר, ושוב נודע שזו החמאה נעשית משיורי הגבינה הנשאר ביורה אחר שהוציאו הגבינה הראשונה והשניה שנקרא צווארי"ך, ושוב נעשה חמאה משיורים ההמה, אי אית ביה משום איסור גבינה, **והשיב** דאם הועמדו הגבינות בעור קיבה, ודאי דגם שיורי הגבינות שנעשה ממנה חמאה אסור, **אך** אם לא הועמדו בעור קיבה, נהי דהגבינות אסורים משום דבר שנאסר במנין, מ"מ חמאה לא נאסר במנין, ובמקום שנהגו היתר בחמאה גם זו מותרת, **ועם** כי אין נראה להתיר לכתחלה להמון עם לקנות חמאה כזו, מ"מ בדיעבד אין לאסור התערובות והכלים, ע"ש).

[**כתב** ב"י בסוף סי' זה, **מי שעבר והעמיד חלב בחלב חמוץ של עכו"ם, ולקח חלב זה והעמיד בו אחר, ומהאחר אחר, שמותר ליקח חלב שלישי זה ולהעמיד בו חלב ולאוכלו, דלאחר ג"פ כבר כלה חלב של עכו"ם**].

§ סימן קטז – דברים האסורים משום גלוי §

סעיף א - משקים שנתגלו, אסרום חכמים, דחיישינן שמא שתה נחש מהם והטיל בהם ארס. ועכשיו שאין נחשים מצויים בינינו, מותר – [ואין בזה משום דבר שנאסר במנין כו', דלא נאסר אלא מפני נחשים].

‹**עיין** בשל"ה שכתב, דמ"מ שומר נפשו ירחק מזה, והא ראיה שהרי הטור כתבן לכל הדינים, אחד מהם לא נותר, ע"ש עוד, **ובהנהגת** החסיד הגר"א ז"ל כתוב ג"כ, שהיה נזהר מאד בדבר זה, ע"ש טעמו, ע"כ הרוצה ליזהר יעיין כל הדינים בטור).

[**בטור, משקה שיורד טיף טיף, אין בו משום גילוי, וכתב** ב"י, דהיינו בכלי התחתון, אבל בכלי העליון יש בו משום גילוי, **ויש** להקשות דהא בהגוזל משמע בדברי התוספות ד"ה אימתי כו', הטעם דמותר בטיף טיף, היינו שסבר הנחש שיש שם בן אדם ואינו בא שם, אם כן יש להתיר גם העליון, **וי"ל** שהב"י כתב כן לפי מ"ש הרמב"ם בטעם טיף טיף, דהנחש מתיירא מבעבוע המשקה כו', לפי זה יש לאסור העליון, **וצ"ע** דלמה כתב ב"י בזה שהוא פשוט, ובאמת היא שנוייה במחלוקת].

סעיף ב - צריך ליזהר שלא לאכול בשר ודג ביחד, מפני שקשה לצרעת. הגה: וכן אין לצלות בשר עם דג, משום ריחא, מיהו בדיעבד אינו אוסר - [היינו בריחא לחוד, אבל אם נתבשלו יחד, אסורין אף דיעבד]. **ז"ל** ד"מ: באו"ה כתב, דלכתחלה אסור לצלות בשר עם דגים משום ריחא מילתא, אבל בדיעבד שרי דלא הוי סכנה רק דרך בישול, ואם הם סמוכים שהשומן זב מאחד לחבירו, אסורים ואף דיעבד כדאיתא פכ"צ, עכ"ל.

‹**ומבואר** באו"ה, דברחוקים זה מזה, אפי' אם יוצא מהשמנונית לתוך התנור, אין בכך כלום, דבליעת התנור וכלי אין בו סכנה, עכ"ל, **ומזה** למד הפמ"ג לעיל סי' ק"ה, דאם בשלו דגים בכלי, ונפל שומן על דופן הכלי מבחוץ, דאינו אוסר ‹דהוה› רק בליעת כלי – רעק"א.

ומהרש"ל באו"ש ובספרו כתב, דמותר לצלות דגים עם בשר בתנור אחד אפילו לכתחלה, ואין בו משום ריחא מילתא לענין סכנה, ‹אלא בממשות›, דדוקא כשצולין אותן מחוברים זה אצל זה אסור, וע"ש.

‹**והט"ז** הביא הרש"ל קצת בנוסח אחר›: [**כתב רש"ל, דאפי'** לכתחלה אין להחמיר בתנור גדול לענין זה, **אע"פ** דלענין איסור בשר בחלב מחמירינן לכתחלה, **ועל כן** נ"ל

פשוט דאותן הלחמים שאופין בתנור אחד עם בשר, אין סכנה כלל לאוכלם עם דגים, אע"פ שהתנור היה סתום, שאין שם רק ריח בשר בלחם ובטל בו].

ובספר באר שבע האריך בזה, וחלק עליו ופסק דאפילו בדיעבד אסורים משום ריחא מילתא, אפי' נצלו נפרדים זה מזה בתנור אחד, **וכתב** דאפילו במקום דנוהגים להתיר לענין איסור בדיעבד ריחא מילתא ולאסור לכתחלה, כדלעיל בסימן ק"ח, לענין סכנתא אסור אפי' דיעבד, וע"ש.

(**עיין** בתשובת שבות יעקב, שנשאל על שומן אווז שנתערב תוך תבשיל של דגים, אם יש חשש סכנה בדבר, או לא, דאולי אין סכנה רק בבשר בהמה, משא"כ עופות שנבראו מהרקק, וברגליהם יש להם קשקשת כדגים, **והשיב** דאין חילוק, והכי מוכח מדברי הפוסקים דלעיל סי' ט', הובא בבה"ט שם סק"ד, ע"ש, ועמ"ש לעיל סי' פ"ז סק"ט).

[**וכתב או"ה וז"ל, וכתב המרדכי וא"ז פרק א"מ, דבר שיש בו משום סכנה, דינו כאיסור לבטלו בס', ויותר חמור, דאפילו ביבש במינו צריך ששים, עכ"ל, וכ"ש חתיכה בשר שנפלה ליורה שיש בו דגים או איפכא, שיש שם סכנה, שצריך ס' נגדו, אבל משום טעם בליעת כלי ליכא למיחש כו', עכ"ל, והקשה בד"מ, דהא איתא בטור דחיישינן לגילוי אפילו במאה סאה מים, וא"א שלא יהא ס' אפי' שתה נחש ממנו, עכ"ל, וכן כתוב במהרי"ל, שלפוחית מדג נפלה לקדירת בשר ונתבשל שם, ואסר מהר"י סג"ל הכל משום סכנה, עכ"ל, משמע דלא מהני ס', דחמירא סכנתא מאיסורא].**

ול"נ דלק"מ, דשאני זיהרא דנחש דמיקלי קלי טובא, וגם במהרי"ל י"ל דלא היה ס', **וכן** נראה דלא מחמרינן בסכנתא טפי באיסורא אלא בספקא, אבל היכא דאיכא ששים, דנתבטל בודאי, לא מסתבר כלל לחלק בין איסור לסכנתא, **וכן** כתוב בספר אפי רברבי, דבר שיש בו סכנה כגון דגים ובשר, בין לח בין יבש מתבטל בששים עד כאן - נקה"כ.

(**ועיין** בתשובת חוות יאיר שפסק להקל דבטל, וכן כתב בתשובת שבות יעקב, ושאין להחמיר כלל, ע"ש, וכ"כ בתשובת חוט השני, דדוקא ארס נחש אינו בטל כמ"ש הטור, דהושושין לגילוי אפילו במ' סאה מים, אבל דבר שאינו ארס, אע"פ דהוא סכנה, בטל בס', ע"ש, **ומה** שהביא הט"ז ראיה ממהרי"ל, דפ"א נפלה שלחופית מדג לקדרת בשר, ואסר מהרי"ל את הכל משום סכנה, ע"ש, כבר השיגו עליו בעל ש"ך בנה"כ ובתשובת חוט השני שם, די"ל דלא היה ששים לכך אסר את הכל, ע"ש, **ולפע"ד** נראה דמ"מ הוכיח הט"ז שפיר, דאי תימא דבאיכא ששים שרי, ולהכי אסר מהרי"ל משום דלא היה ס', יקשה למה לא צוה שיוסיפו עד ס' כדי שתתבטל הטעם של דג, **דאף** דבאיסורים אסור להוסיף משום מבטל איסור לכתחלה, כדאיתא בסי' צ"ט סעיף ו', מ"מ הכא בודאי לא שייך מבטל איסור, שהרי אין זה איסור, רק כ"ז שמרגישין הטעם של דג בקדרת בשר יש בו סכנה, וכשיוסיפו ולא יהא עוד טעם דג מורגש בקדרת בשר לא יהיה עוד סכנה, **גם** אפשר לסוחטו לא שייך אלא אם נבלע בחתיכה ולא בדבר לח, אלא ודאי דאף באיכא ששים אסור, **ומ"מ** לדינא העיקר כהתשובות הנ"ל דבטל).

(**גם** בתשובת חת"ס כתב שכן עיקר, ושם נשאל אודות מרק של דגים שהוריקו אותו לתוך כלי שומן, ולאחר שנצטנן הסירו השומן שנקרש, מה דין המרק והדגים, **והשיב** הנה באיסורים כה"ג בעינן לשער בס' כנגד כולו, ולא מהני מה שהסירו האיסור שנקרש, עש"ך סימן צ"ח ס"ק ט"ז, וא"כ לכאורה מכש"כ הכא בסכנתא, דלענין ספיקא חמירא סכנתא מאיסורא לכו"ע, **איברא** מאחר דחזינן להרמב"ם דרב גובריה ברפואות וטבעיות, שהשמיט הא דביניתא דאטוי בהדי בישרא, מסתמא לפי עוצם חכמתו ידע והבין שנשתנו הטבעים בענין זה, **ונהי** שלא נסמוך ע"ז לעשות מעשה לאכלם זה עם זה, דאפשר דהו"ל כמו דבר הנאסר במנין, מ"מ הרווחנו שיצאנו מחמירת סכנתא, דהשתא מיהת ליכא סכנתא, **ואפשר** שגם בזמנם לא היה הסכנה אלא במין ביניתא ולא במינים המצויים בינינו כלל, וליכא אלא איסור קל דרבנן, **דנהי** דדבר שבמנין דאורייתא היא, היינו הנאסר משום סייג וגדר איסור, אבל בכה"ג קילא טובא, ואפילו באיסור דאורייתא ס"ל להראב"ד דסגי לשער באומד יפה כו', **ועוד** דאפשר דע"י עירוי דאינו אלא מבליע ומפליט, לא גזרו בזה אפילו בזמניהם, והרי אנו נוהגים להקל לאכול בשר בכלי דגים ב"י אפילו באותה הסעודה, ע"י הדחה בעלמא, אלמא קים לן דליכא סכנתא בבלבול טעמי בעלמא, **ומ"מ** על השומן שנקרש יש לעיין בו קצת, אולי אם ישבר חתיכת שומן קרוש ההוא ימצא קצת ממי המרק ביני

אטפי, ואז יש לאסור בודאי, אבל אם א"א לעמוד עליו, נראה דאין להחמיר כ"כ, עכ"ד ע"ש).

(**ועיין** בספר תפארת למשה שכתב בשם זקינו הגאון מהר"ר יעקב ז"ל, דבנפל דג לקדרה עם בשר או איפכא, היה אוסר הכלי בלא הגעלה, **דאף** דמבשלים דגים בכלי בשר או איפכא, היינו שאין כח בנ"ט היוצא מקדרה לעשות ארס, **אבל** כשנתבשל בקדרה בשר ודגים ביחד, הרי נתבשל ארס בתוכו ונבלע ארס בהקדרה, ואסור, ע"ש).

(**ועיין** בספר חכ"א שכתב, דאם נפל שממית שקורין שפי"ן לתוך אוכל או משקה, כתב הבית לחם יהודה דאינו מועיל ס', דהטעם משום ארס, **ועיין** במג"א סי' שט"ז ס"ק כ"ג שכתב, שאחד מאלף שהיא מסוכנת במאכל אפשר יש לסמוך ולהתיר עכ"פ בס', **וגם** מצאתי בספר הברית דאין להם ארס כלל, ע"ש).

סעיף ג - ירחוץ ידיו בין בשר לדג, ויאכל פת שרוי בינתים כדי לרחוץ פיו. הגה: ויש אומרים דאין לחוש לזה רק כשמבשלם יחד ואוכלן, אבל לאכלן זה אחר זה אין לחוש. וכן נוהגין שלא לרחוץ הפה ולא הידים ביניהם, ומ"מ יש לאכול דבר ביניהם ולשתות, דהוי קנוח והדחה.

רק כשמבשלן יחד – [וה"ה אם נצלו כאחד ממש זה עם זה, כן איתא בגמרא בפ' כיצד צולין להדיא, דאמר מר בר רב אשי אסרה אפילו במילחא, ופי' רש"ל אליבא דרמב"ם, דשם מיירי שצלו דג עם בשר ממש, ועל כן אסרו משום סכנת נפשות, **אבל** לא כפירש"י דמיירי בתנור א', דבזה אין סכנה, **אבל** נלע"ד כיון דלרש"י קאי על צליי' בשר ודג בתנור, יש להחמיר אפילו בריח, **ותו** דהא כתב ב"י סי' צ"ה, דרמב"ם מפרש ג"כ ההיא דכיצד צולין בתנור אחד, וא"כ אסור למר בר רב אשי אפילו משום ריח משום סכנה, כמו לענין בשר בחלב, **ומ"מ** אין זה דומה ללחמים שאופין בתנור אחד עם בשר, שזכרתי בסמוך, שאין שם רק ריח בשר בלחם ובטל בו, ואין אח"כ חשש לאכול עם דג. **וכתב** באו"ה, דיש לאסור אם נצלו יחד בלתי מחבת תחת כל אחד, או אף אם בתנור סמוכין זו לזו, דברוב פעמים יוצא מזו לזו השמנונית, עכ"ל].

(**אבל** נמלחו יחד ליכא איסור, **ובפמ"ג** מסתפק אם דוקא לאוכלם כך בלא בישול, **ובמנ"י** מסופק אם בכבוש יש סכנה – רעק"א).

סעיף ד - צריך ליזהר מזיעת האדם, שכל זיעת האדם סם המות, חוץ מזיעת הפנים - וסימן לדבר: בזעת אפיך תאכל לחם.

סעיף ה - צריך ליזהר מליתן מעות בפיו, שמא יש עליהן רוק יבש של מוכי שחין - והר"ן כתב הטעם, מפני שיד הכל משמשת בהן, ויש מהם חולים וזוהמתן דבקה בהן, ואותה זוהמא קשה לאדם כשנותנה לפיו.

ולא יתן פס ידו תחת שחיו, שמא נגע ידו במצורע או בסם רע - (ומקום בית השחי יש בו ליחות, ונקלט שם הצרעת או הסם - ערוה"ש). **ולא יתן ככר לחם תחת השחי, מפני הזיעה.**

ולא יתן תבשיל ולא משקים תחת המטה - אפי' מכוסים, ב"י, (ואפילו בברזל - ערוה"ש), **מפני שרוח רעה שורה עליהם.**

(**עיין** בתשובת שבות יעקב, שנשאל אם נתן אוכלין ומשקים תחת המטה, אי אסורין בדיעבד, והעלה דאין בזה רק אזהרה לכתחלה, אבל בדיעבד אין כאן חשש איסור, והוכיח כן מסוגיית הש"ס, ע"ש, **ובספר** בינת אדם כתב בשם הגר"א ז"ל, דעם עשה כן יזרקם במקום שלא ימצא אותם אדם, **והוא** ז"ל כתב ע"ז, דהאידנא כיון דדשים בה רבים (שומר פתאים ה') כו', ע"ש עוד).

(**בספר** בינת אדם כתב בשם הגר"א ז"ל, דה"ה אוכלין חיין כמו צנון, **ובאמת** הכי משמע בגמרא דב"ב דף נ"ח, דאיתא התם מטה של ת"ח כיצד, כל שאין תחתיה אלא סנדלים כו', עיין בפירש"י שם).

ולא ינעוץ סכין בתוך אתרוג או בתוך צנון, שמא יפול אדם על חודה, וימות - (ואינו מובן, דא"כ למה דווקא אתרוג וצנון, **ויש** מי שפירש משום דהסכין מעלה חלודה כשמניחים בהם זמן רב, והם מפני חריפותם נכנס בהם החלודה, ומזיק לאוכליהם, פר"ח בשם יפ"מ – ערוה"ש).

הגה: וכן יזהר מכל דברים המביאים לידי סכנה, כי סכנתא חמירא מאיסורא, ויש לחוש יותר לספק סכנה מלספק איסור, ולכן אסור לילך בכל מקום סכנה, כמו תחת קיר נטוי או יחידי בלילה - או על גשר רעוע או ליכנס לחורבה וכל כיוצא באלו עכ"ל רמב"ם, **וע"ל** סימן קנ"ג דין דאסור להתיחד עם העובד כוכבים מפני סכנה, וכן שאר דברים האסורים משום סכנת העובד כוכבים, מסי' קנ"א עד סי' קנ"ו, ע"ש.

וכן אסרו לשתות מים מן הנהרות בלילה, או להניח פיו על קלוח המים לשתות, כי דברים אלו יש בהן חשש סכנה. ומנהג פשוט שלא לשתות מים בשעת התקופה, וכן כתבו הקדמונים, ואין לשנות – [כתוב בד"מ בשם אבודרהם, מצאתי כתוב שיש לזהר מלשתות מים בשעת התקופה משום סכנה, שלא יתנזק ויתנפח, והטעם כי טפת דם נופלת בין תקופה לתקופה, **אבל** החכם אבן עזרא השיב על זה כי ניחוש בעלמא הוא כו' ואין בו סכנה כלל, **ויש** מהגאונים אמרו כי לא נחש ביעקב, אלא הקדמונים אמרו אלה הדברים להפחיד בני אדם שייראו מאת השם יתברך, וישובו כדי שיצילם השם ית' מארבע תקופות השנה, עד כאן לשונו].

וכתב במנהגים ובמהרי"ל הלכות מי לישות המצות, דאם יש ברזל במים כל זמן התקופות, דאז אין רשות למזיק, **וכן** נוהגים העולם להניח ברזל על כל המשקים ומאכלים, **ועל** מאכלים ומשקים מבושלים או כבושים ומלוחים אין מניחין שום דבר, כי אומרים שאין לחוש במבושל וכבוש ומלוח משום תקופה, **ואולי** יצא להם כן ממ"ש הרמב"ם פי"א מהל' רוצח ושמירת נפש דין ט', מי כבשים ומי שלקות אין בהם משום גילוי ארס הנחש, והוא מהירושלמי, וא"כ ס"ל דה"ה דאין בכה"ג משום ארס התקופות, **וטוב** להחמיר בזה להניח ברזל עליו.

עוד כתבו שיש לברוח מן העיר כשדבר בעיר, ויש לצאת מן העיר בתחלת הדבר, ולא בסופו – [כיון דכבר איתחזק הדבר ח"ו. **ועוד** איתא בגמרא פרק הכונס, דבר בעיר אל יהלך אדם באמצע הדרכים, מפני שמלאך המות יש לי רשות מסגי להדיא, שלום בעיר אל יהלך בצידי הדרכים, מפני שאין לו רשות והוא מחבא את עצמו, וכתב רש"ל, ונראה דסיפא מיירי דוקא בלילה, שביום לא שכיחי מזיקין, אבל רישא לענין דבר אין חילוק בין יום ללילה].

(**עיין** בתשובת הרשב"ש שהקשה, מה תועיל הניסה בימי דבר ר"ל ממקום למקום, אם נכתב בר"ה למיתה, מה מועיל הניסה, ואם נכתב לחיים, לא תזיקנו העמידה, ומתרץ ע"ז באריכות).

‹**בספר** רבנו בחיי' כתב בפסוק הבדלו מתוך העדה, וז"ל, ומה שהצריך לומר הבדלו, והקב"ה יש בידו להמית ולהחיות, ולא היה צריך הבדל אצלו, שהרי יכול הוא להמית את הרבים ולהחיות א' בתוכם, וכמ"ש ז"ל ב' וג' מתכסים בטלית א' השנים מתים והאמצעי ניצל, וכענין שכתוב יפול מצדך אלף, **אלא** כדי שלא ידבק בהם האויר הרע שבמכת הדבר, כענין האמור באשתו של לוט, ותבט אשתו מאחריו, **או** מטעם שאמרו ז"ל, כשהמידת הדין מתוחה אינו מבחין בין צדיק לרשע וכו', עכ"ל – רעק"א›.

וכל אלו הדברים הם משום סכנה, ושומר נפשו ירחק מהם, ואסור לסמוך אנס או לסכן נפשו בכל כיוצא בזה. (ועיין בחושן משפט סימן תכ"ז).

(**ומ"ש** הבה"ט עוד לא ירחץ כו', עיין בש"ת באו"ח סי' ד', שכתב שכן משמע בסדה"י, **אך** במדינתנו לא קפדי אגילוי כלל אפילו להדחת פיו, וכ"ש לנטילת ידים, ע"ש).

(**ועיין** בתשובת אדני פז, שכתב דיכול לקרות שני בנים בשם אחד, בין מת אחד, או שניהם חיים, **ושם** בהשמטות כתב, דמ"מ יש לחוש משום עין הרע, ובאם מת אחד אין לקרות לשני בשם זה משום ריע מזלא, ע"ש, **ונראה** פשוט דגם באיש נכרי שאינו אחיו שייך ריע מזלא, ואפשר דמזה הטעם שם רשעים ירקב, דלא מסקינן בשמייהו, משום ריע מזלא, מיהו ביומא דף ל"ח לא משמע קצת הכי ע"ש).

(**ועיין** בצוואת רבי יהודה החסיד כמה דברים שיש ליזהר משום סכנה, ומ"ש שם לא ישא אשה ששמה כשם אמו, או שמו כשם חמיו, **עיין** בתשו' חכ"א שכתב, דהוא דוקא כשהם משולשים, כגון אדם ששמו ראובן וחתנו שמו ראובן, ואם יקח עוד חתן זה חתן ששמו ראובן, אזי לא יצליח, וכן אשה ששמה רבקה כו', וכ"כ להדיא בספר חסידים, והעולם טועים בזה, עכ"ד, **ועיין** בתשו' נו"ב שכתב, דכל צוואתו לא היה אלא לזרעו אחריו, ולא לשאר אנשים,

ואף לזרעו אין חשש אלא בשם העצם הניתן בשעת לידה או בשעת מילה, אבל לא בשם שנשתנה בשעת חליו, **וע"ש** עוד שהתרעם על רוב העולם, שלתת בתם לע"ה אינם חוששים, והוא נגד דברי חז"ל, ולצוואת רבי יהודה החסיד חוששין. **ועמ"ש** בזה בפ"ת לאה"ע סי' ב' סוף ס"ה).

‹אין לשתות מים אחר דגים דהוי סכנה, תוס' ספ"ה דמועד קטן. **יורדי** הים אין מפליגים בספינה עד אחר חמשה ימים של חידוש לבנה, **וכן** נזהרים מלהקיז דם סמוך לחדושה, וכמה מלאכות אחרות גדולות וקטנות צריכים שמירה שלא לעשותן בעוד שהלבנה מתחדשת, עד שיאמרו שהפשתן שימצא במזרה או ביורה לבשל בחדוש הלבנה, שהוא לוקה ולא יצליח, לשון חנוך הרא"ה – רעק"א›.

סעיף ו - אסור לאכול מאכלים ומשקים שנפשו של אדם קצה בהם, כגון משקים ואוכלים שנתערבו בהם קיא או צואה וליחה סרוחה וכיוצא בהם. וכן אסור לאכול ולשתות בכלים הצואים שנפשו של אדם קצה בהם, כגון כלים של בית הכסא, וכלי זכוכית שמקיזים בהם וכיוצא בהם. וכן לא יאכל בידים מזוהמות ועל גבי כלים מלוכלכים, שכל אלו בכלל אל תשקצו את נפשותיכם – [בטור כתב בשם רשב"א, בזה מכין אותו מכות מרדות, **וא"ל** למה לא יהא חייב מלקות גמור, נראה משום דהוי לאו שבכללות, שדברים הרבה נכללים בו, וכל לאו שבכללות אין לוקין עליו, כדאיתא פרק ארבע מימות].

[**מצאתי** בקובץ אחד ישן, אלו ימים שסכנה מאוד בהם להקיז דם, קבלה מרבי יהודה החסיד, אא"ט, היינו ר"ח אייר אלול טבת, כשחל יום א' של אחד מן הנ"ל ביום ב' או ביום ד', וכן השוחט אווז ביום זה, או האוכל ממנו, מסתכן ח"ו, **ובקובץ** אחר מצאתי ג"כ, רק שבמקום יום א' של טבת, נכתב יום ט"ו של טבת כשחל ביום אחד, דהיינו ר"ח טבת שחל בשבת, והיינו יום א' דר"ח].

[**עוד** אחר מצינו שאסרו חז"ל מפני הסכנה, שלא לקוץ אילן העושה פירות, דאיתא פרק הגוזל, אמר רב האי דיקלא דטעון קבא אסור למקצציה, ואמר ר' חנינא לא שכיב שבכת ברי אלא דקץ תאינה בלא זימנא, **ואמרינן** התם דרב חסדא חזי לדקל דקאי ביני גופני, א"ל לשמעיה זיל עקרינהו, פירוש שעושין היזקא ביניקת הארץ לגפנים, והם חשובים יותר, **וכתב** הרא"ש שם, וכן אם היה צריך למקומו, מותר, עכ"ל, **ומזה** התרתי לאחד שהיה לו קרקע עם אילנות, לקוץ האילנות אע"פ שיש בהם פירות, כדי לבנות בית דירה עליה, **ותמהתי** שבטור לא הביא דין זה בשום מקום מן קציצת האילן הנ"ל, רק בסמ"ג סימן רכ"ט הביאו].

(**עבה"ט** של מהרי"ט ז"ל, מ"ש חז"ל אסרו שלא לקצץ אילן מאבל כו', ‹**וחז"ל** אמרו שיש גם סכנה בזה, ולכן יש מי שמחמיר אף בצריך למקומו, באה"ט בשם בי"ע – ערוה"ש›, **ועיין** בתשובת בשמים ראש, שכתב דבצריך למקומו נראה דמותר, כי הרמב"ם אמר דעיקר איסורו דוקא דרך השחתה, ואפשר דאם צריך למקומו לא מקרי דרך השחתה, ואין להחמיר ע"י עובד כוכבים כלל, עכ"ד, ע"ש, **ועיין** בשאילת יעב"ץ מ"ש בזה, ובסוף דבריו כתב, דפשוט שאם עוקר אילן עם שרשיו ועם קרקע יניקתו שיכול לחיות ממנו, ונוטעו במקום אחר, אין כאן שום איסור, דפשיטא דאין זו קציצה, ולא נאסרה כלל בשום אופן, שהרי היא כנטועה במקומה, וכדקי"ל גבי ערלה באילן שנעקר והסלע עמו, אם יכול לחיות פטור מערלה, כ"ש הכא, ע"ש, **ועיין** בתשובת חת"ס שכתב עליו, אני לא אעבד עובדא כוותיה לקולא, דשלא לצורך כלל לא הייתי מתיר אפילו למעקריה ולשתלינהו במקום אחר, **אך** לחומרא כגון לצורך מקומו, מ"מ היכי דסגי ואפשר בעקירה עם השורש לנוטעה במקום אחר, אסור לקוץ, דכן משמע מדקדוק לשון הש"ס בב"ק, ע"ש, **ועיין** בתשובת צמח צדק, שכתב דאם האילן מזיק לגפנים רשאי לעוקרו, ע"ש, **ובתשובת** חת"ס שם האריך בענין לקוץ אילן מאבל, ומסיק כל דלא ברי שיהיה ריוח הקציצה יותר מהפירות דטעין אילנא, אסור למיקציה, וסכנה איכא אפילו בספיקא, **אך** אי איכא רווחא, אפילו רק בצריך למקום לבנות בתים, בזמנינו ובמדינתנו בודאי עדיפא מדיקלא, שרי, **אך** אם אפשר למיעקר עם שרשייהו וקרקע גוש עפר עמהם שיכול לחיות ממנו, ויכול לנוטעם במקום, אסור לקוצצם, ע"ש).

[**כתב** רש"ל בפרק הגוזל בתרא, על מאי דאיתא בגמרא במשקין מגולין שלא סיננן שאסור להשקות מהם לבהמתו, ופרש"י הטעם מפני סכנה, שמא ישחטנה אחרי כן ויאכלנה, ומכאן נהגו לאסור הכבשים שגדל בהם מין שחין של נגע שרגילין למות בהן, ובימי חורפי ראיתי

שעשו הקהל חרם ואסרו כל הכבשים עד שפסקה המכה, עכ"ל, **ויש** לתמוה הרי אמרינן בסי' ס', דאפי' אכלתה הבהמה סם המות שלה, כשרה, ומשמע דאין שם שום איסור כלל מפני הסכנה, אלא דוקא באכלה סם המות של אדם, **ואפשר** שיש עכ"פ איסור מצד שהיא מסוכנת, דכתב בב"י שם בשם רשב"א דהוי כמסוכנת וכשירה, והיינו על פי מה שכתב הטור סוף סימן זה, וכן בש"ע, דאין לבעל נפש לאכול מסוכנת, **אלא** דקשה דלא היה לו ללמוד דבר זה ממה שכתב רש"י שיש סכנה כששתתה מים הרעים דהיינו מים מגולים, דשם הוה סכנה גם לאדם משום ארס נחש, **ומו"ח** ז"ל הקשה מההיא דאמרינן בסימן ס', דאם שתתה מים הרעים דהיינו מגולים שהיא מותרת, וכאן אסורה לפרש"י הנזכר לעיל מפני סכנה, **ונראה** לי לדקדק עוד, דשם אנו אומרים בסם המות של אדם דאסורה משום סכנה, ואמאי מותרת במים רעים, דהא יש סם המות לאדם, **ונ"ל** דשם באותן חילוקים דקא חשיב, דהיינו אחוזת הדם כו', בכולהו ראינו הריעותא משום שאנו רואין בה חולי, וכמ"ש רש"י שם שחלתה, והוא מוכח דאל"כ מנא ידעינן שאירע לה כך, **משא"כ** במים מגולים, אין אנו רואים שום חולי אחר השתייה, אלא יש איזה שהות שהיא בריאה אחר השתייה כמו לפני השתייה, ומזה אנו אומרים בודאי לא שתה נחש מאותן מים מגולים, דכל שיש סם המות ודאי לא היתה בריאה אחר כך, ובזה דוקא אמרו מותרת, **אבל** כאן דלא ישקנה, הוא החשש דשמא ישחטנה אחר השתייה תכף, **ואפשר** שיש בה סכנת נפשות, וזה מכוון בלשון רש"י שאמר שמא ישחטנה אחרי כן, דהוא יתור לשון, **אלא** דנתכוין למה שכתבתי, שישחטנה אחרי כן, כלומר אחר השתייה, ולשון "כן" הוא מורה על הסמיכות, ודבר זה הוא כפתור ופרח,

אבל התוס' בפרק הגוזל פירשו הטעם דלא ישקה לבהמה מים מגולים, משום בל תשחית, ומש"ה אפי' בהמה טמאה לא ישקה, **וכתב** רש"ל שם, מכאן מי שיש לו כלב רע שמזיקן ומפסיד המאכל, אפילו אינו נושך, שיכול ליתן לו סם המות ואינו עובר משום צער בעלי חיים, דהא לא אסרו התוספות אלא משום בל תשחית, והכא ליכא, ומ"מ שמעתי למחות שלא ליתן להם מחט בתוך הלחם, דאיכא למיחש שמא ישתגע ואיכא סכנות נפשות טובא, עכ"ל].

סעיף ז - מסוכנת, אף על פי שניתרת בשחיטה, המדקדקים מחמירים על עצמם שלא לאכלה.

הגה: בהמה שסורה בה חכם מסברה, ולא נמצא הדין בפירוש שהיא מותרת, בעל נפש לא יאכל ממנה - אבל אם יש לו קבלה שהיא מותרת, מותר, כן הוא בש"ס פא"ט, ובהגה"א שם, וע"ל סימן רמ"ב סעיף ל"א.

(**בגליון** יו"ד של אא"ז הרב ז"ל מ"כ, וכן אם נפל איסור בכלי שני או בכ"ר ויש ס', ומכל כה"ג, ולהרחיק עצמו מכל דבר כיעור, מצוה היא, עכ"ל או"ה, **וצ"ל** דאף שכתב הרמ"א, ולא נמצא הדין בפי' כו' לא יאכל ממנה, א"כ משמע דהא בכ"ש או ביש ס', דנמצא בפירוש, אין להחמיר, **היינו** שאין החיוב על בעל נפש להחמיר, אבל מ"מ אם רוצה להחמיר גם בזה, מצוה היא, **שוב** ראיתי בסולת למנחה, שכתב בשם תורת האשם, דמי שרוצה להחמיר לנהוג איסור בדבר שלא מצינו שהחמירו אמוראי, כגון מה שנתבטל בס' או בכלי שני, הוי כמו אפיקורסות, ויצא שכרו בהפסדו, ודלא כמ"ש או"ה, עכ"ד, ע"ש).

§ סימן קיז – שלא לעשות סחורה מדבר איסור §

סעיף א- כל דבר שאסור מן התורה, ‹אף בספק איסור - רעק"א›, **אף על פי שמותר בהנאה, אם הוא דבר המיוחד למאכל, אסור לעשות בו סחורה** - הטעם, שמא יבוא לאכול מהן, אבל אם אינו מוכר לצורך אכילה, ליכא למיגזר, דדוקא כשמוכר לצורך אכילה איכא למיגזר שמא יבא לאכול מהן, כיון שהוא מוכר לאכילה, או שמא יבא לטעום כדרך המוכרים לאכילה, אבל כשאינו מתעסק בו לצורך אכילה, ליכא למיגזר, **א"נ** לשמא יבא לאכול לא חיישינן, דאטו ברשיעי עסקינן דלא מזדהרי למיכל איסורא, אלא הטעם הוא משום דהרואה שסוחר בדבר האסור לצורך אכילה, יחשוב שכשם שסוחרן לצורך אכילה כך הוא אוכל מהן, **ולכך** מותר היכא דאינו מוכר לאכילה, אע"פ שהוא דבר שדרך בני אדם לגדלן לאכלן, וכמ"ש בסמוך, **ודין** שותף שעבר ועשה סחורה בדבר האיסור, עיין בח"מ ר"ס קפ"ב בטור.

אם הוא דבר המיוחד למאכל כו' - לאפוקי סוסים וחמורים וגמלים, דסתמן למלאכה, **והב"י** הביא בשם התוספות דסוף פ' מרובה, שכתב ר"ת דה"ה שאר דברים טמאים שעומדין לאכילה, אם מגדלן למשוח עורות בשומנן להשתכר בהן, או למוכרן לישראל שימשח בהן או להדליק, מותר, **אבל** בחזיר הכל אסור משום מעשה שהיה, וכמ"ש הט"ו בח"מ סימן ת"ט, וכן כתבו האגודה והרא"ש והנ"י בשם הרא"ש והרא"ה, ולא כמ"ש בב"ח, שהרא"ש חולק אר"ת והאגודה, **ומלשון** המחבר שכתב אם הוא דבר המיוחד למאכל כו', לא משמע קצת הכי, אלא כהרשב"א שהביא בב"י, שאם הוא מיוחד למאכל ודרך בני אדם לגדלן כדי לאכלן, אע"פ שאינו סוחר בדברים אלו למכרן לצורך אכילה, אסור, וכ"פ בעט"ז להדיא, **וי"ל** דה"ק אם הוא דבר המיוחד לעולם לאכילה, לאפוקי אם יחדו שלא לצורך אכילה, וכן משמע בב"י עיין שם, וכן משמע בכ"מ שם ודוק.

[בב"י בשם רשב"א הטעם, גזירה שמא יבא לאכול מהם, יצאו חמור וגמל שאדם מגדלן למלאכה, ותמהתי, שהרי בפ' כל שעה איתא שהוא איסור דאורייתא, דאיתא נזדמנו לו מינים טמאים, מותר למוכרן לעכו"ם, ומפרש טעמא, דכתיב "לכם" שלכם יהא, ופרכינן אפילו לכתחלה נמי, ומשני שאני הכא דאמר קרא "יהיו" בהוייתן יהיו, וכן כתבו התוס' שם דמאורייתא הוא, ונראה דהרשב"א כתב גזירה זו שהתורה אסרה משום זה, מדחזינן היתרא משום לכם, ואיסורא משום יהיו, הרי הדבר מסור לחכמים שהם יבחרו מה יהיה אסור ומה יהיה מותר, דוגמא לדבר איסור מלאכה דחול המועד בפ' ב' דחגיגה, וע"כ דנו חכמים שבכל מידי דהוא מאכל יש לאסרו, שמא יבוא לאוכלו, אבל דבר המיוחד למלאכה מותר].

(**ולע"ד** אינו נראה כן, דשם חז"ל פירשו כן, אבל אנן מנלן לומר כן, ועוד דאי נלמדנה מהתם, הרי בחול המועד רוב הפוסקים ס"ל דהוי רק מדרבנן, ובכאן הסכימו דהוי דאורייתא, וכדמשמע פשטא דסוגיא, **ועוד** דבכאן א"צ לזה כלל, ובתורה עצמה מפורש דנזדמנו שרי, שהרי בנבלה כתיב: לא תאכלו כל נבלה לגר אשר בשעריך תתננה ואכלה או מכור לנכרי וגו', הרי שהתירה התורה מכירה, וסתם נבלה הוי בנזדמן, או שנתנבלה בשחיטתה או שנהרגה או שמתה – ערוה"ש).

[שוב ראיתי בת"ה שכתב בשם גליון תוספו', דהך דרשא הוה אסמכתא, וזה כתוב בגליון התוספות פרק כל שעה שזכרתי, שכתבו דאיסור סחורה באלו הוי דאורייתא, ע"ז כתב הגליון דלאו דאורייתא ממש קאמר, דבאמת אינו אלא מדרבנן דאסמכתא בעלמא הוא, **אלא** דק"ל ממ"ש התוספות בפרק לולב הגזול וז"ל, **ואפשר** הקונה מחבירו כדי להרויח ולמכור ביוקר דהיינו נמי סחורה, ובפרק ז' דשביעי' תנן שאין עושין סחורה בפירות שביעית ולא בבכורות ולא בתרומות ולא בנבילות וטרפות כו', לא משכחת שיהו כולם שוין לענין סחורה אלא בכה"ג, דבהדיא שרי רחמנא למכור, כדכתיב או מכור לנכרי, עכ"ל, ואם איתא דאיסור סחורה בדברי' טמאים אינו אלא מדרבנן, מאי מוכיחים התוספות מנבילות וטרפות מן הפסוק דמכור לנכרי, דהתם ודאי מותר מן התורה אלא דרבנן אסרוה, ומתני' קאמר מדרבנן הם שוים, **ונראה** לתרץ, דאין כח ביד חכמים לאסור דבר שפירשה התורה בפי' להיתר, דאין כח ביד חכמים להחמיר אלא במקום שאין בו לא איסור ולא היתר מפורש מן התורה, משא"כ במקום שיש היתר מפורש מן התורה, **וזהו** בכלל מאמרם: שמעתי שב"ד מכין ועונשין שלא מן הדין, ולא לעבור על ד"ת אלא לעשות סייג לתורה, דקשה, פשיטא שאין כח בשום אדם לעבור על ד"ת, **ולפי** הנחה שזכרתי אתי שפיר טפי, דכאן נתכוין שאף להחמיר אין להם כח במקום שהם עוברים על ד"ת, ע"כ מוכיחים בתוס' שפיר, מדמצינו היתר בתורה ודאי חכמים לא אסרוהו כלל למכירה, אלא ע"כ דגם מדרבנן מותר, והיינו היכא דלא קנה להרויח].

(**עיין** ט"ז מ"ש דדבר שהתירה התורה בהדיא א"א לומר שחכמים יאסרוהו, **ועיין** בתשובת חות יאיר שהשיג עליו, ועמ"ש אא"ז בספרו פנים מאירות שהשיג ג"כ על האי כללא דהט"ז, ע"ש, **גם** לענ"ד קשה על כלל זה מתוס' דחולין דף י"ב ד"ה פסח וקדשים ע"ש).

(**כתב** חת"ס, דאף דקרא לא אסר סחורה אלא במידי דקיימי לאכילה, אין לנו להורות קולא, ולומר דטעמא דילמא אתי למיכל מיניה, ונתיר היכא דלא אתי למיכל מיניה, דאין לנו למדרש טעמא דקרא, **וכן** נוטה דעת הרמ"ע, דאוסר לישראל השוכר שדה מישמעאל, ומסרה לאריס ישמעאל, ומגדל עליו דברים טמאים לטובת המשכיר, אע"ג שאינו בביתו וברשותו, ולא אתי למיכל מיניה, ע"ש, **ומ"מ** נ"ל נפקותא בטעמא דקרא, להחמיר שלא יעשה הישראל שלוחו של עובד כוכבים להרויח

בסחורת דברים אסורים לטובת העובד כוכבים, דמ"מ אסור משום דילמא אתי למיכל מיניה›.

‹**ושם** נשאל אודות עיר אחת בארץ אזיא, שיש מו"מ גדול בין הישמעאלים בדגים טמאים הבאים מאיטליא מלוחים בחביות, ויש לישראל אחד באותה עיר שותפות עם ישמעאל אחד במדינת מצרים, והוא כתב שיש להרויח הרבה בזאת שמה וישלחם לו, והישראל בכאן אינו עושה רק שהולך לישמעאל המוכר שיש לו הרבה מחביות דגים הנ"ל, ואומר לו שימסור להספינה כו"כ סכום חביות דגים, ואח"כ משלם לו, אבל הישראל אינו מקבלם לביתו כלל, כ"א מבית אוצר הישמעאל מוסרים אותם אל הספינה, והולך למצרים לשותפו הישמעאל, והוא מוכרם בריוח, אם יש חשש איסור בזה, **והאריך** לבאר דאם יקנה היהודי הדגים על שמו, באופן שיהיה נקנה לו, אין שום היתר אפילו לא נגע בהם ולא יראה אותם כלל, וכנדון הרמ"ע הנ"ל, **אך** מאחר דאיכא הפסד ריוח הרבה, יש להמציא היתר ולומר דהיהודי לא קנה כלל הדגים, מאחר דליכא משיכה, ולרוב הפוסקים ישראל מא"י לא קנה בכסף, **ואף** את"ל קנה בכסף, היינו אם היה מראה לו חביות אלו דוקא, ואין רשות למוכר להחליפם באחרים, וכמ"ש התוס' ב"מ ד' ס"ד, נמצא בנ"ד ע"י נתינת המעות לא קנם הישראל, **ובפרט** לפי המבואר בלשון השאלה, דאפילו נתינת מעות אין כאן עד לאחר זמן, **ומה** טוב שלא יהיה בדעת הישראל כלל להיות לו שום קנין בעצמות הדגים, אלא שלוחו של הסוחר שבמצרים, **וגם** יודיע כן להמוכר, **ואע"ג** שלבסוף נוטל חלקו מהריוח, אין בכך כלום, דשכר שליחותו הוא נוטל, **ואף** אם מקבל אחריות יוקרא וכדומה, מ"מ כיון שלא קנה הסחורה, הו"ל כמקבל אחריות סחורה של עובד כוכבים בביתו של עובד כוכבים, עיין באו"ח סי' ת"מ, **והשתא** מותר ממ"נ, משום דילמא אתי למיכל ליכא, שהרי אין לו עסק עמהם כלל, וגם משום עושה סחורה ליכא, דהא אינו קונה הדגים כלל, רק נעשה שליח וסרסור לישמעאל אחר, **אמנם** אם קנה הישראל מיד מהמוכר בכסף קנין גמור, ואחריותו עליו מפאת המוכר אף קודם שיביאנו לתוך הספינה, ומכ"ש אם קנאו בתקיעת כף כדרך הסוחרים, דקיי"ל סיטומתא קונה, נמצא קנה הישראל, וליכא למיסמך אלא אהך סברא שבדעתו לקנות בשליחותו של פלוני, ע"ז לחוד קשה לסמוך להתיר, ע"ש›.

‹**וכיוצא** בזה כתב בנידון יהודים החוכרים קצבות מהשררה, וצריכים למכור לעובד כוכבים בשר חזיר, אם יש להמציא היתר ע"י פועל עובדי כוכבים, **וכתב** דאם נסמוך על טעמא דקרא אפילו להקל, א"כ אם אין לישראל שום עסק בהם, רק שהמשרת עובד כוכבים נותן ריוח לישראל, מותר, **אלא** שאין לסמוך להקל, דילמא גזירת הכתוב הוא בלא שום טעם, וכן אסר להדיא בתשובת רמ"ע, **אלא** לפי"ז אם לא קנה היהודי את החזירים בדין קנין התורה, נמצא אינו של היהודי, ומותר ליטול הריוח, ע"כ יש להמציא היתר בהפסד מרובה על אופן זה, שהישראל ילוה מעות להמשרת, והוא יקנה לעצמו חזירים כו', **דאע"ג** דכתב התה"ד דמכוער הדבר להלוות אקדלי דחזירי, היינו כשיטלם לביתו ויש לו עסק עמהם, אבל הכא שאין לישראל שום עסק עם האיסור, ולא אתי למיכל מיניה, וגם לא קנאום בדין, יש לסמוך בהפ"מ, **ומ"מ** שומר נפשו ירחק מכל אלו, ע"ש›.

(או להלוות עליו) – [בת"ה צידד בדבר, ומסיק שמכוער הדבר להלוות על כותלי חזיר, **ולפי** מה שכתב ב"י בשם רשב"א, שיש לחוש שיבוא לאוכלו, איסור גמור יש גם בהלואה].

‹**מה** שאסר להלוות עליו, לענ"ד לא ידעתי למה, והרי אינו תופסו אלא למשכון, ושמא יפדנו, ואף אם לא יפדנו, הוי כנזדמנו, **ולענ"ד** נראה דהנה רבינו הרמ"א תפס דאיסור זה הוא מדרבנן, כדעת הרשב"א והת"ה, והאיסור הוא שמא יבא לאכול, ולפ"ז שפיר אסר להלוות עליו, דהרי גם בזה יש חשש זה, **אבל** לפי מה שבארנו דעת רוב רבותינו שאיסור זה הוא מן התורה, וכשנזדמנו התירה תורה, בוודאי מותר להלוות עליו, דאף אם ישאר המשכון בידו, אינו אלא כנזדמנו – ערוה"ש›.

(ואפילו לקנותו להאכילו לפועליו עובדי כוכבים אסור) - לפי דעת הרב, **(כך משמע מב"י מהגהות מיימוני פ"ח דמאכלות אסורות)** - ולא ידעתי על מה סמכו רבים מבני עמינו, שלוקחין טריפות בכיון כדי להאכיל לפועליהם עובדי כוכבים, והדבר פשוט להם להתיר, **אבל** צ"ע מנין לו להרב פסק זה, כי אדרבה מהגהת מיימוני שהביא הב"י משמע שמותר לקנות להאכיל לפועליו עובדי כוכבים, שלא אסר אלא לקנות כדי ליתן לעובדי כוכבים, וכתב הב"י עליו הטעם, משום דמתנה הוי כמו מכר, דאי לאו דקביל הנאה מיניה

לא הוי יהיב ליה מידי, עכ"ל, וא"כ כשקונה כדי ליתנו לעובדי כוכבים הוי כקונה למכרו לעובד כוכבים דהוי כסחורה, **אבל** בקונה כדי להאכילו לפועליו שיש לו בביתו משמע דשרי, דאין זה כעין סחורה, **וכן** משמע בפ' בתרא דע"ז דף ס"ג ע"ב, ע"ש ברש"י ד"ה ולא משום יין נסך וד"ה שנשא, ודוק, **וכן** משמע להדיא מא"ח שהביא הב"י, שכתב וז"ל, אמרינן בירושלמי מי שלקח חזירים לצורך פועלים עובדי כוכבים, כשמוכרו אינו מוכרו אלא בדמיו, עכ"ל, משמע כשהותירו ובא למוכרו אינו מוכרו אלא בדמים שקנה, [וצ"ל דהתם אמר לענין מי שעבר ולקח], **וכ"כ** העט"ז להדיא וז"ל, י"א שמותר ליקח חזירים להאכילם לפועלים עובדי כוכבים כו', אלא שאח"כ כתב ויש אוסרים וכמ"ש למעלה, עכ"ל, והוא דעת הרב.

[**בב"י** לא נמצא טעם לזה... ולענין טעם איסור בזה ע"פ הגמרא בע"ז, דתניא החמרין שהיו עושין מלאכה בפירות שביעית, שכרן שביעית, מאי שכרן שביעית, אילימא דיהבינן להו מפירות שביעית, נמצא זה פורע חובו מפירות שביעית, והתורה אמרה לאכלה ולא לסחורה, הא קמן דנותן לפועליו מקרי לסחורה, ממילא גם כן אסור לקנות לפועליו מטעם פורע חובו דהוה כסחורה, **ואע"ג** דכתבו התוס' שם הטעם דפורע חובו, משום דמשתכר בפירות שביעית, ולאו לאכלה קרינא ביה כו', וכאן אין משתכר בדברים הטמאים, שהרי קונה אותם במעות, **מכל מקום** מסתמא נותנים לו בזול אלו הדברים משאר מינים טהורים, ע"כ קרינן ביה לסחורה].

חוץ מן החלב, שהרי נאמר בו: יעשה לכל מלאכה - פי' חלב של בהמה טהורה, אבל של בהמה טמאה משמע דעת הב"י דאסור לעשות בו סחורה, דבקרא לא נזכר אלא חלב נבלה וטרפה, ומ"ש המחבר סתם חוץ מן החלב, מפני שסמך עצמו אמה שכתב: שהרי נאמר בו כו', ועוד דסתם בחלב של טהורה מיירי, **דלא** כהא"ח שכתב שלא חילק הכתוב בין טהורה לטמאה, **וגם** תמיה לי על הא"ח, שהוא להדיא נגד הברייתא דזבחים, ומייתי לה בת"כ פ' צו, דאיתא התם דהאי קרא דחלב נבלה וטרפה וגו', איירי דוקא בבהמה טהורה שיש במינה טרפה, ולא בטמאה, ע"ש, **מיהו** דוקא בחלב העומד למכור לאכילה הוא דאסור, אבל למשוח עורות, נתבאר בס"ק א' דמותר למוכרו.

(**עיין** בספר פרי תואר, שמתיר את הדם לסחור בו, כיון דאיתקש למים, ועיין בתשובת נו"ב שהסכים עמו, ע"ש, וכ"כ בתשובת חת"ס, **והוסיף** עוד דה"ה אבר מן החי דאיתקש לדם).

(**עבה"ט** של הרב מהרי"ט ז"ל, שכתב בשם בה"י, דלכתחלה אסור לקנות פירות מתולעים למוכרן לעובד כוכבים, **והפר"ח** חולק עליו).

ואם נזדמנו לצייד - בתוספות איתא, דנפלה לו בירושה חשיב כנזדמנו לו, **חיה ועוף ודגים טמאים** - ל' הטור, נזדמנו לו לצייד חיה ועוף ודגים טמאים, או שצד טמאים עם טהורים, מותר למכרם ובלבד שלא יתכוין לכך.

דוקא לצייד שאומנותו בכך, אבל שאר כל אדם אע"פ שנזדמנו לו בצידה, לא התירו לו, ב"י בשם הפוסקים, **ובתשו'** מ"ע פסק, דאפילו צייד שאינו קבוע, וכל אדם שנזדמן לו, מותר למכרם, **אבל** דרך מקח וממכר, אפי' בהזדמן ואקראי בעלמא אסור לקנות מהם, **אלא** שאם עבר ולקח לא קנסוהו רבנן שיהא אסור בהנאה, ע"ש שהאריך.

‹**ואם** נכרי מביא לו מתנה דבר טמא, מותר לקבל ממנו ולמכרו, דהוי כמו נזדמן, תשו' שי למורא – רעק"א›.

(וכן מי שנזדמנה לו נבלה וטריפה בביתו) - זהו מקרא מלא, לא תאכלו כל נבלה לגר אשר בשעריך תתננה ואכלה או מכור לנכרי.

מותר למכרם ובלבד שלא יתכוין לכך - וז"ל הב"ח, ומשמע דוקא אותו שנזדמנה לו יכול למכרו לעובד כוכבים מפני הפסד ממונו, **אבל** ישראל אחר אסור לקנות מחבירו הנבלה וטרפה שנזדמנה לו כדי להרויח בה למכרה ביוקר לעובד כוכבים, דהיינו נמי סחורה, עכ"ל, וכן משמע בתוס' דסוכה, וכן משמע דעת ר' שמשון, ע"ש.

[**אבל כי דייקת משכחת להיתרא**, דהא דין תורה במכירת טרפות עומדת אף לדידן, וכמ"ש ב"י ע"ז, דמקרא מלא הוא או מכור לנכרי, והך מכירה אין בה חילוק בין מוכר ע"י עצמו למוכר ע"י אחר, דקי"ל בריש האיש מקדש, בכל התורה שלוחו של אדם כמותו, ולישנא דקרא נמי הכי דייקא, דקאמר או מכור, ולא אמר תמכור,

שאמר תחלה לגר תתננה, אלא להורות שאף שהמכירה היא שלא על ידך, אלא ע"י אחר, שרי, **ואין** זה דומה לשביעית ומכירת בהמה שזכרנו, דשם אין הלוקח מיקרי שלוחו של ישראל, כיון שהמוכר יכול למוכרם ללוקח שיאכלנה עצמה, למה נאמר שהוא שלוחו למכור לעכו"ם, משא"כ כאן במכירת טרפה, שא"א למכור אלא לעכו"ם, ממילא המוכר ללוקח, מוכר לו דוקא דבר זה שהוא יהיה במקומו למכור לעכו"ם, **והגע** בעצמך דאם לא תאמר כן יהיה הפסד במי שנזדמן לו נבילה, והוא לאו בר הכי שיוכל למכור לעכו"ם, וכי יפסיד ולא ימכרנה לאחר שיוכל למכור לעכו"ם, הא ודאי ליתא, **ואין** בזה חילוק אם השליח ירויח או לא, דכל סרסר דזבין ומזבין מיקרי שליח, **ומש"ה** אף בקונה ישראל מחבירו טריפה להאכילה לפועליו עכו"ם, אין איסור, **דאין** כאן איסור על טריפה זו, דעומד במקום המוכר ושלוחו הוא, **וכן** המנהג פשוט כפי מה שראיתי, **ואף** שמו"ח ז"ל כתב לאיסור לקנות כדי להרויח בזה, הנלענ"ד כתבתי].

(**עבה"ט** בשם ט"ז, עד דלא כב"ח שאוסר כו', ובש"ך משמע דמסכים כדעת הב"ח, דלישראל אחר אסור לקנות ממנו כדי להרויח, וכן הוא דעת הפר"ח, **אמנם** לקנות כדי להאכיל לפועליו בלא"ה שרי לדעת הש"ך, דאין זה כעין סחורה, וכן דעת הפר"ח, זולת בקונה דברים טמאים לגדלן בבית להאכילם, ע"ש, **גם** בתשו' חת"ס דחה דברי ט"ז הנ"ל, ואע"ג דודאי כשם שהוא עצמו מותר למוכרו, הה"נ שלוחו כמותו, אבל שיקנה זה באופן שנסתלקו בעלים הראשונים לגמרי, ונכנס הוא תחתיהם, זה אסור, ע"ש).

והיכא דצד טמאים וטהורים, צריך למכור הטהור והטמא ביחד, וכמ"ש הא"ח, אבל לא הטמא בפני עצמו, ולא הטהור בפני עצמו, **ולא** דמי לאם לא עלו בידו אלא טמאים בלבד דהתירו לו למכור, דהתם אם לא נתיר לו יפסיד כל טרחו, וא"א בענין אחר, משא"כ הכא, ודלא כב"י. ‹**ופר"ח** חולק ומתיר למכור אפי' הטמאים בפני עצמו – בה"ט›.

וכתוב בתשו' משאת בנימין, דאסור לנחור תיישים שצריך לעורות שלהן, למכור אח"כ הבשר לעובד כוכבים, דמקרי מכוין מלאכתו בדבר האיסור, וכ"כ הב"ח באו"ח סימן תקנ"א סעיף י', ע"ש.

[**נשאלתי** על דבר התיישים הגדולים שבגליל זה, דרכן של הבעלי מלאכות שלא לקנות העורות אלא כשנוחרים אותם, אבל לא שחוטין, מפני שמתקלקלים קצת, ע"כ יש להסתפק אם יכול ישראל לנחור התיישים בשביל זה או לא, **נראה** לי דהיתר גמור הוא, דאי ניחוש לבל תשחית, וכדרך שכתבתי בס"ס הקודם לזה בשם התוספות, דלא ישקה מים מגולים אפילו לבהמה טמאה, **אינו**, דהא יש לו הנאה מזה ואין כאן בל תשחית, וכמ"ש בסמ"ג, שכל שיש לו הנאה מרובה מהשחתה, אין כאן איסור בל תשחית, וכן איתא בתוספות דע"ז, דמותר לעשות הבהמה טרפה, והכי נמי מצינו פ' השוחט, השוחט וצריך לדם, נוחר או מעקר, ומפרש לה התם בחיה וצריך לדם לצבוע בו צמר, ה"נ ממש דכוותיה, וכן בפרק כיסוי הדם, שהתיר רבי לר' חייא לטרוף הבהמה ולשוחטה ולהוציא דמה ולצבוע בו צמר, **ואי** משום שאין עושין סחורה בנבלות וטרפות, ג"כ אינו שייך כאן, כיון דבהיתר עושין אותה נבלה, הו"ל אח"כ כאלו נזדמנה לו נבלה בתוך ביתו, דכיון שהוא עושה תחלה בהיתר בשביל הנאה שלו, אין אח"כ שום איסור, דלא אסרו חכמים אלא במכוון לעשות מעיקרא באיסור, כגון לצוד מינים טמאים, משא"כ כאן, **וכיוצא** בזה בפ' היה קורא, אמר רב לא יתחיל ואם התחיל גומר, אמר אביי אנן מתחילין כיון דקא מתחלי במערבא, וכיון דאתחלינן מגמר נמי גמרינן, והיינו כיון שהתחיל בהיתר, אע"ג דבשעת התחלה ידע שיגמור, וה"נ כן הוא, **וראיתי** בתשובה נדפסת מחדש להרב ר' בנימין ז"ל, התיר ג"כ נחירת התיישי', **אך** שבהג"ה שם כתוב, דהא דהתירו בגמרא לנחור ולעקור כדי לצבוע הצמר, היינו שישליך הבשר אח"כ, משום שאין עושין סחורה בנבלות, **והוא** טעות לענ"ד, דא"כ היה לו לומר בגמרא שישליך הבשר לכלבים, ותו דא"כ היה לו לאסור תחלה גם הנחירה, דשמא לא ישליך הבשר אח"כ ויאכלנו, דהא זהו הטעם לפי הרשב"א שמביא ב"י, שאסור להתעסק בנבלות וטרפות, **אלא** דבר פשוט כל שעושה תחלה בהיתר, כגון שצריך לדם או לעור, הוי הבשר אח"כ כאלו נזדמנה לו נבלה, ומותר למוכרה לעכו"ם, **אבל** מי שאינו יודע הלכות שחיטה, ורוצה למכור בשר לעכו"ם, ורוצה לשחוט באיסור, זה ודאי אסור, שמתחלה עושה נבלה

בשביל מכירת הנבלה לחוד, **לא משום דבר היתר, וכל זה נ"ל ברור ופשוט**].

(**עיין** בתשובת חו"י שדעתו ג"כ נוטה כדעת המ"ב, ולא כט"ז ע"ש, **גם** בתשובת חת"ס כתב, שדברי הט"ז המתיר תמוהים מאד, וכבר מחו ליה מאה עוכלי, דאין כאן שום התחלה בהיתר, דהרי עיקר קנייתם למכור הבשר לעובד כוכבים, ורק משום הפסד מועט דהעור רוצה לנחור, וישתקע הדבר, עכ"ל).

(**ועיין** בספר תפארת ישראל על משניות מהגאון אב"ד מדעסא, פ"ז דשביעית, שנשאל אם יש למחות ביד הקונים ארנבים מתים את עורם ואת בשרם, וחוזרים ומוכרים לפעמים הבשר לבד, והרי הפר"ח אוסר בכה"ג, **והשיב** כל דבר שאינו מפורש בתורה, אמרינן הנח מוטב כו', וה"נ קרוב הדבר שלא ישמעו, דהצייד לא ירצה למכור העור בלי הבשר, ויש בהם ג"כ חיי נפש, כדאי הט"ז לסמוך עליו, דמתיר בנחירת התיישים, אף דרבים חולקים עליו, **מיהו** אם נזדמן לקנות כ"כ בזול, עד שבעד העור לבד יקבל יותר ממה שנתן, אז גם הרוצה לצאת ידי שמים מותר לקנות ולמכור אח"כ הבשר לבד, כיון דמרויח בעור לבד, וא"צ לכוין גם להאיסור, הו"ל האיסור כנזדמן, ע"ש, **ועיין** בתשובת נו"ב שנשאל ג"כ על ענין הנ"ל, והאריך לבאר דעיקר איסור סחורה בדברים אסורים הוא מדרבנן, ומעתה יש לנטות להקל, כיון דעיקר כוונת הסוחרים הוא בשביל העור לבד, יש לדמות זה לנזדמנו טמאים וטהורים, {מזה מוכח דס"ל כדעת הפר"ח שהביא הבה"ט ולא כש"ך}, **ובפרט** שאינו מוכר הבשר לבד אחר הפשטן, אלא מוכרים אותו קודם הפשט, איכא היכרא, **אך** לפי שהוא דבר חדש אין רצוני להחליט ההיתר, ועכ"פ יש להעלים עין מהם, והנח להם כו', **וע"ש** שכתב, דאם יכולים למכור להקונה ג"כ הבשר עם העור, ואף שיתנה עם הקונה שאם ירצה לחזור ולמכור לו העור לבד מחויב הוא לחזור ולקנותו באיזה סך שיתנה, מ"מ מאחר שבתחלה מכר לו הכל ביחד, וגם הברירה ביד הקונה להחזיק ג"כ העור, הערמה זו נ"ל להתיר בדבר זה שיש בלא"ה כמה צדדי היתר, ועיקר האיסור הוא רק מדרבנן, ע"ש. **ועיין** בתשובת חת"ס, שכתב שכמעט כל הראשונים והאחרונים מסכימים שאיסור סחורה בדברים אסורים הוא איסור דאורייתא, **והביא** שם דברי תשובת חו"י, שמחלק דדוקא באיסורים שלא היה להם שעת הכושר כמו שרצים, ומשמע שמסכים עמו, **אך** בסי' ק"ח שם כתב, דלולא דבריו היה אומר בהיפוך, דגלי רחמנא בשרצים דבדילי מיניה, ק"ו לדברים שאין נפשו של אדם קצה בהם).

הגה: וצריך למכרה מיד, ולא ימתין עד שתהא שמינה אצלו (ב"י בשם א"ח) – [כאן שייכא הג"ה, ובטעות נדפסה בסמוך, כי באיסור דרבנן מותר לעשות סחורה בכל גוונא שירצה, וכן הוא בב"י בשם א"ח כתוב זה על הרישא].

וצריך למכרה מיד - וכן לא לעשות מהם תבשילים להשתכר בהם, עיין בס' ברכי יוסף – רעק"א.

(**עבה"ט** בשם חו"י, וז"ל, אסור לבעה"ב ליבש בשר אחורים ובהמות שנטרפו לו, למכרם אחת אחת לעכו"ם, דחיישנן לתקלה, **וכתב** עוד שם, דאפילו אם מייחד להם מקום לבד, וסגרם בחדר, לא מהני, ע"ש, **ונראה** קצת דה"ה דאסור לבשל בשר טרפה שנזדמן כדי למכרו לעובד כוכבים, מפני שקשה למכור בשר חי, דחיישינן לתקלה).

וכן מותר לגבות דברים טמאים בחובו מן העובדי כוכבים, דהוי כמציל מידם - כלומר מן הסתם אמרינן דהוי כמציל מידם, **דלא** כהא"ח שכתב וז"ל, וליקח אותם בחוב אסורים, ואם הוא כמציל מידם מותר, עכ"ל, **ובתשובת** הרשב"א שהביא ב"י מבואר, אפילו חזירים מותר ליקח בחובו, מה"ט שהוא כמציל מידם, וכן הוא בתשובת מ"ע, וכ"כ ר' ירוחם בשם הפוסקים, דאם גבאם בחובו דינו כנפלו לו בירושה, שמותר למכרם על יד על יד, ע"ש.

וכן מותר לגבות כו' - וצריך למכרם מיד, ואסור להשהותם כדי להשתכר בהן, אבל לדמיו מותר להשהותן, אפילו חזירים, כ"כ בתשו' מנחם עזריה, וכ"כ בתשו' משאת בנימין, ועיין בחו"מ סימן ת"ט.

ואסור למכור לעובד כוכבים נבלה בחזקת כשרה. (ועיין בחושן המשפט סימן רכ"ח) - כ"כ גם המחבר בחו"מ סימן רצ"ח ס"ו, ודקדקו לכתוב למכור, דאילו במתנה מותר, דאין במתנה משום גניבת דעת, וכמו שנתבאר בסימן ס"ה סי"א ע"ש.

וכל דבר שאין איסורו אלא מדבריהם, מותר לעשות בו סחורה - ומשמע דבכלל זה נמי

מורייס של עובד כוכבים, שאינו אסור אלא מדבריהם, וכמ"ש הט"ו בר"ס קי"א, והכי איתא בירושלמי, **ואע"ג** דטעם איסור מורייס מפני שמערבים בו יין, וכמ"ש הט"ו בסי' קי"ד סי"א, וסתם יינם אסור בהנאה, כמ"ש המחבר ר"ס קכ"ג, **י"ל** שאין המורייס נמכר יותר בעבור היין, **ועוד** דיכול למכרו חוץ מדמי יין נסך שבו, וכמ"ש הטור בסימן קל"ד ס"ב, והרב סי' קנ"ד סכ"ג ע"ש.

כתב הב"ח, ועכשיו נמצאו מקצת אנשים חוכרים מהשרים עיירות וכפרים לזמן, וכל זמן החכירות מגדלים חזירים ומאכילים פועלים עובדי כוכבים, ואין לזה היתר כלל כו', ע"כ, וכ"כ בתשו' מ"ע, וע"ש שהאריך.

[ומ"מ נראה ללמוד היתר על זה, שכיון שעיקר כוונתם בשעת השכירות לשכור שאר דברים, וזהו טפל, אין איסור בזה, דהא כתב רבינו הטור בר"ס זה, או שצד טמאים עם טהורים, משמע שבכוונה הוא צד אותם יחד, ואפ"ה מותר, והיינו מטעם שאין כוונתו אלא על טהורים לחוד, אלא שא"א להיות הטהורים ניצודים לחוד, שבערבוביא הם, וניצודים טמאים עמהם, ע"כ שרי אע"פ שיודע תחלה שיהיה כן, מ"מ אחר מחשבתו אזלינן במאי דניחא ליה, ודמיא להא דאיתא בפ' השואל, דהיתירא ניחא ליה דליקני, דאיסורא לא ניחא ליה דליקני, וכעין שכתב הטור בהלכות פסח, בעכו"ם שמביא לישראל חמץ בי"ט האחרון, וה"נ דכוותיה, ומה שמתגדלים תוך זמן השכירות, הוי כנזדמנו לו דשרי להאכילם לפועליו עכו"ם, וכבר נהגו במדינות רוסיי"א וואליי"ן וכן רבים, ולא מיחו בהם חכמים, משום דמידי דהשר הם, ואין שם ישראל עליהם, ואין לו עסק עמהם, והפועלים העכו"ם הם פועלים של השר, ומדידיה קא אכלי, כנ"ל ללמוד זכות עליהם בזה].

(**ועיין** בתשובת פני אריה, שכתב דבהמה מסוכנת מותר לנחרה כדי למכור הבשר לעובד כוכבים, אם א"א בשחיטה, ולא מקרי מכוין מלאכתו בדבר איסור, כיון דאף אם לא ינחרנה תמות מאליה, ויהא צריך עכ"פ לעשות סחורה מנבלתה שנזדמן לו, הוי עכשיו כאילו כבר נזדמנה לו, ומותר לנחרה מיד שלא יפסיד הרבה בפחת דמים של בהמה שמתה מאליה, ע"ש, **וכ"כ** בתשו' חת"ס, ואם אפשר ע"י עובד כוכבים, פשיטא דשפיר דמי, עיין שם).

(**ועיין** בספר לבושי שרד, שכתב דעגל בתוך שמונה ימים ללידתו, אע"ג דאסור לנוחרו למכור הבשר לעובד כוכבים, משום דהוי מכוין לעשות סחורה בדבר איסור, מ"מ מותר לשוחטו כראוי ולמכור לעובד כוכבים, אם חס על חלב הפרה שלא יפסיד מה שיניק הולד, **ואפי'** נולד ודאי בחודש השמיני שרי, רק ישחוט תחלה עוף או בהמה כדי לברך ברכת השחיטה, ע"ש).

(**ובתשובה** כ"י העליתי, דאותם האנשים המקבלים עליהם ליתן בשר לחיילות המלך, שצריכים דוקא לשחוט בסכין בדוק, וגם צריך שהשוחט מומחה ישחוט לזה, ולא גדול שא"י הלכות שחיטה, אף אם רוצה לשחוט בסכין בדוק, הואיל דרוב מעשיו מקולקלים, **אכן** אם זה הגדול שא"י שחט כבר כמה פעמים בפני מומחה, שפיר מותר ליתן לו עתה לשחוט הבהמות הנ"ל אף בינו לבין עצמו, **וכן** מותר ג"כ להם ליקח לזה בשר טרפה מטבח שנזדמנה לו, אם אין ידוע להם איך הבשר זה טריפה, אם הוא ודאי טריפה או טרפה מחמת סירכות שאוסרים אותם מספק מפני שאין אנו בקיאין בבדיקה, **אך** אם ידוע להם שהוא טרפה ודאי, יש להחמיר כדעת הב"ח וש"ך ופר"ח, **וכשהדבר** ספק אצלם, אין מחויבים לשאול ע"ז להטבח להודיעם אם הוא ודאי טריפה או לא).

(**ועיין** תשובת חוות יאיר, שנשאל מבעה"ב הדר בכפר, שעיקר מחייתו במכירתו לעובדי כוכבים בשר טריפות אם יזדמנו, ובשר אחוריים מכשרות, והיה לו שוחט ובודק, ופעם א' הלך השו"ב ולא בא לאיזה סיבה, ויהי בבוקר נאספו כל בני הכפר לביתו לאמר מי יאכילנו בשר, והבעה"ב בעצמו בקי בהלכות שחיטה ובדיקה, רק שעדיין לא נטל קבלה, אם יכול לשחוט לצורך עובדי כוכבים, **וכתב** דמצד הדין מותר, ומ"מ לא רצה להתיר מפני שהוא דבר זר, וכדלקמן סי' רמ"ב ס"י, **ושוב** שלח אליו הבעה"ב כי השר צוה עליו שישחוט בקנס עשרים ר"ט, **והורה** שינחור ע"י עובד כוכבים, כי אין חשש תקלות כמו אילו שחט הוא בלא נטילת קבלה, ע"ש).

[כתב ב"י בשם א"ח, דאסור לסוך בשרו בחלב חזיר, דסיכה בכלל שתייה היא, ונראה דלא קי"ל כן, דבהדיא כתבו התוס' פרק בתרא דיומא, דמותר לאדם לסוך בחלב, דלא אשכחן סיכה כשתייה אלא ביום כפור ואיסורי הנאה, משום דאיכא אסמכתא, אבל חלב

דהיתירא הנאה, מותר, וכ"כ בפרק בנות כותים בשם ר"ת, וכ"כ ב"י סימן קכ"ג בשם רשב"א בתשובה, שמותר לסוך בחלב חזיר אפי' שלא במקום סכנה, **אלא** שבאו"ה ראיתי שכתב, דאין היתר סיכה בחלב או בחזיר אלא היכא דאיכא צערא, אבל אדם בריא משום תענוג לא, וע"כ אין לסוך תינוק בחלב חזיר, שאין זה אלא לתענוג, **אבל** מניחין עכו"ם לסוכן ולהאכילן, שאין אומר להזהיר גדולים על הקטנים אלא לסוך אותם בידים, עכ"ל, **וכן** עיקר, **ובלבוש** חילק מסברתו לאסור בסיכת חלב חזיר, ולא בשאר חלב, ולא דק במקורן של דברים, כי אין חילוק בהם לגמרי].

לא התבררו דבריו, ובספרי כתבתי וז"ל... **ובכתיכת** יד רמ"א בגליון או"ה מצאתי וז"ל, ותמיהני לפ"ז ‹האו"ה› שאנו נוהגין לרחוץ ולחוף במה שקורין בל"א זיי"ף העשויה מחלב, דהוא איסור דאורייתא, עכ"ל, **מיהו** כתב הסמ"ג אח"כ, לפירוש רבי יעקב מותר אפי' לסוך ישראל מחלב ומחזיר, דדוקא סיכת שמן דאסמכוה רבנן אקרא אסור, אבל שאר סיכה לא, עכ"ל, וכ"כ רבינו ירוחם דעת ר"ן ודעת ר"ת, ודברי ר"ת הם בתוס' ס"פ בנות כותים, **ובפרק** בתרא דיומא מבואר שם דמותר הואיל ואינו אסור בהנאה, **ובאו"ה** פסק לאסור, וכתב דהתוס' בשם ר"ת דשרי, שמא היינו ג"כ דוקא במקום צער למי שיש לו חטטין, **ולא** נהירא, דפשט דברי ר"ת משמע, דבכל ענין שרי, וכן בפסקי תוס' כתבו סתם מותר לסוך בשומן חזיר ובחלב, וכן משמע להדיא בסמ"ג שהבאתי, דלר"ת בכל ענין שרי, **ובס"ס** קי"ז כתב הב"י בשם א"ח, דלסוך בשרו בחלב חזיר אסור, דסיכה בכלל שתיה, והב"ח שם פסק דשרי, **והעטרת** זהב שם כתב, ובחלב חזיר נהגו איסור, אבל בשאר חלב נהגו היתר, עיין שם, **ומ"מ** ראיתי יש מחמירין שלא לרחוץ בזיי"ף העשויה מחלב, ונכון הוא, **ומה** שהקשה העט"ז שם, דאפי' בחלב בהמה טהורה היה לנו לאסור, והרי כבר נהגו להתיר בשאר חלב, **לק"מ**, דאה"נ דלהאו"ה גם בשאר חלב אסור, וכן משמע להדיא בסמ"ג ותוספות ואו"ה שם, דלהאוסרים, בכל איסורים אסור, משמע שם נמי דטעם הוא משום דסיכה בכלל שתיה, וכן הוא באו"ה שם, **ואנן** דנהגנו היתר בשאר חלב, אפשר דגם בחלב חזיר היו נוהגין היתר, אלא שאין דרך לרחוץ ולסוך בחלב חזיר, **ובספר** מגדול דוד השיג על העט"ז מטעם אחרינא, וכתב דהא"ח דוקא בחלב חזיר קאסר, משום דמסאבא, ולא שאר חלב, **ואין** זה מוכרח לפע"ד, מיהו אפשר שהעולם שלא נהגו היתר בחלב חזיר, טעמא משום דמסאבא הוא, או כמ"ש העט"ז, דכיון דהעכו"ם רגילין בחזיר, נהגו בו הרחקה יתירה, ע"כ לשוני - נקה"כ.

§ סימן קיח – דין חתיכת בשר או דבר מאכל הנשלח על ידי עובד כוכבים §

סעיף א - יין ובשר וחתיכת דג - דוקא חתיכת דג, דאילו דג שלם או חצי, היה ניכר בסנפיר וקשקשת שלו, כדלעיל סימן פ"ג, **שאין בו סימן, שהפקיד או שלח ביד עכו"ם, צריך שני חותמות** - לאו דוקא ‹בדיעבד›, אלא ה"ה לכתחלה מותר לשלוח או להפקיד דברים האסורים מן התורה בחותם בתוך חותם, ודברים האסורים מדרבנן בחותם א', וכ"כ המחבר להדיא לקמן ר"ס ק"ל, ופשוט הוא.

ביד עובד כוכבים - לאו דוקא, דה"ה ביד ישראל החשוד לאכול דברים שאין הרבים רגילין להקל בהם, וכמ"ש המחבר בסי' זה ס"ח, ובס"ס קי"ט, **אלא** להכי נקט הכא עובד כוכבים, דיין לא שייך אלא בעובד כוכבים, דהא טעמא דיין הוי משום חיבת ניסוך טרח ומזייף, וכמ"ש בס"ק ה', וזה לא שייך בישראל חשוד, **אם** לא שהוא חשוד לנסך יין לעבודת כוכבים, דאז פשיטא דהרי הוא כעובד כוכבים גמור, וכמ"ש בסימן קי"ט ס"ק ט"ו, **א"נ** להכי לא נקט ישראל חשוד, משום גבינה ודכותיה דדבר שהרבים מקילין בו הוא, וכמו שיתבאר בס"ק ט"ו, **והא** דלא נקט חשוד להחליף, משום דזה פשיטא ודוק.

משמע דהא דצריך בבשר חותם בתוך חותם, היינו אפילו במקום שהטבחים ישראל, ול"ד למ"ש הט"ו בסי' א' ס"ד, דהמוצא בהמותיו ותרנגוליו שחוטין כראוי בשוק, דשרי ברוב טבחי ישראל, משום דהתם לא ידעינן מי שחטן, הלכך אזלינן בתר רובא, **אבל** הכא שהבשר ביד עובד כוכבים, אית לן למימר שהחליפו בנבלה שהיה לו, **וכ"כ** המחבר בסי' ס"ג ס"א, וכבר אסרו חכמים כל הבשר הנמצא ביד עובד כוכבים, אע"פ שכל המוכרים והשוחטים ישראל, עכ"ל, **מיהו** צ"ע, שהרב כתב שם בסוף הסי', שאם היה ביד עובד כוכבים בשר במקום

שרוב המוכרים הם ישראלים, כשר, **ואולי** מיירי הכא כשאין רוב המוכרים ישראלים, **ונראה** לחלק, דהתם לא מיירי אלא בנמצא בשר ביד עובד כוכבים שלקחו מהמקולין, הלכך במקום שהמוכרים הם ישראלים שרינן ליה, דליכא למיחש שמא נבלה לקח, וגם ליכא למיחש לאחלופי בנבלה שהיה לו בביתו, דלאיזה צורך יחליפו, הרי הכל שלו, **אבל** הכא דמיירי בשולח או מפקיד ביד עובד כוכבים, דאיכא למיחש באחלופי בנבלה שיש לו, **עוד** יש לחלק בין שולח או מפקיד, ששוהה הבשר זמן רב בידו, ויש לו שהות שיזדמן לו בשר נבלה ושיחלוף, ובין לוקח מהמקולין, וכמ"ש הט"ו בר"ס קכ"ח, דבגר תושב אסור לייחד אצלו יין לזמן מרובה, ולזמן מועט מותר, והיינו נמי משום דלאחלופי בזמן מועט ליכא למיחש, ע"ש, ועיין בסעיף ו' ובמ"ש שם.

אבל יין מבושל ושכר, או יין שעירבו בו דברים אחרים כגון דבש, וכן החומץ וחלב ומורייס ופת וגבינה, וכל שאיסורו מדברי סופרים שהפקידו ביד עובד כוכבים - וה"ה שלחו, **מותר בחותם אחד** - דעת המחבר דהכל תלוי במה שהוא אסור מן התורה או מדרבנן, דבשר דאיכא למיחש שיחליפו בבשר נבלה, וכן דג שיחליפו בדג טמא האסורים מן התורה, **וכן** יין אע"פ דסתם יינם אינו אלא מדרבנן, וכדלקמן ר"ס קכ"ג, מ"מ כתב הרשב"א דמשום חיבת ניסוך טרחי ומזייפי אף בחותם א', לכך החמירו בו כשל תורה, **אבל** יין מבושל ושכר כו', דכל הנך שאפילו הוחלפו אין בהן אלא איסור מדבריהם, וכמו שיתבאר, כיון דאיכא חותם א' לא חיישינן לזיופי, והוא דעת הרמב"ם והרשב"א ור' ירוחם, **אבל** הר"ן כתב בשם הירושלמי, דטעמא דביין ובשר וחתיכת דג צריך חותם בתוך חותם, משום שאיסורו מגופו, **אבל** חמפ"ג שאין בהם איסור אלא משום תערובות, וכמו שנתבאר בסי' קי"ד וקט"ו, **ופת** אע"פ שהפת עצמו אסור, אפ"ה משום דאיסורו מדבריהם סגי ליה בחותם אחד, עכ"ד, **וכ"כ** הרא"ה בס' בדק הבית וז"ל, ושטת הירושלמי כל שאסור מגופו וליהוי נמי איסור דאורייתא בעי ב' חותמות, וכל שאיסורו מחמת תערובות, א"נ איסור דרבנן, סגי בחותם א', לבד מיין שהחמירו בו, עכ"ל, **וס"ל** ג"כ דחומץ כיון שאינו ראוי לנסך, לא חיישינן דטרח ומחליף, כיון דסתם יינם מדרבנן, ויין שאני דמשום חיבת ניסוך טרח ומזייף, וכמו לדעת המחבר וסייעתו, וכן מבואר מדברי הר"ן להדיא ע"ש, **וצ"ל** דס"ל להר"ן וסייעתו דחלב וגבינה לא מיקרי לענין זה איסור מדבריהם, כיון דאיכא למיחש בהו לתערובות איסור דאורייתא, ודוק, **ורש"י** פירש הטעם, דביבח"ד דמיו יקרים, טרח ומזייף בחותם א', משא"כ שאר דברים, **והארכתי** בזה מפני שהרב בת"ח כתב, שטוב להחמיר כדברי כל הפירושים, גם בסימני ת"ח כתב וז"ל, והרבה טעמים בחב"י אמאי צריך חותם בתוך חותם, וכן כל הדומה לזה שהוא ג"כ איסור דאורייתא, או שהוא מדרבנן ואיסורו מגופו כמו חב"י, או שהוא מדרבנן ואין איסורו מגופו, אבל הוא חשוב כמו חב"י, בכל ענין צריך חותם בתוך חותם, עכ"ל, וכ"פ בספר אפי רברבי, **וצ"ע** למה סתם כאן כדברי המחבר, וגם יש לתמוה הרבה על מ"ש בסימני ת"ח ובספר אפי רברבי, או שהוא מדרבנן ואסורו מגופו כו', דהא אפילו להר"ן בכה"ג סגי בחותם אחד כמו פת, וכמבואר בדבריו ובדברי הרא"ה להדיא, **ואולי** י"ל בזה דס"ל דדוקא בפת שאיסורו מדבריהם ואין לו עיקר מדאורייתא, וכמ"ש ר"ס קי"ב, אמרינן הכי, אבל לא בכל שאר איסורי דבריהם, וכן כשהעתיק בת"ח דברי הר"ן העתיק, ופת אף על גב דאיסורו מגופו, אפ"ה הואיל ועיקר איסורו מדבריהם סגי ליה בחותם אחד, עכ"ל, **אלא** שבר"ן אינו כלשון הזה, וגם משמע בר"ן דאפי' איסור של דבריהם שיש לו עיקר בדאורייתא' ואיסורו מגופו סגי בחותם א', שדימה חומץ לפת ע"ש, ועבס"ק ז' ודוק, **ועוד** דא"כ לא הוצרך לומר טעם דיין דמשום חיבת ניסוך טרח ומזייף, דכיון דיש לו עיקר בדאורייתא שפיר בעי חותם בתוך חותם, וצ"ע.

כגון דבש - העתיק ל' הרמב"ם, ומ"מ בדברי המחבר צ"ל דמיירי שעירב בו כ"כ דבש עד שנשתנה טעם היין מחמתו, דבכה"ג אין בו משום יין נסך, וכדלקמן בסימן קכ"ג, **אבל** בנתערב בו מעט דבש, ס"ל להמחבר דיש בו משום יין נסך, דלא כהרמב"ם, וכמו שיתבאר שם, וא"כ בכה"ג צריך נמי הכא חותם בתוך חותם.

וכן החומץ - ר"ל חומץ של יין, וכן משמע בסימן ק"ל ס"ג להדיא, ופשוט הוא, והיינו שמבעבע כשמשליכין אותו על הארץ, שאז הוי חומץ גמור ואין ראוי לנסך, כדלקמן סי' קכ"ג ס"ו ע"ש, **וטעמא**, דלמאי ניחוש לה, אי משום חיבת נסוך טרח ומזייף, הלא אין ראוי לנסך, **ואי** משום שמא יחליף בחומץ של יין נסך, כיון דסתם יינם

אינו אלא מדרבנן, לא חיישינן להכי, **וה"ט** דמורייס ויין מבושל ויין שעירבו בו דברים אחרים, דלא חיישינן שמא יחליף העובד כוכבים המורייס ויין המבושל ויין המעורב בו דברים אחרים שלו, משום דכל הנך לא אסירי אלא משום סתם יינם שהוא מדרבנן, ודוק.

וחלב כו' - אע"ג דחלב טעמו שמא יחליף בחלב טמא שהוא אסור מדאורייתא, וכמו שנתבאר בר"ס פ"א, **י"ל** שחלב טמא ניכר שהוא עכור, כדאמרינן בע"ז, טהור חיור טמא ירוק, וא"כ אין לחוש שיחליף כל החלב או רובו, אלא יש לחוש שמא החליף מעט, דאינו אסור אלא מדרבנן, דמדאורייתא מין במינו בטל, וכמו שנתבאר בסימן צ"ח, וכן תירץ בפרישה, וכי האי גוונא כתב האו"ה, (**ותימא** דהרי הש"ך לעיל סי' צ"ח מסיק, דאזלינן בתר טעמא, וא"כ הרי חלב טמא משונה בטעמו מחלב טהור, וצריך ס' מדאורייתא, **ומצאתי** בתשובת נו"ב שתמה ג"כ בזה, וכתב ליישב, משום דהא דטב"ע דאורייתא, ילפינן ממשרת או מגיעולי עובדי כוכבים, אמרינן דדוקא באיסורים דכוותייהו שהם לאוין שיש בהם מלקות, ולא בלאוין שאין בהם מלקות, כגון חלב טמא וכיוצא, לא אמרינן טעם כעיקר מן התורה, רק מדרבנן אסור, ע"ש), **אי** נמי כמ"ש האו"ה, דמאחר דרוב חלב המצוי בינינו הוי חלב טהור, א"כ סתם חלב הוא מדרבנן, **והב"ח** בקונטרס אחרון כתב על הפרישה, ושארי ליה מאריה שכתב נגד הש"ס וכנגד הת"ה הארוך מה שלא עלה על לב, ודעתו לומר דחלב יש בו איסור דאורייתא, אלא דלהכי סגי ביה בחותם אחד, משום דלית ליה רווחא, וכן דעת הטור ג"כ, עכ"ד בקוצר, ע"ש, **ונהפוך** הוא, שהוא כתב נגד הש"ס וכנגד ת"ה הארוך, ואדרבה בטור איתא להדיא לפי הגירסא בספרים הישנים, שהיא הגירסא הנכונה, וכמו שהסכים הוא ג"כ עליה, דבחלב להכי סגי חותם אחד, כיון דאיסורו מדבריהם, וכמ"ש הרמב"ם והמחבר, וכ"כ רבינו ירוחם, וכן הוא באו"ה בכמה דוכתי, **אלא** ודאי כי היכי דבדג ושאר דברים אית ליה רווחא במה שמחליף הטהור בטמא, ה"נ בחלב, **דאי** משום לית ליה רווחא אתינן עלה, הא כתבו הט"ו בסימן זה ס"ב, והוא מן הש"ס ומסכם מכל הפוסקים, דלא חיישינן שמא החליף אא"כ נהנה בחליפין, הא כל שאינו נהנה מותר אפילו בלא חותם כלל, אלא העיקר כמו שכתבתי.

ומורייס - נמי איכא למיחש שמא יחליף במורייס שלהן, שהוא אסור במקום שדרכן ליתן לתוכו יין, וכמ"ש הט"ו בסימן קי"ד סי"א, **אבל** במקום שאין דרכן ליתן לתוכו יין, או שהיין ביוקר יותר מן המורייס, פשיטא דא"צ חותם כלל, דאפילו יחליף ליכא איסור, וכ"כ המחבר שם.

ופת - אין בו אלא שמא יחליף בפת שלהם, שהוא איסור מדרבנן, וכמו שנתבאר בסי' קי"ב, **והלכך** במקו' שנוהגין היתר בפת של עובדי כוכבים, פשיטא דאין צריך חותם כלל.

וגבינה - אע"פ שגבינה אסורה משום שיש לחוש שהחליף בגבינה שלהם, שאסורה מפני שמעמידין אותה בעור קיבת נבילה, וכמ"ש הט"ו בסימן קט"ו ס"ב, **מ"מ** מדאורייתא נמי בטיל העור קיבת נבילה במיעוטו, ומה שהוא לא בטיל לעולם הוא מדרבנן, כיון שהוא דבר המעמיד, כדלעיל ס"ס פ"ז, **א"נ** אפילו אם ידוע שהעמידוה בעשבים או שאר דברים, אסורה כמ"ש המחבר בסימן קט"ו שם, והיינו גזרה דרבנן, **א"נ** והוא העיקר, כיון דאיכא למימר שמא לא העמידה בקיבת נבלה, ואפילו הכי אסורה דאמרינן שמא העמיד, הוי שפיר מדרבנן, ודוק.

(**ע'** בתשובת מהר"י הלוי שכתב, דאם שלח חמאה ביד עובד כוכבים, שמותר אף בלא חותם, ע"ש, וכ"כ אחיו הט"ז משמו לקמן סי' קכ"ז).

ויש אומרים שאף בדברים שצריכים שני חותמות, לא אמרו אלא בשולח על ידי עובד כוכבים שאינו עתיד לראות החותם, אבל מפקיד שעתיד לראות חותמו, די בחותם אחד, כי הוא ירא. ואף השולח, אם הודיע לחבירו צורת החותם, וגם אמר לעובד כוכבים שהודיעו לחבירו, די בחותם אחד - זה נמשך לסברא האחרונה, משא"כ לסברא הראשונה, וק"ל. **ולקמן** ר"ס ק"ל סתם המחבר כסברא הראשונה, וצ"ע.

נראה דמ"ש הט"ו אם הודיע לחבירו כו', הוא לאו דוקא, דה"ה אם אינו מודיע לחבירו, אלא שאומר לעובד כוכבים שמודיע, נמי מירתת, דסבור הוא שהאמת כן, **דהא** כתבו הט"ו בסעיף ב', כיון שהחתימו כראוי כו',

במקום שדי בא' אין צריך לחזור עליו ולראותו, ומשמע דאף לפי דעת הי"א דבמפקיד אין צריך אלא חותם אחד, כתבו כן, וכ"כ הרב בהג"ה לקמן סי' ק"ל ס"ב, וה"ה בשולח ואמר לעובדי כוכבים שהודיע לחבירו צורת החותם, דאין צריך לחזור עליו ולראותו, **ועוד** דאי בשולח בחותם אחד צריך המקבל לחזור עליו ולראותו, א"כ לאיזה צורך צריך להודיע לעובד כוכבים שמודיע לחבירו, הא כיון שחבירו מכיר צורת החותם, וצריך לחזור עליו ולראותו, יראה לעינים אם זייפו אם לאו, ולמה יגרע ממפקיד, **אלא** הט"ו אשמועינן, דכשהודיע לחבירו צורת החותם לא סגי, עד שיאמר גם לעובד כוכבים שמודיעו, ואורחא דמלתא כשאומר לעובד כוכבים כן, מסתמא מודיע, וזה שכתבו וגם אמר לעובד כוכבים כו' באחרונה, ולא כתבו להפך, אם הודיע לעובד כוכבים שמודיע לחבירו כו', וגם הודיע לחבירו כו', **ומיהו** אף בשולח בב' חותמות, נכון הדבר להודיע לחבירו צורת החותם, כדי שיחזור אחריו, וכמ"ש הט"ו בסי' ק"ל סוף סעיף ח' ע"ש, ואפשר דמש"ה נקטו נמי הכי אם הודיעו צורת החותם, לומר דבכה"ג יש לעשות לכתחלה.

הגה: ויש אומרים דלא בעינן ב' חותמות רק בישראל חשוד, אבל בעובד כוכבים, הכל שרי על ידי חותם אחד - דגרע ישראל חשוד לענין זה מעובד כוכבים, לפי שהוא בטוח שיאמינהו, ולא מירתת כ"כ, [**ואע"ג** דבסימן פ"ו כתב הטור בשם הרמב"ם, דעכו"ם גרע מישראל שאינו מוחזק בכשרות, התם על כל פנים אינו חשוד בבירור], **ומשמע** דבבשר ויין וחתיכת דג, צריך בישראל חשוד ב' חותמות, ובחמפ"ג צריך בישראל חשוד חותם אחד, **ומשמע** דלפי י"א אלו, אין חילוק בין מפקיד לשולח.

ופי' ישראל חשוד, הוא שחשוד להחליף, דאין לפרשו שחשוד לאכול אותו דבר שמשלח על ידו, דהא כתבו הט"ו בסימן קי"ט ס"ג, דמי שהוא חשוד לאכול דברים אסורים, אינו חשוד להחליפם, **ואולי** חשיבי הנך דברים שאין הרבים מקילים בהן, שאף הוא חשוד להחליפם אם חשוד לאכלם, וכמ"ש המחבר בסעיף ח' ובסי' קי"ט, **אבל** הרשב"א כתב בתשובה, שאכילת גבינה של עובד כוכבים קילא בעיני רבים, וכ"כ בתה"א ומביאו ב"י, וכ"כ הטור בס"ס קי"ט, דהחשוד על הגבינה אינו חשוד להחליף, והכי משמע מדברי הפוסקים. [**והך** חשוד פירושו, במידי דרבים נזהרים בו, כמ"ש בסעיף ח'].

ובדיעבד יש לסמוך על זה – [כ"כ או"ה, גם בתוס' איתא כן, ולענ"ד נראה דכו"ע מודי' {בזה הזמן} (ביין), דהא עיקר הטעם דחיישינן ביין שצריך שני חותמות, אע"פ שהוא דרבנן, הוא מצד שחיבת היין נסך עליו, כמו שזכרתי בס"א, ובזמן הזה לאו עובדי ע"ז הם, כמ"ש לקמן, ע"כ אין שייך חיבת נסך, ממילא לכו"ע די בחותם א']. **ומה** יעשה בבשר וחתיכת דג - נקה"כ. ‹ובאמת גם הט"ז ר"ל רק ביין, וכמו שהגיה הדג"מ - הג"ה בנקה"כ›.

(**עיין** בשו"ת שמש צדקה, שנשאל במי ששלח לחבירו מעיר לעיר ע"י עובד כוכבים, חלקת צווארי אווז מלאים בשר, מונחים בתיבה א' במסמרות נטועות, בלי שום חותם, רק על כל א' מהם פיתק תלוי וכתב בו פסח, אשר איננו שוה להיות נקרא חותם, מה דינם, אי חשיבי המסמרות כחותם, שנוכל להקל בדיעבד כדעת רמ"א ז"ל, דע"י עובד כוכבים די בחותם א', **והשיב** להתיר במקום הפסד מרובה, וצירף כמה טעמים להקל ולומר דאלו המסמרות חשיב כחותם, אף לענין זה שהוא איסור דאורייתא, **וכתב** שהרצה דברים לפני הרב מהר"ר יוסף פיאמיטה, והוסיף הוא ז"ל עוד טעם, לפי שכתב בשו"ע לקמן ס"ה, אם שלח ע"י עובד כוכבים ירך בלא חותם, והיא חתוכה כו', וה"ה בנ"ד, שהרי אין דרך עובד כוכבים לעשות כאלה, ודאי דלכו"ע בדיעבד שרי בחותם כל דהו, ואף בלא חותם, עכ"ז למיגדר מלתא כו', אם לא בהפסד מרובה, ע"ש, **ולענ"ד** קשה לסמוך ע"ז לחוד היכא ששלח בלי חותם כלל אף בהפ"מ, דאף שאין דרך עובד כוכבים לעשות כאלה, מ"מ כיון דבקל יכולים לעשות כן, דמי לשחיטה שאינו סימן לסמוך עליו, כדלקמן ס"ו, וצ"ע בזה).

סעיף ב - כיון שהחתימו כראוי שני חותמות, דברים שצריך שנים, ואחד בדברים שדי באחד, אין צריך לחזור אחריו לראותו - הטעם, דחותמות לא הוי אלא משום דמסתמא לא טרח ומזייף, **אבל אם חזר על חותמו ולא הכירו, אסור אפילו עשה שתי חותמות** - וה"ה יותר, ולקמן סימן ק"ל ס"ח התנה הרב תנאים בזה, ע"ש. **(סעיף זה כפול בסימן ק"ל ס"ח)** - ‹ודווקא אם רואים שנסתר בכוונה ע"י

אדם, אבל במקום שיכולים לתלות שנתקלקל מעצמו או ע"י בהמה או ע"י תינוק שלא בכוונה, מותר בדיעבד, כמו שיתבאר בסי' ק"ל, **וכן** אם ישראל יוצא ונכנס לא חיישינן אף אם נתקלקל בכוונה, דמירתת להחליף, כמ"ש שם לענין יין דמירתת ליגע, וכ"ש דמירתת להחליף – ערוה"ש».

הגה: ומיהו דווקא אם הוא דבר שיש לחוש שהחליפו ונהנה בחליפין, או הוא יין ויש לחוש שאסרו בנגיעה - כלומר אפילו לא נהנה יש לחוש דמשום חיבת נסוך נגע בו, **אבל אם רואה הדבר שנשלח או הפקיד והוא טוב כמו ששלח, ולא נהנה העובד כוכבים אם החליפו, לא חיישינן, אף שהחותם מקולקל** - שנראה שנעשה בכוונה על ידי אדם, דאם לא כן בכל ענין שרי, כדלקמן סימן ק"ל ס"ק ר' וס"ח בהג"ה, **וע"ל סוף סימן ק"ל מדינים אלו.**

«**והטעם** פשוט, דאין העכו"ם חשוד להכשיל את הישראל, דאם היה חשוד להכשיל, אז לא היה היתר במה שזהו טוב כמו ששלח, דאולי החליף על טרפה שטובה כמוה, אבל כיון שאינו חשוד להכשיל אא"כ יש לו הנאה בזה, כמו להחליף על גרוע מזה, וכיון שאינה גרועה אין טעם לאסור, ותלינן שזה שקלקל החותם בכוונה, מפני תאותו לראות מה נמצא שם, או ליטול קצת ממנה, אבל על חשש חליפין אין מקום – ערוה"ש».

או הוא יין ויש לחוש שאסרו בנגיעה – [דבר זה תמוה, דהא ודאי נהנה מחליפין זה, שישתה ממנו ויתן שם מים, ובזה ודאי אין שייך לומר שרואה שהיין הוא טוב כבתחילה, דהא אסור לטועמו, ודוקא בבשר שייך לומר שמראיהו כבתחילה שמן וטוב, אבל לא במידי דתלי בטעמא, ונראה פי' דבריו, דביין יש חשש אפילו אם ברור לנו שלא שתה ממנו, כגון שהיו שומרים מבחוץ שלא יכול להביא שם מים לערב שם, ורואין שלא נחסר משיעורו, אפי' הכי יש חשש מחמת נגיעה, אף על פי שאינו נהנה ממנה, מ"מ היכא שהוא בגיגית או בכוס רחב יש לחוש שמא מתוך שהיה מתעסק נגע ביין, וכמ"ש רמ"א בסימן קכ"ח סעיף ד', ובלבוש כתב הטעם, מחמת חיבת נסך, ואינו כן, דא"כ היה להיות מותר לדידן, וזה אינו, וכ"כ באו"ה בשם סמ"ג]. **לק"מ**, דהלבוש כתב כן לדינא, וה"ה לדידן היכא דאיכא למיחש שנגע דרך מתעסק, וכדלקמן ס"ס קכ"ח - נקה"כ.

סעיף ג - אות אחת חשוב כחותם א' - משמע דאפי' בדברים שדי בחותם אחד, חשוב אות אחת כסימן, ועדיף ממפתח שכתב המחבר בסעיף שאח"ז. **שתים הוי כשתי חותמות** - «ביאור הדברים, כשהדבר הנשלח מונח בכלי או בשק וכיוצא בזה, באופן שאין להעכו"ם מקום ליטול הדבר הנשלח ולהחליפו רק ממקום אחד, כמו ממקום הכיסוי או ממקום הקשור, וכותב בשם אות אחד שיהא חציו של אות על הכיסוי או המקום הקשור, וחציו על הכלי או על השק, וממילא כשיפתח ויטול משם יתקלקל האות, ולא תהיה באפשרו לתקנו אח"כ כבראשונה שיהא האות שלם, זהו חותם אחד, ובכה"ג אם עושה שני אותיות כאלו, הוי שני חותמות – ערוה"ש».

ודפוסים – «כמו בחתימה, ומניח החתימה חציו על הכיסוי או הקישור, וחציו על הכלי או על השק».

אע"פ שיש בהם כמה אותיות, לא חשיבי אלא כחותם אחד, כיון שקובעין אותם בבת אחת – «ולכן צריך שיניח החותם בשני מקומות. **ודע**, שהנו"ב כתב, דחותם אפי' הניחו בכמה מקומות לא חשיב רק כחותם אחד, ודבריו תמוהים, דמה לי ב' אותיות או ב' חתימות – ערוה"ש».

ויש אומרים שבמקום שמצויים משומדים ועובדי כוכבים שיודעים לכתוב, אין כתב סימן אלא למי שמכיר הכתב - «דאף אם המשלח יכתוב אותיות, יפתח ויטול ויחליף ויכסה או יקשור ויעשה אותיות אחרות, **וזה** אינו רק באותיות, אבל בחתימה לא שייך זה כמובן, **ואף** גם באותיות אינו אלא כשהישראל המקבל אינו מכיר תמונת כתיבת יד של המשלח, אבל אם מכיר לית לן בה, שהרי א"א לזייף – ערוה"ש».

סעיף ד - מפתח וחותם הוי ב' חותמות. אבל בדברים שדי בחותם אחד, אם לא היה בו אלא מפתח, לא חשיב חותם - «טעמו הוא, דאע"ג דהמפתח הוא ביד הישראל, מ"מ יכול להיות שיטרח להשיג מפתח כזה ויפתח המנעול ויטול ויחליף ויסגור ולא יהיה ניכר כלל, ולכן לא הוי אף כחותם אחד, ומ"מ עם חותם נחשב כשני חותמות, דבצירוף טירחת עשיית חותם, נחשב גם השגת מפתח כזה לטירחא רבה – ערוה"ש».

משמע דהיינו בחמפ"ג וכיוצא בו, ונראה לפי זה ה"ה דלדעת הי"א במפקיד אין צריך אפי' בחב"י אלא חותם אחד, וכן דעת הי"א דבעובד כוכבים הכל שרי

בחותם, וכדלעיל סעיף א', לא חשיב מפתח חותם אחד, **וז"ש** הרב סימן ק"ל ס"ב וסי' קל"א ס"א, דיין נסך ביד עובד כוכבים בדיעבד סגי בחותם אחד, ולא כתב רבותא יותר, דסגי בדיעבד אפילו במפתח אחת, מפני שסתם כאן כדברי המחבר, והיינו כדפי', **ואע"ג** דלר"ת ודאי סגי אף במפתח אחת, מ"מ אנן לא סמכינן עליו אלא בחותם אחת, **ובב"ח** כתב כאן ובסימן ק"ל, שבדיעבד סגי אפילו במפתח אחת, ושכן דעת הרב, ע"ש, **ולא** נהירא, גם מה שהביא ראיה מתשובת רשב"א לדין זה, דחיתי הכל בספרי באמת הבנין, ע"ש, **וגם** מה שכתב לחלק על המחבר בחמפ"ג, ודעתו דמותר אפילו לכתחלה במפתח אחד, איני רואה בדבריו שיהא כדי לחלוק, כיון שהרשב"א והט"ו הסכימו דדוקא בעינן חותם אחד אפילו בדיעבד, ובפרט שאמרו להחמיר.

[והנה לפי מ"ש רמ"א בס"א, והוא ע"פ או"ה, דבדיעבד יש לסמוך על ר"ת, ולהתיר בשולח ע"י עכו"ם בחותם אחד, ממילא שרי במפתח לחוד גם כן, לפי גירסא שלו דגריס מפתח או חותם, **ואם** כן כשכתב השו"ע, דבדברים שדי בחותם אחד לא מהני מפתח, היה לו לרמ"א לכתוב עליו, דבדיעבד מהני מפתח, דחד טעמא הוא, דכיון דנסמוך אדברי ר"ת, נסמוך עליו גם בזה, דהא בהא תליא, **ולכן** תימה על האו"ה דפסק להתיר בדיעבד כר"ת כפסק רמ"א, ואח"כ כתב בשם יו"ד, דמפתח לא הוי כחותם אחד, **ואפשר** דזה כתב דרך לכתחלה, אבל דיעבד ודאי סגי במפתח, וכן פירש מו"ח ז"ל, **כן** נראה לענ"ד ברור דיפה כיון מו"ח ז"ל לדינא, ורמ"א קיצר במקום שהיה לו לכתוב היתר לדידן בדיעבד].

לק"מ, דאף על גב דלר"ת ודאי סגי אף במפתח א', מ"מ אנן לא סמכינן עליה אלא בחותם אחד, וזהו דעת רמ"א, וכה"ג אשכחן בדוכתי טובי - נקה"כ.

‹**ובדיעבד** יש לסמוך על המתירים, וכן אם הוא שעת הדחק שא"א לעשות איזה חותם, די במפתח – ערוה"ש›.

הגה: אם שולח איזה דבר בשק וחתם השק, אינו אפילו כחותם אחד, אלא אם כן הפך התפירות לפנים - ‹דכשהתפירות לחוץ מה מועיל החותם, הלא יכול לפתוח מקום התפירות ויטול ויחליף ויתפור כמקדם, אבל כשהתפירות הם לפנים לא יוכל לעשות כן, דכשיעשה כן יהיו התפירות לחוץ, ויתפס כגנב – ערוה"ש›.

ואם חתם הדבר שבתוכו וגם השק - [פי' שגם השק חתם], **הוי כב' חותמות** - ‹דלא בעינן ב' החותמות במקום א' קרוב זל"ז, אלא אפי' בב' מקומות – ערוה"ש›.

סעיף ה - אם שלח על ידי עובד כוכבים ירך בלא חותם, אם היא חתוכה כדרך שישראל חותכה אחר חטיטת הגיד, כשרה - מלשון זה משמע קצת, דדוקא דיעבד הוי ניקור וכיוצא בו סימן, אבל לא לכתחלה, **אכן** הטור כתב ג"כ כלשון הזה, ואפילו הכי כתב להדיא בסימן ס"ה, דמותר לשלוח אפילו לכתחלה ע"י עובד כוכבים ע"י סימן ניקור, אבל המחבר לא כתב שם מזה כלום, **ומ"מ** כתב באו"ה, דלכתחלה אין לסמוך עליו, וכ"כ הרב בסימני ת"ח שם.

[**ומבואר** בדברינו סימן ס"ג בשם המרדכי, דכל שיש לו טביעת עין במה ששלח לו ע"י העכו"ם, שרי].

וכן כל חתיכה שניכר בה ניקור הישראל, כגון בנטילת חוט דידא וחוט שאצל החזה וכיוצא בו – [נראה פשוט, שבכלל זה תרנגולת שניכר בה ניקור הגידין של צואר, כמו שישראל עושין, שיש לסמוך ע"ז להיתר].

(**ושמעתי** בשם רב גדול אחד, שהתיר כמו כן בתרנגולת שניכר בה שהובהבה באש על קש ותבן להסיר שיורי נוצות שעליה, כמו שישראל עושין, כמ"ש לעיל סי' ס"ח ס"ג בהגהה, לפי שהעובדי כוכבים אין עושין כן רק מולגין ברותחין, **ועוד** היה מעשה באווז קודם ההבהוב שלקחה עבד השר עבור מכס, ואחר ב' שעות החזירה לבעלים, ולא ניכר בה סימן, והתיר ג"כ ע"י סימן בהנוצות שבראשי כנפים, שנחסר מכל כנף ג' נוצות הטובים לכתיבה, שמנהג בכל תפוצות ישראל שתולש אותם השוחט מיד אחר השחיטה, וצ"ע).

הגה: ושאר החתיכות שעמהן, אם יש לחוש להם שהוחלפו, אסורות. ודווקא בבשר או שאר איסור דאורייתא, אבל אם שלח איסור דרבנן, כגון גבינות שיש לחוש שמא החליפם העובד כוכבים, אם מכיר קצתם שלא הוחלפו, כולם מותרות, אם אותן שלא הוחלפו הם היותר טובים

שאלה, דודאי אם החליף היה לוקח הטובים שבהם - ומבואר בת"ה שם, דבאיסור דרבנן אפילו ראה היהודי שהיה החותם נשבר ומקולקל לגמרי, והיה ניכר בודאי שנפתח החותם, מותר בענין זה, וכן הוא בת"ח, ע"ש.

‹**ומבואר** להדיא, דבאיסור דאורייתא לא סמכינן אפילו בכה"ג שיש כראיה ברורה שלא החליף, מ"מ אסור, דחיישינן שמא לא הספיק ליטול הטובים שבהם מפני הפחד, אבל בדרבנן סמכינן על זה – ערוה"ש›.

סעיף ו - שלח על ידי עובד כוכבים בהמה או עוף שחוטים, בלא חותם, אסורים, שאין סימן שחיטה סימן לסמוך עליו - הטעם, שמא החליף העובד כוכבים טוב ברע, ושחט בעצמו כמו כן לזה שהחליף, ואין שחיטה סימן לסמוך עליו, **וכתב** בפרישה, וז"ל, ודוקא במקום שאין רוב ישראל או רוב טבחי ישראל, משו"ה חיישינן שמא החליף בבשר נבלה, ואין לסמוך על סימן שחיטה, משא"כ לעיל בסי' א', דשם מיירי במקום שרוב ישראל ורוב טבחים ישראל, אמרינן דסמכינן ארוב מצויים אצל שחיטה מומחים הם, עכ"ל, **וקשה** דמשמע דהט"ו מיירי הכא אפילו במקום שרוב טבחים ישראל ורוב ישראל, וכן משמע להדיא ברוקח, **ובב"ח** בקונטרס אחרון כתב וז"ל, דוקא הכא חיישינן שהחליף כדי להרויח, ושחט בעצמו זה שהחליף, אבל בנאבדו לו גדייו ותרנגוליו ומצאן שחוטין, דכשרים, ולא חיישינן דעובד כוכבים שחטן, התם ודאי כיון דמכירן שהן שלו ולא נחלפו, אין לחוש דעובד כוכבים שחטן בכדי, כיון דלית ליה רווחא, ומסתמא ודאי ישראל שחטן, ורוב המצויים אצל שחיטה מומחין הן, עכ"ל, **ולא** ירדתי לסוף דעתו, דהא משמע להדיא באלו מציאות, דאף המוצא בהמה שחוטה דעלמא שאינה שלו, מותרת ברוב ישראל, וכן משמע מדברי הטור סי"א, המוצא בהמה כו', וכן נתבאר בסי' ס"ג, והרי אינו מכירה שלא נחלפה, **והמחבר** שכתב בסימן א' ס"ד, אם אבדו גדייו ותרנגוליו כו', אורחא דמילתא נקט, **אי** נמי המחבר אזיל לטעמיה, דאסר בשר שנתעלם מן העין בסימן ס"ג, והלכך בעינן דוקא גדייו שמכירן שהן שלו, משא"כ לדידן דקי"ל בשר שנתעלם מן העין שרי, **אבל** נ"ל ברור דל"ד כלל לסי' א', דהתם לא הוי ביד עובד כוכבים מעולם, אלא דלא ידעינן מי שחטן, והלכך אזלינן בתר רובא, ואמרינן רוב המצויים אצל שחיטה מומחין הן, **אבל** הכא ששולח ביד עובד כוכבים, ויש לחוש שהחליף הטוב ברע, והלכך אפילו במקום שרוב ישראל מצויים, יש לחוש ששחט בעצמו לזה שהחליף כדי להרויח, **וגם** לא דמי הכא לבשר הנמצא ביד עובד כוכבים, דשרי ברוב ישראל, כמ"ש לעיל ס"ק א', ע"ש.

וכתב המרדכי ומביאו ב"י ס"ס ס"ג, מעשה בא לידי בתרנגולת שחוטה ששלחוה ביד עובד כוכבים בלי שומר, ונסתפקו בדבר לומר שמא אחרת היתה ונתחלפה, והלכו לשוחט ושאלו לו אם שחט זאת התרנגולת, והשיב אין בה טביעת עין, אמנם עתה שחטתי תרנגולת א', אבל בעל התרנגולת היה מכירה, ואמר שזאת היא, **והתרתי** אותה כיון שבעל התרנגולת היה מכירה, עכ"ל, **וכ"פ** מהרש"ל, והוסיף אבל אם לא שאלו השוחט, לא הוי סימן, עכ"ל, ופשוט הוא, ‹**דחוששין** דלמא העכו"ם לא היה רוצה לילך ולטרוח אצל השוחט, ושחטה בעצמו – מטה יהונתן›.

סעיף ז - אם שלח ע"י עכו"ם בלא חותם, אם אותו מקום מעבר לרבים, מותר, שהוא ירא שמא יראנו אחד מהעוברים ויתפוס עליו כגנב – [פי' אפי' במקום דלא שכיחי רבים ישראל אלא עכו"ם, מסתפי זה העכו"ם שלא יראוהו עכו"ם ויגידו לישראל, וכמ"ש בטור ושו"ע סי' קכ"ט ס"ד].

משמע דאף בשאר עובד כוכבים שאינו עבדו ושפחתו, מותר בדיעבד אם אותו מקום מעבר לרבים, וכ"כ בת"ח, **דלא** כאו"ה שלא התיר אלא דוקא בשפחתו ועבדו.

ומיהו לכתחלה לא ישלח על ידי עובד כוכבים בלא חותם – [בת"ח כתב, דנוהגין לשלוח ע"י עכו"ם במקום מעבר לרבים, והוא שכונת ישראל ואין עכו"ם מצויין שם, עכ"ל]. ‹**כלומר** אף על גב דנתבאר דרק בדיעבד מותר במקום מעבר לרבים, מ"מ בשכונת ישראל נוהגין להיתר גם לכתחלה – ערוה"ש›.

סעיף ח - הלוקח בשר ושלחו ביד אחד מעמי הארץ, נאמן עליו אף על פי שאינו מוחזק בכשרות, ואין חוששין שמא יחליף, ואפי' עבדי ישראל ואמהותיהם נאמנים בדבר זה - פי' הרב המגיד, שהוא בעבדים כנענים שמלו וטבלו לשם עבדות, והרי הן כנשים, עכ"ל.

ויש מי שאומר שאם הוא חשוד לאכול דברים שאין דרך הרבים להקל בהם, אף הוא חשוד להחליף - בס"ס קי"ט יתבאר דהיינו דוקא לאותו דבר שהוא חשוד לאכול עליו חשוד ג"כ להחליף.

סעיף ט - בשר הנמצא ביד עובד כוכבים וכתב עליו חותם או כשר, אע"פ שאינו יודע מי כתבו, כשר, דמידע ידיע שהוא של ישראל. והוא שלא יהיו מצוים שם עובדי כוכבים היודעים לכתוב – [תמיה לי טובא, הא איכא למיחש שמא היה באמת של ישראל, והיה בדעתו לאכלו, ועשה לו סימן להכירו בין שאר חתיכות טריפות, ואח"כ נודע לו שהיתה זו טרפה, וסברא זו בעצמה כתב הרשב"א עצמו שהוא מריה דהאי דינא במקום אחר, וגם התוס' כתבוהו, לענין אם חתך במקום הגיד, דחייש ישראל שמא אחר כך נודע לו שהוא טריפה, ולכך שולחה לעכו"ם אחר הניקור, עכ"ל, ומנא לן דכאן לא ניחוש לזה ונקל בספק דאורייתא].

לק"מ, דוקא התם דליכא אלא דחתוכה כחתוכה דישראל, הוא דיש לחוש בזה בנמצא ביד עכו"ם, **אבל** הכא דיש כאן חותם, או כתב עליו כשר, שזהו מורה בבירור שהוא כשר, אם כן אם איתא דנודע לו ספק טרפות אח"כ, הו"ל להסיר החותם או הכתב, **ועוד** שאין דרך לתת חותם או לכתוב כשר עד שיוודע בודאי שהוא כשר, וזה פשוט - נקה"כ.

‹**עיקר** לדינא, דאין סומכין על הכתיבה אא"כ כתוב על המאכל עצמו, ולא כשהמאכל בכלי או כרוך בשק או במטפחות ועליהם כתוב כשר – ערוה"ש›.

הגה: וכן מותר לקנות גבינות החתומים כדרך שישראל חותמים - זהו כ"ש מבשר שכתב המחבר שהוא מדאורייתא, ולא כתבו הרב אלא משום סיפא, **ודוקא מקום שאין לחוש שמא נשארו הדפוסים ביד עובדי כוכבים וקבעו אותם בגבינותיהן** - ‹עיין לקמן סי"ג›.

ויש אוסרים בכל זה, מאחר שלא ידענו מי כתבו או חתמו, ובדיעבד אין להחמיר - כלומר אם כבר קנה מן העכו"ם, **ומשמע** דקאי אבמקום שאין לחוש שמא נשארו הדפוסים ביד עובד כוכבים וקבעו אותם כו', אלא שלא ידענו מי כתבו או חתמו, **אבל** במקום שיש לחוש שמא נשארו הדפוסים ביד עובדי כוכבים וקבעו אותם בגבינותיהם, אסור אפילו בדיעבד, **מיהו** כתב העט"ז בסוף הסימן, דבמקום הפסד יש להתיר אפי' בכה"ג בדיעבד, ועיין בסוף הסימן ובמ"ש שם.

וכתב בת"ח, ומנהג ליקח יינות שמביאים העובדי כוכבים מארץ ישמעאל, שקורין משקטע"ל, על ידי חותמיהן שמביאים כתבים מישראל, עכ"ל, וכ"כ בסימני ת"ח, דביין נוהגין להקל, וע"ל סי' ק"ל סעיף ו'.

סעיף י - המניח עובד כוכבים בביתו, ובו דברים שאם הוחלפו יש בהם אפילו איסור תורה, אם הוא יוצא ונכנס, או אפילו שהה זמן רב ולא הודיעו שדעתו לשהות, מותר, ולא חיישינן שמא החליף, אפילו אם הוא נהנה בחליפין, והוא שלא סגר הבית עליו - אין רוצה לומר דצריך לידע שלא סגר הבית עליו, אבל מן הסתם אסור, דהא בע"ז משמע להדיא, דמן הסתם לא חיישינן שסגר הדלת, אלא רצה לומר שלא נודע שסגר הדלת, וכ"כ בפירוש בסי' קכ"ט ס"א ע"ש, **(טור והמחבר ר"ס קכ"ט), לפי שהוא מתיירא בכל שעה לאמר: עתה יבוא ויראני** - בחולין דייק מההיא לישנא ד"המניח", היינו דיעבד, מיהו מסיק התם דאפילו לכתחלה מותר ביוצא ונכנס, וא"כ צ"ל דמ"ש הט"ו האי לישנא, משום סיפא נקטוהו, דשהה זמן רב ולא הודיעו שדעתו לשהות, דאינו מותר אלא בדיעבד, וכ"כ הרב לקמן סי' קכ"ט סעיף א', דבכה"ג אסור לכתחלה, ע"ש, **אי** נמי כמ"ש התוס' בחולין שם, דהמניח לכתחלה נמי משמע.

נראה דאפי' קטן יוצא ונכנס מהני, כדלעיל סי' קט"ו ס"א בהג"ה, ואפילו באיסור דאורייתא, וכמ"ש המחבר בסימן ס"ט ס"י לענין הדחה, ע"ש, **ואע"ג** דאיכא למימר דהתם שאני משום דדם שבישלו אינו עובר עליו, ואין כאן אלא איסור דרבנן, כדשרי' מה"ט בעובד כוכבי' מסל"ת שהדיחו, וכדמבואר בב"י שם ובת"ח, **נראה** דדוקא לענין נאמנות איכא לפלוגי, דבאיסור דאורייתא

אינו נאמן במסל"ת, חוץ מבעדות אשה, אבל לענין מירתת ליכא לפלוגי בהכי.

אבל אם הודיעו שדעתו לשהות, אסור.

ואם אינו נהנה בחליפין, מותר בכל ענין, דלא חיישינן שמא החליף להכשילו, כיון שאין לו הנאה בדבר.

סעיף יא - ישראל ועובד כוכבים ששפתו ב' קדירות זו אצל זו, זה בשר שחוטה וזה בשר נבלה, מותר, ואין לחוש שמא כשהחזיר הישראל פניו החליף העובד כוכבים שחוטה בנבלה, אפילו אם של ישראל משובח - דמרתת שמא יחזור הישראל פניו מיד ויראהו, **ובתשובת** הרא"ש מוכח, דאפילו בעובד כוכבים וישראל אכסנאים, אין לחוש, דהא דשרינן ביוצא ונכנס, היינו אפילו באכסנאים שאינם מכירים זה את זה, דאינהו נמי מירתתי אהדדי, ע"ש, וכן הוא בפסקי תוס'.

ואפילו פיהן מגולה, מותר, ואין לחוש שמא יתזו ניצוצות מזו לזו. (וה"ה בשני דברים ללויס זה אצל זה). (מרדכי פא"מ).

(אבל לכתחלה יש ליזהר אפילו בב' קדרות) (טור) - פירוש משום ניצוצות, וזה שכתב אפילו, ולפי זה כשאין פיהן מגולה, אין צריך ליזהר בשתי קדרות, ועיין בס"ק שאח"ז בסופו.

[**בד"מ** בשם מרדכי פא"מ, והטעם, שלא יתחלפו זה בזה, **ולפי** זה אי הוי שני קדירות של ישראל, אחד של בשר וא' של חלב, אין איסור אפילו לכתחלה לבשלם בתנור אחד, כיון דאין שייך שם לחלופי, והדורשי' מראה מקום כתבו שדברי רמ"א הם בטור, וטעות הוא].

סעיף יב - יש להחמיר שלא להניח הקדרות אצל השפחות כשאין ישראל בבית;

הגה: ואינו יוצא ונכנס (תשובת הרא"ש) - משמע דעת הרב, דביוצא ונכנס אין צריך להחמיר, **ולכאורה** בהרא"ש וטור לא משמע כן, שאחר שכתבו דין דשתי קדרות שכתב המחבר בסעיף י"א, כתבו ועל זה סומכין להניח הקדרות אצל השפחות כשהולכין לבהכ"נ, דהוי כיוצא ונכנס, ונכון לירא שמים להחמיר, כי כמה פעמים אירע קלקול בדבר, ועוד כדי להשביח חלקה נותנת חלב בקדרה, עכ"ל, **משמע** דאף ביוצא ונכנס יש להחמיר, ומה שלמד הרב מתשובת הרא"ש, שכתב ואם ישראל יוצא ונכנס שרי, דעתו בתשובה דלענין דינא שרי, אבל נכון להחמיר, **אבל** המחבר שכתב יש להחמיר כו', וכמו שכתב הרא"ש בפסקיו ונכון לירא שמים להחמיר כו', אפי' ביוצא ונכנס קאמר, **ויש** לומר דמשמע ליה להרב, מדלא השיב הרא"ש להשואל שם, דיש להחמיר לכתחלה אפי' ביוצא ונכנס, ש"מ דביוצא ונכנס אפילו חומרא אין כאן, **ומש"כ** ונכון לירא שמים כו', אכשהולכין לבהכ"נ קאי, משום דלא דמי ליוצא ונכנס, כיון ששוהין בבהכ"נ זמן מה, והשפחות יודעות שדרכן לשהות, אבל ביוצא ונכנס ממש א"צ להחמיר, **ואין** להקשות ממש"כ הרב בסעיף הקודם, דלכתחלה יש ליזהר אף בשתי קדרות, ופשיטא דבישראל ועובד כוכבים ששפתו לא גרע מיוצא ונכנס, **דהתם** הטעם משום ניצוצות שיתזו מזו לזו, וכמו שכתב בס"ק שלפני זה.

ואם אירע קלקול שנתנה דבר איסור בקדירה, אין להאכילה אותה מאכל, שלא ירגילה בכך (בית יוסף בשם שבולי לקט) - בשבולי לקט כתוב שנתנה איסור בקדרה להכעיס כו', וכן העתיק הרב בתורת חטאת, וכאן נשמט תיבת להכעיס, משום דלאו דוקא הוא, חדא הטעם שכתב שלא ילמדו לעשות כן, שייך נמי באם כוונתה להנאתה, **אלא** נקט להכעיס לאפוקי אם לא ידעה שאותו דבר שהכניסה בקדרה אסור לישראל, וה"ק שנתנה איסור בקדרה להכעיס, דהיינו שידעה שאותו דבר אסור לישראל ואפ"ה נתנה.

בשבולי הלקט כתב, לא לאותו עובד כוכבים ולא לעובדי כוכבים אחרים, וכ"כ בת"ח, וכאן שכתב הרב אין להאכילה סתם כו', צ"ל דלאו דוקא קאמר.

(**ועיין** בספר תפארת למשה שכתב, שיש חילוק, אם נתנה להכעיס, אסור להאכיל גם לעובדי כוכבים אחרים, אבל אם נתנה להנאתה, שרי להאכיל לעובדי כוכבים אחרים, דהא לא נתקיימה מחשבתה, עב"ד).

וכתב עוד הב"י בשם שבולי הלקט, עכו"ם שאמר אל תאכל מקדרה זו שאני השלכתי בו חלב, אין מקבלין ממנו, אלא מותרת היא, עכ"ל, וכן פסק הרב בת"ח. **ואמנם** לאו כללא הוא, דאם הישראל מבין מדבריו שיכול

להיות כן, כגון שאמירתו הוא שלא על דרך השחוק והנקימה, אלא דרך התוודות וכה"ג, בודאי שצריך לחשוש ולא לאכול, דכללו של דבר בענין נאמנות, דאף שמדינא אינו נאמן, מ"מ אם מבינים לפי ההשערה שאינו משקר, צריך להאמין – ערוה"ש›.

סעיף יג- ישראל שעשה גבינות בבית עובד כוכבים, וחתמם בחותם דפוס של עץ, ושכח הדפוס בבית העו"ג, אין חוששין שמא זייף העובד כוכבים וחתם אחרים באותו דפוס - שירא העובד כוכבים שיחוש שהיהודי רגיל לעשות חותמו במקום מיוחד, ועוד שמא ירגיש הישראל בדבר מחמת שהאחרונות שנעשו אחר כך הם לחות יותר, **ועוד** דאיכא ספיקי טובא, כי שמא לא בא החותם הנאבד מעולם ליד עובד כוכבים, ואת"ל בא לידו שמא לא זייף, ואת"ל זייף שמא לא העמיד אלא בדבר המותר, עכ"ל מרדכי, **והנה** הב' טעמים הראשונים אינן מספיקין אלא לאותן הגבינות שהניח הישראל בבית העובד כוכבים, והטעם האחרון מספיק גם לקנות ממנו גבינות אחרות, **ועיין** בסעיף ט' בהג"ה ובמ"ש שם.

‹**חולק** על מ"ש בסעיף ט' דבכה"ג חיישינן, וזהו שכתבו וי"א דאין להתיר אם שכח הדפוס וכו', וזהו כדיעה שבסעיף ט', **אך** מסתימת הדברים לא משמע כן, ולכן נ"ל דשני ענינים הם, דשם מיירי כשהגבינות המה עתה תחת ידי הכותי והוא מוכרם, ולכן שפיר יש לחוש שעשה וזייף גם על גבינות אחרים, **משא"כ** בסעיף י"ג מיירי דהישראל הוא המוכרם והישראל יראה אח"כ כל הגבינות, ולכן לא חיישינן משום דמתיירא שמא יכיר הישראל הזיוף – ערוה"ש›.

וכן אין לחוש שמא החליק העובד כוכבים פני הגבינות בשומן חזיר - דלא חיישינן שמא כוון להכשילו כל זמן שאין לעובד כוכבים הנאה בדבר, וכדלעיל סעיף י', ועיין בסעיף ב' בהג"ה.

הגה: וי"א דאין להתיר אם שכח הדפוס בבית עכו"ם, אלא אם כן הניחו מונח על הגבינות שעשה הישראל, אבל אם הניחו כך, ויש לחוש שמא עשה גבינות קטנים והחליפם בגדולים או היותר טובים, אסור - פי' אע"פ שהניחו במקום אחר במקום מיוחד בכוונה, מ"מ כיון דלא הניחו מונח על הגבינות, סבור העובד כוכבים שאין הישראל יודע היכן הניחו, ואסור, **ובמקום הפסד יש להתיר בכל ענין.**

[**כתוב באגודה**, פעם אחד נתפשו היהודים ונטלו העכו"ם כל אשר להם, ונתפשרו והוחזר להם, ומצאו קדירותיהם בשומן של אווז, ואמרו שהכירום בטביעת עין כאשר הניחום, נ"ל להתיר דלא גרע מטביעת עין דקלא. ‹דטביעות עין עדיף מסימנים – ערוה"ש›. **ותו איכא** במרדכי שכתב, כשישראל נותן לעכו"ם תבשיל בקדירה להוליכו בביתו של עכו"ם, יזהירנו הישראל שלא ידיח הקערה, אך יש להניח בה קצת משיורי התבשיל, וכן שיביאנה בו ביום, עכ"ל, **ותימה** איך יסמוך על זה שיאמר לעכו"ם שיניח בה שיורי המאכל, דילמא ישתמש בה ואח"כ יחזור ויתן בה משיורי המאכל. ‹**וודאי** לא יטריח עצמו כ"כ ואין לנו לחשוש בחששות רחוקות כאלה – ערוה"ש›. **ומו"ח** ז"ל העתיק תשובת מהר"ר מנחם, קדרה שנשארה בין העכו"ם, וכבר לקח ישראל אחד מן השומן שבקדירה בכף מועט, וכשהוחזר הקדרה עם השומן הכיר הישראל הגומא שבשומן שנלקח ממנו השומן שהיתה בו כמו שהניחה, נראה להתיר, דבכה"ג שייך טביעת עין, עכ"ל].

§ סימן קיט – החשוד לדבר איסור אין לסמוך עליו בדברים הנאכלים §

סעיף א- החשוד לאכול דברים האסורים, בין אם הוא חשוד באיסור תורה בין אם הוא חשוד באיסור דרבנן, אין לסמוך עליו בהם - פי' ליקח ממנו, אבל סומכין עליו כשאומר על אחרים שהוא מותר, וכמ"ש המחבר בסעיף ז', **ואם נתארח עמו, לא יאכל משלו מדברים שהוא חשוד עליהם.**

משמע דהא דלא סמכינן עליו היינו דוקא בידוע שהוא חשוד, אבל בסתם ישראל סמכינן עליו אפי' באיסור דאורייתא, וכמ"ש הטור, בד"א בחשוד, אבל בסתם כל אדם הוא בחזקת כשר לאכול עמו, וכן דעת הראב"ד, וכן נראה מרש"י, וכ"פ ר"ל ן' חביב, גם נ"ל ראיה לזה מהירושלמי, אמר ר' יוסי לא אמרו אלא כשאינו יודע אם חשוד אם אינו חשוד, הא דבר ברי שהוא חשוד אסור כו', ע"ש, **ולא** כדעת הרמב"ם, והוא הי"א שהביא הרב, דס"ל דבעינן דוקא שיכירו אותו שהוא מוחזק

בכשרות, **וכ"כ** בד"מ, דהמנהג אינו כדעת הרמב"ם, אלא דמחזיקים כל אדם בחזקת כשרות, עכ"ל, **אבל** קשה, שהרי בסימנים המחודשים בסי' א' פסק המחבר כהרמב"ם, דבעינן שיהא השוחט נאמן, ובב"י שם כתב דהיינו דלא כדעת המרדכי, שכתב שא"צ, דסתם ישראל בחזקת כשרות הוא, וכן בס"ס ס"ה כתב וז"ל, אין לוקחין בשר מכל טבח ששוחט לעצמו ומוכר, אא"כ היה מוחזק בכשרות, עכ"ל, והוא ל' הרמב"ם, וזה קשה ג"כ על הטור, שבסי' ס"ה העתיק דברי הרמב"ם הנ"ל בסתם, **וצ"ל** דדעת הט"ו לחלק, דשאני טבח שוחט דשכיחא טובא, וגם דיני שחיטות מרובים, ובקל יכול לעשות שהייה או דרסה או שאר פסולים, ואם לא הוחזק בכשרות אסור.

הגה: וי"א אפילו ממי שאינו חשוד, רק שאין מכירין אותו שהוא מוחזק בכשרות, אסור לקנות ממנו יין או שאר דברים שיש לחוש לאיסור - פי' לא מיבעיא שאר איסורים של תורה ממש, אלא אפילו יין שאינו איסור של תורה ממש, דסתם יינם אינם אלא דרבנן, שגזרו עליו אטו ודאי יינם, וכדלקמן סי' קכ"ג, ולא מיבעיא יין, אלא אפילו שאר דברים שיש לחוש לאיסור, אפילו הם מדרבנן לגמרי, כגון גבינה ופת של עובדי כוכבים במקום שנוהגים בו איסור וכה"ג.

‹**אע"ג** דהתורה האמינתו לכל אחד מישראל על האיסורים, מ"מ חנוני קבוע שמוכר תמיד בכל עת ובכל שעה שאני, דהוא מורה התירא, דתקף להו יצרייהו דממונא, וכ"ש בלאו דלפני עור דוודאי חשידי בזה, ולכן צריך על נאמנות כזה מי שהוחזק בכשרות דווקא – ערוה"ש›.

ומסתימת דברי הרב משמע, דה"ה חלב אין לוקחין ממנו אא"כ הוחזק בכשרות, **דלא** כהרמב"ם שם, שכתב דחלב לוקחין מכל אדם, וכתב הרב המגיד שם, שזה למד ממה שלא נזכר חלב עם שאר דברים, והטעם, מפני שקרוב לעמוד עליו, עכ"ל, **היינו** לפי שהיה גורס כגירסת הרי"ף והרא"ש, שגורסין אין לוקחין ימ"ח מח"ג בסוריא אלא מן המומחה, לא יין ולא מורייס ולא חתיכת דג שאין בה סי', ולא מלח סלקונדריות ולא חלתית ולא גבינה, ע"כ, **אבל** בנוסחי דידן בש"ס, איתא חלב במקום חתיכת דג, וכך היא גירסת התוס' שם, וכן העתיק הב"י, א"כ משמע להדיא דחלב שוה לשאר הדברים, וזה דעת הרב.

[**בד"מ** כתב, אמנם המנהג אינו כן, אלא מחזיקין כל אדם בחזקת כשרות, וכיון שלא כתבו הרב כאן, משמע שאין לנהוג כן, ונכון הוא, בפרט שאנו רואין קלקול הדורות ולא אכשר דרי].

מיהו אם נתארח אצלו, אוכל עמו - דלא גרע ממי שהוא חשוד למכור דברים האסורים, שכתבו הט"ו בסעיף שאח"ז, **ומ"ש** הרב אם נתארח כו', אין ר"ל דלכתחלה אסור להתארח אצלו כדי לאכול עמו, דהא אפילו בחשוד למכור כתבו הט"ו דמתארח אצלו ואוכל עמו, **אלא** כיון דהמחבר נקט אם נתארח, לאשמועינן דאפילו דיעבד שנתארח אסור לאכול עמו, נקט נמי הרב אם נתארח.

‹**כלל** גדול צריך לדעת דכל דיני חשוד שבסי' זה, אין הכוונה דווקא כשנתקבל עדות בב"ד שזה האיש עבר עבירה זו, דבכה"ג גם לעדות פסול, כמ"ש בחו"מ סי' ל"ד, **אלא** אפילו חשד בעלמא שיצא עליו קול קלא דפסיק או קלא דלא פסיק, מקרי חשוד, **ולפי"ז** נלע"ד, דאם יצא הקול ע"י שונאים לית בה ממשא ולא מקרי חשוד, **וכן** יראה לי, שאם הוא עצמו הוציא הקול עליו אינו נאמן, דאין אדם משים עצמו רשע, ומ"מ קצת יש לחוש לזה לכתחלה – ערוה"ש›.

סעיף ב - אם אינו חשוד לאכול דברים אסורים, אבל הוא חשוד למכרם, מתארח אצלו ואוכל עמו - פרש"י והר"ן הטעם, משום דדוקא למכור הוא חשוד, משום דלא קפיד אלפני עור לא תתן מכשול, ומוכר דברים שלקח מן העובד כוכבים, ומיהו איהו גופיה לא אכיל איסורא, הלכך אם נתארח אצלו מותר לאכול עמו. **וכן אם שולח לביתו, מותר, דחזקה שמה שהוא אוכל משגר לו.**

(עובר עבירה לתיאבון, לא מקרי חשוד. ב"י בשם הרשב"א) - פירוש דלא מקרי חשוד לאותו דבר עד שיעבור שלא לתיאבון, כגון שאילו היה מונח לפניו האיסור וההיתר היה אוכל האיסור, **ולא** דמי למומר אוכל נבילות לתיאבון, דאסור לאכול משחיטתו עד שיבדוק לו הסכין, כדלעיל סי' ב', משום דדרך הסכין להיות פגום, והוא אוכל נבלות לתיאבון, הלכך חיישינן שגם עתה יעבור עבירה לתיאבון ולא יטרח לתקנו, **אבל** הכא מיירי בענין שאין לחוש שיעבור גם עתה לתיאבון, הלכך אמרי' דודאי באותו פעם היה עובר לתיאבון, אבל עתה למה יעבור, הלכך לא מקרי חשוד ודוק.

[**כבוד** הרב במקומו מונח, ודבריו תמוהין בהג"ה זו, דברשב"א שהביא הב"י כתוב, שמי שעובר עבירה בא' מעבירות, נאמן הוא בשאר איסורין, וכ"ש אם עושה לתיאבון כו', **ואם** כן אמאי כתב הרב הג"ה זו, אי במוחזק שעובר עבירה בשאר איסורים, הא אפילו שלא לתיאבון נאמן לאיסור זה, ואי באיסור זה מוחזק שעובר, אפילו אם הוא לתיאבון, ודאי אינו נאמן, ומ"ש ב"י לקמן בסימן זה בשם הרשב"א, דמשומד לתיאבון נאמן אפי' לאותו דבר, וכדרבה פ"ק דחולין, עכ"ל, ר"ל שמצינו בו היתר, דהיינו כל שיש היתר ואיסור לפניו לא שביק היתירא ואכל איסורא, אבל בלא"ה אסור, כמ"ש הטור סי' ב', דבלא בדיקת הסכין אסור לאכול משחיטתו, וה"נ היאך נאכל עמו, שמא לא היה לפניו היתר ואכל איסורא, וא"כ היאך יאכלו אחרים אצלו, וא"כ מאי אינו מיקרי חשוד דקאמר הרב, ודאי אין לו ביאור כלל. והיותר קשה לי, דלא מצינו שיהיה חשוד גרע טפי מעובר לתיאבון, דאי תימא דשם חשוד מורה שעושה כן במזיד, אפי' יש היתר לפניו שביק אותו ואוכל איסורא, דא"כ הו"ל עכו"ם גמור, כמ"ש רמ"א בסי' ב', דמי שאוכל נבילות שלא לתיאבון, דינו כמשומד להכעיס, והאיך ס"ל לרשב"ג בפ' עד כמה, דהחשוד על איזה דבר יכול לדון ולהעיד עליו, **אלא** פשוט שאינו גרע מעובר לתיאבון, א"כ מאי קאמר דלא מיקרי חשוד].

עיין בש"ך ישבתי דבריו בענין שהם נכונים לדינא - נקה"כ.

[**וכתוב** בד"מ בשם הג"ה אשר"י, שמי שחשוד על איסור, שאסור לאכול עמו אפי' דברים המותרים, שמא יאכילנו דברים האסורים גם כן, ע"כ].

סעיף ג - מותר ליתן משלו לחשוד לאכול דברים האסורים, כדי שיתקן או יבשל לו, ולא חיישינן שמא יחליפנו, כיון שאינו חשוד על הגזל - ואע"ג דחשוד ג"כ למכור כיון שהוא חשוד לאכול, וכדלעיל סעיף א', היינו דוקא למכור, דמה שהוא מוכר מורה ביה היתירא, אבל לגזול ולהחליף בידים לא חשוד.

והא דמשמע מדברי הטור בסימן קי"ח, ומדברי הרב שם ס"א, ישראל חשוד אין מפקידין אצלו דבר האסור מן התורה, אלא בשני חותמות, ודבר האסור מדרבנן בחותם אחד, **התם** מיירי שהוא חשוד להחליף, וקיצרו שם בדבר, לפי שלא נחתי לפרושי התם איזהו נקרא חשוד, **ובב"ח** פי', דהתם מיירי שהוא חשוד לאכול דברים שאין הרבים רגילין להקל בהן, דאז הוא חשוד להחליף, וכמ"ש המחבר בסימן י"ח ס"ח ובס"ס זה, וחלב ומורייס ופת וגבינה וכיוצא בהן, הא דבעינן חותם אחד לא מיירי אלא בעכו"ם, אבל מפקידין לחשוד אפילו בלא חותם, דדבר שהרבים מקילין בו הוא, עכ"ד, **ותימה**, שהרי הטור הזכיר שם להדיא, דגם בחשוד בעינן בחמפ"ג חותם, והכי משמע מדברי ר"ת וסייעתו, דמפרשים דהא דאמר רב חבי"ת צריך חב"ח, וחמפ"ג צריך חותם אחד, מיירי בישראל חשוד, אלמא דבישראל חשוד צריך חותם א' אף בחמפ"ג, וגם בדברי הרב בהג"ה לשם משמע הכי, ועיין בסי' קי"ח ס"ק ט"ז.

ואם נותן למי שחושש בתקנתו, והוא חשוד לאכול דברים האסורים, אסור, שמא יתקלקל מה שנותן לו ויחליפנו בשלו. כיצד, הרי שנתן לחמותו החשודה על האיסור, אסור, שבושה מחתנה ורוצה בתקנת בתה ולפיכך מחלפת לו רע בטוב. וכן הנותן לפונדקית החשודה, פעמים שבושה מהאכסנאי ומחלפת לו רע בטוב - מדברי הט"ו משמע, דמפרשים דהא דקאמר בש"ס דחולין, דפונדקית מוריא היתירא, ואמרה בר בי רב ליכול חמימא ואנא איכול קרירא, בניחותא, וכמו שפירש"י, ומוריא הוראה היתירא לעצמה לטובה אני מתכוונת, בר בי רב ליכול חמימא ואנא איכול קרירא, עכ"ל, וכן פירש הרשב"א, **ולפ"ז** היכא דידוע דאינה בושה מהאכסנאי, כדרך הפונדקית עכשיו, דלא איכפת להו כלום בשל אורח, מותר, **אבל** התוס' שם פירשו דבתמיה קאמר, בר בי רב ליכול חמימא ואנא איכול קרירא, ואני טרחתי בשבילו, עכ"ל, **ולפ"ז** היכא דמשלם לה שכר טירחא, אפשר דמותר, וכמ"ש התוס' והמרדכי, דאינו יכול להשביע את שלוחו אם נותן לו שכר, דכיון דנותן לו שכר תו לא מוריא היתירא, **ואפילו** להרמב"ם דמשמע דאפי' כשנותן לו שכר יכול להשביע, משום דאפ"ה מוריא היתירא, דאולי לא נתן לו שכר טירחא כראוי, **אפשר** דמודה הכא בטרחא דפונדקית.

(ומכל מקום מותר להפקיד אצלו ושיחזיר לו הדברים כמו שהפקידו אצלו).

סעיף ד - החשוד לדבר אחד אינו חשוד לדברים אחרים, אבל כל מה שצריך לאותו דבר, חשוד גם עליו. כגון מי שהיה חשוד למכור חלב במקום שומן, והיה מרגיל הנערים לבא לקנות ממנו באגוזים שהיה נותן להם, קונסים אותו שלא ימכור אפילו אגוזים. - פי' אע"פ שאין בו חשש איסור, חשוד גם עליו למוכרו, שעי"כ ימכור האיסור. [**פירוש** עונש חשוד יש עליו, שלא למכרו כלל, אפילו באם לא רצה למכרו רק לבדו].

[**בפרק** עד כמה איתא בגמרא, ההוא טבחא דהוי חשוד לזבוני תרבא דאטמא בחילוף שומן דכנתא, קנסיה רבא לזבוני אפילו אמגוזי, אמר ליה רב פפא לרבא, כמאן כרבי יהודא דס"ל דקונסין אותו למכור כל דבר, אי כרבי יהודה אפילו מים ומלח נמי, לעולם כר"ש דלא קניס אלא במידי דדמי לאיסורא, ובאיסור גופיה, דמידי דעביד לאיסורא, דהיינו אמגוזי, דסתם דרדקי גרורים ומשוכים בתר אמגוזי, ואזיל ומשבש לבני טבחים באמגוזי, ומוכרן לבני הטבחים ומביאין לו החלב, וגונבין אותו מאביהם, והוא מזבין ליה בחילוף שומן. וקשה על רבינו הטור, למה כתב שהאיסור היה באגוזים, שהרגיל הנערים לבא אצלו ולקנותו ממנו באגוזים שנותן להם, שלא כאותו סגנון הנאמר בגמרא, **ובאמת** קשה טפי על הגמ', למה לא אמר רבא גם כן בסגנון זה שזכר הטור, וא"ל דמעשה שהיה כך היה, שהיה נחשד ללמד את הנערים שיגנבו חלב, דא"כ למה לו לרבא לומר סתם תינוקות גרורים בתר אגוזים, תיפוק ליה אפילו בלא הך סתמא, אלא כיון שבאותו פעם היה כך, ע"כ נראה לע"ד ליישב הכל, דצריכין אנו לשני דברים בזה, האחד, שדבר זה הוא היה צורך בו למכירה שנעשית בעבירה, ועי"ז נעשית המכירה, השני, דאותו קנס שלא למכור את הצריך לו, אינו אלא אם יש בו אח"כ חשד איסור בפני עצמו, **והשתא** לק"מ, שהטור נקט מה היה צורך באגוזים למכירת האיסור, וגם הגמרא ס"ל דבר זה, אלא דהגמרא נקט מה שייך אח"כ איסור בפני עצמו באגוזים בלא מכירה זו, ע"כ נקט דיש חשד כיון שהנערים נמשכים אחר האגוזים, יש לחוש שעל ידי זה ילמד אותם לגנוב חלב מאביהם, ואנו חושדין אותו שמא כבר עשה כן, על כן קנסינן אותו להבא בזה, **ואין** להקשות מנא ליה להטור שכן היה שהרגיל את הנערים לבוא אצלו לקנותו, דהוכיח זה מדאמרינן בגמר סתם דרדקי כו', ש"מ שאותו חשד אינו אלא מצד שיש ספק אם נעשה כן, ואנן בעינן שיש בירור שהיה בו צורך למכירה, ע"כ שהיה בענין שזכר הטור, והטור לא בא כאן לפרש הטעם מה יש לחוש, אלא עיקר הדין מה שנעשה באמת, **ובפרישה** כתב, דאפי' לא ראינו שנעשה איסור ע"י אגוזים, אנו חוששין שמא יעשה איסור ע"י זה שירגילם לבוא אצלו, **ואינו נכון**, דהא הטור כתב והיה מרגיל' כו', דמשמע שכן נעשה באמת, ומו"ח ז"ל הגיה בטור, לקנותו מהם, ולע"ד נראה ברור כמ"ש].

כתב הב"ח, דבטבח שהוא חשוד על החלב, חשוד על כל האיסורים - ומוכח נמי דר"ל אפילו על דבר החמור מחלב ע"ש - דדבר שאין הרבים מקילין בו הוא, עכ"ל, ולמד כן מתוך דברי הרשב"א בת"ה שהביא הב"י, **ובסוף** הסימן יתבאר דזה אינו, ושאף הרשב"א לא אמר אלא במי שהוא חשוד לדבר שאין הרבים מקילין בו, שהוא חשוד לאותו דבר להחליף, וכמבואר בדברי הרשב"א עצמו במשמרת הבית להדיא, וכן ברפ"ק דחולין ע"ש, ובתוס' מוכח להדיא, דחשוד לאכול חלב אינו חשוד לדבר אחר, ע"ש ודוק, ועיין בס"ס ס"ד.

סעיף ה - החשוד על איסור חמור, חשוד על הקל ממנו בעונש, אלא אם כן חמור בעיני בני אדם שנזהרים בו יותר מבחמור - ל' הטור, החשוד לדבר החמור חשוד גם לדבר הקל ממנו, אפילו אין החמור חמור ממנו בעונש, אלא שחמור בעיני בני אדם, עכ"ל, **ומשמע** לכאורה דה"ק, ל"מ אם החמור חמור ממנו בעונש, דאז אפילו הקל ממנו בעונש חמור בעיני בני אדם, חשוד גם עליו, דכיון דחשוד על דבר החמור בעונש ואינו ירא שמים, כ"ש שחשוד על דבר הקל ממנו בעונש ואינו ירא מהבריות, **אלא** אפילו אין החמור שחשוד עליו חמור ממנו בעונש, אלא שחמור בעיני הבריות, אפ"ה אמרינן מחציף נגד הבריות חשוד גם אדבר שהוא קל בעיני הבריות וחמור בעונש, **אבל** המחבר נראה שהבין דה"ק, ל"מ אם החמור חמור ממנו בעונש, דאז פשיטא שחשוד על דבר הקל ממנו בעונש, אם שניהם שוים בעיני הבריות, **אלא** אפילו אין החמור חמור ממנו בעונש, אלא שניהם שוים הם בעונש, אלא שחמור בעיני בני אדם, אז חשוד גם על דבר שאינו חמור כ"כ בעיני בני אדם, **אבל** כשחשוד על איסור חמור, אינו

חשוד על איסור קל ממנו אם הקל חמור בעיני הבריות, דאולי מורא הבריות עליו יותר ממורא שמים, **ואפשר** לומר לדעתו ג"כ, דהחשוד על דבר החמור בעיני הבריות, אינו חשוד על דבר הקל ממנו בעיני הבריות אם הוא חמור בעונש, דאולי כבוד שמים חביב עליו יותר, וכדי שלא להוציא האדם מחזקת כשרות דיינינן ליה הכא והכא לקולא, **ואולי** דעת המחבר דהכל תלוי במה שהבריות נזהרין בו, אלא היכא דבעיני הבריות שניהם שוים, אז אזלינן בתר הקל והחמור בעונש, וצ"ע.

ומיהו כל זה לא איירי אלא החשוד על דבר החמור בין בעונש בין בעיני הבריות, שחשוד על דבר הקל ממנו, אם הם מין איסור א', כגון ששניהם בדבר מאכל וכיוצא בו, הא לאו הכי לא, וכן דעת הרמב"ן והרשב"א, וכ"כ ב"י, וכן משמע מדברי המחבר בסי' ב', דכתב דמומר לערלות אינו מומר לשחיטה, והוא מהש"ס דחולין, אע"פ שהדבר ידוע דמילה חמור בעונש ובעיני הבריות משחיטה, אלא ודאי כדאמרן, **ומה** שסתם המחבר הדברים כאן, הוא מפני שסמך עצמו אמאי דמיירי בכל הסי' בדברים הנאכלין, **ואפשר** דלכך שינה מלשון הטור, שהטור כתב החשוד לדבר חמור חשוד ג"כ לדבר הקל כו', והוא כתב החשוד על איסור חמור כו', להורות דוקא על איסור חמור, אז הוא חשוד על איסור כיוצא בו אם הוא קל ממנו.

ז"ל הפרישה, נראה ‹הא דהחשוד לדבר החמור חשוד על דבר הקל ממנו›, דהיינו דוקא בדברים שיש לו הנאה ממנו, ומ"ש לעיל סי' ב', דדוקא בעבודת כוכבים ומחלל שבתות בפרהסיא הוא דהוי מומר גם לשאר דברים, ולא בשאר עבירות, התם מיירי בענינים דלית ליה הנאה מהם, עכ"ל, **ולחנם** דחק, דבסימן ב' ה"ק, דמומר לעבודת כוכבים ולחלל שבתות הוי מומר לכל עבירות שבעולם, משום דהנך חמירי מכל עבירות, אבל בשאר עבירות לא הוי מומר לכל עבירות, אלא דינו כדכתב כאן, דאם יש דבר קל ממנו חשוד עליו, ופשוט הוא.

סעיף ו - החשוד על שני דברים, וחזר בו ויצא מידי חשד שניהם, ואח"כ נחשד על אחד מהם, אפילו הוא הקל שבשניהם - נראה אפילו הוא הקל בעונש ובעיני הבריות, **חוששין שמא חזר לסורו בשניהם, וחשוד על שניהם** - ונראה דאפילו בשני מיני אסורים נמי, אם חזר ונחשד אח"כ על א' מהן, אפילו הוא הקל, חשוד על החמור ממנו, כיון שנחשד בראשונה על שניהם, **ואפשר** שלכך כתב המחבר כאן, החשוד על שני דברים כו', ולא כתב על שני איסורים, וכדכתב בסעיף שלפני זה, החשוד על איסור חמור כו'.

סעיף ז - מי שהוא מפורסם באחד מעבירות שבתורה - היינו שהוא מפורסם שעשה העבירה פעם א', דהוי חשוד, ואינו מועד להיות מומר - סי' קכ"ז ס"ק כ', ‹והדוחק מבואר, ופשיטא דלשון מפורסם משמע להדיא שהוא מועד לעבור בכל פעם›, **חוץ מעבודת כוכבים וחלול שבת בפרהסיא** - דאילו הנך כבר נתבאר בסימן ב', דהוה מומר לכל התורה, ודע דמומר לנסך היין הוי נמי מומר לכל התורה, והוא בכלל מומר לעבודת כוכבים, **או שאינו מאמין בדברי רבותינו ז"ל** - כלומר הוא חשיב ג"כ כעובד כוכבים ומחלל שבת, ונתבאר בסי' ב', דמומר להכעיס אפילו לדבר א', דינו כעובד כוכבים, **נאמן בשאר איסורים** - אפי' בשל עצמו, אפי' למכור, וכן לאכול עמו, ‹הכוונה שהוא נאמן בשארי איסורים שאינם מענין איסור זה אפילו בקלים, ובאיסורים שהם מענין זה נאמן בהחמורים מאיסור זה, ולא בהקלים מאיסור זה – ערוה"ש›. **ובשל אחרים נאמן, אפילו על אותו דבר, לומר מותר הוא** - דוקא לענין איסורא אמרינן הכי, אבל לענין ממונא, מי שהוא חשוד לדבר אחד, פסול להעיד לדבר אחר, אפילו בשל אחרים, וכמו שנתבאר בח"מ סי' ל"ד, דלענין ממון כתיב אל תשת רשע עד, דכל היכא דנקרא רשע, אסור להעיד.

ואין להקשות, דהכא וכן לקמן סימן קכ"ד ס"ט, סתם הרב כדברי המחבר, ובח"מ סי' ל"ד סכ"ה, ובא"ע ס"ס מ"ב, כתב הרב, דמי שחשוד על עריות, פסול לעדות אשה, **אלא** ודאי התם היינו טעמא דהוי נוגע בעדות, וכדאמרינן בש"ס פ' זה בורר, דניחא ליה דתהוי פנויה דתהא שכיחא ליה, או דלא תהוי פנויה ומים גנובים ימתקו, ע"ש, **מיהו** כל זה בחשוד, אבל במומר דהיינו שהוא מועד, כתבתי לעיל סי' י"ב, ולקמן סי' קכ"ז, דאינו נאמן לאותו דבר בשל אחרים, וע"ש.

הגה: מי שהוא חשוד בדבר דלא משמע לאינשי שהוא עבירה, לא מקרי חשוד, מיהו לאותו דבר אינו נאמן - פי' כגון העובר על לא תחמוד, דלא

משמע לאינשי שהוא איסור, דלא תחמוד לאינשי בלא דמי משמע להו, ולכך לא מיקרי חשוד, **מ"מ** דברי הרב צריכים ביאור, דלענין מאי לא מיקרי חשוד, אי לשאר דברים בשל עצמו, או לאותו דבר בשל אחרים, הא אפי' היה משמע לאינשי שהיא עבירה, לא היה חשוד, וכמו שנתבאר, ואי לאותו דבר בשל עצמו, הא כתב הרב דאינו נאמן, **וצריך** לפרש דלענין זה לא מיקרי חשוד, דאפי' על דברים הקלים ממנו לא חשוד, כיון שאותה עבירה החמורה לא משמע לאינשי שהיא עבירה, דאם היה יודע שהיא עבירה היה נזהר בה, **ועי"ל** דלענין עדות ממון כשר להעיד ולא מיקרי חשוד, **ואולי** יש לדחוק דה"ק, מ"ש המחבר דבשל אחרים נאמן אפי' לאותו דבר, ליתיה, אלא הכי הוא דינא, דמי שהוא חשוד כו' משמע לאינשי כו', ומיהו לאותו דבר אינו נאמן לעולם, אבל הוא דחוק, **אחר** כתבי זה נדפסו תשו' הרב, מצאתי שכתב שם וז"ל, אע"ג דמתשו' הרשב"א שהביא הב"י סי' קי"ט משמע, דאע"ג דלא מיקרי חשוד בדבר איסור שנדמה לו כהיתר, מ"מ אינו נאמן על אותו דבר עצמו, מ"מ הרווחנו במה שלא נקראו חשודים, שיש להאמינם ע"ז בשבועה כו', עכ"ל, **וא"כ** י"ל דה"ק, מי שהוא חשוד בדבר דלא משמע לאינשי שהוא עבירה, לא מיקרי חשוד דלא יהא נאמן אפילו בשבועה, מיהו לאותו דבר אינו נאמן בלא שבועה.

[**גם** בזה נפלאת דעת הרב רמ"א ממני, דהרשב"א בתשובה שהביא ב"י לא כ"כ, רק לענין עדות שאינו נפסל בזה, כמו שמביא שם אחר כך לענין קוברי מת ביו"ט ראשון, אבל לענין נאמנות שיאכלו עמו או יקנו ממנו, ודאי בשאר דברים מותר אפילו בעובר עבירה במזיד, וידע שהוא איסור, **ואי** באותו דבר דחשיד לאוכלה מחמת דלא משמע ליה שיהא איסור, פשיטא שלא יסמכו עליו אחרים כיון שהוא חושב אותו להיתר, וכמו שמסיים רמ"א עצמו כאן, מיהו לאותו דבר אינו נאמן, **וא"כ** למאי נפקא מינה הוי אינו חשוד]. **לק"מ** כמ"ש בש"ך.

מי שנוהג באיזה דבר איסור מכח שסובר שדינא הוא הכי, או מכח חומרא שהחמיר על עצמו, מותר לאכול עם אחרים שנוהגין בו היתר, דודאי לא יאכילוהו דבר שהוא נוהג בו איסור - שם מפרש הטעם, דודאי אלפני עור לא תתן מכשול לא עברי, **מיהו** היינו דוקא כשאחרים יודעים שהוא נוהג איסור בדבר,

ואין להקשות הא כתב הרב בהג"ה סי' קי"ב סט"ו, דמי שנזהר מפת של עכו"ם, ואוכל עם אחרים שאינם נזהרים, מותר לאכול עמהן משום איבה, וה"נ יאכל עמהן, **דשאני** התם דפת שהוא עיקר הסעודה התירו לו משום איבה, כיון דלא חמיר איסוריה, וכמ"ש הרב שם.

ובתשו' מוהר"ר לוי ן' חביב האריך מאד בדינים אלו, וראיתי לברר בקצור תוכן הדברים וחלוקי הדינים היוצאים מתשובתו, והוא, מי שנוהג איסור באיזו דבר מחמת שסובר שהדין כן, ואוכל בבית מי שמתירו, אז אם האיסור ניכר להאוסר, מותר להמאכיל להאכילו, דאי לא ס"ל לא ליכול, **אבל** כשאינו ניכר האיסור, אסור, **ואסור** לבשל לו בכליו אפילו אינן בני יומן, ואצ"ל שאסור להאוסר לומר להמתיר לבשל לו בכליו שאינן בני יומן, **אבל** כשהמתיר מבשל לכתחלה לו ולצורך אחרים ג"כ, מותר, דהוי כדיעבד, **והאוסר** דבר מחמת מנהג אבותיו ובני מדינתו שנוהגין כן, אסור להמתיר להאכילו אפילו האיסור ניכר, אע"ג שהיה אוסר עצמו יכול לקחתו, כמו היתירא של מושיט כוס יין לנזיר, דקי"ל דאע"ג דהנזיר יכול לקחתו אסור מדרבנן, **ויכול** האוסר לבשל לכתחלה בכליו של המתיר שאינן ב"י, או בסתם כלים, דקי"ל נמי שהן אינן ב"י, דלא קבלו עליהם המנהג להחמיר כ"כ, **ואם** בעל הכלי הוא לפנינו, צריך לשאלו אם הוא ב"י או לא, **ואם** בעל הכלי הוא חשוד, א"צ לשאלו, **אבל** אם הוא אמר מעצמו, או ששאלו ואמר לו, סמכינן עליה אם הוא ב"י או לא, **וכל** זה לענין הכלי, אבל אסור לאכול האוסר מבשולי המתיר, אם הוא חשוד ע"פ דבריו שאומר שאין בו דבר איסור, אם התבשיל הוא מדבר שדרך לתת בתוכו אותו השומן, **אבל** אם אינו ודאי חשוד, רק סתם בן אדם עם הארץ, יכול האוסר להתאכסן אצלו אפילו אינו חכם ובקי בדינים, אם הוא יודע שהאוכל אוסר אותו מאכל, בין שאוסרו מחמת המנהג, בין מחמת שסובר שהדין כן, **וכל** זה בסתם, אבל אם יש מנהג יעשו כמנהגם, כגון במדינות ריינו"ס יש קצת מקומות שנוהגים איסור בחלב שעל הקיבה, וכשבאין למקום הנוהגים היתר, אוכלים מבשוליהן מהמרק או מהבשר שנתבשל עם האיסור, וכ"ש שמשתמשים בכליהן שהן ב"י, **ודוקא** שיהא המנהג באוכל, כגון שאותן המקומות הנוהגים איסור הם באותה מדינה שנוהגין היתר, ומנהגם לאכול מבשוליהן, **אבל** אם המנהג במאכיל לבד, אינו מנהג, ולכן מי שהוא

ממדינת פולין וכיוצא בו, שאין להם אותו מנהג, כשבא להמקומות הנוהגים היתר, אף ע"פ שנוהגים להאכיל להמקומות הסמוכות להן הנוהגים איסור, אסור לו לאכול מבישוליהן, זה העולה מתשו' מהר"ל ן' חביב, וכ"כ האו"ה במנהג חלב שעל הקיבה, ע"ש, **מיהו** הא דאסור לאכול דבר האסור מחמת מנהג אבותיו ובני מדינתו, דוקא כשאין נראה לו היתר בדבר, אבל כשנראה לו היתר בדבר, ובא ממקום שנהגו איסור למקום שנהגו היתר, יכול לאכול, וכ"כ ראב"ן והמרדכי ואגודה, ע"ש, **ומשמע** אפילו דעתו לחזור למקום שנהגים איסור, כיון שנ"ל שהוא מותר, וע"ל ס"ס רי"ד.

(ע' בשו"ת חיים שאל, שכתב בשם ס' דרך המלך, שמי שבידו חמץ שעבר עליו הפסח, ואתו אחריני למיכל מיניה אשר לא ידעו מזה, כיון דלדידהו לא שייך קנסא, א"צ להגיד להם שלא יאכלו, **וחכם** אחד חולק ע"ז, והסכים עמו בעל המחבר, שחייב להודיעם, עיין שם).

סעיף ח - החשוד על הדבר אינו נאמן עליו, אפילו בשבועה - הטעם, שכבר חשוד הוא לעבור על השבועה, שמושבע ועומד הוא מהר סיני, **ואין** להקשות הא כתב המחבר בח"מ סי' פ"ו סט"ו, דמי שנשבע שלא יטעון אלא האמת, ואח"כ נתחייב שבועה, שאינו נפטר בשבועה הראשונה, **והטעם** כתב הרשב"א, דבשבועה ראשונה שנשבע עדיין לא יצא שקר מפיו, משא"כ בשבועה האחרונה שבאה על דבר שכבר נעשה, ואם ישקר בה יוציא שקר מפיו, **וא"כ** ה"נ נימא דאע"פ שהוא מושבע ועומד מהר סיני, לא חשוד אשבועה דלעבר, **הא** ליתא, דדוקא לענין ממונא אמרינן הכי, אבל לענין איסורא אין חילוק בין שבועה דלהבא לשבועה דלעבר, **ועוד** דהכא כיון שהוא מושבע ועומד מהר סיני ועבר ג"כ על עבירה, גרע טפי, ולכך הוא חשוד אפילו בשבועה דלעבר, **ותדע** שהרי אפילו עבר על שבועה דלהבא לא מיקרי חשוד על השבועה, וכמ"ש המחבר בח"מ סי' צ"ב ס"ב ע"ש, אלא ודאי כדאמרן, ודוק.

ונראה דכ"ש שאינו נאמן על דבר הקל ממנו בשבועה.

וכתב מהרש"ל, דמ"מ מי שהוא חשוד על סתם יינם, כמו בדורות הללו, מותר להאמין לו על יין נסך כשנשבע עליו, רק שיפרטו לו השבועה היטב, דאינו מושבע ועומד, לפי שמיקל בסתם יינם שהוא מדרבנן, עכ"ל, וכתב שכן הורה הלכה למעשה, **ואולי** לא הורה כן אלא בסתם יינם לפי שמקילין בו, אבל אין להורות כן בשאר איסורי דרבנן, דהא משמע להדיא בתשו' הרשב"א, דאף בגבינה אין להאמין לחשוד עליו אפי' בשבועה, ע"ש, **וא"כ** י"ל דאף באיסורי דרבנן שייך למימר שהוא מושבע ועומד מהר סיני בלאו דלא תסור, ועוד דרבנן עשו סייג לתורה, **ומ"מ** צ"ע בדבר, דבתשו' הרשב"א איתא, שאף בגבינה הרבה מהם שקילא בעיניהם טובא, **ואפשר** סתם יינם יותר קילא בדורו מגבינה בזמן הרשב"א.

סעיף ט - גר מעובדי כוכבים שחזר והמיר מחמת יראה, וכן ישראל שחטא מחמת יראה שלא יהרגוהו, ישראל גמור הוא, ושחיטתו מותרת, ואינו אוסר יין במגעו.

סעיף י - מסור, שחיטתו כשרה ונאמן על האיסורים - דאע"פ שפסול לכתוב ס"ת, וכמ"ש המחבר בסי' ר"פ ס"ד, מ"מ נאמן הוא על האיסורים. **(וע"ל סימן ב', דיש פוסלים שחיטת מסור)** - וע"ש ס"ק כ"ו.

סעיף יא - מומר, שבעיר אחת מאמין בעבודת כוכבים בפני עובדי כוכבים, ובעיר אחרת נכנס בבית ישראל ואומר שהוא יהודי, אינו עושה יין נסך - הטעם, כי העכו"ם מילתא דמסתבר שהוא שקר, וכשאומר שהוא מאמין בה, הוא עושה להנאת יצר הרע ואינו מאמינה בלבו, וכשאומר לנו שהוא ישראל, אומר בלב שלם, לפי שאמונתנו אמונה היא וטובה ואמיתית, **והדבר** פשוט דלכל האיסורים אינו נאמן, אלא דאינו עושה יין נסך, כיון שהוא יהודי באמת, אבל לענין נאמנות באיסורין, כיון שהוא עכ"פ עובד עבודת כוכבים לתאותו, פשיטא דאינו נאמן.

(**כ'** הפרי תואר, דוקא שאין לו שום הנאה במה שאמר שהוא יהודי כו', ע"ש, **ועיין** בנו"ב שכתב שאין דבריו מוכרחים, ואפילו לדבריו היינו לסמוך על זה לקולא, שיהיה מגעו ביין מותר, אבל להחמיר ‹ודאי חיישינן שמה שהחזיק עצמו ביהודי היה בלב שלם, באופן שבנדון שלפנינו אין כאן שום סברא לבטל הקידושין› וכו' ע"ש).

סעיף יב - האנוסים שנשארו בארצותם, אם הם מתנהגים בכשרות בינם לבין

עצמם, ואין בידם להמלט למקום שיוכלו לעבוד את ה', סומכין על שחיטתן ואין אוסרין יין במגען.

סעיף יג - המוכר לחבירו דבר שאסור באכילה, אם עד שלא אכלו נודע, יחזיר לו מה שקנה ממנו והוא יחזיר לו הדמים, ואם משאכלו נודע, מה שאכל אכל והוא יחזיר לו הדמים - משום קנס, רש"י בבכורות ס"פ כל פסולי המוקדשין, **ולפ"ז** משמע דוקא כשידוע שהיה יודע שהם דברים האסורים ומכרן במזיד, קנסינן ליה, הא לאו הכי לא, דאפשר שוגג היה, (**ואין** לקונסו במה שכבר אכל, אלא שאין לו לשלם אלא דמי טריפה בזול, אבל מה שהוא בעין הו"ל מקח טעות, ויחזרו לו והוא יחזיר הדמים - באר היטב). **ואע"ג** דנתבאר בסעיף י"ז, דטבח אין לו התנצלות לומר שוגג הייתי, היינו לענין איסורא, אבל לא להוציא ממון.

[**הכי איתא במתני' בבכורות**, לענין כהן ששחט הבכור ומכר בשרו, עד שלא הראוהו לחכם את המום אם שרי ליה למכור, ופירש רש"י יחזיר הדמים משום קנס, דאיסור ספק הוי, עכ"ל, **משמע מזה דאפי' אם האיסור הוא ספק טרפה, מה שאכל אכל ויחזור הדמים, ולא חשבו אכילתו להנאה כלל**].

ר"ל (הט"ז) אפילו ספק טרפה שאינו אסור אלא באכילה, **ולא** נהירא, דסוף סוף יאמר לו המוכר דילמא כשרה הוי והממע"ה - **ואפי'** ידע המוכר קודם מכירה דהוא ספק טריפה, אין מחזיר כשאכל, דאי לא ידע, אפי' בודאי טריפה לא קנסינן ליה - **ורש"י** מיירי בבכור דאסור בהנאה, דה"ה איסור דרבנן שאסור בהנאה צריך להחזיר הדמים, דאיסור הנאה אין בו דין מכירה כלל, דהא אפי' היה בעין היה המוכר מוכרח להשליכו ולא ליהנות ממנו, וא"כ אין בו דין מכירה, ואיסור דרבנן וספק איסור דין אחד להם, **ועוד** נראה לומר, דשאני התם בבכור, דדמי ללא נבדקה הריאה, דכי היכא דבדיקת הריאה היא תקנתא דרבנן, ה"נ ראיית בכור היא תקנתא דרבנן, ואדרבה ראיית בכור חמיר טפי, וא"כ הוי כדבר שאסור הנאה מדרבנן, **ומ"ש** רש"י דספק איסור הוי, ר"ל דלהכי קנסוהו משום ספק איסור נגעו בה, כלו' דרבנן תקנו כן משום ספק - נקה"כ.

ואם מכרו הלוקח לעובד כוכבים או השליכו לכלבים, ישלם לו דמי טריפה - הואיל ולא גרם לו איסור, רש"י.

ואם היה דבר שאינו אסור באכילה אלא מדברי סופרים, או – [צ"ל אז] **אם היו הפירות קיימים, מחזיר הפירות ונוטל דמיו, ואם אכלם, מה שאכל אכל ואין המוכר מחזיר לו כלום** - דדוקא באיסור דאורייתא קנסוהו, ועוד דאין אכילת האוכל מיחשב לו הנאה, ואדרבה צער הוא לו, שעבר על איסורא דאורייתא אף שהיה שוגג, משא"כ באיסור דרבנן, עכ"ל הסמ"ע בחו"מ, וגם בעט"ז כתב הטעם הראשון, [**וזהו סברת רמב"ם, דבאיסור מד"ס כיון שאכל חשבינן אכילתו להנאתו, ולא יחזור לו דמים**].

ואין אלו טעמים נכונים כל כך לחלק בין איסורא דאורייתא לאיסור דרבנן, **ועוד** לדבריהם די אם לא קנסוהו כיון שהוא מדרבנן, מ"מ למה אין המוכר מחזיר כלום, יחזיר מה שקבל יותר מדמי הטרפה, שהוא חייב מדינא ולא מצד הקנס, **אלא** נ"ל הטעם, דהם לא גזרו איסור כדי להוציא ממון, דלענין ממון אוקמוה אדין תורה, **וכן** משמע מדברי הרב המגיד, שכתב דמ"ש הרמב"ם דבאיסורי רבנן אין המוכר מחזיר לו כלום, יצא לו ממה שאמרו בירושלמי דשביעית, דכל דבר שאיסורו מן התורה אסור לעשות בו סחורה, וכל דבר שאיסורו מדבריהם מותר לעשות בו סחורה, ואפשר דאף זה כן, עכ"ל, **משמע** דר"ל, כי היכי דגבי סחורה לא העמידו חכמים דבריהם לענין ממון, ה"נ כאן לענין מכירה, ויתר פרטי דינים אלו עיין חו"מ סי' רל"ד ובסמ"ע שם.

(**ודברים** תמוהים הם, דפשיטא דגם דבר שאסרו חכמים, בהכרח שיהא בזול יותר מכשרות, **ובאמת** ל"ק כלל, דוודאי כן הוא, דאם הדבר שמכר הטרפה יותר בזול מהכשרה, דצריך להחזיר העודף, אמנם לאו כללא הוא, דלפעמים טרפות וכשרות במקח אחד הן, ומילתא דפשיטא היא שאם הכשרה ביוקר צריך להחזיר המותר, וא"צ להשמיענו - ערוה"ש).

וכל אסורי הנאה, אפילו מדברי סופרים, מחזיר הדמים ואין בו דין מכירה כלל.

(**ועיין** בספר משנת חכמים שכתב, דאם האכיל דבר איסור של חבירו, דדינו כדין הגוזל ומאביל, דרצה מזה

גובה ורצה כו', **ואם** הנגזל גבה מהאוכל, נראה דאינו חוזר האוכל על המאכיל לומר שדבר איסור האכיל ואינה נחשבת אכילה לכן ישלם המאכיל, דאין הדין במאכיל של אחרים כדין מוכר, וצ"ע, עכ"ד).

סעיף יד - המוכר בשר, ואח"כ נודע שהבהמה לא נבדקה כהוגן, דינו כמוכר דברים שאסורים מדברי סופרים - בסי' ל"ט ס"ב כתב המחבר, דאם נאבדה הריאה קודם בדיקה, דכשרה, **וא"כ** צ"ל דמיירי הכא בהך גווני דהריב"ש, שכתב וז"ל, וכ"ת והלא בהמה שנשחטה בחזקת היתר עומדת כו', ואם נטלה הריאה ולא נבדקה, כשרה, **היינו** דוקא אם פעם א' אירע כן באונס או בשוגג, אבל שיעמוד מי שידוע לנו שאין יודע לבדוק ויבדוק במזיד, ושנאכל על סמך בדיקתו זה, ודאי אסור לד"ה, **ואע"פ** שאין בדיקה זו אלא מדבריהם, והוי כההיא דאין מבטלין איסור לכתחלה, דאם בטלוהו במזיד אסור, עכ"ל, **וכן** כ' המחבר בסי' צ"ט ס"ו, דאיסור של דבריהם אם בטלוהו במזיד, אסור.

[**הטעם**, דמדין תורה אין צריכין בדיקת הריאה, כיון שאין ריעותא לפנינו סמכינן ארוב בהמות שהם כשרים, אלא דחכמים הצריכו בדיקה, ע"כ מה שאכל מנכה לו, ואפ"ה מה שלא אכל ממנו יחזיר לו ויתן המעות בעדה דמקח טעות הוא, **ואע"ג** דגבי טבח אמרינן בחו"מ סימן ש"ו דפטור לשלם בדין זה, שהוא אסור משום ספק, **שאני** התם שבאת לחייבו על מעשה שלו, ע"כ אין עליך לחייבו אלא בודאי ולא מספק, **משא"כ** כאן בין המוכר ולוקח, אפילו אם הדבר ספק, מ"מ מקח טעות הוא, ואדעתא דהכי לא יהיב ליה זוזי, על כן יחזיר לו מעותיו, וכן כתב הריב"ש הביאו ב"י בקיצור כאן].

הגה: ואם מכר לו דבר מבהמה שאיתרע חזקת כשרות, דאתיליד בה ריעותא, ולא יכולין לבדוק אם היא כשרה, וצריכים לאסרה מספק, אפילו הכי הוי כאלו היתה ודאי טריפה וצריך להחזיר הדמים (תשובת ריב"ש) - כלומר ל"מ מבהמה שלא נבדקה כהוגן שעכ"פ מדבריהם היא אסורה בוודאי, ואם כן אין המוכר יכול לומר אייתי ראיה דטרפה היא, פשיטא דצריך להחזיר לו הדמים כשהבשר קיים, **אלא** אפילו מכר לו דבר מבהמה דאתיליד בה ריעותא כו', שצריכין לאסור מספק, וה"א דיאמר המוכר דלמא לאו טרפה היא ואייתי ראייה דטרפה היא ואחזיר לך המעות, אפ"ה הוי כאילו היתה ודאי טרפה מדבריהם, וצריך להחזיר לו הדמים כשהבשר עדיין קיים, **וכן** כתב הריב"ש ומביאו ב"י וז"ל, שאף על פי שאינו אסור אלא מספק, והמוכר מוחזק בדמים, הוי מקח טעות, כיון שמספיקא פרשי אינשי אין לך מום גדול מזה, עכ"ל, **וכתב** הרב בחו"מ סי' רל"ב סי"ב, ואפילו טרפות שאנו אוסרין מספק מבטל המקח, ואין המוכר יכול לומר אייתי ראייה דטריפה היא, עכ"ל, **וכתב** בסמ"ע שם, ונראה דמחמת ספק דקאמר היינו דאינו טרפה לכו"ע, דאל"כ מאי חידש מור"ם בזה, הא גם טרפות דסירכא אנו מטריפין מכח ספק שאין אנו בקיאין לבדוק, עכ"ל, כלומר וטרפות דסירכא כבר כתב שם המחבר דמבטל המקח, **אבל** בחנם דחק, דהא איכא סרכות טובא דטרפה בודאי, וכמו שנתבאר בסימן ל"ט.

אבל הב"ח כתב וז"ל, כתוב בשו"ע המוכר בשר ואח"כ נודע שהבהמה לא נבדקה כהוגן, דינו כמוכר דברים שאסורים מדברי סופרים, ובהג"ה אבל מכר לו מבהמה דאיתליד בה ריעותא, ולא יכולין לבדקה, דינו כמוכר דברים שאסורים מד"ת, עכ"ל, **וטעמא** דמלתא, דמדאורייתא בהמה שלא נבדקה מותרת באכילה, דרוב בהמות בחזקת כשרות הן, אלא תקנת חכמים שלא לאכלם אם לא נבדקה הריאה, וכדלעיל ר"ס ל"ט, {**נראה** שהבין דמ"ש המחבר שלא נבדקה כהוגן, דהיינו שנאבדה בלא בדיקה שאסור לאכלה, וזה אינו וכמ"ש בס"ק שלפני זה}, **א"כ** אינם אסורים אלא מדברי סופרים, **אבל** איתיליד בה ריעותא דאסור לאכלה דבר תורה עד שתיבדק, דאין בהמה זו מן הרוב כיון שנולד בה ריעותא, ושמא טרפה היא, וספקא דאורייתא היא, לפיכך דינו כמוכר דברים שאסורים מד"ת, וכ"פ הריב"ש בתשו' ומביאו ב"י, עכ"ל, **ותימה** למה שינה לשון הרב, והאמת שלשון הרב שכתב ואם מכר כו' דחקו, ולכן הבין שהאי "אם", הוא כמו "אבל", ור"ל דבכה"ג צריך להחזיר הדמים, אף אם כבר אכל, **ותימה** לפי דבריו, מנין לו להרב זה, הלא כיון דספיקא היא למה יחזיר המוכר הדמים אם כבר אכל, אם ירצה הלוקח לומר אין לך מום גדול מזה, יאמר לו המוכר החזר לי מקחי ואחזיר לך מעותיך, עכשיו שאכל יאמר לו המוכר מאן לימא לך

דטרפה אכלת ודאי, אלו עדיין לא אכלת היית יכול לומר כיון דמספקא פרשי אינשי אין לך מום גדול מזה, אבל עתה שאכלת אכלת, **וכן** משמע בסמ"ע בחו"מ סי' רל"ד, דבספק טרפה שאכל א"צ להחזיר הדמים ע"ש, **ומ"ש** וכ"כ הריב"ש בתשו' ומביאו ב"י, ליתא, כי לא נמצא כן בריב"ש ולא בב"י, אדרבה המעיין בתשו' הריב"ש שם יראה דמשמע כמו שכתבתי, **וכן** מדברי ד"מ שאביא לקמן מוכח דלא הוי אלא מקח טעות, אלא הדבר ברור בפירוש דברי הרב כמו שכתבתי.

[**פי'** אע"ג דכתב השו"ע באם בא הטריפה מכח שלא נבדקה הריאה כהוגן, אמרינן שאם אכלה מנכה לו המוכר ולא יחזיר לו, מ"מ היינו דוקא במידי דהבדיקה אינה הכרחית, כההיא דריאה שזכרנו, דמן התורה אין צריכין בדיקה כל זמן שאין לפנינו ריעותא, **אבל אם** יש פה ריעותא, ממילא צריכה בדיקה אפי' מן התורה, ואירע הדבר שאין יכולין לבדקה, אע"פ שאכלה הלוקח חייב המוכר להחזיר, דהרי ספק איסור דאורייתא מכר לו, **וכבר** בירנו דהיינו דוקא אם ידע המוכר מן הספק דאז דוקא שייך קנס, משא"כ בלא ידע, אז לא יחזיר אלא בלא אכלו, מטעם מקח טעות]. **פי'** זה ליתא כמ"ש בש"ך, וגם בסמוך הוכחתי דליתא - נקה"כ.

ובעט"ז כתב וז"ל, בד"א שנודע שהבהמה לא נבדקה כהוגן בטרפות הריאה, שהוא דבר שרגילין לבדוק אחריו, **אבל** אם נולד אח"כ ספק טרפה, מאחר שאין דרך לבדוק אחריו, כגון שנמצא מחט בריאה והריאה כבר חתוכה, ואין ידוע אם ניקבה, ועכשיו א"א לבדקה בנפיחה, ואסרינן לה מספק, וכדלעיל סי' ל"ו סט"ו, כל כה"ג אפילו הבשר קיים א"צ המוכר להחזיר הדמים, שהוא מוחזק בהם, שהלוקחים רוצים להוציא ממנו ועליהם להביא ראיה, עכ"ל.

[**והנה** הוא סותר דברי עצמו, שכתב בחו"מ סי' רל"ב בספרו סי"ב, וז"ל, ובטריפות דלא שכיחי, אפילו הוא דבר שאנו אוסרים מספק, הוי מקח טעות, ולא יכול המוכר לומר אייתי לי ראייה דטריפה היא כו', עכ"ל, והם דברי רמ"א שם ועיקר, ודבריו כאן שלא בדקדוק].

והנה (העט"ז) רצה להשוות דברי הא"ח עם הריב"ש, שהא"ח כתב ומביאו ב"י וז"ל, מעשה היה בה"ר במחט שנמצאת בריאה לאחר חיתוכה, ואסרו הבהמה, ומה שמכר וקבל המעות, נמנו וגמרו שלא יחזיר, מפני שהאסור אינו ודאי אלא מפני ספק אסרוהו שא"א לבדוק בנפיחה, ולענין ממון המע"ה, עד כאן לשונו, ולפיכך חילק בין מחט לבדיקה, **ולפע"ד** אין זו סברא כלל, דכיון שהבשר קיים למה לא יבטל המקח, הלא אין לך מום גדול מזה, ומה לו ללוקח בזה שלא ידע המוכר מהמום, וכדאיתא בחו"מ סימן רל"ב.

אלא ודאי דהעיקר דאין חילוק, וכל ספק טרפות מבטל המקח אם עדיין הבשר קיים, ואם אכל הבשר אינו מחזיר כלום, והריב"ש פליג אהא"ח, דהא"ח ס"ל דטרפות שאנו אוסרים מספק אינו מבטל המקח, **וכן** מוכח להדיא בד"מ שהביא דברי הא"ח הנ"ל, וכתב עליו והריב"ש כתב בתשובה דאע"ג דאיסורא רק מחמת ספק, הוי מקח טעות וצריך להחזיר הדמים, עכ"ל, **ומוכח** נמי מכאן דס"ל להרב דאם אכל א"צ להחזיר הדמים, דאל"כ ל"ל טעמא דמקח טעות, הא אפילו אכל צריך להחזיר הדמים, **ועוד** מוכח מכאן, דסד"א דספק טרפה גרע לענין מקח טעות מאיסור דרבנן, שקודם שהביא בד"מ דברי הא"ח, הביא בסתם דברי הרמב"ם, שהם כדברי המחבר, דאיסור דרבנן מבטל המקח, אלמא אפשר דאיתא לדברי הרמב"ם ולדברי הא"ח, ולכך הוצרך להביא דברי הריב"ש דס"ל דאפילו ספק טרפות מבטל המקח, ודוק, וכדברי הריב"ש כתב הרשב"א בחידושי חולין, גבי מחט שנמצא בעובי בית הכוסות, בשם הרמב"ן, ונראה שם שכן דעתו ג"כ, וכ"כ הר"ן שם.

[**ובב"י** כתב בשם א"ח בשם חכמי הה"ר... הנה דימו דין זה לההיא דטבח שזכרתי, וזה ודאי אינו מטעם שכתבתי, **אלא** דמ"מ יפה דנו חכמי הה"ר, דהתם אפשר דמיירי שאכלו הבשר קודם שנודע שהיא טריפה, ובזה אין לקנוס להחזיר הדמים, וכמו שאכתוב בסמוך, **אי נמי** מטעם אחר, ואפי' לא אכלוהו עדיין, דמי יימר שבלעה המחט קודם שקנאה הלוקח, שמא אחר כך בלעה, וכההיא דחו"מ סימן רל"ב סעיף י"א בשלחן ערוך, דאם תוך שלשה ימים קנאה, המוציא מחבירו עליו הראייה, **אבל** אם ברור לנו שנעשה ברשות המוכר, כגון שלאחר שחיטה מכרה לו, ברור הוא דמקח טעות הוא ויחזיר לו מעותיו, כל שלא אכל הבשר, **ואם** אכלו פטור הטבח המוכר, אע"ג דספק איסור דאורייתא מכר לו, מ"מ אין כאן שייכות קנס, דהא הוא עצמו לא ידע מזה, מה שאין כן לענין מקח טעות, כל שישנו לבשר עדיין אין מועיל

לו מה שלא ידע מזה, דכל שהוא משום מום חייב להחזיר, אע"ג שגם הוא נתאנה, וזה פשוט בחו"מ סי' רל"ב סעיף י"ח בהג"ה. **אבל** באמת אם ידע המוכר מזה הספק ומכר לו, ודאי אע"ג שאכלו הלוקח יחזיר לו המעות, כההיא דבכור שזכרנו בסמוך].

‹**ונראה** עיקר כדעת הב"ח והט"ז, **אמנם** גם לדיעה זו דווקא בריעותא גמורה שצריכה בדיקה מן התורה, אבל דבר שאסור רק מחמת חומרות הפוסקים או מחמת מנהג, או שהטריפוה מחמת ספק כגון ספק מחיים ספק לאחר שחיטה, או מחט שנמצאת בריאה שא"א לבדקה בנפיחה אם היא חתוכה, וכל כיוצא בזה, דמה"ת שריא אלא דמדרבנן אסורה, הוה כמוכר דבר שאיסורו מדברי סופרים, פר"ח, **ולפי"ז** י"ל דשתי הדיעות לא פליגי, וגם הש"ך מיירי בכה"ג – ערוה"ש›.

סעיף טו - המוכר דברים האסורים, מעבירים אותו ומשמתים אותו - ר"ל אפי' בפעם א' שמכר דברים האסורים מעבירין אותו כו', וכן משמע בדברי המחבר סעיף י"ז, טבח שיצאה טרפה כו', **ומ"ש** הרב בהג"ה בח"מ סי' ש"ו ס"ט, וי"א דטבח ומלמד אע"פ שאין צריכין התראה, מ"מ בעינן חזקה, דעד שיהיו מוחזקים או עד שיתרו בהם, לא מסלקינן להו, עכ"ל, **כבר** תירץ הריב"ש, וז"ל, זהו באותן המוזכרים שם שאינו אלא הפסד ממון, וגם אפשר שהם מוטעים או שוגגים, אבל בחשוד להאכיל האיסור, מיד מסלקין אותו, **וכבר** כתב הרשב"א ז"ל בתשובה, דטבח שיצא טריפה מתחת ידו, אין לו התנצלות לומר שוגג הייתי, שא"כ לעולם יאמר כן, עכ"ל, **וכ'** הב"ח וז"ל, בפ' זה בורר כו' עד וכיוצא בזה יש להקל בכלים, עכ"ל, וכ"כ מהרש"ל, דאפילו בפעם ראשונה מעבירים אותו, והכלים כשרים מדינא.

ואין לו תקנה עד שילך למקום שאין מכירין אותו ויחזיר אבדה בדבר חשוב, או ישחוט לעצמו ויוציא טריפה לעצמו בדבר חשוב, שוודאי עשה תשובה בלא הערמה, כיון שאינו חס על ממונו – [כתב רש"ל, שעכשיו שהדור פרוץ, ואין כח להעמיד על דין התלמוד, אם יראה לחכמים שא"א לו לנוד ממקומו, דטפלי תלו ביה, וצרות הבת עליו, או כדומה לזה, נותנין לו תשובה במקומו בסיגוף, כדי שיהא עומד במשקל הזה, עכ"ל, **ועוד** כתב שם בשם הר"ר מנחם וירזבור"ק, דבפעם אחד שעובר חשבינן ליה מכשול, ויש להזהירו שלא יעשה כן עוד, **וכתב** רש"ל, אף שמדברי התלמוד אין לו על זה שום הכרע, מ"מ משום שאין בידינו כח לתקן פרצת הדור, הניח הדבר להקל מדברי התלמוד בזה, שבפעם האחד יזהירנו לפי ראות עיני החכם, ויענישנו לפי הזמן והענין, ע"כ, מ"מ נראה דיש לאסור הכלים למפרע כל שהוא בספק, אפילו בפעם הראשון].

סעיף טז - טבח שמעשיו מוכיחים שהיה רוצה להכשיל הציבור להאכילם טריפות, כגון שחתך הסרכות, מסלקין אותו; ומכל מקום פטור מלשלם דמי הבהמה לבעלים - פי' אע"פ שמכח מעשיו של הטבח הבודק הוצרכו לאסרה, מ"מ כיון שאינו אלא ספק טרפות, א"צ לשלם דמי הבהמה לבעלי הבהמה, דמצי למימר דלמא כשרה היא, והמע"ה, וכן הוא בריב"ש שם, ועי' בח"מ סי' ש"ו ס"ה.

[**כתב** ב"י בח"מ סימן ל"ד, לדעת הרמב"ם, שאם בודק לעצמו, כיון שיש לו הנאת ממון, אע"פ שעשה תשובה לא מתכשר עד שילך למקום שאין מכירין אותו, **והבודק** לאחרים, כיון שאין לו בה הנאת ממון, מתכשר בתשובה].

‹**עיין** בתשובת בית אפרים, בדבר שוחט שהוציאו עליו קול רינון, דהדבר ברור דברינון לא מפקינן השוחט מחזקתו, ואפילו בקלא דלא פסיק, דכל קלא דלא איתחזק בב"ד לאו כלום הוא, ומכ"ש בזה שהקול הוא קול של אשה פטטנית כו', **וכ'** עוד, ונראה דאף בעל נפש א"צ לחוש, אע"ג דאמרינן בנדה, האי לישנא בישא כו' למיחש לה מבעי, היינו באין מקום לתלות שהקול שקר ואפשר אמת הוא, **אבל** במקום שיש אמתלא שבשאט נפש בני בלי שם הוציאו עליו ש"ר, אין לחוש לקול ההוא כלום›.

סעיף יז - טבח שיצאת טריפה מתחת ידו - ‹שנראה שעשה במזיד – ערוה"ש›, **אין לו התנצלות לומר: שוגג הייתי** - מיהו באדם שידוע שהוא ירא שמים ומדקדק במעשיו, כתוב בתשו' מהרי"ו, דאין מעבירין אותו, ואמרינן בודאי משגה הוא, וע"ש. ‹**ומ"מ** צריך קבלת דברי חברות – ערוה"ש›.

סעיף יח - טבח שיצאו טריפות מתחת ידו, מחמת שאינו בקי, יש לו תקנה

שילמד ויחכם. הגה: והא דצריך לילך למקום שאין מכירין אותו ולעשות תשובה, היינו שעשה במזיד או מוחזק לכך, אבל אם יוכל לומר שבטעות נעשה לו, סגי בקבלת דברי חבירות – [מבואר עניינו בבכורות בפרק עד כמה, שמקבל עליו ענייני פרישות שאין נוהגין כן רוב המון העם], ‹כגון מה שרק היראים נזהרים בזה – ערוה"ש›, **ויעשה תשובה לפי ראות עיני הדיין. ועי"ל סוף סימן ס"ד** – ‹ומ"מ נראה לקנוס אותו קצת, כיון שידע שהוא עדיין אינו בקי לא היה לו להזדקק לזה, והכל לפי ראות עיני הדיין – ערוה"ש›.

סעיף יט - האומר למי שהוא חשוד לאכול גבינה של עובד כוכבים: קנה לי גבינה כשרה מן המומחה, והלך והביא לו ואומר לו: כשרה, מהמומחה קניתי, אינו נאמן - נראה דאתי לאשמועינן, דלא מיבעיא כשאומר לו בסתם קנה לי גבינה, ואמר לו מן המומחה קניתי, דאינו נאמן, **אלא** אפילו אמר לו קנה לי מן המומחה, דהו"א מסתמא לא עבר על דבריו ועביד צוויו, מכל מקום כיון דאינו אומר מאיש פלוני, לא מירתת ומשקר.

מאיש פלוני מומחה קניתי, נאמן - הטעם, דמירתת שמא ישאלו לאותו פלוני, ולא משקר, **ומשמע** אפילו כשהמשלח לא ציווהו שיקנה לו מן המומחה פלוני, אלא שהוא עצמו אומר ממומחה פלוני קניתי, נאמן, דהא ארישא קאי, **וכ"ש** כשגם המשלח א"ל שיקנה מן המומחה פלוני, ואמר שקנה מאותו פלוני, שנאמן, **ואולי** לפי"ז אפילו לא הזכיר לו המשלח כלל שיקנה ממומחה, אלא שא"ל סתם קנה לי גבינה, ובא ואמר ממומחה פלוני קניתי, נאמן.

הביא לו מנחה בשם אחד מהמומחין, נאמן, שאינו חשוד להחליף - לשון הטור מדברי הרשב"א, שאינו חשוד להחליף, ואם אתה חושש שמא משלו הוא נותן, אין אדם עשוי ליתן מנחה משלו בשם אחר, עכ"ל, **ולכאורה** משמע מלשון הט"ו, שכתבו "בשם א' מהמומחין", שצריך שיזכיר לו שם המומחה, שאמר לו איש פלוני {שהוא מומחה} שלח לך מנחה, **אבל** באמת אורחא דמילתא נקטו, דה"ה כשאומר מומחה אחד שלח לך מנחה, נאמן, דלמאי ניחוש, שמא אדם אחד שאינו מומחה שלח לו מנחה, והוא משקר וא"ל שמומחה שלח לו, דא"כ יתכוין להכשילו, וודאי דלא חיישינן שכוון להכשילו, **וכ"כ** הרשב"א בת"ה וז"ל, ועוד שאם אתה חושדו בכך, הרי אתה חושדו כעובד כוכבים גמור, שמתכוין להכשילו ולהעבירו, עכ"ל, **ולא** דמי לאומר לו קנה לי גבינה כו', דהתם אמרינן דלמא לא אתרמי ליה מומחה, וקנה ממי שאינו מומחה, ואם היה א"ל שקנה ממי שאינו מומחה, יפסיד ממונו, ולכך ירא ואמר שממומחה קנה, מה שאין כן הכא, **ולזה** הוצרך הטור לומר אין אדם עשוי כו', דאם לא כן, בלאו הכי נאמן, דמירתת כיון שאמר פלוני.

[**והא** דתני רשב"א הטעם בדין השני, שאין אחד נותן מתנה משלו בשם אחר, ולא אמר משום דמירתת כמו ברישא, דקמ"ל בזה אפילו אם הוא בענין דלא שייך מירתת, כגון שידו תקיפה או כיוצא בזה, מ"מ יש היתר מצד טעם אחר, **וא"ל** למה זכר הרשב"א כאן בשם אחד מהמומחין, והא כאן אין הטעם משום מירתת, **י"ל** דכל מביא מנחה אין דרכו לומר סתם אדם שלח לך, אלא מזכיר שם האדם].

במה דברים אמורים, כשאינו חשוד על הגזל, אבל אם הוא חשוד על הגזל, כ"ש שהוא חשוד על החליפין.

(וכל זה אינו נוהג בחשוד על איסור דאורייתא)

(ב"י) - הב"י כתב זה אדין הראשון, דקניתי מאיש פלוני מומחה נאמן, דאינו נוהג באיסור דאורייתא, וס"ל להרב, דה"ה כשהביא לו מנחה בשם אחד מהמומחים, דאינו נאמן באיסור דאורייתא, **ומדברי** הפרישה ס"ס זה מבואר, דדין זה נוהג אפילו באיסור דאורייתא, ע"ש.

ומ"מ קשה, דהא בסי' ב' כתב המחבר, דמומר אוכל נבילות לתיאבון אם נמצא בשר בידו, אם יש מומחה בעיר נאמן לומר מומחה שחט לי, אע"ג דהוי איסור דאורייתא, {**מיהו** פירשתי שם דהיינו כשאומר מומחה פלוני, וכמבואר במשמרת הבית להדיא}, **וי"ל** דהתם ליכא למיחש אלא לשמא שחט הוא, אבל כשידעינן בבירור שלא שחט הוא, ליכא למיחש למידי, דרוב מצויים אצל שחיטה מומחים הן, ולכך סמכינן עליו שלא שחט הוא, וא"כ מסתמא אדם כשר שחט,

משא"כ הכא, **ועי"ל** דהכא כיון דקנה לו גרע טפי, ולא מהני באומר מומחה פלוני באיסור דאורייתא, דשמא קנה ממי שאינו מומחה, ומפני הפסד ממונו ירא ומשקר, אבל התם מה לו לשקר, לכך סמכינן עליו, **ועי"ל** דהתם הוא מומר לתיאבון, דהיינו שיודע שנבילה אסורה אלא שאעפ"כ אוכל לתיאבון, לא עבר אלפני עור, וכמ"ש המפרשים, ולכך סמכינן עליה, **אבל** הכא בחשוד עסקינן, שאינו חושב לעבירה ואומר שמותר הוא, ומאכיל לאחרים ג"כ, הלכך באיסורא דאורייתא לא סמכינן עליה, **ואכתי** קשה, דהא בסימן פ"ו כתב הרב, דאפילו עובד כוכבים שמוכר ביצים נאמן, כשאומר ביצה זו של עוף פלוני, ואנו מכירין שאותו עוף הוא טהור, אע"ג דאיסורא דאורייתא הוא, **וי"ל** דהתם כיון שהוא עצמו מוכר לו, סמכינן עליה, ועד"ר סט"ו.

[והנה אחר שזכינו שנתגלה לנו ספר משמרת הבית שחיבר הרשב"א, שזכרתי אותו בסי' ב' סעיף ד', דלגבי משומד לתיאבון שאומר פלוני מומחה שחט לי, אז דוקא נאמן, ושם איירי באיסור דאורייתא, שהרי שחיטה דאורייתא, וכ"כ שם בהדיא במשמרת הבית, **ועוד** ראייה, דבסימן פ"ו אנו סומכין אפי על דברי עכו"ם, כשאומר ביצים אלו מעוף פלוני הם, והלא זה איסור דאורייתא, **עוד** ראייה מדין השני שכתב הרשב"א כאן, דאם הביא לו מנחת כו', דאין אדם עשוי ליתן משלו בשם אחר, וזה מצינו אותו אפי' באיסור דאורייתא, **והא** שדקדק בית יוסף, מדלא כתב הרשב"א דבריו אלא בגבינה של עכו"ם, שהיא איסור דרבנן, אין זה כלום, שהרשב"א קמ"ל רבותא ברישא, דאפילו באיסור דרבנן אינו נאמן כל שאינו אומר בפירוש מפלוני מומחה, וכן משמעות דבריו שם, ובשחיטה שהיא דאורייתא מהני זה עכ"פ, **ובפרישה** נמשך ג"כ אחר דברי ב"י, לחלק בין איסור דאורייתא או דרבנן, וכל זה ליתא, דהם לא ראו ספר משמרת הבית].

האריך להקשות, ור"ל דאפי' באיסור דאורייתא דינא הכי, ולפמ"ש בש"ך לק"מ, ע"ש - נקה"כ.

סעיף כ - החשוד לאכול דברים שאין הרבים רגילים להקל בהם, אף הוא חשוד להחליף. וי"א שאין מפקידין אצלו דבר האסור מן התורה, אלא בשני חותמות - ‹ונלע"ד שטעות נפל בדפוס, והאי "וי"א" צ"ל בתחלת הסעיף - באה"ג.›

(ועי"ל סי' קי"ח ס"ח) - הרא"ה בס' בדק הבית השיג על זה, וז"ל, מאי קאמר, אם הוא חשוד לדבר זה פשיטא, ולא בעינן טעמא דחשוד לשאר דברים שאין הרבים רגילין להקל בהן, ואם אינו חשוד לדבר זה, כי חשוד לשאר דברים שאין הרבים רגילין להקל בהן מאי הוי, והלא מומר לדבר אחד אינו מומר לשאר דברים, עכ"ל, **והרשב"א** במשמרת הבית השיג עליו, וכתב וז"ל, ודאי אם אינו חשוד לדבר שאין הרבים רגילין להקל בו, ואע"פ שהוא מיקל בדבר שהרבים מקילין בו, מפקידין בידו אותו דבר בעצמו, ולא חיישינן לאחלופי, דאין זה קרוי מומר לאותו דבר, שמה שמיקל בדבר זה אינו בעיניו כעובר וכמומר לזה כו', **אבל** בחשוד בדבר שאין הרבים מקילין בו, כגון לנבילות וכיוצא בו, אין מפקידין בידו אותו דבר אם הוא של תורה, עד שיהא בו שני חותמות, עכ"ל, **הרי** דס"ל להרשב"א טעמא דחשוד להחליף, משום דהוה מומר לאותו דבר, אלא דבדבר שהרבים מקילין בו אינו קרוי מומר לאותו דבר, הא לאו הכי מודה להרא"ה, דמומר לדבר א' לא הוי מומר לשאר דברים, ומה"ט לא כ' הרשב"א, דמי שהוא חשוד לדבר שאין הרבים רגילין להקל בו, הוה מומר לכל האיסורים, **אלא** ודאי פשיטא חשוד לדבר א' אינו חשוד לדברים אחרים, כדמשמע כולה סוגיא דריש חולין וסוגיא דבכורות פרק עד כמה, ובכמה דוכתי בש"ס, וכן בדברי הפוסקים והט"ו בס"ד, משמע להדיא בדברי רבי' ירוחם, **וכל** זה פשוט בעיני לא הוצרכתי לכתבו, אלא מפני שראיתי להב"ח בסעיף ב' שהלך בדרך אחרת, והבין דהא דס"ל להרשב"א דחשוד להחליף, הוא משום דס"ל דהחשוד לדבר שאין רבים רגילין להקל בו חשוד לכל התורה כולה, ע"כ הניח דברי הרשב"א בתה"ק והטור בתימה, על שסתמו וכתבו החשוד לדבר אחד אינו חשוד לדברים אחרים, ולא ביארנו הדברים שצריכין באור רחב, עכ"ד, ולא ירדתי לסוף דעתו, והדבר ברור כמ"ש.

[בב"י הביא כאן בשם הרמב"ם, דחשוד וכ"ש ע"ה, נאמן על של אחרים להעיד עליו שהוא מעושר, דאין אדם חוטא ולא לו, **והקשה** ב"י ממתניתין ריש פרק ד דדמאי, הלוקח פירות ממי שאינו נאמן, ושכח לעשרן, ושואלו בשבת יאכל כו', אמר לו אחר כו', ואמאי אינו נאמן על של אחרים, **נ"ל** דההוא מיירי שיש לחוש לרמאות שעשו קנוניא, דכבר כתב ב"י בשמו, דבכל

מקום שיש לחוש לזה אינו נאמן, וזהו נראה מדוקדק מלשון המשנה, אמר לו אחר שאינו נאמן, כלו' בענין שאינו נאמן אף בשל אחרים, דהיינו שאומר שלי אינו מעושר ושל חבירי מעושר, וקמ"ל דאף שלא בפני חבירו אינו נאמן, **והראב"ד** סבירא ליה דלא פסקו כרשב"ג, (דחשוד על דבר מעידו), **אלא בבכור שאינו אלא משום קנס, אבל בשאר דוכתי קים לן, דחשוד על דבר לא דנו ולא מעידו, כר"מ, וכך יש לפסוק למעשה כנלע"ד**.

(**וקיי"ל** לדינא כפסק הרמב"ם והשו"ע בס"ז, וכל גדולי הפוסקים הסכימו לו – ערוה"ש).

§ סימן קכ – הלכות הכשר כלים §

סעיף א - הקונה מהעובד כוכבים כלי סעודה של מתכת או של זכוכית, (צריך להטבילם) – [**דכתיב כל דבר אשר יבוא באש, ואין דרך להשתמש באש אלא צורכי סעודה של מתכות, דכתיב אך את הזהב וגו', וכל הנזכר בקרא הוא נקרא מתכות, וזכוכית ג"כ יש לו דין מתכות, כיון שאם נשבר יש לו תקנה בהיתוך. וטעם הטבילה, כדי שיצאו מטומאתו של עכו"ם לקדושתו של ישראל**].

(**כל** רבותינו הסכימו דטבילה זו היא מן התורה, ויש שכתבו דהרמב"ם ס"ל דהוא דרבנן, דלכאורה ריהטת לשונו משמע כן, דקרי לה מדברי סופרים, **אמנם** דלפי שבפשטא דקרא אין כאן יתור אלא דרבנן קבלו זה ע"פ השמועה, ולכן קרי לה מדברי סופרים, כמו שקורא קדושי כסף מדברי סופרים אף שהיא מן התורה, כמ"ש בעצמו בשורש שני מס' המצות, דכן דרכו בכל הדינים, והכי קיי"ל דטבילה זו הוי מן התורה. **ובכלי** זכוכית טבילה זו היא מדרבנן – ערוה"ש).

או כלים - והיינו כלי חרס ודומה להן, **המצופים באבר מבפנים** - וכתב האו"ה, דהמצופים בזכוכית דינם כמצופים באבר, **אף על פי שהם חדשים, צריך להטבילם במקוה או מעיין של ארבעים סאה.**

(**כלים** שהוטבלו ואח"כ ציפם באבר, צריכים טבילה שנית – רעק"א).

הגה: יש אומרים דכלים המצופים באבר, אפילו בפנים, יטבול בלא ברכה, וכן נוהגין – [דהציפוי בפנים אינו אלא לנוי]. **וכתב** הב"ח, ויש לתמוה על מנהג העולם שמשתמשים בקדרות המחופים באבר מבפנים בלא טבילה כלל.

במרדכי כתב בשם הר"ב, דאפילו אינו מצופה אלא מבחוץ באבר, יטבלנו בלא ברכה, ומביאו ב"י וד"מ.

ונראה דיש להטבילן עם איזה כלי אחר בברכה, כדלקמן סעיף ט', וכן הוא באו"ה.

(**ואם** מצופה מבפנים ומבחוץ, טעון ברכה, **ומ"מ** י"ל דוקא מצופה באבר ממש, אבל גלוזירט, לא יברך, עיין במשבצות זהב – רעק"א).

(**כתב** בספר חכ"א, היורות הגדולות שמבשלין בו שכר, נ"ל דצריכים טבילה, ואע"פ שקובעין אותם ומחברין לקרקע, מ"מ דינו ככלי, ואין להם תקנה אלא שיטבילם, או ינקוב בהם נקב גדול שיתבטל מתורת כלי, ואח"כ יתקן אומן ישראל, **אך** לפי מה ששמעתי שהשכר שמבשלים בו אינו ראוי לשתיה כלל עד שמסננין אותו, אפשר שע"ז סומכין העולם שאין טובלים אותם, **ומ"מ** צ"ע, שהרי לא גרע מסכין של שחיטה לקמן ס"ה, כיון שראוי להשתמש בו מאכל אחר, עיין בספרו בינת אדם עוד מזה).

(**ויש** לחקור, הני חביות דידן של חרס גדולות המצופות באבר שמשימין בהם יין, באיזה מקוה יטביל, דודאי לא יכילו אותם מי מקוה מתוך גדולתן, **ומצאתי** בתשו' כ"י להחכם מהר"י זאבי, דאין תקנה כ"א ע"י הערמה, לתתם לנכרי במתנה ולהשאילם ממנו. **וכ'** עליו החכם מהר"י מילידא ז"ל, דלו נראה דא"צ טבילה, דדוקא כלי סעודה בעי טבילה, ואלו החביות אינן רק כדי להכניס בהם יין לקיום, והסכים עמו רבו, **אבל** באו"ה מצאתי, דכלים גדולים של מתכות ששומרים בהן היין, צריכין טבילה, **ואולי** י"ל דהאו"ה לא כ"כ אלא בכלי מתכות, דלכ"ע צריך טבילה, אבל בחרס מצופה באבר, דיש מחלוקת אי צריך טבילה, באלו חביות גדולות יש לסמוך ע"ז לשמור בהן היין בלא טבילה, **ולפי"ז** המצופות מבפנים ומבחוץ, דהוי כמתכת גמור, צריכות טבילה, עכ"ל – רעק"א).

(**עיין** בשאילת יעב"ץ, שכתב דכלים הבאים ממדינת הים שנקראים פרצליי"ן, ודומין לכלי זכוכית, אין צריכין טבילה, לפי שידוע שעשייתן מן החול ומן האדמה, וכלי מתכות אמורין בפרשה, **ואע"ג** דשיעי טפי, לית לן בה, דהא כלי זכוכית שיעי טפי מינייהו, ואי לאו משום דכי

נשברו יש להם תקנה להתיכם, דמש"ה ככלי מתכות שוינהו, לא היו צריכים טבילה, והני לית להו הך תקנתא).

(**כתב** בספר חכמת אדם, צריך שיכניס כל הכלי במים בפעם אחת, שלא ישאר ממנה חוץ למים אפילו כל שהוא, **ואם** הוא גדול ואינו יכול לטובלו כולו כאחד, נ"ל דאסור לטבול לחצאין, דומיא דטבילת נדה, **ואינו** דומה להגעלה שהוא להפליט האיסור, וכיון שהגעיל המקצת הרי הפליט, אבל הכא משום טומאה, וכיון שנשאר מקצת ממנה חוץ למים, חוזר ומתפשט בכל הכלי, ע"ב).

(**כתב** בספר חכמת אדם, נ"ל דבשעת הדחק מותר לטבול כלי זכוכית בשלג, אם הוא במקום אחד, דטבילתו ודאי הוא מדרבנן, **אבל** לא כלי מתכות, דלהרבה פוסקים הוא מן התורה, ע"ש).

(**ועיין** בתשובת משכנות יעקב, שכתב שמצא במהרי"ל שהעיד ברבותיו, שאסרו להטביל כלים בבאר, מטעם כשמנקים אותו נפסל בשאובים כו', ע"ש).

סעיף ב - צריך שיהא הכלי רפוי בידו בשעת טבילה, שאם מהדקו בידו הוי חציצה - צ"ע, שהב"י והאחרונים לא הביאו שום מחלוקת בזה, והרמב"ם כתב, האוחז באדם וכלים ומטבילן, הרי הן בטומאתן, ואע"פ שרפה ידיו, גזירה שמא לא ירפה, עכ"ל, ומביאו רבינו ירוחם, וכ"כ הרשב"א בשם הרמב"ם, וכן דעת הרא"ה, **וגם** הב"ח פסק לקמן סי' קצ"ח ס"כ גבי טבילת אדם, דאפילו רפוי לא עלתה לו טבילה, ובסוף פ"ח מהל' מקואות, תנן בהדיא אדם וכלים בהדי הדדי, ע"ש וצ"ע.

(**עש"ך** מה שהקשה ע"ז, ומשמע דעתו דגם הכא בטבילת כלי גוים, אע"פ שרפו ידיו לא עלתה טבילה, גזירה שמא לא ירפה, **ועיין** בתפארת למשה שתירץ קושייתו בטוב טעם, דהתם בטבילת טומאה שייך שפיר גזירה, דאם לא ירפה יבא לידי איסור חמור בידים, כגון שיבעל נדה, או ישים בכלי תרומה טהורה ויאכלנה, והיא במיתה, **משא"כ** הכא דאף אם ישתמש בכלי זו אח"כ, לא אכיל איסורא, דהא לא נאסר מה שבתוכו, כמ"ש בהג"ה סוף סי' זה, ולכך לא גזרו בזה, עכ"ד ע"ש).

ואם לחלח ידו במים תחלה, אין לחוש. (ודוקא שלחלח ידיו במי מקוה, אבל לא במים תלושים) – [מקום הניח הרב להתגדר פה, כי כבודו במקומו מונח שלא דק כלל בהג"ה זו, הגם כי נמשכין אחר דברי המרדכי סוף ע"ז, מ"מ צריך להבין דברי המרדכי ולפרשם כמו שנציע לפנינו אי"ה, ותחלה נזכיר עיקרא דהא מילתא שזכר הטור והשו"ע, דהדחת ידו במים מהני, והוא מה ששנינו במשנה פ' ח' דמקואות, האוחז ידו באדם ובכלים ומטבילן, טמאים, ואם הדיח את ידו במים, טהורים, ר"ש אומר ירפה ידיו כדי שיבואו בהם המים, ופר"ש, הדיח ידו קודם אחיזתו טהורים, לפי שמשקה שעל ידו מתחבר למי המקוה, ואין כאן חציצה, וכן הביא בטור סימן קצ"ז וז"ל, שמשקה טופח שעל הידים חיבור למי המקוה, עכ"ל, והוא על פי מה ששנינו פרק ו' דמקואות, ומושכו ומשיקו אפי' כשערה דיו, פירוש דמיירי התם שרוצה לטהר מים פסולים ממי מקוה כשרים, דעל ידי שמשיק אותה כחוט השערה נטהרו כל הפסולים, והלכה רווחה היא דמשקה טופח כדי להטפיח מועיל לחבר למקוה כשירה, כדאיתא בפרק ב' דגיטין, זהו כוונת המשנה שזכרנו, שהאוחז באדם או בכלי, ידיח ידיו במים, דהיינו שקודם שיאחז הכלי, ילחלח ידיו אפי' במים תלושים, ועל ידי חיבורם למקוה יהיו גם המים שעל ידו כבר כמי מקוה ממש על ידי השקה, ועל כן זכר התנא ואחריו הפוסקים, לשון הדחה בעלמא, ככל הדחות שהם בתלושין, ודלא כרמ"א שפירש דברי הטור דוקא במי מקוה, אלא אף תלושין מועילים מטעם השקה]. **כבר** קדמו הלחם חמודות - נקה"כ, וי"ל דהכא אי לאו המים הוי חציצה, והלכך המים באו לאפוקי מתורת חציצה, ולכך בעינן שיהו מי מקוה, ודוק.

[ומ"ש הד"מ בשם המרדכי סוף ע"ז, שצריך דוקא מי מקוה, המרדכי מיירי מכובד הכלי שהוא מפסיק במקוה שהוא שוכב, ‹שרוצה להטביל כלי מלא מים תלושין, בדלי שקוע במים ומוריד הכלי›, ואין שייך שם לומר שהמים שתחת הכלי יהיו נטהרים בנשיקה ממי המקוה, אלא דוקא אם היו כבר תחת הכלי מים כשרים של המקוה, אז אע"פ שכובד הכלי מפסיק, עד שתאמר שאותן המים שתחת הכלי הופסקו לגמרי ממי המקוה, מ"מ נשארו בחבורין ולא נפסלו, ויש להם חיבור מכל צד שיהיו נשארים בהכשרן, משא"כ במים תלושין בכלי, ‹שרוצה להטביל כלי מלא מים תלושין, בדלי תלוש מן המים, ולשומן במים עם הכלי›, שאתה צריך לטהרן ע"י נשיקה, ולעשות

עליהם טהרה מעיקרא, בזה צריך חיבור טוב, וכיון שיש כובד בכלי לא מיקרי חיבור טוב, **אבל** באמת מי שטובל כלי בידו במקוה, א"צ למי מקוה, אלא כיון שאין שם כובד כלי, שפיר הוי נשיקה למים התלושים שהם טופחים על ידו כבר עם מי המקוה, **אלא** דמ"מ צריך האדם הטובל כלי שלא לאחוז בכח בכלי, דא"כ יהיה ג"כ כמו כובד הכלי שזכרנו, אלא דבוק בינוני, כמו שאמרו בנדה הטובלת בכמה דוכתי, לענין עיניה ושפתותיה, דאע"פ דהת"ק פליג על ר"ש דס"ל ירפה ידיו, וס"ל דא"צ לרפות ידיו, מ"מ דיבוק בינוני צריך גם לת"ק, ולא בחוזק, וזהו פשוט. **ונ"ל** דהטור ס"ל דאם מהדקו בידו דיבוק בינוני, מותר אפי' לכתחלה, ולא גזרינן שמא יהדקנו בכח מאוד ולא יועיל חיבור מי מקוה, וזהו שכתב ומיהו אם לחלה כו' אין לחוש, דקשה מאי אין לחוש, היה לו לומר מותר או שפיר דמי, אלא דקמ"ל שאין לחוש שמא יהדק מאוד בכח. **והרא"ש** מיקל עוד, דלא ס"ל כובדו של כלי מפסיק ומבטל החיבור של תלושים שעל ידיו עם מי מקוה, ומ"מ כיון שהמרדכי מחלק בין כובד הכלי או אינו כובד, יש להחמיר, וע"כ מי שרצה להטביל כלי, ילחלח ידיו אפילו במים תלושין, ויאחז הכלי דיבוק בינוני, ויטבילו, **והרוצה** להטביל כלי מלא מים תלושין, בדלי תלוש מן המים, ולשומן במים עם הכלי, אז צריך שיהפכנו על שוליו, כי זהו כמו האדם האוחז בכח בכלי וטובלו, כי האדם האוחז הוא בחיריי והוא יכול לאחוז שלא בכח גדול, משא"כ בכלי מלא וכבד, אא"כ שהדלי שקוע במים ומוריד הכלי, אז לא איכפית לן בכובד הכלי, כיון שכבר יש מים כשרים בתוכו, וכמו שאמרנו, **ובלבוש** כתוב שבתוך המים יתננה מיד ליד, הגם שהוא דרך טוב, כי באותו דרך אין איסור אפי' אם אוחז בכח מאוד, וכמ"ש באו"ה, מ"מ אין זה דרך המשנה שזכרנו כלל, שנקט הדיח ידיו במים תחילה, ודברי הטור ושו"ע לא מתפרשים כלל בדרך זה, אלא בדרך שאמרנו].

סעיף ג - יברך: על טבילת כלי; ואם הם שנים או יותר, מברך: על טבילת כלים -

‹ובאמת אין קפידא בזה כמ"ש גדולי האחרונים, והמנהג הפשוט אצלנו לברך גם על כלי אחת על טבילת כלים – ערוה"ש›.

‹**ואפילו** כלי זכוכית שטבילתן הוא מדרבנן, מ"מ צריך לברך עליהן, דגם על מצות דרבנן אנו מצווים, כמו שכתוב: לא תסור מן הדבר אשר יגידו לך ימין ושמאל – ערוה"ש›.

ויש פוסקים לברך על טבילת כלי מתכות, וכ"כ הב"ח שכן עיקר, ושכן ראה נוהג ע"פ זקנים, וכ"פ האו"ה.

[בד"מ כתב בשם המרדכי, יש מצריכין לברך על טבילת כלי מתכת, שלא יהא במשמעו שאר כלים שאין חייבין בטבילה, עכ"ל, וכן הוא בהגהות אשר"י, עכ"ל, **ותמהתי**, דאם כן יברך ג"כ על כלי מתכות של סעודה, דלא לשתמע אף שאינם של סעודה, אלא ע"כ שא"צ להזכיר בברכה כל פרטי פירושי המצות, ‹**ועוד** שהרי גם על כלי זכוכית אנו מצווים – ערוה"ש›. **ולא** דמי לברכת נר של חנוכה, ולא סתם נר, דהתם עיקר המצוה היא של חנוכה, כמו הכא בכלים, **וברכת** כיסוי הדם בעפר, שפורש פירוש המצוה, כתבנו במקומו הטעם, שהוא מברך על שני כיסויים, על כן נראה לע"ד שאין לשנות מהמנהג בזה כלל, **ואח"כ** מצאתי גדולה מזו בסוף או"ה וז"ל: אך מהר"ז רונקי"ל השיב שאין להזכיר כלי, רק להטביל סתם]. ‹**ואינו** כן, מפני שסתם טבילה הוי טבילת אשה, וראיה שהרי באמת האשה מברכת סתם על הטבילה, כמ"ש בסי' ר' ע"ש, לכן יש לבאר דזה הוי טבילת כלים, אבל פרטי הדינים אין להזכיר בהברכה – ערוה"ש›.

‹**אם** לא בירך קודם הטבילה, צ"ע אם יכול לברך אח"כ, עיין באשל אברהם – רעק"א›.

סעיף ד - טריפיד"ש ששופתים עליהם קדירות – [בל"א דריי"א פו"ס], **אינם טעונות טבילה** – ‹דכלי סעודה אינם אלא מה שנוגע בהמאכל עצמו, ולא בהכלי שבה המאכל – ערוה"ש›. **אבל פדיליא"ש** – [רוס"ט בל"א], **טעונות טבילה, מפני שנותנים עליהם המאכל עצמו** - מפני שצולין עליו ממש האוכל, כן הוא לשון הסמ"ק, והיינו שקורין בל"א רויז"ט.

סעיף ה - סכין של שחיטה, (או סכין שמפשיטין בו), יש מי שאומר שאינו צריך טבילה – [במרדכי הטעם דלא חשיב כלי סעודה, דהא אסור לחתוך בו אפי' צונן], **והא** דהבהמה חזיא לאכילה, משום הכי לא חשיב כלי סעודה, דעדיין צריכה בישול או צלייה, ע"כ. [וכן הסכין שמפשיטין בו, אינו משמש לאכול בו כמו שהוא עתה, כ"כ באו"ה].

הגה: ויש חולקין. וטוב לטובלו בלא ברכה.

הברזלים שמתקנים בהם המצות, אינם צריכים טבילה, וכן כיסוי שכופין על הפת לאפותו, אבל כיסוי קדירה צריך טבילה - ‹כיסוי שעל הפת הרי אינו נוגע במאכל עצמו, אבל כיסויי קדרות שמבשלים בם, הבישול מפעפע למעלה ונוגע התבשיל גם בהכיסוי – ערוה"ש›.

קשה דבאו"ה דימה הברזלים לסכין של שחיטה שמפשיטין בו, דא"צ טבילה, דכיון דהדבר שמתקנים אותו צריך עדיין תיקון אחר, וא"כ כיון דכתב הרב דבסכין של שחיטה יש לטבול בלא ברכה, ה"ה הברזלים, **ונראה** דס"ל להרב, דהברזלים גרעי טפי, שא"א לשמשן למאכל אחר, משא"כ סכין של שחיטה, שאפשר לשמשו למאכל אחר, **וכ"כ** בגליון או"ה שם, דהמחטים שתופרים בם העופות, אין נידון כסכין של שחיטה וסכין שמפשיטין בו, הואיל וא"א לשמשן למאכל אחר, ע"כ, **ולפי** זה מ"ש הב"ח ס"ד, דמספריים שגוזזין בה ירק הוי ליה צרכי סעודה, כי היכי דלגבי חבלה מיקרי דברים שעושין בהם אוכל נפש, בח"מ סימן צ"ז, עכ"ל, **לא** נהירא, דהא א"א לשמשו למאכל אחר, **אלא** נראה כמ"ש בפרישה, דמספרים של ירק א"צ טבילה, ול"ד לגבי חבלה, דהתם אפילו דברים שאינם צרכי סעודה מניחין לו, כל שהן כלי אומנתו, דהא מחזירין לו כלי מחרישתו ומעצדים ומגרות שלו, וכן סכין של שחיטה כתבו הט"ו שם ס"ח דהוי אוכל נפש, וכאן כתב דאין צריך טבילה, **ולפי** זה כ"ש דהמקדח שמנקבים בו ברזות החביות, אין צריך טבילה, **ודלא** כמהרי"ל בסוף הלכות טבילה, שכתב שצריכין טבילה, וכן נוהגים.

[**ונראה כיון דכתב רמ"א על זה, וטוב לטובלו בלא ברכה,** ה"ה בכלי ברזל שמתקנים המצות שכתב דא"צ טבילה, ה"נ יטבילנו בלא ברכה, דחד טעמא אית בהו, אלא דרמ"א כתבו כאן, לפי שבאו"ה כתבו לזה בהג"ה על זה]. **זה** אינו כמ"ש בש"ך, וכן המנהג - נקה"כ.

[**וכתוב באו"ה, דה"ה בברזל שמתקנין בו קרעפלי"ך בפורים, או שמגרדין בו העיסה שבעריבה, רק אם מסירין בו השרוף מן הלחם כשמוציאין אותו מהתנור, צריך טבילה, ע"כ, ובכולן הטעם, דכל שצריך לדבר המשתמש לבישול, א"צ טבילה**].

(**ועיין** פמ"ג שכתב, בלעבי"ן שמניחים מצות עליהם, אף לש"ך צריך טבילה - בלא ברכה - דחזי לתשמיש מאכל ממש. **וכתב** עוד, ריב אייזן שעשה עובד כוכבים, צריך טבילה בברכה, שמפרדין לחם וקריין. **וריב** אייזן שקנה ישראל בלע"ך מעובד כוכבים, ומנקבו, צ"ע).

(**עיין** בתשובת שב יעקב, בכלים הנקבעים בתנור, ולוקחים ממים חמים שבו ללישות עיסות הפת, שצידד לומר שא"צ טבילה כלל, אף אם הם של מתכות, **ואף** דפעמים שופכין ממים חמין שבו טיי"א, מ"מ הולכין אחר רוב תשמישו, ע"ש).

‹**עיקר** טעם דמחוסר בישול הוא תמוה, שהרי דבר ידוע שבבתי העשירים יש כלי סעודה כלים מכלים שונים, ויש שעליהם מעריכים התבשיל קודם הבישול והצליה והאפיה, ומהם נותנים לכלי הבישול וכו', האם נאמר דהם לא נקראו כלי סעודה, הלא משמשים לסעודה, **ועוד** קשה, דרבינו הרמ"א פסק בסעיף ז', דרחים של פלפלין צריך טבילה, ומקורו הוא ג"כ מהמרדכי, והרי אין לך מחוסר תקון מן פלפלין, שאין זה שום מאכל ולא תבלין, אלא שנותנין אותם בתבשיל או בצלי, ולמה צריך טבילה, אלא ודאי שאין טעם זה עיקר, **ולכן** נלע"ד בכוונת רבותינו, דוודאי בתשמיש גמור שהכלי משמשת להסעודה אין בה שום הפרש בין שהיא עדיין מחוסרת בישול או אינה מחוסרת, ובין שהיא ראויה לתשמיש אחר או אינה ראויה, דבכולהו צריך טבילה מדין תורה ובברכה, **אמנם** הכלים שאינם מעיקרי צרכי הסעודה, כלומר שאינם מעלים ומורידים בעסק הבישול והאפיה, אלא שמצד אחר הוצרכנו למלאכה זו, או מפני הדין כמו סכין של שחיטה, שא"א לאכול בשר בלי שחיטה, או מפני הדרך ארץ, כמו סכין של הפשט שאין מדרך ארץ לאכול קודם הפשט וניתוח, וכן הברזלים שמתקנין בהם המצות שקורין שטופ"ל אייזי"ן, שאין זה ג"כ לעיקר צורך הסעודה, אלא כדי שלא יעלה בניפוח, לכן א"צ טבילה כיון שעדיין אין ראוי לאכילה ולשתיה, **כלומר** דבשעת הגמר שהמאכל ראוי לאכילה והמשקה לשתיה, צריך טבילה כל כלי שמשמשין בה אפילו אם השימוש אינו מהעיקרים של הסעודה אלא להעדפה בעלמא – ערוה"ש›.

סעיף ו - כלי עץ שיש לו חשוקים – [בל"א רייפי"ן], **של ברזל מבחוץ שמעמידין אותו, אינו טעון טבילה** – [וכתב בטור בדין זה א"צ טבילה, אפילו למי שהולך אחר המעמיד, פירוש דהיינו ר"מ בפ' קמא דשבת, כלי זכוכית שניקבו והטיף לתוכן אבר, ר' מאיר מטמא, שהולך אחר המעמיד, דהיינו האבר

מעמיד הכלי שיוכל להשתמש בו, הוי ככולו אבר, **ועל** זה אמר אפילו ר"מ מודה כאן דלא אמרינן כאלו כולו מתכות, כיון שאין התשמיש דרך אותו הצד].

צ"ע, דבב"י פסק הלכתא דיש לטובלו בלא ברכה, דמספקא לן אי אזלינן בתר המעמיד או לא, ומביאו ד"מ במסקנתו, וכ"כ בסוף הלכות טבילות של מהרי"ל, דיש לטובלו בלא ברכה, וכ"כ האו"ה, דיש להטבילן בלא ברכה, או עם כלים אחרים.

סעיף ז - כוס של כסף מחובר בכלי עץ, צריך טבילה - משמע וצריך ברכה, ואע"ג דבב"י פסק בכוס של כסף ומעמידו של עץ, דיש לטובלו בלא ברכה, **י"ל** דהתם אי לאו העץ לא היה הכוס מתוקן כלל, והעץ הוא מעמידו, אבל הכא מיירי שהכוס הוא כהלכתו, רק שהוא מחובר בכלי עץ.

[**בטור** כ"כ בשם ספר המצות, וסיים וז"ל: כיון שמשתמש בשל כסף, אבל מבחוץ לא אף על גב דמעמיד, ויש מחמירין להטבילו בלא ברכה, **ופירש** ב"י לדרך השני שלו שהוא עיקר בעיניו, דכוס של כסף שהוא עומד על ידי כלי עץ המקיפו סביב ומחברו, שצריך טבילה, וכדאמרינן גבי כלי שיש לו חשוקים של ברזל, **אבל** מבחוץ לא, דהיינו אם הכסף מבחוץ והעץ מבפנים, אע"פ שהכסף הוא מעמיד העץ, כמו אותו כלי שיש לו חשוקי ברזל, שא"צ טבילה – כלל אפי' בלא ברכה – והיש מחמירין קאי אתרווייהו, בין הוא של כסף ומעמידו עץ, בין איפכא, דמספקא להו אי אזלינן בתר המעמיד או לא, ע"כ פירוש שלו. **ולע"ד** תמוה אם פי' בטור דברי הסמ"ק כן, דא"כ היה לו לפסוק גם בחשוקים של ברזל דלעיל מיניה כן, דהא לב"י חד דינא אית להו, והוא סותר דברי עצמו תוך כדי דיבור, שהרי פסק בסמוך לו ממש, **דא"צ** טבילה בחשוקי ברזל, אפי' למאן דהולך בתר המעמיד, **ע"כ** נראה דהטור פירש דברי הסמ"ק שמיירי בכלי תוך כלי, שכן הוא בסמ"ק בהדיא, כלי כסף בתוך כלי עץ, והוא בענין שהחיצוני נראה קצת גם בפנים, ע"כ שפיר יש עליו שם מעמיד, כההיא דרבי מאיר פ"ק דשבת דלעיל, אלא דס"ל להסמ"ק דלא אזלינן בתר החיצון שהוא מעמיד, אלא בתר עיקר התשמיש שהוא כלי גמור, רק שקצת נראה כלי החיצוני בפנים, ועל זה אמר שיש מחמירין באם החיצון של כסף, והוא מעמיד גמור, לטובלו, אבל אין להחמיר ולברך, **אבל** ברישא שהפנימי של כסף, ושם עיקר התשמיש בשל כסף, ודאי צריכה טבילה בברכה, דכל שמשתמשין באותו פנימי, אין במעמיד כח לבטל ולפטור אותו מטבילה, **וכן** בסמ"ק שבידינו כתוב בהדיא, ויש מחמירין להטביל היכא דמעמיד בלא ברכה, שמע מיניה דקאי אהאי לחודיה, **וכן** נראה מדברי הש"ע כאן, שתחילה כתב בחשוקין של ברזל שא"צ טבילה, ואח"כ כתב בכלי של כסף כאן דצריך טבילה, דמשמע כדינו אפי' בברכה, משמע דהדר ביה ממה שכתב בב"י, וס"ל דיש מחמירין לא קאי אלא אכסף בחוץ, וכדפרישית, וכ"כ מו"ח ז"ל, **ולא** כמ"ש לבוש, דבהאי טבילה שזכר הש"ע בסעיף ז', שהיא בלא ברכה, אלא צריכה טבילה בברכה, וזהו ברור, **ולא עוד** אלא אפילו בסיפא דהטור, דהחיצון הוא כסף, כיון שהוא מעמיד צריך טבילה בברכה, שכן מוכח ממה שכתב רמ"א בסעיף י', ואם מקצת הכסף כו', כמו שכתבתי שם, דפוסק כמ"ד הולך אחר המעמיד, ואם כן ה"ה נמי כאן, **אבל** לענין הלכה כתבתי בסעי' י', שאין לברך לא כאן בחיצון כסף, ולא התם בנתן מקצת כסף].

הגה: וכן רחיים של פלפלין, שבתוך העץ יש ברזל קבוע שטוחנין בו, צריך טבילה - וכתב ד"מ בשם הגמ"יי, דהתחתון המקבל התבלין אין צריך טבילה, וכ"כ באו"ה, דהתחתון המקבל השחוק א"צ, דכולו עץ.

(**עיין** בשאלת יעב"ץ שכתב, דרחיים שטוחנין בהם הפולין הקלוים שעושין מהם משקה הקאווע, נראה דחייבים בטבילה, דעדיף מרחיים של פלפלין, ע"ש. **ונראה** דבזה טבילה בלא ברכה כיון דצריך בישול).

‹**ורחיים** של קאפע, להט"ז טובלים בלא ברכה, כיון דהקאפע בעי בישול, **להש"ך** י"ל דא"צ טבילה, דלא חזי לדבר אחר – רעק"א›.

וכן המספכות של ברזל או הברזות של ברזל ושאר מתכות, כולן צריכים טבילה - אבל משפך של עץ, ויש בו שפופרת של ברזל, אין צריך טבילה, אע"פ שמשתמש בו דרך הברזל, דמאחר שאינו מעמיד, בטלה אצל המשפך, וכן כל כיוצא בזה, כ"כ האו"ה.

ודוקא שעיקר הכלי הוא של מתכת, אבל אם עיקר הכלי הוא של עץ, רק שמעט ברזל קבוע בו, הואיל ואפשר להשתמש בו בלא הברזל, אין צריך טבילה. אבל כלי המתוקן ביתדות של ברזל, ובלא היתדות לא היה אפשר להשתמש בו, והם מבפנים - ‹שהמשקין נוגעין בהם - לבוש›, **צריך טבילה.**

סעיף ח - השואל או שוכר כלי מהעו"ג, אינו טעון טבילה. אבל אם ישראל קנאו מהעובד כוכבים והשאילו לחבירו, טעון טבילה, שכבר נתחייב ביד הראשון.

ויש מי שאומר שאם לא לקחו הראשון לצורך סעודה, אלא לחתוך קלפים וכיוצא בו – [ה"ה אם קנאו לסחורה], **אין צריך להטבילו** - ‹השני, שאין לקוח בידו ואינו שלו - גר"א›, [**בהגהת אשר"י** מסיים בזה: כיון שהיא שאול בידו, למד ב"י אם קנאו צריך טבילה, וכמ"ש רמ"א בסמוך].

ובאו"ה פסק דצריך טבילה, [כיון שאם היה הישראל הא' רוצה לשמשו לסעודה אפילו עראי, היה צריך לטובלו, ממילא נתחייב בידו מקרי, וע"כ ישראל השני השואל ממנו צריך לטובלו, ותמיה לי מאוד על רמ"א, שלא הביאו לא בד"מ ולא כאן. ונ"ל דיש לטובלו בלא ברכה], או יטבול כלי אחר עמו.

[וה"ה השואל כלים מישראל החנוני לצורך סעודה, יטבלנו בלא ברכה, **אלא** דיש לחנוני להודיע זה למי שיקנה אותו ממנו אחר כך, שלא יטבלנו שנית בברכה, כנלע"ד].

(**ועיין** בספר בינת אדם, לענין מה שנוהגים בסעודות גדולות לשאול כלי חרס מצופין וכלי זכוכית מן חנוני ישראל, **וכתב** דאף שהט"ז והש"ך חוששין לסברת או"ה, לטבול בלא ברכה בקנאו הראשון לצורך קלפים או לסחורה, **מ"מ** מאחר שהרמ"א לא הביא כלל דעת או"ה, וגם הפר"ח חולק עליו, א"כ לצורך שבת או אורחים או סעודה גדולה, שיש לחוש שישברו אם יטבילם ויהיה הפסד, או שאין פנאי, יש לסמוך להשתמש בלא טבילה, דטבילת כלים אלו לכ"ע אינם אלא מדרבנן, **ואפשר** דגם האו"ה לא כתב כן אלא בכלי מתכות, דלהרבה פוסקים הטבילה דאורייתא, **וכן** ראוי להחמיר בכלי מתכות דהוי ספק דאורייתא, ע"ש).

הגה: אבל הראשון אסור להשתמש בו לצרכי סעודה, אפילו דרך עראי, בלא טבילה, אף על פי שלקחו לצורך קלפים - אבל שלא לצרכי סעודה מותר להשתמש בו, ואע"פ שנתקן לצורך סעודה, כשנמלך עליו לחתוך בו קלפים א"צ טבילה, כ"כ האו"ה.

‹**נלפע"ד** דאין כוונתו דרך עראי לדרך מקרה, אלא כמו אכילת עראי, כלומר שאינה סעודה קבועה, וה"נ כוונתו שלא בתשמיש קבוע אלא בתשמיש עראי, ומיהו תדיר עושה כן, כגון שאינו חותך בו לחם הרבה אלא לחם מעט, וכל כיוצא בזה, **אבל** דרך מקרה לא מקרי תשמיש לענין טבילה, ויש להתיישב בזה וצ"ע - ערוה"ש›.

וכן אם קנאו ישראל השני מן הראשון לצורך סעודה, צריך טבילה גבי השני (ב"י) - אף על פי שהראשון לקחו לחתוך בו קלפים וכה"ג.

(**ועיין** בתשובת חינוך ב"י שכתב בזה, דישראל השואל כלי זכוכית מישראל החנוני, ומתנה עמו שישלם לו דמי הנשברים בתוך הסעודה, ויחזור לו הנשארים, אם הוא משלם בעד הנשברים כפי הקרן של המוכר בלבד, ונותן לו דבר פסוק על שהשאיל לו, חשיב שוכר, ודינו כדין שואל שא"צ טבילה - ולדעת הט"ז יש לטובלו בלא ברכה - **אך** אם משלם לו הנשברים כפי שמרויח בה, חשיב מקח, דאילו שאלה שמין כמה שהוא שוה בשוק לכל אדם, ולכן צריך לטבול, ע"ש, **ונראה** דר"ל בברכה). ‹**ואין** שום עיקר לדברים אלו, דהרי עד שעת השבירה הם שאולים אצלו, ואחר השבירה אף אם נחשוב דבאותה שעה הם כקנוים אצלו, הרי נשתברו, **ועוד** דזהו טעות בעיקר הדבר, דגם אח"כ אינם רק כשאולים, אלא שחייב השואל בשבירתם והתנה עמו שישלם לו כפי המקח, וכן עיקר לדינא - ערוה"ש›.

סעיף ט - משכן עובד כוכבים כלי לישראל, אם נראה בדעת העכו"ם שרוצה לשקעו בידו, טעון טבילה - ‹ולברך עליו - לבוש›.

‹**ויראה** לי דדעת הרי"ף והרמב"ם, דאפילו בדעתו לשקעו א"צ טבילה, **אף** שדעת הטור והשו"ע אינו כן, {וז"ל הטור: ואם משכן לו הנכרי כלי, אם נראה בדעת הנכרי שרוצה לשוקעו בידו, צריך להטבילו, ואם אינו יודע אם בדעתו לשוקעו,

[ט"ז] ‹רעק"א או ש"א או הוספת הסבר› (פת"ש)

מיבעיא אם צריך טבילה ולא איפשיטא, וי"א (הרמב"ם) לקולא שא"צ טבילה, וטוב להטבילו בלא ברכה, או יקנה כלי אחר ויטבילנו עמו], מ"מ כיון דברכות אינן מעכבות, בודאי יש לנו לחוש לדעת הרי"ף והרמב"ם, וצ"ע לדינא - ערוה"ש.

ואם לאו - כלומר שאינו יודע אם דעת העובד כוכבים לשקעו או לאו, **יטבילנו בלא ברכה, או יקנה כלי אחר ויטבילנו עמו.**

(**כתב** הפר"ח, מסתברא דכלי זכוכית, דלא מחייב לאטבולינהו אלא מדרבנן, הוי ליה ספק דרבנן ולקולא, וכל שאינו רואה בדעת העובד כוכבים שרוצה לשקען, אין צריך טבילה, ע"ש).

אבל אם יודע בבירור שאין דעת העובד כוכבים לשקעו, פשיטא דא"צ טבילה, כל זה הוכחתי בספרי מדברי התוספות והטור, ומדברי מהרי"ל בהלכות פסח, שכתבו דמשכנתא א"צ טבילה רק כשהוחלט ביד ישראל, ובתשובה כתב, דמבעיא לן בש"ס ומספקא לן, וצריך טבילה מספק, **ודלא** כהב"ח, ע"ש.

ומיהו עכ"פ היכא דאין דעת העובד כוכבים לשוקעו, כתב מהרי"ל דאין להשתמש בו בלא רשות העובד כוכבים, משום גניבת דעת, דאסור אף בשל עובד כוכבים, ואין נוהגין כן כו', **ונראה** דסבירא להו דאין בזה משום גניבת דעת העובד כוכבים מה שמשתמש בו.

[**בגמ'** אמרינן אמר מר בר רב אשי, אבא משכן ליה עכו"ם כסא דכספא, ואטבליה ואשתי ביה, ולא ידענא אי משום דקסבר משכנתא כזבינא, או משום דחזי לעכו"ם דדעתיה לשקועי, וע"כ פסקו הפוסקים דאי בודאי חזינן דדעתיה לשקועי, צריך טבילה, ואי לא הוי ספיקא, **ומשמע** דאפי' בודאי אין דעתיה לשקועי, יש ספק אי צריך טבילה, מכח משכנתא כזבינא, **אלא** דהטור כתב בל' זה: ואם אינו יודע אם דעתו לשוקעו, מבעיא כו', משמע דאם בבירור אין דעתו לשוקעו, ודאי א"צ טבילה. **ובב"י** כתוב, ובדלא דעתיה לשקועיה הוא דאיבעיא לן כו', וכן עיקר, **ונראה** דהטור קמ"ל רבותא, דאפי' כל שאין ידוע בודאי דדעתיה לשקועיה, א"צ טבילה, (להי"א), וכ"ש בודאי לאו דעתיה, **והא** דלא אשמועינן רבותא איפכא, דאפי' דאין דעתו יש לטובלו בלא ברכה, דזה אינו אלא חומרא בעלמא].

[**ומו"ח** ז"ל כתב, דבאין דעתו לשקועיה, אסור ישראל להשתמש בו משום גניבת דעת העכו"ם, והביא ראייה מספר מהרי"ל הלכות פסח, שכתב שאין נכון להשתמש בשום כלי עכו"ם טרם נחלטו ביד ישראל, אא"כ הורשה בכך, **וע"כ** לא התיר הטור כאן בלא דעתו לשקועיה, **ואני אומר** אם היה כאן איסור גניבת דעת, ודאי לא היה מועיל דעתו לשקועיה וכמ"ש משכנתא כזבינא, דהא במשכון דישראל פשיטא שדברים אלו לא מועילים, ואם יש איסור, בעכו"ם בזה הוה כישראל, ולמה היה רב אשי משתמש במשכונו של עכו"ם שלא מדעתו מצד משכנתא כזבינא, גם הטור ושאר הפוסקים לא היו מדברים במי שעושה איסור, **ואפשר** שמהרי"ל היה מפרש דרב אשי השתמש ברשות העכו"ם, וא"כ הדרא קושיא לדוכתא, דלמה לא כתב הטור ביש ודאי שלא דעתו לשקועיה, דהא גם באין ידוע אם דעתו לשקועיה יש איסור מצד גניבת דעת לפי זה. **אמנם נראה** לענ"ד היתר ברור להשתמש במשכון של עכו"ם שלא ברשות, דלא עדיף מהפקעת הלוואתו, דבחו"מ סי' שמ"ח דהיה מותר, דבפ' הגוזל בתרא פרש"י שאין זה גזל ממש, כי ליכא חילול השם, דלא ידע עכו"ם בהדיא דמשקר כו', **והא** דאמרינן ס"פ הניזקין, רב כהנא אמר שלמא למר, פרש"י כי יהיב שלמא לעכו"ם לא נתכוין לברכו, אלא לבו היה לרבו, וכתבו התוס' וצ"ע אי מותר לעשות כן משום גניבת דעת, וכן בפג"ה ולעיל בסוף סי' קי"ז דאסור למכור לו נבלה בחזקת כשרה, **לא** דמי לכאן, דהתם מוציא דבר שקר מפיו כדי להטעותו ולקבל ממנו החזקה טובה, או מוותר ממון בשביל שקר זה, וזהו כמו גניבה מכיסו, וזהו אסור בעכו"ם כמו בישראל, **משא"כ** בהך דהכא, אפי' אם יכול לעשות טצדקי ולעכבו כולו לעצמו, אין בזה איסור, כיון שכבר תחת ידו הוא בהיתר, שמסרו לו בשביל הלואתו. **וכן** ראיתי בקהלות גדולות, שבימי הסוכות משתמשים בבגדים המצויירים משכנות של עכו"ם לנוי סוכה, ומשאילין לאחרים, רבים וכן שלימים, וחלילה לומר דכולהו עבדי איסורא, ובאמת גם במהרי"ל, לא חתם מהרי"ל עצמו על זה, אלא המעתיק אפשר ששמע וטעה, כנלע"ד].

(ואם לבסוף נשתקע בידו, יחזור ויטבילנו בלא ברכה) - וכתב הא"ה, ומיהו אם הוסיף מעות להעובד כוכבים, וקנה המשכון ממנו לאחר שהטבילו מספק, צריך טבילה פעם אחרת, ויברך, דאדעתא דהכי לא טבל מתחלה, ע"כ. ‹ואינו מחוור, דדילמא משכנתא

כזביני דמיא ועלתה לכלי טבילה קמייתא, ומה בכך שהוסיף מעות אח"כ וקנהו, הרי מתחלה בא לידי חיוב טבילה וטבלו כדינו, ולא מצי לאטבוליה תו בברכה, **אלא** יטבילנו פעם שנית גם כן בלא ברכה, משום דדילמא טבילה קמייתא לא עלתה לו, דמשכנתא לאו כזביני דמיא – פר"ח.

סעיף י - ישראל שנתן כסף לאומן עובד כוכבים לעשות לו ממנו כלי, אינו צריך טבילה (כן משמע ממרדכי). הגה: ויש חולקין (טור בשם ריצב"א) - הב"ח השיג על הרב בזה, ואין דבריו נראין כמ"ש בספרי, דהעיקר כמ"ש הב"י והרב, דדעת הטור בשם ריצב"א, דאפי' בכסף של ישראל, כיון שהעובד כוכבים עושה עיקר הכלי, צריך טבילה, בין שהעובד כוכבים עושה כלי חדש לגמרי, או שהיה נקוב ולא היה מחזיק רביעית, כיון שהעובד כוכבים מעמידו צריך טבילה להריצב"א, אפילו הכסף של ישראל, [**והא דלא הביא אפי'** נותן כלי שבור ולא היה מחזיק רביעית שזכר ריצב"א, לפי שבזה לא הכריע רמ"א כמותו, **ועוד אפשר** שזהו בכלל לעשות כלי שזכר השו"ע, דכל שאינו מחזיק רביעית, לאו כלי הוא, ובחנם כתב מו"ח ז"ל עליו שלא דק, אלא יפה דן], **וכן** מסיק מהרש"ל, ולא נפרש דברי ריצב"א בכסף של עובד כוכבים, אלא ריצב"א חולק וסובר לעולם צריך טבילה, דאומן קונה בשבח כלי כו', **ואע"ג** דלענין הלכה מסיק מהרש"ל דא"צ טבילה, מכל מקום ודאי יש להחמיר באיסור דאורייתא, **ואפשר** דאף מהרש"ל לא קאמר אלא דאין צריך טבילה מדינא, ולכך אין לברך עליו, וכן משמע מלשונו שכתב, הלכך כו' א"צ טבילה, והטובלו בברכה יתן עליו הדין משום ברכה לבטלה, ע"כ.

ויש לטובלו בלא ברכה - (כתב בספר חכמת אדם, נ"ל דישראל המחזיק הוט"ע שעושין זכוכית, ויש לו פועלים עובדי כוכבים, או להיפך, יש לסמוך על המקילין, ולעת הצורך מותר להשתמש בלא טבילה, דהוי ספק דרבנן. **וצריך** להזהיר החנונים, שיזהירו הלוקחים זכוכית שלא יברכו על הטבילה, אם לא שמחזיק הוט"ע עובד כוכבים ופועלים עובדי כוכבים, ע"ש).

‹**ולא** נהירא לי כלל, דבזה לא שייך אומן קונה בשבח כלי או אינו קונה בשבח כלי, דזה אינו אלא בנותן כסף לאומן לביתו לעשות לו כלי זו, אבל בעסק כללי כמו פאבריק שעושין כלים למאות ולאלפים, הכל הולך אחר בעל העסק, ועל שמו נקראו הכלים, והפועלים אינם אצלו אלא כמו שכירי יום, **ולכן** אם המחזיק הוא ישראל, פטורים מטבילה אף כלי מתכות, אפילו הפועלים הם כותים, ולהיפך אם המחזיק הוא כותי והפועלים ישראלים, אף בכלי זכוכית חייבים בטבילה ובברכה, **ולכן** כשקונה כלי מתכות או כלי זכוכית צריך לידע מי הוא בעל העסק – ערוה"ש›.

ואם מקצת הכסף שנעשה ממנו הכלי של עובד כוכבים, צריך טבילה - וברכה.

[זהו ממרדכי פרק השוכר הביאו ב"י, וז"ל, ומיהו אם ניקב למטה מרביעית, ולא היה מחזיק מפני הנקב ונתן עליו חתיכת מתכות, צריך טבילה דקי"ל הכל הולך אחר המעמיד, עכ"ל, ופי' ב"י וד"מ, דמיירי שהחתיכת מתכות נתן העכו"ם משלו, וכך הם דברי רמ"א גם כאן באופן זה דוקא, **ולפי** דעת ריצב"א שזכרתי בסמוך הוי הדין כן אפי' משל ישראל, כיון שהוא קנה שבח הכלי והוא מעמיד, אלא דהמרדכי לא ס"ל כן, ועל כן הצריך המתכות משל עכו"ם, **וקשה** לי דדברים אלו במרדכי הם בכלי של ישראל שבור שלא היה מחזיק רביעית, דכשנותן העכו"ם החתיכה משלו הוא גורם לעיקר הכלי, אבל בעושה הכלי חדש מכסף של ישראל, והעכו"ם נתן מעט משלו, מי יימר דאותו המעט בא למקום המעמיד, אדרבא נימא דבטל ברוב הכסף של ישראל, והוא כמו כולו של ישראל, דבכל מקום אזלינן בתר רובא, **על כן** נראה דהך טבילה בלא ברכה קאמר, וכן משמע מסידור לשון רמ"א, שכתב אח"כ וכן אומן כו' יטבילנו בלא ברכה, **וכן** מוכח עוד דהא המרדכי תלה הוראה זו במאי דפסק הולך אחר המעמיד, וכבר נתבאר דטור בשם ספר המצות מסיק, דבשביל דבר המעמיד יש להטביל בלא ברכה, והיאך נאמר דרמ"א פסק כמ"ד הולך אחר המעמיד לברך עליו, **אלא** ברור כיון דפלוגתא היא אין לברך בשביל מעמיד, כדעת היש מחמירין בטור שהבאתי לעיל סעיף ז', ע"כ צריך טבילה בלא ברכה, לעיל בחיצון של כסף, וכאן במקצת כסף והוא מעמיד].

וכן אומן ישראל שעשה כלי לעכו"ם וקנאו ממנו, יטבילנו גם כן בלא ברכה, אם העכו"ם נתן כל המתכות - משום שמספקא לן אי אזלינן בתר האומן, והכא א"צ טבילה, או אזלינן בתר מי שהכסף שלו.

אבל אם עשאו לעצמו רק שקנה המתכות מן העובד כוכבים, או שנתן מקצת מתכות משלו

- כלומר העובד כוכבים נתן לישראל מקצת מתכות משלו, והישראל עשאו לעצמו, **אין צריך טבילה** - ומיירי שעדיין הוא מקצת הכלי של עובד כוכבים בשביל המתכות שלו, ואם כן דומה לישראל ועובד כוכבים שקבלו כלי בשותפות, וא"צ טבילה, מטעם שכתב האו"ה, דהא בודאי אינו יוצא מידי שם טומאה בטבילה זו, דהרי עדיין שם שותפות העובד כוכבים עליו, עכ"ל, וכ"כ העט"ז, וא"כ ה"ה הכא.

או נראה דה"ק הרב, וכן אומן ישראל שעשה כלי לעובד כוכבים כו', אם העובד כוכבים נותן כל המתכות וקנאו ממנו, צריך טבילה בלא ברכה, **אבל** אם עשאו לעצמו, רק שקנה המתכות מן העובד כוכבים ואפילו כולו, **או** אפילו עשאו לעובד כוכבים, ולא נתן העובד כוכבים כל המתכות אלא שנתן מקצת המתכות משלו, וקנאו אח"כ ממנו, אין צריך טבילה, **ומשמע** ליה להרב, דע"כ לא קאמר המרדכי דהיכא דאיכא מקצת כסף של עובד כוכבים צריך טבילה, היינו משום שהעובד כוכבים עשאו, **אבל** כשהישראל עשאו, אפילו למ"ד דאזלין בתר מי שהכסף שלו, אפשר דהיכא דהמקצת כסף של ישראל, מודה דא"צ טבילה, ופי' זה עיקר.

[מה שכתב רמ"א אח"כ או שנתן מקצת מתכת משלו דא"צ טבילה, אהיכא קאי, אי אדסמיך ליה שישראל עושה לעצמו, פשיטא שהרי אפילו נתן העכו"ם כל המתכות קאמר ברישא דא"צ טבילה, **ואי** אדלעיל מיניה דעושה לעכו"ם, קשה כיון דאנו חוששין לומר שמא א"א כאן אומן קונה בשבח כלי, ממילא הוי כלי של עכו"ם, מה יועיל בזה שישראל האומן נותן מקצת הכסף, כיון דרובו של כלי הוא של עכו"ם, וזה דומה לקונה כלי מן העכו"ם ויש בו נקב, וישראל מתקנו בכסף ישראל, וכי בשביל זה יפקע חיוב מצד העכו"ם, ועכשיו אנו תופסים שאין לישראל חלק בו מצד אומנתו, הוה כמו זה ממש, דהא נקרא שם העכו"ם עליו, **והלא** ק"ו יש ממ"ש רמ"א בסמוך, אם מקצת כסף שנעשה ממנו כלי של עכו"ם, צריך טבילה מטעם דהולך אחר המעמיד שהוא של עכו"ם, אף ע"ג דרוב הכלי של ישראל, מכ"ש אם רוב הכלי של עכו"ם ומיעוט של ישראל דצריך טבילה, ותו דאפי' שם מעמיד אין כאן דהא עושה כלי חדש, וכבר בטל ברוב של עכו"ם, וכמו שזכרתי בסמוך, ומנא לן להפקיע כאן מדין חיוב טבילה לגמרי, **ואפי'** אם תפרש דהעכו"ם נותן רק מקצת, עדיין קשה מאי שנא דלעיל חייב טבילה בלא ברכה, וכאן פקע חיוב טבילה לגמרי, **ע"כ** נראה דט"ס יש כאן, והך או שנתן מקצת כסף, שייך קודם אבל אם כו', וקמ"ל שם שני רבותות, האחת דאם נותן העכו"ם כל המתכות, **אפ"ה** לא יברך, ואם לא נתן אלא מקצת משלו, **אפ"ה** צריך טבילה, **וכן** נראה לענ"ד עיקר, להכניס דין זה בכלל צריך טבילה בלא ברכה, ובזה אין מכשול לפנינו].

סעיף יא - ישראל שמכר כלי לעובד כוכבים וחזר ולקחו ממנו, צריך טבילה -

(ולפ"ז כשמוכר היורות לעובד כוכבים בע"פ משום חמץ, שצריך טבילה לאחר פסח, ולכן מוטב שלא למכרם, חכ"א, ונהירנא שכן ראיתי בתשובת שיבת ציון בשם אביו הגאון ז"ל, בסדר מכירת חמץ).

(**ולי** לא נראה כן, מפני שהכל יודעין שעושין כן מפני חומר איסור חמץ ולחומרא בעלמא, דמדינא אין עוברים על הכלים בבל יראה, והכל יודעים שאחר הפסח יוחזרו להישראל, ולא נקרא שם הכותי עליו, ולכן א"צ טבילה, וכמדומה שכן המנהג הפשוט - ערוה"ש).

אבל אם משכנו בידו וחזר ופדאו ממנו, אינו צריך טבילה - [ואפילו אם נתייאש מלפדות], ודעתו לשוקעו אצל העובד כוכבים, א"צ טבילה, כ"כ האו"ה, וכ"כ הב"ח והפרישה בשם מהרש"ל, **וכתבו** בשמו, דאם מתחילה השכינו בידו אדעתא שלא לפדות, ונמלך ופדאו, צריך טבילה.

(**ואין** זה עיקר, דממ"נ אם דעתו לשקעיה מקרי מכר, א"כ אפי' אם מתחלה משכנו אדעתא שלא לשקעו ואח"כ נמלך לשקעו יהא צריך טבילה, כמו גבי כותי שהשכין לישראל כמו שנתבאר, ואם זה לא מקרי מכר, א"כ אפי' אם בעת המשכנתא היה דעתו לשקעו אין זה כלום, **אלא** ודאי דכותי לא קני מישראל בכל ענין אם לא במכר ממש, פר"ח - ערוה"ש).

[**ואע"ג** דלעיל יש ספק בישראל שיש לו משכון מעכו"ם, הכא שאני, וראייה מפ' כל שעה, דאמרינן דיש פלוגתא אי קני ישראל משכון מעכו"ם, אבל עכו"ם מישראל דברי הכל לא קנה].

הגה: ישראל ועובד כוכבים שקנאו כלי בשותפות, אין צריך טבילה - כבר כתבתי הטעם בס"י, ומטעם הנ"ל משמע, דהיינו שעדיין הכלי מקצתו של עובד כוכבים, אבל אם חזר וקנה חלק העובד כוכבים, צריך טבילה.

ישראל שגנבו או גזלו ממנו כליו והוחזרו לו, אין צריך טבילה; אבל שר או מושל שאנסו ישראל ולקחו כליו והוחזרו לו, צריכין טבילה, דכבר נשתקעו ביד העובד כוכבים - כתב העט"ז הטעם בשר או מושל, שכבר ודאי נתיאש מהם, וה"ל נשתקעו ביד עובד כוכבים כו', **ולפ"ז** אם הגניבה והגזילה היא בענין ששמענו שנתייאש מהן, צריך טבילה, **ולא** נהירא, דבאו"ה שהוציא ממנו הרב דין זה, כתב הטעם דבגנב וגזלן אע"פ שנתייאשו לגמרי, מאחר שאינן רשאין להחזיק בו בפרסום, לא נקרא שם העובד כוכבים עליו, וא"צ טבילה, ומביאו בד"מ, **ואולי** גם העט"ז מודה לזה, אלא שבא לומר דאף בשר או מושל לא בעי טבילה אלא מטעמא דמסתמא מיאש מהן, וה"ל נשתקעו ביד עובד כוכבים, אבל אם לא נתייאש מהן, א"צ טבילה.

סעיף יב - צריך להטביל ידי הכלי.

סעיף יג - צריך להעביר החלודה קודם טבילה; ואם לא העביר, אם מקפיד עליו, חוצץ. ואם שפשף ונתן בגחלים, ונשאר עדיין מעט של חלודה שלא יכול לעבור על ידי כך, הוי מיעוטו שאינו מקפיד עליו, ואינו חוצץ (ועיין לקמן סימן ר"ב מדין הלילה).

סעיף יד - אין מאמינים קטן על טבילת כלים – [לפי שטבילת כלים דאורייתא]. (ועיין פמ"ג, כתב דצ"ע, דאף בכלי זכוכית שהוא דרבנן ג"כ נראה דאינו נאמן, כיון שיש לו חזקת איסור, כבסי' קכ"ג ס"ג בסוף הג"ה. **ומיהו** בזכוכית כל שהגיע לי"ג שנה א"צ לבדוק אחר ב"ש, ובכלי מתכות יש לומר דצריך לידע שהוא גדול, עכ"ד, **מיהו** י"ל דהכא אף בכלי מתכות א"צ לידע, דהכא קיל מכל איסור דאורייתא, כיון שאם עבר והשתמש בלא טבילה לא נאסר מה שבתוכו, כמ"ש בהג"ה סוף סימן זה, וכמו שכתבתי סברא זו לעיל סק"ה בשם תפל"מ, ע"ש).

‹**לפי"ז** נלע"ד דבכלי זכוכית מאמינין לקטן, דבכלי זה לכ"ע הטבילה רק דרבנן, כמ"ש הפר"ח, וכ"כ השאגת אריה, וכ"כ בתשו' פמ"א, **ואולם** לפמ"ש תוס' עירובין, דדוקא בדבר שלהם דרמי עלייהו, מהימני קטנים בדרבנן, אבל שליחות לא, ע"ש, **א"כ** הכא במשלח לקטן לטבול כלי זכוכית, י"ל דאינו נאמן, ועיין מ"א ומ"ש בגליון שם – רעק"א›.

(אבל אם טבלו לפני גדול, הוי טבילה) – [כתב הטעם בת"ה, דאפי' להרא"ש דס"ל נדה שטובלת צריכה כונה, מ"מ כאן אפשר לגדול שילמד להקטן שיכוין לטהר, **ועוד** דבטבילה זו שאינה מטומאה לטהרה, מאן לימא לן דבעי כוונה, ע"כ, **ומדלא** כתב כאן רמ"א שצריך שילמדנו הגדול, משמע שפוסק כתירץ האחרון, דכאן לא בעינן כוונה כלל].

סעיף טו - אם הטביל כלים על ידי עובד כוכבים, עלתה להם טבילה - כתב הב"ח, דעיקר טעמו של הרשב"א הוא משום דפסק כרב בפ"ב דחולין, דנדה שטבלה בלא כוונה עלתה לה טבילה, אבל לדידן דקי"ל לקמן ס"ס קצ"ח כר"י, דנדה בעי כוונה, ה"ה הכא לא עלתה להן טבילה, עכ"ד, **וקשה** [ואגב טירדיה בגירסא לא עיין], דהא הרשב"א פסק כר' יוחנן גבי נדה, ומביאו ב"י ס"ס קצ"ח, [**ותו** הרי לפניך שהרשב"א מחמיר אפילו בנטילת ידים לאכילה ‹עיין בט"ז לקמן בסמוך›, **ואפ"ה** מיקל בטבילת כלי, מכ"ש דמיקל טפי מנדה], **אלא** עיקר טעמו של הרשב"א הוא, דטבילה דהכא שאני, כמו שהביא בס"ס זה דבריו דמחלק כן, דאפילו מ"ד גבי נדה בעי כוונה, מאן לימא לן דהך טבילה בכלי, דאינה מטומאה לטהרה, ואינה אוסרת מה שבא לתוכה קודם הטבילה, ואינה אלא גזירת הכתוב, מנ"ל דבעי כוונה, עכ"ל, **וכן** נראה דעת הרב שסתם כאן כדברי המחבר, ולקמן ס"ס קצ"ח גבי נדה פסק דצריך טבילה אחרת, וכן בד"מ פסק סתם כדברי המחבר, **ועוד** דמדלא כתב בסעיף י"ד גבי קטן דצריך ללמדו שיכוין לטהר, כמו שהביא בד"מ בשם ת"ה, אלמא דס"ל כמסקנת ת"ה שם, דבטבילה דהכא לא בעי כוונה, וכל היכא דלא בעי כוונה א"צ ללמדו כלל, כדמוכח נמי בתוס' פ"ק דחולין, וכן מחלק בעט"ז בין טבילה דנדה לטבילה דהכא, ע"ש, **ולפ"ז** אם נפלו כלים

למים קודם טבילה, א"צ טבילה, כמ"ש בתשובת מהר"מ, דלא כהב"ח שדחה דבריו, מהא דס"ל דבעינן כוונה, דכבר נתבאר דליתא.

[לכאורה משמע הלשון דוקא דיעבד, אבל לכתחלה לא, אבל באמת אינו כן, דהא במקור דין זה דהוא תשובה להרמב"ן, כתוב שם בלשון זה, ומה שאמרת מהו להטביל כלי על ידי עכו"ם, זה לא שמעתי, אבל נראין הדברים שהוא מותר, שלא אמרינן דבעי כוונה אלא לנטילת ידים לאכילה, שהיא משום סרך תרומה, עכ"ל, משמע דאף לכתחלה שרי, וההיא תשובה היא של הרשב"א, ובאותה תשובה שם לעיל מיניה כתוב שלענין נטילת ידים צריך כוונה, או כוונת הנוטל או כוונת הנותן, ואפ"ה מקיל לענין טבילת כלים אפילו לכתחלה].

[אבל תמיה לי היאך יברך על מה שיטביל העכו"ם והישראל אינו עושה כלום, ע"כ אין ראוי לעשות כן לכתחילה, ומשום הכי כתב השו"ע כאן לשון דיעבד, אבל אם הישראל מטביל גם כן איזה כלי באותו שעה, אלא שהעכו"ם מסייע לו להטביל שאר כלים, נמצא דקאי הברכה על מה שהישראל עושה, שפיר דמי, ומזה מיירי תשובה לרמב"ן שזכרתי, כן נלע"ד].

(אבל אינו נאמן על הטבילה) (ד"ע).

סעיף טז - אם שכח ולא הטביל כלי מערב שבת או מערב יום טוב, יתננו לעובד כוכבים במתנה, ואחר כך ישאלנו ממנו ומותר להשתמש בו. הגה: וכן יעשה אפילו בחול, במקום שאין לו מקוה - (עיין בתשובת הרשב"ש, שחוכך בהיתר זה, דהוי כהערמה ואסור, ע"ש).

[נ"ל דהאי תיקונא אינו אלא לפי שעה, דהיינו לאותו שבת או בחול כל זמן שאין לו מקוה, אבל לאחר השבת או שיזדמן לו מקוה, כיון שישתקע עולמית ביד ישראל, ודאי הוי כלקוח בידו, ולא עדיף ממשכון עכו"ם ביד ישראל ודעתו לשקועיה, דצריך טבילה, ותו דגבי טלית שאולה מצינו ג"כ שפטורה מציצית כל ל' יום, ואח"כ חייב, דנראה כשלו, ע"כ ה"נ נראה דצריך טבילה אחר שאפשר לו לטבול, אפילו בברכה, אבל כיון שאין זה מפורש בפוסקים, יש ליזהר שיטביל כלי אחר עמו, משום חשש ספק ברכה].

עיין באו"ח סי' שכ"ג ס"ז, כתב הרב תקנה אחרת, ועיין בתשו' מהר"ל ן' חביב. תשלום דיני טבילת כלים ע"ל סימן ר"א ור"ב.

ואם עבר והשתמש בכלי בלא טבילה, לא נאסר מה שנשתמש בו, ויטבלנו עוד.

(ועיין בתשובת שאגת אריה שהעלה, דבין השמשות של ע"ש וערב יו"ט, אין מטבילין הכלי מתכות שצריך טבילה מה"ת, אבל כלי זכוכית שהוא מדרבנן מותר, אבל ביה"ש דשבת ויו"ט גופייהו, אפילו כלי זכוכית אין מטבילין, משום דהוי טבילה זו שלא לצורך היום אלא לצורך חול, ואסור, עיין שם).

§ סימן קכא – סדר הכשר כלים הנקנים מן העובד כוכבים §

סעיף א - הלוקח כלים ישנים מן העובד כוכבים, כדרך שנשתמש בהן העובד כוכבים כך הוא הכשרן.

לפיכך הלוקח כלי תשמיש ישנים שנשתמש בהם בצונן, כגון כוסות וצלוחיות וכיוצא בהן, מדיחן - ע"ל ס"ה בהג"ה, ועיין באו"ח סימן תנ"א סכ"ה, **וצריך לשפשפן היטב במים בשעת הדחה, כדי להסיר ולמרק האיסור שעל גביהן, ואחר כך שוטפן במים** - (להעביר לחלוחית האיסור הנשאר עליו מן השפשוף - ב"ח), **ומטבילן** - דוקא כלי מתכת צריך טבילה, כדלעיל סימן ק"כ, ולקמן ס"ב, **והם מותרין.**

הגה: יש מקומות שנהגו היתר לשום יין בכלים שנסריהם מדובקים בחלב, משום שטבע היין לברוח מן החלב, והחלב נקרש ועומד בעצמו ואינו נוגע כלל ביין - (עיין פמ"ג שכתב, לאו דוקא יין, אלא ה"ה שאר משקה), (ועוד דהיין הנוגע בחלב כבר הוא מתערב עם היין האחר, ואין זה כמבטל איסור לכתחלה, כיון שאין כוונתו לבטלו וליהנות מן האיסור, אלא כוונתו לתקן

הכלי ולהדביק סדקיו, **ואין** להתיר רק כשהחלב מונח בין הנסרים ולא בתוכו – ערוה"ש.

סעיף ב - לקח מהן כלים שנשתמש בהם בחמין, בין שהם של מתכת או של עץ או אבן, מגעילן, ואחר כך מטבילן אם הם של מתכת, והם מותרים - וכתב הטור, כיצד היא הגעלה, ישפשף הכלי היטב כדי להעביר החלודה שבו, ואח"כ מגעילן כו', ועיין באו"ח סימן תנ"א ס"ג וס"ה.

ואם הטבילן ואחר כך הגעילן, מותרים – [דאין הטבילה צורך ההגעלה, אלא שיצא בטבילה מטומאה לטהרה].

ויש אומרים שצריך לחזור ולהטבילן - דהו"ל כטובל ושרץ בידו, [ס"ל דנראה כטובל ושרץ בידו אם טובל תחילה], ונראה דיש לחזור ולהטבילן בלא ברכה, וע"ל סימן ק"כ.

(**ועיין** בתשובת יריעות האוהל, שהאריך להוכיח דהעיקר כיש אומרים אלו, **ונראה** מדבריו שדעתו דיש לחזור ולהטבילן בברכה, ע"ש). **והעיקר** כדיעה ראשונה, דטבילה זו אינה מצד טומאה אלא גזירת הכתוב – ערוה"ש.

(**עיין** בדגמ"ר שכתב, דאם אינם בני יומן, לכו"ע שרי להטביל תחלה, שהרי אין כאן טובל ושרץ בידו כו').

וכתב העט"ז, ואם לא ירצה להשתמש בו אלא צונן, יכול להטבילו ולהשתמש בו צונן, וכשירצה אח"כ להשתמש בו חמין, יגעילנו, ויספיק לו טבילה שהטבילו כבר, אפילו למאן דמצריך טבילה שנית, **דשאני** הכא שמתחלה לא היה דעתו להשתמש בו אלא צונן, ולצונן סגי ליה בטבילה, וכיון שבתחלה בהיתר טבלו, שוב א"צ טבילה שנית, עכ"ל, **ונראה** דהיכא שטבלו אדעתא לאכול בו חמין, כיון דצריך לחזור ולהטבילן להי"א, א"כ אפילו צונן אסור לאכול בו בלא טבילה, וכן משמע לכאורה בדברי הרא"ש והטור.

(**ועיין** בתפל"מ שחולק על העט"ז, דלדעת י"א אלו, אף אם רוצה להשתמש צונן, לא מהני טבילה כשהעובד כוכבים השתמש בו חמים, אם לא הגעילו תחלה, ע"ש).

הגה: דין כלי עלס עיין בהלכות פסח סי' תנ"ח.

אין להגעיל שום כלי כל זמן שהוא בן יומו - ע"ל סי' צ"ד וסי' צ"ה, ובאו"ח סי' תנ"ב.

[ז"ל הטור, ואין מגעילין הכלי עד שלא יהא ב"י, או שיהיו במים שמגעילין בו ס' כנגדו, אבל אם הוא ב"י ואין ס' נגדו, לא עלתה לו הגעלה, ולא עוד אלא אפי' הכלי שהגעילו בתוכו ג"כ נאסר אם היה של היתר, וכן אם מגעיל כלי של בשר לאכול בו חלב או איפכא, צריך שלא יהא בן יומו, ואם מגעיל בכלי של איסור, צריך שלא יהא ב"י, עכ"ל, ותמהתי שלא העתיק הרמ"א גם זה, דכשיש במים ס' נגד הכלי שהגעיל, יכול להגעיל אפי' ב"י כמ"ש].

[ובמש"כ הטור וכן אם מגעיל כלי של בשר כו' צריך שלא יהא ב"י, זה דוקא לכתחילה, אבל בדיעבד עלתה לו הגעלה, שהרי נ"ט בר נ"ט דהיתירא הוא, ואפי' בקערה של בשר ביורה חולבת ושניהם בן יומו, פסק הטור בשם הרא"ש דמותר, **ובאשר"י** מביא זאת באמת כן לענין חמץ בע"פ קודם ד' שעות, דמותר אפי' ב"י, דהוי נ"ט בר נ"ט דהיתירא, **אלא** דכאן מיירי לכתחילה, דאסור לעשות שיהא נ"ט בר נ"ט לכתחילה, כמ"ש סי' צ"ב ס"ב, ולדידן יש איסור אפי' דיעבד אם שניהם ב"י, כדעת ס' התרומות שמביא הטור בסי' צ"ה, **ועוד** י"ל דצריך שלא יהא ב"י, ע"פ מש"כ הב"י בשם הרשב"א, שנשאל האיך אנו מגעילין כלי שלא בלע איסור אלא עד מקום קיבולו, וכשמכניסין אותו ביורה פולט מקום האיסור ובולע ההיתר, **והשיב** כיון שאין מגעילין רק שאינו ב"י, לית לה בה, ע"כ].

ואין להשתמש דמי הגעלה. כל מקום שצריך הגעלה לא מהני אם קלפו לכלי בכלי אומנות. ועיין לעיל סימן ק"ח דין מרדה של איסור.

(**ועיין** בתשובת חת"ס, ע"ד קדרות ברזל הנעשים בק"ק קראקא, והמה מצופים בהיתוך {גישמעלצט} לבן ושוע, דק מאד, עביו פחות מכדי קליפה, וגוף ההיתוך קשה מאד ונראה כברזל, וחסרון ידיעה לכל העולם ממה נעשה הגישמעלץ, כי הבעלי מלאכות מסתירים מעשיהם, ויש לחוש אולי מחרס נעשה התערובת בהיתוך, **וכתב** דאם אירעו בהו טריפות, לא ליעבד להו הגעלה, דבעי ליבון מספק, אמנם למלאות גחלים שפיר דמי, דמסתמא לא ניחוש דפקעי, ואי פקעי הרי קמן שהוא כלי חרס, שהרי פקע

ע"י האש, **ואמנם** אי לא פקע, לא נימא דלא אסיק להו שפיר משום דחייס עלייהו, דכיון דאינו אלא שוע בעלמא, וגם ספק אם הוא חרס, מותר לסמוך ע"ז, **ואם** הרתיח כ"כ עד שהקש נשרף מבחוץ, גם הברזל הוכשר ומותר, ע"ש).

סעיף ג - דיני הגעלה וליבון הלא הם כתובים בהלכות פסח

- בסימן תנ"א ותנ"ב, ועיין מ"ש שם בס"ד.

סעיף ד - מחבת שמטגנים בה, אע"פ שלענין חמץ בפסח די לה בהגעלה, לענין שאר איסורים צריכה ליבון.

די לה בהגעלה - כיון דהתירא בלע, וכן משמע הטעם בב"י, וכן נראה מלשון המחבר כאן, וכ"כ העט"ז, ולפ"ז גם במחבת של חלב או בשר סגי בהגעלה כיון דהיתרא בלע, **אבל** בתש' מנחם עזריה כ' הטעם, מפני שמחבת של עובד כוכבים רוב תשמישן בלי מים, אלא ע"י שאר משקין כגון שמן וכדומה לו כו', משא"כ במחבת של חמץ כו', עכ"ל, **ולפ"ז** גם במחבת של חלב או בשר צריך ליבון, כיון דבלע בלי שום אמצעי.

(**ועיין** בתשובת מאור הגולה רבינו עקיבא איגר שתמה על הש"ך, דמחבת בשר ודאי מהני הגעלה, כדמסקינן בסוגיא דע"ז גבי נותר, כיון דהיתרא בלע, לענין נ"ט בר נ"ט, **והא** דנתן הרמ"ע טעם אחר בחמץ, היינו דסבירא ליה כהרשב"א דחמץ מקרי איסורא בלע, דשמו עליו, **אבל** בשל בשר לחלב פשיטא דמהני הגעלה, והניח בצ"ע ע"ש).

(**עיין** בתשובת חת"ס שכתב, שעיין היטב בלשון תשובת מ"ע שהביא הש"ך, והעלה לדינא בראיות ברורות דהענין הוא כן, דכל בליעה שהיא דרך בישול, אפילו לא יהיו באמצעית היתר, כגון שבישל יין נסך וחלב אסור, ואפילו איסורי דאורייתא כגון יין לנזיר וכדומה, מ"מ כבולעו ע"י בישול כך פולטו ע"י בישול הגעלת מים חמים, דכל המשקים נקראים בישול חוץ מחלב ושומן, וכבולעו כך פולטו, **אך** מה שנבלע ע"י טיגון שומן וחלב, אזי תליא אי היה ע"י אמצעית שומן של היתר, כגון חמץ שטיגנו במחבת שהשומן הוא היתר, אע"פ שנבלע ע"י טיגון, מ"מ פולט ע"י מים, דאע"ג דליכא כבולעו ע"י בישול כך פולטו ע"י בישול, מ"מ נימא כבולעו ע"י אמצעית היתר כך פולטו ע"י אמצעית היתר, **ולאפוקי** מחבת של עובד כוכבים שבולע בלי אמצעית היתר כלל, כיון דאיכא תרתי לריעותא, בעי ליבון דוקא, ובזה יובן התשובה הנ"ל, אע"פ שהש"ך לא הבין כן, עכ"ד).

(**במשבצות** זהב באו"ח הבין דהחילוק, דשמן שורף ומיבש והוי של אור, משא"כ במים, ע"ש, **במחכ"ת** המעיין בתשו' מ"ע יראה שאינו כן, אלא דבעכו"ם דדרכן לבשל במחבת עם משקין איסור חלב מהותך, ונבלע האיסור עצמו בכלי בלי אמצעי, ומקרי תשמישו ע"י האור, **אבל** במחבת חמץ שכל הטיגונים הם היתר, אלא שהם מרותחים, מבליעין החמץ בכלי, והחמץ הבלוע ע"י רותחים נפלט ע"י רותחים, ע"ש, **ובמש"ז** שם מסופק בזה במשקין איסור אם מקרי ע"י האור, כיון דאין נבלעין ע"י אמצעי, ומסיק דלא מקרי ע"י האור, והכל גרם לו שלא עיין בהרמ"ע עצמו, דלפי מה שהעתקנו דברי הרמ"ע, מבואר להדיא דס"ל משקין איסור מקרי ע"י האור – רעק"א).

(**וע"ש** בחת"ס בתשובה הקודמת, שהעלה דמחבת של חלב שהיה אינו ב"י, וטיגנו בו בשר, כשבא להכשירו אח"כ, יש להתיר בהגעלה בלא ליבון, וליתר שאת יגעילנה ג' פעמים).

(**וע"ש** עוד שכתב, דאף דמבואר במג"א, דהעולם נהגו איסור להגעיל כלי בשר לחלב, **אין** לחוש בזה כלל, ואין לנו לגזור גזרות מדעתנו מה שלא גזרו חז"ל – ערוה"ש), **מ"מ** אם הכשירו בלא"ה לצורך פסח, אני נוהג להתיר להחליף הכלים כרצון איש ואיש, מבשר חלב או איפכא, כיון שלא היה הכשר לכוונת בשר וחלב רק לכוונת חמץ, ליכא חששא).

(**עיין** היטב בשערי תשובה, באו"ח סי' תנ"א ס"ק כ"ז, באיזה אופן נקרא תשמישו ע"י האור, ע"ש באריכות).

סעיף ה - אם הגעיל כלי הצריך ליבון, אסור להשתמש בו בחמין אפילו שלא על ידי האש

– [שכיון שיש לו בלע של איסור, דהא אסור להשתמש בו ע"י האור, ע"כ חיישינן שמא יפלוט יותר בחמין שניים].

הגה: אבל מותר להשתמש בו צונן, אפילו לכתחלה, ע"י הדחה ושפשוף היטב - היינו בכל הכלים מלבד סכין שצריך נעיצה, כדלקמן סעיף ז', **וכ"ש בכלי שצריך הגעלה.**

וכתב בד"מ, דאפילו חומץ מותר ליתן בו ע"י הדחה ושטיפה, כמ"ש הרשב"א ס"ס זה לענין צנון, גבי סכין, או שאר דברים חריפים, עכ"ל, **ומשמע** מדבריו, דה"ה כל שאר הדברים החריפים מותר ליתן בתוכו כל שהודח יפה, **וע"ל** סי' צ"א סוף ס"ק ב' מה שכתבתי בשם הא"ח, משמע לכאורה מדבריו, דאסור ליתן בתוכו דבר חריף לח, ע"ש, **ומדברי** הרשב"א אין ראיה, דנעיצה עדיף טפי, וק"ל, **ואפשר** יש ט"ס בד"מ, וקאי אסתם כלי שתשמישו בצונן, והיינו דכתב כאן בהג"ה בסופה, אכלים שנשתמשו בהן בצונן דמותר לתת בהן חומץ ושאר דברים החריפים, ולא כתב כן רבותא ארישא בנשתמשו בו דברים חמין, וכן משמע בעט"ז, דדוקא בנשתמשו בו בצונן מותר ליתן בו דברים החריפים ע"ש.

ודוקא בדרך עראי, כגון שהוא בבית העובד כוכבים, או בדיעבד - כלו' שקנאו שאין לו כלי אחר, מותר להשתמש בו, **אבל** אם נשתמש בו דיעבד, שלא יאסר המאכל, הא לא צריכא למימר.

אבל אם רוצה להשתמש בו בקבע, יש מחמירים ואומרים דאפילו להשתמש בו צונן צריך הגעלה או ליבון, גזירה שמא ישתמש בו חמין. והכי נוהגין.

ואפילו כלים שמשתמשין בצונן, אם יש לחוש שחממו בו יין, כגון כלי כסף - או שעמד בו יין וכה"ג מעל"ע דהו"ל כבוש, **נוהגין להגעיל, ואין לשנות** - והיינו להשתמש בו ‹חמין, או צונן› בקבע, אבל ‹צונן› דרך עראי, אפילו כלים שמשתמשין בהן בודאי חמין, מותר להשתמש בהן ע"י הדחה ושפשוף, וכמו שנתבאר, ועיין בא"ח סי' תנ"א ס"ו. ‹ע"פ החלקת בנימין›.

ואפילו תיבות ושלחנות הנקחים מן העובדי כוכבים, נוהגין להגעיל שמא נשפכו עליהם חמין - עיין בא"ח סי' תנ"א ס"ד, נתבאר דנוהגין להכשיר השולחנות ע"י עירוי.

ודוקא לכתחלה, אבל בדיעבד אין לחוש לכל זה – [לא קאי רק אדברי הגה"ה, אבל אמה שכתב השו"ע, אם הגעיל כלי הצריך ליבון כו', אפי' דיעבד אסור, וזה פשוט].

וכלי חרס שנשתמשו בו בצונן, מאחר דלאי אפשר בהגעלה, מיקרי דיעבד, וסגי ליה במריקה ושטיפה היטב - זה לשון האיסור והיתר הארוך, ומיהו בכלי דלאו בר הגעלה, כגון כוסות של חרס ששתה בהן עובד כוכבים, מותר לישראל לקנות ולשתות בו ע"י הדחה כו', וכ"ש כלי זכוכית ששתה בהן העובד כוכבים כמה ימים, דשרי לישראל לקנותו ממנו להדיחו ולהטבילו כו', **ודוקא** כלי משתאות, ‹מפני שדרך תשמישו בצונן – חלקת בנימין›, אבל שאר כלי חרס שקנה מן העובד כוכבים, אם רק מסופק בו שנשתמש בחמין, צריכין שבירה, **אבל** כלים חדשים שקונים מן השוק אפי' בכלי חרס, אין צריך לספק בהן, דאין דרכן להשתמש בכלים חדשים, ‹**משמע** דבקנה בביתו של עכו"ם, אסור מספק – רעק"א›, ועל פי הדברים האלה הם דברי הרב בהג"ה, אלא שקיצר בדבר.

מיהו קשה, דהא בכלי חרס ששתה בהן העובד כוכבים, קי"ל לקמן סימן קל"ה ס"ה, דצריכים מילוי ועירוי, **ואפשר** ס"ל כהרא"ש והטור לשם, דדוקא באותן כלי חרס שהיו ידועים שהן ממין אדמה שבולעים הרבה, **ולפי** זה אנן לא קיימא לן הכי, דהא משמע מדברי המחבר שם, דפוסק כהרשב"א וסייעתו, דכל סתם כלי חרס נמי צריך מילוי ועירוי, **מיהו** יש לומר דהאיסור והיתר הארוך מיירי הכא בשכבר נשתמשו בו קודם שבאו ליד העובד כוכבים, דבכה"ג אמרינן התם דלכו"ע סגי בשכשוך, כיון דכבר שבעו לבלוע, וע"ש.

‹**וא"א** לומר כן, דכל כי האי הו"ל לבאר, ועוד שהרי בסי' זה מיירינן בלקיחות כלים מהם, ואיך נאמר דמיירי כשהיו מקודם אצל ישראל, **ולענ"ד** נראה דל"ק כלל, דשם מיירינן בכלים שמכניסין בהן יין, {וכדעת הפוסקים דדוקא ביין איתמר – חלקת בנימין}, אבל בכאן מיירינן בכלים שאין דרכן להשתמש בהן יין, כידוע אצלנו דבכלי חרס קטנים אין שותין בהן יין כלל, ואין חשש איסור רותח בהם, שבהם נותנים רק דברים צוננים או שותין בהם קאווא וכיוצא בזה, ובזה אין חשש איסור, **ואף** שמשימין בהן חלב, מ"מ לא נאסרו מפני זה, דאף אם נותנין לתוכם חלב רותח, מ"מ לא הוה רק כלי שני, ואף שאפשר ששופכין מכלי ראשון והוה עירוי דאוסר כדי קליפה, מ"מ כיון שמקודם משימין הקאווא ועל הקאווא שופכין החלב, והקאווא הוא בודאי כלי שני בתוך הצלוחית, וממילא דגם החלב נצטנן מעט כמובן – ערוה"ש›.

ומותר ליתן בו אח"כ אפילו דברים חריפים כחומץ וכיוצא בו, וכ"ש דברים קשים כתבלין וכיוצא בכן - ‹וה"ה רותח ממש מותר ליתן בהם – ערוה"ש›. **וע"ל סימן צ"ה.**

[**בד"מ** כתוב, ראיתי שיש מקילין בחומץ ליתנו בכלי אסור, וראיה מכבד דאמרינן חומץ צומתו, הכי נמי אינו מפליט, **וליתא**, דאדרבה בכלי מפליט חומץ טפי, כמ"ש האו"ח סי' תמ"ב, וגבי כבד שאני, כן נ"ל, **ומיהו** ע"י הדחה ושטיפה ודאי שרי, כמו שכתב הרשב"א ס"ס זה לענין שאר דברים חריפים], ‹עיין ש"ך לעיל›.

סעיף ו - כלי מתכות, אף על פי שי"א שאם נשתמש בו איסור במקצתו נאסר כולו, משום דחם מקצתו חם כולו, אבל לענין הכשרו לא עלה לו הכשר עד שיכשיר כולו, בין לענין הגעלה בין לענין ליבון.

משמע אפי' לא נשתמש איסור אלא במקצתו, לא עלה לו הכשר עד שיכשיר כולו, וכדעת הרשב"א, וכ"פ בב"י, **ולפ"ז** היה לו להרב לכתוב בלשון וי"א דוקא כו', דלישתמע דפליג, אלא משום דאין בדברי המחבר בש"ע גופיה הכרח, ואפשר דמיירי בשנשתמש איסור בכולו, כתב בסתם ודוקא כו', וכן דרכו בכמה מקומות, **ודע** דהרשב"א גופיה מודה, דהיכא דהיתירא בלע, כגון שנשתמש בו חלב במקצתו, ורוצה להכשירו לבשר, סגי ליה בהכשר מקצתו, כמ"ש במשמרת הבית בהדיא, וע"ש.

הגה: ודוקא אם נשתמש בכולו, אבל אם ידוע שלא נשתמש רק בקלתו, כבולעו כך פולטו - וסגי בהכשר מקצתו, **והיינו** בדיעבד, אבל לכתחלה ג"כ צריך להכשיר כולו, כמ"ש הרב בא"ח סי' תנ"א סי"ב, וכ"פ מהרש"ל שם והאו"ה, **ובזה** א"ש דל"ק מה שהקשה הב"ח בא"ח סי' תנ"א סי"א, דברי הטור אהדדי, ע"ש.

ודוקא כו' - כן כתב הטור, ובב"י כתב דמדברי הרא"ש שלהי עבודת כוכבים, נרא' שהוא סובר כהרשב"א, שכתב שיספיק אם ילבן חודו של סכין, לפי שרגילים העובדי כוכבים להשתמש בו באור, אע"ג דחם מקצתו חם כולו ויתפשט האיסור בכולו, מ"מ כיון דאין הישראל משתמש בסכין ע"י האור, סגי בהכי, **ע"כ** משמע דלהשתמש בו ע"י האור אסור, משום דחם מקצתו חם כולו אמרינן לאסור אבל לא לענין הכשר, עכ"ל, **ובדרישה** ובב"ח האריכו מאד לישב, דהרא"ש אינו נגד דעת הטור, ונדחקו מאד בדברי הרא"ש ע"ש, **ולפע"ד** נראה פשוט, דדברי הרא"ש הן כפשטן, ואינו חולק אמ"ש הטור, ודעת הטור הוא כדעת הרא"ה, שכתב וז"ל, והוי יודע דהחזרת כבשונות אינו הכשר כהגעלה בכלי מתכות, דהתם הוא להפליט מה שבלע, אבל ליבון בשום מקום אינו מפליט כל איסור שבו, אלא כלוי הוא שמכלה איסור שבתוכו, ולפיכך הוא הכשר, **ונפקא** לן מינה דאילו שפוד של מתכות דקי"ל חם מקצתו חם כולו, ונשתמש בו איסור במקצתו, הרי הוא כולו נאסר כאילו נשתמש בכולו, וכשבא להכשירו בליבון, לא די לו ללבן עד כדי אותו מקצת שנשתמש בו באיסור, לפי שאין ליבון מפליט בלעו אלא מכלה, וכשמכלה עד כדי אותו מקצת לא די לו בכך, שכשיבא להשתמש בו בהיתר, יפלוט איסור ע"י אותו מקצת שלא הוכשר, **אבל** בקדרה של מתכת שנשתמש בה איסור במקצתו, די לו בהכשר הגעלה עד כדי אותו מקצת, דהגעלה הכשר פליטה הוא, וכבכ"פ, וכבר פלט כל מה שבלע, ואף על פי שמפעפעת הבליעה על ידי הלחות ביותר מכדי שיעור התשמיש, כך עכשיו בהגעלה ע"י הלחות פולט הכל, עכ"ל, וזהו דעת הטור, **והרא"ש** הוא מיירי בלבון, ולכך לא נכשר כולו, אלא דס"ל דמ"מ להשתמש בו שלא ע"י האור סגי בהכי, ואפשר גם הרא"ה מודה לזה, **והא** דלא כתב הטור דבלבון צריך להכשירו כולו, היינו משום שסמך עצמו על מ"ש הטעם משום דכבכ"פ, וזה לא שייך כי אם בהגעלה, **ולפ"ז** גם הרב דכתב טעמא משום דכבכ"פ, אפשר דמודה בלבון, אף על פי שלא נשתמש איסור ע"י האור אלא במקצתו, צריך לבון בכולו, ודלא כהעט"ז שהכניס בדברי הרב, כשמגעיל או מלבן המקצת כשר דכבכ"פ.

מיהו כל זה לסברתם, דאע"ג דלא נשתמש האיסור אלא במקצת, מפעפעת הבליעה ע"י הלחות ביותר בכדי שיעור התשמיש, **ולפ"ז** אפילו לדעת הרא"ה וסייעתו דאתכשר בהגעלה במקצתו, אם נשתמש בו בהיתר קודם ההגעלה באותו מקצת שלא נשתמש בו האיסור, הרי ההיתר נאסר, **אבל** מהר"מ מ"ץ כתב בתשובה וז"ל, איסור שנפל על הקדרה במקום א', אין צריך הגעלה בכולו, כי כן אמר הרא"ש, **והא** דאמרינן חם מקצתו חם

כולו, היינו דוקא לענין זה, דאם הכלי נעשה חם בראש אחד ונפל האיסור בראש השני, לענין זה מהני חם מקצתו חם כולו, שגורם חמימתו לאיסור ליבלע בראש השני, **אבל** לא מהני שאם נפל האיסור מצד א' שיהא מתפשט בצד השני, ע"כ.

‹**ואף** דשעת הליבון נעשה כל הכלי חם, ונימא דקודם שנשרף הבלע, נתפשט הבלע בכל הכלי, {דס"ל דאם יתד הכלי נתחמם ממש, לכו"ע בולע ומפליט בכולו - חלקת בנימין}, ואח"כ נשרף רק במקום הליבון, **צ"ל** דבלע שבכלי אינו מתפשט ממקום למקום בכלי עצמו ע"י חום הכלי בלא רוטב - רעק"א›.

ומביאו הבית חדש, וכתב עליו ולא קיימא לן הכי, אלא נקטינן כמו שכתב הרשב"א, וכן הוא דעת רוב הפוסקים, עכ"ל, **ולא** ידעתי מנא ליה הא, דאדרבה דעת רוב הפוסקים כמהר"ם מ"ץ, והכי קימ"ל וכמו שאבאר, **וכן** כתב מהרש"ל וז"ל, ומהר"מ מ"ץ בעל הוראה היה מן הגדולים האחרונים, וכן נראה לי עיקר, ולא כדברי הרשב"א דס"ל שנאסר כולו, דלא נאסר אלא מקום נפילתו, עכ"ל, **והכי** קי"ל לעיל סי' צ"ד, דכף של מתכת שנתחב בקדרה, א"צ לשער אלא כנגד מה שנתחב, ולא כנגד כל הכף, **וכתבו** הש"ד והסמ"ג והסה"ת והגמ"יי והמרדכי והאו"ה ושאר פוסקים, הטעם, דאף על גב דחם מקצתו חם כולו, מכל מקום לא אמרינן דהולך בליעתו בכולו, והיינו כדברי מהר"מ מ"ץ, **וכ"כ** מהרא"י בת"ה ובפסקיו ע"ש שהאריך, ומבואר מדבריו דאע"ג דחם מקצתו חם כולו, מכל מקום האיסור הנבלע בכלי חם אינו מתפשט ביותר ממקום שנשתמש בו האיסור, והכי ודאי קי"ל, **ואפשר** דגם הטור והרב בהג"ה שכתבו משום דכבכ"פ, אין ר"ל שמוליך בליעתו, אלא ר"ל שלא בלע רק במקצת, כך בשעת פליטה אין בו איסור רק במקצת, וק"ל, וע"ל סי' צ"ב ס"ק ט"ז.

‹**לענ"ד** א"צ לדחוק בזה, דפשטוט י"ל דנקט הטעם דכבולעו כך פולטו, לאורויי דבשלו בקדירה במקצת הכלי, {בציור} דהוי כולו חם, דנתפשט בכולו {וכנ"ל}, דמ"מ ל"צ הגעלה בכולו רק במקצתו שבשלו, דכבולעו כך פולטו - רעק"א›.

וא"כ העולה מזה, דכלי מתכות שנשתמש איסור במקצתו, ואח"כ נשתמש היתר במקצת האחר, מותר בדיעבד, וכ"כ האו"ה, דבדיעבד שרי, **מיהו** י"ל דהיינו דוקא בחם שע"י בישול לא אמרינן דמוליך בליעתו בכולו, אבל בחם שע"י האור ממש, אפשר דכ"ע מודו לדעת הרא"ש והרא"ה דלעיל, דהאיסור מתפשט בכולו*, **וכן** משמע מדברי האו"ה להדיא, שכתב וז"ל, וא"צ לבטל כל הכף של מתכות, דאע"ג דחם מקצתו חם כולו, מ"מ מאחר שחימומו רק ע"י חמין ולא ע"י האור עצמו, אינו מוליך ומפליט בליעתו בכולו, עכ"ל, **משמע** דע"י האור עצמו מוליך בליעתו בכולו, **ומשמע** נמי מדברי האו"ה אלו, דעל ידי האור מוליך נמי פליטתו בכולו, **ונראה** דאין זה נגד הרא"ה וסייעתו דלעיל, דסבירא ליה דלבון לא מהני במקצת, דאה"נ דמודה האו"ה דבלבון לא שייך פליטה, שאינו מפליט אלא מכלה, **אלא** בא לומר דהיכא דשייך פליטה מפליט בכולו, כגון שפוד של איסור שצלו בו על האור בשר, שצריך ס' נגד כל השפוד, דכיון שמפליט בבשר ע"י לחות הבשר, מוליך פליטתו בכולו, כן נ"ל.

‹**והיינו** בשמן, דבכחוש בצלי אינו אוסר הכלי רק כדי נטילה, ואפשר דגם בכלי אמרינן אין אנו בקיאים, כמו לענין פליטה מכלי לדעת הש"ך סי' ק"ח סקכ"ג - רעק"א›.

*‹**ואם** בלע שפוד מבשר כה"ג, ואח"כ תחב צד השני בחלב, י"ל דאף דהבלע בשר מתפשט בכולו, מ"מ מה שהבליעה הלך מצד לצד הוי נ"ט בר נ"ט דהיתירא, כ"כ במשב"ז, **ולענ"ד** צ"ע לדינא - רעק"א›.

[**יש לעיין דעת הרמ"א בזה, כי זהו מדברי הטור שחולק על הרשב"א שכתב כל' השו"ע בסעיף זה, וכתב הטור עליו, ונ"ל דוקא כשנשתמש בכולו כו', וא"כ למה כתב רמ"א בל' זה כאילו הוא מוסכם על לשון השו"ע שקודם לו, ואין לומר שרמ"א מפרש שהטור לא בא אלא לפרש דברי הרשב"א, במה שכ' אבל לענין הכשירו לא עלה הכשר עד שיכשיר כולו, דהיינו אם צריך להכשיר מחמת שנשתמש בכולו באיסור, אבל אם נשתמש בקצתו די בהכשר קצתו, זה אינו, דמבואר להדיא בת"ה, דאף אם לא נשתמש אלא במקצתו באיסור, צריך הכשר לכולו, וכ"כ בהדיא במשמרת הבית שהוא דברי הרשב"א כמו שנעתיק בסמוך, אלא ע"כ הטור חולק על הרשב"א בזה**].

[**ועיקר** הפלוגתא תלויה בסוגיא דאיתא פ' דם חטאת, דאמרינן דבתרומה לא בעינן מריקה ושטיפה, אם בישל תרומה בקדרה, אלא דוקא בבישל בה חטאת, ופרכינן עליה שם, דגם בתרומה בעינן הגעלה למה שנבלע, ומשנינן לא צריכא אלא לדאמר מר בישל חטאת במקצת כלי טעון מריקה ושטיפה כל הכלי, ומזה נתמעט תרומה, דא"צ מריקה ושטיפה אלא במקום שבישל לבד, **ובזה** יש מחלוקת בין הרשב"א בת"ה ובמשמרת הבית

סימן קכא – סדר הכשר כלים הנקנים מן העובד כוכבים

שלו, ובין ב"ה להרא"ה, דהרא"ה ס"ל כי היכי דאימעיט תרומה, ה"נ איתמעט חולין האסורים, וע"כ כתב דבדבר הצריך הגעלה די כשמגעיל מקום שנבלע האיסור לחוד, דכבולעו כך פולטו, אבל בצריך ליבון, לא די ללבן מקום הבלע לחוד, אלא כל הכלי, דחם מקצתו חם כולו, **וטעם** החילוק בזה, לפי שהכשר הליבון אינו עושה הפלטה במה שבלוע, אלא שהוא מכלה האיסור, ואם מלבנו במקום הבלוע לחוד, אינו מכלה רק במקום הליבון לחוד, ומה שנאסר בשאר הכלי נשאר עדיין, **משא"כ** בהכשר הגעלה, שהוא עושה הפלטה מה שבלע, ע"כ כשמגעיל מקצת, ע"י הלחות פולט הכל, **והרשב"א** במשמרת הבית כתב וז"ל, דמההיא דזבחים אין ראיה לכלי שבלע איסור גמור כנבילה, שלא יהא צריך להכשיר כולו, דלא ממעטינן שם אלא בבלע היתר, כגון בשר וחלב, **וטעמא**, כל שנחלש טעם הבשר ע"י הגעלה אותו מקצת כלי שבישל בו, שוב אין ראוי לחול שם איסור חלב אח"כ, ובתרומה נמי נתן טעם בזה כמ"ש שם, **אבל** בשאר איסור גמור כנבילה וכיו"ב, אני אומר בישל במקצת כלי שצריך להגעיל כל הכלי כו', דע"י הבישול מתפשט ונבלע בכולו, **ואפשר** דמש"ה אמרו בסכינא דפיסחא, מגעיל להו ולקתייהו ברותחין, לפי שהסכינין משתמשים בהם בדברים רטובים שיש בהם מרק להבליע, דחמץ בפסח אסור הוא כשאר איסורין].

[**ומיהו** אפי' נשתמש בסכין בחמין בחמין, קאמר רב אשי דפרזלייהו בנורא וקתייהו ברותחין, אף לכשתמצא לומר דמקצת הסכין שבתוך הקתא בולע, דחם מקצתו חם כולו, אפ"ה אפשר דאותו בלע דפרזילא דתוך הקתא, נפלט מחמת ליבון של סכין, וע"כ הגעלה שמגעילו עוד דיו לו, עכ"ל, **מבואר** כוונתו, דאע"פ שבלע ע"י אור, וצריך הכשר ג"כ ע"י אור, מ"מ דיו לברזל דבתוך הקתא ברותחין לחוד, כיון דהברזל נתלבן, נקלש גם החלק שבתוך הקתא, **ועפ"ז** זה מיושב לי ג"כ מה שהביא ב"י דברי הרא"ש בסוף ע"ז, וז"ל בשם ריב"א, דסכינים של עכו"ם צריכין ליבון, כיון דהעכו"ם דרכו לתקן בהם פתילות של חלב בפי הנר בשעה שהוא דולק, ואר"ת דאת"ל דמתרמי הכי, כל כמה שאין הישראל משתמש בו ע"י האור, סגי ליה בהגעלה, **ולא** נהירא, דכיון דתשמישו ע"י האור, לא סגי בלא ליבון, ופולט תמיד מעט מעט ככל הגעלות כו', ויראה שיספיק אם ילבין חודו של סכין, לפי מה שרגילין העכו"ם להשתמש בו באור, אע"פ שחם מקצתו חם כולו ונתפשט האיסור בכולו, מ"מ כיון שאין הישראל משתמש בסכין ע"י האור, סגי ליה בהכי, עכ"ל, וקשה כיון דכבר סתר הרא"ש דברי ר"ת, שהתיר מכח טעם זה שאין הישראל משתמש בו ע"י האור, ודחאו, האיך כתב הוא עצמו כן בסוף, וראיתי דוחקים רבים בזה, **ונ"ל** דהוא ע"פ מה שזכרנו, דהרא"ש מיירי שם עכ"פ בהגעלה, אלא דמפני חשש תשמיש בחלב רותח יש להצריך ליבון, ובודאי לא מהני להרא"ש הגעלה לחוד היכא שבלע ע"י האור, אלא לענין זה מהני, דלא נימא כיון שחם מקצת הסכין, דהיינו ראשו של סכין בפתילות חלב אצל העכו"ם, חם כולו, ונצטרך ללבן כולו דוקא, לזה אמר שאינו כן, אלא כיון שנתלבן המקצת, נקלש הבלוע שנבלע בשאר הסכין לענין שמהני לו אח"כ הגעלה, כן נראה לע"ד ברור].

[**והנה** הטור ס"ל דלא כהרא"ה שמחלק בין הכשר ליבון ובין הכשר הגעלה, ולא כהרשב"א שמחמיר בכל גוונא להכשיר כל הכלי דוקא, אלא ס"ל בכל הכשרים, בין ע"י ליבון ובין ע"י הגעלה, אם הוכשר המקצת הוכשר כולו, **ונראה** דגם הטור אינו מקיל כאן אלא בדיעבד, אבל לא לכתחילה, דאל"כ קשה, הא הוא עצמו כתב בהלכות פסח שצריך להגעיל גם ידות הכלים, אלא ודאי דהתם מיירי לכתחילה, **וא"כ** יש לתמוה על רמ"א, למה כתב דברי הטור כאן כאילו הם דרך פירוש על דברי השו"ע, ובאמת חולק עליהם כמו שביארנו, **גם** לענין הלכה יש לתמוה, למה חלק על הב"י שכתב שיש לפסוק כהרא"ש והרשב"א המחמירים, דלא סגי בהכשר המקצת, וראוי לשמוע להם בפרט באיסור דאורייתא].

‹**ולכתחלה** יש להחמיר כדעת האוסרים, ובדיעבד יש לסמוך על דעת המתירים, ובפרט במקום הפסד קצת, כיון שזהו דעת הטור ורבינו הרמ"א – ערוה"ש›.

[**ומ"מ** נראה לענ"ד, דבשפוד שצלו בו בשר שלא נמלח, ורוצה ללבנו לצלות בו בשר כשר, די בליבון המקצת, דהיינו במקום שהגיע האיסור, כיון דאפי' צלה בו בשר היתר בלא ליבון כלל, כשר בדיעבד כמ"ש בסי' ע"ו, ומטעם דנורא משאב שאיב, **אלא** דאם צלה בו בשר נבילה, נראה לע"ד דאסור בדיעבד כמ"ש בסי' ע"ו, דציר נבילה מסריך סריך, ולא אמרינן ביה כבולעו כך פולטו, וכדאיתא בכמה דוכתי, ובודאי נאסר השפוד באותו

מקום, **וא"כ** לא יפה עושים אותן הולכי דרכים, שלוקחים שפוד של עכו"ם ומלבנין חלק העליון שצולין בו ולא יותר, **אלא** דבדיעבד ודאי אין לאסור אם לא ליבן רק המקצת, מידי דהוי אידות כלים דכשר בדיעבד אם לא הגעילם, כמש"כ רמ"א בהל' פסח, **ואפי'** לכתחילה נראה, דאם מלבן השפוד חלק גדול, גם במקום שלא הגיע שם האיסור, אף שלא ליבן כל השפוד כולו, סגי, כיון שהמקום שלא הוכשר הוא מרחק רב ממקום הצלייה, כן נראה לי].

סעיף ז - סכין ישן, בין גדול בין קטן, הניקח מהעובד כוכבים, אם בא להשתמש בצונן, אם אין בה גומות, נועצה עשרה פעמים בקרקע קשה - ‹כדי להעביר השמנונית הדבוקה על פני הסכין, דהואיל וסכין תשמישו תדיר, וגם יש בו דוחקא דסכינא, מסתמא השומן נדבק עליו טפי, ואינו עובר בהדחה בעלמא כשאר כלים שנשתמש בהם בצונן - נקה"כ סי' פ"ט ופר"ח›. **וצריך שכל נעיצה ונעיצה תהיה בקרקע קשה, לפיכך לא ינעוץ במקום שנעץ נעיצה אחרת. ואפילו לחתוך בו דבר חריף כמו צנון, סגי בהכי** - ‹עיין בספר בכור שור שהוכיח, דהתוספות חולקים ע"ז, ודוקא לחתוך אתרוג מהני נעיצה, ולא לצנון ושאר דבר חריף, **ולכן** כתב דבעל נפש יחוש ולא יאכל צנון ושאר דברים חריפין בסכין טריפה ע"י נעיצה י' פעמים, ע"ש›.

(ולהשתמש בו בקביעות, לא גרע משאר כלי שנוהגין להגעיל אפילו לצונן).

ואם יש בה גומות, (או) שרוצה לחתוך בה חמין, או לשחוט בה, מלבנה, או משחיזה במשחזת של נפחים היטב על פני כולה.

הגה: וי"א דהשחזה מהני רק לחתוך בה צונן, אבל לא לענין חמין; והכי נהוג לכתחלה - אבל דיעבד אם נשתמש בו רותח אחר ההשחזה, אפילו הוא ב"י מותר, כמו אחר ההגעלה, דהא ההשחזה עדיף מהגעלה לדעת המחבר, וכן מוכח בב"י להדיא, **ואע"ג** דהרשב"א וסייעתו סוברים דהגעלה עדיף, ומותר להשתמש רותח אחר הגעלה ולא אחר השחזה, מ"מ אנן דסמכי' דיעבד אדברי המתירין, ה"ה לענין השחזה דסמכינן אהרמב"ם והר"ן דס"ל, דהשחזה מועלת להשתמש רותח, וכן דעת הרא"ה ע"ש שהאריך בטעמו.

ואם לא יוכל ללבן הסכין היטב משום הקתא, ילבננו ויגעילנו אח"כ. ומיהו אם לבנו ולא הגעילו, אפילו יש בו גומות - ‹קאי אמ"ש ואם לא יוכל כו', ר"ל ואין הקתא אוסר בדיעבד›, **או אם הגעילו ולא לבנו ואין בו גומות, וחתך בו מאכל חם, לא נאסר, אפילו הסכין בן יומו** - ‹דלדינא העיקר דהגעלה מהני, וא"צ ליבון אלא אותן שתשמישן ע"י האור, כגון גדולים יותר מדאי שצולין עליה, ודוקא בקבע כנ"ל - גר"א›.

ואם השחיזו במשחזת היטב בכל מקום, ומגעילו אחר כך, מהני אפילו לכתחלה כמו ליבון, אם יוכל לנקות הגומות שבו.

כתב העט"ז אם הגעיל שני כלים ב"י או יותר, במים שלא היה בהן ס' כנגד שניהם אבל היה ס' כנגד אחד מהם, אם הגעילן בבת אחת ודאי לא עלתה להם ההגעלה, שהרי לא היה ס' כנגד שניהם, **ואם** הגעילן בזה אחר זה, י"א דעלתה להם ההגעלה, שכבר נתבטל טעם האיסור במים קודם שהגעיל השני, ונשארו המים מותרים כשהגעיל השני, **ויש** אוסרים גם בזה, משום דחוזר האיסור וניעור ואוסר גם השני, עכ"ל, **והוא** מתשובת הרשב"א שהביאו ב"י, וז"ל, אבל להגעיל כלים רבים ב"י זה אח"ז, בזה נחלקו גדולי הדורות, יש מהם שיראה מדבריהם שהוא מותר, והוא דעת הראב"ד, אבל מרבותי לא הודו לו, עכ"ל, **ובאו"ה** כתב וז"ל, ואפי' אם הגעיל בו כ"כ כלים ב"י, עד שלבסוף אין ס' במים נגד כולם, רק שמגעילין בזה אח"ז, ובכל פעם יש ס' נגד כל אותו הכלי שבתוכו, **אע"פ** שאפילו בהפלטת טעם האיסור אמרינן בדבר לח מצא מין את מינו וניעור, היינו דוקא לאכול האיסור עצמו, אבל להגעיל בו כלי אחר, כתב בסמ"ג דמהני הביטול, **ובהכרח** בכה"ג איירי, דאם לא כן פשיטא, ובנטל"פ ליכא לאוקמי, דלאו איסור הוא, דהא לא אסרה תורה אלא קדרה ב"י, **ועוד** דרוב פעמים כשמגעילין כלים לצורך פסח, אפי' ביורות גדולות, לא תמצא בהן ס' נגד כולם, ואפ"ה מתירין לשם, **ועוד** דמאחר שהמים צריכין להרתיח בשעת ההגעלה, והכלי

טרוד לפלוט, בשעה קלה שתחבו ביורה אין חוזר ובולע, כדאיתא לקמן, עכ"ל.

ואיני יודע, כיון שהמים נאסרים, למה לא יאסרו שוב הכלים שמגעילים בהן, **והראיה** שהביא מסמ"ג איני מכיר, דהסמ"ג אשמועינן דמותר לכתחלה להגעיל, ואין בו משום מבטל איסור לכתחלה, **ומה** שמגעילין בפסח הרבה כלים נמי אין ראיה, דהא הם אינם ב"י, וכדכתב האו"ה גופיה שם כמה פעמים, **ומ"ש** דאינו חוזר ובולע, נמי ליתא, דהגע עצמך, אילו נפל איסור לפחות מס', ואח"כ נתחב שם כף, מי לא נאסר, **ועוד** דהרי אותו כלי גופיה נאסר כשאין במים ס' נגדו, אלמא דלא אמרינן דאינו חוזר ובולע, וכן פשוט בכמה דוכתי, **ונראה** דאו"ה מצרף כמה צדדים זה לזה כדי להתיר, **ולפע"ד** אין כאן היתר, דקי"ל לעיל סי' צ"ח, טעם כעיקר דאורייתא, וקי"ל לעיל ס"ס צ"ט, דחוזר וניעור, אם כן כיון שהמים מדינא אסורים, למה לא יאסרו הכלים, **שוב** עיינתי בתשובת הרשב"א, ומצאתי דהראב"ד ומחלוקתו לא כתבו דבריהם גבי הגעלת כלים, אלא בעלמא באיסור עצמו פליגי, אי חוזר וניעור, ומינה למד הרשב"א, כי היכי דפליגי באיסור עצמו, ה"ה דפליגי בהגעלת כלים, ע"ש מבואר כך להדיא, **ולפי** זה למאי דנתבאר לעיל סי' צ"ט ס"ק ד', דלא קי"ל כהראב"ד, אלא לעולם חוזר וניעור, א"כ ה"ה הכא דהכלים נאסרים, וכ"פ הרשב"א בתשובה שם, ודלא כהאו"ה, **גם** העט"ז לא כיוון יפה במה שהביא כאן ב' דעות, דהא קי"ל לעיל סוף סי' צ"ט דלא כהראב"ד, גם מבואר מתשובת הרשב"א הנ"ל דהכלים חוזרים ובולעים, ודלא כסברת האו"ה.

§ סימן קכב – נותן טעם לפגם §

סעיף א - נותן טעם לפגם, מותר - עד סוף סעיף ד' נתבאר הכל על נכון בסימן ק"ג ע"ש.

סעיף ב - קדירה שאינה בת יומא, דהיינו ששהתה מעת לעת משנתבשל בה האיסור, הויא נותן טעם לפגם, ואפילו הכי אסרו חכמים לבשל בה לכתחלה, גזירה אטו בת יומא; בין שבלועה מאיסור ובא לבשל בה היתר, ובין שבלועה מחלב ובא לבשל בה בשר, או איפכא – [ובמרדה הקיל וכדלעיל סי' ק"ח ס"ג].

(**עיין** במנחת יעקב, הביא דבתשובת נחלת יעקב כתב בשם חכמי ווינציא"ה, דזה דוקא בכלי מתכות, כיון דאית תקנה בהגעלה, מה שא"כ כלי חרס דצריך שבירה, הוי כדיעבד ומתירין הכלים לאחר שהיית מעל"ע, **והאריך** להשיג ע"ז מכמה סוגיות דש"ס והפוסקים, ומ"מ מסיק שם בשם גדול אחד, דבהפ"מ יש להתיר בכלי חרס, ע"ש, **ולענ"ד** קשה להתיר אפי' בהפ"מ, דהא כתב בהגהת אשר"י סוף מסכת ע"ז, אהא דאמר גזירה שאב"י אטו ב"י, וז"ל, אבל אין לומר הטעם לפי שהוא לכתחלה, ונ"ט לפגם לכתחלה אסור, דהא כיון שטעונין שבירה הוי כדיעבד, עכ"ל, **הרי** בהדיא דאפילו בכלי חרס צריך שבירה, שוב מצאתי בפמ"ג שהעיר ג"כ בזה). **וחלילה** לומר כמו יש מהגדולים שרצו להקל בכלי חרס לאחר מעת לעת, וכן פשטה ההוראה בכל תפוצות ישראל – ערוה"ש).

(**עיין** בתשובת נו"ב, אי גם בנאסרה מאיסור דרבנן הדין כן, וכתב שם דמדינא שרי לכתחלה, דהוי גזירה לגזירה, אלא שאין להקל בזה, כיון שלא נמצא בפוסקים שיכתבו דין זה, ע"ש, **ובאמת** נמצא כן בט"ז לקמן סימן קל"ז סק"ז, שכתב בהדיא דשרי, ע"ש, **אך** הט"ז לשיטתו בסי' צ' ס"ק י"ב, שתמה על או"ה, שאוסר כבוש בחלב שחוטה, דהא הוי גזירה לגזירה, וכבר השיג עליו שם בנה"כ מתוס' ר"פ כל הבשר, ע"ש, וזהו דעת האו"ה שהביא הט"ז שם, **ובתשו'** ח"צ מבואר להדיא, דגזרינן בכה"ג גזירה לגזירה, דבדבר המצוי ורגיל גזרינן גזירה לגזירה, מהא דנתנו בראש הקנה או בראש הקונדס כו', ע"ש, **ולכאורה** ראיה ברורה דאין להתיר קדרה שאב"י מאיסור דרבנן, מפינבא דרב אמי, בחולין דף קי"א, והא דם שמלחו אינו אלא דרבנן, ואמאי תברא, לישהייה עד למחר ותהיה מותרת, אלא ודאי דאסור, **ובר"ן** שם מבואר להדיא כן, שכתב על הך עובדא, מכאן יש להוכיח דנטל"פ אסור לכתחלה, דאל"כ לישהייה עד למחר, עכ"ד, וע"כ כוון לזה, דאף באיסור דרבנן אסור קדרה שאב"י, דאל"כ מה מלמדנו, הלא ש"ס ערוכה היא סוף ע"ז. **ואין** שום ספק בזה, דלא פלוג רבנן, וכן המנהג הפשוט – ערוה"ש). **מיהו** יש לחלק בין אם נודע האיסור קודם שנעשה אב"י, לאם נודע אח"כ, ועמש"ל ס"ס ק"י בדיני ספק ספיקא אות י"ט, וצ"ע בזה).

סעיף ג - י"א הא דחשיבה פגומה כשאינה בת יומא, דוקא שהדיחה יפה וסר ממנה כל שמנונית איסור הדבוק בה; אבל אם לא הדיחה יפה, שהאיסור הוא בעין, אינו נפגם בשהיה מעת לעת.

הגה: ומ"מ אם יש ששים רק נגד הדבוק בקדרה, הכל שרי, דמה שבקדרה כבר נפגם וא"צ בטול. (כן משמע לעיל סימן צ"ה).

‹**ויראה** לי דאפילו לדעת הטור והשו"ע, דכשאינה רחוצה לא הוי נותן טעם לפגם הטיח שעל פני הקדירה מבפנים, אינו אלא דווקא טיח ממש שיש בו שמנונית, כגון שצלו בקדירה בשר שמן הרבה וכיוצא בזה, אבל כגון בישולים שלנו שהעיקר הוא מים וגרויפין או תפוחי אדמה או לביבות ובשר בה מעט, וכן במאכלי חלב, אף שהקדירה אינה רחוצה, מ"מ מה שעל פני הדופן אין בזה ממש כלל, וכמעט שאינה ראויה לאכילה, ולכן יש לחושבה נותן טעם לפגם לאחר מעת לעת בכל ענין, כנלע"ד, ובפרט שלדעת הרמב"ם ועוד פוסקים גם טיח גמור הוי נותן טעם לפגם – ערוה"ש›.

י"א דבדברים חריפים לא אמרינן דין נותן טעם לפגם, כמו שנתבאר לעיל סימן צ"ה וצ"ו, ולכן אם בישל בקדירה איסור שאינה בת יומא מאכל חריף, כגון תבשיל שרובו חומץ או תבלין או שאר דברים חריפים, אסור; אבל לא מיחשב התבשיל חריף משום מעט תבלין שבו, וכן נוהגין. ועיין לעיל סימן צ"ה וצ"ו.

אבל אם היה האיסור דבר חריף, ואח"כ שהה הקדירה מעת לעת ובשלו בו היתר שאינו חריף, מותר, דאין החריפות הראשון משוי ליה לשבח. (ארוך).

ובד"מ ובת"ח כתב בשם או"ה, דאם בשלו דבר חריף בקדירה של בשר שאינו ב"י, ואח"כ בשלו בו חלב (אחר) [תוך] מע"ל, המאכל מותר, ולא אמרינן החריפות שבקדירה עושה שמפליט עכשיו לשבח, ע"כ, ‹יש גורסין "אחר" כנראה מבאה"ט, ויש גורסין "תוך" וכנראה ממטה יהונתן, וכן משונה הגירסא בספרים שונים, ומצוה להכריע – הג"ה בשו"ע›, **וה"ה** אם בישל דבר חריף בקדירה של איסור שאינו ב"י, ואח"כ שהה מע"ל משנתבשל בו הדבר חריף, מותר, {**לא** ירדתי לסוף דעתו, הלא כ"ש הוא מדין האו"ה, ועוד דאפי' בישל בו דבר חריף בב"י, ושהה מעל"ע, מותר, ואפי' אחר איסור חריף אחר מעל"ע מותר, כמ"ש הרב בהג"ה, ואפשר דט"ס הוא, וצריך למחוק תיבת "שאינו", וצ"ל "של איסור ב"י" - הגה"ה נקה"כ}.

וכן אם בישל דבר חריף בקדרה של בשר ב"י, אם בישלו בו אחר (כך) מע"ל שנתבשל בו הבשר, אע"פ שאינו מעת לעת משנתבשל בו הדבר חריף, והיה בן יומו כשנתבשל בו הדבר חריף, מותר, **אבל** אם נתבשל בו תחלה דבר איסור, אפילו נתבשל בו אח"כ דבר שאינו חריף, אם הוא ב"י, מונין אחר כך מעת לעת מתבשיל השני, כדלעיל סימן צ"ד ס"ק כ"ב.

{**מ"ש** הגאמ"ו ז"ל, וכן אם בישל ד"ח בקדרה של בשר ב"י, אם בישלו אח"כ מעל"ע משנתבשל בו הבשר וכו' מותר, ומביא ראיה מסי' צ"ד ס"ק כ"ב, **ואני** חוכך בדין זה, דשאני התם שלא בישלו דבר חריף, משא"כ הכא דבישל שני הוי דבר חריף, ומשוי למה שבתוך דופני הכלי כאילו נתבשל השתא, **אבל** אם בישל דבר חריף אחר מעל"ע, כיון שטעמו פגום, אינו משוה לשבח כאילו נתבשל השתא, רק למאכל חריף עצמו, ולא למאכל שני, **משא"כ** בדין אם נתבשל דבר חריף בתוך מעל"ע, דלא נפגם טעמו, י"ל דחשבינן כאילו נתבשל הבשר השתא, **וכן** מוכח לכאורה מדברי האו"ה שמביא אמ"ו, דל"ל בקדרה של בשר שאינו ב"י, הל"ל רבותא אפי' ב"י, אלא ודאי כמו שכתבתי, ודו"ק - הגה"ה נקה"כ}. ‹לכאורה מבואר משני ההגהות של נקה"כ שגרס בהאו"ה "תוך"›.

(**עיין** בתשובת חכם צבי, שפסק להתיר אם בישלו בפסח דבר חריף בקדרת חמץ שעברה יב"ח, דאף דאסרינן בפסח נו"ט לפגם, וכן בדבר חריף לא מהני נותן טעם לפגם, מ"מ אחר י"ב חודש ליכא טעם כלל, וכמו שאמרו בקנקנים של יין נסך, דאחר י"ב חודש שרי, כדלקמן ס"ס קל"ה, **ואף** דבשאר איסורים לא מצינו מי שמקיל לבשל לכתחלה בכלים שעברו עליהם יב"ח, **יש** לחלק, דביין נסך דתוך יב"ח אפילו דיעבד אסור, מוכחא מלתא טובא, מש"ה מותר לכתחלה אחר יב"ח, **אבל** בשאר איסורים דכל שאב"י מותר בדיעבד, נקל לטעות אם נתיר אחר יב"ח לכתחלה, דיתירו גם תוך יב"ח לכתחלה, **וכתב**

דלפי"ז בכלי חמץ, לפי מה דפסקינן דבחמץ נטל"פ אסור, ותוך יב"ח אפילו דיעבד אסור, ממילא יצא קולא דלאחר יב"ח לכתחלה שרי, כמו ביין נסך, **ומ"מ** לא מלאו לבו להתיר לבשל לכתחלה, והסכים עמו הגאון מהר"ר נפתלי כ"ץ ז"ל, **ועיין** בשו"ת אא"ז פנים מאירות, שחלק עליו, ‹דמנין לנו ללמוד מיין נסך לשארי איסורים, דילמא טבע היין כן הוא, ועוד דבליעתם בצונן, וכן נ"ל עיקר, והרי ביין הקילו בעצם הפרי ג"כ כמו בחרצנים וזגים דמותרים לאחר י"ב חדש, כמ"ש בסי' קכ"ג, האם גם בשארי איסורים נאמר כה"ג דלאחר י"ב חדש כלה הטעם, הא ודאי דליתא, וא"כ גם בכלים אין לדמות זל"ז, ואין לנו אלא מה שאמרו חכמים, ואדרבא מלשון הש"ס בפסחים שאמר התורה העידה על כלי חרס שאינו יוצא מידי דופנו לעולם, משמע להדיא דלא נתכלה באיזה זמן – ערוה"ש›. **ועיין** בח"צ מה שהשיב לאא"ז ז"ל בזה וחיזק דבריו, **ועיין** פמ"ג שכתב, דבצונן כגון ע"י כבוש, גם הפמ"א מודה דשרי ומהני יישון, כי פליגי בחמין, וע"ש עוד. **ובשו"ת** חיים שאל כתב, שדברי הרשב"א בתשובה דלא כהח"צ, **וכתב** שמעשה בא לידו בישראל שנשלח לו דורון כלים נחמדים פרצלאי"י, ולא ניכר אם כבר נשתמש בו העובד כוכבים, ועברו שנתים ימים, וכתב שלכאורה אין להתיר לכתחלה כמ"ש הח"צ גופיה, וגם דהרשב"א חולק, **אך** בזה דיש ס"ס יש להקל, ועדיין צריך ישוב, עכ"ד, **ועיין** בשו"ת בת"ח שכתב ע"ז, שאם אפשר להגעילן ג"פ יש לעשות כן, ואם הם כלים שאין דרך להשתמש ברותחין יש להקל, ע"ש, **ועיין** בתשובת מאור הגולה רבינו עקיבא איגר נ"ע, שנשאל על כיוצא בזה, באחד שקנה כלי חרס מעובד כוכבים שהם ישנים יותר מיב"ח, ויש הפ"מ אם יצטרך למכרם לעובד כוכבים, וצידד השואל להקל ע"פ תשובת ח"צ הנ"ל, **והשיב** לו דאין בזה היתר, דהרי הח"צ כתב בעצמו דבשאר איסורים אסור לכתחלה, וגם בכלי חמץ לא הכריע להקל, וגם כי בתשו' הרשב"א חולק, **וגם** אין צד להקל ע"פ מ"ש המנ"י, דבהפ"מ יש להתיר בכ"ח להשתמש בו אחר מעל"ע דהוי כדיעבד, כמ"ש הר"ן, וכן דעת מהרלב"ח, **דזה** אינו, דהרי ברלב"ח שם מוכח דדוקא היכא דהכלי בעצמו הוא הפ"מ, כמו ההיא דתנור יוצן, יש להקל, אבל היכא דכל כלי בפ"ע לא הוי הפ"מ, רק ע"י צירופן, אין להקל, וא"כ בנ"ד דהוי הפ"מ רק מכח שיש לו הרבה כלים, לא מקרי דיעבד, ע"ש, **ומשמע** דהיכא דהכלי בעצמו הוא הפסד גדול כמו תנור, אפשר קצת להקל כדעת הרלב"ח, **וצ"ע** בזה, מחמת דברי הגהת אשר"י הנ"ל, דמבואר דאפילו היכא דהוי ודאי כדיעבד, אסור, **ועיין** בשו"ת שבו"י, שהעלה להתיר בדיעבד אף אחר שני חדשים, ע"ש, **ועיין** בשו"ת שמן רוקח, שאף אחר יב"ח קשה לסמוך על הח"צ ולהקל, **אך** בכיסוי קדרה דבלא"ה חומרא בלא טעם, יש להקל אחר יב"ח, ואפשר אף אחר שני חדשים כדברי השבו"י, ע"ש, **ועיין** עוד בשו"ת בית אברהם, שכתב עמ"ש הח"צ דבשאר איסורים אסור לכתחלה אחר יב"ח, דגזרינן אטו תוך יב"ח, די"ל דהיינו באיסור דאורייתא, אבל אם בגוף האיסור הוא דרבנן, יש לצדד להקל להתיר אף לכתחלה, **ומ"מ** קשה לסמוך ע"ז לחוד, אם לא היכא שיש עוד קולא, **וע"ש** עוד, דהך י"ב חודש לא בעינן שלמים, רק חדשי לבנה כל חודש כ"ט יום).

סעיף ד - קדרה הבלועה מבשר וחלב, אם קודם שעבר לילה אחת חממו בה מים, חשיב כאלו חזר ונתבשל בה האיסור, ומונים מעת לעת משעה שהוחמו המים, מה שאין כן בשאר איסורים – [הטעם, דבבשר בחלב אמרינן חתיכה עצמה נעשית נבילה, ע"כ הוין אלו המים נבילה כולן מכח בליעת איסור בשר בחלב שיש בקדירה כבר ונתנה טעם במים, **אבל** בשאר איסורים לא אמרינן חתיכה עצמה נעשית נבילה, כמ"ש סי' ק"ג]. ‹כשיטתו דאין נ"נ בשאר איסורים, ועס"ס ק"ג דאף ההג"ה מודה, כיון דיש מקילין בלא"ה כמ"ש סמ"ק, יש לסמוך על הסוברים דא"א חנ"נ בשאר איסורין – גר"א›.

(טור סימן קכ"א וסימן ל"ד, וע"ל סימן ל"ד ס"ק כ"ב וסימן ק"ג).

סעיף ה - איסור מועט שנבלע בכלי שדרכו שלא להשתמש בו בהיתר מועט, בכדי שיתן זה טעם בהיתר כדי שישתמשו בו, כמו קדרה גדולה וחבית וכיוצא בהן, הרי זה מותר להשתמש בו לכתחלה, אף על פי שהוא בן יומו, לפי שאי אפשר לבא לידי נתינת טעם - והרא"ה והטור השיגו ע"ז, וכ"פ הב"ח, ע"ש. [בסי' צ"ט ס"ז ביארנו דלענין הלכה לא קי"ל כן, ‹אלא באיסור פגום - בה"ט›, ע"ש]. **אבל אם הוא כלי שמשתמשין בו**

בדבר מועט, כמו קערה וכיוצא בה, אסור להשתמש בו, שאין מבטלין איסור לכתחלה, אפילו איסור מועט ואפילו איסור הבלוע – ‹צ"ל דדינא דאין מבטלין איסור לכתחלה אינו באמת אלא באיסור בעין, אבל באיסור בלוע הא אין כוונתו לבטל האיסור, אלא לבשל בהקדירה, והאיסור הבלוע נתבטל ממילא, **אלא** דה"ק, דכשלפעמים הוי איסור גמור, כיון שמשתמשים בו גם בשלא בשפע ולא יהיה ששים ונמצא יש עליו שם איסור, ממילא דגם בשפע אין לשמש בו, דזהו כמבטל איסור, כלומר דלכן משמש בו עתה מפני שעתה נתבטל האיסור ביותר מששים, **משא"כ** אם תמיד דרכו להשתמש בשפע ולא יוכל לעולם לבא לידי איסור, א"כ אין שם איסור עליו, ואין כאן שם מבטל איסור, כיון שאין כוונתו לבטלו אלא לבשל בו – ערוה"ש›.

סעיף ו - סתם כלי עו"ג הם בחזקת שאינם בני יומן, לפיכך אם עבר ונשתמש בהם קודם הכשר, התבשיל מותר – [פירוש דבר היתר שאינו חריף, אבל אם הוא דבר חריף ודאי אסור, כדלעיל סעיף ג'].

[**והטעם** שמחזיקין כלי עכו"ם באינו ב"י], כתבו הפוסקים, דהוי ספק ספיקא, ספק נשתמשו בו היום או אתמול, ואת"ל נשתמשו בו היום, שמא נשתמשו בו בדבר שהוא פוגם בעין, או שהוא אין נ"ט, ‹**ספק** א' מתיר יותר מחבירו, כמ"ש הש"ך בדיני ס"ס דין י"ב – רעק"א›, **ומה"ט** אסור לבשל לכתחלה בכלים של עובדי כוכבים, דליכא אלא חדא ספיקא, דקדרה שאינה ב"י אסור לכתחלה, [**וכתוב** בטור, ולפי זה הוא הדין נמי כלים שלנו שהוא ספק ספיקא, תולין להקל, עכ"ל, וכן כתוב בשלחן ערוך בסמוך סעיף ז', **וכתוב** בד"מ, בהג"ה ש"ד כתוב דבשל ישראל יש לו תקנה בשאילה, ואם אינו יודע נקנסיה, עכ"ל, **ונראה** לי דלא שייך קנס אלא באותו ישראל דהקדרה שלו והו"ל לידע, אבל באחר לא שייך קנס, כדלעיל סימן צ"ט, עכ"ל ד"מ]. ‹**ולענ"ד** נראה דגם באחר, כשהבעלים בביתם והיה יכול לישאל מהם, ג"כ שייך קנס – ערוה"ש›.

וכתב מהרש"ל, דהא דסתם כלים של עובד כוכבים אינם ב"י, היינו דא"צ לשאול אם הוא ב"י או לא, ואם אחר ששאל נודע לו שהוא ב"י, ישאל מה שבשלו בו היום, ואם הוא דבר שאינו פוגם בודאי, או שאינו יכול לידע, אין ראוי להתיר, מאחר שאין כאן ספק ספיקא, **ואע"פ** שאין אנו חוששים לדבריו של עובד כוכבים לא לאסור ולא להתיר, היינו לאותו דבר שהיה כבר בחזקת כשרות, אבל הכא שכבר הורע חזקה, שסתם כלי עובד כוכבים בלועים באיסור, רק מכח ספק ספיקא באת להתיר, הלכך סמכינן אדבורו, **ועוד** הא דלא סמכינן אדבריו של עובדי כוכבים, היינו היכא שבא להשביח מקחו, שאמר של ערלה הם, כדאיתא בש"ס, עכ"ל, **אבל** מתשו' ר"ל ן' חביב נראה מבואר, דאפי' אומר שהוא ב"י, לא סמכינן אדבורו.

[**ולא נראה** לענ"ד ‹דבריו של מהרש"ל›, **דמ"ש** שאחר ששאל אותו ואמר ליה שהוא בן יומו אין כאן ספק ספיקא, הא ודאי יש כאן ספק ספיקא, דספק שמא הוא משקר במה שאומר שהשתמש בו היום, דהא סתם עכו"ם שקורי קמשקר, כדאיתא פרק חזקה הבתים גבי אניס לחמריה ולאוכפיה, מדכתיב אשר פיהם דבר שוא וגו', ותו מ"ש דהכא הורע חזקת כשרות דהכלי, מאי חזית דאזלינן בתר חזקת הכלי, זיל בתר חזקת התבשיל שמבשל בתוכה, שיש לו חזקת כשרות, וזה ממש דומה לסוגיא דפ"ק דחולין, העמד סכין על חזקתו ואימר לא איפגם, אדרבא העמד בהמה על חזקתה ואימא לא נשחטה, ומשני סכין איתרעי בהמה לא איתרעי, והכא נמי ממש כה"ג, דהתבשיל אין בו ריעותא. ומ"ש הא דלא סמכינן אדברי העכו"ם דוקא כשמתכוין להשביח מקחו, אמת שבסוף יבמות איתא כן, עכו"ם שמביא פירות לשוק ואמר פירות הללו של ערלה הן כו', לא מהימן לא לאיסור ולא להיתר, אלא להשביח מקחו נתכוין, **התם** הוצרך התלמוד לזה דלא תימא כיון שהוא מקלקל לעצמו ואומר שהם של ערלה, ודאי קושטא אמר, לזה אמר אדרבא שהוא מכוין להשביח מקחו, אבל בלאו הכי ודאי אין העכו"ם נאמן כלל אפילו לאיסור, אפי' במקום שאין שייך להשביח מקחו אומר כן, דהא אפילו ישראל אינו נאמן לאסור את של חבירו כל שאינו בידו, **אכן** נראה לי דאם העכו"ם אומר כן לפי תומו מעצמו בלי שום שאלה, ונראין הדברים שלא נתכוין על ישראל, אז יש להחמיר ולאסור התבשיל של הישראל שמבשל בתוכו, וראייה לזה ממ"ש בסי' שי"ג סעיף ב', באומר העכו"ם לפי תומו שישראל ציוהו לחתוך המום שאסור. ויש לדון עוד בזה כמו דפסק בסי' ט"ו, דאי מהימן ליה העכו"ם אסור, הכי נמי יש לדון בזה אפי' באינו מסיח לפי תומו].

(**במ"י** תמה בזה, דהט"ז סותר לדברי עצמו לעיל סימן מ"ח סקי"ט – רעק"א).

(**ועיין** בתשובת מים רבים, שכתב חכם אחד על ענין הנזכר שם, וז"ל, ובר מן דין כו' כיון שהדבר ידוע שכל העובדי כוכבים המוכרים הם עניים, ואין להם כלי אחר לבשל תבשילם, וא"כ אלו הכלים אין נכנס בכלל סתם כלי עובד כוכבים, עכ"ד, וע"ש מה שהשיג על החכם, **ולפענ"ד** דמי זה למ"ש בשם נו"ב בקאוו"י שאלי"ן, ולכן הדין עם החכם).

(**אמנם** באמת אין כלל בזה, והכל לפי הענין, ואם הוא מבין שבשלו בו כהיום, או שלפי האומדנא הבעה"ב הזה אינו עשיר להחליף כליו, או שהוא לעת ערב דבוודאי קרוב הדבר שבישלו בו היום, הוי איסור גמור אפילו אם לא הגיד לו שהוא בן יומו, ומימינו לא שמענו לסמוך על היתר זה, ולא יעשה כן בישראל לאכול אף המותר מכליהם על סמך זה דאינם בני יומן, וכ"ש בקאוו"א הייז"ר ושותין עם חלב, דבכל שעה שותין שמה ובוודאי הם בני יומן, וטי"י מותר לשתות, דלזה לכל אחד כלים מיוחדים – ערוה"ש).

הגה: אבל אם חמם מים בכלי של עובד כוכבים ללוש בהן פת, אסור ללוש באותן מים, דלדבר זה מקרי לכתחלה, הואיל ועדיין לא התחיל מלאכתו, שלא הוחמו לשתיה - משמע אבל אם הוחמו לשתיה, מותר לשתותן, דלענין זה מקרי דיעבד, ומותר כמו שאר דברים הנקחין מן העובדי כוכבים ומותרים, מאחר שכבר נעשה ביד עובד כוכבים מקרי דיעבד, עכ"ל ת"ח.

(**עיין** בפמ"ג לעיל סי' צ"ד העלה, דבבישול מים בכלי ישראל שאב"י, אף בהוחמו לשתיה אסור, עיי"ש – רעק"א).

אבל דבר שנעשה בשבילו ולא בשביל דבר אחר, אע"פ שהוא של עובד כוכבים וישראל קונה ממנו, לכתחלה מותר, דמאחר דכבר נעשה ביד עובד כוכבים, מקרי דיעבד.

אף על פי כן אסור לומר לעובד כוכבים: בשל לי ירקות בקדרתך, וכן לא יאמר לו: עשה לי מרקחת, שכל האומר: בשל לי, הרי הוא כאלו בישל בידיו - (עיין בספר ל"ש, שנסתפק אם העובד כוכבים עושה מעצמו כך בשביל הישראל לבדו, או בשביל אנשי העיר למכור להם, ורוב העיר ישראל, ומכ"ש אם הישראל יודע שעשה בשבילו, דאפשר בכה"ג אסור ג"כ, ע"ש).

ואפשר שעל ידי הרקחים (או שאר אומנים) מותר, שכל האומנים מיחדים כלים נקיים למלאכתם, כדי שלא יפגמו אומנותם. ובעל נפש יחוש, שדברים אלו מביאים לידי טהרה ונקיות - (כלומר הגם שמעיקר הדין נוכל לסמוך ע"ז שיש להם כלים מיוחדים, מ"מ הבעל נפש ראוי להרחיק את עצמו מזה, דאולי לא כן הוא ומטמטם הלב, **ולפי"ז** בזמנינו שכל הרוקחים אין שום ספק ספיקא בדבר אם יש להם כלים מיוחדים, דדבר ברור הוא שיש להם כלים מיוחדים, גם בעל נפש א"צ להרחיק את עצמו מזה – ערוה"ש).

סעיף ז - כשם שסתם כליהם של עובדי כוכבים אינם בני יומן, כך סתם כלים שלנו בחזקת שאינן בני יומן - (ועיין בתשובת באר שבע שכתב, דאע"ג שהשוו אותם הפוסקים לענין שהם בחזקת שאינן ב"י, מ"מ יש חילוק גדול ביניהם, דלא אמרינן סתם כלים שלנו אינן ב"י אלא כשאין בעל הכלי לפנינו לשאול את פיו, **אבל** בכלי עובד כוכבים אף שהעובד כוכבים לפנינו א"צ לשאול, משום דאינו נאמן ודיבורו לא מעלה ולא מוריד, ע"ש).

סעיף ח - כלי שנאסר בבליעת איסור ונתערב באחרים ואינו ניכר, בטל ברוב - כפול לעיל סי' ק"ב ס"ג, ושם נתבאר ע"ש.

(**ואף** על פי שאפשר להגעילו ולהחזירו להכשרו, ע"י כך אין דנין אותו כדבר שיש לו מתירין לאסור כולם עד שיגעילם, שכל שאין מתירין שלו באין מאיליהן, וצריך לפזר מעותיו ולהוציא הוצאות, אינו בכלל שיש לו מתירין, עכ"ל הטור, **וכ"ש** בכלי חרס דלא מהני בהו הגעלה, **וכן** הדין בכלי בשר שנתערב בשל חלב או של חלב בשל בשר – ערוה"ש).

סעיף ט - יש ליזהר מלהניח בבית עו"ג כלי סעודה, דחיישינן שמא ישתמש בהם - (מבואר מלשונו דרק לכתחלה יש לחוש לזה, אבל בדיעבד אם עבר והניחן, אין בכך כלום, וכן נראה ממש"כ בס"י ע"ש, וכוונתו להשהותם מעת לעת, אלא שקיצר בשו"ע כדרכו,

והב"ח והט"ז רוצים להחמיר בזה אפילו בדיעבד, **ולא** נראה לאסור בדיעבד משום חששא בעלמא, וודאי לכתחלה אסור לעשות כן ולסמוך אשהיית מעת לעת, אבל בדיעבד מותר, **ואפילו** בישל הישראל בו ביום שלקחה מהכותי, אין לאסור המאכל בדיעבד, ולא מחזקינן ריעותא לומר שבישל בה או עירה לתוכה רותח, **כן** משמע בש"ך, וגם רבינו הרמ"א ס"ל כן, **ודע** דכל זה אינם אלא בכלים כקדרות וקערות גדולות, שיש לחוש לבישול או לעירוי מכלי ראשון, **אבל** בטעלער וכפות ומזלגות וסכינין שהתשמיש בהם הוא בכלי שני, וכ"ש בדברים שתשמישן בצונן, מדיחן ומותר – ערוה"ש).

הגה: ואפילו אם נתנס לאומן לתקנס, צריך לעשות בהם סימן שלא ישתמש בהם העובד כוכבים. ואם עבר ולא עשה, כשחזר ולקחן מן העובד כוכבים צריכים הגעלה – [וזהו מדברי המרדכי... ולפי זה כשמוליכין הסכנים להשחיזן בבית האומן, ומחזירן בו ביום, ליכא האי טעמא דספק ספיקא, משום דבו ביום החזירן, **וליכא** למימר ספק משום דלא נשתמש בו כלל, דודאי רגיל להשתמש כיון שאין ישראל עומד על גבו, הלכך צריך להגעילו – וזהו ספק הרגיל ולא נחשב לספק כלל, כמ"ש ת"ה לענין חטין המתולעין, שכל ספק הרגיל לא נחשב לספק כלל, **ואף** ע"ג דבסי' פ"ד סעיף ט' כתבתי, שאף ספק הרגיל נחשב שם לספק ספיקא, מ"מ הכא רגיל טפי, כיון דהמרדכי לא רצה לחשבו לס"ס, וא"כ אסור כאן דיעבד בהחזירן בו ביום, **ובת"ח** שם פוסק, דנראה לו לדינא דבדיעבד שרי, דהא אין בירור שנשתמש בו עכו"ם, אע"ג דרגילות להשתמש בו, אינו יוצא מידי ספק, **והיא** אינה סברא כלל כמו שהבאתי ראייה לעיל מת"ה, דלא נחשב ספק כלל, **ואין** כח לחלק מסברא דנפשיה להקל במה שמחמיר במרדכי בפירוש – **וכן** אומר ר"ת, דצריך שילך הישראל להשחיזה, והיה מחמיר בהן יותר מכלי עכו"ם עצמם... מיהו אותן סכינים שמוליכין העבדים עובדי כוכבים שבבית ישראל אנה ואנה, אותם יש להתיר מטעם ספק ספיקא ככלי עובד כוכבים, ונכון להחמיר].

[**וכתב** **או"ה** דברי המרדכי אלו, במה שהחמיר בסכינים יותר מבשל עכו"ם, ומסתמא היינו לענין דיעבד קאמר, שאם חתך בשר רותח מסכין ההוא, הוי כאלו הוא של עכו"ם ב"י, דאל"כ מה חילוק יש, הלא אף כלי של עכו"ם צריך הגעלה לכתחלה, ואם שכח בביתו קערה של חרס ישבר, עכ"ל, **משמע** דאף ביש ספק ספיקא בכלי ישראל שהניח בבית עכו"ם, אסור אפי' בדיעבד, ‹לפי ר"ת›, וכן משמעות המרדכי, מדאמר מיהו אותן סכינים כו' יש להתיר משום ספק ספקא, משמע דלעיל מיניה לא מהני ספק ספיקא לחומרא של ר"ת, **וקשה** מ"ט באמת החמיר ר"ת ביש ספק ספיקא, והא בכל התורה מהני ס"ס, **ובת"ח** כתב, שר"ת החמיר בלכתחלה בזה יותר מלכתחלה בשל עכו"ם, אבל דיעבד שרי, **ולא** נהירא כלל, כיון ששניהם אסורים לכתחלה, מה חומרא בא' יותר מחבירו, ותו דכבר הוכחנו מן המרדכי, דבחומרת ר"ת לא מהני כלל אפי' ס"ס אפי' דיעבד, דלא התיר דיעבד אלא בעבדים עכו"ם בבית ישראל דוקא, **ונלע"ד** דכל ס"ס דמותר בדיעבד, היינו אחר שנעשה ס"ס, אבל ישראל זה שמניח במזיד סכין שלו בבית עכו"ם, וסומך על מה שיהיה ספק ספיקא, בזה ראוי להחמיר, **ולפי"ז** אם שכח סכינו בבית עכו"ם, מותר במקום שיש ס"ס, **ועפ"ז** מיושב מ"ש המרדכי אחר כך בשם הר"ש בונבורק, להתיר היורה מטעם ס"ס, ולכאורה סותר מ"ש תחלה בשם ר"ת להחמיר אפי' בס"ס, **והב"י** סוף סימן זה כתב, דהר"ש מתיר כיון שהחזירן למחר, הו"ל ס"ס, ולעיל החזירן בו ביום וליכא אלא חד ספק, וזהו א"א לאומרו, כיון דכבר הוכחנו דאפי' בס"ס מחמיר ר"ת. **ומו"ח** ז"ל כתב דהר"ש חולק על ההיא דלעיל, **ולא** נלע"ד, דלשון המרדכי לא משמע כן, דכתב הדברים בלא מחלוקת, אלא לפי מה שכתבתי ניחא, דלא החמיר ר"ת אלא במניח במזיד, אבל בשכח הוי ככלי עכו"ם ומותר בס"ס, והר"ש מיירי בשכח, ולא כמו שכתב או"ה להחמיר אפי' בשכח].

ודוקא אם שהו קלת אלל העובד כוכבים, דהיינו כחלי יום, אבל לפי שעה אין לחוש – [וזהו מדברי המרדכי שכתב כן גבי סכינים, דדוקא אם הניחם אצל העכו"ם חצי יום או יותר, אבל לפי שעה לא, עכ"ל, וקשה דבסימן קל"ו כתב הטור, אפילו לא שהו שם רק שעה אחת צריכים הכשר, **ובאו"ה** מחלק באם ששולח מחוץ לעיר, דאז אין העכו"ם מרתת, אסור אפילו לפי שעה, אבל מבית לבית מרתת לפי שעה, ומותר אפי' לכתחלה, אלא אם כן נשתהה שם חצי יום. **ומו"ח** ז"ל כתב דיש כאן פלוגתא, מאן דמתני הא לא מתני הא, **ולענ"ד** נראה דאטו חצי יום או לפי שעה כתיבי בגמרא שנעשה חילוק ביניהם, אלא העיקר שכל דבר לפי עניינו, במידי

דדרכו להשתמש תדיר אפי׳ דרך עראי, כגון כלי של יין שאדם עשוי לשתות בכל שעה, ויש לחוש שמא בשעת מועטת שהיה אצל העכו״ם שתה בו יין, על כן החמיר בו בסי׳ קל״ו אפי׳ לפי שעה, **משא״כ** בכלי שמבשלין בו או סכין של אכילה, שאין דרך להשתמש בו אלא בשעת אכילה, ואין דרכו של אדם לאכול אלא שיעור קבוע ביום, ע״כ אין להחמיר בו אלא בנשתהה כמו חצי יום, ולאו דוקא חצי יום, אלא שיעור גדול שיש לשער שבאותו זמן היה משתמש בו באכילה, **וזהו** דבר הלמד מענינו, שהטור לא כתב להחמיר לפי שעה אלא בסימן קל״ו דמיירי מכלי יין, כן נלע״ד].

וכל זה כשרוצה להשתמש בו ביום שנתנו לו, דליכא אלא חדא ספיקא, שמא נשתמש בו העו״ג או לא - [מ״ש כאן רמ״א דליכא אלא חדא ספיקא, שמא לא נשתמש בו כו׳, לא היה לו לכתוב כן, דזה אינו ספק כלל כמ״ש המרדכי, אלא היה לו לכתוב שמא נשתמש בדבר הפוגם, שספק זה הזכירו במרדכי שם, ובטור בסי׳ זה אצל כלי עכו״ם].

אבל אם לא לקחו מן העו״ג עד לאחר זמן, דנוכל לומר אף אם נשתמש בו העובד כוכבים כבר נפגם ונשתהא מעת לעת; או נשתהא ביד ישראל לאחר שלקחו מן העובד כוכבים מעת לעת, אזלינן לקולא ואין חוששין בדיעבד (סברת הרב) - אין ר״ל שהמאכל שנשתמש בו מותר בדיעבד, דזהו פשיטא, ועוד דהא אכתי לא הזכיר כלום מהמאכל, אלא ר״ל דכיון שכבר נתנו ביד עובד כוכבים ולקחו ממנו, אין חוששין בדיעבד, ומותר להשתמש בו אפי׳ לכתחלה, כמ״ש הרא״ה ומביאו בת״ח, וכ״כ בסימני ת״ח שם, לאפוקי לכתחלה אסור ליתנו לעובד כוכבים על דעת שישהנו אחר כך מעת לעת, **ואע״ג** דהרא״ה לא קאמר אלא כשהישראל משהנו מעת לעת מותר להשתמש בו לכתחלה, משמע ליה להרב דכ״ש כל שנוכל לומר שנשתהה ביד עובד כוכבים דשרי, דהא לא דמי לכלי עכו״ם ‹דאסור לכתחילה›, וכן משמע בסימני ת״ח שם.

ואע״ג דבת״ח שם משמע דלהרא״ה ה״ה אם נשתמש בו באותו יום בלא הגעלה, המאכל מותר, ‹וא״כ לצד דהוא אסור אפשר דגם הכלי אסור›, היינו לסברת הרב, **אבל** האו״ה דס״ל המאכל אסור, וכפשט דברי המרדכי, אפשר לומר דהא והא איתא, דאע״ג דהמאכל אסור, היינו משום דנשתמש בו באותו יום, אבל כל שנשתהה מעל״ע, אפי׳ לכתחלה מותר, **ולזה** כתב הרב בהג״ה כאן ברישא בסתם, דאין חוששין, והיינו כשנשתהה מעת לעת דמותר להשתמש בו לכתחלה, ואח״כ כתב דעת האוסרים המאכל, **ואע״ג** דבת״ח שם משמע דלהאו״ה דאוסר המאכל, אוסר נמי להשתמש בכלי אפילו נשתהה מעל״ע, מ״מ לענין דינא נ״ל להרב לחלק כמ״ש.

אזלינן לקולא - ‹ומה״ט פסק בתשובת ש״י, באחד שמצא סכינים ברחוב היהודים, ומצויים שם עובדי כוכבים, כי הוא מקום מעבר לרבים, שהסכינים מותרים בלי שום הכשר, ולא אמרינן בזה דאיתרע בנפילה, ע״ש›.

‹**מלשון** המרדכי›, [ונשאל להרב ר״ש בונבור״ק, רק על ישראל שאפה בבית העכו״ם, ושכח היורה שחממו בה חמין בבית העכו״ם עד למחרתו, **והשיב**, נ״ל אף ע״ג דתנן כו׳ וכ״ש עם העכו״ם שיש לומר שנשתמש בהן, מיהו יש לומר העמד היורה על חזקתו ונאמר לא נשתמש בה איסור, ואפי׳ נשתמש ה״ל פגומה שאינה ב״י, וסתם כלי העכו״ם מחזיקין בהכי כדברי ר״ת, עכ״ל].

[**אלא דמ״מ** י״ל דאף הר״ש לא התיר היורה אלא אם בישל בו בדיעבד אח״כ, ע״כ נ״ל דאף ביש ס״ס, לכתחלה צריך הכשר, כיון דאפשר בזה, ‹והט״ז חולק על הרמ״א בזה - באה״ט›, אבל בכלי חרס דהיה צריך שבירה, בזה הוה לכתחלה נמי שרי דהוי כדיעבד, **וכל הנ״ל** ביש ס״ס, אבל היכא דליכא ס״ס, כגון שהחזירן העכו״ם בו ביום, אסור מדינא, דהא ליכא אלא חד ספק, כמו שכתב המרדכי, דליכא למימר שמא לא נשתמש, ואת״ל נשתמש, שמא בדבר הפוגם, דכל כלי סתמא שמשתמשין בו].

[והב״י בסי׳ זה כתב בשם א״ח בשם הרא״ה, קערות שלנו שעמדו בבית העכו״ם בלא סימן, משהה אותם מעת לעת ומותר, עכ״ל, **מדלא** מחלק כמה עמדו בבית העכו״ם, ואימתי החזירם, ש״מ בכל גווני קאמר דמשהה ומותר, וחולק על המרדכי דלעיל, **ונראה** דקי״ל כהמרדכי, חדא שהמרדכי פוסק מפורסם אחרון, וברוב דבריו אנו נוהגים כמותו, **ותו** דדברי הרא״ה תמוהין, דהא בכלי עכו״ם ג״כ מותר בדיעבד דוקא, ולא אמרינן דישהה אותם, מטעם גזירה דישתמש בה היום, הכא נמי דכוותיה],

‹**ומש"כ** הרמ"א או נשתהא ביד ישראל, היינו דוקא כשכבר נתשהא, אבל קודם שנתשהא אסור להשהותו›.

דבריו תמוהין, דהרא"ה ס"ל ממש כהר"ש מבונבורק, הלכך לא דמי לכלי של עכו"ם, דהכא כיון דכלי ישראל הוא אמרינן העמידנו על חזקתו, וכמ"ש הר"ש, ואה"נ דלהר"ש אם החזירן בו ביום, צריך שהייה, אלא דהר"ש מיירי התם דשהה כבר ביד עכו"ם והחזירה למחרתו, הלכך מותר מיד, **וגם** יתר דבריו שכתב בכאן אינם מוכרחים כלל, ועמ"ש בש"ך - נקה"כ.

[**ובת"ח** כתב דהרא"ה מיירי שלא החזירן בו ביום, דאיכא ספק ספיקא, אז מהני שהייה, **ונראה** שמ"מ אין דברי הרא"ה להלכה, דאי מיירי בענין ששייך בו חומרא דר"ת, שהחמיר אפילו בס"ס בשל ישראל שהניח אצל עכו"ם, ודאי דברי הרא"ה בטלין נגד דברי ר"ת, **ואי** מיירי בענין שאין שייך חומרא דר"ת, דהיינו כעין מעשה דהר"ש שזכרנו לעיל, אז א"צ שהייה, וכהוראה דהר"ש, **ואין** להתיר מכח מה דמביא ב"י בסי' קל"ו בשם הר"ן בשם הרא"ה ורבו הרמב"ם, לענין כלי היין, דבדיעבד מותר כלי של ישראל שהיה בבית עכו"ם, כל שספק אם השתמש בו אם לא, מטעם דאפילו ודאי השתמש בו אינו אוסר אלא משום גזירה, **אדרבה** משם ראייה לאיסור, דהתם כיון שאין האיסור אלא משום גזירה, הוי כמו ס"ס דהכא, ממילא היכא דליכא אלא חד ספיקא, אסור אפילו דיעבד].

אכן מה שהקשה הב"ח לקמן סי' קל"ז ממ"ש הטור ורש"י והפוסקים, דהשולח כלי היין ביד עובד כוכבים אפילו שעה אחת, צריך הכשר כו', ונדחק מאד, ומסקנת דבריו דר"ת שבמרדכי לא ס"ל כהטור וסייעתו, ולענין דינא התם נמי מותר להשהותן מעל"ע ולהשתמש בהן לכתחלה, **והיכא** דשהה ביד עובד כוכבים יום או יומים, אסור להשתמש בהן לכתחלה בכל ענין, כמו כלי של עובד כוכבים עצמן, ודלא כהר"ש בונבור"ק שבמרדכי, דיחיד הוא נגד הטור ורש"י והפוסקים, דמצריכים הכשר לכלי היין, ולר"ת והרא"ה ביורה שתשמישו בחמין מודי דצריך הכשר, ודלא כמו שכתב ב"י ס"ס קכ"ב, דר"ת והר"ש בונבורק שוין בדבר זה, עכ"ד, **ולא** ירדתי לסוף דעתו, דהתם בכלי היין לא שייך שהייה מעל"ע, וכדקי"ל לקמן ר"ס קל"ז, דכלי היין לא שייך בהו לפלוגי בין ב"י לאינן ב"י, וכ"כ הר"ן, וכמו שהוכיח הרא"ש בתשובה, דכל זמן שלא עבר עליהם שנים עשר חודש, יש בהן טעם לשבח, והלכך צריך הכשר בכלי היין לרש"י וטור וסייעתם, דלא שייך בהו טעמא דהר"ש דאפילו נשתמש בהן הוה ליה פגום אחר מעת לעת, **אבל** ביורה כולי עלמא מודו להר"ש בונבורק, דמותר להשתמש בהן לכתחלה מיד, מטעם שכתב מהר"ש מבונבורק שם, וז"ל, דהעמד היורה אחזקתה - ומה"ט לא דמי לכלים של עובדי כוכבים דאסורים להשתמש לכתחלה, דכלי של ישראל אמרינן אוקמוה אחזקתה - ואימור לא נשתמש בה איסור, **ועוד** דאפי' נשתמש בה הוה ליה פגומה שאינה ב"י, דסתם כלי של עובד כוכבים מחזקינן לה בהכי כדברי ר"ת, והוה ליה ספק איסור דרבנן ולקולא, עכ"ל, **ומעתה** אין כאן מחלוקות בין הפוסקים כלל, וזה ברור, וכן במרדכי הביא דברי ר"ת ודברי הר"ש מבונבורק בסתם זה אחר זה, וכן באו"ה פסק כדברי שניהם בסתם, וזהו דעת הרב בסימני ת"ח שם וכאן בהג"ה, דאם הניחו ביד עובד כוכבים מעל"ע, מותר להשתמש בו לכתחלה, וכן עיקר, **וכל** זה בכלים שדרכן להשתמש בהן בחמין, אבל כלים שדרכן להשתמש בהם צונן, ודאי דסגי בהדחה, וק"ל.

ואם לקחו מן העובד כוכבים באותו יום שנתנו לו, ועבר ונשתמש בו בלא הגעלה, יש אוסרים המאכל כמו בכלי שהוא בודאי בן יומו; ובמקום צורך יש להקל בדיעבד – [כבר נתבאר שלענין הלכה, דאין כאן קולא בדיעבד אפי' לצורך גדול, דלא כמ"ש רמ"א, אלא אף דיעבד אסור].

ולכתחלה יש ליזהר בכל ענין, אפילו בעבדים ושפחות העובדי כוכבים שבבית ישראל, שלא לייחד כלים שלנו אצלן, שמא ישתמשו בהן בדברים האסורים. וע"ל סימן קל"ו – [מיהו אותן סכנים שמוליכין העבדים עכו"ם שבבית ישראל אנה ואנה, אותם יש להתיר מטעם ספק ספיקא ככלי עכו"ם, ונכון להחמיר], ‹מלשון המרדכי מובא לעיל›.

והעולם אינם נזהרים עתה בזה, והטעם משום דהעבדים והשפחות הם בבית ישראל תמיד שישראל יוצא ונכנס שם, דבכה"ג מותר אפילו לכתחלה, כדלעיל סי' קי"ח ס"י.

וכל זה לדעת הרב, אבל הב"ח בס"ס זה ובסי' קל"ז חולק, וכתב דהיכא דשהה ביד עובד כוכבים כחצי יום, והחזירה בו ביום, צריך הגעלה, ואם כלי חרס הוא צריך שבירה, ולא מהני שהייה מעל"ע, **ואם** נשתמש בו באותו יום, המאכל אסור, וזהו כדעת האו"ה שפירש כן דברי המרדכי בשם ר"ת, **והיכא** דשהה ביד עובד כוכבים לפי שעה, מהני שהייה להשתמש בו לכתחלה, ובהכי מיירי הא"ח בשם הרא"ה, **ואם** נשתמש בו בלא שהייה, המאכל מותר, והיינו מ"ש המרדכי בשם ר"ת, אבל לפי שעה אין לחוש, עכ"ד.

[**כלל העולה**, דבמקום שיש ס"ס, כגון שלא החזירו בו ביום, אם הניחו במזיד, יש לאסור הכלי וצריך הגעלה, וכלי חרס צריך שבירה, **ואם** שכחו, יש להתיר הכלי, **אלא** דאם הוא כלי שאפשר להכשירו, יכשירנו, וכלי חרס מותר, וכן בכלי היין דסי' קל"ו, **אבל** באין ס"ס, כגון שהחזירו בו ביום, יש לאסור אפילו דיעבד מדינא, והיינו אם הוא כלי אכילה, אין איסור אלא שישהה אצל העכו"ם מקצת היום, שיעור גדול שלפי אומד הדעת השתמש בו באכילת איסור, **ואם** הוא כלי שתיה כההיא דכלי יין סימן קל"ו, דאסור לכתחלה, הוא אפילו לפי שעה, כנלע"ד, ומו"ח ז"ל האריך בדין זה והעלה מה שהעלה, ומה שנלע"ד כתבתי].

סעיף י - קערות ששלח ישראל לעו"ג עם מאכל, ושהו שם, אם ניכר בהם המאכל ששלח הישראל בתוכה, מותר. ואם לאו, אסור, אם רגילים להדיח הכלים בחמין, דחיישינן שמא הודח עם כלי איסור.

‹**ולכאורה** ל"ל האי טעמא, תיפוק ליה דאסור שמא נשתמש בהם העכו"ם במאכל איסור, אלא משום דחששא זו אינה אלא לכתחלה, אבל חשש הדחה בחמין הוי גם בדיעבד, שיש רגלים לדבר מדהיא נקייה ואינה מלוכלכת - ערוה"ש›.

סעיף יא - כלי סעודה שביד העו"ג, ומסיח לפי תומו ואומר שחדשים הם, ויראה שהוא כמו שהוא אומר, מותר לקנותם ממנו - נ"ל דה"ט, דכיון דסתם כלים של עובד כוכבים אינן ב"י, א"כ ליכא אלא איסור דרבנן, ועובד כוכבים מסל"ת נאמן באיסור דרבנן, כמ"ש בסימן צ"ח ס"ק ב' ע"ש, וע"ל סי' קכ"א ס"ק ט"ו.

הגה: ויש מחמירים ואומרים שאינו נאמן - ‹דס"ל דאף בדרבנן אינו נאמן - גר"א›, **ואין ליקח כלים מן העובד כוכבים רק כשמוכר הרבה כלים, וקונה כלי בין הכלים. וכן נוהגין לכתחלה, אבל במקום הדחק, כגון שנתארח בבית עובד כוכבים ואין לו כלים, נוהגין כסברא הראשונה, וכן עיקר. ועיין לקמן סימן קל"ז.**

סעיף יב - יש מי שאומר שקערות הבאות מעבר לים שקערורות ירקרקות או אדמדמות, אסור להשתמש בהן לעולם בחמין, מפני שאינן חדשות, שהעובדי כוכבים משתמשים בהם ואינו ניכר.

‹**ונ"ל** דכל זה אינו אלא בבעה"ב המוכר, אבל בחנוני כותי המוכר אין שום חשש, דע"פ רוב החנוני מוכר חדשים, ואין לנו לחשוש שמא נתנם לתשמיש - ערוה"ש›.

§ סימן רב – דברים החוצצים בטבילה §

סעיף א - אלו חוצצין בכלים – [תלוי בקפידא של אדם כדלעיל סי' קצ"ח ס"א], **הזפת והמור (יש מפרש החמר, ויש מפרש המסטיכ"ו או המוסק"ו)** – [פי' בערוך ל' מור ואהלות], **בכלי זכוכית, בין מבפנים בין מבחוץ** - כתב הסמ"ג בשם ר"י דה"ק, אפילו זפת ומור שאין חוצצין בשאר כלים שדרך לזפתן, בכלי זכוכית חוצצין, וכ"ש שאר דברים דחוצצין בכל הכלים, דפשיטא דחוצצין בכלי זכוכית, ומביאה ב"י, **וכתב** הב"ח דהכי נהיגי עלמא להחמיר, ולא כהעט"ז שהעתיק לשון הטור.

סעיף ב - כל דבר שדרך להקפיד עליו, חוצץ; ואם לאו, אינו חוצץ אא"כ היה חופה את רובו – [והוא מדרבנן, והיינו או ברובו של כלי אף על גב דאין מקפיד עליו, או במיעוטו המקפיד].

הגה: שחרורית הדבוק ביורה מבחוץ, הוי כדופן הכלי, ודרכו בכך ואינו חוצץ (ב"י ס"ס ק"כ בשם הרא"ש) - ומשמע דבפנים הוה חציצה, ומ"מ דוקא אם הוא בדרך שמקפידין עליו, וכמ"ש בש"ע סימן ק"ד סעיף י"ג לענין חלודה.

‹יש להסתפק, אם רוב הכלי דבוק בשחרורית אם חוצץ, והרי קיי"ל דברובו אף אם אינו מקפיד חוצץ, אך מדבריו שכתבו שחשוב כדופן הכלי, משמע שאפילו בכולו אינו חוצץ, ואין זה בגדר מקפיד ואינו מקפיד, אלא דהוה ממש כדופן הכלי, ויש להתיישב בזה לדינא – ערוה"ש›.

סעיף ג - ‹ידות הכלים ועשויין עם הכלי ביחד, כמו ידות המחתות שהיד היא של מתכת כמו הכלי עצמה וכיוצ"ב, הרי היא כעצם הכלי וצריכה טבילה כהכלי עצמה, בין בטומאה ובין בטבילת כלים חדשים, **וידות** שהן ממין אחר שא"צ טבילה, כגון סכין והיד הוא של עץ וכיוצא בזה, דהעץ א"צ טבילה, **ומ"מ** כשהיא עם היד ביחד אינה חוצצת, ורשאי לטבול הסכין כמו שהוא עם היד, דכיון שעשוי להיות בתוכו תמיד, הוי כחתיכה אחת ואין זה חציצה – ערוה"ש›.

ידות הכלים שאינן עומדים להיות קבועים, כגון שהכניסן שלא כדרכן – [הטעם, כיון שלא ישאירו כן, שצריך לחלצן משם ולתקנן כראוי, ע"כ הוי היד כמילי אחרינא לגבי הכלי וחוצץ], **או שלא הכניסם כולן או שהכניסם כולן ונשברו, חוצצין** – [בטור כתוב: שנשבר לתוך הקתא, ונראה פי', שהקתא הוא משל מתכות כמו הכלי עצמו, והקתא הוא חלול, ומכניס בתוכה היד של עץ או מין אחר, ונשבר היד בתוך הקתא בחללו, נמצא שיצטרך להוציאו ולתקנו מחדש, על כן הוה היד חציצה לטבילת הכלי].

סעיף ד - כל ידות הכלים שנשתברו, כגון יד המגל והסכין, אם משמשין מעין מלאכתן ראשונה, אין חוצצין; ואם לאו, חוצצין.

סעיף ה - מגל שנשברה ידו מן השפה ולפנים אינה חוצצת, מפני שהיא כבית הסתרים; מן השפה ולחוץ, אם משמשת מעין מלאכתה אינה חוצצת; ואם לאו, חוצצת - ‹וה"פ, דמגל הוא כלי אומנות, ומרש"י משמע שזהו שקורין דאלע"ט, שראשו חד ונוקבין בו נקבים רחבים, ע"ש, ויש לו יד של עץ גדול, ותוחבין הברזל הרבה בהעץ, והעץ הוא עב, ולכן אף כשנשבר בפנימיותו, אם מבחוץ הוא שלם, יכולים לעשות בו המלאכה, **וכשנשבר** מבחוץ, אם השבר אינו בעומק, יכולין לעשות בו המלאכה, וכשהשבר בעומק, אין ביכולת לעשות בו מלאכה – ערוה"ש›.

סירגה בגמי או במשיחה, הרי זו חוצצת - שאין זה תיקון יפה אלא תיקון עראי, ובודאי אין דעתו להניחו שם, **דבקה בשרף, אינה חוצצת** - שהוא דיבוק ותיקון טוב, על דעת להניחו שם תיקנה, לפיכך אינה חוצצת, עכ"ל עט"ז.

‹**אך** תמיהני דמה היה לו לרבינו הב"י לכתוב זה, והלא אינה כלי סעודה אלא כלי אומנות, והטבילה הוא לטומאה וטהרה שאינה נוהגת בזמנינו, **ונ"ל** משום דמצינו במס' כלים ריש פי"ג, מגל יד ומגל קציר, ופירשו דמגל יד עשוי לשבר בו עצמות, ע"ש, וזהו כלי סעודה דצריך טבילה בכלים חדשים, ולכן כתבה בש"ע – ערוך השלחן›.

סעיף ו - כלי שכפה פיו למטה והכניסו למים, אם פיו צר קצת ולא הפך פיו למעלה, לא עלתה לו טבילה, לפי שלא יגיעו המים

[ט"ז] ‹רעק"א או ש"א או הוספת הסבר› (פת"ש)

לשוליו, אפילו אם מכניסו כולו למים – [במשנה כתוב סתם, שאין מטבילין כלי דרך פיו, ופירש הר"ש, כל כלי שבתחילת הכנסתו במים כופהו על פיו, אין המים נכנסים לתוכו לעולם, ואפילו מכניסו לתוכו כולו, עכ"ל, וב"י חידש מסברא דנפשיה, שבכלי רחב נכנסין המים לתוכו, ועל כן חילק כאן בש"ע בין צר. ומו"ח ז"ל חלק עליו, ואמר שבדוק ומנוסה הוא שכל כלי אפילו רחב אין המים נכנסין עד שולי הכלי מבפנים מחמת האויר שבתוכו, והאמת הוא כן, **אלא** שבכלי רחב ואין בו חלל גדול כמו קערות וכיוצא בהם, נכנסים לתוכן, ובזה צדקו דברי הב"י, **ולפי** זה אתי שפיר מ"ש בסימן ר"א סעיף ס"ג, דאם מטביל במקוה מצומצם את היורה ושאר כלים, מטבילן דרך פיו, וכאן כתב שבדרך פיו אין כאן טבילה, ולפי מ"ש ניחא, דהיורה אפשר שהוא רחב מאד, ועוד י"ל דלעיל לא אמר ממש דרך פיו, אלא בתוך המים מהפכו קצת].

זה אינו, דהא כתב אם פיו צר קצת, ואם איתא, אפי' פיו רחב הרבה, **ועוד** דגם זה בדוק שאינו, דאפי' רחב הרבה אין המים עוברים לשוליו כשמניחו על פיו - נקה"כ.

הגה: מותר לטבול כלי בתוך כלי, אם יש בפי החיצון כשפופרת הנוד - היינו כשהחיצון טהור, אבל כשהחיצון צריך גם כן טבילה, אפי' אין בפיו כשפופרת הנוד מותר, דמיגו דסלקא טבילה לחיצון, סלקא נמי לפנימי, כדלעיל סי' ר"א סעיף ט'.

ויזהר שכלי הפנימי יהא רפוי בתוך כלי החיצון, ולכן לא יתחוב סכינים תוך דלי ויטבלם, כי לא תעלה טבילה בראשם - אלא יקשרם בחוט וכה"ג בדבר הרפוי.

וכן אם הכלי הפנימי הוא כבד ומונח תוך החיצון, לא תעלה לו טבילה במקום שמונח - לשון האו"ה, דוקא כלים שמלאו מקודם, דמתוך שהוא מלא מכביד על דופניו וחוצץ, אבל כלי ריק אין לחוש, דאי אפשר שלא יבוא שמה מים, **אך** יזהר שלא יושיב כלים הרבה בכלי להטבילם יחד אפי' הם רקים, אא"כ שלא ישבו זה ע"ג זה ככלי העומד על שוליו או על פיו, **אבל** להניח זה אצל זה בדלי, אפי' כלים הרבה יחד מותר לכתחלה, אפי' יפלו זה ע"ג זה בבאר, ואין לחוש, דמתוך שמתגלגלין הנה והנה נוגעים המים ע"פ כולם, עד כאן.

[זהו מדברי המרדכי, והבאתיו בסי' ק"ך ס"ב ובסי' קצ"ח סכ"ח, ושם ביארתי דין חציצה מחמת כובד הכלי].

ועיין לעיל סימן ר"א סעיף ט'.

סעיף ז - כלי שצר מכאן ומכאן ורחב באמצע, אין המים באים לו לכל צד עד שיטהו על צדו.

סעיף ח - כל כלי שפיו צר (יותר משפופרת הנוד), צריך להשהותו במים עד שיתמלא, או ימלאנו קודם שיכניסנו למקוה - ‹כלומר שיתחברו המים שבתוך הכלי למים שבמקוה, ויהיה השקה, ונחשבו גם המים שבכלי כמי מקוה – ערוה"ש›. **ואשמעינן** דאע"ג דאין בפיו כשפופרת הנוד, מהני כשממלאו או משההו במים, דאע"ג דבעלמא לא הוי חבור רק כשפופרת הנוד, לכלי גופא סגי בכל שהוא, כדלעיל סי' ר"א ס"ט, וכ"כ האו"ה, **מיהו** אפי' רחב יותר משפופרת הנוד, אם הוא בענין שאין המים נכנסין לו מיד, צריך להשהותו או למלאותו תחלה, ופשוט הוא.

סעיף ט - ידות הכלים שהם ארוכות ועתיד לקוצצן, מטביל עד מקום שעתיד לקוצצן, ודיו – [ולא הוה מקום חתך חציצה, לפי שהוא בית הסתרים ואינו חוצץ]. ‹ובבית הסתרים של כלים אפי' ראוי לביאת מים לא בעינן, משום דאין אדם מקפיד שם – ערוה"ש›.

§ סימן קכג - כמה דינין מיין נסך, (ואיזו יין נאסור משום יין נסך) ובו כ"ו סעיפים §

‹יין שנתנסך לפני עבודה זרה אסור בהנאה מדאורייתא, כדכתיב: אשר חלב זבחימו יאכלו ישתו יין נסיכם, ואיתקש לזבחי עבודה זרה, **אבל** סתם יינם מותר מדאורייתא אפילו בשתיה, אבל חכמים גזרו לאסור בשתיה, גזירה משום בנותיהן, **וכדי** שלא יטעו לומר דגם יין נסך ממש אינו אסור אלא בשתיה, ולכן גזרו שאפילו סתם יינם יהיה אסור בהנאה, וגזירה זו היא מגזירות י"ח דבר, שאפילו יבוא אליהו לא מהני היתר לאיסור זה, שכבר קיבלו עליהם כל ישראל, **ואיסור** זה של סתם יינם אף על פי שהוא קל בעיני העולם, ודימוהו לשאר איסור דרבנן, אבל באמת האיסור חמור מאוד, והשותה סתם יינם עוקר נשמתו ממקום שנשרש בו בקדושה ביין המשומר בענביו, ואין לו חלק לעולם הבא, והאריכו מאוד בעונש זה המקובלים, ונתחבר על זה ספר מיוחד הנקרא יין המשומר, והקורא בו תסמר שערות בשרו מגודל העונש, וכתבו שקבלה בידם שהשותה סתם יינם יכשל בודאי לבעול ארמית, כמו שגזרו חכמים יינם משום בנותיהם, (וכן הוא בסמ"ג ובספר הזכרונות מהחסיד ר' שמואל אבוהב מאריך גם כן בעונשו, ולכן כל אדם יזהר בזה מאוד לנפשו, ויזכה לסעודת לויתן ולייין המשומר, **ואם** נכשל ושתה יין נסך, יתענה לפחות חמשה תעניתים נגד חמשה פעמים גפן שבתורה, (לבד משנה תורה), ויתוודה ולא ישתה עוד, (סוף סימן קכ"ג) – חכ"א›.

סעיף א - סתם יינם של עובדי כוכבים אסור בהנאה; וה"ה למגעם ביין שלנו.

הגה: משום גזירת יין שנתנסך לאלילים - כלומר אסור מדרבנן משום יין שנתנסך לעבודת כוכבים שאסור מדאורייתא, וכן משום גזירת בנותיהן, כדאיתא בש"ס ופוסקים. [פי' משום בנותיהם אסרוהו בשתייה, ומשום גזירת י"נ אסרוהו אף בהנאה].

ובזמן הזה, שאינו שכיח שהאומות מנסכים לעבודת כוכבים, י"א דמגע עובדי כוכבים ביין שלנו אינו אוסר בהנאה, רק בשתייה; וכן סתם יין שלהם, אינו אסור ליהנות ממנו - דהוי כתינוק שאינו מזכיר שם אלילים ומשמשים לקמן ר"ס קכ"ד, דאינו אוסר יין במגעו אלא בשתיה, טור ופוסקים. [זהו דעת היש מקילין שמביא רמ"א בסמוך, **אלא** שקצת אחרונים החמירו שאין היתר הנאה בסתם יינם רק לענין הפסד].

[דהיינו כיון שאין י"נ גמור שכיח בינינו, בטל הטעם והותרה הגזירה, והכי ס"ל לרשב"ם שמביא הטור, וכעין זה אמרינן גבי גילוי לעיל סימן קט"ז, **אבל** לפי מ"ש הטור ברישא, הטעם כיון שי"נ גמור אסור בהנאה, עשו סתם יינם כאלו ודאי נתנסך, ולא משום גזירה, ממילא גם עכשיו אין היתר הנאה, דדבר שנאסר במנין צריך מנין אחר להתירו, דאין שייך לומר בזה בטל הטעם, ע"כ שפיר כתב הטור "אבל רשב"ם" כו', דתמ' ב"י על ל' "אבל", ולפי מ"ש ניחא, כן כתב ד"מ: ולי נראה דבמ"ש הטור והחמירו לאסור כו', כוון בזה, דאף שאין שייך בזה גזירה כלל, דמשום בנותיהן פשיטא לא גזרו בזה, ואפילו משום י"נ הוא גזירה רחוקה ביין שלנו, נמצא דמצד גזירה דרבנן אין כאן איסור אלא מצד החומרא, ואם כן אף לדידן אסור מצד החומרא, **אבל** רשב"ם כו' דס"ל דמצד גזירה הוא האיסור, וא"כ השתא דלא שייך גזירה, מותר. **וכתב** ב"י, דעכשיו שהעובד כוכבי' מקריבו קמיה עבודת כוכבים, ולא שפכיה כדרך ניסוך פנים, לא מיקרי רק תקרובת עבודת כוכבים, ולא נסך, ומיהו הנהו יונים דלא שתו חמרא עד שהכומר בא וזורק עליהם מים שלהם עם היין, היה נראה דהוי ניסוך, **אלא** י"ל דזה לא הוה רק תערובות מים אסורים, וה"ל מים ביין דבטל, כדאיתא לקמן, ע"כ].

כתב הב"ח, דאפי' שפכי ליה קמי עבודת כוכבים כדרך ניסוך פנים, מ"מ כיון דקי"ל דעובדי כוכבים שבח"ל לאו עובדי עבודת כוכבי' הן אלא מנהג אבותיהן בידיהן, אם כן מה שמנסכים יין לעבודת כוכבים אין קרוי ניסוך, כיון דקרינן בהו שאין יודעי' בטיב עבודת כוכבים ומשתמשים, דמה"ט נמי אין רגילין לנסך לעבודת כוכבי', כלומר אין רגילין לנסך תמיד אלא לפעמים, עכ"ל.

ולכן מותר לגבות בחובו מן העובדי כוכבים סתם יינם, מפני דהוי כמציל מידם, וה"ה בשאר הפסד, כגון אם עבר וקנה או מכר, אבל לכתחלה אסור לקנותו ולמכרו כדי להשתכר בו. ויש מקילין גם בזה, וטוב להחמיר - (עיין בס' לבושי שרד, שלמד זכות על מה שנוהגין עכשיו לעשות סחורה בסתם יינם, ע"ש). **וע"ל סימן קל"ב.**

‹**אבל** לכתחילה ראוי לאסור, שלרוב הפוסקים גם בזמן הזה סתם יינם אסור גם בהנאה, וכן ראוי לכל בעל נפש להחמיר ויצליח (סימן קכ"ג סעיף א'). **וכן** שאין להשכיר עצמו או ביתו או בהמתו או כליו או לשמש ולמזוג לעכו"ם ביין נסך, או להיות תורגמן וסרסור ואפילו לשמור בחנם חביות של יין נסך, אף על גב שפטור אם נשברה או נאבדה, ואפילו לא יחזיק לו טובה, **מכל** מקום אסור, שאם תשבר או תאבד מתוך שמירתו מיצר הישראל, נמצא שהוא רוצה בקיומו, ומצוה לבטל עבודה זרה ומשמשיה (סימן קל"ג סעיף א' וסעיף ו' בט"ז וש"ך). **וכן** לא יתן יין בכלי לעכו"ם המכריז להטעימו, שכיון שנגע בו נעשה יין נסך, וכשמכריזו ומטעימו ומראהו, נהנה הישראל מיין נסך (שם ס"ה). **וכן** בכל מקום שאין הפסד ראוי להחמיר ולאסור בהנאה, רק אין בידינו למחות ביד העושין משא ומתן בסתם יינם כיון שיש מקילין אפי' לכתחילה, וכ"ש בעתים הללו שהעניות מצויה – חכ"א.

סעיף ב - אסור לעשות מרחץ מסתם יינם לחולה שאין בו סכנה. (ועיין לקמן סוף סימן קנ"ה).

סעיף ג - יין מבושל שלנו שנגע בו העובד כוכבים, מותר - ואפי' בשתיה, ואפי' לכתחלה מותר לשתותו עם העובדי כוכבים, כן הוא בש"ס ופוסקים, **ומאימתי נקרא מבושל, משהרתיח על גבי האש** - דהיינו שיתמעט ממדתו על ידי רתיחה, כ"כ הרשב"א והר"ן.

‹**אבל** אם בישל יין של עכו"ם וכיוצא בו, אסור, שהרי כבר נאסר מתחילה – חכ"א.

[באשר"י כתוב ובב"י מביאו: תמוה הוא, כיון שגזרו משום בנותיהן, וכי משום שהרתיחו לא שייך הך גזירה, ואי משום דלאו בר ניסוך הוא, והלא יין מזוג נמי לאו בר ניסוך הוא, ואפשר כיון שהמבושל אינו מצוי כל כך, מילתא דלא שכיחא לא גזרו ביה, עכ"ל, וקשה מ"ש, "ואי משום דלאו בר ניסוך הוא", מה מהני זה כיון דחיישינן משום בנותיהן, ונ"ל דה"ק, דאף משום בנותיהן לא גזרו ביין, אלא במקום שיהיה אסור אף בהנאה דומיא די"נ, ואין שייך לגזור איסור הנאה אלא בראוי לניסוך, אבל באין ראוי לניסוך שרי לגמרי, דזה עדיף טפי משנגזור בשתיה לחוד, שיבא מכשול להתיר גם י"נ בהנאה, וא"כ א"ש הא דשרי במבושל, כיון דאין לגזור בו לגמרי, ע"ז פריך מיין מזוג, דאע"ג דאין ראוי לניסוך, אסרוהו לגמרי, הכי נמי ביין מבושל, ותירץ משום דמבושל לא שכיח, על כן לא גזרו ביה כלל, וקשה למה לא כתב הטור כן, אלא כתב משום דאין ראוי וכו', ונ"ל דהטור לא רצה לכתוב טעם לא מצוי, דגם הרא"ש לא כתבו אלא דרך אפשר, ע"כ כתב טעם זה, שהוא אליבא דהראב"ד דס"ל אף במזוג ראוי לנסך, כמ"ש ב"י בתמד, לפי שהוא משובח לשתיה, נמצא דלדידיה שפיר אמרינן סברא זו שכתבתי, דלא גזרו אלא במקום שאפשר לגזור אפילו בהנאה].

‹**אינו** מובן לי, דמנ"ל להרא"ש ז"ל, דלמא דרך עובד כוכבים לנסך יין מזוג, וכעין שהקשה הרא"ש על הרמב"ם בנתן בו מעט שאור. **ואף** לדעת רבינו יונה, דגם לענין מגע עובד כוכבים בתמד, תליא ברמא תלתא ואתי ד', היינו דהיכא דלא הוי יין לענין בפה"ג, לא נכנס כלל תוך גזירת חז"ל, דלא גזרו רק על היין. ובפרט כיון דעיקר הגזירה היה משום בנותיהן, וזה לא גזרו רק על היין, אבל מ"מ י"ל דדרך עובד כוכבים לנסך יין מזוג. **ובעיקר** קושית הרא"ש לא זכיתי להבין, דמנ"ל להרא"ש דמגע עובדי כוכבים היה משום בנותיהן, הא בפשוטו במגע ל"ש בנותיהן, **רק** כיון דאסרו סתם יינם בהנאה דהוי כאלו נתנסך, מש"ה החמירו ג"כ במגען מחששא דניסוך, **ואדרבה** הלא הרא"ש לשיטתו, דס"ל דמגע גר תושב מותר בשתייה, ויינו אסור בשתיה, ע"כ דמגע ליכא משום בנותיהן, **והכי** משמע ג"כ מדברי הרא"ש שכ' על דברי רשב"ם בעובדי כוכבים שלנו, וטעמים הללו מספיקים ביין שלנו שנגע בו עובד כוכבים, אבל סתם יינן שאסרו משום בנותיהן וכו', הרי דבמגע ל"ש בנותיהן, **ובפרט** למה שצדד הרא"ש אח"כ, די"ל דמתחלה לא אסרו סתם יינם אלא בשתייה, אלא דאח"כ שהיו רגילין לנסך אסרו בהנאה, בודאי י"ל דבכללא דגזירה א' לא היה בכלל איסור במגען, רק אח"כ כשהורגלו לנסך אסרו גם מגען, **וא"כ** ביין מבושל שלנו דמיירי רק מנגיעת עכו"ם, לכאורה אין מקום כ"כ לקושית הרא"ש, וצ"ע – רעק"א.

סעיף ד - יין שמערבין בו דבש ופלפלין, אם נשתנה טעמו מחמתם, אינו נאסר במגע עובדי כוכבים. (והוא הדין בדבש לחוד או פלפלין לחוד) - כל שנשתנה טעם היין, ונראה דה"ה שאר דברים כל שנשתנה טעמו מחמתן, וכ"כ בד"מ ס"י.

‹**אבל** יין מר שקורין ווערמיט וויין, כיון שדרך לשתותו כך, דינו כיין גמור, צמח צדק, **ומצאתי** באורח מישור דחולק על צמח צדק, וכתב דלשון כל הפוסקים משמע כיון דנשתנה טעמו לגמרי, אף על פי שנקרא יין מה בכך – חכ"א.

סעיף ה - תבשיל שיש בו יין ונגע בו העובד כוכבים, אפילו קודם שהרתיח, אין בו משום יין נסך – [כתב ב"י דמשמע מדברי הפוסקים, דאפילו בשתיה מותר, והוקשה לו ממ"ש רש"י מותרת בהנאה גבי אלונתית, משמע דבשתייה אסור, ודחק ליישב פרש"י, להסכימו גם כן להיתר שתייה, והקשה עליו בדרישה... **אלא** פשוט דלרש"י כל מה שבא מחמת יין, אע"פ שאח"כ הלך טעם היין מחמת שנעשה חומץ או איזה תערובות, לא מהני לשתייה אם נגע בו עובד כוכבים, ‹**תמוהים** הדברים, דהא להדיא איתא בש"ס, שמואל ואבלט שתו בהדדי יין מבושל, **ועיין** בפרישה לחלק, דבבית עובד כוכבים אסור, דלא גרע משאר משקין – רעק"א›, **אבל** אנו קי"ל כרוב הפוסקי' דמותר אפילו בשתייה].

הגה: ודוקא תבשיל שאין היין ניכר בו בעין, אבל בשומן וחרדל שנתנו בו יין, והוא בעין לף למעלה, הוי בו משום יין נסך. ונראה דווקא אם לא נשתנה טעמו מחמת דבר המעורב בו (ד"ע).

ואם נתערב ביין מבושל, אם יש בו דבש - כ"כ באופן שאם היה מעורב בו יין בפני עצמו היה משתנה טעם היין מחמתו, כן הוא בד"מ, **לכולי עלמא שרי, דהא לא גרע מאילו היה דבש לחוד.**

ואם אין בו דבש, י"א דמשערין כאילו היה המבושל מים - ודינו כדלקמן ס"ח, **(ב"י בשם רשב"ן והג"א שם)** - ובהג"א מא"ז, דאף בכה"ג אסור אם לא בהפסד מרובה, או שיש מנהג להקל.

וי"א דאם המבושל רוב, אין בו משום מגע עובדי כוכבים (ב"י בשם גדולי הדור).

ויין שנקרש, אין בו משום מגע עובדי כוכבים (חידושי אגודה), וכ"ש אם נגע בחרס הבלוע מיין – ‹אפילו בחרס הדרייני – רעק"א›.

וכתוב בהג"א מא"ז, שיין שנקרש אין בו משום מגע עובדי כוכבים, **ואם** חישב עליו למשקה יש בו משום מגע עובד כוכבים, **וכן** אם נגע בו עובד כוכבים אחר שנמחה יש בו משום מגע עובדי כוכבים, עכ"ל, ומביאו ד"מ.

‹**כתב** בתשובת הלק"ט וז"ל, אגב ראוי להסתפק באלו שנותנין יין בצלוחית, ונותנין מעט שמן בפי הצלוחית כדי שלא יתקלקל, אם נגע עובד כוכבים בשמן, מה דינו של היין, **ואדוני** אבי כתב, שאפשר שיש לדמותו למשנה ד' פ"ב דטבול יום, נגע טבול יום בשמן לא פסל את היין, עכ"ד, **ועיין** בתשו' שבות יעקב שדחה דבריו, דלא דמי לטומאה, ולא גרע ממגע ע"י דבר אחר, **אכן** היכא שנתערב בו ממש אין בו משום ניסוך, **וכן** היכא דלא נגע בו העובד כוכבים כי אם ע"י ניצוק, יש לצדד להתיר. **וע"ש** עוד שהשיג עמ"ש הלק"ט עוד באותה תשובה, דיש להחמיר ביין שרף של ישראל הנעשה מיין, שנגע בו העובד כוכבים אח"כ, **דאין** לזה שום חשש איסור, חדא דיין מבושל אין בו משום ניסוך, וגם נשתנה הטעם, ע"ש).

סעיף ו - חומץ שמבעבע - היינו כשמרתיח, **כשמשליכין אותו על הארץ, אינו נאסר במגע עובדי כוכבים** - אבל כל שאינו מבעבע א"א בקיאין אם הוא חומץ או לאו.

ה"ה ביין שהקרים, דא"א בקיאין ואוסר בו מגע עובד כוכבים.

סעיף ז - אם מצא חבית יין שנתחמץ עד שמבעבע כשמשליכין אותו על הארץ, ותוך שלשה ימים למפרע נגע בו העובד כוכבים, אין לחוש למגעו - שבודאי שלשה ימים קודם לכן היה חומץ גמור בריחו וטעמו, ר"ן.

סעיף ח - מי הבוסר נאסרים במגע עובד כוכבים – [שא"א בקיאין מה נקרא בוסר או יין גמור].

הגה: יין מזוג, כל זמן שיש בו טעם יין, אסור - ‹בר"ן כ' כ"ז שיש בו טעם ומראה יין – רעק"א›, **ויש מתירין בששה חלקים מים, כמו שיתבאר סימן קל"ד** - והכי קי"ל כדלקמן סי' קל"ד.

סעיף ט - מים שנותנים על החרצנים שלנו שנדרכו ברגל ולא נעצרו בגלגל

וקורה, פעם ראשון ושני אסור אפילו לא מצא כדי מדתו - פעם ראשון ושני אסור שהזגים בולעים מהמים ויוצא היין שבהן, הלכך לעולם יש בו משום מגע עובדי כוכבים, עד שיהא גרוע שאין דרך בני אדם לשתותו, עכ"ל טור בשם הר' יונה, **וכתב** מהרש"ל בהגהותיו לטור, פי' לעולם אפילו לא מצא כדי מדתו אלא מעט מזעיר, אבל מ"מ מיירי דוקא פעם א' ושני, ודוק עכ"ל, [**ול"נ** דה"ק, **לעולם אפילו הוא גרוע בשתייה, מכל מקום יש בו משום מגע עובד כוכבי', עד שיהא גרוע מאד שאין דרך לשתותו כלל**], **ובפרישה** השיג עליו, דלשון לעולם לא משמע הכי, גם בסמוך כתב הטור, והמחבר בסי"א, בשם הר' יונה, שמרים של עובדי כוכבים לעולם אסורים, ומפרש שם דבכל ענין מיירי אפילו תמדן כמה פעמים, עכ"ל, **ול"נ** כדברי מהרש"ל, דאל"כ לא הל"ל פעם א' ושני אסור, כיון דלעולם אסור, **ועוד** דהא מדברי הר' יונה שהביא הרא"ש לא נזכר לשון לעולם, **וממ"ש** הר' יונה גבי שמרים, אדרבה משם ראיה, מדהתם פירש וכתב לעולם אסורי' אפילו תמדן הרבה פעמים, וכאן לא פי', אלא אדרבא כתב פעם א' ושני אסור, משמע פעם א' ושני דוקא, **וזה** נראה דעת המחבר, שכתב פעם א' ושני אסור, והשמיט תיבת לעולם, **וכן** משמע להדיא בעט"ז, דפעם ראשון ושני דוקא אסור, ותו לא, **מיהו** נראה דהיינו דוקא במצא כדי מדתו, וכה"ג מיירי מהרש"ל, אבל מצא יותר מכדי מדתו, אפילו אחר פעם א' ושני אסור, דהא יש בו יין.

ואם נעצרו בגלגל, אין בהם משום יין נסך, אלא א"כ נתן ג' מדות מים ומצא ד' - לאו דוקא, אלא רצה לומר יותר משלשה ומחצה, שאין ששה חלקים מים כנגד היין שיצא, דיין מתבטל בששה חלקים מים, **וכ"כ** הרשב"א בת"ה ומביאו ב"י, וז"ל, עצרן בגלגל וקורה, אם נתן ששה לוגין מים ויצא שבעה, מותר, כפי מה שבארנו דיין מתבטל בתוך ששה חלקים מים, ע"כ, ועיין באורח חיים סי' ר"ד ס"ה ו'.

(**ועיין** בספר לבושי שרד שהשיג עליו, ופסק דבעינן דוקא ד', **ודוקא** בפעם שני, אבל בפעם ראשון יש להחמיר כהש"ך, דכל שמצא יותר מג' ומחצה אסור, ע"ש היטב).

(**תמיהני**, דהא אמרינן עלה בסוגיא, רבא לטעמיה דא"ר כל חמרא דלא דרי וכו', הרי דהכא תליא רק בשיעור מזיגה, **והכי** משמע להדיא מדברי ר"ן הובא בב"י, שכ' תחלה דיש מדמי' מזוג ביין ממש לתמד, דבעי רביעית יין, וסתר דהתם קיווהא בעלמא, אבל במזוג תליא בטעמא, ויש שסוברים דבטל בו', וכ"כ להדיא ברשב"א, **הרי** להדיא דאם מדמים מזוג לתמד, לא בעי ו', דבתמד בעיא דוקא רביעית יין, וכ"ה להדיא בהרשב"ם. **ומה** שהביא הש"ך ראיה מהרשב"א בעצרן בגלגל וכו', אין ראיה, דהתם מיירי להדיא בשמרים של עובד כוכבים וכן חרצנים של עובד כוכבים, דכאן דכבר נאסר גרע טפי. **ותדע** דהא הרשב"א כ' בההיא דעצרן, דלדעת האומרים במזוג אוסר עד ס', ה"נ בעי ס', והרי בתמד מבואר להדיא דרמא תלתא ואתא תלתא ופלגא דמותר. אע"כ דהכא גרע דכבר נאסר, וע' ברשב"א וברור. וכ"כ בביאורי הגר"א א"ח סי' רע"ב ס"ק י"א – רעק"א.

ויש מי שאומר שאין להתיר מגע עובדי כוכבים בשום תמד (פי' מים שנותנים על החרצנים והזגין וקולטת טעם היין), כל שהוא משובח לשתיה, משום דמחליף ביין גמור – [משמע שאפי' תמד של שמרים דינא הכי, דחד טעמא הוא, וזה דעת הראב"ד בטור, וכ"פ בדרישה, **וא"כ** תמוה מה שפסק בסעיף י"א פעם שני מותר, ולפי מה דקי"ל בסי"א שהוא דעת ה"ר יונה, לא קי"ל כהך יש מי שאומר]. **לא** קשה מידי, כמו שכתבתי בש"ך סי"א - נקה"כ.

סעיף י - יש להזהר מלהוציא החרצנים והזגים מהגתות ע"י עובדי כוכבים או כנענים, אפילו אחר שהוציאו מהם יין ראשון ושני - דשמא יש בו טופח יין ואוסר, רשב"א, ומשמע שם דבנעצרו בגלגל וקורה אין לחוש בכה"ג למגע עכו"ם.

סעיף יא - שמרים שלנו שתמדן ולא מצא אלא כדי מדתן, פעם ראשון אסור אם נגע בהם העובד כוכבים, ופעם שני מותר - אבל ביתר מכדי מדתן אפי' פעם שני אסור.

ולדעת היש מי שאוסר בס"י (לכאורה צ"ל ס"ט), לעולם אסור כל שהוא משובח לשתייה, וכן פסק הפר"ד והב"ח, דלדעת הראב"ד אין חילוק בין תמד דחרצנים לתמד דשמרים, **והא** דסתם המחבר כאן הדברים, היינו משום דממילא משתמע, כיון דטעמא דהיש מי שאומר הוא דאוסר כל שהוא משובח לשתייה משום דמיחלף

ביין גמור, א"כ פשיטא דאין חילוק בין חרצנים לשמרים, דלעולם אם הוא משובח לשתייה מיחלף ביין גמור.

אבל שמרים של עובדי כוכבים - (ה"ה חרצנים של עכו"ם). **לעולם אסורים אפילו לא מצא אלא כדי מדתן, אפילו תמדן כמה פעמים.**

(יין צמוקים, פי' שנתן מים על ענבים יבשים, הרי זה כיין, ומתנסך) - ולא בעינן דנפק ד' מגו תלתא, דכח הפרי העומד בתוכן נותן טעם חזק כ"כ, והרי הוא כיין גמור.

ולא בעינן המשכה, ואף על גב דלקמן סי"ז, אינו נקרא יין להתנסך עד שימשך, שאני התם דאין דרך להניח ענבים עם היין, משא"כ הכא שדרך הוא להניח להצמוקים בתוך החבית, ושם נעשה יין גמור כיון דכבר עברו עליו ג' ימים.

ולכ"ע כל היכא דמברך בפה"ג, יש בו משום מגע עובד כוכבים.

§ סימן קכד – מי הוא העושה יין נסך, ודיני נגיעת העכו"ם בחבית §

סעיף א - תינוק עובד כוכבים שאינו מזכיר עבודת כוכבים ומשמשיה, אינו אוסר יין במגעו אלא בשתיה - ואיתא בש"ס, אפילו תינוק בן יומו עושה יי"נ בשתייה, וכן הוא בפוסקים. ‹כיון שזה שאסרו בהנאה הוא משום גזירות יין נסך ממש, ולכן מי שאינו עובד ע"ז, כגון תינוק משנולד וכל זמן שאינו מזכיר שם ע"ז ומשמשיה, וגר תושב, וגר שמל ולא טבל כראוי, וגוי שאינו מאמין כלל בע"ז וישמעאלים, כל אלו בין יינם ובין במגעם מותר בהנאה, **אבל** בשתיה אסור, שהרי השתיה אסורה משום חתנות, **ויש** מקילין בגר תושב וגר שמל ולא טבל דאינו אוסר במגע, אבל יינם אסור – חכ"א›.

[**בטור כתב**, דמיקרי גדול שיודע בטיב עבודת כוכבים ומשמשיה, דהיינו כל שזוכר ומזכיר בפיו עבודת כוכבים ומשמשיה, ופי' בפרישה, דזוכר קאי על המחשבה, ול"נ דבפיו קאי אתרוייהו, והוא ע"פ שמצינו לשון כזה בפ"ק דכתובות, כל המנבל את פיו ומוציא דבר נבלה מפיו, אפי' אם נגזר עליו כו', נראה פירושו, דבא למעט שלפעמים מדבר ניבול פה בלא כיוון להרע, ע"כ הזכיר בכפל לשון, שמוציא דבר נבלה מפיו בכוונה וברצון, וה"נ הוי, כיון שאפשר שזוכר כן שם עבודת כוכבים בלי כוונה לרעה, ע"כ אמר שמזכיר, להורות שבכוונה ורצון מזכיר זה, ולשון מזכיר פירושו שנותן לב להזכיר, וע"כ לא נקט בש"ע אלא ומזכיר לחוד].

סעיף ב - גר תושב, דהיינו שקבל עליו שבע מצות - וכתב הב"ח, נראה דאפילו בקבל עליו בלבד שלא לעבוד עבודת כוכבים, מגעו שרי בהנאה, ולא נקט ז' מצות אלא לאורויי דאפ"ה אוסר מגעו בשתייה, עכ"ל, וכ"כ הפרישה, **וכן** נראה ממ"ש הט"ו ‹ס"ו›, כל עובד כוכבים שאינו עובד עבודת כוכבי' יינו אסור בשתייה ומותר בהנאה.

וכן גר שמל ולא טבל, מגען אוסר בשתייה. הגה: וכל זמן שלא טבל כראוי, מקרי לא טבל.

ויש מקילין אפילו במגע גר תושב – [הוא הרא"ש דכ', דאע"פ דבעבד הלקוח מעובד כוכבים שמל ולא טבל עושה יי"נ, כדמוכח בסעיף ג', שאני התם דאין לבו לשמים, אלא מתייהד מפני אימת רבו].

לכאורה משמע דוקא מגע גר תושב, אבל לא מגע גר שמל ולא טבל, **וקשה** דהא ליכא מ"ד הכי, דהא התוס' והרא"ש כתבו, דבין מגע גר תושב ובין מגע גר שמל ולא טבל מותר אף בשתייה, **ואפשר** ס"ל להרב מסברתו, שאין לסמוך על המקילין בשום ענין רק במגע גר תושב, אבל לא במגע גר שמל ולא טבל, **וכדכתב** הר"ן, דגר שמל ולא טבל גרע מגר תושב, דגר תושב מקבל מהשתא, וגר שמל ולא טבל אינו מקבל אלא לאחר טבילה, **ויותר** נראה דה"ק הרב, ויש מקילין אפילו במגע גר תושב, כ"ש בגר שמל וקבל עליו כל המצות, וכ"כ התוספות והרא"ש, גר תושב אינו אוסר יין במגעו כ"ש גר שמל וקבל עליו כל המצות כו', **היינו** דכתב הרב "אפילו", דאל"כ לא הל"ל אלא "ויש מתירין במגע גר תושב" כו', **וכ"כ** העט"ז, ויש מקילין במגען אבל יין שלהם ודאי אסור, עכ"ל, אלמא דקאי אתרוייהו וכדפי', **וכ"כ** בספר אפי רברבי, ויש מקילין במגען, ובזמן הזה נראה להקל, ע"כ.

אבל יין שלו ודאי אסור - בשתיה, ב"י וכן מוכח בש"ס,

וכתב הב"ח, מיהו הא דיינו של גר תושב שרי בהנאה, וכן יינו של עובד כוכבים שאינו עובד עבודת כוכבים בששים, היינו דוקא בידוע שלא נגע בו העובד כוכבים, וע"ל סי' קכ"ח ס"ק ג', **מיהו** לדידן בזמן הזה בכל ענין שרי בהנאה במקום הפסד, כדלעיל ר"ס קכ"ג.

[וכ' רש"ל, דהקראים דינם כגר תושב, **ומותר לשתות עמו ישראל**], צ"ל "ומותר לשתות עמו יין של ישראל", **ובספרי** הארכתי בדין הקראים, וכאן אכתוב בקצרה, דעת מהרש"ל וב"ח דמותר, ומשמע מדבריהם דעדיפי מגר תושב, וכ"כ בא"ח על שם תשו' הרמב"ם ומביאו בבדק הבית, **אך** בתשו' מבי"ט הועתקה תשו' רבי שמעון וז"ל, ואלו הקראים המחללין את המועדות, כאלו מחללין שבתות, וכאלו כופרים בכל התורה כולה, ויינם יין נסך כעובדי כוכבים, עכ"ל, **משמע** לכאורה דאוסרים נמי יין במגען כעכו"ם, וכן משמע לכאורה מתשו' הרשב"א שהביא ב"י, וכן דעת הב"י בבדק הבית, דמגען אסור, **ויינם** אפי' נשבעו שלא נגעו בהן, אינן נאמנים, ע"ש, **וכן** בתשו' רבי בצלאל האריך מאד בדיני הקראים, וכתב שהן ממש כעכו"ם גמורים, ומשמע מדבריו שם שאוסרין ג"כ יין במגעם, **וכתב** שם דהרמב"ם בתשו' מיירי דוקא בקראים שבזמנו, משא"כ בקראים שבזמן הזה שקלקלו מעשיהם, ע"ש, **מיהו** נראה דאין לאסור יינם אלא בשתיה, אבל בהנאה לכ"ע שרי, דכיון דלא פלחי לעבודת כוכבים, לא גריעי מגר תושב - נקה"כ.

סעיף ג - הלוקח עבדים מהעובדי כוכבים ומלו וטבלו, מיד אין מנסכין; ויין שנגעו בו, מותר בשתייה, ואף על פי שעדיין לא נהגו בדתי ישראל ולא פסקו שמות העבודות כוכבים מפיהם - אבל לא טבלו, אף על פי שמלו, מגען אוסר בהנאה, דגרעי מבני השפחות דלקמן ס"ד, כדמוכח בש"ס, **ובבני** השפחות יתבאר ס"ק ח' דאוסרים בהנאה.

וכתב הר"ן, דשמואל דאוסר בש"ס בעבדים שמלו וטבלו עד יב"ח, שתשקע שם עבודת כוכבים מפיהם, היינו דוקא בשמלו וטבלו בע"כ, שאפשר למולן ולהטבילן לשם עבדות בע"כ, כדאיתא בפרק החולץ, **אבל** לדעתם ורצונם מותר מיד לכ"ע, עכ"ל, ומביאו ב"י, וכ"כ הרא"ה, וכ"כ הראב"ן בשם תשו' גאון, **ולפ"ז** לדידן דקי"ל כרב דפליג אשמואל, אפילו טבל בע"כ מותר מיד, **אבל** נראה דהר"ן וסיעתו ס"ל כרש"י פרק החולץ דף מ"ח, דיכול לטבול עבדו בע"כ, **אבל** למאי דקי"ל לקמן סימן רס"ז ס"ה, דאם מל וטבל עבדו בע"כ לשם עבדות הוי כאלו לא מל ולא טבל, א"כ ודאי דמיירי הכא דמל וטבל מרצונו, דאל"כ מגען אוסר כשאר עובדי כוכבים, דהרי הוא כאלו לא מל ולא טבל, **וכן** משמע מדברי התוספות פ' ר"י, שכתבו וז"ל, אור"י דדוקא בעבדים אמר שמואל דבעי שיקוע, דאף ע"ג שצריך להטבילם ולמולם מרצונם, כדאיתא בהחולץ, מ"מ אימת רבו עליו ואינו מתגייר בלב שלם, אבל עובדי כוכבים שמלין וטובלין מרצונם ולדעתן, מותר מגען מיד, עכ"ל, וכן משמע במרדכי שם, **מיהו** גם הנ"י פ' החולץ והסמ"ק, סוברים כרש"י וסייעתו.

סעיף ד - בני השפחות העובדי כוכבים שנולדו ברשות ישראל, ומלו ועדיין לא טבלו, הגדולים אוסרים היין בשתייה במגען - לא ידעתי מנ"ל הא, דהא כיון דלא טבלו, עדיין עובדי כוכבים הן, ומגען אוסר אפילו בהנאה, דקי"ל אינו גר עד שימול ויטבול, **ול"ד** לגר שמל ולא טבל, כדכתבו התוס' והרא"ש, דשאני עבדים שאין לבן לשמים, אלא מאימת רבן מתיהדים, **וכ"כ** הר"ן להדיא, דמגען אוסר בהנאה, וכן משמע להדיא מדברי הרשב"א בתה"א והקצר, ע"ש, וכן הוא בתוס', והכי משמע פשטא לישנא דברייתא, עושים י"נ, דהיינו אפילו בהנאה, וכן משמע בתוספתא שהביא הרשב"א, דקתני הרי אלו עובדי כוכבים, יינם בגדולים אסור, וגם הרמב"ם ושאר כל הפוסקים כתבו בסתמא, אוסרים היין, משמע אפי' בהנאה, **ומיהו** לדידן דעובדי כוכבים בזמן הזה לאו עובדי עבודת כוכבים הן, כל מגע עובדי כוכבים שרי בהנאה במקום הפסד, כדלעיל ר"ס קכ"ג.

אבל מגע הקטנים, מותר אפילו בשתיה, כיון שמלו, אף על פי שעדיין לא טבלו - המחבר לטעמיה אזיל, שכתב בב"י דדעת הרמב"ם כדעת הרא"ה והטור, ולענין הלכה כיון שהרמב"ם והרמ"ה מסכימים לדעת אחד הכי נקטינן, עכ"ל, **אבל** בספרי כתבתי, דמדברי הרמב"ם לא מכרעת מידי, והבאתי שם דברי

הכ"מ שדחה דברי הרשב"א, והוכחתי שכל דבריו אינם מכוונים, שכדברי הרשב"א עיקר, דאפי' לא מלו מגען מותר אף בשתייה, **מיהו** תינוק עובד כוכבים דלאו בן שפחה הוא, אפי' מל, עושה יי"נ בשתיה כל זמן שלא טבל, כדכתב הרשב"א בת"ה, דקי"ל דאינו גר עד שימול ויטבול, **וגם** המחבר מודה בהא, כדמוכח מדבריו בכ"מ שם, וכן הוא בתוס'.

סעיף ה - אם השפחה טבלה לשם עבדות, יש מי שאומר שאין בנה עושה יין נסך, אפילו עבר רבו ולא מל אותו, בין גדול בין קטן - לפי שלא הביא בב"י אלא הרשב"ץ שכ"כ, לכן כ' דין זה בשם יש מי שאומר, **אבל** לפעד"נ דין זה ברור, שהרי אמאי דאיתא בש"ס, בני השפחות שמלו ולא טבלו גדולים עושים יין נסך, כתב רש"י בשלא טבלה אמו מתחלה קמיירי, דאי טבלה אמו, אינהו ל"ל טבילה, עכ"ל, וכ"כ הר"ן, **וכ"כ** ר"י, ודוקא שלא טבלה אמן, שאם טבלה אמן יועיל להן טבילת אמן, וזה פשוט, עכ"ל, **וא"כ** כיון דלא בעי טבילה, הוה ליה כישראל משוך בערלתו דלקמן, דאינו עושה יין נסך, נ"ל.

‹**לענ"ד** נקט המחבר יש מי שאומר, דבאמת נראה דעת הרמב"ן הובא בנ"י, דס"ל דהא דאמרי' מעוברת שנתגיירה בנה א"צ טבילה, היינו דמ"מ צריך מילה, וא"כ קודם שמל אוסר במגעו, **אבל** לדעת הרא"ה שם, וזהו שיטת תוספות ביבמות, דא"צ מילה, באמת הדין דהוי כישראל, ע"ש. **ובסימן** רס"ח סתם המחבר דבנה א"צ טבילה, ולא הזכיר כלל אם צריך מילה, וגם האחרונים שם לא זכרו מזה כלום – רעק"א›.

סעיף ו - כל עובד כוכבים שאינו עובד עבודת כוכבים, יינו אסור בשתיה ומותר בהנאה; ומגען ביין שלנו, שוה ליינם, שאסור בשתייה.

[כגון הישמעאלים, ויליף לה מגר תושב, למה שפסק בסעיף ב' דאינו אוסר רק בשתייה, ואף על גב דשם כתב קיבל עליו ז' מצות, שם קמ"ל רבותא, דאפי' הכי אסור בשתייה, אבל לענין איסור הנאה לא איכפת לן רק בעובדי כוכבים, דכבר נתבאר דאיסור שתייה הוא משום בנותיהן, ואיסור הנאה הוא משום עבודת כוכבים, מ"ה כל שאינו עובד עבודת כוכבים, אין כאן איסור הנאה, ולדעת יש מקילין שהביא שם רמ"א, ‹דמתיר בשתיה יין שנגע גר תושב›, מ"מ כאן נחית דרגא, ‹ולכאורה החילוק, דבגר תושב קיבל עליו ז' מצות – רעק"א›, ולכל הפחות מותר בהנאה].

סעיף ז - יש מי שאומר שכל מקום שאמרו ביין שלנו שהוא מותר בהנאה ואסור בשתייה, מפני צד נגיעה שנגע בו הנכרי כשהיה הנכרי עובד כוכבים - כמו שיתבאר, כגון נגע שלא בכוונה, וטפח ע"פ החבית דלקמן סי"ט, וכ"ש כחו, וכל כה"ג דאסור בשתיה משום צד נגיעה, **אבל אם היה איסורו בגלל הנכרי שאינו עובד כוכבים שנגע ביין שלנו שלא בכוונה, או שטפח על פי החבית, הרי זה מותר בשתייה, וכן כל כיוצא בזה. [19]**

עובד כוכבים שאינו עובד עבודת כוכבים כגון ישמעאלים שנגע כו' - רמב"ם שם, והמחבר השמיטו, נראה דס"ל דלאו דוקא, וכמ"ש בב"י במסקנא, דכל עובד כוכבים שאנו מוחזקים בו שאינו עובד עבודת כוכבים, דינו כאומה דלא פלחי ע"א, ע"ש.

סעיף ח - משוך בערלתו - וכתב ב"י בשם א"ח, דאפילו הוא מומר לערלות, **אינו עושה יין נסך** - דניסוך אינו תלוי במילה, רק בעובד עבודת כוכבים, וזה שנמשכה ערלתו לבו לשמים.

ומומר, אף על פי שהוא מהול, עושה יין נסך במגעו; ונאמן לומר ששב בתשובה - וז"ל הב"י, כתוב בשבולי הלקט, מומר שנגע ביין, ואמר אחר כך שנתגייר בינו לבין עצמו, והתיר ר"י היין, מפני שהפקיד כיסו בשבת, ורשב"א אסרו, משום דאיכא למימר איערומי קמערים, ע"כ, **ובא"ח** כתב, ישראל מומר לעבודת כוכבים, יינו יין נסך עד שישוב בתשובה, ונאמן לומר נתגיירתי, עכ"ל, **וקשה** לכאורה, אמאי פסק המחבר כהא"ח, דהא ר"י ורשב"א פליגי עליה, **ואפשר** משמע ליה דהם לא מיירי אלא היכא דנגע ביין ואחר כך אמר שנתגייר, אבל אם קודם לכן אמר שנתגייר, אינו עושה יין נסך, ודוחק, **ויותר** נראה לחלק, דהיכא דידוע שהיה מומר, דבכה"ג מיירי הרשב"א, אינו נאמן לומר שנתגייר, **אבל** היכא דאינו ידוע שהיה מומר, אף על גב

דאינו ידוע ג"כ שהיה ישראל, נאמן לומר תשובה עשיתי, במגו דאי בעי אמר מעולם לא המיר וישראל הוא, ובכה"ג מיירי הא"ח והמחבר, **וכ"כ** הפוסקים והט"ו לקמן סי' רס"ח ס"י, לענין גר שאמר נתגיירתי, אינו נאמן, אלא דוקא כשלא ידענו שהיה עובד כוכבים, דאז נאמן במגו דאי בעי אמר ישראל אני.

(**עיין** בתשובת חתם סופר, שכ' אודות ישראל שדרך יין, והעידו עליו שני עדים שדרך בליל שבת אחר צה"כ, וב' מעידים שלא יצאו עדיין הכוכבים, **הנה** מדברי כולם נלמד שעכ"פ דרך בגת סמוך לשבת מאד, והוא רשע וראוי לגעור בו, ושלא להאמינו על איסורים, **אבל** לומר שיהיה אותו היין יי"נ על שחילל שבת, לא ידענא כו', **ומכ"ש** אם לא נודע שנגע בהיין רק מה שדרך והוציא ע"י כחו, וא"כ היין שיצא קודם שנעשה מומר היה מותר, ומה שיצא אחר כך נתערב זה בזה, וקמא קמא בטל, ע"ש).

סעיף ט - האנוסים, אפילו הטובים שבהם אינם יכולים ליזהר ממגע עובד כוכבים, וכיון שהם חשודים עליו, אינן נאמנים על שלהם, אפילו בשבועה, אבל נאמנים על של אחרים. הגה: ואין אוסרין יין במגען. ודוקא אותם שדרים עדיין בין העובדי כוכבים ועושין עבירות בפרהסיא מפני אונס, רק בצנעא נזהרים, ואפשר להם לברוח על נפשם, רק שממתינים משום ממון או כיוצא בו – ‹אף על גב דעובדי עבודת כוכבים בפרהסיא, כיון שמיראה הן עושין, ישראלים הן – גר"א›. **אבל אם עוברין גם בצנעה על עבירות, אף על פי שעשו מתחלה באונס, הרי הם כעובדי כוכבים. (ריב"ש סי' ד').**

סעיף י - מגע עובד כוכבים לאסור בהנאה צריך ג' תנאים: אחד, שיתכוין ליגע, לאפוקי תינוק שנגע דלאו בר כוונה הוא, וכן לאפוקי נפל לבור ועלה מת; שני, שידע שהוא יין; ושלישי, שלא יהא עוסק בדבר אחר. [18]

סעיף יא - כיצד היא הנגיעה שאוסר בה העובד כוכבים היין בהנאה, שיגע בידו או ברגלו. (וי"א דאם נגע ברגלו אינו אוסר בהנאה, דאין דרך נסוך בכך) (ב"י) – ‹כפמ"ש הרשב"א בתשובה בדעת הרמב"ם, והובא בש"ך לעיל סי' קכ"ג, דוקא ברגל, אבל שאר איברים דומים לידו, **אבל** ברי"ו הובא בב"י איתא, שאר איברים חוץ מידו ופיו אין דרך לנסך, עכ"ל – רעק"א. [1]

או בדבר אחר (שבידו) - ודווקא בכוונה, אבל שלא בכוונה יש חילוק בין נגע בידו לנגע בדבר אחר, דבידו אוסר בשתיה, ובדבר אחר מותר אף בשתיה, כדלקמן סעיף י"ד וכ"ד, [15] **וישכשך** – [הב"י נסתפק אי בעינן שכשוך גדול או אפילו כל דהו, ובתה"ה כתב בפשיטות, דלא מצינו הפרש בין שכשוך רב לשכשוך מועט, אלא הכל אסור, עכ"ל], **אפילו בפיו, כגון ששתה ממנו** - בין ששתה מן החבית עצמו, בין ששתה מהכוס והחזיר ישראל המותר לחבית, אסור, **או שמצץ במניקת בחבית והעלהו לפיו, כל היין אסור בהנאה** - היינו מדינא, אבל לדידן שרי בהנאה במקום הפסד. [1,2]

[ואין כאן היתר למכור חוץ מדמי יין נסך, שבזה כל התחתון הוה בסיס לעליון, והו"ל כנוגע בכולו, כ"כ ב"י בשם הר"ן]. ‹**לכאורה** מדברי הרשב"א והר"ן הובא בט"ז, משמע דרק מדין ניצוק הוא, וא"כ קשה על המחבר דפסק הכל אסור בהנאה, הא לפסק המחבר סי' קכ"ו ס"ז, דניצוק אף במגע עובד כוכבים לא הוי כנוגע בכולו, רק כאילו נתערב הקלוח, וכשיטת הרשב"א, וא"כ ממילא ניצוק לסתם יינם מותר בהנאה, דאף בנתערב מותר למכרו חוץ מדמי איסור הנאה, וכמ"ש להדיא הרשב"א הובא בב"י שם, **וא"כ** הכא יהיה הדין דמותר בהנאה, וע"כ דסברת המחבר דעדיף מניצוק, דהוי כנוגע בכולו ממש, **שוב** ראיתי בנקה"כ שכ"כ להדיא, דמ"ש הר"ן דהוי כנוגע בכולה, היינו מדין ניצוק, ומה"ט פסק בהפ"מ, דקי"ל בהפ"מ לא אמרינן ניצוק חיבור, עי"ש, וא"כ קשה על השו"ע במ"ש דהכל אסור בהנאה, וכנ"ל – רעק"א›.

כתבו התוספות, דמיירי כגון שלא נגע ביין במינקת, כגון שנתנו בתחלה המינקת ביין וראשו חוץ לחבית, וסותמים פי החבית ופי המינקת, וכשרוצה לפתוח קודחים במינקת כו', **אי** נמי כשקדח לא נגע הקנה ביין, אלא כשרוצה להעלות היין מצדד בחבית עד שיגיע היין במינקת, **דאל"כ** אפי' לא העלה אסור בהנאה, משום נוגע ביין על ידי המינקת, **דלא** דמי למדדו בקנה דלקמן

סעיף י"ט, דהתם לא נתכוין לשכשוך כלל, אבל הכא נתכוין לשכשך ואסור בהנאה, עכ"ד, **מיהו** לדידן שרי מגע עובדי כוכבים ע"י ד"א בשתיה במקום הפסד, כדלקמן סעיף כ"ד. **[15]**

אבל נגיעה לחוד בלא שכשוך אינו אוסר בהנאה, וכדעת הטור ורש"י והרמב"ם, וכן בסי"ג העתיק דברי הרמב"ם שלמד בב"י מדבריו, דנגיעה בלא שכשוך אינו אוסר בהנאה, **וכתב** ב"י דבהכנסת ידו לא מקרי שכשוך, דלא הוי אלא נענוע כל דהו, וכן משמע מדאמרינן גבי אתרוג דנפל לחביתא דחמרא, אידרי עובד כוכבים ושקליה, אמר רב אשי נקטוה לידיה כי היכי דלא לישכשך, משמע דאהכנסה לא קפדינן, עכ"ל, **ועפ"ז** כתב דהתוספות והרא"ש סבירא להו, דנגיעה בלא שכשוך אוסר בהנאה, ואחריו נמשכו מהרש"ל והפרישה, ור"ל מדהוצרכו לפ' דהך עובדא דאתרוגא דלא נאסר בהנאה בהכנסת ידו, הוא מפני שלא כוון ליגע אלא ליטול את שלו, **וקשה** דמה לי הוצאה ומ"ל הכנסה, ועוד דהא הטור גופיה כ' לקמן, שלא נאסר בהכנסת ידו אפילו ידע שהוא יין, כיון שאינו מתכוון אלא ליטול את שלו, **אלא** ודאי כך לי שכשוך דהכנסה כשכשוך דהוצאה, וע"כ הוצרכו התוספות והרא"ש והטור לפרש דהך עובדא דאתרוג דלא נאסר בהכנסת ידו, משום שלא כוון ליגע אלא ליטול את שלו, **אבל** אה"נ דסבירא להו דנגיעה לחוד אינו אוסר בהנאה, אלא דוקא בשכשוך, והיינו דמסיימי התוספות, אבל אחר שנטל האתרוג היה לחוש שמא יתן דעתו וישכשך, עכ"ל, וכן דעת הראב"ד בהשגות, דאינו אוסר בהנאה אלא אם כן ישכשך. **[3]**

(**ועיין** בתשובת ח"ס שכ', דנגיעת עובד כוכבים ע"י בית יד אינו אוסר, ואין זה ענין להא דקי"ל לקיחה ע"י ד"א שמה לקיחה, דמ"מ לאו שמה נגיעה, דלקיחה תליא בכחו כו', ומינה, דהדורך בהפסק סודר סביב המקל, אוסר ע"י כחו, ע"ש).

מכל מקום כלי שיש לו חוטמין, כמו שיש לכלי שנוטלים ממנו לידים, ויש בו יין, יכול ישראל למצוץ מחוטם זה ועובד כוכבים מחוטם זה, כאחד, ובלבד שיפסוק הישראל קודם שיפסוק העובד כוכבים - כתב ב"י בשם התוס', דממדת חסידות יש ליזהר, דלמא קדם פסיק עובד כוכבים ברישא, ומביאו ד"מ.

[**הב"י כתב בשם תשובת רשב"א, שמלאכת כלי זה נקרא בגמרא קני שקיז, ולא ידעתי מה הוא, דמ"מ מה שבפיו אסור, וכל היין נגרר אחריו, ולמה יגרע מניצוק חבור כו', ע"כ, ובמשמרת הבית כתב הרשב"א ג"כ בזה, שלא נתברר לנו צורת הקני שקיז, ולא יוכל להתיר עליה בניצוק, ועכ"פ אינו כפרש"י, ולבסוף כתב דהקני שקיז היה בענין שלא היה בו ניצוק חבור, והר"ן כתב בשם הראב"ד ליישב, דלא אמרינן ניצוק חבור אלא באם יצא הכל דרך אותו פתח, מה שאין כן כאן דיוצא דרך הנקב האחר ששותה העובד כוכבים,** ‹ע' בתפל"מ ובלח"מ, דלפ"ז בעי' שג"כ יתחיל הישראל למצוץ קודם העובד כוכבים - רעק"א›, **ולעד"נ ליישב, דכל כמה דלא משכשך אין אוסר, וכל זמן שהוא שותה אין משכשך אלא מושך אליו, אלא כשפוסק ונשמט היין מפיו הוא משכשך למטה, ע"כ אין איסור כל שלא פסק העובד כוכבים, ובהך כלי בא היין מעצמו אל תוך הקנים, לא ע"י מציצה, דאלו ע"י מציצה היינו דין מינקת שזכרתי בסי' קכ"ד סעיף כ"ד בשם מהרי"ל, ולענין הלכה נראה, כיון שלא נתברר דבר זה לרשב"א, וכתב שגם הראב"ד נתקשה בזה, ע"כ אין לנו ללמוד שום קולא מכלי זה, ולא ישתה עם העובד כוכבים בשום כלי**].

(אם נגע ברתיחה שעל היין, הוי כנוגע ביין עצמו) - ז"ל הב"ח, כתוב בהג"א מא"ז, חבית שהיתה מחמצת ומעלה רתיחה, הוי חיבור ליין, ואם נגע עובד כוכבים ברתיחה של יין, חמרא אסור, והא דנקט מטפח ולא נקט נגע בנחת, להודיע שאין דרך ניסוך בכך ושרי בהנאה, וה"ה דבנגיעה נמי אסור בשתיה, ע"כ, ומביאו הרב בהגהת ש"ע סי"א, עכ"ל, **נראה** שהבין דדעת הרב דלא מיתסר אלא בשתיה, **ותימה**, דמשמע דעת הרב דאסור בהנאה כנגע ביין עצמו, ובאמת לא ידע מהיכן הוציא הרב דבריו, שהרב לא הביא כלל בד"מ דברי הג"א הנ"ל, **אלא** ז"ל בד"מ סי"ג, עוד כתב ב"י, דהא דהיה מטפח על החבית רותחת כדי שתנוח הרתיחה מותר בהנאה, היינו דוקא בטופח, כיון שאינו נוגע אלא דרך טפוח, אף על פי שהוא בידו, מותר בהנאה, דאין דרך ניסוך בכך, **ונראה** עוד דלא אמרו אלא במטפח על הרתיחה, אבל אם היה מטפח על היין ממש, אסור

בהנאה, עכ"ל, וכן הוא במרדכי פ' השוכר, ובסמ"ג, דאם נגע ברתיחה כאלו נגע ביין עצמו, עכ"ל ד"מ, **הרי** להדיא דבהנאה נמי אסור, **[1] מיהו** לדידן אפילו נגע ביין עצמו מותר בהנאה במקום הפסד. **[19]**

סעיף יב - עובד כוכבים שנכנס לבית או לחנות ישראל לבקש יין, ופשט ידו כשהוא מחפש ונגע ביין ושכשכו, נאסר בהנאה - ולדידן מותר בהנאה במקום הפסד, **ואם נתערב באחר, דמי היין המשוכשך אסור בהנאה והשאר מותר בהנאה** - וימכור לעובד כוכבים חוץ מדמי יי"נ שבו, ואם יש שם ס', מותר אפילו בשתייה, כדלקמן סימן קל"ד, **אבל אם הושיט ידו לחבית, כסבור שהוא של שמן, ונמצא של יין, מותר בהנאה** – [ממילא לדידן מותר אפי' בשתייה, כמבואר לקמן סעיף כ"ד]. **[23]**

סעיף יג - הרי שפשט ידו לחבית של יין (ליטול משם דבר שנפל שם) (תוספות ורא"ש ור"ן וטור), ותפסו ידו קודם שיוציאה ולא ינידה, ופתחו החבית מלמטה עד שיצא היין וירד למטה מידו, מותר בהנאה - דכיון דבשעת הכנסת ידו לא היתה כוונתו רק ליטול הדבר שנפל לשם, א"כ לא כוון לנסך, ואח"כ כשנוגע בו כיון שאינו מניד היין הרי אינו משכשך, ולכך מותר בהנאה. **[26]**

[פי' דאלו היה משכשך, היה אסור אחר שנטל מה שנפל שם ורוצה להוציאו, אבל בלא שכשוך אינו נאסר בהנאה מכח מגע לחוד, והא דלא אסר היין בהכנסת ידו, פי' התוס' והרא"ש דאז היה טרוד בהצלת מה שנפל לו, והוי כמדדו דסעיף י"ט, אבל בהוצאה לא טרוד עוד, ול"ד למדדו שזכרנו, ששם טרוד אף בהוצאה, שצריך להוציא באופן שיכוין המדידה, משא"כ כאן שבשעת הוצאה זו הוה בלא טירדא כלל, עכ"ל, ע"כ צריך אז שמירה שלא ישכשך, וכתב ב"י, דמדברי התוס' והרא"ש משמע, שאם היה מכוין ליגע ביין, היה נאסר אף על גב דלא שכשך, ולע"ד לא נראה כן, דפשיטא דגם הם סבירא להו דבלא שכשוך אין איסור הנאה, אלא דהוצרכו כאן להתיר בהנאה מחמת שהיה טרוד, דכאן שרוצה ליטול משם מה שנפל, א"א בלא שכשוך, שהרי בשעת הכנסתו ליין מחפש בו אנה ואנה נפל, ע"כ היה אסור אי לאו טעמא דטירדא, וכן מוכח גם מתה"ה, שנתן ג"כ טעמא דטירדא, ומיהו ס"ל שם דכל מגע א"א לו בלא שכשוך אא"כ נקטו לידיה, וכן מוכח גם מדברי הטור, שפסק דבעינן שכשוך, ולא הביא דעת אביו לחלוק ע"ז, אלא כדפרי', **[3]** ומ"מ לענין הלכה יש לנו לחוש לדברי רשב"א, ולאסור במגע לחוד, דא"א בלא שכשוך, וכ"ש למ"ש הב"י בשם הר"ן, דמגע לחוד ג"כ אוסר].

«קשה לי לשטת הר"ן, דבמגע לחוד בלא שכשוך אוסר, מה מועיל דנקטו בידיה, הא מ"מ כיון דנטל מה שנפל, הרי אח"כ מגע בלא טרדא – רעק"א».

ולדידן דקי"ל לקמן, דכ"מ שמן הדין מותר בהנאה, לדידן שרי אף בשתייה במקום הפסד, ה"ה הכא, ואין לפרסם הדבר כדלקמן. **[3]**

«**וכלל** זה נקוט בידך בכל הלכות יי"נ: דבכל מקום שמן הדין מותר בהנאה, שרי לדידן אף בשתיה במקום הפסד. **ומה** שאסור בהנאה מן הדין, לדידן שרי בהנאה במקום הפסד. **[19] גם** אם נתערב יי"נ שלנו, משערין בס' ומותר אף בשתיה. **וה"ה** היכא דאיכא לספוקי אם נגע עכו"ם בכוונה או לא, תלינן להקל, משום דהוי גזירה דרבנן. **[21] כתב** בה"י, הפסד מרובה, היינו לפי ממון ערך זהב וחצי, אף שיוכל למכור לעכו"ם, מקרי הפ"מ – בה"ט».

סעיף יד - חבית שנטלה ממנו הברזא, והכניס בה עכו"ם אצבעו עד שנגע ביין, כולו אסור - בהנאה, ולדידן שרי בהנאה במקום הפסד, **[34]**

[מו"ח ז"ל כתב, דאע"פ דהכנסת אצבעו היה לצורך הצלת יין, אפ"ה חיישינן שמא לאחר הכנסת אצבעו וניצול היין, ישכשך שוב לנסך לעבודת כוכבי', עכ"ל, **ולא** דק בזה, דודאי לא חיישינן להא לגמרי לדעת הרשב"א שמביא רמ"א בסכ"ג, דא"כ גם שם נימא דמתחלה בשעה שהניח ידו על הנקב היתה כוונתו להציל היין, ואח"כ נתכוון לנסך, כמו שאר עובדי כוכבים שאוסר במניעת יין לצאת, אלא ודאי דכל זמן שיש על ידו הצלת יין, אין חשש ניסוך בו, וה"ה תוחב אצבעו לנקב החבית להציל היין, **אלא** מוקי לההוא עובדא דבגמ' דאנח עובד כוכבים ידו עילויה ואסרו, דהיה שם ישראל להצילו, וקדם עובד כוכבים והצילו, דאז לא מיקרי טרוד, וסעיף זה הוא דברי

ספר התרומה נמשך מההוא עובדא דגמ' שנזכר בסעיף כ"ג, שהיה ישראל שם, **אבל** אם לא היה ישראל שם, ודאי מיקרי טרוד כל זמן שאצבעו תחוב לשם, והש"ע לא זכר כאן כלום מזה, אם היה ישראל שם, כי אזיל לטעמיה דס"ל כהרא"ש, דהצלת יין לא מיקרי טירדא, ורמ"א לא כתב כאן כלום, שסמך על מה שיכתוב בסכ"ג לחלק בזה].

הוא לא דק, דהב"ח מפרש כן לדעת הטור, דס"ל כהרא"ש דגבי ברזא לא שייך טרדא, וכמ"ש בשמם בש"ך, **אלא** דקשיא ליה והרי עינינו רואות שאין כוונתו אלא לצורך היין שלא ילך לאיבוד, ומתרץ דכיון דלא נקרא טירדא, חיישינן שמא ינסך אח"כ. **גם** מ"ש לדעת רמ"א, אינו, דהכא שאני כיון שהכניס אצבעו לפנים ונגע, וכמ"ש בש"ך סכ"ג, ע"ש - נקה"כ.

‹**בלא"ה** לא היה אפשר להמחבר "להזכיר כלום מזה", דהא פסק בסי"ט כהרי"ף ורמב"ם, דמדדו ביד אסור בהנאה, **וגם** על הרמ"א י"ל, דבנגיעה ביד ממש, כיון דהוי ב' סברות להחמיר, הא' סברת הרא"ש, דהצלת יין לא מקרי טרדא, הב' דמדדו ביד אסור בהנאה, מש"ה לא רצו להקל בכה"ג, **רק** במדדו ביד בסי"ט, דהוי ודאי טרדא, סמך אפוסקים דמותר בהנאה, **וכן** באנח ידו אברזא סכ"ג, סמך אסברא דהצלה הוי טרדא, דבכה"ג אף להפוסקים דמדדו ביד אסור, י"ל דמותר בכה"ג, כיון דלא נגע ממש, כמ"ש הש"ך שם סקס"ה, **אבל** בנגע בידו לסמוך על טרדא דהצלה, הוי ב' ריעותות להחמיר, כנלע"ד – רעק"א›.

וכן אם הוציא הברזא התחובה בנקב והיתה נוגעת עד היין, שא"א שלא שכשך. [12] הגה: ודוקא כשידע שהברזא עוברת כל השולים, אבל אם לא ידע - שהברזא עובר כל השולים, או שלא ידע שהוא יין, **הוה ליה מגע עובד כוכבים שלא בכוונה על ידי דבר אחר, דמותר אפילו בשתייה [15] (מרדכי פרק רבי ישמעאל והגה"מ פי"ב ופשוט הוא כדלקמן סעיף כ"ד כמו שיתבאר לקמן)** - ומדברי הגהמ"י פי"ב בשם סמ"ק, שכתבו אף על פי שנגע אותו עץ ביין, כיון דאיכא למיתלי שהעובד כוכבים לאו אדעתיה, מותר, עכ"ל, ומביאו ב"י וד"מ סכ"ד לקמן גבי מגע עובד כוכבים שלא בכוונה ע"י ד"א, משמע להדיא דכל היכא דלא ידעינן אי ידע או לא, תלינן להקל בענין יין נסך, וכ"כ ר"א מזרחי, משום דהוי גזרה דרבנן, ובשל סופרים תולין להקל, וכן משמע מדברי הרא"ש, **ובהכי** ניחא הא דכתב הרב לקמן סעיף כ"ד, בדקרו הסכין, דאמרינן דלא כיון רק לנקוב החבית ולא ליגע, דאפשר שינקוב ולא יגע, ודוק. [13]

אבל אם אינה עוברת כל עובי השוליים, בענין שאי אפשר לו לשכשך כשמוציא, הוי כמו כחו, ומה שנשאר בחבית מותר אפילו בשתייה – [פי' שנסתם הנקב, ואם לא נסתם היה הולך עוד מן החבית לחוץ, אפ"ה שרי], **ומה שיצא אסור בשתיה** – [דאין כאן אלא איסור כחו, שמכחו יצא לחוץ, ואינו אוסר רק בשתייה]. [37]

כ"כ הטור, וצ"ע, דהטור לטעמיה אזיל דס"ל לקמן ר"ס קכ"ה, דאם שפך מכלי יין, מה שנשאר בפנים מותר, דלא החמירו בכח העובד כוכבים לאסור המחובר לו על ידי ניצוק, וכן כתב המרדכי בשם ראבי"ה ומביאו ב"י, דטעמא דהכא בהוצאת הברזא הוא, משום דאע"ג דמה שיצא לחוץ אסור, מ"מ כיון שאין נסך גמור דלא שכשך, לא אחמור בניצוק, עד כאן לשונו, **אבל** למאי דפסק המחבר בר"ס קכ"ה, דנאסר בניצוק בכח העובד כוכבים, א"כ ה"ה הכא, **ונראה** דהיינו דכתב הרשב"א בשם הרמב"ן בברזא, דכל היין אסור, משום דס"ל כדלקמן סימן קכ"ה, דלא כבית יוסף שכתב שלא אסר אלא היין שעד הנקב משום כחו, **ומ"מ** לדידן הכל אפי' מה שיצא לחוץ מותר בשתייה במקום הפסד, כדלקמן סכ"ד. [37]

[**ומטעם** זה ‹דאין כאן אלא איסור כחו› נמי לא אמרינן שמה שבפנים יהיה אסור מכח ניצוק, כיון דכאן האיסור גופיה אינו איסור גמור]. **לא** השגיח, דהא המחבר ס"ל בר"ס קכ"ה, דניצוק אסור בכחו, וכמו שהקשיתי בש"ך - נקה"כ.

כתב ב"י, מדברי הרמב"ן שהביא הרשב"א משמע, דאפי' סתם אח"כ הנקב, אסור היין שבחבית עד הנקב, כיון שמכח הכו"ם נעקר לשפוך, **אבל** הר"ן כתב דברי הרמב"ן, ומתוך לשונו משמע דבסתם הנקב שרי, ע"כ.

[אבל אם תחב העכו"ם הברזא לשם, אע"פ שאינה עוברת כל השוליים, מ"מ אסור גם מה שבפנים, מה שיהיה נגרר אחר אותו נקב, דכאן יש איסור מחמת שמונע יציאת היין, וזה איסור גמור אפי' בהנאה, ודין זה מוזכר בסעיף כ"ג]. [32]

הגה: ואם הוליא שלא בכוונה, אף מה שילא לחוץ שרי, דהא עובד כוכבים שלא בכוונה, שרי, [37] ועיין לקמן סי' קכ"ה. אם היתה ברזא ארוכה תוך החבית, ובתוך אותה ברזא נקב ונותנים בו ברזא קטנה לסתום נקבו, אם לא הוליא רק הברזא הקטנה, כאילו עוברת עוזי הפוליים דיינינן לה (ב"י בשם מרדכי וכל בו).

סעיף טו - עובד כוכבים שוטה שנכנס לבית שיש בו חביות של יין, ונכנס ישראל אחריו ומצא היין יוצא דרך הנקב שהברזא תחובה בו, מותר אפילו בשתייה - דתלינן שזרק כלים בשטותו בקנה, ומתוך כך נתנדנד ויצא היין, דכל שאינו יודע בטיב ניסוך, תלינן בכל מה דאפשר, ר"ן, **ולפעד"נ** דאפילו ראינו שהוציא הברזא, כל שלא נגע בידו ביין עצמו, שרי, דכיון שאינו יודע בטיב ניסוך, ה"ל מגע עובד כוכבים שלא בכוונה ע"י ד"א, דשרי בשתייה כדלקמן סכ"ד, **ומכ"ש** למאי דקי"ל בסכ"ד, דאפילו עובד כוכבים שהוציא הברזא מותר בשתייה במקום הפסד, דהכא לגמרי שרי. [22]

סעיף טז - אם נדנד עובד כוכבים הברזא ולא יצא מן היין לחוץ, והברזא ארוכה ועברה הדופן ונכנסה בתוך היין, אם הברזא אינה מהודקת בחזקה, נאסר היין בנדנוד זה; אבל אם היתה מהודקת בחזקה, מותר - ובהג"א כתב בשם רשב"א, דאפי' היין יוצא ומטפטף שרי, כיון שהיתה הברזא תחובה כ"כ בחבית שלא היתה קופצת מן החבית, עכ"ל ב"י, ומביאו ד"מ, וע"ל סכ"ו וכ"ז. [11]

סעיף יז - יש מי שאומר שאם אחז עובד כוכבים בכלי פתוח של יין ושכשכו, אף על פי שלא הגביהו ולא נגע ביין, נאסר - בהנאה מן הדין.

הגה: ורבים חולקים לומר דאם שכשך בגופו של הכלי בלא הגבהה לא מקרי שכשוך (רשב"א ורא"ד והרא"ש ור' ירוחם בשם רוב הפוסקים) -

ומותר אפילו בשתייה, כן משמע מדברי הפוסקים המקילים, **ולכן אין להחמיר במקום פסידא** [4] - «לדידן במקום פסידא אף בהגביה ושכשך יש להקל, דלא גרע ממגע ע"י ד"א, וכ"כ גם הט"ז – רעק"א». [7]

(**עיין** בדגול מרבבה שכתב, דהרמ"א בכאן מיירי במקום שידוע שהם עובדי כוכבים, אבל אל"כ מותר לדידן במקום פסידא אפילו הגביהו ושכשך, דודאי לא גרע זה ממגע עובד כוכבי' ע"י דבר אחר, לקמן סעיף כ"ד בהג"ה, ע"ש, וכ"כ בספרו תשובת נו"ב. **וע"ש** שכתב, דכל זה אם הכלי היה חסר, אבל אם היה מלא, יש לחוש לדברי רש"י, דבמלא חיישינן שמא נגע, כל שאין הישראל מתכוין להשגיח ולשמור אותו שלא יגע. **ומבואר** שם, דאם היה חומץ יין, אף שאנו מחמירים בחומץ כ"ז שאינו מבעבע, כדאיתא בסי' קכ"ג ס"ו, עכ"פ מידי ספק חומץ לא נפיק, ויש להקל אפילו אם היה מלא, ע"ש).

[**משמע** מדבריו **שאין להקל אלא בלא הגבהה, אבל במגביה מיקרי שכשוך, אף על פי שאינו נוגע רק בכלי,** [7] **אבל** לפי הנראה לע"ד יש להקל אפילו במגביה, שהרי הרשב"א כתב דלא מיחוורי דברי הרמב"ם, אלא לא מצינו שכשוך אוסר אלא בנוגע ביין עצמו בין בגופו בין ע"י ד"א, אבל במגביהו או מוליכו ומשכשכו לא, שאין דרך המנסכין כן כלל, וכ"כ הראב"ד ועיקר, עכ"ל, וכ"פ מו"ח ז"ל כרשב"א, וכן עיקר נ"ל]. [9]

מביא ראיה מרשב"א, בנוסח דילן בב"י לא נזכר כלום מהגבהה, וי"ל דבהגבהה דינו של רמ"א אמת, **ואפי'** לנוסחת הט"ז, י"ל דה"פ, דמשכשכו קאי אמוליכו, ולא במגביהו, אבל במגביהו ומשכשכו, י"ל דהרשב"א מודה לדינו של רמ"א, **ומוליכו** על כתיפו לא מקרי הגבהה, והרי הוא כמונח על הקרקע, ותדע... אלא ודאי כדאמרן, וק"ל - נקה"כ.

[וכ"ז לענין הנאה, **אבל בשתייה אסור במגע לחוד, כמו** שזכרתי בסי' קכ"ג סעיף ו' בשם הראב"ד]. **דבריו** מוטעים, ואי ר"ל למ"ש לעיל, דלהראב"ד מגע אסור בשתיה אפי' בלא שכשוך, התם מיירי במגע ביין עצמו, **וצ"ל** דכך המשך לשונו, והא דשרי הכא במגע לחוד בלא שכשוך, דמשמע דה"ה בנגע ביין עצמו, כל שלא שכשך שרי, היינו דוקא בהנאה וכו' - נקה"כ.

סעיף יח - נטל עובד כוכבים כלי של יין והגביהו ויצק היין, אף על פי שלא שכשך, נאסר, שהרי בא היין מכחו. [37] **הגביה ולא שכשך ולא נגע, מותר. הגה: וכ"ש שאינו אוסר בנגיעת הכלי לחוד** - ולכן אני תמה על קצת המחמירין ומפסידין ממונם של ישראל, לאסור יין ע"י שנגע העובד כוכבים בכלי, בלא שום שכשוך, ולכן נראה דאין לחוש כלל, עכ"ל ד"מ, **וכ"ש** לדידן דשרי. [5]

סעיף יט - מדד עובד כוכבים הבור שיש בו יין, בקנה, או שהיה מטפח על פי החביות הרותחת כדי שתנוח הרתיחה, או שנטל חבית וזרקה בחמתו לבור, מותר בהנאה ואסור בשתיה - ולדידן מותר בשתייה במקום הפסד, **הגה: שבכל אלו יש הוכחה שלא כיון לנסך, רק למלאכתו, והוי מגע עובד כוכבים שלא בכוונה, ואינו אוסר רק בשתייה.** [16]

שלא בכוונה - כלומר שלא בכוונה לנסך, אבל אם לא כיוון ליגע, *שרי בקנה אפילו בשתייה, דה"ל מגע עובד כוכבים ע"י ד"א, דשרי בשתייה, כדלעיל סעיף י"ד, ולקמן סכ"ד, וכ"כ הר"ן ומביאו בית יוסף. [15]

ובבית יוסף ובפרישה ס"ס זה מחלקינן בע"א, וז"ל, דמדדו בקנה מתכוין להכניס הקנה ביין, אבל הכא אינו מתכוין להכניס הסכין ביין, אדרבה מתכוין לסתום בפני היין שלא יצא, הילכך דמי למגע עובד כוכבים ע"י ד"א שלא בכוונת מגע כלל, דשרי בשתייה עכ"ל, ולעיל סי"ד ולקמן סכ"ד נמי אינו מתכוין ליגע ביין.

*(**ועיין** בתפל"מ שחילק ע"ז, דדוקא כח עובד כוכבים, או נגיעה בלא שכשוך שלא בכוונה, מותר בשתיה, **משא"כ** נגיעה בשכשוך, דאי הוי בכוונה אסור אף בהנאה, ובלא כוונה נחתינן חד דרגא ומותר בהנאה, אבל בשתיה אסור, ע"ש עוד, ‹**המשך** לשונו: משא"כ בסי"ד דמיירי בכח עכו"ם בלא הגביה, דאינו אסור רק בשתיה אפילו נתכוין, וכן בסכ"ד מיירי בנגיעה בלא שכשוך, דאינו אוסר רק בשתיה כמו שכתב הש"ך גופיה, וא"כ בלא נתכוין נחתינן חד דרגא ומותר אפילו בשתיה, וזה ברור ונכון דלא כש"ך בכמה מקומות בסימן זה› **ולע"ד** צ"ע).

[או שנטל חבית וזרקה בחמתו - כ"כ רמב"ם, זה תמוה מאד, דבמשנה איתא בהדיא בלשון זה: זה היה מעשה והכשירוהו, משמע לגמרי, וכ"פ רש"י וכל הפוסקים בהדיא, דמותר אפי' בשתייה, כמ"ש הטור והש"ע סימן קכ"ה, והנה בהגהת מיימוני כ' מכח זה, דט"ס יש ברמב"ם, וצ"ל: שזרקה שלא בחמתו, ודעת הש"ע שהעתיק דברי רמב"ם כמות שהם, לא ידעתי ליישבן, גם הראב"ד כ' על דברי הרמב"ם האלו, שהם שיבוש, שאם בחמתו מותר אפי' בשתייה, ויפה עשה בלבוש שלא העתיק דין זה דזרק בחמתו כאן]. **כבר** קדמוהו כל האחרונים בזה, וגם אני זכרתי מזה בסי' קכ"ה - נקה"כ. ‹ועיין מה שתירץ ע"ז›.

ויש אומרים דאפילו מדדו בידו, אינו אוסר בהנאה, הואיל ובמלאכתו הוא עוסק - ולדידן שרי אף בשתיה במקום הפסד, וכ"פ הב"ח, וכן משמע בהדיא בתשובת רבי אליה מזרחי, **וכן** בכל הסעיף כשכתב הרב מותר בהנאה, לדידן שרי אף בשתייה. [27]

וכתב ב"י, דה"ה להתזת צירעה דשוה למדדו, וכ"כ הרשב"א, היו זבובים או יתושים ע"פ החבית, והתיזן בין בקנה בין בידו, מותר בהנאה ואסור בשתייה, **אבל** האוסרים במדדו ביד בהנאה, ה"ה להתזת צירעה ביד דאסור בהנאה, ולא אמרו במשנה ימכר אלא בהתיז קנה דוקא, עכ"ל, **ולפי** זה למאי דקי"ל דבמדדו ביד שרי אף בשתייה במקום הפסד, ה"ה זבובים ויתושים ביד.

ויש להקל במקום הפסד - כ' העט"ז, הפסד מרובה, ול"נ דה"ה הפסד מועט, וכן משמע מדבריו בד"מ וז"ל, ול"נ דהואיל והוא איסור דרבנן, הלכה כדברי המקילין, ותו דבתראי נינהו וידעי טפי דברי הראשונים ופסקו להתיר, ואף רבינו הטור לא זכר כלל דברי הראשונים, מכלל דפשיטא ליה דהלכה להקל, עכ"ל, וכן משמע מדברי הב"ח, דאפילו בהפסד מועט קי"ל הכי.

עובד כוכבים שדרך יין, אם שמרוהו וראו שלא נגע בידו, אין היין נאסר בהנאה רק בשתייה - היינו דווקא כשנמשך אבל לא נמשך שרי אפי' בשתייה כדלעיל סי' קכ"ג, **דהא גם כן במלאכתו הוא עוסק, ועיין לעיל סימן קכ"ג** - לא הוצרך

לטעם זה אלא להאוסרים ניסוך ברגל בהנאה לעיל סי"א, אבל להמתירין בלא"ה מותר בהנאה, וק"ל. [28]

אבל נגע בידו אסור בהנאה אף על פי שעסוק במלאכתו, [שיש חשש שיגע שלא מחמת עסק שלו, ול"ד למדדו ביד (סכ"ג), וכן דעת הטור, וכן פי' בפרישה ע"ש, וכן פירש הב"ח דעת הרא"ש.

וכן אם הכניס ידו לתוך חבית ואינו יודע שיש שם יין, אינו אסור בהנאה. [18] **ואפילו נודע לו שהוא יין, אם הוציא מיד שנודע לו, מותר בהנאה, הואיל כשהכניסה לא ידע שהוא יין.** [25] **ואין לדמות מילתא למילתא בדברים אלו, ואין לך בו אלא מה שאמרו חכמים** - ודוקא מה שמפורש בש"ס ופוסקים שנקרא טירדא, אבל אין לנו להתיר דברים אחרים מאומד הדעת, לומר זה אין מתכוין לניסוך, כ"כ הפוסקים. [29]

סעיף כ - עובד כוכבים שנפל לבור של יין והעלהו משם מת, מותר בהנאה ואסור בשתיה - ולדידן שרי אף בשתיה במקום הפסד, [18] **אבל עלה חי, אסור בהנאה.**

[הלשון משמע שמת קודם העלאה, אבל חי בשעת העלאה ואחר כך מת תכף, חיישינן שמא אותה שעה נתן שבח ליראה שלו, כדאיתא בגמרא, דדמי עליה כיום אידם, פירש"י ואזיל ומודה על שניצל, ומסתמא נסכיה בעלייתו, עכ"ל, ונראה דהוצרכו בגמ' לסברא זו, ולא אמרו מסתמא נסכיה כשאר עובדי כוכבים כיון שאז אינו אנוס, אלא דמיירי אף שהוא באותה שעה גוסס ומסוכן, מ"מ מודה ומשבח שהוא ניצול ממיתה לגמרי].

הגה: וה"ה אם נתקל ונתגלגל בתוך היין ונתגלגל גם לחוץ, שהיה באונסו גם לבסוף – [דמותר בהנאה, כצ"ל] **(ב"י בשם הרשב"א)** - וכן אם לאחר שעבר האונס נמצא עדיין נוגע בו, אסור בהנאה, אפילו הוא אונס דעלמא דלאו קרוב למיתה, רשב"א שם.

סעיף כא - ישראל שנפל לבור של יין, ושלח עובד כוכבים ידו ואחז בו והוציאו, וישראל אחר היה שם ששמר שלא נגע ביין, מותר אפילו בשתייה. הגה: ולא מקרי נגיעה מה שנוגע על ידי אדם (ריב"ש) - ואפי' יתכוין העובד כוכבים לנסך בדרך זה, ואומר בפירוש שהוא מנסכו ע"י כך, אין בדבריו כלום, **וה"נ** אמרינן, שנוגע בכלי שהיין בתוכו, שאין זה נקרא מגע עובד כוכבים ביין ע"י ד"א, אלא הוא נוגע בכלי, והכלי נוגע ביין, **וגם** בקנה אפשר לומר כן, שכל שקדמה נגיעת הקנה ביין לנגיעת אדם בקנה, אין זה מגע עובד כוכבים על ידי ד"א, דמשמע שהוא מגיע ד"א ליין, אבל זה אינו נוגע אלא בקנה הנוגע ביין, **אבל** צריך להתיישב בדבר זה, עכ"ל הריב"ש ומביאו ד"מ, **ונראה** דלדידן דקי"ל לקמן סכ"ד, דמגע עבודת כוכבים ע"י ד"א שרי אף בשתיה במקום הפסד, אם כן הכא בשקדמה נגיעת הקנה ביין, שרי בשתיה אף שלא במקום הפסד. [17]

[כ' רבינו בשם ריב"ש, דלא מיקרי זה העובד כוכבים טרוד במה שמעלה הישראל, כמו שמצינו בגמרא ההוא אתרוגא שנפל כדלעיל סעיף י"ג, דשמא יותר בהול עובד כוכבים להעלות האתרוג שלו מלהעלות לישראל כו', וא"כ היה ראוי לאסור, שה"ל מגע ע"י ד"א, דהיינו שנוגע ביין ע"י הישראל, **אלא** שנתן טעם דאין שייך בזה נוגע עובד כוכבי' ביין, דישראל הוא הנוגע ולא העובד כוכבים, וה"נ אמרינן בנוגע בכלי שהיין נתון בו, שאין נקרא מגע עובד כוכבים, אלא הוא נוגע בכלי והכלי נוגע ביין, כיון שהכלי כבר נגע ביין כו', ע"כ, **והא** כענין שכתבתי בסעיף כ"ב, שהנוגע ע"י ד"א צריך שיביא הנוגע את הד"א, ולא שיהיה כבר שם, **וזהו** שכתב רמ"א ולא מיקרי נגיעה במה שנוגע ע"י אדם, לאו דוקא אדם, אלא כלומר כיון שהיה האדם כבר שם, לא מיקרי נגיעה].

(לכאורה בדקדוק נקט הרמ"א אדם, דהא לפסקו של הרמב"ם והמחבר סי"ז, דשכשוך בגוף הכלי אסור, לכאורה ליתא לדינא דהריב"ש, דמה בכך שהקנה כבר היה שם, מ"מ יהיה שכשוך כמו בכלי עצמו, א"כ הרמ"א דפסק שם להחמיר שלא במקום הפסד, ע"כ בדקדוק נקט אדם, **ובאמת** חידוש בעיני על הריב"ש דסתם כן מסברא ולא כ' דלהרמב"ם נסתר. **ואולי** משום זה סיים דצריך להתיישב בדבר, ודוחק – רעק"א.

[וק"ל למה לא התיר ריב"ש מטעם, דהאידנא מגע עובד כוכבים על ידי ד"א מותר בשתייה, כמ"ש רמ"א סימן זה סעיף כ"ד]. **לק"מ**, דהריב"ש דינא קתני, וכהאי גוונא אשכחן טובא בפוסקים - נקה"כ.

סעיף כב - חבית שנסדקה לארכה, וקדם עובד כוכבים וחבקה כדי שלא יתפרדו החרסים, הרי זה מותר בהנאה - כתב העט"ז בסעיף כ"ג, דהכא אפילו יש שם ישראל, שרי בהנאה, ול"ד לדלקמן סעיף כ"ג כו', [דדוקא בכה"ג גבי נקב שאין אומנות להניח יד על הנקב, והישראל יכול לעשות גם כן, **אבל** גבי חבית שנסדקה שיש בו אומנות, אפילו יש ישראל וקדם העובד כוכבים, לא אסרו כו', **ולא** דק כלל, ונמשך לו הטעות מחמת שראה שסידר רמ"א חילוק זה בסעיף כ"ג ולא בסעיף כ"ב, **אבל** באמת קאי על הכל, כמו שכתב ב"י בשם הרשב"א לחלק, ולא עיין אפילו בב"י]. **ולא** נהירא, ‹דברי העט"ז›, כדמוכח בדברי הראב"ד והרשב"א והרא"ש דאין לחלק, וע"ש, ‹**ואא"ז** בתשובת פנים מאירות, הצדיק דברי הלבוש, ע"ש›.

[אבל בשתיה אסור, דה"ל מגע עובד כוכבים ע"י ד"א, דהיינו שאוחז היין ע"י ב' חצאי החבית, שהיו מתפרקים לולא העובד כוכבים, **[16]** וא"ל א"כ נימא בנוגע בכלי מבחוץ יאסר, דה"ל נוגע ביין ע"י דופני הכלי, לק"מ, דכשהכלי שלם לא שייך נוגע, דכל נוגע ע"י ד"א היינו שהנוגע מביא ד"א בשעת הנגיעה ליין, **משא"כ** בכלי שלם, הכלי הוא כבר יין בתוכו, ואין לזה שום נגיעה ביין, **אבל** הכא שהחבית נסדק, והוה כאלו נתרחק מן היין ונתערה ממנו, שהרי היה מתפרק לולא אחיזתו, ע"כ שפיר הוא מביא הד"א, **אבל** בהנאה מותר, דלהצלת יין מכוין, ומיירי כאן באין שם ישראל להציל, כמו שיתבאר בסמוך, וכ"ה בב"י בשם הרשב"א].

אבל אם נסדקה לרחבה, ונתן ידו עליה והכביד עליה עד שהדקה ומנע יציאת היין, מותר בשתיה, משום דלא הוי נוגע ודוחק יין החבית אלא מעשה לבינה בעלמא קא עביד, שהרי היא כלבינה הנתונה על פי החבית ומכבידתה. ובחביות של עץ שיש להם חשוקים, צירקא"ליש בלע"ז – [בלשון אשכנז רייפי"ן], **גם כשנסדקה לארכה וחבקה עובד כוכבים, מותרת בשתייה** - ל' הר"ן, שרי להדק על ידי עובד כוכבים, ומביאו ב"י וד"מ. ‹שהרי לא היו הדפנות נופלות, שהחשוקים מחזיקין אותן – חכ"א›. **[36]**

סעיף כג - חבית שהיה נקב בצדה, ונשמט הפקק מהנקב והניח העכו"ם ידו במקום הנקב כדי שלא יצא היין - כתב ב"י, וה"ה לסותם הנקב בברזא קצרה שאינה עוברת כל עובי השולים, וכ"כ הרב בסמוך, **כל היין שמראש החבית עד הנקב אסור בהנאה** - דכיון שסופו לצאת, והעכו"ם סותמו ומונע לצאת, ה"ל כנוגע בכולו, [כי כל הנעצר שם מחמת העכו"ם, שהיה יוצא לולא אחיזתו, ה"ל כאלו נגע באותו חלק כולו, כיון שהוא מונעו מלצאת], ‹**משום** מגע אין לאסור, דאין כאן מגע ממש, כיון דאין כאן שכשוך, דלא הכניס העכו"ם את אצבעו תוך הנקב – אחרונים›. **[3] ושמן הנקב ולמטה מותר בהנאה ואסור בשתייה** – [והוא מחמת חבורו אל העליון האסור, וזה גרע טפי מניצוק חבור, כי איך יתכן שהעליון אסור ומה ששוכב תחתיו יהיה מותר], ‹ולקמן כתב דמותר בהפסד מרובה, וכמו דמותר ניצוק חיבור›. **הגה: וימכור הכל חוץ מדמי היין האסור בהנאה** - אבל בהנאה בפני עצמו א"א, כיון דכמעורב חשבינן ליה, ר"ן. **[32]**

ודוקא שהיה שם ישראל להציל היין, ובא עובד כוכבים והצילו, אבל אם לא היה כאן ישראל להציל ובא עובד כוכבים להצילו - וכתוב בתשובת ר"א מזרחי, וה"ה אם יש ישראל שם, ובשעה שנשמט הברזא היה העובד כוכבים יותר קרוב מהישראל, ולא רצה העובד כוכבים להמתין על ישראל לסתום הנקב, כדי שלא יהא היין נשפך ביני וביני, או שהיה הישראל עוסק בענין אחר, דינו כאין שם ישראל להציל, ע"ש, **לא גרע ממדדו בידו, מאחר דבמלאכתו הוא עוסק, והכל מותר בהנאה (בית יוסף בשם רשב"א וראב"ד)** - והרא"ש והטור ס"ל דאין חילוק, דאפילו אין שם ישראל לא מקרי טרוד במלאכתו, ול"ד לטירדא דמדידה, דאין לנו לדמות הטירדות זו לזו, כדלעיל ס"ס י"ט, **מיהו** בתשובת ר"א מזרחי פסק בסתם כהראב"ד, ולא הביא דעת הרא"ש כלל, וכ"פ הב"ח, **ובאמת** לא ידעתי למה, דהא קי"ל הכל כבתראי, ובפרט שהרא"ש מביא דברי הראב"ד ומשיג

עליהם, ובפרט שהוא מחמיר, וכן רבינו ירוחם מביא סברא זו באחרונה. [33]

לא גרע ממדדו כו' - כתב ב"י, ואפשר דאפי' להאוסרים מדדו בידו בהנאה, מודי הכא, כיון דלא נגע ביין עצמו, «אלא דעכב היין מלצאת – פרחי כהונה», עכ"ל ומביאו ד"מ, ואפשר גם דעתו בהג"ה כן, ומפני כך כתב סתם, והכל מותר.

והכל מותר בהנאה - אבל בשתיה אסור כמו מדדו ביד, **וכתוב** בתשובת ר"א מזרחי, דלדידן דקי"ל דעובדי כוכבים בזמן הזה לאו עובדי עבודת כוכבים הן, ומגען שלא בכונה מותר בשתיה, ה"נ מותר בשתיה, **ומשמע** מדבריו שם להדיא, דה"ה ביש שם ישראל נחתינן חד דרגא, ולדידן כולו שרי, «לכאורה רק בהנאה», **מיהו** היינו דוקא במקום הפסד, וכמ"ש לקמן.

וכל זה לא מיירי אלא שהניח ידו על הנקב או שתחב ברזא שם ואינה עוברת השוליים, אבל אם הכניס אצבעו לפנים או ברזא ארוכה, כבר נתבאר דכולו אסור בהנאה - ק"ק דה"ל לחלק הכא ג"כ בין יש ישראל להציל או לא, **וא"ל** דשאני הכא כיון דנוגע ביין עצמו, דהא במדדו בידו נמי נוגע ביין בעצמו, **ונראה** דהכא אפילו אין ישראל להציל, לא מוכחא מלתא דכוון להציל, דהא היה יכול להציל כשיניח ידו על הנקב מבלי שיכניס ידו לפנים, **ולפ"ז** היכא דא"א להציל אם לא שיתחוב אצבעו לפנים, ואין שם ישראל להציל, שרי בהנאה. [34]

ולדידן בהכניס אצבעו שרי בהנאה במקום הפסד, ובהכניס ברזא ארוכה, שרי אף בשתיה במקום הפסד, כדלקמן סעיף כ"ד, **אבל** אם הוא בענין שאין יכול להציל אם לא ע"י שיכניס אצבעו, ואין שם ישראל שיכול להציל, שרי אף בשתיה במקום הפסד לדידן, וכ"כ הב"ח הלכה למעשה להקל. [34]

ואם הוא בענין שאילו לא הניח העכו"ם ידו על הנקב היה יוצא כל היין, כגון שעושין מינקת כפופה שמניח ראשה לתוך היין שבחבית, והראש האחד חוץ לחבית, ומוצץ היין ועל ידי כן יוצא כל היין שבחבית, אם הניח העכו"ם אצבעו על פי המינקת ומנע היין מלירד, נאסר כל היין שבחבית בהנאה, שהכל היה יוצא ונגרר לולי ידו, ונמצא הכל כבא מכחו - אבל אם המינקת אינו מגיע בשולי החבית, בענין שלא היה יוצא כל היין שבחבית רק עד מקום שמגיע המינקת, אז אינו אסור בהנאה רק עד מקום שמגיע המינקת, ומשם ואילך מותר בהנאה, כמו בברזא דלעיל בסמוך, כן משמע בפוסקים, [32] **ולדידן** כולו שרי בהנאה במקום הפסד, אפילו מגיע לשולי החבית.

[**ונפקא** מיניה מזה, אם המינקת אינה מגעת רק עד חצי חבית, אין איסור בתחתון רק מכח ניצוק חיבור, וממילא אם הוא הפסד מרובה מותר התחתון, כמ"ש סי' קכ"ו דבהפסד מרובה לא אמרינן ניצוק חיבור, **משא"כ אם מגיע עד השולים, אסור אפילו בהפסד מרובה**].

[**נראה** דוקא שמניח ידו על פי המינקת שעל היין ממש, הוה כנוגע בכל היין שבחבית, כיון שהכל נגרר אחר זה לולי אחיזתו, **אבל** אם לא נגע שם, אלא הגביה קצת המינקת ותפס בה מבחוץ, ומחמת זה מנע היין לצאת עוד, כדרך שעושים אם רוצים להפסיק הקילוח, אז אין איסור אלא מחמת שהריק מן המינקת לחבית, כדין עובד כוכבים המערה מכלי אל כלי, דיש איסור במה שיוצא לחוץ, וזהו בטל בחבית לדידן]. [35]

ואם לא נגע עובד כוכבים אלא בקילוח, היין שעומד במרזב אסור משום נצוק, וכל היין האחר שבתוך הקנקן הוי נצוק בר ניצוק ומותר אף בשתייה - כתב ב"י, דמיירי ביש קנה בנקב החבית, דאז שייך לפלוגי בין קלוח שעומד במרזב לשאר היין, הא אם אין קנה בנקב, כולו אסור משום ניצוק, עכ"ל ומביאו ד"מ. [40]

[**נשאלתי** בעובד כוכבים שתיקן חבית של יין לחזקו, ומתוך הכאתו בחבית נפתח סדק אחד, והיה יין מקלח דרך שם, וסתם אותו בידו, ואשה הישראלית היתה עומדת שם ונר בידה להאיר לו לתקן, ובתוך כך בא בעלה ומיחה בו, וסתם הוא הסדק, מה דין יין הזה. תשובה... ע"כ גם בנדון דידן שהעובד כוכבים שעסק בתיקון החבית ומכח מעשיו נתקלקל ונעשה נקב, ובדיניהם חייב לשלם, וגם בדינינו הוא כן, ע"כ אין לנו הוכחה דכוון לנסך, אלא היה בהול שלא יצטרך לשלם

סימן קכד – מי הוא העושה יין נסך, ודיני נגיעת העכו"ם בחבית

ההיזק, על כן קדם והציל, ושפיר קרינן ביה טירדא, ומותר לדידן דקי"ל בזמן הזה מגע עובדי כוכבים שלא בכוונה מותר, כמ"ש רמ"א בסעיף כ"ד, כן נלע"ד, איברא דהאי מילתא חדתא היא ולא הוזכרה בפירוש בפוסקים, אבל ברורה היא ולית בה ספיקא בס"ד]. **[15]**

ולי צ"ע בזה, דכיון שהיה היין מקלח וסתמו בידו, א"כ פשיטא דהוא נוגע בידו ביין שהוא בין ידו, וביין שהוא בין הנסרים, ודמי לדלעיל סעיף י"ד בניטל הברזא והכניס העכו"ם אצבעו עד שנגע ביין, דכולו אסור, **[34] והא** דשרינן בחבית שנסדקה לארכה, היינו בחבית שלהם שהיא של חרסים, שלא היה מקלח, **ואפי'** תימא לא הוי נגיעה ממש, כיון דאינו נוגע רק ביין המקלח חוץ לסדק, מ"מ מה שבפנים תיתסר משום ניצוק, **ואפשר** דמיירי דאינו נוגע כלל ביין, בענין דאפי' ניצוק לא הוי, אבל פשטא דעובדא לא משמע כן, **מיהו** אפשר לצדד ולהתיר במקום הפסד בזה"ז, מטעם שכתב רמ"א בסעיף כ"ד - נקה"כ. **[19]**

‹**ועיין** בתשובת אא"ז פנים מאירות, שהורה באחד ששכר עובד כוכבים למשוך חביות יין מן המרתף ולהושיבם על העגלה, והם אומנים בזה ובקיאים במלאכתם להושיב כל חבית על תקונו, ואירע שנתהפך המגופה למטה והתחיל היין לקלח מהחבית, והניח העובד כוכבים את ידו לסתום פי החבית, והגביה החבית עד שבא פי החבית למעלה, אף שישראל עמד שם, מותר היין בשתיה, ואף שלא במקום הפ"מ, ע"ש טעמו›.

סעיף כד - מגע עובד כוכבים ביין ע"י דבר אחר שלא בכוונה, כגון שהיה יורד מהדקל ובידו לולב, ונגע בראש הלולב ביין שלא בכוונה, או שהיה מהלך ונגע בכנף בגדו שלא בכוונה; וכן אם נתכוין ליגע בו ע"י דבר אחר, אלא שאינו יודע שהוא יין, מותר אפילו בשתייה. הגה: וה"ה אם הכניס ברזא לחבית, או הוציאו שלא בכוונה, וכמו שנתבאר [15] – [אבל אם היה כוונת מגע, אלא שהיה טירדא באחת מן הטרדות הנזכרות בסימן זה, אין לו היתר בשתיה]. **[16]**

ובזמן הזה דהאומות לאו עובדי כוכבים הם, כל מגען מקרי שלא בכונה - ‹כיון שאינו בר ניסוך, ולא אתי לכלל כוונת ניסוך - ב"י, נחשב כאילו הוא בלא כוונת מגע, משא"כ בסי"ט דהוא בר ניסוך, ורק דלא כוון לנסך, ע"ש בש"ד›, **ולכן אם נגע ביין על ידי דבר אחר, אף על פי שיודע שהוא יין וכוון ליגע בו, מותר אפילו בשתיה, דמקרי מגע על ידי דבר אחר שלא בכוונה; וה"ה אם נגע אפילו בידו, בלא כוונת מגע או שלא ידע שהוא יין, שרי. ואין לפרסם הדבר בפני עם הארץ** - דהואיל ואפילו כיוון ליגע, אינו אוסר רק בשתייה, הואיל ואינו עובד עבודת כוכבים, א"כ שלא בכוונה אפי' בשתייה שרי, מידי דהוי אישמעאל שנגע שלא בכוונה כדלעיל ס"ז, עכ"ל ד"מ, **ומשמע** דה"ה בכל מקום שאינו אסור מדין הש"ס אלא בשתייה, לדידן שרי אף בשתייה, **[19] וכ"כ** הב"ח, וכ"כ בתשו' ר"א מזרחי, וכן משמע בתשו' ן' חביב, דתלא טעמא דנחתינן דרגא, ע"ש, **מיהו** כבר נתבאר לעיל ר"ס קכ"ג, דשלא במקום הפסד קי"ל, דאף בזה"ז עובדי עבודת כוכבים הן, **וגם** בתשובת מהרי"ל מצאתי דכתב, דמגע עובד כוכבים בכוונה ע"י ד"א, בזה"ז אין להתיר אלא במקום הפסד מרובה, **ונהי** דהרב והנמשכים לדעתו לא ס"ל הכי, אולי לא ראו דברי מהרי"ל, שהרי לא הביאו דבריו, ואפשר אי הוי שמיע להו לא הוו מקילין כ"כ, **ועוד** שקולא זו לא הזכירוה הפוסקים הקדמונים או האחרונים המפורסמים, **וגם** בספר אפי רברבי הביא דברי הרב, וכתב עלה ואין להקל בזה רק בהפסד מרובה, **גם** הרב והב"ח מודו לזה, שהרי משמע להדיא מדבריהם בר"ס קכ"ג, דשלא במקום הפסד קי"ל, דאף בזה"ז עובדי עבודת כוכבים הן, **וכן** קבלתי מהגאון אמ"ו ז"ל, שאין להקל מטעם עובדי כוכבים בזמן הזה לאו עובדי כוכבים הן, אלא במקום הפסד, ואמר שכך ראה ג"כ מכמה גדולי הוראה. **מיהו** היכא דמותר מן הדין בהנאה, משום שאינו עובד עבודת כוכבים, כגון קטן וגר תושב וכה"ג דלעיל ריש הסימן, אף לדידן אסור בשתייה אף במקום הפסד, **דמה** בכך דעובדי כוכבים בזמן הזה לאו עובדי עבודת כוכבים הן, הא בלא"ה אפילו אינו עובד עבודת כוכבים אסור בשתייה, **[20] והיינו** דכתבו הרמב"ם והמחבר לעיל ס"ז, כ"מ שאמרו כו' מפני צד

סימן קכד – מי הוא העושה יין נסך, ודיני נגיעת העכו״ם בחבית

נגיעה כו', דמשמע דאתו למעוטי שאר דברים דלא שרו בהנאה מפני צד נגיעה, והיינו הנך דפרישית.

[**וכל היכא דאיכא חדא לטיבותא, שרי אפי' בשתייה** לדידן, **אלא דרמ"א לא זכר רק תרי מילי, אם נגע בידו דהיינו בלא כוונת מגע, או שלא ידע שהוא יין, משמע הא נתכוין למגע וידע שהוא יין, אלא שיש לו טירדא, לא שרי... דלא מהני כלל צירוף טירדא לענין היתר שתייה, ומכל מקום כיון שכבר הורה זקן מו"ח ז"ל להקל בשתייה, בהצלת יין ע"י שהניח ידו על הנקב, יש לתת טעם, כיון דאין כאן מגע בכל היין, אלא שמונעו מלצאת, אין כאן אלא איסור כחו של העובדי כוכבים, וכחו שלא בכוונה לא גזרו ביה רבנן, י"ל שגם בכי הא מילתא דיש לו טירדא בהצלת יין, מיקרי לענין זה שלא בכוונה ושרי בשתייה, אבל אם הניח אצבע בנקב ועובר על השולים, אף על פי שעושה כדי להציל, כיון שיש מגע ממש בפנים, בזה אסור אפילו לדידן בשתייה, כנ"ל**].

האריך להוכיח דבטירדא לא נחתינן דרגא, וכל הוכוחותיו אינן כלום, דבזה"ז דכל העובדי כוכבים אינן עובדי עבודת כוכבים, שאני משאר עובדי כוכבים שאינן עובדי עבודת כוכבים, ובזה נדחו כל דבריו - נקה"כ.

[**בתשובת מהרי"ל כתב, שחבית יין היה ביד עובד כוכבים חתום בסתימת המגופה היטב, רק שבמגופה היה חשש שמא שתה ממנו ע"י קנה חלול, פסק דמותר אפילו אם היה שותה דרך אותה קנה, דהוה מגע עובד כוכבים ע"י ד"א, ואי משום טפת יין החוזרת, בטל בס',** ‹**נלע"ד** דל"ד טפה, אלא דבעיא ס' נגד כל מה שיש בחלק המינקת, דכל מה שבמינקת הוי כמו נוגע בפיו – רעק"א›, **וכתב שאין כאן חשש אלא שמא הוציא ע"י מינקת כפופה שזכר הש"ע בסעיף כ"ג, הא לא שכיח כלל, ואין כל אדם יודע אותה חכמה, עכ"ל, ולפ"ז בגליל ששכיח מינקת כפופה ודאי יש לאסור, ומ"מ למדנו כאן שאין איסור אם שותה דרך קנה חלול... וזכורני בילדותי שנעשה מעשה כזה בפוזנ"א, והסכימו שם כל החכמים להתיר, וכן עיקר, ואין להחמיר בזה במקום הפסד מרובה, כנלע"ד. וכן אם הוציא העובד כוכבי' יין ביד מן החבית דרך מינקת קטן שרגילין בו מוכרין יין, והוציא קצת כשיעור שמחזיק אותה מינקת, והוא נוגע ביד ביין שהוא בפי המינקת, ג"כ יש להתיר בדיעבד בהפסד מרובה, אם הוחזר להחבית, דחד דינא הוא**].

[**ומ"ש בהגהה שרי ואין לפרסם כו', נ"ל דאע"פ שכ' רמ"א להקל במגע עובד כוכבים בזמן הזה, מ"מ כח העובד כוכבי' אוסר אף בזמן הזה, דהא הרמב"ם כתב בדין זה סתם לאיסור בפי"ב דהל' מ"א, ובריש פי"א כתב כלל, בכ"מ שכתוב סתם איסור, היינו בעובד עבודת כוכבים לאיסור הנאה, ובאינו עובד עבודת כוכבים כגון ישמעאל, הוא לאיסור שתייה, ממילא גם בעובד כוכבים בזמן הזה הוא כן, אלא דמ"מ נ"ל להקל בזה בכל גווני, דאין איסור אלא בתחתון ולא בעליון, דבנצוק כזה פשיטא דלא אמרי' חיבור**].

‹**הוא** תמוה, דלהרמב"ם דאוסר בכחו בהנאה, באמת גם בעובדי כוכבים שלנו אסור, אבל מ"מ לדידן דקי"ל דכחו מותר בהנאה, וקי"ל בהא כהרמב"ם דנחית חד דרגא, א"כ בעובדי כוכבים שלנו מותר בשתיה, וכעין מ"ש הב"ח לענין מדדו הובא בט"ז, וכ"כ להדיא בש"ך, **וביותר** נלע"ד דאף להרמב"ם יש להקל, דהא במגעו בדבר אחר בכוונה דאסור בהנאה מדינא, אעפ"כ בהעובד כוכבים דידן מותר, דהוי מגעו ע"י ד"א שלא בכוונת מגע, א"כ ה"נ בכחו הוי כחו שלא בכוונה דשרי – רעק"א›.

יין שהיה מונח ברשות הרבים, ובאו עובדי כוכבים ודקרו בו סכין להוציא יין, מה שיצא לחוץ אסור - שבא מכחו אסור, עכ"ל עט"ז, **ולא** דק, דהא השתא קיימינן, דיין שאסור מן הדין בשתייה, לדידן שרי, וכח אינו אוסר אלא בשתייה, כדלעיל סעיף י"ד ולקמן ר"ס קכ"ה, **אלא** הטעם איתא במרדכי, דמה שיצא לחוץ מסתמא נגע בו, ומביאו ב"י וד"מ לקמן סי' קכ"ט, וע"ש סעיף י"א, **ומה שבפנים שרי, דכיון דלא כיוון העובד כוכבים רק לנקוב החבית, ולא כיוון ליגע ביין, אפילו נגע ביין הוה ליה מגע עובד כוכבים על ידי דבר אחר שלא בכוונה, ושרי (תשובת ר' שמואל במרדכי)** - אה"נ אפי' הוי כיוון שרי לדידן, אלא קושטא דמלתא נקט כדאיתא במרדכי, ונ"מ, דשרי אף שלא במקום הפסד, **והא** דלא חיישינן שמא נגע בידו ביין בשעה שיצא לחוץ, דאז נאסר גם מה שבפנים ע"י ניצוק, דלמה לו לעשות כן. **[38]**

[במרדכי שם כתוב, שמא לא נגע ביין, אלא מיד כשעבר הסכין את עובי השוליים יצא היין ולא נגע בו בסכין כו', ועוד אפי' אם נגע הסכין, שרי, כיון שלא נתכוין הגנב אלא כדי שיצא היין, **ודוקא** ע"י דקירה בסכין, שאפשר שלא יגע ביין, התיר, **אבל** אם היתה ברזא תחובה ועוברת כל השוליים, והוציא עכו"ם הברזא, אסור אפי' לדידן, דהוי כנוגע במתכוין ביין ע"י הברזא].

כל דבריו אינם נכונים, דע שמש"כ: אבל אם היתה ברזא וכו' אסור אפי' לדידן, **הוא** לשון עצמו ואינו במרדכי, ובאמת ליתא, דלדידן פשוט דאפי' הוציא העכו"ם בכוונה שרי, דהא מגע ע"י ד"א אפי' בכוונה שרי לדידן, **ומ"ש** רמ"א: דכיון דלא כוון העכו"ם רק לנקוב וכו', כבר כתבתי בש"ך, דאה"נ דאפי' הוי בכוון שרי לדידן, אלא קושתא דמילתא נקט, ונ"מ, דשרי אף שלא במקום הפסד, דאילו אנן לא סמכינן אטעמא: דעכו"ם בזה"ז לאו עובדי עבודת כוכבים הן, אלא במקום הפסד - נקה"כ.

[**וקשה**, הלא כבר כתב המרדכי ופסקו רמ"א בסמוך, דלדידן מגע עובד כוכבים ע"י דבר אחר מותר אפילו בשתייה, **וכן** קשה על מה שכתב רמ"א בסוף סימן קכ"ט, בשפחה שאינה נאמנת לומר מן החבית לקחה היין, משמע שאם בבירור לקחה אסור אפילו היין שבחבית, וכן משמע סי' קכ"ט סעיף א'].

לק"מ, דהא מסיים רמ"א שם בס"ס קכ"ט, מיהו בזה"ז דאין העכו"ם מנסכין שרי וכו', וקאי אכל מה שהזכיר מקודם, וכמ"ש שם בש"ך - נקה"כ.

[**ונראה** דטעם האיסור אפי' לדידן בהוציא עובד כוכבים ע"י ברזא, דקרוב הדבר שנגע ביד בקילוח היוצא, וכבר כתב ב"י סוף סימן קכ"ו בשם רבינו ירוחם, שאם נגע בקילוח הכל אסור בהנאה, כאילו נגע בכל היין, והיינו מטעם ניצוק חיבור, **ואף** שאנן מתירין ניצוק בריש סימן קכ"ו, מ"מ יש לחוש שמא נגע היין במקום שיוצא ממש, דכן הוא רגילות במתעסק להוציא יין מהחבית דרך ברזא, והוי ליה מגע ממש].

הוא תמוה, דאפי' נגע, מ"מ הרי אין מכוון ליגע, וה"ל מגע עכו"ם שלא בכוונה, דשרי לדידן אפי' נגע בידו - נקה"כ. **[19]**

[**ואם** הברזא תחובה בקנה חלול שאין שייך לומר כן, יש להתיר היין שבחבית בהפסד מרובה, כמ"ש ריש סי' קכ"ו בדין ניצוק חיבור, ובמרדכי בפרק השוכר מחלק עוד בין נקב צר לרחב, דבקל נוגע ברחב, עכ"ל]. **היינו** כשנוגע בכוונה - נקה"כ.

[משום הכי נמי לא התיר כאן רמ"א אלא בדקר בסכין, שהוא נקב קטן ואין קרוב ליגע בהוצאת הסכין בקילוח הדק היוצא, כן נראה לי. ועיין מה שכתבתי בסי' ק"ל סעיף א', דהכא מיירי שעדיין הסכין שם, אבל אם כבר סתמו העובד כוכבים, אסור].

סעיף כה - נוד שיש בו יין ונגע עובד כוכבים בנוד מבחוץ – [אפי' נדנדו הרבה], **אפילו הוא חסר והגיעו דפנות זו עם זו, מותר אפילו בשתייה, שאין דרך נסוך בכך** - פי' הבית יוסף, דהיינו בנוד סתום, **[6]** דאילו בפתוח, ס"ל להרמב"ם והמחבר לעיל סי"ז, דיש בו משום ניסוך, וכן העט"ז כתב נוד סתום, **ולפי** מה שכתב הרב שם, דבמקום הפסד אפי' פתוח מותר, ה"ה הכא. **[4]**

סעיף כו - ברזא שהיתה רפויה בחבית ובא עובד כוכבים והדקה, מותר אפילו בשתייה - דאין דרך ניסוך בכך, ועוד דמעשה לבינה בעלמא קעביד, כדלעיל סעיף כ"ב, כן כתבו הפוסקים, ועיין לעיל סעיף ט"ז ס"ק ל"ח. **[14]**

סעיף כז - חבית של עץ שהוא מטפטף או שותת, יקח ישראל הנעורת בידו ויניחנה כנגד הנקב שימנע היין קצת מלצאת, ויבא עובד כוכבים אומן ויהדקנה בסכין בנקב, עד שיסתום היטב - כתב ב"י, דמדברי התוספות והג"א משמע, דלשופרא דמילתא הוא ולא לעיכובא, **ויש** לתמוה למה, דהא אם יתן העובד כוכבים הנעורת, הוי כמנח ידיה דלעיל סעיף כ"ג, כיון שמונע היין מלצאת, **ושמא** י"ל כיון שאין זה נקב גמור אלא סדק, לא מחמרינן ביה כולי האי, עכ"ל. **[39]**

ויהדקנה בסכין – [אף דיש יין בלוע בהנעורת, מ"מ מה שיוצא לחוץ הולך לאיבוד].

ואם היין שותת הרבה, צריך ליזהר ביותר שלא יגע העובד כוכבים ביין (בידו, אבל

בסכין בדיעבד שרי) - שאינו מכוין רק לסתום הכלי ולא ליגע ביין, והוי כמו על ידי ד"א שלא בכוונה, טור והפוסקים, **ולדידן** אף ביד שרי במקום הפסד, כיון דהוי מגע שלא בכוונה. [19]

והרוצה לעשות מן המובחר, יהדק החבית בחבל, ויפסוק שתיתת היין, ואח"כ יתקננו.

הגה: עובד כוכבים שנגע ביינו של ישראל להכעיס כדי לאסרו עליו, אפילו אינם יודעים כך אלא באומדנות המוכיחות – [דהיינו כעין מעשה דת"ה, שהלכו עובדי כוכבים לפני הגיגית עם תירוש ולחשו זה עם זה, ואח"כ טבל א' אצבעו בתירוש ומץ ממנו בפיו, והלכו להם ופיהם מלא שחוק, ורצו יהודים אחריהם ואמרו למה קלקלתם יין שלנו, השיבו לא ידענו שיהא אסור בשביל זה, והרגישו יהודים מתוך הלחש שכוונתם היה לנסך לקלקל], **מותר אפילו בשתייה, ויש לשתותו בפני העכו"ם, כדי שלא ירגילו עצמם בכך. [30]**

מעשה היה בהיותי במדינות טעהרין, ונגע העכו"ם ביינו, ולא רציתי לשתות, ואמר אלי בזה"ל, שתה היין הוא מותר, ושאל אביך ויגיד לך שהוא מותר, באשר שעשיתי להכעיסך כדי שלא תשתה, ובעושה להכעיס מותר, ע"כ דבריו, **ושאלתי** את פי הגאמז"ל היכן דינו, ואמר שהיין אסור, דטעמא דמותר משום דעושה להכעיס, אבל כיון שיודע דינו, א"כ לא עשה להכעיס, וחוזר לאיסור הראשון כאילו לא עשה להכעיס, **ואע"פ** שלהכעיס מותר לשתות אפי' שלא בפני העכו"ם, משום שלא כוון דעתו לנסך רק שעשה להכעיס, וא"כ ה"נ לא כוון לנסך רק להראות איך שיודע דינו, **מיהו** יש לפרש ולומר, כיון דיודע שלהכעיס מותר, לא עשה לעולם להכעיס, רק עשה זאת לנסך, ומ"ש העכו"ם לשאול דינו של להכעיס מותר, להכשיל לישראל שישתה יין נסך, **ולא** דמי לשאינו יודע, שעושה העכו"ם להפסיד יינו שלא ישתה, משום הכי שרי, משא"כ כאן דהא יודע בלהכעיס דמותר, וא"כ עושה לנסך ואסור, וצ"ע - נקה"כ. [31]

(ע' בתשובת ח"ס, אודות ראובן שעשה יין כשר אצל עובד כוכבים, וחתם היין כד"ת, אך להביא לביתו לא היה יכול עד שיטול השררה המעשר, וכשבא השר לקבל המעשר נתן עיניו ביין ישראל, ופתח החתימות מן היין ונתן אצבעו ביין, ואמר בזה"ל, עכשיו ישתה מן היין היהודי, כבר נגעתי בו, אך מיד אחר הליכת השר מן המרתף סגר העובד כוכבים המרתף, והלך והודיע לראובן שיינו פתוח, והלך ראובן עם העובד כוכבים וחתם היין מחדש, ויש בזה הפסד גדול, **והנה** בזה היין איכא ב' חששות, א', מצד נגיעת השר, כפי דברי העובד כוכבים בעל המרתף, **והב'**, מצד שנתייחד היין אצל בעל המרתף בלא חותם בשעה שהיה השר במרתף, וגם אח"כ, כי מאן לימא לן שמיד בא להיהודי, אולי שהה זמן מה, **ועוד** מאן לימא שהאמת אתו, שמא זמן רב קודם ביאת השר פתחו בעל המרתף לזייף וליהנות בחליפין, ותולה עתה בהשר ואמר שעשה כן להכעיס, **והאריך** מאד בזה, והעלה הלכה למעשה להתיר היין מכמה טעמים, עיין שם).

§ סיכום לסימן קכ"ד ע"פ החכמת אדם §

ע"י ג' דברים נאסר היין: ע"י נגיעה. ע"י כוחו. ע"י ניצוק.

[1] נגיעה שאסור מדינא בהנאה ~ שיגע בכוונה בידו, וי"א אפי' ברגלו או בשאר איבריו שדרכן לנסך, או בדבר אחר שבידו בכוונה, וישכשך אפי' שכשוך מועט. ואפילו לא נגע ביין אלא ברתיחה שעל היין – סעיף י"א.

[2] שתה ממנו ~ בין ששתה הנכרי מהחביות, בין ששתה מהכוס והחזיר הישראל את המותר לחבית, או שמצץ במניקת (שקורין ליווער) בחבית והעלהו לפיו, כל היין אסור בהנאה – סעיף י"א.

[3] נגע ביין ולא שכשך כלל ~ מותר בהנאה מדינא – ש"ך סי"א, (עיין ט"ז סי"ג), ולדידן מותר בשתיה – ש"ך סי"ג.

[4] אחז בכלי פתוח ושכשך, אבל לא הגביה ולא נגע ביין ~ י"א דאסור בהנאה מדינא – שו"ע סי"ז, ורבים חולקים וס"ל דבלא הגבהה לא מקרי שכשוך, ומותר אפי' בשתיה, ובמקום הפסד יש לסמוך ע"ז – רמ"א סי"ז.

[5] הגביה ולא שכשך, וכ"ש נגיעת הכלי לחוד בלא הגבהה ושכשוך ~ מותר – סי"ח וש"ך שם.

[6] אם היה הכלי סתום ~ בין שהיה מלא או חסר, אע"פ שהגביה ושכשך, מותר בשתיה לכו"ע, דאין דרך ניסוך בכך – ש"ך סכ"ה.

סימן קכד – מי הוא העושה יין נסך, ודיני נגיעת העכו"ם בחבית

[7] הגביה ושכשך והיה הכלי צר ופתוח ~ הוי כנוגע ביין עצמו, ומדינא דש"ס אסור בהנאה – סעיף י"ז. ‹ע"ש ברעק"א דמתיר לדידן במקום הפסד אף בשתי'›.

[8] הנ"ל והיה הכלי רחב ~ כיון דלא ניחא ליה בשכשוך זה דמתירא שמא ישפוך, מותר אפילו בשתיה, ובלבד שיהיה הישראל הולך אחריו שיראה שלא יהיה חשש שמא נגע ביין, אבל אם מכוין לשכשך, אסור – סי' קכ"ה ס"י ובש"ך.

[9] הגביה ושכשך להט"ז ~ כיון שלא נגע ביין לא בגופו ולא בדבר אחר, מותר בהנאה מדינא – ט"ז סי"ז.

[10] אם ניתז על עכו"ם וחזר ליין ~ אע"פ שניתז על בשרו, מותר, דאין דרך ניסוך בכך - ש"ך סי' קכ"ה ס"ק כ"א.

[11] נדנד עכו"ם הברזא ~ ולא יצא מן היין לחוץ, והברזא ארוכה ועברה הדופן ונכנסה בתוך היין, אם הברזא אינה מהודקת בחזקה, נאסר היין בנדנוד זה, אבל אם היתה מהודקת בחזקה, אפילו היין יוצא ומטפטף, מותר – סעיף ט"ז ובש"ך.

[12] אם הוציא הברזא והיתה נוגעת עד היין ~ כולו אסור, שא"א שלא ישכשך – סעיף י"ד.

[13] הנ"ל בספק אם יודע הגוי שנוגעת עד היין ~ תלינן דלא ידע, וא"כ הו"ל מגע עכו"ם שלא בכוונה ע"י דבר אחר, דמותר אפי' בשתיה כדלקמן – סעיף י"ד.

[14] הידקה עכו"ם הברזא ~ שהיתה רפויה בחבית, מותר אפילו בשתיה, דאין דרך ניסוך בכך, ועוד דמעשה לבינה בעלמא קעביד – סעיף כ"ו.

מגע ע"י דבר אחר

[15] מגע ע"י דבר אחר שלא בכוונת מגע ~ מותר אפילו בשתיה – סעיף כ"ד. (ובנגע בידו אסור בשתיה. וכן עכו"ם בזה"ז, נחשב ע"י דבר אחר שלא בכוונת מגע, כיון שאינו בר ניסוך ולא אתי לכלל כוונת ניסוך – סעיף כ"ד).

[16] מגע ע"י ד"א שלא בכוונת ניסוך ~ אסור בשתיה. ולדידן במקום הפסד מותר בשתיה – סי"ט, ט"ז סכ"ד.

[17] כשהדבר אחר כבר היה ביין קודם נגיעתו ~ מותר אף בשתיה, ואפילו אומר בפירוש שנתכוין לנסך, דזה לא נקרא נגיעה כלל – סעיף כ"א ש"ך וט"ז שם.

[18] כוונת הנכרי בשעת מגע לאסר בהנאה, צריך ג' תנאים ~ א) שיהיה בר כוונה לנסך, ב) שידע שהוא יין. ג) שלא יהא עוסק בדבר אחר – סעיף י', סעיף כ'.

[19] עכו"ם בזה"ז שאינם עובדי ע"ז ~ כל מגען מיקרי שלא בכוונה, ואם נגעו ביין שלנו, אינו אסור אלא בשתיה, וא"כ ה"ה במקום דמדינא אפי' בעובד ע"ז אינו אסור אלא בשתיה, (אפי' במקום טרדא, ודלא כהט"ז סכ"ד, ואפי' נגע בידו שלא בכוונה – ס"ז), בזה"ז מותר אפילו בשתיה, דלעולם נחתינן חד דרגא, ומ"מ אין להתיר רק דוקא במקום הפסד מרובה, ואין לפרסם הדבר בפני עם הארץ – סכ"ד.

[20] יין ישמעאלים ~ אסור בשתיה אפי' בזמן הזה, דאין חילוק בזה אלא אם ההיתר בהנאה הוא מצד אופן הנגיעה – ס"ז ש"ך בסכ"ד.

[21] אם יש ספק אם נתכוין ליגע או לא ~ תלינן לקולא דהוי ספק דרבנן – ש"ך סעיף י"ד.

[22] עכו"ם שוטה ~ שנכנס לבית שיש בו יין, ואפילו ראינו שהוציא הברזא, כל שלא נגע בידו ביין עצמו, הוי ליה מגע עכו"ם שלא בכוונה ע"י דבר אחר, דמותר אפילו בשתיה – סעיף ט"ו וש"ך שם.

[23] הושיט ידו לחבית כסבור שהוא של שמן ~ ונמצאת של יין, מותר בהנאה, ולדידן מותר בשתיה במקום הפסד – סעיף י"ב וש"ך בסעיף י"ט.

[24] אם יש ספק ידע שהוא יין או לא ~ תלינן לקולא דהוי ספק דרבנן – ש"ך סעיף י"ד.

[25] אם אח"כ נודע לו שהוא יין, או ידע מתחילה, ורק שהוא טרוד ~ ליטול משם דבר שנפל לתוכו, כיון דבכניסתו לא ידע שהוא יין או שהיה טרוד בהצלת הדבר, אם כן לא היה כוונתו לנסך, ולכן אם הוציא מיד, מותר בהנאה, ומכל מקום אפילו לדידן אסור בשתיה, ‹דלמא היתר דהוציא מיד אינו ברור› – סעיף י"ט.

[26] הנ"ל אם תפסו ידו קודם שמוציאה שלא ישכשך בהוצאתו ~ ופתח החביות מלמטה עד שירד היין וירד למטה מידו, מותר בהנאה, ולדידן במקום הפסד מותר בשתיה; דבהוצאתו לא טרוד, ולכן צריך אז שמירה שלא ישכשך, ולכן צריך לתפוס ידו – סי"ג ש"ך וט"ז.

[27] מדד עכו"ם הבור שיש בו יין או החביות בקנה ~ הוי כמגע עכו"ם שלא בכוונה לנסך, ומותר בהנאה,

ולדידן במקום הפסד מותר בשתיה, ויש מקילין אפילו במדדו בידו – סעיף י"ט.

[28] עכו"ם שדרך יין ברגליו ~ ושמרוהו וראו שלא נגע בידו, מותר בהנאה אפילו להאוסרים ניסוך ברגל, דבמלאכתו הוא עוסק – סעיף י"ט.

[29] אין לדמות מילתא למילתא ~ להתיר דברים אחרים מאומד הדעת, לומר זה אינו מתכוין לנסך, ואין לך בו אלא מה שאמרו חכמים – סי"ט.

[30] נגע להכעיס כדי לאוסרו עליו ~ אפי' אין יודעין כן אלא באומדנות המוכיחות, מותר אפי' בשתיה, ויש לשתותו בפניו כדי שלא ירגילו בכך – רמ"א סכ"ז.

[31] אם יודע דבעושה להכעיס מותר ~ אסור, שהרי אין זה עושה להכעיס – נקה"כ שם.

מנע העכו"ם היין מלצאת

[32] היה שם ישראל להציל ~ שלא היה העכו"ם טרוד במלאכתו, אע"פ שלא נגע ביין, כל היין שמראש החבית עד הנקב, הו"ל כנוגע בכולו ואסור בהנאה מדינא. ומן הנקב ולמטה מותר בהנאה, **אך** כיון דחשבינן ליה כמעורב וא"א ליהנות ממנה בפני עצמו, ולכן מותר למכור הכל לעכו"ם חוץ מדמי היין האסור בהנאה – סעיף כ"ג וש"ך שם.

[33] לא היה ישראל להציל ~ מאחר דבמלאכתו הוא עוסק, הכל מותר בהנאה, ועדיף ממדדן בידו, כיון שאינו פוגע ביין, ולדידן במקום הפסד מותר בשתיה – סעיף י"ד וכ"ג ובש"ך.

[34] הכניס אצבעו לפנים ~ או ברזא ארוכה שעוברת השוליים, כל היין אסור בהנאה, ולא אמרינן דכוונתו להציל וטרוד במלאכתו, כיון שהיה יכול להציל בהנחת יד לבד מבלי שיכניס ידו לפנים, ולכן אפילו אין ישראל להציל, אסור – סכ"ג. ומ"מ היכא דא"א להציל אם לא שיתחוב ידו לפנים, ואין שם ישראל להציל, מותר בהנאה דטריד במלאכתו. ולדידן בהכניס אצבע מותר בהנאה במקום הפסד. **ואם** לא היה יכול להציל אלא ע"י שיכניס אצבעו ואין שם ישראל, וכן בהכניס ברזא ארוכה, מותר אף בשתיה במקום הפסד – ש"ך שם.

[35] אם רק הגביה קצת המינקת כפופה ~ ותפס בה מבחוץ, ומחמת זה מנע היין מלצאת עוד כדרך שעושין אם רוצים להפסיק הקילוח, אז אין איסור אלא מחמת שהריק מן המינקת לחבית, ודינו כדין המערה מכלי לכלי, דיש איסור במאי שיצא לחוץ, וזה בטל בחבית לדידן – סעיף כ"ג בט"ז.

[36] מעשה לבינה ~ מותר בשתיה – סעיף כ"ב וכ"ו.

[37] על ידי כחו ~ שהטה העכו"ם החבית, או הוציא הברזא, וע"י זה יצא היין, אינו אסור מדינא אלא בשתיה. ומה שנשאר בחבית מותר אפילו בשתיה. ולדידן במקום הפסד אפילו מה שיצא לחוץ מותר בשתיה. **וכ"ש** אם הוציא שלא בכוונה, דהוי כח עכו"ם שלא בכוונה, דאף מה שיצא מותר – סעיף י"ד.

[38] דקרו עכו"ם בסכין ~ להוציא יין, מה שיצא לחוץ אסור בהנאה, דמסתמא נגע בו, ומה שבפנים מותר אפילו בשתיה, כיון דלא כיון עכו"ם רק לנקוב החבית ולא כיון ליגע ביין, אפילו נגע ביין, הוי ליה מגע ע"י דבר אחר שלא בכוונה ומותר, ולא חיישינן שמא נגע בידו ביין בשעה שיצא לחוץ, דאז הכל אסור, דלמה לו לעשות כן – סוף סעיף כ"ד.

[39] חבית של עץ שהוא מטפטף או שותת ~ יקח ישראל הנעורת בידו ויניחנו כנגד הנקב שימנע היין קצת מלצאת, ויביא עכו"ם אומן ויהדקו בסכין בנקב עד שיסתום היטב. **ואם** היין שותת הרבה, צריך ליזהר ביותר שלא יגע עכו"ם ביין בידו, אבל בסכין בדיעבד מותר, כיון שאינו מכוין ליגע ביין, והוי כמגע ע"י ד"א שלא בכוונה, והרוצה לעשות מן המובחר, יהדק החבית בחבל ויפסוק שתיתות היין, ואח"כ יתקנו. **ולדידן** אף ביד שרי במקום הפסד, דהוי מגע שלא בכוונה – סכ"ז ובש"ך.

[40] על ידי ניצוק ~ כגון המערה יין לתוך כלי שיש בו יין נסך האסור בהנאה מדינא, כיון שהקילוח מחברן, הכל אסור. וניצוק בר ניצוק שרי – סכ"ג.

§ סימן קכח – דין מקום שיש בו יין ונתיחד עובד כוכבים שמה §

סעיף א- עובד כוכבים שנתייחד עם היין, אפילו ברשותינו, אפילו שעה מועטת, אסור בהנאה. [1]

אבל מי שנודע לנו שאינו עובד עבודת כוכבים - כגון גר תושב וישמעאלים, **מותר ליחד יין אצלו, ברשותינו, לזמן מועט, כגון כדי שילך כדי מיל או יותר, אפילו בעיר שכולה עובדי כוכבים, ואפילו הודיעו שהוא מפליג. [2]**

ובפרישה דייק מהכא, דמגע גר תושב מותר בשתיה, דאל"כ ניחוש למגעו, אלא ודאי אף אם נגע שרי לשתות, עכ"ל, **ותימה**, דא"כ תיהוי תיובתא מהא להרשב"א והמחבר לעיל סימן קכ"ד סעיף ב', דס"ל דמגע גר תושב אסור בשתי', ובש"ס אמרינן בהדיא דמיחדים אצלו יין, **אלא** ה"ט כמ"ש רש"י, דכיון דלא פלח עבודת כוכבים, לא נגע ולא מנסך, **מיהו** נראה דהיינו דוקא אם הוא בענין שאין לחוש שנגעו לשתות או להנאה אחרת, כדלקמן סעיף ד' בהג"ה, דאעפ"י דעובדי כוכבים בזמן הזה לאו עובדי עבודת כוכבים הן, אסור היכא דאיכא למיחש שנגע משום הנאתו. **[4]**

אבל אין מפקידין אצלו יין בביתו, ואפילו בבתינו אסור, אם הוא לזמן מרובה - ואפי' בעיר שרובה ישראל, ש"ס, **[3] ואם עבר והפקיד, אסור בשתיה** - ‹כמו יינו – גר"א.› **[4] משמע** דבהנאה בכל גוונא שרי, וכן משמע בב"י, **אבל** הב"ח השיג עליו, דלא שרי בהנאה אלא בידוע שלא נגע, הא לאו הכי אסור אף בהנאה, כדכתבו התוס, דאינו חושש על מגע עכו"ם, וכן הוא בהרא"ש והטור, דטעמא דהפקיד אצלו אסור, משום שאנו חוששין שמא החליפו בשלו, ושלו ודאי אסור, כיון שאינו חושש על מגע עובד כוכבים. ‹**אבל** בזה"ז דכולם אינם עובדים ע"ז, ליכא חשש זה.›

[**נראה כוונתו כי יש שני פירושים על חילוק דיחוד ומפקיד שמצינו, דיש לפרש שלשון יחוד שייך דוקא על זמן מועט, ומפקיד דאסור היינו על זמן מרובה, וזהו דעת הטור, אבל יש פי' אחר, והוא משמעות של רש"י בגמ', דיחוד היינו שמייחדו עם העובד כוכבים ברשות ישראל,** ולא שם את העובד כוכבים שומר עליו כלל, אלא מניחו כך בבית ישראל, וההיתר בזה הוא מטעם שאין לו יין איסור להחליף בשלנו בבתינו, **אבל** מפקיד הוא בבית העובד כוכבי', דשם נכנסים לו עובדי כוכבי' ואינו מקפיד אם יגעו בו אחרים, וע"כ החמיר הש"ע לאסור בשתיהם, ואין היתר אלא בבתינו ולזמן מועט].

(עובדי כוכבים שבחוצה לארץ, אף על פי שאינן עובדי עבודת כוכבים, מ"מ אין מייחדים יין אצלם) (ב"י בשם הרשב"א) - ‹לכתחלה, יחוד לשעה›, [**דלענין לכתחלה להפקיד אצלם מחזקינן להו כעובדי עבודת כוכבים**]. ‹**אבל** פקדון לימים, גם דיעבד אסור – ג' מהרש"א בשם תשו' צמח צדק.› **[5]**

וברשב"א אפילו בדיעבד אסור, וכ"כ העט"ז, דאפי' דיעבד אסור בשתיה, **והרב** שלא כתב כן, נראה משום דס"ל דהרשב"א אזיל לטעמיה, דס"ל סתם יינם ומגע עובד כוכבים בזמן הזה אסור בהנאה, דאף דעובדי כוכבים בזמן הזה לאו עובדי עבודת כוכבים הן, מכל מקום כיון דלפעמים מנסכים, הוין עובדי עבודת כוכבי', **אבל** לדידן דשרינן מגען וסתם יינם בהנאה, מטעמא דלאו עובדי עבודת כוכבים הן, **אם** כן ה"ה הכא, דאם יחדו אצלו שרי בדיעבד, כמו גר תושב וישמעאלים, אלא דלכתחלה מיהת אסור, **וראיה** לזה, ממאי דקי"ל לקמן סעיף ד' בהג"ה, דבזמן הזה אפילו נכנס עובד כוכבים בבית שיש בו יין של ישראל, ואפילו סגרו במפתח, ואפילו אינו נתפס כגנב, שרי בשתיה, היכא דליכא למיחש שנגעו לשתות, והרי אין לך יחוד גדול מזה, ואפ"ה שרי, **ונראה** דגם דעת העט"ז כן, ומ"ש דבדיעבד אסור, מיירי בענין שיש לחוש שנגע לאיזה הנאה, וכן משמע להדיא מדברי הב"ח. **[4]**

(**ועיין** בתשובת צמח צדק שכתב, דדוקא בזמן מועט שרי בדיעבד, ודוקא במקום שאין לחוש לנגיעה ולא לשתיה להנאתו, כגון שהנקב למעלה במגופה הוא צר, ואין שום ברזא בחבית, **אבל** היכא דאיכא למיחש דלמא נגע להנאתו כדי לשתות, כגון שיש לחבית ברזא בולטת לחוץ, שבקל יכול למשוך הברזא ולשתות מהיין, יש לאסור כל היין אפילו בדיעבד, אפילו יחוד בעלמא לזמן מועט, ע"ש). **[5]**

[ט"ז] ‹רעק"א או ש"א או הוספת הסבר› (פת"ש)

סעיף ב- עובד כוכבים שנמצא בבית שבו יין, אם יש לו מלוה על אותו יין, כגון שעשאו אפותיקי - מפורש, **(או משכנו לו)** - סתם **(טור), אסור, ואפילו היה היין חתום בחותם אחד** – [כ"כ ב"י בשם רשב"א, דכל היכא דלא מרתת בעינן שני חותמות], **נראה** דהיינו לסברת הרשב"א והמחבר לקמן סימן ק"ל, [דס"ל בכל דוכתי לא מהני חותם אחד], **אבל** למאי דכתב הרב שם ס"ב, דבדיעבד סגי בחותם א' אפי' במפקיד, כ"ש הכא, והא דסתם כאן כדברי המחבר, היינו משום דסמך עצמו אלקמן סימן ק"ל, דהתם עיקר דוכתא דדין זה, **[7] ועל** העט"ז קשה, שהעתיק דברי המחבר בסתם, **ואפשר** סבירא ליה דהכא כיון דמשכנו לו, הוה כדיליה וגרע טפי, ולא סגי בחותם א' לכ"ע, **אבל** בתוס' מדמי להדיא דין זה למטהר יינו של עובד כוכבים, וכן להדיא בש"ס סוף פרק ר"י, וא"כ כי היכי דבמטהר קי"ל ר"ס קל"א, דסגי בחותם א' בדיעבד, ‹אם דר ישראל באותה העיר, והבית שהיין בו פתוח לרשות הרבים›, ה"ה הכא, ודוק, וכן משמע להדיא בר"ן.

[**וא"ל דיש לנו להחמיר כאן אף לדידן להצריך כאן שני חותמות, דדמי למטהר יינו של עובד כוכבים,** שכתב דינו בסי' קל"א **דיש בו חומרא,** ‹אם אין הבית פתוח לרשות הרבים, אף על פי שישראל דר בעיר, או בעיר שכולה עובדי כוכבים אפילו הבית פתוח לרשות הרבים›, **דא"כ** אף ב' **חותמות לא יועילו, אלא צריך שומר כמוזכר שם, אלא דאין זה כמטהר יינו, דכאן עיקר היין של הישראל, והיה ראוי להתיר בלא חותם כלל, דמרתת, אלא כיון שיש לו מלוה עליו, לא מרתת, והוה כהודיעהו שהוא מפליג, דסגי לדידן בחותם א', כמ"ש סימן קכ"ט סוף סעיף א', לענין הפסד מרובה**].

עכו"ם שנמצא בבית... אסור - ‹משמע אפילו אינו בצד היין, רק בבית, וכמ"ש הב"י בשם הרשב"א, **ותמיהני**, דלא יגרע ממטהר יינו, דמותר בישראל ועובד כוכבים דרים בה, {באותה חצר}, אפילו בלא מפתח וחותם, והש"ך כאן כתב להדיא לדמות למטהר יינו, **והט"ז** כ', דאף ב' חותמות לא יועיל, ותמיהני, דהא התם בישראל דר בבית לא בעי כלל מפתח וחותם, וצע"ג, **זולת** דנדחוק דמיירי בענין דליכא למתלי הכניסה בבית לשום ענין, והוי ריעותא, וצ"ע - רעק"א.

אבל אם אין לו מלוה על היין, אף על פי שיש לו מלוה על ישראל בעל היין, והגיע זמן המלוה, מותר. ואפי' היה עומד בצד היין סמוך לו ממש, בכדי פישוט ידים, ואפילו אין ביין שום חותם - ואפילו החביות פתוחות, **מפני שמאחר שהוא יודע שיפסיד ישראל יינו, הוא ירא ליגע** - וכ' הב"ח, ומיהו ודאי דוקא בבית הפתוח לר"ה, וישראלים עוברי ברה"ר, הא לאו הכי לא מירתת. **[8]**

ואפילו נמצא בידו קצף שרגיל לעלות על פי היין, מותר, שאנו תולים לומר מדופני החבית לקחו ולא מפיו. [9] הגה: אבל דברים שאינם נמצאים רק על פי החבית, אסור. וכן אם מצא שהעובד כוכבים תופס הברזא בידו, היין אסור – [משמע כל היין שבחבית, ולא מהני כאן היתר דהפסד מרובה דניצוק חיבור, מטעם שכתבתי בסי' קכ"ד סעיף כ"ד, בדין דקרו הסכין בחבית]. **הא** ליתא, דבהפסד מרובה ודאי שרי, דנהי דנגע בו עכו"ם בקלוח היוצא, מ"מ הו"ל מגע עכו"ם שלא בכוונה, **וכן** בהוצאת הברזא, הו"ל מגע ע"י ד"א, ושרי לדידן, וכמ"ש בסי' קכ"ד, **ולשמא** נגע בכוונה ביין לא חיישינן, וכמ"ש בש"ך ע"ש, **ובאמת** הוא נמשך לשיטתו בסי' קכ"ד אות ל"ג, וכבר השגתי שם עליו, ע"ש - נקה"כ.

ולא אמרינן דהברזא מנפשיה נפל והעובד כוכבים הגביהו, דתלינן תמיד בדבר הרגיל - ומשמע דחיישינן שהעובד כוכבים הוציא ברזא, ולא חיישינן שהכניס אצבעו לפנים ונגע בו, או שנגע ביין שיצא לחוץ דרך הברזא, שאז נאסר מה שבפנים ג"כ ע"י ניצוק, כיון דלא חזינן ריעותא לפנינו, וכן משמע במרדכי, ובדברי הרב כמו שכתב בס"ס קכ"ט, **ולפי** זה לדידן בזמן הזה שרי אף בשתיה במקום הפסד, דהוי מגע עובדי כוכבים על ידי דבר אחר שלא בכוונה, כדלעיל סי' קכ"ד סכ"ה בהג"ה, וע"ש. **[10]**

סעיף ג- בית שיש לישראל ועובד כוכבים יין בתוכו – [רבותא קאמר, אף על גב דיש גם לעובד כוכבים שם יין שלו, או שיש לו בשותפות יין עם

הישראל, אפ"ה יש היתר לפעמים כמו שמבאר והולך], **ונכנס העובד כוכבים וסגר הדלת אחריו במנעול מבפנים, שאם בא ישראל ליכנס אינו יכול ליכנס שלא מדעת העובד כוכבים, היין אסור** – [כתב ב"י בשם תשובת רשב"א, דוקא שידוע שנעלו בפנים, אבל אם אין ידוע, אף על פי שיש מנעול בפנים, אין אוסרים מספק, [13] והיינו ביום, אבל בלילה אמרינן מסתמא שנעלו], כשיש לו שייכות בבית, ואסור, כדלקמן ס"ס ק"ל בהג"ה. [12]

ואם היו נקבים בדלת שישראל יכול להסתכל ולראות משם כל החביות, מותרות בשתיה – [היינו ג"כ ביום, אבל בלילה אסור, כ"כ רמ"א סוף סי' ק"ל], [12] **אפילו הן פתוחות; ואם לאו, את שיוכל לראות דרך שם, מותר, והשאר אסור בהנאה,** [13] **אפילו חביות סתומות, אם שהה כדי שיפתח ויגוף ותגוב (פירוש ויגוף: ויעשה מגופה אחרת, ופירוש ותגוב: ויינגב וייבש)** – [דיכול לישמט ולומר ישן הייתי ולכך לא פתחתי לך].

ואפילו היה ישראל דר באותו בית - מאחר שיש לעכו"ם שייכות בבית, טור, וברשב"א איתא, מאחר שיש לעובד כוכבים שייכות בבית או ביין. [15]

סעיף ד - בית שאין בו אלא יינו של ישראל, ונמצא עובד כוכבים בתוכו, אם אין הדלת נעול, מותר בשתיה - אף על פי שאינו נתפס כגנב על הכניסה, דמירתת שמא יבא ישראל ויראהו נוגע, הרא"ש, **והיינו** דוקא כשהעובד כוכבים יודע דמגע עובדי כוכבים אסור לישראל, ויפסיד יינו בכך, כדלעיל סעיף ב', הא לאו הכי לא שייך מירתת, והכי אמרינן בר"ס קט"ו. [8]

ואם הוא נעול במפתח מבפנים, אם אינו נתפס כגנב אסור בהנאה, ואם הוא נתפס כגנב על הכניסה, מותר בשתייה - בכ"מ שהוזכר נתפס כגנב, פירושו שאם ימצאוהו יהא נתפס כגנב כדבסמוך סעיף ה', [פי' שאם ימצאהו ישראל, יהיה נתפס כדין גנב ע"פ המושל, והוא אינו אלם]. [11]

הגה: וי"א דבזמן הזה שאין העו"ג מנסכין, אפילו אינו נתפס כגנב שרי, אלא א"כ יש לחוש שנגעו לשתות ממנו או להנאה אחרת - ואפ"ה שרי בהנאה במקום הפסד בזמן הזה, כדלעיל ר"ס קכ"ג.

מיהו אם פי החבית רחב, או שהוא בקנקן שיש לחוש שמא נגע בו דרך מתעסק, חיישינן. [5]

סעיף ה - היו בשוק חביות יין, ונמצא עובד כוכבים ביניהם, אם הוא עובד כוכבים חלש שאימת שופטי העיר עליו, ואם ימצאוהו נוגע נתפס כגנב, מותר בשתייה. ואם לאו, אסור בהנאה. (ועיין לקמן סימן קכ"ט עוד מדינים אלו). [6]

§ סימן קכט – דין המניח יין ביד עכו"ם וישראל יוצא ונכנס, (וכה"ג) ובו כ' סעיפים §

סעיף א - המניח עובד כוכבים בחנותו ויצא, או שהיה לו יין בספינה או בקרון והניחו עם העובד כוכבים והלך לו לבית (הכנסת) או לבית המרחץ, או שהיה עובד כוכבים מעביר לו חביות יין ממקום למקום והניחו לבדו עם היין ויצא, (לכתחלה לא יניח אדם בביתו יין או חומץ אצל עובד כוכבים לבד כלל, אבל בדיעבד מותר) אפילו שהה זמן רב - כיון שלא הודיעו שמפליג כדלקמן בסמוך, **מפני שהוא ירא בכל שעה עתה יבא ויראני** - אף על פי שבכל אלו יש לעובד כוכבים שייכות ביין, מותר אפי' שהה כו', לשון הטור, **וכתב** הפרישה הטעם, כיון שהעובד כוכבים ידע שהישראל יודע שהוא שם אצל היין, מירתת וסבור השתא יזכור הישראל יינו ויבא ויראנו, וכדלעיל סי' קכ"ח ס"ב.

כתב ב"י בשם המרדכי, ישראל שיש לו ‹משרת› עכו"ם בביתו ונשאר יין בלא שמירה, כיון דאימת רבן עליהו

בחזקת כשרות הן שנתפס כגנב, ומיהו לכתחלה אסור לעשות כן, ע"כ, עכ"ל ד"מ, והוא בב"י סימן זה. **[19]**

והוא שלא נודע שסגר העובד כוכבים החנות, או שהרחיק הקרון והספינה בענין שאין יכולים לראותו - אבל סגר כו' חיישי', כיון דאית ליה שייכות בבית, ואית ליה לאשתמוטי דברשות עומד שם, שהרי הישראל הניחו שם, רשב"א, **כלומר** דאי לא ה"ל לאשתמוטי, הוי שרי, כיון דנתפס כגנב על הכניסה, כדלעיל סי' קכ"ח ס"ד. **[20]**

וכתב הב"ח, דאף אם סגר והרחיק, אינו אוסר אלא כשהחביות פתוחות, או סתומות בשהה כדי שיסיר מגופות החביות כו', כדלקמן בסמוך גבי הודיעו שהוא מפליג, ופשוט הוא. **[20]**

(ואפילו סגר החנות, כל זמן שיש שם סדק או חור שיכולים לראות בתוכו, חשוב כפתוח) - ע"ל סי' קכ"ח ס"ג. **[13]**

בד"א, שיש דרך עקלתון שיכול לבא עליו פתאום, שלא יראנו, וכן כשהלך לבית המרחץ הלך דרך עקלתון בענין שלא ידע העכו"ם שהלך לבית המרחץ [19] – [בגמ' אמרי' זה על מעביר יינו, והוא הדין השלישי שזכר הטור והש"ע ריש הסימן], **והר"ן** כתב, הא דבעינן דרך עקלתון, דוקא [במעביר אמרי' כן], כשהעובד כוכבים אוחז החבית בידו או על כתפו, **אבל** בהניח [עובד כוכבים בחנות] וישראל יוצא ונכנס, לא בעינן דרך עקלתון, דכל שעה מתירא ממנו דילמא השתא אתי ישראל ויראהו מתקרב לחבית, עכ"ל, **ובב"ח** תמה על הר"ן, דהא בדליכא דרך עקלתון, אף בחנותו איכא למיחש, דמניח פתח החנות פתוחה ורואה מרחוק אם יבא ישראל או לא, ולא מירתת, וכן דעת הטור, והכי נקטינן, עכ"ל, **ולחנם** תמה, דהא כתב ב"י וד"מ, דגם הר"ן מודה לזה, ולא הוציא אלא בענין שאין העובד כוכבים יכול לראות אם בא הישראל, ע"ש, **ואפ"ה** באוחז החבית בידו בעי דרך עקלתון, דאל"כ א"א שלא יראהו כשהוא בסמוך לו ויסלק ידו מיד, אבל להתרחק מן החבית א"א לעשות כן מיד, ודו"ק.

[**וכתב** הב"י, ומיהו אם א"א לישראל לבא פתאום לחנות, כגון שיש חלון על הפתח שיכול העובד כוכבים לראות ממנו אם בא הישראל, משמע דאסור, משום דתו לא מסתפי, עכ"ל, **ותמוהין** לי דברי הרב, דאדרבה כיון דיש חלון מרתת העובד כוכבים שיבא הישראל ויראה דרך אותו החלון, כמ"ש בש"ע סי' קכ"ח ס"ג, **ואפי'** את"ל דהיין אינו מונח נגד החלון כאן, מ"מ קשה, דהא לעיל בסי' קכ"ח ס"ג כתב, באם יש נקבים בדלת ואין ישראל יכול לראות, דמותר, שהרי אין איסור רק אם סגר הדלת במנעול מבפנים, אבל אם אין מנעול סגור, מותר, כל היין שבבית, דמרתת, ואין שם איסור מחמת שהעובד כוכבים יכול לראות דרך הנקבים, ומ"ט יהיה אסור כאן כשיש חלון אם לא מבורר שסגר העובד כוכבים החנות, הא ודאי ממש הדין דלעיל].

[**והרשב"א** כתב, בקרון וספינה דבעינן דרך עקלתון, וכתב ב"י דגם הר"ן מודה בזה, ולא קא ממעט אלא מניח עובד כוכבים בחנות... **ונראה** לתת טעם למה באמת אמרו דוקא במעביר ובספינה שצריך דרך עקלתון, לפי שהם בשדה מקום פנוי, ומ"ה כל שאין שם אלא דרך א', מצי עובד כוכבי' להזהר כל שרואה שהולך מרחוק וא"א שיבא בקרוב כ"כ, **אבל** בבית או חנות אפשר שהלך בדרך קרוב מאד לאחד מן הבתים, ובמהרה כהרף עין יבא ויראנו ומרתת, ע"כ אין צריכין כאן דרך עקלתון, רק בהנך תרתי, דהיינו קרון וספינה ומעביר יינו, אבל ברישא דמניח בחנות לא. **ונ"ל** פשוט דגם במעביר יין בין הבתים הוה הדין כן, ולא שייך שם דרך עקלתון, ותמיד מרתת העובד כוכבים שפתאום יבוא עליו, ולא החמירו אלא במקום שהוא פנוי מבתים, ואין שם אלא דרך אחד, כן נראה לע"ד פשוט, **אף** על פי שבפרישה כתב, דלא קאי רק אבבא שלישית לחוד, שהוא מעביר, מ"מ נראה כמ"ש, דקאי גם אמציעתא, מאחר שהרשב"א כתב כן בפי', וחד טעמא אית לתרווייהו].

אבל אם ראה שהלך ליכנס לבית המרחץ, יודע שלא ימהר לבא. וכן אם אמר לעובד כוכבים שהניח בחנות: שמור לי, יודע שנסתלק משמירתו. וכן אם אמר לעובד כוכבים המעביר החביות: לך, ואני אבא אחריך; או שהודיעו שהוא מפליג - אכולה מילתא דלעיל קאי, [ג' דברים: א', מניח עובד כוכבים בחנות, ב', שהיה לו יין בספינה כו', ג', שהיה מעביר חבית ממקום למקום

כו'], כדאיתא במשנה, דלא כהדרישה, **אם החביות פתוחות, כיון שנעלמו מעיניו, אסורות. [22]**

ולדידן ליכא למיחש לנגיעה אא"כ יש לו הנאה, כגון שישתה או יחליף, כדלעיל סי' קכ"ח ס"ד בהג"ה.

[22] ובסי' ק"ל ס"ק ח' כתבתי בשם הב"י, דבנקב קטן אף על פי שיכולין להוציא ממנו, כל שאין יכולין להכניס לתוכו, ליכא למיחש לאחלופי, ופשוט הוא.

ואם הם סתומות, אם יש בהפלגתו שיעור כדי שיוכל להסיר מגופות החבית כולן, בין שהיא של טיט בין שהיא של סיד, ולהחזירה ותנגב, אסור [22] – [ובהך הודעה שמפליג יש מחלוקת, שהראב"ד והרשב"א ס"ל דדוקא שמודיעו בפירוש שמפליג כשיעור האיסור, והרא"ש אוסר אפי' אומר בסתם שיפליג, ויש להקל בזה כדעת הראב"ד והרשב"א, דהם רבים לגבי הרא"ש. ועוד קי"ל לקולא באם אומר שיפליג כדי פתיחת פתח החבית לחוד, אע"פ ששוהה כדי שיפתח ויסתום, ולא כאחרים שמביא ב"י בשם הר"ן דאוסרי' בזה. וכ' תה"ה בשם הראב"ד, דאפי' בהודיעו שמפליג, מותר אם יש דרך עקלתון שיוכל לבוא תוך שיעור פתיחה וסתימה, והוא לא אמר: לכו ואבוא אחריכם].

הגה: וי"א דאם הם סתומות, שרי בכל ענין, דיין סגי ליה בחותם א'. (דעת ר"ת) ויש לסמוך על זה בהפסד מרובה [24] - היינו משום דיש פוסקים דסתימת מגופה לא הוי כחותם, **אבל** בחותם אחד ממש, סגי בדיעבד אפילו בלא הפסד מרובה, כדלקמן סימן ק"ל ס"ב, **[23] וע"ל סימן ק"ל** – [ובסי' ק"ל ס"ד כתבתי, דוקא טיחה יבישה בעינן, מש"ה אפי' בהפסד מרובה אין היתר אלא בנתייבשה]. **[24]**

סעיף ב - הא דשרי כשיש דרך עקלתון, דוקא כשהעובד כוכבים לבדו; אבל אם הם שנים או יותר, אסור, שאפשר לאחד מהם לשמור הדרך עקלתון, והאחר יגע - אפי' עשרה או יותר, ולא דמי לבין הגתות דסעיף ד', דהתם העובד כוכבים מירתת מעובדי כוכבים אחרים, אבל הכא עצה אחת להם, ולא מירתתי מהדדי, ב"ח. **[21]**

ומשמע דה"ה בלא הודיעו שמפליג, אסור מה"ט, וכ"כ בתשו' משאת בנימין, **וכתב** ולא דמי לשוכר בית בחצירו של עכו"ם שהעכו"ם דר בה, ומלאוה יין, וישראל דר באותו חצר, דמותר, כדלקמן ס"ס ק"ל, ומסתמא רבים הם בני ביתו, **משום** דבעיר לא סמיך העכו"ם אשומר, משום דאפשר שיבא פתאום ולא יראו אותו מרחוק, אבל בשדה סמיך שפיר על השומר, ע"כ, **ונראה** דלאו דוקא שדה ועיר, אלא כל שיכול לראותו מרחוק ולא יבא פתאום, אף בעיר אסור, דהא חביות משמע דבעיר היא, ואפ"ה כל שיש רבים משמע דאסור.

סעיף ג - הא דשרי בחביות פתוחות לגמרי בלא פקק, הני מילי בספינה או בחנות שאין לו רשות ליגע בחביות עצמם. אבל במעביר חביות ממקום למקום, לא; ואפילו היא חסרה, אסורה, דחיישינן דילמא נגע ולא יירא כלל, שיכול להשמט ולומר: להחזיק בה כוונתי, שלא תפול – [אבל בפקק של עץ מותר, כמ"ש הטור בהדיא בשם רמב"ן והרא"ש, ונראה פשוט דהיינו אפי' אם אין ישראל הולך עמו כלל].

סעיף ד - אפי' הודיעו שהוא מפליג, אם החבית פקוקה, והוא בזמן שיש הרבה עוברי דרכים כגון בין הגתות, מותר, שהוא מתירא מעוברי דרכים, אפילו הם עובדי כוכבים - משמע אבל אינה פקוקה אסור, דליגע אינו מתירא מעוברי דרכים. **והב"ח** תמה על הרב בזה שסתם כהמחבר, ולעיל סימן קכ"ח ס"ד כ' בהג"ה, דבזמן הזה דלאו עובדי עבודת כוכבים הן, אפי' פתוחה לא חיישינן דיגע, אא"כ ישתה או הנאה אחרת, **ולק"מ**, דא"כ בכל דוכתי שכתב המחבר אסור בהנאה תיקשי, הא בזמן הזה דעובדי כוכבים לאו עובדי עבודת כוכבים הן שרי בהנאה, וכדלעיל ר"ס קכ"ג, וכן בסי' ק"ל וקל"א, בכל סימנים אלו צ"ל דבזמן הזה שרי בכמה דוכתי, כיון דלא חיישינן שנגע לנסך היכא דלית ליה הנאה, והרב לא הגיה שם כלום, וכה"ג טובי בכמה דוכתי, **אלא** ודאי כיון שכתב הרב בעיקר דוכתא דדינא דבזה"ז שרי, א"כ ממילא משתמע, דכל מש"כ המחבר אינו אלא לסברתו מצד הדין, ואטו כי רוכלא ליחשב וליזיל, וזה פשוט.

[נ"ל עיקר, דגם בזה"ז שאין חיבת ניסוך, מ"מ כל שהנגיעה היא קרוב לודאי, אסור אף בזה"ז, ומשו"ה גם כאן בנקב רחב הוא קרוב לדודאי שנגע, ואסור גם עכשיו, וע"כ יפה פסק רמ"א בסי' קכ"ח ס"ד, לחלק בין נקב צר לרחב בזה"ז].

§ סימן קל – דין חתימת היין §

סעיף א - מותר להפקיד ולשלוח יין ביד עובד כוכבים, אם הוא חתום בחותם בתוך חותם או מפתח וחותם. והני מילי בחביות של חרס, אבל לא בחביות של עץ, מפני שיכולין להוציא יין מבין הנסרים ולא ירגישו, וכל שכן בנודות, שבקל יכולים להוציא יין מבין התפירות. ואין להם תקנה אלא שיכניס כל החביות של עץ או כל הנאד בשק שאין בו תפירה מבחוץ, ויחתום פי השק.

הגה: ויש מתירין אפילו בחבית של עץ, ואין חוששין שמא יוציא בין הנסרים [26] – [כי לא קיימא לן כתנא קמא דרשב"ג בפרק השוכר, דס"ל דחיישינן לשיתומא, פי' ר"ן, שיעשה נקב חדש, אלא כרשב"ג דלא חיישינן אלא שיפתח המגופה כו', ומשמע מכאן דאם היה ברור שהוציא יין מבין הנסרים, דאסור, ואף על גב דבסי' קכ"ד סעיף כ"ד כתב רמ"א, בעובד כוכבים שהוציא יין בדרך דקירת סכין בחבית, דמותר מה שבחבית, **שאני** התם דעדיין הסכין תחוב שם, אבל אם כבר סתמו, ודאי אסור אף לדידן, דבשעת סתימה נוגע שם במקום שהיין יוצא, וכן משמע ממה שכתב רמ"א בסמוך, ואם מצא סכין בחבית כו', משמע דוקא שעדיין שם הוא, וכן משמע כאן בד"מ, שכתב אם מצא קוץ תחוב שם יש להקל כו'].

זה אינו, דמדברי רמ"א לא משמע כן, אלא מש"כ רמ"א כאן: ואין חוששין שמא יוציא יין מבין הנסרים, ר"ל בדרך שיאסר היין שבחבית, כגון שיוציא במינקת, או שיגע בו דרך מתעסק, וכדלעיל ס"ס קכ"ח, או כשיגע בו כשיחזור ויסתום הנקב, וכמ"ש הוא עצמו בס"ק ב', דבכל הנך גווני כיון שנוגע בו, א"כ גם מה שבחבית אסור, **אבל** בסי' קכ"ד מיירי בענין שלא נגע בידו בכוונה במה שבחבית, ועמ"ש בש"ך, **א"נ** והוא העיקר, דרמ"א כתב כן לדינא, ונ"מ לדידן שלא במקום הפסד מרובה, וכן צריך לתרץ דבריו בכמה דוכתי, וכמש"כ בש"ך בכמה דוכתי - נקה"כ.

וכן נוהגין - כתב הב"ח, מ"מ עכשיו נוהגים שלא להתיר לשלוח יין כלל בחבית של עץ מעיר לעיר, אם לא ע"י נאמן ישראל שומר ביום ובלילה, כי שכיח שהעובדי כוכבים נוקבים במקדח קטן או בסכין בין הנסרים ומוציאים יין בגניבה, ואין לשנות להקל כלל, **מיהו** אם מכסים כל דופני החבית בחשוקים, וגם השולים בנסרים, יש להתיר כמו שכתבו התוס' פא"מ, עכ"ל, [27] **ונראה** דהיינו דוקא לכתחלה, וכן כתב בתשובת משאת בנימן, דבדיעבד מתירין כמו שכתב הרב. [28]

[ונ"ל הא דאין לחוש בזה שמכסה כולו בחשוקים, שמא יוציא היין מבין החשוקים, **דהא** עיקר האיסור משום שבשעת הסתימה נוגע בו, כמו שכתבתי בסמוך, וכשנוגע ביין שיוציא בין החשוקים, הוא רחוק קצת מן היין שבחבית, והוי כמו נוגע קילוח היוצא, דאין איסור על מה שבחבית אלא מכח ניצוק חיבור, כמו שכ' בסי' קכ"ד סעיף כ"ג, ממילא יש לנו היתר, דבחבית אין אומרים ניצוק חיבור, כמ"ש ריש סי' קכ"ו, מה שאין כן אם מוציא יין במקדח או בסכין מן הנסר של החבית עצמה, או מבין הנסרים, דודאי נוגע בשעת סתימה ביין שבחבית עצמה, **גם** במהרי"ל ראיתי שמחלק בין נקב דק ובין נקב רחב קצת, שבשעה שסותם העובד כוכבים את הנקב יש לחוש שנכנס מן בשר אצבעו בפנים, ואוסר, כן נראה נכון לחלק].

ובלבד שיזהר שיהא המגופה נסתם כראוי, וכן שלא יהיה שם ברזא, רק יחתוך כל הברזות – [זהו לכתחלה, אבל בדיעבד אם טח בטיט ונתייבש סביב הברזא, גם כן מותר בהפסד מרובה, כמו שכתב רמ"א סימן קכ"ט סעיף א'], **ויפיס עור על המגופה והברזא קבוע במסמרות, ויכתוב אותיות חליין על העור וחליין על הברזות, שאם יגביה העובד כוכבים העור לא ידע לחזור ולכוין העור כבתחלה**

[27] - כתב בתשו' משאת בנימן, דדין זה לאו לעיכובא, אלא לרווחא דמילתא, אבל בדיעבד הדבר ברור דסגי בחותם א', אף בחבית של עץ, ואפילו בלא שום תיקון אחר, כגון כיסוי עור וחשוקים או להכניס החבית בשק, ע"כ, וע"ש שהאריך, **מיהו** אם לא חתך הברזות, אף דיעבד אסור, דהא בקל יכול להוציא הברזא ולהמשיך יין. ‹ונ"ל דלדידן הכל שרי, אף אם לא חתך הברזות, כמ"ש לעיל בסי' קכ"ט בשם הש"ך, ע"ש – בה"ט›. **[28]**

ואם מלא סכין בחבית שבולע יין בין הנכרים, ע"ל סי' קכ"ד - ז"ל ד"מ, ומה שכ' האו"ה דהיין אסור כשמצא תחוב קוץ, ע"ל סימן קכ"ט וקכ"ד, דיש להקל, עכ"ל, **ור"ל** דשם נתבאר דעובדי כוכבים בזמן הזה לאו עובדי עבודת כוכבים הן, ואם נגעו בכוונה על ידי ד"א, כגון שדקרו שם הסכין להוציא יין, מותר במקום הפסד, וה"ה הכא, ועפ"ז הם דבריו כאן בהג"ה, **והא** דלא חיישינן שמא בשעה שמשך היין נגע בידו ביין, ונאסר מה שבפנים ע"י ניצוק, שלמה לו לעשות כן, וכמ"ש בס"ס קכ"ט.

סעיף ב - אם הפקיד ביד עובד כוכבים בחותם א', אסור בשתיה ומותר בהנאה, והוא שייחד לו קרן זוית – [דאז הוה כחצרו של ישראל, משום הכי מותר בהנאה].

הגה: ויש שכתבו דבדיעבד יש להתיר אפילו בחותם א' - דוקא בחותם, אבל סתומות במגופה לא הוי בדיעבד כחותם אחד, אלא במקום הפסד מרובה, כדלעיל סי' קכ"ט סוף ס"א בהג"ה. **[24]**

וכן מפתח א' לא הוי כחותם א', כמ"ש בסי' קי"ח ס"ד. [כבר כתבנו בסי' קי"ח ס"א, דלפי זה אפילו באין שם אלא אפי' מפתח לחוד, ג"כ מותר, דהא בהא תליא]. ‹וכבר כתבתי לעיל בסי' קי"ח ס"א, דבנה"כ השיג עליו בזה, דלא הוי מפתח כחותם א' – בה"ט›. **[23]**

ואין צריך להכיר חותמו, אלא אם כן רואה שחותמו מקולקל אז אסור - ודוקא כשנראה שנסתר בכוונה ע"י אדם, כדלקמן ס"ח בהג"ה, **אבל אין צריך לבדוק אחר זה, וכן נוהגין להקל ועיין לעיל סימן קי"ח.**

סעיף ג - יין מבושל שלנו, וכן יין שלנו שעירבו עם דברים אחרים כגון דבש ושמן, וכן חומץ שלנו, מותר להפקיד ביד עובד כוכבים בחותם אחד - דאי משום איסוכי, לא מנסכי ליה, אי משום איחלופי, כיון דאיכא חותם אחד לא טרח ומזייף, ש"ס. **כל** הסעיף נתבאר לעיל ר"ס קי"ח.

וכתב ב"י, ומשמע דאפילו יש בכלי שום נקב שיוכל לשתות ממנו, אם אינו גדול שיוכל להריק בו יין לתוך הכלים, שרי, ע"כ.

סעיף ד - כיצד הוא חותם בתוך חותם, סתם החבית בכלי שאינו מהודק כדרך שסותמין כל אדם, וטח בטיט, הרי זה חותם אחד – [דטיחה שטח בטיט ונתייבש הוי חותם אחד בכל גווני, אבל בלא יבישה נראה דלא הוי חותם, דבקלות מאד יכול להסיר הטיט הלח ולתת אחר במקומו], **היה כלי מהודק, וטח עליו מלמעלה, הרי זה חותם בתוך חותם** – [דרכם היה להשים איזה כלי על פי החבית בשעה שטוחה אותה, רק אם מכניס החבית בדיקולא ומהדקו נחשב לסימן א', כיון שהוא שינוי].

וכן אם צר פי הנאד, הרי זה חותם אחד – [שמשונה הוא, שעשאו דרך חתימה], **הפך פי הנאד לתוכו וצר עליו, הרי זה חותם בתוך חותם. וכן כל שינוי שמשנה מדברים שאין דרך כל אדם, הרי הם כחותם אחד, והטיחה או הקשירה** - ‹כוונתם לקשר משונה – ערוה"ש›, **חותם שני** – [דבשלמא גבי טיחה, אין חילוק, כיון שכבר נתייבשה, אין טורח לעשות אחרת להמתין עד שתתייבש, **משא"כ** גבי קשירה, כל שאינו דבר משונה לא הוה סימן כלל, דקשר שעושין בעלמא ודאי אין טורח כלל להתירה, אלא ודאי קשר משונה בעינן]. **[25]**

וכת' בתשו' משאת בנימין, דקשירת כיסוי העגלות, אף על פי דאין לך קשר משונה מזה, מה שקשור בראש העגלה ונתון כמה פעמים אילך ואילך בכל אורך העגלה ובסוף העגלה פעם שנית, מכל מקום לא הוי כחותם, **דמאי** דסמכינן אקשר משונה או חותם, היינו משום דלא

טרח ומזייף, א"נ מרתת, **משא"כ** בזה דמוכרח הוא להתיר הקשרים ולפתוח העגלות בכל יום כדי ליקח מאכל שלו שבתוך העגלות, ע"כ, וע"ש. **[25]**

[וכיון דכבר כתב רמ"א בסי' קכ"ט סוף ס"א, דבסתמות שרי בכל ענין בהפסד מרובה, אם כן אם היה היין ברשות עובד כוכבים בלא שמירה, והחבית מגופה וטח בטיט ונתייבש, מותר בהפסד מרובה, דהוי חותם אחד, ולא טרח ומזייף, ונ"ל דזהו דוקא כשהחבית מונח בביתו של עובד כוכבים, אבל אם מוליכו בדרך לבד, ויודע שהפליג הישראל, לא מועיל טיחה בטיט כלל, כי פשוט הוא שעל ידי שהעגלה מתנענעת תמיד היין הולך למעלה ומרכך הטיט ונופל, וזה דבר מצוי מאוד, ודרך מוליכי היין לתקן הטיט תמיד מחמת זה סביב המגופה, על כן הוי כפתוח לגמרי בלי חותם, וע"כ נראה דבשום פנים אין היתר בהולכת יין מחמת טיחה לחוד, בלי סימן אחר, רק במונח אז מועיל טיחה, כן נ"ל]. **[24]**

סעיף ה - שני קשרים משונים הוי כשני חותמות.

סעיף ו - שתי אותיות הוי כשני חותמות. והדפוסים, אף על פי שיש בהם כמה אותיות, לא חשיבי אלא כחותם אחד, כיון שקובעין אותם בבת אחת. ובמקום שמצויים מומרים ועובדי כוכבים שיודעים לכתוב, אין כתב סימן אלא למי שמכיר הכתב.

סעיף ז - מפתח וחותם אחד הוי כשני חותמות.

סעיף ח - חתמו בשני חותמות וחזר עליו ולא הכירו, או שמצאו סתור, אסור. הגה: ודוקא אם רואים שנסתר בכוונה ע"י אדם, אבל במקום שיכולים לתלות שנסתר ונתקלקל מעצמו או ע"י בהמה או תנוקות שלא בכוונה, מותר בדיעבד - (עיין בתשובת אא"ז פנים מאירות, דזה מיירי שאין אנו יודעים בבירור שהעובד כוכבים ידע מזה, אבל אם לא כן אסור, ע"כ).

(עיין בתשובת נו"ב, במעשה ששלח יהודי לעובד כוכבים א' עם היין בדרך, והיהודי לא היה עמו, וכשבא עם היין אמר העובד כוכבים שהחותם נתקלקל באונס שנפלה העגלה, **והורה** שאסור היין, דאף שכתב הרמ"א, דאם יש לתלות שנסתר כו' מותר בדיעבד, היינו במקום שיש לתלות שהעובד כוכבים לא הרגיש ולא ידע כלל שנסתר החותם, **אבל** בנ"ד שהעובד כוכבים ידע שנסתר, אפילו אם נאמינו שנסתר באונס, הרי אח"כ היין ברשותו מונח, והוי כמפקיד אצל עובד כוכבים בלי חותם, **מיהו** היינו דוקא בשולח עם העובד כוכבים ממקום למקום ובדרך נתקלקל, אבל הפקיד אצל העובד כוכבים, ויהודי המפקיד מצוי בכאן, ויכול העובד כוכבים להגיד לו, אמרינן מסתמא תיכף הגיד לו, כי הוא מתיירא ואומר בדעתו אם אחשה עד שיבא היהודי, יחשוד אותו שקלקלתיו בכוונה לגלות, ולכן תיכף הוא רץ ומודיע, **ומ"מ** לא החליט זה להקל רק בהפ"מ, ובאופן שיסכימו עמו חכמים, ע"ש).

ואפילו אם נתקלקל בכוונה, יש להתיר אם ישראל יוצא ונכנס תמיד.

אבל אינו צריך לחזור עליו, אלא אם כן הודיע לישראל שנשתלח לו שהוא חתום בשני חותמות, אף על פי שלא הודיעו ענין חתימותיו, כיון שמצאו הישראל השני חתום בשני חותמות, מותר. ומכל מקום נכון הדבר להודיעו צורת החותם, כדי שיחזור אחריו.

הגה: מיהו אם כתב עליו אותיות א"צ להודיעו, דסתם עכו"ם אינו בקי לכתוב אותיות.

ואם העובד כוכבים אומר שהחבית היה מטפטף והוא הדקו ונגע ביין, אינו נאמן לאסרו - ע"ל ס"ס קכ"ט מ"ש בזה, **ואפילו ניכר עדיין קצת יין מבחוץ ויש אומדנות בדבריו. [29]**

סעיף ט - ישראל ששכר או קנה בית בחצרו של עובד כוכבים ומילאו יין, אם ישראל דר שם - ואין לעובד כוכבים שייכות ביין, אע"פ שיש לו שייכות בבית, **אע"פ שהניח היין בחצר ואין עליו לא חותם ולא מפתח, מותר. ואפילו היה גם העכו"ם דר באותו חצר** - בחזקת

משתמר הוא, עד שיצא ישראל ויאמר לו שהוא מפליג, דה"ל כמניח עכו"ם בחנותו לעיל ר"ס קכ"ט, דמותר אא"כ הודיעו שהוא מפליג, רשב"א, **ואם** יש לעובד כוכבים שייכות ביין, נתבאר בסי' קכ"ח ס"ב ג'. **[15]**

אבל אם לא היה ישראל דר באותה חצר, אם היה ביד ישראל המפתח וחותם - ולדידן בחותם לבד מותר בדיעבד, כדלעיל בסעיף ב' בהג"ה, **מותר וא"צ לומר שני חותמות; ואם לאו, אף על פי שהיין באותו בית ששכר או קנה, אסור אם העובד כוכבים דר בחצר.** **[16]**

ואם אינו דר בחצר, מותר - אף על פי שגם הישראל אינו דר, כן מוכח להדיא ברשב"א, וכ"פ הב"ח, ופשוט הוא, **אלא** שכתב דהיינו דוקא כשיש חותם אחד, **וז"א**, דבדברי הרשב"א מוכח דאפילו בלא חותם כלל שרי, מטעמא דכיון דאינו דר שם אינו עתיד לבא שם, **ועוד** דהא כ' כל שאינו דר באותו חצר הרי הוא כעובד כוכבים אחר, ובעובד כוכבים אחר נתבאר לעיל סי' קכ"ח סעי' ד', דאפי' בלא חותם כלל מותר. **[17]**

אא"כ נמצא עומד בצד היין - שאז אסור, דכיון שהשכיר או מכר, יש לו שייכות קצת בבית שם, **מה** שאין כן לעיל סי' קכ"ח סעיף ב', דאין לו שייכות כלל, שרי אפילו נמצא עומד בצד היין.

[הטעם, שאין נתפס כגנב, שאדם עשוי לראות מה ששכר או מכר, ואין השוכר או הלוקח מקפיד עליו, ע"כ יש לו קצת שייכות]. **[18]**

סעיף י - במה דברים אמורים, בשוכר או לוקח בית בחצרו של עובד כוכבים. אבל בחצרו של ישראל ממש, שלא לקחו ולא שכרו מעובד כוכבים, אפילו היה עובד כוכבים דר באותו חצר ואין ישראל דר בו - ומ"מ הישראל יוצא ונכנס שם, **מותר, ואף על פי שאין מפתח וחותם ביד ישראל, לפי שאין לו בה שום שייכות, ואפילו נמצא עומד בצד היין, שהרי מ"מ נתפס עליו כגנב** - ושרי כדלעיל סימן קכ"ח ס"ד. **דאי** באינו יוצא ונכנס כלל, או אפילו בהודיעו שמפליג, לא עדיף ממניח עובד כוכבים בחנותו בסי' קכ"ט, ובביתו בסימן קי"ח ס"י, דאסור. **[11]**

וה"מ ביום, אבל בלילה אסור. הגה: ודוקא בכי האי גוונא יש לאסרו בלילה, אבל בשאר מקומות דאמרינן לעיל סימן קכ"ח וקכ"ט דהעובד כוכבים מרתת, אין חילוק בין יום ללילה, ושאני הכא הואיל והעובד כוכבים יש לו שייכות בחצר - כלומר שדר שם ואית ליה לאשתמוטי על הנעילה, **ומסתמא נועלו בלילה, הואיל ואין ישראל דר שם ואינו מרתת כולי האי.** **[12]**

ולכן אפילו ביום אם נעל ואין חור או סדק שיכולין לראות היין, אסור. אבל ע"י חור וסדק, מותר ביום, אפילו נעלו בוודאי - כל מה שיכולים לראות על ידי חור וסדק, כלעיל סי' קכ"ח ס"ג, **[13]** **ובלילה אסור בכה"ג, אפילו מסתמא, וזהו החלוק שבין יום ללילה** **[12]** – [אבל בפתוח הדלת לגמרי, מותר אפילו בלילה, דמרתת דילמא השתא מדכיר ליה לחמרא ויבוא, כן כתב רשב"א בת"ה הארוך]. **[14]**

§ סיכום לסי' קכ"ח–קל ע"פ החכמת אדם §

[1] **מדינא ייחוד היין עם העכו"ם** ~ אפילו ברשותנו, ואפילו שעה מועטת, אסור בהנאה. אא"כ כשישראל אפילו קטן יוצא ונכנס, דאז מרתת – סימן קכח ס"א.

[2] **עכו"ם שאינו עובד ע"ז** ~ כגון גר תושב וישמעאלים, מותר להתיחד עם היין ברשותנו לזמן מועט, כגון כדי שיעור מיל או יותר, ואפי' בעיר שכולה עכו"ם, ואפי' הודיע שהוא מפליג, דכיון דלא פלח ע"ז לא נגע, אבל לזמן מרובה, אסור – סימן קכח ס"א.

[3] **הנ"ל להפקיד אצלו** ~ אסור אפילו לזמן מועט, דכיון שהוא בביתו ועכו"ם נכנסים אצלו, ודאי אינו מקפיד אם נגעו בו – סימן קכח ס"א.

[4] **הנ"ל אם עבר** ~ והפקיד או נתייחד לזמן מרובה, או אפילו בבתינו ולזמן מועט, אלא שיש לחוש שנגעו לשתות או להנאה אחרת, אסור בשתיה – סי' קכ"ח ס"א. ‹צ"ע, הא הש"ך שם מביא בשם הב"ח דאסור בהנאה, שחוששין שנגעו בו עובדי ע"ז, ורק לכאורה בזה"ז ליכא חשש זה›.

[5] עכו"ם בזה"ז ~ לכתחילה אין מיחדין יין אצלם אפי' לזמן מועט, דלענין לכתחלה להפקיד אצלם מחזקינן להו כעובדי עבודת כוכבים - רמ"א קכח ס"א ובט"ז שם. **ואם** נמצא במרתף של יין ישראל, לא מבעיא בדלת נעול דנתפס עליו כגנב, אם הוא אינו אלם, וא"כ מרתת ולא נגע, אלא אפי' הפתח פתוח דאינו נתפס כגנב, אפ"ה מותר בשתיה, אא"כ יש לחוש שנגע לשתות או להנאה, מיהו אם פי החבית רחב, או שהוא בקנקן שיש לחוש שמא נגע בו דרך מתעסק, חיישינן - שם ס"ד וברמ"א. **ובמקום הפסד** אפילו יש לחוש לנגיעה, מ"מ מותר בהנאה - ש"ך שם.

[6] נמצא בין חביות יין בשוק ~ אם הוא אינו אלם שאימת שופטי העיר עליו, ואם ימצאוהו נוגע נתפס כגנב, מותר בשתיה, ואם לאו אסור בשתיה - סימן קכח ס"ה. **ונראה לי** דלדידן דינו כנ"ל.

[7] נמצא בבית שיש בו יין ויש לו מלוה על היין ~ כגון שעשאו אפותיקי או משכנו לו בסתם, אסור אפילו היה חתום בחותם אחד, להשו"ע דס"ל דצריך אפי' בדיעבד שתי חותמות כדלקמן, ולרמ"א בדיעבד סגי בחותם א' - סימן קכח ס"ב.

[8] הנ"ל ויש לו מלוה על בעל היין ~ והגיע זמן המלוה, מותר, ואפילו אין ביין שום חותם, ואפילו החבית פתוחה, ואפי' עומד בצד היין ממש, אם הוא בבית הפתוח לרשות הרבים וישראלים עוברים שם, שמאחר שיודע שיפסיד ישראל יינו, ירא ליגע - סימן קכח ס"ב וס"ד.

[9] הנ"ל ונמצא בידו קצף ~ שרגיל לעלות על פי יין, תלינן שהקצף לקח מדופני החבית ולא מפיו - שם.

[10] הנ"ל ותופס הברזא בידו ~ היין אסור, ולא אמרינן דהברזא מנפשיה נפל, דתלינן בדבר הרגיל, ומ"מ כיון דלא חזינן שום ריעותא, לא חיישינן שמא הכניס אצבעו לפנים ונגע בו, או שנגע ביין שיצא לחוץ דרך הברזא, וא"כ נאסר מה שבפנים מטעם ניצוק, אלא אמרינן שהעכו"ם הוציא הברזא, **וא"כ** לדידן במקום הפסד מותר בשתיה, דהוי מגע על ידי דבר אחר שלא בכוונה - שם ס"ב ובש"ך שם.

[11] בד"א שאין לעכו"ם שייכות להבית ~ כגון בחצירו של ישראל שלא לקחו ולא שכרו מעכו"ם, ואז אפילו היה עכו"ם דר באותו חצר ואין ישראל דר בו, אלא נכנס ויוצא, (דאל"כ לא עדיף ממניח עכו"ם בביתו והודיע שהוא מפליג), מותר אפילו אין מפתח וחותם ביד ישראל, דכיון דאין לו שום שייכות ביין, נתפס עליו כגנב - סימן ק"ל ס"י וש"ך שם. (**ואם** הוא נעול, ואינו נתפס עליו כגנב על כניסתו, אסור בהנאה, ואם נתפס עליו כגנב על כניסתו, מותר בשתיה - סימן קכח ס"ד).

[12] הנ"ל בלילה ~ אסור, כיון שהעכו"ם דר בו ואין ישראל דר בו, וא"כ מסתמא נועלו בלילה ואינו מרתת כולי האי - סימן ק"ל ס"י, ובש"ך סי' קכח ס"ג. (**ואפי'** בשיש חור וסדק בהדלת, לא מהני בלילה - סימן ק"ל ס"י, ובט"ז סי' קכח ס"ג).

[13] הנ"ל ביום וידוע שהדלת נעול ~ ואין חור וסדק, אסור, אבל כשיש חור וסדק, היין שיכולים לראות ע"י החור מותר - סי' קכח ס"ג, וסי' קכט ס"א, וסי' קל ס"י.

[14] הנ"ל בפתוח לגמרי ~ מותר אפילו בלילה, דמרתת דלמא השתא מדכיר לחמרא ויבוא - סימן קל ס"י רמ"א וט"ז.

[15] אבל יש לו שייכות להבית ~ כגון ישראל ששכר או קנה בית בחצירו של עכו"ם ומלאו יין, צריך להיות שהישראל דר שם, ואז מותר כיון שאין להעכו"ם שייכות ביין, אע"פ שהניח היין בחצר ואין עליו לא מפתח ולא חותם, מותר, אפילו אם גם העכו"ם דר באותו חצר, אא"כ יצא הישראל והודיע שהוא מפליג - שם ס"ט וש"ך שם, ובסי' שכח ס"ג ובש"ך שם.

[16] הנ"ל ואין הישראל דר שם ~ אם היה ביד ישראל מפתח וחותם, ולדידן בחותם אחד בדיעבד, מותר, **ואם** לאו אע"פ שהיין באותו בית שקנה או שכר מעכו"ם, אסור, כיון שהעכו"ם דר בחצר ואין ישראל שם - שם.

[17] הנ"ל והישראל והגוי אינם דרים שם ~ הוי כעכו"ם אחר, ומותר אפילו בלא חותם, כדלעיל [8] - שם.

[18] הנ"ל ונמצא הגוי עומד בצד היין ~ אסור, דאינו נתפס כגנב, דאדם עשוי לראות מה שמכר או שהשכיר ואין לוקח מקפיד עליו, וא"כ יש לו קצת שייכות - סימן ק"ל ס"ט.

[19] כשאיכא למתלי שלא נגע בו העכו"ם ~ מותר בדיעבד אפילו בלא חותם, כיצד המניח העכו"ם בחנותו ויצא, **או** שהיה לו יין בספינה או בקרון והניחו עם העכו"ם והלך לו לבית הכנסת או למרחץ, (בדרך עקלתון בענין שלא ידע העכו"ם שהלך לבית המרחץ),

או שהיה מעביר לו חביות יין ממקום למקום והניחו לבדו עם היין ויצא, **אע"פ** שבכל אלו יש לעכו"ם שייכות ביין ואית ליה לאשתמוטי, שהרי ברשות ישראל עומד שם, אפ"ה אפילו אם שהה זמן רב, כשיש דרך עקלתון שיוכל לבוא עליו פתאום שלא יראנו, מותר, מפני שהוא ירא תמיד שמא יזכור הישראל שהעכו"ם הוא אצל היין ויבוא ויראנו, ולכן אינו נוגע, **וכ"ש** מי שיש לו משרת עכו"ם שיש עליו אימת רבו, שהרי נתפס עליו כגנב, דמותר בדיעבד – סי' שכט ס"א וש"ך שם.

[20] וכל זה בסתם ~ שלא נודע שסגר העכו"ם החנות, או שהרחיק הספינה והקרון בענין שאין יכול לראותו, אבל אם נודע שסגר החנות ואין שם חור או סדק שיכולין לראותו, (דאז חשוב כפתוח), אסור היין אם הם חביות פתוחות, או סתומות ושהה כדי שיסיר מגופות החביות, שהרי אינו נתפס עליו כגנב כיון שברשות ישראל עומד שם – סי' שכט ס"א.

[21] אם העכו"ם אינו לבדו, שהם שנים או יותר ~ אפשר שאחד מהם ישמור הדרך העקלתון ואחד יגע – סימן קכט ס"ב.

[22] כשהעכו"ם בטוח שלא ימהר ויבא ~ כגון שראה שהלך ליכנוס למרחץ, ויודע שלא ימהר לבוא, או אם אמר לעכו"ם שהניח בחנות שמור לי, יודע שנסתלק משמירתו, וכן אם אמר לעכו"ם המעביר החביות לך ואני אבוא אחריך, או בכולן אם הודיע שהוא מפליג, אם החביות פתוחות, כיון שנעלמו מעיניו אסורות, **ואם** הם סתומות, אם יש בהפלגתו שיעור כדי שיוכל להסיר מגופות החביות כולן, בין שהן של טיט או סיד, ולהחזירן ויגנבם, אסור, **ובהפסד** מרובה יש להתיר בסתומות בכל ענין, אם היה המגופה טוח בטיט ונתיבשה, דאז הוי כחותם, **וכל** זה מדינא, אבל לדידן ליכא למיחש לנגיעה אפילו בפתוחות, אא"כ יש לו הנאה, כגון שישתה או יחליף – סימן קכ"ט סעיף א' וב'.

[23] דין חותם בחביות של חרס ~ חותם בתוך חותם או מפתח וחותם, מותר להפקיד ולשלוח יין ביד עכו"ם, **ובדיעבד** אם חתם בחותם א' סגי – רמ"א סי' קכט ס"א, וסי' קל ס"ב. **ולפי** הט"ז מועיל מפתח א' כמו חותם א' – שם.

[24] מגופה של טיט ~ במקום הפסד מרובה מהני כחותם אחד – רמ"א סי' קכט ס"א, **ודוקא** אם מפקיד אצל העכו"ם דמונח במקום אחד, אבל אם מוליך החבית על עגלה ממקום למקום, דאז מחמת ניענוע נתלחלח תמיד הטיט, אינו כחותם אחד ואסור – ט"ז סימן קל ס"ד.

[25] גדר של חותם ~ כל שינוי שמשנה מדברים שאין דרך כל אדם לעשות כן, הוי כחותם אחד, ומ"מ קשירות העגלות אע"פ דאין לך קשר משונה מזה, מה שקשור בראש עגלה ונתון כמה פעמים אילך ואילך בכל אורך העגלה, ובסוף העגלה פעם שניה, מ"מ לא הוי כחותם, דמאי דסמכינן אקשר משונה או חותם, היינו משום דלא טרח ומזייף, א"נ מרתת, משא"כ בזה, דמוכרח הוא להתיר הקשרים ולפתוח העגלות כדי ליקח מאכל שלו שבתוך העגלות – סימן קל ס"ד וש"ך שם.

[26] חותם בחביות של עץ ~ לא מועיל, מפני שיכולין להוציא יין מבין הנסרים ולא ירגישו, וכ"ש בנודות, שבקל יכולין להוציא יין מבין התפירות, ואין תקנה אלא שיכניס כל החבית של עץ או הנוד בשק שאין בו תפירה מבחוץ, ויחתום פי השק, והרמ"א כתב דנוהגין להקל – סימן ק"ל ס"א.

[27] עכשיו נוהגין ~ שלא להתיר לשלוח יין כלל בחביות של עץ מעיר לעיר, אם לא על ידי נאמן ישראל שומר ביום ובלילה, ואין לשנות ולהקל כלל, מיהו אם מכסים כל דופני החביות בחשוקים וגם השוליים בנסרים, מותר בדיעבד אם היה נזהר שיהא המגופה נסתם כראוי, **ולכתחילה** יזהר שלא יהיה שם ברזא, ומ"מ אם יש שם ברזא, בדיעבד מותר, רק שיזהר לחתוך כל הברזות, וישים עור על המגופה ועל הברזא, ויקבענו במסמרות, ויכתוב אותיות חציין על העור וחציין על הברזות, שאז אם יגביה העכו"ם העור לא ידע לחזור ולכוון העור כבתחילה – סימן קל ס"א ובט"ז וש"ך שם.

[28] בדיעבד ~ אף בחבית של עץ, ואפילו בלא שום תיקון אחר, כגון כיסוי עור וחשוקים או להכניס החבית בשק, אם חתם בחותם אחד סגי, ומ"מ אם לא חתך הברזא, אפילו בדיעבד אסור, דהא בקל יכול להוציא הברזא ולהמשיך היין, **והבאה"ט** הביא בשם הש"ך דמותר לדידן – שם בש"ך.

[29] כשהעכו"ם אומר שהדקו ~ שהיה מטפטף ונגע ביין, כיון שחתמו כדין, אינו נאמן לאוסרו, ואפילו ניכר עדיין קצת יין מבחוץ ויש אומדנות כדבריו – רמ"א סימן קל סעיף ח'.

§ סימן רצג - דיני חדש ומתי נוהג §

סעיף א - אסור לאכול חדש מתבואת חמשת המינים - חטים וכוסמין ושעורים ושבולת שועל והשיפון, **עד שיקרב העומר שהוא בט"ז בניסן, שנאמר: ולחם וקלי וכרמל לא תאכלו עד עצם היום הזה; והאידנא דליכא עומר, אסור כל יום ט"ז; ובחו"ל שעושין ב' ימים, אסור כל יום י"ז עד תחלת ליל י"ח.**

(**עיין** בתשו' בית אפרים, שכ' דתבואה שלא הביאה שליש יש בזה משום איסור חדש, כמו שחייבת בחלה, ע"ש).

[נ"ל דעיסה שנלושה בשמרים של חדש, **אסור כל העיסה,** ולא מהני כאן ביטול בס' מתרי טעמי: **חדא,** דכל מידי דלטעמא עבידי אפי' באלף לא בטיל כו', וכן פסק בשו"ע סי' קכ"ג בסעיף ט"ו לעיל, **שנית,** דהו"ל חדש דבר שיש לו מתירין, ואפי' באלף לא בטיל, **כתבתי זאת** לפי שראיתי מקצת נזהרין מחדש, ובדבר הזה לא נזהרין, והוא טעות בידם]. (**ועיין** בתשו' משכנות יעקב, שכתב סמך נכון להקל בשמרים, אף להמחמירין במשקה דחדש, והוא מש"ס דב"ב דצ"ז, ע"ש).

סעיף ב - איסור החדש נוהג בין בארץ בין בחו"ל, בין בשל ישראל בין בשל עובד כוכבים - (והב"ח רוצה להוכיח מש"ס ר"ה דבשל עכו"ם אינו נוהג חדש, והשיג עליו הט"ז ודחה דבריו - בה"ט).

(**איסור** כו' בין בחו"ל - כן פסקו כל החיבורים הראשונים, ודלא כסה"ת, וכבר תמה הרא"ש עליו וכתב דסתם מתני' בסוף ערלה כוותיה דר"א.. דקי"ל כאמוראי מנחות ס"ח ב' דכולהו ס"ל דנוהג בחו"ל, **ואף** רב פפא ורב הונא ס"ל דמ"מ מדרבנן חייב, ואף בזה לא קי"ל כוותיה, דסוגיא דהלכה בכ"מ כוותיה דר"א, ורבינא בתראה ס"ל כן, וקי"ל כוותיה, **ודברי** בה"ג כאן טעות גדול הוא וא"צ להשיב עליהן, וגם מ"ש בשם ב"ח, הב"ח כשיטתו דס"ל אינו נוהג בשל עובדי כוכבים, וכבר הכו על קדקדו כל האחרונים, ושגגה יצאה מתחת ידו, וטובה הו"ל לבה"ג כאן השתיקה, **ומ"א** רצה ליישב דברי סה"ת, אבל דבריו דחוקים מאד, וכתב בעצמו שרצונו ליישב המנהג, אבל בעל נפש כו', אבל אין דבריו כדאי אפי' ליישב המנהג, **וט"ז** כתב דבשעת הדחק כדאי כו', אבל בגמ' דנדה שם אמרו דאם אפסיק הלכה אין לומר שעת הדחק, וכבר איפסיק כאן במנחות שם, **אלא** שנמשך ההיתר שהיו זורעין קודם הפסח, כמ"ש בס"ג בהג"ה, והנח לישראל מוטב כו' - גר"א).

סעיף ג - תבואה שלא השרישה קודם לט"ז בניסן, אסורה עד שיבא העומר הבא - אבל אם נשרשה קודם העומר, אף על פי שלא נקצרה עד אחר העומר, העומר מתירה. **כתוב** בתה"ד, דנשרש קודם העומר היינו ג' ימים, כדמוכח בהדיא פרק מקום שנהגו, גבי הא דתניא המנכש בי"ג כו'. **ולענ"ד** לא מוכח מידי, דפרק מקום שנהגו אמרינן דשמעינן לרבי יהודה דאמר הכי גבי הרכבה, אבל רבי יוסי ורבי שמעון הא פליגי עליה, ואיפסקא הלכתא בש"ס כרבי יוסי ור"ש דאמרי שתי שבתות, וכן פסקו כל הפוסקים והרמב"ם, וא"כ דברי התה"ד צ"ע - נקה"כ. (וכן הקשה רעק"א ונו"ב. (**ועיין** בתשו' חתם סופר שכתב ליישב דברי התה"ד בטוב טעם. גם בתשו' משכנות יעקב כתב ליישב דברי התה"ד בזה שדבריו נכונים וברורים, ע"ש).

(**עיין** בתשובת נו"ב, שהזורע בע"פ, כיון שיום ג' הוא יום הנף, ולא נגמר הקליטה עד סוף היום, נשאר באיסור חדש, וא"א לאותו יום שיעלה לקליטה ולהתיר משום חדש).

הגה: ומ"מ כל סתם תבואה - כלומר סתם תבואה שאינו ידוע אם נשרשה קודם לעומר, **שרי לאחר הפסח, מכח ספק ספיקא, ספק היא משנה שעברה, ואם תמצא לומר משנה זו, מ"מ דלמא נשרשה קודם העומר** - (בת' מוצל מאש תמה, הא שם אונס חד הוא, דמה לי משנה שעברה ומה לי משנה זו קודם העומר - רעק"א. (ולי נראה דשפיר הוי ספק ספיקא, דיש נ"מ בין שני הספיקות, דאם הוא משנה העברה, אין מביאין ממנו את העומר, דבעינן ראשית קצירך ולא סוף קצירך, כדאמרינן ר"פ כל המנחות ע"ש, ואם הוא משנה זו, מביאין ממנו את העומר, וכללא הוא בספק ספיקא, דכל שיש נ"מ בין הספיקות באיזה פרט לדינא, אף שאינו נוהג בזמה"ז, חשיב לה ספק ספיקא, כמ"ש בסי' ק"י בכללי ספק ספיקא - ערוה"ש).

ואע"ג דחדש הוי דבר שיש לו מתירין, ודבר שיל"מ אפי' בספק ספיקא אסור, י"ל כמש"ל סי' ק"י ס"ק נ"ו {**היינו** דוקא בתערובות, דאע"ג דבעלמא מותר משום ס"ס, בדשיל"מ החמירו חז"ל דלא בטיל ע"י תערובות

אפי' באלף בס"ס, דמאי נ"מ להתיר בביטול, בלאו הכי יש לו היתר, **אבל** ס"ס כי האי שעל התבואה אני אומר שהוא ישן ואת"ל שהוא חדש שמא השריש קודם לעומר, ואין כאן איסור חדש כלל, כה"ג לא אסרינן ס"ס בדשיל"מ... **מיהו** בלאו הכי י"ל דודאי לצורך הוא}.

אבל אם ידוע שרוב מין אותה תבואה לא נשרשה קודם לעומר, או נזרע אחר העומר, אף על פי שהמיעוט נשרשה קודם לעומר, אסור, ולא הוי ס"ס.

ובמיני תבואה שזורעים ודאי לאחר פסח, כגון במקלת מדינות שזורעין שבולת שועל ושעורים לאחר פסח, אז יש לו להחמיר אחר הקציר - אבל לפני קציר ודאי אין לחוש, דעדיין אין כאן תבואה חדשה, שהרי לא הגיע זמן הקציר. **אם לא שאין דלתות המדינות נעולות, ורוב התבואה באה ממקום אחר שזורעין קודם הפסח.**

וכן בזמן שימות החורף נמשכים לאחר פסח, ובכל הגליל ההוא זורעים לאחר פסח דברים הנזכרים, יש להחמיר ולחוש מן הסתם.

אבל אין להורות לאחרים במקום שרוב שתייתן ואכילתן ממינים אלו, כי מוטב שיהיו שוגגין ואל יהיו מזידין - אבל אם רוב שתיית המדינה יין, וא"צ לשעורים ושבולת שועל רק לפעמים למאכל, וליתא דוחקא דציבורא במידי להפריש מאיסור חדש, היכא דליכא אלא חד ספיקא, שמא של אשתקד שמא של שנה זו, מצוה למחות בהמון עם להורות להם לאיסור, דס"ס אין כאן, דנימא ספק של אשתקד ואת"ל של שנה זו שמא תבואה זו מן המיעוט שנזרעה קודם העומר מופלגת מעומר, דכיון דמיעוטא הוא לא עבדינן מיניה ס"ס, דמיעוט לגבי רובא כמאן דליתיה דמי, כדאיתא בהדיא בתוס' בשמעתין דפתח פתוח פ"ק דכתובות.

ובספר לח"מ האריך למצוא היתר על שכר שעורים הנעשה מחדש, מטעם שהמשקה היוצא מהן מותר, **וצריך** להתיישב בדבר, כי מתשובת הרא"ש ומתרומות הדשן ומשאר פוסקים משמע שאסור, **והב"ח** האריך להוכיח דחדש אינו נוהג בשל עובדי כוכבים, וכל דבריו תמוהים, ודברי בעלי התוספות וסייעתם נכונים וראיותיהם ברורות, דנוהג בשל עובדי כוכבים, **ובפרט** הראיה שהביא הב"ח מהש"ס דפ"ק דר"ה דף י"ג ליתא... ועוד נראה לי ראיה ברורה מן הירושלמי...

אבל אין להורות לאחרים כו' – [אין זה כדאי מלהציל על שאנו רואין חכמי ישראל כמעט רובם אין נזהרין מחדש בשום שנה, ולא שייך לומר עליהם מוטב יהיו שוגגים כו', **וכבר** טרח מו"ח בדבר זה למצוא היתר מצד הירושלמי, שמשם הוכיח ר"י בעל התוס' שיש איסור אפי' בשל עובד כוכבים, ואחר זה נמשכו כל הגדולים, ואמר שיש לו פי' אחר על הירושלמי שלא כדברי ר"י, **ואנו** אין לנו עסק בזה, אף אם היה לנו פי' נכון על הירושלמי, אין לנו להרים ראש נגד כל הפוסקים, ומ"מ נראה לפענ"ד ללמד זכות הגון על ההיתר בזה, דהך איסור דחדש בחו"ל הוא פלוגתא דתנאי בפ"ק דקדושין, דת"ק דמתניתין ס"ל חדש אין נוהג בחו"ל, דכתיב ביה: בכל מושבותיכם, והיינו לאחר ירושה וישיבה דוקא, ור"א ס"ל חדש נוהג בכל מקום, דמושבותיכם בכ"מ שאתם יושבים משמע, ור' ישמעאל ור"ע פליגי ג"כ בזה, דר"י ס"ל כת"ק, ור"ע כר"א, **כלל** העולה דבגמרא לא איפסקא הלכתא בזה, והיה לנו לומר דהלכה כתנא קמא דר"א, דיחיד ורבים הלכה כרבים, אלא דפסקו הרי"ף והרא"ש כר"א, מדמצינו במסכת ערלה סתם מתני' כוותיה, **ואפשר** שהיה לדון בזה, דיכול להיות דמסכת ערלה נשנית קודם למסכת קידושין, וא"כ הו"ל סתם ואח"כ מחלוקת, וממילא אין הלכה כסתם, כדאיתא בהגוזל קמא, והיה לנו לומר דהלכה כתנא קמא דהוא רבים, **אלא** דאין זה ברור מה נשנה תחלה, ופסקו לחומרא כסתמא דערלה, **ואם** כן יש לנו לדון ולומר דבמדינות אלו שהוא שעת הדחק, דחייו של אדם תלוי בשתיית שכר שעורים ושבולת שועל, כדאי הוא התנא קמא לסמוך עליו בשעת הדחק, כיון דלא איפסקא הלכה בפירוש בגמרא כר"א. **וראיה** ברורה לזה מפ"ק דנדה, ת"ר מעשה ועשה רבי כרבי אליעזר לענין דיה שעתה דנדה, לאחר שנזכר אמר כדאי הוא ר' אליעזר לסמוך עליו בשעת הדחק, מאי לאחר שנזכר, אילימא לאחר שנזכר דאין הלכה כר"א אלא כרבנן, בשעת הדחק היכי עביד כוותיה, אלא דלא אתמר הלכתא לא כמר ולא כמר,

ומאי לאחר שנזכר, דלאו יחיד פליג עליה אלא רבים פליגי עליה, אמר כדאי הוא ר"א לסמוך עליו בשעת הדחק, **הרי** לפנינו דכל שאין הלכה פסוקה אלא שיש לומר דהלכה כרבים, אתי שעת הדחק ודחי למלתא דרבים, כ"ש כאן דיש צד לומר דהלכה כת"ק דר"א כמ"ש, אלא שהפוסקים החמירו לפסוק כר"א, וע"כ ודאי כדאי הוא ת"ק של ר"א דהכא לסמוך עליו בשעת הדחק, וכן איתא פ"ק דגיטין, כדאי הוא ר"ש לסמוך עליו בשעת הדחק, אף על פי דת"ק פליג עליה התם והלכה כרבים. **והפוסקים** שלא חשו לשעת הדחק בזה, דבארצות שלהם אין זה דחק כל עיקר, דהם היו בארצות החמים, ובהרבה שנים לא יזדמן שיהיה באותה שנה איסור חדש, אבל בארצות שיש בהם קרירות, זמן החורף נמשך עד פסח, ודאי מודים שיש לסמוך להקל בזה, כיון שחייו של אדם תלוי ממש בזה, שעיקר שתיה שלהם הוא שכר שעורים וכיוצא בו, **ומו"ח** ז"ל כתב שמצא תשובה אחרת בהגהות רש"ל בשם מעיל צדק בשם רבינו אביגדור כ"ץ בשם תשובת ריב"א, שאין חדש נוהג בשל עובדי כוכבים, וכן משמע בה"ג, ושמא ס"ל דהלכה כת"ק דר"א, עכ"ל, ויש לכוין דבר זה ע"פ מה שכתבתי, כנלע"ד].

לא הועיל כלום, דמלבד סתם מתניתין דערלה, מסקינן במנחות פרק רבי ישמאל, דרבנן דבי רב אשי סברי חדש בחו"ל דאורייתא, **ותו** איתא התם, אמר רבינא אמרה לי אם, אבוך לא הוי אכיל חדש אלא באורתא דשיבסר נגהי תמניסר, דסבר חדש בחו"ל דאורייתא וחייש לספיקא, **וגם** פשטיה דסוגיא בקידושין ריהטא הכי. **גם** מ"ש וראיה ברורה לזה מפ"ק דנדה ופ"ק דגיטין, לאו ראיה היא כלל, כמו שהוכחתי בש"ך סי' רמ"ב, דדוקא בהך דנדה, דגזירת מעת לעת היא מדרבנן, אמרינן הכי, **וכן** בגיטין דד"ת הוי גט לכו"ע, כדמוכח בש"ס שם, ע"ש - נקה"כ.

‹**וט"ז** כתב דבשעת הדחק כדאי כו', אבל בגמ' דנדה שם אמרו דאם אפסיק הלכה אין לומר שעת הדחק, וכבר איפסיק כאן במנחות שם, **אלא** שנמשך ההיתר שהיו זורעין קודם הפסח, כמ"ש בס"ג בהג"ה, והנח לישראל מוטב כו' - גר"א.

‹**ומה** שהקילו בזה רוב רבנן קשישאי קדמאי ובתראי בהרבה מדינות, נלע"ד שסמכו על הירושלמי ריש מסכת חלה, דמשני שהיו מקיימין מצות אכילת מצה בליל פסח בביאתם לארץ ממה שהיו תגרי עכו"ם מוכרים להם, **ועוד** אמרו בסוף ערלה אהא דתנן שם, והחדש בכל מקום, מתניתין ר' אליעזר וכו', הרי מפורש דס"ל דמתני' יחידאה היא ולא קי"ל כוותיה, והחדש מותר בחו"ל, ולכן היו קונים מתגרי עכו"ם, **ואע"ג** דחזינן דרבנן דרב אשי ורבינא ס"ל דאסור בחו"ל מדאורייתא, וכמ"ש לעיל, ובמקום שהתלמוד ירושלמי חולק על הבבלי קי"ל כתלמוד בבלי, **י"ל** שעת הדחק שאני, כמ"ש הרב ט"ז, ואפשר שזה טעם תשו' הריב"ש שהביא הרב ב"ח בשם הגהות מהרש"ל. **וכתב** עוד הרב ב"ח, דמי שהורגל בשאר פרישות ומפורסם לחסיד, רשאי לנהוג איסור וכו', **ועוד** נראה דאין לנהוג איסור אלא ביושב בביתו, אבל אם מיסב בסעודה עם ת"ח שנוהגים היתר, אסור לו לנהוג איסור בפניהם וכו', עכ"ל - באר הגולה›.

‹**והנה** ביו"ד סימן רצ"ג כתב רמ"א היתר לחדש, דהוי ס"ס, חדא שמא התבואה היא משנה שעברה, ואת"ל משנה זו, דלמא נשרשה קודם לעומר, **וה"ה** אם הוא מקום שמביאים תבואה ממקומות אחרים שתבואתן נשרשת קודם לעומר, **וכתבו** האחרונים, דבמדינת פולין אין להקל כי אם בחטין ושיפון, דרובא דרובא נזרעים בחודש חשון, ואין שייך בהם חדש, אם לא אותן שידועין שנזרעו בקיץ, **אבל** שעורים ושבולת שועל וכוסמין, רובן וכמעט כולם נזרעים אחר הפסח, וגם אין רגיל להביא שם תבואה ממדינות אחרות, אין להקל בם, **וכהיום** שדרך להביא על דרך מסלת הברזל קמח חטים ממקומות הרחוקין, וידוע שבפנים רוסיא נמצא הרבה מקומות שנזרעו החטין בקיץ, ומצוי שם חדש כמעט יותר מן הישן, אם יודע שבא הקמח משם, צריך ליזהר בזה בימות החורף, שאז כבר נעשין הקמח מתבואה חדשה - מ"ב סי' תפ"ט›.

‹**ומ"מ** רוב העולם אין נזהרין כלל באיסור חדש, ויש שלמדו עליהם זכות, לפי שהוא דבר קשה להיות זהיר בזה, ולכן סומכין מפני הדחק על מקצת הראשונים שסוברין, שחדש בחו"ל אינה אלא מד"ס, שגזרו משום א"י, ולא גזרו אלא במקומות הסמוכין לא"י, כגון מצרים ובבל, **ויש** שלמדו עליהם זכות, שסוברין שחדש אינו נוהג אלא בתבואה של ישראל, אבל לא בשל עכו"ם, **ולפי"ז** צריך להזהיר לישראלים שיש להם תבואה זרועה בשדות שלהם, שינהגו בה איסור חדש - מ"ב סי' תפ"ט›.

‹**והנה** אף שאין בידינו למחות ביד המקילין, מ"מ כל בעל נפש לא יסמוך על התירים הללו, ויחמיר לעצמו בכל מה שאפשר לו, כי להרבה גדולי הראשונים הוא איסור דאורייתא בכל גווני, וגם הגר"א היה מחמיר באיסור חדש ככל איסורי תורה - מ"ב סי' תפ"ט›.

‹**וכתבו** האחרונים, דאף הנזהרים מחדש, אינם נזהרים בפליטת כלים, אם לא שברור לו שנתבשל בו מתבואה חדשה,

ונראה שאף בזה, אין להחמיר רק בתוך מעת לעת מן הבישול הראשון, דלאחר מעת לעת שהוא נותן טעם לפגם, יש לסמוך על המקילין, כן נ"ל, **ועיין** במ"א שמצדד, דאם בישל עתה מין אחר, יש להחמיר גם בפליטת כלים – מ"ב סי' תפ"ט›.

‹**ומ"מ** באשר ידוע, שכמה וכמה מן הנזהרין מחשש איסור כל דהו בשארי איסורים, מקילין ג"כ בזה, וסיבת הדבר ראיתי, מפני שסוברין שמי שרוצה לזהר צריך לזהר בכל החומרות, משמרים ושכר ויי"ש וכן בפליטת כלים, והוא דבר קשה לזהר במדינות אלו, ע"כ סומך כל אחד עצמו על מנהג העולם להקל לגמרי, **אבל** לענ"ד אין נכון הדבר, דכי בשביל שקשה לו לזהר בכל החומרות יקל לגמרי, דהלא בקמח נקל לזהר כהיום, שמצוי בכל המקומות קמח מחטים הנזרעים בחשון, וגם מן הסתם אפשר דרובן ישן הם, **וכן** בשכר יש כמה אחרונים שמצדדין להקל, וגם דשכר אינו ודאי חדש, דאף בימות החורף כמה פעמים נעשה השכר ממאל"ץ משעורים ישנים, **ואף** דכמה גדולי אחרונים מחמירין אף בשכר, כמבואר ביו"ד ובאחרונים שם, מ"מ המיקל יש לו על מי לסמוך, **ובספק**, כבר יש לנו דעת האו"ז, שכתב דיש לסמוך בשעת הדחק על הסוברין דחדש דרבנן, והוי ספק דרבנן, וכן בפליטת כלים ושמרים יש צדדים להקל, **אבל** בגריופין עצמם של שעורים ושבולת שועל במדינתנו, שהם ודאי חדש בחורף, אף דלא נוכל גם בזה למחות בהעולם שנהגו להקל, אבל ראוי ונכון להחמיר לעצמו עכ"פ בזה, דהלא לגדולי הראשונים הוא דאורייתא, **ואף** להאו"ז שמצדד דהוא מדרבנן בחו"ל, לא סמך ע"ז להקל אלא בספק, דאז יש לסמוך בשעת הדחק על דעת הסוברין דרבנן, והוי ספיקא דרבנן, אבל לא בודאי חדש, **ובפסקי** תוס' במנחות דכתב, דבשל עכו"ם הוא מדרבנן, א"כ מדרבנן עכ"פ מיהו אסור, **ואין** לנו מקילין רק יחידאי נגד כל הני רבוותא הנ"ל, וגם כמה מן האחרונים המקילין לא רצו להקל אלא בספק ולא בודאי, וגם בשו"ע כאן וביו"ד הלא סתמו כהפוסקים דהוא דאורייתא בכל גווני, וגם הרבה מן האחרונים תפסו כן לעיקר, **ע"כ** בודאי מן הראוי ונכון לחוש לכל זה, ולפרוש עכ"פ מן ודאי חדש, ומי שירצה לתת לב ע"ז, יוכל להשיג גם בחורף ממינים אלו מתבואה ישנה – בה"ל סי' תפ"ט›.

סעיף ד - תבואה שנזרעה אחר העומר - ה"ה נזרעה קודם העומר ולא השרישה עד לאחר העומר, **וקצרה וזרעה, ובשעת העומר היתה תחת הקרקע ולא התחילה עדיין לשרש, אסור** - מבעיא בש"ס אם מותר ללקוט התבואה המונחת בקרקע בשעת עומר ולאכלה: אי נימא דדמיין כמונחין בכלי, ולא דמי ללא השרישה קודם העומר בס"ג דאסור משום הגדולים, משא"כ הכא, או נימא כיון דמונחים בקרקע כגדולים דמי ואסור מספק, **ודוקא** בנזרע אחר העומר הראשון, אבל נזרע קודם העומר, כיון דנעשית ישן, אם כן פשוט דמותר ללקטן, דנהי דאין העומר מתירן כיון דמונחים בקרקע, מכל מקום כבר מותרים.

סעיף ה - שבולת שהביאה שליש קודם העומר, ועקרה אחר העומר וחזר ושתלה, והוסיפה, התוספת אוסר העיקר שהותר.

§ סימן שכב - הפרש חלה שיש בין חלת ארץ ישראל לחלת חוצה לארץ §

סעיף א - מצות עשה להפריש תרומה מהעיסה וליתנה לכהן, שנאמר: ראשית עריסותיכם תרימו תרומה. וראשית זה אין לו שיעור מן התורה - בין שיפריש רק מעט או הרבה, פוטר העיסה, כדמפרש ואזיל, **אפילו הפריש כשעורה, פטר את העיסה. והעושה כל עיסתו חלה, לא עשה כלום, עד שישייר מקצת** - [שנאמר ראשית, בעינן ראשית ששיריה ניכרין].

ומדברי סופרים מפרישין אחד מכ"ד מן העיסה. והנחתום העושה למכור בשוק, מפריש אחד ממ"ח - דמשום הפסד ממכרו הקילו בו, כן כ' העט"ז, **אבל** הרמב"ם כ' הטעם, לפי שהנחתום עיסתו מרובה, ויש בשיעור זה כדי מתנה, ואפי' עושה עיסה קטנה, מפריש א' ממ"ח, שלא לחלק בעיסת הנחתום, **וכן** בעה"ב, אפי' עושה עיסה מרובה כגון למשתה בנו וכה"ג, מפריש אחד מכ"ד, שלא לחלק בעיסת הבעה"ב, עכ"ד, וכ"כ הברטנורה, וכן מבואר בירושלמי ומביאו ב"י לקמן ר"ס שכ"ח.

ואם נטמאה העיסה בשוגג או באונס, אף בעל הבית מפריש אחד ממ"ח - הואיל ולשרפה עומדת. **וכתב** ב"י לקמן ר"ס שכ"ח, דבזמן הזה דליכא טהרות, א"כ כל עיסה טמאה, א"כ אף של בעה"ב לעולם הוי א' ממ"ח, והביא שם דברי הרשב"א שכ' כן, דעכשיו שכל העיסות אינן טהורות, לעולם הוי אחת ממ"ח, ואפי' במקום שנותנין חלה לכהן.

(**עיין** בתשובת נו"ב שחידש בזה ענין עמוק, והוא שמצות הפרשת חלה יש בו ב' ענינים, האחד הוא להפקיע איסור טבל מן העיסה, והשני ליתנה לכהן, **ושני** ענינים אלו חלוקים זה מזה, שלפטור העיסה אין לו שיעור כלל מן התורה, וחטה אחת פוטרת כל הכרי, **אמנם** כדי לקיים מצות נתינה יש לו שיעור מה"ת, כיון דכתיב תתנו, צריך שיהיה כדי נתינה, **והשיעור** הזה שהוא אחד מכ"ד או אחד ממ"ח, הוא מן התורה בצד ומדרבנן בצד, ונאחז דרך משל שהוא אחד מכ"ד, וזהו יש בו שיעור חשוב לקיים מצות נתינה, אמנם זהו השיעור אחד מכ"ד בעשרון שהוא שיעור חלה, ושוב אין חילוק מה"ת בין אם העיסה היא רק עשרון אחד ובין אם העיסה היא ממאה סאה, כי לענין לפטור העיסה אפילו משהו פוטר, ולענין נתינה לכהן הרי יש כאן כדי נתינה, ומה לו להכהן אם העיסה קטנה או גדולה, וזהו הצד שהוא השיעור מן התורה, **ואמנם** הצד שהוא מדרבנן, הוא שחז"ל תיקנו שצריך שיתנו חלק כ"ד מן העיסה כמות שהיא, ואם העיסה היא גדולה כ"ד עשרונות, צריך שיתן לכהן עשרון שלם, שהוא חלק כ"ד מן אותה העיסה, **ע"ש** שהאריך בזה וקבע בזה מסמורות).

סעיף ב - אין חייבים בחלה מן התורה אלא בארץ ישראל בלבד, שנאמר: והיה באכלכם מלחם הארץ, ובזמן שכל ישראל שם, שנאמר: בבואכם, ביאת כולכם ולא ביאת מקצתכם. לפיכך חלה בזמן הזה, אפילו בימי עזרא - שהרי לא עלו כל ישראל עמו, **בארץ ישראל, אינה אלא מדבריהם.**

סעיף ג - מפרישין חלה בחוצה לארץ מדברי סופרים, כדי שלא תשכח תורת חלה מישראל.

סעיף ד - ג' דינים לחלה בשלש ארצות: כל הארץ שהחזיקו בה עולי בבל עד כזיב - שהוא ארץ ישראל גמור, **מפרישין בה חלה אחת, כשיעור, והיא נאכלת לכהנים** - בטהרה.

ושאר ארץ ישראל, שהחזיקו בה עולי מצרים ולא עולי בבל, שהוא מכזיב ועד אמנה - שהיא קרובה לארץ העמים, ואין יכולין לשמור עצמן ופירותיהן בטהרה, וחלותיהן טמאות וטעונים שרפה כתרומה טמאה, ולכך **מפרישין בה שתי חלות, הראשונה אחד ממ"ח** - שהיא מה"ת צריך להפריש כשיעור, (**מפרש** בירושלמי של אור יש לה שיעור, מפני שהוא מדברי תורה, ולאו דוקא מדברי תורה, דקדושה ראשונה בטלה משחרב הבית, אלא נראית כשל תורה, הואיל והיתה קדושה מתחלה, הילכך יפריש כשיעור עיסה טמאה שהוא אחד ממ"ח

– רא"ש), **והיא נשרפת** - לפי שהיא טמאה, **והשניה אין לה שיעור** - תקנו רבנן כדי שלא תשתכח תורת חלה, הלכך כיון שאינה אלא כדי שלא תשתכח תורת חלה, אין לה שיעור, דאוקמוה אדאורייתא, **ונותנים אותה לכהן לאכלה.**

[**מפרישין ב' חלות, מפני שהראשונה טמאה**, שהרי לא נתקדשה בימי עזרא, וקדושה הראשונה בטלה משגלו, והואיל והיא א"י מפרישין חלה כשיעור, ושורפין אותה, ומפרישין חלה שנית לאכילת כהן, כדי שלא יאמרו תרומה טהורה נשרפת – רמב"ם]. ‹**לפי** שאין טומאת החלה הראשונה מפורסמת, שהרי אינה ארץ העמים גמורה, ואם לא היו מפרישין חלה שניה הנאכלת, יאמרו תרומה טהורה נשרפת, אבל כשמפרישין חלה שניה ונאכלת, הרואה נותן על לבו להבין טעם הדבר, או שואל לחכמים ואומרים לו – רע"ב›.

‹**דעת** רמב"ם, שהארץ שכבשו עולי מצרים ולא עולי בבל, גזרו בה טומאת ארץ העמים, **ודעת** הרבה ראשונים שאין בה טומאת ארץ העמים, אלא מפני שהם סמוכים לארץ העמים, א"א להזהר שם מטומאה – דרך אמונה›.

וכל הארץ מאמנה ולחוץ, בין בסוריא בין בשאר ארצות - שאינו שייך לא"י כלל, ואין שם אפי' אחת מן התורה, גזרו בהן משום א"י, ותקנו ג"כ להפריש ב' חלות, **מפרישין שתי חלות, הראשונה אין לה שיעור** - הואיל ואינה מן התורה, **והיא נשרפת** – [כדי שלא יאמרו ראינו תרומה טמאה נאכלת], **והשניה, א' ממ"ח** - כיון שהיא נאכלת לכהנים, **ונאכלת, ומותרת לטמאים אפילו לזבים וזבות** - כיון שאינה אלא מדרבנן לגמרי.

ובזמן הזה שאין עיסה טהורה מפני טומאת המת, מפרישין חלה א' בכל ארץ ישראל, א' ממ"ח, ושורפין אותה, מפני שהיא טמאה – ‹ומ"מ א"צ להפריש חלה שניה לכהן כמו מכזיב ומאמנה ולחוץ, ולפי שמעולם לא היתה תקנה זו בשם, אבל בשארי מקומות נשאר הדין כמקודם – ערוה"ש›.

כתב מהרי"ל בהלכות פסח, וצריך לשורפה במדורת כהן או כהנת, **ונכון** לעשות לה מדורה לעצמה במקום שאין מבשלין שם, או בתנור שאופין בו המצות טרם הורדו לתוכו המצות, שאז ידוע לו שלא תבא לידי הנאת ישראל טרם כליא איסוריה כו', **ונ"ל** דוקא הנאה דשרפה אסור לזר, אבל שאר הנאה מותר לזר, כדאמרי' גבי תרומה לקמן סי' של"א סי"ט בהג"ה.

ומכזיב ועד אמנה, מפרישין שנייה לכהן לאכילה, ואין לה שיעור, כשהיה הדבר מקודם – ‹דאפילו מקודם היתה נשרפת, ועתה בזמן הזה הניחו הדבר כאשר היה בתחילה – רדב"ז›.

‹**כתב** בר"י, על אודות האשה אשר הפרישה חלתה והניחתה אצלה, אדהכי בא עוף ואכל החלה אשר הפרישה, אי חייבת להפריש חלה אחרת, **הדבר** ברור דבזמן שהיו נותנין החלה לכהן, היתה חייבת באחריותו, כמו בראשית הגז בסימן של"ג ס"ה, והיתה מחוייבת להפריש שנית, **אמנם** בזה"ז דלשריפה אזלא, א"צ להפריש שנית, ע"ש›.

סעיף ה - חלת חוצה לארץ – [והיינו מה שזכר בסעיף ד', וכל הארץ מאמנה ולחוץ כו'], **אף על פי שהיא טמאה, הואיל ועיקר חיובה מדבריהם, אינה אסורה באכילה אלא על כהן שטומאה יוצאה עליו מגופו, והם בעלי קריים וזבים וזבות ונדות ויולדות; אבל שאר הטמאים במגע הטומאות, אפילו טמאי מת, מותרים לאכלה; לפיכך, בין בסוריא בין בחוצה לארץ, אם רצה להפריש חלה אחת, מפריש אחד ממ"ח ונאכלת לקטן שעדיין לא ראה קרי, או לקטנה שעדיין לא ראתה נדה** - כלומר כיון שבשאר טמאים מותר לאכלן, הלכך קטן וקטנה שאין עליהם טומאה מגופם, אף על פי שלא נזהרו מטומאת מת וכה"ג, אוכלין אותה, **ואינו צריך להפריש שנייה** – ‹שלא חייבו שניה אלא כשאין לו כהן קטן ולא גדול שטבל לקריו – דרך אמונה›, **וכן אם היה שם כהן גדול שטבל משכבת זרעו או מזיבתו, אף על פי שלא העריב שמשו, (וי"א שלריך הערב שמש), הרי זה מותר לאכול חלה הראשונה, ואינו צריך להפריש שניה בחוצה**

לארץ - אבל היכא דליכא קטן או קטנה או גדול שטבל לקריו, מפריש אחת לאור, ואין לה שיעור, ואחת לכהן ויש לה שיעור, ומותרים לאכלה בטומאה לזבים וזבות ולנדות וליולדות, כמו שנתבאר. [**והטעם**, שכיון שכבר הפריש אחת לאור, והיא העיקר, רק בשביל שלא תשתכח כו' הפריש עוד אחת לכהן, ע"כ אין בה קדושה, **משא"כ** אם יש כהן טהור שאין מפריש רק אחת, והיא העיקר, ע"כ צריכה טהרה, ואסורה לבעל קרי ולזבים].

הגה: וי"א כיון שאין חלה נאכלת בזמן הזה בארץ ישראל, גם בשאר מקומות אין צריכין להפריש רק חלה אחת, ולשרפה - ס"ל דבכל ענין אין מפרישין האידנא רק חלה אחת, אפי' אין שם כהן טהור רק מי שטומאה יוצאת ממנו מגופו, אין מפרישין אלא חלה אחת, **והטעם** כתבו הפוסקים, לפי שצריך לשמרה מזרים ומעובדי כוכבים, וגם פעמים שנותנין אותם בקערה במרק רותח, ועתה אסור זר לאכלה בקערה.

ומשמע דהי"א פליגי נמי היכא דאיתא כהן קטן או גדול טהור, אין ליתן להם לאכלה, רק שורפין אותה, **וכ"כ** מהרש"ל, דאין נוהגין לתת חלה כלל לקטן, משום דלא מחזקינן בזמן הזה בכהן ודאי, [**ואין אנו יודעין איזה כהן אמיתי**], ‹ולא אבין טעם זה להחליש כח הכהונה בזמה"ז, ובפרט בחלה דרבנן - ערוה"ש›, **וכן** כתב מהרי"ל בהלכות פסח דדרכו לדרוש ברבים, שלא להאכילה לכהן קטן, שלא יאמרו חלת חו"ל נאכלת, ‹**וגם** זה תמוה, דהש"ס לא חשש לזה ואנן ניחוש לה - ערוה"ש›, **וכ"כ** מהרי"ו בתשו' בדיני פסח, דאין נוהגין לתת החלה לכהן קטן, והטעם נ"ל, דחיישינן שמא יפרר ואתי לידי תקלה, ‹**וגם** זה אינו מובן, לחוש מה שהש"ס לא חש לה, ועוד הלא ביכולת ליתן לגדול כשטבל לקריו - ערוה"ש›, או משום דלא מחזקינן בזמן הזה בכהן ודאי, עכ"ל, **וכ"כ** הרב באו"ח ס"ס תנ"ז, אף על גב דסתם שם בתחלה כסברת הטור, דמאכילין אותו לכהן קטן, ‹ויראה לי דלכן רבינו הרמ"א כתב כאן נוסח הברכה על אכילת חלה, משום דדעתו שמי שרוצה להאכיל לכהן קטן כדברי הש"ס ביכולתו לעשות, ולא כתב זה מפורש, משום דממהרי"ל ומהרי"ו לא משמע כן, ומפני שאין כן מנהג העולם, וכן משמע מדבריו באו"ח סי' תנ"ז, שכתב דעתו להיתר, ואח"כ הביא דברי מהרי"ו שאין מאכילין חלה בזמה"ז לשום כהן - ערוה"ש›, **והכי** נהגינן האידנא בחלות דמצה, ‹ליתנה לכהן קטן - באה"ט›, ובחלות דכל ימות השנה לא נהגינן ליתנה לכהן קטן, וצריך לחלק בין פסח לשאר ימות השנה.

וכן המנהג פשוט בכל מדינות אלו, שאין מפרישין רק חלה אחת בלא שיעור, ושורפין אותה, כמו שהיו עושין כשמפרישין שתי חלות, שחלת האור לא היה לה שיעור; ומ"מ נוהגין ליטול כזית - ‹וזהו בחלת חו"ל, אך לפי"ז בא"י ובמקומות שכבשו עולי מצרים היה להם להפריש כשיעור ולשורפה, שהרי בשם היה שיעור לחלת האור, מ"מ אין חוששין לזה ואזלי בתר רובא דעלמא, ואין כדאי להרבות בנשרפות - ערוה"ש›.

והאוכל חלה, אפילו בחוצה לארץ, מברך תחלה על המין שרוצה לאכול, ואח"כ מברך: אשר קדשנו בקדושתו של אהרן וצונו לאכול תרומה - ‹משמע מדבריו שאם עתה ירצה אחד להפריש חלה שנייה לתתה לכהן מותר, אבל מימינו לא שמענו זה אפילו מחסידי הדורות - ערוה"ש›.

וי"א כששורפין החלה עושין לה היסק בפני עצמה, דישראל אסור ליהנות ממנה; ונוהגין להשליכה לתנור קודם שאופין הפת - ‹כלומר דבזה א"צ היסק בפ"ע דהוי טורח גדול, אלא כיון שמשליכין קודם אפיית הפת, הרי אינו נהנה ממנה, ואף על גב דעי"ז החום יותר מעט, אין ממש בזה, דבמה נחשב כזית עיסה להרבות חמימות נגד עצי הסקה שבתנור - ערוה"ש›.

§ סימן שכג – חלה דרבנן היאך ניתנת ונאכלת ודין תערובתה בחולין §

סעיף א - חלת חוצה לארץ שמותרת לכהן טהור מקרי - ‹היינו בטבל לקריו, וכן כהן קטן פחות מבן ט', דלא חיישינן שראה, ואם ידעינן שראה קרי אסור - רעק"א›, **רשאי לאכלה עם זר על שלחן אחד, לפי שאינה מדמעת (פירוש ענין דמוע הוא תרומה שנפלה בחולין), ואפילו נתערבה שוה בשוה** - דוקא חלת חו"ל שעיקרה אינו אלא מדרבנן, אבל חלת א"י אפי' בזמן הזה, אף על פי שאינה

אלא מדרבנן, כיון דעיקרא מדאורייתא, אינו בכלל זה, וכמו שנתבאר בסימן הקודם, **ודוקא** בחלת חו"ל הקילו בכך, אבל בשאר איסורים דדבריהם, לעולם צריך ס', וכן אסור לבטלן לכתחלה, כדלעיל סוף סימן צ"ט, ועיין בב"י ס"ס זה שהביא דברי הרשב"א שיש לחלק בכך.

לפי שאינה מדמעת כו' - ובש"ס פרק כ"ה דף ק"ד ע"ב אמרינן, דלא גזרינן העלאה אטו אכילה כיון דחלת חו"ל אינו אלא מדרבנן, ותרווייהו צריכי, דטעמא דאינה מדמעת איצטריך אמאי דלא חיישינן שמא תתערב החלה במאכל, וטעמא דאינו אלא מדרבנן איצטריך כדי שלא נגזור העלאה אטו אכילה, **מ"מ** נראה דדוקא בחלה, כיון דלחם הוא, שכיח ביה תערובת, להכי אי לאו דאינה מדמעת הוה גזרינן, אבל בשאר איסורין לא חיישינן דלמא יתערבו, וכמו שנתבאר לעיל סימן פ"ח, דמותר לאכול על שולחן א' בשר כשר עם עובד כוכבים שאוכל בשר נבלה, וכן שאר איסורים, **ובהכי** ניחא האי דלא שרי נמי משום תערובות גופיה מטעמא דאינו אלא מדרבנן, ונימא כי היכא דלא גזרינן העלאה אטו אכילה מטעמא דאינו אלא מדרבנן, ה"נ לא נגזור משום תערובות משום דאינו אלא מדרבנן, אלא ודאי דבפת שכיח תערובות ואיכא למיגזר טפי, ודוק, **מיהו** בלאו הכי ניחא, דאין לדמות הגזרות זו לזו, וכמו שכתבו התוספות שם, ע"ש.

הגה: ויש חולקין, וסבירא להו דאוסרת תערובתה עד מאה ואחד אם הוא במינה – [לכאורה נראה דהיינו אם היא בעין אלא שאינה ניכרת, **אבל** אם הסירו החלה מן התבשיל שנפלה לתוכה, **אף** על פי שהתבשיל ממין החלה, אין צריכין ק' וא', ובטלה בס' כשאר איסור. **אבל** בתוס' פ' ג"ה מבואר, דלפירש"י במין במינו אפי' הסיר האיסור בעינן ק' וא' לבטלו, **ואף** על פי שממה שכתבו אח"כ, דיש לומר בדרך אחר, אין דין זה מוכרח, מ"מ כיון דלרש"י מוכרח כן, אין לנו להקל, ותו דרבינו שמשון כתב ג"כ כרש"י, **וכתוב** בד"מ בשם רשב"א דבדיעבד בטלה ברוב]. **ושלא במינה עד ס'.**

וכתב סה"ת: וצריך ליזהר בה שלא יאכלם כהן בקערה במרק רותח, שלא יאסור הזר מלאכול באותה קערה, ומביאו הטור. **וכתב** הב"ח, ולפי זה צריך ליזהר כשנפלה חלה בתבשיל, ואין בקדרה כדי לבטל החלה, התבשיל ימכר או ינתן לכהן בדאיכא רוב חולין, והכלי צריך הכשר, ואם כלי חרס הוא, ישבר, עכ"ל, **ואגב** שיטפא כתב כן, דודאי הכלי חרס נכשר ג"כ בהגעלה שלש פעמים בחלת חו"ל, כדאיתא בירושלמי ובעל העיטור ורשב"א וטור לעיל סימן קכ"א, כיון שאין לו עיקר מדאורייתא, וכ"כ המחבר לעיל ס"ס קי"ד לענין בישולי עובדי כוכבים, וה"ה לענין חלה, דחד דינא אית להו, כדאיתא ברשב"א, וכל שכן הכא דאיכא רוב חולין. [**וכבר נתבאר דאין אנו נותנין לכהן עכשיו, ומה שהחמיר בזה לא ידעתי למה לא נסמוך להקל במילתא דרבנן לבטל ברוב, וכמו שזכרתי לעיל בשם דרכי משה]. ‹מיהו** כל זה במינה, אבל שלא במינה צריך ס' - ערוה"ש›.

ויש חולקין - (עש"ך שהביא דברי המע"מ, שכתב להוכיח מדברי הרא"ש להתיר, וסיים: לכן הסומך להתיר ברובא לא הפסיד. **והש"ך** השיג עליו הרבה. **ועיין** בתשו' משכנות יעקב שכתב לבאר שדברי המע"מ נכונים וברורים וצודקים לפסק הלכה, וע"כ סיום גם הוא ז"ל, דהמיקל לא הפסיד, ע"ש).

ואם חזרה ונתערבה בעיסה ואין ק"א לבטל, אם לא אכל העיסה, ישאל לחכם עליה ויתיר לו כנדר, דנשאלין על ההקדשות - כדלעיל סי' רנ"ח, וכן על תרומות ומעשרות, כדלקמן סי' של"א סמ"ח, ואם כן לא עדיף הפרשתו זו שאמר "תהא חלה" מנדר, ויתיר לו מ"ש "תהא חלה", **ויחזור ויטול חלה אחרת (תשובת מיימוני סוף הלכות זרעים וב"כ בשם א"ח).**

ז"ל ד"מ, ונ"ל דוקא בכה"ג שעדיין העיסה קיים ויכול ליטול חלה אחרת, אבל אם כבר נאכל העיסה, א"א לשאול עליה, דא"כ כבר אכל למפרע טבל, עכ"ל, **ואף** על גב דהשתא נמי כשלא ישאל עליה אכל למפרע חלה שאסורה לזרים, **מ"מ** כיון דלהרבה פוסקים בטלה ברוב שרי, אבל טבל אסור לכו"ע. ‹וא"צ לזה, דגם בלא זה הא אין תועלת בהשאלה - ערוה"ש›.

והא דלא אסר אפילו ביש ק"א משום דהוי דבר שיל"מ, כדלעיל סי' ק"ב ס"ד בהג"ה, **דהכא** בנדרי הקדש כיון דאינה מצוה לישאל עליהן אלא מדוחק, כדלעיל סי' ר"ג ס"ג, לא הוי דשיל"מ, והכי אמרינן בש"ס בנדרים.

ואם חזרה ונתערבה כו' - להכי נקיט לישנא דאם חזרה ונתערבה, לאפוקי אם לא הפריש חלה כלל, דאז

אפי' אם אין ק"א בעיסה, מותר בכל ענין, וכדלקמן, דאוכל והולך ואח"כ מפריש, **כדכתב** בד"מ וז"ל, כתב מהרי"ו בתשובה, על עיסה שנתבשלה ולא ניטל ממנה החלה, דיש ליטול עדיין, ויטול מעט שיהא בשאר העיסה ק"א נגד החלה ולא יהא נאסר העיסה מן החלה, עכ"ל (מהרי"ו), **וצ"ע**, דהא אמרינן חלת חו"ל אוכל ואח"כ מפריש, ולא מחלקינן בין היה ק"א בפת נגד החלה או לא, (י"ל דבפת א"צ ק"א, דהא צלי אינו אוסר רק כדי נטילה, וא"כ באמת למהרי"ו יצטרך לשייר בכדי שיהא כשיור הפרשת חלה ועוד כדי נטילה, וזה גם אם איכא ק"א לא מהני, כיון דאינו הולך הבלע רק כדי נטילה – רעק"א), **ונראה** דהואיל וחלת חו"ל אינו אלא מדרבנן, לא מחמרינן שתאסר למפרע, אלא דוקא מכאן ולהבא, אם נתערבה לאחר שהופרשה החלה, **ולכן** נ"ל דאף לדברי המחמירין שאינה בטלה אלא בק"א, היינו אם נתערבה לאחר שהופרשה, הואיל והיה עליה שם חלה מעיקרא, **אבל** בכה"ג שלא היה עליה שם חלה מעולם, אין להחמיר, **וכ"ש** דהרמב"ם סובר דאפילו לערב לכתחלה שוה בשוה שרי בכה"ג, כן נ"ל, **ועוד** נ"ל דאפי' לדברי מהרי"ו, דפשוט הוא דאם היה במים שנתבשל בהן העיסה ס', דשרי, מטעם סלק את מינו כמי שאינו, ושאינו מינו רבה עליו ומבטלו, ואח"כ יכול ליקח מעט עד שיהא במים ס' כנגדו ושרי, עכ"ל ד"מ, וכ"פ הב"ח לק' ס"ס שכ"ד. (ועיין בט"ז שהאריך בזה לקמן סי' שכד סי"ב, ומסיק כמהרי"ו).

(**עיין** בשאילת יעב"ץ שכתב, דחלה שחזרה לעיסה שלה אינה בטילה, דהדרא לטיבלא, דדוקא בנפלה למקום אחר הוא דבטילה, ע"ש, **ותימה** שלא הביא כלל דברי הרמ"א בכאן, דמבואר דאפילו חזרה ונתערבה באותו עיסה מהני ק"א לבטל. **שוב** מצאתי בספרו שו"ע ח"ב סי' צ"ט, כתב דלישנא דהרמ"א נמי הכי דייקי, מדנקט בלישנא שנתערבה בעיסה, ולא קאמר בעיסתה, ע"ש. **ושם** מייתי הוראת הגאון בעל כנסת יחזקאל, שהורה כשחזרה למקומה להפריש ממקום אחר, והוא ז"ל תמה עליו, וכתב בשחזרה למקומה עכ"פ בחלת חו"ל דרבנן, יש לסמוך אמ"ד בירושלמי רפ"ד דדמאי, דס"ל הדרא לטיבליה, ומפריש מיניה וביה, **ומסיים** בסוף התשובה: ונ"ל לסמוך ע"י למעשה, דחלת ח"ל קילא מדמאי בלי ספק, עכ"ל. **ועיין** בתשו' חת"ס שהאריך בכל זה, ומסיק דעכ"פ עם התרת הנדר ג"כ יש לסמוך להתיר בלי פקפוק, משא"כ שלא במקומה לא הייתי מתיר ע"י שאלה אלא לצורך גדול).

[כן מביא תשו' מיי' הלכות זרעים בשם ספר המצות, דע"י השאלה נעקרה קדושת החלה מעיקרא, וכן איתא לקמן בשו"ע סי' של"א סעיף מ"ח, דנשאלין על תרומות ומעשרות אם ניחם עליהם כו', **ותימא** על מתני' דפ"ה דתרומות, סאה תרומה טמאה שנפלה לפחות ממאה חולין, ירקבו, משמע דאין להם תקנה, דא"כ ליתני התקנה, כמו ששנה אח"כ הרבה תקנות באותה מתני' במקום שיש קצת תקנה, ואלו בזה לא תנא תקנתא, ש"מ שאין לה תקנה]. **האריך** בדברים שאין בהם ממש, דהדבר פשוט דהא דתנן ירקבו, דינא קתני תקנתא לא קתני, ומיירי היכא שאינו רוצה להתיר, **ומ"מ** הוי בעי למימר דהוי דבר שיל"מ, כיון דעכ"פ אפשר בשאלה, ולכך צריך לשנויי דליכא מצוה לאתשולי - נקה"כ.

[**ועוד** תימא לי, במאי דמסיק בפרק הנודר, דבתרומה לא הוה דבר שיש לו מתירין כיון דאין מצוה לשיולי, מאי שנא מכל דבר שיש לו מתירין דקי"ל בסי' ק"ב, דאם המתיר בידו לעשות בלי הפסד, הוה דבר שיש לו מתירין, הכי נמי בתרומה הא על כל פנים בידו לילך ולהשאיל לת"ח אף על פי שאינה מצוה]. **תימה** האיך תלוי זה בדברי הסמ"ג, דהא אגופא דש"ס הו"ל לאקשויי הכי, **אלא** ודאי לא קשה מידי, דבתרומה כיון דליכא מצוה, א"כ לא אתי למיתשל עליה, דאין נשאלין על ההקדשות אלא מתוך הדחק, וכדלעיל סי' רי"ג ס"ג, וכ"כ בש"ך ס"ק ז' - נקה"כ.

[**ועוד** תמיה גדולה, דאי מהני שאלה מחמת הפסד התערובות של חלה או תרומה, היכן מצינו כרת בשוחט קדשים בחוץ, **או** מיתה בידי שמים בתרומה, דודאי מיראת העונש ישאל לחכם]. **היינו** היכא שאינו מתיר ועומד במרדו - נקה"כ. [**וקושיא** כזו נביא בסמוך בשם הראב"ד ובשם התוס' בגיטין]. **תימה** דלא הזכיר כלום בסמוך בשם הראב"ד - נקה"כ.

[**ואילולי** פה קדוש דסמ"ג הייתי אומר, דהא דמהני שאלה בתרומות ומעשרות, היינו כשניחם מצד הנתינה עצמה, שחוזר ממנה מחמת איזה טעם שיש לו אפי' בלא תערובת, אבל לא מחמת התערובת, כי כל פתח וחרטה צריך שיהיה עיקר הנדר נעקר, כי אם יתקיים הנדר ימשך לו על פי ההכרח איזה נזק, **משא"כ** בזה דודאי היה אפשר לו לידור ולעשות לזה תרומה או חלה ולהזהר מן

התערובת, דהא אינו בהכרח שאם יהיה זו החתיכה חלה שתתערב, ולא שייך בזה פתח וחרטה מחמת התערובת, דהא עיקר השאלה היא על גוף הדבר שמתחרט בו מחמת עצמו, **משום** הכי בההוא דנדרים פריך, כי היכי דאמרת גבי נדר כיון שיש אפשרות באם יש לו פתח חרטה על עיקר הדבר, מיקרי דבר שיש לו מתירין, הכי נמי נימא גבי תרומה ולא תיבטל במאה, ומשני דלגבי נדר שפיר הוה דבר שיש לו מתירין, כיון דמסתמא לא יקיים הנדר בלא התערובת, שהרי מצוה לאתשוליה עליה, על כן הוה ודאי, ואף על פי שלא נשאל הוה כנשאל, ועל כן אין אנו מקילין בתערובת שלו, **מה** שאין כן בתרומה, דבלאו התערובות לא קאי לשאלה, על כן מהני ליה התערובות לבטל, כיון שאין לו היתר בלאו הכי לא מקרי דבר שיש לו מתירין, **אבל** ודאי אי היה בא לנו בפתח של חרטה על עיקר הדבר, ודאי מועיל לו בכל השאלות אפילו על תרומה בפני עצמה, אלא שאין שייך להורות לו שישאל על התרומה כיון שאין חרטה רק מחמת התערובות, על כן אמרו במשנה ירקב, וזה הענין הוא ממש בחלה דכאן, דודאי לא שייך להורות לו שישאל מחמת התערובת].

[**וראיה** עוד ממ"ש ר"ת לענין כל נדרי, הביאו בית יוסף וז"ל, ועוד שאין החכם מתיר בלא חרטה, עכ"ל, וזה קאי לאותן נדרים שעבר עליהם כבר, דלא מועיל כל נדרי, ואמאי לא נאמר שמתוך שעבר עליהם זהו עצמו החרטה, אלא צריך חרטה בעיקר הנדר מצד עצמו, **ואפילו** להרא"ש שחולק שם על ר"ת, וכ' וז"ל, דמה שהקשה דבעינן חרטה, **אנן** סהדי דכל מי שעובר על נדרו הוא מתחרט מעיקרו כדי להנצל מן העונש, עכ"ל, **אין** זה דומה לכאן, דהתם על ידי שרואה שעובר ויהיה לו עונש, מתחרט הוא באמת על מה שנדר כלל, כי הנדר גורם לו עונש, ותיכף משעת הנדר רבוצה עליו יראת העונש, כיון שהוא בר הכי שאין מקיים את נדרו, ע"כ מתחרט על עיקר הנדר, מה שאין כן בהפרשת תרומה וחלה, שאין עומד להתערב בחולין, רק שאירע לו כן במקרה, נמצא אין כאן עקירת הנדר מעיקרו, זה כתבתי לדעת הרא"ש, אבל לפי האמת גם דברי הרא"ש תמוהין, שדחה דברי ר"ת שהוא עמוד העולם בדיחוי זה שהוא לכאורה גלוי אפילו להמון עם, **ובאמת** אינו, כי לפי זה לא תמצא מלקות בנזיר, ולא מיתה באוכל תרומה, דהם ילכו לחכם להתיר להם מיראת עונש]. **כל** זה לא לק"מ, דמיירי כשאינו מתיר - נקה"כ.

[כן מוכח עוד בדברי תוס' פרק השולח, דאוקימנא אחזקה, דאל"כ נזיר שהיה שותה יין חייב, אמאי לוקה אם אומרים לו לא תשתה, דהא התראת ספק היא, שמא ישאל על נזירתו, עכ"ל, **ואי** ס"ד דמהני שאלה משום יראת העונש, אמאי קרי ליה התראת ספק, הא ודאי ישאל על נזירתו, והיכן מצינו נזיר לוקה]. **אין** ענין לכאן, דהתוס' מקשין דהתראת ספק מיהא הוי, דשמא ישאל על נזירתו - נקה"כ. [**ובחידושי** הלכות של מהרש"א הקשה כן, ותירץ, דודאי ביודעין בו שעבר על נזירתו במתכוין, החכם לא יהיה נשאל לו כדי שלא ילקה, אבל התראת ספק מיהא איתא, **דשמא** זה הנזיר יבוא לחכם שלא ידע נזירתו וישאל לו, עכ"ל, **ודבריו** אלו שלא בדקדוק, דאם הדין נותן להיזקק לו לנזיר זה שעבר, למה באמת לא יתיר לו החכם כיון שיש לו היתר, ואם אין היתר לעובר במזיד, א"כ מה שלא יגלה לחכם שעבר במזיד ויתיר לו, אין ההיתר היתר כלל, והיאך תאמר על זה התראת ספק, דהא אי אפשר לו להפטר מן החיוב אף אחר השאלה, כיון שהיתה בטעות, וזה דומה למה שאמרו בפרק השולח, צריך לפרט את הנדר משום מילתא דאיסורא, וכל שלא מפרט הנדר אין ההיתר היתר כלל, ה"נ ממש בזה, ואפילו ק"ו יש כאן, דהך מלתא דצריך לפרט הנדר הוא מדרבנן, וכאן בעובר במתכוין לא הוה היתר מן התורה, **אלא** דבר ברור הוא דמחמת יראת העונש אין לו היתר כלל לשאול על נזירתו, אלא דוקא אם יהיה לו באמת פתח וחרטה מצד עצמו של הנדר, **ועל** זה אמרו התוס' שפיר דהוי ליה התראת ספק, דשמא ימצא פתח וחרטה, דכל שאומר מצד עצמו שהוא מתחרט מעיקר הנדר אף אם לא היה עובר עליו, ונותן טעם לחזרה שלו, ודאי אינו לוקה, וכמו שמצינו בשחוטי חוץ שזכרנו, וזה ברור, **ודברי** הסמ"ג דכאן צריכין עיון גדול ליישב, ואף שאיני כדאי לחלוק עליו, מכל מקום חלקי אמרה נפשי, שאין לסמוך על פסק זה ולהקל בשביל זה, **ובאולי** גם הסמ"ג עצמו לא נתכוין אלא באם יש לו חרטה על עיקר החלה, והועתק משמו בדרך זה].

(**עיין** ט"ז שחולק ע"ז, ועיין בתשו' בית יעקב שהשיג על הט"ז והרבה להשיב עליו, ולבסוף העלה דאם מתחרט על הנדר מעיקרו מכח תערובת שנתערב עכשיו,

מהני שאלה, כדלעיל סימן רכ"ח סי"ג בהג"ה. **וכתב** עוד, דאף בלי שאלה, אם היה ג"כ מים בתבשיל של עיסה שנתערב בו החלה, ויש ס' במים, אז אמרינן סלק את מינו כו' - דבר זה כבר כתבו הד"מ הובא בש"ך. **מיהו** אם מכיר במאכל את החלה שנפלה, צריך ליטלה משם, כדלעיל סימן צ"ח ס"ד, **ואם** אינו ניכר, מ"מ ראוי להחמיר להרים כשיעור חלה מהתבשיל ולשרפה, ע"ש. **ועיין** בתשובת חות יאיר שהשיג ג"כ על הט"ז, **ועיין** בספר באר יעקב מ"ש בזה, וסיים דיש להקל במקום הפסד קצת או לצורך שבת, ע"ש).

ומותר לבטלה ברוב ואוכלה בימי טומאתו - בזה גם החולקים מודים, דדוקא לענין לאכלה זר הוא דצריך ק"א, אבל לאכלה כהן בימי טומאתו מודה דסגי ברוב, כדאיתא באשר"י וטור ופוסקים בהדיא, ע"ש.

משמע דרוב מיהא בעינן, ואף על גב דלעיל אפילו שוה בשוה סגי, {**והב"ח** סעיף ד' לדעת הטור תירץ, דשאני לאכלה לזרים, ולא נהירא, דיציבא בארעא וגיורא בשמי שמיא, דהא לאכלה לזרים חמיר טפי, כדאיתא בכל הפוסקים, גם בטור משמע להדיא הכי}, **היינו** בדיעבד, אבל לערבה לכתחלה צריך רוב, **ולפי** זה נראה דלאכלה לזרים אין לערבה לכתחלה לבטלה אפי' ברוב, וכן למאן דאוסר אפילו דיעבד עד ק"א, אין לערבה לכתחלה אפילו בק"א, **ואפילו** לאכלה בטומאתו, דעת הרמב"ן ושאר פוסקים, דאין לבטל לכתחלה משום דאין מבטלים איסור לכתחלה, (**ועיין** בדגמ"ר שכתב, דמ"מ אם נתערבה כבר אלא שלא היה ק"א כנגדה, מותר להוסיף עליו לכתחלה עד ק"א, **והיינו** יבש ביבש דלא שייך ביה חנ"נ, אבל במקום דשייך חנ"נ, צ"ע אי אמרינן גם בזה חנ"נ, עכ"ד ע"ש), **ונהי** דהמחבר פסק בזה להקל, מ"מ לאכלה לזרים, כיון דלא נתבאר זה בדברי המחבר כן להקל, אין לבטלו לכתחלה, וכן דעת ר' שמשון והרשב"א, וכן נראה דעת הב"ח סעיף ד', **מיהו** אם עשה כן במזיד, נראה דאע"ג דנתבאר לעיל סימן צ"ט ס"ק י"ח דקנסינן ליה, הכא שרי, כיון דבלאו הכי יש פוסקים מתירים לערב אפילו לכתחלה.

‹**וטעמו** נ"ל, דבשלמא לגבי כהן שהוא שייך לה, והרבה הקילו בטומאתו גם בלא תערובות, שלא אסרוה על כל הטמאין טומאת מגע, בזה שייך שפיר לומר דע"י תערובות וביטול ברוב התירו גם בטומאה היוצא מגופו, והתירו אפילו לערב לכתחלה, כיון דבלא"ה הקילו בטומאתו, **אבל** לגבי זר שאין לו שום שייכות בזה, למה נקיל עליו – ערוה"ש›.

ויכולין ליתנה לכהן עם הארץ - ‹כיון שבלא"ה טמאה, אין לחוש שלא ישמרנה בטהרה – דרך אמונה›. **מיהו** לענין הלכה צ"ע בזה, כיון דנתבאר דדעת הרא"ש דאינה ניתנה לכהן עם הארץ, וכן דעת התוס', דאין נותנין לכהן עם הארץ, ‹שאין ניתנות למי שאינו מחזיק בתורת ה' – תוס'›, אלא בדליכא כהן חבר, אי נמי דאיכא כהן חבר והוא עשיר, וכהן ע"ה הוא עני, דנותנין לעני, **וכן** דעת רבינו שמשון, וכן דעת הר"ע מברטנורה, וכן פסק מהרש"ל.

ואין בה משום כהן המסייע במתנותיו, שהוא אסור - כלומר דאע"ג דבעלמא קי"ל דאסור לכהן לסייע על הגרנות, בחלת חו"ל הקילו בזה, **וב"י** דקדק מדברי רש"י וטור, דאע"ג דהבעל הבית יכול ליתנו לכהן המסייעו, מ"מ אסור לכהן לסייע כדי שיתנו לו תרומת חו"ל.

ואם רצה לאכול תחלה ואחר כך יפריש החלה, בחו"ל מותר, מפני שאין עיקרה אלא מדבריהם - ‹והקילו בזה שני קולות, האחת, מה דלא בעינן מוקף, והשנית, מה שאינה טובלת, שמותר לאכול ממנה קודם הפרשת חלה, דמפריש אח"כ ומברך – ערוה"ש›.

(**עיין** במג"א שכ', דע"פ שחל בשבת ושכח להפריש חלה בע"ש מלחם חמץ שאפה לשבת, אסור לאכול ממנו, דהא יצטרך לבער החמץ כו', **ועיין** בשע"ת הביא בשם שאילת יעב"ץ ותשו' אא"ז פנים מאירות, דבדיעבד יש תקנה, ע"ש, **ועיין** בתשו' כנסת יחזקאל שכתב, שבשנת תפ"ז חל ע"פ בשבת, ודרש בשבת שלפניו אשר לשבת הבאה יזהיר כל אחד לאשתו ליקח חלה, **כי** טעם שאין אנו נוהגין לעשות האמור במשנה דבמה מדליקין: ג' דברים צריך אדם לומר כו' עשרתם, משום דחלת חו"ל יש לה תקנה, שאוכל ומשייר, משא"כ בע"פ שחל בשבת אין תקנה, עיין שם, **והביאו** ג"כ בשע"ת סי' תנ"ז, וכתב הגם שכתבתי בסי' תמ"ד דיש תיקון בדיעבד, מכל מקום לכתחלה מידת יש ליזהר).

הגה: וצריך לשייר מעט יותר משיעור חלה שמפריש, כדי שיהא שירים בשעה שמפריש. ודוקא לעיסה שנתחייב עם חלה זו יכול לפטור שלא מן המוקף, אבל עיסה שנילושה בפני עצמה, אין מפרישין חלה מעיסה אחרת שלא מן המוקף - אלא צריך להקיפן יחד.

אבל חלת ארץ ישראל לא יאכל עד שיפריש. ואינה ניטלת אלא מן המוקף (פי' ממה שהוא קרוב וסמוך) כתרומה. ואינה ניטלת מן הטהור על הטמא, לכתחלה - ‹אבל בדיעבד שפיר דמי - גר"א›.

וכל שבתרומה לא יתרום ואם תרם אינה תרומה, כך בחלה; וכל שבתרומה לא יתרום מזה על זה, כך בחלה; וכל שאינו אוכל תרומה, אינו אוכל חלה; וכל האוכל תרומה, אוכל חלה.

§ סימן שכד – שיעור חיוב חלה ומינים המצטרפים, ודין פת פטור שנתערב בחיוב §

סעיף א - אין חייב בחלה אלא חמשת מיני תבואה - שהן חטין ושעורים וכוסמין ושבולת שועל ושיפון, כדמפרש ואזיל, **ואין חייב אלא חמשת רבעים. ומדה שמחזיק מ"ג ביצים** - כמנין חל"ה, **וחומש ביצה** - ולרמז חומש יש ה' בסוף תיבת חלה, שהרי אי אפשר לכתוב ה' במנין מ"ג אלא בתיבת חלה, שהרי מיד כשתקח בידך מנין ה' נשאר בידך מנין ל"ח והרי חלה, ‹דאות ה"י במנין מ"ג א"א רק בחלה, ולכן כשתזכור המספר של חלה ממילא תזכור על הה"י דא"א בלא ה"י, וזהו כוונת הש"ך - ערוה"ש›, **ממלאים אותו קמח, ואותו קמח הוא שיעור חלה** – [זו דעת רשב"א, וחולק על הרא"ש, דס"ל משערינן לפי התבואה, כמו עומר של מן, ממילא בקמח הוא צריך יותר, וע"כ כתב שיש למדוד בקמח בגודש, ורשב"א כתב, דא"כ א"א לנו לדעת כמה ניתוסף במן אחר שנטחן ברחיים, אלא ודאי אין משערינן אלא בקמח, וע"כ אין צריך גודש].

וכשממלאים המדה קמח, תהיה מחוקה ולא גדושה. והיאך ישערו לדעת שהיא מחזקת מ"ג ביצים וחומש, נתבאר בטור או"ח - וע"פ אותו השיעור שערתי, והוא ג' קווארט פחות מעט, וכן נהגו, וכ"כ מהרי"ו בדיני פסח, דשיעור חלה הוא כלי שמחזיק מעט פחות מג' זיידלי"ך, וזייד"ל הוא קווארט. ‹ואנחנו מורים ובאים, על ג' קווארט בשוה הוי שיעור חלה, ואף שהוא פחות מעט, מי יוכל לשער המעט, ולכן יש ליזהר או ללוש הרבה פחות מג' קווארט, ואז פטורה, או ללוש ג' שלימים - ערוה"ש›. **(ועיין באו"ח סי' תנ"ו).**

‹**עיין** בספר צל"ח שכ', שנתברר לו ע"פ המדידה, שהביצות המצויות בינינו הביצה שלימה שלנו הוא רק חצי ביצה מהביצות שבהם שיעורי התורה, **ולכן** היה מזהיר שעל מדה שמחזקת מ"ג ביצים שלנו יקח החלה בלא ברכה, **עד** שיהיה כמדת פ"ו ביצים שלנו אז יברכו, ע"ש, **וכמדומה** שגם בהנהגות הגר"א זצ"ל ראיתי שכתב כן›. ‹**ועכ"פ** על ג' קווארט קמח וודאי דיש לברך, וכן המנהג הפשוט בכל תפוצות ישראל, ואין לפקפק בזה כלל. **וטוב** יותר לשער במדת אגודל - ערוה"ש›.

ומשקל חמשת רבעים קמח הוא תק"כ דרה"ם מקמח חטים שבמצרים.

הגה: כלי המחזיק עשר אצבעות על עשר אצבעות, ברום שלש אצבעות ותשיעית אצבע בקרוב, הוא שיעור החלה. וכן מדה שיש בה ז' אצבעות פחות ב' תשיעיות אצבע (על ז' פחות ב' תשיעיות אצבע), ברום ז' אצבעות פחות ב' תשיעיות אצבע, הוא העומר - והוא החלה, **וכל האצבעות אלו הם רוחב גודל של יד** - כתב העט"ז צ"ע באלו המדות, אם ר"ל מרובעות או עגולות כו', **והדבר** פשוט שהוא מרובעות, שהרי הוא מהרמב"ם פ"ו מהל' בכורים שלמדו מרביעית של תורה של פסח, שהוא במרובע, וכמו שנתבאר שם בדברי הפוסקים.

סעיף ב - חמשת מיני תבואה מצטרפין - כיון דשם חיוב חלה על כולן שוה, הרי אלו מצטרפין, **שאם אין בעיסה אלא חמשת רבעים מחמשתן, מצטרפין. בד"א, כשערבן קמח** - ולש אותן יחד, דכיון דלש אותן יחד, כל העיסה נראה שוה כאלו הוא ממין אחד.

[נראה דה"ה אם עשה מכל אחת עיסה בפני עצמה, ועירב העיסות עד שנעשו גוף אחד, מצטרפין כשאין בכל אחד כשיעור, דהא אמר בירושלמי, דדוקא בדיבוק על ידי נשיכה אין הכל מצטרפין, משמע דאם הם נעשו לאחד, הוה בלול, ומשום הכי מה שכתב רמ"א בסמוך, עירב קב מעיסה, מיירי בדרך נשיכה בעלמא, וכן כתב בב"י, אבל אם עירב העיסות ממש, הוה כמו עירב קמח בקמח, ובפרישה כתב, דהאי עירב היינו אפי' בעירב העיסות וחלקן, והוא תמוה מאד].

אבל אם לש כל אחד לבדו, ואין בו כשיעור, ומדבקו למין אחר, אין מצטרפין אלא בזה הסדר: החטים אין מצטרפין אלא עם הכוסמין; והכוסמין מצטרפין עם כל אחד ואחד; השעורים מצטרפים עם הכל חוץ מעם החטים; שיפון מצטרף עם שעורים וכוסמין, ולא עם שבולת שועל וחטים; שבולת שועל מצטרף עם שעורים וכוסמים, ולא עם חטים ושיפון. ולהרמב"ם, כוסמין ושבולת שועל ושיפון מצטרפים.

ואם לש כל מין ומין לבדו, ויש בו כשיעור, ורוצה להפריש ממין זה על זה, אין מפרישין אלא על מינו. כיצד, אין מפרישין חטים על שום אחד מהם, ולא משום אחד מהם עליהם; וכוסמין ושיפון מפרישין מזה על זה; וכן שבולת שועל ושעורים מפרישים מזה על זה - דמין אחד הם, **ואף** על גב דבשאין באחד מהן כשיעור ומדבקן יחד, אמרינן הרבה יותר מצטרפים, כגון חטים עם כוסמים, וכוסמים עם כולם, וכן השאר, **והכא** אמרינן דחטים עם כוסמים לא, ולא כוסמים עם שבולת שועל, ולא עם שעורים, וכן שעורים ושבולת שועל עם שיפון נמי לא, **נ"ל** דה"ט, דלענין הצטרף להתחייב בחלה, כיון דבעיסה תליא רחמנא, דכתיב עריסותיכם, לפיכך כשאין בכל א' כשיעור, אמרינן כל היכא דהעיסות דומות מצטרפות וחייב בחלה, אף על פי שאינם מין א', [דלא איכפת לן במה שהם חלוקים לענין כלאים, **אלא** במה שהעיסות דומות זו לזו], **אבל** לענין לפטור מן החלה, דהיינו כשיש בכל אחד שיעור חיוב חלה ורוצה לפטור זה ולהפריש עליו ממין אחר, אמרינן כיון דתרומה קרייה רחמנא, הוי דומיא דתרומה שאין מפרישין ממין על שאינו מינו, אף על גב דהעיסות דומות, עכ"ל לבוש ע"ש, [**דאזלינן** בתר דין כלאים, וכל שהוא כלאים הוה שלא במינו].

[**ונראה** דאם יש בעיסה אחד כשיעור, ובאחד אין שיעור, ורוצה לצרפו לעיסה הגדולה, הוה דינו כמו ברישא לצירוף חלה, **ונפקא** מיניה אם יוסיף אח"כ עיסת חיוב על אותו שעשה שאין בה שיעור, אין לחייבו בחלה, כי כבר נפטר מחמת צירוף]. «**ויראה** לי דיפריש מאותה שיש בה כשיעור, ויפטור גם זו שאין בה כשיעור, **אבל** לא יפריש מזו שאין בה כשיעור לפטור על אותה שיש בה כשיעור, דכיון דהיא לא צריכה לה, לא נפטרת בהפרשת זו שאין בה כשיעור – ערוה"ש».

הגה: עירב קב מעיסה עם קב אחר מעיסה שאינו מינו – [מיירי בדרך נשיכה בעלמא], **וחלקו אח"כ והוסיף על כל אחד רובע הקב ממינו, חייב בחלה, כיון שלא נצטרפו כשהיו מעורבים** - ולא היה להם שעת חובה עד עתה, דלאחר שחלקו הוסיף כל אחד רובע הקב ממינו, ואיכא ה' רביעיות לכל א' ואחד ממין אחד, נתחייבה בכל אחד ואחד להפריש חלה, **אבל אם עירב קב קמח עם קב קמח ממין אחר** – [ואם עירב העיסות ממש, הוה כמו עירב קמח בקמח], **על דעת לחלקו (וחלקם), והוסיף על כל אחד רובע הקב ממינו, פטור** - כיון דבאו לידי חובה פעם אחת, ונפטרו כשחולקים, [מאחר שעל דעת לחלק עירבן], שוב אין חוזרין לידי חיוב חלה בהוסיף על כל אחד רובע הקב, כדלקמן סימן שכ"ו.

[**וכתב** רש"ל, אלא יפריש בלא ברכה, ע"ש].

סעיף ג - חמש רבעים הללו, השאור והסובין והמורסן מצטרפין להשלים, אם לשן בלא הרקדה; אבל אם ריקד והפריש מורסן מתוכם, וחזר ועירבן עמו, אינו מצטרף - דעריסותיכם אמר רחמנא, ואין זה דרך עריסה לערב בו מורסן וסובין לאחר שהפרישן מן הקמח.

‹**ולכאורה** משמע, דדוקא המורסן – הוא העב – כשניטל וחזר לתוכו אינו מצטרף, ולא הסובין – היינו הדק, דאל"כ למה קתני ניטל מורסן מתוכה וחזרה פטור, ליתני סובין וידענא מורסן מק"ו, **אבל** הטור כתב ניטל סובן ומורסן וחזר לתוכן פטור, ע"ש – ערוה"ש. **וכן** מפורש בש"ד›.

סעיף ד - קב חטים מצד זה וקב שעורים מצד זה, וקב כוסמין באמצע, מחברן והרי אלו מצטרפין - להתחייב כולה בחלה, כאלו היה בכל אחד שיעור חלה, **דאע"ג** דחטין ושעורין אין מצטרפין, הכוסמין שבאמצע מצטרף עם שניהם, כדלעיל סעיף ב', וא"כ החטים חייבים בלא השעורים, והשעורים חייבים בלא החטים, **וצריך להפריש מכל מין ומין** - בפני עצמו, שהרי אין תורמים מין על שאינו מינו, וגם מן הכוסמין תורם בפני עצמו, והרי מפריש ג' חלות, **אבל** אין תורם מן הכוסמין על שלשתן, דאע"פ שהכוסמים מחייבים את החטים ואת השעורים, אין תורמים מן הכוסמין עליהם, לפי שגם הכוסמים מתחייבים במה שנושכים בחטים ושעורים, והיה די לו בצירוף אחד מהן, לפיכך אם היה תורם מן הכוסמים על השעורים, הוי כתורם מן החטים על השעורים, דכיון דצירוף החטים מחייב הכוסמים, נגררים הכוסמים אחר החטים ונקראים על שמם, **וכן** נמי אם היה תורם מן הכוסמים על החטים, הוה כתורם מן השעורים על החטים מה"ט, **וכן** נמי מה"ט גופיה אם היה תורם מן החטים על הכוסמים או מן השעורים על הכוסמים, הוי כתורם מן החטים על השעורים או מן השעורים על החטים, לפיכך צריך להפריש מן כל מין ומין בפני עצמו.

[**אבל** בסעיף שאחר זה, דליכא אלא חצי קב בכל אחד, ליכא שיעור עד שיצטרפו שלשתן, ונמצא דכוסמין שהוא מצטרף עם שניהם חייב, וחטים ושעורים דאין מצטרפין זה עם זה פטורים, עכ"ל הר"ש והרא"ש].

[ובדרישה נסתפק בסעיף זה במה שכתב שצריך להפריש מכל מין ומין, אם צריך להפריש גם מהכוסמין, ותמיהני עליו, היאך יפריש ג' חלות, הא אין כאן שיעור ג' חלות, אלא ברור דהכוסמין עושה החיוב, ומכח זה יחייב החטים והשעורים, ותו לא, דהוא פטור עמהם].

ובעט"ז ובמע"מ כתבו דיפריש ג' חלות, מיהו הב"ח כתב דכוסמים פטורים, **וי"ל** דהעט"ז והמע"מ מיירי כשיש ע"י צירוף הכוסמים שיעור ג' חלות, ודוק - נקה"כ.

[**עוד כתב בפרישה וז"ל, קב חטין מצד זה כו', לכאורה** משמע דדוקא נקט קב, אבל אם לא היה אלא חצי קב מכל צד, ובאמצע קב כוסמין, לא היה מצטרף, דלא שדינן כל הכוסמין לצד זה ולצד זה, **אבל** ממה שכתב בסיפא חצי קב חטין מצד זה, משמע דלאו דוקא נקט קב ברישא, עכ"ל, **ודבריו** תמוהים מאד, הא ודאי אי ליכא אלא חצי קב בחטים וחצי קב בשעורים, ממילא עם הכוסמין לא הוי שיעור שתי חלות, והיאך יפריש שתי חלות, **אלא** פשוט דבעינן שיהיה בכל אחד מן הקצוות שיעור שעם צירוף האמצעי יהיה שיעור ב' חלות, ואז יפריש שתי חלות מן הקצוות, **אבל** אם אין עם הצירוף רק שיעור חלה אחת וקצת יותר, אף על פי שיש ספק לאיזה מהם נצרף הכוסמין, מכל מקום כיון שמפריש על החטים, ממילא נצטרפו הכוסמין עמהם, ונפטרו הכוסמין כולן, ממילא אין צריכין להפריש אחר כן על השעורים, שהרי אין בהם שיעור, וכן להיפך, כנ"ל].

סעיף ה - חצי קב חטים מצד זה, וחצי קב שעורים מצד זה, וחצי קב כוסמין באמצע, מצטרפים, ותורם מן הכוסמין על שלשתן - דכיון דליכא בכל אחד אלא חצי קב, הרי אין כאן שיעור חלה עד שיצטרפו שלשתן, ונמצא דכוסמים ששניהם מצטרפין עמה ומשלימים אותה לכשיעור חייב, **וחטים** ושעורים שאין מצטרפין זה עם זה פטורים.

סעיף ו - קב חטים מצד זה וקב חטים מצד זה וקב אורז באמצע, או קב של עובד כוכבים או קב של חלה, אינם מצטרפים - כיון דהאמצע אינו בדין חלה, **(אבל אם היה ביניהם עיסה שכבר הורמה חלתה, מצטרפין)** - דאף על פי

שעכשיו היא פטורה, כיון שהיתה בדין חלה, מצטרפת, וכן בסעיף ז', כיון שהם בדין חלה מצטרפין.

סעיף ז - היה ביניהם קב של מין אחד מחמשת המינים – [פירוש בין שני קבין חטים, היה קב אחד משאר חמשה מינים שאין להם צירוף לחטין, כגון שיפון או מין אחר שאין מצטרפין לחלה, כדלעיל סעיף ב', מכל מקום לא חשיב כאן הפסק בין אלו שני קבין חטין, כיון שעכ"פ גם זה הוא בר חיוב חלה, ע"כ מצטרפין שפיר שני קבין חטין להדדי], **או קב משל אשה אחרת, מצטרפין** – [ואין מבטלין הצירוף של שני הקצוות, אע"פ שאינו מצטרף לחיוב חלה].

סעיף ח - קב של תבואה חדשה וקב של ישנה, אינם מצטרפים - דאע"ג דגבי כוסמין עם חטים או שעורים, מצטרפים, אף על גב דב' מינים הן, הואיל ודומין זה לזה, כ"ש בחדש וישן דחד מין הוא, **שאני** התם, דהכל יודעים דב' מינים הן ולא שייך למטעי, **אבל** הכא כיון דמין אחד הן, גזרו בדבר, שאם אתה אומר שיצטרפו, יאמרו שתורמים מזה על זה, ואסור לתרום מן החדש על הישן או להיפך, הכי אמרינן בירושלמי, **ולפי"ז** משמע, דמכל מקום צריך להפריש על כל אחד ואחד מעיסה אחרת שלא הורמה חלתה, מן החדש על החדש ומן הישן על הישן, וכ"כ ר"ש והרמב"ם וב"י, **וכן** בדין, דהא כיון דמה"ת מצטרפים וחייבים בחלה, ודאי דלא אתי גזירה דרבנן לאפקועי איסורא לפטרה מחלה, וקאכיל טבלא, וכ"כ העט"ז.

היה קב של ישן מצד זה וקב ישן מצד זה, וחדש באמצע, מצטרפין. (וה"ה איפכא, חדש משני הצדדים וישן באמצע) (ב"י).

סעיף ט - העושה עיסה מהחטים ומהאורז, אם יש בה טעם דגן, חייבת בחלה אף על פי שרובה אורז – [משמע אף על גב דלית שיעור חלה בדגן לחוד. **וכתב** ב"י בשם הרשב"א, דוקא באורז אמרו כן, לפי שנגררים אחר החטין, אבל שאר המינים לא], **אבל** מהטור משמע להדיא, דה"ה לכל ה' מיני דגן, וכן משמע באשר"י, דתלה הטעם דכיון דטעם כעיקר דאורייתא, **ואם לאו, פטורה.**

סעיף י - נתן שאור מעיסת חטים לתוך עיסת אורז, אם יש בה טעם דגן, חייבת בחלה.

סעיף יא - נתן שאור מעיסה שלא הורמה חלתה לתוך עיסה שהורמה חלתה, והכל ממין אחד, אם יש לו קמח או עיסה שלא ניטל ממנה חלה - ויש בעיסה שניה שיעור עיסה שחייבת בחלה, **מפריש ממנו על זה השאור לפי חשבון, דהיינו אחד ממ"ח בשאור** - ‹ר"ל לדידן, וכנ"ל ר"ס שכ"ב ושם ס"ד - גר"א›. **נותנת** בכלי אצל העיסה שהורמה חלתה כדי שיהא מן המוקף, וסגי כשהן סמוכות, אף על פי שאין נוגעים וליכא נמי צירוף כלי, כדלקמן סי' שכ"ה.

דאין זה כמפריש מן החיוב על הפטור, שאין השאור בטל בעיסה, ‹דטכ"ע דאורייתא, וכיון דשאור עביד לטעמא לא בטל›, ר"ש והרא"ש, **ולכאורה** קשה, ל"ל להך טעמא דאינו בטל בעיסה, תיפוק ליה דנעשה כולו טבל, ‹דטבל אוסר בכל שהוא במינו›, וכ"נ מדברי הב"ח. ‹**והקשה** נימוקי רי"ב, והא הך דנעשה כולו טבל הוא רק מדרבנן, וצריך לטעם דשאור אינו בטל מטעם כעיקר›.

(ואפילו אין בזה שיעור חלה, ובלבד שיניחנו אצל העיסה הגדולה) – [בטור כתוב: או אם ירצה יביא רובע הקב מקמחו, ‹ואיירי כשהשאור היה קב›, ויערבנו עם זו העיסה, ויפריש ממנו, עכ"ל, והיינו מפי' הר"ש, ומבואר שם דגם בזה אינו מפריש אלא לפי חשבון, **ונראה** הטעם, כיון שיש כאן שיעור חלה, דהיינו מן השאור שבא ממקום חיוב ומה שהוא מוסיף עכשיו קמח, אין צריך לחשב שאר העיסה לזה, אלא מן שיעור חלה של חיוב שבו, **וכתב** רש"ל דאין צריכין שיערבנו בעיסה, אלא אף נותן אותה בצד עיסה אם ירצה, עכ"ל].

(עיין בס' לבושי שרד שכתב, דהיינו בא' משני אופנים, דאם אין ס' בעיסה נגד השאור, אז מותר להפריש עליו מעיסה אחרת החייבת בחלה, דאז לא הוי מן החיוב על הפטור, משום דגם מדאורייתא לא נתבטל, דשאור ועיסה הוי אינו מינו לענין זה, דאזלינן בתר טעמא. **אבל** אם יש ס' בעיסה נגד השאור, דאע"ג דהוא מחמץ, בטל מדאורייתא, אסור להפריש עליו מעיסה אחרת החייבת

מחבר רמ"א ש"ך ונקה"כ

בחלה, דהוי מן החיוב על הפטור, אא"כ יעשה עיסה קטנה שאין בה שיעור חלה ויצרף לזה התערובות, ויפריש מהעיסה הקטנה על הכל, ע"ש).

ואם לאו, מפריש אחד ממ"ח בכל העיסה, לפי שנעשית כולה טבל – [לפי שאין השאור בטל, ועושה הכל טבל, על כן אם מפריש ממקום אחר, די בהפרשה לפי שיעור השאור לחוד, דהא השאור הוא הגורם החיוב, והוא מפריש עליו ממקום חיוב גמור, דהיינו ממקום אחר, מה שאין כן אם אין לו קמח ממקום אחר, וצריך להפריש מיניה גופיה, כיון שאינו מפריש ממקום שחייב בחלה, רק מחמת שקבלה העיסה טעם מהשאור ונעשה כולה חייבת, על כן יפריש כשיעור מן העיסה כולה, דאזלינן בתר מעשה הפרשתו, כן נראה לי].

והוא הדין אם השאור של פטור והעיסה של חיוב - כלומר שאור של עובד כוכבים, או שאור שהורמה חלתו, לעיסה שלא הורמה חלתה.

[והיינו כגון אחר פסח שלוקחין שאור של עכו"ם ונותנין אותה בעיסה, יכול להפריש מיניה וביה, ולא חיישינן דמתרמי בידו שאור של פטור, אלא אמרינן דכולו נעשה חיוב על ידי שנבלל].

וה"ה אם נתערב עיסה שאינה של שאור שלא הורמה חלתה, לתוך עיסה שהורמה חלתה, דינא הכי, דהא הך טעמא דטבל אוסר בכל שהוא, בהכי נמי שייך, **ואדרבה** בהכי שרי טפי להפריש מיניה וביה, דיש בילה בדבר לח, ובשיעור חלה שיפריש אי אפשר שלא יהא בו מעיסה שלא הורמה חלתה, וחלה אין לה שיעור מן התורה, **אבל** בשאור כתב בת"ה, דמודה הרא"ש דאין בילה, **ולפ"ז** צ"ל הא דשרי הרא"ש בשאור לפרוש מיניה וביה, היינו דוקא בשאור שלא הורמה חלתה, כדמיירי התם להדיא, והיינו מטעם דכתב התם, דטבל אוסר בכל שהוא במינו, ונעשית כולה טבולה לחלה, **ולפ"ז** בשאור של עובד כוכבים שנתערב בעיסה, אין להפריש מיניה וביה להרא"ש, דהא אין בילה, ואיכא למיחש דלמא אתי לידי שאור של עובד כוכבים, ומפריש מן הפטור על החיוב, **והשתא** ליכא למימר דנעשית כולה טבולה, דהרי שאור של עובד כוכבים אינו טבל שיאסר בכל שהוא, ‹**תמיהני**, כיון דמכח טבל דאוסר בכ"ש מקרי כולו בחיובא, מכ"ש היכא דעיקר העיסה טבל, דפשיטא דאין העיסה בטל בשאור, **וכ"כ** הרא"ש בתשו' וז"ל: אותן שמחמיצים בשאור עובד כוכבים, יכולים להפריש ממק"א, כההיא דתנינן הנוטל שאור וכו', ולא אמרינן דהוי כמפריש מחיוב על הפטור, משום דשאור לטעמא עבידא ולא בטיל, כ"ש היכא דהעיסה שלימה של חיוב דלא בטלה בשאור של פטור, אף על גב דלטעמא עבידא, מ"מ העיסה היא העיקר לגבי שאור, עכ"ל, **א"כ** ה"ה להפריש מיניה וביה, אין חילוק בין שאור טבל לעיסת טבל, ודו"ק - רעק"א›, **אבל** בטור הביא דברי הרי"ף, שבשאור של עובד כוכבים נמי דינא הכי, משמע דס"ל דגם הרא"ש סובר דיש בילה אף בשאור, וכמ"ש בת"ה בשם סמ"ק, וזה דעת המחבר שכתב: וה"ה אם השאור של פטור כו', **ולפ"ז** לא היו צריכים הרא"ש והמחבר לטעמא: לפי שנעשית כולה טבל, דבלאו הכי שרי כיון דיש בילה בדבר לח, **ואפשר** לא שרי מהך טעמא דיש בילה בדבר לח אלא כשעיקר העיסה הוא של חיוב, דאי אפשר שלא יפריש משל חיוב מעט, וחלה מן התורה אין לה שיעור, **אבל** כשנתן מעט שאור שלא הורמה חלתה לעיסה, אפשר שיזדמן שיפריש מעיקר העיסה שהורמה חלתה, ולא יפריש משאור כלל, ולא שרי הכא מטעמא דיש בילה, להכי צריך לטעמא דטבל אוסר בכל שהוא.

(**ועל** מ"ש הש"ך, דה"ה אם נתערב עיסה בעיסה דינו כמו שאור בעיסה, כתב בס' לבושי שרד בשם ספר שער המים שהקשה עליו, דאיך מהני בהא פרנסה ממקום אחר, הא הוי מן החיוב על הפטור, ונ"ט ליכא בעיסה), ‹**ויש** לעיין, דהא הר"ש כתב: ואין זה כמפריש מחיוב על הפטור, שאין השאור בטל בעיסה, דטכ"ע דאורייתא, וכ"כ הרא"ש בתשו' בשם הר"ש עלה דמשנתנו, דל"ד לההיא דמנחות דף ל"א, דהתם כיון דנתערב בטל הטבל מדאורייתא, אבל בההיא דחלה כיון דשאור עביד לטעמא, לא בטל, עכ"ל, **וא"כ** זהו דוקא בשאור שנתערב בעיסה, אבל עיסה בעיסה דד"ת בטל, אינו יכול להפריש ממקום אחר - רעק"א›. (**ותירץ** דהש"ך מיירי שיש רוב בעיסה החייבת, או שהן שוין, **והוא** ז"ל כתב עליו, דמה שרוצה להעמיס כן בלשון הש"ך, זה אינו, אלא דהש"ך מיירי לענין להפריש מיניה וביה. **אך** לדינא דבריו נכונים, דאם עיסה החייבת היא רוב או שניהם שוים, יכול להפריש מעיסה אחרת החייבת בחלה, **אבל** אם עיסה הפטורה היא הרוב, אינו יכול להפריש ממקום אחר, אלא באופן שיעשה עיסה קטנה כמבואר למעלה. **וכתב** עוד שם, שמעשה בא לפניו כמה פעמים, שחימצו בשאור שהוא טבל המשקה הנקרא בארשט, והשאור נימוח בתוכו **ואינו** ניכר, **והורה** דאם אין ס' בבארשט נגד השאור, מפריש

חלה מעיסה החייבת בחלה עליה ועל הבארשט, **אבל** אם יש ס' נגד השאור, א"א להפריש ממקום אחר, דהוי מן החיוב על הפטור, דמחמץ אינו אלא מדרבנן, ומיניה וביה ודאי א"א להפריש, ולכן הבארשט אסור, וגם הכלי צריך הגעלה, ואפילו אם היא כלי חרס מועיל הגעלה ג"פ, **אכן** אם נזדמן עיסה שהורמה חלתה שנתחמצה בשאור של חיוב, ויש ס' בעיסה נגד השאור, אזי מפריש מעיסה זו עליה ועל הבארשט, וניתר הבארשט וגם הכלי, **אבל** אסור לעשות בידים עיסה כזאת, ע"ש באורך בביאור טעם הדבר.

ובפרישה כתב, נתן שאור מעיסה שלא הורמה כו', נראה דוקא שאור, אבל עיסה כל זמן שאין לה שיעור חלה, אינה טובלת, [דדוקא שאור אינה בטלה בעיסה, אבל עיסה כל זמן שאין לה שיעור חלה לא טובלת], וק"ל עכ"ל. **ותימא**, דמאי שנא, הא סוף סוף מה"ת חלה היא, דחלה אין לה שיעור מן התורה.

הקשיתי על הפרישה, ואפשר דה"ק הפרישה, דוקא שאור מעיסה, כלומר מעיסה גדולה שיש בה שיעור חלה, שכבר נתחייבה בחלה ולא הורמה חלתה, **אבל** עיסה קטנה שאין לה שיעור חלה שנתערבה, אינה טובלת, שהרי העיסה עצמה אינה חייבת בחלה, **אלא** דלשונו מגומגם מאד, דלא הו"ל לפלוגי בין שאור לעיסה, דהא גם בשאור מעיסה קטנה אינה טובלת, וכן עיסה מעיסה גדולה טובלת, **והכי** הל"ל, נראה דוקא מעיסה גדולה, אבל מעיסה קטנה שלא נתחייבה, כל זמן שאין לה שיעור אינה טובלת, ואפשר יש ט"ס בדבריו - נקה"כ.

הגה: ומ"מ לכתחלה לא יסמוך על זה, ולא יתן שאור של פטור בעיסה של חיוב (מרדכי) –

‹משום דקי"ל דאין בילה אלא ביין ושמן בלבד – תרומת הדשן בשם המרדכי›. ‹**דפעמים** שאין ה' רבעים בעיסה לבד, ויברך לבטלה – גר"א›.

[**שהרי כתב שם בת"ה, דאין בילה אלא ביין ושמן לבד**, ומצריך להפריש חלה גדולה יותר ממה שהיה עיסה של עובד כוכבים שנתערב, דממה נפשך יש באותה חלה מעיסה של ישראל, וכתב דיש להחמיר כן, ומשום הכי יש ליזהר אחר הפסח, שיקח חלה יותר משיעור השאור של עובד כוכבים, כי כן מסיק שם בתה"ד].

אבל אם כבר עבר ועשה, מותר לכתחילה ליקח מאותה עיסה וליתן בעיסה אחרת שיהיה בו לשאור (ת"ה)

- כלומר שבעיסה אחרת ישאור שאר עיסות, **ולא** חיישינן דילמא בעיסה ראשונה שלקח ממנו לא לקח רק שאור של פטור, והשתא נמי בבצק שני דילמא אתרמי רק אותו שאור של פטור, **דכולי** האי לא חיישינן דמתרמי תרי זימני ממש אותו של פטור, ת"ה.

ובמהרי"ל כתב בהל' פסח, כששאלו למהר"ש אחר פסח על עיסה שנתנו בה שאור של עובד כוכבים איך להפריש ממנה חלה, **היה** מורה שיפרישו חלה נגד השאור ומעט יותר, כי אמר שאם לא היו לוקחים יותר, אזי יש לחוש מה שמפריש היה הכל משל עובד כוכבים, ונמצא מפריש מפטור על החיוב, **ואמר** שאחר כך כשמחמיצים עיסה אחרת עם השאור שנוטלים מתוך זאת העיסה, אז אינו צריך להפריש רק מעט לחלה, כי אז הוא כמו ס"ס, {**וכשנוטלים** לעולם מן העיסה שאור להחמיץ עיסה אחרת, אז יהו נוטלים קודם שיפרישו החלה, כדי שלא יהא נפטר ממה שהפרישו, ונמצא בתר הכי כשמפרישים חלה מעיסה אחרת, זה היה מן הפטור על החיוב}, **ואמר** שיש נוהגין שאין מפרישין מעט חלה גם בעיסה שניה שהחמיצה עם מה שנטלו מזאת העיסה, אלא ג"כ בכאן נוטלים נגד הכל שהחמיצו בו מעט יותר, **ומהר"ש** היה מורה אל אשתו הרבנית ללוש שתי עיסות, אחת בשאור של עובד כוכבים, ואחת כשיעור חלה בלא שאור, ולקרב העיסות להדדי, ויטול חלה מאותו שלא נתחמצה בשאור של עובד כוכבים על הכל, עכ"ל, **ואף** על פי שדעת המחבר אינו כן, וכמ"ש לעיל, מכל מקום יש להחמיר, וגם בתשב"ץ מחמיר.

‹**ויראה** לי, דאפילו להמחמירים לומר דאין בילה, אין כאן חשש, כיון דמועטת היא השאור, מסתמא יופרש מהרוב, ובפרט בחלת חו"ל בוודאי יש לסמוך על זה בלי שום פקפוק, **ומה** שהביאו הט"ז והש"ך ממהרי"ל שהחמיר ליטול יותר מהשאור דילמא יטול מהפטור, ע"ש, אולי היה שאור מרובה, אבל בדידן אין לחוש, וכן נ"ל להורות, ומה גם דמרוב הפוסקים נראה דקיי"ל דיש בילה, ודו"ק – ערוה"ש›.

סעיף יב - מי שנתערב לו פת שהפריש ממנו חלה עם פת שלא הופרש ממנו, אם יש לו קמח, יעשה עיסה מחמש רבעים –

[כתב רש"ל: ונ"ל דאם עושה עוגה קטנה, פשיטא דמצטרף, כמו שמצטרף עיסה קטנה לעיסה גדולה כדלעיל], ‹היינו דאם ירצה לעשות עוגה קטנה ולאפותה, מצטרף, **אבל** אם

אינו רוצה להמתין לאכול עד שיאפה אותה, ולצרף העוגה קטנה שהיא עיסה עם האפוי, הוי קצת כמו ב' מינין, [ולענ"ד צ"ע – ערוה"ש], בזה צריך שיהיה עיסה מה' רבעים קמח, שהוא חיוב חלה בפ"ע, בזה מצרף להפריש ממנה על הככרות, ע"ש – רעק"א, **ויצרפנה עם הככרות בכלי, ויפריש ממנה על אותם ככרות שנתערבו** – ‹במקור הדין בתשו' הרא"ש כתב: וא"ת ומ"ש מההיא דפ' הקומץ רבה וכו', **דהתם** שאני כיון דנתערב בטל ליה הטבל מדאורייתא, **אבל** בההיא דחלה, כיון דשאור עביד לטעמא, לא בטל, וגם אותן ככרות חשיבי ולא בטילי, עכ"ל, **וק"ל**, הא הך מלתא דככרות לא בטילי מטעם חשיבות, הוי ג"כ דרבנן, וצ"ע – רעק"א›.

ואם רוצה להפריש מיניה וביה, צריך להפריש מעט מכל ככר וככר, או יצרפם כולם בכלי אחד, ויפריש מכל אחד על כולם, עד שיפריש מכדי חשבון הככרות, ומאחד יותר; כגון אם ה' שהופרש עליהם נתערבו בעשר שלא הופרש עליהם, יפריש מששה, שאז ודאי הפריש מאחד שלא הופרש עליו - דאל"כ דילמא מפריש מהפטור על החיוב.

הגה: האופה פשטיד"א מעיסה שלא הורמה חלתה, ובתוכו בשר, מותר להפריש מעיסה אחרת החייבת בחלה על זו, ונפטר ג"כ טעם העיסה הנכנס בבשר (ב"י בשם תשובה) - זה פשוט דיכול להפריש מעיסה אחרת על זו, אבל המצאתי כתוב שהביא ב"י אשמועינן, דיכול להפריש חלה על הבשר גופיה, דאף על גב דבבשר ליכא אלא טעמא לחוד, לא אמרינן דהוי כמפריש מחיוב על הפטור, דטעם כעיקר נמי דאורייתא, [הוה כאלו הוא ממש עיסה, ומהני הפרשה עליה ממקום אחר], ע"ש ודו"ק.

[אבל מעיסת הפשטיד"א עצמה לא, כיון שיש בו טעם בשר]. (**ועיין** בדגמ"ר שחולק עליו, גם הגאון מליסא בסידור תפלה שלו הלכות חלה, כתב על דברי הט"ז הנ"ל דהוא תמוה, דטעם בשר הנבלע בעיסת הפשטיד"א אינו מזיק להעיסה לענין חלה, דהטעם אין מבטל הממש).

[**וכתב** מהרי"ו וז"ל, על העיסה שלא נטלו ממנו חלה ונתבשלה, לא שייך הכא ביטול, דכל העיסה טבל כיון שלא הורמה חלתה, ומ"מ נראה דאיכא תקנה, כגון ליטול ממנה חלה לאחר שנתבשלה, ויקח מעט, שישאר בעיסה יותר ממאה ואחת, **ואף** על גב דכשנתבשלה היתה הכל טבל, מ"מ כיון דאחר כך הפריש, אמרינן ברירה, דבדרבנן אמרינן ברירה, דהכי איפסק בפ' בתרא דביצה, **ותו** גבי חלת חוצה לארץ קי"ל כשמואל, דאמר אוכל והולך ואח"כ מפריש, אלמא דאמרינן ברירה, עכ"ל, ומו"ח ז"ל חולק על זה, דאין שייך ביטול באחת ומאה אלא כשכבר הורמה ואח"כ נפלה לתבשיל, משא"כ כאן דכשיפריש יתוקן כל מה שנתבשל, **ולענ"ד** נראה דברי מהרי"ו נכונים, דהוקשה לו, כיון שיש בעיסה זו חלקו של כהן והוא מבשל כולה, נבלע טעם האיסור בכולה, ולא מהני ההפרשה אח"כ, **וראיה** לזה מזרוע בשלה בפ' גיד הנשה, דאמרינן התם דמבשל הזרוע שהיא חלקו של כהן עם הבהמה, והיא בטילה בששים, ומהתם ילפינן שיעור ששים לביטול, **וא"כ** הדברים ק"ו, דמה התם דאמרה תורה בפירוש שלא יתנו לכהן רק אחר הבישול, אפ"ה אי לאו הביטול היה אוסר שאר הבהמה, ולא אמרינן שאין חלק של כהן מתחיל רק אחר הבישול, אלא אוסר למפרע, ק"ו כאן בחלה שהחיוב ליתן משעת הגלגול, ודאי אוסרת כל העיסה אם אין שם ביטול נגדה, **ואין** לומר שאני זרוע דאי אפשר בענין אחר, משא"כ כאן שאפשר להפריש על זה ממקום אחר, ונמצא אין כאן איסור ודאי, זה אינו, דמ"מ כל זמן שלא הפריש יש איסור בעיסה זו, **וראיה** מדברי תרה"ד, שביאר דלדעת רש"י בסאה תרומה שנפלה לאחת ומאה של חולין, דבטלה וצריך להרים חלקו של כהן, ואי בעי יוכל לתת לו מעות בעד חלקו, ואפ"ה אמרינן כל כמה דלא יהיב דמי אסור לאכול הכל, **כ"ש** כאן דודאי איסור גמור יש בכל העיסה כל זמן שלא הפריש חלה, א"כ החלה שיש בעיסה זאת אסרה הכל כל שאין ביטול נגדה, **וכיון** שאינו מפריש עד לבסוף, אמאי לא אמרינן דמה שאכל תחילה היה איסור מצד שלא הפריש עדיין, **ואפשר** שמה שאוכל הוא החלה, אלא ע"כ דבשעה שמפריש אח"כ אמרינן ברירה למפרע, שלא היה שם חלה יותר, ה"נ כן הוא לענין תערובת ונתינת טעם בעיסה, **ונמצא** דברי מהרי"ו נכונים מאוד, וכן ראוי לנהוג במי ששכח להפריש חלה, דדינו שאוכל ואחר כך מפריש, שיפריש אח"כ חלק קטן מאד, עד שתהיה באותה עיסה שאפה ק"א נגדה, **ואף** על פי שרמ"א לא הביא זה, מ"מ הלכה היא ודברים נכונים הם,

כנלע"ד]. (עיין בתשובת רב משולם שחולק ע"ז). ‹ועיין לעיל בסי' שכ"ג ס"א, שגם הש"ך דחה דברי מהרי"ו›.

(ועפמ"ג סי' צ"ב בשפ"ד סק"י, שכ' מעשה אירע בקהלה אחת, שעשו לכבוד שבת לחם משנה, ולקחו מהבצק ההוא ושמו בפת הצנומה בקדירה, ולא לקחו חלה, ובבוקר ביום ש"ק אכלו כל הלחם משנה, גם פת הצנומה, ולא נשאר כי אם הבשר והרוטב שנתבשל עם פת הצנומה, מה דינו, **והשבתי** ודאי אם נשאר קצת מפת הצנומה, יוכל להניח קצת עד לאחר שבת, דחלת חו"ל אוכל ואח"כ מפריש, **וכאן** דלא נשאר כלל, אפ"ה יש להתיר, דלא נעשה נבלה פת הצנומה, כיון דבשעה שהיה בעולם אין שם איסור עליה דיכול להפריש כו', ‹ודמיא לחלב במים, דעדיין היתר לא נעשה נבילה, ואף דשם אין צריך תיקון, משא"כ כאן דצריך להפריש, מ"מ אין שם איסור עליה, ולא דמי לבב"ח דמשום לתא דידיה גזרו, אלא לאחר שאכלו הפת הצנומה נשאר טעם פת הצנומה בבשר ורוטב, ונגד המעט בצק היה בבשר ורוטב ס' - המשך דבריו שם›, ע"ש, ועיין בס' לבושי שרד מ"ש בביאור דבריו).

סעיף יג- עיסה שאין בה כשיעור, ובעת אפייתה תפחה וגדלה עד שנראה כאלו יש בה כשיעור, פטורה – [דבתר שעת הגלגול אזלינן, דאז עיקר החיוב], **(וה"ה אם תפחה קודם אפייה).**

סעיף יד - אסור לעשות עיסתו פחות מכשיעור כדי להפקיע ממנו חיוב חלה – [אבל אם נתכוין לטעם אחר, כגון בפסח שעושין עוגות קטנות כמו שמוזכר באו"ח, ומצרפין שתי עיסות להדדי בשביל שיעור חלה, **או שאין לו רק עיסה קטנה**], שאין לו קמח שיעור חלה, פשיטא דמותר לאפותו בלא חלה, פרישה, **ומ"מ** נהגו הנשים להדר בכל ע"ש אחר שיעור חלה.

§ סימן שכה – דין ב' עיסות שאין בהן כשיעור §

סעיף א- שתי עיסות שאין בשום אחת כשיעור, אם נוגעות זו בזו עד שנדבקים מעט זו בזו, מצטרפים – [נשיכה היינו שמדבק כל כך, שכשיפרדו יתלשו אחת מחברתה מעט], **אם הם ממין הראוי להצטרף, כפי מה שנתבאר בסימן שכ"ד** - ודוקא שהם של אדם אחד, אבל לא של שתי נשים, כדבסימן שאח"ז.

ואם אינם נדבקים, והם בסל אחד, הסל מצרפן ואפילו אחר שנאפה ונעשה פת – ‹והיינו ג"כ דוקא במינו – רעק"א›. ‹ועיין בנקה"כ בסי' שכ"ו, שכתב דצריך שיגעו זה בזה בסל›.

ואם נתנם על טבלא שאין לה לבזבז, אינם מצטרפים - זהו בעיא דלא איפשטא, וכתב המחבר בסתם שאין מצטרפין, כיון דבזמן הזה כל חלה דרבנן, וכדלעיל סימן שכ"ג, אזלינן לקולא.

הגה: ולכן כשמצרפם בכלי יזהר שלא יצא שום דבר למעלה מדופני הכלי, דהיינו שיהא כל ככר אחד או עיסה למעלה מדופני הכלי.

ולכן כשמצרפם וכו' - אטבלא קאי, דכשכל הככר או העיסה למעלה מדופני הכלי, הוי דומיא דטבלא דאין מצטרף. **הא** מקצתה בפנים מצטרף, דלא הוי דומיא דטבלא, וכמ"ש ב"י, והב"ח חולק בדבר, ע"ש.

[בטור לא כתוב רק "שלא יצא שום דבר למעלה מדופני הכלי", ובית יוסף ורמ"א פירשו הך דהיינו כו', ולכאורה משמע לשון הטור דקפיד אפילו על מקצת מן הככר שלא יצא, **אבל** מ"מ האמת כדבריהם, דאי על מקצת קאמר, קשה למה לא יועיל כשהככר למטה תוך אויר הכלי ונצטרף שם, מידי דהוה אעיסות שנוגעים ע"י נשיכה, והרי אינם מחוברים רק במקצת, ואפ"ה הוה מחובר כולו].

ויש מי שאומר שאם מכסה הפת במפה, חשוב כמו כלי לצרפן - לא ידעתי למה כתבו בשם יש מי שאומר, שהרי אין חולק בדבר, וגם הטור נקט סתמא האי דינא. **ומהרי"ל** בהלכות פסח כתב, דאם אין לו הכלי שמחזיק את כולה, יניחנה במפה ויכסה המפה גם כן עליהם, ונקרא צירוף הגון.

סעיף ב- אם יש בכל עיסה כשיעור, ורוצה להפריש מזו על זו, אין צריך לא צירוף כלי ולא נגיעה, אלא כיון ששתיהן לפניו

מפרישין מזו על זו – ‹ועיין בנקה"כ בסי' שכ"ו, דכתב דיש חולקין דצריך סל בלא נגיעה›.

ונראה דבב' עיסות, אחת יש בה כשיעור ואחת אין בה כשיעור, דינן כב' עיסות שיש בכל א' מהן כשיעור, דאפילו נגיעה לא בעי, אלא שיהו סמוכות, ומפריש מן העיסה שיש בה כשיעור שיעור חלה, וגם מפריש עוד ממנה אחד ממ"ח על העיסה שאין בה כשיעור, ולא צריך צירוף סל וכיסוי, וכדלעיל סי' שכ"ד סי"א, ב"ח.

‹**והנה** אבאר דג' דינים בזה: אם הם בלא כלי כלל, א"צ אפי' נגיעה, ואפי' רחוקים, הבית מצרפן, **ואם** הם בתוך כלי ופתוחים מלמעלה, צריכין הקפה, והוא קירוב ונגיעת כלים אהדדי, וזה מן המוקף, **ואם** הם סתומים, אפי' נגיעה לא מהני – גר"א›. **ודוקא** לכתחלה, אבל בדיעבד אפילו כל כלי מונח בבית אחר, והפריש מזה על זה, מהני, כיון שיש בכל עיסה כשיעור, דענין מוקף הוא רק מצוה לכתחלה, כמבואר ביורה דעה סימן שכ"ה – שעה"צ סי' תנז ס"ק י"ג›.

‹**ואע"ג** דבחלת חו"ל אוכל והולך ומשייר קצת לחלה, **היינו** בעיסה אחת גדולה אע"ג שנתחלקה אח"כ לכמה ככרות, כיון שתחלתן היו מחוברין מעיסה אחת, הקילו בחו"ל דלא בעינן מוקף ומחובר בשעת הפרשה, **משא"כ** כשהם מעיסות מחולקות, אף שהיו מונחים פ"א בסל, אפילו אם היה בכל עיסה כשיעור חלה, ג"כ בעינן שיהיה מן המוקף בשעת הפרשה, כיון שאינם מעיסה אחת, וכמ"ש ביו"ד סי' שכ"ג ס"א בהג"ה – מ"ב סי' תנז›.

§ סימן שכו – אחד שלש שתי עיסות, ואין בשום א' מהם כשיעור, ונתערבו §

סעיף א - שתי עיסות שיש בשתיהן שיעור החייב בחלה, ואין באחת מהן כשיעור, ונגעו זו בזו ונשכו זו את זו, אם היו של שנים, אפילו הם ממין אחד, פטורים מן החלה, שסתם שנים מקפידים - אפילו נילושו העיסות ביחד, ולא נקט ברישא נגעו ונשכו, אלא לרבותא דסיפא, דבאינן מקפידין, אפי' בנגיעה ונשיכה מצטרפין.

דוקא שאינם שותפים, אבל אם הם שותפים חייב בחלה, ‹דבשותפות גם נישוך מהני›, כדלקמן סי' ש"ל ס"ב.

‹**ולא** ידעתי מנ"ל דבשותפות גם נישוך מהני, דהא פשטיות הש"ס קאי אעיסה של שותפות, **ואולי** כוונתו דכשתמיד הם שותפין בלישה, ולכן גם עכשיו נישוך מהני, וזהו וודאי כן הוא, וכן נ"ל עיקר לדינא – ערוה"ש›.

וכתב ב"י, שכל שאין דעתו לחלק בצק, אף על פי שדעתו לחלק אחר שנאפה, מצטרפים.

ואם ידוע שאינם מקפידים על עירוב העיסות, הרי אלו מצטרפות. (ותלמידים הלומדים לפני רב, סתמא אינם מקפידים) - ‹כלומר שכל תלמיד אוכל משלו, ונותן לבעלת הבית מעות שתאפה בשבילו כך וכך ככרות, והיא אפתה לכולם ביחד, מצטרף, דמסתמא אין מקפידים זה על זה, אבל שארי בני אדם סתמן מקפידין, אא"כ יודעין שאין מקפידין – ערוה"ש›.

היו שניהם של איש אחד, אם היו ממין אחד כפי מה שנתבאר בסימן שכ"ד, מצטרפין וחייבים בחלה, ואם משני מינים היו, אין מצטרפין, שסתם אחד אינו מקפיד.

ואם היה מקפיד שלא תגע עיסה זו בזו ולא תתערב, אפי' היו מין אחד אין מצטרפות – ‹לא דק, דאפי' אין מקפידות כה"ג, כל שסופן לחלקן קודם אפיה, אינן מצטרפות, אפי' עשר מתחלה ביחד, אפי' הן ממין א', ואין מועיל לא נשיכה ולא צירוף סל, כיון דמקפידות, ואפי' לשר שני הקבין בב"א, כיון דסופו ליחלק – גר"א›.

ואם האחת פת קיבר והאחת פת נאה, אפילו הן של אדם אחד, מסתמא מקפיד ואינו מצטרף. הגה: וה"ה שתי עיסות שיש באחת כרכום ובשנית אין בה.

וכל זה שאין שיעור בכל אחת, אבל אם יש בכן שיעור, מפריש מאחת על חבירתה אם הן של אדם אחד - אף על פי שאחד פת קיבר והב' פת נאה, או שיש בא' כרכום ובשני אין בו, מפריש מאחד על חבירו אם הם של אדם אחד, אפילו בלא נגיעה ונשיכה, אלא שהם לפניו, דהא ממין אחד הם, וכדלעיל ס"ס שכ"ה.

[**וכל זה שאין שיעור בכל אחת, פירוש אז אין מצטרפות אפילו על ידי נגיעה או נשיכה, אבל אם יש שיעור**

מפריש אחד על חבירו כו', פירוש ע"י נגיעה ונשיכה, **ואף** על גב דבסוף סי' שכ"ה פסק, כיון ששתיהן לפניו מפריש מזו על זו, ואין צריכין נשיכה ואפילו צירוף סל, **שאני** הכא דהוי דבר שמקפיד עליו, וכן מבואר בת"ה סי' ק"ץ, וראיה ברורה מן תלמוד ערוך, בשתי עיסות אחת טהורה ואחת טמאה, דהוי דבר המקפיד, צריך דוקא חוט בצק לחברם, **ועל** כן כתב דהא דמבואר בי"ד דבדבר המקפיד אין מצטרף אפי' על ידי נשיכה, היינו אם אין בכל אחד כשיעור חלה, אין בידינו להחשיבה כעיסה אחת לחייבה בחלה, **ורמ"א שכ'** כאן מפריש מאחד על חבירו, ולא זכר נשיכה, היינו דסמך על מ"ש בתחלת הסי', שמיירי בנשכו, **ומ"מ** גרם מכשול לפני בעל הלבוש, ובמחילה מכבודו שגג מאד בזה, שכ' בד"א שצריך נשיכה כשאין בכל אחד שיעור חלה, ורוצה לצרפם, אבל אם יש בכל אחד שיעור חלה, אף על פי שאחד פת כרכום ובשני אין בו, מפריש מאחד על חבירו אם הם של אדם אחד, אפילו בלא נשיכה אלא שהם לפניו, דהא ממין אחד הם, עכ"ל, **טעה** בתרתי, דכ' באין שיעור מהני צירוף על ידי נשיכה, וביש שיעור לא צריך נשיכה, וחשיב שהך יש שיעור הוא כאותו של סוף הסי' שלפני זה, **ולא היא**, דכאן מיירי בדבר המקפיד, ועל כן בדבר שאין בו שיעור, לא מהני נשיכה לצרפה לשיעור חלה, וביש שיעור, מהני נשיכה שיפרוש מאחד על חבירו, ובלי ספק לא עיין בעל הלבוש במקור הדין, וזה גרם לו שכתב כן]. (וכ"כ הגר"א דבנגיעה דוקא).

ולפענ"ד נראים דברי העט"ז נכונים ואמתים וברורים, וגם דעת התה"ד כן, ולפי שיתבארו כמה חידושים ודינים אמתים מתוך דברי, ע"כ מוכרח אני להאריך קצת, **דמה** שרצה הבעל ט"ז לומר, דבמקפיד דכרכום וכה"ג צריך נשיכה לענין מוקף, לא דק, **דאפי'** לעיסה טהורה וטמאה, הא במתנ' דטהורה וטמאה תנן ספ"ק דחלה, ונותן פחות בכביצה באמצע כו', משמע דבנגיעה סגי ואין צריך נשיכה, **ואפשר** הא דמצריך נשיכה, היינו אם אינן בסל, ומתנ' והפוסקים דסגי בנגיעה, היינו כשהן בסל, **אבל** מפשט דבריו משמע דבמתנ' דשתי עיסות מיירי בנשיכה, וגם משמע מפשט דבריו דבנגיעה לא מהני אפי' בסל, והא ליתא, **ועוד** נראה דהכא אפי' נגיעה ואפי' צירוף סל לא צריך, דאי לא תימא הכי, אלא דכיון דהוא מקפיד לא מהני צירוף

סל לענין מוקף כשיש בכל עיסה כשיעור, א"כ קשה על הטור ושו"ע שכתבו סתמא בסוף סי' שכ"ה, דאם יש בכל אחד מהן כשיעור א"צ אפי' צירוף סל, רק ששתיהן לפניו, ולא חילקו בין מקפיד או לא, וכמו שחילקו מיד אח"כ בסי' שכ"ו לענין צירוף, והו"ל לכתוב דהיינו דוקא באינו מקפיד, אבל במפקיד אפי' צירוף סל לא מהני, **ומכ"ש** שיקשה כן על רמ"א, שכתב כאן בסי' שכ"ו בסתם, דכשיש בא' מהן כשיעור, מפריש מאחד על חבירו, ולא פירש דהיינו ע"י נגיעה או נשיכה דוקא, וכן כל האחרונים העתיקו כך דבריו בסתם, ואין א' שעלה על דעתו לבאר זה... אלא ודאי ס"ל לכל הנך רבוותא, דלענין מוקף אין חילוק בין מקפיד או לא, **וטעם** נכון יש בדבר, דדוקא לענין צירוף יש לחלק בהכי, דהא עיקר חיובא הוא דאנו רואין כאילו הן עיסה אחד מצורפין יחד, והרי הוא מקפיד עליהן לצרפם יחד, אבל לענין מוקף שמפריש מאחד על חבירו, א"צ שיהיו מצורפים יחד... **א"כ** הרי כל הני רבוותא ס"ל דלענין מוקף אין לחלק בין מקפיד או לא, ולענין צירוף ע"כ כו"ע מודי דיש לחלק בין מקפיד או לא, **ועוד** נ"ל, דאפי' מאן דמחלק גם במוקף במקפיד, היינו דוקא בטומאה וטהרה, דחשיב מקפיד טובא, משא"כ בעלמא, דהא לא הוצרכו לחלק זה אלא לתרץ הך דעיסה טהורה וטמאה, וא"כ י"ל דוקא התם, אבל בעלמא לא, **ונ"ל** ברור דגם דעת הרא"ש כן... דהתם הוא דמקפיד על תערובתו טובא, משום דמיד שיגעו, אפי' לא יתערבו, מטמא העיסה, והלכך דוקא בטמאה וטהורה י"ל דצריך נגיעה, דודאי מסתמא לאו כנגועים דמי, **ולפי"ז** נראה דהטור ושו"ע ורבינו ירוחם ושאר אחרונים קיימי בשיטת הרא"ש, ואפ"ה לא חילקו בזה, דהא טומאה וטהרה אינו נוהג בינינו, והשתא עלו דברי העט"ז כהוגן, והיינו דכתב הרב רמ"א בסתם: אבל אם יש בהם כשיעור מפריש מאחד על חבירו כו', וכל זה ברור - נקה"כ.

אלא אי קשיא לי הא קשיא, אגוף הדין דמוקף אפי' באינו מקפיד, שפסק בשו"ע ס"ס שכ"ה כדעת הטור והרא"ש, דא"צ לא נגיעה ולא צירוף סל, והיינו ע"פ מה שדחה בב"י דברי סה"ת, מקמיה דברי הרא"ש והרשב"א והרמב"ם, **ולפענ"ד** צ"ע בדבר, דהא דעת הסמ"ג בשם ר"י, דלענין מוקף צריך צירוף סל בלא נגיעה, וכ"כ תוס', **ואע"ג** דכתבו שם דצריך אפי' נגיעה, וכן דעת הרוקח, מ"מ מדברי כולם מבואר דעכ"פ צריך

סימן שכו – אחד שלש שתי עיסות, ואין בשום א' מהם כשיעור, ונתערבו

צירוף סל, **א"כ** אדרבה הרי כל הנך רבוותא פליגי על הרא"ש, ורבים נינהו, **והראיה** שהביא הרא"ש מקנקנים של יין וכן מה' שהיו בגורן, אינה ראיה, דעיסה שאני, וכמ"ש הר"ש בפ"ג דמע"ש, **ומש"כ** הב"י שכן משמע דעת הרמב"ם, לא ידעתי שום משמעות - נקה"כ.

ומ"מ נתבאר בדברי התוס' בשם ר"י, דצירוף סל כשאין שיעור בעיסה א', היינו שיגעו בסל, וכ"כ הסמ"ג, וכ"כ הר"ף, וכ"כ בסה"ת, וכ"כ הר"ש, וכ"כ הברטנורה, וכ"כ הרא"ש - נקה"כ.

העולה מכל זה, שתי עיסות שאין בא' מהן כשיעור, ויש בשתיהן כשיעור, ואינו מקפיד עליהן אם יתערבו זה עם זה, בענין דמהני צירוף סל, צריך שיגעו זה בזה בסל. **ואם** יש בכל א' מהן כשיעור, ורוצה להפריש מאחד על חבירו, א"צ לא נגיעה ולא סל, רק ששתיהן לפניו, **ויש** חולקין דצריך סל בלא נגיעה, **ודוקא** בעיסה, אבל בשאר דברים א"צ במוקף אפי' סל. **ולענין** מוקף, אין חילוק בין הוא מקפיד על העיסות שלא יתערבו זה בזה, או אינו מקפיד, **רק** אם הוא מקפיד הרבה אפי' על נגיעתן, כגון שאחת טהורה ואחת טמאה וכיוצא בזה - נקה"כ.

סעיף ב - נחתום שעשה עיסה לעשותה שאור לחלקה - לחלק לחלקים קטנים שלא יהא בהם שיעור חלה, **חייבת בחלה, שאם לא תמכר** - לחלקים, **יעשנה פת** - ויתחייב בחלה.

וכתב הב"ח, יש נוהגים לקנות מן הנחתום חלק א' מעיסה גדול', ויש באותו חלק כשיעור, ומפריש ממנו חלה ומברך עליו, וכך הוא מוכר מאותה עיסה להרבה בני אדם, לכל אחד שיש בו כשיעור, וכל אחד מפריש מחלקו ומברך עליו, **והדבר** פשוט שזה טעות, חדא, דהלא מיד שגלגל הנחתום העיסה הגדולה חייב להפריש ממנה חלה, אפילו היה דעתו למכרה לחלקים קטנים פחות מכשיעור, כ"ש הכא שאין דעתו למכרה אלא לחלקים בכשיעור, וכיון דהמצוה חָלה עליו להפריש חלה, ושוב פטורה כל העיסה, היאך נתיר לכתחלה למכור לחלקים ושהלוקחים יפרישו חלה ויברכו, והנחתום לא יפריש ולא יברך, **ותו**, דכיון דבהפרשת חלה של הנחתום פטורה כל העיסה, לית לן למכרה לחלקים ושיברך כל אחד ברכה בפני עצמו, משום ברכה שאינה צריכה, ע"כ, **אבל** בתשובת משאת בנימין כ', **וז"ל**, כיון דמתחילת הלישה היה דעת הנחתום לחלק העיסה ולמכור לכמה חלקים, הוי כאילו לש כל חלק וחלק בפני עצמו, ולכך יכולין להפריש מכל חלק בפני עצמו, **דאמרי'** בירושלמי, אמר רבי יוחנן העושה עיסה ע"מ לחלקה בצק, פטור מן החלה, פי' ע"מ לחלקה בצק פחות משיעור חלה לכל אחד, אלמא אף על גב שבשעת הלישה היה כדי שיעור חלה, כיון שבדעתו היה לחלק, פטור מן החלה כאלו מתחלה לש פחות משיעור, דלאו בלישה תליא מילתא אלא בדעת בעל הלישה, **והשתא** נראה דק"ו בנדון דידן, דהתם אמרינן דמועיל מחשבתו להקל ולהפקיע מחיוב חלה, כ"ש בנדון דידן שיועיל מחשבתו להחמיר ולהביא לידי חיוב, ולומר כיון שדעתו היה לחלק לבצק, הוי כל בצק ובצק נלוש בפני עצמו, וחייב כל אחד ואחד ליטול חלה מן בצק שלו, מאחר דיש בו כדי שיעור חלה, **ואף** על גב דההיא דר' יוחנן מוקי לה בירושלמי באינש דעלמא ולא בנחתום, משום דתנן במשנה דמסכת חלה, נחתום שעשה שאור לחלק חייב בחלה, **נראה** דלחומרא דוקא יש לחלק בין נחתום לאינש דעלמא, וכדאמרינן התם, שאם לא ימצא מי שיקנה ממנו, נותן דעתו לאפות פת, והלכך כיון דדעת נחתום הכי והכי, אזלינן לחומרא לחייבו בחלה, **אבל** בנדון דידן ליכא לחלק בין נחתום לאינש דעלמא ולהקל, דכיון דדעת נחתום הכי והכי, אזלינן לחומרא התם והכא, **התם** אמרי' שמא לא ימצא מי שיקנה ויאפה הכל בבת אחת לעצמו, והכא אמרינן שמא ימצא קונים הרבה ויחלק לכל אחד כדי שיעור, **והלכך** אין למחות ביד הנשים הקונות מן הנחתום ישראל וכל אחת נוטלת חלה משלה בפני עצמה, אם הוא כשיעור חלה, **ואדרבה** צריך לקיים ולהחזיק מנהגן, כדי שבקל בלא טירחא תוכל כל אשה ליקח חלה כל ערב שבת, שכבר נהגו ליקח חלה ע"פ הירושלמי דמסכתא שבת, אדם הראשון חלתו של עולם כו' וגרמה לו חוה מיתה, לכך נמסרה מצות חלה לאשה כו'. **ואין** דבריו מוכרחים.

[ומו"ח ז"ל חלק ע"ז ע"ש, וכ' שכן קיבל מרבותיו שאיסור גמור הוא, ואני הצעיר אומר, אם קבלה הוא נקבל, ואם לדין יש תשובה, דיש לי ליישב המנהג מצד אחר, והוא ע"פ הגמרא פרק כל הגט, המלוה מעות את הכהן להיות מפריש עליו מחלקו, מפריש עליו בחזקת שהוא קיים, ואינו חושש שמא מת הכהן, פ' כשיפריש תרומותיו וימכור התרומה ויעכב הדמים לעצמו בפרעון החוב זה בשביל הכהן, ופרכינן על זה ואף על גב דלא אתי לידיה, בתמיה, אף על פי שאינו נותנו לכהן והוא יחזירם לו קתני דמפריש עליו, וכיון דלא מטי לידיה מאן זכי ליה

להך כהן הך תרומה שיקבלנה זה בחובו, **והיאך** יצא ידי נתינה, **ומשני** במכירי כהונה עסקינן, שאינו רגיל לתת תרומה אלא לכהן זה, הלכך כיון דמלתא דפשיטא היא דלדידיה יהיב ליה, אסחו להו שאר כהנים דעתייהו, והוה כמאן דמטו לידיה דמהני, **ויש** עוד תירוצים בגמ' דמתרצי בענין אחר, מכל מקום לא פליגי על תירוץ זה מצד הדין, אלא דקשיא להו הא לא קתני מתני' מכירי כהונה, אלמא דלדינא הם מודים דכל שהם מכיריו הוה כאילו אתו לידייהו, ה"נ בהאי נחתום שיש לו מכירין שרגילין ליקח ממנו כל ע"ש, והם קונים על מנת כן שהם יפרישו חלה, והוה להו כאילו קנו ממנו קודם שעושה העיסה, **ואתי** לידייהו בשעת חיוב, דהיינו בשעת הגלגול, **וזה פשוט** דשנים שעושין עיסה לחלק לכל אחד שיעור חלה, **שאין אחד מהם יכול להפריש חלה בשביל חלק חבירו אם הוא** מקפיד ע"ז, ואינו נעשה שלוחו בעל כרחו, ה"נ כן הוא, דודאי דעת הנחתום לעשות בענין המועיל, והוה כאילו הקנה להם הנחתום תחלה חלקם קודם שמגלגל העיסה, מצד שהם מכיריו ורגילים ליקח ממנו, בודאי הוא מקנה להם בשעת גלגול העיסה לכל אחד חלקו, **ואי אפשר** לו ליקח חלה מהעיסה, דהוה כאינו שלו, ובשעת חלוקה נוטל כל אחד חלקו ומפריש ומברך, **כן** נ"ל ליישב אותו המנהג, **אם הוא באופן שזכרתי, שיש נשים רגילין ליקח בכל ע"ש מזה הנחתום, אבל לא באופן אחר, כן נלענ"ד. ובנחתום** עובד כוכבים פשיטא שאין שייך דבר זה, **דאינו מקנה רק אחר החלוקה**]. ‹**עיין** לקמן סימן ש"ל ס"א›.

וכ' עוד שם בתשובת מ"ב, אמנם מה שנוהגים בחתונה, שעושים לחם גדול שמניחים אותו על השלחן בשעת הדרשה, שממנו לוקחים חלה הרבה נשים כל אחת בפני עצמה, [**ואח"כ חוזרין ומערבין העיסה ועושין מהם לחם אחד**], **אע"פ** שכל אשה נוטלת עיסה כדי שיעור, מ"מ לפי שמתחלה לשו הכל בבת אחת, ‹ואחר כך כשאופין חוזרין ומערבין ועושין מן הכל לחם אחד – המשך לשונו, וצ"ע אמאי השמיטו הש"ד›, אין להפריש רק חלה א', ולכן יש למחות ביד הנשים שלא יטלו מאותו לחם רק חלה אחת, עכ"ד, **ודברים** פשוטים הם, וכן ראיתי מהגבירה הרבנית אמי תי', ומשאר נשים צדקניות חכמניות, שנזהרו בזה.

‹**וכתב** הגאון מליסא בסדור תפלה שלו, דאף דמשמע מדברי הט"ז והש"ך כאן, דחלה א' פוטרת כל העיסה שנילוש ביחד אף אחר שנתחלק לעיסות, **מ"מ** נראה דאם מכווין בפירוש שלא יפטור רק העיסה ולא האחרת, אף אותה שנילוש עמה, אינה פוטרת, דחלה כמו תרומה שנטלת במחשבה, וכשמחשב שלא לפטור אינה פוטרת, **והא** דאסור לחלק בצק גדול כו', הוא מטעם דהוי ברכה שא"צ, כיון שיוכל לכוין ולפטור אותם בברכה אחת›.

אבל (שאר אדם) העושה עיסה לחלקה בבצק - לאנשים הרבה, שלא יהא באחת מהן שיעור חלה, **פטורה** - אבל אין דעתו לחלק בצק, אף על פי שדעתו לחלקה אחר אפייה, חייבת. [**כן כתב ב"י, ודלא כסמ"ג**].

‹**מאי** עדיפותיה מנחתום, הא בודאי אם לא יקבלו ישאר לעצמו, ואם נאמר דעושה משלו ונותן להם במתנה, דודאי יקבלו, חדא, דלא משמע כן, ועוד דא"כ עד נתינתו להם הוה כולה שלו ובודאי שחייבת בחלה, **ולענ"ד** ה"פ, בעה"ב שיש לו בני בית מרובים שכל א' אוכל לעצמו, ועל הבעה"ב לעשות בעדם, או שמשלמים לו או שנותן להם מכיסו, ולכן כיון שנותן לכל א' פחות מכשיעור חלה, והם מסתמא כמקפידים, ולכן אינו מצטרף, אבל בעה"ב העושה למכירה, דינו כנחתום – ערוה"ש›.

‹**כתבו** הלבוש והדרישה וב"ח, דדוקא אם רוצה לחלקה לאנשים הרבה, אבל בשביל שהוא מחלק לעצמו, לא מקרי עושה לחלק, וכתבו כן ליישב מנהגינו, שנוהגות הנשים בע"ש ללוש רק שיעור חלה, ונוטלים חלה ומברכים, אף דדעתם לחלק לחמים שקורין קיטקי"ש שאין בהם שיעור חלה, משום דלא הוי לחלקה לאנשים הרבה, **ועיין** בת' בית אפרים שכ', דמדברי התוס' בברכות דף ל"ח וש"פ מבואר דליתא לחילוק זה, וכבר עמד ע"ז גם בספר תפל"מ. **וע'** במעדני מלך שכ' חילוק אחר, דדוקא אם מחלקה שלא לאפות עכשיו הכל, אלא מסעודה לסעודה אחרת, כמו משחרית לערבית, אבל המחלק עיסת בצק לאפות מיד הכל, לא נפטר, ע"ש, **וגם** חילוק זה דחה בס' תפל"מ שם, דמתוס' הנ"ל לא משמע כן. **ובתשו'** בית אפרים שם כתב ליישב המנהג, דדוקא אם דעתו לחלקו באופן שלא יבואו אח"כ לידי צירוף לעולם, שאז היא חלוקה המתקיימת, פטורה, ואין חילוק בין איש א' לאנשים הרבה, **אבל** אם דעתו לצרפה בעת אפיה, ורודים ונותנים לסל אחד, ואין חלוקת הבצק הזה סופה להתקיים, לא מקרי עושה לחלק›.

‹**מסתבך** אני בזה, דלכאורה משמע אף בביתו העושה לחלק לעיסות קטנות פטור, **אבל** א"א, דא"כ חלות תודה דשלש מצות מעשרון יהא פטורות מחלה, וכן רקיקי נזיר, ובמתני' חלות תודה ורקיקי כו', וכן נהגו אבותינו ואבות

אבותינו להפריש בשבת וי"ט, **אלא** ע"כ ההיא לחלק לאנשים הרבה, וכ"כ ש"ך – גר"א›.

‹**ונראה** דהא דעושה עיסה לחלקה בצק פטורה, היינו לחלקה ולהקפיד על תערובתן אחר החלוקה, **דאם** אחר חלוקה נמי אינו מקפיד על נשיכתן זו בזו, לא גרע מה שעשה מתחלה עיסה א', מעשה ב' עיסות ונשכו זו בזו, **אבל** כשדעתו לחלקן ולעשותן בדפוסים מיוחדים, או למשוח פניהן של מקצתן בביצים ושמן וכיו"ב, שיקפיד אחר חלוקתן על נשיכתן זו בזו, זה מקרי ע"מ לחלק, **ואם** דעתו לחלקן רק משום שרוצה בפתין קטנות, ולא יקפיד על נשיכתן גם אחר חלוקה, זה לא מקרי ע"מ לחלק, **ואין** חילוק בין איש א' לב' אנשים, אלא בין מקפיד אחר חלוקה לאינו מקפיד, **וממילא** נשמע, דלחלק לב' בני אדם פטורה, כיון דסתם שנים מקפידין, ולאדם אחד חייבת, דסתם אחד אינו מקפיד, **אבל** בידוע שיקפיד, אפי' באדם א' פטורה, ואם ידוע שלא יקפידו, אפי' ב' בני אדם חייבת – חזו"א›.

סעיף ג - שנים שנתנו קמח לנחתום לעשות להן שאור, אם אין בשל אחד מהן כשיעור, אע"פ שיש בכללן כשיעור, פטורה - ודוקא שנים שנתנו לנחתום, אבל אדם א' שנתן לנחתום, מסתמא אינו מקפיד, ואפילו ערבו שלא מדעתו חייב.

הגה: ודוקא שערבן שלא מדעתן, אבל מדעתן חייב דהרי אינן מקפידין (ב"י בשם סמ"ג) – ‹הוא שגגה גדולה, שכ"כ בסמ"ג מתחלה לר"ל, אבל כתב אח"כ אבל לר' יוחנן אין חילוק בין מדעתן או לא, אלא כל שסופו לחלק, ודעת הרב תמוה שפסק כר"ל – גר"א›. ‹**משנתינו** דנשים שנתנו לנחתום, יתכן לפרשו בתרי אנפין, או דאין הפטור משום דקפדי, אלא משום שעושים ע"מ לחלק, אמנם אפשר לפרש דסתמא קפדי ע"ז, ובאמת פי' זה נגד מסקנת הירושלמי, דקאמר דטעמא דמשנתינו בשביל עושה לחלק, וצ"ל דמ"מ אמת הוא גם אליבא דר' יוחנן דקיי"ל כוותי', דאפשר לקיים משנתינו גם בשביל הקפדה של צרוף, ומיושב בזה תמיה רבה שתמה הגר"א על רבינו הרמ"א – שבה"ל›.

סעיף ד - שנים שעשו עיסה כשיעור וחלקוה - בעודה בצק, בענין שלא היה בשום חלק כשיעור, **ואח"כ הוסיף כל אחד על חלקו עד שהשלימו לכשיעור, הרי זה פטורה, שכבר היתה להם שעת חובה** – ‹ר"ל דל"ד למ"ש בס"א שתי עיסות כו', וכן בס"ה לפיכך כו' – גר"א›. **והם היו פטורים באותה שעה מפני שעשאוה לחלק** - והואיל ונפטרה עיסה זו בעוד היה בו שיעור, הוה כאילו הופרש ממנו חלה, ושוב לא יחזור להתחייב. ‹**ואינו** מובן, דסוף סוף לא היה עליה חיוב בשעת עריכה, ומה לי אם הפטור הוא מפני שאין בה כשיעור מצד עצמה, או מצד חלוקה, והרי עכ"פ לא היה על עיסה זו שום חיוב, וצ"ע – ערוה"ש›.

ונראה דוקא שאין שיעור חלה במה שהוסיף אח"כ, אלא ע"י הצטרפות מה שנחלק, אבל אם יש במה שהוסיף לבד כשיעור, פשיטא שהוא חייב בלא"ה, ואין זה שנחלק ונפטר פוטר מה שהוסיף.

הגה: וה"ה באדם אחד שעשה ב' קבין ודעתו לחלקם, וחלקם - והוסיף עליהם, דפטור, כיון שהיה פטור אז כשהיה לו שעת חובה, וע"ל סי' ש"ל ס"ה, **אבל אם לא עשאם ע"מ לחלקם, לא מהני החלוקה אח"כ (טור)** – ‹אפי' לא הוסיף על כל אחד ואחד, שכיון שהיה בו כשיעור נתחייב, אף על פי שחלקה אח"כ – טור›.

וה"ה בשני בני אדם, אם אינם מקפידים ולא עשאום ע"מ לחלקם, לא מהני החלוקה אח"כ.

[נ"ל דאף שיחלוק אח"כ, אין צריכא ליטול כי אם חלה אחת, כיון דבתר מעיקרא אזלינן כשהיה עיסה אחת, אף על פי שיש אחר החלוקה שני שיעור חלות].

סעיף ה - המפריש חלה מעיסה שאין בה שיעור, אינה חלה. לפיכך שתי עיסות שאין בשום (אחת) מהן כשיעור, והפריש מכל אחת חלה, ואח"כ עירב העיסות ועשאן עיסה אחת, חייבת בחלה.

§ סימן שכז – מתי חל על העיסה חיוב חלה §

סעיף א - המפריש חלתו קמח, אינה חלה, וגזל ביד כהן - כלומר שצריך להחזירה אם טעו ונתנו לו, [**בגמרא פ' האיש מקדש מוכח**, אפילו יודע הנותן שאין מפרישין חלה קמח, לא אמרינן דודאי גמר ונתן לשם מתנה, דטעמא משום דאתי לידי חורבא, זימנין דלא ידע כהן הדין על בוריו ויבא לידי איסור], **ושאר העיסה חייבת בחלה.**

ואותו הקמח שהפריש לשם חלה, אם יש בו עומר - כלומר כשיעור חלה, **ועשהו עיסה, הרי זה מפריש ממנה חלה.**

ודוקא באומר שיחול עליה שם חלה בעודו קמח, אבל המפריש קמח ואומר: כשתיעשה עיסה יחול עליה שם חלה, דבריו קיימים.

סעיף ב - אימתי מפרישין חלה, כשיתן המים ויערב הקמח במים - היינו דוקא כשיש באותו שמתערב שיעור חלה, **והוא שלא ישאר שם בעריבה קמח שלא נתערב במים שיעור עומר** - מפני שאז אין החלה פוטרת מה שיתערב אח"כ, אא"כ התנה, כדמפרש ואזיל.

ואם אמר: הרי זה חלה על העיסה ועל השאור ועל הקמח שנשתייר, ולכשתעשה כולה עיסה אחת תתקדש זו שבידי לשם חלה, הרי זה מותר. וכן אם מתנה שתחול החלה אף על הקמח שיתערב אח"כ בשעת עריכה - כלומר ברישא אינו מקדיש החלה מיד, אלא מפרישה מיד, ואומר: הרי זו מוכנת לחלה ולא תתקדש זו שבידי עד שתעשה כולה עיסה א', **ולכך** מותר אף שנתערב אחר ההפרשה שיעור חלה, דהא אינה מתקדשת אלא לאחר שנעשו כולם עיסה א', ‹**דחשיב** מן המוקף, במה שבקריאת שם הוא מוקף, אף שבשעה שחָלה קדושת החלה אינה מוקף, ר"ן - רעק"א, **וכאן** קאמר דה"ה אם מקדישה מעכשיו, אלא שמתנה שכשיתערב הקמח אח"כ כשיעור החלה, תחול החלה זו אף על הקמח, מותר.

וטוב ללמד לנשים להתנות כן (אם יש לחוש שיתערבו שיעור חלה אח"כ).

וצריך ליזהר שלא לשרוף החלה עד אחר כל העריכה – [דאל"כ אינה חָלה על המתגבל אחר כן אף על פי שהתנה].

סעיף ג - האידנא טוב להמתין מלהפריש חלה עד אחר גמר לישה, שתיעשה כל העיסה גוף אחד - כלומר דבזמן הש"ס שהיו עושין עיסתן בטהרה, תקנו להם חז"ל לנשים שיפרישו החלה מטהרה מיד שידבק הקמח מעט, כי חששו שמא תטמא העיסה, ויצטרכו להפריש חלה טמאה, ולא תהיה ראויה לכהן, **אבל** האידנא שכל העיסות טמאות, טוב להמתין מלהפריש חלה עד אחר גמר לישה, שתעשה כל העיסה גוף אחד, ויפריש החלה על כולו.

סעיף ד - אוכלים עראי מן העיסה עד שנתגלגל בחטים ויתערב הקמח במים, ותטמטם בשעורים ותעשה כל העיסה גוף אחד – [פי' דרך החטים ללוש ולגלגל יפה, אבל השעורים כשילוש אותם עיסתו מתפרדת ואינו יכול לגלגל יפה, ע"כ מטמטמו ביד עד שידבקו קצתם בקצתם עד שיהיו גוף אחד].

סעיף ה - אם לא הפריש החלה בצק, אלא אפה הכל, הרי זה מפריש מן הפת.

§ סימן שכח – דין ברכת חלה ומי ראוי להפרישה §

סעיף א - בשעה שיפריש חלה יברך: אשר קדשנו במצותיו וצונו להפריש תרומה – ‹כמ"ש "תרימו תרומה", ובלשון המקרא חלה נקרא העיסה, כמ"ש "חלות בלולות" והרבה כיוצא, אבל בלשון המשנה נקרא חלה בכל מקום, וז"ש או כו', **(או להפריש חלה)** - מיהו "להפריש תרומה" עדיף טפי, כדאי' בב"י בשם הפוסקים, ‹**דנכון** לברך בלשון מקרא, כמ"ש ברפ"ו דברכות, ר"י אומר בורא מיני דשאים, ולא קאמר ירקות בלשון מתני' – גר"א.

ובפסח נוהגות הנשים לומר "להפריש תרומה חלה", **וכ'** הב"ח דטועין, דבכל השנה יש לברך "תרומה חלה", וכ"מ בדברי מהרש"ל ומביאו בפרישה, דבכל השנה י"ל "תרומה חלה".

[**כ' רש"ל, ע"כ נוהגים לומר "תרומה חלה", שניהם, עכ"ל, ותמיהני,** דאכתי נימא שמא חלה היא העיקר ולא תרומה, וא"כ הוה תיבת "תרומה" הפסקה בין הברכה לתיבת "חלה", ובהדיא כ' בסמ"ק, שאין כאן קפידא ואיזה שירצה יאמר]. **לק"מ,** דאי אפשר בענין אחר, ועוד דזהו לא הוי הפסק, כיון דהוא תוך כ"ד - נקה"כ.

[**ואותן נשים שמשנות בפסח בחלה מן המצות ממה שאומרים כל השנה, פשיטא שטעות הוא בידם,** דמה שינוי יש בזה לענין ברכה. **ומשמע כאן דאין צריכין לומר "מן העיסה", אלא די כשאומרות "להפריש חלה", ואמאי נהגו לומר "מן העיסה", ואף על גב דהדין הוא כן,** לאפוקי להפריש חלה מקמח, מ"מ אין בו צורך לענין ברכה, וכי צריכין להזכיר פרטי הדינים בברכה, **ולעיל סי' כ"ח בברכת כסוי שאומרים "בעפר", כתבנו שם הטעם למה אומרים הפרט, וכאן איני יודע בו צורך].** ‹**אבל** כן הוא בר"ש חלה פ"ב מ"ג, וכן בר"י בן מ"צ שם, ומביאו ג"כ באו"ז ה' חלה סי' רכ"ה – דרך אמונה›.

‹**כולם** הסכימו דיותר טוב לומר להפריש תרומה, ובאמת יש לתמוה על המנהג שנהגו לומר חלה ולא תרומה, ואם שאינו מעכב, מ"מ בוודאי מנהג ישראל תורה, **ואני** אומר דוודאי כן הוא, דבזמן שהיו מפרישים ב' חלות אחת לאור ואחת לכהן, וודאי הדבר פשוט דמה שנתנת לכהן נקראת תרומה, דלשון הרמה, שמרים מחלקו ונותן לאחר, וזו של אור נקראת חלה, דמה שייך עלה שם תרומה כיון שנשרפת, **ולכן** אצלנו שאין אלא חלת האור, מברכין להפריש חלה, ולפ"ז מנהג שלנו מיוסד כראוי וכנכון – ערוה"ש›.

‹**וקורא** שם ואומר: הרי זה חלה – רעק"א›.

לפיכך אסור לאיש להפריש חלתו ערום, מפני שאי אפשר לו לברך כשהוא ערום - אף על פי שהוא יושב, מפני שערותו בולטת, משא"כ באשה, **אבל האשה מותרת, והוא שיהו פניה שלמטה טוחות בקרקע** - (משמע דמותר לברך מיושב, **ועיין** במג"א שכ', דהפרשת חלה אינה מצוה כ"כ, דאינו עושה אלא לתקן מאכלו, להכי מותר לברך מיושב, ע"ש, **לפי"ז** גם אם היא לבושה בבגדים, רשאה לברך מיושב, **ועיין** שם בס' ישועות יעקב מהגאון ש"ב אב"ד מלבוב נר"ו, שדחה זה, ומחלק דהיכא דאפשר לעשות בעמידה, אינו רשאי להיות בישיבה, ולהכי בציצית מברך מעומד, **ושאני** הכא דא"א לעמוד ערומה, לכן מותרת לברך בישיבה, דעיקר הטעם דאין לישב, הוא משום שנחשב כמזלזל בדבר, ואין פחד ה' לנגד עיניו, **אבל** כשעושה הדבר מחמת הכרח, אין בזה שום זלזול, עי"ש).

(ובמקום שמפרישין ב' חלות, לא יברך רק כשמפרישין הראשונה) - שהרי השניה אינה אלא להיכרא בעלמא, כדלעיל סימן שכ"ג.

‹**עיין** בתשובת פרי תבואה לענין פת מקמח שהתליע במילבין, וכתב דמן הדין פטורה מחלה, כיון שאינה ראויה לאכילת ישראל, **אך** יש לחייבו מדרבנן משום מראית עין, כדלקמן ס"ס ש"ל בעיסת כלבים, אף שאין הרועים אוכלים ממנה, אם יש לו תואר לחם חייב בחלה משום מ"ע. **אך** לא יברך - עמ"ש לעיל סי' י"ג ס"ב לענין בן פקועה אם מברכין על שחיטתו - **והרוצה** להחמיר להפריש גם בברכה, יעשה כאשר קבלתי מרבותי בכל כה"ג, שיאמר דרך תפלה פסוקים של ויברך דוד: בא"י אלקי ישראל כו' לך ה' הממלכה, דאית ביה שם ומלכות, ולסיים אח"כ: ברוך אשר צונו להפריש חלה, דבכה"ג ליכא חשש ברכה לבטלה, **וכתב** עוד דמדברי הפ"י נראה, דיכול לומר: בריך רחמנא מרא אשר צונו להפריש חלה, דג"כ ליכא הזכרת שם ומלכות לבטלה, כיון שהוא בלשון תרגום, ואפ"ה יצא ידי ברכה, **אך** דאין דבריו מוכרחים, די"ל דאפילו בלשון חול ג"כ שייך הזכרת שם לבטלה›.

סעיף ב - הסומא והשכור, מפרישין חלה לכתחלה - אף על גב שאין תורמין תרומה לכתחלה, סימן של"א סל"ב, היינו משום דחיישינן שמא יתרמו מן הרעה על היפה, **אבל** בחלה אין בעיסה רעה ויפה שיכוונו להפריש מן הרעה על היפה, רמב"ם. ‹וכ"ש בזה"ז – גר"א›.

סעיף ג - אין מפרישין חלה בלא רשות בעל העיסה. הגה: מיהו אם ידעינן דזכות הוא לבעל העיסה, כגון שהיתה העיסה מתקלקלת, מותר ליטול חלה בלא רשותו, דזכין

לאדם שלא בפניו. וכן משרתת שבבית יכולה ליטול חלה בלא רשותו, כיון שרגילה היא לפעמים שבעלת הבית נותנת לה רשות (ת"ה) – [בת"ה סי' קפ"ח כ' תשובה זו, על שפחה משרתת שלשה עיסה להאשה, והלכה האשה ועכבה עד שנתחמצה כל צרכה, ואם תשהה עוד תתקלקל העיסה, ובשביל כך רוצה המשרתת להפריש חלה בלי רשות בעלת הבית, **דשפיר** דמי למיעבד הכי, דכיון דמתקלקלת העיסה, זכות הוא לה לבעלת הבית, וזכין לאדם שלא בפניו, והכי נמי המשרתת נעשית שלוחה אפי' שלא מדעתה מטעם זה, **ואפי'** אין כאן אלא חשש קלקול העיסה, אמרינן דזכות הוא לה, כיון דרגילות הוא לפעמים שבעלת הבית נותנת רשות להפריש חלה אפי' בפניה, וכן יש לה כח לעשות שליח כדאיתא כו', **ואף** על גב דבפ"ק דחולין אמרי' אי אמר לשלוחו זיל תרום, ושמע איש אחר ותרם, אין תרומתו תרומה, י"ל דוקא התם לא מהני, דיש קפידא דרוצה דוקא בזה דיודע ומכיר באיזה מדה רגיל ב"ה לתרום עין יפה או רעה, **אבל** בהפרשת חלה בזמן הזה דהכל שוין בו ליטול בכזית, אין לומר כלל שיש קפידא מי יפריש ויתרום, **ותו** דאיכא למימר מטעם שיש לחוש לקלקול העיסה ליכא קפידא כלל, **וכן** גבי גט אם ידעינן דזכות הוא לה וניחא לה בגט, לא הוה קפידא כלל מי יקבל הגט במקומה, עכ"ל].

[הנה מה שכתב "ואפילו אין כאן אלא חשש קלקול העיסה" כו', הוא דבר שאין לו פירוש, דהא גם ברישא מיירי מזה, **ואין** לומר דברישא מיירי מקלקול ודאי, ובסיפא מיירי מחשש קלקול בעלמא, **דמ"ש** זה מזה, דודאי גם בספק קלקול יש לה זכות להוציא מידי ספק, **ותו** מאי מייתי אח"כ "כיון דרגילות הוא לפעמים שנותנת לה רשות" כו', היאך שייך זה לענין ספק קלקול, הא אפילו בלא ספק קלקול יש היתר בזה, ואין זה תלוי בספק קלקול, **ותו** דהא כתב אחר כך "דדוקא לענין תרומה יש קפידא מי יהיה שלוחו כיון שאין כל אדם יודע מדה שלו", ש"מ אי לאו משום טעם זה היה מותר אפי' באדם אחר, **ותו** דהא אח"כ מסיק וז"ל "ותו דאיכא למימר דיש לחוש לקלקול העיסה" כו', משמע דמעיקרא איירי בלא חשש קלקול עיסה], **לאו** מילתא היא, דהמעיין בת"ה שם יראה, דזהו הג"ה מבעל ת"ה, ואדרבה פירושה קמפרש דבריו, דלא ברירא ליה להתיר אלא היכא דאיכא חשש קלקול - נקה"כ. [**ותו** אי נימא דבא להתיר בסיפא ולחדש דאפילו בספק קלקול מותר, מאי מייתי מגט היכא דידעינן שזכות הוא לה, דמשמע דדוקא ידוע שזכות הוא לה, וכאן עיקר החידוש שאינו ודאי, **אלא** פשוט הוא לענ"ד דיש כאן ט"ס, וצ"ל "ואפילו אין כאן חשש קלקול" כו', דהיינו שיש היתר בלאו הכי מצד שרגילות הוא שנותנת רשות, **וכן** משמע שהיה גורס רמ"א בדברי ת"ה, שהרי כ' וכן משרתת כו', דמשמע אפי' בלא שום חשש קלקול עיסה. **ומו"ח** ז"ל חולק על רמ"א, ומפרש דברי ת"ה בדרך שכתבתי, דמיירי בסיפא מחשש קלקול ולא קלקול ודאי, דבזה דוקא מותר למשרתת להפריש חלה, **והנלע"ד** כתבתי, דא"א לפרש כן].

הוכיח להגיה בתרומת הדשן שלא כדת, דהדבר ברור דדעת הת"ה כדעת הב"ח, **ומה** שאמר "ואפי' אין כאן אלא חשש קלקול העיסה אמרינן דזכות הוא לה" כו', **היינו** משום דהיכא דאפי' חששא ליכא, לא ברירא ליה להתיר לסמוך על הראיות שהביא, משום שיש צדדים לאסור, וכמ"ש בהג"ה בת"ה זה, ולמה להפריש בחנם, ובזה נדחו כל דבריו ודו"ק - נקה"כ.

[**ומ"מ נלע"ד**, דבעל ת"ה עצמו לא סמך על זה להתיר בלא חשש קלקול עיסה, שהרי לבסוף הזכיר ההיתר בשביל קלקול דוקא, וכן בשאלה שסידר שם בת"ה לא הזכיר אלא בשביל קלקול העיסה, וידוע הוא דרכו של ת"ה שהוא עצמו סידר השאלות].

והב"ח השיג על הרב בזה, דבדברי מהרא"י מפורש דלא התיר לכתחלה במשרתת אפילו רגילה היא ליתן לה רשות, אא"כ דאיכא חשש קלקול, והיכא דאיכא קלקול ודאי אפילו אשה שאינה משרתת נעשית שלוחה שלא מדעתה, ע"ש, **ומשמע** הא כל שאינה משרתת ואין כאן חשש קלקול, אסור להפריש שלא מדעתה, אף על פי שהיא מגבלת העיסה והרי היא פועלת בעיסה זו, וכדעת ב"י שהשיג על הסמ"ק, וכן פסק הב"ח, **מיהו** כתב, מכל מקום בדיעבד אם הפריש הגבל בלא רשות, וניחא ליה לבעל הבית שהפריש, הוי חלה, ואין צריך לחזור ולהפריש, **אבל** אחר שאינו גבל, אפילו דיעבד לא הוי חלה, וצריך לחזור ולהפריש, ע"ש.

[**ולעד"נ** להלכה, דבערב שבת שמנהג הנשים להקפיד על זה שכל אחת תטול חלה, ונחשבים בעיניהם

לחיוב לעשות לחמים לכבוד שבת בשביל החלה, **אז לא תפריש שום משרתת בלא צווי בעלת הבית, אם לא שיש חשש קלקול עיסה, אבל בשאר ימי השבוע מותרת המשרתת או אחד מבני ביתה, כיון שרגילה לתת להם להפריש דאינה מקפדת על זה, כן נראה לע"ד].**

‹**ודבר** פשוט שאם צותה לה לבלי ליטול, ונטלה, שאין חלתה כלום. **ואם** הבעל הבית מצוה לה ליטול חלה, תטול, וא"צ דעת בעלת הבית – ערוה"ש›.

ב' שותפין אין צריכין ליטול רשות זה מזה, אבל אחר צריך ליטול רשות מכניסם - כלומר אם אחר מפריש להשותפים, צריך ליטול רשות מכל בעלי העיסה.

ומיהו אם נתן רשות לאחר להפריש, אפי' בעודו קמח, מועיל, אע"פ שעדיין לא נתחייב - משום דמ"מ יש בידו להביא עיסה ולומר: עיסה זו תהא חלה על קמח לכשיהיה נילוש, תוס'. ‹לא ידעתי למאי הוצרכו תוס' לאריכות הזה, דבידה להביא עיסה מגולגלות, ולא בפשטוט, דבידה לקרות מיד שם חלה על הקמח שיהיה חלה לכשילוש, כדאיתא לעיל רס"י שכ"ז, שוב ראיתי בדרישה שכ"כ הטעם בפשיטות, דבידה לקרות שם על הקמח לכשילוש, ולישנא דתוס' צ"ע, אח"כ ראיתי באורח מישור שעמד בזה, וע' בחי' חתני הגאון מו"ה משה נ"י אב"ד דק"ק פרעסבורג שנדפס זה מקרוב עם חי' מהר"י מיגש על שבועות – רעק"א›.

והאורח יאמר לבעלת הבית להפריש לו חלה מכל עיסות שתעשה לו בעוד שיהיה בביתה, כדי שלא תצטרך ליטול רשות בכל פעם - ‹ונ"ל דְעָתָּה סתמן כפירושן – גר"א›.

§ סימן שכט – איזה פת חייב בחלה §

סעיף א - אין חיוב חלה אלא בלחם - כלומר בעיסה שראויה לבא לידי לחם, דכתיב ראשית עריסותיכם וגו' והיה באכלכם מלחם הארץ וגו', וסתם לחם אינו אלא העשוי מקמח ומים וכה"ג, **לפיכך הסופגנין, דהיינו רכים העשויים כספוג, והדובשנין והאיסקריטים, והם מטוגנים בדבש, פטורים מן החלה** - ‹אף שבלילתה עבה כדרך כל העיסות, כיון שמשימין בהם דברים הניכרים שאינם ללחם, כמו רקיקין הדקין מאד או דובשנין שקורין לעקא"ך שאינה פת, ואע"ג דפת הנלוש על דבש חייב בחלה, מיהו לעקאך אין על זה שם פת, ואינה אכילה לשביעה אלא לפרפרת בשתיית יי"ש וכדומה כידוע, **ולא** דמי לקיכלא"ך ופוט"ר קוכי"ן ובוימי"ל חלה, שחייבים בחלה, דהתם הוא כפת ואוכלים אותם לשביעה בדרך אכילה, אבל לעקא"ך ורקיקין דקין שהם רק לפרפרת בעלמא, אינם בגדר לחם כלל, **וראיתי** בפ"ת בשם הפמ"א, {עיין בס"ט}, דהך דדובשנין מיירי בבלילתה רכה, וכ"כ הבה"י שעל לעקא"ך יפריש בלא ברכה, וזהו מפני שהיה קשה להם הא דבש מז' משקין, ולא ראו דברי הרמב"ם בפירושו, ולא ירדו לחלק בזה כמו שבארנו – ערוה"ש›.

סעיף ב - עיסה שבלילתה רכה ואפאה בתנור או במחבת, בין שהרתיח ואחר כך הדביק, בין שהדביק ואחר כך הרתיח, חייבת בחלה, ובלבד שלא על ידי משקה - כלומר שאפאה שלא ע"י משקה, [פירוש אפילו בלא מים, כי היכי דליהוי מעשה אפיה], דאילו טגנה במשקה פטורה.

שבלילתה רכה כו' - דאילו בלילתה עבה בלא"ה חייבת בחלה, אלא אם כן גלגלה על דעת לבשלה, כדבסעיף שאחר זה.

סעיף ג - עיסה שבלילתה עבה, וגלגלה על דעת לבשלה או לטגנה או לעשותה סופגנין או ליבשה בחמה, ועשה כן, פטורה - דכיון דגלגלה ע"ד לבשלה, לא חל עליה חובת חלה, דבתר דעתו אזלינן. [**זה דעת הר"ש והרא"ש ורמב"ם, דלא כר"ת דס"ל, אפילו היה בדעתו בשעת גלגול שאחר כך יבשלה, מכל מקום כיון שבשעת גלגול היתה עבה, חייבת, אלא אזלינן בתר דעתו שהיה לו בשעת גלגול, והיינו לפטור, כגון שנתכוין לבשלה, אבל להיפך לא אזלינן בתר דעתו, כדאמרי' בסיפא, גלגלה ע"ד סופגנין כו',** ‹ולכאורה אינו מובן אמאי קורא ציור זה "להיפך", ועוד דהתם ג"כ אזלינן בתר מחשבתו לפטור, ורק דאח"כ נמלך›. **וכתב הרא"ש בפרק כל שעה, דמשום פלוגתא זו היה** מנהג מהר"ם לצוות לבני ביתו לאפות מעט מעיסה כזאת, דהיינו שהיה בדעתו לבשלה, כדי שע"י זה יתחייב כל העיסה בחלה, כמ"ש בסמוך בסעיף שאחר זה].

מיהו הרבה פוסקים חולקים, דהיכא דבלילתה עבה, אפי' גלגלה ע"ד לבשלה, חייבת בחלה, דמיד נתחייבה משעת גלגול, כדאיתא בב"י, **לכן** יש להחמיר להפריש חלה בלא ברכה, או לאפות מעט ממנה, שע"י כן תתחייב כולה בחלה, וכדבסעיף שאחר זה, וכמש"כ הרא"ש וטור ופוסקים בשם מהר"ם, ע"ש.

‹**ושמעתי** שבאיזה מקומות מחמירין בזה להפריש בלא ברכה, ולענ"ד אין לעשות כן מתרי טעמי, חדא, דרוב רבותינו חולקים על ר"ת, ועוד דאפילו לדעת ר"ת אין זה רק בעיסה עם מים, אבל בביצים כמו שהמנהג אצלנו, הא יש לנו דעת הירושלמי דעיסה של מי פירות פטורה מן החלה, [עיין בס"ט], ואין לנו להחמיר חומרות יתירות בחלה דעיקרה דרבנן בחו"ל, וכן המנהג, כנלע"ד – ערוה"ש›.

‹**וכתב** בד"מ וז"ל: כתב המרדכי בפרק כל שעה, דלדברי ר"ת עיסה שקורין לאקשין או קרעפליך או פשטידא חייב בחלה, ולדברי החולקים עמו פטור, **אמנם** מפי' ר' יונה בפ' כיצד מברכין משמע, דאף לר"ת עיסת לאקשין פטור, עכ"ל, **ועיין** בתשובת אא"ז פנים מאירות שכתב, דבפי' ר' יונה שם לא משמע מידי, ולכן ירא שמים יפריש בלא ברכה, כדי לצאת דעת ר"ת, ע"ש›.

גלגלה לעשות ממנה לחם, ונמלך לבשלה או לטגנה או לעשותה סופגנין או ליבשה בחמה, חייבת, שכבר נתחייבה משעת גלגול. גלגלה על דעת סופגנין וכיוצא בהן, ונמלך לעשותה לחם, חייבת – ‹דנהי ודאי דגלגול הוא שעת חיוב, מ"מ מעשה אפיית תנור דרך לחם הוא תנאי בחיוב של גלגול, דהא לכן תחלתה עיסה ע"מ לעשות סופגנין פטור, דלא כר"ת, משום דלחם בעינן, **וא"כ** ה"ה בעושה עיסת לחם דהיינו בלילתה עבה, אלא דחשב ע"מ סופגנין, וחסר התנאי של לחם בשעת אפיה, ושוב נמלך ועשה במציאות מעשה תנור של לחם, מעשה מוציא ומבטל מחשבה של סופגנין, ונתקיים עיסה עבה של לחם – שבה"ל›. ‹**ועיין** בט"ז לקמן בס"ד, דבציור של סעיף זה מחוייב מיד אחר ההמלכה לאפותה, אפי' כשעדיין לא אפאו, וכדמשמע מלשון השו"ע›.

סעיף ד - אפילו כשעושה אותה על דעת לבשלה וכיוצא בו, אם דעתו לאפות ממנה מעט, ואפאו, אפילו אין באותו מעט שיעור חלה, כולה מתחייבת על ידו - דחכמים גזרו בדבר, שמא ימלך ויאפה ממנו שיעור חלה.

[זה הוכיח הר"ש פ"ק דחלה, ממאי דאמרינן בכיצד מברכין, לחם העשוי לכותח פטור, וכמ"ש בסמוך סעיף ז', דמעשיו מוכיחין עליו, **ובירושלמי** אמרינן, לחם העשוי לכותח חייב, שמא תימלך לעשות ממנו חררה קטנה, **וע"כ** כדי שלא תקשי מההיא דכיצד מברכין, נ"ל דמיירי דשקלא פורתא ואפאה באור, דחיישינן שמא מימלך ליקח כשיעור, **ומש"ה** נמי אמרינן בס"ז, עשאה כעבין חייב, דהיינו מטעם דאתי לאחלופי בשאר עיסה. **ופשוט** דגמרא ירושל' מיירי אפי' עשאה כלימודין, דחייב משום שמא תמלך, אף על גב דלאו אורחיה, מ"מ חיישינן, והיינו כשדעתה לאפות קצת ממנה, **משא"כ** גמרא שלנו דלא מיירי במפריש קצת מהעיסה, מש"ה אין חשש שמא תמלך, אלא בעבין, שאז דרכה למימלך].

ואפאו כו' – [לכאורה משמע שלא יפריש חלה מהעיסה הזאת עד אחר שאופה אותו מעט שנוטל ממנו, **וכ"כ** ב"י וז"ל, נראה היינו דוקא כשאפה אותו מעט, אבל אם לא אפה אותו, משום שהיה בדעתו לאפותו לא מחייבה, דאפי' בשאפאו לא מחייב אלא משום גזירה, והבו דלא לוסיף עליה, לחייבו משום שהיה בדעתו לאפות דבר מועט שאין בו שיעור חלה, עכ"ל, וע"כ כתב כאן ואפאו כו', **וכ"כ** במרדכי פרק כל שעה וז"ל, ושוב חזר הר"ש ואמר, כיון שדעתו לעשות סופגנין ולבשלה במים, פטור, אא"כ עשתה ממנו חררה קטנה ואפאה ע"ג גחלים, דחיישינן שמא תימלך ותעשה ממנה חררה לבנה כדי חיוב, אמרתי לאפוקי נפשי מפלוגתא, לעשות חררה קטנה ולאפותה, וליטול חלה ממנה ומן העיסה ביחד, דנוטלין חלה מן האפוי על העיסה, ומן העיסה על האפוי, עכ"ל, **אלא** דבאשר"י פרק כל שעה כתב בלשון זה, ור"מ היה נוהג כשלשין עיסה בביתו כדי לבשלה במים, היה מצוה לאפות ממנה מעט, ועל ידי כך נתחייבה העיסה בחלה קודם שיקח ממנה מעט, דחיישינן שמא תימלך, עכ"ל, **ש"מ** שהפרשת חלה בזה תהיה קודם שיקח ממנה אותו מעט לאפות, **ומטעם** זה השיג מו"ח ז"ל על הב"י, שכתב כאן לדעת הטור דדוקא בעינן שאפאו, ולא סגי בדעתו לאפות, וכ"פ כאן בש"ע, דלא כן הוא לדעת הרא"ש שחולק עם המרדכי].

[**ואני** אומר לפי הבנתו של מו"ח ז"ל ודאי יש לתמוה על הב"י יותר, שהרי בקיצור פסקי הרא"ש שחבר הטור, כתב בהדיא: מיהו אם דעתו לאפות ממנה חררה קטנה, נתחייבה בחלה, עכ"ל, הרי בהדיא דבדעתו סגי, **אלא** שאני אומר דלכאורה יש לתמוה על הרא"ש והטור בזה שאמרו דסגי בדעתו לאפותו, והלא הם רוצים לצאת גם דעת הר"ש שהיא עיקר להלכה, והר"ש כתב בהדיא בריש חלה כמה פעמים, דמיירי בככר אפה לההיא פורתא, ע"ש, **אלא** נ"ל דאין כאן חילוק דעות כלל, דודאי אם נתכוין בשעת גלגול העיסה לבשלה במים ולאפות קצת ממנה, נתחייבה כולה תכף, וזה מבואר בלשון הרא"ש, שכתב שהר"מ היה מצוה לאפות מעט כשלשו העיסה, וע"כ נתחייבה תכף, ובדרך זה הוא גם כן דעת הטור, **והטעם**, שבשעת גלגול הוה החשש תכף שמא תמלך ליקח ממנה כשיעור חלה, **והמרדכי** איירי שבשעת לישה וגלגול נתכוונה לבשלה כולה במים, אלא דאח"כ נוטלת ממנה מעט לאפות, לא סגי בזה עד שתהיה אפויה ממש, **אף** על גב דבנמלך לעשותה לחם חייבת בחלה תכף אחר ההמלכה, כמשמעות סוף סעיף ג' שהוא לשון המשנה, היינו בנמלכה לעשותה מכולה לחם, **משא"כ** כאן שכולה תשאר לבישול במים, רק שקצת תטול לאפייה, ועיקר החיוב בעיסה כולה משום גזירה שמא תמלך, לא סגי בזה שתתחייב תכף אחר שהפרישה קצת לאפייה, דאין בזה היכר כ"כ, כיון דשאר העיסה תתבשל, אלא בעינן שתאפה אותה המעט, ומזה מיירי הב"י וכן בש"ע דבעינן אפייה דוקא, **ודברי** הב"י מכוונים לזה, שהרי כתב דבריו על דברי הטור, והטור כתב בלשון זה: וכן היה מנהג הר"ם בביתו כשהיו עושין עיסה כדי לבשלה במים, לאפות ממנה מעט, וע"י כן נתחייבה בחלה כולה, עכ"ל, לשון זה משמע שהיה נוהג באמת לאפות תחלה, ועל ידי זה נתחייבה העיסה, שהרי לא כתב: שהיה מצוה לאפות, דאלו היה כותב כן היה המשמעות שע"י הצווי לאפות נתחייבה אף על פי שלא נאפה עדיין, אלא כתב שהר"ם נהג לאפות כו', דמשמע שבאמת אפאוה תחלה, והיינו בדרך שכתבתי, דתרי מילי היו במהר"ם, דכשהיה מצוה לאפות, סגי בכך ונתחייבה תכף, וכדברי הרא"ש, **אבל** אם לא היה מצוה, ממילא בשעת גלגול היה במחשבה לבשל כולה במים, ואח"כ הפריש מעט, בזה היה אופה באמת, וכן הוא פסק הש"ע כאן, וכן הוא נכון לפענ"ד בחילוק זה.]

[**וקשה**, בעיסה דמהר"ם שעשאו בביתו כדי לבשל במים או לטגן בשמן, ודאי היו עושים עיסה כדרך כל הארץ, וא"כ יש חשש שמא תמלך לאפותה, והוי כההיא דעיסת כותח לכעבין, דחייבת בחלה אפי' בלא אופה מקצת ממנה, **ונ"ל** דכשעשו עיסה לבשל במים, מסתמא עשו בה תבלין או מי ביצים, שלא כדרך עיסה לאפות אלא בענין אחר, מש"ה אין חשש אלא בנטל קצת ממנה לאפות, והוי כההיא דירושל', כנ"ל בזה].

חולק על הב"ח, ואין דבריו מוכרחים, **גם** מש"כ דלכאורה יש לתמוה על הרא"ש וטור כו', והר"ש כתב בהדיא בריש חלה כו', **י"ל** דה"ה אם דעתו לאפות דינא הכי להר"ש, וע"ש - נקה"כ.

והב"ח כתב דאפי' לא אפאו, אלא לעולם כל שנמלך לאפות מקצתו, בין לקחו ממנו ואפאו או לא, מתחייב כולו על ידו, **ומסיק** דלענין הלכה יש לדקדק דלכתחלה יפריש חלה ואחר כך יקח אותו מעט ויאפנו, ‹דאם כן הוי אותו מעט שאפה טבל ואסור לו לאכלו - ב"ח›, **מיהו** אם לקח תחלה אותו מעט ואפאו, צריך גם כן להפריש אחר כך חלה מכל העיסה, אלא שיניח אותו העיסה אפויה אצל העיסה, ויפריש ממנו ומן העיסה כו', וע"ש שהאריך, ועיין בא"ח סי' קס"ח סי"ב.

[**בדרישה** הביא בשם רש"ל שכתב על דברי הרא"ש, הלשון משמע שהיה מברך עליה משום חלה, דאל"כ למה היה מצוה לאפות מעט, בלא אפיה יקח חלה בלא ברכה, או יעשה בלא חלה אם לא ס"ל כר"ת, **וא"כ** תימא, והלא הוא גופיה כתב דלא נתחייב בחלה, אלא דחיישי' שמא ימלך כו', וא"כ בע"כ דלא מברכין, **ונ"ל** דכוונת הר"ם לא היה אלא כדי שיפריש חלה, וס"ל דאסור להפריש חלה בכדי, דעובר על בל תשחית, לדידן שכולה נשרפת, משום הכי היה מצווה בו כדי למצוא שיתחייב בחלה, **ומה** שלא היה מצווה לעשות בלא חלה, אפשר משום כבודו של ר"ת שפסק שחייב בחלה, עכ"ל, **ואני** תמהתי ע"ז, דהא בלחם העשוי לכותח אמרינן בגמ' בהדיא, דחייב כשהוא כעבין, וכמ"ש בסעיף ז', וסתם חייב הוא כדינו להפריש בברכה, והא התם ג"כ הטעם משום גזירה שמא תמלך, וכמ"ש בסמוך בשם הר"ש והרא"ש, **ותו** דהלא תלמוד ערוך הוא בפרק במה מדליקין, דרבא ס"ל אפילו ספק דבריהם בעי ברכה,

והיינו י"ט שני שהוא ג"כ משום מנהג וגזירה, כדאיתא פ"ק דביצה, רק בדמאי אין צריך ברכה, כיון שרוב ע"ה מעשרין הן, וא"כ ה"נ כן הוא, ועוד ראיה מעיסה של ישראל ושל עובד כוכבים בסימן ש"ל, דחייבת מטעם גזירה כמ"ש, ‹אפשר ר"ל עיסת ארנונא, אבל זה לא נזכר בשו"ע, וצ"ע›, ופשוט שחייב בברכה, וכן בכ"מ שאמרו חכמים חייב סתם בגמרא, ולא זכרו חילוק, חייב בברכה, מש"ה לא כתב הטור שהר"מ מרוטנבורג לא היה מברך על חלה כזה מספק, אלא דוקא לענין המוציא, שזה היה ספק של הר"ש בפירוש דברי הגמרא, **וכ"כ** מהרי"ל בהל' פסח בהדיא, בב' עיסות שהיו נילושים לעשות מהן טיגון בלא הפרשת חלה כו', שציוה להפריש מהם מעט לאפות ולהפריש אחר כך חלה בברכה, **וכן** מסיק מו"ח ז"ל, דודאי בעינן ברכה, והביא ראיה לדבר מתשו' הרשב"א].

סעיף ה - טריתא, דהיינו עיסה שבלילתה רכה ושופכין אותה על הכירה ומתפשט עליה ונאפית, פטורה. אבל אם יש בכירה גומא ושופכין אותה לתוכה, חשוב לחם וחייב. הגה: בלק שאופין אותו בשפוד ומושחים אותו בביצים או בשמן או במי פירות, פטור (טור).

סעיף ו - העושה עיסה ליבשה בחמה בלבד, פטורה - לישנא ד"בלבד" אתי לאורויי, לאפוקי היכא דהתחיל ליבשה בחמה וגמר לאפות כתקנה, או איפכא, דהוא ודאי לחם מיקרי - ב"י, **וכן קלי שלשו אותו במים או בדבש, ואוכלין אותו בלא אפייה, פטור. וקלי שלשן כדי לאפותו, חייב.**

סעיף ז - לחם העשוי לכותח, מעשיה מוכיחים עליה. עשאה כעבין, דהיינו שערכו ועשאו כצורת לחם, חייב, ואם לאו, פטור.

סעיף ח - עיסה שנלושה במים רותחין, בין שנתן רותחין על גבי קמח בין שנתן קמח ברותחין, חייבת, בין שאפה בתנור או באלפס בלא משקין - דאף על גב דחלטיה מעיקרא, כיון דהדר אפיה בתנור בלא משקין, לחם קרינן ביה.

סעיף ט - עיסה שנלושה במי פירות – [שאינם משבעה משקין, פירוש כגון מי ביצים שהם אינם מכשירים את המאכל לקבל טומאה], **אפילו בלא שום מים, חייבת בחלה** - והרא"ש פוטר, וכן הברטנורה מסתפק בדבר, **לכן** יש להפריש בלא ברכה, **או** אם יש לו עיסה שלא הורמה, יניח עיסה זו שנלושה במי פירות אצל עיסה שלא הורמה חלתה, ויפריש חלה מעיסה שלא הורמה חלתה גם על זו שנילושה במי פירות.

(**עיין** בס' לבושי שרד שכתב, דדברי הש"ך מ"ש או אם יש לו עיסה שלא הורמה כו', צ"ע, דמשמע שר"ל עיסה שיש בה שיעור חלה, ויפריש חלה בברכה לפטור שניהם, **וז"א**, דשמא אינה חייבת בחלה, וה"ל מהחיוב על הפטור, **ולכן** מסיק דאסור להפריש עליו מעיסה אחרת, אלא אם יש לו עיסה שאין בה שיעור חלה, יכול לצרפה עם עיסה זו, ומפריש חלה בלא ברכה מאיזה מהם שירצה, ע"ש). ‹כונת הש"ך, כשיפריש מעיסה אחרת ישיכנה לה ויכוין גם עליה, ולחנם השיגו הלב"ש ודו"ק – ערוה"ש›.

(**ובגליון** יו"ד של אא"ז הרב הגאון מהר"נ הירץ זצ"ל כתב, דהא דפוטר הרא"ש, היינו במי פירות שהם חוץ מז' משקים, אבל בז' משקין ודאי חייב, כדמשמע בירושלמי ובר"ש ובתשו' הרשב"א. **ובס'** בה"י לא דק עכ"ד, גם בס' לבושי שרד נמשך אחר דברי בה"י אלו, ולכאורה גם מלשון הטור משמע כן, **אך** באמת ז"א כמבואר למעיין בלשון הב"י ובירושלמי שם, וע"כ מ"ש הטור, וא"א הרא"ש ז"ל היה מסתפק בדבר, לא קאי על יין או דבש, רק על מי ביצים לחוד, ועיין באר הגולה ודו"ק, **וכ"כ** אא"ז בתשובת פנים מאירות, דעיסה הנלושה בדבש חייבת בחלה אליבא דכ"ע, כיון שהוא מז' משקים, **והא** דאמרו לעיל סעיף א', הדובשנין פטורים מהחלה, ופי' הברטנורה עיסה הנלושה בדבש, **התם** מיירי שמתחלה היה עיסתו רכה, אבל אם מתחלה היה עיסתה עבה וסופה עבה, חייבת בחלה, ‹**ועיין** בס"א שהערוה"ש חולק על זה›, **והיכא** שנעשית העיסה ע"י צוקר, בזה יפריש בלא ברכה, ע"ש, וכ"כ בתשו' בית אפרים, **ושלא** כדין נהגו העולם שנוטלים חלה מן לעקיך בלא ברכה).

סעיף י - יש ליזהר מללוש במי פירות שאינם משבעה משקים - או מי ביצים, כל שאינו

מז׳ משקין כו׳, **דאע״ג** דפסק המחבר בסמוך דחייבת בחלה, מכל מקום לא ידענו מה יעשה בחלתה, דאע״ג דכלנו עכשיו טמאי מת, מכל מקום חלה זו טהורה, דלא הוכשרה לקבל טומאה כיון שנלושה במי פירות, שאין דבר מוכשר לקבל טומאה עד שיוכשר במשקה, ומי פירות אינן נחשבין משקה להכשיר לקבל טומאה, **וא״כ** חלה זו טהורה היא, ואסור לשרוף חלה טהורה, ולאכלה גם כן אי אפשר, כיון שהיא טהורה ואנו רובן טמאים, וטמא אסור לאכול תרומה טהורה, ויצטרך ליתנה לכהן קטן, הלכך לכתחלה אסור ללוש.

(**ופשוט** דמיירי בקמח שלא נלתת, ל״ח. **ומיירי** נמי שלא נתן מלח שלנו הבא ממים לתוך העיסה, וכמ״ש בפמ״ג לענין דבר שטיבולו באחד משבעה משקים, ע״ש).

אלא א״כ יערב עמהם אחת משבעה משקים - כדי שיוכל לשרפה, וכן הוא מבואר בסמ״ק וב״י. **ונ״ל** שדוקא יערב בשעת לישה קודם שחל חיוב חלה, אבל אחר שלש במי פירות ונתחייב בחלה, אין לערב בו שאר משקין. **וע׳** ברמב״ם בה׳ טומאת אוכלין, מהו הן הדברים שאין מכשירין לקבל טומאה, שנלמד שבהן אסור ללוש.

(**עיין** בשער המלך שהביא דברי הרמב״ם שכ׳, וכן מי פירות שנתערבו בשבעה משקין הולכין אחר הרוב, נתערב במים כל שהוא, הרי הכל משקה ומטמא טומאת משקין ומכשיר, **והראב״ד** שם השיג עליו, וכתב דאפי׳ בתערובת מים בעינן רובא, ע״ש, **ולכן** תמה על המחבר כאן שכתב: אא״כ יערב עמהם א׳ משבעה משקים, ולא ביאר דבשאר משקין חוץ מהמים צריך שיערב בהם רוב כדי שיוכשרו, ע״ש. **מיהו** י״ל דיש חילוק, דאם מערב המשקין זה בזה, אז אזלינן בתר רובא, **משא״כ** אם מתחלה לש במי פירות ואח״כ הוסיף עוד אחת מז׳ משקין, לא שייך ביטול, ומכשיר אפי׳ בכל שהוא, **ואף** דכ׳ הש״ך, דכאן ר״ל דוקא שיערב קודם שחל חיוב חלה, **מ״מ** י״ל דמיירי אחר ששפך המי פירות, ועדיין לא נתערב הקמח יפה, ע״ל סי׳ שכ״ז ס״ב).

הגה: ועיין באו״ח סי׳ קנ״ח באורתי מה הם השבעה משקין - והם: יין, דבש, שמן, חלב, טל, דם, מים. וסימנך: י״ד שח״ט ד״ם.

ואם עבר ולש בלא ז׳ משקין, לא ישרוף החלה, אלא יתן אותה לכהן קטן, כמו שנתבאר לעיל סימן שכ״ב.

§ סימן של׳ – דין עיסת עובד כוכבים ושותפין והפקר וכלבים §

סעיף א - עיסת עובד כוכבים פטורה, אפי׳ לשה ישראל - דכתיב עריסותיכם ולא של עובד כוכבים.

וכתב הדרישה, ובמקומות שהנשים קונות בצק מאופה עובד כוכבים ולוקחים ממנה חלה, נראה דאסור כו׳, **אם** לא שנאמר שיש לסמוך על זה הואיל ומדאורייתא מעות קונות, והם נותנין המעות קודם הגלגול, ‹**ודברים** תמוהים הם, דכבר נתבאר בח״מ סי׳ קצ״ד וכן לעיל סי׳ ש״כ, דדעת רוב הפוסקים דרק משיכה קונה גם מן התורה בישראל וכותי, ורק לרש״י והרמב״ם מעות קונות, ודיינו לסמוך על דעתם לענין ההפרשה בלבד, ולא לענין ברכה – ערוה״ש›, **עי״ל** כיון דדרכן כך, אפשר בלא נתינת מעות קודם לכן מותר, כיון דהעובד כוכבים יודע מנהג ישראל, ואדעתא דהכי לש מתחלה, ודינו כאילו נתנו לישראל במתנה קודם שגלגלו, ע״כ, ‹**וגם** זה תמוה, דעכ״פ במה זכה הישראל, ע״כ טוב ליטול חלה בלא ברכה – ערוה״ש›. **ובתשובת** משאת בנימין כתב, דלאו שפיר עבד, ויש לבטל המנהג, עיין שם. ‹**ועיין** לעיל סימן שכו ס״ב›.

ושל ישראל חייבת, אפי׳ לשה לו עובד כוכבים - דלא אזלינן בתר המגלגל לא לחיוב ולא לפטור, רק מי שהיתה העיסה שלו בשעת גלגול.

נתנה לישראל במתנה, אם עד שלא גלגלה נתנה לו, חייבת. ואם לאחר שגלגלה נתנה לו, פטורה.

(עובד כוכבים שהפריש חלה, אינו כלום, ותאכל לזר) - ומודיעין אותו שאינו צריך, רמב״ם, והטעם, שלא יחשוב העובד כוכבים שהזר אוכל חלה, וע״ל סימן שכ״א סק״ב.

סעיף ב - עיסת השותפין חייבת - ע"ל סימן שכ"ו ס"ק א'.

סעיף ג - ישראל שהוא שותף עם העובד כוכבים, אם אין בחלק הישראל כשיעור, פטורה - דוקא בשיש לה שותפות, אבל עיסת ארנונית חייבת בחלה, אף על גב דלא מצי מסלק ליה בזוזי, אפי' אין בו שיעור חלה בשל ישראל, דשמא ימלוך העובד כוכבים שלא ליטלה, כן פסק הב"ח. ‹**וטעמא** הוי, כיון דעיסה ארנונא לית לה קלא דלגוי היא, וכשיאכלנה בלא הפרשת חלה, הרואה אומר שלו היא ואוכלה, הילכך משום מראית העין חייבת בחלה, **אבל** גבי שותפות הגוי, אפי' ימלך הגוי ולא יטלנה, מ"מ היא של גוי, הילכך אין בשל ישראל כשיעור פטורה, והכי איתא בירושלמי, והכי נקטינן – ב"ח. ‹**ומפריש** חלה בברכה, רשב"א בתשובה – רעק"א.

ואם יש בה כשיעור, חייבת - ומשמע דביש בה שיעור לעולם חייבת, אפילו העובד כוכבים עומד עליו, ומפורסם שיד העובד כוכבים באמצע, ואפילו קנו הקמח ביחד, וכ"פ הב"ח עיין שם.

ויכול להפריש מיניה וביה - כדלעיל סימן שכ"ד סעיף י"א, ועיין מה שכתבתי שם.

[**דיש בילה בדבר לח, ובשיעור חלה שיפריש א"א שלא יהיה בו משל ישראל, והחלה אין לה שיעור מן התורה, עד כאן לשון הרא"ש**]. ‹**תמוה** דהא קי"ל בפ"ק דר"ה לכל אין בילה כו', ולשון רש"י שם ד"ה חוץ אטעיתיה, שכתב שדבר לח כו', ותוס' כתבו בפ"ג דמנחות, וש"מ שקמח הוא דבר לח, **ולא** היא דוקא לענין תערובת בין יבש ללח, שהחילוק הוא בין דבר המתערב לדבר העומד בעצמו, משא"כ כאן, **ובזה** מודינא ליה, אם לקחו מתחלה הדגן או הקמח בשותפות, שיכול להפריש מיניה וביה, שכל קורט וקורט שניהם שותפין בו, ואין שיעור לחלה, **אבל** כל שנתערבו בקמח אין תקנה, אלא שיטול כ"כ שיעלה ודאי מחלקו – גר"א.

סעיף ד - עכו"ם שהיתה לו עיסה, ונתגייר. גלגלה קודם שנתגייר, פטור. אחר שנתגייר, חייב. אם ספק, חייב - היינו משום דספק איסורא לחומרא, **וצ"ל** דהיינו דוקא מדינא, אבל האידנא דכל חלה היא מדרבנן, כדלעיל סימן שכ"ב, אם כן פטור מספק, [**כתב רש"ל, דוקא בחלת ארץ ישראל** שהיא דאורייתא וספיקא לחומרא, **אבל חלת ח"ל שהיא דרבנן, לא**], **וצ"ע** למה כתבו האחרונים בסתם דין זה, ‹**מעיקר** הדין כיון דחלה דרבנן, ספיקא דרבנן לקולא, אלא שבכמה דברים בחלה עשאוה כעין של תורה – ערוה"ש›, **ועכ"פ** נראה דהיכא דאיכא ספק בדבר בחלה, כיון דבזמן הזה דהוה דרבנן, יש להפרישה בלא ברכה. ‹**צל"ע** דגם בזמן שחלה דאורייתא, לענין ברכה לא יברך, דלענין ברכה הו"ל ספק ברכות להקל – שבה"ל›.

סעיף ה - שני עכו"ם שעשו עיסה כשיעור וחלקוה, ואח"כ נתגיירו, והוסיף כל אחד על חלקו אחר שנתגייר עד שהשלימו לכשיעור, הרי זו חייבת – [אין שייך לומר בה שהיא שעת חובה ונפטר, שהרי לא בא החיוב עד אחר שנתגייר].

סעיף ו - היתה העיסה בין עובד כוכבים וישראל בשותפות, וחלקו ואח"כ נתגייר, והוסיף כל אחד על שלו עד שהשלים והוסיף לכשיעור, של ישראל חייבת - אף על גב דשני ישראלים שעשו שני קבים ביחד וחלקוה, ואחר כן הוסיף כל אחד שלו והשלימו לכשיעור, אמרינן לעיל סימן שכ"ו ס"ד, דפטורים, **שאני** התם שכבר היה לעיסה זו שעת חובה קודם חלוקה, אלא שהיתה פטורה משום שהיה דעתם לחלק, והוי זו העיסה כאלו הורמה ממנה חלתה, ושוב לא תחזור לחיובה, **אבל** הכא לא היה לזו העיסה שעת חובה לעולם בין קודם חלוקה בין אחר חלוקה, הלכך עכשיו כשיושלם שיעורו חל עליו חיוב הרמת חלה, וחייב להפריש חלה.

ושל עובד כוכבים פטורה – [לפי שעיסה של ישראל כשהיתה מחוברת בחלקו של עובד כוכבים לא בא לידי חיוב מעולם עד שמוסיף אחר כן, וע"כ חייב כשמוסיף, מה שאין כן חלק של עובד כוכבים שהיה מחובר לחלק ישראל שהוא בר חיוב, והוה כאלו לש העובד כוכבים שיעור חלה, אלא שעיקר מפני שהוא עובד כוכבים בשעת החיוב, שוב אינו מועיל שום דבר להתחייב]. ‹**וזהו** דרך הרמב"ם ז"ל בפ"ו, והראב"ד השיג עליו, דאדרבא דחלקו כ"ש שתהא חייבת לאחר שהוסיף, ומפרש פי' אחר בירושלמי ע"ש, **והרמב"ם** ס"ל, דהעיקר תלוי בהצד השני, אם הוא בר חיובא, מקרי הצד שכנגדו שהיה עליו חיוב חלה ונפטרה, ואינה מצטרפת עוד, וכשהצד השני לא

היה בר חיובא, מקרי הצד שכנגדו שלא היה עליו חיוב חלה, ולפיכך הישראל חייב והכותי פטור – ערוה"ש›.

הגה: ודוקא שעשאוה מתחילה בשותפות על מנת שלא לחלקו, ונמלכו לחלקה אח"כ, אבל אם עשאוה מתחלה על מנת לחלק, אף של עובד כוכבים חייבת – ‹דכיון דעשאוה מתחלה לחלקה, אין של הישראל שייך לו כלל, ולא היה גם לו שעת חיוב מעולם, ולפיכך חייב כשהוסיף אח"כ – ערוה"ש›. ‹**ודבריו** תמוהים, דא"כ אפי' ב' ישראלים ליחייב כה"ג – גר"א›.

סעיף ז - הפקיר עיסתו קודם שנתגלגלה, וזכה בה ואח"כ גלגלה, או הפקירה אחר שגלגלה וחזר וזכה בה, חייבת. הפקירה ונתגלגלה בעודה הפקר, ואח"כ זכה בה, פטורה.

סעיף ח - העושה עיסה לבהמה ולחיה, פטור - ‹דכתיב עריסותיכם ולא של חיה ובהמה, ולכן אם אפילו אוכל ממנה אדם באקראי, פטורה, כיון שעיקר עשייתה לא לאדם – ערוה"ש›.

סעיף ט - עיסת הכלבים, בזמן שהרועים אוכלים ממנה, חייבת - ‹ה"פ דאופה מפורש בשביל הכלבים, אך אם תדיר הדרך שהרועים אוכלין ממנה, לא מקרי עיסת כלבים›. **ואם לאו, פטורה** - ‹דמקרי עיסת כלבים, ואף אם היא עיסה יפה פטורה, כן מבואר מדברי הרמב"ם – ערוה"ש›.

ודוקא שניכר בה שהיא לכלבים, כגון שאינה ערוכה ועשויה כצורת לחם, הא לאו הכי חייבת - (הטעם משום מראית עין, ואף דלא שייך כאן מ"ע כי מי יביט אחריו אימת הפריש חלה בשעת לישה או אפיה או אח"כ, מ"מ הא קיי"ל דבמקום שאסרו חכמים משום מ"ע אפילו בחדרי חדרים אסור. **אמנם** צ"ע, דאפשר גם כאן נימא כמו לעיל סעיף ד', דדוקא בחלת ארץ ישראל שהיא דאורייתא, אבל חלת ח"ל לא, **דהא** כתבו התוספות בכתובות דף ס' וכ"ה בפסקי תוספות פ"ק דע"א, והבאתי לעיל סי' פ"ז, דלא אמרינן דאפילו בחדרי חדרים אסור, רק במידי דאיכא חשדא שעובר אדאורייתא, אבל בדבר שעיקרו דרבנן לא. **שוב** מצאתי בתשובת פרי תבואה שנתעורר בזה, וכתב דלא קי"ל לדינה כהתוס' בכתובות הנ"ל, **והעלה** דיפריש בלא ברכה, עיין שם, ועמ"ש לעיל סימן שכ"ח סק"א עוד בשמו).

‹**בפ"ת** כתב משום מראית עין, וא"צ לזה, דדברים אלו הם מדברי הרמב"ן, שכתב דדווקא כשניכר שהיא לכלבים, כגון שאינה ערוכה כצורת לחם, הא לאו הכי חייבת, ולא פליג על הרמב"ם, דוודאי אם עושה מפורש לשם כלבים, פטורה בכל ענין, אלא דאיהו מפרש דמסתמא הוה עיסת כלבים, ולכן הוצרכו לפרש שיש היכר – ערוה"ש›.

§ סימן קמא – דין הצלמים והצורות של עבודת כוכבים §

סעיף א - כל הצלמים הנמצאים בכפרים, אסורים, דסתמא לשם עבודת כוכבים נעשו. והנמצאים בכרכים, מותרים, דודאי לנוי נעשו - איכא למידק דיוקא דרישא אדסיפא, דברישא קאמר דמסתמא כו', הא בספק מותרים, ובסיפא קאמר דודאי כו', הא בספק אסורים, **ונראה** דברישא קושטא דמלתא קאמר, דמסתמא דרכי הכפרים שלא לעשות לנוי אלא לשם אלילים, **ואה"נ** בספק אם נעשו לשם אלילים או לנוי, אסורים, דבעינן דוקא למידע בודאי שנעשו לשם נוי כדקאמר בסיפא, וכן דעת הפרישה, ודלא כהב"ח.

אא"כ עומדין על פתח המדינה - פירוש עיר, וכן מצינו הרבה פעמים בלשון הש"ס והפוסקים, **והיה ביד הצורה צורת מקל או צפור או כדור או סייף או עטרה וטבעת** - עיין ר"פ כל הצלמים, מפרש בש"ס דכל הנך מראים שנעשו לשם אליל.

משמע מלשון זה דכל צורות העומדות על פתח המדינה ובידם מקל כו' אסורים, **ודלא** כהב"ח שס"ל דאינו אסור אלא בצורת אדם.

ונראה דבזמנינו הכל לפי הענין, ובין בכרכים ובין בכפרים הכל מה שמראים הדברים שנעשו לשם אליל או לנוי.

הגה: צורות ‹שתי וערב› **שמשתחוים להם, דינם כדין צלם** - פי' כדין צלם שיש בו הוכחה שנעשה לשם אליל, **ואסורים בלא ביטול. אבל אותן** ‹שתי וערב› **שתולין בצואר לזכרון, לא מקרי צלם, ומותר** - היינו בידוע שלא השתחוה לו, (ואתא לאשמועינן דל"ת כיון שתולין אותו בצואר מיד נאסר), **הא** לאו הכי לא גרע מאם מצא כלים שעליהם צורת עבודת כוכבים, דהכלים אסורים אם הם מכובדים, דכיון שדרך לעבוד אותה הצורה, חיישינן שמא נעבדו הכלים, כדלקמן סעיף ג', והכי נמי איכא למיחש להכי, **ובעבודת** כוכבים עצמו אין לחלק בין מכובד לבזוי, דדוקא בכלים אמרינן דעל המבוזים ודאי לנוי הכלי נעשו, מה שאין כן הכא.

ומצאתי בהר"ן פרק כל הצלמים וז"ל, כתב הרשב"א, דבזמן הזה שחוקקים חקק בכלים ומציירים בהם צורות ודמות עבודת כוכבים, אף המוצא אותם הכלים אסורים, ע"כ, **וצל"ע** שאפשר שאין עובדים היום לצורות הללו אלא לזכר בעלמא עושין אותם, עכ"ל הר"ן, **וכ"כ** רבינו ירוחם, ואפשר דעובדי כוכבים אלו שאין אדוקים בעבודת כוכבים, כל מה שעושין בצורות הללו בכלים, אינם עושים אלא לנוי ומותרים בהנאה, ואסור להשהותן משום חשד אם הם בולטים, וראוי להחמיר בספק איסור תורה, ע"כ, **ואפשר** בצורה ‹צ"ל: בשתי וערב – שכנה"ג› עצמו כיון שדרך שמשתחוים לו, לכ"ע אסור.

(**ועיין** בתשו' פרי תבואה, לענין הכפות שחקוק עליהם צורות עבודת כוכבים, דיש להתירם ע"פ דברי הר"ן הובא בש"ך, שכתב על דברי הרשב"א, וצל"ע שאפשר שאין עובדין לצורות הללו אלא לזכר בעלמא, **ופי'** דבריו, דר"ל דאפילו צורה שודאי עובדין אותה, איכא ספק שמא ביטלוה, וכיון דאיכא עוד ספק שמא לזכר בעלמא הוא, הוי ס"ס, **ואף** דהרי"ו כתב דנכון להחמיר בספק איסור תורה, מ"מ בנ"ד יש להקל טפי, כיון שהוא צורה שוקעת, וצירף עוד דברי הרמב"ם, דמכירה הוי כביטול, **ובפרט** שי"ל דכפות שאוכלים בהם אין נקראים כלים מכובדים, דכתב בהג"ה לקמן ס"ג, דהמנהג כסברא הראשונה, דאף בצורה שודאי נעבדת בכלים מבוזין מותרין, **ועוד** שנראים הדברים שכל עיקר הצורה מעשה אומן הוא לסימנא בעלמא, והסכים עמו לדינא הגאון מוהר"ר יצחק ז"ל מקראקא).

‹**בזמן** הזה כל הצורות הנמצאים בין בכפרים בין בכרכים, אם ניכר הדבר שנעשה לשם עבודה זרה, אסורים, **וכן** צורת שתי וערב שעומד על הדרכים דינו כעבודה זרה, שהרי מכבדין אותן ולוקחין הכובע ומשתחוין להם, **אבל** צורת שתי וערב שתולין על הצואר, לא נעשה רק לזכרון ולא נקרא צלם ומותר, ונ"ל דאין חילוק אם תלוי עליו אדם או לא – חכ"א›.

סעיף ב - המוצא שברי צלמים - פירוש שאינו ידוע שנעבדו, **מושלכים, או בתוך שברי נחושת, או אפילו שברי עבודת כוכבים עצמן** - שנעבדו כשהיו שלימים, **מותרים** - דאע"ג דקי"ל אליל שנשתברה מאליה אסור', כדלקמן סימן קמ"ו, **מ"מ** הכא לנשברה מאליה לא חיישינן, דעובד כוכבים מינטר לה

שפיר, הלכך אמרינן מסתמא העובד כוכבים שברה ובטלה בידים.

אבל מצא תבנית יד או רגל והוא עומד על בסיסו - פי' כנו, שיש להם בית מושב רחב שיושבין עליו לבדם, שאינה נראית כשברים אלא נראית שכך הם נעשים מתחלה, **אסור** - דחיישינן שמא נעבדו, זהו דעת המחבר כהרי"ף והרא"ש והטור, **אבל** באמת דברי הרמב"ם נראין עיקר בש"ס, דכל שברי אלילים אסורים, אפילו אינם עומדים על בסיס, דחיישינן שמא לא בטלום העובדי כוכבי', **אבל** שברי צלמים מותרים, דאיכא ספק ספיקא, ספק נעבדו או לא, ואת"ל נעבדו, שמא בטלום העובדי כוכבים. **ותימה** על המחבר, שהוא עצמו העתיק בסי' קמ"ו סעיף י"א לשון הרמב"ם, לפיכך המוצא שברי אלילים הרי אלו אסורים בהנאה, שמא לא בטלום העובדי כוכבים, עכ"ל, וכאן כתב דאפי' מוצא שברי אלילים מותרים, וכן יש לתמוה על העט"ז, וצ"ע.

סעיף ג- המוצא כלים ועליהם צורות חמה או לבנה. הגה: דהיינו צורות הנעשים לשם חמה ולבנה, כמו שעושים בעלי הטלסמאות צורות לכוכבים, כגון צורות המתייחסות לשמש מציירים מלך מעוטר יושב על עגלה וכן כיוצא בזה ולבנה יש להם צורה מיוחדת (רמב"ם בפירוש המשנה וברטנורה שם) - מדלא כתב הרב וכן נמי צורות הנעשים לשם חמה כו', וכתב דהיינו צורות הנעשים כו', משמע דדוקא בכה"ג אסורים, **אבל** עגול כשמש, או קשת עגול כלבנה ממש, מותרים, דאין דרכן לעבדם בענין זה, **וכן** מפורש ברמב"ם שם שכתב וז"ל, צורות חמה ולבנה אין ענינו שמוצא עגול ויאמר זהו שמש, או קשת עגול ויאמר זהו לבנה וכו', **ודלא** כהעט"ז.

ויש להקשות דהא ע"כ בסעיף ד' דצורת חמה ולבנה אסורה, בין בולטת ובין שוקעת, לעשותן ולהשהות, היינו בעיגול ממש, דהא הטעם הוא משום שנראים שוקעים ברקיע, וכדלקמן ס"ק כ"ה, וכן מוכח בש"ס ברבן גמליאל, שהיה מראה לעדים צורות הלבנה כזה ראיתם כו', ע"ש, **וי"ל** דודאי לעשות או להשהות בידו אף בעיגול שלהן אסור, דלעשות נפקא לן מלא תעשון וגו' כל אשר בשמים ממעל, והאי אשר בשמים ממעל הוא ואסור, וכן להשהותם בידו איכא חשדא אף בעיגול שלהן, דלאיזה צורך הוא משהה אותם, **אבל** במוצא מותר, דאין לחוש שמא עבדו בעיגול.

(**ועיין** בתשובות חתם סופר, בענין בהכ"נ שעשוי בחלון זכוכית עגול כצורת חמה, וניצוצות בולטות סביבות העיגול כניצוצי חמה בזריחה, ובתוכו כתוב שם הוי"ה, ובצדו ממזרח שמש עד מבואו מהולל שם ה', **וכתב** כי שתים רעות עשו בשגגה, דמבואר בש"ך סימן קמ"א סק"ח, דעגול השמש נהי דהמוצא מותר בהנאה, אבל עכ"פ העושה עובר על איסור דאורייתא, והמשהה עובר על איסור דרבנן משום חשדא, וברבים נמי עכ"פ מכוער הדבר, **והכא** מגרע גרע, שהרי כתוב להדיא בצדו ממזרח שמש כו', הרי אומר שמתכוין לצורת השמש ממש, **וגרוע** ממ"ש הט"ז מצורת המזלות שבמחזורים, ואף הנה"כ שם יודה בכאן, **וזאת** שנית, אפילו לא כתוב בצדו ממזרח שמש, מ"מ מעשה הגשמה היא זו כו', ובפרט במקום קדושה ובמזרח שהכל משתחוים למולו בכניסה לפתח בהכ"נ, בודאי מכוער הדבר, **ע"כ** נ"ל מי שיכול לבטל זה יזכה לשמש מרפא בכנפיו, ע"ש).

או דרקון, והוא דומה לנחש, ויש כמין סנפירין בין פרקי חוליות שבצואר - וזאת הצורה היתה אצלם מהודרת, לפי שהם מייחסים אותה לחלק מחלקי הגלגל, והיא הצורה לתלי הלבנה, עכ"ל רמב"ם, **אם הכלים מכובדים, אסורים, שוודאי נעשו לשם עבודת כוכבים. ואם הם מבוזים, מותרים, שלא נעשו אלא לנוי** - ונראה דאם הם אינם מכובדים ולא מבוזים אלא בינונים, אסורים, דאילו היו מכובדים היו ודאי נעשים לשם אלילים, וכמ"ש הטור, א"כ ליכא כאן אלא חדא ספיקא.

וכתב הטור לקמן בסימן זה, ונראה דכל אותם שאסורים במוצא, אסורים אפילו בשוקעת, דכיון שאנו חוששין שמא נעשית לאליל, אף בשוקעת נמי איכא למיחש, עכ"ל, **אבל** ר' ירוחם כתב, דלא אסרו על המכובדים אלא בולט, עכ"ל, ומביאו ב"י.

ואלו הם מכובדים: שעל השיראים - י"א בגדי משי ורקמה חשובים מבוזים, כיון שהן ללבישה, ומפרשים שיראים, אצעדה - טור, **והרמב"ם** חשב אותם

עם המכובדים, וטוב להחמיר, עכ"ל, **ומדלא** הביא המחבר שום פירוש, משמע שדעתו להחמיר, **נזמים וטבעות.**

ומבוזים: (מטבעות) - (עיין בשאילת יעב"ץ שמחמיר בזה, **ועיין** בתשובת כנסת יחזקאל דנראה לו להכריע, דמטבעות של כסף מכובדין, ושל נחושת מבוזין, ע"ש). **יורות, קומקומסים** - יורות קטנות של מתכת, **חמי חמין** - כלי שמחמין בו חמין, **וכוסות ששותים בהם, בין אם הם למטה מהמים** - בשולים ודפנות, **או למעלה מהמים** - היינו באוגני הכלי.

וכל זה בסתם שאין אנו יודעים שנעבדו כלים הללו, אבל בידוע שלא נעבדו כלים הללו - אף על פי שעובדים לצורות הללו כשהן על הכלים, **שעל המכובדים נמי מותרים** - ופשיטא דאף לסברא זו, אם ידוע שכלים הללו נעבדו, אפילו על המבוזים אסורים.

ויש מי שאומר שכל צורה שהיא נעבדת בודאי, אפילו על המבוזים אסורים, אף ע"פ שאין אנו יודעים שכלים הללו נעבדו - מכיון שצורה זו נעבדת בוודאי, אמרינן מסתמא אפילו המבוזין נעבדו, אא"כ ידעינן בוודאי שלא נעבדו כלים הללו, שאז אף לסברא זו אפילו המכובדים מותרים, **ולסברא** זו אין חילוק בין מכובדים למבוזים אלא בסתם, דהיינו שרוב העובדי כוכבים רגילין לעבדה, אבל יש מקומות שאינו ידוע אם צורה זו נעבדת שם כלל, **אבל** בידוע שאינה נעבדת במקום זו, או שאין ידוע שרוב העובדי כוכבים רגילין לעבדה, אף המכובדים מותרין, כל זה מוכח בר"ן.

ולפי"ז בזה"ז שמחקקים חקק בכלים ומציירים בהם צורת כוכבים ומזלות, המוצא כלים שיש בהם כוכבים ומזלות, אסורים.

הגה: והמנהג כסברא הראשונה - פירוש בצורות שהעובדי כוכבים עובדים בזמן הזה, נוהגים כסברא הראשונה, ודוק.

ובזמן הזה שאין הגוים עובדין לצורות הללו, מותרים בהנאה אם מוצאן - אלעיל אצורת חמה ולבנה ודרקון קאי, דבזמן הזה מותרין בהנאה למוצאן, אפי' לסברא האחרונה, כיון שאין עובד כוכבים עובדין לצורות הללו, **אבל אין להשהותן** - משום חשדא.

ויש מחמירים בכל הצורות הנזכרות, אפי' בזה"ז, אף על גב דידעינן דלא פלחי להו - באמת יש כאן מקום לתמוה, שלא ראיתי מי שהחמיר בזה, ואין טעם כלל לסברא זו, דכיון דידעינן בודאי דלא פלחי לה, למאי ניחוש לה, דהא המכובדין אפילו לסברא האחרונה שהביא המחבר, כשידוע שאין אותה הצורה נעבדת במקום זו, אף על פי שרוב העובדי כוכבים רגילים לעבדה, מותרין מה"ט... **ועוד** תימה על הרב, דמאחר שכתב שהמנהג כסברא הראשונה, דאפי' אותן צורות נעבדות, כיון שידוע שלא נעבדו הכלים הללו, שעל המכובדים נמי מותרים, וגם הסברא האחרונה מודה בזה, וכמ"ש, היאך כתב אח"כ ויש מחמירין כו' בזמן הזה אף על גב דידעינן דלא פלחי להו, דאפילו תימא דאין חילוק בין זמן זה לזמנם, מ"מ כיון דידעינן דלא פלחי להו, הרי ודאי לא נעבדו כלים הללו, ואין כאן איסור כלל, וצ"ע.

וצורת דרקון מותר לעשותה - היינו אפילו בזמנם, והטעם נמצא בשם מהרש"ל, משום שהוא פורח באויר, ואינו בשמים, ולא קרינן ביה לא תעשון אתי, **ומיהו** יש לדקדק, דבסעיף ז' סתם הרב כדברי המחבר, שלא אסרו בצורת אדם ודרקון אלא דוקא כשהיא שלימה, אבל צורת ראש בלא גוף או גוף בלא ראש אין שום איסור, לא במוצא ולא בעושה, עכ"ל, משמע דבצורה שלימה יש איסור אפילו בעשיית דרקון, **ונ"ל** ד"ולא בעושה" לא קאי אלא אאדם.

אלא שאסור להשהותה אלו משום חשד – [פירוש שמא כבר נעבדה, ומטעם זה אפילו שקועה אסורה, כ"כ הטור], **אפילו** בזמן הזה, וכמ"ש הרב בסמוך: אבל אין להשהותן.

(**ועיין** בתשובת כנסת יחזקאל, בענין פרוכת שנשתמש כמה עידנים לקודש, ועליו צורות מצויירים בצבעונים, וקם חד ורוצה להטיל מום מכח צורת חמה, **וכתב** הוא ז"ל דאין בזה שום חשש, דצורות אלו מצויירים בצבע, וזה לא בולט ולא שוקע, כמו שכתוב בדרכי משה בשם תשובת מהר"ם, דמה שאוסרים בצורת חמה

בשוקעת, דווקא שוקעת, אמנם הציור בצבע לא בולט ולא שוקע, {**גם** הט"ז כתב חילוק זה, ובנה"כ כתב דאינו נכון, ותימא שלא זכרו דברי הד"מ הנ"ל}, **ופשיטא** אותן איצטלא דמילתא לפי הנשמע נחתכה מחתיכת ציי"ג, והצורות המה בדפוס, בוודאי לא לשם אלילים נעשה, ופשיטא לא פלחי להו מעולם, ומותרים אף על המכובדים, כמו שכתב רמ"א והמנהג כסברא ראשונה, **ואף** דמסיק דאין להשהותם משום חשדא, כבר נתבאר דברבים ליכא חשדא, **ושנית**, אלו הצורות הורגל באותן מדינות שנדפסו שלא לשם עבודת כוכבים כו', **ואף** שכתב ר' ירוחם, דאף דליכא חשדא ברבים מכוער הדבר, **לא** דבר ביריעות האלה, שהרבה מהן נמכרין בחנות, ומכ"ש שחותכין אותה, ואם נטה החתך באותן צורות לא מדקדקים, ודאי אין ביטול גדול מזה, אף לחכמים דס"ל אם מכרו לצורף ישראל אין זה ביטול, היינו בעבודת כוכבים ממש, **ואי** משום ביטול תפלה, כמ"ש באו"ח סימן צ' סכ"ג, אין חשש, כיון שהפרוכת היה בבהכ"נ זמן מה קודם, דומה לכהן שיש בידו מום, דאם דש בעירו מותר לישא כפיו וכו', **אמנם** אם הפרוכת מן חתיכה הנעשה בפני עצמו, ולא נחתכה מן חתיכות, כי אם נעשה למחצלת בפני עצמו, צריך חקירה, פן ח"ו במדינות רחוקות כמו בארץ אסיא וברבריא, עובדין לחמה, ומחצלת הלז נעשה להתפלל עליו בבית תיפלתם, ודומה לשאלת הרא"ש כו' ע"ש).

סעיף ד - אסור לצייר צורות שבמדור שכינה, כגון ד' פנים בהדי הדדי - פרש"י, פני שור ואדם ואריה ונשר לחיה א' דוגמת חיות הקודש, כדכתיב לא תעשון אתי, השרויות אצלי, ע"כ, **ונראה** דמ"ש שור הוא לאו דוקא, דהא אמרינן בחגיגה, בא יחזקאל והפכו לכרוב, אלא נקט שור משום דבשעה שנאמר המקרא דלא תעשון אתי, היה עדיין שור, **ואה"נ** דהשתא דאיכא כרוב, אסור לעשות ד' פניהם בהדי הדדי, דהא מ"מ בכלל לא תעשון אתי השרויות אצלי הוא, **א"נ** קמ"ל, דאף עתה דאין שור במרכבה, אפ"ה אסור לעשות ד' פנים בהדי הדדי ושור ביניהם, שהיה בשעה שנאמר המקרא.

וכן צורות שרפים ואופנים ומלאכי השרת; וכן צורת אדם לבדו - נפקא מדכתיב לא תעשון אתי, אותי, כלומר דמות שאני מתראה בו לנביאים, והיינו אדם, **וא"ת** הא דאמרינן לעיל דד' פנים להדדי אסור, תיפוק ליה משום אדם, **כבר** תירצו התוס' בעבודת כוכבים ובר"ה, דאתי לחיובא אף כשמוצא צורת אדם והשלים לד' פנים, וכן תירץ בהגהת סמ"ק, **א"נ** לעבור בשני לאוין.

ובראש השנה תירצו עוד, דסד"א דאם עשה ד' פנים גרע מאדם לבדו, וכן תירץ הר"ן והרמ"ד. [**וק"ל** דאם כן אילו עשה צורת אדם עם פרצוף אחד או ב' מהנהו ארבעה, ה"נ דשרי לפי שאין כאן צורת אדם ולא צורת ארבעה פנים, וזה לא נראה להתיר, דחידוש כזה ודאי לא היו להפוסקים לשתוק ממנו ולהודיע שהוא מותר]. **אישתמיטתיה** דכדברי הר"ן כתבו התוס' בר"ה, והרמ"ד ומביאו בכסף משנה - נקה"כ.

[**ע"כ** נראה דיש נ"מ בזה דיש איסור מצד אתי, דהיינו שמשים של מרום ארבעה פנים להדדי, ומצד אותי, דהיינו צורת אדם לחוד, ואי לאו אלא דרשה דאותי, הוי אמינא דאחר שפיחת צורת האדם יש היתר להשהות, כיון שאין איסור אלא מחמת אדם לחוד, **קמשמע** לן דרשה דאתי, שיש איסור מצד ארבעה פנים, ואם כן כולהו נעשו באיסור, ואין מועיל תיקון צורת האדם לחוד, כיון שיש איסור בלאו צורת האדם לחוד, וצריך לפחות צורת כולן, כנ"ל נכון].

[**אבל** אין לתרץ, דבפני אדם אין איסור אא"כ בצורה שלימה בכל אבריה, כמ"ש השו"ע סעיף ז', אבל בצורת הפנים לחוד שרי, אבל בארבעה פנים יש איסור אפילו בצורת פניהם לחוד, **דא"כ** קשה מאי פריך "אלא מעתה פרצוף אדם לחוד לשתרי", דהא באמת מותר בצורת פני אדם לא כל גופו, **אלא** ע"כ דכל הארבעה פנים הם בשלימותן בכל הגוף במדור השכינה].

כל אלו אסור לעשות אפילו הם לנוי - וכ"כ ברמב"ם, ובספרי המחברים הישנים כתוב, אפי' לגוי, וכן הוא בטור, ואלו ואלו דברי אלקים חיים, דכיון דקפיד קרא אעשייה, אין חילוק בין עושה לנוי או לגוי, אסור.

ואם עובד כוכבים עשאם לו, אסור להשהותם - משום חשדא, וכבר נתבאר, דה"ה דאסור לומר לעובד כוכבים לעשותן, אפילו אינו רוצה להשהותם, משום דאמירה לעובד כוכבים שבות, אפילו בדבר שאינו של שבת.

סימן קמא – דין הצלמים והצורות של עבודת כוכבים

הגה: ומיהו אם מולא אותם, מותרים - פי' בהנאה מותרים, ובלבד שלא ישהה אותם, דפשיטא דלא עדיף מעשאם עובד כוכבים, שאסור להשהותם, **לבד בחמה ולבנה שדרך העובד כוכבים לעבדם, או שיש הוכחה שעשאו לעבדם, שאז אסור ככל הצלמים, כמו שנתבאר בריש הסימן.**

במה דברים אמורים, בבולטת, אבל בשוקעת, כאותם שאורגים בבגד – [בר"ן כתוב: על הבגד], **ושמציירים בכותל בסמנין, מותר לעשותם** - פי' בבולטת דוקא הוא דאסור בין בשוהה בין בעושה, אבל בשוקעת מותר לעשותן וכ"ש להשהותם, וכמ"ש בסעיף ה' בטבעת שיש בה צורת אדם, שאם חותמן בולט מותר לחתום בה, ואם חותמן שוקע מותר להניחם, והטעם, שאינו אסור אלא דומה להם שהן בולטות, **ומה"ט** מה שמציירים על הכותל ולוח, אף על פי שהוא שוה, מיקרי שוקעת, כיון דלא הוי בולטת כמו שהן עצמם, **והלכך** צורת חמה ולבנה וכיוצא בהן, דהן נמי שוקעים ברקיע, אסור אפילו בשוקעת.

[**משמע** כל הצורות האסורות דלעיל, מותר לעשותן כשהם שוקעים, **אבל** בטור הביא אח"כ בשם הרמב"ן, שכתב בכל מה שאסור מן התורה משום לא תעשון אתי, דהיינו ארבעה פנים שבמדור שכינה, ודמות מלאכים שבמדור העליון, ודמות חמה ולבנה כוכבים ומזלות שבמדור התחתון, ודמות אדם, משום שנאמר לא תעשון אותי, פי' כדמות שאני מראה עצמי לנביאים, כל אלו אסור בין שוקע בין בולט, **אלא** בשאר צורות יש ג"כ איסור לעשותן והוא מדרבנן, שם יש חילוק בין שוקע לבולט, **ממילא** גם בהנך שאסור מן התורה לעשותן, **אלא** דשהייתן מותר מן התורה ואסור מדרבנן משום חשדא, גם בהם יש חילוק בין שוקע לבולט, **ודעה** זו הביא הר"ן בשם הראשונים, וכתב עליה שכן עיקר, והוכיח כן מן התלמוד, **ואם** כן תימא על השו"ע שלא הביא דעת הרמב"ן, **ולענין** הלכה ודאי שאין להקל כלל נגד דברי הרמב"ן, והטור מסיק כן, וכן הר"ן. **ומו"ח** ז"ל כתב לדעת הרמב"ן, שבמידי דאיסורם מן התורה בעשייתן, ושהייתן מדרבנן, אסורים בשהייתן אפילו בשוקעת, **ובדברי** הר"ן שזכרתי שהיא דעת הרמב"ן, כתוב בהדיא דמותרים בשהייתן בשקועה. **והא** דמשמע בדברי הרמב"ן שגם בשאר צורות יש איסור דעשייתן מדרבנן, פי' הר"ן דהיינו בצורות שהיה מנהג העובדי כוכבים לעבדן, **אבל** אם אין מנהג בהם לעבדן, מותר עשייתן, וכמ"ש השו"ע ס"ו].

(**עיין** בספר יערות דבש, שמזהיר מאד שלא להיות בתוך הבית צורה מצוייר בכותל או בלוח, אף דע"פ הדין אין איסור רק בצורה בולטת, מ"מ יש להזהר כו', ע"ש).

ונראה דכל צורות דאסרינן, אינם אסורים אלא בצורה שלימה ממש, כגון צורת אדם בשתי עינים וחוטם שלם וכל הגוף, וכיוצא בו, אבל לא חצי הציור, כדרך קצת המציירים צד אחד של הצורה, וזה אינו אסור, נ"ל.

וצורת חמה ולבנה וכוכבים, אסור בין בולטות בין שוקעות – [לפי שאינם בולטים ברקיע, כן כתבו התוס', ובגמ' וטור הוזכר גם מזלות בהדי כוכבים, **וא"כ** יש לתמוה על מ"ש אח"כ בשו"ע סעיף ו', דמותר לצור צורת בהמות, והלא גדי טלה שור בכלל המזלות הם, וכן ארי, ובהדיא כתב ב"י בסוף הסימן, במה שהקשה על המרדכי בשם רבינו אליקים, דארי בכלל צורות המותרות הם, **ותו** באם יש איסור בכל צורות המזלות, יהיה איסור לעשות צורות דגים, שהוא מזל אדר, ומצינו בגמ' פרק השולח דרב צייר כוורא, ואילו היה בו איסור היה אסור אפילו באינו בולט, כמ"ש הטור בשם הרמב"ן, בכל שהוא אסור משום לא תעשון אתי, **ונראה** דאפשר שיש לאותן צורות שבמזלות צורות מיוחדות, כמ"ש רמ"א לצורת חמה ולבנה סעיף ג', משו"ה כתב שפיר דצורות הבהמות מותרים, משמע כולן, **אלא** דקשה על זה אמאי לא משני על ר"ג שעשו לו צורת לבנה, דלא היה צייר צורת מלך שיושב בעגלה שזכר רמ"א, **אלא** ע"כ דלענין עשייה הכל אסור, אפילו צורת חמה כפשוטו, אלא לענין להשהותה אם מצאה אסור דוקא בצורת מלך הנ"ל, (והש"ך לעיל ס"ג כתב, דגם אסור להשהותה, ואינו מותר אלא במוצא), **ואם** כן גם בצורת המזלות כגון ארי ושור אסור אפילו כפשוטן, **ומו"ח** ז"ל כתב באמת דצורת ארי ושור ה"נ דאסור לעשותן, כיון שהם מזלות, וקשה ממה שזכרנו דרב צייר כוורא]. **לא** קשה מידי מזה, דהתם לא קעביד הכי אלא לסימנא ולאו כוורא ממש - נקה"כ. [**ונראה** דציור הוא עדיף אפילו ממשוקעים, דאין בציור שום ממשות]. **אינו** נכון כלל,

כדמשמע מכל הפוסקים, אלא הנכון כמ"ש בש"ך בס"ו, ע"ש - נקה"כ. [ומ"מ נראה דאותן שמציירים במחזורים בתפלת גשם צורות המזלות, לא יפה הם עושים, כיון שהם מכוונים לעשות צורת המזלות]. **אינו** כלום, דהדבר פשוט דהוי להבין ולהורות, ועוד דאינו צורה גמורה - נקה"כ.

ואם הם להתלמד, להבין ולהורות, כולן מותרות אפילו בולטות - בין לעשותם בין להשהותן. **(ויש מתירין בשל רבים, דליכא חשדא)** - פי' להשהותם, משום דליכא חשדא ברבים, **אבל** לעשותם אין חילוק בין יחיד לרבים. **וכתב** ר' ירוחם אף על גב דברבים ליכא חשדא, מכוער הדבר להם, ומביאו ב"י בב"ה. **וכתב** דבב' ליכא חשדא, ונ"ל ראיה לדבריו מריש ברכות.

(**עיין** בשו"ת דברי יוסף, שנשאל אם ציירו בדלתות ההיכל של בית הכנסת מבפנים צורת כוכבים בסממנים ועפרות זהב, אם יש צד היתר לקיימם, **ואף** דזה אינו לא בולט ולא שוקע, וכמ"ש מהר"ם, מ"מ מדברי הרמב"ם נראה דהציור בצבע דין אחד לו כמו שוקעת, ויש להחמיר כדבריו, [ודלא כמש"ל בס"ג בשם כנ"י], **ואף** לדעת הפוסקים דבשל רבים ליכא חשדא, היינו דווקא במקום שאין בו קדושה, כההיא דר"ג שהיה לו בעלייתו, אבל בבהכ"נ שהוא מקום קדושה ומיוחד להתפלל, פשיטא דיודו דחיישינן לחשדא טפי מביחיד בביתו, ולפיכך צריך למחוק אותם ולהסיר המכשול, **ואל** תשיבני מההוא אנדרטא דהוי בבי כנישתא כו', דשאני התם שהונח באונס כו', עיין שם שהאריך בזה. **ולענ"ד** לא נראה כן מדברי הגמרא שם בר"ה דף כ"ד, דפריך ומי חיישינן לחשדא והא ההוא בי כנישתא כו', ופריק רבים שאני, ע"ש, מבואר להדיא דעיקר ההיתר מפני דרבים שאני, א"כ משמע להדיא דלא כדבריו. **ואפשר** ליישב ולכן יש להחמיר, ובלא"ה הא כתב הש"ך בשם רבינו ירוחם, דאע"ג דברבים ליכא חשדא, מכוער הדבר).

סעיף ה - טבעת שיש עליה חותם, שהוא צורת אדם, אם היתה הצורה בולטת, אסור להניחה - דהרי הוא שוהה צורה בולטת, דאסור משום חשדא, **ומותר לחתום בה** - דהנחתם נעשה שוקע, **ואם היתה הצורה שוקעת מותר להניחה ואסור לחתום בה, מפני שהנחתם תעשה בו הצורה בולטת.**

(**עיין** בספר תפארת למשה שכתב, ודוקא על המכובדים, כגון שיראים וטבעות, טור בשם רמב"ן, **ונ"ל** דאגרת בכלל מבוזים הוא, ולכך נוהגים היתר לחתום בחותם שקוע על איגרת, אף בצורת אדם שלם, עכ"ד).

ואפילו חתם לו העובד כוכבים, אסור להשהותה - הצורה בולטת, **וה"ה בשאר צורות האסורות** - משום חשדא, **וכבר** נתבאר דה"ה דאסור לומר לעובד כוכבים לחתום בטבעת שחותמה שקוע, אפילו אינו רוצה להשהותה, משום דאמירה לעובד כוכבים שבות.

ומכל מקום צ"ע לאיזה צורך כתב הרב דין זה, הא כתבו המחבר בסעיף ד', **ואולי** היה אפשר לחלק בין כשהעובד כוכבים עשאו לו בידים, ובין שעשאו בחותמו, קמ"ל הרב דלא, ודוחק.

סעיף ו - צורות בהמות, חיות ועופות ודגים, וצורות אילנות ודשאים וכיוצא בהם, מותר לצור אותם - וכ"ש להשהותם, **ואפילו היתה הצורה בולטת** – [מכל מקום כתב בהגהות אשר"י מביאו ב"י בשם רבינו אליקים, **דאין לצור בבהכ"נ צורות אלו, שלא יהא נראה כמשתחוה להם**].

צורות בהמות וחיות - משמע דאפילו אריה מותר, וכן פסק הרשב"א בתשובה, ובעל שלטי הגבורים העתיק דבריו, וכן משמע קצת בתוס' דע"ז, **והב"ח** בקונטרוס אחרון אסר, וטענתו, דהלא הכוכבים ומזלות במדור התחתון הם ואסורים, ומזל ארי עומד לבדו בחודש אב, ושור בחודש אייר, ואסור לעשותן, עכ"ד, **ולפי** דבריו כל הי"ב מזלות אסור, אפילו כל א' בפני עצמו, ומעולם לא שמענו מי שנזהר בזה, וגם במרדכי ואגודה במחלוקת ר' אפרים ור' אליקים משמע, דמה"ט דעומד בחודש אב לבדו, אין לאסור אריות, ע"ש, **הלכך** נראה דהא דאמרינן דמזלות אסורים, היינו כל י"ב מזלות ביחד, דומיא דארבעה פנים להדדי, כן נ"ל.

סעיף ז - יש מי שאומר שלא אסרו בצורת אדם ודרקון אלא דוקא בצורה שלימה בכל איבריה - ‹דהיינו הראש בשתי עינים ובשתי אזנים

וחוטם, וכל הגוף עם שתי ידים ושתי רגלים›, **אבל צורת ראש** – ‹לחוד אפילו בשתי עינים ואזנים›, **או גוף בלא ראש** – ‹או אפילו צורת כל הגוף והוא רק צורת חצי הפנים והגוף›, **אין בה שום איסור לא במוצאו ולא בעושה** - וכ"ש בשהייה. ‹ונ"ל, דאע"פ שאינו אלא חצי הגוף מצד הפנים, אע"פ שאינו עושה כל הגוף פנים ואחור, מ"מ אסור, וראיה מחותם בס"ה – חכ"א›. **(וכן נוהגין)** - ‹בשל"ה כתב, דכשר הדבר שלא לנהוג כן, ע"ש›.

ובס"ג כתבתי, דהאי "ולא בעושה", לא קאי אדרקון, דבדרקון אפילו צורה שלימה מותר לעשות, ע"ש, **ומכל** מקום צ"ע, דמדברי התוספות ומדברי המרדכי משמע להדיא, דדוקא באדם בעינן צורה שלימה, אבל בדרקון אין חילוק ולעולם אסור, **והסמ"ג** פסק, דאפילו באדם אין חילוק ולעולם אסור, והמחמיר בכל זה תע"ב.

‹**עיין** בשאילת יעב"ץ על מעשה שהיה באמשטרדם בעת שנתקבל הרב מהר"ר אלעזר ז"ל לאב"ד שם, עמד איש אחד והוציא מוניטין שלו בעולם, דהיינו שהדפיס מטבע כסף בדמות צורתו, והיה תבנית ראש עד החזה עם פרצוף פנים שלם בולט, **והאריך** לבאר שזה איסור גמור מוחלט, ויש בזה איסור כפול, הא', לא תעשה של תורה לא תעשון אתי, וגם משום חשדא דאסור אפילו באחרים עשו לו, **וטעמא** דרבים לא שייך הכא, דמטבע מיבדר בעלמא ומצנעי ליה, **ואף** דהרא"ש כתב שראש בלא גוף אין איסור לא בעושה ולא במוצא, **כוונתו** על ראש שלם אטום בלי צורת פנים ניכרת, כה"ג ודאי לא סגי בלא גוף, **אבל** ראש וגוף בהדדי בדמות אדם שלם, אף על פי שאין הצורה ניכרת בתבנית הפרצוף, אלא כגולם, אעפ"כ נראה הגוף אדם בקומה זקופה ואסור, **אכן** פרצוף פנים דאדם גרידא פשיטא דאסור, ‹**וזה** לא כהש"ך בס"ד דכתב: ונראה דכל צורות דאסרינן, אינם אסורים אלא בצורה שלימה ממש, כגון צורת אדם בשתי עינים וחוטם שלם וכל הגוף, ע"כ, ודלא כחכ"א הנ"ל›, **ואף** דיש סוברים דמטבעות מבוזים הם, קשה לסמוך ע"ז להקל, דהרי עינינו רואות דמכובדים הם, {ועמש"ל ס"ג בשם תשובת כנסת יחזקאל}, **ועוד** שדעת הרשב"א דאין חילוק בין מכובדין למבוזין בצורת אדם, והסכימו לדבריו, ע"ש שהאריך בזה›.

‹**ונראה** לי דצורות אדם בזמן הזה מותר להשהותן, דכיון דאינו אלא משום חשד, וידוע דבזמן הזה אין עובדין לצורת אדם, ואותו שנעבד עושין אותו משונה, וכן מתלמידיו הנעבדים יש בכל אחד מהן סימן, ואלו ודאי אסור להשהותן, אבל שאר צורת אדם, ומכל שכן אם סימא עינו וכיוצא בו, מותר, דאין בו משום חשד – חכ"א›.

סעיף ח - לא יעשה בית תבנית היכל, כשיעור גבהו וארכו ורחבו - אבל אם נשתנה במקצת מותר.

‹**עיין** בתשובת בית אפרים, שנסתפק על איזה היכל קאמר, שהרי היכל בית ראשון היה קומתו שלשים אמה, והיכל בית שני קומתו מ' אמה, **מי** אמרינן דגם לעשות היכל שרומו שלשים אסור, מאחר דבית ראשון היה כך, **או** דילמא דוקא היכל שרומו ארבעים אסור, דלאחר שנבנה בית שני נשתנה הדין, **והעלה** גם תבנית בית ראשון אסור, ע"ש›.

אכסדרה תבנית אולם - אף על גב דאולם היה בו ד' מחיצות, ואכסדרה אין לו אלא ג' מחיצות, מ"מ כיון שפתחו היה רחב וגבוה מאד, היה נראה כאלו אין לו רק ג' מחיצות, **חצר תבנית עזרה, שלחן תבנית שלחן.**

מנורה תבנית מנורה, אבל עושה של חמשה קנים או של ששה או שמונה, אבל של שבעה לא יעשה אפילו משאר מיני מתכות - שאע"פ שאינה של זהב כשרה במקדש, אבל אינה של מתכות, כגון של עץ וכה"ג, שרי, דפסולה במקדש, וכ"ש של חרס דשרי, והיינו דכתבו הט"ו מתכות דוקא, **ואפילו בלא גביעים וכפתורים ופרחים, ואפילו אינה גבוהה י"ח טפחים** - דכל זה אינו מעכב, דבדיעבד המנורה כשרה בלא גביעים וכפתורים, וכן אם אינה גבוהה י"ח טפחים.

‹**ועיין** בספר בכור שור שתמה על הש"ך, שלא עיין כל הצורך בזה, דהא בשל זהב גביעים וכפתורים ופרחים מעכבים בו, ולדבריו משמע דבשל זהב דמעכב שרי בלא גביעים, ‹**ומ"ש** המחבר ואפילו בלא גביעים, אשלפניו קאי "ואפי' משאר מיני מתכות", אבל בזהב שרי – רעק"א›, **וכבר** כתבתי דאינו כן, **אם** לא שנדחוק לפרש דברי הש"ך דה"ק, כיון דאינו מעכב בשל שאר מינים, מקרי תבנית אפילו בשל זהב דמעכב, **אבל** דוחק הוא לפרש כן, ע"ש›.

(**עיין** בספר בכור שור שכתב, בענין אשר חדשים מקרוב באו עושים כוונים למלאכת מנורת המקדש בשינוי עמידת הקנים, דהיינו שעושים ז' קנים, וששה מהם מעמידים בדמות עיגול או משולש או מרובע אלו נגד אלו, וא' באמצע, **דיש** למחות בידם, דכל דבר שאינו מעכב במנורה, אינו מעכב באיסור עשיית תבניתה, ולא מצינו שיעכב במנורה סדר עמידת הקנים, **ועוד** אני אומר דכל שעושה ז' קנים, אפילו חסר איזה דבר המעכב, אסור כו', וכיון שכן כ"ש אין להקל במידי דלא מעכב כלל, והוא סדר עמידת הקנים, ע"ש, **ועיין** בספר משנת חכמים, שדעתו נוטה להתיר בכה"ג שעושה הקנים בעיגול, וכן במנורות שנעשין על נרות ולא על שמן, **עיין** שם שאין דבריו מוכרחים, ויש להחמיר מאחר שהוא איסור תורה, כדמשמע בש"ס ע"ז דף מ"ג, וכמ"ש בתוספות שם).

(**עיין** בס' תפארת למשה שכתב, דאם עובד כוכבים עשאה לו, מותר לדור בבית ולהשתמש במנורה ושולחן).

§ סימן קמב – שהאלילים ותשמישיהם אסורים בהנאה, ובו ט"ו סעיפים §

סעיף טו - אסור לשמוע כלי שיר של עבודת כוכבים - וכן להריח בריח של אלילים, **או להסתכל בנוי עבודת כוכבים, כיון שנהנה בראייה** - פי' באלילים עצמם שנעבדו אסור להסתכל בהן לראות נויין, אבל צורות שנעשו לנוי ולא לעבוד, מבואר בתוס' והרא"ש דמותר.

(ומיהו דבר שאין מתכוין, מותר) - ואפי' אפשר לו לילך למקום אחר, מותר כשאינו מתכוין, **ומיירי** בענין שיכול לאטום אזניו ולעצום עיניו ולסתום נחיריו, שלא יהנה מן הקול והמראה והריח, ומותר כשאינו מתכוין להנאתם, דלא הוי פסיק רישיה, הא לאו הכי אסור, **אבל** כשמתכוין, מבואר שם בש"ס ופוסקים, דאפילו א"א לו לילך למקום אחר, אסור.

§ סימן קמז – שלא להשביע בשם עבודת כוכבים של עכו"ם, ודיני הזכרת שמה §

סעיף א - הנודר או נשבע בשם עבודת כוכבים, הרי זה לוקה. ואסור להזכירה בשמה, בין לצורך בין שלא לצורך.

סעיף ב - שם חגים שלהם שהם כשמות בני אדם, אין חשש להזכירם; והוא שלא יקראם כמו שמזכירים אותם העובדי כוכבים, בלשון חשיבות.

סעיף ג - אסור לגרום לעובד כוכבים שידור או שישבע בשם עבודת כוכבים - <דכ' לא ישמע על פיך, משמע שלא יגרום שאחרים יזכירוהו – חכ"א>.

(**עיין** בתשובת רדב"ז שכתב, דבזמן שהוא כמציל מותר, **ובלבד** שלא יאמר לו השבע לי בשם עבודת כוכבים פלוני, אלא אומר לו סתם השבע לי, והוא ישבע לו במה שירצה, ע"ש).

(ועיין באו"ח סימן קנ"ו ובחו"מ ס"ס קט"ו) - (דשם כתב בהגהה, ויש מקילין בשותפות עם העובד כוכבים, משום שאינם נשבעין בעבודת כוכבים כו', אלא משתפים ש"ש ודבר אחר, ולא מצינו שיש בזה משום לפני עור, דהרי אינם מוזהרים על השיתוף. **ועיין** בתשובת נודע ביהודה שהאריך להוכיח, מה דמרגלא בפומייהו דאינשי שאין העובדי כוכבים מצווים על השיתוף, הוא טעות, ויצא להם זה מלשון הרמ"א הנ"ל, **ובאמת** כוונת הרמ"א, דמה שמשתף בשבועה, שאינו אומר אלי אתה, רק שמזכירו בשבועתו עם ש"ש, בזה מצינו איסור לישראל, דכתיב ובשמו תשבעו, אבל עובדי כוכבים אין מוזהרים ע"ז, **אבל** כשעובד עבודת כוכבים בשיתוף, אין חילוק כלל בין ישראל לעובד כוכבים, ע"ש, **וכ"כ** בתשובת מעיל צדקה ע"ש, וכ"כ בתשובת שער אפרים, וכן מצאתי בפמ"ג ע"ש. **ולענ"ד** אף שהאמת כן הוא, מ"מ אי אפשר לומר כן בדעת הרמ"א ז"ל, דמדבריו בד"מ לקמן סימן קנ"א המובא בש"ך שם, מבואר להיפך, ע"ש. **ועיין** בספר משנת חכמים, שהביא דהגאון מהור"ר ישעיה בערלין זצ"ל מברעסלא, כתב אליו בדבר זה, והאריך בעוצם ידו דאין בני נח מוזהר כלל על השיתוף).

סעיף ד - מותר להזכיר שם עבודת כוכבים הכתובה בתורה, כמו: כרע בל קרס

נבו, העורכים לגד שולחן - וכן בעל צפון, ושאר אלילים הכתובים.

סעיף ה - מותר להתלוצץ בע"ז. הגה: מותר לומר לעובד כוכבים: אלהיך יהיה בעזרך, או יצליח מעשיך (רמב"ם בפי' המשנה) – [אגב שיטפיה לא דק בהוראה זו, כי למדה מדברי הרמב"ם סוף פ"ה דגיטין, ועיינתי שם, שלא נתכוין לזה ח"ו להתיר אמירה זו, אלא התם קאי על ומחזיקין ידי גוים בשביעית, דהיינו שעושין מלאכה בשביעית, ואפ"ה יכול לומר להו: אלהים יהיה בעזרך, או יצליח מעשיך, וקאי על השם יתברך, **אך** שבדפוסים ישנים של רמב"ם כתוב אלהיך, ובלי ספק הוא ט"ס, דא"כ אין לו שייכות לשם, דלא מיירי מזה כלל, וכן הוא בדפוסים חדשים בהדיא כמו שכתבתי, **ואמירה** זו דאלהיך נראה שהוא איסור גמור, שמחזיק ידי עובדי אליל, **ובלבוש** כתב הטעם להיתר, לפי שהוא מתלוצץ עליו, **ואין** זה כלום, דמ"מ העכו"ם סובר שבאמת אינו מתלוצץ, ונמצא מחזיק ידי העובד כוכבים בזה, ע"כ אין לזה היתר כלל, **וכבר** הצעתי כן בפני מו"ח ז"ל, וקבע כן להלכה בשמי].

§ סימן קמח – דיני חגי העובדי כוכבים §

סעיף א - שלשה ימים לפני חגם של עובדי עבודת כוכבים אסור ליקח מהם - משום דאזיל ומודה לפני אליל ביום חגו, [ועובר על לא ישמע על פיך].

[דבר המתקיים אסור לקנות מהם, אע"פ שהוא צער לו מחמת שאזיל מידו דבר המתקיים, מ"מ הרי המעות בידו], ‹ודבר שאינו מתקיים כגון ירקות ותבשיל, ודאי אסור, דאזיל ומודה שמכרו ולא הופסד בידו, וגם המעות הם בידו – לבוש›.

ולמכור להם דבר המתקיים - עד יום חגו, דחזי ליה קמיה ביום חגו ואזיל ומודי.

ומותר למכור להם דבר שאינו מתקיים עד יום חגם, כגון ירקות ותבשיל – [דביום אידו לא יהיה לו מעות ולא חפץ מתקיים].

[ומו"ח ז"ל הקשה, למה פרש"י דבמודה לאליל עובר על לא ישמע, ואמאי לא אסור משום לפני עור, **ותירץ** דבמודה ליכא לפני עור, דהו"ל כמו גיפוף ונישוק, דאין העובד כוכבים מוזהר עליו, כיון שגם הישראל אינו חייב מיתה עליו, **ותמהתי** כאן דודאי ישראל חייב מיתה במודה לעבודת כוכבים, *כדאיתא פרק ארבע מיתות מתניתין באומר אלי אתה כו', ובהדיא אמרינן כל המודה בעבודת כוכבים ככופר בכל התורה, **וקושיא** מעיקרא אין כאן, דהא מבואר שם בגמרא, דאין שייך לפני עור אלא במקום שא"א לעובד כוכבים לעשות זולת הישראל, **אבל** משום לא ישמע יש כאן, שמ"מ על ידו נשמע, אף על פי שבלאו הכי היה ג"כ נשמע, דמ"מ עכשיו נשמע על פיך].

*לק"מ, דאלי אתה שאני, שמקבלו באלוה - נקה"כ.

וכן אסור להשאיל ולשאול – [שאלה שייך בדבר החוזר בעין, כגון חפץ, והלואה שייכא במעות דלהוצאה ניתנה], **ולהלוותן (בלא רבית), ללוות מהם ולפורען, וליפרע מהם מלוה בשטר או על המשכון.**

אבל מלוה על פה נפרעים מהם מפני שהוא כמציל מידם. ובזמן דידם תקיפה, אפילו בשטר חשיב כמציל מידם. ואם היא מלוה בריבית, אפילו במשכון חשיב כמציל מידם - והתוספות כתבו סתמא, דבמלוה במשכון נמי הוה כמציל מידם, שכמה פעמים אובדות אפילו במשכון, עד כאן לשונו, **וכתב** ב"י דנראה שטעמא, מפני שהלוואות דהאידנא הם ברבית, **ולי** נראה שטעמא, מפני דהאידנא ידם תקיפה עלינו, ובקל יכול העובד כוכבים להעליל ולכפור סך ההלואה וכיוצא בזה, וכן משמע בעט"ז ע"ש, **מיהו** בזמן הזה בכל ענין שרי, מהנך טעמי דלקמן ס"ס זה, וכ"כ רבינו ירוחם.

(**עיין** בתשובת חוט השני שכתב, דבזמן שעושים משפט חרוץ, לכוף לשלם אפילו כתב יד, נשתנה הדין, וכל העומד לגבות כגבוי דמי, ע"ש).

סעיף ב - עבר ונשא ונתן ביום חגם, אסור בהנאה. ואם נשא ונתן בשלשה ימים שלפני החג, מותר בהנאה.

סעיף ג - אם היה חגם של אותם העובדי כוכבים ימים הרבה, ג' או ד' או י', כל אותם הימים כיום אחד הם, וכל אותם הימים אסורים עם ג' לפניהם.

סעיף ד - במה דברים אמורים, בארץ ישראל; אבל בשאר ארצות אינו אסור אלא יום חגם בלבד – [לפי שהעכו"ם שבחוצה לארץ לאו עובדי עבודת כוכבים הם, אלא מנהג אבותיהם בידיהם].

ואם הוא יום חג שאינו קבוע, שאינם עושים אותו בכל שנה, אפילו ביום חגם מותר, ש"ס.

סעיף ה - אסור לשלוח דורון לעובד כוכבים ביום חגם, אלא אם כן נודע שאינו מודה בעבודת כוכבים ואינו עובדם. וכן עובד כוכבים ששלח ביום חגו דורון לישראל, לא יקבלנו ממנו; ואם חושש לאיבה, מקבלו, ויזרקנו בפניו לבור או למקום האבד, כלאחר יד - ז"ל הטור: ואם א"א שלא יקבלנו משום איבה, יקבלנו ולא יהנה בו, עכ"ל, וכ"כ הרמב"ם, **והמחבר** אזיל לטעמיה, שכתב בב"י שיש לתמוה עליהם, למה לא פירש שצריך לאבדו בפניו כלאחר יד שלא יבין העובד כוכבים, כדאיתא בש"ס, **אבל** לא עמדתי על סוף דעתו, שהרי כתב הרא"ש והר"ן והסמ"ג והגה"מ בשם סה"ת אש"ס הנ"ל, דהיכא דלא מצי לאשתמוטי דלא להוי ליה איבה, שקיל ליה, **ובש"ס** מיירי היכא דאפשר לאבדו בפניו וליכא איבה, כגון שיזרקנו לבור כלאחר יד, כאילו נפל ממנו שלא מדעת, כדאיתא בש"ס, וק"ל.

[וברמב"ם כתוב ואם חושש לאיבה, נוטל בפניו ואינו נהנה בו, וצ"ל דהאי בפניו קאי אדבתריה, ורצה לומר שמראה בפניו שלא יהנה בו, דהיינו שמראה לו פנים זועפות בשעת קבלת הדורון שנראה ממנה שלא נהנה בזה, ומקבלנו מפני היראה, וכמ"ש בסעיף ט' שיאמר לו בשפה רפה כו', וזה תקנה כללית בכל מקום, דאילו מה שנזכר בגמרא שישליכנו לבור, לא היה שייך אלא בעומד אצל הבור, אבל אם ילך לבור ודאי ירגיש העובד כוכבים כוונתו, וכן יש לפרש דברי הטור, שכתב יקבלנו ולא יהנה בו, פירוש שהעובד כוכבים לא תהיה הנאה לו במה שיקבל הישראל, כל שאפשר לעשות בפניו כזה ואינו שמח, והשתא ניחא הלשון דאמר הטור: לא יהנה בו, דאי קאי אישראל, היה לו לומר: לא יהנה ממנו, אלא ודאי דעל העובד כוכבים קאי, שלא יהנה בו בדורון שמקבל הישראל, ובזה מתורץ תמיהת ב"י על הרמב"ם וטור, למה לא זכרו כמ"ש בגמרא, **אבל** נראה דאם א"א לעשות בפני העובד כוכבים שיאבדנו, מותר לקבלו וליהנות ממנו, כן נראה לענ"ד ברור, ולא כמו שהבין מו"ח דברי הטור, דבכל גווני אסור בהנאה אחר כך].

דבריו רחוקים בישוב דברי הטור והרמב"ם, והנכון כמ"ש בש"ד ע"ש - נקה"כ.

סעיף ו - יום שמתכנסים בו העובדי כוכבים להעמיד להם שר ומקריבים ומקלסים לאלהיהם, יום חגם הוא והרי הוא כשאר חגיהם.

סעיף ז - עובד כוכבים שעושה הוא חג לעצמו ומודה לעבודת כוכבים ומקלסה, כיום שנולד בו, ויום תגלחת זקנו ובלוריתו, ויום שעלה בו מן הים, ויום שיצא בו מבית האסורים, ויום שעשה בו משתה לבנו, וכיוצא באלו, אינו אסור אלא אותו יום ואותו האיש בלבד - כיון שאינו יום קבוע לכל.

סעיף ח - אין יום החג אסור אלא לעובדים בו בלבד, אבל העובדי כוכבים ששמחים בו ואוכלים ושותים ומשמרים אותו מפני מנהג או מפני כבוד המלך, אבל הם אינם מודים בו, הרי אלו מותרים לשאת ולתת עמהם.

סעיף ט - אסור ליכנס לבית העובד כוכבים ביום חגו וליתן לו שלום - כתוב בבדק הבית בשם א"ח בשם הר"ם, דוקא שלום שהוא שמו של הקדוש ברוך הוא, **אבל** ברכה דליכא שם, ליכא קפידא, עכ"ל, וכן משמע קצת בפירש"י, **ומכל** מקום צ"ע קצת, דבש"ס גבי מקדים ויהיב שלמא, וגבי שלמא למר, לא משמע לכאורה הכי, **ושמא** "שלמא" הוי בכלל שלום.

מצאו בחוץ, מותר; אבל יאמר לו בשפה רפה ובכובד ראש.

סעיף י - אסור לכפול לו שלום לעובד כוכבים לעולם - כלומר אפי' לא ביום חגו, ‹דמפני דרכי שלום התירו להטיל עליו השלום שהוא שמו של הקב"ה, אבל סגי בפעם א', ואסור להזכיר עליו ב' פעמים – לבוש›, **לפיכך טוב להקדים לו שלום, כדי שלא יתחיל העובד כוכבים ויצטרך לכפול לו שלום** - ‹שכשישאל הגוי בשלומו, יצטרך להשיב לו שלום, ואחר כך יצטרך הוא לחזור ולשאול בשלום הגוי גם כן לומר שלום עליך, שכן הוא מנהג העולם בדרך ארץ – לבוש›.

[לכאורה קשה ע"ז ממה שמצינו בריב"ז, מעולם לא הקדימו אדם שלום ואפי' עכו"ם בשוק, מאי אפי', הא עיקר הדין כך הוא, שצריך להקדים שלא יצטרך להכפיל, וי"ל דשם מיירי בעכו"ם שאינו מכירו מעולם, כמו שמרמז ע"ז לשון בשוק, ולא מסתבר שישאל בשלומו ויצטרך לכפול, ואפילו הכא פתח הוא בשלומו, שהיה מתיירא שמא יזדמן שיתן לו העכו"ם שלום תחלה, וכאן מיירי במכירו, וע"כ הוא מן הדין. שוב ראיתי בסמ"ק וז"ל, ואסור לכפול להם שלום, ודוקא שלום שהוא שמו של הקדוש ברוך הוא, או ברכה בלשון שם, אבל ברכה אחרת אין קפידא, עכ"ל, *ודבר זה לא הביאו ב"י, ולפ"ז ניחא, דאותו ששבחוהו שהקדים שלום לעובד כוכבים בשוק, היינו אפי' בלשון ברכה אחרת, ודבר זה נכון].

***אישתמיטתיה**, דהב"י מביאו בבדק הבית, וכמ"ש בש"ך בס"ט - נקה"כ.

סעיף יא - עובדי כוכבים ההולכים לחגם למרחוק - [נראה דלרבותא קאמר למרחוק, דאפילו הכי בהליכה אסור], **בהליכה אסור לשאת ולתת עמהם; והבאים מותרים** - דמאי דהוה הוה, **והוא שלא יהיו קשורים זה בזה, שאם היו קשורים שמא דעתן לחזור. אבל אם ישראל הולך שם, בהליכה מותר לשאת ולתת עמו** - דלמא הדר ביה, **ובחזרה, אסור** – [כיון דאביק ביה גרע טפי], דכיון דהורגל עמהם ודאי דעתו לחזור, [אבל בהליכה אפשר שיחזור], **ואם ישראל מומר לע"ג הוא, גם בהליכה אסור.**

סעיף יב - יש אומרים שאין כל דברים אלו אמורים אלא באותו זמן, אבל בזמן הזה אינם עובדי עבודת כוכבים, לפיכך מותר לשאת ולתת עמהם ביום חגם ולהלוותם וכל שאר דברים - ‹ולא הוי דבר שבמנין, שלא גזרו מתחילה אלא במקום שאדוקים לעבודה זרה – חכ"א›. **ומ"מ** מה שנזכר בסעיף ט' אסור גם האידנא, ב"ח וע"ש.

הגה: ואפילו נותנים המעות לכהנים, אין עושין מהם תקרובת או נוי עבודת כוכבים, אלא הכהנים אוכלים ושותים בו; ועוד דאית בזה משום איבה אם נפרוש עצמנו מהם ביום חגם, ואנו שרויים ביניהם וצריכים לשאת ולתת עמהם כל השנה.

ולכן אם נכנס לעיר ומצאם שמחים ביום חגם, ישמח עמהם משום איבה דהוי כמחניף להם. ומ"מ בעל נפש ירחיק מלשמוח עמהם אם יוכל לעשות שלא יהיה לו איבה בדבר.

וכן אם שולח דורון לעובד כוכבים בזמן הזה ביום שמיני שאחר ניט"ל - ‹י"א ר"ת: נולד ישו ט' לטבת›, **שקורין ניי"א יא"ר, שיש להם סימן אם יגיע להם דורון בחג הזה, אם אפשר לו ישלח לו מבערב** - דאי יאחר תהוי ליה איבה הואיל והורגל כבר, דמאי דהוה הוה, וכ"ש בזמן הזה דלא שכיחא כולי האי דאזלי ומודי, **ואם לאו, ישלח לו בחג עצמו.**

§ סימן קנ – להתרחק מדרך עבודת כוכבים ושלא לשחות בפניה §

סעיף א - מצוה להתרחק מדרך עבודת כוכבים ד' אמות.

סעיף ב - ישב לו קוץ ברגלו בפני עבודת כוכבים, או נתפזרו לו מעות לפניה,

לא ישוח להסיר הקוץ וליטול המעות, מפני שנראה כמשתחוה לה - כתוב בהגהת פרישה, ולפי מאי דקיימא לן דכל דבר שאסור משום מראית עין, אפילו בחדרי חדרים אסור, ה"ה כאן אפילו אין שום אדם רואהו אסור, **אלא ישב או יפנה אחוריו או צדו לצד עבודת כוכבים, ואחר כך יטול.**

סעיף ג - פרצופות המקלחות מים בפני עבודת כוכבים - ‹ופי' שלמעלה מהפרצוף יש ע"ז באותו צד עצמו, ונמצא שקלוח המים הוא לפני הע"ז ממש›, **לא יניח פיו על פיהם וישתה, מפני שנראה כמנשק לעבודת כוכבים** - ‹שהרואהו מרחוק סבור שהוא מנשק לאותה ע"ז - מעשה רקח›. [**בטור** לא כתוב האי בפני אלילים, אלא כתוב שם בכרכין, וכן הוא בגמ' שלנו, ומשמע דאפי' אינו עבודת כוכבים אלא לנוי בעלמא, כדאיתא ריש סי' קמ"א דבכרכים דרך לעשות לנוי, ואפ"ה אסור, ‹משום הפרצוף עצמו, שנראה כמנשק לע"ז - שכנה"ג›, **וכאן** שהוא לשון רמב"ם, משמע שאין איסור אלא בעומד לפני עבודת כוכבים, **וכבר** הביא מו"ח ז"ל שיש בזה חילוק בין הראשונים, ויש להחמיר אפי' הפרצוף אינו עומד בפני אלילים, כגירסת הטור]. **והמחמיר** אפילו שלא בפני אלילים, תע"ב, ב"ח.

‹ונ"ל דפרצוף אדם אפי' אינו בפני עבודה זרה אסור - חכ"א›.

הגה: י"א דכל שאינו אסור אלא מפני מראית העין, כגון בדין זה, אם יש סכנה בדבר כגון אם ימות אם לא ישתה, מותר לשתות ואין בזה משום יהרג ואל יעבור.

שרים או כהנים שיש להם שתי וערב בבגדיהם, או שנושאים צלם לפניהם כדרך הגמונים, אסור להשתחות להם או להסיר הכובע לפניהם, רק בדרך שאינו נראה, כמו - ‹שאמרנו גבי נתפזרו כו' - לבוש› **שנתפזרו מעותיו כו'; או שיקום לפניהם קודם בואם; וכן יסיר הכובע וישתחוה קודם בואם. ויש מקילין בדבר, הואיל וידוע שגם הגוים אינם מסירים הכובע או משתחוים לצלם, רק להשר. וטוב להחמיר כסברא הראשונה.**

§ סימן קנא - דברים המוצרכים לעבודת כוכבים אסור לישראל למוכרם §

סעיף א - דברים שהם מיוחדים למין ממיני עבודת כוכבים שבאותו מקום - [משמע באם הדבר מסופק אי לאליל שייך או לדבר אחר, אזלינן לקולא], **אסור למכור** - אא"כ פסלן, **לעובדי אותן עבודות כוכבים שבאותו מקום** - לעולם, אפילו שלא ביום אידם, ואפילו בזמן הזה, כן כתבו האחרונים ופשוט הוא, **וכתב** עוד הב"ח, ולכל עובד כוכבים אסור, אפילו אינו כומר, דכיון דמיוחדים אותו לעבודת כוכבים, ודאי לעבודת כוכבים בעי לה.

ואם קונה הרבה ביחד, שניכר הדבר שהוא קונה אותם לסחורה, מותר - ולא חיישינן דילמא אזיל ומזבין לאחריני, דאלפני עור מפקדינן, אבל אלפני דלפני לא מפקדינן, ש"ס. [**ואם** יש חשש שישראל יהיה נכשל, אמרי' לפני דלפני, כדאשכחן בחיטין שנפלו למים, שאסור למכור לעובד כוכבים בפסח, שמא יחזור וימכור לישראל, כך כ' הרא"ש].

(ועיין בתשובת חות יאיר, בענין מה שקצת קלי דעת כשיש להם משפט עם אחד אצל שופט עכו"ם, נותן או מפריז ליתן לו מתנה, וכפי הנראה יש בזה איסור דלפני עור, אחרי שבני נח מוזהרין על הדינין, ע"ש. **ולפי** דבריו נראה לכאורה, דאם אינו נותן המתנה ליד השר השופט עצמו, אלא לעבדו שיתן לאדוניו, או להשתדל עבורו, בוודאי שרי, אם הוא באופן שאין בו חשש גזל, דהוי לפני דלפני, **ואי** משום שזה שלוחו וכאילו נותן בעצמו, זה אינו, דאין שליחות לעובד כוכבים, עיין לקמן סי' קס"ט ס"ט בהג"ה. **שוב** מצאתי שבעל חו"י בעצמו העיר בזה על ענין אחר, רק הוא תופס בפשיטות כמאן דס"ל יש שליחות לעובד כוכבים לחומרא, ואביאנו לקמן על דברי ההג"ה).

וכן אם אומר שצריך אותם לדברים אחרים, והישראל יודע שכדבריו כן הוא, מותר. ודברים שאינם מיוחדים לה, מוכרים אותם סתם - ‹שאנו תולין שקונה אותו לצורכו - חכ"א›. **ואם**

סימן קנא – דברים המוצרכים לעבודת כוכבים אסור לישראל למוכרם

פירש העכו"ם שהוא קונה אותם לע"ז, אסור למכור לו אא"כ פסלן מלהקריבו לע"ז.

הגה: אסור למכור לעובד כוכבים מים, כשיודעים שרוצה לעשות מהם מים להטביל.

היו מעורבים דברים המיוחדים עם דברים שאינם מיוחדים, כגון לבונה זכה בכלל לבונה שחורה, מוכר הכל סתם ואין חוששין שמא ילקט הזכה לבדה לעבודת כוכבים; וכן כל כיוצא בזה.

לבונה זכה - והטור כתב דאף לבונה שאינה זכה, **וכתב** הב"ח, משום דהאידנא עובדי כוכבים אין מקפידין בזה, הלכך אפילו אינה זכה אסור, **מיהו** אם ניכר שקונה לסחורה, פשיטא דאף בלבונה שרי, כדלעיל, ע"כ.

הגה: ודוקא לכהן או לגוי שמחזקתו שיקטירנה לעבודה זרה, אבל לסתם גוי, שרי - (דאין גוי מקריב בעצמו לבונה, אלא הכומר, וכשגוי קונה לבונה, קונה אותה לשאר צרכיו - ב"ח). **ולא** חיישינן שיתננו לכהן, דאלפני דלפני לא מפקדינן.

י"א הא דאסור למכור להם דברים השייכים לעבודתם, היינו דוקא אם אין להם אחרים כיוצא בו, או שלא יוכלו לקנות במקום אחר, אבל אם יכולים לקנות במקום אחר, מותר למכור להם כל דבר (מרדכי) - דס"ל דכי היכי דאמרינן בש"ס גבי נזיר, דאסור להושיט לו כוס יין, דהיינו דוקא בדקאי בתרי עברי דנהרא, ה"ה הכא, (**ונ"ל** דה"ה אם אומר בהדיא שקונה לצורך ע"ז, מאחר דאין כאן לפני עור - חכ"א).

ויש מחמירין (ר"ן ותוס' ואשיר"י והגמ"ר לדעת הרב) - וסוברין דמ"מ איסור מדרבנן איכא, אפילו לא הוי כמו תרי עברי דנהרא.

וכל זה לדעת הרב, אבל לפעד"נ דלא פליגי, דכו"ע מודים להמרדכי ותוס', דבעכו"ם או מומר שרי, **והגמ"ר** ותוס' והרא"ש והר"ן, מיירי בישראל שהוא חייב להפרישו מאיסור, וכדכתב הרא"ש, דלא גרע מישראל קטן אוכל נבילות, שב"ד מצווים להפרישו, כ"ש ישראל גדול, (**ובודאי** כונת הרא"ש למיספי בידים, דאל"כ הא קיי"ל קטן אוכל נבילות אין בי"ד מצווין להפרישו - אחיעזר ח"ג סי' פ"א), **משא"כ** בעכו"ם וישראל מומר, שאינו חייב להפרישו.

ונהגו להקל כסברא הראשונה - לשון ד"מ: מיהו בזמן הזה יש להקל, מטעם דמקילין להשתתף עמהם, עכ"ל, **ר"ל** כמ"ש באו"ח ס"ס קנ"ז, דבזמן הזה מותר להשתתף עמהם, שכוונתם לעושה שמים וארץ, אלא שמשתפים שם שמים ודבר אחר, ולא מצינו שיש בזה משום לפני עור, שאין בני נח מוזהרין על השתוף, וה"ה הכא. **וכל בעל נפש יחמיר לעצמו.**

(**עיין** בתשובת אמונת שמואל, שכתב דאין היתר זה ברור אצלו, דבגמרא אמרו: נ"מ היכא דיש לו בהמה אחרת, ולא אמרו היכא דיכול לקנות בהמה אחרת, **ועוד** דא"כ תבטל לגמרי הדין של משנתנו "אסור למכור", דכי אין בכל העיר אחד שימכור בהמה או לבונה, {**ולפמ"ש** לקמן סי' ק"ס סק"א בשם המל"מ, אין זה קושיא כ"כ, דהא בעינן דוקא שאותו אחר המוכר ג"כ יהיה עכו"ם, שלא יהא נעשה כלל האיסור דלפני עור}, **וכיון** דלא מצינו בגמ' רק שיש לו בהמה אחרת, לא שרינן בגווני אחריתי).

(**עיין** בתשו' חות יאיר, שנשאל: יהודי היה שותפו של עכו"ם בריוח הבורסקי, וזה היהודי נותן כל בשר אחוריים גם אם אירע לו טריפות לשותפו על חשבון משא ומתן שביניהם, והיה זה המשך כמה שנים, ומקרוב נשא העובד כוכבים מומרית לעבודת כוכבים, אם מותר לתת לו כמקדם בשר טריפה ואחוריים, שהרי היא אוכלת מהם, והיא נצטוית באיסור טריפה חלב ודם, נמצא עובר בלפ"ע, **וכתב** דלכאורה אין חשש איסור, מפני שיכול לקנות במקום אחר, וכמ"ש הרמ"א כאן, **איברא** דשטר ושוברו עמו, דיש מחמירין, **ואף** דנהגו להקל, הרי כתב הש"ך בשם ד"מ הטעם, דהעובדי כוכבים לאו עובדי עבודת כוכבים הן, כי לא הוזהרו על השיתוף, וזה לא שייך רק בלתא דעובד כוכבים, ולא במומר בכל עבירות, **ועוד** בנידון דידן היהודי נותן להעובד כוכבים בהקפה על חשבון, בודאי בכה"ג א"א ליקח מאחר, ואסור אף לדעה ראשונה, **ולכן** נראה דלכו"ע אסור למכור למומר לעבודת כוכבים מלבוש מתוקן שעטנז אף שיש כמה עובדי כוכבים מוכרי בגדים, דלא מתרמי ליה במדתו ובדמיו כדבעי, **גם** אין היתר במה שאינו נותן הבשר ביד העובד כוכבים רק לשפחתו, והוי לפני דלפני, דהרי הוא שולחה וכונתנו לידו דמי, דקיי"ל דלחומרא שיש שליחות לעובד כוכבים, **ושוב**

צידד להקל, וכתב דאם להבא לא ימכור בהקפה רק במזומן, בודאי שרי, דהא כתב הש"ך דאף היש מחמירין הוא דוקא בישראל ולא במומר לעבודת כוכבים, **ואף** בהקפה יש לצדד, אחר שכל איש שורר בביתו, ובפרט בינידם והממון שלו, לכן אע"פ שהעובד כוכבים הקונה מאביל המומרית, הרי אלפני דלפני לא מפקדינן, **ומצד** זה אם היה הוא מומר לעבודת כוכבים, אסור, ואפי' ודאי שאין הוא אוכל ממנו, רק מאביל לאשתו המומרית, ג"כ אסור, אחרי דהמומר ג"כ מצווה בלפני, זה הנותן לו עובר ג"כ בלפני, **ועוד** יש להקל, דאיכא למיחש לאיבה).

סעיף ב - אם העכו"ם מחזר אחר דברים המיוחדים לעבודת כוכבים, ומערים לכלול דברים אחרים עמהם כדי שלא יבינו שקונה לצורך עבודת כוכבים, אסור למכרם לו.

סעיף ג - אסור למכור שעוה לעכו"ם ביום חגו. הגה: שדרכו לעשות בו נרות לע"ז; או ביום שלפניו, אבל בשאר ימים שרי (מרדכי) - צ"ע דר"ת שהביאו התוס' והפוסקים חולק ע"ז, דמפרש מתני' במידי דתקרובת, ואפ"ה אמרינן עלה בש"ס ובגולה אינו אסור אלא יום חגו, וגם כל הפוסקים לא כתבו לאסור אלא ביום האיד דוקא, **ואפשר** גם המרדכי סירכא דלישנא נקיט, היכא דאסור יום שלפניו והיינו בארץ ישראל, וכדלעיל סי' קמ"ח, ואולי גם הרב מיירי בכה"ג.

(וע"ל סוף סימן קל"ט).

סעיף ד - מקום שנהגו שלא למכור בהמה דקה לעובדי כוכבים, אין מוכרין - כגון במקום שחשודים על הרביעה, כן הוא בש"ס ורש"י ותוס' וכל הפוסקים, **דלא** כהעט"ז שנעלם ממנו זה, וכתב הטעם, שאותן המקומות אסרו בהמה דקה משום שביתה אטו בהמה גסה, **וזהו** גזירה לגזירה, שהרי בהמה גסה גופה גזירה רחוקה היא כדלקמן, גם כל הסוגיא לא אזלה לדידיה ע"ש, **שוב** מצאתי ברש"י וברטנורה פרק מקום שנהגו שכתבו כהעט"ז, ותמהני, וצ"ע בתוס' שם.

ובכל מקום אין מוכרים להם, ולא לישראל החשוד למכור להם, בהמה גסה - גזרה מכירה אטו שאלה או שכירות, ובשאלה או שכירות אסור לפי שהעובד כוכבים עושה מלאכה בשבת בבהמתו של ישראל שהוא מצווה על שביתת בהמתו, כדכתיב לא תעשה כל מלאכה וגו' וכל בהמתך, **אי** נמי גזרה שלפעמים ימכרנה בע"ש סמוך לחשכה, ואמר ליה נסייה ניהלה, ושמעה לקליה ואזלה מחמתיה, והוה ליה מחמר אחר בהמתו בשבת, **אם לא ע"י סרסור** - ישראל, דלא שייך ביה הני טעמי.

או שיודע שקונה אותה לשחיטה – [וכתב הטור בשם הרמב"ן, כשמוכרה לטבח, ודאי לשחיטה ומותר, ולבעל אדמה, ודאי למלאכה ואסור, **ולכאורה** קשיין הדיוקים אהדדי, דמי שאינו לא טבח ולא בעל אדמה, דייקינן מרישא לחומרא ומסיפא לקולא, **ונראה** פירושו דעיקר כוונתו דאזלינן בתר דידיה בין לקולא בין לחומרא, דהיינו אם הוא טבח ורובא דעלמא זבני למלאכה, אזלינן בתריה לקולא, וכן להיפך אזלינן לחומרא, **אבל** במי שאינו לא טבח ולא בעל אדמה, אזלינן בתר רובא למאי זבני].

ועכשיו נהגו היתר בכל - לפי שבימיהם היו דרים הרבה יהודים ביחד, והיו יכולין למכור זה לזה, אבל האידנא שמעט יהודים דרים במקום אחד, ואי לא מזבני איכא פסידא, טור והפוסקים, ‹דהו"ל גזירה שאין רוב הצבור יכולין לעמוד בה›, **ויש** פוסקים כתבו הטעם, לפי שעתה אין אנו בקיאין בקלא דניחוש דשמעה לקליה כו', **ומשום** שאלה ושכירות ליכא למיחש, דאין רגילין עכשיו לקנות בהמה כדי להשכירה כי אם לצורך עצמו קונהו, ע"כ, **וכתב** הר"ן, דלפי"ז אפי' לקנות כדי להרויח למכרה מותר, ע"כ, **וכן** נראה דעת המחבר וכן נהגו, וכ"כ העט"ז, ‹ולא מיבעיא אם יש לישראל בהמה שמותר למוכרה, אלא אפי' לכתחילה לקנותה ע"מ למוכרה. ולהרויח בה נהגו היתר – עט"ז›, **וכתב** עוד הר"ן, ואעפ"כ בעל נפש ימעט, אבל בשאלה שהדבר פשוט לאסור, ראוי למחות למי שעושה כך, ע"כ, ועיין באו"ח סימן רמ"ו, **וכל** זה בבהמה טמאה, אבל בטהורה, כתב סה"ת ופוסקים דא"צ לכל זה, די"ל דלשחיטה לוקחה, וכמ"ש רש"י.

סעיף ה - אין מוכרים להם ולא לישראל החשוד למכור להם, ולא לישראל לסטים, דבר שיש בו נזק לרבים כגון דובים ואריות, ולא שום כלי זיין ולא סדן (סמ"ק

בלשון אשכנז, כן פירש רש"י בעבודה זרה דף ט"ו), ולא כבלים וקולרין (פירוש מענין: ויתנוהו בסוגר, ויהבוהו בקולרין) (פירוש ברזל סביב הצואר) ושלשלאות של ברזל, ואפילו עשת של ברזל; ולא משחיזים להם כלי זיין - והאידנא נהגו למכור כל כלי זיין לעובדי כוכבים, כיון שעל ידם אנו ניצולים מאויבים הבאים על העיר, טור והפוסקים, והוא מן הש"ס, וכתבו המחבר בסעיף ו', **ולא בונים להם מקום שדנים בו בני אדם.**

סעיף ו - היו ישראל שוכנים בין עובדי כוכבים וכרתו להם ברית, מותר למכור כלי זיין לעבדי המלך וגייסותיו, מפני שעושים עמהם מלחמה עם צרי המדינה, להצילה, ונמצאו מגינים עליהם, שהרי הם שרויים בתוכה.

סעיף ז - אין מוכרין להם בארץ ישראל כל דבר המחובר, כגון אילן וקמה, אבל מוכרים על תנאי שיקוץ, וקוצץ - העובד כוכבים אחר המכירה, וא"צ להיות קוצץ בשעת המכירה.

סעיף ח - אין מוכרים להם בתים ושדות בארץ ישראל – [שנאמר לא תחנם, לא תתן להם חנייה בקרקע], **אבל משכירין להם בתים, ולא שדות** – [בשכירות אין שייך חנייה, מ"מ אסור בשדה שמפקיעה מידי מעשר], **ובסוריא, מוכרים בתים ומשכירים שדות; ובחוצה לארץ, מוכרים אלו ואלו.**

סעיף ט - לא ימכור ולא ישכיר לג' עובדי כוכבים ביחד, בשכונות היהודים - אף בחוץ לארץ, [דשמא יארע סכנה לישראלים ע"י כך ח"ו], **אבל לאחד או לשנים, מותר למכור או להשכיר כל מה שירצה, ולא חיישינן שמא ימכור או ישכיר הוא לאחרים.**

סעיף י - אף במקום שהתירו להשכיר, לא התירו אלא לאוצר וכיוצא בו, אבל לא לדירה, מפני שמכניס לתוכו עבודת כוכבים בקבע - כתב ב"י, ונראה דלמכור אפילו לדירה שרי, כיון שקנאו העובד כוכבים ואין לישראל זכות בו, אף על פי שמכניס בו העובד כוכבים אלילים, לית לן בה, ע"כ, וכתב הב"ח ופשוט הוא, שכן מוכח לשון המשנה, ע"כ, וכן משמעות הפוסקים, וכן מבואר בדברי הרא"ש שבס"ק שאח"ז.

הגה: והאידנא נהגו להשכיר אף לדירה, כיון שאין נוהגים להכניס עבודת כוכבים בבתיהם - קשה דהא חזינן דמכניסים עבודת כוכבים בבתיהן אפילו בקבע, **ודוחק** לומר דכיון דבזמן הזה לאו עובדי עבודת כוכבים הן, לא מיקרי אליל שלהם עבודת כוכבים, **ואפשר** בזמן הרב לא היו נוהגים להכניס עבודת כוכבים בבתיהם בקבע, כמו שכתבו הרא"ש וטור בזמניהם, **אבל** לפעד"נ דסמכינן אאידך שנויא שכתב הרא"ש, וז"ל, ועוד נהי דלדידן שכירות לא קניה, כיון שיד האומות תקיפא, ובדיניהם שכירות אלימא כמכר, ואף אם נפל ביתו של משכיר אינו יכול להוציאו, הוי כמכר, עכ"ל, **וכ"כ** ראב"ן, דאפי' מכניסים עבודת כוכבים לבתיהם שרי, משום דכיון דאותן ישראלים נותנים מס מקרקעות להעובד כוכבים, אינו מיוחד הבית לישראל.

המוכר בית מעכו"ם, יש להחמיר שלא להניח שם דמות עבודת כוכבים של העובד כוכבים.

סעיף יא - אסור ליתן מתנת חנם לעובד כוכבים – [דגם זה נכלל בלא תחנם, לא תתן להם מתנות חנם]. **כתב** הב"י בח"מ סי' רמ"ט, דכל עובד כוכבים במשמע אפי' ישמעאל, לאפוקי גר תושב דלא, ופשוט הוא, וע"ש, **שאינו מכירו** – [אבל אם מכירו לא הוה עלייהו שם מתנה, אלא כמכירה, שהרי ישלם גמולו או כבר שילם לו]. ‹שהיום עושה לו טובה ולמחר בהיפך – חכ"א›.

סעיף יב - מותר לפרנס ענייהם - משמע אפילו בלא עניי ישראל, וכ"כ הב"ח שכן נהגו, ‹וכ"כ בסי' רנ"א ס"א›, **ולבקר חוליהם ולקבור מתיהם ולהספידן ולנחם אבליהם, משום דרכי שלום.**

[קשה שהרי בגיטין פרק הניזקין אמרו: תנו רבנן מפרנסין עניי עובדי כוכבים עם עניי ישראל, משמע אבל בפני עצמן לא, ולמה לא כתב הטור ג"כ עם עניי ישראל,

וראיתי בשם רש"ל, דהטור ס"ל דהגמ' לאו דוקא אמר עם עניי ישראל, והוא דחוק, דכי לא דייק בעל התלמוד בברייתא בלשונו לומר לאו דוקא יותר ממה שדייק הטור. **ונראה** לענ"ד דהברייתא נזהר שלא תאמר הא דאמר מפרנסין עניי עובדי כוכבים, הוא מצוה בזה, ע"כ אמר עם עניי ישראל, דזה פשוט דאין לומר דגם בהם יש מצוה כמו בישראל, או אפילו קצת פחות מזה, זה אי אפשר, דבישראל יש מצוה מן התורה, ועובד כוכבים הוא מפני דרכי שלום לחוד, נמצא שאין להם יחוס זה עם זה לענין מצוה, והיאך קאמר עם, **אלא** ודאי להורות שאין איסור בדבר, שלא תימא כדרך שיש איסור בהשבת אבידה לעובד כוכבים, כדאיתא בפרק הנשרפין, ויליף לה מפסוק למען ספות הרוה את הצמאה, ופירש רש"י משום שמשוה עובד כוכבים לישראל, ומראה שמצות הקדוש ברוך הוא אינה חביבה לו, שהרי גם לעובד כוכבים עושה כן, והוה אמינא גם בפרנסת ענייהם כן, שלא ישווה אותם לישראלים, קמשמע לן בברייתא דבזה אין איסור אם משווה אותם לישראל, כיון שיש בזה דרכי שלום].

סעיף יג - אין ממחין ביד עניי עובדי כוכבים מליטול לקט שכחה ופאה.

סעיף יד - אסור לספר בשבחן של עובדי כוכבים, אפי' לומר: כמה נאה עובד כוכבים זה בצורתו, קל וחומר שיספר בשבח מעשיו או שיחבב דבר מדבריו - ‹שכל זה הוא בכלל לא תחנם, לא תתן להם חן, והכל כדי שלא יתקרבו עמהם וילמדו ממעשיהם - חכ"א›. **אבל אם מכוין בשבחו להודות להקב"ה שברא בריה נאה כזו, מותר.**

§ סימן קנב - שלא יאכל הישראל עם העובד כוכבים, אע"פ שאוכל משלו §

סעיף א - עובד כוכבים העושה משתה לחופת בנו או בתו, אסור לישראל לאכול שם - [בדרישה נסתפק אי יש בכאן היתר משום איבה, כמו בסי' קמ"ח, שאמרו ישמח עמהם מפני שהוא כמחניף להם, ותמיהני על גברא רבא דכותיה יסתפק בזה, שהרי זה מפורש בפסוק שלמדוהו מקרא: וקרא לך ואכלת מזבחו, ומפורש בראש אותו פסוק: פן תכרות ברית ליושב הארץ וזנו אחרי בנותיהן, הרי שהתורה צותה שיהיה לנו איבה עמהם משום הרחקת בנותיהם, והיאך נתיר משום איבה, **ולא** מצינו היתר משום איבה אלא היכא שהמצוה משום דבר אחר, כגון לעיל סימן קמ"ח, שמשום איסור אליל הוא שראוי להרחיק באיזה דברים, והתירו בקצת דברים משום איבה עמהם, **משא"כ** כאן שעיקר המצוה של איסור אכילה גופה הוא משום שלא יהיה לנו עמהם אהבה, והיאך נבטל זה גופיה משום איבה, וכן אפילו בצווי דרבנן כגון שלא לאכול בישולי עובדי כוכבים, שהענין הוא שלא יהיה לנו קירוב עמהם משום בנותיהם, פשיטא שאין שום היתר משום איבה, כל זה פשוט בעיני].

לק"מ, דהמעיין בש"ס גבי הא דפריך, והא רב יצחק בריה דרב משרשיא איקלע לגבי ההוא עכו"ם לבתר תריסר ירחי שתא, ושמעיה דאודי וכו', יראה טעם האיסור הוא משום דאזיל ומודי, ובאזיל ומודי שרינן משום איבה, וקרא אסמכתא בעלמא הוא, **תדע**, ודאי לא מחייבין מלקות אם אוכל במשתה עכו"ם, **והיינו** דקתני בברייתא: ישראל שבחו"ל עובדי עבודת כוכבים בטהרה הם כו', משמע דאיסורא הוא משום עבודת כוכבים, והיינו דאזיל ומודי - נקה"כ.

אפי' אוכל משלו ושמש שלו עומד עליו ומשמש - [שנא': וקרא לך ואכלת מזבחו, ואימא עד דאכיל מזבחו, אמר רבא א"כ נימא קרא: ואכלת מזבחו, מאי: וקרא לך, משעת קריאה, פרש"י: משעה שאתה קרוי לו מעלה אני על אכילתך כאלו הוא מזבחו, **ונראה** דהך קריאה דאסרה התורה, עיקר פירושה שלא תהא אכילת ישראל בזה על ידי הזמנת העובדי כוכבים, ומסתמא כשהוא מזמין את אחד מזמינו לביתו, על כן התירו כששולח לבית ישראל, כמ"ש אח"כ, **וע"פ** זה נ"ל, דאף בבית ישראל יש איסור, דהיינו כששולח לרבים איזה מאכל או משתה שיתאספו וישתו או יאכלו, דמ"מ על ידי הזמנתו אוכלים שם, והוה כבית עכו"ם, **ולא** התירו בשולח לבית ישראל אלא אם אינו אומר שיתאספו ביחד באכילה זו, אבל אם הוא מזכיר שיתאספו ביחד, הוה קריאה ממש ויש איסור אם יתאספו ביחד, אלא כל אחד יקח חלקו לביתו, כן נראה לענ"ד בזה]. ‹ודוקא לסעודת שמחה, אבל אם מזמינו שלא לסעודת שמחה, מותר - חכ"א›.

סימן קנב - שלא יאכל הישראל עם העובד כוכבים, אע"פ שאוכל משלו

ומאימתי אסור, משיתחיל להכין צרכי הסעודה - (עיין בתשובת הרדב"ז שכתב, דקודם שהתחיל להכין צרכי סעודה אפי' ידעינן ודאי שהוא מחמת הילולא, שהעובד כוכבים אמר כן בפירוש, מותר ללכת שם, דבטלה דעתו אצל כל אדם, **אלא** שאם מראין הדברים שיש באותו המשתה חשש של עבודת כוכבים, ודאי דאסור לישראל ללכת שם, ע"ש).

ולאחר ימי המשתה, ל' יום. ואם אומר שמזמינו בשביל החופה, אסור עד י"ב חודש; ולאחר י"ב חודש מותר, אלא אם כן הוא אדם חשוב - והרי"ף והרמב"ם השמיטו איסור דאדם חשוב, וכתב הב"ח, דס"ל דאפילו אדם חשוב שרי, ודחק ליישב הש"ס לדעתם, **ולי** נראה דלא הוצרכו לכותבו משום דמלתא דפשיטא היא, דאדם חשוב ירחיק עצמו בכל מאי שיוכל, **וכן** צ"ל לדעת הרמב"ם והט"ו בסימן קי"ג, שלא כתבו הא דאיתא בש"ס, דאדם חשוב אסור בבשול עכו"ם אף בדבר שנאכל כמות שהוא חי, **וכן** צריך לומר דעת הרמב"ם והמחבר לעיל סי' קמ"ב ס"ד, וכן לקמן ס"ס קצ"ה, גבי היתר מזיגת הכוס באשתו נדה ע"י שנוי, כתב ב"י דס"ל להרמב"ם שאינו אלא לאדם גדול, ולכך לא כתבו, עיין שם, וכה"ג טובי.

[מלשון זה משמע, דמה שיזהר אדם חשוב, הוא מצד חסידותו, וכן כתב ב"י דמשום הכי השמיטו הרמב"ם ורי"ף מ"ש בגמ' שאני רב יצחק דאדם חשוב הוא, דכיון דמדת חסידות בעלמא הוא, לא הזכירוהו, ותמיהני, דהא בהרבה דוכתי הזכירו חילוק זה דיש באדם חשוב דין אחר, והמדקדק בלשון הגמרא יראה שלאו ממדות חסידות נגעו בה כאן, דהא פריך התם: ולבתר י"ב חודש שרי, והא רב יצחק איקלע לבי ההוא עובד כוכבים לבתר י"ב חודש ושמעיה דאודי ופירש ולא אכיל, שאני רב יצחק דאדם חשוב הוא, ופרש"י: דשמח בו העובד כוכבים, משמע דלאו בחסידות תליא מלתא, אלא דין גמור הוא כל שיודע ששמח בו העובד כוכבים, וזהו מסתמא באדם חשוב, וזה מוכח בלשון הש"ס, שלא אמר אדם חשוב שאני, כמ"ש התלמוד פרק כ"ה גבי עבר תחת אשירה, וכן בפ' איזהו נשך יש זה הלשון, והיינו במקום שהוא מדת חסידות, משא"כ כאן שהוא מצד שהעובד כוכבים שמח בו מאחר שהוא אדם חשוב, על כן אמר שאני רב יצחק שהוא אדם חשוב ויש בו שמחה, **והא** דהשמיטו הרי"ף ורמב"ם הוא מטעם אחר, דכיון דחזינן ברב יצחק שקודם ששמע מהעובד כוכבים שהודה לאליל שלו אכל, ולא חש שמא יודה עד ששמע בבירור שהודה, ע"כ אמר התלמוד שאני רב יצחק שהיה אדם חשוב ואירע לו על ידי זה מקרה בלתי טהור שהודה, אבל מסתמא לא חיישינן ליה אפי' באדם חשוב, כמו שרב יצחק לא חש לאחר י"ב חודש, כן נ"ל דעת רי"ף ורמב"ם, **אבל** הטור כתב באמת כל שהאדם יודע שהעובד כוכבים שמח בו אסור מן הדין, וכל אדם ילך אחר אומדן דעת בזה, **ועל** כל פנים לא נתיישבו דברי הב"י במה שתלה הדבר בחסידות, דממ"נ אינו, דלרי"ף ורמב"ם לא חיישינן לזה כלל אפילו מצד חסידות, ולהטור יש לחוש בזה מצד הדין, כן נראה לענ"ד].

סעיף ב - אם העובד כוכבים שעושה חופה שולח לבית הישראל עופות חיים או דגים, מותר. (וה"ה דמותר אם שלח לו לביתו בשר שחוט כדינו) - (כיון שאין זה דרך קריאה - חכ"א).

§ סימן קנג - דיני יחוד ישראל וישראלית עם עובדי כוכבים §

סעיף א - אין מעמידין בהמה בפונדקאות של עובדי כוכבים, ואין מוסרין בהמה לרועה שלהם, מפני שהם חשודים על הרביעה - [והעובד כוכבים מוזהר עליה, דכתיב והיו לבשר אחד, יצאו בהמה וחיה שאין בשרן נעשו אחד, ויש כאן לפני עור ל"ת מכשול, הכי אמרינן ר"פ אין מעמידין, משמע מזה דאין כאן איסור רק משום לפני עור כו', אבל אם כבר העמידה ועבד איסורא, אין שום חשש איסור לענין היתר אכילה, אפילו אם היא בהמה טהורה, דאל"כ לאשמועינן דיש בבהמה טהורה איסורא אפילו דיעבד. אלא ודאי שאין איסור אכילה אפילו אם ודאי רבעה עובד כוכבים, וה"ה בישראל שרבעה בפני ב' עדים דבזמן הזה ליכא גמר דין, וראיתי מי שהורה לאיסור אכילה בזה, וטעות הוא].

(**וכן** כתב בתשו' בית יעקב, אלא שכתב דמ"מ לכתחלה אסור לשוחטה כדי לאכול ממנה, רק ימכור לעובדי כוכבים, **ובמקום** שאין עובדי כוכבים אוכלים בהמה שנרבעת, אסור למכור להם, **אכן** אם יש לחוש שהישראל יעבור וישחטנו ויאכלנו, יש להתיר למכרו לעובד כוכבים, **וכן** הדין בשור שנגח את האדם ומת, דלכתחלה אסור לשוחטו כדי לאכול ממנו, ובדיעבד מותר, ע"ש. **ועיין** בתשובת יד אליהו שחולק עליו במ"ש דאסור לכתחלה לישראל לשחוט בהמה הנרבעת, דליתא, **והעלה** דמותרת באכילה, ומצוה לשוחטה מיד דוקא ולא למכרה ולא להניחה בחיים כלל. **וכתב** עוד, דאין לכתוב על עורה ס"ת ותפילין ומזוזות, ואפילו רצועות אין ליקח ממנה, **ואפילו** בדיעבד אם כתבו עליו חוכך לומר דאין לקרות בו, וצריך גניזה, ע"ש).

ובמקומות שאינם חשודים בה - ‹ובמקומות הללו ובזמן הזה אינם חשודים - לבוש›, **ואדרבה מכים ועונשים עליה, מותר.**

(ואין מוסרים להם תינוק ללמדו ספר או ללמדו אומנות, דמשכי ליה למינות) - ‹רש"י, ועוד כתב שם טעם אחר משום משכב זכור, ולא כתב הרב, משום דאין חשודין האידנא, כנ"ל בשו"ע - גר"א›.

‹**ונ"ל** דה"ה דאסור למוסרו לישראלים האפיקורסים, דגריעי טפי מן הגוים, דאפיקורס ישראל ממשיכים יותר - חכ"א›.

סעיף ב - לא יתייחד ישראל עם עובדי כוכבים, מפני שהם חשודים על שפיכות דמים.

סעיף ג - אם נזדמן לו בדרך עובד כוכבים חגור סייף, טופלו לימינו - [של ישראל, שיהיה קרוב לסייף של עובד כוכבים שחגור בשמאלו], **(היה לעובד כוכבים מקל בידו, טופלו לשמאלו)** - [המקל רגיל להיות בימין של עובד כוכבים]. **היו עולים בעליה או יורדים בירידה, לא יהא ישראל למטה והעובד כוכבים למעלה. (ומ"מ טופלו קלת לימינו)** - ‹דבכה"ג יוכל יותר ליזהר ממנו שלא יכנו›. **ולא ישחה לפניו לעולם** - ‹שלא ירוץ את גולגלתו›. **שאל לו: להיכן אתה הולך, אם היה צריך לילך פרסה יאמר: שתי פרסאות אני הולך** - ‹שמא ימתין הגוי מלהכותו עד פרסה שניה, והוא יפרוש ממנו קודם לכן - לבוש›.

הגה: במקום שנהגו לילך למרחץ בלא מכנסיים, אסור לילך למרחץ שרוחצים בו עובדי כוכבים ערומים. אבל אם הישראל כבר במרחץ ובאו עובדי כוכבים, אין צריך לצאת (מרדכי).

[**דבריו** נמשכים אחר מה שכתב המרדכי ריש פרק כ"ה, דר"ג היה רוחץ עם ההגמון, וש"מ שאם נכנס למרחץ ושוב נכנס העובד כוכבים מותר לרחוץ עמו, **אבל** אם קדם לו העובד כוכבים, אסור לרחוץ עמו, כדאיתא בפרקי ר' אליעזר, **ואם** הרחיק ממנו ד' אמות שרי, כדחזינן גבי צואה שמרחיק ד' אמות ומתפלל, ולא אמרינן כל הבית כולו כד' אמות, עכ"ל, **והוקשה** לרמ"א על מה שאין אנו נזהרין מזה, ותירץ בדרכי משה, דבזמניהם היו העובדי כוכבים הולכים בלא מכנסיים ונראית ערוה שלהם, מה שאין כן עכשיו שמכסים ערוותם, וע"פ זה קבע דבריו פה בש"ע]. **והב"ח** השיג ע"ז וז"ל... דא"כ לפי טעם זה אפילו חוץ לד' אמות נמי אסור, והרי במרדכי והגמי"י מתירין ברחוק ד' אמות.

[**ותמיהני** מאד על זה, דמשמע אם קדם הישראל יכול לרחוץ עמו אף שערות העובד כוכבים מגולה, וזה דבר ברור שאסור, דודאי יש לחוש שיראנו ישראל ויבוא לידי הרהור, **כדאשכחן** פרק מקום שנהגו, רוחצין ב' אחים במרחץ, פירש רש"י ולא חיישינן שמא מתוך שיראו זה את זה ערומים יבואו למשכב זכור, מזה נלמד פשוט במקום שיש הרהור, כגון שרואה גילוי ערוה, שודאי יש איסור גמור, וצריך הישראל לצאת, שלא כדברי הג"ה זאת, **ואף** על פי שבאגודה כתב פרק מקום שנהגו, דבימי חכמי התלמוד היו רוחצים בלא מכנסיים, שכתב עתה שמכסין ערוותן רוחץ אדם אפילו עם אביו כו', ורמ"א באבן עזר סי' כ"ג מביאו, **מכל מקום** ודאי היו נמנעים שלא להסתכל זה בזה, ‹דבריו תמוהים, דא"כ אמאי היה אסור לרחוץ עם אביו - תפארת למשה›, **משא"כ** עכשיו שמסתכלין זה בזה, פשיטא דאסור לרחוץ עם מי שאינו מכוסה אפילו ישראל, **ומה** שהוקשה לו על מה שאין אנו נזהרים מזה, אדרבה איפכא תמהתי על המרדכי שאוסר,

שעיינתי בפרקי ר' אליעזר והוא בפרק כ"ט ע"ש, **ועל כן מל אברהם את העבדים שלא יטמאו אותו**, ‹ולמה מלן בשביל הטהרה, שכל מי שאוכל עם העובד כוכבים כו', וכל הנוגע בו כנוגע במת, וכל הרוחץ עמו כרוחץ עם המצורע – גר"א›, ע"כ, **ולפי זה היה לנו לאסור אפי' הנגיעה בו, וכ"ש לאכול ולשתות עמו בשלחן אחד, אלא דבר ברור הוא דבפרקי רבי אליעזר לא מיירי אלא לענין טומאה וטהרה, וגם המרדכי מיירי מזה, אבל אנו שאין לנו טומאה וטהרה עכשיו, אין זה הדין של המרחץ ג"כ בינינו, ומותר בכל גווני, רק שיהיה מכוסה ערותו, אבל אם הוא מגולה צריך לצאת אפילו קדמו ישראל, כן נראה לענ"ד ברור, וגם מו"ח ז"ל מסיק דלא כהג"ה זאת, אלא שכתב לענין מרחץ, כיון שנאסר במנין בזמן שהיו נוהגים בטהרה, צריך מנין אחר להתירו, ולפי דבריו יהיה גם נגיעתו נאסר במנין, שהרי בחדא מחתא מחתינהו בפרקי ר' אליעזר, אלא ברור שאין כאן איסור מעיקרא, כיון שלא היה רק משום הרחקה מטומאה וקירוב לטהרה**].

רוצה להוכיח דאסור לרחוץ במרחץ שהעכו"ם רוחצים בו ערומים, ואין דבריו נכונים בזה וק"ל - נקה"כ.

וז"ל הב"ח... אלא ודאי הטעם הוא משום טהרה, ואין חילוק בין לבוש מכנסיים או לא, אלא תוך ד"א אסור אפילו לבוש מכנסיים, וחוץ לד"א שרי אפי' אינו לבוש מכנסיים, עכ"ד. ...**אלא** נ"ל דדוקא בזמן הש"ס שהיו נוהגים בטהרה ובפרישות, כדאיתא פ' מפנין ברבי יהושע שטבל מחמת שנתזה צינורא מפיה של מטרוניתא על בגדיו, ופרש"י רוק, וגזרו על העמים שיהיו כזבים לכל דבריהם, ע"כ, וכן משמע בפרקי ר"א דטעמא הוא משום טהרה וכמ"ש הב"ח, **והשתא** דאין טומאה וטהרה נוהג בינינו ואין אנו נזהרין ברוקן ומדרסן, גם לרחוץ עמהם שרי, כן נ"ל. ‹**וגם** נראה דשם מיירי באמבטי אחת, ולכן ל"ק ג"כ הא דר"ג הנ"ל – גר"א›.

ועב"ח שכתב גם כן דדוקא בזמן שהיה טומאה וטהרה נוהג, אלא שאחר כך מסיק דלדעת המרדכי והגמ"י גם בזמן הזה אסור, ע"כ, **ול"נ** אפשר דאינהו לא מיירי אלא למדת חסידות, ולמי שנוהג עצמו בקדושה וטהרה, אבל לא לשאר סתם ב"א, **והיינו** דכתבו המרדכי ואגודה בפ' אף על פי בסתם בשם הר"ש בר ברוך, דמותר לרחוץ במרחץ משפחות עובד כוכבים ולא חיישינן משום טהרה, **ולכך** אין העולם עתה נזהרין בזה, ונראה שלזה השמיט העט"ז הג"ה זו.

סעיף ד - לא תתייחד ישראלית - אפילו היא חשובה קרובה למלכות, **עם עובדי כוכבים** - וכתב ב"י והאחרונים, דוקא עם אנשים, אבל עם נשים, אף לפירש"י שרי, דלא חיישינן לשפיכות דמים מטעם שכתבו התוספות, ויש לפקפק בזה לפירש"י, **אפילו הם רבים ונשותיהם עמהם** - דבכה"ג אפילו בישראל פריצי שרי, כמו שנתבאר באבה"ע סימן כ"ב ס"ה. [**ההיתר שתלוי במה שהם רבים, לא מהני אלא בכשרים אבל לא בפרוצים, וההיתר מחמת נשותיהם עמהם, מהני בישראל אפי' בפרוץ, ואפי' אין שם אלא הוא לבדו, מכל מקום נקט כאן לשון רבים לרבותא, דאפילו הכי בעובד כוכבים לא מהני**].

§ סימן קנד – מיילדת עובדת כוכבים וישראלית §

סעיף א - עובדת כוכבים לא תייلד לישראלית בינה לבינה – [מבואר הוא דהנקה והולדה **שוין, ובתרווייהו בעינן תרתי, דהיינו שיהיו אחרות עומדות על גבם, ויהיה בבית ישראל, והא דכתב גבי הולדה ברישא שלא תהיה בינה לבינה, ולא כתב שם ג"כ שתהיה בבית ישראל, משום שסתמא כל יולדת יולדת בביתה ולא אזלת בבית עובדת כוכבים להוליד שם, משא"כ בהנקה**].

‹**בבית** עכו"ם אפי' אחרות עומדות על גבה אסור, שאינן יכולין להרגיש אם תמיתנו, שהיא יכולה להמיתו בהושטת ידה לפנים ואינן רואות. **בד"א** שאסורה בבית המיילדת גויה, אבל בביתו של ישראל מותר אם אחרים עומדים על גבה או יוצאים ונכנסים שם, דמרתתא ולא תעשה – לבוש›.

ואפילו אם היא מומחית - כלומר ולא אמרינן דלא מרעת נפשה, כדלקמן סימן קנ"ה ברופא מומחה, ב"י, וכ"כ הפרישה וב"ח, וכתב הטעם, דמיילדת יכולה לומר נפל היה וכה"ג, **ותמיה** לי, דבירושלמי פרק אין מעמידין קאמר, כי היכי דברופא אומן מותר, ה"ה במיילדת חכמה, וכן בשום פוסק לא נזכר דבמיילדת מומחית אסור, וצ"ע.

(**ועיין** בתשו' בית יעקב שכתב, דמ"ש הטור ושו"ע דאסור במילדת אפי' היא מומחית, איירי באינה מומחית רק למילדת ולא לדברים אחרים, משו"ה מרע נפשה, **כן** נראה מדברי התוס' בע"ז דף כ"ז, דאפי' הוא מומחה לחולה, אם אינו מומחה לדברים אחרים, אסור, דמרע נפשיה, וכן הדין במילדת, **והלכך** לא קשיא מה שהקשה הש"ך מההיא דירושלמי דבמילדת חכמה מותר, דהתם מיירי שהיא מומחית גם לדברים אחרים, **ועיין** מש"כ לקמן ר"ס קנ"ה. **וכ'** עוד, דכמו שאמרו בגמ' דאדם חשוב מותר להתרפאות, ה"ה גבי מילדת נמי הדין כן, דאם היא אשה חשובה שרי).

וכן לא תניק לבן ישראל בביתה, ואפילו אחרים עומדים על גבה - אמיילדת נמי קאי, **אבל בבית ישראל מותרת ליילד ולהניק, אם אחרים עומדים על גבה או יוצאים ונכנסים, והוא שלא יניחנו עמה לבדה בלילה.**

‹**בבית** עכו"ם לא תינק נכרית לבן ישראל ואפילו אחרים עומדים על גבה, שבקל תוכל להמיתו בעת ההנקה. **בד"א** שאסורה בבית המינקת גויה, אבל בביתו של ישראל מותר להניק אם אחרים עומדים ע"ג או יוצאים ונכנסים שם, דמרתתא ולא תעשה, **והוא** שלא תניחנו עמה לבדה בלילה להניק אפילו בבית ישראל, דבלילה לא מירתתא – לבוש›.

[**ובתוס' כתבו וז"ל, ואם כן צריך שלא להניח ישראלית ההולכת חוץ לעיר, את בנה יחיד ביד מינקת עובדת כוכבים, אם אין ישראלית בעיר יוצאת ונכנסת שם תמיד, ואפי' הכי מזמן שכיבה ואילך אסור להניחו יחיד, עכ"ל, משמע דביוצא ונכנס סגי אפי' בבית עובד כוכבים, ותימה על הב"י שלא הביאה לחלוק על דעת הרא"ש**].

סעיף ב - ישראלית לא תניק לבן עובד כוכבים, אפילו בשכר – [וליכא כאן משום איבה, דאי פנויה היא, יכולה למימר בעינא לאנסובי, ואם אשת איש היא, יכולה למימר לא קא מזדהמנא באפי גברי], **(אא"כ יש לה חלב הרבה ומצערת אותה, מותרת להניקו)** – ‹דלתועלת ישראל מותר – גר"א›.

ולא תיילד לעובדת כוכבים – [דקא מיילדת בן לעבודת כוכבים]. ‹**אבל** אם אינו עובד עבודת כוכבים וקיבל עליו ז' מצות, מיילדים – רעק"א›.

אלא אם כן היא ידועה למילדת, שאז מותרת - משום איבה, **ודוקא בשכר ובחול** – [**ובשבת ליכא איבה, דיכולה לומר: נשי דידן דמנטרן שבתא, מחללין עלייהו שבת, דידכו דלא מנטרי שבתא, לא מחללין בשבילייכו**].

(**ועיין** בתשובת חת"ס, על אודות פקידות השר בארץ תוגר על כל העירות והכפרים להשכיר להם מילדת בקיאה אשר למדה לפני חכמיהם דווקא, ואפילו יש להם חיות פקחות, מ"מ צריכות דוקא להשכיר להם אותה שעמדה בנסיון לפני חכמי הרופאים, **והנה** נמצא איזה כפרים שלא מצאו לפי שעה מלומדת כי אם ישראלית, ושאל השואל אם רשאה להשכיר עצמה להם למילדת בין בחול בין בשבת, **והשיב** מאחר שיש להם כמה חיות בקיאות בלא"ה, פשיטא דשרי אפילו בלא טעמא דאיבה, **וכמ"ש** הרב"י בבד"ה דרמב"ן עסיק להתעבר עמלקית, וכתב לו ר' יונה, תבוא עליך ברכה שהרבית זרעו של עמלק, ע"ש, וצ"ל דלא היה שייך שם איבה, דאל"ה לא היה ר' יונה מערער עליו, **וצ"ל** כיון דשכיח להם רופאים הרבה שהיה יכולים לעשות רפואה ההיא, ועכ"פ ירבה זרעו של עמלק, וא"כ למה יפסיד הרמב"ן שכרו אשר קיבל כו', **ולהלכתא** יש לסמוך אהרמב"ן דעביד עובדא בנפשיה הלכה למעשה, וא"כ בנידון דידן מותר אפי' בשבת במאי דלית ביה חילול שבת, דהיינו ביושבת על המשבר שכבר עקר הולד, וכמ"ש מג"א סי' ש"ל סק"ו, **ואמנם** לחתוך הטבור שהוא מלאכה דאורייתא, תצוה לעובדת כוכבים הבריאה העומדת על צדה לחתוך, **ואם** יש באיבה זו חשש סכנת נפשות, יש להתיר אפילו מלאכה דאורייתא, **אע"ג** דמלשון מג"א ס"ס של"ד משמע, דוקא כיבוי דהוי מלאכה שאצ"ל הותר, ולא מלאכה גמורה, **מיהו** המעיין בעירובין מ"ד ע"ב במתניתין ובש"ג שם, יראה להדיא אפי' מלאכה דאורייתא הותר אם א"א בלעדה, עכ"ד, ע"ש).

(אסור ללמד לעובד כוכבים אומנות) – [איתא בירושלמי מביאו בהגהת אשר"י, הא דישראלית לא תניק עובד כוכבים, משום דנותנת לו חיים, ע"ש, אמר רב אסי הדא אמרה שאסור ללמדו אומנות, עכ"ל].

§ סימן קנה – אם מותר להתרפאות מעובד כוכבים §

סעיף א- כל מכה וחולי שיש בהם סכנה, שמחללים עליהם שבת - וכמו שנתבאר באו"ח סימן שכ"ח, **אין מתרפאים מעובד כוכבים שאינו מומחה לרבים** - אבל מומחה דהיינו אומן לא מרע אומנתיה, **(וכל המקיזים דם הוו מומחים לענין הקזה), דחיישינן לשפיכת דמים.**

(**עיין** בית יעקב שלמד מדברי התוס', דאפי' אם אינו מומחה לאותה חולי שרוצה להתרפאות, כיון שהוא מומחה לחולאים אחרים, מתרפאים מהם, **ואם** הוא מומחה לאותה חולי שמתרפא, ואינו מומחה לדברים אחרים, אין מתרפאים, ע"ש. **וצ"ע** בדין זה האחרון, דלענ"ד לא מוכח מידי מדברי התוס', גם מדברי הרמ"א שכ' וכל המקיזים כו' לא משמע כן, **ולפי"ז** נסתר ג"כ מ"ש בשמו לעיל ר"ס קנ"ד ודו"ק).

משמע דעת המחבר, דאם אין בו סכנה, בכל ענין מותר, וכדפי' רש"י ורי"ף ורמב"ם, **אבל** הרא"ש וטור פסקו, דבדבר שאין בו חולי ואין בו סכנה, כמו הקזה וכה"ג, לא יתרפא ממנו, דכיון דאין ברפואה זו אומנות, אם ימיתנו לא יתלו הדבר בחסרון ידיעתו, אלא יאמרו בלאו הכי הגיע זמנו למות, או ששונאו היה והמיתו, ולא מרע נפשיה לגבי אחרים.

ואפילו הוא ספק חי ספק מת, אין מתרפאים ממנו; אבל אם הוא ודאי מת, מתרפאים ממנו, דלחיי שעה לא חיישינן בה – [כתבו התוספות, והא דאמרינן ביומא מפקחין עליו הגל בשבת לחוש לחיי שעה, הכא והתם עבדינן לטובתו, דהתם אם לא תחוש ימות, והכא אם תחוש ולא יתרפא ממנו ודאי ימות, וכאן שבקינן הודאי מיתה ועבדינן הספק].

ואם אמר: סם פלוני יפה או רע, יכול לסמוך עליו - שירא שמא ישאול גם לאחרים, **והוא שלא יקח ממנו אותו סם** - דכדי למכור חיישינן שמא משקר, אי נמי שמא יערב בו סם המות, ב"י.

(וי"א דכל זה אינו אסור אלא כשהעובד כוכבים עושה בחנם, אבל אם עושה בשכר, בכל ענין מותר, דחייס לפסידא דאגריה) (וכן נהגו להקל).

ומהרש"ל כ' ע"ז, חידוש הוא, דש"ס סתמא קאמר, וגם גדולה השנאה כו' דלא חייש לשכרו היכא דליכא למיחש למירע חזקתו, וכן דעת רוב המחברים ועיקר, עכ"ל, **ואחריו** נמשך הב"ח, וכתב דמדכתבו הרא"ש והר"ן ושאר מחברים, בחולה שאין בו סכנה דמתרפאים ממנו, שאולי ימות יתלו הדבר בחסרון ידיעתו ויקפח פרנסתו, אלמא דמיירי בשכר, ואפ"ה בחולי שיש בו סכנה או בריבדא דכוסילתא אין מתרפאים ממנו, עכ"ל, **ולא** עמדתי על סוף דעתם, דמ"ש דש"ס סתמא קאמר, אדרבה בש"ס קאמר: מאי רפוי ממון ומאי רפוי נפשות, אילמא רפוי ממון בשכר, נפשות בחנם, ופרש"י דלא קטיל דחייש לפסידא דאגריה, אלמא דס"ל לש"ס דבשכר שרי, **ונהי** דש"ס מסיק: רפוי ממון בהמתו, נפשות גופו, היינו משום דפריך: ליתני מתרפאים מהם בשכר, כלומר דלישנא דרפוי ממון ונפשות לא משמע הכי, מכל מקום הדין אמת, דבשכר שרי, דאל"כ ה"ל לאקשויי מאי שנא בחנם ומאי שנא בשכר, **ומ"ש** וגם גדולה השנאה כו', לקשי אש"ס דבעי לפלוגי בהכי, ולא אמרינן גדולה השנאה, **ועוד** תימה מנין לו לומר גדולה השנאה, וכי בעובד כוכבים שהוא שונא לו עסקינן, והלא בסתם עובד כוכבים קא מיירי, אלא מפני שהם חשודים על ש"ד אסור, וכל שבשכר לא מפסיד אגריה, **ומ"ש** דמדכתבו המחברים יקפח פרנסתו אלמא דבשכר מיירי, ליתא, דה"פ, שיתלו הדבר בחסרון ידיעתו ויאמרו שהוא אינו בקי, ויקפח פרנסתו לגבי אחרים שלא יתרפאו ממנו מחמת חסרון ידיעתו, **תדע** דהא כתבו בריבדא דכוסילתא וכה"ג, דלא יתלו הדבר בחסרון ידיעתו, אלא יאמרו ששונאו היה, ואי מקפח פרנסתו היינו שכרו שנוטל מחולה זה, א"כ כשיאמרו ששונאו היה אין ספיקא שמקפח פרנסתו, אלא ודאי כדפי', **ואדרבה** משמע מדבריהם איפכא, דמדשרי משום טעמא דאינו מקפח פרנסתו לגבי אחרים, כ"ש היכא דמפסיד שכרו לגבי האי דשרי, וכל זה ברור, ונמצא דברי הרב עולים כהוגן.

אבל אם בא לרפאותו בלחש, מותר - שאין בו סכנה, **והוא שלא ידע שמזכיר שם עבודת כוכבים; אבל אם יודע שמזכיר שם עבודת כוכבים, אסור, אפילו אם יודע שודאי ימות. ואם הוא אפיקורוס** - עכו"ם, אפי' הוא מומחה לרבים, הרא"ש, ‹**וכוונתו** לא סתם עכו"ם, אלא מין, כמבואר בדברי הש"ס ובדברי הרא"ש – מנחת יצחק›, ‹**דע** דתיבת מי"ן שנזכר בזה כמה פעמים בש"ס ובפוסקים, הוא ר"ת "מתלמידי "ישו "נוצרי – דרכי תשובה›, **אפי' סתם לחש אסור, שודאי מזכיר שם עבודת כוכבים. (וכן אסור ללמוד ממנו לחש).**

(**ועיין** בתשובת חת"ס, שנשאל אודות עלמה אחת בת י"ח שנים, והיא בחולי נכפה ר"ל, וכל הרופאים נתייאשו מלבקש לה רפואה, אך הרופאים הכומרים בארץ ישמעאל אומרים אפשר ימצאו לה רפואה בסמים החריפים או שתמות, וזו היא טובתה לחיים או למות, ואך הרופאים ההמה אינם מאספים אותה לביתם אלא א"כ תאכל עמהם דברים האסורים, ושום ישראל ממשפחתה לא יבא אצלה כל ימי משך היותה שם, אם מותר לעשות כן, **והשיב** הגם לענין להאכילה דבר איסור יש לסמוך אמהרש"ל בשם ר"י, שהובא בט"ז לעיל ס"ס פ"ד, דנכפה הוי סכנת נפש, ואף דמתשו' הרא"ש לא משמע כן, מ"מ בפיקוח נפש הולכים להקל, **אך** מ"מ פשוט בנידון דידן דאסור למוסרה לבתי הישמעאלים הנ"ל, חדא, אפי' רופאים ישראלים כה"ג מי התיר להכניס עצמם בספק נפש להמית או להחיות, **ומכ"ש** דהרי לדעת הרא"ש אין כאן סכנת נפשות, ונהי דלעבור איסור דאורייתא הולכים להקל, אך לענין למוסרה למיתה אמרינן שמא אין בו סכנת נפש, **ומכ"ש** ברופא ההוא שנחשד על שפיכת דמים, לולא שהוא רופא מומחה דלא מרע אומנתו, והכא הרי לא מרע אומנתו כשימיתנה, כי יאמר מעיקרא אדעתא דמיתה נחית, **ועוד** מאחר שהם מקפידים שלא תאכל משלה בשר כשר, וכוונתם בזה להעביר על דת, וכל להעביר על דת הוי כעבודת כוכבים עצמה דיהרג ואל יעבור, וכשם שאין מתרפאין בעצי אשירה אפילו רפואה בדוקה, ה"ה שאין מתרפאין בהעברת דת, כגון שרפואה בדוקה לאכול בשר, ועכו"ם מכוין להעביר ורוצה שיאכל דוקא נבילות, ואם לאו לא יניחנו לאכול בשר, ימות ואל יאכל נבילות, ומ"ש הכא שהעברה אינו ענין לרפואה, כי רפואתה בסמים ולא באכילה זו, ומכ"ש שיש לחוש בפיתוי להעברת דת, ומוטב שתמות זכאי כו', **ועוד** משום יחוד עם העובדי כוכבים שחשודים על עריות, אפילו בכה"ג דהוי חולי מתדבק כדמוכח מתוספות, ועוד דילמא אחר שתתרפא תיאנס או תתפתה להם, ע"כ נראה דאין שום סברא להתיר, ע"ש).

סעיף ב - עכו"ם שבא לרפאות את ישראל, ואמר ליה: קח ממים אלו או מאילן פלוני שהם של ע"ז, אסור. אבל אם אמר ליה: קח ממים אלו או מאילן זה, ולא הזכיר לו שם ע"ז, אע"פ שאין מאותן מים ואותו אילן מצויים אלא של ע"ז, מותר, כיון שלא תלה הרפואה במה שהן ע"ז - עיין בדרישה דמסיק, דכשניכר מדבריו שמכוין לשם אליל, אסור, אע"ג שאינו מזכיר שם אליל, וגם אינו אומר שאין לו רפואה אלא מאלו, אלא כשיש מים ועצים אחרים, והוא אומר קח מאלו שהם במקום פלוני, ודאי קפיד כו', ע"ש, **והב"ח** כתב, דאפי' אין העובד כוכבים אומר בפי' ‹שאין לו רפואה אלא מאלו›, אלא שכך אנו למדין ממשמעות דבריו, והוא על ב' דרכים, **א'**, הוא כשאותן מים או אילן מצויין יותר, והעובד כוכבים אומר קח מאלו, אסור אפי' לא אמר בפירוש קח מאלו של אליל, **הב'**, הוא כשאין מצוי אלו, ואמר קח מאלו של אליל, נמי אסור, **ואין** היתר אלא כשאין מצוי יותר, וגם לא אמר קח מאלו כו', דלא כהשו"ע ודלא כהדרישה, עכ"ל, **ולפעד"נ** גם דעת הדרישה כן, גם המחבר נראה שמודה לזה.

[**בטור כתוב: ודוקא שאומר שאין לו רפואה אלא במים אלו או מאילן זה, שאז נראה לו כאילו הישראל נותן ממשות באליל, וקשה דבריו אהדדי, דבסיפא אוסר שם כל שמזכיר לו שם אליל לחוד, ונראה כוונתו, דבודאי בהזכרת שם אליל לחוד אין איסור, דלסימן בעלמא נקטיה לידע היכן אותן המים בנמצא, ע"כ אין איסור אלא בצירוף שאומר שאין לו רפואה כו', ובסיפא קמ"ל דס"ד כיון שאינם נמצאים המים אלא במקום עבודת כוכבים, והוא אומר אין לך רפואה כו', דהוה אסור דהוה כמזכיר אליל בפירוש כיון שאין בנמצא רק שם, קמ"ל דלא, כן נראה לענ"ד, וראיתי פירושים מעלים פילא בקופא דמחטא בזה לפרש דברי הטור, ומה שכתבתי נראה לי נכון**].

ויש אוסרים גם בזה, אפילו באומר לו: הבא עלים סתם, והביא לו מעצי אשרה – (אפילו אם ימות, דטעמא דאיסורא ד"בכל מתרפאין חוץ מעצי אשרה" לאו משום דלמא אתי לאמשוכי בתר ע"ז, אלא לפי שהוא עובר על לאו דלא ידבק בך מאומה מן החרם, **ואע"ג** דליתא לאו דע"ז ממש, ובשאר איסורין לא אמרינן יהרג ואל יעבור, ס"ל לאוין הנוגעין בע"ז אע"פ שאינו משום ע"ז ממש קי"ל בהו יהרג ולא יעבור – לבוש). **והסכמות** הפוסקים כסברא הראשונה, וכ"פ האו"ה, (דאיסורי הנאה דע"ז הוי איסור הנאה גרידא, ולא איסור ע"ז דליהוי מאביזריי דע"ז).

כתב בד"מ, ולפי"ד המתירין נ"ל, דגם ביין נסך מותר להתרפאות במקום סכנה, במקום דליכא למיגזר לאמשוכי בתריה, כגון דא"ל הביא לי יין סתם, וכן משמע בתשו' הרשב"א דמדמי להו להדדי, עכ"ל, **ור"ל** אפי' הביא לו יין שנתנסך ודאי לעבודת כוכבים, מותר אפי' לשתותו במקום סכנה, כיון דא"ל סתם הביא יין, **ונ"ל** דסתם יינם מותר לכו"ע במקום סכנה אפילו בשתייה, וכ"ש בזמן הזה דפשיטא דשרי בשתייה במקום סכנה, כדמשמע להדיא מדברי הרב לקמן בסמוך, **וכ"ש** בשאר איסורים שאינם אסורים אלא באכילה, מותרים באכילה במקום סכנה.

סעיף ג - בשאר איסורים - איסורי הנאה, **מתרפאים במקום סכנה, אפי' דרך הנאתן** - (דכתיב וחי בהם ולא שימות בהם. **ועיין** בספר תיבת גמא פרשת שמות, שנסתפק אי שרי להושיט לבן נח מסוכן אבר מן החי לרפואתו, די"ל וחי בהם בישראל דוקא, **ולא** שייך לומר ליכא מידי דלישראל שרי כו', דאפשר פיקוח נפש דחויה היא לא מישרי שרי, ע"ש).

(**ועיין** בתשובת רדב"ז שנשאל אם החולה אומר שאינו רוצה לעבור האיסור בשבילו, היש בזה חסידות ושומעין לו, או לא, **והשיב** שאין בזה שום חסידות, אלא מתחייב בנפשו, ומלעיטים אותו על כרחו, או כופין אותו לעשות מה שאמדוהו).

(**וע"ש** שנשאל אם החולה אומר צריך אני לתרופה פלונית שיש בה חילול שבת, ורופא אומר אינו צריך, אם מחללין, **כי** מקצת נבונים אמרו שזה לא דמי למה שאמרו גבי יה"כ, חולה אומר צריכנא לאכול אפי' מאה רופאים כו', דדוקא גבי אכילה שייך לומר לב יודע מרת נפשו, אבל לגבי שאר תרופות אין החולים בקיאים בחולי שלהם, ולבקיאים שומעים. **והעלה** דטעמא דלב יודע כו' שייך בין באכילה בין בתרופה, אלא שיש חילוק: שאם אמר צריך אני לאכול, אפילו אמר הרופא שהמאכל יזיקהו, שומעין לחולה, **אבל** אם אמר צריך אני לרפואה פלונית, ורופא אומר שאותו תרופה יזיקהו, שומעין לרופא משום סכנת חולה, ואפי' בחול, **אבל** אם אמר שצריך לרפואה פלונית, ורופא אומר א"צ לה אבל לא יזיקהו, שומעין לחולה).

(**עיין** בשע"ת שכתב בשם שבות יעקב, באם צריך להאכילו חמץ בפסח, לא יתן לו החמץ ביחידי, דילמא אתי למיכל מיניה, וכה"ג אמרינן לענין קריאה לאור הנר, משא"כ שנים מדכרי אהדדי, ע"ש, **וכתב** ע"ז בשע"ת שם, דדוקא אם אחר מזומן לפניו מיד, דדבר פשוט דבמקום סכנה צריך לעשות בלי איחור, ע"ש. **ונראה** דאף אם אחר מזומן מיד, דוקא בחמץ בפסח צריך לעשות כן, אבל לא בשאר איסורים, דבחמץ כיון דלא בדיל מיניה כל השנה, חיישינן דלמא אתי למיכל מיניה, ודמי לקריאה לאור הנר, **אבל** בכל האיסורים בדילי מיניה וא"צ לחוש לזה. **וראיה** ממ"ש הש"ך לעיל סי' פ"ח, דכל האיסורים מותר להעלות על שלחן שאוכל עליו, חוץ מבשר על שלחן חלב או איפכא, ע"ש, כן נ"ל).

ושלא במקום סכנה, כדרך הנאתן אסור; שלא כדרך הנאתן, מותר - לצורך רפואה, אבל שלא לצורך רפואה, אפי' שלא כדרך הנאתן אסור, והיינו באיסורי הנאה, אבל באיסורי אכילה שרי כדאיתא בפוסקים, **חוץ מכלאי הכרם ובשר בחלב שאסורים אפילו שלא כדרך הנאתן אלא במקום סכנה** - (דבכולהו לשון אכילה כתיב בהו, דהיינו דרך הנאתן, ורבנן הוא שאסרום בהנאה אפילו שלא כדרך הנאתן, ובמקום צערה אע"פ שאין בו סכנה לא גזרו, **חוץ** מכלאי הכרם ובשר בחלב שאיסורן אפילו מן התורה שלא כדרך הנאתן, שבשנים אלו לא כתיב לשון אכילה, לפיכך אין מתרפאין מהן אפילו שלא כדרך הנאתן, אלא במקום סכנה משום וחי בהם, ושלא במקום סכנה אסורין אפילו שלא כדרך הנאתן – לבוש). **הגה: ועיין לעיל סימן קכ"ג.**

(**עיין** במשנה למלך, דדוקא אם המאכל מצד עצמו היא שלא כדרך הנאתן, שמעורב בו דבר מר או חם ביותר, **אבל** אם המאכל מצד עצמו הוא טוב, אלא שהוא

אוכל אכילה גסה וכיוצא, נסתפק שם. **ועיין** בתשובת נו"ב שהביאו ג"כ, וכתב דאף אם נאמר לקולא, מ"מ אסור לבלוע מאיסורי תורה לרפואה במקום דליכא סכנה, **דלא** כספר תורת חיים שסובר דבליעה מקרי שלא כדרך הנאתן, ע"ש).

(**ועיין** בתשובת שבות יעקב, שנשאל על מה סמכו העולם לנהוג היתר לאכול ולשתות דם הנקרש ונתייבש מתיש, שקורין באקס בלו"ט שנתייבש בחמה, אף בחולה שאין בו סכנה, רק בנפילה בעלמא שכואב לו א' מאברים הפנימים, **והשיב** דיש לצדד היתר כיון שנתייבש כ"כ עד שנעשה כעץ, ואין בה שום לחלוחית, אין בו איסור כלל, וכמ"ש הרמ"א לעיל סי' פ"ז ס"י בהג"ה בעור הקיבה, **ועוד** י"ל כיון שאינו דרך הנאתו, **וגם** יש לצרף הטעם, כיון שכואבים לו אברים הפנימים, דהוי מכה של חלל, ע"ש).

(**בתשו'** זרע אברהם הורה על מי שחלה חולי שיש בו סכנה, ואמרו הרופאים שרפואתו לינק חלב מדדי אשה, ולא נמצא כי אם אשת איש, והורה שיעשו ע"י פריסת סדין בינו לבינה, וע"י נקב יונק, ע"ש).

י"א דכל איסורי הנאה מדרבנן מותר להתרפאות בהן - אפי' דרך הנאתן, **אפילו חולה שאין בו סכנה** - ובלבד שלא יאכל וישתה האיסור, וכ"כ הרב בסמוך, והיינו דוקא כדרך אכילתן, אבל שלא כדרך אכילתן, כתב המרדכי ואגודה בשם ראבי"ה דמותר, **וכתב** עוד המרדכי, דמהאי טעמא מותר לאכול חלב חי, ‹**דחולה** שאב"ס מותר לאכל שלא כדרך אכילתו אפי' איסורי אכילה מן התורה – שבט הלוי›, **ומיהו** אדם בריא יזהר, ע"כ.

ואפי' יין נסך, בזמן הזה - כלומר דעובדי כוכבים בזמן הזה לאו עובדי כוכבים הן, וכדלעיל סימן קכ"ג וקכ"ד וכמה דוכתי, **מותר להתרפאות בו ולעשות ממנו מרחץ** - אבל לבריא, לא דסיכה בכלל שתיה, **אף על פי שהוא כדרך הנאתן** - והרשב"א דאוסר בתשובה לעשות מרחץ מסתם יינם, מיירי לדין הש"ס, וכ"כ הריב"ש דסתם יינם דינו כדין עצי עבודת כוכבים, והיינו לדין הש"ס, **ונ"מ** במקום שהגוים שם עובדי עבודת כוכבים הן, **ובלבד שלא יאכל וישתה האיסור, הואיל ואין בו סכנה.**

(**עיין** בתשו' רעק"א, שנסתפק בחולה שאין בו סכנה והוצרך בשבת לרפואה אכילת פירות, ולא נמצאו רק מאותן שנשרו בשבת, אם מותר להאכילו. **ואף** לדעה הא' באו"ח סי' שכ"ח סעיף י"ז, דמותר לישראל לחלל שבת במידי דרבנן לצורך חולה שאב"ס, מ"מ בזה יש להסתפק, למאי דפסקינן כאן דכל איסורי הנאה דרבנן מותר כו' ובלבד שלא יאכל וישתה האיסור, **א"כ** י"ל דאכילת פירות הנושרים וכדומה הוי בכלל שאר איסורים ואסור, **או** כיון דהמאכל בעצמותו היתר, אלא דיומא גרים ואם אכלם הוי בכלל חילול שבת, הוי רק כמו שאר מלאכת שבת דדבריהן דשרי לחולה שאב"ס, **ושוב** הוכיח מדברי תוס' להתיר, כמו כל שבות מלאכה, ע"ש. **והנה** ממ"ש בריש דבריו שם, נלמד דס"ל דמ"ש הרמ"א "אבן דלאכול ולשתות האיסור אסור", היינו באין בו סכנת אבר, אבל ביש סכנת אבר מותר אפילו לאכול ולשתות, **ועמש"ל** סי' קנ"ז סק"ד בשם חו"י).

(**עיין** בתשובת שמש צדקה, שנשאל במי שיש לו חולי הלב, וצוו הרופאים לשתות מים הנעשים מתמצית עשבים במשקל כ"ה אונקיות, ושש אונקיות ממין לימוניש ואתרוגים, וי"ב אונקיות מחומץ נעשה מסתם יינם, אם מותר לשתות, **והשיב** להיתר מכמה טעמים, חדא דחולי הלב י"ל דהוא חולי שיב"ס, ועוד דהחומץ נט"ל, ע"ש עוד).

וכ"ש דמותר לזלף יין על גבי אש - ‹במרדכי ובאו"ה ובד"מ לא נזכרו תיבות אלו, אלא בסתם "מותר לזלף" -רע"א›, **דאפי' לבריא מותר, דריחא לאו מילתא היא.**

מותר לשרוף שרץ או שאר דבר איסור - אפי' הוא מאיסורי הנאה, **ולאכלו לרפואה, אפילו חולה שאין בו סכנה** - ‹דאזדא ליה איסוריה דנעשה כפירשא בעלמא – לבוש›, **חוץ מבעלי עבודת כוכבים** - דקי"ל כל הנשרפין אפרן מותר חוץ מעצי עבודת כוכבים וי"נ.

וכל חולה שמאכילין לו איסור צריכים שתהא הרפואה ידועה או על פי מומחה. ואין מתירין שום דבר איסור לחולה, אם יוכל לעשות הרפואה בהיתר כמו באיסור, אף על פי שצריך לשהות קצת קודם שימצא ההיתר, מאחר שאין סכנה בדבר.

§ סימן קנו – אם מותר להסתפר מעובד כוכבים §

סעיף א- אין מסתפרים מהעובד כוכבים אלא במקום שמצויין בני אדם, או אם אותו העובד כוכבים מדמה שאותו ישראל הוא אדם חשוב. הגה: ויש מחמירין שלא להסתפר מעובד כוכבים, אפילו במקום רבים, בתער, אם לא שיראה במראה.

בתער - דשכיחא היזקא, אבל במספריים דלא שכיח היזקא שרי, אם יש עמו אחר, תוס' שם, ופי' הב"ח, דאם אין עמו אחר בלא"ה אסור להתייחד עם העובד כוכבים, עכ"ל, **וכן** מפורש בתוס' שם בדיבור הקודם וז"ל, אבל בינו לבינו אסור להסתפר, פי' במקום שאין רגילין בני אדם כ"כ, **אבל** בייחוד ממש לא איצטריך, דתיפוק ליה אף בלא מסתפר אסור להתייחד עמהם משום שפיכת דמים, ע"כ.

ונהגו להקל כסברא ראשונה - ז"ל הדרישה, ונראה הא דנהגו להקל היינו משום דאנו נותנים להם שכר, וכתב הגה"א דבשכר מותר, עכ"ל, **וקשה** א"כ מאי ונהגו להקל כסברא הראשונה, **אלא** ר"ל דסברא הראשונה מתיר במקום שבני אדם מצויין שם אפי' בלא מראה, וע"ז סמכו להקל, וכן הוא הסכמת הפוסקים כמ"ש בבית יוסף, **ואותן** בני אדם שמסתפרים מן העובד כוכבים בינם לבין עצמן לאו שפיר עבדי, דבלא"ה אסור להתייחד עמהן כ"ש במסתפר.

סעיף ב- אסור לאיש להסתכל במראה, משום לא ילבש גבר, אלא אם כן משום רפואה, כגון שחושש בעיניו, או שמספר עצמו, או אם מסתפר מן העובד כוכבים בינו לבינו וכדי ליראות אדם חשוב, מותר לראות במראה. הגה: וי"א הא דאסור לראות במראה היינו דוקא במקום דאין דרך לראות במראה רק נשים, ולית ביה משום לא ילבש גבר, אבל במקום שדרך האנשים לראות ג"כ במראה, מותר. ואפילו במקום שנהגו להחמיר, אם עושה לרפואה שמאיר עיניו - ‹אע"פ שאינו חושש בעיניו, אלא שמאירין ביותר – לבוש›, **או שעושה להסיר הכתמים מפניו או נוצות מראשו, שרי. וכן נהגו. ועיין לקמן סימן קפ"ב.**

סעיף ג- ישראל המספר את העובד כוכבים, כיון שהגיע סמוך לבלוריתו ג' אצבעות מכל רוח, שומט ידו. וכן הקרחה שעושים כהני עבודת כוכבים, אסור לישראל לעשות להם.

§ סימן קנז – על איזה עבירות יהרג ואל יעבור §

סעיף א- כל העבירות שבתורה, חוץ מעבודת כוכבים וגלוי עריות ושפיכות דמים, אם אומרים לו לאדם שיעבור עליהם או יהרג, אם הוא בצנעה יעבור ואל יהרג - (ברמב"ם איתא, אחת מכל מצות כו', מיהו לאו דוקא הוא, ואפילו על כל המצות יחד נמי דינא הכי, כן כתב בספר מעשה רוקח על הרמב"ם שם, עיין שם. **אכן** בתשובת הרדב"ז לא משמע כן, ע"ש).

(**עיין** בספר משנת חכמים, שנסתפק אי דוקא בכה"ג שאמרו לו שיעבור ואם לא יהרג, הוא דאמרינן שיעבור ואל יהרג, כיון דאונס רחמנא פטריה כו', **אבל** אם באים עליו להרגו מחמת איזה דבר, ואינם באים לכוף אותו לדבר עבירה, חלילה לו לומר שיציל ממות נפשו שיעבור איזה דבר, דלא מקרי אונס כה"ג מה שרצונם להורגו, כיון שאין דעתם לכופו לדבר עבירה, **או** ל"ש, כיון דקי"ל דאין לך דבר שעומד בפני פקוח נפש, ואף ספק פקוח נפש, משום דכתיב וחי בהם, מה לי אונס הבאה לו מן השמים, ומה לי הבאה ע"י אדם, בכל ענין יכול להציל עצמו, **והיה** נראה דאף אם נסתפק לו להעובר אם ינצל בגלל שיעבור מעונש מיתה, הוי ספק פיקוח נפש, **ע"ש** שלא העלה דבר ברור).

ואם ירצה להחמיר על עצמו וליהרג, רשאי - ‹כמ"ש ברפי"ט דשבת, כל מצוה שמסרו כו', ואלישע בעל כנפים בפ"ד דשבת, ור"ע וריב"ב וכל הרוגי מלכות

שמסרו עצמן על מצות פרטיות, **ואמרינן** בשוחר טוב, מה המכות האלה בין ידיך, ואמר אשר הכיתי בית מאהבי, המכות האלה גרמו לי ליאהב לאבי שבשמים, מה לך יוצא ליסקל, על ששמרתי את השבת, מה לך יוצא לישרף, על שאכלתי את המצה, מה לך יוצא ליהרג, על שמלתי את בני כו', ובפסחים נ"ג ב' מה ראו כו' – גר"א›.

אם העובד כוכבים מכוין להעבירו על דת - אבל אם אינו מכוין אלא להנאת עצמו, אסור להחמיר ונקרא חובל בעצמו, וצריך לעבור ואל יהרג, ר' ירוחם, **וכתב** הב"ח, דאפילו בפרהסיא אינו רשאי למסור נפש כיון דאינו מתכוין אלא להנאת עצמו, **אבל** מדברי הפרישה מבואר, דבפרהסיא רשאין למסור נפש, **ונראה** דאם השעה צריכה לכך וכה"ג, לכו"ע רשאי למסור עצמו, כדלקמן בהג"ה גבי מצות עשה, **דהא** הב"י פסק כהרמב"ם ‹דאינו רשאי›, ואפ"ה כתב דאם הוא אדם גדול וחסיד וירא שמים, ורואה שהדור פרוץ בכך, רשאי לקדש השם ולמסור עצמו אפילו על מצוה קלה, כדי שיראו העם ליראה ה' ולאהבו בכל לבם, ומביאו ב"י וד"מ.

רשאי - והב"ח פסק כהרמב"ם, דכל מי שדינו לעבור ואל יהרג, ונהרג ולא עבר, ה"ז מתחייב בנפשו, וכן דעת הב"י, וכן נראה דעת הרמב"ן ומביאו הר"ן, ‹ומפרש דכל הנ"ל בשעה צריכה לכך – גר"א›, **ובהג"א** ממהרי"ח כתבו, אם רוצה להחמיר על עצמו וליהרג היכא דקי"ל יעבור ואל יהרג, צ"ע אי שרי או לא, ע"כ, **וכתב** **בת"ה**, והיה נראה דבפלוגתא דרבוותא אזלינן לקולא באיסור סכנת נפשות, כדאמרינן בעלמא ספק נפשות להקל, **אמנם** י"ל הכא דלענין קדוש השם, שלא הקפידה התורה על איבוד נפשות מישראל, לא ילפינן לה משאר ספיקות דלית בהו משום קידוש השם, **ונראה** דלפי הענין ושרואין אנו כוונתו מורין לו, עכ"ל.

(**ובספר** תפארת ישראל על משניות פ"א דברכות מ"ג כתב, דמ"מ מותר להכניס עצמו לספק סכנה היכא דלא שכיח היזיקא, ומצוה דעסיק בה אגוני מגני, **וראיה** מר"ע שהכניס עצמו לספק סכנה בנט"י, שהיה סומך את עצמו שלא יניחו שומר האסורים למות בצמא, כדאיתא בעירובין דף כ"א, ע"ש).

וכתוב בהגהת סמ"ק, דאותן קדושים ששחטו עצמן שלא סמכו דעתם לעמוד בנסיון, קדושים גמורים הם, וראיה משאול, ומביאו ב"ח, וכ"כ בב"ה בשם א"ח,

מיהו כתב הא"ח שם, שיש חולקים שאינו יכול להרוג את עצמו, ע"ש שהאריך.

הגה: ואם יוכל להציל עצמו בכל אשר לו, צריך ליתן הכל ולא יעבור לא תעשה - אבל מצות עשה, אפילו מצוה עוברת, א"צ לבזבז יותר מחומש, כמ"ש הרב באו"ח ס"ס תרנ"ו, וע"ש, **ואם** יש סכנת אבר, צ"ע אי דמי לממון או לנפש, עיין בריב"ש ובאו"ח סימן שכ"ח סי"ז, ונראה לקולא.

‹**הנה** מדברי תשובת חות יאיר מבואר, דאם הוא לאו שאין בו מעשה, הוי כמו לעבור על עשה, וא"צ ליתן כל ממונו. **ואולם** בתשובת הריב"ש מבואר, דכל שהוא לעבור על לאו אף באין בו מעשה, צריך ליתן כל אשר לו ולא יעבור – רעק"א›.

(**ועיין** בסוף ספר תיבת גומא, שכתב דבל"ת שאין בו מעשה, כמו להניח חמץ שלא יבער וכדומה, י"ל דאין מחויב לבזבז ממונו, ע"ש, וכן כתב בספרי פמ"ג על או"ח סי' תרנ"ו, וכן כתב בתשובת חות יאיר, **ועיין** בס' חומת ירושלים, שכתב דנראה לו חילוק שבין עשה לל"ת לענין חיוב בזבז ממונו, הוא, דקום עשה הרבה ימנע ממנו בסבת עניותו, לכן התירו שלא יקיים פ"א, על דרך שארז"ל: חלל שבת א' כדי שתשמור שבתות הרבה, **אבל** שיעבור ל"ת משום ממון אין סברא, דמשום עוני ודאי אין הכרח לעבור ל"ת, ומניעת עשיות הרבה ימצאו בסבת עוני, עכ"ד, **לפי** זה יש לומר דאין חילוק. **ועיין** בס' משנת חכמים, שדעתו ג"כ נוטה לחלק, דדוקא בל"ת שיש בו מעשה, **וכתב** דה"ה להיפך, במ"ע שעובר בקום ועשה, כמו כל לאו הבא מכלל עשה, מחויב לבזבז כל ממונו, ע"ש).

(**עוד** כתב בפמ"ג שם, דיש להסתפק בל"ת דרבנן אם מחויב ליתן כל ממונו, או חומש, ע"ש, **ועיין** בתשובת חות יאיר, דפשיטא ליה דאפי' בל"ת דרבנן צריך ליתן כל ממונו, וז"ל, השאלה שם במעשה שאיש חיל אמר ליהודי שישתה עמו יי"נ, ואם לא יקטע את אזנו, **וכתב** דאם הדבר היה דרך גיזום דברים בעלמא, ודאי שאין ראוי למהר ולשתות, **אך** אם באמת ירא לנפשו שיעשה כאשר זמם, יכול לשתות, בפרט בזמן הזה שאין נסך גמור, **ואם** יכול להציל עצמו בממונו, צריך לפרוז כל ממונו ולא יעבור, גם לא יביא עצמו לידי סכנה, ע"ש עוד, **אכן** בתשובת הקודמת שם לענין לנשק אשתו נדה מפני האונס, לא כתב כן, ע"ש, **שוב** מצאתי כן בתשובת רדב"ז וז"ל, השאלה שם על מי שהוא בין העובדי כוכבים, ואינו מוצא לאכול אלא

[ט"ז] ‹רעק"א או ש"א או הוספת הסבר› (פת"ש)

דברים אסורים, עד כמה יוציא ממונו למצוא דברים מותרים, **והשיב** דודאי חייב ליתן כל ממונו, ואפילו היכא דאיכא איסורי דרבנן, כגון חלב שחלבו עובד כוכבים, או שומנו של גיד וכה"ג, חייב ג"כ לתת כל ממונו עד שימצא דבר היתר, שהרי הוא עובר בלא תסור כו', **ומ"מ** נראה שאינו מחוייב לקחת בהמתנה עד שיהיו לו מעות לפרוע, דדלמא לא יהיו לו מעות ואז העובדי כוכבים חובשין אותו ויבא לידי סכנה, ע"ש).

(**ועיין** בספר משנת חכמים, שנסתפק גם לענין זה, אי דוקא בכה"ג שבא האנס לבטל אותו ממ"ע, והוא רוצה בקיומו וליתן לו ממון רב, הוא דא"צ לבזבז כל ממונו, **אבל** אם בא האנס ליטול ממנו ממון רב, אף כל הונו, חלילה לו לומר שיבטל מ"ע בכדי שלא להזיק לו, או דלמא ל"ש, **ושוב** הביא ראיה דאף בכה"ג שבאים עליו בעסק ממון, יכול לעבור אמ"ע בכדי שלא יהיה לו היזק ממון רב).

ובמקום שאמרו: כל מי – [צ"ל "ואף על גב שאמרו כל מקום" כו'] **שיש בידו למחות ואינו מוחה הוא נתפס באותו עון, מכל מקום בדבר שיש חשש סכנה א"צ להוציא ממונו על זה** – (וטעמא דמסתבר הוא, שאם הוא יתן כל אשר לו כדי שימחה ביד אחרים, היום או למחר יחזרו לסורם, ומה תועיל המחאתו – לבוש).

(**עיין** בספר תיבת גומא, שכתב דיש להסתפק אם אין חשש סכנה, אפשר דמחוייב לבזבז כל ממונו, דמ"ע הוכח תוכיח הוא מטעם ערבות, והוי כאילו הוא עושה הל"ת כל שיש בידו למחות, אם מבזבז כל ממונו ע"ש, **ועיין** לקמן סי' של"ד סעיף מ"ח בהגה, משמע שם דאף באין חשש סכנה א"צ להוציא ממונו, **וכן** הלבוש כאן כתב, מי שיש בידו למחות א"צ להוציא ממונו ע"ז, והשמיט "במקום שיש סכנה", ע"ש).

ואם הוא בפרהסיא, דהיינו בפני עשרה מישראל - דוקא, (**עיין** מ"ש לעיל סימן ב' סק"ו, בענין אם הוא עצמו בכלל העשרה או לא, **וגם** בענין אם נשים מצטרפות לזה, או נימא דאימעטו מבני ישראל ולא בנות ישראל, **ולכאורה** נראה דדוקא ישראל ולא גרים, כדאיתא במסכת סוטה דף כ"ו ע"א, דבני ישראל משמע למעוטי גרים, והכא כתיב ונקדשתי בתוך בני ישראל, **ושמא** גם הכא יש איזה ריבוי).

ואין ר"ל בפניהם ממש, אלא שיודעין מהעבירה, והכי מוכח בש"ס ופוסקים גבי והא אסתר פרהסיא הוה.

חייב ליהרג ולא יעבור, אם העובד כוכבים מכוין להעבירו על דת, (אפילו על ערקתא דמסאנא) - פירש רש"י, שדרך העובד כוכבים לקשור כך, ודרך הישראל לקשור בענין אחר, וכגון שיש צד יהודית בדבר, ודרך ישראל להיות צנועים, אפילו שנוי זה שאין כאן מצוה אלא מנהג בעלמא, יקדש השם בפני חבריו, **והרי"ף** פי', שהעובד כוכבים שבאותו זמן היו רצועות מנעליהן אדומות, והישראל היו עושים שחורות כדי שלא ילבשו מלבוש עובד כוכבים, **וכתב** מהרי"ק, דהיינו כמ"ש רש"י שיש צד יהודית בדבר, **וב"י** כ' דהרמב"ם מפרש, דדוקא בכה"ג שלא ילבוש מלבוש עובד כוכבים, שהוא מצות ל"ת, ע"ש.

(**וכתב** בשל"ה, דעל קידוש השם מברכין: בא"י אמ"ה אקב"ו לקדש שמו ברבים, כדין הרבה מ"ע שמברכין על קיומן, **וע"ש** ג"כ הטעם למה מברכין "לקדש", ואין אומרים "על קידוש", ע"ש).

אבל אם אינו מכוין אלא להנאתו, יעבור ולא יהרג – (עיין לעיל אם רשאי בפרהסיא למסור נפשו כשאינו מכוין אלא להנאת עצמו).

ואם הוא שעת הגזירה – (פי' שגזרו עליהם להעבירם על דתם – הג' שו"ע), **(על ישראל לבדם)** - אבל אם הגזרה היא על כל מדינת מלכותו, אף על פי שהישראלים בכלל, לאו שעת השמד מיקרי, **אפילו ערקתא דמסאנא (פירוש רצועת המנעל), יהרג ואל יעבור** - (וכדי שלא ירגילו הגוים ח"ו להמריך הלבבות ולהפר התורה ולבטלה, יהרג ואל יעבור - לבוש).

והב"ח פסק, דבשעת הגזרה אפי' מכוון להנאת עצמו יהרג ואל יעבור, משא"כ בפרהסיא, **ודעת** רש"י אינו כן, וגם אין דבריו מוכרחים, וגם בהג"א ממהרי"ח דפרק קמא דכתובות הניח זה בצ"ע, **ולכן** י"ל דספק נפשות להקל. [וכ"כ הט"ז].

(**עיין** בתשו' שבות יעקב, שנשאל פעם אחת שגזרו עליהם גזירה להעברת דת, שמחוייבים ליהרג ולא לעבור, ומקצתן יכולין לברוח, אי מחוייבים לברוח כדי להציל

נפשם, דלא יהיו כמאבד עצמו לדעת, **או** נימא דאל יפרשו מן הצבור שמחוייבים למסור את נפשם על קידוש השם, **והשיב** דאף דמדברי התוס' בפסחים דף נ"ג ע"ב גבי חנניה מישאל ועזריה מבואר, דאפילו יכולין להמלט על נפשם אין לברוח, **זה** אינו, דוודאי היכא דאפשר לקיים שניהם, שלא לעבור על המצוה ולקיים וחי בהם, עדיף, ודברי התוס' אפשר לתרץ, **ומ"מ** אם רוצה להחמיר על עצמו שלא לברוח ולמסור נפשו לקדש השם ברבים, שממנו ילמדו אחרים, לא מקרי מאבד עצמו לדעת, ע"ש).

הגה: ודוקא אם רוצים להעבירו במצות לא תעשה, אבל אם גזרו גזרה שלא לקיים מצות עשה, אין צריך לקיימו ושיהרג – [דהא גם העובדי כוכבים יכולים לבטלו ממנו, כגון שישימוהו בתפיסה, וממילא יבטל מההיא מצות עשה], ‹דהרי אלישע בעל כנפים נטלן מראשו, והטעם, דהרי יכולין להעבירו בע"כ שיטלוהו מראשו ויושיבוהו בבית האסורין, **וז"ש** בסנהדרין שם, קרקע עולם היא, ור"ל שיכולין לכוף אותה בע"כ – גר"א›.

(**עיין** בספר משנת חכמים, שכתב דלכאורה גם בזה יש לחלק בין שב ואל תעשה לקום ועשה, ע"ש).

מיהו אם השעה צריכה לכך, ורוצה ליהרג ולקיימו, הרשות בידו.

ובעבודת כוכבים, גילוי עריות – ‹ואם היא ספק אשת איש, עיין בספר תיבת גומא להרב פמ"ג – רעק"א›, **שפיכות דמים, אפילו בצנעה ושלא בשעת הגזרה, ואפילו אין העובד כוכבים מכוין אלא להנאתו, יהרג ואל יעבור** – ‹דהא אפילו להתרפאות משלשה דברים אלו אסור – גר"א›. ‹**דאלו** הג' לאו משום חילול השם אסירי, אלא משום חומר עצמן, הלכך בכל ענין אסירי – לבוש›.

(**עיין** בתשובת רדב"ז שהעלה, דה"ה אם אונסין לעבור על אחת מכל מצות התורה באמרם שאין תורת משה אמת, או שאנחנו החלפנו אותה כאשר הם אומרים ושלא צוה הקדוש ברוך הוא על ככה, או שהציווי היתה רק לזמן מה וכבר נתבטלה, שחייב למסור את נפשו עליה, אפילו להנאת עצמו ובצנעה ושלא בשעת הגזירה, ע"ש עוד).

הגה: ודוקא כשאומרים לו לעשות מעשה, כגון שאומרים לאיש לגלות ערוה או שיהרג; אבל אם אונסים לאשה לבא עליה, או שרוצים להשליכו על התינוק להרגו, או שהוא כבר מוקשה ורוצים לתקוע אותו בערוה - ובעבודת כוכבים כגון אם כפפו קומתו להשתחוות לעבודת כוכבים, **אין צריך ליהרג** - ‹אבל לעשות מעשה, כגון שאומרים לאשה הביאי ערוה עליך, תיהרג ואל תעבור. וכן האיש שאינו מקושה ואומרים לו הנח לתקוע אותך בערוה, יהרג ואל יעבור, דלא מצי למימר לא עבידנא מעשה, שאין קישוי אלא לדעת ומה שהוא מתקשה הוי מעשה – לבוש›.

‹**בתשובת** הריב"ש כ' וז"ל, אם היה בידה להנצל מעבירה כשתמסור עצמה למיתה, תהרג ואל תעבור, אלא התם אנוסה היא לגמרי שא"א לה להנצל מהעבירה בשום ענין דקרקע עולם היא, וכל אונס שהוא כיוצא בזה דא"א לו לאדם לקיים המצוה בשום פנים מחמת אותו האונס, ואפי' אם ימסור עצמו למיתה, אנו למדים משם שהוא פטור, עכ"ל – רעק"א›.

א"צ ליהרג - אלא א"כ הוי בפרהסיא, כ"כ רבינו ירוחם ומביאו בבדק הבית. **ותימה** מנ"ל הא, דאע"ג דכתבו התוספות והרא"ש גבי הא דפריך והא אסתר בפרהסיא הוי, ולא פריך דגילוי עריות הוא, היינו לס"ד דמקשה, אבל למאי דמתרץ התם אסתר קרקע עולם היתה, אפילו בפרהסיא א"צ ליהרג מטעם קרקע עולם, כדמוכח להדיא בתוס' והרא"ש שם, **ואפשר** סבירא ליה לרבינו ירוחם, דרבא דמשני התם הנאת עצמו שאני, פליג אאביי וסבירא ליה כדקס"ד דש"ס מעיקרא, דמטעם קרקע עולם בפרהסיא יהרג ואל יעבור, **אבל** לא ידעתי מנא לן הא, דאפשר דלענין דינא רבא מודה לאביי, וכן משמע בהרא"ש, וגם הרי"ף הביא פירוקא דאביי ודרבא, אלמא ס"ל דתרוייהו קושטא נינהו לדינא, וכן משמע בר"ן, וכ"נ דעת הרב.

‹**נסתפקו** בזה רבותינו בתוס', וז"ל, ורבא דפליג בפ' בן סורר אשינויי' דקרקע עולם, היינו לענין פרהסיא, א"נ אפי' לענין פרהסיא לא פליג, אלא דמוסיף טעם שני, עכ"ל בעל כתנות אור על התורה להגאון פמ"א זצ"ל – רעק"א›.

וכל איסור עבודת כוכבים וג"ע שפיכות דמים, אף על פי שאין בו מיתה, רק לאו בעלמא, צריך ליהרג ולא לעבור - דהא אמרינן בש"ס, מעשה

באדם אחד שנתן עיניו באשה אחת, והעלה לבו טינא, ואמרו הרופאים אין לו תקנה עד שתבעל לו, אמרו חכמים ימות ואל תבעל לו, תעמוד לפניו ערומה, ימות ואל תעמוד לפניו ערומה, תספר עמו מאחורי הגדר, ימות כו', ובודאי שדברים אלו אינם ג"ע ממש, אלא שעובר בהן בלא תקרבו לגלות ערוה, שהוא לאו דג"ע, כ"כ הר"ן והנ"י, **ולפי** זה משמע דס"ל כהרמב"ם בס' מנין המצות מצוה שנ"ג, שכ' וז"ל, הזהיר הכתוב מהקרב אל א' מהעריות ואפילו בלא ביאה, כגון חיבוק ונישוק והדומה להם מן הפעולות הזרות, והוא אמרו באזהרה מזה, איש איש אל כל שאר בשרו לא תקרבו לגלות ערוה כו', וכ"כ הסמ"ג וכ"כ הרא"ה בספר החנוך, והכתר תורה, **אבל** הרמב"ן בהשגות שלו על ספר מנין המצות חלק על הרמב"ם, ואומר שאין מלקין מן התורה אלא בביאה גמורה או בהעראה, ע"ש שהאריך, **והרב** ר"י ליאון בספר מגלת אסתר שלו, סתר כל דברי הרמב"ן, והעלה כהרמב"ם, ע"ש, **וכן** נראה לי מהך עובדא דהעלה לבו טינא, **ומכל** מקום משמע דאף הרמב"ם לא קאמר אלא כשעושה חיבוק ונישוק דרך חיבת ביאה, שהרי מצינו בש"ס בכמה דוכתי שהאמוראים היו מחבקים ומנשקים לבנותיהם ואחיותיהם, וכן כתב הר' יצחק ליאון שם בהדיא, **וכן** משמע להדיא ממ"ש הרמב"ם ר"פ כ"א מהל' א"ב וז"ל, כל הבא על העריות דרך אברים או שחבק ונשק דרך תאוה ונהנה בקירוב בשר, ה"ז לוקה מן התורה כו', וכן כתב הסמ"ג והכתר תורה שם, אלמא דאינו לוקה אלא בדרך תאוה וחיבת ביאה, **וזהו** דלא כב"י לקמן ס"ס קצ"ה, גבי מישוש הדפק באשתו נדה חולה, **וכתבו** עוד הרב המגיד שם והר"י ליאון, דאף להרמב"ם ליכא מלקות בקריבה אלא בחייבי כריתות, ולא בחייבי לאוין, **ומכל** מקום משמע דבערוה דרבנן לכ"ע יעבור ואל יהרג, ופשוט הוא, וכן משמע בב"י שם.

‹**וביותר** י"ל דאפילו בערוה דאורייתא, דהיינו חייבי לאוין, יעבור ואל יהרג, דדוקא בערוה שיש בה כרת, בזה אפילו אביזרא דידיה יהרג ואל יעבור - רעק"א›.

‹**עש"ך** דהעיקר כהרמב"ם, דעל חיבוק ונישוק יש מלקות מה"ת, אך דוקא בדרך חיבת ביאה. **ועיין** בתשובת חות יאיר, במעשה שהיו ראובן ושמעון נוסעים מפרנקפורט לווירמש, והיה שם בפ"פ אשה שבעלה בווירמש ובתה הפנויה אצלה ורצו ג"כ ליסע לווירמש, ומפני שאין להם תייר כנהוג בקשו מרו"ש הנ"ל, שראובן יאמר זו אשתי, ושמעון יאמר זו בתי, **ובהגיעם** למקום שמראים התיור, ומי שאין לו התיור יוקנס סך יו"ד זהובים או כרצון המוכס, אמרו רו"ש כנ"ל, והמוכס לא רצה להאמין להם אם לא שינשקו זה אשתו וזה בתו, ואם הם בנדתן ישבע כל אחד על דבריו שכן הוא, אם מותרים לעשות כן, **וכתב** דאם באמת היתה זו אשתו נדה והמוכס בעל עלילה אינו מאמין לשבועה ורוצה לקנסו סך רב או לתופסו ולעקלו אם לא ינשקנה, נושק בלב עצב וכמי שכפאו שד ואין בכך כלום, אחרי שאין זה רק מדרבנן כיון שאינו בדרך חיבה, וכ"ש אם אינו מבקש רק שיגע בה, **ואף** שכתוב בהגהה לעיל דאפילו בשאר עבירות חייב להציל עצמו בכל הון ביתו, היינו בלאו דאורייתא - **ע"ש** בסימן קפ"ג הבאתיו לעיל, דאף בל"ת דרבנן צריך ליתן הכל, וזה סותר למ"ש כאן - **ועוד** אפשר דדוקא כשהעובד כוכבים מכוון להעבירו על דת ולא במכוין להנאתו, **ועוד** שכאן העובד כוכבים אינו יודע שעובר על דת, רק סובר שהישראל שיקר לו באמרו נדה היא מפני שלא רצה לעשות פריצותא לפניו, אינו חייב לבזבז ממון רב רק לפי יכלתו וחסידותו לא מצד החיוב. **אמנם** בנ"ד שהיהודים בערמה עשו כו', ואף אם יראים רו"ש שיגיעו הם לידי הפסד ממון בשביל כך, ג"כ אין היתר הן בנשיקה והן בשבועה שנדה היא, כי נהי דמצי לישבע על דברי אשתו בזה משום דהתורה הימנה כדכתיב וספרה לה, משא"כ על דברי אשה אחרת מנא לן, **וגם** באשתו צ"ע אם מצי לישבע, די"ל דלא האמינה תורה רק לבא עליה משום דלא סגי בלא"ה. **וכ"ש** חלילה להם להוציא מפיהם שבועת שקר שזו אשתו וזו בתו, אפילו מגיע להם היזק רב, דמ"ש נודרין למוכסין, דוקא בעומד מאליו וגוזל, ולא שרינן רק באופן שאין מוציא שקר מפיו, **וכ"ש** שלא יחטא זה להצלת ממון של זו›.

אבל אלאו דלפני עור לא תתן מכשול - כגון שאנסו להשאיל דבר לעובד כוכבים וכיוצא בו, [שהישראל אין עושה כלום, רק שנותן לו דבר **שהעובד כוכבים** משתמש בו לאליל שלו], **יעבור ואל יהרג** - ‹דאע"ג שהוא נוגע בהג' עבירות, מ"מ הוא כולל כל העבירות, ואין אומרים בו יהרג ואל יעבור, אלא כמו שאר עבירות הוא ויעבור ואל יהרג, דמגו דוחי בהם קאי עליו בשאר עבירות, קאי נמי עליו בהנך - לבוש›.

עובד כוכבים הבא על בת ישראל - כגון שהיא עושה מעשה, שמביאה הערוה עליה, דאם לא כן תיפוק ליה דלא עבדא מעשה, וכמו שנתבאר, **אינו בכלל גילוי עריות** - דוקא פנויה, [דאי דרך זנות, אין איסור רק מכח גזירות ב"ד של שם, אי דרך חתנות, מלא תתחתן בם נפקא, דהוי משאר עבירות], **אבל** אשת איש גילוי עריות ממש הוא, ואף על גב דדעת ר"ת דאפילו אשת איש נמי, מכל מקום אין כך דעת כל הפוסקים. [**וצ"ל לפי זה** דאסתר פנויה היתה, ולא ס"ל דרשא: דאל תקרי לבת אלא לבית, כמ"ש ב"י, ‹ובהכי ניחא הא דמשני רבא אאסתר הנאת עצמו שאני – ב"י›, **ובסי' קע"ט סעיף ז' משמע, דאם** הצלת נפשות תלוי בשיעבור עבירה אחת מעצמו ע"י זה תבוא לו הצלה, מותר לעשות כן].

אבל ישראל הבא על העובדת כוכבים, בכלל ג"ע הוא דיהרג ואל יעבור, כ"כ הרמב"ן וכ"כ הנ"י וכ"כ רבינו ירוחם, וכ"כ הב"י באבה"ע סימן ט"ז בשם א"ח, וכ"כ הרב שם ס"ב, **וכתב** הא"ח שם, שנראה לו דהיינו דוקא בפרהסיא, וכן נראה מדברי הרב שם, וטעמם, דלא הוי ג"ע אלא מטעם דהבא על ארמית קנאים פוגעים בו, והיינו בפרהסיא דוקא, **ולפי** זה הא דהוי בכלל ג"ע, היינו דאפי' להנאת עצמו יהרג ואל יעבור, מה שאין כן בשאר עבירות, וכן מבואר בא"ח שם, וכן משמע בפוסקים שם, **מיהו** בנ"י כתב, דכיון דאפילו לא פגעו בו קנאים חייב כרת, ‹מדברי קבלה, דכתיב יכרת ה' לאיש אשר יעשנה ער ועונה וגו'›, הלכך אפי' בצנעה יהרג ואל יעבור.

‹**עיין** בתשובת נו"ב שתמה ע"ז, דהא דגם על אביזרא דידהו יהרג, היינו שעכ"פ אסור מה"ת אף דליכא כרת, **אבל** במה שאינו אסור מה"ת רק מדרבנן, אף שהוא מאביזרא דג"ע או עבודת כוכבים, לא אמרינן יהרג ואל יעבור, **והרי** בצנעה אין כאן איסור תורה רק גזירת בית דינו של שם, **ואין** אני תמה על הנ"י, דאולי ס"ל דגם איסורי דרבנן שהם אביזרא דג"ע הם בכלל יהרג ואל יעבור, וסובר דבהך שאמרו ימות ואל תעמוד ערומה, אין כאן רק אסור דרבנן, וכדעת הרמב"ן, **אבל** על הש"ך אני תמה, דבסק"י הכריע כהרמב"ם שהוא לאו גמור, וכתב שכן מוכח מהך דהעלה לבו טינא, ובס"ק י"ב הביא דברי הנ"י והם סתרי אהדדי, עכ"ד›.

עובדי כוכבים שאמרו לישראל: תנו לנו אחד מכם ונהרגנו, לא יתנו להם אחד מהם - ‹דלאו כל כמינייהו לברור איזה מהם שירצו – לבוש›, **אא"כ יחדוהו ואמרו: תנו לנו פלוני** - ‹וראייה משבע בן בכרי שמסרוהו בני העיר להציל כולם. **ואפי'** אינם אלא ג' וייחדו הגוים אחד מהם, מוטב שיהרג אחד ולא יהרגו רבים או אפי' שנים, **ואולי** אפי' אינם אלא שנים, ואמרו לאחד מסור לי חבירך או אהרגך, אם הוא גבור ממנו יכול למוסרו, **ולא** דמי לאומרים לו הרוג חבירך או אהרגך, דאמרינן יהרג ואל יעבור, דהתם הוא צריך לעשות מעשה הרציחה, ולעבור על מצות קונו שאמר לא תרצח, ואמרינן מאי חזית דדמך סומק טפי כו', אבל הכא אינו עושה מעשה הרציחה אלא המסירה לידו – לבוש›.

ויש אומרים דאפילו בכה"ג אין למסרו, אא"כ חייב מיתה כשבע בן בכרי - (עיין בתפארת למשה שכתב, דאפילו כולם חייבים מיתה בשוה, שרי אפילו לפי סברא זו, ולא דמי להיכא דכולם שוים שאין חייבים מיתה, ע"ש).

[**נראה** דלהכי נקטיה כשבע בן בכרי, דאע"פ דבדין תורה לא היה חייב מיתה, אלא מצד חוק המלכות שמרד בדוד, מ"מ מוסרין אותו אם יחדוהו, ומינה אף בזמנינו, מי שפושע ומורד במלכות שלו, מוסרין אותו, וה"ה בשאר עבירות שאחד מוחזק בהם, כגון עוסק בזיופים או שאר דברים שיש בהם סכנה, פשיטא שמוסרין אותו, ומן הראוי למסור אותו אפי' אם לא יחדוהו, כיון שהוא כמו רודף לשאר ישראל ע"י מעשיו הרעים שעושה בפשיעה, כן נראה לי בזה, **ועוד** נראה לי, דבמקום שאין מוסרין אותו, אין חילוק בין מסירה למיתה או לשאר יסורים או אפילו לממון, דלענין יסורים פשיטא שהם גרועים ממיתה, כדאמרינן באלו נערות, אלמלא נגדוהו לחנניא מישאל ועזריה הוה פלחו לצלמא ויליף מזה דיסורים קשים ממיתה, ויליף דמלקות חמור ממיתה, **ואפי'** לממון מצינו בפרק הגוזל בתרא, דקאמר על זה קרא כתוא מכמר, כיון שנפל בידי עובדי כוכבים שוב אין מרחמין עליו, כן נראה לע"ד].

וכתב הרמב"ם, ומכל מקום אין מורין להם כן לכתחלה, [אלא יניחו הדבר להמון העם, וכמו שירצו יעשו], **וכתב** ד"מ בשם הגה"מ, שצריך לחזור לכתחלה על כל צדי צדדים קודם שימסרוהו, **ועיין** בב"ח שכתב כמה

חילוקי דינים בזה, והיה נראה לי שאין דבריו מוכרחים, ולפי שהרחיק עדות וכ' שבתשובה בירר דבריו בראיה ברורה, לא השגתי עליו.

(**ועיין** בתשובת בית יעקב שכתב, דלכתחלה אם בא אצלם מי שחייב מיתה, ויש לחוש שיהיו מוכרחים למוסרו, אסור להם לקבלם להיות אצלם, ופירש כן דברי הרמב"ם במה שכתב, ואין מורין כן לכתחלה, ע"ש).

(**אם** אמר השר לישראל: הנח לי לקצוץ אבר א' שאינך מת ממנו, ובאם לא אמית את ישראל חבירך כו', עיין בתשובת הרדב"ז שנשאל על ענין זה, והשיב שאינו מחוייב זולת ממדת חסידות. **אולם** אם יש ספק סכנת נפשות, הרי זה חסיד שוטה, דספיקא דידיה עדיף מודאי דחבריה, ע"ש).

(**בתשובת** נו"ב תניינא נשאל בן המחבר, שר שצריך יהודים לעבודתו, ומבקש מהיהודים שימסרו לו איזה נערים, אם מותר למסור לו, **והשיב** דפשוט שאסור, ואף אם יש איזה נערים קלים ופרוצים ביותר, אין אנו יכולים לדון דיני נפשות, והרבה הילדות עושה, וניתן להענישם בתפיסה אבל חלילה למסור אותם להדיחם לגמרי מקהל ישראל, ובפרט שלא נתברר בעדות ברורה אם עברו עבירה חמורה, לכן שארית ישראל לא יעשו עולה כזו, **אך** את זה יכולים לעשות להשתדל על אדם כשר שלא יקחו אותו כל זמן שלא אמרו בפירוש שאותו הם מבקשים, **אבל** אם כבר בא הפקודה על אחד, קשה להורות להשתדל עבורו, ובנד"ז קשה להורות, וע"ז אמרו חז"ל כשם שמצוה לומר דבר הנשמע כו', והמשכיל בעת ההיא ידום, **אבל** עכ"פ מחויבים למחות ביד מי שרוצה למסור בידים, ע"ש. **ועיין** בס' תפארת למשה שכתב, דעל פי גורל שרי, כעובדא דיונה וגבעונים וסרח בת אשר, «היא האשה חכמה במעשה דשבע בן בכרי».

וכן נשים שאמרו להן עובדי כוכבים: תנו לנו אחת מכם ונטמא אותה, יטמאו כולם ולא ימסרו נפש אחת מישראל - (עיין בב"מ שכתב בשם הרשב"א בתשובה, דאפילו היתה אחת כבר מחוללת, יטמאו כולם ולא ימסרו אותה, **ועיין** בדגול מרבבה שתמה ע"ז, דבירושלמי פ"ח דתרומות מבואר להיפך, דאם היתה כבר טמאה או שפחה, מוסרין אותה).

[ב"י בשם הר"ן כתב, דגם בנשים אם יחדו אשה אחת מהם, דימסרו, **ונראה** דגם זה תלוי בפלוגתא דחייב מיתה כשבע בן בכרי שזכר רמ"א, דלדעה השניה לא מהני יחוד של אשה, **אלא** דנ"ל דאם יחדו אחת מהן ואמרו: אם לא תתנוה לטמאה אותה אזי נהרוג כולכם, דפשיטא דמהני בזה יחוד ומוסרין אותה, **דהא** אין כאן מעשה מן האשה ואינו בכלל ג"ע, ואם כן היא עצמה אינה בכלל תהרג ואל תעבור, ע"כ מוסרין אותה אם יחדוה, כן נראה לע"ד].

כל מקום שנאמר: יהרג ואל יעבור, אם עבר ולא נהרג, אף על פי שחלל השם, מכל מקום נקרא אנוס ופטור - (עיין בס' משנת חכמים שנסתפק גם לענין זה, אף אי נימא דבהנך עבירות שדינן שיעבור ואל יהרג, אין חילוק בין אם באים עליו על עסק עבירה או לא - עמש"ל - **עדיין** יש להסתפק באלו ג' עבירות שיהרג ואל יעבור, ואם עבר ולא נהרג דפטור, אם דוקא בכה"ג שבא האנס לאונסו לעבור על דת ח"ו ואם לאו יהרג, ועבר על דת הוא דפטור, **אבל** אם האנס רצה להורגו, והוא מרצונו עבר על א' מג' עבירות בכדי להציל עצמו, י"א דהוא חייב מיתה או מלקות על גוף עבירה, **כיון** דמדינא יהרג ואל יעבור, ועיקר הפטור אם עבר מגזה"כ, י"ל דאין בו אלא חידושו, והיינו דוקא באם אנסוהו לעבור. **ושוב** כתב לחלק, דאף אם נימא דבכה"ג לא מקרי אנוס, דכן הדעת מכרעת, מ"מ בעבודת כוכבים כה"ג שבאו עליו על עסקי נפשות, והוא בעצמו אומר שרצונו לעבוד עבודת כוכבים, פטור ממיתה, דהוי כמו עובד מאהבה ומיראה, במס' סנהדרין ד' ס"ד, משא"כ בג"ע וש"ד).

ודוקא שלא יוכל לברוח, אבל אם יכול לברוח ואינו עושה, הרי הוא ככלב שב על קיאו ונקרא עובד במזיד - «ונטרד מן העולם הבא, ויורד למדרגה התחתונה שבגיהנם – לבוש».

סעיף ב - אסור לאדם לומר שהוא עובד כוכבים כדי שלא יהרגוהו - «שכיון שאומר שהוא גוי, הרי מודה לדתם וכופר בעיקר – לבוש».

עמ"ש הב"ח בשם תשובת מהר"ם מ"ץ, «ערלים ויהודים היו הולכים בדרך בשעת השמד, ופגעו בהן פריצים וחקרו אותן מרחוק אם יש ביניהם יהודי, וכיון היהודי לבו אם

ישאלוהו יאמר להן האמת, והערל אמר מה אתם סבורין אין כאן יהודי בינינו, ואז נבהל היהודי ולא אמר אתה משקר, **נראה** דלא חטא היהודי בכך, ולרווחא דמילתא אם לבו נוקפו יתענה שני חמישי שני, **אך** מדינא אין נראה לענשו בכלום הואיל ולבו היה לשמים אם ישאלוהו, עכ"ל.

אבל אם כדי שלא יכירוהו שהוא יהודי משנה מלבושו בשעת הגזרה, מותר, כיון שאינו אומר שהוא עובד כוכבים – ‹הוא אינו עושה שום הודאה באלהותם, אלא שהם מטעים נפשם ואינם מכירים אותו – לבוש›. **הגה: ואפילו לובש כלאים** - היינו שגזרו שיהרג כל הנקרא בשם יהודי, אבל אם גזרו שמד על כל מי שלא ילבש לבוש עובד כוכבים, יהרג ואל יעבור, נ"י, ומהרי"ק בשם הגה' סמ"ק, **ובד"מ** כתב וז"ל, כתב מהרא"י, דאפילו בשעת השמד אינו אסור אלא כשהעובדי כוכבים מכירין אותו ורוצים לכופו לעבור, אבל ללבוש בגד העשוי כבגדי עובדי כוכבים שרי, דאז ליכא חילול השם, שהרי אין העובדי כוכבים מכירין אותו, **ומיהו** מדברי הנימוקי יוסף דלעיל אינו משמע דמחלק בהא, דהא משני ואסור לשנות ערקתא דמסאנא בענין אחר, עכ"ל, **ותימה** דאדרבה דעת מהרא"י ממש כדעת הנ"י, עיין שם בתה"ד מבואר כך להדיא.

ואף על גב דאסור לומר שהוא עובד כוכבים, מ"מ יוכל לומר להם לשון דמשתמע לתרי אפין, והעובדי כוכבים יבינו שהוא אומר שהוא עובד כוכבים והוא יכוין לדבר אחר; וכן אם יוכל להטעותם, שהם סוברים שהוא עובד כוכבים, שרי – ‹דאינהו אטעי אנפשייהו – לבוש›.

לשון דמשתמע לתרי אפי - היינו משום סכנת נפשות, אבל משום ממון, כגון ליפטר מן המכס או מס, נראה דעת הרב דאסור, וכ"כ מהרש"ל, דדוקא משום סכנת נפש שרי, הא לאו הכי אסור, ‹שמציל ממונו בע"ז, וזה לא התירה התורה – לבוש›, **מיהו** אמרינן בש"ס, דשרי לת"ח לומר עבדא דנורא אנא, כדי ליפטר מן המס, שהוא לשון דמשתמע לתרי אפי, דנורא הוא עבודת כוכבים הנקראת נורא, והת"ח דעתו לשמים שנקרא אש אוכלת כו', **וכתב** מהרש"ל שם, דוקא לת"ח התירו, דלא חיישינן שמא יתפקר לזלזל יותר, **וגם** מאחר שהוא פטור ממס והעובדי כוכבים באים עליו בגזלה, אבל לא בע"א, וע"ש, וכן משמע להדיא בפירוש הרא"ש, דדוקא לת"ח שרי.

[**ועיין בתשובת** בית יעקב שכתב דרש"ל מיירי ביש לו ממון ליתן המס, אז לא שרי אלא בת"ח, אבל אם אין לו, גם בשאר בני אדם רשאי לומר לישנא דמשמע לתרי אפי. **וכתב** עוד דטעם השני שכתב רש"ל, מאחר שהוא פטור ממס כו', הוא עיקר, **ולפי"ז** אם באים עליו לעשות לו גזילה בדרך, מותר לכל אדם לומר לישנא דמשתמע לתרי אפי', דדוקא במס יש חילוק בין ת"ח לשאר אדם, אבל בגזילה אין חילוק, ע"ש].

וכן בדרך זה מי שלבו העלה טינא וחושק באשת איש, אם תוכל אשתו לבא אליו ויסבור שבא על הערוה, שרי – ‹כעובדא דישי – גר"א›. ‹אמרו חז"ל בילקוט המכירי, תהלים קי"ח כ"א, ישי אבי דוד ראש הסנהדרין היה, ופירש מאשתו ג' שנים, שהיה חושש מאיסור לא יבא עמוני ומואבי בקהל ה', והוא בא מרות המואביה, היתה לו בביתו שפחה נאה, אמר לה, בתי התקיני עצמך כדי שתכנסי אלי הלילה, הלכה השפחה וסיפרה לגבירתה הכל, ונתנה עצה לאשת ישי לאמר, לכי ותקני את עצמך, ולערב כשיאמר אלי לסגור הדלת, אצא אני ותכנסי את, עשתה כך, ולאחר שכיבו הנר נכנסה אשתו ונזדווגה עמו ונתעברה בדוד›.

[**פשוט הוא** דמ"מ צריך לעשות תשובה על זה, דאיהו מיהו נתכוין לאיסורא, כדאשכחן בר' חייא בר אשי בקידושין, שכל ימיו עשה תשובה].

וכל זה לא שרי רק במקום סכנה, אבל שלא במקום סכנה כגון שילבש בגדי עכו"ם שלא יכירוהו שהוא יהודי ויעביר מכס, או כדומה לזה, אסור.

במקום סכנה כו' - כתב הב"ח, דה"ה כשהולך בדרך ואיכא סכנה לישראל באותן הדרכים טפי מלעובד כוכבים, יכול לשנות מלבושו, ובלבד שלא ילבש כלאים, וכן נהגו רוב הסוחרים והולכי דרכים, עכ"ל, **והאידנא** נהגו כן בכל הדרכים, משום דכל הדרכים בחזקת סכנה הם, **ומ"ש** התשב"ץ, דאסור ללבוש בגדי עובד כוכבים בדרך, לא קי"ל הכי, אלא קי"ל כסברת החולקים ע"ז שהביא מהרי"ק, וכ"כ בת"ה בשם ס' חסידים, דבמקום סכנת דרכים מותר, **ואף** על גב דבת"ה שם פסק, במקומות שגזרו העובדי כוכבים שלא יעבור שם יהודי באבוד נפשו, דאסור ליהודי לשנות בגדיו לילך

שם, דלא חשיב סכנה הואיל ומתחלה מכניס עצמו לכך לעבור דרך אותה מדינה, **ע"כ** שאני התם דאפשר שלא יעבור דרך שם, משא"כ הכא דדרך העולם הוא להיות עוברים ושבים, ורוב הולכי דרכים למצוא טרף לנפשם ולא סגי בלאו הכי, **ועוד** נראה דשאני התם מטעם שכתב מהרא"י שם וז"ל, ותו דיש לחוש אולי יכירוהו לאחר שעבר מפניהם, וידעו שנתדמה לעובד כוכבים ונמצא חלול השם למפרע, ע"כ, **מה** שאין כן בהולכי דרכים, שידוע הוא לעובדי כוכבים שדרך היהודים ללבוש בגדי עובד כוכבים בשעה שהולכים בדרך, **ואפשר** דהאידנא כיון דרוב הסוחרים והולכי דרכים יהודים לובשים בגדי עובד כוכבים, גם באותן המקומות שגזרו העובדי כוכבים שלא לעבור בם יהודי, יכול לעבור, דאף אם יכירוהו יחשבו שמחמת שהוא בדרך שינה לבישתו, **וכמדומה** לי שכן נוהגין להקל, וע"ל סימן קע"ח ס"א בהג"ה. **דין** אם מותר לעבור עבירה בשביל להציל חבירו שרוצים לאנסו להמיר וכיוצא בו, עיין באו"ח ס"ס ש"ס וסימן שכ"ח סעיף י.

סעיף ג- מי שנתחייב מיתה, מותר לברוח לבית עבודת כוכבים ולהציל את עצמו – ‹שיש להם חק שלכבוד העבודה זרה אינם מוסרים להמית – חכ"א. [**סיים הרא"ש שם, ולא דמי למתרפא מעצי אשרה, דהתם יש חשש שימשוך כיון שהרפואה תלויה בעצי אשרה, דגם באשרה אם אמר מעלין סתם, והביא לו מאשרה, דמותר, וכן בזה הא דמצילין הבורח לתוכן אין זה משום עילוי שיש באליל**, ‹**שאין** זה נהנה מע"ז מחמת שמודה שיש בה ממשות, רק שהם בטעותם ושקרותם אינם רוצים להמיתו משום כבודה, והוא אינו עושה כלום הודאה בה – לבוש›, **ועוד דבית שאינו נעבד עצמו לא מקרי עבודת כוכבים**, ע"כ, **ולפי"ז לההיא דעה שמביא בשו"ע סימן קנ"ה ס"ב, שאוסרין אפי' בעלין סתם משום לא ידבק בידך וגו', יש לאסור גם כאן. ובסימן קמ"ט מביא הטור, דלא ישתה מן מעין המושך לפני אליל אפילו אם ימות אם לא ישתה, נ"ל לתרץ דשאני התם שהולך שם לעשות מעשה שיהיה לו תועלת, דהיינו כגון לדבר שם עם השר** ‹או לשתות› **או כיוצא בו**, ‹שעושה מעשה שיש בו תועלת ואח"כ חוזר לדרכו, יש חשש מפני הרואים שיאמרו שהוא משתחוה או שהולך לעבוד, ואין תולין ההליכה בשביל התועלת›, **וע"ז אסרו שם, משא"כ כאן** ‹שהולך ויושב שם כדי להרחיק הנזק מעליו› **שיהיה שם שב ואל תעשה, אין זה אלא הרחקת הנזק**, ‹ולא יאמרו הרואים שהלך כדי לעבוד, דהא ישב שם ולא חזר, ואין לתלות ההליכה אלא במה שהוא האמת, שברח שם כדי להרחיק הנזק מעליו שלא ימות›, **ומותר בפקוח נפש]**, ‹ולפי"ז הכניסה לבית ע"ז אינה נקראת מעשה אלא דוקא כשיהיה דבר אחר עם הכניסה, ועיקר החילוק במה שהוא נראה בשעת המעשה – שבט יהודה›.

(וי"א דבשעת השמד, אסור) – ‹דאף לסברא ראשונה דסי' קנ"ה ס"ב, מ"מ לא גרע משאר איסורים דבשעת הגזירה יהרג ואל יעבור – גר"א›. ‹**כיון** ששעת השמד הוא, הם יאמרו מפני שמודה בה ומקיים גזירתן יניחוהו, והוי כעובר על דת שעושה רצונם – לבוש›. **(ועיין לעיל סימן ק"ן).**

§ סימן קנח – דין עובדי עבודת כוכבים להצילם מהמות §

סעיף א- עובדי גלולים משבעה העממין – ‹לשונו לוקח מהרמב"ם, ושם לא כתוב משבעה העממין, ולכאורה נכתב רק משום סנזור›, **שאין בינינו וביניהם מלחמה** - אבל בשעת המלחמה היו הורגין אותן בידים, דאמרינן טוב שבעובדי כוכבים כו', **ורועי בהמה דקה מישראל בארץ ישראל, בזמן שהיו רוב השדות של ישראל** - דוקא ברועים החמירו משום דלא פסילי ‹מדאורייתא – ב"י›, וחכמים עשו חיזוק לדבריהם כדי שיתנו לב לשוב, אבל גזלנים דאורייתא מעלין, **וכיוצא בהן, אין מסבבין להם המיתה** - כלומר אין מצוה להורגם אף על פי שהם עוברים על ז' מצות בני נח, ‹שהרי התורה אמרה בהם: והיו לך למס ועבדוך, ולא צותה להמיתם – לבוש›. **ומיהו** היכא דמקיימי ז' מצות בני נח משמע דאסור להורידן.

ואסור להצילם אם נטו למות, כגון שראה אחד מהם שנפל לים, אינו מעלהו – ‹שהרי אמרה תורה: לא תעמוד על דם ריעך, אבל על דם גוי מותר לעמוד שלא להצילו – לבוש›, **אפילו אם יתן לו שכר. לפיכך אסור לרפאותן, אפילו בשכר, אם לא היכא דאיכא משום איבה. (דאז אפי' בחנם**

שרי, אם לא יוכל להשמט אפילו באנס) – ‹וכן הוא במרדכי, אבל הרמב"ם כתב דוקא בשכר שרי משום איבה, וכן משמע שם בגמ', והכל לפי הענין – גר"א›.

וכן מותר היה לנסות רפואה באחד מז' העממים אם תועיל – ‹כדי להתחכם ברפואות – לבוש›.

בד"א בישראל בעל עבירות והעומד ברשעו ושונה בו תמיד, כגון רועי בהמה דקה שפקרו בגזל והם הולכים באולתם - לפי שהיו מרעין בהמות שלהן בשדות אחרות ובא"י בזמן שהיו רוב שדות של ישראל, **אבל ישראל בעל עבירות שאינו עומד ברשעו תמיד, אלא עושה עבירות להנאת עצמו, כגון אוכל נבלות לתיאבון** – ‹דהיינו כשאין להם היתירא אוכלים איסורא להנאתם, וכשיש לפניהם היתירא ואיסורא, לא שבקי התירא ואכלי איסורא – לבוש›, **מצוה להצילו ואסור לעמוד על דמו** – ‹ועל העבירה שהוא מוחזק בה שעושה להנאתו, בעל הגמול השלם ישלם לו גמולו ועונשו בבא עתו – לבוש›.

סעיף ב - המינים, והם שעובדים לעבודת כוכבים - בין עובד כוכבים בין ישראל, **או העושה עבירות להכעיס, אפילו אכל נבילות** – ‹והיינו שיש לפניהם היתירא ואיסורא, ושבקי היתירא ואכלי איסורא – לבוש›, **או לבש שעטנז להכעיס, הרי זה כופר; והאפיקורסים, והם שכופרים בתורה ובנבואה מישראל** - וכן המבזה ת"ח או המבזה חבירו בפני ת"ח, **היו נוהגין בארץ ישראל להרגן; אם היה בידו כח להרגן בסייף, בפרהסיא, הורגו** – ‹ובתשובת הרא"ש הובא בב"י, כתב דדוקא מורידים לבור, אבל אין ממיתים אותם בידים – רעק"א›; **ואם לאו, היה בא בעלילות עד שיסבב הריגתו; כיצד, ראה אחד מהם שנפל לבאר והסולם בבאר, קודם ומסלקו ואומר: הריני טרוד להוריד בני מן הגג ואחזירנו לך, וכיוצא בדברים אלו.**

הגה: (ועיין בחושן המשפט סימן תכ"ה). מומרים שהיו ממירים עלמם לאנסים ומטמאים עלמן בין העובדי כוכבים לעבוד עבודת כוכבים כמותם, הרי הם כמו מומרים להכעיס והיו מורידין אותם ולא מעלין; ומכל מקום אם באו לשוב, לא מחמירין עליו, שקשה לפרוש מהם וחיישינן שמא יחזור לסורו.

§ סימן קעח – שלא ללבוש כמלבושי עכו"ם §

סעיף א- אין הולכין בחוקות העובדי כוכבים (ולא מדמין להם); ולא ילבש מלבוש המיוחד להם; ולא יגדל ציצת ראשו כמו ציצת ראשם; ולא יגלח מהצדדין ויניח השער באמצע.

ולא יגדל ציצת ראשו - והיינו שלא יגלח מהצדדים כו', כ"כ העט"ז, ונמשך אחר מ"ש ב"י, דלא יגלח כו' פירוש דלא יגדל ציצת ראשו הוא, **אבל** הב"ח חלק עליו, וכתב דמלתא באפי נפשה היא, דלא יגדל ציצת ראשו, הוא שמגדלין השער לנוי וליופי כמו הבתולות דרך שחץ וגאוה, וכ"כ הפרישה.

[נראה דאף בלא שום גילוח נאמר איסור זה, דהיינו שדרך העכו"ם בעלי מלחמות בהרבה מדינות לגדל שער שלהם מאוד, ואינם מגלחים עצמם כלל, לא יעשה כן ישראל, ואף זה בכלל מגדלי בלורית שאסרו חכמים, ואע"פ שאח"כ כתב פירוש אחר על מגדלי בלורית, דהיינו שמניחים השער באמצע, מ"מ חד טעמא הוא, שהכלל הוא שיש לישראל להבדיל מהם, מה לי בכך ומה לי בכך, כי המדינות חלוקות במנהגם בזה, והב"י כתב... והוא דחוק מאוד].

ולא יגלח השער מכנגד פניו מאוזן לאוזן ויניח הפרע – [מלאחריו, כצ"ל וכן הוא ברמב"ם].

ולא יבנה מקומות כבנין היכלות של עבודת כוכבים, כדי שיכנסו בהם רבים, כמו שהם עושים – [כתב על זה הראב"ד, איני יודע מהו זה, אם שלא יעשה צורות כמו שהם עושים, או שלא ישים סי' לקבץ בו הרבים כדרך שהם עושים, עכ"ל, על כן יש לאסור בשניהם].

‹**ונראה** ודאי דלא אסר הכתוב אלא כגון אותם שהם עשויין לקיבוץ עבודת הצלמים – לשונו שם›, **אבל** כגון אותם העשוים לועד שלהם, להתיעץ על עסקיהם ולמשפט, אין איסור לבנות כתבנית אותם היכלות, ב"ח וע"ש.

הגה: אלא יהא מובדל מהם במלבושיו ובשאר מעשיו. וכל זה אינו אסור אלא בדבר שנהגו בו העובדי כוכבים לשום פריצות, כגון שנהגו ללבוש מלבושים אדומים, והוא מלבוש שרים וכדומה לזה ממלבושי הפריצות - שאין דרך הצנועים להיות אדומים בלבושם, וצבע השחור הוא דרך צניעות והכנעה, וכדאמרינן מי שיצרו מתגבר עליו ילבש שחורים ויתעטף שחורים כו', **ועוד** התם מסורת בידינו להקפיד על לבישת האדום לבני עמנו, מהרי"ק שם.

או בדבר שנהגו למנהג ולחוק ואין טעם בדבר, דאיכא למיחש ביה משום דרכי האמורי, ושיש בו שמץ עבודת כוכבים מאבותיהם.

‹**ולשון** חוק הוא אחד משני דברים, האחד שהוא עושה דבר משונה אשר אין בו טעם נגלה, אלא שהם נוהגים כן, לפיכך ישראל העושה אותו המנהג, נראה ודאי כנמשך אחריהם ומודה להם, דאם לא כן למה יעשה כדבריהם התמוהים ההם. **וענין** השני הוא דבר שיש בו פריצות גדר דרך הצניעות והענוה ונהגו בו הגוים, כי לא באלה חלק יעקב, אלא דברי ישראל ודרכם להיות צנועים, וענוים ירשו ארץ ולא לפנות אל רהבים – לבוש›.

‹**לא** ילבש בגד המיוחד להם ופרשו הישראלים ממנו מחמת צניעות או דבר אחר, שכיון שנתיחד להם מפני גיותו ופרשו הישראלים ממנו מפני יהדותן, אז כשלובשים הישראלים נראה כמודה להם ונמשך אחריהם, **ולכן** אין לתמוה על כל ארץ אשכנ"ז שמלבושיהם דומין למלבושי העכו"ם, שמעולם לא שינו בגדיהם, וגם ידוע שאעפ"כ משונה קצת מבגדיהם, שארוכים מעט יותר ורחבים משל עכו"ם, **אבל** במדינה שכבר שינו אבותינו בגדינו מבגדיהם, ויהיה הטעם מה שיהיה, מ"מ כיון שכבר שינו בגדיהם, העובר ולובש כבגדיהם לוקה. **ואם** גזרו שמי שלא ילבש מלבוש עכו"ם יהרג, כתב הש"ך ביו"ד סימן קנ"ז דיהרג ואל יעבור, **ונהירנא** כשגזרו פה בק"ק ווילנא בעת המלחמה שילבשו היהודים מלבושי עכו"ם, שמעתי מפי הגאון החסיד מורינו הרב אליהו ז"ל שאמר דיהרג ואל יעבור, ואף שזה צ"ע גדול, עכ"פ צא וראה כמה גודל האיסור בזה, וכל בעל נפש ישים הדברים בלבו – חכ"א›.

אבל דבר שנהגו לתועלת, כגון שדרכן שכל מי שהוא רופא מומחה יש לו מלבוש מיוחד שניכר בו שהוא רופא אומן, מותר ללובשו. וכן

שעושין משום כבוד או טעם אחר, מותר; לכן אמרו: שורפין על המלכים – [פי' כלי תשמישן משום כבודם שלא ישתמש בהם אחר], **ואין בו משום דרכי האמורי** - ע"ש במהרי"ק שהאריך בזה, ומביא כמה ראיות, וראיה א' שהביא מרש"י פרק כל הבשר, גבי מים הראשונים האכילו בשר חזיר, שפירש"י שהיה חנווני ישראל מוכר בשר שחוטה לישראל ונבלה לעובד כוכבים, ובא יהודי א' לאכול ולא נטל ידיו, והאכילו חזיר, אלמא שאין הישראל צריך להיות מובדל במלבושיו עכ"פ, עכ"ד, **ואמר** הגאון א"א ז"ל שהוא תמוה, דמעשה זה שכתב רש"י הוא במדרש רבה פ' בלק, ואיתא שם שהיה בשעת השמד כו' עד א"ל בצנעא יהודי אני, ע"ש, ומבואר שהיו עובדים את הש"י בצנעא, ונט"י היה סימן לחנוני ולא סימן אחר, ובשעת השמד ודאי מותר לשנות בגדיו כדי שלא יכירוהו שהוא יהודי, וכמ"ש מהרי"ק גופיה שם, ונתבאר לעיל סי' קנ"ז ס"ב, וצ"ע.

סעיף ב - מי שהוא קרוב למלכות וצריך ללבוש במלבושיהם ולדמות להם, מותר בכל – [ואע"ג דכל הנזכר בסימן זה הוא בכלל ובחוקותיהם לא תלכו, ואין כח לחכמים לעקור דבר מן התורה, מ"מ הכא שאני, כיון שלא פירשה התורה שום דבר, ומסרה לחכמים, והם ראו להתיר לקרובים למלכות – ב"י].

סעיף ג - מי שאכל ושייר פתיתין על שלחנו, לא יביא פת שלימה ויניח על השלחן - משמע דוקא להביא שם ולהניחו אצל הפתיתין אסור, משום העורכים לגד שלחן, [פירוש לשם עכו"ם], אבל אם היה שם א"צ להסירו, וכן משמע מפרש"י, וכ"כ ב"י באו"ח סי' ס"ס ק"פ.

[אבל בפתיתין לחוד יש מצוה להניחם, שיהא מוכן לעני].

הגה: יש מקומות שנהגו לערוך שולחן ולשום עליו מיני מאכל בלילה שלמחר מלין תינוק, ויש בזה איסור משום העורכים לגד שלחן - מכל מקום מה שנוהגין בארצות אלו, שעושין סעודה בלילה שלמחר מלין התינוק, שקוריך וואך, אין איסור, דדוקא לשום מיני מאכל על השלחן ולהניחם כך אסור, משום דהוי כעורך לגד שלחן, אבל בסעודה אין איסור.

אבל לערוך מטה למזל התינוק, יש מתירין. (כן כתבו האחרונים).

§ סימן קעט – שלא לכשף לעונן ולנחש §

סעיף א - אין שואלים בחוזים בכוכבים ולא בגורלות - ‹אע"פ שלפעמים אומרים אמת, וחכמה גדולה היא, וגזירה שגזר הקדוש ברוך הוא מששת ימי בראשית להנהיג עולמו בכך, מ"מ אמרו חז"ל שאסור לשאול בהם – לבוש›. **הגה: משום שנאמר: תמים תהיה עם ה' אלהיך** – ‹כלומר שיתלה אדם עצמו במי שאמר והיה העולם, והוא ברחמיו יציל עבדיו מפגע רע – לבוש›. **וכ"ש דאסור לשאול בקוסמים ומנחשים ומכשפים** – ‹וכל אלו הם דברי שוא והבל ואין בהם ממשות כלל, ולכך אסרתה התורה בלאוין ועונשים גדולים שלא יטעו בהם, אלא שהקוסם לוקה שעיקר הלאו נאמר עליו, והשואלו אינו לוקה שהלאו לא נאמר עליו, אבל מכין אותו מכת מרדות מדרבנן – לבוש›, **הוא** משום תמים תהיה אסור לשאול בהן, **אבל** העושה מעשה בקסמים וניחוש וכישוף, איסור דאורייתא הוא, כ"כ בפסקי מהרא"י, ופשוט הוא.

ומבואר מדבריו שם, דמותר לחולה לדרוש במכשפים וקוסמים, כיון דאין איסור אלא משום תמים תהיה וגו', **ומהרש"ל** מביאו, והאריך והעלה דאסור לחולה לשאול בקוסמים ומכשפים היכא דליכא סכנת נפשות, אפילו יש סכנת אבר, **ואם** בא לו החולי ע"י כישוף או מקרה ורוח רעה, מותר, ע"ש, וכיוצא בזה כתב הב"ח ס"ס זה, **וכ"כ ב"י** בשם הזוהר, דאיסור גדול הוא לדרוש במכשפים אפי' לחולה.

(**ועיין** בתשובת משכנות יעקב, שלמד זכות על הנוהגים היתר לדרוש במכשפים בשביל חולה, די"ל דהזוהר בזה לשיטתו, דרשב"י סבר בגמרא דסנהדרין דבן נח מצווה על הכישוף כו', **אבל** אנן הא קי"ל דלא כרשב"י, א"כ אין כאן רק איסור אמירה, ואיסור דתמים תהיה כמו לשאול בכלדיים, אולי בחולה שרי, בפרט לחולה שיש בו סכנה, **ומ"מ** שומר נפשו ירחק מהם, ע"ש).

‹איזהו קוסם, העושה מעשה עד שיאמר דברים שעתידין להיות, ויש מי שיסתכל במראה של ברזל או עששיות וכיוצא בו, והעושה אחד מאלו לוקה, והשואל לקוסם מכין אותו מכת מרדות, **ומזה** תראה שהשואלים לצורה שנעשה דמות אדם של עץ, עוברים על זה, והוא שאמר הנביא עמי בעצו ישאל ומקלו יגיד לו – חכ"א›.

סעיף ב- נהגו שאין מתחילין בב' ובד' – [הטעם שהכוכבים הצומחים בהם הם קשים]. ‹ומה שאדם יודע שהוא כנגד המזל לא יעשה, כי לא יסמוך על הנס – לבוש, דע"ז קאי הרמ"א דבסמוך›. **ואין נושאים נשים אלא במילוי הלבנה. הגה: ולכן נהגו ג"כ להתחיל ללמוד בר"ח, כי אע"פ שאין ניחוש יש סימן** – ‹ויש להשיב בזה, משום דלכאורה בכל זה יש בו משום לא תנחשו, ומאיזה טעם יהא מותר בכל אלו, וכבר נדחקו המפרשים בכל זה, ואענה חלקי גם אני, מהידוע כי הטוב הוא בא ממנו ית' ב"ה, אבל הרע אינו יורד מן השמים, אבל עונו של אדם הוא מסלק מדת טובו ית' ב"ה מעצמו, כמ"ש כי עונותיכם הבדילו ביני לביניכם, ולזה הטוב הבא ממנו ית' ב"ה בהחלט, כמ"ש לא יצאה מדה טובה מפי הקדוש ברוך הוא וחזרה וכו', אבל הרע אינו בא בהחלט, כי אפשר שישתנה, כמ"ש ברבי חנינא שלא היה יכול המכשף להזיקו משום דנפיש זכותיה שנא' אין עוד מלבדו, ולזה הנותן לעצמו סימן בדבר מה לטובה, אין זה ניחוש, אלא סימן טוב שיבא לו ממנו ית' ב"ה, אבל הנותן לעצמו סימן בדבר מה בהפך זה ולרע לו, הרי זה ניחוש, שתולה שיבא הדבר בהחלט, ואינו כן, דברחמי שמיא אפשר שישתנה – מהרש"א הוריות דף י"ב›. **במה שאדם יודע שהוא כנגד המזל, לא יעשה ולא יסמוך על הנס, אלא שאין לחקור אחר זה משום תמים תהיה, כמו שנתבאר** – ‹שלא ישאל ויחקור באיזה יום או באיזה שעה ישלוט הכוכב הטוב או הרע, אבל בימים אלו שיודעים כוכב שלהם בלא חקירה, ישמר מלעשות כנגדם ולא יסמוך על הנס – לבוש›. **עי'** בא"ח סי' תרס"ד ס"א, כ' הרב כיוצא בזה גבי צל הלבנה בהושענה רבה.

סעיף ג- ‹אין מנחשין כעכו"ם, שנאמר לא תנחשו כיצד – חכ"א›. **האומר: פתי נפלה מפי, או מקלי מידי, או בני קורא לי מאחרי, או שצבי הפסיקו בדרך, או שעבר נחש מימינו או שועל משמאלו, ולמי שאירע לו אחד מאלו עושה ממנו ניחוש שלא לצאת לדרך או שלא להתחיל במלאכה, וכן המנחשים בחולדה ובעופות ובכוכבים.**

‹**איזהו** מעונן, אלו נותני עיתים, שאומרים יום פלוני טוב למלאכה ויום פלוני רע – חכ"א›, **וכן האומר: אל תתחיל לגבות ממני, שחרית הוא, מוצאי שבת הוא, מוצאי ר"ח הוא** – ‹ואם אינו מוציא הדברים מפיו, אלא מחשב בלבו ונמנע מעסקיו ע"י הנחשים האלה, מותר, שראוי לאדם לחוש על החשש שחוששין בו הבריות, כ"כ בש"ג, **ועי'** בתוס' ב"מ, גבי הא דאמר התם כיס וארנקי לא משאלי אינשי משום דמסמני, הקשו דהא הוי ניחוש, ע"ש, משמע דלא כהש"ג, **וגם** קשה מזה על הרמ"א בסעיף זה, וע' בט"ז, ודו"ק›.

וכן האומר: שחוט תרנגול שקרא כעורב, ותרנגולת זו שקראה כתרנגול, אסור. הגה: י"א אם אינו אומר הטעם למה מלוה לשחוט התרנגולת, אלא אומר סתם שחטו תרנגולת זו, מותר לשחטה כשקראה כתרנגול – [לפי זה נראה דגם בהנך דלעיל יש היתר כל שאינו אומר בפירוש שהוא עושה משום הכי, **אלא** די"ל דשאני הכא כיון שיש שינוי טבע לפניו, ויש מקצת חרדה על האדם, הותר לו לעשות בלי אמירה, משא"כ בהנך דלעיל שאין בהם שנוי טבע, כנ"ל]. **וכן הוא המנהג** - ועכשיו ראיתי המנהג שאומרים בפירוש שחטו התרנגולת שקרא' כתרנגול, ושוחטין אותה, ונראה דס"ל כהגהת רמ"ך שהביא ב"י, וכדעת מהרי"ל בתשובה, ע"ש.

‹ויש עוד הרבה דברים, וכללו של דבר, כל דבר שהתועלת או הנזק נגלה לעינים, בין מדרך רפואה או בדרך סגולה, אין בו משום ניחוש או דרכי האמורי, אבל מה שאינו נגלה, יש בו משום דרכי האמורי ואסור – חכ"א›.

(**וע'** בתשובת ח"ס אודות מ"ש בבה"ט של הרב מהרי"ט ז"ל בשם צוואת ר"י חסיד, שיש סכנה לבונה בית אבנים, וגם בבונה במקום שלא היה שם בית מעולם, ואמרי אינשי להניח בהבית תרנגול זכר ונקבה ולשוחטם שם, אי ליכא בזה משום דרכי האמורי, **וכתב** דטעמא דהני אינשי, שהם דימו דאם יניחו שם זמן מה זוג תרנגולים הנקראים גבר, הו"ל הגברים האלו הדיורים הראשונים

שבבית, ובשחיטתם היינו מיתתם כבר מתו הדיורים הראשונים שבבית, והמה פדיון נפש בעה"ב דוגמת הכפרות שנוהגים, **אבל** טוב יותר שלא לחוש לדברים אלו וכיוצא בהם שלא הוזכרו בש"ס ופוסקים, ולא רבי יהודה חסיד חתום עליהם, **ואולי** בבונה בית אבנים שלא לצורך להרחיב לו משכנות בח"ל ולהתיאש מן הגאולה, וה"ה המרחיב דעתו לבנות במקום שלא היה שם בית כדי להוסיף ישיבת חו"ל, הרי בנינו סכנה ואינו מצוה להגן, **אבל** אנו בעו"ה צרכינו מרובים כו', לדעתי איכא מצוה להמציא מקום דירה לשה פזורה, וכדאי להגן, **וטוב** שיחנך הבית בתורה ובתפלה זמן מה, ע"ש).

סעיף ד - בית תינוק ואשה, אף על פי שאין ניחוש, יש סימן - פרש"י, בנה בית או נולד לו בן או נשא אשה, אע"פ שאין ניחוש, שאסור לנחש ולסמוך על הניחוש, יש סימן, סימנים בעלמא הוי, דאי מצליח בסחורה ראשונה אחר שבנה הבית או שנולד התינוק או שנשא האשה, **הגה: אם הצליח אחר זה ג' פעמים** - סימן הוא שהולך ומצליח, **או לא** - ואם לאו אל ירגיל יותר מדאי, [**דכשרואה שמזלו נגרע ח"ו אחר שנשא אשה זו או דר בבית זה, לא ירבה בעסק עוד**], שיש לחוש שלא יצליח. ‹**ואסמכוה** אדברי יעקב אבינו ע"ה, שאמר יוסף איננו ושמעון איננו ואת בנימין תקחו עלי היו כולנה, כלומר אמר כיון שאירע לי צרה זו ג' פעמים, אין לך צרה שלא תעבור עליו – לבוש›.

וכן מותר לומר לתינוק: פסוק לי פסוקיך - משמע דעת הרב והפוסקים, דאפי' לעשות מעשה ולסמוך עליו לעתיד על הפסוק, מותר, דחשיב קצת נבואה. ‹**דאמרינן** מיום שנחרב הבית ניטלה הנבואה מן הנביאים ונתנה לתינוקות – לבוש›.

וי"א דאדם מותר לעשות לו סימן בדבר שיבוא לעתיד, כמו שעשה אליעזר עבד אברהם או יהונתן, ויש אוסרין - ואליעזר ויונתן שאני כדאיתא בעט"ז וב"ח, ע"ש. ‹וכי תימא יונתן ואליעזר למה עשו, אליעזר יש לומר שעשה כמש"כ בפרשה שנייה ששאל תחלה ואח"כ נתן לה המתנות, ויונתן לזרז נערו אמר כן, אבל הוא בלא"ה ג"כ היה הולך אליהם – לבוש›. **והכולך בתום ובוטח בה', חסד יסובבנו.**

סעיף ה - חובר חבר, זהו שעל ידי לחש מקבץ חיות או נחשים ועקרבים, יתושים ופרעושים - ואע"ג דמכוון שלא יזיקו, ומחברן למקום מדבר שלא ימצאו ביישוב ויזיקו, אסור, ש"ס.

סעיף ו - מי שנשכו עקרב מותר ללחוש עליו, ואפילו בשבת - דאסור להרבות בשיחה, כמ"ש בא"ח סי' ש"ז, **ואף על פי שאין הדבר מועיל כלום, הואיל ומסוכן הוא התירו, כדי שלא תטרף דעתו עליו** - ‹הרמב"ם וכ"כ בפי' המשנה לפ"ד דעבודת כוכבים, אבל כל הבאים אחריו חלקו עליו, שהרי הרבה לחשים נאמרו בגמרא, והוא נמשך אחר הפלוסופיא הארורה, ולכן כ' שכשפים ושמות ולחשים ושדים וקמיעות הכל הוא שקר, **אבל** כבר הכו אותו על קדקדו, שהרי מצינו הרבה מעשיות בגמ' ע"פ שמות וכשפים, אמרה איהי מלתא ואסרתה לארבא אמרו כו' (שבת פ"א ב' חולין ק"ה ב'), ובספ"ד מיתות ובירושלמי שם עובדא דר"א ור"י ובן בתירה, וכן ר"ח ור"א דאיברו עיגלא תילתא, ור' יהושע דאמר שם ואוקמיה בין שמיא לארעא (בכורות ח' ב'), וכן אבישי בן צרויה (סנהדרין צ"ה א') והרבה כיוצא, ואמרו (בספ"ד מיתות חולין ז' ב') למה נקרא שמן כשפים כו', והתורה העידה ויהיו תנינים, וע' זוהר שם, וכן קמיעין בהרבה מקומות ולחשים רבו מלספר. **והפלסופיא** הטתו ברוב לקחה לפרש הגמרא הכל בדרך הלציי ולעקור אותם מפשטן, וח"ו איני מאמין בהם ולא מהם ולא מהמונם, אלא כל הדברים הם כפשטן, אלא שיש בהם פנימיות, לא פנימיות של בעלי הפלוסופיא שזורקין אותו לאשפה שהם חצוניות, אלא של בעלי האמת – גר"א›.

סעיף ז - מי שרודפים אחריו נחש ועקרב, מותר לחבר כדי שלא יזיקוהו - דאין לך דבר שעומד בפני פיקוח נפש, חוץ מעבודת כוכבים וג"ע וש"ד. ‹**ומה** שאמרנו למעלה ס"ה שאפילו עושה כדי שלא יזוקו אסור, היינו כשאין רודפין אחריו – לבוש›.

[משמע כאן דאם פיקוח נפש תלוי בעבירה, שכשעושה עבירה יכול להנצל, מותר לו לעשות כן מעצמו עבירה ההיא, כמו הכא שעל ידי שעובר על לאו דחובר חבר מציל עצמו].

סעיף ח - הלוחש על המכה או על החולה ורוקק, ואחר כך קורא פסוק מן

התורה – [כן הוא ברש"י, דדוקא לוחש ‹הפסוק› אחר הרקיקה אסור, אבל בטור כתוב, ומזכיר שם שמים ורוקק, משמע שהאיסור אפי' ברוקק אח"כ], **אין לו חלק לעולם הבא** - לפי שאין מזכירין ש"ש על הרקיקה, ש"ס, משמע בקורא פסוק בלא שם, אף ברקיקה ליכא אלא איסורא, וכן משמע בטור בשם ר"י, וב"י, וכן משמע מדברי הרב, והמחבר קיצר במובן, **דלא** כהעט"ז שכתב שנראה כרוקק על פסוקי תורה כו', ומיהו י"ל דעל פסוקי תורה שיש בהן שמות קאמר, וכן משמע מסוף דבריו, ע"ש.

[**הטעם**, דכיון דמזכיר שם שמים על הרקיקה, הוי בזיון ח"ו, ועל כן אין להקשות ממה שנוהגין ברקיקה קודם ואנחנו כורעים, דשם הכל יודעין שהרקיקה היא לבזיון הגילולים של עכו"ם, והיא כבוד שמים שמזכיר אח"כ, כן נ"ל].

ואם אינו רוקק, איסורא מיהא איכא – [פי' בלוחש פסוק אפי' בלא הזכרת שם שמים על המכה, וה"ה שאר חולי שאינו מכה, כ"כ נ"י]. ‹**מפני** שעושה דברי תורה רפואת הגוף, והקב"ה לא נתנה אלא לרפואת הנפש – לבוש›. **ואם יש בו סכנת נפשות, הכל מותר.**

הגה: וי"א דכל זה אינו אסור אלא בקורא הפסוק בלשון הקודש, אבל בלשון לעז, לא (רש"י בשם רבו) - כ' הב"ח ותימה, דבפרק כירה גבי מרחץ ובית הכסא, אמר אביי דדברים של קודש אף לאמרם בלשון חול אסור, הלכך נראה גבי לחש נמי, מה שאסור בלשון קודש אסור נמי בלשון חול, וכך הוא משמעות כל הפוסקים, שלא הביאו הך דרש"י בשם רבו, עכ"ל, **ותימה** איך עלה על דעתו לדחות דברי רש"י ורבו בדברים שאינם ענין לכאן כלל, דדברים של קודש היינו ענין קדושה, כגון הוראה או איזה דבר תורה, אסור לאמרו בלשון חול, **אבל** השם בלשון הקדש הוא שם, אבל בלשון חול אינו שם כלל, והגע עצמך, דהא מותר למחות שם שנכתב בלשון חול, כגון גאט בלשון אשכנז, או בר"ג בלשון פולי"ן ורוסי"א, וכיוצא בזה, ‹**תמוה** שהרי המקלל בשם בכל לשון חייב, כמש"כ בחו"מ סי' פ"ז – חכ"א›, **ומה** שלא הביאו הפוסקים הך דרש"י, כה"ג מצינו טובא, **הלכך** אני אומר ודאי לכתחלה יש ליזהר בכל מה דאפשר, וכמ"ש גם הרב, אבל היכא דלא אפשר לא אפשר.

ומיהו ברוקק טוב ליזהר בכל ענין, בפרט אם מזכירין השם, שאין לו חלק לעולם הבא.

הלוחש על המכה - (בתשובת אא"ז פנים מאירות כתב, בתינוק שלא היה יכול לישן, ואמרו הנשים שיש רפואה לחתוך צפרני ידיו ורגליו וקצת שערותיו, וליתן תוך ביצה ולהניח באילן ערבה, דאסור לעשות כן. **וראייתו** מרש"י חולין דף ע"ז, דכל שאין על החולה ממש אסור, ע"ש היטב, ומינה לכל הדברים שעושים רחוק מהחולה דאסור, **ולענ"ד** פירושו בדברי רש"י ז"ל צ"ע, דא"כ מאי פריך מהא דסוקרו בסיקרא, ע"ש ודו"ק, ועיין ברש"י בשבת דף ס"ז, וברא"ש שם, וע' בא"ח סי' ש"א סעיף כ"ז).

סעיף ט - תינוק שנפגע - וה"ה גדול שנחלה, **אין קורין עליו פסוק, ואין מניחין עליו ספר תורה** – [דאז צריך לרפואה, ודברי תורה לא נתן לרפואת הגוף אלא לרפואת הנפש, משא"כ בבריא שא"צ אלא להגן שלא יחלה, בזה מותר להגן בד"ת], כדבסעיף שאח"ז.

‹**וכן** הקורא על התינוק שלא יבעת, והמניח ספר תורה או תפילין על הקטן בשביל שישן, לא די שהם בכלל מנחשים וחוברים, אלא שהם בכלל הכופרים בתורה, שהם עושים דברי תורה רפואת הגוף, ואינן אלא רפואת הנפש, שנאמר (משלי ג', כ"ב) ויהיו חיים לנפשך – חכ"א›.

[**ודבר פשוט שאם יש סכנת נפשות בתינוק שנפגע, שמותר אפילו להתרפאות בד"ת כמו שמוזכר בסעיף ח'**]. (**וכ"כ** בס' באר שבע, דמותר להניח ס"ת על אשה המקשה לילד, ולקרות עליה פסוקים, משום שיש בה סכנת נפשות, ע"ש, **ועיין** בתשובת חינוך ב"י, שכתב דאינו נכון לזלזל בכבוד הס"ת כל כך, ולא יביאו הס"ת אלא בפתח חדר של היולדת, שזכות התורה יגין עליה, ולא לענין סגולה או רפואה, וכ"ש שלא ליתן בידים או לפותחה, או ליתן ליד שום אשה, ע"ש).

סעיף י - הבריא, מותר לקרות פסוקים להגן עליו מהמזיקין – [ומטעם זה קורין ק"ש על מטתו להגן עליו בלילה].

סעיף יא - למדוד האזור וללחוש עליו, מותר ואפי' בשבת. הגה: ועיין בא"ח סימן

ס"ו - סעיף ז'. **וכ"כ שאר לחשים. ועיין באו"ח סי'**
ש"א - סכ"ה וכ"ז **איזהו לחש וקמיע אסור.**

סעיף יב - מותר להתרפאות בקמיע, אפי' יש בהם שמות, וכן מותר לישא קמיעין שיש בהם פסוקים; ודווקא להגן שלא יחלה, אבל לא להתרפאות בהם מי שיש לו מכה או חולי; אבל לכתוב פסוקים בקמיעין, אסור – [הטעם כדאיתא ריש פרק כל כתבי, כותבי ברכות כשורפי ס"ת, לפי שאם תפול דליקה בשבת, אסור להצילם ולהטריח עבורם בשבת, **ואע"ג** שעכשיו כותבין בסידורין הברכות, היינו משום עת לעשות לה', מה שאין כן בקמיעין, כ"כ ב"י בשם רשב"א]. ‹**לכתחילה** אסור לכתוב פסוקים בקמיעים כלל, שמכשיל הבריות שיבואו להתרפאות בהן – לבוש›.

סעיף יג - דורש אל המתים, זה שמרעיב עצמו ולן בבית הקברות כדי שתשרה עליו רוח הטומאה - נמצא בתשובת מהר"ח, על הנודרים לילך לבית הקברות, קצת היה נראה כדורש אל המתים כו', **והב"ח** כתב לקמן ס"ס ר"ז, שכבר החזיקו במנהג זה, ואין איסור בדבר, ע"ש.

‹**ואותן** נשים וכן עמי הארצות שהולכין על קברי מתים, וכאילו מדברים עם המתים ואומרים להם צרותיהם, קרוב הדבר שהם בכלל דורש אל המתים, **ונמצא** שיש מן הגאונים היו רוצים לאסור להשתטח על קברי מתים, אלא ההולכים שם יתפללו לה' שימלא משאלותם בזכות אבותיו ובזכות הצדיקים – חכ"א›.

סעיף יד - להשביע את החולה לשוב אליו לאחר מיתה להגיד לו את אשר ישאל אותו, מותר.

ויש מתירין אפי' לאחר מותו, אם אינו משביע גופו של מת רק רוחו (כן משמע בהגהות מיימוני בשם ראב"ס דלא כבית יוסף) - עיין בד"מ שהשיג על מ"ש הב"י, דהראיה שמביא רא"מ משמואל דאזל לחצר מות כו', לאו ראיה היא, שהיה ע"י השבעה, **וז"ל**, זה הדיחוי אינו כלום לפי המסקנא שהביא ר' ירוחם שכתב, שעל ידי השבעה נמי אסור, וא"כ ע"כ צ"ל דמה דעבד שמואל היינו לרוח ולא לגוף, כדברי רא"ם, עכ"ל, **ובעט"ז** כתב, דמה שכתב ב"י שהחילוק בין רוח לגוף הוא מגומגם, דאי דורש לגוף ממש בלא רוח, אטו גוף לחודיה מידי ממשא אית ביה, עכ"ל, **נ"ל** שאינו מגומגם ע"פ חכמי קבלה ובזוהר בכמה מקומות כו', ע"ש.

‹**שצורת** גוף האדם שמת ופרחה ממנו נשמתו ורוחו, שמיד חושקין אליו כל כוחות וצורות הטומאה ומתדבקין בו וחושקין ליכנס בתוכו, וכוונתם הוא להתדמות לנשמה הטהורה שהיתה בו כבר, כי הם נבראים צורות טמאות בלא גופים, וחושקים להיות בגוף שהיה בו צורת אדם, **וזה** הוא עיקר טעם איסור לינת המת, וטעם שגוף אדם המת מטמא באהל וגוף של בהמה מתה אינה מטמאה באהל, **ולא** עוד אלא אפילו פגרי מתים הגוים אינו מטמאין באהל אלא דוקא מת ישראל, מפני שישראל קרויים אדם ואין אומות העולם קרויים אדם, ואין כוחות הטומאות שהם השדין ורוחין ולילין חושקין להתדמות בנשמותיהן שהיו בהן בחייהם, כי גם בחייהם טמאים הם, ויודעים הצורות הטמאות שלא יהיה להם מעלה כשיתדמו בנשמות הגוים הטמאים ואין להם שום חשק ותאוה ליכנס לגופם, רק בגופי ישראל שהיו בהם נשמות טהורות חפצים להתדמות, כי חושבין יגיעו בזה למעלה גדולה ממה שהם כבר, **ולפיכך** הדורש אל גוף של מת של ישראל, ודאי יתדבק עם אותם כוחות הטומאה שחשקו להתדבק באותו גוף ומטמא את עצמו, ויש בו ממשא על ידי אותם כוחות הטומאה. **ולפי** זה עיקר לאו דדורש אל המתים לא נאמר אלא בגופן של מתי ישראל, אי נמי במתי גוים וברוחם שהם גם בחייהם נקראים מתים, **אבל** הדורש אל גופי מתי גוים אינה נקרא דרישה שאין בהם ממש כלל, **והדורש** אל רוחו של ישראל גם כן אינו נקרא דורש אל המתים, שהרי הוא חי, נ"ל. **מיהו** גם בזה אינו מותר אלא דוקא בהשבעה שאינו עושה מעשה, אבל העושה מעשה, כגון אותם שלובשים מלבושים ידועים ואומרים דברים ומקטרים קטורת ידוע וישנים לבדם, כדי שיבא מת פלוני ויספר עמו בחלום, גם זה וכיוצא בו הוא בכלל דורש אל המתים ולוקה עליו – לבוש›.

סעיף טו - אוחז את העינים, אסור - עיין ב"ח שכתב בשם הרמב"ם, דגם אחיזת עינים שאינו ע"י כשוף, רק ע"י מראה ותחבולות, ועל ידי קלות התנועה ביד, אסור, וכדבריו מבואר בדברי המגיה למיימוני ע"ש, וכן כתב בתשובת הרב.

‹**איזהו** מעונן, זה האוחז את העינים, והוא מין מן התחבולה מחובר אליו קלות התנועה ביד, עד שתדמה לאנשים שיעשה ענינים שאין אמיתתו בהם כמו שנראה אותם יעשו

תמיד יקחו חבל וישימו אותה בכנף בגדיהם ויוציאו נחש, וישליך טבעת לאויר ואחר כך יוציאו מפי אדם אחד העומד לפניו, והעושה זה לוקה – חכ"א).

(**ובספר** עמודי כסף כ"י כתב, בענין שנוהגים להפך כלי שיהא הנר בשבת דולק יפה, אין חשש מחמת מבעיר, כיון שאינו נוגע בנר, אך שיש חשש בזה משום דרכי האמורי, ואין לעשות כן - ר"ל אף בחול).

[**אבל אין בזה מלקות, לפי שלא עשה מעשה, והרמב"ם** כשכתב דין מעונן, כתב וז"ל, האוחז את העינים ומדמה בפני הרואים שעושה מעשה תמהון, והוא לא עשה, הרי זה בכלל מעונן ולוקה, **ואח"כ** בדין מכשף כתב וז"ל, המכשף חייב סקילה, והוא שעשה מעשה כשפים, אבל האוחז את העינים, והוא שמראה שעשה ולא עשה, לוקה מכות מרדות, מפני שלאו זה שנאמר במכשף, בכלל לא ימצא בך הוא, והוא לאו שניתן לאזהרת מיתת ב"ד, ואין לוקין עליו, עכ"ל. **והקשו** רבים דברי רמב"ם אלו אהדדי, ועיין בב"י מה שכתב על זה, וגם בכסף משנה האריך מזה, ומו"ח ז"ל כתב ג"כ מזה, יעויין עליו, **ולענ"ד** נראה דהרמב"ם ס"ל דיש מלקות בלאו זה אע"פ שאין בו מעשה, כיון שלעיני הרואים נחשב שעושה מעשה, אע"פ שבאמת אינו עושה, **ודוגמא** לדבר מצינו בפרק הפועלים, לענין חסמה בקול דלוקה, אע"פ שאין בו מעשה, מ"מ כיון שע"י קול שלו נמשך שהולכת הבהמה ודשה בלא אכילה, כמו שכתבו התוס' שם, **אלמא** כיון שמצד אחד הוא מעשה, אף ע"פ שבאמת אין באדם עצמו מעשה, וה"נ דכוותיה להרמב"ם, כיון שלעיני בני אדם הוא מעשה, לוקה עליו, **והיינו** דוקא בזה שלעיני בני אדם נחשב שהוא עושה מעשה תמהון, דהיינו שהמעשה עצמו הוא תמהון שא"א לעשותו, וזהו העושה אותו, **ועל** כן כתב במכשף, שאוחז את העינים ומדמה שעשה מעשה, והיה ראוי ג"כ ללקות עליו מטעם שאמרנו, **אלא** שפטור כיון שהוא בכלל מכשף, וניתן להזהרת מיתת ב"ד, **והחילוק** שביניהם, **דאוחז את העינים**, היינו דמדמה שהוא עושה מעשה תמהון, הוא בכלל לאו דמעונן, **אבל** האוחז את העינים דמכשף, היינו שמדמה להם שע"י זה האיש נעשה מעשה, כגון שנעקרו הקישואין שבשדה, שהוא מוזכר בגמרא לענין זה, ולא נדמה להם שהוא עצמו עוקרן, זהו אינו בכלל מעונן, אלא בכלל מכשף, ובזה אין מלקות, **והרמב"ם** למד זה מדאיתא בגמרא, באיסור דמעונן שהוא אוחז את העינים, ובאיסור מכשף אמרו גם כן אוחז את העינים, וע"כ שיש חילוק ביניהם, ואפשר שחילוק זה היה קבלה בידו לחלק בין מעונן למכשף בענין זה, כן נראה לעניות דעתי].

(**ועיין** בחכ"א, שהתרעם על הבדחנים שעושים אחיזת עינים על החתונות, ונקראים טאשין שפילער, שהם עוברים בלאו דאורייתא, והמצוה לעשותם עובר בלפני עור, גם אסור להסתכל, **אך** אם העושה הוא עכו"ם, מותר לראות).

וע"י ספר יצירה, מותר, (אפילו לעשות מעשה) - לכתחלה, דשמות הקדש הם, והש"י נתן בהם כח שיוכלו לפעול על ידיהם החסידים והנביאים, והפועל בהם מראה גדולתו וגבורתו של הש"י שמו, **אך** שיתעסקו בהם בקדושה ובטהרה, ולצורך קדושת השם או לצורך מצוה רבה, אשר לא נמצא זה בדורות הללו בעו"ה, ואפי' בזמניהם מצינו שנענש ישעיה ע"ז, וכ"ש בזמה"ז שא"א לנהוג בטהרה ובקדושה, ורחמנא ליבא בעי, עכ"ל עט"ז, **ודבריו** נכונים, וכן נמצא בכמה מחברים דורשי רשומות, שאין להשתמש בשמות הקדש כי אם לצורך מצוה רבה, ודאשתמש בתגא חלף, וכן כתב הרב לקמן סי' רמ"ו סוף סכ"א, ודאשתמש בתגא חלף, י"א זה המשתמש בשמות הקודש, גם בספרי המקובלים מבואר שעון גדול הוא המשתמש בשמו, ע"כ המונע יבורך.

(**ורבינו** חיים ויטאל כתב, כל המשתמש בשמות הקדושים, או ישתמד הוא או בניו, או יעני או ימות הוא או בניו, ולכן כל שומר נפשו ירחק מזה – חכ"א).

סעיף טז - מעשה שדים, אסור – (הוא בכלל מעשה כשפים – לבוש). **ויש מי שמתיר לישאל בהם על הגניבה. הגה: וכיולא בזה** - מפני שאינו עושה מעשה, טור ועב"י. (**אלא** שכופה אותם על ידי ההשבעה, שהוא אומר שיעשו רצונו ויגידו לו בעל כרחם מה שהוא שואל אותם, ואולי אותם השמות שמות קודש הם, שהם כפופים מפניהם ומוכרחים לעשות רצון השואל בעל כרחם, וכדאשכחן בבניהו שעשה במצוות שלמה, וכפה את אשמדאי על ידי שם שאמר ליה שמא דמרך עלך, **ואפילו** אם תמצא לומר דשמות הטומאה הם, אין זה דומה למעשה כשפים, אלא השבעה וכפייה בעלמא הוא על ידי אלו השמות, ואינו דומה לשואל אוב וידעוני שעושה מעשה. **ואין** לתמוה מאי שנא דגבי שואל בחוזים בכוכבים וגורלות אמרינן לעיל סעיף א' שאסור לשאול בהם משום תמים תהיה עם ה' אלהיך, והכא גבי

שאלת שדים מסקינן דשרי, **דנ"ל** דאינו דומין כלל, דהתם גבי שואל בחוזים בכוכבים אינו שואל מהם אלא מה שיהיה בעולם ע"י מצב ומבט הכוכבים, כדי שיוכל לידע וליזהר מכמה פגעים הבאים לעולם, ועל זה נופל לומר תמים תהיה עם ה' אלהיך, ללכת בתום וביושר, והוא ברחמיו יציל עבדיו מכל פגע, כי הולך בתום ילך בטח וחסד יסובבנו, **אבל** הכא גבי שאלת שדים על הגניבה או כיוצא בה לידע ממה שעבר, לא שייך לומר עליו תמים וגו', לפיכך מותר, נ"ל – לבוש›.

וע"י השבעה שמשביע אותם ע"י שמות, יש מתירין בכל ענין – ‹כגון להשביע שיעשו חפצו, דמה לי להשביע שדים או מלאכים, ודמי להא דהוו עסקי בספר יצירה, ולא מקרי מעשה כשפים אלא כשלוקח דבר ועל ידו עושה מעשה, או ע"י לחש בלא השבעה – ב"י›, **מ"מ רוב העוסקים בזה אינן נפטרים מהם בשלום, על כן שומר נפשו ירחק מהם.**

סעיף יז - הנוהגים לערוך שלחן עם מיני מאכל בליל המילה ואומרים שהוא למזל התינוק, אסור. (ועיין לעיל סוף סימן קע"ח).

סעיף יח - לקטר הבית בעשב שיש לו ריח טוב, יש מי שאוסר - מפני שנראה כמקטיר לשד, **אא"כ עושה כן כדי להסיר ריח רע.**

סעיף יט - המקטר לשד לחברו ולכופו לעשות רצונו, חייב משום עובד עבודת כוכבים - ז"ל רבינו ירוחם, המקטר לשד הוי עובד כוכבים, ואפי' אינו מקטיר לשם עבודת כוכבים אלא לחבר, הוי בסקילה, **וכתב** הרמ"ה, דשמעינן מהא דהמקטר לשד לחברו ולכופו לעשות רצונו, חייב משום בעל אוב, עכ"ל, **וכתב** ב"י ואיני יודע מה ענין בעל אוב לזה, ונראה שצריך למחוק משום בעל אוב, וחייב משום עבודת כוכבים קאמר, עכ"ל, ועל פי זה דבריו כאן בחבור, **ותימה**, דבפרק ד' מיתות אמרינן, אלא אמר עולא בעל אוב דקתני בכריתות, במקטר לשד, א"ל רבא מקטר לשד עובד עבודת כוכבים הוא, אלא אמר רבא במקטר לחבר, פרש"י, אינו מקטר לשם אלהות, אלא ע"י הקטרת נעשה המכשפות לחבר השדים לכאן. אלמא דמקטר לשד חייב משום בעל אוב, **ונראה** ליישב, דס"ל לב"י, דש"ס משמע דמקטר לחבר, היינו שמקטר סתם וע"י הקטרה נעשה שמתחברים עם השדים, וחייב משום בעל אוב, וכמ"ש רש"י, אבל כשמקטר לשד, אע"פ שעשה כן לחבר השדים, חייב משום עבודת כוכבים, **דאל"כ** מאי קא מקשה רבא לעולא, דלמא איהו במקטר לשד כדי לחבר השדים קאמר, א"ו לא משכחת בשום ענין מקטר לשד דאינו חייב משום עבודת כוכבים, **והרמ"ה** דנקיט בהדיא מקטר לשד כלישנא דעולא, אם כן אפי' כדי לחברו לעשות רצונו, חייב משום עבודת כוכבים, **ועוד** דע"כ משום עבודת כוכבים קאמר, דאל"כ מאי קאמר שמעינן מהא, היינו הך, וכ"ש הוא, א"ו הכי קאמר, שמעינן מהא מדלא מוקי לדעולא במקטר לשד כדי לחברו, אלמא מקטר לשד בכל ענין חייב משום עבודת כוכבים, ועוד יש כמה הוכחות בש"ס ורש"י כהב"י, וביארם הגאון א"א ז"ל בתשוב' ע"ש, **ונפקא** מיניה, דאם חייב משום עבודת כוכבים, הוי מומר לכל התורה כולה, וכדלעיל סימן ג' וסימן קי"ט, משא"כ אם חייב משום בעל אוב, דלא הוי אלא מומר לדבר אחד, וק"ל.

הלומד מן האמגושי, אפילו דברי תורה, חייב מיתה - ולפע"ד נראה עיקר בש"ס דשבת, דמותר ללמוד מאמגושי מכשף דברי תורה ועניני כישוף להבין ולהורות, וכן מוכח ברש"י ובתוספות שם, ונראה לי דגם שמואל מודה לזה, דלא כב"י, **ודוקא** ממין עובד כוכבים הלומד ממנו אפי' ד"ת חייב מיתה, **והב"ח** נדחק, וכתב דסתם מכשף מין הוא, ואסור ללמוד ממנו להבין ולהורות, אלא א"כ ידוע שאינו מין כו', ולפי עניות דעתי נראה כמו שכתבתי.

§ סימן קפ – איסור כתובת קעקע וקריחה על המת §

סעיף א - כתובת קעקע, היינו ששורט על בשרו - בכל מקום שיעשה כן על בשרו חייב בכל מה שיכתוב, טור, ‹אפילו אינו כותב שם ע"ז, דחק הגוים הוא והתורה אוסרתו – לבוש›, **וממלא מקום השריטה בחול או דיו או שאר צבעונים הרושמים** - וה"ה כותב בצבע תחלה ואח"כ שורט במקום צבע, ב"ח.

(**עיין** בתשובת מעיל צדקה שנסתפק בדין כתובת קעקע לענין חיוב מלקות, אי בעינן שיהא בו אותיות אשר

הם מוסכמים, אי נימא דמתחייב בשריטה בעלמא או איזה רושם שיהיה, **ולסוף** העלה דבעינן כתב אותיות ממש, אלא דסגי אפילו באות אחת, **והא** דאמרו מכתו מוכיח עליו לקמן ס"ג, י"ל דמ"מ מדרבנן אסור, **א"נ** דמיירי באמת באם שתהיה צורת מכתו כעין אות, קמ"ל דאפ"ה שרי שמכתו מוכיח עליו, עב"ד ע"ש).

סעיף ב - אם עושה כן על בשר חבירו, אותו שנעשה לו פטור, אא"כ סייע בדבר -

ע"ל סעיף י"א. **כתב** בית יוסף והאחרונים שנלמד מהקפת ראש דלקמן סי' קפ"א, (דהכי נמי כתיב לא תתנו, שניהם במשמע הכותב והנכתב, אבל אם אין מסייע הוי לאו שאין בו מעשה שפטור, כדאמרינן לקמן גבי הקפה – לבוש), **ולפי** זה כי היכי דהתם איסורא מיהא איכא אף על פי שלא סייעו, ה"ה הכא.

סעיף ג - מותר ליתן אפר מקלה – [פי' אפי' אפר כירה שהיא קשה ומקעקעת מקום המכה, והרושם נראה שם אחר זמן], וכ"ש עפר בעלמא, ב"ח, **על מכתו** - דמכתו מוכיח עליו שאינו עושה משום חקות העובדי כוכבים אלא לרפואת המכה, [ואפי' אחר שחיתה המכה מ"מ נשאר שם רושם המכה].

סעיף ד - הרושם על עבדו שלא יברח, פטור -

(שהרי לא משום חוקת הגוים הוא עושה), **(ונראה דלכתחלה מיהא אסור)** – (מדרבנן – לבוש). (**עיין** בתשובת נו"ב, מבואר שם דכאן מיירי במל וטבל, אבל עבד שקנאו ישראל ולא מל ולא טבל, מותר לקעקע בבשרו, כשם שמותר לשרט בבשר הכנעני, ע"ש).

סעיף ה - השורט בבשרו - ואינו ממלא מקום השריטה צבע, **אינו חייב אא"כ עושה כן על מתו** - בשביל מתו, **או לעבודת כוכבים, אלא שעל מתו חייבים בין ביד בין בכלי, ולעבודת כוכבים אינו חייב אלא בכלי.**

(**גדידה** וקרחה גם הוא מחוקת הגוים, דכתיב: בנים אתם לה' אלהיכם לא תתגודדו ולא תשימו קרחה בין עיניכם למת, כלומר אמר השם יתברך לישראל: שאר אומות עושין כן שגודדין וקורחין עצמן והיה זה לחוק להם לעבודה זרה שלהם, אבל אתם בנים אתם לה' אלהיכם, לפיכך לא תתגודדו וגו', כלומר משום חוקותיהם, ועוד אני מצוה אתכם לא תתגודדו ולא תשימו קרחה בין עיניכם למת אפילו בלא משום חוקותיהם, והרי כאן שתי צוויים בלאו עליהם, חד משום חוקת הגוים, וחד על מת. **ועוד** כתיב גבי מת: ושרט לנפש לא תתנו בבשרכם, וקימ"ל שגדידה ושריטה אחת היא, והוא ששורט בבשרו עד שעושה בו חבורה בין ביד בין בכלי, אלא שעיקר פי' גדידה בכלי, ועיקר פי' שריטה ביד. **לפיכך** השורט בבשרו אינו חייב אא"כ עשה כן על מתו או לע"ז, אלא שעל מתו חייב בין ביד בין בכלי, דהא תרווייהו גדידה ושריטה גבי מת כתיבי, דכתיב לא תתגודדו למת וכתיב ושרט לנפש וגו', שפירושו ג"כ שרט בשביל נפש המת לא תתנו בבשרכם. **ולע"ז** אינו חייב אלא בכלי, דגבי ע"ז לא כתיב אלא לא תתגודדו, שעיקר פירושו הוא שריטה בכלי, **ואע"ג** דתרווייהו סובלים פירושם בין ביד בין בכלי אלא שעיקר פירוש גדידה בכלי ועיקר פירוש שריטה ביד, מ"מ מדהקפידה התורה לכתוב גדידה בפסוק זה שהזכירה בו ע"ז ולא איפכא, ש"מ דלא חייב על ע"ז אלא בכלי שהוא עיקר פירוש של גדידה – לבוש).

סעיף ו - גדידה ושריטה על מת, אסור אפילו שלא בפני המת - (דהא סתם כתיב למת או לנפש, בין בפניו בין שלא בפניו – לבוש). **(ועל צער אחר שרי) (כ"י מפי' הטור)** – (חכמים לא רצו לגזור בה, שאין אדם נתפש על צערו, אלא דגבי מת גזירת הכתוב הוא – לבוש). **והב"ח** כתב דאיסורא מיהא איכא אפילו על צער אחר, ודלא כב"י.

סעיף ז - יש מי שאומר דדוקא שריטה, אבל אם מכה בידו על בשרו עד שדמו שותת, מותר – [מדמצינו בר' עקיבא שעשה כן על ר' אליעזר]. **ויש מי שאוסר** - בעושה כן על המת, (כיון שהתורה אסרה בין ביד בין בכלי, ההכאה לא גרע מחד מינייהו דדמי או ליד או לכלי – לבוש), [וס"ל דר' עקיבא על תורתו של רבי אליעזר עשה כן], **אבל** אם עושה כן בשביל התורה, כלומר אדם גדול שמת ומצטער על התורה, מותר, הרא"ש וטור.

סעיף ח - המשרט ה' שריטות על מת אחד, או על ה' מתים שריטה אחת, חייב ה'.

סעיף ט - קרחה, הוא שתולש משער ראשו על המת בכל מקום בראש, בין ביד בין בסם, ושיעורו כדי שיראה מראשו כגריס פנוי

בלא שיער; וי"א שתי שערות - ‹ואע"ג דקימ"ל דכל שיעורין הלכה למשה מסיני הם, כל אחד יאמר מה שקבל מרבו בשם הלכה למשה מסיני - לבוש›. **ויש מי שאומר דאיסורא איכא אפילו בשיער אחד.**

סעיף י - קרח קרחה אחת על ה' מתים, אינו חייב אלא אחת; אבל אם קרח ה' קרחות על מת אחד, חייב על כל אחת ואחת.

סעיף יא - הקורח בראשו של חבירו, והמשרט בבשר חבירו, וחבירו מסייע, אם שניהם מזידים שניהם לוקים - ‹דלא יקרחו, שניהם במשמע - לבוש›. **אחד שוגג ואחד מזיד, המזיד לוקה** - והוא הדין בכתובת קעקע דינא הכי, פרישה.

סעיף יב - גם הנשים מוזהרות בבל יקרחו. הגה: וכל שכן בבל ישרטו – [פי' דקרחה הוא תלוי בשערות, ומצינו שהקילה התורה בנשים בשער לענין גילוח הפיאות, וכ"ש בבל ישרטו שאין תלוי בשערות]. **ויש להזהירם שלא תתלשנה בשעריהן על מת, שלא תבאנה לידי קרחה, וכן בשריטה.**

§ סימן קפא – איסור גילוח הפאות §

סעיף א - פאות הראש הם שתים סוף הראש, הוא מקום חיבורו ללחי מימין ומשמאל - אצל האזן.

[זה לשון הטור, כתב הרמב"ם שאסרה הכתוב מפני שעושין כן עכו"ם, וזה אינו מפורש, ואין אנו צריכים טעם למצות כו', ונראה דבזה חולק עם הרמב"ם, דהרמב"ם תלה דין זה בעכו"ם שהיא חוק שלהם, וא"כ יש לפעמים היתר משום שלום מלכות, כמו שמצינו בסי' קע"ח סעי' ב', (ועיין בתשובת אא"ז פנים מאירות, שהשיג על הט"ז, ע"ש). ועל זה כתב הטור, שהרי אינו מפורש שזה יהיה משום חוקות עכו"ם, ולא מצינו היתר משום שלום מלכות אלא באיסור משום חוקות עכו"ם, וכי תימא כיון שאין אנו יודעין טעם אחר למצוה זו, ממילא הוה כמפורש, זה אינו, דהא אין אנו צריכין לידע טעם למצות כו', כן נ"ל ביאור דבריו, ולא כמ"ש ב"י, דלדעת הטור אליבא דרמב"ם, אין אנו צריכים לקיים המצוה כל שאין אנו יודעין הטעם, ח"ו שהטור יחשוב כן בדעת הרמב"ם].

סעיף ב - בין שגילח הפאות בלבד, בין שגילח כל הראש עם הפאות, חייב.

סעיף ג - אינו חייב אלא בתער - ‹דילפינן פאות הראש מפאות הזקן - לבוש›. **ויש אוסרים במספרים כעין תער** - שגוזז במספרים סמוך לבשר כעין תער, ‹מדלא כתיב בו לא תשחית כמו שכתוב בפאות הזקן, רק לא תקיפו פאת ראשכם›, **ויש לחוש לדבריהם** - ‹ולכו"ע אינו אסור אלא כעין תער, דהיינו סמוך לבשר, ולכן אם צריך לגלחם לרפואה, יזהר שלא יגלח סמוך לבשר ממש, ואז מותר לכו"ע - חכ"א›.

סעיף ד - גם הניקף חייב אם סייע בדבר, שמטה עצמו אליו להקיפו; אבל איסורא איכא אף על פי שלא סייע, לפיכך אסור להיות ניקף אפילו על ידי עובד כוכבים - ‹דהא לדידיה אזהר רחמנא, יהיה המקיף מי שיהיה - לבוש›.

סעיף ה - המקיף את הקטן, חייב - ‹אע"ג דהקטן לאו בר חיובא הוא, למקיף אזהר רחמנא - לבוש›.

(אבל מותר להקיף את העכו"ם או את האשה) - דלא דמי לקטן דאתי לכלל חיובא כשיהיה גדול, ‹ופאת ראשכם קרינן ביה, אבל גוי לאו פאת ראשכם הוא, ואשה, משום שהיא אינה מוזהרת עליה, כמו שיתבאר בסמוך - לבוש›, **(ויש מסתפקים בדבר)** - בעט"ז השמיט זה, ולא כתב רק הסברא הראשונה, וכן נראה דעת הב"ח.

(וקטן מותר להיות ניקף מן העובד כוכבים) - (עיין בתשובת בית אפרים, שתמה על הרמ"א בזה, שאם כוונתו שהקטן מותר ללכת בעצמו אל העובד כוכבים שיקיף אותו בלא דעת הגדול, מאי רבותא, דהא קטן אוכל נבלות הוא, ותליא בדינים המבוארים באו"ח סי' שמ"ג, ואם ר"ל שישראל מותר לומר לעובד כוכבים שיקיף להקטן, זה אינו, דכיון דמקיף את הקטן חייב, א"כ יש לאסור אמירה לעובד כוכבים, ע"ש שהניח דברי רמ"א אלו בצע"ג).

סעיף ו - אשה אינה במצות הקפה – [לפי שאין שייך בה השחתת זקן, וכל שאינה בהשחתת זקן אינה בכלל הקפת פאת ראש], ‹לא שלא להקיף אחרים, ולא שלא להיות ניקפת – לבוש›. **וי"א שאף על פי שמותרת להקיף פאת ראשה, אסורה להקיף פאת ראש האיש, ואפילו הוא קטן** – ‹דהוה כמאכילתו איסורא בידים – לבוש›.

סעיף ז - עבדים חייבים בהקפת הראש כאנשים - אע"פ שדינם כנשים לענין חיוב מצות, חייבין בהקפת ראש, דנשים לא אימעטו מהקפת ראש אלא מדכתיב "לא תקיפו פאת ראשכם ולא תשחית פאת זקנם", והני נשי הואיל וליתנהו בהשחתת זקן, דהא לית להו זקן, ליתנהו נמי בהקפת הראש, הלכך עבדים כיון דאית להו זקן, ליתנהו בכלל היקש זה.

סעיף ח - טומטום ואנדרוגינוס אסורין בהקפת הראש - מספק.

סעיף ט - שיעור הפאה, מכנגד שער שעל פדחתו ועד למטה מן האוזן, מקום שהלחי התחתון יוצא ומתפרד שם, וכל רוחב מקום זה לא תגע בו יד - (עיין בתשובת חתם סופר, שנשאל מהגאון מהר"ר עקיבא איגר זצ"ל, מנא לן היתר סריקות פאת הראש, למאן דמחמיר בס"ב אפילו במספרים כעין תער, משום דלא ילפינן ראש מזקן, א"כ יש לאסור כל מיני הקפה ואפילו במסרק, וכדתנן נזיר חופף ומפספס אבל לא סורק, **והוא** ז"ל האריך, דאין שום פקפוק בזה, לא מיבעיא לדעת הרמב"ם דיהיב שיעורא לפאת הראש, ארבעים שערות, אלא אפילו לשיטת הסמ"ג דאסור לגזוז ב' שערות מפאה המלאה, מ"מ היתר גמור הוא למסרק, והכי חזינן לרבנן קשישאי דעבדי הכי). ‹**דא"א** למחמיר תרי חומרי בהדדי, דא"כ מ"ט תנן מתני' ד"אבל לא סורק" בנזיר ולא אצל כל אדם בפיאה שלו, דשכיחי טובא והוה נמי חידוש טפי, אע"כ או נימא דלא מחייב אלא בהשרת כל השיעור מבלי השאיר ב' שערות מן התורה, וזה לא הוי פס"ר, או נימא דילפינן ראש מזקן דבעי תער דוקא, אבל לחוש ולומר דהלכה כתרווייהו לחומרא א"כ תיקשי מתניתין – המשך לשונו›.

סעיף י - אינו חייב על השחתת פאת הזקן אלא בתער, אבל במספרים מותר, אפילו כעין תער - (הבית הלל אוסר לפספס באבן מסיר השער, **ועיין** בתשו' נו"ב, כתב דדוקא באבן אסור שע"י חידודו חותך השער, כאותו שקורין פימסן שטיין, **אבל** במשיחה הנעשה כעין טיח טיט, והחריפות שבו שורף השער, מותר, דזה הוי השחתה בלי גילוח, **אך** אם אחר המשיחה נשאר טיח זה על פניהם, אין לגררו בסכין אלא ביד, ע"ש), ‹רק יגררו בקיסם וכדומה – קיצור שו"ע›.

הגה: ומ"מ נזהרים כשמסתפרין במספרים שיעשה היקף הגילוח בחלק העליון מן המספרות ולא בתחתון, פן יעשה הכל עם חלק התחתון והוי כתער (תרומת הדשן). מיהו נראה דתחת הגרון אין לחוש בזה, הואיל ואינו עיקר מקום הפאות (ד"ע) - והב"ח כתב, דצריך ליזהר שלא יגלח תחת הגרון כלל, לא בתער ולא במספרים כעין תער כו', **מיהו** הא ודאי שרי כשאינו מגלח סמוך לבשר לגמרי, אלא מניח קצת שיער, דאין כאן השחתת זקן, ע"כ, **ולי** נראה דעת הרב עיקר, כיון דכל הפוסקים כתבו סתמא דבמספרים מותר, אם כן הא דתרומת הדשן חומרא היא, והבו דלא לוסיף עלה.

‹**והאר"י** ז"ל לא היה מגלח כלל, לא בתער ולא במספרים, לא בשום מקום כלל, זולת בשיער שעל השפה המעכב האכילה, היה חותך במספרים, **גם** היה נזהר שלא ליגע בזקנו, שמא יעקר ח"ו ב' משערותיו, ונמצא פוגם ועוקר צינור א' ח"ו – בה"ט›. (**ועיין** בתשובת שמש צדקה, ובתשובת דברי יוסף, לענין אם מחויבים החכמים לכוף ולהכריח למי שאינו נוהג כן, ע"ש).

(**עיין** בתשובת נו"ב שכתב, דלענין גילוח פאת הזקן, אפילו אין בהשערות כדי נטילת הזוג, חייב, דלא קבלו חז"ל שיעור זה רק בפרה ונגעים ובן ובת, אבל לא שהוא כלל גדול לכל התורה, **דלא** כרב א' שר"ל דגם בזה שייך שיעור זה, ולכן רצה להתיר לגלח הזקן תחלה במספרים, ואח"כ להעביר תער על הבשר במקום שהיה השיער, לפי שבתחלה כשהוא לוקח במספרים יש גילוח ואין השחתה, ואח"כ בעת העברת התער יש השחתה ואין גילוח, **והוא** ז"ל חלק עליו, וכתב דאף לדבריו יש בזה הריסה גדולה,

ונתת דבריך לשיעורים, היום מגלחים במספרים עד העיקר, ולמחר יגלחו גלוח כל דהו, אחר שהם סומכים על התער הבא אח"כ, וישאר שערות שיש בהם כדי נטילת הזוג, וגם ישאר שערות שלא הגיע שם המספרים כלל, וישחיתו בתער, ע"ש).

סעיף יא - פאות הזקן הם ה', ורבו בהם הדעות – ‹שרש"י פי' במכות שם, שנים תחת האוזן בחודו של לחי הבולט לחוץ, ושנים לסוף הלחי, וא' בשבולת הזקן, **אבל** בשבועות פי', שהלחי רחב לצד הצדעים, וכל דבר רחב יש בו ב' קצוות, והן ד' פיאות, וא' בשבולת הזקן, **ור"ח** פירש, מקום חיבור הלחי לצדעים, ב' פיאות הנ"ל, וב' בגבול השפה, וא' בשבולת הזקן, **אלא** שהרא"ש כתב שם אחר כל הפירושים, ובפ"י דנגעים תנן איזהו הזקן, מפרק של לחי עד פיקה של גרגרת, ומשמע מדבריו שר"ל, שלפ"ז החמישית הוא בראש הגרגרת, וכ"כ הרמזים ובטור זה לפי' ר"ח, **ודבריו** תמוהים, וכן תמה הב"י עליו›, [**דהא אין זה מוזכר בגמ', רק באשר"י בדעת ר"ח הזכיר ושיבולת זקן מתחת, והיינו מטעם לפי שמושך אליו העור של הפיאה שבסוף העצם, שקורין סנטור, ובתוספתא הביאה הרא"ש כתוב, פיאות הזקן מפרק הלחי עד פיקה של גרגרת, וא"כ לכל הפחות היה לו להטור לכתוב עד הגרגרת, ולא בגרגרת, דמשמע ששם עיקר הפיאה החמשית, ועל כן השאיר בצ"ע**], ‹ועוד דבהדיא תניא בת"כ, פאת זקנם סוף הזקן שבולת הזקן, וכן דעת כל המפרשים, שתחת הגרון אין שום פאה, **וז"ל** סמ"ק, טוב שלא יעלה תער על הזקן, ואפילו תחת הסנטר אוסר ר"ת בתער, שפעמים שמושך אליו העור של פאה, ר"ל של שבולת הזקן, **והר'** יונה כתב מטעם אחר, משום העברת שער, דאסור בכל הגוף בתער, כמ"ש בר"ס קפ"ב, **וז"ש** בהג"ה כאן ואפילו כו', **ומ"מ** דברי הר"י לא נראה, דמ"ש מכל מקומות הזקן שלא במקום הפאות דמותר אף בתער, ולא אסרו אלא בגוף שאינו גדל כ"כ, ואינו עושה אלא ליפותו, ואסור משום לא ילבש כו', **והעיקר** כפירש"י, וכ"ה בא"ר – גר"א›.

[**ומו"ח ז"ל האריך בזה, לומר דעיקר פיאה החמישית במקום הגרגרת ממש, ואין שאר השער שתחת הגרון בכלל האיסור כלל, ואין לשון התוספתא משמע כן, דהא עד פיקה של הגרגרת קאמר, ולא בגרגרת, כלל העולה, דתחת הגרון אין איסור מן התורה, אלא מדרבנן מטעם הנזכר בב"י בשם הר"ר יונה, שאסרו חכמים להעביר שער בתער בכל מקום בגוף ואפי' על זרועותיו, לפי שדומה לתיקון הנשים, ואח"כ כתב בשם סמ"ק טעם אחר שאסור לר"ח בתער תחת הסנטור, לפי שפעמים שמושך אליו העור של הפיאה כו', ולכן במספרים כעין תער מותר שם, ועיין בסי' שאחר זה בסעיף א' מה שכתבתי שם**].

לפיכך ירא שמים יצא את כולם, ולא יעביר תער על כל זקנו כלל – [**בכלל זה גם השפה העליונה, שלדעת ר"ח בטור שני גבולי השפה הם מהפיאות**], **(ואפילו תחת הגרון).**

סעיף יב - אשה שיש לה זקן, מותרת להשחיתו – ‹שהרי רובן ורובן דרובן אין להם זקן, ואפילו תזדמן א' שיש לה זקן, בטלה היא אצל שאר כל הנשים, שכולן אינו בכלל הלאו והיא כמותן – לבוש›, **ודינה בהשחתת זקן האיש, כדינה בהקפת ראש האיש** - לעיל ס"ו, **והב"ח** חלק וכתב, דאפי' מאן דמתיר בהקפת ראש האיש, מודה דבהשחתת הזקן איכא איסורא מדרבנן להשחית זקן האיש, **ותימה** דהא הקפה נלמד מהשחתה, דכי היכי דליתנהו בבל תשחית שאין להם זקן, ליתנהו בבל תקיף, א"כ אם מותרים בהקפה כ"ש בהשחתה, וק"ל.

§ סימן קפב – דברים האסורים משום לא ילבש גבר שמלת אשה §

סעיף א - המעביר שער בית שחי ובית הערוה, אפילו במספרים כעין תער - ‹ושלא כעין תער מותר, דבכהאי גוונא לא הוי תיקון אשה – לבוש›, **היו מכין אותו מכת מרדות** – ‹ובתער הרי זה לוקה – לבוש›. **משום** לא ילבש גבר שמלת אשה, שדרשו חז"ל דלאו דוקא שמלת אשה, אלא ה"ה שאר תיקוני אשה לנוי ולייפוי, ולעיל סימן קנ"ו ס"ב נתבאר, דאסור לאיש להסתכל במראה, משום לא ילבש גבר שמלת אשה, ע"ש. ‹**מדשני** התורה בלישניה ולא כתב ולא ילבש וכו' ואשה לא תלבש וכו', שמע מינה דאי כתיב הכי הוי אמינא דאינו אסור אלא מה שהוא מלבוש, ומדכתיב לא יהיה כלי, משמע אפילו דבר שאינו מלבוש – חכ"א›.

בד"א, במקום שאין מעבירין אותו אלא נשים, כדי שלא יתקן עצמו תיקון נשים; אבל במקום שמעבירין אותו גם האנשים, אם

העביר אין מכין אותו - ‹בפרישה כתב, נראה דר"ל אנשים גוים, דכיון דנהוג נהוג, ולמידין ממנהג ההוא דגוים, **גם** י"ל דעל ישראל קאמר, דהיכי דנהיגי כולם אין מוחין בהם, ע"כ - רעק"א›.

הגה: ואפילו לכתחלה שרי - במקום שמעבירים אותו גם האנשים, **רק החברים נמנעים בכל מקום.**

ומותר להעביר שער (שאר) איברים במספרים - כעין תער, אבל לא בתער, **בכל מקום.**

[**לפי מה שכתב בית יוסף בשם הר"ר יונה, העתקתיו סוף סי' קודם לזה, משמע דבכל מקום בגוף אסור בתער, והוא דלא כמאן בדיעות שהביא הטור כאן,** ‹וז"ל, העברת תער בשאר הגוף ובית השחי ובית הערוה, פר"ת שדינן שוה, שאסורין בתער ומותרין במספריים, **וי"א** דוקא בשאר הגוף מותר במספריים, אבל של בית השחי ושל בית הערוה אסורין אפי' במספריים, וכן הוא מסקנת א"א הרא"ש ז"ל›. **הגהת הט"ז: כי הטור לא זכר אבר בשאר הגוף, אלא סתם בשאר הגוף, והיינו כל הגוף דהוא מותר במספרים, כדאיתא בגמ' מיקל אדם כל גופו וכו', ה"ה נמי לענין איסור תער,** ‹דצריך לאיסור דוקא כל שאר הגוף, ולא רק מקצת כמו שסובר רבינו יונה›, **ותו דאם נתפרש מ"ש בשאר הגוף, היינו אפי' מקצת ממנו, אפי' לא אבר שלם,** ‹דכמו דשאר הגוף משמע אפי' מקצת ממנו, צ"ל ג"כ אפי' מקצת מאבר›, **דאל"כ היה לו להזכיר אחד מהאברים, וזה ודאי שרי אפי' בתער, אפי' בשחי וערוה, ואפי' גבי זקן כמו דמשמע מדברי הטור סי' קפ"א בשם הרא"ש, אלא ודאי דעל כל הגוף קאמר, והיינו בלא הראש, דאלו עם הראש אין זה יפוי, כמ"ש בסמוך,** ‹ע"ש בש"ך›, **ומש"ה דוקא יש איסור בתער**].

סעיף ב - מי שמגלח כל שיער שבו, מראשו ועד רגליו - לאו דוקא, דהא נתבאר בסי' שלפני זה, דאסור להקיף ראשו וזקנו, אלא ר"ל מראש גופו עד סוף גופו, פרישה, **י"א שמותר לו לגלח גם של בית השחי ובית הערוה** - דודאי לרפואה קמכוין, דאי ליפוי אדרבה ניוול הוא לו, **ואפשר** דאפילו במפרש דליפוי קא עביד, לא משגחינן ביה, אלא אמרינן ודאי לרפואה קעביד, ב"י, **וכ"כ** הב"ח, אלא שנראה מדבריו כחולק אמפרש דליפוי קעביד, ע"ש.

סעיף ג - אסור לחוך בידו בשער בית השחי ובית הערוה כדי להשירו, אבל מותר לחוך בבגדו להשירו - ‹דהוי שינוי גדול ואינו מתקן כל כך - לבוש›.

והב"ח כתב, דמפירש"י משמע דוקא בית השחי, אבל בית הערוה אסור אפילו על ידי בגד, כדאמר רבי טרפון בריש פ' כל היד, דכל המכניס ידו למטה מטיבורו תקצץ, [דבבית הערוה בלאו הכי אסור מטעם הרהור], **ועיינתי** שם ברש"י פרק שני נזירים, ולא משמע מידי, והא דנקט שם רש"י בית השחי, ה"ה בית הערוה, וכ"כ התוספות שם, דאבית השחי ובית הערוה קאי, **ומההיא** דר"פ כל היד אין ראיה, דאדרבה הא אמרינן התם דבמטלית עבה מותר, שאינה מחממת.

[**ומההיא דרבי טרפון ג"כ לאו ראייה, דע"כ ההיא למטה מטיבורו לאו ממש קאמר, דאם כן תקשה לך מפרק כל כתבי, ברבינו הקדוש שהיה נקרא כן משום שלא הכניס ידו למטה מאבנטו, ואי דינא בכל אדם כן, מאי רבותיה דרבינו הקדוש, ודוחק לומר שהיה נזהר למטה מאבניטו, שהוא טפי מלמטה מטיבורו, דזה אינו סברא כלל, אלא פשוט לי דההוא דנקיט לישנא מעליא, וכן משמע שם בתוס', במקום שאמרו שם כריסו נבקעת, כתבו הם מילתו נבקעת, עכ"ל, וכן אין נזהרין מזה רוב העולם, רק שרבינו הקדוש היה קדוש ביותר, ונזהר גם בזה, ומ"ש הרמב"ם וז"ל, ואסור לשלוח יד במבושיו, שלא יבוא לידי הרהור, ואפי' מתחת טבורו לא יכניס ידו, שמא יבוא לידי הרהור, הרי חלק אותה לשני בבות, תחילה כתב אסור, ובתחת טיבורו כתב לא יכניס, ולא כתב אסור, אלא דבזה אין איסור רק מצד תוספת קדושה ואזהרה יתירה, שמא יאחז ג"כ באמה, ועל כן כתב תחילה "שלא יבוא לידי הרהור", ואח"כ כתוב "שמא יבוא לידי הרהור"**].

סעיף ד - מי שיש לו חטטין בבית השחי ובבית הערוה, ומצטער מצד השיער, מותר להעבירו.

סעיף ה - לא תעדה אשה עדי האיש, כגון שתשים בראשה מצנפת או כובע או

תלבש שריון וכיוצא בו, (ממלבושי האיש לפי מנהג המקום ההוא), או שתגלח ראשה כאיש.

ולא יעדה איש עדי אשה - ‹בין שהמלבוש הוא שוה לבגד נשים מחמת עשייתו ותפירתו, בין מחמת צבעו – חכ"א›. **כגון שילבש בגדי צבעונים וחלי זהב במקום שאין לובשין אותם הכלים ואין משימין אותו החלי אלא נשים** – [מו"ח ז"ל כתב בשם רש"ל, שאם הוא במקום שאין מעבירין אותו אפי' הנשים, שאם הוא העביר אינו לוקה, עכ"ל].

הגה: ואפילו באחד מן הבגדים אסור, אף על פי שניכרים בשאר בגדיהם שהוא איש או אשה – [מבואר בב"י דבזה יש מלקות, כיון דניכר ההבדל בין איש לאשה, משא"כ בהעברת שער בית השחי דאינו ניכר בפרהסיא, על כן אין אסור אלא מדרבנן].

כתב הב"ח דיש היתר בב' דברים, הא', שאין איסור אפי' בדבר שהוא נוי וקישוט, אלא באשה הלובשת בגדי איש להתדמות לאיש, ואיש הלובש בגדי אשה להתדמות לאשה לנוי וקישוט, **אבל** אם לובשין כדי להגן מפני החמה או צנה וכיוצא בזה, מותר, [כן נראה לי פשוט, וכן משמע מדהתירו בסימן קנ"ו להסתפר במראה כשיש צורך לעשות כן, **ובאו"ח** סימן תרצ"ו הביא רמ"א, דאפי' מפני שמחת פורים המנהג להתיר בזה, **ואע"ג** דיש אוסרים, ומו"ח ז"ל כתב שיש לאסור את זה, והביא ראייה ממה שכתב ר"א ממי"ץ לאסור לעשות כן מפני שמחת חתן או כלה, והשומע לאסור תבוא ע"ב, כי יש הרבה מכשולות ח"ו מזה, כשהולכין ביחד בלי היכר איש או אשה], **הב'**, דאף להתדמות אין איסור אלא בדברים שהן עשוין לנוי וקישוט כו', ע"ש שהאריך, **ואין** דבריו מוכרחים כ"כ, ומ"מ נראה דהיינו דוקא בתיקוני אשה, אבל אם לובש ממש בגדי אשה עד שאינו ניכר שהוא איש, וכן איפכא, בכל ענין אסור, **וכ"כ** הרא"מ בספר יראים, דאסור ללבוש אפילו דרך עראי ובדרך שחוק, שהרי לא חילק הכתוב, ולפי שראיתי בני אדם לובשין במלבושי אשה וגם אשה במלבושי איש בדרך עראי במשתאות של חתן וכלה וגם בענינים הרבה, כתבתי כן, עכ"ל, ומשמע דבכל מלבושים קאמר, ומיירי בגוונא דפרישה, והב"ח נדחק בדבריו עיין שם, **ולענין** איסור לבישת גבר שמלת אשה בפורים, האריך הב"ח כאן, ועיין באורח חיים סימן תרצ"ו ומ"ש שם.

טומטום ואנדרוגינוס אסורים להתעטף כאשה - ולא יגלחו ראשם כאיש, כל בו ורמב"ם. ‹ועיין בס' חדרי דעה, וכ' דנראה דצ"ל כאשה, דהא אין לומר דר"ל שאסורים בהקפות פאות הראש והזקן כאיש, דהא זה כבר מפורש לעיל סי' קפ"א ס"ח בהמחבר, **אלא** שצ"ל כאשה, והפי' הוא דטומטום ואנדרוגינוס אסורים לגלח ראשם כאשה אלא כאיש, דכמו שאסורים להתעטף כאשה אלא כאיש, כן אסורים להסתפר כאשה אלא כאיש, ע"ש – דרכי תשובה›. ‹**ובעצי** לבונה כתב דמ"ש ולא יגלחו ראשם כאיש, הפי' הוא ולא יגלחו בהקפה גם הפאות, אלא צריך להיות דומה כאיש דאסור בהקפה, כמ"ש בסימן קפ"א ס"ח, ודלא כהרב חדרי דיעה›. ‹**אבל** הקרית ספר כתב: טומטום ואנדרוגינוס אינו עוטף כאשה, ולא מגלח ראשו כאיש, משום חומרא דאשה דאסורה לגלח משום עדי איש, ע"כ, וכן לומד הכסף משנה›.

סעיף ו - אסור (לאיש) ללקט אפילו שער אחד לבן מתוך השחורות, משום לא ילבש גבר, וכן אסור לאיש לצבוע (שערות לבנות שיהיו) שחורות, אפילו שערה אחת – [שזהו נוי אשה, אבל איפכא שהיו שחורות וצבע אותם לבנות, שרי אפי' לכתחלה, כ"כ ב"י, ובטור יש כאן טעות סופר].

וכן אסור לאיש להסתכל במראה. (ועיין לעיל סימן קנ"ו) - ‹גם זה רק היכי דאין מסתכלים רק הנשים, אבל במקום דגם אנשים מסתכלים, ליכא איסור, רק החברים נמנעים מזה, וכההיא דסעיף א', תשובת גנת וורדים – רעק"א›.

§ סימן רמ – איזהו כבוד ואיזהו מורא ודיניהם §

סעיף א - צריך ליזהר מאד בכבוד אביו ואמו ובמוראם.

הגה: ומ"מ אין ב"ד כופין על מלות כבוד אב ואם, דהוי ליה מלות עשה שמתן שכרה בלדה, שאין ב"ד כופין עליה - ‹שכיון שגלתה התורה במצוה זו את שכרה בפירוש, הרי פעולתו לפניו ושכרו ועונשו אתו, דמכלל הן אתה שומע לאו, ומה לנו לכופו עוד, הוא רשע בעונו ימות אם לא יקיים – לבוש›.

[**ובתוס'** כתבו בשם ריצב"א, דאין כופין כפייה גדולה, לענין להכותו עד שתצא נפשו כשאר מצות עשה, אבל קצת כפייה עושים, ונראה דהכי קי"ל, וע"כ רצו ב"ד עושין קצת כפייה עד שיקיים, **ואע"פ** שלא כתב כאן הרמ"א כלום מזה, אין זה כדאי לעשות חילוקים בדבר המפורש, כנ"ל ברור, דלא כסמ"ע].

סעיף ב - איזו מורא, לא יעמוד במקומו המיוחד לו לעמוד שם בסוד זקנים עם חביריו, או מקום המיוחד לו להתפלל – [בזה אפי' העמידה ‹לבד בלא ישיבה› אסורה לו, כיון שאביו משתמש שם ג"כ בעמידה, ומשמע כאן באיסור עמידה ברישא, היינו אפי' הוא רוצה לעמוד או לישב לבדו, בלא שום אדם עמו בדרך עצה כדרך שאביו רגיל לעשות, אלא העמידה לחוד אסור].

ולא ישב במקום המיוחד לו להסב בביתו – [אפילו אם אין רוצה אז לאכול, אלא הישיבה לחוד אסור].

אבל מותר לעמוד במקום שאביו רגיל לישב בביתו, דלית ביה זילותא כלל, בית יוסף.

‹**ופשוט** דגם באמו הדין כן, אלא משום דאין דרך לאשה להיות לה מקום קבוע לכן לא דיברו בזה, ולכן אם יש לאמו מקום קבוע, אסור לו לישב שם, וכן הבת אין לה לעמוד בבהכ"נ של נשים במקום המיוחד לאמה, **אא"כ** נותנת לה רשות, וכן הבן על מקום אביו בבה"כ כשנותן לו רשות רשאי לעמוד, **וכמדומני** שעכשיו הבנים עומדים במקום אביהם בבהכ"נ כשהאב אינו שם, והטעם, שכך נהגו, והוי כאלו נתן לו רשות, ואין פוצה פה ומצפצף ע"ז, ואין האב מקפיד בכך – ערוה"ש.

‹**ודע**, דיש כמה כשהאב זקן ובנו לוקח אותו לביתו על שולחנו, והבן ישב על מקומו התמידי כמקדם, והאב יושב בצידו, ואין האב מקפיד על זה, וגם מדינא אין חשש, דכיון דהבן הוא הבעה"ב ואשתו יושבת אצלו, א"כ א"א שהאב ישב בראש אצל כלתו, ובהכרח שהבן ישב על מקומו התמידי סמוך לאשתו, וממילא דהאב מקומו מן הצד, **ומ"מ** החובה עליו ליטול ידיו ראשון וליתן לו החלק הראשון, וגם שארי חלוקי כבוד שבשולחן נותנים להאב, וכן אנו נוהגים ואין לשנות – ערה"ש.

ולא סותר את דבריו - בין שחולק עליו, בין שאומר להחולק עליו נראין דבריך, הוי סותר את דבריו.

ונראה דסותר דבריו אסור אף שלא בפניו. [**והא דמצינו** בטור חו"מ, שהטור חולק עם אביו כמה פעמים, היינו שלא בפניו, כמו שכתב כאן דוקא בפניו אסור, ‹**ובזה** חולק על הש"ך, ועיין בביאור הגר"א ובהגהות אמרי ברוך והערוה"ש שמתמיהים על הש"ך›.

(**עיין** בספר עצמות יוסף שכתב, דהבן עם האב יכולים להקשות ולתרץ ולהסיק מסקנת ההלכה, ואין בזה משום סותר את דבריו). ‹**אלא** דאסור לומר בלשון סתירה שאינו מדרך הכבוד, אלא ישא ויתן עמו עד שיודה זה לזה, וגם אם הבן נשאר בדעתו שאינו כן, יחזיק זו בלבו ולא יאמר לו מפורש: אין נ"ל כדבריך – ערוה"ש›.

[**ומ"מ נ"ל דאם הוא חולק על אביו, ויש עוד אחר שאומר כאביו, והוא רוצה להוכיח ולכתוב דעתו כדעת החולק על אביו, לא יזכיר שם אביו אלא שם האחר, כיון שיוכל לעשות דרך כבוד, יעשה, וזה למדתי מדברי הטור חו"מ סי ק"ז, במש"כ כי לא קלקלו בגוף כו', ובזה הוא חולק על אביו, ורמז הפלוגתא על בעל התרומות, ובזה נשא פנים לאביו**].

ולא מכריע את דבריו בפניו, אפילו לומר נראין דברי אבא – [**בטור סיים, שנראה כמכריע דברי אביו, אלא אם יש לו תשובה להשיב על החולקים, ישיב**].

‹**ויש** להסתפק במילי דעלמא אם רשאי לסתור דבריו ולהכריע, ואולי דוקא בתורה הוי העדר הכבוד ולא במילי דעלמא, או להיפך דכיון דאפי' בדברי תורה אסור כ"ש במילי דעלמא, וכן נראה עיקר, **ודבר** פשוט הוא שאם אביו אומר לו: רצוני לשמוע דעתך, צריך שיאמר לו כפי הנראה לו, הן בד"ת והן במילי דעלמא, אפי' כשדעתו הפוכה מדעת אביו – ערוה"ש.

ולא יקראנו בשמו, לא בחייו ולא במותו – [ואסור שלא בפניו אפי' באינו פלאי], **אלא אומר: אבא מארי** – ‹אפשר דכוונתם שלא יקראנו בשמו לבד בלא אבא, אבל כשאומר אבא פלוני, מותר, **וזה** שכתבו אלא אומר אבא מרי, הוא בדבר הלכה כשאומר משמו, שבזה שייך לומר מורי, אבל במילי דעלמא צ"ל אבא פלוני, דמה שייך מורי למילי דעלמא, וכן נראה עיקר – ערוה"ש›.

(**ונראה** לי דאם אחרים שואלים ממנו בן מי אתה, מותר לומר להם בן ר' פלוני אני, **וראיה** לזה ממ"ש מהרש"ל, דהא דהרא"ש הזכיר רבו מהר"מ בשמו, מפני שהיה לו שאר חכמים שהיו רבותיו, הוצרך להזכירו כו', **ובאביו** לכו"ע אסור, מפני שאין לו אלא אב אחד, והא דהטור הזכיר את אביו, מפני שהזכירו בלשון כבוד, הרא"ש, כלומר ראש לכל ישראל, עכ"ד, ‹דהרא"ש לא היה שמו כן, ושמו היה רבינו אשר, וממילא דהרא"ש אינו שמו העצמי אלא כינוי של כבוד – ערוה"ש›, **א"כ** כשהוצרך להזכירו שאין יודעים אותו, גם באביו שרי).

היה שם אביו כשם אחרים, משנה שמם, אם הוא שם שהוא פלאי שאין הכל רגילים לקרות בו; אבל אם רגילין בו, מותר לקרות אחרים שלא בפניו – [דבפניו אסור בשל אחרים אפי' באינו פלאי, דיסבור אביו דקורא אותו, וכן מי שעומד לשם יסבור כן, ואין שום חילוק בזה אם הוא פלאי או לא].

והדרישה כתב, דלאחרים אפילו בפניו אם אינו פלאי שרי, וכן בפלאי שלא בפניו, וע"ש שהאריך, [ולא דק כלל]. **והב"ח** כתב, דשלא בפני רבו ליכא איסורא, מיהו יש ליזהר מפני הכבוד, וע"ל סי' רמ"ב סעיף ט"ו.

סעיף ג - עד היכן מוראם, היה הבן לבוש חמודות ויושב בראש הקהל, ובאו אביו ואמו וקרעו בגדיו והכוהו על ראשו וירקו בפניו, לא יכלים אותם, אלא ישתוק ויירא מן מלך מלכי המלכים שציוהו בכך - מיהו מותר לתבעו בדין כדלקמן סעיף ח' בהג"ה. ‹ויראה לי דכמו שיתבאר בס"ח, ה"נ בכאן, כשיכול למונעם מקודם שלא יעשו לו כן, כגון שאחרים לא יניחום ליכנס למקום שיושב שם ולמונעם שלא בדרך בזיון, רשאי – ערוה"ש›.

סעיף ד - איזהו כבוד, מאכילו ומשקהו, מלביש ומכסה, מכניס ומוציא. ויתננו לו בסבר פנים יפות, שאפילו מאכילו בכל יום פטומות, והראה לו פנים זועפות, נענש עליו.

הגה: וכן להיפך, אם מטחין אביו ברחיים, וכוונתו לטובה כדי שינצל אביו מדבר קשה יותר מזה, ומדבר פיוסים על לב אביו, ומראה לו שכוונתו לטובה עד שיתרצה אביו לטחון ברחיים, נוחל עולם הבא.

וישמשנו בשאר דברים שהשמש משמש רבו.

סעיף ה - זה שמאכילו ומשקהו, משל אב ואם, אם יש לו; ואם אין לאב, ויש לבן, כופין אותו וזן אביו כפי מה שהוא יכול – [פי' בתורת צדקה לפי עשרו], **ובזה** אתי שפיר דלא תקשי מה שכתב כופין אותו וזן, דהא אין ב"ד כופין אכבוד אב ואם, שהוא מצות עשה ששכרה בצדה, **אלא** כופין אותו מדין צדקה, דאית בה ג"כ מצות ל"ת, כדלקמן ר"ס רמ"ח.

(**עיין** בתשובת הרדב"ז שכתב, דאם יש לו לבן, כמו שחייב לזונו, חייב לפרוע עליו את המס המוטל על הראש).

ואם אין לבן, אינו חייב לחזור על הפתחים להאכיל את אביו - והוא הדין דאין צריך לכבדו משלו, ויצטרך הוא לחזור על הפתחים. ‹ומיהו נראה דאם יש לו לסעודתו לחם ובשר, לא יאכל בשר, ויקנה לחם גם בעד אביו, וכן כל כיוצא בזה. **באמו** נ"ל דבשום אופן לא יניחה שתחזור על הפתחים, דזילותא דאשה גדולה מאד כדכתיב כל כבודה וגו' – ערוה"ש›.

הגה: וי"א דאינו חייב ליתן לו רק מה שמחוייב ליתן לצדקה – ‹דאין חייב לתת לו כל מה שצריך לו, אלא כפי מה שהיו מחייבין אותו ליתן לצדקה לפי ממון שיש לו – לבוש›.

בבית יוסף כ', דהכי דייק לישנא דהרמב"ם והטור ‹"אינו חייב לחזור על הפתחים"›, שהוא כלשון המחבר, ולפי זה לא הוי ליה למימר בלשון וי"א, **אבל** הרב לטעמיה אזיל, שכתב בד"מ וז"ל, ולשון "אין הבן חייב

לשאול על הפתחים" לא משמע הכי, דמשמע הא אם אין צריך לשאול על הפתחים, חייב לפרנסו, אע"ג שבודאי בכה"ג לא מחויב כ"כ לוותר וליתן מדין צדקה, ‹שכופין אותו מדרבנן כפי מה שהוא יכול – לבוש›, וצ"ע, עכ"ל, **ועב"ח** מש"כ בשם הסמ"ג והסמ"ק, שמחמירין ג"כ, **מיהו** בפי' דברי רמב"ם והט"ו גם דעת הב"ח כמש"כ הב"י.

ומ"מ אם ידו משגת, תבא מארה למי שמפרנס אביו ממעות צדקה שלו.

ואם יש לו בנים רבים, מחשבים לפי ממון שלהם, ואם מקצתן עשירים ומקצתן עניים, מחייבים העשירים לבד.

אבל חייב לכבדו בגופו, אע"פ שמתוך כך בטל ממלאכתו ויצטרך ‹מחר – ערוה"ש› **לחזר על הפתחים. ודוקא דאית לבן מזונות לאיתזוני ההוא יומא, אבל אי לית ליה, לא מיחייב לבטל ממלאכתו ולחזור על הפתחים** – [הטעם, דגמרינן מכבוד המקום, שאינו חייב לבטל ממלאכתו כדי לנחם אבלים ולבקר חולים, ולחזר על הפתחים]. ‹דדבר שהוא עצם הכיבוד מחוייב בטירחא דגופו, אף שע"י כך יתבטל ממלאכתו, כגון לרוחצו לסוכו להלבישו וכיוצא בזה, **אבל** החזירה על הפתחים אינו מעצם הכיבוד, אלא הכנה למזונותיו, ואינו מצווה בזה כשאין ידו משגת – ערוה"ש›.

סעיף ו - היה צריך על שום דבר בעיר, ויודע שישלימו חפצו בשביל אביו, אע"פ שיודע שגם כן יעשו בשבילו, לא יאמר: עשו לי דבר פלוני בשבילי, אלא יאמר: עשו בשביל אבא, כדי לתלות הכבוד באביו - אבל אם יודע שלא ישלימו חפצו בשביל אביו, ובשביל עצמו ישלימו לו, לא יבקש בשביל אביו, שאין זה אלא גנאי לאביו, כיון שלא יעשו בשבילו, עכ"ל עט"ז, והוא מדברי הטור ורש"י.

[**ואיכא** למידק סתמא מאי, דמרישא משמע דבעינן דוקא יודע בבירור, יבקש בשביל אביו, ובסיפא ‹של הטור› משמע איפכא מדיוקו]. **וכשהוא** מסופק בדבר ‹אם יעשו בשביל אביו, דהיינו ציור ד"סתמא"›, הרשות בידו לעשות כמו שירצה, פרישה, [**וזה אינו, דגם בספק מצוה**].

ובב"י כתב ע"ז, ורי"ו כתב בשם רמ"ה, שאפי' אינן חולקין באותו מקום כבוד לאביו כלל, יתלה באב, שיעשו בשביל הבן אע"פ שתלה באביו, עכ"ל, ומביאו ד"מ, [**דכל שיעשו בשבילו, יעשו ג"כ כשיזכיר כבוד אביו**]. ‹ולפי הש"ך חולק רי"ו על שיטת המחבר, וכדלא כהט"ז בסמוך›.

[**ונראה** דודאי כן הוא, דבכל גווני יבקש בשביל אביו, אא"כ שיש באותו מקום שנאה על אביו, וממילא כשיזכירו שנאה תעורר מדנים, וגם בשביל עצמו לא יעשוה, אז יבקש בשביל עצמו, **נמצא** דלא קשיין הדיוקים בטור, דה"ק "אם הוא יודע שיעשו בשביל אביו", שלא יקלקל במה שהוא מזכירו, אז יבקש בשביל אביו ויתלה בו הכבוד, אבל אם יודע שיקלקל בזה מחמת שנאתם עליו, אז לא יזכירנו כלל, כנ"ל נכון].

‹נ"ל דדוקא כשאומר עשו לי דבר פלוני בשבילי, בזה יש קפידא שצריך לתלות הכבוד באביו ולא בעצמו, **אבל** אם אינו אומר ג"כ עשו בשבילי, אלא מבקש סתם, א"צ שיאמר עשו בשביל אבא›.

סעיף ז - חייב לעמוד מפני אביו - ‹אף אם אביו סומא – רעק"א›. ‹**יש** להסתפק סומא אי חייב לעמוד מפני אביו ואמו ורבו, כשיודע שהם לפניו או לא, **ובנ"צ** הארכתי בזה והוכחתי מן הש"ס, דיש חילוק בין חכם, לאביו ואמו ורב מובהק, דבחכם ורבו שאינו מובהק, פטור הסומא, דלא כבה"ט של הרב מהרי"ט ז"ל בשם בה"י, **אבל** באביו ואמו ורבו מובהק גם סומא חייב›.

‹**מצות** כיבוד ראוי ונכון שהיא ניכר היטב שעושה לשם מצוה, כמ"ש בס' חסידים, דבן הקם מפני אביו והוא צריך ללכת לאחר קומו, יחזור ויושב ואח"כ יקום וילך, כדי שיהא ניכר שקם מפני כבודו, דאל"כ נראה כמו שקם לילך – ערוה"ש›.

ואם האב תלמיד בנו, כל אחד מהם עומד מפני השני - ‹משום דבגמ' הוה על שניהם בעיא דלא איפשטא, ופסקו לחומרא – ערוה"ש›.

ודעת הרמב"ם ור"ח שאין האב עומד בפני הבן, אלא אדרבה הבן עומד בפני אביו, ועיין בתשובת מנחם עזריה, כתב שכהרמב"ם עיקר. ‹**דכיון** דהוה ספיקא דדינא, והספק הוא במצות כיבוד אב, א"כ הולכין לחומרא, והבן מפני ספק איסור תורה חייב לעמוד, וכן להיפך אסור לו להניח שאביו יעמוד מפניו מפני הספק, **ואע"ג** דיש ספק שמא הוא רבו וחייב האב לעמוד מפניו, הא יכול הבן למחול, דהרב

שמחל על כבודו כבודו מחול, ואע"ג דגם האב יכול למחול, מ"מ כיון דשניהם יכולין למחול, מוטב שימחול הבן משימחול האב כמובן – ערוה"ש.

הגה: ואם הבן רוצה למחול על כבודו לשמש אביו, הרשות בידו, דהא הרב שמחל על כבודו כבודו מחול; ודוקא בצנעה, או אפילו בפרהסיא ודש בעירו, שהכל יודעים שהוא אביו – ‹חוזר גם על קימה, דאל"ה למה היה צריך מהר"ם להרחיק מאביו, לא היה לו לשמשו, וכן משמע בב"ח›. **אבל אם הבן גדול בתורה ואין אביו דש בעירו, איכא למיחש לבזיון התורה אם יתבזה הבן לפני האב, ויש להם להרחיק זה מזה שלא יקל שום אחד בכבודו לפני חבירו, וכן עשה מוהר"ם עם אביו** – [כתבו עליו, שמיום שעלה לגדולה לא הקביל פני אביו, ולא רצה שאביו יבא אליו]. ‹דכך היה הענין, דלדור במקום בנו מהר"ם לא רצה אביו, וא"כ ממילא אינו דש בעירו ויש לחוש לבזיון התורה, ולכן הרחיק את עצמו ממנו – ערוה"ש›.

סעיף ח - עד היכן כיבוד אב ואם, אפילו נטלו כיס של זהובים שלו והשליכו בפניו לים, לא יכלימם, ולא יצער בפניהם ולא יכעוס כנגדם, אלא יקבל גזירת הכתוב וישתוק.

הגה: ויש אומרים דאם רוצה לזרוק מעות של בן לים, דיכול למונעו, דהא אינו חייב לכבדו רק משל אב, אבל לא משל בן, ואין חילוק בין לכבדו או לצערו - והב"ח כתב, דגם הסברא ראשונה ס"ל דאין לחלק בין לכבדו או לצערו, אלא שטעמו דכיון שצריך אחר כך לשלם כל הפסדו, לכן אין לו להכלימו בשביל כך, והי"א ס"ל, דכדי שלא לטרוח למיקם בדינא ודיינא, יכול למנעו. ‹ויראה לי דאפילו במעות של אב, אם יכול הבן למונעו מזה ע"י אחרים יעשה כן, ולא יניחו לאבד ממון ולעבור על בל תשחית – ערוה"ש›.

ודוקא קודם שזרקן, דאפשר דממנע ולא עביד, אבל אם כבר זרקוהו, אסור לאכלומיה, אבל יוכל לתבעו לדינא.

ודוקא אם רוצה לזרוק כיסו לים, דאית ביה חסרון כיס, אבל אם רוצה להעביר ממנו ריוח בעלמא, אסור בכל ענין – [והיינו ההיא מעשה דעכו"ם באשקלון, שהפסיד ריוח בשביל כיבוד אביו].

‹**כתוב** בס' חסידים, על מעשה שבגמ' באחד שהיו המפתחות תחת מראשותיו של אביו ולא הקיצו, דזה דוקא כשהאב אינו מצטער על שלא הקיצו, **אבל** אם יודע שיצטער צריך להקיצו, וכן ללכת לבית הכנסת או לדבר מצוה מקיצו, ע"כ. **ונראה** דדווקא כשיעבור זמן תפלה, **ויש** לדקדק, דוודאי נראה להדיא בהך מעשה דבגמ' שאביו היה נהנה אם היה מקיצו והרויח ממון הרבה, ולהיפך מסתמא מצטער, **ואולי** הכל לפי מה שהוא אדם, **ומ"מ** טוב יותר להקיצו ע"י אחר ולא ע"י עצמו, וכמדומני שכן המנהג וכן נכון לעשות – ערוה"ש›.

בן שיש לו דין עם אביו, והאב הוא תובע הבן, צריך הבן לילך אחר אביו, אע"פ שהבן הוא נתבע ודר בעיר אחרת, שזהו כבוד אביו; אבל האב חייב לשלם לבן הוצאות, דאינו חייב לכבדו משל בן כמו שנתבאר.

סעיף ט - חייב לכבדו אפילו אחר מותו. כיצד, היה אומר דבר שמועה מפיו, אומר: כך אמר אבא מארי הריני כפרת משכבו, אם הוא תוך י"ב חדש; ואם הוא לאחר י"ב חדש, אומר: זכרונו לברכה – [בגמ' איתא, זכרונו לברכה לחיי עולם הבא, וכן הוא נדפס בקצת טורים, ואותן החותמים זלה"ה, מחסרים ל', וצריכין לחתום זללה"ה]. ‹**והטור** ושו"ע ס"ל דלאו דוקא הוא, ודי כשיאמר זכרונו לברכה, וכן המנהג לאמר רק ז"ל, וכן בכתיבה, ויש מקצת מדקדקים כותבים זללה"ה – ערוה"ש›.

גם תוך י"ב חודש יכול לומר ז"ל, ‹ודלא כהט"ז לקמן, והערוה"ש הבין דהש"ך ר"ל, ז"ל תחת הכ"מ›, **רק** דלאחר י"ב חודש לא יאמר הכ"מ, משום דמשפט רשעים בגיהנם רק י"ב חודש, וכן נוהגין. ‹**ואין** המנהג כן, וגם מדברי רבינו הרמ"א לא משמע כן, שכתב די"א דאם כותב וכו' ויש מחמירים אפילו בכתיבה וכן נוהגין, עכ"ל, הרי שהחמירו לומר דוקא הריני כפרת משכבו – ערוה"ש›.

[כפרת משכבו, פי' רש"י, עלי יבוא כל דבר רע הראוי לבוא על נפשו, אבל לאחר י"ב חדש כבר קיבל מה שקיבל, שאין משפט רשעים בגיהנם יותר מי"ב חדש, עכ"ל, וקשה לי מזה על מש"כ הרמ"א בסי' שע"ו, נהגו שאין אומרים קדיש יותר מי"א חדשים, שלא להחזיקו כרשע, ולמה יחתום כאן הריני כפרת משכבו כל י"ב חדש, וצריכים לומר דשאני לענין הכ"מ, כיון דלאחר י"ב חדש צריך לומר ז"ל, וכן אומרים אפי' על אדם אחר שמת, נמצא דבחודש הי"ב דא"א לומר ז"ל, דשמא לא זכה עדיין לעולם הבא, ויש כאן שקר, ‹לכאורה זה חולק על ש"ך דלעיל›, ואם לא יאמר כלום אלא אבא מורי, יהיה זה זלזול, שיודעין שמת, ממילא א"א להיות בשב ואל תעשה, ע"כ מוטב להזכירו בשם הכ"מ, שאין זה זלזול, וג"כ אינו שקר, דהא אומר דאם יש עליו דין הריני מקבלו, דהא אפי' על צדיק גמור אומרים כן, ואפשר שלא ראה פני גיהנום, וזהו הדרך יותר נכון, משא"כ לענין קדיש, הדרך היותר נכון שלא לומר כלום, ואין ריעותא כלל בזה, הואיל והבן הוא בשב ואל תעשה, דאף אם אינו זוכה עדיין, מ"מ אינו שקר יוצא מפיו, כן נ"ל נכון]. ‹ועוד דלא דמי מילתא דברבים, לדבר הנעשה ביחידות – ערוה"ש›.

הגה: ואין חילוק בין אם לאב בכל זה.

יש אומרים דאם כותב תוך שנים עשר חודש דבר ומזכיר אביו, א"ל לכתוב הריני כפרת משכבו, אלא זכרונו לברכה, דהא כתיבתו מתקיימת לאחר שנים עשר חודש; ויש מחמירים אפילו בכתיבה, וכן נוהגין.

סעיף י - מי שנטרפה דעת אביו או אמו, משתדל לנהוג עמהם כפי דעתם עד שירוחם עליהם; ואם אי אפשר לו לעמוד, מפני שנשתגעו ביותר, ילך לו ויניחם, ויצוה לאחרים לנהגם כראוי – [בטור הביא השגת הראב"ד בלשון זה, אין זה הוראה, דאם הוא יניחם וילך לו, למי יצוה לשומרם, עכ"ל, ותמהו הר"ן וב"י, שזה תלמוד ערוך במעשה דרב אסי עם אמו שנטרפה דעתה כו', ונראה שעיקר תמיהתו על שיצוה לשמרם, דזהו ליתיה בגמ', וע"ז תמה הראב"ד, מה חשב הרמב"ם שהוסיף ציווי לאחרים לשמרם, כיון דע"כ לא מהני לה שמירה, דאי מהני, למה ילך ויניחנה, הלא אפשר לה בשמירה, ואם א"א לשמור, מה מהני ציווי לאחרים בשמירה, וכן ראיתי בדרישה, וכן עיקר]. ‹ואין זו השגה, דנ"ל דהרמב"ם ה"ק, דידוע שהמשתגעים ביותר בהכרח לאסרם בזיקים ובחבלים, והבן אין ביכולתו לעשות בעצמו, כן לכן מצוה לאחרים והוא ילך לו – ערוה"ש›.

סעיף יא - ראה אביו שעבר על דברי תורה, לא יאמר לו: עברת על דברי תורה, אלא יאמר לו: אבא כתוב בתורה כך וכך, כאילו הוא שואל ממנו ולא כמזהירו, והוא יבין בעצמו ולא יתבייש. ואם היה אומר שמועה בטעות, לא יאמר לו: לא תתני הכי – ‹אלא אומר לו: אבא כך שנינו – ערוה"ש›.

סעיף יב - אמר לו אביו: השקני מים, ויש לפניו לעשות מצוה עוברת כגון קבורת מת או לויה, אם אפשר למצוה שתעשה ע"י אחרים, יעסוק בכבוד אביו – ‹ויש לעיין בהלוית המת אם שייך להעשות ע"י אחרים, הא על כל אחד מוטל – ערוה"ש›.

ואם התחיל במצוה תחלה, יגמור, דהעוסק במצוה פטור מן המצוה.

ואם אין שם אחרים לעשות, יעסוק במצוה ויניח כבוד אביו – ‹שאני ואבא חייבים במצוה – גמ'›. **(מיהו אם אין זמן המצוה עוברת, יעסוק בכבוד אביו ואח"כ יעשה המצוה).**

סעיף יג - תלמוד תורה גדול מכבוד אב ואם - הכי ילפינן מיעקב, שכל אותן שנים שלמד תורה בבית שם ועבר, לא נענש עליהן, אע"פ שביטל מצות כיבוד.

(**היינו** דוקא אם צריך לילך חוץ לעיר, כמ"ש בסעיף כ"ה, אבל אם הוא בעיר, צריך לשרת את האב ולחזור לתורתו, כמ"ש בסי' רמ"ו סי"ח, כ"כ הפר"ח בלקוטים).

‹ונראה מדברי הטור ושו"ע שכתבו דת"ת גדול וכו', דכשהולך למצוה אחרת צריך רשות אביו ואמו, ואע"ג דכשצריך לפרנסתו ודאי א"צ ליטול רשות, מ"מ משום מצוה צריך

ליטול רשות, דהעוסק במצוה פטור מן המצוה, ואיך יעזוב מצות כיבוד ויטול מצוה אחרת – ערוה"ש›.

סעיף יד - אביו אומר לו: השקני מים, ואמו אומרת: השקני מים, מניח אמו ועוסק בכבוד אביו - שגם אמו חייבת בכבוד אביו.

(**ונראה** לי לכאורה, דאם אמר לו אביו לעשות לו מלאכה שאין האשה מחוייבת לעשות לבעלה, כאשר מבואר בשו"ע אבן העזר סי' פ', ואמו ג"כ אמרה לו לעשות לה מלאכה ההיא, דשניהם שוים, להכי נקטו השקיני מים, מפני שזו לעולם חייבת, אף אם הכניסה לו כמה שפחות, ע"ש, **מיהו** אין זה ברור). ‹**ולא** נהירא – ערוה"ש›.

ואם היא מגורשת מאביו, שניהם שוים ולאיזה מהם שירצה יקדים - (ומהרש"ל פסק כר"י, דלא יקדים אחד לשני, ע"ש, **עוד** כתב שם, דדוקא לענין כבוד הוא כן, אבל לענין לפדות מן התפיסה, האם קודמו, ע"ש, **ונראה** לי דה"ה אם באו לשאול מזון וכסות, יקדים לאמו, כמ"ש לקמן סימן רנ"א סעיף ח', דבזה אשה קודם לאיש, ע"ש).

(**עיין** בתשובת רבינו עקיבא איגר זצ"ל, שנשאל בענין צוואת אם שהוא נגד צוואת אב, וצוואת אב הוא בדבר שיש בו חסרון כיס, איך יעשה בן, **ודעת** החכם השואל, הוא כבוד הגאב"ד דפ"ק ביאליסטאק זצ"ל, דאף אם ירצה הבן לשמוע לאביו ולא יחוש לחסרון כיס, אינו רשאי, מאחר דבכה"ג ליכא מצוה לשמוע לאביו, כדלעיל ס"ה, ממילא צריך לשמוע לאמו, **והשיב** לו ע"ז, לכאורה נראה דאף אם לא היה בצוואת האב חסרון כיס, י"ל דדמי לאם נתגרשה אמו, דשניהם שוים ולאיזה שירצה יקדים, ה"נ במתה אמו, כי המות יפריד ביניהם, **אמנם** דבר זה נסתר מדברי הב"י, בענין לומר קדיש על אמו בחיי אביו, ע"ש, **ועכ"פ** בנידון דידן מאחר דיש חסרון כיס, לאיזה שירצה ישמע, **אבל** מה דכתב הרב השואל, דממילא צריך לשמוע לאמו ולא לאביו, זה אינו, כיון דבעצמותן חל עליו חיוב דכבוד אב, אלא דהתורה לא חייבתו בחסרון כיס, ומ"מ אם עושה כן לא מקרי בכלל אינו מצווה ועושה, דהמצוה בעצמותו מקיים כדינו, אלא דאינו חושש לחסרון כיס, ע"ש שהביא ראיה לסברתו).

(**עיין** בתשובת נו"ב שכתב, דהא דהברירה ביד הבן לשמוע למי שירצה, דוקא במגורשת, אבל באלמנה, אם אביו צוה לו איזה דבר לעשות אחר מותו, ואמו האלמנה מצוה לו להיפך, יניח כבוד אב ויקיים כבוד האם, דלעולם כבוד חי עדיף מכבוד המת, **ואף** דאמרינן מכבדו בחייו ומכבדו במותו, מ"מ עיקר הכבוד הוא בחיים, וא"כ מניח כבוד אביו המת ועוסק בכבוד האם שהיא בחיים, ע"ש, **ועיין** בתשובת רבינו עקיבא איגר שכתב, דדבר זה נסתר מדברי הב"י בענין לומר קדיש על אמו בחיי אביו, דאם אביו מקפיד, כבוד אב עדיף מכבוד אם, ע"ש, ולא קאמר משום דכבוד מחיים עדיף מכבוד לאחר מיתה, **ויהיה** נ"מ לדינא, דאפי' בהיפוך אם אביו מת וצוה לו לומר קדיש אחריו ואמו מקפדת, דישמע לאמו, ע"ש). ‹**ולענ"ד** נראה כדעת הנו"ב, וזה דלא אמר הב"י הטעם שכבוד החי קודם, דבוודאי באמירת קדיש כבוד המת קודם, משום דזהו תקון לנשמתו, ולכן הוצרך לומר הטעם מפני שכבוד אביו קודם – ערוה"ש›.

סעיף טו - אמר לו אביו לעבור על דברי תורה, בין מצוה עשה בין מצות לא תעשה, ואפי מצוה של דבריהם, לא ישמע לו - דכתיב איש אמו ואביו תיראו אני ה', כולכם חייבים בכבודי. ‹**ואפי'** יצוה לו לעבור על מצוה דרבנן בשת ואל תעשה, כגון שלא להדליק נר חנוכה וכיוצא בזה, אסור לשמוע לו, **ולא** נחתינן בזה לעשה דוחה לא תעשה, או עכ"פ לדחות איסור דרבנן מפני מצות עשה דכיבוד, דכיון דהתורה גילתה דכל שהוא נגד התורה אין לאביו רשות לצוות לבנו ע"ז, ממילא דגם באיסור דרבנן הוה נגד התורה, דהקב"ה צוה לבלי לסור מכל אשר חכמים יגידו – ערוה"ש›.

(**ע"ל** סי' שע"ו ס"ג בהג"ה, באם אביו מוחה שלא יאמר קדיש על אמו, לא ישמע לו, מפני שאביו עובר על ואהבת לרעך כו', **וכ'** עוד, אבן מה שנהגו האבלים ללבוש לכבוד המת, שאינו מן החיוב, פשיטא שיכול למחות).

סעיף טז - האב שצוה את בנו שלא ידבר עם פלוני, ושלא ימחול לו עד זמן קצוב, והבן היה רוצה להתפייס מיד לולי צוואת אביו, אין לו לחוש לצוואתו - שאסור לשנוא לשום יהודי, אם לא שיראהו עובר עבירה, [נמצא שהאב מצוה אותו לעבור על דברי תורה].

סעיף יז - אחד האיש ואחד האשה שוין בכבוד ובמורא של אב ואם, אלא שהאשה

אין בידה לעשות, שהיא משועבדת לבעלה, לפיכך היא פטורה בכבוד אב ואם בעודה נשואה - ונראה דאם אין בעלה מקפיד, חייבת בכל דבר שאפשר כמו האיש.

‹**ויראה** לי, דאם אין לאב, וגם אין לו בנים שיזונו אותו, וחתנו הוא עשיר, כופין אותו לזונו במעות צדקה שלו, שהרי לא גרע מקרובו, ועוד שהרי חייב בכבוד חמיו – ערוה"ש›.

ואם נתגרשה או נתאלמנה, חייבת.

סעיף יח - ממזר חייב בכבוד אביו ובמוראו. אפילו היה אביו רשע ובעל עבירות, מכבדו ומתירא ממנו – [נלמד מהא דאיתא פ' הנחנקין, לכל אין הבן נעשה שליח להלקות אביו, חוץ ממסית]. ‹**ואין** זה ראיה, דזהו בזיון גדול, אבל אין זה ענין לכבדו, ואיך יכבד אויבי ד', **ואולי** דגם הרמב"ם כוונתו רק בשלילה, כלומר לא לבזותו, אבל אין הלשון משמע כן, **ואפילו** לדעת הרמב"ם נראה, דדוקא רשע לתיאבון, אבל להכעיס כמו האפקורסים והמינים, פשיטא שאסור לכבדם – ערוה"ש›.

הגה: וי"א דאינו מחוייב לכבד אביו רשע, אא"כ עשה תשובה – [הוא הטור, ‹וזה דעת רוב הפוסקים, וכן נראה עיקר בש"ס שם – ערוה"ש›. **דהקשה** מפרק איזה נשך, דפרכינן שם, ומי מחוייב מפני כבוד אביו, והא כתיב ונשיא בעמך לא תאור, והאי לאו עושה מעשה עמך הוא, ומשני בשעשה תשובה, **וההיא** דהנחנקין מוקי לה הטור בעשה תשובה, **ועי"ל** דהטור מחלק בין הכאה וקללה לכיבוד, דהיינו אע"פ שלהכותו ולקללו אסור, מ"מ אין חייב לכבדו, **ואין** להקשות הא אמרינן באינו עושה מעשה עמך אינו בכלל לא תאור, ש"מ דמותר לקללו, דהיינו לפטור אם עשאו, אבל מ"מ איסור יש בדבר, **ואין** להקשות מה פריך המקשן מכח מעשה עמך, דהא עכ"פ יש איסור בדבר, י"ל כיון דלקללו אין שם רק איסור, ממילא לכבדו אין חיוב כלל, **גם** הר"ן מחלק בין לצערו ובין לכבדו, ולא כמ"ש רמ"א ס"ח, דאין חילוק בין לצערו או לכבדו].

שלא כדת כתב עליו כן, דהא רמ"א גופיה סתם בסי' רמ"א ס"ד וה', דאסור לצערו, אלא ודאי מש"כ בס"ח, היינו לענין ממון, וק"ל - נקה"כ.

‹**ואולם** כפי דעת תוס' שם, דההוא דאיזהו נשך הוי בכלל קלון, א"כ מוכח דבלא עשה תשובה אינו מוזהר על קלונו, **ועיין** במשנה למלך, דמחלק בין קלון דמעשה לקלון דממילא, א"כ הכל ניחא – רעק"א›.

‹**ומ"מ** לא נקרא אינו עושה מעשה עמך, לענין שיהא פטור מלכבדו, אלא אם שינה באולתו, ולא בפעם א', פ"י›.

סעיף יט - אסור לאדם להכביד עולו על בניו ולדקדק בכבודו עמהם, שלא יביאם לידי מכשול, אלא ימחול ויעלים עיניו מהם, שהאב שמחל על כבודו, כבודו מחול - ‹עיין בתשו' רדב"ז שכתב, דהא דכבודו מחול, היינו שנפטר הבן מעונש אם לא כבדו, אבל מ"מ אכתי מצוה איכא›.

סעיף כ - המכה לבנו גדול, היו מנדין אותו, שהרי עובר על לפני עור לא תתן מכשול. ולא מקרי גדול לדבר זה, רק אחר כ"ב שנה או כ"ד שנה - פירוש: י"א עד כ"ב, וי"א עד כ"ד.

‹**כתב** מהרש"ל, שאין לנדותו עד שיעבור כ"ד, אבל מ"מ אסור מכ"ב, **וכל** זה בלא נשא, אבל אם הוא נשוי נקרא גדול בעיני הבריות וכפי לשון בני אדם›.

‹**אל** יראה אדם לתינוק באזנו, אלא מלקהו מיד, או ישתוק ולא יאמר לו כלום, דיש לחוש דמחמת אימה יאבד התינוק עצמו לדעת, מס' שמחות **וז"ל** מהריק"ש, המכה בנו קטן יותר מדאי, היו מנדין אותו – רעק"א›.

סעיף כא - חייב אדם לכבד אשת אביו, אף ע"פ שאינה אמו, כל זמן שאביו קיים. וחייב לכבד בעל אמו, כל זמן שאמו קיימת – ["את אביך" לרבות אשת אביך, "ואת אמך" לרבות בעל אמך, וי"ו יתירה לרבות אחיך הגדול – גמ'].

אבל לאחר מיתה, אינו חייב בכבודם - ‹כיון דמריבוייא ד"את" מרבינן להו, אמרו ז"ל שאינו חייב בכבודם אלא בעוד שהוא חייב בכבוד אביו ואמו ממש, דהיינו כל זמן שאביו קיים חייב אף בכבוד אשתו, וכל זמן שאמו קיימת חייב אף בכבוד בעלה – לבוש›. **ומכל מקום דבר הגון לכבדם אף לאחר מיתה** - ‹שהרי רבינו הקדוש צוה כן לבניו, וכך נהגו כל יראי ד' – ערוה"ש›.

סעיף כב - חייב אדם בכבוד אחיו הגדול, בין שהוא אחיו מאביו בין שהוא אחיו מאמו - ‹ויש שכתבו, דדוקא האח הראשון, אבל לא השני אף שהוא גדול בשנים ממנו, באה"ט – ערוה"ש›.

(**עיין** בתשובת כנסת יחזקאל שהביא, דיש פלוגתא בין הרמב"ם והרמב"ן, אם חייב בכבוד אחיו הגדול אף לאחר מיתת אביו ואמו, **או** טעם הכבוד הוא רק משום כבוד אביו ואמו, כמו באשת אביו, ואינו חייב לכבדו רק כל זמן שאביו ואמו קיימים). ‹**וכבוד** אחיו הוא אף לאחר מיתת אביו, כדמוכח מרשב"ם ב"ב קל"א: ד"ה ה"ג, ע"ש – ערוה"ש›.

(ואפילו הקטן הוא ת"ח וגדול בתורה יותר מן הגדול), (כן משמע לו מתשובת הרא"ש שבסעיף שאח"ז וסמ"ג, ודלא כיש חולקין בזה).

(**עיין** בשבו"י שכתב, דדוקא לאחיו הגדול חייב לכבד, ולא לאחותו הגדולה, **רק** מדרך ארץ שלא לדבר בפני מי שגדול ממנו).

סעיף כג - אח גדול שחירף וביזה לאחיו שהוא ת"ח וקטן ממנו בשנים, ונידה הקטן לגדול, יפה עשה שנדוהו, דכיון שאינו נושא פנים לתורה, אינו עושה מעשה עמך, ואינו חייב לכבדו.

סעיף כד - חייב אדם לכבד חמיו – [וכתב מו"ח ז"ל: ה"ה חמותו].

כתב הב"ח, דהיינו שסמכו במקצת לכבוד, [דכתיב: אבי ראה גם ראה, ודוד אמר לשאול כן, שהיה חמיו וקראו אבי]. ‹**ואיני** מבין הראיה, שהרי אלישע קרא לאליהו ג"כ אבי אבי רכב ישראל ופרשיו, וכן עבדי נעמן שר צבא מלך ארם קראו לנעמן אבי, כדכתיב ויגשו עבדיו וידברו אליו ויאמרו אבי דבר גדול וגו', ואבי הוא רק שם הכבוד, כמו שאמר אליהו לאיוב, אבי יבחן איוב עד נצח, **ואולי** דמפני שאז רדף שאול את דוד, ולא היה לו לדוד לאהבו ולכבדו, ואלולי שחל שם אב על חמיו לא היה קוראו אבי – ערוה"ש›.

וחייב לכבדו כמו שאר זקנים חשובים. (**ונראה** דזה מוכרח מדלעיל סעיף י"ז, שאשה נשואה פטורה כו', דאל"כ היתה חייבת כיון שגם בעלה חייב בכבוד אביה שהרי הוא חמיו, וכמו בסעיף י"ד).

הגה: י"א דאין אדם חייב בכבוד אבי אביו; ואינו נ"ל, אלא דחייב בכבוד אביו יותר מכבוד אבי אביו - ‹והיינו דוקא לענין אם יש לו לכבד לאביו ולאבי אביו, **אבל** בלא"ה חייב בכבוד אבי אביו בכל מילי כמו שחייב באביו, אליהו זוטא – רעק"א›.

וכתב הב"ח, ולפי זה נראה דאם אין לו לאב ולבן, כייפינן ליה לבן הבן כפי אשר יכול, כדלעיל סעיף ה' בבן אצל האב.

(וראיה ממדרש גבי ויזבח זבחים וגו') – [וכן פירש"י בחומש, על ויזבח זבחים לאלהי אביו יצחק, ותימה על דעה ראשונה שהוא מהרי"ק, דנעלם ממנו פירוש רש"י בחומש], **והוא** מדרש, והיינו קושיית רמ"א בד"מ, ונרשם במראה מקום בשו"ע, ולא ידעתי מה חידש בזה, **ואפשר** משמע ליה דפירש"י בחומש רגיל יותר ממדרש, משום שכתבו קצת פוסקים, דרש"י הוא במקום תרגום, שחייב אדם לקרוא שנים מקרא ואחד תרגום - נקה"כ.

(**עיין** בש"ס סוטה דף מ"ט ע"ב, דאיתא שם אטו ברך אנא, בר ברתך אנא, ובפירש"י שם, **ועיין** עוד במכות דף י"ב, גבי בן בנו נעשה לו גואל הדם, ובפירש"י שם ודוק).

‹**ונראה** דגם בן הבת חייב בכבוד אבי אמו, וזה שמצינו בגמ' סוטה מ"ט, שא' אמר לבן בתו אשקיין מיא, וא"ל לאו ברך אנא, **כבר** פירש"י שם, דאין עלי לכבדך כבן, עכ"ל, כלו' דכיבוד כבן אינו מחוייב, אבל מ"מ חייב לכבדו – ערוה"ש›.

סעיף כה - אם האב רוצה לשרת את הבן, מותר לקבל ממנו, אלא אם כן האב בן תורה - ‹דכיון דבר תורה הוא חלשא דעתיה, ולא עביד כל כך מרצונו הטוב – לבוש›.

תלמיד שרוצה ללכת למקום אחר, שהוא בוטח שיראה סימן ברכה בתלמודו לפני הרב ששם - (כתב בס' חמודי דניאל, נראה דה"ה אפי' ספק לו שמא יראה סימן ברכה). **ואביו מוחה בו לפי שדואג שבאותה העיר העובדי כוכבים מעלילים, אינו צריך לשמוע לאביו בזה** - ‹שלא מכל אדם זוכה ללמוד, והוי כאילו מונעו מלימודו ולעבור על

דברי תורה, שאין חייב לשמוע לאביו כדלעיל סט"ו – לבוש. ‹**דתורה** אגוני מיגני ואצולי מצלי – ערוה"ש.

‹**וכתוב** עוד, אחד היה רוצה להתפלל בבהכ"נ שמתפללין שם יותר בכוונה, ואמו מוחה בזה, א"צ לשמוע לה.

הגה: וכן אם האב מוחה בבן לישא איזו אשה שיחפוץ בה הבן, א"צ לשמוע אל האב – ‹שלא מכל אשה אדם זוכה להוליד בנים, והו"ל כמונעו מפריה ורביה – לבוש. ‹**ופשוט** הוא דכן הוא בכל דבר מצוה – ערוה"ש.

‹**כתוב** בספר חסידים, דאם הבן יודע שאביו ואמו מצטערים על מה שהוא מתענה, לא יתענה בתענית שאינו חובה. **ואב** שהיה חולה, וצוו הרופאים שלא יאכל מאכל זה ולא ישתה משקה זו, והאב מבקש מבנו ליתן לו זה, אין לו ליתן לו, ואפילו אומר לו: לא אמחול לך אם לא תתן לי, לא ישגיח בו, כיון דהרופאים הזהירוהו בזה, א"א ליתן לו. **ואם** האם צותה לבנה איזה דבר, ושאל האב לבנו מה אמרה לך, והבן יודע לכשיגיד לו האמת יכעוס עליה, לא יגיד לו מה שצותה, ומותר לשנות מפני השלום – ערוה"ש.

‹**עיין** בתשובת חוות יאיר, שנשאל באשה שציותה בחליה קודם פטירתה לבנה, שלא ישכיר ביתו להבא לשום אדם, ודר בו בשכירות שנה זקן ת"ח ובעל מעשים, אם הבן מחוייב לקיים צוואת אמו בזה, **וכתב** דלכאורה אינו מחוייב לחוש לה, מאחר שהת"ח מתמיד בתורה, וקיי"ל גדול ת"ת מכבוד אב ואם, וארז"ל יכול אמר לו אביו היטמא כו', וקיי"ל אפילו איסור דרבנן, והלא אין כבוד ה' יותר מלמוד תורה, והרי איתרבי ת"ח מאת ה', **ועוד** כי הת"ח רוצה ללמוד בכל יום בחבורה כדי לזכות נשמתה, ובלי ספק ניחא לה בהאי עלמא, **מ"מ** אין כל זה מספיק שיעבור הבן על צוואת אמו, כי לא דמי להיטמא או אל תחזיר, או מיחה שלא ימחול לפלוני, או לא יסע ללמוד למקום שלבו חפץ, או שלא ישא פלונית, דכולם מצוה דגופיה נינהו, עשה או ל"ת, משא"כ שיניח לת"ח ללמוד בביתו, אף כי ודאי טוב וישר הוא, מ"מ אינה חובה ולא מצוה דרמיא עליה כלל, **ועוד** אחרי שצוואתה היה דרך כלל, שלא ישכיר ביתו לשום אדם, מאחר דחלה הצוואה על שאר בני אדם, חלה ג"כ על ת"ח וכו', **ולכן** אפילו לא היה להת"ח שום בית לדור בו, אינו רשאי הבן להשכיר לו להבא, כ"ש עתה שאפשר לו לשכור בית אחר, ע"ש. ‹**ולא** נהירא כלל – ערוה"ש.

§ סימן רמא – דיני מכה ומקלל אביו ואמו §

סעיף א- המקלל אביו או אמו, אפילו לאחר מיתתן, חייב סקילה אם הוא בעדים והתראה, אחד האיש ואחד האשה שקללו. בד"א, שקללום בשם מהשמות המיוחדים, אבל קללם בכינוי - כגון שדי צבאות חנון ורחום, **אינו חייב אלא בלאו, כמו המקלל אחד מישראל** - ‹ונראה דלענין זה גם אקי' ואלקים כינויין נינהו, ואינו חייב מיתה. **והמקלל** אבי אביו ואבי אמו, אינו אלא כמקלל אחד מישראל – ערוה"ש.

הגה: וכן המכה אביו או אמו בחייהם, בין איש בין אשה, חייבים חנק. ודוקא אם עשו בהם חבורה, אבל אם לא עשו חבורה, אינו אלא בלאו, כמו מי שמכה אחד מישראל.

סעיף ב- הכהו על אזנו וחרשו, חייב מיתה, שא"א שיעשה חרש בלא חבורה, דטיפת דם יוצא מבפנים באוזן ועל זה נתחרש.

סעיף ג- היה קוץ תחוב לאביו, לא יוציאנו, שמא יבא לעשות בו חבורה. וכן אם הוא מקיז דם, או רופא, לא יקיז דם לאביו ולא יחתוך לו אבר, אף על פי שמכוין לרפואה - ‹ורפואה מן התורה מותר לעשות אפילו לאביו ואפילו לעשותו חבורה, דכת' מכה אדם ומכה בהמה, מה מכה בהמה לרפואה מותר, אף מכה אדם לרפואה מותר, **אי** נמי מצוה קעביד אפי' במקום שיש בו סכנה, דהא כל אדם ודאי ניחא ליה שיעשו לו רפואה, וכת' ואהבת לרעך כמוך, כלומר כל מאי דניחא לך דתיעבד בעצמך תעשה גם כן לחבירך, וה"ה לאביך, **מ"מ** להקיז לו דם או לחתוך לו אבר שהוא דבר שקרוב לידי חבורה, שמא יחבול בו יותר ממה שצריך לרפואה זו, לפיכך טוב לו שלא יעשה לאביו, שלא יבא לידי שגגת חנק – לבוש.

הגה: בד"א, בשיש שם אחר לעשות, אבל אם אין שם אחר לעשות והוא מצטער, הרי הוא מקיזו וחותך לו כפי מה שירשוהו לעשות – ‹וכן אם הוא עושה בטוב יותר מאחר, ואביו חפץ בו, יכול לעשות – ערוה"ש›.

סעיף ד - היו אביו ואמו רשעים גמורים ועוברי עבירה, אפילו נגמר דינם להריגה ויוצאים ליהרג, אסור לו להכותם ולקללם – ‹דמ"מ אביו הוא, והתורה סתם אמרה ומכה אביו ואמו וגו' – לבוש›. **ואם הכה אותם או קללם פטור** – ‹דלאו עושה מעשה עמך הם – לבוש›. **ואם עשו תשובה, ה"ז חייב ונהרג עליהם אף על פי שיוצאין ליהרג** – ‹כלומר דודאי לענין דין ב"ד של מטה לא מהני תשובה אחר שפסקו את דינו, אבל מ"מ בדיני שמים הוא ישראל כשר כיון שעשה תשובה – ערוה"ש›.

בד"א בבנו, אבל באחר שבא והכהו וקללו אחר שנגמר דינו, אע"פ שעשה תשובה, פטור, הואיל והולך למיתה, ‹והכתוב אומר בעמך לא תאור, במקויים שבעמך, וזה אינו מקויים בעמך, דהרי יוצא ליהרג – לבוש›, **ואם** ביישו, חייב קנס המבייש, טור ורמב"ם, ‹דלא גרע מישן דקי"ל המבייש את הישן חייב – לבוש. והבושת נותנין ליורשיו – ערוה"ש›. [**אבל בנו חייב אף לאחר מיתה בקללה**, ואף בהכאה דפטור בלאחר מיתה, הוא מטעם דאין חייב בהכאה אלא בעושה חבורה, ואין חבורה לאחר מיתה, אבל כאן שייך חבורה, על כן חייב].

סעיף ה - עבר אביו או אמו עבירה שלוקים עליה, והיה הבן שליח לדיינים, לא יכה אותם. וכן אם נתחייבו נידוי, לא יהא שליח לנדותם – ‹דנידוי קללה וארור הוא – לבוש›. **ולא ירדוף ולא יכה אותם בשליחות בית דין, אע"פ שראויים לכך ולא עשו תשובה** – ‹שלא על הכאה וקללה לבד הקפידה התורה, אלא אף על הבזיון – לבוש›.

סעיף ו - כל המבזה אביו ואמו אפילו בדברים, אפילו ברמיזה, הרי זה בכלל ארור מפי הגבורה, שנאמר: ארור מקלה אביו ואמו. ויש לבית דין להכות על זה מכת מרדות, ולענוש כפי מה שראוי.

הגה: מי שנתחייב שבועה לבנו בבית דין, אינו משביעו בשבועה שיש בה אלה – ‹דהיינו כמו שרגילין להשביעו בנידוי ושמתא וכיוצא בהן – לבוש›, **שהרי זה בא לקלל אביו, אלא משביעו שבועה שאין בה אלה** – [בתשובת הגאונים שאלה, אם יכול הבן לתבוע מאביו, תשובה, לא אשכחן ראיה להפקיע תביעתו של בן שלא להשביע אביו, אלא רגילין ב"ד לומר לבן, הקנה תביעתך לאחר, שלא תבא לידי מקלל אביו, וכי הוייתו לאחר, לא אתי הבן להאי מילתא, עכ"ל].

סעיף ז - שתוקי, (**פירוש שתוק לקרוא את אביו בשם, כמו שאמרו בפרק עשרה יוחסין: איזהו שתוקי, כל שמכיר את אמו ואינו מכיר את אביו**), **חייב על הכאת וקללת אמו, ואינו חייב על אביו. אף על פי שנבדקה אמו ואמרה: בן פלוני הוא, אינו נענש על פיה** – ‹ואפילו גם הוא אומר כן, דאיך נהרוג אדם בלא עדים, מיהו הוא בעצמו חייב לחוש לכך ולכבדו – ערוה"ש›.

סעיף ח - בנו מהשפחה או מהכותית אינו חייב לא על אביו ולא על אמו – [דכל במעי השפחה או במעי כותית, כבמעי בהמה דמי], **וכן מי שהיתה הורתו שלא בקדושה, אע"פ שלידתו בקדושה** – ‹על אביו אינו חייב, דהא גר שנתגייר כקטן שנולד דמי, ואין זה אביו. **ועל** אמו אינו חייב, אע"פ שנתגיירה ג"כ וילדתו אחר כך אינו חייב עליה, דכל שחייב על אביו חייב על אמו, וזה הואיל ואינו חייב על אביו דכקטן שנולד חשיב אצלו, אינו חייב גם כן על אמו – לבוש›.

סעיף ט - גר אסור לקלל אביו העכו"ם ולהכותו, ולא יבזהו, שלא יאמרו: באנו מקדושה חמורה – ‹היינו בנימוסיהם, רעק"א, בא לתרץ קושיית הבי"ה, דלא מצינו ב"נ דמצווין ע"ז›, **לקדושה קלה** – ‹אלא מכבדו קצת – ערוה"ש›. **אבל עבד שנשתחרר אין לו יחוס, והרי הוא כמי שאינו אביו לכל דבר.**

§ סימן רמב – שלא להורות בפני הרב, ודין הרב שמחל על כבודו §

סעיף א - חייב אדם בכבוד רבו ויראתו יותר מבשל אביו - ‹מק"ו, שכשם שאדם מצווה בכיבוד אביו ויראתו, כך הוא מצווה בכיבוד רבו ויראתו – לבוש›. [**הטור מסיים, שאביו מביאו לחיי עוה"ז, ורבו מביאו לחיי עולם הבא, ואין לך כבוד ככבוד רבו, ומורא כמוראו, ואמרו חכמים, ומורא רבך כמורא שמים, והקשה בפרישה, אם כן מאי יותר מאביו, הא גם אביו כתב רבינו ריש סי' ר"מ, דכבוד ומוראו ככבוד ומורא השם, ותירץ,** דכל המוקש אינו שוה לגמרי אל המקיש, משא"כ מורא רבך כמורא שמים, שדרשוהו מן ואת ה' אלהיך תירא, לרבות רבו, הרי נכתבו שני המוראות במקרא אחד, להודיע שהם שוים לגמרי, עכ"ל, **ולא נהירא**, דודאי כל מידי דהוקש לחבירו אין ביניהם חילוק כלל, והטור לא נתכוין בזה להוכיח שמורא רבך יותר ממורא אב, שזהו הוכיח כבר במה שאמר שמביאו לחיי עולם הבא, **אלא** דכאן קשה לו על מה שאמר שאין מורא כמורא רבו, והלא איפכא הוא דמורא אב הוא יותר, שהרי הוקשה למורא המקום, ממילא נסתר המעלה שאמר כבר ברב, ותירץ דגם ברב מצינו זה, שהרי אמרו חכמים מורא רבך כו', ונמצא ששפיר נשארה המעלה של הרב מצד שאמר כבר, מצד שמביאו לחיי עולם הבא].

‹**ואפילו** אינו רבך גמור, דכתיב את ה' אלהיך תירא, לרבות תלמידי חכמים, הרי שהשוה מורא תלמיד חכם למורא שמים – לבוש›.

הגה: אביו שהוא רבו מובהק, קורא אותו בדברו: רבי; אבל ברבו שאינו מובהק, קורא אותו:

אבא - ז"ל ד"מ, ולרבו יותר מאביו כו', יש ללמוד מזו, דמי שאביו הוא רבו, קורא אותו רבי ולא אבא מורי, וכן מוכח ר"פ הזהב, דקרי ליה ר"ש לרבי אביו, רבי, ונראה לי דהיינו דוקא אם הוא רבו מובהק כו', עכ"ל, **וצ"ע** שאין נוהגין כן, הלכך יש לומר, דאע"ג דחייב בכבוד רבו יותר משל אביו, מכל מקום יותר יש לקרותו בשם אב המיוחד לו מילדותו, **וגם** מסתמא האב מוחל על כבודו בזה, כמו שנתבאר באו"ח סימן תע"ב ס"ה, דבן אצל אביו, אע"פ שהוא רבו מובהק, צריך הסיבה, אע"ג דתלמיד אצל רבו א"צ הסיבה, משום דמסתמא אביו מוחל על כבוד רבו בזה, וה"ה הכא, **ורבי** שאני, דהא אמרינן מימות משה עד רבי לא מצינו תורה וגדולה במקום אחד. ‹**ונוהגין** לקרות אבא, ושלא בפניו אבא מורי, ט"ז – ערוה"ש›.

‹**עיין** בתשו' רדב"ז, שכתב במי שעלה רבו שלישי לקרוא בתורה, אינו רשאי התלמיד להיות הוא המשלים, דאיכא זילותא לרבים, **ואפי'** אם קראוהו לא יעלה, דמוטב שיבא עשה דכבוד תורה וידחה מה שאמרו, מי שקורין אותו לקרוא ואינו עולה, עליו הכתוב אומר כו', דכיון דמשום כבוד רבו עביד הכי, ליכא בזיון התורה, **ואם** מה שקראו לרבו שלישי היה לכבוד הרב, כמו שירת הים וכיוצא, פשיטא דשרי, **ואם** רבו נתן לו רשות, בכל גוונא חייב לעלות, עב"ד›.

סעיף ב - כל החולק על רבו, כחולק על השכינה. וכל העושה מריבה עם רבו, כעושה עם השכינה. וכל המתרעם עליו, כאילו מתרעם על השכינה. וכל המהרהר אחר רבו, כמהרהר אחר השכינה.

סעיף ג - איזהו חולק על רבו, כל שקובע לו מדרש ויושב ודורש ומלמד שלא ברשות רבו, ורבו קיים אף ע"פ שהוא במדינה אחרת - כתוב בכסף משנה, דר"ל דהיינו דוקא כשקובע עצמו להורות הוראות, **אבל** מדברי הב"ח אינו נראה כן, שכתב דר"ל דכיון שהוא קובע לו מדרש, הרי הוא חולק על שררתו של רבו, ותדע שהרי אפי' לבדוק סכין של שחיטה, שאינו שום הוראה כלל, אסור משום כבוד של רבו כו', בזמן הש"ס. ‹**ולענ"ד**, ידוע דבזמן הש"ס וגם בזמן הגאונים יצאה הוראה מהישיבה של ראש הגולה או ריש מתיבתא לכל ישראל, ועתה שגם התלמיד קובע מדרש כזה ללמד לכל ישראל תורה ולהורתם הוראות, אין לך חולק על רבו יותר מזה, **אבל** בזמה"ז שקביעות מדרש יש בהרבה עיירות ואין הוראה יוצאה לרבים ממדרש כזה, וודאי בזה לא שייך חולק על רבו, ואדרבא יגדיל תורה ויאדיר, **ולפ"ז** בזמה"ז לא שייך דין זה כלל – ערוה"ש›.

הגה: אבל מותר לחלוק עליו באיזה פסק או הוראה, אם יש לו ראיות והוכחות לדבריו

שבדין עמו (פסקי מהרא"י) - ‹ומ"מ אם רבו עומד על דעתו, אסור לו להורות עד שרבו יודה לדבריו - ערוה"ש›.

ומדברי מהרי"ק לא נראה כן, שכ' שם להוכיח אפילו היה תלמידו, אם אח"כ נתחכם יכול לחלוק עליו ולהורות בפניו אפילו להלכה, ממה שחלק ריש לקיש על רבי יוחנן, ‹והיינו דוקא משום דנתחכם אח"כ, ולא רק משום דיש לו ראיות›, **ודוחק** לומר דקים ליה דר"ל לא היה חולק אלא מסברא, ‹ומשום כך צריך למה דנתחכם אח"כ, אבל אי היה לו ראיות היה מותר לחלוק אפי' בלא נתחכם אח"כ - עצי לבונה›, **ולענין** מה שהביא מהרא"י שם ראיה, שכך היה דרכה של התורה מימות התנאים ואמוראים וגאונים בכמה מקומות, **י"ל** דהיינו בנטילת רשות או שמות, וכדלקמן ס"ד, **וצ"ע**. ‹**ודברי** הש"ך צע"ג - ערוה"ש›.

(**ועיין** בתשובת חוט השני, שגדול אחד התרעם עליו על השגתו על גדולי הקדמונים, ומה גם לומר דאישתמיט להו דברי הש"ס והפוסקים, **והשיב** לו שאין ע"ז להתרעם, כי כן מצינו במחברים שבכל דור ודור שלא נמנעו להשיג על גדולים שלפניהם, **וזה** הלשון אישתמיטתיה הוא לקוח מהש"ס, שכן מצינו כמה פעמים שאמרו על גדולי האמוראים, והוא לשון נקיה ודרך כבוד לומר דבאותה שעה נשמט ממנו הדבר ההוא, כי השכחה היא טבע אנושית כוללת כל האישים, ואין חילוק בין רב למעט, ע"ש שהאריך בזה, ושם תמצא בקיאות נפלאות).

סעיף ד - אסור לאדם להורות לפני רבו לעולם, וכל המורה לפניו חייב מיתה

- (עיין בתשובת שבות יעקב שכתב, דלכן ראוי לכל מי שהגיע להוראה, שלא יורה שום הוראה בלתי עיון תחלה בספר, כי רבותינו הן הן הספרים אשר נתפשטו בקרב ישראל, וסמך לדבר, אז לא אבוש בהביטי כו', **ובר** מן דין ראוי לעשות כן במקום שאין בני תורה, שלא יחשדו ויאמרו עמא דארעא, שמחמירין עליהם שלא כדין מפני חסידות וכה"ג, ואין חושש להפסיד ממונם, שהרי הורה כן מבלי עיון בספר כו', ע"ש, **וכ"כ** הגאון בעל פמ"ג בראש ספרו על או"ח, וע"ש סדר הנהגות הוראות או"ה באריכות).

‹**ואלו** דברים שאין בהם טעם, ולא חזינא לרבנן קשישאי דעבדי הכי, דבשלמא במקום רבו הוי בזיון מה שלא שאלו לרבו, אבל בזה לא שייך בזיון, והכל יודעים שכל שאנו מורים המה מדברי רבותינו הפוסקים, ואין לחוש כלל לזה, וכיוצא בזה איתא להדיא ביבמות: ר"א תלמידך יושב ודורש, והכל יודעין שתורתו שלך, ע"ש, ואף אנן נאמר כן, אנחנו מורים והכל יודעים שתורתם של רבותינו הם - ערוה"ש›.

הגה: ואפילו נטילת רשות לא מהני תוך שלשה פרסאות - ‹דהיינו י"ב מיל - לבוש›, **אם הוא רבו מובהק** - ודעת הראב"ד והרשב"א והריב"ש, דנטילת רשות מהני אפי' תוך ג' פרסאות.

(**עיין** בתשובת בית יעקב, שנסתפק בדין שאסור להורות לפני רבו תוך ג' פרסאות, אם היה רבו חוץ לג"פ והורה הוראה להכשיר הבהמה, ואח"כ בא רבו תוך ג' פרסאות והבהמה קיימת, אי חייב לשאול את רבו אם מסכים להוראתו, ואם אינו שואל אי נימא דהוי כמורה הוראה לפני רבו, או נימא כיון שכבר היתה הוראתו כדין כיון שרבו היה אז חוץ לג"פ, א"צ לשאול, **והביא** ראיה מדברי התוספות בסנהדרין דף פ"ט, דאם גמר ההוראה כשהיה רבו חוץ לג"פ, א"צ לשאול, **אבל** אם באמצע הוראה, כגון שהוא נושא ונותן בהוראה עדיין, אף שיודע להיכן הדין נוטה, נודע לו שבא רבו תוך ג"פ, אסור להורות בלי שאלה לרבו, **ושוב** צידד להתיר בזה, לפי הטעם שאמרו בגמ', משום דלא אסתייעא מלתא להורות כהלכה, ובכה"ג לא שייך זה, שיודע הדין על בוריו קודם שנודע לו שבא רבו, אסתייעא מלתא, **ולענ"ד** אין זה מחוור, דמה שאמרו בפ' אע"פ אמר אביי כו', לא משום דמיחזי כאפקירותא אלא משום דלא אסתייעא מלתא, הכוונה דלא משום מיחזי כאפקירותא לחוד הוא, אלא גם משום דלא כו', וכן משמע בתוס' שם, **אמנם** היכא שהרב מחל על כבודו, דינו אמת, **ומבואר** עוד בתשובת בי"ע שם, דממדת חסידות בכל ענין יש לשאול, כדאיתא פ"ק דברכות גבי דוד ומפיבושת).

ואם הוא רחוק מרבו י"ב מיל, ושאל לו אדם דבר הלכה בדרך מקרה, יכול להשיב; אבל לקבוע עצמו להוראה ולישב ולהורות, אפילו הוא בסוף העולם, אסור להורות עד שימות רבו או עד שיתן לו רשות.

הגה: וכל זה ברבו מובהק, אבל בתלמיד חבר, אפילו תוך שלשה פרסאות שרי - כל זה נמשך לסברא זו דהרמב"ם, אבל י"א דאפי' תלמיד חבר אסור תוך ג' כדלקמן.

וי"א דמ"מ לפני רבו ממש אסור - האי ממש לא קאי ארבו, אלא אלפניו, כלומר דלפניו ממש אפילו תלמיד חבר אסור, **ואפילו שלא בפניו ממש, אם התחילו בכבוד הרב לומר שישאלו לרב, או שהרב מופלג בחכמה וזקנה, אין להורות בעירו.**

וי"א דתלמיד גמור תוך י"ב מיל חייב מיתה, אם הוא מורה; חוץ לי"ב מיל, פטור אבל אסור - וי"א אלו אין מחלקים בין דרך מקרה לקבע, כדמוכח מדבריהם, ע"ש, וכן משמע בטור.

הגה: וי"א דדוקא ברגיל לבא לעירו של תלמיד - לקצים, כגון ביום השוק, או בב' וה', **ונראה** דיום השוק דומיא דב' וה', היינו יום ראשון דשבוע, אבל יום השוק דשנה כגון יריד, לא מיקרי רגיל, **אבל אם אינו רגיל לבא שם, רק בדרך אקראי, מותר** – «להורות ג"כ במקרה – לבוש», **כל שהוא חוץ לג' פרסאות** - אפי' הוא רבו מובהק. «ובזה מתרץ סתירת הסוגיות, ודלא כשאר שיטות שמתרצים בדרכים שונים וככל הדיעות המובאים בהסעיף, **ומ"מ** לדינא וודאי דהכל מודים בזה – ערוה"ש».

תלמיד חבר תוך י"ב מיל, פטור אבל אסור; וחוץ לי"ב מיל, מותר - משמע אפי' בלא נטילת רשות, אבל בהגמי"י כתב, דמכל מקום צריך נטילת רשות.

אע"פ שנטל רשות מרב אחד, לא סגי, עד שיטול רשות מכל רבותיו המובהקים - אתלמיד גמור קאי, וכדמסיים עד שיטול רשות מכל רבותיו המובהקים, **אבל** בתלמיד חבר כתב גם מהרי"ק, דסגי בנטילת רשות מרבו, **ומשמע** עוד במהרי"ק, דאם יש לו רב א' מובהק, והאחרים אינם מובהקים, צריך שיטול רשות מרבו המובהק.

הגה: והאי מובהקים לא מיירי כשאר רבו מובהק שרוב חכמתו ממנו, דא"כ לא אפשר להיות לו הרבה רבותיו מובהקים; אלא ר"ל תלמיד גמור; לאפוקי תלמיד חבר, דהיינו שנתגדל בתורה ונעשה חבר לרבו, דהיינו שהוא קרוב להיות גדול

כרבו (מהרי"ק) - נראה מדברי הרב, דלסברא זו, אפילו לא למד רוב חכמתו ממנו, כל שלא נתגדל להיות קרוב לרבו, מיקרי תלמידו, וכן נראה ממ"ש דא"כ לא אפשר כו', אלמא דבלא למד ממנו רוב חכמתו מיירי, ואפ"ה מיקרי תלמידו, וכן משמע ממ"ש אח"כ, וי"א דכל שאין כו', אלמא דלסברא הראשונה אפילו אין רוב חכמתו ממנו מיקרי תלמידו, **אבל** לפענ"ד אין הדבר כן, אלא הרמב"ם ומהרי"ק לא פליגי, שהרי מהרי"ק גופיה כתב בריש התשובה, וז"ל, אמנם דוקא בתלמיד מובהק שרוב חכמתו ממנו, אבל אין רוב חכמתו ממנו א"צ לנהוג בו שום כבוד, רק לענין קריעה, שקורע עליו כעל מי שמתאבל עליו, ועומד מפניו, אבל להורות לפניו או לקבוע לו מדרש לעצמו, וכן הני שכתב הרמב"ם כגון המתרעם על רבו והמהרהר אחר רבו כו', עכ"ל, כל הדברים האלו אין נוהגין כיון שאין רוב חכמתו ממנו, עכ"ל מהרי"ק, **ומ"ש** בסוף התשובה, דאם נתחכם אח"כ להיות גדול קרוב לרבו, הוי תלמיד חבר, שם הוציא דין חדש, דאפילו למד רוב חכמתו ממנו, אם אח"כ נתחכם כמותו, הוי תלמיד חבר, **וי"ל** גם הרמב"ם מודה לזה, וז"ל שם, ולא עוד אלא אפילו למדו וגם סמכו, אם לבסוף נתחכם הנסמך, יכול לחלוק עליו ולהורות בפניו אפי' בהלכה למעשה, שהרי דבר פשוט שר"ל היה תלמיד גמור דרבי יוחנן, לרש"י, ור"י היה רבו מובהק, וכל חכמתו ממנו היה, וגם סמכו, ואפ"ה חלק עליו, עכ"ל, אבל כשלא למד רוב חכמתו ממנו, אפילו לא נתגדל להיות כמותו, לא מקרי תלמידו גם למהרי"ק, **ולענין** מ"ש הרב דא"כ לא אפשר לו להיות הרבה רבותיו מובהקים, אינו כלום, דהרי פירש"י בס"פ אלו מציאות, רוב חכמתו, אם מקרא מקרא, אם משנה משנה, ואם ש"ס ש"ס, וכ"כ הט"ו לקמן ס"ל, וא"כ יש לומר שלמד אצל זה רוב חכמתו במקרא, ואצל זה רוב חכמתו במשנה, ואצל זה רוב חכמתו בש"ס, ואצל זה רוב חכמתו במדרש ואגדות, ואצל זה רוב חכמתו בקבלה, וכיוצא בזה בשאר חכמות התורה, «**ואפי'** לדעת הראב"ד ז"ל, שפי' רוב כל חכמה וחכמה, מ"מ יכול להיות לו כמה רבנים מובהקים, שזה העמידו בבקיאות וזה בחריפות וזה באסוקי שמעתא אליבא דהלכתא, כמו שמצינו בש"ס שר"מ למד אצל ר"י ור"ע, ורב יהודה למד אצל רב ושמואל, ואביי ורבא למדו אצל רבה ורב יוסף, וכולם דינם כרבו מובהק – ערוה"ש», **וכן** נראה דעת המחבר, דלקמן סעיף ל' כתב, דכל שאין רבו

מובהק, דהיינו שאין רוב חכמתו ממנו, אין חייבים באלו הדברים, וכאן כתב אע"פ שנטל רשות מרב א', לא סגי עד שיטול רשות מכל רבותיו המובהקים, אלא ודאי כדפי', ודו"ק.

‹ויראה לי דגם מרבינו הרמ"א לא נעלם כל אלה, אלא דס"ל דזהו הכל בדורות התנאים והאמוראים, שלימודם היה בע"פ בקבלה רב מפי רב, ויש שהיה בקי במשניות ובריייתות הרבה, ויש שלא היה בקי כל כך אבל היה חריף ומפולפל, ויש שהיה מתון ומסיק אליבא דהלכתא, לכן באפשר שיהיה לו כמה רבותיו מובהקים, או למקרא רב מובהק לבד, ולמשנה לבד ולגמ' לבד, **אבל** בזמנים האלה שלימודינו בספרים וכל התלמוד כתוב לפנינו, וכן כל החדושים וכל הפוסקים כתובים לפנינו, לא שייך לחלק בכאלה כמובן, דכולהו איתניהו בן, ותלמיד מובהק לא שייך עתה אא"כ למד בישיבתו רבות בשנים, וקיבל ממנו דרכה של תורה הן בבקיאות הן בסברות ישרות, כידוע, **ולפ"ז** עכשיו א"א להיות אצל אדם רק רב מובהק אחד, והוא הראשון שהעמידו על קרן התורה, **ולזה** אומר דא"כ איך שייך עתה כמה רבותיו מובהקים, אלא צ"ל דכל שהוא קטן נגד רבו מקרי רבו מובהק, ולפ"ז יכול להיות כמה רבותיו מובהקים, **ולזה** הביא הי"א דאינו כן, אלא כל שרוב חכמתו הימנו, וא"כ בזמה"ז א"א להיות כמה רבותיו מובהקים, כנלע"ד ליישב דבריו התמוהים – ערוה"ש›.

‹**בזמן** הזה בעוונותינו הרבים אין לנו רבו מובהק – חכ"א›.

מיהו יש חולקין וסבירא להו, דאי קבל רשות מרבו אחד, מהני להורות חוץ לג' פרסאות; אבל תוך ג' פרסאות, לא מהני ליה - רשות מרב א', עכ"ל עט"ז, **ומשמע** הא מכל רבותיו, או אם אין לו רק רב אחד, מהני, והוא נמשך לסברא זו דהרשב"א וסייעתו, **אבל** יש חולקין דתוך ג' לא מהני נטילת רשות, כדלעיל.

וי"א דכל שאינו רבו מובהק, דהיינו שאין רוב חכמתו ממנו, תלמיד חבר הוא (ב"י בשם הרמב"ם).

‹**ועיקר** טעם כל החומרות הללו, הוא כדי שלא יעמוד כל אחד ויורה הוראות כפי רצונו שלא כתורה, ותפוג ח"ו התורה לכמה תורות, עד שלא תהיה ח"ו שום תורת אמת בישראל, ע"י התלמידים שאינם משמשים כל צרכם – לבוש›.

סעיף ה - אין תלמיד יכול לסמוך אחרים במקום רבו.

סעיף ו - אם לא קבל הנסמך הסמיכה מיד הרב ההוא הסומך, אלא ע"י רבנים אחרים, והוא נעשה להם סניף, אין לאותו הרב להשתרר עליו כלל אם אינו רבו. הגה: אבל אם סמכו לבדו, נהגו שהנסמך כפוף קלת לסומכו. וכן מי שלומד בישיבה זמן אחד, נהגו לומר שהוא תלמיד בעל הישיבה, אע"פ שאפשר שבעל הישיבה שמע יותר חידושים ממנו; ויש למנהגים אלו עיקר על מה שיסמוכו.

סעיף ז - לא מקרי הוראה אלא בשמורה על מעשה שבא לפניו, אבל אם שאלו לתלמיד הלכה כדברי מי, יכול לומר מה שבדעתו, כיון שאינו מורה על מעשה שבא לפניו - אבל אם מורה על מעשה שבא לפניו, אפילו שאלו הלכה כדברי מי, אסור לומר כדברי פלוני, ולכך כפלו התוס' והפוסקים וט"ז, וחזרו וכתבו כיון שאינו מורה כו'.

סעיף ח - לא מקרי הוראה אלא בדבר שיש בו חידוש לשואל, אבל בהוראה ידועה שהיא פשוטה לכל, כגון נותן טעם לפגם, או לבטל איסור בששים, וכיוצא באלו, מותר - מדברי הר"ן נראה, דלאו דוקא כה"ג אסור, שכתב ביעתא בכותחא, ביצים גמורות כו', דבר פשוט כו', ועם כל זה לא רצה להורות בעוד שהיה רבו חי, ולנסותו היה מתכוין השואל אם יורה במקום רבו, עכ"ל, **והתוס'** ופוסקים הוצרכו לומר, דביעתא בכותחא מיירי בדבר שיש בו חידוש לשואל, עיין שם.

סעיף ט - יש מי שכתב, שכל הכתוב בספרים מפסקי הגאונים, יכול להורות בימי רבו, רק לא יורה דבר מלבו, ולא יסמוך על ראיותיו לדמות מילתא למילתא מעצמו - כתוב בהגהת דרישה ותימה, דהא איתא בעירובין פרק הדר, אמר לי ר' יעקב בר אבא כגון מגילת תענית דכתיב ומנחא, מהו לאורויי באתרא דרביה, אמר ליה הכי אמר

רב יוסף, אפילו ביעתא בכותחא בעי מנאי דרב חסדא כולהו שני דרב הונא, ולא אורי, **ופירש"י** מגלת תענית, דלא היה דבר הלכה כתוב בימיהם אפילו אות אחת, חוץ ממגילת תענית, ולהכי קרי מגלה, עכ"ל, **ש"מ** אפילו דברים הכתובים בספר אסור להורות בפני רבו, ואפילו תלמיד חבר, דרב חסדא תלמיד חבר דרב הונא הוה, **ואפשר** לומר דדוקא בפניו אסור, כמ"ש מהו לאורויי באתריה, אבל שלא בפניו מותר, **ועי"ל** דההיא דמגילת תענית מיירי בדבר שנראה חידוש לשואל, הוא דאסור, וכמ"ש התוס' שם בהדיא, ומהר"מ בא לומר בכגון שאין נראה לו דבר חידוש לשואל, ואשמועינן דאפילו הכי אינו מותר אלא בכל שכתוב בספרים כו', וק"ל, עכ"ל, **והא** ודאי ליתא, דודאי מהר"מ מיירי שיש חידוש לשואל, כדאיתא בהגמי"י, וכ"מ להדיא מדברי המחבר, שאפילו יש בו חידוש לשואל שרי, **וגם** תירוץ הראשון אינו מחוור, דאם כן הוי ליה לחלק הכי בהדיא, **ועוד** דבאתריה משמע שלא בפניו אלא במקומו, דאם לא כן הל"ל קמיה דרב הונא, וא"כ כיון דשלא בפניו אסור, מה לי במקומו או לא, **אלא** נראה דמהר"מ סבירא ליה הך דמגלת תענית מיירי, כשבא לדמות מלתא למלתא בדבר הכתוב במגילת תענית, וק"ל. ‹ולא משמע כן מרש"י ותוס' בעירובין שם ע"ש, **ואפשר** לומר דבימיהם גם הדברים הכתובים בתורה שבע"פ היה בהסתר, וקראוה מגילת סתרים וכמ"ש רש"י בשבת, משא"כ בזמה"ז הם בפרהסיא – ערוה"ש›.

סעיף י - יש מי שכתב שאסור לחכם להתיר דבר התמוה, שנראה לרבים שהתיר את האסור - נראה דהיינו דוקא אם מתיר בסתם, אבל אם אומר לשואל טעם בדבר ומראה לו פנים, או שמביא ראיות מתוך הספר, מותר.

סעיף יא - לאפרושי מאיסורא, כגון שרואה אדם שעובר עבירה מפני שאינו יודע שהוא אסור, או מפני רשעתו, מותר להפרישו ולומר לו שהוא אסור בפני רבו, שבכל מקום שיש חילול השם אין חולקין כבוד לרב.

סעיף יב - אם בני ביתו של תלמיד הוצרכו להוראה ושאלו לו, לא יורה להם במקום רבו - ‹ומלשון זה משמע דדוקא לבני ביתו, אבל לעצמו מותר להורות ולעשות אם הגיע להוראה והדין ברור אצלו, דכיון דאינו מורה לאחרים, אין זה העדר כבוד לרבו – ערוה"ש›.

(**עיין** בתשו' חות יאיר, כתב שם בפשיטות, דכל הוראות איסור והיתר שבא לאדם בתוך ביתו, שרי להורות אם בר הכי הוא, ואפילו במקום רבו, כדאיתא במסכת עירובין ר"פ הדר, צורבא מרבנן חזי לנפשיה מותר, משא"כ לאביו ולאמו, **ואם** יש לו חלק באותה הוראה, אפילו שמיני שבשמינית, מותר, מדמשני שם אנא מיזבן זביני, משמע הא אם היה לו חלק בה היה מותר, עכ"ד, **ותימה** שלא הביא כלל דברי הטור והמחבר בכאן, וגם לא דברי הרא"ש שם, שכתב דהדעת נוטה דדוקא בדיקת סכין, שאינו אלא לכבודו של חכם כו', אבל דבר איסור והיתר אפי' לעצמו אסור להורות במקום רבו, וצ"ע כעת).

(ולא כל מי שמת רבו מותר לישב ולהורות, אא"כ הגיע להוראה) - הג"ה זו צ"ל בריש סעיף י"ג, ולא כל מי שמת רבו מותר לישב ולהורות, אלא אם כן הגיע להוראה, וכל תלמיד שלא הגיע להוראה כו', כן צ"ל, וכן הוא בטור בשם הרמב"ם, שוב מצאתי כן בספרי שו"ע הישנים, **ולקמן** סעיף ל"א יתבאר עד כמה מיקרי לא הגיע להוראה.

סעיף יג - תלמיד שלא הגיע להוראה ומורה, הרי זה שוטה רשע וגס רוח, ועליו נאמר: כי רבים חללים הפילה - ‹פירוש הפילה לשון נפל, שלא מלאו ימיו, כלומר תלמיד שלא מלאו ימיו, רבים הם חלליו בהוראותיו שלא כהלכה – לבוש›.

הגה: ותלמידים הקטנים הקופצים להורות ולישב בראש, להתגדל בפני עמי הארץ, מרבים מחלוקת ומחריבים העולם ומכבין נרה של תורה.

ויזהר כל אדם שלא יורה כשהוא שתוי יין או שאר דברים המשכרים - אפילו אכל תמרים או שתה חלב ונשתבשה דעתו מעט, אל יורה, רמב"ם, **אפילו בדבר פשוט** - (עיין בשו"ת שבות יעקב שהביא בשם בעל העיטור, דהיינו דוקא בהוראות איסור והיתר, **אבל** מותר לדון דיני ממונות אף כשהוא שתוי, **אכן** בתשובת הב"ח פסק, דאין חילוק, ולכן המחמיר תע"ב).

אם לא שהוא דבר ברור בפוסקים, וזיל קרי בי רב הוא – [כגון שרץ צפרדע טהור, דם אסור, אבל שאר הוראה, אפילו נותן טעם לפגם ובטל בששים, אע"ג דמותר להורות בפני רבו, שתוי יין אסורים בהם, דהא לאו זיל קרי ביה רב הוא, וכ"כ הרמב"ם, דאסור להורות בשכרות אלא בדבר שהצדוקים מודים בו, והנהו ודאי אין הצדוקים מודים בו, עכ"ל תרומת הדשן].

עיין בחושן המשפט סי' ז'.

אם לא דהוא דבר ברור בפוסקים - ומדברי הרמב"ם ות"ה דלעיל נראה מבואר, דאפילו הוא דבר ברור בפוסקים, כל שאינו מפורש במקרא דהצדוקים מודים בו, אסור להורות, **ותמיהני** על הרב שמתיר בדבר ברור בפוסקים, אע"פ שנמשך אחר דברי מהרי"ק שמביא בד"מ, מכל מקום הוא יחיד נגד הרמב"ם ות"ה, וגם הוא מיקל, וגם המעיין בדברי מהרי"ק יראה, שלא כתב שם כן לקושטא דמלתא, **וכן** משמע בכריתות, דאפילו לר' יוסי בר' יהודא דוקא ללמוד ש"ס שרי, אבל להורות אפי' בדבר ברור, כל שאינו מפרוש במקרא, אסור, **ואפשר** דמ"ש הרב דבר ברור בפוסקים, ט"ס הוא וצ"ל בפסוקים.

‹**אמנם** באמת ל"ק כלל, שהרי עיקר הטעם שלא יבא לטעות, ודבר המפורש בפוסקים כמו נותן טעם לפגם או ביטול בס' לא שייך בזה טעות כמובן, והגמ' דנקיט שרץ טמא וצפרדע טהור, לא היה יכול הש"ס לומר ענין אחר, דבזמנם לא שייך דבר המפורש בפוסקים, שהרי גם בנותן טעם לפגם יש מחלוקת, ואין מדרך הגמ' לדבר כן, והרמב"ם לשון הש"ס נקיט כדרכו, וגם בימיו לא היה מורגל לשון פוסקים, **אבל** באמת איזה נ"מ יש בין זה לזה, ואדרבא לכן דקדק לומר וזיל קרי בי רב הוא, כלומר כמו שהש"ס מתיר דבר המפורש בתורה משום דזיל קרי בי רב הוא, ה"נ לדידן דבר המפורש בפוסקים הוה זיל קרי בי רב – ערוה"ש›.

כתב הרמב"ם, דהיינו דוקא רביעית יין חי שאינו מזוג, שתה כדי רביעית בלבד והיה בה מים כל שהוא, או ישן מעט, או הלך כדי מיל, כבר עבר היין ומותר להורות, **אבל** שתה יותר מרביעית, אפי' מזוג, שינה מעט או הדרך מוסיפין בשכרותו, אלא ישהה לפי השכרות עד שלא ישאר משכרותו שום דבר שבעולם, עכ"ל, והוא מהש"ס.

וכתב עוד הב"ח, ואין חילוק בין מהלך ברגל ובין רכוב, ותימה, דהא בש"ס פרק הדר אמרינן, דרכוב שאני, דאין מפיג אלא בג' מילין, **ואפשר** סבירא ליה כשנויא קמא דש"ס, **ומ"מ** גם לשנויא קמא יש חילוק בין מהלך לרכוב, בשתה יותר מרביעית, דברכוב לא אמרינן שמוסיף בשכרותו כשרכב ג' מילין, **ולפ"ז** צ"ל הא דכתב הב"ח ואין חילוק, ארביעית קאי, ומכל מקום צ"ע אמאי שבק מסקנת הש"ס.

‹ונ"ל דכשיושב בקרון אינו מפיג כלל. **ובימינו** אלה היינות חלושים מאד, ויי"ש ודאי משכר, וכן מי דבש כששותים הרבה – ערוה"ש›.

כתב הרשב"א, ביו"ט או בסעודה גדולה כגון מילה ונשואין ופורים וכיוצא בזה, במקומות ששותין הרבה, אסור להורות כל היום עד למחר, **ואם** נתן דעתו כבר על פסק הדבר, מותר להורות בין לאיסור בין להיתר, אפילו לאחר סעודה גדולה כמו ביו"ט, ע"כ, **וב"י** כתב על זה, ואינו נראה לי שאסור להורות כל היום, אלא כשירגיש שסר יינו מעליו מותר, עכ"ל, **ותמיהני** שהרי הרשב"א הביא שם ראיה לדבריו, ממאי דאמרינן בביצה, דרב לא אוקי אמורא מיו"ט לחבירו, **ונראה** דהוא לא מיירי אלא בסתמא, אבל אם ברור לו שסר יינו מעליו, מותר.

כתב הרמב"ם, מותר לשיכור ללמוד תורה, ‹כוונתו ללמד לאחרים – ערוה"ש›, ואפילו הלכות ומדרשות, והוא שלא יורה, **ואם** היה חכם וקבוע להוראה, לא ילמד, שלמודו הוראה היא.

כתב הב"ח, ומי שמיצר ואין דעתו מיושבת עליו, אל יורה בשעה שהוא מיצר, דכתיב בצר אל יורה, וכ"כ התוס' על פי הירושלמי, **ומדת** חסידות לכל בעל הוראה, שיהא נזהר מלהורות בכל הני דפרק הדר, כגון ביומא דרתח, או בא מן הדרך ברגלו, או ביתא דאית ביה שכרא או הרסנא, **אבל** אין שם איסור אפי' לכתחלה, ע"כ.

סעיף יד - כל חכם שהגיע להוראה ואינו מורה, הרי זה מונע תורה, ונותן מכשולות לפני רבים, ועליו נאמר: ועצומים כל הרוגיה - ‹פירוש עצומים הוא מלשון עוצם עיניו, כלומר המתעצמים ומחרישים ומתאפקים מלהורות, הורגין את דורן – לבוש›.

(**עיין** במהרש"א שכתב, ובדורות הללו אותם שמורים הלכה מתוך השו"ע, והרי הם אין יודעים טעם הענין של כל דבר אם לא ידקדקו תחלה בדבר מתוך התלמוד, שהוא שימוש ת"ח, טעות נפל בהוראתן, והרי הן בכלל מבלי עולם, ולכן יש לגעור בהן, ע"ש, **ואפשר** דדוקא בזמן

הרב מהרש"א, שלא היה עדיין שום חיבור על השו"ע, אבל האידנא שנתחברו הט"ז וש"ך ומג"א ושארי אחרונים, וכל דין מבואר הטעם במקומו, שפיר דמי להורות מתוך השו"ע והאחרונים).

‹וכ"כ התוי"ט בהקדמת חבורו מעיו"ט, וז"ל, ואף הרב וכו' אשר השביר בר בספרו בית יוסף, ומתוכו עשה החיבור שקראו שלחן ערוך וכו', לא נתכוין מעולם להורות מתוך ספרו חלילה וכו', רק מי שלמד ועיין בספר הטורים עם פי' הב"י, וילאה למצא תכלית כל דין, יבינו מתוך השו"ע וכו', עכ"ל, **והגם** שאח"כ נתחברו פירושים על השו"ע מרבותינו האחרונים, מ"מ ידוע שבלא באר מים חיים מהש"ס והראשונים, אינו עולה יפה – ערוה"ש›.

‹**עיין** בספר משנת חכמים, שכתב דיש להסתפק בהא דאמרינן במסכת אבות, חרב בא לעולם על עינוי הדין, והוא דוקא עינוי דין מדיני ממונות, או אף הוראות איסור והיתר בכלל, שלא ידחה בלך ושוב, **והביא** דברי השל"ה שכתב, לאחר שההוראה ברורה אליו, לא יחמיץ שוב את ההוראה, רק ישיב מיד להשואל, דכשם שאסור לענות דין מדיני ממונות, ה"נ בכל ההוראות, ע"ש, **והוא** ז"ל פלפל בזה, וכתב דזה תלוי במחלוקת רש"י והרמב"ם, דלדעת רש"י, דכל אדם אסור לענות, מקרא דלא תענון, כל עינוי במשמע, אף עינוי הוראות איסור והיתר, **אך** לדעת הרמב"ם דס"ל, דאלמנה ויתום דוקא, אבל כל אדם יליף מלא תעשו עול במשפט, שפיר יש לחלק בין דיני ממונות ובין הוראות או"ה, **וכתב** עוד, לכו"ע אסור לעכב הוראה להתיר אשה לבעלה, ע"ש באריכות›.

הגה: ענין הסמיכות שנהגו בזמן הזה, כדי שידעו כל העם שהגיע להוראה, ומה שמורה הוא ברשות רבו הסומכו; ולכן אם כבר מת רבו א"צ לסמיכות; וכן בתלמיד חבר, כדרך שנתבאר לעיל, במקום שא"צ רשות א"צ סמיכות (ריב"ש).

‹**ולפי** הזמנים שלפנינו ועוד מדורות הקדמונים, שכל עיר בוחרת לה רב מובהק להורות ולדון, ונחשב כרב מובהק לכל העיר והסביבה, ואין רשות לאחר אפילו הגיע להוראה להורות ולדון במקום זה, אא"כ נותן לו רב העיר רשות, **לזה** נותנין לו הסמיכה, כדי שיוכלו לבוחרו לרב באיזה קהלה, **אבל** בלא סמיכה אסור להיות רב או מורה צדק, וכן נהגו מקדמונינו וחלילה לשנות, וזהו עיקר ענין הסמיכה בזמה"ז, וזהו כעין נטילת רשות ועדות שהגיע להוראה – ערוה"ש›.

וי"א דמי שאינו מוסמך למורינו ונותן גיטין וחליצות – ‹במקום שאין שם רב או שמת הרב או הלך לעיר אחרת – ערוה"ש›, **אין במעשיו כלום, ויש לחוש לגיטין וחליצות שנתן; אם לא שידוע לכל שמומחה לרבים הוא, רק שמלד ענוה ושפלות אינו מבקש גדולות. ויש חולקים ומקילין (ריב"ש הנ"ל). ובמקום עגון יש להקל אם כבר נתן גיטין וחליצות, אבל לא בדרך אחר, כי מנהגן של ישראל תורה, כן נ"ל.**

ועוד נ"ל שמותר לתת מורינו לאחד שיסדר גיטין, ואע"פ שמדין הסמיכה שבימים הראשונים לא הוי דינא הכי – ‹שלא היו נותנים רשות לאחד על איזה פרט, אא"כ היה ראוי לדון ולהורות בכל דיני התורה, כמ"ש הרמב"ם – ערוה"ש›, **מ"מ עכשיו אינו אלא נטילת רשות בעלמא ושרי** - ולמה שראוי ראוי - ד"מ.

סמיכה שבימים הראשונים - כתב הרמב"ם, והוא שיהיה ראוי לכל הדברים, כיצד, חכם מופלא שראוי להורות לכל התורה כולה, יש לב"ד לסמוך אותו וליתן לו רשות לדון ולא להורות באיסור והיתר, או יתן לו רשות באיסור והיתר ולא לדון דיני ממונות כו'.

ושרי - ‹ומ"מ מימינו לא שמענו זה ואין המנהג כן, ובפרט דיני גיטין דחמירא ויש בזה איסור אשת איש, אין נותנין סמיכות על פרט זה בלבד, **וגם** בדיני קדושין אסור להזדקק מי שאינו יודע בטיב גיטין וקדושין, אם רק יש איזה שאלה בהקדושין, וצריך לשאול מרב מובהק – ערוה"ש›.

סעיף טו - אסור לתלמיד לקרות לרבו בשמו, לא בחייו ולא במותו; ואפילו לקרות לאחרים ששמם כשמו אסור, אם הוא שם פלאי שאין הכל רגילין לקרות בו. הגה: אבל שם שרגילין בו, מותר להזכיר - כלו' לקרות בו אחרים, **שלא בפני רבו.**

וכל זה דוקא כשאינו מזכיר רק שמו לבד, אבל מותר לומר: ר' מורי פלוני - נראה דוקא שלא בפניו, אבל בפניו אין להזכיר שמו כלל, רק יש לקרותו

רבי, וכן נוהגין. ‹**ועיין** בס' רגל ישרה, ובליקוטי פרי חדש, שחולקים על הש"ך בזה, מדכתיב אדוני משה כלאם›.

סעיף טז - לא יתן שלום לרבו ולא יחזיר לו שלום, כדרך שאר העם, אלא שוחה לפניו ואומר לו ביראה ובכבוד: [שלום עליך רבי; ואם נתן לו רבו שלום, אומר לו:] שלום עליך מורי ורבי – [דכל שמשיב שלום דרכו להוסיף קצת, כמ"ש סי' קמ"ח], ‹ולענ"ד דיצא להרמב"ם כן מההיא דריש ברכות, לאחר שסיימתי תפלתי א"ל שלום עליך רבי, והחזרתי לו שלום עליך רבי ומורי – רעק"א›. **(וכן נוהגין).**

(וי"א דאין לתלמיד לשאול בשלום רבו כלל, שנאמר: ראוני נערים ונחבאו) – ‹זהו דרך הירושלמי, אבל בש"ס שלנו אינו כן, וכ"כ הרמב"ם והטור, ע"ש – ערוה"ש›. ‹**עיין** מ"ש אא"ז בהקדמתו לספר פנים מאירות, דאם עובר לפני הרב ואינו נותן לו שלום, הוי דרך בורות, ע"ש היטב›.

ולא יחלוץ תפיליו לפני רבו – ‹דידוע שבהכרח לגלות קצת ראשו וידו, ובזה וודאי דיש העזה לגלות ראש או יד בפני רבו, **אבל** א"כ גם בהנחת תפילין לפני רבו יהא אסור, **ואולי** מפני שבהנחה מקבל עליו עול מלכות שמים משא"כ כשחולץ, **ובכיבוד** אב לא נתבאר דין זה, וצ"ל דמפני התקרבות בן לאביו אין בזה קפידא שיחלוץ תפילין בפניו, **מיהו** אם אביו רבו, נראה דאין לחלץ בפניו – ערוה"ש›.

ולא יסב לפניו, אלא יושב כיושב לפני המלך.

(היה רבו יושב בסעודה עם אחרים, נוטל רשות מרבו ואח"כ מאחרים) - ונראה דה"ה אם היה אביו יושב בסעודה עם אחרים, נוטל רשות מאביו ואחר כך מאחרים, וכן הוא בנוסחאות ברכת המזון, וכן נוהגין, **ואם** אביו וגם רבו מובהק שלמד עמו בחנם מסובים, נוטל רשות מרבו ואח"כ מאביו, כדלקמן סל"ד.

‹**ועכשיו** המנהג דאין נוטלין רשות רק מבעל הסעודה, ואומרים: ברשות בעל הבית, אבל מי שאינו בעל סעודה זו, אפילו אביו ורבו, אין נוטלין ממנו רשות, **ואם** היא סעודה של איזה חברה, אומרים רק: ברשות מרנן וכו' – ערוה"ש›.

ולא יתפלל לפניו ולא לאחריו ולא בצדו - הטעם בכל זה, שלא ישוה עצמו לרבו, **והתוספות** כתבו, דאחורי רבו טעמו דנראה כמשתחוה לרבו, **והר"ר** יונה כתב הטעם משום הפסקה, ‹בינו לכותל, ועיין באו"ח סי' צ"ד – ערוה"ש›. [**והר"ר יונה פי' משום הפסקה, דשמא** יצטרך רבו לפסוע ג' פסיעות לאחריו בעוד שזה מתפלל, **ולא** יוכל לפסוע, ורש"י פי' הטעם דיוהרא הוא].

וכ' ב"י בשם שבולי לקט בשם רב האי, דהא דאסור להתפלל כנגד רבו, היינו אצל רבו כדפירש"י וטור, לא אמרו אלא ביחיד, **אבל** בצבור אין לו לחלוק כבוד לרבו, ומותר להתפלל כנגדו, ע"כ, ומביאו ד"מ.

ולא לאחריו ולא בצדו - אמרינן בש"ס פ' תפלת השחר, דתלמיד חבר מותר, וכ"כ המחבר באו"ח סימן צ' סכ"ה, **ובבית** יוסף שם דלהתפלל ואחוריו לרבו, אפי' תלמיד חבר נמי לא, דביזוי גדול הוא.

ואין צריך לומר שאסור להלוך בצדו; אלא יתרחק לאחר רבו, ולא יהא מכוון כנגד אחוריו, אלא יצדד עצמו לצד אחר, בין כשמתפלל עמו בין כשהולך עמו.

וחוץ לד' אמות, הכל מותר. (ועיין באו"ח סי' צ') - כתב בית יוסף באו"ח ס"ס צ', ומיהו משמע דלא מהני ריחוק ארבע אמות אלא להתפלל אחורי רבו כנגדו, **אבל** להתפלל ואחוריו לרבו, אפי' רחוק כמה לא, **אבל** מדברי הטור שם נראה, דברחוק ד' אמות אפילו אחוריו לרבו שרי, וכ"כ הב"ח שם, דהו"ל רשות אחרת בפני עצמו.

ולא יכנס עמו למרחץ אא"כ הוא צריך לו. הגה: ואם היה התלמיד במרחץ קודם לרבו, ובא רבו לשם, א"צ לצאת - כן למד מהרי"ו מהא דכתב המרדכי, ונתבאר לעיל סימן קנ"ג ס"ג, דאם היה הישראל קודם במרחץ, ואח"כ באו עובדי כוכבים שם, אין צריך לצאת, **וצריך** עיון דיש לחלק, דדוקא התם דטעמא הוא כדכתב המרדכי, שהוא בא בגבולו, וזה לא שייך בכבוד רבו.

‹**אין** הטעם משום הרהור, כבאביו וחמיו ובעל אחותו שנתבאר באהע"ז סי' כ"ג, אלא משום כבוד, שלא יראה לרבו כשהוא ערום, ולכן אם רבו צריך לשימושו שישמשנו במרחץ מותר, **וכן** אם התלמיד היה מקודם במרחץ ואח"כ בא רבו א"צ לצאת, כיון שאין הטעם משום הרהור אלא מפני הכבוד, ולכן כשהוא לא היה הגורם מותר, ומתורץ קושית הש"ך – ערוה"ש›.

וכל זה לא מיירי אלא במקום שהולכים ערומים ערום במרחץ, אבל במקום שהולכים במכנסים, מותר. וכן המנהג פשוט ליכנס עם רבו ואביו וחמיו ובעל אמו ובעל אחותו למרחץ, אע"פ שבגמרא אסרו כולם, והכל הוא מטעם דעכשיו הולכים במכנסים.

‹**כן** היה בזמנו שהלכו במכנסים, אבל בזמנינו אינו כן, ומ"מ רובא דעלמא אין נזהרין בזה אף בני תורה כידוע, **ורציתי** לומר דסתם רחיצה בזמן הגמ' היתה באמבטי אחת, וגם עתה באזיא כן הוא, דבזה שייך הרהור, שסמוכים מאד זה לזה, **אבל** במרחצים שלנו שרק המה בבית אחד ויש הפסק בין זה לזה, לא שייך הרהור, וכן ברבו אינו העדר כבוד, **אבל** מצאתי במרדכי בשם הר"ם מרוטנבורג שהביא סברא זו ודחאה בלא ראיה, רק כתב שהיא סברת הכרס, ע"ש, **ומ"מ** לימוד זכות הוא על רבים, לומר דס"ל כסברא זו, **והירא** את דבר ד' צריך ליזהר בזה, כי הוא דינא דגמ' בפסחים – ערוה"ש›.

ולא ישב לפניו, עד שיאמר לו: שב, ולא יעמוד, עד שיאמר לו: עמוד, או עד שיטול רשות לעמוד. וכשנפטר מלפניו לא יחזיר לו אחוריו, אלא נרתע לאחוריו, ופניו כנגד פני רבו.

‹**דין** זה לא נתבאר בכיבוד אב, ונראה משום דבאב אין קפידא בזה, כיון שאוכל ושותה עמו ביחד וכל היום וכל הלילה, א"א לעשות כן, וגם אין דרך האב להקפיד בה, ובזה לא דמי לרבו – ערוה"ש›.

הגה: והנפטר מרבו ונטל ממנו רשות ולן בעיר, צריך לחזור וליטול ממנו רשות; ודוקא שלא אמר לו מתחלה שרוצה ללון בעיר, אבל אם הגיד לו בשעה שנטל רשות, א"צ לחזור וליטול ממנו רשות - זהו מהר"ן, שכתב כן ממאי דאיתא ברי"ף, וז"ל, כתיב ביום השמיני שלח את העם, וכתיב ביום עשרים וארבע שלח את העם, מכאן לתלמיד הנפטר מרבו ולן באותה העיר, שצריך ליפטר ממנו פעם שניה, עד כאן, **וכתב** הר"ן, פי' שמיני של חג הוא כ"ב בחודש, הרי שלקחו רשות לפי שהיה דעתם לשוב לבתיהן ביום כ"ג, ומפני שנשארו שם היום ההוא ולנו בעיר, הוצרכו לקחת רשות פעם שנית ביום כ"ד, **אבל** ביום כ"ג אף על פי שלנו הלילה אחר כ"ב, לא היו צריכין לקחת רשות, משום דאדעתא דהכי שיסעו למחר שהיה כ"ג לקחו רשות, עכ"ל, **ותימה** גם אהר"ן גופיה, דהדבר פשוט דט"ס הוא בהרי"ף, וצ"ל: וכתיב ביום כ"ג לחודש, שכן הוא בד"ה ב' ו', ובש"ס מ"ק דף ט' סוף ע"א, וברש"י והרא"ש שם, ובפירוש רש"י ורד"ק בד"ה שם, **אם** כן לפי מה שכתב הר"ן, ולפי מה דמשמע פשטא דקרא, שלקחו רשות משלמה ע"ד לשוב לבתיהן ביום כ"ג, מוכח דבכל ענין צריך לחזור וליטול רשות, **ואפילו** תימא דלא מוכח בקרא מידי, מ"מ מנ"ל לחלק, וצ"ע.

[**ומ"מ דברי הר"ן נכונים, דקשה לו לאיזה צורך נטלו רשות פעמים, אחת ביום השמיני שהוא יום כ"ב, דהיינו שיסעו ביום כ"ג, דהא א"א ליסע ביום כ"ב שהוא יו"ט, ולמה להו ליטול רשות שנית ביום כ"ג, אלא ע"כ שביום כ"ג חזרו מדעתם ליסע בו ביום, אלא ליסע למחר ביום כ"ד, וזהו שכתב הוצרכו לקחת רשות פעם שניה ביום כ"ד, פי' בשביל נסיעת יום כ"ד, ואם יראה לך דוחק לפרש כן, יש להגיה "על יום כ"ד", לפ"ז נלמד הכל שפיר, דהגמ' דיליף דהלן בעיר צריך ליטול רשות שנית, הוא כיון שהוצרכו ליטול רשות ביום כ"ג בשביל נסיעת יום כ"ד, ולא היה די בנטילת רשות יום כ"ב, ומדנטלו רשות ביום כ"ב על יום כ"ג, ש"מ דאותה לינה של לילה אחר כ"ב לא היה מחייב אותם ליטול רשות שנית, דאל"כ לא היה שום צורך בנטילת רשות של כ"ב על כ"ג, אלא ודאי כיון דהיה קבוע שיסעו בכ"ג, די ברשות של כ"ב, אלא דאח"כ ביום כ"ג נתחרטו ללון עוד לילה אחת, הוצרכו שנית בשביל כ"ד, נמצא הכל נכון בס"ד**].

זה אינו כלום, דודאי הש"ס לא דייק אלא ממאי שנטלו רשות פעם שנית, דהא כבר נטלו רשות ביום כ"ב, אבל מה שנטלו רשות ביום כ"ב לא קשה מידי, דשמא חששו שלא יוכלו ליטלו רשות למחר ביום כ"ג, או משום שהיו נפטרים ממנו ביום כ"ב בשמחת החג נטלו ממנו רשות, **גם** מה שאמר יש להגיה "על יום כ"ד", לשון שאינו מתוקן הוא, ועוד דלפי"ז גם מה שאמר אח"כ, אבל ביום כ"ג וכו', צריך להגיה "אבל על יום כ"ג", **ועוד** דפשטא דקרא דמלכים דכתיב: ביום השמיני שלח את העם וגו', התם כתיב "את העם" דהיינו שנפטרו ממנו, ואח"כ "ויברכו את המלך וילכו לאהליהם", אבל הכא כתיב, "וביום כ"ג לחודש השביעי שלח את העם לאהליהם",

משמע דביום כ"ג נסעו לדרכם, **וכך** כתב הרד"ק, וכן משמע להדיא מפירש"י, וכן מצאתי בתוספתא... משמע דהלכו לביתם ביום כ"ג - נקה"כ.

ולא ישב במקומו; ולא יכריע דבריו בפניו - וע"ל סימן ר"מ ס"ב, **ולא יסתור דבריו** – [כאן אסור אפי' שלא בפניו, ומ"מ לענין פסק שרי כמ"ש רמ"א ס"ג], **וחייב לעמוד מפניו, משיראנו מרחוק מלא עיניו עד שיתכסה ממנו שלא יראה קומתו, ואח"כ ישב** - או עד שישב ‹רבו›, כדלקמן סי' רמ"ד ס"ט.

‹**ודע** דבאביו לא נתבאר מתי צריך לעמוד, ונראה דבזה לא גרע מרבו, או אפשר דא"צ כל כך מפני קורבתם הגדולה זה לזה ואינו מקפיד כל כך, וכמ"ש על דין הקודם, ויש להתישב בזה – ערוה"ש›.

ואפילו היה רכוב, צריך לעמוד מפניו, דחשיב כמהלך – [מזה למדנו שאותן שנוסעין בדרך על העגלה, ויושבין לפעמים בגלוי ראש, לפי שסוברים שאין בזה איסור כיון שאינו הולך ד"א, דלאו שפיר עבדי, דישיבה על העגלה הוא כיושב על החמור, וכמהלך דמי].

‹**ואם** התלמיד רכוב או יושב בקרון ועובר לפני רבו, א"צ לעמוד, כיון דרכוב כמהלך דמי – ערוה"ש›.

הגה: י"א דאין אדם חייב לעמוד לפני רבו, רק שחרית וערבית – [דלא יהא עדיף מכבוד שמים בק"ש], **ואע"ג** דברמב"ם וטור ופוסקים איתא, דאין אדם רשאי, פירש הרב דהיינו דאין חייב, וכן כתב הב"ח, וכן הוא בסמ"ג.

ודוקא בבית הרב, אבל בפני אחרים שאין יודעים שעמד לפניו, חייב לעמוד.

וי"א כיון שהשוה מוראו למורא שמים, חייב לעמוד אפי' מאה פעמים ביום, דאטו אם אדם מקבל פני שכינה כמה פעמים ביום אינו חייב לעמוד, עכ"ל עט"ז, והוא מדברי הרא"ש וטור.

(**עיין** בתשובת שבו"י שהעלה, דאינו חייב לעמוד לפני רבו בט"ב, **ועיין** בשע"ת, שהבר"י כתב בשם ב"י ח"ב, שמקשה על דבריו, ומסיק דחייב, ע"ש, **ובמח"ב** כתב שמנהג פשוט בא"י ובח"ל, דבט"ב קמים בפני רבנים ות"ח כבשאר ימים, אלא שאין ראיה מהמנהג שיהיה בתורת חיוב, ע"ש).

סעיף יז - שלשה שהיו מהלכים בדרך, הרב באמצע, הגדול לימין - לאחוריו ומצדד עמו לצדדין, **והקטן לשמאל** - וחוץ לד' אמות הכל מותר, טור.

הגה: והא דאין מכבדים בדרכים אלא בפתח הראוי למזוזה - ‹ובכלל זה בהכ"נ ובהמ"ד - רעק"א›, **היינו שכל א' הולך לדרכו ואינן בחבורה אחת; אבל אם הם בחבורה אחת, מכבדים בדרכים. ובמקום סכנה, א"ל לכבד כלל.**

סעיף יח - אם קראו לרבו לקרות בתורה בצבור, אינו צריך לעמוד כל זמן שרבו עומד - ‹כיון דעומד במקום הראוי לו, **אבל** כשרבו עומד לפוש, כיון דאין זה מקומו הראוי, צריך לעמוד מפניו, **אא"כ** שרבו ברשות אחר, ומזה מיירי דברי הרמ"א כאן, במש"כ וכן כשהרב עומד כו', ולישנא ד"וכן" שכתב הרמ"א אינו מדוקדק כ"כ, **והיכא** דרבו עומד במקומו הראוי לו, אפי' תוך ד"א א"צ לעמוד, כ"כ במשבצ"ז – רעק"א›.

הגה: וכן כשהרב עומד למעלה בבית, והתלמיד על הקרקע, א"ל לעמוד לפניו; אפי' כשהס"ת על הבימה, אין לבור שבבהכ"נ לריכים לעמוד, דהספר ברשות אחרת, (ב"י בשם תשובת הרשב"א) – [נראה דה"ה נמי על השלחן שהוא גבוה מי' טפחים ורוחב ארבע, שגם הוא רשות בפני עצמו, שא"צ לעמוד, ‹**ומלשון** רבינו הרמ"א משמע דוקא על הבימה, שעשויה כבנין והיא גבוה, אבל כשקורין על השלחן נראה דהכל כרשות אחת, **ואולי** לא חש לדקדק בזה מפני שדרך העולם לקרות על הבימה - ערוה"ש›, **וגם** בזמן שהס"ת מונחת בארון הקודש, אע"פ שהוא פתוח, **אלא** שהעולם עושין כן דרך כבוד, לעמוד כל שהארון הקודש פתוח, ואין חיוב בדבר].

ולקמן ר"ס רפ"ב מסיים הבית יוסף בשם תשובת הרשב"א, שמקרוב ראו קצת מגדולי הציבור, שיש לעמוד גם בשעה שש"ץ זוקפו ומראה הכתב לעם, ואמרו

לי שכל זה מכבוד הס"ת, ושכן נהגו ברוב המקומות, עכ"ל, **וכן** כתב הרמב"ן פ' כי תבא, על פסוק ארור אשר לא יקים את התורה הזאת, ע"ש, ועיין באו"ח סימן קמ"ו.

סעיף יט - כל מלאכות שהעבד עושה לרבו, תלמיד עושה לרבו. ואם הוא במקום שאין מכירין אותו, ואין לו תפילין בראשו, וחושש שמא יאמרו עליו שהוא עבד, אינו נועל לו מנעל ולא חולצו - (שבזה יכירו שאינו עבד – לבוש). (**שלא** יתראה כעבד ממש, אבל בשארי שימושים ליכא חשש זה – ערוה"ש).

סעיף כ - כל המונע תלמידו מלשמשו, מונע ממנו חסד, ופורק ממנו יראת שמים. וכל תלמיד שמזלזל דבר מכל כבוד רבו, גורם לשכינה שתסתלק מישראל.

סעיף כא - אין חולקין כבוד לתלמיד בפני רבו, אלא אם כן רבו חולק לו כבוד - ואפילו אין הרב חולק כבוד לתלמידו, אלא הוא מתכבד במה שאחרים חולקים לו כבוד, אפי' בפני הרב חולקים לו כבוד, כן כתב הדרישה והב"ח בשם ר' שמחה.

הגה: ואפילו תלמידו של התלמיד או בנו של התלמיד, אין להם לעמוד לפני הרב - (היינו התלמיד הנ"ל), **נגד רבו או אבי התלמיד, אלא אם כן הרב חולק לו כבוד; ודוקא אם הרב הוא גם כן רבו של זה היושב לפניו** - ובתשובה מהר"י כהן מקראקא כתב (שאין דעתו כן, שכבוד רבו של רבו, אפי' לא למד לפניו כלל, גדול מכבוד רבו, **וכשלמד** גם כן קצת לפניו, (כ"ש) יש לדחות רבו ולא לכבדו בפניו, וע"ש. (**ויראה** לי דאפילו לפי דיעה זו, מ"מ כבוד אביו אינו נדחה מפניו כיון שהוא לא למד לפניו, דכבוד אביו אינו נדחה אא"כ גם הוא תלמידו – ערוה"ש).

וכתבו עוד הב"ח והדרישה בשם רבי שמחה, אין הרב צריך לעמוד בפני תלמידו, אפי' הוא תלמיד חכם גדול מאד, **אמנם** חזינא למ"ר שעשה הידור לתלמידו, ואפילו לאותן שאינן חשובים כולי האי, הגמ"יי, וכן כתב הרב לקמן סימן רמ"ד ס"ח.

[עשה דכבוד תורה לענין אשת חבר, שמא אין שייך לאחר מיתה, כן כתבו התוס', **אבל** בתשובת מהר"ם מינץ כתב, אשת חבר שניסת לעם הארץ, אין חייבין לכבדה כבראשונה, ע"כ מצאתי], (מזה משמע דבעודה אלמנת ת"ח, חייבים לכבדה, עכ"ל – באר היטב).

[וז"ל מו"ח, כשמזכירין רבו של אדם בפניו כאילו הוא חבירו, אין צריך למחות ולומר אינו חבירו אלא רבו, **וראיה** מפ"ק דביצה, דאמרו ליה לרבי אליעזר כבר נמנו חבירך כו', מאן חבירך רבי יוחנן בן זכאי, והוא היה רבו, ע"כ].

[עוד מצאתי, יש לי להוכיח כשאדם כותב סתם לאדם גדול, או מדבר עמו פעם אחר פעם, אין צריך לומר לו בכל פעם בלשון "מר", ואם לפעמים מדבר בלשון "אתה", אין בכך כלום, **ובתלמיד** חבר אין מוטל עליו להזכירו בשם מר כשמדבר עמו, עכ"ל מדברי מו"ח ז"ל].

(**ודע** דבזמן הקדמונים היו מדברים הכל בלשון נוכח אתה, כמו שלום עליך רבי, אבל עכשיו מדברים לאדם נכבד בלשון רבים, ואומרים שלום עליכם, וכ"ש לרבו, **לבד** לאביו מדבר הבן בלשון נוכח, ואפילו הוא תלמידו, דלאביו ואמו ואחיו ואחותו מדברים בלשון נוכח אתה, ואם ידברו בלשון רבים לא יהיה אלא מן המתמיהים, וכן המנהג פשוט בכל המדינות – ערוה"ש).

סעיף כב - ראה רבו עובר על ד"ת, אומר לו - דרך כבוד, **למדתני רבינו כך וכך** - (בדרך שאלה, ומתוך כך יזכור ולא יעשה העבירה – לבוש), (ולכאורה לא משמע כן מהש"ך).

הגה: ואם רצה לעבור רק על איסור דרבנן, אפילו הכי צריך למחות בידו - הואיל וברור לו שעומד על האיסור, **ובת"ה** מגמגם, דאפילו בספק לו יש למחות בידו, ומאי דאמרינן בפרק הדר, באיסור דרבנן עבדינן עובדא והדר מותבינן, היינו כשבא להורות הלכה למעשה, ומסתמא מתיישב שפיר להורות כדת, משא"כ כשרואה שרבו שולח יד לעשות דבר איסור, **וכן** היה נראה עיקר, אלא שהרב נמשך אחר מה שמסיק בת"ה שם, דאין לדקדק כולי האי.

הרואה רבו עושה מעשה - (להתיר – לשון תא"ו מובא בד"מ, משמע דאיירי כשבא להורות הלכה למעשה, ולא כשעושה מעשה בעצמו כדלעיל), **ויש לו להקשות על**

זה, אם הוא איסור דאורייתא יקשה לו קודם המעשה; ואם הוא איסור דרבנן, יניחו לעשות המעשה ואח"כ יקשה לו, הואיל ואינו יודע ודאי שעובר, אלא שיש לו להקשות על זה (תא"ו) - ‹והוה כספיקא דרבנן ולא נדחה כבוד הרב מפני זה. **ויראה לי** דגם באביו הדין כן, דמאי שנא, רק אם אביו אינו ת"ח, ודאי דצריך למחות לו בלשון כבוד אף בדרבנן, דמסתמא אינו יודע הדין, משא"כ ברבו כמובן – ערוה"ש›.

סעיף כג - כל זמן שמזכיר שמועה בפניו, אומר לו: כך למדתני רבינו - ‹אע"פ שלא למדו ממנו זה – ביאור הגר"א›.

סעיף כד - לא יאמר דבר שלא שמע מרבו, עד שיזכיר שם אומרו - שסתם מה שהתלמיד אומר, סוברים השומעים שמפי רבו שמע, ואם לא שמעו מפיו, צריך להודיעו מפי מי שמע, **אבל** שמועה ששמע מרבו, רשאי לאומרו בסתם, **וכתב** הב"ח, מיהו נראה דוקא שבידוע שלא למד לפני רב אחר, אבל אם למד לפני שנים, צריך להזכיר שם אומרו, [דהא צריך לומר דבר בשם אומרו, ובזה לא ידעו ממי קיבל].

מיהו עכשיו ‹לא שייך דין זה, שהרי ידוע שאנו מורים ובאים מתוך ספרי רבותינו, ואם חכם אחד חידש איזה חידוש, אומרים משמו, ואסור לומר סתם, דעכשיו› סתם מה שהאדם אומר סוברים העולם שהוא מפי עצמו, והלכך הדין משתנה, **ומ"מ** ודאי דאסור לומר בסתם, ‹דנראה שהוא חידש דבר זה – ערוה"ש›, וכ"ש משם עצמו, דבר ששמע מאחרים, דהוי מתעטף בטלית שאינו שלו.

סעיף כה - כשימות רבו, קורע עליו כל בגדיו עד שמגלה לבו. וי"א שאינו קורע אלא טפח. ואינו מאחה לעולם - זהו אליבא דכו"ע, **ומתאבל עליו בחליצה וכל דיני אבילות מקצת יום המיתה, או מקצת יום השמועה.**

‹**עיין** בתשובת שער אפרים שכתב, במי שגייר גרים, בא"י, והכניסן תחת כנפי השכינה, ואח"כ מת, מחוייבים לקרוע עליו כדין רבו, ע"ש עוד›.

סעיף כו - אפילו בשמועה רחוקה קורע על רבו כשם שקורע על אביו. (וע"ל סימן ש"מ ושע"ד).

סעיף כז - מי שרבו מת מוטל לפניו, אינו אוכל בשר ואינו שותה יין, כדין מי שמתו מוטל לפניו.

סעיף כח - כשמזכיר רבו תוך י"ב חודש צריך לומר: הריני כפרת משכבו - ‹ואחר י"ב חודש אומר ז"ל או זלה"ה – ערוה"ש›. **וכן** ראה הרשב"ץ למקצת חכמים, כשמזכירין רבם בספריהם, אומרים כך כתב מורי ר' פלוני הכ"מ, עכ"ל ב"י, **מזה** מבואר דאפי' בכתיבה המתקיימת לאחר י"ב חודש צ"ל כן, כמו באביו דלעיל סי' ר"מ ס"ט בהג"ה.

סעיף כט - רק בפני רבו, הוא בכלל כל משנאי אהבו מות. הגה: ודוקא כיחו, שהוא דבר שיוצא מגופו בכח; אבל רוק בעלמא, מותר, דאנוס לרוק - כן פי' ר' ירוחם אמאי דאמרינן בש"ס, כיח ורק קאמרינן כו', **אבל** רש"י פי' שם, כיח ורק קאמרינן, שרק אותו בפני רבו והיה לו להסתלק משם או להבליע בכסותו, עכ"ל, ומביאו ב"י, **משמע** אפילו רוק בעלמא אסור לרוק בפני רבו, אלא יסתלק משם או יבליעו בכסותו, **ובנדרים** ריש פ' הנודר מן המבושל אמרינן, כל מידי לא תפלוט קמיה רבך, לבר קרא ודייסא שהן דומין לפתילה של אבר, **ופרש"י** כל מידי לא תרוק רוק בפני רבך, כדאמרינן במס' עירובין, הרק לפני רבו חייב מיתה, שנאמר כל משנאי אהבו מות, **אבל** אם אכלת דלעת ודייסא ונזדמן לך הרוק בפיך, פלוט בפני רבך וזרוק אותו לחוץ, שיש בו סכנות נפשות, ע"כ.

‹**אבל** מלשון הש"ס שם נראה להדיא כרבינו הרמ"א, וגם לשון רש"י יש ליישב כן, ע"ש. **ודע** דלא בלבד בפני רבו אסור, אלא אפי' בפני כל אדם, אם האחר קץ ונמאס בזה, דכן איתא בחגיגה: כי האלקים יביא במשפט על כל נעלם, אמר רב זה ההורג כינה בפני חבירו ונמאס, ע"ש, אלא דברבו חייב מיתה, אבל איסור יש בפני כל אדם, אלא פונה לצד וירוק – ערוה"ש›.

סעיף ל׳ - כל אלו הדברים שאמרנו שצריך לכבד בהם את רבו, לא אמרו אלא ברבו מובהק, דהיינו שרוב חכמתו ממנו; אם מקרא מקרא - ‹תורה נביאים כתובים›; **אם משנה משנה** - ‹כמו שהן שנויות ואין טעמן מפורש בהן›; **אם גמרא גמרא** - ‹הוא סברת טעמי המשנה ופשטה, שהעמידו הרב על הדרך האמת והיושר אליבא דהלכתא - לבוש›.

הגה: ובימים אלו עיקר הרבנות אינו תלוי במי שלמדו הפלפול והחילוקים שנוהגים בהם בזמן הזה - ‹שאין כוונת הרב ללמד עם התלמיד האמת, וגם התלמידים הבחורים אינם מבקשים ללמוד לקבל האמת, אין זה הרב נקרא רבו, ולא התלמיד נקרא תלמידו, כי זה אינו מביאו לחיי עולם הבא, ומי יתן שהרחיקו ממנו - לבוש›, **רק במי שלמדו פסק ההלכה והעיון והעמידו על האמת והיושר.**

אבל אם לא למד רוב חכמתו ממנו - ‹הרי זה כתלמיד חבר - לבוש›, **אינו חייב לכבדו בכל אלו הדברים; אבל עומד מלפניו משיגיע לארבע אמותיו, וקורע עליו, כשם שהוא קורע על כל המתים שהוא מתאבל עליהם** - [היינו קרע שמתאחה, ולא כדין רבו מובהק, כמו בעמידה שהוא כאן דוקא בתוך ד"א, ולא כהטור דהחמיר כאן לענין קריעה שאינה מתאחה כרבו מובהק, וכבר הקשה עליו ב"י, מ"ש מעמידה].

אפילו לא למד ממנו אלא דבר אחד, בין קטן בין גדול, עומד מלפניו וקורע עליו. (ועיין לקמן סי׳ ש"מ ס"ח) - ‹ובסי׳ ש"מ יתבאר דעכשיו לא נהגו כן, ע"ש - ערוה"ש›.

ושני ת"ח הלומדים ביחד, ומקשים ומפרקים זה לזה, יש פוסקים דדינן כרבן מובהק לענין עמידה וקריעה, **ויש** חולקין, וכדאיתא בבית יוסף, וכתב הרב שתי הסברות לקמן סי׳ ש"מ ס"ח.

סעיף לא - כל תלמיד חכם שדעותיו מכוונות, אינו מדבר בפני מי שגדול ממנו בחכמה, אעפ"י שלא למד ממנו כלום - ‹מן הדרך ארץ ומטעם המוסר שבו - לבוש›, ‹וכדתנן בפ"ה מאבות שזהו ממדת החכמים - ערוה"ש›.

הגה: ואין לאדם להורות עד ארבעים שנה - משמע ארבעים שנה משנולד, וכן פירש"י והר"ן, **אבל** בתוספות דסוטה פירש, משנה שהתחיל ללמוד עד מ׳ שנה, ולא משנה שנולד, **אם יש גדול ממנו בעיר, אף על פי שאינו רבו** - או זקן ממנו בעיר, כן פירש"י בסוטה, **מיהו** נראה שהזקן צריך להיות שוה לו בחכמה, וכ"כ האגודה, כי רבים חללים הפילה, זה ת"ח שלא הגיע לארבעים שנה ומורה, ויש זקן בעיר היודע כמותו, ע"כ.

משמע אבל אם שניהם שוים, מותר אע"פ שלא הגיע לארבעים שנה, והיינו כפירש"י והר"ן, (**גמר׳** התם, ועד כמה - פירש"י, הוי ראוי להוראה - עד ארבעין שנין, איני והא רבה אורי, בשוין, פירש"י, בשוין, אם שוה לגדול העיר בחכמה, מותר להורות), **אבל** התוס׳ שם פי׳, בשוים, הא דאמר שאין להורות עד ארבעים שנה, היינו בששוה לגדול העיר בחכמה, וגדול העיר הגיע להוראה, הלכך כיון שיש חכם כמותו שהגיע להוראה בשנים, והוא לא הגיע לשנות הוראה, אין להורות בפניו, **אבל** אם גדול העיר הוא בחכמה, אע"פ שלא הגיע לשני הוראה מורה, ורבה גדול העיר בחכמה היה, עכ"ל, **ובזה** נ"ל ליישב מה שתמה הר"ן על הרי"ף, שלא הביא הא, והא רבה אורי בשוין, משום דס"ל כפי׳ התוס׳, ולכך סתם דאפי׳ בשוים אסור, **ולא** הוצרך לפרש דכשהוא גדול העיר יורה, דפשיטא הוא, דאם הוא לא יורה מי יורה, וגם הרא"ש השמיטו, וא"כ נראה דעת הרי"ף והרא"ש כדעת התוס׳, **ויש** להחמיר.

‹**מבואר** מלשון רמ"א כרש"י, דבשוין מותר, **אך** עכשיו לא שייך דין זה, שבכל עיר ועיר ממנים רב להורות הוראות, ואסור למי שהוא להשיג גבולו בהוראה, **ולבד** זה הוי הסגת גבול לענין פרנסה, דעכשיו כל רב בעירו מקבל פרס וכל מחייתו מזה, וכשאחר יורה יוקטן פרנסתו, ונחשב זה המסיגו כגזלן - ערוה"ש›.

(**עיין** בתשו׳ שבו"י שהעלה, דדוקא הוראות איסור והיתר קאמר, אבל מותר לדון דיני ממונות אף שלא הגיע לארבעים, **ומ"מ** לדון ביחידי ראוי להחמיר, אם לא שאין גדול ממנו בעיר, **משא"כ** להצטרף לשלשה כו׳, ע"ש).

מחבר רמ"א ש"ך ונקה"כ

חכם שאסר, אין חבירו רשאי להתיר משקול הדעת – ‹כלומר משקול הדעת דסברא בעלמא, דשויתה חתיכה דאיסורא – ערוה"ש›. **ואפי'** התיר אינו מותר. **והיינו** כשכבר חלה הוראתו, אבל אם שניהם בבית המדרש, יכול להתיר.

‹**שכיון** שלא יוכל להתיר אלא מתוך שיקול דעתו, למה יגע בכבודו של חבירו, דמנא ליה דשיקול דעתו מבוררת יותר משיקול דעת חבירו, דשמא שיקול דעת חבירו יותר מבוררת לעלמא – לבוש›.

ואפי' הוא גדול ממנו בחכמה ובמנין, **ומיהו** יש פוסקים דס"ל דאם הא' גדול מחבירו בחכמה, יכול להתיר מה שאסר חבירו, אפי' במידי דתליא בסברא. ‹**וכן** הדעת נוטה, דכיון דמחולקים בסברא בעלמא, ודאי דסברת הגדול יותר ישרה, **ולכן** גם בהיפך, בחכם שהתיר וגדול ממנו דעתו נוטה לאסור, יאסור אפילו חלה הוראתו של ראשון, **וכ"ש** שכל רב במקומו שאין הוראת אחר כלום הן לאיסור הן להיתר, וק"ו באותם שלא הגיעו להוראה ומתנשאים להורות, דאין שום ממש בהוראתן וכלא ממש נחשב – ערוה"ש›.

אבל אם יש לו קבלה שטעה - כלומר שיש לו קבלה שאין הדין כן, וא"כ זה טעה, **או שטעה בדבר משנה** - עיין בחו"מ ר"ס כ"ה מהו טעה בדבר משנה, **יוכל להתיר** – ‹וה"ה בשקול הדעת דסוגיא דעלמא, דחד טעמא הוא, דבזה לא שייך חתיכה דאיסורא, כמו שא"א לעשות משומן חלב – ערוה"ש›.

אבל אם יש לו קבלה - היינו על פי מש"כ בד"מ בשם ר' ירוחם בשם י"מ ובשם רש"ל, **אבל** לא שם לבו לעיין בתוס' פ' אלו טריפות, ובהג"א ממהרי"ח שם, שחולקין ע"ז וס"ל, דאפילו יש לו קבלה אינו יכול להתיר, וכ"פ מהרש"ל, וכן נראה עיקר בש"ס, ‹ומביא עוד כמה ראיות מש"ס ופוסקים›.

‹**ועיין** בתשו' משכנות יעקב שהרבה להשיב על ראיות הש"ך, ומסיק שדברי הרמ"א נכונים, **אך** כתב דנראה ברור מלשון הרמ"א, דהך דינא לא שייך רק אם חכם הראשון מוכרח להודות לקבלתו כשישמע, ולא יחלוק על רבותיו של זה, **אבל** אם גם אחר שיוודע לו יחלוק גם על רבותיו, דרב גובריה, ודאי שאין רשאי להתיר, **ושוב** מצא בש"ג שכתב בהדיא כדעת רמ"א ז"ל, והוסיף תיבה א', שכתב אם יש לו קבלה אמיתית כו', לשון אמיתית מכוון למה שכתבתי, דבעינן שחבירו יודה לקבלתו, ע"ש).

(**כתב** בספר לבושי שרד וז"ל, חכם שאסר איזה דבר, ויש בדבר ההוא ב' טעמים להטריף, וטעם א' נסתר מדבר משנה, וטעם הב' נסתר משיקול הדעת דסוגיין דעלמא, **נ"ל** דאם ידע החכם מהמשנה, ולא הטריף רק מהטעם הב', אין זה כי אם טעות בשיקול הדעת, ואין חבירו יכול להתיר, **אבל** היכא דהוי איפכא, שידע מסוגיין דעלמא, והטריף מחמת הטעם אשר הוא טעות בדבר משנה, הוי טועה בדבר משנה ויכול אחר להתירן, **והיכא** דטעה בשניהם, יש להסתפק מה דינו, ומצד הסברא נראה דאין דינו רק כטועה בשקול הדעת, עכ"ל).

(**ועיין** בתשובת שבו"י, באחד ששלח שלוחו אל המורה, והורה לו לאסור בהנאה, וזרק שלוחו את המאכל לאיבוד, ואח"כ נודע שטעה בדבר משנה, אם המורה או השליח חייבים לשלם, **ופסק** דשניהם פטורים, ע"ש).

ואפילו אם טעה בשקול הדעת, יכול לישא וליתן עם המורה עד שיחזור בו - נראה דוקא טעה בשקול הדעת, דהיינו דפליגי תרי תנאי או אמוראי או פוסקים, ופסק האוסר כחד מינייהו, וסוגיין דעלמא כאידך, כמו שנתבאר בחו"מ סי' כ"ה, **אבל** אם אינו יכול להתברר שטעה בשיקול הדעת, אע"פ שהוא נושא ונותן עם המורה עד שהוא חוזר, אינו יכול להתיר, **וכל** זה הוא דלא כנראה מהעט"ז, דאפי' בשיקול הדעת דליכא טעות יכול להחזירו, דליתא, אלא כדפירשתי, ‹**ועיין** בתשובת אא"ז פנים מאירות, שהשיג על כל דברי הש"ך›. ‹**כלומר** דכיון שחוזר בו נסתלק החתיכה דאיסורא, כמו מי שדימה שזהו חלב והסבירו לו שהוא שומן והודה, אבל כשלא הודה הוה חתיכה דאיסורא, כיון שאין לברר עם מי הצדק לא ממשנה ולא מסוגיא דעלמא – ערוה"ש›.

‹**בש"ד** חו"מ העלה דאין מחזירין הדין, ‹בשום אופן של שקול הדעת›, זולת במומחה וקיבל עליו ע"י גדול ממנו – רעק"א›.

ולכן אין איסור לשואל [לשאול] לשני, ובלבד שיודיע אותו שכבר הורה הראשון לאסור – ‹כלומר דכיון דאין הטעם מפני כבודו של חכם אלא מפני חתיכה דאיסורא, לכן יכול השואל לשאול אצל אחר, ולהודיעו ששאל מראשון, ואולי יחזירנו מסברתו, או יראנו שטעה בדיני ממונות או בקבלה או בסוגיא דעלמא, ואז א"צ חזרתו – ערוה"ש›.

ואפילו אם התיר הראשון וכבר חלה הוראתו, אין לשני לאסור מכח שקול הדעת – [והיינו דוקא כשכבר חלה הוראת הראשון לקולא קודם שנחלק השני עליו, אבל אם לא חלה עדיין, יכול לחלוק להחמיר, ולשון רמ"א אינו מכוון, שהיה לו לכתוב "אם חלה", ולא "וכבר חלה"].

אין לשני לאסור - ד"מ מהרא"ש, שכתב שם כן בשם הירושלמי, **אבל** לא שת לבו, דהתוס' שם והסמ"ג והגמ"י חולקים, דדוקא להתיר מה שכבר אסר אינו יכול, אבל יכול לאסור מה שהתיר, אף שכבר חלה הוראתו, ופירשו כן הירושלמי, וכ"כ מהרש"ל בשם מהר"מ, **וכן** נראה מהראב"ד והרשב"א והר"ן דלעיל, שכתבו דלא משום כבודו של חכם נגעו בה, אלא משום דשויה חתיכה דאיסורא, משמע דיכול לאסור מה שהתיר חבירו, וכן בריב"ש.

‹**ובט"ז** מחלק בענין זה... – בה"ט, דהיינו לתרץ הרמ"א מקושיית הש"ך›, [**והך חלה נ"ל שהיינו שנעשה איזה מעשה להקל, כגון שאכלו קצת ממנו, או נתערב בין דבר היתר, אבל משום קבלת ההוראה ממנו לחוד, לא מהני שלא יהא השני רשאי לחלוק להחמיר משקול הדעת**]. **לא** דק, ‹דחלה הוראתו› היינו שחלה ונתפשטה, לאפוקי כששניהם בביהמ"ד, כמבואר בהרא"ש שממנו מקור דין זה להדיא - נקה"כ.

ואפי' אם התיר וכו' – ‹כלומר לא מיבעיא בחכם שאסר אין השני יכול להתיר משקול הדעת דסברא, אלא אפילו חכם שהתיר אין חבירו יכול לאסור מכח שיקול הדעת דסברא, **רק** בחכם שהתיר צריך שיחול הוראתו, כלומר כשכבר בישל או עירבו בשאר היתר, לא יאסור כיון שאינו יכול לברר הטעות, ושמא סברת המתיר יותר טובה, **אך** כשלא חלה הוראתו שהשאלה מונחת כמקדם, יאסרנה, כיון דלסברתו אסורה, **ובזה** אינו דומה לחכם שאסר, דאז אפילו בלא חלה ההוראה אין השני יכול להתיר, דלא דמי איסור להיתר, **והש"ך** האריך לחלוק על הרמ"א, וכל דבריו צע"ג, והעיקר כהרמ"א – ערוה"ש›.

(**ועיין** בתשובת רדב"ז שחולק ג"כ על הרמ"א, אלא אם טעה בשיקול הדעת והתיר, מחזירין הוראתו ואוסרים אפילו בעל כרחו, דאין חכמה ואין עצה נגד ה', וכן עשה מעשה בעצמו, **ואפילו** המתיר בעצמו אינו רשאי לנהוג קולא בדבר, כיון דלדעת הרוב טעה בשיקול הדעת).

‹עיין תודת שלמים תשו' מו"ה ישעיה באסאן זצ"ל, שהעלה בכוונת הרמ"א, דבתחילה כתב, "חכם שאסר אין חבירו רשאי להתיר", היינו דאין בכחו להתיר, ואף דיעבד לא מהני, דכבר נעשה חתיכה דאיסורא, **אבל** כאן "ואפי' התיר אין לשני לאסור", ולא כתב "אין רשאי", אלא דאין מהראוי לעשות כן מפני כבודו של ראשון – רעק"א›.

‹**ולכן** אם הוצרך לאסור מחמת ספק, צ"ל שאין האיסור ברור אלא שמפני הספק בהכרח להחמיר, וכן כשמתיר לפעמים בשעת הדחק או הפסד מרובה, מחוייב לומר שמפני זה מתיר. **וכלל** גדול צריך לדעת, בכל מקום שרבותינו בעלי השו"ע מתירין בשעת הדחק או בהפסד מרובה, זהו מפני שהעיקר לדינא נראה להם להיתר, אלא מפני שהרבה פוסקים מחמירים, ולכן בשעת הדחק או בהפסד מרובה מוקמינן על עיקר הדין – ערוה"ש›.

וכל זה באותה הוראה עצמה, אבל במעשה אחר, פשיטא שיכול להורות מה שנראה אליו – ‹ואינו צריך לחשוש לומר שמא דעת חבירו מבוררת וצלולה לכל יותר משלו, שהתורה ודיניה מסורים לכל יודעיה – לבוש›.

ואם החכם הראשון אסר מחמת חומר או גדר וסייג, אינו יכול להתיר אפילו במעשה אחר, כ"כ מהרש"ל. ‹**ותמיהני** איך ביכולתינו לעשות מעצמינו גדרות וסייגים להורות לאחרים, וצ"ע – ערוה"ש›.

(**עיין** בשו"ת שיבת ציון, שכתב דזה דוקא אם נשאל החכם השני עליו, אז רשאי לפסוק מה שנראה אליו במעשה אחר, וכעין עובדא דמהרי"ק שם, **אבל** להיות קופץ מאליו להתיר מה שאסר חכם אחר, לא שמענו).

‹**ודע**, שלא נמצא דין זה דחכם שאסר אין חבירו יכול להתיר, לא ברמב"ם ולא בטור, והרי גמ' מפורשת היא בכמה מקומות, ולא ראיתי מי שהעיר בזה, **והנלע"ד** דס"ל לרבותינו אלה, דעכשיו אחר שנתפשטו ספרי הש"ס והפוסקים, לא שייך כלל דין זה, שהרי כבר נתבאר דדין זה אינו אלא כשנחלקו בסברא בעלמא, ועכשיו אין לך דבר הוראה שאין לה ראיה מאיזה גמ' או איזה פוסק, ורחוק הוא בכלל להורות בסברא בעלמא, **ואי** משום שגם הפוסקים מחולקים, אך באמת בזה ביאר הרמב"ם בספ"א ממורים וז"ל, שני חכמים שנחלקו וכו' אחד אוסר ואחד מתיר וכו', בשל תורה הלך אחר המחמיר, בשל סופרים הלך אחר המיקל, עכ"ל, **ורבינו** הרמ"א בחו"מ סי' כ"ה הביא דברים אלו, והוסיף בזה דדוקא כשהחולקים שוין, ולא קטן נגד גדול ולא יחיד נגד רבים, ע"ש, **ובארנו** שם, דאם הוא גדול בתורה וביכולתו להכריע בראיות, וסוגיא

דעלמא לא נתפשטה כחד מינייהו, אלא יש שמורים בכה ויש בכה, אם יכול להכריע יכריע, ואם לאו בדאורייתא לחומרא ובדרבנן לקולא, ובממון לא יוציא ממון מספק – ערוה"ש›.

סעיף לב - הרב המובהק שמחל על כבודו בכל הדברים האלו, או באחד מהם, לכל תלמידיו או לאחד מהם, כבודו מחול; ואף על פי שמחל, מצוה על התלמיד להדרו - ‹דהיינו אם מחל הרב על הקימה לפניו, מ"מ צריכין לנוע מעט כאילו רוצה לעמוד מפניו, וכיוצא בזה – לבוש›. **(ואסור לבזותו).**

סעיף לג - יהי כבוד תלמידך חביב עליך כשלך - (עיין בתשובת חות יאיר, בענין מה שמצינו לפעמים בש"ס כמה קנטורים וזלזולים, כמו ביבמות דף ט', דא"ל רבי ללוי כמדומה לי שאין מוח בקדקדו, וכן כד ניים ושכיב אמר להא מלתא, וכהנה רבים, ע"ש מ"ש בזה).

סעיף לד - אבידת אביו ואבידת רבו (המובהק), - לפניו להשיב, ואינו יכול להשיב כי אם אחד מהן, **אבידת רבו קודמת** - אבל אינו מובהק, אביו קודם אפילו אינו חכם כלל, בית יוסף, ופשוט הוא.

ואם היה אביו שקול כנגד רבו, אבידת אביו קודמת - אבל אם אינו שקול כנגד רבו, אף על פי שהוא ג"כ חכם, אבדת רבו קודמת.

היה אביו ורבו נושאים משאוי, מניח של רבו ואח"כ מניח של אביו. היה אביו ורבו עומדים בבית השבי, פודה את רבו ואח"כ פודה את אביו.

ואם היה אביו תלמיד חכם, פודה את אביו ואח"כ פודה את רבו. הגה: וכן מפרק משאו קודם לרבו, ואע"פ שאינו שקול בחכמה כרבו; אבל אין מחזיר אבידת אביו קודם, עד שיהא שקול כנגד רבו, (טור בשם הרא"ש והגה"מ וב"י הוכיח כן ע"ש) – [הטעם, דבפדיון ופירוק משא דיש צער הגוף, מועיל לאביו כשהוא חכם, אע"פ שאינו שקול כרבו], ‹כיון שיש לבן גבי אב תרתי, כיבוד אב וכבוד תורה, אע"פ שאינו גדול כמו הרב, אמרו שיקדים האב, דכיון דאית ליה צערא דגופא ודאי אינו מוחל לבן בשביל כבוד הרב, אע"פ שהרב גדול ממנו›, [**אבל לענין אבידתו שהוא ממון, אין מועיל להקדימו, עד שיהיה שקול כרבו**]. ‹**כיון** שאינו אלא הפסד ממון, ואינו עובר על דעת אביו אלא מעט, לפיכך אע"פ שאביו ת"ח, אם אינו שקול כרבו, אמרו חז"ל שיקדים כבוד הרב שהוא כבוד תורה לכבוד האב, שהרי מן הדין גם האב חייב לכבד את הרב הזה שהוא גדול ממנו, ואפשר לומר שגם האב מוחל לבנו בזה כיון שיודע שהרב גדול ממנו, **אבל** אם הוא שקול כמותו, שיש לגבי האב תרתי כיבוד אב וכבוד תורה, והאב אינו מוחל בזה לבנו, דלמה ימחול לו כיון שהוא גדול כמו הרב, לפיכך האב קודם – לבוש›.

ובבית יוסף מסתפק במפרק אפילו כשהוא שקול נגד רבו, כיון דאין שם סכנת גוף ולא הפסד ממון, **ומשמע** דאם אינו שקול, פשיטא ליה דרבו קודם, ובאמת שברא"ש לא מכרעת מידי.

י"א הא דרבו קודם לאביו, היינו שלומד עמו בחנם; אבל אם אביו שוכר לו רבי ומלמדו, אביו קודם לכל דבר, (ספר החסידים); וכן נראה לי עיקר - לשון ספר חסידים, אבידת רבו קודם לאבידת אביו, דזהו כשאין אביו משכיר לבנו רב, אבל כשאביו משכיר לבנו רב, והרב לא היה מלמדו בחנם, אז אבדת אביו קודמת, **ואם** הרב לא היה רוצה ללמדו אלא בשכירות, ויהודי או יהודים נותנים לו השכירות ללמדו, אז אבידת בעל הנותן קודם, ע"כ.

‹**ומשמע** להדיא, דרק לענין זה מגרע השכירות שרבו קיבל, שלא תהא אבדתו קודמת, אבל בכבודו ומוראו של רבו חייב אף על פי שרבו קיבל שכירות בעדו, דסוף סוף קיבל תורה ממנו – ערוה"ש›.

‹**וכתב** בס' באר שבע, דסברא {של הס"ח} נכונה היא, אלא שלא חילקו הפוסקים, שכנה"ג – רעק"א›. ‹**ומשמע** מלשון זה, שסובר דכיון שלא חילקו הפוסקים, פליגי על ספר חסידים, **ואולי** סובר כן גם הרמ"א ולכן כתב בלשון י"א, אבל מ"מ פסק כס"ח אף שא"כ הוא כיחיד, משום דהכריע בסברתו כהס"ח, שיכול הרמ"א להכריע אף כנגד רבים כשהיה יחיד חולק, כדאיתא בפ"א דעדיות מ"ה, ולמה מזכירין דברי היחיד בין המרובין, שאם יראה ב"ד את דברי היחיד ויסמוך עליו. **והנה** חזינן שלא פסק לגמרי כס"ח, דהש"ך הא הביא עוד דין מס"ח, ורמ"א לא כתב זה, משמע דלגבי אחרים לא סבר כהס"ח, **והטעם** נראה, דגם את הרב אע"פ שנטל שכר, הוא רבו שחייב בכבודו, ואף להחזיר אבדתו קודם לאבדת כל אדם, אף קודם לחכמים אחרים, משום שהוא רבו, **אבל** גבי

אביו, שאם אביו חכם ששקול בדבר אחד כהרב, של אביו קודמת, אף שאינו שוה לענין ללמד אותו, דהאב לא למדו אלא רבו, מכריע מעלת האב שתהא אבדתו קודמת לשל הרב, **לכן** מסתבר להרמ"א למילף מזה, שאם שקול האב להרב להביאו לחיי העוה"ב, דהאב שלם שכירות להרב שילמדנו תורה, שנמצא שבלא האב לא היה מלמדו הרב, והרב עכ"פ הא למדו תורה, שלכן הן שוין לדבר אחד, מכריע מעלת האב שתהא אבדתו קודמת, **וטעם** זה לא שייך לגבי אחר ששילם השכר, דאף שנימא ששוין לענין הבאתו לחיי העוה"ב, הרי מעלת הרב שחייב בכבודו ביותר יש להכריע שתהא אבדתו קודמת, לכן לא פסק בזה כס"ח – אג"מ).

סעיף לה - אבידתו קודמת לשל אביו ושל רבו - ובחו"מ ר"ס רס"ד כתב, אף על פי כן יש לו לאדם ליכנס לפנים משורת הדין, ולא לדקדק ולומר שלי קודם, אם לא בהפסד מוכח כו', ע"ש.

סעיף לו - האומר לחבירו: איני מקבל ממך אם היית כמשה, מלקין אותו משום בזיון – [כתב ב"י, ונ"ל דמש"ה אמרו בגמ', אלו אמרה יהושע בן נון לא צייתינא ליה, ולא אמרו אלו אמרה משה, עכ"ל, **נראה** שמפרש הבזיון הוא למשה רבינו ע"ה, שהוא אומר אלו היה אדם אחר כמותו, והוא בלתי אפשר, שהרי כתיב ולא קם כמשה, **ובספר** רש"ל מביא וז"ל, וכתב בתשובות, אדם שמתקוטט עם חבירו ואמר איני מקבל ממך אפי' היית כמשה רבינו ע"ה, מלקין אותו משום בזיון, עכ"ל, וחידוש הוא בעיני כי הרגל הלשון הוא, וגם אינו ביוש כ"כ למשה רבינו ע"ה, ועוד בסתמא לא כוון לגנאי רק שהפריז על מדותיו, שאינו רוצה לקבל ממנו מחילה או פיוס, ולכן מחידוש לא ילפינן, מ"מ ראוי להחמיר עליו בתענית שני וחמישי ושני שיזהר בלשונו, עכ"ל, **ולפי** דבריו אם אומר כמו יהושע, ג"כ מלקין אותו, דמאי שנא, **אבל** יותר נראה כמ"ש בשם ב"י, שהרי מביא ראיה מגמ', וכן ביבמות, אלו ליהוי כיהושע בן נון לא יהיבנא ליה ברתא].

הגה: ותלמיד חכם שאמר דבר הלכה בדבר השייך לדידיה, אם אמרה קודם מעשה, שומעין לו; ואם לאו, אין שומעין לו. ודוקא שאמר: כך קבלתי, אבל אם אומר דבר מסברא ומראה פנים לדבריו והוא נראה, שומעין לו; אבל אין שומעין לדידיה, דלמא מדמי דברים להדדי שאינן דומים; אבל אם הוא פשוט - בש"ס או בפוסק אחד שם, **שומעין לו.**

אבל אין שומעין לדידיה - [לכאורה אין פירוש לדברים אלו, ובלבוש כתב וז"ל, והוא דבר נכון, שומעין לו לגבי אחרים, ואין שומעין לו לגביה דידיה, דחיישינן שמא מטעה אותנו ומדמה דברים שאינם דומים להדדי, ואין אדם רואה חובה לעצמו, אבל אם הוא דבר פשוט, שומעין אפי' לגביה דידיה, עכ"ל, **ואין** זה נכון, שהרי גם ברישא מיירי ג"כ מדידיה, דאלו לגבי אחר נאמן בכל גווני לומר דקבל כן הדין, דהאי אינו נוגע בדבר, וכ"כ להדיא נ"י, **ונראה** לענ"ד לפרש דברי רמ"א, כיון דהכי קאמר, דמה שמהני אם אמר דבר מסברא, היינו בלי סמיכה כלל עליו, אלא שנראה מעצמו לומר כן, ע"כ אמר אבל אין שומעין לדידיה, כלומר לסמוך על סברת אותו החכם בזה שהוא מדמה מילתא למילתא, שמא טועה בזה הדמיון, אלא א"כ הדמיון פשוט בעיני כל, אז סמכינן על הדמיון ולא על המורה, **ואין** להקשות א"כ פשיטא שסומכין ע"ז, י"ל דקמ"ל דאין חוששין שמא הוא מראה פנים בדבר ובאמת אינו כן].

[ובגמ' איתא בפ' הערל, דאם אומר שמועה בשם חכם והוא חי עדיין, אפי' בשעת מעשה שומעין לו, דאיתא שם, הא שמואל חי ובית דינו קיים, ופי' נ"י, דכשאינו חי אמרינן דטועה לומר בשבילו כן, וסובר שכן הוא אומר, אבל כשהוא חי דייק שפיר, ותימה על רמ"א שלא הביא זה].

§ סימן רמג – תלמיד חכם היה פטור ממס ומכירת סחורתו מוקדמת §

סעיף א - תלמידי חכמים לא היו יוצאין בעצמם עם שאר העם לעשות בבנין ובחפירות העיר וכיוצא בזה, שלא יתבזו בפני עמי הארץ – «ואפי' אם ירצה לעשות, דאסור לו לבזות תורתו בפני עם הארץ – ערוה"ש», **וכיון שהם פטורים, אפילו אחרים במקומם אין שוכרין** – «כיון שאנשי העיר לא הטילו חובה ממעות רק ממלאכה, ומלאכה אי אפשר – ערוה"ש».

סעיף ב - במה דברים אמורים, כשכל אדם יוצא בעצמו; אבל אם אין יוצאין בעצמם, אלא שוכרים אחרים במקומם, או גובים ממון מבני העיר לעשותו, אם דבר שצריך לחיי האדם, כגון בארות מים וכיוצא בהם, חייבים לתת חלקם.

(ואם בתחלה הלכו בעצמן, ואח"כ נמלכו לשכור אחרים - ואח"כ נתפשרו הקהל ונמלכו לשכור אחרים כו', כן הוא בתשובת מהר"מ, **ת"ח חייבים ליתן חלקם)** – «ויראה לי דה"ה להיפך, אם מתחלה נתנו מעות ושכרו פועלים, חייבים ליתן מעות מפני שחל עליהם החיוב, ונהי דאנשי העיר החליפו זה על מלאכת עצמם, מ"מ הת"ח שא"א להם לעשות בעצמם יתנו על חלקם מעות כבתחלה – ערוה"ש».

אבל דבר שהוא צריך לשמירת העיר, כגון חומות העיר ומגדלותיה, ושכר השומרים, לא היו חייבין לתת להם כלום, שאין צריכין שמירה, שתורתן שמירתם; ולכן היו פטורים מכל מיני מסים - וה"ה מכל מיני מכסים, **בין מסים הקצובים על כל בני העיר, בין מס שהוא קצוב על כל איש לבדו, בין הקבועים בין שאינם קבועים, וחייבים בני העיר לפרוע בשבילם אפילו הקבועים על כל איש ואיש** - כתב הרמב"ן, דהא דאמרינן בש"ס, שאמרו הע"ה נברח מכאן והניחם רבי לברוח, היינו היכא שאין הרב יכול לכופן, **אבל** אם היה יכול לכופן דין הוא לכופן, דמאחר דשדי מלכא דמי כלילא, נתחייבו כולם ליתן, ואקרקפתא דגברי ואנכסייהו מנחא, ע"כ, וכן הוא בנ"י שם.

הגה: ואפילו אם אמר ההגמון שת"ח עצמם יתנו, חייב הצבור לתת בעדם – «שאין זה דינא דמלכותא אלא גזילה דמלכותא, שאין כח ביד המלכים בימינו לעבור על כל זה – לבוש». **ואם החרימו הצבור על תלמיד חכם ליתן, אין בחרם שלהם כלום** - «דחרם הוא ארור, וארור בו שבועה, ואין נשבעין לעבור על המצות – לבוש». **ואפילו** הכריחוהו וקבל החרם, ה"ז כנודרים להרגין ולחרמין כו', כן הוא בתשובת הר"ר נחמיה שם.

ותלמיד חכם היה יכול להחרים ולשמת הצבור שיתנו בעדו דמיו; ואין חילוק אם הת"ח עשיר או עני - «שהרי אנשי כנסת הגדולה עשירים היו, ואפילו הכי נפטרו מפני התורה שמשמרתן – לבוש». «דלאו מפני עניותו פטור אלא מפני תורתו – ערוה"ש».

ודוקא תלמידי חכמים שתורתם אומנותם, אבל אין תורתם אומנותם, חייבים; ומיהו אם יש לו מעט אומנות, או מעט משא ומתן להתפרנס בו - ואפילו הוא מלוה ברבית, **כדי חייו ולא להתעשר, ובכל שעה שהוא פנוי מעסקיו חוזר על ד"ת ולומד תדיר, נקרא תורתו אומנתו** - לאו דוקא כדי חייו בצמצום, אלא כל שיהא מתעסק כדי להחיות נפשו, כדי חייו קרינא בזה, ודוק דכתב ולא להתעשר, ולא כתב ולא ליותר מכדי חייו, **ודבר** פשוט הוא שיבאו על האדם פתאום כמה מקרים מחלאים וזולתם, שיצטרך בהם להוצאה מרובה, ודבר שאין קצבה הוא, **כללא** דמלתא, דת"ח העושה תורתו קבע, ואינו מתבטל מלימודו כי אם לזון את בניו ובני ביתו, ולפרנסם ולהלבישם ולכל הדברים הצריכים לאדם, ואף על פי שהוא עשיר, הוא פטור מכל מיני מסים וארנוניות, כ"כ מהר"מ אלשקר בתשובה, **ובת"ה** כתב, ואם לחשך אדם לומר, דהאידנא הכל מקרי כדי חייו, כל מה שעוסק תמיד להרויח, כמו שמפרש ר"ת באיזהו נשך, **אמור** לו מטוענך, דטעמא מאי שרי ר"ת, משום שאין לו קצבה למשא מלך ושרים, וכיון דבעי האי ת"ח להיות פטור מכל מיני מסים ותשחורת, ולא אצטריך ליה להרויח אלא כדי פרנסתו, עכ"ל, **וזה** סותר לכאורה לדברי מהר"מ אלשקר, **אכן** לא כתב בת"ה שם כן אלא לטעם מנהג מקומות שלא נהגו לפטור רק ת"ח היושבים בראש הישיבה, משום דשאר ת"ח אין נזהרין יפה שיהא תורתן אומנתן, **גם** משמע שם מדבריו, שנושאים ונותנים כדי להתעשר, ואין חוזרים לתלמודם תמיד כשפונין מעסקיהן, ע"ש.

«**אמנם** רחוק למצא כזה גם בדורות שלפנינו, ורובא דרובא הבעל מלאכה והסוחר כל היום שקועים במלאכתם

ובמסחרם, והלואי שיקבעו עתים לתורה, ולכן יש מקומות שדינים אלו אינם נוהגים, רק באותן שאין עוסקין כלל בצרכי העולם, כגון שאשתו או אחרים מפרנסין אותם, או שהוא רב או מורה צדק או דיין צדק או מגיד מישרים, שפרנסתו מהציבור – ערוה"ש».

הגה: ואין חילוק בין שהוא תופס ישיבה או לא, רק שהוא מוחזק לת"ח בדורו, שיודע לישא וליתן בתורה, ומבין מדעתו ברוב מקומות התלמוד ופירושיו ובפסקי הגאונים, ותורתו אומנותו כדרך שנתבאר - וכן כתב בתשובת בנימין זאב, **וכתב** עוד שם, דאפי' שלא יהיה כ"כ חשוב בין תלמידים חכמים אחרים שאינן בעירו, מ"מ מאחר שביניהם ת"ח הוא, ראוי להצילו מכל מס, ע"כ.

ואע"ג דאין בדורינו עכשיו חכם לענין שיתנו לו ליטרא דדהבא אם מביישו - «היינו להוציא מזה המבייש שיאמר אינו ראוי לכך, והמוציא מחבירו עליו הראיה, ודבר זה קשה להביא ראיה עליו – לבוש», **מ"מ לענין לפטרו ממס מקילין להם בזה** - «לענין להוציא ממנו המס לומר שאינו תלמיד חכם כהוגן, אין מוציאין ממנו – לבוש». **רק שיהא מוחזק לת"ח, כמו שנתבאר** - «עש"ך בחו"מ סוף סי' א' שכתב דבתשובת מהרי"ט חולק ע"ז ודחה בשתי ידים, וס"ל שיש דין ת"ח לענין ליטרא דדהבא, ע"ש».

ומ"מ יש מקומות שנהגו לפטור ת"ח ממס, ויש מקומות שנהגו שלא לפטרן - «שמדמין אותו לליטרא דדהבא דקי"ל שאין בדורינו – לבוש». «**וטעם** המקומות שנהגו שלא לפטורן מתבאר ממ"ש לעיל, ואף באלו המקומות, אלו ת"ח שכל עסקם בלימוד התורה כמו רב וכיוצא בו, או שאחרים מפרנסים אותו או אשתו, והוא יושב ולומד כל היום וכל הלילה, פשיטא דגם בשם פוטרים אנשים כאלו ממסים וארנוניות – ערוה"ש».

«**עיין** בתשובת דרכי נועם, גדרים גדולים על זה מרבני קשישי, לבל יטילו מס על ת"ח, ע"ש, **ועיין** בספר מעיל שמואל, שהאריך מאוד בזה, והעתיק כמה תקנות מרבני ספרדים לבל יטילו שום מס על ת"ח, ע"ש».

«**ועיין** בתשובת כנסת יחזקאל, שהשיג על הסמ"ע שכתב דאין ת"ח בזמנינו לענין להפך בזכותו, **דליתא**, כי הרמב"ם לא דיבר כי אם לדון ביחידי, או להתיר נדרים, {**אישתמיטתיה** דברי הרמב"ם בפ"ו מהלכות שבועות, שכתב בהדיא דכל חכם מובהק בדורו הוא יחיד מומחה לנדרים, רק אנן לא קי"ל כן}, **או** ליטרא דדהבא, בזה אין ת"ח בזה"ז, וכן לענין למיעבד דינא לנפשיה כו', **אמנם** אם אין ת"ח, עכ"פ צורבא מרבנן מיהא איכא כו', **ובסוף** דבריו כתב שקיבל מרבותיו, דבזה"ז שכל אחד נוטל שררה לעצמו כו', ומכ"ש שכל הספרים בדפוס, וכל מי שיש לו הבנה כל שהוא לומד מתוך ספר ואומר מצאתי כל חפצי, אין שום דין צורבא מרבנן, וק"ו ת"ח, ולא פלוג הדבר בין למדן ללמדן, **ומה"ט** מצאנו ידינו שאין כל הלומדים פטורים ממס כי אם לפי ראות עיני טובי העיר, **אמנם** מי שהומחה לרבים, ורבים קבלוהו עליהם להיות להם לרב, וקובע מדרש וישיבה, ודאי דין ת"ח גמור יש לו, ואף לענין שיהא דן ביחידי, בהמחוהו רבים רשאי לדון, ע"ש».

סעיף ג - ותלמיד חכם המזלזל במצות ואין בו יראת שמים, הרי הוא כקל שבצבור - «אף על פי שהוא מתמיד בתורה ותורתו אומנותו, שלא אמר הכתוב לפטור אלא כל קדושיו, שמקדשין שם שמים ואין פורעניות באה לעולם בשבילם, יצאו כאלו שמזלזלים שם שמים – לבוש». «**ואסור** לכבדו כלל וכלל – ערוה"ש».

«**ודבר** פשוט הוא, דחכם שהוא בעל מריבות ועושה קינטורין ומחלוקות שלא לשם שמים, אין ראוי לעמוד מפניו, כן כתבו הפוסקים – ערוה"ש».

סעיף ד - תלמיד חכם שיש לו סחורה למכור, לא היו מניחין לשום אדם למכור מאותה סחורה עד שימכור הוא תחלה את שלו; ודוקא דליכא גוים דמזבני, אבל אי איכא גוים דמזבני, לא, דהא לית רווחה לצורבא מדרבנן, ואפסודי להנך בכדי לא מפסדינן.

סעיף ה - תלמיד חכם שיש לו דין עם אחר ועומד לפני הדיין, ויש שם בעלי דינים אחרים שקדמו לפניו תחלה, מקדימים דינו של ת"ח, ומושיבין אותו - שאע"פ שבעלי הדינים צריכים לעמוד, מושיבים את הת"ח משום עשה דכבוד תורה.

סעיף ו - עון גדול הוא לבזות תלמידי חכמים או לשנאותן, וכל המבזה את החכמים אין לו חלק לעולם הבא, והוא בכלל: כי דבר ה' בזה.

‹**וכמו** שאסור לבייש ת"ח, כמו כן אין לבייש ראשי וממוני העיר, וכן כל העוסקים במצות, ובהתמנות למצוה דינם כת"ח לענין זה, והרי אפי' שום בר ישראל אסור לבייש, וכ"ש אלו – ערוה"ש›.

הגה: ואסור לשמש במי ששונה הלכות, וכ"ש במי ששונה תלמוד שהוא הגמרא - ‹ואע"פ שעדיין אינו ת"ח – לבוש›, **ויקדים לשמש במי ששונה הלכות קודם שישמש במי ששונה גמרא.**

‹**ויראה** לי דאם צריך הת"ח שימוש זה לטובתו או לפרנסתו, מותר, דאל"כ הרי יגיע לו רעה בעד תורתו, ואינה מן המדה – ערוה"ש›.

סעיף ז - מי שהעידו עליו שביזה ת"ח, אפילו בדברים, (אפילו שלא בפניו), בית דין היו מנדין אותו - ברבים, **ואין מתירים לו עד שירצה החכם שנידוהו בשבילו** - כתב הכ"מ, נראה ד"שֶׁיִּרְצֶה" גרסינן, היו"ד בשו"א והרי"ש בפת"ח, כלומר עד שיפייס החכם כו', **ולא** גרסינן "עד שֶׁיִּרְצֶה", היו"ד בחיר"ק והרי"ש בשו"א, דמשמע דאפי' בקש ממנו מחילה כמה פעמים ולא נתרצה לו, אין מתירין לו, **שזה** דבר תמוה מאד, שמאחר שעשה מה שמוטל עליו, למה לא יתירו לו, **ואף** ע"ג דבפ' בתרא דיומא משמע, דלרבו הולך לשאול מחילה אפי' אלף פעמים עד שיתרצה לו, היינו לענין שהוא צריך לפייסו, אבל לא לענין שלא יתירו לו נדויו עד שיתפייס, עכ"ל, **וכ"כ** הרב לקמן סוף סי' של"ד סמ"ז, וכ"מ בטור, שכתב ואין מתירין אותו עד שירצה זה את החכם. ‹**ומחויב** הוא לבקש ממנו מחילה ברבים ג' פעמים, ואח"כ מתירין לו אף אם אין החכם מתרצה. **ודאי** דאם החכם מתרצה להתיר לו, מתירין לו בין פייסו או לא פייסו – ערוה"ש›.

ואם ביזה את החכם לאחר מותו, בית דין היו מנדין אותו, והם מתירים לו משיחזור בתשובה – ‹ויראה לי שצריך לילך על קברו עם עשרה בני אדם ולבקש מחילה, **ואם** קבורתו בריחוק מקום, ישלח שליח, או לכתוב לשם שיבקשו מחילה בעדו, דלא גרע זה ממדבר רע על שוכני עפר שצריך לעשות כן, כמ"ש בחו"מ – ערוה"ש›.

הגה: אבל אין דין ת"ח בזמן הזה לענין שיתן לו המבייש ליטרא דדהבא - ‹מפני שצריך שגם התלמיד חכם יהא נוהג כשורה, הולך בנחת עם הבריות ומשאו ומתנו באמונה עמהם, אשר בעונותינו אין זה מצוי בינינו – לבוש›, **ומ"מ יקנסו הב"ד המבייש לפי המבייש והמתבייש; ובלבד שלא יתחיל החכם במריבה לבזות בני אדם שלא כדין, ויגרום בזה שיבזוהו ויתרסו נגדו; ומ"מ אף אם התחיל החכם קלה, אין רשות לכל אדם להחציף נגדו לענות לו בעזות; והכל לפי ראות הדיינים** - ‹ועכשיו צריכין ליזהר ביותר גם הת"ח גם ההמון מפני חילול ד' – ערוה"ש›.

סעיף ח - החכם עצמו היה מנדה לכבודו לעם הארץ שהפקיר כנגדו - (כתב בהגמ"י בשם הרמ"ך, דה"מ היכא שביזהו וגינהו בדברים אשר הם גנאי לת"ח, אבל אם לא ביזהו, אלא שאינו מכבדו בקימה והידור, אין בזה כלום, **ועיין** בתשובת אא"ז פנים מאירות שהקשה ע"ז מש"ס מ"ק דף ט"ז, בההיא איתתא כו', ע"ש). **ואין צריך לא עדות ולא התראה** - ‹דחזקה על תלמיד חכם שאינו עושה שלא כדין – לבוש›. **ואין מתירין לו עד שירצה החכם. ואם מת החכם, באים שלשה ומתירים לו. ואם רצה החכם למחול לו ולא נידהו, הרשות בידו.**

הגה: י"א שבזמן הזה אין ת"ח יכול לנדות לכבוד עצמו, ולא לעשות דינא לנפשיה. ויש חולקים, ובלבד שיהא מוחזק וראוי לכך. (ועיין לקמן סוף סימן של"ד) - (עיין בתשב"ץ שהאריך בזה, וכתב דמצינו למדין שאין לעשות לכבודו, אלא חכם אשר ראוי למנות פרנס על הצבור, והצריכו בו תנאים, **הא'**, שלמד כל התלמוד בענינים הנוהגים, לאפוקי הלכתא למשיחא, **התנאי** הב', שיהא תלמודו שגור בפיו, וידע להוציא ממנו דינין על קו היושר, **התנאי** הג', שלא פירש מתלמודו לעניני העולם שלא לצורך הכרחי לפרנסתו, או לצרכי

צבור המוטלים עליו, שאם שנה ופירש, יותר גרוע הוא מעם הארץ, **התנאי** הד', שלא יהא סני שומעניה, שאם היה כן אין ראוי לחוש לכבודו, ואדרבה שרי לבזוייה, **מיהו** י"ל שלא נאמרו דברים אלו אלא בשיש שם חכמים גדולים ממנו, אבל אם אין שם גדול ממנו, דיפתח בדורו כשמואל בדורו [**פשוט** דזה קאי רק אב' התנאים הראשונים], **והני** מילי דצריך תנאים הנ"ל, לענין אם נדה לכבודו, אבל אם נדה מפני עבירה שהיה חייב עליו נידוי, אם נדה אותו אפילו קטן שבישראל, אפילו עבד ואפילו שפחה, נידויו נידוי. **וכתב** עוד, שאין כח ביד הקהלות לגדור גדר למנוע החכמים שלא ינדו לכבודם, וכן אין כח בידם למנוע שום אדם שלא ינדה לאפרושי מאיסורא, **וכל** כחן אינו אלא שלא יהא רשות ביד אחד העם לגזור על דבר עבירה אלא ביד חכמי המקום, עב"ד).

סעיף ט - אע"פ שיש רשות לחכם לנדות לכבודו, אינו שבח לת"ח שינהיג עצמו בדבר זה. בד"א, שחירפוהו בסתר, אבל אם חירפוהו בפרהסיא, אסור לו למחול על כבודו - (שזהו בזיון התורה - לבוש), **אלא נוקם ונוטר הדבר כנחש, עד שיבקש ממנו מחילה ויסלח לו.**

§ סימן רמד – קימה והידור בפני חכם אפילו אינו רבו §

סעיף א - מצות עשה לקום מפני כל חכם, אפילו אינו זקן – [דזקן דקרא דריש רבי יוסי הגלילי זה שקנה חכמה], **אלא יניק וחכים** - כתב ב"י בשם שיבולי לקט, דהיינו שלא הגיע לכלל המצות. (ותמיהני דהא יתבאר דהיניק צריך שיהיה מופלג בחכמה, ולכאורה לא שייך זה בקטן, ועוד יתבאר דהיניק צריך לעמוד מפני הזקן, וגם זה לא שייך על קטן שלא הגיע לשני גדלות, ובכל הראשונים לא ראיתי זה, וצ"ע – ערוה"ש).

ואפי' אינו רבו, (רק שהוא גדול ממנו וראוי ללמוד ממנו) - וכתבו התוס' פ"ק דקדושין והסמ"ק, דבעינן שיהא מופלג בחכמה, **ומ"מ** אין זה מופלג דלקמן סעיף י', דהתם הוא מופלג בחכמה יותר משאר חכמי דורו, ולכך דינו כרבו מובהק, **ומופלג** בחכמה דהכא, היינו שהוא מופלג בחכמה יותר משאר העם, ומה שכתב הטור בשם הרמ"ה, מי שגדול בחכמה וראוי ללמוד ממנו כו', מיירי נמי מופלג בחכמה משאר העם, **והוא** גדול מסתם בני אדם, דאל"כ ע"ה או מי שהוא קטן בתורה, יהא חייב לעמוד בפני כל אדם, וזהו דבר שאין לו שחר, ועוד דהא לא חייבה התורה לעמוד אלא מפני החכם, **ועל** פי הדברים האלה תפרש דברי הרב, **אלא** דבהא חולק הרמ"ה אהר"ף, דבאינו מופלג מהחכמים שבדור, ואינו רבו כלל, משמע דסבירא ליה להר"ף, אפילו גדול ממנו פטור, ולהרמ"ה חייב, דראוי ללמוד הוי כרבו, **מיהו** היינו כרבו שאינו מובהק, וכ"כ ר' ירוחם בהדיא.

וכן מצוה לקום מפני שיבה, דהיינו בן שבעים שנה, (אפילו הוא עם הארץ) - (ובלבד שיהא שומר מצות - ערוה"ש), [וזהו זקן אשמאי לפי' ר"ת, ולא כרש"י דמפרש שהוא רשע], **ובלבד שלא יהיה רשע)** - (דרשע לא צוותה התורה לכבדו, דרשע קלון יכוסה - לבוש).

סעיף ב - מאימתי חייב לקום מפניהם, משיגיע לתוך ארבע אמותיו – [דבעינן קימה שיש בה הידור, והיינו בתוך ד' אמותיו, שמוכחא מילתא דמפניו הוא עומד], **עד שיעבור מכנגד פניו. ורוכב כמהלך דמי.**

(ואם בא לביתו, עומד מפניו ומכבדו לישב, **ואולי** אין לו לישב עד שישב החכם או בעל השיבה, או אפשר דבביתו שהוא הבעה"ב יוכל לישב מקודם, **אבל** בבית אחר ודאי דאין לו לישב עד שישב הוא – ערוה"ש).

סעיף ג - אסור להעצים עיניו ממנו קודם שיגיע לתוך ארבע אמותיו, כדי שלא יצטרך לקום מפניו כשיגיע לתוך ארבע אמותיו - (ונראה דה"ה שאסור לו לקום מקודם בכוונה ולילך למקום אחר, אם כל כוונתו הוא בכדי שלא לקום מפניו, דחד טעמא הוא – ערוה"ש).

סעיף ד - אין עומדים מפניהם לא בבית הכסא ולא בבית המרחץ, דכתיב: תקום והדרת, קימה שיש בה הידור.

(ודוקא בבית הפנימי של מרחץ, אבל בבית החיצון, עומדים) - משמע דאפילו בבית האמצעי של מרחץ עומדים, כיון דיש שם שאילת שלום, וכמ"ש באו"ח סימן פ"ד. ‹**ויראה** לי ברור דבכוונה לא הזכירו הרמ"א זה, דכיון דהטעם שאין בו הידור הוא מפני שהולכים ערומים, ולכן בבית האמצעי שלובשים שם, שיש מקצתם לבושים ומקצתן ערומים, ולכן תלוי אם הוא עומד אז ערום, אין לו לקום מפניהם, ואם עומד לבוש, יקום מפניהם, ולכן לא הזכירו זה, מפני שאין דין קבוע בזה – ערוה"ש›.

(**כתב** הלחם משנה, שדין זה אפילו ברבו מובהק, **ועיין** בספר ארבעה טורי אבן על הרמב"ם שם, שחולק עליו, וסובר דדוקא ברבו שאינו מובהק, או בשאר חכם או שיבה, יש אלו דינים, **אבל** ברבו מובהק שהוא בכלל מורא, צריך לקום בפניו גם בבית המרחץ, וכן באביו, **וגם** מה שאין בעלי אומניות חייבים או רשאים לעמוד, היינו דוקא מפני חכם או רבו שאינו מובהק, אבל מפני רבו מובהק צריכים לעמוד, **ולכן** לא הביא הרמב"ם דינים אלו בפרק דלעיל דמיירי ברבו מובהק, וכן הטור והשו"ע כתבו דינים אלו בסימן רמ"ד, ולא בסימן רמ"ב, עכ"ד, ע"ש).

סעיף ה - אין בעלי אומניות חייבים לעמוד בפני ת"ח בשעה שעוסקים במלאכתן – ‹והטעם, דהתורה לא חייבה אלא בהידור בעלמא שאין בזה חסרון כיס, ולכן אם יתבטלו ממלאכתן לעמוד מפניהם יגיע להם הפסד, לא חייבתם תורה בזה, **ודי** בהידור בעלמא, **מיהו** אם רוצים לעמוד, יעמדו כשעוסקים במלאכת עצמם – ערוה"ש›, **ואם הוא עוסק במלאכת אחרים ורוצה להחמיר על עצמו לעמוד מפניו, אינו רשאי.**

‹**יראה** לי, דגם בבעלי אומניות, אינו אלא בזמנם שישבו על הקרקע, אבל בישיבה על הכסא אין זה רק רגע כמימרא, ולא שייך בזה ביטול מלאכה – ערוה"ש›.

סעיף ו - אין ראוי לחכם שיטריח על הצבור לכוין לעבור לפניהם שיעמדו מפניו, אלא ילך לו בדרך קצרה, כדי שלא ירבו לעמוד; ואם יוכל להקיף הדרך כדי שלא יעבור לפניהם, זכות הוא לו - נראה דהיינו דוקא בזמן הש"ס, או במקומות שעוד היום יושבים על הקרקע, וה"ה בכל מקום שיש טירחא, **אבל** במקום שיושבים על הספסלים ואין טירחא בדבר, אין קפידא, **מכל** מקום לא יכוין לעבור לפניהם כדי שיעמדו מפניו.

‹**וכתבו** על המהרי"ל, כשהיה הולך בבהכ"נ לנדבות, היה נושא ס"ת עמו, כדי שיקומו מפני הס"ת ולא מפניו, **וזה** עשה כשסובב בבהכ"נ לכל אחד ואחד כפי מנהגם, אבל בביאתו לבהכ"נ או בצאתו לא שייך זה, **ויש** מהרבנים הנוהגים כשעולים לתורה נושאים חומש עמהם בעלייתם ובירידתם מהבימה – ערוה"ש›.

סעיף ז - אפי' חכם שהוא ילד, עומד בפני הזקן המופלג בזקנה, ואינו חייב לעמוד מלא קומתו, אלא כדי להדרו – [כיון שהוא ילד **חכם וצריכין לנהוג בו ג"כ כבוד, אין לו להתבזות לקום מפני הזקן אלא יעשה לו הידור**, ‹**ולפ"ז** גם הזקן פשיטא שהוא מחוייב לעשות הידור בפני הילד החכם, {וכ"כ הלבוש}, ואולי קימה גמורה – ערוה"ש›.

כלומר ילד שהוא חכם יותר מהזקן, אינו חייב כו', **אבל** אם אינו חכם יותר, אף שהוא שוה לו בחכמה, חייב לקום מפני הזקן.

[**אבל שאר אדם צריך לעמוד מפני הזקן מלא קומתו, כמו מפני החכם**]. ‹**וכמדומני** שאין המנהג כן, דלפני ת"ח קמים מלא קומתו, ולפני זקן מופלג בזקנה אין קמים רק נותנים לו הידור, שקמים מעט ולא קימה גמורה, **ואולי** יפרשו ברמב"ם דזה שכתב שאינו חייב לעמוד מלא קומתו, אכל אדם קאי, ולא אילד חכם בלבד, ושלא כדברי הטור, **או** אפשר שסמכו על דברי תרגום אונקלס, שתרגם על מפני שיבה תקום, מן קדם דסבר באורייתא וכו', ועל זקן פירש סבא, ע"ש, **ולפ"ז** אתי שפיר מנהג העולם, מפני שקימה הסמיך הכתוב לת"ח, והידור לזקן בשנים, **אך** דברי אונקלס הם נגד סוגית הש"ס בקדושין שם, והרי אונקלס קיבל מפי רבותיו ר"א ור"י. **ונלע"ד** לפרש בגמ' פי' אחר לפי התרגום, ועפ"ז יוצא מנהגינו לאור לפי עיקרא דדינא, דאיתא שם איסי בן יהודה אומר מפני שיבה תקום אפילו כל שיבה במשמע, ופירש"י אפילו זקן אשמאי, ואח"כ איתא שם א"ר יוחנן הלכה כאיסי, ר"י הוה קאי מקמי סבא דארמאי, אמר כמה הרפתקאי עדו עלייהו דהני, רבא מיקם לא קאי הידור עביד להו, אביי יהיב ידיה לסבא וכו', ע"ש, **ולדברי** התרגום נפרש הא דאמר הש"ס דר"י היה כל כך מחמיר בזה דאפילו מפני סבי דארמאי הוה קם, ולא מפני הדין, אלא מטעם דכמה הרפתקאי וכו', ואח"כ אומר רבא מיקם לא קאי הידור עביד להו, אביי יהיב ידיה לסבי וכו', ולא קאי אארמאי, שהרי אומר לסבי סתם, אלא כלומר דאביי

ורבא פליגי על ר' יוחנן שהיה פוסק כאיסי, אלא הידור עבדי להו לבני שיבה שאינן ת"ח, או שהיו מפרשים דברי איסי כן, שאין כוונתו במה שאמר אפילו כל שיבה במשמע, לענין קימה ממש כת"ח, אלא לענין הידור בעלמא, וה"פ דקרא, מפני שיבה תקום והדרת, כלומר שיש שיבה בקימה ממש ויש שיבה בהידור בעלמא, והיינו ת"ח בקימה ועם הארץ בהידור, **ולפ"ז** לדינא הוא כמ"ש התרגום, והוא פי' זקן סבא לפי פשטא דקרא ולבלי להאריך, אבל לדינא אתי שפיר עם סוגית הש"ס, ואפשר גם ברמב"ם יתפרש כן, ע"ש היטב – ערוה"ש›.

ואפילו זקן גוי, מהדרים אותו בדברים, ונותנים לו יד לסומכו.

סעיף ח - שני חכמים ושני זקנים, אין אחד צריך לקום מפני חבירו, אלא יעשה לו הידור. (ואפילו הרב לתלמידו יעשה לו הידור קלת) - ‹שכן עשה מהר"ם, אבל מן הדין אין צריך – גר"א›.

סעיף ט - הרואה חכם עובר – [פי' שהוא גדול ממנו, וראוי ללמוד ממנו, כמ"ש רמ"א בס"א], **אינו עומד עד שיגיע לתוך ארבע אמותיו** - משמע דאסור לעמוד עד שיגיע לתוך ד' אמותיו, דאי לאשמועינן דאינו חייב, כבר נתבאר לעיל סעיף ב', **ואע"ג** דבנשיא ואב ב"ד ורבו מובהק עומד כמלא עיניו, אלמא דאיכא הידור אפי' במקום רחוק, התם ודאי כיון דחייבינן לעמוד מפניו כמלא עיניו, איכא הידור, **אבל** בחכם דעלמא כיון דליכא חיובא, לא מוכחא מילתא שמפניו הוא עומד, אלא נראה כאלו עומד לצרכו, ב"ח.

וכיון שעבר מלפניו יושב - והרא"ש ורש"י גורסים, ואינו יושב עד שיעבור ממנו ד"א השניות, וכ"כ ב"ח.

ואם הוא רבו מובהק, עומד מלפניו מלא עיניו - כתוב בסמ"ק, כמלא רוס עיניו, וכמה הוא רוס, פי' רס"ו אמות, **ואינו יושב עד שיתכסה מעיניו או עד שישב במקומו.**

סעיף י - אם הוא מופלג בחכמה - יותר משאר חכמי דורו, **אפילו אינו רבו, דינו כרבו מובהק. (מי שהוא גדול הדור ומפורסם בדורו בכך, נקרא מופלג בחכמה).**

סעיף יא - אפילו בשעה שהוא עוסק בתורה, צריך לעמוד מפניו - ‹שאינו מבטל בזה תורתו – לבוש›. ‹**אף** על פי שמפסיק קצת מלימודו, כמו כל המצות שמפסיקים מת"ת לעשות מצות – ערוה"ש›.

סעיף יב - חכם, אפילו מופלג בחכמה, רשאי לעמוד בפני מי שהוא בעל מעשים - ואין בו משום זקן ואינו לפי כבודו, **והטור** והר"ן כתבו דחייב לעמוד מפניו, וכ"כ הב"ח. ‹**דחסידות** ומעשים מעלה גדולה היא באדם, שלא צותה התורה לעמוד מפני החכם אלא שהחכמה מביאה לידי מעשים, ומה שלא פרטה התורה במעשה, לפי שאין הכשר המעשה גלוי כמו שיתרון הכשר החכמה נראה לכל – לבוש›.

סעיף יג - ראה אב בית דין, עומד מלפניו משיראנו מרחוק מלא עיניו, עד שיעבור מלפניו ארבע אמות - כתוב בסמ"ק, ודין נשיא ואב ב"ד אין אנו צריכין עתה, עכ"ל, **משמע** דר"ל דאין בזמנינו נשיא ואב ב"ד, ואע"פ שמקבלים בקהלות ראשי ישיבות ואב ב"ד, אין להם אלא דין חכם, ומה"ט לא נהגו עכשיו לעשות שורה לאב ב"ד כדלקמן סעי' ט"ו. ‹**ויש** להתישב אולי דינו כרבו מובהק – ערוה"ש›.

ועכשיו נהגו שלא לקום אלא מפני ראש ישיבה ואב"ד, ואפשר שלא לחלק בין חכם לחכם השוו מדותיהם, שכל שהוא תופס ישיבה או אב"ד נקרא חכם לעמוד מפניו, **ועדיין** צ"ע. ‹**אמנם** נראה כוונתו ללמד זכות על העולם שאינם חושבים לת"ח כי אם אב"ד ותופס ישיבה, משום שאינם יודעים שהחכם שצריך לעמוד מפניו הוא המופלג בחכמה כמו שהביא הש"ך, ורק יודעים שאב"ד ותופס ישיבה הוא חכם, ובמקום שרובם אינם בגדר חכמים אם יעמדו מפני הכל לא יהיה ניכר בזה מצות קימה, ולכך נהגו לעמוד רק לאב"ד וראש ישיבה, **וע"ז** סיים דמ"מ צ"ע על המנהג, **ועכ"פ** היכא דנהגו כן בודאי היה המנהג עפ"י גדולים, וקיבלו הת"ח ויתרו על כבודם להגדיל כבוד התורה, אבל בלא זה אשרי המקיים מצות קימה והידור בפני כל ת"ח אפילו על הספק – הנהגות ופסקים הגרי"ח זוננפלד›.

סעיף יד - ראה את הנשיא, עומד מלפניו מלא עיניו, ואינו יושב עד שישב במקומו או עד שיתכסה מעיניו - ‹כמו ברבו – גר"א›.

וכולם שמחלו על כבודם, כבודם מחול, ואעפ"כ מצוה לכבדם ולקום מפניהם קצת.

(**עבה"ט** של הרב מהרי"ט ז"ל, ועיין בתשובת חות יאיר, שנשאל בת"ח היודע נגן בכמה מיני כלי זמר, אם הרשות בידו לנגן בכנור לפני חתן וכלה, או אסור לבזות עצמו מפני כבוד תורתו, ואין יכול למחול על בזיונו, **וכתב** דלכאורה זה תלוי בפלוגתא שבין הרמב"ם והרא"ש, גבי זקן ואינו לפי כבודו הובא בחו"מ סימן רס"ג ס"ג, דלדברי הרא"ש שם, דאף אם רוצה להחמיר אינו רשאי, ה"ה כאן, **ושוב** כתב דבזה לכו"ע שרי, ומצוה עביד, אחרי שהכל יודעים שאין לו שכר בעמלו, ושהוא עושה לשם שמים, דדברי הרא"ש אינם רק בדבר מצוה שהיא בין אדם לחבירו, דפטרה תורה לזקן ואינו לפי כבודו, כבלל שאמרו, כל שהיה מטפל באבידה שלו וטוען, ה"נ בשל חבירו, דלא צותה תורה רק ואהבת לרעך כמוך, ואם ירצה להחמיר נעשה כמבזה תורתו ליטפל בממון עצמו שאין ראוי לבזות עליה, **משא"כ** במצות שבין ישראל למקום, כ"ש מצוה שהזמן גרמא, אין בו משום ביזוי כבוד זקנה ותורה, וכל הנוהג קלות בעצמו לצורך גבוה ומצות ה', אף שאינה מצות עשה ממש, רק גמילות חסד שילפינן מוהלכת בדרכיו, הרי זה משובח ותבא עליו ברכה, ע"ש). **ודאי** שאם כוונתו רק לשמים, מה טוב, וכהך דרב שמואל בכתובות י"ז, אבל רחוק הוא, וטוב לחדול מזה – ערוה"ש).

סעיף טו - כשהנשיא נכנס לבית המדרש, עומדים ואינם יושבים עד שיאמר להם: שבו. כשאב ב"ד נכנס, עושים לו שורות, עומדים מכאן ומכאן עד שישב במקומו. כשהחכם נכנס, כל שיגיע לו בד' אמותיו עומד מלפניו, א' עומד וא' יושב, עד שנכנס במקומו.

סעיף טז - בני חכמים ות"ח - ר"ל בנים של חכמים ושל ת"ח, ש"בני" קאי אתרוייהו, **או** י"ל דה"ק, בן חכם או תלמיד של חכם, **בזמן שהרבים צריכים להם, מפסיעים על ראשי העם ונכנסים למקומם** – [נראה פי' ע"פ שאמרו בפ' מצות חליצה, גבי מעשה דר' ישמעאל ברבי יוסי ואבדן, דתחילה היה ר' ישמעאל מפסיע על ראשי עם קודש, ואמר הטעם, אני ר' ישמעאל בר' יוסי באתי ללמוד תורה מרבי, ואח"כ באה יבמה לפני רבי, ואמר לאבדן צא ובדקה אם גדולה היא, לבתר דנפק אמר ר' ישמעאל בשם אביו אין צריכין, דבאיש בעינן דוקא שיהא גדול, אבל אשה בין גדולה בין קטנה, וכשחזר אבדן הוה מפסיע על ראשי עם קודש, אמר ר' ישמעאל מי שצריך לו עם קודש יפסיע על ראשי עם קודש, ומי שא"צ עם קודש לא יפסיע על ראשי וכו', **מבואר** מזה, דחכם עצמו יפסיע על ראשי עם קודש, כיון שצריכים לתורתו, אע"פ שיש אדם גדול אחר שם, וזהו טעם לפסיעות ר' ישמעאל כו', להורות ברמז שגם הוא חכם ורבים צריכים לו, אע"פ שבאתי ללמוד מרבי, **ואבדן** לא היה לו מעלה זאת, אלא מעלתו היה שהלך בשליחותו של רבי לדבר מצוה, וע"כ היה רוצה לפסוע, ואמר לו ר' ישמעאל ששליחותו היתה בחנם, שאין האשה צריכה בדיקה, וע"כ אין לו רשות לפסוע, והורה לו רבי שב, **וע"כ** אמרו התוס' שאם הבנים של החכמים או התלמידים של החכמים, הולכים באיזה עסק, אז אם אותו עסק הוא לצורך רבים, יש להם רשות לפסוע, **ובזה** אין חילוק הן אם היה העסק ההוא קודם כניסתן לבית המדרש, שיש להם רשות ליכנס ולפסוע, והן אם היו כבר שם ויוצאין לעסק זה וחוזרין, שיש לפסוע].

[**ובתוס'** הקשו מההיא דפ"ק דסנהדרין, אזהרה לדיין שלא יפסיע על ראשי עם קודש, **ותירצו** היינו שלא יצא לצורך עם קודש, **א"נ** אפי' יצא לצורך עם קודש, יש לו לקצר כפי מה שיוכל, כדאמרינן בזקן, מנין שלא יטריח כו', עכ"ל, כנ"ל בדברים אלו].

ואין שבח לתלמיד חכם שיכנס באחרונה – [ואע"ג דפי' רש"י באלה הדברים, בפסוק ראשים עליכם, שהראש יכנס באחרונה, היינו שהרשות בידו לעשות כן, והקהל מחויבים לסבול דבר זה ממנו, אבל הוא עצמו ימנע מלעשות כן, דוגמא דקימה, אע"ג דמצוה היא, אפ"ה אמרינן שלא יטריח הצבור].

יצא לצרכיו, נכנס וחוזר למקומו – [משמע אע"פ שהוא חכם, אינו מפסיע אא"כ ביוצא לצרכיו, זהו כיון שכבר היה שם ויצא, **ובגמ'** מחלק, דביוצא לקטנים דוקא מיירי, אבל ביוצא לגדולים הוה פושע, דאיבעי ליה למבדק נפשיה תחילה, **ורבא** אמר האידנא דחלש עלמא אפי' לגדולים].

סעיף יז - בני חכמים שאבותיהם ממונים פרנסים על הצבור, בזמן שיש בהם דעת לשמוע, נכנסים ויושבים לפני אביהם והופכים פניהם כנגד אביהם; ואם אין בהם דעת לשמוע, הופכים פניהם כלפי העם – [הך נכנסין אין פירושו שיפסיע על ראשי עם קודש, דלא התירו זה אלא בשביל צורך עם קודש, אלא ה"ק, שיש לאביהם רשות ליקח בניהם עמהם בשעת כניסתן, ולהחזיק בניהם אצלם במקום מושבם, וכן אמרו עוד בגמ', דאף במשתה מושיבין הבנים בצד הזקנים משום כבוד אביהם, כן נראה לי].

‹**דבר** פשוט הוא שכל אחד ישב במקומו לפי ערכו, ואין רשות לבני ת"ח לישב אצל אביהם כשהמקום גדול לפי ערכם, **אמנם** בני ת"ח שאבותיהם ממונים פרנסים על הצבור נתנו להם חכמים יתרון, **וזהו** בזמנם, אבל בזמנינו אין כלל הסדר הזה כידוע – ערוה"ש›.

סעיף יח - היו ביחד, חכם שמופלג בחכמה והוא בחור, וזקן שמופלג בזקנה והוא חכם קצת: בישיבה של דין או של תורה, הולכים אחר החכמה להושיב החכם בחור בראש ולדבר תחילה; ובמסיבה של משתה או של נישואים, הולכים אחר הזקנה להושיבו בראש - כתב הב"ח, נראה דהאי של נשואים הכי פי', אם אחים או אחיות יעשו להם נשואים, אע"ג שא' גדול מחבירו בחכמה, לא יקדימו לעשות נשואים לקטן בשנים מפני שהוא גדול בחכמה, אלא יקדימו לעשות נשואים לגדול בשנים כו'. ‹ודאי דכן הוא, אבל איזה ענין הוא לענינים אלה – ערוה"ש›.

ואם החכם מופלג בחכמה והזקן אינו מופלג בזקנה, בכל מקום הולכים אחר החכמה; ואם הזקן מופלג בזקנה והחכם אינו מופלג בחכמה, בכל מקום הולכים אחר הזקנה, הואיל והוא חכם קצת – ‹אפילו אם הבחור חכם ממנו, דבשביל חכמה מעט שיש בו יותר מן הזקן, אין מביישין את הזקן, הואיל וגם הוא חכם קצת – לבוש›.

ואם אין שום אחד מהם מופלג, לא זה בחכמה ולא זה בזקנה, הזקן קודם בכל מקום - צ"ל ג"כ והוא שיהא חכם קצת, וכל שכן הוא, ומיירי נמי שהבחור חכם ממנו, דאל"כ פשיטא, מהרש"ל ופרישה.

[**ואין** להקשות א"כ אמאי הוצרך לומר, היכא שהזקן מופלג והחכם אינו מופלג שהזקן קודם, הא כ"ש הוא מכח דין זה, דיש לומר דקמ"ל דאפ"ה בעינן שיהא הזקן חכם קצת, בשם רש"ל].

[**ומשמע** מדברי רשב"ם, דבשניהם אינם מופלגים הולכים אחר השנים, דהיינו למי שיש לו יותר שנים, ואפי' אינו זקן בן ע' שנה, **וטעם** שהזקן קודם בזה, שאין בזה פחיתות להחכם שאינו מופלג, במה שחולקין כבוד לשכנגדו בשביל שנותיו].

והר"ן כתב שיש חולקים, דהיכא דאין אחד מופלג, הוי ליה כאילו תרווייהו מופלגים, ובישיבה הלך אחר החכמה, ובמסיבה הלך אחר הזקנה.

§ סימן רמה – חייב כל אדם ללמד לבנו ולהעמיד תלמידים §

סעיף א - מצות עשה על האיש ללמד את בנו תורה. ואם לא למדו אביו, חייב ללמד לעצמו. (וע"ל סי' רמ"ו סעיף ו').

סעיף ב - היה הוא צריך ללמוד, ויש לו בן ללמד, ואין ידו משגת להספיק לשניהם: אם שניהם שוים, הוא קודם לבנו - ‹דמצוה דגופיה עדיף›. **ואם בנו נבון ומשכיל מה שילמד יותר ממנו, בנו קודמו** - ‹והוא יטרח אחר מזונות ויספיקנו, ויהיה שכרו גדול כאילו למד בעצמו, על דרך שמח זבולן בצאתך וגו'›. **ואף על פי כן לא יבטל הוא** – [פי' לא ילמד הכל עם בנו, אלא קצת עם עצמו]. ‹לקיים בעצמו גם כן ולמדתם אותם וגו' – לבוש›.

סעיף ג - כשם שמצוה ללמד את בנו, כך מצוה ללמד את בן בנו, שנאמר: והודעתם לבניך ולבני בניך; ולא לבן בנו בלבד, אלא

מצוה על כל חכם מישראל ללמד לתלמידים, שגם הם נקראים בנים - ‹דבן הוא לשון בנין, והרב בונה בנין לתלמידיו בעוה"ז ובעוה"ב, וזהו אל תקרי בניך אלא בוניך – ערוה"ש›, **אלא שמצוה להקדים בנו לבן בנו, ובן בנו לבן חבירו** - מספקא ליה להכ"מ, אי בן בתו קודם לבן חבירו, דאפשר דאין קודם לחבירו אלא היכא דנתחייב באביו, אבל גבי בת דליכא למימר הכי לא, עכ"ל, **ולי** נראה דקודם לבן חבירו. (**ועיין** בתשו' חכ"צ שכתב בפשיטות, דכל הקרוב קרוב קודם, כמו שאמרו בענין ממון, וק"ו הוא).

סעיף ד - חייב להשכיר מלמד לבנו, ללמדו - כתב מהרש"ל דה"ה לבן בנו, ומביאו הפרישה, **ובכ"מ** כתב גם כן ז"ל, ואפשר דגם לבן בנו חייב להשכיר לו מלמד, והוא הדין לבן בן בנו, עכ"ל. **אבל לבן חבירו, אינו חייב להשכיר.**

הגה: והיו כופין ליה לשכור לבנו מלמד; ואם אינו בעיר, ויש לו נכסים, אם אפשר לאודועי ליה מודיעים ליה; ואם לאו, יורדים לנכסיו ושוכרים מלמד לבנו - וכמו שנתבאר בחו"מ סימן ק"ו לענין בע"ח. ‹דלא גרע האי עשה משאר עשה כגון סוכה ולולב, דכפינן עלייהו ועבדינן ליה כשאר בעל חוב – לבוש›.

וכה"ג כתב בסי' רמ"ח לענין צדקה, שוב מצאתי ראיה ברורה... ולפי מ"ש, אם א"א להודיע אין מגבין, ואם אפשר להודיעו מודעינן ליה, ומגבין אחר שהודיעו, וכן עיקר ודוק - נקה"כ.

סעיף ה - מאימתי מתחיל ללמד לבנו, משיתחיל לדבר מתחיל ללמדו: תורה צוה לנו וגו', ופסוק ראשון מפרשת שמע; ואח"כ מלמדו מעט מעט, עד שיהא כבן ששה, או כבן שבעה, ואז מוליכו אצל מלמדי תינוקות - היינו ‹כבן שבעה› בכחוש לגמרי, אבל בכחוש קצת, מכניסין אותו כבן שש שלימות, כדלקמן סעיף ח'.

סעיף ו - היה מנהג בעיר שלוקח מלמד תינוקות שכר - ‹שעיקר למוד התורה חייב כל אדם ללמד עם אחרים בחנם, כדילפינן ממשה מה אני בחנם אף אתם בחנם, כאשר יתבאר לקמן סי' רמ"ו ס"ה, **מ"מ** מותר המלמד הלומד עם הנערים לקחת שכר שימור הנערים, או שכר בטלה ושכר פיסוק הטעמים, כאשר יתבאר בעזה"י – לבוש›, **חייב ללמדו בשכר עד שיקרא תורה שבכתב כולה** - משמע כל תנ"ך, [ורש"י פי' דוקא החומש ולא נביאים וכתובים, גם בסי' רמ"ו כתב, שנביאים וכתובים בכלל תורה שבכתב], וכ"פ הב"ח, וכתב דשלא כדין נוהגין העולם שלא ללמד את בניהם תנ"ך כו', ע"ש, **ואני** אומר מנהגן של ישראל תורה היא, שהרי כתבו התוס', והסמ"ג בשם ר"ת, וכ"כ הגהמ"י והר"ף, שאנן סומכין אהא דאמרינן בסנהדרין, ש"ס בבלי, שבלול במקרא ומשנה וש"ס, **אלמא** דמשום הכי אינו חייב לשלש את שנותיו במקרא, ואינו חייב ללמד עם בנו מקרא כיון שלמדו ש"ס, וכ"מ בטור וכ"מ להדיא ברי"ו, וכ"מ מדברי הרב לקמן סי' רמ"ו ס"ד.

ואינו חייב ללמדו בשכר, משנה וגמרא - ‹שעיקר העשה הנאמר בתורה על האב ולמדתם אותם את בניכם, לא נאמר אלא על תורה שבכתב – לבוש›. **והני מילי דלא אפשר, דדחיקא ליה שעתא, אבל אם אפשר ליה, מצוה לאגמוריה משנה וגמרא, הלכות ואגדות** - וכל פרנסותיו של אדם קצובים לו מר"ה, חוץ מהוצאות שבתות ויו"ט, והוצאות בניו לתלמוד תורה, שאם מוסיף מוסיפין לו. ‹**אמנם** אם הוא עשיר בודאי כופין אותו גם למשנה וגמ', דלא יהא אלא צדקה בעלמא, הא כופין על הצדקה כמ"ש בסי' רמ"ח, וכ"ש ת"ת ששקולה נגד כל המצות, וזהו עמודו של עולם, וגם צדקה יש בזה מה שנוטל המלמד כמובן – ערוה"ש›.

(**עיין** בתשו' חו"י סדר הלימוד לבן שיצלח בלימודו, והרחקה מלמוד חילוקים, **ועיין** בשל"ה שדיבר ג"כ מרורות על לימוד חילוקים, ע"ש סדר הלימוד. **אמרינן** בפרק ע"פ, דצריך ללמד את בנו בספר מוגה, דשבשתא כיון דעל על).

סעיף ז - מושיבין מלמדי תינוקות בכל עיר ועיר - ‹וכופין זה את זה על ת"ת דתינוקות, **ואף** דיש מי שסובר דלמען ירבו ימיכם את"ת כתיב, והוי מתן שכרה בצדה, **מ"מ** כופין עליה, מפני שכל קיום התורה תלוי בזה, וכל העולם תלוי בת"ת – ערוה"ש›, **וכל עיר שאין בה מלמד תינוקות, מחרימין אנשי העיר עד שיושיבו מלמד תינוקות; ואם לא הושיבו,**

מחריבין העיר – ‹כשידינו תקיפה. **והנה** לא מצינו זאת בשום עבירה דאורייתא אף החמורה מאוד, זולת בע"ז היכא שיש שם דין עיר הנדחת, **וצ"ל** שראו חכמז"ל במלמדי תינוקות ותשב"ר קיום כל התורה וכל העולם כולו, וביטול ענין זה הוא חורבן העולם ואין להניח עיר כזאת בישראל – מנחת יצחק בשם ויואל משה›, **שאין העולם מתקיים אלא בהבל פיהם של תינוקות של בית רבן. (ועיין בחושן המשפט קס"ג סעיף ג')** - שם בסוף הסעיף כתב הרב, שכר מלמד שקבלו הקהל היאך נגבה.

‹**ושמא** תאמר כיון שבכל עיר ועיר יש ת"ת כללי, א"כ היכי משכחת לה לכוף לאב לשכור מלמד לבנו, והרי יאמר האב ילך בני לת"ת, והרי גם אני מסייע לצדקה זו, ולמה לא ילך בני שמה, **והתשובה** בזה, דודאי כשהוא עני יכול לומר כן, אבל בעלי בתים בינונים וכ"ש עשירים אין מניחין את בניהם לילך לת"ת, אא"כ נותן הרבה ממון, ויש בזה טובה לבני העניים לפי ראות עיני הגבאים, **אבל** בלא זה אין מניחין אותן, דאם בני הבע"ב יכנסו לת"ת, לא ישאר מקום לבני העניים, **וכן** אנחנו מורים ובאים להלכה למעשה, **ומיהו** לענין בן בנו ובן בתו, אם אינו עשיר גדול, יכול להכניסם לת"ת, והכל לפי הראות – ערוה"ש›.

סעיף ח - מכניסים התינוקות להתלמד, בן חמש שנים שלימות, ובפחות מכאן אין מכניסין אותן – ‹שכן שיערו ז"ל שאין כח בתינוק לסבול עול תורה בפחות מכאן – לבוש›. **ואם הוא כחוש, מכניסין אותו בן ו' שנים שלימות** - כתב הכל בו, מתחילין לו מספר ויקרא, שכן אמרו רבנן ז"ל, מתחילין לתינוקות מספר ויקרא, לפי שאמר הקדוש ברוך הוא, יבואו טהורים ויתעסקו בטהרות, **וכן** נהגו עכשיו, **ועוד** כתב שם בכל בו וברוקח מנהגים שנהגו כשמכניסין התינוק, ע"ש, ולא נהגו עכשיו באותן מנהגים, ובמקום שנהגו אין לשנות, כמ"ש ברוקח שם.

הגה: ומ"מ מיד שיהיה בן ג' שנים שלימות מלמדין אותו אותיות התורה, כדי שירגיל עצמו לקרות בתורה – [ורמז לדבר, ג' שנים ערלים יהיו וגו'].

‹**תנן** באבות: בן חמש למקרא בן עשר למשנה בן ט"ו לתלמוד, והפוסקים לא הביאו זה, **ונראה** מפני שבימיהם שהיה כל המקרא כתוב בלא נקודות כס"ת שלנו, והיו צריכים להיות בקיאים בע"פ בנקודותיהם וטעמיהם, וקרי וכתיב, וחסירות ויתרות, היו צריכים לזה חמשה שנים, משא"כ בזמנינו זה, **וכן** המשנה היו לומדים בע"פ, והיו צריכים חמשה שנים להיות בקיאים בע"פ בכל מחלוקת התנאים, משא"כ בזמה"ז, **והרי** אנו רואים שכמעט הוא מהנמנעות לעסוק במקרא ה' שנים ובמשנה ה' שנים, ועוד שהבבלי כלול מכולם – ערוה"ש›.

סעיף ט - אפילו תינוק שאינו מבין לקרות, לא יסלקוהו משם, אלא ישב עם האחרים, אולי יבין.

סעיף י - לא יכה אותו המלמד מכת אויב, מוסר אכזרי, לא בשוטים ולא במקל – ‹דבזה מסתתם שכלם ומבלבל דעתם›, **אלא ברצועה קטנה** – ‹להטיל עליהם אימה ויתנו לבם יותר – לבוש›.

‹**עיין** בשו"ת קרית חנה, בדין מלמד שהכה לתלמידו ושבר את רגלו, חייב בחמשה דברים, ומנדין אותו עד שיפייס להנחבל, ע"ש›.

סעיף יא - יושב ומלמדם כל היום וקצת מהלילה, כדי לחנכם ללמוד ביום ובלילה – ‹כמ"ש בסוף תענית וב"ב קכ"א ב', דמוסיף כו', ולשון תקבריה אמיה לא שייך אלא בתינוקות – גר"א›.

סעיף יב - לא יבטלו התינוקות כלל, חוץ מערב שבת וערב יום טוב בסוף היום – ‹וגם בר"ח המנהג להניחם בסוף היום, וכן בחנוכה, וכפי המנהג כן יעשו – ערוה"ש›. **והרמב"ם** כתב, דגם ביו"ט מבטלין, וכן כתב בית יוסף בשמו, ומביאו בדרישה.

‹**והא** דלעיל סימן קע"ט סעיף ב', דנהגו להתחיל ללמוד בר"ח, היינו מסכת חדשה›.

סעיף יג - אין מבטלין התינוקות, אפילו לבנין בית המקדש.

סעיף יד - אין קורין לתינוקות בשבת מתחלה מה שלא למדו, משום טורח שבת - ‹נראה קצת, דכ"ש שלא ישנה להם דבר ישן מה שלמדו כבר, דהא איתא ביומא מגמר בעתיקי קשה מחדתא, **מיהו** יש לחלק, ‹**דזהו** בלמוד של עיון, משא"כ בלימוד תינוקות – ערוה"ש›, **אבל מה שקראו פעם אחת, שונים אותו להם בשבת.**

סעיף טו - כ"ה תינוקות, מספיק להם מלמד אחד; היו יותר על כ"ה, עד מ', מושיבין אחר לסייעו בלימודם. הגה: ואפילו שכרו הקהל מלמד לכל תינוקות סתם, הוא מושיב אחר לסייע בעדו, והם יתנו לו שכרו - ‹דמסתמא דמלתא לאו אדעתא דיהא מקרי להו איהו בלחוד הוא דשכרהו, דלא יספיק להם, אלא על דעת דלוקמוה בהדיה אחר שאינו גדול כמותו, אלא שהוא גם כן ישמע ממנו וחוזר ומסייע לו ללמוד קצת נערים בכל יום – לבוש›.

היו יותר מארבעים, מעמידים שנים - והרא"ש והטור פירשו, דעד מ' אין צריך אחר לסייע, וממ' עד נ' צריך אחר לסייעו, ונ' צריך שני מלמדים, וכ"כ רבינו ירוחם, **ונראה** שהולכין בזה אחר המלמד ואחר הנערים, ואם הם לומדים מעט או הרבה, והכל לפי הענין.

וי"א דאם אין בעיר כ"ה תינוקות, אין בני העיר חייבים לשכור להם מלמד - כלומר אין כופין זה את זה לשכור מלמד. ‹**והדברים** מתמיהים, דאיך אפשר לומר דפחות מכ"ה ילכו בטל ח"ו, ובודאי כוונתם דאם יש עיר סמוכה שיש שם מלמדי תינוקות, ובעיר זו ליכא כ"ה תינוקות, אין יכולין לכוף לשכור מלמד כאן, אלא מוליכין להעיר הסמוכה, דזה שאמרו דאין מוליכין מעיר לעיר, זהו כשיש כאן כ"ה תינוקות, אבל בפחות מזה מוליכין להעיר הסמוכה, **ולפ"ז** דברי רבינו הרמ"א אינם מדוקדקים, ואף שאפשר שגם כוונת רבינו הרמ"א כעין זה, ללמדם באופן אחר, מ"מ היה לו לבאר, וגם מפרשי השו"ע היה להם לבאר, וצ"ע – ערוה"ש›.

וי"א דאפילו בפחות מזה חייבים – [דהא דאמרו בגמ' סך התינוקות כ"ה, היינו לענין שלסך הזה אין צריך להושיב אחר לסייע לו]. ‹וכן נוהגין – לבוש›.

(**עיין** בתשו' אמונת שמואל שהכריע כסברא הראשונה, **אך** כתב, דנ"ל דשיעור כ"ה תינוקות לא היה שייך רק בדורות התלמוד, משא"כ בדורות הללו שנתמעטו הלבבות, וא"א למלמד אחד בסך כ"ה, והלואי שיצא ידי חובתו בסך י', וכ"ש י"ב פשיטא דהוי בדורותינו ככ"ה בזמן התלמוד, **ולכן** הורה בישוב אחד שהיה בו ששה בע"ב, ויש להם כי' או י"ב נערים, ואינם רוצים לשכור להם מלמד, דיכולים לכוף זה את זה, ע"ש). ‹**ומ"מ** רואים לפי המלמד ולפי התינוקות, דנראה ששיעורי חז"ל לא ישתנו לעולם – ערוה"ש›.

סעיף טז - מוליכים הקטן ממלמד למלמד אחר שהוא מהיר ממנו, בין במקרא בין בדקדוק - ‹ואין בני שכונתו יכולין למחות בידו, לומר שהם אינם יכולין לשכור מלמד בלא הוא אם הוא לא יסייע עמהם, שאם יש להם נערים ללמוד, יוליכום ג"כ לשם למלמד הטוב מזה – לבוש›.

בד"א, כשהיו שניהם בעיר אחת ואין נהר מפסיק ביניהם; אבל מעיר לעיר, או מצד הנהר לצדו באותה העיר, אין מוליכים אותו - ‹שמא יזוקו התינוקות - לבוש›. **אלא אם כן היה גשר בנין בריא, שאינו ראוי ליפול מהרה.**

סעיף יז - מלמד תינוקות שמניח התינוקות ויוצא, או שעושה מלאכה אחרת עמהם, או שמתרשל בתלמודו, הרי זה בכלל: ארור עושה מלאכת ה' רמיה - ‹ואם נוטל שכר לימוד, הרי הוא גם גזלן – ערוה"ש›. **לפיכך אין להושיב מלמד, אלא בעל יראה, מהיר לקרוא ולדקדק** - ‹ושיבין איך להשגיח על התינוקות, ושיאהבם וידריכם בתורת ד' – ערוה"ש›.

הגה: ואין למלמד לנעור בלילה יותר מדאי, שלא יהיה עצל ביום ללמד; וכן לא יתענה - ‹זולת תעניות ציבור – ערוה"ש›, **או לעצור במאכל ומשתה, או לאכול ולשתות יותר מדאי, כי כל אלו הדברים גורמים שלא יוכל ללמד היטב** - (עיין בשע"ת באו"ח שכתב בשם בר"י, דאף למי שמחמיר בת"ח שחטא שיתענה, כמ"ש האריז"ל ומהרי"ט, מ"מ אין להחמיר במלמדי תינוקות, דחשיבי טובא, וגם גוזל את הרבים).

וכל המשנה, ידו על התחתונה ומסלקין ליה - ‹ולא לבד שאינו עושה מצוה אלא עבירה קעביד, ומסלקינן ליה בלא התראה, משום דהוה פסידא דלא הדר, כמ"ש בחו"מ סי' ש"ו. **ובספר** חסידים כתב, שלא יעמוד אדם לדבר הרבה עם מלמד תינוקות, פן יבטלם בדבריו – ערוה"ש›.

ושאר דיני מלמד, עיין בחו"מ סימן של"ד ושל"ה.

סעיף יח - אם יש כאן מלמד שמלמד לתינוקות, ובא אחר טוב ממנו, מסלקין הראשון מפני השני - (כתב בספר בני חיי, נראה לדקדק מכאן, שאף שכבר היה מלמד כשבא אחר שלומד טוב ממנו, מסלקין הראשון, **אבל** גבי א' קורא הרבה כו' בסעיף שאח"ז, דכתב שלוקחין למי שמדקדק יותר, משמע דאם כבר לקחוהו לא מסלקין יתיה, ע"ש). **ולא** נהירא, אלא שה"ה בסעיף שאח"ז, שהרי השני טוב ממנו – ערוה"ש).

סעיף יט - אם יש כאן שני מלמדים, האחד קורא הרבה ואינו מדקדק עמהם להבינם על נכון, ואחד אינו קורא כל כך, אלא שמדקדק עמהם להבינם, לוקחין אותו שמדקדק יותר – [דשבשתא כיון דעל על, פי' ולא יפסוק ממנו].

סעיף כ - מי שאין לו אשה, לא ילמד תינוקות, מפני שאמותיהם מביאות בניהם; ואין המלמד צריך שתהיה אשתו שרויה עמו בבית הספר, אלא היא בביתה והוא מלמד במקומו – (והטעם, דבאמת רחוק הוא מחשש יחוד, שהרי הרבה תינוקות בבית זה, אלא דהחשש הוא מפני גודל ההרגל עמהן, ולכן אם רק אשתו בעיר לא חששו לכך, דנראה דעיקר החשש הוא שמא מתוך ההרגל ילך עמה לחדר שהוא לן שם, אבל כשאשתו בעיר אין חשש בזה כמובן. **וכמדומני** שאין נזהרין בזה עתה, ואולי מפני שאצלינו אין מדרך האמהות להביא התינוקות לבית הספר, אלא באים מעצמם, או איש נוהג בם – ערוה"ש).

סעיף כא - לא תלמד אשה תינוקות, מפני אביהם שמביאים בניהם – [ברמב"ם סיים הטעם בזה, ומתייחדים עמהם, **ומשמע** דלא מהני כאן אם יש לה בעל בעיר, **אא"כ** הוא דר עמה באותו בית, דאז אין איסור יחוד, **ורבים** מקשים מאי שנא מאיש דמהני אם יש לו אשה בעיר, **ונ"ל** שהחילוק הוא מטעם זה, דבאיש מהני אם יש לו אשה בעיר ויש לו פת בסלו, **וא"כ** אם ילבישנו ההרהור יכול לבוא אצל אשתו, **כדאשכחן** גבי רבא שישב בביהמ"ד, ובאה חומה אלמנת אביי ונתגלה זרועה, והלך רבא לביתו ותבע את אשתו, משא"כ באשה לא שייך לומר כן שתלך לבית שאישה שם, כי אין דרך נשים בכך לתבוע בעליהן לתשמיש, וע"כ יש לחוש שמא יזדמן ששניהם אין להם פת בסלם, ויבואו לידי יחוד עי"ז, כנ"ל טעם נכון].

סעיף כב - אחד מבני החצר או מבני מבוי שביקש ליעשות מלמד תינוקות - (אף על פי שעי"ז ירבו הנכנסים והיוצאים וקולות התלמידים – ערוה"ש), **אין שכניו יכולים למחות בידו; וכן מלמד תינוקות שבא חבירו ופתח בית ללמד תינוקות בצדו, כדי שיביאו לו תינוקות אחרים או כדי שיבואו התינוקות שאצל זה לזה, אין יכולים למחות בידו, שנאמר: ה' חפץ למען צדקו יגדיל תורה ויאדיר.**

הגה: רב היושב בעירו ולומד לרבים, יכול חכם אחר לבא וללמוד גם כן שם - אפילו חכם הראשון זקן ממנו, **אפילו מקפח קצת פרנסת הראשון** - כגון בשכר חופות וקידושין, **כגון שהקהל קבלו הראשון עליהם לרב ונוטל פרס מהם על זה, אפי' הכי יכול השני לבא לדור שם ולהחזיק רבנות בכל דבר, כמו הראשון, אם הוא גדול וראוי לכך** - וכ"כ בפסקי מהרא"י שם וז"ל, ואי משום דיש קפוח פרנסה בדבר, מחמת הפרס שתפול לכיס המנהיגים מגיטין וחליצה והשבעת נשים, ושכר ברכת אירוסין ונשואין וכה"ג, כמה טצדקי על קבול פרס זה אנו בושים, ובטורח למצוא היתר לרובן, והיאך נחזיק אותו כולי האי להחשיבו פרנסה ומחיה לבלתי ישיג אחר בהם, עכ"ל, **ומשמע** דפרס שהוא בהיתר ברור, אין לו לקפח הפרס ההוא, וז"ש הרב מקפח קצת פרנסת כו', **מיהו** כל זה מדינא, אבל מצד המנהג אפשר שיש למחות בזה.

(**ועיין** בתשובת חת"ס, דאין אלו הדברים נאמרים אלא בימיהם, שלא קיבלו הרב כפועל אלא כל ת"ח הנהיג בני עירו כו', **אבל** בזה"ז שמקבלים רב, ועוקר דירתו ובא לכאן, וקוצבים שכירתו כפועל, ובתוך הקצבה היא שכרו מחופות וגטין וכדומה, א"כ הוא אינו נוטל פרס שלא כדין כלל, אולי הקהלות פעלו און שהטילו פרנסת הרב על אלו היחידים, ואין בושה כאן על נטילת פרס זה

אם יטלנו בדרך כבוד, וכבר זכה זה הרב בכל רווחי דעבידא דאתי בגבולו, ואסור לשום אדם לקפח פרנסתו בזה, והרי זה כגוזל ממש, ע״ש באורך›.

אבל אם בא חכם אכסנאי לעיר - כלומר דוקא כשהחכם אחר בא לדור שם בקביעות, אבל בא דרך עראי אכסנאי, **אין לו לקפח שכר הרב הדר שם, לעשות חופות וקידושין וליטול השכר הבא מהם, הואיל והוא פרס הרב הדר שם.**

אבל מותר לעשות החופה ולתת השכר לרב הקבוע - ‹עיין בתשובת נו״ב שכתב, דכבר נהגו הרבנים סלסול בעצמם, ומצד המנהג אין אחר יכול לסדר אף שיתנו השכר לרב הקבוע, **וכל** זה אם הרב היה שם, אבל כיון שהמתינו עד בא השמש ולא בא, אין להשגיח על כבוד הרב בזה במקום שהוא עשה שלא כהוגן, שלא בא בזמנו וגם לא שלח אחר בחריקו, **והרב** שרוצה לענוש החכם אכסנאי שסידר קדושין אחר שהמתינו עליו ולא בא, ראוי הוא לעונש על שרוצה לענוש שלא כדת, ע״ש›.

וכן מותר לו לדון בין שני בעלי דינין שבעיר הבאים לפניו לדון, דלאו הרב שבעיר אין ממונה להם; אבל אין לו להורות איסור והיתר, או לדרוש לנהוג שררה, באתריה דחבריה.

ומי שהוחזק לרב בעיר, אפילו החזיק בעצמו באיזה שררה, אין להורידו מגדולתו אף על פי שבא לשם אחר גדול ממנו; אפילו בנו ובן בנו לעולם קודמים לאחרים, כל זמן שממלאים מקום אבותיהם ביראה והם חכמים קצת.

ובמקום שיש מנהג לקבל רב על זמן קצוב, או שמנהג לבחור במי שירצו, הרשות בידם; אבל כל שקבלו הקהל עליהם, וכל שכן אם עשו ברצון השררה, אין לשום גדול בעולם להתגרר עליו ולהורידו.

‹**ועיין** באורים ותומים שצווח ככרוכיא, על הרבנים שעושים בלי רשות הצבור, ע״ש›, ‹וז״ל: שהוא חרם ר״ת ורשב״ם וראב״ן וקן רבנים, והוא בתשובת מהר״ם וז״ל, ועוד גזרנו ונידינו וחרמנו בשמתא ובשם מיתה, שלא יהיה אדם רשאי ליטול שררה על הציבור לא ע״י מלך וכו׳ כי לענוש וכו׳, אם לא שימנו אותם רוב הקהל מפני חשיבותם, והעובר על זה וכו׳ פתו פת כותי וכו׳ ושומר נפשו ינוח ברכות על ראשו, עכ״ל. **הדור** אתם ראו ושמעו כמה רב מהעונש שיש בזה הנוטל שררה על הציבור ע״י שררה, ובעו״ה פשטה נגע צרעת ממארת הזו בזמנינו, וכמה כרכים נחרבו וכמה בתי המדרשות נדלדלו ע״י כן, וכמה הריסות בתורה ולומדים גרם זה, וחובה על רבני זמן לעשות גדר בזה לבל יהיה ח״ו פרוץ מרובה על העומד, ואולי יזכני ה׳ליישר חילי לעשות בזה תיקון וצורך שעה להרים דגל תורה ולנער רשעים מהארץ אי״ה›.

‹**וכבר** כתבו גדולי עולם, שעכשיו המנהג שכל שיש רב בעיר אסור לאחר לבא בעיר ולהתיישב שמה, והיא הסגת גבול וגזל גמור, דבאמת הענין כן הוא, דבזמן הקדמון לא היה המנהג שכל עיר בוחרת לה רב, אלא כשבא חכם והרביץ תורה ממילא שהיה לו חלוקת כבוד ואיזה פרס, ואח״כ בא השני והנהיג ג״כ כן, ולכן אמרו גם בזה שבנו קודם, **אבל** עכשיו שלא ראינו מימינו מנהג זה, אלא אנשי העיר בוחרים להם רב פלוני להורות ולדון, ואף שעושים עמו כתב על כך וכך שנים, מ״מ אין מסלקין אותו לעולם, וכן המנהג הפשוט בכל תפוצות ישראל, **ובפרט** אם עוקר דירתו מעיר אחרת לפה, פשיטא ופשיטא שכל הבא להשיג גבולו הוה גזלן גמור, ולא גרע משכיר דעלמא, **ובכה״ג** נלע״ד דגם אין הבן קודם אפילו ממלא מקומו, דאת אביו רצו לשכור ואת הבן אינם רוצים, **ורק** ממילא דאם ממלא מקומו בתורה ויראה, למה יגרע מאחר, וכן עיקר לדינא – ערוה״ש›.

§ סימן רמו – שחייב כל אדם בתלמוד תורה והאיך לומדים בשכר §

סעיף א- כל איש ישראל חייב בתלמוד תורה, בין עני בין עשיר, בין שלם בגופו בין בעל יסורים, בין בחור בין זקן גדול; אפילו עני המחזר על הפתחים, אפילו בעל אשה ובנים, חייב לקבוע לו זמן לתלמוד תורה ביום ובלילה, שנאמר: והגית בו יומם ולילה – ‹ואע״ג דפשטיה דקרא הוא ללמוד תמיד בכל היום ובכל הלילה, כדכתיב מקודם לא ימוש ספר התורה הזה מפיך והגית וגו׳, **אמנם** דבר זה א״א לכל אדם הטרוד בפרנסתו, וזהו רק

ליחידים שבדור, אבל כגון אנו החיוב לקבוע עיתים לתורה עת ביום ועת בלילה – ערוה"ש.

(**עיין** בספר משנת חכמים שהביא בשם אביו הגאון ז"ל, שנסתפק במי שיש לו שיעור קבוע ללמוד כל יום איזה דפין, ולסיבת איזה אונס נתבטל יום או יומים, אי מחויב להשלים ליומא אוחרא, ללמוד יותר בכל יום כפי יכלתו, בכדי להשלים נדרו, **או** נימא דדמי ממש כאילו נדר ביום זה דוקא, וכקרבן הקבוע לו זמן, דאם עבר יומו בטל קרבנו, **הדר** פשיט לנפשיה, דדוקא בלילה שאחריו חייב להשלים חובת היום, ולא ליומא אוחרא, **והוא** ז"ל פקפק בזה, ודעתו נוטה דחייב להשלים אף ליומא אוחרא, וצריך ללמוד דבר זה קודם שאר למודו כדי שלא יתרשל ויבא לעבור על נדרו).

(**עיין** בשע"ת באו"ח שכתב, דבבר"י כתב בשם מז"ה, דן את הדין בלא נטילת שכר, עולה לקביעת עתים, **אבל** בשכר, וכן מלמד תינוקות בשכר, אינו עולה, **וע"ש** שמסופק מי שלומד בישיבה בעת קבוע, ומקבל פרס, אם עולה).

(**וע"ש**, שמה שאמרו כל השונה הלכות כו', מיעוט הלכות שתים).

(**ועיין** במג"א שכתב, דבשעה שלומד הברכות בגמרא, יאמר בלי הזכרת השם, **ועיין** בשאלת יעב"ץ, דעתו שיכול לומר בהזכרת השם, **ועיין** בשע"ת שם בשם בר"י, דרבנן קשישי שבא"י נהגו שלא להזכירו, וכ"כ במח"ב בשם מהר"ם, ע"ש).

ובשעת הדחק, אפילו לא קרא רק קריאת שמע שחרית וערבית, לא ימושו מפיך קרינן ביה - וכן הוא בסמ"ג, ומסיים בה, ודבר זה אסור לומר לפני ע"ה, **מיהו** בהגמ"י לא מייתי האי סיומא, ואחריו נמשך הרב, **ונראה** שטעמא, דגרסינן במנחות, אמר רבי יוחנן משום רבי שמעון בן יהוצדק, אפי' לא קרא אדם אלא ק"ש שחרית וערבית, קיים לא ימוש, ודבר זה אסור לאמרו בפני ע"ה, ורבא אמר מצוה לאומרו בפני ע"ה, **ופירש"י** דסבר משום ק"ש נוטל שכר גדול כזה, אם היה עוסק כל היום כ"ש ששכרו גדול, ומרגיל בניו לת"ת, ל"א סברי הנך רבנן מצי פטרי נפשייהו בק"ש, ויתבי כולי יומא וגרסי, ש"מ שכר גדול יש, ע"כ, **אם** כן כיון דרבא אמר מצוה לאמרו, נקטינן כוותיה, **וכ"ש** לפי גירסת הילקוט בריש יהושע, דגרסינן לייט עלה אביי האומרו בפני ע"ה, ורבא אמר מצוה כו', אם כן נקטינן כרבא לגבי אביי, **גם** במדרש תהלים איתא סתמא משום ריב"ל, אפי' לא קרא אלא ק"ש שחרית וערבית, קיים ובתורתו יהגה יומם ולילה, ומייתי ליה הילקוט בריש תהלים, ע"ש.

ומי שא"א לו ללמוד, מפני שאינו יודע כלל ללמוד, או מפני הטרדות שיש לו, יספיק לאחרים הלומדים. הגה: ותחשב לו כאילו לומד בעצמו.

ויכול אדם להתנות עם חבירו שהוא יעסוק בתורה והוא ימציא לו פרנסה, ויחלוק עמו השכר - כלומר שכר תורה, ושכר מה שירויח זה, יהיה בין שניהם ביחד.

אבל אם כבר עסק בתורה, אינו יכול למכור לו חלקו בשביל ממון שיתנו לו (תא"ו) - (וכתב שם ומסתברא שהעוסק אבד שכרו, שכבר ביטל חזלקו, כ"כ המפרשים, עכ"ל – רעק"א).

(**וה"ה** חלק כל דהו אינו יכול למכור, פר"ח בליקוטים).

(**והטעם** פשוט, דשכר עוה"ב אינה במכירה ובנתינה לאחרים, והנפש שעשתה היא תשיג שכרה ולא אחר, אך כשמתחלה משתתפים בהמצוה, ממילא דעשו שניהם המצוה – ערוה"ש).

(**ואל** יאמר האדם כשלומד בעצמו, שוב איני צריך לתמוך ביד לומדי תורה, דאינו כן, דאדרבא כיון שהוא יודע כח התורה, החיוב עליו יותר להיות מתמכין דאורייתא, וליתן נדבות על הישיבות ועל מקומות שמרביצין התורה, וע"פ רוב התורה תצא מבני עניים וצריכים תמיכה, וכל פרוטה ופרוטה שנותן על ת"ת מצטרפת לחשבון גדול, ומצלת מן היסורים, **וכלל** הדברים הם, כל הלומד תורה בעצמו חביבין עליו המצות, ואוהב את החכמים ותומכן ומסייען שילמדו ויעסקו בתורה, וההיפך בהפכו – ערוה"ש).

סעיף ב - ילמוד אדם תורה ואח"כ ישא אשה, שאם ישא אשה תחילה א"א לו לעסוק בתורה מאחר שרחיים בצוארו - (וזהו כשהוא קר בטבע או שהוא צדיק ויכול להתגבר על יצרו – ערוה"ש). **ואם א"א לו בלא אשה, מפני שיצרו מתגבר עליו, ישא אשה תחילה** - עיין מדינים אלו בריש אבה"ע.

סימן רמו – שחייב כל אדם בתלמוד תורה והאיך לומדים בשכר

‹**ויהדר** שיקח בת איש אמיד וירא אלקים, שיעזור לו שתהא ביכולתו לשבת איזה שנים על התורה, וכך נהגו בדורות שלפנינו, כי גדול שכרן של לוקחי ת"ח לבנותיהן, או אם ביכולתו ליקח אשה יראת ד' שהיא תפרנסנו, מה טוב, **ואם** אין כל אלה, ישא אשה ויטרח בפרנסה ויקבע עיתים לתורה, כי הקב"ה אינו בא בטרוניא עם בריותיו, ואחד המרבה ואחד הממעיט ובלבד שיכוין לבו לשמים – ערוה"ש›.

סעיף ג - עד אימתי חייב ללמוד, עד יום מותו, שנאמר: ופן יסורו מלבבך כל ימי חייך; וכל זמן שלא יעסוק בתורה, הוא שוכח.

סעיף ד - חייב אדם לשלש למודו, שליש בתורה שבכתב, דהיינו הארבעה ועשרים; שליש במשנה, דהיינו תורה שבעל פה, ופירושי תורה שבכתב בכלל זה; שליש בתלמוד, דהיינו שיבין וישכיל אחרית דבר מראשיתו, ויוציא דבר מתוך דבר, וידמה דבר לדבר, וידון במדות שהתורה נדרשת בהם, עד שידע היאך עיקר המצוה, והיאך יוצא האסור והמותר, וכיוצא בזה דברים שלמד מפי השמועה. כיצד, היה בעל אומנות ועוסק במלאכתו ג' שעות ביום וט' בתורה, קורא ג' מהם בתורה שבכתב, ובג' תורה שבעל פה, ובג' יבין דבר מתוך דבר - ‹עבה"ג, אבל הר"ן בפ"ק דע"ז כתב, דישליש לאו דוקא, אלא שיתן זמן לכל אחד ואחד כפי הראוי לו, ע"ש – הגר"א›.

במה דברים אמורים, בתחילת לימודו של אדם; אבל כשיגדיל בתורה ולא יהא צריך ללמוד תורה שבכתב, ולא לעסוק תמיד בתורה שבעל פה; יקרא בעתים מזומנים תורה שבכתב ודברי תורה שבעל פה, כדי שלא ישכח דבר מדיני התורה, ויפנה כל ימיו לתלמוד בלבד לפי רוחב לבו וישוב דעתו.

הגה: וי"א שבתלמוד בבלי שהוא בלול במקרא במשנה וגמרא, אדם יוצא ידי חובתו בשביל הכל (טור בשם ר"ת) - ‹וכן אנו נוהגין ומורים ובאים, ומיהו בודאי צריך לידע המקרא והמשנה – ערוה"ש›.

כתב הדרישה, יש בעלי בתים נוהגים ללמוד בכל יום גפ"ת, ולא שאר פוסקים, ומביאים ראיה מהא דאמרינן סוף נדה, תנא דבי אליהו כל השונה הלכות בכל יום מובטח לו שהוא בן עולם הבא, **אבל** ל"נ שיש ללמוד ספרי הפוסקים דיני התורה, כמו הרי"ף ומרדכי והרא"ש ודומיהן, דזהו שורש ועיקר לתורתנו, ואינם יוצאים כלל בלימוד גפ"ת, דהא דתנא דבי אליהו כו', כבר כתב רש"י שם, השונה הלכות, פירוש הלכות פסוקות, **ומ"ש** ר"ת כאן, ש"ס בבלי בלול כו', קאי אמש"כ לפני זה אלימוד ט' שעות ביום, דכיון שיש לו פנאי גדול ילמוד בש"ס, **אבל** הנך בע"ב שאינם לומדים רק ג' או ד' שעות, לא ילמדו בש"ס לחוד, כנ"ל, ע"כ.

‹**ובודאי** שעל כל איש לידע דיני אורח חיים ומקצת דינים מיו"ד וחו"מ ואהע"ז המוכרחים לכל איש, **אמנם** ראינו כי אם כה נאמר להם לא ילמדו כלל, כי רצונם רק ללמוד דף גמ' בכל יום, **ע"כ** אין להניאם, והלואי יעמדו בזה, וכל ד"ת משיבת נפש ומביאה ליראת ד' טהורה – ערוה"ש›.

ואין לאדם ללמוד כי אם מקרא משנה וגמרא והפוסקים הנמשכים אחריהם, ובזה יקנה העולם הזה והעולם הבא; אבל לא בלמוד שאר חכמות - כגון ספרי הפילוסופים ותכונה וחכמת הקבלה וכיוצא בהן, **ומ"מ מותר ללמוד באקראי בשאר חכמות, ובלבד שלא יהיו ספרי מינים, וזהו נקרא בין החכמים טיול בפרדס; ואין לאדם לטייל בפרדס רק לאחר שמלא כריסו בשר ויין, והוא לידע איסור והיתר ודיני המצות (רמב"ם סוף מדע ס"פ ד' מהל' יסודי התורה)** - ואין לשון הרב מתוקן, שכתב וזהו נקרא בין החכמים טיול בפרדס כו', משמע שכל שאר החכמות זולת הש"ס נקרא טיול בפרדס, **ואינו** כן שהרמב"ם כתב בספ"ד מהל' יסודי התורה, שעניני מעשה בראשית ומעשה מרכבה הם שחכמים קוראים אותו פרדס, כמ"ש ארבעה נכנסו לפרדס, ואף ע"פ שגדולי ישראל וחכמים גדולים היו, לא כולם היו בהן כח לידע ולהשיג כל הדברים על בוריין, **ואני** אומר שאין ראוי לטייל בפרדס אלא מי שנתמלא

כריסו לחם ובשר, ולחם ובשר הוא לידע האסור והמותר וכיוצא בהם משאר המצות, **ואף** ע"פ שדברים אלו דבר קטן קראו אותן חכמים, שהרי אמרו דבר גדול מעשה מרכבה, דבר קטן הוויות דאביי ורבא, **אע"פ** כן ראויין הן להקדימן, שהם מיישבים דעתו של אדם תחלה, ועוד שהם הטובה הגדולה שהשפיע הקב"ה לישוב העוה"ז כדי לנחול חיי העוה"ב, ואפשר שיודעים הכל קטן וגדול איש ואשה, בעל לב רחב ובעל לב קצר, ע"כ, **גם** בדרישה נסתבך בלשון זה שכתב הרב, ולא עיין רק בדברי הרמב"ם שבפ"א מהל' ת"ת, שסיים שם וז"ל, וענינים הנקראים פרדס בכלל הש"ס הן, **וכתב** עליו וז"ל, ודבריו תמוהים לפע"ד, כי לפע"ד פרדס הנזכר ר"ל חכמות הטבעיות, ואיך כללו בכלל הש"ס, **ונ"ל** שפרדס ר"ל ע"ד שאמרו ד' נכנסו לפרדס, והוא חקירה עיונית אלהיית, ואפי' אזה כתב הרמב"ם שאע"פ שבכלל הש"ס הן, מ"מ לא ילמדנו רק אחר שמילא כריסו ממשנה וש"ס, עכ"ל, **ואילו** ראה דברי הרמב"ם שבספ"ד מהלכות יסודי התורה שהבאתי, לא כתב כן, **גם** המקובלים ושאר האחרונים הפליגו בדבר שלא ללמוד חכמת הקבלה עד אחר שמילא כריסו מהש"ס, **ויש** שכתבו שלא ללמוד קבלה עד שיהא בן ארבעים שנה, כמ"ש בן ארבעים לבינה, בשגם שצריך קדושה וטהרה וזריזות ונקיות לזה, ורוב המתפרצים לעלות בחכמה זו קודם הזמן הראוי, קומטו בלא עת, כמ"ש כל זה בדברי חכמי האמת.

‹**הוא** מדברי הרמב"ם, ומפרש שזהו ד' שנכנסו לפרדס, ולכך נענשו שהיו כולם רכים בשנים, חוץ מר"ע, ואחר אמרו בגמר' שהיו ספרי מינים כו', ור"א אמר לא קשאי. **אבל** לא ראו את הפרדס לא הוא ולא הרמב"ם. **ולשון** הרב אינו מתוקן, שאם זהו פרדס האיך אמר אבל לא כו', אין לך קיבול שכר יותר מזה, כמ"ש דבר קטן הויות דאביי ורבא, דבר גדול כו', **ועש"ך**, ואמת שאין לאדם לטייל כו', כמ"ש בחגיגה י"ג א', אין מוסרין סתרי תורה כו', וכנ"ל – גר"א›.

‹**עיין** בתשובת חות יאיר, שיש לרחק לימוד הקבלה, כי ידיעתנו קצרה, ואונס רחמנא פטריה, ע"ש באורך›.

סעיף ה - מקום שנהגו ללמד תורה שבכתב בשכר, מותר ללמד בשכר - ‹דסתם תורה שבכתב אין דרך ללמד אלא עם נערים קטנים, וסתם נערים קטנים צריכין שימור, שלא ילכו ברחובות ובשווקין ויזיקו, לכך צריכין לחנכם שלא יבואו לידי דברים רעים, ונוטל המלמד שכר שימור, **א"נ** תורה שבכתב יש בה פיסוק טעמים, פי' לנגן המקראות כהלכתן, וקיי"ל שזה אינו דאורייתא, לפיכך נוטל המלמד שכר שילמדם פיסוק הטעמים, וזה אפילו בגדול מותר – לבוש›.

אבל תורה שבע"פ אסור ללמד בשכר. לא מצא מי שילמדנו בחנם, ילמוד בשכר. ואע"פ שהוצרך ללמוד בשכר, לא יאמר: כשם שלמדתי בשכר כך אלמד בשכר, אלא ילמד לאחרים בחנם. ומה שנהגו האידנא ללמד הכל בשכר, אם אין לו במה להתפרנס, שרי - ‹דמה יעשה, אם לא היה לומד בשכר היה מוצא פרנסתו במקום אחר, ועכשיו מפסידה, ואין לך שכר בטלה גדולה מזה – לבוש›. **ואפילו יש לו, אם הוא שכר בטלה דמוכח, שמניח כל עסקיו ומשאו ומתנו, שרי.**

(וכל חידושי סופרים, דהיינו מה שנתקן מדרבנן, מותר ליטול שכר ללמדו).

סעיף ו - אשה שלמדה תורה יש לה שכר, אבל לא כשכר האיש, מפני שאינה מצווה ועושה - וגדול המצווה ועושה ממי שאינו מצווה ועושה, וכתבו התוס' הטעם, מפני שהמצווה דואג תמיד לבטל יצרו ולקיים מצות בוראו, ר"ל דמי שמצווה אם כן יש עונש בהעברה, ויצרו מתגבר עליו, [ומסיתו שלא לקיים הצווי], ודואג תמיד לבטל יצרו, אבל באינו מצווה אין כאן עונש.

ואע"פ שיש לה שכר, צוו חז"ל שלא ילמד אדם את בתו תורה, מפני שרוב הנשים אין דעתן מכוונת להתלמד, ומוציאות דברי תורה לדברי הבאי לפי עניות דעתן. אמרו חכמים: כל המלמד את בתו תורה, כאילו מלמדה תיפלות (פי' דבר עבירה). בד"א בתורה שבע"פ - ‹שהוא דבר עמוק וצריך עיון רב, ואין דעתן סובלתו – לבוש›, **אבל תורה שבכתב לא ילמד אותה לכתחלה, ואם מלמדה אינו כמלמדה תיפלות** – [בטור כתוב איפכא, וכתב ב"י שט"ס יש שם, והעיקר כמ"ש כאן, והוא נכון בטעמו, דמצינו בפרשת המלך, הקהל את העם האנשים והנשים, והמלך היה לומד ספר

משנה תורה, ויש להקשות א"כ אפי' לכתחילה שרי כמו התם, נראה לי דהתם לא דרש המלך כי אם פשוטי הדברים, וזה באמת מותר אף לדידן לכתחילה כמו שהוא המנהג בכל יום, משא"כ בלימוד פירוש דברי תורה, דרך התחכמות והבנה, אסרו לכתחילה, וזה מובן בלשון התלמוד, אנשים ללמוד, והנשים לשמוע, דהיינו שהנשים לא ישימו לב רק בפשוטי הדברים לשמוע אותן, אבל לא בחלק הלימוד כמו שזכרנו, כן נראה לי›.

הגה: ומ"מ חייבת האשה ללמוד דינים השייכים לאשה – ‹ומעולם לא נהגנו ללמדן מתוך הספר, ולא שמענו המנהג, אלא הדינים הידועים מלמדת כל אשה לבתה וכלתה, וזה מקרוב שנדפסו דיני נשים בלשון לע"ז וביכולתן לקרות מהם, ונשים שלנו זריזות, דבכל דבר ספק שואלות, ואינן מעמידות על דעתן אפילו בדבר קטן שבקטנות – ערוה"ש›.

ואשה אינה חייבת ללמד את בנה תורה, ומ"מ אם עוזרת לבנה או לבעלה שיעסקו בתורה, חולקת שכר בהדייהו – ‹כמו האיש העוזר לחבירו, כדילפינן לעיל משמח זבלון בצאתך וגו', דבזה לא גרעה מן האיש – לבוש›. ‹**וכ"ש** אותן הנשים העוסקות בפרנסה למען שיוכלו בעליהן לישב על התורה, עליהן נאמר אשת חיל מי ימצא, ועוז והדר לבושה, ותשחק ליום אחרון, ואשה יראת ד' היא תתהלל, ואוכלת פירותיה בעוה"ז והקרן קיימת לה לעוה"ב – ערוה"ש›.

סעיף ז - אין מלמדין תורה לתלמיד שאינו הגון – ‹אלא לתלמיד הגון נאה במעשיו, או לתלמיד תם שאין ברור לנו אם הוא הגון או אינו הגון, אבל אם הוא הולך בדרך לא טובה, זהו תלמיד שאינו הגון – לבוש›. **אלא מחזירין אותו למוטב, ומנהיגין אותו בדרך ישרה, ובודקין אותו, ואח"כ מכניסין אותו לבית המדרש ומלמדין אותו.**

‹ויש לתמוה על זה מההיא מעשה דר"ג בברכות, שהיה מכריז כל תלמיד שאין תוכו כברו אל יכנס לבהמ"ד, וראב"ע לא עשה כן, ומבואר שם דר"ג לאו שפיר עביד, והלכה כראב"ע, ואין תוכו כברו מקרי כשאין בו יראת שמים, כדמוכח ביומא ע"ש, והרי ודאי הוא אינו הגון, **וצ"ל** דזה שאין תוכו כברו, יכול להיות שילמוד לשם איזו פנייה, דבזה במשך הזמן מתוך שלא לשמה בא לשמה, ותלמיד שאינו הגון הוא הלומד לקנתר או להוציא דברי תורה לענינים אחרים, כדמחלק התוס' בפסחים בנוגע מה שאמרו, דהלומד שלא לשמה נוח לו שלא נברא, ומ"מ היה להם להטור והשו"ע לבאר, וצ"ע – ערוה"ש›.

סעיף ח - הרב שאינו הולך בדרך טובה, אע"פ שחכם גדול הוא וכל העם צריכים לו, אין למדין ממנו עד שיחזור למוטב - דין זה נלמד מפ' אלו מגלחין, דשמתוהו להההוא צורבא מרבנן דאתחייב נדוי, אע"ג דהוו צריכין ליה רבנן, משום דאמר רבה בב"ח אמר ר' יוחנן, מאי דכתיב שפתי כהן ישמרו דעת ותורה יבקשו מפיהו כי מלאך ה' צבאות הוא, אם דומה הרב למלאך ה' יבקשו תורה מפיהו, ואם לאו אל יבקשו תורה מפיו, **וקשה** דבפ"ק דחגיגה אמרינן ורבי מאיר היאך למד תורה מאחר, והא"ר בב"ח אר"י מאי דכתיב שפתי כהן כו', אמר ר"ל ר"מ קרא אשכח ודרש, הט אזנך ושמע דברי חכמים ולבך תשית לדעתי, לדעתם לא נאמר אלא לדעתי, **קשו** קראי אהדדי, ל"ק הא בגדול הא בקטן, **פירש** רש"י, גדול היודע ליזהר במעשיו יכול ללמוד תורה מפיו, **ואם** כן הוי ליה להרמב"ם וסייעתו לחלק בין גדול לקטן, **וי"ל** דסבירא ליה כמ"ש התוספות שם וז"ל, והא דריש פרק בתרא דמ"ק דשמתוהו כו', איכא למימר דקטנים הוי דגרסי קמיה, וחיישינן דלמא ממשכי, עכ"ל, **אם** כן חזינן דאף בימי הש"ס היו קטנים, וכל שכן בזמן הזה שכולם נחשבים קטנים, כמ"ש אם ראשונים בני אדם אנו כחמורים, ולא כחמורו של רבי פנחס בן יאיר כו', וא"כ בזה"ז אין חילוק, **והגאון** אמ"ו ז"ל תירץ, דס"ל מדקאמר ר"ל ר"מ קרא אשכח כו', משמע ר"מ ס"ל הכי ואנן לא קי"ל כוותיה, והיינו דקאמרי התם בש"ס, דקודשא ב"ה לא קאמר שמעתתא משמיה דר' מאיר, הואיל וגמר שמעתתיה מפומיה דאחר, ע"ש.

סעיף ט - כיצד מלמדים, הרב יושב בראש והתלמידים לפניו מוקפים כעטרה, כדי שיהיו כולם רואים את הרב ושומעין דבריו. ולא ישב הרב על הכסא ותלמידיו על הקרקע, אלא או הכל על הארץ או הכל על הכסאות.

הגה: וי"א דוקא כשהגיעו התלמידים לכלל סמיכה (הר"ן) - ‹אבל כשלא הגיעו לזה, הרב יושב על הכסא והם על הקרקע, ובמדינתינו לא שייך זה – ערוה"ש›.

ועוד מחלק הר"ן, דבשמועות רכות יעמדו התלמידים, ובקשות ישבו, **ובס'** עין יעקב כתב, דכשהיו שונים, היו כולם עומדים שלא היו צריכים לדקדק, **אבל** בסברא שהם צריכים לדקדק, היה הרב יושב ואחרים מעומד, **ופעמים** שהיו כולם יושבים, וזהו כשהיו צריכים לדקדק ולטרוח בהלכה, ע"כ.

ורב הלומד על ידי מתורגמן ודיניו, נתבארו בפנים, ולא כתבן הרב כי אינן שכיחין - ועיין בא"ח סי' קמ"ה כתב דיני מתורגמן לענין קריאת התורה.

סעיף י - הרב שלימד ולא הבינו התלמידים, לא יכעוס עליהם, אלא שונה וחוזר הדבר כמה פעמים עד שיבינו עומק ההלכה. ולא יאמר התלמיד: הבנתי, והוא לא הבין, אלא שואל וחוזר ושואל כמה פעמים; ואם יכעוס עליו רבו, יאמר לו: רבי, תורה היא וללמוד אני צריך ודעתי קצרה – «וינוח כעסו ויראה שלא טוב עשה, ויפייסנו וילמדנו – ערוה"ש».

סעיף יא - ולא יהא התלמיד בוש מחבירו שלמד בפעם ראשונה או שניה, והוא לא למד אפילו אחר כמה פעמים, שאם נתבייש מדבר זה, נמצא נכנס ויוצא לבית המדרש והוא לא למד כלום, ועל כן אמרו: לא הביישן למד, ולא הקפדן מלמד. במה דברים אמורים, שלא הבינו התלמידים הדבר מפני עומקו, או מפני דעתן שהיא קצרה; אבל אם ניכר לרב שהם מתרשלים בדברי תורה ומתרפים עליהם ולפיכך לא הבינו, חייב לכעוס עליהם ולהכלימם בדברים כדי לחדדן, ועל זה אמרו: זרוק מרה בתלמידים. לפיכך אין ראוי לרב לנהוג קלות ראש בפני התלמידים; ולא לשחוק בפניהם; ולא לאכול ולשתות עמהם, כדי שתהא אימתו מוטלת עליהם, וילמדו ממנו מהרה.

«איתא בשבת דאין יושבין ללמוד... אלא מתוך שמחה של מצוה, ופריך מהא דאמר רב כל ת"ח שיושב לפני רבו שפתותיו נוטפות מר תכוינה, כלומר שצריך לישב באימה ביראה, ומתרץ הא ברב הא בתלמיד, ואיבעית אימא הא והא ברב, הא מקמי דלפתח הא לבתר דפתח, ע"ש, **והפוסקים** לא הזכירו מזה דבר, ולא ידעתי למה, **ואולי** טעמם מפני שבדורות הללו אם נטיל עליהם כל זה יבואו לידי ביטול תורה, ולכן השמיטום בכוונה, וצ"ע – ערוה"ש».

סעיף יב - אין שואלין את הרב כשיכנס לבית המדרש מיד, עד שתתישב דעתו עליו; ואין התלמיד שואל כשיכנס, עד שיתיישב וינוח; ואין שואלים שנים כאחד – «שאין הרב יכול לתת לבו לשאלת שנים ביחד – לבוש». **ואין שואלים את הרב מענין אחר, אלא מאותו ענין שהם עוסקים בו, כדי שלא יתבייש** – «שלא יוכל להשיב הרב פתאום מענין לענין אפילו בהלכה אחת, כגון שהיו עסוקין בדיני שבת בענין הוצאה מרשות לרשות, לא ישאלנו בדין חבית שנשברה בשבת האיך מצילין אותה, אף על גב שהכל בדיני שבת – לבוש».

ויש לרב להטעות את התלמידים בשאלותיו ובמעשים שעושה לפניהם, כדי לחדדם וכדי שידע אם הם זוכרים מה שלומדים; ואין צריך לומר שיש לו רשות לשאול אותם בענין אחר שאין עוסקים בו, כדי לזרזם.

סעיף יג - אין שואלים מעומד, ואין משיבים מעומד, «רמב"ם», «כדי שישאלנו וישיבו בישוב הדעת – לבוש». **(וי"א כששואלים דבר הלכה צריך לעמוד)** - כך הוציא הרב מתוס' דבכורות, **וצ"ע** דהתוס' לא כתבו שם אלא אעובדא דרבי צדוק, דאמר ר"ג להשואל שישאל, עמד השואל ושאל כו', וכתבו התוס', עמד השואל ושאל, בירושלמי דנדרים בפ' נערה דריש, מדכתיב ועמדו שני האנשים בוי"ו, דשואל הלכות ואגדות צריך לעמוד, עכ"ל, **והיינו** ודאי מדינא קודם חורבן הבית, שר"ג קודם חורבן הבית היה, ובהא אף הרמב"ם מודה, כמ"ש רפ"ד מהלכות ת"ת, ובראשונה היה הרב יושב והתלמידים {ומסתמא התלמידים

שואלים} עומדים, ומקודם החרבן בית שני נהגו הכל ללמד להתלמידים והם יושבים, עכ"ל, ומביאו הטור, **והיינו** דאמרינן בפרק הקורא עומד, ת"ר מימות מרע"ה ועד ר"ג לא היו לומדים תורה אלא מעומד, משמת ר"ג ירד חולי לעולם, והיו לומדים תורה מיושב, והיינו דתנן כשמת ר"ג בטלה כבוד התורה, וכדאיתא בבית יוסף, ‹**ואין** זה השגה, דזהו ר"ג הזקן זקינו של ר"ג דבכורות – ערוה"ש›, **וא"כ** כאן מיירי הרמב"ם בזמן הזה, דאין התלמידים שואלים מעומד, ובהא ליכא מאן דפליג עליה, וצ"ע.

‹**ודברי** הש"ך תמוהין, דאכתי מאי "אין שואלין" – גר"א›.

‹**וי"ל** דהרמ"א לא פליג כלל, דהרמב"ם והטוש"ע מיירי בשאלה בבהמ"ד לפני רבים, וצריכין למנות רוב דיעות וצריך הרבה זמן לזה, לכן אין לעשות זה כארעי בעמידה אלא בקבע בישיבה, ואין דין זה רק בסנהדרין ולא במקום אחר, **והרמ"א** אומר דכששואלים דבר הלכה, כלומר מחכם יחידי, צריך לעמוד מפני הדרך ארץ, וכן נלע"ד עיקר, וכתב י"א כדרכו בכמה מקומות, ודו"ק – ערוה"ש›.

ולא מגבוה ולא מרחוק, ולא מאחורי הזקנים – ‹שאין דרך כבוד בכך – לבוש›. **ואין שואלים אלא כענין; ואין שואלים אלא מיראה** – ‹כלומר בגודל שפלות לפני הזקנים – ערוה"ש›. **ולא ישאל בענין יותר מג' הלכות** – ‹שלא לערבב הרבה ענינים ביחד – ערוה"ש›.

סעיף יד - שנים ששאלו, אחד שאל כענין ואחד שאל שלא כענין, נזקקים לכענין – [רבינו נסים כתב לתרץ, מה שאמרו בגמ' פרק בני העיר שואלין בהל' פסח קודם לפסח ל' כו', דנ"מ דאותו תלמיד ששואל ל' יום קודם פסח בהל' פסח, חשיב שואל כענין, שנזקקין לו תחילה, **ואני** כתבתי באו"ח סי' תכ"ט, דיש נפקותא גדולה אחריתא לדיני ממונות, ע"פ מה דאיתא בפ' השואל, אמרו ליה רבנן לרבא שאיל לן מר, פרש"י, רבינו נשאל לנו למלאכתינו ללמוד תורה כל היום, ואם נשאל ממנו בהמה ומתה, נפטר, דהוה שאלה בבעלים, **איקפד** רבא א"ל לאפקועי ממונא קא בעיתו, אדרבה אתון שאילתון לי למלאכתי, שאילו אנא מצי לאשתמוטי לכו ממסכתא למסכתא, כשאני חפץ להתחיל במסכתא אחרת שלא תשתכח ממני, אין אתם יכולים למחות בידי, אתון לא מציתו לאשתמוטי, **ולא היא**, איהו שאיל לון ביומא דכלה, כשדורשים ברגל הלכות הרגל, דלא מצי לאתשמוטי למסכתא אחריתא, ואינהו שאילו ליה בשאר יומי, **ע"פ** גמ' זו יש נ"מ בזה שהרב חייב ללמוד עם תלמידיו ל' יום קודם פסח הל' פסח, ממילא תוך אותן ל' יום אם שאלו ממנו איזה דבר ונאנס, הם פטורים דהו"ל שאלה בבעלים, וזה דבר נכון לפענ"ד].

מעשה ושאינו מעשה, נזקקים למעשה; הלכה ומדרש – ‹היינו דרשות דתורת כהנים ודספרי ודמכילתא וכיוצא באלו – ערוה"ש›, **נזקקין להלכה; מדרש ואגדה, נזקקין למדרש; אגדה וקל וחומר, נזקקין לקל וחומר** - "נזקקין להגדה" - כצ"ל, **קל וחומר וגזרה שוה, נזקקין לקל וחומר.**

סעיף טו - היו השואלים אחד חכם ואחד ת"ח, נזקקין לחכם; ת"ח וע"ה, נזקקין לת"ח; שניהם חכמים, שניהם תלמידים, שניהם עמי הארץ, שאלו שניהם בשתי הלכות או בשתי שאלות, שתי תשובות, שני מעשים, הרשות ביד המשיב, למי שירצה יקדים – ‹ונראה שיקדים למי שבא קודם לשאול, וזה שאמרו למי שירצה יקדים, היינו כשבאו שניהם כאחד – ערוה"ש›.

‹**ואשת** חבר נראה שדינא כחבר, **ואיש** ואשה שבאו לשאול, נראה שמקדימים לאשה מלאיש, ועיין חו"מ סי' ט"ו דמקדימין דין אשה לאיש – ערוה"ש›.

(ממזר ת"ח קודם לכהן עם הארץ) - בירושלמי דסוף הוריות ובשבת פרק הבונה, סברין מימר לפדות ולהחיות ולכסות, הא לישיבה לא, אמר רבי אבין אף לישיבה, ומייתי ליה הסמ"ג.

כתוב בספר באר שבע, לאו דוקא ע"ה, אלא שאינו שוה בחכמה לישראל כו', **ומיהו** אפשר לומר דדוקא לישיבה ולברך ראשון וכל כיוצא בזה דלא תיקון בה מידי מפני דרכי שלום, **אבל** לא לענין לפתוח ראשון בתורה שתקנו מפני דרכי שלום כו', ועיין שם שהאריך, **ובאורח** חיים סימן קל"ה ס"ד נתבאר, שהמנהג הפשוט שאפילו כהן ע"ה קודם לקרות לפני חכם גדול ישראל, **והוא** שהכהן יודע לקרות עם הש"ץ מלה במלה.

ועיין עוד בספר באר שבע שהאריך וכתב במסקנא, נמצא שיש ה' חלוקים בדבר: **שאין** מצוה מן התורה להקדים את הכהן מכח וקדשתו, אלא דוקא כשאין ישראל חכם גדול ממנו; **ואם** הכהן תלמיד חכם, אפילו אם הישראל חכם גדול ממנו, מעליותא הוא להקדים את הכהן בגלל הכהונה, כדחזינא ברבי פרידא, ואינו אסור משום ומשנאי אהבו מות, כיון דלאו עם הארץ הוא; **אבל** אם הכהן עם הארץ, אינו רשאי הישראל תלמיד חכם להקדימו לברך לפניו דרך חוק ומשפט בגלל הכהונה, משום ומשנאי אהבו מות; **אבל** אם הישראל תלמיד חכם נתן רשות לכהן עם הארץ לברך ברכת המוציא או ברכת המזון, אין כאן בית מיחוש, דהא חכם יכול ליתן רשות אפי' לישראל פחות ממנו לברך ברכת המזון, כדאיתא בברכות דרבי אמר לרב קדום משי ידך; **ואם** הכהן תלמיד חכם ואין הישראל חכם גדול ממנו, יכול הכהן ליתן רשות לישראל לברך לפניו בסעודה, **ואפילו** בסעודת ברית מילה ונשואים דשכיחי בה רבים, כיון דמסיק בש"ס פ' הנזקין דדרכי שלום דקתני במתניתין היינו לכדמר, דאמר לא שנו דחולק כבוד למי שגדול ממנו אלא בסעודה, אבל בבהכ"נ לא, וכיון דמסיק דאבית הכנסת נמי לא אמרן אלא דוקא בשבתות ויו"ט דשכיחי רבים, ממילא ידעינן דבסעודה מותר אפי' שכיחי רבים, משום דלא אתי לאינצויי שבעל הבית נותן לברך לאשר יישר בעיניו, ע"כ.

סעיף טז - אין ישנים בבית המדרש - ‹בשעת הדרשה והלימוד - ערוה"ש›, **וכל המתנמנם בבית המדרש, חכמתו נעשית קרעים** - ‹שהרי בעת שמנמנם לא ידע מה שאמרו - ערוה"ש›, ‹**כלומר** תלמודו משתכח, ואינו נזכר אלא בסירוגין - לבוש›, **שנאמר: וקרעים תלביש נומה** - בב"י מייתי ע"ז הא דאמרינן בפ' בני העיר, שאלו את ר' זירא במה הארכת ימים, א"ל כו' ולא ישנתי בבהמ"ד לא שינת קבע ולא שינת עראי, **וצריך** לומר דשינת עראי משום מדת חסידות נהג כן, אבל מדינא מותר, כמו שנתבאר באו"ח סי' קנ"א ס"ג.

‹**ותמיהני** דהא אפילו להתנמנם נתבאר דלא, וכ"ש שינת ארעי, דהך דאו"ח מיירי שלא בשעת הדרשה, וכאן הוא בשעת הדרשה, ואין לנמנם וכ"ש שום שינה אפילו ארעי - ערוה"ש›.

סעיף יז - אין משיחין בבית המדרש אלא בדברי תורה; אפילו מי שנתעטש, אין אומרים לו: רפואה, בבית המדרש - מפני ביטול בהמ"ד, **וכתב** הפרישה, אפשר דזהו דוקא בימיהם, שלא ראו מספריהם לחוץ, כל שכן שלא היו משיחים, אבל עכשיו דבלאו הכי אין נזהרים, אומרים רפואה, ע"כ. [**ולא** היה לו לכתוב דבר זה לבדות קולא מלבו, דאף שמצינו באו"ח סי' ע' סברא כזו, לענין חתן שקורא ק"ש עכשיו, כיון שגם שאר בני אדם אינם מכונים, היינו משום שנמשך מזה דבר טוב, שיקרא ק"ש, משא"כ כאן שימשך מזה דבר מגונה, שהשומע סבר מדהותרה עכשיו לומר רפואה, הותרה הרצועה וישיח ג"כ שיחה בטלה, וכבר אנו מוזהרים בזה בעונש גחלי רתמים ח"ו, **ע"כ** אין להשגיח בזה להקל, ואדרבה יהיה הרב מזהיר ע"ז, וילמדו ק"ו לאיסור שיחה בטלה, והמרבה בכבוד התורה ה"ז מכובד ומשובח].

וקדושת בית המדרש חמורה מקדושת בית הכנסת - היינו בהמ"ד של רבים דומיא דבית הכנסת, אבל יחיד הקובע מדרש בביתו לצרכו, י"א שאין לו קדושה כל כך, כמו שנתבאר באו"ח סימן קנ"א ס"ב, **ועיין** עוד שם מדיני קדושת בית הכנסת ובית המדרש.

סעיף יח - ת"ת שקול כנגד כל המצות. היה לפניו עשיית מצוה ות"ת, אם אפשר למצוה להעשות ע"י אחרים, לא יפסיק תלמודו; ואם לאו, יעשה המצוה ויחזור לתורתו - ‹דאע"ג דתורה עדיפא, אין סברא שתדחה המצוה מכל וכל בשביל התורה, כיון שיכולין להתקיים שתיהן, שהרי יכול אח"כ לחזור ללימודו - לבוש›.

סעיף יט - תחלת דינו של אדם על ת"ת, ואחר כך על שאר מעשיו.

סעיף כ - לעולם יעסוק אדם בתורה אפילו שלא לשמה - היינו ע"מ שיכבדוהו וכה"ג, **שמתוך שלא לשמה בא לשמה** - אבל הלומד על מנת לקנטר, נוח לו שלא נברא, כן כתבו התוס' בברכות ס"פ היה קורא, ובר"פ מקום שנהגו כתבו קצת בע"א.

‹ולשמה מקרי שלא לשום פנייה, אלא משום שכן צוה הקב"ה, וכ"ש במלמד לאחרים שצריך דוקא לשמה, וק"ו בן בנו של ק"ו במחבר ספר ומכוון לשם איזה פנייה, טוב ממנו הנפל, והמחבר יכוין רק לשם ד' ותורתו לבדה – ערוה"ש›.

סעיף כא- אין דברי התורה מתקיימים במי שמתרפה עצמו עליהם, ולא בלומדים מתוך עידון ומתוך אכילה ושתייה, אלא במי שממית עצמו עליה, ומצער גופו תמיד, ולא יתן שינה לעיניו ותנומה לעפעפיו – ‹אא"כ ידע שאם לא יישן כראוי לא יוכל ללמוד, ועל זה נאמר בכל דרכיך דעהו – ערוה"ש›.

הגה: לא יחשוב האדם לעסוק בתורה ולקנות עושר וכבוד עם הלמוד, כי מי שמעלה מחשבה זו בלבו אינו זוכה לכתרה של תורה; אלא יעשה אותו קבע ומלאכתו עראי, וימעט בעסק ויעסוק בתורה, ויסיר תענוגי הזמן מלבו, ויעשה מלאכה כל יום כדי חייו, אם אין לו מה יאכל, ושאר היום והלילה יעסוק בתורה.

ומעלה גדולה למי שמתפרנס ממעשה ידיו, שנאמר: יגיע כפיך כי תאכל וגו'. וכל המשים על לבו לעסוק בתורה ולא לעשות מלאכה להתפרנס מן הצדקה, הרי זה מחלל השם ומבזה התורה, שאסור ליהנות מדברי תורה. וכל תורה שאין עמה מלאכה, גוררת עון וסופו ללסטס הבריות. ‹רמב"ם›.

וכל זה בבריא ויכול לעסוק במלאכתו או בדרך ארץ קצת ולהחיות עצמו, אבל זקן או חולה, מותר ליהנות מתורתו ושיספקו לו.

ויש אומרים דאפילו בבריא מותר, ולכן נהגו בכל מקומות ישראל שהרב של עיר יש לו הכנסה וספוק מאנשי העיר, כדי שלא יצטרך לעסוק במלאכה בפני הבריות ויתבזה התורה בפני

הכמון - עיין בכסף משנה, האריך לדחות דברי הרמב"ם, והאריך להביא ראיות להמתירין, **והב"ח** כתב, גם הבית יוסף סתם דבריו ולא פירש הדחיות לראיות הרמב"ם, גם לא הראה מקום הראיה כו', **ובאמת** אע"פ שלא ביארו בבית יוסף, כתבו בביאור בכ"מ, וסיום דבריו שם, הכלל העולה, שכל שאין לו ממה להתפרנס, מותר ליטול שכרו ללמד, בין מהתלמידים עצמם, בין מהצבור, **אחרי** הודיע ה' אותנו את כל זאת, אפשר לומר שכוונת רבינו כאן הוא, שאין לאדם לפרוק עול מלאכה מעליו כדי להתפרנס מן הבריות כדי ללמוד, אבל ילמוד מלאכה המפרנסת אותו, אם תספיקנו מוטב, ואם לא תספיקנו, יטול הספקתו מהצבור ואין בכך כלום, **ואפילו** נאמר שאין כן דעת הרמב"ם, אלא כנראה מדבריו בפירוש המשנה, הא קי"ל כל מקום שהלכה רופפת בידך הלך אחר המנהג, וראינו כל חכמי ישראל קודם זמן רבינו ואחריו נוהגין ליטול שכרם מהציבור, **וגם** כי נודע שהלכה כדברי רבינו בפי' המשנה, אפשר שהסכימו כן כל חכמי הדורות משום עת לעשות לה' הפרו תורתך, שאלו לא היה פרנסת הלומדים והמלמדים מצויה, לא היו יכולין לטרוח בתורה כראוי, והיתה התורה משתכחת חס ושלום, ובהיותה מצויה יוכלו לעסוק ויגדיל תורה ויאדיר, ע"כ, **וגם** מהרש"ל כתב להחזיק המנהג, ומסיק, ואמת שאם לא כן כבר היתה בטלה תורה מישראל, כי אי אפשר לכל אדם לעסוק בתורה ולהחכים בה, וגם להתפרנס ממעשה ידיו, **ועוד** אני אומר, מי שהוא בעל ישיבה ומרביץ תורה ברבים, וצריך עתים קבועים מחולקים חציה לו וחציה לאחרים, ואי אפשר לו שילך מביתו כי אם לדבר מצוה, עון הוא בידו אם לא יקבל מאחרים, אפילו יודע מלאכה וחכמה שיוכל ליגע בה ולהרויח כדי לפרנס את ביתו, בוז יבוזו לו באהבת התורה ולומדיה, כי אי אפשר שיבטל מלמודו, **אכן** אם יש לו ממון כבר המספיק לו להחיות את עצמו, ולהלות ברבית והדומה לו, שאין ביטול תורה כלל, אז עון הוא בידו ליהנות משל צבור, אלא יגיע כפו יאכל, ומה שמקבל מהצבור יוציא להוצאת תלמוד תורה, **גם** מחויבים הקהל ליקח מן החכם את מעותיו ולהרויח בהם, ע"כ, וכן הב"ח האריך בהיתרות אלו.

ודוקא חכם הצריך לזה, אבל עשיר, אסור.

ויש מקילין עוד לומר דמותר לחכם ולתלמידיו לקבל הספקות מן הנותנים כדי להחזיק ידי לומדי תורה, שעל ידי זה יכולין לעסוק בתורה בריוח. ומ"מ מי שאפשר לו להתפרנס היטב ממעשה ידיו ולעסוק בתורה, מדת חסידות הוא ומתת אלהים היא; אך אין זה מדת כל אדם, שא"א לכל אדם לעסוק בתורה ולהחכים בה ולהתפרנס בעצמו.

וכל זה דשרי היינו שנוטל פרס מן הצבור או הספקה קבועה, אבל אין לו לקבל דורונות מן הבריות; והא דאמרינן: כל המביא דורון לחכם כאלו מקריב בכורים, היינו בדורונות קטנים שכן דרך בני אדם להביא דורון קטן לאדם חשוב, אפילו הוא עם הארץ - [והא דאמרינן הכהן הגדול מאחיו, גדלהו משל אחיו, ומייתי לה בפ' אלו נאמרים, בההיא דאותיב ר' אבהו את רבי אבא דמן עכו לרישא, כדי שיתנו לו מנות ויעשרוהו, היינו דרך חוק רבנות, שכן היה דרך חיוב ביניהם לתת מנות להראש, וזה הוה כמו שכירות שלו, ועל דרך זה יתפרש גם ההיא דאילפא ור' יוחנן במס' תענית, דמנוהו לר' יוחנן לרישא מן כלל הקהל, **אבל** ליקח מתנות מיחיד אינו בכלל זה, **אלא** עיקר היתר שעי"ז תתקיים התורה אצל לומדיה, שלא יצטרכו לבטל מלימודה בשביל טרדות המזונות, **ואף** אותם שיש להם איזה סך ממון משלהם, מ"מ יש התנצלות שאנו אין לנו לומר שיש שיעור לסיפוק כדי חייו, לפי שיש עליו משא מלך ושרים, מקרי הכל כדי חייו, **ואף** אותן שאינם נותנים מס, מ"מ צרכי ישראל מרובים להוצאת בנים לת"ת, ולהשיא בנותיו לת"ח].

[ונראה לי דודאי מי שאינו עשיר גדול, יוכל ליהנות אף בהנאה מרובה שעי"ז נעשה עשיר, כדאיתא בפאה, היה לו מאתים חסר דינר, נוטל אפי' אלף דינר כו', והיינו ההיא דר' אבא ור' יוחנן שזכרנו, **אבל** אחר שנעשה עשיר, שיראה בדעתו שיש לו קרן שיוכל להתקיים על ידו, אין לו ליהנות כלל משל אחרים דרך מתנה].

ובכסף משנה שם משמע דאפילו דורונות מותר לקבל, **וכן** פסק מהרש"ל שם, שאין הכרע בדבר, ומאן דקפיד קפיד, שהרי לא כתיב בקרא ולוקח מתנות ימות כו', ע"ש, **וגם** הב"ח האריך בזה, דמותר לראש ישיבה או אב"ד לקבל מתנות עד שיתעשר, [שיהיו דבריו נשמעים נגד הבריות], שהוא כמו נשיא וכהן גדול, עיין שם, **וכן** נהגו. [**ובאמת** יצא שכרו של זה בהפסדו, דנמשך מכשול מזה, שמי שיש לו דין לפני האב"ד, מקדים איזה זמן ונותן לו מתנה כדי לקרב לבו אליו, ואין לך שוחד מוקדם יותר מזה, **ולא** עוד אלא שמקבל שכר תורתו בזה, וגדולה מזו מוצאין ברבה בר אבוה, שהיתה שעה דחוקה לו, ואפ"ה לא רצה ליהנות מן מה שנותנים לו מן השמים, דשמע דקאמר מאן הוא דאכל לעלמיה כרבה בר אבוהו, ק"ו בהא שניתן לו לאדם ע"י אדם אחר כמותו, ע"כ כל שאינו מוכרח לזה ודאי ירחיק מכיעור זה וכיוצא בו, וק"ו מכיעור הגדול שקצתן להוטים אחר הממון, ותובעים בפיהם ליתן להם מתנות, הם מבזים התורה ולומדיה, דאפי' במתנות כהונה אסרו לשאול חלקו, ק"ו בזה העון גדול הוא, וצדיק באמונתו יחיה].

ושרי לתלמיד חכם למטעם מידי מהוראתו, כדי לברר הוראתו; אבל ליקח מתנה דבר חשוב ממה שהתיר, אסור – «ומביא עצמו לידי חשד – לבוש».

ודאשתמש בתגא חלף - אלעיל קאי מי שעושה תורתו קרדום לאכול ומשתמש בכתרה של תורה חלף מן העולם, **וי"א דזהו המשתמש בשמות** - ובש"ס במגלה פ' בני העיר גרסינן, תנן התם ודאשתמש בתגא חלף, תני ריש לקיש זהו המשתמש במי ששונה הלכות, והביאה הרי"ף והרא"ש והסמ"ג, וכן רבינו ירוחם, **והרב** כתבו לעיל סי' רמ"ג ס"ו, דאסור לשמש במי ששונה הלכות.

ומותר לצורבא מרבנן לאודועי נפשיה באתרא דלא ידעי ליה, אם צריך הוא לכך.

סעיף כב - ברית כרותה שכל הלומד בבית הכנסת לא במהרה הוא משכח - לאו דוקא, שהרי קדושת בהמ"ד חמורה מבהכ"נ כדלעיל סי"ז, גם מצינו בברכות ברבי אמי ורבי אסי אע"ג

דהוי להו תליסר בי כנשתא לא הוו מצלי אלא היכא דהוי גרסי, ולא קאמר דהיו לומדים במקום שהיו מתפללים, פרישה.

[נראה שזה אמר בשעה שאין בית המדרש קבוע בעיר, ובני העיר לומדים כל אחד בביתו, ע"כ טוב שילך לבית הכנסת ללמוד, שזה ודאי שבכל קהילה יש בית הכנסת, אבל לא נתכוין שאע"פ שיש בית המדרש יניחוהו וילכו ללמוד בבית הכנסת, שאין טעם וריח לומר כן, וכ"כ בפרישה דכ"ש בית המדרש קאמר].

וכל היגע בתלמודו בצנעה מחכים, שנאמר: ואת צנועים חכמה. וכל המשמיע קולו בשעת תלמודו, מתקיים בידו; אבל הקורא בלחש, במהרה הוא שוכח.

סעיף כג - מי שרוצה לזכות בכתרה של תורה, יזהר בכל לילותיו, ולא יאבד אפי' אחת מהן בשינה באכילה ושתיה ושיחה וכיוצא בהם, אלא בדברי חכמה ותלמוד תורה - כתב הפרישה, נ"ל כל לילותיו כמשמעו, דאפי' בלילי תקופת תמוז הקצרים גם כן ילמוד, אחד המרבה ואחד הממעיט מכל מקום ילמוד מעט, **ומ"ש** לא איברא לילה אלא לשינתא, ומוקמא לה תוס' בלילי תקופת תמוז, **נראה** לי שר"ל דאז יהי לו עיקר הלילה לשינה, ועל דרך שאמרו לא איברא סיהרא אלא לגירסא, ומוקי לה בלילי תקופת טבת הארוכים, ובודאי אז גם כן צריך לישן ולא ילמוד כל הלילה, אלא רצה לומר העיקר יהיה לו אז ללמוד מחמת אריכות הלילות, ועיין באו"ח סימן רל"ח.

הגה: כי אין אדם לומד רוב חכמתו כי אם בלילה. ויש לאדם להתחיל ללמוד בלילה מט"ו באב ואילך - ‹מי שאי אפשר לו ללמוד בלילות הקצרות במדינות אלו בזמן תקופת תמוז, יש לו להתחיל ללמוד בלילה מט"ו באב, ונותנין סימן: קומי רני בלילה, כלומר לאחר אמרו איכה שכתוב בו "קומי רני בלילה", יחזור ללמוד בלילה, שאז מתחילות הלילות קצת להתארך - לבוש›. ‹**ובלילות** הקטנים כמו משבועות עד ט"ו באב, ילמוד מעט, ומט"ו באב ואילך יוסיף ללמוד - ערוה"ש›. **ומאן דלא מוסיף, יסיף** - כלומר ימות בלא עתו. ‹**והפוסקים** מללמוד בלילות הקצרות, אינם פוסקים עד אחר שבועות, וסימן לדבר: שכבי עד הבקר, הנאמר ברות, כלומר משם ואילך אחר שאמרו רות ביום שני דשבועות, שכבי עד הבקר - לבוש›.

סעיף כד - כל בית שאין דברי תורה נשמעים בו בלילה, אש אוכלתו.

סעיף כה - כל שאפשר לו לעסוק בתורה ואינו עוסק, או שקרא ושנה ופירש להבלי העולם והניח תלמודו וזנחו, הרי זה בכלל כי דבר ה' בזה.

(ואסור לדבר בשיחת חולין). (ועיין באו"ח סימן ס"ז סעיף י"ז).

סעיף כו - כל המבטל תורה מעושר, סופו לבטלה מעוני; וכל המקיים את התורה מעוני, סופו לקיימה מעושר.

הגה: כשמסיים מסכת, מצוה לשמוח ולעשות סעודה, ונקראת סעודת מצוה - וכתוב בסוף תשובת מהר"מ מינץ, דכשבאין לסוף מסכתא, ישייר מעט בסוף עד שעת הכושר, יומא דראוי לתקן בו סעודה כו', **ולכך** נהגו כל הבעלי בתים לילך על הישיבה בתחלת הזמן, ולכך מנהג להודיעם כשבא הרב לסיים המסכתא כדי שיבואו הב"ב גם כן לסיומא, ואז יהיו שמה תחלה וסוף, **ויחזרו** אחר מנין לומר קדיש דרבנן, ועשרה בני רב פפא, והיא סעודת מצוה, דאפילו אבל תוך י"ב חודש על אביו ואמו יכול לסעוד שם וכו', ועיין שם.

גם מהרש"ל כתב דסיום מסכתא סעודת מצוה היא, ואסיק דמכל מקום אין לברך שהשמחה במעונו, ‹**שמתחילה** רצה להורות שיאמרו על סיום מסכת שהשמחה במעונו, וכתב שכשהורה כך נתבטלה השמחה בענין רע ומר, ואז ראה שאין לחלוק על הקדמונים, ע"ש, **ולפענ"ד** א"א לומר כלל שהשמחה במעונו, בשנבין איזה לשון הוא בסעודת נשואין, והו"ל לומר שהשמחה בכאן, **אלא** הפירוש להיפך, דבעוה"ז אין שמחה שלימה, דשמחת נשואין הוא מפני שהאדם קיים במין ולא באיש, ואלמלא היה האדם חי לעולם לא היה צריך לישא אשה ולהוליד בנים, **וזהו** שאמרו חז"ל בריש פרק אין עומדין, שאמרו ליה רבנן לרב המנונא זוטא בהילולא דמר בריה דרבינא לישרי לן מר, ואמר להו ווי לן דמיתנן ווי לן דמיתנן, כלומר דמפני שאנו צריכים למות, לכן בהכרח לישא

אשה ולהוליד בנים, **ולכן** אנו אומרים שהשמחה במעונו, כלומר שפה אינה שמחה שלימה, והשמחה במעונו של הקדוש ברוך הוא, כדכתיב עוז וחדוה במקומו, **האמנם** בת"ת שהיא הגדולה מכל המצות, ושנינו באבות יפה שעה אחת בתשובה ומעשים טובים בעוה"ז מכל חיי העוה"ב, א"כ השמחה פה, וא"צ לומר שהשמחה במעונו – ערוה"ש).

וכתב דאפי' מי שלא סיים מסכתא מצוה רבה שישמח עם המסיים, ואפילו יחיד שסיים מחויבים אחרים לסיים עמו כו', עיין שם, **ובתשובות** מהרי"ל, דביום שמת בו אביו או אמו דנהגו עלמא להתענות, אסור לאכול בסיום מסכתא, דהוי כמו דברים המותרים ואחרים *נהגו בו איסור. **ובא"ר** או"ח דקדק מזה, דמשום התענית אסור, וא"כ בלילה הקודמת לתענית מותר לאכול בסעודת סיום, אבל לא על סעודת ברית מילה, ע"ש – רעק"א.

***ואנו** אין נוהגין כן, ואנו אין מתענין כשיש סיום – ערוה"ש.

(**עיין** בתשובת חוות יאיר שכתב, דה"ה יום של אחריו כנהוג, שהרי שלמה המע"ה עשה משתה ז' ימים, **ואפשר** שגם שאחר אחריו, כמ"ש גבי ז' ברכות מחמת הלולא כו').

ואסור לעסוק בדברי תורה במקומות המטונפים, ולכן אמרו שאסור לתלמיד חכם לעמוד במקומות המטונפים, מפני שלא יהרהר בדברי תורה; ומ"מ מותר ליכנס למרחץ אף מתוך הלכה שאינה פסוקה, ולא חיישינן שיהרהר, דבמרחץ שומר עצמו מהרהור תורה. (סברת הרב דלא כמסקנת תה"ד שמגמגם בזה) - גם בתה"ד כתב, דמותר ליכנס לבית הכסא ולבית המרחץ אף מתוך הלכה שאינה פסוקה, **ודוקא** גבי תפלה אסור, משום דאי אפשר לו לכוון יפה, ממ"נ, דודאי הרהורי ההלכה ירחיקוהו למעיין בה, ואם כן ע"כ יהא לבו טרוד, אם עיין הוא בהלכה לא יוכל לכוין בתפלה, ואם יכריח מחשבת לבו לסלק עיון ההלכה, ההיא גופא טרדא היא לו, שצריך להסיר מלבו מה שהוא חפץ לחשוב, ויפסיד על ידי כך כוונת התפלה, **ותו** יש לחלק, דדוקא גבי תפלה חיישינן פן יהרהר בה בדברי תורה, משום דתרווייהו דברים של קדש הם, אבל לא חיישינן שיהרהר במקום הטנופת כגון בבית המרחץ ובבית הכסא, ע"כ, **אלא** שאח"כ כתב, אמנם הדבר ידוע שקשה מאד להסיר מלבו הרהורי תורה אפי' במקום הטנופת, מי שלבו נבהל ולהוט לעיין בפלפול הלכה, ואף כי אמרינן פרק מי שמתו, אמר רב הונא ת"ח אסור לעמוד במבואות המטונפות, מפני שא"א לו בלא הרהורי תורה, אלמא דחיישינן להכי, צ"ע, ע"כ, **וכתב** על זה בד"מ, ונראה לי דע"כ צריכין לחלק בין מבואות המטונפות למרחץ, דאל"כ לא יהא ת"ח מותר ליכנס למרחץ לעולם, כמו שאסור ליכנס למבואות המטונפות, **אלא** ע"כ צ"ל דאינו מהרהר במרחץ כלל, ונזהר טפי ממה שנזהר במבואות המטונפות, ואם כן אפילו מתוך הלכה שאינה פסוקה נמי שרי, עכ"ל, **רצה** לומר כיון דבכוון הולך לבית המרחץ לרחוץ שם, אם כן פונה ממנו טרדת הלמוד עד שיצא מבית המרחץ, וכן בבית הכסא, **ונראה** דגם דעת מהרא"י כן, שהרי האריך שם בתשובה דמותר, והוכיח כן מהש"ס ספ"ק דקידושין, ולא כתב האי סיומא דאמנם הדבר ידוע כו', אלא להזהיר לתלמידי חכמים כשנכנסים לבה"כ או לבית המרחץ יפנו מחשבתם ממחשבת הלמוד, **וכ"כ** בספר מעדני מלך בסתמא בשם תה"ד, דמותר ליכנס לבית המרחץ אף מתוך הלכה שאינה פסוקה, ועיין באו"ח סימן פ"ה.

(**עיין** בשע"ת באו"ח סי' ג', שכתב סגולה שינצל שלא יהרהר בד"ת בבה"כ בשם האר"י ז"ל, שיאמר תחלה התכבדו מכובדים כו', **אף** שכתב בשו"ע שם דעכשיו לא נהגו לאמרו, מ"מ יש לאמרו בשביל זה כדי שינצל מהרהור דברי תורה, ע"ש, **ואולי** לא נאמרו הדברים אלא ליחידים אשר תורתם אומנתם ולא לזולתם, דמחזי כרמות רוחא, עכ"ד, **ולענ"ד** נראה דלא שייך מיחזי כיוהרא, אלא בדבר שעושה בפני רבים, משא"כ בזה, **כעת** ראיתי שגם הב"י באו"ח שם בשם האבודרהם כתב ג"כ דמחזי כיוהרא, ע"ש).

תם ונשלם הלכות תלמוד תורה

מחבר **רמ"א** ש"ד ונקה"כ

§ סימן רמז – גודל שכר צדקה §

סעיף א - מצות עשה ליתן צדקה כפי השגת יד, וכמה פעמים נצטוינו בה במצות עשה; ויש לא תעשה במעלים עיניו ממנו, שנאמר: לא תאמץ את לבבך ולא תקפוץ את ידך. וכל המעלים עיניו ממנה נקרא בליעל, וכאילו עובד עבודת כוכבים. ומאד יש ליזהר בה, כי אפשר שיבא לידי שפיכות דמים, שימות העני המבקש אם לא יתן לו מיד, כעובדא דנחום איש גם זו.

בירושלמי פ' אלמנה ניזונית ובמדרש רבה, איתא שר' יוסי נתן צדקה ופרנסה לאשתו המגורשת, על שם ומבשרך לא תתעלם.

סעיף ב - לעולם אין אדם מעני מן הצדקה, ולא דבר רע ולא היזק מתגלגל על ידה, שנאמר: והיה מעשה הצדקה שלום.

סעיף ג - כל המרחם על העניים, הקב"ה מרחם עליו.

הגה: ויתן האדם על לבו שהוא מבקש כל שעה פרנסתו מהקב"ה, וכמו שהוא מבקש שהקב"ה ישמע שועתו, כך הוא ישמע שועת עניים. גם יתן אל לבו כי הוא גלגל החוזר בעולם, וסוף האדם שיבא הוא או בנו או בן בנו לידי מדה זו - ‹וקבלתי, כי ע"י שהאדם מאסף צדקה מאחרים, ע"י זה מציל את דורותיו מלחזור על הפתחים - ערוה"ש›, **וכל המרחם על אחרים מרחמין עליו.**

סעיף ד - הצדקה דוחה את הגזירות הקשות, וברעב תציל ממות, כמו שאירע לצרפית - וה"ה משאר מיני מיתה מצלת, כדאיתא בסוף שבת כמה עובדי, ועוד מוספת לו אורך ימים, כדאיתא בפ"ק דב"ב גבי בנימין הצדיק.

הגה: והיא מעשרת, ואסור לנסות הקב"ה כי אם בדבר זה, שנאמר: ובחנוני נא בזאת וגו' - שודאי יבוא, כמו שאמרו חז"ל עשר תעשר, עשר בשביל שתתעשר. ‹**דבשאר** נסיונות אפשר שינסה ולא יבא, ויכול לבא לידי הרהור מחשבה רעה ומינות - לבוש›.

(**עיין** בספר משנת חכמים שכתב, דהא דשרי לנסות במעות מעשר, היינו אם עושה ע"מ להתעשר, אבל בשביל טובה אחרת, כמו בשביל שיחיו בניו וכדומה, אסור לנסות, ע"ש).

וי"א דוקא בנתינת מעשר מותר לנסות הקב"ה, אבל לא בשאר צדקה - (עיין בשאילת יעב"ץ שהשיג על הרמ"א, דמדבריו משמע דבמעשר כספים דנהוג עלמא האידנא קאי, **ובאמת** זה אינו, שלא נאמר זה על מעשר כספים, דלא שרי לנסויי ביה, דאינו אלא צדקה, ע"ש, וכ"כ הגאון בעל של"ה, דדוקא במעשר תבואה הוא דשרי לנסות, אבל לא במעשר כספים, ע"ש, וכן הסכים בספר משנת חכמים).

‹ולענ"ד אין שום סברא לחלק בכל אלו, וגם החוש מעיד מכמה עשירים שכל מה שנותנים יותר מתעשרים יותר, והגם שיש שעשירותם נאבדו, זהו מהנסתרות לד' אלקינו, ובודאי טובתם היא, ועל פי הרוב אינו כן - ערוה"ש›.

§ סימן רמח – מי חייב בה ומי ראוי לקבלה ואם כופין עליה §

סעיף א - כל אדם חייב ליתן צדקה, אפילו עני המתפרנס מן הצדקה חייב ליתן ממה שיתנו לו - היינו כשיש לו פרנסתו בלאו הכי, דאם לא כן אינו חייב ליתן צדקה, כדלקמן סימן רנ"א ס"ג, **ומ"מ** מותר לו להתפרנס מן הצדקה אם אין לו קרן שיוכל להתפרנס מן הריוח כדלקמן סימן רנ"ג ס"ב.

‹**ודברים** תמוהים הם, דאם יש לו פרנסה, פשיטא שאסור לו לקבל צדקה אף כשאין לו מאתים זוז, דהטעם דבפחות משיעור זה רשאי לקבל צדקה, משום דאמדו חכמים

דבפחות משיעור זה אין בו כדי להתפרנס, כמ"ש שם, אבל כשיש לו פרנסה, מי התיר לו לקבל צדקה אפילו אין לו מעות כלל, ולבד זה הדוחק מבואר, **ולענ"ד** אין כאן התחלת קושיא, דשני ענינים הם, דזה שנתבאר שם דפטור מן הצדקה עד שיהא לו כדי להתפרנס, זהו בצדקה תמידיות מעשר או חומש מפרנסתו, **אבל** בכאן מיירי בחובת הצדקה פעם אחת בשנה לקיים מצות עשה של צדקה, שעל זה אמרו בב"ב לעולם אל ימנע אדם עצמו מלתת פחות משליש שקל לשנה, ויתבאר בסי' רמ"ט, ובזה אמרו בגיטין שם דאפילו עני המתפרנס מן הצדקה מחוייב ליתן צדקה, כלומר לקיים מצות צדקה, והיינו השלישית השקל. **וראיה** לזה מדברי הרמב"ם בפ"ז ממתנות עניים דין ה' שכתב וז"ל, ולעולם לא ימנע עצמו משלישית השקל בשנה, וכל הנותן פחות מזה לא קיים מצוה, ואפילו עני המתפרנס מן הצדקה חייב ליתן צדקה לאחר, עכ"ל, כלומר אותו שלישית השקל – ערוה"ש›.

ומי שנותן פחות ממה שראוי ליתן, בית דין היו כופין אותו - ואף ע"ג דהוי מצות עשה שמתן שכרה בצדה, דכתיב למען יברכך, מכל מקום כיון דאיכא בה נמי לאוין, לא תקפוץ ולא תאמץ, כופים, כן כתבו הפוסקים.

זה לא קאי אעני, דעני אין מחייבים אותו כדלקמן סי' רנ"ג סעיף ח', וכן כתב בדרישה, **ולפי** מה שכתבתי בסמוך לא מוכח מידי, די"ל דאם יש לו פרנסתו, מחייבים אותו, ולקמן סימן רנ"ג מיירי כשאין לו פרנסתו. ‹**אמנם** לפי מה שבארנו ל"ק כלל, דכאן מיירי לענין השלישית השקל שבכל שנה, ובזה כופין אותו, ובסי' רנ"ג מיירי בשאר צדקה, דאם לא נתן אין מחייבין אותו ליתן, מפני שהוא פטור אחרי שנתן השלישית השקל – ערוה"ש›. **והשתא** ניחא נמי מה שהקשה בדרישה, מאי קמ"ל דמקבלים ממנו, הא אפי' חייב ליתן כמ"ש כאן, ונכנס בדוחק, ולפי מש"כ לא קשה מידי וק"ל. ‹**ולדברינו** אתי שפיר בטוב טעם, דקמ"ל דעני שנותן מקבלין ממנו, דסד"א דכיון שנתן השלישית השקל, שוב אין מקבלין ממנו, קמ"ל דלא – ערוה"ש›.

ומכין אותו מכת מרדות עד שיתן מה שאמדוהו ליתן, ויורדים לנכסיו בפניו ולוקחין ממנו מה שראוי לו ליתן - בב"ח נראה שהבין דר"ל אפילו בפניו, ואין ממתינין עד שיתן הוא בעצמו, אלא כיון שלא רצה ליתן, שוב אין שומעין לו ויורדים לנכסיו אף בפניו, **ולי** נראה דר"ל דוקא בפניו, לאפוקי אם אינו כאן, דאין יורדין לנכסיו עד דמודעינן ליה אם אפשר, דלא גרע מחוב, וכמו שנתבאר בחו"מ סי' ק"ו, וכן לעיל סי' רמ"ה ס"ד בהג"ה. (**ומשמע** דאם א"א לאודועי, יורדין לנכסיו שלא בפניו, **ועיין** בס' בית מאיר שהשיג עליו). ‹**וע"ש** בסי' רמ"ה ס"ד בנקה"כ, דאם א"א להודיע, אין מגבין›.

‹**ונלע"ד** דודאי פסיקת צדקה מחדש אין פוסקין עליו כשאינו בפה, אבל הצדקה הקצובה מכבר והוא נתן תמיד, למה לא יטלו מנכסיו גם כשאיננו פה, **דבשלמא** פסיקה מחדש י"ל שהוא נותן במקום שהוא או שכשיבא יתן, אבל הצדקה הקבועה כיון דכופין עליה, א"כ מה לנו אם ישנו פה או איננו, **וק"ו** אם יש כאן אשתו או בניו ובנותיו שהניח עליהם הנהגת הוצאות ביתו, שנוטלין מהם הצדקה בכל ענין, ואפילו פסיקת צדקה חדשה כיון שבמקומו עומדים, וכן הוא המנהג הפשוט ואין לשנות – ערוה"ש›.

סעיף ב - ממשכנים על הצדקה, אפילו בערב שבת - ‹אע"ג דשאר עסקי כפיות אין עושין בערב שבת, מפני שיש פתחון פה לבעל הבית משום טירדא דשבת, צדקה שאני דעניים צריכין לה בשבת – לבוש›.

‹**ונראה** דזהו דוקא בהצדקה הקצובה שכבר נותנים אותה, והגיע הזמן אפילו בע"ש ממשכנין עליה, אבל צדקה מחדש שעושין עתה פסיקת צדקה, יכול לומר טרוד אני עתה ואתן אחר שבת, ב"ח – ערוה"ש›.

סעיף ג - יתומים, אין פוסקין עליהם צדקה, אפילו לפדיון שבוים, אפילו יש להם ממון הרבה; אא"כ פוסקין עליהם לכבודם, כדי שיצא להם שם - כתב הב"ח נראה דוקא ביתומים בני בלי שם, ועכשיו ע"י שפוסקים להם צדקה משים להם שם, **אבל** ביתומים בני בעלי שם טוב, אין פוסקים בהם לאחשובינהו יותר, ע"כ.

כתב הב"ח, דמדברי הרמב"ם וטור נראה דדוקא ביש להם ממון הרבה, שהם עשירים מופלגים, **ומהסמ"ג** נראה דאע"פ שאין להם ממון הרבה, כיון שהם בכלל עשירים, פוסקים לשום להם שם, וצ"ע, ע"כ.

ונ"ל דהא דפוסקים עליהם לעשות להם שם, היינו שמותר לעשות כן, ואין הדיין מוציא ממון בזה שלא כדין, וכן משמע מלשון הרמב"ם וטור, שכתבו, ואם פסק הדיין עליהם לעשות להם שם, מותר, וכ"כ הסמ"ג, **משמע** דר"ל דכשאין כוונתו לעשות להם שם, מוציא

ממון שלא כדין, ואיסורא קא עביד, אף שהיתומים סומכין על דבריו, לפי שהם סוברים שהם מחוייבים בכך, וכשכוונתו לעשות להם שם, מותר, **אבל** אם האפוטרופוס של יתומים עומד לפנינו, ואומר שאינו חפץ שיצא להם שם, אין כופין אותן, כן נ"ל.

(**עיין** בתשובת מהרי"ט, שנשאל ביתום שחלה ונפל למטה, והיה לו ד' אפוטרופסין, וכשראו הצער הגדול הקדישו לגבוה סך מה לצדקות, אולי בזכות זה ירפאהו הש"י מחליו, ואח"כ מת היתום, אם יכולין היורשים לערער על האפוטרופסים על המתנות שנתנו, ויכולים להחזירם מן המקבלים, או לא, **והשיב** דכדין עשו האפוטרופסים, ורשאים הם בכך מכמה טעמים, והאריך בזה והעלה, שכל שהוציאו הצדקות ברשותם מחיי היתום ונתנו לעניים או לגזברים, כבר זכו בהם עניים, **וגם** אם לא הוציאו מן רשותם, אם אמרו אנו זוכים בעד העניים, או שהיו הם בעצמם הגזברים, זכו העניים על ידידהם, כל שהסכימו ארבעתם בכך, **אבל** אם לא אמרו כן בפירוש, אלא דעתם היה לתתם לגבאים אחרים, או שהם אמרו לשלחם לעניים ונטרפה שעה שמת הילד, הרי אלו לא יתנו, **ואם** נתנוה לאחר מיתה, אם הודיעום שהם נכסי היתום, מוציאין מן העניים, **ואם** נתנו סתם, ישלמו האפוטרופסים מביתם, ע"ש).

הגה: ודוקא צדקה שאין לה קצבה, או - מצוה אחרת **שיש לה קצבה על נכסי יתומים, ויכולין להמתין עד שיגדלו, כגון שיש להם טבל ואינן צריכין לאכול עכשיו; אבל אם צריכים לאכול עכשיו, מעשרין ותורמין להם; וה"ה בצדקה שיש לה קצבה, כגון שהיו להם קרובים עניים והיה להם קצבה מאביהם כל שנה ושנה, ואין להם לאכול רק זו, או יחזרו על הפתחים ויהיה גנאי ליתומים, האפוטרופוס שלהם נותן מנכסיהם הקצבה לקרוביהם (תשובת ר"י מינץ).**

נראה דוקא בהיה להם קצבה מאביהם, הא לא"ה אין לעשות קצבה לקרוביהם, דאל"כ לעולם יתחייבו ליתן ע"י קצבה, **והיינו** דאמרינן דפטורין ליתן צדקה אפי' לפדיון שבויים, דיש להם קצבה לפי מה שהן השבויים עכשיו, **ובזה** נסתלקה השגת הב"ח על מהר"י מינץ.

לכאורה קשה, אפילו אין להם קצבה נמי, דהא שרי לפסוק עליהם לכבודם כדי שיצא להם שם, **וכן** קשה למה לא הזכיר מהר"י מינץ שם מטעם זה, כיון שכתב שם שפגם וגנאי והיזק הוא להם בכמה דברים, ולמה הוצרך לטעם דהו"ל קצבה, **ולפמ"ש** לעיל, דבשביל שם אין כופין אותן, י"ל דהכא ביש להם קצבה כופין אותן, **וגם** לפי מש"כ הב"ח, דמדברי הרמב"ם וטור משמע, דבשביל שם אין פוסקין אלא בעשירים מופלגים, י"ל דהכא אפילו אינם עשירים הרבה פוסקים עליהם, **אבל** לא משמע כן מדברי הרב, ואע"פ שלענין הדין נראה דהכא פוסקים עליהם בכל ענין, אפי' אינם עשירים הרבה, וכופין אותן, מ"מ היה להם להרב ולמהר"י מינץ בתשובה לבאר זה, **אלא** נראה עיקר, דדוקא כדי לעשות להם שם הוא דפוסקים, משום דע"י נתינה זו נעשה להם שם טוב, **אבל** כשנותנים לקרוביהם שלא יתבזו, אין פוסקים עליהם בדבר שאין לו קצבה, כיון שלא נעשה להם טובה מיד בנתינה זו, אלא שע"י כן מסלקים הפגם שיגיע להם אח"כ, וכל זה הוא דלא כהב"ח, ע"ש.

‹**רבותא** קמ"ל, דלא מיבעיא לצדקה הקבועה בעיר שהחזיקו בה מכבר, דאנשי העיר כופין על זה, דנהי דיתמי לאו בני מיעבד מצוה נינהו, ולכך אין פוסקין עליהן צדקה, מ"מ הא גם לאו בני עבירה נינהו, והצדקות שאביהם נתן בעיר כקופה ותמחוי ושארי צדקות, אם עתה לא יתנו להם הרי עושים עבירה, **אלא** אפי' לקרובים שיכולים לומר אבינו רצה ליתן להם ואנו אין רוצים, מ"מ עד שיגדלו נותנים להם כיון שיש להם קצבה, וזהו שכתב הטעם מפני שיהא גנאי ליתומים, והוי כמו לאחשבינהו, וקושית הש"ך מתורץ לפמ"ש – ערוה"ש›.

סעיף ד - גבאי צדקה, אין מקבלין מהנשים ומהעבדים ומהתינוקות, אלא דבר מועט, אבל לא דבר גדול, שחזקתו גזול או גנוב משל אחרים - ‹דאל"כ מאין להם זה, לבוש›. **וכמה הוא דבר מועט, הכל לפי עושר הבעלים ועניותם** - (עיין בתשובת בית יעקב, דדוקא בצדקה לוקחין מהם דבר מועט, לפי שאין דרך הבעל להקפיד על דבר מועט לדבר מצוה, **אבל** כשאינה דבר מצוה, אפילו דבר מועט אסור).

וה"מ בסתמא, אבל אם הבעל מוחה, אפילו כל שהוא אסור לקבל מהם - וקנס שקנסוה, חייב בעלה לשלם בעדה, כמ"ש הרב באה"ע סי' צ"ב ס"ד,

והוא מת"ה, וכתב שם טעמא, דדמי לכפרה. **וכן** מה שנדרה בעודה פנויה חייב לשלם, באה"ט בשם הר"מ מינץ - ערוה"ש.

(**עיין** בתשובת נו"ב שכתב, דאם אמרה שנתנה בשליחות בעלה וברשות, נאמנת, ע"ש, וכ"כ בתשובת בשמים ראש, **ועיין** בפי' הספורנו על התורה פרשת ויקהל, בפסוק ויבואו האנשים על הנשים), ז"ל: על הנשים, עם הנשים המתנדבות באו האנשים שלהן להסכים בנדבה, כדי שיקבלו הגבאין מהן, שאין מקבלים מן הנשים אלא דבר מועט.

(**ועיין** בתשובת נו"ב שנשאל, אשה שיודעת שבעלה מקמץ בנתינת צדקה, ואינו נותן לפי ערכו, והיא נושאת ונותנת תוך הבית ומחלקת צדקה לפי העושר, ויודעת שבעלה מקפיד, אם מותר לקבל ממנה, **והשיב** דגזל גמור הוא, וחלילה לקבל ממנה, ואף שב"ד כופין על הצדקה, מ"מ מי שם האשה לשופטת, ואשה פסולה לדון, וגם לב"ד אין רשות ליקח ממנה בלי ידיעתו, **גם** להתיר לה בימי עיבורה ליתן חלקה לעניים להתפלל עבורה ולעשות לה פדיון, ג"כ אינו נכון, דאין זה בכלל רפואה, **רק** אם היו כל בני משפחתה נוהגים כך, אפשר לומר שמחוייב גם הבעל לעשות לה כן, וכופין אותו על כך, אבל לא שהיא תעשה זאת בלי ידיעתו בגניבה, ע"ש).

(**אמנם** אם הרב שבעיר אומר לה שלפי ערכו אם היה ידינו תקיפה היינו כופין אותו ליתן כך וכך, יכולה ליתן כשיעור הזה, ולמה נגרע במה שאין ביכולתינו לכופו, אם יש ביכולתינו להוציא הצדקה שהוא מחוייב מדינא, **אף** על גב דכפייה הוא מדעת הבעלים, וכאן הוא שלא מדעתו, מ"מ כיון שהוא מחוייב בסך זה, אלא שאין ביכולת לכופו, מ"מ החיוב מוטל עליו, ואנחנו דנין בזה כפי חיובו, **וראיתי** לנודע ביהודה שאסר בכה"ג, ואולי בימיו היה עדיין כח ביד ב"ד לכופו, משא"כ בזמנינו זה - ערוה"ש.

(**ודע**, דיש מי שסובר דאשה כשהיא עסוקה במסחור, לא אמרינן בזה מה שקנתה אשה קנה בעלה, ולפי"ז מאשה כזו בודאי רשאין ליקח צדקה, ואף דלא ברירא לן דין זה, מ"מ לענין צדקה אפשר לסמוך על דיעה זו. **ודע** דביש"ש כתב בשם ראב"ן, דהאידנא מקבלין מן הנשים אפי' דבר מרובה, דהאידנא נחשבות הנשים כאפטרופסות של בעליהן, ע"ש - ערוה"ש.

סעיף ה - אם האשה השכירה מלמד לבנה, אם ידע הבעל ושתק, ודאי ניחא ליה במה שעשתה - לכאורה משמע מטעמא דלעיל, דמסתמא אינו מקפיד באשתו על דבר זה, (לכאורה ר"ל כמו צדקה בדבר מועט), **ובחו"מ** סימן פ"א סעיף ז' כתב הרב, מי שהתנה עם אחד ללמוד עם בן חבירו בפני אבי הבן, ואבי הבן שתק, שתיקה כהודאה דמיא, אע"פ שלא דבר האב כלום, דהוה ליה לאסוקי אדעתיה ולמחות כו', והוא מדברי המרדכי פ' זה בורר, **וא"כ** לכאורה קשה, מאי איריא הכא אשתו, אפי' אחר נמי, **ואין** לחלק ולומר, דהתם מיירי דוקא שאמר אבי הבן ישלם לך, דאם כן פשיטא בלא טעמא דהו"ל לאסוקי אדעתיה, דהוה כהודאה, **ונראה** דדוקא התם ששכרו בפני אבי הבן, אמרינן דהו"ל לאסוקי אדעתיה שכוונתו שהוא ישלם בעד בנו, והלכך חייב לשלם משום שתיקה כהודאה דמי, **אבל** אם לא השכירו בפניו, אע"ג שידע שהשכירו, לא אמרינן מסתמא ניחא ליה ושישלם הוא, **והכא** אשמועינן באשתו, דאע"ג שלא השכירה בפניו, כיון דידע ושתק, מסתמא ניחא ליה במה שעשתה, והכי מסתבר.

(**עוד** כתב יש"ש, אע"פ שלא ידענו ברור שידע, אמרינן מסתמא ידע, עד שיביא ראיה שלא ידע - ערוה"ש.

אבל אם מוחה לאלתר, אין במעשיה כלום - נראה דר"ל מיד ששמע, אפי' אחר כמה ימים אחר שהשכירה, **ואם** שתק כששמע אפי' אחר כמה ימים, נשתעבד למפרע גם במה שלמד עמו, דאמרינן איגלאי מילתא למפרע דניחא ליה במעשיה, פרישה.

(ואפי' אם נושאת ונותנת תוך הבית, יוכל למחות בה) - דאף אם הניחה לישא וליתן, אינה אלא כמו אפוטרופוס בעלמא, ויכול לסלקה כל זמן שירצה.

סעיף ו - בן שאוכל אצל אביו, ועבד האוכל עם רבו, נותן פרוסה לעני, או לבנו של אוהבו, ואינו חושש משום גזל, שכך נהגו בעלי בתים.

סעיף ז - אדם שוע שנותן צדקה יותר מהראוי לו, או שמיצר לעצמו ונותן לגבאי כדי שלא יתבייש, אסור לתובעו ולגבות ממנו צדקה; והגבאי שמכלימו ושואל ממנו, עתיד הקב"ה ליפרע ממנו.

סעיף ח - הרוצה לזכות לעצמו, יכוף יצרו הרע וירחיב ידו, וכל דבר שהוא לשם

שמים יהיה מהטוב והיפה; אם בנה בית תפלה, יהיה נאה מבית ישיבתו; האכיל רעב, יאכיל מהטוב והמתוק שבשולחנו; כיסה ערום, יכסה מהיפה שבכסותו; הקדיש דבר, יקדיש מהיפה שבנכסיו, וכן הוא אומר: כל חלב לה' - ‹וכל אלה הדברים יעשה בעין יפה ובלב שמח – ערוה"ש.

§ סימן רמט – כמה חייב ליתן וכיצד יתננה §

סעיף א- שיעור נתינתה, אם ידו משגת יתן כפי צורך העניים - וכדלקמן סימן ר"נ, **ואם אין ידו משגת כל כך, יתן עד חומש נכסיו, מצוה מן המובחר; ואחד מעשרה, מדה בינונית; פחות מכאן, עין רעה** – ‹ויש להבין, דלמאי כתבו אם ידו משגת יתן כפי צורך העניים, דכיון דחומש או מעשר מחוייב ליתן, ויותר מחומש אינו רשאי ליתן, א"כ ממילא הוא כן, דאם הוא עשיר גדול ויש במעשרו או בחומשו צורך כל העניים, יספיקו כל צרכיהם, ואם אינו מספיק מה יעשה, והו"ל לומר דכל אדם מחוייב ליתן חומש או מעשר ומזה יספיקו לעניים. **ונלע"ד** דה"פ, דבאמת שיעורים אלו דמעשר וחומש אינן מן התורה, ומדרבנן הוא דאסמכוה אקרא דוכל אשר תתן לי עשר אעשרנו לך, שני עישורים כמבואר בכתובות שם, דמעשר מן התורה הוא רק בתבואה ולא לעניים, אלא מעשר ראשון ללוים ומעשר שני נאכל בירושלים לבעלים, ורק אחת בג' שנים יש מעשר עני, והיא גזירת התורה ולא שבה נפטרו מצדקה כמובן, **והחיוב** מצדקה מפורש בתורה בכמה פסוקים, וכי ימוך אחיך והחזקת בו וחי אחיך עמך, פתוח תפתח את ידך לו וגו' די מחסורו אשר יחסר לו, לא תאמץ את לבבך ולא תקפוץ את ידך מאחיך האביון, והשיעור מזה כמה שהאביון צריך, כדכתיב די מחסורו אשר יחסר לו, **אמנם** הדבר מובן שלא תצוה התורה ליתן כל מה שיש לו לעניים והוא ישאר עני, ודרכיה דרכי נועם, ובאמת בזמן שהיו ישראל בארץ והיה מצבם טוב ועניים היו מועטים, היו יכולין לקיים די מחסורו וגו', אבל כשגלינו מארצינו ועניים נתרבו ועשירים נתמעטו, ואם אפילו יחלקו העשירים כל מעותיהם לא יספיקו להשלים לכל העניים די מחסורם, לכן תקנו חכמים מעשר וחומש ולא יותר, דבהכרח לתת גבול, **ולפ"ז** ה"פ, שיעור נתינתה אם ידו משגת, כלומר שהוא עשיר גדול ועניים שם מעטים, יתן כפי צורך העניים, אף אם אין בזה לא חומש ולא מעשר, מפני שזהו עיקר המצוה של צדקה, ליתן די מחסורו, **אבל** אם אין ידו משגת, כלומר או שהוא אינו עשיר כל כך, או שעניים מרובים, יתן עד חומש או מעשר, ואף שאין בזה די מחסורו, הלא א"א יותר, **ונראה** דאף מי שאינו נותן מעשר, מ"מ מצות הצדקה קיים, אלא שלא קיימה כראוי, **ולפי** מה שבררנו הדבר מוכרע כדעת הגדולים הסוברים דמעשר כספים אין להם שום עיקר מן התורה, ב"ח בסוף סי' של"א ותשו' פנ"י, **ויש** שהביא ראיה מכאן דמעשר כספים הוא מן התורה, ט"ז שם, **ותמיהני** דלפי מה שבארנו אדרבא ראיה מכאן להיפך, ועיקר חיוב בצדקה מן התורה הוא ליתן לו די מחסורו, ומעשר וחומש תקנתא דרבנן הוא, **וכי** תימא כיון דמדאורייתא חייב ליתן די מחסורו, היכי אתו רבנן ותקנו שלא יתן יותר מחומש אף דלא יספיק לדי מחסורו, **הא** ל"ק דזה גופה דין תורה הוא, שלא יחלק אדם כל כספו לצדקה, כדתנן בערכין, מחרים אדם מצאנו ומבקרו וכו', ואם החרים את כולם אינם מוחרמין וכו', מנא הנ"מ דת"ר מכל אשר לו ולא כל אשר לו וכו', ע"ש, **וא"כ** בהכרח ליתן שיעור, ולזה נתנו חכמים שיעור כעין דאורייתא, מעשר וחומש, משום דמתבואה היה מעשר ראשון, ועוד מעשר אחד או מעשר שני או מעשר עני, ואסמכוה אקרא דוכל אשר תתן לי וגו', דכל דתקון רבנן כעין דאורייתא תקון – ערוה"ש.

וחומש זה שאמרו, שנה ראשונה מהקרן, מכאן ואילך חומש שהרויח בכל שנה - ונראה דה"ה במעשר לבינוני, שנותן שנה ראשונה מעשר מהקרן, ואח"כ מעשר מהריוח.

‹**ואם** היה לו בעסק אחד ריוח, ובעסק אחד הפסד, עבה"ט של הרב מהרי"ט ז"ל שכתב בשם שער אפרים, שאם בשעה שהיה לו הפסד היה לו חשבון שהיה לו הפסד, ואם כן מה שהיה לו ריוח אח"כ הוא ענין אחר, ואינו ממלא הריוח את ההפסד, **אבל** אם לא היה לו חשבון עד תום השנה, וחשב כל החשבונות הריוח וההפסד מכל השנה, אז ימלא ההפסד מן הריוח, ע"ש, וכיוצא בזה כתב בתשובת חות יאיר, **ועיין** בתשו' נו"ב שלא פסק כן, אלא אם הריוח וההפסד היה בשנה אחת, לעולם ינכה זה בזה, אבל בשתי שנים לא ינכה, וע"ש בהג"ה מבן המחבר›.

‹**ומ"ש** הבה"ט בשם חו"י, אם הוא נוסע לשוק כו', גם הוצאה בכלל קרן יחשב, **ועיין** בשאילת יעב"ץ שפקפק בזה, ודעתו שאין מנכה ההוצאה בכל ענין›.

‹**ועיין** בתשובת נו"ב, שנשאל במי שנהג מעשר כספים כל ימיו, והיה לו פנקס מיוחד לזה כתוב בו כל הכנסות

שלו כמה מעשר מגיע, וכמו כן רשום חלוקת הצדקות ממעות מעשר, ולפעמים הוא מקדים ליתן לעניים ואח"כ כשהרויח מנכה מן המעשר, ואחר מותו נמצא החשבון שהמעשר חייב לו איזה סך, אם יש ביד היורשים לנכות זה ממעשר שלהם, **והשיב** שאפי' אביהם היה חי בחייו, לא בריר כולי האי שיכול לנכות מה שכבר הקדים לעניים, ודברי הרמ"א לקמן סי' רנ"ז ס"ה, הם במלוה לעני דרך הלואה, ולא בדרך נתינה, **אמנם** הואיל ונהגו כן, י"ל סתמא כפירושו, שנותן לו בענין שיפרע ממעשר שלו, **וכל** זה בעודו חי, אבל בניו לא, **אכן** אם הוא שעת הדחק להם, יש להקל גם בזה, **אבל** עכ"פ צריך היורש להפריש המעשר ואח"כ יעכב לעצמו, ע"ש).

(**דבר** פשוט הוא שהריוח מחשבין בכל שנה ושנה מר"ה עד ר"ה, ואם בשנה זו היו לו עסקים שיש שהרויח בהם ויש שהפסיד בהם, עושה חשבון כללי ומה שנשאר ריוח נותן מעשר לצדקה, **ובכלל** ריוח נחשב רק הריוח הנקי, וכל ההוצאות שהיה לו על העסק, אף מה שנסע הוא בדרך ואכל ושתה, הכל נחשב על הוצאות העסק ומנכה הכל, ומה שנשאר ריוח אחר ניכוי כל ההוצאות מקרי ריוח, **אבל** הוצאות ביתו לא ינכה, ולכן מי שמרויח אלף זהובים לשנה, נותן מאה או מאתים לצדקה, אף על גב שהוא בעל הוצאה בביתו עוד יותר מאלף זהובים, מ"מ חייב ליתן מעשר מהריווח, **ורק** מה שהיה צדקה בההוצאה, כגון שחלק לחם בב' וה', או נתן פרוטות לעניים, או נתן לאכול איזה יום לבני ת"ת, או לקח אורח עני על שבת או על סעודה ביום כדרך בני ישראל, יכול לנכות מחלק המעשר, **ואם** הוכרח לתת איזה צדקה מרובה שעדיין אין בריוח שלו כל כך מעשר, יכול ליתן וללות על סמך הריוח שירויח אח"כ, ואז ינכה מהריוח המהמעשר ויתן לכיסו, וראיה לזה ממה ששנינו בגיטין ספ"ג, המלוה את הכהן וכו' מפריש עליהן בחזקת שהן קיימים, ע"ש - ערוה"ש).

(**וכתב** עוד בשאילת יעב"ץ, במעות נדוניא שנוהגים האבות לחלק המעשר כפי הישר בעיניהם, שפיר עבדי, והבנים יוצאים בזה י"ח, **והם** מרויחים בכך שאינו נקבע בחובה להפריש מעשר מכאן ואילך, דאילו עשו כן מעצמם, נעשה נדר, **ומיהו** ה"מ כשהאבות מתחייבים במעות מעושרים, אבל אם הכניסו סתם כך וכך מעות להזוג, ואח"כ בהגיע זמן החתונה נוטלין המעשר, י"ל דאין זכות לאבות במעשר אם לא מדעת הזוג, דמצוה דידהו היא, **ושמא** כיון דהכי נהוג, אדעתא דהכי נתחייבו מעיקרא להיות להאבות טובת הנאה שבהן, ע"ש).

(**ועיין** בשל"ה שכתב, דגם מירושה שירש מאביו צריך ליתן מעשר, אף שאביו היה נזהר כל ימיו במעשרות, מ"מ צריך הוא ליתן מחדש, ע"ש). (**ואף** על גב דבמעשר תבואה אינו כן, כבר בארנו דאינו מטעם זה, אלא דוגמא בעלמא הוא - ערוה"ש).

(**ועיין** עוד בשאילת יעב"ץ, שנסתפק באשה שמכנסת לבעלה מעות שיש לה בעצמה, שירשתו וכה"ג, באופן שאין רשות אביה שולטת בה, אם מחויב הבעל לעשור מעות נצ"ב ונכסי מלוג שלה, **והדר** פסיק לקולא, דמסתייעא דעביד בהו מידי דמצוה, אבל אינו מחוייב לתת מעשר לעניים, **מ"מ** המחמיר תע"ב).

(**וכתב** עוד דאם מתה האשה וירש הבעל את כתובתה, בעי עישורי נכסי דירית מינה, **מיהו** אי לא ירית רק כתובה דאורייתא, אינו מחויב לעשר, **ושם** בהשמטות כתב, דאולי יש להחמיר במה שהיתה שוה להמכר בטובת הנאה, שלפי שומא זו יעשר, ע"ש).

(**ועיין** בשו"ת ארבעה טורי אבן, שנשאל באחד ששהה מעות מעשר שלו אצלו עד דאיתרמי ליה לעניים הגונים או קרוביו שיתן להם, וביני ביני הוציא המעות לצרכו, ואח"כ כתב אליו אחד מקרוביו שישלח לו איזה סך לסיועת נשואי בתו, וזה לא היו לו מעות מזומנים, ושלח לו סחורה ע"י איש נאמן, ונגזל הסחורה בדרך, אם המשלח חייב באחריות או לא, **והשיב** דאילו לא השתמש האיש הזה במעות לצרכו, רק אותם המעות שהפריש לשם מעשר היה שולח לעני, ונאבד בדרך, ודאי דאינו חייב באחריות, **ואף** אם היה קונה סחורה באותם המעות לשלוח לעני כדי להרויח, היה ג"כ פטור, ולא אמרינן דפשע בקניית הסחורה, **אבל** מאחר שנשתמש בהמעות לצרכו, וכאן בא האונס מחמת הפשיעה, שאילו שלח מעות קרוב לודאי שלא היה נגזל, שהיה יכול להטמין, א"כ המשלח חייב עכ"פ מדיני שמים ליתן מעות אחרים לעני זה, ע"ש).

הגה: ואל יבזבז אדם יותר מחומש, שלא יצטרך לבריות - (ונ"ל דלפדיון שבויים רשאי להוסיף על החומש, וכן לרעבים וצמאים וכיוצא בהם בדבר שיש בזה פקוח נפשות, ומחוייב בזה להוסיף - ערוה"ש).

ודוקא כל ימי חייו, אבל בשעת מותו יכול אדם ליתן לצדקה כל מה שירצה - ‹ובשאלתות, דתלתא ולא יותר – רעק"א.

‹**ומשמע** שם בגמ', דעד מחצית נכסיו יכול לחלק בשעת מיתה ולא יותר, והטעם פשוט, שלא יעביר הרבה נחלה מהיורשין, ועד מחצה יכול לחלק לצדקה, דזהו כחולק עם יורשיו, מחצה לו לנשמתו ומחצה ליורשיו – ערוה"ש›.

ואין לעשות ממעשר שלו דבר מצוה, כגון נרות לבית הכנסת או שאר דבר מצוה, רק יתננו לעניים, (מהרי"ל) - מהרש"ל והדרישה כתבו בשם תשובת מהר"מ, דכל מצוה שתבא לידו, כגון להיות בעל ברית, ‹להיות סנדק ובעד זה נותן להיולדות או הוצאות הברית מילה כשהאב עני – ערוה"ש›, או להכניס חתן וכלה לחופה וכה"ג, וכן לקנות ספרים ללמוד בהם, ולהשאילן לאחרים ללמוד בהם, אם לא היה יכולת בידו ולא היה עושה אותה מצוה, יכול לקנות מן המעשר, ע"כ. [**וי"ל דכשקונה בעדו ספר, צריך לכתוב עליו שזהו מן המעשר, למען ידעו בניו דבר זה, ולא יחזיקוהו להם**].

‹**ולכאורה** נראה דמהרי"ל ומהר"מ פליגי אהדדי, **אך** לפמ"ש באר הגולה אות ה', דוקא מצוה שחייב בלא"ה וכו' ‹פי' דבלא"ה מחוייב עכ"פ לעשות מצוה זו, ורוצה לפטור ממנה במעשר, אינו רשאי, אבל אי רוצה לעשות בו מצוה שאינו כבר מחוייב, רשאי, עכ"ל, י"ל דלא פליגי כלל, **ועיין** בתשובת חתם סופר, שכתב דבאר הגולה שגה בזה, דבמהרי"ל כתב להדיא הטעם, משום דמעשר שייך לעניים כו', **אך** מ"מ אין כאן מחלוקת, דמהרי"ל ורמ"א מיירי שהנהיג ג"פ להפריש מעשר מריוח שלו ולתתו לעניים, ושוב כל מה שיפריש הוי ממילא לעניים, ולאו כל כמיניה לקנות ממנו נר לבהכ"נ אפילו אינו מחוייב בהם, **אבל** אם מיד בתחלת התנהגות להפריש מעשר כספים, התנה שיכול לעשות ממנו דבר מצוה, מודה מהרי"ל למהר"ם - **ע"ש** בסימן שאחריו שלא כתב כן, רק דמהרי"ל ס"ל דמעשר כספים הוא ממש דאורייתא כו'›.

‹**ושם** בסימן רל"ב, נדון מי שמת והניח ספרים שכתוב עליהם שהם ממעות מעשר מקרוביו, וישאילם לאחרים כל ימי חייו, והאפוטרופסים על יתומיו העניים המחוסרים לחם רוצים למכרם לפרנסת היתומים, וטוענים שלא כתב אלא כל ימי חייו, ואחר שמת יכולים למכרם, **והאריך** בזה והעלה, דהדין עם האפוטרופסים, ע"ש›.

‹**ומ"ש** וכן לקנות ספרים כו', עיין בספר משנת חכמים שכתב בשם אביו הגאון ז"ל, דאם קנה בהם ספרים, אסור למכרם אפי' ללמוד תורה ולישא אשה, **ואף** שהתירו בס"ת למכור ללמוד ולישא אשה, היינו בס"ת של יחיד כמבואר באו"ח סימן קנ"ג, והספרים הללו זכו בהם רבים, ומצוה להשאילם לאחרים, א"כ אין לו רשות למכרם, **וכתב** הוא ז"ל על זה, דאם התנה עם הקונה שהוא ישאילם לאחרים, ואינו מוכר לו כי אם טובת הנאה שיש לו בהם, צ"ע אם מותר למכרו בענין זה, ע"ש›.

‹**מה** שכתבו דמותר לקנות ספרים במעות מעשר צ"ע, דא"כ נתיר לו לקנות תפילין ממעות מעשר וטלית ושאחרים יתפללו ג"כ בהן, וכן נתיר לו לקנות שופר ואתרוג וסוכה ממעשר ושאחרים ישתמשו ג"כ בהם, **ועוד** דאם אפילו נתיר לו לקנות ספרים ממעות מעשר, מ"מ הרי הוא כאחר, והלא יכולים לומר לו אין רצוננו שתשהה הספרים אצלך, אלא יהיו בבהמ"ד וכל הרוצה ילמוד בם, **על** כן ראוי להתרחק את עצמו מהיתר זה, **וכן** שכר לימוד שמשלם בעד בניו הקטנים אינה בכלל צדקה ממעשר, והיא מצוה בפני עצמו, והרי היא כשארי מצות שאין ביכולת לעשות ממעות מעשר – ערוה"ש›.

‹**הקונה** עלייה לס"ת, ונותן בעד זה נדבה לבהמ"ד, הוה ממעשר, וכן כל מה שנותן צדקה למשרתי הקהלה, ודאי דהוי בכלל צדקה – ערוה"ש›.

ובתשו' מהר"מ מרוטנבורג כתב, ולפזר מעשרותיו לבניו הגדולים שאינו חייב לטפל בהם, מותר, דאפי' לאביו מותר לתת אם הוא עני, משום כבוד אביו, (צ"ל לולא משום כבוד אביו), וכ"ש לבניו דמותר, במקום שאין בעיר תקנה לתת לכיס של צדקה, עכ"ל, ‹והלא לא ישאר לשארי עניים כלום, ואינה מן המדה, ולכן יש להתיישב בזה ולמצא דרך המיצוע – ערוה"ש›, **ומשמע** דמותר אפי' יש בידו יכולת לפרנס ממקום אחר, דזה הוי צדקה, כדלקמן סימן רנ"א ס"ג. ‹**וזה** ודאי תמוה, והן אמת שבסי' רנ"א מתבאר כן דהם קודמים לאחרים, זהו ודאי כשאין ידו משגת, האב ובניו קודמים, וגם זה כשבניו ילמדו תורה כמבואר שם, **אבל** אם הוא עשיר, קשה הדבר לומר שיכול לחשוב חשבון אביו ובניו על מעות מעשר ויפטור את עצמו בזה מנתינת צדקה – ערוה"ש›.

[**וכ"ש לפרוע בהם מסים דאסור, אע"ג דאיתא בפ"ק דבתרא, שאפי' מה שאומות העולם נוטלין בזרוע**

נחשב לצדקה, מ"מ מקרי זה פורע חובו מן בצדקה, תדע דהא גם במה שאדם זן בניו הקטנים, אמרינן בפ' נערה שנתפתתה דהוי עושי צדקה בכל עת, וכי ס"ד שיוציא אדם מעשר שלו לזון בניו הקטנים].

‹**אבל** הוצאות בניו ובנותיו הקטנים, אף על גב דדרשינן ועושי צדקה בכל עת, זה הזן בניו ובנותיו כשהן קטנים, מ"מ אין זה בכלל צדקה, ועל צד הדרש אמרו חז"ל כן, כלומר דגם זה מצוה, אבל חלילה לחשוב זה בכלל צדקה, דאל"כ לעולם לא יגיע לעניים אף פרוטה אחת, **ואף** המגדל בני בניו ובני בנותיו או בנותיהם, נ"ל שאינו יכול לחשוב זה בכלל צדקה ממעשר, ובני בנים הרי הם כבנים, **אבל** המגדל יתום ויתומה ממשפחתו או שלא ממשפחתו, ודאי שהוא צדקה גדולה ויחשוב זה ממעות מעשר – ערוה"ש›.

[**ולענין** לקנות מצות בביהכ"נ במעות מעשר, **נ"ל דאם בשעת קניית המצות היה דעתו ע"ז, שרי, דהא המעות לצדקה אזיל, ואף שהוא נהנה במה שמכבד לקרות אחרים לס"ת, אין זה איסור, שהרי בכל מעשר יש טובת הנאה לבעלים, משא"כ אם בשעת קניית המצות לא נתכוין ליתן ממעשר, ואח"כ רוצה לפרוע ממעשר, הו"ל כפורע חובו ממעשר, כנ"ל בזה].**

‹**ובשל"ה** כתב, דמ"מ אם הוא מוסיף ליתן יותר מחבירו, אינו יכול ליתן ממעשר שלו רק כשיעור מה שהוסיף, אבל לא כפי מה שרצה גם חבירו ליתן, דהא בזה לא הועיל לקופה של צדקה כלום – רעק"א›.

‹**וכתב** בתשו' חת"ס, בדבר השאלה בא' שהשיא בנו לבת ת"ח, והתחייב ליתן להת"ח בכל שבוע ג' זהובים, שיזון הזוג על שולחנו שש שנים, כדי שילמד הבן אצל חותנו הת"ח הנ"ל, והן עתה כבד עליו הדבר, ורוצה ליתן זאת ממעות מעשר, **והעלה** דאם מיד בשעת נישואין היה דעתו לשלם ממעות מעשר, שפיר דמי, ומ"מ מהיות טוב יחלק המעשר, ויתן חציו לעניים דעלמא, וחציו לבנו, דוגמא לדהא דתנינן פ"ח דפאה מ"ו, היה מציל כו', **אך** אם בשעת חיובו לא היה דעתו לזה, אין אדם פורע חובותיו ממעשר - וזה מכוון לדברי הט"ז›.

‹**מי** שלוקח חתן ת"ח כדי שילמוד, מ"מ אין ביכולתו לחשוב זה על מעות מעשר, אף שמשלם לאחר בעדו שילמוד עמו – ערוה"ש. ‹**הפריז** ביותר על המדה, וזה אינו – ציץ אליעזר›.

‹**ועיין** בתשובת שבו"י, שנתן טעם למנהג בחתן וכלה, שמשלמין ממעות מעשר הכלי זמרים ומשרתי סעודת נישואין, **וכתב** דמ"מ אסור ליקח ממנו שכר משרת ומשרתת, אע"ג דסגי ליה לפי עבודתו במשרתת קטנה ששכרה מועט, רק רוצה במשרתת גדולה שהיא משגחת יותר בדבר איסור והיתר, אפ"ה אסור, ע"ש›.

‹**ויראה** לי דמה שנותן לכלי קודש בעת חתונת בנו או בתו, לא הוי בכלל מעשר, אלא בכלל הוצאות החתונה, אבל אם נותן בעת מעשה צדקה לעניים אחרים, הוה בכלל מעשר – ערוה"ש›.

‹**ועיין** בתשובת חות יאיר שכתב, ששאל אחד ממנו להורות לו, שנהג להפריש מעשר מן הריוח, ונתרשלו ידיו באמרו שנודע לו בבירור שנותן לצדקה, ומזונות לבניו ובנותיו אשר לצדקה תחשב, יותר מחומש הריוח, **והשיב** דלא שפיר עביד, ואינו יוצא י"ח מעשר בזה, כמאמר חז"ל ואל תרבה לעשר אומדות, וכתב התוי"ט, דלאו דוקא להרבה לעשר אומדות, ה"ה רק פעם אחת אסור, עכ"ד, **ועיין** בספר משנת חכמים שם שחולק עליו, דאף אי נימא דמעשר כספים יש לו דין מעשר עני, מ"מ לענין להפריש מאומד לא דמי למעשר תבואה, ויכול להוסיף אם ירצה, ושפיר עביד אם הוסיף, ע"ש›.

סעיף ב - לעולם לא ימנע אדם עצמו פחות משלישית השקל לשנה - והוא שתות אוקיא של כסף, טור, והיינו למ"ש לקמן ר"ס ש"ה, דה' שקלים היינו ב' אוקיות וחצי, לרש"י, **ולמ"ש** הרב שם שהוא ‹היינו הה' שקלים› בערך ב' זהובים ריניש, ‹ע"ש שהוא אחד וב' שליש, 1.66›, וכתוב בהג' דרישה, דהיינו ה' זהובים בזמן הזה ‹פוליש›, **א"כ** השקל הוא שליש רייני"ש טאליר ‹33. = 5/1.66 ›, והיינו זהוב פוליש, וא"כ חיוב הצדקה הוא עשרה גדולים כו', ‹דזהוב = שלשים גדולים ע"ש›, **וע"כ** נהגו בארצות האלו שהגבאי צדקה הולך בבהכ"נ שני וחמישי לגבות מעות צדקה מכל אחד ואחד, ואפי' נותן מהפחות שבמטבעות, הוא נותן יותר משלישית השקל לשנה, ומנהג נכון הוא, **ואע"ג** דבא"ח של הרא"ש הנדפס בסוף הסדורים כתב, שיתן בכל סוף שנה זהוב וחצי, **היינו** למדת חסידות, אבל מדינא אין חייב אלא בשלישית השקל לכל השנה כדמשמע בש"ס ופוסקים.

ואם נתן פחות מזה, לא קיים מצות צדקה - ‹והרי מצות עשה של מצוה זו הטילה התורה על כל איש ואיש מישראל, וצריכים לקיים אותה פעם א' בשנה לכל הפחות כשארי מצות. **וטעם** דשלישית השקל למדו חז"ל מקרא

דנחמיה, שכן היתה הנדבה לבדק הבית, **ואולי** משום דבשליש שקל יש רנ"ו פרוטות, כנגד ימי החול שבכל השנה, לבד שבת וע"ש שטרוד בצרכי שבת, ויגיע פרוטה ליום – ערוה"ש.

סעיף ג - צריך ליתן הצדקה בסבר פנים יפות, בשמחה ובטוב לבב, ומתאונן עם העני בצערו ומדבר לו דברי תנחומין; ואם נתנה בפנים זועפות ורעות, הפסיד זכותו - אפילו נתן לו הרבה, ועובר על ולא ירע לבבך כו', סמ"ג.

סעיף ד - אם שאל לו העני ואין לו מה יתן לו, לא יגער בו ויגביה קולו עליו – ‹אם לא בידוע שהוא רמאי וכיוצא בזה – ערוה"ש›, **אלא יפייסנו בדברים, ויראה לבו הטוב שרצונו ליתן לו אלא שאין ידו משגת** – ‹וכל מי שהוא אכזרי ואינו מרחם, יש לחוש ליחוסו אם אינו מערב רב ולא מזרעו של אברהם אבינו, שאין האכזריות מצויה אלא בעובדי כוכבים – ערוה"ש›.

הגה: ואסור להחזיר העני השואל ריקם – ‹אם יש לו ליתן לו אפילו דבר מועט – לבוש›, **אפילו אין נותן לו רק גרוגרת אחת, שנאמר: אל ישוב דך נכלם.**

סעיף ה - אם יכול לעשות לאחרים שיתנו, שכרו גדול משכר הנותן – ‹שאין לך עבודה קשה שבמקדש יותר מלאסוף צדקה מאחרים – ערוה"ש›.

[אין פי' ששכרו יותר מן העושה ע"י כפייה, דהא זה העושה ע"י כפייה הפסיד זכותו, כמ"ש בס"ג, **אלא** פי', יותר משאר עושי צדקה אפי' ברצון, ובטור כתב, כשכר העושה, ופשוט שט"ס הוא, וכן ראיתי בס"א, ובפרישה רוצה ליישב, דבגמ' קאמר יותר מן העושה ע"י כפייה, והוא תמוה ממה שהוכחנו].

סעיף ו - שמונה מעלות יש בצדקה, זו למעלה מזו: מעלה הגדולה שאין למעלה ממנה, המחזיק ביד ישראל המך ונותן לו מתנה - דכיון שעדיין לא העני לגמרי, אינו מתבייש, שכן דרך האוהבים לתת מתנה זה לזה, בית יוסף, [והוא דחוק, ובטור כתוב "המתנה", ונראה שנוסחא של טור עיקר, דהא חשיב כאן הדרך המעולה יותר, ונותן לו מתנה הוא דרך שאינה מעולה כל כך, כמ"ש אח"כ, ולפי גירסת הטור אתי שפיר, דה"ק דנתינת המתנה באופן היותר מועיל שיהיה נזכר אח"כ, יהיה קודם שהעני לגמרי, ע"כ אמר "המתנה" בה"א הידיעה].

או הלואה, או עושה שותפות - והוא עדיף מהמלוה כדאיתא בש"ס ובב"י הטעם, מפני שהמלוה מעות לחבירו בלא ריוח, הלוה בוש שהוא נהנה מחבירו בדבר שאין חבירו נהנה כלל, אבל בעושה שותפות אינו בוש כלל, מאחר ששניהן נהנין, ‹והשו"ע דלא כתב זה, נ"ל דודאי אם עושה זה רק לשם מצות והחזקת בו, פשיטא שאין למעלה הימנו, אבל ידוע שרובם עושים כן לשם פרנסה, ואין זה בגדר צדקה כלל – ערוה"ש›, **או ממציא לו מלאכה, כדי לחזק ידו שלא יצטרך לבריות ולא ישאל, ועל זה נאמר: והחזקת בו.**

סעיף ז - פחות מזה, הנותן צדקה לעני ולא ידע למי יתן, ולא ידע העני ממי מקבל - ‹כמו לשכת חשאין שהיה במקדש, שהיו נותנים בה בחשאי, ועניים בני טובים מתפרנסים ממנה, ותניא בתוספתא שכשם שהיתה במקדש, כך היתה בכל עיר ועיר – ערוה"ש›. **וקרוב לזה, הנותן לקופה של צדקה** - ‹אף על פי שהגבאי מרגיש בנתינתו, מ"מ כיון שהעני אינו יודע ממי באה לו הוא קרוב למעלה זו – לבוש›, **ולא יתן אדם לקופה של צדקה אלא אם כן יודע שהממונה עליה נאמן** - ע"ל ר"ס רנ"ו, **ויודע לנהוג בה כשורה.**

סעיף ח - פחות מזה, שיודע הנותן למי נותן, ולא ידע העני ממי לוקח, כגון גדולי החכמים שהיו הולכים בסתר ומשליכים המעות בפתחי העניים - ‹וכן אם מוסר הצדקה ע"י שליח, ואין השליח מגיד מי נתנה – ערוה"ש›, **וכזה ראוי לעשות, ומעלה טובה היא, אם אין ממונים על הצדקה נוהגים כשורה.**

סעיף ט - פחות מזה, שיודע העני ממי נוטל, ולא ידע הנותן למי נותן, כגון החכמים שהיו צוררים המעות בסדיניהם ומשליכים אותם לאחוריהם, ובאים העניים ונוטלין, כדי שלא יהיה להם בושה - ‹ומ"מ

המדרגה הזו הוא פחותה מן המדרגה שלפני זו, שבמדרגה שלפני זו, אע"פ שהעני יודע שהנותן יודע שנתנה לו, מ"מ כיון שהוא אינו יודע מי הוא הנותן, אינו בוש כל כך, אבל בזו שהוא צריך להתיר הסדין וליטלו ממנו, ומתיירא שמא יראנו הנותן, הוא בוש יותר – לבוש.

‹**וידוע** שבזמנינו זה א"א לעשות כן, שיחטפו את הצדקה את שאינם מהוגנים, והמהוגנים לא יגיע להם כלל, כמו שאנו רואים במקום שמחלקים צדקה בגלוי – ערוה"ש.

סעיף י - פחות מזה, שיתן לעני בידו – ‹שהעני מתבייש הרבה – לבוש›, **קודם שישאל** – ‹וזהו על דרך, והיה טרם יקראו ואני אענה, ועל זה נאמר, כפה פרשה לעני וידיה שלחה לאביון, ושכרו מרובה, וגם הקדוש ברוך הוא יעשה לו צרכיו קודם שיבקש, ובמדה זו מחזיקים בעלי הצדקות הגדולות – ערוה"ש.

סעיף יא - פחות מזה, שיתן לו כראוי אחר שישאל.

סעיף יב - פחות מזה, שיתן לו פחות מהראוי, בסבר פנים יפות.

סעיף יג - פחות מזה, שיתן לו בעצב - והיינו שצר לו בנתינתו, אבל עכ"פ אינו מראה לו פנים זועפות, דא"כ לא נחשב בשמונה מעלות, דהא הפסיד זכותו, ועובר על משום לא ירע לבבך, כדלעיל ס"ג.

הגה: ועל כל פנים לא יתפאר האדם בצדקה שנותן; ואם מתפאר, לא די שאינו מקבל שכר, אלא אפילו מענישין אותו עליה – ‹שזה הוא מדה בנותני צדקה באומות העולם, ואמר עליהם הכתוב: וחסד לאומים חטאת, פי' החסד שהאומות עושין חטא הוא להם מפני שמתפארים בה – לבוש.

ומ"מ מי שמקדיש דבר לצדקה, מותר לו שיכתוב שמו עליו – ‹שאין זה התפארות אלא... – לבוש› **שיהא לו לזכרון, וראוי לעשות כן** – [ונראה הטעם דנ"מ מזה, שאז לא יוכלו הצבור לשנות אותו דבר למידי אחרינא, וכמש"כ רמ"א סי' רנ"ט ס"ג].

לחנם בדה טעם מלבו, ואישתמיטתיה תשו' רשב"א מקור דין זה, שם מפורש טעם אחר, ויש נ"מ בין הטעמים, **ונראה** שלא ידע כלל מקור דין זה שהוא מרשב"א, שבספרו טורי זהב לא נרשם מראה מקום על דין זה, וגם בשו"ע שנדפסו כבר לא נרשם, ע"כ כתב טעם אחר מלבו, שאז לא יוכלו הצבור לשנות כו', **ולפי"ז** היכא שהצבור רוצה לחייב עצמם שלא ישנו, לא יכתוב שמו עליו, **והא** ליתא, דבתשו' הרשב"א מפורש הטעם, שזו מדת חכמים ומדת ותיקין כדי ליתן שכר לעושי מצוה, ומדת התורה שהיא כותבת ומפרסמת עושי מצוה כו', ומביא שם כמה ראיות ע"ז, **ומסיק** ומכאן אתה למד שיהיו נוהגין לכתוב כן שמות המקדישין לשמים, להיות להם לזכרון טוב על מצוה, ולפתוח דלת לעושי מצוה, עכ"ל, **עוד** משמע שם ברשב"א, דאפי' הקדיש כבר, מותר שיכתוב שמו עליו, ואין הצבור יכולין לעכב עליו - נקה"כ.

‹**אבל** הצ"צ כתב, דכיון שמסרה לציבור נעשית כשל ציבור, ואם מסרה לציבור סתם ואח"כ רוצה לכתוב שמו, יכולין למחות, **ונ"ל** דזה תלוי בראיית עיני המורה – ערוה"ש.

(**עיין** בתשובת אמונת שמואל, שנשאל ראובן שהיה גבאי צדקה, ושכר פועלים לסייד ולכייד בית הכנסת במעות צדקה, וכתב האומן, וזאת נעשה בפקודת ראובן בן יעקב גבאי צדקה, ולאחר כמה שנים עמדו הקהל וערערו ע"ז, **וראובן** השיב, הגם שגביתי המעות מקהל, מאחר שטרחתי בשביל בהכ"נ, כדין יכתב שמי עליו, ועוד מאחר שלא מיחו עד הנה, הוי חזקה, **והשיב** דהדין עם הקהל, דדוקא היכא שעשה בעצמו בגופו או בממון שלו, יש לו זכות לכתוב שמו עליו, ולא בכה"ג שלא עשה בעצמו, רק שכר פועלים במעות צדקה, **וגם** מה שטוען דיש לו חזקה, אינו כלום, ורשות בידם למחוק, ע"ש).

סעיף יד - טוב ליתן פרוטה לעני קודם כל תפלה, שנאמר: אני בצדק אחזה פניך - וכ"ש אם נותן לקופה של צדקה קודם תפלה שעדיף טפי, וכן כתב הטור בא"ח ס"ס צ"ב, טוב לתת צדקה קודם תפלה.

סעיף טו - גבאי צדקה שיש בידם מעות צדקה, ישיאו בהם בתולות עניות – ‹או בת ת"ח עני – ערוה"ש›, **שאין צדקה גדולה מזו** – ‹שהוא תקון וישוב העולם, ונעשה שותף להקב"ה במעשה בראשית, כי לא לתוהו וגו', וגם מצילה מן הזמה – לבוש›.

ובתשובת הר"מ אלשקר כתב, דדוקא יתומות, אבל לא ידעתי אם יכולים הקהל להשיא עניה שאין

לאביה יכולת להשיאה בדבר של הקדש ששם בעליו עליו, ואם נקרא זה דרך של מצוה כו', וע"ש.

סעיף טז - יש מי שאומר שמצות בית הכנסת עדיפא ממצות צדקה - ‹ומדברי רבותינו בעלי התוס' בב"ב מבואר דצדקה גדולה מבהכ"נ, גם הגר"א השיג עליו והביא התוס' שכתבנו, **ונ"ל** ברור דזה שכתבו דעדיפא מצדקה, לא מיירי בצדקה להאכיל רעבים וכיוצא בזה, אלא בצדקה שהוא להרחיב להעני, ולכן הרחבת בהכ"נ עדיפא – ערוה"ש›, **ומצות צדקה לנערים ללמוד תורה או לחולים עניים, עדיף ממצות בית הכנסת.**

הגה: מה שנוהגין לפסוק צדקה עבור מתים בשעת הזכרת נשמות, מנהג ותיקין הוא ומהני לנשמותיהם – [בהלכות יו"כ הביא הב"י בשם הרוקח הטעם, משום שהוא יתברך בוחן לבבות, אם היה אותו המת בחיים היה נותן צדקה אם היה לו ממון כו', אבל אם נותן בעבור רשע, אינו מועיל כו', עכ"ל].

§ סימן רנ – כמה ראוי ליתן לכל אחד ואחד §

סעיף א - כמה נותנין לעני, די מחסורו אשר יחסר לו. כיצד, אם היה רעב, יאכילוהו; היה צריך לכסות, יכסוהו; אין לו כלי בית, קונה לו כלי בית; ואפילו אם היה דרכו לרכוב על סוס, ועבד לרוץ לפניו כשהיה עשיר, והעני, קונה לו סוס ועבד; וכן לכל אחד ואחד לפי מה שצריך: הראוי לתת לו פת, נותנים לו פת; עיסה, נותנים לו עיסה; מטה, נותנים לו מטה; הראוי ליתן לו פת חמה, חמה; צונן, צונן; להאכילו לתוך פיו, מאכילין; אין לו אשה ובא לישא, משיאין לו, ושוכרים לו בית ומציעים לו מטה וכלי תשמישו, ואחר כך משיאין לו אשה.

הגה: ונראה דכל זה בגבאי צדקה – ‹שהוא עומד בשם כל העיר›, **או רבים ביחד; אבל אין היחיד מחוייב ליתן לעני די מחסורו** – ‹אפילו ידו משגת, כשיש עוד עשירים בעיר, ואפילו אם העני בא אצלו, מ"מ הרי מוטלים על כולם – ערוה"ש›, **אלא מודיע צערו לרבים; ואם אין רבים אצלו, יתן היחיד אם ידו משגת, (ב"י ודלא כמשמעות הטור), וכמו שנתבאר סימן רמ"ט** - והב"ח כתב דגם היחיד מחויב ליתן לו כל די מחסורו אם ידו משגת, וכדלעיל ר"ס רמ"ט, וכ"כ הרמב"ם, מ"ע ליתן צדקה כו', לפי מה שחסר העני אתה מצווה ליתן לו, אם אין לו כסות כו', **בפרק** מציאת האשה: ת"ר אמרו על הלל הזקן, שלקח לעני בן טובים סוס לרכוב עליו כו', אלא ע"כ כל אדם שידו משגת מצוה ליתן לעני שאינו מחזר על הפתחים לפי מה שחסר העני, **ואין** מכל זה הכרח, די"ל דכל זה מיירי בשאין רבים אצלו, או שאין יד הרבים משגת לסייע לו. ‹ודברי ש"ך אין נראין – גר"א›.

סעיף ב - אשה שבאה לינשא, לא יפחתו לה מנ' זוז - ומחייבין את הגבאים ללוות, **ואם יש בכיס, מפרנסים אותה לפי כבודה** - אפי' יותר מנ' נמי. **ומשמע** דיותר מנ' אין מחויבים ללוות.

נראה דשיעור זה וכן כל השעורים שבסעיף ד', אינו אלא בימיהם, אבל בזמן הזה נותנים לו כפי הראוי, וכדלקמן סי' רנ"ג סעיף ב'.

(וע"ל סימן רנ"ז אם הגבאים צריכים ללוות).

סעיף ג - עני המחזר על הפתחים, אין נותנין לו מהקופה מתנה מרובה, אלא מתנה מועטת - וה"ה מכל יחיד ויחיד שמחזר אצלו א"צ לתת לו מתנה מרובה, וכ"פ הב"ח לדעת הרמב"ם וטור. ‹**שאחרי** שלמד לחזור על הפתחים, דיו בכך, ואין צריכין לפרנסו כדי סעודה – לבוש›.

[**לפי** דעת הטור יש מחלוקת בין הרמב"ם להרא"ש, דלהרמב"ם קאי איחיד הנותן, ולהרא"ש קאי על גבאי צדקה, ונראה דעת הטור דנ"מ, להרמב"ם צריך הגבאי ליתן אפי' למחזר על הפתחים כדי סעודה, שהגבאי במקום רבים הוא, **והב"י** כתב דגם לרמב"ם קאי אגבאי צדקה, ומשמעות הלשון דהרמב"ם לא משמע אלא כדעת הטור, **דלא** מיירי שם מגבאי כלל, **ומ"מ** לדינא

נראה דכו"ע מודים, דהגבאי נותן כדי סעודה אפי' למחזר על הפתחים, אלא דהב"י לא פי' דברי הרמב"ם, שכתב מתנה מרובה, על כדי סעודה].

סעיף ד - אין פוחתין לעני העובר ממקום למקום, מככר בפונדיון, (הרמב"ם פי' משקל הפונדיון, הוא ה' גרעיני שעורה), מד' סאין בסלע; ואם לן, נותנין לו מצע לישן עליו, וכסת ליתן מראשותיו, ושמן וקטניות; ואם שבת, נותנין לו מזון ג' סעודות, ושמן וקטנית, ודג וירק. ואם מכירין אותו, נותנין לו לפי כבודו - «וכמה ימים יכול העני להיות בעיר שיצטרכו ליתן לו סעודות, אינו מבואר, ועכשיו מרגלא בפומי דאינשי, שיש רשות לעני העובר להיות ג' ימים בעיר, ושיתנו לו לאכול כל הג' ימים, ולא ידעתי מקורו – ערוה"ש».

«ופשוט הוא דאם זה העני העובר ממקום למקום נצרך גם לנדבה לפרנסת ביתו או להשיא בתו וכיוצא בזה, דנותנין לו גם נדבות קטנות, וכן המנהג – ערוה"ש».

סעיף ה - עניי העיר מרובים, והעשירים אומרים: יחזרו על הפתחים - «וכ"ז הוא מתשו' הרשב"א, שבזמנו התחיל המצב להתמוטט ורבו עניים, ולכן אמרו העשירים כיון שמהצדקות שלנו לא יספיק לצרכיהם, א"כ מה בצע בקופה של צדקה, יחזרו על הפתחים וכל אחד יתן כפי נדבת לבו», **והבינונים אומרים: שלא יחזרו על הפתחים, אלא תהיה פרנסתן מוטלת על הצבור לפי ממון** - «ואי משום שלא יספיק, יחזרו אח"כ על הפתחים – ערוה"ש», **הדין עם הבינונים. הגה: כי עיקר חיוב הצדקה לפי הממון. ויש מקומות נוהגין ליתן לפי הנדבה** - «לפי מה שרוצה ליתן», **ויש לפי המס** - «סכום ידוע כמה יתן כל אחד ואחד, ואינו לפי ממון ממש, שהרבה מנהגים יש בו מאיזה ממון פורעים», **והנותן לפי ברכתו** - «היינו לפי הריוח – הערות על שו"ת הרשב"א», **ראוי יותר לברכה** - «ולפי שהדור נדלדל, לכן התחיל בזמנו חילופי מנהגים – ערוה"ש».

§ סימן רנא – למי נותנין הצדקה ואיזה קודם לחבירו §

סעיף א - מי שהוא עבריין במזיד על אחת מכל מצות האמורות בתורה ולא עשה תשובה, אינו חייב להחיותו ולא להלוותו - לשון עבריין משמע שהוא רגיל לעבור, וכן בלשון הטור וסמ"ק הוא מומר לתאבון כו', לשון מומר משמע שרגיל בכך, וכן בדין, שאם עבר עבירה לתאבון פעם אחת, לא יצא מכלל אחוה בזה.

(ומפרנסים עניי עובדי כוכבים עם עניי ישראל, מפני דרכי שלום) - לאו דוקא, אלא אפי' עניי עובדי כוכבים לחוד מפרנסים מפני דרכי שלום, וכ"כ לעיל סימן קנ"א סי"ב.

סעיף ב - מי שהוא עבריין להכעיס, אפילו למצוה אחת, כגון שאוכל נבילה היכא דשכיח בשר כשרה - «והאידנא בעוה"ר אנו רואים זה באינו להכעיס, אלא מפני העדר ההרגל וטמטום הלב, וגם בגמ' י"ל דזה שאמרו שביק התירא ואכיל איסורא, היינו שאומר שאינו רוצה בהיתר כלל, וזהו ודאי להכעיס, וזה לא שכיח כלל, וד' ירחם – ערוה"ש», **אסור לפדותו אם נשבה** - ומשמע דה"ה דאסור לזונו ולפרנסו, ובטור ובסמ"ק משמע דאינו חייב, אבל איסורא ליכא, [**בטור** כתוב בזה, עני העובר על אחת מכל המצות כו', אינו חייב ליתן לו צדקה כו', ומיירי בלהכעיס, דאלו לתיאבון הרי נקטיה אח"כ בסיפא, **אלא ע"כ בלהכעיס, והקשה ב"י, דמלשון אינו חייב משמע דאין איסור אם יתן לו, ועובדא** דרב אמי מבואר דאסור להחיותו], **וכתב** הב"ח דמחלקין בין פרנסה לפדיון, ולא נהירא, [ואיני מרגיש בחילוק הזה, מה בין פדיה למזונות], **והיה** נ"ל לכאורה דמש"כ בטור כאן מיירי בשאינו מומר להכעיס, דהיינו רגיל בכך, והיינו שלא כתבו רק מי שעבר עבירה להכעיס, ולקמן ס"ס רנ"ב כתב הטור, מי שהמיר אפי' למצוה אחת, כגון שאוכל נבילות להכעיס, אסור לפדותו, לישנא דהמיר משמע שרגיל בכך, וכ"כ בפרישה, **אלא** שדוחק לחלק במומר להכעיס בין רגיל בכך או לא, דמה בכך סוף סוף מיד עושה להכעיס, [תיכף שעשה עבירה להכעיס אפי' בפעם אחת נכנס בכלל הפושעים ומומרים בזה, לענין עונש של אותה עבירה, ועונשו הוא שלא יצילנו שום בר

ישראל, עד שיעשה תשובה, והלא גם במסור מבואר בגמ', שאפי' בשביל פעם אחת מותר להרגו, וזה העושה עבירה להכעיס דינו ג"כ בשביל פעם אחת לעונש שלם כמו מסור], **וכ"כ** לעיל סימן ב' ס"ק ט"ז, דמומר להכעיס אפילו בפעם אחת דינו כעובד כוכבים, **וכ"מ** בדברי הרמב"ם והמחבר לעיל סימן קנ"ח ס"ב, דאפי' עשה עבירה פעם אחת להכעיס הרי זה אפיקורוס ומורידין אותו ואין מעלין.

והיה נ"ל לומר דהטור מיירי כאן באינו מומר להכעיס ולא לתיאבון, אלא שאינו חושש בדבר בין אוכל האיסור או ההיתר, דבכה"ג אין איסור בדבר, **ומשמע** הכי בדברי הרא"ם, מדכתב דהא דר' אמי דאסור לפדות במומר, מיירי להכעיס דהוי מין, ואמאי לא מוקי לה כפשוטו וכדאיתא בש"ס, דחזי ליה ישראל דשביק התירא ואכיל איסורא, אלא ודאי משום דבכה"ג אין איסור בדבר, דשמא אינו עושה להכעיס, **ומש"כ** הטור בסיפא, וכן מומר לתיאבון, אשמועינן רבותא, דאפילו לתיאבון אינו חייב לפדותו, **א"נ** ברישא מיירי באינו רגיל בכך, והוא עושה שלא לתיאבון ושלא להכעיס, ובסיפא מיירי במומר לתיאבון שהוא רגיל בכך, **וישוב** זה היה נ"ל נכון לישב דברי הטור, והיינו שלא הזכיר ברישא להכעיס, **אך** בסמ"ק כתב ברישא להכעיס, ואפשר טעות סופר הוא.

[**וע"כ** נראה לתרץ, דהא דכתב הטור אין חייבין לפדותו, לאו למידק דאין איסור, אלא קמ"ל דאע"פ שרואין ממנו שמתחרט, והולך לעשות תשובה, דאז ודאי אין איסור להצילו, מ"מ אין חיוב עדיין עד שיהיה ידוע לנו שעשה תשובה וקיבל דינו, ומיירי כאן שמומר ממש הרבה פעמים, דומיא דסיפא דתיאבון, ובזה אתי שפיר הא דכתב הטור, עד שידעו כו', דלכאורה הוא מיותר, ודברי רמ"א כאן הם עיקר להלכה].

אבל עבריין לתיאבון, אין איסור בדבר אם רוצים לפדותו, אבל אין מחויבים בכך. (ב"י דקדק מלשון הרמב"ם וספר יראים) - (עט"ז דכאן מיירי במומר לתאבון הרבה פעמים, ומשמע דהכא אפילו במבקשים להרגו, וכן מבואר בתשובת מהר"ם לובלין, **ותמיהא** לי על תשובת חות יאיר, שכתב בדבר יהודי גנב מפורסם שנתפס וייסרוהו יותר מדי, דודאי צריכין להשתדל בהוצאות ולהצילו, **ואין** לומר הואיל שדרכו בכך הוי מומר לדבר אחד, דמה בכך הא לא הוי מומר להכעיס, **ומה** שקצת אומרים מאחר שהוא גנב מפורסם, הו"ל מסכן רבים שרשאים למסרו בידי עובדי כוכבים, אין זה ברור לומר שבזה מסכן רבים, כי אם יתפס הוא בעונו ימות, **ואף** כי יש חילול השם באשר קצת מרשיעים על כלל ישראל בשביל כך, אין אלו רק דברי המון ולא חכמים שבהם, כי גם בהם ימצאו לאלפים, **ולא** דברו הפוסקים שרשות למוסרו רק בעוסק בזיופים, כי כל הנוגע בזה יטמא, ומטבעות הללו יתפשטו בקרב ישראל, וכמה נפשות נקיים יבואו מזה לידי סכנה, משא"כ גנב כזה, עכ"ד, **ולא** זכר כלל דברי הב"י והרמ"א בכאן, דאף במומר לתיאבון אין חייבים לפדותו, **וזה** ג"כ תימה על תשובת כנ"י, באיש אחד שישב בחצר המטרה קרוב לסכנת נפשות, ואיש ההוא היה מפורסם דרכיו לא טובים נאף וגנב, והאריך אם צריכין לפדותו יותר מכדי דמיו, ולא נשא על שפתיו כלל לומר שא"צ לפדותו אפי' בכדי דמיו מחמת שדרכיו לא טובים. **אמנם** שוב ראיתי בספר בכור שור, שתמה על הב"י והאחרונים שלא הביאו דברי התוספות בע"ז, דמשמע שם דאפי' עביד כמה פעמים לתיאבון אפ"ה מחויבים לפדותו, והעלה דלדינא יש להחמיר אפי' ברגיל, שלא לעמוד על דמו ולהחיותו כפשטן דדברי התוס' בע"ז הנ"ל, וכפשט דברי רמב"ם המובא לעיל סי' קנ"ח, דאוכל נבילות לתיאבון מצוה להצילו, ואסור לעמוד על דמו, דאין לדחות דבריהם בדאורייתא ע"פ דברי הסמ"ג בשם רא"ם, דהו"ל יחיד לגבייהו, עכ"ד, **וצ"ל** שזהו דעת בעלי התשובות הנ"ל, ואעפ"כ תימה שלא דברו כלל מזה).

(**וכתב** עוד בספר בכור שור שם, דמשמע בשמעתין דאפילו ספק לתיאבון מצוה להחיותו, דקאמר אימור לתיאבון כו' שהוא לשון ספק, ע"ש).

(**ועיין** עוד בחות יאיר שכתב, שמי שהרג נפש אינו רק כעובר לתיאבון ליתובי יצריה הרע, וכדאמר בגמרא דשבת גבי קורע בחמתו, ואם אחר זה נתפס בשביל גניבה או דבר אחר, כ"ש אם בא לידי סכנה, מצוה להשתדל בעדו אם אינו ברשעו תמיד).

סעיף ג- הנותן לבניו ובנותיו הגדולים, שאינו חייב במזונותיהם - דהיינו שהם יתירים על שש, **כדי ללמד את הבנים תורה ולהנהיג הבנות בדרך ישרה, וכן הנותן מתנות לאביו** -

ואם ידו משגת, תבא מאירה למי שמפרנס את אביו ממעות צדקה, כדלעיל סימן ר"מ סעיף ה', **והם צריכים להם, הרי זה בכלל צדקה, ולא עוד אלא שצריך להקדימו לאחרים.**

ואפילו אינו בנו ולא אביו, אלא קרובו, צריך להקדימו לכל אדם; ואחיו מאביו, קודם לאחיו מאמו; ועניי ביתו קודמין לעניי עירו; ועניי עירו קודמין לעניי עיר אחרת - משמע אפי' עיר אחרת של ארץ ישראל, וכ"כ הב"ח.

(**ק"ל** טובא, דאם נאמר דברים כפשוטן דאלו קודמין לאלו ואלו לאלו, דהכוונה שא"צ ליתן כלל למדרגה שאחר זה, ולפ"ז הא הדבר ידוע שלכל עשיר יש הרבה קרובים עניים, וכ"ש לבעה"ב שהצדקה שלו מועטת, וא"כ לפ"ז אותם העניים שאין להם קרובים עשירים ימותו ברעב, ואיך אפשר לומר כן. **ולכן** נלע"ד דבירור הדברים כך הם, דבודאי כל בע"ב או עשיר הנותן צדקה מחויב ליתן חלק לעניים הרחוקים, אלא דלקרוביו יתן יותר מלשאינו קרוביו, וכן כולם כמדרגה זו – ערוה"ש).

(**ועיין** בתשובת שמש צדקה שכתב, דעניי עירו אפילו הם עמי הארץ קודמים לעניי עיר אחרת שהם ת"ח, **והא** דאיתא לקמן סעיף ט', דכל הקודם בחכמה קודם לחבירו, היינו דוקא אם שניהם מעיר אחת, ע"ש).

(**עיין** בתשובת מהר"ם זיסקינד, שכתב בשם מהר"ם מינץ, שקרובי אשתו יש להם דין עניי עירו, **ולכן** כתב דאין לכוף לבעל לתת לקרובי אשתו כ"כ כמו לקרובי עצמו, רק שליש אחד, דרך משל: אם יתן לקרוביו ג' ר"ט, א"צ ליתן לקרובי אשתו רק ר"ט אחד, ע"ש, (ולא ידעתי מנ"ל לומר כן – ערוה"ש), **ויש** להסתפק אם קרובי אשתו הם ג"כ עניי עירו וכיוצא בזה, מה דינם).

ויושבי ארץ ישראל קודמין ליושבי חוצה לארץ - (עיין בתשובת חתם סופר שהאריך מאוד, דיש להקדים יושבי ירושלים על יושבי שארי העיירות א"י, **וכל** הקדימות אינם אלא להקדים, ולא לדחות נפשות, וע"כ אם שניהם שוים שצריכים להחיות נפשם בלחם צר, נאמר זה קודם, **אבל** כשיש לאנשי ירושלים אפילו רק לחם צר, שוב אין להם שום תביעה עד שיגיע לכל א' מהעיירות אחרות ג"כ כשיעור הזה, ושוב מהנותר שיצטרכו לכסות ומותרות, יש הקדמה למוקדם עד שיהיו שוה בשוה בזה כו', ע"ש. **ושם** בענין ל"ג בעומר, שהמנהג בין יושבי א"י, אשר ממרחק יבואו לעה"ק צפת ועושים יום שמחה להדלקה, אין דעתו נוחה בזה, ע"ש).

הגה: והקבועים בעיר קרויים עניי העיר, והם קודמין לעניים אחרים הבאים לשם ממקומות אחרים.

הגה: פרנסת עצמו קודמת לכל אדם, ואינו חייב לתת לדקה עד שיהיה לו פרנסתו - (זהו בצדקה תמידיות מעשר או חומש, אבל לקיים מצות צדקה שלישית שקל בשנה, מחוייב כל אדם אף עני המתפרנס מן הצדקה. **וק"ל** טובא, אם נאמר כפשוטו, א"כ רובן של בעלי בתים פטורין מן הצדקה לגמרי, לבד שלישית שקל בשנה, וידוע דרוב ישראל הלואי שיספיק להם פרנסתם להוצאתם, ולפי"ז יפטורו כולם מן הצדקה זולת עשירים גדולים, ובמקומות שאין עשירים יגועו העניים ברעב, ואיך אפשר לומר כן, וגם המנהג אינו כן, **ולכן** נלע"ד ברור דזה שכתב דפרנסתו קודמת, היינו באיש שאינו מרויח רק לחם צר ומים לחץ להחיות נפשו ונפש אשתו ובניו ובנותיו הקטנים, אבל האיש שמרויח פרנסתו כבעל בית חשוב, שאוכל כראוי לחם בשר ותבשילין, ולובש ומכסה את עצמו כראוי, ודאי דחייב בצדקה מעשר או חומש מפרנסתו, **ותדע** לך שכן הוא, דאל"כ איזה גבול תתן לפרנסתו שהיא קודמת, וכל אחד יאמר אני נצרך לפרנסתי כל מה שאני מרויח, שהרי אין גבול להוצאה כידוע, אלא ודאי כמ"ש – ערוה"ש).

ואח"כ יקדים פרנסת אביו ואמו אם הם עניים, והם קודמים לפרנסת בניו, ואחר כך בניו, והם קודמים לאחיו, והם קודמים לשאר קרובים, והקרובים קודמים לשכיניו, ושכיניו לאנשי עירו, ואנשי עירו לעיר אחרת; וה"ה אם היו שבוים וצריך לפדותן - (אלא ששבויים קודמים לעניים אחרים – לבוש).

סעיף ד - מחייבין האב לזון בנו עני, ואפילו הוא גדול מחייבין אותו יותר משאר עשירים שבעיר - (וזהו מדברי הרשב"א בתשו', וביאר שם כגון שהאב הוא עשיר ונותן לקופה של צדקה של העיר, ואומר שיתנו לבנו מהקופה, אין שומעין לו, וכופין את האב שיזון אותו מכיסו ולא מהקופה, **ומשמע** שם דמעט נותנין לו גם מהקופה, אבל העיקר פרנסה צריך האב ליתן – ערוה"ש).

(וכן שאר קרובים, וע"ל סי' רנ"ז סעיף י').

סעיף ה - מי שנתן ממון לגבאים לצדקה, אין לו ולא ליורשיו שום כח בהם, והקהל יעשו הטוב בעיני אלהים ואדם - ‹כפי ראות ז' טובי העיר או ע"פ רוב דיעות או ע"פ ב"ד. **ונראה** דאם אפילו עדיין לא מסר להגבאים, אלא שאמר הנני מנדב כך וכך לצדקה למסור המעות ביד הגבאים, שוב אין לו ולא ליורשיו שום כח בהם – ערוה"ש›.

הגה: אבל קודם שבאו ליד גבאי, אם נדר לדקה סתם - בשעת מותו, **נותנין לקרוביו העניים, דאומדין דעתו דכוונתו לקרוביו** – ‹שכל הנודר על דעת תורה נודר, והתורה אמרה ענייך קודמין – לבוש›. **וכ"ש** שיוכל ליתנו בחייו לקרוביו, [שהמעשר יכול ליתנו לקרוביו עניים].

(**כתב** בה"ט של הרב מהרי"ט ז"ל בשם תשובת פמ"א, באיש א' שהניח עשירות ליורשיו, גם סך לירושלים ולשאר צדקות, דהיינו שיהא הקרן קיימת, ולחלק כל שנה הרווחים, ולעת זו אחד מהיורשים יש לו דוחק, ויש לחוש שילך בדרך שאינו הגון, **יתנו** מהרווחים משום אומדנא, דודאי דעתו דאם יהיו בניו עניים שיתנו להם, **אבל** לא מן הקרן באשר שבאו ליד גבאי, ע"ש, {**וכן** העתק בספר בית לחם יהודה, וכתב על זה ונ"ל, דהיינו מה ששייך לשאר צדקות, אבל מה שאמר לירושלים, בודאי א"י לשנות ליתן לבנו כו', ע"ש}, **ובמח"כ** העתיק שלא כדת, דבתשובת אא"ז פנים מאירות שם מבואר, דאפילו לא באו ליד גבאי אסור מהקרן, ואם באו ליד גבאי, אפילו מרווחים אסור, **ע"ש** שכתב וז"ל, ומעשה כיוצא בזה הביא הב"י בשם המרדכי, על ראובן שנתן ממונו לצדקה, ואמר זה הממון ינתן בריוח כו', **והשיב**, דאחר שבא ליד גבאי, אין לבניו וליורשיו שום כח יותר משאר עניים, **וגדולה** מזו כתב, אפילו בחייו, אם הודיע כבר להקהל שהוא נודר כך וכך לתת ביד גבאי, ושוב העני, אפי' הוא גופיה לא מצי לעכובי לעצמו, דאנן יד עניים אנן, **וא"כ** בנידון דידן נמי אם לא בא ליד גבאי, וגם לא אמר בפני הקהל, יכולים ליתן כל הרווחים ליד יורשיו עניים, **אבל** ליקח מקרן לא תגע בו יד, דכאן אומדן דעתו בהיפך, שכוונתו היה שיהיה צדקתו עומדת לעד, ואם יכלה קרנו יבוטל כוונתו, **אבל** ליתן לבניו מהריוח, בזה שפיר אמרינן אומדן דעתו, דאם יהיו בניו עניים שיתנו להם, ואולי ילכו בדרך טובים, עכ"ל). ‹**ולא** ידעתי למה, אחרי שהיו עשירים בשעת מעשה, ודאי לא עלה על דעתו שיעני אח"כ – ערוה"ש›.

(**ועיין** בתשובת אדני פז, שכתב באחד שצוה לפני מותו לחלק מעזבונו לקרוביו, ואחר זה בא אחד מבניו לידי עניות, ותבע שיתנו לו הכל, כי הוא קרוב לכולם, **אין** בדבריו כלום, ע"ש).

ודוקא אם היו לו קרובים עניים בשעת הנדר, אבל אם היו עשירים אז, והענו, אין נותנין להם – ‹דודאי לא היתה דעתו עליהם בשעה שנדר, והם בה כשאר עניים לפי ראות הקהל – לבוש›. **וכל זה בפוסק לדקה לבדו, אבל אם פוסק לדקה עם בני העיר, על דעת בני העיר נדר, והם יעשו מה שירלו** - כתוב בתשובת ר"א מזרחי, דבכל דיני נדרים והקדשות סומכין על פי האומדנא, ועל פיהם הם דנים בהם, וכן הולכים בתר אומדנא דעניים, וע"ש באריכות.

סעיף ו - יהיו עניים בני ביתך - פירש הרמב"ם והטור, דהיינו שמצוה שיהיו בני ביתו העניים ויתומים, ומוטב להשתמש בהם משישתמש בעבדים, ויתחשב לו לצדקה.

סעיף ז - חייב להקדים להאכיל הרעב מלכסות הערום – ‹שלא ימות הרעב ברעב – לבוש›.

סעיף ח - איש ואשה שבאו לשאול מזון, מקדימין אשה לאיש, וכן אם באו לשאול כסות - מפני שדרך האיש לחזר על הפתחים, ואין דרך האשה בכך, **ואפי'** היא מחזרת עתה על הפתחים, מ"מ כיון שאין דרכה בכך, יש להקדימה שלא תחזר על הפתחים, **אי** נמי שמא תתבייש לחזר גם אצל אחרים, וכן משמע בפרישה.

‹**אבל** כשהאיש מבקש לחם והיא מבקשת כסות, האיש קודם, דצערא דגופה גריע מבזיון – ערוה"ש›.

והא דתנן בסוף הוריות, האיש קודם לאשה להחיות ולהשיב אבידה, והאשה קודמת לאיש לכסות כו', צריך לומר דלהחיות היינו להצילם אם הם טובעים בנהר וכה"ג, **אבל** אכילה לאו בכלל להחיות הוא, אלא דינן כדין הכסות, ותנא כסות והוא הדין אכילה, עד כאן לשון בית יוסף, וכ"כ בספר באר שבע.

וכן אם באו יתום ויתומה לינשא, מקדימין להשיא היתומה - ‹מפני שבושתה של אשה מרובה משל איש – לבוש›. ‹**ונלע"ד** דאם אין בכיס על שניהם, הוא קודם, מפני שהוא מצווה על פו"ר ולא היא – ערוה"ש›.

(**עיין** בתשובת שבות יעקב, לענין ת"ח שנדב לו אחד מהקצינים סך מה להשיא בהם בנו הבחור, אם מותר לשנות להשיא בו בתו הבוגרת, **והעלה** דא"י לשנות, כיון שזיכה לבנו ע"י האב, וזכין לאדם שלא בפניו, כבר זכה בו הבן, **אם** לא שהת"ח הוא עני מאד שא"א לו להשיא בתו אלא בממון זה, אז גם על הבן מוטל הדבר, ואפשר דגם הבן ימחול ויאמר כאילו התקבלתי, ואז ודאי מותר לשנות).

סעיף ט - היו לפניו עניים הרבה, ואין בכיס לפרנס או לכסות או לפדות את כולם, מקדים הכהן ללוי, והלוי לישראל, והישראל לחלל, והחלל לשתוקי, והשתוקי לאסופי, והאסופי לממזר, והממזר לנתין, והנתין לגר, והגר לעבד משוחרר; במה דברים אמורים, בזמן שהם שוים בחכמה, אבל אם היה ממזר ת"ח וכהן גדול עם הארץ, ממזר תלמיד חכם קודם - וכתוב בספר באר שבע, לאו דוקא ע"ה, אלא שאינו שוה בחכמה לישראל, וע"ל סי' רמ"ו ס"ק ט"ו. ‹**שאחד** מכל אלו מופלג בחכמה, והשני קטן בחכמה, וכ"ש עם הארץ – ערוה"ש›.

(ואפילו חכם לכסות, ועם הארץ להחיות) - נראה דהיינו מדינא, אבל בזמן הזה שאין ת"ח, אפילו לענין ליטרא דדהבא וכדלעיל סימן רמ"ג סעיף ז', כל שכן דאין לדחות פקוח נפש מפניו, והו"ל כאיש לכסות ואשה להחיות או איפכא, דאמרינן בירושלמי דאותו שלהחיות קודם. (**ועיין** בתשובת יד אליהו, שחולק עליו).

(ואשת חבר, כחבר).

וכל הגדול בחכמה קודם לחבירו. ואם היה אחד מהם רבו או אביו, אע"פ שיש שם גדול מהם בחכמה, רבו או אביו שהוא תלמיד חכם, קודם לזה שהוא גדול ממנו - כן הוא גם כן בטור והרמב"ם, ולא ידעתי מאין הוציאו זה, שאביו צ"ל ת"ח, ואדרבה מדתנן ס"פ אלו מציאות, היה אביו ורבו עומדים בבית השבי, פודה את רבו ואחר כך פודה את אביו, ואם היה אביו תלמיד חכם, פודה את אביו ואח"כ פודה את רבו, וכן כתב הרמב"ם, והט"ו לעיל סי' רמ"ב סל"ד, משמע דברישא מיירי כשאין אביו חכם, ואפ"ה דוקא רבו קודם ממנו, דאי לאו הכי אע"פ שהוא גדול מאביו אביו קודם, **וכן** משמע ברמב"ם שם ובב"י ובדברי הרב, שדוקא רבו מובהק, הא לאו הכי אפילו אביו אינו חכם כלל, אביו קודם, וכן בדין, דכיון שאינו רבו למה יקדים לאביו שהוא מן התורה, **ונראה** דמה שכתב כאן אביו שהוא תלמיד חכם, היינו לומר דבכהאי גוונא קודם אפילו לרבו שגדול בחכמה מאביו, דלענין פדיון נפשות לא בעינן שיהיה שקול כרבו, כדלעיל סי' רמ"ב. ‹נ"ל לגרוס בטוש"ע, "רבו שהוא ת"ח או אביו" – ערוה"ש›.

סעיף י - מי שבא ואמר: האכילוני, אין בודקין אחריו אם הוא רמאי, אלא מאכילין אותו מיד; היה ערום ובא ואמר: כסוני, בודקין אחריו אם הוא רמאי, ואם מכירין אותו, מכסין אותו מיד - ‹והא דבהאכילוני אין בודקין ובכסוני בודקין, איבעית אימא סברא איבעית אימא קרא, איבעית אימא, סברא, הכא איכא קיום נשמה הכא ליכא קיום נשמה, **איבעית** אימא, קרא הכא כתיב: הלא פרוס לרעב לחמך, לאלתר משמע, והתם כתיב: כי תראה ערום וכסיתו, כי יראה לך משמע, כלומר שתחקור אחריו אם הוא ראוי לכך – לבוש›.

סעיף יא - רבי שהיה מצטער שנתן פתו לעם הארץ, משום דהיו שני בצורת, ומה שהיה אוכל עם הארץ יחסר לתלמיד חכם, הא לאו הכי חייב להחיותו. אם בא לפנינו מת ברעב, חייב להחיותו, אע"פ שהוא ספק אם יחסר לתלמיד חכם אחר כך - ‹דאין ספק מוציא מידי ודאי – לבוש›.

סעיף יב - שני עניים שחייבים ליתן צדקה, יכול כל אחד מהם ליתן צדקה שלו לחבירו. הגה: ודוקא צדקה, אבל אם חייבים כל אחד קנס לצדקה שעברו על איזה דבר, אינם יכולים לתת אחד לחבירו, דאם כן אין כאן קנס - ‹ופשוט הוא דאחר שנתנו לכיס של הצדקה, שיכול הגבאי

לפרנסם מזה, ולא גרעי מעניים דעלמא, אלא שלא יבטיח להם מקודם על זה, דא"כ אין כאן קנס – ערוה"ש.

סעיף יג- צבור שצריכין לשכור רב ושליח צבור, ואין ספוק בידם ליתן לשניהם, אם הוא רב מובהק ובקי בהוראות ובדינים, הוא קודם; ואם לאו, שליח צבור קודם – ‹ומשמע מזה דהש"ץ היה הכרח להוציא רבים, מפני שהרבה ע"ה היו שלא יכלו להתפלל כלל, ואיש אחר לא היה ביכולתו לעמוד לפני העמוד להתפלל, ואפ"ה רב מובהק עדיף, ואינו מן התימה, כי תורה גדולה מתפלה – ערוה"ש›.

הגה: ואין לפרנס הרב שבעיר מכיס של צדקה, דגנאי הוא לו וגם לבני העיר, אלא יעשו לו סיפוק ממקום אחר; אבל כל יחיד יוכל לשלוח לו מצדקה שלו, שזהו דרך כבוד – ‹ואין לשאול, אחרי שעושין לו סיפוק, למה לו צדקה, די"ל כגון שאינו מספיק לו הסיפוק לכל צרכיו, **ומזה** יש ללמוד, דמצדקה יכולין ליתן אפילו על מי שצריך הוצאה מרובה בהרחבה – ערוה"ש›.

סעיף יד - יכולים לשנות אפי' מתלמוד תורה, לצורך שלשים פשיטים להגמון בכל שנה – ‹במקומות שצריכין לתת להגמון ולגלחים קצבה מכל בעה"ב, כדי שיהא להם שלום מתלמידיהם - לבוש›, **לפי שהוא הצלת נפשות, שאם לא יתפשרו עמו, יש כמה עניים שאין להם ליתן, ויכום ויפשיטום ערומים** – [רש"ל הקשה ע"ז, ותימה הלא מסקינן סוף פ"ק דמגילה, גדולה ת"ת יותר מהצלת נפשות, עכ"ל, ואין כאן קושיא, דודאי אין לך דבר עומד בפני פיקוח נפש, אלא דהתם אומר דיותר יש זכות למי שזוכה לעסוק בתורה, ולא בא לידו הצלת נפשות, ממי שבא לידו הצלת נפשות, וע"י כך צריך לבטל ת"ת ולעסוק בהצלת נפש, ויליף לה ממרדכי בלשן, שתחילה שלא בא לידו המצוה של הצלת נפשות, היה חשוב בעיני חכמים יותר, ממה שאח"כ בא לידו המצוה של הצלת נפשות והוצרך לבטל תורה, כדאיתא שם, שלא מנאו אותו חכמים כמו תחילה, ואין להקשות ממה דאיתא שם, גדול ת"ת מבנין בית המקדש, שכל זמן שברוך קיים, לא עלה עזרא לבנין בית המקדש, דהתם עלה זרובבל לבנות בהמ"ק, ולא נתבטל בנין בהמ"ק בשביל שלא עלה עזרא, אלא שעזרא לא רצה להצטרף עמו, כי ת"ת גדול מזה, ונמצא הוה זה ממש כההיא דלעיל, ויותר תימה על בעל הדרישה, שכתב בתירוץ קושיא זאת, דאם הוא בענין שאין יכול לקיים שניהם, אז ת"ת קודם כו', וזה ודאי אינו].

§ סימן רנב – דין פדיון שבויים וכיצד פודין אותם §

סעיף א- פדיון שבויים קודם לפרנסת עניים ולכסותן. ואין מצוה גדולה כפדיון שבויים – ‹משום דשבי קשה ממות וחרב ורעב, שבעוד שהוא ביד השבאי יש בידו לעשות עמו איזה מאלו שירצה, והפודהו פודהו מכולהו – לבוש›.

[הנודר שום דבר למצוה רבה, יתנהו לפדיון שבויים, כדאיתא פ"ק דב"ב, אמר רב יוסף מאי מצוה רבה, פדיון שבויים].

(עיין בתשו' שבו"י, במי שנדר לפני מותו מעות לפדיון שבוים, ויש רעש דבר בעולם ר"ל, ונמצאו הרבה מישראל הם בדוחק גדול, מותר ליתן להם ממעות אלו, ולא הוי שינוי מדעת הנותן, **אע"ג** דמוכח בש"ס דשבי גרע מדבר, זה דוקא בזמנים הקודמים, אבל עכשיו בעו"ה כשיש דבר בעולם הם ג"כ בשבי, הוי ממש פדיון שבויים, ואפשר גדול ממנו).

הילכך לכל דבר מצוה שגבו מעות בשבילו, יכולים לשנותן לפדיון שבויים, ואפילו אם גבו לצורך בנין בהכ"נ – [זה מותר לשנותו אפי' למצוה אחרת בלאו פדיון שבויים, כמ"ש ב"י בשם הרמב"ם וכן פסק בשו"ע דא"ח סי' קנ"ג, ולא נקטיה כאן פדיון שבויים אלא משום סיפא שקנו העצים והקצום], **ואפילו אם קנו העצים והאבנים והקצום לצורך הבנין, שאסור למכרם בשביל מצוה אחרת, מותר למכרם לצורך פדיון שבויים, אבל אם בנאוהו כבר, לא ימכרו אותו.**

[בגמ' אמר רב חסדא אסור לסתור בהכ"נ אא"כ בנו אחרת, דלמא יבא לידי כך שלא יבנהו, דיוציאו המעות, ואע"ג דכבר קנאו הלבנים והקצו אותן, מ"מ דלמא איתרמי פדיון שבויים ומזבני להו, ופריך אי הכי כי בנו

נמי ניחוש שמא ימכרוהו, ומשני דירתיה דאינשי לא מזבני, **ומשמע** הלשון שאין איסור למכור ביהכ"נ אפי' אם כבר בנאוהו, אלא דלא חיישינן לזה שיבא לידי כך, כיון דאין דרך העולם למכור דירה שלו, **וא"כ** תימה על הטור שכ' איסור בזה למכור אותו, **וצ"ל** דכיון שאין דרך העולם לעשות כן, לא יעשה בבנין ביהכ"נ גרוע מבנין שלו].

[**משמע** מדברי רמב"ם שמביא ב"י, דאם לא גמרו הבנין רק התחילו בו, מותר למכור אותו חלק שבנאו, אלא דוקא גמרו אותו, ‹**וצ"ע** לדינא - ערוה"ש›, **ונראה** הטעם, דאז לא נקרא עדיין דירה, וכיון דהטעם משום דירתיה דאיניש לא מזבני, משמע דלאו משום שיהיה הקדושה חמורה טפי אחר שבנאוהו ממה שהיה תחילה בשעת הקצאת אבנים, דזה אינו, וכמו שהקשה המקשן שם, אי הכי אפי' בנאוהו נמי, אלא משום דאין דרך עולם למכור בית דירה שלו, ע"כ אין למכור גם ביהכ"נ. **ונראה** פשוט שכ"ש בית המדרש לענין זה].

וכתבו התוס', הא דאמרינן בפרק בני העיר, אין מוכרין ס"ת אלא ללמוד תורה ולישא אשה, ולא קתני פדיון שבויים, שמא מלתא דפשיטא היא ולא צריך למיתני, ובית יוסף הביאם בסימן זה, **וצ"ע** דלא משמע הכי באו"ח סימן קנ"ג, דמשמע התם דקדושת ס"ת חמורה מקדושת בהכ"נ, וכיון דאין מוכרין בהכ"נ לצורך פדיון שבויים, כ"ש שאין מוכרין ס"ת, **ומה** שמוכרים ללמוד תורה ולהשיא אשה, היינו משום הנאה דידיה, דעדיף לאדם טפי ללמוד תורה או לישא אשה, ממה שיהיה לו ס"ת, **אבל** למכור אדם ס"ת שלו כדי שילמד חבירו תורה במעותיה, זה ודאי לא אמרו, והתוס' הנ"ל שהקשו למה לא קתני פדיון שבויים, ר"ל נמי פדיון שבויים דנפשיה, **ועל** בית יוסף יש לתמוה, דמביא דברי תוס' אהאי דינא דקאי אפדיון דאחרים כו', עכ"ל דרישה, **ואין** דבריו נראין בעיני, דפשט דברי התוס' משמע דקאי אפדיון דאחרים... [**וכבודו** ‹של הדרישה› במקומו מונח ולא דק, דכבר הוכחנו דהא דאין מוכרין ביהכ"נ משום פדיון שבויים, לאו משום קדושתה הוא, אלא משום דאין דרך למכור בית דירה, וזה אין שייך בספר תורה, והלכך דבר ברור הוא שמוכרין ספר תורה לצורך פדיון שבויים, אפי' לשאר שבויים, שלא כדברי בעל הדרישה].

אלא נראה לי דודאי היכא דא"א בענין אחר, מותר למכור ספר תורה או בית הכנסת אפילו לפדיון שבויים אחרים, והיינו שכתבו בט"ו, ואין מצוה גדולה כפדיון שבויים, משמע שהיא גדולה מהכל, **והכי** משמע מדאמרינן בגמרא, אי הכי אפי' בנו נמי, אמר ליה דירתיה דאינשי לא מזבני להו, **והכי** משמע מדברי הרמב"ם, שכתב לא ימכרו אותם אלא יגבו פדיונן מן הצבור, משמע משום דאפשר לגבות פדיונן מן הצבור, הוא דאין מוכרין אותם, **והט"ו** אשמועינן דהיכא דאפשר בענין אחר אין מוכרין אותן, משא"כ בשאר מעות של מצוה, או הכינו לצורך הבנין, דיכולים לשנותם אפי' אפשר בענין אחר, כיון דפדיון שבויים מצוה גדולה הימנו, והיינו שהעתיק העט"ז דברי הרמב"ם אחר דברי המחבר, והלכך התוס' וסייעתם ודאי מיירי בענין שא"א בענין אחר, וא"כ דברי הבית יוסף עלו כהוגן, **והגאון** אמ"ו זצ"ל תירץ, דודאי ספר תורה מותר למכור לצורך פדיון שבויים, משום דכל היכא דאיתא בקדושתה קיימה, וה"נ בהכ"נ מותר למכרה לאחרים כשתעמוד בקדושתה, אבל שתצא לחוץ אסור למכרה, והט"ו מיירי הכא למכרה לחולין, ובית הכנסת דמותר למכור לקנות ספר תורה, משום דקדושת ספר תורה עדיף, וגם על פי זה דברי הב"י נכונים, ותירוץ נכון הוא.

(**עיין** בתשובת יד אליהו, אם מחוייב אדם להכניס עצמו בספק סכנת נפשות כדי להציל חבירו בודאי, או אינו מחוייב אבל עכ"פ רשאי לעשות כן, אם רוצה ממדת חסידות, או מאהבת חבירו, או אינו רשאי לסכן עצמו, **והשיב** דהב"י בחו"מ סי' תכ"ו כתב בשם הגהות מיימון, דצריך לסכן עצמו בשביל חבירו, דזה ספק וזה ודאי, **אך** יש לפקפק ולדון ע"ז, והעלה דאם שניהם שוים במעלה, כגון שניהם ת"ח או ע"ה, ומכ"ש אם המציל ת"ח והניצל ע"ה, אינו רשאי להכניס עצמו אפילו בספק והצלה ודאי, **אך** אם המציל אינו ת"ח כמו הניצל, אז מותר להכניס עצמו, אבל אין מחויב, אם לא ממדת חסידות אם ירצה).

(ומ"מ הנודר סלע לצדקה, אין פדיון שבויים בכלל, ואין לפדות בסלע זו רק מדעת בני העיר, מהרי"ק, כדלקמן סימן רנ"ו סעיף ד') -

‹וכוונת רבינו הרמ"א, דאע"ג דבכלל פדיון שבוים יש גם צדקה, כמ"ש שיש בזה רעב וצמא, מ"מ בלשון בני אדם אינו בכלל צדקה סתם - ערוה"ש›, ‹**והב"ח** חולק על הג"ה זו, וס"ל דהוי בכלל צדקה, אבל הש"ך כתב שעיקר כדברי הרב, ע"ש באריכות - בה"ט›. **והט"ז** בסי' רנ"ו הקשה עליו

באריכות ולא קשה מידי... ואין כדאי לדחות דברי מהרי"ק בסברות בעלמא - נקה"כ.

ואין להקשות דהא מדעת אנשי העיר אפי' לדבר הרשות יכולין לשנות, כדלקמן סי' רנ"ו ס"ד, י"ל דהיינו דוקא בדבר שהוא קבוע, שאם יחסור יחזור ויגבו פעם אחרת, כמ"ש שם בשם הרא"ש והטור, אבל כשלא יפרעו, אסור לשנות אם לא לעלוי, כדלקמן סי' רנ"ט ס"ב ס"ק ה'.

‹**אמנם** לא ידעתי בעיקר הדבר, דאם נאמר דכוונתו דאם בני העיר אין רצונם לשנות, או שאינם בכאן, אין פודין אותם, **הא** ודאי ליתא, דכיון שבפדיון שבוים על כל רגע שמאחרים מלפדות הויין כשופכי דמים, וא"כ איך אפשר לומר שימתינו על דעת בני העיר, **וזה** שיתבאר דאין משנים מצדקה לצדקה בלא דעת בני העיר, זהו ודאי בשארי צדקות לבד פדיון שבוים – ערוה"ש. **ע"ש** שמבאר הרמ"א באופן אחר.›

סעיף ב - המעלים עיניו מפדיון שבויים, עובר על לא תאמץ את לבבך, ועל לא תקפוץ את ידך, ועל לא תעמוד על דם רעך, ועל לא ירדנו בפרך לעיניך; ובטל מצות פתוח תפתח את ידך לו, ומצות וחי אחיך עמך, ואהבת לרעך כמוך, והצל לקוחים למות, והרבה דברים כאלו.

סעיף ג - כל רגע שמאחר לפדות השבויים, היכא דאפשר להקדים, הוי כאילו שופך דמים.

סעיף ד - אין פודין השבויים יותר מכדי דמיהם, מפני תיקון העולם, שלא יהיו האויבים - כשעתידין לשבות עוד אחרים, **מוסרים עצמם עליהם לשבותם.**

משמע אפי' קרובו אין לפדות ביותר מכדי דמיו מפני תיקון עולם, וכן משמע מדמסיים אבל יכול לפדות את עצמו כו', משמע דוקא עצמו, **אבל** הב"ח פסק דרשאי לפדותו יותר מכדי דמיהן, בין לבתו וקרוביו וכל אדם, ואין מוחין כיון דליכא דוחקא דצבורא, וכ"ש דאין מוחים כשבא לפדות את אשתו, אלא דאין מחייבין לפדות את אשתו ביותר מכדי דמיה, וכן עמא דבר, ע"כ.

‹**עיין** בתשובת מהר"ם לובלין שכתב, דפירוש כדי דמיו, היינו כפי מה ששוה למכור בשוק כעבד, ואע"ג דבארצנו זה אין רגילות למכור עבדים ושפחות בשוק, מ"מ מאחר שלא מצינו בדברי שום אחד מהאחרונים שום גילוי דעת שבזמנינו ישתנה הדין מדין הגמרא, מסתמא גם בזמנינו צריכין להעריך דמיו כמה היה שוה למכור בשוק שמוכרין שם עבדים, כגון בארץ ישמעאל ותוגרמה, ע"ש, **אכן** מצאתי בתשובת רדב"ז שכתב, דפירוש כדי דמיהן הוא כמו שנפדים שבוים עובדי כוכבים, ולא כעבד הנמכר בשוק, **וע"ש** עוד שלימד זכות על מה שאנו נוהגין שפודין ביותר משיעור זה, וכתב דמצוה רבה איכא, וכל המרבה להתעסק בזה הרי זה משובח›.

‹**עיין** באשל אברהם בשם שו"ת נחלה ליהושע, דבמקום דאיכא למיחש לקטלא, פודין, **ועיין** בתשו' יד אליהו שלא כתב כן, אלא דאפילו בעומד להריגה אין פודין יותר מכדי דמיו, דתירוצא קמא שבתוס' פרק הניזקין, דאם ביקשו להרגו פודין, לא קאי אליבא דאמת ע"ש, **וכ"כ** בתשו' מהר"ם לובלין בא' שהיה נתפס בתפיסה בטענה שזינה עם זונה, אם צריכין להפריז עליו מעות הרבה להציל נפשו, והשיב שע"פ הדין אין צריכין, שאין פודין את השבוים יותר מכדי דמיהם, אך מפני חילול השם יפזרו עליו ממון הרבה, ע"ש. **ומש"כ** הבית הילל שם ראיה לזה, דהרי המעלים עיניו מפדיון שבוים עובר על לא תעמוד על דם רעך, והרי כתב באו"ח סוס"י תרנ"ו, דבמצות לא תעשה חייב ליתן כל ממונו ע"ש, **לאו** ראיה היא לפמ"ש לעיל סי' קנ"ז בשם הפמ"ג ותשו' חות יאיר, דדוקא בלא תעשה שיש בו מעשה, ע"ש, **אך** בתשו' כנסת יחזקאל השיג עליהם, משום דהאי תירוצא דסכנת נפשות לא שייך אלא אם טעמא משום דוחקא דצבורא, אבל לטעמא דלא לגרבי, הסברא להיפך, דאם בסכנת נפשות פודין, ירצו להרוג את השבוים כדי שיפדו יותר מכדי דמיהם, וגם יגרבו וירצו להרוג, **וא"כ** לפמ"ש הרמב"ם והשו"ע טעמא דלא לגרבי, שפיר כתב מהר"ם לובלין שאין הקהל צריכין מטעם אין פודין את השבוים אף בסכנת נפשות יותר מכדי דמיהם, **ומש"כ** דמשום חילול השם יש להקהל לפדות, היינו לפי דהרי"ף והרא"ש סברי, דבעיין לא איפשטא אם הטעם משום דוחקא דצבורא או דלא לגרבי, להכי י"ל קים לן כוותייהו, **וכתב** עוד דכל זה במדינות אחרות שנותנים עין בממון ושייך טעמא דגרבי, אבל במדינות אלו אשר

תודה לד' יתברך לא כן הוא, צ"ע רב אם אין חייבים לפדות נפש מישראל בסכנת נפשות בכל ממון, **וע"כ** פסק למעשה באחד שישב בחצר המטרה קרוב לסכנת נפשות, דצריכין לפזר עליו מעות, אך הקרובים יתנו הערכה כפי שישימו עליהם הפרנסים, והמותר מקופת הקהל, ע"ש).

אבל אדם יכול לפדות את עצמו בכל מה שירצה, וכן לת"ח, או אפילו אינו ת"ח, אלא שהוא תלמיד חריף ואפשר שיהיה אדם גדול, פודים אותו בדמים מרובים - ‹דעל אדם כזה לא תקנו שלא יפדו אותם יותר מכדי דמיהם – לבוש›.

(ואם אשתו כאחר דמי או לא, עיין בטור אבן העזר סי' ע"ח).

סעיף ה - אין מבריחין השבויים, מפני תיקון העולם, שלא יהיו האויבים מכבידים עולם עליהם ומרבים בשמירתם - ‹על שאר שבויים, בין שישנן עמו בין שעתידין לבא, לתת אותם בחריצין ובשלשלאות – לבוש›.

(**עיין** בתשובת חות יאיר שכתב, דפשוט דכל יחיד שיכול לברוח בורח, ואין לו לחוש על שאר השבוים אשר יושבים שם, ואפילו מדת חסידות ליכא בזה).

סעיף ו - מי שמכר עצמו לעובד כוכבים, או שלוה מהם ושבו אותו בהלואתו, פעם ראשונה ושניה פודים אותו; שלישית, אין פודים אותו; אבל פודים את הבנים לאחר מיתת אביהם - שלא יטמעו בין העובדי כוכבים, ובחיי אבוהון ליכא למיחש להכי, דמנטר להון אבוהון, רש"י, **ומשמע** שאביהן הוא עמהן בשביה, אבל כל שא"א שישמור אותן, פודים אותן מיד.

ואם בקשו להרגו, פודין אותו מיד, אפילו אחר כמה פעמים.

(ושבוי שהמיר אפילו למצוה אחת, כגון אוכל נבלות להכעיס, אסור לפדותו) – [נתבאר בסי' רנ"א, דאפי' בשביל פעם אחת שעשה כן להכעיס, הוה מומר שלא להחיותו ולפדותו, ע"ש בדברינו].

סעיף ז - עבד שנשבה, הואיל וטבל לשם עבדות וקבל עליו מצות, פודים אותו כישראל שנשבה.

סעיף ח - פודים האשה קודם האיש - ‹כדי שלא יטמאוה – ערוה"ש›, **ואם רגילין במשכב זכור, פודין האיש קודם** - ‹מפני שהאשה דרכה בכך, והאיש אין דרכו בכך וצערו מרובה – לבוש›. **(ואם שניהם רוצים לטבוע בנהר** – [פי' שאיש ואשה הם בסכנת טביעה בנהר], **הצלת האיש קודם)** – [ונלמד ממשנה סוף הוריות, האיש קודם לאשה להחיותו, ממילא לכל סכנה של מיתה, **ונ"ל הטעם, שאיש חייב טפי במצות**].

(**עיין** בשאילת יעבץ, שנשאל אם עובד כוכבים אלם נושה בא לקחת שני ילדים מישראל ולהעבירם על דתם, ויש ספוק בידינו לפדות אחד מהם בסך ממון אשר יושת עליו, וא' זכר וא' נקבה, מי קודם, **דלכאורה** יש לחוש לנקבה שלא תטמע בין השבוים, כיון שזרעה כשר ויש לו דין ישראל לכל דבר, **והשיב** דודאי הזכר קודם, דאם להחיות הגוף קודם הזכר לנקבה, להציל נפשו עאכ"ו, ולא היה לן למיחש לזרעה מכמה טעמים, **ואע"ג** דלהוציא מבית השביה אשה קודמת, היינו בגדול וידוע שלא יעבירוהו על דת, ובשאין לחוש שיטמע הזכר בין העכו"ם).

סעיף ט - הוא ואביו ורבו בשבי, הוא קודם לרבו, ורבו קודם לאביו - ואם אביו חכם, אפילו אינו שקול כרבו, אביו קודם כדלעיל סי' רמ"ב סעיף ל"ד, **אמו קודמת לכולם** - משום דאית לה זילותא טפי.

אמו קודמת לכולם - פי' אפילו לדידיה, אע"ג דחייו קודמים לחיי אביו ורבו, כדאיתא בס"פ אלו מציאות, אפס כי לא יהיה בך אביון, שלך קודם לשל כל אדם, והו"ל מכ"ש לחיי אמו דגרוע טפי, כדאמרינן בפ"ק דקדושין גבי מורא וכבוד, **אפ"ה** להוציא מבית השבי אמו קודמת לכולן, משום דלמא עבדי בה איסורא, כ"כ בספר באר שבע, **ומשמע** דאין בשביה זו משום סכנת נפשות, אבל אם יש סכנת נפשות, חייו קודמין לשל אמו. **(וע"ל סימן רמ"ב סעיף ל"ד).**

סעיף י - אם איש ואשתו שבויים, אשתו קודמת לו. ובית דין יורדין לנכסיו ופודים אותה, ואפילו עומד וצווח: אל תפדוה מנכסי, אין שומעין לו - היינו דוקא בכדי דמיה, וכדלעיל ס"ק ד', וכן בסעיף י"א וי"ב מיירי בכדי דמיו.

אע"פ שהוא ג"כ בשביה, יכול לפדות אשתו ביותר מכדי דמיה, ולא עצמו. ‹**אינו** מובן למה לא, והא מבואר לעיל בס"ד דיכול לפדות עצמו ביותר מכדי דמיו, ואדרבה באשתו הוא דהוי מחלוקת. **ואפשר** דמיירי באופן דרוצה לפדות את עצמו ביותר מכדי דמיו, ואין די כסף לשניהם, לכן כיון דהיא קודמת, משו"ה היא קודם לפדיון אפי' ביותר מכדי דמיה, ולא עצמו, וצ"ע›.

סעיף יא - מי שנשבה ויש לו נכסים ואינו רוצה לפדות עצמו, פודים אותו בעל כרחו.

סעיף יב - האב חייב לפדות את הבן, אי אית ליה לאב ולית ליה לבן. הגה: וה"ה קרוב אחר, קרוב קרוב קודם, דלא כל הימנו שיעשירו עצמם ויטילו קרוביהם על הצבור - ע"ל סי' רנ"ז ס"ח.

(**עיין** בתשובת פרח מטה אהרן, שכתב דצריכים ליתן לפי הממון, ואם קרוב אחד נתן יותר, אין יכול לתבוע מקרוב האחר, **וכ"ש** אם נתן יותר על כדי דמיהן, אפילו שהתחיל הקרוב האחר ליתן יותר מכדי דמיהן).

הפודה חבירו מן השביה, חייב לשלם לו אם אית ליה לשלם, ולא אמרינן דהוא מבריח ארי מנכסי חבירו - ‹מפני התקנה - ערוה"ש›. **וצריך לשלם לו מיד** - ונפרעים בזה אפי' מנכסי יתומים קטנים, דאע"ג דקי"ל אין נזקקין לנכסי יתומים, וכמו שנתבאר בחו"מ סי' ק" י, **התם** טעמא הוא משום דאין מקבלין עדות אלא בפני בע"ד, ויתומים קטנים כשלא בפניהם דמי, **והכא** א"צ לקבלת עדות, כיון דמדאורייתא מחוייב להציל, ועוד כו', ה"נ אם צריך להמתין מעותיו עד שתגדיל היתומה, אין לך אדם שמציל שום יתום בממונו, כ"כ מהרי"ו.

ולא יוכל למימר אני לייט לך דין - ‹אלא זה נשבע מיד כמה הוציא, וזה חייב לשלם לו מיד - לבוש›, ‹וא"צ לשלם רק כדי דמיו - ערוה"ש›, **ואם אית ליה אח"כ טענה עליו, יתבענו לדין, דבלא זה אין אדם פודה את חבירו.**

(**עיין** בתשו' בית יעקב, באם מיחה שלא לפדותו כי רצה לקדש שם שמים, ולא השגיחו בו, אם חייב לשלם).

‹**כתב** מהר"ם מלובלין, באחד שנתפס בתפיסה בטענה שזינה עם זונה, אע"פ שמן הדין אין פודין אותו הקהל, אבל מחמת שלא יהא חילול בשם בדבר יש לפדותו, **ודוקא** שלא בקשו להרגו, אבל אם בקשו להרגו מחוייבים מן הדין לפדותו, וכ"כ בית הילל, ע"ש - בה"ט›, (**עיין** באר היטב בשם מהר"ם לובלין, ובמחילת כבודו העתיק שלא כדת, דאדרבא בתשו' מהר"ם לובלין שם כתב, דבכדי דמיו מחוייבים מן הדין לפדותו, אף אם אין מבקשים להרגו, **ואין** טענה לפטור מחיוב פדיונו מטעם שהוא פשע בעצמו, שאין פושע בעצמו יותר ממוכר עצמו לעובד כוכבים, ואפ"ה פעם ראשון ושני פודין כדלעיל ס"ו, **וגם** אין לומר דהוא דמי למומר אוכל נבלות לתיאבון שאין חייבים לפדותו, כדלעיל סימן רנ"א ס"ב, **זה** אינו, דאף את"ל שהעובדי כוכבים טוענים עליו אמת, מ"מ משום פעם א' לא נקרא מומר, וכ"ש כשהוא בצנעא, ובפרט בזמננו זה בעו"ה שרבים נכשלים בעבירה זו, שאין להחשיבו כמומר לתיאבון, וכ"ש שאין עדים בדבר והם מוחזקים להעליל ולשקר, לכן אין לפטור כלל מהחיוב לפדותו, **אך** כתב דיותר מכדי דמיו אין חייבים לפדותו מצד הדין, מטעם שאין פודין את השבוים יותר מכדי דמיו, אף אם מבקשים להרגו, **אך** לפי שיש לחוש פן יבא מכשול ח"ו, יש לפדותו, ע"ש, **ועל** זה חולק הבית הילל, דאם ביקשו להרגו, מחויבים מן הדין לפדותו אף ביותר מכדי דמיו, **ובתשו'** כנ"י חולק עליו והסכים לר"מ לובלין, וכמו שכתבתי לעיל ס"ק ד' באריכות, וא"כ דברי הבאה"ט תמוהים).

§ סימן רנג – מי הוא הראוי ליטול צדקה §

סעיף א - מי שיש לו מזון שתי סעודות, לא יטול מהתמחוי; מזון י"ד סעודות, לא יטול מהקופה - כך היה דרכם לחלק תמחוי בכל יום, [קערה גדולה היא, וגובין בה גבאין מאכל מבעלי בתים, ומחלקים לעניים ב' סעודות ליום, מיום ליום, ועיין סי' רנ"ו], וקופה מע"ש לע"ש, ולפיכך מי שיש לו מזון יום א', לא יטול מהתמחוי, ומי שיש לו מזון י"ד סעודות לא יטול מהקופה, **וכתב** הסמ"ק, דדין קופה ותמחוי אינו נוהג בימינו, עכ"ל, **ונראה** דר"ל כל דיני קופה ע"פ מה שיתבאר לקמן סי' רנ"ו, אבל ודאי דכל קהל מישראל יש להם קופה של צדקה, וכמ"ש הרמב"ם והמחבר לקמן ריש סימן רנ"ו.

[**בפרק** כל כתבי פרכינן מני, אי רבנן חמסרי הויין, פי' דבשבת צריך ג' סעודות, ואי רבי חידקא דס"ל ד' סעודות בשבת, שיתסרי הויין, ומשני הא מני ר"ע היא, דאמר עשה שבתך חול ואל תצטרך לבריות, ופי' רש"י, דלענין שבת במאן דאפשר ליה, אי כרבנן אי כרבי חדקא, ומיהו האי דצריך לבריות, יעשה שבתו חול ולא יטיל על אחרים כבוד שבתותיו, עכ"ל, **ובפרישה** הביא זה בשם פי' הר"ש, דאמרינן עשה שבתך חול וכו', וכתב ע"ז דזהו דוקא לרבי חדקא, אבל לרבנן לא קשה מידי, ולא עיין בסוגיא שהבאתי, דאף לרבנן אמרינן כן, ואין להקשות ממ"ש ס"ס ר"נ, דאמרינן שבת נותנים לו מזון ג' סעודות, תירצו התוס' ע"ז, דבשביל סעודת שבת אין לו להתחיל ליטול, אבל אם כבר נטל, נוטל גם כדי לסעודות שבת].

נהפוך הוא, שהוא לא עיין בסוגיא, רק בדברי הב"ח שמעתיק כן הסוגיא בקצרה, אבל המעיין בשבת דף קי"ח, מבואר שם להדיא כדברי הפרישה, דלרבנן בלא"ה לא קשה מידי, דמאי דבעי למיכל באפוקי שבת אוכל בשבת, וכמ"ש הפרישה, וכ"כ הרמב"ם בפי' המשנה דסוף פאה להדיא - נקה"כ.

ואם יש לו ר' זוז ואינו נושא ונותן בהם - ‹דכך שיערו חכמים, דמאתים זוז מספיקים לשנה אחת לכסות ולמזונות לו ולבני ביתו›, **או שיש לו חמשים זוז והוא נושא ונותן בהם** - ‹דחמשין דעבדין, טבין כמאתן דלא עבדין – ערוה"ש›, **לא יטול צדקה.**

ואם יש לו ר' זוז חסר דינר ואינו נושא ונותן בהם, אפילו נותנים לו אלף זוז בבת אחת, הרי זה יטול.

הגה: ומי שהולך מביתו ונוסע מעיר לעיר לקבץ, כל הדרך שהיה בדעתו ליסע כשהלך מביתו, נקרא פעם אחת, ואפילו נתנו לו ר' זוז בעיר אחת, יכול לקבל יותר, ומכאן ואילך אסור - (עיין בתשובת הרדב"ז שכתב, עוד איכא טעמא אחרינא, דלא אמרינן מי שיש לו ר' זוז לא יטול מן הצדקה, אלא מקופה של צדקה, או מהיחידים בתורת צדקה, שהרי בעל הבית הנותן לעני זה לא יתן לעני אחר, ונמצא גוזל את העניים, **אבל** בנידון דידן שהכל יודעים שיש לו יותר ממאתים זוז, והוא מחזר משום פרנסת אשתו ובניו, נותנים לו בתורת מתנה ולא בתורת צדקה, **ולכן** צריך להזהיר את גבאי צדקה שלא יתנו להם מקופה של צדקה, שנמצאו גוזלים שאר העניים, **ואם** אין לו מאתים זוז, ורצו הגבאים ליתן לו אפילו מתנה מרובה, מותר, ומ"מ צריך לדקדק בדבר, שלא ידחקו את שאר העניים אשר בעיר, עב"ד).

ואם יש לו הרבה והוא עליו בחוב - ר"ל שחייב לאחרים, **או שממושכן לכתובת אשתו** - פי' רבינו שמשון אפי' נשואה, וכתב הב"ח דהיינו לומר שהבעל ייחד לאשתו נשואה קודם חופה כלים ותכשיטין, ושמום כך וכך וכתב שויים בכתובתה, [פי' שעשה ע"ז אפותיקי לכתובת אשתו], **הרי זה יטול** - ‹וממושכן לאו דוקא, שהרי ממילא הוו כמושכנים כיון שאין יכול לאכלן, **וט"ז** וש"ך פירשו, דוקא כשייחדן לאפותיקי לכתובת אשתו, דכן משמע לשון ממושכנין, וצ"ל הטעם, דאל"כ הרי יכול להוציאן, וצ"ע, אבל בחוב א"צ לזה, דכן מבואר מלשון הטור ושו"ע – ערוה"ש›.

ואם יש לו בית וכלי בית הרבה, ואין לו ר' זוז, הרי זה יטול, ואין צריך למכור כלי ביתו ואפי' הם של כסף וזהב; בד"א, בכלי אכילה ושתיה ומלבוש ומצעות וכיוצא בהן, אבל מגרדה - ‹שמגררין בה בבית המרחץ – ב"י›, **או עלי**

שהם של כסף, מוכרם, ולא יטול מהצדקה – [עלי פי' כלי שכותשין בו חטין, ומ"מ אין נקרא כלי אכילה, שאין מקרבין העלי לפניו בשעת אכילה].

ובטור כתב דה"ה מנורה ושולחן של כסף, צריך למכור, ועיין בדרישה וב"ח כתבו טעם לדבריו, **וכתב** הב"ח שכן עיקר, דשלחן ומנורה וכיוצא בהן שאין גופו ממש נהנה מהן, מחייבין אותו למכור, וע"ש.

[והקשה ב"י דבגמ' איתא דרב זביד משני הכי ואתותב, משום דיכול לומר לא מיקביל עלי כשאינו של כסף, ותירצו רבותי, דבגמ' לא מיירי משלחן ממש, אלא ממפה הפרוסה על השלחן, **ואין נראה בעיני, אלא נ"ל דיש חילוק בין שלחן שלהם לשלחן שלנו, דבזמן התלמוד היה לפני כל אחד שלחן קטן בפני עצמו, והוה השלחן כמו כלי אכילה שמיוחד לו, דגם** גבי כלי אכילה נראה **דהיינו שמיוחד לו, אבל מה שמשתמש עם בני ביתו, הוא כלי גדול, ודאי אין לשייר לו של כסף בשביל בני ביתו, דאפי' גבי סידור ב"ח אמרינן לו ולא לאשתו ובניו, אלא ודאי מה שמיוחד לו קאמר, וה"ה גבי שלחן המיוחד לו, אבל עכשיו ששלחן אחד לכל המסובין, ודאי חייב למכור אם הוא של כסף, ומש"ה לא זכר גם הרמב"ם את השלחן בהדי כלי אכילה שמשיירין לו, כנ"ל ברור ונכון].**

ועוד כתבו הרא"ש וטור ושאר פוסקים בשם ר"ת, דאם לאחר שכבר נטל נזדמנו לו כלים הללו, פי' כגון שנפלו לו בירושה או במציאה, אין מחייבין אותו למכור. ‹**והרא"ה** כתב בהיפך, דבכלים שהיה רגיל כבר לשמש, לא ימכור, אבל מה שנפלו לו בירושה אחר הגביה, ימכור – רע"א›.

ועוד כתב רש"י ומביאו הרא"ש, דאם לאחר שנטל נודע שעשיר היה, והיה לו ר' זוז, ב"ד באים וגובין ממנו מה שנטל, ואם אין לו כדי לשלם, מוכר כלי תשמישו היקרים ומשתמש בפחותים, ואע"פ שממון שאין לו תובעים הוא, משום קנס גובים ממנו, עכ"ל, **וכתב** הב"ח דנראה הבא להורות כפירש"י אין מהנדזין אותו.

והא דאין מחייבים אותו למכור כלי תשמישו של כסף וזהב, דוקא כל זמן שאינו צריך ליטול מהקופה, אלא נוטל בסתר מיחידים; אבל אם בא ליטול מהקופה של צדקה, לא יתנו לו עד שימכור כליו.

הגה: וכן במקום דאיכא תקנה שלא ליתן צדקה למי שיש לו דבר קלוב, אין חושבין לו בית דירה וכלי תשמישיו.

וכל מי שהוא עשיר, אסור ליתן לבניו, אע"פ שהם גדולים, אם הם סמוכים על שולחן אביהם – ‹כלומר דאם הבן עני, אע"פ שיש לו אב עשיר, מותר ליתן לו צדקה, **אך** אם הוא סמוך על שולחן אביו, וקי"ל דמציאתו לאביו, והוה כאלו נותנין לאביו, והרי הוא עשיר – ערוה"ש›.

וכל זה דרך צדקה, אבל דרך דורון וכבוד יכול לקבל אדם, כדאמרינן הרוצה ליהנות יהנה כאלישע – ‹ונראה דממעות צדקה אין לו ליקח אף דרך דורון, דלמה יקפח העניים בנטלו מצדקה שלהם, דהבעה"ב כשיתן לו דרך דורון מהצדקה שלו, ינכה לשארי עניים. **וקמ"ל** שרשאי ליקח מאחרים אף כשיש לו הרבה, ולזה הביא ראיה מאלישע, אע"פ שמסתמא היה עשיר, דאין הנבואה שורה אלא על חכם גבור ועשיר ובעל קומה – ערוה"ש›.

סעיף ב - יש אומרים שלא נאמרו השיעורים הללו אלא בימיהם – ‹שהיה להם קופה ותמחוי, והיו מחלקין מעשר עני בכל שנה, והיו נוטלין לקט שכחה ופאה, לפיכך שיערו שמי שיש לו ר' זוז לא יטול, לפי שיכול לעבוד בהן שנה, ולשנה הבאה יהיה לו במה שיהיה›, **אבל בזמן הזה** – ‹שאין כל זה›, **יכול ליטול עד שיהיה לו קרן כדי שיתפרנס הוא ובני ביתו מהריוח, ודברים של טעם הם** – ‹ואפשר כי בימיהם היתה ההוצאה מעוטה, ואפשר להתפרנס בריוח של נ' זוז, אבל האידנא א"א, והכל לפי המקום והשעה – טור›.

סעיף ג - מי שהיו לו קרקעות - מלבד בית דירתו, טור, כלומר דהא אין מחייבין אותו למכור בית דירתו כדלעיל ס"א, **ואם ימכרם בימות הגשמים ימכרם בזול, ואם יניחם עד ימות החמה מוכרן בשווין, אין מחייבין אותו למכור, אלא מאכילין אותו מעשר עני עד חצי דמיהם, ולא ידחוק עצמו וימכור שלא בזמן מכירה** - המחבר העתיק לשון הרמב"ם, ומיירי בעשיר, שאף אם ימכרם לפי הזול יהא לו שיעור ר' זוז, **דאילו** אין שוין אף לפי הזול ר' זוז, לכו"ע נותנין לו אפי' אלף זוז בבת אחת, דהא הו"ל עני,

וכ"כ הב"ח, **ומ"מ** כיון שאין לו מעות ר' זוז, ויצטרך עכשיו בימות הגשמים למכור בזול, אין מחייבין אותו למכור, אלא מתפרנס מן הצדקה עד חצי דמי הקרקעות, **ואין** משגיחין לראות בכמה הוא מוזל עכשיו, אלא בין מעט בין הרבה מאכילין אותו עד מחצה, לפי שעד מחצה הדרך להוזיל ולא יותר. ‹**כיון** שאין הבריות דוחקין אותו מחמת שרואין אותו דחוק למעות, שאין נותנין לו פחות בשביל זה, אלא שאין עכשיו זמן קניית קרקעות, אלא שהוא דוחק את עצמו למכור, לפיכך אין מאכילין אותו מן הצדקה כל צרכו - לבוש›, ‹**ומפני** שאין דרך שיוזלו יותר ממחצה מן ימות הגשמים לימות החמה, ולכן דיו שנסייענו מן הצדקה מה שהוזל ולא יותר, **משא"כ** דאם הזול הוא מפני דחקו, אין שיעור לדבר, ולכן גם מסייעין לו מן הצדקה בלא שיעור, וכדלקמן - ערוה"ש›.

כתב רבינו ירוחם בשם הר"ר יונה, כי אמרינן דמאכילין אותו עד מחצה דמיהן שישוו בימות החמה, אין מאכילין אותו הרבה ביום א', אלא דבר יום ביומו כדי פרנסתו עד חצי דמיהן, **ולגבי** עני הוא דתנן היה לו ר' זוז פחות דינר, אפילו אלף זוז בבת אחת הרי זה נוטל, עכ"ל ומביאו ב"י וד"מ. ‹**והטעם** פשוט, דכיון דבאמת עשיר הוא אלא שדחוק לזמן כמ"ש, א"כ איך ניתן לו הרבה, שמא למחר ימצא למכור בשוויים, ולמה נקפח לעניים, ודיו להאכילו דבר יום ביומו עד שימצא למכור בשווין - ערוה"ש›.

(ויש אומרים שאין מאכילין אותו רק עד שיכול למכור קרקעותיו בחצי דמיהן) - שאין משגיחין ליתן עד דמי חצי הקרקעות או לא, אלא רואין אם יכול למכור בימות הגשמים בחצי דמיהן, אין מאכילין אותו, ‹שדרך כן הוא להוזיל עד החצי, ואין הבריות דוחקין אותו, וצריך למוכרן בעד חצי דמיהן ועדיין יהיו לו ר' זוז›, **אבל** אם לא יוכל למכרן בחצי דמיהן, מאכילין אותו, ‹דתלינן לומר ודאי בשביל שרואין שהוא דחוק למעות אינו מוצא למוכרן - לבוש›, **ואין** משגיחין לראות כמה יתנו לו, אלא אפילו יותר מדמי חצי הקרקעות נותנין לו, כיון שאינו יכול למכור אותם בחצי דמיהן, לפי שעד מחצה הדרך להוזיל ולא יותר, **וכתב** הטור שכן העיקר, וכך הם דברי הרב בשם י"א, וכל זה ברור, **ודלא** כהב"ח שהשיג על הטור והרב בדברים שאינם נכונים.

היו שאר האדם לוקחים ביוקר, והוא אינו מוצא מי שיקח ממנו אלא בזול, מפני שהוא דחוק וטרוד, אין מחייבים אותו למכור, אלא אוכל מעשר עני והולך עד שימכור בשוה, וידעו הכל שאינו דחוק למכור - ונ"י כתב ‹דאוכל מעשר עני› כשיעור מאי דזל ארעא טפי מדכו"ע, ומביאו ב"י, **ולא** משמע הכי בדברי הרמב"ן והט"ו ושאר פוסקים, אלא מאכילין אותו {אפילו יותר מעד חצי דמי הקרקעות} והולך עד שימכור בשוה, וכן עיקר.

אבל אם הוזלו כל הקרקעות אף של אחרים, אפי' אם הוזלו שאינם שוים כחצי דמיהן, אם יכול למכרן שיהיה לו ר' זוז לפי הזול, צריך למכרן ולא יטול מהצדקה, טור ופוסקים.

סעיף ד - בעל הבית ההולך ממקום למקום וכלו מעותיו בדרך ואין לו מה יאכל, יטול צדקה, וכשיחזור לביתו אינו חייב לשלם]. (דהוה ליה כעני והעשיר, דאינו חייב לשלם) - ‹ותמיהני, שבפי' המשניות כתב הרמב"ם דממדת חסידות צריך לשלם, ע"ש, ולמה לא הזכיר זה בחיבורו, וגם בירושלמי משמע כן ע"ש, וגם בש"ס שלנו בחולין ק"ל: משמע להדיא כן ע"ש, **ואולי** שבחיבורו לא כתב רק העולה לפי עיקר הדין. **ודע** שהדבר פשוט, שאם זה הבעה"ב העובר ממקום למקום ביכולתו ללוות, שאסור לו לקבל צדקה, וכן ראיתי בשם הגר"א בס' חוט המשולש - ערוה"ש›.

וכתב רי"ו דלאו דוקא נטל מקופה של צדקה, אלא אפי' מאדם בעלמא שפרנסו דרך חסד, ונתן לו די סיפוקו, כיון שלא היו לו נכסים באותה שעה, **אמנם** אם היו לו נכסים או קרקעות אפי' ביד אחר, חייב לשלם אם חבירו תובעו, **זולת** ביתום עני, אם לא שכתב שבתורת הלואה זן אותם, אבל בסתמא לא, וכך הם דברי הרב בס"ה.

סעיף ה - מי שפירנס יתום, והיה מכוין למצוה, וכשהגדיל תבע ממנו מה שפרנסו, פטור. הגה: אפילו היה לו ליתום באותה שעה, אם לא שפירש שדרך הלואה פרנסו. ודוקא יתום, אבל אחר, אפילו בסתם נמי אמרינן שדרך הלואה עשה מאחר שיש לו נכסים. ועיין בחו"מ סימן ר"ל סעיף כ"ה - ‹ולכן בבעה"ב העובר ממקום למקום ותם כספו, ואחד נתן לו על הוצאה, יותר קרוב לומר שלשם הלואה עשה, אא"כ ניכר הדבר שלשם חסד עשה. **ועיין** ש"ך לעיל, ואין דבריו מבוררים כ"כ ודו"ק - ערוה"ש›.

סעיף ו - עני שגבו לו להשלים לו די מחסורו, והותירו על מה שצריך, המותר שלו; ואם גבו לעניים סתם, והותירו, ישמרו לעניים אחרים. וכן מותר שבוי, לאותו שבוי; ואם גבו לשבויים סתם, והותירו, ישמרו אותם לשבויים אחרים. וכן מותר המת, ליורשיו; מותר המתים, למתים. ואם ראו הפרנסים שיש צורך שעה ורצו לשנות, הרשות בידם - ‹ואין לשאול, דאיך אפשר לשנות משל עני זה לענין אחר, והא בודאי לא ימחול על זה, והוא כבר זכה בהמעות, **די"ל** דבאמת בשנדקדק, דכל מותר למה שייך לזה האיש, הלא לא נתנו רק לצרכיו ולא למותרות, והוה כמתנה בטעות, **אלא** דעכ"ז כיון שנאסף מאנשים רבים, לאו אדעתייהו לדקדק כל כך, ונותנים על דעת הגבאים, והגבאים בעצמם דעתם שגם המותר יהיה שייך למי שנגבה בעדו, **ולכן** אם הם בעצמם רואים ליתן המותר לדבר אחר, מותר, מפני שעל דעתם נותנים. **ויש** בזה מחלוקת הראשונים אם רשאין לשנות גם לדבר הרשות או רק לדבר מצוה, ויתבאר בסי' רנ"ו - ערוה"ש›.

סעיף ז - מעות שגבו לפדיון שבוי, ומת קודם שנפדה, יש מי שאומר שהם של יורשיו; ויש מי שאומר שלא זכו בהם יורשיו; ולזה הדעת נוטה בזמן הזה, דאמדינן דעתייהו שלא התנדבו על דעת כך - ‹דדוקא כשהמצוה נעשית, שפיר שייך המותר לו וליורשיו, אבל כל שעדיין לא התחילו במצוה זו, פשיטא דאדעתא דהכי לא התנדבו - ערוה"ש›, **וה"ה לנטמע (פי' נטמן ונאבד, כי בא השמש, ת"י: טמעת שמשא) השבוי בין העובדי כוכבים קודם שנפדה. הגה: ועיין בחו"מ סוף סימן רפ"ג.**

והוא הדין אם נדר א' ליתומה מעות להשיאה, ומתה, דלא זכו בהם יורשים - (עיין בספר בני אהובה שכתב, דאם מתה אחר שהשיאה, כו"ע מודים שזכו בהם היורשים, וכ"כ המשאת בנימין להדיא, **וקשה** הא הוי כנדוניית חתנים לר"ת, דיכול לומר לא התניתי אלא ע"מ שתהנה בתי בו, **וצ"ל** דדוקא באב הנותן כו', ע"ש).

ומיהו כל זמן שהיא חיה, הם של היתומה, וצריך לתת לה מיד, ואין ממתינים עד נשואיה; ואם מתה המעות חוזרין - ‹ולא דמי לנגבה מרבים, שהוא מן הנמנעות להחזיר הנדבות לכל מי שנתן, ויפול הוצאות הרבה, ולכן עושין בהם צרכי רבים, ולא חשו רבותינו לבאר זה, דבדין הראשון עושין צרכי רבים, ובדין השני חוזר לבעלים, דממילא מובן זה - ערוה"ש›.

ועיין בחושן משפט סימן רכ"ג סעיף י"ו דיש חולקין - (ושם הכריע הרמ"א כדעה הראשונה, **ובתשובת** מהריב"ל מסיים, דאפילו תפסו יורשי היתומה מפקינן מיניה, דלא מצי למימר קים לי כראבי"ה).

סעיף ח - עני שנתן פרוטה לצדקה, מקבלין ממנו; ואם לא נתן, אין מחייבין אותו ליתן - כתב הב"ח, נראה דלפי שהכל חייבים ליתן צדקה אפי' עני המתפרנס מן הצדקה, וכדלעיל ר"ס רמ"ח, לכך הוצרכו לפרש דאם לא נתן אין מחייבים אותו ליתן, **וטעמא** דמילתא, משום דהעני יכול לצאת ידי חובתו כשיתן לעני חבירו, וחבירו יחזור ויתן לו, כדכתב המחבר בסי' רנ"א סי"ב, עכ"ל, **וקשה** לפי זה מאי קאמר מקבלין ממנו, פשיטא דהא אפילו חייב ליתן, **אלא** נראה דהכא מיירי בעני שאין לו פרנסתו, דודאי אינו חייב ליתן צדקה עד שיהיה לו פרנסתו, כדלעיל סי' רנ"א ס"ג בהג"ה, **ולעיל** ר"ס רמ"ח מיירי ביש לו פרנסתו, וכמ"ש שם, והלכך בהא אין מחייבין אותו.

‹**וכבר** בארנו שם דשני עניינים הם, דודאי שלישית השקל בכל שנה מחויב כל אחד ליתן, וכאן מיירי שזה כבר נתן זה, ולא מיירי מזה, ולכן אינו מחוייב ליתן יותר, **והייתי** אומר דגם כשנותן איזה צדקה ליד גבאי שלא יקבלו ממנו, כיון שעני הוא וכבר יצא י"ח בשלישית השקל, **לזה** קמ"ל דמ"מ מקבלים ממנו, **וכן** אם החזיר הבגדים הישנים מקבלין ממנו, אע"פ שא"צ שהרי אינו מוכרח לזה ע"פ הדין - ערוה"ש›.

נתנו לו בגדים חדשים והחזיר הישנים, מקבלים ממנו; ואם לא החזיר, אין מחייבים אותו.

סעיף ט - עני שאינו רוצה ליקח צדקה - ‹מחוייבים להתאמץ שיקבל, ואם עכ"ז אינו רוצה›, **מערימים ונותנין לו לשם מתנה או לשם**

הלואה – ‹והיינו שנותנין לו בדרך מתנה ולא דרך צדקה, ואם גם זה אינו רוצה, נותנין לו לשם הלוואה, ואח"כ אין תובעין ממנו, **ונראה** דאם הוא מתאמץ לשלם ואין ביכולתו, אין מקבלין ממנו – ערוה"ש›.

סעיף י - עשיר המרעיב עצמו, ועינו צרה בממונו שלא יאכל ממנו, אין משגיחין בו – ‹וילך בסכלותו. **ונ"ל** דאם הוא חולה מחמת רעבון, דמאכילין אותו ונוטלין ממנו בע"כ – ערוה"ש›.

סעיף יא - ת"ח חייבים לתת לו לפי כבודו – ‹דכבוד התורה הוא זה, ונ"ל דכן הדין אם הוא ירא אלקים אמיתי, אף שאינו ת"ח, ג"כ מפרנסין אותו לפי כבודו›. **ואם אינו רוצה לקבל, מתעסקין לסחור לו סחורה, שקונים לו סחורה בזול וקונים ממנו סחורתו ביוקר** – ‹דדרך כבוד הוא זה›. **ואם יודע להתעסק בפרקמטיא, מלוין לו מעות לסחור בהם** – ‹אבל על עם הארץ אינם מצווים בזה. **וגדול** שכרן של המטיל מלאי לכיס ת"ח שיסחרו בהם, וכך אמרו חכמים: כל המטיל מלאי לכיס של ת"ח, זוכה ויושב בישיבה של מעלה, שנאמר: כי בצל החכמה בצל הכסף – ערוה"ש›.

סעיף יב - מי שצריך לבריות, ושט אחר פרנסתו ונתנו לו צדקה, אין בעלי חובות יכולים להפרע ממה שגבה בצדקה. הגה: אם לא שכתוב בקבולו שחייב לאחרים, דאז נתנו לו אדעתא דהכי שישלם.

§ סימן רנד – שלא לקבל צדקה מן העובדי כוכבים §

סעיף א - אסור לישראל ליטול צדקה מן העובדי כוכבים בפרהסיא - משום דאיכא חילול השם דמבזי נפשיה בפרהסיא, ‹שאומרים הגוים, כמה מגונה אומה זו שאין מפרנסין ענייהם – לבוש›. **ואם אינו יכול לחיות בצדקה של ישראל, ואינו יכול ליטלה מעובדי כוכבים בצינעא, הרי זה מותר** – ‹דאנוס הוא להחיות את עצמו – לבוש›.

סעיף ב - שר עובד כוכבים ששלח ממון לישראל לצדקה, אין מחזירין אותו משום שלום מלכות, אלא נוטלין ממנו וינתן לעניי עובדי כוכבים בסתר, כדי שלא ישמע השר - אבל לא לעניי ישראל, משום דכתיב ביבוש קצירה תשברנה, כלומר כשיכלה זכות שביד עובדי כוכבים, ויבש לחלוחית מעשה צדקה שלהם, אז ישברו.

[וקשה דברישא התירו לקבל בצינעא ולא איכפית לן במה שיהיה לעכו"ם זכות בזה, ובדרישה הקשה זה, ותירץ שיחיד המקבל כיון שהוא נהנה מותר, אבל גבאי שאין לו הנאה, אסור לגרום זכות לעכו"ם בשביל הנאת אחרים, **והוא** תמוה דהאיך נתיר לו להאריך הגלות בשביל הנאתו, **ונ"ל** שאין שייך ביבש קצירה אלא כשהעכו"ם מכוין דוקא לעניי ישראל ובזה מייקר שם ישראל, בזה יש זכות גדול, כגון הכא וכמעשה דאימיה דשבור מלכא בגמ', ששלחה לחלק לישראל, ואע"ג דכתב רש"י שהיא ידעה ג"כ שמפרנסין ג"כ עניי עכו"ם עם ישראל, דאל"כ הוי ליה גניבת דעת, וכמו שנעתיק בסמוך, מ"מ בעיקר בשביל עניי ישראל, בזה הקפידו משום ביבש קצירה, משא"כ ברישא שהעכו"ם אין כוונתו דוקא על ישראל, אלא הוא מצד טבעו רחמן על כל הפושט יד, אין זה זכות גדול, ולית ביה משום ביבוש קצירה, כן נ"ל עיקר].

[ואין להקשות מזה על מה שכתבתי, דעיקר כוונת העכו"ם היה על ישראל, דכאן נותן הכל לעניי עכו"ם, וה"ל גניבת דעת, י"ל דלא שייך גניבת דעת אלא אם הוא מעשה בדרך גניבה, דהיינו עם הנותן נתכוין לתת לישראל ולא לעכו"ם, נמצא דבשעת נתינה לעכו"ם עובר על דעתו של העכו"ם הנותן, משא"כ כאן דיש עכ"פ היתר בנתינה לעכו"ם, אלא במה שאין נותן לישראל כלום הוא עובר על דעתו בשב ואל תעשה, אין בזה איסור גניבת דעת, כנ"ל נכון].

‹ואין לתמוה על מה שנהגו לקבל בלא שום פקפוק, דודאי כיון שהדוחק רב, מותר, **ועוד** שהרמב"ם כתב וז"ל, בן נח שרצה לעשות מצוה משאר מצות התורה כדי לקבל שכר, אין מונעין אותו לעשותה כהלכתה, ואם הביא עולה מקבלין ממנו, נתן צדקה מקבלין ממנו, ויראה לי שנותנין אותה לעניי ישראל, הואיל והוא נזון מישראל ומצוה להחיותו, אבל וכו'

עכ"ל, **ומיירי** בזמן הבית ושקבל עליו שלא לעבוד ע"ז, ע"ש, וגם עתה הפרנסה זה מזה, ואין בינינו עובדי ע"ז – ערוה"ש›.

הגה: וי"א דיעשה בכן מה שלוה לו המושל. (כך משמע מפירוש רש"י ותוספות מעובדא דאימיה דשבור מלכא) - גם הי"א מודו דאם שלחם סתם, ינתן לעניי עובדי כוכבים בסתר, כדאיתא בש"ס פ"ק דב"ב סוף דף י', **אלא** דס"ל דאם המושל צוה כך וכך, יעשה כן, משום שאסור לגנוב דעת הבריות, ואפילו דעתו של עובד כוכבים, כדלעיל ס"ס ס"ה, ובחשן משפט ר"ס רכ"ז, שכתבו אמאי דשדרה התם אימיה דשבור מלכא ת' דינרים למצוה רבה, דקבלם רב יוסף לפדיון שבויים של ישראל, ולא אפשר לחלק לעניי עובדי כוכבים, דאסור לגנוב דעת הבריות אפי' דעת של עובדי כוכבים, **אבל** מעות המתחלקות לעניים אין בהן גניבת דעת, דאינהו נמי ידעי שהישראלים רגילין לפרנס עניי עובדי כוכבים עם עניי ישראל, עכ"ל, **וסברא** הראשונה אינה מחלקה בכך, **והב"ח** פסק כהי"א אלו, וכתב דאסור לפדות בהן שבויי עובדי כוכבים משום גניבת דעת, ומשום דעובדי כוכבים מורידין ולא מעלין אותן.

[**לא** ירדתו לסוף דעת רמ"א, דתמוהים דבריו, דבגמ' פ"ק דב"ב איכא תרי עובדי, חדא בדף י', דאימיה דשבור מלכא שדר ד' מאות זוזי לרבא, וקבלינהו משום שלום מלכות, ופלגינהו לעניי עכו"ם, והיינו הך דסעיף זה שזכר הטור והשו"ע, **ואיכא** תו בדף ח', דאיפרא הורמיז שדרה ארנקי דדינרא לרב יוסף דליהוי למצוה רבה, נתנן רב יוסף לפדיון שבויים שהוא מצוה רבה, **וכתבו** רש"י ותוס' בהך עובדא, דרב יוסף לא חש להך דביבוש קצירה, משום ששלח ליהוי לפדיון שבויים, וא"א לחלקם, ע"כ הוכרח ליתנם לפדיון שבויים ישראל, דאילו לפדיון שבויים דעכו"ם היה עובר משום גניבת דעת, אבל גבי רבא דשלחו ליה מעות ואפשר לחלקם לעניי עכו"ם, אין כאן גניבת דעת, דאינהו נמי ידעי דמפרנסים עניי עכו"ם עם עניי ישראל, **נמצא** לפי"ז שאם שלחו לפדיון שבויים, צריך לקיים מאמר הנותן משום גניבת דעת, אבל במעות המתחלקות לעניים, יתנן לעניי עכו"ם, **וכתב** ב"י מדלא חילקו הפוסקים בזה, ש"מ שאף רב יוסף פלגינהו לשבוי עכו"ם, פי' שביבוש קצירה שייך בכל מקום אפי' לפדיון שבויים, **וע"כ** יש לתמוה על רמ"א שכתב בשם י"א, דבמעות יעשה מה שצווה המושל, והא תלמוד ערוך אינו כן בעובדא דרבא, ולית פלוגתא אלא לענין פדיון שבויים, **והלבוש** ראיתי שאינו מביא הך וי"א כולה, אלא כתב ואם אומר העכו"ם בפירוש שלא ליתנם לעניי עכו"ם, יעשה כדבריו משום גניבת דעת, ומ"מ קשה דהוא נגד סתימת הפוסקים שכתב ב"י, דלא חשו כאן לגניבת דעת, ומ"מ נראה דיש כאן ט"ס]. **עיין** בש"ך דלא קשה מידי - נקה"כ.

וכל זה דוקא כשנותנין מעות לצדקה, אבל אם מנדבין דבר לבית הכנסת, מקבלים מהם - כדלקמן סי' רנ"ט ס"ב, והטעם משום דהוי כמו קרבן, שמקבלין קרבנות מן העובדי כוכבים, **ובהג"א** פ"ק דב"ב כתבו טעם בדבר, מפני שהצדקה מכפרת ע"כ אין מקבלין מהן, אבל נדרים ונדבות אין באין לכפר.

אבל לא מן המומר - ובתשובת מבי"ט נראה שמקבלין מן המומר, שכתב אע"ג דאמרינן אדם כי יקריב מכם להוציא את המומר, היינו בקרבן ודמי ליה, אבל בהקדש לעניים, או הקדש בית לבהכ"נ כנדון דידן, מקבלין כו', וע"ש. **ועיין לקמן סי' רנ"ט סעיף ד'.**

§ סימן רנה – להרחיק מקבלתה §

סעיף א - לעולם ירחיק אדם עצמו מהצדקה, ויגלגל עצמו בצער, שלא יצטרך לבריות; וכן צוו חכמים: עשה שבתך חול, ואל תצטרך לבריות; ואפילו היה חכם מכובד והעני, יעסוק באומנות ואפי' באומנות מנוולת, ואל יצטרך לבריות - ‹אך אם יש בזה בזיון התורה, לא יעשה – ערוה"ש›.

סעיף ב - כל מי שאינו צריך ליטול מהצדקה ומרמה העם ונוטל, אינו מת עד שיצטרך לבריות.

וכל מי שצריך ליטול ואינו יכול לחיות אלא אם כן יטול, כגון זקן או חולה או בעל יסורין - או שיש לו בנות רבות, ואינו יכול להשיאן

ולפרנסן אא"כ יטול, **ומגיס דעתו ואינו נוטל, הרי זה שופך דמים ומתחייב בנפשו, ואין לו בצערו אלא עונות וחטאים. וכל מי שצריך ליטול** – «ובדוחק יכול לחיות», **ומצער עצמו ודוחק את השעה וחי חיי צער, כדי שלא יטריח על הצבור** – «ולא מפני הגאוה – ערוה"ש», **אינו מת עד שיפרנס אחרים, ועליו הכתוב אומר: ברוך הגבר אשר יבטח בה'.**

§ סימן רנו – קופה ותמחוי האיך נגבים ומתחלקים §

סעיף א - כל עיר שיש בה ישראל, חייבים להעמיד מהם גבאי צדקה - והיו כופין זה את זה להכניס להם אורחין ולחלק להן צדקה, **אנשים ידועים ונאמנים, שיהיו מחזרים לגבות מכל אחד מה שהוא ראוי ליתן, ודבר הקצוב עליו** – «כלומר דעל הקופה היו הנדבות קצובין לכל בעה"ב כך וכך, לפי שהקופה היא לעניי העיר ויש לזה חשבון – ערוה"ש», **והם מחלקים המעות מערב שבת לערב שבת, ונותנים לכל עני מה שיספיק לו לשבעה ימים, וזו היא הנקראת קופה.**

וכן מעמידים גבאים שלוקחים בכל יום ויום מכל חצר וחצר, פת ומיני מאכל או פירות או מעות, ממי שמתנדב לפי שעה – «שהתמחוי הוא לענייי עולם, כלומר עניים העוברים ושבים, ולזה אין קצבה שפעמים מרובים ופעמים מועטים – ערוה"ש», **ומחלקין את הגבוי לערב בין העניים, ונותנים ממנו לכל עני פרנסת יומו, וזהו הנקרא תמחוי.**

מעולם לא ראינו ולא שמענו קהל מישראל שאין להם קופה של צדקה, אבל תמחוי יש מקומות שלא נהגו בו – «ועתה בעוונותינו אין לנו לא קופה ולא תמחוי, שמפני לחץ הפרנסה וריבוי העניים אינו באפשרי, רק כל יחיד מישראל נותן צדקה מכיסו, ורבו עניים לאלפים המחזרים על הפתחים, וכל אחד נותן לו פרוסת לחם או מטבע קטנה, ורבו המעשים בכל עיר ועיר שכמעט בכל שבוע הולכים שני אנשים לקבץ נדבות על איזה יחיד, ועם כל ריבוי הצדקה שבימינו אלה, עכ"ז אין הקומץ משביע וכו', ושמענו שיש באיזה ערים שעשו כעין קופות, ומתנהג בכבדות – ערוה"ש».

הגה: ולכן מי שיש לו מזון שבעה ימים, לא יקח מן הקופה; ומי שיש לו מזון יום אחד, לא יקח מן התמחוי, כמו שנתבאר לעיל סימן רנ"ג.

וצריכים הגבאים שיהיו נאמנים וחכמים, וידקדקו על העניים שלא יהיו רמאים - חוץ מי שביקש שיאכילהו שאין מדקדקים אחריו, טור, וכבר נתבאר לעיל סי' רנ"א סעיף י'. **וכל שהגבאי אינו נאמן** – «דוחין אותם ולא יגבו כלל, ואם אין יכולין לדחותן... – לבוש», **אסור ליתן צדקה על ידו** - אלא יעשה כמו שנתבאר לעיל סימן רמ"ט ס"א.

(**עיין** בתשו' יד אליהו שכתב, דצריך לעמוד מפני הגובה צדקה בשעה שהולך וגובה מאיש לאיש, כמו מפני כל עושי מצוה, **אכן** אם זה הגובה מקבל שכר על טרחתו, אינו בכלל זה).

סעיף ב - בתענית מחלקים מזונות לעניים; וכל תענית שאכלו העם ולנו ולא חלקו צדקה לעניים, הרי אלו כשופכי דמים - רגילין היו בליל תענית לעשות צדקה, והיו עיני העניים נשואות לכך, [שזהו דבר המוכן לאכול], ואם ילינו, נמצאו עניים רעבים שנשענו על כך.

בד"א, כשלא נתנו להם הפת והפירות, אבל אם אחרו המעות או החטים אינם כשופכי דמים - ...אבל מעות וחטים, [אין מוכן לאכילה], לא נשענו עניים עליהם אותו הלילה, ולית לן בה עד למחר, עכ"ל רש"י. «שהרי אף אם היו נותנין להם בלילה, לא היו יכולין לאכול מזה, ובהכרח שהכינו להם מקודם – ערוה"ש».

סעיף ג - הקופה אינה נגבית בפחות משנים, שאין עושים שררה על הצבור בממון

בפחות משנים - ‹משום כבוד הציבור - לבוש›, והגבאות שררה הוא, שממשכנים על הצדקה [מי שידו משגת ליתן], **אבל לאחר שנגבית, אחד נאמן עליה להיות גזבר; וכן יכולים למנות שני אחים להיות גזברים** - כיון שא"צ ב' אלא משום שררה. ‹דאי משום שררותם האיכא תרי, ואי משום נאמנות, אף על גב דתרי אחים לגבי הימנותא כחד דמו, הא אמרינן לענין נאמנות דגזבר בחד סגי - לבוש›.

ואינה מתחלקת אלא בשלשה - ‹וצריך דוקא כשרים, ושלא יהיו קרובים זה לזה, כדין ב"ד - ערוה"ש›, **לפי שהוא כדיני ממונות לעיין על כל עני ועני כמה ראוי ליתן לו. ותמחוי, כמו שמתחלקת בשלשה, כך אינה נגבת אלא בשלשה, לפי שאינו דבר קצוב, וצריכים לעיין על כל אחד ואחד כמה ראוי שיתן** - [לפי שתמחוי נגבה בכל יום לפי צורך השעה לאכילה, ‹שהיו צריכין לעניי עולם לפי מה שבאו לעיר פתאום, והיו הגבאין צריכין לעיין על כל אחד ואחד כמה ראוי שיתן - לבוש›, משא"כ בקופה שהוא דבר קצוב תמיד בשוה].

סעיף ד - התמחוי נגבית בכל יום, והקופה מערב שבת לערב שבת - ‹לא שבערב שבת היו מחזרין, אלא בכל השבוע להכין על חילוק מערב שבת לערב שבת - ערוה"ש›. **התמחוי לעניי עולם, והקופה לעניי אותה העיר בלבד. רשאים בני העיר לעשות קופה תמחוי, ותמחוי קופה** - ‹ומבואר מזה דאע"פ שע"י זה תתמעט הנתינות בקופה או בתמחוי מכפי שהיה מקודם, ג"כ מותר. **ואמנם** זהו בודאי כשא"א להגדיל הגבייה מאשר עד כה, דאם ביכולת להגדיל, למה יקפחו העניים - ערוה"ש›.

ולשנותם לכל מה שירצו מצרכי צבור, ואע"פ שלא התנו כן בשעה שגבו - אפי' לדבר הרשות, ודוקא דבר שהוא קבוע, ואם יחסר להם יגבו פעם אחרת, **אבל** אם אירע מקרה שהוצרכו לגבות לצורך עניים, כגון שהוצרכו לגבות לצורך כסות, או שבאו עניים הרבה וגבו לשמם, לא ישנו לצורך דבר אחר, ולא אפילו לצורך עניים אחרים, הרא"ש וטור, **ונראה** דלצורך פדיון שבויים אפילו כה"ג יכולין לשנות, כדלעיל ר"ס רנ"ב, **כתב** ב"י נראה שדעת הרא"ש לומר, דההיא דירושלמי דשקלים, בבאין לשנות לדבר שהוא צורך עניים דוקא הוא, אבל לדבר הרשות אין רשאין לשנותה, לא הפרנסים ולא הציבור, עכ"ל, **ובד"מ** כתב ע"ז, וצ"ע, דהא הטור כתב דאפילו לצורך עניים אחרים אסור, עכ"ל, **ולא** קשה מידי, דהא בהדיא כתב הרא"ש וגרסינן בירושלמי, מותר עניים לעניים כו', ואין ממחין ביד הפרנסים, כלומר אם ראו שיש צורך בדבר ובאו לשנות אין ממחין בידם, עכ"ל, והא הך דמותר עניים לעניים מוקי לה הרא"ש התם בהדיא, באירע מקרה שהוצרכו לגבות לצורך עניים כו', **אלא** ודאי בירושלמי קאמר כשרואין הפרנסים שיש צורך בדבר, והיינו שכתב הרא"ש כלומר אם ראו שיש צורך בדבר כו', ר"ל אע"ג דאינן יכולים לשנות באירע דרך מקרה כו' אפי' לדבר מצוה, מ"מ כשרואין הפרנסים שיש צורך בדבר, יכולים לשנות לדבר מצוה, **ועל** זה כתב הב"י נראה שדעתו לומר, דההיא דירושלמי דשקלים, בבאין לשנות לדבר שהוא לצורך עניים דוקא הוא, ולכך יכולים הפרנסים לשנות כשרואין שיש צורך בדבר, אבל לדבר הרשות לא, וזה ברור.

ואם היה במדינה - ‹בעיר, ערוה"ש›, **חכם גדול שהכל גובים על דעתו, והוא יחלק לעניים כפי מה שיראה, הרי זה יכול לשנותו לכל מה שיראה לו מצרכי צבור. הגה: וה"ה לגבאי הממונה מבני העיר** - אין לשון הרב מתוקן, דמשמע דגבאי שוה לכל דבר לציבור, **ואינו** כן, שהציבור יכולין לשנות אפי' לדבר הרשות, כמו שהסכימו הרבה פוסקים, וכתבו בסמ"ק דכן עמא דבר, ולדבריהם הסכים מהרי"ק, **אבל** הגבאי אינו יכול לשנות אם לא לדבר מצוה, כדאיתא באשר"י, וכן כתב מהרי"ק בשם הפוסקים, והכי אמרינן בפ"ק דערכין, משבא ליד גבאי אסור לשנותה, **ולא** דמי לחבר עיר דרשאי לשנות לדבר הרשות כמו הציבור, כדמשמע מדברי הרמב"ם וטושו"ע, דחבר עיר היינו חכם גדול שהכל גובין על דעתו, והכל סומכין לעשות כמו שירצה, **וכן** כתב הב"ח, דדוקא חבר עיר, אבל גבאי אין רשאי לשנות למה שירצה, כי לא נתמנו בסתם להיות הרשות בידם לעשות מה שירצה, אם לא שנהגו בכך מקודם על פי תקנותם, עכ"ל, **ואולי** הרב מיירי בגבאי דומיא דחבר עיר, והיינו במקום

שהמנהג כן שהגבאי עושה מה שירצה, ועיין ע"ז במהרי"ק וב"י כמה חילוקי דינים בזה.

וה"ה ביחיד שהתנדב צדקה ונתנה לגבאי - הממונה על הציבור, דכיון דליד ממונים שלהם נתן, על דעתן התנדב. ‹ודאי סילק עצמו מאותן המעות, ונתן הכח ליד הגבאי לעשות בה כמו שעושין בצדקת בני העיר – לבוש›.

אבל אם מינה בעצמו גבאים, אין בני העיר יכולים לשנותה, דלא על דעתן התנדב.

וכן אם פירש הנותן ואמר שיתנו לעניי העיר או לעני פלוני, אין להם לשנות אפילו לתלמוד תורה - דכיון שאמר לעניי העיר, מיד זכו בה אותם עניים, והוי כאלו בא הממון לידם, ועיין עוד לקמן סי' רנ"ט מדינים אלו.

[**כתב** מהרי"ק בשנים שהתפשרו לתת כל אחד בשוה לצדקה, ואירע להם פדיון שבויים, ורוצה האחד שיגבהו לפי ממון, ואחר טוען שכבר התפשרו לתת בשוה לצדקה, ופדיון שבויים ג"כ בכלל צדקה, **ופסק** דיש לצדד אם הוא בכלל לשון צדקה סתם, אלא דמ"מ בלשון בני אדם אינו בכלל, וצדקה הוי נדר, ובנדרים הולכים אחר לשון בני אדם, דבלשון בני אדם קורין צדקה לצרכי עניים כמאכל ומשתה וכסות וכיוצא בו, ומזה נמשך לו עוד דין אחר, הביאו רמ"א סי' רנ"ב ס"א, במי שאמר סלע זו לצדקה, דאין פדיון שבויים בכלל, ואילו נזדמנו פדיון שבויים, אין לפדותם מסלע זו, אם לא מדעת כל הקהל או חבר עיר או ז' טובי עיר במעמד אנשי העיר...]

[**ואף** כי ממקום קדוש באו, מ"מ תורה היא וללמוד אני צריך, כי לא נראין דברי הרב בזה... ועוד נלענ"ד דאין פתחון פה לומר שפדיון שבויים אינו בכלל צדקה, דהא דכתב במהרי"ק דבלשון בני אדם קורין צדקה למאכל עניים וכסות וכיוצא בו, והנה שבי כולהו איתנהו ביה חרב ורעב, כדאיתא פ"ק דב"ב, וא"כ זה שפודה אותו הוא מאכילו, **ובר** מכל דין דכשאומר סלע זו לצדקה, דעתו אצדקה שבאותו קהל שביד הגבאי, והגבאי יעשה מה שלבו חפץ כדרך שעושה בשאר צדקה שבקהל, שמוציאה לכל דבר מצוה שיראה לו, וא"צ ז' טובי העיר במעמד אנשי העיר, **וא"כ** אם רוצים לשנות בדבר שהנודר אומר בפירוש לאיזה דבר הוא נודר, כהנהו דסי' רנ"ט, משא"כ בהך שאומר לצדקה, הוא שם כולל ושייך לצדקה דמתא, כנלענ"ד ברור, **וראיתי** למו"ח ז"ל דכתב על דברי מהרי"ק הללו, שלא נראים בעיניו, אבל טעמו אינו מבורר לי, ומ"מ הדין הא' דכתב מהרי"ק, דכתוב בשטר שיתנו צדקה בשוה, **נלענ"ד** שיפה דן, מטעם שאף פדיון שבויים בכלל, צדקה דלא שכיחא כי האי פדיון שבויים לא עלה על דעתם בשעת תנאי, כמו דאמרינן דכל אונס דלא שכיח לא סלקא על דעתיה, הכא נמי כן הוא, **וע"כ** אם נתרמי פדיון שבויים חוזר הדבר לעיקר הדין, שיתן לפי ממונו, **ואע"ג** דלענין סתירת בנין בהכ"נ חיישינן שמא אתרמי פדיון שבויים, אינו דומה תנאי שבן אדם מתנה עם חבירו, דלענין היתר סתירת בהכ"נ לא רצו חז"ל להתיר כיון דאיכא בעלמא חד צד שיבא המעות לידי הוצאה, וכן בכל גווני דתלוי בהוראת חכמים להתיר, ודאי חשו לכל דבר, **משא"כ** בתנאי בני אדם לא הוי התנאי אלא במידי דשכיח, ומידי דלא שכיח לא עלה על דעתו, וזה ברור לענ"ד]. ‹**ועיין** לעיל סי' רנ"ב ס"א דנקה"כ פליג על הט"ז, וכתב, ואין כדאי לדחות דברי מהרי"ק בסברות בעלמא›.

(**עבה"ט** של הרב מהרי"ט ז"ל, ועיין בתשו' מהרא"ם גלאנטי, באחד שהקדיש מעות והרוחים יהיו במקום פלוני בא"י להחזיק שמה ישיבה, וביני ביני גרם העון ונחרב המקום ההוא, והפקיד הגבאי ואזר חיל והשיב המקום לאיתנו, וקבץ נדחי הישיבה, ועתה חוזר בו המקדיש ורוצה לשנותו למקום אחר, **ופסק** דאין יכול לשנותו, כיון שפי' לאותם הקובעים ישיבה באותו מקום).

בני העיר שמינו גבאי, ונתפרדה החבילה ונפרדו זה מזה, ועדיין מעות צדקה ביד הגבאי, אם היה רשות ביד הגבאי בתחלה לעשות מה שירצה, גם עתה יעשה מה שירצה; ואם בתחלה הוצרך לימלך בבני העיר, גם עכשיו יעשה כן; ואם א"א לימלך, או שאינן יכולין להשוות דעתם, יעשה הגבאי מה שירצה, ובלבד שיעשה בו דבר מצוה - ‹שאפשר לומר, גם הם אם היו בקיבוץ הראשון היו מסכימין על זה – לבוש›. **וע"ל סימן רנ"ט סעיף ג'.**

‹**וקמ"ל** דאע"ג דנפרדו ולא צוו איך לעשות, א"כ הוי כמו מחילה וא"צ לישאל מהם, מ"מ אם רק אפשר לו לישאל

מהם, ישאל, **אמנם** אם טורח רב בזה או שאין משום דעתם, אוקמה אדינא שיעשה כרצונו, **אך** בזה לא יפה כחו כבני העיר או כגבאי שהיה בידו רשות לעשות מה שירצה, דרשאים לשנות אף לדבר הרשות, אבל הוא אין לו לשנות רק לדבר מצוה, דנהי דנאמר דאזולי אזלי, מ"מ ודאי מסתמא לא אזלי לדבר הרשות. **ונ"ל** דאם מקצתם נפרדו ומקצתם נשארו על מקומם, ישאל רק אצל הנשארים על מקומם – ערוה"ש.

סעיף ה - מי שישב במדינה ל' יום, היו כופין אותו ליתן צדקה לקופה עם בני המדינה; ישב שם ג' חדשים, היו כופין אותו ליתן [לתמחוי - ‹והטעם, דקופה נחוצה יותר מתמחוי, דקופה היא לעניי העיר, ותמחוי היא לעוברים ושבים – ערוה"ש›. **ישב שם ו' חדשים, היו כופין אותו ליתן] צדקה בכסות שמכסים בה עניי העיר; ישב שם ט' חדשים, היו כופין אותו ליתן צדקה לקבורה, שקוברים בה את העניים ועושים להם כל צרכי קבורה.**

‹ויראה לי דזהו היושב בהעיר עם בני ביתו, והוא כבעה"ב בכאן, אבל היושב בעיר עם סחורה, ובעצמו דר במקום אחר עם בני ביתו, דינו כאורח אפי' ישב בה זמן רב – ערוה"ש›.

במה דברים אמורים, בבא לגור ואומר שאינו רוצה להשתקע; אבל אם בא לעיר כדי להשתקע, כופין אותו מיד.

(וכן בני עיר חדשה כופין זה את זה מיד) - כלומר דהבאים לדור בעיר חדשה, כיון שהם יודעין שדעתן להשתקע, כופין מיד לכל דבר. **(וי"א דבזמן הזה משערים לכל בשלשים יום)** - ‹מפני שהגירושין והגלות מצויין, אם ישהה שלשים יום בעיר, מסתמא להשתקע בא – לבוש›. ‹**ואין** טעם בדבר, אלא שכך נהגו מפני הגלות, ב"י בשם סמ"ק. **וי"ל** דהכוונה הוא כמ"ש בחו"מ סי' קנ"ו, מפני שבימיהם היה הישוב מרופה מאד, ואם נמתין על הרבה זמן לא יהיה מי שיתן – ערוה"ש›.

סעיף ו - מי שהלך בסחורה, ופסקו עליו אנשי העיר שהלך שם צדקה, הרי זה נותן לעניי אותה העיר – [הטעם נראה, דכיון שהוא יחיד נגרר אחר העיר ההיא], **ואם היו רבים ופסקו עליהם צדקה, נותנים, וכשבאים מביאים אותה עמהם ומפרנסים בה עניי עירם** – [שרבים חשיבת הקהל עליהם אף בעיר אחרת]. **הגה: והא דצריכין ליתן, מפני החשד, לכן חוזרים ולוקחים מהם ומביאים לעירן.**

ואם יש שם חבר עיר, יתנו לחבר עיר, והוא מחלקה כפי שיראה לו - ‹כלומר גדול הדור שהוא מעיין לכל צרכי הערים, מניחים אצלו, ומה ששייך לעירם הוא בעצמו ישלח להם, ואין זה כבוד התורה שיטלו מידו – ערוה"ש›. **קטע** זה של המחבר היה נכתב בסוף הסעיף אחר כל דברי רמ"א.

ודוקא בצדקה שלא היו נותנין אילו נשארו בעירן, ולכן איכא חשדא; אבל צדקה שאף בעירן היו נותנין, אין צריכין ליתן כלל, דודאי יתנו בעירן - ז"ל המרדכי בשם א"ז, דוקא שגזרו עליהם תענית מפני הבצורת, או מפני משלחת חיות רעות, או מפני הצרה, וגזרו על עצמן צדקה, וגזרו נמי על בני העיר דאתו לגבייהו ליתן צדקה, לבטל הגזרה בתשובה ותפלה וצדקה, אז צריכין ליתן לגבאי העיר מפני החשד, וצריכין נמי ליתן לחבר העיר היכא דאיכא חבר עיר, **אבל** צדקה שרגילין ליתן כל שעה, וכן קבוע בכל מקום, שאפי' היו אותם בני העיר שבאו הכא בעירם לא היו מונעין מלתת אותו, אע"פ שעתה באין כאן אין צריכים ליתן לגבאים ולא לחבר עיר, אלא מוליכין אותם לביתם, ‹דמה לעיר אחת לגזור על האחרת – ערוה"ש›, **הלכך** אותן בני ישובים שבאין לקהלות לראש השנה ויום הכפורים, ומזכירין נשמות ונודרין צדקות, אין כאן חשד כלל, כי בודאי יתנוה, וגם אין נותנין אותם לחבר עיר, כי אין צדקה זו באה מכח אותה העיר, אלא מכח חק ומנהג, הלכך מוליכין הצדקה שלהם לישוביהן ועושין בהם כרצונם, עכ"ל בית יוסף וד"מ.

מיהו נראה דאם לקחו בעיר זו מצות או גלילה וכדומה להם, חייבים ליתן לעיר זו, ואין יכולים לחזור וליקחם להביאם לעירם, דהא קנו מצות בבית הכנסת זו, **ועוד** שאל"כ תהא פסידא לצדקה זו, שהיו אנשי אותה העיר קונים מצוה זו, וכן נוהגין, שוב מצאתי כן בתשובת מבי"ט.

כתב הכלבו שיש תקנות קדמוניות, אנשי כפרים שאין להם מנין, שבאין במקום קהלות ומביאין נרות של שעוה שמדליקין ביום כפור, יניח המותר באותו בית הכנסת שהיו נדלקים ביוה"כ, **ואם** יעשו שנים, האחד יניחו במקום שנדלק, והא' ידלק בעירו במקום שמתפלל שם ביחיד, ע"כ. ‹אין מקפידין אצלינו, וכל אחד יעשה כמנהג העיר, ופשוט הוא – ערוה"ש›.

מי שיש לו מעות אחרים למחצית שכר או בדרך אחר, ונותנין מעשר מן הריוח, צריך ליתן הריוח לבעליו – [ט"ס, וצ"ל צריך ליתן מעשר הריוח], **והוא יתננו למי שירצה** – [הלשון משמע שגם במחצית השכר יתן המעשר כולו לבעל המעות, ותהיה טובת הנאה שלו, ולא ידעתי למה לא יהיה לו טובת הנאה מן חצי הריוח למקבל העיסקא, דהוי חצי הריוח שלו, ונראה דאין ליתן המעשר לבעל המעות בזה רק החצי, וכן יש לכוין דברי המרדכי].

אם לא שיש תקנה בעיר ליתן מכל מה שמרויח, אפילו עם מעות אחרים - לשון הר"ר טוביה שבהגמ"ר, אתה אינך מושבע עליו אחרי אשר אין לך חלק בשכר, ואפי' קדמה תקנת מקומך לתקנת מקומו, הייתי אומר לך לשלחו לו והוא יביאהו אל בית האוצר, אם לא פירשו בתקנתן שיפרישו מעשר מכל מה שירויחו בין יבא לידם בין יבא ליד אחרים, **והכי** נמי נראה לי במלוה מעות למחצית השכר, שיש לו לשלם חצי המעשר לבעל המעות והוא חייב להביאו אל בית האוצר, הואיל ומחצית השכר שלו, עכ"ל, ומביאו בית יוסף בסימן רנ"ח, **והרב** כתב דבריו על פי הבנתו, ואחריו נמשך העט"ז, **אבל** באמת אין הדבר כן, והדבר פשוט דמה שכתב ואם לא פירשו בתקנתן וכו', רצה לומר ואף אם לא פירשו בתקנתם של מקום המלוה, וכן פירש מהר"מ מטיקטי"ן, **א"כ** העולה מהמרדכי והגמ"ר הוא, דמי שנתעסק עם מעות אחרים, אם כל הריוח למלוה ואין לו חלק בשכר, ישלח הכל ליד המלוה והוא יתן שם המעשר, אפי' קדמו תקנת מקום המתעסק לתקנת מקום המלוה, **ואפי'** לא פירשו במקום המלוה שיפרשו מכל מה שירויחו אחרים מממונם, **ואם** מלוה למחצית, ישלם החצי שכר למלוה, ומחצית שכר יתן המתעסק בעירו, ודו"ק.

§ סימן רנו – סדר גביית הצדקה ושלא לאחרה §

סעיף א - גבאי צדקה אינם רשאים לפרוש זה מזה בשוק - כשגובים צדקה, משום חשד, וכן במצאו מעות או פרעו חבירו, הטעם משום חשד.

[פירש"י דלא יאמרו שזה הגובה יחידי דעתו לגנוב, נראה כונתו, אע"ג דבאמת אין א' גובה יחידי, כדאיתא סי' רנ"ו ס"ג משום שרה, מ"מ הרואה סבור שכיון שפירש מחבירו והוא עושה שלא כדין, שהרי צריך לגבות בשנים, אלא ודאי דעתו לגנוב, ובזה מתורץ הא דקשה, דהא כתב בס"ב דאין מחשבין עם גבאי צדקה, ולפי מש"כ ניחא, דכאן יש ריעותא, שהוא עושה שלא כדין במה שפירש מחבירו, וזה המביאו לידי חשד].

אלא כדי (שיראו זה את זה, כגון) שיהא זה פורש לשער וזה פורש לחנות, וגובים.

מצא הגבאי מעות בשוק, לא יתנם לתוך כיסו, אלא לתוך ארנקי של צדקה, וכשיגיע לביתו יטלם; היה הגבאי נושה בחברו מנה ופרעו בשוק, לא יתנם לתוך כיסו, אלא לתוך ארנקי של צדקה, וכשיגיע לביתו יטלם.

ולא ימנה מעות הקופה שנים שנים, אלא אחד אחד, מפני החשד - שלא יחשדוהו שנוטל אחד מכל מנין, [שלא יאמרו שנים הוא מטיל, ואינו מונה אלא אחד], **שנאמר: והייתם נקיים מה' ומישראל.**

סעיף ב - גבאי צדקה שאין להם עניים לחלק – ‹וא"א להשהות הפרוטות, מפני שמחלידין ויתקלקלו, ובהכרח לפורטן על מטבעות כסף וזהב – ערוה"ש›, **מצרפים המעות דינרים לאחרים, אבל לא לעצמם; וכן אם צריכים למכור מה שגבו מהתמחוי, ימכרו לאחרים אבל לא לעצמם, מפני החשד** – ‹כדי שלא יאמרו עליהם שמוכרין או פורטין אותם בזול – לבוש›.

(עיין בתשובת בית יעקב שכתב, דאם ידוע שאין בקופה של צדקה רק דבר מועט, מותר, דבדבר מועט ליכא חשדא, **וכן** הא דריש ס"א, גבאי צדקה אינם רשאים לפרוש, אם הגביה שגובין הוא דבר מועט, ליכא חשדא).

ואין מחשבין בצדקה עם גבאי צדקה, ולא בהקדש עם הגזברים - ‹דכשם שהגבאים צריכים ליזהר בכל מה שנתבאר כדי שלא יחשדום, כמו כן מוטל על העם לכבדם ולא יחשדו אותם, אחרי שהאמינום עליהם מסתמא הם אנשים נאמנים›, **שנאמר: ולא יחשבו את האנשים אשר יתנו את הכסף על ידם לתת לעושי המלאכה, כי באמונה הם עושים** - ‹וראיה גמורה אינה, דשאני התם שהיו צדיקים גמורים, תוס', **וגם** מפני שבשם היו הפועלים מרובים להרבה מלאכות, לגודרין ולחוצבי האבן לכתפים ולחמרים ולבנות עצים ואבני מחצב, וא"א לעמוד על החשבון, רש"י – ערוה"ש›.

הגה: ומ"מ כדי שיהיו נקיים מה' ומישראל, טוב להם ליתן חשבון - ‹ואין לשאול דא"כ למה לא הטילו חז"ל עליהם ליתן חשבון משום והייתם נקיים, כמו שגזרו עליהם דברים האמורים למעלה, **די"ל** דלא דמי, דבחשבון אין מקום לחשוד, אבל דברים האמורים יש מקום לחשוד אותם כמו שנתבאר, **ועוד** דבחשבון יש הרבה טורח, לכן לא הטילו עליהם, **ועוד** דבחשבון הלא נתנו להם נאמנות מקודם, **ולכן** וודאי אם כשהתמנום התמנום שיתנו חשבון, וודאי שחייבים ליתן חשבון, וכמדומני שכן המנהג, **ויראה** לי שבמקום שהממונה נוטל שכירות, ודאי דמחוייב ליתן חשבון – ערוה"ש›.

וכל זה בגבאים הכשרים, אבל מי שאינו כשר, או שנתמנה באלמות וחזקה, צריך ליתן חשבון; וה"ה בכל ממונים על הצבור - אפי' נתמנה מדעת הצבור, אם קוראים עליו תגר שלא נהג כשורה, וחושדין אותו בדבר שראוי להסתפק בעיני הדיין, פשיטא שצריך לתת חשבון, **ואין** צריך לעשות חשבון לפני כל מערער עליו, דידוע שכמה דברים צריכים להוציא ממעות צבור שאין לגלות אלא לצנועים, מהרי"ו שם ומביאו ד"מ. ‹**ועוד** דא"כ אין לדבר סוף, אלא ידרוש שנים וג' מהנכבדים שבעיר ויתן לפניהם חשבון – ערוה"ש›.

וכשרוצים הצבור יכולין לסלק הגבאי ולמנות אחר, ואין כאן משום חשד, וה"ה שאר ממונים (כל בו) - בכל בו כתב, דכיון שנהגו למנות אנשים ידועים לזמן, ובהגיע זמנם יצאו אלו ונכנסים אחרים תחתיהם, א"כ אחרי שנהגו בכך ליכא משום חשד, ומביאו ד"מ, ‹**שכל** אחד מישראל רוצה לזכות לפקח בעסק ציבור באמונה, ועכשיו ממנין זה לזמן מוגבל, ואחר כך ממנין אחר, לזכות את כולם – לבוש›. **ומשמע** בתוך הזמן אין הצבור יכולים לסלקו משום חשד, ואין זה מבואר כל הצורך בדברי הרב.

‹**ואם** לא קבעו זמן כלל, יכולים לסלקו, דאין כאן חשד אם ההרגל בכך להחליף הממונים – ערוה"ש›.

סעיף ג- הצדקה, הרי היא בכלל הנדרים. לפיכך האומר: הרי עלי סלע לצדקה, או הרי הסלע זו צדקה, חייב ליתנה לעניים מיד; ואם איחר, עובר בבל תאחר, שהרי בידו ליתן מיד, ועניים מצויים הם. ואם אין שם עניים, מפריש ומניח עד שימצא עניים - וא"צ לחזר אחר עניים, אפילו עברו ג' רגלים, אלא ימתין עד שיזדמן לו עניים, כן דעת הר"ן, וכן נראה דעת הב"ח.

הגה: וכל זה בצדקה שיש בידו לחלקה בעצמו, אבל כשנודרין צדקה בבית הכנסת ליתנה ליד גבאי, או שאר צדקה שיש לו ליתן לגבאי, אינו עובר עליה אע"ג דעניים מצויים - ‹שכל זמן שאין הגבאי תובעו, הרי ודאי אין הגבאי צריך לה, והרי לא קיימי עניים – לבוש›, ‹כל זמן שהגבאי אינו תובעו, אינו עובר אף כשיש עניים – ערוה"ש›, **אא"כ תבעו הגבאי, ואז עובר עליה מיד אי קיימי עניים, והגבאי היה מחלק להם מיד** - אין רצונו לומר שצריך לידע דקיימי עניים, דהא כיון שהגבאי תובעו מחייב לאלתר, דשמא צריך הגבאי לשלם לעצמו או לאחרים מה שהלוה לצורך עניים, א"כ אפי' לא קיימי עניים מחייב, **אלא** אתא לאפוקי אם ידוע לו שהגבאי יניחנו אצלו ואין לו בו צורך כלל, שאז אינו עובר, וכן משמע במרדכי שם ע"ש ודו"ק.

ואם אין ידוע לגבאי, צריך הוא להודיע לגבאי מה שנדר, כדי שיוכל לתבעו - וכתב המרדכי, והיכא שנדר ע"י ש"ץ בבית הכנסת ליתן צדקה, הואיל וידוע הגבאי שחייב צדקה, לא עבר עד דתבע ליה הגבאי, ע"כ.

ולא מקרי עניים מצויים אלא עניים הצריכים לחלק להם, אבל אם אין דרך לחלק להם מיד, לא מקרי עניים מצויים.

ואם אמר: אתן סלע לצדקה לפלוני, אינו עובר עד שיבא אותו עני, אע"ג דשאר עניים מצויים – «ולא אמרינן שהיתה כוונתו כשיבא מיד, אבל אם יאחר זמן רב יתן לעניים אחרים, דאינו כן, דאפילו נמשך זמן רב אינו עובר, כנ"ל בכוונתו, דאל"כ מאי קמ"ל – ערוה"ש».

וכתב המרדכי, דהיכא שנדר לתת לעניים למי שירצה, עובר עליו לאלתר, דהא קיימי עניים ויש בידו ליתן להם, דלאו כדי ליתן לגבאי נדר, **ואין** לומר שאינו עובר משום שיכול לומר איני רוצה לאלו אלא לאחרים שיבואו, דא"כ בכך יפטור עצמו לעולם, עכ"ל, ומביאו ב"י וד"מ. «**כלומר** אלא וודאי דכוונתו היתה ליתן מיד למי שירצה, ולכן אם אמר מפורש ליתן לעניים הגונים שישרו בעיני באיזה זמן שאמצאם, אינו עובר עד שימצא הגונים, וקמי שמיא גליא – ערוה"ש».

ודוקא במפריש צדקה סתם, אבל כל אדם יכול להפריש מעות לצדקה שיהיו מונחים אצלו ליתנם מעט על יד על יד, כמו שיראה לו – [בטור בשם הרמב"ם, אם אין עניים, יפריש ומניח עד שימצא עני, ואם התנה שלא יתן עד שימצא עני, א"צ להפריש, והקשה הטור עליו ע"ש, **ונראה** כוונת הרמב"ם, דבשעה שנודר צדקה כולל בזה הנתינה וההפרשה, באופן שאם לא אפשר בנתינה עכ"פ יקיים ההפרשה, אבל אם התנה שלא יתן עד שימצא עני, אז אומדין דעתיה דבא להיפטר גם מהפרשה, דאל"כ תנאי למה לי פשיטא שלא יתן כשאין עני, דלמי יתן, אלא וודאי שבא להיפטר גם מהפרשה, **ובזה** מתורץ קושיית הטור שהקשה עליו, יראה שאין תנאי מועיל אלא כשאין עניים ולא נהירא, עכ"ל, דגם הרמב"ם ס"ל דתנאי מועיל אף ביש עניים ומתנה שלא יתן אלא מעט על יד על יד, והוא פשיטא, אלא דקמ"ל דבזה התנאי של הרמב"ם אפי' הפרשה א"צ, ובלא תנאי צריך הפרשה, וכן נראה להלכה].

וכן אם התנה בשעה שנדר בצדקה או התנדב אותם, שיהיו הגבאים רשאים לשנותה ולצורפה בזהב, הרי אלו מותרים – «משום דנתבאר דגבאי צדקה פורטין לאחרים ולא לעצמם, אבל ע"פ תנאי מהני – ערוה"ש».

סעיף ד - צריך ליזהר מלידור, ואם פוסקים צדקה וצריך לפסוק עמהם, יאמר: בלא נדר – «ובפרט בזה"ז, דתמיד איכא עניים בכל מקום ומקום, ועובר מיד בבל תאחר, לכן בהכרח, או לומר בלא נדר, או להתנות שיעשה כרצונו – ערוה"ש».

סעיף ה - כשחסר בכיס של צדקה, צריך הגבאי להלוות - ע"ל סימן ר"נ ס"ב, «הדבר פשוט דמיירי כשהוא בטוח שיהיה מעות בכיס – ערוה"ש», **וכשימצא בכיס לאחר זמן, נפרע ממנו ואין צריך ליטול רשות מהנותנים בכיס.**

הגה: מי שמפריש מעשרותיו - וה"ה שאר צדקה, **והלוה לעני משלו** - כלומר שהלוה לעני על מתנותיו שעתיד לקבל ממנו שיפרע לו בהם, **מפריש מעשר** - או צדקה **שלו, ומחשב על זה שהלוה לעני** - מחשב זה כאלו נתנו לעני והוא משלם לו בהם, **ומעכב לעצמו** - בתשלומין, **מה שהפריש.**

וצריך לזכות בהן העני על ידי אחר, ואח"כ יפרע ממנו חובו, כדי לקיים מצות נתון תתן, ואם רגיל ליתן לזה, הרי זה בכלל מכירי כהונה ולויה, וא"צ, כ"כ בספר התרומות וברטנורה והרמב"ם, **ולכאורה** קשה, דהא בש"ס ס"פ כל הגט, משני עולא הא מני ר' יוסי היא, דאמר עשו שאינו זוכה כזוכה, וא"כ לפי זה א"צ לזכות לו כלל, **ואע"ג** דקאמר התם כולהו כעולא לא קאמרי, כיחידאה לא מוקמינן, היינו כמ"ש התוס' שם, דמסתברא ליה לאוקמי מתניתין אפילו כרבנן, אבל להלכתא קי"ל כר' יוסי, כדפסיק שמואל גופיה בפ' קמא דב"מ, **ואפשר** שזה דעת הרב שכתב בסתם שיכול להפריש עליו, ולא ביאר שצריך לזכות ע"י אחר, **ונראה** דהסה"ת וברטנורה והרמב"ם סבירא להו כמ"ש בחידושי הרשב"א בשנויא בתרא, וז"ל, אי נמי י"ל דה"ק כיחידאה לא מוקמינן, דס"ל דר' יוסי בכה"ג לא אמר עשו את שאינו זוכה כזוכה כו', וכן מתרצים התוס' פ"ק דב"מ, דדוקא בהך דב"מ פסק הלכתא כותיה, ולא בהך דגיטין, ע"ש.

(**ועיין** בנו"ב תניינא שכתב, דאם מתחלה כשהלוה לעני לא הלוה לו על דעת כן, הוא פלוגתא דאמוראי בירושלמי דגיטין, והכריע כר' זעירא דיכול להפריש עליהן, אבל רשות מהעני צריך, **וגם** דוקא אם בלא"ה היה ג"כ נותן המעשר לזה העני, וכפי אותו אומד יחשוב עתה על חלקו ולא יותר, ע"ש).

ודוקא שהעני שהלוה לו עדיין חי, אבל אם מת או נתעשר, אין צריך לשלם, שהרי עני היה כשהלוה לו - שהרי לא הלוה כדי שישלם לו ממםונו, **ואין מפריסין עליו** - דהא עכשיו אינו יכול לזכות בהן שהרי הוא מת או נתעשר, **ואין** להפריש למפרע כשהיה חי ועני, **דאין מפריסין על העבר**.

(**וכתב** הב"י, דאפילו ירשו היורשים ונתנו רשות להפריש, לא מהני, ע"ש, **ועיין** בדגמ"ר שכתב, דזה מיירי שהיורשים הם עשירים, אבל אם הם עניים, מהני רשות שלהם, ושוב פקפק בזה, ע"ש). ‹**ואע"ג** דשם אמרינן דגם במת נוטל רשות מן היורשים, זה שייך בכהונה ולויה, דגם היורשים כהנים ולוים ועומדים במקום אביהם, משא"כ עוני ועושר – ערוה"ש›.

ואין לחוש שמא נתעשר - וכן אין לחוש שמא מת, **אלא בידוע**.

(**וכתב** בסה"ת שם בשם הרמב"ן בשם הירושלמי, דאם הלוה לקהל, אף שיש בהם עשירים או שמתו מקצתם, מ"מ מסתמא יש בהן קצת עניים וסומך על עניים שבהן).

סעיף ו - הגבאי שאומר בעודו גבאי: כך וכך הלויתי לכיס של צדקה, נאמן בלא שבועה; אך לא לאחר שסלקוהו - היינו כשבשעה שסלקוהו לא אמר כלום שהלוה, **אבל** אם אמר כן בשעה שסלקוהו, אף שעדיין לא גבה מעותיו עד לאחר שסלקוהו, נוטל בלא שבועה, וכן נראה מב"ח, ע"ש.

מהמרדכי, ומהר"מ מטיקטין הגה במרדכי, דאיתא בס"א "אף לאחר שסלקוהו", וכ"כ הב"ח שגירסא זו עיקר, [וכן ראיתי במהר"י ווי"ל], **ואפשר** דאף לפי נוסחא זו ה"פ, דאע"פ דמקמי הכי לא אמר כלום שהלוה לכיס של צדקה, אלא לאחר שסלקוהו אמר כך וכך הלויתי, נאמן, **ומיהו** דוקא כשאמר כך בשעה שסלקוהו, אבל אם לא אמר כלום בשעה שסלקוהו, אלא לאחר יום או יומים כשאין הכיס של צדקה בידו, שוב אינו נאמן, **אלא** דלשון אף לאחר שסלקוהו בסתם משמע דבכל ענין נאמן מדלא כתב לחלק בכך, {**וכן** ס"ל למהר"י ווי"ל, מסברא שלא יפסיד דינו בשביל מה שלא אמר מיד, והרי אומר יום או יומים אח"כ, והיינו כדברי הב"ח, נקה"כ}, **ולענין** מעשה צריך עיון, **מיהו** בגבאי כשר ומפורסם בצדקתו, יש להורות דנאמן בלא שבועה אף לאחר שסלקוהו ואין הכיס בידו.

[**ומ"מ יש להשוות הנוסחאות**, דודאי לגמרי אחר הסילוק אינם נאמנים, כיון שלא אמרו בשעת הסילוק, וזה בא למעט לפי הנוסחא של השו"ע, **והנוסחא** של מהר"י ווי"ל מיירי, שאמרו כן תיכף אחר הסילוק, וכן נראה להכריע מסברא].

סעיף ז - גבאי צדקה, אם יחרפוהו העניים אין לו לחוש, כי יותר זכותו גדול.

סעיף ח - עני שיש לו קרובים עשירים שיכולין לפרנסו, אין גבאי העיר חייבים לפרנסו, אע"ג דקרוביו ג"כ נותנים בכיס - ‹דהקופה שייך לעניים שאין להם קרובים עשירים – ערוה"ש›. ‹**עד** שיעיינו עליהם הבית דין, אם אין סיפק בידם לתת כל מה שהם צריכים, אז יתנו להם גם הגבאים – לבוש›. **ע"ל** ס"ס רנ"ב ‹סי"ב›.

סעיף ט - לא יתן אדם כל צדקותיו לעני אחד בלבד - או לקרוב אחד ולהניח שאר הקרובים. ‹דכל הנותן צדקותיו לעני הגון, ודאי זכותו מרובה משנותנה לעני שאינו הגון, ושמא האחר הגון יותר מזה ויהיה זכותו יותר, ועוד שהוא מצער לשאר עניים בזה אם יתן לעולם לאחד – לבוש›.

סעיף י - המחלק צדקה צריך ליזהר שלא ירבה לקרוביו יותר משאר בני אדם - ‹שגוזל בזה שאר עניים, שהרי הנותנים לא נתנו אלא על דעת שיחלקו לכולם בשוה, או לכל אחד לפי כבודו, ולא לפי הקרובים שלו – לבוש›. [**וע"ז א"ר יוסי, יהיה חלקי עם גבאי צדקה, ולא עם מחלקי צדקה**].

הגה: ודוקא גבאי, אבל כל אחד מותר ליתן לדקה שלו או מעשר שלו למי שירצה מקרוביו, והם קודמין כמו שנתבאר לעיל סימן רנ"א.

סעיף יא - המניח מעות להרויח לתלמוד תורה, וממנה אשתו עליהם לתת הריוח למי שתחפוץ, אינה יכולה להפקידם ביד אחר, אפילו הוא כרבי חנניא בן תרדיון - דאין רצונו שיהא פקדונו אלא ביד אשתו דוקא, דכל היכא שהשליח משנה מדעת המשלח, בטל השליחות מכל וכל.

אבל אם המתנדב מינה עליהם חבר עיר, יכול החבר עיר להפקידם ביד אשתו (מהרי"ק) – [משמע שיש חילוק בין אשתו לחבר עיר, דבענין ההוא שאשתו אינה יכולה להפקיד ביד אחר, החבר עיר יכול להפקיד, וזה אינו, גם מה שסיים להפקידם ביד אשתו, משמע הטעם ע"פ מה שאמרו, דכל המפקיד על דעת אשתו ובניו הוא מפקיד, וזה ג"כ אינו, דמהרי"ק כתב שם באשה שהפקיד בעלה איזה סך בידה, ומן השבח תעשה כפי שתרצה, והפקידה הממון ביד אחר, שעשתה שלא כדין, כי לא השליט הבעל רק אותה דוקא, והקשה ע"ז ממעשה דרב יוסף שנשלח לו ממון, כדאיתא בס"פ החובל במעשה דפומבדיתא, ור"י היה שם חבר עיר, והפקידה אצל אחר, והטעם, כיון דאתי הממון על דעת רב יוסף, יכול לעשות בה מה שיהיה רוצה, כ"ש להפקידו ביד אחר, וא"כ ה"נ הרי פירש הנותן שהכל תלוי בה ואדעתא דידה מסר, לא דמי כלל, דהתם כל דאתי על דעת דרב יוסף אתי, אבל הכא נהי דהשליטה המת על השבח, מ"מ על הקרן לא השליטה לעשות כן, ואין רצונו שיהיה הקרן אלא ביד אשתו, אפי' אם האחר הוא חסיד גדול, וכיון ששינתה בטל אותו המינוי שמינתה לאחר, כך הם דברי מהרי"ק, **נמצא** שאין חילוק בין אשתו לחבר עיר, אלא דאם השליט שום אדם על הקרן, ויעשה מה שירצה בריוח, אין כח בידו להפקיד הקרן ביד אחר, כי אם הריוח, **אבל** אם השליט אותו שיעשה גם עם הקרן מה שירצה, כ"ש יש לו רשות להפקיד ביד מי שירצה לשום אדם בעולם, ובהא לחוד תליא מילתא, **ודברי** השו"ע כאן שלא בדקדוק, ובלבוש נמשך אחריו, וכתב הטעם בחבר עיר, לפי שהוא טרוד, ובודאי לא יעסוק הוא בזה, וברור הוא שלא עיין בתשו' מהרי"ק שהוא המקור לדין זה].

השיג על המחבר שלא כדת, דלהדיא מחלק בסתם בין אשתו לחבר עיר, דבחבר עיר מסתמא דעתו שיעשה בו כל מה שירצה, אבל באשתו בסתמא לא אמרינן הכי, וזה דעת המחבר דמיירי בסתם, ובזה יש חילוק בין אשתו לחבר עיר, **ומ"ש** בסיפא יכול להפקיד ביד אשתו, סירכא דלישנא דרישא קאמר, וה"ה ביד אחר, שהרי בב"י כתב להדיא, דיכול החבר עיר להפקידם ביד מי שירצה, וכ"כ בעט"ז להדיא - נקה"כ.

(**אם** לא שפירש בפירוש שלא יוציא הקרן מתחת ידו, **ומ"מ** לאשתו ובניו רשאי למסור, דכל המפקיד על דעת אשתו ובניו הוא מפקיד, כנ"ל לבאר דברי השו"ע ע"פ דברי הנקה"כ וע"פ דברי הגר"א - ערוה"ש).

§ סימן רנח – דין המתפיס בצדקה, והנודר ואינו יודע כמה נדר, ודין אמירה לגבוה §

סעיף א - המתפיס בצדקה הרי זה כמתפיס בנדר; כיצד, היה סלע של צדקה מונח לפניו ואמר על אחר: הרי זה כזה, (הרי זה) צדקה.

הגה: אל יאמר אדם: סלע זה להקדש, אלא לצדקה; ומ"מ אם אמר: להקדש סתם, כוונתו לצדקה לעניים - (ואין כוונתו להקדש מקדש, דאין אנו רגילין בזה כלל, אלא שאנו קוראין לדבר מצוה לשון הקדש, כלומר דבר הקדוש, ובמדינתינו רגילים לקרא מקום בית החולים וכן מקום שעניים מתאספים שם בשם הקדש – ערוה"ש). (**עיין** בתשובת הרשב"ש שכתב בשם אביו הרשב"ץ ז"ל, דאפי' באומר הקדש לשמים, הוא לעניים, וראיה מעובדא דר' אלעזר בן ברתותא, ע"ש). (בתענית כ"ד ע"א, **ואין** שם לשון זה, אלא "העבודה הרי הן הקדש עליך ואין לך בהם אלא כאחד מעניי ישראל", **ומ"מ** גם בלא ראיה נוכל לומר כן - ערוה"ש).

ומיהו אם אמר שכוונתו להקדש ממש, אין לו תקנה ליהנות ממנו - בפדיון, ונאסר על כל

סימן רנה – דין המתפיס בצדקה, והנודר ואינו יודע כמה נדר, ודין אמירה לגבוה

העולם, **מיהו** היינו דוקא בהקדש מטלטלין, אבל קרקע יש לו פדיון, וכן הביא בתשובת ר"א מזרחי דברי האו"ז, ‹והיינו שיפדם בפרוטה וישליך הפרוטה לים המלח, דהא קיי"ל דהקדש שוה מנה שחללו על שוה פרוטה מחולל, ובזמן הבית אין זה רק בדיעבד, אבל בזמה"ז מותר גם לכתחלה, ורבותינו בעלי התוס' כתבו בכמה מקומות, דתקנה זו אינה אלא בקרקע ולא במטלטלין – ערוה"ש›, **וכתב** עוד דדעת הרי"ף והרמב"ם, דאפי' מטלטלים יש להם פדיון בדבר מועט, וע"ש.

וצריך לשאול לחכם, ומתירין לו בחרטה כשאר נדר

- ומתירין לו נדרו ע"י פתח וחרטה, ואומרים לו אילו ידעת שבדבורך יהא נאסר על כל העולם, היית נודר, וכשאומר לאו, מתירין לו מיד, **ואם** אומר ידעתי ואף על פי כן נדרתי, מתירין לו בחרטה או בשאר פתחים, וכדלעיל סימן רכ"ח, **ובתשובת** רבי בצלאל האריך להוכיח, שדעת קצת הפוסקים דנדרי צדקה אין ניתרין אלא בפתח, דמשוי ליה לנדר טעות מעיקרו, ולא בחרטה, וע"ש. ‹**דדבר** מצוה הוא, ועל דבר מצוה אין נכון לפתוח בחרטה, וצריך פתח כמ"ש בסי' רכ"ח, **ותמיהני** דמאי ענין זה לזה, דהכא עבירה היא ולא מצוה, והכל מודים דדי בחרטה, ודו"ק – ערוה"ש›.

‹**עיין** בתשובת מהרי"ט שכתב, דאין אדם יכול לעשות שליח שיקדיש איזה דבר להקדש, דדיבור של הקדש מילי נינהו, ולא מימסרי לשליח, ע"ש, **ועיין** בתשובת נו"ב בתשובה מבן המחבר, שהאריך לתמוה עליו, דמה דאמרינן מילי לא מימסרי לשליח, היינו שאין השליח יכול לעשות שליח אחר במקומו, אבל השליח הראשון יכול להיות גם לדברים בעלמא, ע"ש›. ‹**ואני** אומר דצדקו דברי מהרי"ט, ולישנא בעלמא הוא מה שאמר לשון זה דמילי לא ממסרן לשליח, והדין דין אמת, דהנה כל מיני הקדשות וצדקות הם חלק מחלקי נדרים, וכבר כתב רבינו הב"י באו"ח שאינו יכול לידור ע"י שליח ע"ש, וא"כ ממילא נמי שאינו יכול להקדיש ע"י שליח, **וודאי** אם אמר קח ממּמוני כך וכך ותן לצדקה, או קח חפץ פלוני ותתנהו להקדש או לבהכ"נ, עושיהו שליח על הממון והחפץ, **אבל** אם אומר נדור בעדי לצדקה או תקדיש בעדי להקדש, אין זה כלום, וזה שכתב מילי לא ממסרן לשליח, כוונתו מילי דהקדש וצדקה לא ממסרן לשליח, וזה וודאי כן הוא – ערוה"ש›.

‹**עיין** בתשו' ר"ל בן חביב, שנסתפק על מי שהקדיש גופו, או שאמר דמי עלי, בזמנינו זה, או שהקדיש קרקע סתם, שהמעות הם לעניים, או שהקדיש גופו או קרקע בפירוש לעניים, אם יהיה דינו שוה בכל למי שהקדיש בזמן הבית, וכמו שאז כששמין אותו כמה שוה היה צריך שישומו אותו בעשרה וא' מהם כהן, כן בזה"ז, או לא, **והעלה** דדוקא אז היה צריך עשרה, משום גזה"כ דכתיב עשרה פעמים כהן, אבל בהקדש עניים או מצוה אחרת א"צ רק ג', דומיא דדיני חבלות, **אך** לפי שלא מצאתי עדיין ראיה ברורה לזה, איני סומך לענין מעשה, ואם דבר כזה היה בא לידי הייתי מחמיר, והייתי שם הקרקע או האיש בעשרה וא' מהם כהן. **ולענין** איך יהיה האיש נישום, העלה דאומדין אותו כפי מה ששוה בשעת השומא, לא כפי מה שהיה שוה בשעת הנדר. **וכתב** עוד במי שאמר דמי רביע גופי עלי, או שהיה מקדיש רביע גופו, ‹או כל אבר שהנשמה תלויה בו – ערוה"ש›, חייב לפרוע דמי כל גופו, שישומו אותו כעבד, **ואפי'** לא אמר הרי עלי רביע גופי, אלא הריני נודר לתת רביע גופי, **ואפילו** לא אמר לתת, חייב לקיים נדרו כיון שהוא נדר למצוה, ובפרט אם נדר בעת צרה, ע"ש›.

סעיף ב - המפריש סלע ואמר: הרי זה צדקה, ואמר על אחר: וזה, גם השני צדקה –

[דין זה מיבעיא אי יש יד לצדקה או לא, דדילמא מה שאמר וזה, ר"ל זה יהיה להוצאה שלי, **ומספיקא לחומרא**].

(ואם רצה לומר על סלע זה, והוציא בשפתיו על אחר, הוי טעות ואינו כלום) – [אפי' אותו שנתכוין עליו אין צריך ליתן, דומיא דפת חיטין ושעורין בסימן ר"י].

פי' ואותו שהוציא בפיו בטעות, אינו לצדקה, אבל אותו שחשב בלבו, חייב ליתן לצדקה, כדלקמן סי"ג בהג"ה, **ואפשר** דהכא מיירי שגמר בלבו שאותו סלע שחשב לא יהא לצדקה עד שיוציאנה, והוציא אחר בפיו, דשניהם אינם כלום.

‹**ובאמת** דברי הט"ז והש"ך שתי דיעות הם, והביאם רבינו הרמ"א בס"ס זה, והכריע לחומרא, **אמנם** בכאן אתי שפיר גם לדעת המחמיר, דוודאי אם גמר בלבו ליתן סלע זו לצדקה, חייב ליתן, **אבל** אם לא גמר לגמרי בלבו, אלא שחישב לומר סלע זו לצדקה, ונכשל בפיו על סלע אחר, וודאי דזה לא מקרי גמר בלבו, **וא"צ** לדחוק כמ"ש הש"ך שגמר בלבו שלא יהא צדקה עד שיוציא מפיו ע"ש, והוא תימה, דלמה יחשוב כן, ועוד דא"כ דברי הרמ"א סתומים, אבל לפמ"ש הוי

גמר בלבו ענין אחר, **ועיין** מג"א סי' תקס"ב שכתב גם לענין תענית, דדוקא כשקבל בלבו להתענות, אבל אם היה בדעתו להתענות, לא מקרי קבלה בלב ע"ש, וה"נ כן ודו"ק – ערוה"ש.

סעיף ג - הנודר צדקה ואינו יודע כמה נדר, מרבה ליתן עד שיאמר: לא לכל כך נתכוונתי - «זהו ודאי שיכול להתיר נדרו בפתח, שאלו ידע שישכח לא היה נודר, ומתירין לו – ערוה"ש».

(**עיין** בתשובת חתם סופר, בא' שעלה לס"ת ונדר סך מה לצדקה אחת מהח"ק שבעיר, ויש בעיר כמה מיני צדקות, כגון של עניי עיר, ושל ת"ת, ושל קברנים, ושל הכנסת כלה, ושל ביקור חולים, והוא נדר לא' מהם ושכח לאיזה מהם פרט, **ואחר** אריכת פלפולו מסיק, דמשום ספק איסורא צריך לשלם לכל הצדקות כולם עד שלא ישאר לו שום ספק, **והיינו** שאנו מורים לו כך, אבל פשיטא שא"א לכופו ע"ז, אלא אם ירצה מניח ביניהם ומסתלק).

סעיף ד - האומר: תנו ק' ק' זוז או ספר תורה לבית הכנסת, יתנו לבית הכנסת שהוא רגיל בעיר שהוא דר שם. הגה: ואם רגיל בשתים, יתן לשתיהם - ביחד, ק' לזה וק' לזה. «איני מבין, דהא תינח בממון, אבל בס"ת מה שייך מחצה, וצ"ל שיחלופו בה, שנה בבהכ"נ זה ושנה בבהכ"נ השני, ותמיהני מה שלא פירשו בשו"ע ובמפרשי השו"ע דבר זה, **ואולי** ס"ל דבאמת לא קאי זה רק אממון ולא אס"ת, ובס"ת בהכרח לראות באיזה בהכ"נ רגיל יותר ויתנו לשם. **ויראה** לי דכל זה הוא כשאינו לפנינו, כגון שמת או יצא למרחקים, אבל כשהוא בכאן נאמן לומר שהיתה כוונתו לבהכ"נ פלוני, וכן בכל הדינים שיתבארו בכעין זה, וראיה לזה מנדרים, שנאמן לומר שכך היתה כוונתו, ואפילו בדבר רחוק, כמ"ש בסי' ר"ח ע"ש – ערוה"ש».

כתוב בתשובות להרמב"ן, ראובן קנה מטובי העיר גן סמוך לבהכ"נ, והתנה בשטר המכר שיתן קיתון שמן למאור בכל שנה, ואחר כך נפלה מחלוקת בין בני העיר, שי"א שיתן לבהכ"נ הסמוך לגן, וי"א שיתן לבהכ"נ היותר גדול, **יתחלק** בין ב' הבתי כנסיות לפי הראוי להם, הגדול לפי גדלו והקטן לפי קטנו, עכ"ל ב"י, **וכתב** בד"מ, וצ"ע אמאי לא יתן לבהכ"נ הרגיל, עכ"ל, **ולא** ידענא מאי קשיא ליה, דמיירי ברגיל בשתיהן.

האומר ליתן שמן למאור, יתן לבית הכנסת ולא לבית המדרש – [דבלשון בני אדם סתם מאור הוא לבית הכנסת]. «ויראה לי, דזה היה בימיהם שבכל עיר היתה בהכ"נ, והיא היתה עיקר מקום התפלה, אבל בימינו אלה שבהרבה ערים לא נמצא כלל בהכ"נ, וגם בעיר שיש בהכ"נ אינה עיקרית לתפלת רוב אנשי העיר כידוע, נותנים למקום שהוא רגיל להתפלל שם – ערוה"ש».

סעיף ה - האומר: תנו ק' ק' זוז לעניים, יתנו לעניי אותה העיר שהוא דר בה - כגון שהוא דר באותה עיר, «היינו דאיירי שדר באותה העיר שאמרה», **אבל** אם אינו דר שם, חוזרין ומביאין אותם עמהם לעירם, כדלעיל סי' רנ"א ס"ו, וכ"כ המרדכי ומביאו ב"י וד"מ, **והב"ח** כתב, במי שאין לו קביעות דירה בשום עיר, אלא לפעמים בעיר זו ופעמים בעיר זו, ולפיכך יתנו לעניי אותה העיר שהיה בה בשעה שנדר, ונראה שגם המרדכי מודה בזה לדינא.

הגה: ועיין לעיל סימן רנ"א סעיף ה'.

וכל זה מן הסתם, אבל במקום שיודעים כוונתו שלא כיוון לעניי אותה העיר לבד, כגון במקומות שדרך עשירים ליתן צדקה הרבה בשעת מיתתן, ודרך לחלוק אותן הצדקות לכל עניים - «גם לערים אחרות», **הולכים אחר זה, ואפילו נדר סתם** - «ויש מנהג בזה», **הולכים אחר המנהג, ויחלקו יורשיהם הצדקה לכל עניים הטובים בעיניהם, אפילו אינם בעירן** - «ונ"ל דה"פ "שיחלוקו היורשים לכל עניים הטובים בעיניהם", דודאי בזה לא שייך מנהג למי לחלק הצדקה, אלא שהמנהג הוא לבלי לחלקם במקום אחד, והם יחלקו כפי הנראה בעיניהם, אך לא ליתנם כולו במקום אחד – ערוה"ש».

ואפילו היתה אותה צדקה מונחת ומופקדת ביד אחר, יתנו אותה ליורשים ויודיעום שכך נדר - ואפילו יש לו מיגו להיות נאמן על ידו שנדר צדקה זו, ואפילו הוא גבאי וידו יד עניים, יתנו אותו ליורשים ויודיעם שכך נדר כו', מרדכי שם.

[במרדכי הביאו ב"י, שאשה אחת נפטרה, ואמר רבינו אליעזר ממי"ץ שהדירה ב' דינרים לצדקה, ולאחר פטירתה החזיק רא"מ בממון שלה, כי היה גבאי, והיורשים אומרים לא ידענו מזאת הצדקה כלום, ופסק

ר"י כיון שלא השליטתו על כך, אין כאן מצוה לקיים דברי המת, אלא יתן ליורשים, ויודיעם שכך נדרה, ע"כ, א"כ הך ביד אחר דנקט רמ"א כאן, ר"ל שאחר מיתה של הנותן בא לידו, או בחיים ודרך פקדון בעלמא, אבל אם אומר שבא לידו באופן זה שיתננו לצדקה, ודאי נאמן ומצוה לקיים דברי המת]. ‹**ואפילו** אין לו מיגו, כגון שידוע לכל שהניח בידו מעות, נאמן, כיון שאין לנו במה להכחישו, כנ"ל מלשון הט"ז שלא הזכיר מיגו כלל, וכן משמע מלשון המרדכי שהביא – ערוה"ש›.

המחייב עצמו בקנס לצדקה, ועבר, צריך ליתנן לעניים שבעיר, ולא יוכל לומר שיתנם לעניים אחרים; ויוכל הגבאי לתובעו, דמקרי ממון שיש לו תובעים - ‹דודאי על דעת כן התחייב עצמו – לבוש›. ‹**כלומר** דלכאורה היה יכול לומר, דגבאי העיר אינו אלא בצדקות הקבועות, אבל בצדקות שבמקרה, כמו מקנס, נהי שמחויב ליתן, אבל מ"מ הוא יחלקם כפי רצונו, כמו מי שמנדב איזה צדקה שאינה בקביעות, **קמ"ל** דאינו כן, דודאי הנותן מרצונו, תלוי בדעתו, משא"כ כשהכריחוהו לזה ע"פ הקנס, אין הוא כבעלים על זה, אלא גבאי העיר שולט על זה, ולכן מחויב למסור לידו, והרי היא בכלל הצדקות הקבועות שבעיר – ערוה"ש›.

אבל מי שהקדיש ממון הרבה, ומינה עליהם יורשיו לחלקו כפי הטוב בעיניהם, אפילו לעניי עיר אחרת, מקרי ממון שאין לו תובעים, ואין גבאי העיר יכולין לכוף אותן ולתובעם שיקיימו צוואת המת, ואע"ג דעוברים וגוזלים העניים, מכל מקום מקרי ממון שאין לו תובעים, הואיל ויכולין לחלק לכל מי שירצו - ‹מ"מ ב"ד יכולים לכוף אותם לקיים הצוואה, דלא יהא אלא מצוה אחרת, ונראה עוד, שהחיוב על הב"ד לכוף אותם לקיים הצוואה – ערוה"ש›.

ואפילו היו האפוטרופסים שנים, ומת אחד מהן, אין הקהל יכולין למנות אחר, אלא הנשאר יעשה מה שירצה וכמו שצוה הנותן – [זהו מתשו' הרשב"א הביאה ב"י, בענין שאחד מינה שני אפוטרופסים על בניו, וצוה לחלק לעניים בכל חנוכה, ואחריהם בניו כו', ומת אחד מהאפוטרופסים, ורצו הקהל להושיב אחר במקומו, **והשיב** ע"ז, שאם לא היה דעת המצוה שיחלקו אם לא שיהיו דוקא שנים, א"כ יחזור החילוק אצל הבנים ולא אצל הקהל, ומ"מ אני רואה בכל במקומות דכל שהיחיד ממנה אפוטרופוס, או אפי' הקהל ממנה גזברים או גבאים או נאמנים, אפי' אם ימות אחד מהם או ילך למדינת הים, אין המנוי בטל, אלא הנשארים ינהגו במינויים כו', והדין נותן כן, שאילו לא כן, אם הלך האחד לדרכו קצת ימים לעסקיו, ולא היה כאן לזמן חנוכה, המינוי בטל כו', ואין זה דעת הציבור ולא יחיד המצוה, ע"כ, ותמוה היא, דכיון דהמצוה מינה שנים, אפשר שלא האמין לאחד מהם אם לא בצירוף חבירו, ולמה יהיה נאמן עכשיו לבדו, הרי בטל המינוי, **ולפי** הנראה שהרשב"א לא החליט שלא ימנו אחר עמו, אלא שאמר שאם נאמר שלא יהיה האחד נאמן, מ"מ אין לקהל עסק בזה, אלא נשאר הדבר לבניו וכמו שצוה, וכתב אח"כ שמ"מ אין המינוי בטל לגמרי בשום פעם שלא לחלק לעניים, כיון שאין כאן אלא אחד, זהו אינו, אבל לא החליט שלא ימנו הקהל אחר עמו וישאר זה לעולם לבדו, **ואיך** שיהיה נראה שאין להעמיד הממון תחת יד אחד מהן אם מת חבירו, שהרי כתב הרשב"א דאף המינוי הקהל הוא כך, ואנו רואים מנהג הקהילות, כשממנים ב' גבאים על זמן מה, ומת אחד מהם, שמושיבין אחר במקומו, וכן בשאר מינויים, א"כ כ"ש בממון שאין להאמין לאחד מהם, וכ"ש במה שאנו רואין שברבות השנים הנאמנים מעוטים, וכמה וכמה יתומים שנתמוטטו נכסים שלהן ע"י האפוטרופוסים אע"פ שהיו בחזקת כשרות, ודאי ראוי לקהל לפקח בזה, וכבר נהגו בקהילות קדושות למנות אבי יתומים ולפקח בעסקי אפוטרופוס, ע"כ גם בזה יפקחו ויראו שאין להשאיר הממון ביד אחד מהם, כנלענ"ד].

ועיין בחו"מ סימן ש"א.

ואפילו בצדקה של בני עיר, אין אדם יכול לתבוע צדקה, אלא אם כן יש לו הרשאה מן הגבאי או טובי העיר - (בספר חכמת אדם כתב, דזה דוקא לתבוע צדקה הנהוג ליתן, אבל המשתדל אצל אנשים שיתנדבו ליתן לידו, אין הגבאים יכולים למחות, אפילו אם אומרים שע"י זה ימעטו ליתן צדקה בסתר).

המקדיש מנה לצדקה ואין לו לשלם, מסדרין לו כמו לשאר בעל חוב – (תמיהני, למה לא ישאל על נדרו, ואין לומר דמיירי אחר שבא ליד גבאי, דאין נשאלין כמו שיתבאר, דא"כ אין שייך שאין לו לשלם, **וצ"ל** דבאמת הדין כן, ולא מיירי בזה, אך אומר דהדין מסידור יש בצדקה כמו בבע"ח – ערוה"ש).

סעיף ו - הנודר צדקה אינו יכול לחזור בו - (ואע"ג דהוה ממון שאין לו תובעים, שאם יתבענו עני זה, יאמר אתן לאחר, מ"מ חיובי מחייב לשמים מיד כשנדר בפיו, כדדרשינן בר"ה בפיך זו צדקה – ערוה"ש), (דנדר הוא וצריך לקיימו – לבוש).

(**עיין** בתשובות ושב הכהן שנסתפק, מי שנדר דבר לצדקה, אם יכול לחזור בו תוך כדי דבור או לא, **והעלה** דגם גבי צדקה הוי אמירתו כמסירה להדיוט ממש, ולכן אינו יכול לחזור תכ"ד כמו גבי הקדש, ע"ש). (**ודברים** תמוהים הם – ערוה"ש).

אא"כ נשאל לחכם והתיר לו - (עיין בתשו' רדב"ז שכתב, שהחכם המתיר נדר זה היה חייב נידוי, מפני שמפסיד את העניים, ומ"מ הנדר הותר. (**ואני** אומר, דודאי אם הוא אמוד, אלא שחוזר בו מפני שהוא כילי או טעם אחר, ודאי ראוי לעונש, ומי יזדקק להתרת נדר כזה, **אבל** אם החכם רואה שכבדה עליו לשאת משא זו, וזה הנודר נדר בחפזון בלי מתינת הדעת, ודאי מצוה להתיר לו, והכל לפי הענין). **וכתב** עוד שם, דאם אמר הנודר התרתי את נדרי, אין כח בב"ד לכופו, **ומ"מ** אם ראו ב"ד שהוא מערים, מחייבין אותו ליתן, ואומרים לו בפני מי התרת נדרך, אם אמר בפני פלוני, שואלין אותו, (ואם התיר לו, הרי הוא מותר, אבל הב"ד יגערו בו אם התירו שלא כהוגן כמ"ש – ערוה"ש), **ואם** אמר בפני פלוני והלך לו למדינת הים, יש לחייבו ליתן, דאחזוקי אינשי ברשיעי, שהתירו נדר כזה, לא מחזקינן).

ואם הגיע ליד הגבאי, אינו יכול להשאל עליו - (עיין בחו"מ סימן קכ"ה, בסמ"ע ובש"ך, מבואר שם דאם הוציאו מידו ונתנו לאחר, אף שאינו גבאי צדקה קבוע, ג"כ לא מצי למיתשל עליה, (**וכן** עיקר לדינא, אם לא כשא"ל בעת נתינתו לידו, יונחו המעות תחת ידך עד שאצוה לך ליתנו לפלוני, דאז אינו אלא שלוחו ויכול לישאל עליו, אבל אם א"ל תן זה לפלוני, נעשה כגבאי וזכה בעדו – ערוה"ש). **ועיין** באורים ותומים שם שהוא מסופק בזה, וכתב מאחר דביו"ד סימן רנ"ח נקט הטור והמחבר שבא ליד גזבר, אולי דוקא בגזבר שחשוב כיד עניים, אבל בנותן לאדם אחר אפשר דמצי למיתשל, הואיל ואמר תן ולא אמר זכי, הוי זה רק כשלוחו של נותן, וידו כיד הנותן, ע"ש, **ועיין** בתשובת נו"ב מש"כ על דבריו, וכתב שם דמה שיש חילוק בין גבאי לאחר, דוקא אם הנותן קורא בשם ואומר הולך מנה זו לפלוני העני, בזה יש מקום לספיקו של האו"ת, **אבל** אם מסר מנה לאדם אף שאינו גבאי קבוע, ואמר תן מנה זו לעניים כפי רצונך, בזה באמת נעשה כגבאי צדקה למעות אלו, כיון שיש לו טובת הנאה לחלק לעניים כפי רצונו, ואין לו דין שליח אלא דין גבאי ממש).

(**וע"ש** עוד שכתב, דזה פשיטא אם אומר סלע זו לצדקה, ולקח הסלע מתוך מעותיו והניח לתוך מעות צדקה אשר יש לו, ולא הוציא מרשותו, דודאי יש לו התרה בשאלה, ולא אמרינן הואיל ועשה מעשה, שהניח הסלע בין מעות צדקה, לא אתי דבור ומבטל מעשה, ע"ש).

(**ועיין** בנו"ב תניינא, שנשאל באחד שמסר לאחד סחורה בעד מאה זהובים למכור וליתן המעות לצדקה, ואח"כ החזיר לו המקבל הסחורה מפני שלא רצה לטפל במכירת הסחורה, ואח"כ נעשה זה הנותן שכ"מ, ורצה לשנות וליתן סך מאה זהובים לצדקה אחרת, אם יכול לעשות כן, **והאריך** להוכיח שדבר זה שהמציא הרשב"א, שצדקה שבא ליד גבאי אינו יכול לשאול עליו, אינו מוסכם, וחולקים עליו גדולי הראשונים, ואעפ"כ קשה עלינו לעשות מעשה נגד הרשב"א, **ומ"מ** יש למצוא היתר בנידון דידן אפי' לדעת הרשב"א, דהנה טעמו של הרשב"א נראה, משום דכל שאלה ופתח הוא שהנודר אומר אלמלי הייתי יודע דבר זה לא הייתי נודר, **ואמנם** אם הוא משקר, ואף אם יודע היה נודר, אין לו התרה, אלא שאין אנו צריכין לחשדו, **ולכן** הגבאי שנמסר לידו לצורך עניים, אינו מחוייב להאמינו ולהפסיד לעניים, ומש"ה אינו יכול לשאול עליו, **ולפי"ז** בנידון דידן אם זה שנמסר לידו הסחורה החזירו ליד הנודר בלי עדים, ויכול לומר להד"מ, נאמן לומר אמת החזרת לי, אבל אני מתחרט מעיקרו או מצאתי פתח במגו דלהד"מ, ושפיר יכול לשאול על נדרו).

(**ועיין** בתשובות פני אריה, שנשאל במי שנדר מתנה לעני, ואח"כ נתעשר העני קודם שבא המתנה לידו, אם יכול לחזור בו, **והשיב** דאם שלח המעות ביד אחד שיתן להעני, והוא זכה בו רגע אחד לשם המקבל בעודו עני,

שוב אינו יכול לחזור בו בשום אופן, **אבל** אם לא שלח המעות עדיין, ואפילו צוה לאחד שיתן לו משלו עבורו, יכול לשאול על נדרו ע"י חרטה גמורה בעיקר הנדר, **אבל** על ידי פתח, שיאמר אילו ידעתו שיתעשר לא הייתי נודר, אין מתירין לו, דהוי נולד, **אך** אם הנודר לא ישאל על נדרו, צריך ליתן כל מה שנדר ליד פלוני המקבל, ואפילו לאחרו אינו רשאי. ‹**ולא** נהירא לי, דאין צריך התרה, דאזלינן בתר אומדנא, והוי כאלו פירש על מנת שיצטרך – ערוה"ש›. **אמנם** המקבל לא יהנה באותה מתנה, שי"ל שזה בכלל מי שא"צ ליטול ונוטל, אלא יתנהו לעני אחר, אמנם יכול ליתנה לאיזה עני שירצה, או לאחד מקרוביו העניים, ע"ש, **ובסימן** מ"ב שם כתב, דאם בשעה שנדר אמר שהוא נודר סך זה לפלוני לפי שהוא עני, א"צ התרה, שזה דומה למ"ש לעיל סימן רל"ב סעיף י"ט, ע"ש).

(**ועיין** בתשובת חתם סופר שאלה כיוצא בה, בנדון יתומים שהתנדבו יחידי סגולה ליתן להם סך קצוב לכל שנה משך ג' שנים, וכן עשו כדבריהם עד סוף שנתים ימים, שאז נשאת אמם של היתומים לאיש אמיד, באופן שהיתומים אינם צריכים לנדבת היחידים, ע"כ ממאנים לתת עוד קצבתם, ומהם יש יחידים שאינם רוצים לחזור ממוצא שפתם לצדקה, אך רוצים ליתן לקרובים עניים אחרים, אם צריכים התרה, **והאריך** בענין מחלוקת הרשב"א והרא"ש בגבו לצורך שבוי ומת, הנזכר לעיל סי' רנ"ג ס"ז, והעלה דעב"פ היכא דלא נתנו, רק נדרו ליתן, והעשיר או מת, לית דין ולית דיין דאפילו התרה א"צ, **ע"כ** בנידון דידן אע"פ שכבר נתנו על ב' שנים, מ"מ השנה הג' שעדיין לא גבו, לא מבעיא אותן שרוצים ליתן סכומם לעניים קרוביהם, דשפיר עבדי, אלא אפי' אותן שאינם רוצים ליתן כלל, נמי אומדנא הוא דאדעתא דהכי לא נדרו כו', ע"ש). ‹**ואין** לך אומדנא גדולה מזה – ערוה"ש›.

סעיף ז - אין אדם מקדיש דבר שאינו ברשותו. כיצד, היה לו פקדון ביד אחר, וכפר בו זה שהיא אצלו, אין הבעלים יכולין להקדישו; אבל אם לא כפר בו, הרי הוא ברשות בעליו בכל מקום שהוא - דוקא פקדון דכל היכא דאיתא ברשותא דמרא איתא, **אבל** מלוה אפי' לא כפר בו, כיון דמלוה להוצאה ניתנה, הו"ל כדבר שאינו ברשותיה ואינו יכול להקדיש, כן משמע בהרי"ף ופוסקים, וכן משמע מדברי הט"ז בסעיף שאחר זה.

בד"א במטלטלין, אבל קרקע שגזלה אחר וכפר בה, אם יכול להוציאה בדיינים, הרי זה יכול להקדישה, ואע"פ שעדיין לא הוציאה, שהקרקע עצמה הרי היא ברשות בעליה - ‹דקרקע אינה נגזלת – לבוש›.

הגוזל את חבירו ולא נתייאשו הבעלים, שניהם אין יכולים להקדישה, זה לפי שאינו שלו, וזה לפי שאינו ברשותו, וכן כל כיוצא בזה - ‹אם הגזלן הודה ורוצה להחזיר, דעת התוס' בסוגיא דתקפו כהן, דיכול להקדישו, וכן דעת הרז"ה, **והרמב"ן** במלחמות חולק עליו – רעק"א›. ‹**ונראה** דאם הגזלן או הנפקד אמר בפני ב"ד אחזרנה לו, יכול להקדישה, אבל כל זמן שלא אמר כן, אע"פ שהב"ד אמרו לו צא תן לו, מ"מ סוף סוף צריכין להוציא מידו באלמות, לא מקרי שהוא ברשותו – ערוה"ש›.

‹**ועיין** בשיטה מקובצת שהביא בשם הרמ"ה, דבגזל רק כל זמן שלא הוציאו בדיינים, אבל אם הקדישו ואח"כ העמידו בדין והוציאו מידו בב"ד, חל ההקדש – רעק"א›.

הגה: אם יש לו משכון ביד חבירו, מה שהוא נגד הלואתו אינו יכול להקדיש - ‹שהוא קנוי לחבירו בעד מעותיו, דקי"ל בעל חוב קונה משכון›, **והמותר יכול להקדיש. וי"א דאפילו המותר אינו יכול להקדיש** - ‹דכולו הוא קנוי לחבירו בעד מעותיו עד שיפדנו – לבוש›.

המקדיש שטר חוב, צריך כתיבה ומסירה כמו בהדיוט - וכמו שנתבאר בחו"מ סימן ס"ו, ‹**ובארנו** שם, דאפי' כשיאמר יקנו העניים או הקדש שטר הזה, מתחייב מטעם נדר – ערוה"ש›. **ונראה** שהמקדיש שט"ח וחזר ומחלו, מחול, כמו במוכר שט"ח להדיוט שם סעיף כ"ג, וע"ש.

סעיף ח - אם יש לו חוב על אחד ואומר: יהיה להקדש או לצדקה, אינו כלום - כיון שאינו ברשותו, ומשום נדר לא מחייב, דהא לא אמר שאקדישנו לכשיבא לידי, אלא אומר יהיה הקדש, ר"ל עתה יהיה הקדש, ועכשיו אינו ברשותו להקדישו. ‹ובנדר לא אזלינן בתר כוונת המובן מדבריו, אלא כשנדר בפיו או

עכ"פ כשגמר בלבו לנדור לצדקה כך וכך, אבל לא כשאמר דבר שאינו לפי הדין כלל, אף על פי שמזה מובן שרצונו לנדור, מ"מ סוף סוף עדיין לא נדר – ערוה"ש).

(**עיין** בתשו' הרדב"ז שכתב, דאם המקדיש הוא שכיב מרע, הקדשו הקדש, ע"ש).

ואם אמר שדה זו שאני מוכר לך לכשאקחנו ממך תקדש, הוי הקדש כשיקחנה ממנו, הואיל ובידו להקדישו מעכשיו, **אבל** אם כבר מכרה, וא"ל שדה זו שמכרתי לך לכשאקחנה ממך תקדש, ולקחה ממנו אחר כך, לא הוי הקדש, שלא היה בידו להקדישו אז, **ואם** אמר זו שמשכנתי לך לכשאפדנה ממך תקדש, הוי הקדש, הואיל ובידו לפדותה, **ואפילו** אומר שדה זו שמשכנתי לך לעשר שנים לכשאפדנה ממך תקדש, הוי הקדש לכשיפדנה, **אבל** אם אמר תקדש מעכשיו, לא הוי הקדש, שהרי היא משועבדת למלוה, **כל** זה מתבאר בש"ס דכתובות פרק אע"פ, כתבו הרמב"ם ורבינו ירוחם, ועיין עוד שם כמה חילוקי דינים בהקדש וצדקה, וע"ל סי' רנ"א ס"ז ובמ"ש שם. (**והמשכיר** בית לחבירו ונתנה לצדקה, קנתה הצדקה ופקע השכירות, וזהו לדעת הרמב"ם אבל לדעת התוס' בכתובות, אינו יכול להקדיש רק המותר על השכירות, ע"ש – ערוה"ש).

אבל אם אמר: חוב שיש לי על פלוני, כשיבא לידי אקדישנו או אתננו לצדקה, חייב להשלים דבריו להקדישו וליתנו כשיבא לידו - משום נדר, והוא הדין אפילו אומר כן על דבר שלא בא לעולם, חייב לקיימו. (**אך** יכול לשאול אצל חכם – ערוה"ש).

(**ועיין** בתשובת חתם סופר, נדון ישוב א' שנדבה רוחם לבנות בהכ"נ, ונדבו סך מה ומסרו ליד גזבר, ועוד הסכימו שאם יעלה בידם לעשות מקח עם השר על עורות, יהיה הריוח לצורך בהכ"נ, והצליחו והרויחו סך רס"ו זהובים, ונמסר ליד הגזבר, שוב אחר זה בלי שום שאלת חכם חזרו ולקחו הריוח מהגזבר וחלקו ביניהם, אם יש ממש בנדרים אלו הואיל והוי דבר שלא בא לעולם, ואם יש היתר ע"י חרטה ושאלה, **והאריך** בזה ותורף דבריו בענין ספק הראשון, אם יש לחוש בזה לנדר דבר שלא בא לעולם, לכאורה זה תליא במחלוקת הרמב"ם והרא"ש, דלהרמב"ם הוי נדר, ולהרא"ש לא הוי נדר, **אך** באמת אינו נוגע כלל לכאן, דדל נדר הראשון מהכא, הרי אחר שכבר בא לעולם מסרוהו לגזבר אדעתא דבנין בהכ"נ, והיינו נדר חדש, **ובענין** ספק הב' אם מועיל התרה, לכאורה יש מקום להקל ע"י היתר, אע"ג דלהרמב"ם הנ"ל הוי נדר, ולמהרי"ק אם היה זה באסיפה ובהסכמה א' ונדרו כן, הוי כע"ד רבים שאין לו התרה, אמנם הריב"ש פליג. **ולעומת** זה פליגי בע"ד רבים אם יתחרטו כל הרבים ההם, להריב"ש לא מהני, ולשאר פוסקים מהני, **וא"כ** הוה כאן ג' ספיקות להקל, דלמא הלכה כהרא"ש הנ"ל דלא הוי נדר כלל, ואת"ל כהרמב"ם, דלמא כהריב"ש דלא מיקרי ע"ד רבים, ואת"ל כמהרי"ק, דלמא כפוסקים דמהני התרה אם יתחרטו כולם, **ואין** לומר כיון שעברו על נדרם אין מתירין להם, כמבואר בסי' ר"ח ס"ב, **זה** אינו, כי לא עברו על נדרם וכבר קיימו ידי חובת נדרם למסור המעות לגזבר לצורך בנין בהכ"נ, ומה שמעלו בהקדש אחר כך, זה הוא מילתא אחריתא, **אך** באמת מטעם זה עצמו שכבר קיימו נדרם, אין היתר לנדרם, ע"ל ס"ו ובסימן רכ"ח סעיף מ"ב, ואף דבנ"ד לאו לצדקה יהבו אלא לגבוה, ולא שייך דין זה, **מ"מ** אין מועיל התרה מטעם התוס' בכריתות י"ג: ד"ה ארבע כו', **וסיומא** דפיסקא, דאין היתר לנדרם, והגזבר פשע, ואם א"א להוציא המעות מיד הבעלים, חייב הוא לשלם, ע"ש).

ואפילו האומר: חוב שיש לי ביד פלוני יהיה לצדקה, אם אמר כן בפני בע"ח ובפני הגבאי, או בפני טובי העיר, (או אדם החשוב שבעיר), זכה בו הגבאי מדין מעמד שלשתם, והרי הוא צדקה ואינו יכול לחזור בו, ואסור לשנותו - דהוי ליה כאילו בא ליד גבאי דלקמן ריש סימן רנ"ט.

דאנן ידי עניים אנן, והוי כאילו בא ליד עניים, **ומשמע** דמהאי טעמא, אינו יכול לחזור בו ואפילו בשאלה, וכן משמע להדיא בתשובת הרשב"א, שכתב ועוד שבענין זה אפילו נתחרט ובא ונשאל על ההקדש אינו רשאי, לפי שכבר מסר הממון ליד שני האנשים האלה ובמעכשיו, ואין אחר מסירה כלום, דאנן ידי עניים אנן, וכל מה שכבר מסר ביד הזוכה בו או ביד אחר שיזכה בשביל עניים, אינו יכול לחזור בו כו', ע"ש... וכן נראה עיקר.

סעיף ט - המכה את חבירו או חרפו, בענין שחייב לפי תקנת העיר ה' זהובים, ואמר בפני הגבאי או בפני טובי העיר: איני

חפץ בקנס אלא יהיה לצדקה, ואח"כ פייסו עד שמחל לו, אין מחילתו כלום וזכו העניים בקנס - ‹דאנן יד עניים אנן, והרי כבר זכו בו העניים מיד בקנס זה על ידי מעמד שלשתן – לבוש›. ‹**וצ"ל** בהכרח או דגם המכה היה שם, ולא חשו לבאר זה, או דס"ל כיון דזהו מתקנת העיר, א"צ למעמד המכה, וכולם עומדים במקומו, וצ"ע – ערוה"ש›.

סעיף י - נדר לצדקה - וה"ה בשאר נדר, **באסמכתא, כגון: אם אעשה דבר פלוני אתן כך וכך לצדקה, ועשאו, חייב ליתן** - דאין בנדר ושבועה משום אסמכתא, כמו שנתבאר בחו"מ סי' ר"ז סי"ט, [דבצדקה אסמכתא קניא, כהכרעת מהר"ר איסרלן שהביא ב"י]. ‹דאמירה לגבוה כמסירה להדיוט – לבוש›.

‹**ומ"מ** יכול לישאל על נדרו אפי' שלא מדוחק – רעק"א›.

‹**אם** כשעשה הדבר שכח לנדרו, פטור מליתן לצדקה – רעק"א›.

[ומ"מ מביא בד"מ בשם תשו' הריב"ש, באחד שאמר, אם אשחק אתן לשר כך וכך, ולהקדש כך וכך, הואיל דהוי אסמכתא לגבי הדיוט, הוה אסמכתא גם להקדש, ונראה שזה דומה לקני את וחמור דלא קנה].

מדכתב סתם, ולא כתב בפירוש אם אעשה דבר מצוה דוקא, ולא דבר הרשות, משמע דלא פלוג בין אם אמר מה שאעשה הוא דבר מצוה, או דבר רשות, **ובאמת** שב"י מביא ב' דעות בסי' זה, תשו' הר"מ, ותשו' הרמב"ן והג"א, והכריע מהרא"י כדברי מהר"מ, **ומדלא** הביא חילוק, ש"מ דסובר כמהר"מ, דלא שנא בין רשות לדבר מצוה, **ותימה** דבאו"ח סי' תקס"ב מביא דברי רי"ו וז"ל, יש מי שאומר שמי שנדר ואמר אם לא אלך למקום פלוני אשב בתענית, מאחר שמה שהתנה הוי דבר רשות, דהוי אסמכתא, **וא"כ** דבריו סותרים זה את זה, דהתם מחלק, **וליכא** למימר דשאני בין תענית לצדקה, דהא הרי"ו מזכיר שניהם, **וגם** ליכא לחלק דהתם באו"ח אמר אם לא אלך ולא הלך, מש"ה הוי אסמכתא דלא עשה כלום, משא"כ כאן דאמר אם אעשה ועשה, לא הוי אסמכתא, **זהו** ליתא, דהרי מהרא"י הנ"ל איתא להדיא, דבין אם אמר אם לא אעשה דבר פלוני, ובין אם אעשה דבר פלוני, משמע דלא שנא, **ומן** התימה על הפוסקים האחרונים שלא הרגישו בקושיא זו, וצ"ע - נקה"כ.

‹**ולענ"ד** נראה דרבינו הב"י סובר, דאע"ג דרי"ו השוה תענית לצדקה, מ"מ לא דמי, דהצדקה בוודאי מצוה היא, ולכן אפילו אם התנאי היה בדבר הרשות, מ"מ הוה מצוה, משא"כ עצם התענית יש מחלוקת בש"ס אם היא מצוה אם לאו, ופסק שם בסי' תקע"א דכמה חוטאים כשמתענים ע"ש, ולכן כיון דלאו מצוה ברורה היא, בעינן עכ"פ שהתנאי יהיה דבר מצוה, משא"כ בצדקה לא חושש לדעה זו כלל – ערוה"ש›.

סעיף יא - איש ואשה שקבלו עליהם חרם להתגרש, והעמידו קנסות על ככה לצדקה, ואח"כ נתפייסו שלא להתגרש, יש מי שאומר שפטורים מהקנסות - מדלא העמידו הקנסות אלא משום דלא יעכבו זה את זה, וכיון שאין אחד תובע את חבירו, מה לקהל עליהן, שהרי נתקיימו דבריהם, **וראיה** ממתני' פ' ה' דנדרים, קונם שאתה נהנה לי אם אין אתה נותן לבני כור חטים כו', הך מתני' מייתי לה בפרק מי שאחזו, וסיום המשנה רבי מאיר אוסר, וחכמים אומרים יכול זה להתיר נדרו שלא על פי חכם, ואומר הריני כאילו התקבלתי, ופריך התם מהך מתניתין דדברי חכמים אמילתא דגיטין, **ודחי** דלגבי גיטין לצערא קא מכוין, ולכך צריך להתקיים התנאי ממש כמו שהתנה, אבל בכל מילי דמתכוין בתנאי להרויח, הואיל ונתפייס הרי הוא כאילו נתקיים לו התנאי ממש, דמחילה כקבלה היא כדפירש"י התם, **ובנדון** דידן נמי לא הוו מכווני רק להרויח, אם כן הוא הדין והוא הסברא, **אבל** אי הוי אמרינן דטעמא הוא משום דאי בעי מקבל הוא ממנו כור חיטין וחוזר ונותנו לו, כיון דמצי למיעבד הכי אפוכי מטרתא למה לי, דאם כן התינח בתנאים שהן בממון, אבל כגון הא דלעיל שהעמידו קנסות לצדקה לעשות גירושין, ואם היה הוא כהן ליכא למימר אי בעי יעשה גירושין ואחר כך יחזרו וינשאו, דכהן אסור בגרושה, **וכן** אם העמידו קנסות לצדקה שישאו זה את זה, ונתרצו אחר כך שניהם לפטור זה את זה, אין לנו לומר גם כן דאי בעי יעשו נשואין ואחר כך יחזרו ויעשו גירושין, דאם היו עושין כן נמצא הוא אסור בקרובותיה והיא אסורה בקרוביו, ודילמא לא ניחא להו כלל בזה, **אלא** ודאי הטעם הוא משום דכל התנאים שהן כה"ג אין הכוונה רק שלא יעכב האחד את חבירו נגד רצונו, אבל כשנעשה רצונו או שהתנאים נעשו

לצרכו ולטובתו, אם כן נתבטל התנאי, עכ"ל תה"ד, ומפני שיש בו כמה דברים מבוארים יפה העתקתיו.

(והוא הדין בשאר דברים כיוצא בזה) - כשמחלו זה לזה פטורים מהקנס.

לשון העט"ז, י"א אע"פ שקבלו קנין ע"ז, פטורים מהקנס, כיון שהקנין בטל לענין גירושין, אין הקנין מועיל, דלא הוי אלא קנין דברים בעלמא, ואינו על דבר שיש בו ממש, וכל קנין שאינו על דבר שיש בו ממש אינו כלום, וכיון דלענין גירושין אין בו ממש, גם בענין הקנס לצדקה אין בדברים אלו ממש, **ועוד** אפילו שהיה בו ממש, לא נדרו בזה לצדקה אלא אם כן יתבע אחד מהן את חברו, כגון שהאחד יחזור והב' לא יחזור בו, אבל אם שניהם מתרצים ואין אחד מהם תובע, למה יתחייבו, עכ"ל, **ואין** דבריו נראין, ונסתבך בדברי הבית יוסף, דלא כתב ב"י בשם מהרא"י דכשהקנין אינו כלום גם הקנס אינו כלום, אלא בהעמידו קנסות זה לזה ולא לצדקה, דלצדקה מה בכך שהקנין אינו כלום, לא יהא אלא בלא קנין, אמירה לגבוה קני, ולא פטר מהרא"י בתה"ד בהעמידו קנסות לצדקות, אלא מטעם שנתפייסו זה לזה, **וכך** כתב הטח"מ בשם בה"ת, על הלוה שחייב עצמו בקנין לילך לדון עם מלוה בדיני עובדי כוכבים, אינו כלום, שאינו אלא קנין דברים, וכמו שהקנין אינו כלום גם הקנס שהתנה על עצמו אינו כלום, אלא שאם התנה על עצמו להתחייב כך וכך לעניים כו', וכך כתב המחבר שם ס"ג, משמע דבקנס לצדקה חייב אפילו הקנין אינו כלום, וברור הוא.

סעיף יב - אמר ליתן לחבירו מתנה, אם הוא עני, הוי כנודר לצדקה ואסור לחזור בו - (עיין בכנה"ג שכתב, דה"ה אם המקבל בעל תורה, ומשום מצוה דעץ חיים היא למחזיקים בה, אין יכול לחזור בו, ע"ש, **ועיין** בתשובת שבו"י שהשיג עליו, דאם אינו עני, דהיינו שיש לו פרנסתו, אפילו הוא ת"ח יכול לחזור בו).

‹**עיין** בהה"מ והגמי"י דאינו יכול ליתנו לעני אחר, ועיין בתשו' מהרדב"ז ובתשו' מהריט"ץ דמסתפקי. **בתשו'** מהרי"ק כתב, אפשר היכא דאיכא טירחא דגופא, לא אמרינן דהוי נדר אפי' לעני, ע"ש – רעק"א›.

כתב ר"י יש אומרים דמתנה על מנת להחזיר שמה מתנה, לפיכך אם נשבע ליתן כך לצדקה, יכול ליתנו על מנת להחזיר, **ואינו** נראה לי שכבר זכו בו עניים, עכ"ל, ומביאו בית יוסף וד"מ, **ונראה** דה"ה אמר ליתן בלא שבועה, אינו יכול ליתנו על מנת להחזיר מהאי טעמא, ‹**כיון** דעיקר הכוונה לשם צדקה, מה מועיל אם יוחזר לו – ערוה"ש›, **ודוקא** לצדקה או לעני, אבל נשבע ליתן לחבירו שאינו עני, יכול ליתן על מנת להחזיר, ויצא ידי שבועה, כדלעיל ס"ס רל"ח.

סעיף יג - האומר: חפץ פלוני אני נותן לצדקה בכך וכך, והוא שוה יותר, אינו יכול לחזור בו, (דכל אמירה שיש בה רווחא לצדקה, אמרינן ביה: אמירתו לגבוה כמסירתו להדיוט).

אבל אם לא היה שוה יותר באותה שעה, ואחר כך הוקר, יכול לחזור בו כיון שלא משך ולא נתן הכסף - דכיון שאין הדבור חל בשעתו, הואיל וליכא רווחא להקדש, אי אפשר שיחול לאחר זמן.

‹**ביאור** הדברים דתנן בקדושין כ"ח: "רשות הגבוה בכסף", כלומר דקנין של הקדש הוא בכסף ולא במשיכה, דכתיב ונתן הכסף וקם לו, "אמירתו לגבוה כמסירתו להדיוט", **וקשה** דכיון דבאמירה בעלמא קנה ההקדש, א"כ מה צריך קנין כסף, **וצ"ל** דאמירה לגבוה כמסירה להדיוט לא שייך אלא במקום שמכוין לוותר להקדש, כמו מתנה או מכירה בפחות משווייה, אבל במכירה בשווי המקח לא שייך אמירה כמסירה, וצריך קנין, דבמכירה באמת לא שייך כלל אמירתו וכו', שהרי כוונתו למכור בקנין, אלא דכשיכוון לוותר להקדש אמרינן ביה אמירתו וכו' מטעם נדר, שנדר לוותר להקדש, ואם כי אין זה נדר גמור, אך באמירתו נעשה כנדר, וכיון דמטעם נדר הוא, א"כ גם גבי צדקה כן הוא – ערוה"ש›.

הגה: אם חשב בלבו ליתן איזה דבר לצדקה, חייב לקיים מחשבתו ואין צריך אמירה - ‹דגבי נדרים ונדבות כתיב [דה"ב ב, לא] כל נדיב לב עולות, אפילו אין כאן אלא נדיב ולא הוציאו בפיו, הרי זו עולה, והוא הדין לשאר נדבות›. **אלא דאם אמר היו כופין אותו לקיים** – ‹וכי תימא א"כ למאי נ"מ דאמרינן אמירה לגבוה כמסירה להדיוט, הא אפי' על מחשבה חייב, נ"מ דבאמירה כפינן ליה לקיים, ובמחשבה חייב אבל לא שייך כפייה – לבוש›.

(**עיין** בתשו' חתם סופר, שכתב דהלשון מגומגם כאן, וכצ"ל "וא"צ אמירה, אלא אם אמר שחשב, מחייבין אותו לקיים מחשבתו").

וי"א דאם לא הוציא בפיו, אינו כלום - ‹דלא ילפינן צדקה מקדשים, משום דהוי ליה תרומה וקדשים שני כתובים הבאים כאחד ואין מלמדין – לבוש›. ‹**וירא** שמים יקיים ודובר אמת בלבבו. **ודעה** ראשונה סוברת דבתרומות מלאכת המשכן כתיב כל נדיב לב, והיינו צדקה, וממילא דגם בצדקה הדין כן – ערוה"ש›.

והעיקר כסברא הראשונה, ועיין בחושן המשפט סימן רי"ב - ‹אך גם לדעה ראשונה לא מקרי גמר בלבו במחשבה בעלמא, אא"כ גמר בלבו ממש בהחלט כך וכך אתן לצדקה. **ומ"מ** כיון דהוי ספיקא דדינא לא מפקינן ממונא מספיקא, אלא שהנודר יש לו לחוש לזה, ואם חוזר בו ישאל לחכם. **וכבר** בארנו בחו"מ, דאף לרבינו הרמ"א אינו אלא בצדקה, ולא בשארי דבר מצות כמו תענית וכיוצא בו, דבזה כו"ע מודים דצריך דווקא להוציא בשפתיו, ע"ש – ערוה"ש›.

(**עיין** בתשובת דת אש שהאריך בזה, והעלה דוודאי כשהאדם לא הוציא מפיו כלום, אף שהיה במחשבה שלו ליתן שום דבר לצדקה, אין שום חיוב עליו, כמו בכל נדר ושבועה דאינו כלום אם לא הוציא בשפתיו, **אך** אם הוציא מפיו ליתן לצדקה, ולא הוציא מפיו מהו שרוצה ליתן, או כמה, וחשב במחשבתו על דבר או סך הידוע, אז צריך לקיים מה שחשב, **וכהאי** גוונא אם חשב שיהיה לצדקה הידוע, אע"פ שנתן ליד הגבאי בסתם, הוי כמו שפירש ואינו רשאי לשנותה, ע"ש).

(**עיין** בתשובת ושב הכהן, לענין אם לא נדר בפיו אלא חשב בלבו, ואח"כ חזר בו מיד תוך כ"ד, אם יכול לחזור בו).

§ סימן רנט – דין אם מותר לשנות צדקה, והנהגת הגבאי עם הצדקה או הממונה עליה §

סעיף א - האומר: סלע זו לצדקה, או שאומר: הרי עלי סלע לצדקה, והפרישו, עד שלא בא ליד הגבאי, יכול לשנותו - ‹בין הוא בין יורשיו – רעק"א›, **בין ללוותו לעצמו בין ללוותו לחבירו, ויפרע אחר תחתיו.**

הגה: וכן אם הקדיש כלים, יכול למוכרם לפני ג' בקיאים בשומא, ונותן דמיהם לצדקה - ‹ונ"ל שאם הנותן אומר שהיתה כוונתו לבהכ"נ או לבית המדרש או לשאר מין צדקה ששייך שם שימוש בהכלים, נאמן ואין למוכרם, **אך** בסתם כשלא ידענו כוונתו, מסתמא הוא לעניים, ומה לעניים בהכלים, ולכן מוכרין אותן, **וכן** אם נדר לעני מלבושו שלובש עתה, ובדעתו היה לעשות לעצמו בגד חדש, וע"י סיבה נתעכבו מלבושיו, יכול לשומו וליתן דמי שויו להעני, באה"ט בשם ש"י. **והפ"ת** בשם ב"א {בסמוך} מגמגם בזה, וס"ל דצריך ליתן דווקא הבגד שנדר – ערוה"ש›.

(**עיין** בתשובת בית אפרים שכתב, דבהגמ"ר מבואר דדוקא לדבר מצוה יכול למכור הבגדים ולחלק הדמים, הא לא"ה לא, **ותימה** על הרמ"א שסתם וכתב דיכול למכרם, ולא הזכיר דבעינן דוקא לדבר מצוה, ע"ש).

(**ועיין** בתשובת בית אפרים שנשאל על ענין כיוצא בו, במי שהיה חולה וצוה לבני ביתו ליתן בגדיו לפלוני עני קרובו, ושוב הבריא ורוצה להחזיק הבגדים וליתן שווים לאותו עני בלא דעת העני, **ודעתו** להחמיר שצריך ליתן גוף החפץ לעני, ולא מהני נתינת דמים).

‹**ולענ"ד** נראה דאם מה שנדר הבגד להעני היה מפני שהעני היה צריך לבגד, אינו יכול ליתן ממון, אם לא ברצון העני, **אך** אם כוונתו היתה לשם צדקה בעלמא, יכול ליתן ממון תמורתו – ערוה"ש›.

משבא ליד גבאי, אסור ללוותו, בין לו בין לאחר בין לגבאי - ‹ולא מטעם קדושה, דצדקה אינה הקדש, אלא מטעם דכבר זכו בו העניים, דיד הגבאי כידם, ופשיטא דמעות של אחרים אין לאחר רשות להשתמש בהם בלא רשיון הבעלים, ומעתה מי יתן לו רשיון, ואפילו הגבאי שידו כידם, מ"מ מי יימר שנותנים לו רשות על זה להלוותו ולהחליפו – ערוה"ש›.

(**כתב** בספר חמודי דניאל כ"י, בזמנינו נהגו להקל בזה, אפשר כיון שנהגו כן לב ב"ד מתנה עליהן).

אבל לדבר מצוה יכול הגבאי לשנות. ‹**דאנן** סהדי דניחא להו בכך וידו כידם – ערוה"ש›. (**עיין** לעיל סי' רנ"ו ס"ד – ‹דאם אירע מקרה שהוצרכו לגבות לצורך עניים, כגון

סימן רנט – דין אם מותר לשנות צדקה, והנהגת הגבאי עם הצדקה או הממונה עליה

שהוצרכו לגבות לצורך כסות, או שבאו עניים הרבה וגבו לשמם, לא ישנו ליתנו לצורך דבר אחר, אם לא שראו שיש צורך בדבר, יכולים לשנותו לדבר מצוה, עיין בש"ך> – **ובפרישה** כתב לחלק, דלעיל בגבו בשביל כך, גרע מהכא דלא גבו רק דא' נתן סלע לגבאי – רעק"א.

ואם היה הנאה לעניים בעיכוב המעות ביד הגבאי, כדי לעשות לאחרים ליתן – [כדי לכוף אחרים, שיאמר בפניהם שאין מעות בצדקה], **הרי הגבאי מותר ללוותם** – <ולישא וליתן עמהם – לבוש>, **ולפרעם** – <דאנן סהדי דניחא להו בכך וידו כידם, ערוה"ש>.

הגה: דאין הצדקה כהקדש, ומותר ליהנות ממנה.

ואין נושאין ונותנין בצדקה העומדת לחלק לעניים – <בכל יום – לבוש>, **כי אם כסף בכסף וכיוצא בו, שמא יבאו עניים ולא יהיה להם מעות לחלק** – [ואין להקשות מזה על רישא דשו"ע, דאם היה הנאה לעניים בעיכוב המעות כו', דמיירי שהוא בטוח מאד דיוכל לגבות מן הצבור תיכף שיצטרך לעניים לחלק בלי מניעה], <לכאורה לפי הלבוש א"צ לזה>, **אבל צדקה שאינה עומדת לחלק, רק הקרן יהא קיים ויאכלו הפירות, שרי; וכן נוהגין** – <ואדרבה הרי צריכין לראות שיהיה מזה פירות, ונראה דצריכין לראות שיהא קרוב לשכר אף ריוח קטן ורחוק מהפסד, וכמו שאמרו חז"ל במעות יתומים – ערוה"ש>.

סעיף ב - צדקות שהתנדבו לצורך בית הכנסת או לצורך בית עלמין, יכולים בני העיר לשנותם לצורך בית המדרש - דאשתני למעליותא, דקדושת בית המדרש היא יותר מקדושת בית הכנסת, ויכול לעשות מבהכ"נ בית המדרש כמו שנתבאר באו"ח סי' קנ"ג, **או ת"ת, אפילו אם הבעלים מעכבים** - ואם קרובי נותני הצדקות קראו תגר על השנוי, לא חיישינן להו. <**דדוקא** לצרכו אין יכולין לשנותם, דכתיב בפיך זו צדקה. אבל מותר לשנותם למצוה אחרת, אפילו לא יפרעו אחרת תחתיה – לבוש>.

<**ביאור** הדברים, אע"ג דאסור לשנות מדעת הבעלים, זהו מענין לענין אחר לגמרי, כגון שהתנדב לעניים ורוצים לשנותה לבהכ"נ או לת"ת, דאע"ג שאפשר שזה מצוה יותר, מ"מ אסור לשנות מדעת הבעלים, **אבל** כשבעיקר הדבר אין שינוי, כגון שהתנדב לצרכי בהכ"נ או לבית עלמין ומשנים לצרכי בהמ"ד, רואין אם זו הקדושה גדולה מהקדושה שהתנדב, כמו דקיי"ל דקדושת בהמ"ד גדולה מקדושת בהכ"נ, וכ"ש דת"ת גדולה מכולם, יכולים לשנות אפי' הוא עומד וצווח, שהרי מעלינן לה בקדושה, אבל להוריד אסור. **ונ"ל** דזהו כשהמנדב עצמו אינו מתפלל בבהכ"נ שנדב לה, או שמתפלל גם בבהמ"ד, אבל אם מתפלל רק בבהכ"נ, אסור לשנות משם אפי' לגבוה ממנה, דהא קיי"ל באומר תנו לבהכ"נ, נותנים לבהכ"נ שהוא רגיל בה, כמ"ש בסי' רנ"ח, וכ"ש כשפי' לבהכ"נ זה והוא מתפלל שם, אלא דכאן מיירי כמ"ש – ערוה"ש>.

ובתשו' הרא"ש עצמו מסיים, ומשום הזמנה אין לאסור, דאפילו מ"ד הזמנה מילתא היא, ה"מ באורג בגד למת, אבל האי כטוי לאריג דמי, דלכו"ע לאו מלתא היא, עכ"ל, **וצ"ע** דאפי' הוי הזמנה מעליותא, מ"מ הא מקדושה קלה לקדושה חמורה שרי, דהא מותר לעשות מבהכ"נ גופיה בית המדרש, כדאיתא בש"ס ונתבאר באו"ח סי' קנ"ג, **ועוד** דהא ודאי בכה"ג שהכינו המעות הוה ליה הקדש מעליותא, דאל"כ אפי' לקדושה קלה שרי, וכדמשמע באו"ח סי' קנ"ג, **וכ"כ** בתשו' הרא"ש וז"ל, וא"ת כשגבו מעות לבנות בהכ"נ או בהמ"ד או לקנות ס"ת, אמאי אין משנין אותו אלא מקדושה קלה לחמורה, והרי עדיין לא השתמש בהן הקדש, וכן הא דאמרינן משהגיע ליד גבאי אסור לשנותה, הרי אין שם אלא הזמנה לבד, **י"ל** דגביית המעות לכנסת או למדרש מעשה ממש הוא ולא הזמנה כו', עכ"ל, וע"ש, וכ"כ הב"ח, **ובאמת** הטור וב"י לא הביאו סיום דברי תשו' הרא"ש אלו, וצ"ע.

<**עיין** בתשובת הר הכרמל, לענין אם רשאי הגבאי ליקח ממעות ת"ת לעשות מלבוש לנער אחד הגון שאין לו במה להתכסות, כדי לילך לבית רבו ללמוד, **וכתב** דרשאי, דהלבשה זו עצמה מקרי ת"ת כיון דגורם לה, ואם לא הלבשה לא תקיים ת"ת בנער זה, ואין כאן שינוי כלל, **אם** לא כשיש כאן עוד נער אחד לפנינו ללמוד וא"צ להלבשה, ואם נלביש לזה ע"כ ידחה זה מת"ת, בכה"ג שפיר יש להקדים לזה הצריך מיד לת"ת, ע"ש>.

<**ועיין** בתשובת שמש צדקה שנשאל אודות פרנסי ת"ח, שלשעבר כשהיו מלבישים התלמידים ממעות הקופה, נהגו להלביש מאותם המעות גם המלמדים, אי שפיר עבדי או לא, **והשיב** דאסור לעשות כן, דזה הוי הורדת קדושה ולאו שפיר עבדי, ע"ש>.

אבל לא מתלמוד תורה לצורך בית הכנסת – [דמעלין בקודש ואין מורידין, **ואע"ג** דהרא"ש ס"ל כר"ת דיכולין בני העיר לשנות אפי' לדבר רשות, כמ"ש בסי' רנ"ו, מ"מ הא כתב שם דדוקא בדבר קבוע אמרינן כן, כמו שהעתקתי בסי' רנ"ו ס"ד בשם הטור]. **היינו** כשיחזרו ויגבו פעם אחרת, אבל הכא לא יפרעו שוב, **וכ"כ** בתשובת מבי"ט, דאם רוצה לשנות למצוה אחרת עד שיגבו לאותה מצוה אחרת ויפרעו לצדקה הראשונה, לכו"ע מותר כו', וע"ש.

הגה: ודוקא דאיכא למיחש שלא יהיה להם ספוק לתלמוד תורה, אבל במקום שבני העיר מספקים לתלמוד תורה, ואם יוציאו אלו המעות לצורך בהכ"נ יתנו מעות אחרים לתלמוד תורה כשיצטרכו, מותר – ‹ולא שייך בזו לומר מעלין בקודש ואין מורידין, שאין במעות שום קדושה אלא תשמישי מצוה נינהו – לבוש›.

ואפילו אם הוא במקום שאסור לשנות, אם אינן צריכים לדבר שנדר – ‹הלשון מוקשה›, **כגון שהקדיש קרקע לבנות עליה בית המדרש, ואינן יכולין לבנות מיד, אין המתנדב יכול לחזור בו, אלא יהיה עומד כך עד שיבנו עליה** – ‹אא"כ התנה בפירוש ע"מ שיבנוה מיד – ערוה"ש›.

(**עיין** בשו"ע או"ח סימן קנ"ג סעיף י"ד ובאחרונים שם, **ועיין** בתשו' חתם סופר, בעיר שהתנדבו היחידים נדבות לצורך בנין בהכ"נ, ומהם אשר הביאו נדבתם ליד הגבאים, ומחמת צוק העתים א"א להם לעת כזאת להשלים הבנין, ועתה איזה מהיחידים מערערים כי אדעתא דהכי לא נדרו, רק חשבו כי ימהרו יחישו מעשה הבנין, **והאריך** בפירוש דברי המרדכי, וסיומא דפיסקא דלא מצי הדרי בהו, מאחר שלא נתבטל הבנין לחלוטין, אלא שא"א לפי עת להזדרז בזה עד זמן ועידן, ע"ש היטב, **ובעיקר** פירושו בדברי המרדכי הנ"ל צ"ע, שלא הזכיר לשון השו"ע או"ח שם, ולשון הרמ"א כאן, דנראה שלא פירשו כן).

וכל זה במקום שאין מנהג ידוע בעיר – ואז אפילו טוען המקדיש טענת ברי שלא הקדישו, לאו כל כמיניה לאפוקי מחזקת הקדש, אא"כ התנה ברבים או בפני עדים בשעה שהקדיש, כ"כ מהרש"ל ומביאו הב"ח, **וכתבו** שם כן גם בס"ת, ולמדו כן מדברי מהרי"ק גבי כלי כסף של הקדש, ע"ש, **אבל** בתשובת מהר"י כהן מקראקא כתב שחלוקים הם, כי ס"ת שדרך ומנהג העולם להניח בבהכ"נ, וידוע דשם האב נקרא על הס"ת, א"כ מי יוציאה מחזקת האב, כי מה שהניח הס"ת לשם אין ראיה שהיא של הק"ק, כי בזמנים אלו עיקר כתיבת ס"ת להניח לקרות בס"ת ברבים, **וגם** קדושתה גדול ואין ראוי בכל מקום להניח ס"ת, ולכן אין ראיה כי אף שהניחו הוא לשם בבהכ"נ אין ראיה שהקדישו, **אבל** הכלי כסף אין המנהג להניחם בבהכ"נ, ובאם לא הקדישוהו לא היו מניחים אותם בבהכ"נ, רק היו משתמשים בבהכ"נ בשעת הצורך, ואחר כך היו לוקחים לביתו, **וכתב** מהרי"ק שכלי כסף הנ"ל שהניחהו שם, הם בחזקת הק"ק, וגם בס"ת כתב שהוא בחזקת הבעל ששמו נקרא עליו, ר"ל על מי שאומרים זה ס"ת של פלוני, מטעם הנ"ל.

והאריך שם בענין מי ראוי להעיד, כי בני העיר נוגעין בעדות, אם לא יסתלקו, וגם שיהא שם גם כן ס"ת אחרת, וכן כתב הטור שכולן נוגעים בעדות, **וסברותיו** נכונים מתיישבים על הלב, וגם במה שחלק בין כסף לס"ת סברא נכונה היא, כי קשה להוציא דבר מחזקת בעליו אם לא בהוכחה מבוררת, **הארכתי** בדין ס"ת, כי שמעתי שרב אחד פסק גם בס"ת שהיא של הקדש, לכן הוצרכתי להביא ראיה ולהאריך בראיות וטעמים דלא כוותיה, ע"כ.

אבל במקום שנוהגים שהגבאי או בני העיר משנים לכל מה שירצו, או אפילו במקום שנוהגים שאדם משים איזה דבר בבית הכנסת, כגון ספר תורה או כלי כסף וכדומה, וכשירצה חוזר ולוקחו, וכשיורד מנכסיו מוכרו לאחרים, הולכים אחר המנהג, דכל מקדיש אדעתא דמנהג הוא מקדיש, ולב ב"ד מתנה על זה, ובלבד שיהיה מנהג קבוע - צ"ע, דהוא ממהרי"ק, ובמהרי"ק שם משמע דמגמגם בזה, ונוטה לאסור, שכתב ואשר כתבת שמעשים בכל יום באותן הגלילות כו', ומאחר דפשיטא שחלה קדושה על הכלים מכח דיני הש"ס, ואתה באתה להפקיע מכח המנהג, הלא ידעת שאין מנהג מבטל

הלכה, אלא א"כ הוא מנהג קבוע על פי חכמי המקום, ולא ע"פ המון בעלי בתים, כמ"ש המרדכי בשם א"ז, **וגם** כתב שם וצריך שיהא המנהג קבוע קודם שיבטל דין הש"ס, ועוד כתב דבעינן שיהא מנהג ותיקין, אבל מנהג שאין לו ראיה מן התורה, אינו אלא כטועה בשיקול הדעת, ככמה מנהגים גרועים דלא אזלינן בתרייהו כו', וגם לפי דעתי שאינו מנהג קבוע כלל, עכ"ל, **וצריך** לומר דמשמע ליה להרב, מדמסיים וגם לפי דעתי שאינו מנהג קבוע כלל, משמע דהעיקר תלוי שיהא מנהג קבוע, וגם הב"ח נמשך אחר דברי הרב, וצ"ע.

‹**ואיני** מבין, דהא באמת הרמ"א במנהג קבוע קאמר. **ובעיקר** הדבר נ"ל, דזה לא מקרי מנהג מבטל הלכה, דזה כתב המרדכי ריש פ' הפועלים לענין עשיית פועלים, כשמשנים מדין תורה צריך שיהא המנהג נעשה דוקא ע"פ חכמי המקום, ע"ש, **אבל** בנדבות ליכא דין תורה, והתורה נתנה רשות לנדור ולנדב כל אחד כרצונו, ומה שייך בזה מנהג מבטל הלכה, **ולכן** אפי' אם נעשה המנהג ע"פ בעלי בתים, אם הוא רק מנהג קבוע, הוי מנהג, ואדעתא דמנהגא מקדישים – ערוה"ש›.

כתב הב"ח, ונראה דלפי מנהג אותם מקומות, גם בע"ח גובה חובו מס"ת שבהיכל, דכיון דבידו למכרו בשעת דחקו, אף בע"ח יכול לגבות ממנו, **ודבריו** צ"ע, דלקמן סי' רע"ד סוף ס"ב פסק, דאינו גובה חובו מס"ת, כיון דרשאי להתפרנס מן הצדקה וא"צ למכור ס"ת, א"כ גם בע"ח אינו גובה ממנה, דלא עדיף בע"ח מחייו, עכ"ל, הרי דבריו סותרים זה את זה, **ולענין** דינא נראין דבריו שבכאן עיקר, וכ"כ הטח"מ סי' צ"ז בשם הר"י ברצלוני, וכ"פ בשו"ע סוף סכ"ג, דבע"ח גובה חובו מס"ת, **וכן** כתוב בתשו' מבי"ט, על דבר מי שהיה חייב לחבירו בשטר, והיה לו ס"ת מונח בבהכ"נ כמנהג, ולא מצא בע"ח מקום לגבות מן הלוה, יכול ליקח ס"ת כו', ע"ש.

ומ"מ אם התנה המקדיש בפירוש שלא ישנו הקדשו ולא יהא כח בזה, פשיטא שאסור לשנותו. וע"ל סי' רנ"ו סעיף ד'.

סעיף ג - ישראל שהתנדב נר או מנורה לבה"כ, אם נשתקע שם בעליה מעליה שאינה נקראת על שמו, יכולים הצבור לשנותה אפי' לדבר הרשות, (אפי' אם גם המתנדב מוחה)

- דוקא צבור אבל גבאי לא, ‹דכל המקדיש על דעת הציבור הוא מקדיש, ולא על דעת הגבאי מקדיש – לבוש›, וכבר נתבאר זה בסי' רנ"ו.

[**וצ"ל** דגם גבי צדקות שהתנדבו לבית עלמין שהוזכר בס"ב, הוה לא נשתקע שם הבעלים מינייהו, **דאל"כ מאי שנא מהכא בנשתקע דיכולים לשנות לדבר הרשות**].

‹**והנה** זה ודאי אמת, שהרי בשם התנדבו מעות לזה, ואיך שייך בזה נשתקע – ערוה"ש›. ‹**ועיין** לקמן בסמוך בפת"ש בשם החת"ס, דבמפריש מעותיו לא שייך נקרא שמו עליו›.

[**ואין להקשות ממ"ש הטור בסי' רנ"ו ס"ד העתקתיו שם, לחלק בין דבר קבוע לדבר מקרה כו', ואמאי מותר לשנות כאן אם נשתקע, הא אין זה דבר קבוע, י"ל דדוקא בממון השייך לעניים חילק כן, דכשהוא דרך מקרה אמרינן שזכו בו אותן העניים, בתוספות ממה שיש להם בלאו הכי, ואנן ידי עניים אנן, ע"כ אין להפסיד להם, משא"כ במקדיש כלי שאין כאן מי שיזכה לאותו דבר, ע"כ תלוי הכל בנשתקע הדבר או לא נשתקע, ואפי' בדרך מקרה, כן נ"ל**].

ואם לא נשתקע שם בעליה מעליה, אין יכולים לשנותו לדבר הרשות - כתב המרדכי בשם מהר"מ, דצ"ל שכבר נשתמש בהן והדליקו בבהכ"נ, דאי לא הדליקו בבהכ"נ, אפי' לדבר הרשות מותר לדידן דקי"ל הזמנה לאו מלתא, **ונהי** דהנודר אינו יכול לחזור בו ולעכבו לעצמו משהקנהו להדליק בו בבהכ"נ, דנעשה נדר, מכל מקום הציבור רשאין לשנות אפי' לדבר הרשות, עכ"ל, ומביאו ב"י וד"מ, **וצ"ע** בזה, כי שאר פוסקים לא חילקו בכך, ואדרבה מדחילקו בין נשתקע, משמע דבלא נשתקע בכל גווני אסור לשנות, **ואפשר** לזה השמיטו המחבר והרב האי דינא, **ונראה** דהמרדכי איירי כשהבעלים מסכימים בדבר, וקמ"ל דמדקתני אסור לשנות, משמע דאיסורא איכא במלתא אפי' הבעלים מסכימים, והיינו דוקא בנשתמש בהן, דאל"כ הזמנה לאו מלתא היא, ודוק.

אבל לדבר מצוה יכולים לשנותו - כתב המרדכי בשם מהר"ם, אפילו לדבר מצוה דפחותה מיניה, דדוקא גבי תשמיש קדושה אמרינן מעלין בקודש ולא מורידין, ולא לגבי תשמישי מצוה, **ובד"מ** כתב ע"ז וז"ל, ונ"ל דהרא"ש והטשו"ע ס"ב פליגי אזו, דהא כתבו שאסור לשנות מעות ת"ת לצורך בהכ"נ, וכ"כ מהרי"ק

בשם הרשב"א, עכ"ל, ומביאו בהגהת דרישה סכ"ו, **אבל** באמת דמהרי"ק שם כתב, ז"ל, לפי הנלע"ד לא יוכל שום פוסק לחלוק על זה שכתב המרדכי כו', דאי לא תימא הכי לפלוג וליתני בדידה כולה לדבר מצוה, ולימא לא שנו אלא לדבר מצוה דחשיב כמותה, אבל לדבר מצוה דגרע מיניה לא כו', **ואע"ג** שנשאל הרשב"א אם מעות של צדקה מותר לשנות לבהכ"נ, והשיב וז"ל, מותר לשנות לעילוי, כגון לבנות בית הכנסת או לקנות ספר תורה כו', משמע דוקא לעילוי, וכן בטור יו"ד כתב וז"ל, כתב א"א הרא"ש ז"ל כו', עד אבל לא מת"ת לצורך בהכ"נ, **נראה** לענ"ד דהתם בדלא ספקי אנשי הקהל לתרווייהו, ואם יתנו המעות לצורך בהכ"נ יתבטל ת"ת, וכן לעיל בהא שהשיב הרשב"א, **אבל** היכא שאין המצוה האחרת בטל כו', פשוט שהוא מותר לכו"ע כו', עכ"ל, ‹**וזהו** שכתב רבינו הרמ"א בס"ב, דכשבני העיר מספקים לת"ת יכולים לשנות אפילו מת"ת לבהכ"נ, והכל הולך על יסוד זה – ערוה"ש›, **וכן** בפרישה העתיק דברי המרדכי אדברי הטור, משמע דלא פליגי.

ומדברי הב"ח נראה דמחלק, דהך דהרא"ש תשמישי קדושה הוא, שכתב אדברי הרא"ש וז"ל, ומיהו גבי נר ומנורה שהתנדבו לבהכ"נ, אפילו נשתמשו בה מותר לשנותה לדבר מצוה, אפילו למצוה דפחותה מינה, דדוקא גבי תשמישי קדושה אמרינן מעלין בקודש ואין מורידין, אבל לא גבי תשמישי מצוה, כ"כ המרדכי בשם מהר"מ, **וקרי** לנר ומנורה תשמישי מצוה, משום דלא נתנו בבית הכנסת אלא כדי להאיר למתפללים בתוך הסידור התפלות והמחזורים, ואין זה אלא תשמיש מצוה לאדם עצמו, **וכה"ג** כתב מהרא"י בכתביו, דהפחים שעל הספר תורה אינן תשמישי קדושה, כיון שלא נעשו אלא לסימנים בעלמא לצורך בני אדם שלא יטעו להוציא ספר תורה שלא הוזמנה לקריאה לחובת היום, וה"נ כדי שלא יטעו בתפלה כשאין מאור בבהכ"נ, עכ"ל, **ואין** נראה כן דעת מהרי"ק, ונראה דס"ל דמעות שהתנדב לצורך בהכ"נ לא עדיף מתשמישי מצוה, כיון שאין שם קדושה על המעות.

כתב בית יוסף בשם מהרי"ק שכתב בשם תשו' הרשב"א, דהא דאמרינן ישראל שהתנדב נר או מנורה כו', היינו דוקא בשיש מנורות ונרות כדי הצורך לבית הכנסת, אבל אם אין סיפוק, אין הציבור רשאין לשנות, עכ"ל, ‹**רק** למצוה גדולה הימנה – ערוה"ש›. **ועיין** במהרי"ק שם סוף השורש ההוא דמביא תשובה אחרת להרשב"א שסותרת תשובה זו, וכתב דצ"ל שהראשונה אינה תשובת הרשב"א, **וע"ש** דמסיק שאף אם המאור מתרבה ומדליק בריוח יותר מפני נדבתו של זה הנודב, מכל מקום אם לא יחסר המזג מכדי הספוק אף בלא נדבתו של זה, נראה לענ"ד דיכולים נמי לשנותה, **אך** אם אין קבע למאור אלא על פי יד הנודר, ולפעמים לא יספיקו הקהל שמן למאור די הסיפוק הראוי, בזה נראה שאין כח לשנותה, ע"כ.

(**ועיין** בתשובת חתם סופר, נדון א' שחלה ומסר כל ספריו לאיש מהימן להביא אותם לבהכ"נ, ושם יעמדו לכל הרוצה ללמוד מתוכם, ונתעכב הדבר שנים הרבה שלא נתקיים צוואת המת מחשש גניבה ואבידה בבהכ"נ, ועתה נדחקו הצבור לבנות מקוה ורוצים למכור הספרים, אם אסור לשנות מדעת המצווה, **והאריך** בכל פרטי דין זה, וסיומא דפיסקא העלה, שאפילו לדעת המקילין, היינו דוקא בנשתקע שם בעליו, וגם שלא יתבטל הדבר מצוה לגמרי, דבלא"ה נמי יש נרות בבהכ"נ וכדומה, **אבל** אם חסר אחד מאלו, אינם רשאים לשנות לדבר מצוה פחותה, ומכש"כ לדבר הרשות ממש, **ומעתה** בנידון דידן אין לך מצוה רבה מלהמציא ספרים ללומדי תורה, ואין כיוצא בזה בקהלה ההיא, ואפי' היה מפריש מעותיו לכך, אסור לשנות, אע"פ דלא שייך נקרא שמו עליו, מכ"ש שהפריש ספרים שנקרא שמו עליו ולא נשתקע שמו, א"א בשום אופן לשנותו להחליף באר מים חיים בבאר מקוה מים, הגם כי צרכי צבור מצוה הוא, מ"מ מצוה זוטא הוא לגבי ת"ת, ואין שום מקום להתיר, **ומה** שטענו שאין הספרים משומרים בבהכ"נ מפני הגנבים, אין זו טענה מכמה טעמים, ע"ש).

ואם היה המתנדב עובד כוכבים, אסור לשנותה אפילו לדבר מצוה, כל זמן שלא נשתקע שם בעליה מעליה - משום דעובד כוכבים מיפעי פעי, ויאמר הקדשתי דבר לבהכ"נ של יהודים ומכרוהו אותו, [וצועק תמיד שעשו שלא כהוגן, ויש חילול השם בדבר, **אבל ישראל צייח לדברי חכמים**], **וכתוב** בתשובת הרא"ש, אבל ישראל אפילו הוא לא צייח לדברי חז"ל, ופעי על תקנתם, לא חיישינן לפעייתו, דליכא חילול השם בזה. ‹**ואדרבא** הוא כשצועק מחלל ד',

סימן רנט – דין אם מותר לשנות צדקה, והנהגת הגבאי עם הצדקה או הממונה עליה

דעל הישראל לדעת, כי אין אנו לוקחין לעצמינו, ואם נראה לנו לשנות לדבר מצוה אחרת, כן הוא דין התורה – ערוה"ש›.

משמע אבל נשתקע שם בעליה מותר לשנות אפילו לדבר הרשות, דאין לחלק בזה בין עובד כוכבים לישראל, לומר דעובד כוכבים מיפעי פעי, כיון דנשתקע שם בעליו מעליו, וכן עיקר.

(וכל זמן ששם בעלים חקוק על הכלים שנתן – ‹ויכולין לקרותו – לבוש›, **לא נשתקע שם בעליה).**

סעיף ד - עובד כוכבים שהתנדב מנורה או דבר אחר לבית הכנסת, מקבלים ממנו; והוא שיאמר: בדעת ישראל הפרשתי אותה – ‹כלומר שישתמשו בה בבהכ"נ כמו שהישראל מנדב – ערוה"ש›. **ואם לא אמר כן, טעון גניזה** – [שמא בלבו יחשוב לעכו"ם, וב"י הביא בשם רמב"ם הטעם, שמא בלבו היה לשמים, כלומר להקריב בהם קרבן דוקא, מה שלא עלה על דעת ישראל]. ‹אבל אם יאמר בפיו שעל דעת ישראל הוא מפרישו, לא איכפת לן במה שבמחשבתו, דדיבור מבטל המחשבה – לבוש›. **(ועיין לעיל סי' רנ"ד).**

‹ונ"ל דעכשיו לא שייך זה, דכוונתם לשמים ולא לשם קרבן, אלא לנדבה לבהכ"נ, וכן המנהג – ערוה"ש›.

סעיף ה - מי שיש בידו מעות והוא מסופק אם הם של צדקה, חייב ליתן אותם לצדקה – ‹הגהמ"ר בשם אז"ק, מברייתא דת"כ ספק לקט לקט וכו', ובירושלמי יליף לה, עני ורש הצדיקו, הצדיקוהו במתנותיו – באר הגולה›.

הגה: אבל מי שהקדיש דבר בלשון שמסופקים בו, ומת, שאין לידע כוונתו, נקראו היורשים מוחזקים, וההקדש שבא להוציא מהם עליו הראיה, וכל זמן שאינו מביא ראיה הנכסים בחזקת היורשים. (רשב"א סי' תרנ"ו ופסקי מהרא"י סי' ע"ג ועיין בח"ה סי' ר"ן סעי' ג').

צריך עיון, דנראה דהרב משווה דברי תשו' הרשב"א להגמ"ר בשם א"ז קצר, ומחלק בין מת שנקראו היורשים מוחזקים ולא שייך ספק איסורא לחומרא גבי יורשים, **אבל** לא משמע כן מתשובת הרשב"א ס"ס תרנ"ו, שכתב שם וז"ל, ואם נסתפק אם היה דעתו לחזור או לא, מסתבר שהולכין בו להקל אצל היורש, לפי שהממון בחזקת בעליו, והיורשים כבעלים דממילא הם יורשים, וזה לא הקדיש אלא בתנאי, והעניים שאמרו שנתקיים התנאי עליהם להביא ראייה **ואף** על פי שזה ספק הקדש, אין אומרים בו ספיקא דאיסורא ולחומרא, חד דהקדש עניים ממון בעלמא הוא, ואמרינן להו אייתי ראיה ושקולו כו', **ומעתה** בין בהקדש עניים בין בהקדש בית הכנסת אינו הקדש כל שהוא ספק בתחלתו אם חל אם לאו, ויש חזקת ממון כנגדו, אמרינן אוקי ממונא בחזקת מאריה, דאמרינן בפרק מי שמת בענין ש"מ שעמד שחוזר במתנתו, אבעיא להו הקדיש כל נכסיו מהו, הפקיר כל נכסיו מהו, חלק נכסיו לעניים מהו, תיקו, ותיקו דהתם לקולא, וכ"כ הרמב"ם ז"ל, **ואפילו** לדברי מי שפוסק שם לחומרא, מסתבר דהכא לקולא, דהתם הוא שההקדש הקדש בודאי, אלא שאנו מסופקים לכשיעמוד אם חוזר בו אם לאו, אבל כאן דמסופק אם חל ההקדש כלל, מספק אין מוציאין מיד בעליו, עכ"ל, **ואם** איתא מאי ראיה מייתי ממתנות כהונה, וכן מעמד חוזר, דהתם לאו יורשים הוא, אלא אין חילוק, ולעולם הו"ל ספק ממון לקולא, **וגם** מדברי מהרא"י משמע להדיא שאין חילוק, אלא בכל ענין הו"ל ספק ממונא לקולא, וגם בתשו' הריב"ש מבואר להדיא, שאין לחלק בהכי, ע"ש, **וגם** דברי הגמ"ר צריך עיון, שהביא מברייתא דת"כ וירושלמי גבי לקט ושכחה ופאה, דספק לחומרא לצדקה, והך ברייתא הא מייתי לה בש"ס דידן פ' הזרוע והלחיים, ומפרש רבא התם טעמא משום דקמה בחזקת חיוב קיימא, משמע הא לא"ה הו"ל ספק ממונא לקולא, **שוב** מצאתי בר"ן רפ"ק דנדרים גבי הא דבעי ש"ס יש יד לצדקה או לא, כגון דאמר הדין זוזא לצדקה, והדין, וז"ל, ובפאה וצדקה כתב הרשב"א ז"ל דאזלינן לחומרא כיון דסלקא בתיקו, וכן פסק הרמב"ן ז"ל בהלכותיו, דקי"ל כל תיקו דאיסורא לחומרא כו', **ותמהני** שהרי סוגיא מפורשת היא בס"פ הזרוע ולחיים, שספק ממון עניים הרי הוא ספק ממון דאזלינן ביה לקולא לנתבע כו', עד אלא ודאי ספיקא דממון עניים לא מיקרי ספק דאיסורא כלל, אלא ספק דממונא ולקולא, ולפיכך איני מתחוור מדבריהם ז"ל, עכ"ל, **וצ"ע** שהרי דעת הרשב"א בתשובה הנ"ל ג"כ דהו"ל ספיקא דממונא ולקולא, **שוב** מצאתי בתשו' רבי בצלאל מביא

סימן רנט – דין אם מותר לשנות צדקה, והנהגת הגבאי עם הצדקה או הממונה עליה

תשו' הר"ן ותשובת ריב"ש, דפסקו דהוי ספק ממונא ולקולא, ומשמע התם בפשיטות דהכי קיימא לן, וכן פסק המחבר בפשיטות, והרב בח"מ סי' ר"ן סעיף ג', גבי הך בעיא דפ' מי שמת בהקדיש נכסיו כו', דאם עמד חוזר, **שוב** מצאתי בתשובת מהרי"ו שכתב וז"ל, ואם יש נפשך לומר ולהשיב, דכיון שאמרה האשה לתת לצדקה, א"כ הוי כמו איסור וספק איסורא לחומרא, כדאמר בפ' מי שמת ש"מ שהקדיש כל נכסיו מהו, וסלקא בתיקו, וכתב הרא"ש דמספק לא מבטלין ההקדש, **התם** דהקדיש כל נכסיו בסתם, איכא לספוקי דדעתו היה בין יחיה בין ימות, ומחיים התחיל ההקדש ולא לאחר מיתה, **אבל** הכא בנידון דידן דפירשה האשה לאחר מותה בהדיא, איכא למימר שלא התחיל הצדקה מעולם, דהנכסים בחזקת יורשים, ודמי להא דאמר רב כל ממון שאינו יכול להוציאו בדיינים והקדישו אינו קדוש, והכי נמי כשמתה הרי הן ברשות היורשים, ע"כ, **והדברים** צ"ע.

[**בחו"מ** סי' ר"נ כתבתי שצ"ע ליישב דעת רמ"א, דבסי' רנ"ח ס"ב פסק, גם השני לצדקה, והוא מידי דתליא בלשון המסופק, פסק להחמיר, וכאן פסק להקל, ושם בחו"מ ס"ג פסק ג"כ להקל, וצ"ע, ומהרא"י פסק דבהקדש ונדרים כל היכא דאיכא למימר הכי או הכי, לא אמרינן להחמיר אלא אוקי ממונא בחזקת מריה, וה"ה לענין בעל השטר ידו על התחתונה, ע"כ, ושוב התבוננתי ליישב דעת רמ"א, וראיתי שדבריו נכונים, דבכל מידי דהוא ספק שא"א להתברר בשום פעם, כההיא דסי' רנ"ח, שאם נאמר יש יד לצדקה, הוה כאלו אמר בפירוש וזה יהיה ג"כ צדקה, ונמצא אפי' אם הוא אומר שכוונתו היתה שזה יהיה להוצאה שלי, אינו נאמן, וכן בהך דהכא שזכר השו"ע, שהממון מסופק אם של צדקה הוא, בזה ודאי אזלינן לחומרא, משא"כ בנדון זה, ששכיב מרע אמר איזה לשון שאנו מסופקים בכונתו, ואלו היה קיים והיה מגלה כוונתו היינו מאמינים לו, כדאיתא בסי' ר"ח סתם נדרים להחמיר ופירושן להקל, ע"כ מצי לומר אלו היה אבא קיים היה מגלה כוונתו שיהיה שלו, ע"כ לא מפקינן מחזקת יורשים, ובלבוש ראיתי שחילק כאן בין רישא לסיפא, דברישא לא היה לו שום חזקה להממון שיהיה שלו, ואין התחלה לחילוק זה, שגם ברישא הוה בחזקתו, דהרי מספק לקט ילפינן לה בב"י, והוא מונח תוך שדהו, וכאשר כתבתי נראה נכון בס"ד]. **לא** ירד לסוף ענין זה כמ"ש בש"ך - נקה"כ.

(**ועיין** בתשובת חתם סופר שהאריך בפרט הזה, דספק צדקה אי הוי ספק איסורא או ספק ממונא, **ומסיק** כיון דרמב"ן ורשב"א ורא"ש, ומרדכי בשם מהר"מ, והגמ"ר בשם א"ז, מסכימים דספק צדקה ספיקא דאיסורא הוא, והכי נקטינן, ממילא מחשבינן לעני מוחזק, מדכתיב צדק משלך ותן לו, ודלא כהר"ן ונ"י נגד כל הני רבוותא, **אך** כל זה אי אין הבע"ד טוען ברי, אבל אי הבע"ד טוען ברי, כמו שכיב מרע שעמד, לא מבעי בסתם צדקה דממון שאין לו תובעין הוא, אלא אפי' בהקדיש דבר מה לחבורה ידועה, והגבאים עומדים ותובעים, מ"מ אין אחר ברי שלו כלום, ודלא כהרא"ש, **אמנם** אם מת ונפל ליד היורשים, בזו פליגי, המרדכי בשם מהר"ם ס"ל, אבתי הוי ספק איסורא ולחומרא, ובתשו' רשב"א ס"ל, דלדידהו ליכא אלא ספק ממון, וממילא ליכא נמי משום צדק משלך, דמצי אמרי קים לן כאידך לישנא דחולין, דקמה אקמה קרמית, וס"ל להך לישנא כמ"ד בירושלמי דלא שייך צדק משלך אלא במתנות עניים, ולא בשאר צדקות והקדשות, **וכן** פסק רמ"א כהרשב"א).

‹**אע"ג** דיש מהפוסקים דס"ל, דגם בצדקה ספק ממון לקולא, אמנם רבותינו בעלי השו"ע הכריעו להלכה, דאע"ג דבכל ספק ממון אין מוציאין מיד המוחזק, מ"מ צדקה שאני דהוי ספק איסורא, דבפיך זו צדקה, וספק נדרים לחומרא, ובאמת מאי שנא זה מספק נדר, **ולכן** דברי רבינו הרמ"א ברורים בטעמן, דהא גבי יורשים ליכא נדר, וממילא דאצלם הוה ככל ספק ממון, דבחזקת בעלים עומדת. **ולפמ"ש** ל"ק משכיב מרע, דהב"י פסק לקולא (ודלא כהרא"ש הנ"ל), **דהתם** לא שייך נדר אלא צוואה בעלמא, שהרי דין הדיוט ודין הקדש שוין בו דנקנה באמירה בעלמא, והוי ככל ספק ממון, וכל מה שהשיגו אינם השגות ודו"ק, **ונ"ל** עיקר לדינא כדברי רבותינו בעלי השו"ע – ערוה"ש›.

סעיף ו - אין לקהל לתבוע מסים וארנוניות ממעות צדקה

- ‹שנושאין ונותנין בהם לטובת הצדקה, כי מעות של מצוה פטורים מן המס מפני שאינם צריכין שימור, דשמורים ועומדים הם – לבוש›. ‹**דלא** גריעי מת"ח שאין מטילין מס עליהם, כמ"ש בסי' רמ"ג, וכ"ש על המצוה עצמה – ערוה"ש›.

[ט"ז] ‹רעק"א או ש"א או הוספת הסבר› (פת"ש)

הגה: מי שמלא כיס מלא מעות בתיבתו, וכתוב עליו: צדקה, סמכינן אכתיבה והרי הן צדקה – (עיין בספר אורים ותומים מה שהקשה ע״ז, דזה סותר למש״כ שם בחו״מ, אם נמצא כו׳ אמרינן שלא להשביע עשה כן, ע״ש מה שכתב בזה, **ועיין** בתשובת חתם סופר שכתב, דכאן מיירי שיודע שיש לו כיס צדקה, ואינו ידוע איזהו, בזה סמכינן אכתיבה, כיון דודאי יש לצדקה כיס כאן, **אבל** אי לא ידע כלל שיש לו שום כיס, אז לא ברירא אי מוציאין מהמוחזק ע״י כתיבה, ותליא בפלוגתא אי ספק צדקה בזה״ז דומה לאיסורא כו׳, ע״ש).

(**ואני** תמה בזה, דמשנה מפורשת היא בפ״ד דמעשר שני, דחוששין לכתיבה לחכמים, ור׳ יוסי פליג, והלכה כחכמים כמ״ש שם הרמב״ם והרע״ב ע״ש, **ובע״כ** צריך לחלק, דבחושן משפט שם דהוי כתיבה על שם הדיוט, שפיר אמרינן שלא להשביע, ולא כשהכתיבה היא על שם דבר שבקדושה, **וראיתי** מי שמחלקים חילוקים אחרים, וא״צ לזה, והדבר פשוט כמ״ש – ערוה״ש).

וכן אם אמר אחד לבניו: מעות אלו צדקה הם, אם נראה להם שעשה זה כמוסר דבריו (בלשון צוואה, דבריו) קיימים; ואם עשה זה שלא יקחו כלום, או שלא יחזיקו אותו לעשיר, אין בדבריו כלום – (ולא דמי לכתיבה שנתבאר דסמכינן על זה, דמעשה שאני, ועוד דשלא בפניהם כתב – ערוה״ש).

וכן אם אמרו בחלום: אלו המעות שהטמין אביך, של צדקה הם, אינו כלום, דדברי חלומות לא מעלין ולא מורידין - פירוש שאינו יודע היכן המעות שהטמין אביו, ומראה לו בעל החלומות המעות, ואומר לו אלו המעות שהטמין אביך, וכן הוא בסנהדרין, שבא בעל החלום ואמר ליה כך וכך הן, במקום פלוני הן, של מעשר שני הן, זה היה מעשה ואמרו חכמים דברי חלומות לא מעלין ולא מורידין, והשתא הוי שפיר רבותא.

(**והא** דלא חיישינן שמא החלום הזה הוא אמת, כדלעיל סימן ר״י ס״ב בנודר בחלום, ולקמן סימן של״ד סל״ה בנידו בחלום, עיין בזה בתשב״ץ, ובתשו׳ שיבת ציון האריך מאוד בזה, ועמש״ל סימן ר״י בשם תשובת חתם סופר).

אבל אם אמר להם כן אחר, אם הם במקום שהיה יכול ליטול אלו המעות וליתנם לצדקה – (כגון שאומר להם שהם חפורים בשדה ושל צדקה הם, ומראה להם המקום והם לא ידעו), **נאמן במגו שהיה נותנם לצדקה; ואם לאו** – (כגון שאומר שהם חפורים בביתכם ושל צדקה הם), **אינו נאמן** – (וכן הדין אם יאמר להם אחד: מעות אלו שהניח לכם אביכם, של פלוני הם – לבוש).

השתמש בתיבה מעות הקדש וחולין זה אחר זה, ומלא אחר כך מעות, אזלינן בתר בתרא – (דמסתמא הם של אלו – ערוה״ש). **ואם השתמש בבת אחת בשתיהן, אזלינן בתר רובא; ואם מלאן בגומא, דאיכא למימר שהיו מונחים שם זמן ארוך ולא ראה, אפילו בזה אחר זה אזלינן בתר רובא.**

(**ועיין** בתשובת נו״ב, שנשאל גבאי צדקה שלח שליח ליקח מעות ממתן בסתר, והשליח הביא המעות ועירבם בכיס מעות חולין של הגבאי בלי מנין ומספר, והגבאי אינו יכול לברר חשבונו כמה היה מעות חולין שלו, מה דינו, **והשיב** כיון שהשליח ודאי לא עשה כהוגן, ואדם מועד לעולם, וא״כ הגבאי ששלח שליח זה מיחשב שומר שמסר לשומר, ומתחייב השומר הראשון בפשיעת השני, **ולכן** חייב הגבאי כדי לצאת י״ש, שיעיין בפנקס הצדקה כמה רגיל בחודש להיות הכנסת המתן בסתר, ויראה כמה שנים זה אחר זה, ויתפוס ערך היותר גבוה, ובזה יוצא גם י״ש, דלמיחש למידי דלא שכיח כלל ודאי א״צ, **וכתב** עוד דאם אירע דבר זה בין איש ובין רעהו במעות שלהם שאינו של צדקה, כיון שהוא לא פשע כלום, א״צ זה שחבירו עירב מעותיו עם מעותיו להחזיר לחבירו רק מה שברי לו שיש בכיס עודף על מעותיו, **אבל** כל כמה שהוא מסופק אולי זהו שלו, א״צ להחזיר אפילו לצאת י״ש).

תם ונשלם הלכות צדקה

מחבר **רמ״א** ש״ך ונקה״כ

§ סימן רע - שכר מצות כתיבת ספר תורה §

סעיף א - מצות עשה על כל איש מישראל לכתוב לו ספר תורה - [שנאמר ועתה כתבו לכם את השירה הזאת], ‹וכיון דקי"ל שאין כותבין את התורה פרשיות, דתורה חתומה נתנה, על כרחך מה שצוה משה רבינו ע"ה שיכתבו את השירה, לא קאמר שירת האזינו לבדה - לבוש›. [ופי' כל התורה עד גמר השירה של האזינו, שהוא כל התורה]. ‹וגם וזאת הברכה נכללת בכלל השירה, ונראה דקמ"ל דאל"כ הייתי אומר דאין המצוה בכתיבה רק עד האזינו, שבשם גמר המצות והתוכחות, אבל מהאזינו עד סופה אין שם רק דברי נבואה בעתידות, קמ"ל דצריך לכתוב עד סופה ממש, ולכן אמר כתבו לכם אפילו השירה הזאת - ערוה"ש›.

(עיין בתשובת שאגת אריה, לענין אם גם נשים חייבות במצוה זו של כתיבת ס"ת כאנשים או לא, ע"ש).

(ועיין בתשובת רשב"ש שכתב, ועל אודות הספר שמניחות הנשים לבהכ"נ, ואמרת שמאחר שאינן מצוות ללמוד תורה, טוב שיניחוהו להשיא יתום ויתומה, **יפה** אמרת, אבל לא מטעמך, לפי שהנשים אע"פ שאינן חייבות ללמוד תורה, אבל זוכות הן לעולם הבא בזכות התורה כו', **אמנם** אם יש יתום ויתומה להשיא, יותר יהיה מצוה שיניחוהו להם ממה שיתנו הס"ת לבהכ"נ, **אלא** שזהו כשיש ס"ת אחר לצבור לקרות בו, אבל אל"כ יתנו לצבור, שהתלמוד קודם למעשה, ע"ש).

ואפילו הניחו לו אבותיו ספר תורה, מצוה לכתוב משלו - (עיין בתשובת שאגת אריה שהעלה, דאפילו לא הניחו לו אבותיו כתובה אלא כל שהוא אפילו תיבה או אות א' לבד, והוא גמר והשלים את הכל, לא יצא ידי חובת מ"ע זו, ע"ש. **והא** דכתב בהג"ה דאם הגיהו ה"ז כאילו כתבו, אע"פ שלא כתב כל התורה כולה, עט"ז). ‹**ודברים** תמוהים הם בעיני - ערוה"ש›.

ואינו רשאי למכרו, אפילו יש לו הרבה ספרי תורה - בבית יוסף כתב בשם הר"ר מנות, דוקא ס"ת העשוי לקרות ברבים, אבל ספרי יחידים מוכרים לעשות מהדמים מה שירצו כו', ועיין בית יוסף ובב"ח ביאור דבריו, ועיין באו"ח סימן קנ"ג סעיף י', **(ואפילו אין לו מה יאכל רק ע"י הדחק)** - אלא נוטל צדקה מהגבאים, כדלעיל ר"ס רנ"ג, דאין מחייבין אותו למכור ביתו וכלי תשמישו, כן כתב הב"ח.

‹**ונראה** דכשם שאסור למכור ס"ת, כמו כן אסור ליתן ס"ת במתנה, דכן מוכח במגילה דמתנה הוי כמכירה - ערוה"ש›.

(**ועיין** בתשובת אא"ז פנים מאירות, שכתב דמותר למכור ס"ת ע"י הגרלה שקורין אויס פלעטין, ואין בזה בזיון לס"ת כלל, ע"ש היטב, **ועיין** באשל אברהם שכתב בשם תשובת פרי הארץ, גם כן דמותר, אלא דליתר שאת יניחו הס"ת בלי תפירות, ונמצא דאין בו קדושת ס"ת כלל).

‹**בתשו'** חכ"צ כתב, דאין להכריז בבהכ"נ ספר למכרו, ולהעלותו בדמים, דהוי בזיון - רעק"א סי' רפב סי"ח›.

‹**ויש** אוסרים למכור ס"ת ע"י הכרזות, וע"פ הטלת קלפות מי יזכה בה, ובלשונינו קורין לאטערי"א, ויש מתירין דאין זה בזיון להס"ת, **אבל** ספרים ודאי מותר בשני הדברים, וכן המנהג פשוט - ערוה"ש›.

(**ובתשו'** ריב"ש הביאו הב"י כתב, כל ספר שיש בו טעות אין בו קדושת ס"ת ויכול למכרו, ע"ש. והביאו גם כן הרמ"א לקמן סימן רפ"ב סי"ח, ובא"ח סימן קנ"ג).

ואפילו למכור ישן כדי לקנות חדש, אסור - דחיישינן לפשיעותא, שמא לא יקנה, הלכך אם היה חדש כתוב והוא בבית הסופר, ואינו חסר אלא נתינת דמים, מוכר הישן לקנות החדש, עכ"ל עט"ז, והוא מדברי הר"ר מנוח שהביא הבית יוסף, **אבל** אין זה עיקר, ודעת כל הפוסקים נראה דאפילו בכה"ג אסור, וכמ"ש בדרישה ובב"ח וכ"כ הר"ן בהדיא, דכיון דלא מעלי לה בקדושתה אסור להחליף תורה בתורה, דאינו רשאי למכור אלא כשמעלה בקדושה, וכ"כ הריב"ש ומביאו בית יוסף באו"ח סי' קנ"ג, **וכתב** הב"ח עוד, ונראה דלאו דוקא למכור ישן כדי לקנות חדש אסור, דה"ה כשאחד הוציא מתחלה מעות משלו וקנה חדש, עד שימכור אח"כ הישן וישתלם מהישן, נמי אסור, דעיקר טעמא דאיסורא משום דליכא במכירה זו העלאה בקדש, דדוקא כשמעלין בקדש הוא דשרי, אבל כי ליכא העלאה, אע"ג דכי הדדי נינהו וליכא הורדה, אלא דמיחליף תורה בתורה, נמי אסור, ע"כ, ועיין בא"ח סימן קנ"ג.

(**ועיין** בתשובת חתם סופר, דמי שהיה לו ס"ת שקנה, אסור למכרו כדי לכתוב ס"ת בעצמו, אף שמתחלה

לא הוי רק כחוטף מצוה, והשתא הוי כאלו קבלה מסיני, אין זה מקרי עילוי בקודש, דעלייה צריך להיות במצוה הנקנית, שהיא קדושה יותר מהראשונה, **ואף** אם הספר השני ספרא דוקנא טפי כתבי' ונכתב יותר בהדור, גם זה אינו מעלין בקודש, כיון שאין הקדושה מעולה בעצמה, אע"פ שהוא יפה ומהודר, ע"ש).

(**ועיין** תשובת אבן השהם, באחד שנדב לבו ונדר לקנות ס"ת לקיים ועתה כתבו, וקנה ס"ת ואח"כ ראה שאין הכתב מהודר, מחויב לקנות היותר מהודר, דדמי ממש לאתרוג דאמרינן הידור מצוה עד שליש, ואם כן כאן ימכור ויקנה אחרת היותר נאה, ע"ש שהאריך).

אבל ללמוד תורה או לישא אשה, מותר למכור אם אין לו דבר אחר למכור - (דשתי מצות אלו מצות גדולות הם, שקיום העולם תלוי בהם, לימוד תורה דכתיב: אם לא בריתי יומם ולילה וגו', וליקח אשה דכתיב: לא תהו בראה לשבת יצרה). **הגה: וה"ה לצורך פדיון שבויים, מותר למכרו** - (דמצוה רבה היא - לבוש). (או לרפואה מחולי של סכנה - ערוה"ש). **ועיין באלו הדינים באו"ח סימן קנ"ג.**

(**לאו** דוקא כשהוא עצמו צריך ללמוד תורה ולישא אשה, או בנו או בן בנו, דה"ה אפילו בשביל אחרים מותר, ואדרבא המצוה יותר גדולה שעושה צדקה גדולה בזה - ערוה"ש).

שכר לו סופר לכתוב לו ספר תורה, או שקנאו והוא היה מוטעה והגיהו, הרי זה כאלו כתבו; אבל לקחו כך ולא הגיה בו דבר, הוי כחוטף מצוה מן השוק, ואינו יוצא בזה - [איתא בגמ', הלוקח ס"ת מן השוק כחוטף מצוה מן השוק, כתבו או שהגיה בו אפי' אות אחת, כאלו קבלה מהר סיני, **ופי'** נמוקי יוסף, **כחוטף מצוה, שאין לו שכר גדול כמו שטרח בכתיבתה, ויש מקום למדת הדין לחלוק ולומר, אלמלא שבא עליו בטורח לא היה עושה אותה, כתבה הוא בעצמו או שכר סופר לכתבה וטרח בתיקון הקלפים ולסבול עול סופר עד שנכתב, כאלו קבלה, יש למדת הרחמים לומר, כמו שטרח לזה כן היה טורח ללכת במדבר לקבלה מהר סיני, אפילו מוטעה אות אחת ותקנו, כאלו כתבו, שיש למדת הרחמים לומר, כמו שתיקן זה, כן אם היה מוצא טעויות** רבות היה מתקן אותם, עכ"ל, **ואיתא** בתוס' בהקומץ רבה, **אות אחת, פי' בס"ת שלקחו מן השוק, לא נחשב עוד כחוטף מצוה, שהיה אצל חבירו בעבירה שהיה משהא ספר שאינו מוגה, ומעליני על זה כאלו כתבו, עכ"ל, ומצאתי כתוב על זה, ולפי זה הקונה ס"ת מיד עכו"ם שלקח מישראל, לאו כחוטף מצוה אלא כאלו כתבה, עכ"ל**. (**וכשיודע** שהיא כשרה דוקא, דאל"כ אין לוקחין ממנו - ערוה"ש). (**ועיין** בספר משנת חכמים שכתב, דה"ה אם המוכר עשאה תחילה ע"מ למכור, וי"ל נמי דה"ה אם מכר אחד כדי ללמוד תורה או לישא אשה, דאם קנה חבירו ממנו יוצא י"ח לדעת רש"י - ר"ל דאפילו כחוטף לא הוי).

[**וכתב דמ"ש כחוטף מן השוק ואינו יוצא בזה, הוא נגד דברי רש"י, שכתב דאם לקחה מצוה עביד, ואם כתבה הוי מצוה טפי**]. (**והגר"א** זצ"ל פסק כדעת רש"י, דיוצא בזה).

(**עיין** בספר משנת חכמים בקונטרס מעלות המדות, שכתב דיש להסתפק, אם אירע שכתב אחד עבור חבירו ס"ת בלי ידיעתו, מי נימא דכיון דזכות הוא וזכין לאדם כו', יוצא י"ח מצוה זו, דהוי כאילו כתבו בשליחותו, **או** נימא דלאו זכות גמור הוא לו, ואדרבה ניחא ליה לאינש למיעבד מצוה בגופיה ובממונו, וכל היכא דלאו זכות גמור הוא לא אמרינן זכין כו', וממילא דאינו יוצא י"ח מצוה זו כלל, כיון דלא נעשה שלוחו, **ושוב** כתב דאין כאן מקום ספק כלל, דלא מיבעיא לדעת הרמ"א, דאם לקח ס"ת אינו יוצא כלל, והיינו שהקפידה התורה שיכתוב בעצמו או על ידי שלוחו, ועכ"פ יטריח בקניית גוילין וכדומה, ממילא דאם כותב אחר בשבילו בלא דעתו, דאינו יוצא כלל, **ואף** לדעת רש"י שכתב דהוי כחוטף מצוה, דמצוה קעביד, ואי כתב בעצמו הוי מצוה טפי, מ"מ נראה דכיון דעכ"פ מצוה מן המובחר איכא לכתוב בעצמו או על ידי שלוחו, א"כ לאו זכות גמור הוא כו', **ועוד** דדוקא קנה ס"ת מהני, כיון דקנין כספו הוא, ולהכי אם הניחו לו אבותיו שבא לו בלא טורח כלל, אינו יוצא, ומצוה לכתוב משלו, וה"ה אם אחר כתב בשבילו, דאינו יוצא מה"ט, ע"ש).

(**עיין** בספר תורת חיים שכתב, ונראה דיחיד הכותב ס"ת לעצמו ונתנה לבהכ"נ לקרות בה בצבור ומקדישה, לאו שפיר עביד, דכיון שמקדישה הרי היא של הקדש ולאו שלו היא, ואינו יוצא בה י"ח, **וליכא** למימר דבכתיבה לחוד תליא מלתא, זה אינו, דיחיד שכתב ס"ת לעצמו

ואח"כ נאבדה, פשיטא שצריך לכתוב לו ס"ת אחרת, **ולכן** נראה שאין להקדיש ס"ת אא"כ כותב לעצמו אחרת, עכ"ל, ע"ש, **ועיין** בספר בני יונה מהגאון מוהר"ר יונה לנד סופר, שחולק עליו וסובר דאם נאבדה ממנו והיא מצויה באיזה מקום, שיוצאים ידי מצות ועתה כתבו לכם, **ואפילו** אם נקרעה או נשרפה, קרוב הדבר שיצא ידי מצותה של כתיבה, **ומכ"ש** אם הקדישה דיצא, דמסתמא לא הקדישה אלא שתהא מיוחדת לקריאת הצבור, אבל מצות הכתיבה אישתאר לעצמו, **ומ"מ** יותר טוב שלא יקדישה והרי תהיה כולה שלו, ע"ש. **ועיין** בספר פרדס דוד פרשת כי תצא שחולק גם כן על התורת חיים הנ"ל, והוכיח מדברי הרמב"ם דיחיד שכתב ס"ת משלו ואח"כ נאבדה, דיצא, ואין צריך לכתוב אחרת, ע"ש. **וכן** בספר תורת נתנאל מהגאון בעל קרבן נתנאל שעל הרא"ש פרשת יתרו, חולק על הת"ח וכתב עליו וז"ל, ראה זה דבר חדש ואין אחד מהפוסקים שהזכיר דין זה, גם כל העולם כולו אין נוהגין כשנאבד מהם ספר תורה שיכתוב מחדש, ע"כ בדקתי אחריו ואעלה שלא כדבריו כו', והוכיח מהרמב"ם ג"כ כן).

‹**ולי** נראה דזה תלוי, דלהרמב"ם יצא ידי חובה, אבל להרא"ש דעיקר המצוה היא מפני הלימוד, בודאי לא יצא, דהיאך ילמוד בה והיא איננה אצלו - ערוה"ש›.

‹**משמע** דמפשט פשיטא ליה להת"ח, דאם יש לו ס"ת בשותפות דאינו יוצא בזה, דהא כשמקדיש לצבור גם הוא שותף בו - רעק"א›.

(**עיין** בתשובת בית אפרים, לענין כתיבת ספר תורה בשותפות, אם יוצאין ידי חובתם, ע"ש, ועיין בספר פרדס דוד מהרב דוד דישבעק ז"ל פרשת כי תצא, שגם הוא ז"ל נסתפק בזה, דדלמא בעינן כולו משלכם **להוציא** שותפות, כמו דאיתא גבי אתרוג {**ואף** דבאו"ח סימן תרנ"ח ס"ז בהג"ה כתב, ודוקא שלא קנו לצורך מצוה כו', שאני התם דכל אחד אינו צריך לו רק בעת נטילתו לצאת בו, משא"כ הכא דכל אחד צריך שיהיה הס"ת שלו בכל עת ובכל שעה, ופשוט הוא}, **ותמה** מאד על מנהג העולם דפשוט הוא בעיני כל, בחברות שכותבין ס"ת בשותפות, דכל אחד יוצא בו, **ושוב** כתב להוכיח קצת כמנהג העולם דיוצאין בשותפות, ע"ש).

‹**ומ"מ** העיקר נ"ל דלא יצא בשותפות, חדא, דכל מצות עשה שצותה התורה, היא על כל אחד מישראל לבדו, וכל מצוה שהתורה הרשה בשותפות, כמו לישב שנים בסוכה אחת, יש על זה דרשא, **ועוד** דבלולב כתיב לכם, וצריך כל אחד לבדו להיות לו לולב ואתרוג, וה"נ דכתיב כתבו לכם, וצריך לכל אחד לבדו, **וזה** שדרך העולם שחבורה אחת כותבים ס"ת, הוא מצוה וזכות בעלמא, אבל לא שבזה יצאו י"ח המצוה - ערוה"ש›.

סעיף ב - האידנא, מצוה לכתוב חומשי תורה ומשנה וגמרא ופירושיהן - כתב הפרישה נראה דה"ק הרא"ש, שהמ"ע נאמר דוקא באלו ולא בס"ת, דדוקא בימיהם שהיו לומדים תורה שבעל פה שלא מן הכתב כ"א ע"פ, היו צריכין ללמוד מס"ת המתויגת כהלכתה ומדוייקת בחסרות ויתרות ופסקי הטעמים כו', [שהיה אסור להם לכתוב דפין דפין **אלא כולם בגלילה, וגם היו דורשין קוצי האותיות בס"ת** משא"כ עכשיו], **אבל** בזמנינו זה שנעשה לנו היתר לכתוב ספרים דפין דפין כל אחד בפני עצמו, א"כ למה לנו לזלזל בכבוד ס"ת בחנם ללמוד מתוכו שלא לצורך, **נמצא** בדורות הללו שאין לומדין מתוכה, ליכא בהן מצות עשה, ע"כ, **וכן** נראה עיקר כהרא"ש.

ודלא כהב"י וב"ח שכתבו, שדעת הרא"ש דודאי איכא מצות עשה בכתיבת ס"ת אפי' בזה"ז, [**דאדרבא יש גם לנו לכתוב וללמוד בה**], אלא שיש ג"כ מצוה לכתוב חומשי התורה ומשנה וש"ס ופירושיהן, **מיהו** גם העט"ז ומ"מ נמשכו לדברי הב"י, ‹וז"ל העט"ז: לפיכך אע"ג דודאי כתיבת ס"ת היא המצוה המפורשת בתורה בפירוש, וחייבים לכותבה לקרות בה ברבים, אבל אין אדם יוצא ידי חובתו בכתיבת ס"ת לבדה, אלא כל איש אשר ידו משגת לכתוב חומשי תורה והמשנה והגמרא ופירושיהן או לקנות אותם, הרי זה חובה ומוטל עליו בכלל מצות עשה זו יותר מכתיבת התורה, ובלתם לא קיים המצוה כתיקונה עד שיכתבם או יקנה אותם, ע"כ. [**ואף שלפי משמעות הלשון של הרא"ש משמע יותר כדברי הדרישה, מ"מ נכונים דברי ב"י, דהאיך נבטל מצות עשה של ועתה כתבו לכם בחילוף הדורות**].

(**ועיין** בשו"ת שאגת אריה שדחה גם כן דברי הפרישה, שכתב דבימינו שאין לומדים מס"ת ליכא מ"ע, דליתא, דא"כ אם הניח לו אביו ס"ת אמאי מצוה לכתוב משלו, אלא ודאי דמצות כתיבת ס"ת לאו בת"ת תליא. **אלא** שכתב דמ"מ יש לפטור מדין אחר מן מצות כתיבת ס"ת בזה"ז, כיון דאנן לא בקיאינן בחסרות ויתרות, והרי ס"ת שחסר או יתר אפילו אות אחת פסולה, אם כן אין בידינו לקיים מצוה זו, ע"ש שהאריך. **והיוצא** מדבריו דיש

שלשה חילוקים במצות כתיבת ס"ת, היינו בזמן התנאים שהיו בקיאין בחסרות ויתרות, היה מ"ע מדאורייתא שיהיה לו ס"ת שכתבה בעצמו משלו, **ובזמן** האמוראים שלא היו בקיאים בחסרות ויתרות, כדאיתא פ"ק דקדושין, אך היו לומדים מס"ת, לא היה מ"ע דאורייתא רק מדרבנן, דאל"כ היתה תורה משתכחת מישראל, **ולהאי** טעמא אם הניחו לו אבותיו ס"ת, א"צ לכתוב משלו, כיון דמ"מ יש לו ס"ת ללמוד ממנה. **ובזה"ז** ליכא אפילו מצוה דרבנן, ע"ש).

(**ואני** תמה מאד על זה, שהרי הרמב"ם וכל הפוסקים הביאו דין זה עתה שהוא דין תורה, ועוד דא"כ יכולנו לפטור מכמה מצות שיש בהם ספיקות רבות, כמו במצות תפילין וכיוצא בזה, אלא ודאי דאחרי רבים להטות וההלכה כן היא, וה"נ הרי נתחברו ספרים רבים על מסורת בחסר ויתר וקרי וכתיב, ואחרי רבים להטות. **ועוד** ראיה ברורה מהא דפריך בבכורות י"ז. למאן דס"ל דא"א לצמצם בידי אדם, איך צוה ד' לעשות ארון וכלים במדה כך וכך, והא א"א לצמצם, ומתרץ: רחמנא אמר עביד ובכל דמצית למיעבד ניחא ליה, ע"ש, **וה"נ** כן הוא, רחמנא אמר לכתוב ס"ת כפי יכולתינו וניחא ליה, כנ"ל ברור לדינא – ערוה"ש).

ולא ימכרם אם לא ללמוד תורה ולישא אשה - (עיין בספר תפארת למשה, הטעם על מה סמכו העולם למכור ספרים לכל דבר שירצו, ע"ש).

§ סימן רפב – לנהוג כבוד בספר תורה ודין תשמישיה §

סעיף א - חייב אדם לנהוג כבוד גדול בס"ת - (ולענין מה שנוהגים בעת שנוסע המלך, מטלטלים ס"ת לכבודו, ראיתי בתשובה כ"י מש"ב הגאון מהר"ר שבתי כ"ץ ז"ל, שכתב שאין למחות בזה).

ומצוה לייחד לו מקום ולכבד המקום ההוא ולהדרו ביותר; ולא ירוק כנגד ספר תורה, ולא יגלה ערותו כנגדו, ולא יפשוט רגלו כנגדו, ולא יניחנו על ראשו כמשוי; ולא יחזור אחוריו, אלא אם כן גבוה ממנו עשרה טפחים – ["גבוה ממנו", כן הוא ברמב"ם, ונראה דהס"ת צריך שתהיה גבוה מן האדם, אבל איפכא לא הוה דרך כבוד, **אלא** דבטור כתוב "גבוה ממנה"].

(**עיין** בתשובת חות יאיר, שכתב דר"ל למעלה מראשו בעמדו, אבל למעלה מי' טפחים לארץ, לא מהני).

[**ונראה** דרבנים שעומדים לפני ארון הקודש אינן בכלל איסור זה, **שעומדים אחוריהם לארון הקודש, כיון** שהס"ת מונחת בארון הקודש הוה כמו ברשות אחרת]. (**ועוד** דזהו עצמו כבוד התורה, שדורש בהתורה ובמצותיה, ובמדרש איתא: בא וראה כמה גדול כבוד הציבור, שהחכם הדורש פניו וכו' – ערוה"ש).

אלא ישב לפניו בכובד ראש וביראה ופחד, שהוא העד הנאמן על כל באי עולם, שנאמר: והיה שם בך לעד, ויכבדנו כפי כחו.

סעיף ב - הרואה ס"ת כשהוא מהלך, חייב לעמוד לפניו - (בין כשהוא יושב צריך לעמוד, בין כשהוא הולך והס"ת עובר לפניו, צריך לעמוד עד שהס"ת עוברת – ערוה"ש), **ויהיו הכל עומדים עד שיעמוד זה שמוליכו ויגיענו למקומו** - ואם עומד לפוש, דינו כמהלך, מאחר שאינו עומד דרך קבע, כ"כ הכ"מ ומביאו הב"ח, **או עד שיתכסה מעיניהם.**

(**עיין** בתשובת יד אלידהו שכתב, (דאפילו בשעה שעוסק במצוה – ערוה"ש), ואפילו אם עוסק בתורה, חייב לעמוד מקמי ס"ת, דהא עיקר דין העמידה למדו בגמרא מק"ו, מפני לומדיה עומדים מפניה לא כ"ש, והרי לעיל סימן רמ"ד סי"א איתא, דצריך לעמוד מפני ת"ח אפילו בשעת לימוד, א"כ אם הס"ת עדיף, פשיטא דיש לעמוד מפניה אפילו בשעת לימוד, ע"ש).

(**העולם** נוהגים לעמוד בשעה שפותחים את ארון הקודש לאיזה תפלה כנהוג בימים נוראים, וכן בשארי ימות השנה כשפותחים ארון הקודש לאיזה תפלה, **ובודאי** מן הדין א"צ לעמוד כיון שהס"ת במקומה, אך כיון שנהגו כן לכבוד התורה, ממילא שמי שאינו עומד הוי כהעדר כבוד התורה, ולכן בהכרח לעמוד, **אך** אם הוא חלוש ברגליו ולא יחשדוהו, מותר לישב – ערוה"ש).

הגה: אבל לפני חומשים שלנו אין צריכים לעמוד (ב"י בשם הרמב"ם). ויש מחמירים (רשב"א) - (כפי מה שהוציא הב"י מהרמב"ם, אפי' בחומשים העשויין בגלילה א"צ לעמוד בפניהם, **אלא** דבספרים שלנו

שאין עשויין בגלילה, אפי' כל התורה כתובה בהם א"צ לעמוד. **ודעת** הרשב"א, דבחומשים בגלילה דינם כס"ת, ומדינא מחוייב לעמוד בפניהם, **ובחומשים** שלנו שאין עשויין בגלילה, ראוי להחמיר – רעק"א.

‹**ומפני** ס"ת פסולה א"צ לעמוד, וכן מפני חומשים וגמ', ורק בס"ת הכתובה כדין על קלף כשר, ונכתבה לשם קדושת ס"ת, ואין בה טעיות, והיא כנתינתה מסיני, חייבים לעמוד, **ומפני** נביאים, אף שכתובים כהלכתם על קלף ולשמה, וכן מפני חמש מגילות, אין חייבין לעמוד, ואף על פי שקדושים הם, מ"מ הכבוד הזה הוא רק לתורה בלבד – ערוה"ש.

‹**ויש** לי מקום ספק, בשמחת תורה בעת ההקפות שנוטלים כל הס"ת מההיכל ואין מחזירין אותם עד אחר גמר כל ההקפות, ורק מתחלפין מיד ליד, ולכאורה אסור לישב עד שמחזירין אותן להיכל, ולא נהגו כן, וגם טירחא גדולה היא שלפעמים שוהין כשני שעות, **ונלע"ד** דבעת שמסבבין עם הס"ת סביב הבימה, מחוייבים לעמוד, דזהו כמו שהס"ת עוברת, **אבל** בין סיבוב לסיבוב כשמחזיקין הס"ת בידיהם, א"צ לעמוד, דאז הוה כס"ת על מקומה, דכשהיא על מקומה במנוחה ודאי שא"צ לעמוד מפניה – ערוה"ש.

השומע קול הנושא ספר תורה - וכן קול הפעמונים שבס"ת, **אף על פי שאינו רואה אותו, חייב לעמוד (ב"י בשם הרב רבינו מנוח)** - כן הוא בכל הספרים, אבל אין נוהגין כן, וכ"כ הב"י שנהגו שלא לעמוד מפניהם, ומעולם לא נשמע פוצה פה לערער בדבר, ומביאו ד"מ, **ונראה** שצ"ל: יש מחמירין ואומרים השומע קול הנושא כו', ואלמטה קאי, וכן גרס בעט"ז.

‹**ואצלינו** כמדומני שנהגו להחמיר ולעמוד, וכן נכון לעשות, ויש לזה ראיה מקדושין ל"א: ע"ש – ערוה"ש.

[**בב"י מביא בשם הר"ר מנוח, ועל כן נהגו לעשות פעמונים, אבל לא נראה לענ"ד כן, דא"כ בשבת אין להוציא אותה ס"ת דמשמיע קול, כדאיתא באו"ח סימן ש"ה סעיף י"א גבי זוג שבצווער בהמה, ופוקק זוג שבצוארה, והיינו משום איסור השמעת קול בשבת, ואע"ג דשם בסימן של"ט כתב רמ"א, וי"א דבזמן הזה הכל שרי, דאין אנו בקיאין בעשיית כלי שיר כו', מ"מ כיון שלדיעה הראשונה יש איסור, אמאי נעביד לכתחלה איסור בפרט בס"ת, ותו נראה דאין מקיל שם אלא באותן דברים שאין דומיא ממש לכלי שיר, כההיא דמספקין ומטפחין ביד, אבל בהך זוג דדומה טפי לכלי שיר, יש איסור לדברי הכל, לכן נ"ל שאין לעשות אותן פעמונים, ומשום הכי לא הביאו רמ"א, וכבר ראינו שהיו כן באיזה בית הכנסת, ומיחו בהם וסלקום].** ‹**מ"מ** כבר נהגו היתר, ובאו"ח שם הט"ז עצמו נוטה להיתר, ע"ש – ערוה"ש.

סעיף ג - היה הולך ממקום למקום וס"ת עמו, לא יניחנו בשק ויניחנו על גבי חמור וירכב עליו, אלא מניחו בחיקו כנגד לבו והוא רוכב על החמור; ואם היה מפחד מפני הגנבים, מותר - ‹דמוטב שתתבזה עכשיו לפי שעה, ולא תפול ליד הגנבים שיבזוהו וינהגו בה קלות ראש זמן ארוך – לבוש.

והב"ח האריך בזה ומסיק, ולענין הלכה נקטינן הכא והכא לחומרא, דשלא במקום סכנה לא שרי אלא בחיקו כנגד לבו, ואפי' בשאר ספרים, **ובמקום** סכנה נמי לא שרי אלא להפשילו לאחוריו, אבל לא לרכוב עליו, וכדכתב הר"ר יונה לפרש דברי רב אלפס, דהכי משמע הלשון כדפי', עכ"ל, **ובודאי** היכא דאפשר להחמיר בכבוד תורה עדיף, אבל היכא דלא אפשר, מותר אפילו לרכוב עליהם. ‹**ודבר** קשה הוא להתיר זה, אם לא שא"א בשום אופן באופן אחר – ערוה"ש.

‹**ואם** נוסע בעגלה, יטמין אותה בתיבה ויעמיד התיבה בעגלה, ולא ישב על התיבה, וכן כשמוליכה בעגלה של מסילת הברזל, יעמידה על הדף העשויה בעגלה למעלה ממקום הישיבה, או לכל הפחות במקום שהוא יושב, וחלילה להעמידה בארץ תחת מקום הישיבה, ויש ליזהר בזה מאד מאד – ערה"ש.

‹**העולם** נהגו להתענות כשרואים ס"ת נופלת לארץ ח"ו, ואפילו נפלה בנרתיקה נהגו להתענות, ולא מיבעיא זה האיש שמידו נפל, אלא כל העומדים שם – ערוה"ש.

‹**וכתוב** בספר חסידים, כל המונע מלהכניס ס"ת בתוך ארון הקודש, התורה צועקת על נשמתו וכו', עכ"ל, ולכן יש ליזהר כשמכבדים לאדם איזה כיבוד בס"ת, שלא יסרב חלילה פן יענש ח"ו. **ובשם** ריקאנטי כתבו, שכשמוליכין ס"ת מבהכ"נ לבהכ"נ, ילכו עשרה אנשים עם הס"ת לכבודה – ערוה"ש.

סעיף ד - לא יאחוז אדם ס"ת ויכנס בו לבית הכסא או לבית המרחץ, או לבית הקברות - משום לועג לרש, היינו המתים, **אע"פ שכרוך במטפחת ונתון בתיק שלו** - ‹כיון דאחיזתה מצוה היא, יש בה משום לועג לרש – לבוש.

«ואפילו כשיחזור וילך מהם, לא יוציא מן התיק, וכל שכן שלא יקרא... – לבוש» **ולא יקרא בו עד שירחיק ד' אמות מהמת או מבית הקברות או מבית הכסא** – «ממקום שכלה הריח – ערוה"ש».

[**בסימן שס"ז כתב, דאפילו בעל פה אסור לקרות שם. ומבואר כאן דאחיזה לחוד יש איסור בבה"ק עצמו,** «ולא תוך ד"א», (**ועיין** לקמן בסימן שס"ז ס"ג, לא משמע כן), **וקריאה לחוד אסור אפילו תוך ד' אמות].**

ולא יאחוז ס"ת בלא מטפחות – «מפני שנוהג בה קלות ראש בזה – לבוש». **עיין** באו"ח ר"ס קמ"ז.

«**לפיכך** יש ליזהר בעלייתו לתורה שלא יתן היד על הס"ת, אא"כ כורך היד בטליתו. **ואם** מותר לאחוז בעמודי ס"ת בידים, נחלקו גדולי האחרונים באו"ח בסי' קמ"ז, ומנהג העולם להתיר, וכן הכריע אחד מהגדולים בראיות ברורות – ערוה"ש».

סעיף ה - אין זורקין כתבי הקדש, ואפילו הלכות ואגדות – «שהוא גנאי להן, ונראה שנוהג בהן קלות ראש – לבוש». (**ועיין** בשו"ת באר שבע, שאוסר ג"ב לשרוף כתבי קודש, אע"פ שבלו ונמחקו, ע"ש).

(ואסור להפוך אותו על פניהם, וכשמלאו כך צריך להפכו) – «וכן אסור להעמידו מהופך, שיהיו ראשי האותיות למטה, וכשמוצאו עומד מהופך מהפכו ומעמידו כדרכו. **ואם** נפל ספר לארץ מחוייב תיכף ומיד להגביהו, אפי' אם לומד יפסיק ומגביהו, ונוהגין להגביהו ולנשקו – ערוה"ש».

סעיף ו - הקמיעין, אם היו מכוסים עור, מותר ליכנס בהם לבה"כ – «דעדיף זה הכיסוי מתיק, כיון שהוא תפור בתוכו – לבוש». **ואם לאו, אסור.**

«**ויראה** לי דספרים הנדפסים, בין תורה שבכתב בין תורה שבע"פ, וכל ספרי פוסקים ושו"ת וספרי מוסר, אסור להכניסם לבית הכסא אפילו מונחים בתיק, ואפילו קשורים במטפחות, **ולא** דמי לקמיעין שהם תפורין בעור ואין עומדין כלל להפתח, **ועוד** דבקמיעין אסתפקו להו חז"ל בעיקר קדושתן – ערוה"ש».

סעיף ז - אסור לישב על המטה שספר תורה עליה - וראוי להחמיר שיהא מקום הס"ת גבוה ממנו י' טפחים, ולא יפחות מג' טפחים, דכל דבציר מהכי לא חשיב גובה כלל, בית יוסף, **ונראה** דמדת חסידות קאמר, אבל מדינא סגי בגובה טפח לכו"ע, כדאיתא בירושלמי ופוסקים הובאו בב"י.

[בתשו' רמ"א יליף מזה, שאין לישב על תיבה שיש בה ספרי קודש, וכתב אח"כ מיהו יש לדקדק, דילמא הואיל והם נתונים בתיבה, הרי הם ברשות בפני עצמן וכמופסקין דמי, מיהו נראה דאין לחלק בזה, דהא אמרינן פרק מי שמתו לגבי תפילין, אע"ג דהניחן כלי תוך כלי, אסור לשומן תחת מראשותיו, ולא אמרינן דהכלי מפסיק, וה"ה לענין לישב עליהם, ואח"כ הניחו בצ"ע. **ולענ"ד** נראה דזה יש ללמדו מהא דאיתא בפרק בכל מערבין, דתניא הנכנס לארץ העמים, פי' שמטמא באוהל, בשידה תיבה ומגדל, ר' מטמא ור' יוסי ברבי יהודה מטהר, במאי קמפלגי, מר סבר אוהל זרוק שמיה אוהל, פי' רש"י אוהל המטלטל חוצץ בפני הטומאה, ומר סבר לאו שמיה אוהל ואינו חוצץ, ופרש"י בגדולה עסקינן שמחזקת מ' סאה בלח שהם כוריים ביבש, דאי קטנה כלי היא ומקבלת טומאה ואינה חוצצת בפני הטומאה, **הרי** לפנינו דבארגזים שלנו שאינם מחזיקים כוריים ביבש, **פשיטא** שאינה חוצצת, ולא נקראת בפני עצמה, **ואפילו** בגדולה שיצאה מתורת כלי, הרי פליגי בה תנאי, והלכה כרבי, שכן סתם לן תנא דמתניתין שם, שאין להניח העירוב בבית הקברות לכהן, כיון שאין יכול לילך לשם אפילו ע"י שידה תיבה ומגדל, והיינו כרבי. **ונ"ל** עוד דכאן לא מהני אפילו אם רוצה להניח טלית על הארגז ולישב עליו, דאע"פ דאמרינן בסמוך סעיף ח', לענין תשמיש דמהני, מ"מ כאן פשיטא דלא מהני, דכיון דאפילו תיבה גדולה לאו שמיה אוהל, והוה כדבר המטלטל, ודאי לא מהני בדבר המטלטל אפילו הניח הספר בהרבה מטלטלין זה על זה ולישב עליהם, שהרי אמרו בסעיף ג' דלא יניחנו בשק וירכב עליו, משמע אפילו כמה שקין זה על זה, דהא אין לו תקנה רק להניחו נגד לבו, **והטעם** דלישב עליהם הוה גנאי ביותר, **אבל** אם נתחבר לכותל במסמרים, מותר לישב שם, כן נלע"ד ברור].

אין דבריו נכונים, שלמד כן מדברי רמ"א שכתב בתשוב' שם וז"ל, הרי כאן דארגז אינה חשובה רק ככלי אחד, אא"כ הארגז גדולה היוצא מכלל כלי וחולקת רשות לעצמה, וזה מבואר במסכת אהלות, וכתבו הרמב"ם בהלכות טומאות מת, ע"ש, מיהו כבר נתבאר דסתם ארגז גדולה, ואפ"ה אינה חשובה רק ככלי א' וכמו

שנתבאר, וצ"ע, עכ"ל, **וע"כ** למד גם הוא מטומאה לכאן, ואין ענינו לכאן, דהתם היינו טעמא, דכיון דלאו שמיה אהל, א"כ הוי כלי ואינו חוצץ בפני הטומאה, דלענין טומאה דוקא אהל בעינן שיחוץ, אבל כלי אינו חוצץ כיון שהוא מקבל טומאה, והא דקי"ל כרבי, היינו מטעמא דלא שמיה אהל, **והרב** רמ"א לא הביא מטומאה, אלא דאם שם יצאה מכלל כלי כ"ש הכא, וגם זה הניח בצ"ע, אבל היכא דשם אינו חוצץ אין ראיה לכאן. **ומה** שהביא ראיה מסעיף ג' דלא יניחנו בשק כו', לא דמיא, דהתם הטעם כיון שהוא יושב עליהם ממש, דאע"ג דהשקין מפסיקין, מ"מ גופו מכביד עליהם וגופו מנענע הספרים, אבל הכא הרי אינו יושב רק ע"ג הארגז, **ואין** להביא ראיה ממ"ש התוס' פ' הקומץ בשם הירושלמי, דאסור לישן ע"ג תיבה המליאה ספרים, דהתם בשינה שאני, וכדאיתא בפסקי תוס', דחיישינן שמא יפיח או ישמש, ע"ש, **ועוד** דהא בלא"ה הרב רמ"א הניח שם בצ"ע, מטעם דכיון שהספרים שלנו אינן כתב אשורית, ע"ש - נקה"כ.

‹**ועיין** בספר בכור שור שהביא דעת הב"ח, שפסק דמותר לישב ע"ג ארגז שספרים בתוכו, והעלה דהסומך בשעת הדחק אדעת הב"ח לא הפסיד, אפילו ביושב בקרון וארגז קטן רק שאינו כליין, **וכ"ש** כשיש בארגז דברים אחרים עם הספרים, דאז אין הארגז בטל אצל הספרים, ובס"ת יש להחמיר, ע"ש, **ועיין** בתפארת למשה שכתב, דנראה קצת היתר היכא שאין מכסה התיבה נוגע בספרים, ע"ש).

‹**ונ"ל** דהמנהג שנהגו עתה לעשות ארגזים בהמקומות בהכ"נ שיושבים עליהם, הוי כאינו מיוחד לכך בלבד, כמש"כ הפת"ש בשם הבכור שור, אע"פ שהארגז הוא רק להצניע שם התפילין והספרים, מ"מ הפתח העליון שזהו הדף שיושבין עליו, הרי הוא עשוי לישיבה, **וכ"ש** אם יש חלל טפח עד התפילין והספרים, דודאי מותר, וכן המנהג פשוט, **והט"ז** מתיר כשמחובר לכותל, ואצלינו כן הוא – ערוה"ש›.

הגה: וכל שכן שאסור להניחה ע"ג קרקע - (עיין בספר תפארת למשה שכתב, דאם נפלו ספרים הרבה בפעם אחת ע"ג קרקע, אם יש שיהוי וטורח אם יגביה כל אחד בפני עצמו, משאם יניחנו כולו כאחד זה על גבי זה בארץ, יגביהם כאחד, כדאמרינן פ"ב דעירובין מצאן צבתים כו', וי"ל דהתם בשבת שאני, עכ"ד, ע"ש).

והוא הדין שאר ספרים (ב"י בשם הר"ר מנוח ובשם א"ח וכל בו) - וכ' הר"ר מנוח, דוקא שלא בשעת זמן בהמ"ד, ‹**אך** בגובה טפח ודאי שרי – ערוה"ש›, **אבל** בזמן בהמ"ד והמקום צר לתלמידים, מותר לישב בשוה עם הספרים והפירושים, **וכך** נהג הר"ר משולם בדרש"י, אך כשלא היה במקום בהמ"ד, היה מדקדק שיהא הספר נתון ע"ג דבר אחר כל שהוא, עכ"ל, **וכתב** בעל ספר א"ח בסוף ספרו, ונראה שאין להקל בדבר, שלא יראה כמזלזל בכבוד הספרים, עכ"ל ב"י ומביאו ד"מ.

ואפילו על המדרגות שעושין לפני ארון הקודש, אסור להניח ספרים - ‹דהוא כארץ שהולכים עליה – גר"א›, **ולא יניח אדם ס"ת על ברכיו וב' אלילי ידיו עליו; וכ"ל דהוא הדין שאר ספרים** - ‹דהא משום בזיון הוא – גר"א›. ‹**ונראה** דזהו בקורא לעצמו, דבקריאה בציבור לא שייך זה כמובן, ורק שלא להניח אצילו עליו שייך גם בציבור, ויש ליזהר בזה – ערוה"ש›.

(**ועיין** בשו"ת תשובה מאהבה, שכתב על דבר כתבי קודש הנדפסין, שנוהגים בהם מנהג בזיון ומוכרין בחנויות בהם דבר מאכל, הוא עון פלילי, כי מעשה הדפוס הוא קודש כמו כתיבה תמה, כמ"ש הט"ז לעיל סימן רע"א, ויש לב"ד למחות בהמדפיס שלא ימכרם לחנויות, **וכן** המג"א בסימן קנ"ד ס"ק י"ד תמה על גדולי הדור שאין מוחין בהעושין בדפי ספרים כתבי קודש כשקושרין אותן, דזה איסור גמור, **דלא** כספר א"ר שם שכתב שסמכו עמ"ש הט"ז סק"ו ע"ש, ור"ל דטפי עדיף לעשות תשמיש קדושה קלה ממה שתהיה פנוי לגמרי ותגנז, **דליתא**, דהט"ז מיירי מתשמיש קדושה, ולא בכתבי הקודש שהם קדושה עצמה).

סעיף ח - בית שיש בו ס"ת לא ישמש בו מטתו עד שיוציאנו - (עיין בתשו' אא"ז פנים מאירות, שכתב דחדר הפתוח לבית שיש בו ס"ת או ספרים, אסור לשמש מטתו גם בחדר ההוא, ‹**דברים** תמוהים הם, כיון שהוא חדר בפני עצמו – ערוה"ש›, **ואם** עושה ווילון לפני הפתח, שרי, ע"ש וצ"ע בזה).

ואם אין לו מקום להוציאו, יעשה לפניו מחיצה גבוה עשרה טפחים - (עיין בתשו' שער אפרים, דאם המחיצה עשויה בסריגי חלונות שקורין גיגאטי"ר, אינה מועלת ואסור, ע"ש, וכ"כ המג"א בסימן ר"מ).

(**כתב** בתשו' חות יאיר, דהכא לא מהני אם הספרים למעלה מי"ט, כדמהני בס"א, **וגם** ווילון סביב הספרים או סביב המטה לא מקרי מחיצה). (**אא"כ** קושר קצוות הסדין באיזה דבר, ואם לאו ה"ז כמחיצה הניטלת ברוח – ערוה"ש).

אבל ע"י הנחת כלי בתוך כלי שאינו מיוחד, אינו מותר אלא בתפילין ושאר כתבי הקדש וחומשים, אבל לא בס"ת; והרמב"ם מתיר אף בס"ת – (וכל הראשונים חלקו עליו, והלכה כרבים – ערוה"ש). **ואם פירש טליתו על הארגז שמונח בו, חשוב ככלי בתוך כלי.**

(**בתשובת** חו"י נשאל, אם יש איזה צד היתר לת"ח דדחיקא ליה שעתא לשמש מטתו בחדר שיש בו הספרים, **וצידד** להקל בספרים הנדפסים ע"י עובדי כוכבים, ואם הספרים בכתב אשכנזי, פשיטא יש ג"כ צד היתר, {ואפשר דה"ה בכתב שקורין רש"י}, **והעלה** דאם הוא שעת הדחק גדול, דא"א לעשות בהם כדין הש"ס, יש לסמוך על הנ"ל להקל בזמן עונה וליל טבילה, וליל יציאה וביאה בדרך, ע"ש. **ובספר** באר היטב באו"ח סימן ר"מ, לא העתיק יפה). (**צע"ג**, ולענ"ד אין להתיר, ובהכרח לכסות עליהם שני כיסויין, ואם עומדין בדפין אצל הכותל בלי ארגז, יכסם ג"כ בשני כיסויין, או כיסוי ארוך י' טפחים, שהיא אפשר כמחיצה לענין ספרים – ערוה"ש).

סעיף ט - כל הטמאים, אפילו נדות, מותרים לאחוז בס"ת ולקרות בו – (דדברי תורה אינם מקבלים טומאה, כי הם קדושים וטהורים ומבריחים כל טומאה – לבוש), **והוא שלא יהיו ידיהם מטונפות או מלוכלכות** – (וכן אם נגעו בבשרן במקומות המכוסין, או חפפו ראשן, דאז אסורים ליגע בכתבי קדש וכ"ש בס"ת עד שירחצו ידיהם – ערוה"ש).

סעיף י - ספר תורה שבלה או נפסל, נותנין אותו בכלי חרס – [שיש לו קיום ימים רבים], (אע"ג דודאי סוף סוף ירקב בקרקע שיניחוהו שם, מ"מ כדי שלא ירקב מהרה, והוי כאילו מחקנו אותו בידים, כל מה דאפשר לתקוני מתקנינן – לבוש), **וקוברין אותו אצל ת"ח** - אפילו אינו אלא שונה הלכות ולא שימש ת"ח, כ"כ באו"ח סי' קנ"ד ס"ה, **וזו היא גניזתו.**

(**ופשוט** הוא דהכלי חרס צריך לכסות פיהן באיזה דבר ממש, כמו בעץ או אבן וכיוצא בזה, וכן תפילין שבלו ונפסלו עושין כן, **ושארי** ספרי קדש הנדפסים שבלו ונקרעו, ג"כ ישימום בכלים של חרס או שארי כלים ויקברום במקום מוצנע בבית הקברות, אבל לשורפן אסור – ערוה"ש).

(**וכתב** בתשובת הרשב"ש, דאם יש לחוש משום שיוציאום וישרפום, יתנם בכלי חרס בשאר מקום צנוע, ע"ש).

סעיף יא - מטפחות ספרים שבלו, עושין אותם תכריכין למת מצוה, וזו היא גניזתן - כתב בית יוסף, דהיינו דרשות לעשות כן, ואינו חיוב בדבר, [אלא יכול לגנזם], וכן נראה ממ"ש באו"ח שם ס"ד, יכולין לעשות כו', וכן פסק הב"ח דאין חיוב בדבר.

סעיף יב - תיק שהוכן לס"ת והונח בו – [דהזמנה לאו מלתא היא, אלא הזמנה ומעשה בעינן דוקא], (אבל הונח עליהם במקרה ולא הוכנו לזה, או הוכנו ולא הונח עליהם, לאו כלום – לבוש).

[**ונראה דה"ה אם אומר כסף זה לתשמיש ס"ת, אין בו משום אמירה לגבוה, דהא יכול למוכרה, ודוקא גבי צדקה אמרינן כן, בסי' רנ"ח סעיף י"ג].**

וכן המטפחות – [היינו הפרוכת, ומשום שלפעמים פורסין אותה על שלחן ומניחין עליו ס"ת, או מכסין הס"ת בה, עיין בב"י], **והארון והמגדל שמניחים ס"ת בו** - (והוא השלחן שמניחין בו הס"ת כשקורין בו), **אע"פ שאין מניחים בו** - (בארון) **ס"ת כשהוא לבדו אלא כשהוא בתיק, וכן הכסא שהוכן להניח ס"ת עליו** - (אחר הקריאה או כשיש שני ס"ת – ערוה"ש), **והונח, כולם תשמישי קדושה הם ואסורים, ולאחר שיבלו או ישברו, נגנזים** - מכאן עד סוף סעיף י"ח נתבאר הכל על נכון באורח חיים סי' קנ"ד וקנ"ה כי שם ביתו.

(**עיין** בתשובת קרית חנה, על הפטורות שנעשו בגליון כס"ת, אם מותר לכרכן במטפחות של ס"ת, אם יש בו משום הורדת קדושה, ע"ש).

(**עיין** בתשובת נו"ב, דמותר לתלות טלית ותפילין בציר הברזל הקבוע בדלת שבאה"ק, ע"ש).

סעיף יג - תיבה שנשברה, מותר לעשות ממנה אחרת קטנה; אבל אסור לעשות ממנה כסא לספר תורה. וכסא שנשבר, מותר לעשות ממנו כסא קטן, ואסור לעשות ממנו שרפרף (פי' ספסל קטן) לכסא.

סעיף יד - הבימות שעומד עליהם האוחז הספר, אין בהם קדושת ס"ת, אבל יש בהם משום קדושת בית הכנסת.

[בגמרא הזכיר אצל זה הלוחות, ופרש"י לא ידעתי מה הם, ויש מפרשין הן העשויים לספרים שלנו שאינן עשויין בגליון, עכ"ל. ‹והא ודאי ליתא, דלא גריעי הני לוחות מדלוסקמא של ספרים – ב"ח›. **ולעיל** סוף סימן רע"א כתבתי, דאף בדפוס הוה קדושה כמו בכתב, ע"ש].

סעיף טו - כל מה שעושה לספר תורה, אם עשאו על תנאי להשתמש בו שאר תשמיש אם רצה, מועיל בו התנאי.

סעיף טז - תפוחי כסף וזהב שעושים לספר תורה לנוי – [פי' של ס"ת דרבים, ולא מכרוהו שבעה טובי העיר, אבל של יחיד מבואר בסעיף י"ח], **תשמישי קדושה הם ואסור להוציאם לחולין, אם לא לקנות בהם ס"ת או חומש.**

סעיף יז - כל מה שאסור לשנותו לקדושה קלה, אם מכרוהו שבעה טובי העיר במעמד אנשי העיר, מותר.

סעיף יח - יחיד שמוכר ספר תורה שלו ותשמישו, יש מי שמתיר להשתמש בדמיו – ‹דיחיד בשלו הוא כמו שבעה טובי העיר בשל ציבור›, **ויש מי שאוסר** – ‹שאין כח היחיד להפקיע הקדושה כמו שבעה טובי העיר במעמד אנשי העיר – לבוש›.

(**עיין** בספר יד הקטנה שכתב, דהא דמביא השו"ע כאן, וכן באו"ח סימן קנ"ג ס"י, ב' דעות בזה, היינו דוקא בספר תורה שקנאה היחיד לעצמו, דאמרינן בה דהוי כחוטף מצוה מן השוק, **אבל** בספר תורה שכתבה לעצמו או ששכר סופר לכתוב לו למען לקיים המצות עשה של כתבו, וודאי דאסור למכרה, **ולכן** כתב לעיל סימן ר"ע ס"א בסתם, ואינו רשאי למכרו, אע"ג דשם מיירי ביחיד, ע"ש).

‹**בתשו'** חכ"צ כתב, דאין להכריז בבהכ"נ ספר למכרו, ולהעלותו בדמים, דהוי בזיון – רעק"א›.

(ואם היו בה טעיות לכו"ע שרי (ריב"ש). ועיין באו"ח סימן קנ"ג) – [זה מדברי ריב"ש, מביאו ב"י באו"ח סי' קנ"ג, וז"ל, אם חסר אות אחת או שייתר אות אחת, כיון שהוא פסול אין בו קדושת ס"ת, והוא כחומשין דימכרוהו ז' טובי העיר במעמד אנשי העיר, עכ"ל, ממילא הוא הדין ביחיד בספר תורה שלו].

‹**וא"כ** מכ"ש דתשמישי קדושה יכול יחיד למכרו בשלו, והיש מי שאוסר ע"כ קאי רק על ס"ת, ולא על תשמיש, וזהו סייעתא להמג"א – רעק"א›. ‹**מיהו** מהמחבר מוכח, דיש מי שאוסר ס"ל, דאפילו בתשמישין נמי אסור להשתמש בדמיה, דיחיד אין לו כח כזט"ה במא"ה – מ"ב סי' קנ"ג ס"ק ס"ג›.

סעיף יט - מותר להניח ספר תורה על ס"ת – ‹דאל"כ איפא נמצא מקום להניח כולם›, **ומניחים חומשים ע"ג נביאים וכתובים, אבל אין מניחים נביאים וכתובים על גבי חומשים** – ‹ויראה לי דזהו בחומשים הכתובים בקלף לשם קדושת ס"ת, אלא שנחלק לחמשה חומשים, ואין בו קדושת ס"ת לגמרי לענין לקרות בו בציבור, ואף שהקדושה אחת היא מ"מ משום כבוד ציבור אין לקרות בחומשין, **אבל** כשלא נכתבו לשם קדושת ס"ת, וכ"ש כשכתובין על נייר, וקו"ו בחומשין הנדפסין, קדושתן שוה עם נביאים ועם כל כתבי הקודש, **וראיה** מדברי רבינו הרמ"א בסי' רפ"ג – ערוה"ש. ע"ש וצ"ע›, **ולא חומשים על גבי ס"ת.**

הגה: אבל כתובים על גבי נביאים (או איפכא, שרי). וכל זה מיירי בב' כריכות, שכל א' כרוך בפני עצמו, אבל בכרך א' הכל שרי.

[**נראה לי** דאותן אנשים שנוהגים בשעת לימודם בספר ורוצה להגביה הספר שלומד, פושט ידו ולוקח ספר אחר ומניח תחת זה שלומד, דאיסורא איכא משום בזיון, **וגרע** טפי ממניח הספר על ברכיו דסעיף ז', כי בזה מבזה הספר להיות לתשמיש מה שיוכל לעשות בעץ או באבן, **ולכאורה** היה נראה להביא ראיה להתיר ממש"כ

בטור ושו"ע באו"ח בסי' שט"ו, דמותר להניח בשבת ספר אחד מכאן וספר אחד מכאן וספר אחד על גביהן, ולא חשיב אוהל, כיון שא"צ לאויר שתחתיו, עכ"ל. נ"ל דהתם מיירי שצריך לכל הג' ספרים וללמוד מכולן שיהיו מוכנים לפניו, ‹ומותר להניחם זה על זה, דדרך הלימוד כן הוא - ערוה"ש›, וקמ"ל דלית בה משום אוהל, משא"כ כאן דמעשה עץ בעלמא שימש בספר, והוי בזיון גדול כל שהוא מביאו ממקום למקום אפילו בשלחן אחד, **אם** לא שהספר התחתון מונח כבר, ודאי שרי להניח השני עליו].

‹**ולהניח** ספר אחר תחת ספר שלומד בו כדי להגביהו, יש להתיר - מ"ב סי' קנ"ד ס"ק ל"ד›.

‹**ובספר** חמודי דניאל כ"י כתב, מי שרוצה להניחן ספר בתוך ספר בכדי שלא יהא צריך לחפש אח"כ, נראה דאסור, ‹**אא"כ** משתמש בשניהם ללימודו›, **וגם** אסור להניח בספר שום דבר להשתמר שם›. ‹**ולהטמין** חידושי תורה בספר מותר, דאין זה בזיון להספר - ערוה"ש›.

‹**והחדר** שהספרים בתוכו אין בו קדושה, אבל הארגז העשוי לספרים והניח בו ספרים, הוה תשמיש קדושה, וכן הפאליצע"ס העשוי להעמיד עליהם ספרים, והעמידו עליהם, הוה תשמיש קדושה - ערוה"ש›.

ועיין לעיל סימן רמ"ו דאסור להרהר בדברי תורה במקומות המטונפים, והוא משום כבוד תורה.

[בתשובת מהרי"ל מביא משם ספר אגודה, דאין לו לעשות תשמישי ספר תורה מבגד שנשתמש בו הדיוט, ויליף לה מדדרשינן מה מזבח שלא נשתמש בה הדיוט אף עצים כו', ואותן שנוהגים כן יש למחות, ומ"מ נראה דהיינו דוקא בדבר שהוא תשמיש קדושה עצמו, כגון אותן הנזכרים באו"ח סימן קנ"ד, אבל תשמיש דתשמיש, כגון אותן הנזכרים שם, מותר לעשות מבגד, **ואם** נעשה כבר תשמיש קדושה ממנו, אסור לעשות אח"כ ממנו תשמיש דתשמיש, דאין מורידין, אע"פ שאנו מחמירין שלא לעשות ממנו תשמיש דקדושה, מכל מקום להקל לא אמרינן דלא נתפס ביה הקדושה, כן נ"ל].

§ סימן רפג - שיכול לדבק תורה נביאים וכתובים יחד §

סעיף א - מותר לדבק תורה, נביאים וכתובים בכרך אחד - אף על גב דא"א שלא יונחו נביאים וכתובים ע"ג תורה, ‹הני מילי בשני כרכים, אבל כשהם מדובקים יחד אינו גנאי ושרי - לבוש›.

ומניח בין כל חומש וחומש ד' שיטין, ובין כל נביא ונביא ג', וכן בין כל נביא ונביא של תרי עשר; ואין קדושתם כקדושת ספר תורה, אלא כחומש בעלמא - כלומר אם דבק תורה עם נביאים וכתובים אין קדושתם כקדושת ס"ת, דכל יתר כחסר דמי.

‹**וצ"ל** דמיירי שכתבם מתחלה על מנת לחברם כאחד, דאם כתב התורה בעצמה ותפרה כולה, ודאי דאסור אח"כ לחברה לנביאים וכתובים, שהרי מורידה מקדושתה - ערוה"ש›.

‹**ועושין** רק עמוד א' בסופו, ובתחילה מניחים קלף חלק לגול על כל היקיפה, כך מבואר בב"ב דף י"ג ע"ב, וחידוש בעיני שלא נזכר מזה ברמב"ם - רעק"א›.

(וכל זה בחומשים העשוים בגליון כס"ת, אבל בשלנו שהם נכרכים, אין חילוק בין חומש לנביא) (רמ"א) - ‹ותמוה, דע"ש בנמ"י דהוא עוסק בדין מסיים מלמטה ומתחיל מלמעלה, דלא נזכר כאן, **והד"מ** מביאו על ענין של חילוק מנין השיטין בין חומש לנביא, וכמו שנראה מהרמ"א כאן, **והלבוש** והערוה"ש הבינו דהולך על ענין קדושת חומש, ולפי דבריהם הולך הרמ"א על סוף דברי המחבר, וצ"ע›.

ומותר לכתוב כל התורה חומש חומש בפני עצמו, ואין בהם קדושת ספר תורה השלם. ויש מי שאומר שהם כס"ת לכל דבריהם, אלא שאין קורין בהם בצבור - ‹מפני כבוד הציבור - לבוש›.

סעיף ב - לא יכתוב מגילה בפני עצמה שיהיו בה פרשיות, ואין כותבין מגילה לתינוק להתלמד בה - כלומר מה"ט שאין כותבין התורה מגילה בפני עצמה, אין כותבין מהתורה מגילה

לתינוק אפילו להתלמד, דדוקא חומש בפני עצמו שרי, אבל לא מגילה מגילה, ‹דתורה חתומה ניתנה - לבוש›.

[זה דעת הרמב"ם], ודעת הרי"ף והמרדכי והאגודה ושאר פוסקים, דמותר משום עת לעשות לה' הפרו תורתך, שהרי אין הכל יודעים בעל פה, ואין לכל העולם חומשים בבהכ"נ, ויבואו לידי ביטול ק"ש ותפלה, וכ"כ הב"ח, וכתב שכך המנהג פשוט בכל המדינות. [**ותימה** על רמ"א שלא כתב על זה כלום, **אבל** מ"מ **אין היתר אלא כדי להתלמד בו משום עת לעשות לה' וגו', אבל אותן שכותבין פסוקים על הכותל לאיזה סימן טוב, לאו שפיר עבדי, דתורה חתומה נתנה]**. ‹**מהש"ך** לא משמע כן, {וכן מבואר ממנו בס"ד, דמותר אפי' כשאינו להתלמד}. **והלכה** כהרמב"ם, ואין מדפיסין פחות מחומש שלם – ערוה"ש›.

‹**גם** בנביאים אסור לכתוב מגילות, ואינו מובן, דהרי תורה חתומה לא נאמרה רק בתורה, כדפירש"י שם, וכן כל הסוגיא רק בתורה הוא, ע"ש, **וצ"ל** דילפינן נביאים מתורה, דגם הנביא לא כתב ספרו עד שנשלמו נבואותיו, **וצ"ע** מב"ב ט"ו. דאלעזר ופנחס גמרו ספר יהושע, וגד החוזה ונתן הנביא גמרו ספר שמואל, ע"ש וצע"ג ודו"ק – ערוה"ש›.

ואם דעתו להשלימה לחומש, מותר.

(**עיין** בתשב"ץ שכתב, דמה שאפשר להתיר בזה, הוא שיכתוב התיבות חסירות בסופן, כגון זה וידב' ה' א' מש' לאמ' דב' א', או באמצעיתן, כגון ברשי"ת ברש"ן בלא א', או שיכתוב התיבות מלאות, לאמור מושה אהרון, דכה"ג לאו ספר מקרי אלא אגרת, או שיכתוב האותיות קטועות, או האל"ף והלמ"ד מחוברות, וישנה כל האותיות שינוי זה, עד שלא יהיה ג' תיבות סמוכות בלא שינוי בא' מן השינויים הנזכרים, או יכתוב בכתב מאשי"ט כו', **זה** הכלל כל כתיבה שיפסול בה ס"ת, מותר לכתוב המגילה הזאת, **ומיהו** דוקא פיסול שהוא באיכות הכתיבה, אבל פיסול אחר לא. **וכתב** עוד דנראה לו להתיר בכל ענין כדעת הרי"ף ז"ל, דהאידנא מותר לכתוב מגילה לתינוק להתלמד בו משום עת לעשות גו', ובלבד שלא יכתוב יותר מג' תיבות בלא שירטוט, כבסימן שאח"ז - **ואפשר** דגם לענין זה מהני אם שינה האותיות בא' משינויים הנזכרים).

(**וכתב** עוד דמה שנהגו המלמדים, שכותבים על הלוחות ג' או ד' פסוקים **או** פרשה שלימה, מה שדעתו של תינוק יכולה לקבל באותו שבוע, ובסוף השבוע מוחק וחוזר וכותב פרשה אחרת, כפי התחלפות הפרשיות בכל שבוע, יש להתיר, **אף** דכתבי קודש אסור לאבדן ביד או למחקן, מ"מ כיון שעבר זמן פרשה זו, הוי כהיכל שצריך תיקון שמותר לסתרו ולבנותו, **ומ"מ** יזהרו שלא יכתבו אזכרות על הלוחות, ואם אירע שכתבו, אסור למחוק אפילו כדי לצורך כתיבת פרשה אחרת, ע"ש).

סעיף ג - כתב מגילה שלש שלש תיבות בשיטה אחת, מותר

– [פירוש כותב שלש תיבות כאן, ושלש תיבות רחוקות מהן בשיטה שנייה, **שאינם נקראות עם הראשונה, כדרך זה מותר, לפי שאין נראה ככותב מגילה אחת]. שכיון** שיש בה שינוי, אינו דומה למגילה מס"ת. ‹**ואין** לשאול דא"כ למה התיר הרי"ף משום עת לעשות, הרי יכול לעשות בענין הזה, די"ל דכיון דאין נקראת יפה, הדר הו"ל ביטול תורה, ויש בזה משום עת לעשות וגו' – ערוה"ש›.

סעיף ד - אסור לרקם פסוקים בטלית

- מפני שהוא מביא פסוקי התורה לידי זלזול, כי הציצית שבטלית אינם אלא תשמישי מצוה ולא תשמישי קדושה, ומותר לבא בטלית מצויצת לבית הכסא ולבית המרחץ, ולהשתמש בו ולכסות בו את הערוה, ואיך יביא פסוקי התורה במקום טינופת וזלזול, [**עד כאן לשון רמב"ם בתשובה מביאה ב"י, ולפי זה בכל מקום שיוכל לבא לידי זלזול איזה פעם, לא יכתוב שם פסוק]. וכתב** העט"ז ומטעם זה התירו לכתוב פסוקים על המפות של ס"ת, מפני שהם תשמישי קדושה ואסור לנהוג בהם קלות, עכ"ל, **ואף** ע"ג דרבינו ירוחם שם כתב עוד טעם לאסור, והיינו משום שאסור לכתוב מן התורה פסוקים, [**וכ"כ הט"ז], כבר נתבאר דיתפשט המנהג להקל בזה.** ‹**אבל** העיקר לדינא כהט"ז – ערוה"ש›.

(**עיין** בתשו' רדב"ז שכתב, דאפילו דברים של חול אסור לרקום אותם בכתב אשורית, שהכתב בעצמו יש בו קדושה רבה, **ואם** כתב פסוקים מן התורה, אפילו בכתב אחר אסור, עיין שם. **ועיין** בתשובת דברי יוסף שכתב, ששמע מפי מורו מהר"ר שמואל די פאם, דמטעם זה כשמת בנו לא רצה לכתוב בכתב אשורי הקינה שנוהגין לכתוב על המצבה, אלא כתב אותה בכתב שקורין רש"י, **ומ"מ** על אחרים לא אסר דבר זה מעולם).

סעיף ה - סדרן של נביאים: יהושע, שופטים, שמואל, מלכים, ירמיה, יחזקאל, ישעיה, תרי עשר - «אע"פ שלא היו מציאותם כן, שהרי ישעיה היה קודם ירמיה ויחזקאל, והושע שבראש תרי עשר היה קודם ישעיה, מ"מ סדרום כן, משום דמלכים שבו סיים נביאים ראשונים סופיה מדבר בחורבן ירושלים, וירמיה כוליה חורבן, ויחזקאל רישיה חורבן וסיפיה נחמתא, וישעיה כוליה נחמתא, סמכינן חורבנא לחורבנא ונחמתא לנחמתא, **והושע** לא רצו לעשות ממנו נביא בפני עצמו, משום שלא ניבא הרבה ואיידי דזוטר מרכס, וחברוהו באחרונה עם הנביאים האחרונים שהם חגי זכריה מלאכי שהיו סופם של נביאים, שהיו בתחלת בית שני בשנת שתים לדריוש האחרון». **וסדר הכתובים: רות, תהלים, איוב** - «איכא למ"ד שהיה באותו הזמן, ואפי' למ"ד איוב בימי משה היה, לא רצו לאקדומי לאיוב משום דאיוב פורעניות הוא, ואתחולי בפורעניות לא מתחילין, **וכ"ת** א"כ למה התחילו ברות דהא ג"כ פורענות הוא, רעב וגלות ומיתת אלימלך ובניו, **שאני** רות דפורענות דאית ליה אחרית טוב הוא, שיצא משם דוד, ולכך קראו הספר על שם רות, דדייקינן בשמה, ואמרו ז"ל למה נקרא שמה רות, שיצא ממנה דוד שריוהו להקדוש ברוך הוא בשירות ותשבחות», **משלי, קהלת, שיר השירים** - «משלי וקהלת אמרם בבחרותו, ושיר השירים בזקנותו - לבוש», **קינות, דניאל, מגילת אסתר, עזרא, דברי הימים.**

§ סימן רפד - שלא לכתוב בלא שרטוט §

סעיף א - כל כתבי הקודש אין כותבין בלא שרטוט, אפילו כתובים על הנייר - «שכן הוא הלכה - לבוש».

(**עיין** בתשובת רבינו עקיבא איגר שכתב, דלוזה מהני שרטוט בעופרת וכדומה, אף שאינו מתקיים, **ויישב** בזה קושיית תוספות ורא"ש ור"ן, כיון דקיי"ל דאין כותבין בלא שרטוט, למאי צריך הלל"מ במזוזה דבעי שרטוט, וכן הלימוד בסוטה ומגילה, ע"ש).

סעיף ב - אסור לכתוב ג' תיבות מפסוק בלא שרטוט, אם הוא כתב אשורית - «מפני שהוא הכתב שקבלנו לכתוב בו את התורה - לבוש».

(**עיין** בתשו' רשב"ש שכתב, דפעמים ג' כותבין, ד' אין כותבין, כגון שתיבה הג' אינו גומר הענין, כמו מים קרים על, שלא נגמר ענין עד שכותב תיבת נפש, «**ואינו** מובן כלל היתר זה - ערוה"ש», **אבל** כשג' תיבות גמרו הענין, כמו מים קדושים בכלי, אף שאינו כותב תיבת חרש, כיון שזה אינו אלא לתוספת ביאור, אסור, **ובשתי** תיבות בכל גווני שרי, מפני שלא הוברר אם הם של חול או דברי קדושה).

«**אמנם** זהו ודאי, כשאינו מסיים התיבה בשלימות אלא בציון קו, לא נחשב זה לתיבה כלל, **וכן** אם כתב אל"ף למ"ד ביחד, נ"ל דאינו בחשבון, כיון דבסת"ם אסור לכתוב כן, א"כ אין זה תיבה של כתב אשורית, **וכ"ש** אם כותב בנוטריקון. **ופשוט** הוא דניירות העשויות במלאכתן כשרטוטין מדיו כמו שמצוי בזמנינו, דמותר לכתוב עליהם כמה שירצה - ערוה"ש».

(עיין בשאלות ותשובות תשובה מאהבה, שכתב דמותר לכתוב אפילו הרבה תיבות בלא שרטוט, על ידי שיכתוב בשיטה א' רק ב' תיבות, והשיטה תחתיה יכתוב גם כן רק ב' תיבות, וכן יכול לכתוב כמה שיטין על אופן זה, דלא כרב אחד שנסתפק בזה, עיין שם. **ועיין** בתשב"ץ שכתב, דה"ר מיימון ז"ל אביו של הרמב"ם כתב, דהרוצה לכתוב בלא שרטוט, ינקד על האותיות, וכן נהגו אנשי ארצות ישמעאל, אבל איני יודע טעם לדבר, ע"ש, **ועמ"ש** לעיל סי' רפ"ג).

(ואין חילוק בין כתיבה לחקיקה בעלים או בזהב).

ומיהו באגרת שלומים מותר לכתוב אפילו כמה תיבות מהפסוק לדבר צחות - מיהו בירושלמי פ' בתרא דמגילה משמע קצת, דאפילו בכהאי גוונא אסור, «ודוקא בכתב אשורית - בה"ט», כן כתבו יש פוסקים.

הגה: ואם שרטט שיטה העליונה, שוב לא צריך - {וה"ה אם נכתבה שיטה העליונה בלא שרטוט - נקה"כ}, מותר לכתוב משם ואילך בלא שרטוט, דמסתמא נכתבה שורה העליונה ביושר, והוה כמו שרטוט למה שלמטה, כ"כ הרא"ש והטור.

[...**וחוץ מכבודו** «של הפרישה» **לא דק בהבנת דברים אלו** «של הרא"ש», **דלא זו הדרך, אלא הכוונה מבוארת דעל אגרת קאי, דאין צריך שרטוט כשכותב שם פסוק**

אלא אם הוא בשיטה ראשונה, **אבל** אם אין פסוק בשיטה ראשונה, ממילא כותב שם בלא שרטוט, וכשיכתוב בשיטה שאחריה פסוק, אין צריך שם גם כן שרטוט, כיון שהראשונה נכתבה בלא שרטוט בהיתר, נעשה כאלו היה פסוק בראשונה והיה שם שרטוט ...ועל זה נתן טעם, לפי שסתם אדם יודע לאמן ידיו כו', פירוש כשאין פסוק בעליונה וכותב בלא שרטוט, מכל מקום יודע לאמן ידיו ולכתוב שם ביושר, זה נראה לי פשוט, אלא דהפרישה הבין דהרא"ש כאן קאי אספר תורה ולמד מתפילין, ונכנס לפרש במה שלא ניתן לכתוב, וכמדומה שלא יצא אותו דבר מפי אותו צדיק, אלא תלמיד טועה כתבו].

השיג על הדרישה ויפה כוון, וכ"כ אני בש"ך, רק שיש השמטה מתיבה לתיבה כאשר נראה לעין כל - נקה"כ.

(**עיין** בס' חומות ירושלים, דדה"ה אם כתב תחלה דברי רשות כמה שיטין בשוה, ואח"כ פסוקים, עולה דברי רשות במקום שרטוט. **מבואר** זה ברא"ש וטור, דשטה הראשונה כמו שרטוט, וכמ"ש בט"ז, וש"ך לפי מה שהגיה בנקה"כ).

‹**אבל** כשאינו יודע לאמן ידיו יפה, צריך גם בהם שרטוט בכל שיטה – ערוה"ש›.

ובס"ת ממש צריך שרטוט בכולה, כדלעיל סי' רע"א סעיף ה', וכ"כ בהגהת דרישה בשם מהרש"ל.

וי"א דאין לכתוב דברים של חול בכתב אשורית שכותבין בו התורה - ‹שכיון שכותבים בו תורה לא ינהגו בו חול, ולכך בירדנו בכל המדינות כתבים אחרים לכתוב הכל בלא שרטוט, גם לכתוב בו כל דברים של חול ואגרת של שלומים – לבוש›.

‹**ולא** נהגו כן, והטעם כמ"ש חז"ל: דברים של חול מותר לאומרם בלשון הקודש, וממילא דה"ה בכתב אשורית, **והי"א** צ"ל דס"ל, דבכתב אינו דומה לבע"פ, שהרי הרבה סודות התורה תלויין בתמונת האותיות כמו שהאריכו חכמי הקבלה בספריהם, ואיך נוציא זה לדברי הבל וריק, **אבל** מה נעשה שהמדפיסים ידפיסו כל דברי חול בכתב אשורית ואין בידינו למחות, והוא רחום יכפר עון, ואשרי חלק המדפיס כשיזהר בזה, ושכרו הרבה מאד בזה ובבא – ערוה"ש›.

תשלומי דיני ס"ת נתבארו באו"ח בהל' תפילין, ע"כ קצרתי כאן בדיניהם.

§ סימן רפה – שכר מצות מזוזה §

סעיף א - מצות עשה לכתוב פ' שמע, והיה אם שמוע, ולקבעם על מזוזת הפתח - דכתיב בהו וכתבתם על מזוזות ביתך ובשעריך, **וצריך ליזהר בה מאד; וכל הזהיר בה יאריכו ימיו וימי בניו, ואם אינו זהיר בה יתקצרו** - דכתיב למען ירבו ימיכם וימי בניכם וגו'.

[בטור סיים כאן, וגדולה מזו שהבית נשמר על ידה כו', ופירש בית יוסף דקרי לזה גדולה, לפי שהוא נס נגלה, ועוד לפי שהוא הפך טבע העולם, שהקב"ה שומר מבחוץ כו', ולי נראה דתחילה אמר שבמזוזה יש יחוד שמו יתברך, ובבואו ובצאתו יזכור יחודו יתברך, ועל זה אמר וכל הזהיר בה, דהיינו שתמיד זוכר יחודו יתברך, בזה זוכה להאריכות ימי בניו, **ואחר** כך אמר אפילו אם אין האדם עושה כלום, אלא ישן על מטתו, מכל מקום גדולה המצוה הזאת דאפי' בעידנא דלא עסיק בה מגינה עליו, **וזה** הפך ממה דאיתא בסוטה, מצוה לא מגינה עליה אלא בעידנא דעסיק בה, וכאן תמיד מגינה על הבית בלי פועל האדם אז, אלא שהוא ישן, וכמו שסיים הטור, כנ"ל נכון].

‹**ומ"מ** לא יהא כוונת המקיימה אלא לשם מצות הבורא יתברך, והשכר בא ממילא – ערוה"ש›.

הגה: ומ"מ אם אין ידו משגת לקנות תפילין ומזוזה, יקנה תפילין ולא מזוזה, דמצוה שהיא חובת הגוף עדיפא - ‹נ"ל בפשוטו דהכוונה, דהתפילין הוא חוב המוטל על גופו ואין לו אופן לפטור ממנה, אבל מזוזה אין החיוב עליו לבנות בית ולקבוע מזוזה, רק אם יש לו בית צריך לעשות בו מזוזה, כדאמרינן מזוזה חובת הדר הוא, משו"ה תפילין קודמים, ודומה לזה כתב בהג"ה באו"ח סי' י"ז, ע"ש, **וראיתי** לבית הלל שכתב בפשט הרמ"א, דתפילין חובת הגוף, היינו שהוא מלבוש והמצוה על גופו ממש, משא"כ במזוזה, **ומזה** כתב דה"ה דתפילין קודמין למצות סוכה ולולב, דג"כ הוי לגבייהו חובת הגוף, וכן לגבי ציצית, **ולענ"ד** העיקר כמ"ש, משא"כ לגבי סוכה ולולב אפשר דסוכה עדיף, דחוב ג"כ עליו בליל ראשון, וכן לולב, **רק** לגבי

ציצית נראה דהדין עמו, דדמי ממש למזוזה, דלא הוי חוב על הגוף, רק אם לבוש טלית צריך לעשות ציצית, כנלע"ד. **אחר** זה ראיתי בירושלמי שמקור הדין יוצא ממנו, ומצאתי להדיא כמ"ש, והכי איתא התם, תפילה ומזוזה מי קודמת, שמואל אמר מזוזה קודמת, רב הונא אמר תפלה קודמת, מאי טעמא דשמואל, שכן היא נוהגת ביו"ט ובשבתות, מ"ט דר"ה, שכן היא נוהגת במפרשי ימים והולכי מדבריות, ע"ש, **והיינו** כמ"ש, דתפילין אין לו להנצל, אבל במזוזה אפשר שהוא בים ואין עליו חיוב כלל, משא"כ בלולב דגם בים החיוב עליו, והוא ברור. ‹**עיין** הגר"א, וז"ל, ופסק הרא"ש כר"ה דמצוה דגופיה עדיף, ודבריו תמוהין, דטעם זה לא הוזכר כלל שם בירושלמי›. **אולם** יש לדון מטעם אחר דתפילין קודמים לסוכה ולולב, והיינו דתפילין הוא מ"ע הנוהג כל השנה, ולולב הוא רק פעם א' בשנה, וכמו דס"ל לשמואל בירושלמי, דסבר מזוזה קודמת לתפילין, דמזוזה נוהגת אף בשבת ויו"ט, משא"כ תפילין, והוי תדיר ושאינו תדיר, אלא דר"ה פליג עלה וס"ל, דתפילין שהוא חובת הגוף עדיף, וא"כ תפילין ולולב דשניהם חובת הגוף, הדריה לסברא דאידך מ"ד, כיון דתפילין נוהג כל השנה, תפילין קודם, **ודוקא** בתפילין ולולב, אבל ציצית ולולב, נ"ל דלולב קודם לציצית, אף דציצית כל השנה, מ"מ הא לולב חובת הגוף וכמ"ש, כנלע"ד – רעק"א.

‹**עיין** במג"א שכתב, דלדידן שאין מניחין רק בשעת ק"ש ותפלה, אם אפשר בשאלה, מזוזה קודמת, דאי אפשר בשאלה, **ועיין** בספר חומות ירושלים, שכתב דאם רוצה ללבוש תפילין כל היום, וא"א בשאלה לכל היום, צ"ע הי קדים, ע"ש. **ועיין** בשע"ת שכתב לענין ציצית ותפילין, שכתבו האחרונים שאם אפשר שיהיה לו תפילין בשאלה, ציצית קודמין, וז"ל, ונראה דהיינו אם נכון לבו בטוח שיוכל לשאול תפילין בכל יום, שעכ"פ לא יהיה צריך להחזירם כל זמן שירצה אם לא יזדמנו לו לקנות, ואם לא, אכתי איכא למיחש שמא יצטרך להחזירם טרם שיזדמנו לו אחרים, ונמצא בטל ממצות תפילין שהוא קודם לציצית, עכ"ל, **וא"כ** ה"ה לענין תפילין ומזוזה, אם אינו בטוח שיהיה לו תפילין בכל יום בשאלה, תפילין קודמין. **אך** לדעתי צ"ע, דאפשר הא דתפילין קודמים למזוזה וציצית, דוקא ודאי דתפילין מודאי דמזוזה וציצית, היינו היכא שאם לא יקנה תפילין יתבטל בודאי ממצות תפילין, אבל לא שיהא ספיקא דידיה מוציא מידי ודאי שלהם, כגון הכא, שאם לא יקנה תפילין אפשר שיקיים גם מצות תפילין בשאלה, אולי מזוזה וציצית קודמין, דאם יקנה תפילין יתבטל בודאי ממזוזה וציצית, אבל אם יקנה מזוזה וציצית אפשר שיקיים גם מצות תפילין, וא"כ אף אם אינו בטוח שיהיו לו תפילין בכל יום, מכל מקום מזוזה וציצית קודמין, **ומ"מ** אף אם נאמר כן, נראה דדוקא באם צריך למזוזה בבית שלו, וכן בציצית בטלית שלו, אבל בשוכר בית, דהא דחייב במזוזה אחר ל' הוא רק מדרבנן, כמ"ש לקמן סוף סימן רפ"ו, פשיטא דספיקא דתפילין קודם לודאי זו דמזוזה, כמ"ש באו"ח סימן תקצ"ה בענין שופר ותפלה›.

‹**עוד** צ"ע באם יקנה תפילין יתבטל משתי מצות, מזוזה וציצית, שדמיהן מועטין, ולא אפשר לו תפילין בשאלה, איזה מהם קודם›.

‹**עוד** כתב בספר שע"ת, דאם יש לו תפילין של רש"י, ורוצה להניח תפילין של ר"ת ג"כ, ואין לו, ציצית קודמין, כיון דרובי דאינשי אין מניחין תפילין של ר"ת כלל, **אבל** איפכא לא, דאם יש לו של ר"ת ואין לו של רש"י, הם קודמין לציצית כו', ע"ש, וה"ה למזוזה›.

‹**נראה** שאין כופין על מ"ע זו, דהוי מצות עשה שמתן שכרה בצדה, דכתיב וכתבתם כו' למען ירבו ימיכם›.

‹**ומי** שנודע לו שאין מזוזה בפתחו, אסור לו להשהות אפילו רגע, וילך לסופר לקנות מזוזה ולקובעה מיד – ערוה"ש›.

‹**ועיין** פמ"ג, דאם נודע לו בשבת ויו"ט שאין מזוזה בפתחו, ויש לו בית אחר, מחוייב הוא לצאת, **אבל** אי לית ליה בית אחר, שרי לדור בתוכו, דומיא דציצית בסימן י"ג, ע"ש, **ונראה** דה"ה אפילו בחול אם אין מזוזה נמצא בעיר, דינו כמו בשבת, ורשאי לדור בתוכו אם אין לו בית אחר, כמה שכתב המג"א לענין ציצית›.

סעיף ב - נתינתה בטפח החיצון – [כדי שיהא כל הבית שמור, כיון שהוא מבפנים למזוזה].

הגה: י"א כשאדם יוצא מן הבית יניח ידו על המזוזה (מהרי"ל ומוכח בע"ז דף י"א), ויאמר: ה' ישמר צאתי וכו' (במדרש) - וכשיוצא לדרך חוץ לעיר, יניח ידיו על המזוזות ויאמר: בשמך ט"ל אטל"ה, כי ט"ל בגימטרי"א כוז"ו, ‹הנכתב אחורי המזוזה, שהם אותיות שלאחר שם הוי', מהרי"ל שם ומביאו ד"מ. ‹**ויש** מי שכתב שיניח אצבעו השלישי על שם שדי, ויתפלל לד' שישמרנו בשם זה, וינשק אצבעו זה – ערוה"ש. **וכן כשיכנס אדם לבית, יניח ידו על המזוזה.**

(**עיין** בשו"ת רעק"א שכתב, דאם אין המזוזה בתוך תיק, לא נכון להניח ידו עליה, כמ"ש התוס' בשבת דף י"ד, דכל כתבי הקודש אסור ליגע בידו ערום, ופשיטא דגם מזוזה בכלל, וגם באו"ח סי' קמ"ז בהג"ה כ', דטוב להחמיר בכל כתבי קודש שלא לאחוז ערום, ‹ע"ש שכתב "אם לא נטל ידיו"›, **ומה** שאין נזהרים בתפילין לאחוז ערום, היינו דמצותן בכך וא"א בענין אחר, **ואם** רצונו להניח ידו, טוב להוריד מלבושו אשר על אצילי ידיו להניח על המזוזה).

§ סימן רפו – מקומות החייבים במזוזה §

סעיף א - אלו המקומות שחייבים במזוזה: אחד שערי בתים ושערי חצרות,

מדינות - מוקפות הרים ובקעות בכמה פרסאות, ואין יוצאים ממנה אלא דרך שערים, כגון ארץ הגר, רש"י, **ועיירות, רפת בקר** - דאע"ג דהוא במקום הטנופת, מכל מקום לא נפיש זוהמייהו, [**בזה לא כתב אם הנשים רוחצות שם, כמו שכתב בבית הבקר בסעיף ב', לפי שבבית הבקר אין הבקר שם תדיר, אבל ברפת יש שם זבל הבהמות תדיר, על כן אין הנשים רוחצות שם, כן** כתבו התוס' ביומא, **ואפ"ה** חייב במזוזה, ולא דמי לבית הכסא דנפיש זוהמיה, **ונראה** דגם בזה צריכה המזוזה להיות מכוסה, כמו שכתב בסעיף ה'].

ולולין - הוא חדר בנוי העשוי לאווזין ותרנגולין.

(**עיין** בספר יד הקטנה שכתב, דמה שאין נוהגים עכשיו בשום מקום לעשות מזוזה ברפת, צ"ל דדוקא בימיהם דהיתה נקיה קצת ולא נפיש זוהמייהו, אבל עכשיו אנו רואים בחוש דנפיש זוהמייהו, **ומ"מ** בלולין והוא חדר הבנוי העשוי לאווזים ותרנגולין, נראה דודאי חייב במזוזה, כל שיש בו ד"א ובתקרה ובשאר תנאים, דהרי לא נפיש זוהמייהו כמו ברפת, **ואם** אנו רואים דנפיש קצת, עכ"פ אם הדלת היא בפנים והמזוזה היא מבחוץ, ראוי לעשות בה מזוזה, והכל לפי ראות עינים, ע"ש).

ואוצרות יין ושמן, ובית האשה - ולא אמרינן ביתך ולא ביתה, אלא כיון דכתיב למען ירבו ימיכם וגו', ונשי נמי בעי חיי כמו גברי, הלכך חייבים, **ובית השותפים, כולם חייבים.**

‹**ודע**, דכל מקום שנזכר בית, הכוונה על חדר בלשונינו, דבלשון חז"ל כן הוא, וכל חדר הוא בית בפני עצמו – ערוה"ש›.

‹**ויראה** לי, דאפילו חדר המיוחד לקטנים לבדם חייב במזוזה, שהרי יש חיוב לחנכם במצוה זו, **ויש** להסתפק כשהישראל מחזיק בביתו משרתים אינם יהודים ומיחד להם חדר להם לבדם, אם אותו החדר חייב במזוזה, **ונראה** דחייב, דהא דירת ישראל היא לעבדיו, ולא דמי למשכיר ביתו לאינו יהודי דפטור, משום דמזוזה חובת הדר היא כמ"ש בסי' רצ"א, דהתם לא מקרי דירת ישראל, דשכירות לשעתו כממכר הוא לכמה דברים, אבל הכא דירת ישראל היא, **ומטעם** זה נ"ל דגם חדר המיוחד לקטנים חייב מן התורה במזוזה – ערוה"ש›.

והדרישה כתב, כלל הדברים, דהיכא דאיכא משום קדושה כגון בית הכנסת, או היכא דאיכא מקום טינופת, אז בעינן בית דירה ממש שידור בו תמיד, אבל היכא דליכא חד מהנך, כגון מתבן כו' וכל אחד מהנך, אפילו אינם דרים שם ממש, כיון דיוצאין ונכנסין בו חשיב בית דירה, עד כאן.

הגה: ודוקא כשבית השותפים ישראלים, אבל בית של ישראל ועובד כוכבים פטור ממזוזה –

[**דשותפות מרבינן מדכתיב ירבו ימיכם, ובעובד כוכבים אין לומר כן**]. ‹**כל** החפץ בחיים חייב, כלומר כל מי שיקיים התורה והמצוה. אבל בית של שותפים ישראל וגוי פטור ממזוזה, דגוי אינו חפץ בחיים, שהרי אינו מקיים התורה שהיא החיים, וכיון דחלקו של גוי פטור, גם הישראל פטור דשמא כל המזוזה הוא חלקו של גוי – לבוש›.

פטור ממזוזה - כיון שהמקצת הוא של עובד כוכבים, וגם משום סכנה, כדי שלא יאמר העובד כוכבים שהישראל עושה מעשה כשפים, **וכן** שערי חצירות ושערי עיירות פטורים מהאי טעמא משום סכנה, כדאיתא בש"ס, **ודלא** כהעט"ז שכתב הטעם, משום דכתיב למען ירבו ימיכם וגו', והעובדי כוכבים אינם חפצים בזה, שהרי אינן מקיימין התורה כו'.

(**עיין** בתשובת רבינו עקיבא איגר שכתב, דאם קנו בית שאין בה דין חלוקה, ופעמים זה משמש בכולה ופעמים זה משמש בכולה, יש לדון דחייב במזוזה, למ"ש הר"ן נדרים רפ"ה, דבבה"ג קיי"ל יש ברירה, וזה משתמש בשלו וזה בשלו, ע"ש היטיב).

‹**ותמיהני** שהכריע כן הרמ"א להלכה, דהן אמת שכן פסק המרדכי, אבל הרשב"א כתב מפורש דחייב במזוזה, וכן פסק רבינו הב"י בספרו הגדול בבדק הבית, וכן פסק המהרש"ל בים של שלמה, **ולכן** נלע"ד לדינא כיון שהוא ספק תורה, בחצר שדרים שם ישראלים ועכו"ם, חייב החצר במזוזה, **אך** הטעם השני שכתב הש"ך משום סכנה, שלא יאמר שהישראל עושה לו כשפים, ודאי דמילתא דפשיטא דאם העכו"ם אינו מניח, מה יעשה הישראל, **אבל** בימינו ראינו שמניחים, והנה בבית לא שייך עתה דין זה, שאין רגילות שידורו בחדר אחד, אבל בחצר שכיח הרבה, וצריך לקבוע מזוזה בחצר שדרים בו ישראל ועכו"ם, וכן יש להורות הלכה למעשה, אם לא שהעכו"ם לא יניח – ערוה"ש›.

וכן חצירות או עיירות שמקצת עודי כוכבים דרים שם, פטורין ממזוזה - אפי' רובם ישראלים, פטורים משום סכנה, **ומזה** הטעם אין עושין מזוזה בשערי רחובות, כגון בק"ק קראקא ובק"ק פראג שקבעו שערים ברחובות היהודים ונסגרים בלילה, ולא קבעו בה מזוזות לעולם, והאי טעמא משום סכנה, דעלילות המושל מזומנות היו תמיד על שונאי ישראל, **ועוד** מטעם אחר אין עושין שם מזוזות, משום דבודאי יטלוה ויבזוה, ואם כן יהיו גורמין בזיון לכתבי הקדש, **ומכאן** למדנו לישראל החוכר חכירות מן השר למכור יין שרף או שכר או מי דבש שקורין שענק, ועבדי השר ממלאים הבית בכל יום ורגילים ליקח מזוזות ונוהגין בהם מנהג בזיון, שאין לעשות מזוזה באותן פתחים, **אלא** אם כן שהפתח הוא במקום שמור מן העובדי כוכבים שלא יטלו המזוזה ממנה, כ"כ הב"ח.

‹**עיין** בה"ט של הרב מהרי"ט ז"ל, שכתב בשם תשובת שער אפרים, קהל שהיה להם בית האסורים והשיבו שם באחד מהחדרים ליהודי אחד בתורת קנס על כמה חדשים, דצריך לקבוע מזוזה, דדירה בע"כ שמיה דירה, ע"ש, **ועיין** ברכי יוסף שהביאו ג"כ, וכתב עליו דיש לצדד בזה לפי שהוא דירת עראי, והוי כבתים שבספינה, ולא דמי לפונדק, דשם עשוי לדירת קבע, ע"ש›.

‹**בית** אסורים חייב במזוזה, דדירה בע"כ שמיה דירה, תשו' שער אפרים, **ובבית** הלל כתב לפטור – רעק"א›.

סעיף ב - בית התבן, בית העצים ובית הבקר חייבים – ‹זהו דעת הרא"ש והטור והשו"ע, ואף דבגמ' שם יש פלוגתא בזה, הכריעו כן להלכה, **אבל** הרמב"ם כתב, בית התבן בית הבקר בית העצים בית האוצרות פטורין מן המזוזה, שנאמר ביתך, ביתך המיוחדת לך, פרט לאלו וכיוצא בהן. **ונלע"ד** דלענין ברכה יש לחוש לדעתו, כיון דברכות אינן מעכבות נלע"ד לקבוע מזוזה בלא ברכה, **אבל** כבר הורגלו כל העולם לעשות ברכה, וצ"ע – ערוה"ש›.

ואם הנשים רוחצות בהם, כיון שעומדות שם ערומות, אין כבוד שמים להיות שם מזוזה – ‹ויראה לי דלאו דוקא נשים, אלא ה"ה אנשים אם רוחצין שם ערומין דפטור, דחד טעמא הוא כמובן, רק משום דרך נשים דרכן ברחיצה וקישוט, לכן הזכירו בגמ' ופוסקים כן, אבל ה"ה אנשים – ערוה"ש›.

הגה: ודוקא אלו - כלומר דוקא אלו שאינם בית דירה ממש, **אבל חדר** - שהוא בית דירה **ממש, אפי' מקום שאיש ואשה ישנים ומשמשים שם** - ‹עיין לקמן ס"ה›, **חייב במזוזה** - ‹דכשאינה בית דירה ממש אלא תשמישים בעלמא, ממילא דכשרוחצות שם מקרי הבית על שם הרחיצה, אבל בית דירה ממש לא מקרי על שם הרחיצה, ואי משום שעומדות ערומות, יכסו המזוזה – ערוה"ש›.

ויש מקילין ואומרים דבכל מקום שנשים שוכבות פטור ממזוזה - כתב הב"ח דה"ה היכא דרגילין הנשים לרחוץ בבית החורף או בחדר, כנשי דידן, דאי אפשר לרחיצה אא"כ היא ערומה, ואיכא בזיון דכתבי הקדש, **ומשו"ה** נתפשט המנהג שאין עושין מזוזה כי אם בפתח הבית הסמוך לרה"ר, והיינו משום דרוחצין בבית החורף בחורף, ובהחדרים בקיץ, ועומדים שם ערומים כו', **ומקרוב** נהגו הלומדים לעשות מזוזות לכל הפתחים שבבית, **ומיהו** צריכין ליזהר שלא יעשו מזוזות במקום שרגילין שם לרחוץ ולכבס טינופת בגדי קטנים, עד כאן, **ומיהו** נראה שיש לתקן מזוזות בכל הפתחים, ויכסה המזוזה, כדלקמן סעיף ה'.

ונראה לי דבמקום שהדלת מבפנים וכשמשמשים שם סוגרים הדלת ונמצא המזוזה מבחוץ, חייב לכולי עלמא – ‹דאפילו ס"ת מותר בכך – גר"א›.

כתוב בספר מעדני מלך, ואלא מיהא איכא לברורי, אם אותו החדר יש לפנים ממנו עוד חדר אחר, ושם אינו משכב נשים לתשמיש המטה, והוא חדר שחייב במזוזה, אלא מפני שהיכר ציר ודלת סובבין אותו, ואם

כן חלל הפתח מבחוץ לתוך חדר משכב נשים, ‹ובע"כ צריכה המזוזה להיות בחלל חדר זה›, וזה נעשה באותו חדר כו', **נראה** בעיני שיש לקיים מצות מזוזה בחדר שאנו דנין עליו, לקבעה אחורי דלת, {וכדלקמן סי' רפ"ט ס"ב כו'}, וע"ש שהאריך. ‹**ולפמ"ש** לקמן ס"ה, א"צ לזה – ערוה"ש›.

סעיף ג - בית הכנסת – ‹פטור ממזוזה, שאינה עשויה לדירה, וסתם ביתך, בית דירה משמע או בית שמשתמשים בו בדבר צריך לו, כמו כל אלו הנזכרים למעלה, אבל בית הכנסת אינה עשויה אלא להתפלל בה – לבוש›. **אם יש בו דירה לשום אדם, חייב במזוזה. הגה: ואם בית דירה בעזרה שלפני בית הכנסת, העזרה חייבת ובית הכנסת פטור.**

סעיף ד - בית הכסא ובית המרחץ ובית הבורסקי ובית הטבילה, פטורים, לפי שאינם עשויים לדירת כבוד – ‹ואין לשאול דלמה לן האי טעמא, והא כיון דהוא מקום טינוף ומקום ערוה, הרי יש איסור להכניס שם דבר קדוש – ערוה"ש›, פירוש אף אם מכסה המזוזה דלא יהיה משום בזיון כתבי הקדש, מכל מקום כיון דאינם עשויים לדירת כבוד, פטורים מהמזוזה, ואין לעשות בם מזוזה.

(**עיין** בתשובת אא"ז פנים מאירות, שאם עשו שינוי מעשה בגופו של מרחץ, ועקרו התנור וכיוצא ועשו אותו בית, מותר לדור בו ולברך ולהניח בפתחו מזוזה, ע"ש).

(**וכתב** בס' חמודי דניאל ב"י, מאלץ הויז שעושין ממנו לפעמים מרחץ פעם אחת או ב' בשנה, חייב במזוזה, אלא דיש לכסות בשעוה - עט"ז סק"ה - וכן מותר להתפלל בתוכה, ע"ש).

סעיף ה - במקום שיש טינוף, כגון שתינוקות מצויים שם, טוב לכסות המזוזה - פירוש הוא עשוי לדירת כבוד, אלא שלפעמים מצוי שם טינוף, הלכך חייב מדינא אלא שיש לכסותה.

(**עיין** בספר יד הקטנה שכתב, דכל זה מיירי כשיזדמן לפעמים במקרה איזה דבר מטונף, והוא מוכרח להיות נגד המזוזה, דהיינו שא"א בענין אחר, אז דינו לכסות, **אבל** חלילה לעשות בקביעות שום דבר בזיון נגד המזוזה ולסמוך על הכיסוי, כגון לכבס לפניה תמיד טנופת של בגדי קטנים, או לקבוע שיעמוד לפניה כלי ששופכין בה כל המי שופכין, כאשר בעו"ה מצוי בינינו, וע"ז נאמר כי דבר ה' בזה, וענשו גדול כו', עיין שם).

[**ומדכתב** טוב לכסותה, ש"מ שאין עיקר המצוה להיות נראית, מזה למדתי שאותן האנשים שאין עושין מזוזה מחמת שאומרים שגונבין משם ונוהגין בהם בזיון, שאין זה מציל עליהם, שיכולים ליתן המזוזה שם באופן שלא תהיה מגולה כלל מבחוץ, אפילו נגד השם של שדי, דזה על כל פנים טוב יותר מלבטל המצוה לגמרי]. ‹ועיין בפת"ש סי' רפ"ט ס"ד›.

[**בבית** יוסף בשם סמ"ג כתב, ואפילו בפתח הבית במקום שתחילת שליש עליון הוא למעלה מי' טפחים, יכול להניחה, ואף על פי שהחזירים מצויים שם, עכ"ל].

ובמקום טהרה, טוב להיות נראית – [נראה לי דאין לעשות שתהיה נראה בלי כיסוי כלל, דנמשך מזה עבירה, דבכל פעם שממשמשין בה בכניסה ויציאה, מוחק מעט משם שדי, עד שנמחק לגמרי אחר זמן רב, כמו שאנו רואין ברוב בתים, אלא יכניס שם חתיכת זכוכית, ממילא יהיה השם נראה, **ובזה** בטלה ג"כ טענת המקילים בעשיית מזוזה מחמת שמצוי שם טינופת סביבות המקום ההוא לפעמים או שנשים רוחצות שם דרך עראי, דבזה הוה מכוסה אף על גב שנראה, **וראיה** מדאיתא באו"ח סי' ע"ו, צואה בעששית מותר לקרות ק"ש כנגדה, אף על פי שרואה אותה דרך דופנותיה, משום דבכיסוי תליא רחמנא והא מתכסיא, וה"ה נמי כאן שהוא להיפך, כיון דמתכסיא השם אין כאן איסור, דלאו בראיה תליא מילתא, (**כתב** בספר חומות ירושלים דצ"ע, מאחר דמתכוין שיתראה השם, י"ל דגרע, דהוא עצמו בעי גילוייא, לא מיחשב כ"כ למחיצה, ע"ש, וסברא זו קלושה), וק"ו במה שהיא למעלה מי' טפחים דהוה כרשות אחרת, כמו שכתב הסמ"ג הביאו ב"י, ולא היה צריך אפי' לכיסוי זכוכית, אלא דזהו צד היותר טוב].

[**ובחדר** שאיש ואשתו שם, יכסה המזוזה בשעוה, כמ"ש ב"י בשם סמ"ג בשם ריב"א, לענין אם טינופת מצוי שם, וכן יש לעשות בחדר הנ"ל, כי בזה לא די כיסוי זכוכית, כיון דיש שם תשמיש, וכתיב לא יראה בך ערות דבר, כמו דאמרינן ערוה בעששית אסור לקרות ק"ש כנגדה, כן נ"ל, ועיין מש"כ בסימן רפ"ז סעיף ב'].

(**ועיין** במג"א שכתב, דע"כ צ"ל דמיירי אפילו פרס סודר

עליה, דבבלי אחד פשיטא דאסור, **וע"ז** חולק ודעתו דמהני כיסוי זכוכית ועליו כיסוי אחר, ע"ש, **ועיין** בספר חומות ירושלים, שכ' דגם הט"ז מודה בזה, ואינו אוסר כ"א בכיסוי זכוכית לבד, **וכ"ת** פשיטא דאפילו שאינו זכוכית אסור כלי א', נראה דלולא זכוכית מיחשב כאוהל בפני עצמו, דבגבוה עשרה איירי וקבוע בכותל וחשוב טפי›.

‹**ולענ"ד** הדברים תמוהים מאד, דא"כ הש"ס והפוסקים שהצריכו כלי תוך כלי בתפילין וספרים, למה לא הזכירו מזוזה, שבהכרח להיות מזוזה בהחדר, וגם הטור והשו"ע לא הזכירו כלל דין זה שהוא בהכרח, **אלא** ודאי דאינו כן, דכיון דזהו בהכרח שהתורה גזרה לעשות מזוזה, והתורה גזרה על פריה ורביה, ודאי שא"צ כלי תוך כלי, אלא כיסוי בעלמא, ואולי גם זה א"צ כיון שנצטוינו על זה, ולכן לא הזכירו רק תפילין וספרים שא"צ להיות בחדר זה, **והמג"א** הטה כוונת הט"ז בכאן, שזה שכתב כיסוי זכוכית הוא לבד הפריסת סודר, ע"ש, ומי לא יראה שלא כיון הט"ז לזה, ולדברינו אתי שפיר ודו"ק – ערוה"ש›.

סעיף ו - אכסדרה, והוא המקום שיש לו ג' כתלים ותקרה, אע"פ שיש לה שני פצימין ברוח רביעית, פטורה, מפני שהפצימין להעמיד התקרה הם עשויים ולא משום מזוזות; אבל אם יש לה מחיצה גם ברוח הרביעית, אע"פ שהיא נמוכה; או שעשויה חלונות חלונות - ר"ל מכל הרוחות, **חייבת.**

סעיף ז - מרפסת, שהיא דרך לעלות בה לעליות, ובית שער - הוא בית קטן שעושין לפני שער החצר, [שהשומר יושב שם], והכל עושין אותו קפנדריא, **והגנה, פטורים** - כיון שאינם מיוחדים לדירה, [דכתיב ביתך, מה בית שהוא מיוחד לדירה, אף כל שהוא לדירה], **ואם בית פתוח לאחד מאלו, חייבים.**

ויש אומרים שבית שער חייב - היינו מדרבנן, ‹שהוא דומה לבית דירה – לבוש›, **אפילו אין בית פתוח לו** - צ"ע, דהא הי"א אלו גם במרפסת וגינה מחייבין, ועב"ח ופרישה. **[והטור ושו"ע חדא מנייהו נקטו].**

סעיף ח - בית שער שפתוח לבית ולחצר, חייב בשתי מזוזות, אחת במקום שפתוח לבית, ואחת במקום שפתוח לחצר – [כתוב בטור, מלבד הפתח שנכנסין לשם מן רה"ר, שפשיטא שצריך מזוזה]. ‹נראה דהכי קאמר, חייב בשתי מזוזות חוץ ממזוזה שלישית שהוא חייב בה אם יש לו פתח שלישי פתוח לרשות הרבים – ב"י›.

סעיף ט - בית שער העומד בין הגנה לבית, חייב בשתי מזוזות, אחת במקום שפתוח לבית, ואחת במקום שפתוח לגנה.

סעיף י - בית המדרש פטור מהמזוזה - ‹עיין בתוס' פ"ק דיומא שכתבו, דאם היה בהמ"ד של יחיד ולא של רבים, חייב במזוזה, וכ"כ בפסקי תוס' שם וכ"כ בספר תפל"מ ע"ש›, **ואם יש בו פתח שרגיל לצאת בו לביתו** – ‹הסמוך לו ממש›, **חייב במזוזה באותו פתח** - ‹דאם רגיל באותו הפתח, הוה כפתח ביתו וחייב במזוזה, ואם לאו, דינה כפתח בהמ"ד ופטור ממזוזה, וה"ה בבהכ"נ – ערוה"ש›.

וי"א שבית המדרש חייב במזוזה - ולא דמי לבהכ"נ לעיל סעיף ג', דאינו חייב במזוזה אא"כ יש בו בית דירה, דבית המדרש כיון שהתלמידים יושבים בו מהבקר ועד ערב, דומה לדירה, [**בטור כתוב, וכן עשה הר"מ מרוטנבורג מזוזה לבית המדרש, ואמר כשהיה ישן בו שינת הצהרים, היה רוח רעה מבעתו קודם שתיקן בו מזוזה, ע"כ לשונו**].

ונכון לחוש לדבריהם, אבל לא יברך עליה - והב"ח כתב דנכון הוא כשיקבע מזוזה בפתח הבית ויברך עליה, שיהא דעתו ג"כ על קביעת המזוזה שבבית המדרש, ויקבע אותם זה אחר זה, תחלה בפתח הבית ואח"כ בפתח בית המדרש, וברכה זו חוזרת על שניהם.

סעיף יא - סוכת החג, בחג ‹פטורים› - מפני שהם דירת עראי. ‹**זהו** בסוכה שרק בסוכות יושבים בה ולא בכל השנה, אבל סוכות שלנו העשויים בחדר שדרים בה כל השנה, ובסוכות נוטלים הגג ומסככין אותה, נראה דגם בסוכות חייבת במזוזה, שהרי עכ"פ היא דירה קבועה לכל השנה כולה – ערוה"ש. וכ"כ הפת"ש בסי"ד›.

והבית שבספינה ‹פטורים› - מפני שהם דירת עראי.

‹**זהו** כשעשו בית עראי בספינה, אבל בספינות שלנו שיש בהם בתים קבועים, וגם בספינות ההולכות על הנהרות שיש בכל ספינה בית קבוע וקורין לה קאיוט"א, חייבת במזוזה, שהרי היא דירה קבועה – ערוה"ש›.

והחנויות שבשוקים, פטורים - מפני שהם דירת עראי, [**דלאו דירות נינהו, ונ"ל אפי' אם יושבין בהם בכל יום פטורים, דכיון דאינם שם בלילה, מיקרי עראי, כדמצינו בחו"מ סי' ק"מ סעיף ח' לענין חזקה, ובפרישה הניח זה בצריך עיון, ולענ"ד נראה כמו שכתבתי, ולא דמי לבית התבן או אוצר, דשם תשמיש השייך לו אין חילוק בין יום ללילה, כן נראה לי, אבל חנות שהוא בביתו פתוח לרשות הרבים, פשיטא שצריך מזוזה לפתחיו**].

‹**ועיין** בספר יד הקטנה על הרמב"ם, שתמה ע"ז, דאם יש בחנות איזה סחורה המונח שם תמיד, הוי ליה ממש בית האוצר, **ואף** אם מפנה הסחורה משם בלילה ואינו משאיר שם כלום, מ"מ ראוי לחייבה כמו בבהמ"ד, דאמרינן לפי שיושבין בו כל היום הרי זה דירה, **והעלה** דכוונת הטור והשו"ע בחנויות שעושין ביומא דשוקא בכרכים גדולים, ועומדים שם החנויות בשוק רק כל משך היריד, ואחר כך מפרקים אותם או עומדים פנוי בלי שום תשמיש, דזה ממש כמו סוכת החג בחג, ע"ש›.

‹**בדרישה** כתב ע"ז, ונראה דבזה"ז אלו חדרים הנקראים קליטין, חייבים, וצ"ע, עכ"ל – רעק"א. ‹**ועכ"פ** לדינא כל חנות חייבת במזוזה – ערוה"ש›.

‹**וכתב** הגאון מהר"י ז"ל מליסא בסידור תפלה שלו, דאותן החנויות שבבית שעושין מזוזה אחת מן הקרקע עד המשקוף, ומזוזה אחת שאין מגיע עד המשקוף, רק שכונסין את הכותל לערך אמה או יותר, **אם** המזוזה שמגיע עד המשקוף הוא מימין הכניסה, עושין המזוזה באותה מזוזה, **ואם** המזוזה הקטנה הוא מימין הנכנס, אם הוא גבוה עשרה טפחים, עושין המזוזה בו, **ואם** אינו גבוה עשרה טפחים, עושה במקום הרחב, כן נ"ל, עכ"ל›.

סעיף יב - שתי סוכות של יוצרים, זו לפנים מזו, הפנימית חייבת והחיצונה פטורה - כך היה דרך היוצרים בימיהם, שהיו להם ב' סוכות זו לפנים מזו, ובפנימית היה דר ומצניע קדרותיו, הלכך חייבת, ובחיצונה היה עושה מלאכתו ומוציא קדרותיו למכור, ואינו דר שם, הלכך פטורה, **ולא** דמי לבית שער דלעיל דקביע תשמישו, משא"כ הכא.

‹**מבואר** מרש"י, דרק לענין בית שער פטורה משום דלא קביעא, אבל הפנימית אע"ג דגם היא לא קביעא, מ"מ סוף סוף הרי דר בה כל השנה, וחייבת במזוזה. **אבל** הרמב"ם נראה שמפרש דהפנימית קבוע, **והשו"ע** סתם דבריו – ערוה"ש›.

סעיף יג - בית שאין בה ד' אמות על ד' אמות, פטור; ואם יש בו כדי לרבע ד' אמות על ד' אמות בשוה, אע"פ שארכו יתר על רחבו, או שהוא עגול או בעל ה' זויות, חייב (רמב"ס) - ודעת הרא"ש, שאינו חייב במזוזה אא"כ הוא מרובע ד' על ד' אמות, ‹דבענין אחר לא חזי לדירה – ערוה"ש›, **ולפי** שכתב בב"י דנקטינן כהרמב"ם, דהא לא פליג עליה אלא הרא"ש, לא הביא כאן אלא דברי הרמב"ם, **אבל** באמת גם דעת רבינו ירוחם כהרא"ש, וכתב שכן תפסו עיקר, **ע"כ** נראה דיש לקבעה בלא ברכה, או שיברך מתחלה גם על אחרת, ויהא דעתו גם על זו.

‹**דהיינו** דמצד עצמותו פטור ממזוזה, אבל בחדר שלפנים מחדר שקורין קעמערכי, שיוצאים מחדר הגדול לחדר הקעמערכי, הפתח ההוא חייב במזוזה מצד הגדול שיוצאים ממנו דרך פתח זו לחדר קטן, ויהא נידון חדר קטן כאויר, דמ"מ חייב כאלו יוצא מפתח זו לשוק, כנלע"ד בעזה"י – רעק"א. ‹**וה"ה** בשחדר הקטן אינו מקורה – ערוה"ש›.

‹**בספר** חמודי דניאל כ"י, נראה דוקא בית דירה צריך דוקא שיהא ד"א על ד"א, אבל בית שער ומרפסת וגינה, אפי' לית בהו ד' על ד' חייבין, **ועוד** נראה במי שיש לו בית גדול, ויש לו חדרים קטנים להניח שם חפצים, דחייבים במזוזה, ע"כ›.

סעיף יד - בית שאין לו תקרה, פטור - ‹אינו ראוי לדור בתוכו ופטור, **אע"ג** דשערי חצירות חייבין, וסתם חצירות אינם מקורין, **שאני** חצר שבתים מקורין פתוחים לתוכו, ומשתמשין משם לבתים ומבתים לתוכו, לפיכך חייבים, **משא"כ** כאן שאין משתמשים כן בתוכו, לפיכך פטור – לבוש›. ‹**לא** דמי, דחצר אין דרכו בתקרה, משא"כ בית – ערוה"ש›.

היה מקצתו מקורה ומקצתו אינו מקורה, אם היה הקירוי כנגד הפתח, חייב במזוזה, והוא שיהיה במקורה ד' על ד' - או כדי לרבע ד' על ד' להרמב"ם.

(**עיין** בתשובת הר הכרמל שכתב, בחדר שקורין קי"ך, שנכנסין שם להסיק תנורי בית החורף ומחזיקין שם לולין של תרנגולים, חייב במזוזה, **אף** על פי שאינו מקורה כלל, מ"מ כיון שדרכו להיות אינו מקורה, דמי לשערי חצרות דחייב במזוזה מטעם זה, **אבל** אם הוא מקום טינופת, פטור, כיון שאינו בית דירה, כמ"ש הש"ך סק"ב, **אך** אם אין מקום טינופת רק לפעמים, חייב במזוזה, אלא דיש לכסותו, ואף שהדלת מפסיק, ע"ש).

(**ועיין** בשו"ת ארבעה טורי אבן, לענין מה שיש ברוב מקומות חדרים מקורים עם מזוזה, ובסוכות פותחין הקירוי ומסככין בענפים, והמזוזה קבועה בדלת, **ואחר** הסוכות משליכין הסכך ומקרין עם הקירוי כמקדם, והמזוזה כדקאי קאי, אם יפה הם עושים או לא. **ודעת** גדול אחד, דיש בזה משום תעשה ולא מן העשוי, ע"כ צריך אח"כ ליקח משם המזוזה ולקבוע אותה מחדש ולברך עליה, **וכן** העלה שיש להחמיר אם נשברה הדלת ונתנו אותה לאומן לתקנו, כשחוזר וקובע אותה בהשער שצריך להוציא המזוזה ולקבוע אותה מחדש משום תולמ"ה. **והרב** בעל המחבר חולק עליו, חדא דמעולם לא יצא הסוכה הנ"ל מידי חיוב מזוזה, דאי משום דסוכה דירת עראי, הרי חדר זה דירת קבע כל השנה, וע"כ לא פטרינן סוכת החג אלא כשעושה לשם חג, אף כשעושה אותה דירת קבע פטורה, דמקרי דירת עראי, אבל בחדר זה שהוא דירת קבע כל השנה, ודאי גם בימי סוכות לא נפטרה, **ואין** לפוטרה בשביל שאינו מקורה, הרי דרכו בכך והוי כמו חצר, **ועוד** דפסול תולמ"ה לא הוי אלא כשמתחלה נעשה בפסול, אבל אם מתחלה נעשה בהכשר בחדר שחייב במזוזה, אף שנפטר החדר אח"כ ממזוזה, כגון שמסירין הקירוי וכדומה לזה, מ"מ כשנתקן אח"כ כשירה, ואין בזה משום תולמ"ה, ע"ש באורך). (**עיין** לקמן סי' רפ"ט ס"ה ברעק"א).

סעיף טו - הבית, אע"פ שאין לו דלתות, חייב במזוזה; ויש מי שפוטר - (ונראה לי שמחלוקתם בזה, המחייב מפרש, על מזוזות ביתך ועל מזוזות שעריך, ותרווייהו פירושם פתח בלא דלתות, כלומר פתח הבית שיש לו פצימין, ופתחי שערי החצירות והמדינה כו'. {והרמב"ם} הפוטר הוא מפרש שער לשון דלתות, והכי קאמר קרא, על מזוזות ביתך, ועל איזה מזוזות הבית כשיש שם שעריך, דהיינו דלתות - לבוש). (**הוא** השיב בתשו' לחכמי לוניל, דשער לא מקרי בלא דלתות - ערוה"ש).

ואם קבעה קודם תליית הדלת, לא יצא ידי חובתו כשנותן הדלת אח"כ, דהוי תעשה ולא מן העשוי, עכ"ל עט"ז, **ולצאת** ידי שניהם, יתלה בה הדלת מיד ויקבענה, **ואם** אי אפשר לתלותה מיד, יקבענה בלא ברכה, או יברך מתחלה גם על אחרת ויהא דעתו גם על זו, **וכשיתלה** בה הדלת יטלנה ויחזור ויקבענה בלא ברכה*, או יברך על אחרת ויהא דעתו גם אזו, ובזה יוצא ידי כולם, ודו"ק.

***יש** לעיין אמאי יקבענה בלא ברכה, דאף לאותה שיטה דמתחילה היתה ג"כ חייבת במזוזה, מ"מ נראה כיון שנטלה אם יחזור ויקבענה צריך לברך, **זולת** שנאמר דכוונת הש"ך לשיטת הפוסקים באו"ח סימן ח', דפשט טלית אדעתא לחזור וללובשו מיד אם צריך לברך או לא, עיין שם, והיינו ע"כ כיון שדעתו לחזור וללובשו הוי כאלו לא פשט כלל, א"כ לאותה שיטה אפשר דה"ה במזוזה, אם נטלה אדעתא לחזור ולקובעה מיד הוי כלא נטלה וא"צ לברך, ועיין - רעק"א.

(**וכתב** הגאון מהר"י ז"ל מליסא בסידור תפלה שלו, דאף לדעת הפוסקים שאם אין דלת פטור ממזוזה, אם קבעה כשהיה דלת, ואח"כ נוטל הדלת וחוזר ותולה אותה, אין בזה חשש משום תולמ"ה, ע"ש, **וכן** כתבתי לעיל ס"ק הקודם בשם שו"ת ארבעה טורי אבן).

סעיף טז - הרבה חדרים, זה לפנים מזה, כולם חייבים במזוזה - (דכולם פתחי ביתך מקרו - לבוש).

סעיף יז - אם יש בבית הרבה פתחים פתוחים לחצר או לרשות הרבים, ונעשו כולם לכניסת ויציאת בני הבית, כולם חייבים, אפילו נתמעטו הדיורים שאין רגילין עתה לצאת ולבא אלא באחד מהם.

סעיף יח - בית שיש לו פתחים הרבה, אף על פי שאינו רגיל לצאת ולבא אלא באחת מהם - (אפילו לא היו מתחילה הרבה דיורים, אלא שדר בו לבדו ועשה פתחים הרבה לכניסה ויציאה - לבוש,

חייב לעשות מזוזה בכל פתח ופתח. הגה: הואיל ונעשו לכניסה ויציאה – «והקשה האג"מ, דמסי"ז משמע, דאם מתחלה לא היו רגילין אלא בא' מהן, פטורין השאר, וא"כ סתרי ב' הסעיפים אהדדי, ע"ש ח"א סי' קע"ז».

מרתף שיש לו פתח מן הרחוב, שמכניסין בו יין בחביות גדולות, ויש לו פתח קטן מן הבית שנכנסים ויוצאים בו תמיד, אם הפתח הקטן ראוי למזוזה - שיש בו גבוה עשרה ורחב ארבע, כדלקמן סימן רפ"ז, **היא חייבת** - כיון שנכנסים ויוצאים תמיד דרך אותו פתח הקטן, ושם הוא עיקר תשמישו, **והגדולה פטורה** - מפני שאין תשמישו שם בכניסה ויציאה, אלא לפעמים כשצריך להכניס בו היין בחביות, ואין זה תשמיש קבוע, ובטלו היא לגבי הפתח קטן, **ואם אין הקטן ראוי למזוזה** - אף על פי שמשתמשין בקטן, אינו אלא כחור בעלמא, **הגדולה חייבת** - היא עיקר הפתח, «ובע"כ היא הפתח גם להילוך», **והקטן פטור** - אמנם בזמנינו יש מרתפים שיש בהם שני פתחים גדול וקטן, ושניהם עשויים להילוך, אף דע"פ הרוב אינם הולכים רק דרך אחד מהם, מ"מ שניהם חייבים במזוזה, וכנ"ל – ערוה"ש.

סעיף יט - ארובה שבין בית לעלייה, ועולים לה בסולם ועושים סביב הסולם היקף מחיצות פעמים למטה ברגלי הסולם ופעמים למעלה בראשו, ויש בו צורת פתח במקום שעושין אותו, חייב, ואם עשו למעלה וגם למטה, חייב בשתים.

«אבל בפתח שעולין בסולם על הגג שקורין בוידי"ם, והדלת שוכבת על הארץ, פטור ממזוזה, וכן במרתפים בכה"ג, כמו שיתבאר בסי' רפ"ז, דדלת השוכבת וממלא את הפתח אין זה פתח שחייבת במזוזה – ערוה"ש».

סעיף כ - פתח שאחורי הדלת, אם יש לו פצים טפח, חייב במזוזה – [בטור כתוב פרש"י בזה, כגון שיש במקצוע הבית פצים קבוע, ושני פתחין מחותכין בו, אחד לצפון וא' למערב, וקבע מזוזה בפנים בחלל פתח הצפוני, וכשהדלת פתוח הוה אחורי הדלת, אם יש בעובי הפצים עובי הבדלה טפח בין פתח לפתח, צריך מזוזה אחרת לפתח מערבי, הואיל ואין המזוזה בחללה, ואם לאו א"צ מזוזה אחרת, שהרי היא כמונחת בחלל עצמו, עכ"ל, והקשה המרדכי על רש"י, מנא ליה הא, ופי' הר"ץ כגון שיש אצל פתח חדר שצריך מזוזה, ויש פצים שם שהוא ימין לזה ולזה, וכיון שאין ביניהם טפח, יוצא במזוזה אחת, עכ"ל, פי' דהוקשה לו לפרש"י, הא כשיכנס בפתח המערב, הוה המזוזה לשמאלו, שהרי הפצים הוה לשמאל הנכנס שם, והיאך יוצא במזוזה ההיא, וע"כ לומר שכיון שקבעה בפתח הצפוני, ושם באותו פתח הוה המזוזה לימין הנכנס, מהני גם לפתח המערב, ועל זה הקשה מנא ליה הא, ע"כ פירש הר"ץ, שיש חדר שם שנכנסים לאותו חדר דרך פתח המערב, ולשם זה נעשה אותו פתח, ונמצא דהוה המזוזה בימין הנכנס מבית לאותו חדר דרך פתח המערבי, ובדרך זה חזק ואמץ מו"ח ז"ל והאריך בביאורו, ובדרישה ופרישה האריך ג"כ בפי' דבר זה של רש"י, וההיתר הוא מכח שכיון שנעשה בעיקר קביעתו לימין, סגי גם בפתח השני שהוא לשמאל, ואני אשתומם על הראשונים ואחרונים כשעה חדא שזכרתי, למה לא פירשו דברי רש"י כפשוטן והכל ניחא, דהחכמים הנ"ל הבינו שיש פתחים במערב וצפון כדרך שאר הפתחים של בית, שמשייר בבנין הכותל מקום הפתח ומגיע עד הפצים, והיאך הבינו ברש"י מה שכתב מחותכין בו, היאך תתפרש לשון חיתוך בזה, והאמת הברור לפענ"ד, דשני הפתחים הם בפצים עצמו מחותכים בו, דהיינו שבמקצוע מערבית צפונית עומד פץ אחד עב ורחב, ונחתך בו חתך גדול כדי שיעור פתח מצד צפון לתוך חלל הבית, ושם נכנסין ויוצאין מצפון לבית ומבית לצפון, ועוד נחתך שם שיעור פתח מצד מערב לחלל הבית, ושם הוי כניסה ויציאה מבית למערב וממערב לבית, ועשה המזוזה בחלל הפתח המערבי, דהיינו באותו צד שהוא ימין הנכנס ממערב לבית, שהרי באותו פצים עצמו יש חלק ימין ושמאל בפתח העשוי בו, נמצא הכל ניחא, דהכי קאמר שהמזוזה של פתח המערבי פשיטא שהיא כדין, אלא דבפתח הצפוני יש חילוק, אם יש באותו חלק פצים המבדיל בין מערב לצפון שיעור טפח, צריך מזוזה אחרת לצפוני, אבל אם אין שם הבדל טפח, חשבינן אותו הבדל כמאן דליתא, ומתכשר גם הצפוני כאלו גם הוא בחלל המערבי, וימין אחד לשניהם סגי, ואף על גב דלגבי צפוני

הוה המזוזה רחוק מטפח סמוך לחוץ, מ"מ כשר הוא, כמ"ש סימן רפ"ט, וכ"ש הכא דעכ"פ לצד מערב הוה כראוי. ומ"ש רש"י וכשהדלת פתוחה הוה אחורי הדלת, אין זה שייך לשום טעם פטור או חיוב, אלא פי' למה נקרא חד פתח אחורי הדלת בגמרא, ועיקר הכוונה של בעל התלמוד להורות לנו סמיכות הפתחים באיזה דרך שנוכל להבינו, שב' המקומות הם מקום אחד, והיינו על דרך שכתבתי, ובזה ניחא הכל, שהמזוזה היה ממש בימין לשניהם ובמקומה הראוי, משא"כ למה שהבינו החכמים הנ"ל, דהמזוזה בפצים והפתחים הם בלאו הפצימים, היאך תצרף המזוזה באין עובי טפח, הא אין המזוזה לצד חלל הפתח של אחוריה, ובמה שכתבתי הכל ניחא בסייעתא דשמיא, ואולי מן השמים מקום הניחו לי בזה לפרש כן].

ויראה מכאן, אותן פתחים שהם חלוקים ועמוד באמצע, די להם במזוזה א', אפילו אם יש בעובי העמוד טפח, דלא מחייב בשתים כשיש בעובי העמוד טפח אלא כשאחד בצפון וא' במערב, אבל כששני הפתחים ברוח א', אפי' אם יש בעובי הפצים טפח, חשוב הכל כפתח א', **אפילו** לפי' השני שפי' רש"י, כמו שדרך לעשות פתח אחד קטן אצל שער הגדול, שאין פותחין תמיד השער הגדול ופותחים הקטן, ואם יש פצים רוחב טפח ביניהם צריך מזוזה אחרת, אפילו לפי זה נראה שפתח החלוק אין צריך, **דשאני** התם דפתח הקטן נבדל משער הגדול לגמרי, שהרי נפתח ונסגר כל אחד בלא חבירו, אבל הכא שאין נבדלין זה מזה, דכשזה נפתח גם זה נפתח, גם נסגרים ביחד, ואין העמוד נעשה אלא לנוי, ודאי כחד חשיבי, ע"כ לשון טור, ועיין ב"ח ודרישה מה שכתבו בזה.

סעיף כא- פתח אחד, וחלקו בעמוד בנתיים, כל שיש היכר ציר בזה ובזה לצד העמוד, הרי הם כשני פתחים וצריך מזוזה לכל פתח; אבל כל שאין צירים לצד העמוד, אין העמוד מחלקו לשנים - ‹אפילו אם יש בעובי העמוד טפח - לבוש› **שאינו אלא לנוי בעלמא** - [מבואר בטור, דהיינו אם הוא בדרך שאין נבדלין זה מזה, אלא אם זה נפתח גם השני נפתח, משא"כ אם יש שער אחד גדול וסמוך לו שער קטן, כדרך העשירים שאינם רוצים שהשער הגדול יהיה פתוח, אלא משתמשים תמיד בקטן, רק לפרקים בגדול, בזה צריך ב' מזוזות]. ‹ודוקא כשיש הפסק טפח עכ"פ בין זה לזה - ערוה"ש›.

סעיף כב- השוכר בית בחוצה לארץ, והדר בפונדק בארץ ישראל, פטור ממזוזה שלשים יום - שאינו נקרא עדיין דירה. ‹**דפחות** משלשים יום אינו אלא דירת עראי, כיון שאינו שלו אלא מושכר הוא בידו - לבוש›.

והדר בפונדק - ‹ונ"ל דזהו כשבעל הפונדק הוא עכו"ם, אבל ישראל חייב הוא לעשות מזוזות בהחדרים של האורחים, שהרי ביתו היא בשביל אורחים, וכמ"ש בס"א ע"ש, **ואין** חילוק בפונדק בין ארץ ישראל לחו"ל, כמו שיש חילוק בשכירות - ערוה"ש›.

‹**ואם** רוצה להחמיר אם יכול לברך, עיין בתשו' בית יהודה - רעק"א›. (**ועיין** באשל אברהם באו"ח סי' י"ד, דפשיט ליה דרשאי להחמיר ולברך, מהא דאיתא בשו"ע שם סעיף ג', דטלית שאולה פטור מציצית כל ל' יום, וכתב המג"א שם בשם תוס' והרא"ש, דהמברך לא הפסיד, ע"ש, וכן העלה בשו"ת רב משולם, ע"ש).

(**כתב** ברכי יוסף, אם עמד בבית כ"ט יום ויצא ואח"כ חזר, יש להסתפק אם בחזרתו ביום ראשון יצטרף היום ההוא לכ"ט יום שקדמו ויושלמו שלשים יום, ויש לצדד בזה, הרב בית דוד. **ולענ"ד** צ"ע, מ"ש מטלית דכתב בנ"י הל' ציצית הובא באו"ח סימן י"ד ס"ג בהג"ה, דאם החזירו תוך למ"ד וחזר ולקחו אינו מצטרף, דבעינן למ"ד יום רצופים, עיין שם, וכעת אין התשובה הנ"ל לפני). ‹**ופשוט** הוא דהל' יום צריך רצופין - ערוה"ש›.

(**ועיין** בנ"צ שכתבתי, דהא דפטור ממזוזה ל' יום, היינו אף אם רוצה לדור בו כמה שנים, אינו חייב לקבוע עד אחר ל', ודלא כדמשמע מסדור הגאון מליסא ז"ל. ‹**ונראה** ברור דזה שנתבאר דל' יום פטור, זהו כששכר לפחות מל' יום, או שכר סתם, אבל שכרו לל' יום חייב מיד, דשכירות ליומא ממכר הוא לכמה דברים, אלא דפחות מל' מקרי עראי, אבל כששכרו לל' יום ויותר פשיטא דמיד חייב, וכן נראה מש"ך, וכן המנהג פשוט ואין לשנות - ערוה"ש›. **ע"ש** עוד בענין אם קנה אח"כ הבית אי מברך שנית).

והשוכר בית בארץ ישראל, חייב במזוזה מיד, משום ישוב ארץ ישראל - ‹פי' כיון דלאחר שקבעה שוב אינו נוטלה משם אפילו יוצא ממנו, כמו שיתבאר

בעזה"י, הלכך בקושי יצא ממנו מפני טורח מזוזה אחרת, ואפילו יוצא ממנו, ישכרנה אחר מהרה כשימצאנה מזומנות במזוזה, ונמצאת ארץ ישראל מיושבת - לבוש. **(והוא הדין לשואל בית דינו כשוכר).**

סעיף כג- השוכר בית מעובד כוכבים, חייב במזוזה - לאחר ל' יום בחו"ל, ובא"י מיד, וקמ"ל דלא אמרינן כיון שהבית של עובד כוכבים תפטור לגמרי ממזוזה, ‹**דביתך** מיקרי, דשכירות ממכר הוא - לבוש, **מיהו** כל זה היכא דליכא משום סכנה בבית של עובד כוכבים, דכה"ג פטור ממזוזה, כדלעיל סעיף ח'.

(**עיין** בתשובת רבינו עקיבא איגר, שנשאל בישראל ששכר מרתף מעובד כוכבים, והמפתח אצל הישראל, אך יש להעובד כוכבים המשכיר זכות ורשות להניח שמה חפציו, ובשעה שרוצה להשתמש צריך לשאול המפתח מן הישראל, אם חייב במזוזה, או לא דמקרי שותפות עובד כוכבים, **והשיב** דלכאורה נראה דחייב, מאחר דקיי"ל דשכירות לא קניא, ואחר ל' חייב משום מראית עין דמחזי כשלו, א"כ בנידון דידן דשמושו דישראל מחזי כאילו הבית שלו ממש, אבל השימוש דעובד כוכבים לא מיחזי כשלו, כיון דהמפתח ביד הישראל, וא"א לו לילך שם בלי דעת ישראל, **אך** מ"מ אין לנו לבדות סברא מדעתנו, דמכח המפתח לא מיחזי שימוש עובד כוכבים כשלו רק כשוכר, דמאי ראיה היא זו, דאולי כשקנו הבית בשותפות התנו כן ביניהם, שיהיה הנאמנות לישראל, וכיון דדבר תורה שוכר פטור ממזוזה, אין אנו אחראין להחמיר בדרבנן. **וכתב** עוד דבנדון זה אף אם המרתף אין בה דין חלוקה, ופעמים זה משמש בכולה ופעמים זה {עמש"ל ס"א} אף דבקנו בכה"ג יש להחמיר, מ"מ הכא בשוכר דרק מדרבנן, יש להקל, ובפרט דיש עוד סניפים להקל, ומכ"ש היכא דשייך חשש שיאמר העובד כוכבים כשפים עושה לו, ע"ש).

§ סימן רפז – איזה פתח חייב במזוזה §

סעיף א- אין הפתח חייב במזוזה אלא אם כן יש לו שתי מזוזות ומשקוף - ‹מדכתיב מזוזות מלא בשני ווי"ן, משמע רבים שתי מזוזות, ומדכתיב גבי נתינת הדם על המשקוף ועל שתי המזוזות, ש"מ דבכל מקום שנאמר מזוזות שאינם בלא המשקוף עליהם, **ואם** אין המשקוף שהדלת שוקף עליו למעלה ישר אלא אבן נכנס ואבן יוצא, או שאין המזוזה ישרה אלא אבן נכנס ואבן יוצא, פטור, שאין זה נקרא משקוף ואין זה נקראת מזוזה, שלכך נקרא המשקוף משקוף משום שהדלת שוקף עליו, וכל זמן שאין כולן שוין וישרים, אין הדלת יכולה לשקוף על המשקוף ביושר – לבוש›. ‹כ"כ הטור, ולא ידעתי למה לא הביאו זה רבותינו בעלי השו"ע – ערוה"ש›.

ודעת הרא"ש וטור, דאפי' אין לו אלא מזוזה אחת, כגון שמצד אחד עובי הכותל להלאה מהפתח, אם המזוזה מצד ימיני, חייב, ואם מצד השמאל, פטור, וכן דעת רבינו ירוחם, **ונראה** דיקבענה בלא ברכה.

[בטור כתוב... ואם הפתח ממלא כל הרוח, חייב, שאע"פ שאין פצים בצד א', מ"מ כותלי הבית שמן הצדדים חשיבי כמזוזות, ע"כ, ומשום הכי פי' הטור שמצד א' עובר כו', דאל"כ היה קשה, הא הוי קצה הכותל במקום פצים, דכל מקום שהכותל כלה מקרי שם מזוזה].

(עיין בתשו' נו"ב שכתב, דמרתף שפתחו הוא על שטח הארץ, פטור ממזוזה, וראיה מקדושין דף כ"ב, מה מזוזה מעומד, ע"ש).

סעיף ב- בית שיש לו מזוזה מכאן ומכאן, וכיפה כמין קשת על שתי המזוזות במקום המשקוף, אם יש בגובה המזוזות י' טפחים או יותר, חייב; ואם אין בו י"ט, פטור, מפני שאין לו משקוף – [פי' שבעינן שיהא גבוה עשרה מן הארץ בשוה בלי עיקום, דמן התחלת עיקום אין נחשב בכלל הי' טפחים, וזה דעת הרמב"ם, **אבל** לרש"י אף העיקום הוא מן צירוף לגובה י' טפחים, כל שיש בחללו ד' טפחים, ואפילו אם מתחיל מן הארץ להתעקם, **אבל** אחר שאין שם חלל ארבעה, מיקרי עיקום ולא מצטרף לשיעור גובה י' טפחים מן הארץ].

מפני שאין לו משקוף – [בכ"מ כתב צ"ע, אם הכיפה חשוב משקוף, אפי' אין גובה המזוזה י' טפחים להתכשר, ואם אין חשוב משקוף, כי הוויין גובה י' מאי הוה, אטו גובה המזוזות משוי לכיפה משקוף, עכ"ל, **ונראה** דלק"מ, דודאי יש בגובה י' אמרינן דיש כאן מזוזות, וממילא יש משקוף על מזוזות, משא"כ באין

גובה י' טפחים, אין לך מזוזות, אלא שתאמר מה שמתעקם הוא נחשב למזוזה, וא"כ אין לך משקוף, שכל העיקום כחדא חשבינן ליה, ואין אתה יכול לעשות מזוזות ממנו וגם משקוף, כן נ"ל].

הגה: וכל שכן פתח שאין לו גובה עשרה טפחים, דפטור ממזוזה.

‹ודע דשיעור פתח הוא גבוה י' טפחים ורוחב ד' טפחים, וכ"כ הרא"ש והטור, **אמנם** הרמב"ם לא הזכיר כלל הרוחב ד' טפחים, וכ"כ מפורש המגיד משנה וז"ל: וסובר רבינו דלא בעינן רוחב ד' בצורת הפתח ולענין מזוזה, עכ"ל, **ולכן** למעשה נראה ברור, דמג' ועד ד' יקבענה בלא ברכה, **ותמיהני** על רבינו הרמ"א שכתב בסי' זה דכל פתח שאין בגובהו י' טפחים דפטור ממזוזה, ע"ש, ולמה לא הזכיר הרוחב, וגם מפרשי השו"ע לא כתבו בזה מאומה, אבל מ"מ הדין ברור כמ"ש, וכן יש להורות – ערוה"ש›.

[**וצ"ע** למעשה היאך נעביד, באם יש גובה י' טפחים בשוה בלי עיקום, ואח"כ יש עיקום אבל יש בחללו ד' שיעור גדול עד למעלה, **אם** נעשה המזוזה במקום שכלה מקום השוה, והיינו כהרמב"ם, יש לחוש דלמא קי"ל כרש"י וטור, דאף העיקום שלמעלה בשיעור הגובה יחשב, כיון שיש שם ד' בחללו, ממילא נעשה המזוזה למטה משליש העליון, וזה פסול אפי' דיעבד, כמו שנבאר בסי' רפ"ט, **ואם** נעשה אותו למעלה במקום הרחב בשליש העליון שהוא עקום, דילמא קי"ל כרמב"ם, ושם לא מצטרף לגובה המזוזות כלל, והוה כעושה מזוזה למעלה במשקוף, **ונראה** דיש לעשותה בשליש העליון, דהיינו למעלה משני שלישים שלמטה, דבזה כשר גם לרמב"ם, דאע"פ שאין העיקום מצטרף לענין גובה י' מלמטה במזוזות, מ"מ כיון דכשר למטה בגובה עשרה קודם העיקום, והוה עליה חיוב, אז גם חלל העליון שייך לחיוב שלמטה, והכל בכלל שעריך עד המשקוף, דהא עיקר הפסול באין גובה י' משום שאין לה משקוף, כמו שמסיים כאן, ממילא כיון שיש גובה עשרה יש משקוף, וכשר כל שלמטה מהמשקוף, כן נלע"ד. **ועכ"פ** לא יניחה למעלה מכתפיו, כמ"ש בב"י בסי' רפ"ט בגבוה הרבה בשם המרדכי, בענין שלא יגביה משיעור בין כתפיו, כדי שתהא נראית נגד עיניו].

המנהג נתפשט במדינות אלו, דרוב עולם סומכין על מזוזה אחת שעושין על פתח בתיהם, ואינו נכון, ואין להם על מה שיסמוכו – ‹והמנהג שזכר הרמ"א, תודות לד' בזה אכשיר דרא, ולא שמענו מנהג זה ואין להזכירו – ערוה"ש›, **לכן כל ירא שמים יתקן ביתו כדינו בכל הפתחים החייבים, וכמו שנתבאר** – [שכל מי שנגע יראת אלקים בלבו, ורוצה לישב בטח ממורא רוחות רעות ח"ו, יעשה מזוזה לכל פתחיו. **וכבר** זכרנו לעיל, דבכ"מ שהוא בית דירה לא אכפת לן ביש שם טינופת, כמ"ש הטור וב"י, וטעמם, דהמזוזה גבוה י', וגם זכרתי לעיל בתיקון כיסוי בזכוכית, ועיין במרדכי].

§ סימן רפח – במה והיאך נכתבת §

סעיף א- כיצד כותבין את המזוזה: כותבין שתי פרשיות: שמע, והיה אם שמוע, על דף אחד ביריעה אחת; ועושה לה ריוח מלמטה וריוח מלמעלה כמו חצי צפורן – ‹עיין בתשובת תפארת צבי, דבדיעבד אינו מעכב, ע"ש›.

ובתחלתה ישייר כדי לגול אותה אחר שתכרך – ‹עיין בתשובת שבות יעקב, שנשאל על מה סמכו הסופרים שאין מניחין כדי לגול, **והשיב** דאף דבשו"ע סתם דין זה, מ"מ במחלוקת שנויה בין הפוסקים, ודעת רוב הפוסקים נראה שא"צ להניח, לכן הנח לישראל אם אינם נביאים כו', כי יש להם גדולי פוסקים לסמוך עליהם, **וא"ת** מה בכך נחמיר לכתחלה ויניח כדי לגול, **זה** אינו, דהא יש לחוש שיכסה שם של שדי, ואי ינקב הגויל יהיה גנאי כמו שכתבנו, לכן שב ואל תעשה עדיף, והיכא דנהוג, ע"ש›.

(ובסופה אין צריך להניח כלל) – ‹דאף בספרים א"צ אלא כדי לגול עמוד, משא"כ כאן – גר"א›.

פי' שום גליון א"צ להניח, אבל מ"מ צריך להניח מעט כדי שיהיו האותיות שבסוף השטות מוקפות גויל.

סעיף ב- צריך לכותבה בדף אחד; ואם כתבה בשנים או בג' דפין, כשרה.

סעיף ג- כתבה שלא על הסדר, אפילו שכח מלכתוב אות אחת, פסולה ואין לה

תקנה - לפי שאין תולין בה כמו שתולין בס"ת, משום דבעינן שתהא נכתבת כסדרן, כ"כ הפוסקים והאחרונים הטעם, **ולפי** זה יכול לגרוד ממטה למעלה עד מקום החסרון, ויכתוב שם החסרון, ואח"כ יכתוב מה שגרד על מקום הגרד, דכה"ג הוי כסדרן, ועיין באו"ח סי' ל"ב סכ"ג וכ"ד.

(**ועיין** בדבר שמואל שכתב, שאין לתלות תיבה אחת בין השיטין בכתיבת התפילין והמזוזות, אף במקום שהכתיבה כסידרה בין המוקדמת למאוחרת, **חדא** דגם זה מקרי שלא כסדרן מחמת שינוי, **וגם** מפני שדרך כתיבתן להיות דוקא בלא ריוח הרבה בין שיטה לשיטה, לכך אין תולין, ע"ש, **עיין** בגינת וורדים, כתב ג"כ הכי, דאם נזדמן להסופר שהשיטה דחוקה מהכיל התיבות ששיער לה, אין להתיר שיתלה תיבה אחת למעלה בין השיטות, ואח"כ ירד לכתוב כסדר השיטה, **ושם** כתב דלדעת רש"י תפילין ומזוזות חמירי טפי, ואפילו בתליית אות אחת ג"כ מיחזי כמנומר, ע"ש).

ואין צריך לומר אם הקדים פרשה לפרשה –

[תימה לי דאפכא מסתברא, דיותר יש פסול בכותב שלא כסדר בההיא פרשה גופה, מבהקדים פרשה לפרשה, שהרי מצינו באו"ח סי' ס"ד, קראה למפרע לא יצא, בד"א בסדר הפסוקים, **אבל** הקדים פרשה לחברתה, אע"פ שאינו רשאי, **יצא, לפי** שאינה סמוכה לה בתורה, **והכא** נמי אינה סמוכה לה, **וכן** מוכח ברמב"ם, שהרי בפרק א' כתב, **שאם** הקדים אות אחת שלא כסדר לא יצא, **ובפרק** ה' **הוצרך** לכתוב הקדים פרשה, **ובסי'** ר"ץ הוכחתי, שלדעת התוס' כשר באמת בהקדים פרשה, וע"ש].

לק"מ, דלענין כתיבה בעינן כמו שהן כתובים בתורה, **ומה** שאמר וכן מוכח ברמב"ם כו', לא מוכח מידי, דהרמב"ם לא כתב בפרק א' כמו שהעתיק הוא, אלא כתב וזה לשונו: במזוזה ותפילין אין תולין בהן אפי' אות א', אלא אם שכח אות א' גונז כו', וע"כ הוצרך לכתוב בפ"ה הקדים פרשה כו', דהא בפ"א טעמא הוא משום דאין תולין, **ובלאו** הכי נמי לא מוכח מידי, דאע"ג דכ"ש הוא, כתבו הרמב"ם, דכה"ג אשכחן טובי בפוסקים. **ומ"ש** ובסימן ר"ץ הוכחתי כו', יתבאר בסי' בסי' ר"ץ דלא מוכח מידי, ע"ש - נקה"כ.

סעיף ד - כתבה בשני עורות - כלומר בשני קלפין מחולקין, **אף על פי שתפרן, פסולה** -

(עיין בתשובת רבינו עקיבא איגר זצ"ל, דבתפרן מקודם הכתיבה, משמע מדברי רש"י מגילה דף ח' סוף ע"ב ד"ה לתפרן בגידין, דכשר, וכן יש לדקדק מלשון הרמב"ם, כתבם בשני עורות ותפרה, ע"ש, **והנה** מש"כ ליישב דברי רש"י בזה, צ"ל דכוונתו דמיירי שתפרן זה למטה מזה באופן שהם דף אחד, דאל"כ קשה, הרי רש"י גופא ס"ל במנחות דף ל"ג, גבי הא דאמר התם ראויה לב' סיפין קאמר, דאפילו בעור אחד פסול בשני דפין, וכ"כ הטור בשמו, רק דאנן לא קיי"ל הכי, וא"כ מה מהני מה דתפרן קודם והוי חבור והוי כעור א', כיון דהוא בשני דפין, וע"כ צ"ל דמיירי שתפרן באופן שהם בדף אחד, ולא הוי ראויה לב' סיפין, דמיירי שלא הניח גויל חלק בנתיים, רק השורות סמוכים זה לזה, וצ"ע).

סעיף ה - צריכה עיבוד לשמה לכתחלה; אבל במקום שאם ימתין לעור מעובד לשמה יתבטל מהמצוה, יכתבנה על עור שאינו מעובד הנמצא, ויקיים המצוה מיד בעוד שמבקש עור מעובד לשמה – [כתב כן, לפי שהרמב"ם לא מצריך עיבוד לשמה גבי מזוזה כלל, לפי שאינה חובת הגוף כמו תפילין וס"ת, ושאר הפוסקים לא סוברים כן, אלא הוה כמותן, וממילא אפי' בדיעבד פסולה בלא עיבוד לשמה, וסמך בעל השו"ע על הרמב"ם בשעת הדחק, ופשוט הוא שלא יברך על אותה מזוזה].

צריכה עיבוד לשמה לכתחלה - ודעת רוב הפוסקים נראה, דאפי' דיעבד פסולה בעור שאינו מעובד לשמה, וכן פסק הב"ח, **ועכ"פ** נראה באם ימתין לעור מעובד לשמה תבטל המצוה, יקבענה בלא ברכה, דכדאי הם הרמב"ם וסייעתו לסמוך עליהם בשעת הדחק, **דלא** כמ"ש הב"ח, דלא יקבענה כלל, [דשמא יתעצל אח"כ מלבקש אחר כשרה, ומביא ראיה מירושלמי מביאו ב"י באו"ח סי' קמ"ג, דאין קורין בחומשין בצבור, מגו דנפשין עגומין זבין להו תורה, פי' כל עוד שנפשינו עגומה שנאסר לקרות בחומש יקנו תורה, וה"נ כן הוא], **אלא** יקבענה שם וישתדל להמציא אחרת כשרה.

סעיף ו - כתבה על הקלף או על הגויל, כשרה; לא אמרו דוכסוסטוס אלא למצוה. **(וקלפים שלנו כשרים לכל)** - ‹דאצלינו אין חולקין העורות - ערוה"ש›.

סעיף ז - דינה לענין הדיו והכתיבה והתגין של שעטנ"ז ג"ץ, כמו בספר תורה - ושאר דיני כתיבתה בחסרות ויתרות, הוא כמו שכותבין פ' "שמע" "והיה אם שמוע" בתפילין, ונתבאר באו"ח סימן ל"ב, **וכתב** הטור שנכתבה שלא מן הכתב, והוא מהש"ס, **והמחבר** והרב לא כתבו זה, משום שסמכו אמה שנתבאר באו"ח סי' ל"ב גבי תפילין, שכותבין פרשת "שמע" "והיה" שלא מן הכתב כששגורות בפיו, וא"כ פשיטא דה"ה למזוזה, **ובחנם** תמה עליהם בספר מע"מ.

[**ואף** על פי שבהלכות תפילין כתב הטור, **דמ"מ לכתחלה יכתוב מן הכתב, נראה דהני שכיחי טפי, דפרשת "שמע" "והיה אם שמוע" אנו אומרים בכל יום פעמים,** כנ"ל לדעת הטור, **אבל** מכל מקום יש לכתוב מתוך הכתב, **דהיינו מתוך הספר מוגה, דשמא ישכח בחסרות ויתרות, ומש"ה לא זכרו כאן בשולחן ערוך**].

סעיף ח - צריכה שרטוט; ואם כתב בלא שרטוט, פסולה - ‹עיין ב"ח או"ח סי' ל"ג, דצריך שרטוט לשמה - רעק"א›.

‹**עיין** בתשובת רבינו עקיבא איגר זצ"ל, במזוזה שנמצא שהאותיות נכתבין בין שרטוט לשרטוט, אם יש תקנה לשרטט עתה בראשי השורות כדינו, **והשיב** דלא מהני, וראיה מסוגיא דמנחות, טעמא דאין מורידין כו' והא קיי"ל דתפילין א"צ שרטוט ומזוזה צריכה שרטוט, ואם איתא דמהני שרטוט אחר הכתיבה, מאי קושיא הא יכול לשרטט עכשיו, **וכן** משמע מלשון הרמב"ם ושו"ע, שכתבו ואם לא שרטט פסולה, משמע דאין לזה תקנה, {**ומבואר** שם דלאו משום דבעי במזוזה כסדרן, לכן לא מהני שרטוט אח"כ, דז"א, דהא אין חסרון בגוף האותיות, והוי רק תיקון אחר, כמו חקיקת נגיעה דמהני במזוזה, ‹**וכן** לעשות התגין אפילו אחר הכתיבה, אין בזה משום שלא כסדרן - ערוה"ש›, **אלא** צ"ל דמאחר דהלכה למשה מסיני דבעי שרטוט, אי כתב בלא שרטוט, לאו שמה כתיבה, וצ"ע בזה לענין ס"ת}, **וכתב** עוד דיש להסתפק אם שרטט בבדיל קודם הכתיבה, ולאחר הכתיבה בעוד שהשרטוט דבדיל היה קיים, היה משרטט בקנה כדין, **די"ל** כיון דלא היה פעם בלא שרטוט, והכתיבה היה כדינו, דמהני, **ואף** לאחר שנתפשטו השרטוטים דבדיל, י"ל דמהני לשרטט בקנה, כיון דהכתיבה היה בהכשר, וגם עתה נשרטט בקנה, ומה דבינתיים לא היה משורטט, י"ל דאינו גרע, דלא הוי דיחוי, כיון דבידו לשרטט, והוי כמו קבל הכשר ונתן לפסול בפ"ג דזבחים דף ל"ד, וצ"ע לדינא, עכ"ד, ע"ש).

סעיף ט - כותב כל שיטותיה שוות, שלא תהא אחת ארוכה מחברתה; ואם האריך בשיטה אחת יותר מבאותה שלפניה, ובאותה שתחתיה קיצר יותר מבאותה שלפניה ולפני פניה, כשרה – [פי' אף על גב דאם השורה הזאת שהיא קצרה ביותר, אם היתה עומדת למעלה מהשיטה שלפני הארוכה היה פסול, דהוה כקובה שזכר אח"כ, דהיינו כאוהל שהוא הולך ומתרחב, מ"מ כאן כשר].

‹**זהו** נוי, שזה דומה לכתיבת שירה דאז ישיר משה - לבוש›.
‹**מדקאמר** כשרה, משמע דיעבד דוקא - גר"א›.

ובלבד שלא יעשנה כקובה - כאהל שהוא צר למעלה ורחב למטה, **או כזנב** - הוא רחב למעלה וצר למטה, טור, **או כעיגול.**

אפי' מצד הא' כקובה או כזנב כו', פסולה.

סעיף י - "על הארץ" יכתוב בראש השיטה אחרונה – [הטעם, דשיטה שלפניה מסיימת "השמים", ורחוקה מהתחלת שיטה אחרונה דכתיב שם "על הארץ", והוא רמז, כי היכי דמרחקי שמים מארץ כן ירבו ימיכם וימי בניכם], **ולא יכתוב בה יותר.**

‹**עיין** בספר חומות ירושלים, שכתב אם שינה במזוזה בסיום "על הארץ" ממאי דאיתא בש"ס, אין קפידא, **וכן** בהיפוך, בתפילין אם כתב "על הארץ" כבמזוזה, שפיר דמי, וראיה מהך דמירושלמי ומ"ס דמזוזה לתפילין או בהיפוך משנין או לא, ועכ"פ מצד כתיבה אין קפידא, ע"ש).

סעיף יא - נהגו לעשותה כ"ב שיטין - מהו התחלתן: **1]** שמע, **2]** הויה - דבתר "ואהבת את", **3]** הדברים, **4]** לבבך, (ועיין בס' חומות ירושלים שכ',

דשורה ד': לבניך, וט"ס מ"ש בש"ך: לבבך), **5]** ובשכבך, **6]** בין, **7]** והיה, **8]** מצוה, **9]** בכל, **10]** יורה, **11]** עשב, **12]** פן, **13]** והשתחויתם, **14]** השמים, **15]** ואבדתם, **16]** ושמתם, **17]** אותם, **18]** אותם - כצ"ל שתי פעמים אותם, דלא כדאיתא בעט"ז, **19]** בדרך, **20]** ובשעריך, **21]** אשר, **22]** על הארץ, כן הוא בטור ופוסקים.

סעיף יב - צריך לכתבה בימין, כמו בתפילין.

סעיף יג - ריוח שבין פרשת "שמע" לפרשת "והיה אם שמוע", מצוה לעשות פרשה סתומה - עיין לעיל סי' ער"ה ס"ב איזה סתומה, **ומ"מ** הכא במזוזה אינו יכול לעשות סתומה שכשרה אליבא דכו"ע, וכמ"ש המחבר שם, דהיינו שיסיים פרשה שלפניה בתחלת שטה, ויניח חלק כדי ט' אותיות, ויתחיל לכתוב בסוף אותה שטה עצמה כו', שהרי צריך להתחיל שטה שביעית "והיה אם שמוע" כו', וכמ"ש בסמוך בשם הפוסקים, **אלא** יעשה סתומה שכשרה לדעת הרמב"ם, כמ"ש הרב שם, שאם לא יוכל לכוון בכך, לא יסור מדברי הרמב"ם.

ואם עשאה פתוחה, כשרה, לפי שאינה סמוכה לה בתורה.

סעיף יד - כורכה מסופה לראשה, מ"אחד" כלפי "שמע".

סעיף טו - אסור להוסיף בה מאומה - ‹כמש"ש, כתבה אגרת פסולה, ופי' הרמב"ם שלא דקדק בחסרות ויתירות, או שהוסיף מבפנים אפי' אות אחת - גר"א›.

[הרמב"ם כתב כן, לפי שראה שהיו כותבין שמות מלאכים בפנים לשמירה, וכעס עליהם, אלא צריך שיעשה כפי מה שהיא בתורה, והשמירה תבוא ממילא ע"י עשיית המצוה שצוה הוא יתברך עלינו, כן פירש בעל כסף משנה].

‹וז"ל הרמב"ם: אבל אלו שכותבין מבפנים שמות המלאכים או שמות קדושים או פסוק או חותמות, הרי אלו בכלל מי שאין להם חלק בעוה"ב, שאלו הטפשים לא די להם שבטלו המצוה, אלא שעשו מצוה גדולה, שהיא יחוד ד' ואהבתו ועבודתו, כאלו היא קמיע של הנאת עצמן כמו שעלה על לבם הסכל, עכ"ל. **וגם** יש למנוע אותן המשימין שמות הקדושים ושמות המלאכים וקורין לזה שמירה, ומשימים אותם מעל פתחיהם וחלונותיהם, וזהו חוצפא כלפי שמיא, שהקב"ה צוה לנו לקבוע מזוזה בלבד, והם מוסיפים עוד דברים, וזהו דרך עמי הארץ ונשים וחסירי דעת, ומצוה למחות בידם - ערוה"ש›.

אלא שמבחוץ כותבין: "שדי", כנגד תיבת "והיה" שבפנים - ‹וסימן לדבר: והיה שדי בצריך, אל תקרי "בצריך" אלא "בציריך", כלומר במזוזה שיש בה ציר יהיה "שדי" כנגד "והיה" - לבוש›. **הגה: וי"א נגד הריוח שבין הפרשיות, וכן נוהגין, ומניחים נקב בקנה נגד שם "שדי", שיהא נראה מבחוץ.**

עוד נוהגין לכתוב מבחוץ "כוז"ו במוכס"ז כוז"ו" נגד "ה' אלהינו ה'" - שהם אותיות הסמוכות באלפ"א בי"ת לאותיות "ידו"ד אלהינו ידו"ד", **ויהפוך אלה האותיות מכתיבת המזוזה, כדי שיגיע כל אות נגד האות שמתחלף בו באלפ"א בית"א, אבל בפנים אין להוסיף שום דבר על ב' פרשיות.**

§ סימן רפט – מקום קביעותה וכיצד נקבעת וברכתה §

סעיף א - בא לקבעה, יניחנה בשפופרת של קנה או של כל דבר - ‹כדי שלא תתפתח גלילתה ותתקלקל מהרה - לבוש›.

(**בהנהגת** החסיד הגר"א ז"ל כתב, לא יכרוך המזוזה בקלף וכדומה, שלא יהא חוצץ בין המזוזה למזוזות הבית, עכ"ד, וצ"ע). ‹**ותימה** רבתי, לבד שבכל הפוסקים אינו כן, עוד קשה דאיך יקבע מסמרים בהמזוזה עצמה, ומה שייך חציצה הא הכל בטל להכותל, ומי גריעא הנייר שהמזוזה כרוך בה או השפופרת של עץ או של מתכת, מהעצים או האבנים של עצם מזוזת הבית, וברור שהשומע שמע וטעה - ערוה"ש›.

ויקבענה במקומה, ויברך: אקב"ו לקבוע מזוזה.

(**עיין** במג"א שכתב, דאע"ג דקיי"ל מזוזה חובת הדר היא, שכל זמן שאינו דר בתוכה פטור ממזוזה, אפ"ה מברך כשקובעה, דסתמא דמלתא קובע מזוזה כשדר

בתוכה, **ואפשר** דאם קבע קודם שדר בתוכו, כשנכנס לדור מברך: אקב"ו לדור בבית שיש בו מזוזה, עב"ד, ע"ש, **וכמדומה** לי שראיתי בספר ברכי יוסף באו"ח, שחולק עליו).

ולא יברך בשעת כתיבתה - דכל מצוה שאין עשייתה גמר מצוה, אינו מברך אלא בשעת גמר מצוה, **וכתוב** בפרישה, הא דאין מברך שהחיינו, משום דאינו בא מזמן לזמן, **ושאני** טלית ובגד שלובשו שמברך עליו שהחיינו, כמו שנתבאר באו"ח סי' רכ"ג, שהוא משום שמחה, **ובמזוזה** אינו מברך על שזיכהו השי"ת בבית, אלא על מצות קביעת המזוזה, עד כאן, ועיין לעיל סי' כ"ח סעיף קטן ה'.

[**אין להקשות, ליבעי ב', דהא על מזוזות כתיב, י"ל מדכתב רחמנא גבי קרבן פסח שתי מזוזות, ש"מ שבשאר מקומות דהוה מזוזות לא הוה שתים, גמ' בהקומץ**].

(והקובע ב' או ג' מזוזות, מברך ברכה אחת לכולן).

(**כתב** ברכי יוסף, אם הסיר המזוזה לבדקה, ודעתו לחזור ולקבעה, יש להסתפק אם יברך כשחוזר וקבעה, לשון למודים. **והנה** אין התשובה הנ"ל לפני, וכעת לא ידעתי מקום הספק בזה, אמאי לא הוי זה כמו פשט טליתו על דעת לחזור ולהתעטף בו, או בתפילין ע"מ לחזור ולהניחם, עיין באו"ח סימן ח' סי"ד בהגה, ובסימן כ"ה סי"ב בהגה, **ושמא** י"ל דהכא לא הוי על דעת לחזור ולקבעה, דשמא ימצא פסול, ולכן נסתפק בזה. ‹**א"צ** לברך, ואם קבעה לאחר יום ודאי דמברך – ערוה"ש›. **ונראה** דאם נפל המזוזה מעצמו לארץ, ורוצה לקבעה, צריך ודאי לברך, כמו נפל טליתו שם, ופשוט הוא).

סעיף ב - איזהו מקום קביעתה, בתוך חלל של פתח, בטפח הסמוך לחוץ - שיפגע במזוזה מיד, א"נ כדי שתשמור לכל הבית שבפנים מהמזיקים. **(ואם שינה, אינו מעכב, ובלבד שיניחנה במזוזה עצמה)** - ואפי' הניחה אחורי הדלת כשרה בדיעבד, כן משמע בטור, וכן נראה דעת הרב, **אבל** דעת הנ"י והרמב"ם נראה, דפסולה, וכן פסק הב"י, וכ"כ העט"ז, הלכך יש לחזור ולתקנו כהוגן, **ובספר** מעדני מלך כתב, דהנהו בתים הפתוחים לרחוב העובדי כוכבים ומניחים מפני כן המזוזות אחורי הדלת, דיש להם על מה שיסמוכו, על דברי הטור והרב. [**ומה** שמבואר בטור, דאף אם עשאה אחורי הדלת אינו מעכב בדיעבד, לא אשכחן מאן דפליג על זה, כיון שבימין הוא**]. זה** אינו, אלא הרמב"ם והנמוקי יוסף פליגי, וכמבואר בב"י, וכן דעת הבית יוסף - נקה"כ.

בתחלת שליש העליון גובה השער; ואם קבע למעלה מזה, כשרה, והוא שירחיקנה מהמשקוף טפח - ‹רמב"ם, וס"ל... דמ"מ לכתחלה יניח בתחלת שליש... **אבל** הרא"ש ושאר פוסקים חולקין עליו בכל זה, וס"ל דלכתחלה משליש עד המשקוף – גר"א›.

[**דכתיב** וקשרתם וכתבתם, מה קשירה בגובה אף כתיבה בגובה, ומה קשירה אינו בגובה ממש למעלה, אף כתיבה צריכה להרחיק טפח ממשקוף, וזהו לכתחלה, אבל בדיעבד כשר בלא הרחקה מלמעלה, כ"כ ב"י]. ‹לכאורה נראה, דהוא מפרש המחבר כשיטת הרא"ש, וצ"ע›.

הוא דעת הרמב"ם, ועל פי זה נמשכו קצת אנשי מעשה ברורים, שמניחים בתחילת שליש העליון, **אבל** כל עולם נוהגים להניחה בגובה הפתח, כדעת הרא"ש, **ולענ"ד** שיפה הם עושים, לפי שכן נראה עיקר בש"ס במנחות, ואותן אנשי המעשה לא עיינו שפיר רק בשו"ע, ואילו הוי עיינו שפיר בגמרא, לא היו עושים כן, **וכן** משמע להדיא בסמ"ג, וכן משמע ברבינו ירוחם, וכן דעת רבינו אליעזר ממיץ בספר יראים, וכן בשלטי גבורים, א"כ יפה עושים כל העולם שנוהגין כרוב הפוסקים - נקה"כ.

‹**אבל** האר"י ז"ל גלה סודו, שתהיה בסוף שליש העליון דוקא, עש"ב – ברכי יוסף›.

אבל למטה משליש העליון פסול, כן פסק הב"י והב"ח, [**ולא כהטור שכתב, דאם שינה גם בזה אין מעכב בדיעבד, ומש"ה כתב רמ"א, דקאי אסעיף ב'**, ‹היינו ארישא דס"ב›, **דכשר בדיעבד, דמשמע דבזה אפי' דיעבד פסול**].

וכתבו עוד מהפוסקים, דכשהפתח גבוה הרבה, יניחנה כנגד כתיפיו, אבל לא למעלה מכתיפיו בענין שלא יראה אותה, וע"ש, כן כתב העט"ז. [**וסמך לדבר נ"ל, בפסוק: ולבנימין וגו' ובין כתיפיו שכן, להורות שארצו ישכון לבטח טפי משאר ארצות, דאילו בשאר אין השראת השכינה אלא במקום מזוזה, שהיא בין כתפיו של אדם, אבל בנימין חופף עליו כל היום מלבד ובין כתפיו שכן**].

וצריך לקבעה על ימין הנכנס – [דכתיב ביתך, היינו דרך ביאתך, וסתם אדם עקר כרעא ימינא ברישא], **(ואין חילוק בין אם הוא אטר יד או לא)** – ‹זהו מלתא דפשיטא, אבל במקור הדין במרדכי איתא, אפילו הוא אטר רגל, דדרך ביאתו בשמאל דעלמא, מ"מ מניחו בימין דעלמא – רעק"א.

ולא דמי לתפילין, דאטר מניח בימין של כל אדם, וכמו שנתבאר באו"ח סי' כ"ז סעיף ו', **דשאני** מזוזה דהוי לשמור כל בני הבית, משא"כ בתפילין דהוה לדידיה לחודיה, כ"כ הב"י בשם המרדכי, **ונראה** דה"ה אם א' לבדו דר בבית, והוא אטר, או שכל בני הבית אטרים, **דלא** דמי לתפילין שהם מצות שבגופו, לכך אזלינן בתר ימין דידיה, משא"כ מזוזה דאינה אלא חובת הבית, לכך אזלינן בתר ימין של כל האדם, והיינו שלא חילקו בש"ס ופוסקים בין בני הבית אטרים או לא, וכן נראה דעת הרב, שלעולם מניח בימין, וכן נוהגין.

ואם קבעה משמאל, פסולה.

סעיף ג - מי שחולק ביתו לשנים, ובכל חלק פתח פתוח לרשות הרבים, ובמחיצה החולקת יש פתח מזה לזה - ואינו ידוע איזה חשוב כניסה או יציאה, הלכך אזלינן בתר היכר ציר, **במקום שעושה החור שבסף שציר הדלת סובב בו ומעמיד שם הדלתות, הוא הבית, ובדרך ימין שנכנסים לו, קובעים אותה.**

וכתב העט"ז, ופתח שנכנסים בו מן הבית לבית החורף שלנו, נ"ל שעושין המזוזה בימין הכניסה שנכנסין מן הבית לבית החורף, דעיקר תשמיש שלנו הוא בבתי החורף שלנו, ולא משגחינן בהו בהיכר ציר כלל, דבין הציר היא מבחוץ בין היא מבפנים, עושין המזוזה בימין הכניסה, עכ"ל, ופשוט הוא, ועיין עוד בב"י מדינים אלו.

[**ומזה יש ללמוד, במזוזה שעושה בפתח הפתוח מבית לחצר, אם יש לילך אחר ימין של הנכנס לחצר, או אחר ימין הנכנס מחצר לבית, והדין הוא כך, אם החצר סתום מכל צדדיו בלי פתח רק מבית לתוכו, אז הוה החצר כמו חדר, ולא אכפת לן בהיכר ציר הדלת, דאפי' אם היה היכר ציר בתוך הבית, אזלינן בתר ימין הנכנס מבית לחצר, ושם עושה המזוזה, אבל אם יש פתח מחצר למבוי אחר או לרה"ר מלבד פתח הבית לתוכה, אז אזלינן בתר היכר ציר, דבאיזה צד דיש היכר ציר הפתח נחשב כמו בית, ואזלינן בתר ימין הנכנס לתוכו, וכן הוא בתשו' מהרי"ל, וראיתי רבים נבוכו בזה הרבה פעמים, לכך כתבתיו].**

[**ומבואר עוד בתשו' מהרי"ל שם, באם יש בית החורף וחדר גדול, כל אחד יש לו פתח לחצר, ובאותו החדר יש בו חדר קטן, ויש לו שני פתחים אחד לבית החורף ואחד לחדר הגדול, אזלינן בפתחי חדר הקטן בתר היכר ציר דידהו, דאם היכר ציר דפתח שפתוח לבית החורף הוא בבית החורף, והיכר ציר דפתח הפתוח לחדר גדול הוא בחדר גדול, חייב לעשות ב' המזוזות של פתחי חדר קטן, האחת לימין הנכנס לבית החורף, והשנית לימין הנכנס מחדר קטן לגדול, ואם היכר ציר דידהו בתוך חדר קטן, עושין שניהם לימין הנכנס לחדר קטן, הן מבית החורף הן מחדר הגדול. ואילו לא היה פתח מחדר גדול לחצר, לא אזלינן בחדר קטן בתר היכר ציר היכן הוא, אלא החדר קטן היה נחשב בכלל החדר הגדול, ועושה מזוזה בימין הנכנס מבית החורף לחדר קטן, ובימין הנכנס מחדר קטן לגדול. ובב"י הביא דבר זה בשם תשו' אשכנזית, ואינו מובן לכך בארתיו, וגם להיות הלכה למעשה שגורה בפה].**

(**עיין** בספר חומות ירושלים שכתב, עובדא הוי בבהמ"ד של אנשים ושל נשים, ושתי דלתות בצד של נשים הוקבעו הצירין מב' צדדים, ותנורים בשני החדרים, **נראה** דחשבינן הכניסה משל אנשים לשל נשים, דאשה בעזרה מנין, משא"כ משל אנשים הולך השמש תדיר עם מפות ונרות וכדומה, גם מתאספים לפעמים יחד ראשי עם בשל נשים באמצע היום. **מיהו** י"ל דעיקר הדלת משום מילה, וא"כ הכניסה משל נשים לשל אנשים. **אך** באמת זה אינו, דרחוק הוא שתצאנה נשים בשעה שמביאים את התינוק, רק עומדים בשל נשים ומושיטים מזה לזה בידים לבד, ואין כאן ביאה דנחייב משום זה, **ואי** משום התינוק, אפילו בר חינוך אינו, וגם אינו הולך אלא מושיטים אותו, **ע"ש** שלא העלה בזה דבר ברור).

‹**וכלל** הדברים, לפי מנהג בתים שלנו יפלו כמה ספיקות בהפתחים איזה הוא ימין הכניסה, והיכר ציר אינו סימן תמידי, יש להתבונן הרבה בזה, וא"א לבאר פרטי הדברים בזה, **רק** בכלל כן הוא, שממקום שההילוך הוא יותר רגיל,

משם יחשבו הכניסה, ובמקום שההילוך שוה, ילכו אחר היכר ציר, ויותר מזה א"א לבאר כמובן – ערוה"ש›.

סעיף ד - כיצד קובעה, ימסמרנה במסמרים במזוזת הפתח - ואם נתנו שם לפי שעה, א"צ לקבוע במסמרים, כ"כ הב"ח מהירושלמי, **או יחפור בה חפירה ויקבענה בה** - (עיין בתשו' דרכי נועם, דלמצוה צריך שתהא קבועה במסמרים), **ולא יעמיק לחפור טפח בעומק, שאם עשה כן פסולה** - ‹שאין זה על המזוזה, אלא תוך המזוזה – לבוש›.

‹**וכתבו** עוד, תלאה במקל במקומה ולא קבעה פסולה, ע"ש. **ומבואר** מדבריהם דזהו לעיכובא שהמזוזה תתחבר למזוזת הכותל ע"י מסמרים דוקא, **ומסתברא** אם יכרוך המזוזה בנייר וידבקנה בדבק אל מזוזת הכותל, דשפיר דמי, דמה לי מסמר ומה לי דבק, כיון שנתחברה חיבור גמור, **מיהו** בלא דיבוק, כגון שיעשה בליטה ממזוזת הבית ויניח או יעמוד שם המזוזה, אינו כלום, כיון שלא נתחברה חיבור גמור למזוזת הכותל, **ודע** דמלשון ימסמרנה וכו' או יחפור בה חפירה וכו', משמע להדיא דבחופר חפירה א"צ מסמרים, והטעם, דכיון שמונחת בתוכה, הרי היא כאחת עם מזוזת הכותל, דדוקא כשהיא על מזוזת הכותל אינה חיבור בלא מסמרים, ולא כשהיא בתוכה – ערוה"ש›.

‹**עיין** בספר יד הקטנה שכתב, דהיינו בענין שתהא המזוזה נראית, והאריך בענין מ"ש בגמרא או שטלה עליה מלבן כו', והעלה דזה ברור לדינא, דכשאין המזוזה נראית וגם אין היכר וזכר לה כלל, דודאי אין יוצאין י"ח מזוזה כלל, **ולכן** מה שנוהגין ההמון לקדוח במזוזות הפתח ומניחין שם המזוזה, והיא אינה נראית וניכר כלל, אינם יוצאים בזה אף שהיא מונחת במקומה הראוי וכהלכתא, **ויש** לעשות איזה סימן או היכר בחלל הפתח על המקום הנקדח, ודי בכך, ע"ש›. ‹ועיין בט"ז בסי' רפ"ו ס"ה›.

סעיף ה - קבעה במזוזת הפתח בעודה תלושה, ואחר כך חברה לפתח, פסולה – [דהוה תעשה ולא מן העשוי בפסול, כמו גבי ציצית].

‹**עיין** בספר יד הקטנה שכתב, דבמקום שא"א לקבוע המזוזה על המזוזה ממש, כגון שמזוזת הבית היא של אבני שיש וכיוצא בהן, וצריכין לעשות תחבולה לקבוע שם חתיכת נסר של עץ כמין טבלא מרובעת למען יהיה אפשר לקבוע על זאת הטבלא המזוזה, **נראה** דבענין זה אם קבע המזוזה מקודם בהטבלא, ואח"כ קבע הטבלא עם המזוזה על מזוזת האבן, דאין בזה משום תעשה ולא מן העשוי, ע"ש שהאריך בטעם הדבר›.

‹עיין תשו' מהר"א ששון בסופו, דאף אם קבעו המזוזה כתקנה, והסירו הפתח כמו שהוא עם המזוזה, וחזרו לבנות הכותל, ונתנו הדלת עם המזוזה כמו שהיה קבוע, הוי ג"כ תולמ"ה, ע"ש, **ולדעת** המג"א או"ח, נראה דדוקא בקבע לבית אחר, דלזה הוי תחלת עשייה, אבל בחזר וקבעו למקומו הראשון, לא הוי תולמ"ה – רעק"א›. ‹**עיין** לעיל סי' רפ"ו סי"ד בפת"ש›.

סעיף ו - צריכה להיות זקופה, ארכה לאורך מזוזת הפתח – [בגמרא אמרינן, עשאה כמין נגר פסולה, ופירש"י שתחבה כבריח שנכנס בחור, אלא צריכה להיות זקופה], **ויכוין שיהא "שמע", דהיינו סוף הגלילה, לצד חוץ** - ‹דהיינו לצד אויר הפתח, וכן נוהגין שקובעין אותה באופן שרואין "שדי" מבחוץ, שהוא כתוב בראש השיטה נגד "והיה", או נגד אוירו לפי מנהג קצת, וממילא איזדמן כך שסוף גלילתה מבחוץ – לבוש›.

הגה: וכן נהגו (ב"י) - כלומר כן נהגו בשאר מדינות ובמלכותו של המחבר כדאיתא' בב"י, אבל י"א כו' וכן נוהגין במדינות אלו.

אבל י"א שפסולה בזקופה, אלא צריכה להיות שכובה, ארכה לרוחב מזוזת הפתח (טור והפוסקים בשם ר"ת) – [ר"ת ס"ל להיפך, דבזקיפה פסול, והיינו כנגר, ‹**דזה** הוא גנאי לה להעמידה כך, דגבי מת אמרינן דקבורה כזו נקרא קבורת חמור, ולפיכך אומרים שצריכה שתהא שכובה, כמו שהיו הספר תורה והלוחות שבארון שכובות בארון ולא עומדין – לבוש›, **וכתב המרדכי** בשמו, שאומר וכשאבנה ארון, אם אזכה ארחיבהו לפי העמדת ס"ת מיושב, כס"ת שהיה מונח בארון, וזו היא סדר קריאתו, עכ"ל].

והמדקדקין יוצאין ידי שניהם, ומניחים אותה בשפוע ובאלכסון, וכן ראוי לנהוג, וכן נוהגין במדינות אלו - (והגר"א זצ"ל בשו"ע שלו פסק כרש"י, שצריכה להיות זקופה, וכן עושין בס"ת, וכן הוא בהנהגות שלו). **ויכוין שיהא ראש המזוזה, דהיינו "שמע", לצד פנים, ושיטה אחרונה לצד חוץ** - ‹דבזה נמי הוי קבועה דרך ביאתך לבית – לבוש›. ‹**ואין** זה ענין למה

שנתבאר שיהא "שמע" לצד חוץ, דזהו בעובי המזוזה, צריך להיות "שמע" דהיינו סוף גלילתה לצד אויר הפתח, ודברי רבינו הרמ"א הוא על אורך המזוזה כמובן – ערוה"ש›.

(**עיין** בספר יד הקטנה שכתב, דבמקום שמזוזות הפתח אינם רחבים כלל, יקבענה זקופה ארכה לאורך מזוזת הפתח, כי אף הרמ"א אינו חולק אלא בענין שיוכל לצאת ידי שניהם, **ובענין** זה יותר טוב מאם לעשות אותה על צד מזוזת הפתח שלא בתוך חלל הפתח, דהיינו אחורי הדלת, ורוב הפוסקים פוסלים אותה, כמ"ש הש"ך סק"ג, ע"ש).

(**עיין** בספר חומות ירושלים שכתב, דחדר שקורין אלקע"ר, שאין המחיצה רק מנסרים, וא"א לקבוע המזוזה ברוחב חלל הפתח, נראה לקבוע מזוזה סופה סמוך לפתח, וראשה באלכסון ירחיק מעט מפתח, **גם** לדעת הסוברים להניחה מושכב, מסתברא שיהא שוליה לצד תוך הפתח, ע"ש. **ונ"ל** דלא ס"ל כדעת ספר יד הקטנה שהובא בס"ק הקודם, אם לא שנדחוק לומר, דהוא מיירי שאפי' באורך א"א להניח בחלל הפתח).

§ סימן רצ – שלא לכתוב אותה על גליון ספר תורה §

סעיף א- ספר תורה או תפילין שבלו, אין עושין מהם מזוזה - ‹ואין לומר הא גם בלא"ה א"א, שהרי בתורה שני הפרשיות רחוקים זה מזה, ואם תעשה מהם מזוזה, בהכרח צריך לתפרם, וכבר כתבנו בסי' רפ"ח דבשני עורות פסול אף כשתפרן›, **כגון** שנכתב פרשת "שמע" בס"ת בסוף הדף, לא יוסיף לכתוב למטה בגליון פרשת "והיה אם שמוע", דאע"ג דהשתא נכתבו כסדרן וכהלכתם, מ"מ אין מורידין מקדושה חמורה לקדושה קלה. ‹**ומתפילין**, היינו משל יד שנכתבים מעור אחד, ואף דבמזוזה "והיה אם שמע" תחת "שמע", ובתפילין הם זה בצד זה, אך כבר נתבאר שם דבשני עמודים כשרה – ערוה"ש›.

[בהקומץ כתבו התוס', וז"ל, ועוד יש כגון דפ' "שמע" בסוף העמוד והוסיף פ' "והיה אם שמוע" בגליון שלמטה, או פ' "והיה" בתחלת העמוד והוסיף "שמע" בגליון של מעלה, עכ"ל, וקשה על החלוקה שכתב "שמע" למעלה, הא הוי שלא כסדרן, וכתב בר"ס רפ"ח דפסול, והובא בב"י כן בשם מכילתא, וא"כ למה לי טעמא דאין מורידין כו', בלא"ה פסול, ונ"ל דהתוס' ס"ל, דההיא שלא כסדרן מיירי דוקא בחד פרשה עצמה, אבל לא מפרשה לפרשה כיון שאינן סמוכות בתורה, וכמ"ש לעיל ר"ס רפ"ח, והבאתי ראיה מאו"ח סי' ס"ד, ולפי"ז צ"ל לדעת רמב"ם בטור שפוסל גם בהקדים פרשה, לא מיירי כאן מחלוקה השניה של התוס' שזכרנו, אלא מחלוקה הראשונה, ומכאן נתחזק התימה שכתבתי על השו"ע ר"ס רפ"ח, ואין לומר דהתם קאי אם כתב תחלה "והיה" ואח"כ כתב "שמע" למטה ממנה, דא"כ לא היה לו להשמיט דין זה דהקדים פרשת "שמע" כסדר העמוד, אלא שכתב תחלה "והיה", ותו דאצ"ל היינו בדרך הבבא ראשונה שאין שם רק שינוי בכתב, אבל לא שינוי במוקדם ומאוחר].

לא קשה מידי, דהתוס' לא כתבו כן אלא לדמיון, דמשכחת לה השלמה בעור א', ולאפוקי מפי' הקונטרס שהביאו שם, דמיירי בב' עורות שתפרן, אבל לדינא בעינן כסדרן, וכן כתב בדרישה, **א"נ** התוספות כתבו כן למאי דדחי התם דמזוזה פרשיותיה פתוחות, אם כן ההיא ברייתא איירי להשלים, ואם כן כשמיירי להשלים על כרחן מיירי בכל ענין, בין שמשלים בפ' שמע או בפ' והיה, ואם כן ע"כ פליגא אמכילתא דשלא כסדרן יגנז, **אבל** למאי דקיימא לן דפרשיותיה סתומות, אין צריך לאוקמא להשלים, וא"כ לא אשכחן פלוגתא אמכילתא, וק"ל כמכילתא, ודוק, **וא"כ** מש"כ באות זה נדחה מתוך מה שכתבנו, ועמ"ש בר"ס רפ"ח - נקה"כ.

ואין כותבין אותה על גליוני ספר תורה, לפי שאין מורידין מקדושה חמורה לקדושה קלה - ‹דגליוני הס"ת יש בהם קדושה כבס"ת עצמה. **ונלע"ד** דלאו אדלעיל קאי אס"ת שבלה, כדמשמע לכאורה מריהטות דבריהם, אלא מילתא באפי נפשה היא, ואס"ת שלימה קאי, דבשבת [קט"ז א] אמרינן, דקדושת הגליונים הם רק כשהס"ת בשלימות, ואגב הכתב קדשי הגליונים, אבל כשבלה הס"ת בטלה לה קדושת הגליונים, ולמעשה יש להתיישב בזה – ערוה"ש›.

הגה: אבל מותר לתקן הס"ת עצמה עם גליונותיה - ‹וטעמא, שאין בזה לא מעלה ולא מוריד - לבוש›, **אם אי אפשר לתקנה בענין אחר,**

והיה צריך לגונזה בלאו הכי – ‹ואף על גב דצריך לגנוז החתיכות שנשארו, כיון דבלא"ה צריך לגונזה – גר"א.

‹**מבואר** בתשו' חתם סופר, דמ"ש הרמ"א אם א"א לתקנה בענין אחר, הכוונה אם הוא באופן שאין לצפות כלל שימצאו שום תיקון אחר לעולם, **אבל** אם אפשר בשום אופן למצוא בזמן מהזמנים אפי' רק קלף לתקן הס"ת הלז, א"כ עתידים הגליונות אלו לחזור להיות תשמיש לגוף ס"ת כשר, אסור לקוץ אותם בשביל לתקן עכשיו›.

‹**דין** זה הוא מתשו' מהר"ם פדוו"א, ומבואר שם דאינו חושב זה לירידה במה שמתקנין בהגליון הס"ת עצמה, והיינו להניח עליה מטליתים, אלא שקפידתו היתה מפני שא"א לצמצם לחתוך ממנה ממש כפי הנצרך להמטליתים, וישארו שיריים מהגליונות בלא כלום ויצטרכו גניזה, ולכן לא התיר רק אם א"א בענין אחר, דכיון דבלא זה יגנוזו הס"ת, מוטב יותר לתקנה בהגליונות, **וכתב** שם וז"ל, אמנם אם היה אפשר לחתוך רק כדי צורך המטלית, היה נראה להתיר, כי מעלה היא בתחלה גליון ואח"כ מגוף הספר וכו', עכ"ל, **אבל** הריב"ש לא כתב מטעם השיריים, אלא שזה עצמו ירידה היא, וז"ל, שאלת אם מותר ליקח מגליוני ס"ת שנקרע ולדבק בהם, או אם היא ירידה, נראה בודאי שאסור, שאפילו לכתוב עליו מזוזה אסור שאין מורידין וכו', וכ"ש לדבק הקרע שאינו משמש אלא מעשה דבק בעלמא ומאחורי הספר, עכ"ל. **אך** אפשר לומר דכוונתו לדבק הקרע של הס"ת, אבל לא יהיה זה למטלית לכתוב עליו, ומטלית עדיף טפי מפני שכותבין עליו, ולפי"ז י"ל דלא פליגי אהדדי, ונוכל להורות כמהר"ם פדוו"א, **עיין** ד"מ שתפס דפליגי, ואינו מוכרח ודו"ק – ערוה"ש›.

‹**עיין** בתשו' חתם סופר שכתב, דדוקא עם גליוני אותו הספר עצמו שמתקן, אבל לתקן ס"ת אחרת, כיון שלא נעשה מעיקרא לתשמיש זה הס"ת, אין להתיר אפי' א"א בענין אחר›. ‹**ונלע"ד** דזהו רק מס"ת כשירה או שביכולת לתקנה, אבל ס"ת פסולה שא"א לתקנה עוד, וצריכה גניזה, מותר לקצוץ הגליונות ולתקן מהם מטליתים לס"ת אחרת, דפשיטא דאין בזה ירידה, דזהו עדיף מגניזה – ערוה"ש›.

אבל אם אפשר לתקנה בענין אחר, אע"פ שהספר תורה מגוילין ורוצה לדבק עליה קלפים, לא יחתוך הגליונות לתקנה – ‹דמ"מ קצת הוא מיקל ומזלזל בה במה שחותך ממנה ומתקנה בו – לבוש›, **דאין אסור לתקנה מבחוץ בקלף אע"פ שהס"ת מגוילין.**

‹**וכתב** עוד בתשובת חתם סופר, בדבר סופר אחד שקצץ גליוני ס"ת שאין קוראין בהם מפני טעיותיהם, ודבקם בשולי היריעות של ס"ת התפורים זה בזה כדינו, אלא שנהגו סופרים לדבק בהם עוד מטלית אחד, וזה הסופר עשה זה מקצוצי גליונים, **הנה** לא טוב עשה הסופר הזה, **ואפשר** היה ראוי לאסור לקרות בס"ת זה כלל, כיון שנעשה בעבירה, כמ"ש בתשו' הר"י בן הרא"ש בב"י סי' ער"ה, בס"ת שקדרו בו שם וחזרו ותיקנו, שאין לקרות בו הואיל ונעשה בו עבירה, **אך** הכא קלקלתו תקנתו, שהרי הוריד הגליון הורדה גדולה יותר מדי, שהס"ת היה כשר בלא"ה ע"י תפירות היריעות, ואינו אלא ליתר שאת, והיא תקנתו, שאין ס"ת פסול בכך, ולא שייך נעשה בעבירה, **וכיון** שאין הס"ת פסול בכך, יניחם כך שזו היא גניזתן, ולא נורידם עוד להסיר הדבק, ואין לחוש שמא באורך הימים יפלו המטליתים ולא ידעו שהיו מגליוני ס"ת, כי ישראל ישרים הם וכל המחובר לטהרת קדושת ס"ת נוהגים בו קדש, וכל המוצאו מנשקו וגונזו, ע"כ יניח הדבר כמות שהוא, והסופר יקבל תשובה על עצמו, ע"ש›.

ס"ת או תפילין שבלו – ‹עיין בתשו' חת"ס, שרב אחד רצה לחלק, דדוקא ס"ת שבלה שכבר היה קודש, שוב לא פקע קדושתו, משא"כ חסר ויתיר בתחלת כתיבתו, לא נחית עליו קדושת ס"ת מעולם, וכמ"ש הרמ"א לעיל סי' רפ"ב, דמותר למכרו, ולכן מותר ג"כ לעשות ממנו מזוזה, וה"ה לקצץ גליונותיו לתיקון ס"ת שלם, **והוא** ז"ל כתב דזה אינו, דמה דנקטו שבלה, לרבותא קאמר, אפילו שבלה ולא חזי עוד למצותו כלל, אפילו ללמד בו תינוקות, ומכש"כ כשהוא רק חסר ויתיר דאפשר לתקנו לקרות בו בצבור או ללמוד בו, פשיטא שאין עושים ממנו מזוזה, **ומ"ש** הריב"ש דס"ת שיש בו טעות אינו אלא כחומש, היינו התם לענין למכרו כו', עש"ב. **ומ"ש** שם הכרח לזה, דאי ס"ד לא נתקדש מעיקרא, א"כ לא נתקדש שום ס"ת עד כתבו למ"ד אחרונה של "כל ישראל", ואיך יתקדש למפרע, **הנה** לפמ"ש לעיל סימן רע"ו סק"ג בשם הרמ"ע ובני יונה, דקידושו וגמרו באים כאחד, ע"ש, אין זה הכרח, ודו"ק›.

‹**עיין** בססר אליהו רבא, שפסק שאם כבר התחיל לכתוב על היריעה איזה שורות מס"ת ונפסל בשם, שאסור לכתוב על הנותר תפילין ומזוזות, דהוי כמו צר ביה ואזמניה, גם דמי קצת למ"ש כאן שאין כותבין מזוזות על גליון ס"ת, ע"ש, **ועיין** בתשובת נו"ב שהאריך בזה, והעלה

דהמורה בזה להקל לכתוב ביתר הקלף תפילין, לא משתבש, אבל לכתוב בו מזוזות אין להקל. **וע"ש** עוד בס"ת שבלה ולא נשאר כי אם איזה יריעות שלא בלו, ונשאר הקלף, אך הכתב הלך לו ולא נשאר שום רושם, **אסור** לכתוב דבר אחר על קלפים הללו, דלא כרב אחד שרצה להתיר, ע"ש).

§ סימן רצא – מזוזה מתי נבדקת ומי חייב בה §

סעיף א - מזוזת יחיד נבדקת פעמים בשבע שנים – ‹והיינו פעם לג' שנים וחצי – ערוה"ש›.

ושל רבים, פעמים ביובל - דכל דבר שהוא של רבים אין להטריח עליהם הרבה, שלא יאמרו כל אחד יעשה חבירו.

‹**והבדיקה** פירש"י, שמא נרקבה או נגנבה, ע"ש, ולפי"ז מקום המיועד לרקבון, כגון שיש שם לחלוחית, כמו שהרבה מצוי במדינתינו, יש לבדוק תדיר לכל הפחות פעם בשנה, וכן אני נוהג – ערוה"ש›.

(**כתב** ברכי יוסף, מי שיש לו הרבה מזוזות קבועות, ובדק שלש מהן ומצאן כשרות, אפ"ה צריך לבדוק כל שאר המזוזות שקבע בו בפרק במעמד שלשתן הכשרות, דלא כל המקומות שוות, הרב מהר"י מלכו בתשובת כ"י).

(**כתב** בספר חמודי דניאל כ"י, מי שקשה עליו להוציא המזוזה ולבדקה, ורוצה להניח מזוזה אחרת, וקשה עליו להוציא הישנה, אסור משום בל תוסיף, **ויזהר** כשיוציא את המזוזה שלא לפסלה).

(**עיין** בתשובת חתם סופר, בענין בית של ג' שותפים שיש בו יותר מארבעים מזוזות הקבועים בפצימי עץ, וכתב דפשוט דבעי בדיקה כשל יחיד, ורש"י פי' בהדיא, דרבים היינו שערי עיר ומדינה. **וכתב** עוד, דענין הבדיקה לא בעי מומחה הבקי בחסירות ויתירות, אלא כל אדם יכול לבדקן, אבל עכ"פ צריך לפתחן לעיין בכל אות אם לא נרקב, כיון שעשוי להתרקב ולבלות באורך הימים).

סעיף ב - השוכר בית מחבירו, השוכר חייב לקבוע בה מזוזה ולתקן מקום קביעותה - (עיין בתשובת רבינו עקיבא איגר, שכתב במי שיצא מדירתו לבית אחר לדור שם, ויש שם מזוזה מכבר שהניח הדר הראשון, דמחוייב הוא לברך על המזוזה, דזהו מצוה חדשה לו בבית זה, {**נראה** לי דכונתו שיברך לדור בבית שיש בו מזוזה, דברכת לקבוע ל"ש בזה, עיין מש"כ לעיל סימן רפ"ט סק"ג בשם מג"א}, **ועוד** נ"ל דגם ההולך מביתו על איזה ימים, דלכאורה הדין דכשחוזר לביתו יברך על המצוה, דהא בנתיים שלא היה בדירת ביתו לא היה עליו חובת מזוזה, ומתחיל עתה חיוב חדש כו', **ושוב** הביא בשם ספר ברכי יוסף באו"ח סי' י"ט, שכתב בפשיטות בדין הראשון דשוכר בית שיש בו מזוזה, דאינו מברך, דלא תקנו הברכה רק על שעת קביעת המזוזה. **וממילא** גם בדין הב' בנוסע מעירו ואח"כ חוזר לביתו, אינו מברך, וסיים דצ"ע לדינא, ע"ש). ‹**וכן** עיקר, דלא מצינו ברכה זו בשום מקום. **ונ"ל** דזה יכול לעשות, להסיר המזוזות ולבודקם ואח"כ יקבע אותה בברכה, ואע"ג דבסי' רפ"ט נתבאר שלא יברך בכה"ג, זהו כשכבר דר בה, אבל הנכנס לדור שפיר מברך בכה"ג, מידי דהוה אטלית, ודו"ק – ערוה"ש›.

(ואפילו שכר הבית בחזקת שיש לה מזוזה, לא הוי מקח טעות) - ‹דניחא ליה לאינש למיעבד מצוה בממוניה, כשהיא בדמים קלים כמזוזה – ערוה"ש›.

(**עיין** ברכי יוסף מש"כ בענין אם הוא להיפך, שכר בחזקת שאין לה מזוזה, כדי לקיים מצוה זו, ואח"כ מצא שקבע המשכיר את המזוזה, אי הוי מקח טעות, ע"ש, **ולשיטתו** אזיל עיין בס"ק הקודם).

וכשיצא, לא יטלנה בידו – ‹אע"ג דגבי ציצית קיימא לן מטילין מבגד לבגד, גבי מזוזה אסור, לפי שהמזיקין באין בבית שאין בו מזוזה, ויביא לידי סכנה אותם שידורו שם קודם שיהיה להם מזוזה אחרת – לבוש›.

(**וכתב** ברכי יוסף, דאף אם מיד שיוצא מבית זה יבא רעהו לדור בו, זה נכנס וזה יוצא, ושניהם נכונים זה להוציא מזוזתו וזה להכניס את שלו תיכף משמש כניסה ויציאה, **אף** על גב דלא שייך בזה הני טעמים דאיתאמרו בה, אפ"ה לא פלוג רבנן, ע"ש).

(**ומהאי** טעמא פסק בתשו' שיבת ציון, במי שמכר ביתו ולא כתב עם כל מה שבתוכו, ורוצה המוכר ליטול המזוזות הקבועים ביתדות בפתחי חדרים {או ישלם לו דמיהם}, וכתב דהדין עם הלוקח, **דאף** דפסקינן בחו"מ סימן רי"ד סי"א, המוכר בית סתם לא מכר אלא כל מה שמחובר בטיט, אבל מה שמחובר ביתדות לא מקרי חיבור, משום דבגמרא הוא איבעיא דלא איפשטא, והמע"ה, **היינו** דוקא

בדבר שהמוכר יכול להחזיק בו גם אחר המכירה, משא"כ במזוזות דאינו רשאי ליטול, ואין לו אלא תביעת דמים, א"כ נקרא הלוקח מוחזק, ואפי' לצאת י"ש א"צ לשלם לו, ע"ש).

(**עיין** ברכי יוסף שכתב, דאם הוא מקום שאינו מוצא מזוזה לבית שהוא רוצה עתה לדור בו, והיא רחוקה ממנו שתבא לידו, **כדאי** הם הגאונים רבינו האי ורב אחא שאמרו, דאם קבעה מיד בבית אחר, לית לן בה, לסמוך עליהם בשעת הדחק). (**וצ"ע** – ערוה"ש).

(ואם הקפיד על מעותיה, השני צריך לשלם לו) – (ואף אם זה הנכנס אינו רוצה לשלם, מ"מ אסור לו ליטלן – ערוה"ש).

ואם שכר הבית מעובד כוכבים - ואח"כ בסוף השכירות יוצא משם, נוטלה ויוצא, (**עיין** בשאילת יעב"ץ שכתב, דאין חילוק אם העובד כוכבים בעצמו ידור בו אח"כ, או שישכיר אותו לישראל אחר). (**אם** משכירה עוד לישראל אחר, יכול ליטול דמיהם מאותו ישראל הנכנס, וכשהוא יוצא יטלם – ערוה"ש).

או ששכרו לעובד כוכבים, נוטלה ויוצא - מיד קודם שיכנס לשם העובד כוכבים. (**דמה** לו ולסכנת הגוי – לבוש).

(**וכתב** בשאילת יעב"ץ, דמה שאמרו נוטלה ויוצא, הוא על דרך חיוב, משום דלמא אתי למיעבד בה מידי דבזיונא, ע"ש).

הגה: ועובד כוכבים שבקש שיתנו לו מזוזה, ורוצה לקובעה בפתחו, אסור ליתנו לו (כך השיב מהרי"ל) – (שהרי אינו מצוה במצוה זו – ערוה"ש). **ונראה לי דמ"מ במקום דאיכא למיחש משום איבה, ושירע משום זה לישראל, שרי (כן נראה לי).**

סעיף ג- הכל חייבים במזוזה, אפילו נשים ועבדים - דהוי ליה מצות עשה שאין הזמן גרמא, ועוד דכתיב למען ירבו ימיכם, והנהו נמי בעי חיי, **ומחנכים את הקטנים לעשות מזוזה לפתחיהם.**

§ סימן רצב – כמה דינים משלוח הקן §

סעיף א- שלוח הקן אינו נוהג אלא בעוף טהור - דכתיב: כי יקרא קן צפור וגו', ועוף טהור אקרי צפור, ולא טמא, **אפילו אם האם טרפה** - דמ"מ צפור מקרי. ‹**ואפילו** ניקב הושט, דהא לא הוי נבלה מחיים – רעק"א›. **ואפילו אין שם אלא אפרוח אחד או ביצה אחת, חייב לשלח** – [דכתיב קן מכל מקום].

(**עיין** בתשובת חוות יאיר, שנשאל אם כאשר יקרא קן צפור לפני איש בשדה, אם מחוייב עכ"פ לזקוק לה לשלח את האם, או רשאי לילך לדרכו, דלא אמרה תורה שלח תשלח רק אם רצה ליקח הבנים, **וכתב** דמדברי התוס' גבי האיבעיא דשני סדרי ביצים זה ע"ג זה הובא בש"ך בס"ט, מוכח שאינו מחוייב לטפל, **אך** אין דברי התוספות מוכרחים, דיותר נראה כפירוש הרשב"א, **ומדברי** הגמרא משמע דחייב לטפל, דאמר יכול יחזור בהרים כו', ת"ל כי יקרא, במאורע, וא"כ נהי דממעט שלא יחזור בהרים, מ"מ במאורע משמע דרמי עליה ליזקק לה, **ובפרט** לטעם הזוהר כו', ע"ש. **ועיין** בספר משנת חכמים שכתב, דכמו שאמרו בציצית דליכא עונש כי אם בעידן ריתחא, ה"ה בזה אם רואה קן ואינו נזקק לשלח את האם, מענשי ליה בעת ריתחא, אבל ליכא עונש כמו בעובר על מ"ע המוטל עליו, דמ"ע היינו אם לקח האם והבנים, ע"ש).

‹**ואף** שמן הדין אינו חייב לרדוף אחריה, מ"מ בודאי דבר גדול הוא להשיג מצוה זו, וכ"כ הברכי יוסף בשם האריז"ל – ערוה"ש›.

‹**יש** להסתפק אם זה שכתבה התורה ואת הבנים תקח לך, אם זהו חובה או רשות, **ואחד** מן הגדולים פסק שהוא רשות, ואם רוצה משלח האם והבנים יחד, או לא ליטול הבנים כלל, חכ"צ, וכמו ששת ימים תעבוד, או ששת ימים תאכל מצות, שהם רשות ולא חובה. **ומ"מ** מי שזיכהו ד' במצוה זו, יקיים קרא כדכתיב, דכל רשות שבתורה היא כמצוה, רק לגבי חובה רשות קרו לה, **ועוד** דלפי טעמי החכמה שנאמרו במצוה זו, בפי' הרמב"ן ובחיי וביותר בזוהר ותקונים, בדוקא הוא ליקח את הבנים – ערוה"ש›.

(**עבה"ט** של הרב מהרי"ט ז"ל, מש"כ אם מברך על מצוה זו כו', ‹אקב"ו על שילוח הקן›. **ועיין** בספר עיקרי דינים חלק או"ח הביא בשם תשו' סמא דחיי, דמסיק דדוקא הלוקח האם ומשלחה אינו מברך, דהוי מצוה הבאה בעבירה, **אך** אם שלחה מתחלה ולקח הבנים, ודאי מברך על גוף המצוה, **וגם** שהחיינו, כיון דאינו דבר מצוי ותדיר, הוי כדבר שקבוע לו זמן, **ובחלק** יו"ד הביא בשם תשו' תורת נתנאל, שאין לברך על מצוה זו, דשמא יהיו הביצים מוזרות, ואין לברך מספק). ‹**ובבאה"ט** כתב שיש מחלוקת ע"כ יברך בלא שם ומלכות, ע"ש, **ואין** כדאי לשומעם, דא"כ לא נברך על תפילין, שמא נפסל אות אחד, וא"ת דמעמידין על חזקה, א"כ גם כאן כן, והעיקר לדינא לברך – ערוה"ש›.

סעיף ב- קן המזומן אצלו, כגון יונים שדרכן ליגדל עם בני אדם בבתים, ואווזים ותרנגולים שקננו בבית, פטור - דכתיב: כי יקרא וגו', פרט למזומן, **אבל יוני שובך ועליה, וצפרים שקננו בטפיחים (פירוש כלי חרס הבנוי בכתלים אשר שם לפרים יקננו) ובבורות, ואווזים ותרנגולים שקננו בפרדס** - שאינו משתמר, **חייב** - דכיון דמרדו אין קינויו בידך, ‹שהבעלים נתייאשו מהן, ודינה כהפקר – ערוה"ש›, אבל אם משתמר, פטור, וטעמא, דהוי כמו ביתו.

והוא שלא הוגבהה האם מעל הביצים כלל, משהטילם - דהשתא ליכא למימר שזכתה לו חצירו והוי ליה מזומן, דכיון דאסור לזכות בביצים כל זמן שהאם רובצת עליהם, אם כן גם חצירו לא קנה ליה, דכיון דאיהו לא מצי זכי, לא זכי ליה חצירו, **אבל אם הוגבהה האם מעליהם, אם המקומות הללו שלו, זכתה לו חצירו** - דחצרו של אדם קונה לו שלא מדעתו, **והוה ליה מזומן, ופטור** - נראה דמיירי שהוגבהה עד כדי שתצא מתחת ידו, כדלקמן סעיף ד', **דאל"כ**, כיון דאיהו לא מצי זכי בה, כיון דלא יצאה מתחת ידו ולא קיים מצות שלוח, חצרו נמי לא זכי ליה, **אי** נמי דהכא מיירי שהוגבהה מעצמה, והלכך כל שאינה נוגעת על גבי הקן, סגי, דומיא דהיתה מעופפת דלקמן סי"א.

סעיף ג- ובכל מקום שימצאנו, בין באילן בין בארץ או בבורות שיחין ומערות או

בים - כגון ששטף הים את האילן והיה הקן בראשו, רש"י, ‹שהרי כתיב: בדרך, וים אקרי דרך, כדכתיב: הנותן בים דרך›, **או בראשו של אדם** - ‹כמו הפראים שבמדינת הודו, המתבודדים ביערים במקום אחד, ונקבץ עפר על ראשו, ומפני ריבוי העופות יש שעושים קנים על ראשיהם – ערוה"ש›. ‹**ילפינן** מדכתיב גבי אדם המבשר שהרג את שאול, ואדמה על ראשו וגו', ש"מ שנקראת העפר אדמה אפילו כשהיא בראשו של אדם, ומדלא אבדה את שמה לקרותה עפר על ראשו, ע"כ טעמיה הואיל ואדם גופיה אדמה הוא, וגם העפר שעל ראשו עדיין אדמה נקראת, ש"מ שכל מה שנמצא על ראשו של אדם, על הארץ קרינא ביה – לבוש›, **או בראש שאר בע"ח** - ‹צ"ע מנ"ל – גר"א›. ‹**וה"ה** לשאר בעלי חיים שכולן מעפר נבראו – לבוש›.

בין ברשות הרבים בין ברשות היחיד, חייב לשלח – [בטור כתוב אפילו ברשותו, והטעם, כיון דאיהו לא מצי זכי מצד איסור, חצירו נמי לא זכי, ולא הוה מזומן, ועיין מ"ש בסעיף ה'].

סעיף ד - צריך לשלח האם עד שתצא מתחת ידו, ואח"כ יקח את הבנים - ‹דלשון שלח תשלח הוא בידו דוקא, שיאחזנה ויפריחנה, אבל אם נתן עליה קול ופרחה מחמת הקול, לא עשה המצוה כלל – ערוה"ש›.

ואם רוצה לחתוך כנפיה קודם שישלחנה, כדי שלא תוכל לפרוח ויקחנה, אינו רשאי - ‹שאין זה שילוח כלל, ולא קיים המצוה כלל – לבוש›, **אלא ישלחנה מיד עם כנפיה כדי שתוכל לפרוח, ולאחר שתצא מידו, יקחנה אם ירצה** - אף על פי שלא נטל הביצים עדיין, וכיון שיצאה מתחת ידו הרי היא בפני עצמה, ויכול ליקח מה שירצה, **ואם חתכן, ישהנה עד שיגדלו כנפיה, וישלחנה** - ‹ונלע"ד דאע"פ שאח"כ לא יהיו הבנים, מ"מ מחוייב לשלחה, מפני חיוב של נטילה הראשונה שלא קיימה כדין, ומחוייב עכשיו לקיימה – ערוה"ש›.

סעיף ה - אם רוצה ליקח האם ולשלח הבנים, אינו רשאי. שלחה וחזרה, שלחה וחזרה, אפילו כמה פעמים, חייב לחזור ולשלחה - משמע אפי' שלחה כדין כדי שיצאה מתחת ידו, כיון שחזרה, אפי' שלחה כן כמה פעמים וחזרה קודם שנטל הבנים, חייב לחזור ולשלחה, דכיון שלא נטל הבנים עדיין וחזרה עליהם, הרי לא תקח האם על הבנים קרינן ביה, וכן משמע בש"ס פרק אלו מציאות, דהוי דומיא דהשב תשיבם, דאע"פ דקיים כבר מצות השבה, צריך להשיב כמה פעמים, וכן נראה לי דעת הטור, **ולא** עמדתי על דברי הב"ח שכתב, ורבינו מפרש כו' צריך לשלחם עד שתצא מתחת ידו, ואם לא יצאה מתחת ידו וחזרה, אסור ליקח האם, אלא צריך לשלח אפי' ק' פעמים עד שתצא מתחת ידו, עכ"ל, **דנראה** אפי' יצאה מתחת ידו, צריך לשלחה ק' פעמים עד שלא תחזור.

[קשה לי, כיון שהטור כתב בסמוך דגם ברשותו חייב בשילוח הקן, למה יהיה חייב כאן, כיון דבשעה ששלחה קודם החזרה היה יכול לזכות בבנים, דאז לא היה איסור, וממילא זכה לו חצירו אפילו שלא מדעתו, והוי ליה מזומן, ודמיא לסיפא שאחר זה, **וצריך** לומר שכאן מיירי שלא ברשותו, וצריך עיון אמאי לא פירשו דבר זה בהדיא].

אבל אם שלחה ונטל הבנים והחזירן לקן וחזרה האם עליהם, פטור מלשלח - דכיון דכבר זכה בהן, מזומן קרינן בהו, **ולפי** זה אם היה בחצירו, כל ששלחה אף על פי שלא נטלן, זכתה לו חצירו, ואם חזרה עליהם, פטור מלשלח.

סעיף ו - אם נטל האם מעל הבנים ולא שלחה, ישלחנה ופטור - ממלקות, דכיון שבידו לשלחה עוד, אינו חייב מלקות, אבל אסור לעשות כן לכתחלה, **אבל** אם מתה או ששחטה קודם ששלחה, חייב מלקות, כיון שאין בידו לקיים מצות שלוח, כ"כ הרמב"ם וכ"כ הר"ן, ‹**ומ"מ** מותר לאכלה חולין – רעק"א›, **וכתב** עוד הרמב"ם, וכן כל מצות לא תעשה שניתק לעשה, חייב לקיים עשה שבה, ואם לא קיימו לוקה, בא אחר וחטף האם מידו, או שברחה מתחת ידו שלא מדעתו, לוקה, שנאמר שלח תשלח, עד שישלח מעצמו, והרי לא קיים עשה שבה, ע"כ. ‹אבל לרש"י והרא"ש, דוקא ששחטה – גר"א›.

סעיף ז - היו הביצים מוזרות – [ילפינן מאפרוחים, מה אפרוחים בני קיימא, אף ביצים דוקא בני

קיימא], **או האפרוחים מפריחים** – [ומה ביצים צריכין לאמן, אף אפרוחים צריכין לאמן, יצאו מפריחות], **או שהם טריפה** – [דכתיב: תקח לך, ודרשינן: ולא לכלביך], **או שזכר רובץ על הקן** - אפי' הוא קורא זכר, ‹אע"פ שידענו שהוא אביהם, כגון יונה שאיננו מזדקק רק לבן זוגו – ערוה"ש›, ‹דהאם רובצת כתיב, ולא האב שרובץ›, **או שעוף טמא רובץ על ביצי עוף טהור** - ‹משום דכתיב: כי יקרא קן צפור, ולא אשכחן טמא דאיקרי צפור, ואע"ג דהבנים צפורים הם ובני שילוח הם, מ"מ קן צפור בעינן, שתהא האם שהיא מקננת צפור טהורה – לבוש›, **או עוף טהור רובץ על ביצי עוף טמא, פטור מלשלח** - ‹משום דכתיב תקח לך ולא לכלביך – ב"י›.

סעיף ח - היתה רובצת על ביצים שאינם מינה, והם טהורים - כלומר האם והבצים שניהם טהורים, אלא שאינם מינה, **הרי זה משלח; ואם לא שלח, אינו לוקה** - ‹בעיא שם ולא נפשטה – גר"א›.

ומדלא חילק משמע אפי' בקורא נקבה אינו לוקה, והיינו דעת הרמב"ם כמ"ש בב"י, וכן הרי"ף כפי מה שהבין הרא"ש מדבריו, ואחריו נמשכו רבינו ירוחם והב"ח בהבנת דעת הרי"ף, **אבל** דעת הרא"ש וטור ורש"י והר"ן, דבקורא נקבה חייב אע"פ שרובצת אביצים שאינם מינה, כיון דשניהם טהורים, וכ"כ רבינו ירוחם שכן פסקו רוב הפוסקים, **ולפי** מש"כ הב"י ומהרש"ל סוף פרק שלוח הקן, גם הרי"ף סובר כן, וכן פסק מהרש"ל שם. **ופי'** קורא כתב רבינו ירוחם, שא"א להיות עוף הנקרא קוקליי"ו, כמו שפירשו קצת המפרשים קורא דגר ולא ילד, כי הוא עוף טמא, ופשוט לכו"ע שפטור, ע"כ.

סעיף ט - היתה מטלית או כנפי נוצה מעוף אחר או ביצים מוזרות מפסיקין בינה לקן, או שהיו שני סדרי ביצים זה על זה וכנפיה נוגעות בסדר העליון; (או שהיתה) אם על גבי אם, או שהיה הזכר על הקן והאם על הזכר, הרי זה משלח, ואם לא שלח אינו לוקה.

שני סדרי ביצים כו' - כתב העט"ז דנתכוין ליטול התחתונים לבד, והיינו כפירש"י, **אבל** בחידושי הרשב"א כתוב דאינו מחוור, דהא מכל מקום האם רובצת על הביצים העליונים, ואפי' לא יטול לא עליונים ולא תחתונים, הא תנן ונתבאר בסעיף ה', הריני נוטל את האם ומשלח את הבנים לא אמר כלום, **אלא** הכא כשהעליונים ביצי עוף טמא, וא"נ בביצים מזומנים, דומיא דמטלית, וכגון ששלח ידו לקן ושם על הביצים שלו כדי שיעשה חציצה בין האם לביצים, כן נ"ל, עכ"ל, **ולי** נראה פשט דש"ס עיקר כרש"י, וכן משמע פשט דברי הטור והרמב"ם והמחבר, ול"ק ממאי דתנן הריני נוטל את האם כו', **דהכא** אינו רוצה ליטול האם, אלא הביצים התחתונים לבד, ומבעיא לש"ס אי הוי ביצים עליונים חציצה, ואם כן הני ביצים תחתונים כמאן דמנחי בדוכתא אחריני, ומותר ליטלן קודם שישלח, או לא הוי חציצה, ואסור ליטלן, **אבל** האם עכ"פ אסור ליטול, משום שרובצת על הביצים העליונים, אף על פי שאין דעתו ליטלן, ונ"ל שזהו דעת התוס', כן נ"ל.

סעיף י - שחט מקצת סימני האפרוחים בתוך הקן קודם שיקחנה, הרי זה משלח, ואם לא שלח אינו לוקה - דמספקא לן אי אמרינן כיון דאי הוה שביק לה הכי הוי מיטרפא, והוי לך ולא לכלביך ופטור מלשלח, ונוטל האם בהיתר וגומר השחיטה, **או** אמרינן כיון שבידו לגמור השחיטה, תקח לך קרינן ביה וחייב לשלח, **וכתב** בספר מעדני מלך והיינו בענין דלא הוה שיעור שהייה, ולדידן לא שייך דבכל שהוא מטרפינן, עכ"ל, **ולי** נראה דמיירי שבשעה ששוחט נוטל האם, כגון דשחט בחד ידא ולוקח האם בחד ידא, או מצוה לאחר ליקח האם, והיינו שלא הגיה הרב דלדידן לא שייך, וכן העט"ז ושאר אחרונים כתבו כאן בסתם דין זה, **ועוד** אפי' תימא דמיירי בשהה כל שהוא, מ"מ כיון דהרבה פוסקים מתירין וכדלעיל סי' כ"ג, אלא דאנן מחמירין, והיינו לענין אכילה, אבל לא להקל לענין שלוח הקן, וק"ל.

סעיף יא - היתה מעופפת על הקן, אם כנפיה נוגעות בקן חייב לשלח – [מדכתיב רובצת, ולא כתיב יושבת, אבל מ"מ בעינן שיגע, מדכתיב רובצת], ‹דאל"כ מעופפת מבעי ליה›, **ואם לאו, פטור אף על פי שנוגעים מן הצד** – ‹שאין זה נקרא רובצת אלא מעופפת – לבוש›. [**ובטור כתוב בשם הרמב"ם**

בזה, דאם נוגעות מן הצד חייב, והקשה הר"ן, דהא אמרינן בגמ', א"ר ירמיה כי קתני ברייתא בנוגעות מן הצד דפטור, וצ"ל דהרמב"ם היה מפרש דהכי קאמר, דברייתא איירי במעופפת מן הצד ונוגעת שם, דפטור, אבל במעופפת עליהם, אפי' בנוגעת מן הצד, חייב]. ‹ורבים חולקים עליו בזה – ערוה"ש›.

סעיף יב- היתה יושבת בין הביצים או בין האפרוחים, אפי' נוגעת בהן, פטור - דעל הביצים והאפרוחים כתיב, ואין זה "על".

סעיף יג- היתה יושבת על שני ענפי האילן והקן תחתיה, רואים כל שאילו תשמט ונופלת עליהם, חייב - דמקרי רובצת עליהם, ואף על פי שאינה נוגעת כלל, כיון שיש לה מושב על גביהן, רש"י, ‹אין זה כמו מעופפת, כיון שהיא יושבת על הענפים והענפים מעכבין אותה שלא תוכל ליגע בביצים, לפיכך רואין כל שאילו תישמט מבין הענפים נופלת עליהם חייב, שזה הוי "על" – לבוש›, **ואם לאו, פטור.**

§ סימן רחצ – דברים האסורים משום כלאי בגדים §

סעיף א - אין אסור משום כלאים, אלא צמר רחלים ואילים עם פשתן; אבל צמר גמלים וצמר ארנבים ונוצה של עזים וכל שאר מינים, מותרים בפשתן; וכן קנבוס וצמר גפן וכל שאר מינים, מותרים אפי' בצמר רחלים ואילים.

וחכמים אסרו מפני מראית העין משי עם צמר, לפי שדומה לפשתים; וכן כלך, והוא מין שגדל בכרכי הים על האבנים שבים ודומה לצמר, אסרוהו מפני מראית העין עם הפשתן. והאידנא משי מצוי בינינו והכל מכירים בו, לפיכך אין בו משום מראית העין ומותר עם הצמר ועם הפשתן - (לכאורה קשה, דהא קיי"ל דדבר שנאסר אף שבטל הטעם צריך מנין אחר להתירו, ומצאתי בספר תפארת ישראל על משניות בפ"ט דכלאים שהעיר בזה, **וכתב** לתרץ ע"פ דברי הט"ז באו"ח סי' של"ט סק"ג, ע"ש, ‹וז"ל: דהכא שאני כיון דלא שכיח›. **ולפי** מ"ש המג"א בסימן ט' ס"ק ז', בלא"ה לא קשה מידי). ‹וז"ל: דכיון שטעם האיסור ידוע, אם נתבטל הטעם נתבטל האיסור ממילא, ע"כ›, ‹דכיון דהאיסור היה מפורש מפני העדר המציאות, הוה כאלו פירשו דאם יהיה מצוי, מותר – ערוה"ש›.

סעיף ב - רחל בת עז, צמרה אסור עם פשתן, מפני מראית העין - ‹אבל בגמ' שם משמע דמדאורייתא אסור אלא דאין לוקין – גר"א›.

הגה: ואסור לתפור בגד קנבוס תחת בגד צמר במקום דלא שכיח קנבוס, משום מראית העין - והוא הדין דאסור לתפור בחוטי קנבוס בגד של צמר היכא דלא שכיח קנבוס, כן משמע בהרא"ש וטור גבי משי, וה"ה בקנבוס לדידן, **ובמקום דשכיח שרי** - ובמדינותינו נוהגין היתר בבגד קנבוס, כי הוא מצוי לרוב, הגהת דרישה, **וכתב** הב"ח, דכיון שמצוי, נוהגין היתר אף על פי שלא נמצא מי שמכירו להבין שהוא בגד קנבוס כי אם על המעט כו', וע"ש שהאריך. ‹**ואפשר** לומר דאחרי שמצוי אין כאן מראית עין, אף שההכרה ביניהם קשה מאד, שיתלו בקנבוס, ולמה יתלו באיסור – ערוה"ש›.

‹**בב"ח** לא כתב כן בדרך היתר כי אם בדרך ספיקא דדינא, וז"ל, וצ"ע במלכותינו דמצוי בגד קנבוס בקצת מקומות, אלא שלא נמצא מי שמכירו להבין איזה פשתן ואיזה קנבוס אלא על המעט, אי רשאי לתפרו תחת צמר, דמשמע דבעינן הכל מכירים בו, כמ"ש הרא"ש גבי משי, עכ"ל, **ועיי"ש** שהאריך אח"כ לצדד, דלתפור תחתיו בענין שאינו נראה ובענין דליכא חשש דאורייתא, דיש להקל בדרבנן בחדרי חדרים, כדקי"ל באו"ח, ע"ש, **ולענ"ד** יש לדון להקל אף בדאורייתא אם התפר תחת הבגדים, לפמ"ש תוס' בשבת דס"ב ע"א ד"ה והתניא וכו', דהיכא דהוא בהצנע גם בשוק מותר, עיין שם – רעק"א›.

‹**ואני** תמה, דבדבר המפורסם לכל לא שייך חדרי חדרים, ודבר ידוע אצלנו שמדבקים הקליאקק"א בכל הבגדי צמר כשהם של קנבוס, ויש שהולך הכשר על זה, א"כ הוה פירסום גדול והיה לנו לאסור, **אלא** ודאי כדברינו, דאדרבא כיון שהדבר מפורסם הרבה ואצלינו יש הרבה קנבוס, ובמעמקי מדינת רוסיא עיקר הזריעה הוא הקנבוס, והולכים במסחור הרבה יותר מפשתן, והמה בזול הרבה נגד פשתן, לא שייך כלל מראית העין אלא העדר ידיעה, אבל הרואה למה לו לתלות באיסור – ערוה"ש›.

‹**ודאי** דאם אין הישראל אומר בבירור שהוא קנבוס, א"א להקל בזה אא"כ מכיר בעצמו שזהו קנבוס, או שלפי המקח בודאי הוא קנבוס שהוא בזול יותר מהפשתן – ערוה"ש›.

§ סימן רצט – באיזו מינים נוהג בהם כלאים §

סעיף א - צמר רחלים וצמר גמלים וכיוצא בו שטרפן זה בזה וטווה מהם טווי, אם היה החצי מהרחלים, הרי הכל כצמר, והרי הוא כלאים עם הפשתן; ואם היה הרוב מהגמלים, מותר לערבו עם הפשתן, מפני שצורת הכל צורת צמר גמלים - ‹וה"ה צמר רחלים שטרפן עם קנבוס, ורובו קנבוס, וכן פשתן שנתערב ברוב צמר גמלים, תשב"ץ – רעק"א›.

‹והאמת דזהו לאו מתורת ביטול הוא, דהתורה שגזרה לילך אחר רוב, היינו בדבר שזה חלוק מזה באיסור ובהיתר, כמו אחרי רבים להטות בדיינים שזה מחייב וזה פוטר, אבל דבר ששניהם שוים בהיתר או שניהם באיסור, מה שייך ביטול, **וזהו** שדקדק וכתב: מפני שצורת הכל צורת צמר, כלומר דכל זמן שלא נטוו ולא נעשו חוטין, אין להם עדיין שם חשיבות לקרא אותם כך או כך, ולכן כשהרוב של גמלים נקרא הכל צמר גמלים – ערוה"ש›.

ואין חוששין לנימות של צמר המעורבים בהם, מפני שאינם חוטי צמר – ‹כלומר שאין נושאין עליהם שם צמר, מפני שעדיין לא נעשו חוטין›. **לפיכך עורות הכבשים שעושים מהם מלבושים, מותר לתפרן בחוטי פשתן, ואין חוששין לנימות של צמר, אף על פי (שנכרכו) בכלל חוטי הפשתן שתפרו בו, שהרי בטלו במיעוטן** – ‹דכל זמן שהן נימות ולא חוטין, אין עליהם שום שם חשיבות, וממילא דנתבטלו ברוב – ערוה"ש›. ‹**שאין** אסור מן התורה אלא שעטנז, שפירוש: שוע טווי ונוז – לבוש›.

וכן הקנבוס והפשתן שטרפן זה בזה, אם רוב מהקנבוס, מותר לארוג הטווי מהם עם חוטי צמר; ואם היו מחצה למחצה, אסור.

הילכך מי שנתערב לו צמר עם פשתן, מביא מין אחר ומערבו עמהם, ומבטל אחד מהם – [פי' אם נתערב צמר רחלים עם פשתים, מביא צמר גמלים הרבה ומערב שם, ממילא נתבטל הצמר רחלים ואין כאן איסור, **אבל** בתרי מינים לחוד לא מהני ביטול ברוב מחמת מין א' על חבירו, ‹דא"כ אח"כ כשיעשו מהם בגד, הא בע"כ יש בו כלאים, אבל כשמביא מין אחר ומרבה על האחד מהם, נתבטל המועט כאלו אינו כלל, כיון שלא היה עליו עדיין חשיבות שם, וקודם שנעשה בגד כבר אבד שמו›, **ובעורות כבשים הוה ג"כ מין שלישי, דהיינו העור עצמו שהוא מעורב עם קישור חוט התפירה של הפשתן ועם הצמר של העור**]. ‹**ודברים** תמוהים הם, דהרי העורות עומדים בפני עצמו, **אמנם** האמת דהרמב"ם עצמו דקדק בדבריו, מפני שהם נימין עדיין ואין בהם חשיבות שם, ונקרא על שם חוטי פשתן ולא על שם נימי צמר הכרוכין בהן, ומהנימין האלו לא יהיה לעולם לא בגד ולא חוטין – ערוה"ש›.

[ובדרישה הקשה, מאי שנא כאן דמבטלין איסור לכתחלה יותר משאר איסורים, כגון בשר בחלב וכיוצא בו, **ודחק לתרץ ע"ש**, ‹וצ"ל דהואיל ועדיין אינן טוויים, לא מחשבינן לאיסור הצמר והפשתן, ומשום הכי שרי – דרישה›, **ולא** קשה מידי, דכאן אין איסור, אלא החבור אוסרם דוקא, **ושפיר** יש לנו רשות לבטל החבור ע"י שהמין הג' יבטלו, ולא אמרו אין מבטלין איסור אלא כל שיש איסור מצד עצמו ונתערב בהיתר, שאין לך להוסיף על ההיתר שיבטל האיסור בתוכו, **ואין** לומר דדמי לחתיכת בשר שנאסרה מחמת בליעת חלב, דאין מועיל שם ביטול, דהתם אף ההיתר נעשה איסור, דחתיכה עצמה נעשית נבילה מחמת שההיתר בלוע מן האיסור ונותן בו טעם, משא"כ כאן דאין שייך טעם, ע"כ סגי כשמוסיף מין ג', ואותו המין מבטל אחד מהם].

ולא שייך בהו בטול אלא קודם שיעשו חוטים, אבל אחר שנעשו חוטים אין לכלאים שיעור, אפילו חוט כל שהוא של צמר בבגד גדול של פשתן, או של פשתן בצמר, אסור. הגה: ואפילו נאבד החוט ולא ידענו מקומו, לא שייך ביה בטול, ואסור - ולא אמרינן שיבטל ברוב מאחר שאין מקומו ניכר, דלא שייך ביטול ברוב אלא איסור שנתערב בהיתר, אבל היתר שנתערב בהיתר וע"י תערובתם נאסר, לא שייך ביה ביטול, דאין כאן אלא חתיכה אחת של איסור, כלומר דעכשיו נעשה הכל כחתיכה אחת של איסור, הרא"ש והפוסקים ומביאם בית יוסף, **והעט"ז** כתב, ולא דמי לבשר בחלב דקי"ל שבטל, דהתם טעם הבשר או החלב מתפשט ונתערב בכולו, ואין כאן מקום מיוחד לאיסור, והוי כאילו נאבד מן העולם, **אבל** הכא שהאיסור יש לו מציאות במקומו ולא נתפשט, אלא שאין אנו מכירין אותו, לא שייך ביטול, נ"ל, עכ"ל, **וקשה** לדבריו, דא"כ הוי ליה לתרץ בקיצור דלהכי לא בטל הכא, כיון שהאיסור יש לו מציאות במקומו, **אלא** ודאי משום דקי"ל בעלמא, דאפי' יש לאיסור מציאות במקומו, כגון שנתערב יבש ביבש, בטל, **וא"כ** הדרא קושיא לדוכתא, דהא בשר בחלב בטל ואפי' יבש ביבש, **אלא** הטעם ברור ומבואר בדברי הרא"ש ופוסקים, לפי שגבי בב"ח אין האיסור אלא מחמת שיתן טעם, והלכך כשבטל הטעם בטל האיסור,

משא"כ גבי כלאים דהאיסור משום חיבור הוא, וגזרת הכתוב כך הוא, הלכך לא שייך בזה ביטול, ואשתמיטתיה להעט"ז דברי הרא"ש ופוסקים אלו, **והלכך** ביבש נמי, טעם האיסור הוא דיאכל האיסור, והלכך כל שנתבטל ברוב מותר, וכן בבשר בחלב נמי, ודו"ק.

(**ועיין** בתשו' חת"ס שכתב ליישב דברי הלבוש בטוב טעם, משום דקשה עוד על האי כללא דהיתר בהיתר לא בטל, דא"כ אמאי המעביר עציץ נקוב בכרם אם לא הוסיף מאתים מותר, וכן מחיצת הכרם שנפרצה, והטעם משום שהיניקה בטילה בפחות ממאתים, וכ"כ להדיא רמב"ן, וקשה הא הוי היתר בהיתר, **וע"כ** מוכח כסברת הלבוש, דנהי דבביטול איסור בהיתר אין חילוק בין יבש ללח, מ"מ בהיתר בהיתר יש חילוק, דביבש ועומד במקומו כמו בגד שאבד בו כלאים, לא בטל, אבל לח בלח שמתפשט ונאבד במיעוטו, בטל, ואפשר דילפינן לה מבב"ח, כקושיית תוי"ט).

בגד שכשתי של משי והערב של פשתן, אסור לתפרו עם הצמר אף על פי שרובו של משי; ולכן אסור לעשות טליתו מבגדים שקורין פירכו"ט, כי הערב של פשתן והוי כלאים עם הצילית.

(**בספר** חכמת אדם כתב, איינגלישע פלענעלייא ע"פ נסיון ראינו שהשתי פשתן והערב צמר, ע"ש).

סעיף ב - העושה בגד כולו צמר גמלים או ארנבים או קנבוס, וארג בו חוט של צמר מצד זה, וחוט של פשתן מצד זה, הרי זה אסור משום כלאים - צ"ע, דזה אינו אלא לסברת הרמב"ם דלקמן סי' ש' ס"ה, אבל לא לסברת המתירים שסתם המחבר שם כדבריהם, וא"כ היאך כתב המחבר כאן סברת רמב"ם בסתם בלי חולק, וצ"ע. **הגה: וי"א דשרי בכה"ג, אלא אם כן ארג חוט של צמר אצל החוט של פשתים; אבל אם אינם נוגעים יחד, שרי. ועיין לקמן סימן ש' דנוהגין להקל.**

§ סימן ש – איזו כלאים דאורייתא ואיזו דרבנן §

סעיף א - כיון שנתחבר הצמר עם הפשתן צד חיבור בעולם, אסור משום כלאים.

[בנדה אמרינן: א"ר אחא בריה דרב ייבא משמיה דמר זוטרא, האי מאן דרמי חוטא דכיתנא בגלימא דעמרא ונתקיה, ולא ידע אי נתיק אי לא נתיק, שפיר דמי, מ"ט מדאורייתא שעטנז כתיב, עד שיהא שוע {פי' חלוקים יחד במסרק}, טווי {פירש"י טווי יחד}, ונוז {פירש"י נוז לשון אריגה}, דרבנן הוא דגזרו ביה באריגה בלא שוע וטווי, וכיון דלא ידע אי נתקיה שרי, מתקיף לה רב אשי אימא או שוע או טווי או נוז, והלכתא כמר זוטרא מדאפקינהו רחמנא בחדא לישנא. **והקשו התוס'** על רש"י שפי' טווי ביחד, דא"כ כלאים בציצית היכי משכחת לה דאצטריך קרא למשרי, והלא חוטי תכלת חלוקים במסרק וטווי לבדם... **וע"כ** פר"ת דמדאורייתא שוע כל אחד לבדו, וכן נמי טווי, וכן נמי נוז לבדו, דהיינו שזורים, **ואח"כ** יחדיו לחברם, משו"ה צריך קרא להתיר כלאים בציצית, שהחוטים שזורים כל אחד לבדם, **והוקשה לב"י** דברי הרמב"ם, כיון דקי"ל הלכתא בגמרא שוע וטווי ונוז ביחד דוקא, למה פסק דבלבדים שאין שם אלא שוע דהוי כלאים... ונראה דדברי הרמב"ם הם נכונים בפי' מרווח, ולא כהני מילי דחיקי, והם ע"פ דבריו בפי' המשנה כפי הנוסחא שהביא ב"י, שכתב וכל שאינן נחברים כך הוא כלאים מד"ס, כן אמרו מקצת גאונים, וזה אצלי מאמר בלתי אמיתי, אלא שכל אחד מהם הוא כלאים של תורה, ומה שנזכר בגמרא דנדה אינו לשון התלמוד, אבל הוא לשון איזה מפרש, עכ"ל. הרי שתופס הרמב"ם כרב אשי, דאו שוע כו' קאמר, ומה שנאמר בגמרא והלכתא כמר זוטרא, אינו מלשון התלמוד, דהוקשה לרמב"ם קושיית התוספות דלעיל, דא"כ למאי דקי"ל כמר זוטרא דבעינן כולהו יחד, למה לי קרא בהיתר כלאים בציצית, ובהדיא כתב הרמב"ם הוכחה זאת שם בפירוש בהלכות כלאים, אלא ודאי דקי"ל להלכה דגם כאן בחד סגי, ומר זוטרא ה"נ דלא דריש קרא להתיר כלאים בציצית, אלא דלדידן קי"ל ג"כ כאן כרב אשי דבחד סגי, וכן מכוון בדברי הרמב"ם... ע"כ זכר תחילה שע ביחד ועשה לבדים, ואח"כ טווי, והוסיף עליו מלת ואריג, דטווי בלא אריג אין בו איסור, אע"פ שנתחברו ע"י עירוב, מ"מ בעינן שם בגד דוקא, ואח"כ כתב בבא ג' לפרש תיבת נז, דענינו כל שהוא נעשה מחובר, ולא מפרש כרש"י דנוז היינו אריג,

אלא כר"ת דהיינו שנעשו חיבור ע"י שיזור, ‹אין זה דעת ר"ת, דהא לר"ת נוז קאי על כל חוט לחוד – שבה"ל›, וה"נ מפרש הרמב"ם לכל ענייני החבור שישנם, וכמו שהזכיר בבא ג'... וכ"ז הוא ברור לפענ"ד כביעתא בכותחא, דהרמב"ם אוסר בכל אחד מהני תלת בפני עצמו, כן נלע"ד לדעת הרמב"ם, אבל פוסקים אחרים, דהיינו הראב"ד והטור, ס"ל כמר זוטרא, דעד שיהיו כולהו בעינן].

כיצד, צמר ופשתן שטרפן זה עם זה ושע אותם ועשה מהם לבדים - ורוב הפוסקים ס"ל, דלבדים אינן אסורין אלא מדרבנן, ובקשין מותר לגמרי, כדלקמן סי' ש"א, וע"ש סעיף ב' בהג"ה.

(**ועיין** בספר נשמת אדם בראש הספר, שכתב דנייר שלנו הנעשה מבלויי סחבות של צמר ושל פשתן, דומה ממש ללבדים, וא"כ לרמב"ם הוי כלאים דאורייתא, ולכו"ע מדרבנן, **אך** י"ל דנייר שהוא עב דינו כלבדים קשים, שהרי אינו מחמם כלל, וא"כ לרמב"ם ושו"ע אסור מדרבנן, ולשאר פוסקים מותר לגמרי, **ולפי"ז** בנייר פשוט שקורין ביבולע, ובל"א פלייס פאפיר, אפילו אם לא יחבר עם צמר, רק להניחו בבגד משי לרמב"ם ושו"ע אסור מדרבנן, שהוא בעצמו שעטנז, שהרבה פעמים נמצא בהם חוטי פשתן שלימים וגם מצמר, **ונייר** עב ‹שאינו נעשה רק מבגדי פשתן, ע"ש› בעצמו אינו שעטנז, רק אסור לחברו עם צמר. **אבל** לרמ"א כשיטת שאר פוסקים, בנייר עב מותר, אבל הנייר ביבולע שהוא רק אסור עכ"פ מדרבנן, ולכן כל ירא שמים יזהר בזה, אך הנח לישראל מוטב כו', **וא"כ** הקאפעלושין שמדבקים בו נייר לבן, ראוי לכל ירא שמים להסירו, עכ"ד. **אולם** מצאתי בס' לחם הפנים שכתב בשם תשובת באר עשק, דמותר לחבר ניירות הגסות תוך מלבושי צמר, ולית בהו חשש כלאים, ע"ש, ואין בידי כעת תשובה הנ"ל).

או שטרפן וטווה אותם כאחד, וארג בגד מטווי זה, או שתפר בגד צמר בשל פשתן, אפי' תפרן בחוטי משי וקנבוס - ונראה דאף ע"ג דהרמב"ם למד דין זה מסברתו דלקמן סעיף ה', מ"מ אנן קי"ל דזה לכו"ע אסור, כיון שהפשתן והצמר הם זה אצל זה, רק שמחברן ע"י משי וקנבוס.

או שתפר בגד צמר בחוטי פשתן, או בגד פשתן בחוטי צמר, או קשר חוטי צמר בחוטי פשתן או גדלן, הרי זה כלאים.

סעיף ב- בגד צמר שחברו עם בגד פשתן בתכיפה אחת (פי' בתחיבה אחת שתחב המחט בבגד), אינו חיבור ואין זה כלאים. קבץ שני ראשי החוט כאחד – [פירוש וקשרם ביחד], **או שתכף שתי תכיפות, הרי זה כלאים** –

[זו דעת הרמב"ם, אף על גב דבהלכות שבת פרק י' כתב, התופר שתי תפירות חייב, והוא שיקשור ראשי החוטין מכאן ומכאן כדי שתעמוד התפירה ולא תשמט, **צריכין** לומר דשאני חבור דכלאים דחשיב חבור אפילו בכל דהו, מדכתיב יחדיו, שלא יהיה להם צד חבור אפי' לפי שעה, מה שאין כן בתכיפה אחת שאין שם חבור אפילו לפי שעה, **אף** על גב דבסוף כלאים אמרינן במשנה, דבתכיפה אחת אינה כלאים, והשומטו בשבת פטור, ובשתי תכיפות יש כלאים, ובשבת חייב, משמע דשבת וכלאים שוין, היינו לענין החילוק שיש בין תכיפה אחת לשנים, משא"כ לענין קשירה, דבשבת צריך שיהיה דבר קיים, דמלאכת מחשבת אסרה תורה].

(ויש אומרים דלא הוי כלאים אלא בב' תכיפות וקשר ב' ראשי החוט) - כגון שמעביר המחט פעם א' ואינו מעביר כל החוט, ומעביר המחט פעם שנית, ונמצא שני ראשי החוטין ביחד, וקושר שני ראשי החוטין, [דבענין אחר אינן מתקיימים, **אבל** אם אינו קושר שני ראשי החוטין, או שאינו מעביר המחט אלא פעם אחת, אף על פי שקושר שני ראשי החוטין על שפת הבגד, אינו חיבור, עכ"ל הטור, **ונראה** הטעם, דכל שהחוט מתקשר בחוץ על שפת הבגד, יתקלקל מהר כשיגיע באיזה דבר, כי החוט הוא דבר דק ואין מגין עליו, **ובזה** ניחא לי מה שקשה, למה הוצרכה התורה להתיר כלאים בציצית, והלא חיבור שלהם בבגד על ידי קשירה מבחוץ, ולדידי ניחא, דדוקא בכלאים שמחבר שני דברים להדדי, ובמהרה ינתק החוט כל שהוא מבחוץ, מה שאין כן בציצית שאין שם רק דבוק החוטין להבגד, ולא במהרה ינתק, כנ"ל, **ומדלא** הביא רמ"א הך חילוק היאך יהיו קישורי החוט, משמע שדעתו לפסוק להחמיר אפילו

בקשירה מבחוץ, ‹לכאורה ע"כ ר"ל בב' תכיפות, דזה צריך לרמ"א, וא"כ איך הוי הקשירה מבחוץ›, **וכן נכון, מאחר שהרמב"ם אוסר כאן אפילו בלא קשירה כלל, וכל שכן אם עושה קשר בראש החוט מכאן ומכאן, כמו שכתב הרמב"ם אפילו בדין שבת, כמו שזכרנו].**

‹עיין במג"א שכתב, דאף לדעה זו דתכיפה אחת לא מהני קשר, היינו קשר אחד, משא"כ שני קשרים, אפילו תוחב המחט פעם אחת לכו"ע הוי חיבור, דאל"כ כלאים בציצית היכא משכחת לה, ע"ש, וכן כתב בתשובת חות יאיר, **וכתב** עוד, דאף דס"ל לדעה זו דגם ב' תכיפות בעי קשר, מ"מ ג' תכיפות וכ"ש יותר לא בעי קשר, ע"ש עוד›.

סעיף ג- בגד צמר שנפרם (פי' נקרע), מותר לפרוף (פי' לחבר) אותו בחוטי פשתן,

וקושר - היינו שכורך חוט סביב שני ראשי הקרעים וכורכם יחד, דלא הוי חבור החוט של פשתן והחלוק של צמר, כיון דיכול להוציא ב' ראשי הקרעים בלא התרת הקשר, הרא"ש והטור, **אבל לא יתפור.**

[אלא דקשה, דמשמע כאן דלהרא"ש יש איסור בחבור על ידי קשר אם היה בענין שאינו יכול להוציא ראשי הקרעים בלא התרת הקשר, ולעיל כתב הטור בשם הרא"ש, דאפילו בשתי תכיפות לא הוה חיבור בלא קשר וכן להיפך, וכמו שכתב רמ"א בשם י"א בסעיף ב', וצריך לומר כמו שכתבתי בסמוך, דלעיל לא מחבר הצמר והפשתים עצמן רק ע"י חוט התפירה, על כן בעינן תרתי ב' תפירות וגם קשרים, מה שאין כן כאן דאסור, היינו שאם היה קושר הבגד צמר עם הבגד פשתן עצמו, ומשום הכי לא קשיא מציצית כמו שזכרתי בסמוך, ועל כל פנים מודה הרא"ש, דאם עושה נקבים בבגד עצמו ומחברם בחוט ע"י קשר קיום, דאסור, וזה מוכח בכמה מקומות מדבריו, והרבה נכשלין בזה שקושרין הטלומ"ק של בגד במשיחה של פשתן, וקושרין בצד אחד קשר של קיום].

‹**ועי'** בשו"ת לחמי תודה מהגאון מהר"י באסאן זצ"ל, שכ' בכיוצא בזה, דאף בעניבה מב' צדדים יש לאסור, דחיישינן שמא תשמט העניבה ויקשור, כיון שמשיחה זו אילו לא היתה כלאים רגילות הוא לקשרה בקשר של קיימא, השתא נמי חיישינן שמא תסתור העניבה ויקשור קשר של קיימא, וכמו דגזרינן לענין שבת, כמ"ש הב"י בא"ח סימן שי"ז ע"ש, ועיין במג"א שם סק"ט›.

הגה: וכן מותר ליתן צמר בכר או כסת של פשתן -

‹שהרי אין הצמר והכר מתחברין ע"י התפירה, והיה יכול להוציא כל הצמר בלא התרת התפירה אם היה שם נקב אחר, אע"פ דמ"מ עכשיו אינו יכול להוציא וכו' - לבוש› **אף על פי שתופר כל סביביו ואינו יכול להוציא הצמר, הוי כשק של פשתים שממלאו צמר ותפר פיו, שאין בזה משום כלאים (כן הוא בטור)** –

[דאין חוט התפירה מחבר לבגד בתפירה זאת, רק שהוא מדבק ב' בגדים החיצונות יחד].

[הא דפשוט היתר טפי בשק של פשתן, משום דלא מקרי בגד כלל, משא"כ בכסת]. ‹**הטעם** פשוט, דבשק נראה לעין שאינו נעשה להיות כך, שלא הושם אלא לפי שעה, משא"כ כר וכסת שנעשה לישכב עליו, ב"ח – ערוה"ש›.

[והרמב"ם כתב, אפי' נתן צמר ופשתים בשק או קופה וכרכן, הרי זה כלאים, ‹מובא בשו"ע ס"ה›, **וכתב ב"י שזה חולק על הטור].** ‹**אבל** במוהריק"ש כתב, דהרמב"ם אוסר רק בנתן מצמר ופשתן בשק, אבל בנתן צמר לתוך שק פשתן ותפר להשק, מודה דשרי, ע"ש – רעק"א›.

ואפילו (תחב) התפירה בצמר עצמו, מותר, דהרי יכול ליקח הצמר משם בלא התרת התפירה - רק ע"י קרע קטן, כדאיתא בתוס', **אבל בבלאי בגדים של צמר, אסור בכה"ג** - כלומר אפי' כשאינו תוחב התפירה בעצמם, וכ"כ בס' מע"מ, ודלא כהעט"ז, **שהרי א"א ליקח משם הבגדים בלא התרת התפירה** –

[פירוש שנתחב המחט גם בהם, כן הוא במרדכי שם, ולכאורה י"ל דלזה נתכוין רמ"א במה שכ' בכה"ג, ומ"מ משמע שם שאין למלאות כלל המכסה של פשתן בבלאי בגדים של צמר, כיון שמצוי בהם כריכת נימא, ותחוב בתוך התפירות, וכן עיקר, וכן משמע בתוס' פ"ק דביצה, ורמ"א לא נתכוין להתיר בזה באין תוחב בתוך התפירות, אלא אכולה מילתא אמר בכה"ג דאסור בבלאי בגדים].

וכן מותר לחבר בתי זרועות של צמר שיש בהם קשרים או קרסים, בבתי נפש - ‹בגד שעל הגוף, ערוה"ש› **של פשתן שיש בו נקבים, ומכניסים הקשרים או הקרסים תוך הנקבים, הואיל והם**

רפויים ויכול להוציאן משם באצבעו וא"צ לקרוע הנקבים, אף על פי שמניחן כך תמיד - ׳ואין פורקין ממנה לא בלבישה ולא בשפשטו – לבוש. **אבל אם הם אדוקים כ"כ שא"א להוציאן משם בלתי קריעת הנקבים, הוי חבור ואסור.**

סעיף ד - מותר ללבוש חלוק של צמר על גבי חלוק של פשתן ולקשרם יחד – [לא מיירי מחיבור זה עם זה, אלא מחגורה שמבחוץ], **אף על פי שאינו יכול לפשטן בלא התרת הקשר, ואפילו הוא קשר של קיימא** - לא הוי חבור לענין כלאים, ומה שלמד הבית יוסף כן מתשובת הרשב"א, אינו מוכרח כלל, ע"ש ודו"ק, **ובלבד שלא יחברם זה לזה עם המשיחה בשתי תכיפות. ויש אוסרים בקשר של קיימא** – [היינו אותן הדעות שהביא הב"י בשם תשו' הרשב"א, שאסרו אפילו בחגורה, דהיינו שכתב בשם רבינו יונה, כשהיה לבוש בגד צמר על החלוק, לא היה מהדק איזורו כו', כן נ"ל כוונת השו"ע, אבל כבר מבואר מתשובת הרשב"א, שכבר נהגו כל ישראל בהיתר, והיינו בחגורה, **אבל** לא זכר כלום בשו"ע מחבור החלוקות עצמן, וסמך על עיקר הדין שאם הם קשורים בקשר קיום פשיטא דאסור].

‹**והנה** בהבנת השו"ע פליגי הש"ך והט"ז, דדעת הט"ז דמה שכ' ולקשרם יחד, היינו מבחוץ ע"י החגורה שהיא על החלוק העליון, וטעם ההיתר, כיון דאין חבור בין חלוק של צמר לשל פשתן, ויש אוסרין אפי' בכה"ג, **ודעת** הש"ך, וכן יראה מפשטות דברי הב"י, דלקשרם יחד, היינו שני החלוקים, ואפי' בקשר של קיימא, מ"מ לא נקרא חבור לענין כלאים, או הכא לא נקרא חבור, עד שיעשה ב' תכיפות ממש, {**וז"ל** הב"ח, ונראה דכך פירושו, דלא שרי בקושר החלוקות יחד אלא כשדעתו לחזור ולפשטן זה אחר זה על ידי התרת הקשר, דהשתא לא הוי הקשר של קיימא, **דאין** זה קרוי יחדיו כיון דעל כל פנים סופו צריך להתיר הקשר ולפושטן, דומיא דשק של פשתן כשמילאו צמר ותפר את פיו שאין בו משום כלאים, **אבל** אם אין דעתו לפשטן בזה אחר זה על ידי התרת הקשר, אלא דעתו לפשוט ב' החלוקות יחד בלא התרת הקשר, דהשתא הוי הקשר של קיימא, הוי ליה כלאים גמור, דהוי ליה יחדיו ואסור, כנלע"ד, ע"כ, **ויש** אוסרין, היינו בחיבור ב' החלוקים בקשר של קיימא, ולדרך זה, קשור חגור העליון לא נזכר כלל בשו"ע – שבה"ל.

הגה: וי"ל דאותן בתי שוקיים שעושין במדינות אלו וקורין אותו פורטקי"א, דהיינו שעשוין של צמר ועושים בהם משיחה שעוברת בהן הנה והנה כמו רצועה מעברתא דתפילין, דמותר אפילו המשיחה של פשתן או איפכא, דמאחר דאפשר להוציא משם המשיחה בלא התרת התפירה, אינו אלא כחוגר במשיחה של פשתן על גבי חלוק של צמר, ואע"פ שקושר המשיחה כשלובשן, לא מקרי קשר של קיימא; אבל אם עושה קשרים בב' ראשי המשיחה, נראה דאסור, דהא א"א להוציא משם - כל ההג"ה נמשכת לסברת היש אוסרים וק"ל, ולפי זה מה שנהגו העולם להקל בדברים אלו שכתב הרב, אפשר משום שסוברים כסברא הראשונה.

‹**ובזה** מתבאר מש"כ הש"ך: כל ההג"ה נמשכת לסברת היש אוסרין, והיינו אפי' מש"כ רמ"א ברישא, לאסור כשקושר המשיחה ב' קשרים וא"א להוציא משם, דרק ליש אוסרים אסור דגם קשרים נקראים תכיפה, משא"כ לדעת קמייתא, **ולשיטת** הט"ז, גם אם נדחה החומרא של היש אוסרין בב' חלוקים וחגור עליון, מ"מ עדיין לא נדחה החומרות של הרמ"א – שבה"ל.

י"א דאסור ללבוש ב' בתי שוקיים - וה"ה אנפלאות שקורין זאקין, **אחד של פשתן ואחד של צמר, זו על זו, דמאחר דא"א לפשוט התחתונה בלא העליונה, הוי כחבור; ולא דמי לב' חלוקים זו על זו, דאפשר לפשוט התחתון בלא העליון** – ‹וז"ל הד"מ, וראיתי באור זרוע עצמו הטעם דאסור ללבוש, דדוקא חלוק ע"ג חלוק שרי, דאפשר לפשוט התחתון בלא העליון, משא"כ בבתי שוקיים, עכ"ל, **והיינו** דאינו הולך על ציור המחבר, דהתם מצד הקשר באמת אינו יכול לפשטן בלא התרת הקשר›.

ובעט"ז השיג על דברי הרב אלו, דהא בב' חלוקות ודאי מיירי כשיש להם בתי זרועות, והיאך אפשר לפשוט התחתונים בלא עליונים כו', [**ונהפוך הוא, שהרי בשני חלוקות א"א לפשוט הבית יד של התחתון כולו עד שיפשוט העליון, ובבתי שוקיים יש באפשרות כשהן**

רחבים, שיוכל להכניס ידו למטה ולהגביה את של פשתן, ויכול להוריד למטה את של צמר, נמצא שיהיו מופרדים זה מזה בלי שום התרת תפירה, ושניהם עודם עליו], **ע"ש** שהאריך, [וכתב שאין צריך ליזהר בדבר, וסמך על מה שכתב בית יוסף, דשאר פוסקים ס"ל כרבי יוסי דמתיר בכל ענין], **ואין** דבריו נראין, ושני חלוקות שאני, דמ"מ יכול להכניס זרועותיו לפנים, ולפשוט אח"כ החלוק, ואף על גב דהשתא הוציא ידיו גם מחלוק העליון, מ"מ החלוק העליון נשאר עדיין על גוף עצמו, **ודמי** לדלעיל בצמר בכר וכסת, דאע"ג דמוכרח לעשות קרע קטן, שרי, ודו"ק, **ודברי** הירושלמי והא"ז נראים עיקר כדעת הרב, וכמ"ש בד"מ ומביאו בספר מע"מ, וכן הוא בהגהת סמ"ג ובמהרש"ל ושאר אחרונים.

[**אבל** לפי האמת דברי רמ"א כנים המה, והעיקר בזה דכל שצריך הפשטת העליון תחלה, אפילו מקצת ממנו, יש איסור, כיון שא"א להפשיט התחתון אלא א"כ יתחיל להפשיט העליון, **וסתם** בתי שוקיים אינם רחבים אלא כפי מדת הרגל וקצת יותר, והנך בתי שוקיים שזכר רמ"א, היינו שיש להם למטה צורת מלבוש על הרגל כמו אותן של צמר, נמצא שא"א לזוז ממקומם את התחתונים כל זמן שהעליונים על מקומם, מה שאין כן בשני חלוקות זה על זה, אפשר להכניס ידו לתוך בית יד של החלוק התחתון, ולהוליכו למעלה עד סמוך לגוף, ואח"כ יוכל להוציא גוף החלוק מאחוריו על ראשו, ולא יעצור להפשיט רק אותו חלק של גופו במה ששם יש חלק מהחלוק במה שהביא שם הבית יד, ויכול לגלות קצת החלוק העליון לפניו באופן שלא יהיה אותו חלק של התחתון מכוסה, **אבל** באמת אם הבתי שוקיים עשויים באופן שאין למטה ע"ג הרגל כלום, ויכול להושיט שם ידו ולהוליך התחתון עד למעלה, באופן שלא יהיו מכוסים מן העליונים, הכי נמי דמותר, **כן** נ"ל ליישב דברי רמ"א, ועפ"ז נראה ששפיר כתב ליזהר בב' בתי שוקיים באופן שזכרתי].

‹**אמנם** בדבר תירוצם מה שיש לחלק בין לבישת החלוקות זע"ז ובין מכנסים זע"ז, יש חילוק בין הטו"ז והש"ך, ויש נפ"מ לדינא ביניהם, ולא כמ"ש בתשו' המהרש"ם, דיש להעמים בדברי הט"ז דס"ל כדברי הש"ך, אלא שלשונו מגומגם קצת, ולענ"ד דבריו ברור מללו כדלהלן, **דהש"ך** מחלק, דבחלוק אם ירצה יכול להוציא הידים מן הבתי ידים של שניהם הפנימי והחיצון, ולהכניס הידים לפנים תוך החלוק הפנימי סמוך לגופו, ואז יוכל להוציא דרך ראשו את החלוק הפנימי, וישאר לבוש רק בחלוק החיצון, משא"כ במכנסים, א"א לפשוט התחתון, אם לא יפשוט עכ"פ תחילה מרגל אחד כולו כמובן, **אבל** הט"ז ס"ל החילוק באופן אחר, ולהבין דבריו יש להקדים בשיטתו, דס"ל דלא כהש"ך, א' לחומרא וא' לקולא, לחומרא, דאם א"א להפשיט הבתי ידים של החלוק הפנימי, רק ע"י הפשטת הבתי ידים של החיצון לגמרי, אף שעדיין החלוק החיצון נשאר לגמרי על גופו, מ"מ הפשטה מן הידים נקרא הפשטה, ואסור משום כלאים, **לקולא**, דאין צריך לתנאי היותר, שיהיה המציאות דוקא להפשיט הפנימי לגמרי מקודם, אלא אף אם יהיה באפשרות לצדד הבגדי שעטנז שעל גופו, באופן שלא יגעו זה בזה אף בעודן על גופו, {וצריך שלא יהיה מוכרח להפשיט החיצון מרוב אותו מקום שדרכו להיות מלובש בו, לצורך הפשטת או צמצומו של הפנימי}, אין כאן משום איסור כלאים, **ובזה** ס"ל דשאני חלוקות שאפשר להגביה הבתי ידים של הפנימי עד סמוך לגוף, ואח"כ למשוך את גוף החלוק הפנימי על ראשו, באופן שלא ישאר ממנו על הגוף רק על מקצת הידים והגוף, ואח"כ יוכל להשפיל קצת למטה את החלוק החיצון, באופן שלא יהיה מכוסה הפנימי מהחיצון, וע"כ אין איסור כלאים, **ובאמת** הוא הדין במכנסים, ועוד כ"ש הוא, דאפשר לעשות כן, היכא דהמכנסים הפנימים יש להם בתי רגלים קצרים, שיוכל להגביה את הבתי רגלים פנימים למעלה, ולהוריד למטה קצת את המכנסים החיצונים שיהיו מופרדים זה מזה, ושניהם עודם עליו, **אבל** הנך בתי שוקים שזכר הרמ"א, מיירי שיש להם בתי רגלים ארוכים ומגיעים עד לעקביו, ועשוים באופן שהם מכוונים בצמצום למדת אורך ורוחב עובי ודקות הרגל, וכנודע עובי של רגל למטה דקה מלמעלה, ובזה כתב שפיר הט"ז, נמצא שא"א לזוז ממקומם את התחתונים כל זמן שהעליונים על מקומם, דכיון שלמטה הרגל דק, והמה עשוים למדתו, הרי א"א להגביה ממקום הדק למקום הרחב כמובן, וכיון שא"א להפרידם זה מזה בעודן עליו, אסור משום כלאים, זה תוכן כונת הט"ז למעיין שם, והיוצא מזה נ"מ לדינא, דלהט"ז היכא דאפשר להפרידם זה מזה, גם במכנסים זה על זה שרי וכנ"ל – מנחת יצחק›.

ונכון ליזהר - (עיין בשל"ה, דנכון ונכון הוא).

סעיף ה - רצועה אחת של צמר והשניה של פשתן, אסור לחגור בה אף על פי שרצועה של עור באמצע, מפני שקושר שני ראשיה ביחד כשחוגר בה; אבל אם באמצעיתה צמר במקום אחד ופשתן במקום

אחר, ואינם זה אצל זה, מותר. ולפי זה מותר לחבר עורות התפורות בפשתן תחת בגדי צמר, ואף על פי שאפשר שיכניס חוט הקנבוס של התפירה, שמחבר העור עם הבגד, בתוך חוט של תפירת העור - דכלאים אלו הן מדרבנן והולכים בספקן להקל, הרשב"א, (והיינו כפי שיטתם דבעינן שוע וטווי ונוז - גר"א). **ובת"ה** כתוב בשם ר' שמשון הטעם, שהחוטין שבהם העורות תפורים, לא חשיבי ובטלים לגבי העור, והואיל ואינו רק לחבר העורות, אין בהם משום כלאים. (ואינו מובן לי - גר"א).

ולהרמב"ם כל זה כלאים מן התורה, ואפי' נתן צמר ופשתים בשק או קופה וכרכן, הוי כלאים מדאורייתא - (עיין מש"כ בזה הט"ז ורעק"א בס"ג). **והמנהג כסברא ראשונה** - (עיין בתשו' משכנות יעקב שהאריך מאוד לבאר, דהעיקר כדעת המחמירין בחבור ע"י ד"א. **ומסיים** וז"ל, הכלל העולה מכל דברינו, שיש להחמיר הרבה בדבר העטרות הנהוג בזמנינו בחיבור כלאים ע"י ד"א, וכן בהעלאת ציצית ע"י כנף של עור, ושלא להקל כלל בזה בשום אופן, כי לדעת הרבה מגדולי פוסקים ראשונים יש בזה איסור כלאים, וגם ביטול מצות ציצית, **זולת** בדבר עורות התפורים כו', אולי יש מקום לסמוך קצת להקל על סמך טעם שבטל חוט התפירה, **ואף** גם בזה המחמיר תע"ב, בפרט באם החוטין שזורין, דיש בזה חשש דאורייתא).

סעיף ו - המנהיג בהמות ומכניס חבלים לתוך ידו, מהם פשתים ומהם צמר, ה"ז מותר, ואף על פי שכורכן על ידו; אבל אם קשרם, כולם נעשו כלאים ואסור לו לכרכם על ידו - דידו מתחממת בהם, והוי דומיא דלבישה.

[סתם קשר הוא קשר של קיימא, דהיינו שני קשרים זה ע"ז, **וב"י** כתב דמשמע לו קשר אחד, ואיני יודע מנין לו, דהא סתם קשר הוא בכל סימן זה קשר של קיימא, וכ"כ מו"ח ז"ל, **ונראה** דהוכחתו, דלפי פי' הטור והרמב"ם דכבר הוא נקשר קודם הכריכה, קשה פשיטא שאסור אח"כ בכריכה על ידיו, **ואין** לומר דקמ"ל דבר שאין מתכוין אסור, האי מילתא היה יכול להשמיענו בעלמא, **אלא** ע"כ דחד קשר סגי כאן, כיון שאח"כ כורך אותו על ידו].

(ויש מתירין, הואיל ואינו מתכוין) - והאוסרים ס"ל, דלא דמי לדלקמן סי' ש"א סעיף ו', דהכא הוי פסיק רישיה, דמחמת אחיזתן א"א שלא תתחמם ידו, כ"כ הב"ח, וכן הוא בשלטי גבורים ומביאו בספר מע"מ והסכים עמו, **ודלא** כהפרישה לקמן סי' ש"א שהניחו בצ"ע. **(ועיין לקמן סימן ש"א)**. (וע"ש בט"ז ס"ה).

סעיף ז - השק והקופה מצטרפין לכלאים - כיצד, חתיכת בגד פשתן מחוברת לשק, וחתיכת בגד צמר מחוברת לקופה, וחברן {כלומר השתי חתיכות} יחד בשתי תכיפות, מצטרפין, אע"ג שמחוברים בב' כלים, ואסור להתכסות בשק או בקופה, ולא אמרינן האי לחודיה קאי והאי לחודיה קאי, טור ושאר מפרשים, **וכתב** הברטנורה ושאר מפרשים, דה"ה אם מחוברים לשאר כלים, דינם כשק וקופה.

הגה: וכן אב ובנו - וה"ה שאר ב' בני אדם, **מצטרפים לכלאים, כיצד, היה חתיכת צמר באחד מהם וחתיכת פשתן בשני, ותפרן ביחד, הוי כלאים** - וחגר חגורות עליו ועל בנו, דאל"כ שרי דכיון שהם בעלי חיים נפרדים זה מזה, הטור והרא"ש, **ומדברי** הרב נראה, שאפי' לא חגר חגורות אסור, והיינו כמ"ש הב"י בשם הריטב"א, ע"ש.

§ סימן שא – אם מותר להציע כלאים תחתיו, ודין מרדעת ותכריכים §

סעיף א - מותר מן התורה לישב על מצעות של כלאים, שנאמר: לא יעלה עליך, אבל אתה מציעו תחתיך. הגה: וכן מותר להעלותם עליו שלא בדרך חמום, כגון לפרוס עליו אהל של כלאים - (מדכתיב [ויקרא יט, יט]: בגד כלאים לא יעלה עליך, וכתיב [דברים כב, יא]: לא תלבש שעטנז וגו', דרשו חז"ל, אם לא נאמר אלא לא תלבש שעטנז, הייתי אומר אינו אסור אלא ללבוש, ת"ל לא יעלה עליך, ואם לא נאמר אלא לא יעלה עליך, הייתי אומר לא יפשיל קופה עם כלאים לאחוריו, ת"ל לא תלבש, מה מלבוש מיוחד דבר שהוא מהנה הגוף ומחממו בלבישה, אף כל דבר שהוא מעלה עליו באופן

שהוא מהנה הגוף. לפיכך אמרו ז"ל: דבר תורה אין איסור כלאים אלא דרך לבישה, או שיעלהו עליו דרך חימום שמחמם בו את גופו, אבל אם מעלהו עליו שלא בדרך חימום הגוף, מותר – לבוש.

[**ואף** על פי שמגין עליו מפני החמה או הצנה, מ"מ מותר כיון שאין זה דרך לבישה, משא"כ בס"ו שאסור במגין מפני החמה, כיון שהוא דרך לבישה].

וכן לפרוס בגד כלאים על גיגית מרוחץ בה, כדי להעמיד החום, דאינו אסור אלא דרך לבישה או להעלותם עליו דרך חמום - בכל אלו שהזכיר הרב, מותר אפי' מדרבנן, **מיהו** נראה דהיינו שלא יגע בהן.

[מדכתב רמ"א, וכן בטור התיר עשיית אוהל בהיתר דאורייתא, משמע דמדרבנן אסור אפילו באהל, דשמא יבוא לפעמים שיתכסה באותו אהל אם הוא קרוב אליו למעלה או לצדדיו, **אלא** דקשה דא"כ גם גבי פריסה על הגיגית היה לו לומר דדוקא מן התורה מותר, שהרי בחדא מחתא מחתינהו רמ"א, וזה מותר אפילו מדרבנן, שהרי כתוב במרדכי, דרבינו יואל התירו, **אלא** על כרחך דהיתר דאוהל ועגלה מותר אפילו דרבנן, והטור סמך עצמו כיון שכתב בסיפא איסור דרבנן גבי מצע תחתיו, ממילא שאר התירים נשארו כדין תורה, כיון דלא שייך שם טעם זה האיסור, זה נ"ל ברור, **וא"כ** אין איסור לישב על אותן העגלות שיש להם אהל תפור בגד פשתן בבגד צמר, וקורין אותו פאקלי"ט, **אלא** שקשה מ"ש מוילון שעל הפתח שבסעיף י"א, שיש בו משום כלאים שהשמש מתחמם בו לפעמים, וה"נ צידי זה הפאקלי"ט היושב אצלם הוא מתחמם בהם בזמן הקור, והוא איסור גמור, **ואינו** דומה לגיגית, ששם אינו נוגע כלל אותו המכסה שמכסה על הגיגית, משא"כ כאן בצידי העגלה, בפרט כשרבים יושבים שם ונדחה אחד אצל צידי הפאקלי"ט, **ובאמת** שמעתי שקצת אנשי מעשה נזהרים לישב באותן עגלות, אבל רוב העולם נוהגים בו היתר, **ונראה** דהם סומכים שירחיקו עצמן מליגע באותן הצדדין, **ואף** שדבר קשה מליזהר בזה, מ"מ כיון שאין כאן כלאים דאורייתא, דהא אינו שוע וטווי ונוז יחדיו, ע"כ די בזהירה מליגע בזה, ואף אם לפעמים נוגע בו, מיקרי דבר שלא מתכוין ומותר, **אבל** עכ"פ אזהרה בעינן בזה כל מאי דאפשר. כן נ"ל].

ומדברי סופרים, אפילו עשר מצעות זו על גבי זו והתחתון שבהם כלאים, אסור לישב על העליון, שמא תכרך נימא על בשרו.

בד"א, ברכין, כגון יריעות ושמלות, אבל כרים וכסתות שהם קשים, וליכא למיחש שמא תכרך נימא עליו, מותר לישן עליהם, ובלבד שלא יהא בשרו נוגע בהם - ‹דאע"ג דקשים הם, כשבשרו נוגע בהם יש לחוש שמא על ידי נגיעתו תכרך עליו נימא - לבוש›. **בד"א, כשהם ריקנים ונתונים על גבי איצטבא של עץ או של אבן, אבל אם הם מלאים, או אפי' ריקנים אם הם נתונים על גבי מטה** – [פי' של חבלים], (שנשקע תחתיו וצידי הכר עולים עליו, **אבל** נסרים של עץ קשה ואינו נשקע, כ"כ הר"ש בפ' בתרא דכלאים ותוי"ט שם. **ולי** נראה דה"ה במטה של עץ, אם הכר רחב והמטה קצרה, וצידי הכר כשמגיע לדפנות המטה נכפף, ונשקע שם ועולה עליו), **או על גבי תבן, אסור, לפי שנכפף תחתיו ונכרך על בשרו.**

(**עיין** בתשו' אא"ז פנים מאירות שהאריך בענין זה, והעלה דמותר לישב על כרים וכסתות התפורים בכלאים הנתונים בתוך הקאטשי"ן לישב עליהם, **והא** דאסר בשו"ע בכרים מלאים, היינו כמו כרים שאנו שוכבים עליהם שנכפפים על צידי אדם, אבל באותן כרים שנותנים בעגלה שממלאים אותם בשער בדוחק עד שא"א לכוף על הצדדים, אף שרך לישב עליו, אין חשש, **וק"ו** דמותר לישב על כסאות התפורים בכלאים שהכר נתחבר לעץ ע"י מסמרים, וא"א בשום צד לבא על צידי אדם, ‹**ואף** צד חסידות וקדושה אין בו, עכ"ל›, ורק בחורף שעשוי מכסה בקצה העגלה לכסות הרגלים והגוף מהקור החזק, בזה ודאי יש איסור גמור לכסותם על הרגלים אם הם של כלאים, אפילו כלאים דרבנן, וצריך לידע שאין בהם כלאים - ערוה"ש, **וכן** לישב בקאטשי"ן אף שמן הצדדים הוא שעטנז {עט"ז לעיל} כיון שאינו בדרך לבישה ולא דרך העלאה מותר, **ואין** להחמיר אלא לישב נגד הווילון של הקאט"ש שהוא כלאים. **וה"ה** אם קבע בגדי רקמה בכתלים ומחברם למעלה ולמטה ומן הצד במסמרות, דמותר לישב בסמוך להם ולסמוך עליהם, **ואף** שכתב המג"א בס"ס תרל"ח דאין לתלות בסוכה שעטנז

סימן שא – אם מותר להציע כלאים תחתיו, ודין מרדעת ותכריכים

אא"כ גבוהים מתשמיש אדם, התם מיירי בתלויים כדרך הווילון ואינם קבועים בכותל, אבל בקבועים אין חשש).

הגה: וי"א דכל זה מיירי בכלאים דאורייתא, אבל בכלאים דרבנן והם קשים, מותר לישב עליהם בכל ענין – [פי' אף על גב דנכפף תחתיו והוה כמו לבישה, וה"ה לבישה ממש דשרי בלבדים קשים, וכמ"ש רמ"א עצמו בסמוך אח"כ], **דהואיל וכרכים הם אינו רק דרבנן, בקשים לא גזרו.**

[**וכתב** בפרישה, ולפי"ז בכובע של נשים של סמו"ט שתופרין לבד בין סמו"ט, מותר, ע"ש. **ולפמ"ש** רמ"א שלכתחלה לא יעשה אותה כלאים, היה ראוי למחות ביד האומנים בזה, **וכ"ש** לפי המחמירין שכתב רמ"א בס"ב, דהיינו הרמב"ם דס"ל בשוע לחוד הוה דאורייתא, כמ"ש בסימן ש', **אלא** דכבר כתב הרשב"א הביאו ב"י על כיוצא בזה, הנח להם מוטב יהיו שוגגים כו'].

צ"ע מאי וי"א, דהא ליכא מאן דפליג בהא כמבואר בב"י וכל הפוסקים, דלכו"ע כלאים דרבנן מותר לישב עליהם בקשים, ואפי' ללבוש שרי בקשים, וכן מוכח מדברי הרב גופיה בסעיף ב', דכתב הלבדים הקשים מותרים בלבישה, הואיל ואפי' רכים אינם אלא מדרבנן, **ואפי'** היש מחמירין התם בלבדים, היינו משום דס"ל דלבדים אסורים נמי מדאורייתא, אבל בכלאים דרבנן שרי לכו"ע, **ונראה** שגם מש"כ הכל בו שלכתחלה לא יעשה מכלאים שמא יבא לכסות בהן, מיירי בכלאים דאורייתא, וצ"ע.

ומ"מ לכתחילה לא יעשה של כלאים (כל בו) – ‹מפני שפעמים מוציא מה שבתוכם ומתכסה בהם, ומשמע דמיירי בכלאים דאורייתא – גר"א›.

סעיף ב - הני קאפאנאג"ש דידן – ‹הם מיני לבדים שאינן אלא שוע בלבד, ויש ספק אם הם קשין או רכין›, **אם הם תפורין בפשתן, יש ליזהר מלהעלותם עליו ואפילו מלהציען תחתיו, עד שיתפרם במשי או בקנבוס** - ואע"ג דאינן שוע וטווי ונוז, מ"מ אסורים מדאורייתא להרמב"ם, כמו לבדים, **ואפי'** להרא"ש וסייעתו, מ"מ מאן לימא לן דהקאפאנאג"ש קשים הם, הלכך אסור להציען תחתיו אפי' עשר מצעות זו ע"ג זו והן תחתיהן, כמבואר מדברי הב"י. ‹**רק** להעלותן עליו אסור לכל הפוסקים, דשמא הם רכין, **אבל** להציע תחתיו אסור רק לדעת הרמב"ם, לפי שיטתו דגם בשוע בלבד אסור מדאורייתא. **דמן** התורה אין חילוק בין רכים לקשים, דאם הם שוע טווי ונוז, אסורים בלבישה, ובהצעה מותר, **ורבנן** אסור בהצעה רכים של שוע טווי ונוז, ובקשים לא גזרו אפילו בשוע טווי ונוז בהצעה, **ולבישה** אסור ברכים אפילו בשוע בלבד, ובקשים מותר אפילו בלבישה בשוע בלבד. **ולפי"ז** במרכבות שלנו שהכלאים הם דרבנן, מותר בישיבתן גם מטעם זה – ערוה"ש›.

הגה: כל בגדים הקשים - אף על פי שיש בהם כלאים דאורייתא, **מותרים בהצעה מתחתיו** - והיינו דוקא כשאין בשרו נוגע בהן, כדלעיל סעיף א', והרב קיצר בדבריו, **ואסור ללבשן** - לשונו קשה, דהו"ל למימר רבותא, דאסור לישב עליהן ממש. **והלבדים הקשים, מותרים אפילו בלבישה, הואיל ואפילו רכים אינם אלא מדרבנן. ויש מחמירין בלבישת הלבדים** - וה"ה להציען תחתיו כשבשרו נוגע בהן.

סעיף ג - בגד גדול וכלאים מצד אחד, אסור ללובשו אפי' מצדו הב', אף על פי שהצד שבו הכלאים נגרר על גבי הקרקע - ‹דהכי הוא משמעות דלא יעלה עליך – לבוש›.

(**עיין** בתשו' נו"ב שנסתפק, בבגד של צמר גמלים ויש בצד אחד כלאים, שנתחבר שם חוט צמר רחלים בחוט פשתן, **אי** אמרינן שכל הבגד נעשה כלאים ואסור להתכסות בצד השני, כמו בגד שכולו צמר רחלים ובצד אחד חוט פשתן, **או** שאני התם שצמר ופשתים אוסרים זה את זה, אבל צמר גמלים אינו נאסר, רק חיבור פשתן וצמר אסור, ולא כל הבגד, **וכתב** דלדעת הרמב"ם לעיל סימן רצ"ט ס"ב, נראה לאסור, **אך** לדעת הרא"ש שם יש לספק). ‹**ואין** שום ספק בזה, ופשוט הוא דאפילו כל הבגד הוא של קנבוס או צמר גמלים, כיון שיש בו שעטנז אסור – ערוה"ש›.

סעיף ד - אסור ללבוש כלאים אפי' דרך עראי, כגון טלית של קטן אע"פ שאין הגדול יוצא בה עראי - אם עכשיו לובשו דרך עראי, אסור. ‹דהא סתם לא תלבש כתיב, לבישה כל דהו משמע – לבוש›.

[**פי'** דכל שגדול אינו מתבייש ורגיל הרבה פעמים לצאת בבגד זה של קטן לשוק, **פשיטא** דאסור, דהוה בגד

גמור אפילו לענין ציצית, **אלא** דאם אינו רגיל לילך בזה לשוק, מ"מ לענין כלאים אסור כל בגד שבעולם, **אפילו** בגד של קטן שאינו מתכסה ראשו ורובו, אסור לגדול לילך בו, אפילו לשוק במקום שהוא מתבייש, מכל מקום בכל גווני אסרה תורה כלאים].

סעיף ה - לא ילבש אדם כלאים עראי, ואפילו על גבי עשרה בגדים שאינו מהנהו כלום; ואפילו לגנוב את המכס - ויש מתירין בזה, כדלקמן סעיף ו' בהג"ה.

(**עיין** ש"ך ס"ו שכתב דלהכי אסור כאן, משום דעיקר כוונתו שיהא דרך מלבוש, ע"ש. **א"כ** נראה דאם נותנין מכס גם מבגדים, אלא שלובשו כדי שלא יראוהו, מותר, דהא אינו מכוין שיהא דרך מלבוש, ועמ"ש בס"ק שאח"ז).

[**פי'** מכס שהוא גזילה אפילו לדינא דמלכותא, אבל מה שהוא לפי דינא דמלכותא, ודאי אסור לגוזלו, כיון ששכרו מן המלך. **ובטור** כתוב כאן להתיר, והטעם, דהוי ליה דבר שאין מתכוין, והא דאסרוה במתניתין, היינו לרבי יהודה דס"ל דבר שאין מתכוון אסור, אבל אנן קיימא לן כר"ש דס"ל מותר, ודומה למוכרי בגדים דבסמוך דמותר, **ובסימן ש'** בסופו הביא הבית יוסף דברי רבינו ירוחם, שהקשה על מה שכתב שם הרא"ש, דאסור לכרוך כלאים על ידו כשמנהיג הבהמות, הא הוה דבר שאין מתכוין כמו כאן, **ואין** לומר דמשום הכי אסור שם דהוה פסיק רישיה, דאי אפשר שלא יתחמם כשיכרוך, דק"ו הכא שלובשו ממש, ואפילו הכי מותר להרא"ש וטור, **ונראה** לי לתרץ, **דאף** על גב דמסקינן בפרק כל שעה, דלר"ש מותר באפשר להבדל מן האיסור ואיהו אינו בודל אלא שאין מתכוין ליהנות ממנו, ומייתי ראיה מהאי דמוכרי כסות דהכא, דאפשר למיעבד כצנועים שמפשילים כו' ולא עביד, ואפ"ה מותר, מ"מ היינו דוקא שהאיסור נעשה כבר, **אלא** שזה אין בודל ממנו לפי שעה, אבל ודאי לא יעשה איסור כלאים להעלותו תמיד על סמך שלא יתכוין להלבישו רק בשביל הנהגת הבהמות, דכיון שהוא עשוי לכך עד עולם, זהו עיקר עליה שלו, ודרך לבישה מקרי, **משום** הכי בההיא חבלים דבהמות שעשויין מתחילת עשייתן שיכרוך על ידו בשעת הנהגת הבהמות כדרך כל אדם, בזה שיהיו עליו בקשר אמיץ, ודאי אסור לעשותו מכלאים, **משא"כ** בהנך מוכרי בגדים וכיוצא בהם, שמתחלה אין עשויים להיות עליו בשעת מכירתן, כי זהו אינו אלא לפי שעה, ואין עיקר עשייתן לכך, מש"ה מותר שלא במתכוין, **ודבר** זה מוכרח בגמרא, שאמרו גבי כלאים דחבלים לעיל, ובלבד שלא יכרוך ויקשור, דקשה, היה לו לתלמוד להקדים הקשירה, דהא היא קודמת להכריכה, **אלא** על כרחך דנקטינן להורות שהקשירה צורך הכריכה היא, ועל כן הקדים לה הכריכה שהיא התכלית של הקשירה, שכל הקושר החבלים של בהמה דעתו שאחר כך תמיד יכרוך אותם על ידיו בעת ההנהגה, זהו הנראה לי נכון מאד מצד הסברא ומצד הראיה, ורבים נלאו למצוא תירוץ על קושיא זאת, והנראה לע"ד ברור כתבתי לדעת הטור].

סעיף ו - תופרי כסות, תופרים כדרכם – [פי' אע"פ שבשעת התפירה יש הבגד על ארכבותם כדרך התופרים, והטעם, דדבר שאין מתכוין מותר], **ובלבד שלא יתכוונו בחמה מפני החמה ובגשמים מפני הגשמים; והצנועין, תופרין בארץ. וכן מוכרי כסות מוכרין כדרכן, ובלבד שלא יתכוונו בחמה מפני החמה ובגשמים מפני הגשמים; והצנועים מפשילין במקל.**

מוכרין כדרכן - שהרי אינו לובשו דרך מלבוש, [דאין לובש ממש עליו, אלא נושא על כתיפו], אבל בסעיף ה' לובשו דרך מלבוש, כן מחלק ב"י לדעת הרמב"ם, **וקשה** לי על זה, מה בכך שלובש ממש, מ"מ דבר שאינו מתכוין הוא, [**ולא** הבנתי החילוק הזה, דהא מן התורה אסור אפילו במקצת לבישה, דהיינו שכורך על ידו, ולמה יהיה חמור בזה שיהיה לוקה ד"ת כשלובש לגנוב המכס, כמפורש ברמב"ם, מהך דיש לבישה במקצת הגוף, **ומו"ח** ז"ל כ' דלהרמב"ם אסור במכס, דהוה פסיק רישיה דמודה רבי שמעון דאסור, **ואשתמיטתיה** סוגיא דהגוזל בתרא שזכרנו, דאמרינן בהדיא דלרבי שמעון מותר במכס, דהכי שמעינן ליה בברייתא].

[**ונראה** לענ"ד דהרמב"ם הוכיח מדשנה התנא בפרק א' דינים אלו, דהיינו איסור בכלאים להבריח המכס, ואח"כ היתר במוכרי כסות, אין לומר דפליגי אהדדי, כמו שכתב הר"ש, דלא ניחא לרמב"ם בכך, **אלא** על כרחך דסבירא ליה לתנא דיש חילוק בדבר, דבמכס יש לו הנאה מן הלבישה, דבלא הלבישה היה חייב ליתן המכס, נמצא

סימן שא – אם מותר להציע כלאים תחתיו, ודין מרדעת ותכריכים

דהלבישה היא לו הכרח, והוה הנאה זאת כמו הנאת שאר לובש מלבוש כלאים שאסרה תורה, ודומה למ"ש בסי"ב ביצה חמה, דחשיב הנאה מה שניצול מן חמימות הביצה, משא"כ במוכרי כסות, שאין המכירה תלויה בזה, אלא שהוא עושה כן להקל במשאו כשהוא עליו, או להראות מדתו, והיה אפשר לעשות בדרך אחר, ע"כ אין הלבישה הכרחית לו, וכיון שאין מתכוין להנאתו, מותר, כן נראה לי לדעת הרמב"ם.

אלא נראה לי שדעתו, דשאני לעיל סעיף ה', דכיון שלובשו בכוונה דרך מלבוש כדי שיפטר ע"י כך מהמכס, לפי שאין נותנין מכס ממלבושין, א"כ הוי דבר שמתכוין, דעיקר כוונתו שיהא דרך מלבוש, **אבל** הכא אין כוונתו אלא שיראו הבריות ויקנו.

(**ועיין** בספר מרכבת המשנה שהשיג על הט"ז ועל החות יאיר, וכתב שגם דברי הש"ך דחוקים, **וכתב** הוא ז"ל, דודאי דבר שאין מתכוין מותר אע"ג דעושה האיסור ממש, שהרי בנתפזרו מעותיו לפני ע"ז אין אסור אלא משום מראית עין, אע"ג דמשתחוה בפועל ואין לך פסיק רישא גדול מזה, **רק** עיקר הסברא, דלא חשיב פסיק רישא אלא כשמתכוין לאיזה דבר היתר וא"א לעשות דבר היתר זה שמתכוין אא"כ עושה דבר איסור, **כמו** בנידון דידן שמתכוין ללבוש כדי להבריח המכס, שא"א ללבוש שלא יתחמם, הלכך מה שמתכוין ללבוש חשוב כאילו מתכוין לחמם, והו"ל פסיק רישא, **וכן** המעלה ע"ג כתפיו מרדעת להוציא עליו משא, חשוב פסיק רישא, **משא"כ** מוכרי ותופרי כסות, שאין כוונתם כלל להעלות עליהן כי אם לטעון ולהוליך, לא חשיב פסיק רישא, אע"פ שמעלה על כתפו בפועל, כיון שכוונתו רק להוליך, והרי אפשר להוליך בידו ובמקל שלא יתחמם, **וכה"ג** בנושאי מת ובהמה, שאין כוונתם אלא להוליך, **וה"ה** בתופרי כסות, שאין כוונתם אלא לתפור, ואפשר בעולם לתפור שלא יניח על ברכיו, הלכך אפי' מניח על ברכיו חשיב דבר שאינו מתכוין, **דומיא** דהיה נתפזרו מעותיו לפני ע"ז, דהיה חשוב דבר שאינו מתכוין להשתחוות, הואיל שאפשר ללקט בלא השתחויה, **אלא** דהתם אסור משום מראית עין, משא"כ במוכרי ותופרי כסות דליכא מראית עין, דהכל יודעים שעסוק במלאכתו ואינו מתכוין, ע"ש באריכות גדול).

הגה: ויש מתירין אפילו ללבוש כלאים, כל שאינו מכוין להנאתו, כגון שלובש כלאים להעביר בו המכס, או שלובשן כדי להראות מדתן אם רוצה למכרן וכדומה. (טור והרא"ש והסמ"ג).

מיהו קשה להיש מתירין בסעיף ו' אפי' בלבישת דבר שאין מתכוין, אמאי אסור בסעיף ח' במרדעת להוציא עליה זבל, הא דבר שאין מתכוין הוא, **דהא** היש מתירין אסרי נמי במרדעת להוציא זבל, כדאיתא בדברי הרא"ש וטור ורבינו ירוחם להדיא, **וכן** בעט"ז כתב לקמן סעיף ח', אע"ג דאינו מתכוין אלא שלא ילכלך בזבל אפ"ה אסור, דהא הוי העלאה ממש, עכ"ל, **וא"כ** קשיא לסברת היש מתירין אפי' בהעלאה ממש כשאינו מתכוין, וגם לפי מה שחילקתי לדעת הרמב"ם קשה כן, **ונראה** דהוצאת זבל לא הוי דבר שאין מתכוין, דהא אינו נוטל המרדעת אלא כדי שלא ילכלך בגדיו, ומתכוין להציל בגדיו, ודמי ללא יקח אדם ביצה חמה בבגד כלאים דלקמן סעיף י"ב, ודלא כהעט"ז דחשיב ליה דבר שאינו מתכוין, ודו"ק. (עיין בהגר"א ס"י).

[**ברמב"ם** כתוב ברישא גבי תופרי כסות כמו שהעתיק כאן, וגבי מוכרי כסות בסיפא כתב בלשון זה, ובלבד שלא יתכוין בחמה שיציל להם הכלאים שעל כתיפן מן החמה, ולא יתכוונו בגשמים להתחמם בו, עכ"ל. **ונראה** דאורחא דמילתא נקט, דודאי לענין דינא גם במציל עצמו מן הגשמים אסור, **אלא** דבסיפא במוכר כסות ונשאו על כתיפו איך שייך לומר שמציל עצמו מן הגשם במה שיניח הבגד על כתיפו, ונמצא שכל גופו יהיה מלוכלך בגשם וכתיפו ינצל לחוד, **בשלמא** לענין שינצל מחמה שפיר, דמגביה שם הבגד נגד השמש ויהיה לצל על כל גופו, **אבל** באמת אין חילוק בין עושה להנצל מחמה או מגשמים בכל דבר שיתכוין בשבילו, ועל כן לא זכר הטור והשו"ע כלום מזה, אע"פ שהשו"ע העתיק כאן לשון הרמב"ם, לא העתיק דבר זה גבי מוכרי כסות, דאין בו נפקותא לדינא, **כתבתי** זאת לפי שבפרישה הביא דברי רמב"ם שכתב להתחמם בהם, כתב וצריך עיון היכא דלא עביד מחמת חימום כלל, אלא שלא יקלקלו הגשמים בגדיו, אי שרי או לאו, ודוק מ"ו, **וצריך** עיון דלקמן גבי ביצה חמה אמרינן, שנהנה מכלאים להינצל מפני החמה, ומאי שנא גשמים מחמה, **ונ"ל** לדמות למה שכתוב

בסמוך, בגדים שמסתפרין בהם, דאם אין להם בית קיבול ראש דמותר, אע"ג דמגינים שלא יטנפו הבגדים מהשערות, והוא הדין בלהציל מגשמים על בגדיו, עכ"ל, ותמה אני אם יצאו דברים אלו מפיו, דאדרבה מבגדים של מסתפרים מוכח להיפך, שהרי כתב שם הרא"ש הביאו ב"י בסמוך, וז"ל, כשבני אדם מסתפרים, פורסין עליהם סדין כדי שלא יתלכלכו בגדיהם, בירושלמי אמרינן במתכוין לשם מלבוש כו', דהיינו שיש להם בית ראש, עכ"ל, הרי דכל שיש בו בית קיבול אז אסור, אע"פ שאינו עושה אלא להציל מלכלוך, ה"נ כאן שהוא בגד גמור ומכסה בו מפני לכלוך הגשם, ודאי איסור גמור הוא, וכמו שמשמע לשון הטור והשו"ע שזכרנו, וזה ברור נ"ל, ועיין בס"י]. ‹ע"ש בהגר"א›.

סעיף ז - תכריכי המת מותר לעשותן מכלאים, אפילו לקברו בהם – [פי' וכ"ש בבגדים שעושין לו להספד, דבבגדים שקוברין אותו הוא עתיד לעמוד בהם, והטעם, דכתיב: במתים חפשי, כיון שמת אדם נעשה חפשי ממצות].

‹וכי תימא דליתסר משום לועג לרש, כדאמרינן גבי ציצית, שאני מצות ציצית שהיא שקולה כנגד כל המצות. א"נ שאני כלאים, דאפי' בחי דומיא דמת נמי שריא, דהא המת ודאי גופו אינו מתהנה ממנו, והחי נמי אם לובש כלאים באופן שאינו מתהנה ממנו אינו עובר, דהעלאה דומיא דלבישה בעינן דאית נמי בה הנאה, והוי הך לבישה לגבי מת כמו פריסת אהל דגבי חי דשרי כדאיתא לעיל ס"א – לבוש›.

‹עיין ב"ח שכתב, דראוי להחמיר אם הכלאים ניכר – רעק"א›.

סעיף ח - מרדעת החמור, מותר לעשותה מכלאים ויושב עליה - כיון שהוא קשה, וכלדעיל סעיף א', **והוא שלא יהיה בשרו נוגע בה. ולא יניח מרדעת זו על כתפו, אפילו להוציא עליה את הזבל. ודוקא שכלאים ניכרים וידועים בבגד, אבל בגד שאבד בו כלאים ואין מקומו ניכר, אסור לעשות ממנו מרדעת לחמור, דכיון שאין מקומו ניכר, שמא ישכח ויקח ממנו טלאי לתפרו על גבי בגדו; ולא ימכרנו לעובד כוכבים, שמא יחזור וימכרנו לישראל** - ‹ובגמ' נדה ס"א: מבואר, דעושיהו תכריכים למת, ע"ש, ויראה לי דאם אין זה ראוי לתכריכים, ישרפנו – ערוה"ש›.

סעיף ט - מטפחות שמקנחים בהם את הידים, ומטפחות שמסתפגים בהם הכלים והקרקעות, ושמסתפגים בהם אחר הרחיצה, ומטפחות ספרים, אסורים משום כלאים, שהרי הידים נוגעות בהם והם נכרכים על היד תמיד ומתחממין. הגה: וכן אסור לעשות מטפחות שפורסים על השלחן שאוכלין עליו, או שקורין עליו בבית הכנסת, מכלאים, מפני שלפעמים מקנח בהם ידיו ומתחמם בהם - ‹ונ"ל דכל אלו גם בכלאים דרבנן אסור, מפני שקרוב לודאי שיהנה מהכלאים – ערוה"ש›.

סעיף י - מטפחות שמסתפרין בהם, אם יש לו בית ראש ולובשין אותו כדרך לבישה, אסור משום כלאים.

[**הטעם**, דמטפחת זאת שעיקר עשייתה תחילה הוא שלא לשם בגד, אלא להגן מפני לכלוך השערות מפני התגלחות, ומשום הכי אם אין לה בית ראש, אין עליה שם מלבוש, והוא עכשיו אינו מתחמם בה, ע"כ מותר, מה שאין כן אם יש לה בית קבול, דהוה עליה שם מלבוש, ונעשה מתחילה לשם מלבוש, דהיינו שהוא רך, אף על פי שאין נהנה בה אלא משום אצולי לכלוכית, אסור, והכלל בזה: דכל שהוא מלבוש והוא רך, יש בו משום כלאים אף שאין מתחמם, כההיא דאפילו על י' בגדים לא יעלו עליו, דאטו חימום כתיב באורייתא, אלא לא יעלה עליך, ודרשינן בירושלמי, שלא יהיה הנאה לגוף, וכל שאינו מלבוש לגוף, כהנהו דמטפחות הידים כו' שזכר לפני זה, יש בהם איסור מצד שלפעמים יש בהם חימום לידים, וכ"ש בבגד גמור שנותנין עליו או על כתיפו להצילו מגשמים, פשיטא דאסור מן התורה].

‹**והוא** קשה להלמו, דאם מכוין, בלא"ה אסור, כמו מטפחות הידים כו', וליקח ביצה חמה במטפחת, והרבה כיוצא, אפי' אינו עשוי כמין בגד, **ואם** אינו מתכוין, לעולם מותר, כמ"ש מוכרי כסות כו'. **אבל** הצלת השערות על בגדיו אינה חשובה הנאה, דדוקא הצלת גופו מחמה וגשמים חשיבא הנאה, **ודברי** הש"ך ס"ו ג"כ אינן נכונים, וכן דברי ט"ז ס"ו,

ושלא כדין השיג על הפרישה, **וקושית** ש"ך מהוצאת זבל, י"ל דכל דבר שלפעמים עושה להנאה, אסור לעולם, כמ"ש במטפחות הידים וספרים וספוג, וכמ"ש בס"ט בהג"ה, **וז"ש** לא יתן המרדעת כו' אפי' כו', משמע דרישא לא משום הוצאת זבל, אלא להנאה, וקאמר אף שתחתיו מותר אפי' להנאה, ע"ג אסור, ולא עוד אלא אפי' להוציא כו' – גר"א.

סעיף יא - וילון, אם הוא רך, אסור לעשותו מכלאים, מפני שהשמש מתחמם בו לפעמים; ואם היה קשה, מותר - משמע דאין איסור במה שהוא נהנה שפורסו מפני החמה והגשמים והרות, וכן כתב הב"ח וכן כתב מהרש"ל, דדוקא גבי מלבוש הוא דאסרינן אפי' להגן מפני החמה והגשמים, אבל לא בוילון.

‹**עיין** בספר חומות ירושלים שכתב, די"ל דאנן לא בקיאין מהו רך או קשה, וכן בדינא דבגדים קשים לעיל ס"ב בהג"ה, וכמו שכתב התב"ש, דלא בקיאין מאי נידהו מטלית עבה לענין לאחוז באמה, ה"נ בזה, ע"ש). ‹**ולא** ידעתי מה בקיאות שייך בזה, ובספיקו הולכין להחמיר – ערוה"ש›.

הגה: אבל פרוכת שלפני ארון הקודש, או המפות שפורסין בארון או סביב התורה, מותר להיות מכלאים - ‹מפני שאסור ליהנות מהם בחימום הידים שהן קודש – ערוה"ש›.

[כן הוא בהג' אשר"י, אבל מפה שפורסין בארון הקודש תחת ספרי תורה או סביב התורה, **אבל** בפירוש המשניות להרמב"ם, מפות ספרים, היינו מספר תורה, שיאחז בהם ספר תורה בשעת קריאתו, יש בו משום כלאים, וכן כתוב במיימוני, מטפחת ספר תורה כו', וע"כ נראה דודאי אסור לעשות המעיל של ספר תורה שקורין מענטלין או המפה שכורכין סביב הס"ת עצמה מכלאים, דהרי אנו רואין שהשמש אוחזה הרבה פעמים בידו, ויש לחוש לחימום בעת הקור, **ובהגהת** אשר"י לא מיירי מזה, אלא שעושין בארון הקודש עצמו איזה מפה תחת הס"ת או סביב התורה, אבל אין אותם המפות נכנסות ויוצאות עם הס"ת, אלא נשארו בארון הקודש לעולם, כנלע"ד]. ‹**ותמיהני** דהא פשיטא שאסור לו לכוין להתחמם, וא"כ דבר שאין מתכוין מותר, ופסיק רישא ודאי דאין כאן כמובן, וזהו טעמו של רבינו הרמ"א שפסק להיתר – ערוה"ש›.

סעיף יב - לא יקח אדם ביצה חמה בבגד כלאים בידו, שכיון שהוא ניצול מליכוות בחום הביצה, חשיבה הנאה כמניעת הקור.

סעיף יג - ערדילרין (פירוש כלי שלובשין אותו תחת המנעל - ‹פי' בתוך מנעליהם – יש"ש›, **ויש שעושין אותו של צמר כנגד העקב, אין בהם משום כלאים, דקשין הן) (מפי' רש"י בשם תשובת הגאונים) אין בהם משום כלאים** – [בטור כתוב וז"ל: ופירשו הגאונים רגילין ללבשן תחת מנעליהן, ותולין עליהן עור של תיש מעובד תחת קרקעותיהן, וכנגד העקב של רגל יש שעושין אותו של צמר, אין בו משום כלאים, לפי שהעקב קשה ואינו מתחמם, עכ"ל].

‹**לפירש"י** הצמר קשה כנמטי, ולא קאי על הרגל, ולהרא"ש והטור הפירוש דעור העקב קשה – שבה"ל›.

[**והקשה** בדרישה, דהא איתא בסעיף ג', בגד גדול וכלאים מצד אחד, אסור אפילו צדו השני כו', ולמה מותר כאן ליהנות שאר הרגל מזה שיש כלאים בעקב, והאריך בתירוצים, ולענ"ד נראה דלא קשה מידי, דכל שהוא מלבוש דוקא אמרו כן, כמ"ש לעיל סעיף י', דכל מלבוש שהוא רך אסור אף על פי שאינו מתחמם, וכל שאינו מלבוש אין אסור אלא דוקא במתחמם, מש"ה כאן אין שם מלבוש על זה, כיון דלמטה מוטלת בעור, רק שכנגד העקב יש צמר, ואי היה מחמם היה אסור מכח החימום, על כן התירו בזה שאין שם חימום ואינו בגד].

הגה: מנעל שהוא כלאים ואין לו עקב - ‹בתוי"ט הגיה שצ"ל "ואין לו אלא עקב", והוא מנעל שאין לו אלא עור מתחת ולמעלה על האצבעות וכן קצת מצדדיו, ושאר כל כף הרגל אין עליו כלום›, **מותר ללבשו, שעור הרגל קשה** - ‹פירוש כל תחתית הרגל›, **ואינו נהנה כשאר עור הגוף (טור).**

[**והקשו** רבים למה כתב ואין לו עקב, ‹משמע דעקב גרע טפי, והוא תמוה, דחזינן דעור העקב יותר קשה, **וכתבו** דזה שכתב ואין לו עקב, לאו משום דינא הוא, דה"ה ביש לו עקב, אלא דכך הוא מלאכת המנעל – ערוה"ש›. **ולפמ"ש אתי שפיר, דלפי הנראה הוא ממש כהמנעלים**

שלנו שקורין פאנטאפלי"ן, דהיינו שסביב העקב של הרגל אין שם עור מנעל כלל, ע"כ התירו לתת כלאים תחת העור המנעל ממעל לרגל, וכן תחתיו במקום שהרגל עומד עליו, והטעם הוא כדלעיל, שכאן אין שם בגד על הכלאים שיש במנעל, שהרי סביב העקב אין שם כלום, דאלו היה שם ג"כ בגד, היה אסור מצד שהוא לבוש, אבל עכשיו אין איסור אלא מכח חימום, וברגל כולו אין שום חימום, וכן נהגו לצאת בפאנטאפלי"ן, שיש שם בגד מבפנים בכל צדדיו, אף שתפרו עובד כוכבים בחוט פשתן, והוא מטעם דפרישית, אבל אם עשה כן במנעל, דהיינו שגם כנגד סביב העקב יש עור המנעל, וגם שם תפור בבגד, אסור מטעם בגד כלאים, דאנו חושבין הבגד שתפור בפנים כאלו הוא בגד בפני עצמו בלא עור המנעל, כנ"ל].

סעיף יד - אין אסור משום כלאים אלא בגדים שהן דרך חמום, כגון הכתונת והמצנפת והמכנסים והאבנט והשמלה ובגדים שמחפין בהם השוקיים ואת הידים וכיוצא בהם; אבל צלצלים קטנים שעושים אותם העם בבית יד שלהם לצרור בהם מעות או תבלין, וסמרטוט שמניחים עליו רטיה, או מלוגמא או אספלנית וכיוצא בהם, הרי אלו מותרים אף על פי שבשרו נוגע בהם, שאין דרך חימום בכך. ציץ של עור או משי וכיוצא בהם שתלה בה חוטי צמר וחוטי פשתן מדולדלים על פני האדם כדי להפריח הזבובים, אין בו משום כלאים, שאין דרך חימום בכך - ‹ופשוט הוא דאם בא' מכל אלו כוונתו גם לחימום, אסור – ערוה"ש›.

סעיף טו - אותות שעושים הכובסים והגרדים (פי' מעשה אורג: תרגום ירושלמי גירדי) בבגדים כדי שיהיה מכיר כל א' את שלו, אם היתה אות של צמר בפשתן או פשתן בצמר, הרי זה אסור, אע"פ שאינו חשוב אצלו - ‹לא שייך ביה לומר דבטל הוא, שהרי על ידו נעשה גוף האיסור ואיסור ניכר במקומו, כמ"ש לעיל סי' רצ"ט ס"א – לבוש›.

§ סימן שב – דין בגד שאבד בו כלאים §

סעיף א - בגד צמר שאבד בו חוט של פשתן, או בגד פשתן שאבד בו חוט של צמר, צובעו, שאין הצמר והפשתן עולים בצבע אחד, ומיד הוא ניכר לו ושומטו; ואם לא ניכר, הרי זה מותר, שמא נשמט והלך לו, שהרי בדק ולא מצא - והוא הדין אם ניתק ממנו חוט א', תולין להקל בכלאים דרבנן, כדאיתא בטור ובפוסקים.

[בטור כתב: או ינתק החוט כו', והוא מן הגמרא בנדה: האי מאן דרמי חוט דכיתנא בגלימא דעמרא ונתקיה, ולא ידיע אי נתיק או לא נתיק, שפיר דמי, מ"ט, מדאורייתא שעטנז כתיב, עד שיהא שוע טווי ונוז, ורבנן הוא דגזרו ביה, וכיון דלא ידיע אי נתקיה שרי, והקשה ב"י, דמלשון זה משמע דלא שרי לכתחלה למנתקיה, והטור כתב או ינתק, דמשמע דלכתחלה נמי שרי למנתקיה, עכ"ל, ואני אוסיף לתמוה, מ"ש מההיא דסימן ק"י, בתערובות איסור שאינו בטיל מחמת חשיבותו, דמותר בנפל אחד מהם לים, דאמרינן האיסור נפל, ודוקא נפל מעצמו, אבל אם הפילו אדם אפילו שוגג, אסור, וכאן בחוטין של כלאים ג"כ חשיבי, כמ"ש סימן רצ"ט בב"י בשם סמ"ג, ותו דהרי הוכחתי דכו"ע ס"ל דאין בטיל, ע"ש, והתירו כאן אפילו הסיר חוט אחד במזיד, והלא גם שם מיירי מאיסור דרבנן, דמדאורייתא חד בתרי בטיל אפי' בדבר חשוב, ומנא ליה לטור לחלק ביניהם, ומחמת תמיה זו נראה ליישב דעת הטור שהוכיח דלכתחלה נמי שרי, דאם יש איסור בעושה מזיד, למה התירו בזה אם נתקו אדם, אמאי לא גזרינן משום מזיד גם בזה, ותו קשה יתור לשון בגמ', שאמרה "ונתקיה" ולא ידיע אם נתקיה, היה לו לומר "ולא ידיע אם נתקיה או לא", ולמה לו לומר "ונתקיה", ואין לומר דמיירי שידוע שנתק האיסור, אלא שאין ידוע אם ניתק כולו או לא, הא לאו מילתא היא, דמה לי ספק אם לא נתקו כלל, או לא ניתק כולו, דמקצת הוה בזה ככולו, **אלא** ודאי הכי פירושו, דאחר שנודע התערובות הלך והסיר חוט אחד מהם בכוון כדי לתלות

בו, ולא ידיע אי נתקיה לאיסור או לא, ואפ"ה שרי, דמיירי כאן בכלאים דרבנן, דהא כ' הטור בגד שארג חוט אחד כו' וכן הוא בש"ס בהאי מילתא, וכיון שכאן הוא הפסד מרובה, שהרי אפילו למכרו לעכו"ם אסור, על כן הקילו רבנן לסמוך על זה ‹שינתק לכתחילה חוט אחד ויתלה› דאיסור ניתק, משא"כ בההיא דסי' ק"י דמותר למכרו לעכו"ם, הוה הפסד מועט, על כן גזרו שלא לסמוך על זה אם עושה במזיד, וכן מצינו בהרבה מקומות, דלהפסד מרובה חששו דוקא, כן נ"ל דעת הטור, ומשום הכי לא הביא הרמב"ם הך מילתא דנתקיה, דאיהו סבירא ליה שיש כאן איסור דאורייתא, כמ"ש סי' ש' סעיף א'].

(בד"א, בכלאים דרבנן, אבל בכלאים דאורייתא, אין הולכין להקל בספיקן) (טור).

[הרמב"ם הוקשה לו במה שאמר בגמ', ‹בגד שאבד בו כלאים, צובעו ומותר... מתני' היא, דתנן בודק עד שמגיע לסלע, ואי ליכא, אימר עורב נטלה, הכי נמי: עמרא וכיתנא בהדדי לא סליק להו צבעא›, וכיון דלא ידיע אימר מינתר נתיר, דמשמע מיניה דאין זה ודאי דנתיר, אלא ספק הוא, וכן לשון הפוסקים, שמא נשמט, ולמה נקיל בו בספק דאורייתא, ע"כ תירץ דכל ספק איסור הוא מדבריהם, ואין כאן ספק דאורייתא לחומרא כיון דכבר בדק אחר זה, ובדיקה מהני לביטול איסור דאורייתא, אלא שיש לחוש לשמא לא בדק יפה, וזה הוא ספק דרבנן, והראב"ד לא ניחא ליה בזה, וע"כ הקשה דמ"מ קיימא לן דספק איסור דאורייתא לחומרא, ‹ולענ"ד הרמב"ם הולך לשיטתו בכל מקום, דאע"ג דספיקא דאורייתא לחומרא, מ"מ כיון שהאיסור הוא מדרבנן, לכן יש מקומות שהחכמים הקילו בספק כפי מה שנראה להן – ערוה"ש›, ודעת הראב"ד, דהאי אימור הוא ודאי ג"כ, כדאשכחן באלו טריפות גבי ספק דרוסה, אימור שלמא עביד, וכתב הר"ן כל הני אימור דאמרינן כאן, ודאי חשבינן להו כו', ומכל זה מוכח עכ"פ דמיירי כאן בכלאים דאורייתא שנאבד בבגד, וכן מוכח בגמרא בנדה, דמדמה בדיקה זו לההיא מתני' בודק עד שמגיע לסלע, והתם מיירי בכזית מן המת שיש בגל, כדפרש"י ממתניתין שם, ואפ"ה מהני הבדיקה, ה"נ בדיקה דצובע הבגד לענין כלאים, אלמא אפילו במידי דאורייתא מהני הבדיקה, אלא דקשה על הטור, שכתב אחר דין זה: בד"א בכלאים דרבנן, אבל בכלאים דאורייתא אין תולין בספיקא להקל, עכ"ל, וקשה מן הגמרא שהבאתי, ע"כ נראה ברור, דמש"כ: בד"א בכלאים דרבנן כו', לא קאי אלא אחלוקה השניה שכתב: או ינתק חוט א' ממנו והוא מותר, שאנו תולין לומר שהסיר חוט של כלאים כו', אבל לא אחלוקה הראשונה, דהיינו הצביעה, וכן מבואר בלשון הטור, אבל בכלאים דאורייתא אין תולין בספיקא להקל, הך לשון "אין תולין" הוא שייך בחלוקה השנייה, שכתב בה תולין כו', אבל ברישא אין שייך בה לשון "תולין", דלשון "תולין" שייך על מעשה שנעשה בדבר, ספק שבהיתר נעשה, והיינו דוקא בסיפא, ובזה מתורץ נמי למה הוצרך הטור להאריך ולומר: אין תולין בספיקא להקל, היה לו לומר אבל בכלאים דאורייתא לא, ע"כ נראה ברור כמו שכתבתי, ואין שום מחלוקת בזה בין טור להרמב"ם והראב"ד, דכולהו מודי דצביעה מהני אפילו בכלאים דאורייתא, והב"י כתב דהך בד"א קאי נמי אצביעה, ולדידיה יחלוק הטור על הרמב"ם והראב"ד, ואחריו נמשך רמ"א כאן, שכתב בד"א כו', ונראה לענ"ד דלא יצאו ידי חובת העיון כל הצורך במחילה מכבודם, כי בגמרא מוכח להדיא דאף בדאורייתא מהני בדיקה דצביעה, כמו בדיקה דטומאת מת דאורייתא, כמו שהבאתי]. ‹וכ"כ הגר"א›. ‹ודברים תמוהים, דהרואה יראה לעין, שהטור הרכיב שני דינים אלו ביחד ובחדא גוונא, ומה שהקשה הט"ז, הרי מדמה לבודק עד שמגיע לסלע דזהו דאורייתא, להדיא כתב הרמב"ם בפ"ט מטומאת, שדין זה דרבנן גם קודם הבדיקה – ערוה"ש›.

סעיף ב - הלוקח כלי צמר מהעובדי כוכבים, צריך לבדקן יפה יפה, שמא הם תפורים בפשתן - ‹לפיכך כל הקונה בגדים וכו'›

(והקונה בגדים מן העכו"ס, צריך להתיר תפירתן ולתפרן בקנבוס) - ‹דקשין הן לבודקן בכל התפירות – לבוש›. ‹**כלומר** דלא נימא דרק לכתחלה חששו בכך ולא בדיעבד, קמ"ל דגם בדיעבד ואפילו יש טירחא רבה, ואפילו הוי רק איסור דרבנן, כגון שידוע שהחוטים אינם שוע טוי ונוז, מ"מ אסור ללובשן, דחזקה שנתפרו בפשתן – ערוה"ש›.

‹**ולהיפך** לקנות כלי פשתן ולחוש שמא תפורין בצמר, משמע דאין חושש, משום שאין דרך לתפור בחוטי צמר – ערוה"ש›.

ואפי' אם העובד כוכבים מסיח לפי תומו שתפרן בקנבוס, אינו נאמן - כי הוא ידוע לכל העובדי כוכבים שחייטים ישראל מחזרים על

הכפרים לקנות מהן מטוה של קנבוס לתפור, כי אינו מצוי כמו הפשתן, והלכך איכא למימר זה עובד כוכבים להשביח מקחו הוא אומר, כ"כ הרא"ש ועט"ז, **ואין** להקשות לאיזה צורך הוצרכו לזה, דהא ס"ל דאין עובד כוכבים נאמן במסל"ת אפי' באיסור דרבנן אלא בעדות אשה, כדלעיל סוף סימן קל"ז, **דכבר** הוכחתי שם דהיינו דוקא היכא דאיתחזק איסורא, אבל הכא דלא איתחזק איסורא, והוה נאמן אם לא שידוע לכל העובדי כוכבים ולהשביח מקחו הוא אומר כן.

ובמקומות שהפשתן ביוקר מן הקנבוס, יש לסמוך להתיר - כלומר דוקא דיעבד יש לסמוך להתיר על טעם זה בלבד, שהפשתן ביוקר מן הקנבוס, אף על פי שנקל לתפור בפשתן מקנבוס, ויצא שכרו בהפסדו, אבל לכתחלה אסור כו', וכדמסיק הרב, וכן הוא בתשובת הרשב"א ובב"ח.

[**בב"י** בשם הר"ש כתב, במקום שהפשתן ביוקר וטוב יותר לתפור בקנבוס לפי שהוא חוט חזק [בשעת התפירה, יש להתיר, עכ"ל. **והקשה** מו"ח ז"ל על השו"ע, למה פסק כאן להתיר בתנאי אחד מחמת שהפשתן ביוקר, והר"ש התנה תנאי שני עוד, דהיינו שטוב לתפור בו מחמת שהוא חזק, ודחק לתרץ דשו"ע מיירי בדיעבד, **ולעד"נ** דמאי דאמר הר"ש שהוא חזק כו', אינו תנאי כלל, דודאי בכל המקומות חזק יותר, **אלא העיקר** באם הפשתן ביוקר, **אלא שלא** תקשה מאי מהני מה שהוא ביוקר, מ"מ יש סברא כנגדו, דהפשתן טוב יותר לתפירה מחמת שהוא חלק יותר מקנבוס, כמ"ש ב"י בשם הר"ן, וכמ"ש רמ"א אח"כ, **לזה כתב** שהקנבוס יותר חזק לתפור ואינו נקרע בתפירה, ובפשתן נקרע ויש בו טורח לאומן לתקן מחדש, **נמצא** שסברות אלו הם מוכרעות זו כנגד זו, דהיינו פשתן יש בו מעלה מצד חליקתו, ויש בו גריעותא מצד חלישתו, **וע"כ** הדבר תלוי במה שהוא ביוקר, **דזהו** מכריע להיתר, ותלוי בנמצא במקומות, **אבל** לענין חוזק החוט ודאי בכל המקומות הוא כן, **וזה פשוט לענ"ד**].

‹**ר"ש** שם ויש לסמוך במקומינו כו', וסובר {המחבר} דכל טעם לבד מסכים, אבל ליתא, דדוקא בשני הטעמים, שאינו נהנה כלל, ועסי' קי"ח ס"י, **וז"ש** בהג"ה ואסור לומר, ומ"מ סובר שבדיעבד יש לסמוך כמ"ש בשו"ע, וליתא - גר"א›.

הגה: ואסור לומר לעובד כוכבים לתפור לו בגדים בחוטי קנבוס, אף על פי שפשתן יותר ביוקר, דנקל לתפור בפשתן מבקנבוס (רשב"א) -

[ולא ס"ל טעם דקנבוס הוא חזק כסברת הר"ש, והא דלא כתב דבריו דרך פלוגתא על השו"ע, כיון שאפשר דגם השו"ע מיירי בדרך זה].

‹**לא** ניחא לי דעל זה לבד יסמוך הרמ"א לחלק בין לכתחלה לדיעבד, **ולכן** נ"ל, דבבגדים שלוקח מן העכו"ם שעשה הבגדים לעצמו, ודאי תפרן בקנבוס כדי שיהיה חזק יותר, **משא"כ** כשהישראל נותן לו בגד לתפור, שאינו חושש לחיזוקו, ולכן אין להאמינו שיתפרם בחוטי קנבוס, אף שהם בזול נגד חוטי פשתן, מ"מ קשים הם לתפירה, וכמ"ש הרשב"א, **עיין** ב"ח וט"ז שנדחקו בדבריו, ולפמ"ש אתי שפיר, ודו"ק - ערוה"ש›.

אבל אם נותן לו חוטי קנבוס, שרי - [דאם אין נותן לו, יש לו לתרץ ולתקן עוותו, ולומר: טעיתי והייתי סבור שזה קנבוס, **משא"כ** בנותן לו קנבוס, ואח"כ רואה שהוא פשתן, לא יוכל לתקן מעשיו, שהיה לו להזהר במה שנתן לו, ולייחד לו מקום מיוחד, כן נראה לי טעמו].

ולא חיישינן לאחלופי, מאחר שיש לעמוד על הדבר, שחוטי פשתן כשמדליק כבה מהר, ושל קנבוס הולך ושורף, וכן נוהגין, אף על פי שיש מחמירין (רשב"א הנ"ל).

דכיון דהוא אומן לא מרעא אומנתיה, מאחר שיש לו לעמוד על הדבר, כן הוא בהרב המגיד ור"ן ורבינו ירוחם ושאר מחברים טעמא דאומן, והרב קיצר במובן.

‹**היינו** דמשום זה העובד כוכבים מירתת, אבל לסמוך על אלו הסימנים לא מהני, תשו' פני יהושע, וכ"כ בית הלל, דאין לסמוך על שום סימן בזה - רעק"א›.

(**עיין** בתשו' פני יהושע שכתב, לענין חוטים שאינו יודע אם הם פשתן או קנבוס, שאסור לסמוך על בדיקה זו וכיוצא, והגס לבו בהוראה לסמוך על זה, עתיד ליתן את הדין). ‹**והנה** הסימן שכתב בחננו איזה פעמים ונמצא שכן הוא, ושל"ה ותשו' פנ"י ערערו על זה, ואמרו שאין זה סימן מובהק ולפעמים אינו כן, ואין לסמוך על סימן זה - ערוה"ש›.

(**עיין** בשל"ה שכתב, דבזמנינו עיקר דרך ההיתר פירכא, כי כל הגוים יודעים האמת שרובא דרובא דישראל אין בודקים אחריהם, ע"ש שהאריך).

ובס' מעדני מלך כתב: ושמעתי מחייטין ישראלים שבודקים הקנבוס בענין זה, שמושכין החוט עד שנמשכין כמין שערות, ואם אותן שערות ארוכות הרבה, בידוע שהוא קנבוס, עד כאן.

‹**ולפי** הנראה מדברי רבותינו, לא היה בימיהם חוטים רק או חוטי פשתן או חוטי קנבוס, אבל עכשיו בזמנינו רובי החוטים שתופרים בהם הבעלי מלאכות הם חוטי צמר גפן, שקורין באוו"ל, והם עיקרי החוטים, ונמכרים לאלפים ולרבבות בחנויות, והולכים סביב עמודים קטנים כשני אצבעות אורכן, וקורין לזה קלעצעלאך, ואמרו לי החייטים שבהם תופרים מפני שהם טובים מאד לתפירה וחזקם גדול מאד – ערוה"ש›.

וישראל החשוד לתפור כלאים, דינו כעובד כוכבים. יש מחמירין דלא יתפור בגד צמר בקנבוס לבן, שלא יחשדוהו שהוא פשתן - דומה לדלעיל סימן רצ"ח ע"ש, **ולכן צובעין הקנבוס** - ‹שחור – לבוש›.

§ סימן שג - לפשוט כלאים מחבירו אפילו בשוק §

סעיף א - הרואה כלאים של תורה על חבירו, אפילו היה מהלך בשוק, היה קופץ לו וקורעו מעליו מיד, ואפילו היה רבו - דבמקום שיש חילול השם אין חולקין כבוד לרב.

(וי"א דאם היה הלובש שוגג - דהיינו שאינו יודע כלל שהוא כלאים, **אין צריך לומר לו בשוק** - עד שיגיע לביתו, **דמשום כבוד הבריות ישתוק, ואל יפרישנו משוגג)** - ‹דגדול כבוד הבריות שידחה את המצוה בשוגג, אפילו בלא תעשה של תורה, שעה אחת, ואינו צריך למהר להפרישו משוגג – לבוש›. ‹**עיין** בשו"ת שאגת אריה, שחולק ע"ז›.

אבל אם אחר שמצאו ישהנו עליו, נמצא שהוא משהה אותו במזיד עליו.

‹**ואין** ללמוד מזה לשארי איסורים, כשראובן יודע ששמעון עובר איסור תורה, ושמעון שוגג בדבר, שא"צ להגיד לו, **דשאני** הכא שהוא לשעה קלה, דכשיבא לביתו יגיד לו ויפשוט, אבל באיסור תמידי מחוייב להגיד לו, נוב"י, **ואפילו** באיסור דרבנן תמידי, נ"ל דמחוייב להגיד לו, ואין למנוע מצד כבוד הבריות – ערוה"ש›.

ואם היה של דבריהם, אינו קורעו מעליו ואינו פושטו בשוק, עד שמגיע לביתו - ‹דגדול כבוד הבריות שדוחה לא תעשה של דבריהם – לבוש›. **(וכן בבית המדרש א"צ למהר לצאת), ואם היה של תורה, פושטו מיד** - ‹וז"ל הלבוש: ולכן אם הוא בבית המדרש אינו צריך למהר לצאת בשבילו אם הוא כלאים דרבנן, ואם הוא של תורה פושטו מידי›. ‹**וז"ל** הגר"א: ר"ל דגם במוצאו בבגד שלו הדין כן›.

‹**עיין** בנחלת צבי שכתבתי, דהאי "עד שמגיע" קאי גם ארישא, שאינו קורעו מעליו, דכשיגיע לביתו גם חבירו קורעו מעליו, אף שאינו אלא כלאים דרבנן, ע"ש›.

סעיף ב - אסור להלביש את חבירו כלאים - משום לפני עור לא תתן מכשול.

§ סימן דש §

סעיף א - כלאי בגדים מותר לעשותם ולקיימם, ואינם אסורים אלא בלבישה - ‹ולכאורה אין שום רבותא בזה, שהרי התורה לא אסרה רק הלבישה וההעלאה, **ונ"ל** דהרבותא היא שאפילו מדרבנן מותר, ולא גזרינן שמא ילבשנו – ערוה"ש›.

והא דכתב הרב לעיל סי' ש"א ס"א, דלכתחלה לא יעשה של כלאים, היינו בדברים שיש לחוש שיתכסה בהן, והיינו שעושין אותן לעצמן או לישראל אחר, **אבל** הכא מיירי בענין שאין לחוש לזה, כגון שהוא בגד של עובד כוכבים, ועושין אותו לעובדי כוכבים וכה"ג.

§ סימן א – דיני פריה ורביה ושלא לעמוד בלי אשה §

סעיף א - חייב כל אדם לישא אשה כדי לפרות ולרבות - {וחייב לבעול בכל עונה, אפי' שהרשת את בעלה שימנע עונתה, חייב לבעול בכל עונה עד שיהיה לו בנים, כ"כ הרמב"ם, וכן איתא לקמן סי' ע"ו, **ומשמע** דאחר שיהיו לו בנים, מהני רשות שלה אפי' אם יכול עוד להוליד, **ואיני** יודע מנ"ל לרמב"ם חילוק זה, דמהני מחילה שלה אחר הקיום פו"ר ולא מהני קודם שקיים פו"ר, דהא אפי' אם קיים פו"ר מ"מ חייב לקיים לערב אל תנח ידך, **ואע"ג** דכתבתי בסמוך דמצוה לערב אינה אלא מדרבנן, מ"מ מנ"ל דמהני מחילה שלה}.

[**ונעלם** ממנו דברי הרב המגיד... מה שכתב באם קיים פו"ר מהני רשות שלה לבטל עונתה, היינו מדברי תורה, אבל ממה שכתב למטה דמדבריהם חייב משום לערב אל תנח, ממילא נשמע דאסור מדברי סופרים, **אבל** על השו"ע ודאי קשה, דמביא לפסק הלכה כן בסי' ע"ו ס"ו, וזה אינו, דמחויב עכ"פ משום לערב אל תנח כו', **אבל** נראה דאפילו אם נאמר דהרמב"ם מיירי גם מדברי סופרים לא קשה מידי, דהרי הרמב"ם כתב למטה שלא ישא אשה שאינה בת בנים, אא"כ יש לו בנים או אשה אחרת לפו"ר, וי"ל למה לא כתב ג"כ כאן באשה שהרשת בעלה, או שיש לו אשה אחרת לפו"ר מהני רשות שלה, **אלא** ודאי דבאשה שמחלה עונתה, אפילו אם יש לו אשה אחרת, לא מהניא מחילתה אא"כ היו לו בנים וכבר קיים פו"ר, דדוקא למטה אמר שלא ישא אשה שאינה בת בנים כי אם שיש לו אשה אחרת, דכיון שיש לו אשה, אינו מחויב לישא עוד אחרת אפילו אין לו בנים ממנה, כי אם עד אחר עשר שנים, א"כ מה לי אם לא לקח כלל עוד אשה אחרת, או ישא אשה שאינה בת בנים, **אבל** כאן שכבר יש לו שתי נשים, ודאי מחויב לקיים עונה עם שתיהן כל זמן שאין לו בנים, דשמא לא יוליד עם אחת ויוליד עם שניה, **ועוד** כל כמה דאפשר לתיקוני המצוה מקודם עליו החיוב לתקן, כמ"ש הרמב"ם שזכרנו, שלא ישא קטנה, וכתב המ"מ אע"פ שהיא באה לכלל בנים, השתא הוא מחויב והיא לאו בת בנים, עכ"ל, ואע"פ שאם נשא אשה כבר ולא ילדה אינו מחויב לגרשה כי אם אחר עשר שנים, וקטנה תבא לכלל בנים קודם עשר שנים, אעפ"כ אסור לכתחילה, דכל מה שיכול להקדים לקיים המצוה מחויב הוא להקדים, וה"ה כאן ביש לו שתי נשים, החיוב עליו לתקן המצוה מקודם בכל מה דאפשר, ודוחק לומר דמשו"ה אסור לו לישא קטנה, דשמא אחר שתבא לכלל בנים לא תלד ג"כ, ויצטרך להשהות עוד עשר שנים, דודאי משום הא לא אסרינן, דאזלינן בתר רובא דראוי להוליד, **אלא** משום דהחיוב עליו תיכף לקיים, וה"ה כאן ביש לו שתי נשים החיוב עליו תיכף לתקן עם שתיהן, **אבל** משום לערב אל תנח ידך הושוו כל הפוסקים **דאפי'** לרבי יהושע ‹מקור הדין דאל תנח›, **אפי'** שהתה עמו עשר שנים ולא ילדה, אינו מחויב לגרשה, ורבי יהושע לא אמר אלא דלכתחילה מחויב לישא בת בנים, ואפילו לכתחילה כתב הרמב"ן דאין כופין אותו על זה, ואפילו אם מתיירא בשביל קטטות ומריבות בין הבנים, מותר לישא אפילו לכתחילה שאינה בת בנים, וכן כמה קולות שכתבו הפוסקים, **וא"כ** כ"ש בזה שיש לו אשה אחרת לפו"ר, דודאי יוצא אפילו לרבי יהושע, ואינו מחויב לקיים עוד עם שניה בשמחלה לו עונתה, כן נראה ליישב הרמב"ם, **וגם** השו"ע בסימן ע"ו איירי בזה, שיש לו אשה אחרת, והא דלא כתב השו"ע בפירוש כן, דבשלמא ברמב"ם מוכח מדלא כתב או שיש לו אשה אחרת כמו למטה בפ"ז כמ"ש, אבל השו"ע למה לא כתב בפי' הדין, י"ל דהשו"ע סמך עצמו ג"כ על מה שכתב בסימן א' ס"ח, אע"פ שקיים פו"ר צריך שישא אשה בת בנים, וכ"ש שאסור לעמוד בלא אשה כלל, דליכא מאן דפליג בגמרא דאסור, וא"כ אם מחלה לו האשה, אף שלא יוכל עוד להוליד, ג"כ אסור לו לעמוד בלא אשה, ולמה יהא מהני מחילתה, אלא ודאי דמיירי ביש לו אשה אחרת, וממילא יובן וא"צ לכותבה בפירוש].

‹**ועיין** בספר ברכי יוסף מהגאון חכם חיד"א ז"ל, דניחא ליה לחלק, דאם קיים פו"ר אינו חייב לבעול בכל עונה, אלא משום לערב אל תנח סגי לעתים רחוקות, רק שלא יניח לגמרי, **והיינו** דקאמרי הרמב"ם ומרן לקמן סי' ע"ו ס"ו, דאם לא קיים פו"ר חייב בכל עונה, אבל אם קיים אינו חייב בכל עונה, לא משום פו"ר דכבר קיים, ולא משום עונה שכבר מחלה, **אבל** אה"נ דמשום ולערב אל תנח מחוייב בעת מן העיתים, ע"ש›.

וכל מי שאינו עוסק בפריה ורביה כאלו שופך דמים, וממעט את הדמות, וגורם לשכינה שתסתלק מישראל. הגה: וכל מי שאין לו אשה שרוי בלא ברכה, בלא תורה כו', ולא נקרא אדם. וכיון שנשא אשה עונותיו מתפקקים, שנאמר: מלא אשה מלא טוב ויפק רלון מה'.

סעיף ב- אין מוכרין ספר תורה - {ושאר ספרים נמי אסור למכור, כמ"ש ביו"ד סי' ר"ע}, **אלא כדי ללמוד תורה ולישא אשה** - בשו"ע באו"ח סימן קנ"ג פסק, דמותר למכור ס"ת להספקת תלמידים או להשיא יתומים בדמיו, והוא מדברי הריב"ש הביאו הב"י, דהוי דומיא דללמוד תורה ולישא אשה, **ולפי"ז** דוקא יתום שרוצה לקיים פו"ר ואין סיפוק בידו, אבל בשביל יתומה אין מוכרין, דאשה אינה מצווה על פו"ר, כדפסק בסי' זה סעיף י"ג.

{**מיהו** למ"ש לקמן, דמוכרים ס"ת לקיים לערב אל תנח, י"ל דלהשיא יתומה נמי מוכרים ס"ת, לקיים לשבת יצרה, דאשה נמי מצווה על שבת, כמ"ש בתוס' ב"ב ובתוס' גיטין, ונכלל נמי בכלל לישא אשה, היינו אפילו אם כבר קיים פו"ר, כן מוכרים להשיא למי שקיים פו"ר או להשיא יתומה, וכ"כ במ"א}, [**ונראה** שהוא מגמ' דמגילה, דאמרינן שם דמוכרין ספר תורה לישא אשה, משום דכתיב לא תוהו בראה כו', אמאי לא מייתי קרא דפרו ורבו, אלא ודאי דאף בשביל האשה מוכרין ספר תורה לקיים לשבת יצרה], {**מיהו** ממ"ש בסי"ג בהג"ה בשם הש"ג, אשה אל תשב בלא בעל משום חשד, משמע דאינה מצווה על שבת}, [י"ל דמיירי אפילו כשהיה לה בן או בת, דבזה יוצאת משום שבת], {**וכן משמע בתוס' ריש חגיגה, גם בתוס' הנ"ל לא כתבו את זאת דאשה מצווה על שבת אלא לחד תירוץ**}, [**ולא מפיו אנו חיין שקיצר במקום שהיה לו להאריך, איך** משמע כן בתוס' שזכר, וכאשר נפרש פי' התוס' לא יהיה כדבריו, דגם לשאר תירוצי התוס' לא יהיה משמע כלל דאשה אינה מצווה על שבת], {**ועיין בתשו' רד"ך כתב נמי דהאשה מצווה על שבת**}.

‹**ואין** עיקר לדברים הללו, דכל עיקר מצות פו"ר הוא מטעם שבת, והנשים כיון שלא נצטוו על פו"ר, ממילא דלא נצטוו על לשבת יצרה, וכן מוכח מדברי הרמב"ם ומכל הפוסקים, שאין שום חיוב מוטל על האשה – ערוה"ש›.

ושאר פרטי דין זה, אם אין לו מה לאכול, או למצות פדיון שבוים, וכן אם יש חילוק בין ס"ת של יחיד לשל רבים, עיין ביו"ד סי' ר"ע וסי' רפ"ב, ובאו"ח סי' קנ"ג, ואין כאן מקום להאריך בדין מכירת ס"ת.

סעיף ג- מצוה על כל אדם שישא אשה בן י"ח - {וכתב המגיד, דמצוה היא שישא בהתחלת שנת י"ח}, **אע"ג** דכל המצוות חייב לקיים מיד כשנעשה בן י"ג, מ"מ מצוה זו קבלו חז"ל שבן י"ח לחופה, מאחר שצריך ללמוד קודם שישא אשה, כמבואר בשו"ע טיו"ד סי' רמ"ו סעיף ב', והתחלת למוד גמ' הוא מבן ט"ו ואילך.

והמקדים לישא בן י"ג, מצוה מן המובחר - (כתב ברכי יוסף, ובדורות אלו נחלשו הטבעים ונשתנו הדורות, לכן אין ליזהר בזה להקדים ולישא בן י"ג. הרב מהר"ר יונה חסיד בצוואותיו).

אבל קודם י"ג לא ישא דהוי כזנות - זה הוא לשון הטור, גם הרמב"ם כתב, ואסור להשיא אשה לקטן שזה כמו זנות הוא, **ופשט** הלשון משמע דקטן הוא כל שלא מלאו לו י"ג שנה ויום אחד, ויש לו שערות, כמו קטן דכל הש"ס, **ולפי** זה סמוך לפרקן שהוא מצוה, כדאמרינן בגמ', גם הרמב"ם הביאו, היינו מיד אחר שהגיע לפרקו, דהיינו שנעשה בר מצוה, וכן פי' הב"י, **ולפי"ז** תהיה מחלוקת בין הפוסקים, דהא רש"י ותוספות כתבו, דמצוה להשיא אשה לבנו קטן כל שהוא סמוך לפרקו, דהיינו קודם שנעשה גדול שנה או חצי, **ואחרונים** כתבו, דאפשר גם הרמב"ם והטור ס"ל הכי, וקודם י"ג היינו קודם התחלת שנת י"ג, דאז נקרא קטן לזה, אבל בתוך שנת י"ג דהוא סמוך לאיש, מצוה היא, **ובאמת** סתימת לשון הטור והרמב"ם לא משמע הכי, {**וב"ח כתב, בן י"ח ובן י"ג דכתב הטור מיירי בשנים שלמות, וקודם התחלת שנת י"ג איכא איסור שישא, ובשנת י"ג** מחלקק, **אם האב משיא את בנו, איכא מצוה וקידושין תופסים מדרבנן וצריכה גט מדרבנן**}, (משא"כ לשון הטור ושו"ע, אבל קודם י"ג לא ישא, פי', הוא עצמו בלי אביו, דהוי כזנות, מטעם דא"א לכתוב כתובה, כנסת יחזקאל), **ואין** דבריו ברורים, ועוד יתבאר לקמן.

(**וכתב** עוד הכנ"י, דדוקא אם האב מתפיס מטלטלין מהני, אבל אם יתן האב שטר על כתובתה, לאו כלום הוא, פן ימות האב ולא יניח ברכה כדי כתובת בניו, ע"ש.

ועיין בס' שער נפתלי שדחה דברי הכנ"י הנ"ל, משום דיש לדמות נשואי קטן להא מלתא לנשואי חרשת וחרש, דתקינו להו רבנן קדושין ולא תקינו לה כתובה, ע"ש עוד).

ובשום ענין לא יעבור מעשרים שנה בלא אשה – ‹דבן עשרים הוא בר עונשין דב"ד של מעלה – ערוה"ש›. **ומי שעברו עליו כ' שנה ואינו רוצה לישא, ב"ד כופין אותו לישא כדי לקיים מצות פריה ורביה; ומיהו אם עוסק בתורה וטרוד בה, ומתירא לישא אשה כדי שלא יטרח במזונות ויתבטל מן התורה, מותר להתאחר** – {כ"כ הרמב"ם, והוא שאין יצרו מתגבר עליו}, ‹שהעוסק במצוה פטור מן המצוה, רמב"ם, **ואע"ג** דעוסק בתורה אין לו לפטור עצמו ממצות, מ"מ מצות פו"ר דהוא זכר ונקיבה יש לו עדיין זמן לקיים, והוי כמצוה שאינה עוברת דמצות ת"ת דוחה אותה, נ"ל – ערוה"ש›.

{**והרא"ש** כתב קצבה לאותו לימוד לא ידענא, שלא יתכן שיתבטל מפו"ר כל ימיו, שלא מצינו זה אלא בבן עזאי שחשקה נפשו בתורה, **והרמב"ם** משמע דס"ל באמת אין קצבה לדבר, אלא בן עזאי שחשקה נפשו בתורה היה לו היתר לבטל פריה ורביה אע"ג דהיה לו אפשר לישא אשה ולא יהיה לו טרחא משום מזונות, והיינו מש"כ המחבר בסעיף אח"ז, **אבל** אדם אחר צריך לישא אשה כשלא יהיה טרחא בשביל מזונות, אבל אם יהיה טרחא בשביל מזונות ויצרו אינו מתגבר עליו, מותר להתאחר כל זמן שאין יצרו מתגבר עליו, ואין קצבה לדבר}.

‹**ועד** מתי יעסוק בתורה כשאין יצרו מתגבר עליו, עד זמן אשר ישער בנפשו שמילא כריסו בתורה, ובלבד שלא יתבטל מפו"ר מכל וכל, לבוש, **ויש** מי שאומר דבאמת אין קצבה לדבר, אבל העיקר לדינא כמ"ש, **וי"א** דהשיעור הוא עד כ"ד שנים ולא יותר, יש"ש. **ואם** אפשר לו ללמוד גם אחר שישא, מחוייב לישא אשה ואח"כ ילמוד תורה בטהרה – ערוה"ש›.

הגה: ובזמן הזה נהגו שלא לכוף על זה - קצת משמע כן מדברי הרא"ש, וז"ל, וכן היה נכון ברווק שעברו עליו כ' שנה ואינו רוצה לישא אשה, שיכפוהו ב"ד לישא אשה, משמע דלא היו נוהגין כן בזמנו, **אבל** מדברי הריב"ש, שמדבריו הוציא הרב דין זה, אין ראיה, דהתם מיירי שאין כופין אותו לגרש, או שאין מוחין מלישא אשה שאינה בת בנים, **אבל** לישב בלא אשה כלל, מזה לא מיירי.

וכן מי שלא קיים פריה ורביה ובא לישא אשה שאינה בת בנים, כגון עקרה וזקנה או קטנה, משום שחושק בה או משום ממון שלה, אע"פ שמדינא היה ראוי למחות בו, לא נהגו מכמה דורות לדקדק בענין הזיווגים – ‹מפני שלא היה בידם למחות – לבוש›. **ואפילו נשא אשה ושהה עמה עשר שנים, לא נהגו לכוף אותו לגרשה, אף על פי שלא קיים פריה ורביה, וכן בשאר ענייני זיווגים (ריב"ש סימן ט"ו), ובלבד שלא תהא אסורה עליו** - הרב הוציא דין זה מתשובת הריב"ש, והמעיין שם יראה שכתב להיפך, וז"ל: אם בשהתה עמו עשר שנים ולא ילדה וכו' אעפ"כ כופין, ואע"פ שכבר נשואה לו, כ"ש הוחזקה להיות עקרה, שאם בא לישא אותה שמונעין אותו בכפיה שלא ישאנה, ע"ש. {**כוונתו**, דשם בריב"ש כתב, מי שרוצה לישא אשה עקרה מסתבר טפי שכופין אותו, ולהרב רמ"א משמע דמסתבר טפי לכופו אפי' נשא ‹אולי צ"ל: אם נשא› כבר אשה ושהה י' שנים}.

{**ואם** רצה לגרש בזה"ז בע"כ אחר ששהה י' שנים, נראה דבכה"ג לא גזר רבינו גרשום, ועיין סימן קנ"ד}. [וכן משמע בריב"ש, שכתב ולזה העלימו חכמי הדורות עיניהם בענין הזיווגים שלא למונעם, ואצ"ל שלא להפרידם, כל ששניהם רוצים, משמע באם אין שניהם רוצים, לא העלימו עיניהם מלמנעם, א"כ גם בזה כן הוא].

{**עיין** במרדכי ובאגודה שכתבו, בחוץ לארץ אין כופין, **גם** דין הוא שנגזור על עצמינו שלא לישא אשה, אלא אין גוזרים גזירה על הציבור אא"כ רוב ציבור יכולים לעמוד בה, **הלכך** עכ"פ אין כופין אם אינו מקיים פריה ורביה אפי' בארץ ישראל, ועיין ס"ס קנ"ד}.

‹**אבל** לדינא כל אלו טענות דחויות הן – גר"א›. ‹**ואין** שום טעם נכון למנהג הזה, אמנם האמת שאין בידינו כח למחות, אבל העושה בעצמו יחוש לנפשו – ערוה"ש›.

(**אבל** בספר קרית מלך רב כתב, דכל ב"ד שאינו כופה ע"ז לאו שפיר עביד, ואין להשגיח במנהג. **וכתב** עוד במהריק"ש דקדק לשון המחבר, ואינו רוצה לישא כו', דמשמע שאם רוצה אלא שמתעכב עד שימצא זיווג נאה או לסבה אחרת, לא כייפינן ליה. **ומ"מ** יראה דאין להתאחר מפני סבה שחרוץ מגופו אלא עד עשרים וארבע).

סעיף ד - ומי שחשקה נפשו בתורה, כבן עזאי, תמיד, ונדבק בה כל ימיו, ולא נשא אשה, אין בידו עון – [פי' מ"מ לכתחילה לא יעשה כן], **והוא שלא יהא יצרו מתגבר עליו** – ‹כלל, אז הוא פטור ממצוה זו, שהעוסק במצוה פטור ממצוה אחרת, כ"ש תלמוד תורה – לבוש›. ‹**אמנם** פשיטא שמדריגה כזו אינו מצוי כלל וכלל, וגם בזמן חכמי הש"ס היה בן עזאי אחד ואין שני לו, והרי"ף לא הביא זה כלל, ואמרינן שהלמד שלא לעשות, נוח לו שלא נברא, ובן עזאי גופה הלא קידש את בת ר"ע, ולחד אוקימתא בגמ' נסיב ופירש, ובהכרח לומר שלא היה ביכולתו לפרוש מן התורה כלל וכלל, ואפשר היתה סכנת נפשות אם היה פורש מן התורה – ערוה"ש›.

סעיף ה - כיון שיש לאדם זכר ונקבה, קיים מצות פריה ורביה, והוא שלא יהיה הבן סריס או הנקבה איילונית. (פי', איל הוא זכר הלאן, כלומר שיש לאשה זו טבע הזכר, וסימניה הם: שאין לה שדים כנשים, וקולה עבה, ואותו מקום אינו בולט מגופה כיתר הנשים) – {משמע דהקפידא היא שלא יהיו סריסים או איילונית, דאינן ראוים כלל להוליד, אבל אם הם ראוים להוליד, אלא נשא אשה איילונית והיא נשואה לסריס}, או שלא נשאו כלל, קיים האב פו"ר, דאל"כ ליתני רבותא.

‹**ועיין** בספר בני אהובה שמפקפק ע"ז, מהא דקיי"ל, היו לו בנים ומתו לא קיים פו"ר, משום דבעינן לשבת יצרה, וא"כ גם אלו הבנים שלא נשאו נשים סופם למות בלא זרע, **אך** בזה אפשר לומר דדוקא מתו בחיי האב לא קיים פו"ר, **אך** בבת שנשאת לסריס דודאי לא תוליד, במה יקיים האב פו"ר, וכי תולין שיגרשה הבעל או שימות, ובח"מ החליט גם בזה דיצא, ולדידי צ"ע, ע"ש›.

‹**ואין** נראה כלל סברא זו, דבשלמא כשהוא בעצמו הוליד סריס ואילונית, עדיין לא קיים המצוה, אבל כשהוא קיים המצוה כתקונו, והם פשעו בנשואיהן, איזו סברא הוא שיפסיד מצותו בשביל מה שקלקלו בידיהם, ואין האדם חוטא בחטא של אחרים, דא"כ אם הבן נשתמד נאמר ג"כ שלא קיים פו"ר, **ולא** דמי להיו לו בנים ומתו, דבשם מן השמים נטלום וממילא דניטלה מצותו, ולא כשהם עשו מעשה – ערוה"ש›.

סעיף ו - נולדו לו זכר ונקבה, ומתו והניחו בנים, הרי זה קיים מצות פריה ורביה. בד"א, כשהיו בני הבנים זכר ונקבה - ‹אפילו הם דור שלישי או רביעי ויותר – ערוה"ש›, **והיו באים מזכר ונקבה, אע"פ שהזכר בן בתו והנקבה בת בנו, הואיל ומשני בניו הם באים, הרי קיים מצות פריה ורביה** – {כ"כ הרמב"ם, משמע שני זכרים ומכל שכן שתי נקבות לא מהני, וכן היא דעת הסמ"ג, וכ"כ הסמ"ק, וכן הובא בטיו"ד סי' שצ"ב, וכ"כ בפרישה וב"ח דכן היא הגירסא בטור בסי' זה, **אבל** תוס' ס"ל שני זכרים מהני, כיון שבאו מזכר ונקבה, ולפי הגירסא שלנו בטור בסי' זה, מהני אפי' שתי נקבות, וכ"כ בש"ג}.

[**ואם** אחד מהם קיים ולא הוליד עדיין, והשני מת והניח דוגמתו, דהיינו אם בן בן או בת בת, קיים פו"ר]. **ואם** היו לו בן ובת, ומת הבן והוליד בת או להיפך, אפשר דאף לדברי הרמב"ם מהני, ואפשר דלא מהני, ‹עיין בגר"א לקמן›. {**ואם הבן** קיים ולא הוליד עדיין, והבת מתה והניחה בן, נראה דלא קיים פו"ר}. (**ועיין** בהג' יד אפרים שכתב ע"ז, לדעת התוס' דב' זכרים הבאים מזכר ונקיבה מהני, פשיטא דגם זה מהני).

‹**לשון** הגמ': בני בנים הרי הם כבנים. סבר אביי למימר: ברא לברא וברתא לברתא, וכ"ש ברא לברתא – אף על גב דאמרינן לעיל אין שני זכרים חשובים כבן ובת, הכא שבא מכח מי שפטרתו מפריה ורביה, פשיטא דקאי שפיר הבן במקום הבת, תוס' – אבל ברתא לברא לא; א"ל רבא: לשבת יצרה בעיא, והא איכא. דכולי עלמא מיהת תרי מחד לא – יבמות סב:›.

‹**ופשטא** דסוגיא משמע אפי' כשהבני בנים שניהם זכרים, ולרבא אפי' שניהם נקבות, ועיין תוס' שם, **אלא** שיש לדחוק דה"ק, וכ"ש ברא לברתא ובן הזקן קיים, וכן ברתא לברא והבת קיימת, **אבל** קשה לחלק בין בן עצמו או בנו, וגם הרמב"ם לא הזכירו, ‹עיין לעיל דברי הפוסקים בזה›. **והעיקר** שגירסת הרמב"ם: א"ל רבא לשבת יצרה בעינן, ולא גרסינן והאיכא, ופליג אמאי שאמר אביי וכ"ש ברא לברתא, דטעם המתני' הוא שיהא זו"נ בעולם, וזהו לשבת לתנא דמתניתין. **ועיקר** שגי' הרמב"ם באביי: אבל ברא לברתא וברתא לברא לא, א"ל רבא לשבת בעינן והאיכא – גר"א›.

[**אלא נראה** דפירושו כך הוא, דאביי הוה סבר דלא כגוונא דבעינן בפו"ר בעינן נמי בשבת, דהיינו גם

בשבת יהיה בעינן דוקא כברייתו של עולם, אלא כיון דפטורה מפו"ר, הבא מכחו אפילו שני זכרים, דהיינו גם מהבת זכר, קאי הבן במקום הבת, רק שלא יהא הבא מכחו גרוע מהוא עצמו, דהיינו ברתא לברא, אף שיש לבת בן, והוי כברייתו של עולם, לא מהני כיון דבת הבן גרועה מבן הבאה מכחו, ולא בעינן כברייתו של עולם, רק שכל אחד יקיים דוגמתו לשבת יצרה, וכל שכן אי מקיים עדיף ממנו, דהיינו ברא לברתא, **ורבא** השיב לו דבעינן לשבת יצרה דוגמא דפו"ר ובאותו ענין, דהיינו כברייתו של עולם, ולפי זה מהני אף ברתא לברא, באם יש בן לבת, אבל אם שניהם זכרים לא קיים, דבעינן כברייתו של עולם, **ולפי** זה הא דכתבו התוס' בשבא מכח מי שפטרתו מפו"ר קאי הבן במקום הבת, ומהני בב' זכרים, היינו לסברת אביי, דאדברי אביי קאי התוס', אבל לפי מה שהשיב רבא, לא מהני ב' זכרים וכל שכן ב' נקבות, כי אם כברייתו של עולם, **ואין** צריך לדחוק וגם אין כאן מחלוקת בין התוס' והפוסקים כלל}.

אבל אם היו לו בן ובת, ומתו, והניח אחד מהם זכר ונקבה, עדיין לא קיים מצוה זו.

{**ואם** היו לו ב' זכרים והם הניחו זכר ונקבה, לא קיים פריה ורביה, ד"מ, כי לפי המסקנא בש"ס לא אמרינן בני בנים משלימים}.

הגה: היה הבן ממזר – ‹או בן מן הפנויה שלא נשאה בחופה וקדושין – ערוה"ש›, **או חרש שוטה וקטן** – ‹לכאורה אגב שיטפי' נקט וקטן, הגהות יד אפרים›, **קיים המצוה** – ‹שגם החרש והשוטה יש להם נשמה ויוכלו להוליד בן חכם – לבוש›.

{**בספר חסידים** כתב, דלא קיים פו"ר כשהוליד ממזר, דקי"ל ממזר אינו חי, **ואפשר** הס"ח איירי כשאינו ידוע דהוא ממזר, דאז ממזר אינו חי, אבל אם ידוע דהוא ממזר קיים האב פו"ר, דאז חי}. ‹**ולא** נ"ל, דממ"נ כל זמן שהוא חי יוצא בו, ואם ימות ויניח זרע, יצא בזרעו כמ"ש, ואם ימות בחייו ולא יניח זרע, הרי גם באינו ממזר לא יצא, ושנאמר דהוא אינו ראוי להניח זרע ונחשבנו כסרים, לא משמע כלל – ערוה"ש›.

יש להסתפק, אשה שנתעברה באמבטי אם קיים האב פו"ר, ואם מקרי בנו לכל דבר, **ובלקוטי** מהרי"ל נמצא, שבן סירא היה בנו של ירמיה שרחץ באמבטי, כי סירא בגי' ירמי"הו. {**ויש להביא ראיה ממ"ש בהגהת סמ"ק** והב"ח הביאו ביו"ד סי' קצ"ה, אשה תיזהר שאל תשכב על סדינין ששכב עליהן איש אחר, פן תתעבר מש"ז של אחר, גזירה שמא ישא אחותו מאביו, נשמע דהוי בנו לכל דבר}. [**ואין** זו ראיה, דשמא לחומרא אמרינן לקולא לא אמרינן, בפרט במידי דתלי בקום ועשה, והיא נתעברה מעצמה, דאינו יוצא בזה].

סעיף ז - היו לו בנים כשהיה בגיותו, ונתגייר הוא והם, הרי זה קיים מצוה זו - ‹שגם בגיותו יש להם יחוס ומתייחסין אחריו, שנאמר: בעת ההיא שלח מרודך בלאדן בן בלאדן, הרי שייחסו אחרי אביו, וגם עתה עודן בניו – לבוש›.

{**אע"ג דקי"ל** גר שנתגייר כקטן שנולד דמי, מ"מ כיון דבנכריותו כבר קיים פו"ר, דאז היה זרעו מיוחס אחריו, לכן הוא פטור, כ"כ תוס'}, ‹**אע"פ** שלא נצטוו, מ"מ הרי בכלליותם יש עליהם כמו חובה ליישב העולם, שזהו רצון ד' בברכתו לאדם ולנח, ועיקר הפריה ורביה הוא משום לשבת יצרה, וכיון שעשה שבת בעולם, שוב לא נתחייב במצוה זו, **וזה** שכתבנו שקיים פו"ר, אין הכוונה שקיים מצות עשה זו, אלא כלומר שקיים פו"ר, שעתה אינה מוטלת עליו מצות פו"ר – ערוה"ש›. {**ועיין בחוה"מ לענין בכורה קשה ג"כ קושיא זו, ושם לא שייך תירוץ זה**}.

בתשובת מהרי"ל פסק, אפילו לא נתגיירו בניו עמו, וכן משמע קצת בגמרא, ‹וכן משמע מכמה גדולי ראשונים, ובאמת כיון דהוי כקטן שנולד, מה מועיל אף אם הבנים נתגיירו, אלא ודאי דיצא ידי פו"ר גם מקודם, וא"כ בכל ענין יצא – ערוה"ש› {**אלא המחבר פוסק כרמב"ם והטור, דס"ל דוקא שנתגיירו הבנים**}, ‹אבל אם לא נתגיירו בניו, לא קיים, שכיון שהוא ישראל והם גוים, אינם נקראים בניו. **אבל** ישראל שהיה לו בן ונשתמד, נ"ל שקיים, דאף על גב שחטא, ישראל הוא. **מיהו** בגר שנתגיירו בניו עמו וחזרו בניו לסורם, יש להסתפק אם קיים אם לא, וצ"ע – לבוש›.

‹**ונ"ל** דאין כאן מחלוקת, וגם הרמב"ם והטור מודים דגם בנתגייר לבדו אינו מצווה עוד על פו"ר, כיון דמעיקרא בני פו"ר נינהו אף שלא נצטוו וכמ"ש, **אלא** שמ"מ הרי לא קיים המצות עשה כמו שבארנו, דבודאי בסיני כשנצטוו ישראל על מצוה זו, פשיטא שהיתה המצוה שיולידו אותם הנכנסים תחת כנפי השכינה, **אבל** אם גם הבנים נתגיירו, פסקו דקיים מ"ע זו, והטעם, אף שאין מתייחסין עתה אחריו, מ"מ מקודם הרי התייחסו אחריו, ובכלליותם בני פו"ר נינהו, ועסק בישובו של עולם, ועתה נכנסו תחת כנפי השכינה, הרי ממש

קיים המצוה, אבל בלא זה, נהי דאינו מצווה עתה, מ"מ גם המצוה לא קיים – ערוה"ש›.

אבל אם היו לו בנים כשהוא עבד, ונשתחרר הוא והם, לא קיים מצוה זו – ‹שאינם מתייחסים אחריו אפילו בעבדותו, דכתיב: שבו לכם פה עם החמור, עם הדומה לחמור, והרי כאילו אין לו בנים – לבוש›. **עד שיוליד אחר שנשתחרר.**

‹**וכן** בנו מן השפחה ומן הכותית וכן בת מהם, הרי זה לא קיים פו"ר, מפני שאינם מתייחסים אחריו – ערוה"ש›.

סעיף ח - אף על פי שקיים פריה ורביה, אסור לו לעמוד בלא אשה – {איסור מדרבנן **הוא**, ‹מפני הרהור החטא, אלא שאין הב"ד מצווין לכפות אותו על כך – לבוש›, **אף על גב דילפינן מקרא לא טוב היות לבדו,** אסמכתא הוא, **עיין ברמב"ם, ורמב"ן במלחמות ה' מסופק בזה**}. ‹**ועיין** ברכי יוסף שכתב, דהרב ארעא דרבנן הביא דברי מהרד"ך, שכתב דלהרי"ף איסור זה מדאורייתא, **וק"ק** שלא הזכיר דלהרמב"ם הוא מדרבנן›.

‹**ואפילו** היו לו בנים מאשה פנויה שלא היתה אשתו מיוחדת לו, אין כופין אותו לישא אשה, דהא מ"מ קיים שבת, **ואם** יש לו אשה מיוחדת ושהה עמה עשר שנים ולא ילדה לו, ויש לו בנים מאשה אחרת, אינו חייב לישא אחרת, דהא לא לבדו הוא, וגם לא לגרש את זו כדי לישא אשה אחרת בת בנים, דהא כבר קיים פריה ורביה – לבוש›.

‹**ואפילו** יודע בעצמו שאינו ראוי להוליד עוד, מ"מ לא יעמוד בלא אשה משום הרהורא, ומסתימת לשון הש"ס והפוסקים משמע שאין חילוק בזה ואפילו אם הוא זקן חייב ליקח אשה, **והנה** ראינו ושמענו גדולים וטובים שלעת זקנותם במיתת אשתם אינם נושאים אשה עד יום מותם, **ואפשר** לומר דכיון דטעם הוא רק משום הרהור עבירה, והם יודעים בעצמם שרחוקים מהרהור מפני זקנתם וחולשתם, לכן פוטרים את עצמם מזה, **וכן** אם יודע בעצמו שקשה עליו להזדקק לאשה, ודאי דפטור, וכ"ש כשאין לו במה לפרנסה – ערוה"ש›.

וצריך שישא אשה בת בנים אם יש ספק בידו – ‹אם מעמדו מספיק לפרנסם›, **אפילו יש לו כמה בנים** – {כתבו הרי"ף ורמב"ם והרא"ש, דמדרבנן **הוא החיוב, וכתב הרמב"ן שם דאין כופין אותו לכו"ע, דלא תקנה הוא, אלא כעין ישוב דרך ארץ** ‹והידור מצוה – ערוה"ש›**, ואין מחמירים עליו כ"כ**}.

ואם אין ספק בידו לישא אשה בת בנים אא"כ ימכור ס"ת, אם אין לו בנים, ימכור כדי שישא אשה בת בנים – ‹אפילו לצורך מעות להוצאות הנשואין – ערוה"ש›. **אבל אם יש לו בנים, לא ימכור אלא ישא אשה שאינה בת בנים, ולא יעמוד בלא אשה** - ואם אינו מוצא שום אשה בלא מכירה, צריך למכור ס"ת כדי שלא יעמוד בלא אשה, והיינו דמסיים: ולא יעמוד בלא אשה, דאל"כ הא כבר כתב לפני זה דאסור לו לעמוד בלא אשה, **ואף** דמפשט הגמרא משמע, דטעם מכירת ס"ת לישא אשה הוא משום שבת יצרה, **מ"מ** איסור דהרהור עבירה קשה משבת יצרה, וכמש"כ בעל תה"ד, דהרהור עבירה קשה משבת יצרה לענין אם מתירא מקטטה, וכן הוא בהדיא בספר מלחמות י"י להרמב"ן, **ואע"ג** דלכאורה דברי הנ"י סותר לזה, יש לפרש דברי הנ"י באופן שלא יחלוק על זה, ודוק.

{**לענין** מכירת ס"ת יש כאן ג' דינים: א', מכירת ס"ת בשביל פו"ר, וב', בשביל לערב אל תנח ידך, ג', כדי שלא ישב בלא אשה שלא יבוא לידי עבירה, **והנה** בשביל פו"ר מוכרים ס"ת לכו"ע, ובשביל לערב אל תנח מבואר בשו"ע הפלוגתא, **ודין** ג', בשביל שלא ישב בלא אשה אין מבואר כאן, ומצינו פלוגתא בזה, הנ"י ס"ל דאין מוכרים, **אע"ג** דבח"מ רצה לפרש דברי הנ"י בענין אחר, אין נ"ל, וכן הבין ב"ח, דהנ"י ס"ל דאין מוכרים, **ומה** שהביא בח"מ ראיה מדברי התה"ד שהביא בסמוך, דגרע טפי לישב בלא אשה, י"ל לענין מכירת ס"ת שאני, דצריך לעשות בדמים מצוה, *ולא הצלת עבירה, **והרמב"ן** במלחמות ה' ס"ל דמוכרים, ואז כשמוכרח למכור ס"ת, צריך לישא אשה בת בנים, אלא כשא"א לישא אשה בת בנים ישא אשה שאינה בת בנים, **ובפלוגתא** זו לא שייך להחמיר, כי החומרא קולא היא לענין מכירת ס"ת}.

*{**ודבריו תמוהים**, דודאי הצלת עבירה חמור טפי, כדאיתא ביו"ד סי' קנ"ו ובאו"ח סי' תרנ"ו, ואמרינן בגמרא דשבת ובעירובין ובבא בתרא ובכמה דוכתי, דאדם עושה עבירה קלה שלא יבא לידי חמורה, וא"כ כיון דמוכרין ס"ת בשביל מצוה זו, ק"ו דמוכרין בשביל הצלת עבירה דחמיר, **אף שעשה עבירה במכירת** הס"ת, מה בכך, דאדם עושה עבירה קלה וכו', וגם על הנ"י קשה כן, דפסק דמוכרין ס"ת משום דר' יהושע, אע"ג שהוא מדרבנן, ובשביל אשה שאינה בת בנים אין מוכרין, והדעת נוטה כמ"ש, **אלא** נראה דהנ"י ס"ל

כהרי"ף, דאין מוכרין ס"ת משום דר"י, וא"כ גם בשביל אשה שאינה בת בנים אין מוכרין, דליתיה להאי ק"ו השתא, דגם מה שאסור לעמוד בלא אשה הוא מדרבנן, כמ"ש הרמב"ם, וממה שהוא מחויב מדאורייתא לא עבדינן ק"ו, דרבנן מדאורייתא לא עבדינן ק"ו, **אבל** אם אינו מוצא אשה כלל, ובמכירת ס"ת יוכל ליקח אשה בת בנים, כתב מסתברא דכשראוי להוליד ובמכירת ס"ת יוכל לקיים גם מדר"י, מוכר ס"ת משום דר"י, אע"ג שהוא מדרבנן, כיון דבלא מכירה ישב בלא אשה כלל, ובמכירה יקיים גם מדר"י, **א"כ** נכלל האי דינא בדינים שהביא המחבר, באם אמרינן מוכרין ס"ת כדי שישא אשה בת בנים, גם אם אינו מוצא אשה כלל כי אם במכירת ס"ת, מוכר, ואם אין מוכרין בשביל בת בנים, גם בשביל זה אין מוכרין, משו"ה לא הביא המחבר דין זה בשו"ע, כי ממילא נשמע, **ודלא** כחלקת מחוקק}.

וי"א שאפילו אם יש לו בנים ימכור ס"ת כדי שישא אשה בת בנים.

אמר המגיה והכותב בנו של המחבר, להיות כי מה שארשום כאן היא נפקותא גדולה בכל ספרי השו"ע של המחבר הרב הב"י, מה שהוא נוגע לפסק הלכה ולדינא, אמרתי בלבי לבל למנוע בר, ולהעתיק פה מה שמצאתי בתשובת הרב הגדול מ"ע, **וז"ל**, ואמרת כי הב"י לא הכריע בטיו"ד סי' נ"ה, וגם השו"ע הביא ב' הסברות והניח הדבר בספק, דע, כי המחבר ההוא רבן של בני הגולה זה דרכו בשו"ע דקבוע להוראה, להביא תחלה הדעת היותר מוסכמת, והיכא דאיכא למיחש לסברא אחרת, מייתי לה בשם י"א, א"כ מה שכתב תחלה כדעת הגאונים להתיר, הוא פסק גמור ומוחלט לפי סברתו, ולא זכר הסברא השניה אלא לחלוק כבוד לבעלה, שגם הם גדולים ורבים, ובהרבה מקומות פשט המנהג לאסור דכוותיהו, עכ"ל, **ואתה** המעיין ממנו תבין היכא דהרב הב"י מביא שתי סברות בשו"ע, והסברא השניה מביא בשם י"א, אין הדבר כמסופק אצלו בין הסברות, רק דעתו לפסוק כסברא הראשונה, והי"א מביא רק לחלוק כבוד לבעל הסברא ההיא, ואתה דע לך.

{**לדעת** המחבר נראה דס"ל עיקר כדעת הראשונה, וליתא, דהא הרא"ש כתב דמוכרים אע"ג דקיים פו"ר, וכן היא דעת המאור ורמב"ן והריטב"א והנ"י, **ולא** מצינו בהדיא מי שסובר כדעה הראשונה אלא הרא"ש ובעל המאור הבינו כן מדברי הרי"ף, ואין מוכרח כמ"ש במלחמות ה', **ומש"כ** ב"ח בשם תוס' דס"ל דאין מוכרים, לא דמי, כי שם כתבו כן אליבא דמתני', אבל לר' יהושע פשיטא דצריך למכור, וכן עיקר}. [**ולפי** מש"כ ליתא, דס"ל להנ"י דאין מוכרין, וגם הריטב"א ס"ל כן]. {**ומ"מ** נצרך הא דאר"נ אסור לעמוד בלא אשה, דלא תימא כשא"א לו לישא אשה בת בנים ישב בלא אשה, קמ"ל להא דר"נ דאסור לעמוד בלא אשה}.

הגה: מיהו אם מכיר שאינו בן בנים עוד ואינו ראוי עוד להוליד, ישא אשה שאינה בת בנים; וכן אם יש לו בנים הרבה, ומתירא שאם ישא אשה בת בנים יבאו קטטות ומריבות בין הבנים ובין אשתו, מותר לישא אשה שאינה בת בנים – ‹שהיא מוחזקת לכל שאינה בת מריבה – לבוש›.

הראיה שהביא התה"ד לדין זה שממנו הוציא הרב דין זה, מהא דמשיאין לו עצה ההוגנת לו, ודחינן מצות יבום בשביל קטטה, **ראיה** זו חלושה היא, דיבום וחליצה בדידיה תלי רחמנא, ואיכא למ"ד מצות חליצה קודמת, אבל להפטר ממצוה זו בשביל קטטה, דאפי' ס"ת מחויב למכור לדעת הרא"ש, אין לנו ראיה מזה. [**דבריו** אינם ברורים, דמש"כ דאיכא למ"ד מצות חליצה קודמת, הא גם כאן איכא מתני' דפטור מפו"ר לגמרי בשיש לו בנים, **ועוד** אפילו למ"ד דמצות חליצה קודמת, הוא מטעם שמא ישא שלא לשם מצוה, אבל בלא"ה ס"ל ג"כ דמצות יבום קודמת, **ומש"כ** דיבום וחליצה בדידיה תליא רחמנא, זהו ג"כ אינו, דראית תרומת הדשן ממה דמשיאין לו עצה בשביל קטטה, דאף אם התורה נתנה לו רשות במה שירצה, **מ"מ** איך משיאין לו עצה לעבור על מצוה הקודמת, **ובודאי** לא ברשיעי איירי דנימא דבשביל זה נותנין לו עצה שמא לא יתכוין לשם מצוה, דיליף ליה ביבמות דף מ"ד מקרא וקראו לו זקני עירו כו', אלא ודאי משום קטטה מותר, וה"ה כאן].

אבל אסור לישב בלא אשה משום חשש זו (תה"ד) – {**והטעם** הוא, דמשום חשש קטטה יכול לבטל מצות פו"ר, ‹מצות לערב אל תנח, באה"ט›, **אבל** משום חשש קטטות אין לעשות עבירה, כי יש לחוש פן יתגבר עליו היצר הרע}.

סעיף ט - נושא אדם כמה נשים, והוא דאפשר למיקם בסיפוקיהו - יש להסתפק אם

האיסור הוא מצד האשה, שהיא יכולה למחות בידו מאחר שאין יכול לקיים לה שאר וכסות ועונה, או נימא דאף אם היא מתרצה לו ונותנת לו רשות לישא אחרת, (ורצונה להסתפק במועט), הב"ד מוחין לו אם אינו יכול להספיק אותם, **ומדברי** הרמב"ם הביאו הטור, משמע דתלוי ברצון הנשים, וכן משמע בתשובת הריב"ש, **ומקרא** מלא הוא, והחזיקו שבע נשים באיש אחד ביום ההוא לאמר לחמינו נאכל ושמלתינו נלבש רק יקרא שמך עלינו אסוף חרפתינו, ישעיה ד', **וכל** דבר שבממון תנאו קיים. {**מיהו ביבמה נראה דאפילו אם היא מוחלת, מ"מ מוטל על הב"ד ליתן לה עצה טובה שאל תנשא לו**}. [**זה לא נמצא בגמרא ובפוסקים, דנותנין לה עצה באם רצתה היא, רק לו אמרינן שם דנותנין עצה, ולא לה, וכן כתב בטור סימן קס"ה, באם לא רצתה בטענה שהוא בער ונער ואין לו במה לפרנסה, מטעין אותו כו', אבל אינו מוטל על הבי"ד ליתן לה עצה ע"ז**].

ומ"מ נתנו חכמים עצה טובה שלא ישא אדם יותר מד' נשים, כדי שיגיע לכל אחת עונה בחודש - דהיינו עונה של ת"ח שהיא מע"ש לע"ש, כי סתם וסת הוא כל שלשים יום, ולפחות תהיה לה עונה אחת טרם יבא וסת השני. {**ואפילו** אם יש לו כמה נשים, אין מוטל עליו העונה יותר רק העונה מה שחייב כשיש לו אשה א', כמ"ש לקמן סי' ע"ו, וברמב"ם ובטור, ולא כנ"י פ' החולץ דמחלק בין יבמה לשאר נשים}.

ובמקום שנהגו שלא לישא אלא אשה אחת, אינו רשאי לישא אשה אחרת על אשתו - {אפי' בלא חרם רבינו גרשום}, **בנ"י** מסיים בטעמו, דאומדנא דמוכח הוא דאדעתא דהכי אנסיבא ליה, והוי כחמר שאינו רשאי ליעשות גמל, עכ"ל, **וממילא** דברשות אשתו מותר, כמו שמבואר לקמן סי' ע"ו. {**אבל** משום חרם רבינו גרשום לא מהני ריצוי שלה, ד"מ}.

(ועיין לקמן ס"ס ב', דאסור לישא שתי נשים בשני מקומות).

סעיף י - רבינו גרשום החרים על הנושא על אשתו – ‹שראה הוא וחכמי דורו התקלות והקטטות היוצא מפני ריבוי הנשים, עמדו ותקנו בגזירה חמורה ובכל חומר שבעולם, שלא ישא אדם אשה על אשתו, ופשטה תקנתו ברוב גליות ישראל, בצרפת וארץ האי והעמק ובאשכנז וברוסיא ובפולין ובכל מדינות אוסטרייך, וכ"כ קבלו תקון זה, עד שאם במקרה רחוקה פורץ אחד גדר, הוא מוחזק לרשע ולדמאי, והוא מתועב בעיני כל, ומרחיקין ממנו – ערוה"ש›.

{**הטעם** מבואר בהג"מ דכתובות, **דמשום קטטה תיקן, ולא משום דררא דאיסורא**, **וכתב** בד"מ, נ"מ מזה היכא דאיכא **פלוגתא בתקנתא, המקיל לא הפסיד, כיון דליכא חשש איסור, גם כתב, עכשיו אחר אלף חמישי כבר כלה הזמן, ומכאן ואילך אינו אלא מנהג שנהגו להחמיר ואין אתה רשאי להתיר בפניהם, לכן במקום ספיקא מעמידים על דין תורה**}.

‹**כתב** בהלכות קטנות, דתקנת ר"ג אקרקפתא דגברי מונח, אבל אשה בכל דהו ניחא לה, ולכן מותרת לינשא שתי אשכנזיות לספרדי אחד, ושכן הורה הרב אור שרגא, ע"ש – בה"ט›.

אבל ביבמה לא החרים - ‹דבמקום מצוה לא תיקן – גר"א›, **וכן בארוסה. הגה: אם אינו רוצה לכנוס אלא לפטור (מהרי"ק)** - {כלומר כמו שלא תיקן כלום ביבמה ורשאי ליבם אע"ג דיש לו אשה, כן לא תיקן בארוסה, היינו אם אינו רוצה לכנוס אין כופין אותו לכנוס כיון דרוצה לגרש אותה, אבל אם אינו רוצה לגרשה, כופין אותו לכנוס או לגרש, **אבל** משמעות ההג"ה משמע, וכן בארוסה לא תיקן ורשאי לישא אחרת, ובמהרי"ק ליתא שום משמעות לזה, וע"כ צ"ל כמ"ש}.

[**נראה לפרש דגם אם אירס אשה ואין רוצה לכנוס אלא לפוטרה, מותר ליקח אשה אחרת קודם הגט**, מדכתב מהרי"ק שם, **דחרם רבינו גרשום לא היה כי אם שלא לישא אשה על אשתו הנשואה, אבל אם לא נשאה מי יכריחנו לכתוב לה כתובה ולהתחייב בשאר כסות ועונה אם לא תמצא חן בעיניו, דבר פשוט הוא דלא כפינן כו'**, **מוכח מזה דלא הוה אשתו מכח האירוס הזה, א"כ לא גזר רבינו גרשום על זה, דלא גזר אלא על הנשואה, אלא אח"כ כופין אותו לפטור ארוסתו, דהיא קשורה בו עכ"פ מכח האירוסין, ודלא כב"ש שנכנס בדוחק לפרש בענין אחר**].

‹ונ"ל הא דאמרינן דבארוסה לא החרים ר"ג, היינו דוקא אם אינו רוצה לכנוס אלא לפטור, אבל אם דעתו לכנוס אותה לבסוף, כל העומד לכנוס ככנוסה דמי, ומיד חל עליו חר"ג שלא לישא על אשתו, אף כשהיא עדיין ארוסה, **וזהו** הפי' בהג"ה דכתב אהא דוכן בארוסה, אם אינו רוצה לכנוס

אלא לפטור, שבות יעקב. **ובתשו'** חכם צבי כתב, דהפירוש ברמ"א הא דכתב אם אינו רוצה לכנוס אלא לפטור, היינו שלא תטעה שאם יש לו ארוסה שרשאי לישא אחרת עליה, אף שבדעתו לכנוס ארוסתו, ומטעם שהשניה אינה אסורה כיון שעדיין הראשונה אינה אשתו, וגם הראשונה תהא מותרת לכנוס אחר נשואי שניה, שהרי בהיתר נתקדשה לו, קמ"ל דאסור, **ובגוף** הדין חולק החכם צבי בתשובתו, ופסק דבארוסה נמי החרים ר"ג, ע"ש – בה"ט›.

‹**ועיין** בספר בית מאיר, דנראה לו יותר פירוש הבה"י, דכוונת הרמ"א לפרש דברי המחבר דבארוסה לא תיקן, היינו מה שתיקן שלא לגרש בע"כ, וזהו שהוסיף אם אינו רוצה לכנוס אלא לפטור, והיינו דיכול לגרשה בע"כ. **אבל** מלישא אחרת קודם גירושין לא מיירי, והוא אסור אם לא על צד המוזכר בסוף הגה, שהיא אינה רוצה להנשא לו או לפטור, אז יש להקל לו לישא אחרת, **וכן** הסכים בתשו' חתם סופר, וכתב דפירוש זה הוא אמת ומוכרח מסוף הגה, ע"ש, **ובזה** מרווח לן דלא קשה קושיית הח"צ מהכא לסי' קנ"ט ס"ה בהגה, דאמאי תהא עדיפא זיקה דרבנן מארוסה דאורייתא›.

וה"ה בכל מקום שיש דיחוי מצוה, כגון ששהה עם אשתו עשר שנים ולא ילדה.

אמנם יש חולקים וסבירא להו דחרם ר"ג נוהג אפילו במקום מצוה ואפילו במקום יבום, וצריך לחלוץ – ‹ר"ל דכופין אותו – גר"א›.

‹**קטן** שנפלה לו יבמה, ובעודנו קטן נשתדך לבת זוגו, וכעת הוא בן י"ג שנים ויום אחד ולא הביא ב' שערות, וזמן הנשואין הגיע, ואבי הבת רוצה להשיא לו בתו כתנאי השידוכין, האם יש למנוע לישא משודכת מכח חר"ג, **אע"ג** דכתב המחבר ביבמה לא החרים, היינו ברוצה לייבם על אשתו הנשואה, משא"כ ברוצה לישא על יבמתו הזקוקה, **פסק** החכם צבי דמותר לישא משודכתו קודם שיחלוץ היבמה, ואין בזה משום חר"ג, **ואפי'** לרמ"א דפסק דנוהג במקום מצוה, ואפי' במקום ייבום וצריך לחלוץ, היינו ביכול לחלוץ, אבל אונס כי הכא לא, ע"ש – בה"ט›. ‹**כעת** אין תשובת ח"צ לפני, ולא ידענא אי התיר מטעם שכבר נשתדך, וכמ"ש הרמ"א לקמן סי' קנ"ט ס"ה, **ואף** דכאן נפלה קודם שנשתדך, מ"מ כיון שהיה באותה שעה קטן דמי לנפלה אח"כ, **או** דילמא אף בנשתדך אחר י"ג שנים התיר, מטעם כיון שעדיין אינו ראוי לחלוץ מחמת הסימנים, ואפשר אף לכתחלה מותר לשדך מטעם זה. **ועיין** בשו"ת אבן השוהם על נדון כזה ממש, ושם נזכר שעשה שידוך אחר שנעשה בן יג"ש, וכתב דלכתחלה עשה שלא כהוגן, אך מאחר שכבר עשה מותר לכנוס, וגם נדפסה שם תשובה מגאון מהר"א ברודא להתיר לכנוס, וגם כתב שכמה גאונים הסכימו לזה, ע"ש. **ועיין** בשו"ת בית אפרים על מעשה כזה, ובעובדא דידיה נעשה השידוך בעודו קטן, והאריך בזה לפלפל בדברי הח"צ ואבן השוהם הנ"ל, **ומסיק** ג"כ להקל, והמחמיר בזה אינו אלא מן המתמיהין, **וסיים**, ומ"מ ראוי לב"ד שקודם שיבא לידי נשואין יפשרו בין היבם והיבמה בעסק החליצה, שלא יהא שום דבר חוצץ ביניהם, וגם יתן ערבון כפי הנראה לב"ד באופן שתיכף שיהא ראוי לחליצה יחלוץ לה מיד בלי שום עיכוב, **אמנם** אם האשה תקשה ערפה שלא לפשר כפי שיראה לב"ד, ותתן עיניה בממון, יוכלו הב"ד להתיר לו אף בלי רצונה, ע"ש. **ועיין** בשו"ת הגאון מהר"ש זלמן זצ"ל מלאדי שהאריך ג"כ בענין זה›.

‹**בתשו'** חתם סופר, אודות בחור בן עשרים שנפלה לפניו יבמה ורכושה רב מנכסי אחיו, והיא מסרבת ואינה רוצה בחליצה אא"כ יחלוץ בחנם, כי חשבה שאסור לו לישא אשה עד שיחלוץ תחלה, ואין ביד ב"ד להעמיד על דת תקנת הקהילות המבואר סי' קס"ה ס"ד בהגה, והבחור נשתדך בינתיים עם ההגונה לו, ושואל אם מותר לו לישא משודכתו, ועי"ז תהא היבמה מוכרחת לירד לד"ת כדי שיחלוץ לה. **והאריך** שם בדברי תשובת ח"צ הנ"ל, ובנדון השאלה העלה להתיר לו לישא משודכת שלו, לאחר התראה מב"ד כראוי, ובאופן שיעמיד ערבות ובשבועה שמיד שתתרצה היא אח"כ לעמוד לפני ב"ד שבעירם או המרוצה לשני הצדדים, מחויב הוא לעמוד, וככל היוצא מפיהם יעשה, ויקיים ויחלוץ אח"ז מיד בלי עיכוב, ע"ש›.

ובמקום שאין הראשונה בת גירושין, כגון שנשתטית, או שהוא מן הדין לגרשה ואינה רוצה ליקח גט ממנו – ‹עיין בתשו' מנחת עני, שכתב מסתימת לשון הרמ"א משמע, אף שאומרת שתקבל הגט אחר שנה או שנתיים, כל שאינה רוצה לקבל הגט עכשיו, מתירין לו, ע"ש›. **יש להקל להתיר לו לישא אחרת (כן משמע בתשובת הרשב"א)** – וכבר נהגו שלא להתיר בלא מאה רבנים, ועיין בב"ח, **ועיין** בתשובת מהרש"ל, משמע שדעתו לאסור ‹בכל אופן›, ודלא כב"ח.

וכל שכן אם היא ארוסה ואינה רוצה להנשא לו או לפטור ממנו.

{**כתב** הכלבו, דאין להתיר חר"ג אלא ע"פ מאה אנשים מג' קהלות מג' ארצות, **ובד"מ** כתב, דא"צ בזה"ז להתיר ע"י מאה אנשים, כי כבר כלה הזמן חר"ג, ואינו אלא מנהג שנהגו להחמיר, **לכן** כלל כאן אלו שני דינים יחדיו, כשנשתטית או כשהוא מן הדין לגרשה, ש"מ שניהם שוין, וכשהוא מן הדין לגרשה לא תיקן ר"ג, כמ"ש בסי' קט"ו, **מיהו** ב"ח כתב, קבלה היא מגדולי העולם שיציעו הענין לפני הגדולים שבאותו הדור, ויסכימו בהיתר מאה רבנים, **וגם** ישליש סך הכתובה ונדוניתה ותוספת כתובה ביד הב"ד, ואח"כ ישא אחרת, [אבל לגרשה בע"כ לא שרינן ליה]. **ועוד** כתב בסי' קי"ט, שיתן הגט ביד שליח הולכה, שיהיה הגט בידו עד שתשתפה, **וחייב** ליחד לה בית בפני עצמה וישמור אותה ממנהג הפקר, **וחייב** ליתן לה מזונות [וחייב בתנאי כתובה]. **ודבריו** שם מ"ש בשם מהרש"ל סותרים למ"ש בסי' זה. **ואם** אין ידו משגת להשליש הכתובה, כ' בתשו' צמח צדק, דיש תקנה דקרוביה ימכרו הכתובה לבעלה בטובת הנאה, ויתן לה מזונות, **ואחר** שתתרפא חייב לגרשה מיד, כדי שלא יהיו לו שתי נשים}.

(**ועיין** בתשו' שב יעקב שהשיג על הב"ש, וכתב דמה שכלל רמ"א הני ב' דינים, היינו היכא שהדין לגרשה ומ"מ היא לא פשעה, כגון שהתה י' שנים ולא ילדה, וזה שוה עם נשתטית, ובשניהם צריך התרה מק' רבנים, **ומש"כ** רמ"א בסי' קט"ו ס"ד בהגה ב', ויכול לגרשה בע"כ ואין בזה משום חר"ג, היינו בעוברת על דת שהיא פשעה, **ותדע** שכן הוא, דאל"כ סתרו דברי רמ"א אהדדי, דשם החליט דלא שייך בזה חר"ג, וכאן הביא יש חולקין דנוהג אפי' במקום מצוה, **אלא** ודאי דכאן מיירי שלא פשעה, ולכן יש חולקין, אבל בסי' קט"ו מיירי שפשעה, ולכן אין חולק, עכ"ד. **ועיין** בתשו' נו"ב, שגדול א' רצה לתרץ דברי רמ"א דלא ליסתרו אהדדי באופן אחר, דבאמת לגרש בע"כ קיל יותר מלישא ב' נשים, כמ"ש בתשו' מהר"ם פדוא, וא"כ בסי' קט"ו דמיירי לגרש בע"כ, בזה הכל מודים דלא תיקן ר"ג, **אבל** כאן דמיירי לישא ב' נשים, בזה הביא ב' דעות, ומש"כ רמ"א או שהוא מן הדין כו' יש להתיר לו לישא אחרת, ר"ל דא"א לגרש בע"כ. **והוא** ז"ל חולק, דבאמת יותר חמור גירושין בע"כ מלישא אחרת, דבזה לא קבע הגאון בה זמן כלל, **ומ"מ** דברי מהר"ם פדוא נכונים, דלענין עוברת על דת עדיף יותר לגרש בע"כ מלישא אחרת, דשמא תחזור למוטב ויהיו לו ב' נשים כשרות, **אבל** בשהתה י' שנים, יותר טוב להתיר לישא אחרת, ושלא ידור עם הראשונה וממילא לא תלד, ונמצא השניה בהיתר עולמית, אבל לגרש בע"כ, שבזה עדיין לא כלה חרגמ"ה, לא שמענו. **אמנם** כל זה לשיטת הב"ש, אבל באמת אין לדחות דברי השב יעקב, דהיכא דלא פשעה אין להתיר לישא אחרת בלא ק' רבנים, ובפרט דהרבה פוסקים ס"ל דלא שייך האי דינא בחו"ל. **וכתב** עוד, דאם הבעל רוצה ליסע לא"י והיא אינה רוצה, וגם כבר שהתה עשר שנים ולא ילדה, ממ"נ יש להתיר לגרש בע"כ ויתן הכתובה, או מטעם הוא אומר לעלות, כמ"ש לקמן סי' ע"ה ס"ד, או מטעם ששהתה י' שנים, **אך** כל זה אם השנים שוים בזמן, דאל"ה יכולה לומר דמתחילה היה אפשר לעלות ולכן עון חו"ל גורם, ועכשיו יש סכנה לעלות).

(**ועיין** בנו"ב שכתב וז"ל, הנה בגופא דעובדא אינני מכניס עצמי להתיר לבעל לישא אשה על אשתו אחרי שזו אינה משוגעת גמורה, והיא עוסקת במשא ומתן, אלא שהיא אינה בת דעת שלימה בכל הדברים, ועכ"פ ראויה לתשמיש ע"י בדיקת חברותיה, אם באנו לדון בה דין שוטה להתיר להבעל חרגמ"ה, נתת דבריך לשיעורין כו', ובפרט בדור פרוץ כזה, וכיון שאין בנדון זה ביטול פו"ר, רק הבעל אינו רוצה בחיי צער, אין אנו נזקקין לו, עכ"ד. **ובתשו'** כ"י מכבוד הרב הגאון מהר"י אייזיק ז"ל אב"ד דק"ק טיקטין, ראיתי שחקר בזה באיזה גדר שטות דיברו להתיר כאן, והעלה דבענין זה בודאי יכולים לסמוך על דעת הרמב"ם שהביא הב"י בסי' קכ"א, דלאו דוקא באותם הסימנים שהוזכרו בש"ס, אלא ה"ה שאר דברים מה שעושה דרך שטות, ודבר זה תלוי לפי ראות עיני ב"ד).

(**עוד** ראיתי שם דאם אירע שאחר שהתירו לו מאה רבנים קודם שנשא אחרת נתרפאה לגמרי רפואה גמורה, פשוט דחוזר האיסור למקומו, **אלא** דאם נתרפאה אחר שכבר נשא אחרת, ודאי אין בזה חשש. **וגם** זה פשוט שא"צ הבעל לחקור ולדרוש קודם החתונה עם האחרת אולי חזרה הראשונה לקדמותה, כל שיצא בהיתר יצא, **אך** אם במקרה נתעצל הבעל ושהה מלישא אחרת, ובין כך חזרה אשתו לשפיותה, אין מועיל ההיתר כלל. **ואם** עדיין לא נשא אלא שכבר נשתדך באחרת, וקשר עצמו בקנס כנהוג, בזה יש לדון אם מותר לישא השניה, ודעתו נוטה להיתר, ועיין ביו"ד סי' רכ"ח סמ"ג בהגה).

(**ומש"כ** הב"ש מיהו ב"ח כתב קבלה היא מגדולי עולם כו' ויסכימו בהיתר מאה רבנים כו', עיין בתשו' חת"ס, שנשאל אי צריך דוקא מאה מג' מדינות שוה בשוה, או סגי צ"ח ממדינה אחת, ושנים הנותרים א' א' ממדינה אחרת, ומה הוא בכלל מדינה ומדינה, ואם סגי בבחורים מופלגים להשלים מנין המאה, **וכתב** הא ודאי דמ"ש הב"ח ויסכימו בהיתר מאה רבנים, ע"כ לאו רבנים ממש יושבים על כסא רבנות בקהילות, דהרי כתוב בהתקנה שיהיו מג' קהילות, וא"א מאה רבנים בג' קהילות, **אמנם** גם א"א דאנשים בעלמא קאמר כדמשמע לשון תשובת מהר"ם והכל בו, דהא כתוב שם דבעינן שיהיה להם טעם מבורר ויסכימו עם הדין, **אלא** ודאי דבעינן שיהיו ראוים להוראה ומביני מדע להסכים עם המורה הראשון בענין ההוא, **וכבר** נהגו כמ"ש בנו"ב, לצרף המוסמך במורינו שראוי לסדר קדושין, כמו שתיקן מהרי"ל שלא יסדר גיטין וקדושין מי שאינו מוסמך, ה"נ הכא, ודי בקולא זו, **אבל** לא בחורים אפי' גדולים וטובים).

(**ואודות** מה הוא בכלל מדינה, הנה בכל בו איתא שלש ארצות, כגון ארגון לומברדיא וצרפת, והם ג' מלכיות ממש, לומברדיא באיטליא, ארגון בשפניא, וצרפת ידוע, **מ"מ** נ"ל אם ע"י מלחמות נכנסו שלשתן תחת ממשלת מלך א', ועתידה אדום שתפשוט מלכותה ט' חדשים על כל העולם, לא מפני זה לא נוכל להסכים בהיתר הנ"ל, כי אין המלך גורם אלא שיווי דעות אנשי מדינה, ורוב אנשי מדינה נמשכים אחר רבני מדינה ההיא, **וא"כ** במדינתינו כגון מלכות גאליציא ומלכות הגר ומלכות עסטרייך, אף ע"פ ששלשתן תחת ממשלת הקיר"ה, מ"מ לשלשה יחשבו, וכן נוהגים. **ומ"ש** בהתקנה מג' קהילות, לכאורה פשיטא דכיון דבעינן ג' ארצות בודאי ג' קהלות הם, נ"ל לאפוקי שלא ימצא בקהילה א' אנשים מג' ארצות, דזה לא מהני, אלא במושבותיהם למקומותם).

(**ואודות** אי בעינן מספר הרבנים מג' מדינות שוה בשוה. לכאורה כוונת התקנה היא שהרב אשר המאורע בגבולו יחקור וידרוש הענין היטב ויסכים כי זה ראוי להתיר, ואח"כ יסכימו ע"פ דבריו עוד צ"ט רבנים מג' ארצות, וכיון שלא נתן גבול ומספר, משמע שישתלשו שוה בשוה כיון שראוי להשתלש, הגע עצמך, אילו כתוב בשטר ליתן צ"ט זהובים לג' עיירות או אנשים, הלא היו משלשים ביניהם שוה בשוה כו', **אך** לא נהגו לדקדק בכך, וכן מוכח מתשובת נו"ב, שדקדק לכתוב כל התנאים השייכים למאה רבנים, ולא הזכיר כלל שיהיו מג' ארצות, אין זה כי אם מאחר שראשי המדברים בענין ההוא היו שלשה רבנים מג' מדינות, שוב לא הקפיד אם יהיו המסכימים אפי' ממדינה א' כו', **ומ"מ** נכון שהרב וב"ד דמקום המאורע יכתבו פסק שלפי הענין ראוי להתיר לזה, וגם יציעו הדבר לפני גדול א' במדינה, הואיל ונפיק מפומיה דב"ח, שיציע לפני גדולים, ואם יסכים יצרפו סמוכים במורינו מג' מדינות, **ואף** שא"צ משולשים ממש, מ"מ יראו לקבץ מספר מסוים מכל מדינה כו', עכ"ד, ע"ש).

(**ומ"ש** הב"ש: ועוד כתב בסי' קי"ט שיתן הגט ביד שליח הולכה שיהיה הגט בידו עד שתשתפה כו', מבואר מזה דאחר שתשתפה יתן לה השליח גט זה ותהיה מותרת לשוק ע"י גט זה. **אמנם** בהגהת משנה למלך מבואר, דחכמי קוסטנטינא הסכימו לאיסורא, מטעם דכל מידי דלא מצי עביד השתא לא מצי משוי שליח, כמ"ש התוס' פ"ב דנזיר ע"ש, **ועיין** בזה בתשו' נו"ב, כתב שם שלא רצה לתקוע עצמו בדבר הלכה בזה להתיר האשה שתנשא לשוק ע"י גט זה, מטעם שכתב הרב המגיה כו', ואף שבתשובה הארכתי בזה, מ"מ וכי מפני שאנו מדמין נעשה מעשה להתיר א"א במקום שיש ריעותא כזו, **ומ"מ** לא רצינו לבטל מנהג ראשונים שנהגו שלא להתיר חרגמ"ה עד שימסור הבעל גט ביד שליח כו', ע"ש עוד מבואר כל סדר ההתרה לאיש שנשתטית אשתו ע"ש באריכות. **ולכאורה** י"ל דדוקא אם היא שוטה גמורה, דהיינו שא"י לשמור את גיטה, דאינה בת גירושין מדאורייתא, אבל אם היא יכולה לשמור את גיטה רק שא"י לשמור את עצמה, דמה"ת בת איגרושי היא, ורק מדרבנן לא כדי שלא ינהגו בה מנהג הפקר, כמבואר בש"ס יבמות קי"ג ע"ב, אין לומר בזה כל מידי דלא מצי עביד השתא כו', וכמ"ש המל"מ ע"ש, **ומדברי** הגהת מל"מ הנ"ל אין הכרע, כי שם הלשון מגומגם, שכתב דמעשה היה בקוסטטינא בארוס א' כו', ונודע לב"ד שהארוסה היתה שוטה באותן הימים שאינה יודעת לשמור עצמה ומשלחה וחוזרת קרינן בה, ושאל השואל כו', עכ"ל, **ומדבריו** משמע דמשלחה וחוזרת חד שיעורא הוא עם אינה יודעת לשמור עצמה, וא"כ מיירי אפי' אם היא מה"ת בת גירושין רק מדרבנן לא, **אך** באמת זה אינו כמבואר בש"ס שם, דמשלחה וחוזרת חד שיעורא הוא עם א"י לשמור גיטה, דאינה בת גירושין מה"ת, **ולכן**

נראה דט"ס הוא בהגהת מל"מ שם, וצ"ל שא"י לשמור גיטה, וא"כ י"ל דדוקא בהך עובדא הורו לאיסורא, משא"כ בא"י לשמור עצמה וכמ"ש, בפרט לפי דברי מרן המחבר לקמן סי' קי"ט ס"ו, דבדיעבד מגורשת, וצ"ע).

(**וכמה** מהגדולים כתבו שא"צ כלל להשלשת הגט, ואיזו תועלת יש בו, והרי עד שתשתפה אינה מגורשת, ולכשתשתפה יכתוב לה אז גט, ואי משום שלא ירצה אז ליתן גט, א"כ מה מועיל השלשתו, הלא ביכולתו לבטל את הגט, והרי אז יכופו אותו ליתן גט, ואי משום שמא היא לא תתרצה לקבל, א"כ מה מועיל מה שהשליש, ב"מ. **וכן** המנהג אצלינו, **אמנם** כשמתירין לו מפני ענין אחר, וראויה לקבלת גט אלא שאינה מתרצית, כשמתירין לו ומשליש כתובתה, ישליש גם גט, ומתי שתתרצה תקבל מהשליח את הגט – ערוה"ש).

(**וא"א** לבאר בכתב למי ראוי להתיר לישא אשה על אשתו, דלא כל הענינים שוים, דודאי במקום שא"א לחיות עמה כגון שנשתטית וכיוצא בזה, הדבר פשוט שמתירין לו, **וכן** אם היא חולנית ממושכה שא"א לה להתרפאות לעולם לפי דברי הרופאים, ואינה מרוצית לקבל גט, וכן בשהה עשר שנים ולא ילדה, ואין רצונה לקבל גט פיטורין, ודאי דמתירין לו, **אמנם** בענינים אחרים א"א לבאר, והדבר תלוי לפי ראות עיני חכמי המקום, **וכן** אם רצונה לקבל גט רק שמבקשת יותר מכתובתה המגיע לה, אם חכמי המקום כמו הרב והב"ד רואים שביכולתו לשאת, כי אין זה היתרון דבר גדול לפי מצב אותו האיש, פשיטא שאין מתירין לו, ויוסיף לה כרצונה, **האמנם** אם מבקשת סך רב, ולפי ראות עיני הב"ד יהרס מעמדו כשיתן לה מה שמבקשת, אז מתירין לו, וכן כל כיוצא בזה – ערוה"ש).

ולא פשטה תקנתו בכל הארצות. הגה: ודוקא במקום שידוע שלא פשטה תקנתו, אבל מן הסתם נוהג בכל מקום – (ואף גם בעולם החדש באמעריקא ואויסטראלין נוהג תקנה זו, מפני שרוב ישראל שבאו לשם, באו ממקומות שנתפשטה התקנה – ערוה"ש).

ועיין ביו"ד סי' רכ"ח אם הלך ממקום שנהגו להחמיר למקום שנהגו להקל – (דשם סעיף כ"ט בהגה נתבאר דאין יכול לישא שתי נשים, שחר"ג אין המקום גורם אלא אקרקפתא דגברי. {**אף** אם אין דעתו לחזור, דהאיסור חל על האדם ועל המקום, וזה האדם שיצא ממקומו חל עליו האיסור בכל מקום שיהיה – ערוה"ש}. **וכתב** הרש"ד, דאינו חייב לקיים חר"ג אלא כשהוא נשוי אשה מן המקום שיצא משם, אבל אם לא היה נשוי אשה מן המקום שיצא משם, יוכל לישא כאן במקום שאינו נוהג חר"ג שתי נשים, **אבל** מהריב"ל כתב, אפי' בשלא נשא במקום שנוהג חר"ג, אלא שנשא אשה במקום שאינו נוהג חר"ג, ורצה לישא אשה על אשתו, אסור, הואיל והוא ממקום שנוהג חר"ג, וכנה"ג פסק כמהריב"ל. **ההולך** ממקום שלא נהגו חר"ג למקום שנהגו חר"ג, אינו יכול לישא אשה על אשתו במקום שנהגו חר"ג – בה"ט). (**ואם** אין דעתו לחזור, ממילא דנכנס בכלל תקנת המקום – ערוה"ש).

(**אמנם** מי שבא לדור עם נשיו ממקום המותר למקום האסור, אף שאין דעתו לחזור, מ"מ א"צ לגרש אחת מהן, דבכה"ג ודאי לא תקן רגמ"ה – ערוה"ש).

(**מי** שעלה לא"י ולא עלתה אשתו עמו, ורוצה לישא שם אשה אחרת וחושש לחר"ג, שולח לה גט ע"י שליח, ומשער הזמן שאפשר שהגיע גט לידה, ונושא אחרת, הר"ם מטראני, **וכתב** כנה"ג עליו, ותמה אני אם הוא חושש לחר"ג לישא אשה אחרת, למה לא חשש ג"כ לחר"ג שלא לגרשה בע"כ, ומה תקנה מצא לו שישלח לה גט בע"כ. **ויש** לדחוק, דבגירושין בשעת גירושין עובר על החרם ותו לא, אבל לישא אשה אחרת, כל עוד דאגידא ביה עובר על החרם, ובעמוד והוצא קאי – בה"ט).

(**ואף** שאינה ראיה שתקבל הגט, מ"מ שוב לא חל איסור עליו, דהרי מן הדין היה לה לעלות לא"י, ונהי שא"א לכפותה לזה כשיש לה טעם כמו שיתבאר בסי' ע"ה, מ"מ פשיטא דבכה"ג לא היתה הגזירה שישב בלא אשה, ומתורץ כל מה שהקשו עליו – ערוה"ש).

(**ועיין** בתשו' נו"ב שנשאל על כיוצא בזה, בא' שאיחר זמן רב מאשתו, ובא שליח מאשתו שישלח לה גט, והוא לא רצה לשלוח גט לחלוטין כרצונה, רק התנה עם השליח לעכב הגט לזמן, והשליח הלך לדרכו, אם עתה שכבר עבר הזמן ורחוק המקום שא"א לחקור אם נמסר הגט מיד השליח להאשה, אם מותר לזה ליקח אחרת על סמך שבודאי נמסר הגט ליד האשה. **והאריך** מאד בפרט הזה דחזקה שליח עושה שליחותו, והעלה דאין חילוק בין דאורייתא לדרבנן, רק החילוק אם המשלח יכול להיות נכשל על ידו, **אלא** כל זה אם הדבר ביד השליח, אבל בנ"ד אולי לא תרצה האשה לקבל הגט, ואף שהיא שלחתו, אולי לשעה היתה רוצה להתגרש, וכיון שהבעל דחה השעה שוב לא נתרצית, **ובפרט** שהדיינים מסדרי הגט מקבלים פרס, ובמחוסר ממון לא אמרינן חזקה זו, **ולכן** אין להקל, **וכתב** שם דדברי הר"ם מטראני שהביא הבה"ט לא נהירין ליה).

ולא החרים אלא עד סוף האלף החמישי – (הוא מדברי מהרי"ק שכ"כ בשם הרשב"א, שמענו שלא גזר רגמ"ה אלא כו', **ועיין** בתשו' משכנות יעקב, שכתב

דנראה לו לתת טעם לשמועה זו, אף דכל גזירות חכמים נופלות לעולם, עד שיעמוד ב"ד הגדול בחכמה ומנין כידוע, **משום** דכל גזירות חכמים צריכין שיהיה בהן סייג ומשמרת לאיסור תורה, וכמ"ש הרמב"ן ז"ל בפי' התורה פ' ואתחנן, שאין לחדש שום דבר וגזירה כי אם לעשות סייג לתורה, **רק** זאת יש לב"ד רשות לצורך שעה לפי ענין הדור לתקן למיגדר מלתא, ודוקא לצורך שעה ולא לקבוע הלכה לדורות, **ועפ"ז** י"ל שבעלי השמועה היו סוברים, שרגמ"ה ז"ל לא תיקן זאת משום סייג, שלא מצאו בזה שום ענין האסור מה"ת בכדי שיגזור על הכל משום סייג, רק תיקן זאת לפי השעה הצריכה, ולכן נתנו גבול וזמן לדבר זה שלא תהא תקנה קבועה לדורות, ולא יהיה בזה הוספה על דברי תורה, כן נראה טעם בעלי השמועה הזאת. **אך** באמת לאו דברי הכל היא, ואינו מוסכם כלל, וכבר עמדו ע"ז קצת גדולים בתשובת ב"י. **וכמה** גדולים שהיו בתחלת אלף הששי, כמו הר"ן ומרדכי ומהר"מ רוטנבורג והראבי"ה, אשר דיברו בענין זה ולא הזכירו כלל הקולא הזאת, **וגם** המעיין בתשובת מהרי"ק שמביא שם תשו' הרשב"א שכתב שם שמענו כו', יראה דאיהו גופיה לא בריר ליה הך שמועה, **וגם** ביש"ש העיר ג"כ קצת על שמועה זאת, ודחאה מהלכה, **ולפי"ז** צ"ל שר"ג תיקן התקנה הזאת לסייג לאיסור תורה, כי יש למצוא בזה איזה טעמים, וא"כ גם הגזירה זאת היא לעולם כמו כל גזירות חכמים, עכ"ד ע"ש. **ובתשובת** מהר"ם אלשקר כתב וז"ל, ובענין תקנת ר"ג, מש"כ שלא היתה תקנתו אלא עד אלף הששי, כבר ידע כבוד תורתו, שרוב הגלות לא קבלוה עליהם מעולם, לא אז ולא היום, כגון בגלילות ספרד ובמערב ובכל המזרח, ויש מקומות שקבלו אותה עליהם אפילו עד הזמן הזה, ונהגו בה עד היום, **לפיכך** כל המקומות שקבלו אותה עליהם עד היום, הרי היא לדידהו כאלו היא תוך זמנה לכל עניניה, עכ"ל).

הגה: ומ"מ בכל מדינות אלו עומד התקנה והמנהג במקומו – ‹משום דברים המותרים כו', ד"מ, וזהו שכתב וי"א כו' דמשום כך אין לכופו – גר"א›,

‹**דמ"מ** הרי גם אז קיימו וקבלו היהודים עליהם ועל זרעם להחזיק בתקנה יפה זו, וגם המלכות מייסרת על העובר תקנה זו, והתקנה בתוקפה עד ביאת הגואל, ואף במדינות שלא פשטה תקנתו, כמו בארצות התוגר ובמדינת אפריקא, מ"מ רובם ככולם מעצמם נהגו כן, לבלי לישא יותר מאשה א' – ערוה"ש›

ואין נושאין שתי נשים, וכופין בחרמות ונדויין מי שעובר ונושא ב' נשים לגרש אחת מהן - פי' והשניה תדחה מפני הראשונה, אם לא שהראשונה מקבלת גט ברצון, וכ"כ מהרש"ל.

(**עיין** בתשובת נו"ב שכתב, דהכנה"ג הביא הרבה פוסקים, ומכללם מרן הב"י בתשו' ומהרח"ש, שגזירת רגמ"ה לא היתה רק על תחלת הנישואין, ואם עבר ונשא שוב אין כופין אותו להוציא, **וסיים** ולפי"ז מ"ש הנ"י וחייבים לכוף על החרם, בבא לישא לכתחלה קאמר, אי נמי אפילו בנשא, למקרייה עברייה ולהחרימו על שעבר חרגמ"ה. **וכתב**, כמו שאין כופין אותו לגרש השניה, ה"נ אין כופין אותו לגרש הראשונה אם היא תרצה בגרושין, עכ"ל. **והוא** ז"ל כתב עליו, שדעת אחרונים שלנו אינה כן, עיין בב"ש סימן זה סוף סקכ"ג, שכ' ואחר שתתרפא חייב לגרש מיד, כדי שלא יהיו לו שתי נשים, {**איני** יודע מדוע לא הזכיר דברי הרמ"א בכאן, דמפורש בהדיא שכופין לגרש, ואם הוא רק ממנהגא, גם דברי הב"ש י"ל כן}, **וכן** משמעות כל חכמי הדורות במדינה זו, שהרי לכך הוכרח להשליש גט ביד שליח בשעת ההתרה, שיהא מוכן לגרש תיכף כשתתרפא, **ומבואר** מדבריהם דלאו דוקא בנשא באיסור, אלא אפילו בנשא בהיתר, כגון ע"פ עד שהטעה אותו שמתה אשתו, ג"כ מחויב לגרש, שהרי בנשתטית נושא בהיתר, אפ"ה כתבו שצריך לגרש מיד כשתתרפא, עכ"ד. **ובענין** שכתב הכנה"ג, שאין כופין אותו לגרש הראשונה, עמ"ש מזה לקמן סימן קנ"ד סעיף א' סק"ה).

וי"א דבזמן הזה אין לכוף מי שעבר חרם ר"ג (ב"י בסי' ע"ו), מאחר שכבר נשלם אלף החמישי (שם בשם מהרי"ק), ואין נוהגין כן.

וי"א מי שנשתמדה אשתו, מזכה לה גט ע"י אחר ונושא אחרת - ‹ובכה"ג ודאי ניחא לה דלא תעבור על איסור א"א - גר"א›.

משמע מדבר הלמד מענינו, דהטעם הוא כדי שהבעל לא יעבור על תקנת ר"ג, וכן הוא בהדיא בת"ה ומהרי"ק, **אכן** בד"מ כתב טעם אחר, דבמקום שנוהגין ביבום, יש לחוש שמא ימות הבעל בלא בנים ותתיבם אשתו, ובאמת היא צרת סוטה ואינה עולה ליבום, **וסיים** שם, ולכן מנהג יפה הוא במקום שנוהגים ביבום.

(עיין בתשו' צ"צ דפסק שם, דדוקא אם המירה ברצון, אבל אם המירה באונס, אין רשאי לישא אחרת - בה"ט).

(**ועיין** בתשובת עה"ג, הביא שם דשאלה זו נשאלה בע"פ מהגאון בעל ט"ז, והשיב שרשאי ליקח אחרת, וא"צ לזכות גט לאשתו הראשונה ע"י אחר, **ועי"ז** הרהרו איזה רבנים ובראשם חותנו הגאון בעל צ"צ, ולבם יחשוב שלא טוב הורה, לא זו בלבד שאינו יכול לישא אחרת בלי זיכוי גט ע"י אחר, **אלא** גם זאת שאינו יכול לזכות גט ע"י אחר בע"כ כיון שעזבה דת רק באונס, **והוא** ז"ל השיב עליהם, ודעתו שעכ"פ יוכל לזכות לה גט בע"כ, דכיון דהוי כעוברת על דת, כמובא ברמ"א לקמן סימן קט"ו ס"ג, אף דלענין כתובה צריכה התראה, מ"מ לענין חרגמ"ה יוכל לגרשה בע"כ, **וכתב** שם דאף דלא הפסידה כתובתה, מ"מ אין חיוב כתובתה מעכבת אותו לגרשה בע"כ במקום שיוכל לזכות לה גט ולישא אחרת, אף על פי שאינו בהישג יד להשליש כתובתה, יעו"ש).

(**אשה** שמכשלת לבעלה באיסורים, ונתברר זה בעדים, שיכול לגרשה בע"כ כמ"ש בסי' קט"ו, אם אין רצונה לקבל גט, יזכה לה גט ע"י אחר, ויקח אשה, וכן כל אלו שכופין אותה לקבל גט כמ"ש שם, נ"ל - ערוה"ש).

וכן נוהגין בקצת מקומות; ובמקום שאין מנהג אין להחמיר, ומותר לישא אחרת בלא גירושי הראשונה - [מדהאריך רמ"א וכתב ומותר לישא אחרת, **דהא ממילא נשמע, נראה דרמ"א רוצה להורות, דדוקא מטעם חרם ר"ג מותר לישא אחרת במקום שאין מנהג, אבל מטעם אחר שכתב רמ"א בד"מ** (ע"ל בח"מ), **לפי"ז אפי' במקום שאין מנהג יש להחמיר אם הם נוהגין ביבום**].

(**עיין** בתשו' חמדת שלמה, שכתב בזה וז"ל, אף דלכאורה לשיטת מהר"ם ודעימיה, דאף במקום מצוה גזר הגאון, א"כ אף בעזבה דת יהיה צריך היתר ע"י מאה רבנים, ומכ"ש כיון דאפשר ע"י זיכוי גט, **וצ"ל** הטעם בזה, כיון דעזבה דת והיא בחזקת זונה ואסורה עליו, א"כ אינו בכלל נושא שתי נשים, כיון שאסורה עליו מדאורייתא, **ולא** דמי למש"כ דאף במקום מצוה גזר, דהיינו בשהה י"ש, דעכ"פ אינה אסורה לו, או עוברת על דת, אף דמצוה לגרשה, מ"מ אינה אסורה עליו, ואם רצה מקיימה, **משא"כ** היכא דהויא בחזקת זונה, דאינה בכלל אשה הראויה לו, בזה ודאי לא גזר, ושוב מצא כדבריו להדיא במהרי"ק. **וכתב** עוד, דמ"ש הרמ"א במקום שאין מנהג אין להחמיר, לענ"ד דאפי' אין רשאים להחמיר, מתרי טעמי, חדא כיון דהרמ"א כתב בסי' ק"מ, לאותן המזכין לעזבה דת, דאם חוזרה א"צ גט אחר כו', (ויש מחמירין בזה), **ועוד** לפי מה דמשמע לקמן סי' קי"ז, דאשה שזנתה אינו מחויב לגרשה, וכ"כ בתוס' ריש זבחים להדיא, וא"כ לפמ"ש הרמ"א בסי' קל"ד ס"ד, דאפי' קיבל עליו ליתן קנס אם לא יגרש, יש מחמירין, דהוי גט מעושה, ואף להמקילין שם, היינו משום דיכול ליתן הקנס ולא לגרש, **משא"כ** כאן כיון דמחייב לישא אשה, ואם נכריחנו מחמת חומרות יתירות ליתן גט לראשונה, יש לחוש לגט מעושה. **ועי"ש** עוד, דמשמע מדבריו דאם זינתה בודאי באופן שנאסרה על בעלה, שוה לעזבה דת בזה. ובדברי הרמ"א דלקמן סימן ק"מ ס"ה לא משמע כן, **וצ"ל** שמפרש דברי הרמ"א שם כמו שפי' החכם השואל בנו"ב, יובא בדברינו שם, ולא כדברי הנו"ב עצמו).

(**אכן** בתשובת חתם סופר מבואר, דאפי' באסורה עליו מדאורייתא, ואינה אשה הראויה לו, לא נהיגי להתיר לישא אחרת בלא ק' רבנים, **וכתב** שם נידון גרושה שנשאת לכהן בחזקת אלמנה, וכשנודע הדבר ברחה לה ולא נודע מקומה, והבעל מצטער בעיגון וביטול פו"ר, אם יש להתיר לישא אחרת בלא היתר ק' רבנים. **והאריך** שם לבאר שורש ב' התקנות של רגמ"ה, ומסיק וז"ל, היוצא מזה, דהכא לא שייך לזכות לה גט, דאיזה זכות יש לה, דאע"ג דנחשדה באיסור גרושה לכהן, מ"מ בזנות לא נחשדה, ואין לה שום זכיה בגירושין, ואם תרצה להנשא תבא ותקבל גיטה, וא"כ א"א לזכות לה גט ע"י אחר, **ולגרשה** בע"כ, הרי אינה פה עמנו, וא"א רק לישא אחרת, ולזה צריך ק' רבנים והשלשת גט, כמבואר מדברינו הנ"ל, עכ"ל).

(**עיין** ב"ש לקמן סימן קנ"ח סק"א שכתב, לכאורה נראה דבזה"ז שיש חרגמ"ה שלא ישא אשה על אשתו, אין עד א' נאמן להעיד שמתה אשתו, דהא דבר שנתחזק באיסור הוא, ואין עד א' נאמן, כמ"ש ביו"ד סי' קכ"ז, עכ"ל. **ושם** כתב זה כמסתפק, אך בסי' ט"ו סק"ב כתב כן בפשיטות, ע"ש. **ועיין** בתשו' נו"ב, כתב שדברי הב"ש בזה אינם מוכרחים, ע"ש, **גם** בספר קרבן נתנאל חולק על הב"ש בזה, ע"ש. **גם** בתשו' בית אפרים כתב, דהך דינא דהב"ש צ"ע, די"ל דשפיר מהימן עד א', משום דהוי מלתא דעבידי לגלויי, וכמדומה שאין נוהגין עתה לדקדק בזה כלל, כי מי שבא אליו כתב מאוהבו ממרחקים שמתה

אשתו, נושא אשה על פיו, ואין מדקדקין אחריו למחות בידו כלל, עכ"ד. **גם** בספר ישועות יעקב חולק על הב"ש בזה, דכיון דאינו רק מלתא דרבנן, נאמן עד א' אף דאיתחזק איסורא, ובפרט במילתא דעבידי לגלויי, ע"ש).

(**ושם** העיר עוד לחקור בזה, בעד א' שמעיד שמתה אשתו, והוא בא לב"ד לשאול אם מותר לישא אחותה שהוא איסור כרת, וגם אי מותר לישא אחרת מצד איסור רגמ"ה, **דאף** אי מאמינים אותו נגד זה שמותר לישא אחרת, מ"מ אסור לישא אחותה, ומעתה כיון שבא לשאול על שני דברים דבר תורה ודרבנן כאחד, אפשר דאין אנו יכולין להקל גם בענין דרבנן, דהוי זלזול לדחז"ל, **וכמ"ש** הרדב"ז הובא במג"א הלכות ק"ש, בספק קרא ק"ש חוזר וקורא משום דק"ש דאורייתא, אף דרק פסוק ראשון הוא מה"ת, מ"מ צריך לקרות כל הג' פרשיות, כיון דאנו מסופקין על דאורייתא ודרבנן כאחד, אם אנו מחמירין על ד"ת ומקילין בדרבנן הוי כמזלזול במלתא דרבנן, {**לא** מצאתי זה במג"א הלכות ק"ש, עיין בסי' ס"ז סק"א שכתב טעם אחר, דכך היתה התקנה כו', **אמנם** בסי' קפ"ד סק"ז כ"כ המג"א בשם הר"ש חיון והר"י הלוי, בענין ספק אם בירך בהמ"ז, דצ"ל גם ברכה ד' מהאי טעמא, ע"ש}, **אך** באמת לא דמי, דהכא אם ישא אחרת לא ישא אחותה בלא"ה, ע"כ אין מקום להחמיר בזה, ע"ש).

(**ועיין** בנו"ב, על דבר האיש אשר בשנת רעבון הלכה אשתו ממנו ובן ובת עמה מדוחק פרנסתם, ושוב לא נודע מהם דבר יותר משמנה שנים, אם יש להתיר לבעלה לישא אשה אחרת. **והשיב** שאין למצוא לו עזר, כיון שאשתו לא פשעה ומחמת רעבון הלכה, ולפי המובן ברשות בעלה הלכה, ומי יודע סבת עכובה, ואולי הוא ע"י אונס, **ומקום** מצוה אין כאן, שאנו נותנים ג"כ לבן ובת חזקת חיים, וא"כ קיים מצות פו"ר, **ואף** שהכנה"ג בהגב"י מביא תשובת רש"ך, אם נשבתה יכול הבעל ליקח אשה אחרת, אולי מיירי שם שלא קיים פו"ר. **וסיים** דאף שיש סברא לדון ולהתיר לו, שלא יהא נכשל בהרהורי עבירה בכל יום, מ"מ נתת דבריך לשיעורין, ואם תתעלם אשה מבעלה איזה זמן לאיזו סבה, או שתהיה חולה איזה זמן, וכי נתיר לו לישא אחרת על אשתו, לכן אין דעתי להתיר בזה, **וגם** איסור איני אומר, כיון שכבר יושב זמן שמנה שנים בלא אשה, ואם ימצא מאה רבנים שיתירו לו, לא אמחה בידו, עכ"ד).

(**ושם** בסי' ז' נשאל על שאלה כזו ממש, אלא דשם העיד עד א' ששמע מאחד שהאשה מתה, **והשיב** להתיר מחמת העדאת העד, וכתב דאף דבנו"ב לא הכרעתי לסתור דברי הב"ש לחלוטין, אבל בסימן נ"ד הבאתי דברי התוס', דמה שאינו דבר שבערוה אף דאיתחזק איסורא אינו ברור שאין עד א' נאמן, רק מספקא לן, וא"כ באיסור דרבנן יש להקל, **ובפרט** שזה שנים רבות שאבד זכרה, קרוב הדבר שמתה בשנת הרעבון, ולכן יש להתיר).

(**וכתב** עוד שם, בעובדא שהעיד העד שבהיותו במקום פלוני מתה אשה פלונית, אבל העד לא ידע אשת מי היא, והאיש בשמעו הדברים האלה אמר אשתי היא, **בזה** יש לדון אולי הבעל דבר עצמו אינו נאמן במקום דאיכא למיחש שמא עיניו נתן באשה אחרת, **ומ"מ** כיון דבזה"ז שכבר כלה הזמן חר"ג, ליכא חשש איסור תורה, **וגם** מאחר דמתחילה לא איתחזק איסור רק מפיו, שאמר שיש לו אשה, יש להקל, ע"ש).

(**וכתב** עוד, שנשאל מהגאון מלונדון אודות אנשים הבאים ממדינות רחוקות לקהילתו, ושלחו גיטין לנשותיהם, ובא כתבים מב"ד שהשליח מסר הגט להאשה כדת, ואין חתימת הב"ד ניכר שמה, אם יכולים המגרשים לישא שם נשים. **וכתב** כבר הכרעתי בנו"ב, שעד א' נאמן להעיד לאיש שמתה אשתו, וכיון שעד א' נאמן, א"כ שטר בעדים אפי' לא נתקיים, כיון שלדברי הרשב"ץ זה עדיף מעד א', לכן דעתי להתיר, ע"ש).

(**ועיין** עוד שם בתשובה מבן המחבר, באשה שנשתטית, וזה שבע שנים אשר ברחה מבעלה מתוך טירוף הדעת, ונאבד זכרה ולא נודע מה היה לה, אם מותר הבעל לישא אשה אחרת. **והביא** דברי אביו בתשובה הנ"ל, שלא רצה להתיר באשה שנאבד זכרה זולת בהעדאת עד א', **וכתב** דאף דיש לדון בזה מחמת דנגד חזקת חיים יש חזקה אחרת שאם היתה בחיים היתה חוזרת לבעלה, באשר שלא היתה קטטה ביניהם, **מ"מ** חלילה לו לחלוק על אביו ז"ל. **ומ"מ** העלה להקל להבעל זה, כיון שיצאה אשתו מביתו מתוך טירוף הדעת, ולפי דבריו היתה כמה שנים מוחזקת לנשתטית, ובנשתטית פסק הרמ"א דיש להקל להתיר לו לישא אחרת, **ואף** די"ל דדוקא באשה שהיא שוטה לפנינו, אבל כאן יש לחוש שמא נתפקחה, **מ"מ** מוקמינן לה אחזקתה אשעת יציאתה

מבית בעלה, ויש לזה הוכחה דאל"כ היתה חוזרת לבית בעלה כו', **ואף** דהב"ח כתב דצריך היתר ממאה רבנים, י"ל דגם הב"ח לא כ"כ אלא אם היא בחיים בוודאי, אבל אם יש ג"כ ספק שמא מתה, גם הב"ח מיקל. **וסיים**, ויען כי אין הדבר ברור כ"כ כו', לכן אין לסמוך עלי עד שיסכימו עוד שני רבנים, **ובענין** התחייבות שיש להאשה על הבעל, וגם בהשלשת גט פטורין, כי למיחש בעי פן תבוא האשה, יעשו כמו שפסק אאמ"ו בנו"ב, ע"ש).

(**ובתשובת** חתם סופר, באיש א' נשתטתה אשתו זה כמה שנים, והוליכה לעיר אחרת למקום רופאים, ועתה אומר שנודע לו שמתה, וגם הביא עד א' ששמע שמתה אשתו של זה באותה העיר, אם מותר לישא אחרת. **והאריך** שם בדברי הב"ש דסי' ט"ו וקנ"ח הנ"ל, דאין עד א' נאמן כו', ודעתו להחמיר כהב"ש, **וכתב** ואפי' אם נכניס עצמינו בפירצה דחוקה להקל משום עיגון דבעל, היינו אי אשה בריאה נאבדה, וכדרך שמקילין בעיגונא דאיתתא, **אבל** הכא בנשתטית הרי יכול להמציא לו היתר ע"י מאה רבנים, והשלשת גט וכתובה, ואין כאן עיגון כו', **ועוד** הא האשה במקום ידוע, ואינה מעבר לים ולא במדברות, והדבר יכול להתברר, ע"כ איני רוצה להיות מהמתירין, ע"ש).

(**ועיין** בתשו' בית אפרים, באחד שהיה מתגורר בקהילה אחת ערך י"ב שנה, והגיד לפני כמה אנשים שיש לו במקום אחר אשה ובת אחת, והחזיק בדבריו זמן רב, ועתה בא לפני הרב והגיד ששקר ענה ומעולם לא היתה לו אשה, רק מחמת הבושה אמר כן, שכבר בא בימים בן שלשים ועדיין הוא פנוי, אם מאמינים אותו באמתלא זו, ומותר לישא אשה, או לא, **והנה** מה שיש לדון באמתלא זו הוא משני חששות, אחד, כי להסיר מסוה הבושה היה די לו שיאמר שהוא אלמן, וגם למה הוסיף לומר שיש לו בת הימנה. **הב'**, מטעם דכל שהוחזק ל' יום לא מהני אמתלא, כמ"ש הב"ש בסי' י"ט, ומלקין ושורפין על החזקה, **והאריך** מאד בזה לבאר דהך אמתלא אינה גרוע, **וגם** יש לצדד דאף אמתלא א"צ כלל בנ"ד, לפי דכל שויא אנפשיה חד"א דאסרינן עליו ולא מהני חזרה, אינו בתורת ודאי, אלא מתורת ספק, דשמא דבריו הראשונים עיקר, ומה שחוזר בו שקורי משקר, **וא"כ** בנ"ד שאחר אלף החמישי אינו אלא מנהג, וכל ספק ופלוגתא אזלי' לקולא, כמ"ש הב"ש סקכ"א, אולי מהני חזרה אף בלא אמתלא, **וגם** דינו של הב"ש בענין אחר ל' יום אינו מוחלט, דבתשובת רמ"א סי' ב' מבואר, דאף אחר ל' יום מהני אמתלא היכא שלא הוחזק רק מפי עצמו, וע"י דיבור לבד, **ועוד** דהכא אית ליה מגו, דאי בעי הוה אמר שמתה אשתו והיה נאמן בכך, כמבואר בתשובת צ"צ ועה"ג, שהוא עצמו נאמן בענין זה, השתא נמי שחוזר בו נאמן במגו, וי"ל דגם הב"ש מודה בזה. **וסיומא** דפיסקא העלה שאין להחמיר בזה, ומ"מ יש לאיים עליו בב"ד ולהודיעו חומר חרגמ"ה, הכל לפי מה שהוא אדם, ואם כה יאמר כי בצדק אמרי פיו ופנוי הוא, לא נחשדו ישראל על כך, ובפרט שהוא ג"כ מלתא דעבידא לגלויי, ע"ש באריכות. **והנה** מש"כ דכל שויא אנפשיה חד"א דאסרינן עליו ולא מהני חזרה אינו בתורת ודאי כו', צ"ע ממ"ש בשו"ע לקמן סי' ג' ס"א, ואם נשאה או נטמא לוקה, ומשמע דאפי' חוזר בו).

סעיף יא - טוב לעשות תקנה בחרמות ונידויים על מי שישא אשה על אשתו

- (ביאור דבריו, דאף במקומות שלא נתפשטה תקנת רגמ"ה, טוב לעשות תקנה זו מפני שתקנה יפה היא, [מחמת קטטה כנ"ל, ועיגון, וגם משום הא דאמרינן בפרק החולץ, לא ישא אשה במדינה זו כו' - גר"א], **ובאמת** לא מצינו לכל התנאים ואמוראים והגאונים שיהיה להם שתי נשים, ואדרבא מצינו במדרש בראשית, בר' יוסי שהיה לו אשה רעה ולא נשא אחרת עד שגירש את הראשונה - ערוה"ש).

סעיף יב - נשבע שלא ישא אחרת על אשתו, ושהתה עשר שנים שלא ילדה, יתבאר בסימן קי"ח.

סעיף יג - אשה אינה מצווה על פריה ורביה. (ועיין בסימן קנ"ד). (ומ"מ יש אומרים דלא תעמוד בלא איש משום חשדא)

- (כ"כ הרמב"ם פט"ו מה"א, **ותימה** דבפכ"א בהא"ב כתב, ורשות לאשה שלא תנשא לעולם, או תנשא לסריס, ע"ש, [**אמנם** הכל לפי הענין, דבמקום דלא שייך חשדא לא חיישינן לזה, רלנ"ח - ערוה"ש], **ויש** לישב, דמש"כ הרמב"ם בה"א דלא תעמוד בלא איש, הוא מצד עצה טובה, דלא תחשד, ושם בהא"ב ע"פ הדין, דמצד הדין הרשות לאשה שלא תנשא לעולם, דאפי' איסור דרבנן ליכא גבי דידה, לא משום שבת יצרה, ולא משום הרהור, משא"כ גבי דידיה, וקו"ל, עיין כנה"ג ובהרד"ך - בה"ט). (**ועיין** בר"י, דתהי הרבה בדברי הרד"ך בתשו' הנ"ל, וגם מרן

בב"י ביו"ד סימן רכ"ח כתב דרך כלל, דמקצת דברי הרב מהרד"ך בתשובה הנזכרת לא ישרו בעיניו, ע"ש).

סעיף יד - דין מי שנשא אשה ושהה עמה עשר שנים ולא ילדה, יתבאר שם.

§ סימן ב – שישתדל כל אדם ליקח לו אשה הגונה §

סעיף א - לא ישא אדם אשה שיש בה שום פיסול - {היינו פסול דאסורה לו, היינו משום חשש ממזר או חללה לכהן וכה"ג}. ‹הן שהפסול בגופה כמו פרוצה וכיוצא בזה›. **הגה: כל הנושא אשה פסולה משום ממון** - ‹או מפני יופיה - ערוה"ש›, **הויין לו בנים שאינם מהוגנים** - {ה"ה הנושא בלא ממון נמי איכא עונש, אלא כוונתו לדייק, אם נושא אשה בשביל ממון וליכא בה פסול משפחה, ליכא איסור}, **אבל בלא"ה, שאינה פסולה עליו אלא שנושאה משום ממון, מותר (תשובת ריב"ש).**

מי שרוצה לישא אשה פסולה, בני משפחתו יכולין למחות בו - ‹משום פגם משפחה - גר"א›, **ואם אינו רוצה להשגיח בהם, יעשו איזה דבר לסימן שלא יתערב זרעו בזרעם.**

ומי שפסקו לו ממון הרבה לשדוכין וחזרו בהם, לא יעגן כלתו משום זה, ולא יתקוטט בעבור נכסי אשתו, ומי שעושה כן אינו מצליח ואין זיווגו עולה יפה, כי הממון שאדם לוקח עם אשתו אינו ממון של יושר, וכל העושה כן מקרי נושא אשה לשם ממון, אלא כל מה שיתן לו חמיו וחמותו יקח בעין טוב ואז יצליח. (ב"י בשם א"ח) - אף על גב דלפני זה כתב, כל שאינה פסולה עליו מותר לישא משום ממון, **היינו** אם נותנין לו ממון ברצון טוב, אבל לעגן כלתו בשביל זה, או לעגן עצמו ולהמתין מלישא אשה עד שימצא אשה שתתן לו ממון, אסור, **וכן** סיים בא"ח, ורבים נכשלים בעבירה כשאינם נושאין אשה במהרה, ועליהם נאמר: כל הנושא אשה לשם ממון וכו', **כלומר** שהעיכוב מלישא אשה בשביל חמדת ממון גורם לו להוליד בנים זרים.

כי הממון – ‹וזהו דלא כריב"ש הנ"ל, ועיין ח"מ, **אבל** העיקר דס"ל לא"ח, דכל משום ממון הו"ל ג"כ נושא כו', אלא דאם היה לוקחה בלא"ה, אע"ג דלוקח ממון ג"כ, אין נקרא נושא כו', וז"ש אלא כו' - גר"א›.

‹**אבל** אם נושא אשה כשירה לשם ממון, שאלמלא ממונה היה נושא אחרת, אין בזה עון, ואדרבא ראוי לעשות כן אם הוא ת"ח, דעי"ז לא יצטרך להיות טרוד הרבה בעניני העולם, **וכן** נוהגין אנשים ישרים ליקח ת"ח לבתו וליתן לה ממון הרבה ולהחזיקו על שולחנו כמה שנים שישב וילמוד, ואין לך מצוה רבה מזה, ובשכר זה מצליחים בעסקיהם - ערוה"ש›.

‹**עיין** בתשובת חתם סופר, דהגאון השואל רצה לומר דהיינו דוקא ביש בידו לפרנס את עצמו בלא"ה, **והוא** ז"ל כתב דמדברי הא"ח בשם הראב"ד דמייתי הרב"י ס"ס ס"ו, מדתלי טעמא בהרהור עבירה ועיגון, ש"מ אפי' הוא עני לא יעגן עצמו כו', ע"ש›.

‹**ועיין** בשל"ה שכתב וז"ל, אמנם אותן הנוהגין לרמות החתן בכל מה שיוכלו לרמות אותו בענין נדוניתו, וגם לכופו שילך לחופה אף שלא נתנו לו הנדוניא משלם שהבטיחוהו, איני יודע מנין להם הדין הזה, **ואדרבה** תנן בפ' בתרא דכתובות, הפוסק מעות לחתנו ופשט לו את הרגל כו', אף לדברי אדמון אין אנו יכולין לכפותו להכניסה, אף שכבר קידשה, **והנה** הם סברי מצוה עבדי שלא לבייש בת ישראל, אבל לא נראה הגון בעיני, עכ"ל›.

סעיף ב - כל המשפחות בחזקת כשרות ומותר לישא מהם לכתחלה - {בטור כתב בשם הרמ"ה, מי שאין משפחתו ידועה לנו, לא אמרינן שהוא בחזקת כשרות, כי חיישינן שמא ממזר או עבד הוא, וצריך ראיה ליוחסין, וכ"כ המגיד פ"כ מאיסורי ביאה ה"ה בתירוץ ראשון, דאף הרמב"ם ס"ל כן, וכן משמע ברש"י פ"ב דכתובות, **ותוס'** והרא"ש והר"ן ס"ל, אפילו מי שאין משפחתו ידועה לנו, לא חיישינן שמא ממזר הוא, אלא לענין חשש כהונה צריך ראיה, **והב"י** וב"ח מחולקים בפי' דבריהם, כי י"ל חשש כהונה היינו לשמש ע"ג מזבח צריך ראיה, אבל לישא לכהן אין חוששים משום חללה, **גם** י"ל אפילו לישא לכהן נמי איכא חשש שמא חללה היא, **ובסימן** אח"ז מבואר דהמחבר נמי ס"ל, דמי שאין משפחתו ידועה לנו, חיישינן שמא ממזר הוא, לכן יש להחמיר ומי שאין ידוע לנו יש לחוש שמא ממזר

הוא, ולישב הסוגיא ודברי הטור הארכתי, **וע"א** נאמן לענין תרומה דרבנן ולנ"כ, אבל לא להשיאו אשה, ועיין לקמן}.

‹**וכך** כתב בה"י, מי שבא מארץ אחרת, הן איש או אשה או בחור או בתולה או אלמן או אלמנה, צריך ראיה שהוא ישראל, ואף שמתנהגים כדת ישראל ומדברים בלשוננו ויודעים בכל טיב היהודים, אעפ"כ צריכין ראיה, **וכן** הוא בתקנות מדינות ליטא, שאין לסדר שום קידושין אא"כ שיש לו ראיה שהוא ישראל ומאיזה משפחה, ע"ש – בה"ט›.

‹**ועיין** בספר שער המלך שכתב להוכיח, שדעת המחבר אינה כן, ודלא כהב"ש, והאריך הרבה בהלכה זו ומסיק וז"ל, ולענין הלכה הנה לענין פסולי קהל, דעת כל הפוסקים, דאפי' מי שאין לו חזקת משפחה, כגון שבא מארץ רחוקה, אמרינן כל המשפחות בחזקת כשרות, **זולתי** דעת הרמ"ה שכתב הטור, ולחד תירוץ שכתב ה"ה בדעת הרמב"ם, **ודלא** כהרב ב"ש ובספר בה"י, שיחסו סברא זו לדעת מרן והטור, דליתא, **אך** לענין פסולי כהונה דעת הר"ן, דכל שאין לו חזקת משפחה חיישינן, וכן הוא דעת הטור כמו שהוכחנו מדבריו, וכן נראה לי להוכיח שכן דעת הרי"ף והרא"ש ז"ל כו', **ואולם** דעת התוס' והנ"י, דאפי' היכא דליכא חזקת משפחה לא חיישינן לפסולי כהונה, עש"ב›.

‹**ולי** נראה, דאם יש לו משפחה, א"צ כלל לראיה, וראיה א"צ רק לאיש בודד שבא ממרחקים ולא ידענו לו משפחה, ולכן לדינא פשיטא שיש ליזהר שלא להתחתן באיש שאינו ידוע לנו, וכן באשה שאינה ידועה, כיון דהרבה מרבותינו סוברים כן, **ודע** דאמת דכל המשפחות בחזקת כשרות עומדות זהו לכשרות ישראל מפני שיש לה חזקת כשרות, אבל להחזיק עצמו או את אחר לכהן, צריך להביא ראיה שמשפחתו מוחזקת לכהנים, דלכהונה הרי אין לו חזקה – ערוה"ש›.

ואעפ"כ, אם ראית ב' משפחות שמתגרות זו בזו תמיד, (או שני בני אדם שמתגרים זה בזה), או ראית משפחה שהיא בעלת מצה ומריבה תמיד, או ראית איש שהוא מרבה מריבה עם הכל ועז פנים ביותר, חוששין להם וראוי להתרחק מהם, שאלו סימני פסלות הם – {כתב הב"י בכהן ליכא חשש זה אפי' אם הוא עז פנים, **ובדרישה** כתב כיון שהוא עז פנים ומרבה מריבה, חיישינן אפילו בכהן}.

וכן כל הפוסל אחרים תמיד, כגון שנותן שמץ במשפחות או ביחידים ואומר עליהם שהם ממזרים, חוששין לו שמא ממזר הוא; ואם אומר להם שהם עבדים, חוששים לו שמא עבד הוא, שכל הפוסל במומו פוסל. וכן מי שיש בו עזות פנים ואכזריות ושונא את הבריות ואינו גומל להם חסד, חוששים לו ביותר שמא גבעוני הוא – {ובש"ס איתא ג' סימנים יש בישראל: ביישנים רחמנים וג"ח, כל שיש לו ג' סימנים וכו', וכל שאין לו ג' סימנים אין ראוי לידבק בו, **צ"ל** שאין לו ג' סימנים כלל, אבל אם יש א' מסימנים אלו ראוי לידבק בו, וגבעונים היה ניכר בהם שאין להם שום סי'}.

‹**וכתב** המהרש"ל, ואני אומר אם בזמנינו באת להחמיר במשפחות מתגרות זו בזו, לא הנחתם משפחה לאברהם אבינו שתהא בחזקת כשרות, כי בעוה"ר הדור פרוץ ואין מורה ולעולם מתגרים משפחות זו בזו, **ומשום** הכי נראה אפילו מי שדרכו לפסול משפחות ולומר עליהם פסולים, אין חוששין עליו שהוא הפסול, כי הדור פרוץ ומורגל בכך, **ואין** חוששין למשפחתו אלא הוא חומץ בן יין לבד, עכ"ל, **ואם** המהרש"ל אמר כן בדורו, ק"ו לדורות אלה – ערוה"ש›.

סעיף ג - משפחה שקרא עליה ערער, והוא שיעידו שנים שנתערב בהם ממזר או חלל או שיש בהם עבדות, ה"ז ספק. ואם משפחת כהנים היא, לא ישא ממנה אשה עד שיבדוק עליה ד' אמהות שהן שמונה: אמה ואם אמה, אם אבי אמה ואמה; וכן הוא בודק על אם אביה ואמה, אם אבי אביה ואמה – ‹ולמה הצריכו לבדוק באמותיה ולא באבותיה, מפני שהזכרים כשמריבים זה עם זה מריבים בענייני יחוס, ואם היה איזה פסול היה ידוע לכולם, וכיון שאינו ידוע לא הצריכו לבדוק, אבל נקיבות כשמריבות זו עם זו מריבות ביחוס עצמן, ולא ביחוס אבות, ואינו מפורסם הדבר אף כשיש פסול במשפחתה, לפיכך הצריכו לבדוק באמותיה ולא באבותיה – ערוה"ש›.

ואם היתה משפחה זו שקרא עליה ערער לוים או ישראלים, מוסיף לבדוק עליהם עוד אחת ונמצא בודק עשרה אמהות - כבר הניח

המ"מ בצ"ע, דבגמרא משמע דבודק לפחות י"ב אמהות, דהא יש כאן ד' אמהות, וכשמוסיף לבדוק בכל אחת דור אחד, נמצא ח', הן י"ב.

אבל אשה הבאה לינשא אינה צריכה לבדוק, שלא הוזהרו כשרות לינשא לפסולים - ‹שבעניני כהונה כשהיא כהנת רשאי להנשא אף לפסולי כהונה, דלא הוזהרו בנות אהרן להנשא לכשירי כהונה דוקא, ולכן לא חששו גם לפסולי קהל כמו ממזירות, אף על גב שבפסולי קהל הנשים מוזהרות כמו האנשים, כיון שאין זה רק חששא בעלמא. **ואין** להקשות, כשיש עדים על עירוב ממזר, א"כ אין זה חששא, ומדינא אסורה להנשא לאחד מהמשפחה, ולמה לא תבדוק במשפחתו, **די"ל** דהן אמת שנתערב בהמשפחה ממזר, מ"מ כל אחד מהמשפחה אינו אלא ספק ממזר, וספק ממזר מותר לישא מן התורה בת ישראל, דלא אסרה התורה אלא ממזר ודאי ולא ממזר ספק, **ואע"ג** דמדרבנן אסורה להנשא, מ"מ אינה צריכה בדיקת דורות, אלא בודקת לאותו האיש בלבד, כיון דהוא רק מדרבנן. **ואע"ג** דאם הנושא אינו כהן, דינו שוה לאשה, מ"מ כיון דכהן הנושא יש בו חששא דאורייתא, לפיכך החמירו גם באינו כהן, משא"כ בנשים דאין שום אשה שיהא בה איסור דאורייתא, לא החמירו בהן בבדיקות דורות. **אמנם** זהו פשוט דאם הערעור הוא רק על פסול כהונה, כגון שהעידו שנתערב חלל בהמשפחה, א"צ לבדוק הנושא אא"כ הוא כהן. **אמנם** אהוספה ללויה וישראלית עוד דור אחד, מבואר מרש"י ז"ל דלא הצריכו זה רק לכהן הנושא - ערוה"ש›.

‹ליתר דברי הנושא כלים של ס"ג - ס"ה, עיין בפנים בשו"ע›.

סעיף ד - כל שקורין לו ממזר, ושותק; או נתין, ושותק; או חלל, ושותק; או עבד, ושותק; חוששין לו ולמשפחתו ואין נושאין מהם, אא"כ בודקין כמו שנתבאר. הגה: וי"א דוקא משפחה שנתערב בה אחד מאלו הפסולים, אבל אדם אחר שקורין לו כך ושותק, אין בכך כלום - ‹ואי קשיא, הא גם בלא השתיקה כיון דיצא עירעור הרי צריך בדיקה, **אמנם** באמת בכה"ג לא מהני בדיקה כיון שהודה, והמשפחה א"צ בדיקה כיון שנתברר ספקות באותו ששותק, ט"ז, **ואף** אם נאמר דמהני בדיקה, מ"מ יש נ"מ אם קראו אותו ספק ממזר או ספק חלל וכן יצא העירעור, דבלא השתיקה אם נשאת א' מבני המשפחה לא תצא, מפני דהוה ס"ס כמו שיתבאר, אבל בשתיקה תצא בלא בירור, שהרי זהו כהודאה שהוא פסול - ערוה"ש›.

ויש אומרים עוד, דכ"ז דוקא בדורות הראשונים שהיו ב"ד נזקקים למי שחרף חבירו ומענישים אותו כראוי, לכן הוי שתיקה כהודאה; אבל עכשיו, השותק על המריבה הרי זה משובח, אא"כ קורין לו כך שלא בשעת מריבה. וי"א דלא אמרינן שתיקה כהודאה אא"כ צווח על פיסול אחר, אבל אם שותק תמיד לא הוי כהודאה. וכל זה איירי בפיסול הנוגע בעצמו, אבל אם רוצים לפסול זרעו בפניו ושותק, אין בכך הודאה, אבל למיחש קלא מיהא בעינן - ‹ואף שיצא קול מקודם, מ"מ שתיקתו לא תועיל יותר לפוסלם, דאף אם נחשב שתיקתו כהודאה, מ"מ הא לכמה פוסקים אינו מועיל אף הודאתו על הבנים לבד לענין בכורה, וכשהוחזקו בכשרות לכו"ע אינו מועיל הודאתו, וכ"ש שבשתיקה בעלמא לא נפסול בניו ולא חיישינן לשתיקתו, **ואע"ג** דכשפוסלין אותו ממילא דבניו נפסלין ג"כ, מ"מ דכשהפסול על בניו ולא על עצמו, אין שתיקתו כלום - ערוה"ש›. **והשומע חרפתו בשאר דברים ושותק, סימן הוא שהוא מיוחס.**

סעיף ה - משפחה שנתערב בה ספק חלל, כל אשה כשרה שנשאת לאחד מאותה משפחה ונתאלמנה, אסורה לכהן לכתחלה; ואם נשאת לא תצא, מפני שהם שתי ספקות, שמא זו אלמנת אותו חלל, שמא אינה אלמנתו; ואם נאמר שהיא אלמנתו, שמא אינו חלל - ‹ולמה לכתחלה לא תנשא, והרי ס"ס היתר גמור הוא, **דבאמת** רק מעלה עשו ביוחסין, ולא החמירו רק לכתחלה ובדיעבד אוקמוה אדין תורה, **ואפילו** האשה עצמה אינה טוענת ברי לי שבעלי לא היה אותו חלל, מ"מ מותרת מכח ס"ס, דלס"ס א"צ טענת ברי בדיעבד, **ואם** טוענת ברי היה נראה דמותרת לכהן לכתחלה, די"ל דבברי לא עשו מעלה זו. **ויש** מי שאומר דמיירי גם באינה שותקת, אבל בשותקת כשאומרים לה בעלך היה חלל, גם אם נשאת תצא, ב"ש, **ולי** נראה דכאן לא הוי שתיקה כהודאה, דבשלמא בשתיקה כשאומרים לבעל המשפחה בעצמו, דמסתמא שמע מבני המשפחה וידע אודות פסולם, שפיר הוי שתיקה כהודאה, **אבל** אשה זו שנשאת לאחד

מהמשפחה, מאין תדע פסולם, ולא נחשבה שתיקתה כהודאה, והרי בכל האיסורים לא אמרינן שתיקה כהודאה אלא במקום דהו"ל למידע, כמ"ש ביו"ד סי' קכ"ז ע"ש – ערוה"ש.

הגה: וי"א דוקא האלמנה דהוה לה חזקת כשרות, אבל בתה, אפילו נשאת, תצא. ויש מקילין ואומרים דאין חלוק בינה לבתה – וכן עיקר – ערוה"ש.

אבל אם נתערב בה חלל ודאי, כל אשה מהם אסורה עד שיבדוק, ואם נשאת תצא – אמנם אם טוענת ברי לי שבעלי לא היה החלל, נראה דאם נשאת לא תצא – ערוה"ש.

והוא הדין אם נתערב בה ספק ממזר או ממזר ודאי – שאשת ממזר ואשת חלל, לכהונה איסור אחת הוא. **ולענין** ישראל, האשה שנשאת לאחד מבני המשפחה פשיטא שמותרת, דלא נאסרה אשת ממזר לישראל. **ולענין** הבנות הנולדות מבני משפחה זו, י"א דכשנתערב בה ספק ממזר מותר לישראל ליקח גם לכתחלה מטעם ס"ס, דזה שהכהן אסור לישא, מעלה עשו הכהנים ביחוסן, כדאיתא בגמרא שם, ובישראל לא מצינו מעלה זו, יש"ש וט"ז וב"ש, **דהא** כל עיקרו אינו אלא מדרבנן, דמן התורה ספק ממזר מותר בישראלית, ורק מדרבנן אסור, ולכן בס"ס מותר גם לכתחלה, **אמנם** י"א דגם ישראל דינו ככהן, ואסור לישא לכתחלה ואם נשאת לא תצא, ב"י, **דכיון** שהכהנים עשו מעלה זו, נשאר לכתחלה באיסור אף בפסולי קהל, הגר"א – ערוה"ש.

הגה: וכל זה דוקא למי שיודע בדבר; אבל משפחה שנתערב בה פסול, ואינו ידוע לרבים, כיון שנטמעה נטמעה, והיודע פסולה אינו רשאי לגלותה, אלא יניחנה בחזקת כשרות, שכל המשפחות שנטמעו בישראל כשרים לעתיד לבא – וכל זה הוא בישראל, אבל כהנים ולוים בע"כ ידחו ממחיצתן, ועליהם נאמר: וזיקק אותם כזהב וככסף, וא"כ בפסול כהונה ולויה רשאי לגלות. **ואין** לשאול ולומר באיזה היתר יניחום המשפחות בכשרותן, והרי אין בין העולם הזה לימות המשיח כלום, **די"ל** דמדינא כל אחד מן המשפחה מותר, דהוא כספק ספיקא, כמו שנתבאר בדין ספק פסול שנתערב במשפחה, ואע"ג דאליהו יתוודע לו ברוח הקודש, הלא לא בשמים היא ואין דנין דיני התורה מנבואה ורוה"ק, וכיון דמדינא מותר, לכן יחוס הקב"ה על המשפחות המעורבות בפסולים ויטהרם, **לבד** שבט לוי שהוא מוכן לעבודת בהמ"ק, אותו יטהרו ויזקקו ויצרפו כזהב וככסף, **ואין** להקשות דלפי"ז כל הנך בדיקות בדורות האשה היכי משכחת לה, כיון שכולם כשירים לעתיד לבא, וגם עתה אין אנו רשאין לגלותן, **די"ל** דודאי כן הוא, אבל מ"מ כשיצא עירעור על המשפחה, הרי אסור מן הדין עד שיבדקנה, **וכהן** ודאי דאין לו לישא בלא בדיקה אף בלא עירעור, שלא יקלקל זרעו לעתיד, דבכהנים כשימצאו פסול בהכרח יפרדו מכהונתם כמ"ש, וה"ה לוי ראוי לדקדק לפי מה שנתבאר – ערוה"ש.

ומ"מ כשר הדבר לגלות לצנועין – אע"פ שאם היו נדבקין בהם בלא ידיעה לא היה שם איסור כלל, אבל מפני שאין הזרע מוכן לקדושה ולטהרה, שאין הקב"ה משרה שכינתו אלא על משפחות מיוחסות שבישראל, כשר הדבר לגלותן – ערוה"ש.

ודוקא משפחה שנטמעה ונתערבה, אבל כל זמן שלא נתערבה, מגלין הפסולים ומכריזין עליהם, כדי שיפרישו מהם הכשרים. ועיין בחושן המשפט סימן ל"ה מי נאמן להעיד על משפחות.

סעיף ו - לעולם ישתדל אדם לישא בת תלמיד חכם – שאם מת או גולה מובטח לו שיהיה בנו תלמיד חכם – לבוש, **ולהשיא בתו לתלמיד חכם; לא מצא בת תלמיד חכם, ישא בת גדולי הדור** – שהם צדיקים ואנשי מעשה – לבוש, **לא מצא בת גדולי הדור, ישא בת ראשי כנסיות; לא מצא בת ראשי כנסיות, ישא בת גבאי צדקה** – שבודאי הם טובים ונאמנים, שדרך למנות אנשים כאלה – לבוש, **לא מצא בת גבאי צדקה, ישא בת מלמדי תינוקות, ואל ישיא בתו לעם הארץ. הגה: ועל בנותיהן הוא אומר: ארור שוכב עם בהמה** – [פירש"י (פסחים מ"ט) שדומות לבהמה שאין להן לב להבין כי היא חייך ואורך ימיך, עכ"ל, **נראה פי'** לדבריו, דטבע הנשים שיבטלו בעליהם מתורה, בשביל שהם סוברים שמכח זה יתעסקו בסחורה ויהיה להם טובה בעוה"ז, משא"כ אם יעסקו בתורה לא יהיה להם רק עוה"ב לחוד, **ובאמת** אינו כן, אלא היא חייך בעוה"ז ואורך ימיך בעולם שכולו ארוך שהוא עוה"ב, **ולמדנו** מדברי רש"י אלו שאם נמצאת בת לע"ה שהיא חכמה ומבינה ענין שזכרנו, דאין בזה איסור מצד שאביה ע"ה,

כן נראה לענ"ד]. (**כתב** ברכי יוסף, ולפי"ז אם היא בת עשיר ומספיק לחתנו, שרי, כי כל הקפידא שלא תסיתהו להתעסק בסחורה, ובלא"ה אין העולם נזהרים בזה, ע"ש).

‹**הט"ז** הוציא מדברי רש"י דין חדש, ובמחכ"ת גרם לו שבב"י כאן נעתק דברי רש"י מחוברים שני דיבורים, והבין ד"כי היא חייך" קאי למעלה, **אבל** באמת הוא ציון בפני עצמו, וקאי על מש"כ אח"כ לענין ע"ה אסור להתלוות עמו שנאמר: כי היא חייך, ע"ז ציין רש"י – שי למורה. **ולפי"ז** רש"י רק אמר: שדומות לבהמה שאין להן לב להבין›.

וכל זה בעם הארץ שאינו מדקדק במצות (טור) –

{עיין ב"י ודרישה וב"ח, דאפילו אינו עובר להכעיס, מ"מ כיון שעובר על מצות ויודע המצוה, נאמר עליו הם שקץ ובנותיהם שקץ, ומש"כ הטור דעובר להכעיס, עיין בדבריהם}.

[בטור כתב, ולא בכל ע"ה קאמר אלא במי שהוא חשוד לעבור להכעיס, וחלק הב"י על זה ואמר, אפילו אינו עובר להכעיס אלא לתאבון, או שאינו בקי בדקדוקי מצות, וכך הם דברי רש"י שכתב, נשותיהם שרץ, שאינן זהירות במצות, עכ"ל, והך דקדוקי מצות אין פירושו שאין יודעים רק עיקר המצות ולא כל דקדוקים ופרטים, דא"כ רוב בני אדם מהמון עם אינם יודעים זה, ודוקא לאנשים צדיקים רגילים לקרותם מדקדקים, **ונראה** דמדאמרו זה על נשותיהם שרץ, משמע דקאי על עניני נדה דצריכה ידיעה ברורה להזהר מאוד מזה, וכיון שהבעל ע"ה ואינו יכול ללמדה, על כן הם קרויים שרץ, שהוא שורץ ומוליד באיסור. **ועל** מש"כ הטור שהוא חשוד לעבור להכעיס, קשה, האיך תלוי זה בע"ה, וכי לא שייך לומר כן אף ביודע רבונו ומכוין למרוד בו, **אלא** נראה דלא בא לאפוקי ‹רק› ע"ה ששומע לקול מוריו, דיש לו תקנה דילך אצל חכם וישמע ממנו, משא"כ בע"ה שהוא שונא חכמים, כמ"ש רבי עקיבא כשהייתי ע"ה אמרתי מי יתן לי ת"ח ואנשכנו כחמור, לזה אין תקנה, כי אף אם ישמע מן החכם ילעיג עליו מחמת שנאתו, **ונמצא** מתורץ תמיהת הב"י, דודאי אף הטור נתכוין שעובר לתיאבון, אלא שאנו חושדים אותו שיעבור גם להכעיס, נמצא שאין לו תקנה במוסר חכמים, כנ"ל בזה].

ומצוה לאדם שישא בת אחותו – ‹מפני שגיעגועי האדם רבים מאד על אחותו יותר מעל אחיו, ומתוך כך מחבב אשתו – ערוה"ש›. **וי"א אף בת אחיו** – ‹כדאמרינן במדרש, נשא אדם אשה מקרובותיו, עליו הכתוב אומר עצם מעצמי ובשר מבשרי, **והענין** הוא, כי אהבת הקרובים היא טבעית, ואהבת האיש לאשתו בא מחמת מעשה שניהם שהוא מקרה להם, ובהתחבר שתיהן אז יהיה האהל נכון ויהיה שלום בבית, **וידוע** שאין לך קרובה שיכול האדם לישא יותר מבת האחות ובת האח, **ובירושלמי** קדושין איתא טעם על מה שהצריכו חכמים להנושא אשה לבדוק ד' אמהות במשפחתה, דקנס קנסו חכמים כדי שיהא אדם דבוק בשבטו ובמשפחתו – ערוה"ש›.

(**ועמ"ש** בפת"ש ליו"ד סי' קט"ז סוף ס"ה, בענין מש"כ בצוואת ר"י חסיד ז"ל, שלא ישא אשה ששמה כשם אמו כו', דבתשובת נו"ב תניינא כתב דכל צוואתו לא היה אלא לזרעו, ודוקא בשם העצם כו', ובספר חכ"א כתב דדוקא כשהם משולשים כו', ע"ש. **וכעת** ראיתי בתשובת חתם סופר שכתב, על דבר מי שרוצה לידבק בבן טובים בחור וטוב, אלא דחייש מש"כ העולם משום דשם הבחור כשם החותן, ושם אמו כשם אמה של המשודכת, **הנה** מאן דלא קפיד לא קפדינן בהדיה, ובפרט דאיכא כאן זכות תורה, דאפילו אדבית עלי מתכפר בתורה וגמ"ח כו', ובפרט דבס"ח עצמו סי' תע"ז לא נמצא רק דלא ישאו האב והבן ובן הבן שלש נשים ששמות שלשתן שוין כו', ש"מ דליכא קפידא במידי אחרינא, עכ"ד. **ובספר** כרם שלמה כתב, שהגידו לו שבהיות הגאון בעל חתם סופר אב"ד בדרעזניץ, עשה הלכה למעשה לשנות שם החתן מפני שהיה שמו כשם חותנו, ותו אין בית מיחוש, ע"ש, **וצ"ל** מה דלא הזכיר מזה בתשובה הנ"ל, לפי שהיה שם טעם זכות דתורה לא הוצרך לעצה אחרת).

סעיף ז - לא ישא אדם אשה לא ממשפחת מצורעין ולא ממשפחת נכפין, והוא שהוחזק שלשה פעמים שיבואו בניהם לידי כך

- ואפי' רבי מודה שאין לחוש במשפחה בפחות מתלתא זימני, כך כתב בנ"י בפ' הע"י.

‹**צ"ע**, דביו"ד סי' רס"ג ס"ג פסק, אם אשה מלה בנה ומת מחמת מילה, וגם אחותה מלה בנה ומת מחמת מילה, שאר האחיות לא ימולו בניהן כו', א"כ משמע שתי פעמים הוי חזקה, ובהדיא משמע בגמ' דיבמות דף ס"ד, דדין א' להם לענין מילה וצרעת – בה"ט›. (**ועיין** ברכי יוסף שהביא דברי היש"ש שכתב וז"ל, וכתבו הרי"ף והרא"ש, ומסתברא דמילה כו', ואע"ג דמשפחת נכפין ומצורעין נמי ספק נפשות הוא, ואפ"ה פסק רבא דבעינן תלתא זימני, אף דס"ל לרבא גופיה כרבי בנישואין, **מ"מ** הכא שאני דאפי' רבי מודה

שאין לחוש למשפחה אם לא דהוחזק תלתא זימני, וכ"כ נימוקי יוסף, **ומ"מ** נראה דגבי אחיות אף בתרי אחיות הוי חזקה גם לענין נכפה ומצורע, עכ"ל. **ושוב** הביא דגם בס' יד אהרן מחלק מסברתו בין אחיות למשפחה, וזכינו לדין דתרי אחיות מצורעות הם מחזיקות, **אלא** דבחי' הרשב"א יבמות שם מבואר, דרבא סבר דגם אחיות אין מחזיקות אלא בתלתא זימני, ע"ש). (**ולפי"ז** אם יש להאשה שתי אחיות מצורעות או נכפות, אסור לישא אותה, דאחיות מחזיקות גבי מילה כמ"ש שם, וה"ה לענין זה – ערוה"ש).

סעיף ח - עם הארץ לא ישא כהנת, ואם נשא אין זיווגם עולה יפה, שתמות הוא או היא מהרה, או תקלה תבא ביניהם - (עיין בתשובת חות יאיר שכתב, (מה מקרי ע"ה לענין זה, המזלזל במצות, אבל לא ששומר מצוה אף שאינו ת"ח, ולכן... – ערוה"ש) אין לנו ע"ה שדברו חכמים פה, כמו שאין ע"ה שאמרו בו ששה דברים בפסחים פ"ג יע"ש). **אבל תלמיד חכם שנושא כהנת, הרי זה נאה ומשובח, תורה וכהונה במקום אחד.**

סעיף ט - לא ישא בחור, זקנה - (שהרי אינה מולדת, ויבטל הוא מפריה ורביה – לבוש), **ולא זקן, ילדה, שדבר זה גורם לזנות** - עיין בספר חסידים, שאין איסור בדבר אם היא מתרצה לכך (באמת), ומביא שם מעשה שבתולה אחת נשאת לזקן אשר היא היתה חפיצה בו, ויצאו מהם בנים תלמידי חכמים. (וכמה מעשיות כאלו ידוע, אמנם אם רצונה הוא רק מפני שהוא עשיר, אינו מהראוי לעשות, דסוף סוף כשתתרגל להעושר תקוץ נפשה בו ותבקש תפקידה – ערוה"ש).

סעיף י - לא ישא אדם אשה ודעתו לגרשה; ואם הודיע תחלה שהוא נושא אותה לימים ידועים, מותר - (ויש אוסרים גם בכה"ג, ט"ז, **אמנם** בזמנינו אין נ"מ בזה, דהא אסור לגרש בע"כ מתקנת רגמ"ה, וממ"נ אם תתרצה לקבל גט, אפי' לא ישאנה לזמן יכול לגרשה, ואם לא תתרצה, מה מועיל שישאנה לזמן – ערוה"ש).

סעיף יא - לא ישא אדם אשה במדינה זו וילך וישא אשה אחרת במדינה אחרת, שמא יזדווגו הבנים זה לזה ונמצא אח נושא אחותו. ואדם גדול ששמו ידוע וזרעו מפורסם אחריו, מותר - {הרי"ף והרא"ש לא הביאו את זאת, משמע דלא ס"ל את זאת, וי"ל כמ"ש בשם הט"ז, דס"ל דלפי התירוץ האחרון יחודי הוי מיחדי, תו לא אמרינן תירוץ קמא שאני רבנן דפקיע שמייהו}.

(**עיין** בס' בית מאיר שכתב, דבס' בית הלל כתב דהאידנא דאין נושאין שתי נשים אין נ"מ גדולה בדין זה. **ואמת** שלשון הגמ' והרמב"ם לא ישא אשה במדינה זו ואשה במדינה אחרת, משמע דוקא בנושא על אשתו, ולא במתה או נתגרשה אף שיש לו בנים ממנה, **והטעם** י"ל, משום דאז על הרוב מוליך בניו הקטנים עמו ואין לחוש, ומשום מלתא דלא שכיח שמניחם אצל הגרושה או קרובי האם, לא גזרו, עכ"ל). (**ואין** הטעם מספיק, דאטו לא משכחת לה שמניח בניו אצל אשתו המגורשת, **וגם** זה דוחק לומר שמפני שאנו מעטים בין האומות כל אחד נחשב כמפורסם, כמ"ש באו"ח סי' תקמ"ז ע"ש, **דהרי** האידנא במקומות הגדולים נתרבה הישוב מישראל, והרבה ישוב מישראל יש גם מעבר לים אוקינוס, ובכל שנה הרבה נוסעים לשמה, **ונ"ל** טעם אחר בזה, דכיון דהאידנא הבי דואר ממהרת לרוץ בכל יום בכל העולם, וכמעט שזהו רחוק מהמציאות שהאב שהוא במדינה אחרת לא יקבל תדיר מכתבים מזרעו שהניח במדינה אחרת, א"כ ממילא הבנים שיולדו לו בהמדינה האחרת לא יהיה נעלם מהם האחוה שביניהם ובין הבנים שבהמדינה הקודמת – ערוה"ש).

§ סימן כא - להתרחק מן העריות §

סעיף א - צריך אדם להתרחק מהנשים מאד מאד - {לפי שנפשו של אדם מחמדתן לכן כתב מאוד מאוד, וכ"כ ביו"ד גבי ריבית, ובחו"מ גבי שוחד, אע"ג דאמרו חז"ל מיעוטן בעריות, מ"מ אם רגיל בחטא זה קשה לפרוש יותר משאר עבירות}.

ואסור לקרוץ בידיו או ברגליו ולרמוז בעיניו לאחת מהעריות. ואסור לשחוק עמה, להקל ראשו כנגדה או להביט ביופיה - {הר"י כתב דאסור מדאורייתא, שנאמר לא תתורו אחרי עיניכם, **והרמב"ם** ס"ל מדרבנן, **ובפנויה** לכו"ע מדברי קבלה, «שכן אמר איוב: ברית כרתי לעיני ומה אתבונן על בתולה», **והרהור אפי' בפנויה אסור מדאורייתא}**, «שנאמר: ונשמרת מכל דבר רע, ופי' רבותינו ז"ל: שלא יהרהר אדם ביום ויבא לידי טומאה בלילה - לבוש». **ואפילו להריח בבשמים שעליה אסור.**

ואסור להסתכל בנשים שעומדות על הכביסה - «דבא לידי הרהור - לבוש». «**מפני** שרגליהן מגולות, ואם יש דרך אחר, לא יעבור בדרך הכביסה, ואם אין דרך אחר, יעצים עיניו מלהסתכל בהן, ובזה נאמר: ועוצם עיניו מראות ברע - ערוה"ש». **ואסור להסתכל אפילו בבגדי צבעונים של אשה שהוא מכירה, אפי' אינם עליה, שמא יבא להרהר בה.**

פגע אשה בשוק, אסור להלך אחריה - «שיבא להרהר בה - לבוש». ‹**דהיינו** בתוך ד' אמותיה, מהרא"י ובה"י, **וכנה"ג** בשם הרדב"ז כתב דלא סגי כשירחיק ד' אמות, אלא כל שאינו מרוחק שאינו מכיר ומבחין בה בהלוכה ובתנועותיה, אסור - בה"ט›, **אלא רץ ומסלקה לצדדין או לאחריו** - ‹איסור זה הוא בכל הנשים ובכל המקומות, אפי' במקום שהנשים הולכות מכוסות מכף רגל עד ראש, כנה"ג בשם הרדב"ז - בה"ט›, **ושם** מסיים, אלא ימהר לעבור לפניה אפי' שיעבור תוך ד' אמותיה, או יסתלק לצדדין, או יאנוס עצמו ויתעכב עד שתלך מלפניו כו', **ואם** אי אפשר באחד מכל אלה, והוא ממהר לדבר מצוה ואם יתעכב יעבור זמן המצוה, יתקע עיניו בקרקע וילך ולא יגביהם מן הקרקע, ע"ש. **ומשמע** דתקנתא זו דיתקע עיניו בקרקע לא מהני אלא דוקא בממהר לדבר מצוה, **ועיין** בגמ' ברכות ס"א, ולמ"ד פרצוף הי מניידהו סגי ברישא, אמר רנב"י מסתברא כו' דתניא כו', ועיין במהרש"א›.

ולא יעבור בפתח אשה זונה, אפילו ברחוק ארבע אמות - «ולא יאמר אעבור ואכוף יצרי, דאין אפוטרופוס ליצה"ר - ערוה"ש». **ואם** חשוד על אשה פרטית שהיא ערוה לו, מתרין בו שלא יעבור על פתח ביתה, ואם יעבור ילקו אותו, כדאמרינן בגמ' יבמות בההוא דחליף אפתחא דבי חמוה דמידם הות דיימא חמותיה מיניה, וכ"כ ב"י בשם ר' ירוחם.

והמסתכל אפילו באצבע קטנה של אשה ונתכוין ליהנות ממנה, כאילו נסתכל בבית התורף (פי' ערוה) שלה.

ואסור לשמוע קול ערוה - {אבל קול פנויה או קול אשתו מותר, אלא בעת תפלה אסור, כמ"ש באו"ח, **ועיין** בפרישה מש"כ בשם מהרש"ל, **ודוקא** קול ערוה אסור, אבל קול דיבור שלה מותר, **ואין** להקשות משו"ס קידושין דף ע', דאיתא שם קול ערוה אפילו בשאילת שלומה אסור, **תירץ** הרשב"א, קול דיבור מה שהיא משיבה על שאילת שלומה גרע טפי}, **או לראות שערה** - «שכל אלו דברים מביאין ההרהור - לבוש».

והמתכוין לאחד מאלו הדברים, מכין אותו מכת מרדות. ואלו הדברים אסורים גם בחייבי לאוין.

סעיף ב - לא תלכנה בנות ישראל פרועות ראש בשוק - «שזה הוא פריצות לאשה, וגם יש בזה סוד על פי הקבלה - לבוש», «**ולילך** פרועת ראש ברה"ר, אסור מן התורה, דכתיב בסוטה: ופרע את ראש האשה, מכלל דאינה הולכת כה - ערוה"ש», {**ופריעת הראש בחצר ליכא איסור** אלא משום צניעות, **ועיין** ב"י וד"מ בסי' קט"ו, **ושם כתבתי בשם הסמ"ג והש"ג דאסור אפילו בחצר**}.

אחת פנויה ואחת אשת איש - פנויה בעולה קאמר, {**היינו אלמנה או גרושה**}, ‹או בעולה - בה"ט›, **אבל** בתולה אמרינן דיוצאת בהינומא וראשה פרוע, וכן הוא בב"ח ועיין במרדכי.

(**ובמ"א** נראה בעיניו דוחק לפרש כן, וכתב דפרועות ראש דכתב באה"ע היינו שסותרות קליעות שערן והולכות בשוק, דזה אסור אפי' בפנויה כו', אלא דפנויה לא מיתסרי מדאורייתא כו', ע"ש, **אמנם** בספר דגול מרבבה כתב דיפה כיוונו הח"מ והב"ש דהיינו אלמנה וגרושה, והוא מדברי הירושלמי בפ"ב דכתובות, ע"ש. **ולפי"ז** י"ל דבתולה אין איסור אפי' סותרות קליעות שערן, ועיין במחצית השקל).

(**ומש"כ** הבה"ט היינו אלמנה או גרושה או בעולה כו', מלשון זה מבואר דבעולה בזנות קאמר, והיינו כהשבו"י שהביא לקמן. **אך** באמת לא העתיק כראוי במה דנקט אלו הג' יחד, כי אלו שלשתן לא הוזכרו במקום א', כי בב"ח וח"מ לא הוזכרו אלמנה וגרושה רק בעולה, ובב"ש לא הוזכרה בעולה רק אלמנה וגרושה, **והא** ודאי דמדברי הב"ש משמע דבעולה פנויה שזינתה אין איסור, וכן מדייק מדבריו הפמ"ג, **ואף** הב"ח וח"מ דנקטו בעולה, י"ל דכוונתם נמי בעולה ע"י נשואין, דהיינו אלמנה וגרושה מן הנשואין, ולאפוקי מן האירוסין דלא, אבל ע"י זנות י"ל דאין איסור בפריעת ראש. **גם** בתשו' אא"ז פנים מאירות דעתו כן, וכתב שם בדבר שנתברר על הבתולה שנבעלה, ורצה הרב לכופה שתכסה ראשה בצניף, **ומסיק** דאין לכוף אותה, אם בשביל הכתובה, הלא כל הנושא אשה בודק וחוקר אחריה, וכיון דנתפרסם שזנתה, כל מה שיעשה לה כתובה מדעתו הוא ורשות בידו להוסיף, **והא** דנהגו לכסות ראשה, עושים לטובתה, שלא תהיה חרופה וגדופה לכל עובר אורח שיראה אותה כריסה בין שיניה, וידע שזנתה, אבל היכא שהיא אומרת שלא ניחא בתקנתה, כגון דא שומעין לה, ע"ש. **אולם** בדגמ"ר דעתו כהשבו"י, וכתב דכן מוכח בירושלמי שם, דבעולה אפילו לא נשאת עדיין כלל אינה רשאה לצאת בראש פרוע, עי' שם, **ובספר** כרם שלמה מפקפק בראייתו מהירושלמי, ע"ש).

‹**וכל** שלא נבעלה אף שנתקדשה, מותרת לילך בפריעת ראש כשאר בתולות, שבות יעקב. **ובתשובת** חות יאיר פסק, דאף בתולה שנתקדשה יש לילך בכיסוי ראש - בה"ט›. (**עיין** שם שכתב, דאפילו את"ל דארוסות בזמן הש"ס היו הולכות פרועות ראש, היינו מפני שהיה בימיהם האירוס זמן רב לפני הנישואין כו').

(**וע"ש** עוד שנשאל אודות אחות ראובן שהיתה משרתת אצל לוי, והיא מכרת בכל חכמה ומלאכה ורבו הקופצים עליה לישאנה בלא כסף, והנה לוי בעה"ב שלה אין לו בנים, ויש לו אשה חולנית בחולי הריאה כמה שנים, וכל הרופאים נתיאשו ממנה, ודיבר לוי עם ראובן שאל ימהר להשיא אחותו, כי כשתמות אשתו ישאנה, וע"ז רוצה ליתן תקיעת כף ולשבע לפני עדים, וראובן אינו מאמין לשבועתו, כי הוא עשיר מופלג ואלים בעירו. **ושאל** ראובן הנזכר לייעץ לו כדת מה לעשות, כי יעצו גדול שבעירו שיניח ללוי לקדשה לפני עדים שתהיה מקודשת אחר מות אשתו, **והשיב** וז"ל, שאלתך שאלה שאינה הוגנת היא, ודוגמא לשאלה זו שאלני אלמן א' כו' {יובא לקמן סי' קמ"ג סט"ו סק"ז} ואף כי שאלתך קלה מצד שאין כאן לעז אשת איש, והרי ע"פ הדין נושא אדם כמה נשים, מ"מ חמורה יותר מכמה צדדים אף אם הוי אפשר לעשות כן, **מה** שבאמת אי אפשר, שאם יקדשה ויאמר לה הרי את מקודשת לי בפרוטה זו לאחר שתמות אשתי, יכול לחזור בו כבטור ופוסקים סימן מ', **ואם** יאמר מעכשיו, את"ל דאין חשש חרם ר"ג, דלא תיקן בארוסה כמ"ש בסי' א', מ"מ אי אפשר, דאיך תלך בפריעת ראש כו', **ועוד** יש לחוש לכמה חששות ותקלות, כי מנהג בחורי ישראל הפרוצים לנהג קלות ראש עם הבתולות, אבל עם הנשואות גדרו גדר ואין מי שנוהג קלות, ופן חלילה יכשלו בה, **לכן** כלך מדרך זה ומזאת העצה הרעה, אף כי יש כמה דרכים אשר בהם יוכל להתקשר עם לוי בדרך היתר, הלא יכול ליתן שט"ח שיתחייב לראובן אלף ר"ט וזמן פרעון יהיה אחר שנה אחר פטירת אשתו, או בזמן נישואין שלו עם אשה אחרת, אכן אם ישא בתולה פלונית פטור ומסולק משט"ח זה לגמרי, או שיאסור עליו כל בנות ישראל חוץ מזו, ועוד כמה דרכים, **וכל** זה יהיה בהעלם וסתר מפני עגמת נפש, ולכן לולא אהבתך גם דברי האחרונים האלה לא כתבתי, כי מימי לא רציתי לגלות דעתי בדבר שהוא חוץ לסדר ומנהג העולם כו', ע"ש).

סעיף ג'- מותר להסתכל בפנויה, לבדקה אם היא יפה שישאנה, בין שהיא בתולה או בעולה, ולא עוד אלא שראוי לעשות כן -

‹שלא ישא אשה עד שיראנה מקודם לכן שתמצא חן בעיניו, שמא תתגנה עליו וישנאה, ורחמנא אמר: ואהבת לרעך כמוך - לבוש›. **והא** דאמר בבבא בתרא דף קס"ח ע"א, האי צורבא מרבנן דאזיל לקדושי אתתא, לידבר ע"ה בהדיה, דילמא מיחלפא ליה, **תירץ** המ"מ, משום דת"ח אף

שרואה אותה בפעם א' אינו בקי בצורת נשים, ויש לחוש שמא יחליפוה, אבל ע"ה יכירה בפעם אחת.

אבל לא יסתכל בה דרך זנות, ועל זה נאמר: ברית כרתי לעיני ומה אתבונן על בתולה.

סעיף ד - מותר לאדם להביט באשתו, אע"פ שהיא נדה והיא ערוה לו; אע"פ שיש לו הנאה בראייתה, הואיל והיא מותרת לאחר זמן אינו בא בזה לידי מכשול - וע"כ התירו לאשה להתקשט בימי נדתה, שלא תתגנה על בעלה.

אבל לא ישחק ולא יקל ראש עמה - ‹שלא יבא לידי הרגל עבירה – לבוש.

{**ולהביט** במקום תורפה אסור, ואם מביט כשהיא נדה, עונש שלו דאית ליה בנים שאינן מהוגנים, **וכשמביט** בעת שרוצה לשמש, נעשו בניו סומין, כמ"ש בנדרים, **ובלא** תשמיש אסור משום דמגרי היצר הרע בעצמו, כמ"ש בסי' כ"ה, **ובעת** נדתה אסור להביט במקומות המכוסים, כמ"ש ביו"ד סי' קצ"ה, **ולא** כמגיד דמתיר}.

סעיף ה - אסור להשתמש באשה כלל, בין גדולה בין קטנה, בין שפחה בין משוחררת, שמא יבא לידי הרהור עבירה. באי זה שמוש אמרו, ברחיצת פניו ידיו ורגליו, אפילו ליצוק לו מים לרחוץ פניו ידיו ורגליו אפילו אינה נוגעת בו; והצעת המטה בפניו; ומזיגת הכוס – {עיין סי' פ', שם מבואר מה שמוטל על אשתו לעשות לבעלה, וכל מה שהיא מחויבת לעשות, אסורה לעשות לו אשה אחרת}. ‹וכ"ז כשהיא עושה לא דרך שירות, אבל דרך שירות נראה שאין איסור בדבר, נ"ל, **אבל** לרחוץ פניו ידיו ורגליו פשיטא שאסור בכל ענין, דזהו התקרבות יתירה – ערוה"ש.

‹אין לתמוה על המנהג שנהגו בכל תפוצות ישראל, כשבאים אורחים לבית בעה"ב, ואשת הבעה"ב מכבדם מאכילם ומשקם ומוזגת להם כוסות, והרי אין משתמשים באשה, **דאין** איסור כלל בזה, ולא מיבעיא אם הבעה"ב מיסב עמהם, דהרי היא משמשת לפניו, אלא אפילו אינו מיסב עמהם, כיון שאינה עושה דרך שימוש התקרבות, אלא מפני הכנסת אורחים, ומפני שעליה מוטל כל צרכי הבית, אין איסור בדבר, וכן באכסניא כשבעלת האכסניא מוזגת כוסות להאורחים, אין זה דרך שימוש התקרבות, אלא דרך שירות – ערוה"ש.

הגה: וי"א דהוא הדין באכילה עמה בקערה נמי אסור בכל ערוה כמו באשתו נדה - ‹והכי מסתבר, דאין לך קירוב גדול מזה – ערוה"ש. **ויש מקילין בכל אלה, דלא אסרו דברים של חבה רק באשתו נדה (רשב"א)** – {היינו באכילה בקערה אחת או להושיט מידו לידה דאסור כשאשתו נדה, מ"מ באשה אחרת לא חיישינן להרהור בכה"ג, **אבל** רחיצת ידים, והצעת מטה, ומזיגת הכוס, לא פליג הרשב"א}.

‹דכל הקירבות אינן אסורין אלא מדרבנן, כמ"ש בשבת משום לך לך כו', ואין אסור אלא המביא לידי הרגל, כמו ישן הוא בבגדו כו', ונשיקה, **ולא** דמי לנדה מפני שלבו גס בה – גר"א.

‹**ואף** שיש מקילים באכילה או להושיט מידו לידה, מ"מ הירא את דבר ד' ירחק מכמו אלה. **אמנם** בבתו ואחותו לא שייך זה האיסור, דאין זה קירוב דעת, דדרך העולם כן הוא, ולא שייך שיבא קילקול מהם – ערוה"ש.

וי"א דכל זה אינו אסור רק במקום ייחוד, אבל במקום שרוב בני אדם מצויים כגון במרחץ, מותר לרחוץ מגויות שפחות, וכן נוהגים (מרדכי בשם הר"ם בר ברוך) – {ובדרישה מיקל ג"כ הואיל ודבר עבדות הוא, **וב"ח** כתב שראה במרדכי שכתב, מותר לרחוץ משפחה אם יכול לזהר מהרהור, והנמנע יתברך, עכ"ל}, **ע"כ** שומר נפשו ירחק מזה. ‹**וכתב** ע"ז רבינו הב"י, שדבר זה אסור להעלותו על לב, וחלילה לאיש ישראל לרחוץ מהם, ואיזה תלמיד טועה כתב כן – ערוה"ש. {**ואם** אין מכוסה בכל גופה ושערה, אסור, כמ"ש באו"ח סי' ע"ה, **בית הילל**}.

וי"א דכל שאינו עושה דרך חבה, רק כוונתו לשם שמים – {לעשות נחת רוח לאביה ולאמה וכה"ג}, **מותר; לכן נהגו להקל בדברים אלו (תוספות סוף קדושין)** - בב"ח כתב בשם מהרש"ל, כגון לרקד עם הכלה כדי לחבבה על בעלה או משום כבוד אביה, **ות"ח** ראוי להחמיר, עכ"ל, **וסיים** בב"ח, ובמלכותינו נהגו הגדולים שבדור להקל בכלה, והיכא דנהוג נהוג, והיכא דלא נהוג איסורא איכא. ‹**ושומר** נפשו ירחק מזה, דרחוק שלא לבא לידי הרהור, והיא מצוה הבאה בעבירה – ערוה"ש.

(וז"ל הריטב"א סוף קידושין, הכל לפי דעת ויראת שמים וכן הלכתא, דהכל כפי מה שאדם מכיר בעצמו וכו' ואם מכיר בעצמו שיצרו נכנע וכפוף לו ואין מעלה טינא בלבו כלל, מותר לו להסתכל ולדבר עם הערוה ולשאול בשלום א"א, והיינו ההיא דר' יוחנן דיתיב אשערי טבילה, ור' אמי דנפקי ליה אמהתא דבי קיסר, וכמה רבנן דמשתעו בהדי מטרוניתא, ורב אדא בר אהבה דנקט כלה אכתפיה ורקיד בה, ולא חייש להרהורא מטעמא דאמרן, אלא שאין ראוי להקל בזה אלא לחסיד גדול, עכ"ל).

י"א דאין לנהוג אפילו עס אשתו בדברים של חבה, כגון לעיין ברישיה אם יש לו כינים, בפני אחרים - (משום דנראה פריצותא - לבוש). {**אפי'** יושב ואין מונח בחיקה אסור, כן משמע מתשו' רשב"א, **וכתב** בט"ז וז"ל, ונראה דיש חילוק בזה, דעיון לחוד אין נכון בפני אחרים דוקא באשתו, משום דהרואה יבא לידי הרהור, דנזכר קירוב שלהם ע"י תשמיש, **אבל** בבתו ואחותו ונכדתו שאין כאן זכרון תשמיש, מותר בפני אחרים, **אבל** שכיבה בחיקה פשיטא דאסור אפילו שלא בפני אחרים, [דדבר זה הוא קירוב גדול], **ובשאר** עריות אפילו בפנויה אסור אפי' עיון בראשו לחוד, כנלע"ד, עכ"ל}.

סעיף ו - אין שואלים בשלום אשה כלל, אפילו ע"י שליח - (והטעם שאין שואלין בשלום אשה, דשמא מתוך שאילת שלום אפילו ע"י שליח, יהיו רגילין זה עם זו, ויבואו לידי חיבה, רש"י. **ולפי"ז** אין האיסור רק בשאילת שלום שיש בזה קירוב דעת ואהבה, אבל לאמר לה צפרא טבא וכה"ג, נראה דאין איסור - ערוה"ש).

כלומר אפילו שלא לשלוח לה שלום, רק לשאול על שלומה, גם זה אסור, **רק** לבעלה מותר לשאול מה שלום הגברת, **והטעם** פשוט, כי באולי האחר יגיד לה שפלוני שאל על שלומך, ויבאו לידי חיבה, **אבל** לשלוח, אפי' ע"י בעלה אסור, **והכי** איתא בהדיא בב"מ פ' השוכר דע"י אחר אסור לשאול בשלומה, דקאמר ע"י בעלה שאני, משמע בהדיא מה שמותר על ידי בעלה אסור ע"י אחר, **ובב"ח** השוה אחרים לבעלה, {דה"ה לשאול לאחר על שלומה מותר, והא דכתבו הפוסקים על ידי בעלה, משום דמצינו במלאכים דשאלו ע"י אברהם}, **והוא** נגד הגמרא הנ"ל, דאמרינן בפירוש ע"י בעלה שאני.

(**ולשאול** לאשה על שלום אישה, שרי - ערוה"ש).

ואפי' ע"י בעלה אסור לשלוח לה דברי שלומים; אבל מותר לשאול לבעלה איך שלומה - [כתב רש"ל, ולפי"ז נהגו היתר באגרת שלומים שלנו שפורטים בו האשה, ואעפ"כ נהגו להחמיר שלא להזכירה בשמה, עכ"ל, **וכתב** מו"ח ז"ל, היינו שבתחילת האגרת כותבין "ולאשתך" וכו', אבל בסוף האגרת שרגילין לכתוב "ותאמר שלום לפלוני", אסור לכתוב "ותאמר שלום לזוגתך", דהיינו שולח לה ע"י בעלה שאלת שלום דאסור. **ונראה** לי דכ"ז הוא מצד שמראה אהבה בדרישת שלום, אבל אם יש צורך לזה, כגון שלא היתה בקו הבריאה או כיוצא בזה, מותר לכתוב "תודיעני משלום אשתך"]. (**ואינו** מובן, דמשמע מהט"ז דבא להקל, ואדרבה נמצא מחמיר, דהא לשאול ע"י בעלה מותר אפי' כשהיא בקו הבריאות, **ואפשר** שיש כאן איזה ט"ס, והכונה בזה להתיר אפי' למסור להאשה הדרישת שלום, וצ"ע).

(**וצ"ע**, גבי אלישע שאמר לגיחזי רוץ נא לקראתה ואמר לה השלום לך כו', הגהת יד אפרים. **ולפי** דברי הריטב"א סוף קדושין שהבאתי בס"ק הקודם, לא קשה מידי).

(**ובבתו** וכלתו ואחותו נראה דאין איסור כלל בשאילת שלומם, דלא שייך בהן קירוב דעת, דדרך ארץ כן הוא שהאב שואל בשלום זרעו, וחוב הוא עליו, וכן אחיו לאחותו - ערוה"ש).

(**נראה** הא דאין העולם נזהרין בזה, הוא כמ"ש התוספת בקדושין דף פ"א ע"א, לענין הא דאין משתמשין באשה, דסומכין על אידך דשמואל, דאמר הכל לשם שמים, ופסקו הרמ"א באהע"ז סי' כ"א סעיף ה' בהגה"ה, דה"ה בכל כיו"ב סמכינן ע"ז, ובפרט כיון דאורחא הוא לית ביה משום חיבה והרהור, וכבר כתב הריטב"א בסוף קדושין, ואם מכיר בעצמו כו' שאין לבו מעלה טינא כלל, מותר לדבר עם הערוה ולשאול בשלום א"א כו', וכמה מרבנן דמשתעו בהדי מטרונתא כו', שהכל לפי מאי שהוא אדם, ושיש לחוש להרהורא אצלו, והמקדש עצמו בדבר המותר לו וראוי לו, קדוש יאמר לו, והנלפענ"ד כתבתי - מהר"ם שיק סי' נג).

סעיף ז - המחבק או המנשק אחת מהעריות שאין לבו של אדם נוקפו עליהם, כגון אחותו הגדולה ואחות אביו וכיוצא בהם, אע"פ שאין לו שום הנאה כלל, הרי זה מגונה ביותר, ודבר איסור הוא ומעשה טפשים, שאין קרבים

לערוה כלל - והא דאמרינן בפ"ק דשבת דף י"ג, דעולא מנשק לאחותו אבי ידייהו, צדיק גמור היה, ויודע בעצמו שלא יבא לידי הרהור, **בין גדולה בין קטנה** - הא דמחבקים ומנשקים אח לאחותו הקטנה בת שלש שנים, אין זה לחיבת אישות, רק לחיבת קורבה, והכל לש"ש, **ובקדושין** דף פ"א ע"ב, מתיחד אדם עם אחותו, ודר עם אמו ועם בתו אפילו בקביעות, ועיין לקמן סי' כ"ב סק"א.

חוץ מהאב לבתו - וה"ה לבת בתו, כדאמרינן בגמ' שם הכל לש"ש, ‹וכ"ש בת בנו›, וה"ה לאחותו הקטנה, וכמ"ש, **ומהאם לבנה** - ‹ואם בא לבית בנו וכלתו, או לבית חתנו ובתו, ומחבב ומייקר בניהם ובנותיהם, ואפילו נוטלן בחיקן, וכוונתו לשם שמים לעשות בזה קורת רוח להוריהם, אין שום איסור בדבר, וכך נהגו מגדולי החכמים – ערוה"ש›.

{**כתבו** ב"ח וח"מ, ה"ה בת בתו מותר, דהא רב אחא אותביה בכנפיה בת בתו, כמ"ש סוף קדושין, וכתב בח"מ וה"ה אחותו קטנה בת שלש שנים, **ולכאורה** קשה, הא הר"ן כתב, בתו תנן, בת בתו לא תנן, ובשאר פוסקים לא מצינו ההיתר מפורש, ומנ"ל למיקל בבת בתו, **ואפשר** דמוכח מהרמב"ם ושאר הפוסקים דלא ס"ל כהר"ן, דהא ס"ל אם נתקדשה אסור לישן בקירוב בשר, ‹אפי' בבתו›, ולמדו מעובדא דרב אחא אזיל לחתניה רב חסדא ושקיל בת ברתיה בכנפיה, א"ל ר"ח דהיא מקודשת, מזה למדו נתקדשה אסור לישן עמה בקירוב בשר, אע"ג דשם היתה בת בתו, ש"מ בתו ובת בתו שוין}.

(**ועיין** בספר ברכי יוסף שכתב, דבאמת ההיתר מפורש, דהתניא באבל רבתי שהאם נקברת עם בן בנה, זה הכלל כל שישן עמו נקבר עמו, **דהר"ן** סבר דההיא ברייתא אינה הלכה, וכן פסקו הפוסקים ביו"ד סי' שס"ב, וע"כ משום דתפס סוגיא דתלמודין שלהי קדושין שהביא הב"ש כפשטה, **אבל** אנן דקי"ל כההיא ברייתא ביו"ד שם, ה"ה הכא, ע"ש).

כיצד, מותר האב לחבק בתו ולנשקה ולישן עמה בקירוב בשר - אפשר דה"ה אח גדול מותר לישן עם אחותו הקטנה בת ג' שנים, רק מילתא דפסיקא נקט, דאין כל אח גדול מאחותו, משא"כ באב ואם, **וכבר** כתבתי דאף דבמשנה קדושין דף פ' ע"ב, אמרו מתיחד עם אמו ועם בתו, אמר רב אסי שם בגמ', דמתיחד עם אחותו שלא בקביעות, **וכן האם עם בנה, כל זמן שהם קטנים.**

הגדילו, ונעשה הבן גדול והבת גדולה עד שיהיו שדים נכונו ושערך צמח, זה ישן בכסותו והיא ישנה בכסותה - {היינו אם הגדילו אסור לישן בקירוב בשר, אבל חיבוק ונישוק מותר, פרישה}.

לא פי' שני הגדלות, רק סתם וכתב עד שיהיו שדים נכונו ושער צמח, דלאו בגדלות שנים תליא מילתא, באשר כשמגיעים לסימנים אלו אף קודם שני הגדלות, מסתמא הגיעו לכלל שיודעים להכלם, ואף קודם י"א שנה וי"ב שנה, וע"כ לא הכניס עצמו לחילוף הגרסאות שבגמ', ומסתמא זמן הרבה קודם שני הגדלות הגיעו לכלל בושה, **ובב"ח** השיג על פסק זה, וכתב ודלא כב"י דמיקל ופסק בשו"ע שלא לאסור עד שיגיע לגדלות, ולפי מ"ש אין כאן קולא.

ואם היתה הבת בושה לעמוד לפני אביה ערומה, או שנתקדשה, וכן אם האם בושה לעמוד בפני בנה ערומה, ואף על פי שהם קטנים, משהגיעו ליכלם מהם, אין ישנים עמהם אלא בכסותן.

{**הא** דלמדו מכאן נתקדשה אסור, ‹זה המשך מדבריו דלעיל›, אפי' בבתו נלמד, מדלא השיב מיד על דאמר ליה דהיא מקודשת, הו"ל להשיב הכל לשם שמים, מזה נשמע כשהיא מקודשת אסור אפילו בבתו. **מזה** נשמע דמותר אפילו קירוב בשר בבתו ובת בתו אם אינה מקודשת, וה"ה אחותו קטנה כמ"ש בח"מ, **ואם** היא גדולה דשערה צמח, אסור לישן עמה בקירוב בשר, אפילו בבתו, וה"ה לאותביה בכנפיה הוי כקירוב בשר, וכן לשכב בחיקה לעיין ברישיה הוי כקירוב בשר, כ"כ בט"ז, **ואם** היא מקודשת, אסור אפי' אם היא קטנה והיא בתו, **ואם** הם מלובשים, מותר לשכב עמהן בבתו ובת בתו אפי' אם היא גדולה, ומשמע אפילו אם היא נשואה מותר, דהא לענין קירוב בשר גדולה ונשואה או נתקדשה שוין, **ולעיין** ברישיה ‹לחוד, בלא שכיבה בחיקה›, לא גרע מזה, ומותר אם היא בתו או בת בתו לעיין ברישיה, אפילו אם היא גדולה ונשואה, וכ"כ בט"ז, **ושאר** ערוה אסורה לעיין ברישיה, וכן פנויה אסורה, **ואחותו** מתיר בט"ז, **מיהו** אסור לישן עמה אפי' אם הם מלובשים, וכן ייחוד אסור כמ"ש בסימן אח"ז, **ומכ"ש** חיבוק

ונישוק אסור, כמ"ש בתוס', הא דעולא היה מנשק לאחותו משום דהיה יודע בעצמו שלא יבא לידי הרהור, אבל לשאר בני אדם אסור, **אבל** מותר לנשק לאחותו הקטנה, ח"מ}.

(**עיין** בתשו' חוות יאיר, שפעם א' אירע מקרה בלתי טהור, שבן קטן בן ט' שנים שהיה ישן עם אמו, והערה באמו בשינתה ועי"ז הקיצה, **וכתב** דהאשה ודאי מותרת לבעלה, מאחר שהיא אשת ישראל ואין לך אונס גדול מזה, והכי מוכח ר"פ הבע"י סוף דף נ"ג כו', {**עיין** בתשו' אא"ז פמ"א שדחה ראיה זו, אך כתב שם ראיה אחרת שאם היתה ישינה לא נאסרה על בעלה, ע"ש, **ויובא** קצת לקמן סימן ס"ח סק"ח}, **אך** כתבתי זה לזכרון, כי יש בו תוכחה לבנות ישראל שישמרו מלעשות כזאת בבנים הקטנים).

§ סימן כב – איסור יחוד ועם מי אסור להתיחד §

סעיף א - אסור להתיחד עם ערוה מהעריות, בין זקנה בין ילדה, שדבר זה גורם לגלות ערוה – {בש"ס נלמד מקרא כי יסיתך אחיך בן אמך, וכי בן אם מסית ולא בן אב, **אלא רמז בן מתיחד עם אמו**}, ‹ואסור להתייחד עם כל עריות שבתורה, **וביאור** הדברים, מדכתיב אחיך בן אמך או בנך או בתך או אשת חיקך, ולא כתב נמי אחיך או אחותך, אלא דכיון דהסתה הוא בסתר כדכתיב, והני כולהו יוכלו להיות בסתר, דבן מתייחד עם אמו והאב עם בתו ואיש עם אשתו, אבל לא אחיו עם אחותו אלא באקראי - ערוה"ש›.

{**ותוס'** פ"ק דשבת כתבו, **דיחוד מדאורייתא אסור, וכ"כ הטור**, (**ועיין** בתשו' חות יאיר שכתב, דאף לתוס' דוקא איש א' עם הערוה אסור מדאורייתא, אבל איש א' עם ב' נשים או להיפך דלקמן ס"ה, אינו אלא דרבנן), **והרמב"ם** כתב דאיסור **ייחוד מן הקבלה, דאינו אלא רמז מתורה, לכן אין מלקין אותו אלא מכות מרדות, ובכלל** עריות נכלל חייבי לאוין, וכ"כ פרישה}. (**עיין** בשעה"מ שפקפק על זה).

חוץ מהאם עם בנה, והאב עם בתו – ‹דאין התאוה שולטת בהן כבשארי עריות›. **כבר** כתבתי בסימן שלפני זה, דבגמ' בקדושין אמר רב אסי דעם אלו התירו אפי' דירה בקביעות, ועם אחותו התירו יחוד ארעי, **וכתב** הרא"ש דהלכה כרב אסי, ומ"מ המחמיר תע"ב, וכן פסק בקיצור פסקי הרא"ש. {**ואיני יודע למה הרמב"ם והטור** השמיטו, **ואפשר דס"ל** אע"ג **דהלכה כרב אסי במה דפליג עם** שמואל ‹דשמואל אוסר להתייחד עם כל עריות שבתורה›, **אבל** מה שהוסיף על המתני' ‹להתיר ייחוד עם אחותו›, **לית הלכתא כוותיה, כי במתני' לא תנא אלא יחוד עם אמו**}.

והבעל עם אשתו נדה – ‹כיון שיש לו בה היתר לאחר זמן, אין יצרו תוקפו כ"כ – ערוה"ש›.

(**עיין** בב"ח שכתב, דכל יוצאי חלציו דינן שוה, בת בתו ובת בת בתו נמי שרי כמו בתו, עכ"ל, ועיין בס' זכור לאברהם, הביא ג"כ דברי הב"ח אלו. **וכתב** עוד, ולכאורה נראה דכ"ז הוא דוקא להתיחד עמה לבדה, אבל אם יש שם אשה אחרת, אפי' אם בתו או בת בתו שם אסור, דהא בב' נשים אסור להתיחד לכו"ע. **וכמו** כן אב ובתו ההולכים בדרך, ויש ישראל אחר עמהם, אסור, דדוקא בעיר מהני ב' אנשים ולא בדרך, ומטעם שמא יצטרך א' לנקביו, וכאן נמי יש חשש שמא יצטרך האב, ותשאר בתו ביחוד עם ישראל האחר. **ומזה** הטעם אשה ההולכת בדרך ובנה עמה, לא תוכל לילך עם עגלון, אא"כ יש ישראל אחר, דהוי ג' עם העגלון, באופן דנראה דאין חילוק בין אם הוא בנה או אביה וכדומה, דלעולם בעינן ג', **דדוקא** בבעל ואשה אמרו דמשמרין זה את זה, ולא באחר. **וע"ש** עוד שכתב בשם חכם אחד, דאף אי נימא דהבן מהני לשמור אמו, משום דהבן מקפיד שלא תזנה אמו, משא"כ אב עם בתו, דהבת אינה מקפדת כ"כ אם יזנה אביה, ע"ש).

וחתן שפירסה אשתו נדה קודם שיבעול, אסור להתיחד עמה, אלא היא ישנה בין הנשים והוא ישן בין האנשים; ואם בא עליה ביאה ראשונה ואח"כ נטמאת, מותר להתיחד עמה (ועיין ביו"ד סי' קצ"ב).

סעיף ב - כשאירע מעשה אמנון ותמר, גזר דוד ובית דינו על ייחוד פנויה; ואף על פי שאינה ערוה – ‹שאין לה וסת עדיין, דביש לה וסת הרי היא ערוה מפני נדתה›, **בכלל ייחוד עריות היא** – ‹ולאו דקודם לזה היה מותר יחוד גמור, דא"א לומר כן, דפשיטא שזהו קרוב לבא לידי עבירה, דאפילו במחולות אסורים לחול יחד, כדכתיב: בחורים וגם בתולות זקנים עם נערים, ולא כתיב בחורים עם בתולות, ש"מ דלילך יחד במחול בחור ובתולה איסור גמור הוא, **אלא** שגזרו אף על יחוד ארעי כמו בעריות, **וזהו** שכתבו הרמב"ם והטור והשו"ע, דבכלל יחוד

עריות היא, כלומר דאפי׳ יחוד ארעי אסור, **ומה** שנתיחדה רות עם בעז, לפי שהיתה רוצה שישאנה כמו שעלה לה – ערוה״ש›.

ושמאי והלל גזרו על ייחוד גויה – {ולא היה בכלל גזרת יחוד פנויה בת ישראל, כי בבת ישראל איכא למיגזר טפי, כי יש לחוש שמא יהא מתיחד עם ערוה, פרישה}. [**דדוקא ישראלית שיש בה איסור נדה דאורייתא, משא״כ בגויה דנשג״ז הוא מדרבנן אצלה, על כן לא גזרו על יחודה עד שמאי והלל, כן נראה לענ״ד**].

נמצא, כל המתיחד עם אשה שאסור להתיחד עמה, בין ישראלית בין גויה, מכין את שניהם מכת מרדות, האיש והאשה – {אבל אין אוסרים את א״א על בעלה, ולא פנויה על כהן}, ‹אפילו נתייחדה עם מי שפוסלה בביאתו לכהונה – ערוה״ש›.

ומכריזין עליהם – ‹כדי לביישן – ערוה״ש›. **בטור** לא כתב כרוז זה, ובקדושין שם מפרש רש״י דקאי על א״א, שמכריזין לטובתה שלא זינתה, והמלקות שלוקין אותה אינו רק בשביל שנתיחדה, **והנה** כל לשון הסעיף הזה של הרב הב״י הוא מועתק ממש מלשון הרמב״ם פכ״ב מהא״ב דין ג׳, וממשמעות סידור לשונו משמע שהיה מפרש דלא כרש״י, ‹דהא אין מלקין א״א וכדלקמן›, והכרוז קאי רק על פנויה, וג״כ לטובתה.

הגה: ודוקא בידוע שנתיחד עמה, אבל היא אינה נאמנת עליו; ואפילו עד אחד אינו נאמן – לאו דוקא על היחוד אינו נאמן, דאפי׳ על ביאה ממש ועל כל אסורין שבתורה ע״א אינו נאמן בהכחשה.

{**אפילו** אם תובעת אותו ואומרת שהולד ממנו, ואפי׳ אם בודאי בא עליה, אמרינן שמא זנתה גם עם אחרים, והוא פטור אפילו משבועה, משום שהתורה האמינתו, כ״כ הריב״ש, **אע״ג** דאם תובעת אותו שיתן לה האתנן, חייב שבועה, כמ״ש בחו״מ, מ״מ על הולד הוא נאמן בלא שבועה}.

ומכל מקום במקום שנראה לבית דין דאיכא למיחש לאיסורא, צריך להפרישן – ‹שלא ידורו בחצר אחת ובשכונה אחת, ומרחיקין אתהן זה מזה – ערוה״ש›.

חוץ מאשת איש שאע״פ שאסור להתיחד עמה, אם נתיחד אין לוקין, שלא להוציא לעז עליה שזינתה, ונמצאו מוציאין לעז על בניה שהם ממזרים – ‹ואם היא חטאה בניה מה חטאו, דאין זה רק חשש על הביאה – ערוה״ש›. **ואין** לומר יכריזו שלא הלקו משום זנות רק משום יחוד, איכא דשמע בהא שהלקו ולא ישמע בהכרזה, הכי איתא בקדושין שם.

{**משמע דאין לוקין אותו וגם היא ג״כ אין מלקין**, ‹דכשילקוהו יצא לעז על בניה שהם ממזרים – ערוה״ש›. **וב״ח מדייק דמלקין אותו, ואין מלקין אותה משום לעז בניה, אבל בדידיה לא שייך לעז בניה, דהא אין ידוע עם איזה אשה נתיחד, ועיין בסימן הקודם מש״כ בשם רי״ו**, ‹דאם חשוד על אשה פרטית שהיא ערוה לו, מתרין בו שלא יעבור על פתח ביתה, ואם יעבור ילקו אותו›, וצ״ל ‹לשיטת הב״ש› **דשם איירי נמי בפנויה**}.

סעיף ג - כל אשה שאסור להתיחד עמה, אם היתה אשתו עמו, הרי זה מותר להתיחד, מפני שאשתו משמרתו; אבל לא תתיחד ישראלית עם הגוי, ואע״פ שאשתו עמו – ‹שאין הגויה משמרתו שאינה מקפדת – לבוש›.

(**עיין** בתשו׳ חות יאיר, בענין אם מותר להתיחד עם ערבי בזה״ז, שעונשין אם אונסין אשה, והובא בקצרה בבה״ט לעיל סימן ז׳, **ועיין** בספר בינת אדם שכתב ג״כ דאין שום היתר בזה אף בזה״ז, דמלבד מה שהשיג החו״י על הגאון מהר״מ שטעריך שם, בלא״ה ליתא לדבריו, דאף שידוע דאם יאנסו אשה מכין ועונשין, אבל אם היא תבעל לו ברצון עכשיו בזה״ז, הוא היתר גמור ואין נחשב להם לבוז כלל, **ובזמן** מהרמ״ש באמת כן היה דיניהם לשרוף הבועל יהודית בין באונס בין ברצון, אבל עכשיו ידענו בבירור שאינו כך, וא״כ אין כאן היתר כלל, ע״ש).

סעיף ד - אין מוסרין תינוק ישראל – ‹וכ״ש תינוקת – ערוה״ש›, **לגוי ללמדו ספר וללמדו אומנות** - הרמב״ם נתן טעם, מפני שכולן חשודין, כלומר שחשודין על משכב זכור, והגוים מוזהרין על הזכור, דכתיב ודבק באשתו ולא בזכור, **וביו״ד** סי׳ קנ״ג כתב הרב מהרמ״א הטעם, דמשכי ליה למינות, והוא ג״כ לשון רש״י בפ״ק דע״ז, **ואע״ג** דאפי׳ גדול אסור להתיחד עם גוי משום שפיכת דמים, צ״ל דאפי׳ במקום דליכא חשד ש״ד, מ״מ תינוק אסור מפני תרי טעמי, מינות ומשכב זכור.

סעיף ה - לא תתיחד אשה אחת, אפילו עם אנשים הרבה – [במשנה אמרינן דבזה אין איסור יחוד, דדוקא בנשים אפילו הרבה יש איסור, דדעתן קלות, אבל לא באנשים, **אלא דאמר רב דמשנתינו**

דוקא בכשרים, אבל בפריצים אפי' עשרה לא מהני, **ואמר** רב עוד, דכשרים היינו דוקא כגון רב חנינא וחבריו, ע"כ כתב הרמב"ם בזה לאיסור, כי אין בינינו כשרים כל כך].

והא דנקט אשה אחת, יש להסתפק אם דוקא אשה אחת, אבל שתי נשים עם שני אנשים, רבים מיקרי ושרו, **או** אחת לאו דוקא, וה"ה שתים, ולא מיקרי רבים בפחות משלש נשים ושלשה אנשים.

עד שתהיה אשתו של אחד מהם שם – {ואז אשה זו בעלה משמרה והיא לא תזנה, אז השניה בושה ג"כ לזנות, **ומזה** נשמע דס"ל להרמב"ם, שתי נשים אסורות להתיחד עם אנשים הרבה, דאל"כ תיפוק ליה דאפילו אם אחת לאו אשת אחד מהם היא מותר, **לפי"ז** נ"ל מש"כ אחר זה: נשים הרבה עם אנשים הרבה מותר, היינו ג' נשים מותר, אבל שתי נשים אסור}.

[**לא** קשה מידי, דודאי ס"ל לרמב"ם דשתי נשים ושני אנשים נמי בכלל אנשים ונשים הרבה דקאמר בסיפא להתיר, **אלא** דכאן אומר איסור כולל, דהיינו מה שהתחיל לומר לא תתיחד אשה אחת היינו עם איש אחד, **אלא** דאח"כ אמר אפילו עם אנשים הרבה, והוא רוצה להורות להיתר אפילו באיש אחד ואשה אחת, ובזה לא מהני תוספות אשה אחרת מעלמא כיון דהתחיל באיש אחד, ע"כ קמ"ל בזה דאפי' עם איש א' יש היתר, דהיינו באשתו עמו, ואם היה מסיים עד שתהא עוד אשה שם אפילו מעלמא, הו"א דגם באיש אחד עמהן שרי, וזה אינו, **ואין** לומר א"כ נטעה לומר דבאנשים הרבה אין היתר כי אם באשתו דוקא ולא באחרת, דבזה סומך על מ"ש בסיפא, דאנשים ונשים הרבה ובזה נכלל גם ב' אנשים וב' נשים, דמקרי הרבה, דאל"כ היה לו לכתוב אבל (אם) בשניהן ב' אסור, אלא ודאי דגם ב' קרוים הרבה, כנ"ל ברור, ובחנם טרחו לתרץ קושיא הנ"ל, כי אין כאן קושיא כלל].

{**ואשה** אחת עם אנשים הרבה ואחד מהם הוא בעלה, מותר, דהא בעלה משמר אותה, **וכן** איש א' עם נשים רבות מותר כשאשתו עמו}.

וכן לא יתיחד איש אחד, אפי' עם נשים הרבה.

הגה: וי"א דאשה אחת מתיחדת עם שני אנשים כשרים, אם הוא בעיר; וסתם אנשים, כשרים הם – [ס"ל דרב לא אמר כן להחמיר, אלא דלא רצה ליטול עליו שם כשרים מחמת ענוה, אבל באמת אפילו סתם בני אדם מקרי כשרים לענין זה, דהא בסיפא לא מחמיר אלא בפריצים, משמע מפורסמים לפריצים, ממילא בסתם הוי בכלל כשרים, כן נראה לענ"ד], **אבל אם הם פרוצים, אפילו עם י' אסור.**

וכל זה בעיר, אבל בשדה, או בלילה אפילו בעיר, בעינן שלשה, אפילו בכשרים – {הטעם הוא, בשדה שמא יצטרך א' לנקביו וילך ממנה, ותשאר היא עם אחד, **וכתב** בד"מ בשם רי"ו, דוקא כשילכו עמה לשמור אותה, דאז לא ילכו שניהם ממנה, וישאר א' עמה, **אבל** אם אין הולכים עמה לשמור, מותר, דאם יצטרך א' לנקביו, ילך גם השני עמו, ותשאר היא לבדה, אבל לא חיישינן שמא ישאר א' עמה, דהא בכשרים איירי ולא יעבור במזיד, **ובלילה** אסורים להתיחד, משום דחיישינן שמא יישן א' מהם, וישאר השני עמה, אע"ג דאפשר לו להקיץ את חבירו, מ"מ ביני לביני מתיחד עמה, **מיהו** הראב"ד לא ס"ל כן, דהא כתב שמא יישן א', והשני יעשה איסור ויבא עליה, **לפי"ז** בדרך אסור אפי' אם אין הולכים לשמור אותה, **מיהו** קשה, למה חיישינן שיעשה במזיד איסור, דהא בכשרים איירי, ואפשר לישב קצת, **וכתב** בפרישה, מזה נתפשט המנהג דהנשים לוקחים עמהן תינוק או תינוקת ונוסעים עם העגלון ערל, משום דכשתצטרך היא או התינוק לנקביו, תלך היא עם התינוק, **וב"ח** כ' בשם מהרש"ל, דאסור, וכן משמע מדברי השו"ע דאין לסמוך על סברת רי"ו, מדהשמיט דעתו כאן בשו"ע}. ‹ועיין בדברי הט"ז בס"י›.

(**עיין** בתשו' שב יעקב, בענין לשלוח אשה בדרך עם עגלון ערבי, ועמו שני אנשים כשרים, לכאורה הוא נגד הדין דבדרך בעינן ג' כשרים, **והחכם** השואל ר"ל, דכוונת הרמ"א שכתב בעינן ג' אפי' בכשרים, היינו דשני כשרים לחוד לא מהני, אבל אם הם ג' מותר אפי' באחד מהם פרוץ, **והוא** ז"ל חולק עליו, אך למד היתר, דהא דבעינן בעיר שני כשרים דוקא, ובשדה שלשה כשרים, היינו לאפוקי אם א' ישראל פרוץ, אבל אם א' ערבי לית לן בה, משום דערבי מפעא פעי, ומביא ראיה לזה מהש"ס, **וסיים** דאין איסור לשלוח אשה, ובפרט פנויה שהיא דרבנן, עם ב' אנשים כשרים ועגלון ערבי בדרך, ע"ש, **אכן** דעת הגאון בעל נו"ב ז"ל אין נראה כן, כמבואר מדבריו בנו"ב, במ"ש שעברה על איסור יחוד, שהרי בשדה ומה גם בלילה אפי' בכשרים בעינן שלשה, ואפי' אם נימא שהיה עגלון עמהם, מסתמא העגלון הוא אינו יהודי, ע"ש).

ויש מתירין איש אחד עם נשים הרבה - כלומר עם שלש נשים, דמתני' לא אסרה רק להתיחד עם שתי נשים, **אם אין עסקו עם הנשים (טור בשם רש"י)** - והתוס' הקשו על רש"י מהא דאמרינן, אנשים מבפנים ונשים בחוץ חוששין משום יחוד, משמע דאפילו בהרבה נשים שייך יחוד, **וצריך** לומר לדעת רש"י דמיירי במי שעסקו עם הנשים, **ובב"ח** חילק בין אם בתחלה מתיחד עם הרבה נשים דשרי, ובין אם יכנס בהחבא בין הנשים ולא ידעו בו, דאז אסור.

{**כי** לדעת רש"י מי שעסקיו עם הנשים גרע טפי, ואסור להתיחד אפילו עם נשים רבים, **ותוס'** ס"ל אפילו אם אשתו עמו אסור להתיחד כיון שעסקיו עם הנשים, **אבל** הרמב"ם ס"ל מי שעסקיו עם הנשים עדיף טפי, והיינו מש"כ בס"ז, ואפילו איש שעסקיו עם הנשים אסור להתיחד, כלומר דהו"א דמותר להתיחד הואיל ועסקיו עם הנשים, קמ"ל}.

סעיף ו - נשים הרבה עם אנשים הרבה, אין חוששין ליחוד - [מבואר בסמוך לעיל דאפילו שנים מקרי הרבה להרמב"ם]. ‹**כתב** בספר ברכי יוסף, דוקא תלתא בהדי תלת, אבל תרי ותרי אסירי, והיינו דוקא בסתם בני אדם, אך בפריצים יש להחמיר גם בשלשה עם שלש, ע"ש›. ‹**עיין** בב"ש וט"ז בס"ה›.

המ"מ כתב, שדין זה יוצא מהא דאמרינן גבי חתן, הוא ישן בין האנשים והיא ישנה בין הנשים, משמע דשני אנשים לבד החתן, ושתי נשים לבד הכלה, ומשמע דבבית א' קאמר, **ובאמת** כי ראיה זאת חלושה היא, דהא איכא לפרש דהאנשים והנשים לאו נשים דעלמא, רק נשי האנשים, **ועוד** החתן והכלה הם איש ואשתו, והם שמירה לאחרים, **ואף** דיש לחלק בין הכלה לאשה אחרת, מ"מ מנ"ל לחלק וללמוד מזה קולא, **ועוד** הא הרא"ש מפרש, דהוא ישן בין האנשים או היא ישנה בין הנשים, כמבואר ביו"ד סי' קצ"ב.

עוד יש לדקדק, לדברי הפוסקים דס"ל דסתם אנשים כשרים הם, ואפי' אשה אחת עם שני אנשים שרי, ובפרוצים אפי' עשרה אסור, כדבסמוך בהגה לפני זה, **אם** נשים הרבה שרו עם הרבה פרוצים, או נימא כיון דפרוצים הם אסור אפי' עם הרבה נשים, וכן הסברא נותנת, **וא"כ** אין נפקותא לדין זה רק לדעת הרמב"ם. ‹ר"ל דלדברי הפוסקים מאי אריא נשים הרבה, הא אפי' אשה א' מותרת עם כשרים, אפי' עם ב' לבד, ואם הם פרוצים, אז אפי' שניהם הרבה אסור, **רק** לדברי הרמב"ם דאשה א' אסורה עם אנשים הרבה, קאמר דהרבה נשים מותר, ומיירי בסתם אנשים לא בפרוצים, **ואף** דלהרמב"ם סתם אנשים לאו כשרים, מ"מ דינו של הח"מ כאן מש"כ וכן הסברא נותנת לאסור, היינו בפרוצים ידועים, אבל לא בסתם, ומכ"ש בכשרים – ראש פינה›.

{**והרבה** פרוצים עם נשים הרבה, כתב בח"מ אפשר דאסור, לפ"ז צ"ל דסעיף זה לא איירי בפרוצים, והא דלא הגיה כלום הרב רמ"א, משום דסמוך למ"ש בסעיף הקודם}.

היו האנשים מבחוץ והנשים מבפנים, או האנשים מבפנים והנשים מבחוץ, ופירשה אשה אחת לבין האנשים - {היינו להרמב"ם איירי בסתם אנשים או בכשרים, ולהרא"ש איירי בפרוצים}, **לדעת** רש"י אסור אף בלא פירשה, דחיישינן שמא תכנס ולא ירגישו, **או איש אחד לבין הנשים, אסורים משום ייחוד** - {ורש"י דמתיר איש אחד עם נשים הרבה, צ"ל דאיירי כאן באנשים דעסקיהם עם נשים. [**ודאי** כל זמן שיש נשים הרבה או אנשים הרבה אין איסור יחוד, כמו בעלמא, אלא דהכא קאמר... דחוששין שמא יתייחד עם מי שאסור להתייחד, דהיינו שתי נשים שאסורים להתייחד לרש"י באיש אחד, כדין איסור יחוד בעלמא], {**וב"ח** כתב כשהם יושבים בשני חדרים אסור, משום דחיישינן שמא ילך אחד מהם בהחבא לחדר שיושבות הנשים, **אבל** כשמתיחד ויודעים דהוא ביניהן, אז משמרים זה את זה, **וחילוק** זה י"ל לשיטת רש"י, אבל הרמב"ם והטור והמחבר כתבו "ופירשה אשה אחת וכו'", משמע אפילו אם ידוע דפירש א' בין הנשים מ"מ אסור, צ"ל כמ"ש}.

סעיף ז - אפילו איש שעסקו ומלאכתו עם הנשים אסור לו להתיחד עם הנשים; כיצד יעשה, יתעסק עמהם ואשתו עמו, או יפנה למלאכה אחרת - [זה דעת הרמב"ם, ונמשך אחר דעת ר"ח, דהתנא דנקט מי שעסקיו וכו' לא יתיחד, היינו לרבותא, דאפילו זה לא יתיחד כמו אדם אחר, ולא תימא דזהו שרגיל עם הנשים אין לו הרהור כל כך, **אבל** רש"י ותוס' מפרשים דהתנא נתן בזה חומרא מבאדם אחר, לרש"י הוי החומרא לענין נשים הרבה, דהיינו יותר משתים], דאף דאיש א' עם ג' נשים שרי, בעסקו עם הנשים אסור, לפי שלבן גס בו וכולן מחפות עליו. [**ולהתוס'**

החומרא דאפי' אשתו עמו לא מועיל בזה, **וכבר** זכר רמ"א דעת רש"י במ"ש בס"ה, ויש מתירין איש אחד וכו', **אבל** דעת התוס' לא זכר, שלא מהני אשתו עמו במי שעסקיו וכו', **ולא** ידענא למה, דודאי יש לחוש להחמיר בזה].

סעיף ח - אשה שבעלה בעיר אין חוששין להתיחד עמה, מפני שאימת בעלה עליה

- עיין ברש"י ובתוס' מה שנחלקו, אם אפי' לכתחלה שרי, או דוקא בדיעבד, [והיינו כשיטת תוס' דליכא איסור, ולרש"י אסור ואין לוקין]. ‹ט"ז חולק›, [דגם רש"י לא נתכוין שיהיה איסור בזה, והא דנקט להלקותו, לא למידק דאיסור יש, דודאי לא מצינו חילוק בין איסור למלקות, דבכל מקום שיש איסור יש מלקות, חוץ מא"א].

(**עיין** בספר בינת אדם, שכתב דנ"ל דדוקא בביתה אין בה משום יחוד, אבל אם הולכת לבית אחר, אע"פ שבעלה בעיר, יש בה משום יחוד, דבזה לא שייך דמסתפי מבעלה השתא אתי, כיון דאינו יודע היכן היא, **ואף** ביודעת שיודע היכן היא, מ"מ אם בעלה נתן לה רשות ללכת לבית פלוני, ודאי חיישינן, **וכ"ש** כשנתן לה רשות לדבר דבר סתר עם פלוני ולהסגיר הדלת, דאסור, דבזה אין שייך אימת בעלה, ע"ש).

ואם היה זה גס בה, כגון שגדלה עמו או שהיא קרובתו, או אם קינא לה בעלה עם זה - ‹דהואיל וקנא לה ועברה על דעתו, חציפותה מיקרי, וחוששין לה טפי מבאשה אחרת - לבוש›, **לא יתיחד עמה אף על פי שבעלה בעיר.**

סעיף ט - בית שפתחו פתוח לרשות הרבים, אין חשש להתיחד שם עם ערוה -

‹דאימת נכנסים עליהם - לבוש›. **נראה** דהכא נמי בגס בה ובקינא לה, אסור, וכן הוא בתה"ד.

[**גם בזה יש איסור יחוד כשקינא לה עמו כמ"ש בסעיף** ח', והוא מבואר להדיא בתה"ד בשם תוס' דסוטה, **אבל** גס בה או קרובתו ודאי מועיל לזה פתחו לרה"ר]. [**דברי המגיה:** כתב בחלקת מחוקק, בית שפתחו פתוח לרה"ר נראה דה"נ בגס בה ובקינא לה אסור, וכן הוא בתה"ד, עכ"ל, זה לא נמצא בתה"ד, רק אאם קינא לה כתב כן בשם תוס' דסוטה, דחוששין לה משום יחוד בפתחו פתוח לרה"ר, והטעם שם משום דפריצותא היא דקינא לה ועברה, **אבל** בגס בה ליתא שם, **וגם** טעם זה ליתא בגס בה, ואין סברא להחמיר, **וגם** שם לא היתה השאלה רק אאם בעלה בעיר וקינא לה אם חוששין משום יחוד, והשיב דחוששין דהואיל וקינא לה ועברה, פריצותא מקרי, וכן מצאתי בתוס' דסוטה לענין פתחו פתוח לרה"ר וכו', וכ"ש כאן, עכ"ל, **הרי** דיותר איכא חשש יחוד באם בעלה בעיר מבפתחו פתוח לר"ה, שהרי כתב בדרך כ"ש אבעלה בעיר, **ובגמ'** דקידושין דף פ"א לא איתא הא דאם גס בה חוששין, אלא אאם בעלה בעיר, א"כ מנא ליה להמציא חומרא עוד בפתחו פתוח דקיל מאם בעלה בעיר כמ"ש, **ובודאי** בגס בה או בקרובתו מהני אם פתחו פתוח לרה"ר, **ואין** חוששין כיון דלא נמצא איסור בהדיא, **וגם** אין הסברא נוטה להחמיר, דדוקא בקינא לה דחמיר שהרי התורה עשאתה ספק כוודאי, ואסורה לבעלה מספק כנטמאה בודאי, **כדאמרינן** בריש נדה, **דין הוא להחמיר אפי'** בפתחו פתוח, **משא"כ** בגס בה או בקרובתו, **עכד"ה**].

(**וכתב** בספר ברכי יוסף, דאף מי שעיסקו עם הנשים, מותר להתעסק עמהן בבית שפתחו פתוח לר"ה, ואין בו משום יחוד לכו"ע, **וגם** פריץ שרי בפתח פתוח לר"ה).

(**עיין** בספר חכמת אדם, שכתב אם פתוח לחצר שיש שם ג' בני אדם, דנחשב ר"ה לטומאה, צ"ע אם הוא הדין לענין יחוד).

(**עבה"ט** בשם כנה"ג, דדוקא ביום ובחצי שעה מהלילה, **ועיין** בספר ברכי יוסף שכתב על זה, ודברים של טעם הם, דכשאין עובר ושב מאי מהני פתח פתוח, **ומש"כ** התוס' בשבת דף י"ג ע"ב, דפלטי בן ליש בפתח פתוח לר"ה היה עם מיכל, שאין בו משום יחוד, צ"ל דהיה במקום דשכיחי עוברים ושבים יום ולילה לא ישבותו).

(**עיין** בתשובת רבינו עקיבא איגר ז"ל ובתשובת הגאון בית מאיר, שכתב דאיכא למידק מזה, הא פתח סתום, אפי' אינו נעול והוא פונה לר"ה או פתוח לחצר, והוא עמה ביחוד בהבית, הוי יחוד, וכן משמע בקדושין פ"א כו', **ומה** דאיתא בתשו' הרשב"א, דאין יחוד עד שיהא הבית נעול במנעול, טעות סופר היא, ע"ש. **אכן** ראיתי בתשו' הרדב"ז שהעתיק לשון הרשב"א הנ"ל, ולא כתב שטעות סופר הוא. **ושם** האריך לחלוק על חכם א' שהביא כמה ראיות דיחוד הוי אפי' אין פתח כלל להחדר שמתיחדים שמה, **והוא** ז"ל דחה ראיותיו, משום דהא ודאי דבלילה באפילה

הוי יחוד אפי' בלא פתח כלל, וכן ביום אם הוא תחת מרגלות המטה, הוא מקום שאין אדם רואה אותם, **וכן** מה שהזכירו חז"ל חורבה, אפי' תימא דהוא בלא פתח ודלת, הוי מקום המוצנע וראוי לביאה, כיון דלא שכיחי אינשי דעיילי תמן כו', **ובזה** נדחו כל ראיות החכם, ע"ש).

סעיף י - מותר להתיחד עם שתי יבמות - {אפי' מי שעסקיו עם נשים מותר, לבוש}, **או עם שתי צרות, או עם אשה וחמותה, או עם אשה ובת בעלה, או עם אשה ובת חמותה, מפני ששונאות זו את זו ואין מחפות זו על זו** - ‹ומתיירא לזנות בפניה – לבוש›.

עם אשה וחמותה - (עיין בספר זכור לאברהם שכתב, דדוקא אם היא חמותה ממש, אבל אם היא חמותה הבאה לאחר מכאן, כגון דאינה אם בעלה, רק אם יבמה, אסור להתיחד עמהן, **אף** דלעיל בסי' י"ז ס"ד, השוה הרמ"א ז"ל לדין חמותה ממש, מ"מ הכא אינו כן, **והטעם**, דחמותה הבאה לאחר מכאן הוא בעיא דלא איפשטא, ואזלינן הכא והכא לחומרא, **ומה"ט** לא הגיה הרמ"א כאן כמו שהגיה בסי' י"ז שם, וכן נראה מדברי תשו' פרח מטה אהרן, ע"ש).

וכן עם אשה שיש עמה תינוקת קטנה שיודעת טעם ביאה – [פי' רש"י כלומר שתדע מה היא ביאה שתדע לספר דברים בשוק], **ואינה מוסרת עצמה לביאה** – [מתוך קטנותה לא לבשה יצר הרע], (**בספר** זכור לאברהם כתב בשם הב"ח, דעד ט' שנים ויום אחד אינה מוסרת עצמה לביאה), **שאינה מזנה לפניה, לפי שהיא מגלה את סודה** – [וכתב רש"ל דוקא בעיר סגי בקטנה, אבל בשדה צריך שיהיה שתי נשים עם הקטנה, או עוד קטנה אחת, דשמא תלך עמו למקום צנוע ותזנה עמו ‹בלא ידיעת התינוק›, עכ"ל, ‹וכ"ש בבית כשיש עוד חדר דאסור – ערוה"ש. **נמצא** דהיתר זה של תינוקת ליכא כשהיא בדרך, דדלמא יהיה שייך להשמט ממנה, אבל ההיתר של שלש נשים יש, וממילא מהני עוד קטנה אחת›, **ומחמת זה** כתב בדרישה, תימה על המנהג שנהגו לצאת לדרך אפילו עם עגלון גוי בשומר קטן או קטנה שיודעת טעם ביאה, ומסיק דאין חשש, שאם יצטרך השומר לנקביו, תלך האשה עמו כיון שהוא שומר שלה, ‹זהו כפי הבנת הדרישה חשש דמהרש"ל, דדלמא יצטרך השומר לנקביו, כמו החשש בעלמא בשנים בשדה, ודלא כמו שמביא הט"ז›, **ומו"ח ז"ל כתב** שמנהג רע הוא וצריך לבטלו, **ואני** אומר חס למרייהו לומר על בנות ישראל כזאת, ונראה לי דדין זה ודין הקודם לו שהם מימרות בפרק בתרא דקידושין, מיירי אפילו בדרך, וההיתרים דנקטו דהיינו שתי יבמות או שמירת קטנה, מועלים אפילו בדרך, וכן הסברא נוטה, דכל הזהירות בזה אינה אלא משום שמא יפתה האשה, וכשיש שמירה יבוש עצמו בפני השמירה, וכן היא לא תתרצה, **אבל** לא חיישינן שתלך עמו למקום צנוע, דאם כן בכל בת ישראל תחוש לכך, אלא פשיטא שאין בנות ישראל נחשדות על זנות, אלא שעשו הרחקה ביחוד שהיצה"ר מסית אז ביותר במקום שאין בושה מבני אדם אחר, **ובדרך** שהצריכו שלשה היינו משום דבשנים חיישינן שיצא לנקביו, וישאר אחד עמה, ובשומר קטן או קטנה אין חשש בזה, דכשיצא השומר לנקביו לא ישאר שום איש עמה, **ואף** אם היא לבדה בשדה לא חיישינן שיבא באותו זמן שום איש אצלה, **ואם** יש עגלון תרחיק באותה שעה ממנו, ודבר זה הוי שפיר שמירה מעולה]. ‹עיין בב"ש בס"ה›.

{**והא** דמהני כאן קטנה שאינה מוסרת את עצמה לביאה, וביחוד עמה אסור, כמ"ש בסעיף י"א, **כתב** ב"ח, שם חיישינן שמא יבא עליה באונס, אבל כאן ליכא חשש אונס, דהא גדולה עמה, ולפיתוי לא חיישינן, דאינה מוסרת את עצמה לביאה}, ‹לא תהא נוחה להתפתות לזנות – לבוש›.

סעיף יא - תינוקת שהיא פחותה מבת שלש ותינוק פחות מבן תשע, מותר להתיחד עמהן, שלא גזרו אלא על יחוד אשה הראויה לביאה ואיש הראוי לביאה - אבל למעלה מג', אף שאין מוסרת עצמה לביאה לפיתוי, יש לחוש לאונס, ‹מוגה ע"פ הראש פינה›, וכ"כ הטור בתחלת הסימן, ובלבד שתהא מבת ג' ולמעלה, ובחנם עשה בב"ח מחלוקת בין הטור והרמב"ם, עיין עליו.

‹**מיהו** אם התינוקת קידשה אביה, אסור להתייחד עמה, דהרי דינה כאשת איש ואסורה מן התורה, ואין חילוק בין ראויה לאינה ראויה – ערוה"ש›.

סעיף יב - אנדרוגינוס, אינו מתיחד עם הנשים - {הטעם, דהוא מתאוה לאשה גמורה, לכן אסור להתיחד עם נשים}, **ואם נתיחד, אין מכין אותו,**

מפני שהוא ספק; אבל האיש מתיחד עם האנדרוגינוס ועם הטומטום - דאין איסור יחוד רק באשה ודאית, ולא נחשדו ישראל על ספק זכר כמו שלא נחשדו על ודאי זכר. {דאיש אינו מתאוה לספק אשה, לכן מותר להתיחד עם אנדרוגינוס}.

‹קשה להולמו, פתח באנדרוגינוס וסיים בטומטום, ולא הזכיר טומטום ברישא, ועוד טומטום אף עם האשה מותר, ועוד דתניא בתוספתא שם דאין אנדרוגינוס מתיחד לא עם האנשים ולא עם הנשים, ובכ"מ תירץ... ודבריו קשין כחומץ לשינים... אלא דט"ס הוא וכצ"ל, אנדרוגינוס אינו מתייחד עם האנשים ולא עם הנשים, ואם וכו' ספק, אבל האיש ואשה מתיחד עם הטומטום – גר"א›.

סעיף יג - תקנו חכמים שיהיו הנשים מספרות זו עם זו בבית הכסא, כדי שלא יכנס שם איש ויתיחד עמהן. (וי"א דוקא בימיהם שהיו בתי כסאות בשדות, אבל בזמן הזה שהן בעיר, אין לחוש).

סעיף יד - לא תלך אשה בשוק ובנה אחריה, שמא יתפס בנה ותלך אחריו להחזירו, ויתעוללו בה הרשעים שתפסוהו – ‹דשמא הפרוצים ירצו להשיגה במקום סתר, ויחטפו בנה ותלך אחריו להחזירו, ובין כך יתעוללו בה הרשעים שתפסוהו, וכ"ש דבת לא תלך אחריה, דבהבת עצמה יש חשש שתתפס ותתאנס – ערוה"ש›.

סעיף טו - אין ממנין אפילו אדם נאמן וכשר להיות שומר בחצר שיש בו נשים, אף על פי שהוא עומד בחוץ, שאין אפוטרופוס לעריות - אפילו לדעת רש"י, שאיש א' עם נשים הרבה מותר להתיחד, כל שאין עסקו עם הנשים, אפי' הכי הכא דהוא שומר בקביעות, אפי' עומד מבחוץ, אסור, ולא דמי יחוד בעלמא לזה שהוא אפוטרופוס וממונה עליהם, וגרע זה מעסקו עם הנשים.

‹ונראה דאפי' שנים אסורים, דלא ימלט שהאחד ילך או ישן והשני יתייחד עמהם, ושלשה אפשר שמותר, אמנם לדעת הרמב"ם אפשר דגם בשלשה אסור, וצ"ע – ערוה"ש›.

סעיף טז - לא ימנה אדם אפוטרופוס על ביתו, שלא ינהיג אשתו לדבר עבירה - בגמ' אמרו פ' הרואה, שאלמלא לא מינה פוטיפר ליוסף בתוך ביתו, לא בא לאותו מעשה.

סעיף יז - אסור לת"ח לשכון בחצר שיש בו אלמנה, אפילו אינו מתיחד עמה, מפני החשד, אא"כ אשתו עמו – [הרמב"ם כתב כן, ולמדו מהא דאמרינן בפרק איזהו נשך, האי ארמלתא לא תרבי כלבא, ולא תשרי בר בי רב באושפיזא, וכתב הראב"ד על הרמב"ם, הפריז על מידותיו, שלא אמרו חכמים אלא שלא יתאכסן עמה, וכתב המ"מ, אפשר שהרמב"ם סובר שהתאכסנות שהוא דרך מקרה, כל זמן שאין שם יחוד מותר, כדמשמע בכיצד מעברין, אמר ריב"ח פעם אחת נתאכסנתי אצל אלמנה אחת, אבל לא אמרו אלא דירה שהיא קבע והוא בחצר אחד, עכ"ל, נ"ל דהרמב"ם דייק לישנא דלא תשרה, דמורה על קביעות, כמו לשון שכינה שרויה ביניהם, משום הכי כתב לא ידור, דהיינו דרך קביעות דוקא, אבל לא דרך מקרה, כיון שאין כאן יחוד ודאי, אלא חשש שמא יבא לידי יחוד, והראב"ד דייק לשון אושפיזא, פי' דהיא תתן לו מקום לכבדו ולהאכילו משלה דרך קירוב הכנסת אורחים, אבל דירה שיש לו משלו ואין צריך לה, אין בזה קירוב כלל, ולא קשיא מההיא דר' יהושע שנתאכסן אצל אלמנה, שהיה בדרך שאכל ושתה משלו, ושילם שכר הפונדקי כנהוג בבית הפונדקי, ואין כאן קירוב אצלה, דזהו דרך מחייתה עם כל אדם. ומ"מ נראה לי שתוס' לא ס"ל כן, שהרי כתבו שם על לא תרבי כלבא, שזהו חומרא בעלמא דלא נחשדו ישראל על הבהמה, וא"כ גם מש"כ לא תשרי בר בי רב, ג"כ חומרא בעלמא הוא, דאל"כ הוי זו ואין צריך לומר זו, דתחילה זכר החומרא בעלמא, ואח"כ הדין, ותו דשם בגמרא משוה אותם, דקאמר בשלמא בר בי רב וכו', ועל פי זה נראה לי דאין להרהר עכשיו במה שדרין אפילו ת"ח בחצר שיש שם אלמנה, וכ"ש בהגדלת כלב בבית אלמנה, שיש לסמוך על התוס'].

סעיף יח- אלמנה אסורה לגדל כלב, מפני החשד.

סעיף יט - לא תקנה אשה עבדים זכרים, אפילו קטנים, מפני החשד - דעת הרמב"ם בסוף הלכות עבדים, דדוקא בראוים לביאה

מבן ט' ומעלה, **ודעת** הטור ביו"ד סי' רס"ז, דאפילו בפחותים מבן ט', שמא תגדלם עד שיהיו ראוים לביאה.

סעיף כ - מי שאין לו אשה לא ילמד תינוקות - {עם זכרים או נקבות}, **מפני שאימות הבנים באות לבית הספר לבניהן ונמצא מתגרה בנשים** - {כאן כתב מתגרה, ובאשה כתב מתייחדת עמהם, נראה דכאן אפילו אם ליכא יחוד אסור משום גירוי בנשים, אבל בנשים לא שייך גירוי, ואין אסור אלא אם מתייחדת, וכ"כ ב"ח}. [תחילה נקט לבית הספר, ששם מתקבצים מלמדים הרבה ואין שם יחוד, רק גירוי, **אבל** באשה שהיא בביתה, יש חשש יחוד].

וכן אשה לא תלמד קטנים - {עם ילדים או ילדות}, **מפני אבותיהם שהם באים בגלל בניהם ונמצאו מתיחדים עמה** - מדלא קאמר וכן אלמנה, משמע דבכל אשה מיירי, כל שאין בעלה בעיר חוששין לה שמא תתיחד, **אבל** גבי איש שאין האיסור משום יחוד רק שלא יתגרה בנשים, ע"כ איסורו דוקא כשאין לו אשה, **אבל** יש לו אשה, אף שאשתו במקום אחר, פת בסלו מיקרי ואין יצרו מתגבר עליו, **ומיהו** מדסיים א"צ שתהא אשתו עמו שרויה בבית הספר, משמע דבעיר מיהא בעי שתהא אשתו מזומנת לו, ועיין בב"ח.

{**אפי'** נשואה, משום דגבי איש כיון דאשתו עמו היא משמרתו. לפי שדרכה להיות תמיד בביתה, אבל אין דרך איש להיות תמיד בביתו, כ"כ בכ"מ פ"ב מהל' ת"ת, ‹ומשמע מהכ"מ, דבאיש הטעם ג"כ משום ייחוד, ולא משום גרוי וכנ"ל, והיינו הואיל ודרכו ליסע למקום אחר משו"ה אסור, **אבל** אם הוא ‹תמיד - מחה"ש› בעיר מותר, כמ"ש בסמוך, ולא כהגה"ת דרישה, **לפי"ז** י"ל אפי' אם בעלה באותו בית אסור, כיון שדרכו ליסע למקום אחר, ולא כט"ז ביו"ד סי' רמ"ה, **ונ"מ** למ"ש הכ"מ, {דהוא} מותר כשאשתו עמו {דוקא, ולא כשאשתו עמו} בעיר, **ולפי** הטעם שכתבתי בסעיף קטן לפני זה, מהני כשאשתו עמו בעיר ולא חיישינן משום גירוי, ולטעם זה אין חשש משום יחוד, **מיהו** קשה ‹להכ"מ› הא מבואר כאן דאפילו אין אשתו עמו מותר, א"כ לא שייך הטעם דהיא משמרתו, **ואפשר** דס"ל דאפי' אין אשתו שרויה עמו בבית הספר, מ"מ בכל עת תבא אליו, ושייך לומר היא משמרתו, ואם הוא בעיר אחרת אסור} ‹מוגה ומפורש ע"פ הראש פינה›.

ואין המלמד צריך שתהיה אשתו שרויה עמו בבית הספר, אלא היא בביתה והוא מלמד במקומו - {המחבר פוסק אפילו היתה לו אשה, ‹רק שאינה דר כאן, שאסור›, כמ"ש ואין המלמד וכו', משום דס"ל הלכתא כר' אליעזר, דאמר מי שהיתה לו אשתו ואינה שרויה עמו, אסור להיות מלמד, **מיהו** המגיד פוסק כת"ק, דדוקא רווק שלא היתה לו אשה אסור, וכן מדייק מהרי"ף, **ובית** הילל תמה על מנהג שנהגו היתר ללמד בקהלות אחרות ואין אשתו עמו, וצ"ל דסומכים על סברת המגיד}. ‹**ובגליון** שו"ע דהגאון רע"ק איגר זצ"ל כתב, דבתשו' לחם רב כתב לסמוך להקל אף אם אין אשתו בעיר עמו, עכ"ל›.

{**כתב** בט"ז בשם תשובת מהרי"ו, מי שאין לו אשה, לא ישכור משרתת אלמנה, אפילו אם יש לה בן אצלה, דלא בכל שעה יהיה הבן שם, והיינו אם הוא דר לבדו בבית}.

§ סימן כג - איסור הוצאת זרע לבטלה ודברים המביאים לכך §

סעיף א - אסור להוציא שכבת זרע לבטלה, ועון זה חמור מכל עבירות שבתורה.

עיין בספר חסידים שכתב, שאם א' מתירא שלא יכשל בא"א או באשתו נדה ח"ו, טוב לו להוציא זרע לבטלה משיכשל ח"ו באיסור א"א או בנדה, רק יתענה מ' יום בימי הקיץ, או ישב בקרח בימי החורף. {**לפי"ז** מש"כ בזוהר וכאן, דעון מוציא ש"ז חמור מכל עבירות, לאו דוקא}.

לפיכך לא יהיה אדם דש מבפנים וזורה מבחוץ, ולא ישא קטנה שאינה ראויה לילד - נראה דמכ"ש עקרה וזקנה, ולרבותא נקט קטנה אף שתהא ראויה לילד לאחר שתגדל.

[זה אינו אלא על צד החומרא, אבל מדינא שרי, דהא אמרינן שלש משמשות במוך קטנה וכו', וכן כתב הרא"ש שנזכיר אחר זה, דמותר לשמש עם הקטנה].

{**לדעת** הרב רמ"א שכתב בסעיף ה' בשם תוס', דמותר לשמש עם קטנה, ולא כתב דפליגי, צ"ל דהא דלא ישא קטנה, היינו משום ביטול פו"ר, ולאו משום הוצאת זרע לבטלה, **משו"ה** אם נשא קטנה מותר לשמש עמה, ולא כב"ח דכתב דפליגי}.

סעיף ב - אלו שמנאפים ביד ומוציאין שכבת זרע, לא די להם שאיסור גדול הוא, אלא שהעושה זה בנידוי הוא יושב – {משמע אפילו אם לא נדוהו, מ"מ הוא בנידוי, **והרמב"**ן כתב בשם תוס', דוקא אם נידו אותו, וראוי לנדותו, **ובש"ס** איתא המקשה לדעת יהיה בנדוי, ומנאפים ביד למדו מן המקשה, **ועיין** ביו"ד סי' של"ד סעיף מ"ג, שם הביא דעל כ"ד דברים הבית דין מנדין, ואחד מהם המקשה לדעת, **וקשה** על הרמב"ם והמחבר שם פסקו דהבית דין מנדין אותו, וכאן כתבו דהוא ממילא בנידוי}, **ועליהם נאמר: ידיכם דמים מלאו, וכאילו הרג הנפש.**

סעיף ג - אסור לאדם שיקשה עצמו לדעת או יביא עצמו לידי הרהור, אלא אם יבא לו הרהור יסיע לבו מדברי הבאי לדברי תורה שהיא אילת אהבים ויעלת חן; לפיכך אסור לאדם לישן על ערפו ופניו למעלה, עד שיטה מעט כדי שלא יבא לידי קישוי – ‹כי בישנו על ערפו מתחמם החוט השדרה, שדרך שם הולך הזרע, ומקורו מהמוח – ערוה"ש›. **ולא יסתכל בבהמה וחיה ועוף בשעה שמזדקקין זכר לנקבה; ומותר למרביעי בהמה להכניס כמכחול בשפופרת, מפני שהם עסוקים במלאכתם לא יבואו לידי הרהור.**

סעיף ד - אסור לאדם שאינו נשוי לשלוח ידו במבושיו – ‹ר"ל בביצים, גר"א. היינו אפילו בביצים, ציץ אליעזר›, **כדי שלא יבא לידי הרהור; ואפילו מתחת טבורו לא יכניס ידו, שמא יבא לידי הרהור** – [עיין במה שכתבתי ביו"ד סי' קפ"ב, דזה לא הוי אלא תוספת קדושה, אבל לא עיקרא דדינא, דאל"כ מה התפאר רבינו הקדוש עצמו שלא הכניס ידו למטה מאבניטו, ושעל כן נקרא רבינו הקדוש], **ואם השתין מים, לא יאחוז באמה וישתין; ואם היה נשוי מותר** – {משמע אפילו אין אשתו עמו מותר}, ‹וט"ז ומ"א באו"ח סי' ג' לא כ"כ, ע"ש – באה"ט›, ‹**ודעת** הטור, דאף נשוי אינו מותר אלא לאחוז מעטרה ולמטה לצד הארץ – ערוה"ש›, **ובין נשוי ובין שאינו נשוי לא יושיט ידו לאמה כלל, אלא בשעה שהוא צריך לנקביו. (ועיין בא"ח סימן ג')** – ‹ולרחוץ האמה עם כל הגוף יחד, שרי כשרוחץ בדרך העברה, אבל להתעכב הרבה ברחיצת האבר אין נכון לעשות כן, דשמא יתחמם, **וגם** כשרוחץ לא יביט בערותו, ומגונה הוא, וכ"ש שלא יסתכל בערות חבירו – ערוה"ש›.

סעיף ה - אשה שיש לה אוטם ברחם, ועי"כ כשבעלה משמש עמה זורה מבחוץ, אסור – [פי' דלעולם הוא זורה בחוץ, ‹לשון הב"י: שאין השמש דש כראוי לו, ומתוך האוטם פעמים שהוא דש בחוץ, ולעולם הוא זורה בחוץ, יראה שהוא אסור, כיון דלעולם הוא זורה בחוץ, קרינן ביה ושחת ארצה, ואע"פ שלפעמים הוא דש מבפנים, מ"מ כיון שלעולם הוא זורה בחוץ, אסור›, **וגרע** ממשמשת במוך, דהתם הוא משמש כדרך כל הארץ, אע"פ שאין ראוי להזריע, מידי דהוי אעקרה וזקנה וקטנה, כן כתב ב"י בשם הרא"ש], **(אבל מותר לשמש עם קטנה ואיילונית, הואיל ומשמש כדרך הארץ)** - כלומר אם עבר ונשאה, וכן אם יש לו אשה אחרת גדולה לקיים פו"ר, וכמו שכתב הריב"ש סי' ט"ו גבי זקנה.

(**עיין** בתשו' חמדת שלמה, על דבר אשה אחת אשר הרופאים פה אחד גזרו ואמרו שאם תתעבר תהיה מסוכנת מאד, וח"ו יארע לה מהעיבור סכנת מות, אם מותרת לשמש במוך לפני תשמיש, וכתב לפלפל בסוגיא דג' נשים משמשות במוך, **והעלה** דא"צ לגרשה בשביל זה, אע"ג דצריכה לתת מוך קודם תשמיש, דאעפ"כ לא הוי בגדר השחתת זרע, כיון דהוא דרך תשמיש, וא"א לו לשמש עמה בדרך אחר מפני הסכנה, ע"ש. **אולם** בתשו' חתם סופר שאלה כזו ממש, ומסיק לדינא דלתת מוך בשעת תשמיש ודאי דאין להתיר, **אך** אחר תשמיש אפשר דיש להקל, ‹**דבג'** נשים משמשות במוך, פירש"י שנותנת מוך במקום תשמיש כשהן משמשות כדי שלא יתעברו, **אבל** ר"ת ס"ל דזהו איסור גמור, דהוי כמטיל זרעו על העצים ועל האבנים, אלא ישמש כדרכו ואחר התשמיש תתן המוך להשאיב הזרע, כי היא אינה מצווה על השחתת זרע – ערוה"ש›, **רק** שיהא ברשות הבעל ורצונו, אבל אין לה רשות להשחית זרעו בלי רצונו, אפי' כבר קיים פו"ר, **ואין** ראיה מדביתהו דרבי חייא, דאפשר בימיהם שאני דיכול לישא אשה על

אשתו, או לגרשה לדידה אם יהיה תאב לבנים, משא"כ בזמנינו דאיכא חרגמ"ה, לא תעשה בלי רשותו, ע"ש. **ועיין** בתשו' רעק"א ז"ל חיו"ד סי' ע"א, מחמיר מאד בזה, ודעתו דאין להתיר אף אחר תשמיש, ‹דבראויה להזריע אסורה לשמש במוך, דהיא במה שמשימה המוך שם, אף דמכינה ומנחת שם קודם תשמיש, מ"מ מקרי השחתת זרע, והיא מצווית שלא להשחית זרעו, משא"כ בקטנה וכו' דאינה יכולה להתעבר, לא שייך איסור השחתת זרע›, **אך** בסי' ע"ב שם חזר והסכים להרב השואל להתיר לעשות במוך אחר תשמיש כסדר בדיקות בחורין ובסדקין עד מקום שהשמש דש, ‹כיון דאפילו חיוב איכא להרמב"ם, פשיטא ופשיטא שמותרת לעשות כן›, **אולם** לדחוק המוך הרבה, י"ל דאסור).

סעיף ו - אסור לרכוב על בהמה בלא אוכף (פי' מרדעת באסט"ו בלע"ז) - ‹שלא יתחמם האבר מבשר הבהמה – ערוה"ש›.

הגה: בגמרא פרק כל היד משמע, דאסור ללבוש מכנסיים אם לא עשויין כבתי שוקיים, משום דמביא לידי השחתת זרע; ואע"פ שאפשר לדחות, דבגמרא לא קאמר אלא בימיהם שהיה להם תרומה, ואיכא למיחש לטומאת הגוף - (כתב בספר עצי ארזים, חילוק זה הוא דוחק גדול), **מכל מקום מדהביא הרא"ש בפסקיו, משמע דאף בזמן הזה אסור (הכל ד"ע). ומה שנהגו היתר במרחץ, אפשר לומר דבשעה מועטת לא אסרו, כן נראה לי** - ‹אבל כפי הנראה מהגמרא, שלא נאמר זה על מכנסים שלנו, דפריך והכתיב ועשה להם מכנסי בד כו', ההוא כדתניא מכנסי כהנים למה הן דומין כו', ויש להם שנצין ואין להם כו', ערש"י שם, א"כ מוכח דמכנסים שלנו שאין עושין כיס מיוחד למדת האבר, לית בהן משום הרהור, עב"ל ספר עצי ארזים›. ‹דבמכנסים שלנו איזה חימום שייך, ופשיטא שבכל הדורות לא הלכו בלא מכנסים – ערוה"ש›.

עוד אסרו בגמרא לרחוץ עם אביו ואחיו - {ט"ס וצ"ל וחמיו – גר"א}, **ובעל אמו ובעל אחותו.**

לרחוץ עם אביו וחמיו ובעל אחותו - כצ"ל, וכן היא גירסת הרי"ף והרא"ש, וכן פי' רש"י והר"ן, וכן הוא באגודה, **אבל** בגמ' שלנו גריס גם בעל אמו, וכן הוא במרדכי, וע"ש.

{**לרחוץ** עם אביו וחמיו ואחיו ובעל אחותו ובעל אמו – כצ"ל}.

‹**איתא** בגמ', דבמקום שאין המנהג ששני אחים ירחצו כאחד שנזהרים מזה, לא ירחצו שם שני אחים ג"כ כאחד, וכ"כ הרמב"ם, אבל הטור והשו"ע לא כתבו זה, מפני שעתה אין זה המנהג בשום מקום, ומדינא שרי כמ"ש בגמרא שם – ערוה"ש›.

עוד איתא שם בגמ', תלמיד לא ירחץ עם רבו, ‹מפני דרך ארץ›, **ואם רבו צריך לו מותר**, ‹וכן אם היה קודם לרבו במרחץ, א"צ לצאת כשרבו בא, **אבל** באביו וחמיו ובעל אמו ובעל אחותו דהטעם הוא משום הרהור, אסור בכל ענין›. **ולילך** עם בן קטן למרחץ, יש להסתפק אם מותר אם לאו – ערוה"ש›.

ונהגו עכשיו היתר בדבר הואיל ומכסין ערותן בבית המרחץ ליכא למיחש להרהורא (אגודה) - (כ"כ ג"כ ביו"ד סי' רמ"ב סעיף ט"ז בהג"ה, ולפי"ז בזמנינו שאין מכסין, אין היתר בדבר, **ולא** ידעתי על מה סמכו העולם להקל בזה, **ומצאתי** בספר תולדות אדם, הביא שם כי הגאון הצדיק מו"ה זלמן זצ"ל מווילנא, פעם אחת הלך לבית המרחץ, וכאשר בא אל פתח בהמ"ר ומצא את חותנו שמה, שב לאחוריו וברח משם כבורח מארי, **ואמר** דאף שרבינו הרמ"א המציא היתר, לפי זמנו דיבר, וכן האגודה שהביא הרמ"א, בזמנו היה מנהג אצל כולם לילך במכנסים במרחץ, אבל עכשיו החוש מעיד על היפוך הדבר, והוא איסור גמור מדינא דגמ' בלי שום חולק).

‹**ולכן** יש לתמוה על מה שאין נזהרין אפילו כמה מהלומדים ומהיריאים לילך בן עם אביו למרחץ, וכן עם חמיו ובעל אמו ובעל אחותו, **וסבור** הייתי לומר דבגמ' אמרו שלא ירחץ עמהם, וסתם רחיצה בזמניהם היה באמבטאות, ובזה אסור שלא ישבו באמבטי א', דבזה איכא הרהור, אבל כמרחץ שלנו שרק בבית אחד הם, אין חשש בזה, **אבל** ראיתי במרדכי בשם הר"ם מרוטנבורג שעלה בדעתו היתר זה, ודחה אותו מצד הסברא דאין חילוק בזה, **מיהו** העולם אפשר שסומכים ע"ז, **אמנם** הירא את דבר ד' ירחק מזה – ערוה"ש›.

סעיף ז - חסידים הראשונים וגדולי החכמים התפאר אחד מהם שלא נסתכל במילה שלו, ומהם מי שהתפאר שלא התבונן מעולם בצורת אשתו, מפני שלבו פונה מדברי הבאי (פי' הושאל לשון זה של הבאי לדברי הבל) לדברי האמת, שהם אוחזות לבב הקדושים - ‹כמ"ש באהבתה כו' – גר"א›.

§ סימן כד – אין ישראל חשודין על הרביעה ועל הזכר §

סעיף א - לא נחשדו ישראל על משכב זכור ועל הבהמה, לפיכך אין איסור להתייחד עמהן; ואם נתרחק אפילו מיחוד זכור ובהמה, הרי זה משובח, וגדולי החכמים היו מרחיקין הבהמה, כדי שלא יתייחדו עמה. ובדורות הללו שרבו הפריצים, יש להתרחק

מלהתייחד עם הזכר - בב"ח כתב, דהרב כתב זה לפי מדינתו, שהיו פרוצים בעבירה זו, **אבל** במדינתינו א"צ להתרחק מדינא רק ממדת חסידות, **ומ"מ** נראה דדוקא יחוד בעלמא, אבל לשכב יחד, ומכ"ש שני רווקים יחדיו, בכל מקום צריך להתרחק, ולמחות ביד העושים כן. ‹ואין נוהגין כן, וח"ו מעולם לא שמענו לחוש לזה, והנזהר תבוא עליו ברכה – ערוה"ש›.

§ סימן כה – לגדור גדר ושלא להרבות בתשמיש וכיצד יתנהג בשעת תשמיש §

סעיף א - ראוי לאדם להרגיל עצמו בקדושה יתירה ובמחשבה טהורה ובדעת נכונה, כדי להנצל מלהכשל בדבר ערוה. ויזהר מהייחוד שהוא הגורם הגדול. וכן ינהוג להתרחק מהשחוק ומהשכרות ומדברי עגבים **(פירוש דברי שחוק וחשק)** - הם דברי חשק, מלשון הכתוב: מאסו בך עוגבים, ירמי' ד', ותעגב על מאהביה, יחזקאל כ"ג, ‹והוא קלות ראש שאמרו באבות - גר"א›, והרמב"ם סיים בלשונו, שאלו גורמים גדולים והם מעלות של עריות.

ולא ישב בלא אשה, שמנהג זה גורם לטהרה גדולה. יתירה מכל זאת אמרו: יפנה עצמו ומחשבתו לדברי תורה וירחיב דעתו בחכמה, שאין מחשבת עריות מתגברת אלא בלב פנוי מהחכמה.

סעיף ב - ולא יקל ראשו עם אשתו - ‹ומדת חסידות הוא שלא יקל אדם ראשו וכו' - לבוש›, ולא ינבל פיו בדברי הבאי, אפילו בינו לבינה; הרי הכתוב אומר: מגיד לאדם מה שיחו, אמרו חכמים ז"ל: אפילו שיחה קלה שבין אדם לאשתו עתיד ליתן עליה את הדין. ואל יספר עמה בשעת תשמיש ולא קודם לכן, כדי שלא יתן דעתו באשה אחרת; ואם ספר עמה ושמש מיד, עליו נאמר: מגיד לאדם מה שיחו;

אבל בענייני תשמיש יכול לספר עמה, כדי להרבות תאותו, או אם היה לו כעס עמה וצריך לרצותה שתתפייס, יכול לספר עמה כדי לרצותה.

הגה: ויכול לעשות עם אשתו מה שירצה, בועל בכל עת שירצה ומנשק בכל אבר שירצה - {לאו דוקא כל אבר, דהא באותו מקום אסור, כמ"ש בש"ס, וכ"כ הראב"ד והטור}, **ובא עליה בין כדרכה בין שלא כדרכה, או דרך אברים, ובלבד שלא יוציא זרע לבטלה (טור)** - ‹כתב הב"י כל זה לשון הרמב"ם בפ' כ"א מהא"ב, עכ"ל, וע"ש ברמב"ם שהשמיטו – באר הגולה›. {כוונתו שבמהדורת הרמב"ם שלפניו הושמטו תיבות "ובא עליה" וכו' עד "בין דרך איברים"}. **ויש מקילין ואומרים שמותר שלא כדרכה אפילו אם מוציא זרע, אם עושה באקראי ואינו רגיל בכך (גם זה טור בשם ר"י)** - {אבל רגיל, אפילו אינו מוציא זרע, אסור לשמש שלא כדרכה, כדי שלא יבא לידי הוצאת זרע}.

עיין בב"י שכתב, ודבר קשה הוא להתיר, להכשל בהוצאת זרע לבטלה אפילו באקראי, ושומר נפשו ירחק מזה ומכיוצא בו.

‹עיין בספר של"ה שהוכיח שם, דלא התירו אפילו באקראי אלא כמו שפירש רש"י שם בנדרים דף כ' ע"ב, על הא דערכתי לו השלחן והפכו, או כפירוש הראב"ד והביאו הטור באו"ח בסי' ר"מ, וזה וזה במקום שראוי ליזרע ולהוליד, ע"ש. **ומש"כ** הטור בשם ר"י, כבר דחאו הרא"ש שם ביבמות, והטור באו"ח סי' ר"מ, והב"י ג"כ – באר הגולה›.

{ואם נמצא דם בעד של אשה, ויש ספק אם הדם ממנה או ממנו, נראה לכאורה דמותר לאיש להוציא הזרע כדי לברר אם הדם ממנו הוא, דהא אין איסור לשמש ולהוציא זרע, ‹ובתשו' שבט סופר מגיה בדברי הב"ש, דצ"ל: דהא אין איסור לשמש שלא כדרכה ולהוציא זרע, ור"ל, דסובר הב"ש לדמות נדון זה, לפלוגתת הפוסקים שהובא בשו"ע אם מותר לשמש באקראי שלא כדרכה ולהוציא זרע לבטלה›, **גם יש להביא ראיה** מש"ס פרק הערל, דאיתא שם דאם ניקב הגיד בדקינן אם נתרפא, ומניחים בי פוקרא כדי שיוציא זרע, ויש לדחות וצ"ע}.

ואף על פי שמותר בכל אלה, כל המקדש עצמו במותר לו, קדוש יאמרו לו (דברי הרב).

ולא ירבה בתשמיש להיות מצוי אצלה תמיד, שדבר זה פגום הוא מאד ומעשה בורות הוא, אלא כל הממעט בתשמיש ה"ז משובח, ובלבד שלא יבטל עונה אלא מדעת אשתו. ואף כשישמש בשעת העונה לא יכוון להנאתו, אלא כאדם הפורע חובו שהוא חייב בעונתה, ולקיים מצות בוראו בפריה ורביה, ושיהיו לו בנים עוסקים בתורה ומקיימי מצות בישראל. ולא יבעול אלא מרצונה, ואם אינה מרוצה יפייסנה עד שתתרצה.

ויהיה צנוע מאד בשעת תשמיש, ולא ישמש בפני שום מין אדם – {אפילו עבדים, אף על פי שהם עם הדומה לחמור}, **אפילו קטן, אא"כ הוא תינוק שאינו יודע לדבר.**

{**ולא** מהני הפסק מחיצה, טור, ודוקא כשהוא נעור אסור, אבל אם הוא ישן מותר, וכ"כ בט"ז, דאם הוא בענין שאינו מרגיש בתשמיש, מועיל הפסקת מחיצה}.

[בטור הביא בשם הראב"ד, דקשה במה שאמרו במעשה דאימא שלום אשת ר' אליעזר, שאמרה על בעלה שהיה מקצר בתשמיש עמה, והא איתא שדרשו חז"ל על פסוק שכר פרי הבטן, בשכר שמשהין עצמן על הבטן כדי שיזריעו נשותיהן תחילה הו"ל בנים זכרים, ותירץ כי כל לבבות דורש ה' וכל המעשים לשם שמים טובים הם, מי שיודע שיוכל להשהות עצמו ולא יבא לידי מחשבה אחרת, הקב"ה נותן לו שכרו, ומי שאינו בטוח בזה וממהר כדי להנצל מחטא, הקב"ה נותן לו ג"כ שכרו. ודכוותיה מצינו שכתב הרמב"ם על פסוק בכל דרכיך דעהו, דהיינו מי שאוכל ושותה ומעדן נפשו כדי שיהיה בריא וחזק לעבודת השי"ת, יש לו שכר כמו שמתענה, **ודברים** אלו אסמכתים אקרא, שוא לכם משכימי קום וכו', דהיינו שיש ת"ח מנדדין שינה מעיניהם ועוסקים בתורה הרבה, ויש ת"ח שישנים הרבה כדי שיהיה להם כח חזק וזריזות לב לעסוק בתורה, ובאמת יוכלו ללמוד בשעה אחת מה שזה מצטער ועוסק בשתי שעות, ובודאי שניהם יש להם שכר בשוה, על כן אמר שוא לכם, דהיינו בחנם לכם שאתם מצטערים ומשכימים בבוקר ומאחרי שבת בלילה וממעטים שנתכם, זה בחנם, כי כן יתן ה' לידידו שינה, דהיינו מי שישן הרבה כדי שיחזק מוחו בתורה, נותן לו הקב"ה חלקו בתורה כמו אותו שממעט בשינה ומצער עצמו, כי הכל הולך אחר המחשבה, ומביא הפסוק ראיה על זה, הנה נחלת ה' בנים, דהיינו מי שזוכה לבנים הוא שכר פרי הבטן, דהיינו שמשהין עצמן, ומצינו גם כן להיפך כקושייתו של הראב"ד, אלא ודאי כתירוץ הראב"ד, דכל לבבות דורש ה', ה"נ בזה, כן נראה לענ"ד נכון].

סעיף ג - לא ישמש לא בתחילת הלילה ולא בסופה, אלא באמצעה – ‹בשעת שאין קול אחר נשמע, כדי שלא יתן דעתו באשה אחרת – ערוה"ש›.

סעיף ד - אסור לשמש בשוקים וברחובות ובגנים ובפרדסים, אלא בבית דירה, שלא יראה כזנות ויגילו עצמם לידי זנות; והבועל את אשתו במקומות אלו, מכין אותו מכת מרדות.

סעיף ה - אסור לאדם לשמש מטתו לאור הנר, אפילו ע"י האפלת טלית – {אא"כ בהפסק מחיצה, ואז אפילו מאיר מותר אם מאפיל בטלית, כמ"ש באו"ח}, **הרי שהיתה שבת, ולא היה לו בית אחר, והיה הנר דלוק, לא ישמש כלל** - אם אין לו כלי לכפות על הנר, **וכן אסור לשמש מטתו ביום, שעזות פנים היא לו** – ‹ואם היה ת"ח ומאפיל בטליתו

שרי, ולא הותר זה רק לצורך גדול שלא יבא לידי הוצאת זרע לבטלה – ערוה"ש. **(ועיין במורה חיים סי' ר"מ סעיף י"א וסי' שט"ו סעיף א').**

{**ואם** מאיר אור הלבנה דרך החלון, מותר, כ"כ בשל"ה, מיהו צריך האפלת טלית, **ואם** הנר בחדר אחר ומאיר לחדר זה, מותר לשמש, כמ"ש באו"ח סי' תר"י, ואפשר דצריך האפלת טלית}.

{**בית** שיש בו ספרים, אסור לשמש, כמ"ש באו"ח, ואם יש מחיצה גאטי"ר (סריגי החלונות) **לפני הספרים**, פסק בתשו' שער אפרים דאסור, כי ערוה בראיה תליא ועדיין נראים הספרים, **מיהו** בכסוי כל דהוא סגי וא"צ מחיצה}.

(**ועל** תפלין וחומשים הנדפסים וגמרות ופוסקים, מהני כלי תוך כלי, ובלבד שהכלי השני לא יהא מיוחד להם, **ולפרוש** בגד על ארגז ספרים, הוי ככלי תוך כלי, **אבל** לס"ת וחומשים על קלף העשוין בגלילה, לא מהני רק מחיצה – ערוה"ש).

סעיף ו - אסור לשמש בשני רעבון - באו"ח סימן ר"מ נתבאר, דה"ה שאר צרות שהם כרעבון, **ושם** ובסי' תקע"ד נתבאר, דבליל טבילה מותר לכל אדם, (**הנה** כ"כ מרן המחבר באו"ח סי' תקע"ד ס"ד, אך המג"א שם חולק ואוסר בליל טבילה, וכן דעת הא"ר שם, **ועיין** בשע"ת שם דהמורה להקל אין מזניחין אותו, ע"ש).

אלא לחשוכי בנים - (עיין בספר איי הים במס' תענית דף י"א, שנסתפק אי לחשוכי בנים מותר ג"כ בג"ח אחרונים (לעיבורה של אשתו, עיין נדה ל"א ע"א, ע"ש).

(**ועיין** בס' בית מאיר שכ', ומ"מ יראה לענ"ד, דאם רואה יצרו מתגבר עליו, מותר כמו לחשוכי בנים, ע"ש).

סעיף ז - אכסנאי אל ישמש עד שיבא לביתו – [ואם יש לו חדר מיוחד מותר, רק שלא יישן על בגדי בעה"ב, דשמא יהיה שם דבר מאוס, ועיין עוד באו"ח סי' ר"מ במה ששייך לסי' זה].

סעיף ח - לא יבא על אשתו והיא שנואה לו בשעת תשמיש; וכן אם גמר בלבו לגרשה, אע"פ שאינה שנואה לו, לא יבא עליה – {כתב בפרישה, דאיירי דהיא אינה יודעת מזה, דאל"כ ליכא איסור, דהא מותר לישא אשה על זמן קצוב, **א"נ** דוקא אם הודיעה קודם הנשואין מותר, אבל אחר הנשואין לא מהני}.

בטור חשיב כאן בני ט' מדות באריכות, וכן חשב אותם באו"ח סימן ר"מ בשו"ע, וכאן לא מנה רק קצתן, ואם תדקדק תראה שכולן נתבארו מקצתן בסי' זה ומקצתן במקומן, כגון בני נדה הוא איסור דאורייתא, וכן בני נידוי נתבאר במקומו, וכן אם אחד מהם אבל, וכן בני אנוסה כבר נתבאר שצריך לרצותה, וכן בני שאר מדות.

{**עיין** בטור כתב בני תשע מדות, ובאו"ח סי' ר"מ כ' הב"י דקאי על אביהם ולא על הבנים, ובטור משמע דקאי על הבנים}.

סעיף ט - לא יבא עליה והוא או היא שכורים – (שמתוך שהוא שיכור אינו נותן דעתו על אשתו – ערוה"ש).

סעיף י - לא ישמש עם אשתו ליתן דעתו על אחרת, אפי' שתיהן נשיו. (ועיין עוד מדיניס אלו במורה חיים סי' ר"מ).

§ סימן לד – ברכת האירוסין, ואם צריך עשרה §

סעיף א - כל המקדש אשה, בין ע"י עצמו בין ע"י שליח, מברך, (הוא או השליח) - ‹ר"ל במקדש עצמו יברך בעצמו, וע"י שליח יברך השליח – גר"א. {**דכתיב** ויברכו את רבקה, ואליעזר היה שליח, תוס'}.

וי"א דאחר מברך, וכן נוהגין - {שלא לבייש מי שא"י לברך}, [וכן בקריאת התורה גם כן אין העולה קורא אלא הש"ץ משום האי טעמא], {**ואם** ליכא אחר יברך החתן}.

אקב"ו על העריות ואסר לנו הארוסות והתיר לנו הנשואות - רבינו תם הגיה "הנשואות לנו", וכן נוהגים המדקדקים, וכן הוא בב"ח ע"פ קבלת רבותיו, [**ולענ"ד נראה שעיקר הטעם בהך "לנו" פעם שנית דלא לשתמע שכל הנשואות מותרות לכל אחד, דבר זה לא נתקן באמירת "לנו" פעם שנית, ומצאתי למהר"ל מפראג שאמר: את הנשואות על ידי חופה וקידושין בנשימה אחת, ולא להפסיק ביניהם, ונראה עוד דאין חשש באמירת לנו פעם אחת, דהא איתא בפסוק: בנותם נקח לנו לנשים, והיינו ודאי שכל אחד ישא אחת, ממילא יהיה על ידי חופה וכו' דבוק להנשואות, והכונה דאין הנשואות מותרות אלא על ידי חופה, פי' למי שהיה לו חופה עמה ולא אחר, וכנ"ל נכון**].

ע"י חופה בקידושין - ‹כ"כ הר"ן בשם בע"ה, "חופה בקידושין", כי הקידושין קודם לחופה – גר"א. **ברוך אתה ה' מקדש ישראל** - ‹שאין החופה עכשיו – גר"א. ‹לפי מנהגם, ואיך יסיים בחופה – ערוה"ש.

(וי"א נוסח הברכה בלשון אחר, כי אומרים: והתיר לנו הנשואות ע"י חופה וקידושין, וחותם: בא"י מקדש עמו ישראל על ידי חופה וקידושין, וכן נוהגים במדינות אלו) - ‹פליג בתרתי, לחתום בא"י חופה וקידושין, כנוסח שלנו בגמ', וכמ"ש ברא"ש וטור, {**דכיון** שמקודם אומר והתיר לנו ע"י חופה וקידושין, צריך גם לסיים בהחתימה כן, ואין לערער בדבר אפילו כשהקידושין זמן רב קודם החופה, כיון שהקידושין בלא החופה אינו מועיל, צריך להזכירה – ערוה"ש}, **וגם** לומר וקידושין בוא"ו, כמ"ש בגמ' ורי"ף ורא"ש וש"פ, וכמ"ש מהר"מ מטיקטין – גר"א.

בספר העיטור כתוב, שעיקר הנוסחא "בקדושין", רק שהדייקנים קוראים הבי"ת רפה מפני שהיא סמוכה לאות ה"א, והסופרים טעו וכתבו "וקדושין" בוי"ו, [**והוכרח לזה מדהזכיר חופה קודם לקידושין, ובאמת קדמו הקידושין תחילה, ואם אומר בקידושין ניחא, דהיינו חופה ע"י קידושין שהיו תחילה, וממילא עכשיו שהקידושין תחת החופה אין צריך לזה**].

‹**ועוד** מפני שהמנהג אצלינו לעשות אירוסין ונשואין כאחד, ומכניסין תחת החופה ואח"כ מברכין ברכת אירוסין, לכך שפיר דמי להקדים גם תיבת חופה להקדושין, **ועוד** מפני שגמר ההיתר הוא ע"י החופה, לכך הקדימו החופה – ערוה"ש.

ואחר שיגמור הברכה, יקדש - כלו' לכתחילה הוא עיקר המצוה לברך עובר לעשייתה, **לאפוקי** קצת פוסקים דס"ל דלכתחלה מברכין אחר שקידש, {**כי שמא תחזור ולא תרצה לקבל הקידושין**}, וע"ז כתב הרא"ש בתשובה שטועים הם, **אבל** אם שכח ולא בירך קודם אירוסין, יש לברך אחר שקידש, ‹**ואין** זה כאחר עשייתן, דעיקר הגמר הוא החופה ועדיין הוא כעובר לעשייתן – ערוה"ש›, **ובפרט** לפי המנהג שלנו שאחר מברך ולא החתן.

[**הב"י בשם הר"ן הקשה, היאך מצינו ברכה כזו שמברכין על האיסור, והלא אין מברכין שאסר לנו אבר מן החי והתיר לנו השחוטה וכו', ותירץ דאין ברכה זו ברכת המצוה ממש וכו', דאין לברך וצונו על הקידושין, שאין כאן גמר המצוה, שהרי עדיין מחוסר כניסה לחופה, ובשעת חופה אין לברך, כיון שכבר קידש, וכשבא לקדש ולכנוס בפעם אחת לא ראו לתקן לו ברכה בפני עצמה**, ‹**ועוד** דבע"כ ברכה זו אינה ברכה לעשיית המצוה, כי פריה ורביה היינו קיום המצוה, ואם לקח פלגש וקיים פו"ר, אינו מחוייב לקדש אשה, וכן הנושא זקנה או עקרה או איילונית, וכן סריס חמה שנשא, מברכין ברכת חתנים, ואין חיוב במצוה זו שאין בה קיום מצוה פו"ר, רא"ש – ערוה"ש›, **אלא הברכה היא על קדושת ישראל וכו', והאריך בזה ע"ש**, ‹**אבל** מפני שחז"ל לא רצו להוציא מצוה זו בלא ברכה כלל, לכן תקנו לברך על קדושת כלל ישראל, והיינו שהקב"ה בחר בהם וקידשן בענין זיווג, ולתת לו שבח אשר קדשנו במצותיו והבדילנו מן העמים, וצונו לקדש אשה המותרת לנו ולא אחת מן העריות, והזכירו בו איסור ארוסות והיתר נשואות בחופה וקדושין, שלא יטעה אדם לומר שהברכה של קדושין נתקנה

להתירה לו, לכך הזכירו חופה, לומר דרק ברכת חופה היא המתרת הכלה, ולהכי נמי הקדימו חופה לקדושין, לומר והתיר לנו את הנשואות ע"י חופה שאחר ברכת הקדושין, ע"ש – ערוה"ש. ‹כמו שמברכין ברכת הנהנין על כל דבר הנאה שבאה לידו קודם שנהנה, כך מברכין תחלה ברכת הנהנין על האשה שנתארסה לו – לבוש.

[ול"נ בדרך אחרת, אחר שנדקדק עוד בנוסח והתיר לנו הנשואות, מה צריך לשבח על ההיתר, וא"כ נצטרך שבח ע"כ דבר שהוא מותר, ותו מהי תיתי לאיסור איש באשתו, ונ"ל לתרץ בדרך זה, דמצינו שדרשו רז"ל על פסוק: בוכה למשפחותיו, על עסקי משפחותיו, דהיינו על העריות שנאסרו להם, וכדי להורות שאנחנו אינם כמוהם להיות מצטערים על איסור זה, אלא אדרבה אנו מודים ומשבחים על שזכינו לקדושה זו, ולא צער לנו בזה, ואמר אח"כ דרך לא זו אף זו, דלא מבעיא שאין אנו מצטערים על איסור עריות שהוא דבר זר, שאפי' באומות מחזיקין איסור בהם, אלא אפילו בארוסות שלנו שאסרת עלינו, אפילו הכי אין אנו מצטערים, ולא עוד אלא אפילו בנשואות שלנו שאין מותרות לנו אלא ע"י חופה וקידושין, דהיינו בתרתי קדושות, אבל בחדא מהם לא סגי, וזה נחשב חלילה יותר לצער, ואנחנו אין אנו מצערין בזה, אלא אדרבה אנו משבחים אותך על זה שהקדשתנו בזה, נמצא שמה שאנו אומרים והתיר לנו וכו', אין הכונה על ההיתר, אלא על הדיוק שלא הותר לנו אלא דווקא על ידי שתי קדושות. ואגב נזכיר מאי טעמא באמת בכו העם למשפחותיו על איסור עריות טפי משאר איסורים, נ"ל דכיון דהורגלו בהם, דאפי' יעקב אבינו נשא שתי אחיות, מסתמא היו רבים מישראל שעשו כן, וקשה הפרישה מאשה שנשא, על כן היה להם לצער גדול, כמו שמצינו בימי עזרא בשעה שהבדיל את ישראל מן בנות גוים שנשאו].

(עיין בתשובת נו"ב, בענין אנדרוגינוס שמותר לו לישא אשה, וכמו שפסק הרמב"ם, ‹אמנם הברכות לא יברכו, כי אינו מצווה לישא רק מותר לישא, ולא שייך לאסור, דשמא זכר הוא וא"כ חייב לברך, וכלה בלא ברכה אסורה, דכאן שא"א לברך אין הברכות מעכבות – שם›. וכתב דגם בנישואי חרש אני מסופק בברכות, כי ברכת אירוסין על החתן לברך, ומה שנהגו שהמסדר קידושין מברך, הוא שלא לבייש את ע"ה, ועכ"פ עיקר הברכה להוציא את החתן, וכיון שהוא חרש שאינו שומע, אינו יוצא בברכה זו, ואיך יברך המסדר, ואם היה מקום לומר שגם הכלה שייכא בברכת אירוסין, מוציא המסדר את הכלה, אמנם חרש שנשא חרשת ודאי לדעתי אין כאן ברכה, ואפ"ה מקרי נשואין כמבואר בפ' חרש. ולכן אנדרוגינוס הזה יכול לישא אשה ויקדש אותה בחופה וקידושין, אבל בלא ברכת אירוסין, ומה טוב לכוין שתהא חופתה כאחד עם חתן אחר וכלה שלו, וישמע ברכות של החתן ההוא, עכ"ד).

סעיף ב - נהגו להסדיר ברכה זו על כוס של יין

– ‹מדינא א"צ כוס לברכת אירוסין, דחיובא דכוס הוא רק לברכת נשואין, ובאירוסין נהגו העם כמו שנהגו בברכת מילה, מפני שאין אומרים שירה אלא על היין – ערוה"ש›, **ומברך עליו תחלה, ואח"כ מברך ברכה זו. ואם אין שם יין או שכר, מברך אותה בפני עצמה** – (עיין בספר פני יהושע, שתמה מאד על מה שנהגו דאחר מברך ברכת היין על הכוס, והחתן והכלה שותין ממנו, דהאיך מברך בפה"ג כיון דאין המברך שותה ממנו, והאיך יוצאין החתן והכלה בברכתו של המברך, כיון שאין הכוס מעכב, לאו דבר שבחובה נינהו, ואיך מוציא חבירו, דהא הו"ל ברכת הנהנין, בשלמא ברכת נשואין אפשר כיון דטעונין כוס הדר ה"ל דבר שבחובה, משא"כ ברכת אירוסין, ואפשר כיון דמ"מ עיקר היין לאו ליהנות מכוון, חשיב שפיר כברכת המצות, והניח בצ"ע, ע"ש). ‹כיון שנתקנה על הכוס, ה"ל כקידושא ואבדלתא דמוציא אחרים בברכת היין ג"כ, ונראה דאם המברך רוצה לשתותו, דאין מוחין בידו ושפיר דמי, אלא שלא נהגו כן, ואף שהיה טוב יותר כיון שאין הכוס מעכב, מ"מ כיון דקבעו כחובה לברך על הכוס הוה כקידוש והבדלה, וא"צ לשתותו כולו או רובו, דבטעימה די, דהא אין חיובו בכוס מדינא קידוש והבדלה, שנצריך לשתותו כולו או רובו – ערוה"ש›.

סעיף ג - אם לא בירך ברכת אירוסין בשעה שקידש, לא יברך אותה בשעת נשואין

– ‹דכבר עבר זמנה, ואפילו למאי דכתבינן דאם לא בירך קודם הקדושין מברכה אח"כ, זהו מיד על המקום, וכמו במדינתינו שהאירוסין והנשואין כאחד, אבל כשהאירוסין בזמן קודם, אינו ענין לברכה בשעת נשואין – ערוה"ש›.

הגה: וי"א דמברכין אותה בשעת הנשואין – ‹דכיון דמסיימים בה והתיר לנו הנשואות, היא שייכה גם

לנשואין, מרדכי – ערוה"ש. ‹ברא"ש, והסכים לסברא אחרונה, והביא ראיה ממי שאכל ושכח ולא בירך, שיברך עד שיתעכל וכו', וה"נ עד החופה שנגמר אז, {אע"פ שעבר זמן מרובה, כל זמן שלא נגמר ההיתר מברך, וכיון שאין ההיתר נגמר אלא ע"י חופה, יכולין לומר הברכה בשעת הנשואין – ערוה"ש}, **וזה** לשיטתו שכתב שא"צ כאן עובר לעשייתן, ולכך מדמה לברכת המזון, **אבל** לפי מ"ש בתשובה וכנ"ל סס"א, שיברך עובר לעשייתן, יש לדמות להמוציא, שאמרו בספ"ז דברכות שלא יברך אחר אכילה, **אלא** די"ל כמ"ש תוספות בפ"ג דסוכה גבי לולב, כיון שהנענוע מן המצוה כו' – גר"א.

וכן נוהגין, אפילו קדש אשה מזמן ארוך - כלומר ולא בירך אז בשעת הקידושין, **מברכין ברכת אירוסין תחת החופה** – ‹רצה לומר אפילו לכתחילה, ועיקר הטעם, לפי שנהגו לארס תחת החופה, לכך לא פלוג, כמו שכתוב בנטילת ידים ובטבילה – גר"א.

וי"א דחוזר ומקדש אותה תחת החופה, כדי שיהיו הקידושין סמוכין לברכה (ריב"ש). ועיין לקמן סימן ל"ו – {עיין סי' ל"ו סעיף ו', שם פסק דהמשלח לא יקדש אותה אחר שקידש השליח, שלא יאמרו דקדושין של שליח לאו קידושין הם, וכאן כתב דחוזר ומקדש ואינו חושש שמא יאמרו קידושין הראשונים לא היו קידושין, **ואפשר** דקידושין על ידי שליח חיישינן טפי שיאמרו קידושין ע"י שליח לאו קידושין הם}.

‹**ועיין** בס' אבני מלואים שכתב, דחילוק זה מבואר להדיא בתשב"ץ הובא במהרי"ק, וכ' עלה המגיה מוהר"פ ז"ל, ומיהו היכא דקדושין הראשונים היו בלא מנין, יכול לקדש פעם אחרת בשעת נישואין, כדי לברך ברכת אירוסין בעשרה, עכ"ל, **ונראה** דקאי על קדושי שליח, וס"ל דאפילו בקידש ע"י שליח, כל שהיה בלא מנין, וצורך בכאן לחזור ולקדש משום הברכה, אין חוששין כלל וחוזר ומקדש, ודוקא היכא דאין צורך כלל הוא דאינו חוזר ומקדש, **מיהו** נראה דדוקא היכא דאיכא עדים בקידושי שליח, הוא דאינו חוזר ומקדש, כדי שלא יאמרו דקידושי שליח לא מהני, **אבל** אם אין עדים בקידושי שליח, אלא השליח והאשה אומרים שנתקדשה בעדים, שצריכה גט מספק, והבעל צריך לחזור ולקדשה, והוא בריב"ש סי' פ"ב, וכתבו הרמ"א בסי' ל"ה ס"ג, **כל** כה"ג אין חשש מהרואים שלא יאמרו קידושי שליח לאו כלום הוא, כיון שלא נודע שקידשה שליח, **ובד"מ** סי' ל"ה כתב, דהריב"ש חולק על האי דרשב"ץ, ולפמ"ש אינו חולק, עכ"ד).

ואם בירך כבר ברכת ארוסין בשעת קידושין הראשונים, י"א דחוזרים ומברכין תחת החופה בלא הזכרת שם, משום הרואים (שם בריב"ש), וכן נ"ל - היינו במקום דכ"ע מקדשין תחת החופה, והוא רוצה ג"כ לקדש פעם שנית מפני הרואים, וע"כ צריך לברך ג"כ בלא שם מפני הרואים, ‹שלא יאמרו שקידש בלא ברכה›, אף ע"פ שכבר יצא ידי ברכה בשעת קדושין הראשונים. ‹**אבל** במקומות שכולי עלמא מקדשין קודם, והוא קידש ובירך, מה לו לברך עוד – ערוה"ש.

בלא הזכרת שם – {בריב"ש איתא שלא יאמר ברוך אתה ה', אלא יאמר ברוך אתה השם}, **משמע** אבל מלכות מזכירין, ובדוכתי אחריתי אמרינן טוב לברך בלא שם ומלכות, (**הנה** מ"ש ובדוכתי אחריתי, בלאו דוקא הוא, כי לא נמצא כן בשום מקום בשו"ע, זולת פעם אחת באו"ח סי' רכ"ה ס"ב בהגה, לענין ברוך שפטרני).

סעיף ד - ברכת ארוסין צריכה עשרה, לכתחלה - כלומר מלבד שני עידי קדושין צריך עוד שמונה אנשים, אף קרובים, להיות אצל הברכה.

{**ואם ליכא עשרה אין עיכוב**, ‹משום דבגמ' לא נמצא מפורש שצריך עשרה באירוסין – ערוה"ש›, **אבל ברכת נישואין** מעכב. **ועיין** במרדכי הביא פלוגתא אם אמרינן בסעודת אירוסין "שמחה במעונו", **ועיין ב"ח**}.

§ סימן נה – דין הארוסה לענין מזונות קבורה וירושה, ואם יש לה כתובה, ובו ז' סעיפים §

סעיף א - הארוסה, אסורה לבעלה מדברי סופרים, כל זמן שהיא בבית אביה; והבא על ארוסתו בבית חמיו, מכין אותו מכת מרדות. הגה: ואפילו ביחוד אסורים - ה"ה משודכת ג"כ אסורה ביחוד, דכל שאסורה בביאה אסורה ביחוד, והוא מכלל הגזירה שגזרו על יחוד פנויה, כמבואר לעיל סי' כ"ב, **ולכן ארוס שהוא עם ארוסתו בבית א', מברכין ז' ברכות פן יתייחדו** - אף על גב דבסעיף שאחר זה כתב, שאין ברכת חתנים עושה

נשואין, **מ"מ** ארוס וארוסתו השוהין יחד בבית, הוי כחצר של שניהם, ויחוד דידהו הוי נשואין, ומותרת לו אחר הברכה, וכך היו עושין ביהודה, ואין איסור אלא חתן הדר בבית אחר, ובא אל ארוסתו בבית אביה, **א"נ** דיכול לבא עליה בבית חמיו לשם נשואין, וכמו שאכתוב בסמוך בשם הרי"ף והר"ן.

{**לכאורה** קשה מה מהני ז' ברכות, דהא כתב בסמוך דז' ברכות בלא חופה לא מהני, **וי"ל** ע"פ מ"ש הר"ן ריש קדושין דלהרי"ף והרמב"ם, אחר הקידושין צריך חופה ואז מותר לבא עליה אפילו לא התכוון לשם נישואין, אבל קודם החופה אסור לבוא עליה שלא לשם נישואין, אבל אם כוונתו לשם נישואין א"צ חופה, **א"כ** אף לדעת הרמב"ם מותר לבא עליה בבית אביה, אלא דבבית אביה צריך שיתכוון לשם נישואין, **והמרדכי** סבר דבלא ברכות אסורה, משו"ה מברכים ז' ברכות, ותו לא חיישינן לרשיעי שלא יתכוין לשם נישואין כיון דאיכא היתר לפניו, **מיהו** מה שס"ל להמרדכי דכלה בלא ברכה אסורה כנדה, נראה דהרמב"ם לא ס"ל כן, דהא כתב אירס וכנס לחופה ולא בירך, ה"ז נשואה גמורה, וכשהיא נדה ס"ל דלא מהני כמ"ש בסי' ס"א, **וצ"ל** דס"ל להרמב"ם דהא דתניא במס' כלה, כלה בלא ברכה אסורה כנדה, היינו חופה, ונקראת ע"ש ברכה, כמ"ש בפסקי מהרא"י פי' זה, ובתשו' הרא"ש כמ"ש בב"י, אבל הברכות אין מעכבין, **מיהו** רש"י ותוס' ס"ל כפי' המרדכי, דברכות ממש קאמר, כמ"ש ריש כתובות, לפ"ז י"ל לדידהו אם לא ברכו דינה כנדה ממש, ואין לה תוספת כתובה, **מיהו** י"ל אף על גב דתניא דאסורה כנדה, מ"מ לאו ממש כנדה, ובדיעבד מהני החופה בלא ברכות, ועיין סי' ס"ב}.

(**עיין** בתשו' שב יעקב, אודות ראובן שקידש אשה ובא עליה בלא חופה וז' ברכות, ויש לו ג' בנים ממנה, **וכתב** שכופין אותו בכל היכולת לפרוש ממנה עד שיעשה חופה וז' ברכות, ולא חיישינן שיוציאו לעז על בניו הראשונים, **וע"ש** מה שתמה על תשובת מיימוני בפירוש כלה בלא ברכה, וגם על הב"ש).

וי"א דאין לכס לדור ביחד, שלא יקולו זה בזה. ואפילו בשדוכין בלא ארוסין יש לחוש – (ויותר מזה דיש לחוש שלא ישלטו ביצרם ויבואו לידי עבירה, ולא עוד אלא אפי' יבואו לידי איסור כרת, שהרי היא נדה אם היא גדולה, ולכן הירא את דבר ד' ירחק מזה וכיו"ב – ערוה"ש).

אפילו אם קדשה בביאה, אסור לו לבא עליה ביאה שניה בבית אביה, עד שיביא אותה לתוך ביתו ויתייחד עמה – {היינו יחוד דחזיא לביאה, לכן ס"ל להרמב"ם דאם היא נדה דינה כארוסה, **ולפ"ז** דבעינן בבתולה יחוד דחזיא לביאה, א"כ צ"ל דמה דאמר בירושלמי, הני דכנסין ארמלין בע"ש צריכין למיכנסה מבע"י, היינו ביאה ממש, **מיהו** י"ל דהרמב"ם לא פסק כירושלמי, ועיין סי' ס"א}, **ויפרישנה לו** – (בהכנה ובהזמנה לחיות עמה כאיש ואשתו, ולכן צריך להביאה לתוך ביתו ולהתייחד עמה ולהפרישה לו, וההבאה לביתו היא ההכנה, וההפרשה הוא ההזמנה לחיות עמה תמיד, והיחוד הוי במקום ביאה – ערוה"ש), **אבל** אם הביאה לפי שעה לביתו ובא עליה שלא לשם נשואין, ושילחה אח"כ לבית אביה, אין זה נשואין, **ויחוד זה הוא הנקרא כניסה לחופה, והוא הנקרא נשואין בכל מקום.**

והבא על ארוסתו לשם נשואין, אחר שקידשה, משיערה בה קנאה, ונעשית נשואה והרי היא כאשתו לכל דבר, וצריך לברך ברכת חתנים בבית החתן קודם הנשואין – {הר"ן ריש קידושין הקשה ע"ז, ממ"נ, אם היתה חופה, הא קנה אותה בלא ביאה, ואם לא היתה חופה, א"כ ביאה זו באיסור היתה ולמה קונה אותה באיסור}, אינו בדין שתקנה, **ותירץ** י"ל דאה"נ דאם בא שלא לשם נשואין אלא לשם זנות, דאינו קונה ולוקה, אבל בא עליה לשם נשואין, קונה ואין לוקה, {**כיון שבא עליה לשם נישואין, א"צ חופה, וליכא איסור דהואיל והיא עומדת לביאה**}, דכיון דחופה שהיא צורך ביאה קני, מכל שכן ביאה בלא חופה, {**לכן ביאה לשם נישואין קונה בלא חופה**}.

(**ואין** לומר דכוונתו הוא {דגם בביאה צריך שיהא דוקא} בהזמנה ליקח אותה לביתו, דא"כ א"צ ביאה ודי ביחוד בעלמא, אלא ודאי דס"ל דכיון דחז"ל קבעו שביחוד בהכנה ובהזמנה נעשית נשואה, והיחוד אינו אלא צורך ביאה, כ"ש דבביאה עצמה א"צ שום הכנה והזמנה. **ואפשר** דא"צ עדי יחוד לביאה זו, ולא דמי לקדושי ביאה דצריך עדים, דשם היא תחלת קניינו, **והרי** גם בעיקר הביאה קילא מביאה דקדושין, דשם צריך גמר ביאה לדעת הרי"ף והרמב"ם כמ"ש בסי' ל"ג ס"ד, ואלו ביאת נשואין כתב הרמב"ם דדי בהערה, וביאה דנשואין או חופה כיון שגלוי לכל הוה כעדים – ערוה"ש).

הגה: וי"א דחופה אינו יחוד, אלא כל שהביאה החתן לביתו לשם נשואין - {כ"כ הר"ן ריש כתובות},

נראה דכו"ע מודו בדין זה, דהא הר"ן הביא ראיה לדין זה מן הגמרא, דאמרינן אלמנה מן הנשואין אין לה אלא מנה, אף על פי שעדים מעידים עליה שלא נסתרה ולא נבעלה, **וא"כ** להדיא נקראת נשואה אף על פי שלא נתיחדה, וכתב הר"ן דיליף לה מדכתיב: ואם בית אישה נדרה, דמשמע דכ"ז שהיא בבית אישה היא ברשותו.

{**והרמב"ם חולק ע"ז, וכתב עד שיביאה לביתו ויתיחד עמה**, ‹"ואם בית אישה נדרה", סתמא דמילתא כשמביאה לביתו מתייחד עמה. **מיהו** גם הר"ן מודה להרמב"ם דבדרך העיקר הוא היחוד, כדמוכח בסי' נ"ז ע"ש - ערוה"ש›, **ואף להר"ן דוקא כשהיתה בתולה אצל הראשון, אז אף שלא נתייחד עמה הוי חופה מיד כשהביאה לביתו, אבל** אלמנה לא מהני מה שהביאה לביתו, דהא חופה אינה קונה באלמנה לירושלמי הנ"ל, והבאה לביתו היינו חופה, א"כ דוקא בבתולה מהני, אבל לא באלמנה, **ולא** כח"מ ‹לקמן בסמוך› **שכתב דגם באלמנה מהני הבאה לביתו, וכן הוא בתשובת מ"ב, דלא מהני באלמנה הבאה לביתו, ובעינן עכ"פ יחוד דחזיא לביאה, לכן אם באתה אלמנה מן הנישואין לבית החתן בליל ה' והיתה נדה, אסורה לטבול בשבת, דהא הבאה לביתו לא מהני, ולא קנה אותה קודם שבת, ולא כח"מ**}.

(**עבה"ט**. ומה שהביא מקודם דעת הב"ש ואח"כ דעת הח"מ ‹דבאלמנה מהני הבאה לביתו›, לא עשה כראוי, כי הב"ש הביא דברי הח"מ וחולק עליו כאן בסי' זה, ולקמן סי' ס"ד, וכן המג"א חולק על הח"מ בזה, ע"ש, **אך** עיין בס' ב"מ האריך לקיים דברי הח"מ, ומסיק שלהלכה הסומך על הח"מ לא הפסיד, **וכן** מצאתי בספר תוס' שבת, הביא דבספר סולת למנחה כתב שבתשו' האריך לקיים דברי הח"מ בזה, ע"ש, **גם** הט"ז כתב כדעת הח"מ ממש, והוסיף עוד דאפילו אם החתונה בבית אבי הכלה, לא הוי כבית שלה, כיון דכבר נתן האב אותו החדר לחתנו, אפי' דרך שאלה, הוי כממכר כו', וכיון שהולך החתן עם הכלה מן החופה לבית הנישואין, שפיר קונה מצד מסירה לרשותו כו', ע"ש, **והובא** בקצרה בב"ש סי' נ"ז ובסי' ס"ד, ושם מסיים וכתב ואינו נראה, והיינו דנמשך לשיטתו כאן ובסי' נ"ז. **אך** הרב המגיה בט"ז שם האריך לדחות דברי הב"ש ולקיים דברי הט"ז והח"מ הנ"ל, ועיין עוד בביאור רבינו הגר"א ז"ל סי' ס"ד. **ומ"מ** ראוי להחמיר כדעת הב"ש ומג"א ועוד גדולי אחרונים האוסרים אפי' בכה"ג, ובפרט כיון שיש חשש סכנה בדבר, כמ"ש המג"א שם בשם מהרי"ל, ‹שיש סכנת מיתה, לבא על האלמנה ביאה ראשונה בשבת›.

(**ומשמע** מדברי הב"ש דנקטינן לעיקר כדעת האומרים דחופת בתולה א"צ יחוד הראוי לביאה, ולכן באלמנה סגי ביחוד הראוי לביאה, וכן מבואר מדבריו בסי' ס"ד, ודלא כבה"ט שם שהעתיק משמו דבעי ביאה ממש, ע"ש. **ולפ"ז** צ"ל מ"ש הב"ש בס"ק שאח"ז, לחלוק על הב"ח במ"ש אבל עיקר החופה הוא מה שאוכלים החתן והכלה יחד אחר החופה, לכן יש למנוע באותה שעה לכנוס שם רבים, **וכתב** הב"ש דמ"ש יש למנוע לכנוס שם רבים, משמע מועטים יש לכנוס לשם, ואין טעם לדבר, דהא בעינן יחוד דחזיא לביאה, א"כ יש למנוע שלא יכנוס שם שום אדם כדי שיהיה יחוד גמור, עכ"ל. **צ"ל** דכוונת הב"ש היא מאחר שכתב הב"ח דמנהג שלנו הוא לצאת כל הדיעות, א"כ מהראוי לחוש גם לדיעה זו דחופת בתולה בעינן ג"כ יחוד דחזיא לביאה, אבל לעולם מודה הב"ש דאינו לעיכובא. **וכן** מבואר בסידור הגאון מליסא ז"ל בדיני חופה בערב שבת, וז"ל שם, ועיקר החופה לא הוי מה שמכניסין אותם תחת הסודר שפורסין על כלונסאות, רק עיקר החופה מה שמייחדין אותם אח"כ בחדר, ואפילו אינה ראויה לביאה, כגון שהיא נדה, או שבני אדם נכנסים ויוצאים שם באותו חדר, ולא הוי יחוד הראוי לביאה, אעפ"כ הוי חופה גמורה וקונה בבתולה קנין גמור למהוי כנשואה בכל דברים, וצריך ליחד להחתן אותו חדר, והוי כהכניסה לביתו. **ואם** כנס את הבתולה בע"ש והכניס אותה לחדר מבעוד יום, אף שהיא עדיין לא טבלה ובני אדם נכנסין ויוצאין באותו חדר, דבלא"ה אסורה להתייחד עמו קודם ביאה ראשונה, קונה אותה בזה שהביאה לחדר מיוחד לו, ואח"כ כשטובלת מותר לו לבא עליה ביאה ראשונה בשבת, וליכא איסור משום קונה קנין בשבת, משום שכבר קנה אותה מבע"י. **אבל** באלמנה אין קונה חופה רק יחוד הראוי לביאה, היינו שתהיה טהורה ויכנוס אותה אחר הקידושין לחדר מיוחד שלא יהיו שם בני אדם, וזה הוי יחוד הראוי לביאה, וקונה באלמנה ג"כ קנין גמור למהוי כנשואה. ואם כנס אותה בע"ש והיתה טהורה, והכניסה לחדר מבע"י ונתייחד עמה ולא היו שם בני אדם, קונה אותה קנין גמור, ומותר אח"כ לבא עליה בשבת, **אבל** אם

לא היתה טהורה מבע"י, או שלא נתייחד עמה בחדר מיוחד מבע"י, אסור לבא עליה בשבת, {לאו דוקא דאפי' להתייחד אסור, עיין לקמן סי' ס"ד ס"ה}, ולכן יש ליזהר מאד כשעושין חופה בע"ש, שיעשו מבע"י גדול, עכ"ל).

(**ועיין** בשעה"מ שהאריך שם בענין עיקר מהות החופה, שהביא כל הדיעות מהראשונים ז"ל בזה ופלפל בדבריהם, ומסיק וז"ל, ולענין הלכה נראה שיש לחוש לדעת הרמב"ם, ואיכא מ"ד שכתב הר"ן בריש כתובות, דחופה אינו אלא יחוד, ונ"מ לבתולה הנשאת בע"ש, שצריך להתייחד עמה יחוד הראוי לביאה בע"ש, דאל"כ כשיבא עליה בשבת נמצא כקונה קנין בשבת, ועם שלא ראיתי נזהרין בזה, מ"מ ראוי והגון לנהוג כן, עכ"ל ע"ש. ועיין בביאור רבינו הגר"א ז"ל סק"ט מ"ש).

וי"א שהחופה היא שפורסין סודר על ראשה בשעת הברכה – (דלאו דוקא שהנישואין יהיו הכנסה לבית, אלא שעושה דבר שנראה ממנו שמייחדה להכניסה לביתו דיו – לבוש).

הב"י הביא דעה זו בסי' ס"א בשם א"ח בשם העיטור, **וכתב** דלאו מילתא היא, מדגרסינן בסוכה: וליחדו בחופה, ירושלמי כתובות: עד שתיכנס לחופה, ש"מ מקום מיוחד כעין כילה שיושבים שניהם עם השושבינין היא חופה וכו', ע"ש.

וי"א דחופת בתולה משיצאה בהינומא; ואלמנה, משנתייחדו - בגמ' דידן לא נתבאר חילוק בין בתולה לאלמנה לענין חופה, **אבל** בירושלמי אמרו, הלין דכנסין ארמלין בע"ש צריך למכנסה מבע"י, דהיינו יחוד, משמע אבל הכונס בתולה בע"ש א"צ להתיחד מבע"י, כי משעה שיצתה בהנומא נקרא חופה, אבל אלמנה שאין יוצאת בהינומא, צריכה לה להתייחד עמו מבע"י, כדי שלא יהא קונה קנין בשבת, **והרב** הגדול מוהר"ר אליעזר אשכנזי האריך בתשובה אחת, על אלמנה שלא נתיחדה מבע"י, אם מותר לו לבא עליה בשבת, ודעתו להתיר, **ובספר** משאת בנימין האריך בזה, ונחלק על הרב הנ"ל, **ומ"מ** נראה דאלמנה שיש לה נשואין בליל ה' והיתה נדה, ונתייחדה עם החתן ע"י שני שומרים, נראה דמותרת לטבול למחר ביום השבת, דמאחר שנכנסה לביתו ביום ה', קנה אותה, וכמ"ש לעיל בשם הר"ן, דמיד שבאה לביתו קנה אותה, **ולא** אמרו בירושלמי אלא הלין דכנסין ארמלין בע"ש, ועדיין לא היתה בביתו קודם שבת, ע"כ צריך לייחד מבע"י, **ומיהו** לדעת הרמב"ם דס"ל דחופה של נדה אינה קונה כלל, כמבואר לקמן סי' ס"א, אפשר דה"ה יחוד וכניסה לבית הבעל ג"כ לא מהני כל זמן שאינו ראוי לביאה, ועוד אכתוב מזה לקמן סי' ס"א.

והמנהג פשוט עכשיו לקרות חופה מקום שמכניסין שם יריעה פרוסה על גבי כלונסות, ומכניסין תחתיה החתן והכלה ברבים, ומקדשה שם - (טעם למנהג הזה, שלא תאסר עליו בפתח פתוח – גר"א), **ומברכין שם ברכת ארוסין ונשואין, ואח"כ מוליכים אותם לביתם ואוכלין ביחד במקום צנוע, וזהו החופה הנוהגת עכשיו.**

ועיין לקמן סי' ס"ב סעיף ט' - סעיף י' כצ"ל - ושם נתבאר דאפי' הולכין לבית אחר, גם שם נקרא חופה, **וסימן ס"א.**

{**עיין** ב"ח, כתב מנהג שלנו הוא לצאת כל הדיעות, **היינו ביום ו' בבוקר מכסין ראש הכלה בסודר**}, זה הינומא, ונקרא חופה לדעת התוס, **ומ"מ** נראה פשוט דכל זמן שלא נתקדשה, אין חופה קונה קודם הקידושין, רק כשנתקדשה נקראת למפרע נשואה לדעת התוספת, **ולדעת** שאר פוסקים לא נגמרו הנשואין עד שמתייחדין יחד אחר החופה ואוכלין שם במקום צנוע, {**ולערב** בעת הקדושין וברכת חתנים פורסין יריעה ע"ג כלונסאות, ומעמידים לשם החתן וכלה ומברכים ברכת אירוסין ונישואין, **אבל** עיקר החופה הוא מה שאוכלים החתן והכלה יחד אחר החופה, לכן יש למנוע באותה שעה לכנוס שם רבים, **לפ"ז** צריכים ליזהר שאכילה זו תהיה לפני שבת כיון דהיא עיקר החופה, (עכ"ל הב"ח). **מיהו** מ"ש יש למנוע לכנוס שם רבים, משמע מועטים יש לכנוס לשם, ואין טעם לדבר, דהא בעינן יחוד דחזיא לביאה, **א"כ** יש למנוע שלא יכנוס לשם שום אדם כדי שיהיה יחוד גמור}.

(**אבל** העיקר שענין החופה שקונה, הוא יציאתה מבית אביה והולכת עם החתן לביתו לשם נישואין, שמראה שהיא ברשות בעלה, וכדעת הר"ן, **וא"צ** שתתייחד עמו, כמו שהוכיח הר"ן בריש כתובות... אבל נראה כיון שלא הביאה לביתו מקום עיקר קביעתו לחופה אין זה חופה... **אבל** מ"מ מ' דוקא בדרך, אבל כל שקובע החופה, אפילו בחצירה סגי, אלא דעיקר החופה הוא לביתו לשם נישואין, כנ"ל, **אבל** מ"מ עשיית

החופה הוא בסדינים כו' כמין כיפה כנ"ל בירושלמי, וזהו ג"כ חופה שלנו, לפי שאצלנו אף לאחר נשואין דרים בבית אביה, לפיכך מוציאה האב מרשותה לחצר בהכ"נ, שם קובעין החופה בסדינין, ושם הוא עיקר החופה, וקונה אותה לכל, והחצר בהכ"נ הוא מקום הקנייה, דלא גרע מחצר דידה, וזהו חופה ממש, {**ובשעת** החופה דעת הקהל להקנות קרקע זו לחתן זה, כמו אתרוג של הקהל שבשעת הברכה ביום ראשון של חג נחשב לכל אחד כשלו, וכיון דעתה קרקע זו שלו, נחשב כמביאה לרשותו – ערוה"ש}, **אבל** אין הכיפה מעכבת, אלא כיון שנהגו לעשות כיפה כנ"ל, עיקר דעתם לשם נישואין תחת הכיפה, **אבל** אין הכיפה רשות לעצמה שתקנה, אלא החצר – גר"א.

‹**מה** שנוהגין לישא בששי... והמנהג של עכשיו נתייסד שיהא שמח עמה ג' ימים, דז' ימי המשתה נתבטל, וכמ"ש באלמנה שקדו כו' – גר"א›.

סעיף ב- המארס את האשה וברך ברכת חתנים, ולא נתייחד עמה בביתו, עדיין ארוסה היא, שאין ברכת חתנים עושה הנשואין, אלא כניסה לחופה - ונמצא שלא יפה עשו, שבירכו ברכת חתנים ולא נתיחדו מיד אח"כ, דהא דמברכין ברכת חתנים בשעת קדושין בבית ארוסה, היינו דוקא ביהודה שמתייחד עמה.

סעיף ג- אירס וכנס לחופה, ולא ברך ברכת חתנים, ה"ז נשואה גמורה - דכלל הוא דברכות אינם מעכבות, {**כבר** כתבתי לכמה פוסקים דינה כנדה ועיין סי' ס"א}, **וחוזר ומברך אפילו אחר כמה ימים** - {כתב בפרישה הטעם, משום דלא נזכר בברכה זו כלום מנשואין, משו"ה יכול לברך אח"כ, אבל ברכת אירוסין צריך לברך קודם הקדושין, דצ"ל עובר לעשייתן}. (**ועיין** בתשו' הרדב"ז חלק ה' שכתב ישוב אחר, דהכא מיירי שלא בא עליה, דאע"ג שהיא נשואה גמורה, מ"מ אסור לו לבא עליה עד שיברכו לה ז' ברכות, הלכך אף על פי שנגמרו נשואיה לענין שאר דברים, הוי שפיר עובר לעשיה, **משא"כ** בברכת אירוסין, ע"ש. **אמנם** הוא עצמו ז"ל בחלק א' לא כתב כן, רק דמותר לבא עליה אחר החופה אפי' שלא בירך ברכת חתנים, והכי דייק לישנא דהרמב"ם, והבא על ארוסתו בבית חמיו כו', משמע דוקא בבית חמיו כו', ע"ש ולפ"ז ע"כ כתירץ הפרישה).

וצריך לכתוב כתובה קודם כניסה לחופה, ואח"כ יהיה מותר באשתו.

§ סימן סא – חופה לענין מה קונה §

סעיף א- כיון שהכניס האיש ארוסתו לחופה, אף על פי שלא נבעלה, הרי היא כאשתו לכל דבר, וגובה עיקר כתובה ותוספת, אם תתאלמן או תתגרש - (ובגליון שו"ע דהגר"ע איגר זצ"ל נ"ב וז"ל, והראנ"ח כתב דהוי ספיקא דדינא, דלכל הפוסקים דס"ל דאת"ל לאו פשיטות הוא, הוי אבעיא דלא איפשטא. **ותמיהני**, אף דהביא שם דעת תשו' מיימוני בשם ריצב"א דהוי אבעיא דלא איפשטא, מ"מ הא הרא"ש כתב דנפשטה מדתני רב יוסף, ע"ש, עכ"ל).

(**עיין** בס' שיטה מקובצת כתובות דף ז' ע"ב, בענין מציאות החופה, אם הוא מדאורייתא או מדרבנן).

במה דברים אמורים, כשראויה לביאה. אבל אם היתה נדה, ואחר כך כנסה לחופה ונתייחד עמה, אינה כאשתו, אלא לכל הדברים היא עדיין כארוסה, מאחר שהיתה נדה - {כ"כ המגיד דכן ס"ל להרמב"ם וקצת גאונים}.

אם היתה נדה, ואחר כך כנסה לחופה - כ"כ הרא"ש, דאי פירסה נדה אח"כ, כבר קנאה בתחילת חופה, דסוף חופה היא תחלת ביאה, נמצא דחופה קונה בתחילתה, **אבל** במרדכי משמע, דאף דהיתה טהורה כשנכנסה לחופה, אם פירסה נדה בתוך חופתה, פסקה לה חיבת ביאה, **והדבר** תמוה, אם כבר קנאה בתחילת חופה איך יופקע הקנין כשפירסה נדה, **ואפשר** דסבירא ליה דסוף חופה קונה, ותחילת ביאה היא אחר סוף חופה, והקנין נגמר בסוף ז' ימי המשתה, ‹ס"ל דסוף חופה היינו סוף ז' ימי המשתה – המקנה›, או בתחלת ביאה.

כתב המרדכי, צ"ל שפירסה נדה בשעת וסתה, אבל שלא בשעת וסתה מצית אמרה ליה נסתחפה שדהו, כדמוכח פ"ק דכתובות, **ודבריו** אינם מובנים, חדא, דהא בגמרא מבעיא ליה, כיון דאיכא נשי דקא משנין וסתייהו

כשעת וסתה דמי, **ועוד** דלא מבעיא ליה אלא באת"ל חלה הוא וחלתה היא מעלה לה מזונות דנסתחפה שדהו, פירסה נדה מהו וכו', אבל למסקנא דמסיק רב אשי כל אונסא לא אכלה אפילו בחלה הוא, א"כ מכל שכן פירסה נדה שלא בשעת וסתה, וכן פסקו כל הפוסקים לעיל גבי מזונות, וא"כ ה"ה הכא, **דהא** אפילו נתגרשה מן האירוסין בע"כ אפ"ה אינו נותן לה התוספת, כמבואר לעיל סי' נ"ה סעיף ו', שלא כתב לה אלא ע"מ לכונסה לחופה דחזיא לביאה, ואם יארע לה אונס דלא תהיה ראויה לביאה, מה לו לאונסה, סוף סוף לא כתב לה אלא על דעת רק כשיכנוס עמה לחופה הראויה לביאה, **וראיתי** בב"ח דכתב על דברי המרדכי, תלמוד ערוך הוא, והנך רואה שהשלחן ערוך ואין לנו פה לאכול, **וי"ל** דהמרדכי מפרש דפירסה נדה אח"כ, וכמ"ש בס"ק זה, ויכולה לומר מאחר דהיתה כבר חיבת חופה הראויה לביאה, לא הפסדתי, מאחר די"ל מזלך גרם.

משמע דאינו יורשה ואינו זוכה במציאתה ובמעשה ידיה ובפירות, שהן הד' דברים שהבעל זוכה באשתו, כמבואר לקמן סי' ס"ט, **אף** על גב דנתבאר לעיל סי' נ"ו סעיף ג', דמיד כשהגיע הזמן נתחייב הבעל במזונותיה, וממילא דזוכה מיד במעשה ידיה ובמציאתה, דהם נגד המזונות כמבואר לקמן סימן ס"ט, וכן בסי' נ"ז דמיד שנמסרה לשלוחי הבעל אף שמתה בדרך קודם החופה בעלה יורשה, **מ"מ** י"ל לדעת הרמב"ם דכל זה דוקא שראויה לחופה ולביאה, אבל אם היא נדה, אף שנמסרה לשלוחי הבעל, לא עדיף מסירתה לשלוחים מחופה גופא, **ובהגיע** הזמן מבואר לעיל סי' נ"ו סעיף ג', דכשפירסה נדה אינו מעלה לה מזונות, **ובאמת** דברי הרמב"ם תמוהים, דהא בכתובות דף נ"ו ע"א הכי תניא, בעי רבין נכנסה לחופה ולא נבעלה מהו, חיבת חופה קונה או חיבת ביאה קונה, בעי רב אשי נכנסה לחופה ופירסה נדה מהו, את"ל חיבת חופה קונה, חופה דחזיא לביאה, אבל חופה דלא חזיא לביאה לא, או דילמא ל"ש, תיקו, עכ"ל הגמרא, **וכתב** הב"י על זה, וכבר נודע דרך הגאונים והרמב"ם ז"ל, דכי בעי בעיא באת"ל, הוי כאלו נפשטא ההיא בעיא קמייתא, חיבת חופה קונה, (עכשיו גומר הח"מ קושייתו) **והנה** באמת הבעיא דרבין לא קאי אירושה, דהא כשמסרה האב לשלוחי הבעל עדיין לא נבעלה, ואפ"ה בעלה יורשה, וא"כ למה נאמר דבעיא השניה של רב אשי קאי אכל מילי אף לענין ירושה, דהא באמת שתי האבעיות האלו דרך את"ל מבעיא להו, ובחדא מחתא מחתינהו.

{**ולמ"ש** בסי' נ"ז לא קשה מידי, וכל הבעיות קאי לענין ירושה, דאף על גב דאם מוסר לשלוחי הבעל יורשה, היינו מטעם מחילה, אבל חופה בבית אביה מבעיא ליה, די"ל דגרע טפי לענין זה כמ"ש שם}.

{**ולכאורה** קשה על שיטת הרמב"ם דס"ל חופה היינו יחוד, מה מבעיא בש"ס פירסה נדה מהו אי מהני החופה, פשיטא דלא מהני, דהא אסור להתייחד עמה, ואיך ס"ד דקונה אותה ביחוד של איסור, **וי"ל** דאיירי דהיתה טהורה ונתיחד עמה ואח"כ פירסה נדה, ולא כהרא"ש שהבאתי, וכן ב"ח וח"מ דייקו ממרדכי, דס"ל דאפילו פירסה נדה בתוך חופתה פסקה לה חיבת ביאה, **גם** י"ל דבש"ס איירי בקידש אותה בביאה, משו"ה מותר להתייחד עמה כיון שכבר בעיל אותה, כמ"ש ריש כתובות וביו"ד סימן קצ"ב}.

(**ובגליון** שו"ע דהגר"ע איגר זצ"ל, עמ"ש הב"ש ולכאורה קשה על שיטת הרמב"ם דס"ל חופה היינו יחוד, מה מבעיא בש"ס פירסה נדה מהו אי מהני החופה, פשיטא דלא מהני כו', **נ"ב** וז"ל, עיין בר"ן ריש כתובות דכתב תחלה, דחופה היינו יחוד, ומ"מ בדיעבד מהני החופה בנדה, ע"ש, **וא"כ** י"ל דגם הרמב"ם ס"ל די"ל כן, ומה דפסק דאף דיעבד לא מהני, היינו מכח אבעיא דהש"ס, עכ"ל).

{**ושם** מבואר דכלה צריכה לישב ז' נקיים קודם החופה, משום דחיישינן שמא מחמת חימוד ראתה, ואם היה לה חופה תוך ז' נקיים, ס"ל להמגיד דהוי חופה אפילו לשיטת הרמב"ם, כיון דאינו אלא חשש שמא ראתה לכן מהני החופה, וע"ש, **עוד** כתב שם הרמב"ם, ת"ח מותר להנשא מיד ותספור אחר הנישואין ז' נקיים, **ופירש** המגיד, דמותר להתייחד עמה כיון שאינה נדה ודאית, והוא ת"ח, **והב"י** שם חולק עליו, ופי' דאסור להתייחד עמה, ומותר להנשא, **ולכאורה** תמוה, אם היחוד אסור א"כ מה הם הנשואין אשר התיר הרמב"ם, דהא חופה היינו יחוד, ואם היחוד אסור מה הם הנשואין}.

(**ומצאתי** בשעה"מ שנסתפק בדין זה, אי חופה שאינה ראויה לביאה מחמת איסור דרבנן, אי חשיבא חופה לדעת הרמב"ם וסייעתו, **והביא** בשם הרב מהר"ח אבולאפיא שהוכיח מדברי הה"מ בענין לכתוב כתובה קודם כניסתה לחופה, דמבואר מדבריו דלכתחילה בעינן שלא יחסר דבר אפי' מדבריהם, הא אם עבר וכנס, חופה גמורה היא, כיון דמדאורייתא חזיא, **ולפ"ז** ה"ה בכלה שנכנסה לחופה בתוך ז"נ שלה, דאין איסורו אלא מדרבנן,

מועילה החופה בדיעבד. **והרב** המחבר ז"ל האריך לחלוק עליו, וס"ל שלדעת הרמב"ם ז"ל לא שנא לן בין דאורייתא לדרבנן, ומדברי הה"מ שם אין ראיה כלל, **וגם** מדברי הה"מ דפי"א מהא"ב {שכיון עליהם הב"ש הנ"ל} אין ראיה, דלא קאי התם אלא לענין היתר יחוד לת"ח, אבל לענין קנין מסתברא ודאי דלא קני לה, כיון דליכא חיבת ביאה, שהרי אסור לבא עליה, ומה לי מחמת איסור תורה או מחמת אזהרת חז"ל. **ומסיק** זאת תורת העולה לדעת הרמב"ם וסייעתו, אפי' בחופה דלא חזיא לביאה אלא מדרבנן דינה כארוסה, **וכן** מתבאר ג"כ מדברי הרב משאת בנימין, שכתב שמה שנוהגין לעשות נישואין לבתולה ‹שעדיין לא טבלה› בע"ש, ולערב טובלין אותה ובועל אותה, שלדעת הרמב"ם דס"ל דחופת נדה לא קנה, לא יפה הם עושים, שנמצא שקונה אותה בשבת, יעו"ש, הרי דאפילו בז' נקיים דאיסורא דרבנן, ס"ל דלא קנה, כנ"ל להלכה, עכ"ד, ע"ש. {**לענ"ד** צ"ע, דלכאורה אפשר לומר דהמשאת בנימין שם ר"ל בבתולה שהגיע זמנה לראות וראתה, דהיא נדה מה"ת עד שתבא במים, וא"כ אין ראיה}, **ועיין** בהג' טעם המלך שם שהביא עוד ראיה לזה מדברי תשו' ח"צ, דמבואר שם דס"ל ג"כ הכי, דאפילו מחמת איסור דרבנן מקרי חופה שאינה ראויה לביאה, ע"ש).

{**ובסי'** נ"ה מבואר, **דאחר הקדושין קונה בהעראה, א"כ לדעת הרא"ש הנ"ל, אם היתה טהורה כשיעור הערעה ואח"כ פירסה נדה, הוי חופה, ואם היתה נדה קודם היחוד, עלתה בתיקו, ונ"מ לענין תפיסה, דלהני פוסקים דס"ל דמהני תפיסה, כמ"ש בחו"מ, מהני כאן גם כן תפיסה, היינו דלהרמב"ם בעינן תפיסה לכל מילי, ולהרא"ש א"צ תפיסה אלא לתוספת כתובה}.**

(**עיין** בשעה"מ שהביא דבתשו' מהרש"ך, תמה על הרמב"ם, כיון דחופה דלא חזיא לביאה הוא בעיא דלא איפשטא, איך תפס במושלם שהיא כארוסה, ושאין בעלה יורשה, והוה ליה למימר דהמע"ה, כדרכו בכל תיקו שבתלמוד, ואם הבעל מוחזק אין מוציאין מידו, וכן נמי לענין תוספת אם תפסה אין מוציאין מידה. **ובתשו'** פרח מטה אהרן כתב לתרץ זה, כיון דירושת יורשי האשה הוי ודאית, וירושת הבעל היא מכח ספק, אין ספק של בעל מוציא מידי ודאי יורשי האשה, והרי זה דומה למ"ש בפ' החולץ יבמות דף ל"ח, ספק ויבם שבאו לחלוק בנכסי סבא כו'. **והוא** ז"ל כתב דאין תירוץ זה עולה יפה, דלא דמי כלל לההיא דספק ויבם כו', **רק** דמעיקרא קושיא ליתא, שהרי כתב הרמב"ם, דמי שנתגרשה ספק גירושין, אין הבעל יורשה, ומבואר הוא דאפילו נכסי צאן ברזל שלה שהוא מוחזק, אפ"ה אין הבעל יורשה ומוציאין מידו, וק"ו בספק נשואה, דאפי' החולקים שם על הרמב"ם מודו בספק נשואה, כמ"ש ה"ה שם, ע"ש עוד).

וי"א דדוקא לענין שלא תגבה התוספת היא עדיין כארוסה, אבל לכל שאר דברים הרי היא כנשואה – ‹הרא"ש והביאה הטור, דסובר שהאבעיא לא היתה אלא לענין תוספות כתובה, וכ"כ הר"ן› – באר הגולה.

וראיתי בתשובת הרא"ש הובא בסמוך בהג"ה, באשה שחלתה חולת מות ונכנסה לחופה, פסק דאין הבעל יורשה, מידי דהוי אנכנסה לחופה ופירסה נידה, **משמע** דמפרש גם כן כדברי הרמב"ם, ומסרה האב לשלוחי הבעל מפרש גם כן בראויה לביאה, **אבל** בפסקיו חזר בו הרב, ופסק פרק אף על פי, דחופת נדה הוי חופה לשאר דברים, ולא מבעיא ליה רק לענין תוספת כתובה, וגם בתשובה כלל ל"ז סימן א' פסק דמיד שנתיחדה בביתו, אף שבושה מלטבול ואינה ראויה לביאה, אפ"ה יורשה, **ובד"מ** פסק כדברי האחרונים, דחופת נידה הוי חופה דלא כהרמב"ם, **וא"כ** נראה למעשה אלמנה שנכנסה לחופה קודם שבת, מאחר שזכה מיד בירושתה ובמעשה ידיה ומציאתה, מותרת ליטבול בשבת, דהא כבר קנה אותה לכל דבר כשנכנסה לרשותו, **ואף** שהיא קונה קנין תוספת כתובה שכתב לה, אין האיסור מצדה רק מצדו, וכבר נתעורר על זה הרב בעל משאת בנימין, **ובפרט** לדברי ר"י שמודיעין לו שאינה טהורה, כמבואר בסמוך ס"ב בהג"ה, אז חופה קונה לכל דבר, וא"כ אין כאן שום איסור בביאת שבת.

{**ונשמע** מדברי המחבר דס"ל עיקר כרמב"ם, דהא הביא **דעת הרא"ש בשם י"א, משמע דס"ל עיקר כדעה קמייתא, היינו דעת הרמב"ם**}.

הגה: ועיין לעיל ריש סימן נ"ה מהו נקרא חופה

– [דהיינו דשם כ', דהאידנא מקרי חופה מה שמעמידין **חתן וכלה תחת יריעה המונחת על כלונסות, ואם כן עד אותה שעה לא מיקרי חופה לכל דבר המועיל מחמת חופה, ולא כי"א שהביא רמ"א סי' נ"ה, שהינומא מיקרי חופה, בכל מה שנזכר כאן דחופה בלא ביאה קונה, היינו בבתולה, אבל בבעולה אין החופה קונה, כמ"ש סי' ס"ד].**

וצריכין לכתוב הכתובה קודם החופה, כדי שתהא חופה הראויה לביאה – ‹שהרי אסור לשהות עם אשתו בלא כתובה – לבוש›. ‹**ולפ"ז** גם כשהיא טמאה מפני מציאת הכתם, או שעומדת בימי ליבונה וטבלה, דהאיסור הוא רק מדרבנן, מ"מ אסור לעשות החופה – ערוה"ש›.

ולמ"ד דחופת נדה הוי חופה אף על פי שאינה ראויה לביאה, הוא הדין אם לא כתב כתובה – {הנה לרמב"ם נמי בדיעבד הוי חופה אם לא כתב כתובה, כמ"ש המגיד, ולא דמי לנדה כמ"ש הר"ן, **אלא** דלהרמב"ם צריך לכתוב כתובה קודם החופה, כדי שאל יחסר שום דבר אפילו דבר שהוא מדרבנן, **אבל** להרא"ש עושין חופה אפילו לכתחלה בלא כתובה}, **מכל מקום נוהגים לכתחלה לכתבה קודם לכן** – ‹שהרי אנו מפסיקין בקריאת הכתובה בין ברכת אירוסין לברכת נשואין, כמו שיתבאר, ובהכרח שתהא הכתובה לפנינו – ערוה"ש›.

אשה חולנית חולת מות, אע"פ שנכנסה עם המטה תחת החופה כדי שיירשנה בעלה, אינה חופה כלל, מאחר שאינה ראויה כלל לביאה, ואין בעלה יורשה – [זה העתיק מתשובת הרא"ש וז"ל, ראובן חלק נכסיו והניח קרקע לנדונייתא, בתנאי שאם תמות קודם נישואין שישאר הקרקע הקדש, וחלתה חולת מות, וכדי להפקיע הקרקע מיד הקדש הלכו קרוביה והושיבוה במטה בחוליה (תחת החופה) עם אחד מקרוביה ועשו ז' ברכות, כדי שירשנה, ומתה מחולי זה ולא קרב אליה].

(**הנה** בתשובת הרא"ש מבואר בדין זה ב' טעמים, **א'** דלא עדיף מפירסה נדה דאין הבעל יורשה, **ב'** דשם שהיה עובדא דנתן לבתו על תנאי שאם תמות קודם הנישואין יהיה להקדש, אזלינן בתר דעתו, דרוצה לעשות טובה לנשמתו כו', **והקשה** הח"מ על הרמ"א ז"ל שכ' דין זה בסתם, דהא מטעם הא' כבר חזר בו הרא"ש בפסקיו, ופסק דחופת נדה הוי חופה לשאר דברים), **והא** עדיפא מנדה, דהא אפילו חולה ראויה להעראה, משא"כ נדה, וע"כ אסור למשש דופק לאשתו נידה, כמבואר ביו"ד סי' קצ"ה סעיף י"ז, **ואף** שיש לחלק דנידה דעתו לבא עליה לכשתטהר, אך זו מסוכנת היא, **מ"מ** הא קי"ל רוב חולים לחיים, ‹**לכן** כתב חולת מות, ומה ענין רוב חולים לחיים לכאן – ערוה"ש›, **ועוד** מאחר דקי"ל דיש חופה לפסולות, דהיינו אלמנה לכ"ג שהכניסה לחופה ולא נבעלה ולא קידשה כבר, אף על פי כן בכניסתה לחופה פסלה מתרומה דבי נשא, ואף על גב דלעולם לא תהיה ראויה לביאה, א"כ ה"ה מסוכנת, (**וטעם** הב' לא שייך הכא בסתם בלא הקדש. **והב"ש** תירץ דהרמ"א פסק כן מטעם הא', וסובר דהרא"ש לא חזר בו מדין זה, דשאני הכא מאחר שאינה ראויה לביאה כלל גרעה מנדה, ע"ש), [**דבנדה היה עכ"פ בדעתו לבא עליה אחר שתטהר, ועל זה אמרינן שפיר דחופה קונה, כיון שעיקר החופה בשביל זה, משא"כ כאן שאין כוונתו אלא ליורשה ולא לביאה, כי היא בסכנת מות, ע"כ מודה הרא"ש דאינו יורשה**], ‹**דנהי** דלא בעינן חופה הראויה לביאה, מ"מ אשה הראויה לביאה בעינן, דהכל יודעין כלה למה נכנסה לחופה – ערוה"ש›, {**דאל"כ סותרים דברי הרא"ש בתשו' למ"ש בפסקיו דחופת נדה הוי חופה**}. (**וכן** הסכים בתשו' פרח מטה אהרן).

(**עיין** בשעה"מ שם שהביא בשם מהר"ש גאון, שכתב שאף להחולקים על הרמב"ם וס"ל דחופת נדה חשיבא חופה לענין ירושה ושאר דברים, היינו דוקא גבי נדה דכיון דיש לה זמן מוגבל לנדתה, משו"ה חשיבא חופה כיון דאיכא חיבת ביאה לאחר זמן, **משא"כ** היכא דליכא חיבת ביאה כלל, כו"ע מודו דלא חשיבא חופה כלל, **ועפ"ז** יצא לידון בראובן שנשא בת שמעון, ונכנסה לחופה ולא קרב אליה בסיבת שהנערה היתה צועקת באופן שלא היה להם יחוד, וגם נתגלה הדבר שלא היה לו גבורת אנשים, דלכו"ע אין הבעל יורשה, דכיון דאין לו גבורת אנשים אין לזה זמן מוגבל מתי יתרפה, ובהא ודאי לא חשיבא חופה כלל. **והוא** ז"ל תמה עליו, שהרי מדברי הר"ן והנ"י משם הריטב"א, שהקשו על הרמב"ם מההיא דיש חופה לפסולות, מבואר דלא ס"ל חילוק זה, וכן מתבאר מדברי תשובת מיימוני דליתא לחילוק זה, ע"ש. **וצ"ע** מדברי הרמ"א בהגה, באשה חולנית חולת מות כו', דנראה שגם הרמ"א ז"ל מסכים לחלק כן, וכמ"ש הב"ש, דהרמ"א מחלק מסברת נפשו דגרע מנדה מאחר שאינה ראויה לביאה כלל, ע"ש, וצ"ע).

(**ועיין** בתשו' ח"צ שתמה על הרמ"א ז"ל מצד אחר, דדוקא בהאי עובדא דהרא"ש כתב דאין באותה חופה כלום, והיינו כיון שהזכיר האב תנאי נישואין, וחופה שאינה ראוי' לביאה אינה בכלל משמעות נשואין, וא"כ לא נתקיים התנאי, **אבל** אה"נ שאם לא הי' שם תנאי, אף על

פי שהיא חולנית ואינה ראוי' לביאה, חופה קונה להרא"ש ז"ל, ושלא כדברי הרב הרמ"א ז"ל, עכ"ד, ע"ש).

{**ואיכא** למידק תיפוק ליה דהא צריך להחזיר הנדוניא תוך שנה הראשונה, ‹ראה רמ"א לעיל סוף סי' נ"ג›, **וי"ל** דמיירי דהיא עשתה השידוך אחר מיתת אביה, וכשהיא מכנסת הנדוניא א"צ להחזיר, כמ"ש בסי' קי"ח, **ואין** להקשות לפי"ז דהיא היתה מכנסת הנדוניא, א"כ למה לא זכה הבעל מחמת מחילה שלה, דהיתה לה חופה עמו, **וכן** הקשה בט"ז, ומחמת קושיא זו כתב, דאם היה לה ממון זכה הבעל מחמת המחילה, ובתשו' הרא"ש איירי שאביה פסק לה, משו"ה לא מהני מחילה שלה, **אבל** לא תירץ על הקושיא הראשונה, למה לא מחזיר הנדוניא כיון דאביה פסק הנדוניא ולא היא, **ויותר** מסתבר דלא שייך כאן מחילה, די"ל דאף דהיתה לה חופה היתה סבורה שתחזור לבוריה, ולא היתה דעתה למחול לו, ומ"ש כדי שירשנה, היינו כוונתו היתה לזה, אבל לא כוונתה, **וכן** הוא לשיטת הרמב"ם, אם היא נדה והיתה לה חופה אינו יורשה, ולא אמרינן דמחלה לו, כן ה"נ לדידן}.

[**ולא** ידעתי מה עלה על דעתו בדברים אלה מה שא"א לשומען, חדא דהא אפשר לומר דרמ"א מיירי שחלתה חולת מות, דהיינו שאי אפשר לעמוד מחולי זה וגם לא תהיה ראויה לביאה, ויהיה מתנועע והולך הלוך וחסר עד אחר שנה, אעפ"כ לא ירשנה בעלה אחר שנה, כיון דלא היתה ראויה לביאה בתוך שנה מיום כניסתה לחופה עד אחר מותה – הגהת הט"ז]. ‹וע"ש עוד אריכות גדול›.

(**ומ"ש** הב"ש בשם הט"ז, אם היה לה ממון זכה הבעל מחמת מחילה כו', **עיין** בספר ב"מ שם שפקפק ע"ז, מהא דקיי"ל בחו"מ סי' רפ"א, אין אדם יכול להוריש מי שאינו ראוי ליורשו כו', בין שהיה ש"מ כו').

(**וכתב** עוד בב"מ במעשה בזקן א' שהיה לו בן חורג מאשתו שניה, וגם היה לו בנים מאשתו ראשונה, ולבן הגדול דידיה הי' בת הראויה להנשא, ורצה בתקנת בת בנו, ואף שקד על תקנת אשתו שלא תהא כזרה בתוך ביתו אחרי העדרו, ובא הזקן אל הרב ועשה קנין גמור אגב סודר מעכשיו, ונתן במתנה להזוג דהיינו הבת בנו והבן חורג הנ"ל את החצי ביתו, ויהיה זה נדוניא לבת בנו, והתנה שלא יוגמר הקנין עד שיבואו הזוג הנ"ל לידי נשואין, ודוקא עם זה הבחור, ועפ"ז נעשה השידוך, ואחר זה שבק הזקן חיים לכל ישראל, ובהגיע תור הנישואין חלה החתן את חוליו ונפל למשכב, ואבי הכלה נתיירא פן ימות החתן ותתבטל המתנה ותפול הנחלה לפני כל אחיו, החזיק לדבר על לב החתן שיתחזק ביתר עוז אך לילך למקום החופה בחצר בהכ"נ כדי לגמור הנישואין, וכן נעשה, ויום או יומים אחר החופה נפטר החתן מחולי זה. ונשאל אם הוא בדומה להמבואר הכא באשה חולנית כו'. **והשיב** לכאורה בודאי הוא דומה, וא"כ לא מקרי זה חופה כלל, ואפילו להח"מ שכתב דטעם הא' של הרא"ש חזר בו בפסקיו, מ"מ מידי ספיקא דדינא לא נפיק, ובפרט שהשו"ע סותם כהרמב"ם, והיורשים נקראים מוחזקים נגד מקבל מתנה, ועליו הראיה, **אך** לשיטת הגאון שבשו"ע סי' נ"ג, דבלישנא דעלמא מיד בהקדושין חשוב קיום לשון שתנשא בו, אין טעם זה מספיק בנידון דידן שהתנאי היה קודם הקדושין, וי"ל דאף בהקדושין לבד נתקיים התנאי, ואף אם החתן מת זכתה היא, {**כבר** כתבתי שדעת כל האחרונים אינה כן, דאינו נקרא נישואין בקידושין לחוד עד שנכנסה לחופה}, **אבל** לענ"ד טעם השני של הרא"ש נמי שייך בנדון זה, דאין אומד גדול מזה, דהא ירושת יורשי דאורייתא עדיף מהקדש, כמבואר בחו"מ סי' רפ"ב בהגה, ומסתמא כשהעביר נחלה דאורייתא לא על נשואין כאלו שאינם ראוים לביאה ועומד למות כיון. **ולכן** אם החתן ודאי לא היה ראוי לביאה, פשיטא לי דלא מהני ההיא חופה מידי, **ואף** אם אין הדבר אלא ספק אם היה ראוי לביאה, ודאי אילו היה תלוי בפלוגתת הרמב"ם והרא"ש, אז שייך למימר ס"ס, חדא דפלוגתא, וחדא בגוף המעשה, נגד חזקת יורשים, והיה שייך לפלוגתת האחרונים אם מוציאין ע"פ ס"ס, **אמנם** למה שכתבתי שטעם ב' של הרא"ש שייך נמי בנידון זב, ואף הרא"ש מודה, נמצא דלא הוי אלא חד ספק, **ומ"מ** י"ל כיון דיש לו חזקת בריאים שהם ראוים לביאה, וגם בזמן החולי אפשר דרוב חולים עכ"פ ראוים לביאת הערואה, **ואף** דאין הולכין בממון אחר הרוב, הכא דהוי כמו רובא וחזקה, כתבו הבעל המאור ובעל מלחמות פ"ק דכתובות דהולכין אחריו, אפשר דהמתנה קיימת, **ומהכא** אין ראיה, שכבר דקדקו שהיתה חולנית חולת מות, משא"כ זה שהיה לו כח לילך ולחזור ממקום החופה לביתו, **לכן** צ"ע למעשה, וטוב לפשר, עכ"ד).

כנסה לחופה ולא בירך ברכת חתנים, הוי חופה גמורה, דאין הברכות מעכבות

– {כן היא דעת הרמב"ם והרא"ש כמ"ש בסי' נ"ה, **שם** כתבתי דלדעת כמה פוסקים כלה בלא ברכה אסורה כנדה, **היינו** דהברכות מעכבות, וכ"כ בש"ג, **ואפשר** דלא הוי כנדה ממש, כיון דאינו

אלא איסור דרבנן, וגם יש בידו לברך הברכות}, **ומברך אחר כמה ימים, ולכתחלה יברך אותם קודם שיתייחד עמה. וע"ל סי' נ"ה. ונהגו עכשיו לברך תחת החופה, קודם שתתיחד עמו** – {הולך לשיטתו בסי' נ"ה, דעיקר החופה הוא מה שאוכלים אח"כ במקום צנוע – ערוה"ש}.

ונהגו שהחתן והכלה מתענין ביום חופתן, ועיין באו"ח סי' תקע"ג – {במהר"ם מינץ איתא ב' טעמים, **א'** משום דהוא יום סליחה דידהו ונמחלים עוונותיהם, {מהרא"י להתענות ולבקש רחמים שיהיה חיי שלוה עם בת זוגו, ושיצא מהם דור ישרים בעיני אלקים ואדם – ערוה"ש}, **לפ"ז ראוי להשלים התענית**, וכ"כ ב"ח, **ב'** שמא ישתכרו ולא תהיה דעתם מיושבת עליהם, {ויאמרו קדושי טעות הן – לבוש}, **לפ"ז א"צ להשלים, וכ"כ בהג"ה שו"ע**, {והמנהג פשוט דאם החופה מבעוד יום, שאוכלין ושותין אחר החופה החתן והכלה, {ומ"מ יתפללו החתן והכלה עננו במנחה}, ולפ"ז נראה דתפסו טעם השני לעיקר – ערוה"ש}, **ואם האב מקבל הקדושין בשביל בתו הקטנה, צריך הוא להתענות לפי טעם זה**}.

{**ועיין** בס' חכמת אדם שכ', דאם אחרו החופה שעה או ב' בלילה, יש לסמוך על טעם ראשון וא"צ להתענות רק עד צה"כ, כי מאחר שהתענית הזה אינו מוזכר כלל בגמ', יש לומר דמעיקרא לא קיבלו עליהם להחמיר יותר משארי תעניתים, והיינו עד צה"כ, **מיהו** אעפ"כ יש ליזהר שלא לשתות משקה המשכר קודם החופה}. {**וכן** ראיה דתפסו טעם השני לעיקר, ממה שנהגו שכשהחופה נמשכת כמה שעות בלילה, שמתענין עד אחר החופה – ערוה"ש}.

{**ובימים** שאין מתענים כמ"ש באו"ח, **צריך ליזהר שלא יהיה רודף אחר מותרות מאכל ומשתה**}. {**ודוקא** ימים שהוזכרו בגמ', כמו ר"ח וחנוכה, וכ"ש פורים ואסרו חג וט"ו באב וט"ו בשבט, אבל ביומי ניסן מתענים, **ועיין** בא"ח סי' תקע"ג, דגם בל"ג בעומר וג' ימי הגבלה ובין יוה"כ לסוכות מתענין ג"כ, כיון דימים אלו אין נזכרין בגמ'. **וכן** אם קשה עליהם התענית מאד לא יתענו, ורק יזהרו שלא ישתו ממשקים המשכרים, ולא ירדפו באותו יום אחרי מותרות מאכל ומשתה – ערוה"ש}.

{**וכנה"ג** הביא בשם חכם א', דבימים שאין מתענין, יעשה החופה בשחרית, ולא יאכל עד אחר החופה – בה"ט}.

{**וא"צ** קבלת תענית במנחה שלפניו, כיון שכולם נהגו כן, וכן משמע בא"ח סי' תקס"ב – ערוה"ש}.

{**וכ'** בס' כרם שלמה, נוהגין שהחתן מתפלל במנחה, אחר תפלת י"ח קודם שעקר את רגליו, כל סדר הוידוי, כדרך שמתפללין ביוה"כ, **ונ"ל** דאף בר"ח ושאר ימים שאין מתענין יתפלל כן, וכן הוריתי למעשה, עכ"ד}.

אם קידש בטעות, והיו לו נשואין עמה, ואח"כ נודע שהקדושין היו בטעות, אף על פי שחוזר ומקדשה, א"צ לברך שנית שבע ברכות, וסגי ליה בברכות הראשונות – {כ"כ הג"מ ובתשו' מהרי"ו, וכ"כ הרמב"ם בחופת נדה, והטעם כתבו בהג"מ, משום דברכות אין מעכבות, וכלה בלא ברכה היינו חופה, כמ"ש בת"ה, **ובסמוך** כתבתי דלדעת כמה פוסקים ברכות מעכבות, **אבל בהג"מ קדושין כתב טעמים אחרים**, {דמה שיבא עליה אח"כ, זהו יהיה נשואין, והברכות הקודמות עולין להם. {**דמ"מ** בירך על כינוס אשה זו, לבוש}. **ואין** הטעם משום דרשאי להיות חופה קודם הקדושין, דודאי חופה שקודם הקדושין לאו כלום הוא, עיין מל"מ הובא בפת"ש – ערוה"ש}.

{**ותימה** על תשובת מהר"מ מינץ שפסק דצריך לברך ז' ברכות. **וב"ח** כתב, **דהיכא דלא היו קידושין כלל ע"פ הדין, אז צריך לברך ז' ברכות**, {**דבמקור** הדין שלא הצריכו לברך, היה עוד טעמים לקיים הקדושין הקודמים, אבל הלשון שם לא משמע כן, וצ"ע לדינא, וספק ברכות להקל – ערוה"ש}.

{**ועיין** ס"ס ס"ח כתבתי בשם תוס', **דאם היו בטעות צריך לקדשה מחדש**}. {**מכל** ראיות הר"ש בהגהות מרדכי הנ"ל שאין צריך ברכה, נשמע שאין צריך קידושין אחרים גם כן, {דאין אדם עושה בעילתו בעילת זנות} – טיב קידושין}.

{**ועיין תשובת מהרי"ו שם דכתב דא"צ לכתוב כתובה אחרת, כי כתובה הראשונה קיימת**}.

{**עיין** בס' המקנה שכ', דגם ז' ימי משתה מתחילין משעת חופה ראשונה, אף שהיא בטעות. **ועיין** בס' טיב קדושין שכתב ראיה לדבריו, ומסיים ולפ"ז אם נודע במועד שהיו קדושין בטעות, באופן שצריך לקדשה מחדש, מותר לבא עליה במועד, ואין כאן משום אין מערבין שמחה בשמחה, דמ"מ כבר עברה שמחת נשואין, **מיהו** אם נתוודע ביו"ט, אין מקדשין ביו"ט, וצריך להפרישם עד המועד, עכ"ל}.

{**עיין** במל"מ שנסתפק בהא דחופה קונה, אי בעינן שיהיו הקידושין קודם לחופה, אבל אם חופה קדמה לא מהני להחשיבה כנשואה, או דילמא כל שהיה שם חופה וקידושין מהני, **והוכיח** מדברי הרמב"ן בחידושיו דמהני, **וחלק** על תשו' מ"ב הובא בב"ש סי' ס"ד סק"ו, שפסק דאינו כלום, **והרב** המגיה שם כתב, שדעת התוס' בפ' הבא על יבמתו ודברי הרשב"א ודברי רבינו ירוחם, הם

ג"כ כהמ"ב, ע"ש. **ובתשו'** הרדב"ז ראיתי שמסתפק ג"כ בזה, וז"ל שם, ואי לאו דמסתפינא אמינא דאין הסדר מעכב, שאם שידך אשה והכניסה לחופה וברך ז' ברכות ואח"כ קידשה, הרי היא אשתו לכל דבר, אף על פי שאין ראוי לעשות כן לכתחילה, ודבר זה עדיין צל"ע, עכ"ל. **ועיין** בספר שעה"מ שם שכתב על דברי הרב המגיה הנ"ל, שאין מדברי התוס' והרשב"א וריו"ו ראיה כלל, שכל דבריהם לאפוקי חופה גרידתא ודלא כרב הונא, ולעולם דכל דאיכא חופה וקידושין אפי' שלא כסדרן מהני וכדעת הרמב"ן, וכן נראה מדברי התוס' פ' האשה רבה ומדברי הרשב"א. **ושוב** כתב דנראה שאין מכל אלה סתירה לדברי המ"ב הנ"ל, דעד כאן לא כתבו התוס' והרמב"ן והרשב"א הנ"ל דאפילו שלא כסדרן מהני, אלא היכא דנכנסה לחופה בלא קדושין ואח"כ קדשה בביאה, משום דאע"ג דכנסה לחופה קודם הקידושין, מ"מ בשעה שמקדשה בביאה הרי באותה שעה היא מסורה ג"כ לחופה, וחופה וקידושין באים כאחד, **שהרי** בין להסוברים דעיקר החופה הוא שיביאנה לביתו, בין להרמב"ם דס"ל דצריך הבאה לביתו וגם יחוד, מ"מ הא מיהא בשעה שנתייחד עמה וקדשה בביאה בעודה בביתו הרי היא מסורה לחופה, ונמצא שהחופה נמשכת עד שעת הקידושין, והו"ל חופה וקידושין באים כאחד, **אבל** בנדון הרב מ"ב, באלמנה שנשאת בע"ש, ונוהגין לייחד אותה בע"ש קודם החופה והקדושין, כדי שיהא מותר לבא עליה בשבת, דנמצא דבשעת הקדושין אין כאן חופה כלל, דאלמנה אין לה חופה אלא ביחוד, וא"כ בשעה שנתייחד עמה אכתי לא נתקדשה, והו"ל אותה חופה כמאן דליתא, ובשעה שמקדשה בקהל עם ליתא לחופה, דהיינו יחוד, פשיטא ודאי דלא מהני כלל, ומשו"ה כתב דכשבועלה בשבת הוי כקונה קנין בשבת. **והאריך** עוד בזה ומסיק, סוף דבר בהא סלקי, דמעולם לא כתבו דחופה דקודם הקידושין מהני, אלא דוקא היכא דבשעת הקידושין איתא לחופה בעין, **אבל** בנדון המ"ב דבשעת קדושין ליתא לחופה כלל, נראה דלכו"ע לא קני לה, ואינו יכול לבועלה בשבת, עכ"ד, ע"ש. **ועיין** בספר המקנה שכתב ג"כ שדעת רבינו ירוחם והמ"ב הם עיקר, ודחה ראיית המל"מ מהרמב"ן, ע"ש).

י"א לעשות החופה תחת השמים, לסימן טוב שיהא זרעם ככוכבי השמים - (עיין בתשו' חת"ס שנשאל, אי נכון לשנות מנהג קדמונים ולעשות החופה בבהכ"נ הקדושה, והאריך שם בדברי מהר"ם מינץ, דמשמע מדבריו שהיו רגילין לעשות החופה בבהכ"נ, [וכן משמע בשו"ע יו"ד סי' שצ"א ס"ג בהגה], **וכתב** דהיינו לפי המנהג שהזכיר מהר"ם מינץ שם, שעושין מקודם חופה א' בשחרית בחצר בהכ"נ תחת השמים, הנקרא חופת מאיי"ן, והוא נהוג גם עתה בפ"פ דמיין ובכל פרוודהא כו', **אבל** במדינות אלו שלא נהגו מעולם בחופת מאיי"ן, יש לעשות החופה של כלונסאות בחצר בהכ"נ תחת השמים לסימן ברכה, **ומסיים** בהא סלקינן כל ישראל יוצאים ביד רמ"א להעמיד החופה תחת השמים, לסימנא טבא להתקיים ברכת אברהם, ואשר לא חפץ בברכה ונרחק ממנו, מתכוון ללמוד מדרכי אומות כו', והמתאווים לברכת אבותם יהיו צאצאיהם כמותם כו').

‹**וחדשים** מקרוב באו לשנות מנהגי ישראל ולהתדמות וכו', ואין רוצים בברכה להעמיד החופה תחת השמים, וידם על התחתונה ויד מקיימי מנהגי ישראל על העליונה – ערוה"ש›.

‹**צריך** להעמיד החתן לשמאל הכלה, כדי שתהיה הכלה לימין החתן, דכתיב נצבה שגל לימינך. **יש** מעמידים החתן והכלה לצד מערב, ופניהם כנגד מזרח, שיהיו פניהם נגד ארון הקודש, והמברך מצדד עצמו ופניו למזרח. **ויש** מעמידים חתן וכלה לצד דרום. **ויש** מעמידים לצד צפון, הר"ם מינץ. **בדרשות** מהרי"ל כתב, אחוריהן לצפון ופניהם לדרום, **וכנה"ג** כתב דבזמנינו זה אין אנו מקפידים על כך. **ולוקחים** שתי צלוחיות שפיהם צר, לסימן שהיא בתולה, ולאלמנה שני קרויזא"ן פתוחים, הר"ם מינץ. **והמברך** ז' ברכות עומד במערב ופניו למזרח, וכשאומר שמח תשמח הופך פניו נגד החתן והכלה, דרשות מהרי"ל – בה"ט›.

‹**והמנהג** פשוט אצלינו, שהחתן והכלה עומדים תחת החופה פניהם למזרח, והמברך עומד פניו למערב, כדי שיברכם פנים כנגד פנים, דכל ברכה הוא פנים כנגד פנים, כמו ברכת כהנים, ומעמידין הכלה לימין החתן, דכתיב נצבה שגל לימנך וגו' - ערוה"ש›.

סעיף ב- כשר הדבר שלא תנשא עד שתטהר

– [דהיינו דאיכא ב' דיעות בזה, דהרמב"ם ס"ל דחופת נדה לא הוה חופה, והרא"ש ס"ל דהוה חופה לכל דבר חוץ מזה שאינה גובה תוספת, והר"ן הביא ב' הדיעות, וכתב, ולפי שאנו נוהגין עכשיו לעשות חופה בלא יחוד, אין אנו מקפידין אם היא נדה אם לאו, ומ"מ כשר הדבר שלא תכנס לחופה עד שתטהר, עכ"ל, וע"פ זה נמשכין דברי השו"ע]. ‹**שלא** יאמר אח"כ, אילו הייתי יודע שהיא נדה לא הייתי כונסה עתה, וקידושי טעות היו – לבוש›.

(ועכשיו המנהג שלא לדקדק, ואין ממתינין) –

[הטעם, דאנו קי"ל כדעת אחרים שזכרתי בסמוך בשם הר"ן, דחופה לאו היינו יחוד, ואפ"ה הוה נישואין כיון שמסר אותה לרשות החתן בעת ההיא].

בהגהות מיימון כתב, שעכשיו אנו מתירין להכניס נדות רק שיודיעו להחתן שהיא נדה, מטעם שאנו מעט במקום א', ויש לחוש שמא יקדימנו אחר ברחמים.

‹**וכתב** כנה"ג, הא דמקדשה ונכנסה עמו לחופה אפי' היא נדה, דוקא כשרוצה לישא עכשיו ואי אפשר לה ליטהר, כגון שלא עברו ימי נדותה וליבונה, אבל אם עברו ימי נדותה וליבונה ויכולה היא לטבול, ואעפ"כ אינה רוצה לטבול לסיבה אחרת, ראוי לחוש לדברי הרמב"ם, שלא תנשא עד שתטהר, וכן עשיתי מעשה, ע"ש – בה"ט›.

(ומכל מקום טוב להודיע לחתן תחלה שהיא נדה) **(מרדכי פרק אע"פ בשם ר"י)** - ואז כשנכנסה לחופה ודאי היא קנויה לו מיד לכל דבר, אף לתוספת כתובה, דעושה חופה כדי לבעול כשתהיה טהורה.

{**אע"ג דלשיטת הרמב"ם דינה כארוסה ולא זכה ממנה שום דבר, אע"ג דהיא יודעת שהיא נדה, דמ"מ הוא א"י, לכן צריך להודיע לו, ואז החופה נעשית ע"ש ביאה לסוף כשתטהר וקונה אותה מיד, אבל כשהוא א"י אע"פ שהיא יודעת ליכא קנין**}.

(**עח"מ** וב"ש, ומלשונם משמע דזה תקנה אף להרמב"ם, ובסי' ס"ד סק"ה כ"כ הב"ש להדיא, **ועיין** בתשובות אא"ז פנים מאירות ובתשו' ח"צ שדעתם אינו כן, אלא דר"י ס"ל כהרא"ש כו', וכן הסכים בס' בית מאיר ע"ש).

‹**וכנה"ג** כ', ועכשיו נוהגין לישא נשים נדות אפי' בלתי הודעה לחתן שהיא נדה, **מיהו** בדרשות מהרי"ל כ', דאם אינה טהורה, אינו נוגע בה, אך מניח ליפול מעצמה באצבעה, עכ"ל כנה"ג, **ואנן** לא נוהגין כן, אלא שהחתן בעצמו נותן הטבעת באצבעה, דקודם שקידשה בטבעת לא הוי אשתו, **ומיד** כשקידשה עם הטבעת מתרחקת הכלה מהחתן אם היא נדה – בה"ט›.

§ סימן סב – מתי מברכין ברכת חתנים, ואם אוכלין בהרבה בתים §

סעיף א- צריך לברך ברכת חתנים - ‹כמו שמברכין על כל מתנה טובה שנותן הש"י לאדם – לבוש›, **בבית החתן קודם נשואין** - {כ"כ הרמב"ם, ולשיטתו שפיר, משום דס"ל דחופה היינו יחוד, ואסור להתייחד בלא ברכות, **אף** על גב דס"ל דברכות אין מעכבות, מ"מ לכתחלה בעינן שאל יחסר שום דבר, כמ"ש בסי' הקודם, **והרא"ש** דס"ל דלא בעינן חופה הראויה לביאה, ס"ל דא"צ לברך קודם הכניסה, וכ"כ בד"מ, **והטור** דפוסק כהרא"ש ופוסק כאן דמברכים קודם החופה, י"ל דברכות דאין עיכוב לברך מברכים, אבל כשהיא נדה לדחות הנישואין עד שתטהר א"צ, **והר"ן** כתב עוד טעם דמברכים קודם, כדי שיהיה עובר לעשיה, וכן קי"ל דמברכים ברכת ארוסין קודם הקדושין, כמ"ש בסי' ל"ד, ‹והר"ן כתב דלא מטעם זה, דהא ברכות השבח הן – גר"א›, **ומה** שאנו מברכים ברכת נשואים תחת החופה, משום דבחופה ליכא יחוד, ***והוי** עובר לעשיה קודם שאוכלים ביחד במקום צנוע, **ומזה** ג"כ ראיה דעיקר החופה הוא האכילה במקום צנוע, דאל"כ קשה על מנהג שלנו איך עושים שני דברים הסותרים זא"ז, דמברכים ברכת אירוסין קודם הקדושין כדי שיהיה עובר לעשיה, וברכת נישואין מברכים תחת החופה, **מיהו** י"ל דברכת אירוסין שאני דמדכיר הארוסין בברכה, לכן צ"ל עובר לעשיה, משא"כ ברכת נישואין כמ"ש בפרישה אות ט', **ובד"מ** כתב, לדידן דעושין חופת נדה, א"צ להקדים הברכות לחופה}.

*(**ועיין** בס' המקנה, שכתב דא"א לומר כן, דאלו הוי ברכת נשואין בשביל היחוד שאח"כ, הוי ההליכה מהחופה לבית החתנות הפסק בין הברכה לנשואין, כדאיתא באו"ח סי' ח' סי"ג, **ומ"ש** הרמב"ם והטור קודם כניסתן לחופה, היינו בבית החתונה קודם כניסתן לחדר המיוחד לחתן וכלה, דמחדר לחדר לא הוי הפסק, כדאיתא במג"א שם, **אלא** נראה דכיון דמנהגינו לקדש תחת החופה, א"כ א"א לברך ברכת נשואין קודם כניסתן לחופה, כיון דעדיין לא קידשה, ויהא ברכת אירוסין והקדושין הפסק בין ברכת נישואין לנשואין, **וגם** עדיין לא נקראו בשם חתן וכלה קודם הקידושין, ע"כ מברכין תיכף אחר הקדושין. **מיהו** מה שנוהגין אף באלמנה כן, אף דבאלמנה אין החופה קונה אלא היחוד, {**אפשר** במקומו היה המנהג כן לעשות גם חופת אלמנה ברחוב, אבל מנהגינו אינו כן, אלא דבאלמנה עושין החופה בבית החתנות ולא ברחוב, ואפשר הוא מטעם זה, דאנו חוששין שמא הליכה הוי הפסק, אבל בבית החתנות מחדר לחדר לא הוי הפסק, **אך** לפי"ז גם באלמנה שנשאת לבחור היה ראוי לעשות החופה בבית, וכמדומה שאין נוהגין כן}, **צ"ל** דאפ"ה לא

הוי ההליכה הפסק, משום דכבר התחילה החופה, אלא שאינה נגמרת לקנות עד היחוד. **וכ"ש** לפי מנהג אשכנז, שנוהגין אחר החופה שברחוב מיד כשבאין לבית עושין סעודה ומברכין שבע ברכות קודם היחוד, ע"כ צ"ל דס"ל דעיקר החופה הוא מה שעושין ברחוב, דאל"ה האיך שייך לברך ב' פעמים שבע ברכות קודם החופה. **מיהו** מה שנוהגין כן אף באלמנה צ"ע, ונכון לעשות הדבר {ר"ל היחוד} קודם הסעודה, עכ"ד, ועמ"ש לקמן סק"י}.

‹**אמנם** מנהגינו מיוסד על קו הדין, דעובר לעשייתן לא שייך רק בברכת אירוסין, שהיא כשארי ברכת המצות, אבל ברכת נשואין שהם תפלה בעד החתן והכלה שיצליחו, מה שייך ע"ז עובר לעשייתן, והרי כל שבעת ימי המשתה מברכין ז' ברכות בפנים חדשות – ערוה"ש›.

והן שש ברכות – [בנוסח הברכה: מהרה ה' אלהינו ישמע בערי יהודה, כתוב בטור "ישמיע", ונראה שאין נוסחת הטור עיקר, דהא בירמיה סי' ל"ג כתוב: עוד ישמע וכו', וכן הוא בגמ' ובאשר"י וברמב"ם, וכן הוא המנהג, ולכן המשנה בזה ידו על התחתונה. מה שאומרים בברכת שמח תשמח "משמח חתן וכלה" ולא "עם", כי שם לא קאי על הדיבוק שבהם בזיווג, אלא שישמחם השי"ת בפרנסת שניהם, משא"כ בסוף דקאי על שמחת הזיווג, כן פירש"י].

ואם יש שם יין, מביא כוס יין ומברך על היין תחלה, ומסדר את כולם על הכוס, ונמצא מברך ז' ברכות; ואם אין יין מצוי, מברך על השכר - ואם אין שכר מצוי, יברך בלא כוס, כך משמע מדברי הרמב"ם, וכתב המ"מ, שפשוט הוא שאין כוס מעכב, {**לא דק**, כי המגיד לא כתב זאת בברכת חתנים אלא בברכת אירוסין, **ושם לכו"ע כוס אין מעכב כמ"ש בהרא"ש**}, **אבל** הרא"ש והטור כתבו בשם רבינו ניסים, דלא סגי בלא כוס, ולא ידעתי טעמו, דהא בגמ' בכתובות בחדא מחתא מחתינהו לברכת אירוסין וברכת נשואין, ולא הזכיר כוס בשום א' מהם. {**והא דמעכב יותר בברכת חתנים משום דגמרינן ז' ברכות דוקא**}.

{**ומקדימין ברכת בפה"ג ואח"כ שש ברכות**, ‹תחת החופה, דברכת הכוס תדירה ותדיר קודם›, **וכשמברכים בהמ"ז** ‹בז' ימי המשתה›, מברכים ו' ברכות ואח"כ בפה"ג, ולא כראב"י, וכ"כ בד"מ, **ובתשו'** מנחם עזריה פוסק דלא כד"מ, וכן הוא בתוס', **ולמנהג** שלנו י"ל הטעם, שאל יהיה נראה דמברכים בפה"ג לצורך בהמ"ז ולא משום ז' ברכות, **לכן מאחרין בפה"ג**, כ"כ ב"ה}, ‹**ואפי'** לפי מנהגינו שיש שני כוסות, מ"מ יותר יש היכר כשמברכין אח"כ, **ועוד** דבעת הסעודה כיון שכבר קדמו הנשואין, וגם הנשואין גורמין להכוס שיבא, דבהמ"ז אין טעונה כוס, וגם עיקר הסעודה היא מחמת הנשואין, לפיכך הברכות קודמין ומדחי טעם דתדיר, המקנה – ערוה"ש›.

‹**ומחויבים** לעמוד כל העומדים שם על רגליהם בשעת ברכת ז' ברכות, כנה"ג. **ברכות** חתנים אין להם סדר, ומי שחסר אחת מהנה מברך אותה כשזוכר, אגרות הרמב"ם – בה"ט›

‹**נוהגין** לקרות הכתובה בין ברכת אירוסין לברכת נשואין, כדי להפסיק קצת משום ברכת היין שמברכין עוד פעם אחרת על כוס של נשואין, מהר"ם מינץ, וכ"כ הרמ"א סימן זה ס"ט. **ובקושטאנטינא** נוהגין לקרות הכתובה קודם ברכת אירוסין, ומפסיקין בקדושין בין ברכת אירוסין ונשואין, כנה"ג. **אם** בירך ברכת חתנים קודם ברכת אירוסין, חוזר ומברך ברכת חתנים אחר ברכת אירוסין, הרא"ם. **ומדברי** ריב"ש נראה דא"צ לחזור ולברך ברכת חתנים – בה"ט. (**הרואה** בריב"ש שם יראה, דא"צ לברך אף ברכת אירוסין).

סעיף ב - יש לאדם לישא נשים רבות כאחת ביום אחד, ומברך ברכת חתנים לכלם כאחת; אבל לשמחם, צריך לשמוח עם כל אחת שמחה הראויה לה, אם בתולה שבעה ימים, ואם בעולה שלשה ימים, ואין מערבין שמחה בשמחה - שנאמר: מלא שבוע זאת ונתנה לך גם את זאת, לשון הרמב"ם.

הגה: ואין לעשות חופות ב' אחיות ביחד - ‹משום עין הרע – לבוש›. **וי"א דאף בשתי נכריות יש ליזהר שלא לעשותן כאחת** - ‹ר"ל בזמן אחד ביום אחד – ערוה"ש›, **משום איבה, שמא יכבדו אחת יותר מחבירתה; ואין נזהרין מזה, ואדרבה יש מכוונים לעשות חופות עניות עם חופות עשירות, משום מלוה** - ‹ואין כאן קנאה – לבוש›. ‹אבל בשתי אחיות או שני אחים או אח ואחות, ודאי דיש ליזהר – ערוה"ש›.

סעיף ג - אם יש שני חתנים יחד, מברכים ברכת חתנים אחת, לשניהם. הגה: ואפילו לא היו החתנים ביחד, אלא שהיה דעתו

על מילה, כמו שנתבאר ביו"ד סימן רס"ה לענין מילה - (עיין בס' המקנה שכתב, נראה דמיירי שכבר קדשו כל אחד בפני עצמו, **אבל** לפי מנהגינו שמקדשין תחת החופה, א"כ הקדים ברכת נשואין לקדושין של חבירו, ולא מצינו ברכת נשואין קודם קדושין, **ותו** דאם יכוון גם בברכת אירוסין לפטור את חבירו, הא הוי ברכת נשואין הפסק, **ואם** לא יכוון בברכת אירוסין לשניהם, א"כ הוי ברכת אירוסין דשני הפסק בין ברכת נשואין דראשון לנשואין דשני, **ואפשר** דדעת הרמ"א היינו שמברכין על הראשון ברכת אירוסין, ודעתו לפטור השני שיבא אח"כ, ומברך לשני ברכת נשואין, ופוטר גם הראשון בברכת נשואין, **והיינו** שכתב כמו שנתבאר ביו"ד סי' רס"ה, דשם ס"ה מבואר, דהראשון מברך על המילה ועולה גם לשני, והשני יברך על הכוס אשר קידש, ע"ש).

וי"א דאין לברך לב' חתנים ביחד, משום עין הרע - {כתב בפרישה, ה"ה שאין לברך על שתי מילות ברכה א' ולמולם כאחד משום עין הרע, ובט"ז שם מחלק ביניהם, ע"ש}, **וכן נוהגין לעשות לכל אחד חופה בפני עצמו ולברך לכל אחד; אבל לאחר הסעודה מברכין להרבה חתנים ביחד, אם אכלו ביחד** - (דלא שייך שם עין הרע, כיון דבלאו הכי הרבה בני אדם ישנם שם ואוכלין בסעודה אחת וכולם יוצאין בברכה אחת, אין שם עין הרע לחתנים יותר, נראה לי – לבוש).

(**עיין** בתשו' הרדב"ז שכ', דהיכא דחתנים גופייהו מקפידים בהכי, שאין רוצים בברכה בשותפות, שפיר דמי לברך לכל א' בפני עצמו, ואין כאן משום אפושי בברכות, ומוציאים את האחד לבית אחר ומברכים, וחוזרים ומברכים לזה, וכן עשה הוא ז"ל מעשה, ע"ש).

סעיף ד - אין מברכין ברכת חתנים, אלא בעשרה גדולים ובני חורין, וחתן מן המנין - (דכיון דהם ברכות שמחה, והוא שרוי בשמחה, למה לא יהא מן המנין, **ואע"ג** דלאו דבר שבקדושה הוא כקדיש וקדושה שלא יתאמרו בפחות מעשרה, מ"מ כיון דאומרים שהכל ברא לכבודו לכבוד הנאספים, ומזכירין בנין ירושלים, אין מדרך הכבוד להזכירם בפחות מעשרה, **וילפינן** לה מקרא דבועז דכתיב ויקח עשרה אנשים וגו', ומ"מ אין ללמוד מפסוק זה דבעינן עשרה לבד מהחתן, דאין זה סברא כלל – ערוה"ש).

{**ובמקום** דליכא עשרה, אין לעשות נישואים, כ"כ הרשב"א, ובפסקי מהרא"י **חולק** ע"ז, **והב"י הסכים לדברי הרשב"א**, (צ"ע, דהרשב"א לא קאמר שלא יעשה נשואין, אלא שלא יברכו בפחות מי', ע"ש בתשו' - ערוה"ש), **ובד"מ כתב אין דבריו נראים, אלא אין הברכות מעכבות, מיהו לכתחילה יש ליזהר ולהדר אחר עשרה**, עכ"ל}, **ועיר** שאין בה עשרה, וא"א להביאם שם ממקום אחר, אסור לעשות שם נשואין, אלא צריך החתן והכלה לילך למקום שיש שם עשרה ולהכניסה שם לחופה, **ואם** אין במדינה עשרה, וא"א לו לילך למדינה אחרת רק בטורח גדול, אז הוי כדיעבד וברכות אין מעכבות, ויכניסנה לחופה בלא ברכה, וחוזר ומברך אפילו אחר כמה ימים, כמו שנתבאר למעלה סי' נ"ה. (**אם** יזדמנו בתוך שבעת ימי המשתה, ואפשר דאפילו אחר זמן רב אומרים השבע ברכות, כיון שעדיין לא אמרום, וכן מורה לשון הרמב"ם, וביש"ש מצאתי דאחר ז' ימי המשתה לא יברכו. **ובהסעודה** לא יברכו רק אשר ברא, אבל בשעת החופה לא יברכו אותה לבדה, דבשעת החופה לא נתקן רק שבע ברכות – ערוה"ש).

{**וברכת** אירוסין **לכו"ע א"צ עשרה אלא לכתחלה, כמ"ש ס"ס ל"ד**}. (**דהיא** ברכת המצוה ככל ברכת המצות, **ושלשה** אפשר דגם שם מעכב, דשלשה מוכרחים להיות, החתן ושני עידי הקדושין – ערוה"ש).

(**עיין** בתשובת נו"ב, על דבר המסדר קדושין שבירך ברכת אירוסין וברכת נשואין בלא עשרה, וכתב כי בודאי הדיוט כזה עון פלילי הוא שיהא לו עסק בטיב קדושין, אבל עם כל זה הקדושין והחופה גמרו קניינם, **ואפי'** לדעת הרשב"א דהברכות מעכבות, ובמקום שאין עשרה אין לעשות נישואין, מ"מ כאן שכבר בירך אלא שלא היו שם עשרה, זה אינו מעכב דיעבד בכל דבר הצריך עשרה, והביא ראיות לזה, (דעולים בדיעבד וא"צ לברכם עוד, ולא משמע כן מכל הפוסקים – ערוה"ש), **וסיים** דמ"מ אין הפסד שכאשר יזדמן שם נישואין, יעמדו גם הזוג הזה סמוך לחופה, ויכוונו לצאת בברכה שיברכו להחתן והכלה האחרים, {וגם המברך יכוון להוציאם}, ע"ש).

בין כשאומרים אותה בשעת נשואין בין כשאומרים אותה אחר ברכת המזון - (עיין בס' זכור לאברהם שכ', יש לעיין אי בעינן הני עשרה שיאכלו כולם או שיצטרפו לפחות לזימון כדין זימון בבהמ"ז, **או** דילמא דוקא בבהמ"ז בעינן צירוף, דאל"כ איך

יוציאו שקר מפיהם לומר ברוך שאכלנו כו', משא"כ בברכת חתנים י"ל דכל שהם באותו בית שפיר יוכלו לברך ברכת חתנים, **והביא** בשם חכם אחד שדעתו נוטה דלא בעינן שיאכלו כל העשרה, אבל רוב מיהא בעינן, ע"ש).

אבל כשאין אומרים אחר ברכת המזון אלא ברכת "אשר ברא", אין צריך עשרה - דלא בעי עשרה אלא כשמברכין כל ברכות הזיווג, דומיא דבועז, **ועיין** בר"ן שכתב, דברכת "אשר ברא" לבדה לא מקרי ברכת חתנים, וע"כ לא בעי עשרה.

(ומ"מ ג' בעינן) – ‹שיהא ברכת זימון – גר"א. ‹דכל תוספת ברכה על הברכות הקבועות בברהמ"ז, אינו בפחות מג' – ערוה"ש›.

[**מצאתי** כתוב למהר"ל מפראג... ומשו"ה יש מוכיחים דאשר ברא לאו ברכת חתנים היא, אבל אין זה ראיה דאיכא למידק איפכא... אבל לעולם אשר ברא הוי גם כן ברכת חתנים, ונפק"מ דצריך עשרה, והרמב"ן ז"ל כתב דאשר ברא צריך י', ושהשמחה במעונו בשלשה, דלאו מברכת חתנים היא, ועתה נהגו אף שהשמחה במעונו בי' דוקא, וכך יראה, דס"ס הכל מברכת הנישואין היא, וכתיב במקהלות וכו', על כל דבר שהוא עסקי מקור יש לברך בעשרה, וכן ברכת אירוסין הכל עסקי מקור וזיווג, דלא מצאנו שום ברכה הן של אבלים הן של נשואין שתהיה בפחות מי', וכן עיקר ונכון, עכ"ל].

סעיף ה - מברכין ברכת חתנים בבית חתנים אחר ברכת המזון, בכל סעודה וסעודה שאוכלין שם, ואין מברכין ברכה זו לא עבדים ולא קטנים – ‹דאפי' איצטרופי לא מצטרפי כמ"ש בס"ד – גר"א, **נראה** דגם לשלשה אין מצרפין עבד וקטן.

סעיף ו - עד כמה מברכין ברכה זו, אם היה אלמון שנשא אלמנה, מברכין אותה ביום ראשון בלבד – ‹שאין שמחתן מרובה כ"כ – לבוש›

{**בש"ס** איתא רב אשי יומא קמא בריך כולהו}, **כתב** הרא"ש, "יומא קמא" י"מ סעודה קמייתא, וכ"כ בטור, וכלומר אם אכלו ביום ראשון הרבה פעמים, אין מברכין ז' ברכות אלא בסעודה ראשונה, **ומיהו** בבתולה ודאי אם לא אכלו עד הלילה, מברכין ז' ברכות, דלא גרע מפנים חדשות כיון דאכתי לא אכלו בני החופה, [דסעודה נחשבת פנים חדשות], וכ"כ הרא"ש והטור, {**נשמע** דס"ל דיומא קמא היינו יום הראשון וסעודה קמייתא, אבל אם כבר אכלו באותו יום, אין מברכין בסעודה שניה, אם ליכא פנים חדשות, ואם לא אכלו באותו יום, אז סעודה קמייתא בלילה הוי ממילא פנים חדשות}.

{**ובאלמון** ואלמנה לא מהני פנים חדשות, דהא תניא מברכים לבתולה שבעה, ואוקמי בש"ס דהיינו היכא דאיכא פנים חדשות, אז מברכים כל שבעה, וקתני לאלמנה יום א', ש"מ אפילו היכא דאיכא פנים חדשות אין מברכים באלמנה יותר מיום א', וכ"כ בטור ובאגודה, **לפי"ז** אם לא אכלו ביום הראשון, אין מברכים בלילה, דהא הלילה לא הוי יום הראשון, ופנים חדשות לא מהני, וכ"כ בריו"ו, **אלא** בבדק הבית השיג ע"ז, וכתב דלהרא"ש אפי' באלמנה מברכים בלילה, וראיתי בתשו' שארית יוסף מפרש דברי הרא"ש, מ"ש אם אכלו בלילה לא גרע מפנים חדשות, דה"ק אפי' באלמנה אם לא אכלו עד לילה מברכים, משום דלא גרע מפנים חדשות בבתולה, **והרי"ף** והרמב"ם נראה דס"ל, דיומא קמא היינו כל היום מברכים, **ובאגודה** משמע דס"ל דיומא קמא היינו סעודה קמייתא אפילו אינה ביומא קמא, לכן באלמנה מברכים בלילה אם לא אכלו ביום, **נמצא** בסעודה קמייתא אם לא אכלו ביומא קמא תליא בפלוגתא זו, **וכן** אם אכלו ביום קמא שתי פעמים תליא נמי בפלוגתא זו, **דלדעת** הרי"ף אפילו בסעודה שניה מברכים, אפילו אם ליכא פנים חדשות, לפי זה צ"ל דמה דתניא מברכים באלמון יום א' ולבתולה ז' ימים, ה"ק כמו בבתולה דמברכים ז' ימים, היינו כשיש בכל יום פנים חדשות, מברכים כל היום אפילו אם אכלו כמה פעמים, כן הוא באלמון, כיון שיש בסעודה קמייתא פנים חדשות, מברכים כל היום, אפילו אם אכלו כמה פעמים, אבל אחר יום הראשון לא מהני פנים חדשות, **ונראה** דבכל פלוגתות אלו אמרינן ספק ברכות להקל}.

אבל באלמון שנשא אלמנה ביום, ולא אכלו עד הלילה, יש להסתפק אם יש לברך שבעה ברכות בלילה, **די"ל** דהא דקאמרי בגמ' לאלמנה יום א', היינו יום ראשון דוקא, ואפי' אכלו כמה פעמים, ומיד כשיצא יום ראשון שוב אין מברכין אפי' אשר ברא לבד, וביום א' יש חילוק בין סעודה ראשונה לשניה, **או** דיום א' היינו סעודה ראשונה שאוכלין יחד, אפי' לאחר יום ראשון, וה"ה אם אכלו ביום ראשון ב' או ג' פעמים אין מברכין רק בסעודה ראשונה.

[**ומ"מ** במסכת סופרים משמע, דיומא קמא דקאמר היינו אף בערבית, דאיתא התם: רבותינו נהגו לומר

בבוקר ברכת חתנים על הכוס בפנים חדשות כל שבעה, וכן בערבית קודם הסעודה מברכין אותה, ע"כ, משמע דכל ז' מברכין בבוקר ובערב, ואפילו ביום ז' משמע דמברכין אף בלילה, ולפיכך באלמנה נמי מברכין ז' ברכות אף בלילה, כך יראה, עכ"ל מהר"ל מפראג].

(**עח"מ** וב"ש, דדין אלמון ואלמנה כשהנשואין ביום ואינם אוכלין עד הלילה, נשאר בספק אם לברך וספק ברכות להקל, **והח"מ** רמז בזה לעיין בתשו' מהר"ר מנחם עזריה, וראיתי שם שדעתו מסכמת ג"כ שלא לברך בלילה, **אך** כתב וז"ל, אבל מה נעשה במקום שנהגו לברך ז' ברכות בסעודה ראשונה שאכלוה בלילה, גם לאלמנה שנשאת לאלמון, ונתלים באילן גדול הוא ספר אגודה, שכתב דאלמון שנשא אלמנה ביום ו', נראה דאין מברכין אלא לסעודת הלילה כו', **ולולא** פשט המנהג שלא לחלק בין נשאת ביום ה' לנשאת ביום ו', ולעולם מברכין לה בלילה ז' ברכות, היה אפשר לומר דלא פליג ספר אגודה אהני אשלי רברבי דלעיל, ושאני יום ו' שלא הותר לקבוע בו סעודה, **אבל** המנהג שהוקבע ע"פ זקנים מוכיח דלא שנא כו').

(**ומצאתי** למורי הררי"ח ז"ל שכ', דנ"ל לנכון לחלק ולומר, כי באם היו יכולים לאכול הסעודה ראשונה מבעוד יום, ולא רצו לאוכלה אלא בלילה, אז אין לברך ז' ברכות בלילה, **אבל** אם אחרו החופה עד סמוך למנחה קטנה, כמו שנוהגין בקצת מקומות, שאין פנאי לאכול מבע"י, אז מברכין ז' ברכות בלילה, כיון שהיא הסעודה ראשונה של אחר החופה, ואכתי לא מטא זמן חיובא של סעודת נישואין עד השתא כו', והביא סיוע לדבריו, עכ"ל. **ועיין** בסידור הגאון מליסא ז"ל, שכ' על דברי הב"ש הנ"ל, נראה דוקא כשהיה ביום יחוד הראוי לביאה, דאז הוי ביום יום החופה, **אבל** אם לא היה יחוד רק בלילה, לא מקרי חופה, דהא באלמנה לא הוי חופה רק כשיש יחוד הראוי לביאה, וא"כ הוי החופה כאלו היתה בלילה, והוי הלילה יומא קמא, ומברכין אז ז' ברכות בסעודה שאחר היחוד, ע"ש. **ואף** לדברי הגאון מליסא הנ"ל, אין תקנה בזה לכתחילה שתהא החופה ביום והיחוד בלילה, משום דהיחוד צריך שיהיה מיד אחר החופה שלא יהיה הפסק בין הברכות שתחת החופה להיחוד שאח"כ, ע"ל סק"א בשם ספר המקנה ודוק).

(**ועיין** בספר בית מאיר שהביא דברי ח"מ וב"ש הנ"ל, וכתב ע"ז, ולכן ראוי שלא לעשות הנשואין דאלמון ואלמנה עד סמוך לחשיכה, או שיעשו הסעודה מיד רובה ביום, וכן מסיק בתשו' ב"ח).

(**וזה** שבאלמנה לאלמון יום אחד לברכה, הכוונה היא לסעודה ראשונה, **ויש** בזה קולא וחומרא, הקולא היא שאף אם הסעודה הומשכה ליום השני או השלישי, כיון שלא היתה סעודה עד כה, מברכין שבע ברכות, **וחומרא**, שאם היה ביום החופה כמה סעודות, אין מברכין רק בסעודה ראשונה, **וכן** בבתולה אין מברכין ז' ברכות בסעודה שניה אפילו היא ביום הראשון אם אין פנים חדשות, אלא אשר ברא, **וזהו** דעת רוב הפוסקים, ואף דספק ברכות להקל, מ"מ כמדומה שהמנהג הוא לברך, **ובפרט** אם לא היה ביום יחוד הראוי לביאה, שזהו עיקר הנשואין באלמנה, כמ"ש בסי' ס"ד, דפשיטא שיש לברך בלילה, **וכן** אם התחלת הסעודה היה ביום, אף שגמר הסעודה בלילה, יש לברך לכו"ע, **ומ"מ** לכתחלה נכון להדר באלמון ואלמנה, שהחופה והסעודה יהיו ביום אחד – ערוה"ש).

(**ושם** מבואר דמנהג מדינת פולין שעושין אף חופות בתולות בין מנחה למעריב סמוך ללילה, וכן ראיתי נוהגין, והסעודה הראשונה של חתן וכלה עם השושבינים לבד, שהיא מיד אחר החופה, נמשכת עד שיתאספו בלילה הקרואים, ואינם מפסיקים בבהמ"ז עד גמר הסעודה העקרית, ואז מברכין בהמ"ז עם ברכת חתנים בלי פקפוק, **ואולם** במדינה זו נוהגין לעשות החופה באמצע היום, והחתן והכלה והשושבינים מפסיקים ומברכין בהמ"ז אחר סעודתן בלא ברכות חתנים כלל, ואך בלילה אחר סעודת הקרואים מברכים ברכות חתנים, **ולאו** שפיר עבדי, דנהי דבלילה ראוי לברך מטעם פנים חדשות, אבל ביום מהיכי תיתי שלא לברך עכ"פ שהשמחה במעונו ואשר ברא אם היא בלא י', ואם היא בי' אף ברכות חתנים יש לברך, עכ"ד (הב"מ). **ולפמ"ש** לעיל, אפשר מנהג זה נכון הוא, שחששו לדעת הב"ש, דעיקר החופה אינו מה שעושין ברחוב, אלא האכילה במקום צנוע, והיינו לפ"ד הב"ש בסי' נ"ה, דיש למנוע שלא יכנוס לשם שום אדם כדי שיהיה יחוד גמור, **משא"כ** לפי המנהג הנ"ל שהזכיר הב"מ, שגם השושבינים אוכלים עמהם בסעודה זו, עיקר החופה הוא היחוד שאחר סעודה זו, א"כ לא שייך לברך ב' פעמים ז' ברכות קודם החופה).

ואם בחור שנשא אלמנה, או אלמון שנשא בתולה, מברכין אותה כל ז' ימי המשתה –

(אם באו פנים חדשות. ואם לא באו פנים חדשות, אין מברכין ז' ברכות ג"כ אלא ביום ראשון, ואח"כ כל ז' מברכין שהשמחה במעונו, וברכה אחת מן השבעה כמו שיתבאר – לבוש).

(**עיין** בספר זכור לאברהם שכ', אלמון מן האירוסין שנשא אלמנה, וכן הנושא אשה לשם בעולה ונמצאת בתולה, יברך ז"ב כל ז' ימי החופה, הרב אדמת קודש. **ועיין** בס' שיורי ברכה להרב חיד"א ז"ל, דמודה ליה בחדא ופליג עליה בחדא, בנושא לשם בעולה ונמצאת בתולה, דלא יברך כל ז', **ומיהו** אהני שישמח עמה כל ז', הזכור לאברהם).

(**עיין** בתשו' נו"ב, דנואף שנשא בעולתא דידיה, {וכ"ש באלמון שנשא בעולתא דלאו דידיה}, דינו כאלמון שנשא אלמנה ואין מברכין ז' ברכות אלא יום ראשון בלבד, דעיקר ז' ברכות הוא מטעם שמחתו ושמחתה, וזה הוא אם לא טעמו טעם ביאה, משא"כ בנואף ונואפת שכבר טעמו טעם ביאה, ואין להם שמחה כי אם כמו אלמון שנשא אלמנה, ע"ש, **ועיין** בתשו' שמש צדקה שהביא תשו' גינת ורדים, דנערה שנתפסה לזנות, ואחר ימים כנסה אלמון, אין לה ברכה אלא יום א' ושמחה ג' כו', ואין חילוק בזה בין זינתה לרצונה לאנסוה. **ובמוכת** עץ כתב, דאע"ג דאין לה דין בתולה וכתובתה מנה, לענין ברכה לא יגרע ממנה משפט הבתולות, הואיל והיא חדשה אצלו שלא נבעלה לזולתו. **והרב** המחבר כתב עליו, דנלמד מדבריו דאם היא בעולתא דידיה, ולא נבעלה לאחר, דיינינן לה כבתולה לברכה ולשמחה, וק"ו כשנבעלה לדידיה לאונסה. וכך פשט המנהג ע"ש. **ומשמע** דר"ל אפי' אם הוא אלמן, מברכין ז' ברכות כמו באלמון שנשא בתולה. **ובהגהה** מבן המחבר שם כתב, דמתשו' דב"ש משמע, דה"ה כשנבעלה ממנו אין לה אלא יום א' לברכה, ע"ש. **ועיין** בתשו' חתם סופר, פוסק להלכה דאלמון שנשא בעולה פנויה, אפילו אם היא בעולתא דידיה, אין לה אלא יום א' לברכה ושמחה ג', **אך** אם הוא פנוי נואף שנשא בעולה {או אלמנה}, מברכין כל שבעה כמו לבחור, **אלא** כיון שהם בועלי נדות ואינם ראוים לברכה, איך יקבלו פניהם פנים חדשות כל ז', חוטא בל יתנאה, **אך** אם ימצאו ריעים כמותם לחדש פנים כל ז', יברכו להם כל ז'. **והביא** שם דברי נו"ב הנ"ל, שכ' דאין מברכין ז' ברכות אלא יום א', כיון שכבר טעמו טעם ביאה, **והשיג** עליו וכתב דאין ספק כי תרווייהו איתנהו חיבת ביאה וחיבת חופה, כמבואר בכתובות נ"ו, אלא מספקא לן התם איזה מהם קונה, אבל תרווייהו איתנהו, ונראה דעל כל א' נתקנה ברכה, אלא דבבחור הנושא איכא תרתי, חיבת נישואין חדשים וביאה חדשה, אבל מ"מ בחדא מנייהו נמי מברך כו', **נמצא** דעל ביאת בתולה בלא חיבת נישואין ראשונים מברך, וגם על חיבת נישואין ראשונים בלא חיבת ביאה מברך, וא"כ אף על פי שטעם טעם ביאה, כיון שהיא נישואין ראשונים שלו, מברך כל ז', **וכן** צריך לשמחה כל ז' אפילו היא בעולתא דיליה, שלא יברך והוא ישכים למלאכתו, עכ"ד. **וע"ש** עוד שעמד על לשון השו"ע, דלקמן סי' ס"ד ס"ב איתא, הנושא את הבעולה צריך לשמוח עמה ג' ימים כו', ושינה לכתוב בעולה במקום אלמנה, להורות דנכנסה לחופה ולא נבעלה אינה בכלל אלמנה, אלא משמחה כל ז' {וכמ"ש הב"ש בשם הב"ח שם} משום דבעיא פיוס, **א"כ** לפי הנ"ל ה"ה לענין ברכה כל ז', שהרי יש לו חיבת ביאת בתולה, ואמאי נקט כאן אלמון שנשא אלמנה אינו מברך אלא יום א', היה לו ג"כ לדקדק ולכתוב אלמון שנשא בעולה, אבל השתא דנקט שנשא אלמנה משמע דאפי' נכנסה לחופה ולא נבעלה אינו מברך אלא יום א', ואמאי, **וכתב** לתרץ ע"פ מה דאיתא בכתובות י"א ע"ב, כנסה ראשון לשם נישואין ויש לה עדים שלא נסתרה, אין השני יכול לטעון טענת בתולים כו', וא"כ בסי' ס"ד לענין שמחה, נהי שהיא אצלינו בחזקת בעולה, מ"מ היא יודעת בנפשה שלא נבעלה, והרי צריכה פיוס וצריך לשמחה כל ז', אבל כאן לענין ז' ברכות, איך נברך ז' ברכות והיא אצלינו בחזקת בעולה, ואפי' עדים מעידים, אין נאמנים).

(ואלו ז' ימים מתחילין מיד לאחר ז' ברכות שבירך בראשונה) - לאפוקי שלא נאמר שיתחילו ז' ימי משתה מאכילה ראשונה.

(**ועיין** בתשו' כנסת יחזקאל, נשאל שם אם לחשוב הני שבעה ימים מעת לעת, ואם היתה החופה ביום ד' אחר חצות מברכין ז' ברכות גם ביום ד' השני קודם חצות, או דאמרינן גם בזה מקצת היום ככולו, **והאריך** בזה ומסיק דאין מקום כלל לומר דאזלינן בתר מעל"ע, **אלא** דיש לחלק ולומר דהדין נחלק לשני אופנים, אופן א', בארץ שהמנהג שאחר החופה אין עושין סעודה שיש בה עשרה גדולים כמו בארץ פולניא, **ודאי** הז' ימי משתה מתחילין מסעודה ראשונה שבלילה, ואם בתולה נשאת ליום רביעי והסעודה ליל ה', גמר ז' ימי משתה עד ליל ה', **אך** במדינה שעושין סעודה בעשרה ומברכין ז' ברכות תיכף אחר החופה, כמו באשכנז, ודאי מקצת היום ככולו, ותיכף בהגיע ליל רביעי כלו ז' ימי משתה, ואין לברך אף בלילה, וכ"ש ביום ד' קודם חצות כו', **ואל** תשיביני מתשובת

הרא"ש, דמשמע דהתחלת ז' ימי החופה מן החופה, התם שאני דעיקר פלפול שלו באם נוסעים למקום אחר ומעכבין יום או יומים כו', עכ"ד. **הנה** מבואר מדבריו שדעתו בפשיטות, דחשבינן מאכילה ראשונה שהיה בעשרה, **ותימה** שלא הזכיר דברי הח"מ הנ"ל שהוא לנגדו, וכן משמע מפשטות לשון הרמ"א, גם בסידור הגאון מליסא ז"ל סתם וכתב דז' ימי המשתה וכן ג' של אלמנה מתחילין תיכף אחר ז' ברכות שברכו בשעת החופה, שמותרין להתייחד, ואף שלא נתיחדו עדיין כו', ע"ש. **ובענין** שכתב הכנסת יחזקאל הנ"ל, שאין מקום לומר דאזלינן בתר מעל"ע, הנה בשע"ת באו"ח סי' קל"א מביא בשם גינת ורדים, דז' ימים שלימים עינן, **והמחזיק** ברכה כתב דלענין נפילת אפים שפיר דמי, אבל לענין ז' ברכות צריך להתיישב, ע"ש, **ועיין** בס' המקנה הביא ראיה מהש"ס, דאפי' שעה אחת סמוך לערב עולה ליום א' למנין ז', וכן עיקר}.

{**שבעת** ימי המשתה מתחילין מיד לאחר שבע ברכות שבירכו בראשונה, והיינו מהברכות של שעת החופה, ולא מסעודה הראשונה, **ולכן** כשהחופה היתה ביום ואח"כ בלילה היתה הסעודה, נחשב גם היום שלפני הלילה בשבעת ימי המשתה, **ואפילו** נמשך כמה ימים מהחופה למשתה הראשון, כגון שהעמיד החופה ומיד נסע עם כלתו לעיר אחרת ושהו בדרך כמה ימים, מ"מ נחשב השבעה מיום החופה. **וי"א** דאלו ז' ימים צריכין מעת לעת משעה לשעה, וטעות הוא, כמו אם היתה החופה ביום ד' סמוך לערב, נמשכים עד סוף יום ג' הבא, ותחלת ליל ד' בטלו השבעת ימי המשתה דכבר עברו, ואין אומרים הברכות ושהשמחה במעונו, וביום ד' בבוקר אומרים תחנון, וכן הסכימו גדולי אחרונים – ערוה"ש}.

{**ועיין** עוד בשע"ת באו"ח ס"ס קפ"ח, בענין אם נמשכה סעודת יום ז' עד ליל ח', הביא שם בשם גינת ורדים, דאף להפוסקים לענין הזכרה של שבת או ר"ח דאזלינן בתר התחלת הסעודה, אבל לענין ז' ברכות ודאי אין לברך, ע"ש, **ועבה"ט** כאן בשם כנה"ג, {התחיל לאכול ביום ראשון סעודה קמייתא באלמון שנשא אלמנה, ונמשכה הסעודה עד הלילה, מברכין בלילה ז' ברכות, ולא ביום שלאחריו, וצ"ע}.

סעיף ז - ברכה זו שמוסיפים בבית חתנים – {בדליכא פנים חדשות – ערוה"ש}, **היא ברכה אחרונה מז' ברכות, שהיא ברכת "אשר ברא".**

הגה: וי"א דאף "אשר ברא" אין מברך כל ז' אלא כשמזמנין אחרים – {דאז יש ע"ז שם סעודת חתונה – ערוה"ש}, **אבל אם אוכל עם בני ביתו אין מברכין, (הר"ן בשם הרמב"ן, וכן נוהגין)** – {הר"ן כתב בשם הרמב"ן, דאפילו "שהשמחה במעונו" אין מברכים כשאינו סועד עם אחרים, ובש"ע משמע דדוקא לענין הברכה "אשר ברא" הביא דעת הר"ן, אבל "שהשמחה במעונו" אומרים, **אבל** בד"מ לא משמע כן, דכתב האידנא נוהגין כרמב"ן, **וכ"כ** בח"מ, דלפי המנהג שאין מברכים "אשר ברא" כשסועד עם בני ביתו, מכ"ש "שהשמחה במעונו" אין מברכין}. {וכן המנהג, ואף שיש חולקים בזה, מ"מ פשט המנהג כדיעה זו – ערוה"ש}.

בד"א, כשהיו האוכלים הם שעמדו בברכת הנשואין ושמעו הברכות; אבל אם היו האוכלים אחרים, שלא שמעו ברכת נשואין בשעת נשואין – [ז"ל רש"ל, ואני כתבתי בספרי דדוקא שלא היו שם בשעת הברכות], **מברכין בשבילם אחר ברכת המזון ז' ברכות, כדרך שמברכין בשעת נשואין** – {דהנה ברכות אלו הם לברך את הזוג שיצליחו, ובדרך אגב נותנים ברכה לכבוד העם הנאספים ולהזכרת חורבן ירושלים, והחיוב הזה מוטל על כל איש מישראל, כשבא ליהנות לבית חתונת הזוג לברכם בזמן שמחתם בשבעת ימי המשתה, והאחד המברך והאחרים שומעים ועונים אמן הוה כאלו כל העומדים ברכו את החתן והכלה, וכיון שברכום פעם אחת יצאו ידי חובתם, **ולכן** כשיש פנים חדשות שלא שמעו עדיין הברכות, הרי לא בירכו עדיין את הזוג ומחוייבים לברכם, ולכן עומד המברך ומברכם והם שומעים ועונים אמן ויצאו ידי חובתם, וזה שכתב הרמב"ם מברכין בשבילם, כלומר מברכין בשבילם כדי שיצאו י"ח לברך את החתן ואת הכלה – ערוה"ש}.

{**בבחור** או בתולה אז מהני פנים חדשות כל ז', **ואפילו** אם רק אחד פנים חדשות מברכים בשבילו, כ"כ הר"ן וכ"כ ב"ח. **וביו"ד** סי' שצ"א כתב ב"ח, דאחר ביאת מצוה אין מברכים אשר ברא ושהשמחה במעונו, ומכ"ש דאין מברכים ז' ברכות, ובש"ך הביא דבריו, **ותימה** דהא מדינא דש"ס בתולה נבעלת ליל ה', ותניא מברכים כל ז'}.

והוא שיהיו י', וחתן מן המנין - כבר כתב זה בסעיף ד', ול' הרמב"ם שהעתיק גרם לו לכותבו פעם שנית.

וי"א שאפילו היו בשעת החופה ושמעו הברכות, אם לא אכלו שם עד עתה, מקרו

פנים חדשות ומברכין בשבילם ז' ברכות אחר ברכת המזון, וכן פשט המנהג – ‹דלדעה זו כוונה אחרת יש בפנים חדשות, דכיון שימי שמחתם כל ז' ימי המשתה, מהראוי לברכם בכל יום ויום מז' ימי המשתה, וכשיש פנים חדשות הוא כשמחה חדשה, ונאה לומר הברכות, ובאין פנים חדשות אין השמחה גדולה כ"כ, ועיקר השמחה היא בעת הסעודה, ולכן כשיש פנים חדשות על הסעודה שעדיין לא אכלו, הוה שמחה יתירה ומברכין כל הברכות – ערוה"ש›.

{**מהרש"ל** פוסק כדיעה קמייתא, היינו דעת הרמב"ם}.

הגה: וי"א דאם היו שם פנים חדשות, אף על פי שאין אוכלין שם - רק שעומד שם בשעת הברכה, **ומ"מ** נראה שצריך שיהיו בני החופה שמחים על ביאתן שם, ואף שלא הרבו בשבילם, מ"מ ראוי להרבות בשבילם, וכמו שאכתוב אחר זה, **מברך בשבילם לילה ויום (הר"ן)** - דהיום נמשך אחר הלילה, וכל היום נקרא עדיין פנים חדשות, ‹דכיון דיום זה הוה שמחה חדשה שלא היה אתמול, ממילא דכל היום וכל הלילה הקודמת ראוי לברך ז' ברכות, דהא יום זה הוי שמחה חדשה, ולכן בכל הסעודות מכלליות היום הזה מברכין ז' ברכות, הואיל שיש ביום הזה שמחה יתירה מפני הפנים החדשות – ערוה"ש›. **אבל** מדברי הרא"ש לא משמע כן, שכתב יומא קמא י"מ סעודה קמייתא, משמע דמיד בו ביום בסעודה שנייה לא מקרי פנים חדשות, ולכל סעודה צריך פנים חדשות.

{**כבר** כתבתי דרוב פוסקים חולקים ע"ז, לכן כתבו הפוסקים טעם למה מברכים בליל שבת ובשחרית, ואי היה ס"ל כפוסקים דמברכים בשביל פנים חדשות לילה ויום, לא קשיא מידי, דהא שבת היא פנים חדשות, **ולדעת** רמ"א שהביא כאן דעת פוסקים אלו, ובסמוך כתב טעם הא דמברכים בסעודה שלישית, משום דהדרשה הויא כפנים חדשות, צ"ל דמ"ש כאן מברכים לילה ויום, היינו סעודה א' ביום וסעודה א' בלילה, ולא יותר, משו"ה צריך ליתן טעם הא דמברכים בסעודה שלישית, **וק"ק** כיון דכבוד היום עדיף, הוי היום כפנים חדשות, ולמה אין מברכים בשחרית ובסעודה שלישית, דהא לפוסקים אלו מברכים בשביל פנים חדשות לילה ויום, דהיינו שתי סעודות}.

‹**לדעה** זו פשיטא שגם בסעודה שלישית אומרים ז' ברכות, אך רוב הפוסקים לא ס"ל כדעה זו, ורבינו הרמ"א לא הביאה רק אם יש מקום שנוהגין כן, הוא ע"פ דעה זו, אבל לא הביאה להלכה למעשה בכל מקום, ולפמ"ש אתי שפיר קושיית הב"ש – ערוה"ש›.

(ועיין בספר זכור לאברהם שכתב, דאשה לא חשיבא פנים חדשות, דאין פנים חדשות אלא למי שראוי להמנות בעשרה של ברכת חתנים, כ"כ מהר"ר בצלאל, **ולפי"ז** ה"ה עבדים וקטנים לא חשיבי פנים חדשות, ע"ש. **וכתב** עוד אם התחילו ברכת חתנים ביו"ד ויצאו מקצתן, וכן אם התחילו בפנים חדשות והלכו, גומרין, ע"ש).

סעיף ח - י"א שאינם נקראים פנים חדשות אלא א"כ הם בני אדם שמרבים בשבילם – ‹והטעם, דכיון דבעינן שמחה חדשה, אין נחשבת כחדשה אם אינם חשובים›. **קצת** פוסקים כתבו, שדרך להרבות בשבילו, משמע הואיל וראוי להרבות לכבודו אף שלא הרבו, מ"מ איכא שמחה יתירה, ‹דלאו בריבוי המאכל תלוי, אלא בכבוד האנשים החדשים שראוי להרבות בשבילן – ערוה"ש›, **וכמ"ש** ‹הרמ"א› לפני זה, אף על פי שאין אוכלין שם. {**כתב** ב"ח, דאפילו אם עכשיו אינם מרבים בשבילם, אלא הם ראוים להרבות בשבילם, הוי פ"ח, **והיינו** לדעת הפוסקים דס"ל דפנים חדשות הם שאוכלים שם, אבל להר"ן שהביא בהג"ה, א"צ להרבות בשבילם, אלא ששמחים בשבילם בני החופה}.

וי"א דשבת ויו"ט ראשון ושני הוי כפנים חדשות בסעודת הלילה ושחרית, אבל לא בסעודה שלישית, וכן פשט המנהג – [דאיתא במדרש, מזמור שיר ליום השבת, אמר הקב"ה פנים חדשות באו לכאן, ובשחרית בשבת מברך גם כן, כיון דכבוד יום עדיף מלילה, ובסעודה שלישית אין שם עילוי, ותו דאיכא למ"ד דיוצא במיני תרגימא]. ‹**ודבר** זה מיוסד על דעת רוב רבותינו, דטעם דפנים חדשות הוא משום דהוה כשמחה חדשה, ופשיטא דבשבת ויו"ט נתוסף שמחה חדשה מפני הנשמה יתירה, ודרך להרבות בשבת שמחה ומנות, וממילא דמברכין ז' ברכות, דבודאי חשוב שבת יותר מכל הפנים החדשים היותר חשובים, כדמוכח במס' שבת דגדולה שבת מכל האורחים, **אבל** בסעודה שלישית אין מדרך להרבות במאכלים חשובים, וע"פ רוב אין אוכלים סעודה שלישית רק לצאת י"ח, וממילא דליכא עלה חשיבות דפנים חדשות – ערוה"ש›.

‹**וצ"ע** אם פורים נקרא פנים חדשות, כנה"ג – בה"ט›.

הגה: ועכשיו נהגו במדינות אלו לברך ז' ברכות בסעודה ג', ואפשר משום דרגילים לבא פנים חדשות; וי"א הטעם דרגילין לדרוש,

וכדרשה הוי כפנים חדשות – ‹והנה עכשיו אין רגילין לדרוש, וגם אם לא באו פנים חדשות מברכין ז' ברכות, ואולי שבזה סמכו על הדעה שבס"ז ברמ"א וכמש"כ לעיל, **אמנם** נראה דמדינא צ"ל לפי הנהוג אצלינו, דכשעושים שבע ברכות בסעודה שלישית מרבים במאכלים טובים ובמשקה, ממילא דלא גריעא מסעודת שחרית, לפי הטעם שכתבנו, ולכן אם באמת אין מרבין במאכלים וליכא פנים חדשות, ורוצים לומר ז' ברכות, אין לאמרם אא"כ יאמרו חידושי תורה על השולחן, ויהיה זה במקום הדרשה, ויש בזה שמחה יתירה, דפקודי ד' ישרים משמחי לב, ואז ביכולת לומר הז' ברכות – ערוה"ש›.

‹**עיין** בתשו' הרמ"ע מפאנו, שכתב דסעודה ג' נמי מקרי פנים חדשות ע"פ הסוד בספר הזוהר, ע"ש›.

‹**עיין** בשו"ת תשובה מאהבה, שכתב דצ"ע אם ביאת מצוה תוך ז' ימי המשתה אם לא תהיה חשובה פנים חדשות כסעודת שבת, ע"ש, **ועיין** בס' בית מאיר דמסיק דזה מקרי פנים חדשות, וק"ו משבת כו', ואולם אשר ברא לחוד פשיטא ‹דמברך›, דלא גרע מהמבואר סי' ס"ב ס"ז בהגה, {**דאף** בליכא פ"ח רק כשמזמנין אחרים ‹מברך›, א"כ בזה אף כשאין מזמנין אחרים יש לברך}, עכ"ד ע"ש›.

סעיף ט - י"א שאין לומר שש ברכות על כוס בהמ"ז, אלא מביא כוס אחר ואומר עליו שש ברכות, וחוזר ולוקח כוס של ברכת המזון ואומר עליו: בורא פרי הגפן – [הטעם בגמ' גבי קידוש וברכת המזון, **דלא יעשה המצוות חבילות חבילות, פי' דבכוס אחד נראה עליו כמשאוי, וה"נ בזה**].

‹**ויוצא** בהברכה גם על הכוס השני, כיון דכוונתו גם עליו, ונהגו שהמברך שותה רוב כוס, ומערב שני הכוסות ביחד, ונותן מזה להחתן ולהכלה לשתות – ערוה"ש›.

‹**עיין** בספר המקנה שכתב, נראה דיכול אחד לברך בהמ"ז ויוציא כולם, ושש ברכות יכול ליתן לאחר לברך, ואח"כ מברך המברך בהמ"ז בפה"ג על כוס שלו, ומוציא אף לאותו שבירך ו' ברכות, **וכן** משמע מלשון הרמב"ם ושו"ע לעיל ס"ה ‹שכתבו›, ואין מברכין ברכה זו לא עבד ולא קטן, אע"ג דהוא בודאי לא בירך בהמ"ז, דהאיך מוציא עבד או קטן אחרים ידי חובתן, **וכן** משמע מהא דלוי איקלע לבי רבי ובריך שית כו', משמע דלא ברכו ברכת היין, דא"כ הו"ל שבע, אלא דאותו שבירך בהמ"ז בירך על כוס של בהמ"ז, ע"ש›.

וי"א שאין צריך, אלא על כוס של ברכת המזון מברך ז' ברכות, וכן פשט המנהג – [ס"ל דשאני ברכת המזון וקידוש, דהיינו בע"ש שאכל עד השבת, דכוס של ברכת המזון הוא שייך על העבר, וקידוש על העתיד, משא"כ כאן דשניהם על הנישואין]. ‹**חדא** מילתא היא, דברהמ"ז גורם לברכת נשואין – ערוה"ש›.

(ובמדינות אלו נוהגין כסברא הראשונה) – {היינו "דוי הסר" ובהמ"ז על כוס א', ושש ברכות על כוס השני, ובפה"ג על כוס ברכת המזון. **ואין** אומרים "דוי הסר" אלא כשמברכים ז' ברכות, וכשאין אומרין ז' ברכות אלא "אשר ברא", אומרים "נודה לשמך". **וא"צ** להכין כוס השני אלא בעת שאומר הברכות, פרישה. **כתב** ב"ח, דכשאנשים ונשים בחדר א', אין אומרים "שהשמחה במעונו", דאין שמחה כשיצה"ר שולט}. (**עיין** בלבוש או"ח בסוף המנהגים טעם למה שאין אנו נזהרים בזה).

(וי"א דאפי' ל"אשר ברא" לחוד בעינן שתי כוסות) – {כתב בד"מ, לא ראיתי נוהגים כן, וטוב להחמיר, וב"ח כתב, וכך ראוי לנהוג}.

[**וכתב** בדרישה, מדכתב ‹הטור›: "אלא מביאין כוס ומברכין עליו ברכת המזון, ולאחר שסיים ברכת המזון מניחו לפניו ומביאין לו כוס אחר ואומר עליו ו' ברכות, ומניחו ונוטל הכוס שבירך עליו ברכת המזון ואומר עליו בפה"ג", יש ללמוד דאין צריך להביא ב' כוסות יחד כמו שאנו עושין, וגם פשוט דאין מברכין "דוי הסר" אלא על כוס ברכת המזון, דהא אין בו ברכה דשייך לומר שאין עושין מצות חבילות, עכ"ל, ולי נראה להיפך בתרתי מילי אלו, דהא אין מנהגינו לומר "דוי הסר" אלא כשאומרים ז' ברכות, ולא כשאומרים "אשר ברא" לחוד, **ובודאי** הוא נכון לעשות כן, דב"דוי הסר" נזכר "שעה ברכת בני ישורון", והיינו ברכת חתנים, שיש שם ברכה על העתיד על חתן וכלה וציון וכל המתעסקים באותה מצוה, **ומשו"ה** ב"אשר ברא" לחוד דאין שם ברכה לחתן וכלה אלא הודאה לחוד, אומרים רק "נודה לשמך", **משו"ה** אין ראיה ממ"ש שחוזר ומביא כוס אחר, דשם לא היה המנהג באמירת "דוי הסר", כי אינו רק פיוט אחד, ועל כן אין צריך להביא ב' כוסות ביחד, **משא"כ** בינינו שאומרים "דוי הסר" בשביל ז' ברכות, על כן יש להביא ביחד, ולומר "דוי הסר" על כוס האחד

שמייחד לז' ברכות, ואחר דוי הסר מניחו ונוטל הכוס של בהמ"ז, ואח"כ חוזר ונוטל את של ז' ברכות, כן הוא נכון].

(**עיין** בתשו' חיים שאל, שהביא דברי הרב יעב"ץ, דאם אירע בליל פסח, יכול לברך ברכת חתנים בכוס בהמ"ז, דהא בעלמא איכא מ"ד שיברך ז' ברכות על כוס בהמ"ז, וכ"כ מרן, והגם שאין המנהג כן, מ"מ בליל פסח דאין מוסיפין על הכוסות, יכול לעשות כן, **ואם** ירצה דוקא לעשות ב' כוסות, יכול גם כן, וזה שבירך ‹עליו› ברכת חתנים יניחנו לכוס ד', **והוא** ז"ל כתב עליו, דנ"ל דטפי מעלי דיברך ברכת חתנים על כוס של בהמ"ז, ע"ש, וכ"כ עוד בספרו יוסיף אומץ דכן הנכון. **ועיין** בספר זכור לאברהם הביא דבריו, ושוב הביא דבספר ברכות המים כתב, דא' מן המסובין יברך שש ברכות על כוסו, ואח"כ יברך בפה"ג המברך בהמ"ז, והוא ז"ל הסכים עמו, ע"ש. **ותימה** דאשתמיט לכל אלו הגדולים ז"ל דברי הדרכי משה באו"ח סי' תע"ג סק"ד, שכתב בשם המנהגים, דיברך בהמ"ז על כוס שלו, וז' ברכות על כוס של חתן, ע"ש, **וכעת** ראיתי בתשובה מאהבה שנשאל על ענין כזה, ורצה לומר מתחילה שיברך על ב' כוסות כמנהג בכל השנה, וזה שבירך ‹עליו› ברכת חתנים יניחנו לכוס ד', **ואח"כ** ראה במנהגים דטוב לברך ברכת חתנים על כוס שלישי של חתן, **ושוב** כתב דיותר נכון לברך בהמ"ז וז' ברכות על כוס אחד כו', ע"ש. **וגם** ממנו נעלמו דברי הד"מ שהביא להלכה דברי המנהגים הנ"ל, ובודאי דהכי נקטינן).

וברכת אירוסין וברכת חתנים אומרים אותה על שני כוסות, אפילו מקדש בשעת החופה – ‹דאין להם שייכות זל"ז, [דרגילין באירוסין בלא נישואין, ועוד דרגילין להפסיק בקריאת כתובה בינתים], ‹ועוד דמפסיקין בהקדושין שהחתן מקדשה אחר ברכת אירוסין – ערוה"ש›. **(ונוהגין להפסיק ביניהם בקריאת הכתובה).**

וכלומר מברכין על כל כוס בפה"ג, אבל ברכה אחרונה על הגפן מברך פעם אחת על שני הכוסות אחר כוס אחרון. ‹**אמנם** לדידן אין נ"מ בזה, כי אין המנהג אצלינו שהמברך ישתה, אלא החתן והכלה טועמין מעט – ערוה"ש›.

סעיף י - י"א שאם החתן יוצא מחופתו, אפילו כלתו עמו, והולכים לאכול בבית אחר – ‹שאין הסעודה בשביל הנישואין – לבוש›, **אין אומרים שם ברכת חתנים** – ‹והטעם, מפני שאמרו רז"ל: אין שמחה אלא בחופה, משמע דשלא במקום החופה לא שייך שמחה, ולכן אם נעקרו למקום אחר באקראי, אין אומרים הברכות – ערוה"ש›. {**בסוכה** פ' הישן כתבו תוס' והרא"ש, דגם "אשר ברא" ו"שהשמחה במעונו" אין אומרים, **והר"ן** כתב ד"שהשמחה במעונו" אומרים, דלא תליא בחופה, דהא אמרינן לה ג"כ קודם החופה לדינא דש"ס, **ובמרדכי** פ' הישן כתב כתוס', וכן משמע מסקנת הד"מ}.

והני מילי כשדעתו לחזור אח"כ לחופתו - כלומר בתוך ז' ימי המשתה דעתו לחזור, **אבל אם הולך לגמרי לבית אחר וכל החבורה עמו ונעשה אותו בית עיקר, גם שם נקרא חופה ומברכין ברכת חתנים. וכן לפעמים שהולכין החתן והכלה לעיר אחרת, צריך לברך שם ברכת חתנים, אם הוא תוך שבעה (ואין דעתו לחזור).**

אם הוא הוא תוך ז' - {ואפילו אם לא ברכו ז' ברכות עדיין, אלא מיד אחר החופה הלכו למקום אחר ושהו בדרך עד אחר ז', אין מברכים, ב"י, **וט"ז** חולק ע"ז, וכתב דאם לא קבעו משתה ושמחה באותו מקום, אלא מיד אחר החופה הלכו למקום אחר, נעשה אותו מקום שהלכו לשם מקום החופה, ומתחילין ז' ימי משתה מיום שבאו לשם, ודין זה נובע מדברי רי"ו, וט"ז מפרש דברי רי"ו דכוונתו דכל אימת דבאו לאותו מקום אפילו אחר ז', מתחילין ז' ימי משתה}. ‹ואין סברא כלל לומר כן, וכן מורה דעת כל הפוסקים, וזהו דעת רבותינו בעלי השו"ע, וכן עיקר לדינא – ערוה"ש›.

(**וכתב** בספר חכ"א, דנ"ל דאפי' לדברי הט"ז, דוקא מקום שקובעים שם דירתם, אבל במלון שלנין שם חתן וכלה, לא נקרא מקום חופה, ואין מברכין ז' ברכות, עכ"ד. **ועיין** בסידור הגאון מליסא ז"ל, שסתם וכתב דלא כט"ז).

[**ואם** התחילו כבר ימי המשתה והיתה שם חופה, בזה אמרינן דאם כל החבורה הולכים עם החתן והכלה, נעשה גם המקום השני מקום חופה, **וכן** אם לא היה עדיין בית חופה למשתה כלל, והולכים לעיר אחרת ששם יהיו ימי המשתה, צריכין לברך ברכת חתנים על המשתה, ובזה אין צריך להליכת החבורה עמהם, **ואם** כבר התחילו ימי המשתה במקום הראשון, והלכו משם החתן וכלה, אין לברך ז' ברכות בעיר אחרת אפילו תוך ז', אפילו

בפנים חדשות, כי נעקרה מהם שמחת החתונה, כיון שהלכו ממקום שנעשה החתונה, ומ"מ נראה פשוט, דבכל גווני מברך "אשר ברא" ו"שהשמחה במעונו" כדינו, כל זה נראה לענ"ד ברור להלכה ולמעשה בס"ד]. ‹ע"ל בב"ש›.

[**שאלה.** אדם שעושה נישואין לבתו, ודרך שאחד מקרוביו או אוהביו מסייע לו בהוצאות הנישואין, או שעשה לכבודו, ועושה סעודה לחתן וכלה ומזמין שם קצת מאוהביו ביום אחד מימי הנישואין, אם יש לברך שם ברכת הנישואין או לא, לפי שפסק באה"ע בטור ובשו"ע סי' ס"ב ‹סעיף זה›, שאם אוכל החתן חוץ לחופתו אין לברך שם ברכת חתנים, אם יש איזה חילוק בדבר, כי ראיתי הרבה פעמים שמברכין אפילו בבית אחר, אם עבדי שפיר או לא: **תשובה.** בפ' הישן איתא, אמר רב חתן ושושביניו פטורין מן הסוכה כל שבעה, מ"ט משום דבעי למיחדי, ופרכינן וליכלי בסוכה וליחדי בסוכה, ומשנינן אין שמחה אלא בחופה, וליכלי בסוכה וליחדי בחופה, אין שמחה אלא במקום סעודה, וליעבדו חופה בסוכה, אביי אמר משום יחוד, רבא אמר משום צערא, **וכתבו** התוס', משמע מכאן דאם יצא החתן מחופתו אפילו כלתו עמו, והולכין לאכול בבית אחר, דאין מברכין שהשמחה במעונו ולא ברכת חתנים, כיון שאין שמחה אלא בחופה, **והרא"ש** הביא דבריהם וכתב וז"ל, ונראה דמהכא אין ראיה שאין לברך ברכת חתנים במקום שהחתן והכלה הולכין לאכול בבית אחר, דה"פ הכא אין שמחה אלא בחופה, כיון שאין דעתו להניח חופה אלא כדי לאכול בסוכה, ואח"כ חוזר לחופתו, אבל אם הולך לגמרי בבית אחר הוא וחבריו, ועושה אותו בבית עיקר, גם שם נקראת חופה, ויכול לברך שם ברכת חתנים, וכן היה מעשה באדם א' שהוליך כלתו לעיר אחרת, והצריכוהו לברך שם ברכת חתנים, עכ"ל... **נראה** לי פשוט דלדעת הרא"ש באמת הוא כן... דדוקא בסוכה שאין בה כלל שמחה אין מברכין, משא"כ בהולך לשמוח עם כלתו בבית אחר, אף שיחזור אח"כ לבית הראשון, מ"מ באותה שעה שהוא שמח בבית השני נקרא גם אותו הבית אז חופה... **לאפוקי** מסוכה שאין לבבו שלם בשמחה, ואין הולך שם רק לאכילה הכרחית לצאת ידי חובת מצוה, ותמיד חושב לחזור עם כלתו לבית חופתו, דשם היא שמחתו, **משא"כ** בהולך לאכול ולשמוח בבית אחר, דבאותה שעה אינו חושב על בית חופתו, כיון שיש לו שמחה בבית זה, מה חסר לו אז שלא יברך שמחה במעונו וברכת חתנים... אין לך בית חופה גדול מזה, דמה לי מקום שמשמחין בו ב' או ג' ימים, ומה לי מקום שמשמחין בו ביום אחד, ‹**ונהי** דבזה אין לשון הטור והש"ע מורה כן, מ"מ אצלינו לדינא ודאי הדין כן, כסברא שמביא בסמוך›, **ומלבד** כל הנזכר נראה דעכשיו יש לברך **אפילו** בבית אחר כשהחתן וכלה אוכלין ושמחים שם, דעיקר בית החופה שזכרנו שיש שם שמחה, ביארו התוס' והרא"ש והטור דהיינו מקום עיקר ישיבת חתן וכלה, ושם מברכין כל שבעה, וסיים הרא"ש והטור וז"ל, ונוהגין באשכנז שעושין אפריון לכבוד החתן והכלה, והוא נקרא חופה, ושם מברכין וכו', עכ"ל, **וברור** הוא דגם דעת התוס' כן, במה שכתבו מקום עיקר ישיבת חתן וכלה, דהיינו בחדר שמייחדין שם החתן וכלה, ואין לזרים איתם רק בעת שמשמחין אותם, ומשו"ה לא הוי שמחה בסוכה, וכמ"ש רש"י ששם בוש החתן מלשחק עם כלתו, לפי שהסוכה פתוחה ותמיד כל היום הכל רואין אותם, משא"כ בבית המיוחד לו ולכלתו, שיוכל לשחק עמה בעת שבני אדם פונים מעליו, **וכן** משמע לשון התלמוד בפ"ק דכתובות, באחד שבעל ולא מצא דם, וראה רבי שמחמת רעבון בא הדבר ההוא, והאכילם והשקם וכו' והכניסם לחופה ובעל ומצא דם וכו', ש"מ שהחדר שהחתן יכול לבעול שם נקרא בית חופה, **ואף** שיש מי שמגיה שם והכניסם לחדר, אין הדין עמו לשבש כל הספרים הישנים דגורסים לחופה, וכן ראיתי בשם הגאון מהר"ל מפראג שקיים הגירסה דלחופה מטעם זה, **נמצא** שיש שמחה יתירה לחתן וכלה בבית החופה טפי משאר בתים, ועל כן חילקו שפיר בין הבתים, **משא"כ** עכשיו שאין קורין חופה רק למה שמקדשין הכלה תחת מטלית הפרוסה על הכלונסות, כמו שהביא רמ"א באה"ע סי' נ"ה, ‹שהחופה היא ברחוב, ואח"כ אין מקום קבוע לשבעת ימי המשתה›, אין שום מעלה לבית שעושין בו סעודת הנישואין טפי מבתים אחרים, וקורא אני על זה שמחה מה זו עושה בבית זה טפי מבתים אחרים, דמה לי כותלי בית זה או זה, ‹כיון שאין אנו רגילים לקבוע מקום קבוע על שבעת ימי המשתה, לכן לאיזה מקום שמתאספין שם הוא מקום השמחה – ערוה"ש›, **ע"כ** נראה ברור דיש לברך ברכת חתנים בכל בית שעושין בו סעודה לכבוד החתן וכלה ושמחים שם, **וכל** שכן לפי מה שאמר הר"ן, דלפי

הנראה לו יש לברך בכל גווני בבתים אחרים, ושכן נוהגין היום לברך בכל אחד מהבתים אפילו שלא במקום חופה, אלא שיש לחוש לדברי התוס', עכ"ל, כמו שהביא ב"י באה"ע סי' ס"ב, ולפי מה שכתבתי לעיל נראה לענ"ד דאין פוצה פה עכשיו שלא לברך, נאום דוד הוא הקטן. אחר זמן ראיתי בכתבי מהר"ל מפראג ז"ל שפסק כוותי, וז"ל, ואנו מברכין אף במקום שלא היתה שם החופה, אע"ג דאמרינן בסוכה וליחדי בסוכה וליתבי בסוכה, וקאמר שם אין שמחה אלא בחופה, שאני התם דלא יכול לשמוח כראוי, אבל לענין הא מילתא איכא שמחה ומברכין שם, עכ"ל}.

סעיף יא- בני החופה שנתחלקו לחבורות – ‹אם מקצתן רואין אלו את אלו, פשיטא שכולם חייבים בברכת חתנים, ואם כולם יכולין לשמוע מהמברך אצל החתן, יצאו כולם י"ח, **ואם** לאו יברכו בפ"ע כשהם עשרה ביחד›, **אפילו אם אכלו בבתים שאינם פתוחים למקום שהחתן אוכל, כולם מברכין ברכת חתנים; לא מבעיא אם השמש מצרפן** – ‹שהמשמשים בשולחן החתן משמשים גם בשולחן שלהם, דכיון דקי"ל בא"ח סי' קצ"ה דהשמש מצרף לזימון, כ"ש לענין שחשובים כסעודה אחת של נשואין›, **אלא אפילו אין השמש מצרפן, כיון שהתחילו לאכול אותם שבשאר בתים כשהתחילו אותם של בני החופה** – ‹ולאו דוקא ברגע אחד, אלא כלומר שכולם באו בשביל השמחה, אך מפני דוחק המקום נפרדו בפ"ע לחדרים אחרים›, **כלם חשובים כאחד לברך ברכת חתנים, כיון שאוכלים מסעודה שהתקינו לחופה** – ‹וכיון שכולם אין ביכולתם לשמוע הברכות מפי המברך בשולחנו של החתן, לכן יברכו בפ"ע הז' ברכות, ואע"ג דהחתן והכלה לא ישמעו הברכות מפי אלו, מ"מ אין זה כלום, דזה שנהגו להביא גם את הכלה לשמוע הברכות, אין זה לעיכובא אלא מנהג יפה, לפי שהברכה היא על הצלחת שניהם, ראוי שיעמדו לשמוע את הברכות, אבל אין זה לעיכובא – ערוה"ש›.

סעיף יב- השמשים האוכלים אחר סעודת נשואין, י"א שאין מברכין שבע ברכות – ‹כיון שכבר ברכו בני החופה עם החתן – לבוש›, **וי"א שמברכין, ולזה הדעת נוטה** – [איני יודע למה נטה לדיעה זו, דלפי הנראה אינה מסתברת כלל, דאטו חיוב ברכת חתנים חל על האכילה, שנאמר דאין לו רשות לאכול זולת ברכת חתנים, הא אינו אלא על האדם ששמח בשמחת חתן וכלה שחייב בברכת חתנים, ממילא אלו השמשים שעוסקים בענין הסעודה, והשמש שעושה צירוף אפילו לאותן שאוכלים בבית אחר כדלעיל, בודאי הוא יצא ידי ברכת חתנים במה שכבר שמע בשעה שבירכו האוכלים שם, וכל שכן שאם אין החתן וכלה שם אלא הלכו לשכב, על מה יברכו השמשים אח"כ, על כן אין להם לברך ברכת חתנים שנית, וכדיעה הראשונה, וכ"ש דקי"ל ספק ברכות להקל].

‹ונראה דלא פליגי לדינא, דודאי אם השמשים אוכלים אח"כ רק לשבוע נפשם, ומבלי הידור שולחן לשמח חתן וכלה, כמו שיזמרו לפניהם או ירקדו וכל כיוצא בזה, אין זה כסעודת חתנים וא"צ לברך, **אבל** אם אוכלים בהידור לכבוד חתן וכלה, לא גריעי משארי קרואים וצריכין לברך ברכת חתנים, אף שמתחילים לאכול אחר כלות השולחן של בני החופה, מ"מ סוף סוף היא סעודת חתן, ודבר זה יש להבין לפי הענין. **וביש"ש** הכריע שלא יברכו הברכות רק שהשמחה במעונו, ע"ש, ולדברינו אין כאן מחלוקת – ערוה"ש›.

סעיף יג- הסועד בבית חתנים, משיתחילו להתעסק בצורכי סעודת נשואין ולהכינה, עד שלשים יום אחר הנשואין – ‹בין אם מזמינים סתם, ובין אם מזמינים בשביל החתונה›, **מברך: נברך שהשמחה במעונו שאכלנו משלו** – ‹ויש טועים ואומרים "שהשמחה במעונו ושאכלנו משלו", וטעות הוא, דהא אין מברכין אשמחה אלא אאכילה, אלא שמזכירין מענינו, נברך לאלקינו שהשמחה במעונו, כלומר שהשמחה אינו משלנו אלא ממעונו, במה נברך, נברכיהו במה שאכלנו משלו, אבל אין מברכין במה שמשמחים, דזה לא שייך לענין אכילת ברהמ"ז, ועוד דה"ל למימר שמשמחים ממעונו, אלא סיפור דברים להזכירו מענינו – ערוה"ש›, **ואם היו עשרה, מברך: נברך אלהינו שהשמחה במעונו וכו', והם עונים: ברוך אלהינו שהשמחה וכו'.**

וכן סעודה שעושים אותה אחר הנשואין, מחמת הנשואין – ‹שמזמינים לאכול בשביל שמחת הנשואין – ערוה"ש›, **עד שנים עשר חדש, מברך: שהשמחה במעונו** – {בג' דוקא, כמו "אשר ברא", כמ"ש הר"ן בשם הרמב"ן, ודוקא אם אינו אוכל עם בני בית לבד}.

{בית שמואל} [ט"ז] ‹רעק"א או ש"א או הוספת הסבר› (פת"ש)

והאידנא ערבה כל שמחה, ואין אומרים: שהשמחה במעונו, אלא בשבעת ימי המשתה - כבר כתבתי דדוקא שסועדים עמו אחרים. ‹ודוקא› {אחר החופה, אבל קודם החופה בליל ה' או ביום ו' אין אומרים}. **ומ"מ נראה דאף לאלמון שנשא אלמנה אומרים: שהשמחה במעונו, בשלשה ימים שהוא שמח עמה** - ‹לפי תקנת חכמים, דשקדו על תקנת בנות ישראל שיהא שמח עמה שלשה ימים – לבוש›.

{**משמע ד"אשר ברא" אין מברכין**, ‹דמדינא דגמ' אומרים "שהשמחה במעונו" בבתולה כל י"ב חדש, ולכן שפיר באלמנה בג' ימי שמחתה אומרים "שהשמחה במעונו", אבל "אשר ברא" אין מברכים›, **ובטור כתב דבג' ימים שהם ימי משתה מברכים "אשר ברא" ואומרים "שהשמחה במעונו", ואפילו לדעת הסמ"ג שכתב דבבתולות אחר ז' ימי משתה אין אומרים "שהשמחה במעונו", מכל מקום בג' ימי משתה של אלמון לא פליג, ומודה דמברכים "אשר ברא"**}.

‹**ועכ"פ** לדינא ברור הוא שאין לומר אשר ברא כל ג' באלמן שנשא אלמנה, דאפי' אם כן הוא דעת הטור, היא דיעה יחידאה, ומה גם שיותר נראה שגם בהטור הוא טעות סופר, כי ידוע שבספרי הטור נפלו הרבה טעיות. **וראיתי** להב"ש שע"פ דברי הטור פסק באלמון שנשא אלמנה לברך אשר ברא כל ג', ואחריו נמשכו כל מקצרי דינים, וכן נדפס בסידורים, ולענ"ד ברור הוא שאין לברך, וקרוב להיות ברכה לבטלה, לכן הדבר פשוט שאין לברך רק "שהשמחה במעונו" – ערוה"ש›.

{**ואם מחזיר גרושתו, כתב בספר בית הילל דאין אומרים "שהשמחה במעונו", וראיה לדבר, דמותר להחזיר גרושתו במועד**}. ‹וכ' כנה"ג, דהיינו דוקא במחזיר גרושתו מן הנישואין, אבל מן האירוסין צריך לברך "שהשמחה במעונו" – בה"ט›.

‹**ועיין** בתשו' הרדב"ז שהביא, דבספר משפט שלום כתב בשם תשו' רבינו האי ז"ל, דהמחזיר גרושתו אין מברכין לו ז' ברכות רק ברכת אירוסין לבד כו', **והוא** ז"ל כתב עליו, שהוא מסופק אם כ"כ רבינו האי גאון ז"ל, ולכן אין לסמוך ע"ז, אלא מברכין לו ז' ברכות כמו באשה חדשה, וכן מעשים בכל יום במצרים מזמן הנגידים הראשונים, וכ"כ הרמב"ם ז"ל. **ומ"מ** י"ל דאף הרדב"ז מודה לענין "שהשמחה במעונו" דאין לומר במחזיר גרושתו›.

‹**ומה** שאומרים לשון "מעונו", מפני שמשם מברך הקב"ה את ישראל, כדכתיב: השקיפה ממעון קדשך מן השמים וברך את עמך וגו', ובתפלה למשה אמר: ד' מעון אתה היית לנו בדור ודור, **ולא** נתקנה בשום סעודת מצוה רק בנשואין, ונ"ל הטעם, דאדרבא לכן תקנוה בנשואין, דכשנתבונן אין בנשואין שמחה שלימה, דאלמלי היה האדם קיים באיש, לא הוצרך לנשואין ולהעמיד זרע, ומפני שהאדם קיים רק במין, מוכרח לישא ולהוליד, כי סופו למות וישארו זרעו תחתיו, ולכן אחד מן החכמים שבר זכוכית יקרה בחופת בנו, ויש שאמר: וי לן דמיתנן וי לן דמיתנן, והכוונה כמ"ש, ולפיכך אנו אומרים "שהשמחה במעונו", כלומר שבעוה"ז ליכא שמחה שלימה, ורק למעלה שמחה שלימה, כמ"ש: עוז וחדוה במקומו – ערוה"ש›.

‹**עיין** בתשו' אא"ז פמ"א, שנשאל בכלה שפירסה נדה קודם החופה, וזמן טבילה אחר כלות ימי משתה, והמנהג לעשות סעודה בליל הטבילה, אם מותר לברך גם בההיא סעודה ז' ברכות, **וכתב** דזה פשוט שאין לברך אפילו עם פנים חדשות, וכן מבואר ברמב"ם פ"י מה"א דין ו' כו', **אלא** מ"מ נראה ד"שהשמחה במעונו" י"ל, ואף שכתוב בשו"ע דהאידנא ערבה כל שמחה ואין אומרים אלא בז' ימי המשתה, מ"מ כה"ג שלא בעל בעילת מצוה, והיום הוא עיקר שמחה של החתן והכלה, ראוי לברך, וכן נראה להלכה למעשה, עכ"ד, ע"ש, **וכן** השיב בשו"ת תשובה מאהבה, דאין לברך בההיא סעודה ז' ברכות, ונסתייע מתשובת פנים מאירות הנ"ל, **וכתב** דמה דמסיק הפמ"א דיש לומר "שהשמחה במעונו", אף שיש בזה קצת לסתור ולבנות, אבל אחרי שאין בזו הזכרת השם, אין לדקדק, **וכן** מסיק בספר בית מאיר, וכתב דאפשר דגם "נודה לשמך" י"ל, ע"ש. **וכתב** עוד, דעל גוף הסעודה שעושין לביאת מצוה מפקפק הרש"ל בריש כתובות, וכן נלע"ד שאין לעשות אז סעודה לאסוף אנשים ביתה, ודי לעשות סעודה לאנשי ביתו אשר אי אפשר להסתיר הטבילה מהם, אבל להזמין אנשים על סעודה זו, מידי הרהור לא יצאו כו', ע"ש. **ולענ"ד** אין למחות במקום שנהגו, כי בתשו' אא"ז פמ"א שם כתב, דיש סמך למנהגן של ישראל לעשות סעודה כשהגיע לביאת מצוה, מדברי הזוהר פ' תרומה ע"ש. **והנה** בעיקר דבר זה מה דפשיטא ליה להפמ"א שאין לברך בההיא סעודה ז' ברכות, ואחריו החזיק בספר בית מאיר ותשו' מאהבה כנ"ל, תמיהא לי שלא הזכירו דברי הגהת אשר"י, שכתב ובספר המקצועות פסק כו', ומ"מ תיקנו רבותינו הגאונים, כיון שפסקו שבעה נקיים וטובלת, מכניסין אותה ומברכין ברכת חתנים כו', ע"ש, **עד** שמצאתי בספר בני אהובה שפסק ג"כ דאין לברך ז' ברכות בליל טבילה, אם הוא לאחר ז' ימי

המשתה, והביא שם דברי הג"א הנ"ל, וכתב דאין לסמוך על זה, דאפשר דתיקנו דלא יברכו אז בשעת חופה כי אם אח"כ, אבל אם כבר ברכו בשעת חופה, אין לחזור ולברך, **ועוד** דזה תליא במה שנסתפקו הפוסקים, אם יש כח ביד הגאונים לחדש ולתקן ברכה, ולכך שב ואל תעשה עדיף, ולא יהא אלא ספק, הא אמרינן ספק ברכות להקל, ע"ש.

וגם בתשו' חת"ס נשאל על זה, ע"ד שהיה מנהג באיזה גלילות לברך ז' ברכות בליל טבילה לביאת מצוה, אף שהיה אחר ז' ימי משתה, וכתב שם ליישב המנהג, **ומ"מ** מסיק לדינא דאין לעשות כן מכאן ואילך, ולחוש לברכה לבטלה, וראוי לבטל המנהג, והביא שם ג"כ דברי בני אהובה הנ"ל, ע"ש).

§ סימן סג – בעילת מצוה וברכתה §

סעיף א - מותר לבעול בתולה בשבת - באו"ח סי' ר"פ כתב, ואין בו משום חובל ולא משום צער לה. (**כתוב** בדגמ"ר וז"ל, היינו אם היתה טהורה בשעת החופה, אבל אם היתה נדה בשעת החופה והגיע זמן טבילתה בליל שבת, עיין סי' ס"ד בב"ש סק"ה, עכ"ל, ועמ"ש לעיל סי' נ"ה סק"ב).

(**עב"ש**: {כן עלתה המסקנא בש"ס, ומ"ש בהג"א, דלדידן דאין אנו בקיאין בהטיה אסור לבעול בשבת, עיין בדרישה ‹דמתיר›. **ובט"ז** באו"ח סי' ר"פ, וז"ל: [כ"ה מסקנת התלמוד והפוסקים, אלא שבאגודה כתב בזה, ובלבד שיכוין לבעול בהטיה, וכ"כ בהג"א, וכ' מו"ח ז"ל דליתא לדברים אלו על פי המסקנא פ"ק דכתובות דדם מפקיד פקיד, ומקלקל הוא אצל הפתח, לא כמ"ש הרב ר' ישעיה הלוי ז"ל מירושלמי בכתב א' ונדפס, וכתוב בו לחוש לדברי האגודה, דלא משגיחין בזה, ‹דאפילו אם אינו בקי בהטיה, מ"מ מעצמו יכול להיות כן, וכיון שאין הכרח לזה ממילא דדינו כדבר שאינו מתכוין ואינו פסיק רישא, זהו דרך הראשונים שמפרשים רוב בקיאים בהטיה, כלומר ידוע זה לרוב בני אדם שביכולת להטות אף למי שאינו בקי, ולא כהבבליים שסבורים שצריך להיות בקי בהטיה – ערוה"ש›, **אך** מסיק כיון שנהגו בזמנינו דאין בועלין בתחלה בשבת, הו"ל כדברים המותרים ואחרים נהגו בו איסור, ואין להורות היתר לבטל המנהג, ע"כ, **ואני אומר** חלילה לעשות מנהג איסור בזה, ובבירור שמעתי שהחסידים גאוני עולם נהגו בעצמם היתר בזה, ע"כ אין כאן חשש וחומרא כלל, ואין ראיה ממה שנוהגים שלא לבעול בשבת, הוא מפני הבושה דלא בזיזה עדיין עמו, ואפי' במו"ש רוב פעמים שאין בועלים, אלא ודאי שאין למדים ממנהג זה שום איסור, והמחמיר הוא מן המתמיהין], **ועיין** בס' פני יהושע שצידד ג"כ כמה טעמים לקיים המנהג במקום שנהגו היתר, **ומסיק** אבל במקום שנהגו איסור אין להקל, אם לא היכא דאי אפשר להמתין עד לאחר שבת, כגון דבמ"ש יהיה סמוך לוסתה, דאז כדאי הם רוב הפוסקים שכתבו דמותר בלא פקפוק, ע"ש).

הבועל את הבתולה, כיון שבעל בעילת מצוה פורש מיד - {משום דחיישינן שמא ראתה דם, אף על גב דתלינן דם במכה, כמ"ש בש"ס וביו"ד סי' קפ"ז, ואין לך מכה גדולה מזו, **תירץ** הרשב"א, הא דתלינן במכה היינו כדי שלא תאסור על בעלה אם נמצא ג"פ דם אחר כל ביאה וביאה, אבל לא תלינן במכה בכה"ג, **והרא"ש** תירץ, בביאה דלהכל נמסרה, מחמירין טפי, **ולפי** שנ"מ מתירוצים אלו לכן הבאתי}.

אפילו היא קטנה שלא הגיע זמנה לראות ולא ראתה - בפ"ק דכתובות כתב הרא"ש בטעם שהחמירו חומרא יתירה זו, משום שמא נתערב דם נדה בתוך דם בתולים, אבל בפ' תינוקת לא כ"כ, ע"ש. **ומיהו אותה בעילה גומר כדרכו באבר חי** - לאפוקי מדעת הראב"ד שכתב, ממתין עד שימות.

ואפי' בדקה ולא מצאה דם, טמאה, שמא ראתה טפת דם כחרדל וחפהו שכבת זרע – ‹דוקא שגמר ביאתו, אבל אם לא עשה רק הערא ופירש ולא ראתה דם, יש מקילין, כמ"ש ביו"ד סי' קצ"ג – בה"ט›.

וצריכה שתפסוק בטהרה ותבדוק כל ז'. ולא תתחיל לבדוק עד יום חמישי לשימושה, כשאר אשה ששמשה ואח"כ ראתה – [עיין מה שכתבתי ביו"ד סי' קצ"ג וקצ"ו, מה שיש שינוי בכלה משאר נשים, ‹וז"ל שם›: מצאתי בשם מהר"ל מפראג, דאע"פ דהשתא נהוג עלמא דהנדה מתחלת למנות מיום הששי, כמבואר סי' קצ"ו, מ"מ במתחלת למנות אחר ביאה ראשונה של בתולים, מתחלת למנות מיום ה', וכן הורה הלכה למעשה, **ורצונו לומר**, דלא גזרינן בה שמא

תשמש באותו יום בסופו, דהיינו ביהש"מ, ונראה טעמו, כיון דאין כאן דם נדה רק דם בתולים, לא החמירו בו משום תשמיש ביהש"מ, **אבל** אם באמת נבעלה בעילת מצוה ביהש"מ, נראה ודאי דחשבינן לה כאלו נבעלת בלילה שאחר אותו בין השמשות, אפילו גבי כלה, **נמצא** שאם נבעלה הכלה ליל מ"ש, תמנה מיום חמישי, ואם נבעלה בביה"ש של סוף יום א', תמנה מיום ו' כנלע"ד].

{**ועיין** ביו"ד שם הביא בהג"ה בסי' קצ"ו מ"ש הגמיי' ומרדכי, דלא תלינן כתם בג' ימים הראשונים של ז' נקיים, כי היכי דתדע דפסק המקור, **ולכאורה** נראה דבג' ימים הראשונים של ז' נקיים של הכלה לא מחמירין חומרא זו, דהא כאן י"ל דלא הי' כלל דם מן המקור, **וכן** בעלת הכתם שלא ראתה דם, אין להחמיר חומר' זו, ותלינן בכל דבר אפילו בג' ימים הראשונים של ז' נקיים, **אבל** בתה"ד כתב, כתם פחות מכגריס תולין במאכולת אפילו תוך ג' ימי נקיים, דאל"כ אין שום אשה יכולה ליטהר לבעלה, דאין לך סדין שאין עליו דם המאכולת, **מזה** משמע דבעלת כתם אין תולה בג' ימים הראשונים אם היה יותר מגריס ועוד, דאל"כ איך כתב אין לך אשה דיכולה ליטהר לבעלה, דהא בפעם שניה היא בעלת כתם, ואז היא יכולה לתלות במאכולת, אבל ג' ימים הראשונים אחר שראתה דם מנ"ל דיכולה לתלות בדם מאכולת, **אלא** ע"כ דס"ל ג' ימים הראשונים של בעלת כתם ושל מי שראתה שוין, ואם ראתה דם אין תולה בג' ימים הראשונים, אז אפילו בעלת כתם נמי אין תולה, **מיהו** י"ל דילמא התה"ד ס"ל, דאשה שראתה פ"א דם מקור, והתחילה לספור ז"נ, ואח"כ מצאה כתם והתחילה לספור עוד ז' נקיים, ומצאה כתם, אז הכל דין א', כיון שבתחלה היה נפתח המקור, **אבל** כלה או בעלת הכתם מעיקרא, י"ל דתולין בכל דבר, **והמאור** הגדול מהר"ר ליב צונש ז"ל, שהיה אב"ד בק"ק פינטשיף, השיב לי ע"ז תשובה א' באריכות, ודעתו היתה להחמיר משום לא פלוג}.

‹נ"ל אפי' בג"י הראשונים של ז' נקיים של הכלה מחמרינן חומרא זו, ב"ש – באה"ט›. (**והמעיין** בב"ש יראה, דלא ברירא ליה הא מלתא, ואדרבה דעתו נוטה להקל בזה, וכן בעלת הכתם שלא ראתה דם אין להחמיר חומרא זו, אלא שהרב מהר"ל צונש דעתו להחמיר משום לא פלוג, ע"ש. **ועיין** בפ"ת ליו"ד סי' קצ"ו, כתבתי בשם דגו"מ, שיש להקל בבעלת כתם, וק"ו שיש להקל בתבעוה להנשא ומצאה כתם בג"י ראשונים, ע"ש. **ועיין** בס' המקנה, כתב ג"כ דבבעלת כתם אין להחמיר, דוודאי דברים שתולים בהם הם מוחזקים יותר מבעלת כתם, כדמוכח ביו"ד סי' ק"צ סמ"ג, וא"כ אין שום סברא כו', **אבל** בדם בתולים ויושבת על דם טוהר, דקי"ל ביו"ד סי' ק"צ סמ"ב כו', אף דמה"ת דמיה טהורים, י"ל דאינה יכולה לתלות בג"י ראשונים בדבר אחר. **ונראה** דאפי' אם יש לה מכה שידוע שמוציאה דם, דמיקל בד"מ שם לתלות אפי' בג"י ראשונים, מ"מ י"ל הכא בבתולה {לכאורה ה"ה ביושבת על דם טוהר} דדמיה מצויים טפי, והוא ג"כ בגופה, אין לה לתלות אלא בפחות מכגריס שא"א ליזהר, כמ"ש בתה"ד, **ומיהו** בתבעוה לינשא נראה דיש להקל לתלות הכתם בדבר אחר, אף בג"י ראשונים, כיון דאינה מוחזקת בדמים כלל, והוא רק חשש דרבנן. **וכתב** עוד, דאפילו לדברי הב"ש דלא פלוג, מ"מ נ"ל דאשה טהורה אינה יכולה לתלות כתם באותה שספרה ז"נ מחמת דם חימוד, דלא גרע מבעלת כתם שאין תולין בה, וצ"ע שלא הזכירו הפוסקים, עכ"ד).

ונוהג עמה כשאר נדה לענין הרחקה, אלא שנדה גמורה אסור לו לישן על מטתה אפילו כשאינה במטה - ביו"ד סי' קצ"ה סעיף ה' פסק, דאפילו לישב על מטתה המיוחדת לה אפי' שלא בפניה אסור, ונקט כאן לישן לרבותא דסיפא, דבכלה אפי' לישן מותר, **והכלה מותר לו לישן באותה מטה לאחר שעמדה מאצלו, אפילו בסדין שהדם עליו (ועיין ביו"ד סי' קל"ג).**

סעיף ב - יש אומרים שאחר שמצא בתולים מברך: בא"י אלהינו מלך העולם אשר צג אגוז בגן עדן וכו' - «שושנת העמקים בל ימשול עוד זר במעיין חתום, על כן אילת אהבים שמרה בטהרה וחזק לא הפרה, ברוך הבוחר בזרעו של אברהם. **והמשילה** לאגוז, כמו שבאגוז האוכל מכוסה עד זמן שבירתו, כמו כן בנות ישראל בתוליהן מוסגרות עדי נשואיה. **ושושנת** העמקים, מפני שישראל נמשל לשושנה, ומרמז על הדמים ששומרות את עצמן בעת נדתן מלהזדקק לבעליהן, כמ"ש סוגה בשושנים, ושארי הדברים מובנים, **וחותם** בזרעו של אברהם, האב הראשון שבגודל אהבתו לד' שמר התורה כולה עד שלא ניתנה, וביחוד בענייני טומאת נדה, כמפורסם באגדה על פסוק לושי ועשי עוגות - ערוה"ש».

ולא שייך כאן לברך עובר לעשייתו דמנא ידע דשמרה חוק בטהרה. [**ולי נראה הטעם, דשמא לא יוכל**

לבעול, וכן מצינו בסוכה שאין מברכין על השינה, דשמא לא יוכל לישן, כמ"ש הרא"ש בסוכה].

ומהרש"ל כתב דלא נהיגי לברך ברכה זו, אפשר שטעמו, דלא הוזכרה ברכה זו בתלמוד, וגם הרי"ף והרמב"ם לא הזכירו ברכה זו, ש"מ דלא ס"ל כה"ג לברך ברכה זו.

[**ומה שקשה על ברכה זו הלא אינה מוזכרת בתלמוד, כבר** הרגשתי בזה וכתבתי באו"ח סי' מ"ו דבר נכון בזה ליישב הקושיא, וכתבתי שיש לחלק בזה בין אם נהגו כבר לברכה או לא, ‹וז"ל שם›: **דאם יש כבר מנהג לומר אותה הברכה, אין לבטלה אף שלא הוזכרה בפי' בגמ', דכבר אפשר שהיה לגאונים שתקנוה סמך מן התלמוד בזה. וכתב** מו"ח ז"ל, **שמברך בלא שם ומלכות ובלא כוס**. ‹ואין נזהרין האידנא בברכה זו - ערוה"ש›.

(וי"א דאין מברכין אותה בלא כוס) (תא"ו בשם רבינו ניסים) - פסק זה תמוה, דלמה תהיה ברכת בתולים עדיפא מברכת אירוסין דא"צ כוס, וכבר כתבתי בתחלת סי' ס"ב דלדברי הרמב"ם אין כוס מעכב אף בברכת נשואין, וכ"ש בברכת בתולים, **וראיתי** מי שכתב דהרב רבינו ירוחם שממנו הוציא הרב הגה זו, טעה בהבנת דברי הרא"ש שהביא דברי הר"ן אחר שכתב דין ברכת בתולים, והוא סבר מ"ש הרא"ש בשם הר"ן קאי אשלפניו, ובאמת לא קאי רק אשלפני פניו, הוא ברכת חתנים, וכן הוא ברמזים ובטור סי' ס"ב. [**ונראה לי** שאין לברך אותה על הכוס כי"א שמביא רמ"א, **וכבר האריך בדרישה וסתר הג"ה זו**].

‹**בספר** מחזיק ברכה להגאון חיד"א ז"ל, הביא בשם ספר מור וקציעה, על ‹נשואי› האשה אם הגונה היא וחביבה לו, יברך שהחיינו. **וכתב** עליו, ולי יראה דיברך בלא שם ומלכות, ע"ש, **ועיין** בש"ך יו"ד סי' כ"ח הביא בשם מהרי"ק, דאין מברך זמן על קידושי אשה ונשואיה, ע"ש›. ‹**ונ"ל** הטעם, דשהחיינו לא שייך בזה רק ברכת הטוב והמטיב, כיון שהשמחה לשניהם, כמו בילדה אשתו זכר דמברך הטוב והמטיב, כמ"ש בא"ח סי' רכ"ג, והיא ברכה לד' שהטיב להם, **והרי** ברכה זו יש כמוה בברכת הנשואין, אשר יצר את האדם וכו' והתקין וכו', שזהו ברכה לד' בעדו ובעדה, וכן ברכת שמח תשמח, וא"כ הטוב והמטיב יתירה היא, **ועוד** י"ל בטעם זה, דהא בברכת אירוסין אין לברך שהחיינו, דאין בזה גמר שמחה, ובשעת הנשואין אין לברך, דכבר התחיל מאירוסין, ולכן אפילו כשהאירוסין והנשואין כאחד אין לברכה, כיון דשני דברים הם ויכולין לארס זמן רב קודם הנשואין כמו שהיה נוהג בזמן חכמי התלמוד, לא נתקנה ע"ז ברכת שהחיינו - ערוה"ש›.

‹**סעודה** שעושין לאחר שבעל בעילת מצוה, נוהגין לאכול דגים באותה סעודה, רוקח - באה"ט›. ‹כדי שיפרו וירבו כדגים, דלכן נקראת בעילת מצוה, דמשם ואילך ראויה להתעבר, דאין אשה מתעברת מביאה ראשונה, **ועכשיו** לא נהגו בסעודה זו, **ויש** מקומות שמחלקין גבינה - ערוה"ש›.

§ סימן סד - זמן נשואי בתולה וברכתה, ואלמנה, ואם אינו רוצה לעשות סעודה §

סעיף א - הנושא בתולה צריך לשמוח עמה ז' ימים, שלא יעשה מלאכה, ולא ישא ויתן בשוק, אלא אוכל ושותה ושמח עמה, בין אם הוא בחור בין אם הוא אלמון - בסימן ס"ב סעיף ו' נתבאר דין הברכה שהיא כל ז' ימי המשתה, בין בבחור שנשא אלמנה, בין באלמון שנשא בתולה, **כי** הברכה נתקנה על שמחת לבו של אדם, ובחור שלא נשא עדיין אית ליה שמחה טפי אפילו נשא אלמנה, ומכ"ש אלמן שנושא בתולה שמח טפי, ע"כ ז' לברכה, **אבל** שמחה אכילה ושתיה וביטול מלאכה ומשא ומתן, הכל משום תקנתא דידה, כי שקדו חכמים על תקנת בנות ישראל, ובבתולה תקנו ז' לשמחה, ובבעולה ג' לשמחה, כי הבתולה צריכה פיתוי ושמחה יותר מאלמנה, ע"כ אפילו בחור שנשא אלמנה די לה בשמחה ג' ימים, אע"פ שמברך כל ז' ברכת חתנים. ‹**והטעם**, דשבע הברכות הוא על ענין הזווג, לכן כשאחד מהם עדיין לא נשא מעולם, יש להם שבע ברכות כל שבעה, **אבל** שמחה הוא רק מפני האשה שהוא ישמח אותה, דהוא העיקר והיא טפילה לו, לפיכך צריך לשמחה, ולכן זמן השמחה תלוי רק בה, דאם היא בתולה שמחתה ז' ימים, וכשהיא בעולה אין שמחתה רק ג' ימים, דהבתולה גדולה שמחתה מן הבעולה, דאין אשה כורתת ברית אלא למי שעשאה כלי - ערוה"ש›.

{**לפי"ז נראה דיכולה למחול על השמחה וביטול מלאכה, דהא משום תקנתא דידה תקנו יכולה לומר א"א לי בתקנה זו, ומ"ש הר"ן דהחתן אסור בעשיית מלאכה, משמע דלא מהני מחילה דידה, לא כתב כן אלא לדעת הפוסקים שהביא המחבר בסעיף ב', דס"ל דצריך לשמוח ז' ימים, דהואיל**

דמברכים ז' ימים, אין בדין שילך הוא למלאכתו והם יברכו בשבילו, לפי"ז אינה יכולה למחול, **והר"ן** ס"ל כהני פוסקים, דהא כתב וכן נהגו, **ורי"ו** שכתב דיכולה למחול, כ"כ לדיעה קמייתא, והרב רמ"א שהביא דברי רי"ו בפשיטות צריך **ישוב**}. ‹ולא משמע כן מדברי רבינו הרמ"א – ערוה"ש›.

(וחתן אסור בעשיית מלאכה, ואסור לצאת יחידי בשוק) (ר"ן) - נראה דהגיה הרב דין זה אע"פ שכבר כתב המחבר לפני זה שלא יעשה מלאכה, משום דמלשון הרב המחבר משמע דמשום לתא דידה תקנו כן, ואם היא רוצה למחול על תקנתה, הרשות בידה, וכמ"ש בסמוך בשם ר' ירוחם, וכדאמרינן בעלמא כל האומר אי אפשי בתקנת חכמים שומעין לו, **ע"כ** כתב דאף דיכולה למחול על שמחתה, דהיינו לאכול ולשתות ולשמוח עמה, אבל במלאכה ולצאת יחידי לשוק, אף שהיא מוחלת, מ"מ הוא אסור בזה, מטעם שהוא דומה למלך, ‹**מה** מלך אינו עושה מלאכה ואינו נושא ונותן בשוק ואינו יוצא יחידי לשוק, כן הוא החתן – לבוש›, **כך** היה נראה ליישב כוונת הרב בהג"ה זו, אבל אין זה מוכרח.

{**ועיין** בס' המקנה שכתב, דמוכח מן הסוגיא דלא מקרי חתן לענין זה שיהא אסור במלאכה מצד עצמו אלא כשנושא בתולה, **ולפי"ז** ממילא אתי שפיר דברי הרמ"א, דהא דכתב כאן, מיירי בבתולה שאסור במלאכה מצד עצמו ולא מהני מחילה, **אבל** בסעיף ב' גבי נושא בעולה שפיר כתב דמהני מחילה, משום דלא מקרי חתן לענין זה לאסור במלאכה מצד עצמו, **וכתב** עוד, ומיהו באלמון שנשא בתולה יש להסתפק אם האיסור מצד עצמו, **ובש"ס** משמע דאסור מצד עצמו, ע"ש}.

{**עיין** בתשו' פרח מטה אהרן, אודות שני אחים שותפים בחנות א', והקטן נשא בתולה, **וכתב** דודאי ע"פ הדין מותר הגדול לפתוח החנות בתוך ז' ימי המשתה של אחיו הקטן, ולישא וליתן, **ולא** דמי לאבל, דכאן לא אסרו רק להחתן עצמו, ולא לאחרים שלא יעשו מלאכתו או שלא יתעסקו בממונו, **אך** אם יש מנהג בעיר, לא ישנו ממנהגם ע"ש. **וכ"כ** בספר כרם שלמה בשם מהריט"ץ, שכתב דמה שאסרו מלאכה לחתן, היא תקנה לשמחתו, וא"כ ע"י שותפו אפשר שמותר לו בלי ספק לפתוח החנות וליקח חלקו מאותן הימים, ע"ש. **וכתב** עוד בשם מהריב"ל, דחתן אסור להסתפר בז' ימי המשתה, ע"ש}.

ואסור לצאת יחידי בשוק – ‹ולאו דוקא שוק, אלא כל מקום שרבים מצויים שם, שלא יראוהו בודד לבדו – ערוה"ש›.

{**כתב** בפרישה, מזה נשתרבב המנהג שאינו יוצא החתן לבהכ"נ כל שבעה ימים, כי אין בנמצא שילווהו מביתו לבהכ"נ ומבהכ"נ לביתו}.

‹**וגם** בגמ' אמרו חז"ל שחתן צריך שימור, וכיון שצריך שימור ממילא שלא יצא יחידי, ומשמע דגם בביתו לא ישב לבדו, ואף ביום צריך שימור. **ועוד** אמרו באגדה, שהחתן ילבש בגדי כבוד כל ז' ימי המשתה, והכל יקלסו אותו כל שבעת ימי המשתה, ופניו מאירים, דכתיב והוא כחתן יוצא מחופתו, ומשתה ושמחה לפניו כל ז' ימי המשתה. **והכלה** צריכה ג"כ שימור – ערוה"ש›.

{**עיין** בתשו' הרדב"ז, שנשאל חתן בתוך שנתו אם מותר לצאת בסחורה למדינה אחרת, **וכתב** דמלשון הגמ' פרק משוח מלחמה משמע, דלאו ד"לא יצא בצבא", ועשה ד"נקי יהיה לביתו", לא איירי אלא שלא יצא למלחמה, ולא יספיק צרכי המלחמה, **אבל** שלא ילך בסחורה לתועלתו ולהנאתו אין זה בכלל, וכן משמע מלשון הסמ"ג ומהרמב"ם פ"ז מה' מלכים. ובלשון מנין המצות להרמב"ם נפלה טעות מן המעתיקים, ע"ש, **ועיין** בספר בינת אדם שכתב עליו דלא ראה, שכן מפורש בליקוטי הפרדס ובס' החינוך, דה"ה לצאת לסחורה אסור, ‹ואין עיקר לדברים הללו – ערוה"ש›, **אך** נראה דמהני מחילתה בזה, ע"ש}.

‹**וכתב** בס' יראים וז"ל, למדנו בשנה ראשונה שנושא אדם אשה חייב לשמחה, שנאמר: ושמח את אשתו, בכל דבר שיודע שיש לה שמחה, ומצוה זו נוהגת בין בארץ בין בח"ל, שהיא חובת הגוף וכו', עכ"ל, **וענין** שמחה זו כענין שכתוב: ושמחת בכל הטוב וכיוצא בזה, ואין השמחה בשמחת משתאות וביטול מלאכה, אלא כלומר לענגה ולמלאות רצונה בכל אשר יכול, **וזהו** בין בבתולה בין באלמנה, לבד מחזיר גרושתו שאינה חדשה, **וכל** הפוסקים לא הביאו דברי היראים, ואפשר דס"ל דלא קאי רק אמערכות הצבא, וצ"ע – ערוה"ש›.

סעיף ב - הנושא את הבעולה צריך לשמוח עמה שלשת ימים, בין בחור בין אלמון

- הא דלא נקט את האלמנה, דהא סתם אלמנה מן הנשואין היא בחזקת בעולה, משום דהטעם שהאלמנה אין צריכה שמחה כ"כ, מאחר שהיא כבר בעולה א"צ פיתוי, ע"כ נקט אלמנה בלשון בעולה. {**מדייק** ב"ח, **אם היא אלמנה ואינה בעולה, צריך לשמוח עמה ז' ימים**}.

‹ודע דבעולה שכתבו הרמב"ם והש"ע, כוונתם לאלמנה מן הנשואין, דמן האירוסין הרי היא בתולה, אבל מן הנשואין הרי היא בחזקת שנבעלה, ואפילו ידוע שלא נבעלה, נראה שמן הנשואין דינה כבעולה. {ועיין בפת"ש סימן ס"ב ס"ו שכתב איפכא}. ובתולה שילדה בזנות או נתעברה והפילה, או נתברר בעדים שזינתה, יש להסתפק אם שמחתה וברכתה כבתולה כיון שעדיין לא נשאת מעולם, או כיון שאינה בתולה דינה כאלמנה, וכן משמע מלשון בעולה שכתבו הפוסקים, וצ"ע לדינא – ערוה"ש›.

וי"א דבחור שנשא בעולה צריך לשמוח עמה ז' ימים - הטעם כתב הר"ן, דלא נפישי ימי ברכה מימי שמחה, דאינו בדין שיהא משכים למלאכתו ומברכים לו ברכת חתנים, {כמבואר לעיל סימן ס"ב ס"ו, דמברכין כל ז' ימי המשתה בבחור שנשא אלמנה}, אלא ודאי ז' נמי אית ליה לשמחה, וכן נהגו, עכ"ל. ‹ואף אם אין מברכין השבע ברכות, כגון דליכא פנים חדשות, וגם "אשר ברא" אין מברכין, כגון שאוכלים רק בני הבית, מ"מ כיון דימים אלה הם ימי הברכות כשיהיו אחרים בשמחתם, א"א שלא יהיו ימי שמחה – ערוה"ש›.

(והאשה יכולה למחול על שמחתה) (ר' ירוחם) - ‹דתקנתא דידה הוא – גר"א›.

סעיף ג - י"א שאין נושאים נשים לא בערב שבת ולא באחד בשבת, גזירה שמא יבא לידי חלול שבת בתיקון הסעודה - {שמא ישחוט בן עוף, אף על גב דמותר לבעול בשבת, ש"מ דאין עושים סעודה בליל ביאה, אבל בתוס' ריש כתובות משמע דעושין סעודה}. **ויש מתירין. וכן פשט המנהג לישא נשים בערב שבת** - (אבל בא' בשבת אין מנהג, וכן מצאתי בשו"ת רמ"א, שכתב דאין מדרך ‹המקומות› לעשות הנשואין ביום א' כחוקות הגוים כו', ע"ש). **והוא שיטרח בסעודת הנשואין ג' ימים קודם הנשואין** - בגמ' אמרו שקדו חכמים על תקנת בנות ישראל, שיהא טורח בסעודה ג' ימים וכו', **משמע** אם הכלה וקרוביה מוחלין על טורח זה, אין להקפיד, **וכן** המנהג עתה שלא להקפיד בטורח ג' ימים דוקא.

ומקום שאין ב"ד יושבים בו אלא בשני ובחמישי בלבד, בתולה נשאת ביום רביעי, שאם היתה לו טענת בתולים ישכים לב"ד - ‹אבל אם ימשך מהבעילה יום או יומים תתקרר דעתו ולא יבא לב"ד, ויצא מזה מכשול, **ולכן** אמרו בגמ' דמקום שב"ד יושבים בכל יום, אשה נשאת בכל יום, **וכן** אצלינו דלא שייך כלל טענת בתולים לענין איסור, כיון שהקדושין והנשואין כאחד, ג"כ נשאת בכל יום, **וזה** שלא התירה המשנה ביום הראשון ג"כ, דביום השני ישכים לב"ד, פירשו בגמ' דזהו מטעם אחר, כדי שיהיה לו שהות ג' ימים אחר השבת להכין צורכי הסעודה, וברביעי יכנסנה, **אמנם** אם כבר הכין, יכול לכנוס אותה גם ביום הראשון לדינא דמשנה, ולדידן בכל יום – ערוה"ש›. ‹**ומה** שנהגו האידנא לכנוס ביום שישי, משום דאף בכל ימי שבוע אין לנו בתי דינין קבועין, ומי שיש לו עסק מקבץ שלשה ומסדר טענותיו לפניהם, וזה יכול לעשות אפילו בשבת – לבוש›.

ומנהג חכמים שהנושא את הבעולה ישאנה בחמישי, כדי שיהיה שמח עמה ג' ימים, חמישי בשבת וערב שבת ושבת, ויוצא למלאכתו יום ראשון - ‹ואם ישאנה באמצע השבוע, יצטרך לבטל מלאכתו ומשאו ומתנו שלשה ימים מלאים, אבל כשנושא בחמישי, שמח עמה שלשה ימים חמישי בשבת וערב שבת ושבת, והרי ירויח חציה ערב שבת ושבת, דבלאו הכי לאו יומי דמלאכה נינהו – לבוש›.

(ונהגו שלא לישא נשים אלא בתחלת החדש, בעוד שהלבנה במלואה) (ועיין ביו"ד סי' קע"ט) - ‹בחצי חדש הראשון שהלבנה מתוספת והולכת, ולא בחסרונה, ואין זה ניחוש אלא סימנא טבא בעלמא, כדרך שמושחין המלכים על המעיין כדי שתמשוך מלכותן, וכשם שממשיכין יין בצנורות לפני חתנים, וזהו נמי לסימן טוב שהזיווג יתוסף, ואין בזה משום דרכי האמורי, כמ"ש ביו"ד סי' קע"ט, **ויש** חדשים שנהגו שלא להקפיד בזה, באלול ותשרי ואדר, **ויותר** טוב שלא להקפיד כלל בזה שנאמר תמים תהיה עם ד' אלקיך – ערוה"ש›.

‹**עיין** בספר פני יהושע שתמה על הטור וכל הפוסקים שכתבו בפשיטות, דהאידנא אשה נשאת בכל יום בין בתולה ובין אלמנה היכא דליכא משום שקדו, והלא היה להם לפרש דלכתחלה מיהא יש לחוש לטעמא דברכה, דהיינו שתינשא בה' ותבעל בו', משום עצה טובה, כדמשמע מלשון רש"י ותוספות והר"ן והמרדכי ז"ל, **וביותר** יש לתמוה על הגהת רמ"א ז"ל, שהביא שנהגו

שלא לישא אלא בתחילת החודש כו', ומי עדיף האי סימנא דלא נזכר בגמרא כלל, מטעמא דברכה שהיא ברייתא דבר קפרא, ואין לבטלה בידים. **והאריך** בזה ליישב קצת, וסיים, מ"מ כל הרוצה לקיים דברי חכמים, יש לו לחוש לכתחילה לטעמא דברכה, וינוחו לו ברכות על ראשו).
(**ואפשר** מפני שישראל מונין ללבנה ונמשלו ללבנה, לכן נהגו להקפיד, ועוד דאין הקפידא שלא להעמיד בחסרונה, אלא לסימן טוב להעמיד במילואה, ומ"מ יותר טוב להקפיד על מה שנאמר בגמ' – ערוה"ש).

(**כתב** בספר המקנה, יש לדקדק במ"ש הרמ"א באו"ח סימן תקנ"א ס"ב, ונוהגים להחמיר שאין נושאים מי"ז בתמוז כו', תיפוק ליה שהוא לאחר חצי חודש, **ויש** ליישב עפמ"ש המג"א סי' ת"צ סק"ט בשם הרמ"א בתשובה, וז"ל, לכן דקדקתי וכתבתי והעם נהגו, ולא כתבתי סתם וכן נוהגין, ע"ש).

סעיף ד - אם החתן אינו רוצה לעשות סעודה, וקרובי הכלה רוצים שיעשה סעודה, כופין אותו שיעשה סעודה לפי כבודו ולפי כבודה

- (ואיזו כבוד מהם הוא יותר, צריך לעשות לפי אותו הכבוד, שאפילו כבוד בני משפחתה יותר מכבוד בני משפחתו, צריך לעשות לפי כבודה, דקי"ל היא עולה עמו ואינה יורדת, דכתיב: בעולת בעל, דהו"ל למיכתב והיא בעולה או בעולת איש, מאי בעולת בעל, ואמרו רז"ל שפירושו לומר שעולה היא עם הבעל ואינה יורדת עמו מכבודה לכבודו אם הוא פחות ממנה – לבוש).

(**כתב** בספר המקנה, לכאורה משמע דאם אין קרובי הכלה מקפידים, מהני מחילה, כמ"ש (הרמ"א) לעיל ס"ב, **ואף** שכתבנו לעיל ס"א, דלא מהני מחילה משום שמחת עצמו, **צ"ל** דהכא מיירי לעשות סעודה לאחרים לפי כבודו וכבודה, ואין זה ענין למחילת שמחתם, עכ"ד).

(**ומבואר** מזה, דלא לבד הכלה בעצמה ביכולתה לכופו לזה, אלא אפילו קרוביה, וכגון שהיא שותקת, **ואם** היא אומרת שאינה מקפדת, לא מסתברא שיהיה ביכולת הקרובים לכופו, **ואפשר** דגם בכה"ג יכולים לכופו, דיכולים לומר נהי שהיא אינה מקפדת, מ"מ יש זילותא לבני המשפחה, **ומיהו** האידנא דהכלה עושה הסעודה, לית לן בה, **ונראה** דלמנהגינו יכול החתן ובני משפחתו לכוף להכלה שתעשה הסעודה לפי כבודו ולפי כבודה, דאם מקפידים ע"ז למה אין ביכולתם לכופה, כמו שביכולת משפחתה לכוף אותו, וכן נראה עיקר לדינא – ערוה"ש).

(**מיהו** הכל לפי תואר הענין, שאם הם יפזרו יותר מדאי, ודאי אין לכוף. **ואלמון** שנשא בתולה, וקרובי הכלה רוצים להוליך הכלה מבית אביה לבית בעלה בתוף ובכנור כמשפט הבנות הבתולות, והבעל מוחה שאינו רוצה להרבות בשמחה מפני שהוא אלמון, **אין** הבעל יכול לעכב, דעולה עמו ואינה יורדת, עיין כנה"ג – באה"ט. (**וכן** להיפך, כשהוא בחור והיא אלמנה או גרושה, יכול לכופה לעשות לו כמנהג הבחורים, **וכן** כל עניני מזמוטי חתן וכלה הנהוג, אם צד האחר רוצה למחות שלא לעשות, אין ביכולתו – ערוה"ש).

סעיף ה - אין כונסין בתולה לחופה בשבת, לפי שעל ידי החופה זוכה במציאתה ובמעשה ידיה, והוי ליה כקונה קנין בשבת

- {ואם היתה לה חופה מבע"י והיתה נדה, תליא בפלוגתת הרמב"ם ושאר פוסקים, לרמב"ם דלא מהני חופה, אז אסורה לטבול בשבת, ולשאר פוסקים דמהני חופה, מותרת לטבול בשבת, **אע"ג** דהיא זוכה בתוספות כתובה, מ"מ הוא קנה כבר אותה, ולגבי האשה לא שייך קנין, (דאין הבעל קנינו של האשה, אלא האשה הוי קנינו של הבעל, והוא כבר זכה בה משעת חופה – ערוה"ש), **ולמ"ש** לעיל סי' ס"א סק"ח, יש תקנה אפילו להרמב"ם, היכא שמודיעים להחתן שהיא נדה}.

ואלמנה, אין חופה קונה בה, אלא על ידי ייחוד של ביאה זוכה במציאתה ובמעשה ידיה - כלומר יחוד הראוי לביאה, אף שלא בא עליה, וכבר כתבתי מזה סימן נ"ה וסימן ס"א, **ובב"ח** כתב שצריך דוקא לבא עליה ביום ו', ואין הדברים ברורים, **וכבר** כתבתי דאף בנמסרה לשלוחי הבעל הוי כאשתו, **לפיכך צריך להתייחד עמה קודם שבת** – {וכן בין השמשות מותר, דכל שבות לא גזרו ביה"ש במקום מצוה, ט"ז}, **כדי שלא יהא כקונה קנין בשבת. (ועיין באו"ח סימן של"ט).**

{**כן** איתא בירושלמי, הני דכנסין ארמלין בע"ש צריכים למיכנס מבע"י, והרא"ש פ"ק דכתובות הביא דברי ירושלמי זה, וכן תוספות פ"ק דיומא, ש"מ דנשתנה דין אלמנה מבתולה, **ולמ"ד** דחופה היינו יחוד שראוי לביאה קונה בבתולה, אז באלמנה אינו קונה ביחוד אלא בביאה, **ולמ"ד** דחופת בתולה היינו יחוד שאינו ראוי לביאה, אז באלמנה א"צ ביאה אלא יחוד הראוי לביאה, **ולהר"ן** דס"ל דחופה היינו

שהביא אותה לביתו, אם כן באלמנה לא מהני, ולא כח"מ בסי' נ"ה, והמרדכי פרק משילין פסק דבאלמנה צריך ביאה, וכ"כ במהרי"ל, וי"ל דס"ל כשיטות הפוסקים דס"ל חופה של בתולה היינו יחוד הראוי לביאה, והרמב"ם דס"ל דחופה היינו יחוד הראוי לביאה, מ"מ י"ל דבאלמנה א"צ ביאה, כי י"ל דלא פסק כירושלמי אלא כש"ס שלנו דאין מחלק בין אלמנה לבתולה, וכ"כ בתשו' רמ"א לשיטת הרי"ף}.

‹**וכן** הוא ודאי, דלא מצינו בשום מקום שאין לאלמנה חופה... דאין חילוק כלל בין בתולה לאלמנה אלא בסדינין שהוא לשם שמחה, **וכן** נ"ל עיקר, דבירושלמי אמר הלין דכנסין ארמלתא כו', והכניסה היא החופה, ומ"ש באלמנה, ה"ה בבתולה, שכן אמר שם בבתולה ג"כ זה הלשון דהכניסה צריך להיות קודם השבת, אלא אמר באלמנה משום דבבתולה בלא"ה אין עושים בשבת משום הבעילה, דס"ל לירושלמי דאסור – גר"א. ‹**מ"מ** כיון דרבותינו הראשונים תפסו פירוש הירושלמי לחלק בין בתולה לאלמנה, אין לנו לזוז מדבריהם – ערוה"ש›.

{**מיהו מהרי"ל תפס עיקר כפי' הרמב"ם, דחופה היינו יחוד הראוי לביאה, ופסק כירושלמי, משו"ה פסק דבאלמנה צריך ביאה, לפי"ז לדעת המחבר דפוסק כאן כירושלמי, ובסימן ס"א פוסק כרמב"ם, דחופה היינו יחוד הראוי לביאה, צ"ל כאן דבעינן יחוד של ביאה היינו ביאה ממש, ולשונו לא משמע כן, וצ"ע, ובתשו' מ"ב פסק דמהני יחוד באלמנה, והיינו ע"פ פסק הרב רמ"א סימן ס"א, דחופת נדה הוי חופה, משו"ה מהני באלמנה יחוד הראוי לביאה}.**

(**אבל** לדינא משמע דעת הב"ש כדברי המ"ב שהביא שם, דמהני יחוד באלמנה, והיינו ע"פ פסק הרמ"א בסי' ס"א, דחופת נדה הוי חופה כו', ע"ש. **ועי'** בט"ז ביו"ד סי' קצ"ז סק"ו, שדעתו להחמיר כדברי המרדכי ומהרי"ל, דבעי ביאה ממש, וכתב דאף שבספר מ"ב סי' צ' כתב דיחוד ג"כ קונה במקום הראוי לביאה, מ"מ יש להחמיר כיון דגדולים אוסרים ע"ש, **אך** דעת הב"ש כאן ולעיל סי' נ"ה סק"ד אין נראה כן, וכן נראה דעת המג"א, וכ"כ בסידור הגאון מליסא ז"ל, והעתקתי לשונו לעיל סי' נ"ה ע"ש, **אלא** דכאן באה"ע כתב הט"ז גופיה, דכל זה בדורות הראשונים שלא היו עושין חופה על כלונסאות, אלא שהיה בית מיוחד לנישואין, ולשם הולכין החתן והכלה, ואין שייך שם מסירת רשות, דהא לא הלך עמה אלא כל א' בא בפני עצמו, אבל לדידן כו', **והובאו** דבריו בב"ש סי' נ"ז ובסי' זה, וחלק עליו ‹כאן›. {**וכתב הט"ז עוד, אף על גב דחופה לא מהני באלמנה, מ"מ אם הבעל הולך עמה מן החופה להוליכה לבית הנשואין, קונה אותה בהולכה זו, ואין נראה}**, **וכתבתי** מזה לעיל סי' נ"ה סק"ב ע"ש).

(**עיין** בס' שעה"מ שכתב, דהיינו דוקא מן הנישואין, אבל אלמנה וגרושה מן האירוסין, ודאי דיש להן חופה כבתולה. **ועיין** בהגהת טעם המלך שם, בענין בעולה בלא נשואין, איך דינה לענין זה אי כבתולה או כאלמנה, ע"ש).

{**ויחוד** שאמרנו היינו אחר הקידושין, **אבל קודם הקדושין לא מהני, דקי"ל דחופה בלא קדושין אינו קונה, גם אסור להתיחד עמה, שם בתשו' מ"ב}.**

{**ולשיטות** הפוסקים **דצריך ביאה באלמנה, לאו גמר ביאה בעינן, אלא הערעה, דהא כבר קידש אותה, והערעה אחר הקידושין קונה, כמ"ש** ‹המחבר› **בסימן נ"ה, ומ"ש** מהרי"ל **דהערעה לא מהני, תמוה, וכבר הקשה עליו בתשו' מ"ב שם}**. (**עיין** בזה בספר בני אהובה, שכתב ליישב דברי מהרי"ל בטוב טעם ע"פ דברי הרי"ף, ע"ש).

‹**ולענ"ד** נראה דכל הפוסקים לא פליגי כלל, לפי מ"ש בסי' נ"ה דיש הרבה מיני חופות, ומן התורה כולן חופות הן כפי מה שהנהיגו העם באותו מקום, וגם הרמב"ם מודה לזה כמ"ש שם, **והנה** זהו ודאי דאם הנהיגו שהחופה הוא יחוד הראוי לביאה כמ"ש הרמב"ם, גם באלמנה יש חופה זו, דלמה נחלק ביניהם, **אבל** אם החופה היא ישיבה באפריון כל שבעת ימי המשתה, וכן אם החופה היא הבאה לביתו לשם נשואין, או פריסת סודר על ראש הכלה או הינומא, או לפי המנהג שלנו בירעיה פרוסה על כלונסאות בחצר בהכ"נ, ומושיבין הכלה וסותרין שערות ראשה והחתן משליך עליה הכיסוי ומוליכין אותם להחופה, ובחזרה מהחופה לבית החתן במזמוטי חתן וכלה, **בודאי** אלו החופות אינן באלמנות כמו שעינינו רואות, אף שמעמידין כלונסאות ופורשין יריעה, אך עושים בהצנע בבית, והזוג באים ועומדים תחת הכלונסאות בלי שושבינים ובלי מזמוטטי חתן וכלה, ורק מסדרים הקדושין והברכות ומיד מסתלקים, אין זה בגדר חופה שיהיה זה קנין, ובודאי חופתה אינה אלא ביחוד הראוי לביאה, **וזהו** שאומר הירושלמי על אלמנות, דחופות בתולות פשיטא שעושין ביום, דהרי יש להם הכנות הרבה כמו שעינינו רואות, אבל באלמנות דחופתם הוא שעה קלה ביחוד הראוי לביאה, וביכולת לעשות זה בלילה, לכך הזהיר הירושלמי לעשות זה מבעוד יום, **ולכן** הרמב"ם ז"ל דס"ל דחופה הוא יחוד הראוי לביאה, לא הזכיר חילוק בין אלמנה לבתולה, ורבותינו בעלי התוס' והרא"ש ושארי ראשונים דס"ל דחופה הוא אפריון לכל שבעת ימי המשתה, וכן ס"ל להירושלמי משום דכן הוא מנהגו של עולם, לכן כתבו שיש חילוק בין אלמנה לבתולה, וגם הם מודים

דביחוד הראוי לביאה סגי באלמנה, דזהו חופתה, **וזה** שכתבו דאין חופה באלמנה, כלומר החופה שעושין לבתולה ליכא באלמנה, כמו שאנו רואים גם עתה – ערוה"ש).

[**וכל זה איירי אם היא טהורה, אבל אם היא טמאה, מותר לכונסה בערב שבת, דהא הוא אין בא עליה בשבת, ואינו קונה אותה בשבת, וכ"כ בט"ז**].

(**וכ"ז** לדינא, אבל כבר כתב מג"א בשם מהרי"ל, שיש סכנה לבא על האלמנה ביאה ראשונה בשבת, אף אם נתייחדו מבע"י, ולכן יש מהגדולים שצוו שיבא עליה מבע"י, ודי בהערעה בלבד, וכבר נהגו להזהיר לבלי לבא על אלמנה ביאה ראשונה בשבת מפני הסכנה, וכבר אירע מעשה בזה בדור שלפנינו, בגדול אחד שהורה היתר בדבר, ונתחרט אח"כ מאד, וכך מקובלני בילדותי מפי אחד מהגדולים – ערוה"ש).

(**עט"ז**: [**כתב במשאת בנימין שם, וראיתי תשובה אחת להחכם ר' אליעזר אשכנזי, שהורה למעשה בק"ק פוזנא, באחד שנשא אלמנה בע"ש ולא נתיחד עמה קודם שבת, והתיר לבא עליה בשבת, וכבר נתווכחו עמו חכמי ק"ק פוזנא וחלקו עמו בזה**], וב"ש, **ועיין** בס' המקנה שצידד להתיר כדעת הגאון מהר"א אשכנזי, וסיים ומ"מ אין לסמוך ע"ז לכתחילה, וראוי לייחד קודם שבת אפי' בבתולה, כמ"ש המ"ב, **אבל** בדיעבד אין לאסור הבעילה מטעמים הנ"ל).

[**ומלבד זה נראה לי להקשות, דהא בבתולה הוי איסור בחופה בשבת, דשם הוי החופה קנין, אפ"ה כתב רמ"א באו"ח סי' של"ט, דלפעמים שאין הצדדים יכולים להשוות בנדוניא ונמשך עד שחשיכה, ואפ"ה נותנין קידושין מחמת שלא יהיה ביוש לחתן וכלה, וסומכין על אותה דיעה דס"ל, דאם יש מצוה כגון שאין לו אשה ובנים, דמקדשין בשבת, אם כן למה לא נימא גבי אלמנה גם כן הכי, וק"ו הוא, דחופה היא כל עיקרה כדי שעל ידה תהיה ניקנית לו ע"י הקידושין, משא"כ בביאה שעיקרה לקיום מצוה ולא לקנין, אלא דמ"מ נראה כקנין, כמ"ש הפוסקים בלשון זה "נראה כקנין", והוי שבות, אם כן למה לא תכריע מצות פריה ורביה לדחות השבות**].

(**ועוד** נראה שיכול להתנות קודם הביאה, שלא יזכה עי"ז בשום זכיה עד שיתייחד עמה אחר שבת, וכיון ששניהם אינם רוצים שיזכה בביאה זו, כגון זו שומעין להם, כמ"ש כל האומר אי אפשי בתקנת חכמים שומעין לו, עכ"ד. **ועיין** בספר ישועות יעקב, שהוא ז"ל מסתפק בזה בהתנו מתחילה שלא יהא לו זכות, אי מהני, ודעתו נוטה דלא מהני, ע"ש).

סעיף ו - אין נושאין נשים בחול המועד, לא בתולות ולא אלמנות

- דין זה נתבאר באו"ח סימן תקמ"ו, ושם נתבאר דארוסין מותר, **וערב** הרגל מותר לישא, (**וכתב** מהרי"ט בחדושיו, דדוקא בשחרית, אבל לא סמוך לחשכה – באה"ט), אף על פי שז' ימי המשתה נמשכים בימי הרגל, דלא אסרו רק יום הראשון של הנשואין, משום דעיקר שמחה חד יומא, ואין מערבין שמחה בשמחה, (דכמו שאין עושין מצות חבילות חבילות, כדי שיהא לבו פנוי למצוה א', כמו כן צריך שיהא לבו פנוי לשמחה א' – ערוה"ש), ועוד טעמים אחרים הנזכרים בגמ'.

[**וכתב הרשב"א דמותר לעשות סעודה ברגל, דעיקר השמחה הן הנישואין, לכן אם היו לו נישואין קודם הרגל, אפילו לא עשה סעודה, מותר לעשות סעודה ברגל, וכ"פ בשו"ע שם, ובש"ג אצל המרדכי כתב בשם הריטב"א, אסור לעשות סעודה ביו"ט, אא"כ נכנסו פנים חדשות מעצמן**]. (וז"ל: ומיהו אם נכנסו לו פנים חדשות מעצמן, אפשר שמברכין ברכת חתנים, לפי שחתן טעון ברכה כל שבעה שיש פנים חדשות, אפשר לומר שאין מבטלין הברכה משום שמחת המועד). (**ולכן** המנהג שלא לישא כלל בערב הרגל, מג"א – ערוה"ש).

ולא מיבמין; אבל מחזיר גרושתו מן הנשואין, אבל לא מן האירוסין.

§ סימן סה – מצוה לשמח חתן וכלה, ודין מת וכלה §

סעיף א- מצוה לשמח חתן וכלה

- [וכתב הטור, **כל הנהנה מסעודת חתן וכלה ואינו משמחו, עובר בה' קולות**, (כלומר לא יזכה לאלו החמשה קולות בנחמות ירושלים – לבוש), **וכתב** בפרישה, דוקא מי שנהנה ואינו משמחו הוא עובר, אבל מי שאינו שם אינו עובר, **מיהו** לשון הפוסקים שכתבו מצוה לשמח, משמע דמצוה שילך לשם וישמח אותם].

ולרקד לפניה - (עיין בס' תורת חיים במס' ע"ז דף י"ז בד"ה אבי ידייהו, שכתב וז"ל, ונראה דאסור ללכת במחול עם הכלה בשבעת ימי המשתה, אפי' אינו

אוחז בידה ממש אלא בהפסק מטפחת, כדרך שנוהגין מקצת ת"ח שבדור הזה, אפ"ה לאו שפיר עבדי, כדמשמע הכא דשום קריבה בעלמא אסור, ואין לחלק בין כלה לאחרת, דליכא האידנא מאן דמצי למימר דדמיא עליה כבשורא, ולא אמרו חכמים אלא כיצד מרקדין לפני הכלה ולא עם הכלה, **וכה"ג** פסק ש"ס ברפ"ב דכתובות, דאסור להסתכל בפני כלה כל שבעה כמו שאסור להסתכל באשה אחרת. **ואותן** בני בליעל ההולכים במחול עם נשים דעלמא, עליהם הכתוב אומר יד ליד לא ינקה רע, לא ינקה מעונשה של גיהנם, וראוי לגעור בהן, וכל מי שיש בידו למחות כו' עכ"ל, ועח"מ וב"ש לעיל סי' כ"א ס"ה).

ולומר שהיא נאה וחסודה (פירוש מן ותשא חן וחסד לפניו) אפילו אינה נאה

- ‹דמצוה לחבב הכלה על בעלה ביום נישואיה, שכן מצינו במלאכים ששאלו לאברהם איה שרה וגו', כדי לחבבה על בעלה, וההוא יומיה לגבייהו הוה כמו יום נישואין, הואיל ונתבשרו בבנים, וחזרה שרה להיות לה אורח כנשים – לבוש›.

לא שאם יש לה מום יאמר שאין לה מום, דזה שקר גמור, ‹אלא ישתוק מדבר זה – ערוה"ש›, רק יאמר סתם שהיא נאה וחוט של חסד משוך עליה, לאפוקי מדעת ב"ש, וכמו שכתבו התוספות.

{**אף** על גב דכתיב מדבר שקר תרחק, יש לתרץ דבריו שהיא נאה במעשיה, פרישה}. ‹**ועוד** שיש אפילו אינה נאה, וחוט של חסד משוך עליה ומזה נראית כנאה. **וכן** ישבחוה בדבר נאה שיש בה, שאין לך אדם שאין לו איזה מעלה – ערוה"ש›.

ולרקד לפניה ולומר – [משמע דהאמירה לאו היינו ריקוד, אבל ברש"י פ"ב דכתובות מבואר, דריקוד היינו האמירה].

[**ואגב** נזכיר מה שחדשתי בס"ד בפשט זה בגמ'... ונראה דב"ש ס"ל דבלשון זה יאמר לכל הכלות, כלה כמות שהיא, ופירושו, שהכלה הזאת היא בכל השלימות הראויה לה, ואם כן הוה שבח גדול להיפות ולאינן יפות, דאף על גב דאין שבח לענין יופי שלה, מ"מ יש לפרש לפי ענינה שיש לה קצת מעלות בשאר דברים, וב"ה אומרים כלה נאה וחסודה, וזה הלשון יתפרש על כל הכלות שאפילו על חיגרת או סומא יש עליה חוט של חסד בעיני החתן שלה, כי אלמלא לא מצאה חן בעיניו לא נשאה, דהא צריך לראות את הכלה תחילה, והקשו עליהם ב"ש, דהעולם יסברו דחסודה דקאמר היינו שחוט של חסד שלה משוך בעיני כל אדם, וזה שקר הוא, והתורה אמרה מדבר שקר תרחק, דהיינו שלא לדבר דברים הנראים לשקר בעיני הבריות, **על זה תירצו ב"ה**, דהא כבר ידוע מנהג כל האדם שנוהגין שמי שלוקח מקח רע משבחין הרואים בעיניו כדי שלא יצטער, ואם כן אף כאן בודאי יבינו כל העולם שחסודה דקאמר היינו בעיני החתן שלה, כן נראה לי נכון בפי' מאמר זה בס"ד].

הגה: ומלינו שרבי יהודה בר אילעי היה מרקד לפני הכלה; ומבטלין תלמוד תורה להכנסת כלה לחופה (דברי הרב)

- אפילו מי שתורתו אומנותו מחויב לבטל, לא שהוא רשות בלבד, כך כתב הרא"ש, **ואפשר** לומר דדוקא כשרואה שנכנסין לחופה צריך לכבדם, אבל אם יודע שיש חופה בעיר א"צ לבטל מלימודו ולילך שם. {**מיהו** בברייתא לא משמע כן, דהא תניא מבטלין ת"ת להוצאת המת ולהכנסת הכלה, ובהוצאת המת אפילו אינו רואה חייב לבטל, כן ה"נ בהכנסת הכלה}.

‹**ועיין** בשו"ת יד אליהו, מביא רמז לזה, עת ספוד ועת רקוד, בלא למ"ד, להורות דמבטלין ת"ת להוצאת המת ולהכנסת כלה›, ‹מה דחסר ל', מרמז על חסרון הלימוד›.

{**וכתב** בפרישה, פרש"י להכנסת הכלה ללוותה מבית אביה לבית חופתה, מזה היה נ"ל הגון ללוות בזמנינו הכלה כשמביאים אותה תחת החופה, כמו שנוהגים לעשות להחתן, ואדרבה היא עיקר, שהרי לא נזכר אלא הכנסת הכלה, **שוב** מצאתי במרדכי וכו' כי הכנסה היא שמסרה בשחרית לחתן קודם הברכה, נמצא דמה שהולכים בזמנינו כל הקהל לכסות ראש הכלה, היא נקראת הכנסת כלה לחופה, ע"כ, **והט"ז** כתב, נראה דלדידן לא הוי כיסוי הראש חופה, אלא הכנה לחופה שתהיה אח"כ שהיא הגמר, [ואז הולכים האנשים לזה, ואח"כ בשעת הולכה לחופה שלנו שהוא הגמר] אין הולכים אלא ללות החתן ולא ללות הכלה, ששם כל הנשים הולכים עמה, ואין להתערב שם עמהם, ‹דהיא מצוה הבאה בעבירה, ומטעם זה אם הרבה נשים הולכות גם עם החתן, מוטב שלא לילך – ערוה"ש›, [**וראיתי** בקצת מקומות אנשים חשובים הולכים לקראת הכלה, וכשמתקרבים אליה חוזרים לאחוריהם להחופה, וזה נקרא לויה], **ונכון הוא**}.

‹**כבוד** חתן וכלה עדיף מכבוד הרגל, ונ"מ שאם יש לו איזה מלבוש חדש ללבוש בחופה, ופגע בו הרגל קודם

החופה, לא ילבשנו ברגל, אלא יניחנו עד יום החופה, דרשות מהרי"ל – באה"ט). (**צ"ע** קצת מדברי הבה"ט באו"ח סי' צ' ס"ק י"א), (וז"ל: מי שהיה חבוש בבית האסורים ולא היה יכול להתפלל בעשרה, והתחנן לפני השר ולא אבה רק יום אחד ולא יותר, איזה יום יבחר לו, פסק הרדב"ז ח"ד סימן י"ג, שלא יחמיץ המצוה ותיכף יתפלל בעשרה, ע"ש).

סעיף ב - אסור להסתכל בכלה – (אפילו רגע אחד בהסתכלות יתירה – ערוה"ש). (**ואע"ג** שע"י ההסתכלות בה יכול לשבחה ביותר ולחבבה על בעלה יותר, אפ"ה אסור כדי שלא יבא לידי הרהור, כמו שאסור בשאר נשים), **(אבל מותר להסתכל בתכשיטין שעליה או בפריעת ראשה) (טור)** – (שזה אינו מביא כל כך לידי הרהור, לפיכך משום כדי לשבחה ולחבבה מותר, אף על גב דבשאר נשים אסורים גם בזה – לבוש).

(**ויש** אוסרים גם בזה, מקנה, ורק בדרך ראית ארעי מותר ולא בהסתכלות, ולא ליגרי אינש יצה"ר בנפשיה – ערוה"ש).

סעיף ג - צריך לתת אפר בראש החתן, במקום הנחת תפילין – (בשעת ברכת החופה שהיא עיקר השמחה – לבוש), (**ונהגו** באשכנז ליתן על ראש החתן אפר קודם החופה ומסלקין מיד – ערוה"ש), **זכר לאבילות ירושלים, דכתיב: לשום לאבילי ציון פאר תחת אפר** – (ופאר היינו תפילין, אלמא במקום תפילין מנח לה. **שבכל** שמחה צריכין לעשות שום דבר זכר לאבילות ירושלים, כדכתיב: תדבק לשוני לחיכי אם לא אזכרכי אם לא אעלה את ירושלים על ראש שמחתי – לבוש). (**וזכרון** הוא מעשה בפועל.

ובספרד נוהגין ליתן בראשו עטרה עשויה מעלה זית, לפי שהזית מר, זכר לאבילות ירושלים – ערוה"ש).

הגה: ויש מקומות שנהגו לשבר כוס אחר שבע ברכות, וזהו מנהג שנוהג במדינות אלו שהחתן שובר הכלי שברכו עליו ברכת אירוסין (כל בו), וכל מקום לפי מנהגו – (עפמ"ג שהביא דבתשו' אבן שוהם כתב, דכוס זכוכית דוקא, משא"כ בתנאים שוברין קדירה של חרס כו', ע"ש. (**ואין** בזה משום בל תשחית, כיון שעושין זה מפני זכירת ירושלים, והשי"ת יזכינו לראות בבנינה אמן ואמן – ערוה"ש).

(**ועי'** בס' המקנה שכתב, דמה שנהגו באשכנז לשבר כוס מלא יין, צ"ע, דהוי ביזוי אוכלין וגם ביזוי ברכה).

עוד נוהגים להתענות, וע"ל סי' ס"א. ודין זריקת אוכלין לפני חתן וכלה, עיין באו"ח סי' קע"א.

(**ועיין** בט"ז או"ח, שיש למנוע שלא יהא בהינומא של הכלה כסף או זהב, ע"ש. **ובפמ"ג** שם כתב, דמה שנהגו להלביש הכלה בתכשיט ממרגליות שקורין בינד"א, צ"ע, ע"ש. **ולע"ד** י"ל, דלא אסור אלא המיוחד לכלה, שאין שאר נשים לובשין כמותו, משא"כ בינד"א שמתקשטות בו כל הנשים עשירות, לא מקרי עטרות כלות, וזה פשוט).

סעיף ד - מת וכלה שפגעו זה בזה, מעבירין את המת מלפני הכלה, ליתן לה את הדרך – (דכבוד חיים עדיף – לבוש).

§ סימן סו – כמה דיני כתובה §

סעיף א- אסור להתייחד עם הכלה קודם שיכתוב לה כתובה - ‹שלא תהא קלה בעיניו להוציאה – לבוש›. **בב"ח** כתב שהרמב"ם דקדק בלשונו ולא כתב שיש איסור בדבר, רק שכתב וצריך לכתוב כתובה קודם כניסתה לחופה, ואח"כ יהיה מותר באשתו, משמע שלכתחלה צריך לעשות כך שלא יבואו לידי איסור, אבל איסור ממש לא שמענו ביחוד.

(ויש מקילין ומתירין להתייחד בלא כתובה - ‹בו ביום או שנים או שלשה ימים – לבוש›, **ובלבד שלא יבעול) (הר"ן ריש כתובות)** - א' מן הטעמים שכתב הר"ן, שהיא לא תשמע לו מפני שהיא יודעת שהיא קלה בעיניו להוציאה, ע"כ טוב להודיע לה זה אם מתייחד עמה בלא כתובה.

[כתב ב"י בשם רש"י, ובמקום שאין כותבין כתובה, אלא גובין הכתובה אפילו אם לא כתב לה כלל, אלא מתנאי ב"ד, ע"כ מותר לשהות עם אשה בלא כתובה].

והבעל נותן שכר הסופר - [כמו בכל שט"ח שהלוה נותן שכר], **מפני** שהוא טובה שלו, שע"י הכתובה מותר לו לבא עליה, ובגמ' אמרו אפי' הבעל ת"ח.

ואפילו אם ירצה לייחד לה כתובתה במעות, או בשאר מטלטלין - כלומר בין שיתן לה המעות לידה שתצניע בבית אביה או בבית חמיה, **אין שומעין לו, אלא צריך שיכתוב לה שטר על עצמו בדמי הכתובה ויהיו כל נכסיו משועבדים לה** - כדאיתא בגמרא, שתקנת שמעון בן שטח שיהא כותב לה כל נכסי אחראין לכתובתך, כדי שלא יאמר לה בכעסו: טלי כתובתך וצאי. ‹**אבל** אם כל נכסיו משועבדין לה, אז אף אם לפעמים יכעוס עליה עד שיעלה בדעתו לגרשה מתוך כעסו, יהיה קשה בעיניו למכור נכסיו וליתן כתובה, ובין כך ובין כך יתפייס ולא יגרשנה. **ועוד** [טעם לא לייחד לה במעות], שמא יאבדו או יוזלו – לבוש›.

או שיעידו עליו עדים ויקנו מידו שהוא חייב לה, מנה או מאתים - דכיון דסתם קנין לכתיבה עומד, תלך אצל עדים ויכתבו לה כתובה, דהא לא צריך לאמלוכי ביה, כך הוא פשט דברי הרמב"ם לפי הנוסחא שלנו, כמו שהבינו הב"י והמ"מ, דהא כתב בהדיא, אחד הכותב הכתובה בשטר, ואחד שהעידו עליו עדים וקנו מידו, הרי דבחדא מחתא מחתינהו, **ומה** שדקדק הרב בב"ח, מדסיים הרמב"ם עד שיהא לו פנאי לכתוב, ולא כתב לכתוב או לקנות, ש"מ דקנין לא מהני רק בשעת הדחק, **אין** דקדוק זה כדאי להוציא דברי הרמב"ם מפשטן, דמאחר דסתם קנין לכתיבה עומד, ותכלית הקנין היא הכתיבה שיהא בידה לראיה, ויכולה לעשות זה שלא בידיעתו ורצונו, ע"כ כתב שיהיה לו פנאי לכתוב, שהוא הנמשך מן הקנין, **ובסמ"ג** מפרש דברי הרמב"ם, במקום שאין כותבין, ע"כ סגי בעידי קנין, אבל במקום שכותבין, אף דקנו מידו לא סמכה דעתה, כי לא עליה מוטל הטורח וליתן שכר הסופר, גם שמא ימות בעלה פתאום ויטענו היורשים פרענו הכתובה וקרענוה.

הגה: וי"א דאין לסמוך אעדים רק בשעת הדחק, ומיד שיש לו פנאי לכתוב, צריך לכתוב, כל שכן שאין לסמוך עלייהו לכתחלה (כן משמע מלשון הטור וכ"כ מהרי"ק ומרדכי), וכן ראוי להורות - משמע מיהא דבשעת הדחק סומכין על עידי קנין לפי שעה, וכדעת הטור ומהרי"ק והמרדכי בשם הסמ"ג, **אבל** בב"ח כתב, דאפילו בשעת הדחק אין לסמוך על עידי קנין, אלא בהתפסת מטלטלין, וכן כשנמצאת הכתובה פסולה, בעינן התפסת מטלטלין, וכך ראיתי מרבותי והכי נהוג, עכ"ל, **ואני** אומר ודאי המחמיר תע"ב, אבל כשאין להחתן מטלטלין להתפיס לפי שעה, יכול לסמוך על הטור ומהרי"ק והמרדכי בשם הסמ"ג, ובאיסור קל כזה אין ראוי להחמיר ולבטל מצות עונה ופריה ורביה, **ובפרט** בזמן הזה שאין מגרשין בע"כ, וא"כ ליכא טעמא שיהיה קל בעיניו להוציאה.

(**ועיין** בספר ישועות יעקב שהאריך בזה ומסיק לחלק, דאם בשעה שקיבל בקנין היה פנאי לכתוב, והיה בכח האשה לבקש מהעדים שיכתבו לה, דהא קי"ל קנו מיניה לא צריך אימלוכי ביה, מהני הקנין, ואף שלא הלכה האשה לבקש מהעדים, היא גופא ראיה דסמכא דעתה, ולכן מהני הקנין כמו כתיבה אף בלא שעת הדחק, וכדעת

הב"י, **משא"כ** אם באותו עת שקיבל בקנין לא היה אפשר לכתוב, כגון בשבת או שאין פנאי לכתוב, בזה אמרינן דלא סמכה דעתה בקנין, ולא מהני רק כמו התפסת מטלטלין, דלא מהני רק בשעת הדחק, ע"ש).

העמיד לה ערב קבלן בעד כתובתה, והתנה שהוא יהא פטור ממנה, אסור, עד שיהא שעבודה עליו, שלא תהא קלה בעיניו להוציאה - נראה דאף אם יש להערב קבלן פיצוי מן הבעל, נמצאת דלא תהא קלה בעיניו להוציאה, דהא מיד כשיוציאה תתבע האשה את הקבלן, והקבלן יתבע אותו שיפצה אותו, והיה ראוי לדמות זה למכרה כתובתה לאחר, שיתבאר בסמוך סעיף ה', **מ"מ** יש לחלק, דהכא גרע טפי, דהא מעולם לא היה לה שעבוד על בעלה, {**והוי כאילו אין כתובה בידה**}, **דומה** לזה כתבו הפוסקים ובתוכם הרא"ש פ' החובל, דאם יכתוב הכתובה בשם הקונה, הוי כמשהה אשתו בלא כתובה, אף שאינה קלה בעיניו להוציאה.

עיין בחושן המשפט סימן ס' אם יוכל לשעבד עצמו בכתובתה בנכסים שלא באו לעולם - לא נתבאר שם דין כתובה, {**כלומר** שם מבואר דהיכא דמשעבד נפשו וגופו, יכול להשתעבד אף על פי שאין לו נכסים בשעת השיעבוד, מזה נשמע ג"כ לדינים שבכאן לענין כתובה}, **ועיין** בדברי הרא"ש ריש פרק אעפ"י, מה שהקשה איך יכול לחייב עצמו בכתובה מה שאינו חייב עתה רק לאחר זמן, וגם אין לו נכסים עתה.

ואין לעדים לחתום הכתובה אלא לאחר שקיבל החתן קנין לפניהם (סברת הרב) - {שהרי שקר הם חותמין – לבוש}. **ויש מקומות שמקילין בזה (מרדכי)** - הטעם נתבאר שם, דלא מחזי כשיקרא הואיל ועסוקין באותו ענין. **וכן שיש עדים חותמים על הכתובות שקראו תחת החופה, אף על פי שהם לא שמעו הקריאה, אף על פי דלא שפיר עבדי, אין לשנות מנהגן, שלא להוציא לעז על כתובות הראשונות (אור זרוע).**

{**עיין** תוס' פ"ב דגיטין והג"מ, דכתובה הנכתבת ביום ונחתמת בלילה, כשר, אבל תוספת כתובה פסול, והיכא דקנו מיניה ליכא למיחש למידי}.

סעיף ב - אם אינו יכול לכתוב לה כתובה, כגון בשבת, או ששכח לכתבה - כלומר אפילו בחול אם שכח לכתוב, ונזכר לאחר שנתייחד עמה בלילה, וקשה לשלוח אחר סופר ועדים בלילה, **יכול ליתן לה מטלטלין כנגד כתובתה** - כלומר כפי סך כתובתה מדאורייתא, כאשר יתבאר בסמוך סעיף ו'.

והר"ן הקשה, הא אסור למיכנס אלמנה בשבת כדי שלא יהא נראה כקונה קנין בשבת, וא"כ איך צוה להתפיסה מטלטלין בשבת, הא הוי כקונה קנין בשבת, **ויש** לחלק בין נשואין דהוי מילי דפרהסיא, להתפסת מטלטלין דלא הוי בפרהסיא, **א"נ** מבע"י מיירי, והיה שהות ביום להתפיסה מטלטלין, ולא לכתוב לה כתובה, עכ"ל הר"ן.

ויקבל עליו אחריות אם יאבדו או יוזלו - משמע דאף דהאשה רוצה לקבל המטלטלין על אחריות שלה, לא שרי, כי היכי דבכל אשה קי"ל דאם התפיסה צררי ונאבדו נאבדו לו, כדאיתא ר"פ אעפ"י, **ומיהו** יש לחלק בין התפסה זו שהיא רק לשעה, להתפסת צררי דעלמא, דהתם יש לחוש שמא יאמר טלי כתובתך וצאי אם יהיו על אחריות שלה, אבל בהתפסה זו שהיא רק לשעה, לא חיישינן אפילו באחריות שלה, **ע"כ** השמיטו הפוסקים דבר זה ולא נמצא רק בסמ"ג לבד, וגם הסמ"ג אפשר דמיירי אם היא אינה רוצה לקבל אחריות אבידה וזול, אבל אם היא מרוצה לכך, אין בזה קפידא בהתפסה זו שהיא רק לשעה, **אחר** שכתבתי זה ראיתי בדברי התוספות בכתובות בדף נ"ו ע"ב בד"ה אין עושין כתובת אשה מטלטלין מפני תיקון העולם, פרש"י שמא יפחתו דמיהן או יאבדו, והא דאמרינן בפ"ק א"ר אמי שרי למבעל בתחילה בשבת, אמרו ליה רבנן והא לא כתיבא כתובתה, אמר להו אתפסוה מטלטלין, מיירי כשקבל עליו אחריות אם יאבדו או יוזלו, {**ולא** פירשו דאיירי דהיא היתה מרוצה על התפסת מטלטלין בלא אחריות דידיה, ש"מ דס"ל דלא מהני רצון דידה, אלא הוא צריך לקבל עליו אחריות, וכן משמע מסמ"ג, **מיהו** הרי"ף והרמב"ם והרא"ש השמיטו סוגיא זו דאתמר בדף נ"ו, ועל עובדא דר"א הנ"ל כתבו, דלפי שעה מהני התפסת מטלטלין, משמע דס"ל דא"צ לקבל אחריות}.

ואז מותר לבעול עד שיהיה לו פנאי לכתוב, (ואז כותב לה מיד) (טור).

סעיף ג - אם כתב לה כתובה, ונאבדה, או שמחלה לו, (ודוקא) שכתבה לו:

התקבלתי כתובתי - הוסיף הרב מהרמ"א תיבת "ודוקא", ע"פ המרדכי שכתב בפ' החובל, על הא דאמרינן כל לגבי בעל ודאי מחלה, ודוקא ע"י שכותבת "התקבלתי", אבל במחילה בעלמא לא הוי מחילה כשכבר נשואה, **ואף** על גב דבשט"ח פסק המרדכי בסנהדרין, דמהני מחילה ואפילו תפיס שטרא, **אפשר** לחלק, דבכתובה באשה היושבת תחת בעלה, כל זמן שאינה כותבת לו "התקבלתי", יכולה לומר: משחקת הייתי בך, ודברי הבאי אמרתי, **ולאחר** מות בעלה משמע מדברי המרדכי שם, דאף בכתובה מהני מחילה גרידא. **ומ"מ** צריך לדקדק מנ"ל למרדכי האי דינא, לחלק בכתובה באשה היושבת תחת בעלה דלא מועילה מחילה עד דכתבה לו התקבלתי... ‹ועיין בב"ש דמביא מקור לחילוקו של המרדכי›.

{**נשמע** ממרדכי דכשכותבת "התקבלתי" אין לה כתובה, ולא כרמב"ם דס"ל אפי' אם כתבה "התקבלתי" אית לה כתובה, **והמחבר** ס"ל עיקר כרמב"ם כמ"ש בס"ט: "אם כתבה לו אח"כ התקבלתי, אין לה כתובה לקצת פוסקים", כוונתו דלשיטת הרמב"ם יש לה כתובה, ושאר פוסקים כתב בלשון "קצת פוסקים", ש"מ דס"ל עיקר כשיטת הרמב"ם, דיש לה כתובה אפי' אם מחלה וכתבה לו "התקבלתי", ‹ומה שצריך לכתוב לה כאן כתובה אחרת, משום דלא סמכה דעתא וכדלקמן›, **אלא** קשה ממ"ש לקמן סימן ק"ה, המוחלת כתובה אינה צריכה קנין, והוא שיהיו דברים שהדעת סומכת עליהן, משמע דאפי' בע"פ מהני המחילה, **וצ"ל** דדוקא כאן כשמוחלת לו ואינו מגרש אותה, אז לא מהני מחילה בע"פ, ‹או בכתב לכאורה להרמב"ם›, **משא"כ** כשמגרש אותה, או אלמנה שמחלה, וכן כתבו המגיד והר"ן לפי שיטת הרמב"ם סברא זו, דאין קיימת המחילה אלא כשמגרש אותה, **ולולא** דברי הר"ן והמגיד הייתי אומר, דס"ל להרמב"ם דדוקא תנאי שהתנה עמה בעת הקדושין או בעת הנישואין אותו תנאי בטל, משום דהוי כמתנה על מ"ש בתורה, **אבל** אם לא היה תנאי, אלא היא מחלה אח"כ, מהני אפי' בע"פ ‹להרמב"ם›, והיינו מ"ש פי"ז, המחילה א"צ קנין, ‹**משא"כ** להמחבר עצמו, הוא ס"ל בשיטת הרמב"ם דלא מהני מחילה כלל, אפי' בכתב, רק בשעת גירושין, וכהר"ן, **ולפי** הרמ"א צריך דוקא לכתוב התקבלתי›. **ובס"ט** פסק המחבר דהתנאי בטל, ‹ר"ל בשלמא מ"ש המחבר שם, אם כתבה לו אח"כ התקבלתי, דלא מהני, לא היה צריך הרב להגיה דמהני, דהמחבר בעצמו כתב דאין לה לדעת קצת פוסקים, וגם סמך בזה על מש"כ כאן, **אבל** מש"כ המחבר שם, אפי' התנה בשעת קידושין כו' תנאו בטל, דמשמע אפי' התקבלתי לא מהני, א"כ לסברת הה"מ דאין חילוק בין תנאי למחילה, וכיון שפסק רמ"א כאן דמחילה בכתיבת התקבלתי מהני, הו"ל להגיה שם – מחה"ש›, **ולמ"ש ניחא דלא הגיה שם** כלום הרב רמ"א, משום דתנאי שאני, **אבל** מחילה ס"ל דמהני, והיינו כשכתבה לו "התקבלתי", אבל בע"פ לא מהני ‹להרמ"א›. **אבל המחבר** ס"ל ‹בדעת הרמב"ם כהר"ן והה"מ› דאפילו מחילה לא מהני, וע"כ מ"ש כאן צריך לכתוב לה כתובה, היינו משום דלא סמכה דעתה. **נמצא** יש בזה ג' שיטות, לרמב"ם לפי מה דמפרשים הר"ן והמגיד, לא מהני מחילה אפילו בכתב, מכל שכן תנאי לא מהני, **ולהטור** תנאי לא מהני אפילו בכתב, ומחילה מהני בכתב, **והמרדכי** הנ"ל ס"ל, דבין מחילה בין תנאי מהני בכתב}.

{**משמע** ‹מהרמ"א› דכשמוחלת בעל פה א"צ לכתוב לה כתובה אחרת, ואין איסור בדבר כשדר עמה בלא כתובה, **ולכאורה** תמוה, הא אכתי יש לחוש דהיא לא סמכה דעתה וסברה דמהני המחילה, ואם כן הוי ביאת זנות, כמ"ש בהרא"ש ותוס', **וצ"ל** דכשהיא מחלה בע"פ לא חיישינן לזה, ותוס' והרא"ש איירי בתנאי בעת הקדושין, אז סברה דהתנאי קיים, אבל מחילה בע"פ אחר כך לא סברה דהמחילה קיימת, וכן כתב ב"ח, **מיהו** י"ל דאף בע"פ אינה סומכת, אלא בע"פ יש תקנה בלא כתובה, לומר לה דלא מהני המחילה, משא"כ כשכתבה לו "התקבלתי", אז שיעבוד הכתובה בטל, וצריך לכתוב לה כתובה אחרת, **אלא** לקמן מוכח דהמחבר ס"ל עיקר כרמב"ם, דאפילו כתיבה לא מהני ואינה מפסדת הכתובה, א"כ מה שצריך לכתוב לה כתובה ע"כ משום דלא סמכה דעתא, וכשמוחלת בע"פ א"צ לכתוב לה כתובה אחרת, ע"כ צ"ל דסומכת דעתה כשמוחלת בע"פ}.

צריך לכתוב אחרת בעיקר הכתובה - קאי על מוחלת, דמה שמחלה יותר על כתובה דאורייתא מחילתה קיימת, אבל כדי כתובה דאורייתא צריך לכתוב אחרת אם אין מגרשה מיד, {**ונראה** דאין כותב לה אלא מנה, דהא השתא בעולה היא, אלא בנוסח שטר מחילה שהביא ‹הטור› **סוף סימן זה**, לא משמע כן, עיין שם ועיין בפרישה. **ואפשר** דאף לדעת הפוסקים דסבירא להו דלא מהני מחילה, היינו כשיעור כתובה דאורייתא לא מהני מחילה, אבל מה שהוא יותר מכתובה דאורייתא, יש לומר דמהני לכולי עלמא מחילה}, **אבל** בנאבדה כתובתה, ודאי צריך לכתוב לה כתובה גדולה כמקדם, ואם מגרשה צריך ג"כ

לשלם לה כל מה שכתב לה בתחילה, דבאבדה כתובתה לא נמחל בזה החוב שהיה לה עליו, **שאסור לאדם לשהות עם אשתו שעה אחת בלא כתובה.**

הגה: עיר שכבשוה כרכום, או שגלו מן העיר, ואבדו הנשים הכתובות שלהם, צריכים לחדש נשותיהם כתובותיהם, אף על פי שיש לומר שמא ימלאו אחר כך כתובותיהם או יחזרו להם, מכל מקום מאחר שהכתובות בחזקת אבודות צריכים כתובות אחרות - גם בחו"מ פסק כן בשטרי חוב שהיו בעיר שכבשה כרכום, שהם בחזקת אבודין וכותבין שטר אחר, ואפילו הלוה עומד ומוחה, אין משגיחין בו.

כלומר ואם הוא מודה כמה היה סך כתובה ראשונה, צריך לכתוב מחדש כתובה אחרת כפי סך הראשון, ולא יכול לטעון שמא תמצא כתובה הראשונה ויהיו לך שתי כתובות, שסתם מצור וכרכום הכל בחזקת אבוד.

ואם אינו ידוע סך הכתובות, אם ישארו קנתן, אזלינן בתרייהו; ואם לאו, דנין על פי זקני העיר ולפי המנהג, העשיר לפי עשרו והעני לפי עניו. וכשנאבדה הכתובה ובא לכתוב לה כתובה אחרת, צריך לכתוב לה כתובה גדולה כראשונה.

(**עיין** בתשו' מוצל מאש, שנשאל: מי שאבדה שטר כתובתה, וכתב לה בעלה כתובה אחרת, והכתובה הראשונה היתה עשרת אלפים לבנים, ועכשיו כתב לה חמשת אלפים, ולא מיחתה האשה ולא קפדה כלל. אם אח"כ תמצא הכתובה הראשונה ותתגרש או תתאלמן, אם נאמר שכתובה הראשונה כבר נמחל שעבודה, או נאמר דכיון שהיתה בטעות, שחשבה שהיא אבודה, אבל עכשיו שנמצאת, עדיין שעבוד החוב הראשון קיים. **והשיב**, דאם בכתובה השניה אינו כתוב כלל בשביל נדוניא או תוספת, אלא סתם כתב לה ה' אלפים לבנים מפני שאמרו חז"ל אסור לשהות עם אשתו שעה א' בלא כתובה, לא מבעיא אם נמצאת אח"כ כתובה הא', דמעולם לא נמחל רק שעבוד המנה או מאתים הראשונים, ועתה הרי פירש שבעבור האיסור עשה לה כתובה, וזה אינו רק למנה ומאתים, שזהו האיסור דוקא, אבל נדוניא ושאר דברים שהם מלוה וחוב גמור עליו, לא נמחל השעבוד בשביל שכתב כתובה אחרת בעבור המנה ומאתים, **ומה** שכתב חמשת אלפים אף על גב שהיה מספיק המנה ומאתים, יש לנו לומר שהוסיף לה, כמ"ש ז"ל אם רצה להוסיף כו', **ואפילו** שהכתובה הראשונה לא נמצאת כלל, אם אין הכחשה ביניהם, רק שהבעל טוען שכיון שנכתבה כתובה אחרת נמחל שעבודה, לאו כל כמיניה, **אבל** אם הזכיר בתוך הכתובה החדשה שבשביל נדוניא ותוספת כתב לה זה, והיא ידעה זה וקבילת, הא ודאי דבטלה לה כתובה הראשונה, ואפילו נמצאת, חספא בעלמא הוא, עב"ד).

ועיין לקמן סי' קע"ז, דבמקום שאין מגרשין רק מרצון האשה, אין צריך לכתוב כתובה - כגון המאנס את הבתולה, דכתיב לא יוכל לשלחה כל ימיו, דא"צ לכתוב כתובה, **אם כן בזמן הזה במדינות אלו, שאין מגרשין בעל כרחה של אשה משום חרם רבינו גרשום, וכמו שיתבאר לקמן סימן קי"ט, היה אפשר להקל בכתיבת הכתובה** - בקל יש לחלק בין דבר שאסור מן התורה לגרש, למה שהוא רק מתקנת ר' גרשום מאור הגולה, **אבל אין המנהג כן ואין לשנות (כל זה ד"ע).**

סעיף ד - בנאבדה, אי ידעי סהדי זמנא קמא, כתבי ההוא זמנא; ואי לא ידעי, כתבי מהשתא; ובמוחלת, אין כותבין אלא מזמן של עכשיו - «שלא תטרוף מזימנא קמא שכבר מחלה עליו ותטרוף שלא כדין, שאין השעבוד מתחיל אלא מהשתא, לבוש».

סעיף ה - אם מכרה כתובתה לבעלה, צריך לכתוב לה כתובה אחרת - עיין בחו"מ סי' תכ"ד, באשה שחבלה בבעלה, ואין הכתובה מרובה מן החבלה, דמוכרת הכתובה לבעלה, דהא אף אם לא תמכור לו, לא ישלם לה כתובה כשמוציאה, כיון שחייבת לו בעד החבלה.

אבל אם מכרה כתובתה לאחר, אין צריך לכתוב לה כתובה אחרת - «שמפני זה לא תהא קלה בעיניו להוציאה, שאם יוציאנה צריך לפרוע הכתובה ללוקח כמו שהיה נותן לה - לבוש».

כבר כתבתי לעיל בסי' זה, דעכ"פ אסור לכתוב הכתובה בשם הקונה, דכל שאין הכתובה כתובה בשמה, הוי כמשהה אשתו בלא כתובה.

סעיף ו - כמה שיעור הכתובה, לבתולה ק"ק, ולאלמנה מנה, ושל זו וזו כסף מדינה - לשון הרמב"ם, ולא תקנו אותם מן הכסף הטהור, אלא מכסף מדינה שהוא ז' חלקים נחושת וא' כסף, נמצא שמאתים זוז אינם רק כ"ה זוז מכסף טהור.

נמצא כתובות בתולה הם שלשים ושבעה דרהם וחצי כסף צרוף, וכתובת אלמנה מחציתם, שהם י"ח דרהם וג' רביעים כסף צרוף - כל זוז הוא דרה"ם וחצי, משקל כל זוז הוא צ"ו שעורות, נמצא שיעור כתובה כסף טהור משקל כ"ה פעמים צ"ו שעורות, שהוא ב' אלפים וד' מאות שעורות.

הגה: עיין ביו"ד סי' רנ"ד וסימן ש"ה ערך המטבע שנקרא דרהם - לפי החשבון שכתב ביו"ד סי' ש"ה, דה' סלעים של פדיון הבן עולים לשני זהובים פולניש, נמצא דדינר הוא המטבע שנקרא דרייא"ר, וה' סלעים הוא כ' דינר, שהם כ' דרייא"ר, שהם שני זהובים, נמצא כתובה שהוא כ"ה דינר, היא שני זהובים וחצי זהב, שהם א' שוק ליטוויש.

וכל זה לדעת קצת הפוסקים, שסבירא להו שכתובת בתולה אינה רק זוזי דרבנן, שמאתים של בתולה עולין ששה סלעים ורביע - {היינו חז"ל סמכו על סמך הקרא כמוהר הבתולות, ליתן לה חמשים סלעים של מדינה, נגד חמשים סלעים של מוהר הבתולות, וכסף קצוב של תורה של צורי הוא, ושל דרבנן הוא כסף מדינה, היינו שמינית של צורי, ועולה ששה סלעים ורביע של צורי, להני פוסקים דס"ל דגובה כסף מדינה, **ועיין** ביו"ד שם מפורש בפרישה ובט"ז שיעור חמשה סלעים של פדיון הבן, ומשם תלמד לכאן}.

ויש מי שמשער כתובת בתולה עשרה זהובים ולאלמנה חמשה זהובים (מהרי"ל בשם אגודה) – {עיין תשובת מהרי"ל כתב כן בשם ר"ת, דס"ל כתובה דאורייתא, וס"ל דשני מנה היינו שני מרק כסף, ומנה היינו זקוק כסף שקורין מרק, ובימיו היה כל מרק בעד חמשה זהובים, **ומיהו** הרב רמ"א לא הביא דעה זו אלא לשיטת הפוסקים דסבירא להו כתובה דרבנן, אז הביא דעה זו להקל, **אבל** למ"ד כתובה דאורייתא לא סמכינן ע"ז}.

לפי חשבון זה יהיה פדיון הבן ח' זהובים, דהא הכתובה היא כ"ה דינר, ועולה עשרה זהובים, וא"כ פדיון הבן שהוא ה' סלעים, שהם כ' דינר, יהיה ח' זהובים, ודינר יהיה לפ"ז י"ב גדולים פולניש, ‹דכל זהוב הוא ל' גדולים 8*30=240/20=12›, **והתימה** על הרב מהררמ"א למה לא הביא דיעה זו ביו"ד סימן ש"ה, שכתב פדיון הבן הוא ב' זהובים פולניש, והו"ל לכתוב שי"א שהוא ח' זהובים, **והנה** עיינתי בתשובת מהרי"ל ובאגודה, כתבו מה שנוהגים לעשות תנאי לפחות מן הכתובה, משום דר"ת פי' דזקוק כסף הוא מנה, ושני זקוקים כסף הוא מאתים, נמצא כשכותבין לבתולה י' זהובים ולאלמנה ה' זהובים, הרי לא פחתו, עכ"ל, **כי** בזמנם זקוק כסף שוה חמשה זהובים, ושני זקוקים שוים עשרה זהובים, וידוע שר"ת ס"ל דכתובת בתולה דאורייתא, א"כ גדול וחצי בזמן ר"ת היה דינר של כסף, ‹10*30=300/200=1.5›, ומאה דינר הוא חמשה זהובים, א"כ לפי זה יהיה בפדיון הבן די בחמישית זקוק, ושוה זהוב אחד, ‹דזקוק, דשוה ה' זהובים, הוי מאה דינר, ופדיון הבן הוי עשרים דינר, חלק חמישית›, וע"כ לא הביא דעתו ביו"ד סי' ש"ה, כי הוא קולא גדולה בזמן הזה, שגדול וחצי הוא נחושת. ‹**אבל** כאן הביא דעתו שהוא לחומרא, כי לדעת המחבר שהוא דרבנן לא בעינן רק ב' זהובים וחצי, והביא דעת ר"ת שבעינן י' זהובים – מחה"ש›.

‹כ"כ מהרי"ל בשם ר"ת דמנה הוא זקוק, וכשיטת ר"ת דבשל תורה משערינן לכתובה, והוא מיקל יותר מהגאונים, דלהגאונים מנה הוא זקוק וב' שלישי זקוק, ועמ"ש ביו"ד סי' ש"ה, שבימי הראשונים היה זקוק ב' זהובים, וט"ו סלעים של תורה הוא זקוק, **ובימי** מהרי"ל היה הזקוק חמשה זהובים, {ובימי מהרי"ו והרב היה הזקוק ששה זהובים}, ועפי"ז כתב שלדברי ר"ת כתובה דאורייתא עשרה זהובים, אבל לסברא דכתובה דרבנן, הוא זהוב ורביעי לבתולה, ‹10/8=1.25›, **אבל** לדעת הגאונים, ‹דמנה הוא זקוק וב' שלישי זקוק›, בימי מהרי"ל ב' זהובים וב' גדולים וחצי, ‹דמנה אחד דאורייתא יהיה 1.66*5=8.3, ושני מנה דבתולה 16.6, ושני מנה דרבנן 16.6/8=2.083, דהיינו שני זהובים ועוד 30*083.=2.5 גדולים›, **אבל** בימי מהרי"ו והרב הוא ב' זהובים וחצי לדעת הגאונים, ‹דמנה אחד דאורייתא יהיה 1.66*6=9.96, ושני מנה דבתולה 19.92, ושני מנה דרבנן 19.92/8=2.5›, **ולדעת** ר"ת הוא זהוב וחצי, ‹דמנה אחד דאורייתא יהיה 6 זהובים, ושני מנה

דבתולה 12 זהובים, ושני מנה דרבנן ‹1.5=8/12› **ולפיכך** דברי הרב תמוהין בתרתי, הא' שכתב דעת ר"ת בכאן, שהוא על הסברא דכתובה דאורייתא, **הב'** שכתב שיעור שהיה בימי מהרי"ל, והל"ל שיעור שהיה בזמנו, כמ"ש ביו"ד, והוא י"ב זהובים לדעת ר"ת, **ועוד** שכתב ויש מי כו', דמשמע דאינו חולק על הגאונים, וכבר כתב בשו"ע והרב בכמה מקומות כדברי הגאונים, וכ"כ כל הפוסקים, **ונראה** שאף ר"ת אינו חולק על הגאונים, שכבר שקלו הגאונים, אלא דס"ל לר"ת שהזקוק שהיה בימי הגמרא היה יותר גדול, כי אנו רואין שהמשקל מתמעט והולך, וודאי אין לזוז מדברי הגאונים, **והכלל**, כי בזמן שהיה הזקוק ב' זהובים, היה הדינר א' גדול, כי ט"ו סלעים הוא זקוק, ‹וד' דינרים בסלע, דהוא ס' דינרים בזקוק, ול' גדולים בזהוב, דהוא ס' בזקוק›, **ובזמן** מהרי"ו והרב הדינר הוא ג' גדולים, ‹דעלה פי שלש, מב' זהובים לו', דהיה ו' זהובים בזקוק, דהוא 180 גדולים, וס' דינרים›, והכלל בכל חשבון, הזהוב הוא שלשים גדולים בכל המדינות, **ובזמנינו** שזקוק שלהם ‹של קיסר› הוא כמו זקוק וחצי שלנו ‹פולין› פחות חלק י"ב ‹1.417›, והוא {ר"ל הזקוק הראשון} שוה לערך תשעים זהובים שבזמנינו, א"כ הדינר {שהזקוק ס' דינרים} הוא זהוב וחצי, פרוטה כמו פרוטה וחצי, {ר"ל אם חושבין את הזהוב לדינר, ומשערין בו פרוטה, דהוא אחד מקצ"ב, יש לחשוב פרוטה וחצי לפרוטה – חזו"א}, וה' סלעים הוא לערך ל' זהובים פוליש ‹30=1.5*20› – גר"א›.

אבל ראיתי בדברי הריב"ש, כי כל דינר הוא ג' ארגינ"ץ, נמצא בכ"ה דינר כתובת בתולה הוא ע"ה ארגינ"ץ, וט"ז ארגינ"ץ הם אוקיא אחת, נמצא ס"ד ארגינ"ץ הם ד' אוקיות, נשאר עוד י"א ארגינ"ץ, שהם חצי אוקיא וג' ארגינ"ץ, סך הכל: ד' אוקיו"ת וחצי אוקי"א וג' ארגינ"ץ, **ובהג"ה** מרדכי כתב, כי משקל המעה ט"ז שעורות, נמצא הדינר שש מעה הוא צ"ו שעורות, ומשקל הסלע שהוא ד' דינר שפ"ד שעורות, **ושקלנו** דוק"ט חדש ממטבע וינציא"ה, והוא מ"ח שעורות שהוא ג' מעות, א"כ כתובת הבתולה שהיא מאתים דינר צורי, וכל דינר הוא ב' דוק"ט מטבע הנ"ל, נמצא כתובת אשה ת' דוק"ט של כסף ממטבע וינציאה הנ"ל, **והנראה** לכאורה חשבון זה עולה ג"כ יותר מחשבון של הרב מהרמ"א ביו"ד סי' ש"ה, **אך** דרך כלל אין לדקדק באשר אין כל המשקלות שוים ואין כל המטבעות כסף צרוף, רק דרך כלל, למאן דס"ל כתובה מדרבנן, ואינה רק כ"ה דינר כסף צרוף, שהם משקל ב' אלפים ת' שעורות, **ומאחר** שכתבו האחרונים שפדיון הבן צריך כ' דינר כסף צרוף, שהם משקל אלף תתק"כ שעורות, וכבר שקלו הם ועולה למשקל ה' לו"ט, ובזמנם היה שוה ב' זהובים רייני"ש, וקצת כתבו שהוא ה' לו"ט וקווינט, או ה' לו"ט ורביעית לו"ט, רק שכתבו שהלו"ט שבמדינה זו הם קטנים, **ע"כ** אין לסמוך על הלו"ט ועל המטבעות, רק לפדיון הבן כסף צרוף השוקל אלף תתק"כ שעורות, ולכתובת האשה יתן משקל ב' אלפים ת' שעורות, **ועיין** בספר מעדני מלך מ"ש בזה, וכלל דבריו שצריך לפדיון הבן ה' לו"ט כסף נקי למשקל פראג, והוא יותר משלשה רייכש טאליר, כי כל ר"ט הוא א' לו"ט וחצי לו"ט וא' פשוט וחצי פשוט ותשיעית מחצי פשוט, ‹80=3.13*25.55=.06+.5+1+8+16›, וכל לוט הוא ד' קווינ"ט, וכל קווינ"ט הוא ד' פשוטים, ‹80=5*16=4*4›.

אבל לדעת יש פוסקים, מאתים של בתולה ומנה של אלמנה משערים בזוזי דאורייתא - דעת ר"ת היא דכתובה דאורייתא, ע"כ צריך ליתן לה מאתים דינר צורי, והוא על דרך משל, אם כ' דינר של פדיון הבן עולים לערך ה' לו"ט, נמצא מאתים דינר עולים לחמשים לו"ט כסף צרוף, דהיינו עשרים זהובים רייני"ש בזמנם, **ודעת** הרא"ש אף שכתובה דרבנן, מכל מקום צריך ליתן כסף צורי מאתים דינר, **ודעת** הרמב"ן להיפך, אף שכתובה דאורייתא, מכל מקום הסך אינם דאורייתא, רק התורה אמרה יתנו לה מוהר ולא נתנה קצבה, ומאחר שאין הכסף קצוב בתורה, הנה הוא כסף מדינה, דהיינו כ"ה דינר כסף צורי, שעולים למאתים כסף מדינה.

{**משמע** דהכתובה דרבנן אלא משערין בזוזי דאורייתא, וכן הוא שיטת כל הפוסקים, דס"ל כתובת בתולה דרבנן, וכן פסק הבית יוסף ובד"מ, אלא ר"ת ור"י סוברים כתובת בתולה דאורייתא, **ומה** שכותבין דחזי ליכי מדאורייתא, כתב הרא"ש דהיינו מטבע של צורי שהוא דאורייתא, דחז"ל תקנו לה מטבע של דאורייתא, **ולכאורה** נראה דע"כ צ"ל כן, דהא בש"ס איתא דלמ"ד כתובה דאורייתא אין נאמן לומר פתח פתוח מצאתי, וכמה שכתבו במרדכי והג"מ, ואנן קי"ל דנאמן לומר פתח פתוח מצאתי, אלא ע"כ מה שכותבין דחזי ליכי מדאורייתא לא קאי אלא על המטבע, **ולא** כפרישה שכתב דכתובה דאורייתא, ומה שהקשה אי קאי על המטבע למה אין כותבים כן באלמנה, לק"מ, כי באלמנה לא תקנו חז"ל כסף צורי, כי אף לר"ת ור"י דס"ל כתובת בתולה דאורייתא, מ"מ כתובת אלמנה מדרבנן, כמ"ש בש"ס דף י', וכן הוא להרא"ש, דלא תקנו מטבע דאורייתא באלמנה, **והג"מ** סוף כתובות דס"ל דבאלמנה תקנו גם כן מטבע של צורי, דעת

יחידאי הוא, ודברי הג"ה זו מ"ש דבאלמנה משערין בזוזי דאורייתא, היינו דעת הג"מ, ולא נהגו כוותיה, אלא עיקר ככל הפוסקים דבאלמנה לא משערי' בזוזי דאורייתא, **ואף** לפי המנהג שגובין באלמנה חצי הסך של בתולה, מכל מקום לא שייך לכתוב דחזי ליכי מדאורייתא, כי חז"ל לא תקנו זאת}.

{**כתב** בב"ח דלמ"ד כתובה דאורייתא, אז גובין מן בינונית, ואינו נ"ל, דהא כתבו תוס' דאפי' לר"מ דס"ל כתובה דאורייתא, מ"מ מה דס"ל לר"מ דגובין מבינונית, לאו מטעם כתובה דאורייתא, אלא משום חינא ס"ל לר"מ כן, ולפי"ז אף למ"ד כתובה דאורייתא, י"ל דגובין מזיבורית, **מיהו** עכשיו שכותבין שפר ארג, גובין מעידית, כ"כ בהג"מ וכ"כ ב"ח, והיינו דווקא שגובין מן קרקע, אז שייך לומר מן עידית, **אבל** כשגובין מן מטלטלין, קי"ל כל מילי עידית הוא, כמה שאיתא בש"ס}.

והוא שמונה פעמים יותר - לכאורה יש מקום לטעות, מאחר שכתב למעלה דכתובת בתולה עשרה זהובים כשהיא דרבנן, נמצא כתובה דאורייתא שמונים זהובים, **אבל** כבר כתבתי כי חשבון עשרה זהובים שכתב, הוא על פי דעת ר"ת, ששני זקוקים כסף הוא מאתיים דאורייתא, והיה שוה בזמנם עשרה זהובים ויוצא בזה, **ולמאן** דס"ל כתובה מדרבנן א"כ יוצא בכ"ה דינר כסף שהוא ב' זהובים וחצי ריניש, וא"כ כשכותב לה עשרה זהובים פשיטא דאין כאן בעילת זנות, דהא נותן לה על חד ארבע, **אבל** שיהיה עשרה זהובים סך כתובה דרבנן שהם כ"ה דינר כסף, דממילא היה צריך לפדיון הבן שמנה זהובים, זה לא עלה על הדעת כלל, {**דלא** קאי על חשבון זה ‹של עשרה זהובים›, **דהא** לפי חשבון שכתב ביו"ד, לא הוי אלא עשרים זהובים ריינש, **אלא** ארישא קאי, שכתב דעולה ששה סלעים ורביע, ולפוסקים אלו עולה חמשים סלעים}.

וכתבו דלכן נהגו לכתוב בכתובות דחזו ליכי מדאורייתא (ר"ת). וי"א דכותבין דחזו ליכי, סתמא (הגהות מיימוני). והמנהג לכתוב לבתולה: דחזו ליכי מדאורייתא - נראה דאף דלהלכה קי"ל כמ"ד כתובה דרבנן, דהא רוב הפוסקים ס"ל הכי, ובפרט שהבעל מוחזק, וכמו שפסק הב"י, מ"מ מאחר שהמנהג לכתוב לבתולה מדאורייתא, הכוונה היא כמ"ש הרא"ש, שיתן לה מאתים דינר כסף צורי, וכל תנאי שבממון קיים, ‹**משמע** דאינו מטעם תקנת חז"ל, כמ"ש הב"ש לעיל›.

‹ולא משום דסבירא להו דכתובת אשה היא דאורייתא, שלא מצינו בתורה שצריכין לכתוב לאשה כתובה, אלא קי"ל שאין כתובת אשה אלא מדרבנן, ומשום דקי"ל דטעמא דתקנו רבנן כתובה לאשה כדי שלא תהא קלה בעיניו להוציאה, נראה לנו דמאתים ומנה זוזי מדינה דבר מועט הוא, שעדיין תהא קלה בעיניו להוציאה, לכך מפרשינן הא דתקנו רבנן מאתים לבתולה ולאלמנה מנה, בודאי לא אמרו אלא במטבע כסף היותר כבדה הכתובה בתורה, והוא כסף צורי, ולפי שמצינו בתורה בקנס בתולה חמשים שקלים, וכתיב בהו כמוהר הבתולות, אסמכו רבנן אהאי קרא לתת כתובה לבתולה חמשים שקלים כסף צורי, שהם מאתים דינרים. **ומה** שנהגו לכתוב דחזי ליכי מדאורייתא, לא דמדאורייתא חייבין לכותבה, אלא כדי שלא יטעה אדם לומר, כיון שהוא דרבנן לא תגבה אלא סלעים דרבנן, לכך מפרשינן דהו"ל סלעים דאורייתא, אבל רבנן תקנוה, **והכי** פירושו, ויהבנא ליכי מהר בתולייכי כסף זוזי מאתן דחזי ליכי מתקון דרבנן שתקנו לתת מטבע דאורייתא כו' – לבוש›.

אבל לא לאלמנה – ‹משום דידוע לכל דכתובת אלמנה היא חציה של בתולה, ולא אתי למטעי – לבוש›.

וכל זה במקום שאין מנהג, אבל במקום שיש מנהג, מה שגובין הולכין אחר המנהג, וכמו שיתבאר לקמן.

{**ב"ח** כתב, מה שכותבין במדינות פולין מאתים זקוקים, היינו מאתים מרק, וכל מרק הוא שני זהובים, לכן גובין במדינות פולין ארבע מאות זהובים, ‹וכל זהוב הוא 30 גדולים, נמצא דמרק הוא סך הכל 60 גדולים›, **ובמדינות** ליטא מרק ע"ה **גדולים**, ‹שהוא 2.5 זהובים›, **וגובין ת"ק** זהובים ‹200*2.5=500›, **ולאלמנה גובין חצי סך של בתולה, ושיעור זה הוא עם סך כתובה שלה והכל נכלל בזה**, ‹עיקר ותוספות›, **ובדרישה** כתב, **דשיעור כתובה אין נכלל בסך זה, וס"ל דזקוק היינו מ"ח גדולים**, ‹נמצא דסך הכל של מאתים זקוקים הוא 200*48=9600 גדולים›, **נמצא עולה ש"ך זהובים** ‹9600/30=320›, **וכתובה ס"ל דעולה שמונים זהובים, היינו לפי שהבין דמ"ש הרמ"א שמנה פעמים יותר, היינו שמונים זהובים**, ‹כפשטות דברי הרמ"א לעיל, וזה רק העיקר, חוץ מהתוספות של ש"ך זהובים›, **נמצא עולה ארבע מאות זהובים, וכבר** כתבתי דמה שכתב הרב בהג"ה שמנה פעמים יותר, לא קאי על שיעור עשרה זהובים, **ובח"מ** כתב נמי דאין נכלל סך הכתובה תוך מאתים זקוקים, והביא ראיה מריב"ש ומדברי הג"ה בסמוך דאין הכתובה בכלל, **ויש** לדחות **ויש** לומר דבודאי אין הכתובה בכלל, אלא ב"ח כתב דמנהג פולין

כך הוא שכוללים הכתובה בסך מאתים זקוקים, לכן גובין ד' מאות זהובים, או ת"ק זהובים}.

{**ולכאורה** נראה דאין גובין סך זה במטבע של נחושת, אלא במטבע של כסף, היינו כל זקוק ב' זהובים של כסף, דהא כותבין כסף צרוף, **ופה** במדינות אשכנז כותבין מאה ליטרין, וכתב בתשובת מהרי"ו שהם מאה זקוקים, דלטרא היא זקוק, ובימיו היה שוה זקוק ששה זהובים, נמצא עולה שש מאות זהובים, וכתב ולא שמעתי להגבות לאשה יותר משש מאות ליטרין (אולי צ"ל: זהובים), משמע דנכלל בסך זה הכתובה, לכן אין גובין יותר}.

{**כתב** בט"ז, אם בעת כתיבת הכתובה היו מעות קלים ואח"כ הוסיפו על המטבע, דקי"ל בהלואה דאם לאו משום ריבית היה צריך לשלם ממטבע שניה, אלא משום איסור ריבית אינו משלם מטבע חדשה אם הוסיפו יותר מחומש, **אף** על גב דקי"ל דאם נעשתה הלואה במקום אחד והוציא השטר חוב במקום אחר הולכים אחר השיעבוד, לענין הוספה אין הולכים אחר השיעבוד, משום דאם נשתנה המטבע אז בזמן פרעון אין שֵם מאה זהובים שחייבים לו על סך מן המטבע הראשונה, אבל בשני מקומות יש שֵם ק' זהובים, דהא במקום אחר יש עליהם שֵם זה, **וא"כ** בסך כתובה דליכא הלואה ולא שייך רבית, לכן צריך לשלם מטבע שניה, **אבל** בסך נדוניא שהיא חוב, יתן מטבע הראשונה, **אף** על גב דמוסיפים שליש ולא חיישינן לרבית, דשאני הוספת שליש שחייבו אותו חכמים להוסיף תיכף אף אם לא תיטב בעיניו ויגרשנה מיד, **אף** דלא נשא ונתן במעות, מ"מ חל עליו חובת הוספת שליש ע"פ תקנת חז"ל, כמ"ש מהרי"ק, שתוספת שליש אינה משום הרצון של בעל, אלא מצות חכמים היא עליו תיכף, נמצא לפי"ז שהתוספת לא התירו בה ריבית, אלא משום שאם מגרשה אפילו תיכף חל עליו התוספות, **משא"כ** בענין שיתן לה ממטבע חדשה, ודאי אין חיוב עליו, כלומר דאם גירשה תכף אחר הנישואין ודאי לא היה צריך ליתן כי אם מטבע הישנה, שהרי אז לא היה שם כי אם מטבע הישנה, רק אח"כ נתהווה שינוי מטבע, ואין חילוק בין אם זמן רב אחר הנשואין או יום או יומים, מ"מ לא שייך לומר דתיכף חל עליו חיוב זה, א"כ הוי ככל שאר הלואה, ועיין סימן ק' מ"ש בזה}.

(**כתב** בס' דגול מרבבה וז"ל, והמפתה בתולה ונשאה כמה היא כתובתה, עיין בטור סי' קע"ז וברמב"ם פ"א מהלכות נערה ה"ג ובמל"מ שם, **ונלענ"ד** דכל זה כשהיתה נערה, אבל בוגרת שנתפתתה, ודאי גם לרמב"ם וטור אין כתובתה אלא מנה, אף שנשאה הבועל עצמו, עכ"ל, ודברים אלו נאמרו ונשנו בספרו תשו' נו"ב ביתר ביאור ע"ש. **ועיין** בתשו' חת"ס שכתב וז"ל, ולענין כתובה דנושא מפותת עצמו, הייתי נוהג לכתוב מאתים ע"פ לשון הטור סי' קע"ז, **עד** שמצאתי בס' דגמ"ר שכתב דהיינו בנערה, אבל לא בבוגרת דאין לה אלא מנה, וכבר הורה זקן, וכן ראוי, עכ"ל. **ושם** בסי' קכ"ה אודות אחת שילדה אחר החתונה בקרוב, והוא והיא מודים שממנו נתעברה, באופן שאין ספק משום מינקת חבירו, ונתעורר רב אחד על שנכתב בכתובה מאתים כבתולה, ובספר דגמ"ר כתב דאם היא בוגרת אין לה אלא מנה, וא"כ אפשר הכתובה פסולה, **והוא** ז"ל השיב, אמת נכון הדבר, אף על גב דתנן ר"פ אף על פי שאם רצה להוסיף מוסיף, ודעת הר"ן שם שיכול לכלול התוספת בסכום א' עם הכתובה בסתם, ולא כמרדכי, מ"מ מודה הר"ן דלא מצי למכתב דחזי ליכי מדאורייתא כו', **וגם** הא ודאי שדברי דגמ"ר הנ"ל נכונים מאד, דבוגרת שאין לה קנס, ובשגם כי בעילה ראשונה מחלה מדעתה, גם הרמב"ם מודה דאין לה אלא מנה, **ומ"מ** בנ"ד אין שום חשש, דנ"ל דכל זה במפתה בוגרת דעלמא ונשאה אח"כ, אבל במשודכת שלו, וכבר נכתבו ביניהם תנאים בחרם וקנס כנהוג, שלבה סמוך ובטוח שתנשא לו, ואדעתא דהכי אפקרה נפשה לגבי דידיה, שהוא ישאנה ותהיה כתובתה ממנו מאתים כמוהר הבתולות, בודאי לא מחלה אלא אדעתא דהכי כו', **ואפי'** אם יתעקש אדם לומר שאם הבועל הזה אינו רוצה לכתוב מאתים לא נוכל לכופו, אבל עכ"פ אם כתב לה מאתים דחזי ליכי, איך ניקום ונאמר דלא חזי לה ממנו, כי בודאי חזי וראוי ומחוייב לכתוב כן, עכ"ד).

סעיף ז - אם ירצה להוסיף על זה, מוסיף - (ולא אמרינן הואיל ועבדי רבנן קצותה לכתובה, הרי הוא מבייש מי שאין לו, שלא אמרו רבנן קצבה זו אלא שלא לפחות, כדי שלא תהא קלה בעיניו להוציאה - לבוש).

וזה התוספת שמוסיף, יש דברים שדינו בהם כעיקר הכתובה - בריש אף ע"פ חשיב כמה דברים שהתוספת דינה ככתובה, למוכרת ולמוחלת ולמורדת ולפוגמת וכו', ומונה והולך י"ד דברים, ע"ש, **ויש דברים שהוא חלוק בהם מעיקר הכתובה, כדלקמן** - בסי' ס"ח סעיף ח' בטענת בתולים, אף שהוא נאמן על הכתובה, אבל תוספת יש לה. **הגה: וא"י לפרש עיקר הכתובה בפני עצמה והתוספת בפני עצמה, אלא כולל הכל ביחד, אם ירצה** -

כלומר שכותב: ויהיבנא ליכי מוהר בתולייכי סך פלוני, אף על גב דאיכא למיחש לכיסופא, שלזו כותבין מוהר מועט ולזו כותבין מוהר מרובה.

ויש חולקים, וסבירא להו דצריך לכתוב הכתובה כמנהג המדינה בפני עצמה, והתוספת בפני עצמו, וכן נוהגין - ‹דבכה"ג אין כאן משום כדי שלא לבייש את מי שאין לו, דליכא כיסופא בהכי, כיון שעיקר הכתובה היא שוה לשאר כתובות, וכי אילו בעי למיתב לה מדיליה מי לא מצי יהיב לה, דכי איכא למיחש לכיסופא כשכוללין עיקר הכתובה יחד עם התוספת, וכותבין לזו מוהר אחד, ולזו מוהר אחר יותר או פחות, אז איכא כיסופא, אבל בכה"ג לא – לבוש›.

ואם יש משפחה שכולן נוהגים בתוספת, אין צריך לכתוב כל אחד בפני עצמו (מרדכי) - זה הוא דעת המרדכי, וטעמו, שהקשה דבמשנה משמע דוקא כהנים ומשפחות מיוחסות כותבין ת' זוז, ולקמן תנן בכל אדם אם רצה להוסיף מוסיף אפי' מאה מנה, **ותירץ** דבכל אדם צריך לכתוב מנה מאתים לחוד ותוספת לחוד, אבל הכא כותבין ת' זוז דחזו ליכי, **אבל** התוספות כתבו, שהפרש זה יש ביניהם, שכותבין דחזו ליכי, **וגם** אם לא כתב לה כתובה, גובה בתנאי ב"ד ת'.

כתובה שכתב בה: ודין נדוניא דהנעלת ליה מאה דינרין והוסיף לה מן דיליה כך וכך, אין עיקר כתובה בכלל, וצריך לשלם לה בפני עצמו - מלשון זה משמע, דאף שלא נזכר עיקר בכתובה כלל, רק כתב לה הנדוניא דהנעלת ליה והתוספת שהוסיף לה, אזי מתנאי ב"ד צריך ליתן לה הכתובה, **ומכ"ש** בכתובה שלנו שכותב בתחלה: ויהיבנא ליכי מוהר בתולייכי כסף זוזי מאתן דחזי ליכי מדאורייתא, ואח"כ כותב: מאה זקוקין נדוניא ומאה זקוקים תוספת, נמצא צריך ליתן לה מאתים זקוקים כסף ומאתים דינר כסף, **וכן** לבסוף בכתובה מזכיר שלשתן יחד: ואחריות שטר כתובתא דא ונדוניא דין ותוספתא דא, נמצא דג' דברים הם, וכן פסק מהרש"ל ביש"ש, **נמצא** דכל בתולה צריך ליתן לה מאתים זקוקים, שהוא ת' או ת"ק זהובים לפי חילוק המדינות, **ועוד** צריך ליתן לה ר' דינר, שהוא כ' זהובים רייני"ש, לפי חשבון שכתב מהרמ"א ביו"ד, שכ' דינר הוא ב' זהובים רייני"ש, וכבר כתבתי ששם כתבו שעולה לערך ה' לו"ט ויותר, א"כ צריך ליתן לה חמשים לו"ט כסף צרוף ויותר, לבד הנדוניא והתוספת, **וראיתי** אח"כ בקונטרס אחרון לא כ"כ, ואין דבריו ברורים.

עד שיהא כתוב: ויהיבנא ליכי מוהר בתוליכי כסף זוזי אלף - {היינו היכא שכוללים הכל ביחד, ואין כותבים בלשון הוספה}, **דאז העיקר כתובה בכלל** - זה הוא דלא כדעת היש חולקין דלעיל, שצריך לכתוב בפני עצמו העיקר, ולדעת היש חולקין מיירי במשפחה שכולן כותבין כך.

סעיף ח - יש מי שאומר שאין צריך קנין בשעת הנשואין במה שנותן לה - {כמה דקי"ל, עמדו וקידשו נקנו כל הדברים שפסקו, כמ"ש בסימן נ"א, כן נקנו בשעת נשואין, וכן ס"ל לרמב"ם}, ‹דהן הן ג"כ בכלל הדברים הנקנין באמירה משום חבת נישואין – לבוש›. **(ויש חולקין)** - לא מצאתי מי שחולק על זה, ובב"ח כתב שמדברי המרדכי משמע שחולק, ע"ש, ‹דבשעת נישואין ליתא לשטרי פסיקתא – גר"א›, ויש לדחות. {ושם בסי' נ"א מבואר מי החולק עליו}.

סעיף ט - כל הפוחת משיעור הכתובה, בעילתו בעילת זנות - ‹שעובר על דברי חכמים שתקנו זה כדי שלא תהא קלה כו' – לבוש›, **לא מבעיא אם כתבה לו אח"כ: התקבלתי ממך הכתובה, או מקצתה, דאז אין לה לדעת קצת פוסקים, אלא אפילו התנה בשעת קדושין שלא יהא לה כתובה, או שפיחת לה משיעורה, אף על פי שתנאו בטל ויש לה כתובה משלם, אפילו הכי בעילתו בעילת זנות, כיון שהיא סבורה שאין לה, לא סמכא דעתה.**

זה הוא לשון הטור, לחלק בין אם כתבה לו אחר כך התקבלתי, דמהני, ובין התנה עמה בשעת נשואין, דתנאו בטל, **ועיין** לקמן סי' ס"ט, כתב הטור דמחילה לא מהני, ‹היינו מחילה לבד בלי כתיבת "התקבלתי" – מחה"ש›, **והרמב"ם** פי"ב מהל' אישות כתב להדיא, דאף דכתבה לו התקבלתי לא מהני, **אבל** יש פוסקים דאפילו תנאי מהני, אע"ג דהוי בעילת זנות. ‹עיין לעיל סעיף ג'›.

{בית שמואל} [ט"ז] ‹רעק"א או ש"א או הוספת הסבר› (פת"ש)

סעיף י - אם יש משפחות שנוהגים לכתוב בכתובתן יותר משיעור חכמים, אין למחות בידם; ולא עוד אלא אפילו אחד מבני המשפחה ההיא שלא כתב כתובה לאשתו, מגבינן לה בתנאי בית דין לפי מה שרגילין לכתוב. לפיכך אשה שאבדה כתובתה, ידקדקו בכתובות קרובותיה, כפי מה שנהגו לכתוב בני המשפחה כותבין לה. (ואפילו כתב לה: דחזו ליכי - וסד"א דלא תגבה, דהא לא חזי לה מדינא רק כשאר נשים, ובלשון תוספת לא כתב, **אפילו הכי גביא כמנהג משפחתה)** - קמ"ל דמאחר שנהגו כך הוי לדידהו כמו תקנה, ‹דהכי קאמר לה, דחזו ליכי לפי מנהג בני משפחתה – לבוש›, **ואף** על גב דבגמרא אמרו זה במשפחות מיוחסות, לאו דוקא, רק אורחא דמילתא הוא, דבשאר משפחות אין שומעין להם, **ואם כתובות נשי משפחתו יתירות מכתובות נשי משפחתה, עולה עמו ואינה יורדת.**

סעיף יא - הנושא אשה, סתם, כותב לפי המנהג. וכן היא שפסקה להכניס, נותנת כפי מנהג המדינה.

‹והא לך קצת מנהגי מדינה זו – לבוש›: **הגה: ומה שהאשה מכנסת לבעלה, הן מעות הן בגדים, ומקבלן עליו וכן באחריותו, נקרא נדוניא בכל מקום** - כלומר ששמין לו הבגדים בנדן, והוא מקבלן בסך מסוים, וזה הוא נדוניא ונכסי צאן ברזל, **אבל** בגדי הכלה שאין שמין לו, הם נקראים נכסי מלוג, כמבואר לקמן סי' ע"ז, **ואינה נגבית אלא עם הכתובה; אבל לשאר דברים אין דינו ככתובה, וכמו שיתבאר לקמן.**

ויש מקומות שהחתן מוסיף לה בנדונייתא, וכותב יותר ממה שקבל – [אין זה מה שכתוב בכתובה: והוסיף לה מן דיליה עוד וכו', דכאן לא מיירי אלא ממה שקיבל החתן מה שהכניסה לו, וזהו שכתוב בכתובה: הכל קיבל עליו חתן דנן במאה זקוקים וכו', אבל הך והוסיף לה וכו' כתבתי פירושו כבר בסמוך, (**בכאן החסרון ניכר, שלא נמצא כתוב בספרו שום דבר על הך והוסיף, ואפשר שחסר כאן הרבה מתחילת סעיף א' עד כאן**)]. ‹ובשו"ע פריעדמאן השלימו את החסר ע"פ כת"י›.

והולכין בזה אחר המנהג – {והיכא שאין מנהג, אז דנין ע"פ דין, כמה שכתב בש"ס, דבכספים ובסחורה מוסיפין שליש, הואיל ויכול להרויח בהם, **ומנהג** שלנו כתב ב"ח, דמוסיפין שליש מלבר, ובכלל זה נכלל מאתים זקוקים שכותבים בכתובה, והוספה זו נוהגים בק"ק קראקא, **חוץ** ממלבושים ותכשיטים השייכים לגופה, וכך כותבין בפירוש, **ואם** לא נכתב, שמין לה המלבושים, **ואם** בא אחד מעיר אחרת ואין רוצה להוסיף, אינו רשאי לשנות, דכל הנושא ומשתעבד את עצמו בסתם, דעתו על פי המנהג, **מיהו** משמע בב"ח, דבמלבושים יכול לעכב, **ובזה** אין חילוק בין אלמנה לבתולה, **ונדוניא** היא חוב גמור, **וכתב** בפרישה דע שכתב בד"מ דאין כותבין בכתובה ששיעבד לה בעל מטלטלין אגב קרקע, שא"כ לא יוכל הבעל למכור שום דבר ממטלטלין, **וצריך** לומר דלא כ"כ כי אם אעיקר כתובה, וכ"ש אתוספת כתובה, אבל בנדוניא למה תגרע משאר ב"ח, ע"כ, **והוספת** שליש נראה דדינו כמו הנדוניא, ואכתוב עוד לקמן מזה בס"ד}.

ומן הסתם אחריות הנדוניא עליו כנכסי צאן ברזל - נראה להגיה "והן נכסי צאן ברזל", **אבל אם ירצה להניח לה ברשותה ושלא לקבל אחריות עליהם** - כלומר שיניח אותם ברשותה כדין נכסי מלוג, שיאכל פירות ויהיה הכל באחריות שלה השבח וההפסד, **הרשות בידו, וע"ל ריש סי' ל"ג וק' עוד מאלו הדינים.**

כשהאב קיים ומשיא בתו, כותבים: ודין הנדוניא דהנעלת ליה מבי אבוה; וכשאין האב קיים, כותבין: מבי נשא – {אף על גב דקיימא לן, כל יוצאי חלציו נקראים בית אביו, כמה שכתב ביו"ד סימן רט"ז, מכל מקום נקראים נמי בי נשא, וכותבים כדי שידעו שהיא יתומה, דנ"מ לענין אם מתה תוך שנה הראשונה, כמה שכתב בסימן קי"ח}, (**ולפי** מה שכתב שם הח"מ וב"ש, דעכשיו מנהג פשוט גם ביתומה כו', ואף אם לא נכתב כו', אם כן אין קפידא), **מיהו אם שינה, לית לן בה** - ‹דשני הלשונות ענין אחד הם ואין חילוק ביניהם – לבוש›.

בכתובת גרושה כותבין: מתרכתא, כדי שידעו שהיא גרושה ואסורה לכהנים (פסקי מהרא"י) - בכתבי מהרא"י כתב, נראה קצת דאפילו היא גרושה מן הראשון ומן השני אלמנה, אין כותבין רק מתרכתא, מפני תקנת הכהנים, וארמלתא למאי אתיא, {**ועיין** תשובת מהר"ם מינץ, דאם היא נתגרשה ואח"כ נתאלמנה, כותבין: מתרכתא מקדמת דנא}, **ואם** היה מחזיר גרושתו, ראיתי בספר ים של שלמה שיכתוב: מתרכתא הדרי לגבאי, **וכתב** הטעם בשם ראבי"ה, שלא תגבה שתי כתובות, שע"ד כתובה ראשונה החזירה.

(**ועיין** בתשובת חתם סופר, ע"ד כתובת גרושה שלא נכתב בה מתרכתא, שרב אחד יצא לחדש וכתב שנעלם מכולם דברי תשב"ץ, שכתב דלא הנהיג בני עירו כהרמב"ם לכתוב בכתובת גרושה פלונית הגרושה כו', **והוא** ז"ל השיב לו, דזה אינו נכון, ואני אומר אילו היה התשב"ץ קמן היה מצריך כתובה אחרת, או להתפיס מטלטלין ולכתוב כתובה אחרת אחר החופה, **כי** המעיין בתשב"ץ יראה דעיקר טעמו, דמי שישא האשה אם יבדוק בכתובה זו ורואה שאין לה אלא מנה, ידע שהיא גרושה מהראשון, דאי היתה אלמנה ה"ל קטלנית ואסורה לכל כו', **ור"ל** דהרמב"ם לטעמיה דלא חייש לחשש קטלנית, ואמר שאינו אלא ניחוש בעלמא, מש"ה חשש לכהונה, **אבל** לכל הפוסקים דחיישי לקטלנית, א"כ אזדא לה חשש כהונה, וא"כ מהיכא תיתי לגנות אשה על בעלה. **ולפ"ז** לדידן דמקילין טובא באופנים הנזכרים סי' ט' בהגה, הדרא חששא לדוכתא כו', וא"כ הכרח גדול להזכיר מתרכתא. **וזולת** זה, כיון שכבר נהוג גבן כמ"ש רמ"א לכתוב מתרכתא, אפילו היה התשב"ץ עצמו לפנינו היה חושש, שאם תבא הכתובה לפני השלישי שהוא ידין שע"כ אינה גרושה, שהרי נהיגין לכתוב מתרכתא, **ע"כ** לא יפה נעשה בנדון שלפניו כו', ולכאורה היה ראוי לומר שהכתובה פסולה, שלא נכתבה על אשה זו שהיא גרושה, ונכתבה אלמנה והרי אחרת היא, **אך** מהרמ"מ כתב, דמ"מ אינה פסולה, דגרושה נמי נקראת אלמנה כו', ואומר אני לפי שאחז"ל אלמנה על שם מנה, א"כ כל שגובה מנה יצדק שם אלמנה, אי לא דכתב ארמלתא. **ומ"ש** לעיל דהיה מצריך כתובה אחרת, ואפי' בלא נכתב כלל אלמנה, צ"ל דהיינו בהרגישו בהטעות קודם החופה, דהוי כלכתחילה, עכ"ד).

וכן אם היתה שבויה, ומכ"ש בעולה, צריך לכתוב בשביל כהנים, {**ואם היא בעולה, כותבין בעולתא, ואם היא שבויה, כותבין שבויה**}.

(**עיין** בנ"ש העלה שלא לכתוב בעולה, וכן נראה להבית מאיר, ואין לכתוב אלא פלונית ארוסה, ודי בזה לסימן).

(**ועיין** בתשו' הרדב"ז, שנשאל בגיורת שנשאת ונתגרשה, ועתה באתה לינשא, אי כותבין לה הגיורת או הגרושה. **והשיב** לכאורה אין קפידא בדבר, כיון דשתיהן אסורות לכהונה, אבל כד מעיינת שפיר תשכח דראוי לכתוב הגיורת, שלא תשתכח שם גירות מעליה, דלמחר יגרש אותה זה ותנשא לגר, ובתו פסולה לכהונה, דקיי"ל כראב"י כו' {ר"ל לכתחילה בבא לימלך מורין לו כן}, **ותו** איכא נפקותא לענין להנשא לקרוביה מצד האב, דלא גזרו בגר בשאר האב כלל, ואפי' בשאר האם איכא נפקותא, דאין איסור אלא מדרבנן, **הלכך** לעולם צריך לכתוב לה הגיורת, כדי שלא נשכח יחוסה, וא"צ לכתוב גרושה, דבכלל גיורת שאסורה לכהונה היא. **וכן** גרושה ואלמנה צריך לכתוב הגרושה כו', ע"ש).

וכשבאה לגבות כתובתה, מגבין לה מה שבכתובתה לפי מנהג המדינה. הגה: ואם היא אומרת שהוסיף לה יותר מן המנהג, צריכה להביא ראייה לדבריה - ‹או כתובה מקויימת – לבוש›, **אבל אם יש בידה שטר כתובה שאינו מקוים, או שאחד מן העדים הוא פסול, אף על פי שמראה התנאים שביניהם שהוצרך להוסיף לה** - ‹שקבל עליו בקנס גדול לכתוב לה כך וכך›, **אינה גובאת אלא כמנהג (פסקי מהרא"י). וע"ל סימן ק' ס"ו** - ‹דאע"ג שכתוב כך בתנאים ששיעבד עצמו לכתוב לה, שמא לא כתב לה, והכתובה אינה ראייה להוציא מן היורשין, שהרי אין הכתובה מקויימת, ואין בה אלא עד אחד כשר, ובמה קנתה המותר, שאין מוציאין על פי עד אחד – לבוש›.

עיין בכתבי מהרא"י, כתב שבכתב התנאים לא היה קנין, ומשמע קצת דאם היה קנין היתה גובה בכתב התנאים, **עיין** בחו"מ פסק בשם מהרי"ו, דקנין אתן לא מהני, והכותב לאשתו בשעת השידוכין לעשות לה כתובה גדולה, אפילו בקנין לא מהני, דהוי קנין אתן.

ומ"ש הרב מהרא"י בסי' הנ"ל, שהאמת כן שהכתובה נכתבה ונחתמה בקנין ובציווי הבעל, והא לא מהני מידי וכו', {ר"ל מאחר שהמעשה שהיה שלא היה בכתובה רק ע"א כשר והשני פסול, ע"ש, וכמו שהעתיק הרב פה בהג"ה}, והא דקנין לא בעי עדים, היינו בקנין מן המזכה להזוכה, אבל קנין כה"ג וכו', **דברים** אלו תמוהים, מה חילוק יש בין שאר קנין לקנין זה שנעשה ביום הנשואין, שהוא משעבד נכסיו לכתובה גדולה, וכבר כתב הרב ב"י סימן זה שדבריו מגומגמים.

ובכל אלו הדברים וכיוצא בהן, מנהג המדינה הוא עיקר, ועל פיו דנין, והוא שיהיה אותו המנהג פשוט בכל המדינה - ‹דטעם דמנהגא, דכל דנסיב אדעתא דמנהגא, לכן צריך שיהיה ידוע המנהג ההוא לכל – גר"א›.

[**כתב** בד"מ, ובמדינות אלו כותבין ד' מאות לבתולה, בין הכניסה לו או לא, ומאה לאלמנה וכו', **ובסתם** נוהגין בעירנו להוסיף לה שליש, דהיינו אם הכניסה לו אלף, כותב לה אלף ת"ק, וכן מוזכר במשנה פ' מציאת האשה, עכ"ל, **ובהרבה** מקומות כותבין חוץ ממלבושיה ותכשיטיה השייכים לגופה, ופשוט שאין כסף וזהב בכלל אם לא שהוזכר בפירוש].

הגה: מיהו אם רוצה להתנות ולפחות לאשתו מן המנהג, הרשות בידו - ה"ה אם היא רוצה להתנות להוסיף לה על המנהג, ג"כ הרשות בידה, רק משום סיפא נקט שלא יפחות לה משיעור כתובה שתקנו חכמים, כדי שלא תהא בעילת זנות, **ובלבד שלא יפחות ממה שתקנו רבנן.**

ונראה לי דוקא שהתנה כן בשעה שעשו השידוכים, אבל אם עשו שידוכים סתם, ושעבדו עצמן בקנסות, צריך לכתוב לפי המנהג ולא יוכל לשנות (דברי הרב וכן משמע במהרי"ל).

ויש מקומות שנוהגים לכתוב כל הכתובות בשוה, אפילו לא הכניסה לו כלום - ‹כדי שלא לבייש אותה – לבוש›, **ואם ירצה מוסיף לה** - כלומר כותב לה תוספת כתובה בפני עצמה בשטר אחר, **ואם ירצה לפחות לה היא כותבת לו: כך וכך קבלתי על כתובתי** - עד שיעור כתובתה כפי תקנת חכמים, **וכן נוהגין במדינות אלו.**

סעיף יב - נשא אשה ממקום אחר על דעת שתדור עמו במקומו, הולכים אחר (מנהג) מקומו - ‹דהא על דעת כן נשאה – לבוש›. **לפי** זה עתה שמדינות ליטא ופולין חלוקין במנהג, שבליטא נותנין לבתולה ת"ק זהובים, ובפולין ת' זהובים, אין הולכין אחר מקום הנשואין, רק אחר מקום הדירה, שאם היה תנאי ביניהם שאחר זמן מוגבל תלך למדינתו, אזי נותן לה כתובה כפי מנהג מדינתו, **ואין** חילוק בין אם התנאי שתלך מיד אחר ז' ימי המשתה עמו, או שתלך אחר ב' או ג' שנים, **מיהו** נראה דאם מת שם קודם שהוליכה למדינתו, שנותן לה כפי מנהג המקום שנשאה שם, וצ"ע למעשה. {**ולכאורה** נראה דהולכין אחר אותו מקום שהיתה דעתם לדור, ועל מנהג אותו מקום התחייב את עצמו}.

סעיף יג - במקום שאין רגילים לחתום בכתובה אלא הראויים להעיד, לא יחתום מי שאינו יודע לקרות - ‹דהיאך יעיד ויחתום והוא לא קרא מה שכתוב בה – לבוש›. **אבל** יש מקומות שנוהגין שפסולין חותמין לכבוד, ושני עדים חותמין בראש שיטה, ועל פיהם מקיימין הכתובה, ובאותן מקומות יכולין לחתום אע"פ שאין יודעים לקרות, דלא גרע משאר פסולין, כל זמן ששני עדים כשרים חתמו בתחילה.

הגה: ולכן עם הארץ שבא לגרש, ואמר אח"כ שלא הבין מה שהיה כתוב בתנאים או בכתובתה, אינו נאמן, דודאי העדים לא חתמו מה שלא העידו בפניו תחלה על פה - ‹בלשון שהבין, ואחר כך חתמוה – לבוש›. **כלומר** מאחר שמי שאינו יודע לקרות פסול מקרי, א"כ בודאי לא חתמו עד שקראו תחלה בפני החתן והגידו לו מה שכתוב, **ובמקום** שרגילין לחתום פסולין, מ"מ חזקה על העדים הראשונים שבהם מתקיים העדות, שעשו כהוגן. {**וצריך** לומר שהיה כתוב יותר מתיקון חז"ל, דאל"כ הא קי"ל דיש לה כתובה אפי' לא כתב לה}.

§ סימן סט – במה מתחייב האדם לאשתו ובניו §

סעיף א - כשנושא אדם אשה מתחייב לה בעשרה דברים, וזוכה בה בד' דברים, אפילו לא נכתבו - לשון הרמב"ם והטור, כל אלו הדברים אפילו לא נכתבו בכתובה, או אפי' לא כתבו כתובה כלל, אלא נשא סתם, זכתה האשה בכל עשרה דברים, והוא בארבעה.

סעיף ב - אלו הן העשרה דברים: מזונותיה, וכסותה, ועונתה – {הרמב"ם ס"ל שלשתן מן התורה, **ורמב**"ן והר"ן ס"ל, עונה מדאורייתא, ומזונות וכסות מדרבנן, ותקנו חז"ל מעשה ידיה תחת מזונות וכסות, ושניהם נכלל בכלל מ"ש חז"ל תקנו מעשה ידיה תחת מזונות, משו"ה כתב הר"ן כל שאינה ניזונת אין לה כסות, **והרא"ש** והמגיד ס"ל מזונות מדרבנן, ועונה וכסות מדאורייתא, לפי"ז מתני' דתנא חייב מזונות, לא תנא אלא מה שהוא מדרבנן, אבל חיוב דאורייתא לא תנא, **לפי"ז** ברייתא דתניא תקנו מזונות תחת מעשה ידיה, היינו מזונות לבד, אם כן אם אמרה איני ניזונת ואיני עושה, לא מחלה כסות, **ולכאורה** קשה איך סתם ופסק הרב רמ"א בסמוך כל שאינה ניזונית וכו', דלא אתיא אלא כהר"ן, ויש לישב קצת}.

ועיקר כתובתה, ורפואתה, ולפדותה אם נשבית, וקבורתה, ולהיות ניזונת מנכסיו ויושבת בביתו אחר מותו כל זמן אלמנותה, ולהיות בנותיו ניזונות אחר מותו עד שיתארסו, ולהיות בניה הזכרים ממנו יורשים כתובתה יותר על חלקם בירושה שעם אחיהם - אף על פי שמונה והולך י' דברים, אינם כולם באשה אחת, שאם מת הוא בחייה אין כאן קבורה, דהא יורשיה קוברים אותה, וגם אין כאן כתובת בנין דכרין, **ואם** מתה היא בחייו, אין כאן חיוב כתובה, וגם אין שייך שתהיה ניזונת מנכסיו ויושבת בביתו כל זמן אלמנותה, אלא ודאי לצדדין קתני.

סעיף ג - אלו הם הארבעה: מעשה ידיה, ומציאתה, ופירותיה, וירושתה.

סעיף ד - מעשה ידיה כנגד מזונותיה – [פי' תחילה תקנו מזונותיה, ואח"כ תקנו שיהיה לו מעשה ידיה, ‹משום שלום בית, שכיון שהוא חייב במזונותיה מן התורה, אם יתן לה הוא מזונותיה והיא תרויח הרבה במעשה ידיה ותחזיק לעצמה ולא תתן לו, יהיה לו איבה עליה ולא יהיה לו שלום עמה בבית רק ריב וקטט – לבוש›, ממילא לטובתה נתכוונו חז"ל, לפיכך וכו'], **לפיכך אם אמרה: איני ניזונית ואיני עושה, שומעין לה. הגה: וע"ל סימן פ'** - וכתב המ"מ בשם המפרשים, שלא אמרו אלא שיכולה להפקיע עצמה ממלאכה שמרוחת בה, כטווה בצמר שאינה לצורך הבית, **אבל** טוחנת ואופה ומבשלת ועושה כל צרכי הבית כמו אם היתה ניזונת, וכ"כ הרמ"א בהגה לקמן סימן פ' סעיף ט"ו.

‹**מלשון** זה נראה לדקדק, דדוקא באמרה איני ניזונית ואיני עושה שומעין לה, אבל אם היתה עושה, אלא שאומרת איני ניזונית ואיני נותנת לך, אין שומעין לה, **אבל** מה אעשה שלא מצאתי חילוק זה בשום פוסק, כנה"ג – בה"ט›, (**ועיין** בספר בית מאיר שכתב עליו, דשפיר עבדו הפוסקים שלא חילקו בזה, דאילו כן לא מקשה ריש המדיר, ואם איתא לדרב הונא, ע"ש וק"ל).

וי"א דכל אשה האומרת: איני ניזונית ואיני עושה, נתבטלה התקנה, ואינה יכולה לחזור בה ולומר: אני ניזונית ואני עושה - הטעם כתב הר"ן בשם הרא"ה, שאינו בדין שתהא הרשות בידה לשנות הדבר בכל פעם כמו שתרצה, שא"כ כשלא תמצא מלאכה תרצה להיות ניזונית, וכשתמצא תאמר איני ניזונת, ולקתה מדת הדין, אלא ודאי מיד כשאמרה אי אפשי בתקנת חכמים, הפסידה ושוב אין לה מזונות.

ויש חולקין (רי"ו) - טעם היש חולקין, מאחר דקי"ל דמזוני עיקר, וא"כ דין הוא שתהא ידה על העליונה, דהא יש חוק קצוב בכל שבוע כמה היא עושה, משקל ה' סלעים, א"כ בכל שבוע שתרצה הברירה בידה לומר: שבוע זה אני אעשה לעצמי, ולשבוע האחר תאמר: תתן לי מזונות ואני מוכנת לעשות החוק הקצוב עלי, **ועיין** בדברי הרא"ש, שאם אמרה: איני ניזונת היום ואיני עושה, למחר היא ניזונת ועושה וכו', **וע"ש** שמסתפק שם אם היא יכולה להפקיע לגמרי מעשי ידיה, ולומר איני ניזונת לעולם.

{**נמצא דלהר"ן** אינה יכולה לומר זמן קצוב אני אעשה לעצמי, **ולרי"ו** יכולה לומר כן, **ולכאורה** נראה דפלוגתא זו תליא

בפלוגתא אם כסות גם כן תחת מ"י, והר"ן אזיל לשיטתו דס"ל כסות ג"כ תחת מעשה ידים, משו"ה ס"ל דאינה יכולה לומר בשבוע זה איני ניזונית ובשבוע אחר ניזונית, **ורי"ו** ס"ל כשיטת הרא"ש, דאין כסות בכלל מזונות, דאי כסות בכלל מזונות א"כ תקנת חז"ל היתה כל מעשה ידים של כל ימי חייה תחת מזונות וכסות, דהא כסות הוא דבר שאין מתחלק על כל שבוע, וא"כ איך י"ל זמן קצוב אני אעשה לעצמי ובזמן אחר תאמר אני עושה ואוכלת, ואיך תעשה עם הכסות, **וכעין** זה מצינו בתוס' פ' נערה שנתפתתה דתקנת חז"ל היתה פירות של כל ימיה תחת פרקונה, ואם אומרת פעם אחת איני נפדית ואיני נותנת פירות, תו אינה יכולה לומר הריני נפדית ואתן הפירות, **ובתו'** והרא"ש משמע דס"ל כרי"ו, שכתבו אם אמרה איני ניזונת היום ואיני עושה, למחר היא עושה וניזונת}.

וכל שאינה ניזונית, אין לה כסות, דהוא בכלל המזונות (שם בהר"ן).

אבל הבעל שאמר: איני זנך ואיני נוטל מעשה ידיך, אין שומעין לו. (אבל יכול לומר: צאי מעשה ידיך במזונותיך, ומה שאינו מספיק אשלים לך) - לשון הר"ן, נהי דבאומר מהני, כי לא אמר משעבד לה, ולא כל הימנו לומר: איני נותן מזונות, ושהיא מעצמה תעכב מעשה ידיה, **ודכוותה** גבי אשה, אף על פי שהיא יכולה לומר: איני ניזונת וכו', אינה יכולה לומר: איני עושה בלבד, ושהוא מעצמו יעכב מזונות, דהא תנן וכו'.

אבל יוכל לומר וכו' - {היינו בעל כרחה, כמו שהיא אומרת איני ניזונת, לפי"ז מ"ש בסימן ע' ס"ט, בעל שאמר טלי מעשה ידיך למזונותיך ושתקה וכו', דמשמע דיכולה למחות, איירי כשלא מספיק לה, וכ"כ בח"מ שם, **אבל** לא משמע כן מרמב"ם והטור שם, דהא כתבו שאילו לא רצתה היה לה לתובעו, או לומר אין מעשה ידים מספיקין לי, משמע מ"ש היה לה לתובעו, היינו אפי' אם מספיק לה, אלא ס"ל דהבעל אינו יכול לומר בע"כ צאי מעשה ידיך למזונתיך, וכן איתא ברש"י, וכ"כ המרדכי והג"א בשם רש"י, **ומסתמא** כשהוא בכאן ג"כ אינו יכול לומר בע"כ צאי מעשה ידיך למזונותיך, ולא כהר"ן}, **(ועיין** בספר ב"מ שחולק עליו, ומסיים, לכן לע"ד כל זמן שהבעל כאן, ליכא מאן דפליג), ‹דע"כ דברי הרמב"ם והטור מתפרשים, שהבעל אינו יכול לומר כן בע"כ, היכי שרוצים לילך מכאן, אף שעתה מספיקין, אולי יבא זמן שלא יספיק, **א"נ** בשרוצה לפטור מהחיוב לעולם, בזה אין שומעין לו, מטעם שמא יבא הזמן שלא יספיק, **אבל** בזמן שהוא בעיר ומעשה ידיה מספיקן, או שרוצה למלאות החסרון, בודאי יוכל לומר בע"כ – בית מאיר›.

סעיף ה - אם היא אומרת: איני נותנת לך פירות ואיני חפצה שתפדני אם אשבה, אין שומעין לה, כדי שלא תתערב בין הגוים - ‹דמי יפדנה אם לא יפדה הוא, ואע"פ שלטובתה תקנו, אין שומעין לה, ובכגון דא דטבא לה עבדינן לה אפי' בעל כרחה – לבוש›. **הר"ן** כתב עוד טעם, שגם לו יש תועלת בפדיון, כדי שתהא לו אשה לשמשו.

(וכן בירושה וקבורה, אין אחד מהם יכול לומר: איני קובר ואיני יורש, אלא קובר ויורש) - ג"כ הטעם דאין התקנה לטובת אחד מהם, שיאמר אי אפשי בתקנת חכמים, אלא לטובת שניהם נתקנה, ואין אחד יכול למנוע טובת השני.

סעיף ו - התנה הבעל שלא יתחייב באחד מהדברים שהוא חייב בהם, או שהתנית האשה שלא יזכה הבעל באחד מהדברים שהוא זוכה בהם, התנאי קיים - ‹כגון שהתנה עמה על מנת שאין לה שאר וכסות, כיון שהתנה כן בשעת נישואין שעל מנת כן הוא נושאה, תנאו קיים, דקי"ל כל דבר שבממון אפילו בממון שהוא מן התורה תנאו קיים, דממון ניתן למחילה – לבוש›, **חוץ מג' דברים שאין התנאי מועיל בהם, ואלו הם: עונתה** - מפני שמתנה על מה שכתוב בתורה בדבר שאינו של ממון, [משום דהוא צער גוף], {**מיהו** במרדכי פרק השוכר כתב, דאפילו עונה הוי דבר של ממון, משום דאפשר לפייס אותה עם ממון שתמחול לו העונה, וכ"כ במהרי"ק}.

ועיקר כתובתה - אף על גב דרוב הפוסקים הסכימו דכתובה דרבנן, מ"מ חכמים עשו חיזוק לדבריהם, וכל הפוחת משיעור כתובה הוי בעילת זנות, **וכבר** כתבתי בסי' ס"ו, דיש חולקין וס"ל דתנאי מהני, {**והר"ן** כתב דחז"ל עשו חיזוק יותר משל תורה, ובזה מיושב דלא תקשה, דהא שארה וכסותה מדאורייתא והתנאי קיים, אלא מה שהוא תיקון חז"ל עשו חיזוק יותר, **ולפ"ז** להני פוסקים דס"ל שארה וכסותה מדרבנן, כמ"ש לעיל, אז התנאי בטל}, **וירושתה.**

ועונתה – ‹ודוקא בלא קנין, אבל בקנין אין אחר קנין כלום, סמ"ע – בה"ט›. ‹**ועיין** בספר ב"מ שתמה עליו, כי

הסמ"ע לא כתב זה על ענין דהכא, רק על ענין אחר, דבעונה לא שייך קנין, וגרע מקנין דברים, **ובכתובה** ביאת זנות היא, **ובירושה** עיין ח"מ דכתב דאפי' קנו מידו, כמו בירושת אביו. **אך** עיין תשו' רשב"א, דמשמע דאם קנו מידו ליורשיה ליתן להם מה שהכניסה אם תמות בחייו, מועיל אף אחר נישואין, דזה כמחייב עצמו ליתן, ואין זה תלוי בדין ירושה כלל. **אמנם** הרשב"א בזה לשיטתו, דס"ל קנין אתן מועיל, אך לדידן צריך להיות הקנין בלשון חיוב, **אבל** סילוק מירושה ברור דאף בקנין אינו מועיל אחר נישואין}.

סעיף ז - זה שאמרנו שאין תנאי מועיל להסתלק מירושתה, היינו במתנה עמה אחר שנשאה - הטעם, כשם דאם אומר איני רוצה לירש את אבא, דודאי לא אמר כלום, ואפי' קנו מידו, לפי שאין אדם יכול להסתלק ממה שהוא ראוי לירש מעכשיו, **או קודם שאירסה** - אין לה שייכות עמו, ‹וממה יסתלק, וכי שייך ראובן שיאמר על נכסי שמעון אני מסתלק מהם שלא ליורשם - לבוש›, **אבל במתנה עמה בעודה ארוסה, מהני** - שאינו ראוי לירש עדיין, ואגידה ביה קצת, מועיל סילוק. **(וע"ל סימן נ"ב).**

(אמרו רז"ל: אין לך כשרה בנשים אלא אשה שעושה רצון בעלה).

§ סימן ע – דין חיוב מזונות אשתו ואם חייב להשכיר עצמו, ובו י"ב סעיפים §

סעיף א - כיצד חייב במזונותיה, אוכלת ושותה ממה שהוא אוכל ושותה. ואם כל בני משפחתה רגילים בגדולות, צריך להנהיגה כן – [דכתיב והיא בעולת בעל, עולה עמו ואינה יורדת עמו], **ואם אין כולם רגילים בגדולות** - כלומר שאף בני משפחתה אין נוהגים בגדולות אלא העשירים שבהם, אבל מי שיש לו עושר כמו בעלה אינו נוהג בגדולות, **אינו חייב להנהיגה בכך כשאוכלת עמו** - אף שאביה היה עשיר גדול ונוהג בגדולות, מ"מ הלא ידעה שבעלה אינו כך עשיר, וסברה וקבלה להיות עמו כמו שהוא נוהג לפי ערכו, ולא שייך לומר אינה יורדת עמו, דאין זו ירידה, כיון שגם בני משפחתה שיש להם עושר כמו בעלה מתנהגים כמו בעלה, **ולא** מיקרי ירידה אלא אם בעלה אינו מתנהג לפי ממון שיש לו.

(אבל כשאינה אוכלת עמו צריך להנהיגה כדרך שהיתה נוהגת בבית אביה) (טור) - דין זה כתב הטור אליבא דהרמב"ם, דס"ל דיכול הבעל לומר לה: לא תאכל עמי רק בליל שבת, אף שהיא אינה מרוצה לזה, וכמבואר בסעיף שאח"ז, **אבל** לפי דעת הירושלמי, וכמו שהכריע הרב מהרמ"א בהג"ה, דאין ביד הבעל להכריחה שתאכל לבדה, אא"כ קיבלה עליה, א"כ אין צורך לדין זה, **וצ"ל** דהרב הגיה דין זה ע"פ הנוהגין כהרמב"ם.

{**לדעת** רמ"א בסמוך צ"ל דאינה אוכלת עמו, **היינו** דהיא מרוצה, ומ"מ י"ל לא נתרצתי אא"כ שיתן לי כמנהג בית אבי, אפי' אם עשירים כבעלה שבמשפחתה אין נוהגים כן, י"ל לא נתרצתי, וכ"כ ב"ח, **מיהו** בטור כתב, דצריך להנהיגה כדרך שהיתה נוהגת בבית אביה, שהרי ברשותו הוא ליתן לה מזונות והיא תאכל לבדה, **משמע** אם לא היה ברשותו, אלא היא נתרצית לזה, תו אינה יכולה לומר לא נתרצתי אא"כ שיתן לי כמנהג בית אבי}.

סעיף ב - בעל שרצה ליתן לאשתו מזונותיה הראוים לה ותהיה אוכלת ושותה לעצמה, הרשות בידו, ובלבד שיאכל עמה בליל שבת - ‹שהוא ליל העונה וראוי לקרבה ולחבבה›. **(ויש חולקין וס"ל דלא יוכל לומר שהיא תאכל לבדה אא"כ קבלה עליה מרצונה) (טור בשם הירושלמי ובשם הרא"ש ובנ"י בשם רוב הפוסקים), (וכן נראה לי)** - ‹משום דשמעי בה אינשי וזילא בה מילתא, שיאמרו הבריות מה ראתה זו להתרחק משולחן בעלה - לבוש›.

סעיף ג - כמה מזונות פוסקים לאשה - {כאן אינו מחלק אם בני משפחתה רגילים בהם לבין אם אין רגילים בהם, משום דבסעיף א' איירי ביש לו, אז יש לחלק כהנ"ל, **אבל** כאן דאיירי כשהוא עני, אין מחלקים בזה, ומ"מ **חייב ליתן לה לחם ב' סעודות וכו'**}.

מפשט הלשון משמע ומסידור בעל המחבר, דקאי אסעיף שקודם לו, באשה האוכלת לעצמה, אבל אם אוכלת עמו, והוא עני ואין לו שום לפתן רק פת חריבה, היינו דקאמר ברישא, אוכלת ושותה ממה שהוא אוכל

ושותה, {וכן משמע מהרא"ש}, **אבל** מסידור לשון הרמב"ם לא משמע כן, אלא מיירי באוכלת עמו, דאף שהוא אוכל פת חריבה, יכבד אשתו יותר מגופו וצריך ליתן לה ליפתן ושמן ושאר דברים, ע"ש.

לחם שתי סעודות בכל יום – {היינו על כל שבוע ט"ו סעודות, בכל יום ב' סעודות, וביום ו' סעודה אחת, ובשבת ג' סעודות, ובמוצ"ש סעודה אחת, ובשבת נותנים לה בכל סעודה לחם ובשר}.

‹שיעורין דמתני' הוא בא"י ובאותן הזמנים, אבל בשאר זמנים ושאר מקומות הכל לפי הענין, רמב"ם – גר"א›.

ופרפרת לאכול בה הפת – ‹כגון קטנית או ירקות›, **ושמן לאכילה ולהדלקת הנר** – ‹ופירות, לבוש›, **ומעט יין לשתות, אם היה מנהג המקום שישתו הנשים יין** – {היינו כדאוקימתא דשמואל, דאמר אם רגילה ביין הרבה, מ"מ כשהוא אינו עמה נותנים לה מעט יין, ואם היא רגילה בפני בעלה לשתות מעט יין, אין נותנים לה כלל כשהוא אינו עמה}, **אמרינן** בגמ', רגילה לשתות ב' כוסות בפני בעלה, פוסקין לה שלא בפני בעלה כוס אחד, ואם רגילה בפני בעלה בכוס א', אז שלא בפני בעלה אין נותנין לה כל עיקר, כי היין מרגיל לתאוה, {**מיהו** הרי"ף והרא"ש והטור יש להם שיטה אחרת בזה, וס"ל דברגילה נותנים לה אפילו שלא בפני בעלה כל מה שרגילה}.

(ואם היתה מניקה נותנין לה יין) – {בש"ס ס"פ אף על פי איתא, מניקה מוסיפים לה יין, וקאי על מתני' דלא תנא דנותנין לה יין, וצ"ל דמתני' איירי ברגילה בפני בעלה מעט, אז אין נותנים לה יין כלל שלא בפני בעלה, ומ"מ אם היא מניקה לא חיישינן לתאות תשמיש, כיון דצריכה ליין}, **כלומר** נותנין לה מעט יין בכל מקום, שהיין יפה לחלב, אבל יותר מכוס אחד אין נותנין, דהא אמרינן בכתובות, ששני כוסות הם ניוול לאשה. {**ולמ"ש** אין ראיה משם, דשם איירי בשאר אשה, ומניקה שאני דכיון דצריכה ליין אין חוששים לתאות זנות}.

ובשבת שלש סעודות ובשר או דגים; ונותן לה בכל שבת מעה כסף לצורכיה – כלומר לשאר צרכיה הקטנים, כגון לכיבוס ולמרחץ. **ובשביל** מעה כסף זו נותנת לו מותר מעשה ידיה, ויכולה אשה לומר: איני נוטלת מעה כסף ואיני נותנת מותר, **אבל** הבעל לא יכול לומר כן, וכן פסק לקמן סימן פ'.

(ונותנין לה עץ לבשל מאכלה) - ה"ה כלי אכילה, כגון ‹נר ופתילה וחבית וכוס – גר"א› קדירה וקערה ושאר דברים, וכמ"ש המחבר לקמן סימן ע"ג.

בד"א, בעני שבישראל אבל אם היה עשיר, הכל לפי עושרו.

(למלמה והותירה מאלו המזונות, הוא של בעל) -

‹עיין בשו"ת תשובה מאהבה שכתב, דאין זה מוסכם להלכה, דממה שאמרו בס"פ אף ע"פ, מותר מזונות לבעל, אין ראיה, כי שם לא מיירי בצמצמה, אלא שניתותרו ממילא, כגון שהיא בטבעה אינה אוכלת כ"כ כשיעור שקצבו חכמים לסתם נשים, וכמו שפירש"י שם בהדיא, ובזה הדבר פשוט שהוא לבעל, שהרי אין הבעל חייב ליתן לה יותר ממה שצריכה היא, **אבל** בצמצמה וסבלה רעבון ודוחק, יכולה לומר שבשביל עצמה עשתה כן, ולא שיזכה בה בעלה, **וכן** מפורש בתוס' נזיר דף כ"ד: בד"ה שקימצה, דאם צמצמה מפיה ולא אכלה כדי שובע, הוא דידה, אלא דאם יש מותר מחמת שהוזלו המזונות, הוא לבעל, וכן מפורש בר"ן נדרים ע"ש. **ולכן** פסק הלכה למעשה, שאין להוציא מיד האשה, והסכים עמו רבו הגאון בעל נו"ב ז"ל, **וכתב** דלא משום דהאשה יכולה לומר קים לי אתינן עלה, דא"כ באם גם עתה היא רוצה מזונות, הרי הבעל מוחזק, ויכול לומר להיפך: קים לי וצאי והתפרנסי ממותר המעות שבידך, אלא דבאמת דין זה ברור ולית ביה ספיקא כלל, ע"ש באריכות, וכ"כ בספרו דגול מרבבה בסי' זה, **ועיין** עוד מזה בס' בית מאיר, וגם בענין אם יהיה מה שזכתה נכסי מלוג או שלה לגמרי, ע"ש›.

ואם היה עני ביותר ואינו יכול ליתן לה אפילו לחם שהיא צריכה, כופין אותו להוציא - משמע אבל אם יכול ליתן לה לחם, אף שאין יכול ליתן לה ליפתן ושמן ושאר דברים, מ"מ אין כופין להוציא בשבילם, **הגה: ותהא כתובתה עליו חוב עד שימלא ויתן (טור בשם הרמב"ם).**

‹**זהו** לשון רמב"ם, ופשט הלשון משמע שהוא עני וגם א"י להשתכר, כגון שהוא חולה או אנוס, ואפ"ה כופין להוציא, **אך** בשו"ע לקמן סי' קנ"ד ס"ג איתא, שאין לו במה לפרנס ואינו רוצה להשתכר כו', והוא לשון הר"ן בשם הרשב"א, ולשון זה משמע שאפשר לו להשתכר אלא שאינו

רוצה, בזה הוא דכופין, אבל בלא אפשר לו להשתכר שהוא אנוס, אין כופין, **והיינו** כדעת הי"א שהביא הרמ"א כאן, ומש"ה לא הגיה הרמ"א שם כלום, **וכן** מבואר בס' בית מאיר בסי' קנ"ד שם, ומסיים דקצת קשה על השו"ע, דבסי' ע' סתם כרמב"ם, וכאן בסי' קנ"ד כלשון הרשב"א, ע"ש. **ועיין** בתשו' חתם סופר, שכתב גם כן דבאופן דנקט בשו"ע סי' קנ"ד ס"ג, שאינו רוצה להשתכר, גם הי"א דכאן מודים שכופין להוציא, דטעם הי"א הוא דלא גרע משאר בע"ח, שאפי' המלוה מת ברעב, אם אין לו להלוה, פטור, **אך** כשיכול להשכיר עצמו ולהרויח ואינו רוצה, וקשה לכופו שיעשה מלאכה וירויח והוא אינו רוצה, והוי חיי נפש והוא פושע, ולכן כופין לכ"ע, ומש"ה בסי' קנ"ד ס"ג לא הגיה הרמ"א כלום. **וכתב** עוד, דמ"ש הרמב"ם והשו"ע ואינו יכול ליתן לה כו', היינו אפי' יש לה משלה ותוכל לחיות בממון עצמה, מכל מקום כיון שאין לו ליתן התחייבות שלו, ה"ל גבי דידה חיי נפש כו', ע"ש).

וי"א שאין כופין אותו להוציא, מאחר שאין לו (רי"ו בשם ר"ת).

(**כתב** בספר בית מאיר וז"ל, לולא שאיני כדאי להכריע היה נלע"ד כדעת השו"ע, שטעם הי"א הוא שמדמו לבע"ח הטוען אין לי לשלם, **ולע"ד** לא דמי, דשאני הכא דאגידא ביה, וכשיגרשנה תנשא לאחר שיזונה, וזה בידו, והוי כבידו לשלם, **ותו** דזה דמי לסימן קנ"ד ס"ז, שמחויב לגרש אף שנמי אינו יכול, ובפרט להרמב"ם שמזונות דאורייתא כעונה, עכ"ל, **ומשמע** דרצונו להכריע כהרמב"ם, דכופין להוציא אף באינו יכול להשתכר והוא אנוס. **ועיין** בתשו' ח"ס שהזכיר דברי הב"מ הנ"ל, שמכריע להלכה כהרמב"ם והמחבר, גם הביא שכ"כ בס' ישועות יעקב. והוא ז"ל כתב בזה, דמ"ש הב"מ מסברא דנפשיה לחלק בין בע"ח לכאן, כבר קדמו הכסף משנה שם. **אלא** דמ"מ י"ל דטעם הי"א הוא, דהא בלוה קי"ל דאין גופו משועבד לו כלל, כמבואר בח"מ סי' צ"ז סעיף ט"ו, ואשתו כגופו והוא צריך לה כו', ואפילו כלים שעושים בהם או"נ אין ממשכנים כו', **איברא** יש לחלק, בשלמא הלואה דעלמא מלתא אחריתי היא ולהוצאה ניתנה ולא נשתעבד גופו לזה אלא נכסיו, אבל הכא, חוב המזונות היינו האשה בעצמה, כיון דנישאת לו אדעתא דמזונות, ואם אין מזונות אין אישות ונשואין, שפיר כופין להחזיר האשה על מקומה הראשון, דהיינו שיגרשנה ולא תהא אגידא ביה, **הגע** עצמך, אדם שהשאיל לחבירו רחיים ורכב ועושה בהן חיי נפשו, ולא שזקפן עליו במלוה, אלא השאיל לו, ועבר זמן השאלה, וכי נאמר לא נכוף אותו להחזיר מפני שעושה בהן חיי נפש כו', {**לע"ד** גם זה נכלל בלשון הכ"מ שם, שכ' וז"ל, ויש לתמוה כו' ומאחר שא' מתנאי הנישואין הם המזונות, אם אין לו במה לזון יוציא, עכ"ל, ע"ש}, **מיהו** י"ל דזהו דוקא להרמב"ם דס"ל מזונות דאורייתא, אך להפוסקים דס"ל מזונות דרבנן, אין הנישואין ומזונות תליא זה בזה כל כך כו', **והאריך** קצת ומסיים לדינא, דמי שיש לו ואינו רוצה לזונה, אין כופין להוציא רק לזון, **ומי** שאין לו ואינו רוצה להרויח, כופין בשוטים להוציא, **ומי** שאינו יכול להרויח שהוא חולה ואינו פושע, תליא, למ"ד מזונות דאורייתא, כופין בשוטים, ולמ"ד לאו דאורייתא, אין לכוף בשוטים, ואמנם במילי כופין. **ובזה** מיושבת סתירת המחבר שעמד הב"מ הנזכר בס"ק הקודם, דבסימן ע' מיירי מכפייה בעלמא, ע"כ סתם כרמב"ם, **ובסי'** קנ"ד מיירי מכפייה בשוטים, דומיא דאינך התם, ע"כ כתב כל' הרשב"א, עכ"ד. **וע"ש** עוד שכ', דאם עברו וכפוהו על הגט, כיון דע"י ישראל אפילו שלא כדין כשר מה"ת להרמב"ם, א"כ הכא באינו יכול להרויח מפני חולי, דלרמב"ם אפי' לכתחילה כופין, וא"כ לשאר הפוסקים נמי אם עברו וכפוהו אפשר דאפי' מדרבנן כשר כו', ע"ש).

מי שאין לו מזונות אלא חד יומא, חייב לזון מיניה את אשתו או למיכל בהדה

- כלומר ולא אמרינן דישאיר לעצמו מזון ל' יום, כמו גבי ב"ח.

וי"א עוד דחייב להשכיר עצמו כפועל ולזון אשתו

– [זה דעת רבינו אליה, דמספר כתובה נלמד, שכתוב בה: ואנא אפלח ואיזון כו', ור"ת חולק, ד"אפלח" היינו עבודות שדרך לעשות, כגון לעבוד ולחרוש, וכתב בתשו' מיימוני, כתב מהר"ם דכל רבותינו שבצרפת נוהגין לפסוק כרבינו אליה]. ‹אבל דעת רוב הפוסקים כר"ת - גר"א›.

נראה דמאחר דמספר כתובה נלמד, שכ' ואנא אפלח ואוקיר, א"כ אף שיש לו ליתן לה מזונות בצמצום, חייב להשכיר עצמו ליתן לה מזונות לפי כבודה, דהא כתב אנא אפלח ואוקיר.

(**ועיין** בתשו' ח"ס אודות רב א' שנסע לא"י והניח אשתו ערטילאית וביתו ריקם, ועתה ציוה בכתבו לתת לה החומש מהמקובץ לשלוח לו לשם, והדבר ידוע שאינו

מספיק לה בצוק העתים, ודעת הגאון השואל לעכב כל המעות המקובץ ע"י הגזבר הידוע וליתנו לה, **והוא** ז"ל השיב שהדבר קשה מאד, הואיל ומתחילה לא ניתן אלא לפרנסתו להוציאו בא"י, לא נוכל לשנות מדעת בעלים, ואפילו הוא בעצמו אילו היה רוצה לאכלו בחו"ל הו"ל גזלן ומשנה מדעת הבעלים כו', **ושוב** כתב, דמ"מ הדין עם הגאון השואל, כיון דזה ברור לנו שלא לכפותה לעלות לשם לא"י, מטעם שכ' בפסקי מהרא"י ומטעם שכ' במעיל צדקה כו', {יובא לקמן סי' ע"ה ס"ק ו'}, וכיון שע"כ חייב לזונה, ורע ומר המעשה הזה לעלות לשם ולא לצאת י"ח פרנסת אשתו, א"כ מהראוי לכופו עכ"פ בכל מיני כפיות, דלאו כל כמיניה לעלות לא"י ולהרעיב אשתו, **וא"כ** לא מבעיא אותו החומש שציוה ליתן, שנוכל ליתנו לה ולא מקרי משנה מדעת הנותנים, כיון דכל מגמת כוונת הנותנים להחזיקו שם בארץ הקדושה, ואם לא תהיה מזונות אשתו קבוע בכאן, הרי נכתוב עליו תמרורים ויהיה מוכרח לעקור משם ולשוב לחו"ל כו', **אלא אפי'** אם נראה שאין זה מספיק לכדי פרנסתה, נוכל להוציא מיד הגזבר ליתן לה כראוי כו', **ומ"מ** טוב להתרות בו בתחלה, ובין כך תסתפק בהחומש אשר הרשה ליתן לה, ומותר המעות יהיה מונח ביד הגזבר עד בוא תשובת הרב משם, ע"ש).

היה לו קרקעות, הרשות ביד האשה ליקח מזונותיה מפירות הקרקעות או מגוף הקרקעות, או צריך למוכרן (רשב"א) - אין הלשון מדוקדק, דאין הברירה ביד האשה, וזה לשון הרשב"א, אם יספיקו הפירות לשניהם, תזון אשתו עמו מן הפירות, ואם לא יספיקו, צריכין ב"ד לכוף הבעל למכור למזון, או יגבו לה ב"ד מזונות מאותן קרקעות, אף על פי שאין מספיקין לכדי כתובה.

סעיף ד - הנושא אשה ואח"כ נשתטית, חייב לזונה ולרפואתה - ואינו פטור אלא במגרש, וזו שנשתטית אינו רשאי לגרשה, ואעפ"י שאינה בת מלאכה חייב לזונה. **(ע"ל סי' קי"ט סעיף ו' שכתב להיפך)** - אין כאן סתירה, דלקמן דכתב שאינו חייב לרפואתה, היינו ברוצה ליתן לה כתובה, וכמ"ש המ"מ, **וכאן** מיירי באין רוצה ליתן לה כתובה, ועיין לקמן סי' ע"ט. (**ועיין** בהגהות יד אפרים שכתב ע"ז, דמלשון תשו' הרשב"א שהביא בב"י מבואר, דאף באומר הרי גיטה וכתובתה, לא מהני, כיון שאינו יכול לגרשה).

{**שם** כתבתי דאיירי כאן בשוטה דאינה יכולה לשמור את גיטה, אז אינו יכול לגרש אותה מדאורייתא, **וז"ל** שם: כללא הוא, אם אינה יכולה לשמור את גיטה, אז מדאורייתא אינה מגורשת, דכתיב ונתן בידה, ואז לכו"ע חייב בכל חיוב ממון, **ואם** יכולה לשמור את גיטה ואינה יכולה לשמור את עצמה, אז מדאורייתא מגורשת, אלא חז"ל תקנו שאל יגרש אותה כדי שאל ינהגו בה מנהג הפקר, ובזו ס"ל להרמב"ם, דעל ממון לא תקנו חז"ל, כיון שהוא מוכן לסלק את שלה, אלא הוא אנוס בתקנת חז"ל, משו"ה הוא פטור מכל חיוב ממון}.

[**נראה** לתרץ קושית רמ"א בזה, דבסי' קי"ט אזיל לדעתו, דיכול לגרשה בעל כרחה, ממילא יכול לומר אניח כתובתה ביד בי"ד, ומשלם מזה שכר הרופא, **משא"כ** כאן דמיירי בענין שאין מגרשין בע"כ].

(**ועיין** בתשו' חוט השני שכתב על נדון דידיה וז"ל, ואין לפטור אותו מטעם שנשתטית, שכתב הרמב"ם פ"י מה"ג שאין חייב לה בשאר כסות ועונה, **דכבר** נפסקה ההלכה מפי גדול האחרונים כהראב"ד שהשיג עליו, וכן דעת הרשב"א בתשו' שחייב לה בכל. **ועוד** אפשר שבזה גם הר"מ מודה, כי שגעון כזה הבא מחמת חולי, ועודנה בחוליה, מוחזקים הם להתרפאות, ואין אחד מני אלף אשר לא יוכל להרפא, **והר"מ** לא פליג אלא היכא שהיא בריאה ומשתגעת, שהשגעון ההוא ברוב פעמים הוא נצחי, ואינו מוחזק להתרפאות, עכ"ל).

אבל היתה שוטה בשעת נשואין, לא תקנו לה נישואין לשוטה, {**ואם** היא שוטה בשעת הנישואין וכתב לה כתובה, נראה דחייב לה כל תנאי כתובה, **ועיין סי' ס"ז**}. (**ובספר** בית מאיר כתב עליו, איני יודע מהיכן נראה לו כן, שיתחייב במה שלא כתב לה כו', ע"ש).

§ סימן עא – שחייב לזון בניו ובנותיו כשהם קטנים, ובו ד' סעיפים §

סעיף א - חייב אדם לזון בניו ובנותיו עד שיהיו בני שש - ‹אף על פי שלא מצינו בתורה שחייבה את האדם לפרנס את בניו ובנותיו אפילו כשהם קטנים, חכמים חייבוהו לפרנס אותם עד שיהיו בני שש – לבוש›. {**אפי'** אינו אמוד, וכ"כ בט"ז}.

‹**האם** אינה חייבת במזונות בניה הקטנים, מהרי"ו – בה"ט›.

אפילו יש להם נכסים שנפלו להם מבית אבי אמם – [בטור כתב: כיון דתקנת חכמים היא זכו מזונותיהם כו׳, וקשה מאי ראיה היא זו, דלמא תקנת חכמים היתה כך דוקא באין להם להתפרנס, וי״ל דתקנת חכמים באשתו היא פשיטא אפילו ביש להם להתפרנס, דבשטר כתובה כתוב סתם ואנא אפלח ואיזון וכו׳ בלא תנאי, אם כן בפרנסת הבנים ג״כ כן הוא, דחד תקנה להם, **ופשוט** דגם מלבושין הווין בכלל].

ויורדין לנכסיו אם אין רוצה לזון אותם ברצונו, **ולא** נתבאר אם די שנותן להם מזונות כל דהו, או שצריך לזון אותם כשם שהוא זן את אשתו והם עולים עמה, **ועיין** בר״ן שכתב, שמדין מזונות אמן נגעו בהם, היה משמע קצת שצריך לזון אותם במזונות שנותן לאמם, **אבל** להרא״ש בדין הבא על הפנויה ס״ס זה, שאע״פ שאינו חייב במזונות שלה, חייב הוא במזונות בנו הנולד ממנה, משמע קצת שאין הבן נגרר אחר אמו, {וחייב לזון אותם אפי׳ אם אמם מתה, ולא כר״}, **ועיין** בסי׳ ע״ג ס״ו גבי כסות, {**דאין זנין אותם לפי עשרו**}, ה״ה מזונות.

ועיין בתשו׳ הרב מהר״ם מלובלין דאם חיוב זה נוהג ג״כ לאחר מיתה, טוענין הקטנים, שקודם חלוקה יתנו להם מזונות עד שש, ואחר כך יחלוקו הנכסים בשוה. {**ואם** האב מת והניח בנים קטנים וגדולים, חולקים בשוה, וא״צ לפרוע להם מזונות עד שיהיו בני שש, כי חיוב זה לזון אותם עד שיהיו בני שש אינו מוטל אלא על אביהן כל ימי חייו, ולא אחר מותו, ועיין תשו׳ מהר״מ מלובלין}.

‹**ומהרי״ו** בלקוטיו כתב, היכא דאין לו לתינוק, חייבין היורשים לזונו – בה״ט›.

(**עיין** בתשו׳ חוט השני שכ׳, דבני בנים אינם כבנים לענין זה, וכ״ש בני בנות, רק מדין צדקה מחוייב ליתן להם, **ואם** יש כאן אבי האם ואחי האב, החיוב מוטל יותר על אחי האב, שענין המזונות תולים יותר בירושה, וראיה מדאמרינן פ׳ החולץ, וליתבעיניה ליורשים, ולא קאמר לקרובים, ע״ש).

ומשם ואילך, זן כתקנת חכמים - ‹צ״ע - גר״א›, ‹עד שש חכמים חייבוהו, ומשש ואילך מצוה מתקנת חכמים – לבוש›. **עד שיגדלו** – {היינו כשאין להם ממון, אבל אם יש להם ממון אין שום חיוב עליו, וכ״כ ב״ח}.

ואם לא רצה, גוערין בו ומכלימין אותו ופוצרין בו. ואם לא רצה - ‹אם אינו רוצה אין כופין אותו, אלא מפצירין בו בדברים, אם אינו מתרצה בדברים, מכלימין אותו ומכריזין וכו׳›. **מכריזין עליו בצבור ואומרים: פלוני אכזרי הוא ואינו רוצה לזון בניו, והרי הוא פחות מעוף טמא שהוא זן אפרוחיו; ואין כופין אותו לזונן** - ‹בכפיות ועונשין - לבוש›.

במה דברים אמורים, בשאינו אמוד, אבל אם היה אמוד שיש לו ממון הראוי ליתן צדקה המספקת להם, מוציאין ממנו בעל כרחו, משום צדקה, וזנין אותם עד שיגדלו - {בדרישה הקשה, למה כתב דחייב ליתן להם עד שיגדלו, הא אפי׳ אחר שיגדלו חייב לזון אותם בתורת צדקה, לא יהא אלא קרוב אחר, וכמ״ש ביו״ד סי׳ רנ״א, **ותירץ** עד שיגדלו מסתמא חייב לזון אותם, כי עד שיגדלו מסתמא אין בידם לפרנס את עצמן, אבל אחר שיגדלו אפשר שיפרנסו את עצמן ממעשה ידיהם, **וב״ח** בק״א הביא דברי דרישה והקשה עליו, ולא דק, וע״ש, **ובר״ו** משמע דאחר שיגדלו חייב לזון אותם בתורת צדקה כשאר קרוביו, אבל עד שיגדלו יש להם יתרון יותר משאר קרוביו. **ועיין** ביו״ד שם מבואר דיורדים לנכסיו לגבות, והיינו בפניו דוקא, כן ה״נ דוקא בפניו יורדים לנכסיו, **ולגבות** ממנו הצדקה שלא בפניו יתבאר בסמוך}.

הגה: ודוקא לענין מזונות הבנות, אבל לא כופין להשיא בנותיו – [אבל מצוה עכ״פ יש, כמ״ש בסי׳ א׳, דבגמ׳ איתא: המשיא בניו סמוך לפירקן עליו הכתוב אומר: וידעת כי שלום אהלך], **ואף על פי שמצוה ליתן לבתו נדוניא ראויה, מכל מקום לא כייפינן ליה, אלא מה שירצה יתן, רק שישיאן** - הל׳ מגומגם, והכוונה דאין כופין על פרנסה כמו שכופין על צדקה, אבל כופין שיתן לה בעל, ואם ימצא מי שיקח אותה ערומה, הרשות בידו, **ואם** לא ימצא מי שיקח אותה בחנם, יתן לה פרנסה בצמצום כדי שיקח אותה מי שיהיה, {**אבל** אין כופין אותו כמה נדוניא שיתן להן, דאין חיוב עליו רק להשיאן, ועישור נכסים לא תקנו חז״ל כשהוא חי, **אבל** מצוה היא ליתן נדן הראוי כדי לזווגה להגון לה. {**ובתשו׳** רש״ך כתב, דכופין לסייע לנדן קרוביו}.

§ סימן עג - שחייב בכסות ומדור וכלי בית לאשתו §

סעיף א - כסותה כיצד, חייב ליתן לה בגדים הראויים לה בימות הגשמים ובימות החמה, בפחות שלובשת כל אשה בעלת בית שבאותה המדינה - במשנה תנן אינו נותן לה חדשים בימות החמה ושחקים בימות הגשמים, ופרש"י, חדשים קשים לה בימות החמה, לפי שהן חמין, ויפין לה בימות הגשמים, ע"כ הקדים בימות הגשמים לימות החמה, לומר שיקנה לה תמיד בגד חדש בתחילת ימות הגשמים.

ובטור מסיים, והשחקים שהן מותר הבלאות, הן שלה להתכסות בימי נדותה, והיא גמרא ערוכה, מותר בלאות לאשה, ולא ידעתי למה הושמט כאן.

ואם באותו מקום אין דרך לצאת אשה לשוק עד שיהיה עליה רדיד החופה את כל גופה, נותן לה רדיד הפחות שבכל הרדידין. (ואשה לא תרגיל עצמה לצאת הרבה, שאין יופי לאשה אלא לישב בזוית ביתה) - ואפ"ה נותן לה רדיד, דהא צריכה לילך לבית האבל ולבית המשתה, «לגמול חסד עם רעותיה וקרובותיה, כדי שיבואו גם הם לה, וכן יוצאת לפעמים לבית אביה לבקרו, שאין בנות ישראל כשבויות לישב כמו בבית הסהר שלא תצא ולא תבא כלל, אלא שגנאי הוא לאשה שתהא יוצאה תמיד לחוץ, פעם בחוץ פעם ברחובות, ויש לבעל למנוע לאשתו מזה, ואסמכוה אקרא דכ': וכבשה, מלמד שהאיש כובש את האשה שלא תהא יצאנית, אלא כמו פעם א' או פעמים בחדש כפי הצורך - לבוש».

ובכלל הכסות, שהוא חייב ליתן לה כלי בית ומדור שיושבת בו. ומה הם כלי בית, מטה מוצעת - {אע"ג דלענין סידור ב"ח אין נותנין לה מטה, מ"מ כאן נותנין לה, משום דהאשה ניתנה לו לחיים ולא לצער}, **ומפץ (פי' כעין מחצלת) או מחצלת לישב עליה, וכלי אכילה ושתיה כגון קדרה וקערה וחבית ופך ונר וכוס ובקבוק וכיוצא בהן.**

סעיף ב - המדור ששוכר לה, בית של ארבע אמות על ארבע אמות, ותהיה רחבה חוצה לו, ויהיה לו בית הכסא חוץ ממנו - «דבלא זה אינו נקרא דירה - לבוש».

סעיף ג - ומחייבין אותו ליתן לה תכשיטיה, כגון בגדי צבעונין להקיף על ראשה ופדחתה, ופוך (פי' כחול שחור), ושרק (פי' למר גפנים שצובעים אותו בחריע ומעבירין אותו על פני כלות שתתראנה אדומות, ערוך), וכיוצא בהן - «כדי שלא תתגנה עליו - לבוש».

סעיף ד - בד"א, בעני שבישראל. אבל בעשיר, כל דברים הללו נותן לה לפי עשרו - לשון הרמב"ם, ואפי' היה ראוי לקנות לה כלי משי ורקמה וכלי זהב, כופין אותו ונותן, וכלומר אע"פ שהיה אביה עני, מ"מ עולה עמו, וחייב ליתן לה לפי עשרו.

סעיף ה - אם קצרה ידו ליתן לה אפילו כעני שבישראל, כופין אותו להוציא, (ותהיה הכתובה חוב עליו עד שיעשיר) (טור, וע"ל סימן ע' סעיף ג') - כלומר דלעיל כתב שר"ת חולק, וס"ל דאין כופין להוציא כשאין לו גבי מזונות, וה"ה כאן גבי כסות.

סעיף ו - בניו ובנותיו עד בני שש, חייב ליתן להם כסות וכלי תשמיש ומדור - נראה דה"ה ביותר משש, אם לא רצה לכסות גוערין בו ומכריזין עליו, דכסות ומזונות דין אחד להם, דשניהם צרכי הגוף הם, **וכן** אם הוא אמוד, כופין אותו על הכסות כמו שכופין על המזון.

ואינו נותן להם כפי עושרו, אלא כפי צורכן בלבד - דדוקא גבי אשתו דרשינן מקרא דעולה עמו, וחייב לכבדה יותר מגופו, אבל בניו אם נותן להם כדי צרכן ההכרחי, יוצא בזה.

סעיף ז - כל מי שיש לו עליו מזונות, בין בחייו בין אחר מותו, יש לו כסות וכלי בית ומדור; וכל שבית דין מוכרים למזונותיו, מוכרים לכסות וכלי ביתו ומדורו.

סעיף ח - דין הבעל עם אשתו בטענת הכסות והכלים ושכר המדור, כדינם בטענת המזונות; אם אמר הוא: נתתי, והיא אומרת: לא נתן.

סעיף ט - מי שמשכן כסות אשתו, אינה יכולה להוציא מידו בלא כלום. (וע"ל ס"נ)

- {כתב הרשב"א, חדא, מאן לימא לן דלא נתנה לו רשות למשכן, ועוד דאיכא כאן תקנת השוק, **ונ"מ** מהני טעמים, **אם כבר לוה ואח"כ נתן בגדים למשכון**}, אם המלוה מודה שלא ברשות אשתו עשה, צריך להחזיר לה כדין גנב ופרע בחובו, {**דאז לא שייך תקנות השוק**, כמ"ש בחו"מ סי' שנ"ו}. (**ועיין** בספר ב"מ שהאריך בזה, ומסיק וז"ל, היוצא לנו מזה לענ"ד, בבגדים שהכניסה, וכן בבגדי חול שעשה, אין לדיין אלא מה שעיניו רואות, אם יש לומר גבי בעלה אחזוקי אינשי בגנבי כו', ואז אפשר דשייך נמי תקנת השוק, **אבל** לפעמים הוא אדם שהמסתמא להיפך, וגם ממש דומה לגנב מפורסם, דלא שייך גביה תקנת השוק. **וכ"ז** אם מכר או השכין לצורך פרנסה, אבל אם עשה כדי להוציא בקוביא, לענ"ד כו"ע מודו בזה אפי' בבגדי שבת, שע"ד כן גמר והקנה לה שלא יהא לו רשות בזה, וטעם אחזוקי בגנבי נמי לא שייך באדם כזה. **ואם** נודע רק אח"כ שבעל כרחה לקחו ממנה ואבד המעות בקוביא וכה"ג, אין האשה יכולה להוציאו מיד המלוה בולא כלום, משום תקנת השוק, דברוב הוא ממשכנו ברצונה, ומאן לימא למלוה בכל פעם אם הוא ברצונה או שלא ברצונה – לבוש. **וטעם** תקנת השוק הוא לפי ראות עיני הדיין, ואם יראה לדיין שידע המלוה שנעשה בלי ידיעתה, יוכל להוציאם בלא כלום, עכ"ל).

§ סימן עו – חיוב עונה §

סעיף א- עונתה כיצד, כל איש חייב בעונה - ‹ואע"ג דהעראה הוי כביאה לכל דבר, למצות קיום עונה לא מקרי ביאה, הרדב"ז – בה"ט›, **כפי כחו וכפי מלאכתו; הטיילים, עונתם בכל לילה** - הטור מפרש, אדם בטל שאין לו מלאכה, והוא בריא ומעונג, ואין פורע מס ואינו הולך בדרך, **איש** כזה אין עליו עול תורה, שהוא אדם בטל ואינו מנדד שינה מעיניו, **וגם** אין עליו עול מלכות, דלא חליף פריסתקא דמלכא אבביה, **והוא** ברי ומעונג, והיינו מפנקי דמערבא, איש כזה שאינו בעל מלאכה יש לו כח לקיים עונה בכל לילה, **והרמב"ם** לא כתב תנאי זה, שאינו פורע מס, שהוא מפרש לא חליף פריסתקא דמלכא, שאינו צריך לילך בשליחות ובאנגריא של מלך, וע"כ כתב ויושבין בבתיהם.

{**וכל זה איירי כשאינו ת"ח, אבל ת"ח אף שאין מוטל עליו שום מלאכה, והוא בריא ואינו נותן מס, מ"מ התורה מתישה כוחו, ומ"ש בש"ס כגון רב שמואל בר שילת, לדוגמא נקיט, כגון ר"ש ולא ר"ש**}. (**ועיין** בספר ישועות יעקב שחולק עליו, ‹וז"ל: כגון רב שמואל דהוא מלמד תינוקות, והיה לומד רק עם התינוקות, והם אינם לומדין בלילה, גם עפ"י הדין קי"ל דמלמד תינוקות אינו רשאי להיות נעור בלילה›).

סעיף ב- הפועלים, אם היתה מלאכתם בעיר, פעמים בשבת - ומ"מ יש להם רשות לצאת שלא ברשות שבת אחת, **ואם היתה מלאכתם בעיר אחרת, פעם אחת בשבת** - {ויש לו רשות לשנות מנהגו, שאם היה רגיל לעשות מלאכתו בביתו והיתה עונתו ב' פעמים בשבוע, רשאי לעשות מלאכה חוץ לעיר ותהיה עונתו פעם אחת בשבוע}.

(וי"א דאם אינן לנין כל לילה בביתם, עונתן לח' ימים) – ‹דג' מדות בפועלים, דהעושין מלאכה בעירן ב' בשבת, **העושין** מלאכה בעיר אחרת וחוזרין בכל יום לביתם, א' בשבת, לפי שיש להם טורח הדרך, **אבל** אותם שאין חוזרין לביתם, בין היה מנהגם בין לא היה, הן כל ז' בחוץ וחוזרין ביום השמיני – ב"י›.

{**ולהר"ן יש חילוק אחר, היינו אם מנהגו לעשות בקביעות במקום אחר, אז עונה שלו אחד לז' ימים, ואם** אין מנהגו לעשות בקביעות, אז עונה שלו אחד לח' ימים}. ‹וז"ל: שג' מדות בפועלים, שהעושין מלאכתן בעירן, שתים בשבת, **ואם** צריכין לצאת חוץ לעירם, אחת לח', **ואם** מנהגם קבוע לעשות בעיר אחרת, עונה הקבועה שלהם א' בשבת›.

החמרים, פעם א' בשבת. הגמלים, א' לשלשים יום. המלחים, א' לששה חדשים. ת"ח, עונתם פעם א' בשבת. ודרך ת"ח לשמש מטתן מלילי שבת ללילי שבת – ‹משום עונג שבת – לבוש›. ‹**וסימן**: ושמרו בני ישראל את השבת, ר"ת ביאה – בה"ט›.

{בית שמואל} [ט"ז] ‹רעק"א או ש"א או הוספת הסבר› (פת"ש)

כתב הר"ן, תימה, עונת ת"ח למה לא הוזכרה במשנה, (פי' בין שאר המנויין במשנה בכתובות, רק בגמר' פריך עונת ת"ח אימת), **ונ"ל** שאין לת"ח עונה קבועה, והעונה משתנה להם כפי מה שהם צריכין לנדד שינה מעיניהם בענין לימודם ולטרוח בו, **והא** דאמרו בגמר' שם שעונתם פעם אחת בשבת, היינו כשאין מתחדש להם בלימודם דבר, **ולפי** שזה דבר שאינו מצוי שלא יתחדש להם בלימודם דבר, ע"כ לא נישנית עונתן במשנה, עכ"ל.

(**ועיין** בתשו' מעיל צדקה שכתב, שכל מי שהוא לומד בתמידות, הן אם הוא מהמורים בעם או מן התלמידים, רשאי שלא לקיים עונתו כי אם פעם א' בשבת, **ואף** שאין לנו דין ת"ח בזה"ז בכמה דברים, מ"מ בזה לדעתי רשאי כל אדם לעשות עצמו ת"ח, **ואף** שהובא במג"א בשם ספר הקנה, שאין כל אדם רשאי לעשות עצמו ת"ח, היינו כשהוא באמת פועל או טייל ואינו עוסק בתורה, **אבל** לעוסקי תורה שמתשת כחם, אין חילוק בין ת"ח שבימיהם לאותם שבזמנינו, ואדרבה היא מתשת כחינו יותר לפי חסרון הבנתינו, וגם בסמ"ק איתא בהדיא, ויעשה כל אדם עצמו כת"ח כו', **אך** משום פריצת הדור וקנאת ירך חברתה, אני מורגל לומר לכל הסביבים אלי לקיים עונת פועלים שתים בשבת כו', עכ"ל ע"ש).

סעיף ג - בד"א - (קאי ע"כ העונות המבוארים בסעיף הקודם), **במי שגופו בריא ויכול לקיים העונה הקצובה לו, אבל מי שאינו בריא, אינו חייב אלא לפי מה שאומדין אותו שיכול לקיים.**

סעיף ד - כל אדם חייב לפקוד את אשתו בליל טבילתה - ועיין באו"ח סי' תקע"ד, דאפי' בשני רעבון וה"ה בשאר צרות, דאסור לשמש, אפ"ה ליל טבילה מצוה, **ובשעה שהוא יוצא לדרך** - עיין ביו"ד סי' קפ"ד סעי' י'. (**מפני** שבאלו הזמנים היא משתוקקת אליו ביותר - לבוש).

סעיף ה - יש לאשה לעכב על בעלה שלא יצא לסחורה אלא למקום קרוב, שלא ימנע מעונתה; ולא יצא אלא ברשותה - כבר כתבתי ס"ב, דהפועלים יוצאים שלא ברשות שבת אחת, כדאיתא במשנה שם, **(ואפי' אם נותנת לו רשות, אין לו להתאחר, אלא חדש בחוץ וחדש בביתו)** - כלומר אעפ"י שברשותה כמה דבעי יכול להתעכב, דהאשה יכולה למחול על עונתה, (**וכבר קיים מצות פו"ר**), מ"מ אורחא דמלתא שאין לו להתאחר, שאעפ"י שנותנת רשות (ע"י פיוס או ע"י שמתביישת למונעו - לבוש), לבה מצטער.

(**אבל אם לא קיים פו"ר, אסור להתאחר, אלא חייב לקיים עונתו, כמ"ש בסמוך**), (מחבר ס"ו).

(**וכל זה איירי כשנותנת לו רשות מחמת פיוס, אבל אם בלא פיוס נתנה לו רשות, מותר להתאחר יותר**, דמהיכא תיתי לומר דהיא מצטערת בלבה מאחר דנתנה לו רשות בלי פיוס. (**ודבריו** אינם מוכרחים וצ"ע לדינא - בה"ט).

וכן יש לה למונעו לצאת ממלאכה שעונתה קרובה למלאכה שעונתה רחוקה, כגון חמר שבקש להעשות גמל, או גמל להעשות מלח - (אע"פ שיש בה ריוח יותר - לבוש). **לשון** רש"י, נישאת לו כשהוא חמר מהו ליעשות גמל שלא ברשות, **משמע** שאם בשעת נשואין לא היתה לו אומנות מיוחדת, יכול אח"כ לשנות ממלאכה למלאכה בלא רשותה, מאחר שבשעת נשואין לא היתה לו אומנות מיוחדת. (**מיהו טייל דאין לו שום מלאכה, י"ל דאינו רשאי להיות חמר או גמל בלי רשותה**).

(**עיין** בספר יערות דבש שכתב, בהא דאיתא בברכות כ"ז, אמר להו איזל ואימלך באינשי ביתי כו', שהדבר תמוה, איך שייך שראב"ע שבק עצת כל חכמי ישראל שרצו למנות אותו, וילך אחר עצת אשתו, **אך** הענין הוא, דהנה עונת ת"ח מליל שבת לשבת, ובמס' אבות דר"נ מבואר דעונת נשיא הוא מחודש לחודש מפני ביטול בהמ"ד, ואנן קיי"ל חמר ונעשה גמל צריך לימלך באשתו כו', ע"ש, **ובספר** כרם שלמה כתב עליו שדבריו דברי פי חכם חן, אבל בקשתי באבות דר"נ ולא מצאתי ולא בשום מקום אשר חפשתי).

ות"ח יוצאים לתלמוד תורה שלא ברשות נשותיהם ב' וג' שנים - בב"ח נסתפק, אי שלש שנים דוקא ולא יותר, או נימא דלאו דוקא, דה"ה טפי, **ודעת** מהרש"ל, דדוקא שלש שנים, ושתי שנים דנקט לאורחא דמלתא, ולכל היותר שלש שנים.

וכן טייל שנעשה ת"ח, אין אשתו יכולה לעכב - (בטור מסיים וכתב, כיון שהוא אצלה תמיד, משמע דאין לו רשות לילך ממנה, **והב"י** (בשו"ע) השמיט זאת, משום שהקשה בספרו, דכיון דקי"ל כחכמים דיוצאים ב' וג' שנים

בלא רשות, א"כ אפילו אינו אצלה רשאי, **מיהו** ב"ח ופרישה כתבו, דלא דמי לדין ת"ח שהיה ת"ח בעת הנישואין, דאז נשאה אותו ע"מ שילך ממנה, **משא"כ** כשהיה טייל ונעשה ת"ח, דאין לו רשות לילך ממנה}.

(**עיין** בתשו' חתם סופר שכתב, דזהו לשון הרמב"ם, ומשמע דאפי' עומדת וצווחת אינה יכולה לעכב, **אך** מלשון הרא"ש וטור שכתבו, דכיון שהוא מצוי אצלה תמיד בעיר, וגם כיון שהוא לומד, אינה מקפדת, משמע דעומדת וצווחת לא, **ומדברי** הב"י משמע דהרא"ש לא פליג בזה על הרמב"ם... אך לדברי הב"ח שהובא בב"ש, משמע דפליגי, ומפירש"י משמע קצת כהרא"ש וכו', **והאריך** בזה ומסיק דאינו מוכרח, וי"ל דגם רש"י מודה להרמב"ם, ואולי גם הרא"ש והטור ס"ל כן, ודכתבו אינה מקפדת, היינו כיון דאנן סהדי דאינה מקפדת בשעת הנישואין, א"כ לא נשתעבד לה מעולם, וא"כ אפי' צווחת לא מהני, **ומעתה** כיון שכל הפוסקים שווים בזה, בודאי דהכי נקטינן, ודקדק השו"ע כלשון הרמב"ם, והדין עמו, עכ"ד. **וע"ש** עוד שהעלה ע"פ האמור, באשת חבר שמצאה בעד הבדיקה כעין מראה אדמדם, ושאלה לחכם וטהר, דשרי בעלה להחמיר על עצמו, ואפי' אם בעת הנישואין לא התנהג בפרישות כזה, ואפי' היא עתה עומדת וצווחת, ע"ש).

(ואם נותנת לו רשות, ת"ח יכול לילך בכל מה שתתן לו רשות) (טור בשם הראב"ד) - הראב"ד כתב, ת"ח שתורתן אומנותן, לא חשו לאורחא דמילתא, **משמע** אבל כגון אנו צריכין לחוש לאורחא דמילתא, ואף ברשות אין לעגנה יותר מן הראוי, **ואפי'** לדברי חכמים דס"ל דאף שלא ברשות יוצא ב' או ג' שנים, היינו לדינא, או למי שתורתו אומנותו. {**מיהו** הרב רמ"א סבר, דלמה דקי"ל דאפי' בלא רשות יוצאים ב' וג' שנים, משו"ה אם נתנה לו רשות, יכול לילך בכל מה שתתן לו רשות}.

סעיף ו - האשה שהרשית את בעלה אחר שנשאת שימנע עונתה, ה"ז מותר - (עיין במל"מ שכתב, דמשמע דקודם נישואין לא מהני רשותה). **בד"א, שקיים מצות פריה ורביה, אבל אם לא קיים, חייב לבעול בכל עונה עד שיקיים.**

סעיף ז - נושא אדם כמה נשים, אפילו מאה, בין בבת אחת בין בזו אחר זו, ואין אשתו יכולה לעכב - אף על גב דממעט עונתה, דמאחר שהמנהג בעיר ליקח הרבה נשים, מסתמא הוי כאילו התנה עמה שיקח עוד נשים, ועלה דידה רמיא להתנות שלא יקח עוד, וכמו שכתב בסעיף שאחר זה, **והוא שיהיה יכול ליתן שאר כסות ועונה כראוי לכל אחת ואחת** - משמע קצת דאם אין האשה מעכבת, אין הב"ד מוחין בידו, דהרשות ביד הנשים למחול על חיוב שלהן, זכר לדבר: והחזיקו שבע נשים באיש אחד וגו', ועיין לעיל סי' א' ס"ק י"ג.

ואינו יכול לכוף אותן לדור בחצר אחת, אלא כל אחת לעצמה - כדי שלא יתקנאו זו בזו, וסמך לדבר: באהל לאה ובאהל רחל ובאהל שתי האמהות, וכתב הרמב"ן כי לכל אחת מהארבע נשים היה אהל מיוחד, בעבור שלא תדע האחרת בבואו אל רעותה, **גם** אסור הוא מדין תורה, כמו שהזכירו חכמים במסכת נדה.

וכמה היא עונתן, לפי מנין. כיצד, פועל שהיו לו שתי נשים, יש לזו עונה אחת בשבת ויש לזו עונה אחת בשבת - היינו פועל שמלאכתו בעיר, שעונתו פעמים בשבת, אזי יחלק אחת לזו ואחת לזו. **היו לו ד' נשים, נמצא עונת כל אחת מהן פעם אחת בב' שבתות; וכן אם היה מלח ויש לו ד' נשים, תהיה עונת כל אחת מהן פעם אחת בב' שנים; לפיכך צוו חכמים שלא ישא אדם יתר על ד' נשים, אף על פי שיש לו ממון הרבה, כדי שתגיע להן עונה פעם אחת בחדש** - היינו המתנהג כת"ח, או פועל שמלאכתו בעיר אחרת, או חמר, שכל אלו עונתן פעם אחת בשבת, ולד' נשים יגיע כל אחת עונה בחודש, שהוא סתם וסת לאשה כל ל' יום, נמצא יגיע לפחות עונה אחת לאשה טרם יגיע וסת השני, **אבל** טייל ופועל שמלאכתו בעיר, יכולין לישא יותר מד' נשים. {**וכל** זה לא כנ"י, שכתב דדוקא ביבמה אתמר שנושא ד' נשים, אבל בשאר נשים, חייב לכל אחת עונה שלה}.

(**עיין** בספר ברכי יוסף לעיל סי' א', שנסתפק בפועל שיש לו שתי נשים, והאחת מחלה, ולא קיים פו"ר, דדיניה דההוא גברא לבעול בכל עונה, והא ודאי דמזו שמחלה

פטור, רק דצריך לקיים באחרת, {ודלא כדעת הרב המגיד בט"ז לעיל ר"ס א', דפשיטא ליה דחייב בשתיהן}, **מעתה** יש להסתפק אם חייב האי פועל לקיים מצות עונה באחרת שלא מחלה שתים בשבת, או דילמא כיון דמצד עונה אינו חייב אלא אחת בשבת, דאדעתא דהכי עמדה ונשאת, בהא נמי שפיר מקיים פו"ר. **והדר** פשיט לנפשיה, דנהי דמצד עונה אינו חייב אלא אחת בשבת, מ"מ מצד פו"ר חייב בזו שלא מחלה שתים בשבת, כדין פועל, ע"ש).

סעיף ח - בד"א, במקום שנוהגים לישא שתים ושלש נשים. אבל במקום שנהגו שלא לישא אלא אשה אחת, אינו רשאי לישא אשה על אשתו שלא ברשותה - ‹דאומדנא דמוכח הוא דאדעתא דהכי אינסיבת ליה דלא לנסוב אחריתי, והו"ל כחמר שאינו רשאי ליעשות גמל כו' - לבוש›, **וכל שכן אם התנה בכתובתה שלא ישא אשה אחרת עליה (ועיין לעיל סימן א').**

סעיף ט - המדיר את אשתו מתשמיש המטה, בין שהדירה סתם או ז' ימים או יותר, יקיים ז' ימים - אפי' הוא טייל, צריך להמתין אולי ימצא פתח לנדרו, וגמרינן לה מנדה כדאיתא בגמרא, (**עיין** בס' קרבן נתנאל שכתב, דלדידן דכל אשה בימי נדותה עד י"ב ימים, יש לנו לומר דאין כופין להוציא עד י"ב ימים, וצ"ע לדינא ע"ש), **ואח"כ יוציא ויתן כתובה; אפילו הוא מלח שעונתו לששה חדשים** - שאינו דומה מי שיש לו פת בסלו למי שאין לו פת בסלו, כך בלא נדר אשת המלח מצפה אולי יבא בכל עת. ‹ודעתה נוחה, שהיא מצפה שמא יבא בתוך הזמן, אבל זו משהדירה הרי הוא כמי שאינה מצפה לבעל ומצערת - לבוש›. {**וא"ל** איך ילפינן נודר מנדה, הא נדה הוי פת בסלו כמ"ש בש"ס, י"ל משום דנודר הוי נמי קצת פת בסלו, שמא ימצא פתח לנדרו}.

סעיף י - וכיצד מדירה, שאמר: הנאת תשמישך אסור עלי - ‹שאין מאכילין את האדם דבר האסור לו›, **אבל אם אמר: הנאת תשמישי עליך, או נשבע שלא לשמש עמה, אינו חל** - ‹שכבר משועבד לה לתשמיש, ולאו כל כמיניה דמפקע לה לשיעבודה - לבוש›. **(מיהו אם נדר ברשותה, הנדר חל. ומותר להתייחד עמה אע"ג דאסור לשמש עמה)** - {הגמ' למד מק"ו מנדה שהיא בכרת ומותר להתייחד עמה, ‹ורבנן לא פליגי שם בסוטה, אלא מטעם דבנדה יש לה היתר תאמר בסוטה וכו', וא"כ זאת יש לה ג"כ היתר ע"י ג' הדיוטות - באה"ט›, **ולכאורה** קשה ממ"ש ריש סוטה, היא הנותנת, נדה חמורה לכן מותר להתיחד עמה, ולמ"ש בתוס' שם ניחא וע"ש}.

סעיף יא - אסור לאדם למנוע מאשתו עונתה; ואם מנעה כדי לצערה, עובר בלא תעשה דעונתה לא יגרע; ואם חלה או תשש כחו ואינו יכול לבעול, ימתין ששה חדשים עד שיבריא, שאין לך עונה גדולה מזו, ואחר כך, או יטול ממנה רשות או יוציא ויתן כתובה - {בש"ג כתב, דאם הוא חולי הראוי לרפואה, צריכה להמתין עד שיתרפא, ואין דינו כמורד מתשמיש, כיון שאינו עושה מחמת שנאה}.

סעיף יב - האשה שנדרה נדר של עינוי נפש, או מדברים שבינו לבינה, שיכול להפר, ואמר לה: אני מיפר ליך ע"מ שתאמרי לפלוני מה שדברנו יחד בדברים של שחוק שאדם מדבר על עסקי תשמיש - ‹ומסתמא היא אינה יכולה להעיז פניה ולומר אלו הדברים, ונמצא שלא הופר הנדר והוי כאילו קיים לה›, **או על מנת (שתתספק לאחר התשמיש ולא תתעבר)** - ‹הרי זה אסור ולא תעשה, והרי ג"כ אינו מופר›, **(או על מנת) שתעשה מעשה שוטים, כגון שתמלא י' כדי מים ותערה לאשפה** - ‹שאם היתה עושה כן היתה נחשבת לשוטה ומסתמא לא תעשה, והרי אינו מופר›, **וכיוצא באלו, יוציא מיד ויתן כתובה** - ‹כדין המקיים לה, דאמרה מסני סני לה, כדאמרינן לעיל סימן ע"ד ס"ב - לבוש›. {**וכל** אלו דצריך ליתן לה כתובה, היינו כתובה ותוספת כתובה}.

הרב המחבר נמשך כאן אחר לשון הטור, שמפרש המשנה הנישנית פרק המדיר: א"ל ע"מ שתאמרי לפלוני מה שאמרת לי או מה שאמרתי לך, דלא מיירי במדירה מהנאתו ע"מ שתאמרי לפלוני, **אלא** מיירי בזה האופן, שהיא נדרה נדר שיכול להפר, והוא מפר לה ע"מ שתאמר לפלוני, **ולדעת** המחבר והטור, כ"ש אם לא הפר

לה כלל, גם כן יוציא ויתן כתובתה, **רק** קמ"ל שאינו יכול לומר: ותימא היא הדברים שהתנה עמה שתאמרי לפלוני, או ותיעבד היא הדברים שאמר לה לעשות, וכמו שהקשו בגמר' שם: ותימא ותיעבד, **והנה** דין זה לא יצדק לדברי הרמב"ם, דלעולם בנדרה היא והוא קיים לה, או לא הפר, אין כופין אותו להוציא, כפשט לשון הברייתא שם, **וע"כ** מפרש הרמב"ם מתני' כפשוטו, במדירה מהנאתו אם לא תאמר לפלוני וכו', ואה"נ דימתין ל' יום אולי ימצא פתח לנדרו, וכמ"ש המ"מ פי"ג מה"א גבי הדירה שלא תשאיל שלא אמרו יוציא לאלתר, **ומכאן** משמע דכל נדרי עינוי נפש ודברים שבינו לבינה אם לא הפר יוציא ויתן כתובה, דאל"כ מאי מזיק לה שהפר לה ע"מ שתאמר, לא יהא אלא כלא הפר לה כלל.

סעיף יג- האומר: אי אפשי אלא אני בבגדי והיא בבגדה, יוציא ויתן כתובה; וכ"ש אם אינו נזקק לה כלל. (וכן היא אומרת: אי אפשי אלא אני בבגדי והוא בבגדו, תצא בלא כתובה) (ב"י בשם הריטב"א) - מפשט לשון זה משמע, דאם אינו נזקק כלל, והאומר אי אפשי אלא בבגדים, דין אחד להם, ודין מורד אית ליה, וכן היא דין מורדת אית לה לכל דבר, דהא ילפינן לה משארה זה קירוב בשר, שלא ינהיג בה מנהג פרסיים, וכאילו לא קיים עונה כלל, **ולא** ידעתי מ"ש הב"ח, דלענין קריאת השם קורין אותה מורדת, ולא שידונו בה דין התלמוד במורדת כלל, {**והב"ח** מדייק מל' הריטב"א, שכתב **יוציא ויתן כתובה, משמע דהוא אינו מורד כשאומר א"א אלא בבגדי**, וכן היא ג"כ אינה מורדת, **ויש לדחות וי"ל דהריטב"א לישנא דש"ס** נקיט, ובש"ס מצינו באומר איני זן ואיני מפרנס יוציא ויתן כתובה, אע"ג דהוא מורד}, **ולא** ידעתי מי הכריחו לזה, ופשוט בעיני דכל שלא מתנהג עמה ע"פ הדין, למעט מן העונות, או בשאר דברים, מורד מקרי, וכן היא שאינה עושה לו רצונו, מורדת מקרי, מה לי כולה מה לי פלגא.

{**אלא** מיהו י"ל דדין זה תליא בפלוגתא דאיתא בש"ס, אם שארה דכתיב באורייתא פירושו קירוב בשר, או אם פירושו מזונות, **ולרמב"ם** ושאר פוסקים דסבירא להו דפירושו מזונות, יש לומר דמשום קירוב בשר לאו מורד הוא, **והריטב"א** אפשר דס"ל דפירושו הוא קירוב בשר}.

§ סי' פ - מעשה ידיה שהיא חייבת לבעלה, ודיני מניקה ושאינה רוצה לעשות מלאכה §

סעיף א- מעשה ידיה לבעלה - (עבה"ט מ"ש, ודוקא בזן אותה, אבל אם אינו זן אותה, אע"פ שלא בא העיכוב ממנו, ואפי' שלא אמרה בפירוש איני ניזונית ואיני עושה, אין הבעל זוכה במעשה ידיה, **ומיהו** נשים הללו שהנה גבירות ונכנסות בחצירות שרי המלכים, והמה כאניות סוחר להביא טרף לבית ומכלכלות את בעליהן, מעשה ידיהן לבעליהן, מהרי"ט, ‹דכל שהתחילה מלאכתה בשעה שכבר אכלה משל בעלה, כל מה שעשתה הוי לבעלה, בין שהוא העדפה בין שהוא מציאה, וממילא כשניזונית אח"כ מאותו הריוח, הוי כניזונית משל בעלה, וכן לעולם – חזו"א›. **ועיין** במל"מ שהביא ג"כ דברי מהרי"ט בזה, ושם מבואר דמהרי"ט לא החליט הדין כלל, אלא שצידד בזה, והמל"מ תמה עליו, למה השמיט הרב דברי גדולי המחברים אשר נחלקו בזה כו', **ודעתו** נראה שיכולה האשה לומר קים לי כדעת הרמ"ה שהביא הטור סי' פ"ד, דאם אינה ניזונית מציאתה לעצמה, ‹די"ל דלא כדהנ"ל אלא דבמכלכל את בעלה, הוי כאינה ניזונית מבעלה, ואפי' א"ת דהרוחה אינו כמעשה ידיה אלא כמציאה, יכולה לומר קים לי כדעת הרמ"ה וכו'›, ולכן לא מפקינן מינה, ע"ש. **ועיין** בתשו' גבעת שאול שנשאל, ראובן השיא לבנו את בת שמעון, והתחייבו עצמם בק"ס ליתן מזונות להזוג כמה שנים כנהוג במדינותינו, ובתוך משך זמן המזונות שזנו אותן אבותיהם, עסקה אשת בן ראובן במלאכה והרויחה, מעשה ידיה למי, אבותיהם ודאי לא זכו בהן, אך יש לספק אם זכה בהן הבעל, דהא מעשה ידים תקנו תחת מזונות, והרי אינה ניזונית משל בעל. **והשואל** הביא ראיה דזכה בהן הבעל מדברי הרמב"ם, בעבד עברי שהאדון חייב במזונות אשתו, אף שנשאה אחר המכירה, ואפ"ה מעשה ידיה ומציאתה לבעלה, כמבואר שם. **והוא** ז"ל השיב לו דאין מדברי הרמב"ם ראיה, דשם מה שהאדון נותן מזונות לאשתו הוא מכח מעשה ידים של בעלה העבד, דהא אם מת העבד אינו נותן מזונות לאשתו, **משא"כ** הכא דהמזונות הוא מחמת חוב, ואף אם מת הבן מחוייב ליתן לכלתו עד תשלום הזמן, כמ"ש הב"ש בסי' קי"ד, **אמנם** להלכה הדין עמו, דברור הוא דכל היכא דמעשה ידיה שלה, זכה בהן הבעל מתנאי כתובה, וכן הוא להדיא בהרא"ש בשם הירושלמי, דמי שפסק לזון את כלתו, זנה ומעשה ידיה של בנו, ואין לחלק בין פוסק לכלתו או לבתו דמאי שנא, ע"ש).

כיצד, הכל כמנהג המדינה; מקום שדרכן לארוג, אורגת; לרקום, רוקמת; לטוות צמר או פשתים, טווה; ואם לא היה דרך נשי העיר לעשות כל המלאכות האלו, אינו כופה אלא לטוות הצמר בלבד - שהפשתן מזיק את הפה והשפתים, והטויה היא המלאכה המיוחדת לנשים, שנא': וכל אשה חכמת לב וגו', לשון הרמב"ם. **ואף** על גב דאמרו בגמר', שאין כל פשתן מזיק, רק כיתנא רומאה, **תירץ** הב"י, דכיון דאין כיתנא רומאה ידוע לנו, כל כיתנא מספקא לן בכיתנא רומאה, והוי קולא לאשה שלא לחייבה בשום כיתנא, **ואפשר** דס"ל להרמב"ם, מדפסיק ותני בגמר' שם בצמר אין בפשתים לא, משמע דכל מין פשתן אין כופין, דמשום דיש פשתן שמזיק מאד, ע"כ לא חילקו חכמים ואמרו שאין כופין רק בצמר ולא בפשתן, דמאן מפיס, **ודלא** כדברי התוס' שם, ע"ש.

ואם לא היה דרך נשי העיר - {משמע דאין עושות שום מלאכה ויושבות בטל, ואפי' בנות משפחתה ג"כ יושבות בטל, יכול הוא לכוף אותה שאל תשב בטל ותעשה מלאכה בצמר, ומתני' דתנא עושה בצמר ולא בפשתן, איירי נמי בכה"ג דיושבות בטל, **אבל** אם דרכן לעשות בפשתן, כופין אותה שתעשה בפשתן, **ומגירסת** הרמב"ם משמע, שאם אין להן מלאכה מיוחדת, אלא קצתן עושות מלאכה אחת וקצתן עושות מלאכה אחרת, כופין אותה על צמר ולא על פשתן}.

דחקה עצמה ועשתה יותר מהראוי לה, המותר לבעל - {הן שעשתה בלילה, הן שעשתה ב' ג' מלאכות בפעם אחת, הכל נקרא מחמת דחק, ושייך הכל לבעל לשיטת הרי"ף והרמב"ם}, **דעת** המ"מ, אפי' שעשתה בשעה שבני אדם ישנים, מכ"ש עשתה הרבה מלאכות ביחד שלא ע"י הדחק. {**וי"א** אם עשתה ב' ג' מלאכות בפעם אחת, לא זכה הבעל, ואם עשתה בלילה זכה הבעל, **וי"א** הכל לעצמה}, **ועיין** בטור שהביא דעות בזה מחלוקת ר"ח ורב האי, והרא"ש לא הכריע, ותוכל האשה לומר קים לי כמ"ד לעצמה. **וכתב** הרב בב"ח, שכן נוהגים במדינות אלו, שלא להוציא מיד האשה שום העדפה שעל ידי הדחק. {**כתבו** תוס', מה ששייך לה לוקחים בהם קרקע והוא אוכל פירות}.

הגה: ודוקא שנותן לה מעה כסף כל שבוע, כמו שנתבאר לעיל סימן ע' - לאו אדחקה עצמה קאי, אלא אסתם מותר מעשה ידיה, דלא זכה הבעל במותר אלא בנותן לה מעה כסף, {בכל שבוע להוצאות קטנות}, **ויכולה אשה לומר: איני נוטלת מעה כסף ואיני נותן המותר** - כתב הר"ן, דבר ברור הוא שאם במעשה ידיה דשכיחי יכולה לומר איני ניזונת ואיני עושה, כ"ש במותר דלא שכיח, **אבל הבעל לא יוכל לומר כך** - {דלתקנה תקנו אותה המעה כנגד המותר, ואפילו לא תעשה המותר צריך ליתנו לה, לפיכך היא יכולה לומר איני נוטלת המעה ואיני נותן המותר, אבל הבעל לא יוכל לומר כך – לבוש}.

סעיף ב- היה לו ממון הרבה - היה לו ולה ממון הרבה וכו' - כן הגירסא בהרמב"ם, **אפילו היו לה כמה שפחות, אינה יושבת לבטלה בלא מלאכה** - {אפילו אמרה איני ניזונית ואיני עושה}, **שהבטלה מביאה לידי זמה** - ואינו מועיל במה שמשחקת בכלבים קטנים ובכיוצא בזה, דאף שדברי שחוק אלה יועילו שלא תבא לידי שעמום, כל זמן שלא תשב בטל לגמרי, והיא דעת רשב"ג במתני', מ"מ מביא לידי זימה, והיא דעת ת"ק שם במתני', וזהו שאמרו שם, איכא בנייהו בין ת"ק ובין ר' שמעון ב"ג, דמשחקת בכלבים קטנים, דשעמום ליכא וזימה איכא, ועוד אכתוב מזה בסעיף שאח"ז.

ועיין בר"ן, די"א דמאחר דהמלאכה אינה מצד החיוב רק שלא תשב בטל, מלאכתה דידה היא, והרשב"א חולק, {**והר"**ן ס"ל דמעשי ידיה לבעלה, דאל"כ מי ישגיח עליה, **לפי"ז** י"ל, אפי' אם הוא עשיר גדול דאינה חייבת לעשות, וגם אמרה איני ניזונת ואיני עושה, מ"מ חייבת לעשות ומעשה ידיה לבעלה, **ואפשר** דכשאמרה איני ניזונית ואיני עושה לא חיישינן שלא תעשה, דכיון דאין לה מזונות ממנו, אז מסתמא תעשה מלאכה לטובתה, ואז מעשי ישיה לעצמה}.

אבל אין כופין אותה לעשות מלאכה כל היום כולו, אלא לפי רוב הממון ממעטת במלאכה.

סעיף ג- המדיר את אשתו שלא תעשה מלאכה, יוציא ויתן כתובה, שהבטלה מביאה לידי זימה - במשנה בכתובות אמרו שהבטלה

סימן פ – מעשה ידיה שהיא חייבת לבעלה, ודיני מניקה ושאינה רוצה לעשות מלאכה

מביאה לידי שעמום, וא"כ לא יוציא אא"כ הדירה שתלך בטל לגמרי, אפי' מלטייל בכלבים קטנים, וכתב הרי"ף, וכבר איפסקא הילכתא כר' אליעזר דחייש לזימה, כלומר ואינו מועיל במה שמשחקת בכלבים קטנים, דדוקי מלאכה ממש בעינן, **והרא"ש** כתב שאין ראיה כ"כ, דאיכא למימר דבמאי דפליגי רבי אליעזר ורשב"ג הלכה כרשב"ג, ובקיצור פסקי הרא"ש פסק כרשב"ג, ועיין לקמן בטור סי' פ"א מביא מחלוקת הרי"ף והרא"ש. {**ומה שפליג הרא"ש אינו אלא לדחות הראיה, אבל לדינא י"ל דס"ל נמי כוותיה**}.

כבר כתבתי בסי' ע"ד, שאין ביד הבעל לאסור על אשתו ולומר לה לא תעשי זה, ואם אמר כן אין בדבריו כלום, אלא א"כ תלה בתשמיש או בדברים אחרים, **וכתב** המ"מ לא נזכר בגמרא כמה יהיה זמן ההדרה, ורחוק מן הדעת שאם הדירה יום אחד או שנים שתבא לידי זימה. {**והא שיכול להדירה, איירי שתלה בתשמיש, לפ"ז מ"ש יוציא, היינו אחר שיעור המפורש לעיל סי' ע"ד, ואם היא נדרה שלא תעשה מלאכה, ואינה חייבת לעשות אלא משום חשש זנות, י"ל דאינו יכול להפר, כיון דאינה חייבת לעשות מלאכה, וליכא עינוי נפש ולא דבר שבינו לבינה**, (**ובגליון** שו"ע דהגר"ע איגר זצ"ל, נ"ב וז"ל, ולענ"ד נראה דהוי בינו לבינה, דהא להרשב"א אם עשתה המעשי ידיה שלו, **ועב"פ** הוי נ"מ כמ"ש הב"ש סק"ב בשם תוס', עכ"ל).

סעיף ד - לעיל סעיף ב' כתב, שאפילו היה לו ולה ממון הרבה ושפחות הרבה, אפ"ה צריכה להתעסק קצת במלאכה, שהבטלה מביאה לידי זימה, וכתב כאן שעוד ד' דברים צריכה כל אשה לעשות אפי' עשירה, **וכן כל אשה רוחצת לבעלה פניו ידיו ורגליו; ומוזגת לו את הכוס; ומצעת לו את המטה; (וי"א דמחוייבת להציע כל מטות הבית) (המ"מ והר"ן)** - לא מצאתי מי שכתב דעשירה צריכה להציע כל מטות, דאינה מחוייבת רק להציע לו, שהוא דבר חבה, **אבל** בעניה יש אומרים שצריכה להציע כל המטות, ולהטריח עצמה בהפוך כרים וכסתות, **ורמב"ם** השמיט דין זה, וכתב סתם: כל אשה רוחצת וכו' ומצעת לו המטה, משמע דמפרש להצעת המטה דמתני' גם כן הצעת מטתו, **וע"כ** תמה עליו הר"ן, שהיה לו להרבות בעניים, עכ"ל, כלומר שענייה מחוייבת להציע כל המטות, ולהפך בכרים וכסתות, **אבל** בעשירה שתהא צריכה להציע כל המטות הוא דבר תימה, וכי זו היא ישיבת קתדרא שאמרו במשנה, מי שהכניסה לו ארבע שפחות יושבת בקתדרא, **וכ"כ** הרב מהרמ"א בעצמו בהג"ה לקמן בסעיף ח', דאינה מצעת רק מטתו, **והי"א** זה היה ראוי להיות במקומו בסעיף ו', דחשיב שם שש מלאכות שהעניות חייבות לבעליהן.

ועומדת ומשמשת בפני בעלה, כגון שתתן לו מים או כלי או שתטול מלפניו, וכיוצא בדברים אלו - כתב המגיד משנה, דק"ו הוא מהצעת המטה, **ואף** על גב דלכאורה גמרא ערוכה היא בכתובות, דקתני אין כופה לא לעמוד לפני אביו ולפני בנו, משמע דלפניו כופה אותה, **התם** בעניה מיירי, והמ"מ יליף דכל אשה צריכה לעשות שירות קטן לבעלה, והוא ק"ו מהצעת מטתו, מכ"ש להושיט לו כלי אחד.

אבל אינה עומדת ומשמשת בפני אביו או בפני בנו; (וי"א דוקא באינן סמוכין על שלחן בעלה) (ב"י בשם הר"ן) - הר"ן כתב דין זה בעניה, שצריכה לטרוח עבורם, וראייתו מדקאמר בגמ', דאם הכניסה לו שתי שפחות אינה מבשלת ואינה מניקה וכו', הא שארה עבדה, ופירש"י כגון דברים קטנים, ותימא ליה וכו', משום דאמר לה קמי ארחי ופרחי מאן טרח, ופירש"י אורחים המשתהים שבת או חודש או עוברי דרכים, **דמשמע** שהיא חייבת לטרוח לבשל ולאפות וכיוצא לכל בני בית הסמוכין על בעלה, **אבל** כאן בסעיף זה דמיירי בעשירה, ולא חשיב רק מילי דחיבה, מהי תיתי אם בן בעלה יאמר לה הושיטי לי כלי זה, שתהיה היא מחוייבת לשמוע לו.

{**לכאורה** תמוה מנ"ל דעשירות מחויבת להציע כל המטות, ובח"מ כתב דהג"ה זו שייך לסעיף ו', מיהו בסמוך מ"ש ‹הרמ"א› וי"א דוקא באינן סמוכין על שלחנו, ג"כ קשה, מנ"ל דעשירות **חייבות לשמש לאנשים דסמוכים על שולחנו, לכן נראה דרמ"א כ"כ לשיטת הרמב"ם, דס"ל דמצעת המטה דתנא במתני' ובגמ', הכל א' הוא, והק בגמ', אף על גב דתנא במתני' דכשהיא מכנסת לו ג' שפחות אינה מצעת, מ"מ אמרו חז"ל אחר המתני', דמצעת**, וכ"כ המגיד, **ובמתני'** מה דתנא מצעת המטה, איירי דחייבת להציע כל המטות אפי' לסמוכים על שולחנו, כמ"ש הר"ן והמגיד, **א"כ** לפי התקנה אחר המתני' חייבת להציע כל המטות, אפי' עשירה דהכניסה ג' שפחות}.

(ועיין בספר ישועות יעקב, שכתב דהעיקר בזה כדעת החה"מ, ע"ש).

סעיף ה - מלאכות אלו עושה אותן היא בעצמה, ואפילו היו לה כמה שפחות, אין עושין מלאכות אלו לבעל אלא אשתו - ‹מפני שאין בהן טורח כ"כ, וגם הם דברים של חיבה ואין ראויין ליעשות ע"י אחרת - לבוש›. {**משמע** דמחויבת לעשות, וכן משמע מתוס', **ולא** כרש"י שכתב דעצה טובה היא שתעשה מלאכות אלו, ובטור משמע דס"ל כרש"י}.

(ויש מחלוקת בהלעת המטה, ועיין למטה ס"ח).

סעיף ו - יש מלאכות שהאשה עושה לבעלה בזמן שהם עניים, ואלו הם: מטחנת - יושבת ברחים ומשמרת הקמח, או מחמרת אחר הבהמה, ואם היה דרכן לטחון ברחים של יד, טוחנת, **וכבר** כתבתי בס"ק שלפני זה, דלכל הסמוכים על שלחן בעל' צריכה לעשו' מלאכו' אלו, **ואופה, ומכבסת** - {כתבו בהגמ"י ובהג"א, נשי דידן אין דרכן לכבס, וכן אין דרכן לטחון}, **ומבשלת, ומניקה את בנה, ונותנת תבן לפני בהמתו** - המיוחדת לו למרכבתו, **אבל לא לפני בקרו** - ‹מפני שטרחו מרובה, לבוש›, ולא לפני שאר בהמו' שלו. {**ובתוס'** איתא גירסא, לא לפני בהמתו ולא לפני בקרו, ואפש' דאיירי כשהכניסה לו נדוניא, וכ"כ הר"ן}. **ורש"י** גריס לפני בקרו, שאין להוט אחר רביע', אבל לא לפני בהמתו, הם סוס וחמור שהם להוטים אחר רביעה, **לשון** אחר, נותנ' לפני בקרו - נקבות, בהמתו - זכרים.

הגה: מת בנה, אינה מחוייבת להניק בשכר וליתן לו השכר, וכן בנו מאשה אחרת, אינה מחוייבת להניקו - ולקמן סעיף י"ד מבואר, שאם היא רוצה להניק בן אחר, הבעל מעכב עליה.

סעיף ז - הכניסה לו שפחה אחת, או נכסים שראוי לקנות מהן שפחה אחת - כלומר שהכניסה לו נדוניא רבה שיש כדאי למביאה נדוניא כזו לקנות לה שפחה א', {או אם מצמצמת לו משלה הוי כאילו הכניסה}, **או שהיה לו ממון כדי לקנות ממנו שפחה אחת, אינה מטחנת ולא אופה ולא מכבסת ולא נותנת תבן לפני בהמתו** - ‹דע"מ כן הכניסה לו, או נשאת לו כשראתה שהיה לו כדי לקנות שפחה אחת, שיקנה שפחה שתעשה אלו המלאכות ולא היא, או ישכור לה - לבוש›.

(**עבה"ט**, ומ"ש בשם הרדב"ז), ‹אם הבעל יש לו ממון ואינו רוצה לקנות, אין כופין אותו לקנות, ואין כופין אותה לעשות המלאכות›. (**ושם** מבואר דדוקא בלא הכניסה נדוניא, אבל אם הכניסה נדוניא, והיא אומרת לקנות ממקצת הנדוניא, כופין אותו לקנות שפחה, והוי כאילו הכניסה אותה עמה).

‹**ואם** הוא אומר לקנות והיא אומרת שלא לקנות, לו שומעין, כנה"ג בשם הרדב"ז› (**מבואר** שם דזה לא קאי אדהיכא שלא הכניסה נדוניא, דזהו פשיטא, **רק** בזה קאי באם הכניסה נדוניא, ואין לו ממון אחר זולת נדונייתה, אעפ"כ לו שומעין, כיון שאחריות הנדוניא עליו, ע"ש).

סעיף ח - הכניסה לו שתי שפחות, או נכסים הראוים לקנות מהם שתי שפחות, או שהיו לו שתי שפחות, או שהיה ראוי לקנות שתי שפחות - ‹לשון הלבוש: אינה עושה לו המלאכות שאמרנו בסעיף הקודם, וגם› **אינה מבשלת ואינה מניקה את בנה. הגה: הכניסה לו שלש שפחות, או ממון, או שיש לו ממון שיכול לקנות או לשכור, אינה מלעת המטות, רק מטתו (הר"ן בשם י"מ)** - כבר כתבתי דלדעת הרמב"ם אף בעניה אין מחוייבת להציע רק מטתו, ולא שאר מטות, והר"ן תמה עליו שהיה לו להרבות בעניים.

וי"א דאף מטתו אינה מלעת, רק בפריסת סדינין, ומסדרת לו מטתו שהוא דרך חיבה, וכל אשה תעשה זה אפילו יש לה כמה שפחות - כבר נתבאר זה בסעיף ה' בדברי המחבר, דכל מילי דחיבה אין עושה אלא אשתו, ולא ידעתי למה חזר הרב מהרמ"א וכתב דין זה, **וגם** למה כתב בדין זה בלבד, ולא בכל הד' דברים שנזכרו בסעיף ד'.

סעיף ט - היא אומרת: ראוי הוא לקנות או לשכור שפחה, והוא אומר שאינו ראוי, עליה להביא ראיה - הרמב"ם מסיים, ואין

כאן מקום לשבועה, **וכתב** המ"מ, לפי שהיא אינה תובעת ממנו ממון שחייב לה, שנאמר ישבע היסת ויפטר, אלא שבאה ליפטר משעבודה, ואינה נפטרת אלא בראיה, **ובב"ח** כתב שאינו מבין דבריו, למה יפטר משבועת היסת, ודעתו שכאן בשו"ע השמיט בכיון סוף דברי הרמב"ם, מפני שאין עולים כהלכה. **ואין** דבריו ברורים, מכ"ש שאינם מוכרחים, כי שבועת היסת תקנה היא, ואם היה כאן עסק שבועה, בכל יום תשביע בעלה, שתאמר היום נתעשר, **וקשה** לחלוק על דברי הרמב"ם והמ"מ בלא ראיה, וגם הראב"ד לא השיגו. [**ודברי** הרב המגיד הם ברורים, והשו"ע שלא העתיק דבר זה, לפי שכיון שלא הזכיר רק שלא מועיל לה, רק שעליה להביא ראיה, ממילא ידעינן שאין כאן עסק שבועה, זהו פשוט וברור].

{**וב"ח** כ' דהיא יכולה להשביעו אחר שעשתה מלאכה, ויכולה לומר השבע לי שאין לך כדי לקנות שפחה, **ואפשר** דגם הרמב"ם ס"ל כן, ומ"ש אין כאן מקום שבועה, היינו כשתרצה לפטור את עצמה מן המלאכות אין כאן מקום שבועה, אלא היא חייבת לעשות, **מיהו** אח"כ יכולה להשביעו}.

(**ובגליון** ש"ע דהגר"ע איגר זצ"ל נ"ב, לענ"ד זה אינו, דהא אם עשתה, המעשה ידים לבעלה, עיין ב"ש סק"ד, עכ"ל, גם בספר בית מאיר תמה על הב"ש בזה).

[**דברי המגיה.** ולא ידעתי שום רמז רמיזא בב"ח, כי הם דברים שאי אפשר לשומען, דהב"ח לא כתב רק אף שהיא אינה נפטרה משעבודה, מ"מ אם טוענת ישבע לי, מחויב לישבע, **אבל** מ"ש הוא דלאחר שעשתה מלאכה יכולה להשביעו, אין תימה גדולה מזו, איך אפשר לומר לאחר שעשתה מלאכה, הלא לעולם החיוב עליה לעשות מלאכה, **ואם** תאמר, לאחר שעשתה מלאכה יום או יומיים יכולה להשביעו על מה שעשתה כבר, למה תועיל שבועה זו, ואם נאמר שאם לא ירצה לישבע מחויב לשלם שכר מלאכתה, זה ודאי אי אפשר לאומרו, דהרי אף בדחקה עצמה ועשתה יותר מהראוי לה, כתב בריש סימן זה דהמותר לבעל, כל שכן היכא דמחויבת לפי דבריו רק שאינו רוצה לישבע דאין מוציאין מידו, **ואף** שכתב הב"ח דהאידנא אין מוציאין מהאשה בדחקה יותר מהראוי, עכ"פ אם הוא מוחזק אין מוציאין מידו, **וגם** בהיה לו ממון הרבה דאינה מחויבת לעשות מלאכה כ"כ, פליגי הפוסקים, (ראה לעיל ס"ב ח"מ וב"ש), דיש מי שאומרים דאם עשתה הוא שלה, וי"א דהוא של בעל, והיינו להוציא מיד האשה, אבל מבעל, וודאי דעת הפוסקים שוה דאין מוציאין מידו, **ואף** אם היו מחולקים הפוסקים גם בזה, אי אפשר להוציא מידו, דיוכל לומר קים לי כמ"ד שהוא של בעל, **וע"כ** מוכרח לומר דהשבועה היא להבא, שתיפטר להבא, ואם כן מה מועיל מה שעשתה מלאכה כבר. ע"כ דברי המגיה].

[**אכן** אם יש ענין שהבעל יש עליו תביעה מאשתו שישלם לה מזונות, והוא רוצה לנכות לה מכח מעשה ידיה, והיא אומרת שלא היתה חייבת לו, כי היה לו ממון הרבה לקנות שפחה, והוא מכחיש אותה, נשבע הוא שכדבריו כן הוא, שהרי יש כאן תביעת ממון מן האשה על הבעל, והוא רוצה ליפטר, כן נראה לענ"ד].

סעיף י - כל אלו המלאכות אין מחייבים אותה, אא"כ יהיה דרך משפחתו ומשפחתה לעשותן

– {לאו דוקא כל המלאכות, דהא היא חייבת לעשות בצמר אפילו כשבני משפחתה אין עושים, (**ועיין** בהגהת יד אפרים שכ' דאין זה מוסכם, כי להרמב"ם שהביא הב"ש סק"א, י"ל דכל שבני משפחתה יושבים בטל, אף היא א"צ לעשות בצמר כל היום או משקל ה' סלעים, רק מחמת זימה צריכה לעשות קצת מלאכה, ע"ש), **וכן** חייבת למזוג הכוס וכיוצא בזה אפילו אם בנות משפחתה אין עושות, **אלא** המלאכות המפורשות במתניתין קאמר, דאם בנות משפחתה אין עושות היא ג"כ פטורה לעשות}.

סעיף יא - כל זמן שהיא מניקה את בנה, פוחתין לה ממעשה ידיה ומוסיפין לה על מזונותיה יין ודברים שיפים לחלב –

{בטור כתב, מוסיפים וכו' ונותנים יין וכו', משמע דמוסיפים לה מזונות מצד עצמה, אפילו מאכלים שאין מוסיפים חלב, **אבל** מלשון המחבר משמע, דאין מוסיפים לה רק מה שיפה לחלב}.

(לא הוסיפו לה, צריכה לאכול משלה, אם יש לה)

– (כדי שיהיה לה חלב הרבה ולא תמיתנו – לבוש). **ומ"מ** נראה דהבעל צריך לשלם לה מה שהוציאה מנכסיה על הולד.

{**והראב"ד** ושאר פוסקים ס"ל, דאיירי הסוגיא דאם נתן הילד למניקת, צריכה לאכול משלה לטובת הילד, משמע אפילו אם שכרה בשכר קצוב, **חייבת** לאכול הרבה משלה (היינו "משל בעלה" כלשון הראב"ד) **לטובת הילד**}.

סעיף יב - פסקו לה מזונות הראויים לה, והרי היא מתאוה לאכול יותר, או לאכול מאכלות אחרות, יש מי שאומר שאין הבעל יכול לעכב מפני סכנת הולד, שצער גופה קודם - {כ"כ הרמב"ם}, **ויש מי שאומר שיכול לעכב** - אם לולד ספק סכנה, ולה אין סכנה רק צער, מהי תיתי דמכח צער תסכן הולד, **ואם** גם לה סכנה, לא ידעתי מי שחולק ע"ז, דחייה קודמין בודאי. {**ואפשר** לומר, דאע"ג דמגיע לולד ספק סכנה, מ"מ מותרת לאכול, כמו שאיתא בש"ס נדרים דף פ', כביסתה וחיי אחרים כביסתה קודמת, אע"ג דאינו אלא צער, **מיהו** שם רבי יוסי ס"ל כן, ורבנן פליגו ע"ז, וס"ל חיי אחרים קודמים, ומנ"ל לרמב"ם לפסוק כר"י}.

סעיף יג - ילדה תאומים, אין כופין אותה להניק שניהם, אלא מניקה אחד ושוכר הבעל מניקה לשני; (וי"א דמניקה שניהם) (טור בשם הרא"ש) - בב"ח כתב דאין הלכה כהרא"ש, דרבים חולקים עליו, **ואפשר** שגם הרב מהרמ"א לא העתיק דברי הרא"ש לחייב אותה להניק שניהם, דודאי תוכל לומר קים לי כהרי"ף ושאר פוסקים, אלא דרך ארץ הוא שכל אשה שיכולה להניק תניק שניהם, **וע"כ** לא כתב שמחוייבת להניק שניהם, שאין זה חיוב, רק ראוי לה לעשות כן אם יכולה לעשות, לצאת ידי כל הפוסקים.

[זו דעת הרא"ש, דיש לו גירסא אחרת בירושלמי ופירושו וז"ל, הא תאומים לא, בתמיה, והלא יכולה להניק שניהם, למה לא תניק שניהם וכו' עכ"ל, **ונראה** דאף רב אלפסי דהוא דיעה קמייתא בטור, דפוטרה בתאומים, אינו אלא באם אינה יכולה להניק שניהם מחמת חולשה, אבל באם יכולה רק שאינה רוצה לטרוח, מודה לדיעה אחרונה דתניק שניהם].

{**בדינים** אלו היכא דאיכא פלוגתא, היא פטורה}.

סעיף יד - הרי שרצתה להניק בן חברתה עם בנה, הבעל מעכב - משמע אם מת בנה, אין הבעל מעכב עליה להניק בן אחרת, **אבל** בירושלמי אמרו סתם, אין האיש כופה את אשתו להניק בנו של חבירו, ולא האשה כופה את בעלה שתניק בנה של חברתה, משמע דסיפא דומיא דרישא, אף שאין לה בן.

{**ומשמע** אם אין לה בן אין הבעל מעכב לה, וכ"כ רש"י, היא אומרת להניק שומעים לה, משום צער דידה, דחלב הרבה בדדיה מצערה, **לפ"ז** אם רצונה להניק בן חברתה ואין לה ולד, אין הבעל יכול לעכב, ולא כח"מ}.

(**עבה"ט** מ"ש, ואם אין לה בן כו', והח"מ כתב כו', ולכאורה הפך הסדר, דהב"ש הביא דברי הח"מ והחליט דלא כוותיה, ע"ש, **אך** באמת יפה עשה בזה שהביא דברי הח"מ באחרונה, כי דברי הח"מ נראין, וגם בספר בית מאיר העלה דהעיקר כדעת הח"מ, דהבעל מעכב, **ומה** דנקט הכא בשו"ע עם בנה, הוא להורות דעם בנה אף באקראי יכול לעכב, אבל בקביעות אף באין לה בן יוכל לעכב. **ומבואר** עוד שם, דביולדת שמת בנה ורוצה להניק בן חברתה משך ימים מועטים בשביל צער החלב, אין הבעל יכול לעכב, דאם תגמול עכשיו צערה מרובה).

(ואפילו בנה מאיש אחר, הוא יכול לעכב) - אף על גב דאסור לישא מינקת של חבירו, עיין בב"ג, {כגון שגירשה בעלה קודם שיכירנה הולד, דמותרת לינשא, **מיהו** בסי' י"ג מפורש דלכמה פוסקים אסורה לינשא}, **ובד"מ** כתב דמשכחת לה אם רצתה להניק יותר מכ"ד חודש, דמותרת לינשא, ועיין לעיל סי' י"ג.

סעיף טו - כל אשה שתמנע מלעשות מלאכה ממלאכות שהיא חייבת לעשותן, כופין אותה לעשות. הגה: ואינו זנה עד שתעשה; וכן ב"ד משמתין אותה - אין הפירוש שמונע ממנה מזונות וגם משמתין אותה, דמאחר שאינו זנה, הרי הרשות בידה לומר איני עושה, **אלא** מיירי אם אינו רוצה למנוע ממנה מזונות, כגון שהיא מניקה או מטעם אחר, הרשות בידו לנדות אותה, **אבל** מ"מ לא נקראת מורדת לפחות מכתובתה ולקונסה בקנס השנוי במורדת, דקי"ל מורדת מתשמיש ולא ממלאכה, **או מוכרין כתובתה לשכור עליה עבד או שפחה, וי"א דכופין אותה בשוטים.**

וכל זה באומרת: איני עושה, וניזונית - {אז לפעמים שומעין לה ונותנים לה מזונות, וכופין אותה בשאר כפיות}, **אבל אם אומרת: איני ניזונית ואיני עושה, הרשות בידה, כמו שנתבאר לעיל סי' ס"ט** - {ואז אין עושין לה

שום כפייה, ואפי' אם היא מניקה, אין בידו לכוף אותה, **ומניקה** דמוסיפים לה מזונות כמ"ש בסמוך ‹לעיל סי"א›, ואומרת איני ניזונית ואיני עושה, נראה דאותה הוספה בשביל הנקה ג"כ אין מוסיפים לה. **וי"ל** לשיטת הר"ן, אם אין לה לזון את עצמה, יכול הבעל לכוף אותה שתעשה כדי מזונות של מניקה}.

וי"א דאפילו באומרת: איני ניזונית ואיני עושה, צריכה לעשות צרכי הבית, ולזה כופין אותה אף על פי שאינה ניזונית – {הר"ן ס"ל דצריכה לעשות כל צרכי הבית, טוחנת ושאר מלאכות, וחייבת להניק, אלא דאינה עושה בצמר, **וכתב** הרשב"א, דמעכב מן המזונות כנגד שכר מי שישמשנו באותן מלאכות, או שוכר עליה ממקום אחר, הא יתר מכאן לא, עכ"ל, **ותוספות** והרא"ש כתבו, שכשאמרה איני ניזונית ואיני עושה, פטורה מכל מלאכות, ופטורה להניק, אלא חייבת במזיגת הכוס והרחצת פניו והצעת המטה, **וכבר** כתבתי דבמקום פלוגתא היא פטורה}, **ומלשון** הרב כאן שכתב צריכה לעשות צרכי הבית, משמע שדעתו כדעת המפרשים שהביא המ"מ, שחייבת בכל צרכי הבית, וכן פסק לעיל סוף ס"ע, **ולא** ידעתי למה השמיט דעת התוס' שהוא להקל על האשה, דיכולה לומר קים לי כהתוס'.

(**עיין** מ"ש ב"ש, דבמקום פלוגתא היא פטורה, ומשמע דהוא מטעם קים לי. **ולפ"ז** נלע"ד, היכא שכבר הניקה הולד עד שמכירה, כיון דלכל הדיעות היא מחוייבת להניקו מפני סכנת הולד, כדלקמן סי' פ"ב ס"ה, אלא שלדעת תוס' והרא"ש מחוייב הבעל ליתן לה שכר, **א"כ** יכול הבעל לומר בהיפך, קים לי כהר"ן דהיא מחוייבת להניק בלא שכר, וצ"ע).

{**גם** נראה דאלו ג' דברים של חיבה, מזיגת הכוס וכו', אין כופין אותה בכפיות, דהא תוס' כתבו שאלו ג' דברים חייבת לעשות, ומ"מ כתבו דאף למ"ד דס"ל מורדת ממלאכה הויא מורדת, לא קאמר אלא מה שמפורש במתני', אבל אם היא מורדת מאלו ג' מלאכות, לאו מורדת היא, **כן** י"ל דלענין כפייה נמי, אין כופין אותה, **אף** על גב דיש לדחות את זאת, מ"מ העיקר הוא דאין כופין אותה בכפיות, דהא כבר כתבתי בשם רש"י, דס"ל דאינו אלא עצה טובה שתעשה אלו ג' מלאכות, וכן ס"ל להטור}.

סעיף טז - טען הוא שאינה עושה, והיא אומרת שאינה נמנעת מלעשותן, מושיבין אשה ביניהם, או שכנים – ‹שיסמכו עליהם מה שיעידו הנהגתה – לבוש›. **ולא** תקנו שהיא תשבע היסת על טענתו, דא"כ בכל עת ובכל שעה יהיה עסק שבועה, ואין שלום בבית, וע"כ האמינו לאשה היושבת ביניהם, אף על גב דאשה פסולה לשאר עדיות.

סעיף יז - האשה ששברה כלים בעת שעשתה מלאכותיה בתוך ביתה, פטורה – [וסיים הרמב"ם, ולא מן הדין אלא תקנה, שאם אי אתה אומר כן אין שלום בבית לעולם, שהיא נזהרת ונמנעת מרוב המלאכות ונמצאת קטטה בבית לעולם]. **משמע** קצת שאם שברה שלא בשעת מלאכה, חייבת, **אבל** לשון הירושלמי שהביא המ"מ הוא סתם, האשה ששברה כלים בתוך הבית פטורה, משמע אפילו שלא בשעת מלאכה.

סעיף יח - מי שהתנה עם אשתו שלא יתחייב במזונותיה, וכן היא לא תתחייב לו במעשה ידיה, אם אח"כ רצה ונתחייב הוא לתת לה [במתנה] מזונותיה, אין מעשה ידיה שלו – [דאין מעשה ידיה תחת מזונותיה אלא באוכלת מצד תקנת חז"ל]. ‹דהא לא תקנו לו מעשה ידיה מחמת מזונותיה אלא משום איבה, וזה לא שייך אלא בסתם נשים האוכלת מחמת נשואין סתם, אבל זו שאוכלת מחמת שנתן לה המזונות במתנה ברצונו הטוב בלא חיוב נישואין, ליכא למימר שיהיה לו איבה עליה אם לא תתן לו מעשה ידיה – לבוש›. **ראיה** לדבר, הפוסק לזון בת אשתו, שאין מעשה ידי הבת שלו, כדאיתא בגמ' ובתוספתא, {וכן אם זן יתום, כמ"ש בחו"מ סי' ע"ר, דאין מעשה ידיו תחת מזונות אלא במי שאוכלת מצד תקנת חז"ל, ריב"ש}.

הגה: אשה ששתקה ולא תבעה מזונות ולא מעה כסף, מן הסתם מעשה ידיה עם המותר שלה, ולא אמרינן שמחלה מעשה ידיה (הר"ן) - כלומר לא אמרינן מאחר ששתקה ולא אמרה בפירוש: איני ניזונת ואיני נוטלת מעה כסף ואני אעשה הכל לעצמי, דהו"א דויתרה לבעל המעה כסף והמזונות, רק רוצה לצמצם ולסגף עצמה וליתן הכל לבעל ולא תקח ממעשה ידיה רק כדי חיותה, **אלא** אדרבה אמרינן מסתמא אדעתא דנפשה עבדה והכל לעצמה, עד שיתן לה הבעל מזונות בעד מעשה ידיה, ומעה כסף בעד המותר, וכן הוא בר"ן בשם הרמב"ן.

אבל מה שאינו מספיק לה, אין הבעל צריך לשלם לה, דודאי מחלה - עיין לעיל בסימן ע' סוף סעיף ח', כתב: לא לותה רק מכרה נכסיה ופרנסה עצמה, אין לה עליו כלום, וכבר כתבתי שם שכ"כ הרמב"ן, **והר"ן** הניח הדבר בצ"ע, **ועיין** לעיל סי' הנ"ל סעיף ה', כתב גם כן בשם הריטב"א, דאין פוסקין לה מזונות למפרע כל שלא לותה בעדים, **וע"ש** סוף הסימן היכא שבעלה הכריז שלא ילוה לה אדם.

אשה שהלכה מבית בעלה מכח קטטה, ואינה רוצה לשוב לביתו עד שיקרא לה בעלה, לא הפסידה משום זה מזונותיה, דבושה ממנו לשוב, מאחר שיצאתה בלא רשותו ואינו מראה לה פנים, ואם הוא יבא אצלה אינה מונעתו מכלום, אבל אם אינה רוצה לבא אצלו עד שיפרע מה שלותה, אבדה מזונותיה, דהוי כמורדת, דכל מורדת טענה אית לה - לשון הרשב"א בתשובה, זו עילה מצאה לצערו, ותולה בפרעון מה שלותה, כלומר ולמה תהיה ידה על העליונה, תבא אליו בתחלה ואח"כ יפרע מה שלותה.

וכל אשה יש לה מזונות אף על פי שאין כתובתה בידה - לשון הרשב"א, שהרי יושבת תחת בעלה, וחזקה של זו שיש לה כתובה ומזונות עד שיטעון הבעל ברי שמכרה או מחלה לו כתובתה, **ולא** עוד אלא אפילו מכרה או מחלה כתובתה לבעלה, יש לה מזונות בחייו וכו', שאין מזונות אלו מתנאי כתובה כו', עד שיביא הבעל ראיה שמחלה לו המזונות בפירוש. {**ולא** כרמב"ם דס"ל דאם מחלה הכתובה אין לה מזונות בחייו, כמ"ש בסי' צ"ג}.

ואינו נאמן לומר שמחלה לו – {היינו אם יטעון שמחלה המזונות בפירוש, אינו נאמן שתמחול מזונות להבא}.

רק בראיה ברורה - והיה נראה דאף שהיא נאמנת, מ"מ צריכה לישבע היסת, **אבל** הרשב"א כתב בשם הרי"ף, דהיא נאמנת בלא שבועה, **ואפשר** לומר דכוונתו בלא שבועת המשנה קאמר, {**ונראה** דדין זה תליא בדין הטוען פרעתי תוך הזמן, כמ"ש בחו"מ סי' ע"ח, ומחילה דומה לפרעון, כמ"ש שם}.

ואפילו על מזונות שעברו, אם לא טען לא טענינן ליה, וצריך לישבע שמחלה לו - כלומר מזונות שעברו נאמן לטעון, וצריך לישבע היסת. ‹דלא גרע ממלוה על פה וכופר בכל דמחייב היסת – לבוש›.

והא דכתב כאן הרב מהרמ"א בשם הרשב"א, דצריך לישבע שמחלה לו, ואם לא טען לא טענינן ליה, **ולפני** זה בסמוך בהג"ה זו כתב, אין הבעל צריך לשלם דודאי מחלה, **אפשר** לחלק, דלעיל מיירי דבת מלאכה היא, ולפעמים יש לה מותר, ואף שלפרקים חסר לה, ודאי מחלה כדי שלא יבוא עמה לחשבון, **וכאן** מיירי הרשב"א באשה שהיתה חולה ולאו בת מלאכה, דצריך לשלם לה אפי' מזונות שעברו כל זמן שלא טען בפירוש מחילה, **ומ"מ** קשה, דלא היה לו להרב לסתום אלא לפרש חילוק זה.

(כל זה בתשובת הרשב"א הובאה בב"י סי' ע"ז)

§ סימן פד – דין מציאת אשה §

סעיף א - מציאת האשה, לבעלה - בגמ' בכתובות דף ס"ו פליגי ת"ק ורבי עקיבא, וסבר ר"ע דמציאתה לעצמה, **ואיתא** תו שם בגמ', דר"ע לטעמיה דסבר העדפת מעשה ידיה שע"י הדחק ג"כ לעצמה, {ופרש"י הואיל דרוב מציאות באין ע"י הדחק, לכן דינם כהעדפה ע"י דחק}, **וכבר** פסק לעיל ריש סי' פ', דחקה ועשתה יותר מהראוי לה המותר לבעל, וא"כ כל מציאה ג"כ לבעל, {**אבל** הרא"ש כתב, דדוקא מציאה ע"י דחק דינה כהעדפה ע"י דחק, אבל שאר מציאות י"ל דלכ"ע מוציא ממנה}. **אבל** לדעת ר"ח, דלפעמים העדפה לעצמה, ‹דהלכה כר"ע, א"כ לדעתו דוקא העדפה שלא ע"י הדחק הוי דבעל›, גם מציאה לפעמים לעצמה, ‹דדוקא מציאה שלא ע"י הדחק הוי דבעל – מחה"ש›, **וכן** פסק בב"ח, {דאין מוציאין מיד האשה העדפה ע"י דחק, א"כ גם מציאה אין מוציאים, מיהו אם באה לידו זכה, אפי' אם אינו נותן לה מעה כסף}.

{**כתבו תוס'**, ב' טעמים למה הבעל זוכה במציאה, א', משום מזונות שנותן לה, וא', משום איבה, ובירושלמי איתא הטעם, שלא תהא מברחת ותאמר מציאה מצאתי}.

[**כתב הרמ"ה**, דוקא בניזונת, אבל אם אינה ניזונת, מציאתה לעצמה, ‹דבאינה ניזונית תהוי לה איבה ואיבה›, **וכתב** א"א הרא"ש ז"ל, ולא דק בזה, דלא משכחת

לה אינה ניזונת אלא באומרת איני ניזונית ואיני עושה, או שאמר לה בעלה צאי מעשה ידיך במזונותיך, והיא מספקת, וכיון שהרשות בידם לומר כן, הוה כניזונת, ‹וחיישינן לאיבה – מחה"ש› **ומציאתה לבעלה, ע"כ בטור**].

ודעת הרמ"ה, דכשם שהרשות ביד אשה לומר איני ניזונית ואיני עושה, כך תוכל לומר איני ניזונית ואיני נותנת לך מציאה, **והרא"ש** חולק עליו, עיין בטור ובב"ח, ואיני כדאי להכריע בין הרים גדולים, **ונראה** דבאומרת איני ניזונית, יפה כתב הרמ"ה, ‹דבאינה זנה לא שייך איבה, א"נ כיון שיש לה רשות לומר כן אף בלא רצונו, מסתמא כונתה היתה אף על המציאה›, **ובאומר** לה צאי מעשי ידיך, יפה כתב הרא"ש, ‹דצריך להשלים לה אם לא ספקה, והוי כזנה ממש – ראש פינה›, **ואפשר** דלא פליגי, ודו"ק.

[**נלע"ד לתרץ דברי הרמ"ה, דמ"ש אבל אם אינה ניזונת, לאו מצד הדין אמר זה, אלא דמיירי בבעלה עני ואין לה מזונות ממנו, אלא היא מטרחת וניזונית, בזה מציאתה לעצמה, דכה"ג ליכא איבה, דהוא אינו מבקש המציאה אלא מניחה לה שתזון ממנה**].

ואם היא ספק מגורשת, מציאתה לעצמה - ‹דמידי הוא טעמא שהיא לבעלה, משום איבה, והכא הא יש איבה ואיבה – לבוש›.

§ סימן פט – חיוב קבורת אשתו §

סעיף א - מתה האשה בחיי הבעל, חייב לקוברה וליטפל בכל צרכי קבורתה, - {**קבורה תיקנו חז"ל תחת נדוניא, ולא תחת הכתובה, דהא ארוסה לית לה קבורה, ולא תחת נכסי מלוג**}. ‹עיין בס"ד, דשם מבואר שתקנוה תחת מנה ומאתים, וכן הקשה הישועות יעקב›.

{**אפי' אם שניהם רוצים שלא ירש הנדוניא ולא יקבור אותה,** אין שומעים להם}. **כתב** בתשו' מהרי"ל, בעל חייב בקבורה אפי' אם כנס אותה ערומה, **דלא פלוג חז"ל**}.

ובכלל זה האבן שנותנין על הקבר - ‹עיין בתשו' הרמ"ע מפאנו, שכ' וז"ל, ומה שטען עוד ראובן על חתנו שיעמיד נר תמיד בבהכ"נ, ויפרע מי שיאמר קדיש בעד אשתו, **נ"ל** שיפה השיב חתנו שאינו חייב כלום, שהדלקת הנר אפילו לבן על האב אינו אלא מנהג בעלמא, והרבה שאין מדליקין אלא מעט בעת התפילה, **ומהא** דכתב הרשב"א דבעל חייב לעשות מצבה ליכא ראיה, דלא קאמר אלא כגון דמנהג משפחתו לעשות כו', **ועל** דבר הקדיש, לא הוטל חיוב זה אלא לבן על אביו ועל אמו, אבל בעל על אשתו אין לו חיוב על זה, עכ"ל›.

וכן חייב לעשות לה מספד וקינים, כדרך כל המדינה - לומר שאם נהגו בני המדינה שלא להספיד, אינו מספיד, {**ואם בני משפחתה אין מספידים כלל, ובני משפחתו מספידים לזכרים**, ‹וה"ה לנקבות, רק יש וכו' – ראש פינה›, **ויש פוחתים לנקבות, אל יפחות לה**}. ‹דודאי מה שפוחתין לנקבות היינו הפנויות, אבל הנשואות שבאותה משפחה עצמה ע"כ יש להם כבוד בעליהן, א"כ אף שבמשפחתה אף הזכרים אין מספידין, היא עולה כנשואות שבמשפחתו – הפלאה›.

ואם דרכם להספיד בחלילין, לא יפחות משני חלילין ומקוננת - עיין בתוס' מה שהקשו, למה לא קתני לא יפחות מדרך העולם, **אפילו עני שבישראל; ואם היה עשיר, הכל לפי כבודו. ואם היה כבודה יותר מכבודו, קוברין אותה לפי כבודה, שעולה עמו ואינה יורדת.**

‹**ועיין** בספר כרם שלמה שהביא בשם תשב"ץ, דמי שקבר אשתו כדין, ואח"כ הוציאוה מקברה חטוטי שכבי והפשיטו התכריכין מעליה, אינו חייב לקוברה פעם שנית, ונלמד זה מנשבית שחייב לפדותה, ואם נשבית פעם שניה ורוצה לגרשה, הרי זה מגרש ויתן כתובה והיא תפדה עצמה, וה"ה לקוברה פעם ראשונה, שאין קוברה פעם שניה, עכ"ל. **ובמחכ"ת** העתיק שלא כדת, דבתשב"ץ עצמו שם מבואר דכן היתה דעת השואל, אבל הרשב"ץ ז"ל השיב לו דאינו כן, אלא לעולם הוא קוברה ואפי' מאה פעמים, **וכתב** דהראיה שהביא השואל מנשבית אינה ראיה, אא"כ אמר הבעל איני יורשה כלל, והרי כתובתה ויירשוה קרוביה ויקברוה, **ואפי'** הכי אין הנדון דומה, שאם יכול לומר כן אל האשה עצמה, מ"מ אינו יכול לומר כן לחוב לקרוביה, **ועוד** אפי' פורע כתובתה לקרוביה חייב לקוברה, שהרי בירושלמי אמרו, שהאשה שאין לה כתובה הבעל חייב בקבורתה, **ועוד** אפי' בנשבית אינו אומר כן אלא מפני שיכול לגרשה, וכיון שגירשה הרי אינה אשתו ואינו חייב עוד בפרקונה, אבל זאת אשתו מתה, וא"א לגרשה עוד,

ולעולם היא קרויה אשתו עד שיחיו המתים, הילכך לעולם חייב לטפל בתכריכים ואפי' מאה פעמים כו', עכ"ד, ע"ש).

(**ועיין** בקו"א לס' כתובה, שכתב שהעלה מלשון רש"י ז"ל ר"פ אלמנה ניזונת, דקבורתה הוא קודם לירושתה, **ונ"מ** דאם יש עליו בעלי חוב בשטר הקודמין לנישואין, אינם יכולים לגבות מהנכסים שיורש ולמנוע הוצאות קבורתה לפי כבודו וכבודה, **כמו** בבע"ח דידיה במת הוא, שיכולין למנוע הוצאות קבורתו, כדאיתא בחו"מ ר"ס ק"ז, **אבל** אם לא ירש ממנה כלום, אף שחייב בקבורתה, אם יש עליו בע"ח מוקדמים, יכולים לעכב, **וכן** נראה בפשטות בכל היורשים שהם חייבים לאחרים מצד עצמן, אין יכולים בעלי החוב לעכב בקבורת אביהם מנכסי אביהם, דקבורתו קודמת לירושה, **משא"כ** בנכסי היורשים עצמם יכולים לעכב, עכ"ד, ע"ש).

סעיף ב - לא רצה לקוברה, ועמד אחר וקברה, ב"ד מוציאין מבעלה ונותנין לזה –

{כ"פ הרמב"ם, אף על גב דאם עמד אחד ופרנס לאשת חבירו, קי"ל דהניח מעותיו על קרן הצבי, כמ"ש בש"ס ולעיל סי' ע', שאני קבורה דכדי שאל תתבזה, לכן חייב לשלם, **מיהו** בירושלמי פליגי בזה אם עמד א' וקברה אם מוציאים מהבעל, והרשב"א והר"ן פסקו דלא כרמב"ם, וכתבו, מספיקא אין מוציאים מהבעל אם קבר אחר}.

{**אפי'** אם היה הבעל בעיר ולא נמלך בו, ועמד אחד וקבר אותה, מוציאים ממנו, ד"מ, **ואם** קברה מצדקה ואח"כ נודע דיש לבעלה ממון, מוציאים מהבעל, **אפי'** למ"ד אם קבר אחר אין מוציאים מהבעל, מ"מ אם קברה מצדקה מוציאים ממנו, ד"מ בשם הג"מ, **ובסי'** קי"ח מבואר מי ומי חייב ליתן לסיוע הקבורה, **גם** אם היא חייבת בקבורת בעלה}.

סעיף ג - היה בעלה במדינה אחרת, ב"ד יורדין לנכסיו ומוכרין בלא הכרזה –

(כדי שלא לעכב הקבורה – לבוש). **ויש** מי שהוסיף, שאף הַלְוָה לצורך קבורה, כשבאים ב"ד לפרעו, מוכרין בלא אכרזתא שלשים יום, כדי שלא תנעול דלת בפני גומלי חסדים המלוים לדברים כאלו, וכן ראוי בכיוצא בזה לעשות, לשון המ"מ, **וקוברין אותה לפי ממון הבעל ולפי כבודו, או לפי כבודה.**

סעיף ד - אלמנה, אינה נקברת מנכסי בעלה, אלא יורשי כתובתה חייבין בקבורתה - מלשון זה משמע, אם היא ענייה ואין לה כלום להוריש, אין חייבים בקבורתה, רק נקברת מן הצדקה, **ועיין** בתוס' ר"פ אלמנה ניזונית, דמשמע אפי' לא הניח אלא מטלטלין, ואין הכתובה נגבית מהם לדינא דגמרא, אפ"ה יורשיה הראוים לירש ממנה אילו היתה לה כתובה, חייבים בקבורתה, {**וצ"ל הטעם משום לא פלוג, לפי"ז אפי' לא הניחה כלום מ"מ חייבים בקבורה, ומזה** נשמע דהבעל פשיטא דחייב בקבורה אפי' לא יורש כלום, ומ"ש תוס' שם, דהבעל אינו חייב בקבורה כשלא ירש, צ"ל דכוונתם כשאין לו דין ירושה, אבל אם הוא ראוי לירש, אפי' לא ירש חייב בקבורה}, **וכ"כ** הראב"ד בהשגות, יורשי נדוניתא ונכסי מלוג שלה קוברין אותה ואע"ג שלא ירשו כלום, ויש לדחות וכמו שאכתוב אחר זה (בס"ק הבא), **ומצאתי** בתשו' מהרי"ל, מי שפסק להכניסה ערומה, מי לא חייב בקבורתה, אלא לא פלוג רבנן בתקנתא וכו', ע"ש.

{**מיהו** מרמב"ם משמע דס"ל, כשלא ירש אינו חייב בקבורה דאי ס"ל לא פלוג, א"כ אם מתה בלא שבועה למה היורשים אינם חייבים לקבור אותה, אלא ודאי ס"ל כשלא ירש הבעל או היורשים, אינם חייבים בקבורה}.

ואם מתה קודם שנשבעה שבועת אלמנה, יש מי שאומר שיורשי בעלה חייבין בקבורתה –

[זה דעת הרמב"ם], **ולא הודו לו** - זה לשון הראב"ד: דעתא קלישתא קא חזינא הכא, וכי מפני שלא נשבעה קרא ליורשי הבעל יורשי כתובתה, והלא הם אומרים שכבר נפרעה מכתובתה ונטלה צררי והורישה ליורשיה, אלא ודאי יורשי נדוניתא ונכסי מלוג שלה קוברים אותה ואע"פ שלא ירשו כלום, עכ"ל, **ואפשר** לפרש דבריו דה"ק, דאף שלא תפסה צררי ולא ירשו כלום מן הכתובה, מ"מ הנדוניא ונכסי מלוג שלה לזה לא צריכה שבועה, וא"כ יורשיה יורשים הנדוניא ונכסי מלוג עכ"פ, וא"כ למה לא יקברוה, **וא"כ** כל שהיא ענייה ולא היו לה נדוניא ונכסי מלוג, אינם חייבים לקוברה, רק היא נקברת מן הצדקה, **אבל** לא משמע כן בתשו' מהרי"ל, וכמ"ש בס"ק הקודם.

[**בטור** כתב, ולא נהירא, כיון שראוין לירש אותה אילו נשבעה, חשיבי שפיר יורשיה, וכן כתב הראב"ד].

(**עיין** בתשו' אא"ז פנים מאירות, שהכריע כדעת הרמב"ם, ע"ש, **ועיין** בספר בית מאיר שפקפק על דבריו, ומסיים דהברור שאין להוציא ע"פ הכרעתו, ע"ש. **גם** בספר ישועות יעקב חולק על הפמ"א בזה, ע"ש).

§ סימן רס §

סעיף א - מצות עשה לאב למול את בנו - ‹ולשון מילה כולל גם פריעה, דמל ולא פרע כאלו לא מל - ערוה"ש›. **וגדולה מצוה זו משאר מצות עשה** - לפי שיש בה צד כרת כשיגדיל ולא ימול, כדבסימן שאחר זה.

‹**ומי** שיכול למול בעצמו, ודאי אין לו לכבד לאחרים לימול, ויעשה הוא המילה והפריעה, **אך** המציצה יכול ליתנו לאחר, דאין במציצה מצות המילה אלא לבריאת הולד, **אמנם** אם האחר מוהל טוב ממנו, או שחרד שמא מפני טבעו יקלקל, ודאי דיתן לאחר לימול - ערוה"ש›.

§ סימן רסא §

סעיף א - אם לא מל האב את בנו, חייבים ב"ד למולו - ‹בין בזמנה ובין שלא בזמנה. ואפילו אם האב בכאן ואינו רוצה להטריח במילתו - ערוה"ש›.

‹**דבר** פשוט הוא, שבמקום שאין ב"ד ואין אב, החיוב מוטל על כל ישראל שבאותו מקום למולו, דהא כתיב המול לכם כל זכר, ולכל ישראל נאמרה, אלא דכשיש ב"ד ממילא דהחיוב יותר על הב"ד. **ולדינא** נ"ל שב"ד חייבים גם להוציא ממון למולו, שהרי סוף סוף התורה חייבתם, והוי אצלם ככל המצות שעל גופם - ערוה"ש›.

ואם לא מלוהו ב"ד, חייב הוא כשיגדל למול את עצמו. ואם לא מל, חייב כרת. הגה: ובכל יום עוברים בעונשין אלו - ‹דהיינו אב או הב"ד עוברים בעשה, והבן לכשיגדל בעונש כרת בכל יום - לבוש›.

ואין מלין בנו של אדם שלא מדעתו - ‹ולא מיבעיא אם הוא בעצמו יכול להיות מוהל, אלא אפילו אינו מוהל, הרי יעשה מוהל אחר לשליח, ושלוחו כמותו, **ואפי'** אם עברו כמה שעות ביום ולא מל, אע"ג דמצוה לזרז א"ע למילה, מ"מ לא מפני זה נמול שלא מדעתו - ערוה"ש

‹**ואם** עבר ומלו שלא מדעתו, היכא שהאב הוי מוהל, חייב ליתן לו י' זהובים, כמו שנתבאר בחו"מ סוף סי' שפ"ב. ‹**ונתבאר** שם דבזה"ז אין גובין קנס זה ורק יפייסנו - ערוה"ש›.

(**ובס'** לבושי שרד כתב בשם מהר"י עמדין, דהיינו כשהאב עצמו רצה לימול, אבל אם נתן האב המצוה לאחר, וקדם אחר ועשאה, לא מפקינן מיניה. **ואין** צורך בזה להביא בשם מהרי"ע, דכ"כ הרמ"א בחו"מ סוס"י שפ"ב).

(**ועיין** בתשובת זכרון יצחק שכתב, דמי שהיה רוצה למול את בנו בשבת, ובא אחר ומלו, פטור מליתן י' זהובים, דהא דעת הרא"ה הביאו הטור לקמן סי' רס"ו, דאין לו לאב למול את בנו בשבת אם יש אחר, דמילה הוא פסיק רישא לגבי דידיה, דהוא מכוין לתקן את בנו, אבל לגבי אחר לא מקרי תיקון ושרי, **ונהי** דאנן לא קי"ל הכי, כמ"ש בשו"ע שם ס"ז, מ"מ בודאי דיכול לומר קים לי כדעת הרא"ה, ע"ש. **ונ"ל** דלדידן אין נפקותא בזה, דהא מבואר בחו"מ סוס"י שפ"ב, דבזה"ז אין מגבין אותן, דבמידי דלית ביה חסרון כיס לא עבדינן שליחותייהו, אלא דאם תפס לא מפקינן מיניה, ע"ש, **א"כ** לכתחלה בלא"ה אין מגבין אפי' אם היה בחול, ובאם תפס פשיטא דאפילו היה בשבת לא מפקינן מיניה).

אלא אם כן עבר האב ולא מלו, בית דין מלין אותו בעל כרחו - ‹אם רואין אותו מונע ופושע ועובר במזיד - לבוש›. ‹**ואם** עבר היום ולא מלו, אז למחר ב"ד מלין אותו בלא דעתו ואפי' בעל כרחו, **וודאי** דגם ביום השמיני סמוך לערב מלין בלא דעתו, אלא שא"א לצמצם דאולי האב ימול אותו סמוך לערב, וממילא דישאר עד למחר. **ונ"ל** דבר פשוט, דכשהאב בדרך, לא ימתינו עליו כלל ביום השמיני בבוקר, אף שאפשר שיבא בכמה שעות, **אך** אין המנהג כן, דנוהגין להמתין על האב אפילו עד חצות היום, **ולענ"ד** אינו כן, דשיהוי מצוה לא משהינן - ערוה"ש›.

ואין האשה חייבת למול את בנה - (עיין בשער המלך, לענין עבד אי מחייב למול את בנו, ע"ש).

האב שאינו יודע למול, ויש כאן מוהל שאינו רוצה למול בחנם, רק בשכר, יש לב"ד לגעור במוהל זה, כי אין זה דרכן של זרע אברהם, ואדרבה מוהלים מהדרין שיתנו להם למול. ואם עומד במרדו, ואין יד האיש משגת לתת לו שכרו, הוי כמי שאין לו אב שב"ד חייבים למולו, ולכן ב"ד כופין אותו, מאחר שאין אחר שימול - (עיין

בספר לבושי שרד שכתב בשם מהר"י עמדין, דרשאים להטעותו להבטיח לו שכר ולא ליתן לו, ע"ש).

‹**ושמעתי** מעיר אחת גדולה שישראל מרובים ומוהלים מועטים, והמוהלים מסרבים מפני שיש להם בזה ביטול פרנסה, ששכרו טובי העיר מוהל אחד שלא יעשה שום פרנסה, ויקבל מכל מילה כך וכך, והוא כמושכר לאנשי העיר למול בניהם, ונכון הוא מאד, ובפרט בעיתים הללו ד' ירחם – ערוה"ש).

§ סימן רסב – זמן מילה לבריא ולחולה ולאנדרוגינוס §

סעיף א - אין מלין עד שתנץ החמה ביום השמיני ללידתו – [הטעם, שאז יצא ודאי מספק לילה], **(ומשעלה עמוד השחר יצא)** - ‹ולפי שאין הכל בקיאין בעה"ש, לכן צריכין להמתין עד הנץ – ערוה"ש›.

וכל היום כשר למילה, אלא שזריזין מקדימים למצות ומלין מיד בבקר - ‹ודע דבמשנה דמגילה דחשיב כל מצות פרטיות שכשרים כל היום, ולא חשיב מילה בהדייהו, ע"ש, **ונ"ל** דבכוונה שבקה התנא, דודאי גם במילה כן הוא, אלא שבשארי מצות אין קפידא כל כך אם נאחר מעט, אף שבודאי מצוה להקדים, **אבל** במילה שהוא חותם ברית קודש ובזה נכנס לקדושה, יש קפידא גדולה שלא לאחרה, ולכן גם בברייתא לא תני הך דזריזין מקדימין רק למילה. **ויש** לנו לצווח על מנהג זמנינו שמאחרין המילה כמה שעות ביום מפני שטותים, שלא באו כל הקרואים וכדומה שטותים כאלה, ויש מקומות שמאחרין עד אחר חצות היום, והוא עון פלילי. **ואין** לתמוה דכיון דזריזין מקדימין למצות, למה לא ימולו קודם התפלה, דזה א"א, חדא דתפלה היא מצוה תדירית, ויש בה הרבה מצות ציצית ותפילין וק"ש ותפלה, ועוד שהרי מצוה לעשות סעודה, וקודם התפלה לא יוכלו לטעום, **אמנם** זהו ודאי, אם הקהל כבר התפללו והמוהל או הסנדק או אבי הבן לא התפללו עדיין מאיזו סיבה, ימולו ואח"כ יתפללו, **ומילה** קודמת למת מצוה, **ואם** המילה הונחה מפני חולי של התינוק, ואיתרמי המילה והפדיון הבן ביום אחד, ג"כ מקדימין המילה, אף שהפדיון הוא בזמנו והמילה היא שלא בזמנה, מ"מ מילה עדיפא מינה, אם לא שעדיין אין יכולין למולו והגיע זמן הפדיון, דאז פודין אותו גם כשלא נמול עדיין, **ובר"ה** כשחל מילה, מקדימין ג"כ המילה להתקיעות, ולכל המצות מילה קודמת – ערוה"ש›.

(**עיין** בתשו' שבות יעקב, שכתב דיש למחות בחזנים שמאריכין בשבת ויו"ט כשיש מילה בבהכ"נ עד אחר חצות, והם מבטלין מצות זריזין. **ועיין** בנ"צ לענין אם האב והמוהלים מותרים לאכול קודם המילה, מ"ש בזה).

(**ועיין** בתשובת נו"ב, ע"ד תינוק שלא נימול בזמנו מחמת חולי, ושוב חזר לבריאותו, ואביו רוצה לעכב למולו עד שיגיע ערב פסח, כדי שיאכלו הבכורים על הסעודה, **וכתב** דזה מעשה מגונה מאד, חדא שעובר מצות זריזין, גם יש לחוש אולי ח"ו ימות הילד ונדחית המצוה לגמרי, **ולכן** יש לאסור אף אם כבר לא מלוהו והגיע ע"פ, שלא למולו, שזה עצת חטאים, ויש לגזור משום פעם אחרת שמא ישהא, **ועוד** מהי תיתי להתיר לכתחלה לשהות מילה שלא בזמנה למול בע"ש, שיש לחוש שיבא לידי חילול שבת, **ועוד** מי התיר לבכורים לאכול בע"פ בסעודת מילה שלא בזמנה, ע"ש).

ואפילו מילה שלא בזמנה - כגון חולה ושאר דברים שיתבארו לקמן, **אינה אלא ביום** - (עיין בשאילת יעב"ץ שכתב, דהיכא שנאנסו או נתעצלו ביום ח' עד בין השמשות ולא מלו, עדיף למול בין השמשות שהוא ספק שמיני ספק תשיעי, מלמולו שלא בזמנו בודאי יום, ע"ש).

הגה: עבר ומל בלילה, צריך לחזור ולהטיף ממנו דם ברית. (ב"י והג' מיימונית). מלו תוך ח' וביום, יצא. (הרא"ש ושכן נראה מתשובת הרשב"א). ועיין לקמן סימן רס"ד - היינו ע"פ מ"ש בד"מ, דהגהמי"י והרא"ש לא פליגי, דאפשר דעדיף תוך ח' מאלו נימול בלילה, עכ"ל, **אבל** לדעתי א"א לומר כן כדמוכח להדיא במנחות ס"פ רבי ישמעאל, גבי הא דקאמר התם ר"א בר' שמעון בשיטת ר"ע רבו של אביו אמרה כו', עד ואי ס"ד נקצר שלא כמצותו כשר, אמאי דחי שבת כו', ע"ש בש"ס ורש"י, **גם** מ"ש מהרש"ל והב"ח והפרישה, דנימול בלילה בדיעבד כשר, וגם מ"ש הרא"ש בשם ר"ש, דנימול תוך ח' כשר וא"צ להטיף דם ברית, קשיא עלייהו הך ש"ס דהתם, דמוכח דלא יצא, דאם איתא דכשר אמאי דחי מילה שבת, לימהליה מע"ש, ע"ש, ויש ליישב בדוחק, **והראיה** שהביא שם הר"ש,

מדקאמר פרק רבי אליעזר דמילה, דהיכא דקדם ומל של שבת בע"ש דלא ניתנה שבת לדחות, אלמא דא"צ להטיף ממנו דם ברית, כיון דלא נתנה שבת לדחות, **לאו** ראיה היא לפע"ד, די"ל דנהי דלא יצא, מ"מ לא ניתנה שבת לדחות אלא על מצות מילה ממש, ולא על הטפת דם ברית, **אבל** באמת נימול ‹תוך ח' או› בלילה לא יצא אפי' דיעבד, כדאיתא בש"ס התם, דמדדחי שבת אלמא אפי' דיעבד פסול, ‹הוספה זו נמצאת במהדורת פריעדמאן, אבל מבה"ט שבסמוך נראה דלא גרס כן›, **גם** מ"ש הב"י וד"מ, דמדברי תשובת הרשב"א משמע כהרא"ש, ליתא, דלא משמע שם מידי ע"ש, וע"ל סי' רס"ד ס"ק ו', **ולענין** דינא נראה מתוך מה שכתבנו, דבין נימול בלילה ובין נימול ביום תוך ח', לא יצא, וצריך לחזור ולהטיף ממנו דם ברית, **וכן** פסק הב"ח, אלא שכתב כן מפני שיש לתפוס לחומרא, ולפי מה שכתבנו כן הוא עיקר ע"פ הדין.

[תמוה הג"ה זאת בתרתי, חדא דמשמע דחיוב הוא, וא"כ *אפילו בשבת יחזור ויטיף כו', וזה אינו, דלא מצינו שסובר שיחזור ויטיף כו' אלא הג"ה מיימונית, ושאר פוסקים לא ס"ל הכי כמ"ש הב"י, וא"כ פשוט שאין כאן אלא חומרא, ובשבת לא יעשה כן, ותו במ"ש כאן בסיפא, מל תוך ח' וביום יצא, משמע שא"צ לחזור ולהטיף כו', מאי שנא מרישא, דודאי לא עדיף תוך ח' מבלילה, וכן מוכח בסימן רס"ד, דתוך ח' לא הוה מילה כלל].

***אין** דבריו נכונים וכמ"ש בש"ך - נקה"כ.

‹**ובדין** זה אם מל תוך ח', הסכים ג"כ הש"ך ופסק דצריך מדינא לחזור ולהטיף וכו', ובזה לא ניתנה שבת לידחות, **אבל** אם מל בלילה, לא יצא אפי' דיעבד, י"ל דצריך להטיף וכו' אפי' בשבת, ע"ש – בה"ט› ‹**חלילה** להורות כן, דשמא קיי"ל דא"צ להטיף, ומחלל שבת שלא במקום מצוה – ערוה"ש›.

‹**ועיין** בשו"ת שאגת אריה שהאריך בזה, והעלה דהיכא דנימול בתוך זמנו, אי נמי לאחר זמנו ובלילה, לא עשה כלום, ואפי' בדיעבד לא יצא, **ומ"מ** א"צ לחזור ולהטיף דם ברית, ע"ש›.

סעיף ב - חולה אין מלין אותו עד שיבריא, וממתינים לו מעת שנתרפא מחליו שבעה ימים מעת לעת, ואז מלין אותו – [ראיתי בס' בדק הבית שחיבר הב"י, שכתב בשם הרשב"ץ, דמ"מ אין מלין אותו ביום ה', לפי שביום הג' יש צער לנימול, ואין לגרום צער ביום השבת, **ולפ"ז נראה כ"ש שאין למולו ביום ו', דאיכא צער טפי, כמ"ש בסימן רס"ו בשם הרשב"א והרמב"ן**].

‹**ובבדק** הבית סיים, ממתינין עד למחר, הרי דלמחר ביום ו' מותר, ואיך כתב הט"ז דכ"ש שאין למולו ביום ו', **גם** בעיקר דברי הט"ז דאין מלין ביום ה', דיש צער לינוקא, במקור הדין בתשב"ץ הטעם, כיון דביום ג' סכנה לתינוק ויצטרכו לחלל שבת, והוי כההיא דאין מפליגין בספינה תוך ג"י סמוך לשבת, ולזה דברי הט"ז בדיבור זה תמוהים מאד, ברכי יוסף – רעק"א› ‹**כוונת** הט"ז, דשני למילה יש יותר סכנה משלישי למילה – ערוה"ש›.

פסק דאין למולו ביום ה' וו', וליתא כמ"ש בש"ך ס"ס רס"ו - נקה"כ. ‹**שהרי** בספינה עצמה אמרו בשבת, דלדבר מצוה מותר, וכ"ש במילה, ועוד מדלא אשתמטו הפוסקים להזכיר דמילה שלא בזמנה לא ימולו ביום ה', והלכך ליתא להאי דינא, וכן המנהג פשוט ואין לשנות – ערוה"ש›.

בד"א, שחלצתו חמה וכיוצא בו, שהוא חולי שבכל הגוף – ‹והטעם, דכיון דהמחלה נתפשטה בכל הגוף, צריך הגוף חיזוק יותר – ערוה"ש›, **אבל אם חלה באחד מאיבריו, כגון שכאבו לו עיניו כאב מועט וכיוצא בזה, ממתינים לו עד שיבריא** - דמשום צער וחולי כל שהוא משהין אותו למול עד שיבריא, כדי שלא יבא לידי סכנה, וכ"כ הגאון, דכל תינוק שהוא מצטער בין מחמת חולי בין מחמת ד"א, אין מוהלין אותו עד שיבריא, עכ"ל נ"י, והביאו ב"י וד"מ, **ולאחר שיבריא, מלין אותו מיד.**

(**אבל כאבו לו עיניו כאב גדול** - נראה דהיינו באופן שנתבאר באו"ח סימן שכ"ח ס"ט, **הוי כחולי שבכל הגוף**) - ‹ונ"ל דעל כל מה שנתבאר שם דמחללין עליו את השבת, כמו מכה בגב היד וגב הרגל וכיוצא בהם, צריכין להמתין ז' ימים מעת לעת אחר שיבריא – ערוה"ש›.

‹**ודע** שראיתי בספרים שנתחברו על דיני מילה, שנסתפקו באיזה פרטי מחלות אם נקראו מחלות לעכב המילה עי"ז, וגם נסתפקו באיזה מחלות אם דינם כחולי המתפשט בכל הגוף וצריך המתנת ז' ימים מעת לעת, כמו תינוק שנתפחו ביציו וכיוצא בזה, **ואני** תמה על כל הספיקות, דזהו פשוט, שכל שיש איזה שינוי בהתינוק באיזה אבר שהוא, מעכבין המילה, **וכשיש** ספק אם חולי זו מתפשט בכל הגוף,

ישאלו לרופא, שהרי אנו סומכים על הרופאים בחילול שבת ולאכול ביוה"כ, **ואם** אין כאן רופא ואצלינו הוה ספק, או שגם להרופא יש ספק, הלכה ברורה דספק נפשות להקל, וממתינין ז' מעת לעת משנתרפא, ומה מועיל כשנבאר איזה פרטים בזה, סוף סוף נצרך לשאול ברופאים – ערוה"ש›.

סעיף ג - אנדרוגינוס, ומי שיש לו שתי ערלות - ‹זה על זה, וי"א ב' גידין, רש"י›, **ויוצא דופן** - ‹אע"פ שאין מילתן דוחה שבת, מ"מ בחול› **נימולים לח'** - ‹ולא אמרינן הואיל ואידחי לגבייהו פעם א' יום שמיני, כגון היכא דנולדו בשבת, אידחי לגבייהו לעולם יום ח', ונמול אותם אימתי שנרצה, כגון ביום א' וב' או ט' וי', לא אמרינן הכי, אלא היכי דגלי רחמנא גלי – לבוש›. **ע"ל** סי' רס"ו ס"י.

‹**וכן** בטומטום שנקרע ונמצא זכר, חשבינן מיום הלידה, ב"י – רעק"א›. ‹דהא בלידה תלא רחמנא – לבוש›. ‹**וגם** מחללין עליו את השבת כמו שיתבאר בסי' רס"ו – ערוה"ש›. ‹**וז"ל** מהריק"ש, טומטום אין חיוב לקרוע ולמולו. ופשוט – רעק"א›.

סעיף ד - נולד בין השמשות, מונים לו מהלילה ונימול לתשיעי, שהוא ספק שמיני - ‹אבל לא קודם לכן, דשמא לילה היה כשנולד, והוה ליה יום שמיני ספק ז' מלידה, ואין מצוה למול תוך ח' אלא לאחר ח'– לבוש›. ‹**ואפילו** לדיעה שסוברת דנמול תוך ח' יצא, זהו בדיעבד ולא לכתחלה – ערוה"ש›. **ע"ל** סי' רס"ו ס"ט. **ואם הוציא ראשו חוץ לפרוזדור מבעוד יום, או ששמעו אותו בוכה** - ‹וכן עושה שום מעשה בפיו, דלעולם כ"ז שהוא במעי אמו פיו סתום – רעק"א›, **אפילו נולד אחר כמה ימים, מונים לו ח' ימים מיום שיצא ראשו או מיום ששמעו אותו בוכה** – ‹שאז היה יום לידתו אלא שנשתהא – לבוש›.

‹**ועכשיו** כמעט אין אנו בקיאין בכל זה, ואין מעמידין על זה, ומעולם לא שמענו שיורו כן, וזהו מפני חסרון הבקיאות – ערוה"ש›.

הגה: וי"א דוקא בספק, אבל אם אמו אומרת דהתינוק היה מונח בבטנה כמו בשאר פעמים, ולא היה לה חבלי לידה כלל, אע"פ ששמעו בוכה מונין לו מיום הלידה, דאע"ג דלא שכיח שיבכה בלא הוצאת הראש חוץ לפרוזדור, מ"מ האם נאמנת לומר שהיה מונח כמו בשאר פעמים ובכה - ‹במעיה, לבוש›. **דאי** היה חוץ לפרוזדור היתה מקשה לילד מיד.

‹**עיין** מ"ש לעיל סימן קצ"ד ס"ק ט' בשם תשובת נו"ב, ומשם נלמד לענין זה, דאם היתה ישנה ושמעו קול הולד בוכה, לא אמרינן דחשוב כילוד לקולא, ואם אירע יום הח' בשבת אין מוהלין אותו, דאמרינן אילו הוציא ראשו אגב צערה היתה מתערה, ומסתמא לא הוציא ראשו, **ואף** דרוב ולדות אין בוכים קודם הוצאת הראש, מ"מ מידי ספיקא לא נפקא, **ואף** בחול יש לומר ג"כ דאין למולו עד שמיני ללידתו ממש›.

סעיף ה - אם נולד כשהיו נראים ברקיע כוכבים קטנים מאוד, יש לסמוך על הכוכבים לספק למול למחרת, כיון שלא היה לא שבת ולא יום טוב, ואע"פ שהיה הרקיע מזהיר כעין אורה של יום.

דוקא משום שהם קטנים מאד אין לסמוך עליהם למול בשבת, אבל בכוכבים בינונים בסעיף שאח"ז, יש לסמוך עליהם למול אפי' בשבת. ‹**עיין** בליקוטי פר"ח שהשיג עליו, ע"ש ‹וז"ל, ואין לדבר זה טעם, דאי מהני כוכבים בינונים, כ"ש כוכבים קטנים, וכדאיתא בפ' ב' דשבת, אלא דשאני הכא כיון דהרקיע מזהיר מש"ה איכא ספיקא, ודוק עכ"ל – רעק"א›, **גם** בשאילת יעב"ץ השיג עליו, ע"ש›.

‹**ראו** כוכבים קטנים מאד, כלומר לא מין כוכבים קטנים, דזה א"א, שהרי אינן נראין אלא בלילה, אלא הכוונה דהכוכבים הבינונים היו נראים קטנים מאד, ולפ"ז י"ל שעדיין הוא יום, אך מ"מ עושה זה ספק לבלי למולו כנגד יום זה אלא למחר, והיינו ספק שמיני ספק תשיעי, כיון שאינו שבת ויו"ט, כלומר דאלו היה הלמחר בשבוע הבא שבת או יום טוב, היה בהכרח להניח עוד יום למוהלו בספק תשיעי ספק עשירי, **ולפ"ז** אתי שפיר דברי הש"ך, {דכשנראו ג' בינונים, כלומר מין כוכבים בינונים, אין מביטין על סימן אחר, וסימן מובהק מאד הוא וסומכין על זה אף בשבת}, ולחנם השיגו עליו בלקוטי פר"ח ובחידושי הגרע"א ודו"ק – ערוה"ש›.

סעיף ו - אם לאלתר כשהוציא הולד ראשו חוץ לפרוזדור נראו ג' כוכבים בינוניים, יש לסמוך עליהם שהוא לילה, אפילו הוא למחר שבת. אבל אם שהו אחר כך, אם לפי השיהוי

נראה להם שהיה יום בהוצאת הראש, אין להם אלא מה שעיניהם רואות, ויהא נימול לשמונה, אפילו אם יארע בשבת.

סעיף ז - אין דבר זה תלוי בתפלה, אם התפלל מבעוד יום, לא להקל ולא להחמיר - ‹רק ביציאת הכוכבים תלה רחמנא, דביום כתיב - לבוש›.

‹**ונראה** דאפילו אם קבלו שבת, כיון שעדיין היה יום גמור, נחשב לנולד ביום, וכן להיפך כשנולד בשבת לעת ערב והיה לילה, אפילו לא הבדילו עדיין, נחשב כנולד בלילה, **ואפילו** האב והאם עצמם התפללו כבר ערבית או קבלו שבת או לא הבדילו - ערוה"ש›.

§ סימן רסג - ילד שהוא אדום או ירוק, ומי שבניו מתים מחמת מילה §

סעיף א - קטן שהוא ירוק, סימן שלא נפל בו דמו - ‹ועדיין הוא חלוש מאד ואין בו כח, וממהר לחלוש ולמות - ערוה"ש›, **ואין מלין אותו עד שיפול בו דמו ויחזור מראהו כמראה שאר הקטנים** - (ועיין בספר לבושי שרד שכתב בשם מהרי"ע, דכל מין ירוק בכלל, כזהב או ככרתי או כעין הכחול).

וכן אם נמצא אדום, סימן שלא נבלע דמו באבריו, אלא בין עור לבשר - ‹וכשמוהלין אותו יוצא כל דמו›, **ואין מלין אותו עד שיבלע בו דמו. וצריך ליזהר מאד באלו הדברים, שאין מלין ולד שיש בו חשש חולי** - כדלעיל סימן רס"ב ס"ק ד', **דסכנת נפשות דוחה את הכל, שאפשר לו למול לאחר זמן, וא"א להחזיר נפש אחת מישראל לעולם** - ‹ופשוט הוא דגם אם השינוי מאדום וירוק הוא במקצת הגוף או אפי' באבר א', אין מלין אותו עד שיחזור המראה, וכן אם מקצתו אדום ומקצתו ירוק, וכן אם הוא לבן ביותר או כחוש ביותר, מעכבין המילה עד שיתחזק כראוי, וכן אם אין ביכולתו לינק מן הדד, מעכבין עד שיתחיל לינוק, וכן כל כיוצא בזה לפי ראות עיני בני אדם - ערוה"ש›.

‹**הדבר** פשוט דמיד שנפל בו הדם ונבלע בהאברים, יכולים למולו, ובזה לא שייך להמתין ז' ימים מיום שהבריא, אף שזה נתפשט בכל הגוף, מ"מ הרי אין זה חולי כלל, אלא מעצם הבריאה כן הוא, שזה רואים בחוש שכל תינוק כשנולד נוטה גופו לירקות, וביותר לירקות כרקיע, מפני שהדם אינו נופל בו מתחלת לידתו, אלא אח"כ ביום או יומים או ג' וכו', תשתנה מראיתו, וזה התינוק לא נפל בו הדם גם בשמיני, אבל מיד כשנפל בו הדם הרי הוא בריא ככל הבריאים, וכן משמע מסתימת לשון הפוסקים, וביותר מלשון הגמ' שם שאמר אביי להמתין עד שיפול בו הדם וימולו אותו ע"ש, ואי ס"ד דבעי ז' ימים, ה"ל לומר כן, **ולכן** תמיהני על איזה מהגדולים שרוצים להחמיר להמתין ז' ימים אח"כ, ולדבריהם בתינוק שנפל בו הדם ביום השלישי או ברביעי, ימתינו ז' ימים, ולפ"ז רוב ולדות לא תהיה מילה בשמיני, כי מיעוטא דמיעוטא שיפול בהם הדם ביום ראשון ללידתו - ערוה"ש›.

(**כתב** בספר חמודי דניאל כ"י, תינוק שלא קשרו את הטבור כראוי, ויצא ממנו דם הרבה, נראה דאין למולו עד שיתחזק ויבוא לו דם אחר, ע"כ).

סעיף ב - אשה שמלה בנה ראשון - כלומר שנתנה למול את בנה, **ומת מחמת מילה** - (כתב מהרי"ע, דנראה כל שלא הבריא אחר המילה ומת, מיקרי מחמת מילה, ע"ש), **שהכשילה כחו** - כלומר שנראה שהמילה הכשילה כחו, ודלא כפרישה שפירש שהאשה הכחילה כחו, **ומלה גם השני ומת מחמת מילה, הרי הוחזקה שבניה מתים מחמת מילה** - ‹וכרבי דתרי זימני הוה חזקה, דספק נפשות היא וספק נפשות להקל - באר הגולה›, **ל"ש מבעל אחד או משנים** - ‹ממ"ש מלה ראשון וכו', ולא אמרו מל ראשון בלשון זכר, למד רבינו בין מבעלה הראשון וכו', כ"מ - באר הגולה›, **ולא תמול השלישי** - (עיין בתשב"ץ שכתב, לאו דוקא השלישי, אלא ה"ה רביעי וחמישי), **אלא תמתין לו עד שיגדל ויתחזק כחו.**

‹**ואם** מלה הג' וחי, אפשר דנתבטל החזקה קמייתא, ותמול מכאן ולהבא, ול"ד לוסתות ושור המועד, דהתם בקביעות וסת תלי' מלתא, עכ"ל מהרי"ט בת' - רעק"א›.

‹**ונ"ל** דלעקור החזקה, אם הוחזקה בשני פעמים, נעקר גם בפעם אחת, אם ילדה ילד שלישי ומלוהו וחי, ואם בג' פעמים, לא נעקר אלא בג' פעמים, כמו בוסתות בסי' קפ"ט ע"ש - ערוה"ש›.

(**עיין** בתשובת נו"ב, שכתב וע"ד התינוק בן שלש שנים שעדיין לא נימול מחמת שמתו אחיו מחמת מילה ביום ח', באמת אי לאו שהרמב"ם והטור והנ"י ביבמות אמרו שלא תמול השלישי בזמנו, אלא ממתינין לו עד שיגדיל ויתחזק כחו, הייתי חוכך שלא למולו כלל, כי סתמא אמרו כו', **וחתר** ליישב דעת הפוסקים הנ"ל, ומסיים וכיון שהרמב"ם והנ"י והטור והשו"ע פסקו כן, מי יבא להרהר אחריהם, ולכן אם התינוק הזה רואים בו שהוא בריא וחזק כדרך שאר כל בני ג' שנים, וגם מראה פניו צהובות ולא ירוקות, ימולו אותו, וטוב להשגיח שיהיה בזמן שהיום הוא זך האויר, וכדאי הוא מצות מילה שתגן שלא יזיק לו כלל, ע"ש, **וע'** בת' חת"ס שפלפל בזה, והוכיח שדעת הפוסקים הנ"ל מוכרח, ע"ש). **ואין** הכונה עד שיהיה גדול בן י"ג שנים ויום א', דמה תלוי זה בזה, אלא עד שיגדל מעט בשנים ויתחזק כחו לפי עיני הבקיאים, ואין שיעור לדבר זה, והנו"ב פסק ג"כ בבן ג' לימול ע"ש - ערוה"ש.

והוא הדין אם איש אחד מל בנו ראשון ושני ומתו מחמת מילה, לא ימול השלישי, בין שהיו לו מאשה אחת בין משתים. (ויש חולקין וסבירא להו דלא שייך באיש רק באשה - ‹מדקאמר מלה באשה, ובפ"ג דנדה דהדם מן האשה - גר"א›, ‹**מפני** שאין טבע חולשת ובריאת הבנים תלוין באב אלא באם - לבוש›, **ונראה דספק נפשות להקל).**

(**עיין** בס' עיקרי דינים שהביא בשם תשובת שבו"י, באיש ואשה שמלו בניהן א' וב' ומתו מחמת מילה, וגירש האיש את אשתו ונישאו לאחרים ויולדו להם בנים, **וצידד** מתחלה לחייבן למול בניהן, מהא דב' כתות המכחישות זא"ז, ומההיא דב' שבילין, **ומייתי** נמי מ"ש הלק"ט, בב' צרות שנישאו לב' אנשים או לג' ומתו כולן, דפסק דדוקא שתיהן יחד לא ינשאו לאיש א' שהוחזקו קטלנית, אבל כל א' וא' בפ"ע מותרת כדין ב' שבילין, **אך** אחר העיון פסק ‹השבות יעקב› להיפך בנ"ד, דכל ספק כי האי במילה וקטלנית ראוי לאסור, דחמירא סכנתא מאיסורא, ע"ש).

(**עי'** בפלתי שהקשה, מדוע השמיטו הטור ושו"ע מה דאיתא פרק ר"א דמילה, אמר ר"נ כו' שלישי הביאתו לפני ראיתי שהוא אדום, אמרתי לה המתיני עד שיבלע בו דמו וכו', שוב פ"א כו', ג' הביאתו לפני ראיתי שהוא ירוק וכו', אמרתי לה המתיני עד שיפול בו דמו כו', **ואמאי** לא כתבו ג"כ הט"ו דאם בניה החזיקו למות ורואים בולד הנולד עתה שהוא אדום או ירוק, מלין אותו אחר שיבלע או יפול בו דמו, כמו שהורה ר"נ, ותירוצו דחוק, ע"ש, **ועיין** בשו"ת בית אפרים שהשיג עליו, וכ' דבפשיטות ניחא, דבאמת לא משכחת לה השתא לדידן, דקיי"ל האי ינוקא דסומק או ירוק ליתרחו ליה עד שיבלע או יפול בו דמו, ואפילו בפעם ראשון הדין כן, ובזמן ר"נ עדיין לא נתחדשה הלכה זו, שצריך להמתין עד שיבלע בו דמו, ע"ש שהאריך בזה).

סעיף ג - והוא הדין אם אשה מלה בנה ומת מחמת מילה, וגם אחותה מלה בנה ומת מחמת מילה, שאר האחיות לא ימולו בניהן - ‹דשמא חולשה זו באה מטבע משפחת האחיות - לבוש›, **אלא ימתינו עד שיגדלו ויתחזק כחם** - (כתב מהרי"ע, לא שנא אחיות מן האב או מן האם).

‹**מפני** שהדמים שבהולד הם מהאשה ולא מהאיש, דאביו מזריע לובן ואמו מזריע אודם, לכן באשה חוששין גם לחשש משפחה, משום דחוששין שמא מתולדתן כך הן, **ונראה** דאם אפי' אמן של אלו האחיות ילדה זכרים, ומלו אותם וחיו, מ"מ מפני חשש סכנת נפשות חוששין שמא בבנותיה נשפעו רוב דמים, עד שמפני זה הנולדים מלאים דמים, ומפני המילה תזוב מהם הדם ומתים, שהרי בגמ' ובפוסקים לא מצינו הפרש בין ילדה אמן זכרים או לא ילדה, ש"מ דהכל אחד, **ופשוט** שצריכין להיות אחיות גם מאמם - ערוה"ש.

סעיף ד - נולד כשהוא מהול, צריך להטיף ממנו דם ברית - ‹חייבו חכמינו ז"ל להטיף ממנו מעט דם, להכניסו בברית של אברהם אבינו - לבוש›. **ואין** מברכין על המילה אא"כ נראית לו ערלה כבושה, טור, **וכתב** הב"ח, דהא אם היה ודאי ערלה כבושה, היה דוחה שבת, א"כ עכשיו דאינו ודאי אלא נראית לו וקרוב לודאי שהיא ערלה כבושה, אע"ג דאינה דוחה שבת, מ"מ צריך לברך על הטפת דם ברית, ע"כ, וע"ל סי' רס"ה ס"ק ח'.

ומיהו בנחת, וצריכה מילתא למבדקה יפה יפה - [פי' שמא יש שם ערלה כבושה, דהיינו שהעור נדבק מאוד בבשר], **בידים ובמראית עינים, ולא בפרזלא דלא לעייק ליה** - אבדיקה קאי, שיש שנולד מהול בודקין אותו אם לא נמצא ערלה כבושה, או שאר שום יתר, ועל זה אמר דהאי בדיקה תהיה בנחת

בידים במראית עינים ולא בפרזלא, גם ע"ז מסיים אח"כ, ורואין היאך מלין כו', פרישה, [ולא כי"מ שאמילה קאי, שיעשה חריץ בצפורן], **ורואים ונזהרים היאך מלין אותו. וממתינים לו הרבה ואין חוששין ליום שמיני, שלא יביאוהו לידי סכנה.**

סעיף ה - תינוק שמת קודם שיגיע להיות בן שמונה - כלומר קודם שנימול, וה"ה הגיע לבן ח' אלא שלא נימול בחייו מחמת איזה סיבה, **מלין אותו על קברו בצור או בקנה** - ‹ולא מפני שהוא חובה, אלא כדי להסר חרפתו ממנו ולא יקבר בערלתו כי חרפה היא לו - לבוש›. **ואין מברכין על המילה. אבל משימים לו שם, לזכר שירחמוהו מן השמים ויחיה בתחיית המתים.**

‹**ואם** שכחו וקברו אותו, פותחין קברו כדי למולו, בכור שור - רעק"א›, ‹**ואם** קברו התינוק תוך שמונה ימים בלתי נימול בצור, מותר לחטט ולמולו בצור, תשו' כנסת יחזקאל - באה"ט›, (**ועיין** בתשובת נו"ב שכתב, דאם הוא איזה ימים אחר מותו, אין לפתוח הקבר, שלא לראות בנוולו, ע"ש, **אכן** בתשו' כנסת יחזקאל שם נראה, שדעתו דאף אחר זמן אחר מותו פותחין. **ועיין** בשו"ת מאיר נתיבים שכתב, דאם אירע שלא קברו את הנפל עד שמתה גם היולדת, וקברו את הנפל עמה על יד ימינה, ושכחו למול את הנפל, אין פותחין את הקבר, אבל קורין לו שם, ע"ש).

הגה: ואין עושין כן אפילו בי"ט שני של גלויות, דאסור לקבור ביו"ט הנפלים, דאפי' לטלטלו אסור - כבר כתבו המחבר באו"ח סי' תקכ"ו ס"י. [**ובספר בדק הבית של ב"י מצאתי כתוב, דזה דוקא בידוע שלא כלו לו חדשיו, או שלא נגמר שערו וצפורניו, אבל בלא"ה קוברין אותו ביו"ט - הגהות הט"ז**].

‹**ויש** מי שאומר דמשלשים ולמעלה שמתאבלין עליו, מסירין ערלתו ביו"ט שני, באה"ט בשם הר"ש הלוי - ערוה"ש›.

ואסור למול גוי שלא לשם גרות, אפילו בחול - לכאורה משמע מדברי הרב, דמשום איסור מילה בעובד כוכבים נגעו בה, וכן משמע בב"י ס"ס רס"ו, וכ"כ בעט"ז להדיא הטעם, דכיון דאין כוונתו לגייר, למה נסיר חרפתו ממנו ולהחתימו בחותם ברית קודש, עכ"ל,

אבל א"א לומר כן, דבש"ס פ"ב דע"ז בסוגיא דמורידין ומעלין, גרסינן ת"ר ישראל מל העובד כוכבים לשום גר, לאפוקי לשום מורנא דלא, ופירש"י, תולעת שיש לו בערלתו, דלא, דאסור לרפאותו בחנם, דהא אמרן לא מעלין ולא מורידין, וכ"כ התוס' שם, דטעמא הוא דאסור לרפאותן בחנם, אבל בשכר שרי, וכ"כ הרמב"ם, וכ"כ המחבר והרב והעט"ז גופיה לקמן סימן רס"ח ס"ט, וכן משמע בר' ירוחם גופיה, מדלא כתב דין זה בנתיב א' גבי דיני מילה, רק בנתיב י"ז כתבו גבי דיני דהעובד כוכבים לא מעלין ולא מורידין, ושאסור לרפאותן, **וא"כ** צ"ל מ"ש הרב כאן בסתם שאסור למול עובד כוכבים שלא לשם גירות, היינו משום שסמך עצמו אלקמן סי' רס"ח, **אבל** דברי העט"ז א"א ליישב כן, שהרי בפירוש כתב הטעם משום שלא להחתימו בחותם ברית קדש, וזה אינו, כמו שכתבתי.

(**ועיין** בתשובת מעיל צדקה שכתב, דודאי אם רואין שכוונתו לרפואה, שרי בשכר, ואין בו משום חתימת ברית כלל, אבל בלא"ה אסור אפילו בשכר, משום שלא לחתום כו', **ויש** עוד טעם לזה, דלא יהא כי אם טלית מצוייצת שאין מוכרין לעובד כוכבים, דחיישינן שיתלווה עם ישראל בדרך, **ואף** שאין מילה נראית בכל פעם כמו טלית, מ"מ חששא מיהא איכא, כמו שהראה יוסף מילתו לאחיו, **אבל** במל לשם מורנא לא חיישינן להכי, בהיות טעמו נראה לרפואה, עכ"ד, ע"ש).

[**נ"ל הטעם, כיון שאמרינן דאברהם אבינו עומד ומבחין מי הוא שנימול שאינו מניחו לגיהנם, וזה שמל את העכו"ם מבטל סימן המילה בישראל**].

לא דק כמ"ש בש"ך - נקה"כ.

(**עיין** בשו"ת שאגת אריה, לענין ההגריים שמנהגן למול א"ע אחר י"ג שנה, אם מותר ומצוה לישראל למול אותם, או לא, **וכתב** דדעת הרמב"ם שבני קטורה, שהם זרעו של אברהם שבאו אחר ישמעאל ויצחק, חייבין במילה, והואיל ונתערבו היום בני ישמעאל בבני קטורה, נתחייבו הכל במילה, א"כ מותר ומצוה למולן, **אך** דעת רש"י דהא דבני קטורה נתחייבו במילה, היינו דוקא אותן ששה עצמן שנולדו לאברהם, ולא זרעם, והאריך הרבה להוכיח דהעיקר כדעת רש"י, **ותמה** מאוד על הרמב"ם, דאפילו לפי דעתו דבני קטורה וזרעם נצטוו על המילה, מ"מ לאחר שבלבל סנחריב את כל האומות, הכל פטורים

מן המילה, **ולכן** העלה דההגריים אין מצות מילה נוהג בהן כלל, ע"ש, **ועיין** בתשובת נו"ב בתשובה מבן המחבר, שכתב לתרץ קושיית השאגת אריה הנ"ל על הרמב"ם, משום דהא דאזלינן בתר רובא, היינו דוקא בישראל כדילפינן בחולין ד' י"א, אבל לגבי בני נח לא ידעינן דנילך אחר רובא, וכ"כ הפמ"ג לענין אבר מן החי שנתבטל חד בתרי, **וא"כ** גבי יהודה גר עמוני, וכן גבי מצרי ואדומי שנתגיירו, מותרים לישא בת ישראל, הואיל ובלבל סנחריב כל האומות, ואזלינן בתר רובא, דכיון דכבר נתגיירו יש להם כל דין ישראל, משא"כ לענין חיוב מילה כו').

ומי רוצה לסמוך ע"ד הרמב"ם אין מוחין בידו, ופשוט שגם לדבריו לא נצטוו בפריעה – ערוה"ש).

§ סימן רסד – מי ראוי למול ובמה מלין וכיצד מלין §

סעיף א- הכל כשרים למול - (עבה"ט של הרב מהרי"ט ז"ל בשם מהר"ם ריקאנטי, ובאמת כ"כ הש"ך בחו"מ סוף סי' שפ"ב, דאינו רשאי ליתן למוהל אחר, והעושה כן מבטל מ"ע כו', ע"ש, **ועיין** בתשובת יד אליהו שכתב, דלדעת הש"ך צריך למול את בנו בעצמו, ולא לאחרים עמו הן בחיתוך או בפריעה, **וע"ש** שהאריך בזה והשיג על הש"ך, והעלה שיכול האב המוהל ליתן למוהל אחר, ע"ש, וכ"כ התב"ש, דרשאי לכבד לאחר במצות מילה וכיסוי, וכ"כ הפמ"ג).

אפילו עבד אשה וקטן - (ודוקא שהוא יודע לאמן ידיו, וזריף בשכלו, ולפ"ז נראה דגם חרש ושוטה כשרין, אלא שא"א ליתן להם כיון שאינם בני דעה – ערוה"ש).

(**עיין** בספר תיבת גמא, מה שכתב בענין אנדרוגנוס אי כשר למול).

וערל ישראל שמתו אחיו מחמת מילה – [פי' והוא קטן שא"א לו להיות נימול, אבל אם אפשר לו להיות נימול עכשיו, אף על פי שבקטנותו לא היה אפשר, ודאי אין לו למול אחרים]. **בחנם** דחק, די"ל דמיירי בשגם עכשיו שהוא גדול מתיירא שמא ימות כאחיו כשימול את עצמו, כמ"ש בש"ך סי' ב' בשם ב"י - נקה"כ.

שמתו אחיו מחמת מילה - אבל מתכוין להפר ברית לא.

(**משמע** (משו"ע) דמומר לערלות אף שאינו להכעיס פסול למול, והפר"ח השיג בזה, ודעתו דכל שאינו להכעיס כשר למול, כמו דמיקרי בר זביחה לעיל סי' ב' ס"ב – רעק"א).

ואם יש ישראל גדול שיודע למול, הוא קודם לכולם - (עיין בתשובת בית יעקב שכתב, דאפילו אם התחילו אלו למול בעוד שלא היה שם גדול, וכשהתחילו למול בא גדול שיודע למול, מחוייבים להפסיק באמצע החיתוך ויגמור הגדול. **וכתב** עוד, דכל הפסולים למול, אם לא גמרו החיתוך, רק התחילו לחתוך וגמר הכשר למול, שפיר דמי, ע"ש). (**ויותר** נלע"ד, דאפילו מל הפסול ופרע הכשר, כיון דקיי"ל מל ולא פרע כאלו לא מל, הו"ל כהתחיל פסול וגמר הכשר, ואפילו אם נחלק מזה, יש לסמוך בזה ע"ד הרמב"ם, דא"צ לחזור ולמול שנית, ומ"מ יש להתיישב בזה לדינא – ערוה"ש).

(וי"א דאשה לא תמול) – [בגמ' פליגי בטעם דעכו"ם לא ימול, **רב אמר משום: ואתה את בריתי תשמור, ור' יוחנן אמר דכתיב המול ימול, המל הוא ימול, מאי בינייהו, א"ב אשה, לרב ליכא, דאשה לאו בת מילה היא, ולר"י איכא, דאיתתא כמאן דמהילא דמיא, ופסק הי"א כרב].** (**ואפילו** לדעה זו עבד כשר לימול, שהרי הוא בן ברית שנתחייב במילה והחיוב מוטל על הרב, ולכן אע"ג דבכל התורה עבד ואשה שוים, מ"מ בדין זה אינם שוים מהטעם שנתבאר – ערוה"ש).

(וכן נוהגין להדר אחר איש) - לא ידענא מאי קאמר, דהא גם להמחבר ישראל גדול קודם לכולם, מש"ה נוהגין להדר אחר איש, **ואם** דעתו לומר דאפי' היכא דליכא ישראל גדול אין נותנין לאשה למול, ונוהגין להדר אחר גדול משום דאשה אינה כשרה למול, וכמ"ש הב"ח, שזהו דעת הסמ"ק והגמ"ר, דאפילו דיעבד במקום שאין איש, אין אשה מלה, **אם** כן לא שייך בזה לומר וכן נוהגים, דדבר שאינו מצוי אין בו מנהג, וכמ"ש לעיל סי' ק"צ ס"ק ג', **ועוד** אפילו נהגו כך, היינו משום שאין הנשים יודעות למול, **וצריך** עיון.

(**ולי** נראה דדבריו צודקים, דזה שכתב רבינו הב"י הוא קודם, לאו מדין קדימה בדין, אלא אורחא דמילתא, דנשים דעתן קלות, **ולפ"ז** אם בעיר זו ליכא איש היודע למול, ואיכא אשה, בודאי אין מחוייבין לשלוח לעיר אחרת להביא איש, **ולזה** הוסיף רבינו הרמ"א, דכן המנהג להדר אחר איש, כלומר

אם אין איש במקום זה, מהדרין לשלוח למקום אחר להביא מוהל, ולא איתרמי מעולם להניח אשה למול, **ובזה** שייך ודאי מנהג, מדלא אירע אף פעם אחת בשום מקום, וזה מצוי לשלוח אחר מוהל למקום אחר, וזהו שהוסיף להדר, כלומר אפילו מעיר אחרת – ערוה"ש›.

אבל גוי, אפילו הוא מהול, לא ימול כלל – ‹שאין מילתו מילה, כיון שלא לשם מצות מילה מל, אבל הנך שאמרנו כולם כמהולין חשיבה. **אשה** כמהולא דמיא, דישראלית היא ולא גרעה משום דאין לה מילה. **וערל** ישראל שמתו אחיו מחמת מילה, נמי כיון שהתורה פטרתו כמהול חשוב. ועבד הרי מהול הוא. **מכל** מקום ישראל הנימול הוא מצוה מן המובחר. **וקטן** עדיף מעבד ואשה, שהרי עתיד לבא לכלל מצות כולן – לבוש›.

(**עיין** בשער המלך בהגהת טעם המלך, שכתב בפשיטות, דלדעת הרמב"ם דבני קטורה אף בזה"ז חייבין במילה, כשרים הם למול, דהא המול ימול כתיב, מאן דמל ימול, והא מל, וגם הוא בכלל את בריתי תשמור, ע"ש, **אכן** בתשובת שאגת אריה כתב להיפך, דאף לדעת הרמב"ם אינם בכלל המל ימול, ולא בכלל בריתי תשמור).

ואם מל אין צריך לחזור ולמול פעם שנית – [דלא מצינו בתורה מילה לשמה]. ‹**ותמוה** הוא, דזהו דעת מי שמכשיר בגמ' שם מילת עכו"ם, אבל אנן הא קיי"ל דפסול מדרשא דקראי – ערוה"ש›.

הגה: וי"א דחייבים לחזור ולהטיף ממנו דם ברית. וכן עיקר - ובבית יוסף כתב, שגם הסברא הראשונה מודה לזה, ע"ש. ‹**ומאד** תמוה, דמה שייך א"צ למול פעם שנית, מה ימול הלא כבר נחתכה ערלתו, ובע"כ כוונתו שא"צ הטפת דם ברית – ערוה"ש›.

(**עיין** בתשובת שאגת אריה, שהאריך להוכיח כדעת הפוסקים דאין צריך לחזור ולהטיף דם ברית, ע"ש).

מומר לכל התורה כולה, או שהוא מומר לערלות, דינו כגוי - כלומר לענין מילה דינו כעובד כוכבים, אבל לשאר דברים מומר לערלות לא הוי כעובד כוכבים, דמומר לדבר אחד לא הוי מומר לכל התורה כולה, כדלעיל סימן ב' וקי"ט.

‹**תמוה** לי, דהא מדברי תוס' ממה דהקשו, דאמאי לא אמר דא"ב מומר לערלות, דלאו בכלל לשמור ברית הוא, כדאמרי' בגיטין דמומר לאו בר קשירה הוא, ולמ"ד המול ימול איכא, הרי דמפשט דמומר לערלה הוי כמאן דמהילי ולר"י כשר, **וכיון** דאנן קיי"ל דאשה כשרה למול, כמ"ש הרי"ף והרמב"ם והרא"ש והטור, משום דקיי"ל בליכא איש כשרה, ועכ"פ אם מלה א"צ להטיף דם ברית, וממילא ה"נ במומר לערלות, **ולומר** דתוס' מיירי בלתאבון והרמ"א מיירי בשלא לתאבון, דבזה לא כמהילי הוא, דז"א, דהא גם התוס' ע"כ מיירי בשלא לתאבון, דבתאבון הא מקרי בר קשירה כמו דמקרי בר זביחה, **ולומר** דתוס' בשלא לתאבון ושלא להכעיס אלא דאינו חושש למול, והרמ"א מיירי בלהכעיס, אף דלישנא דהרמ"א דחוק לפרש, מ"מ מלשון הש"ך סק"א שכתב, "אבל מתכוין להפר ברית לא", משמע דרק במתכוין להפר ברית הוא דפסול, **אבל** לענ"ד א"א לומר כן, דאי הרמ"א מיירי בלהכעיס, מאי איריא במומר לערלות, אף בדבר אחר הא להכעיס הוי מין ומומר לכה"ת, וכדאיתא בשו"ע לעיל סי' ב' ס"ה, **וביותר** דאף במומר לכה"ת נראה דדעת תוס' להכשיר, דלפי תירוצם דוקשרתם היינו במקום קשירה {וצ"ל דלתאבון מקרי מקיים קשירה וזביחה כיון דבאם לא ימצא מניעה יקשור ויזבח} אבל מקרי לשמור ברית אם יחפוץ, ממילא גם במומר לכה"ת הכי הוא, כיון דמצווה בכך ואם ירצה ישמור מקרי בכלל שמירת ברית, **וא"כ** ממילא מוכח דמקרי ג"כ כמאן דמהילי, דאל"כ יקשה בהיפוך, דלימא א"ב מומר לכה"ת, דבכלל לשמור ברית הוא, ואינו בכלל המול ימול, אע"כ דמקרי ג"כ בכלל המול, וא"כ תמוה לי על הרמ"א דעת תוס' בזה, **אח"כ** ראיתי בביאור הגאון ר"א מווילנא שכתב על הרמ"א מלות קצרות, אבל דעת תוס' בהיפוך, והיינו דמדברי הרמ"א מוכח דאפי' לר"י פסול, דלאו כמהילי, ולדברי תוס' אף לרב כשר, **עכ"פ** כיון דדברי תוס' ברורים דמומר לכה"ת כשר, ובא"ז הביא בד"מ מסופק במומר, ואפשר דס"ל ג"כ דהוי בכלל מהילי, אלא דהספק רק אם קיי"ל כרב או כר"י, וא"כ ממילא למה דקיי"ל אשה כשרה, ה"נ במומר לכה"ת, א"כ עכ"פ בדיעבד במל, דדעת מרן דאפילו בנכרי א"צ להטיף ד"ב, יש לסמוך עכ"פ ע"ז במומר. **ואפשר** דגם הרמ"א מדלא כתב תחלה מומר לכה"ת דינו כעכו"ם, ואח"כ וי"א דחייבי' לחזור ולהטיף ד"ב, אפשר דלא מכרעא להרמ"א כן במומר, ומ"ש דינו כנכרי, היינו במה דנכרי לכ"ע פסול, אבל לענין עבר ומל לא, וצ"ע – רעק"א›.

(**בשו"ע** דפוס אמשטרדם, נדפס כאן הגה מהגאון מו"ה עוזר ז"ל: ובאו"ח סימן קפ"ט ‹באבן העוזר› בררתי, דמומר שהוא נימול כשר למול כו', **ועיין** בתשובת חתם סופר מ"ש בזה).

תינוק שהוצרכו למולו תוך ח', מפני הסכנה, אין חילוק בין ישראל לגוי - כלומר ואפי' עובד כוכבים יכול למולו תוך ח', **דכל תוך ח' לא מיקרי מילה** – «ואינו מובן כלל, ואיך קאמר דבתוך ח' אין חילוק בין ישראל לעכו"ם, הא איהו פסק בסי' רס"ב, דנמול תוך ח' א"צ להטיף דם ברית, ובמל עכו"ם פסק דצריך להטיף, וא"כ נ"מ גדולה יש בין כשימהלנו ישראל, דאז לא יצטרכו להטיף ממנו דם ברית, ואם ימול עכו"ם יצטרכו להטיף, **ויראה** לי בכוונתו דדבר גדול השמיענו, ודוקא לשיטתו לעיל סי' רס"ב, וה"ק, דאפי' למה שפסק לעיל דבנמול תוך ח' א"צ להטיף דם ברית, זהו דוקא כשמלוהו לשם מצות מילה, אבל כשצריכין לזה מפני הסכנה, אין ע"ז שם מילה כלל, ולכ"ע יהיו צריכים לאחר ח' להטיף ממנו דם ברית, ולכן אם אירע מעשה כזה, אין נ"מ מי שימהלנו ישראל או עכו"ם, וזה שכתב דכל תוך ח' לא מקרי מילה, היינו בכה"ג כשמולין לרפואה – ערוה"ש».

מיהו אם נשארו ציצין המעכבין המילה, או שמל ולא פרע, יגמור ישראל המילה לח' או לאחר שיתרפא - פי' דאם נשארו ציצין כו' צריך שיגמור כהלכתו, דהיינו ליטול הציצין או לפרוע, **אבל** היכא דלא נשאר כלום, צריך להטיף דם ברית, דמילה דתוך ח' אף שהיה על ידי ישראל לא חשיב מילה כלל, **אבל** אין רוצה לומר דאם לא נשארו ציצין כו' דאין צריך אפילו להטיף, דהא תוך ח' לא מיקרי מילה, וגם לעיל סי' רס"ב העליתי, דצריך להטיף אם נמול תוך ח', «ודבריו תמוהין, דזהו לשיטתו לעיל סי' רס"ב, ולא לשיטת הרמ"א – ערוה"ש», **ותדע** דהרי גם בנמול על ידי עובד כוכבים קיימין הכא, ובעל ידי עובד כוכבים אף להרב צריך להטיף, אלא ודאי לא בא לומר שאין צריך להטיף, ודו"ק.

[זהו מתשו' הרשב"א בב"י, ומשמע שאם לא נשארו ציצין אין צורך לישראל לעשות שום דבר אח"כ ביום ח', והיינו כדעה שפסק בעל השו"ע, באם מל העכו"ם לישראל א"צ לחזור ולמול פעם שנית, והיינו שאפילו להטיף א"צ, וזהו עיקר רבותא של רשב"א, דאל"כ למה לו לרשב"א לכתוב האי מילתא, דהא דאם נשארו בו ציצין *פשיטא הוא, אלא דאתי לדיוק, דבלא נשאר א"צ כלום, וא"כ כיון שפסק רמ"א כי"א דחייבין לחזור ולהטיף כו', גם כאן צריך להטיף דם ברית ביום הח' אפי' בלא נשארו ציצין, ולא היה לו לרמ"א לכתוב האי מילתא דאם נשארו ציצין כו'].

*«ויראה לי דה"ק, דלא תימא כיון דעכ"פ אנו עוסקין עתה במילתו מפני הסכנה, ולכן לכאורה היה לנו לומר דכשנשארו ציצין המעכבין או הפריעה דזה אין שייך להחולי, ונאמר שהישראל יגמרנו עתה, ולסמוך על מ"ש בסי' רס"ב דנמול תוך ח' יצא, ואף דשם היא בדיעבד, נאמר דכאן כדיעבד דמי, כיון שאנו עוסקין במילתו ולא נצטרך לצער התינוק עוד פעם, **לזה** קמ"ל דאינו כן, אלא יניחו עד לאחר ח' או לאחר שיתרפא, דגם זה כלכתחלה דמי – ערוה"ש».

ויש לאדם לחזור ולהדר אחר מוהל ובעל ברית - «הוא הסנדק», **היותר טוב וצדיק** - «שיכוונו במילתו כוונה מובחרת ומעולה, ויגרום שגם הולד יהיה כמותם – לבוש». «**ובודאי** כן הוא, שאע"פ שבמעשה המצוה כל אפי שוים, מ"מ ההכנה להמצוה והמחשבה הטהורה והכוונה הנאותה, הם ענינים גדולים להמצוה, ומועילים הרבה להתינוק שיכנס יותר לקדושה, **ולכן** נכון שהמוהל והסנדק יהיה תפילין על ראשם בעת המילה, ולהסמיך אות לאות, דגם תפילין נקראו אות – ערוה"ש».

(**ועיין** בתשו' חכם צבי, דאחיו של הילד קודם להאפוטרופס, ע"ש, ונראה לי פשוט דה"ה קרוב אחר).

ואם נתנו לאחד, אסור לחזור בו – [משום: שארית **ישראל לא יעשו עולה ולא ידברו כזב, ומותר לקרותו רשע, כ"כ ב"י בשם ר"מ**, «**אא"כ** נודע לו שאינו מוהל יפה, וחושש לקלקול, דאז אפי' אם נשבע או נתן תקיעת כף, יתירו לו שבועתו ע"י ג', והפתח פתוח לפניו, שאלו ידע שאינו מוהל יפה, לא היה מכבדו – ערוה"ש», **ונ"ל דאם הוא בענין שנזדמן לו אח"כ מוהל שהוא אוהבו או צדיק, ואנן סהדי דאלו היה שם בשעה שנתן להראשון למול, היה נותן לזה, אין כאן משום דבר כזב, ומותר לחזור בו, ומ"מ אם נשבע להראשון, לא סמכינן על סברא זאת, אם לא שיתירו לו השבועה, ומיהו היתר ודאי מהני, כנ"ל]**.

מיהו אם חזר בו, הוי חזרה.

(**ועיין** ב"י מ"ש בשם הר"ר יחיאל, דאם הוא מתנה בעודה מעוברת, יכול לחזור כו', ועיין בתשו' רדב"ז שפסק ג"כ כדעת הר"ר יחיאל, ע"ש).

(**ועיין** בתשובת חתם סופר, ע"ד מי שנולד לו בן, וכיבד לאחד להיות מוהל, וגם תקע לו כפו ע"ז לבל יחזור בו, כי אמר שחושש פן יתן המצוה לחברת סנדקאות, והאיש המוהל הוא דר בריחוק מקום, ונסע ממקומו ובא

ביום המילה לבהכ"נ לקיים מצותו, ואמנם בעל הברית אינו נאמן בבריתו אשר כרת את המוהל, וחזר בו ביני וביני ונתן המצוה לחברה הנ"ל, והמוהל הזה צוח כי כרוכיא על מצותו וטרחתו ובשתו, וקפץ א' מהמורים ופסק שיתירו ג' את התקיעת כף לבעל הברית, ושוב אין לחוש לכל טענותיו של המוהל הנ"ל, **והשיב** דהמורה הזה לא טב הורה, כי הט"ז לא כתב אלא אם מצא בין כך מוהל הטוב ממנו, דלא אסיק אדעתא כו', והטעם פשוט דקיי"ל בתרי תרעי לית ביה משום מחוסרי אמנה, ולא קאי ב"אבל", וה"נ כתרי תרעי דמי, ומש"ה אפי' כשנשבע יש היתר לשבועתו, דהיינו פתחו וחרטתו שמצא טוב ממנו, **אבל** הכא דמעיקרא אסיק אדעתיה חברה סנדקאות, לית כאן מצא יותר טוב ממנו, ויש כאן מחוסר אמנה, ואם נשבע אין היתר. **ותו** דהכא שנשבע ע"ד חבירו וקיבל ממנו טובה שיתן לו שכירות ה' זהובים, אין היתר לשבועה זו כי אם מרצון המוהל, לדעת ר"מ אלשקר דמייתי ש"ך סימן רכ"ח ססק"מ {**אין** זה מוכרח לפמ"ש הוא (החת"ס) ז"ל בעצמו בסימן רכ"ו הבאתיו בסימן רכ"ח שם בד"ה דעתו בשביל שום טובה} **ועוד** לדעת גדולי הראשונים תקיעת כף הוא כריתות ברית וחמורה משבועה, ואין להתירו כ"כ בנקל, **ועוד** תינח אם היה מודיע זה להמוהל יום או יומים קודם, ולא גרם לו הוצאה וכילוי זמן ליסע ממקומו כו', ‹**ומחוייב** להחזיר לו ההוצאה – ערוה"ש›, **ותו** **אפילו** היה דר פה בעיר ולא הגיד לו טרם יומו, וזה היה מתבייש ברבים אחר שעלה איך ירד, וחלילה מזה לא דיבר הט"ז כו', ע"כ אומר אני כי המורה הזה הגיס לבו בהוראה, ע"ש).

‹**נ"ל** פשוט, דאם אחד שלח אחר מוהל מעיר אחרת, צריך לשלם לו הוצאותיו, אם לא שכתב לו שיבא על הוצאת עצמו, **אמנם** בסנדק בכה"ג יש להסתפק אם מחזיר לו ההוצאה, דבשלמא במוהל היה מוכרח לבא, דחשש שאין מוהל אחר שם, או שאין יפה כמותו, אבל בסנדק פשיטא שכיבדו רק מפני הכבוד, שהרי כל אדם ראוי להיות סנדק, ואם רצה שיחזיר לו ההוצאות לא היה לו לבא, ולכן נ"ל שאינו יכול לתבוע הוצאותיו – ערוה"ש›.

ואין מועיל בזה קבול קנין - דקנין דברים בעלמא הוא, תשובת הרא"ש, **ואפשר** דהרא"ש לא קאמר אלא דהב"ד לא יוכלו לכופו, אבל מ"מ מודה להר"מ, דאית ביה משום שארית ישראל לא יעשו עולה ולא ידברו כזב, ומותר לקרותו רשע, **ואף** על גב דכתב שם וז"ל, ואף ע"ג דכתב מהר"מ בתשובה שיש לילך אחר המנהג, לא נראה לי כו', היינו דלא הוי קנין משום מנהג, כמו שמשמע במרדכי דלעיל בשם מהר"מ, דס"ל דמכח מנהג הוי קנין, ולא יוכל לחזור בו, דומיא דסטימתא דקניא, **אבל** מודה להר"מ שאסור לחזור בו לכתחלה, וכן משמע לשונו בתשובה, עכ"ל ד"מ.

‹**ביש"ש** כתב, דאם רגיל כבר ליתן לו המצוה וגם נדר לו ליתן לו, לכו"ע אינו יכול לחזור, דהוי כמו אסטומתא, אלא א"כ נדר לו קודם שנולד הולד, ע"ש – רעק"א›.

אבל אם נשבע לו, כופין אותו שיקיים – [מכל מקום אם יש לו היתר על השבועה, ודאי יכול להתיר שבועתו על ידי שלשה כשאר היתר שבועות, כנ"ל פשוט].

ואם נתנו לאחד – ‹ואף דלא נתן לו להדיא, אלא שהיה רגיל למול את בניו – רעק"א›, **ולא היה בעיר, והב היה סבור שלא יהיה שם בזמן המילה, ושלח אחר אחר, ובתוך כך בא הראשון, ימהלנו הראשון, דודאי לא חזר מן הראשון** – ‹ונ"ל דזהו כשעדיין לא בא השני לביתו לימול או להיות סנדק, דאם בא לביתו והיתה ההכנה להמילה, הוי בזיון גדול אם יטלו ממנו, וגדול כבוד הבריות, אבל להראשון אין בזיון אף שבא ג"כ לביתו, כיון שהיה סבור שלא יבא, **אך** במילה אפשר שא' ימול וא' יהיה פורע, אבל בסנדק לא שייך זה – ערוה"ש›.

אשה אינה יכולה ליתן לאחר למול, דהרי אינה שייכא במצוה למול את בנה - כדלעיל סי' רס"א, ‹בהג"ה›. ‹**אלא** האב בו תליא מילתא, ואם נתנה היא לאחד, יכול הוא ליתן לאחר – לבוש›.

(**עיין** בתשו' אדני פז, שכתב בשני מוהלים שנתכבדו למול, אחד לחתוך ואחד לפרוע, יכול לומר אחד לחבירו נטיל גורל בינינו, או אני אזכה בכל המצוה, או אתה, ולא הוי ביזוי מצוה, אף על גב דאפשר שיפסיד גם חצי המצוה, מכל מקום מצי לומר דבעי למיעבד כל המצוה, ע"ש).

סעיף ב - בכל מלין, ואפילו בצור ובזכוכית ובכל דבר הכורת, חוץ מבקרומית של קנה, לפי שקסמים נתזים ממנה ויבא לידי כרות שפכה - ‹ונ"ל דאם אפילו תלש הערלה בידיו שפיר דמי, דלא בעינן כלי במילה – ערוה"ש›. **ומצוה מן**

המובחר למול בברזל - ‹שהוא חריף ביותר ואינו מכאיב כל כך - לבוש›, **בין בסכין בין במספרים, ונהגו למול בסכין** - ‹ויראה לי שדבר זה מפורש ביהושע, דכתיב: בעת ההיא אמר ד' אל יהושע עשה לך חרבות צורים ושוב מל את בנ"י וגו', ותרגם יונתן אזמלין חריפין, וכן פירש"י, ומדצוה הקב"ה למול בברזל, ש"מ דכן היא עיקר המצוה, והא דכתיב: ותקח צפורה צור וגו', י"ל מפני שהיו בדרך ולא נזדמן לה סכין יפה למול בו – ערוה"ש›.

סעיף ג - כיצד מלין, חותכין את הערלה, כל העור החופה העטרה, עד שתתגלה העטרה – [בב"י מביא בשם חכמי ספרד מחלוקת איזה מיקרי עטרה, **אם הבשר אשר בראש הגיד כולו, או אם הוא לבד החוט הגבוה הסובב אשר בין אותו הבשר והגיד**, ‹**ולכאורה** הנ"מ לענין החשבון של רוב גובהו, דא"א לחתוך רק הבשר שעל החוט›. ‹**וראיתי** קונטרים מחכם אחד שכתב על זה והכריע›, ‹לקולא› **דעטרה דלגבי מילה הוא הבשר אשר בראש הגיד כולו,** [**ומסיק דלענין מצות מילה צריך לגלות שניהם, רוב הבשר ורוב חוט הסובב**].

‹**וכתב** עוד לגבי מילה›, שעיקר מצותו לגלות כל העטרה עם החוט הסובב שהוא עיקרה, ואית בה תרי גווני עיכובא, חד בשר החופה רוב היקפה, אע"ג דליכא רוב גובהה, ורוב גובהה נמי אע"ג דליכא רוב היקפה, **ונראה** שבין שהציצין חופין רוב גובה ראש הגיד במקום אחד, או שהבשר או ציצין ממנו חופה רוב היקפו של חוט, שהוא עיקר העטרה, אע"פ שלא יכסה רוב גובה ראש הגיד, הרי הוא ערל כמות שהיה, וצריך למולו שנית, עד כאן, ומביאו ד"מ, וכ"כ הב"ח.

‹**ולכן** מותח המוהל העור באצבעותיו למעלה מהבשר, כדי שלא יחתוך בהבשר, וטוב לזה להקשות האבר מעט, דע"י זה יהיה המיתוח יפה, וחותכו את כל העור – ערוה"ש›.

‹**כתב** בספר חמודי דניאל כ"י, יש מוהלים שאין חותכים רק מעט מעור הערלה, ומתקנין זה ע"י הפריעה, **וצ"ע** מניין להם זה, דמשמע בשו"ע דלא מהני זה, רק שצריך לחתוך כל העור›.

ואח"כ פורעין את הקרום הרך שלמטה מהעור בצפורן, ומחזירו לכאן ולכאן עד שיראה בשר העטרה, ואח"כ מוצצין המילה - ‹שאין הדם ניתק ממקום חבורו אלא על ידי מציצה – לבוש›, **עד שיצא הדם מהמקומות הרחוקים, כדי שלא יבא לידי סכנה. וכל מוהל שאינו מוצץ, מעבירין אותו** - ‹ומוצצין יפה יפה עד שיפסק הדם›.

‹**בתשובת יד אליעזר מתיר למצוץ בספוג, דבדוקה דיותר טוב ממציצה בפה, ואפילו בשבת יש להתיר בספוג – בה"ל סי' שלא ס"א**›. ‹**ודע** שיש בזמנינו שאומרים שיותר טוב לעשות המציצה לא בפה אלא באיזה ספוג שמספג את הדם, ולא נאבה להם ולא נשמע להם, ורבותינו חכמי הש"ס היו בקיאים ומחוכמים יותר מהם, **אך** זהו בודאי, שהמוצץ יהיה לו פה נקי בלא שום מחלה, ושניים נקיים, **וכ"ש** מה ששמענו לדאבון לבבינו, שבאיזה מדינות יש שגם הפריעה אין עושין ע"י הצפרנים, אלא ע"י איזה מוכנה קטנה שעושה הפריעה, ודאי דמילתא דתמיה הוא ואין לנו לחדש חדשות כאלה, ונהיה כאבותינו, ובמדינתינו לא שמענו זה – ערוה"ש›.

‹**ויהדר** המוצץ שבשפתיו תתגלה העטרה כהוגן, והיינו דלפעמים כשהתינוק בעל בשר ונראה כאלו העור שסביב העטרה נופלת למטה, ולכן בעת המציצה דוחק בשפתיו העור הזה מטה מטה לבלתי תשוב ליפול – ערוה"ש›.

ואחר שמצץ נותן עליה אספלנית או רטיה או אבק סמים העוצרים הדם.

הגה: ויהיה נזהר, אם יש לאספלנית שפה, שיהפכנו לחוץ ולא לפנים, שלא לדבק במכה ויבא לידי סכנה.

סעיף ד - מל ולא פרע, כאילו לא מל - ‹כלומר אע"ג דאברהם אבינו לא נצטוה על הפריעה רק על החיתוך בלבד, וכשניתנה תורה נאמרה הפריעה, והייתי אומר דמל ולא פרע נהי שלא קיים כל המצוה, מ"מ קיים חצי מצוה, קמ"ל דהוי כאלו לא מל כלל – ערוה"ש›.

סעיף ה - יש ציצים המעכבים המילה ויש שאינם מעכבים אותה. כיצד, אם נשאר מהעור עור החופה את רוב גובהה של עטרה, אפילו במקום אחד, זהו המעכב את המילה וכאילו לא נימול - כן הוא בכל ספרי הט"ו, וכ"כ המחבר לקמן סי' רס"ו ס"ב, ואינו מכוון יפה, **ונראה** לי דהכי פירושו, אפי' במקום אחד, וכ"ש אם רוב גובהה חופה בכמה מקומות, **ויותר** נראה דהאי "אפילו" מהופך הוא, וכך צ"ל, אם נשאר מהעור עור החופה אפי' את רוב

גובהה במקום אחד, ור"ל כ"ש רוב היקפה, וכן כתב רש"י לא תימא וכו' מתניתין רוב היקפה, אלא אפי' רוב גובהה במקום אחד, עכ"ל, **וכן** הוא הלשון ברמזים, ואפילו בשר החופה את רוב גובה העטרה מעכב המילה, עד כאן, **וכ"כ** המחבר באו"ח ר"ס של"א, ואלו הן המעכבין, בשר החופה אפילו רוב גובהה של עטרה במקום אחד, ע"כ.

ואם לא נשאר ממנו אלא מעט, ואינו חופה רוב גובהה של עטרה - ‹ולא רוב הקיפה של עטרה - לבוש›, **אינו מעכב המילה.**

(ומ"מ אם הוא בחול, לכתחילה יטול כל הציצים הגדולים אף שאינן מעכבים) (טור) - ‹כדי לעשות המצוה הגדולה הזאת מהודרת, והרי בכל המצוות צריך לקיים ואנוהו, כ"ש במילה - ערוה"ש›. **ואם** הוא בשבת, ע"ל סי' רס"ו ס"ב.

(**עיין** בשו"ת שאגת אריה, שהאריך להוכיח דהעיקר כדעת הרמב"ם, שא"צ לחזור אפי' בחול על ציצין שאין מעכבים לאחר שפירש, ולא כדעת הטור, **וסיים** דיפה עשה הרב"י שהשמיט בשו"ע דעת הטור, אע"פ שהרמ"א מביאו, **מ"מ** בתינוק חלש קצת, אע"פ שאין בו משום סכנת נפשות אלא חשש חולי בעלמא, ראוי לסמוך ע"ז שלא לחזור על ציצין שאין מעכבים את המילה, אפי' בחול לאחר שפירש).

סעיף ו - קטן שבשרו רך ומדולדל, או שהוא בעל בשר הרבה, עד שנראה כאילו אינו מהול, רואים אם בעת שמתקשה נראה מהול, א"צ למול פעם שנית, ומ"מ משום מראית העין צריך לתקן ריבוי הבשר שמכאן ומכאן - משמע לכאורה דהיינו דמתקנו וחותך משום רבוי הבשר, **אבל** מדברי הרמב"ם נראה שאין צריך לחתוך כלום, כיון שנראה נמול בעת הקישוי, אלא שיש לתקנו דהיינו לטרוח עם הקטן ולדחוק העור לאחוריו ולקשור אותו שם סביב הגיד שלמעלה מן העטרה, אם אפשר שתעמוד ולא תחזור למטה, [פי' ע"י שימשך העור כו' וכמ"ש אחר זה, ואותה הג"ה היא פירוש לדברי השולחן ערוך שלפניה], **ואם** אי אפשר בדרך זה, אין צריך לחתוך כלום, וכ"פ בת"ה וכ"פ הב"ח.

[**ולא** כמשמע מפרש"י שגם בזה צריך לתקן ע"י חיתוך העור, כ"פ בת"ה ‹דאין צריך לחתוך כלום›, ועיקר ראייתו.. ואין מזה הוכחה... וגם לפי דעת ת"ה יש חשש, שאפשר ג"כ לחוש הרבה פעמים שהמוהל טעה בשעת המילה, וסובר שכבר מל כראוי ופרע כראוי, ובאמת לא פרע כראוי, כי יש מקום לטעות לפעמים, שיש בנמצא עור דק מאוד אחר החיתוך כמו שלימל בל"א, והוא כמו ליחה בעלמא, ופורע אותו השלימל ועיקר הפריעה קיימת, וראיתי מוהלים שטעו בזה, **וע"כ** צריך שבכל מילה יהיו שם עוד מוהלים אחרים שיראו היטב הפריעה אם היא כהוגן, ונ"מ לענין אם אח"כ חזר ונתכסה, אם נימא שכבר יצא ידי מילה כראוי מן התורה כמו שזכרנו].

אמנם לפענ"ד נראה, דהרמב"ם ורש"י לא פליגי בדינא, רק בפירושא דשמעתא, דהרמב"ם מפרש המשנה דמיירי דומיא דשמואל, ולכך הוצרך לומר דא"צ לחתוך כלום, **אבל** רש"י נראה דמפרש דהמשנה מיירי בשעת מילה, אם היה בעל בשר שאע"פ שמלו כהוגן, אם נראה כאלו אותו בשר חוזר וחופה את הגיד, מתקנו ומשפע באיזמל באותו עובי, ע"ש שכן משמע דעת רש"י להדיא, **אבל** אה"נ דאם אחר זמן לאחר המילה נראה מהול בעת שמתקשה, מודה רש"י דא"צ לחתוך מן הבשר כלל, והיינו הך דשמואל, כן נ"ל ברור, ולא כת"ה, גם דלא כהב"ח שכתב דרש"י חולק על הרמב"ם, ולפ"ז י"ל דגם הרא"ש וא"ז והסמ"ק מודים להרמב"ם לדינא - נקה"כ.

ואם אינו נראה נימול בעת הקישוי, צריך לחתוך כל הבשר המדולדל עד שיהיה נראה כנימול בשעת קישויו.

הגה: וא"ל שיהא נראה בעת קישויו רוב העטרה, הואיל ונימול פעם אחת כהוגן, אפילו אינו נראה רק מיעוט העטרה שנמול, סגי וא"צ למולו שנית - כלומר ולא דמי לדלעיל סעיף ה', דצריך שיהא רוב העטרה מגולה, משום דהתם עדיין לא נימול כהלכתו, **אבל** הכא שכבר מהול כהלכתו מן התורה, אפילו לא היה נראה מהול כל עיקר אף כשמתקשה, לא היה נקרא ערל רק מדרבנן, והואיל ונראה מהול רק בראש העטרה ולמטה קצת נראה, [אע"פ שלא נראה מן העטרה אלא בראשה כמו שליש אפי' כשמתקשה], מהול קרינן ביה, וכן כתב בת"ה.

ומ"מ אם אפשר יתקן ע"י שימשוך העור וידחקנה לאחוריה ויקשרנה שם עד שתעמוד ולא תחזור למטה (ת"ה).

וכתב הב"ח, מיהו היכא שנולד מהול, אבל לא לגמרי, שהעור חופה העטרה רוב גובהה או רוב היקפה, אפי' כבר הטיף ממנו דם ברית ביום ח' ללידתו, כיון שאחר כך אף כשמתקשה אינו נראה אלא מהול קצתו, שעדיין חופה רוב גובה העטרה או רוב היקפה, צריך למולו ולחתוך כל הבשר מכאן ומכאן עד שיהא נראה נימול לגמרי בעת קישוי, **ודא"צ** לחתוך כלום אלא כשנימולו תחלה כהלכתן, אבל זה שלא נימול כלל, דינו כתינוק שנמול ויש ציצין החופין את רוב גובהה של העטרה דמעכבין את המילה, דכך לי זה שנולד כך, כמו אם נחתכה הערלה בשעת המילה והציצין חופין רוב גובהה, דזה וזה לא נחתך עורו בשום פעם כהלכתו.

ובב"י בשם חכם ספרדי נראה שהחמיר יותר, שכ' שבדיקת הקישוי לא נאמר אלא לגבי המסורבל והמדולדל שנימולו תחלה כהלכתן, אבל לכל השאר צריך שתהא העטרה מגולה אף שלא בשעת הקשוי כו', «עכ"ל הב"י», **הרי** שהחמיר דבמי שלא נימול תחלה כהלכתו, צריך לחתוך הבשר עד שתהא העטרה מגולה אפילו שלא בשעת הקשוי, וכך הורתי הלכה למעשה, ע"כ, «מהב"ח», **ולי** דבר החכם זה צ"ע, דגרסינן בירושלמי פרק ר"א דמילה, אמתניתין דאלו הן ציצין המעכבין את המילה, ר' אבינא בשם ר' ירמיה אמר בחופה רוב גובהה של עטרה כו', ר' טבי בשם ר' שמואל אומר בודקים אותו בשעה שמתקשה, ע"כ, **אלמא** דבלא נימול כהלכתו נמי אמר שמואל בודקין אותו בשעה שמתקשה, וצ"ע - **ועכשיו** מצאתי תודה לקל ראיה ברורה לדברי, מדברי הרמב"ם בפירוש המשנה ס"פ ר"א דמילה, ע"ש - נקה"כ.

(**ועיין** בתשובת חתם סופר, שהסכים לדעת החכם ספרדי, דכל שמעיקרא לא נימול כראוי לא משערינן במתקשה, ודלא כש"ך, ע"ש).

[**ומסתפקא** לי דאם נולד מהול והטיפו ממנו דם ברית, ואח"כ מכח שמנו נתרבה ונמשך העור למעלה, ולא נראה כל העטרה אפי אחר הקישוי, מי נימא שצריך לחתוך העור באיזמל ולתקנו כראוי, דכאן אין שייך לומר שכבר היה נימול כראוי מן התורה, דבאותה שעה לא היה לו ערלה כלל, **ודמיא** לכיסוי הדם דאמרי' בפ' כסוי הדם, דכסהו הרוח וחזר ונתגלה חייב לכסות, דאין דיחוי אצל מצות, ה"נ ממש כן הוא, דלא אכפת לן במה שלא היה ראוי לימול בשעתו, דמ"מ החיוב בא עליו אח"כ אפילו מן התורה, **או** דלמא דשאני הכא דמן התורה אין חיוב רק הערלה בתולדה, ולא מה שנמשך אחר כך, **אבל** אם היה נולד מהול קצת, פשיטא לי שאחר כך אם נמשך העור שצריך לחתוך אותו, כיון שלא נימול שום פעם כראוי עדיין].

(**ועיין** בשו"ת שאגת אריה שכתב, דלדידיה פשיטא ליה דבתרווייהו בין בנולד מהול גמור בין בנולד מהול קצת «א"צ למולו מה"ת כלל», שאע"פ שנמשך העור אח"כ, שדינו כנימול כבר, וא"צ שיהא נראה רוב העטרה, אלא אפילו בנראה מיעוט העטרה סגי, ע"ש ראיותיו).

§ סימן רסה – סדר ברכת המילה ודין מילה ביום תענית §

סעיף א - המל, מברך: אשר קדשנו במצותיו וצונו על המילה - (כתב בספר חמודי דניאל כ"י, נראה שהמל כשמברך צריך לכוין להוציא את הפורע, והפורע צריך לכוין לצאת בברכתו, ע"כ).

«**וראיתי** המוהלים שמברכים בעת החיתוך, והחכ"א התרעם על זה, ואני אומר שאין כאן תרעומות, ואדרבא שפיר עבדי, חדא, כיון שמסיימים הברכה בגמר החיתוך, הרי זהו עובר לעשייתן, כמו בברכת המוציא שגומרין אותה בגמר חיתוך הפת, כדאמרינן בברכות, צריך שתכלה ברכה עם הפת, **ואע"ג** דפסקינן בשם מברך ואח"כ בוצע, כבר כתבו התוס' שם דהיינו שלא יפריד הפרוסה מן הפת, אבל לא שיברך קודם החיתוך, והכי קי"ל באו"ח ריש סי' קס"ז ע"ש. **אך** לבד מזה, הא גמר המצוה הוא הפריעה, וא"כ אף אם יחתוך קודם הברכה עדיין הוא עובר לעשייתן, ונראה שהמנהג שנהגו המוהלים שלנו כיוונו לאמיתה של תורה, וכך ראוי לעשות – ערוה"ש».

ואבי הבן מברך בין חתיכת הערלה לפריעה, אשר קדשנו במצותיו וצונו להכניסו בבריתו של אברהם אבינו - משום דיש פוסקים לברך קודם המילה, משום דכל מצות כולן מברך עליהן עובר לעשייתן, ויש פוסקים לברך אחר המילה, דשמא

ימלך המוהל ולא ימול, והוי ברכה לבטלה, הלכך מברכים אחר המילה קודם הפריעה, וחשיב שפיר עובר לעשייתן, דמל ולא פרע כאילו לא מל, ולשמא ימלך לא חיישינן כיון דכבר מל, **מיהו** אם בירך קודם חתיכת הערלה, או אחר הפריעה, יצא בדיעבד, ואין לחזור ולברך.

[**ובטור** כתוב שרשב"ם חידש להנהיג לברך להכניסו קודם המילה דוקא, כי להכניסו משמע להבא, ועוד דצריך לברך בכל המצות עובר לעשייתן, ור"ת כתב שא"צ לשנות המנהג, וטעמו כתב הרא"ש, דדוקא אם העושה המצוה הוא מברך, אז צריך להיות עובר לעשייתן, משא"כ כאן שנעשית ע"י אחר, **ורב** שר שלום ס"ל ג"כ כר"ת, אלא שהחמיר ואמר שיש איסור לברך עד לאחר המילה, כיון שנעשית ע"י אחר, **והב"י** כתב דגם ר"ת ס"ל כחומרא דרב שר שלום, שהרי כתבו התוספות והרא"ש בפ' ר"א דמילה, שר"ת החזיר המנהג לקדמותו לברך אחר המילה כו', **ולי** נראה דאדרבה משם ראייה, שהרי כתבו שמתחילה היו נוהגים לברך אחר המילה, אלא שבא רשב"ם ושינה המנהג, וע"ז הקפיד ר"ת ואמר שאין לשנות המנהג, וע"ז הולכים לשם כל ראיותיו ליישב המנהג, משמע דאי לאו שינוי מנהג לא היה מקפיד, **ומסקנת** הרא"ש כמ"ש כאן, דכיון שעושה הברכה קודם הפריעה, הוה ג"כ עובר לעשייתה, דמל ולא פרע כאלו לא מל, ונראה שבזה יצא ידי שניהם, כיון שאפשר בכך, **אבל** במקום שלא אפשר בזה, ודאי יעשה עובר לעשייתו, וכפי מה שכתבתי בסי' א' סעיף ז', וכן משמע לשונו, שכתב שזה מיקרי עובר לעשייתו, משמע דגם בנעשה ע"י אחר ראוי לעשות עובר לעשייתו כל מה שאפשר, **ונ"ל** דאב המל את בנו יעשה כדעת רשב"ם, שיברך תחילה שני הברכות, דהיינו על המילה ולהכניסו, ואח"כ יחתוך, דאלו בין החיתוך לפריעה א"א לו, כיון שהוא טרוד באמצע עשיית המצוה, היאך יפסיק אז בברכה להכניס, ותו דיש צער לתינוק שיפסיקו בין חיתוך ופריעה, ויתמלא החיתוך דם ובדוחק ימצא הפריעה אח"כ, ‹ולברך בשעת חיפוש הפריעה אי אפשר, ולא דמי לחיתוך כמובן – ערוה"ש›, ע"כ נראה דבזה ודאי אין לעשות בין חיתוך לפריעה, **מאי** אית לך לומר שיאמר להכניסו אחר הפריעה, הרי אף לר"ת ולרב שר שלום יש איסור בזה, כיון שהוא עצמו עושה המצוה ודאי צריך להיות עובר לעשייתו, **ע"כ** יאמר שניהם קודם החיתוך, וכן נהגתי בעצמי בעת שמלתי בני יצ"ו, והוא אליבא דכו"ע, ואחר כך מצאתי שגם מהרי"ל פסק כן].

‹**ונ"ל** דדוקא ביש לו שניהם חיתוך ופריעה, אבל אם הוא בחיתוך ואחר בפריעה, יברך להכניסו אחר החיתוך קודם הפריעה, כמו שאר אנשים – באה"ט›.

להכניסו בבריתו של אברהם אבינו - כתוב בב"ה בשם הרשב"ץ, כשהאנוסים מוהלין עצמן, מברך אקב"ו להכנס בבריתו של אברהם אבינו, עכ"ל, **ונראה** דפשיטא שמברכים ג"כ על המילה.

(**וכ"כ** בתשובת רשב"ש, וכתב עוד, וכן אם לא מלו אביו, שהוא מחויב למול את עצמו כשיגדיל, מברך ג"כ להכנס, דלא כדעת הר"י בר יקר, ע"ש).

‹**יש** מהקדמונים ששאלו, ברכה זו מה טיבה, והיכן מצינו שתי ברכות על מצוה אחת, **ויש** שכתבו, כיון שהמוהל בלא האב שייך ג"כ במצות המילה, שעל כל ישראל מוטל למול תינוק ישראל, לכן תקנו רבנן ברכה אחרת לאב, **ולכן** אם מל האב ובירך רק להכניסו, סגי בהכי, **מיהו** כיון דכבר תקנו למוהל לברך על המילה, לא ישנה ומברך שתים, **ויש** שכתב דברכה זו נתקנה מפני שהאב מצוה על בנו למולו ולפדותו וללמדו תורה ולהשיאו אשה, בא ברכה זו לרמוז שמהיום ואילך מוטלות עליו מצוות אלו, **ויש** שכתב שאין זה ברכת המצוה, אלא ברכת הודאה, שמודה ומשבח להקב"ה על שצוונו על המילה – ערוה"ש›.

הגה: ואם אין אבי הבן אצל המילה, יש מי שאומר שאדם אחר מברך ברכה זו, דהרי בית דין מצווין למולו. ונוהגין שמי שתופס הנער מברך ברכה זו. וכן אם האב בכאן ואינו יודע לברך – ‹ובודאי שכן הוא, אבל מ"מ לא שמענו זה, דאפילו אם הוא עם הארץ הרי יכולים לומר אתו, וכן המנהג – ערוה"ש›.

(**עיין** בתשובת רבינו עקיבא איגר, ביתום שרוצים להכניסו בבריתו של א"א, ואבי אביו יהיה המוהל, יברך הוא להכניסו, שהוא יותר ראוי מן הסנדק, וע"ש עוד). ‹**וטעמא** דמסתבר הוא, שהרי מצוה ללמד בן בנו תורה, כ"ש שמצוה עליו להכניסו בבריתו של א"א, **מיהו** כשהאב בחיים ואינו בביתו, דאז אינו מוטל על אבי האב, הסנדק קודם – ערוה"ש›.

האב והמוהל כשמברכים, צריכים לעמוד – ‹דכתיב: ימול לכם, וגמרינן מעומד דכתיב: וספרתם לכם,

ואסמכתא בעלמא הוא, והעיקר מפני כבוד המצוה הגדולה הזאת, שזהו כהקבלת פני שכינה להכניס נפש מישראל תחת כנפי השכינה, פשיטא שצריכים לעמוד›. **אבל התופס הנער, כשמברך, נוהגים שיושב ומברך** – ‹שהרי צריך להחזיק הילד על ברכיו, והוא במקום המזבח, ומוכרח לישב, דבעמידה לא תעלה המילה יפה כמובן – ערוה"ש›.

י"א שכל העם שהם אצל המילה יעמדו, שנאמר ויעמוד כל העם בברית. וכן נוהגין מלבד התופס הנער, שהוא יושב – ‹וכן המילה עצמה צריכה להיות מעומד, עיין ב"ח או"ח סי' ח'. **כשמביאין** התינוק למולו צריכים לעמוד מפניהם, ברטנורה פ"ג מ"ג דבכורים, ועיין בט"ז לקמן סי' שס"א – רעק"א›.

ואם היו אחרים עומדים שם, אומרים: כשם שהכנסתו לברית כן תכניסהו לתורה ולחופה ולמעשים טובים - כן הוא הגירסא ג"כ בטור ורמב"ם ושאר פוסקים, אבל בש"ס ואשר"י איתא, כשם שנכנס לברית כן יכנס לתורה ולחופה ומע"ט, וכן הוא באבודרהם, וכן נוהגין, **ונראה** דבהכי עדיף טפי, לפי שלפעמים אין האב שם, או שאין לו אב, א"כ א"א לומר בלשון נוכח, אלא בלשון נסתר כשם שנכנס כו', ולכך לא פלוג, **וגם** נראה דאפי' מאן דגריס כשם שהכנסתו כו', מודה דכשם שנכנס נמי שפיר דמי, כדאיתא בתניא דף קל"ג ע"א, העומדים שם אומרים כשם שהכנסתו כו', ואח"כ כתב בדף קל"ה ע"א, והעומדים שם אומרים כשם שנכנס לברית כו', כמ"ש למעלה בענין הברכות, ע"כ.

[**ולפי מ"ש ב"י בשם הר' מנוח, שהעומדים שם מברכים אותו שיזכה לשאר מצות שחייב אדם לעשות לבנו,** עכ"ל, משמע שעל האב קאי, ואותו מברכים שיכניסו לתורה, ממילא נוסחת הפוסקים עיקר. **ומכל מקום** נראה שיש חילוק בדבר, דאותן שרואין האב, יאמרו לשון שהכנסתו כן תכניסהו כו', **ואותן** שעומדים מרחוק, או שאין האב בבית הכנסת, יאמרו כשם שנכנס כו', כנ"ל]. ‹**ואין** המנהג כן – ערוה"ש›.

ולחופה ולמע"ט – [אמר תחלה חופה, לפי שאין נענש בב"ד של מעלה עד בן עשרים, וא"כ החופה קודמת, שבן י"ח לחופה].

ואבי הבן או המוהל או אחד מהעם מברך על הכוס: בורא פרי הגפן – [שאין אומרים שירה אלא על היין]. ‹לפי שצריך לומר ברכת אשר קידש ידיד מבטן, והוא שבח והודיה להקב"ה. **ואם** אין יין יקח שאר משקים – ערוה"ש›. **משמע** אפי' אינו מוהל או אביו, **וכתב** הב"ח, ומנהגנו שהמוהל מברך לעולם, ואינו ישר בעיני, דלפעמים הוא ע"ה, ולא די שאינו מבין אלא מדלג ומסרס תיבות, ע"כ הירא דבר ה' לא יניח לברך ברכה זו אלא א' משאר העם המיוחד שבעם, ע"כ, **מיהו** המנהג הזה מנהג קדמונים הוא, שהרי גם הכלבו כתב, ועכשיו נהגו להיות המוהל מברך בורא פרי הגפן, ואשר קדש ידיד מבטן כו', ואומר קיים את הילד כו'.

[**ולא נתבאר מי האומר ברכת אשר קדש כו', ובטור כתוב שאבי הבן או המוהל או אחד מהעם אומר אותה,** ומנהגנו שהמוהל אומרה, **וכשיש שנים א' מוהל וא' פורע, אומר אותה הפורע,** ונראה ראייה לזה ממה שמצינו באו"ח סי' קע"ד, **דאותו שמברך על היין שלאחר המזון הוא מברך על המוגמר, ה"נ מי שפורע יגמור מה שיש עדיין לפניו**]. ‹**ואם** היו ג', המוצץ מברך מפני הטעם שנתבאר, **ועוד** טעם יש כדאיתא במגילה, המפטיר בנביא הוא פורס על שמע, ומפרש בגמ' משום כבוד, דכיון שהמציא עצמו לדבר שאינו של כבוד, תקנו לו זה לכבוד, וה"נ כיון דמציצה אינה נחשבת כלום נגד מילה ופריעה, מהראוי ליתן לו ברכה זו, וכן המנהג, **אבל** מילה ופריעה שקולים הם, ואדרבא נ"ל דפריעה עדיפא מחיתוך, שבה נגמרת המצוה, **וראיתי** למוהלים שתופסים את החיתוך לגדולה מפריעה, ויראה לי שאינו כן – ערוה"ש›.

‹**בת"ח** כתב, דדוקא הסנדק המחזיק הילד על ברכיו בשעת המילה, הוא יחזיקנו ג"כ בשעת הברכה וישתה מהכוס יין – רעק"א›.

ויש נוהגים ליטול הדס בידו, ומברך עליו, ולהריח – ‹ואין כן המנהג אצלינו, ואין אנו רגילים בהדסים שאינם מצוים אצלינו – ערוה"ש›. **ואומר: בא"י אלהינו מלך העולם אשר קדש ידיד מבטן וכו'** - אשר קדש ידיד מבטן וחוק בשארו שם וצאצאיו חתם באות ברית קודש על כן בשכר זאת אל חי חלקנו צורנו צוה להציל ידידות שארינו משחת למען בריתו אשר שם בבשרנו בא"י כורת הברית, **כן** הוא בש"ס וטור ושאר פוסקים, ועיין פי' ברכה זו בב"י בשם הפוסקים, ועיין

בספר תניא ג"כ בפי' ברכת המילה ובמנהגיה, **ונ"ל** שע"כ בשכר זאת כו' הוא תפלה ובקשה על העתיד, וצַוֵה צ"ל נקוד בפת"ח הצד"י ובציר"י הוי"ו, **דלא** כמו שנקוד בכל נוסחאות הלוחות שבבהכ"נ, צִוָה בחיר"ק הצד"י וקמץ הוי"ו, וכן נוהגין כל מוהלים לאמרו, שלפי זה הוא לשון עבר, ואינו מתיישב ע"כ בשכר זאת כו', גם לא שייך ל' צוואה אלא ל' הבטחה, **אלא** ודאי כמ"ש, וכן מוכח באבודרהם בשם הרמב"ם, שכתב שואל מאת ה' ואומר אתה צורנו צַוֵה להציל ידידות שארינו משחת כו', **וכן** בהלכות גדולות גריס, ע"כ בשכר זאת אל חי יהא חלקנו להציל ידידות שארינו משחת כו', ואף ע"ג דאנן לא גרסינן הכי, ולא אמרינן הכי, מכל מקום נשמע מיניה דל' תפלה היא להבא, **ואין** לתמוה מ"ש צוה להציל לשון נוכח להקב"ה, ואח"כ אומר למען בריתו כו', לשון נסתר, שכן הוא נוסח הברכות והתפלות בכמה מקומות.

(**ועיין** בשאילת יעב"ץ שמאשר ומקיים מנהג האומרים צִוָה בנקוד חיר"ק הצד"י לשון עבר, דלא כש"ך, והעלה דמאן דעביד הכי או הכי לא משתבש, ע"ש).

[**ידיד מבטן**, רש"י פי' דעל יצחק קאי, ור"ת פי' על אברהם, כמ"ש מה לידידי בביתי. **וחוק בשארו**, זה יצחק. **וצאצאיו חתם**, זה יעקב. **ידידות שאירינו**, זה הנשמה. **משחת**, זה גיהנם].

ונוהגין שכשמגיע ל"בדמיך חיי", נותן מהיין באצבעו בפי התינוק - לפי שאחר סיום ברכה הנ"ל, אומר: אלהינו ואלהי אבותינו קיים את הילד הזה לאביו ולאמו ויקרא שמו כו' עד סוף הפסוקים, וכשמגיע ל"דמיך חיי", כופלין "ואומר לך בדמיך חיי", ונותנין בכל פעם מהיין באצבעו.

‹**כמ"ש** במדרש רבה, משה היה מל, ואהרן פורע, ויהושע משקה – גר"א›.

[**בב"י** כתוב: ושמעתי שעושה צורת שדי באצבעותיו בעת שנותן יין בפי התינוק. ונוהגין לכפול ואומר לך וכו', שהוא לרמז ע"י המילה יזכה לעה"ז ולעה"ב, ע"כ].

בב"י כתוב בשם אבודרהם וכלבו וריטב"א, כשאין לתינוק אב, או שאין לו אב ואם, נוסחאות אחרות, ע"ש, **אבל** אנו נוהגין כשאין לו אב מדלגין לאביו, ואומר: קיים את הילד הזה לאמו כו', ‹ואח"כ אומרים: ישמח האב בגן עדן›. **וכשאין** לו ג"כ אם, מדלגין גם אמו, ואומר: קיים את הילד הזה ויקרא שמו כו', ‹ואומרים: ישמח אב ותגל האם בגן עדן. **ואם** האב בחיים, אומר: קיים את הילד הזה לאביו, ויקרא שמו וכו', ישמח האב ביוצא חלציו, ותגל אמו בגן עדן – ערוה"ש›.

‹**לא** מסקינן בשמא דרשע, אבל אם נקרא כן שם אדם צדיק, אע"ג דגם רשע נקרא כן, מסקינן בשמיה, גמרא ותוס' יומא דף ל"ח. **מת** בלא בנים, והניח אשתו מעוברת, קורין הבן על שם אביו, אגודה – רעק"א›.

(וכשהמוהל מברך ברכה זו, רוחץ תחלה ידיו ופיו, כדי שיברך בנקיות).

‹**ומעיקר** הדין היה לשתות הכוס אחר הברכה ואח"כ לומר אלקינו וכו' קיים את הילד וכו', שהרי הברכה נגמרה, **ומ"מ** אין המנהג כן, ושותין אחר התפלה ואחרי קריאת השם, לפי שבקשת רחמים על התינוק אינו חשוב הפסק, וחשבינן לחדא מילתא – ערוה"ש›.

סעיף ב - אם אבי הבן הוא מוהל בעצמו, מברך: למול את הבן, לדעת הרמב"ם - ‹דלמול משמע שמוטל עליו למול, וזהו אבי הבן, אבל אחר שאינו מוטל עליו, איך יאמר שנצטוה למול, אלא מברך על כלל המצוה שנצטוו בה ישראל, וזהו שאומר על המילה, כלומר על מצות מילה›. **(ויש חולקין)** - ‹דגם על מילה נמי כלמול דמי גם בענין זה – ערוה"ש› **(טור בשם בעל העיטור), וכן נוהגין שלא לחלק. מיהו אם בירך למול, או שבירך ברכת להכניסו לחוד, יצא** - ‹דברכת להכניסו היא תוספת על ברכת המילה שנצטוה אביו עליו יותר מאחר, וברכת המילה נכלל בו, אלא דלכתחילה יברך קודם על המילה, כמו בברכת הפירות בכולל ואינו כולל – גר"א›.

סעיף ג - גר שמל קודם שנתגייר, וקטן שנולד כשהוא מהול, כשמטיפין ממנו דם ברית אינם צריכים ברכה - ‹כיון שזהו מפני הספק, לכן א"צ ברכה›. **כתב** הטור בשם בעל העיטור, ומ"מ ברכה של להכניסו בבריתו של א"א ואקי"מ מברכים, **והמחבר** העתיק לשון הרמב"ם, משמע מדבריו דאינם צריכים ברכה כלל, וכ"כ הרשב"א והר"ן, דה"ה שאין מברכין עליו להכניסו בבשא"א. ‹**וממילא** דספק ברכות להקל – ערוה"ש›.

וכן אנדרוגינוס אין מברכין על מילתו – ‹לא על המילה ולא להכניסו ולא אשר קדש ידיד כו׳ – לבוש›, **מפני שאינו זכר ודאי.**

הגה: אבל כשחוזרין על ציצין המעכבים המילה, צריך לחזור ולברך כל הברכות – ‹דהא עד הנה לא נגמרה המילה כהלכתה, ועכשיו הוא שנגמרה עיקר המילה – לבוש›, ‹והברכות שבירכו כבר הם לבטלה – ערוה״ש›. (**עיין** בתשובת חתם סופר שכתב, דנראה פשוט אפי׳ על ציצין המעכבים הפריעה, חוזר ומברך על המילה ולהכניסו, **אך** כ״ז בידעינן בודאי שזה הציץ נשאר כך מתחלה ולא נימול כראוי, **אבל** היכא שא״צ תיקון אלא מדרבנן משום מ״ע, אין לברך).

אבל אין לומר קיים את הילד הזה וכו׳ – [וכ״פ מהרי״ל לענין מל ולא פרע ואח״כ פרע, שא״צ לומר פעם שנית קיים את הילד].

‹**בגירסא** ישנה היה הג״ה זה מסודר בס״ד אחר "אבל אין מבקשים עליו רחמים", אבל כשחוזרין וכו׳›, כלומר גם בילד כשר אף ע״פ שאין מברכין על הספק, מ״מ כשחוזרין על ציצין המעכבין כו׳ צריך לחזור ולברך כו׳, ולא יאמר קיים הילד, אע״פ שהוא ילד כשר, שכבר בקש עליו רחמים בתחלה.

סעיף ד - ממזר, כישראל הוא ומברכים עליו ברכת מילה עד כורת הברית, אבל אין מבקשים עליו רחמים - כלומר אין אומרים קיים את הילד כו׳, מטעם דלא ניחא להו לישראל הקדושים לקיים הממזרים שביניהם, ‹דמי יתן שימות בו ביום ולא ירבה ממזרים בעולם – לבוש›. **ומטעם** זה העומדים שם אל יאמרו אחר שנימול, כשם שנכנס לברית כו׳, כן הוא במהרי״ל.

(ומפרסמין בשעת מילתו שהוא ממזר). (מהרי״ל) – ‹כדי שיתפרסם הדבר וידעו הכל ליזהר מלהינשא לו – לבוש›. **וכ׳** במהרי״ל שהיו מלין אותו בחצר בית הכנסת אצל פתח בהכ״נ, משא״כ בכשרים שמלין בפנים אצל הפתח.

[**כתב** במהרי״ל, שיש לקרות שמו כידור, על שם הפסוק כי דור תהפוכות המה, כדמצינו בפ׳ בתרא דיומא].

(**ועיין** בשו״ת תשובה מאהבה, שאין להקפיד מלקרות שמות כשמות שהיו קודם אברהם אבינו ע״ה, **דלא** כהמבי״ט שכתב דאין ראוי לקרוא בשם אדם או נח או שם ועבר, דאין להעלות שם אלא מאברהם ואילך, **ע״ש** דאין לחוש לזה, שהרי מצינו רבי בנימין בר יפת, ועקביא בן מהללאל, וראובן קרא לבנו בכורו חנוך, וכ״כ בספר ברכי יוסף, עיין שם).

‹**בכל** ולד שיש בלידתו נדנוד עבירה, אפי׳ איסור דרבנן, אין אומרים אשרי תבחר וכיוצא בו, ואין אומרים שבחים לאב ולאם, ודוקא במידי דמפורסם וידוע, מוהריק״ש – רעק״א›.

ביום הכיפורים ובד׳ צומות, לא יברך על הכוס – ‹וגם לתינוקות לא יתן, דילמא אתו למיסרך – לבוש›

(טור בשם בעל העיטור וע״פ); מיהו בג׳ צומות מהם, שהיולדת אינה מתענה, יכול לברך על הכוס ותטעום ממנו היולדת, אם היא שומעת הברכה ומתכוונת שלא להפסיק בדברים בין שמיעת הברכה לשתיית הכוס. אבל ביום הכיפורים ותשעה באב, שאין היולדת יכולה לשתות, אין מברכין על הכוס – [אע״ג דבאו״ח סי׳ תקנ״ד כתב, דכל ל׳ יום א״צ אומד ויכולה לאכול בט׳ באב, מ״מ הא כתב שם רמ״א, דמ״מ נהגו להתענות כל שאין להם צער גדול]. ‹**ופשוט** דכשאין היולדת מתענה מפני חולשתה, דנותנין לה הכוס אם יכולה לשתות, אך כשמלין בבהכ״נ והיא אינה בכאן, יעשו כמו שנתבאר – ערוה״ש›.

ובתשעה באב, אסא נמי לא מייתינן, מטעמא דאין מברכין על הבשמים במוצאי שבת שחל בו תשעה באב - כלומר מטעם שאין מברכין על הבשמים בט׳ באב שחל להיות במוצאי שבת, וכמו דנתבאר באו״ח בסי׳ תקנ״ו, והיינו דריח תענוג הוא, וה״ה הכא דאסור להריח במקום שנוהגין ליטול הדס ולהריח בשעת מילה כדלעיל סעיף א׳, **זהו** דעת המחבר, אבל אינו מוכרח, דנראה דהתם היינו טעמא משום שהנשמה יתרה הלכה במו״ש, ונתקן ברכת הבשמים לתענוג להשיב נפשו, אבל שיהא אסור בכל ט״ב להריח בבשמים, זה לא שמענו.

הגה: וי"א דמברכים אכוס בכל תעניות ונותנים הברכה - ‹הערוה"ש אינו גורס "הברכה"› **לתינוקות קטנים (וכן פסק בטור או"ח סימן תקנ"ט** - ס"ז**), וכן נוהגין** - ‹ולא חיישינן דילמא אתו למיסרך, כיון שאינו תדיר – לבוש›. **וביום כפורים נוהגין ליתן לתינוק הנימול, כמו שנתבאר באו"ח סי' תרכ"א -** ‹וכמדומני שעתה נותנים גם ביוה"כ לתינוקות קטנים לשתות את הכוס – ערוה"ש›. [**משמע דא"צ כאן כדי שיעור כוס של ברכה, דהיינו מלא לוגמא, וכ"כ ב"י בסימן זה לעיל בשם הרשב"א, וז"ל, ששאלת כמה שיעור טעימה, גבי מקדש בעינן מלא לוגמיו, הכא גבי שאר ברכות לא בעינן מלא לוגמיו, עכ"ל. וקשה דהא איתא באו"ח סימן ק"ץ, דכל דבר שצריך כוס צריך לשתות מלא לוגמיו, וי"ל דהיינו מה שצריך כוס מדברי הגמרא, משא"כ כאן שאינו אלא מצד שאין אומרים שירה אלא על היין, כמ"ש ב"י בשם המרדכי, ועל כיוצא בזה אמרה הרשב"א**].

וי"א דאף בלא תענית יוצאים בזה, אבל אין נוהגין כן אלא הסנדק שותה כשאינו תענית – ‹כלומר כשהוא המברך על הכוס›. **ובכל** המקומות שהייתי אין נוהגין כן, אלא נותנים לשתות לנערים קטנים. ‹**ובספר** חמודי דניאל כ"י כתב, נראה דאין לנהוג כן, דהנערים אינם שומעים הברכה, ועדיף טפי שיטעום המברך›. ‹**ואצלינו** המברך שותה, כמו כל כוס שהמברך שותיהו – ערוה"ש›.

סעיף ה - מי שיש לו שני תינוקות למול, יברך ברכה אחת לשניהם, ואפילו אם שנים מלים, הראשון יברך "על המילה" ועולה גם לשני, והשני יברך "אשר קדש ידיד" ועולה גם לראשון - ‹"ולהכניסו" כל אב מברך לעצמו – ערוה"ש›. **ואפילו אין הנער לפניו בשעת הברכה, כיון שדעתו עליו, רק שלא יסיח דעתו בינתיים -** ‹וכתב עוד ‹בעל העיטור› היכא דאיכא תרי ינוקי לממהיל בבי כנישתא, כיון דלא אפשר למהלינהו כחדא, צריכי ברכה אכל חדא וחדא, **וא"א** הרא"ש ז"ל כתב בתשובה, מי שיש לו ב' תינוקות למול, או לברך לשני חתנים, יברך ברכה אחת לשניהם, ואפי' אם שנים מלין וכו' – טור›.

מהרש"ל כ', דה"ה אף הראשון יכול לברך אשר קדש, אלא דלא ליתי לאנצויי הוא, **והיה** נראה להביא ראיה לדבריו ממ"ש בית יוסף: ומדברי רבי' ירוחם נראה שמברך אשר קדש אחר כל מילה וכו', **אבל** באמת לא נראה כלום בר' ירוחם, שלא העתיק שם אלא תשובת רבינו משולם לרבינו שמחה, דאם ב' מוהלים, הא' יברך על המילה והב' לא יברך על המילה אלא אשר קדש כו', ויצאו שניהם לב' תינוקות, עכ"ל, והוא במרדכי, **משמע** דר"ל דהראשון לא יברך אשר קדש כלל, אלא הב', וכן יש לנהוג.

[**ויש להקשות, למה כתב רמ"א** ‹בב' חתנים באה"ע סי' ס"ב›, **שמשום עין הרע נוהגין לברך לכל אחד בפני עצמו, ומאי שנא משני תינוקות דלא הצריך להנהיג כן, ונ"ל דודאי לכתחלה צריך החתן השני להיות ג"כ אצל הברכה, כיון שבר חיובא הוא, ואז שייך חשש עין הרע, כיון ששניהם ביחד, משא"כ בתינוק שנימול, א"צ להיות אצל הברכה, דלאו בר חיובא הוא,** ‹ויכניסו התינוק השני לחדר זה אחר מילתו של הראשון, ולא שייך עין הרע רק כשניהם ביחד, **ועוד**, דהתם גדולים וחתנים וכלות ושושבינים ומזמוטי חתן וכלה, שייך בזה עין הרע, משא"כ במילה – ערוה"ש›, **אבל מ"מ נראה באם ידוע שהתינוק השני לא יבא כ"כ מהר, ואיכא הפסק גדול בדבר ושיחה, יעשו לכל אחד ברכה בפני עצמו, דהיינו ברכת המילה, וכדעת בעל העיטור שמביא בטור, ע"כ ראוי לנהוג שגם השני יהיה מוכן אחר ברכת הראשון למולו**].

הגה: אבל אם שח בינתיים או שלא היה דעתו על הב', מתחילה צריך לברך "אשר קדש ידיד" על הראשון - ‹לגמור מצותו›, **ולחזור ולברך על מילת השני** - ‹אבל "אשר קדש ידיד" אין צריך לחזור על השני, כיון שהיה דעתו עליו כשמברך "אשר קדש ידיד" על הראשון, והמילה וברכת של השני לא הוי הפסק, כיון שהוא צורך המילה - לבוש›. ‹**עיין** בערוה"ש לקמן דא"א להקדים ברכה זו›.

צ"ע דלעיל סי' י"ט ס"ו, כ' הרב די"א דאפילו לא היה דעתו על השני א"צ לחזור ולברך כשהן ממין א', וכאן תינוקות הא מין א' הן, **בשלמא** אבעל העיטור גופיה לק"מ, דאע"ג דדברי הרב שם הם דברי בעל העיטור שהביא הטור שם, וכאן כתב הטור בשם בע"ה, כיון דלא אפשר למימהלינהו כחדא, צריכי ברכה אכל

חדא וחדא, דל"ד לשחיטה דאפשר דשוחט הרבה בהמות ביחד בבת אחת, אבל במילה א"א למימהלינהו כחדא, והיינו שכתב בעל העיטור כיון דלא אפשר למימהלינהו כחדא כו', דל"ד לשחיטה מה"ט, **ודלא** כהפרישה, שכ' צ"ע הלא כתב בעל העיטור לעיל בדין שחיטה, דאם הם ממין א' א"צ לחזור ולברך, ואפשר דשאני שחיטה דדרך לשחוט כמה זה אחר זה, משא"כ במילה, עכ"ל, **ולא** נהירא, דהא משמע אפילו היה דעתו כאן על הרבה תינוקות מצריך בעל העיטור ב' ברכות, מטעם דפרישית, שוב מצאתי בריב"ש להדיא כמ"ש, **אבל** על הרב קשיא, כיון דפוסק כאן דא"צ לחזור ולברך כשהיה דעתו על השני מתחלה, אלמא דסבירא ליה כהסכמת הפוסקים שחולקים על בעל העיטור, ואע"ג דלא אפשר למימהלינהו כחדא סגי בחדא ברכה, א"כ כשלא היה דעתו מתחלה נמי, הא מין א' הוא, וצ"ע, ‹ואין זה דמיון כלל, דמילה אינו מצוי כל כך כשחיטה כמובן, לכך בעינן דעתו – ערוה"ש›. **ולענין** דינא העליתי בסי' י"ט, דאפי' במין א' צריך לחזור ולברך, א"כ ה"ה הכא.

ודוקא אם שח בדברים שאינן צרכי המילה, אבל בצרכי מילה לא הוי הפסק. ואפילו אם שכח ובירך "אשר קדש ידיד" לאחר הראשון, א"צ לחזור ולברך "על המילה" – ‹של השני›, **דברכה לא הוי הפסק, כמו שנתבאר סימן כ"ח לענין כיסוי דם** – ‹ופשוט ד"אשר קדש ידיד" יברך על השני בפ"ע אחר מילתו, דא"א להקדים ברכה זו קודם המילה – ערוה"ש›.

ואם שני הילדים של אדם אחד, האב אומר: להכניסם בבריתו של אברהם אבינו – ‹ברכה אחת לשניהם – ערוה"ש›, **וכן** – ‹המברך על הכוס – לבוש› **אומר: קיים את הילדים וכו', ויתקן כל צרכי המילה לכל אחד בפני עצמו, כגון הנר שמדליקין, יעשה לכל אחד נר בפני עצמו (מהרי"ל)** – ‹ופשוט הוא דמיירי כשמלין שניהם בחדר אחד – ערוה"ש›.

מיהו היכא שאין מנהג, כ' הב"ח שיש לנהוג ולברך אכל חדא וחדא, ויהיו נזהרים שלא יביאו ב' תינוקות ביחד לבה"ה, אלא בזה אחר זה, דלאחר שנימול הא' יביאו הב', עכ"ל, **וכן** נכון לעשות, משום דעל הרוב מפסיקין בינתיים בשיחה בטלה שאינה מצרכי מילה, והוי הפסק לכ"ע, **וכ"כ** מהרש"ל, שנמנעו בב' תינוקות שאינן של א' לפטרם בברכה א', כי כמה פעמים יבואו לידי שהיות גדולות והיסח הדעת.

‹**עיין** בתשובת דרכי נועם שכתב, דבמצרים נהגו לברך על כל אחד בפני עצמו, ואחר מילת האחד אומרים פסוקים המלאך הגואל וכיוצא, כדי להסיח דעת, והוא מנהג ותיקון, **ואם** הם של אדם אחד, מברך האב להכניסו ג"כ על כל א' בפ"ע, ע"ש›.

‹**ולבד** זה יש לפקפק על עיקר דין זה, דהא אין עושין מצות חבילות חבילות, וכבר האריך המג"א בזה, **ולענ"ד** נראה דמצוה שהיום היא חובתה לא שייך בזה חבילות חבילות, דטעם חבילות הוא, שלא יהא דומה עליו כמשאוי, לכך רצונו לפטור מהמשא, וזה לא שייך בדבר שמחוייב לעשות רק היום, **ושמא** תאמר יעשה השניה לאחר שעה, הא זריזין מקדימין למצות, **וחז"ל** לא אמרו רק בסוטות ומצורעים וכיוצא בהם, שאינם חובת יום זה דוקא – ערוה"ש›.

‹**עיין** בתשובת ברית אברהם, על דבר שני מילות ביום א' ואחת מהם שלא בזמנה, אם יש להקדים למול זה שנולד מקודם, **וכתב** דגם בשני מילות בזמנם לא מצא שום סברא להקדים דוקא לזה שנולד תחלה, **ומסימן** שנ"ד גבי שני מתים אין ראיה, דהתם חל החיוב מיד בשעה שמת האחד טרם מיתת השני, משא"כ בזה דהחיוב חל ביחד מתחלת יום שמיני, **ומ"מ** נהגו להביא תחלה זה שנולד מקודם, אפשר שהוא מטעם שלא יתעורר קנאה ומחלוקת, **ועכ"פ** ברור דאם הובא לבהכ"נ זה שנולד אחרון, אין להמתין כלום, רק למולו מיד, **וכל** זה אם שניהם בזמנם, אבל בנ"ד שאחת היא שלא בזמנה, בודאי צריכים מקודם למול המילה שבזמנה, ע"ש, **וכ"כ** בתשובת יד אליהו, דמי שזמנו קבוע הוא קודם לזה שנדחה אף שנולד ראשון, **אך** כתב דאם אירע שהביאו לבהכ"נ את התינוק שנדחה, יש למולו מיד, ולא להמתין על מי שזמנו קבוע, ע"ש›.

סעיף ו - היכא דאפשר, עבדינן למילה בעשרה – ‹שהוא פירסום, ועוד כיון שהתינוק נכנס לקדושה, ולקדושה צריך עשרה› **והיכא דלא אפשר, עבדינן בפחות מעשרה** – ‹דמדינא א"צ עשרה כבכל המצות – ערוה"ש›.

סעיף ז - כשהאב עצמו מוהל את בנו, הוא מברך: שהחיינו – ‹שמקיים המצוה המוטלת עליו לבדו›. **ואם המוהל הוא אחר, י"א שאין שם ברכת שהחיינו** – ‹לא האב, שאינו מקיים מצוה המוטלת עליו, [ואין טעם מספיק בדבר – ערוה"ש], וכ"ש המוהל, דלגבי דידיה לא שייך לדמות לדבר הבא מזמן לזמן, שהוא מל כל פעם שיזדמן לו, אפילו מאה פעמים בשנה›. **ולהרמב"ם, לעולם האב מברך שהחיינו על כל מילה ומילה** – ‹דהוי לדידיה כמו דברים הבאים מזמן לזמן – לבוש›, **וכן נהגו בכל מלכות ארץ ישראל וסוריא וסביבותיה ומלכות מצרים.**

הגה: ובמדינות אלו נוהגין שלא לברך שהחיינו, אפילו כשהאב עצמו מל בנו, אם לא שמל בנו הבכור שחייב לפדותו, מברך שהחיינו בשעת מילה ואינו מברך בשעת פדיון, אבל כשפטור מפדיון אינו מברך שהחיינו (ע"פ מהרי"ל).

ואין נוהגין כן מעולם, אלא אין מברכין שהחיינו כלל, אפי' ישראל שמל בנו הבכור, וכן בדין, וגם הרב שהוציא זה ממהרי"ל, וכ"כ בד"מ וז"ל, ומהרי"ל כתב דאין לאב לברך שהחיינו, אא"כ מל בעצמו בנו, דעכ"פ יצטרך לפדות בנו, אבל אם לא יצטרך לפדות בנו, כגון שבנו פטור מפדיון, לא יברך שהחיינו, עכ"ל, **נ"ל** דאגב חורפיה לא עיין שפיר, ואדרבה נהפוך הוא, וז"ל מהרי"ל, פעם אחת מל האב את בנו הבכור, והאם היתה כהנת, ושאלו את הרב אם צריך לברך ג"כ שהחיינו מאחר דהאם כהנת והפקיעה את בנה מפדיון, נתבטל ברכת זמן דשל פדיון, ולכך אם יברך עתה הזמן בשעת המילה, ואמר שלא יברך הזמן, עכ"ל, **אלמא** דאפילו בכהנת אמר שלא יברך זמן, ול"מ אם לא היתה כהנת דלא יברך זמן, דהא יברך בשעת פדיון, ושלא כדעת הרב דיברך בשעת המילה ולא בשעת פדיון, **וזהו** מן התימה, דברכת שהחיינו בשעת פדיון מוזכר בש"ס סוף פסחים, ובפוסקים לקמן סי' ש"ה, ואין חילוק בדבר לומר דכשהאב מל לא יברך, וגם מדבעי התם בש"ס, מי מברך, כהן מברך דמטי הנאה לידיה, א"ד אבי הבן מברך דעביד מצוה כו', משמע דאין חילוק אלא בכל ענין יש לברך בשעת פדיון, וכן נוהגין, **שוב** מצאתי בהגהת דרישה שכתב על דברי הרב, ואין נוהגין כן, אלא מברך שהחיינו בשעת פדיון, ע"כ, וכן עיקר.

ובמדינות אלו נוהגין – ‹כ"כ המרדכי, וכבר האריך הרשב"א וכל הראשונים בזה ולא מצאו טעם בזה, דא"ל משום דלא אתי מזמן לזמן, פדיון הבן יוכיח, ואף בבנים האחרים, כמו קנה וחזר וקנה, וגם א"ל משום ספק נפל, דא"כ האיך מלין אותו בשבת ומחללין עליו בכל דבר, וגם א"ל משום צערא דינוקא, כמ"ש במרדכי הנ"ל, דהא במת אב והוא יורש, מברך שתים כו', וכמו שהקשו בהגהות אחרונות, ובשם ראבי"ה כתב כסברא ראשונה – גר"א›. ‹**אבל** ראינו שהש"ס לא הזכיר שהחיינו בין ברכות מילה, ומזה דייקי רבותינו בעלי התוס' דמילה א"צ שהחיינו, **וכתבו** הטעם, דלא תקנו רק במצוה של שמחה ע"ש, וגם זה אינו מובן, דהא מילה עושים בשמחה, כדאיתא בשבת, **ואולי** הכוונה דהן אמת שאנו עושים בשמחה, אבל מ"מ היא מצוה שע"י דמים, כדאיתא במדרשות דקרא דכי עליך הורגנו כל היום קאי אמילה, ולא שייך לברך שהחיינו, **והרמב"ם** לא חש לזה, דגם בברכת שופר לא נמצא בש"ס לברך שהחיינו, ועכ"ז מברכים, וה"נ כן הוא – ערוה"ש›. ‹**ועיקר** טעמא, דמילה מצויה ושכיחא יותר מדברים הבאים מזמן לזמן, ופדה"ב אינו מצוי שכיח כ"כ, ודומה יותר לדבר הבא מזמן לזמן – לבוש›.

סעיף ח - אין צריך לכסות ערות הקטן בשעת הברכה - ואפילו למ"ד באו"ח סי' ע"ה, דאסור לקרות ק"ש כנגד ערות קטן, משום דבעינן והיה מחניך קדוש ואין בו, כיון דלתקוני מילה קאתי, קרינן ביה שפיר והיה מחניך קדוש, ‹דבקדושה קא עסיק – ערוה"ש›, ‹שאין קדושה כקדושת המילה המביאה לידי גלוי שכינה – לבוש›, ואינו אותה שעה משום ולא יראה בך ערות דבר, כדכתב הרא"ש, **וגם** בקטן כ"כ לא דיינינן ליה דין ערוה, וא"צ לכסותו בשעת ברכה, כמ"ש ה"ר יונה.

‹**ול"נ** דאיסורא איכא, דצריך לאחוז הערלה בשעה שמברך, כמ"ש בפ"ג דמנחות, ועיין תוס' דסוכה ל"ח א' ד"ה עובר כו' – גר"א›. ‹**ואדרבא** לפי המנהג שלנו שמברכים בשעת החיתוך כמ"ש, הא תופסים האבר בידם – ערוה"ש›.

(אבל יש לנקות הקטן מלואתו קודם שיברך) - ואע"פ שאין מרחיקין מצואת קטן עד שיהא ראוי לאכול כזית דגן, וכמ"ש באו"ח ר"ס פ"א, מ"מ מוטב לנקותו קודם הברכה. ‹ולא יהא אלא כדבר מאוס בעלמא – ערוה"ש›. ‹**חומרא** בעלמא, דא"צ להרחיק מצואתו וכ"ש שהוא מכוסה – גר"א›.

‹**ודע** דלפעמים התינוק משתין בעת שרוצים למולו, ויראה לי דאסור לברך בשעה שמשתין, דבמי רגלים לא מצאנו חילוק בין קטן לגדול, דכנגד עמוד הקילוח אסרה תורה, **דבשלמא** בצואה הטעם משום דצואת קטן אינה מסרחת, אבל מי רגלים גם של גדול אינו מסריח, דמהאי טעמא אינו אסור מן התורה רק בשעת הקילוח, אבל משנפלו לארץ מותר לקרות ק"ש כנגדם מן התורה, רק מדרבנן הצריכו להרחיק ד' אמות, **וזה** שאמרו בסוכה, יכול לאכול כזית דגן מרחיקין מצואתו וממימי רגליו ד' אמות, דמבואר להדיא דמקודם זה גם מי רגליו מותר, זהו לאחר שנפלו לארץ, דההרחקה הוא רק מדרבנן, ולא גזרו בקטן, אבל כנגד הקילוח שמן התורה אסור לא מצינו חילוק, **אם** לא שנאמר דאיסור מי רגלים בשעת הקילוח ילפינן מן ויצאת שמה חוץ, כמבואר בברכות שם, וקרא מיירי בגדולים ההולכים למלחמה, ובהך קרא כתיב ג"כ וכסית את צאתך, וזה לא מיירי בקטן, וה"ה במי רגלים, ולא מצאתי גילוי לדין זה, וצ"ע לדינא – ערוה"ש›.

סעיף ט - אבי הבן עומד על המוהל להודיעו שהוא שלוחו – ‹ואפילו אם מקודם צוה לו למול, או שלח לו ע"י השמש, דבזה יצא ידי שליחות, מ"מ יעמוד סמוך לו בעת המילה, דהמילה הוא כעין קרבן, וכל קרבן צריכים הבעלים לעמוד על הקרבן, כדאיתא בתענית: היאך קרבנו של אדם קרב והוא אינו עומד עליו, ולכן תקנו מעמדות ע"ש – ערוה"ש›.

סעיף י - נותנין את הערלה בחול ועפר – ‹בחול דכתיב: ושמתי את זרעך כחול הים, ועפר דכתיב: ושמתי את זרעך כעפר הארץ. **ואני** שמעתי טעם משום דכתיב: אם רעב שונאך האכילהו לחם, וכתיב בנחש: ונחש עפר לחמו, וחול גם כן עפר הוא. וכבר ידעת בסוד הקבלה שערלה היא מכח הנחש, לכך מניחין אותה בעפר לתת לה לחמה ולסתום פיה מלקטרג, על דרך סוד העזאזל והבן – לבוש›.

(וכן רוקקים דם המילה אל העפר) – ‹פרקי ר"א: והיו ישראל לוקחין את הערלה ואת הדם ומכסין אותו בעפר המדבר, וכשבא בלעם הקוסם ראה את כל המדבר מלא מערלתן של ישראל, אמר מי יוכל לעמוד בזכות ברית דם מילה שהוא מכוסה בעפר, שנא' מי מנה עפר יעקב, מכאן אמרו מכסין את הערלה והדם בעפר הארץ כו', וז"ש וכן כו' – גר"א›.

ואם הוא שבת, צריך שיהיו מוכנים מבעוד יום – ‹דאם לא כן הוו להו מוקצה ואסור לטלטלם אפילו לצורך מצוה, כיון שאין המילה דחויה מפני זה – לבוש›. ‹**ואם** לא הכינו מע"ש א"צ ליתן בחול ועפר – ערוה"ש›.

היינו ע"פ מה שכתב בב"י בפירוש דברי העיטור בשם רב יהודה גאון, **אבל** באמת נראה מדברי העיטור, דאפילו מוכנים אסור, גזירה שמא יביא עפר בשבת מבחוץ שאינו מוכן, וכ"כ הב"ח, וכן משמע בספר תניא בשם רב יהודה גאון, שכתב ובשבת לא יעשה כן שמא יביא עפר מבחוץ, ע"כ, **וכתב** הב"ח, ומיהו העולם נהגו היתר בעפר מוכן מע"ש.

‹**וגם** בשבת מותר להניח הערלה בעפר, כיון שאוחזה בידו בשעת החיתוך, דכן הוא הדין בכל מוקצה, דכשאוחזה בידו מותר לטלטלה להניחה במקום שירצה, **ואחר** שהניחה אסור לטלטלה, וגם אם הניח הערלה בכלי על העפר, או בלא עפר, אסור לטלטל את הכלי, שנעשית בסיס לדבר האסור, אלא יניחנה עד הערב במקומה – ערוה"ש›.

סעיף יא - נוהגין לעשות כסא לאליהו, שנקרא מלאך הברית, וכשמניחו יאמר בפיו שהוא כסא אליהו – ‹שבזה מזמינו שיבא – לבוש›.

‹**בפר"א**: וכן היו ישראל נוהגין למול עד שנחלקו לשני ממלכות, ומלכות אפרים מנעו מהם את המילה, ועמד אליהו זצ"ל וקנא קנאה גדולה, ונשבע על השמים שלא להוריד טל ומטר על הארץ, ושמעה איזבל ובקשה להרוג אותו כו', עמד אליהו ברח כו', עלה עליו הקב"ה וא"ל מה לך פה אליהו, א"ל קנא קנאתי, א"ל הקב"ה לעולם אתה מקנא קנאתי, בשטים על ג"ע, שנאמר פנחס בן אלעזר, וכאן אתה מקנא, חייך שאין ישראל עושין ברית מילה עד שאתה רואה בעיניך, מכאן התקינו חכמים שיהיו עושים מושב כבוד למלאך הברית, שנאמר ומלאך הברית אשר אתם חפצים כו' – גר"א›.

‹**והמנהג** דמיד כשמביאים התינוק, אומר המוהל "ברוך הבא", ויש בזה רמז לאליהו, ולכבודו מיד כשאומר "ברוך הבא" עומדים כל העם, ומנהג יפה הוא – ערוה"ש›.

[כתוב בזוהר פרשת לך לך, דאבי הבן יאמר פסוק: אשרי תבחר ותקרב ישכון חציך, והעומדים שם יאמרו סוף הפסוק: נשבעה בטוב ביתך קדוש היכלך. וכתב ד"מ ולא ראיתי נוהגין כן. ומקרוב נהגו כן רבים וכן שלמים שלומדים ספר הזוהר, דהיינו שהעומדים אומרים כל הפסוק הזה, אחר שמביאים התינוק לבית הכנסת].

‹**ואצלינו** אין המנהג כן, רק המוהלים אומרים פסוק זה, ובודאי נכון לעשות כהזוהר, אלא שאין המנהג כן – ערוה"ש›.

ונוהגין להדליק נר בבית הכנסת בשעת המילה, וכן הוא בתניא ובהגהת מנהגים ובמהרי"ל, ונכלל בדברי

הרב סוף סעיף ה'. ‹דהדלקת נרות הוא להורות על שמחה, ועוד דהמילה מאיר הנפש של האיש הישראלי - ערוה"ש›.

הגה: ונוהגין להדר אחר מצוה זו, להיות סנדק לתפוס התינוק למוהלו - ‹בשוחר טוב כל עצמותי תאמרנה כו', ועל ברכי אני עושה סנדקים לילדים בשעת מילה ופריעה - גר"א›. ‹**ובמנהגי** מהרי"ל כתוב, דכשהיה סנדק היה נוהג לרחוץ ולטבול עצמו במקוה, להכניס התינוק בטהרה לברית - ערוה"ש›.

ויפה כח הסנדק מכח המוהל להקדימו לקריאת התורה, דכל סנדק הוי כמקטיר קטורת - ‹כלומר שמכניסו לפנים להעלות לו ריח טוב על ידי המילה, ככהן המכניס הקטורת לפנים ומעלה שם ריחו - לבוש›, **ולכן נוהגין שלא ליתן שני ילדים לבעל ברית אחד, כדאמרינן גבי קטורת: חדשים לקטורת** - כלומר שאין כופלין לתת בניו לבעל ברית אחד פעמים או שלש, רק לכל בן בורר בעל ברית אחר, וכן הוא במהרי"ל.

‹**וטרחו** גדולים בזה, דאטו בקטרת לא היה רשאי הכהן להקריב כמה פעמים, אלא שלא נתנו לו כדי לזכות לכולם, וא"כ כשהאב רוצה, למה לא יכול ליתן, **ועוד** דהרי יש מקומות שהרב הוא סנדק בכל הילדים, אך בזה י"ל דהרב בעירו הוא דוגמת הכהן הגדול, שהיה יכול להקריב כמה שירצה, {**ומ"ט** מאדם אחד דוקא, ואחד לא יעשה ב' פעמים לעולם, ומעולם לא ראינו סנדק שמתעשר - גר"א}. **ולבי** אומר לי דעיקר הענין הוא מהדברים הנעלמים, דמצינו לר"י החסיד בצוואותיו, (עבה"ט לעיל סי' קע"ט שכתב בשם צוואת רי"ח, לא יעשה חבירו סנדק לב' בניו, אלא א"כ מת אחד), וכן ידוע שרבינו פרץ שממנו מקור דין זה, היה חכם גדול בחכמת הנסתר, וגם רבינו הרמ"א כן, והיה להם דבר זה ע"פ סוד, אך שבדינים לא יאות להורות מתוך חכמה מסותרת, והנגלות לנו ולבנינו, לכן עילה מצאו לתלות טעם בקטרת, וגם זה אמת, ולכן אינו מהראוי לעבור על דברי רבינו הרמ"א. **לשון** סנדק הוא לשון לע"ז, כמ"ש בערוך ערך סנדק, שבלשון יון ורומי הוא פטרן ופרקליט - ערוה"ש›.

ואין לאשה להיות סנדק לתינוק במקום שאפשר באיש, משום דהוי כפריצות. ומ"מ היא עוזרת לבעלה ומביאה התינוק עד בית הכנסת, ואז לוקח האיש ממנה ונעשה סנדק, אבל האיש יכול לעשות הכל בלא אשה - ‹אם ירצה הרשות בידו - לבוש›.

‹**ואצלינו** אין המנהג כן, דלהסנדק אין האשה עוזרת כלל, רק זהו כיבוד אחר, שכשמביאים התינוק לבית המילה באות נשים עם התינוק ועומדות על פתח החדר שמוהלין בו, ואשה מחזקת התינוק בכר או כסת, ובעלה לוקח מידה או בחור ובתולה, והוא מוליכו למקום הכסא של אליהו, וקורין לזה קוואט"ר, **ויראה** לי שזהו מלשון קטרת, דאמרינן בכריתות מה לשון קטרת, דבר שקוטר ועולה, ופירש"י קוטר שמתמר ועולה כמקל, ע"ש, וכיון שנתבאר שהמילה היא כקטרת, לכן נקרא זה שמקרב התינוק אל המילה שמקרבו להקטרת, וע"פ שינוי הלשונות נתחלף בין קוטר בחד וי"ו לקוואט"ר בשני ווי"ן. **ודע** שהמנהג אצלינו שמהקוואט"ר מקבל אחד ומוסר לאחר ואחר לאחר עד שמוסרין להמניחו על הכסא של אליהו, ואח"כ בא אביו או שמכבד לאחר במקומו ומוסרו להסנדק, **ואני** חושש בזה ממה שאמרו חז"ל בעירובין על המשנה דתינוק שילדתו אמו בשדה מוסרו לחבירו וחבירו לחבירו אפילו הן מאה, ואומר שם אף על גב דקשה ליה ידא להתינוק במה שמוסרים זל"ז, אפ"ה משום שבת א"א בענין אחר ע"ש, וכיון דקשה ליה להתינוק למה נעשה כן, אך קשה לבטל המנהג, שכולם רוצין לזכות באחיזה של מצוה, ושומר וכו' - ערוה"ש›.

נהגו המוהלים להתפלל ביום המילה, שנאמר: רוממות אל בגרונם וחרב פיפיות בידם - ‹ובתשו' מהר"ר משה מינץ כתב, הא ליתא, ולא נמצא דרשה זו בשום דוכתא, רק הקטפים והדרשנים אומרים זה, ואותו קרא נדרש ברבה בע"א, ובפסיקתא נדרש לענין ד"ת כו', **וכתב** עוד שם, דאין לדחות משום כך האבל להתפלל ביום המילה, וכל המוחה באבל כאלו מוחה באדם לעשות מצוה, וכאלו גוזל את המת, אם לא במקום שיש מנהג קבוע ע"פ חכמים כו', **ובהגהות** מנהגים העתיק דבריו בקצרה, אבל יש שם טעות בהעתק, על כן נתפשט המנהג שהמוהל דוחה האבל, ואינו נכון, **וכתב** שם, ועיקר הטעם לפי שעוסק במצוה, לכך ראוי לו להתפלל.

‹**ואצלינו** אין המנהג שהמוהל יתפלל, ורק אומר פסוקי "וכרות" בנגון עד "ישתבח" ככתוב בסידורים, ופסוק "רוממות אל בגרונם" מנגן החזן בנגון - ערוה"ש›.

(**ונוהגים** להתעטף בטלית, **ועיין** בש"ת בא"ח סימן י"ח סק"ד, שכתב בשם כנה"ג, לפי המנהג שלא ללבוש טלית בט"ב שחרית, גם לצורך להיות סנדק למילה לא ילבש טלית, **ומ"מ** ראיתי סנדקי א' לבש ובירך, ולא מחיתי בידו, ע"ש).

סעיף יב - נוהגים לעשות סעודה ביום המילה – ‹בפר"א: ר' ישמעאל אומר, לא עיכב אברהם מכל אשר צוהו, וכשנולד יצחק בן ח' ימים הגישו למילה, שנא' וימל אברהם את יצחק בנו בן שמנת ימים, והגישו למנחה ע"ג המזבח ועשה שמחה ומשתה, **מכאן** אמרו חכמים חייב אדם לעשות שמחה ומשתה באותו היום שזכה למול את בנו כא"א, שנא' ויעש אברהם משתה גדול ביום הגמל את יצחק – גר"א›. ‹ביום ה"ג מל, כלומר שעשה משתה ביום השמיני כשמל את יצחק, **וכתיב**: כורתי בריתי עלי זבח, פי' כשכורתים הברית שהיא המילה, עושים אותו עלי זבחים למשתה. **עוד** אמרו: כל מצוה שקבלו עליהם בשמחה, כגון מילה וכו', עדיין עושין אותה בשמחה, פי' שעושין משתה – לבוש›.

‹**ואם** אירע סיבה שלא עשאו סעודה ביום המילה, יעשו ביום אחר, חמו"ד כ"י. **ועיין** בספר תולדות שבת שכתב, בהא דמצוה בו יותר מבשלוחו, ראוי ליזהר גם בסעודת ברית מילה וחתונה, ע"ש›.

הגה: ונהגו לקחת מנין לסעודת מילה – ‹ואפשר דמשום פרסומי הוא, דכל פירסום הוא בי' – ערוה"ש›, **ומקרי סעודת מלוה** – ‹ששמחין במצות ה' יתברך, לבוש›.

וכל מי שאינו אוכל בסעודת מילה, הוי כמנודה לשמים, ודוקא שנמצאו שם בני אדם מהוגנים, אבל אם נמצאו בני אדם שאינם מהוגנים, א"צ לאכול שם - ‹ובתשו' מקום שמואל כתב בשם ספר שרביט הזהב, דטוב לבטל מה שהשמש קורא על סעודת ברית מילה, כי אולי לא ילכו מטעמים המתהוים, ויהיה ח"ו בכלל נידוי›. ‹**אך** עתה בעוה"ר אין חשש, דע"פ רוב ימצאו גם שאינם מהוגנים, **אך** מ"מ נכון לילך, דאיתא במדרש, דהאוכל בסעודת מילה נצול מדינה של גיהנם – ערוה"ש›.

עוד נהגו לעשות סעודה ומשתה בליל שבת לאחר שנולד זכר נכנסים אצל התינוק לטעום שם, והוא ג"כ סעודת מלוה – [הטעם שם בתרומת הדשן, דאז הכל מצויים בבתיהם, ואז ישוע הבן בגמרא לפי' ר"ח, ‹כלומר משמחין שנושע הבן ונמלט ממעי אמו בשלום – לבוש›. **וראיתי** סמך אחד לזה ממדרש רבה פרשת אמור, ר' לוי אמר משל למלך שגזר ואמר, כל אכסנאין שיש כאן לא יראו פני עד שיראו פני המטרונא תחילה, כך אמר הקב"ה לא תביאו לפני קרבן עד שתעבור עליו שבת, שאין ז' ימים בלא שבת, ואין מילה בלא שבת, עד כאן לשונו. **ובדרישה הביא מתשובת מהר"ר מנחם, מה שנוהגים בשבת לבקר אצל התינוק הנולד, שהוא אבל על תורתו ששכח, כדאיתא פרק המפלת, עכ"ל**].

‹**ואין** לשון הרמ"א מדויק, שמתחיל בסעודה ומשתה ומסיים בטעימה, **ובאמת** אין המנהג בסעודה רק בטעימת פירות, וקורין זה "בן זכר", **ולמחרת** בשבת אחר התפלה נכנסים אצל היולדת ליתן מז"ט, וקורין לזה "שלום זכר", ונוהגין שלא לטעום כלום, ואומרים שזהו מתקנת המדינה לבלי להכביד על הבעל ברית – ערוה"ש›.

סעיף יג - יום מילה שחל ביום תענית צבור הכתובים, מתפללים סליחות ואומרים וידוי כדרכם, ואין אומרים "והוא רחום" ולא נפילת אפים – ‹ואף גם אם רק המוהל או הסנדק או אבי הבן מתפלל בבהכ"נ, אע"פ שהמילה במקום אחר – ערוה"ש›, **(אבל אומרים "אל ארך אפים")** – ‹שהוא בקשה ולא תחנה. **וההפרש** שבין בקשה לתחנה נ"ל שהוא זה, בתחנה הוי קובל ומתאונן על הצרות והפגעים שפגעוהו, וע"כ מפיל תחנתו ומתחנן לפניו יתברך שימלא משאלותיו וחסרונותיו ממקום אחר, **אבל** בקשה היא שמבקש ממנו ית' שישמרהו ויצילהו ויתן לו מה שמבקש ממנו בלי שום קובלנות אנינות דברים על מה שעברו עליו מהצרות, אלא כעבד המבקש מאדונו העשיר שיתן לו כיון שהיכולת בידו, **לפיכך** מה שהוא קובלנות ואנינות אין אומרים ביום שמחה, אבל בקשות דרך לבקש אפי' מתוך שמחה – לבוש›.

כתוב במנהגים, ואם יש מילה בין כסה לעשור, אומר "זכור ברית" דמילה "ואל תפר" בהשכמה, וצ"ל גם פזמון "יה איום", ואומר "אבינו מלכנו", ואין אומר "והוא רחום" ותחנון, גם בצום גדליה במילה, אבל אומר אא"א ו"למנצח", ע"כ, ובמנהג עשרה בטבת כתב, ואומר "זכור ברית" דמילה ופזמונו, ע"כ, ‹**ואצלינו** לא נהגו בפיוטים – ערוה"ש›. **וכתב** בהגהות שם, וכן בכל ת"צ, אבל "למנצח" אומר משום צערא דינוקא, ואין אומר "יהי רצון" אחר קרה"ת, **ואם** היו ב' בתי כנסיות בעיר, באותו שאין מלין אומרים תחנון, והכי נהוג, וכן אין אומרים פיוטים של מילה באותו בהכ"נ שאין מלין בו, מכתבי מהר"א, ע"כ, **וכ"כ** בתשובת ר"מ מינץ, דאומרים "למנצח" משום צערא דינוקא, וכן הוא במהרי"ל, וכן נוהגים, **ודלא** כהאבודרהם שכ', גם אין אומרים "יענך ה' ביום צרה", מפני שהוא יום

שמחה לאבי הבן ולא יום צרה, וכ"כ בכל בו, וגם אין אומרים "למנצח", מפני שיום המילה יום שמחה הוא על קיום המצוה, ע"כ, **ואין** נוהגין כן במדינות אלו, ונראה דמקומות מקומות יש, וכ"כ ברוקח, במגנצ"א אומרים "יענך" ביום המילה, שיש בו ט' פסוקים כט' חדשי העיבור, כדאיתא בשוחר טוב, ובווירמייש"א אין אומרים "יענך".

כתוב בהגהות מנהגים, שמלין קודם "עלינו לשבח", וכן המנהג, ‹אין נוהגים כן›. **עוד** נהגו שלא לחלוץ התפילין עד אחר המילה, משום שהתפילין הם אות, והמילה ג"כ אות. ‹**אין** נוהגים כן, משום דע"פ רוב אין מלין בבהכ"נ רק בבית המילה, ולכן גם כשמלים לפרקים בבהכ"נ, אין המנהג כן – ערוה"ש›.

§ סימן רסו – איזה מילה דוחה שבת ויו"ט §

סעיף א - מילה, בין בזמנה בין שלא בזמנה, דוחה צרעת; שאם יש בהרת בעור הערלה, אע"פ שיש בקציצת הבהרת לא תעשה, חותכה עם הערלה. אבל אם לאחר שנימול גדל בשר במילתו עד שאינו נראה מהול וצריך לחותכו, אם יש בהרת באותו הבשר אסור לחתכו, כיון שא"צ למולו פעם אחרת אלא מדרבנן – ‹ודין קציצת בהרת נוהגת גם בזמה"ז – ערוה"ש›.

סעיף ב - מילה דוחה יום טוב ושבת, בזמנה – ‹אמר עד א' שנולד בשבת, מלין אותו על פיו, ירושלמי – רעק"א›, **אבל שלא בזמנה, אינה דוחה. ואפילו בזמנה, אינה דוחה אלא המילה עצמה ופריעה ומציצה** – ‹אף שמציצה אינה מעצם המילה, אך כיון שיש סכנה בלא מציצה דוחה – ערוה"ש›.

ואפילו פירש, חוזר על ציצין המעכבין, דהיינו אם נשאר מהעור עור החופה רוב גובהה של עטרה אפילו במקום אחד – ‹וכ"ש רוב הקיפה›. **ע"ל סי' רס"ד ס"ה ומ"ש שם, ועל שאינם מעכבים, אם לא פירש, חוזר** – ‹דעדיין עוסק במלאכתו הוא וחדא מלאכה יחשב – לבוש›, **ואם פירש, אינו חוזר** – ‹ויראה לי שצריך לתקנה אחר השבת ואחר יו"ט – ערוה"ש›.

ונותנין עליה אספלנית – ‹וכמון לרפאותה, דזהו הכרח, ואין בזה איסור תורה, ועוד שיש בזה סכנה להתינוק, ואפילו איסור תורה מותר – ערוה"ש›.

(עיין בתשו' רבינו עקיבא איגר, שנשאל במל בשבת שלא בזמנו, אי אמרינן ביה דעביד לא מהני, והוי כאילו נחתך העור מעצמו, או ע"י עובד כוכבים, דצריך להטיף דם ברית, או כיון דרק יומא קגרים, אין זה בכלל אי עביד לא מהני, **והאריך** בזה לדחות ראית השואל לסברא זו, וכתב דגם משוחט בשבת אין ראיה, דשאני התם דאין העבירה תלוי בשחיטה, דאף בנוחרו הוי מלאכת שבת, ולא יתוקן הלאו במה דלא מהני, **אבל** במל בשבת, העבירה תלוי במצוה דמילה, למאי דקיי"ל מקלקל בחבורה פטור, אלא דמילה הוי מתקן גברא, י"ל בזה דלא מהני, וצריך להטיף דם ברית, ולא נתקן גברא והוי מקלקל ולא נעשה מלאכת שבת. **ושוב** כתב לעיקר, דבמל שלא בזמנו בשבת דמהני, א"צ להטיף דם ברית, דדמי שפיר לשוחט בשבת, דגם במילה אף אם נדון דלא מהני, מ"מ לא הוי מקלקל, כיון דעתה אינו חסר רק הטפת דם ברית, מקרי מתקן, וראיה מסוגיא דשבת דף קל"ג ע"ש. **ונראה** לפע"ד דהך שאלה לאו לענין דינא איתשל, רק לפלפולא בעלמא לעמוד על טעמו של דבר, {ומה"ט לא הוקבעה בחלק הפסקים, אמנם מלשון התשובה שם קצת לא משמע הכי}, דהרי בשבת דף קל"ז ע"א משמע להדיא, דבזה אי עביד מהני, מדקרי ליה התם עשה מצוה, גבי שכח ומל של ערב שבת בשבת, ע"ש, **דאין** לומר דשאני התם דהיה בשוגג, והך שאלה איתמר לענין מזיד, דזה אינו, דהרי בתשובת נו"ב הוכיח מסוגיא דתמורה דף ו', דאף בשוגג אמרינן אי עביד לא מהני, ע"ש. **ועוד** נראה לכאורה לפי הטעם שכתב רבינו הנ"ל, דדמי שפיר לשוחט בשבת כו', כיון דעתה אינו חסר כו', לפ"ז בנולד מהול דא"צ רק הטפת דם ברית, ואינו דוחה שבת כדאיתא בשבת קל"ה, וכדלקמן ס"י, אם עבר והטיף ממנו בשבת, י"ל דלא מהני, וצריך לחזור ולהטיף דם ברית, דכאן אם נאמר דלא מהני הוי מקלקל גמור, דקודם ג"כ לא היה

חסר רק הטפת דם ברית, וצ"ע. **וכתב** עוד שם, דגם מצוה הבאה בעבירה לא שייך בזה, כיון דאין גופה עבירה, ע"ש).

הגה: ומותר לטלטל האיזמל לאחר המילה להצניעו בחצר המעורב, אע"ג דאינו צריך לו עוד באותו שבת, דהא לא הוקצה בין השמשות מאחר דהיה צריך לו באותו שבת, כן נראה לי. (היתר טלטול כתוב בתא"ו נתיב א', והטעם הוא כדברי המחבר, ודלא כמהרי"ל) – ‹ואינו מובן כלל, מה ענין הוקצה בין השמשות לכאן, דזה לא אמרינן רק בדבר שנעשה ראוי בשבת, אך מיגו דאתקצאי לבין השמשות אתקצאי לכולי יומא, ולא בדבר שהוא עצם מוקצה, וסכין של מילה בודאי הוא מוקצה יותר מסכין של קצבים, מפני שמקפידין עליו, ולא הותר רק למצוה, וכשנעשה מצותו אסור לטלטלו, **ויראה** לי בכוונת רבינו הרמ"א, דאלולי הוקצה לבין השמשות, הוה אמרינן אתקצאי לכולי יומא, ולא היה מותר לטלטלו רק בשעת המילה ממש, אבל כיון דלא שייך הוקצה לבין השמשות, אלא שהוא עצם מוקצה, ומוקצה הוא דרבנן, אמרינן דהותרה לו טלטוליה בשעת המילה וגם לאחר המילה עד שמצניעו כראוי, וטעמא רבה איכא במילתא, דכיון דרבנן התירו מוקצה זו משום המילה, ולכן כל מה ששייך להמילה ולהכנתה בין מלפניה ובין מלאחריה נסתלקה המוקצה לשעה זו, וזהו גם הכוונה דאין מוקצה לחצי שבת {לקמן במהרש"ל} – ערוה"ש›.

[כ"כ ב"י בשם רבינו ירוחם, ובמהרי"ל כתב שציוה מהר"י סגל, שתכף אחר המילה יסירו מידם כל צורכי המילה, דחשובים מוקצה להלאה, וגם המוהל לא יחזור ליטול האיזמל מן החול שהטיל שם הערלה בהיותו בהול על הפריעה, עכ"ל, ורש"ל בתשובה כתב גם כן להיתר, כמו שכתב רמ"א כאן, מטעם שכיון שהיה ראוי בין השמשות, הותר לכל היום, דאין מוקצה לחצי שבת, ואיני כדאי להכריע בין הרים הגדולים, אבל נ"ל מבורר לאיסור, וראיה ברורה מתלמוד ערוך פ"ק דביצה, תנא ושוין שאם קצב עליו בשר שאסור לטלטלו, פירוש התם קאי על עלי, שמלאכתו לאיסור לכתוש במכתשת, ואפי' הכי מתירין ב"ה לקצב עליו בשר לצורך יו"ט, וע"ז אמר דאחר שעשה בו צורך י"ט, אסור לטלטלו. ועוד ראיה מפ' אין צדין, שפוד שצלו בו בשר, אסור לטלטלו ביו"ט, לפי שנמאס ומוקצה, וכבר נעשה צורך יו"ט, והאי איזמל ממש הוא כוותייהו דהנך, דאחר שנעשה בו המצוה חזר לאיסור מוקצה, ומ"ש רש"ל דאין מוקצה לחצי שבת, אינו ענין לזה, דהך אין מוקצה לחצי שבת הוא בפ' אין צדין, בענין שיהיה ראוי בבין השמשות, וביום השבת אידחי, וחזר ונעשה ראוי, דאין איסור מוקצה בזה, מה שאין כן כאן, שמתחילה בבין השמשות לא היה עליו שם ראוי, אלא לעשות צורך יו"ט ולא אח"כ, ומ"ש ב"י בשם רבינו ירוחם בשם הרמב"ן, דמותר לטלטלו אחר המילה, דמאחר שטלטל בהיתר מחזירה לאיזה מקום שירצה כו', נראה טעמו, דאי היה צריך להשליך האיזמל אחר כך ויהיה אבוד, ודאי מימנע ולא מהיל, וזה עדיף טפי מהנך ג' דברים שאמר עולא פ' אין צדין, שהתירו סופן משום תחילתן, ולא חשבו עולא כי פשוט הוא, והנך ג' יש בהו חידוש כדאיתא שם. וע"כ נראה דלא התיר הרמב"ן אלא להצניעו אח"כ באותו חדר שמל שם, כדי שלא יהיה אבוד, אבל לא למקום אחר מטעם שאמרנו, כיון שסגי בלאו הכי, ‹נ"ל דה"ק, דכל מוקצה כשתופסה בידו רשאי להניחה בכל מקום שירצה, ואינו מחוייב להשליכה מידיו תיכף, כמ"ש בא"ח סי' ש"ח – ערוה"ש›. **וגם בשופר של ר"ה אחר התקיעה כתב רש"ל שם, שראה שנהגו איסור לטלטלו אח"כ, ותמה הוא ע"ז שם, שהרי ראוי לתקוע בו כל היום, ולפי מה שכתבתי ניחא, שהרי גם העלי והשפוד שרי לעשות בהם צורך יו"ט פעם שנית אם ירצה, ואפ"ה אסור כל שאינו לצורך יו"ט, והכא נמי דכוותיה, שאין לטלטל השופר אם הוא שלא לצורך תקיעה, וכ"ש האיזמל אחר המילה, אם לא להצניעו באותו חדר שמל שם ותו לא, ואפי' לפני המילה אין לטלטלו בחנם כל שאינו לצורך המילה, כנלע"ד].**

הקשה על רמ"א ומהרש"ל ולא קשה מידי, דעלי שקצב עליה בשר שאני, דמלאכתו לאיסור, אם כן מיד שפסק מלקצוב עליה בשר הרי מלאכתו לאיסור, וגם לא היה בין השמשות מתוקן לכך, שהרי אין מלאכתן לכך, **ושפוד** שצלו בו בשר נמי שאני, דמיד שצלו בו בשר נמאס, והרי מוקצה מחמת מיאוס, והרי רמ"א בד"מ ומהרש"ל בתשובה מביאים דברי מהרי"ל וחולקים עליו, **ומ"מ** משמע מדברי רמ"א, דלא התיר אלא כדי להצניעו בחצר המעורב, אבל לטלטלו בחנם לא - נקה"כ.

(**ועיין** בספר לבושי שרד שכתב בשם מה"ר יעקב עמדין, כשמלין בשבת אסור לקנח האיזמל מן הדם, ע"ש).

‹**ולא** נהגו כן, וגם מעיקר הדין נ"ל דמותר, דכיון דמותר לטלטלו לצורך המילה, בודאי כל מה ששייך לענין המילה לא

שייך מוקצה, וכמ"ש, ובפרט דידוע דהסכין של מילה אם לא יחזיקוהו בנקיות יזיק לתינוקות, ועד שמנקין אותו לא שייך ביה מוקצה, דנקראת צרכי מילה – ערוה"ש›.

‹**ועיין** בתשובת נו"ב שכתב, במוהל שמל בשבת ואח"כ זרק הערלה מידו, דמותר ליקח הערלה ולהניחה לעפר המוכן לה, **ואף** שכתב רש"ל בתשובה, דלאחר שזורקו לעפר מוקצה הוא, **מכל** מקום קודם שזורקו עדיין לא נעשה מצותו לאו מוקצה הוא, **וסיים** דעכ"פ לכתחלה יזהר המוהל שתיכף שחתך הערלה בעודה בידו יזרקנה לעפר, **אבל** אם אירע שזרקה מידו קודם לכן, מאן דמתיר להגביה הערלה כדי לתתה בעפר לא משתבש, ע"ש›. ‹**ולא** נהירא לי כלל, דמשהשליכה אסור לטלטלה – ערוה"ש›.

אבל מכשיריה אינם דוחים, כיון שהיה אפשר לעשותה מבעוד יום. ולפיכך אין עושין סכין לימול בו - (בספר חכמת אדם כתב, דה"ה אם אינו חד אסור להשחיזו במשחזת, ע"ש), **ואין מביאין אותו ממקום למקום, ואפילו להוציאו מהבית [ולהביאו] דרך גגין וחצרות ומבואות שלא עירבו** – ‹ותדחה המילה אע"פ שהם דרבנן, ובזה העמידו חכמים דבריהם אפילו במקום מצוה שיש בה כרת, כדי שיזהרו בני ישראל בחילול שבתות. **וגם** התינוק אין מביאין להבית שבו הסכין, דאע"ג דחי נושא את עצמו, מ"מ הלא צריכין להחזירו לאמו אחר המילה, ואז מפני המילה הוא כפות ואינו נושא את עצמו, **אך** יש תקנה, שכל בני החצר יבטלו רשותם שבחצר ושבבתים לבעה"ב שהתינוק בו, ואז יהיה מותר ליקח הסכין מאותו הבית שמונח בו – ערוה"ש›.

אבל אם שכח הסכין בגג וחצר, מותר להביאו מזה לזה – [**פי'** כלים ששבתו בתוכן, דכולן רשות אחת הם כמ"ש בא"ח סי' שע"ב], דבכה"ג אפילו שלא לצורך מילה מותר, ‹ולפ"ז צ"ל דגם התינוק היה בחצר – ערוה"ש›. [**ואפי'** הך של בעלים הרבה, שלא אסרו אלא בכלים ששבתו תוך הבית כשקידש היום, דאותן אסור לטלטל מבית לחצר, אם לא עירבו הבתים עם החצר, **ואפי'** ערבו הבתים עם החצר, אסור לטלטל אותו כלי הבית מחצר זה לחצר אחרת שלא עירבו עמה], **אפילו עירבו חצירות עם הבתים** – [**פי'** כל בית עירב עם חצר שלו, ולא אמרינן הואיל ואז שכיחי כלי הבית בחצר, אם נתיר לטלטל מחצר לחצר כלי ששבת בא' מהם, יטלטל גם כלים ששבתו בבית מחצר לחצר, הא לא גזרינן].

סעיף ג - אין שוחקין סמנים, ולא מחמין לו חמין, ואין עושין לה אספלנית, ולא טורפין לה יין ושמן – ‹ונ"ל דלית בזה איסור דאורייתא – ערוה"ש›, **פי'** לפי שכל מכשירי מילה אלו היה אפשר לעשותן מע"ש. **אם לא שחק כמון מערב שבת, לועס בשיניו** - דכמה דאפשר לשנויי משנינן, **אם לא טרף יין ושמן מע"ש, נותן זה לעצמו וזה לעצמו** – ‹לשון הטור, טורף זה לעצמו וזה לעצמו – רעק"א›. **ואין עושין לה חלוק** - כעין כיס דחוק היו עושין, ומלבישין ראש הגיד עם ראש העטרה, וקושרין שם כדי שלא יחזור העור לכסות את הגיד, **אבל כורך עליה סמרטוט, ואם לא התקין מערב שבת, כורך על אצבעו ומביא דרך מלבוש** – ‹ואצלינו אין נוהגים כלל בזה – ערוה"ש›, **אפילו מחצר אחרת שלא עירבה** – [אבל לא מר"ה, שאין זה מלבוש ממש].

סעיף ד - מלו את הקטן בשבת, ואח"כ נתפזרו הסימנים, עושין לו בשבת, מפני שסכנה היא לו - וכתב הר"ן, דאם נתפזרו אותן הסמנים שהכינו לצורך אחר המילה קודם המילה, דעת הרמב"ן שאין למצוה אלא שעתה, ומלין אותו, ואין דוחין את המילה מפני שנצטרך אח"כ לדחות את השבת, דבתר הכי פיקוח נפש הוא דדחי לה, ולא מכשירי מילה, **ודעת** הרז"ה והרשב"א, דתדחה המילה, עכ"ל, וכתב ב"י, שכן נראה דעת הרי"ף והרמב"ם, ואינו מוכרח, מיהו בעט"ז כתב דתדחה המילה, וכ"פ הב"ח. ‹**והיא** דס"ג דלועס בשיניו ונותן, איידי באתיידע לו כן אחר המילה, כ"כ הר"ן לשיטה זו. **אבל** הרשב"א כתב, ושבות דלית ביה מעשה מלאכה גמורה, לא דחינן המילה מחמת שבות דלאחר המילה – רעק"א›.

(ודין רחיצת תינוק קודם מילה או לאחריה, עיין בטור א"ח סימן של"א).

סעיף ה - שכחו ולא הביאו סכין מע"ש, אומר לעובד כוכבים להביא סכין בשבת, ובלבד שלא יביא אותו דרך רשות הרבים.

כללו של דבר: כל דבר שעשייתו בשבת אסורה עליו משום שבות, מותר לנו לומר לעו"ג לעשות אותה כדי לעשות מצוה בזמנה. ודבר שעשייתו בשבת אסורה עלינו משום מלאכה, אסור לנו לומר לעו"ג לעשותה בשבת – ‹שכשם שאסרו מלאכה דרבנן ע"י ישראל עצמו בשביל מילה, כמו שנתבאר דאסור לטלטל הסכין אפילו ברשויות דרבנן, כמו כן אסרו מלאכה דאורייתא ע"י עכו"ם, שהרי גם זה הוא שבות, **ואע"ג** דמשום מצות ישוב א"י התירו אמירה לעכו"ם גם באיסור דאורייתא, אבל משום מצוה אחרת לא התירו, ואפילו למילה לא התירו, **אבל** הבה"ג סובר דגם במילה התירו אמירה לעכו"ם אף באיסור דאורייתא, {והעיטור למד מזה גם לשאר מצוה}, ולא דמי לאיסור דרבנן ע"י הישראל עצמו, דחמירא טפי דזה מקרי שבות שיש בו מעשה, ואמירה לעכו"ם מקרי שבות שאין בו מעשה, אבל כל רבותינו לא ס"ל כן – ערוה"ש›. ‹**ואף** דרוב פוסקים חולקים על סברא זו, והעיקר כדבריהם, מ"מ לענין מילה המיקל וסומך על דבריהם לא הפסיד אם א"א בענין אחר, **ומכ"ש** לענין הוצאה והכנסה, דלהרבה פוסקים אין לנו בזה"ז ר"ה, כן משמע ממ"א – מ"ב סימן של"א ס"ו›.

סעיף ו - כל המכשירים שאין דוחין שבת, גם יו"ט אין דוחין, חוץ מזה, ששוחקין לה כמון ביו"ט הואיל וראויים לקדרה, וכן טורפין לה יין ושמן – ‹ויוה"כ דינו כשבת – ערוה"ש›.

סעיף ז - אדם שלא מל מעולם לא ימול בשבת, שמא יקלקל ונמצא מחלל שבת - ‹עיין במ"א, דה"ה אם מל ולא פרע מעולם, אסור לפרוע בשבת, וטעם אחד להם, ע"ש›.

‹**בחי'** הגאון מהר"ר יונתן זצ"ל כתב, דה"ה ביו"ט, אך ביו"ט שני של גליות יש להתיר, וכן הורה הלכה למעשה, ע"ש›. ‹**ובמ"ב** סי' של"א ס"י כתב: וביו"ט ראשון, יש דעות בין האחרונים. **וע"ש** ברעק"א דמצדד דביו"ט מותר מדין 'מתוך'›.

‹**ועיין** בתשובת שבו"י, שאם אין מוהל אחר, ויודע בעצמו שיכול למול, שרי, ע"ש›. ‹**ממ"ב** סי' של"א ס"י משמע דזה מותר דוקא ביו"ט, ולא בשבת, ודלא כדמשמע בשבו"י›.

ואם כבר מל פעם אחת, מותר – [ול"ד למוחזק דשחיטה דבעינן ג"פ, דהתם איכא למיחש לעילוף כל דהו, וע"י כך ישהה או ידרוס, ולכך בעינן מוחזק ג"פ, אבל כאן אין חשש אלא משום שמא לא יוכל לאמן ידיו, וכיון דחזינן בחד זימנא דמאמן את ידיו, שפיר סגי בהכי]. ‹והב"ח מחמיר להצריך לא פחות מן שני פעמים שימול בחול, ואז מותר למול בשבת – ערוה"ש›.

‹**כתב** הבאר היטב, מוהל שבא למול בשבת, ואמר שכבר מל פ"א, נאמן, ואין צריך להביא ראיה לדבריו›.

ואפילו אם הוא אביו - ולא אמרינן דלגבי אביו הוי פסיק רישיה דניחא ליה, שהרי מתקן את בנו.

(תה"ד, ודלא כה"ר אליעזר סבטור) - ‹ולא חיישינן מתוך שהוא בהול על בנו יותר שמא יקלקל, שכיון שכבר מל אפילו פעם אחת, יש לכל אדם לב אמיץ, **ולא** חיישינן לעילוף כמו בשחיטה שצריך לשחוט ג' פעמים, דחזקה אין אדם מכניס עצמו למול עד שיודע בעצמו שלא יתעלף אפי' בפעם ראשון, **מ"מ** היה נראה לי להחמיר היכא שיש אחר – לבוש›.

סעיף ח - מי שנולד בין השמשות, שהוא ספק יום ספק לילה, מונין מן הלילה ונימול לתשיעי, שהוא ספק שמיני. ואם נולד ערב שבת בין השמשות, אינו דוחה את השבת, שאין דוחין את השבת מספק. וכן אינו דוחה יו"ט מספק, ואפילו יו"ט שני של גליות (טור ר"ס זה בשם תשובת רא"ש) - ולפעד"נ עיקר כהרמב"ם, דדוחה יו"ט שני של גליות, דכן הוא ג"כ דעת הסמ"ג והכל בו, וכן נראה דעת הברטנורה, שפי' שני יו"ט של ר"ה, דקדושה אחת הן, וכתב רמב"ם וסייעתו שם, דה"ה כל שאר הדברים שאינם דוחין שבת, דוחין את יו"ט שני דגליות.

‹**וכתב** בתשו' נו"ב, לענין הפלוגתא שבין הרמב"ם והרא"ש במילה ודאי שלא בזמנה אם דוחה י"ט שני של גליות, נראה עיקר כהרא"ש דאין דוחה, ומ"מ מי שרוצה לסמוך על הש"ך שהכריע כדעת הרמב"ם, אין מוחין בידו, ע"ש. **ועיין** בתשובת חתם סופר שהאריך בענין זה, והעלה בהחלט להחמיר כהרא"ש, וכהסכמת התשב"ץ, שראה דברי הרמב"ם וסמ"ג והסכים עם הרא"ש, והש"ך לא ראה אותה תשובה, וכל היכא שדברי הראשונים נעלמו מעיני האחרונים, הלכה כראשונים›.

‹**לכאורה** קשה, הא הוי ס"ס, ס' זמנו וס' שהוא יום חול, והוי כמו ספק מוכן ביו"ט ב', דכ' המחבר או"ח סי' תקל"ז

ס"ד, דשרי, ואפשר לומר דהתם הוי ס"ס בדרבנן, אבל הכא הוי ס"ס בדאורייתא, וכמ"ש בגליון המג"א. **אמנם** הא כל עיקר האוסרים שם ספק מוכן ביו"ט ב', משום דס"ל דס"ס בדבר שיש לו מתירין אסור, והכא במצוה י"ל דל"ש דהוי דשיל"מ, דראוי להקדים המצוה. **ועיין** בתשו' בשמים ראש, דס"ל דמילה שלא בזמנה דוחה ליו"ט שני, עיי"ש. **א"כ** עכ"פ ראוי לסמוך בזה בספק זמנו ביו"ט ב', דבזה לא מצינו חולק, **אח"ז** בא לידי באר היטב, וכתוב שם בכת"י הגאב"ד בערלין מהור"צ זצ"ל, שתמה על הש"ע, והחליט בספק בן ח' או ט' מותר למולו ביו"ט ב'. **וראיתי** בתשו' תשב"ץ דכתב, דספק מילה אינו דוחה יו"ט ב', אבל ראיתו שם דמתני' דקתני ב' ימים של ר"ה לאו דוקא, דה"ה לדידן ב' ימים של גליות, **לא** הבנתי, דהא התם בנולד בהש"מ של ע"ש, ויו"ט הוא ביום ב', דיו"ט ודאי שלא בזמנה, אבל בספק לא שמענו – רעק"א›.

{**ועיין** בתשובת נו"ב שהאריך בזה, והעלה דמ"ש המחבר וכן ביו"ט שני של גליות, כוונתו אם הוא ודאי שלא בזמנו, כגון שנולד בערב שבת בין השמשות, ובשבוע שאחר ספק שמיני חלו שני ימים טובים של גליות באחד בשבת ובשני בשבת, שנימול ליום י"ב, **אבל** מי שספק שמיני שלו בי"ט שני, אפילו בר"ה, נימול בשני, דהוי ס"ס, שמא היום זמנו, ואת"ל אינו זמנו, שמא היום חול, ולא הוי דשיל"מ, כיון דחוזר לאיסורו}.

{**ועיין** בשו' חת"ס סי' ר"נ דכתב, אך בספק אם המילה היא היום בזמנו, נ"ל כהגאון נו"ב הנ"ל, למולו בי"ט שני של גליות עכ"פ, ולא מטעמים דהנו"ב משום דהוי ס"ס, רק מטעם אחר, דאתי ספק קיום מ"ע דאורייתא ודחי ספק קל דרבנן, ובפרט עתה שאינו אלא מנהג, **ומסיק** דהזריז ומיקל בי"ט ב', ומחמיר למולו ביום ספק ח' ספק ט', הרי הוא מן הזריזים. **ובסי'** רנ"ב ג"כ תשובה מענין זה, ושם אין דעתו כן, אלא דאפי' ספיקא אינו דוחה י"ט שני של גליות, ע"ש. **אך** כפי הנראה לא נדפס על הסדר, ואותה תשובה דסי' ר"ן שנדפס לראשונה, השיב באחרונה בערך עשרים שנה ויותר {מן הכתוב על שער הספר הנ"ל מוכח כן} והיא עיקר}.

ואפי' לא הוציא אלא ראשו בין השמשות, אע"פ שיצא כולו בשבת, אינו נימול בשבת - וכתוב בסמ"ק, וצריך לדקדק באשה מקשה בערב שבת, אם הוציא ראשו חוץ לפרוזדור בערב שבת, אז אין מלין אותו בשבת, כי אם בערב שבת, וצריך לשאול לנשים, ואם אינן יודעות יש לילך אחר המנהג, ע"כ, וכ"כ הכל בו.

{**ועיין** בספר לבושי שרד שכ' בשם מהר"י עמדין, דהוצאת הראש חוץ לפרוזדור, היינו לאויר העולם דוקא, ולא לבית החיצון {ע"ל סי' רס"ב סק"ו}. **עוד** כתב וז"ל, אם לא קשתה האשה בין השמשות, ולא נראו לה חבלי לידה עד כניסת שבת, אפילו בתחלת ליל שבת מיד, אז ודאי לא חיישינן שמא הוציא ראשו קודם שבת, **אבל** אם נמשך זמן קישוי בהש"מ, ולידה בתחלת הלילה, יש לנו לחוש לחומר איסור שבת, דקרוב הדבר שהוציא הראש לפני שבת, ולא יהיה אלא ספק, אינו דוחה, ואע"פ שלא ידעו מזה לא היולדת ולא המילדת, אימור לאו אדעתייהו אגב דטרידי, **וכי** שיילו להו ואמרי דידעו שהוציא ראשו לפני שבת, או שלא הוציא, פשיטא שאין לנו אלא דבריהן, בין לדחות שבת בין שלא לדחותו, **ומשנפתח** הקבר ואינה יכולה לילך, בידוע שהוציא העובר ראשו, עכ"ל}.

סעיף ט - בשיעור בין השמשות אפליגי תנאי ואמוראי בסוף פרק במה מדליקין, וכתב בעל העיטור: מספקא לן הלכה כדברי מי, הלכך אי איתיליד ינוקא משתשקע החמה - בע"ש, **ספק הוא עד דשלים בין השמשות דרבי יוסי** - דהיינו כהרף עין סמוך ללילה ממש, וכבר נתבאר בסי' רס"ב סעיף ו', דמשנראו ג' כוכבים לילה הוא, **ונימול לעשרה** - היינו ביום א'. **ואי איתיליד במוצאי שבת משתשקע החמה, עבדינן לחומרא כדרבה** - דאמר בפ' במה מדליקין דף ל"ד ע"א, דכל שפני מזרח מאדימין נמי בה"ש הוא, והוא מהלך ג' חלקי מילין קודם הלילה, {ודלא כרב יוסף דאמר התם דיום הוא}, והלכך נימול לט' ולא בשבת. **(ועיין לעיל סימן רס"ב סעיף ה' ו').**

{**ובתשובת** מהר"מ אלשקר, שאלה, תינוק שנולד ע"ש אחר שקיעת החמה קודם שנראו ג' כוכבים בינונים, אם נימול יום ראשון כדעת הרי"ף והרמב"ם והרא"ש ז"ל, דלדידהו בין השמשות הוי תיכף אחר שקיעת החמה מעל הארץ, **או** אם נימול בע"ש כדעת ר"ת ז"ל, שכתב דשתי שקיעות נינהו, ושאין בין השמשות מתחיל אלא מסוף השקיעה, אחר שנכנס החמה בעובי של רקיע, אבל קודם לכן יום גמור הוא, וכן דעת הרמב"ן והסמ"ג והר"ן כו', ע"ש שהאריך להביא שיטות

הגאונים והפוסקים ובביאור דבריהם, **ומסיק** שם כללא דמילתא, דהאי ינוקא אין מלין אותו עד יום א', וע"ש.

‹**ומה** הוא ביה"ש, י"א דקרוב לרבע שעה זמנית קודם ליציאת ג' כוכבים בינונים הוי ספק לילה, {מהלך אלף ות"ק אמות, והוא ג' רביעי מיל, 18*3/4=13.5}, **ורביע** שעה יוצא מכלל ספק, ואם נולד אז בשבת, מונין אותו לשבת הבאה, **אבל** כמה פוסקים מחמירין בזה, וס"ל דמעת שנתכסה החמה מעינינו, עד יציאת ג' כוכבים בינונים, הוא הכל בכלל ביה"ש, וכ"כ הברכ"י דנתפשט כן המנהג בכל ערי א"י – מ"ב סי' של"א ס"ה›.

סעיף י - קטן שנולד כשהוא מהול – ‹אין מטיפין ממנו דם ברית בשבת, דכתיב: וביום השמיני ימול, דהיינו מילה פריעה מציצה, אבל להטיף דם ברית בלא מילה לא התירה, ועוד דהטפת דם ברית דרבנן ואינו דוחה שבת›, **ומי שיש לו שתי ערלות** – ‹פי' שני עורות זה על זה, אי נמי שני גידין, דכתיב: ימול בשר ערלתו, ולא מי שיש לו ב' ערלות›, **ואנדרוגינוס** – ‹דכתיב: וילדה זכר וגו' ועליה קאי וביום השמיני ימול וגו', זכר ודאי ולא ספק›, **ויוצא דופן** – ‹שאין אמו טמאה לידה ממנו, דוילדה כתיב, ממקום לידה ולא יוצא דופן›, **ויליד בית שלא טבלה אמו עד שילדה** – ‹או נכרית שילדה ואח"כ נתגיירה, שבגיותה אינם טמאות לידה, דדמן כדם בהמה›, **אע"פ שנימולים לשמונה** - וכדלעיל סי' רס"ב ס"ד, **אינם דוחים את השבת** – ‹דכתיב: אשה כי תזריע וילדה זכר וטמאה שבעת ימים, ועליה קאי וביום השמיני ימול וגו', אבל מי שאין אמו טמאה לידה ממנו, אין מלין אותו בשבת – לבוש›.

‹**ועיין** בתשובת אא"ז פנים מאירות שכתב, שראוי להזהיר למוהלים כשרואים ב' עורות זה על זה, שלא יפרעו עוד בשבת, וימתינו עד אחר שבת, דאין סכנה אם לא יפרעו עד אחר שבת, וע"ש עוד›.

(טומטום שנקרע ונמצא זכר, מלין אותו בשבת (כ"כ הרמב"ם והרא"ש), (ויש אוסרין (ב"י בשם הרי"ף, וכ"כ רבינו ירוחם) – ‹דכתיב: כי תזריע וילדה זכר וביום השמיני ימול, אפילו בשבת, היינו שיהא זכר ידוע בשעת לידה, לאפוקי טומטום שלא נודע בשעת לידה שהוא זכר – לבוש›.

סעיף יא - מי שנולד בחדש השביעי, מלין אותו בשבת אפילו אם לא גמרו שערו וצפרניו - דבן קיימא הוא. **אבל מי שנולד בחדש השמיני, אין מלין אותו בשבת אלא אם כן גמרו שערו וצפרניו** – [דאז אמרינן שזה הולד היה לו להולד בחודש הז', שאז נגמר, אלא שנשתהא לחודש הח']. **והוא הדין לספק בן שבעה ספק בן שמונה, שאין מלין אותו בשבת אלא אם כן גמרו שערו וצפרניו.**

[בטור כתוב בזה ‹בבן ז'›, אם הוא שלם כו', וס"ל לב"י שפירושו שלם באיבריו, אבל לא אכפת לן בשערו וצפרניו דנקט בתר הכי, דאפילו לא נגמר שעריו וצפרניו מלין אותו בשבת, וראייתו מהא דאפי' גבי ספק בן ז' כתב דא"צ שיגמרו שעריו כו', ותמהתי אם כפירושו אין שלם באיבריו בעי למעוטי בזה, וכמעט אין לו שום משמעות, כי לא נמצא קפידא של איברים בשום דוכתא לענין מילה. ע"כ נלע"ד, דע"כ כתבו רמב"ם וטור אפי' בבן ז' שצריך שיהיה שלם, דהיינו בסימנים אלו, דאם לא נגמרו לא מיקרי בן ז', והא דנקט הטור תחלה בבן ז' שלם סתם, ואח"כ גבי נולד לח' כתב שלם בשערו ובצפרניו, להורות כי בבן ז' אין אנו צריכין לדקדק אחר זה, או מי שאינו בקי בסימנים אלו, אין חשש, רק שלא נראה חסרון בבירור לפנינו, ע"כ אמרו סתם שלם, ולא באו למעוטי אינו שלם, אלא כתב זה לומר כיון שלא ראינו בודאי שום חסרון, אבל בבן ח' צריך שיהיה נראה מבורר שלימות בשערו וצפרניו. ובזה ניחא לי מה שכתב הטור שנ"ל מלשון הרמב"ם, שר"ל ‹בספק בן ז'› שגמרו שערו כו', ותמה ב"י מהיכן ראה כן מדברי רמב"ם, ולדידי ניחא, שהיה קשה לו ברמב"ם, כיון שכתב שאפי' בודאי בן ז' שיהיו נגמרו, והיאך יתיר בספק בלא נגמרו, אלא ודאי פשוט דבנגמרו קאמר, וע"ז חולק הטור, דאפילו בלא נגמרו מלין מכח ממ"נ, אם חי הוא שפיר, ואם נפל הוא הוה מחתך בשר בעלמא ואין כאן חבורה כלל, וע"כ בכל גוונא מלין אפילו בלא נגמרו, זהו דעת הטור, והוא דעת הי"א שמביא רמ"א בסמוך].

הגה: וי"א דמהלינן ליה הואיל וספק בן שבעה הוא, אלא דאין מחללין עליו השבת בשאר דברים (סמ"ג וכן משמע מהרי"ף והרא"ש וטור), וכן נראה לי עיקר - ז"ל ד"מ, ולי נראה דודאי

דעת הרי"ף כדעת הרא"ש וכדעת הטור, ומלין אותו מכל מקום, והא דכתב דאין מחללין עליו, היינו דאין פיקוח נפש דוחה שבת, מאחר דלא גמרו שערו וצפרניו אין מחללין עליו שבת, אלא מוהלין אותו ממ"נ, אי בן ז' הרי הוא בן קיימא, ואי בן ח' הוא הרי הוא כמחתך בשר בעלמא, כדאיתא בטור, וזה אין שייך לשאר חילולים, **והא** דלא כתבו דמוהלין אותו ממ"נ, אפשר דסמכו על מ"ש אין מחללין עליו השבת, דמשמע דוקא דאין מחללין, אבל מהלינן ליה דממ"נ אין בו חילול שבת, כמו שאמר הטור, כן נראה לי, וכ"כ הסמ"ג בהדיא, דאין מחללין עליו השבת, היינו דאין מפקחין עליו הגל, אע"ג דמהלינן ליה, עכ"ל, ועד"ר וב"ח.

[והמקור מפ' ר"א דמילה שמביא ב"י במסקנא התלמוד בתירוץ רב אדא בר אהבה, דאפילו ספק בן ז' מלין ממ"נ. **אלא** שהטור הביא דעת הרא"ש, דלא גמרו שערו וצפרניו אין מחללין עליו שבת, ותמה עליו דהא מלין אותו מכח ממ"נ. **ותירץ** ב"י דהרא"ש נמשך אחר הרי"ף שכתב ג"כ הכי, וטעמם, דאותה סברא דמהלינן מכח ממ"נ, לא נשארה במסקנא, כיון שבפ' הערל אמרינן אהברייתא דמיירי בלא גמרו, דאז הוה כאבן, אבל גמרו יוכל לחיות, ממילא אמרינן דבספק בן ז' לא מהני למימהל מכח ממ"נ, וקשה דלמה נאמר בחנם בסתמא דתלמודא שהם חולקים זע"ז, ואותן אמוראים שהוזכרו בפ' ר"א דמילה לא ידעו דברייתא מיירי בלא נגמרו, זה א"א לאומרו, ולמה לא נאמר דגם הם ידעו פירושא דברייתא, ואפ"ה מהלינן מכח ממ"נ אפילו בלא נגמרו. **ונלע"ד** זה טעם הרא"ש והרי"ף, דבודאי לפי מסקנת הגמרא מהלינן בכל גווני אפילו בלא נגמרו, אלא דכיון דאם היה ודאי בן ח' לא מהלינן בלא נגמרו, כיון דודאי לאו בר מילה הוא, ולא מהני לומר שמחתך בשר, כמ"ש הטור וז"ל, כיון שהוא כאבן למה יחתכו בשר שלא לצורך, וא"כ עיקר ההיתר דוקא בספק, ולדידן לא מהני ספק, דאפשר מה שהוא ספק לדידן היה ודאי לחכמי התלמוד, כנ"ל טעם הרי"ף והרא"ש שלא התירו למול בשבת בספק בן ח' אלא א"כ גמרו כו', והוא דעת השו"ע, **ואיני** יודע למה הכריע רמ"א להקל בשבת נגד דעת הרי"ף והרא"ש, **שוב** ראיתי שרמ"א בד"מ כתב, דהרי"ף והרא"ש ג"כ ס"ל דמהלינן מכח ממ"נ, ולא הוצרכו לכותבו, ובדרישה הביאו, **והוא** דרך רחוקה מאוד מכח כמה דברים, ואין שום סברא שיהא פשיטא להם, ובגמרא הוצרכו לומר בשם רב אדא בר אהבה, גם בדרישה חלק עליו. וכן משמעות דברי התוס' בפרק ר"א דמילה שזכרתי, דבעינן שלא יהא ריעותא כלל בצפרניו ובשערו אפי' בספק ע"ש, וכ"כ הנ"י בפרק הערל, דאפילו בגמרו סימניו היה לנו להחמיר, אלא שבזה סמכינן על הממ"נ, וכ"כ רמב"ם וריטב"א ע"כ, **ובודאי** אין ראוי להקל כלל נגד אלו למול בשבת אם לא גמרו סימניו, כנלע"ד וכן הכריע מו"ח ז"ל].

סעיף יב - ישראל שהמיר ונולד לו בן מישראלית, מלין אותו בשבת -

‹דאע"ג שהמיר, ישראל הוא ומוטל עליו למולו, ועכשיו שהוא פושע ואינו מוהלו, בי"ד מצווין למהליה – לבוש›.

ולי נראה, דאפילו נשוי מומרת נמי מלין בשבת בן הנולד מהם, שהרי הם חייבים בכל המצות, וישראלית דנקט העיטור, אפשר דלא לאפוקי מומרת, אלא לאפוקי עובדי כוכבים, עכ"ל בדק הבית ומביאו ב"ח, **ולי** לא משמע הכי, וגם מדסיים הבעל העיטור, ואין אנו מחזיקים אותו שיצא לתרבות רעה כיון שאמו ישראלית, ומביאו הטור, משמע דהוי סלקא דעתך אמינא כיון דאביו מומר, נחזיקהו שיצא לתרבות רעה, ולא מחזקינן בהכי כיון שאמו ישראלית, אבל כשאמו מומרת אסור, וצ"ע. [**ובזה שאמו משומדת ודאי מחזיקינן אותו בכך, ואין למולו בשבת, ואע"ג דנותנין אותו למול, שמא אח"כ יחזירוהו לדרך שלהם כיון שהם נשארו כך, ותו דאפשר שהם משומדים לכל התורה חוץ ממצות מילה**], (**ועיין** בלקוטי פר"ח לי"ד, שהשיג על הש"ך). ‹וז"ל: ואני אומר דמה בכך שיצא לתרבות רעה, סוף סוף ישראל הוי ומיחייבי ב"ד למהליה, ולמה אין מלין אותו בשבת, כן נראה לי ודוק›.

סעיף יג - ישראל שנולד לו בן מעובדת כוכבים, אין מלין אותו בשבת -

‹שולדה כמוה – טור›.

‹**עיין** בספר תפארת למשה שכתב, דישראל כשר שנולד לו בן מישראלית שהומרה, מלין אותו בשבת, **וכן** ישראלית שהולידה בן מעובד כוכבים, ג"כ מלין אותו בשבת, דהא הולד כשר, ע"ש›.

‹**לכאורה** גם בנכרי שהוליד מישראלית מלין אותו בשבת, אולם למ"ש מהרש"א קדושין דף ע"ה ע"ב בתוס'

שם, דס"ל נכרי שבא על בת ישראל דהולד נכרי וצריך גירות, א"כ אין מלין אותו בשבת – רעק"א.

כתוב בספר בדק הבית בשם הרשב"ץ, דממזר מלין אותו בשבת, וכן הוא במהרי"ל. **כתוב** עוד בספר בדק הבית וז"ל, כתוב בא"ח בשם הרמב"ם, הקראים כל זמן שלא ידברו תועה על הרבנים, ולא יתלוצצו בדברי רבותינו הקדושים חכמי המשנה והש"ס, נכון לנו לכבדם ללכת לשאול בשלומם אפילו בבתיהם, ולמול בניהם אפילו בשבת, היכא דגזור להו גזירה דידן, ועבוד להו מילה ופריעה, דדלמא נפק מנייהו זרעא מעליא והדרי בתיובתא, והכי אשכחן לרבינו האי זצ"ל דאמר הכי, עכ"ל, **ובתשובת** רבינו בצלאל אשכנזי, מביא דברי הרמב"ם ורבינו האי גאון, וכתב נמצאת למד כי בקראים הדרים אצלינו בזמן הזה לא נמצא בהן אחד מכל המדות שהזכיר הגאון ז"ל, כי בכל יום הם מוסיפין גירעון, ואינם מלים בניהם שהרי אינם פורעים, וקיימא לן מל ולא פרע כאלו לא מל, ואינם מלים במוהל שלנו, ואין מכניסים בבתיהם תלמידי חכמים, אדרבה בורחים מהם כבורח מן הנחש, ואין מתפללים במנהג שלנו כלל, אין אומרים י"ח, הרי שהם משונים בכל דבריהם, ולפיכך אסור למול בניהם בשבת, כיון שאינם מודים בפריעה, ואם כן איך יעשה להם פריעה, וכי תימא ימול בלא פריעה, נמצא מחלל שבת ואינו עושה מצוה, ע"כ. (מדבריו משמע, שאם יניחו לעשות פריעה, מלין בשבת, וזה נראה פשוט, דגם בחול אין מזדקקין בלא פריעה – ערוה"ש).

סעיף יד - יש ליזהר שלא ימולו שני מוהלים מילה אחת בשבת, שזה ימול וזה יפרע, אלא המל הוא עצמו יפרע.

הגה: ולא מצאתי ראיה לדבריו, ואדרבה נראה לי דשרי, דהא מילה דחיא שבת כמו עבודה במקדש, שכמה כהנים היו עובדים ומחללים שבת, דמאחר דשבת ניתן לדחות הרי הוא כחול לכל דבר. וכן מצאתי בספר התרומה ישן כתוב בקלף, שכתב בסוף הלכות שבת בהדיא, דשרי. אמנם מצאתי בקובץ שיש לאסור, ועל כן טוב להחמיר לכתחלה, אף על פי שמדינא נראה לי מה שכתבתי (ד"ע ודלא כב"י).

בעט"ז האריך בזה, וסיום דבריו, אף כי לא מלאני לבי להתיר לכתחלה לשואלין, הואיל והורה זקן הב"י, והרב סיים שיש להחמיר לכתחלה, מ"מ אין נ"ל למחות ביד הנוהגין היתר אפי' לכתחלה כו', **ולחנם** האריך, שהרי גם הרב עצמו דחה כל דברי ב"י בד"מ ובתשובה, ואדרבה האריך שם בראיות להתיר ע"ש, אלא שחש לאותו קובץ שמצא, שאולי היה ברור לו שאותו קובץ נתלה באיזה אילן גדול, **מיהו** כבר פשט המנהג להתיר, וכ"כ העט"ז והב"ח, **וגם** הרב ב"י גופיה כתב בספר ב"ה על דברי עצמו, וז"ל, ובא"ח כתוב בשם בעה"ת, שנים מוהלים בשבת, אחד יכול לימול וא' יכול לעשות פריעה, ואין שום חיוב בראשון על החבורה, כיון שהשני גומר המצוה, כדאמר רב פפא אנא עבדי פלגא דמצוה ואתון עבידו אידך פלגא, ע"כ.

[**בב"י** יליף לה מהא דגרסינן פרק ר"א דמילה, מהלקטין את המילה, **פרש"י** בציצין המעכבין, ואם לא הלקיט ענוש כרת, ופרכינן כרת זו של מי הוא, אמר רב כהנא אומן ענוש כרת שחילל שבת ולא עשה מצוה, מתקיף לה רב פפא, לימא להו אנא עבדי פלגא דמצוה אתון עבידו פלגא דמצוה, **פרש"י** כלומר הואיל וכשהתחיל ברשות התחיל, וחבורה שעשה ברשות עשה, אמאי חייב, נימא להו לכו אתם וסיימו המלאכה, עכ"ל, **וכתב** ב"י, ויש לדקדק מדבריו, דנהי דחיובא דכרת ליכא, איסורא מיהא איכא, כיון שלא גמר המצוה, ולפ"ז יש ליזהר שלא ימולו שני אומנים כו', **ותמוהין** דבריו, דאם היה שום סברא לאיסור בזה, מאי קשיא ליה לרב פפא, דילמא ההיא סברא מועלת גם לחיוב כרת, ומאן פלג ליה לחלק בזה ולהקשות, **אלא** ברור דאין כאן אפילו איסור כלל, ורש"י דנקט אמאי חייב, לפי שבברייתא אמר חייב, אמר גם המקשן אמאי חייב, ולאו לדיוקא אתי ולומר דאיסורא איכא. **וכבר** נהגו בהרבה מקומות גדולות שמלין ב' מוהלין בשבת, זה מל וזה פורע, **ובלבוש** כתב לחלוק על הוראה זו, והסכים שיש רמז איסור בדברי רש"י, אלא שחילק בין דברי רש"י להוראה זו, (וז"ל: ונ"ל שאין משם ראיה כלל, דודאי התם שהתחיל לחתוך והיה לו לחתוך כל הערלה בבת אחת בלא השארת שום ציצין המעכבין, כי כן דרך כל האומנים לחותכה בבת אחת, ודאי איסורא קעביד בשוגג, שעשה חבורה בלא גמר מצוה במקום שהיה יכול לעשות כתיקונה בחתך אחד, דאטו המוהל שרוצה לחתוך הערלה מעט מעט חתיכה קטנה אחר חתיכה קטנה במקום

שהיה יכול לחותכה בבת אחת, לא יהא חייב ע"כ חבורה וחבורה שעושה שלא לצורך, פשיטא שחייב, אבל גבי מילה ופריעה שא"א לשום אומן לעשות המילה והפריעה בבת אחת, שעל כרחו בתחלה יחתוך הערלה ואח"כ יפרע, והרי הן ב' חבורות והתורה התירתן, וא"כ כי היכי שהאומן הראשון יכול לעשות זה אחר זה אע"ג דשתי חבורות הן, משום שהתורה התירתן לו, ה"נ רשאין שני אומנין לעשותן זה אחר זה אפי' לכתחלה, דפריעה מעשה אחר הוא›, **גם מו"ח חילק חילוק אחר, אבל נלע"ד דמעולם לא נתכוין רש"י לומר שיש שם איסור, וא"א לומר שיש איסור בדבר, כנ"ל].**

כבר מבואר הכל בד"מ ובתשו' הר"ב ובשאר אחרונים - נקה"כ.

‹**וכן** המנהג פשוט בכל העולם, ומציצה ודאי כל אחד יכול לעשות, דזהו סכנה והזריז משובח – ערוה"ש›.

(**ועיין** בשאגת אריה שהאריך בזה, ודעתו שבשבת אסור למוהל לסלק ידיו משהתחיל למול עד שיגמור הפריעה, ‹ויהיה חילול אחד ולא שני חילולין, דנהי דמילה בשבת הותרה, מ"מ כל מה דמצינן למעוטי בחילול עדיף, וממילא דזה א"א רק במוהל אחד ולא בשנים›, **אבל** אם אירע שסילק ידיו, מותר גם לאחר לגמרו, ושבת וי"ט שוים בזה, ע"ש. ‹**ודבר** זה אינו מובן כלל, ואיך אפשר בלי הפסק, והא אחר החיתוך צריך להניח הסכין, ואפילו אם אחר יטול הסכין מידו, הא בע"כ אחר החיתוך מסלק ידיו ומחפש לתפוס עור הפריעה, וממילא שיש הפסק, ועוד דלהדיא מבואר בגמ' דאין קפידא אפילו לכתחלה, שאומר שם דאומן אומר אנא עבדי פלגא דמצוה אתון עבדיתון פלגא ע"ש, ויש שדחו ראיה זו, ואין זה דחייה, ואין הפשט יוצא מידי פשוטו, ולכן בימינו לא שמענו מי שמקפיד על זה אף לכתחלה – ערוה"ש›. **ועיין** בתשובת נו"ב שכתב, שהוא מחמיר לעצמו, וח"ו להורות לאחרים, **והביא** שם דברי היש"ש שמחמיר בזה, ‹דאפי' חיוב כרת איכא›, וכתב לדחות, **ומסיק** פוק חזי מאי עמא דבר, בכל מדינות פולין תמיד הם שני מוהלים, זה חותך וזה פורע, בין בחול בין בשבת, **ועיין** בתשו' תפארת צבי שדחה ג"כ דברי היש"ש, והעלה דשרי להיות שני מוהלים בשבת, וחלילה להחמיר בזה להוציא לעז על גדולים וטובים שנהגו מימות עולם כן, שח"ו חיללו שבת, ע"ש).

כתוב בספר בדק הבית וז"ל, כתב הרשב"ץ בתשובה, על הא דתניא אין מפליגין בספינה פחות מג' ימים קודם השבת, שפי' הרז"ה דטעמא משום שהוא דבר שא"א שלא יבא לידי חילול שבת, ונראה כמתנה לחלל שבת, דג' ימים קודם שבת מקרי שבת, **דמכאן** יש ללמוד דאסור למול הגר ביום ה', כדי שלא יבא ג' למילה בשבת, ויצטרך לחלל עליו השבת, וכן תנוק שחלה ונתרפא ביום ה' בשבת, ממתינן לו עד למחר, עכ"ל, **ואין** דבריו נראין, דהא אמרינן בש"ס פ"ק דשבת אהא דאין מפליגין בספינה, דהיינו דוקא לדבר הרשות, אבל לדבר מצוה שפיר דמי, והוא מוסכם מכל הפוסקים כמו שנתבאר באו"ח סימן רמ"ח, והכא נמי אין לך מצוה גדולה מזו, **ועוד** דע"כ הרשב"ץ ס"ל דהא דמחללין שבת בשלישי למילה, היינו יום ג' דוקא ולא קודם לכן, ולכן מתיר לימול ביום ו', אבל לפי מ"ש הרב המגיד בשם קצת מפרשים ובשם הרמב"ן והרשב"א, שכ"ש ביום השני מחללין, וכ"כ הרמב"ם בפי' המשנה והברטנורא ורש"י פ' ר' עקיבא, א"כ נצטרך לומר דמילה שלא בזמנה שחל בה' בשבת נדחה עד לאחר השבת, **וזה** אי אפשר, דא"כ הא דתנן פ' ר"א דמילה קטן נימול לח' כו' ולי"ב לא פחות ולא יותר, נולד בין השמשות וחל בשני י"ט של ראש השנה שלפני השבת נימול לי"ב, הא משכחת לה אפי' ט"ו, היכא דחל שני י"ט של ר"ה בג' וד', דה"ל י"ב בה', ואסור למולו בה', כיון דלא הוי בזמנו דידחה שבת, וא"כ נדחה עד יום א', (**ודע** שגם לשון הש"ך אינו מדוקדק, דבאמת הוא רק י"ד), **אלא** ודאי דאפילו מילה שלא בזמנה שרי ביום ה', ואפילו הפוסקים דס"ל דיום ג' דוקא דוחה שבת, אפשר דמודו בזה דמילה שלא בזמנה מותר ביום ה', וכדהוכחתי מדעת רוב הפוסקים, וכן נראה עיקר. ‹**ועוד** מדלא אשתמטו הפוסקים להזכיר דמילה שלא בזמנה לא ימולו ביום ה', והלכך ליתא להאי דינא, וכן המנהג פשוט ואין לשנות – ערוה"ש›.

(**עש"ך** מה שחלק על הרשב"ץ, ועיין בתשו' ר"א בן חיים שחולק ג"כ על התשב"ץ, וטענה הראשונה של הש"ך כתוב ג"כ שם, ועוד כתב טענות אחרות, ע"ש, **ועיין** בשאילת יעב"ץ שעשה פשר דבר בזה שנהגו, בגר ודאי שאנו חוששין לדברי הרשב"ץ, כיון דאכתי לאו בר חיובא הוא, משא"כ בקטן אין חוששין לדבר, ומלין אותו בכל יום שאירע, עיין שם. **ועיין** בספר תפל"מ דנראין לו דברי התשב"ץ, אלא שכתב דדוקא נקיט התשב"ץ חלה ונתרפא, דאין קצבה ידוע לחליו, ואפשר שטעה, וגם ביום אתמול היו יכולין למולו, לכך נמתין יותר שיתרפא עוד, **אבל** היכא שלא היו יכולין למולו מקודם מחמת יו"ט, ולא שייך טעות, ודאי דמותר למולו בה', ע"ש).

§ סימן שה – מי חייב בפדיון בכור ומתי ראוי לפדיון וכל דיניו §

סעיף א - מצות עשה לפדות כל איש מישראל בנו שהוא בכור לאמו הישראלית - ‹עיין בתשובת ח"צ שכתב, דאם האב אינו רוצה לפדות את בנו הבכור, כופין אותו, **דלא** כתשובת חוט השני, שפסק דאין כופין, **אמנם** זה דוקא בבן קטן, אבל אם הגדיל הבן ויש לו נכסים, אין כופין את האב, ע"ש›. ‹**ואם** אין להבן נכסים ויש להאב, כופין את האב - ערוה"ש›.

בה' סלעים, שהם ק"כ מעים - ‹בימי משה ק' מעים לבד, אלא שאח"כ הוסיפו שתות מלבר - גר"א›, **שהם שלשים דרהמים כסף מזוקק** - ‹שמשקל דרהם הוא ס"ד שעורות, ומשקל מעה הוא ט"ז שעורין - גר"א›. ‹64*30=1920. 16*120=1920›.

(ועי"ל סי' רל"ד כמה היא מעה. וי"א שה' סלעים הם בערך שני זהובים רייני"ש, שהם ג' זהובים פולני"ש) (פסקי מהרא"י) - כתוב בהגהת פרישה, ‹בשיעור של מהרא"י›, דאינו פחות מא' רייכ"ש טאלי"ר וב' שלישי רייכ"ש טאלי"ר, כפי שהיה בזמניהם, הרייכ"ש טאלי"ר בל"ו גדולים פולניש, ע"כ, ‹1.66*36=60, ושני זהובים=60 גדולים כדלקמן בהגר"א›, והיינו עכשיו ‹בימי הש"ך› ה' זהובים פולני"ש, **ובסמ"ע** כתב, וק"ק דשמינית מפעני"ק יחשב ממון לקידושין לדיינים, ואפשר לומר שבימיהם היו הפירות והקינינים בזול, ובעד פרוטה היו קונים הרבה פירות, ולכך היה הפרוטה חשוב כממון, ולפ"ז בזמנינו דאין יכולים לקנות בפרוטה כי אם מעט מזער, אין קידושי אשה סגי בפרוטה, ולא פדיון הבן בשני זהובים, עכ"ל, **ותמהני**, נהי דהל"ל דאין קדושי אשה סגי בפרוטה, מ"מ אמאי לא תיסגי פדיון הבן בשני זהובים, דהא ממון חשוב הוא, **מיהו** בספר מע"מ האריך בזה, דבעינן ג' רייכ"ש טאלי"ר, וכ' שאף לדברי הרב אינו עכשיו פחות משני ר"ט, ע"ש, ולכתחלה טוב לצאת ידי כולם.

[**בפרישה הביא בשם רש"ל וז"ל, וצריך לתת לכהן כסף צרוף מזוקק משקל אלף ט' מאות ועשרים שעורים, ואני שקלתי פעמיים בשני זמנים ובשני מיני שעורים, לעולם היה בהם ה' לו"ט וקווינ"ט, מה"ר מנחם מ"ץ. עוד שמעתי שיש בחידושי מהר"ם מריזבור"ק שיעור פדיון חמשה לו"ט ורביע לו"ט, ע"כ לשונו, ובכתבי מהרא"י כתב, שיש קבלה בידינו שהוא שני זהובים רייני"ש כו', וקרובים דבריהם להיות שוים, שהם חמשה אוקיאות כסף צרוף, כמו שכתבו הגאונים עכ"ל. ומ"ש רמ"א שהם שני זהובים פולני"ש, היינו לפי זמנו שהיו זהובים פולני"ש כמו רייני"ש, אבל לא עכשיו, וזה פשוט,** ‹עיין ש"ך דהוי ה' זהובים›, **וכל הרוצה לעשות על צד המובחר, יתן שוה משקל ה' לוט וקווינ"ט במשקל של מדינות קיסר, ולא במשקל פולין, שלפי מה ששקלנו במשקל קיסר, השעורים סך הנ"ל הוא מכוון לשיעור הלו"ט וקווינ"ט, וקצת אפילו יותר, ואלו בלו"ט של פולין, יהיה שיעור גדול, כי זקוק של מדינות קיסר שהוא י"ו לו"ט, הם גדולים הרבה משל פולי"ן, באופן שי"א לו"ט וקווינ"ט של קיסר, הם זקוק במדינות פולין**].

‹**צריך** לידע שאין משתנה שיעור הפרוטות וכל המטבעות מימות משה, רק הסלע שיכול להוסיף ולא לפחות, ושיעורה כ"ד מעין, ושקלו הגאונים הפרוטה ומצאו ששוקל חצי שעורה, נמצא מעה ט"ז שעורות, ודינר צ"ו, וסלע שפ"ד, 384*5=1920›. ושקלו האחרונים ומצאו במשקל קיסר ה' לוט ושליש, **ואף** שט"ז כ' וקווינט שהוא רביע, לא דק בדבר מועט, **והנה** בימות הראשונים היה מטבע שלהם כסף צרוף וגדול, והיה בשביל זה כסף בזול מאד, עד שהיה זקוק שהוא ט"ז לוט, שנקרא בלשונינו מאר"ק, בשני זהובים, ולכל היותר בשני זהובים וחצי, **ואח"כ** התחילו לזייף המטבעות ולתת נחשת בתוכו, ונתייקר הכסף, עד שבימי מהרי"ל היה זקוק חמשה זהובים, ואחריו בימי מהרי"ו היה זקוק בששה זהובים, וכן הוא חשבון של הרב, שזקוק ששה זהובים, נמצא ה' לוט ושליש, ‹דהוא שיעור הפדיון וכנ"ל, שליש של מטבע של ט"ז לוט›, הוא שליש זקוק, ב' זהובים, וכ"כ בנ"ש, **אבל** עכשיו שנתקלקלו המטבעות ונזדייפו מאד מאד לא שערום אבותינו. **וכתב** ט"ז ונ"ש, שכ"ז הוא משקל קיסר, שי"א לוט ורביע של קיסר הוא זקוק שלנו, נמצא שכל לוט שלהם הוא א' וחצי לוט פחות חלק י"ב, ‹16\1.422=11.25›, עד שה' לוט ושליש הוא ז' לוט וחצי וחלק י"ב, ‹5.333*1.422=7.583›, וכל זה אם הלוט שלנו שוה לאותו שהיה בימי ט"ז, ואפשר שגם זה נתמעט, **ועכשיו** אלו היינו באין לשער בכסף המטבע עצמו - והנחשת שבתוכו אף ששוה קצת, אין לחשוב כלל, כמ"ש בנ"ש, כי אינו מספיק להתוך הכסף מתוכו והוצאתו, רק החשבון לפי

סימן שה – מי חייב בפדיון בכור ומתי ראוי לפדיון וכל דיניו

הכסף שבתוכו – היה החשבון רב, אלא שמ"מ יש לחשוב לפי השער שלוקחים כסף מזוקק, ופודין במטבעות לא בתורת כסף אלא בתורת שוה כסף, ולכן אינו שוה הפדיון בב' מקומות אף במטבע אחת, רק לפי השער של כסף במטבע ההוא שם, **והכלל** כי בזמן שהיה הזקוק ב' זהובים, היה הדינר א' גדול, כי ט"ו סלעים הוא זקוק, ‹במשקל קיסר, דשיעור פדיון ה' סלעים הוא שליש מזקוק כנ"ל, נמצא דיש ס' דינרים בזקוק, דיש ד' דינרים בסלע, וס' גדולים, דזהוב הוא ל' גדולים וכדבסמוך›, **ובזמן** מהרי"ו והרב, הדינר ג' גדולים, ‹דעלה פי שלש, מב' זהובים לו'›, והכלל בכל חשבון, הזהוב הוא שלשים גדולים בכל המדינות, **ובזמנינו** שזקוק שלהם ‹של קיסר› הוא כמו זקוק וחצי שלנו ‹פולין› פחות חלק י"ב, והוא {ר"ל הזקוק הראשון} לערך תשעים זהובים בזמנינו, ‹צ"ל דזל הזהובים בימי הגר"א פי שש מימי הש"ך, כי בימי הש"ך היה הפדיון ה' זהובים, והזקוק ט"ו זהובים›, א"כ הדינר {שהזקוק ס' דינרים} הוא זהוב וחצי, ופרוטה כמו פרוטה וחצי, {ר"ל אם חושבין את הזהוב לדינר, ומשערין בו פרוטה, דהוא אחד מקצ"ב, יש לחשוב פרוטה וחצי לפרוטה – חזו"א}, וה' סלעים הוא לערך שלשים זהובים פוליש ‹30=1.5*20› – גר"א.

(**ועיין** בביאור הגר"א ז"ל שכתב, דבזמנינו הוא לערך שלשים זהובים, **ובספר** חכמת אדם כתב, דבזה"ז צריך ליתן חמשה רוביל, ע"ש). ‹**וכמעט** קרוב זל"ז, דלפי החשבון עתה, חמשה רו"כ הם ל"ג זהובים ושליש, דכל רו"כ הוא ששה זהובים ושני שליש, **ויש** שכתב שצריך שיהיה כסף נקי שמנה לוי"ט, שנקרא פיין זילבער, הגרש"ז, **ועתה** נותנין ששה רוביל של כסף במטבע רובל כסף דמדינתינו, ודע דאם אין בם שמנה לויט כסף נקי, צריך להוסיף מטבעות עד שיהא בם כשיעור הזה – ערוה"ש.

סעיף ב - אין האשה חייבת לפדות את בנה -

‹דכיון שהתורה סמכה פדיון עצמו לפדיון אביו, ממילא דאשה כיון שהיא פטורה מפדיון עצמה, שהרי גם אביה פטור מלפדותה, כדכתיב כל בכור בניך תפדה, ולא בכור בנותיך, וממילא שפטורה מפדיון בנה, **ופשיטא** שאין על הב"ד חיוב לפדותו, דדוקא במילה יש חיוב על הב"ד, משום דכתיב המול לכם כל זכר, ולא בפדיון הבן, ורק הוא בעצמו כשיגדל מחוייב לפדות את עצמו – ערוה"ש.

(**כתב** בר"י, אם פדאתו האשה מנכסי בעלה, אינו פדוי, וכשיבא בעלה אבי הבן, יפדנו בלא ברכה, דבר משה).

סעיף ג - אלו החמשה סלעים נותנין לכהן בכסף או בשוה כסף מכל דבר

שירצה, חוץ מקרקעות - ‹עיין בשער המלך, בענין אי פודין בתלוש ולבסוף חברו, אי חשוב לענין זה כתלוש או לא, ע"ש›, ‹**ואין** ספק, דספיקא דאורייתא לחומרא, ואין פודין בזה – ערוה"ש›, **ועבדים ושטרות** - היינו שטר חוב שיש לו על אחרים, שאם נתן אותן ש"ח אין בנו פדוי, כיון דאין גופן ממון, [וזה אתמעט מקרא בגמרא], **ואם פדהו בהם, אינו פדוי.**

(**ועיין** בתשו' חת"ס, האריך לבאר דהני באנקינאט"ע אין להם דין שטרות, ולא מיבעיא לענין רבית, דכבר העלה ט"ז בסימן קס"א סס"ק א', דגם בשטרות איכא רבית דאורייתא לכו"ע, **אלא** אפילו לשאר מילי מיקרי גופן ממון, ולכן משביעים על טענת באנקינאט"ע, ונותנים להם דין שומרים, והמה כסף גמור אפילו לקדש בו אשה, ופודין בו הקדשות, וע"ש, {**אך** לא בכל באנקינאט"ע הדין כן, רק באותם שמוכרחים ליקח אותם בתשלומין ע"פ דינא דמלכותא}, **אך** לענין פדיון בכור צ"ע, דאפשר לחלק דוקא בדבר שבין אדם לחבירו, אפי' פדיון הקדש שאינו אלא קונה מגזבר וממלא חסרונם, י"ל כל טבעא דסגי בעלמא ע"פ גזרת המלכות על הקונים והמוכרים, פודים בו, ונקרא מטבע לענין שבועה ושומרים, **משא"כ** פדיון שפודין מהקב"ה, וקצב פדיונו ה' סלעים שיש בהם ה' לו"ט וקווינ"ט כסף מזוקק כו', ע"ש). ‹**ודע** דשטרות הקיר"ה שקורין סיגנאצע או באנקואטי"ן היוצאין בהוצאה, והם עיקרי המטבעות במדינה, פודין בהם, ומ"מ למעשה יש להחמיר – ערוה"ש›.

(**עיין** מ"ש לעיל סימן ס"א ס"ק א', בענין נתינה בע"כ אי שמה נתינה או לא).

(**ועין** בתשו' חת"ס, שנשאל משהגיע יום פדיון בנו ואין כאן כהן גדול כ"א קטן, או אחד שעשאו הכהן הגדול שליח לקבל עבורו ה' סלעים, אם יכול לפדותו ע"י שליח כהן או ע"י כהן קטן, **והשיב** כבר ראו עינינו מ"ש הפר"ח, דיוצא ידי נתינת מתנות כהונה לזכות לכהן ע"י שלוחו בידיעת הכהן ורצונו, וראייתו מסעיף י"ד שם ברורה, **אלא** שכתב ע"פ ספרי, דבלא ידיעת הכהן לא יזכה ע"י שליח, והטעם פשוט, כי גם כהן המקבל מתנות כהונה עושה מצוה בקבלתו, ומצוה בו יותר מבשלוחו, ע"כ לפעמים לא ניחא ליה, אבל ברצון הכהן יכול השליח לזכות עבורו, והבעלים יוצאים ידי נתינה, **וה"ה** כהן קטן כמבואר ס"פ לולב הגזול, ואפי' נימא אין קנין לקטן מה"ת, מ"מ במת"כ

לא כתיב ונתן בידו, שצריך יד לקנות כו', **ואפי'** לכהן קטן, אם הוא בכלל צרור וזרקו אגוז ונטלו. תשו' מים חיים להפר"ח. **ובשיורי** כנה"ג כתב, העיד הרב מוהר"א לפניא זצ"ל, שדעת הרבנים כו' דאפי' כהן קטן פודה הבן. וכן עשה מעשה הרב מוהר"א מוטל, עכ"ל – רעק"א. **אך** מאחר שהגאונים תקנו שיאמר הכהן מאי בעית טפי כו', וכל דבריהם קבלה ותורה, ומשמע מזה שגם לכהן עצמו יש כח במעשה הפדיון, ולזה אינו יכול לעשות שליח ישראל, וכן אין לקטן כח להוציא הבכור מחיובו עפ"ז, ע"כ טוב להביא כהן ממקום אחר, ע"ש. **ואני** תמה מאד על זה, דהא פדיון בכור כתיב בפ' קרח בתוך כל מתנות כהונה שבמקדש ובגבולין, ולהדיא תניא ברפ"ז דמנחות, איש חולק ואפילו בעל מום, ואין קטן חולק ואפילו תם, וכ"כ הרמב"ם, **וגם** בתרומה תניא ביבמות דאין חולקין לקטן תרומה בבית הגרנות, וכ"כ הרמב"ם, **ואע"ג** דמשלחין להם לבית, זהו מפני שכבר התרומה הופרשה בגורן ונגמר מעשה התרומה, אבל הכא הפדיון הוא רק בעת נתינתו לכהן, הוי כתרומה בבית הגרנות, דפירש"י שם משום דהוי זילותא דתרומה ע"ש, וה"נ הוי זילותא דמצוה עכ"פ לפדותו מקטן, שע"י אינו בן דעת יוגמר המצוה ויברך האב שתי ברכות, ובפרט כשעושין הפדיון בעשרה הוי פירסום, וזהו כתרומה בבית הגרנות, **ועוד** דבמדבר נתנו כסף הפדיון לאהרן ולבניו והם היו גדולים, ומנ"ל לומר דלדורות אינו כן, **ולכן** אין לפדות אצל כהן קטן, אבל כהן גדול והוא בעל מום לית לן בה כמ"ש – ערוה"ש).

(**עיין** בתשו' חתם סופר בענין אם יכול ליתן פדיון הבן לבעל כהנת, כמו מתנות כהונה לעיל סי' ס"א ס"ח, והביא דברי התוס' פ"ק דקידושין והרא"ש סוף בכורות, ופלפל בדבריהם, **ומסיק** כיון דפשיטא להו להרא"ה והרא"ש והטור לאיסור, לא שבקינן פשיטותא דהני מפני ספיקן של בעלי התוס', (**דאע"ג** דלענין מתנות כהונה נתבאר בסי' ס"א דנותנין אפילו לכהנת, דכל מקום דכתיב כהן, גם כהנת במשמע, וכן הדין לענין ראשית הגז, **מ"מ** בפדיון בכור אינו, והטעם, שהרי אמרינן שם דנהי דכהן אפי' כהנת במשמע, מ"מ היכי דכתיב אהרן ובניו, הוי דוקא כהנים, ובפדיון בכורי מדבר כתיב: ונתתה הכסף לאהרן ולבניו – ערוה"ש), **ומ"מ** נראה מי שלאחר כל הטירחות א"א לו להגיע לכהן ביום פדיונו, ואינו רוצה להשהות, כי מי יודע מה יולד יום, עכ"פ יתן ביומו לכהנת בלי ברכה, ויהיה מתנה שאינו מכוין לצאת בה אלא אם לא יזכה למצוא כהן, **ואם** ימצא כהן אח"כ יחזור ויפדה בברכה כראוי, כי אז לא יצא י"ח למפרע, כי כן אנו מתנין בהנחת תפילין דר"ת כו', **ואם** קשה עליו ליתן סכום הפדיון שתי פעמים, יכול ליתן לכהנת ע"מ להחזיר אפילו לכתחילה, ע"ש).

(**ועיין** בתשו' חות יאיר, במי שהחזיק את עצמו לכהן כמה שנים, ואח"כ בא אורח א' מבני מדינתו ואמר שמכיר כל אבותיו והוא זר, ונשבע שבועה חמורה ע"ז, ואמר כי תוך שנה יברר ע"י כתבים שכן הוא, ומתוך כך הודה זה שאינו כהן, אם נאמן לחלל קדושתו להבא ליטמא למתים ולישא גרושה, גם בענין בכורים שנפדו על ידו, **וכתב** שאם היה מכחיש להאורח, ודאי דאין מורידין אותו ע"י עד אחד, ואפילו בשבועה אינו נאמן, ואף שזה רוצה לברר, אמרינן לכשיברר, **רק** מאחר שהודה, ודאי דנחוש לו להחמיר להרחיקו מכל מעלות כהונה, אבל לא להקל, ואסור בנשים שכהן אסור בהם, ואינו מטמא למתים, כהא דתנן נותנים עליו חומרי כהנים וחומרי ישראלים, **וכל** הבנים שנפדו על ידו צריך לפדות שנית, והוא צריך להחזיר כל ה' שקלים של בכורים, **ואם** היה מכחיש להעד, צריך לישבע שבועה דאורייתא. **ועיין** בתשו' יד אליהו על כיוצא בזה, באחד שהחזיק עצמו לכהן, ונפדו על ידו כמה תינוקות, ואח"כ נתברר בעדים שהוא ישראל, **ופסק** דזה פשוט שהבנים הידועים שנפדו על ידו צריכים לחזור ולפדות, והמעות ה' סלעים צריך להחזיר, **אך** מה שחזר ונתן כבר כנהוג, זה ינכה, דמסתמא לא שביק איניש היתרא, ובודאי כשהחזיר לא כוון ליתן מתנה, והוא יאבל גזל, אלא החזיר בתורת השבת גזל, **והילדים** שהם בספק אם נפדו על ידו, א"צ לפדות מחדש, **אכן** אם לא היה זר גמור, רק שנתברר שהוא בן גרושה, צ"ע אם צריכים לחזור ולפדות, ולכן א"צ הכהן לחזור הדמים).

סעיף ד - כתב לכהן שהוא חייב לו חמשה סלעים בשביל פדיון בנו, חייב ליתנם לו – [דמן התורה פדוי במה שמחייב עצמו בשטר לכהן בשביל הפדיון], (**ואינו** כן, דבגמ' אמרו דפדוי לכשיתן המעות, ולכן חייב ליתנם לו - ערוה"ש), **ובנו אינו פדוי** - משום גזירה שמא יאמרו פודין בשטרות.

אמר לכהן שנותן לו לפדות את בנו, אסור לחזור בו – (דהוו כמו אמירה לגבוה מדרבנן – לבוש). (**עיין** בתשו' חתם סופר, דמתנות כהונה כיון שאמר, אפילו שלא בפניו, שרוצה ליתן לכהן פלוני, אינו יכול לחזור בו, דהוי

מתנה מועטת - ויש בו משום מחוסר אמנה כמבואר בח"מ סי' ר"ד וסימן רמ"ט - כיון שאין לו בו אלא טובת הנאה, שוב ממילא א"י לחזור בו). **מיהו אם חזר, הוי חזרה** - ‹אע"פ דמחוייב ליתן לו כמתנה מועטת, יכול לחזור בו, דזהו דברים בעלמא, **ויראה** לי אפילו אם קנה בסודר יכול לחזור בו, דאין מעות נקנות בחליפין, **ולכן** אם נשבע או נתן תקיעת כף, אינו יכול לחזור בו - ערוה"ש›. **(וע"ל סי' רס"ד)** - כי שם ס"א בהג"ה נתבארו דינים אלו גבי מילה.

סעיף ה - נתן לו כלי שאינו שוה בשוק חמשה סלעים, וקבלו הכהן בחמשה סלעים, הרי בנוי פדוי - הוא לשון הרמב"ם, **והוא שישוה חמשה סלעים לשום אדם** – [והש"ע הוסיף וכתב והוא שיהיה כו', לתרץ קושיות הר"ן על הרמב"ם, הביאם ב"י מסוגיא דפ"ק דקידושין, דתניא עגל זה לפדיון בני ‹טלית זו לפדיון בני, לא אמר כלום, עגל זה בה' סלעים לפדיון בני טלית זו בה' סלעים לפדיון בני, בנו פדוי... לעולם דלא שוי, וכגון דקביל כהן עילויה, כי הא דרב כהנא שקיל סודרא מפדיון הבן, א"ל לדידי חזי לי ה' סלעים, אמר רב אשי לא אמרן אלא כגון רב כהנא דגברא רבה הוא, כלומר ולא אזיל בגילוי הראש, ומבעי ליה סודרא ארישיה, אבל כו"ע לא, כי הא דמר בר רב אשי זבן סודרא מאימיה דרבא מקובי שוי י' בי"ב. **וכתב** הר"ן על הא דרב אשי, ונראה דה"ה למי שדרכו להתייקר באיזה דבר, שנותן לו לפעמים בדמים הללו דמהני, דאי לא תימא הכי, עגל זה בה' סלעים במה בנו פדוי, ומיהו בעינן שיהא דרכו להתייקר בכיוצא בזה עד כדי דמים הללו, הא לאו הכי לא מצי אמר לדידי חזי לי, **אלא** שיש לתמוה על הרמב"ם, דכתב פי"א בהל' בכורים, נתן לו כלי שאינו שוה בשוק ה' סלעים, וקיבלו הכהן בה' סלעים, הרי בנו פדוי, ולא חילק אם דרכו› להתייקר בו אם לאו, עכ"ל, **וכתב** ב"י, דנראה לו דסבר הרמב"ם, דכל השוה ה' סלעים לשום אדם, אף ע"פ שלכהן הזה אינו שוה ה' סלעים, יכול לקבל בה' סלעים, והא דאמר רב אשי לא אמרן אלא כגון רב כהנא כו', היינו לומר דאי לשום אדם אין שוה ה' סלעים, לא מהני מאי דאמר רב כהנא לדידי שוה לי ה' סלעים, **והכי** פירושו, לא אמרן אלא כגון סודרא דלרב כהנא ודכוותיה שוה לפעמים ה' סלעים, אע"פ שלכל אדם אינו שוה כל כך, יכול רב כהנא לומר לדידיה שוה ה' סלעים, אבל כ"ע, כלומר מילתא דלכו"ע אינו שוה ה' סלעים, לאו כל כמיניה, וזהו שכתב הרמב"ם, כל שאינו שוה בשוק, כלומר אבל לקצת בני אדם שוה ה' סלעים, וקבלו הכהן בה', עכ"ל, וזהו שכתב כאן והוא שישוה ה' סלעים לשום אדם, **ותמהתי** על פה קדוש דמאור עינינו יאמר כן, וכ"ש לקבוע הלכה כן, דלפי פירושו קשה, למה ליה לתלמודא לומר דהכהן קבלה עלויה, הא אפי' בשותק סגי, כיון דעכ"פ שוה לשום אדם, **ואין** לומר דהגמר' מוכיח דצריכא אמירה כן, מדאמר רב כהנא לדידי שוה ה' סלעים, הא ע"כ רב כהנא לא על עצמו אמר כן לפי פירושו של הב"י, דהא אין צריכין שיהא שוה לו ה' סלעים, אלא אפי' אם אין שוה לו רק לאחרים, סגי, אלא על כרחך דה"ק לפי פירושו, לדידי וכיוצא בו, דהיינו גברא רבא, שוה ה' סלעים, א"כ כל שידוע לנו שהוא שוה לשאר אדם בחוץ, אין צריכין אמירה כלל ושום קבלה, ואין ראייה מרב כהנא, שהוא לא בא אלא לגלות שדבר זה הוא לשאר אדם כמוהו, **ומלבד** הלחץ הגדול זו הדחק, שלפי פירושו במ"ש בגמרא אבל כולי עלמא, דהיינו אבל אם לכו"ע אינו שוה כו', זו דרך דרש ודחוקה היא מדרך הפשוטי הסלולה לכל, ומי הכניסו לרמב"ם לפרש כן הפשט ולזוז מן הפשוטי, שיהיה שוה לו דוקא, **והיותר** קשה לפי פירושו תירץ דברי הרמב"ם, דהיינו במה שכתב הרמב"ם שאינו שוה בשוק, נתכוין אבל שלא בשוק שוה לשום אדם, ומה נעשה בדברי רבינו הטור שלא כתב כן, אלא כתב ואם נתן לו חפץ בה' סלעים והכהן קבלו בכך, בנו פדוי אפי' אינו שוה כל כך, עכ"ל, משמע לשום אדם אינו שוה כל כך. **ונראה** לענ"ד דהרמב"ם וטור הוקשה להם על מ"ש בגמ', וכגון שקבלה הכהן, היה לו לומר וחזי ליה לדידיה חמשה סלעים, דהא עיקר התירוץ הוא מחמת זה כדמסיק מזה דרב כהנא, וכיון שרוצה התרצן לנקוט ההיתר, היה לו לנקוט כמות שהוא, **אלא** ע"כ דהכי קאמר, שקבלה הכהן בחמשה סלעים אע"פ שלא שוה כן, מ"מ אמר שהוא מקבלו בחמשה סלעים, ומייתי ראייה מדרב כהנא שאמר לדידי חזי חמשה סלעים, וזה גרע מאומר שמקבלו אפילו אינו שוה, כיון שאומר שמקבלו בשביל ששוה בעיניו, ע"כ צריך שיהיה ודאי שוה כן לדידיה, כדאמר רב אשי, **והא** דמייתי ראיה מדרב כהנא, כי היכי דהתם אע"פ שאינו שוה חמשה סלעים, מ"מ פדוי כיון ששוה לו, כן הכי נמי בקבלו בפירוש אע"פ שאינו שוה, דמועיל, כן נראה לי בדעתם].

מ"ש והוא שישוה, הוא לשון המחבר ע"פ מה שהביא בב"י דבריו, אבל באמת דבריו דחוקים מאד, גם מה שתי' הב"ח דחוק מאד, גם דברי רבינו ירוחם בזה הם דחוקים, **אלא** צ"ל דדעת המחבר (לכאורה ר"ל הרמב"ם) כדעת הלכות גדולות, דגריס, אמר רבא לעולם דלא שוי, ורישא דאמר אבי הבן וסיפא דקבליה כהן, כי הא דרב כהנא פריק בסודרא אמר לדידי שוה ה' סלעים, אמר רב אשי ולא אמרן אלא גברא רבא כרב כהנא דידע למחולי, אבל כ"ע לא, ש"מ כל היכא דקבליה כהן בנו פדוי, וכן הלכה, עכ"ל, **והשתא** אתי שפיר הא דקתני בברייתא סתמא עגל זה בה' סלעים לפדיון בני, דאלו לדעת הב"י וסייעתו, הו"ל לפרושי דמיירי במה שדרכו להתייקר, וזה ברור ודוק.

(**כתב** בר"י בשם הרב בני יעקב ומהר"י אלפאנדרי, דאם נתן לכהן משכון על ה' סלעים, דהיינו שהוא להבטחה, ואחר זמן נותן לו ה' סלעים ליקח המשכון, אין בנו פדוי, דמשכון אינו פרעון, אלא הבטחה בעלמא, ובפדיון נתינה אלימתא בעינן, **אמנם** היכא שנותן לו כלי כסף שיקח הכלי עצמו, או שעשה שומא לכלי ואמר לו שיפרע ממנו, בכה"ג בנו פדוי, **והביא** דברי תשובת שבו"י, שכתב דאם אירע שפדה בשבת ע"י משכון, בנו פדוי כו', דמוכח מיניה דבמשכון בעלמא בנו פדוי, וכתב דצ"ל דמיירי בכה"ג).

סעיף ו - נתן לו כלי בפדיון בנו, סתם, אם הוא שוה ה' סלעים, אע"פ שלא שמו אותו בתחלה, בנו פדוי - (ואף באבנים טובות ומרגליות דבקידושין בעינן שומא תחלה, לדיעה א' באה"ע, הכא לא צריך, כיון דלא בעינן דעת כהן, דרישה - רעק"א).

הגה: ואם אינו שוה, אין בנו פדוי. ואם הכהן רוצה להחזיק בכלי, א"צ להחזיר לו - (שכבר קנהו - לבוש), **והוא ישלים לו** (מה שחסר) **עד ה' סלעים** - (ולא מקרי זה נתינה בטעות, שהרי אין כאן טעות בעצם הנתינה, אלא שטעה בשוויו, והרי לא מכר את הכלי אלא שילם חובו, והוי כמשלם במעות והיה סבור שיש כאן ה' סלעים, ונמצא שחסר, דמה ששילם שילם, וצריך להשלים, וה"נ כן הוא - ערוה"ש).

סעיף ז - נתן ה' סלעים, אפילו לעשרה כהנים, בין בבת אחת - (שהניחם לפניהם כולם בבת אחת והלך לו), **בין בזה אחר זה, בנו פדוי** - (יצא ידי מתנות כהונה ובנו פדוי - לבוש). (**וכ"ש** אם נתן לכהן אחד מעט מעט דיצא, **ולעיל** בסי' ס"א מצרכינן שיתן לכל הפחות לכל כהן כדי נתינה, ובכאן לא ביארו הפוסקים כן, **ונ"ל** משום דבשם כתיב ונתן לכהן הזרוע וגו', בעינן כדי נתינה חשובה, אבל בפדיון הבן לא כתיב לשון נתינה, **ולכן** נ"ל דזה שאמרו בגמ' עשרה כהנים, לאו דווקא וה"ה מאה ויותר - ערוה"ש).

(**עיין** בחכמת אדם שכתב, דאף דמלשון הגמרא והפוסקים שכתבו יצא, משמע דלכתחלה לא יעשה כן, נראה דלאו דוקא הוא, דלא יהא אלא שאר מתנות כהונה, לעיל סי' ס"א ס"ט, (דשם כתיב ונתן לכהן, דמשמע לשון יחיד, ועכ"ז מותר לכתחלה לחלקם לכמה כהנים, וכ"ש בפה"ב דלא כתיב לשון זה, וזה שהגמ' לא אמרה לשון לכתחלה, כדי דלא ליהוי משמע שצריך לעשות כן. **מיהו** זה וודאי דלכתחלה צריך ליתן כל החמש סלעים ביחד, ולא מעט מעט, שהרי כל זמן שלא נתנם כולו לא קיים המצוה, ועליו לקיים המצוה מיד, ועוד דאיך יברך והוא לא קיים עדיין - ערוה"ש). **וכתב** עוד, שדעת הפרישה בשם רש"ל, דלכהן אחד צריך ליתן בבת אחת, ע"ש, **ועיין** בתשו' חתם סופר שכתב וז"ל, ונ"ל דאין יכול לכתחלה לחלק ה' סלעים לב' כהנים, דכל שנתנה בו תורה שיעור, אם מחלקו הו"ל חצי שיעור, אע"ג דבדיעבד יוצא ע"י צרוף, מ"מ מצוה מן המובחר לאכול השיעור בבת אחת, או ליתן שיעור נתינתו בבת אחת, עכ"ל, **ולא** ידעתי מה יענה בהא דסי' ס"א הנ"ל, דמבואר דאין קפידא רק בכדי נתינה ולא בהשיעור).

סעיף ח - אם רצה הכהן להחזיר לו הפדיון, רשאי; אבל לא יתן הוא לכהן ע"מ שיחזיר לו - כלומר שאינו מפרש דבריו שנותן לו ע"מ להחזיר, דבכה"ג כיון דשעה א' גמר בלבו שיהא לשם מתנה, יצא ידי נתינה, וכמ"ש המחבר בסוף הסעיף, **אלא** מיירי שאינו גומר בדעתו כלל ליתנו לו לשם מתנה, אלא מיד דעתו שנותנו לו על מנת להחזיר, בכה"ג לא יצא, וכן מחלק המרדכי בשם ראבי"ה ומביאו ד"מ, וכה"ג חלק בתשובת רשב"א, וכך היא דעת הרמב"ם.

[**פי'** שלא יהיה בדעתו כן, ואינו אומרו בפירוש, דכל שאומרו בפירוש מבואר בסיפא דמהני, אבל כאן אמר שלא יהיה במחשבתו כן, דאם יחשוב כן והכהן חושב שלא להחזיר, נמצא אין הדעות שוות בשעת נתינה, ואין כאן פדיון אם יחזיר לו אחר כן, וכשלא יחזיר

לו הוי פדוי אחר כך בשעה שמעכב לעצמו, דאז הדעות שוות בין הנותן והכהן, מה שאין כן כשמחזיר לו, אין פדיון לא בשעת נתינה ולא אחר כך, **אבל** אם היה גם הכהן חושב שיחזיר לו, אז דיעותם שוות לחזרה, והוה פדוי אף אם יחזיר לו אחר כן, והוה כאומר בפירוש על מנת שתחזיר לי, וכן המנהג בכל יום, שהאב מניח דמי הפדיון בסך הרבה, והוא חושב שיחזיר לו, והכהן נמי חושב כן, ומחזיר לו אחר כך לפעמים הכל, או מחזיק לעצמו איזה סך קטן, ובזה נתבארו גם כן דברי רמ"א בסעיף זה, שכתב ודעת הכהן היתה כו', **ובפרישה** כתוב וז"ל, דעת המחבר היא דאם נראה מהנותן ‹דלא היתה כוונתו למתנה גמורה, אלא נותן לו אדעת שיחזירנו לו, והכהן בעל מנת קיבלם, לא הוי בנו פדוי... הן שלא אמר הנותן לשון על מנת, הן שאמרו אלא שנראה מהכהן שאינו מקבלו בתורת על מנת›, עכ"ל, **ודבריו** תמוהים מאוד לעיני הרואה, במה שתלה הדבר היאך חושב הכהן להחזיר, אם בדרך על מנת, או בדרך אחר, ובאמת אין חילוק כלל בזה, **אלא** בכל גווני שדעת שניהם שוה הוה פדוי, אבל אם האב חושב שיחזיר, והכהן חושב שלא יחזיר כלל, לא הוה פדוי אם יחזיר, וכמ"ש בסמוך].

ואם עשה כן והחזיר לו (ודעת הכהן היתה מתחלה שלא לקבלה על מנת להחזיר) (כך משמע בב"י), אין בנו פדוי - וגם העט"ז נראה שהבין כן, ‹כמ"ש ש"ך לעיל בפירוש המחבר›, ע"כ כתב במקום מ"ש הרב ודעת הכהן היתה מתחלה כו', אע"פ שדעת הכהן כו', וכן נראה מהדרישה שדעת הרב כן, **אבל** אין נ"ל דעת הרב כן, אלא נראה שהוא מפרש דעת המחבר, דברישא כיון שלא פירש דבריו שנותן ע"מ להחזיר, א"כ דעת הכהן היה לקבלם במתנה גמורה ולא ע"מ להחזיר, והאב היה דעתו שיחזירם לו, הלכך אינו פדוי, אבל בסיפא כיון שפירש דבריו ואמר שנותן לו ע"מ להחזיר, א"כ כיון שגם דעת הכהן כן, יצא, **וכן** פירש הב"ח דעת התוס' והרא"ש כן, וגם דברי הרמב"ם יש לפרש כן, וכן משמע ממה שנרשם בש"ע אמ"ש הרב ודעת הכהן כו', "כן משמע בב"י", ובב"י לא נזכר כלום, רק הביא דברי התוס' והרא"ש הנ"ל, **מיהו** אינו מוכרח דעת התוספות והרא"ש כן, **מ"מ** דעת הרב נ"ל ברור כדפי', ודעת המחבר נ"ל ברור כדפי', דס"ל כראבי"ה וכתשובת הרשב"א, ודוק.

והחזיר לו - הוא לשון הרמב"ם, והוא על פי לשון א' ברש"י, **אבל** בלשון ב' פירש"י, אפי' לא החזיר אין בנו פדוי, וכן משמע מתשובת רשב"א שהבאתי בס"ק שאח"ז, וכ"כ הרא"ש, ומזה מוכח לכאורה שדעת הרא"ש כמ"ש הב"ח, ודוק.

עד שיגמור בלבו ליתן לו מתנה גמורה, ואם רצה הכהן אח"כ להחזיר יחזיר.

ולא יהא הכהן רגיל להחזיר לכל, שלא להפסיד לשאר כהנים, שמתוך כך לא יתנו הכל פדיוני בכוריהם אלא לו. אבל לעניים רשאי להחזיר בכל פעם. וכ"ש שמזה הטעם לא יקבלם ע"מ להחזיר; ומ"מ אם עבר וקבלם ופירש שנותן לו ע"מ להחזיר, הבן פדוי, דמתנה ע"מ להחזיר שמה מתנה - (עי' באה"ע סי' כ"ט בב"ש, ובספר בני אהובה, בענין אם צריך כאן תנאי כפול או לא).

(**עיין** בשו"ת תשובה מאהבה, דדוקא ע"מ להחזיר אותו הדבר בעצמו שמה מתנה, דעכ"פ תוך אותו זמן שנותן לו הוי שלו ופטור מאונסין, **משא"כ** ע"מ להחזיר מעות אחרים, לא שמה מתנה רק הלואה גמורה, ומש"ה אם נותן לו ה' סלעים ע"מ להחזיר לו ה' סלעים אחרים, אין בנו פדוי, עיין שם שהאריך בזה).

(ודוקא שאמר: ע"מ להחזיר - דבכה"ג גומר בלבו שעה א' לשם מתנה, ומה שאמר ע"מ כאומר מעכשיו דמי, כלומר מעכשיו תהא נתונה לך, מיהו תחזירהו לי אח"כ, **אבל אי אמר: הא לך ה' סלעים ותחזירם לי** - וכיוצא בזה, שלא בע"מ, **לא הוי מתנה ואין בנו פדוי) (רשב"א)** - ואפי' לא אמר מידי, אלא שדעתו שיחזירם הכהן כולן או מקצתן, ולולי זה לא היה נותנן לכהן, אפי' לא החזיר לו הכהן כלום, אין בנו פדוי, דגרסינן בבכורות פרק יש בכור, רב כהנא הוה רגיל כו', כ"כ בתשובת רשב"א, ור"ל כיון דלא גמר בלבו שעה אחת לשם מתנה, אין בנו פדוי.

‹**ולכן** יש לגעור בכהנים שניכר בעת הנתינה שלוקחים רק לפנים, והאב אינו נותן רק לפנים, כאשר עיני ראו כמה פעמים, וגערתי בהם, ובאמת טוב יותר שלא יחזור כלל, דע"י שהורגלו בחזרה אין נותנים בלב שלם לחלוטין – ערוה"ש›.

[דבלשון זה משמע שיש כאן חזרה, דמתחילה אומר הא לך חמשה סלעים, משמע מתנה גמורה לעולם, ואח"כ אומר ותחזירם לי, נמצא שחוזר מדבריו הראשונים ומבטלם, וכהאי גוונא מצינו בפרק מי שאחזו בפירוש רש"י במתניתין, באומר מהיום ולאחר מיתה, מה שאין כן באומר על מנת שתחזיר, אין כאן חזרה, אלא מפרש דבריו, דהאומר על מנת כאומר מעכשיו דמי, נמצא דהמתנה מעכשיו אינה חלה אלא בתנאי זה, מה שאין כן באומר ותחזירהו, לא הוה מעכשיו, וביטל האחרון את הראשון, דאמרינן תפוס לשון אחרון, כדאיתא סוף פ' כשנותנו השואל, כן נראה לי טעם דבר זה, ובפרישה כתב הטעם, דאם אמר ליה ותחזיר, משמע מיד תחזיר, ולא הוה מתנה, מה שאין כן כשנותנו על מנת, דהוה כא"ל שיהיו קנויים לך מעכשיו אלא שתחזירם לי לאחר זמן, עכ"ל, ואין דבריו מובנים לי, דלמה נאמר שכשאומר ותחזירם, דהכוונה שתכף יחזיר, יותר מאומר על מנת, איפכא מסתברא, וכמו שכתבתי הדבר ברור].

(עיין בשאילת יעב"ץ שכתב, דהאידנא אישתני דינא, דמה שאמרו שלא יהא הכהן רגיל בכך, הני מילי בכהנים מיוחסים דידהו, אבל בכהני חזקה בעלמא כי האידנא, אע"ג דלחומרא אזלינן בהו לכל מילי ופרקינן בכורים על ידייהו, משום דלא אפשר באחריני, מיהא להקל לא, דהיינו להוציא ממון האב מספק, וכמעט שי"ל דמדינא הם צריכים להחזיר, ולפחות כל כהן יחוש לעצמו לפרוש מספק גזל, שמא אינו כהן, ומשום ה"ט נראה דשפיר אית למיעבד עובדא האידנא לפדות בעל מנת להחזיר לכתחלה. גם נראה שלצאת ידי כל ספק האפשרי, יש ג"כ על האב לפדות בכורו מכל כהנים שיוכל למצוא, דלמא מתרמי ליה כהן מיוחס ודאי, ומה"ט נמי בן הכהנת והלויה יש לפדותו עכשיו מספק, דמ"ש מכל ספיקא דאורייתא, דמאי דאפשר לתקוני מתקנינן, ע"ש. ובתשו' חתם סופר כתב בקיצור, שדברי תשו' שאלת יעב"ץ בזה אין נראים לו).

‹ולדעתי אסור לשמוע דברים כאלו, להקטין עתה מעלת הכהונה ואתי לזלזולי, וח"ו לומר כן, והרי אפי' כשעלה עזרא מבבל, שלכל הכהנים היה כתב יחוס ולמקצתם לא נמצא, דריע חזקת כהונה שלהם, ועכ"ז אמר להם נחמיה הרי אתם בחזקתכם, כמו שאכלתם בגולה בתרומה כן תאכלו גם עתה, כדאיתא בכתובות, ועל זה שנינו שם גדולה חזקה, ע"ש, כ"ש עתה שאין לכהנים כלל כתב יחוס, וכיון שלכולם אין כתב יחוס אין כאן ריעותא כלל, כמבואר שם מדברי התוס', לא כ"ש שהם בחזקת קדושתם, וחלילה חלילה לעשות בזה איזה ספק או ספק ספיקא, או לצרף זה אפי' לצירוף כל שהוא – ערוה"ש›.

סעיף ט - הפריש חמשה סלעים לפדיון בנו, ונאבדו, חייב באחריותן עד שיבואו ליד כהן - ‹שנאמר יהיה לך ופדה תפדה, כשיהיה לך הפדיון אז יהא פדוי. **ויש** להסתפק אם הבטיח לאיזה כהן ליתן לו הפדיון, והפריש וזיכה לו ע"י אחר, ונאבד, אי הוה כמטי לידיה דכהן ופטור, או אפשר כיון דכתיב יהיה לך, בעינן דווקא עד דמטי לידיה ממש – ערוה"ש›.

סעיף י - בשעה שנותן הפדיון לכהן מברך: אקב"ו על פדיון הבן - כלומר בשעה שהאב מחזיק בידו חמשה סלעים והושיטן לכהן, קודם שיוציא מידו ליד כהן, מברך ואח"כ נותנן לו, כדי שיברך עובר לעשייתן, כ"כ ב"י והאחרונים, וכן משמע מדברי הטור והרב לקמן, שכתבו "בהדי שנותן לו המעות כו'", **וחוזר ומברך: שהחיינו** - משמע דמברך שהחיינו לעולם, וע"ל סי' רס"ה ס"ו, **ואח"כ נותן הפדיון לכהן.**

ואם פודה עצמו, מברך: אשר קדשנו במצותיו וצונו לפדות הבכור, ומברך: שהחיינו (רמב"ם). הגה: וי"א דאף הפודה עצמו מברך: על פדיון הבכור, וכן נוהגין (טור וריב"ש). וע"ל סי' רס"ה.

[הטעם שברכה זו ב"על", לפי שאינה דומה לאותן מצות שהן בלמ"ד, ‹לפי שזו נעשית בסיוע הכהן שמקבל הפדיון, **ולדעת** הרמב"ם שבאב הפודה אומר "על", ובפודה עצמו אומר בלמ"ד, אפשר לתת טעם, לפי שבאב› אפשר להעשות מצוה זו על ידי הבן כשיגדל, וכשיגדל אז אי אפשר לעשותו אלא על ידי עצמו, ב"י בשם ריב"ש].

י"א דמייתי ליה לבכור קמי כהן ומודיע ליה שהוא בכור פטר רחם, והכהן שואל אותו: במאי בעית טפי בבנך בכורך או חמש סלעים דמחייבת לפדות בהן, והאב אומר: בבני בכורי והילך ה' סלעים בפדיונו, ובהדי שנותן לו המעות מברך ברכות הנזכרות (טור בשם הגאונים) – [פי'

ולא אחר כן, דבעינן ברכה עובר לעשיית המצוה, ולא כמו שקצת נוהגים שכבר הניח לפני הכהן המעות ואח"כ מברך], **וכן נוהגין במדינות אלו, אם האב אצל הבן. אבל אם אינו אצלו, פודה אותו בלאו הכי** – ‹היינו דא"צ להביא הבכור קמי כהן›, **אלא אומר לכהן שיש לו בכור לפדותו, והוא אומר: במאי בעית טפי וכו'** – (עיין בתשו' חוט השני שכתב, דאין הפירוש שנותן לו הברירה, *שהרי אם רצה האב להניח הבן לכהן אינו יוצא בזה, כמ"ש הרמ"א בסמוך, **אלא** כדי לחבב הפדיון על אביו אומר כן, לעשות לו חשק לפדותו, דאולי לבו מהסס לפדותו בממון כולי האי, כאילו נאנס לכך ע"פ הדבור, ואז אין בנו פדוי, **כדא"ר** חנינא לההוא גברא, בבכורות דף נ"א ע"ב, לא גמרת דיהבת מידעם, ביש עבדת הילכך אין בנו פדוי, **לכן** כדי שיתן ברצון א"ל הכהן במאי בעית טפי, משום שנאמר כי לי כל בכור, ואם יחפוץ האב שלא לפדותו, יש לו לחוש שמא יחזור הקב"ה ויקחנו ממנו כו', ע"ש. **ולע"ד** צ"ע מ"ש דאם האב נותן המעות כאילו נאנס ע"פ הדבור אין בנו פדוי, חידוש זה לא שמענו, וע"ל סימן ס"א סכ"ד, שם איתא שמנדין אותו כו', ויש לחלק. **ומה** שהביא ראיה מר' חנינא לא הבנתי, דשם דעת האב היה ע"מ להחזיר, ור' חנינא לא רצה לזכות אלא במתנה גמורה, כמ"ש בתוס' ובאשר"י שם, הילכך אין בנו פדוי, משא"כ הכא. **וכתב** עוד שם בפשיטות, דאין כופין את האב לפדות בנו, דכיון דגמרינן מדכתיב תפדה תפדה, דאם לא פרקיה אבוה חייב לפדות עצמו, הוי כאילו נתנה לו התורה ברירה שיכול לסלק מצות פה"ב מעליו ולהניחו לבן עצמו, ודומה כלאו הניתק לעשה, עכ"ד, **וכבר** השיג עליו בתשו' ח"צ, הובא לעיל סק"א, **ופשוט** דאם הגדיל הבן, ודאי גם לדעת חוט השני כופין את הבן לפדות עצמו).

*‹**אך** גם להיפך תמוה, דמהו זה לשון פדיון, דבכל הפדיונות כהקדש ומעשר שני ופטר חמור הפדיון הוי תמורה מהדבר עצמו, דאם לא פדה נשאר הדבר הקדש, והמעשר שני מוליך לירושלים, והחמור מערפין, וכן באמה העבריה דכתיב והפדה, הוי תמורת גופה שלא תשתעבד עוד, אבל בבכור אדם מה שייך לשון פדיון. **ולכן** נלע"ד דאין הכוונה במאי בעית טפי ברך בוכרך, ליתנו להכהן, אלא דה"פ, דהנה במצרים נתקדשו בכורי אדם, והאמת כן הוא שהם קדושים לד' ככל הקדשים, שאסור להם לעשות דבר חולין, ואכילתם וכל מעשיהם בקדושה, וידוע דדבר זה א"א לעמוד בו, לזאת נתנה תורה תקנה בפדיון, דע"י זה יוצאים מקדושתם, **וזהו** מאמר הכהן במאי בעית טפי, אי ברך בוכרך יהיה כולו קודש לד', כהכוונה הראשונה ביציאת מצרים, או חמש סלעים למפרקיה, ומודיעו הכהן מהו ענין הפדיון, ולהבינו למה הצריכה התורה לפדותו, וזהו כאומר אם נשאל לכל אב במה חפצך, אם שבנך יהיה קדש ולא יוכל לעשות דבר חול, או לפדותו בה' סלעים ויהיה ביכולתו להתנהג בעולמו ככל בני אדם, ובודאי לא ימצא שום אב שלא יחפוץ לפדותו – ערוה"ש›.

ואם האב היה רוצה להניח הבן לכהן, אינו יוצא, רק צריך לפדותו.

ויש שכתבו שנהגו לעשות סעודה בשעת הפדיון. ואם יין בעיר, מברך הכהן על היין מיד אחר הפדיון – [ובעיר שאין בה יין, מברכין על שכר שהכל, **ונראה** דבאותן מקומות שאין יין צריך לעשות הפדיון קודם ברכת המוציא על הסעודה, דאלו בתוך הסעודה אין מברכין על השכר, מה שאין כן במקום שיש יין עושין אחר ברכת המוציא], **וכן נוהגין עכשיו כדי לפרסומי מלתא** – ‹שקיים המצוה›. **ואין נוהגין לברך שהשמחה במעונו** – ‹משום דרוב פעמים איכא צערא לינוקא, שעדיין לא חזר כ"כ לבריאותו מן המילה, ואע"ג דמברכין שהחיינו, משום צערא פורתא אין מונעין מלברך שהחיינו, משא"כ בהשמחה במעונו – לבוש›.

ואין האב יכול לפדות על ידי שליח. וגם אין ב"ד פודין אותו בלא האב (ריב"ש) – ‹שהרי הוא מצוה דרמיא רחמנא עליה, כמו תפילין וציצית, שצריך לעשות בגופו ולא על ידי שליח, ואפילו בי"ד אין יכולין לפדותו בלא האב, אלא אם לא פדאו האב, צריך הוא בעצמו לפדות את עצמו, כדילפינן מפדה תפדה – לבוש›.

‹**ונלע"ד** דכל מצוה שהתורה אמרה מפורש שאתה תעשה, כמדומני שאין ביכולת לעשות שליח לזה, כמו בנדרים בהפרת הבעל לאשתו, קיי"ל בסי' רל"ד כר' יאשיה, דדריש אישה יקימנו ואישה יפרנו ולא השליח, וה"נ כיון דכתיב כל בכור בניך תפדה ולא השליח, ולא דמי למילה דלא הוזכרה בתורה מפורש על האב, וחיובא דאב ילפינן שם מוימל אברהם את יצחק בנו, אבל הכא דומה להפרה – ערוה"ש›.

[זו מדברי שאלה שנשאל ריב"ש, דהיינו שהשואל שאלו וזה לשונו, **למה כתב הרמב"ם בנוסח פדיון הבן, על פדיון כו', כיון דמצות פדיון עיקרה על האב רמיא, אלא**

סימן שה – מי חייב בפדיון בכור ומתי ראוי לפדיון וכל דיניו

דמדיוקא פדה תפדה ילפינן פודה את עצמו, אבל ע"י שליח או על ידי ב"ד לית לן, עכ"ל, ובתשו' שהשיב ריב"ש על זה לא הוזכר שום דבר מזה, רק שהשיב לו תירוץ אחר על נוסח על, ולא לפדות בלמ"ד, ולמד רמ"א מזה דכיון דלא סתר הריב"ש דבר זה, ש"מ דניחא ליה בכך, ובאמת הוא תמוה, דהא מצינו בפ' השואל ובנדרים מצינו בכל התורה כולה שלוחו של אדם כמותו, ובמה יתמעט כאן שליח ששלחו האב לפדות ונתן לו ממון לזה מה שמגיע לכהן].

זה תמוה, דהא קי"ל בכל התורה שלוחו של אדם כמותו, וכן מבואר בדברי הר"ן, דיכול לפדות ע"י שליח, וגם בספר מע"מ תמה ע"ז וכתב דיכול לפדות ע"י שליח, **וכן** בספר צדה לדרך שחבר מהר"ר יששכר בער על פירש"י בחומש, האריך שם בתשובה אחת שהסכימו עמו כמה גדולי הדור, דיכול לפדות ע"י שליח, **וכתב** דאף הריב"ש לא קאמר אלא דלא מצינו שום חיוב מה"ת על אדם אחר שיעשה עצמו שליח במקום האב לפדותו, אם אין האב רוצה לפדותו, או אם מת האב, ואפי' ב"ד אינם מחויבים מה"ת לעשות עצמם שלוחים במקום האב לפדותו, **אבל** ודאי שהאב יכול לפדות ע"י שליח, וכן הב"ד יכולים לפדותו בלא האב, אם עבר האב ולא פדאו, או אם מת האב קודם שנפדה, וכ"ש שאבי אביו יכול לפדותו בכה"ג, עכ"ד, וכ"פ מהרש"ל בשם מהר"מ מ"ץ, והובא בדרישה, דיכול לפדותו ע"י שליח.

‹**וכל** גדולי עולם דחו דברי הרמ"א, דבכל התורה שלוחו של אדם כמותו, ולמה לא יכול לפדות ע"י שליח, **וכן** הורו למעשה כל הגדולים, וכן המנהג הפשוט – ערוה"ש›.

ובספר מע"מ כתב, דאין הב"ד יכולים לפדותו כשמת האב כשהוא קטן, דכל עוד שהוא קטן אינו בר חיובא כו', ‹**דכיון** דמת האב וחיובא רמי על הבן עצמו לכשיגדל, א"כ כל זמן שהוא קטן אינו מצווה, והוי כל ימי קטנותו כתוך שלשים ללידתו דאינו מועיל פדייה כלל, **וכן** נראה מדברי רבותינו בעלי הש"ע סעי' ט"ו, שכתבו עבר האב ולא פדה בנו, כשיגדיל חייב לפדות את עצמו, ויש מי שכתב שכותבין לו על טס של כסף שאינו נפדה ותולין לו בצווארו כדי שידע לפדות עצמו כשיגדיל, עכ"ל, ומדלא כתבו שאחרים יפדו אותו, ש"מ דס"ל דאין לאחרים לפדותו, **אך** באמת אין ראיה מזה, דאינהו דינא קאמרי, ועל אחרים ליכא דינא שמחוייבים לעשות כן, ופשיטא שאם רצונם לפדותו תבא על ידם ברכה›, **ואין** דבריו מוכרחים, ‹דאין זה כבתוך ל' יום, שהרי כבר הגיע זמנו, אלא שאין על מי להטיל המצוה אלא על עצמו, ובאמת תיכף חל חיוב עליו, אלא שלא שייך חיוב על הקטן, ולכן אם אחרים פוטרים אותו מחיובו, ודאי דטוב וישר הוא, אבל אין בזה שום טעם לומר שהוא כבתוך ל'›. **וע"ל** ‹סט"ו›, שטוב יותר שהב"ד יפדוהו בקטנותו ויזכו המעות להכהן בעבורו, משום דהרבה פעמים נאבד הטס וישאר לגמרי בלא פדיון – ערוה"ש›.

[והנה כבר התעורר על זה בספר א' נדפס מחדש ושמו צדה לדרך, וכתוב בו בפרשה בא, איך שהוא ז"ל תמה על זה שאוסר כאן ע"י שליח מכח קושיא זאת, ומתוך כך נחית לפסוק שם הלכה למעשה, בכור שמת אביו קודם שלשים יום, דיש כח ביד אבי אביו או ביד הב"ד לפדותו, והאריך שם בראיות, וכתב לבסוף שהעידו שכן פסק מה"ר ליב מפראג ז"ל, והנה כי נכון הדבר לכל מורה לחפש בדעתו בגמ' ופוסקים אחר עיקרא דמלתא, ע"כ אמרתי בזה אשר לא אשא פני איש והנלע"ד אחר העיון אזכיר בזה, דמה שפסק שיכול האב לפדות ע"י שליח, יפה כתב, שכ"כ הר"ן בפ"ק דפסחים וז"ל, ויש מצוה אחרת שאע"פ שמוטלת עליו אפשר להפטר ממנה ע"י אחר, כביעור חמץ ומילה ופדיון הבן ודומיהן, עכ"ל, הביאו בספר הנ"ל, וכתב עוד בשם רש"ל בשם ספר מעיל צדק וז"ל, אם האב אינו בעיר, נראה דגם אדם אחר יכול לפדות הבכור, דשלוחו של אדם כמותו, וגם יכול לזכות ע"י אחר לכהן, דזכין לאדם שלא בפניו, וכתב רש"ל עצמו על זה, דנראה לו שכל זמן שהאב בעיר אין אדם אחר יכול לפדות בלא ידיעת האב כו', ע"ש, ועל זה אשית ידי בעזרת הש"י בסוף, ותחלה אומר מה שפסק שב"ד יכולים לפדות הבכור כשמת אביו ולזכות להכהן הממון של הפדיון, לא נראה לי, וממה שהביא הספר הנ"ל ראייה, משם נראה לי איפכא, דהיינו מסוגיא דנדרים פ' אין בין המודר, איבעיא להו התורם משלו על של חבירו צריך דעתו או לא, מי אמרינן כיון דזכות הוא לו {פי' הר"ן דזכין לאדם שלא בפניו מסתמא הוה כשלוחו}, או דילמא מצוה דיליה היא וניחא ליה למיעבדיה הלכך צריך להודיע, ולא אפשיטא, ופסק בי"ד וכן הרמב"ם, דתרומתו תרומה ואין צריך להודיעו, ומזה הביא ראייה בעל הספר הנ"ל, דה"נ גבי פדיון הבן יכול אחר לזכות ממונו, דזכות הוא לקטן, ולא נראה כלל, אלא אדרבה מוכח להיפך, דהרי התוספות פ"ק דכתובות, בפשט דגר

קטן מטבילין אותו, דאין שליחות לקטן בשיש קצת חובו, ע"ש, מדנקטו חובה קצת ולא נקטו סתם חובה, משמע דכוונתם דכיון שלא מצינו שליחות לקטן רק בהך מילתא דמטבילין את גר קטן, ע"כ דוקא בהך גוונא דאיתא גבי גר שאין שום חוב בעולם, אבל אם יש אפי' קצת חוב דלגבי גדול לא חשבינן ליה, כיון דיש יותר צד לזכות, מכל מקום גבי קטן לא אמרינן דיכול לעשות שליח, אלא בזכות גמור בלי שום קצת חוב, מזה מבואר דמ"ש בנדרים דתורם משלו על של חבירו דמהני, לא מיירי מקטן, דהא מסקי התוספות כל שיש צד חובה לא הוי שליחות לקטן כלל, והם קאי אתורם משל הקטן על פירות הקטן, ונקטו משום שמא הקטן רוצה להעדיף, דהיינו שיהיה חפץ ליתן טפי ממה שנותן אותו אחר משל הקטן בשבילו, שהמצוה חביבה עליו טפי, ומשום הכי אין במעשה האחר כלום, **ממילא** כשעושה האחר תרומה משלו על הקטן, דיש גם כן קצת חוב זה לקטן, שהרי לקח ממנו המצוה, דאלו היה ממתין עד שיגדיל היה מקיים המצוה בגופו ובממונו, **אלא** פשוט דלא מהני באמת תורם משלו על של חבירו אלא בגדול, ואז לא אכפת לן בהאי מילתא שלוקח ממנו זכות המצוה, דאינו אלא חוב קצת, אבל בקטן שאפי' חוב קצת פוסל כמ"ש התוספות, לא הוה שלוחו מכח זכין שלא בפניו, דקטן אפילו בפניו הוה כמו שלא בפניו, **אם** כן הוא הדין ממש בהך פדיון בכור יש לומר כך, דלא הוה זה האחר הפודה אותו כמו שלוחו, כיון שבזה יש חוב קצת, ‹זה אין סברא כלל, דאדרבא ודאי ניחא ליא שתקויים המצוה כעיקרה מבן ל' יום, דהתורה כשצוותה דאם לא פדה אביו שחייב הוא לפדות עצמו כשיגדיל, לא פטרה גוף זה מפדיון בהגיעו לזמן חיובו, אלא שאין על מי להטיל, ולא הטילה תורה על ב"ד כבמילה משום שיש כאן הפסד ממון, ולכן אמרה תורה דהוא מחוייב לכשיגדיל, אבל לא שכל הזמן הזה אין חיוב כלל על הגוף הזה – ערוה"ש›, **והרב** בעל הספר הנ"ל ראה דברי התוספות, ולא היה אלא כמציץ מן החרכים ולא דקדק יפה ללמוד מה לנדון דידן, שיש בו קצת חובה שזכרנו, והוא מפרש או דילמא כו' אע"ג דלגבי גדול אזלינן בתר צד הראשון וזכות יחשב לו, מכל מקום **לא** יפטור מלקרות צד חובה קצת, ועוד כתוב בספר הנ"ל הרבה ראיות מהגמרא מפרק קמא דקדושין, והמעיין שם בגמר' יראה שיש להוכיח להיפך, וע"ש, **וע"כ** נראה לי, דכל זמן שהאב חי יכול לעשות שליח לפדות משלו במקומו, ומטעם זה אבי אביו הרי הוא כאביו, **ודברי** השואל בתשובת ריב"ש אינם הלכה, ולאו מפיו אנו חיים, והריב"ש לא חש להשיב עליהם, וכן אחר יכול לתת משלו במקום האב ולפדות הבכור דהוה כשלוחו, וכמו שכתבתי בתורם משלו על של חבירו, **אבל** אם מת האב, לא יפדה עד שיגדיל, וכן איתא במהרי"ל].

הקשה על הצדה לדרך והאריך בדבר שפתים אך למותר, כי כל דברי הבעל צדה לדרך נכונים, וראייתו ברורה מהא דפ"ק דכתובות, גר קטן מטבילין אותו ע"ד ב"ד, דזכין לאדם שלא בפניו, **וליכא** למימר דהכא הוי קצת חובה, שרוצה לעשות מצות הפדיון בעצמו, דהא כיון דפסקו הרמב"ם והסמ"ג והטור, דתרומתו תרומה, מוכח דמצוה דיליה היא לאו סברא היא כלל, **דליכא** למימר דסברא היא דהוי חובה קצת, אלא מ"מ הסברא של זכות היא יותר טוב, דאם כן ה"ל לש"ס לספוקי בהאי, ומדנקט הש"ס או דילמא מצוה דיליה היא כו', משמע דלא מספק הש"ס אלא אי חשיב האי סברא דמצוה דיליה היא חובה או לא, וכיון דקי"ל דתרומתו תרומה, אם כן ע"כ תרומה מצוה דיליה היא לאו סברא היא כלל, **והכי** מוכח ממ"ש התוס' בכתובות, דחובה הוא קצת, דשמא רוצה לפטור בחטה אחת או להעדיף, ואם איתא הא אפילו לא ירצה לפטור בחטה אחת או להעדיף חובה קצת הוא, דרוצה לעשות בעצמו המצוה, אלא ודאי דזה לא מקרי אפי' קצת חובה, **ועוד** מדכתבו התוספות, אבל הכא שזכות גמור הוא לו, יש לו שליחות, א"כ ה"ה הכא, דהא בטבילת גר נמי יש לומר דחובה קצת היא, שרוצה לגייר את עצמו ולעשות מצוה זו בעצמו, ואפ"ה מטבילין אותו ע"ד ב"ד, ש"מ שאין זה מקרי אפילו קצת חובה, אם כן ה"ה הכא, וזהו כוונת הבעל צדה לדרך, ודלא כמ"ש הוא שהציץ מן החרכים בזה, אלא נהפוך שהוא הציץ וכו'. **ותו** נ"ל דהכא שלא שייך לומר דיהא חובה מטעם שירצה לעשות המצוה בעצמו, דדוקא התם בתורם משלו על של חברו שייך לומר הכי, כיון שתורם משלו ולא משל חברו, אבל הכא כשהב"ד פודין אותו, הרי הן מזכין המעות לקטן, דזכין לאדם שלא בפניו, ואם כן הרי הם פודים אותו במעותיו של הקטן, וכן כשיש מעות בלאו הכי לקטן, וא"כ הרי המצוה של הקטן, **וע"כ** הוצרכו התוספות לומר דשמא רוצה לפטור בחטה א' או להעדיף, ולא כתבו דהוי קצת חובה משום דרוצה שהמצוה יהא שלו, משום דכיון

דתורמין משל קטן מצוה דיליה הוא, אבל בנדרים מיירי דאינו מזכה לו, ובהכי דוקא הוא דמבעיא לש"ס, **וא"כ** אפי' תימא דהבעיא לא נפשטה, מ"מ הכא פודין אותו הב"ד בשמזכין מתחילה המעות לקטן. **ועוד** נראה ברור דב"ד יכול לזכות לקטן אפילו במקום דהוי חובה קצת, כדמוכח להדיא בריש פרק האיש מקדש, דגרסינן התם, ואלא הא דאמר רב גידל אמר רב מנין ששלוחו של אדם כמותו, שנאמר ונשיא אחד ונשיא אחד ממטה, תיפוק לי שליחות מהכא, ותסברא דהא שליחות הוא והא קטנים לאו בני שליחות נינהו, **אלא** כי הא דאמר רב גידל אמר רב מנין שזכין לאדם שלא בפניו, שנאמר ונשיא א', ותסברא זכות היא, הא חובה נמי איכא, דאיכא דניחא ליה בהר ולא ניחא ליה בבקעה, ואיכא דניחא ליה בבקעה ולא ניחא ליה בהר, **אלא** כדרבא בר רב הונא אמר רב גידל אמר רב מנין ליתומין שבאו לחלוק בנכסי אביהן שב"ד מעמידין להן אפוטרופוס לחוב ולזכות, לחוב אמאי, אלא לחוב ע"מ לזכות, ת"ל ונשיא א' ממטה תקחו, עכ"ל הש"ס, **ופירש"י** כדרבא, כלומר לא זכות שלא בפניו גרידא איכא למשמע מיניה לגדולים, אלא לאוריי נמי דלקטנים אפי' חובה הבאה מחמת זכות רשאין ב"ד לעשות להו כו', עכ"ל, **הרי** להדיא דב"ד יכול לזכות לקטן אפי' במקום דהוי נמי חובה - נקה"כ.

(**ומ"ש** הבה"ט בשם הט"ז אם מת האב כו', עיין בזה בשו"ת יריעות האהל, שהאריך וסתר כל דברי הנה"כ, והעלה כדעת הט"ז, דבמת האב אין הב"ד יכולים לפדותו, וכן הורה הלכה למעשה, ע"ש, **גם** בתשו' חתם סופר פלפל בדברי הנה"כ הנ"ל, ומסיק דמהיות טוב יפדנו ב"ד בברכה בלי שם ומלכות, בממון של היתום, או יזכו לו הממון ויתנו לכהן במתנה ע"מ להחזיר, ויתלו לו טס של כסף שחקוק עליו ספק פדוי, ולכשיגדיל ויביא ב' שערות יחזור ויפדה עצמו, ע"ש. **ועיין** בתשו' חמדת שלמה שהאריך ג"כ בזה, ומסיק דקשה מאוד לפדות בקטנות, ואין לעשות מעשה בזה, ושב ואל תעשה עדיף, **אך** הואיל וכתב הש"ך בסט"ו, שרוב פעמים נאבד הטס ובא לידי ביטול מצוה, לזאת נראה להמציא תקנה לצאת כל הדעות, דהיינו לתלות טס ולכתוב שלא נפדה, כמ"ש הרמ"א, ולזכות להכהן המעות {במתנה שלא ע"מ להחזיר כ"מ שם} על תנאי שאם כשיגדיל הבן לא יודע לו שהוא בכור ולא יפדה עצמו, יהיו המעות עתה לשם פדיון, ובאם יודע לו שהוא בכור, יהיה מחויב לפדות עצמו, והמעות עתה יהיו לשם מתנה).

(**ומימינו** לא שמענו זה, והגר"א פסק בפשיטות כהש"ך, וכן נראה עיקר לענ"ד, וכמדומה שכן המנהג – ערוה"ש).

(**ובתשו'** הגאון מליסא ז"ל על ענין זה, דעתו דהעיקר דיכולים לפדותו מנכסי קטן, מטעם דמעות פה"ב לא דמו לשאר מצות, דבשאר מצות ליכא שעבוד נכסי, אבל בפה"ב יש שעבוד נכסי, והכא לאו מטעם ערבות הוא, אלא דבגוף הנכסים יש לכהן חלק בו, מדמועיל תפיסה, וכיון דמועיל תפיסה שיהיה פדוי, מכ"ש שב"ד גובין מנכסי הקטן, **ואעפ"כ** למעשה צ"ע נגד סברת הט"ז, ועל התקנה שהמציא הגאון המחבר ז"ל לפדות עכשיו על תנאי, כתב הוא ז"ל דממעות הקטן ודאי דא"א להתנות שיהיו מעות מתנה, וממעות אחרים אין תקנה כיון שהוא חובת הגוף, **אם** לא שיזכו המעות לקטן ע"מ לפדות בהן, ויכולים להקנות ולזכות על תנאי שאם יפדה עצמו בגדלות יהיה מתנה לכהן, ובאם שלא יפדה עצמו בגדלות, יהיה מעכשיו מתנה להבן ע"מ שיהיה פדוי בהן. **ובזה** גם דעתו מסכמת, כי כל מה דאפשר לתקוני לקיים מצוה דרחמנא, מה טוב, עיין שם).

(**בשער** המלך תמה מדינא דס"ה, במתנה ע"מ להחזיר בנו פדוי, והוא סוגיא ערוכה פ"ק דקדושין, ואם איתא דאינו יכול לפדות ע"י שליח, נימא דאף דלא החזיר המעות מהני, כיון דהמעשה אינו יכול לקיים ע"י שליח, תנאו בטל והמעשה קיים, ע"ש שהניח בצ"ע, **ולענ"ד** לק"מ, דהא ודאי מה דס"ל לשיטה זו דאינו יכול לפדות ע"י שליח, היינו שהשליח יעשה מעשה הפדיון, שיאמר לכהן בזה המעות יהיה הבן פדוי, **אבל** פשיטא דיכול להקנות להכהן המעות ע"י שליח, והוא בעצמו אומר במעות אלו שאני מקנה לך ע"י השליח יהא בני פדוי, **וא"כ** במתנה ע"מ להחזיר אין התנאי על הפדיון, דאם לא יחזיר לא יהיה פדוי, אלא דהתנאי על הקנאת המעות, שיקנה בע"מ להחזיר, ואם לא יחזיר לא יקנה המעות, ובזה תנאי קיים, דבהקנאה אפשר ע"י שליח, והאב יאמר לכהן דבמעות הללו שהקניתי לך בע"מ להחזיר יהא הבן פדוי – רעק"א).

(**ועיין** בתשו' חתם סופר, מבואר שם דמ"מ אין רגילים לעשות ע"י שליח, דראוי לעשות זכר לבכורי מצרים, דכתיב אני ולא השליח, ה"נ יש לפדות בעצמו טפי מבשארי מצות, שמצוה ג"כ יותר בו מבשלוחו, ע"ש. **וכתב** דענין השליחות שנחלקו בו, היינו שהשליח נותן ממון של עצמו, ואינו מזכה ממונו להאב, אלא רוצה לפדות בנו של פלוני בממון עצמו בשליחות פלוני, ויהיה האב יוצא י"ח פדיון מטעם שלוחו כמותו, וכמי שמפריש מתבואת עצמו

על כריו של פלוני, ובהא פשיטא להשואל שבריב"ש דאינו נפדה ע"י שליח, **אבל** ממון שלוח מבעלים לכהן אין זה פדיון ע"י שליח, אלא הגעת ממון ע"י שליח, ולכו"ע אין בכך כלום, והרבה שגו בזה, ע"ש עוד, **וכיוצא** בזה כתב ג"כ הגאון מליסא ז"ל בתשו' חמדת שלמה, ודעתו דהעיקר כרמ"א ז"ל, ע"ש). ‹**אך** לשון הרמ"א לא משמע כן, ולפי"ז אין זה שליחות בלבד, אלא שליחות וממון השליח, והו"ל לפרש כי הך דנדרים, התורם משלו על של חבירו, **ועוד** דממ"נ, אם שליחות מועיל, למה לא יועיל בכה"ג, שהרי כיון שאומר לכהן הרי לך ה' סלעים בעד פלוני, הרי בע"כ מזכה לו ע"י הכהן, ולמה לא יועיל, דאטו אם יהיו מעות של אבי הבכור אצל כהן בפקדון והמעות בעין לא יוכל לפדותו בהם, אלא וודאי פירושו כמו שתפסו כל המפרשים – ערוה"ש›.

(**ועיין** בדגמ"ר שכתב, דכל זה כשממנה השליח אחר שלשים, אבל למנות שליח תוך למ"ד שיפדנו בזמנו, אינו נכון כו', **ואעפ"כ** אני אומר שהאב יעשה שליח אם רוצה לילך לדרכו, ושוב השליח יכול לפדותו אפילו אם נימא שהשליחות לא חל אז, מ"מ נעשה עתה שלוחו מטעם זכין לאדם שלא בפניו, דהא חזינן דניחא ליה כו', עכ"ד). ‹**ולענ"ד** א"צ לזה, דשפיר מצי עביד שליח גם קודם הזמן, דאפילו מאן דאית ליה סברא זו דכל מילתא דאיהו לא מצי עביד לא מצי משוי שליח, לא אמרינן זה רק במילתא דמחוסר מעשה, כגון שעושה שליח לקדש לו אשה שהיא עתה אשת איש, ויקדשה כשיגרשנה בעלה, וכיוצא בזה, אבל במחוסר זמן לא אמרינן כן, דמחוסר זמן לאו כמחוסר מעשה דמי, **דאל"כ** בכל שליחות שעושה בקדושין ובגירושין כשהאשה בריחוק מקום, נימא הא איהו לא מצי עביד עד זמן ביאתה לפה או הוא לשם, וגם היא מחוסרת קריבה לפה, אמנם מחוסר קריבה לאו כמחוסר מעשה דמי, וכן מחוסר זמן לאו כמחוסר מעשה דמי – ערוה"ש›.

(**ועיין** בתשובת פני אריה, שכתב דכהן {או לוי, ואפשר דה"ה בעל כהנת ולויה, עי' בסעיף י"ח, מיהו יש לחלק} אינו יכול להיות שליח לכתחילה במקום האב לפדות את בנו, דכיון שהוא עצמו פטור מפה"ב, אינו ראוי להיות שליח, דבמידי דלנפשיה לא חזי לא מצי למיעבד שליחותא לאחריני, **אך** בדיעבד אם כבר נפדה הבכור ע"י שליח כהן, אפשר שא"צ לחזור ולפדות עצמו כשיגדיל, ע"ש, **ועיין** בתשו' חתם סופר, כתב מתחלה דאפשר יפסול לוים לשליחות זו, ואמנם כהן פשוט דכשר לשליחות, משום שהוא הוא שפודין עמו, והו"ל כאיש ואשה ששניהם כשרין לשליחות הגט בין להולכה בין לקבלה, אע"פ שהאיש אינו מתגרש והאשה אינה מגרשת, מ"מ תרוייהו מקרו איתא בגירושין, ‹**ולפ"ז** גם לאשה אין ביכולתו לעשות שליח לפדות בנו, שהרי היא פטורה מפדיון בנה, והרי מעשים בכל יום שעושה אשתו שליח לפדות הבן כשהוא בריחוק מקום, **ולדעתי** אינו כן, דהא כל ישראל ישנן בענין בכור, והיינו בבכור בהמה טהורה שכולן חייבין בזה, ולכן אף דבבכור אדם פטורין נשים וכהנים ולוים, מקרי שישנן בתורת בכור, ולא דמי להך דגיטין דעבד פסול בשליחות גיטין לפי שאינו כלל בתורת גיטין וקדושין›, **רק** מטעם אחר אינו בדין שיהיה הכהן שליח לפדות ע"י כהן אחר, שנראה כמזלזל בכהונת עצמו, כמ"ש בש"ך כהן שלא יקרא אחר, עיין בא"ח סימן קל"ה סי"א. ‹**גם** זה תמוה, דשם בדידיה תלוי, משא"כ בפדיון הבן דבהאב תלוי למי ליתן, ועוד אם הכהן השני עני או ת"ח, ודאי שיש יותר מצוה ליתן לו›. **ושוב** כתב מ"מ לדינא נ"ל פשוט, כיון שכהן ולוי המה במ"ע לפדות בכורי ישראל, ואפילו צבור שכולם לויים ויש ביניהם בכורי ישראל, מחויבים לפדותו מממון עצמם, א"כ נעשים שלוחים ג"כ לפדיון בכורים, ע"ש). ‹**ודבריו** צ"ע – ערוה"ש›.

(**ועיין** בצל"ח שכתב, שאם פודה ע"י שליח, הא ודאי דברכת שהחיינו לא שייך בה שליח, וגם האב אינו יכול לברך, ומבוטל ברכת שהחיינו כשפודה ע"י שליח, ע"ש, וכ"כ בתשובת פני אריה, דהשליח לא יברך שהחיינו, אלא מברך אקב"ו על על פדיון הבכור, ‹ולא על פדיון הבן›, ע"ש, **אכן** בתשו' חתם סופר כתב, דבפה"ב שאין האב כאן, יברך השליח ב' הברכות על פדיון הבן ושהחיינו על מצות עצמו, ‹**דכיון** שהוא שלוחו למה לא יברך גם שהחיינו להוציאו ידי חובתו בברכה זו, כמו המקדש לאחרים ביו"ט, אף שהוא כבר קידש, מ"מ מקדש בעדם וגם מברך שהחיינו, וחזו מעשים בכל יום, וה"נ כן הוא – ערוה"ש›, **ומ"מ** מהיות טוב אם ימצא דבר חדש כגון פרי יניח לפניו לאפוקי נפשו, אך העיקר לברך שהחיינו, ושוב מצא כן להדיא בהגהת פרישה).

סעיף יא- אין הבכור ראוי לפדיון עד שיעברו עליו שלשים יום

– ‹כדכתיב ופדויו מבן חדש תפדה, וגזירת הכתוב הוא, ולא לאפוקי מתורת נפל, דאפילו קים ליה שכלו לו חדשיו אינו בר פדיון עד זמן זה, והפדיון הוא ביום ל"א, דילפינן חדש חדש ממדבר, מה התם כתיב פקוד כל בכור זכר מבן חדש ומעלה, אף ה"נ מחדש ומעלה, דהיינו יום ל"א – ערוה"ש›.

(**עיין** בספר תיבת גמא פ' ראה, שכתב אם נולד ביום השבת חצי שעה קודם מוצאי שבת, דהשתא ד'

שבועות כ"ח יום בשבת (והוא יום כ"ט), וביום א' כ"ט יום מעל"ע (והוא יום ל'), אסור לפדות ביום ב' (יום ל"א) מיד בבוקר קודם שהשלימו י"ב תשצ"ג, בימי הקיץ שהלילות קצרות ועדיין לא השלים הזמן, וכ"ש אם פדה בליל ל"א ועדיין לא נשלם כ"ט מעל"ע וי"ב שעות כו', ע"ש).

ואחר שלשים יום יפדנו מיד, שלא ישהה המצוה - (עיין מ"ש לעיל סימן רל"ב ס"א בנ"צ שם, לענין אם מותר לאכול ולעשות כל המלאכות הנזכרות באו"ח סימן רל"ב, קודם שיפדנו).

ואם חל יום ל"א להיות בשבת, אין פודין אותו בשבת, אלא ימתין עד יום א' - משום דהוי כמקח וממכר, ומטעם זה גם ביו"ט אין פודין אותו, וכן הוא בתשובת הרי"ש. (**ועיין** בתשו' גבעת שאול, דה"ה ביו"ט שני של גליות אין פודין, ע"ש).

נראה דפודין נמי בלילה, וכן משמע בפ"ק דקדושין דף כ"ט סוף ע"א וברש"י ותוספות שם, **מיהו** נוהגין לפדות ביום, **מיהו** היכא דחל יום ל"א ביום תענית צבור, יש לראות אם הגיע הבן לכ"ט י"ב תשצ"ג קודם יום התענית שהוא יום ל', יש לפדותו ביום ל' אחר כ"ט י"ב תשצ"ג, כדלקמן סוף (סי"ג ע"ש), {ואפשר לומר דמשום סעודה לחוד לא מקדמינן לפדות ביום ל'}, ואם לאו אז יש לפדותו בליל ל"א של יום התענית, **אבל** אין לפדותו ביום התענית ולעשות סעודה בליל שאחר התענית, דליכא פרסומי כה"ג, **וכמו** שכתב מהרא"י בת"ה, גבי חל יום ל"א בשבת, דאם יפדוהו בערב שבת שלא יחול הפדיון עד לאחר שלשים, דהיאך יעשו עם הסעודה לפרסם המצוה בעוד שאין בנו פדוי, ואם יעשו הסעודה בשבת שכבר הוא פדוי, מאן נימא לן דאיכא פרסומא כה"ג, שאין רואים הפדיון בשעת הסעודה, ע"כ, **מיהו** שמעתי שנוהגין לפדות ביום התענית, ולעשות הסעודה בלילה שאחר התענית, ויש לחלק בהך דמהרא"י וק"ל.

(**טעם** המנהג שאין עושין הפדיון והסעודה יחד בליל ל"א, י"ל משום דלפעמים לא יהיו עדיין כלו כ"ט י"ב ותשצ"ג, באם נולד סוף היום, **לזה** בנתעכב עד יום ל"ב, אם ל"ב הוא יום התענית, יש לפדות והסעודה בלילה שקודם התענית. תשו' נודע ביהודה – רעק"א).

(**כשחל** יום ל"א ביום תענית ציבור, הדבר פשוט שפודין אותו בלילה הקודמת השייך ליום ל"א, ואם חל בט' באב, פודין אותו לאחר התענית בלילה, **ויש** גם ביכולת לפדות ביום התענית ולעשות הסעודה בלילה, **מיהו** יותר טוב לעשות הכל בלילה, כדי שיברך הכהן על הכוס – ערוה"ש).

כתוב בתשובת ר' אליה ן' חיים, על תינוק בכור שחלה ולא נתרפא עד יום ל"א, נראה דאע"ג דמצות פדיון הבן לעשות בעיקר זמנה, יש להקדים מצות המילה, משום דהמילה היא אות ההכנסת ברית, ואלמלא קבלת הברית אין חיוב למצות פדיון כלל, ונותן לכהן ה' סלעים בתוך ל' שיהא פדוי לאחר ל' יום, **ולענין** הברכה לא יברך קודם ל', כדכתב מהרא"י בכתביו בדין דהגיע יום ל"א בשבת, וז"ל, ותו דקורא אני תגר על הברכה דיברך אבי הבן בע"ש, דאכתי לא מטא זמן חיובא כו', עכ"ד, **ולא** נהירא, דא"כ איך יברך לאחר ל', כיון דמיד בהכנסת יום ל"א ממילא הבן פדוי, וכבר נעשה מצותו, וכן כתב מהרא"י גופיה בת"ה, אהך דין דהגיע יום ל"א בשבת, דבע"ש לא יברך כיון דאכתי לא מטי זמן חיובא, ובשבת אין ראוי לברך דלאו מידי קא עביד השתא, וממילא הבן פדוי בכניסת שבת שהוא יום ל"א, עכ"ל, **ואע"ג** די"ל דהכא כיון דמצוה עיקר זמנה ראוי לעשות כן, מ"מ נ"ל דאין לחלק, דכיון דכבר נעשה מצותו א"כ אין לברך אח"כ, כמו שהעליתי לעיל סי' י"ט ס"ק ג', דכל המצות מברך עליהן עובר לעשייתן, ואם לא בירך קודם לכן לא יברך אח"כ, **וגם** לא מסתבר כן ליתן המעות קודם ל', מכמה טעמים, הלכך יש למולו בתחלה ביום ל"א, ואח"כ לפדותו ולברך.

(**ובספר** לוית חן כתב, דדוקא נתרפא יום ל"א, אבל אם לא נתרפא לא ימתינו, ע"ש, וכ"כ בס' בית לחם יהודה ובת' חתם סופר, וכן כתב בתשובת שיבת ציון, ע"ש היטב, ובתשובת צמח צדק).

(י"א דאין לעשות פדיון הבן בחול המועד) - משום דאין מערבין שמחה בשמחה, **(ויש מתירין)** - וכן כתב המחבר בא"ח סי' תקמ"ו סעיף ד', **(וכן עיקר)** - וכן נוהגין, דהא אין מברכין שהשמחה במעונו, כן כתב העט"ז, **ואין** זה ראיה, דהא סעודת אירוסין אסור לעשות בחולו של מועד, כמו שכתב הט"ו בא"ח ר"ס תקמ"ו, אע"ג דאין מברכין שהשמחה במעונו, **אלא** הטעם מבואר בדברי התוס', דלא אסור לערב שמחה בשמחה אלא בשמחת נשואין לבד, ולאו דוקא שמחת נשואין קאמרי, אלא ה"ה סעודת אירוסין נמי דשייך בה נשואין. (דשמחה

לא שייך רק בעניני דחתן וכלה, ולא במצוה בעלמא, מידי דהוה אסעודת ברית מילה, וכן המנהג דעושין פדה"ב בחוה"מ, וכן עיקר לדינא, ואפי' בשלא בזמנה מותר בחוה"מ – ערוה"ש›.

סעיף יב - מת הבן בתוך שלשים, ואפי' ביום שלשים, וכן אם נעשה טריפה קודם שעברו עליו שלשים יום, אינו חייב בפדיון - נראה דהיינו בודאי טריפות, ובכה"ג אפי' חי אח"כ זמן ארוך פטור מפדיון, ולא אמרינן טרפה אינה חיה בודאי טרפה, **אבל** בספק טרפה פטור מפדיון, דהמע"ה, ‹ואם כבר נתן לכהן א"צ להחזיר לו›, **מיהו** אם חי אחר כן יב"ח, חייב, דיצא מידי ספק טרפה כיון דחי יב"ח, וכדלעיל סי' נ"ה ס"ק מ"ח כנ"ל, (**ועיין** בתשובת טור האבן מה שפלפל בדין זה). **ואפילו הקדים ונתן לכהן הפדיון, יחזירנו לו** - ‹דנתינה בטעות היא, ואם לא החזיר הוי גזל ביד כהן – ערוה"ש›.

‹**אבל** גוסס ויוצא ליהרג חייב בפדיון, יש"ש בב"ק. **ובגוסס** בידי אדם צל"ע לדינא, ועיין ברמב"ם – רעק"א›.

(**עיין** בדגמ"ר שכתב, דכשרוצה האב לילך לדרכו בתוך ל', יעשה שליח לפדות, אבל שיפדהו האב במקום שיהיה שם ביום שלשים ואחד, לדעתי לא יכול לברך, כי אולי מת הבן בביתו, ולמיהב להבן חזקת חיים ג"כ יש לפקפק, כי כל זמן שלא עברו שלשים יום אין לו חזקת חיים, כי אולי נפל הוא, **ויש** לדון בזה ולומר דיועיל מטעם חזקה דאתי מכח רובא, דרובא אינם נפלים, והדבר צ"ע, ולכן המובחר שבדרכים שיעשה כאן שליח, עכ"ל).

‹**והגם** דרוב וולדות בני קיימא נינהו, מ"מ הרי חזינן שהתורה עצמה לא נתנה רשות לפדותו קודם ל' יום, ובכל העניינים אנו מחמירים באדם ובבהמה כל שלא עברו על האדם ל' יום ועל הבהמה ז' ימים מוחזקים אצלנו בתורת נפל לכל הדינים כידוע, ואיך יפדנו שלא בפניו, **אמנם** אם פדאו שלא בפניו, הפדיון טוב, **וכן** נ"ל, דאם הודיעוהו מביתו לאחר ל' יום שהתינוק חי, שוב יכול לפדות גם לכתחלה שלא בפניו, שהרי יש לו חזקת חיים, וטוב יותר מלפדותו ע"י שליח, אבל קודם שהיה לו ידיעה, טוב יותר ע"י שליח – ערוה"ש›.

(**עיין** בתשובת בית שמואל אחרון, באחד שהניח אשתו בעיר אחת והלך למדינה אחרת, וכתבו לו שם שאשתו ילדה בכור, אם מחויב לפדות את בנו אחר ל' יום מיום לידתו, אף דא"י אם הוא חי או לא, **והעלה** דודאי יכול לפדות ולברך, ואין חשש שמא מת הולד תוך ל' יום, דאוקי אחזקה, דחזקה דאתיא מכח רובא הוי חזקה, ע"ש שהאריך בזה, **גם** בתשו' חתם סופר השיג על דגמ"ר הנ"ל מספ"ק דערכין, והעלה דיותר טוב שיפדנו בעצמו במקום שהוא משיפדנו ע"י שליח, וכן ראה מעשה ממורו הגאון מוהר"ר נתן אדליר זצ"ל, ע"ש).

[מת לאחר שלשים, חייב לפדותו, ולברך על הפדיון, אבל לא יברך: שהחיינו] - ‹דאע"ג דעל המצוה מברך שהחיינו, מ"מ צריך גם קצת שמחה לזה, וכיון שמת בטלה השמחה – ערוה"ש›. **ולא** דמי למה שנתבאר באו"ח סי' רכ"ג ס"ב, דאע"ג דמת אביו מברך שהחיינו על הירושה, דשאני התם כיון דזוכה לירושה, משא"כ הכא.

(**מדברי** הש"ך משמע, דאם היה האב יורשו, דהא בן יום אחד נוחל ומנחיל, היה מברך שהחיינו, **ועיין** בספר לוית חן פרשת בא שכתב, דלעולם אינו מברך שהחיינו).

‹**דבמת** אביו דרך הבן לירש את האב, והוה שמחה בענין זה, כדכתיב תחת אבתיך יהיו בניך, ולא להיפך, דאין זה לא שמחה ולא ברכה – ערוה"ש›.

סעיף יג - מי שפדה בנו בתוך שלשים יום, אם אמר ליה: מעכשיו, אין בנו פדוי - אפי' המעות עדיין בעין, כיון שנפדה בתוך ל', [דמתנה בעלמא היא, דהא בתוך שלשים לא שייך פדייה, כך כתב רש"י]. (**עיין** בתשו' יד אליהו, שכתב דאפשר דא"צ הכהן להחזיר המעות, כי ברצונו נתן לו, ולא דמי לאם מת הולד תוך ל' כו', ע"ש). ‹**ויראה** לי דאם ידוע שהוא עם הארץ ולא ידע שהפדייה הוי דוקא לאחר ל', הוי נתינה בטעות ומחויב הכהן להחזיר לו ופודה עתה, **מיהו** אם הכהן אינו מחזיר לו, מ"מ צריך לפדות עתה במעותיו, וישפוט עם הכהן – ערוה"ש›.

ואם אמר ליה: לאחר שלשים יום, בנו פדוי, ואע"פ שאין המעות קיימים לאחר ל' יום – [אין להקשות אם כן אמאי כתב בסעיף י"א דימתין עד יום א', אמאי לא יפדה ביום ו', ויאמר יהא בני פדוי לאחר שלשים, תירץ בתרומת הדשן, דאי אפשר לעשות אז הסעודה וברכת פדיה, **ורש"ל** בתשו' כתב באמת דיפדה ביום ו', ויאמר הילך פדיונו ויחול לאחר ל' יום, **ונוהגים** העולם כדברי ת"ה וכמ"ש כאן, בפרט שבמהרי"ל כתב שבמרדכי גדול נמצא כך].

הגה: וי"א דאם אין המעות קיימים או שהחזירן לאב תוך ל', אפילו בדיעבד אין בנו פדוי (מהרא"י בת"ה ובכתביו) - (עיין בתשובת יד אליהו, שכתב דאפשר דא"צ הכהן להחזיר המעות, כי ברצונו נתן לו, ולא דמי לאם מת הולד תוך ל' כו', ע"ש).

[**דרב** ושמואל פליגי בפרק יש בכור, באומר לאחר ל' יום והמעות אינם בעין ביד הכהן, דרב סבירא ליה בנו פדוי, מידי דהוה אקידושי אשה, שהמקדש אשה לאחר שלשים יום היא מקודשת, אפי' נתאכלו המעות, ושמואל סבירא ליה אינו פדוי, דשאני אשה דאי בעי מקדש אותה עכשיו, אבל הכא אין בידו לפדותו מעכשיו, **ואיתא** בקצת גמרות דהלכתא כשמואל, והרא"ש לא גרס לה, ופסק כרב דהוה פדוי, וזהו דעת הטור (והמחבר), **ותימה** רבה על הב"י שכתב דהטור פוסק כשמואל דאיפסקא הלכתא כוותיה, וכמדומה שלא עיין אז בגמרא, ויותר תימה על מו"ח ז"ל שכתב גם כן כב"י, ולא דק בדבר זה]. **אישתמיטתיה** דברי הב"י בבדק הבית, שהרגיש בזה ותיקן דבריו, ע"ש - נקה"כ.

[**ואם** לא אמר כלום, לא מעכשיו ולא לאחר ל' יום, פסק רש"ל בתשובה דלעיל, דאם המעות עדיין בעין ביד הכהן, הוא פדוי, ואם ליתנהו אינו פדוי, **ומדברי** מהרא"י בפסקיו משמע, דאף בסתם הוה כאומר לאחר שלשים יום, ותלוי בפלוגתא דרב ושמואל, כמ"ש כאן רמ"א על השו"ע], (דמסתמא היתה כוונתו כדין התורה – ערוה"ש).

ובתשובת מהרש"ל האריך להוכיח מתוך הסמ"ג, דליכא מאן דפליג, דאם התנה שלא יהא פדוי רק אחר ל' יום, דפדוי אפי' נתאכלו המעות, **ומה** שכתבו התוספות ובא"ז, דקי"ל כשמואל, דאם נתאכלו המעות אינו פדוי, היינו כשפדה סתם תוך ל' יום, דאז יש חילוק בין נתאכלו המעות או לא, **ודלא** כת"ה שכ', שהתוס' והא"ז חולקים, עכ"ד, **והם** דחוקים מאד כמובן לכל מעיין שם, ועוד דדוחק גדול לחלק בסתם בין נתאכלו או לא, דהא כי נימא דסתם הוי כאומר שלא יהא פדוי אלא לאחר ל' יום, דמסתמא מכוין לפדות כדין תורה, א"כ אפי' נתאכלו נמי הוי פדוי, **אלא** נראה דהסמ"ג לא גריס בש"ס דהלכתא כשמואל בדיני, וכ"כ מהרי"ק, וס"ל דוקא לקמן בהך תנא דתני קמיה דרב יודא, פסיק ש"ס הלכתא כשמואל, מדמשבש ר' יודא להאי תנא לאוקמא כשמואל, **וס"ל** כיון דהאי תנא הוי תנא סתמא קמיה דרב יודא, ורב יודא משבש ליה, ומאי משבש ליה הא איהו קאמר בסתם, וסתם כלאחר ל' דמי, אלא ודאי קים ליה לרב יודא דבהא נמי פליגי רב ושמואל, דהפודה בנו סתם, אי דעתו מעכשיו ואין בנו פדוי אפי' לא נתאכלו המעות, ואי דעתו כלאחר ל' ופדוי למר בלא נתאכלו, ולמר אפי' בנתאכלו, **ולכך** פסק הסמ"ג מתחלה סתם הפודה בנו תוך ל' יום אין בנו פדוי, ולא חילק בין נתאכלו או לא, משום דסתמא דעתיה שיהא פדוי מעכשיו, וכרב יודא אליבא דשמואל, ופסק ש"ס הלכתא הכי, **ואח"כ** בפירש שלא יהא פדוי אלא לאחר ל', בפלוגתא דרב ושמואל בנתאכלו, פסק כרב באיסורא, כיון דלא פסק ש"ס הלכתא הכי, **ואפשר** דכל הפוסקים מודים בזה לענין דינא, דהפודה בסתם דעתיה במעכשיו, דהסברא מכרעת לזה, אלא שהם לא דברו מזה.

ומעתה לפ"ז מ"ש מהרש"ל, דהיכא דחל יום פדיון ביום שבת, יש לפדות ביום ו' ולהתנות שלא יהא פדוי עד אחר ל', דאז אפי' נתאכלו פדוי לכו"ע, **ליתא** וכמו שנתבאר, דלדעת התוס' והא"ז אינו פדוי בנתאכלו, ויש לחוש שמא יתאכלו, וכמ"ש בת"ה שם, וכן בכל נוסחאות הש"ס שבידינו היום פסק ש"ס הלכתא כשמואל, דבנתאכלו אינו פדוי, וכן הוא בספר יראים, **וגם** הב"ח כתב ודלא כמ"ש מהרש"ל בתשו', שכתב דפודין אותו ביום ו' שהוא יום ל' שלו, עכ"ל, ולא ביאר טעם השגתו, ואולי כוון למ"ש.

עוד כתב הב"ח דיש לחלק בין הגיע הבן ביום ו' בהשכמה {לאו דוקא דה"ה כל יום ו'} לבן חדש שהוא כ"ט י"ב תשצ"ג, אז יפדהו ביום ו' לאחר שכבר הוא מבן חדש ולמעלה, **ואם** לא הגיע מבן חדש ומעלה עד הגיע השבת, אז פודין אותו ביום א', והארכתי בתשו' בס"ד בראיות ברורות שכן פסק בספר יראים, ע"כ, **ודבריו** נכונים, שכן מבואר בספר יראים, וממאי דאיתא בש"ס ופוסקים סתם ל' יום, אין ראיה, דהכי אשכחן טובי בש"ס ופוסקים, ל' יום שהוא חדש, כדלעיל סי' קפ"ט ס"ק ל', וגם מדברי מהרא"י והמחבר יש לפרש כן, **אלא** שאין נוהגין לפדות עד יום ל"א, והיינו היכא דאפשר, אבל היכא דכלו כ"ט י"ב תשצ"ג קודם השבת, יש לפדותו ביום ו', ומהרא"י והמחבר דקאמרי אם חל יום ל"א בשבת, היינו סוף כ"ט י"ב תשצ"ג, ודו"ק.

‹**ועיין** בתשובת ש"ב כתר כהונה, שכתב דאם נתן דמי הפדיון לאחר כ"ט י"ב תשצ"ג, ואמר שיחול הפדיון לאחר ל' יום, בנו פדוי, דהא לדעת הש"ך מהני הפדיון לאחר כ"ט י"ב תשצ"ג, **ואף** שהמג"א חולק עליו בסי' של"ט סק"ח, והעיקר כהמג"א, מ"מ הכא שאמר שיחול אחר למ"ד, יש לצרף דעת המחבר דבנו פדוי אף שאין המעות קיימים, ע"ש›.

‹**ומ"מ** נלע"ד דהעיקר כדעת המ"א, ומאד תמיהני על הב"ח, ודבר זה מפורש ברמב"ם ברפ"ח מהל' קידוש החודש, וז"ל, חדשה של לבנה כ"ט יום ומחצה ותשצ"ג חלקים וכו', מפי השמועה למדו שימים אתה מחשב ואי אתה מחשב שעות, דכתיב עד חדש ימים, לפיכך וכו', כדי שלא לחשוב שעות בחדש אלא ימים שלימים, עכ"ל, וע"כ גזירת התורה היא שלא לחשוב השעות, **ולכן** נ"ל ברור דחלילה לפדותו אחר י"ב תשצ"ג, אלא דוקא ליום ל"א, ואם חל בשבת או ביום טוב, יפדנו אח"כ, **ועוד** תמיהני דא"כ אם נולד בסוף היום, באופן שתחלת יום ל"א לא כלו עדיין י"ב תשצ"ג, נאמר דנצטרך להמתין שיעור זה ביום ל"א, וכל כי האי הו"ל להפוסקים לבאר, דדבר זה מצוי מאד, ויכולים לבא לידי קלקול, {**עיין** לעיל סי"א מה שהביא הפת"ש בשם ספר תיבת גמא, ומה שהביא רעק"א בשם הנו"ב}, **ושמא** תאמר כיון דמנהגינו לפדות ביום ולא בלילה, א"כ ממילא עבר עליו שיעור זה, **ג"כ** א"א לומר, דאטו מבואר בשום מקום שאין פודין בלילה, ומדינא מותר גם בלילה, ולא הוזכר בשום פוסק אף למנהגא בעלמא, ורק דרך העולם כן הוא לפדות בבקר ולעשות סעודה, וכמה פעמים שפודין גם בלילה, **אלא** ודאי שאין להשגיח כלל על י"ב תשצ"ג – ערוה"ש›.

וטוב להחמיר לחזור לפדותו – [נראה לי דהיינו בלא ברכה, דודאי ספק ברכות להקל, וה"ה אם אמר סתם בשעת הפדיון, שפדה ביום שלשים מחמת שהיה סבור שפודין ביום שלשים, או שטעה במספר הימים, והמעות אינם בעין ביד הכהן, דיפדה בלא ברכה אח"כ, דלפי דעת מהרא"י שזכרתי, גם בהא פליגי רב ושמואל]. ‹**וצ"ע** מה ענין מהרא"י לדין זה, מהרא"י מיירי בסתמא, ואמרינן שכוונתו על אחר ל', אבל כשטעה או סבר שפודין בתוך ל', פשיטא שאינו כלום, ע"ש ודו"ק – ערוה"ש›.

מי שהוא ספק אם הוא חייב בפדיון, פטור, שהמוציא מחבירו עליו הראיה – ‹ובזה אם תפס הכהן לכו"ע מוציאין, מחנה אפרים – רעק"א›. ‹**דלקמן** סי' שט"ו בספק בכור בהמה טהורה, כתבו הטור ושו"ע שהרמב"ם והרא"ש מחולקים בתקפו כהן, דהרמב"ם פסק דאין מוציאין מידו, והרא"ש והרשב"א והתוס' סוברים דמוציאין, **ובספק** בכור אדם וכן בספק פדיון פטר חמור בסי' שכ"א לא זכרו כלל איך הדין בתקפו כהן, **ונראה** דבהם גם הרמב"ם מודה דמוציאין, דבשלמא בבכור טהורה, דעצם הבכור שייך לכהן, בזה שפיר י"ל דמהני תפיסה, **אבל** בבכור אדם ובפטר חמור דרק הפדיון שייך להכהן ולא בעצם הבכורות, והפדיון הוא ממון ברור של הבעלים, אין יכול הכהן לתפוס מספק – ערוה"ש›.

‹**סתם** דבריו, ולכאורה אין זה אלא בספק אם הוא בכור, אבל אם הוא ודאי בכור, אלא שהספק שמא היא בת כהן או בת לוי, חייב בפדיון, דרוב ישראל אינם כהנים ולוים, **ואע"ג** דאין הולכין בממון אחר הרוב, מ"מ חייב לפדותו, דבאיסור הולכין אחר הרוב, **וכן** דהך כללא דאין הולכין בממון אחר הרוב, לפי מה שבארנו בחו"מ בכלל מקום אינו אלא כשהמוחזק טוען טענה ודאית שהוא מן המיעוט. **וכן** כשהוא בכור וודאי והספק הוא אם נפדה אם לאו, נהי דאין זה דומה לאיני יודע אם פרעתיך דחייב, כמ"ש בחו"מ סי' ע"ה, דזהו בתובע טענת ודאי, מ"מ מצד האיסור לא נפטר כמובן, ויש לעיין בזה הרבה, וכן בכל מקום שיש ממון ואיסור, והדעת נוטה שחייב – ערוה"ש. ‹**ועיין** בפת"ש בסוף הסימן›.

סעיף יד - מת האב בתוך שלשים יום, הרי הבן בחזקת שלא נפדה – ‹דאין דרך לפדות בתוך הזמן, כמו שאין דרך לפרוע חוב בתוך הזמן›, **עד שיביא ראיה שפדאו אביו** – ‹והיינו שעדים כשרים יעידו שנפדה›. **ואם מת האב לאחר שלשים יום, בחזקת שנפדה עד שיודיעוהו שצוה בשעת מיתה ואמר שלא נפדה** – ‹כן הוא לשון המשנה בבכורות, ופרש"י דבאמירה סגי בלא עדות גמורה, דהך חזקה לאו חזקה מעלייתא היא, דרובא דאינשי לא עבדי למיפרע חובם מיד, עכ"ל. **ולפ"ז** אפילו קרובים ופסולי עדות נאמנים, דאין זה רק גילוי מילתא בעלמא. **ודע** דזה שכתב רש"י שם וכן הפוסקים שיאמרו לו שצוה אביו בשעת מיתתו שיפדוהו ע"ש, לאו דוקא הוא, דה"ה אם אביו לא צוה כלום שהיה מוטרד בחליו ומיתתו, כל שבני הבית אומרים שעדיין לא נפדה, מחוייב לפדות את עצמו משיגדיל – ערוה"ש›.

‹**ובמת** ביום שלשים יש לעיין, אם לדמות לחוב, דפסקינן בחו"מ, דעביד אינש דפרע ביומא דמשלם זמניה, או דהכא גרע, דהחיוב אינו ודאי, דדלמא ימות הולד בו ביומו ויפטר, ועיין תוס', **אח"כ** ראיתי בשיטה מקובצת בב"מ, כתב בשם הרמ"ך, דביום ל' בחזקת שנפדה, **וצ"ע** לדינא – רעק"א›.

‹ויראה לי דאף דלענין חוב מבואר בחו"מ סי' ע"ח דעביד אינש דפרע ביומא דמישלם זמניה, זהו כשהבע"ד עצמו טוען כן, אבל ליתומים לא טענינן כן, כמ"ש שם, משום דהוי מילתא דלא שכיחא, **ועוד** דבכאן יום ל' הוה בתוך הזמן ממש, ודרך כל הפודים לפדות רק ביום ל"א – ערוה"ש›.

סעיף טו - עבר האב ולא פדה את בנו, כשיגדיל, חייב לפדות עצמו - ‹עיין בתשו' זכרון יוסף שכתב, דהיינו שיהיה בן י"ג שנה דוקא, **דאע"ג** שחייב בכל המצות מדרבנן משהגיע לחינוך, היינו דוקא במצות שיכול לקיימן גם אחר שיגדיל, **משא"כ** במצוה זו דפדיון, שאם יקיימנה עכשיו לא יכול לקיימה שוב כשיגדיל, ע"ש, **וכעין** סברא זו כתב המזרחי סוף פרשה לך לך, בטעם הדבר לא מל אברהם אבינו ע"ה את עצמו קודם שנצטוה, ע"ש, ועמ"ש לקמן ר"ס שע"ג›.

(ויש מי שכתב דכותבין לו על טס של כסף שאינו נפדה ותולין לו בצוארו, כדי שידע לפדות עצמו כשיגדיל) - הלשון מגומגם, די"ל גם המחבר מודה בהא, **מיהו** לפי מ"ש לעיל ‹סעיף י'› א"צ לטס של כסף, **וגם** לרוב פעמים הטס של כסף בא לידי איבוד, ע"כ טוב יותר לפדותו הב"ד כשהוא קטן.

היה הוא לפדות ובנו לפדות, יפדה עצמו תחלה ואח"כ יפדה את בנו - ‹דמצוה דגופיה עדיף, ועוד שחיובו חל קודם›, **ואם אין לו אלא כדי פדיון אחד, יפדה עצמו** - ‹מטעם שנתבאר, ולא מיבעיא אם היו לו הה' סלעים קודם שהגיע הבן ליום ל"א, אלא אפילו נתהוו לו ביום זה, ג"כ חיוב גופו קודם – ערוה"ש›.

‹**אם** הגדיל הבן שלא פדאו אביו, ועתה רוצה הבן לפדות את עצמו, ואביו אינו מניחו ורוצה לפדותו, האב קודם דלא פקע זכותו, כן פסק הרשב"א – ערוה"ש›.

סעיף טז - אם אין לו נכסים בני חורין כדי פדיון, אין הכהן גובה מהמשועבדים, אף על פי שקדם חוב הפדיון לחוב הבעל חוב - דמלוה הכתובה בתורה לאו ככתובה בשטר דמי, [אלא כמלוה על פה שאינו גובה מן הלקוחות].

סעיף יז - אין פדיון הבכור תלוי אלא בפטר רחם, שאם אינו בכור לאם, אע"פ שהוא בכור לאב, אינו חייב בפדיון. ואם יש לו כמה נשים, ויש לו בכור מכל אחת ואחת, חייב לפדות את כולם.

סעיף יח - כהנים ולוים פטורים מפדיון הבן - ‹דגמרינן להו מק"ו, שאם הפקיעו קדושת פשוטי הלוים את קדושת בכורי ישראל במדבר, ק"ו שתפקע קדושתן את קדושת בכורות עצמן שבהן, וכן היה במדבר שבכורי הלוים הפקיעו את עצמן, ולא הוצרכו בן לוי אחר לפדותו, לפיכך עכשיו נמי פטורין מן החמש סלעים של פדיון בניהם, וכהנים בכלל בני לוי הם, שהיו במניינם עמהם – לבוש›.

ואפילו כהנת ולויה נשואה לישראל, אין הבן חייב בפדיון, שאין הדבר תלוי באב אלא באם, שנאמר: פטר רחם בישראל.

ואם נתעברה מעובד כוכבים, בן הלויה פטור מפדיון, ובן הכהנת חייב בפדיון, שהרי נתחללה אמו מן הכהונה בבעילת העובד כוכבים - ובן הכהנת חייב בפדיון לכשיגדיל, דהכהנת אינה חייבת בפדיונו, דאין האשה חייבת לפדות את בנה, כדלעיל סעיף ב', והישראל בעל הכהנת פשיטא דאינו חייב בפדיונו, שהרי אינו אביו, שנתעברה מן העובד כוכבים, **ולפ"ז** אם לא נתעברה מן העובד כוכבים, רק שנתחללה בביאת עובד כוכבים, ואח"כ נתעברה מישראל, חייב בפדיונו.

הגה: ואם היא אומרת שמישראל נתעברה, והישראל מכחישה ואומר שמעובד כוכבים נתעברה - ‹ומביא לזה אומדנות והוכחות›, **הבן פטור מן הפדיון** - אף לכשיגדל, דשמא היא מכזבת והישראל אומר אמת, וה"ל הכהן המוציא מחבירו עליו הראיה, עכ"ל העט"ז, **וטעות** הוא, דאדרבה כשהישראל אומר אמת, הבן חייב, לפי שנתחללה בביאת עובד כוכבים, **וצ"ל** דשמא הוא מכזב והיא אומרת אמת. ‹**ואע"ג** דכיון שהוא מכחישה אינה נאמנת נגדו, ואינו בנו כלל, מ"מ גם הוא אינו נאמן נגדה לומר שמכותי נתעברה, ואמרינן שנאמנת לומר שמישראל נתעברה, ואם לא מישראל זה הוא מישראל אחר, ולכן הבן פטור מפדיון, דאוקי ממונא בחזקתו – ערוה"ש›.

ומ"מ משמע לכאורה לפי טעם זה, דאפילו באשתו נשואה או ארוסה דינא הכי, **אבל** בתרומת הדשן דממנו מקור דין זה, לא משמע הכי, שכתב: ‹ונראה דבנ"ד דלא היתה אשתו כלל, פשיטא ופשיטא דלאו כל כמינה לומר של פלוני הוא, אי איתא קמן ומכחישה›, ולא שדינן ליה אבתריה בשום מלתא כלל, אבל מ"מ אף לדידיה לא מהמנינן אלא להך מלתא דלאו דידיה הוא, אבל להאמין לכל דבריו ולומר מעובד כוכבים מיעברה כדקאמר לה איהו, ודאי לא אמרינן, **ומשום** דרבי יודא, דנאמן על בן בין הבנים לומר ממזר הוא, נמי לא מהימן, דנראה דההוא מהימנותא ליתא אלא בבנו שנולד מאשתו, בהא האמינתו תורה שיכירנו לאחרים, הואיל ומאשתו ומארוסתו נולד, ומסתמא דמלתא דלשדייה בתריה, וכשהוא אומר דלא מיניה הוא וממזר הוא, מהימן, **אבל** הכא דלית ליה בה לא נשואין ולא קדושין, היאך תיסק אדעתין דליהוי מהימן במידי על בן הנולד ממנה, עכ"ל, **ומדלא** מחלק דשאני בהך דר' יודא דאינה מכחישתו, נראה דמשמע ליה דכיון דנאמן לומר על בנו בין הבנים ממזר הוא, נאמן בכל ענין, וא"כ אפי' מכחישתו, כיון דנאמן לומר דלאו דידיה הוא ממילא ממזר הוא, דהרי היא אשת איש, **ולפי** זה באשתו כיון דנאמן לומר דלאו דידיה הוא אפי' מכחישתו, ממילא ממזר הוא ונתחללה בביאת הבועלה, והבן חייב בפדיון לכשיגדל, ועדיין צ"ע לדינא. ‹**ולא** ידעתי למה – ערוה"ש›.

(**עבה"ט** של הרב מהרי"ט ז"ל, מ"ש דהש"ך הניח דין זה ‹דרמ"א, מה שהבן פטור מן הפדיון›, בצ"ע. **והמעיין** בש"ך יראה דאינו כן, אלא שהניח בצ"ע אי גם באשתו נשואה או ארוסה דינא הכי, ע"ש. **ועיין** בשער המלך, אחר שהביא דעת הרבה מהראשונים דהאומר זה בני ממזר נאמן אפילו במכחישתו, וכתב ותמיהני על הש"ך ביו"ד סימן ש"ה דמספקא ליה מלתא, אי הא דרבי יהודה דאמר נאמן אדם לומר זה בני ממזר, הוי אפילו כשהיא מכחישתו, והוכיח כן מדברי הרב תה"ד, ולבסוף העלה הדבר בצ"ע, ואיך אישתמיט מיניה להקת הנביאים שכתבנו, דס"ל דאפי' במכחישתו נאמן, זולתי לדעת תוספות רי"ד, **ומ"מ** נראה דבנדון שלו פטור מפדיון, מאחר שלדעת תוספות רי"ד אמת היא, **גם** לדעת בה"ג ור"ת שכתב מרן הב"י באה"ע סימן ד', דס"ל דדוקא בדאיכא הכרת בכור הוא נאמן לשווייה ממזר, אבל בלא"ה אינו נאמן, **גם** לדעת ריא"ז שכתב בשה"ג אמתני' דזה בני ממזר, ס"ל דדוקא באומר זה בני וממזר הוא נאמן, אבל באומר אינו בני אינו נאמן, **וא"כ** מצי לומר קים לי כהנך רבוותא, והמוציא מחברו ע"ה, כן נ"ל להלכה, עכ"ד).

סעיף יט - כהן שנולד לו בן חלל - עיין בא"ע סי' ו' ז' איזו נקרא חלל, **מת האב בתוך שלשים יום, חייב הבן לפדות את עצמו, שלא זכה האב בפדיונו. ואם מת האב לאחר שלשים יום, כבר זכה האב בפדיונו וירשו בנו ממנו, הילכך יפריש הפדיון ויעכבנו לעצמו** – [דהוה כאלו הפריש האב חמש סלעים ופדה בהם את בנו ועכבם לעצמו, שהרי הוא כהן, אותו הזכות עצמו יורש הבן]. ‹**מבואר** מזה, דאע"פ שעדיין לא פדאו האב, הוי כאלו פדאו כיון שהפדיון שלו, והוה כאלו הפריש האב ה' סלעים ופדה בהם ועיכבם לעצמו, ואותו הזכות יורש הבן, **וזהו** כשרק הוא היורש, אבל כשיש עוד יורשים, מתחלק הפדיון לכולם, **ואין** הענין מובן, שהרי סוף סוף עדיין לא פדאו, ואיך נאמר כאילו פדאו, **וצ"ל** כיון דעיקר הפדיון הוא החמש סלעים, דברכות אינן מעכבות, והיה חל על אביו הכהן לפדותו וליטול לעצמו המעות, זכה בהם בלא פדיון ממש בפועל, והוי כאלו נטל הה' סלעים מנכסיו ונתנם לנכסיו, דאטו בכל פדיון מחויב האב ליתן לכהן ביד, הלא יכול לומר לכהן טול ה' סלעים מנכסיי, וממילא דכאן הוי כנטל מנכסיו ונתן לנכסיו – ערוה"ש›.

סעיף כ - השפחה שנשתחררה וכותית שנתגיירה כשהן מעוברות, וילדו, אע"פ שהורתו שלא בקדושה, הואיל ונולד בקדושה חייב, שנאמר: פטר רחם בישראל, והרי פטרו רחם בישראל. אין ידוע אם קודם שנתגיירה או אחר שנתגיירה, המוציא מחבירו עליו הראיה.

סעיף כא - העובדת כוכבים והשפחה שילדו ואחר כך נתגיירה ונשתחררו, וילדו אחר כך, פטור, שאין זה פטר רחם – [לאפוקי מרבי יוסי שאמר גם בזה, פטר רחם בישראל עד שיפטור רחם ישראל, ולא חשבינן לההיא פטירה הראשונה לכלום, קמ"ל דלא].

סעיף כב - בן ח' חדשים שהוציא ראשו והוא חי, והחזירו ומת, או בן ט' שהוציא ראשו, אפילו אחר שמת, והוחזר, ואח"כ יצא אחיו וילדה ולד קיימא, אינו פטר רחם, שהרי נפטר בראשו של ראשון, ומשתצא פדחתו פוטר הבא אחריו. וכן המפלת כמין בהמה, חיה ועוף, שחצי פרצוף פניהם דומה לצורת אדם, או סנדל (פי' חתיכה של בשר כצורת סנדל), או שליא (ופי' שליא, הכיס שהעובר מונח בתוכו), או שפיר מרוקם (ופי' שפיר מרוקס, חתיכה של בשר ויש בה צורת אדס, ערוך), או שיצא הולד מחותך איברים איברים, הנולד אחר כל אחד מאלו אינו פטר רחם.

סעיף כג - בן ח' חדשים שהוציא ראשו מת - ‹ועיין בדגמ"ר שכתב, דהכא ר"ל כשהחזירו ואח"כ יצאו אחיו, כגון יולדת תאומים, אבל אם נולד כולו, פשיטא דפוטר את הנולד אח"כ, דלא גרע בן ח' מת משפיר מרוקם שפוטר את הבא אחריו, ע"ש›. **והמפלת שפיר מלא דם או מלא מים או מלא גוונים, והמפלת כמין דגים וחגבים, שקצים ורמשים, והמפלת ליום ארבעים, הנולד אחר כל אלו בכור לפדיון.**

שהוציא ראשו מת – ‹ומדברי תוס' נדה מבואר דס"ל, דאף בנפל הראש פוטר, וכ"כ בחי' סדרי טהרה שם – רעק"א›.

(וכל זמן שאין איבריו מרוקמים, אין פוטר הבא אחריו, ואפי' בזה"ז סומכין על זה) (מהרי"ק) – ‹ולא אמרינן שעכשיו יש להחמיר, דאין אנו בקיאין להבחין בשפיר, האם ישנו מרוקם אם לאו – שם›.

‹**עיין** במהרי"ק דמשמע מדבריו, דאפי' אם לא הבחינו לראות אם איבריו מרוקמין, אינו פוטר הבא אחריו, והוא בכור לכהן, דמוקמינן האשה על חזקתה שלא נפטר רחמה עדיין, וגם הנפל בחזקת שלא נתרקמו איבריו, ע"ש›. ‹**והפת"ש** בנחלת צבי מתמה על המהרי"ק, דהא רובא עדיף מחזקה, וכיון שאין הולכין בממון אחר הרוב, כ"ש בחזקה, **ואינו** כן, שהרי בכמה חזקות מוציאין ממון, כמו חזקה אין אדם פורע בתוך זמנו, ובזה חזקה עדיף, **והטעם** כמו שבארנו בחו"מ בכמה מקומות, דהא דאין הולכין בממון אחר הרוב, זהו משום שהמיעוט וודאי ישנו בעולם, ויכול לומר אני מן המיעוט, משא"כ בחזקה – ערוה"ש›.

‹**ועיין** בתשובת ח"צ שחולק ע"ז, משום דהרי מוכח בגמרא נדה דף כ"ט, דאיכא רוב נגד החזקה, ע"ש, ‹דרוב נשים ולד מעליא ילדן›, גם בתשובת שבות יעקב השיג על מהרי"ק בזה, ובבה"ט של הרב מהרי"ט ז"ל הביא דבריהם בקצרה, **ועיין** בתשובת נו"ב שהאריך בזה ודחה דבריהם, והעלה כדעת מהרי"ק ז"ל, ‹דודאי כשעברו עליה הרבה חדשים, שפיר נאמר כן, אבל זו שהפילה בחדשים קרובים, שא"א לו להיות כלל ולד מעליא, פשיטא שאינה בכלל רוב זה – ערוה"ש›. **וכתב** עוד דאף אם היה עובד כוכבים מסל"ת שהיו אבריו מרוקמין, אינו נאמן, דאין מסל"ת נאמן בדאורייתא, ומכ"ש נגד חזקה, ע"ש›.

‹**ועיין** בתשו' חתם סופר תשובה ארוכה בענין זה, והעלה דהעיקר לדינא, באם הפילה ובדקוה הנשים והציצו בו שאינו מרוקם, חייב מעיקר הדין בפדיון, כמהרי"ק וכהכרעת הרמ"א ז"ל, **ואם** ירצה לחוש לדברי ח"צ {דמבואר בדברי הח"צ שם, דפליג גם היכא שראו הנשים שלא היה מרוקם, משום שאין אנו בקיאים, וזה אינו מחומרת הטור כמו שסבר מהרי"ק, אלא גם בימי התלמוד אמרו מעולם לא דכו שפיר בנהרדעא בנדה כ"ה, וא"כ הו"ל בדיקת הנשים כנפל למים, ופטור מפדיון, דספק ממון לקולא, ע"ש} משום ספק ברכה, יאמר בלי שם ומלכות. **ואמנם** שהחיינו יברך הכהן ויוציא את אבי הבן, דהרי שלהי פסחים הוה ס"ד דכהן מברך הואיל ומטי הנאה לידיה, ונהי דמסקינן אבי הבן מברך, היינו משום דמברך על המצוה עדיף מכהן שאינו אלא ברכת הנהנין, וא"כ יברך אבי הבן ויוציא את הכהן בברכתו, אבל היכא שלא יכול אבי הבן לברך משום ספיקא, עכ"פ יברך הכהן על ההנאה, ויוציא את אבי הבן בברכתו, **אמנם** היכא שלא ראו כלל, כמו בנדון השאלה בעובדא דידיה, אז אם הוחזקה מעוברת, פשיטא דאין כאן לכהן כלום, ‹ודלא כמהרי"ק לעיל›, **אך** אם יש ספק בשיעור הוחזקה מעוברת, נהי דאין לכהן מספק, מ"מ אם ירצה לצאת י"ח שמים מידי כל הספיקות, יתן לכהן ע"מ להחזיר, **ולא** יברך כלל, ואפילו הכהן לא יברך שהחיינו, שהרי לא מטי הנאה לידיה, דנותן לו על מנת להחזיר, ע"ש›.

סעיף כד - יוצא דופן והנולד אחריו כדרכו, שניהם פטורין, הראשון, מפני שלא יצא מהרחם; והשני, מפני שקדמו אחר – [אע"ג דאותו אחר לא פטר רחם, מכל מקום כיון שזה הנולד אחריו לא הוה בכור לנחלה, דהא לאו ראשית אונו הוא, לא הוי נמי בכור לכהן, דבכור לדבר אחד, דהיינו לרחם ולא לולדות, לא הוה בכור, הכי אמרינן בפ' יש בכור].

‹לפ"ז אם הולד בדרך דופן הוא נפל, השני הוא בכור לכהן, דהא הוא ג"כ בכור לנחלה כיון דהראשון נפל – רעק"א›.

סעיף כה - מי שלא בכרה אשתו, וילדה זכר ונקבה, ואין ידוע איזה מהם יצא ראשון, אין כאן לכהן כלום - דהמע"ה.

‹**ואם** המילדת אומרת שהזכר יצא ראשון, נאמנת, שהרי אפילו לנחלה נאמנת, כמ"ש בח"מ סי' רע"ז, **ויראה** לי עוד, דאע"ג דבקדושין [ע"ג ב] מבואר דנאמנותה הוא רק כשלא יצאת עדיין מהחדר, ע"ש, מ"מ לגבי בכור נאמנת בכל ענין, **ועוד** דגם בשם השמיטו הפוסקים זה, וכבר תמהנו בזה בח"מ שם סעי' י"ג ע"ש – ערוה"ש›.

ילדה שני זכרים, אף על פי שאין ידוע איזה מהם הבכור, נותן חמשה סלעים לכהן - דהא ממה נפשך אחד מהם בכור. **מת אחד מהם בתוך ל' יום** - דאלו לאחר ל', כבר נתחייב, ואע"פ שמת צריך לפדותו, כדלעיל סעיף י"ב, **פטור** - מלפדות גם השני החי, **דשמא הבכור מת, והמוציא מחבירו עליו הראיה** - ‹עיין בתפל"מ שכתב, דאם כבר נתן לכהן, אין מוציאין מיד כהן, כמו בסעיף כ"ז בנתן לב' כהנים, אף דיש לחלק בינידם, מכל מקום כו', ע"ש›. ‹**ויש** להתיישב בזה ודו"ק – ערוה"ש›.

סעיף כו - מת האב קודם שפדאן, בין מת תוך ל' בין מת לאחר ל', והבנים קיימים, נותנין בין שניהם ה' סלעים, אפילו חלקו כבר הנכסים – [ולא אמרינן דהאי מדחי ליה והאי מדחי ליה, והיינו כר' יהודה בלישנא קמא בגמרא], ‹דאע"ג דמת האב תוך ל', ומעולם לא נתחייב האב הה' סלעים הללו, מ"מ הואיל ונפלו הנכסים קמי הבנים כשיגיע יום ל', אע"ג שאין חל החיוב אלא על אחד מהם שהוא בכור, ואי הוה הכהן תבע כל א' בפני עצמו, כל א' יכול לדחותו אין אני הבכור רק אחי, מ"מ אמרינן דחל החיוב על הנכסים ביום ל', ואע"פ שחלקו אח"כ, הם משלמין בין שניהם מן הנכסים כשיגדלו – לבוש›.

[**והטור חולק על זה, וסבירא ליה כלישנא בתרא, דאפילו** לרבי יהודה אמרינן דכל אחד מדחה את הכהן על חבירו, ועיין בסעיף ל' מ"ש בזה]. **ודעת** הטור, דאם מת תוך ל' יום, אפי' לא חלקו פטורים, **ואם** מת לאחר ל', אפי' לאחר שחלקו חייבים, כלומר ליתן ה' סלעים בין שניהם, וכן דעת הרמב"ם גופיה בפי' המשנה, ‹**והטעם**, דבשלמא לאחר ל' שכבר נתחייב האב, שפיר נשתעבדו נכסיו, אבל תוך ל' שהחיוב רק על הבנים, הרי כל א' יכול לדחותו, כדין שני יוסף בן שמעון שאין מוציאין שטר עליהם›. **ותימה** שהרב השמיט סברא זו, ובפרט שכ"נ עיקר בש"ס, **וכ"פ** הב"ח, דבתוך ל' פטורים אפי' לא חלקו, דהמע"ה, ‹דכיון פלוגתא דרבוותא, המע"ה – ערוה"ש›.

סעיף כז - שני נשיו שלא בכרו, וילדו שני זכרים, נותן עשר סלעים לכהן. מת אחד מהם בתוך ל' יום, אם לכהן אחד נתן, יחזיר לו ה' סלעים; ואם לשני כהנים נתן, אינו יכול להוציא מהם, שהרי לא עיין – ‹פי' שלא דקדק לפרש – באר הגולה› **פדיון זה על בן זה, וכל אחד יאמר: אני תופס בשביל החי** – ‹ויראה לי, דזהו כשנתן סתם, ואמר להם הא לך בעד אחד, והא לך בשביל השני, אבל אם נתן להם ביחד י' סלעים בשביל שני הבנים, מחוייבים להחזיר לו, וזה מחזיר מחצה וזה מחצה, שהרי שיתפם בשני הבנים – ערוה"ש›.

ילדו זכר ונקבה - דהיינו שאחת ילדה זכר ואחת נקבה, [פירוש במחבא] ונתערבו, שלא נודע איזה מהן ילדה זכר, הרי מ"מ חייב ה' סלעים לכהן, דהא שניהם לידה הראשונה היא להן.

או שני זכרים ונקבה - ונתערבו, **נותן ה' סלעים לכהן** – [דממה נפשך חד הוא בכור, אם הראשונה ילדה שני זכרים, הראשון בכור, ואם הראשונה ילדה זכר ונקבה, נמצא החברתה ילדה זכר לבדו, והוא בכור, ואותו שעם הנקבה פטור, שמא נקבה יצא ראשונה]. **ואין** חייב אלא ה' סלעים, דהא נוכל לומר זו ילדה ב' זכרים

וזאת ילדה נקבה, ואין כאן אלא בכור א', **אע"ג** דיכול להיות ג"כ שזו ילדה זכר וזו ילדה ג"כ זכר תחלה ואח"כ נקבה, והרי כאן ב' בכורים, מ"מ המע"ה.

ואם מת אחד מהזכרים תוך ל' יום, אינו נותן לכהן כלום - שיכול האב לומר הבכור מת.

ילדו שתי נקבות וזכר, או שני זכרים ושתי נקבות, ואין ידוע איזה נולד ראשון, אין כאן לכהן כלום, שאני אומר: נקבה נולדה תחלה ואחריה זכר.

סעיף כח - שתי נשיו, אחת בכרה ואחת לא בכרה, וילדו שני זכרים ונתערבו, נותן ה' סלעים לכהן - דהא ודאי א' מהן בכור, **ואם מת אחד מהם בתוך ל', אין כאן לכהן כלום. ואם מת האב, נותנים בין שניהם ה' סלעים** - סתם כדבריו לעיל סעיף כ"ו, אבל לפמ"ש שם, אם מת האב תוך ל', פטורים, אלא כשמת אחר ל', נותנין בין שניהם ה' סלעים, וכ"כ ב"י והאחרונים. **זכר ונקבה, או שני זכרים ונקבה, אין כאן לכהן כלום.**

סעיף כט - שתי נשים של שני אנשים שלא בכרו, וילדו שני זכרים ונתערבו, זה נותן ה' סלעים וזה נותן ה' סלעים. נתנו, ואח"כ מת אחד מהבנים בתוך ל' יום, אם לשני כהנים נתנו, אינם יכולים להוציא מידן - שכל אחד יאמר של חי קבלתי, והמוציא מחבירו עליו הראיה.

ואם לכהן אחד נתנו, כותב אחד מהם הרשאה לחבירו, וילך זה בהרשאה ויוציא מהכהן ה' סלעים - ה"ה בלא כתיבת הרשאה, כששניהם באים לפנינו ומצוים לתת לאחד, וא"צ הרשאה אלא אם ירצה הא' להוציא מידו בפני עצמו, וכתב בספר מעדני מלך דסברא מעליתא היא.

ואם ילדו זכר ונקבה, ואין ידוע איזו ילדה זכר ואיזו ילדה נקבה, או שילדו שני זכרים ונתערבו, ומת אחד מהם, האבות פטורים – [דכל חד וחד אומר לכהן הנקבה שלי], **והבן חייב לפדות את עצמו** – [דמכל מקום בכור הוא].

סעיף ל - וכן מבכרת שלא שהתה אחר בעלה ג' חדשים, ונשאה וילדה זכר, ספק בן ט' לראשון או בן ז' לאחרון, האבות פטורים, והבן חייב לפדות את עצמו - ‹ואם אחד מהם כהן או לוי, גם הוא פטור – ערוה"ש›.

ואם ילדו שתי נקבות וזכר, או שני זכרים ושתי נקבות, אין כאן לכהן כלום – [קאי אסעיף כ"ט, בשתי נשים של שני אנשים, ושניהם לא בכרו].

[וקשה לי, למה כתב כאן בשני זכרים ושתי נקבות, דאז אין כאן בכור ודאי, דכל חד יוכל לומר נקבה ילדה קודם ממני, לימא רבותא אפילו בשני זכרים ונקבה אחת, דאז הוה אחד ודאי בכור, דהרי שניהם לא בכרו, ואפ"ה פטורים הבנים לפדות עצמם, דכל חד יבריח וידחה על חבירו לומר כי הוא הבכור, ובאמת כתב הטור כן בזה דפטורים, ונראה דסעיף זה הוא לשון הרמב"ם, ואיהו לטעמיה אזיל דס"ל בסעיף כ"ו, דהבנים חייבים במת אביהם תוך ל' יום, ולא מצי כל חד לדחות על חבירו, ה"נ כן הוא, והטור לטעמיה דפוסק גם שם לדחות על חבירו, אלא דקשה לי, הא ברייתא ערוכה היא כאן לפטור, דאמרינן רב הונא תני ב' זכרים ונקבה אין לכהן כלום, ותנא דידן כיון דשני אנשים הוא דמשכחת לה, ובאיש אחד ושתי נשים לא משכחת לה, לא מתני ליה, ופרש"י והיינו בשתי נשים של ב' אנשים, ותנא דידן דלא תנא פטור זה אלא בב' נקבות וזכר או ב' נקבות וב' זכרים, משום דהך פטור דב' זכרים לא משכחת לא בשני אנשים, אבל באיש אחד ושתי נשים לא משכחת לה, דשם כיון דאיכא חד בכור יהיב האב חמשה סלעים לכהן, להכי לא תני ליה, הרי בהדיא דמדינא פטורים בשתי נשים של שני אנשים אפילו בשני זכרים ונקבה אחת, ולמה לא פסקו הרמב"ם והש"ע, **ואם** תרצה לומר דהך סוגיא אתיא כלישנא בתרא דלעיל, דסבר ליה דמצי למימר כל חד לדחות על חבירו, ואיהו פסיק כלישנא קמא, כ"ש יש תפיסה על הרמב"ם, כיון דסתמא דתלמודא וברייתא דרב הונא סבירא ליה כלישנא בתרא, היה לו לפסוק כן]. ‹ודבריו תמוהים לענ"ד, דמה ענין ב' בנים מאב

אחד לב' בנים של ב' אנשים, דהא סברת מרן הכ"מ, דס"ל דאפי' מת בתוך ל' יום כל שהגיע הבן לל' יום נתחייב האב למפרע בחייו, ונשתעבדו הנכסים נמי למפרע בחייו, וכיון דב' הבנים ירשו הנכסים מכח האב, חייבים לפרוע חוב אביהם, **אבל** ב' בנים מב' אנשים שכל אחד ירש את אביו, ואביהם עצמם הוי מצי כל אחד ואחד להבריח ולדחות שהבן הבכור אינו שלו אלא של חבירו, גם הבנים אף שירשו נכסים כל אחד מאביו, יכול כל אחד ואחד לדחות שהוא אינו הבכור כי אם חבירו – מהרי"ט אלגאזי›.

סעיף לא - שתי נשים של שני אנשים, אחת בכרה ואחת לא בכרה, וילדו שני זכרים, זה שלא בכרה אשתו נותן ה' סלעים לכהן. זכר ונקבה או שני זכרים ונקבה, אין כאן לכהן כלום.

[הטור הביא דעת הרמב"ם שכתב בזה, דאם ילדו שני זכרים ונקבה, זה שלא ביכרה אשתו נותן חמשה סלעים לכהן, כיון שאינו נפטר אלא בשני ספיקות כו', וכתב הטור ואיני מבין דבריו כו', והב"י הקשה עוד, מאי שנא משתיהן נשיו ואחת ביכרה כו', דפטור מספק, ‹בסוף סכ"ח›, **ונראה** לי לתרץ שני הקושיות בדרך אחד, דבשני אנשים אמרינן לכל אחד מהן בפני עצמו, הרי לפניך שלשה ילדים, שני זכרים ואחת נקבה, ואזלינן בתר רובא, ואנו אומרים לך ודאי זכר הולדת, הלכך אותו שלא ביכרה אשתו הוה ג"כ כודאי הוליד זכר, רק שבאת לומר שמא הולדתי גם נקבה, על זה אנו אומרים אפילו לדבריך אין לך פטור ודאי, דשמא יצאה הנקבה אחרונה, משא"כ לחיוב אין כאן מטעם ספק ספיקא, דהזכר הוה כמו ודאי לפי זה, **ובזה** לק"מ קושיות הב"י ג"כ, דבשתיהן של איש אחד, אין לומר לו ודאי הולדת זכר מטעם רוב, דהרי זה הוליד בודאי מאחת תאומים, ומאחת ולד אחד, כך לנו לומר שנולדו לו תאומים מאותה שביכרה ואותה שלא ביכרה ילדה נקבה, כמו איפכא, ואין כאן רוב גבי איש הזה, כן נראה לי ליישב דעת הרמב"ם מחמת קושיות דלעיל, והוא נכון מאד, **אבל** עדיין קשה מהא ברייתא דרב הונא, דאמרה אפילו בשני זכרים ונקבה אחת פטורין, **ובכ"מ** בשם הר"י קרקוס כתב, דהרמב"ם יש לו גירסא אחרת בגמרא, ולדידיה קאי הך דרב הונא ארישא דמתניתין, דהיינו בשני נשים של איש אחד, והוא תמוה מאד, דהא קודם ההיא דרב הונא מפרש תלמודא התם סיפא דמתני' שתי נשים של שני אנשים, והיאך יפרש התלמוד סיפא קודם לרישא, ונ"ל דהרמב"ם מפרש דהך ברייתא דרב הונא ס"ל כרבי מאיר, דאמר כל אחד מצי מדחה על חבירו, והיינו כלישנא קמא דלעיל מיניה, ואנן לא קי"ל אלא כרבי יהודה, דלא מצי מדחה, ע"כ כנ"ל].

‹**עבה"ט** של הרב מהרי"ט ז"ל שכתב בשם תשובת צ"צ, באשה שאינה יודעת אם אביה היה כהן כו', פטור מפדיון, ע"ש, **ועיין** בצ"צ שם שכתב הטעם, דאף דרובא דעלמא הם ישראלים ולא כהנים ולוים, מ"מ אין הולכין בממון אחר הרוב, ועיין בנ"צ מ"ש בזה›. ‹**ועיין** בערוה"ש סוף סעיף י"ג›.

§ סימן שלה – מתי מבקרין החולה, ואיזה חולים מבקרין, וכיצד מתפללין עליו §

סעיף א - מצוה לבקר חולים - ‹עיקר מצות ביקור חולים הוא לעיין בצרכי החולה, ולעשות לו מה שצריך. **ומה** יפו החברות בכמה ערים הנקראים חברה לינה, שלנים אצל החולים כל הלילה לראות מה שהם צריכים, דביום ע"פ רוב משמשים לו אנשי ביתו, משא"כ בלילה דאנשי ביתו עמלים מעבודת היום ונשקעים בשינה באונס, על כן גדול שכרם מאד מאד של חברי לינה – ערוה"ש›.

הקרובים והחברים נכנסים מיד; והרחוקים, אחר ג' ימים – [פירש מו"ח ז"ל הטעם, כי היכי דלא ליתרע מזליה, להטיל עליו שם חולה, כדאמרינן בנדרים, רבא יומא קמא דחליש אמר לא תגלו לאינשי דלא ליתרע מזליה כו', **אבל** קרובים וחברים שנכנסים תמיד בביתו, ליכא הרגשה כ"כ, ומשו"ה כשקפץ עליו החולי נכנסים גם הרחוקים מיד]. **ואם קפץ עליו החולי, אלו ואלו נכנסים מיד.**

סעיף ב - אפילו הגדול ילך לבקר הקטן, ואפילו כמה פעמים ביום, ואפילו בן גילו – [פי' שנולד בשעתו, ונוטל א' מס' מחליו, וכן השני ממה ששייר הראשון נוטל חלק ס'], **וכל המוסיף ה"ז משובח, ובלבד שלא יטריח לו.**

הגה: י"א דשונא יכול לילך לבקר חולה, ולא נראה לי, אלא לא יבקר חולה, ולא ינחם האבל שהוא שונאו, שלא יחשב ששמח לאידו, ואינו לו אלא לצער, כן נראה לי - וכתב הב"ח, דללוות את השונא ליכא למיחש לשמח לאידו, באשר הוא סוף כל האדם, **אבל** לנחם אבל או לבקר חולה שהוא שונאו, יש לחוש לכך, **ומיהו** הכל לפי מה שהוא השנאה, ולפי מה שהם השונאים.

‹וכן אם השונא שולח לו מקודם שרוצה לבקרו או לנחמו, והוא נותן לו רשות, מותר, ואדרבא מצד זה נעשה שלום ביניהם, **ולכן** יש שכתבו שעכשיו נוהגין שהולך השונא, דמביא לידי שלום, באה"ט בשם בה"י וספר החיים – ערוה"ש›.

סעיף ג - המבקר את החולה לא ישב ע"ג מטה ולא ע"ג כסא ולא ע"ג ספסל, אלא מתעטף ויושב לפניו, שהשכינה למעלה מראשותיו. הגה: ודוקא כשהחולה שוכב על הארץ, דהיושב גבוה ממנו, אבל כששוכב על המטה, מותר לישב על כסא וספסל. (ב"י בשם הר"ן, וכן נוהגין) – ‹ובזוהר פרשת פנחס מבואר, דכשהחולה אדם בינוני, לא ישב לרגליו של חולה, דמלאך המות מקומו שם ומראשותיו, משמע שם דבכל ענין אפי' אינו גבוה מהחולה, **ואם** החולה הוא צדיק גמור, לא ישב רק לרגליו, מפני שהשכינה מסבבת אותו מכל צד לבד מרגליו, ע"ש – ערוה"ש›.

סעיף ד - אין מבקרין החולה בג' שעות ראשונות של יום, מפני שכל חולה מיקל עליו חליו בבקר, ולא יחוש לבקש עליו רחמים. ולא בג' שעות אחרונות של יום, שאז מכביד עליו חליו, ויתייאש מלבקש עליו רחמים – ‹אלא באמצע היום, ואין זה איסור אלא עצה בעלמא, לפיכך לא נהגו עתה לדקדק בזה – ערוה"ש›.

‹ועיקר הביקור הוא כדי שידע חוליו ויבקש עליו רחמים – לבוש›, **(וכל שביקר ולא ביקש עליו רחמים, לא קיים המצוה).**

סעיף ה - כשמבקש עליו רחמים, אם מבקש לפניו, יכול לבקש בכל לשון שירצה – [ולא שייך כאן אין מלאכי השרת נזקקין ללשון ארמי, דשכינה עם החולה, שנאמר ה' יסעדנו על ערש דוי], הרי מבקש כביכול בפני השכינה עצמה, שהרי היא מראשותיו של חולה, [וע"כ א"צ אז למלאכים], **ואם מבקש שלא בפניו, לא יבקש אלא בלשון הקדש** - שאין המלאכי השרת מכירין בכל לשון.

[משמע דבכל שאר לשונות אין מלאכים נזקקין חוץ מלשון הקודש דוקא, והוא דעת הרי"ף הביאו באו"ח סי' ק"א, **אלא** דכתב שם בשם הרא"ש, דדוקא ללשון ארמי אין נזקקין, אבל שאר לשונות הוי כמו לשון קודש, **וא"כ** קשה על הטור, למה סתם כאן נגד אביו ומצריך דוקא לשון הקודש, **ונראה** דמשום דחולה בעי רחמי טובא, על כן כתב כאן שיעשה אליבא דכו"ע].

סימן שלה – מתי מבקרין החולה, ואיזה חולים מבקרין, וכיצד מתפללין עליו

סעיף ו - יכלול אותו בתוך חולי ישראל - שמתוך שכוללו עם אחרים, תפלתו נשמעת יותר, ‹בזכותן של רבים›, **שיאמר: המקום ירחם עליך בתוך חולי ישראל. ובשבת** - ‹שאין מתחננים בו - לבוש›, **אומר: שבת היא מלזעוק, ורפואה קרובה לבא** - ובאו"ח סי' רפ"ז מסיים המחבר: ורחמיו מרובים ושבתו שלום, וכ"פ הב"ח ע"ש.

סעיף ז - אומרים לו שיתן דעתו על ענייניו, אם הלוה או הפקיד אצל אחרים, או אחרים הלוו או הפקידו אצלו, ואל יפחד מפני זה מהמות - ‹כי לא דברים מחיים ולא דברים ממיתים – לבוש›, ‹**אלא** כך חובתו של אדם, דאפילו בבריאותו של אדם נכון שיהיו עניניו מסודרים, וכ"ש בחליו, וזהו רצון הבורא יתברך, ובזכות זה ישלח לו ד' רפואה שלימה, **אבל** לומר וידוי לא יזכירו לו, כל שאין המחלה תקפתו בחוזק יד, ויתבאר בסי' של"ח – ערוה"ש›.

סעיף ח - אין מבקרין לא לחולי מעים - משום כיסופא, ‹שמא יבוש לומר שצריך לצרכיו›, **ולא לחולי העין ולא לחולי הראש** - שהדבור קשה להם, ‹ומפני כבוד המבקר מוכרח לדבר, ולכן צריך להיות זהיר וחכם ומבין – ערוה"ש›, **וכן כל חולי דתקיף ליה עלמא וקשה ליה דיבורא, אין מבקרין אותו בפניו, אלא נכנסין בבית החיצון ושואלין ודורשין בו אם צריכין לכבד ולרבץ לפניו, וכיוצא בו, ושומעין צערו ומבקשים עליו רחמים.**

סעיף ט - מבקרין חולי עובדי כוכבים, מפני דרכי שלום - משמע אפי' חולי עובדי כוכבים לחוד. ‹**ומפרש:** ומבקרין חולי נכרים עם חולי ישראל, "עם" לאו דוקא – גר"א›.

סעיף י - בחולי מעים אין האיש משמש את האשה - דחיישינן כיון שהיא חולה והוא בריא, שמא יבא עליה בע"כ, **אבל האשה משמשת את האיש** - דכיון שהאיש חולה ליכא למיחש שיבא על אשה בריאה בע"כ, דכיון שהיא בריאה והוא חולה יכולה היא שתנצל מידו, עכ"ל עט"ז, והוא מדברי ב"י,

אבל הד"מ והב"ח והדרישה השיגו על הב"י בזה, ופירשו דמדאיתמר דין זה גבי חולי מעים, ש"מ דלא שייך אלא גבי חולי מעים, דכשנפנית איכא גילוי מלפניה ומאחריה, ואיכא חששא דיצרו תקפה עליו כו', ע"ש.

[**בד"מ** נתן טעם, דפריצות כשאיש משמש לנקיבה בקינוח ודברים כאלו, יותר מאשה לאיש, כי יצרו של איש גדול משל אשה, ולי נראה הטעם, דבחולי מעיים צריך החולה הרבה פעמים להיות לו לסיוע לקום לעשות צרכיו, ונמצא שיבא האיש המשמש לאשה חולנית כזאת לידי קושי, ‹ולידי זרע לבטלה ח"ו - ערוה"ש›, כיון דמתעסק בגופה תמיד, **משא"כ** בשאר חולי שא"צ להקימה ולסעדה כ"כ, **אבל** אשה לאיש בכל גווני מותר, כי אין כח באיש להתקשות בעת ההיא].

‹**מבקר** איש לאשה ואשה לאיש, ובלבד שלא יתייחדו הם לבדם – ערוה"ש›.

הגה: י"א שמי שיש לו חולה בביתו, ילך אצל חכם שבעיר שיבקש עליו רחמים, וכן נהגו לברך חולים בבהכ"נ - ‹בשעת קה"ת, דאז רחמים מתעורר›, **לקרא להם שם חדש** - ‹אם המחלה חזקה, כלו' שמוספין לו עוד שם לשמו – ערוה"ש›, **כי שנוי השם קורע גזר דינו** - ‹דכאיש אחר הוא שאין זו הגזירה נגזרת עליו – לבוש›.

וכן נהגו לברך החולים כו' - עיין באו"ח סי' נ"ד ס"ב, כתב הרב דיש נוהגין לברך החולה בין ישתבח ליוצר. **וכתוב** בדינים והלכות של מהרי"ו, שאין לברך החולים בשבת ויו"ט, **ובאו"ח** ס"ס רפ"ח כתב הרב, דמותר לברך בשבת חולה המסוכן בו ביום.

‹**עיין** בה"ט של הרב מהרי"ט ז"ל שכתב בשם מהרי"ל, שאין לברך החולה כשהוא במקום אחר, ‹דמי יודע אם הוא חי›. **ועיין** בשו"ת נחלת שבעה שחולק עליו, ועשה מעשה לברך חולה בשבת בבהכ"נ אף על פי שהחולה לא היה שם בעיר, רק בישוב שהיה רחוק מהלך שעה ויותר, והביא ראיה מגיטין, דאפילו הניחו זקן או חולה נותן לה בחזקת שהוא קיים›, ‹וכ"ש לענין תפלה, **וכן** המנהג הפשוט ואין לפקפק בזה כלל – ערוה"ש›.

ניחום אבלים, קודם לביקור חולים - שניחום אבלים הוא גמילות חסד שעם החיים ועם המתים, ‹**אבל** אם יודע תועלת להחולה, ביקו"ח קודם – ערוה"ש›. **וכתב**

הב"ח, כשא"א לקיים שניהם, מניח את החולה ועוסק בנחמות אבלים, **אבל** כשאפשר לקיים שניהם, ביקור חולים קודם, כדי לבקש רחמים עליו שיחיה, או לרבץ ולכבד לפניו, דחשיב כאלו מחייהו, וע"ל סי' ר"מ סי"ב.

§ סימן שלו – דין הרופא §

סעיף א - נתנה התורה רשות לרופא לרפאות. ומצוה היא, ובכלל פיקוח נפש הוא - שלא יאמר מה לי לצער הזה, שמא אטעה ונמצאתי הורג בשוגג.

[קשה, כיון דבאמת מצוה היא, למה קרי לה תחלה רשות,

ונראה דהכי הוא כוונת הענין זה, דרפואה האמיתית היא ע"פ בקשת רחמים, דמשמיא יש לו רפואה, כמ"ש מחצתי ואני ארפא, אלא שאין האדם זוכה לכך, אלא צריך לעשות רפואה על פי טבע העולם, והוא יתברך הסכים על זה, ונתן הרפואה ע"י טבע הרפואות, וזהו נתינת רשות של הקדוש ב"ה, וכיון שכבר בא האדם לידי כך, יש חיוב על הרופא לעשות רפואתו, וזה מבואר בגמרא פרק הרואה, דאמר רב אחא, הנכנס להקיז דם אומר: יהי רצון מלפניך שיהא עסק זה לי לרפואה ותרפאני, כי אל רופא נאמן אתה ורפואתך אמת, לפי שאין דרכן של בני אדם לרפאות, **פירש"י**, כלומר לא היה להם לעסוק ברפואות אלא לבקש רחמים, **אמר** אביי לא לימא איניש הכי, דתנא דבי רבי ישמעאל, ורפא ירפא, מכאן שניתנה רשות לרופא לרפא, **נראה** פי' הגמרא בדרך הזה, דרב אחא הצריך לומר האי לישנא "שכן אין דרכן של בני אדם" בנוסח התפלה שאומר המקיז דם, דהיינו שהוא מתנצל למה מבקש רפואה על ידי ההקזה, שהוא לפי הטבע, אף שאינו מן הראוי לעשות כן, אלא לבקש רחמים להנצל ע"י רחמים של מעלה, מ"מ מאחר שכבר נהגו לעשות רפואה ע"י הטבע, גם אני עושה כן, ועל כל פנים אני מודה שהכל בא על ידך, כי אל רופא נאמן אתה, **ועל** זה חולק אביי, דלא לימא "שכן נהגו", דגם התורה הסכימה על זה שיהא רפואה ע"פ הטבע, כי ירדה תורה לסוף דעת האדם, שלא יהיה זכאי כל כך שתבא רפואתו ע"י נס מן השמים, **וע"כ** אין שייך לומר דהאי קרא דרפא ירפא קמ"ל מצוה, דאלו האדם זכאי אינו צריך לכך, ואדרבה היה צריך דוקא רפואה ע"י שמים, אלא דלפי דרכו של אדם רשות הוא לו, **וע"כ** הוה האידנא חיוב בדבר ומצוה היא, כיון דלפי מעשה האדם חיותו תלוי בכך, כן נ"ל נכון, **ועיין** ברמב"ן פ' בחקותי האריך בענין זה של רפואות, ומדבריו משמע בפירוש ורפא ירפא כמ"ש. **אך** יש לי מקום עיון במה שכתב שם, שאין מעשה רפואות בבית הצדיקים, וכן אמרו כל כ"ב שנה דמלך רבה, ר' יוסף אפילו אומנא לביתיה לא קרא, עכ"ל, משמע דמפרש שלא הוצרך לרפואה, ובגמרא משמע דהוא הלך לבית האומן, רק שלא נהג כבוד בעצמו לקרוא אותו לביתו, **שוב** ראיתי בסוף הוריות מביא גם כן אגדה זאת, ומביא בעל עין יעקב שם פירוש גאון, דהכי קאמר, הזכות של ענוה של רב יוסף גרמה שלא הוצרך כלל לאומן, ולזה כוון גם הרמב"ן].

ואם מונע עצמו, הרי זה שופך דמים, ואפי' יש לו מי שירפאנו, שלא מן הכל אדם זוכה להתרפאות. ומיהו לא יתעסק ברפואה אא"כ הוא בקי, ולא יהא שם גדול ממנו - ‹דהאיך יורה בספק נפשות במקום שיש גדול ממנו, שהרי זה אפילו בשאר דינים אסור, לבוש›, **שאם לא כן, הרי זה שופך דמים.**

ואם ריפא שלא ברשות ב"ד, חייב בתשלומין, אפילו אם הוא בקי. ואם ריפא ברשות ב"ד, וטעה והזיק, פטור מדיני אדם וחייב בדיני שמים - ‹אם היתה ע"י התרשלותו ולא עיין יפה, דאם עיין אין לו שום חטא, שהרי מצוה לרפאות, וכבר אמר החכם: שגגת הרופא כונת הבורא› **אבל** אם הזיק במזיד, אפי' ריפא ברשות ב"ד חייב בדיני אדם, **ואם המית, ונודע לו ששגג, גולה על ידו** - ‹כשיש לו מקום לתלות שהוא גרם לו ע"י התרשלות או שלא עיין יפה, אבל בלא זה נ"ל דאינו חייב גלות, דמי גרע מאב המכה את בנו והרב את תלמידו, דפטור מגלות – ערוה"ש› **ומ"מ** א"צ למנוע בשביל חשש טעות, ומצוה היא, כמו שנתבאר.

(**במהרי"ל** בלקוטים שבסוף הספר איתא וז"ל, אמר לנו מהרי"ל, כל הרפואות שבכל התלמוד אסור לנסות אותם, משום דאין אדם יכול לעמוד על עיקרן, וכי לא יעלו בידם ילעגו וילגלגו על דברי חכמים, **מלבד** הא דאיתא בשבת ס"פ במה אשה, מי שיש לו עצם בגרונו,

מביא מאותו מין, ר"ל מאותו מין עצם, ויניחו לו על קדקדו, ויאמר הכי: חד חד נחית בלע בלע נחית חד חד, והלחש הזה בדוק ומנוסה, לכן אותו לבד מתירו ולא שום א' יותר, עכ"ל. **וראיתי** בספר שושני לקט שכתב, ומחמת שמצאתי שינוי נוסחאות, לכן אודיעך הנוסחא אחרת במפעלות וז"ל: מי שנכנס עצם בצוארו או דבר אחר, יקח כלי עם מים קרים מן באר, ותשים רגלך השמאלית בתוך המים, ואיש אחר ילחוש באזנך "חד חד נחית בלע בלע נחית בלע נחית חד חד", וצריך להניח מאותו מין על קדקדו, ויאמר לחש הנזכר ג"פ, ואחרי הלחש הנזכר יאמר "יזר יזר בלע בלע יזר יזר", עכ"ל. **אמר** המסדר, עיין בגמ' שם: לאדרא, פירש"י עצם של דג, נימא "ננעצתא כמחט" כו', ושם דף ס"ו ע"ב אמר אביי כו', ודלא מפרשי, ארבעין וחד זימני›.

סעיף ב - הרופא, אסור ליטול שכר החכמה והלימוד - כלומר שלומד הרופא לחולה או להמתעסק עמו שיעשה לרפואתו כך וכך. **דאבידת** גופו היא, ורחמנא אמרה והשבותו לו, לרבות אבידת גופו, [ואמרינן בענין עשיית המצוה: מה אני בחנם אף אתם בחנם], **אבל שכר הטורח והבטלה, מותר** - ‹כלומר שכר החכמה והלימוד הוא, כשאומר לו קח סם פלוני, אבל כשהולך אצל החולה, הוי שכר טירחא, וכן כשכותב לו לבית הרוקח ליתן כך וכך, הוי שכר טירחא ומותר – ערוה"ש›.

סעיף ג - מי שיש לו סמנים, וחבירו חולה וצריך להם, אסור לו להעלות בדמיהם יותר מן הראוי. ולא עוד, אלא אפילו פסקו לו בדמיהם הרבה, מפני צורך השעה שלא מצאו סמנין אלא בידו, אין לו אלא דמיהן. אבל אם התנה בשכר הרופא הרבה, חייב ליתן לו, שחכמתו מכר לו ואין לו דמים. הגה: ואע"פ שיש מצוה עליו לרפאותו; שכל מצות עשה דרמיא אכולי עלמא, אם נזדמנה לאחד ולא רצה לקיימה אלא בממון, אין מוציאין הממון מידו, ולא מפקיעין מידו חיוב שלכן - והב"ח כתב דצ"ל "חיוב שלו", וה"פ, לא מיבעיא שאם כבר קבל הרופא שכר שקצבו והרי הוא בידו, שאין מוציאין מידו, ‹ובזה גם בסמנים, אם כבר קיבל הרופא אין מוציאים מידו, הריק"ש – רעק"א›, **אלא** אפי' לא קבל כלום, אלא שקצבו לו ונתחייבו לו בכך וכך, צריכין לשלם לו מה שנתחייבו לו, ע"ש.

[ור"ל, דאע"פ שיש איסור בנטילת שכר על הלימוד והחכמה, כמ"ש בס"ב, מ"מ כיון שכבר התנה עמו והתחייב נגדו, חייב לשלם, כיון דלאו עליה דידיה לחודיה רמיא מצוה זאת, דהא כל אדם יוכל להתחכם ללמוד רפואות. **ואע"ג** דבבורח מבית האסורים והיתה מעבורת לפניו, ואמר לו העבירני ואתן לך דינר, אין נותן לו אלא שכרו, כמו שכתוב בחו"מ סימן רס"ד, **שאני** התם דקצבה יש לאותה פעולה, משא"כ בחכמת הרפואות שאין לה שיעור, ומתחלה לא היה חיוב עליו ללמוד זה, על כן מהני התנאי דוקא בזה, כן נראה לי ביאור הדברים].

§ סימן שלז – חולה שמת לו מת §

סעיף א - חולה שמת לו מת, אין מודיעין אותו, שמא תטרף דעתו עליו – ‹ואפילו אם מת אביו של החולה או אמו, אין מודיעין לו, ואין משגיחין על הקדיש שעליו לומר, דפקוח נפשות קודם לכל דבר, **ומזה** יש ללמוד שאסור לגרום שום צער להחולה, ויראו לשמח לבבו בכל היכולת, **ואם** מת שם אחד בבית, ויש מקום להוציאו למקום אחר עד הקבורה, נ"ל שמחוייבים להוציאו, ואף על פי שאין זה כבוד המת, אבל פקוח נפש דוחה הכל – ערוה"ש›.

ואין קורעין חלוקו - פי' לא מיבעיא שאין מודיעין אותו, שמא תטרף דעתו, אלא אפי' נודע לו, אין מצוים לו לקרוע, שמא תגדל דאגתו. **ואין בוכין ואין מספידין בפניו, שלא ישבר לבו, ומשתיקין את המנחמין מפניו** - כתב הב"ח, נראה דה"פ, ולא עוד אלא שאין בוכין ואין מספידין בפניו אף על מת שאינו קרובו של חולה, שלא ישבר את לבו, **פי'** דכיון שרואה החולה הזה שזה הפלוני מת, ובוכין ומספידין עליו בפניו, נשבר לבו מפחדו שמא ימות גם הוא, **ומטעם** זה משתיקין המנחמים בפניו, שע"י המנחמים נזכר למיתת אותו פלוני, ומתפחד שמא ימות גם הוא, **גם** קרוב לפרש, שאין בוכין ומספידין נמי מיירי שמת לו מת ונודע לו שמת קאמר, וכן משתיקין המנחמים על מת שלו.

‹ודע, כי החולה אסור לו להחמיר לנהוג אבלות בדבר שיקלקל בריאותו, ואפי' חולה שאין בו סכנה יזהר מישיבה על הקרקע או לילך יחף אם תתקלקל בריאותו ע"י זה, ורק ישמור בדברים שלא יהיה קלקול לבריאותו – ערוה"ש.

§ סימן שלח – וידוי החולה וכיצד אומרים §

סעיף א- נטה למות, אומרים לו: התודה - שכן דרך כל המומתין מתודין - טור וש"ס שבת.

‹**ואף** שאולי יצטער עי"ז, מ"מ א"א לו למות בלא וידוי, דזהו עיקר גדול וזכות לנפש להביאו לחיי עולם הבא, וראיה שהרי כל המומתין במיתת ב"ד מתודין קודם מיתתן, אף שאין אנו חוששין כ"כ לתקנתם, וכ"ש לסתם ישראל – ערוה"ש.

כתב הב"ח, ומשמע דוקא בנטה למות, אבל בלא נטה למות אין אומרים לו התודה, כדי שלא יהא נשבר לבו, **ואף** על פי שא"ל הרבה הולכים בשוק ומתודים, **מ"מ** כשאומרים לו לאדם התודה שכן דרך כל המומתים מתודים, ידע הוא שמסוכן הוא מאד, דאל"כ לא היו מזכירין מיתתו בפניו, ויהיה נשבר לבו, לפיכך אין אומרים לו כך אלא בנטה למות כו'. **נראה** מדבריו דאומרים לו: "התודה שכן דרך כל המומתין מתודין", ולכך אין אומרים לו כך אלא בנטה למות, **אבל** הפרישה כתב, דהאי "שכן דרך כל המומתין מתודין", לשון הטור הוא, ולא שיאמרו לו כך, וא"כ אפי' בנטה למות אין אומרים לו כך, **ואף** על גב שהב"ח הביא אח"כ לשון רש"י שכתב: אומרים העומדים שם שכן דרך כל המומתין מתודין כדתנן בסנהדרין כו', **אין** דעת רש"י לומר שהעומדים שם אומרים "כל המומתים מתודין", דא"כ היאך כתב כדתנן בסנהדרין כו', **אלא** האי "שכן דרך כל המומתים" כו', דבור אחר הוא, ומתחלה פי' א"אומרים" מאן נינהו האומרים, ומפרש, "העומדים שם", ואח"כ מפרש "שכן דרך כל המומתים" כו', מל' שכן דרך כל המומתים כדתנן בסנהדרין כו', **ומ"מ** נראה דדוקא בנטה למות אומרים לו התודה, דאל"כ חושב שמסוכן הוא וישבר לבו, **אי** נמי בלא נטה למות אין אומרים לו כך, שהרי עדיין יש לו שהות שיוכל להתודות, אבל בנטה למות יש לחוש שימות פתאום בלא וידוי.

ואומרים לו: הרבה התודו ולא מתו, והרבה שלא התודו מתו, ובשכר שאתה מתודה אתה חי, וכל המתודה יש לו חלק לעולם הבא - ‹ובכל מה שנוכל להשקיט דעתו, החוב עלינו להשקיט דעתו – ערוה"ש.

ואם אינו יכול להתודות בפיו – ‹שהוא חלוש כל כך›, **יתודה בלבו** - ‹העיקר צריך לראות שיאמר הוידוי בעודו בדעתו, דכשאינו בדעתו אינו כלום. **ואם** יודע להתודות לומר אשמנו ועל חטא וכיו"ב, מה טוב›. **(ואם אינו יודע להתודות, אומרים לו: אמור: מיתתי תהא כפרה על כל עונותי)** – ‹וזהו וידוי קצר – ערוה"ש.

וכל אלו הדברים אין אומרין לו בפני ע"ה, ולא בפני נשים, ולא בפני קטנים, שמא יבכו וישברו לבו – ‹וזהו ודאי עבירה לבכות בפניו ולצערו, ויש לגרש הנשים והקטנים כשבוכין בעודו חי החולה – ערוה"ש.

סעיף ב- סדר וידוי שכיב מרע: מודה אני לפניך ה' אלהי ואלהי אבותי שרפואתי ומיתתי בידך, יהי רצון מלפניך שתרפאני רפואה שלמה, ואם אמות תהא מיתתי כפרה על כל חטאים ועונות ופשעים שחטאתי ושעויתי ושפשעתי לפניך, ותן חלקי בגן עדן, וזכני לעולם הבא הצפון לצדיקים - ‹כן הוא עיקר וידוי שכיב מרע ע"פ רבותינו הקדמונים שכתבו שקבלה בידם מחסידים ואנשי מעשה – ערוה"ש. **(ואם רוצה להאריך כוידוי יו"כ, הרשות בידו).**

§ סימן שלט – דיני הגוסס (ואמירת צידוק הדין) §

סעיף א- הגוסס, הרי הוא כחי לכל דבריו - ואסור לעשות דבר המקרב מיתתו. **וכתב** הר"ן הרי הוא כחי, פי' ליתן גט ולמתנה, וכהן רשאי ליכנס לבית שהוא עומד בו, ואף על פי שרוב גוססים למיתה, ע"כ, ומביאו הב"ח בסתם, **ולקמן** סי' ש"ע נתבאר, דאסור ליכנס לבית שיש בו גוסס, ע"ש.

(ועיין בתשובת שבו"י, אודות חולה שהוא מסוכן למות, וכל הרופאים מייאשין אותו שודאי ימות אחר יום או יומים, אך אומרין שיש עוד רפואה אחת שאפשר שיתרפא, וגם אפשר להיפך, אם לא יצליח ימות מיד תוך שעה או שתים, אי חיישינן לחיי שעה ושב ואל תעשה עדיף. **והשיב** אף דודאי דחיישינן לחיי שעה, אפי' מי שכבר הוא גוסס ממש, ומה"ט אין קושרין את לחייו כו', וכה"ג קיי"ל דמותר לחלל שבת משום חיי שעה כאשר הארכתי בשבו"י, **מ"מ** בנ"ד שאפשר שע"י רפואה זו יתרפא לגמרי, ודאי לא חיישינן לחיי שעה, וראיה ברורה מש"ס פ' אין מעמידין כ"ז: ובתוס' שם בד"ה לחיי שעה כו', **ומ"מ** צריך להיות מתון מאד בדבר, לפקח עם רופאין מומחין שבעיר, ויעשה ע"פ רוב דעות הרופאים, עם הסכמת החכם שבעיר, ע"ש).

אין קושרין לחייו - כדי שלא יפתח פיו, **ואין סכין אותו, ואין מדיחין אותו** - מנהג הוא שעושים לכל מת להדיח זוהמא שעל בשרו, **ואין פוקקין את נקביו, ואין שומטין הכר מתחתיו** - אף על פי שאין משכיבים את המת על שום דבר חם כמו כר וכסת, אלא מיד מורידין אותו ומניחין אותו לארץ, כי דברים חמין מסריחין ומתפיחין אותו, וקאמר דאין עושין לו כן כל זמן שהוא גוסס, וז"ש אח"כ ואין נותנין אותו על גבי החול, **והטעם**, מפני שמזיזו ממקומו, כ"כ בפרישה, [כי כל אלו הם קירוב מיתה, והשמטת הכר הוא ג"כ סימן מיתה, כי אין רוצה להניח על דבר חם].

ואין נותנין אותו ע"ג חול, ולא ע"ג חרסית ולא ע"ג אדמה, ואין נותנין על כריסו לא קערה ולא מגריפה ולא צלוחית של מים ולא גרגיר של מלח – ‹מפני שמקרב את מיתתו – ב"י›, **ואין משמיעין עליו עיירות, ואין שוכרין חלילין ומקוננות, ואין מעמצין עיניו עד שתצא נפשו. וכל המעמץ עם יציאת הנפש, ה"ז שופך דמים** - אלא ישהה מעט שמא נתעלף, עכ"ל הרמב"ם, **ובמס'** שמחות מסיים: וכל הנוגע בו ה"ז שופך דמים, למה הדבר דומה לנר המטפטף, שכיון שנוגע בו האדם, מיד נכבה, וכ"כ הרי"ף והרמב"ם.

‹**ומ"מ** אם יש דליקה מוציאין אותו מהבית. **דליקה** בבית, הצלת המת קודם לספרים. **קטן** חי קודם למת אביו. **חי** בריא קודם לחי מסוכן, ס"ח – רעק"א›.

ואין קורעין ולא חולצין ולא מספידין עליו, ולא מכניסין עמו ארון לבית, עד שימות. ואין פותחין עליו בצדוק הדין, עד שתצא נפשו – ‹גם טעמא דהני משום שמקרב את מיתתו, היכא שמרגיש ואיכא למיחש לטירוף הדעת, **והיינו** גם טעמא דהני דלעיל, דאין משמיעין עליו את העיירות ואין שוכרין חלילין ומקוננות – דרישה›. **הגה: וי"א דאין חופרין לו קבר אף על פי שאינו עמו בבית, עד אחר שימות** – ‹אע"ג דעושין שלא בפניו, מ"מ איכא לחוש שמא יודע לו ותטרף דעתו – ב"ח›. **והב"ח** כתב, דמותר מדינא כל שאין החולה מרגיש בדבר, **מיהו** צריך ליזהר בע"ש סמוך לשבת, שמא לא יספיקו לקברו אם לא בחלול שבת, ואם לא יקברוהו, א"כ יצטרכו להניחו פתוח, **הלכך** לא שרינן להו אא"כ משערינן שאם ימות סמוך לשבת ממש, ולא יהא אפשר לקברו, שעכ"פ יספיק לחזור ולמלאות החפירה בריוח קודם שיכנס שבת, ע"כ, ועין בא"ח סי' תקמ"ז סעיף י"א.

‹**כללו** של דבר, כל שהוא משום עסקי מיתה, אין עושין לו עד שתצא נפשו, דסימן רע הוא לו, משום אל יפתח אדם פיו לשטן – לבוש›. ‹**ואין** קושיא מה שהחי מכין תכריכין לעצמו, דזהו כשהוא בריא, אבל כשהוא מסוכן, הוי כפתיחת פה לשטן ח"ו – ערוה"ש›.

אסור לחפור שום קבר להיות פתוח עד למחר שלא יקברו בו המת באותו היום, ויש סכנה בדבר (רבינו ירוחם בשם הר"י החסיד ז"ל) - ‹וכתב שם שלא יעברו ימים מועטים עד שימות א' – באר הגולה›, ‹תוך ט"ז יום – רעק"א›.

‹**וצ"ע** אם אחר כל הזהירות לא נשאר שהות קודם השבת, אם מותר לומר לכותים שימלאו בעפר בשבת, כיון שיש סכנה בדבר, או כיון דאין הסכנה מבואר בגמ', אסור אמירה לעכו"ם, **ונלע"ד** להתיר בשעת הדחק, מפני שזהו קבלה מר"י החסיד שיש סכנה בדבר, ודבריו ודאי מקובל מהקדמונים, ויש להתיישב לדינא – ערוה"ש›.

וכן אסור לגרום למת שימות מהרה, כגון מי שהוא גוסס זמן ארוך ולא יוכל להפרד, אסור להשמט הכר והכסת מתחתיו, מכח שאומרין שיש נוצות מקצת עופות שגורמים זה – ‹הוסיף, דאפילו אם לדעתם מצוה לקרב מיתתו, דטובתו היא, כגון שהוא גוסס זמן

ארוך ורואים שיש לו יסורים גדולים, מ"מ אסור לעשות שום מעשה לזה, דכן הוא רצון הש"י – ערוה"ש›.

כתב העט"ז, ותמהני, מ"ש מהסרת קול דופק ומלח, דה"נ לא עביד מידי, אלא שמסיר המונע, וצ"ע, עכ"ל, **ולק"מ**, דהכא אין האיסור משום הנוצות, אלא האיסור הוא מפני שמתנועע הגוסס, וכ"כ הדרישה והב"ח, ע"ש.

וכן לא יזיזנו ממקומו – ‹למקום אחר, אולי יפרד שם›, **וכן אסור לשום מפתחות בהכ"נ תחת ראשו, כדי שיפרד** – ‹מפני שאומרים שיש להם סגולה זו שיפרד מהרה – לבוש›.

‹**לא** מיבעיא לשמוט הכר מתחתיו, שבזה ראשו מזיז הרבה מגבוה לנמוך, אלא אפילו להזיזו מעט {דלא כלבוש} אסור, **ואפילו** לא יעשו מעשה בגופו כלל, אלא להניח תחת ראשו בלי הזזה כלל את מפתחות בהכ"נ, ג"כ אסור, דסוף סוף עושה מעשה שימות מהרה, אף אם אין המעשה בגופו של הגוסס – ערוה"ש›.

אבל אם יש שם דבר שגורם עכוב יציאת הנפש, כגון שיש סמוך לאותו בית קול דופק, כגון חוטב עצים, או שיש מלח על לשונו, ואלו מעכבים יציאת הנפש, מותר להסירו משם, דאין בזה מעשה כלל, אלא שמסיר המונע – [אלא דקשה לי למה התיר הסרת מלח מעל לשונו, והלא גם הכא מזיז פיו על ידו, והוה כמעמץ עיניו, וע"כ נלע"ד שאין לנהוג היתר בהסרת מלח]. **י"ל** דנענוע קל כזה לאו כלום הוא - נקה"כ.

סעיף ב - מי שאמרו לו: ראינו קרובך גוסס היום שלשה ימים, צריך להתאבל עליו, (דודאי כבר מת) - דדוקא בעודו לפנינו חשוב גוסס כחי לכל דבר, אבל לא כשאינו לפנינו. ‹**ומבואר** במקור הדין, דאף אשה על בעלה מתאבלת כה"ג – רעק"א›.

‹**עב"ש** באה"ע סימן י"ז, שלמד מזה דגוסס אחר ג' ימים מעידין עליו להשיא אשתו, **וכבר** כתבתי בפ"ת שם בשם ספר דגמ"ר ומה"צ, שהשיגו עליו, וכ"כ בתשו' משכנות יעקב בשם מורו הגאון מוהר"ח ז"ל מוואלאזין, **וביאר** שם, דאלו הפוסקים המחייבים כאן להתאבל בגוסס אחר ג' ימים, אינהו ס"ל דמשום רובא מתאבלין, אף היכא שאשתו אסורה להנשא, וגם במים שאין להם סוף מתאבלין, **ודלא** כהעיטור בשם תשובת הרי"ף שהובא לקמן סי' שע"ה, ע"ש, ועמ"ש בפ"ת שם סק"ג עוד מזה›. ‹**ועיין** בתשו' מהרח"ש דהעלה, דאין מתאבלין על גוסס – רעק"א›. ‹**וגם** הבנים לא יאמרו קדיש, כדי שלא לבא לידי מכשול שתנשא, דבאשת איש החמירו לבלי לילך אחר הרוב, כמו מים שאין להם סוף וכיוצא בזה – ערוה"ש›.

סעיף ג - אומרים צדוק הדין עם יציאת נשמה, וכשמגיע לדיין אמת, קורע האבל - ‹ועיין לקמן סימן ש"מ ס"א בש"ך›.

סעיף ד - כיון שנטה אדם למות, אין רשאין ליפרד ממנו, כדי שלא תצא נפשו והוא יחידי – [מפני שהנפש משתוממת בשעה שיוצאה מן הגוף], ‹ואינה רואה אנשים כשרים, **ומה** טוב אם יהיו עשרה מישראל בעת יציאת הנפש, דאז פוגעת בשכינה, **ולבד** זה מצוה לעמוד וכו'›, **(ומצוה לעמוד על האדם בשעת יציאת נשמה, שנאמר: ויחי עוד לנצח לא יראה השחת כי יראה חכמים ימותו וגו')** - ‹וכ"ש אם הנפטר הוא גדול בתורה, ומתברכין ממנו קודם פטירתו, זהו ענין גדול עד מאד – ערוה"ש›.

‹מי שיושב לפני החולה כשנטה למות, ואין שם אדם אחר שיודע בענין המת, לעיין עליו מתי תצא נפשו, ויפשוט אבריו ויעצים עיניו ויעסוק בו, והגיע זמן תפלה, אל יצא משם להתפלל, ס"ח – רעק"א›.

סעיף ה - מנהג לשפוך כל המים שאובים שבשכונת המת - ‹ורמז לזה: ותמת שם מרים ולא היה מים לעדה›. **והטעם**, שידעו הכל שיש בו מקרה מות, ולא יצטרך להודיע בפה, ויהא מוציא דבה, ‹**ולטעם** זה אין חיוב לשפוך כל המים כמובן›, **ועוד** שמלאך המות מפיל במים טפת דם המות, ‹ובודאי טעם זה טפל לטעם הראשון – ערוה"ש›, **ובתשב"ץ** כתוב ראה באחד ששתה מהמים, ‹שהיו בבית בשעת פטירת המת, וכשראה החכם גער בו שלא לשתות מהם, ולאחר שעה קלה ששתה המים, יצאה נשמתו של אותו ששתה, ושאלו לחכם מה ראית שגערת בו, אמר אני ראיתי את מלאך המות ששפשף את סכינו במים שהיו באותו הבית לאחר פטירת המת – באה"ט›.

[**והך שכונה לא נתבאר כאן שיעורה, אלא דבכתובות כתבו התוס', דשכונה היינו שלשה בתים, כדאמרינן**

סוף פרק קמא דע"ז). (**וכתב** בספר חמודי דניאל, נראה שהג' בתים היינו ב' בתים עם הבית ששם המת).

ובאו"ח סימן תנ"ה כתב הרב, שאין לשפוך מים שלנו מפני מת כו', ע"ש. (בכנה"ג כתב, דאם בירך על מים ושמע שיש מת בעיר, ישתה מעט וישפוך השאר – רעק"א).

(**בס'** חמו"ד כ"י כתב, דמים הנקרשים אין צריך לשפוך. **ונראה** דהיינו שהיו נקרשים גם בעת שמת, אבל אם נקרש אח"כ, צריך לשפוך).

(**כתב** בר"י: שמעתי שיש מי שהורה שלא לשפוך המים כשמת ילד בתוך שלשים ללידתו, אבל בגלילותינו המנהג לשפוך, וכן עיקר, **וכתב** עוד, יש להסתפק קצת אי ה"ה כשמת שכן עובד כוכבים בבית שבחצר ישראל, ומסתברא להחמיר, דחמירא סכנתא).

(**וכתב** עוד, אם אפו את הפת במים הללו, אסור הפת, שו"ת בית יהודה, **ושם** כתב דדבר של סכנה אינו בטל בס', וכמ"ש הט"ז לעיל סי' קט"ז, **ואם** בישלו תבשיל במים הללו, התבשיל אסור, הרב בית דוד, **ואם** נפל מן המים הללו בתבשיל מבושל, לפי מה שכתב לעיל בשם ט"ז ותשו' ב"י, דדבר של סכנה אינו בטל בס', יש להחמיר ולאסור הכל, עכ"ל. **ונראה** דאם בישלו על שבת ממים הללו, אין לאסור דיעבד, דשומר מצוה לא ידע דבר רע, וכמו דאיתא באו"ח סי' תנ"ה, ושמעתי שכן הורו כמה גדולים).

(**וכתב** בתשובת שמש צדקה, דהמנהג שאין שופכין בשבת, חדא דטעם הא' שכתב הש"ך לשפיכת המים עיקר, ולזה בשבת לא ישפכו, כדי שלא יתעצבו השומעים ויתבטלו מעונג שבת, **ואף** לטעם השני, קיבל מרבותיו שבשבת אינו משפשף סכינו במים, ע"ש. **ונראה** דלמוצאי שבת יש לשפוך, מטעם הראשון שכתב הש"ך).

(**ועיין** בתשו' אדני פז שכתב, דאפי' לרחוץ פניו ידיו ורגליו ולכבס בגדיו, אסור לטעם השני, ומביא ראיה ממים מגולים, ע"ש, **ויש** לדחות, דהרי התם אפי' לשפוך ברה"ר אסור, כמ"ש הטור לעיל סי' קט"ז, והיינו דהתם יש סכנה ליגע בדבר שיש בו ארס נחש, כדאיתא בחולין דף צ"ד גבי סנדל, ע"ש, **אבל** הכא י"ל דאין סכנה רק אל השותה).

(**ותמיהני** על כמה שמחמירים בזה הרבה כאלו היא גמ' מפורשת, ויש שרוצים לאסור התבשיל אם בשלו בהמים, ואין זה אלא דברי תימה, והרי אפילו בסכנות המבוארים בגמ', אמרו חז"ל ג"כ: והאידנא דדשו בו רבים שומר פתאים ד', וק"ו במילתא כי האי, ומה יעשו הערים הגדולות שבג' חצרות ימצאו מאות בע"ב, ומה יעשה העני בחורף שבכבידות להשיג מים, **ולזה** נלע"ד להקל הרבה בדבר, וכן ראיתי מגדולי הוראה, ובזמן החורף כשהמים מכוסים, וכן אם יש טורח להשיג המים והמה מכוסים, יש להקל, ובשבת ויו"ט אין לשפוך כלל, וכל מים שהם למצוה, שומר מצוה לא ידע דבר רע – ערוך השלחן).

[**בראקנ"ט פ' ויחי כתב, דבשעת מיתה יזהר שלא יצא שום אבר ממנו חוץ למטה, והפליג על שאינו נזהר בזה**]. (**והעומדים** שם יראו וישגיחו על זה, ונכון שיתעסקו בדברי קדושה – ערוה"ש).

§ סימן שמ – ענין הקריעה, שיעורה ומקומה, ועל מי קורעין ובאיזה זמן קורעין §

סעיף א - מי שמת לו מת, והוא מהמתים שראוי להתאבל עליהם - כאשר יתבאר לקמן סי' שע"ד, **חייב לקרוע עליו** - מדרבנן ואסמכוה אקרא, (וכך אמרו חז"ל במו"ק, אבל שלא פירם חייב מיתה, דכתיב: ובגדיכם לא תפרומו ולא תמותו, הא אחר שלא פירם חייב מיתה, **וזהו** כענין שאמרו העובר על דברי חכמים חייב מיתה, דאסמכתא בעלמא הוא, דפשטיה דקרא על בני אהרן קאי, דאם הם יפרומו יתחייבו מיתה – ערוה"ש).

(**כתב** בר"י, כל קריעה טוב שתהיה ע"י אחר דמתבייש ממנו, ואיכא עגמת נפש טפי שאחר קורע כסותו והוא שותק ומקבל עליו דינו יתברך, מהר"י מלכו. (ועיין לקמן סי"ד בשם הערוה"ש איפכא). **וכתב** עוד, אם קרע לו חבירו יותר מדאי, חייב, דהו"ל למידק, **ואף** על ידי עצמו אינו רשאי לקרוע אלא כדינו, דקא עבר על בל תשחית).

וצריך שיקרע מעומד - (שנאמר: ויקם דוד ויקרע את בגדיו – לבוש), **ואם קרע מיושב, לא יצא, (וצריך לחזור ולקרוע).**

(ולכתחלה צריך לקרוע קודם סיסתום פני המת) - (עיקר מצות קריעה הוא אחר יציאת נשמה, דאז הוי עיקר שעת חימום, לכל הפחות קודם שיסתום פני המת בקבר בעפר – ערוה"ש), (בעוד חימום צערו גדול – לבוש). **ולעיל** סימן של"ט ס"ג נתבאר, דכשמגיע לדיין האמת קורע האבל, (**דהיינו** במקום שנהגו לומר צידוק הדין עם יציאת נשמה – באה"ט).

סימן שמ – ענין הקריעה, שיעורה ומקומה, ועל מי קורעין ובאיזה זמן קורעין

סעיף ב - מקום הקריעה, בכל מקום בבית הצואר לפניו - ‹כוונתו, מלפניו דוקא למעלה כנגד הלב, ואצל בגדים שלנו שפתוחים לגמרי לפניו, לא שייך לשון בית הצואר, אלא שהם הלכו בבגדים שלא היו פתוחים לגמרי מלפניו, אלא כעין חלוק שלנו, לכן מקרי בית הצואר – ערוה"ש›, **אבל אם קרע לאחריו, (או בשולי הבגד)** - ‹לדעת המחבר שהקריעה דוקא בבית הצואר, הא דקתני דהקורע למטה לא יצא, ר"ל למטה מבית הצואר, ולכך לא הוצרך לפרש דהקורע שולי הבגד לא יצא, דפשוט הוא, **אבל** הרמ"א הולך בשיטת הרי"ף גיאות דא"צ בית הצואר דוקא, ולמטה דקתני היינו בשולי הבגד. **וקשה** דאף למטה מן הטבור אמרינן בסכ"א דאינו מקום קריעה, ומשמע התם דאף בדיעבד לא יצא, וצ"ע – בדי השלחן›, **או מן הצדדין, לא יצא** - ‹וכתב בחכ"א בשם רדב"ז, וכן אם קרע לרוחב הבגד לא יצא, מפני שאין נראה שקרע, אלא נראה שנקרע מעצמו›.

הגה: וי"א שיוצא אם קורע בשולי הבגד - ‹וה"ה אם קרע לרוחב הבגד›, **וכן נהגו להקל לקרוע בשולי הבגד כשקורעין על שאר מתים שאין מתאבלין עליהם** - כשעומדים שם בשעת יציאת נשמה, כדלקמן סעיף ה', **אבל על המתים שהם קרוביו ומתאבלים עליהם, אינו יוצא בקריעה זו וצריך לקרוע בבית הצואר** - ‹נקט לישנא דהמחבר, אבל ה"ה דמהני להרמ"א גם למטה מבית הצואר וכנ"ל – בדי השלחן›, **וכן נהגו.**

סעיף ג - שיעור קריעה, טפח - ‹דכתיב: ויחזק דוד בבגדיו ויקרעם, ואין אחיזה פחות מטפח›. **ואם קרע על מת, ובא להוסיף באותה קריעה על מת אחר, אם אחר ז'** - כלומר אם מת לו מת אחר ז', ‹שאם היה רוצה היה שוללו›, **סגי בכל שהוא** - כדלקמן סעיף כ"א, ‹דהקריעה ראשונה שעודנה קרועה עולה גם למת זה›, **ואם הוא בתוך ז', צריך טפח** - ‹שאין הראשונה עולה לו – לבוש›. **ועל אביו ואמו** - ‹כשמתו אחר המת הראשון – ערוה"ש›, **אפילו אחר ז', קורע עד שיגלה את לבו** - ‹שהם חמורים יותר – לבוש›.

סעיף ד - כשם שקורע על קרובו שמתאבל עליו, כך קורע בפני קרובו על מת שמת לקרובו - ‹לכבודו של קרובו, ולהודיעו שבצרתו לו צר, לפיכך דוקא בפניו, ושלא בפניו א"צ – לבוש. ‹**וזה** אינו מעיקר דין תורה, אלא שכך נהגו בימי חכמי הגמ' – ערוה"ש›. **כיצד, הרי שמת בן בנו או אחי בנו או אם בנו** – [פי' אם גירשה], **חייב לקרוע בפני בנו. וכן קורע על חמיו וחמותו** - משמע אבל לא על שאר קרובי אשתו, **והאשה קורעת על חמיה וחמותה. (ואין נוהגין עכשיו כן, וכמו שיתבאר לקמן סי' שע"ד לענין אבלות).**

סעיף ה - העומד בשעת יציאת נשמה של איש או אשה מישראל, חייב לקרוע (טור בשם רמב"ן, וב"י אף לדעת רש"י) - ‹דהנשמה נקראת נרו של הקב"ה, וכשרואין שנכבית, דעד כה קיימה תורתו ומצותיו, ועכשיו נפסק המעיין, צריך לקרוע – ערוה"ש›. [**בטור** בשם הרמב"ן הכריע כן, דלא כפירש"י הטעם, דדומה לס"ת שנשרף, היינו שעדיין היה יכול ללמוד, וא"כ לא היה צריך לקרוע על אשה, **דקשה** על זה, היאך יקרע על העתיד, **אלא הטעם**, דדמיון בעלמא הוא לס"ת שנשרף, שהוא הפסד גדול וחרדה רבה, **וע"כ** קורעין גם על אשה, **וכתב רש"ל**, שלפי פרש"י משמע דקורעין על קטן, **אבל** בפרק האורג פירש"י ומהרא"ם והרא"ש, שאין לך ריק בישראל שאין בו תורה ומצות, **וא"כ** מש"ה קורעין נמי על אשה, ‹דהא אשה איתא במצות, וגם בתורה איתא, שהרי צריכה ללמוד מעשה המצות שהיא חייבת – ב"י›, ולא על קטן, וכנ"ל, עכ"ל, **וכתב** מו"ח ז"ל, מיהו בקטן שלומד מקרא, **צריך** לקרוע לכו"ע, עכ"ל].

או אשה - וכן תינוק קטן, **מיהו** לא נהגו לקרוע על הקטן, וכ"כ מהרש"ל, **מיהו** בקטן שלומד מקרא, צריך לקרוע לכל הפירושים, כ"כ הב"ח.

‹**ובספר** ערך לחם כתב בשם הרדב"ז, שקורעין אפי' על הקטן, אבל לא על הקטנה. **וכתב** עוד בשם הנ"ל, עמד בשעת יציאת נשמה בשבת, פטר מלקרוע במו"ש – באה"ט. ‹**ועיין** בספר תפל"מ שכתב, דחייב לקרוע במוצאי שבת - וראיה מפרק האורג דף ק"ה ע"ב ע"ש, **ומשם** מוכח נמי דגם על הקטנה קורעין, דלא כהרדב"ז, ע"ש ודוק - **אך** כתב דהיינו דוקא כ"ז שלא נקבר, אבל אי לא קרע עד אחר קבורה, פטור, ע"ש, **ועיין** בתשו' חתם סופר, שאין דעתו כן, וכתב דתלמוד ערוך הוא, דכיון שלא קרע בזמנו, שוב אינו קורע,

סימן שמ – ענין הקריעה, שיעורה ומקומה, ועל מי קורעין ובאיזה זמן קורעין

אא"כ איכא חימום חדש, **והוא** במו"ק כ"ה, כי נח נפשיה דרב ספרא, לא קרעו רבנן כו', סבור מה דהוה הוה, א"ל אביי תנינא חכם כל זמן שעוסקין בהספדו וכו', מבואר מזה דאדם אחר שאינו חכם, מה דהוה הוה, וכיון שלא קרע בשעת יציאת נשמה, שוב לא יקרע, והוא פשוט, ע"ש).

(**ועיין** עוד ברדב"ז שם, שכתב דמי שהיה עם המת, אפילו החזיר פניו בשעת יציאת נשמה, חייב לקרוע, כיון שיכול לראות, **וכל** מי שאין יכול לראות, אף על פי שהוא בבית אחד עם המת, אינו חייב לקרוע, ע"ש).

ואפי' אם לפעמים עשה עבירה לתיאבון - ‹וראיה מאבשלום שאביו בכה עליו – גר"א›, (**ואפי'** היא עבירה חמורה שהיו חייבים עליה מיתת ב"ד, אם לא עשה להכעיס רק לתיאבון, קורעים עליו, אם לא שהמיר דת, תפל"מ).

או שמניח לעשות מצוה בשביל טורח - ‹כיון שאינו עושה משום כפירה או להכעיס, עדיין נר אלהים מקרי, שעוסק בשאר מצות – לבוש›, ‹דמ"מ ישראל כשר הוא – ערוה"ש›.

הגה: אבל רגיל לעשות עבירה - אף לתיאבון, **אין מתאבלין** - ואין קורעין **עליו. וכ"ש על מומר לעבודת כוכבים** - ‹ועל שנהפך לישמעאל – ערוה"ש›.

וי"א שמומר שנהרג בידי עכו"ס, מתאבלין עליו - דחזקה שהרהר בתשובה, עכ"ל עט"ז, ולא דק, דא"כ כ"ש נהרג ע"פ ב"ד, **והטעם** הוא בהג' אשר"י ואו"ז, דכיון שנהרג הו"ל כפרה, והיינו כדאי' בש"ס, דכיון דשלא כדין מקטל הו"ל כפרה, **וכן מומר קטן שהמיר עם אביו או אמו, דהוי כאנוס. וי"א דאין מתאבלין, וכן עיקר.**

משמע דאף במומר שנהרג בידי עכו"ם, עיקר דאין להתאבל עליו, וכ"כ בעט"ז, וי"א דאין מתאבלים עליהם וכן עיקר, עכ"ל, **וצ"ע**, שבד"מ לא הביא אלא הגהת אשר"י והא"ז, שכתבו דמתאבלין עליו, ולא הביא שום חולק, **ולפעד"נ** שא"א לחלוק ע"ז, והוא שנ"ל שיצאה להם כן מש"ס פ' נגמר הדין, דמומר שנהרג בידי עכו"ם, כיון דלא מיקטל כדין, הוי ליה מיתתו כפרה ומתאבלים עליו, **וכ"מ** מדברי הר"מ שהביא הרא"ש בפ' אלו מגלחין.

הפורשים מדרכי צבור, אף על פי שאין מתאבלין עליהם, מתאבלין על בניהם. וע"ל סי' שמ"ה - [רבינו גרשון ישב על בנו שהמיר דתו י"ד יום, דק"ו לשכינה י"ד יום – הג' אשר"י]. ‹ע"ל סי' שמה ס"ו בלבוש›.

סעיף ו - על אדם כשר, שאינו חשוד על שום עבירה ולא על שום ביטול מצוה, ולא סני שומעניה, אע"פ שאינו גדול בתורה, ואע"פ שלא עמד בשעת יציאת נשמה, חייב לקרוע עליו - והב"ח כ', דלהר"ר יונה אדם כזה לא נקרא אדם כשר, ואינו נקרא אדם כשר לקרוע עליו אף שלא בשעת יציאת נשמה, אלא כשנוהג מנהג כשרים, לחזור אחר מצות ג"ח, ‹בשמהדר אחר מצות, וטורח להשיג מצות גמילות חסדים – ערוה"ש›, וכ"נ דעת הרמב"ן, והכי נקטינן ע"כ.

והוא שעומד שם בין מיתה לקבורה - מל' זה משמע קצת, שאינו חייב לקרוע אלא בפניו. **ול"נ** כהרא"ש והטור, דאפי' עומד בביתו חייב לקרוע, אפי' אינו עומד עליו, כשידע בין מיתה לקבורה, כ"כ הב"ח, ועיין שם שהאריך, **ול"נ** גם דעת המחבר כן, שהרי כתב בא"ח סי' תקמ"ז ס"ו, ועל אדם כשר אינו קורע אא"כ ידע בין מיתה לקבורה, ע"ש, **מיהו** האידנא נהגו להקל בכל ענין.

(**עיין** בספר תפל"מ, שכתב דצ"ע אי אשה כשרה ג"כ דינא הכי, כיון דאינו תלוי בתורה, או י"ל דצ"ל בעל תורה אלא שאינו גדול, משא"כ אשה, ע"ש).

ות"ח פטורים מקריעה זו - ודעת הראב"ד והרא"ש גבי כי נח נפשיה דרב ספרא דסבור רבנן דלא למיקרע עליה כו', נראה להדיא דת"ח חייבים, ע"ש.

(**עש"ך** שכתב דמדברי הראב"ד והרא"ש נראה דאף ת"ח חייבים, **ועיין** בס' אגודת אזוב, שהשיג עליו וכתב, דעד כאן לא כתבו דת"ח פטורים מקריעה זו, אלא באדם כשר שאינו חכם כמותם, מטעם דהוי כזקן ואינו לפי כבודו, דדין הקריעה הוא כדין עמידה והידור, שאין הגדול עומד מפני הקטן, **אבל** אם היה חכם כמותם, אף ת"ח חייבים, וע"ש שמביא ראיה לזה, דא"א שיחלוק שום אדם ע"ז ויאמר שת"ח חייבים בקריעה דאדם כשר הקטן מהם, דהא איתא במגילה כ"ח, ההוא דהוה תני הלכתא כו', ע"ש, **ולע"ד** יש לדחות, עי' בפרש"י שם, ובסוטה דף כ"ב, ועיין בתוס' גיטין דף ל"א ע"ב, ודו"ק).

הגה: וי"א דאין חייב לקרוע על אדם כשר, אלא אם כן עומד עליו בשעת יציאת נשמה; אבל חייב לבכות ולהתאבל עליו, וכן נהגו להקל - ‹וגם עתה לא נהגו בקריעות אלו – ערוה"ש›.

סעיף ז - על חכם ועל ת"ח ששואלין אותו דבר הלכה בכל מקום ואומרה, קורעין עליו אפילו לאחר קבורה, ביום שמועה, אם הוא תוך ל' יום. וקורע עליו בשעת הספדו - אם לא קרע בשעת שמועה, **וכ'** הב"ח, מיהו דוקא כשהספדו תוך ל', אבל לאחר ל' אין קורעין אפי' בשעת הספד.

(לא קרע ביום שמועה, וכבר עבר זמן הספדו, ולא קרע, שוב אינו קורע) – «אפילו הוא תוך ל', דשעת חמום של ת"ח אינו אלא או בשעת שמועה, או בשעת ההספד דאז מתעורר החימום – ערוה"ש».

וקורעין עליו עד שמגלין את לבם - ולהי"א שבסעיף ח', כ"ש הכא שאינו קורע אלא טפח, ובסי' רמ"ב יישב הב"י מש"כ שם הרמב"ם דברבו קורע עד שמגלה לבו. ומ"ש כן בחכם, הניח בצ"ע, ע"ש - ש"ך.

וכבר נהגו תלמידי חכמים בכל מקום לקרוע זה על זה טפח, אף על פי שהם שוים – «וחיוב הקריעה על החכם הוא לכבודו, וחכם השוה לו אינו חייב בכבודו». **ואין אחד מהם מלמד את חבירו** – «מ"מ נהגו לקרוע שיעור טפח מיהת – בדי השלחן».

הגה: י"א שאין קורעין על חכם, אא"כ הוא רבו, או שיודעין משמועותיו שחדש, דהיינו רבו, (כך משמע בטור, הרא"ש והגמי"י בשם הר"מ) - בשו"ע נרשם: כך משמע בטור, וליתא, אלא אדרבה בטור משמע איפכא, **אלא** הוא דעת הר"מ שהביא הרא"ש והגמי"י בשם י"א, שהביא ראיה מדאמרינן בש"ס, כי נח נפשיה דרב ספרא, לא קרעוה רבנן עליה, אמרי לא גמרינן מיניה, אמר ליה אביי מי תניא הרב שמת, חכם שמת תניא, ועוד כל יומא שמעתתיה בפומן בבי מדרשא, **והרא"ש** כתב, ול"נ הפך דבריו, וה"פ, ועוד אפי' אי תנן הרב שמת, כל יומא שמעתתיה בפומן, והרי הוא רב שלנו, עכ"ל, **וכתב** ב"י, ונ"ל שדברי הרא"ש מבוארין בטעמן, ומינה לא תזוז, **ולי** נראה דברי הר"מ ברורין בטעמן, דלפירוש הרא"ש קשיא, אטו לא ידעי רבנן דכל יומא שמעתתיה בפומן, אלא דהוה ס"ל דזהו לא מיקרי רב, וקאמר אביי דהוי רב, ועיקר חסר מן הספר, והכי הל"ל, ועוד דכיון דשמעתתיה בפומן הוי רב שלנו, **ותו** מנ"ל לאביי הכי, דלמא רבנן ס"ל דשמעתתיה בפומן לא הוי רב, ותו ל"ל האי ועוד, דהא רב ספרא עכ"פ חכם הוי, **אלא** ה"פ, מי קתני הרב שמת, חכם שמת תניא, דהיינו שידעינן משמועותיו שחדש, ועוד כל יומא שמעתתיה בפומן, כלומר עוד כל היום שמועותיו בפינו, וא"כ אנו יודעין משמעתתיה שחדש, וזה ברור.

וכן נהגו להקל במדינות אלו - כתב הב"ח, משמע דס"ל שאפילו שאר חכם שאינו שוה לחכם שמת, אלא קטן ממנו, נמי אינו קורע, **ולפע"ד** ליכא למ"ד הכי, שהרי בברייתא מפורש, חכם שמת הכל כקרוביו, הכל קורעין עליו, וכדקאמר אביי בש"ס, מי קתני רב שמת, חכם שמת תניא, אפילו אינו רבו, וכמו שדקדק הרא"ש מהך דאביי, ומפורש בב"י, עכ"ל, **ולא** עמדתי על סוף דעתו, דהרי הר"מ קאמר הכי, ומפרש דהך דחכם שמת, היינו שיודעין משמועותיו שחדש, ועפ"ז הם דברי הרב, וכבר כתבתי בסמוך שדברי הר"מ ברורין.

ומ"מ אני תמה שלא נהגו לקרוע אפי' על חכם שיודעין משמועותיו שחדש, ואפי' על גדול ממנו, ואין להם על מה שיסמכו, **ואולי** ס"ל דלא נקרא ת"ח אלא כשיודע דבר הלכה בכל מקום ואפי' במסכת כלה, כדאיתא בש"ס, וכבר כתב האגודה פ"ק דחולין, דעתה בעונינו אין ת"ח, דהא אין יודע אפי' במסכת כלה, עכ"ל, והביאו מהרי"ל ומהרי"ו בתשובותיהם, כמש"ל סי' י"ח ס"ק כ"ט, וצ"ע.

«**והירא** דבר ד' יקיים המצוה כתקונה, ויכול לקרוע בשולי הבגד, והמדקדקין קורעין בשולי הבגד בהאונטע"ר שלאק, ויכולין לאחותה מיד – ערוה"ש».

סעיף ח - על רבו שרוב חכמתו ממנו; אם מקרא, מקרא; ואם משנה, משנה; אם גמרא, גמרא; קורע כל בגדיו עד שמגלה לבו – «כעל אב ואם». **וי"א שאינו קורע אלא טפח** – «בבגד אחד». **ואינו מאחה לעולם** – «כבאביו ואמו». **ואפילו משמועה רחוקה, קורע עליו לעולם** – «כאביו ואמו, מפני שלעולם ברבו הוי שעת חימום – ערוה"ש».

[**כתב** ברוקח, על רבו שלמדו חכמה יושב עליו יום אחד או שעה אחת אבילות].

ואם לא למד רוב חכמתו ממנו, אינו קורע עליו אלא כדין שאר מתים שהוא מתאבל

עליהם – ‹והיינו קריעה טפח מיד, וגם לא בשמועה רחוקה›. **ואפילו לא למד ממנו אלא דבר אחד, בין קטן בין גדול, קורע עליו. הגה: וי"א דקרע שעל רבו שאינו מובהק, נמי אינו מתאחה** – ‹וכמדומני שאין המנהג כן – ערוה"ש›.

תלמידי חכמים שיושבים ביחד ומקשים ומפרקין זה לזה ולומדים ביחד, י"א שדינן כרב שאינו מובהק – ‹שכיון שמקשין ומפרקין זה לזה, כל אחד מקבל מחבירו, לפעמים זה מזה, ולפעמים זה מזה – לבוש›. **וי"א שדינן כרב מובהק.**

וי"א דאין צריכין לקרוע אלא על רבו שלמדו רוב חכמתו, אבל חברים הלומדים זה עם זה, או שהאיר עיניו בדבר אחד, אינו אלא חומרא בעלמא, והיכא דנהוג נהוג, והיכא דלא נהוג לא נהוג, ואין מורין כן. ולכן נהגו להקל במדינות אלו.

סעיף ט - על כל המתים, קורע עליו טפח בבגד העליון, ודיו – ‹ואם קרע בבגד התחתון, לא יצא, וצריך לקרוע העליון, ת' תורת חסד, אבל בת' פרח מ"א כתב דיצא – רעק"א›, **ועל אביו ואמו** – ‹שבטלה ממנו מצות כיבוד הוא חמור יותר, לפיכך› **קורע כל בגדיו, אפילו הוא לבוש י', עד שמגלה לבו. ואם לא קרע כל בגדיו, לא יצא, וגוערים בו** – ‹כמי שעובר על מצות עשה מדברי חכמים – לבוש›, **וכל זמן שאותו הבגד עליו** – ‹שהלך בו בשעת מיתתם – ערוה"ש›, **אומרים לו: קרע, אפילו לאחר שלשים** – ‹עיין במקור הדין בהרא"ש שכתב, דהוי כמי שאין לו חלוק ונזדמן לו אח"כ, דחייב לקורעו, וע"ל סי"ח, וכן הוא להדיא לקמן סי' שצ"ו. **ועל** מת אחר, אם לא קרע כלל, גוערין בו כל זמן שהבגד עליו תוך ז', אבל לאחר ז' לא – רעק"א›.

‹**תמוה**, כיון שלא קרע כל בגדיו כדין, הרי לא קיים עדיין מצות קריעה, ולמה פירש בש"ע דוקא אותו בגד שהיה עליו באותה שעה – תשובות והנהגות ע"ש›.

כתב מהרש"ל, דנהיגין דעל אב ואם מקרעין מצד שמאל, ועל כל שאר קרובים כגון בניו ואחיו מצד ימין, וכן מצאתי, עכ"ל, **וכתב** הב"ח, דכן נוהגין בקהלות, ומ"מ היינו מצד המנהג, אבל מדינא משמע דמצד שקורעין על אביו ואמו קורעין גם על שאר קרובים, כדמשמע בש"ס ופוסקים וט"ו לקמן סעיף כ"ב, **ואפשר** דהתם כיון שכבר קרע מצד א', לא נהגו להחמיר בכך ולקרוע בצד השני, אלא סגי בהוספה. ‹**ואם** שינה בין בזה ובין בזה יצא – ערוה"ש›. ‹**עיין** לקמן סי"ב בט"ז›.

סעיף י - אפרקסותו, אינו צריך לקרוע, יש מפרשין שהוא בגד הזיעה הדבוק לבשרו, ויש מפרשים דהיינו בגד העליון שקורין קאפ"ה – ‹ובלשוננו אויבע"ר בגד או מאנטו"ל או פלאס"ץ או בגד חורף – ערוה"ש›. [**הטעם** בזה בב"י בשם סמ"ג, שאינו אלא לצניעות, וכן פסק בסמ"ק, שאין קורעין הגלימא העליונה שקורין גרינ"ק, וזהו הטעם שכתב רמ"א שאין נוהגין לקרוע הסרבל העליון].

ופשט המנהג שלא לקרוע הקאפ"ה על שום מת, אפילו על אביו ואמו, ולקרוע על אביו ואמו גם החלוק שקורין קאמיז"ה – ‹כמו שאר כל הבגדים – בדי השלחן›. **הגה: ובמדינות אלו אין נוהגין כן, אלא אין קורעין החלוק של פשתן שהוא בגד הזיעה, ולא הסרבל העליון** – ‹וצ"ע על המנהג, הא בגמ' לא מיעטה רק בגד א', וצ"ל דס"ל דמיעטה הסרבל, והחלוק א"צ למעט כלל, דפשיטא שלא יגלה בשרו – ערוה"ש›.

הסרבל העליון – [ורצונו לומר מה שקורין בל"א רא"ק, **ובספר** משאת בנימין כתוב שהרא"ק צריך קריעה מן הדין, שהוא מלבוש גמור, ולא בא רמ"א כאן לפטור אלא המלבוש שקורין שו"ל מנטי"ל, שהוא בגד שראשו מקיף האדם סביב צוארו ומשתלשל למטה, שהולכין בו קצת זקנים בקראקא לצניעות בבית הכנסת, **ולא** הביא שום ראיה לדבריו, והם תמוהים מאד בעיני, דבשו"ל מאנטי"ל אין הולכין לבית הקברות, ואיך ירמוז עליו רמ"א במה שאינו בנמצא, כי אותו מנטי"ל הוא לכבוד והידור, ואין האבל הולך בבגד כזה בעת צרתו, **ובאגודה** פרק אלו מגלחין כתב בהדיא וז"ל: י"מ כמו קאפ"ה בצרפת, או סרבל, הואיל ולצניעות נעשית, ובשבתו בביתו אינו לובשו, עכ"ל, **והרי** גם הרא"ק אין אדם לובשו בביתו, **ובספר** הנ"ל מביא דברי אגודה אלו לראייה לו, ואמר שהאגודה לא נתכוין לזה, כי אין אותו

הרא"ק בנמצא אלא במדינה זאת, **ואתפלא** מאד על זה, דמה בכך, דודאי דין אחד להם, דכך לנו מלבוש הרא"ק כמו הקאפ"ה במדינות אחרות, דאידי ואידי מלבוש עליון קרי להו, דהא אין האדם הולך בו בביתו, ואם לפעמים לובשו בביתו, דעתו בטילה נגד הרוב בני אדם. **ועוד** אני אומר, דאין ראוי אפי' להחמיר ולקרוע הרא"ק, דהוי חומרא דאתא לידי קולא, דהיינו בשאר מתים שדין הוא לקרוע הבגד העליון לחוד, וזה ודאי אינו נכון שלא לקרוע רק הרא"ק, ולצאת בו ידי קריעה בבגד שהוא אינו חייב ודאי קריעה, וכמ"ש ב"י בשם הגה' מיימוני, שתמה על הר"מ בקריעת המקטורי"ן בדרך זה, והיינו ממש ברא"ק שבמדינה זו, ע"כ נראה לענ"ד ברור, דדברי רמ"א בסרבל העליון, דהיינו רא"ק שלנו, דאין צריכין קריעה, דאף שהוא מלבוש חשוב, מכל מקום לאו בחשיבות תליא מילתא, אלא במה שהוא לובש תמיד, כן נ"ל].

תמה על המשאת בנימין ולק"מ, דהרי המשאת בנימין כתב שם, שכן ראה רבותיו נוהגין, וטעמו מבואר, דדוקא השו"ל מנטי"ל, שאינו הולך בו אלא לצניעות, ואפי' כשרוצה לילך בשוק לעסקיו או לבית חבירו, אינו לובשו, רק כשהולך לבהכ"נ לובשו משום צניעות וכבוד השם, א"כ לא הוי מלבוש, ובבגד כה"ג מיירי האגודה והסמ"ק, **אבל** ברא"ק שלובשו כשהולך בשוק, ומי שהולך בשוק בלא רא"ק גנאי לו, וכא' מן הפחותים יחשבו, הוי מלבוש, **ומה** שתמה, דהא בשו"ל מנטי"ל אין הולכין בו לבית הקברות, ואיך ירמוז עליו רמ"א כו', **לק"מ**, דמה בכך שאינו הולך בו לבה"ק, אטו בגד שצריך קריעה, אם לא לבשו בשעה שהלך לבה"ק, לא יצטרך קריעה אח"כ, **ועוד** דהא כתב במ"ב שם, דדרך קצת זקנים מקראקא ללובשו בבהכ"נ בשעת תפלה, וכן כשמת לו מת בבה"ק כו' - נה"כ.

אבל שאר בגדיו, קורע באביו ואמו - כלומר עד שמגלה לבו, וכדלעיל סעיף ט', **ובשאר מתים, המלבוש העליון תחת הסרבל.**

סעיף יא - אחד האיש ואחד האשה שוים לענין קריעה, אלא שהאשה קורעת התחתון ומחזירתו לאחריה, וחוזרת וקורעת העליון - כלומר בקריעת אב ואם, שצריך לקרוע כל הבגדים, האשה קורעת התחתון תחלה ומחזירה לאחוריה, וחוזרת וקורעת העליון, כדי שלא תגלה את לבה, ויבואו האנשים העומדים שם לבוא לידי הרהור, **ואף** על גב דכתב הרב בסמוך, דאין נוהגין לקרוע החלוק, מ"מ כשמגלה החלוק נמי איכא פריצות, כמו מגלה לבה, כ"כ הב"ח בסעיף י'.

‹**והנה** זהו לפי הבגדים שלהם, אבל שלנו שא"א להחזיר לאחריה, אינה צריכה לקרוע כל בגדיה – ערוה"ש›.

סעיף יב - על כל המתים, אם רצה מניח שפת הבגד שלימה, וקורע מהשפה ולמטה - ‹באופן שלא יתראה הקרע כ"כ בגלוי כב' חתיכות בפ"ע, רק בתוך הבגד יהיה הקרע› **ועל אביו ואמו, צריך לקרוע כל השפה** - ‹שיראו הכל שהקרעים מובדלים לשנים – ערוה"ש›. **(וי"א אף על שאר מתים צריך לקרוע השפה, וכן נוהגין)** - ‹דכתיב: ויחזק בבגדיו ויקרעם לשנים, ממשמע שנאמר "ויקרעם" איני יודע שהן לשנים, אלא שנראים קרועים כשנים, דהיינו שקורע השפה – לבוש›.

[**כתב רש"ל**, דנוהגין דעל אביו ואמו מקרעין מצד שמאל, ועל שאר קרובים כגון בניו ואחיו מצד ימין, וכן מצאתי, עכ"ל, **אבל** במהרי"ל כתוב, דקרע לבנו על אמו בצד ימין. ומו"ח ז"ל כתב, מיהו מסתברא כיון דעל אביו ואמו צריך לקרוע עד שיגלה לבו, והלב משמאלו, על כן צריך לקרוע משמאל לגלות לבו, וכן נוהגין בקהילות ע"פ רש"ל]. ‹**ובדיעבד** אין זה מעכב – קש"ע›. ‹**ע"ל** ס"ט בש"ך›.

סעיף יג - על כל המתים יש לו לקרוע בפנים שלא בפני אדם - ‹בפנים בחדר שלא בפני העם – לבוש›, ‹**דצריך** להיות בצנעא, והוא בא' משני אופנים, או שקורע שלא בפני אדם, ואז א"צ להכניס ידו בפנים, או שיכניס ידו לפנים – בדי השלחן›, **לפיכך** - ‹גם כשקורע בחוץ› **יש לו להכניס ידו בפנים** - ‹תחת חלוקו – לבוש›, **וקורע בצינעא** - ‹והיינו שלובש המקטורן שלו, והיינו הבגד העליון שיוצא בו לרחוב, שאותו א"צ לקרוע, ונותן ידו מבפנים תחת המקטורן וקורע בצינעא – ערוה"ש›.
אבל על אביו [ואמו], אינו קורע אלא מבחוץ בפני כל אדם - ‹פושט הבגד העליון וקורע לפני הכל מבחוץ – ערוה"ש›.

סעיף יד - על כל המתים, רצה קורע ביד רצה קורע בכלי. על אביו ואמו, ביד - ‹שיש בו עגמת נפש יותר – לבוש›. ‹**ואם** התחלת הקריעה א"א

ביד, קורע מעט בסכין, ומושך הקריעה בידו טפח, ואף על גב דבידו יתקלקל הבגד יותר מבסכין, מ"מ על אביו ואמו אין קריעה אלא בידו דווקא ולא בסכין, **ולא** ביד של אחרים, **וגם** על שארי מתים דמותר בסכין, מ"מ צריך הוא לחתוך בעצמו ולא ע"י אחרים, דכן משמע מלשון הגמ' והפוסקים – ערוה"ש. ‹**עיין** לעיל ס"א בפת"ש דהביא איפכא›.

על כל המתים, אם בא להחליף תוך ז' ימים, מחליף ואינו קורע. על אביו ואמו, אם מחליף תוך ז', קורע כל הבגדים שהוא מחליף, ואינו מאחה לעולם, כמו בפעם הראשון - היינו בחול, אבל בשבת אף על אביו ואמו מחליף ואינו קורע, **ואם** אין לו להחליף, מחזיר הקרע לאחוריו, כדאיתא בש"ס, **מיהו** היינו דוקא כשמחליף בבגדים של חול, אבל בבגדי שבת נוהגין איסור, כדלקמן סי' שפ"ט סעיף ג'.

(על כל המתים יכול להחזיר קרעו לאחריו תוך שבעה, אבל לא באביו ואמו).

[כתב מו"ח ז"ל בשם מהר"ר מנחם מ"ץ, בגדים ישנים שהיו יודעים שלבש אותם קודם מיתת אביו, יכול ללובשן אחר ז' בלא קריעה, עכ"ל]. ‹**ואיני** יודע הרבותא בזה, דהא הגמ' לא אסרה רק תוך ז', ואי משום חשדא, שיאמרו שלובש בגד חדש, הישן ניכר לכל, וצ"ע – ערוה"ש›.

סעיף טו - על כל המתים, שולל (פי' תופר תפירה בלתי שוה) לאחר ז', ומאחה – [היינו תפירה שוה], **לאחר שלשים יום** - מותר ג"כ לשלול בערב הרגל, ודוקא סמוך לערב לאחר שהתפללו מנחה, מהרי"ו. ‹**ויש** לעיין בדבריו, דמשמע שבא לומר כן אף לדעת הרמ"א, שכתב שאין חילוק אם פגע בהם הרגל או לא, וא"כ למה יהא מותר לו לשלול בערב הרגל, **מיהו** לפי מה שנהגו האידנא כדבסמוך, דהרגל מבטל ז' ול', יהיה מותר ערב הרגל סמוך לערב – בדי השלחן›.

(ואין חילוק אם פגע בהם הרגל או לא) - כלומר אף על גב דרגל מבטל גזרת ז' ול', כדלקמן סי' שצ"ט, היינו דוקא לענין אבילות, אבל לענין קריעה וכל מילי דקריעה, בעינן ז' ול' ממש, כ"כ ב"י בשם הגמי"י בשם ראבי"ה, והוא בתשובת מיימוני.

‹**משמע** בפשוטו שאין עולה כלל, ומונין ל' יום ממש, **אולם** לענ"ד המעיין בתשו' מיימוני יראה, דימים שלפני הרגל עולים לשבעה, ורגל בעצמו, אף עצרת ור"ה, עולים לז', ומשלים עד ל'. **ויום** א' שלפני ר"ה ור"ה עצמו, הם י"ד יום, וז' שלפני יוה"כ ויוה"כ, י"ד, הרי כ"ח, ומותר לאחות הקרע ב' ימים אחר יוה"כ, ועל אביו ואמו מותר לשלול, **ועיקר** החידוש, שאין הרגל דלאחר ז' מבטל כל השלשים לענין איחוי – רעק"א›.

מיהו האידנא נהגו לאחות הקרע כל שפסק האבלות, **ונראה** דמשום דטעמא דראבי"ה, דאמרינן בש"ס דאבילות לחוד וקריעה לחוד, **ואנן** קיי"ל כהרמב"ן, לקמן סעיף ל', דכשם שאין מתאבלין על הקטן, כך אין קורעין, דהא דאמרינן בש"ס אבלות לחוד וקריעה לחוד, היינו לומר דלית ביה האי כללא דהלכה כדברי המיקל באבל, אבל לענין כל שאר מילי אין חילוק, וכמ"ש הרמב"ן שם ומביאו ב"י, וכתב דהכי נקטינן, **וכן** לקמן סי' שצ"ט שכתבו הפוסקים סתמא שהרגל מבטל גזרת ז' ול', משמע דכל הגזרה ששייך בז' ול' מבטל מכל דבר, כנ"ל.

על אביו ואמו שולל לאחר ל' יום, ואינו מאחה לעולם - (כתב בר"י, אף להסיר כל אותה חתיכה כולה אשר בה הקרע, ולהניח חתיכה אחרת תחתיה, אינו רשאי, ודלא כהט"ז (סי"ט). בית דוד).

והאשה שוללת לאלתר - ‹אפי' תוך שבעה – ערוה"ש›, **מפני כבודה.**

הגה: וכל זמן שאסור לשלול, אפילו לחבר ראש הקריעה ע"י מחט, אסור. ויש מקומות שנהגו להחמיר אפי' על שאר מתים, שלא לשלול תוך ל', ואז אפי' ראש הקריעה אסור לחבר ע"י מחט.

סעיף טז - על כל המתים, אם רצה חולץ כתף – [בסוף פ"ק דב"ק פירש"י על חלוצי כתף, שקרעו בגדיהם עד שנראה כתפיהם, **ובפרישה** פי', מ"ש הטור "פי' חולץ זרוע ומוציא כתפו חוץ לקרע", היינו במקום שהוא פתוח כבר, ולא שיעשה אז קריעה. **ולא** עיין בגמרא שזכרתי – ט"ז], ‹**לחינם** השיג על הפרישה, דהטור ונמק"י אינם מפרשים כרש"י, וז"ל הנמ"י: חייב להוציא זרועו על שפת חלוקו ממקום הקריעה, כדי לבזות עצמו ולהראות הקרע לכל, עכ"ל – ערוה"ש›, **על אביו ואמו, חייב לחלוץ כתף, והולך כך לפני המטה עד**

שיקבר. ואם הבן אדם גדול, ואין כבודו שילך חלוץ כתף, אין צריך לחלוץ.

סעיף יז - נשיא דומה לאב, לחליצת כתף, ולקרוע מבחוץ, ולאחוי – ‹אך בזמה"ז אין לנו נשיא – ערוה"ש›.

כל הקורעים על חכם שמת, כיון שהחזירו פניהם מאחורי המטה שוללין, ומאחין למחר. וחכם שבאה שמועתו, שולל בו ביום ומאחה למחר. ועל נשיא ועל רבו מובהק, שולל למחר ואינו מאחה לעולם.

על חכם, חולץ מימין. ועל אב ב"ד, משמאל – ‹וניכרת יותר חליצה של שמאל – ריטב"א›, **ועל נשיא, מכאן ומכאן. ועל אביו ואמו ועל רבו מובהק, רצה מכאן רצה מכאן, ואם רצה, חולץ שתיהן.**

(וי"א דעכשיו בזמן הזה לא נהגו לחלוץ כתף כלל, וכן נוהגין האידנא) – ‹ואפשר משום דחשיב לן זילותא רבה, ואפילו לשפל ועני שבישראל, והו"ל כמו אין כבודו שבימיהם, נ"ל – לבוש›. ‹**דלפי** בגדים שלנו, כמעט הוא מהנמנעות אם לא לחלוץ כל הבגד כידוע, ולכן הכל מוחלים על כבוד זה – ערוה"ש›.

סעיף יח - על כל המתים, אם לא שמע אלא לאחר ל' יום, אינו קורע – ‹שאין אז חימום כל כך – לבוש›. **ומי שאין לו חלוק** - כגון שהוא פוחח, פי' בגדיו קרועים, או שהיה לבוש בגדים שאולים, רמב"ן, או שאין לו רק החלוק התחתון של פשתן, שאותו אין קורעין כדלעיל סעיף י' בהג"ה, ב"ח, **ונזדמן לו תוך שבעה, קורע; אחר ז' אינו קורע.**

על אביו ועל אמו, קורע והולך לעולם (כל בגדיו) – ‹מפני כבודם – ערוה"ש›. ‹**דהא** אפי' קרע על אביו אינו מאחה לעולם, כ"ש שאם לא קרע עליו שצריך לקרוע כל אימת ששומע, דודאי לעולם עת חימום הוא לו – לבוש›.

היינו אותן שעליו בשעת שמועה, אבל לא אותן שמחליף, כדלעיל סעיף י"ד, ‹ר"ל דרק כשלא קרע עדיין כלל, קורע לעולם, **הא** כשכבר יצא ידי קריעה אלא שהחליף בגדיו תוך ז', דשוב מתחייב בקריעה כדלעיל סי"ד, אם עבר ולא קרע, אינו קורע לעולם, וכסתימות הדין דסי"ד, **והטעם**, דכל הדין דמחליף קורע, הוא משום כבוד אב ואם, וכן הדין דקורע לעולם, ולשני חומרי כבוד אב ואם לא מחייבינן – נועם מלך›.

סעיף יט - כשם שאסור לאחות קרע שאינו מתאחה, כך אסור להפוך צד עליון של בגד למטה, ולאחותו – [נראה דאם בא לחתוך סביבות הקריעה ולהשליכו, ולהושיב שם חתיכת בגד אחר, שרי לאחר י"ב חודש לאביו ואמו, דאין זה בכלל איחוי הקריעה כלל, וכן הסכים מו"ח ז"ל בזה]. ‹ע"ל סט"ו›.

ואפילו הלוקח אותו אסור לאחותו – ‹דזהו כבוד אביו ואמו, שהקרע שבשבילם לא יתאחה לעולם – ערוה"ש›. **לפיכך אם בא למכרו, צריך להודיעו** - משום מקח טעות, אבל משום איסורא א"צ להודיעו, דהא אפילו בסתם אסור ללוקח לאחותו, ‹כדמסיים המחבר›, כדלעיל סימן ט"ז באותו ואת בנו, רמב"ן, ‹צ"ע, דהא התם אין הדין כן, אלא דמותר להלוקח לשחוט, והב"ח העתיק דברי הרמב"ן בענין אחר – דעת תורה›, **והב"ח** כ' דלא דמי, דהתם דין או"ב הכל יודעין, מה שאין כן דין קריעה, דלאו כ"ע דינא דקריעה גמירי.

ואם מכרו לו סתם, ולא הודיעו, אסור לאחותו עד שידע שאינו מהקרעים שאינם מתאחים – ‹ואין להקשות כיון שאמרו שהמוכר צריך להודיעו, למה אסרו ללוקח לאחותו עד שידע שאינו מן הקרעים שאינם מתאחים, והלא בידוע שמן המתאחים הוא זה, כיון שמכרו לו סתם ולא הודיעו, כדאמרי' לעיל גבי אותו ואת בנו במוכר בהמה לחבירו בד' פרקים בשנה, **דשאני** הכא מפני שרגלים לדבר שזה מן הקרעים שאינם מתאחין, שאילו היה מותר לאחותו, לא היה מוכרו כשהוא מקורע, שהרי הקרע פוחת בדמים, לפיכך אסרו על הלוקח לאחותו ולא סמכו על השתיקה של מוכר – לבוש›.

ואסור למוכרו לעכו"ם – ‹שודאי יאחנו – לבוש›.

סעיף כ - הקורע מתוך המלל – [מולל שני ראשי הקרע בין אצבעותיו, וכורכן יחד כעין כריכות ספרים, ותוחב שם שנים וג' תפירות], **ומתוך השלל** – [תפירה רחבה], **ומתוך הליקוט** – [אוגד בידו כל הקרע ראשו עם סופו, ותוחב במחט שתים ושלש פעמים], **ומתוך הסולמות** – [כמעלות הסולם, שתופר שתי תפירות ומפסיק, וחוזר ותופר למטה,

שמניח בין תפירה לתפירה הפסק מעט], **לא יצא** – [כיון שבלאו הכי היה כמין קריעה], **אבל מתוך איחוי אלכסנדרי, דהיינו תפירה שהיא שוה למעלה ובולטת מלמטה, יצא** - והוא שקורין בל"א איב"ר נא"ט, כמו שעושין בתפירת הכתונת, **וי"מ** אותו כמו התפירה שעושין החייטין בבתי שוקיים, שחוזרין וכופפין הבגד היוצא מהתפירה לשני צדדי התפירה, ותופרין אותו בשני צדדיו, ומותחין אותו עד שאין ניכר התפירה, פרישה, ועב"ח.

סעיף כא- קרע על המת, ומת לו מת אחר תוך ז', קורע קרע אחר - היינו שבאותו קרע מוסיף וקורע עוד טפח, או מרחיק שלש אצבעות וקורע עוד טפח, כדלקמן סעיף כ"ג, **לאחר ז', מוסיף על קרע הראשון כל שהוא.**

מת לו מת שלישי אחר ז' של שני, מוסיף עליו כל שהוא - כ' הד"מ, משמע אם מת לו מת תוך ז' לשני, אע"פ שקרע על שני קרע אחר, מ"מ אין להוסיף כל שהוא על הקרע ראשון כו', **ולי** נראה איפכא, שבתוך ז' של שני צריך טפח, **ואפשר** הכי נמי קאמר, אין להוסיף עליו כל שהוא, אלא צריך טפח, ודוחק. ‹**ותימה** לי על הבנת הרב ש"ך בדברי הד"מ, דכוונתו דתוך ז' לשני לא בעינא אפי' תוספות כל שהו, **וכי** משום דהוא מת ג', ישתנה דינו מהשני דבעי טפח כשמת תוך ז' לראשון, **והדברים** ברורים, דר"ל דאין לייחס קרע ג' למת א', ויוסיף כל שהו בקרע א', אלא אזלינן בתר מת דסמיך ליה, וכיון דהוא תוך ז' דידיה, צריך טפח – שבט יהודה›. ‹**והכי** פי' הד"מ, דאפי' אם קרע על מת שני קרע בפני עצמו, דהיינו שהרחיק ג' אצבעות מקרע הראשון, אפ"ה אם הוא תוך ז' לשני, אסור להוסיף על מת ג' אפי' על קרע הראשון, אע"פ שהוא לאחר ז' של הראשון, ומוסיף על הקרע הראשון, אלא צריך קריעה בפני עצמו טפח – טל חיים›.

וכן מוסיף והולך עד טבורו – ‹ומה שאין מוסיף יותר הוא משום צניעות – שבט יהודה›, **הגיע לטבור, מרחיק ג' אצבעות, וקורע. נתמלא לפניו, מחזירו לאחוריו** - וקורע מלפניו, **נתמלא מלמעלה, הופכו למטה** - וישים לו בית צואר מאחריו ויקרענו, ‹ויעשה בית צואר אחר ויקרענו – לבוש›, ‹וזהו כוונת הש"ך, שיעשה שם בית צואר וקורע, אלא שהלשון אינו מדוקדק – ערוה"ש›, **נתמלא מכאן ומכאן, נעשה כמי שאין לו חלוק, שאינו קורע** - ‹אע"פ שיש לו חלוקות הרבה, נעשה זה כמי שאין לו חלוק שאינו קורע, ואין צריך להחליף זה החלוק בחלוק אחר שלם לקרוע בו, דאדרבה אין לך אבילות גדול מזה, שהולך בזה החלוק הקרוע מכל צדדיו, ואע"פ שעל מת זה לא קרע – לבוש›.

סעיף כב- אמרו לו: מת אביו, וקרע. ואחר ז' מת בנו, והוסיף, מתאחה התחתון ולא העליון - ‹דתוך ז' אינו מוסיף אפילו ירצה להוסיף טפח, שכיון שקרע תחלה זה הקרע על אביו, אע"פ שיוסיף עכשיו טפח, לא יהיה קרע של בנו או אחיו ניכר, כי יאמרו שהוא כמתחמם וקורע והולך על אביו, שלפעמים אדם קורע והולך על אביו יותר מעד לבו, **אבל** אם הוא לאחר שבעה, יכול להוסיף על בנו ואחיו בקרע של אביו טפח, דחימום האב כבר הלך לו – לבוש›.

אמרו לו: מת בנו, וקרע, ואחר ז' מת אביו, אינו מוסיף, אלא קורע קריעה אחרת, שאין אביו ואמו בתוספת - והב"ח כתב, דאם בקריעה הראשונה שקרע על בנו הבדיל קמי שפה, א"צ קריעה אחרת, וסגי במה שמוסיף על הקרע הראשון, **ואין** זה נראה לענין דינא, דאף לפי פירושו מוכח מהרמב"ן, דלהרמב"ם אפילו הבדיל קמי שפה צריך קריעה אחרת, וכן משמע פשט דבריו, וכתב עליו הרמב"ן שיפה כוון, וכ"פ רבינו ירוחם, וכ"כ נ"י בשם הראב"ד, **וכן** נראה דעת הרב, שאע"פ שכתב לעיל סעיף י"ג, שנוהגין להבדיל קמי שפה על כל המתים, סתם כאן ובסעיף כ"ג כדברי המחבר, וכן העט"ז, ‹וז"ל העט"ז: שאינו נכון לעשות עיקר הקריעה על אחרים, ושל אביו ואמו טפלה להם›. ‹**ועיין** בסכ"ג שמבואר סברא אחרת וכמו שפירש הש"ך›.

סעיף כג- מי שמתו לו שני מתים כאחד, או שבאה לו שמועה משנים כאחד, קורע קריעה אחת על שניהם - ‹דהא שניהם חימום אחד הם – לבוש›. **קרע ואח"כ מת לו מת אחר (תוך שבעה) (טור), קורע קרע בפני עצמו, בין באותו קרע עצמו שמוסיף בו וקורע עוד טפח, או מרחיק ג' אצבעות וקורע טפח. לאחר ז', מוסיף על קרע ראשון כל שהוא.**

מת אביו או אמו ואחד משאר קרוביו, קורע תחלה על אביו או על אמו עד לבו, ומרחיק שלש אצבעות, וקורע טפח על המת האחר - ‹שאם יקרע על שניהם קרע אחד, אפילו יקרע יותר מעד לבו עד טבורו, לא יהיה ניכר שקרע קריעה על האחד משאר קרוביו, שיאמרו מתוך רוב חימום על אביו או על אמו קרע הכל על אביו או על אמו – לבוש›.

מת אביו, וקרע, ואחר ז' מת אחד מהקרובים, מוסיף על קרע הראשון – ‹ומותר להוסיף בקרע אביו, מפני שהוא כל שהוא – ערוה"ש›. ‹**מוסיף** טפח, [ובהוספת שאר קרובים די בכל שהוא וכנ"ל], דחימום האב כבר הלך לו - לבוש›, **ותחתון מתאחה ועליון אינו מתאחה.**

מת אחד מהקרובים, וקרע, ואח"כ מת אביו או אמו, בין בתוך ז' בין לאחר ז', מרחיק ג' אצבעות וקורע מן הצד בשפת הבגד, שהרי צריך להבדיל קמי שפה, וקורע עד שמגיע ללבו - משמע אף על פי שהבדיל קמי שפה גם בקריעה ראשונה, מ"מ כיון שצריך גם עתה להבדיל, א"כ כל המוסיף אינו מבדיל, לכך צריך קריעה חדשה, ‹ע"ל סכ"ב›.

מתו אביו ואמו כאחד, קורע קרע אחד על שניהם – ‹דחימום שניהם שוה – לבוש›.

סעיף כד - אמרו לו: מת אביו, וקרע, ואח"כ נמצא שהוא בנו, יצא ידי קריעה. והוא שנודע לו תוך כדי דיבור – ‹והוי כאילו קרע לשמו›. **ואם לא נודע לו עד אחר כדי דיבור, לא יצא** – ‹דצריך לכוין דעתו בשעת קריעה לשם איזה מת הוא קורע, דכתיב גבי קריעת דוד כשקרע על שאול ובניו, "על שאול ועל בנו", כלומר שהיה מכוין בקריעה אחת לשם שאול ובקריעה שניה לשם בנו – לבוש›.

אבל אם אמרו לו: מת לך מת, וכסבור אביו הוא, וקרע, ואח"כ נמצא שהוא בנו, יצא, אפילו לא נודע לו עד אחר כדי דיבור – ‹דהא סתמא קאמרו ליה, והוא קרע על אותה אמירה, ודאי היה דעתו בקריעה לשם המת מי שיהיה – לבוש›. **והב"ח** פסק דבכה"ג לא יצא ידי קריעה, ולא מיקרי סתם אלא הקורע על מתו לשם מי שהוא, א"צ לחזור ולקרוע אפי' לא נודע לו מי הוא עד אחר כדי דבור, ע"ש וע"ל סי' רל"ד סעיף ל"ג. **וכתב** ד"מ בשם נ"י, דאם א"ל מת לו מת סתם ואינו יודע איזהו, וקרע סתם, ואח"כ נודע לו מי הוא, יצא ידי קריעה, דיש ברירה, ע"כ.

סעיף כה - היה לו חולה, ונתעלף, וקרע עליו, ואח"כ מת; אם מת תוך כדי דיבור של קריעה, אין צריך קריעה אחרת. ואם לאו, צריך קריעה אחרת.

סעיף כו - אמרו לו: מת אביו, וקרע ונהג קצת ימי אבלות, ואח"כ אמרו לו: לא מת, והפסיק, וחזרו ואמרו לו: בפעם הראשון מת כמו שאמרו הראשונים, יצא ידי קריעה - ‹שהרי כדין קרע בשעת חימום – לבוש›. **ולענין** ז' ימי אבילות, קרוב היה לומר, כיון שחלה עליו אבלות ונהגו, אף על פי שבטל מקצת הימים בשוגג, עולין לו, ואין תשלומין לאבלות, ודבר זה צריך תלמוד, רמב"ן.

אבל אמרו לו מת, וקרע, ולא מת, ואח"כ מת, לא יצא ידי קריעה, [דהא אחר כדי דיבור הוא]. ‹אע"פ שלא נודע לו בנתיים שלא מת, דהא בשעת קריעתו עדיין היה חי, ולא היה חל עליו חובת קריעה כלל – לבוש›.

סעיף כז - קטן שמת לו מת, מקרעין לו – [בטור כ' מפני עגמת נפש, פי' כדי להרבות בהספד].

[**כתב הרי"ץ גיאות, וקטן שהגיע לחינוך, קורעין לו כדרך שמחנכין אותו בשאר מצות, ופירש ב"י, דהיינו אפילו היכא שמת לו מת דלית ביה משום עגמת נפש,** ‹והיינו כגון שמת תינוק – שבט יהודה›. ‹**ובדרישה** כ', דבקטן ממש קורעין לו קצת מפני עגמת נפש, ובקטן שהגיע לחינוך, קורעין לו כדין קריעה טפח – רעק"א›. **וכתוב בדרישה, מכאן ראיה קצת שקטן שהגיע לחינוך צריך לנהוג כל דיני אבילות, ע"כ. ולפענד"נ** דדוקא בקריעה אמרינן הכי, דהא כתב הרא"ש מחלוקת רבו מהר"ם וסברתו אם נעשה בן י"ג שנה בתוך ז' ימי אבילות, אלמא דבעודו קטן פשיטא דאין צריך לנהוג אבלות, וכן משמע בטור ומחבר לקמן סי' שצ"ו, ע"ש - נקה"כ. ‹**כ"כ** גם בדגמ"ר דכן מבואר לקמן סי' שצ"ו ס"ג, ולא שייך כאן חינוך, שמתוך זה אתה מבטלו מת"ת, אבל בקריעה אין כאן ביטול ת"ת›.

סימן שמ – ענין הקריעה, שיעורה ומקומה, ועל מי קורעין ובאיזה זמן קורעין

[ונ"ל, דאף ביום שמועה קרובה, דהוה כמו יום הקבורה, כמו שכתוב לקמן סימן ת"ב, הוה דינא הכי, דגם שם איכא עגמת נפש וכבוד למת לעיני הרואים קריעה של קטן, ויש מי שחולק ע"ז, ‹דלא שייך עגמת נפש אלא בפני המת והיכא דשכיחא רבים, כדי להרבות בבכיה והספד לרבים, ואיכא כבוד המת›, ‹הוא דעת תשו' משאת בנימין – רעק"א›, ואין בדבריו ממש – ט"ז].

סעיף כח - הקורע בשבת על מתו, אף על פי שחלל שבת – ‹דאין זה מקלקל, כיון דחייב בקריעה הוי תקון – ערוה"ש›, **יצא ידי קריעה.**

סעיף כט - הקורע בחלוק גזול, לא יצא ידי קריעה - דל"ד לקרע בשבת, שגוף החלוק אינה עבירה, ‹אלא בהזמן – ערוה"ש›, אע"פ שהמעשה שעשה הוא עבירה, אבל הכא גוף החלוק הוא עבירה.

סעיף ל - קטן דלא קים לן ביה שכלו לו חדשיו, שמת בתוך ל' או אפילו ביום שלשים – ‹דהוי ספק נפל – לבוש›, **אין קורעין עליו** – [לפי שהקריעה היא דרבנן, וספיקא לקולא]. ‹אך בנפל מן הגג או אכלו ארי וכיוצא בזה, דעת התוס' בבכורות, דמתאבלין עליו ביום ל', ע"ש, וכן קורעין עליו – ערוה"ש›.

אבל קים לן דכלו חדשיו, כגון שבעל ופירש, אפילו מת בתוך ל', קורע ומתאבל עליו. ‹דבר קיימא הוא – לבוש›.

סעיף לא - אין קורעין ביום טוב, אפילו ביו"ט שני של גליות, אפילו קרובים של מת – ‹דלענין קריעה לא שוי יו"ט כחול לגבי מת – לבוש›, **אבל בחול המועד, קורעין על כל אחד כפי מה שהוא, אם עומד בשעת יציאת נשמה או אם הוא אדם כשר או חכם, על כל אחד כדינו שנתבאר** - (עיין במשנה למלך שכתב, דאם מת ביו"ט ראשון, אינו יכול לקרוע בחול המועד, אלא ידחה הקריעה עד אחר החג כשיתחיל להתאבל, **ומה** ששנינו אין קורעין אלא קרוביו של מת, מיירי שמת בחוה"מ, דכיון דהוי שעת חימום הותרה אצלו, **אבל** מת ונקבר ביו"ט, כיון דנדחה הקריעה דאין יכול לקרוע ביו"ט, נדחה נמי עד זמן האבל).

הגה: וי"א דנוהגין שאין לקרוע בחול המועד, רק על אביו ואמו; ועל שאר מתים - כלומר קרוביו, **קורעין לאחר המועד** - אבל על שאר אדם כשר, נהגו להקל שלא לקרוע כלל, כדלעיל סעיף ו' בהג"ה, **ובמקום שאין מנהג, יש לקרוע על כולם** - כתוב בתשובת משאת בנימין, דהיינו בכל מלכות פולי"ן, דאילו באשכנז נהגו שלא לקרוע כי אם על אב ועל אם, וכמ"ש הרב בא"ח סימן תקמ"ז סעיף ו', אבל במלכות פולין יש לקרוע על כולם.

[לפי שבמרדכי מביא דעות שאין לקרוע כלל בחוה"מ, על כן מכריעין לחלק בין אב לשאר קרובים], **ואין** חילוק בין יום קבורה ליום שמועה, רק בין אביו ואמו ושאר קרובים, [אבל במקום שאין מנהג יש לקרוע על כולם בחוה"מ, דהעיקר כההיא דעה שקורעין בחוה"מ, דמשמעות המשנה כך היא].

סעיף לב - שמע ברגל שמועה קרובה, קורע - ‹דיום שמועה יום חימום הוא כיום הקבורה›, **ואפילו אם אחר הרגל תהיה רחוקה** – [פי' דאמרינן בגמ', אין קריעה בלא שבעה, והו"א דבכאן אינו קורע, כיון שלא ינהוג שבעה אחר המועד, דהא יהיה רחוקה, קמ"ל דלא כן הוא, דלא אמרו אין קריעה בלא שבעה, אלא אם שמע ביו"ט עצמו דאינו יכול לקרוע, ולאחר הרגל יהיה רחוקה ולא ינהוג אז אבילות אלא יום א', בזה לא יקרע אפילו אחר הרגל, **אבל** בשמע שמועה קרובה בחול המועד, דיכול לקרוע, קורע בחוה"מ, אע"פ שאחר הרגל יהיה רחוקה ולא ינהוג אלא יום אחד, מ"מ עכשיו זמן קריעה היא לו, דאין הרגל מפסיק אלא האבילות ולא קריעה]. ‹והרי היה ראוי לשבעה ושלשים, אלא שהרגל הפסיקו מן האבילות, ואינו מפסיק הקריעה – לבוש›.

ואפי' לפי מנהגינו לעיל סעיף ל"א, דאין קורעין על שאר קרובים בחש"מ, לא נהגו כך אלא היכא דיכול לקרוע אחר הרגל, **אבל** היכא דנעשית רחוקה לאחר הרגל, דאין יכול לקרוע אחר הרגל, בהא ליכא מנהג, ויש לתפוס כהלכה וכרוב הגאונים, נ"ל.

וכ' מהרש"ל, היכא דשמע שמועה רחוקה, אינו קורע ברגל אפילו על אביו ואמו, ע"כ, עכ"ל ב"ח. [אלא קורע אחר הרגל, דמאחר שנפסק ממנו אבילות, לא חמיר הקריעה לדחות הרגל, עכ"ל]. (**ועיין** בתשו' מהרי"ט שלא פסק כן).

סעיף לג - ההולך בבגד קרוע לפני המת, שמראה עצמו שקרע, ולא קרע, הרי זה גוזל את החיים ואת המתים - ‹שמרמה את הכל – לבוש›.

סעיף לד - האומר לחבירו: השאילני חלוקך שאבקר את אבא שהוא חולה - ‹ולא הזהירו שלא יעשה בו קרע אם יצטרך לקרוע – ערוה"ש›, **והלך ומצאו שמת, קורעו** - ‹שכיון שגלה לו שילך לבקר את אביו, ודאי זה אדעתא זה השאילו לו, שאם ימצאנו מת יהא לו רשות לקורעו, כדי שלא יתבייש לומר שאין החלוק שלו – לבוש›, **ומאחהו** - אע"ג דעל האב אין מאחין לעולם, כדלעיל סעיף ט"ו, שאני הכא שאם נתן לו רשות לקרוע שלא יתבייש שם, לא הקנהו, הלכך מאחהו, [וזהו דלא כדעת הטור], **ומחזיר לו חלוקו ומשלם לו דמי קרעו** - ‹מה שהוזל הבגד עי"ז – ערוה"ש›. **ואם לא הודיעו** - שהולך לבקר בו החולה, **ה"ז לא יגע בו** - ונ"ל דאף אם קרע לא יצא, דהוי שואל שלא מדעת, וגזלן הוי, ובחלוק הגזול לא יצא, כדלעיל סכ"ט.

סעיף לה - המשאיל לחבירו חלוק לילך בו לבית האבל, אינו רשאי ליטול ממנו עד שיעברו ימי האבל. (ובחושן המשפט סימן שמ"א ס"ב לא פסק כן) - ולענ"ד נראה דלא קשיא, דשם כתב, שאל חלוק מחבירו לילך בו לבית האבל כדי שילך ויחזור, עכ"ל, ר"ל דהשואל בקש מהמשאיל, אם כן לא נתכוין אלא לטובת השואל למלא בקשתו, ויכול לומר לו לא השאלתי לך אלא שתלך ותחזור, **אבל** הכא כתב המשאיל לחבירו כו', ר"ל שהמשאיל בא מעצמו לזכור להשואל במצוה שיקיים מצות ניחום אבלים, א"כ כל יומא ויומא רמיא מצוה עליה, כנ"ל, **ובב"ח** ובסמ"ע כתבו יישובים אחרים דחוקים, גם לא נתישב לפי דבריהם לאיזה צורך כתבו הט"ו דין זה כאן, שאין לו שייכות אלא בחו"מ, גם למה הביא בב"י דברי הרמב"ם שבחו"מ כאן, **אבל** לדידי אתי שפיר, דבחו"מ מיירי לענין ממונא, וכאן לענין איסור, ודו"ק.

סעיף לו - קורעין על שמועות רעות, כגון שנקבצו רוב הצבור למלחמה ושמעו שנגפו לפני אויביהם, אפילו לא נהרגו אלא המיעוט מהם. (וה"ה אם הלכו בשבי) - ‹דשבי קשה מחרב – לבוש›.

קורעין כו' - דכתיב: ויחזק דוד בבגדיו ויקרעם על שאול ועל עם ה' כי נפלו בחרב, **וכתב** ב"י בשם רבינו ירוחם, דלפי הפסוק נראה שחייב להתאבל כל היום, ולפיכך אינו שולל עד למחר, ע"כ. **ונראה** דה"ה דמאחין למחר. (**ודבריו** תמוהין, דהרי מבואר בסוף הסימן, דקריעה שעל שמועות רעות הוא מקרעים שאין מתאחין לעולם, וכן הוא בש"ס, ומצאתי בדגמ"ר שתמה על הש"ך בזה. גם הגאון מהר"ר דוד דעסא ז"ל תמה עליו בזה).

סעיף לז - השומע ברכת השם – [שאמר יכה יוסי את יוסי], **ואפילו ברכת הכינוי** - ‹עיין בספר תפל"מ שכתב, דר"ל אפי' כינוים הנמחקים, כגון חנון ורחום, חייב לקרוע, ע"ש›. **(אפי' אמרו בלשון לעז הוי כינוי), חייב לקרוע** - ‹דכתיב: ויבא אליקום בן חלקיה ושבנא הסופר ויואח בן אסף המזכיר אל חזקיה קרועי בגדים על דברי רבשקה, על גידופין ששמעו מפי רבשקה, כדכתיב: אשר שלחו מלך אשור לחרף אלהים חי – לבוש›.

והוא שישמענה מישראל - ‹דרבשקה ישראל משומד הוה›. [**דאם** היינו קורעים על עכו"ם, יתמלאו כל הבגדים קרעים], ‹שהרי הם מחרפין ומגדפין בכל יום – לבוש›. **לדעת** הרמב"ן והטור, בשם המיוחד חייב לקרוע אפי' בעכו"ם, **ופי'** שם המיוחד, בין בכתיבתו בין בקריאתו.

(**עיין** בספר משנת חכמים שכתב, דאף על פי שהשומע מפי עובד כוכבים א"צ לקרוע, אם בא ישראל ואמר ששמע מפי עובד כוכבים שגידף, כיון דעתה שמע הגידוף מפי הישראל, חייב לקרוע, **וה"ה** השומע עצמו שחוזר הגידוף, כיון דבעת ששמע מעובד כוכבים לא היה קורע, מחוייב עתה לקרוע, ע"ש).

(וי"א דבזמן הזה מומר דינו כעובד כוכבים) - ‹אע"ג דרבשקה ישראל משומד הוה, בזמנם לא הוו שכיחי משומדים, אבל בזמן הזה נפישי משומדים ופקרי טפי, ואם אתה מחייב לקרוע, נתמלא כל הבגד קרעים, כמו בגוים ויותר – לבוש›. **והב"ח** חלק על זה לפי מה שפירש הוא דברי הרמב"ם והסמ"ג, דאפי' בישראל מומר חייב לקרוע, ואין דבריו מוכרחים ע"ש.

ואפילו השומע מהעדים היאך בירך פלוני, חייב לקרוע - כלומר כגון ששמע מהעדים שפלוני בירך השם, אף על פי שאין העד מוציא הגדוף מפיו ממש, חייב השומע מפי העד לקרוע, **וא"צ** לשמוע משני העדים, אלא אפי' מאחד מן העדים, **וה"ה** כשאינו עד שהעיד בב"ד, אלא ששמע הגדוף ממש, כל השומע מפי אותו ששמע הגדוף ממש, אף על פי שזה לא הוציא מפיו הגדוף ממש, אלא שאמר פלוני גידף השם, חייב השומע לקרוע, **אבל** השומע מפי אחד פלוני גידף השם, והוא עצמו לא שמע הגידוף ממש, אלא שמעו מפי אחד מהעדים, אין זה האחרון חייב לקרוע, כל זה כתוב בספר ת"ה דאיתא בירושלמי, עכ"ל ב"ח.

(**ועיין** בספר משנת חכמים שהביא, דדעת הרמב"ם וסמ"ג והתוס' דלא כהירושלמי, וכל שאומר שפלוני גידף ולא הוציא הגידוף כלשונו מפיו, א"צ לקרוע, ותמה על הש"ך שלא הביא כלל דעתם. **והעלה** דלהם שומעין להקל בדרבנן, דמצותו של קריעה הוא מדרבנן, **וכתב** עוד דגם דין השני של הירושלמי, דהשומע מפי אחד כו', הוא רק לשיטתו, דאף שלא הוציא השומע הגידוף מפיו כ"א שאמר שפלוני גידף, חייב לקרוע, לכן מחלק בין שני לשלישי, **אבל** למש"ל דשומעין להקל כדעת הרמב"ם וסמ"ג, דכל שלא שמעו מפי השומע שהוציא לשון הגידוף מפיו א"צ לקרוע, גם דין זה ליתא, דבכה"ג ודאי גם אם שמעו מפי השלישי חייב לקרוע, ע"ש). ‹וז"ל: וכ"נ מלשון השו"ע שכתב בלשונו: אפי' השומע מפי העדים חייב לקרוע, ומדנקיט "העדים" ולא נקט "השומע מפי השומע", ע"כ דדוקא אם שומע מפי עדים, דבכדי שיעידו בב"ד בגמר דין היו מוציאין הגידוף מפיהם, מש"ה חייבין לקרוע, משא"כ בשומע מפי אחר, עכ"ל›.

והעדים אינם צריכים לקרוע פעם אחרת - (כתב בספר משנת חכמים, אם בא א' ואמר שפלוני גידף, והוצרך לקרוע, ושוב בא א' והגיד כן, א"צ לקרוע, כיון שכבר שמע וקרע, וכדאמרינן בעדים דא"צ לקרוע לפי שכבר קרעו כו', דאין חילוק בזה, ע"ש).

(**עיין** בספר משנת חכמים שכתב, דפשוט דבזמן שאין דנין דיני נפשות רק שמנדין אותו, כמבואר בחו"מ סי' תכ"ה, אין לבדוק עדים של מגדף כמו שהיו בודקים בזמן שהיו דנין, **דדוקא** כדי לקיים מצות סקילה היו מוציאין השם בפירוש וגם לשון הגידוף, אבל לענין להרחיקו מקהל ולחייבו נידוי, אין להעדים להוציא שם שמים מפיהם, ואצ"ל הלשון גידוף, ואם אומרים שפלוני גידף, מרחיקין אותו ומנדין אותו, **ולכן** הניח בצ"ע דברי הש"ע שכתב: ואפילו השומע מהעדים, דמהיכי תיתי יוציאו העדים הגידוף בזמן ההוא, ע"ש. **ולפי** דברי הש"ך, שאין העד מוציא הגידוף מפיו כו', אתי שפיר, **אך** כבר הוכיח הוא ז"ל בריש דבריו, מדכתב מהעדים, ולא נקט מפי השומע, משמע דס"ל כדעת רמב"ם וסמ"ג הנ"ל).

הרואה ס"ת שנשרף - וה"ה נקרע ונחתך ונמחק בזרוע, בין מישראל בין מעובדי כוכבים, דהכל תלוי כשרואה החלול השם בזרוע, ב"ח, **או תפילין, או אפילו מגילה אחת מהנביאים או מהכתובים, קורע שתי קריעות** - אחת על הכתב וא' על הגויל, ‹דשניהם נתקדשו בשם – לבוש›, **ודוקא ששורפין אותה בזרוע, וכמעשה שהיה** - ששרף יהויקים את המגלה.

[**משמע** דוקא בשריפה, אבל בשאר כליון לא, וכן פסק ב"י דהכי משמע בירושלמי, **ולא** משמע הכי בגמרא שלנו, שהרי אמרינן דבת נעמיתא הוי בעית למיבלע תפילין של רבי אבהו, אמר חייבינא שתי קריעות, אמרו ליה הכי אמר שמואל לא אמרו אלא בזרוע וכמעשה שהיה ביהויקים, ולא אמרו שלא אמרו אלא בשריפה דוקא, **ובירושלמי** אמרו בלשון זה, לא אמרו אלא על ס"ת ששרפו מלך ישראל בזרוע, **והנה** ע"כ מלך ישראל לאו דוקא, כמו שכתב ב"י גופיה, והוא משמעות כל הפוסקים, ממילא נמי מה שזכר שריפה הוא נמי לאו דוקא, כיון דבגמרא שלנו ליתיה, ע"כ ודאי שריפה לאו דוקא, וכ"פ מו"ח ז"ל].

(**עיין** בתפל"מ שכתב, דצ"ע אם קורעין על תלמוד ומדרש וכדומה, כיון דניתן לכתוב משום עת לעשות, ומה"ט מצילין מפני הדליקה, ע"ש). ‹**אם** ח"ו שורפים או מאבדים בזרוע ספרי הגמ' והפוסקים, ג"כ צריך לקרוע – ערוה"ש›.

(**עיין** בספר תפל"מ שכתב, דצ"ע אם ראה ס"ת שנשרף בשבת, או שמע ברכת השם בשבת, אי צריך לקרוע במוצאי שבת).

סעיף לח - הרואה ערי יהודה בחורבנן, או ירושלים או בית המקדש, חייב לקרוע. (ועיין באו"ח סימן תקס"א).

סימן שמ – ענין הקריעה, שיעורה ומקומה, ועל מי קורעין ובאיזה זמן קורעין

סעיף לט - כל אלו הקרעים - ‹שאין מתאבלין עמה לא שבעה ולא שלשים ולא י"ב, כגון שמועות רעות ושריפת ס"ת וכיוצא בהן - לבוש›, **ראשי למוללן** - שאוחז ב' ראשי הקרע בין האצבעות וכורכן יחד, ותוחב שתים או שלש תפירות, **לשללן** - תפירה רחבה שתפר הרבה במשיחה אחת, **ללקטן** - שאורג כל הקרע ראשו על סופו, ותוחב במחט ב' או ג' פעמים, **לעשותן כמין סולמות** - פירוש כמעלות הסולם, שתופר ב' תפירות, וחוזר ותופר למטה, והניח בין תפירה לתפירה הפסק, **למחרתו; אבל אין מתאחין לעולם.**

§ סימן שמא – מי שמתו מוטל לפניו בשבת או ביום טוב, ודיני האונן §

סעיף א - מי שמת לו מת שהוא חייב להתאבל עליו - אפילו אינו מוטל לפניו, אלא מוטל עליו לקברו, כל דין אונן עליו וכמו שיתבאר, **קודם קבורה** - ‹לא ינהג בפניו קלות ראש, כדי שלא יאמרו על המת, אדם קל היה, ולכך אין זה טרוד בקבורתו ואינו חושש במיתתו, והו"ל גנאי גדול למת ובכלל לועג לרש הוא, שאין לך לועג לרש גדול מזה, אלא יתראה לכל שהוא נטרד ונבהל על מיתתו, וגם שהוא טרוד ומתעסק בקבורתו. לפיכך אמרו... - לבוש›, **אוכל בבית אחר** – [דהוה כלועג לרש, כן פירש"י בפרק מי שמתו, **והא דלא אסרו גם באחר מטעם זה, לפי שדוקא בחייב בקבורתו יש חשש במה שאינו** עוסק בקבורתו ויושב לאכול בפני המת]. **ואם** אינו לפניו, מותר לאכול בבית שהוא שם, פרישה, וכ"כ הב"ח, אוכל בבית אחר מיירי במוטל לפניו ואיכא משום לועג לרש אם אוכל בפניו, **וזה** ודאי אסור אפי' בשבת, ע"כ, ‹שמראה שאינו חושש לו ואוכל בפניו – ערוה"ש›.

(**באמת** פליגי אהדדי, דודאי להט"ז שכתב: לפי דדוקא בחייב בקבורתו כו', א"כ בשבת שאינו רשאי לעסוק בקבורתו, מותר, **ולהש"ך** שכתב: דאפי' בשבת אסור, ודאי דס"ל דגם אחר אסור, ‹וכ"כ רעק"א›. **שוב** מצאתי בס' תפל"מ שכתב בהדיא כן, דלהש"ך גם אחר שאינו קרובו אסור לאכול לפניו, והא דתניא: מתו, משום אכילת בשר ויין, ע"ש. **ולענין** דינא נראה להחמיר כהש"ך - פת"ש).

קודם קבורה - הוא אונן, ואסור בכל הדברים שאונן אסור בהן, אבל לאחר קבורה, אפי' באותו יום שמת, אין דין אונן עליו.

אין לו בית אחר, אוכל בבית חבירו. אין בית לחבירו - כגון שהוא שרוי בין העובדי כוכבים, **עושה לו מחיצה ואוכל; ואפי' מחיצה של סדין סגי, אם תקע שולי הסדין בענין שאינו ניטל ברוח** - ‹וגובה מחיצה הוא י"ט›. **ואם אין לו דבר לעשות מחיצה, מחזיר פניו ואוכל** - ‹להורות דעושה זה מכח ההכרח, ואינו מביט בהמת בעת אכילתו. **ונ"ל** דשתיית עראי או אכילת עראי אין קפידא לאכול או לשתות בחדר זה, ואינו זקוק לצאת, אך שיחזיר פניו, מחמת דבארעי ליכא כל כך לועג לרש כמובן – ערוה"ש›.

ובין כך ובין כך, ואפילו הוא בעיר אחרת - משמע אפי' יש לו מי שיתעסקו עמו בעירו שמת, דין אונן עליו, והיינו כדעת הרא"ש שחולק אר"ת ומביאו הטור, **אבל** הב"ח פסק כר"ת, דקרובים שבעיר אחרת אין דין אונן עליהם, אא"כ אין למת קרובים המתאבלים עליו בעירו, שמוטל עליהם לקברו, **אבל** אם יש לו קרובים המוטל עליהם לטפל בעירו, אין דין אונן על אותן הקרובים שבעיר אחרת, ע"ש, ‹**ומ"מ** למעשה נראה שצריכין אנו לילך אחר הטור והשו"ע, ולכן מי שהודיעו לו ע"י הטעלעגרף שמת לו מת, ינהוג אנינות עד זמן הקבורה כפי השערתו – ערוה"ש›, **אינו מיסב ואוכל** - פי' על השלחן, ‹ר"ל שלפעמים לא הטו על מטה, אלא על השלחן שאוכלים עליו – בדי שלחן›, **או על המטה**, ‹לאכול בהסיבה כדרך החשובים על צדו השמאלית, וזהו כדי להראות הכנעה ושאוכל רק מפני ההכרח – ערוה"ש›.

‹**במסכת** שמחות איתא ג"כ: ואינו אוכל כל צרכו, ובירושלמי איתא: ולא אוכל כל צרכו ולא שותה כל צרכו – הגהת שו"ע›. **והפוסקים** לא הביאו זה, משום דלא נזכר זה בש"ס שלנו – ערוה"ש›.

ואינו אוכל בשר ואינו שותה יין - ‹כדי להראות צער ושאינו אוכל ושותה בהרחבה, וגם פרפראות נ"ל שאין לאכול, דאינו מותר רק מה שהוא הכרח – ערוה"ש›. ‹**מהר"י** אלפאנדרי נסתפק, אם מותר בתבשיל בשר וחמר מדינה – רעק"א›, (**עיין** בתשו' נו"ב בתשובה מבן המחבר, שכתב דאונן מותר ברוטב של בשר). ‹**ולכן** בתבשיל של בשר אין חשש, וכן שארי משקין לשתות מעט לפחוכי צערא

נראה דשרי, ולכן מותר לשתות מעט יי"ש ומי דבש ושכר, אבל לא הרבה – ערוה"ש›.

ואינו מברך ברכת המוציא – ‹כיון שטרוד במחשבת צרכי קבורה דהויא ליה מצוה, והעוסק במצוה פטור מן המצוה – לבוש›.

‹**ונוטל** ידיו ואינו מברך, מהר"י אלפאנדרי – רעק"א›, (**כתב** בספר חמודי דניאל כ"י, נראה דאונן אע"פ שמותר לאכול בלא ברכה, חייב בנטילת ידים, בין במים ראשונים בין באחרונים, ע"ש, **ולענ"ד** צ"ע בזה. **שוב** ראיתי בספר ברכי יוסף, שכתב דפשיטא ליה דאונן חייב בנט"י, דנט"י הוי משום גזירה משום סרך תרומה, ולפי"ז דהוי גזירה דרבנן, אין ספק דחייב, דכולהו לאוין מדאורייתא ודרבנן האונן חייב, **והביא** דמהר"י אלפאנדרי נסתפק בזה, ובשו"ת מכתם לדוד הסכים כן דחייב, **ומ"מ** נראה דהאונן יטול ידיו ולא יברך, ע"ש).

‹**ליטול** ידיו לאכילה מותר משום נקיות, אבל אינו מברך על נט"י, וכן כשהולך לנקביו נוטל ידיו ואינו מברך אשר יצר, וכן נט"י שחרית נוטל ואינו מברך, וגם ברכת התורה לא יברך, ויברך אחר הקבורה, **וכן** לא ילמוד ולא יאמר תהילים ולא שום תחנה ובקשה, וגם קדיש לא יאמר כיון שפטור מכל המצוות, **ויש** שנהגו שאחרים אומרים תהילים והאונן אומר קדיש, ונראה שלא נכון לעשות כן – ערוה"ש›.

ולא ברכת המזון - (כתב בספר חכמת אדם, דאם אכל ונקבר המת ועדיין לא נתעכל המזון שבמעיו, צריך לברך בהמ"ז, ע"ש, וכ"כ הגאון מהר"י ז"ל מליסא בסדור תפלה שלו, **וכן** ראיתי בכתבי הרב הגדול מהר"ר דניאל זצ"ל, אך כתב דטוב שיאכל מעט קודם, **וכתב** עוד הגאון מהר"י ז"ל מליסא, וכן באשר יצר, אם עשה צרכיו בעודו אונן, חייב לברך אשר יצר אחר שנקבר המת, אפי' כל היום, ע"ש). ‹**ולענ"ד** לא נראה כן, דכיון שבשעת האכילה ועשיית צרכיו היה פטור, אינו חל עליו חיוב עוד, ואפילו להסוברים שצריך להבדיל, זהו מפני שזמן חיובה נמשכת עד יום ד', משא"כ באלו שהחיוב אינו אלא בשעת מעשה, וכן נ"ל עיקר לדינא – ערוה"ש›.

ואין מברכים עליו ולא מזמנין עליו, אפילו אם אוכל עם אחרים שמברכים, לא יענה אחריהם אמן.

ופטור מכל מצות האמורות בתורה - (עיין בתשובת ח"צ, דדוקא מצות עשה פטור, אבל מצות לא תעשה חייב כשאר אנשים, ע"ש. **ועיין** פרי מגדים באו"ח שכתב, דאונן בע"פ מחצות, עשה דתשביתו, או בחה"מ לאו דבל יראה, אין מוזהר עליה כו', ע"ש, **ועיין** בספר חומות ירושלים מה שהשיג עליו).

(**וכתב** בשו"ת בית יהודה, שאונן פטור ממצות בדיקת החמץ, ויבדוק לו אחר, **ובספר** תשובה מאהבה כתב, שבפראג נוהגין שהאונן מקנה חלקו לשותפו, וגם בזה לענין חמץ יתנה במתנה לאחר, ואז יברך האחר ג"כ, משא"כ אם אינו בודק מחמת הקנאה רק דרך שליחות, צ"ע אם יברך. ‹**ואונן** בליל ראשון של פסח לא יאמר ההגדה, מפני שיש בזה אריכות דברים ומוטב לשמוע מאחר, ואמנם בדליכא אחר מחויב לאמר בעצמו – ערוה"ש›. **ועיין** בתשובת נו"ב שכתב, דאם הוא אונן בימי הספירה בלילה, ומקום הקברות רחוק מן העיר, באופן שיהיה אונן כל הלילה ההיא וכל יום המחרת, ואם לא יספור בלילה לא יוכל לברך גם בימים שאחריו, יספור באותו לילה בלא ברכה, ואז יכול לברך בשאר ימים, ע"ש. **ועיין** בתשו' שבות יעקב, דמי שהתחיל להתפלל או לקרות שמע, ונעשה אונן פתאום, יגמור ולא יפסיק, כיון דהא דאונן לא יקרא את שמע או יתפלל הוא רק מדרבנן, ע"ש).

ואפילו אם אינו צריך לעסוק בצרכי המת, כגון שיש לו אחרים שעוסקים בשבילו – ‹צריך ליזהר בכל זה, שאין הכל יודעין שיש לו עוסקין אחרים, ויודעים שזה קרובו, ויהיה גנאי למת אם יראו שלא יהא נזהר, ויאמרו אינו חושש במיתתו שאדם קל היה – לבוש›.

(**כתב** בספר חמודי דניאל כ"י, מי שמת לו מת ר"ל, והוא קודם התפלה, אם יש לו קוברין, אין להגיד לו כדי שיתפלל, **אך** אם מוטל עליו להתעסק, צריך להגיד לו).

וי"א שאפילו אם ירצה להחמיר על עצמו לברך או לענות אמן אחר המברכין, אינו רשאי (ועיין בטו"ח סי' ע"א) – ‹אי משום כבוד של מת, אי משום שיהא פנוי לעסוק בצרכי המת – ערוה"ש›.

(**עיין** בשו"ת ארבעה טורי אבן, שנשאל באשה אחת שמתה בשבת, והיו לה בנים וגם אחים, ואירע לאחים יאר צייט במוצאי שבת על אמם, אם רשאים

האחים לכנוס לבהכ"נ במו"ש להתפלל ולומר קדיש כדין יא"צ, **והורה** להתיר, ואף שהסכימו האחרונים באו"ח סימן ע"א כדברי י"א אלו, דאף כשיש מי שישתדל לצרכי קבורה אסור להחמיר על עצמו, **מ"מ** הכא כו"ע מודים דרשאים האחים להתפלל ולומר קדיש, דכיון שיש לאשה בנים, א"כ ליכא רק מפני כבודו של מת, א"כ הא גם מה שמתפללין ואומרים קדיש הוא כבוד של מת, כבוד אמם, **ועוד** דכבוד אמם קודם, דגם המת חייב בכבוד אמו, **אף** דבמתים חפשי, מ"מ לגבי האחים בודאי קודם כבוד אמם לכבוד אחותם, עכ"ד. **ונראה** דלטעם האחרון, דכבוד אמם קודם לכבוד אחותם, יש להתיר ג"כ היכא שאינם אחים לה רק מצד האב, ויש להם יא"צ על אמם, דאז לא שייך לומר דגם המת חייב בכבוד אמם, אפ"ה שרי, **אך** לענ"ד דבריו צ"ע, דהא כבוד המקום קודם לכבוד אביו ואמו, כמו שכ' לעיל סימן ר"מ סעיף ט"ו, ואפ"ה אונן פטור מכל המצות, וע"כ משום דהחמיר הקדוש ברוך הוא בכבודו של מת יותר מכבודו, וא"כ פשיטא דקודם לכבוד אביו ואמו, וצ"ע לדינא). (**והוראת** הארבעה טורי אבן תמוה בעיני, והוא נגד הירושלמי והפוסקים, ואין להורות כן - ערוה"ש).

ובשבת ויו"ט - (שהכל יודעים שאינו טרוד בקבורתו - לבוש), **אוכל בשר ושותה יין** - (ובסוגיא איתא: בשבת מסב ואוכל - רעק"א), **(אם ירצה)** - דכיון שהוא מתכוין למצוה, אם ירצה יאכל, ואם ירצה לא יאכל, שאינה חובה על האדם שיאכל בשר וישתה יין בשבת, שהרי אמרו עשה שבתך חול ואל תצטרך לבריות, הלכך בכל דבר שהוא מצוה, חייבים לעשותו בשבת, אבל זה רשות הוא, אם ירצה יאכל בשר וישתה יין, ואם לא ירצה יניח, עכ"ל תר"י, **ומשמע** דברכות ותפלה חייב בשבת וביו"ט, וכן נראה ממה שסדר הרב האי "אם ירצה" קודם "ומברך".

(**ע'** בתשו' שב הכהן שהעלה, דקאי רק על שבת, אבל ביום טוב מחויב לאכול בשר, ועכ"פ לשתות יין, (כיון שהוא חייב מצד הדין לקיים מצות שמחה, גם אונן חייב, אם אינו רוצה לקברו), ואפילו בליל יום טוב האחרון, עיין שם - רעק"א). (**ואפי'** בליל י"ט הראשון חייב כל אדם ג"כ בשמחה כמו בשאר ימי החג, ולכן גם אונן בליל ראשון כיון שאינו רוצה לקברו בלילה חייב בשמחה, ואינו רשאי להחמיר על עצמו, ע"ש).

ומברך, וחייב בכל המצות, חוץ מתשמיש המטה שאסור בו - (ומ"מ אסור בד"ת לדעת הי"א סעיף ה' בהגה, תפל"מ, וכ"כ בס' שמחת הנפש, שאין קורין אותו לעלות לתורה ואסור בד"ת - רעק"א).

(**עיין** בספר ברכי יוסף להגאון חכם חיד"א ז"ל באו"ח סימן תקנ"א, שיש מקילין בשבוע שחל ט"ב, לאכול בשר מבושל שנשתייר מסעודת שבת, וראיה מהא דאיתא בחולין י"ז, אברי בשר נחירה כו', וכתבו הפוסקים להקל בדרבנן, ע"ש. **ולפי"ז** גם כאן יש מקום קצת להתיר בחול במה שנשתייר מסעודת שבת, דפשיטא דהא דאונן אסור לאכול בשר הוא מדרבנן, **מכ"ש** לפמ"ש התוספות במ"ק, דמדינא מותר אונן בבשר כל זמן שאינו כשלמים, דהיינו שעבר שני ימים משחיטתו, אלא שאין רגילין בו היתר, עיין שם, **ואם** כן מה שנשתייר משבת בודאי עברו עליו שני ימים, דע"כ נשחט בערב שבת. **אמנם** לפי מה שכתב בתשובת נודע ביהודה, נסתר היתר הנ"ל, ופשיטא דגם לענין שבוע שחל תשעה באב אין להקל בזה).

(**עיין** באו"ח סי' תרצ"ו ס"ז לענין מי שמת לו מת בפורים, אם מותר בבשר ויין, **ועיין** בתשו' ושב הכהן שהאריך בזה, והעלה שאונן אסור בבשר ויין בפורים, ע"ש).

(**עיין** בתשובת ש"ב גבעת שאול, דמותר לילך לשמש בסעודת ברית מילה אם פרנסתו בכך, (אם הוא בשבת ויו"ט), ובלבד שלא יאכל שמה, (ואף דאסור בשמחה, בסעודת מילה דלית בה שמחה ודאי דשרי, דאין שמחה בלא אכילה ושתיה, ובפרט שיפסיד שכרו אם לא ילך, ודאי דמקלינן כה"ג - שם), **ובחול**, וכן בסעודת נשואין, אף כה"ג אסור).

(ומותר לילך לבית הכנסת בשבת - (וצריך לילך לבהכ"נ בשבת - ערוה"ש), **ואף בחול אין בו איסור, רק מאחר שאסור להתפלל, מה יעשה שם)** - (מזה משמע דאונן אינו מצטרף לעשרה - רעק"א).

(**עבה"ט** של הרב מהרי"ט ז"ל, ומ"ש דאונן בחול אין מצטרפין לכל דבר שבקדושה, עיין בתשובת פרח מטה אהרן, שגם דעתו כן, ע"ש שהאריך בזה. **ומ"ש** בשם נה"כ, שלא יאמר קדיש עד אחר הקבורה, **עיין** בתשובת אבן שהם שחולק על נה"כ, וכתב כהט"ז, דבשבת יאמר קדיש אף קודם קבורה, ע"ש, וכן משמע בתשובת שער אפרים, וכן פסק בתשובת נחלת שבעה, **וכן** העלה

בתשובת שבות יעקב, אלא שכתב שלא ראה נוהגין כדעת הט"ז בזה, מ"מ היכא דנהוג נהוג, וכן אם הורה המורה כדבריו לא מהדרינן עובדא, **ומנהג** עיר הקודש תוב"ב, שאומר קדיש בסיועת חזן הכנסת שאומר אחריו, ע"ש›.

ואם צריך להחשיך על התחום כדי לעסוק בצרכי המת, חל עליו אנינות ליאסר בכולן משעה שמתחיל ללכת כדי להחשיך על התחום. ואם רוצה לקברו ביו"ט ראשון על ידי עממין, אסור בכולן – ‹שאע"פ שעממין יקברוהו, מ"מ כיון שהוא צריך להמציא לו צרכיו, כגון ארון ותכריכין, הוה ליה כשאר אונן שאסור בכולן – לבוש›. **וכ"ש ביו"ט שני** - של גליות, **שהוא בעצמו יכול לקברו** - כמו שנתבאר באו"ח סימן תצ"ו ס"ב, **שחלו עליו כל דיני אנינות.**

(**עיין** ש"ך שכתב, דזה קאי איו"ט שני של גליות, ומשמע לאפוקי יו"ט שני של ר"ה, והראה מקום לאו"ח סי' תצ"ו ס"ב, **ואא"ז** הרב הגדול מהר"נ הירץ זצ"ל בגליון יו"ד שלו השיג עליו, דמ"ש באו"ח שם: חוץ מיו"ט שני של ר"ה, קאי על לכחול את העין, **אבל** לענין מת אין חילוק, ואפי' ביו"ט שני של ר"ה שרי, כמ"ש באו"ח סי' תקכ"ו ס"ד).

שחלו עליו כל דיני אנינות - (עיין בספר ישועות יעקב מהגאון ש"ב אב"ד מלבוב שכתב, דבזה, אם א"צ לעסוק בצרכי המת, כגון במקום שיש חבורה, והקרובים סומכים עליהם בענין קבורת המת, חייבים בכל המצות, דלא שייך כאן מפני כבודו של מת, שאין כבוד המת שיתעסקו בו יותר מכדי צרכו ביום טוב, עיין שם עוד). ‹**ולא** נהירא – ערוה"ש›.

ובמהרי"ל כתב בשם מהר"ש, על מת שמת בשמיני עצרת לעת ערב, שמותר להאבל לקדש בליל שמחת תורה שאחריו, משום דאין אנינות ביום טוב, ע"כ, **ועיין** בדרישה שביאר טעמו, דכיון דביו"ט שני נוהגין איסור לתפור התכריכים ולחפור הקבר ושאר מלאכות, וכמ"ש באו"ח סימן תקכ"ו, א"כ אינו מוטל עליהם הרבה, ולכן אין דין אנינות נוהג בלילה כי אם ביום, **ולפי"ז** ה"ה בכל ליל יום טוב שני שאינו נוהג בו דין אנינות, **אבל** דוחק לחלק כן, **אלא** נ"ל דמהר"ש לא ס"ל כרא"ש, אלא ס"ל כסמ"ג וכיש פוסקים דש"ס דידן, וחולק אירושלמי, ובכל ענין אין אבילות נוהג ביו"ט שני אפי' ביום, והכי משמע לישנא דמהר"ש, משום דאין אבילות ביו"ט, **ולפי"ז** לדידן דקי"ל כהרא"ש א"כ ה"ה בלילה אסור לקדש.

וכ"ש ביו"ט שני – [נראה דהיינו ביום שהוא זמן קבורה, אבל בלילה שלפניו, דהיינו מוצאי יום טוב הראשון, מותר כמו ביום ראשון, וכן פסק במהרי"ל הלכות יום טוב, שהורה מהר"ש על מת שמת בשמיני עצרת, שמותר להאבל לעשות קידוש בערב ליל שמחת תורה, משום דאין אנינות ביום טוב, ונראה שמזה הטעם פסק, שאין דרך לקבור בלילה]. ‹**ואין** הלשון משמע כן, ועוד דא"כ בכמה מקומות שהממשלה אינה מנחת לקבור בלילה, נימא ג"כ דאין אנינות בלילה – ערוה"ש›. **נמשך** לדברי הדרישה, ועיין בש"ך לא כתבתי כן - נקה"כ.

(**עיין** במג"א סי' תקמ"ח סק"ח שמתיר, וחולק על הש"ך), ‹דהא דיו"ט שני כחול שויוה רבנן לגבי מת ונוהג בו אנינות, זהו ביום אבל בלילה הקודמת לא תקנו, ולפי"ז בכל יום טוב שני אין דין אנינות נוהג בליל יום טוב השייך ליום השני, וכן יש להורות, וזהו גם דעת הדרישה שהביא הש"ך, **אא"כ** רוצה לקוברו בלילה, דאז חלה עליו אנינות עד אחר הקבורה – ערוה"ש›.

(י"א דתלמיד על רבו מובהק - ‹חייב להתעסק בכל צרכיו, ואסור וכו' – לבוש›, **אסור לאכול בשר ויין כל זמן שמוטל לפניהם)** – [זה קאי על ימות החול]. **וכן** כתב המחבר לעיל סימן רמ"ב סעיף כ"ז ולקמן סימן שע"ד ס"י בסתם. ‹**ולא** ראינו המנהג הזה – ערוה"ש›.

(**ועיין** בספר תפארת למשה שכתב דצ"ע, קטן שמת תוך למ"ד דאין מתאבלין עליו, וכן בן ח' והנפלים, אי אסור באכילת בשר ויין כל זמן שלא נקבר, כיון שמוטל עליו לקוברו, או אינו אסור, כמו שאין כהן מטמא להם, **ונראה** דבקטן תוך ל' יש להחמיר, כיון דרוב לאו נפלים, אלא דבאבל מקילים, עכ"ד. **ולענין** אם חייב בכל המצות, צ"ע. **שוב** ראיתי בברכי יוסף שכתב, מת לו בן תוך ל' ללידתו, משמע בירושלמי, דאין לו אנינות).

סעיף ב - מי שמת לו מת בשבת, יאכל במוצאי שבת בלא הבדלה, ולא יתפלל, ולא בבוקר קודם קבורה, ולאחר קבורה יתפלל תפלת שחרית, אם לא עבר זמנה - (כ' המג"א בסימן ע"א, דמיד כשמתחילין להשליך עפר על המת,

יקרא ויתפלל, **ונ"ל** דקודם חצות יתפלל שחרית, אבל ברכת השחר לא יאמר, כיון שבשעת חובתו היה פטור, עכ"ד, ע"ש. **ועיין** בתשובת זכרון יצחק כתב בשם אביו ז"ל, דמ"מ ברכת מקדש את שמך, שהיא שייכא לק"ש, שאנו מקדשים שמו יתברך ברבים, א"כ כשקורא ק"ש יכול לברך ברכה הנ"ל, **אכן** אם כבר עבר זמן ק"ש, אך קורא ק"ש כקורא בתורה, לא יברך. ‹**אך** ברכות יוצר אור ואהבה רבה לא יאמר אם עבר הזמן, רק יקרא ק"ש ויתפלל שמ"ע בלא תפילין, דאבל ביום ראשון אסור להניח תפילין, כמ"ש בסי' שפ"ח - ערוה"ש›. **וכ'** עוד שם, דלפמ"ש בתשובת מהר"ם לובלין, דבליל יו"ט אין בו דין אנינות, וידוע דכל ברכת השחר יכול לברך קודם אור היום חוץ מברכת הנותן לשכוי בינה, **א"כ** אונן ביו"ט יכול לברך כל ברכת השחר קודם אור היום חוץ מברכת הנותן לשכוי בינה, **וממילא** דאם לא אמר, מחויב לברך אחר הקבורה, אחרי שלא נפטר בעת חובתו. **וכתב** עוד דכשהאונן מתפלל לאחר קבורה עד אחר שבעה, לא יאמר פטום הקטורת וסדר הקרבנות›.

אבל תפלת הערב לא יתפלל, שכבר עבר זמנה. ולא דמי לשכח ולא התפלל ערבית שמתפלל שחרית שתים, כיון שבלילה לא היה חייב להתפלל - וכמ"ש באו"ח סימן ק"ח ס"ב.

[**כתוב** בדרישה, מכאן היה נראה דה"ה למתעסק בצרכי ציבור וכיוצא בו בזמן התפלה, שפטור מלהתפלל כמ"ש הטור סימן צ"ג, ומתוך העסק עבר זמן אותה תפלה, שגם כן א"צ להשלימה בזמן תפלה שאחריה להתפלל שתים אחד לתשלומין, כיון שג"כ בזמן העסק היה פטור מתפלה, כמו באבילות דהכא, דמה לי אונס דאבילות או עסק מצוה, ולדעתי כ"ש הוא, דהא כשנתעסק בצרכי ציבור גם כן עבד עבודת הש"י, עכ"ל. **ותמה** אני אם יצאו דברים אלו מפיו, דהא כל שהוא אונס מקרי פטור מתפלה, ובהדיא אמרו באונס דמתפלל אח"כ שתים, כמו שכתוב באו"ח סימן ק"ח, **ותו** דכתב בתה"ד, במי שהיה טרוד אצל הפקיד מחמת חוב, ולא היה יכול להיפטר אא"כ בהפסד ממון, ובתוך כך עבר זמן התפלה, דמיקרי אונס אף על גב דמחמת ממון הוא, ומתפלל אח"כ שתים, הרי לך בהדיא, אף על גב דהיה פטור באותה שעה מתפלה מחמת טירדא דמיקרי אונס, וה"ה נמי פטור מחמת טירדא דמצוה, וא"כ נסתרה דעת בעל הדרישה בזה בפירושו, **והא** דלמד דין זה מן אבילות דהכא, אין הנדון דומה לראיה, דדוקא אם הפטור בא מחמת דבר אחר, דהיינו שהוא עצמו יכול להתפלל בלי שום מניעה, אלא שהאבילות פוטרתו, בזה אין תשלומין אח"כ, דזה נקרא פטור ולא אונס, **משא"כ** אם הפטור מחמת טירדא, אין זה קרוי פטור מצד עצמו, אלא אונס, דהא באמת א"א לו להתפלל, שאין לו פנאי, והוה כמו חולה שאין יכול להתפלל, ועל זה תקנו תשלומין, דמיקרי פטור מחמת אונס כיון שא"א לו, כן נ"ל ברור].

תמה על הדרישה ולק"מ, דדוקא באונס שחייב מן הדין, אלא משום דאנוס הוא פטור, דינא הכי, **אבל** כשלא היה חייב מן הדין כלל, פטור אח"כ, **והלכך** בעסק בצרכי צבור, כיון דאינו חייב כלל מן הדין, משום דהעוסק במצוה פטור מן המצוה, **ובזה** נדחו כל דבריו ודו"ק - נקה"כ.

‹**אם** מת לו מת בלילה קודם שהתפלל תפלת ערבית, וכבר הגיע זמן התפלה, צ"ע אם יתפלל למחר בבוקר אחר הקבורה גם תפלת הערב, ולכאורה דמי זה למ"ש כאן בשו"ע באם מת בשבת. **אלא** שראיתי באשל אברהם באו"ח סי' ע"א, שכתב אם הגיע זמן תפלת מנחה קודם שמת לו מת, ונתעסק בקבורה עד אחר ערבית, העלה בתשובה ביו"ד סי' מ"ב, דאינו חייב להתפלל ערבית שתים, דהא אין החיוב חל עליו אלא ברגע אחרון של יום, דבזמן הקודם לזה אין בו חיוב כ"כ, אלא דיוצא כשמתפלל אז. ע"ש, כ"פ הרב מהר"א, ומהר"מ עשאל ס"ל דחייב, ע"ש, עכ"ל, **וא"כ** בזה אפשר גם הרב מהר"א מודה דחייב להתפלל שחרית שתים, דהא תפלת ערבית חל עליו חיוב מיד בצאת הכוכבים, כמ"ש באו"ח סי' רל"ה סעיף ג', **ולא** דמי לאם מת בשבת, דהתם לא חל עליו תפלת ערבית במו"ש כלל. **שוב** מצאתי בדגמ"ר שכתב כן, דאם מת בלילה צריך להתפלל שחרית שתים. ע"ש). ‹**ויש** חולקין, וכן נלע"ד דהולכין אחר סוף הזמן - ערוה"ש›.

ולענין ההבדלה, יבדיל אחר שיקבר המת - עד סוף יום שלישי בשבת, כמ"ש באו"ח סי' רצ"ט ס"ו.

‹**דלא** דמי לתפלה שאין זמנה אלא בערב, ומה שאמרו שאם שכח ולא התפלל ערבית שיתפלל שחרית שתים, אינו אלא בתורת תשלומין החוב שהיה חייב בלילה, אבל חיוב התפלה כבר עבר, לפיכך אם לא היה חייב בלילה אינו צריך לשלם

למחר, **אבל** ההבדלה לא משום תשלומין נגעו בה, אלא החוב הראשון של ההבדלה מן הקדושה מושך אחר השבת כל שלשה ימים, דבתר שבתא מיקרו – לבוש›.

(**עיין** בתשובת אא"ז פנים מאירות, שכתב באונן שלא היה יודע הדין והבדיל במוצאי שבת, אין צריך לחזור ולהבדיל לאחר קבורה שנית, ופסק כן הלכה למעשה).

[**כתב רש"ל בתשובה, דאם יש לאונן בן לימול, ועדיין לא נקבר המת, דמ"מ ימול הבן בבית הכנסת קודם עלינו, כמו בשאר פעמים. אח"כ מצאתי בשם רמ"א בכתב יד, שיש לקבור קודם, דאל"כ הוי אונן וא"א לו לברך להכניסו בברית, דאונן פטור מכל המצות, ונראה שיש לחוש לזה, אם אפשר לקברו קודם שיוצאין מבית הכנסת בשחרית, דאין דוחין זריזות המצוה, אבל אם א"א, יברך הסנדק וימול אותו בשחרית, דהא איתא בסימן ש"ס, מת ומילה, מילה קודמת**].

(**עיין** בשו"ת תשובה מאהבה, שהורה כדעת הט"ז גם במילה שלא בזמנה, שקרה לאבי הבן אנינות ביום שנתרפא וראוי למול, דמלין קודם קבורה, דאין חילוק בזה בין מילה בזמנו לשלא בזמנו, והסכים עמו ש"ב הגאון בעל אור חדש ועוד שני גדולים. **וע"ש** שכתב בשם ספר ברכי יוסף בשם תשובת בית יהודה, שמסכים לדברי הרמ"א, דיש לקבור קודם, באופן אם האב הוא המוהל, ולזה הסכים הרב בעל ברכי יוסף ז"ל, ע"ש. **ועיין** בתשובת חתם סופר שכתב, דמשמע שהגאון בעל זכרון יוסף עשה מעשה כהרש"ל, וכן הורה גם הוא ז"ל, ע"ש, **ומשמע** מדבריו דגם אם האב בעצמו המוהל, ימול קודם).

סעיף ג - מקום שנוהגים שכתפים מיוחדים להוציא המת, ולאחר שנתעסקו הקרובים בצרכי הקבורה ימסרוהו להם והם יקברוהו, משמסרוהו להם, מותרים הקרובים בבשר ויין - (בתשו' נו"ב מביא ירושלמי, דכ"ש שחייבים במצות), **אפי' קודם שהוציאוהו מהבית** - אע"פ שלא חל עדיין האבלות, **ששוב אינו מוטל עליהם.**

‹**ולכאורה** לפי"ז בזמנינו זה שבכל מקום יש כתפים מיוחדים, הותרו הקרובים בבשר ויין, ומימינו לא שמענו זה, ואין הדעת נותנת כן, דא"כ כל דיני אנינות יתבטלו ברוב המקומות, שאין הקרובים מזדקקים כלל להתכריכין וצרכי הקבורה, ועל הכל יש חברות העוסקים בזה, והקרובים רק נותנין ממון, וא"כ אין עליהם דין אנינות כלל, וחייבים בכל המצות בתמיה, והרי כבר נתבאר דעל כל האבלים חל אנינות אף אותם שאין הקבורה מוטלת עליהם, והרי יותר מזה פסקו הטוש"ע, דאפילו כשהאבל בעיר אחרת חל עליו אנינות אף שודאי אינו עוסק ואינו יכול לעסוק בצרכי קבורה, **אבל** באמת כוונת אחרת יש בזה, דמיירי כשקוברין המת בעיר אחרת, וה"פ נמסר לכתפים, כלומר שהוא אינו הולך לעיר קבורתו, אלא מסרו לכתפים שיוליכוהו לשם, בטלה האנינות ממנו, ועכ"ז הקרובים ההולכים לשם, נמשך אנינותם עד אחר הקבורה, **אבל** כשהקבורה בהעיר, לא מיבעיא הקרובים ההולכים לבית הקברות, אלא אפילו הנשארים בביתם, נמשך האנינות עד אחר הקבורה, וכן המנהג הפשוט בכל מדינתינו, וראיתי בנו"ב שכתב זה מסברת עצמו בקיצור – ערוה"ש›.

(**עוד** כתב בתשו' נו"ב, שחוכך לומר דהא דנמסר לכתפים מהני, היינו במקום שמוליכין המת למקום רחוק, ואין אונן הולך עמהם, אבל במקום שגם קרובים הולכים בשעת קבורה, לא מהני מסירה, ע"ש טעמו. **ומטעם** זה נהגו במקומינו, שהאוננים ממתינים להתפלל עד אחר הקבורה, אף שכבר נתפשרו עם הח"ק בעד מקום קבורה, ונתנו להם הוצאות ותכריכין, כיון דבמקומינו גם הקרובים הולכים בשעת קבורה. **ובספר** חכמת אדם התרעם עליהם, ע"ש, ובחנם התרעם).

הגה: מקום שנושאין המת מעיר לעיר, אם מקום קרוב הוא הוי כאילו מוטל לפניו. אבל אם הוא מקום רחוק, כגון מהלך שני ימים, מותר עד שיבואו לעיר קבורתו (רבינו יונה) - ‹ובשום אחד מהפוסקים לא נמצא זה, ולכאורה אינו מובן כלל, דכיון דההכנה לקבורה הוי אנינות, והרי גם זה הוא הכנה, דמה לי אם מכין צרכי המת או שמוליכו לקוברו, הלא עוסק בקבורתו, **ויראה** לי הטעם, דכיון דמן התורה בקדשים אין אנינות רק יום המיתה, כמבואר בזבחים שם, א"כ אינו מן הדין לתקן אנינות יותר מיום אחד, **ומ"מ** אם הקבורה במקומו, בהכרח להיות אונן אף כמה ימים עד הקבורה, דאין במה לחלק, **אבל** כשמוליכו לעיר אחרת, דיו יום אחד, ולכן דקדק לומר: מהלך שני ימים, כלומר יותר מיום אחד – ערוה"ש›.

סעיף ד - מי שמת בתפיסה, ולא ניתן לקבורה, לא חל על הקרובים אנינות - דלא קרינן מוטל לפניו, ‹שהרי אינם טרודים בצרכי קבורה – לבוש›, כיון דלא ניתן לקבורה, ‹ומי יודע אם ישתנו עמו –

ערוה"ש). **וגם אבילות לא חל עליהם, כיון שלא נתייאשו מלקברו** - ואפי' המושל רוצה ממון הרבה, מ"מ כיון דבממון תלוי הדבר, (משתדלין ומצפים לישועת השם שיערה ממרום רוח המושל), **שאחר כך יתפייס בדמים** מועטים, מפני כך לא חלה האבילות עדיין, (דאילו בדמים מרובים אסור לפדותו משום תיקון העולם – לבוש), **אבל** אם היתה הגזירה שלא ליתנו לקבורה מחמת שנאה ולא מחמת ממון, אינה עשויה ליבטל, וחלה האבילות מיד, כן מתבאר מדברי הרמב"ן ושאר פוסקים.

(**עיין** בתשובת נו"ב, שכתבו דבמקום שניתן הדת שלא לקבור מיד עד שיעבור מ"ח שעות, חל אנינות מיד, **ולא** דמי להכא, דהכא לא ניתן רשות לקוברו כלל, ואף אם יעלה בידם לקוברו, מ"מ אינם מחויבים עכשיו להכין תכריכים מיד ולחתוך נסרים, כיון שאפשר שלא יניחו כלל לקבור ויפסידו לחנם, **אבל** בההיא, אף שלא ניתן רשות לקבור מיד, מ"מ יש להם להכין תכריכים, לכן חל מיד אנינות. **מיהו** יש תקנה, שיטהרו תיכף ולשומו בארון שלם נקב מלמטה, (שם כתב, לארון הסגור במסמרות), **וגם** ימסרוהו לכתפים, אז יש לצרף דעת רש"י דזה מיקרי סתימת הגולל, כיון דאפשר דגם במקום שקרובים הולכים בעת קבורה מהני מסירה. **ונוהג** אבילות לחומרא. **מ"מ** ז' ימי אבילות לא יתחילו עד שיסתום הגולל בקבר. **וע"ש** עוד שנראה מדבריו, דבימות החורף שאף אם ימתינו לא יסריח, אסור לטהרו מיד, שאין זה כבוד).

(**ועיין** בתשובת יד אליהו שכתב, במי שמת לו מת בערב שבת ג' או ד' שעות קודם הלילה, ויש מנהג באותה העיר שאין קוברין את המת אחר ב' שעות אחר חצי היום בע"ש, **אף** שיש עדיין זמן רב לקברו, חייב האונן להתפלל מנחה, דהו"ל כאילו אינו מוטל עליו לקוברו, **ודמי** למי שמת בתפיסה, והמנהג ההוא ראוי לבטלו, ע"ש. **ולפי** מש"כ לעיל בשם הנוב"י, גם בזה יש עליו דין אונן קודם שבת ופטור מלהתפלל, **ואף** שגם המג"א כתב בסי' תקמ"ח, דאם א"א לקבור מחמת אונס, לא חל עליו אנינות, דדמי למת בתפיסה, ע"ש, **כבר** כתב בתשו' נו"ב שם, דדברי המג"א הוא ביו"ט שני, שאם אינו קוברו בו ביום אסור לעשות תכריכין, אבל בחול כו', ע"ש).

וכן אם קרובי המת בתפיסה, אין אנינות חל עליהם. וכן מי שנהרג בדרך או גררתו חיה או שטפו נהר, ולא נתייאשו מלקברו, אין על הקרובים לא דין אנינות ולא דין אבילות, ומונים לו ז' ושלשים מיום שנתייאשו מלקברו - (ולא נתייאשו מקרי, כששלחו לחפש אולי ימצאו, וכשחיפשו ולא מצאו ונתייאשו מלחפש, מקרי נתייאשו – ערוה"ש).

סעיף ה - כל זמן שלא נקבר המת, אינו חולץ מנעל וסנדל, ואינו חייב בעטיפת הראש וכפיית המטה - (וראיה מדוד שרחץ כו', ואבלות למדו ממנו – גר"א), (דהבין דלפי המחבר אונן אינו אסור בכל הדברים שהאבל אסור בהם, כגון רחיצה, ועיין בפת"ש לקמן), **אבל אסור לישב או לישן על גבי מטה, אפי' כפויה. הגה: וכל שכן שאסור בתשמיש המטה** - דאפי' בשבת אסור, כמ"ש לעיל ס"א.

וי"א דאסור ברחיצה וסיכה ושמחה ושאלת שלום ותספורת ובמלאכה - (ומה שכתוב בדוד: וירחץ ויסך כו', שאני, שהמלך מותר ברחיצה, כמ"ש ביוה"כ: והמלך והכלה כו' – גר"א).

(**עיין** בתשו' חת"ס, שכתב דגם דעת הרב"י כן היא, שכתב אינו חולץ כו', ומדפרט הני, ש"מ אינך אסורים, והוא ממש לשון ר"פ שבטור שאסרו בשאר דברים, והא דכתב הרמ"א וי"א, לפי שאינו מפורש בדברי הב"י).

(**ואף** בנמסר לכתפים, דמותר בבשר ויין, מ"מ בעדונין ושמחה אסור – רעק"א).

אבל מותר לצאת מפתח ביתו.

(**הרמב"ם** והרי"צ גאות והתוס' סוברים, דכל דיני אבלות אין נוהגין באונן, ורק בתשמיש המטה חולקים התוס', אבל הרמב"ן ורבינו פרץ ס"ל, שנוהג בו כל דיני אבלות לבד מה שהכרח לבלי לאסור הדברים הגורמים עיכוב לצרכי המת כנעילת הסנדל ולילך ברחוב וכיוצא בזה, **ולפ"ז** רבינו הב"י פוסק כהרמב"ם וסייעתו, ורבינו הרמ"א בא להוסיף, דאפילו לשיטה זו אסור בתשמיש המטה כדעת התוס', **וי"א** דאסור ברחיצה וכו', כלומר כדעת הרמב"ן והר"ף, אלא שקיצרו בזה, **והמציין** ברמ"א עירבב הדברים ע"ש ודו"ק, **עיין** פת"ש בשם החת"ס, דגם הב"י סובר כרמ"א, ולענ"ד ברור שאינו כן, ורק לענין לישב על מטה כפויה החמיר, מפני שזה נמצא בשמחות – ערוה"ש).

סעיף ו - המשמר את המת, אפילו שאינו מתו, פטור מקריאת שמע ומכל מצות האמורות בתורה - דעוסק במצוה הוא, ופטור משאר המצות, **היו שנים, זה משמר וזה קורא.**

§ סימן שמב – מי שהכין צרכי חופתו ומת לו מת שחייב עליו אבילות §

סעיף א - מי שהכין כל צרכי חופתו, שאפה פתו וטבח טבחו ומזג יינו - כתב הב"ח, דוקא שהכין כל צרכי חופתו, אבל אם לא הכין הכל, כגון שאפה פתו וטבח טבחו, ולא מזג יינו, או איפכא, דהשתא בע"כ צריך להשתדל להכין לו יין, ידחה החופה וישתדל להכין פעם אחרת גם הפת והבשר, עכ"ל, **ואין** דבריו מוכרחין, דהא עכ"פ אם לא יעשה החופה מיד יפסיד מה שהכין כבר, ושוב אין מכין להם מה שכבר נפסד, דנהי דצריך להשתדל להכין יין, היאך ישתדל להכין פת ובשר, **וראיה** לדבר, שברמזים פ"ק דכתובות לא כתב אלא מי שהיה טבחו טבוח ויינו מזוג ומת אביו של חתן כו', ולא כתב פתו אפויה, **וכן** מ"ש הב"ח, וכצ"ל דהכינו כל התכשיטין כו', אינו מוכרח מטעמא דאמרן, כיון דבתכשיטים נמי איכא הפסד, כמ"ש הר"ן והמחבר, כגון דאיכא תמרוקי הנשים שיתקלקלו.

ומת אביו של חתן, והוא במקום שאינו מצוי למכור, ואם תדחה החופה יפסיד מה שהכין; או שמתה אמה של כלה, ואיכא תמרוקי נשים וקישוטין שאינם מתקיימים - (ואפילו מת לו ג"כ אמו או שאר קרובים, שנשארו מי שיכין לו, מ"מ מכניסים לחופה משום פסידא דידה, והוא הדין איפכא במת אביו, תפל"מ). **(מאחר שאין לכם מי שיטרח בעבורם בפעם אחרת), מכניסין את המת לחדר ואת החתן ואת הכלה לחופה, ובועל בעילת מצוה** - דאם יקברוהו, יחול עליו אבילות בסתימת הגולל, ושוב לא יוכל לכנוס לחופה עד שיעבור האבילות, **ואע"ג** דאונן נמי אסור בתשמיש המטה וכדלעיל סי' שמ"א, **מ"מ** הכא הקילו והתירו תשמיש לאונן ולא לאבל, ‹ועשאוהו כמי שנתייאש מלקוברו כדי שיהא מותר בבשר ויין ותשמיש המטה – ערוה"ש›, [מחמת פסידא דאית ליה, ואין לו אב להכין אחר, **אבל** אחר שנקבר המת מתחיל האבילות, ולא התירו לו כאן איסור אבילות, אלא דחו את אבילות עד אחר ימי המשתה, והכל מחמת פסידא], **ומשום** קילותא דקמיה סתימת הגולל לא אתי לזלזולי באבילות דעיקר ז', דלעולם ימי אבילות מסתימת הגולל ואילך חמורים הם ממי שמתו מוטל לפניו, ומקילתא לחמירתא לא גמירי אינשי.

ופורש - ואסור לבעול שנית אפילו קודם שנקבר המת, משום דאונן אסור בתשמיש, רמב"ן שם.

וכיון שחלה עליו החופה הויא לדידיה כרגל, ונוהג שבעת ימי המשתה ואח"כ נוהג שבעת ימי אבילות - אפי' למ"ד אבילות יום ראשון דאורייתא, טעמא דנוהג ימי המשתה ברישא, משום דב"ד יכולים לעקור דבר מן התורה בשב ואל תעשה, **ולפי"ז** אינו ראוי להתעסק בדברים של שמחה כל אותו היום, אלא שאינו חייב לעשות מעשה דאבילות, והיינו שב ואל תעשה ביום הראשון, עכ"ל העט"ז, והוא מדברי הר"ן שהביא הב"י, **ונראה** דלדידן דקי"ל לקמן סימן שצ"ט ס"ס י"ג, יום ראשון אינו אלא דרבנן, מותר להתעסק בדברים של שמחה, ומטעם זה השמיטו המחבר והרב דברי הר"ן אלו, **וגם** העט"ז נראה שלא כתבו אלא למ"ד יום ראשון דאורייתא, תדע, דהא קי"ל דאפי' גיהוץ ותספורת מותר כל ז', כמ"ש גם העט"ז גופיה, ומשמע אפי' ביום הא', והרי אין לך מעשה גדול מזה, אלא ודאי כדפירשתי.

‹**ואם** בתוך ימי המשתה פגע בו רגל, מפסיק ליה גזירת שבעה, שכנה"ג בשם תשובת עדות ביעקב, **ולענ"ד** דין זה צ"ע, דבפשוטו כיון דעדיין לא חל עליו אבילות, אין הרגל מבטלו, וגוף התשו' אין בידי לעיין בו, וצ"ע לדינא – רעק"א›.

‹**ויש** בזה שאלה, כיון שמת קודם החופה, והתרנו לו החופה ושבעת ימי המשתה דדמי לרגל, למה לא יתבטלו ממנו גזירת שבעה לגמרי, **והתשובה** דלא דמי, דהתם הא נהג שעה אחת אבלות קודם הרגל, אבל כאן הא עדיין לא נקבר ולא חלה עליו אבלות עדיין, והוי כמת בתוך הרגל דלא נתבטלו האבלות – ערוה"ש›.

וכל שבעת ימי המשתה נוהג בהם דברים שבצינעא, ואסור בתשמיש המטה - וכתב הטור בשם הראב"ד, דדוקא בתשמיש וביחוד אסור, אבל במיני פרישות כמזיגת הכוס והצעת המטה והרחצת פניו ידיו ורגליו, מותר, ולא עוד אלא אפי' בחיבוק ונישוק יש להתיר, וכ"נ מדברי הרא"ש, וכ"נ דעת המחבר, שלא כתב לאסור אלא תשמיש המטה, **מיהו** תימא דבריש כתובות כתב הרא"ש וכן ברמזים שם, דכיון דהאי אבילות קילא ליה מנדה, אינה מוזגת לו הכוס ואינה מצעת לו המטה ואינה מרחצת לו פניו ידיו ורגליו, **ולענין** דינא, גם דעת ר' ירוחם דאסור, וכתב וזה לשונו: וכתב הראב"ד, אף על גב דהוא ישן בין האנשים והוא בין הנשים, מותרת במזיגת הכוס ובהצעת המטה, **ותמהו** עליו, וכתב מורי הר"ר אברהם בן אסמעאל נר"ו, כי מאחר שאסור לישן עמה ביחוד, כ"ש שאסור לה למזוג כוס ולהציע לו המטה ולרחוץ פניו ידיו ורגליו, עכ"ל, **וכן** מוכח בש"ס ריש כתובות דף ד', דהא בנדה יחוד שרי כשבעל, ואפ"ה מזיגת הכוס אסור, מכ"ש אבילות דהכא דיחוד אסור, דמזיגה יהא אסור, **וליכא** למימר דלענין נדה יותר מסתבר לאסור מזיגת הכוס כו', ולענין אבילות יותר מסתבר לאסור יחוד, דא"כ מאי פריך ש"ס, למימרא דאבילות קילא ליה מנדה, האמר ר"י ב"ח כל מלאכות שהאשה עושה לבעלה כו', וגבי אבילות תניא כו', **ואפשר** דעת הראב"ד כדקמסיק, אבילות דהכא כיון דאקילו ביה רבנן, אתי לזלזולי ביה, ומן הדין היה מותר אבילות דהכא אף ביחוד, רק דחכמים אסרו ליה יחוד כי היכי דלא לזלזל ביה, א"כ די כשעשו לו היכר בין אבילות דהכא ואסרו לו יחוד כי היכי דלא לזלזל, ומה לנו לגזור עוד ולאסור גם מיני פרישות.

הלכך כל ז' ימי המשתה וז' ימי האבל הוא ישן בין האנשים, והיא ישנה בין הנשים - כתב העט"ז, אף על גב דשאר אבל מותר להתיחד, שאני הכא שאשה חדשה היא לו כו', **ולא** דק, דלפי זה אפילו אירע בו אבילות שבעה תוך ז' ימי המשתה אסור להתיחד, והא ליתא כמבואר לקמן סי' שפ"ג, והאמת שלא עיין בש"ס ריש פ"ק דכתובות, מוכח התם מכל הסוגיא דאין לחלק בין אשתו ישנה לחדשה, **אלא** הכא היינו טעמא כדאמר רב אשי התם, וכדאיתא בפוסקים, דהא אבילות דהכא קילא ליה, שהרי מת לו מת קודם שחלו ז' ימי המשתה, והתירו לו חכמים להכניס את המת לחדר ואת החתן וכלה לחופה כדי לדחות האבילות מעליו, ואיכא למיחש דלמא אתי לזלזולי ביה.

כתב הב"ח, דמיירי בבעולה, אבל בבתולה מותר לייחד, דנהי דאבילות קילא, מ"מ כיון שבעל אסורה לו משום דם נדות שחמיר, וכן נתבאר לעיל סי' קצ"ב.

[**אף** על גב דבכל בעילת מצוה פורש בזמן הזה, מכל מקום כאן מיירי בזמן התלמוד, שלא היו פורשין אחר בעילת מצוה, מ"מ כאן באבילות צריך לפרוש]. **ליתא**, דהא משנה אחרונה היא שפורשים - נקה"כ. [**גם** מה שכתב הטור לדעת הראב"ד שמותר בחיבוק ונישוק, מיירי ג"כ מזמן התלמוד, **ובזה ניחא נמי מה שיש** להקשות על מ"ש שצריך החתן שמירה אחר שבעל בעילת מצוה, **והלא** אמרו בגמרא דדוקא באיסור שהוא אבילות החמירו עליו כאן שצריך שמירה, אף על פי שבעל, דלא יטעה להקל עוד כיון שהקילו בו רבנן לענין היתר תשמיש באונן, **אבל** ביש איסור נדה עליו, **אין צריך** שמירה אם בעל כבר, שבודאי לא נחשד על הנדה, וא"כ לדידן שפורשין אחר בעילות של מצוה כמו בשאר נשים, למה הצריך שמירה בזמנינו, די"ל דכיון דבזמן התלמוד היה חיוב בשמירה, אין לנו להקל בזה, דאין בנו כח אלא להחמיר ולא להקל, כן נ"ל].

לא דק, ואישתמיטתיה דברי הרא"ש רפ"ק דכתובות, דכתב להדיא, דלמשנה אחרונה שאמרו דם בתולים כדם נדה, אשתו ישנה עמו, וכ"פ רבינו ירוחם ורמ"א לעיל קצ"ב, וכ"כ ב"י שם שכן נראה דעת הפוסקים, והיינו מטעם דדם בתולין חמיר ליה, וכן נ"ל מוכח דעת התוס'. **אלא** הכא בבעולה מיירי, כמ"ש הב"ח, וכמ"ש בש"ך - נקה"כ.

הגה: יש אומרים שאסורה ליחד עמו ביום כמו בלילה – [בטור כתוב בשם הרא"ש, דלמראית עין היצר מתגבר. **רבים** מקשים מהא דאמרינן גבי ליל יוה"כ, דיש נוהגין להדליק נר כדי שלא ישמש מטתו, **ושבוש** הוא, דהתם לא חיישינן אלא שמא ישכח וישמש, ע"כ הוה היכר ע"י נר, מה שאין כן כאן דחיישינן שמא יעבור במזיד, ומראית עינו יגרום לו זה].

ואין צריך להיות להם שתי שמירות רק הוא בין האנשים או היא בין הנשים. ואם אינם ישנים בחדר אחד, אין צריכין שימור כלל. וי"א דבלילה צריך שתי שמירות, וביום מותר להתייחד עמה. והמנהג ליקח קטן אצל החתן וקטנה אצל הכלה - כתב הב"ח, מיהו צריך שיהו יודעים טעם ביאה, ושאינה מוסרת עצמה לביאה, כמו שמבואר באבן העזר סי' כ"ב, **ואין מתייחדין ביום בלא קטן או קטנה.**

ואף על פי שאבילות בחתן שהכין צרכי חופתו דבר שאינו מצוי הוא, ובדבר שאינו מצוי לא שייך בו מנהג, וכדלעיל סי' ק"כ ס"ק ג', מ"מ כיון דכן המנהג בפירסה כלתו נדה, וכדלעיל סי' קצ"ב ס"ד, ה"ה הכא דחד דינא אית ליה בזה.

ולענין שלשים אינו מונה אלא מז' ימי אבילות ואילך, וכל שבעת ימי החופה מותר בגיהוץ ותספורת – [זהו טעם על מה שאמר תחלה, שאין מונה שלשים אלא מן אחר הרגל, דהיינו שבשאר רגל מונים שלשים מימי הרגל, כיון שאסור גם ברגל בגיהוץ ותספורת מחמת אבילות, וכאן מותר בגיהוץ ותספורת, דכתיב מלך ביפיו תחזינה עיניך].

והב"ח כתב דנראה לאסור בגיהוץ ותספורת, דאינו מפורסם דמשום אבל הוא שעושה כן, דשמא לפי שאין לו בגדים מגוהצים, ואין הספר מזומן לספר אותו, והוי דברים שבצנעה כו', **ותימה** היאך הפריז מדותיו לחלוק על הרמב"ן וטור בסברא בעלמא, וכ"ד הרא"ש ורבינו ירוחם, וגם דעת המחבר וכ"כ בתשו' משאת בנימין, **אלא** ה"ט, דחתן כיון דדמי למלך ביפיו תחזינה עיניך, א"כ כל כמה דלא מספר ומגהץ, מפורסם הוא דמשום אבל הוא עושה כן, דהו"ל להשתדל בגדים מגוהצין, וספר לספר, דעליה רמיא למיגהץ ולספר.

‹**אם** מת לו מת בתוך שבעת ימי המשתה, כתב הרמב"ם בפי"א דין ז', דמשלים שבעת ימי המשתה תחלה ואח"כ מונה ז' ימי אבלות, ע"ש, ומונה השלשים מימי האבלות, ואין ימי המשתה עולים לו מטעם שנתבאר – ערוה"ש›.

(**ועיין** בתשו' שבו"י, באחד שהיה חולה נוטה למות, וצוה לעשות נשואין לבתו, ומת אביה אחר בעילת מצוה, **וכתב** שביום המחרת לא תלך בתו אחר המת ללויה, כיון שהוא רגל דידה, **ואע"ג** דברגל עצמו הולכין ללוות המת אפילו הרחוקים וכ"ש שאר קרובים, **מ"מ** בכלה שהמנהג שלא לצאת מפתח ביתה עד שבת, כי כל כבודה כו', א"כ אם תלך אחר מטת אביה כאבלים, הוי כאבלות בפרהסיא ואסורה ברגל, וכבר קי"ל דנוהגת שבעת ימי משתה ואח"כ נוהג שבעת ימי אבילות, **ותו** כיון דאביה צוה שיעשו לה נשואין, בודאי ניחא ליה ומוחל על כבודו כו', ע"ש, **ומשמע** דבאביו של חתן כה"ג, צריך לילך ללויה). ‹**והנה** בזמנינו ידוע שהכלה הולכת מיד לרחוב, א"כ ממילא שצריכה לצאת אחר המטה, במקום שנהגו שנשים יוצאות ללויה – ערוה"ש›.

ואם אין לו פסידא, כגון במקום שמצוי לימכור מה שהכין, או אפילו אית ליה פסידא, ומתה אמו של חתן או אביה של כלה או אחד משאר קרוביהם, שנשאר מי שיכין להם לפעם אחרת, לא התירו לדחות האבלות, אלא קובר אותו מיד, ונוהג שבעת ימי אבילות, ואחר כך מכניסין את החתן ואת הכלה לחופה מיד - ‹אפילו תוך שלשים›, **ונוהג שבעת ימי המשתה** - ‹בכל דיניהם, ואין צריך לגרוע שום דבר מחמת השלשים, דהואיל וכבר התחילו להכין הכל, לא הטריחוהו יותר אפילו במתים אחרים – לבוש›.

[**מעשה** אירע בבתולה שניסת בליל שבת ועדיין לא נבעלה, וביום השבת מתה אמה של הכלה, ונשאלתי כדת מה לעשות באבילות דידה, כי קצת לומדים רצו לדמות דין זה לכאן, **ואני** אמרתי שטעו, דע"כ לא התירו כאן לבעול בעילת מצוה, אלא משום פסידא דסעודה שהכינו כבר, ויצטרכו להוצאה חדשה אם ידחו עשיית החופה עד אחר האבילות, **אבל** כאן שכבר נעשית החופה, רק שלא נבעלה עדיין, בודאי אם ידחו הבעילה אין כאן פסידא דסעודה, דמאי דהוה הוה, שהרי לא יעשו סעודה שנית, ע"כ אסור לבעול, דהא תשמיש המטה אסור גם קודם הקבורה, כמו שכתב הטור ושלחן ערוך בסי' שקודם לזה. **אך** נ"ל לענין אבילות דכלה זאת, שתתחיל מיד ביום א', ותמנה יום ז' ואח"כ תיבעל, **דאין** לומר כיון שחלה עליה החופה הו"ל כרגל, וממילא לא תתחיל באבילות עד שיכלו ז' ימי החופה,

כמו מת לו מת ברגל, זה אינו, דז' ימי המשתה תקינו רבנן לשמח חתן וכלה, והם לא ניחא להו בהאי תקנתא, דאם תנהוג תחלה ז' ימי המשתה והיא אסורה לבעלה, תצטרך להמתין ז' ימי אבילות, ותיאסר י"ד יום, **ואפי'** בממון מצינו בכמה דוכתי שיוכל אינש לומר לא ניחא לי בהאי תקנתא, כדאיתא ריש ב"ק ובפרק הכותב לענין איני ניזונית ואיני עושה, כ"ש כה"ג במידי דקיום מצוה שיש להקדים כל מה שאפשר, **ועוד** ראיה מפרק שלוח הקן, דבעינן תשלח יתירה לרבות ציפורי מצורע, דלא תימא דאתי עשה דטהרת מצורע ודחי עשה דשלח, משום דעשה דטהרת מצורע אתי להתיר תשמיש המטה, קמ"ל תשלח יתירה דלא ידחה, ש"מ דמשום היתר תשמיש הייתי אומר דדחי את עשה שכנגדו אי לאו קרא יתירה, ק"ו בבעילת מצוה דיש לדחות מפניה מידי דמדרבנן, דהיינו ז' ימי משתה. **על כן** פסקתי שתתחיל למנות תכף אחר השבת ז' ימי אבלות, ואחר תיבעל בעילת מצוה, כנלע"ד נכון וברור]. «ואינו כן כמבואר מהרמב"ם, וכבר תמה בזה הדג"מ – ערוה"ש».

[**אחר** הדברים דלעיל ראיתי בספר הדרישה בזה הסי', במה שכתב הטור וכיון שחלה עליו החופה הו"ל לדידיה כרגל, כתב וז"ל, לפי מה שכתבתי לקמן בסימן שס"א והבאתי ראיה מגמרא ופוסקים, דמה שמכסין ראש הכלה בשחרית מיקרי חופה, נ"ל ג"כ לסמוך על זה דאם חלילה אירע אבילות לחתן או לכלה אחר שכיסו ראש הכלה, דאין צריכין לפסוק שבעת ימי המשתה, אלא קוברין המת מיד, ונדחו שבעת ימי אבילות עד אחר שבעת ימי המשתה, כדין אי מת אביו של חתן כאן, עכ"ל. **תמוהין** לי דברי הרב טובא, חדא במאי שחושב כיסוי ההינומא לחופה, דהא כתב רמ"א באבן עזר סי' נ"ה, דהמנהג בינינו לקרות החופה דוקא היריעות על כלונסות כו', דזה החופה הנוהגת עכשיו כו', והרבה פעמים אנו רואים שמסלקין נדוניית החתן אחר כיסוי ההינומא, ואם אין מסלקין אותו כראוי החתן פונה לדרכו, ואין שם עדיין שום חיוב עליו לישאנה מחמת כיסוי ההינומא, והיאך נאמר להקל שכבר חל עליו רגל משעת הכיסוי במקום דליכא פסידא, דהיינו שהוא אבל שלא על אביו, **דאלו** על אביו לא היה לו לבעל הדרישה לבקש היתר מחמת שכבר חל עליו חופה, דבזה אפי' קודם החופה התירו לעשות החופה ואפי' לבעול בעילת מצוה כל זמן שלא נקבר המת. **ובר** מן דין קשה טובא... ועיקר והוא דבר פשוט, דלא התירו כאן לעשות ימי המשתה אלא במקום פסידא דהיינו במת אביו של חתן, אזי התירו שני דברים, דהיינו בעילת מצוה כל זמן שהוא אונן, ודחיית אבילות אחר הקבורה עד אחר ימי המשתה, אבל לא באבילות אחר, **ויותר** מזה קשה, ממה שכתב הר"ן פ"ק דכתובות, דאע"פ שחל עליו החופה והוה כרגל, מ"מ לא הקילו אלא בשב ואל תעשה אבילות, אבל אסור לו להתעסק בדברים של שמחה כל אותו יום של מיתה וקבורה, למאן דאמר יום ראשון דאורייתא, **וא"כ** היכי יעשה החופה ביום שנעשה אבל מטעם שכיסו הכלה ביום שנעשה אבל, והרי אין לך מעשה שמחה גדולה מזה, **ואין** לומר שיש לסמוך על מאן דאמר אין שום אבילות דאורייתא, כדאיתא סימן שצ"ח, דהא לא הכריע, **ואין** שייך כאן לומר הלכה כדברי המיקל באבל, דהא בב"י סי' שצ"ט פסק כמאן דאמר דאורייתא, **ותו** דכבר כתב הר"ן בתשו' הביאו ב"י סי' רכ"ח, דבכל מילי דמספקא לן אי הוה מן התורה או מדרבנן, מקרי ספק דאורייתא ולחומרא, **ותו** דהא אונן ביום ראשון דאורייתא אפי' להרא"ש, כמ"ש הטור סי' שצ"ח, ובפרק טבול יום דף ק' אמרינן, אפי' נקבר הוה אונן ביום המיתה עד הערב לאכילת קדשים, ומשום הכי כתב הרא"ש בפרק אלו מגלחין, דרבן גמליאל לא רצה לרחוץ ביום המיתה, אף על גב דהוה איסטניס, כיון דיום המיתה דאורייתא, **ועל** כן נראה לענ"ד, דבכל אבילות שהוא שלא על אביו של חתן או אמה של כלה, יש לדחות עשיית החופה עד אחר שבעת ימי אבילות, ואף על פי שכבר כיסו הכלה בהינומא, וירויחו בזה הקדמת בעילת מצוה שבעת ימים, וכפי שכתבתי למעלה, כן נראה לענ"ד נכון].

האריך הרבה בראיות, וכל ראיותיו מפוקפקות ויש לדחותם, ובפרט משנ"כ הר"ן בפ"ק דכתובות דאע"פ כו', דלא קשיא מידי, דאנן קי"ל דרבנן וכדלקמן סי' שצ"ט סי"ג בהג"ה. **אבל** מה שטרח בחנם טרח, שדינים אלו מבוארים ברבינו ירוחם, וז"ל, ואם כנס כבר ולא בעל עדיין ומת, ר"ל באותו יום אחר הנישואין שברכו כבר, מת אחד מקרובי החתן לא אביו, יש מי שכתבו שנוהג ימי המשתה ואח"כ ז' ימי אבילות, כמו שמת לו מת ברגל, כי מאחר שברכו ברכת נשואין כבר חלו עליו ימי המשתה, **ואע"פ** שכשמת אביו אמרינן

דבועל בעילת מצוה וכו', דנראה דלא חל עליו השמחה עד שיבעול, **שאני** התם דחל האבילות קודם הנשואין, רק שהיה הכל מוכן, ולא אלימא האי שמחה לחייבו ז' ימי המשתה עד שיבעול, ולפיכך בועל קודם שיחולו עליו ז' ימי המשתה, **אבל** כאן שכבר נשא, כבר חלה שמחה עליו בלא בעילה, ולפיכך אין בועל עד שיעברו ז' ימי המשתה וז' ימי האבילות, כ"כ הר"י גיאות והר' דוד כהן בתשובה, **אבל** הרא"ש כתב והורה בזה הלכה למעשה, שינהוג האבילות תחילה, דלא חלה עליו שמחה עד שיבעול, מאחר שאינו אביו המת אלא שאר קרובים, עכ"ל רבינו ירוחם, **והיכא** דליכא פסידא או שיש אחר לטרוח, פשיטא דדין אביו ואמו כשאר קרובים, וכדמשמע בגמר' ופוסקים - נקה"כ.

ועוד כתב רבינו ירוחם שם, דבאביו ואמו שאינן ראוין לטרוח, נוהג אבילות תחילה ואפי' היכא דאיכא פסידא, עכ"ל. ‹**ובמת** אחד מקרוביהם, אך אין קיימים אבי החתן או אם הכלה, כמו שעכשיו היתה ההכנה ע"י אחרים, כמו כן תהיה לפעם אחרת, ולא התירו זה – ערוה"ש. **ונראה** דבזמנינו אפי' מת אביו ואמו, דין שאר קרובים יש להם, דהא שכיח הרבה ששאר קרובים מטריחים עצמם ומכינים צרכי סעודה ותכשיטין לכלה, והלכך בכל ענין נוהג אבילות תחילה, ואין בועל עד שיעברו ז' ימי האבילות, ואח"כ נוהג ז' ימי השמחה כנ"ל. (**ועיין** בתשו' חתם סופר שכתב, דהכי נהיגי עלמא האידנא).

‹**ומ"מ** אם בעל ואח"כ מת לו מת, כיון דכבר חלו ז' ימי המשתה, נוהג ז' ימי משתה ואח"כ נוהג ז' ימי אבילות. **ובאלמן** שנשא אלמנה, נראה דנוהג ימי משתה ואח"כ ימי אבילות, עיין אה"ע סימן ס"ד ס"ב. **ובחור** שנשא אלמנה, תליא במחלוקות הפוסקים שם ס"ב, אם נוהג שמחה ג' או ז'. **ולכאורה** יש לדון, דבאלמן שנשא אלמנה דג' ימי שמחה עולין לימי אבילות, למ"ש הר"ן לחלק במה דיו"ט אחרון עולה לימי אבילות, כיון דהוא יו"ט דרבנן, וז' ימי המשתה אינם עולים, משום דאם נאמר דיעלו לא ינהג אבילות כלל, ואף יום אחרון אינו עולה, דמ"ש יום אחרון משארי ימים, עיין שם, **א"כ** י"ל דבאלמן שנשא אלמנה דליכא אלא ג' לשמחה, שפיר אמרינן דעולין לימי אבילות, וינהוג אבילות ד' ימים, **ומ"מ** אפשר כיון דבנושא בתולה א"א לומר דיעלו, לא פלוג רבנן, ואמרו דמועד דחתן אינו עולה לאבילות, וצ"ע לדינא – רעק"א.

§ סימן שמג – מצות הלווית המת §

סעיף א - מת בעיר, כל בני העיר אסורין במלאכה - ‹כדי שהכל יעסקו ויסייעו בצרכי קבורתו – לבוש. ‹**הטעם** מפני כבוד המת, שכשרק יחידים עסוקים בו אין זה מכבוד המת, ולכן כל בני העיר אסורין במלאכה. **שכל הרואה מת** - נ"ל טעות, וצ"ל: **"וכל הרואה מת" ואינו מלווהו עד שיהא לו כל צרכו, בר נידוי הוא. ואם יש חבורות בעיר, שכל אחת מתעסקת במתים ביומה, מותר ביום שאינה יומה** - ‹דכשיש חבורות הרי יש רבים העוסקים בו – ערוה"ש. **בד"א, שלא בשעת הוצאתו, אבל בשעת הוצאתו הכל בטלים, כדלקמן.**

‹**והנה** אצלנו בכל עיר ועיר יש חברה קדישא המתעסקים בהקבורה, וכל בני העיר מותרים במלאכה. **והמנהג**, כשנושאים אדם חשוב לפני החנויות, סוגרים החנויות עד שתעבור המטה, **וכשמת** האדם הגדול שבעיר, כרב הקהלה וכיוצא בו, נועלים החניות עד אחר הקבורה, **וברשד"ם** מביא, שאצלם על כל מת חשוב עושים כן – ערוה"ש.

סעיף ב - בכפר קטן, אין שואלים שלום זה לזה כשהמת בעיר - ‹שאינו עת שלום, בד"א בכפר קטן, שהכל צריכין להתעסק עמו, אבל בעיר גדולה שואלין, שאין הכל משגיחין על המת – לבוש. ‹**נ"ל** דה"ה בעיר קטנה אין שואלין שלום זל"ז, כל שהמת נרגש בהעיר, ומזה יראה לי, דכשמת אדם גדול, אפילו בעיר גדולה אין שואלין שלום זל"ז – ערוה"ש. **הגה: וכל שכן שאין שואלים בשלום כשיש מת על בית הקברות** - ‹ועדיין לא נקבר – ערוה"ש, אפי' בעיר גדולה, **אבל כשאין מת שם, שואלין, ברחוק ארבע אמות מן הקבר** - ‹ונ"ל דגם בבית האבל אין שואלין בשלום זל"ז, כיון דהוא מקום צער, לא נאה להתראות בשלום. **ויש** מקילים, משום דשאילת שלום שלנו אינו כשאילת שלום שלהם, וחלילה להקל. **ואין** לומר הטעם, משום דבפני המת הוי כלועג לרש, וא"כ בבית האבל לא שייך זה, דמה לועג לרש שייך בזה, אלא הטעם כמ"ש, **ועוד** אולי גם בבית האבל הוי כלועג לרש, כלומר אתם שרוים בצער ואנחנו בשלום – ערוה"ש.

§ סימן שמד – חיוב ההספד וגודל שכרו, וכיצד ועל מי מספידין §

סעיף א - מצוה גדולה להספיד על המת כראוי - «וכי אפשר שכל העיר יספדום, בתמיה, ולכן נראה דעל סתם בני אדם, חיוב ההספד על הקרובים, שהם בוכים ומספידים את המת ומספרים בשבחם מה שיש ביכולת בלתי הפלגות, או במעשה אבותיהם, **אך** על אדם המופלג בחכמה ויראה, זהו חיוב על כל העיר – ערוה"ש».

ומצותו שירים קולו לומר עליו דברים המשברים את הלב, כדי להרבות בכיה ולהזכיר שבחו - וכל המוריד דמעות על אדם כשר, הקדוש ברוך הוא סופרן ומניחם בבית גנזיו, וכל המתעצל בהספדו של אדם כשר, אינו מאריך ימים, וראוי לקברו בחייו, ש"ס.

ואסור להפליג בשבחו יותר מדאי - «מפני שהוא לו למזכרת עון למת, שיאמרו עליו: לא זו שזה לא היה בו, אלא אפי' עון כך וכך עשה, ומתוך כך יבואו לספר בגנותו להזכיר חטאיו – לבוש», **אלא מזכירין מדות טובות שבו, ומוסיפין בהם קצת, רק שלא יפליג.**

[קשה, מה לי שקר מעט מה לי שקר הרבה, ונראה לתת טעם לזה, דדבר מסתבר הוא, שכל מי שעושה איזה מצוה כגון צדקה וכיוצא בה באיזה שיעור, בודאי אם היה בא לידו דבר הצורך קצת יותר, ודאי לא היה מניח מלעשות גם אותו השיעור, כי לא היה משחית בעבור דבר מועט יותר, וע"כ נחשב לו כאלו עשאו, ואין כאן עדות שקר עליו].

«**ביאור** הדברים כן הוא, דממילא בהכרח להיות בהם קצת תוספת, דמי יוכל לכוין ממש השבח כמו שהוא, ובהכרח או להוסיף מעט או לגרוע מעט, ומוטב להוסיף מלגרוע, ואין זה הוספה, דכן הוא דרך המדברים, ודברי הט"ז דחוקים – ערוה"ש».

ואם לא היו בו מדות טובות כלל, לא יזכיר עליו - «כלום». **וחכם וחסיד, מזכירים להם חכמתם וחסידותם. וכל המזכיר על מי שלא היה בו כלל, או שמוסיף להפליג יותר מדאי על מה שהיה בו, גורם רעה לעצמו ולמת** - «שיהיה מדת הדין מתוח כנגד שניהם, כי דובר שקרים לא יכון – לבוש». [יש בירושלמי, המת יודע ושומע קילוסו כמתוך החלום, וכל שאומרים בפניו יודע עד שיסתום הגולל].

סעיף ב - כשם שמספידין על האנשים כך מספידין על הנשים כראוי להן, (ונספדות בין האנשים וחכמים) - «ואין זה גנאי. **ואם** אשה חשובה היא, כגון שהיתה בעלת צדקה או עוסקת בצדקות, או החזיקה יד בעלה שיוכל ללמוד, והדריכה בניה בדרך התורה, אומרים הספד לפני מיטתה כמו שמספידין איש חשוב – ערוה"ש».

סעיף ג - במקום שרגילין להשכיר מקוננות להספיד, חייב להשכיר מקוננות להספיד על אשתו. ואם לא רצה, בא אביה - «או קרוביה – לבוש» **ומשכיר, ומוציא ממנו בעל כרחו** - «ואם אין מנהג בזה, כמו בזמנינו שלא שמענו המנהג הזה כלל, יספידום בעצמם בדברים ובכיות, אם מעט ואם הרבה – ערוה"ש».

סעיף ד - קטן, בן כמה שנים יהיה כשמספידין עליו, עניים בני חמשה - שהעני מצטער על בניו יותר מהעשיר, לפי שאין לו שמחה אחרת, [דעשירים יש להם שמחה בממון שלהם], **עשירים בני ששה** - «שאז הם חביבים על אבותיהם ויש להם עגמת נפש במיתתם – לבוש». **בני זקנים כבני עניים** - «שגם הם שמחים מאד בבניהם – ערוה"ש».

אבל צדוק הדין וקדיש, אומרים על תינוק משעברו עליו שלשים יום. הגה: ואין נוהגים כן, אלא עד שיהיה בן י"ב חדש שיולא במטה, כדלקמן סי' שנ"ג ס"ה - ובכאן ק"ק לובלין, נוהגין שעל בן ל' אומרים צדוק הדין וקדיש, וכמדומה לי שגם בשאר קהלות נוהגין כן, וכן ראוי לנהוג.

סעיף ה - בני עשירים ובני חכמים, מוסיפין קצת על שבח מעשיהם - משום כבוד אבותם.

סעיף ו - תינוק שיודע לישא וליתן, מספידין אותו במעשה עצמו; ואם אין לו מעשים, מספידין אותו במעשה אבותיו; ואם אין להם מעשים, מספידין להם במעשה קרוביו.

סעיף ז - הכלה - ‹בתוך ז' ימי המשתה - ערוה"ש›, **מספידין אותה בין במעשה אביה בין במעשה בעלה** - שעולה עמו ואינה יורדת עמו.

סעיף ח - המחותך – [פי' שהוציאוהו חתוך מן הבטן], **והמסורס** – [שיצא הפוך], **והנפלים, ובן ח', וכן בן ט' מת, והעובד כוכבים והעבדים, אין מתעסקין להספד וללוות** - אבל צרכי מטה וקבורה מתעסקין עמהם, טור.

‹**אע"ג** דעד בן ה' אין מספידין, ופשיטא אלו, **אך** כשנולד כדרכו אם רצה להספידו רשאי, ובאלו אינו רשאי – ערוה"ש›.

סעיף ט - יורשים שאינם רוצים לפרוע שכר הספדן, מוציאים מהם בעל כרחם - דהספד יקרא דשכבא הוא, ומטעם זה שומעין לו כשאומר אל תספדוהו.

ודוקא שירשו ממון המת, דאל"כ אפילו בניו אין מוציאין מהם בעל כרחו, כדלקמן סי' שמ"ח סעיף ב'.

סעיף י - מי שצוה שלא יספדוהו, שומעין לו - (עבה"ט של הרב מהרי"ט ז"ל שכתב בשם תשו' בית יעקב, דגדול הדור שמת וצוה שלא להספידו, המיקל שלא לשמוע לחכם הלז לא הפסיד, ע"ש. **ועיין** בשו"ת תשובה מאהבה שהאריך בזה, והביא בשם רבי הגאון בעל נודע ביהודה ז"ל, שאמר בעת שהספיד להגאון בעל פני יהושע, אף שצוה שלא להספידו, אין שומעין בזה למי שהוא רבן שכבה"ג, **ושקיל** וטרי בהא, וסיים שאין לו היתר ברור לבטל דברי המת ולהספידו במקום שאמר אל תספידוני, וע"ש עוד מזה. **עוד** כתב בתשו' בי"ע שם, בשני ת"ח בעיר אחת שהיו שונאים זה את זה, ומת אחד מהם, אסור למעט הספד מפני כבוד ת"ח שני, ע"ש).

(אבל אם צוה שלא לנהוג עליו ז' וגזירת שלשים, אין שומעין לו) – ‹דאלו מצות דרבנן הם, ולאו כל כמיניה לבטלם מקרוביו, דלאו בדידיה תליא מילתא – לבוש›.

אבל צום האב ואם שלא לנהוג בהם י"ב חדש, כיון דאינו שייך בשאר מתים אלא בכבוד אב ואם, מצוה לקיים דבריהם.

(**עיין** בספר עיון יעקב שחבר הגאון בעל שבו"י, שחולק על מהרי"ו ועל רמ"א ז"ל, ודעתו דה"ה לענין אבילות שבעה וקריעה שומעין לו, אחרי שהוא ג"כ לכבוד המתים, דמה"ט המאבד עצמו לדעת אין מתאבלין עליו, **וכתב** שעשה כן הלכה למעשה שלא כדברי הרמ"א ז"ל, ע"ש, **ועיין** בשו"ת תשובה מאהבה שהשיג עליו, והעלה דאין לסמוך עליו בזה להקל, ע"ש. **ועיין** בתשו' אבן שהם, דמי שצוה שבנו לא יאמר קדיש עליו, שומעין לו, ע"ש).

סעיף יא - איסור תלישת שיער, וכן שריטה על מת, בסימן ק"פ.

סעיף יב - העם העוסקים בהספד, כל זמן שהמת מוטל לפניהם, נשמטים אחד אחד וקורין את שמע ומתפללין - ‹אבל המספידין עצמם פטורין, ודוקא ביום הראשון, אבל מכאן ואילך חייבים גם המספידין – ערוה"ש›. **אין המת מוטל לפניהם, הם יושבים וקורים, והאונן יושב ודומם; הם עומדים ומתפללים, והוא מצדיק עליו את הדין ואומר: יהי רצון מלפניך ה' אלהי שתגדור פרצותינו ופרצות עמך בית ישראל** - ‹ברחמים – לבוש›.

סעיף יג - לאחר קבורה מפסיקין ההספד, בין בקריאת שמע בין בתפלה - ‹דדוקא בהספד שקודם הקבורה אמרו שנשמטין אחד אחד וקורין ומתפללין ואין מפסיקין ההספד – לבוש›. **(ועיין באורח חיים סימן ע"ב).**

סעיף יד - אין עושין שני הספדים בעיר אחת, אלא א"כ יש שם רוב עם ליחלק לשנים ויהיה בכל הספד עם כדי צורכו - ‹כפי הכבוד – ערוה"ש›.

סעיף טו - אין עושים שני הספדים בעיר אחת, אלא אם כן יש כדי לספר שבחיו

של זה ושבחיו של זה – ‹כלומר שיהיו שני מגידי הספד, שזה יגיד על זה, וזה על זה, אבל בלא"ה מספידין אחד וקוברין אותו, ואח"כ מספידין השני וקוברין אותו, או אפשר להספיד השני קודם קבורת הראשון – ערוה"ש›.

סעיף טז - אין אומרים בפני המת אלא דברים של מת – ‹דהמת שומע כל מה שמדברים – ערוה"ש›, **כגון צרכי קבורתו והספד; אבל שאר כל דבר, אסור, והני מילי בדברי תורה** - משום לועג לרש חרף עושהו, ‹כלומר שזלזול וביזוי יש לו בזה, שאנו עוסקין בתורה והוא אינו יכול›, **אבל במילי דעלמא לית לן בה** – ‹דלית בה משום לועג לרש – לבוש›.

משמע דעת המחבר, דד"ת אפילו חוץ לד' אמות אסור, ומילי דעלמא אפי' תוך ד' אמות שרי, **והב"ח** פסק, דד"ת אסור אפי' חוץ לד' אמות, ומילי דעלמא אינו אסור אלא תוך ד"א, **ודבריו** של מת מותר אפי' בד"ת אפי' תוך ד"א, וכן נהגו לדרוש באגדות ופסוקים אפי' תוך ד"א בפני המת, ויוצאין מענין לענין עד שמגיעין לספר שבחיו של מת, מעסק תורתו וחסידותו ויותר מדות טובות שהיו בו, ע"כ, **וכתב** המרדכי, דכל אותו חדר שהמת מונח בו חשוב כד' אמות, וכן פסק הב"ח, וע"ל סי' שס"ו.

סעיף יז - מותר לומר פסוקים ודרשה לכבוד המת, בתוך ארבע אמותיו או בבית הקברות – ‹שאין זה לועג לרש לכל המתים, כיון שעושין לכבוד זה המת, ניחא לכולהו – לבוש›.

[**דכל שאין לכבוד המת ודאי אסור, ולא כיש שמכוונים להראות מעלתם בדרוש שעל המת, מה שאינו לכבודו, ולאו שפיר קעבדי, ושמעתי הרבה גדולים היו מקפידין על דבר זה**].

[**בספר** תורת האדם כתוב, דאין מנהג ולא דרך ארץ להזכיר המת אחר שנים עשר חודש, וכל שאין מגעת שמועה אלא לאחר שנים עשר חודש, פטורים מהספד, ואין חודש העיבור בכלל, כי לא הוזכר שנה רק י"ב חדש].

סעיף יח - חכם שמת, בית מדרשו בטל – ‹שלא ילמדו בו, כדי שלא יתעצלו מהספידו›, **שסופדין אותו כל שבעה, אבל שאר מדרשות, עוסקין בתורה אפילו בשעת הספד** – ‹וכוונתו כשכבר הספידוהו או שמעו הספד אחד – ערוה"ש›, **ואחר ההספד אין תלמידיו מתקבצים בבית מדרשו, אלא מתחברים שנים שנים ולומדים בבתיהם** – ‹לומר שאין להם רב שילמדו ממנו, ויהיה להם עגמת נפש להתאבל עליו – לבוש›.

אב בית דין שמת, כל מדרשות שבעיר בטלין - ‹ומבטלין תלמוד תורה כל ז', כדי שיהיו כולן פנויין ומתעסקין בהספדו›, **והרגילין להתפלל בבית הכנסת משנים מקומם** – ‹היושבים בדרום ישבו עתה בצפון, והיושבים בצפון יושבין בדרום, וכן בכל הצדדים יראו לשנות מזה לזה ומזה לזה – ערוה"ש›.

נשיא שמת, כל בתי מדרשות שבכל מקום שמספידין אותו בטלים, ואחר ההספד אין נכנסים לבית המדרש, אלא מתחברים שנים שנים ולומדין בבתיהם. וכל בני העיר מתפללים בבית האבל, בין בחול בין בשבת - ‹מפני כבודו וכבוד החיים›, **חוץ מקריאת התורה בשבת ושני וחמישי, שקורין בבהכ"נ** – ‹ונ"ל אפילו אם יש גם ס"ת בבית הנשיא, כדי שלא לבטל הבהכ"נ לגמרי – ערוה"ש›, **ולא (יטיילו) בשוק, אלא יושבים משפחות משפחות ודוים כל היום** - ‹וכבר אין אצלנו נשיא זה הרבה מאות בשנים, ולא שייך עתה דין זה – ערוה"ש›.

‹**ואין** הכוונה בחכם ובאב"ד ובנשיא, שלא יעסקו בתורה כל שבעה, שהרי א"א להספיד כל היום וכל הלילה ז' ימים רצופים, דההספד הוא שעות אחדות, אלא שלא ילמדו בבהמ"ד, ויתחברו שנים שנים וילמודו בבתיהם אחר ההספד שבכל יום ויום – ערוה"ש›.

סעיף יט - מספידין תלמידי חכמים ונשותיהם בבית הכנסת ובבית המדרש, אבל לא שאר העם.

סעיף כ - חכם ואלוף וגאון, מכניסין אותו לבית המדרש, ומניחין המטה

במקום שהיה דורש, וסופדין אותו שם; וכשמוציאים המטה, סופדים אותו עד בית הקברות, וביום הז' עולים לבית הקברות ומבקרין אותו, וכן ביום שלשים ותכלית י"ב חדש, מבקרין ומשכיבין אותו - ‹כלומר שעושין לו הזכרה. **ועתה** לא ידענו ממנהג הזה, אלא עושין הזכרות בבהכ"נ ובבהמ"ד אחר קריאת התורה, ויש שכל שלשים אין עושין הזכרה, וכפי המנהג כן יעשו, ואחר י"ב חדש אין להספיד כלל וגם לא באזכרה - ערוה"ש›.

‹יש לתמוה על מה שענין הספד על ת"ח מרופה בידינו מאד, ויש מדינות שאין מספידין כלל, לבד בליטא וזאמוט, **ובאמת** הטעם, דמפני שאין רגילין בזה אין אצלם היודע להספיד לסדר דברי תורה והתעוררות, **ומ"מ** בכל מקום ומקום אם היה עולה על דעתם חובת ההספד לת"ח ויראי אלקים ועוסקי במצות, היו מוצאים מי שיכול להספיד, אך שעזבו הענין הזה לגמרי, **ואולי** הכל מחלו בזה - ערוה"ש›.

§ סימן שמה – דין המאבד עצמו לדעת, ומנודה, והרוגי ב"ד, והפורשין מן הצבור §

סעיף א - המאבד עצמו לדעת, אין מתעסקים עמו לכל דבר, ואין מתאבלין עליו, ואין מספידין אותו, ולא קורעין ולא חולצין - דכתיב: ואת דמכם לנפשותיכם אדרוש וגו', דעון גדול הוא המאבד עצמו לדעת, **וכתב** בתשו' הרשב"א, דאף שאמרו בכל מקום אין מתעסקין עמהם לכל דבר, לא לענין קבורה ותכריכים אמרו, אלא שאין קורעין ולא חולצין כו', ומביאו ד"מ. **אבל עומדין עליו בשורה, אומרים עליו ברכת אבלים וכל דבר שהוא כבוד לחיים.**

משמע שאין קורעין עליו כלל, אפי' האבלים, **אבל** דעת הרמב"ן והטור, שהאבלים קורעין עליו, והאי אין קורעין, פי' לרחוקים. ‹**דדק** לרחוקים יש נ"מ בין מה שהוא לכבוד החיים ומה שהוא לכבוד המתים, אבל הקרובים עצמם צריכים לקרוע ולהתאבל כעל כל מתים - ערוה"ש›. (**ולפי"ז** ה"ה דמתאבלין עליו, אלא שאין מספידין עליו, עיין ב"י. **ועיין** בתשו' חת"ס שהראה פנים, שדעת הרמב"ן הלכתא היא, ודחה ראיית הלח"מ, **אך** להלכה למעשה מי ירים ראש נגד הסכמת הרב"י בשו"ע, שסתם כהרמב"ם, ובשגם שהלכה כדברי המיקל באבל, **אמנם** מ"מ אומר אני, היכא דאיכא כבוד משפחה נכבדת, אשר יהיה להם לבוז ולכלימה עולמית שאחד מהם קלקל מעשיו, אבל אם יתיר להם המורה להתאבל, אז יאמרו הבריות קמו ביה רבנן במילתא ונתבאר שלא היה לו דין מאבד עצמו, **אזי** יכול המורה להורות לכתחלה להתאבל, אפילו אם באמת נתברר לו שהיה לו כל דין מאבד עצמו לדעת, וראיה מסנהדרין מ"ז כו', ועוד דהעיקר כהרמב"ן, **ונהי** דלענין אבל הלכה כדברי המיקל, אבל לענין פגם משפחה אין הלכה כהמיקל בכבוד בני אברהם יצחק ויעקב, עכ"ד ע"ש).

(**וכתב** עוד בתשו' חת"ס, דאף שמורגל דאין אומרים קדיש אחר מאבד עצמו לדעת, לא ידעתי טעם הגון, וכי מפני שלא עשה מעשה עמיו, לא נצילהו מרדת שחת, ומי לנו אינו עושה מעשה עמיו כאבשלום כו', **אך** נשתרבב המנהג לפי דשאר אבלים לא יניחוהו לחלוק עמהם בקדישים, כי יטענו לאו כל כמיניה להאביד עצמו ולהשליך תיקון נשמתו עלינו, אולי היה חי כמה שנים והיה מת בזמן אחר או במקום אחר, **ולפי"ז** נ"ל פשוט, דאם הבן מקבץ עשרה בביתו באופן שאין הפסד לאבלים, יכול לומר קדיש, **ויאמר** כל י"ב חודש, דטעמא מאי אין אומרים רק י"א חודש, דלא לשוויה לאביו רשע, האי גברא שויה נפשיה רשיעא, וניחא ליה דתהוי ליה כפרה. **אך** לומר קדיש בבהכ"נ במקום שיש שאר אבלים, אם הבנים יודעים בעצמם באמת שאביהם איבד עצמו לדעת, אפילו אין האבלים אחרים יודעים מזה, אם אומרים קדיש הרי הם גוזלים המתים הכשירים, ואין כאן לחוש על כבוד משפחה במקום גזילת מתים האחרים. **אמנם** אם יש נדנוד ספק בדבר אי היה דינו כמאבד עצמו לדעת אי לא, אפילו אם החמירו עליו בקבורתו וזלזלו ביה, מ"מ לענין אמירת קדיש הדין עם בניו שיאמרו קדיש, שהרי בני העיר שותפים זה עם זה בענין זה, ומיד כשמת אביהם זכו בחלקם, והשותפים שבאו לדחותם לומר שמת אביהם באופן שהפסידו חלקם, עליהם להביא ראיה, וזה ברור, עכ"ד).

‹**ואם** רשאי לאבד עצמו היכא שיתקפהו יצרו ולא יעמוד בנסיון, עיין בב"י בבד"ה יו"ד סימן קנ"ז, **והגאון** בעל ברכי יוסף בספרו שם הגדולים, כתב דהריטב"א ע"ז דף י"ח

כ', דרשאי לעשות כן, **וא"כ** עכ"פ לאו בכלל מאבד עצמו לדעת הוא. **ואם** עושה כן מחמת תשובה, עיין תשובת שבות יעקב – רעק"א).

סעיף ב - איזהו מאבד עצמו לדעת, כגון שאמר: הרי הוא עולה לראש הגג - ‹ואפיל עצמי ואמות, עיין ש"ך – ערוה"ש›, **וראוהו שעלה מיד דרך כעס או שהיה מיצר, ונפל ומת, הרי זה בחזקת שאיבד עצמו לדעת** - וכ' הרמב"ן, אע"פ שלא ראוהו מפיל עצמו, כיון שאמר: הריני עולה לראש הגג ואפיל עצמי ואמות, חזקה לדעת עשה, **וכתב** הב"ח בשם מהרש"ל, דאפי' אמר: ראו שאני עולה כו', ולא ראוהו עולה, אדבוריה לחוד לא סמכינן, ואינו בחזקת מאבד עצמו לדעת, **וכתב** שדבריו נכונים.

(**עיין** בתשו' חת"ס שהאריך לפרש לשון הברייתא בזה פ"ב דשמחות, והיוצא מדבריו, דזה פשוט ומבואר דאפי' אמר: אעלה על הגג ואפיל עצמי, וגם ראינוהו עולה, ואחר זמן מצאנוהו שם נפל ומת, אמרינן שע"י סבה אחרת נפל, **אבל** ראינו שנפל, אע"פ שא"א לברר שהפיל עצמו, מ"מ כיון שראינו נופל מאותה העליה שהבטיח להפיל בה, אמרינן חזקה מדעת עשה, **אבל** אי לא ראינו גם ההפלה, אף על פי שמצאנוהו מת באותו המקום, פשיטא דלא הוי מאבד עצמו לדעת, **ולפי"ז** מ"ש מהרש"ל, דאם לא ראוהו עולה כו', זהו משנה שאינה צריכה, דאפילו ראינוהו עולה, כל שלא ראינוהו נופל, לא מיחשב מאבד עצמו לדעת).

אבל אם ראוהו חנוק ותלוי באילן, או הרוג ומושלך על גבי סייפו, הרי הוא בחזקת כל המתים, ומתעסקים עמו ואין מונעין ממנו דבר.

(**עוד** מבואר בחת"ס, דמש"כ בשו"ע אבל אם ראוהו חנוק כו', הכוונה שהוא באופן שנראה בודאי שהוא בעצמו תלה את עצמו, כגון שנמצא תלוי בחדר, והחדר סגור מבפנים, **וכן** מושלך ע"ג סייפו, הוא ג"כ שנראה מהענין שהוא שלט בעצמו, **אף** דודאי איבד עצמו בידו, מ"מ אמרינן שלא מדעת היה, דתלינן רוח רעה ביעתתו, או נתיירא מפני דבר אחד, וכה"ג סבות המתהפכות, **עד** שנשמע מפיו מתוך ישוב הדעת שהוא עולה מחמת כעס כו', **אמנם** הא ודאי, אף אם לא אמר בהדיא הרי הוא עולה כו', אך היה ניכר מתוך מעשיו וכעסו וצערו וההכנות שהוא עושה, כמכין עצמו למיתה, ואח"כ אנו מוצאין אותו חנוק, באופן שנראה שהוא בעצמו עשה, זהו אומדנא דמוכח טובא, והוי כאומר בהדיא).

(**עיין** בתשו' אבן שהם, שנשאל באיש אחד שהלך בדרך הישר, וסיגף עצמו בתענית ובטבילה, ואח"כ האביד עצמו לדעת, וגופא דעובדא הוי, ביום א' הלך לטבול, והגיד להאשה שדרה שמה, אם יבקשוני תמצאוני בבית הטבילה, והלך ושהה שם וחזר לביתו, ולמחר מצאוהו בביתו שוכב מגואל בדם וסכין בידו ופרע ביה"ש, ומקודם באיזה ימים השחיז הסכין ואמר שרוצה לעשותו סכין של שחיטה, ועל הכותל נמצא כתוב בכתב יד שתלמידיו יגידו אחריו קדיש, אם נקרא מאבד עצמו לדעת, **והשיב** שלא ימנעו ממנו דבר, חדא, דאין זה מאבד עצמו לדעת, כיון שלא ראוהו מאבד עצמו, **ולא** סמכינן כאן אהוכחה ומה שצוה שיגידו קדיש, י"ל שעלה חולשה בלבו והתיירא שימות, **ועוד** די"ל רוח בלבלתו שעשה מתוך שגעון, ולא נקרא מאבד אלא כשעושה בדעת צלולה, **ועוד** דשמא עשה כן מחמת תשובה, ע"ש עוד טעמים).

(**ועיין** בתשו' בשמים ראש, שכתב באחד חסר לחם והשוף שת, שהלך בפני שנים ואמר מאסתי חיי ואבד עצמו, דאינו נקרא מאבד עצמו לדעת, כל שעשה כן מריבוי צרותיו דאגות ויסורים או עוני גמור, ע"ש. **ועיין** בספר הר אבל שפקפק עליו בה, וכתב דלאו גושפנקא דהרא"ש חתים עלה, ע"ש, **גם** בתשו' חת"ס כתב, דמוכח מר"ח בן תרדיון פ"ק דע"א, דאפי' המיצר ביותר מ"מ מאבד עצמו לדעת הוא, ובזה נזדייף ספר בשמים ראש).

‹כללו של דבר, במאבד עצמו לדעת תלינן בכל איזה תלייה כל שהוא, כגון לתלות ביראה או בצער או שיצא מדעתו, או שסבור היה שזה מצוה לבלי להכשל בעברות אחרות, וכיוצא באלו הדברים, מפני שזהו באמת דבר רחוק שאדם יעשה נבלה כזו בדעת צלולה – ערוה"ש›.

הגה: מי שגנב וגזל ועל ידי זה נהרג בדין מלכות, מתאבלים עליו, אם אין בו סכנה מפני אימת המלכות, ולא מקרי מאבד לדעת - משמע דר"ל, דלא תימא דכיון שגנב וגזל והתיר עצמו למיתה בדיניהם, לא יתאבל עליו, דהו"ל מאבד עצמו לדעת, קמ"ל דלא, לפי שהיה סבור שיוכל לברוח, **אבל** משום עבירה דגנב וגזל מתאבלים עליו, דלא חשוב כפורש

מדרכי הציבור דלקמן סעיף ה', כך משמע מדברי הרב, **וכן** כתב הרשב"א בתשובה, דאחד מבעלי עבירה כגזלנים וכה"ג, אינן בכלל הפורשים מדרכי הצבור, ולפי"ז בגנב וגזלן שמתו על מטתן, מתאבלים עליהן, וכתב הב"ח שכן נוהגין, **ואף** על פי שבתשו' מהרי"ו, כתב אמעשה דגנב שנהרג בדיניהם, וז"ל, ומ"ש בספרים שקבל הגונב כו', לא ידענא פירושו, ובודאי שיש לו כפרה וחלק לעוה"ב, דאפי' הרוגי ב"ד יש להם חלק לעוה"ב, אפילו עובדי כוכבים, כדאיתא בפרק נגמר הדין, אומרים לו התודה שכל המתודה יש לו חלק לעוה"ב, וה"נ מסתמא התודה כמ"ש כו', **אין** ר"ל דדוקא מיתתו שנהרג הוי כפרה, וכמו שהבין הב"ח מדבריו, אלא ה"ה מת על מטתו הוי כפרה כשמתודה, אלא דעובדא דהתם הוי בנהרג, **מיהו** לעיל סי' ש"מ סעיף ה', כתב הרב דברגיל לעשות עבירה אין מתאבלין עליו, ונראה דהיינו כשלא התודה קודם מיתתו.

סעיף ג - קטן המאבד עצמו לדעת, חשוב כשלא לדעת - ‹דהא לאו בן דעת הוא›, **וכן גדול המאבד עצמו לדעת, והוא אנוס כשאול המלך** - שהרג את עצמו לפי שראה שהפלשתים יעשו בו כרצונם ויהרגוהו, **אין מונעין ממנו כל דבר** - ‹דמיעטה התורה שאמרה: ואך את דמכם וגו', למעוטי כגון שאול, שאינו בכלל לנפשותיכם אדרוש, **וכן** מצינו בשאול שנענשו על שלא הספידוהו כדכתיב: ויאמר ה' על שאול ועל בית הדמים, על שאול שלא נספד כהלכה – לבוש›.

סעיף ד - מנודה שמת, דינו כמאבד עצמו לדעת; אין קורעין ולא חולצין ולא מספידין עליו - ‹וממילא דלהרמב"ן הקרובים קורעין כמ"ש – ערוה"ש›. ‹**ולא** עוד אלא שמבזין אותו וסוקלין ארונו, דהיינו שמניחין וכו' - לבוש› **ומניחין אבן על ארונו. והני מילי באפקירותא, כשעובר על דברי תורה; אבל בממונא, כיון שמת, פטור מגזירתם, ואין מניחים אבן על ארונו, ומספידין אותו כראוי.**

סעיף ה - כל הפורשים מדרכי צבור, והם האנשים שפרקו עול המצות מעל צוארם, ואין נכללים בכלל ישראל בעשייתם, ובכבוד המועדות וישיבת בתי כנסיות ובתי מדרשות, אלא הרי הם כבני חורין לעצמן כשאר האומות, וכן המומרים - ‹והמהופכים לישמעאלים – ערוה"ש›, **והמוסרים, כל אלו** - ‹שונאי ה', וכתיב הלא משנאיך ה' אשנא, לפיכך... – לבוש› **אין אוננים ואין מתאבלים עליהם, אלא אחיהם ושאר קרוביהם לובשים לבנים ומתעטפים לבנים** - וכתב הטור בשם הרי"ץ גיאות, מכאן שהאבלים וקרובי המת לובשים שחורים, וכל מקום ומקום יש לעשות כפי מנהגו, **ואוכלים ושותים ושמחים** - על שאבדו שונאיו של מקום דכתיב, באבוד רשעים רנה. (**עיין** בתשו' חת"ס, דמ"מ מחויבים לקברם).

הגה: הפורש מן הצבור ולא רצה לשאת עמהם במסים וארנוניות, מתאבלים עליו, אבל אין שאר בני העיר צריכים לבטל ממלאכתן בשבילו לעסוק עמו.

סעיף ו - קטן בן שנה או שנתיים שהמיר עם אמו - או עם אביו, כדלעיל סי' ש"מ ס"ה בהג"ה, **ומת, אין מתאבלין עליו (ועיין לעיל סימן ש"מ סעיף ה')** - (עיין בדגמ"ר שתמה על השו"ע בזה שהכריע להקל, **וכתב** ואולי כיון שאבילות דרבנן מקילינן, וא"כ אם נודע ביום ראשון שהוא להרבה פוסקים דאורייתא, יש להחמיר, ע"ש. **עוד** כתב, דע"כ לא היקל השו"ע אלא בשאר קרוביו, אבל אביו של הקטן אם המיר עם אמו, או אמו אם המיר עם אביו, ודאי יש להתאבל, ובפרט אם נודע ביום ראשון, **וכיון** שמתחיל ביום א', שוב עבדינן כר"י ואינו פוסק כל ז', ע"ש).

‹**ומצינו** חד גברא רבה שהתאבל על בנו שהמיר דתו ומת, והתאבל י"ד יום, שאמר ק"ו לשכינה י"ד יום, **לא** משום אבילות עשה כן, אלא משום צער עצמו, שמצטער על שלא זכה לשוב בתשובה, ואבד גופו ונפשו – לבוש›. ‹**וע"ל** סי' ש"מ ס"ה בט"ז›.

סעיף ז - מי שנפל בים, או טבע בנהר, או אכלתו חיה, אין מונעין ממנו דבר - ‹ולא דנינן אותו כהרוגי ב"ד, אף שאמרו דין ד' מיתות לא בטלו וכו' - ב"מ›.

סעיף ח - ארון העובר ממקום למקום, אם שלדו (פירוש הסדרה ולגלותיה) **קיימת, עומדין עליו בשורה ואומרים עליו ברכת אבלים ותנחומי אבלים, אם יש אבלים שמתאבלין עליו; ואם אין שלדו קיימת, אין עומדין עליו בשורה ואין אומרים עליו ברכת אבלים ולא תנחומי אבלים.**

§ סימן שמו – מי שקרובו צלוב בעיר לא ידור בה §

סעיף א - מי שהיה בעלה עמה צלוב בעיר, או שאשתו עמו צלובה בעיר, או אביו ואמו, ועדיין לא כלה הבשר כולו, לא ישהה בתוכה אא"כ היתה גדולה כאנטוכיא, שאין אלו מכירין את אלו, ולא ישהה בצד זה אלא בצד זה - שהוא גורם לבזות המת, ‹שמזכירין אותו על ידו לרעה›, שאומרים אותו פלוני הצלוב הוא אחיו של פלוני זה. **וכתב** הפרישה, דאם נקבר מותר. ‹**ואם** כלה הבשר מותר, שלא יזכרוהו עוד לרעה - לבוש›.

‹**ונראה** מהלשון, דרק בבעל ואשתו ואביו ואמו יש קפידא, מפני שדרך להזכיר שזה הצלוב הוא בעלה של זו או אביו של זה, ובשארי קרובים אין קפידא, והבית הלל מסתפק בזה, **ויש** דפשיטא ליה דה"ה בכל הקרובים, עיין ש"ך, **ומלשון** הברייתא נראה כמ"ש, **וכל** זה היה בזמן הקדמון שהיו תולין ולא הניחו לקוברו, ועתה לא שייך זה - ערוה"ש›.

וכתב הב"ח, דדוקא צלוב בעיר, אבל במלכותינו שצולבין חוץ לעיר על פני השדה, מותר לשהות בכל העיירות, **וע"כ** אין דין זה נוהג כלל עכשיו.

§ סימן שמז – שלא לעורר על מתו שלשים יום לפני הרגל §

סעיף א - מי שמת לו מת לפני שלשים יום הסמוכים לרגל, לא יספדנו משיכנסו שלשים יום הסמוכים לרגל - ‹שלא יהא עצב ברגל - לבוש›, **ואפילו יש לו הספד בלא זה, כגון שמת לו מת בתוך שלשים שמותר לספדו, ואפי' מת (ערב) הרגל, אסור להספיד עמו על המת שמת לו לפני שלשים יום קודם המועד** - ‹בתשו' שבו"י כתב, דדוקא מת לו מת, אבל בעלמא להספיד לכבוד תורתו, שרי - רעק"א›.

(**עיין** בשו"ת בית אפרים שהאריך הרבה בדין זה, **והוכיח** שדעת גדולי הראשונים, דכל שהוא עדיין תוך למ"ד יום למיתתו, אף על פי שהוא תוך שלשים לרגל, שרי, דכל כה"ג מת חדש מקרי, **ודוקא** אם בשעת ההספד כבר עברו ל' יום ממיתתו, **והוא** בתוך ל' לרגל, אז הוא מתישן ואסור, וכן דעת הרדב"ז, **ומ"מ** מסיק שאין לזוז מדברי השו"ע, אשר קיימו וקבלו עליהם כל ישראל, **אכן** אם הוא צורך שעה, שמת גדול הדור שמוטל על כל הת"ח להספידו, ומפני כבודו של חכם, יש להספידו אפי' תוך ל' לרגל, וכן עשה מעשה בעצמו, וכתב שגם הגאון מהר"ר יעב"ץ ז"ל כתב שיש צדדים להתיר, **אך** מש"כ דעל מתו המחוייב להתאבל דוקא אסור, צ"ע ע"ש. **ועיין** בספר אגודת אזוב בקונטרס אלון בכות, שכתב בשם שבו"י, שהורה להתיר להספיד תוך ל' יום קודם הרגל לת"ח משום כבוד התורה, והוא ז"ל דחה ראייתו, **אך** כתב דהיינו דוקא במקום שיש שם קרובי המת, אבל במקום שאין שם קרובי המת, לא שייך איסור זה לכו"ע, ע"ש טעמו ונימוקו, **שוב** עיינתי בשבו"י, וראיתי שגם הוא ז"ל ירד לחילוק זה, דדוקא על מתו דמריר ליביה טובא, ויש חשש, לרב שיוציא כל ממונו מה שהכין לכבוד הרגל, ולשמואל לפי שאין המת משתכח מן הלב ואתי למספד ברגל, **אבל** אם אינו מתו, רק שמספידו בשביל כבוד תורתו, אינו מתעורר ההספד בלבו כ"כ, ולא חיישינן, וטעם דכבוד התורה כתב רק לסניף בעלמא, ע"ש. **וכתב** עוד בספר אגודת אזוב שם, דר"ה ויוה"כ אינם כרגלים לענין זה, ע"ש).

סעיף ב - מי שבאה לו שמועה בתוך שלשים יום קודם הרגל, נראה לי שמותר לספדו, אף על פי שהיא רחוקה - ‹כיון שלא שמע עד עכשיו, בזה יסיר עצבונו שיספידהו כראוי - לבוש›. ‹**שהרי** צערו נמשך מיום השמועה, ולא יתוסף לו צער - ערוה"ש›.

סעיף ג - מה שאנו נוהגין בתשלום השנה לקונן ולהזכיר נשמות, נראה לי שאינו בכלל זה, ומותר לעשותו סמוך לרגל - ‹דאדרבא דעתם להפסיק ע"י כך אבלותם - ערוה"ש›. **וכ'** העט"ז, ואנו נוהגין להזכיר אפילו פעם הראשון אפילו בתוך הרגל.

‹**ולפי"ז** הדבר פשוט, שהזכרות שלנו שהש"ץ אומר "אל מלא רחמים", אין בזה חשש כלל, שהרי גם ברגל האחרון מזכירים נשמות, וכן בכל שבתות השנה, לבד כשמברכים ר"ח, דזהו תפלה, ונודרים לצדקה בעדם - ערוה"ש›.

§ סימן שמח – דין שרפה על המת, והאומר אל תקברוני §

סעיף א - שורפין על המלכים (או על הנשיאים) מטתן וכלי תשמישן - ואין בו משום דרכי האמורי, ולא משום בל תשחית, שזהו כבודם שלא ישתמשו אחרים בכלי תשמישן, ומש"ה שורפים מטתן וכלי תשמישן דוקא, ולא דברים אחרים, **אבל על ההדיוטות אסור** - דאיכא יוהרא והשחתה. ‹**ומזה** למדנו דאסור לאבד איזה בגד בשביל המת, ורק מה שצריך לתכריכין - ערוה"ש›.

סעיף ב - האומר: אל תקברוהו מנכסיו, אין שומעין לו - דלאו כל כמיניה להעשיר בניו ולהטיל עצמו על הצבור, **אלא מוציאין מיורשיו כל צרכי קבורתו בעל כרחו** - אפי' נתן ממון הרבה לאחרים, אין מוציאין מהמקבלין מתנות רק מהיורשים, ‹**אפילו** לא ירשו אלא מעט, דמקבלי מתנות זכו בשלהם בתורת מתנות, ומה שיורשים היורשים יורשים בכח אביהם, והם חייבים לקוברו - לבוש›, **וכן כל מה שרגילין לעשות לבני משפחתו, ואפילו האבן שנותנין על הקבר; והוא שירשו ממון מאביהם** - דאל"כ אין כופין הקרובים, אלא על הכל מוטל לקברו.

‹**ויש** מי שאומר דזהו כשצוה שלא לקוברו מנכסיו, אבל בשלא צוה, אם הבן עשיר או שארי קרובים עשירים, כופין אותם ליתן לצרכי קבורה, אף שלא הניח כלום, באה"ט בשם בה"י, **ולענ"ד** גם כשצוה מוציאין מהם, דאמירתו לא מעלה ולא מוריד, ורק שלא יקחו הרבה מעות קבורה מהיורש אפילו היורש עשיר אם הוא לא הניח נכסים, וכן הבעל חייב בקבורת אשתו לפי כבודו וכבודה, ועיין בח"מ סי' רנ"ג - ערוה"ש›.

סעיף ג - אפי' מי שאין לו ממון שצוה ואמר: אל תקברוהו, אין שומעין לו - משום דאיכא בזינא דחיי, ‹שיניחו שלדו של אדם סחוב והשלך - לבוש›. ‹**וקוברין** אותו על הוצאות הציבור כפי המנהג - ערוה"ש›.

§ סימן שמט – איסור הנאה במת ובתכריכיו §

סעיף א - מת, בין עכו"ם בין ישראל, תכריכיו - ‹כל תכריכיו, דכולם בטלים לגבי המת, שהרי דרך להניחם עליו לקוברם עמו - לבוש›, **אסורים בהנאה** - ‹אף שלא כדרך הנאתן ולצורך חולה - רעק"א›. ‹**וגם** שינוי אינו מועיל - ערוה"ש›.

דכתיב ותקבר שם מרים, וילפינן שם שם מעגלה ערופה, מה עגלה ערופה אסורה בהנאה, אף מת וכל תכריכיו אסורים בהנאה.

עיין בתוס' בב"ק, משמע שמת עכו"ם מותר בהנאה, וכן משמע הרב המגיד - נקה"כ. (**ועיין** בתשו' אבן שהם שהעלה, דמת ישראל אסור בהנאה מה"ת, אבל מת עובד כוכבים אסור מדרבנן, **ומה"ט** כתב שם באחד שחלה חולי שאב"ס, ואמרו הרופאים שיקח עצם ממת לצורך איזה רפואה או מתכריכי המת, דמותר ליקח עצם עובד כוכבים לזה, כיון שאינו אלא מדרבנן, ע"ש).

ודוקא שהזמינם לצרכו ונתנם עליו, אבל בהזמנה לבד, אפילו עשאם לצרכו לאחר שמת, לא נאסרו, דהזמנה לאו מלתא - ‹ולכן זקן שהכין לעצמו תכריכים, יכול לחזור בו ולהשתמש בהם לכל מה שירצה - ערוה"ש›. **וכן אם נתנם עליו ולא הזמינם לכך בתחלה, עדיין לא נאסרו.**

סעיף ב - נויי המת המחוברים בגופו, כגון פאה נכרית וכיוצא בה, אסורים כמו המת עצמו. (ודוקא כשהם קשורים בשערות גופן, אבל אינן קשורים, מותר) - והב"ח פסק דאפי' קלועים בתוכם ואינם קשורים אסורים, אלא כשאינן קשורין בה כלל דהיינו דתלי בסיכתא, מותרים.

(ולכן מותר ליטול טבעות שבידם של מתים, וכיוצא בזה) - (עיין בספר בכור שור שכתב, דמזה משמע דאם איזה נוי של זהב או מרגליות וכדומה קשור על המת, אסור בהנאה, ולפי דברי הב"ח אפי' קלועים בשערות, **ולכאורה** יש לאסור אפי' הטבעות אם הם מהודקים בחוזק, דהא כתב הרא"ש ריש חולין, דקשירה דכתיב גבי תפלין היינו שמהדקן על ידו כו'. **מיהא** עיקרא דהאי פיסקא תמיהא טובא, דאנן לא שמעינן בסוף פ"ק דערכין לאסור נויי המת, כי אם בתכשיטים כעין גופו, כגון פאה נכרית וכדומה, דהיינו שן תותבת, **אבל** שאר תכשיטין לא נשמע בשום מקום, **ותו** דלא עדיפי תכשיטי כסף וזהב ממלבושי המת, דפשוט אפי' קשורים בו בשעת מיתה לא נאסרו, ולא נשמע מעולם מי שאוסר, **והאריך** בזה והעלה, דאחרי דהרמב"ם וסמ"ג מתירים אפי' שער מת גופיה, וכן משמע דעת התוס' ב"ק, ואף הרשב"א ורמב"ן לא קאסרי כי אם שערות המת עצמו ולא פאה נכרית, **ולכן** יש לסמוך אהמתירין עכ"פ בתכשיטין של כסף וזהב ומרגליות וכדומה, דלא מעין גופה הוא, דאפילו קשורים בה או קלועים בשעת מיתה יש להתיר אותם, ולא להשחית ממונם של ישראל, עיין שם).

בד"א בסתם, אבל אם צוה שיתנו נוי גופו המחוברים בו לבנו או לבתו או לצורך דבר אחר, מותרים - ‹דהוו כאינם מחוברים – לבוש›. **אבל שערו ממש, אפילו אם צוה עליו, אסור בהנאה** - והרמב"ם וסמ"ג פסקו דשערו מותר בהנאה, ואע"פ שבב"י וכ"מ הקשה עליהם, וגם בתשו' הרשב"א האריך לדחות דברי הרמב"ם, המדקדק היטב בסוגיא סוף פ"ק דערכין יראה דהדין עם הרמב"ם - נקה"כ.

הגה: אשה שיוצאת ליהרג, ונוין בשערה, אף על פי שנגמר דינה, אין שערותיה נאסרים עד שתקטל - ‹שאין גמר דינה אוסרתה אלא מיתה אוסרתה, אע"ג דבהמה שנגמר דינה ליסקל נאסרה מיד, ואסור ליהנות ממנה אפילו מחיים, אדם שאני, דהתם אבעל השור קפיד רחמנא, שיצא נקי מנכסיו בלא שום הנאה מיד שנתחייב בבי"ד – לבוש›.

(**ועיין** בתשו' אא"ז פנים מאירות, בא' שמת והיה בתוך פיו שן תותבת מאיזה עצם נבילה, נשאל הדבר אם ליקח מפיו או לקבור עמו, **ורצה** חכם אחד לומר שיקחו מתוך פיו ולשרפו כמו נויי המת, ולא יקבר עמו מכמה טעמים. **והוא** ז"ל דחה דבריו, וכתב שא"צ לשרפו, רק יניחו כמות שהוא לקבור עמו, ע"ש).

סעיף ג - אם היו אביו ואמו מזרקים עליו כלים, מצוה לאחרים להצילן - שיש בו משום השבת אבדה, דודאי יתחרטו אח"כ, **אם לא נגעו במטה הנקברת עמו** - כלומר שנושאין אותו בה לקבורה.

הגה: ואם הצילן, חייב בשמירתן; ואם החזירן לאביו ולאמו, וחזרו וזרקום, ונאסרו, חייב המחזיר לשלם, דהוי כזרקן למקום גדודי חיות ולסטים.

אבל אם נגעו בה, אסורים - מדרבנן, שגזרו בהן משום דמיחלפי בתכריכי המת, **אם הם של אותו שזרקן עליו** - לאפוקי של אחרים דלא, דאין אדם אוסר דבר שאינו שלו, **והוא שיזרקם על דעת שיקברם עמו** - כגון שיזרקם מתוך מרירות הלב ע"מ לקברן עמו ונגעו במטה הנקברת, **לאפוקי** המצע שמניחים על המת, או הכר וכסת שנותנים תחת מראשותיו, או סדין או טלית שפירסו על הארון או על המטה שמוליכין בה המת לקברו, אינו נאסר.

הגה: הדף שטיהרו עליו, וכל הכלים שמוליכין המת עליהם לקבורה, לא נאסרו, דהרי לא נתנם שם ע"מ לקבור עמו.

סעיף ד - כל המרבה כלים על המת, הרי זה עובר משום בל תשחית.

§ סימן שנ – דברים העשויים למת ואין בו משום דרכי האמורי §

סעיף א - אם רצו, מתירין שערות לכלות, ומגלים פני חתנים, ונותנין דיו וקולמוס בצדו - ‹להראות אלו היה חי היה כותב כתובה לכלתו - ערוך השלחן›, **ותולין מפתחו של מת ופנקסו בארונו, משום עגמת נפש. ועושים חופות לחתנים וכלות, ותולין בהם דברים שלא הביאו אוכל נפש** - ‹ר"ל אפי' אוכלים מותרים כל שלא נתבשלו עדיין כל צרכם, אע"פ שסופם להתבשל, וכגון בוסר של ענבים, א"נ לאידך גסא, דר"ל דכל שיש בו צד אוכל נפש אסורים, אע"פ שכעת עדיין לא נתבשלו, **ומדנקט** לשון עבר, משמע טפי כפי' קמא - בדי השלחן›, **אבל דברים שהביאו אוכל נפש, אסור, מפני שהם נאסרים בהנאה** - והוה בהו משום בל תשחית לאסור אוכל נפש שלא לצורך.

כתב הב"ח, ומיהו עכשיו לא נהגו לעשות כן, ומעכבין על מי שבא לשנות המנהג.

§ סימן שנא – דין כלאים וציצית למת §

סעיף א - תכריכי המת, מותר לעשותן מכלאים - כדלעיל סי' ש"א סעיף ז'. ‹שאין המתים חייבים במצות, דכתיב: במתים חפשי, **ועוד** דומיא דחיים, שגם בחיים אם אינו מתחמם בהם מותר, הוא הדין במת שאינו מתחמם מהם - לבוש›.

סעיף ב - אין קוברין את המת אלא בטלית שיש בו ציצית - ‹ולא דמי לכלאים, דאע"ג דכשמת פטור מן המצות, מ"מ ציצית שאני לפי ששקולים נגד כל המצות, ועוד דכלאים לא אסרה תורה רק דרך חימום, ובמת לא שייך חימום, דרישה, **והגמ'** שאמרה הטעם משום במתים חפשי, לרווחא דמילתא, והאמת כן הוא, ומ"מ בשביל זה בלבד אפשר לא התרנו זה, רק משום דאיסור כלאים לא שייך כלל בכה"ג, משא"כ בציצית - ערוה"ש›.

‹**עיין** בשאלת יעב"ץ שכתב, דאין קפידא אם מלבישים את המת בטלית חדש שלא נעשה לשם מצוה, **דלא** כאיזה לומדים שחשבו שאין להלביש המת כ"א בטלית שלבש אותו בחייו למצות ציצית›.

‹**עיין** בשאלת יעב"ץ שכתב, דמי שלא היה יכול לקיים מצות ציצית בחייו מפני אונס, שהיה מוכה בידיו וכה"ג, אפשר דאין לקברו בטלית, לפמ"ש התוס' בברכות ובמנחות, דמי שלא נזהר בציצית בחייו אין קוברין אותו בהן, דהוי לועג לרש, **אך** אין סברת התוס' מוכרחת כל כך, לכן העושה לו טלית לא הפסיד, ולזה הדעת נוטה כשהניח ממון לעשות משלו, **אמנם** לגבות מעות לצרכו, או לעשות מקופת חברה של ג"ח, הנמנע אין לתפוס אותו על כך, ע"ש›.

הגה: וי"א דאין לריך לילית – [כשנפטר רבינו גרשון, אמר: ציצית חוץ, ונחלקו בפירוש דבריו, יש אומרים דרצונו לומר יסירו הציצית מהטלית, ויש אומרים דהכי קאמר שישימו אותן חוץ לארון].

ונהגו לקברו בלילית, אך שפוסלין תחלה הלילית, או כורכין אחד מן הכנפות - והב"ח כתב דאין לפסלן, אלא יש לקשרן זה עם זה, או לכסותם תוך הכנפות, ע"ש.

‹**ועכשיו** המנהג הפשוט בכל תפוצות ישראל, שנושאין המת בציצית, וקודם שמניחים אותו בקבר נותקין ציצית אחת מהד' ציציותיו, ויש שנהגו לנתוק אותה בבית קודם הוצאתו לקבורה, אבל טוב יותר לנתקה קודם הקבורה, **ושמעתי** בבירור על שני גדולי הדור, אחד צוה אחד מתלמידיו שיקברו אותו בכל ציציותיו, ואותו תלמיד כשהגיעו להלבשת תכריכיו חש במיעיו ויצא חוץ, ואותם שהלבישוהו לא ידעו מזה, ונתקו אחת מהציציות כנהוג, ותיכף נכנס אותו תלמיד והתחיל לצעוק, ואמרו הגדולים שהיו שם, שזהו אות מן השמים לבלי לשנות, **והשני** כשהניחוהו בקבר עם כל הציציות, נסתבכה אחת מהציציות ביתד שבתוך הקבר וניתקה מעצמה, וראו בחוש שמן השמים גזרו כן. **הראשון** היה הגר"א ז"ל, והשני היה החסיד מוהר"ז ז"ל מהוראדנא בעל יסוד ושורש העבודה, שצוה ג"כ להניחו בכל הציציות - ערוה"ש›.

‹**ועיין** בתשו' נו"ב, דהלכה כהני אמוראי דפליגי אר"א, וס"ל דכל מתי חוץ לארץ יזכו לעמוד בתחיית המתים, ע"ש›.

§ סימן שנב – באיזו בגדים קוברין, ואין האיש מלביש את האשה §

סעיף א - אין קוברין המת בתכריכים יקרים, אפילו לנשיא שבישראל - משום תיקון העולם, שהעניים אינם יכולים לעשות כן, ‹ומתביישים לקבור מתיהם בתכריכים פחותים, והיה יציאת המת לפעמים קשה על הקרובים עד שיניחוהו וילכו להם, שכן היה מעשה, וגם משום גסות הרוח והשחתה, ‹ומעשה גוים – לבוש›. **וכ'** בד"מ והגהת דרישה בשם נ"י, כל העושה תכריכין נאים למת, מכירין בו שהוא מודה בתחיית המתים ותע"ב, עכ"ל, **ומיירי** שהבגד פשתן יהא נאה, וע"כ נהגו קצת לחזור אחר היפה, אבל בחשובים יותר מדאי ודאי אסור. ‹**ורק** לעשיר יעשו מפשתן טוב, ולעני פשתן פשוט – ערוה"ש›.

סעיף ב - נהגו לקבור בבגדים לבנים - (לשון הלבוש: בבגדי פשתן לבנים, וכן הוא בטור בשם הרמב"ם, **ושם** ברמב"ם משמע, שגם החוט שתופרין בו יהיה ג"כ של פשתן, ולא של מין אחר, ע"ש. **וז"ל** ילקוט ראובני פ' מקץ: דע שיש סוד גדול בלבישת בגד פשתן, שכל הנפטר שנתלבש בבגדי פשתן, אפי' נפטר בחו"ל, כל קטיגור נהפך לסניגור, **ומעלת** לבישת פשתן בלא לבוש אחרת, ואפי' תינוק שאביו מוחזק שמתו לו בנים הרבה ע"י לילית או רוח רעה, תינוק זה בטוח מכל אלו בסגולת לבישת בגדים אלו, **וסגולת** לבישת בגדי פשתן, שלובש בגד פשתן לבדו ולא מין אחר עמו, אבל נתערב מין אחר אפילו חוט א', פוסל בו כו', עכ"ל). ‹**לבד** הטלית של צמר – ערוה"ש›.

‹**אם** שכחו להלבישו איזה דבר מבגדי המת, יניחו אותו על הארון בקברו – באה"ט›.

סעיף ג - האיש אינו כורך ומקשר האשה - משום הרהור, **אבל האשה כורכת ומקשרת האיש** - באשה ליכא הרהור כל כך.

‹**ועתה** ראיתי שמצוין לבן לכרוך החגורה לאמו ולקושרה, וכן הבעל לאשתו, ולענ"ד אין נכון לעשות כן – ערוה"ש›.

סעיף ד - מעצימין עיניו של מת; ואם נפתח פיו, קושרין לחייו, ופוקקין נקביו אחר שמדיחין אותו במיני בשמים, וגוזזין שערו. הגה: ולפרניו. ומדיחים אותו היטב בכל מקום, שיהא נקי מכל טומאה - (עיין בתשו' חת"ס, שנשאל אודות הלנת המתים יום או יומים ע"פ פקידות המלכות, ורובם מתנוולים ואין רבים רוצים להתעסק בטהרה ולבישה, אם יש להתיר לטהרו וללבשו מיד ולהלינו אח"כ, ולשנות מנהגם מאז לסמוך הטהרה סמוך לקבורה, מפני שדרכו להתנוול בכל שעה ממאכלות ומשקה רפואות, **והשיב** הנה עיקר מנהג סיכה והדחת המת הוא במשנה שבת ס"פ כ"ג, סכין ומדיחין, וברמב"ם וטוש"ע או"ח סי' שי"א, ומשמעות כולם שאין הדחה זו סמוך לקבורה כו', **ואך** כשאין הקבורה רחוק ממיתה, שפיר דמי להמתין עד שעת קבורה, מטעם שדרכו לחזור ולהתנוול, **אך** באופן שנשתנה עתה ע"פ הפקודה, אזי יש לרחצו ולטהרו ולהלבישו מיד, ולכרוך על המלבושים סדין, ושוב כשיצא בלעו מפיו, יחזרו וינקהו סמוך לקבורה ויסירו הסדין המלוכלך, ומלבושיו ישארו נקיים, ע"ש).

וטחין ראשו בביצים טרופים בקליפתן, שגלגל הוא שחוזר בעולם - (עיין בתשו' חת"ס, שכתב ע"ד למדן א' שהוקם לגבאי דח"ק, ורוצה לשנות מה שנוהגין לזלף על אברי המת יין עם ביצים מעורבים, ואמר שמצא בספר חכ"א שמכוער הדבר, **הנה** חפשתי בספר ההוא ולא מצאתי, אך הרי זילוף היין מבואר בירושלמי דשקלים, שעושים זילוף על מטתו, וביצים כתוב בספר מעבר יבק הגדול כו', ומאן ספון ומאן חשוב לבטל זה, בשגם שנזכר ברמ"א ס"ס שנ"ב, עכ"ל. **ואני** חפשתי בספר הנ"ל ומצאתי, והוא בקונטרס מצבת משה סי' ח', אך גם הוא ז"ל לא כתב שמכוער הדבר, רק על מה שנוהגין שטורפין ביצים במים, וכל אחד לוקח מעט מן המים ומזה על המת, ואומרים שזהו וזרקתי עליכם כו', ע"ז כתב שזהו מחוקות העמים ומנהג מכוער מאד וראוי לבטלו, אלא ירחצו בו ראשו, ואין זה מכלל הטהרה כלל, ע"ש. **וכתב** עוד בסי' ט' שם, דמה שנהגו לקמוץ ידי המת ולתת לתוך ידו שבט עץ וקורין געפליך, יש לבטל מנהג זה, כי צריך שיהיו ידיו פשוטות, ואם ירצו להחזיק במנהג, יניחו אצלו הגעפליך, ולא יכפופו האצבעות, **וע"ש** בתשו' חת"ס שם, שדעתו שלא לבטל מנהג זה, ע"ש).

‹**ושופכים** עליו תשעה קבין מעומד, ואוחזין את המת ושופכין עליו הט' קבין, **וכל** מעשה ועניני המת יהא בצניעות כאלו הוא חי, שלא יתבזה, כי הנשמה מכרת בכבוד הגוף ובבזיונו – ערוה"ש›.

§ סימן שנג – היאך מוציאין מת גדול או קטן, ובאיזו מטה §

סעיף א - בראשונה היו מגלים פני עשירים ומכסים פני עניים, מפני שמשחירים בשנת בצורת, והיו עניים חיים מתביישים. התקינו שיהיו מכסים פני הכל.

סעיף ב - אין מניחין ספר תורה על מטתו של חכם - ‹שאין כבודו בכך, שיזלזלו בכבוד ספר תורה עבורו – לבוש›, ‹אפי' הוא אלוף וגאון ויחיד בדור›. **דוקא** על מטתו, אבל לפניו על גבי קרקע או ספסל, מותר. ‹לגדול הדור, **ובזמננו** גם זה לא נהיגי, כי אין הדור ראוי לכך בעוה"ר, וכ"ש שאין לומר: קיים זה מה שכתוב בזה – ערוה"ש›.

סעיף ג - כבודו של חכם להוציאו דרך הפתח, ולא לשלשלו דרך גגות; ובמטה ראשונה, ולא לשנותו ממטה למטה - ‹ובזמה"ז לא נהיגי כן – ערוה"ש›.

סעיף ד - תינוק בן ל' יום, מוציאים אותו בחיק לבית הקברות, ולא בארון - וכתוב בא"ז, דהיינו דא"צ להוציאו ‹במטה› אלא בחיק, אבל אם רוצים להוציאו במטה הרשות בידם, ומביאו הב"ח, **ונקבר באשה אחת ושני אנשים; אבל לא באיש אחד ושתי נשים, משום יחוד** - ‹דאפילו בשעת אנינות יצרו של אדם מתגבר עליו – ערוה"ש›.

ואין עומדים - פי' אין צריך לעמוד **עליו בשורה** - ר"ל שהיה כל אחד אומר לו תתנחם, **ואין אומרים עליו ברכת אבלים ותנחומי אבלים, ואפילו אם קים לן שכלו לו חדשיו.**

סעיף ה - בן ל' יום גמורות, יוצא בגלוסקמא (פי' ארון, וייסם בארון: ת"י ושוון יתיה בגלוסקמא, ערוך; ונמ"י פי' נסר רחב) הניטלת באגפיים (ופי' אגפיים, זרועות) – [גמרא מו"ק כ"ד: לא דלוסקמא הניטלת בכתף אלא הניטלת באגפיים. ופירש"י: לא בדלוסקמא הניטלת בכתף: באדם אחד, אלא הניטלת באגפיים: פי' בשני בני אדם דרך כבוד – ט"ז].

פי' בנסר רחב שאינו ניטל אלא על הכתפים, וא"צ מטה גדול - ש"ך. ‹בנ"י לא בדלוסקמא כו', כלומר כ"כ גדולה שלא תהיה ניטלת אלא על כתיפו אלא בדלוסקמא קטנה הניטלת באגפיים על זרעותיו, עכ"ל, [והוא לכאורה כוונת הג' השו"ע], ודברי הט"ז הם פירש"י, וצ"ע - רעק"א. ‹**שהש"ך** הוא דלא כמאן, וגם דלא כהגמ', ומקורו בלבוש, וכתב על הלבוש בהג' מהר"א אזולאי: ואפשר שנפל טעות בדברי המחבר›.

ועומדין עליו בשורה, ואומרים עליו ברכת אבלים ותנחומי אבלים. בן י"ב חדש, יוצא במטה. וכל היוצא במטה, רבים מצהיבים עליו - ‹פי' מרגישין ומצטערין – באר הגולה›, **ושאינו יוצא במטה, אין רבים מצהיבים עליו. וכל הניכר לרבים, רבים מתעסקין בו; וכל שאינו ניכר לרבים, אין רבים חייבים להתעסק בו.**

סעיף ו - תינוק שמת קודם שנימול, מוהלין אותו על קברו, בלא ברכה - ‹שהרי אין מצווין למוהלו אלא כך נהגו›, **וקוראין לו שם** - ‹וטעם המנהג הוא, כדי שכשירחמו מן השמים להיות תחיית המתים, ויהיה כל אחד מכיר אביו ואמו ומשפחתו, יהא גם התינוק הזה ניכר בשמו לאביו ולאמו – לבוש›. ‹**בבכור** שור כתב, דאם שכחו ולא מהלו, יש לפתוח הקבר ולמולו – רעק"א›. ‹ועיין לעיל סי' רסג ס"ה›.

סעיף ז - אין מוציאין מת במטה, אלא אם כן היה ראשו ורובו קיים.

§ סימן שנד – עיר שיש בה שני מתים, איזה קודם §

סעיף א - עיר שיש בה שני מתים - ‹אין להוציאם כאחת ולקוברם כאחת, דנצרך לחלוק כבוד לזה ולזה – ערוה"ש›, **מוציאין את הראשון** - היינו אותו שמת ראשון, **ואח"כ מוציאין השני** - (עי' שו"ת ברית אברהם, דהטעם הוא משום דהחיוב חל מיד בשעה שמת הראשון טרם מיתת הב'. **ולפי"ז** אם מתו בשבת, ואחד מת קודם להשני, שניהם שוים, דלא שייך האי טעמא. **שוב** עיינתי שנית בספר הנ"ל, וראיתי שכתב עוד טעם, כדי

שלא יסריח זה שמת מקודם, א"כ אין לחלק). **ואם היו מלינים הראשון** - כלומר אם רוצים להלין הראשון לכבודו, כדלקמן סי' שנ"ז, **מוציאין השני** - דהא בלא"ה לא יוציאו עכשיו הראשון.

חכם ות"ח, מוציאין החכם. ת"ח ועם הארץ, מוציאין ת"ח. איש ואשה, מוציאין האשה, מפני שקרובה לבית הניוול – ‹שתשפיע דם ותתנוול – ערוה"ש›. ‹**אפילו** מת האיש קודם לה, ואין חילוק בזה בין ילדה לזקינה (למעוברת ומניקה), תשב"ץ›. **ואני** מסופק אם בב' נשים א' ילדה וא' זקינה, אם אין הילדה קודמת להוציאה לזקינה שמתה קודם לה {מפני חשש ניוול} – רעק"א›.

‹**ות"ח** ואשה, אם האשה זקנה, הת"ח קודם, ואם היא ילדה, האשה קודמת, אם לא שהוא חכם גדול, דכבוד תורה עדיף, אמנם אם האחרון נפוח ויריאים שיתקבע כריסו, מוציאין אותו מקודם, **ופשוט**, דגדול וקטן הגדול קודם – ערוה"ש›.

הוציאו הראשון וקברוהו, אין עומדין עליו בשורה ואין אומרים עליו ברכת אבלים ולא תנחומי אבלים, עד שיוציאו השני - כדי שלא לעכב קבורת השני. **הוציאו השני וקברוהו, באים ועומדים בשורה** - על הא' והשני כאחד, ‹אין עומדין בשורה על שניהם כאחד – ערוה"ש. ועיין בגירסא ישנה בהש"ך›, **מנחמים ופוטרים את הרבים; ואין מנחמים שני אבלים כאחד, אלא אם כן היה כבודם שוה וקילוסן שוה** - אלא מנחמין אותן בזה אחר זה, או נחלקים לשתי כתות.

§ סימן שנה – דברים שמשנים באשה יותר מבאיש §

סעיף א - אין מניחין מטה של אשה ברחוב, מפני הכבוד - מפני שקרובה לינוול, ‹דשמא יצא ממנה דם ותתנוול – ערוה"ש›. ‹**לא** שנא יולדת לא שנא שאר אשה – לבוש›.

(ואין עולין בחבר עיר על האשה) - שאין כבוד לחכם שמנהיג העיר, שכל העיר נוהגין ע"פ צוויו, שיהא עולה באשה כשנושאין אותה לקבורה. ‹כלומר שהגדול שבעיר אין כבודו ללוות את האשה – ערוה"ש›.

[**בסי'** רנ"ו כתב הטור, יש בעיר חבר עיר, פי' אדם גדול, ובברכות ‹ל:› אמרינן, ר' אלעזר בן עזריה אומר אין מתפללין מוספין אלא בחבר עיר, והיינו צבור, **ואיך** שיהיה פירושו כאן, מ"מ לא בא למעט באשה אלא שאין עומדין בחבורה ברחובה של עיר לענין הנזכר בטור בסימן שע"ו, ‹לענין ברכת רחבה ע"ש, ואצלינו בטלוה כמו שיתבאר שם – ערוה"ש›, **וקורין** אותו חבר עיר, {היינו אפי' להצד דפירושו אדם גדול}, לפי שעל ידי גדול העיר נתקבצו כולם במקום שהוא עומד שם, לפי שכולם נגררים אחריו, ולכן קורין הקיבוץ על ידו – פרישה›, **אבל** לענין ללוותה **פשיטא** שאין חלוק בין אשה לאיש, וכמ"ש סי' שד"מ ס"ב, כנ"ל פשוט, וכן משמע בפרישה – ט"ז].

§ סימן שנו – גבו לצורך המת והותירו §

סעיף א - מת שלא היה לו צרכי קבורה, וגבו לו והותירו, אם כשגבו יחדו לצרכי זה המת - לא שנא מעות או שאר דברים, **ינתנו ליורשיו** - לא משום דקני ליה זה המת בגבייה בעלמא, דהא קי"ל הזמנה לאו מלתא היא, אלא משום דזילותא הו"ל למת זה בגבייה, ואחיל ליה זילותא ליורשיו. ‹**ואין** אשה גובה כתובתה ממותר הזה, ולא בעל חוב את חובו, מטעם שנתבאר דרק ליורשיו מוחל זילותיה – ערוה"ש›.

‹**ועיין** ברדב"ז שכתב עוד, דאם הגבאי רוצה לעכב המותר כדי לעשות לו מצבה, והיורש אומר פוק חזי כמה קברות איכא בלא מצבות, וגם זה כאחת מהם, ינתן ליורשיו ולא יבנה בו מצבה, **אלא** דאם מנהג כל בני משפחתו להיות להם מצבה על קברותיהם, הדין עם הגבאי, ועושה לו מצבה, ע"ש›.

ואם לאו, יעשו מהם צרכי מתים אחרים.

§ סימן שנז – איסור הלנת המת, ומתי מותר להלינו §

סעיף א- אסור להלין המת - ‹כלומר לבד העשה דקבור תקברנו ביום ההוא, עובר גם בלא תעשה, ונמצא שעובר בעשה ולא תעשה, **ויש** מי שאומר דרק בלא תעשה עובר, והעשה הוא רק על הרוגי ב"ד – ערוה"ש›.

(**עיין** בתשו' רדב"ז שכתב, דדוקא אם מלין את מתו כל הלילה עד הבוקר עובר בלאו, **אבל** מקצת הלילה אינו עובר, ואפילו איסורא ליכא, אלא כדי להיות משובח יש למהר להוציא מתו, כדלקמן סעיף ב', ע"ש).

(**ועיין** בתשו' חות יאיר, בדבר יהודי גנב שנתפס ונתלה, והשר היה מבקש סך עצום להניחו לקבור בקבר ישראל, אם היו מחוייבים להוציא ע"ז ממון הרבה כדי שלא יעברו על לאו דלא תלין. **והעלה** דלאו דלא תלין אינו רק על מי שמוטל עליו לקברו, ולא על אחרים, ואין זה שמוטל עליו חייב לבזבז כל ממונו לפייס השר כדי שלא יעבור על לאו זה, מאחר דלא עבר הל"ת בפועל, לא הוי רק כמ"ע, ולא דמי לל"ת בפועל שמחוייב לבזבז כל ממונו, כמש"כ הרמ"א לעיל ר"ס קנ"ז, ע"ש. **ולפי"ז** משמע דעד חומש מחויב לבזבז, כמו דמשמע מדברי הש"ך שם, דבעשה עד חומש צורך לבזבז. **ומ"ש** עוד שם סברא, דאין כאן לאו לא תלין אפי' על מי שמוטל לקברו מאחר שהיה מעכב ומונע, ומפני כך אפילו משום ממון מעכבין קבורה כו', ע"ש לא ברירא לי, גם לשונו מגומגם שם וצריך תיקון, **ובאמת** בחו"מ סי' ק"ז ס"ב בהג"ה לא נזכר רק דאין על המעכב עבירה, אבל היורש אם אינו משתדל להשוות את הבעלי חובות, י"ל דעובר. **ועיין** בתשו' בשמים ראש, דאפי' היה רשע גמור כל ימיו, אסור להלינו, ע"ש טעמו. **ועיין** במ"א סי' תקכ"ו שהוכיח, דאף בנפלים עובר על לא תלין).

(**ועיין** בתשו' חת"ס, אודות אשר בספר בכורי העתים נמצא אגרות משנת תקל"ב, שהחכם רמ"ד טען להתיר איסורן של חכמי ישראל, באמרו כי רופאי זמנינו אמרו שאין נודע גבול המגביל בין חיים למות, וא"א לידע אלא בעיכול הבשר, והביא ראיה ממתני' סוף נדה, הזב והזבה והנדה כו' מטמאין עד שימוק הבשר, ועוד מרפ"ח דמס' שמחות שמבקרים על המתים עד ג' ימים, ‹ע"ל סי' שצד ס"ג›, ופ"א חי אחד אחרי כן כ"ה שנים והוליד בנים, **וא"כ** ק"ו, ומה משום כבודו של מת להביא לו ארון ותכריכים מלינים, כ"ש מפני פקוח נפשו, ומאז קברו בכוכין, והיה אפשר לדפוק על קברו, אבל בזמנינו שקוברין בארץ ממש, ע"כ החיוב להלינו, אלו דבריו. **אך** הגאון מוהר"ר יעב"ץ מחא ליה מאה עוכלי בעוכלא ולא נשא לו פנים. **וגם** הוא ז"ל האריך בזה לדחות דברי החכם הנ"ל, ושורש דבריו, דבלי ספק כשאמרה התורה לא תלין כו' כי קבור תקברנו, והעובר על זה בשום מת עובר על עשה ול"ת, ע"כ אז נמסר לנו שיעור מיתה, אולי היה אז מסורת מבעלי טבעים הראשונים, אף על פי שנשכח מרופאי זמנינו, ועליהם סמכו חז"ל בהרבה עניני התורה, כמבואר פ' ר"ע דף פ"ה ע"א, **או** כי מרע"ה קבל השיעור מסיני, או שסמכו עצמן אקרא כל אשר רוח חיים באפו, דהכל תלוי בנשימת האף, וכמבואר ביומא פ"ה ע"א. **ולומר** נפל מפולת שאני, זה אינו, וכי קרא נשמת רוח חיים במפולת מיירי, ועוד דבר ידוע בהיפוך, כי במיתה פתאומית יש לחוש יותר שנדמה כמת מחמת בהלה, וכעין חולי שיתוק, שקורין שלאג, ואפ"ה כשפסקה נשימתו שוב אין מחללין שבת, **וע"כ** כלל הוא לכל המתים שזהו שיעור המקובל בידינו, וכל הרוחות שבעולם אם ימלאו חפניהם רוח לא יזיזונו ממקום תורתנו הקדושה, וממתני' דנדה אין ראיה כלל. **והאי** עובדא דמס' שמחות הוא מקרה בעלמא ממקריים הרחוקים א' לאלף שנים, ואפילו מיעוטא דמיעוטא לא הוי, כמו חוני המעגל שישן שבעים שנה, ואינו נכנס בגדר חוששים למיעוט בפ"נ, ורק הביא שם האי עובדא יען כי הדפיקה על המתים הוא ממעשה האמורי והיה ראוי לאסור, לכן אמר שאין בזה מדרכי אמורי כיון שכבר נמצא פ"א שמצא קרובו חי, א"כ המבקר מתו יש לתלות שרוצה לחוש אולי יחיה קרובו, אף על פי שהוא רחוק ומוקצה מן הדעת, כמו מסמר מן הצלוב וכדומה. **וסיים** בהא סלקינן, אנו אין לנו אלא דברי התורה ולקבלת אבותינו, וכל המהרהר מהרהר אחר השכינה, ואיסור הלנת מתים במקומו עומד, זולת במדינות אשר יש קפידא מהמלכות על כבה, עש"ב).

אא"כ הלינו לכבודו, להביא לו ארון ותכריכין או מקוננות, או כדי שיבאו קרובים או להשמיע עיירות - ‹שלא רבתה התורה שאר מתים שיהיו בבל תלין, אלא דומיא דתלוי, מה תלוי בבזיון, אף שאר מתים דאית ביה בזיון, אבל לכבודו מותר – לבוש›.

(**עיין** בתשו' רדב"ז, שנשאל על א' שמת בה' בשבת, ואביו רצה להמתין מלקברו עד מחר עם דמדומי חמה סמוך להכנסת שבת, כדי להצילו מחבוט הקבר, אם מותר לעשות כן, אם זה נקרא לכבודו, וגם אם הועיל להצילו מחבוט

הקבר במה שהניחוהו עד סמוך לשקה"ח, **והשיב** דאפילו נימא שניצול ע"י כן מדין חבוט הקבר, מ"מ אסור לעשות כן, ולא נקרא זה לכבודו אלא כגון להביא ארון ותכריכין, אבל ענין העונש לא נקרא כבוד, **וכ"ש** שהדבר ברור שלא הועיל כלום להצילו מדין חבוט הקבר מכמה טעמים, ע"ש).

(**צ"ע** אם נמצא הרוג ולא נודע מי הוא, ולפי אומדנא נראה שהוא בעל אשה אחת, אם מותרים להלינו עד שתבא אשתו אולי תגיד סימנים מובהקים, ואפשר שגם זה מקרי לכבודו כדי שבניו יתאבלו ויאמרו קדיש, עמש"ל סי' שס"ג ס"ק ז' בשם שיבת ציון).

סעיף ב - כל המתים, הממהר להוציא מטתו הרי זה משובח - לפי שאין דרך להספיד ולהתאבל עליהם הרבה, הלכך יותר כבוד להם כשנקברים במהרה, משיעמדו הרבה ולא יספידוהו, **אבל על אביו ועל אמו, הרי זה מגונה** - שחייב להספידם ולקונן עליהם הרבה, **אא"כ היה ע"ש או ערב יו"ט, או שהיו גשמים מזלפים על מטתו** - (ואין לו מקום מסוכך להעמידם תחתיו, שאז ג"כ הוא משובח שימהר להוציאם, לפי שאינו עושה אלא לכבודם – לבוש).

§ סימן שנח – נושאי המטה פטורים מקריאת שמע ומתפלה §

סעיף א - נושאי המטה, וחילופיהן, וחילופי חילופיהן, בין אותם שהם לפני המטה בין אותם של אחריה, מאחר שלמטה צורך בהם - (לפי שאין כח לשאת כל הדרך, ולכן מחליפין מאלו לאלו, כלומר שאלו נושאים ואלו נחים אלו נחים ואלו נושאים, וכן לעולם עד שתגיע המטה לבית הקברות), **פטורים (מק"ש)** - שעוסק במצוה פטור מהמצוה, (**ופשוט** הוא דאם יש די בנשיאת המטה שישאוהו אותם שכבר התפללו, ילכו האחרים להתפלל, אף שרצונם לשאת המטה), **ושאר המלוין את המת, שאין למטה צורך בהם, חייבים. (ועיין בא"ח סימן ע"ב)** - (ואע"ג דגם הלוויית המת מצוה היא, מ"מ הא אין שיעור לזה, ומלוים ד' אמות והולכין וקורין ק"ש ומתפללין – ערוה"ש).

סעיף ב - אין מוציאין את המת סמוך לק"ש, כל שאין שהות להוציאו לקברו קודם שיגיע זמן קריאת שמע - שלא להפקיע חובת קריאת שמע, **ואם התחילו להוציאו, אין מפסיקין כדי לקרות. הגה: ויש להמתין מלקברו עד שיוכלו לשער שכבר התפללו רוב הקהל; ואין חילוק בזה בין ק"ש של שחרית לק"ש של ערבית. ויש מקילין בשל ערבית, הואיל וזמנה כל הלילה** - (ועוד כדי שלא לבא לבל תלין, ודע דבל תלין אינו אלא כשמשהין אותו כל הלילה וקוברין ביום, אבל כשקוברין בסוף הלילה, אינו עובר בבל תלין, ואף שיש חולקים בזה, מ"מ כן עיקר לדינא – ערוה"ש). **(מבואר בא"ח סימן ע"ב).**

סעיף ג - במקום שיש כתפים מיוחדים לשאת את המטה, אסורים בנעילת הסנדל, שמא יפסיק סנדלו של אחד מהם, ונמצא מתעכב מהמצוה - (טור בשם ירושלמי).

לאפוקי האידנא שאין לנו כתפים מיוחדים, אלא הכל מסייעים לישא, לית לן בה, (דאם יפסק באחד מהם, ישא אחר – ערוה"ש).

[**נ"ל** שלא יפה עושים באיזה קהילות, שעושין להם חבורה של נושאי המטה, ואין מניחין אחרים לשאת, דא"כ היו צריכים לילך יחף, והם אין עושין כן]. **ול"נ** דהירושלמי מיירי שאין שום אחד נושא כלל, אבל בזמן הזה פשיטא אע"ג דאיכא חבורה, מ"מ אי אירע אונס לאחד, ודאי דשאר אנשים מזורזים ומוכנים לעשות המצוה, **ועוד** נ"ל, דדוקא קאמר בירושלמי סנדלו, וכדאמרינן לענין שבת, דאסור לצאת בו שמא יפסוק, אבל במנעלו דמיהדק ומותר לצאת בו בשבת, וכמו שנתבאר באו"ח סי' ש"א ס"ד, א"כ ה"ה הכא מותר – נקה"כ.

הגה: יש מקומות שנהגו שהאבלים יוצאים ראשון מן הבית, והקרובים והמטה אחריהם, והרחוקים נותנין המת על המטה, ולוקחים האבלים והקרובים המטה על כתפיהם, ואחר כך שאר העם - (ובשם ר"י חסיד כתב הרוקח, שכשמוציאין המת מן הבית, יש ליזהר שלא יצא אדם ראשון קודם המת, באה"ט, **אמנם** המתעסקים שמוכרחים לצאת מקודם אין קפידא. **ואין** להשים ארון של מת על ארון אחר שיש בו מת כבר, ויש בזה סכנה – ערוה"ש).

י"א כשמגיעים עם המת לקברות, מעמידים אותו כל ד' אמות קודם שנקבר; וכן נהגו האידנא להעמידו ב' ג' פעמים קודם שאומרים עליו צדוק הדין, ובימים שאין אומרים צדוק הדין אין צריך

להעמיד אותו - כתב העט"ז, וטעם ההעמדה שמעתי, כדי להבריח רוחות הטומאה הרוצים להחזיק בו שלא להכניס עמו לקבורה, כי כשמעמידים אותו הולכים להם, **ובימים** שא"א בהם צדוק הדין א"צ להעמיד אותו, כי ביום זה אין כל כך רוחות טמאות מצויות.

§ סימן שנט – מקום יציאת המת והאבלים §

סעיף א - מקום שנהגו לצאת נשים לפני המטה, יוצאות - ‹מפני שהן גרמו מיתה לעולם – ערוה"ש›, **מקום שנהגו לצאת לאחר המטה, יוצאות** - ‹כדי שלא יסתכלו האנשים בהן – ערוה"ש›, **ועכשיו נהגו שאין יוצאות אלא לאחר המטה, ואין לשנות** - ‹כיון דבלפני המטה יש חשש עבירה – ערוה"ש›.

כתב הרמב"ן והטור מתוספתא, מקומות שנהגו להיות אבלים הולכים לפני המטה, הולכים, **וכתב** הב"ח, האידנא ליכא מנהג בהליכת אבלים, אלא הולכים בין שאר העם.

סעיף ב - יש למנוע מלצאת נשים לבית הקברות אחר המטה - כלומר אע"פ שכתב בסעיף א', שנהגו לצאת אחר המטה ואין לשנות, מ"מ לא ילכו לבית הקברות אחר המטה, שאם עושים כן גורמים רעה לעולם ח"ו. ‹כפי העתקת הבאה"ט›.

‹ה"ה לפני המטה אסורים לצאת לבה"ק, אלא שדבר בהווה, דנהגו לצאת אחר המטה, תפל"מ – רעק"א›.

‹**בברכות** נ"א מבואר, דאין לעמוד בפני הנשים בשעה שחוזרות מן המת, שהמלאך המות מרקד לפניהן ויש לו רשות לחבל, ואמרינן שם אי פגע בהן מאי תקנתיה, לינשוף מדוכתיה ד' אמות, אי איכא נהרא ליעבריה וכו', ואי לא ליהדר אפיה ולימא יגער ד' בך השטן עד דחלפי מיניה, ע"ש – ערוה"ש›.

§ סימן שס – מת וכלה ומילה, איזה קודם §

סעיף א - אם פגעו מת וכלה זה בזה, מעבירין המת מלפני הכלה - להכניסה לחופה, **וכן אם אין בעיר כדי לזה ולזה, מקדימין ומכניסין הכלה לחופה, ואחר כך קוברים המת** - דלעולם מצות החיים קודמת למצות המתים, **אבל אחר שנכנסה לחופה, ויש לפניו לנחם אבל ולשמח חתן, תנחומי האבל קודם** - דעיקר מצות הכלה להכניסה לחופה משום לא תוהו בראה וגו'. ‹וכן הוא אומר: לב חכמים בבית האבל וגו' – לבוש›.

וכן הבראת האבל קודם למשתה של חתן - מפני שהחתן אוכל משלו ומאכיל אחרים, והאבל אינו אוכל עד שיאכילוהו אחרים, ‹וכיון שהוא תלוי בדעת אחרים, יקדימוהו – לבוש›, **במה דברים אמורים, שיש בידו ספוק כדי שניהם, אבל אם אין בידו כדי שניהם, משתה החתן קודם** - ‹שכבוד החיים קודם – לבוש›.

(חתן ואבל בב"כ, יוצא החתן עם שושביניו תחילה, ואחר כך האבל, והמנחמים וכן הקרואים שלהם - ‹אם הם קרובין של שניהם – לבוש›, **אוכלים עם החתן כשירצו ולא עם האבל)** - ‹ואם רוצים אוכלים עם האבל – ערוה"ש›.

המת והמילה, מילה קודמת - ‹דאין למעלה ממצות מילה, שנכרתו עליה י"ג בריתות – ערוה"ש›, ‹דלעולם מצות החיים קודמת למצות המתים – לבוש›. **ואם הוא מת מצוה, מת מצוה קודם** - אכל הסימן קאי, שמת מצוה קודם לכל דבר שבתורה, כדלקמן ר"ס שע"ד. [בטור סיים, שהרי הוא דוחה תלמוד תורה ומקרא מגילה וטומאת כהן ונזיר ופסח ומילה].

[ומת מצוה אמרינן בפ' האשה רבה, דהיינו כל שקורא ואין אחרים עונין, ופירשו התוספות בנזיר דף מ"ג, כלומר שאם המת יכול לקרות, יש לו עונין קרובים, אין זה מת מצוה, ועי"ל סי' שע"ד ס"ג, שכתוב בענין אחר].

§ סימן שסא – הלוית המת ובטול ת"ת להלויתו §

סעיף א - מבטלים תלמוד תורה להוצאת המת - פירוש חובה לבטל כן הסכימו הפוסקים, **למאן דמתני לאחרים, אין לו שיעור, אפילו יש עמו כמה אלפים מתבטל בשבילו.**

למאן דקרי ותני, דהיינו שקרא ושנה - משמע תרווייהו בעינן, **אבל** מלשון הריטב"א שהביא ב"י, שאין לך אדם מישראל שאינו או במקרא או במשנה כו', משמע דקרא או שנה קאמרינן, **ועדיין לא שנה לתלמידים, אם יש ס' רבוא אין צריך להתבטל בשבילו** - דנטילתה כנתינתה מסיני, מה נתינת התורה בסיני בס' רבוא, אף נטילתה בס' רבוא. ‹כלומר דזה שלמד תורה בחייו וכשמת נתבטלה, צריך להיות ג"כ בס' רבוא – ערוה"ש›.

למאן דלא קרי ותני, כיון שיש לו מי שיתעסק עמו אין צריך להתבטל בשבילו, והוא שיש שם עשרה - כדי שיוכלו לומר קדיש וברכת אבלים.

(וי"א דעכשיו מן הסתם מבטלין, שאין לך אחד מישראל בזמן הזה שאינו במקרא או במשנה). (ב"י בשם הריטב"א שכ"כ בשם סמ"ג) – ‹וזהו לפי דורותיהם כמובן – ערוה"ש›.

ואשה, י"א שדינה כמאן דקרי ותני - ‹שמן הסתם לומדות כל אחת דיני נשים, ועוד שהרי עושה מה שמוטל עליה, אף על פי שאינה לומדת, אינה מצוה ללמוד, וגם זהירות בלימוד בניה ובעלה, לפיכך דינה כמאן דקרי ותני – לבוש›. **וי"א שדינה כמאן דלא קרי ותני, וכן נהגו באשה ותינוק לקולא.**

ואין מבטלין ת"ת למת, כשיש מי שיתעסק עמו כל צרכו, אלא עוסק בתורה. ואינו צריך לצאת ולראות אם יש עמו כל צרכו אם לאו, אלא כיון שיש שם מי שיעשה מעשה, תלמוד תורה שלו קודם - הל' מגומגם, אבל בטור ניחא, דקאי אמאן דלא קרי ותני, דסגי כשיש לו מי שיתעסקו עמו, וקאמר דאם יש אנשים בעיר שיוכלו להתעסק עמו, א"צ לראות אם מתעסקים עמו, דמסתמא מתעסקים עמו, ות"ת קודם, **אבל** מאן דמתני דאין לו שיעור, ודאי דלעולם צריך ללוותו, וכן למאן דקרי ותני דצריך ששים רבוא, ודאי מסתמא ליכא ששים רבוא, וע"כ גם דברי המחבר צריך לפרש כן, ודו"ק.

[**ונראה** דהדעה הזאת חולקת על מה שכתב רמ"א, דהאידנא מן הסתם מבטלין, **ואם כן** לפי דברי רמ"א יש לבטל גם בזה, **מ"מ** רב הלומד עם תלמידיו לא יבטל בשביל זה מן הסתם. **נראה לי**]

כתב האגודה, מה שרגילין לבטל תלמוד תורה כל זמן שיש מת בעיר, הטעם, פן יהיה צרכי המת נדחה, כי כולם ילכו ללמוד, **ונ"ל** בקהלות שעשו כתות ויש אנשים מיוחדים המתעסקים בו, אדם הלומד לש"ש ואינו רגיל לטפל בם יכול ללמוד, ע"כ, ומביאו מהרש"ל והדרישה, **והב"ח** כתב עליו, ונראה דאפילו למאן דקרי ותני קאמר, דיוכל ללמוד, **אבל** למאן דמתני לאחרים, דאין לו שיעור, צריך לבטל אפי' עשו כתות, **דהא** דתניא מבטלין ת"ת להוצאת המת, אין פירושו מותר לבטל, אלא חובה קתני, עכ"ל, **ולא** הבנתי דבריו, דהא האגודה מיירי שלא בשעת הוצאתו, דיוכל ללמוד אפילו למאן דמתני, דדוקא בשעת הוצאתו צריך לבטל, וכדלקמן סעיף ב'.

ותינוקות של בית רבן אין מתבטלין כלל - פי' אפי' להוצאת המת, ‹אפילו כשמת אדם גדול›, וטעמא כדכ' הטור, שהרי אין מבטלין אותן אפי' לבנין ביהכ"נ, ‹**ולפנינו** בטור איתא בית המקדש ושמא נפל ט"ס בדברי הש"ך – בדי השלחן›, ‹**דאין** העולם מתקיים אלא בהבל תינוקות של בית רבן, **ונראה** דגם המלמד שלומד עמהם לא יתבטל מלימודו עמהם, דאם הוא יתבטל גם הם יתבטלו – ערוה"ש›, **דלא** כהעט"ז שכ' הטעם, שהרי אינן מתעסקים עמו, דהא אין מבטלין אותו אפילו להוצאת המת.

סעיף ב - במה דברים אמורים שמבטלין תלמוד תורה, ללוותו בשעת הוצאתו; אבל כל זמן שמוטל לקברו, אין מבטלין בשבילו ת"ת, אלא אם יש חבורות בעיר שכל

אחת מתעסקת יומה, אותה שאינה יומה מותרת בין בלימוד בין בשאר מלאכות. ובשעת הוצאה, מבטלין מכל שאר מלאכות ובאים ללוותו, אפילו אי לא קרי ותני, דלא מפלגינן בין לא קרי ותני אלא בביטול ת"ת, אבל בשאר מלאכות, אפי' אי לא קרי ותני הכל בטלים ובאים ללוותו. ואם אין חבורות בעיר, כל בעלי מלאכות צריכים להתבטל ולהתעסק בו עד שיקבר; אבל מתלמוד תורה אין צריכים להתבטל אלא בשעת הוצאתו, כדאמרן.

(**עיין** במג"א סי' קנ"ג שכתב, אנשים שהחזיקו לקבור מתים, אין יכולים למחות באחרים שבאו לקבור, שבעשיית המצוה כל אחד רוצה לזכות, ובמדינתנו שיש חבורות ממונים לכך, נ"ל דצריך ליתן להחברה כמנהגם, עכ"ל. **ועיין** בתשו' ח"ס, כתב על דברי המג"א הנ"ל, דנ"ל דמיירי באנשים שרוצים להיות גם הם תוך חבורתם, והם מונעים אותם, ע"כ כתב שא"א להם למנוע רבים מלעשות מצוה, **אבל** אם האנשים אינם רוצים להיות בתוך החברה, נ"ל דלאו כל כמינייהו להפסידם מחזקת מצותם. **וכתב** עוד, מ"מ היה נ"ל לכאורה דהיינו בשגם הח"ק רוצים לעשות בחנם וכמצות ג"ח, אז הקדימה להם, **אבל** כל שהם רוצים בשכר שקצבו להם, ואחרים רוצים לעשות בחנם או בזול יותר, פשיטא דלאו כל כמינייהו דהנהו להפסיד אחרים. **ואף** על גב דקי"ל דבני חבורה יכולים להסיע על קיצתם, היינו על בני חבורה שלהם, וברצון כולם ובהסכמת הת"ח חבר עיר עמהם, **אבל** לעשות תקנה להוציא ממון על מי שהוא חוץ לחברה שלהם, שיתן מכל מת כך וכך, ואם לא ירצה לא יהיה שום אדם רשאי לקבור מתו, לאו כל כמינייהו כו', **ודברי** המג"א שם שכתב דצריך ליתן להם כמנהגם, אולי כוונתו אם המת שייך לבני ח"ק, שעל בני החברה שלהם יכולים להטיל כמו שנהגו, אבל על מי שחוץ לח"ק לאו כל כמינייהו, **או** אפשר ס"ל להמג"א דמה שנהגו להטיל על החוץ לח"ק, כ"ז נעשה ונתקן מעיקרא מכל בני הקהלה מסתמא וברצון החבר עיר. **ואף** אם כן הוא, היינו דוקא בשיש קצבה לדבר, שכל מי שהוא חוץ לח"ק יתן כך וכך, או מן הממון כך פריצענטין למאה, ויהיה דבר קבוע לכל אפיא שוין. **אבל** כמו שנוהגין בקהלות קטנות, שיהיה מכס בלי קצבה, וכמוכס העומד מאיליו, ישתקע הדבר ולא יאמר, ולא ניחא להו למתי ישראל שיתעסקו בהו אנשים כמו אלו כו', עש"ב).

(**ושם** כתב, שפעם אחת נתוודע לו שאורח א' בא לעירו ק"ק פ"ב ונפטר שמה, ולקחו הגבאים דח"ק מהיתומים שהיו עמו סך שמונה מאות זהובים עבור מקום קבר וצרכי קבורה, וכששמעו הדברים האלה עמד מרעיד ושלח לקרוא לראשי הח"ק, **והיתה** תשובתם כי מנהגם מעולם לתת לכל אחד קבר בדמים מועטים, אך בתנאי שלא יבקש לו מקום ידוע מעליות קברות אנשי השם, וכה היה דבריהם עם שני בני המנוח הנזכר, אם לא יבקשו מקום חשוב רק לקברו במקום קבורת האורחים, סגי להם בסך מועט, רק שיקנה מקום קברו, אך אם ירצו מקום לפי כבודו בעליות קברי צדיקים, לא ימכרו בפחות מסך אלף זהובים, ונשאו ונתנו והתרצו הבנים ליתן סך שמנה מאות זהובים כו', **וכתב** דאם כדבריהם כן הוא, אין ספק שכל מנהגידם מנהג תורה, דמה שנהגו ליקח עכ"פ מחיר מה עבור מקום קבר, שרשו פתוח עלי תלמוד ב"ב דף קי"ב ע"א, נמצא צדיק קבור בקבר שאינו שלו, משמע שיש קפידא ע"ז שיהיה קבור בשלו, וממילא כיון שנותנים לו מקום קבר בשיווי הראוי, רק שהיורשים מבקשים לכבד מורישם, יכולים בני הח"ק לעלות דמי מחיר הקרקע כנכסי דבי בר מריון, ואין אונאה לקרקעות בעלמא, מכ"ש במידי דאורחיה למיזבניה בסך מרובה, **רק** זאת לא ידעתי, מי נתן להם רשות לקבור איש נכרי אשר לא נודע מה מעשיו אצל אנשים צדיקים ואנשי מעשה, וכי הכסף יענה את הכל כו', **וגם** מה שאמרו שרצו לקברו במקום המיוחד לאורחים, שרשו פתוח על דברי רמב"ן פ' חיי שרה בפ' גר ותושב, וז"ל, שהיה המנהג להיות להם בתי קברות איש לבית אבותיו, ושדה קברות מיוחד וקברו בו כל הגרים, עכ"ל. וע"כ אין בידי להוציא מהח"ק מה שכבר גבאו כו', ע"ש באריכות. **ועיין** בס' כבוד חכמים שהאריך ג"כ בזה, והעתיק שם תקנת דד' ארצות בענין זה).

סעיף ג- הרואה את המת ואינו מלוהו, עובר משום לועג לרש, ובר נידוי הוא, ולפחות ילוונו ד' אמות - (עיין בתשו' יד אליהו שכתב, דזה מיירי ביש לו כל צרכו, אבל באין לו כל צרכו, פשיטא דצריך ללוותו עד קברו).

סעיף ד - אפילו במקום שאינו צריך ללוות את המת, צריך לעמוד מפניו – [פי' מפני העוסקים עמו שהם גומלי חסדים, כן הוא בטור בשם ירושלמי, דקאמר אלין דקיימי מקמי מיתא, לא קיימי מקמי מיתא, אלא מקמי אלין דגמלין לו חסד. וקשה לי ממ"ש בפרק אלו מגלחין, דכשנשא רבי חגי ארונו של רב הונא למערתא דר' חייא ובניו, א"ל יהודא לחזקיה קום מדוכתיך דלאו אורח ארעא דקאים רב הונא, בהדי דקאים כו', ש"מ דקם מקמי מיתא, **וצריך** לומר דהכא אמר מסתם אדם שאין ת"ח]. **לק"מ**, דהתם יהודא וחזקיה מתים היו, ועמדו מפני רב הונא שבא אליהם, והוי כחי העומד בפני חי שבא אליו - נקה"כ. ‹**ולענ"ד** נראה דכוונת הירושלמי, דגם מפני המלוים יש לעמוד – ערוה"ש.

(**ומבואר** בט"ז, דאם המת הוא ת"ח חייב לעמוד מפניו לבד, ונפקא מינה אם המתעסקים הם עובדי כוכבים. **ועיין** בתשובת יד אליהו שהשיג על הט"ז. **וע"ש** עוד לענין אם צריך לבטל ממלאכתו כדי לעמוד בפני המת).

[ומ"מ נ"ל ללמוד דבכל דבר מצוה שאדם הולך ומתעסק בה, יש לעמוד לפניו, וכן משמע בפ"ק דקידושין, א"ר יוסי בר אבין בוא וראה כמה חביבה מצוה בשעתה, שהרי מפניהם עומדים בעלי אומניות, ומפני ת"ח אין עומדים, משמע כל מצוה].

סעיף ה - ארון העובר ממקום למקום, אם שלדו קיימת, צריכין ללוותו כמו בשעת הוצאת המת.

§ סימן שסב – לקבור בקרקע, ואם קוברים שני מתים יחד §

סעיף א - ‹מצוה מן התורה לקבור את המת בקרקע, שנאמר: קבור תקברנו, לרבות כל המתים לקבורה, לפיכך› **הנותן מתו בארון ולא קברו בקרקע, עובר משום מלין את המת** - ‹דהא לא קברו› **ואם נתנו בארון וקברו בקרקע, אינו עובר עליו, ומ"מ יפה לקברו בקרקע ממש, אפילו בחו"ל** - ‹דסתם קבור בארץ ממש משמע, ועוד דנוח לו למת יותר לשכב על העפר ממש שנאמר: כי עפר אתה ואל עפר תשוב – לבוש›. ‹**ירושלמי**, בצוואתו של רבי, תהא ארוני נקובה, ופי' הרמב"ן, שיטלוהו דף התחתון שבארון וישכיבוהו על הארץ, שקבורות קרקע מצוה, ולא תימא משום חביבותא דא"י, {דכתיב וכפר אדמתו עמו – ערוה"ש}, אלא אפי' בחו"ל, משום שנאמר: ואל עפר תשוב, עכ"ל – גר"א›. ‹**דזהו** תקונו של האדם אחרי החטא של אדם הראשון, והזוהר והמקובלים האריכו הרבה בזה, ופשטא דקרא כן הוא – ערוה"ש›.

כלומר אף על פי שהארון קבור בקרקע, מ"מ לא יהא הארון סתום מכל צד, אלא יקבר המת בקרקע ממש. **ובעט"ז** ובפרישה תמהו, על מה שנוהגין עכשיו לעשות לכהנים ארונות שלמים, דהיינו שעושים מלמטה דף ושוכב על הדף, ‹ואנחנו לא שמענו המנהג הזה – ערוה"ש›, ואומרים טעם משום חשיבות כהנים הוא, דהרי אדרבה טוב הוא לשכב על העפר, **ולפמ"ש** בדרישה, דבזמנינו שנותנים חרסית על פיו ועיניו, הוי במקום עפר דבזמנם, ניחא, **עי"ל** דאי אפשר לארונות שעושין עכשיו שלא יהיו נקובים בצדדים, ובנקב סגי, כדאיתא בטור ופוסקים.

‹אין מניחים לעובד כוכבים לראות המת בקבר. ספר חסידים – רעק"א›.

(**עיין** בתשו' שבו"י שנשאל, אחד שנולד לו מכה ברגלו, והוצרך לחתוך לו רגלו, אי מחוייב לקבור אותו אבר או לא, **והשיב** דאף דבש"ס כתובות דף כ"ב ע"ב משמע דיש לקברו, י"ל אין זה מצד החיוב לקבור, ומי שחושש לעצמו משום סכנה אפשר דאינו מחוייב לקבור, **מ"מ** צריך ליתנו בחדר א' שלא יכנסו שם הכהנים, כי אבר מן החי מטמא, ע"ש, ועמ"ש בסי' שס"ט סק"ג).

(**עיין** בתשו' חתם סופר שנשאל מרב אחד ע"ד בית הקברות שבעירו, רגילים לקבור להניח הראש לצפון ורגליו לדרום, ופתח שער הכניסה להקברות היה לדרום, ומחמת דוחק המקום שנתמלא רוצים לשנות להתחיל שורה אחרת ממזרח למערב הראש למזרח ורגלים למערב, אם יש קפידא לשנות מהרגילות, כי בסוגיא דב"ב ק"ב מבואר שלא היו מקפידים בצדדים, שהרי חפרו כוכין לאורך ולרוחב המערה, אלא שמצא בסוף ספר החיים שכתב לקבור מצפון לדרום, ולא כתב שום טעם. **והשיב** גם בעיני יפלא, מאין הרגילות לקבוע תחומין ורוחות בקבורת מתים, ובק"ק פ"ב קוברים הראש למערב ורגלים למזרח, **ומ"מ** הנח להם לישראל כו', ומרגלא בפומיה דאינשי, דקוברים הרגלים נגד פתח שערי כניסה ויציאה,

לרמוז האמונה בתחיית המתים שעתיד לעמוד מקברו ולצאת דרך השער כו', **והנה** כאשר אנחנו השוכנים באירופא רוצים לנסוע לאה"ק, יש לפנינו ב' דרכים, או לנסוע מצפון לדרום עד הים האמצעי ומשם הופך פניו למזרח א"י, או לנסוע ממערב למזרח קישטאנדינא ומשם הופך פניו לדרום ובא לא"י, **וע"כ** נכון לקבור או ראשו לצפון ורגליו לדרום, וכמ"ש בספר החיים הנ"ל, או ראשו למערב ורגליו למזרח, **ולפי"ז** אין הוכחה מהש"ס דמיירי בא"י, דמתים קמים ועומדים בא"י, ע"כ אין קפידא ברוחות, משא"כ בחו"ל, **ולכן** אם רוצים בני עירו להשכיב ראש למערב ורגליו למזרח, הוי כמו ראש לצפון ורגליו לדרום, ומשום שינוי רגילות אין קפידא, כדמוכח בשילהי נזיר כו', **ומה** טוב אם אפשר שיפתחו עוד שער א' לצד שכנגד רגלי הקבורים, לקיים מנהג הנ"ל, **ואם** גם זה א"א, לקבור ראש למערב פשיטא דהכל מותר, ואין דנין אפשר משאי אפשר, וגדולה מזו בש"ך ס"ק ד' ע"ש).

סעיף ב - נותנין המת על גביו, ופניו למעלה, כאדם שהוא ישן - דכל היכא דישכיבו אותו באופן אחר, או מעומד או יושב, הו"ל דרך גנאי. **וכתב** העט"ז, ונוהגין לכסות הארון בדף, ושלא להטיל שום עפר על גופו, מפני שבזיון הוא לו. ‹**ומיהו** מעט עפר שנותנין, כיון שלטובתו עושין, אין זה גנאי, דדוקא הרבה עפר יש גנאי, **ועתה** נהגו ליתן מעט מעפר א"י – ערוה"ש›.

סעיף ג - אין קוברים ב' מתים זה בצד זה, אלא אם כן היה דופן הקבר מפסיק ביניהם – ‹רוחב ו' טפחים – רעק"א›. (**עיין** בתשו' שבות יעקב שכתב על דבר הרחקת המתים, אף שהדין פשוט ומבואר בטור ששיעור הרחקת מתים בין זה לזה הוא ששה טפחים, **מ"מ** פוק חזי מה עמא דבר, שקוברין זה אצל זה, וזה על גב זה, אף שהוא שלא ע"פ הדין, **נ"ל** דנתפשט המנהג לפי שלא לנו ניתן הארץ רחבת ידים לפנינו, וכמה השתדלות צריכין בכל המקומות ליתן לנו קצת מקום, ודי לעמוד בשלנו במקום מצומצם, ודינים אלו לא נאמרו אלא במקום שהארץ רחבת ידים לפנינו, וכה"ג כתב הט"ז סי' שס"ד סק"ב בדין מת מצוה, **מ"מ** מקום שנתיישב בקרוב ואפשר להרחיק, יש להרחיק, ע"ש).

‹**ואין** שיעור לעובי הדופן שבין קבר לקבר, כן נראה לנו מלשון הטור והשו"ע, שאסרו רק זה בצד זה, **וראיתי** לגדולי אחרונים שכתבו דצריך ששה טפחים בין קבר לקבר, כמו בקבר על קבר שיתבאר, **ומביאים** ראיה ממשנה דב"ב, דהמוכר מקומות הקברים בכוכין שצריך הפסק בין כוך לכוך ו' טפחים, ע"ש, **ואני** תמה, למה לא פירשו השיעור כמו בקבר על קבר, ומכוכין דבב"ב אין ראיה לענ"ד, מפני שהיה דרכם במשך הזמן ללקט העצמות מהכוכין ולקוברן במקום אחר, ולכן צריך הפסק גדול מפני שאח"כ יפתחו הקברים ויש חשש התערבות, ולכן צריך ריחוק ו' טפחים, משא"כ בזה"ז, וגם עתה כמדומני שאין מדקדקין בזה, **מיהו** וודאי אם רק יש ביכולת להרחיק ג' טפחים, צריכין לעשות כן – ערוה"ש›.

ולא המת בצד עצמות; ולא עצמות בצד המת. אבל נקבר האיש עם בתו קטנה, והאשה עם בנה קטן ועם בן בנה קטן. זה הכלל כל שישן עמו בחייו, נקבר עמו במותו - נראה דדוקא אקטן הנ"ל קאי, אבל בן גדול אף שמותר עם אביו, וכן בת גדולה עם אמה, אסור לקברה עמהם, **ומ"ש** עם בן בנה הקטן, ה"ה דהוא מותר עם בת בנו או בתה, אלא במאי דסיים פתח וחד מנייהו נקט, פרישה.

סעיף ד - אין נותנין ב' ארונות זה על זה; ואם נתן, כופין העליון שיפנה. ואם יש ביניהם עפר ששה טפחים, מותר - כתב הב"ח דאפילו אי אפשר לקבור במקום אחר, ולכן צריך למחות בקהלות שהקוברים עושים כן שלא ישימו זה על זה, אלא בדאיכא בבירור הפסקת ו' טפחים, **מיהו** אם אי אפשר לקברו בענין אחר ודאי שרי, ופשוט הוא.

‹**וראיתי** בכתב סופר שכתב, דדברי ש"ך סותרים אהדדי, דתחילה כתב אפילו א"א במקום אחר, ומסיים אם א"א בענין אחר שרי. **וכתב** דאין זה סיום דבריו של הב"ח, אלא דהש"ך חולק על הב"ח היכי דא"א, יע"ש. **ולא** זכיתי להבין, דאין כאן סתירה ואין כאן פלוגתא כלל, אלא תוכן הדבר, דהב"ח החמיר אפילו א"א לקבור במקום אחר, אבל מ"מ אפשר להעמיק החפירה בעומק שיהיה בין קבר לקבר ששה טפחים, אז צריך להחמיר ואסור לקבור עד שיהיה ששה טפחים, **אבל** הש"ך כתב, אבל אם א"א בענין אחר, היינו שא"א ליתן ששה טפחים, וגם א"א למצוא מקום אחר, שרי בלי הפסקת ששה טפחים, ובזה גם הב"ח מודה – שבט סופר›.

‹**ובב"י** כתב, וצ"ע שבת"ה כתב על ברייתא זו, ודוקא בנוגעים, אבל בב' קברות זו למעלה מזו, וקרקעותיו של עליון מפסיק ביניהם ג' טפחים, מותר, עכ"ל. **ובב"ח** כ' דט"ס הוא,

וצ"ל ו' טפחים. **ובס"ח** כתב לחלק, דבדופן מפסיק בין זה לזה צריך ו' טפחים, אבל בזה למעלה מזה סגי בג' טפחים. **וכתב** עוד שם, דאם אין לבה"ק מקום פנוי, יוציאו העצמות ויעמיקו לחפור, כדי שישאר אחר שנקבר המת ג' טפחים למעלה מקבר התחתון – רעק"א.

סעיף ה - אין קוברין רשע אצל צדיק - «שאין לו נחת רוח שישכב אצלו, דכתיב: וישליכו את האיש בקבר אלישע ויגע האיש בעצמות אלישע ויחי ויקם על רגליו, ואמרו רבותינו ז"ל, שזה שהשליכו לקבר אלישע היה נביא שקר, ומפני זכותו של אלישע שלא יהא הרשע נקבר אצלו, עשה הקדוש ברוך הוא נס והחייהו וילך לו – לבוש», **אפילו רשע חמור אצל רשע קל. וכן אין קוברין צדיק וכשר ובינוני** - "וכן אין קוברין צדיק וכ"ש בינוני" כו' כצ"ל, **אצל חסיד מופלג. (אבל קוברים בעל תשובה אצל צדיק גמור)** – «דשוין הן, לבוש». **וכתב** הב"ח, אבל אין קוברין בעל תשובה אצל חסיד.

(**עיין** בתשו' חת"ס, במי שנהרג ע"י רוצח, אם לקברו בקברי אבותיו, או ליחד לו מקום שם קבר בפני עצמו, כי שמעו אומרים דין ד' מיתות לא בטלו, והמחויב מיתת ב"ד אין קוברים אותו בקברי אבותיו. **והשיב** שדברי הני אינשי אין בהם ממש, וגם ראיה ברורה מש"ס סנהדרין מ"ח ע"א, **וכתב** ובכל זאת אילו לא שאלו את פי הייתי מניח להם מנהגם, אבל השתא דאתי לקדמאי, מאתי לא תצא הוראה כזאת, אלא יקברוהו בקברות אבותיו לפי כבודו הראוי לו).

סעיף ו - שנים שהיו שונאים זה לזה, אין לקברם יחד - «דכשם שלא הוי נוח דעתם זה מזה בחייהם, כן הוא במותם, ואין להם מנוחה בקבריהם – לבוש».

(**ויש** בצוואת רבינו יהודה החסיד, שכשמטהרין את המת אין מהפכין הדף שיטהרו עליו. **וצריכים** לראות שהמת לא יקמץ אצבעותיו, אלא יהיו מופשטים. **ולאחר** שטיהרו את המת לא יניחוהו באותו מקום שטיהרו אותו, אלא ישכיבוהו בבית כנגד הפתח שצריכין להוציאו משם – ערוה"ש).

§ סימן שסג – איסור פינוי המת והעצמות ממקומן §

סעיף א - אין מפנין המת והעצמות, לא מקבר מכובד לקבר מכובד, ולא מקבר בזוי לקבר בזוי, ולא מבזוי למכובד, ואצ"ל ממכובד לבזוי - הטעם, שהבלבול קשה למתים, מפני שמתייראין מיום הדין, וזכר לדבר: ישנתי אז ינוח לי, ובשמואל הוא אומר: למה הרגזתני להעלות וגו'.

(**עבה"ט** של הרב מהרי"ט ז"ל ומ"ש בשם ח"צ, מי שנקבר בקרקעות עובד כוכבים, יכולין להוציאו משם לקברו בקבורת ישראל. **עיין** בתשובת תפארת צבי שפסק גם כן הכי, וכתב עוד, דפשוט שאין למנוע לאלו הרוצים להקבר בקבר חדש, עבור שימשך עי"ז בזיון להמתים הקבורים בבה"ק ישן, דמה להם בזה, מ"מ אין רצונם להתבזות ולהקבר במקום זה, ואינו מחוייב לסבול אף בזיון מועט בשביל חבירו, ע"ש).

(**ועיין** בתשו' נו"ב בשם הגאון מהר"ם פישלש ז"ל, ע"ד קהל שקנו קרקע לקברות לא לצמיתות רק למאה וחמשים שנה, ואח"כ תחזור הקרקע לבעלים לחרישה או לבנין, ועתה קמו בניהם ורוצים לקנות קרקע אחרת שתהא לקנין עולם, אם מותר להם לפנות הנקברים שם ולקברם בקרקע זו שיהיה להם מנוחה לעולם, **והורה** לאסור משלשה טעמים, וכתב דלא דמי לההיא דתשובת ח"צ, דהתם הוי כבודו טפי שלא יהא נקבר עובד כוכבים אצל ישראל, משא"כ הכא, והסכים עמו בעהמ"ח, **והוסיף** עוד טעם לאסור לפנות עתה, כי אולי בריבוי הזמן יחיו מתים, או יוכלו לקנות הקרקע לחלוטין, **אלא** שכתב דזה דוקא אם בטוחים שגם אחר כלות הזמן יהיה להם רשיון לפנות עצמות משם למקום אחר קודם שישוב הקרקע לבעליו, **אבל** אם יש חשש שאח"כ לא יתנו רשות לפנותם, מותר לפנותם עתה, **ועכ"פ** מכאן והלאה כיון שיש בידם לקנות קרקע לחלוטין, לא יקברו עוד במקום הזה).

(**ועיין** בתשו' חת"ס, אודות בה"ק שניתן ליהודים לקבור המתים במגפה ר"ל, ולא ניתן לחלוטין לאחוזה, וגם אינו מוקף חומה ואינו משומר, וע"פ דין של עובדי כוכבים אחר שש שנים מפנים העצמות וזורעים שם, והן עתה מצאו מקום שבקל יכולים להשתדל לפנות בה"ק הזה להוציא המתים ולקברם בבה"ק הישנה, ורובם מהמתים במגפה המה מבני העיר, שיש להם קרובים שוכבים בקברות הישנה, אם מותר לפנות כל הקברות ההם, **וכתב** דפשוט דמותר, ומצוה רבה איכא להשתדל בזה, ולא מבעיא אותם שאבותיהם וקרוביהם שוכבים בקברות הישנה, אלא אפילו שארי מתים, כיון דאינו מוקף חומה

ואינו משומר, ועתידים לחללן, **אע"פ** שאפשר ע"י השתדלות והוצאות מרובים יפעלו לבנות חומה סביב ולסגור ולשמרו ושיהיה מוחלט לאחוזה, **מ"מ** מכיון שהוציאו משם כל האנשים השייכים לאנשי העיר שיש להם קרובים שם, ולא נשאר רק אנשים שהתגוררו, מי יכול להטיל על הצבור להוציא הוצאות וטירחא מרובה, ונמצא נשארו בלי שמירה, **ועוד** כיון שאין הקברות של ישראל, הו"ל כצדיק קבור בקבר שאינו שלו, עיין ב"ב ק"ב ע"א, **משא"כ** בה"ק הישנה שהיא של החברה כנהוג, יש לכל הנקברים שם חלק, כמו בהכ"נ של כרכים. **ע"כ** יהיו זריזים לדבר מצוה זו, ע"ש. ועיין מ"ש לקמן סי' ת"ג).

ובתוך שלו - כלומר לפנותו לקברו אצל אבותיו, **אפילו ממכובד לבזוי, מותר, שערב לאדם שיהא נח אצל אבותיו** - מפני שזהו כבוד, וכתב הבית יוסף וד"מ, משום האי כבוד מפנין, ולא משום כבוד אחר.

וכן כדי לקוברו בארץ ישראל, מותר - שהוא כפרתו, שעפר א"י מכפרת, דכתיב: וכפר אדמתו עמו.

(**עיין** בתשובת ר"ל בן חביב, שכתב דאף אם גילה דעתו בחייו בפירוש, דלאו שפיר למיסק מיתנא לארעא דישראל {וכדעת רבי בר קיריא בירושל' סוף כלאים}, אפ"ה שרי לבנוהי למיסקיה, ומצוה קא עבדי, **מיהו** היכא דפקיד לבניו בפירוש דלא לסקוהו, אינו רוצה להפריז על המדה ולהורות לבניו שיעברו על דבריו, ע"ש).

ואם נתנוהו שם על מנת לפנותו, מותר בכל ענין. ואם אינו משתמר בזה הקבר, שיש לחוש שמא יוציאוהו עובדי כוכבים, או שיכנסו בו מים - ‹מצוה לפנותו, מפני צער ובזיון המתים - לבוש›, **או שהוא קבר הנמצא, מצוה לפנותו.**

(**כתב** ברכי יוסף, מעשה שמכרו ע"י שבעה טובי העיר מקום קבר לאשה אחת בכתב מפורש, ושם נאמר המקום ההוא בסימניו ומצריו, ויהי היום איש אחד בבלי דעת קבר שמה נפל אשת, **נראה** דמותר לפנות הנפל, דקבר הנמצא מותר לפנותו, והיא דבתשו' מהר"ר יחיאל באסאן הורה על נדון כזה ממש, דמותר לפנות, ע"ש).

(יש נוהגין לתת מעפר א"י בקבר), (ויש למנהג זה על מה שיסמוכו) (מדרש תנחומא פ' ויחי) - ‹וסמכוהו אקרא דכתיב: ואת עפרה יחוננו - לבוש›.

סעיף ב - אין מוליכים מת מעיר שיש בה קברות לעיר (אחרת), אלא אם כן מחוצה לארץ, לארץ - משום כבוד המתים הקבורים באותה העיר, שמבזה אותם שלא לנוח אצלם את זה.

(**ועיין** תשו' זכרון יוסף שדחה טעם זה, דא"כ אף אם הוא מצוה להוליכו משם לא נשמע לו, משום כבוד המתים שבבה"ק שבמקומו, **וכתב** דנ"ל הטעם, משום צער ובזיון המת לטלטלהו למרחוק, ואולי בין כך ובין כך יסריח או יכשלו איבריו ויהיה בזיון המת, כאשר באמת קרה הדבר פעמים רבות).

‹**ואני** תמה, דהא בע"כ כשצוה לקוברו בביתו, לא שייך טעם שיתקלקל, אלא מפני כבוד המתים, ועכ"ז כשצוה מותר, וא"כ ה"נ כשצוה לקוברו במקום אחר, דדווקא כשאנו עושין מעצמינו הוה בזיון להמתים שבכאן, משא"כ כשעושין ע"פ צוואה, ומה שצוה כן אין זה בזיון להמתים שבכאן, דמסתמא יש לו איזה טעם בזה, וכל אדם על עצמו יכול לעשות כרצונו, **ואדרבא** לענ"ד אם יש חשש שיתקלקל בדרך, אפילו כשצוה אין שומעין לו, ויותר מזה מצאתי בשם ספר חסידים, שאחד צוה לבנו להוליכו למקום אבותיו, והיה הזמן חם וחששו לקלקול, ופסקו שא"צ לקיים צוואתו, ע"ש, אלא הטעם הוא רק משום בזיון המתים, **ואפשר** דלכן כתבו דמותר ליתן עליו סיד וכו', בכדי לקיים צוואתו, ובוודאי כשיש עצה יש לקיים הצוואה, אבל באין עצה אין לקיים - ערוה"ש›.

הגה: או שמוליכין אותו למקום קברות אבותיו - ‹שזה אין בו משום בזיון הקבורים פה, דנוח לו לאדם ליקבר אצל אבותיו - לבוש›. **ואם צוה להוליכו ממקום למקום, או שצוה לקברו בביתו ולא בבית הקברות, שומעין לו.**

ומותר ליתן סיד עליו, כדי לעכל הבשר מהר ולהוליכו למקום אשר צוה (רשב"א) - ‹זהו מתשו' הרשב"א, באחד שצוה להוליכו למקום קבורת אבותיו, ונאנסו ולא יכלו לישא אותו מיד, וקברוהו בכאן, ופסק דמצוה על בניו לקיים צוואתו, והיינו ליתן על כל גופו סיד למהר עיכול הבשר›, [**שנאמר: בשרו עליו יכאב, כל זמן שבשרו**

עליו יכאב, אינו נוח מן הדין], ‹וכשזזין אותו בעוד הבשר קיים, חרד מאימת הדין, ולא כן אח"כ, ולכן יתנו עליו סיד כדי שיתעכל הבשר, ויוליכו אח"כ העצמות למקום קבורת אבותיו – ערוה"ש›.

‹**ולפי"ז** צ"ל מש"כ בס"א, דלקוברו בתוך משפחתו מותר אפי' ממכובד לבזוי, ומשמע להדיא אפילו בלא צוואה, וגם לא להמתין עד עיכול הבשר, **דה"פ** כשהגוף עדיין שלם, כגון שנקבר סמוך לזמן הזה, או שאינו הולכה מעיר לעיר, אלא בזה הבית קברות ממקום למקום. **ולפ"ז** נתבארו כמה דינים בהולכת מת ממקום למקום וכן לטלטלו מקברו: דבלא צוואה, אפילו לא נקבר עדיין, אין להוליכו למקום אחר, משום בזיון המתים שבבה"ק דעיר הזאת, אא"כ מחו"ל לארץ או לקברות אבותיו. **וכשצוה** לקוברו במקום אחר, אפילו היו אנוסים עתה לקברו פה, מצוה עליהם לקיים צוואתו גם אח"כ, וכפסקו של הרשב"א, **ורק** אם א"א לקיים צוואתו, ישאר בקברו כפסקו של ספר חסידים. **וכן** אפי' בלא צוואה, אם לכתחלה נתנוהו בקבר זה רק לפי שעה על מנת לפנותו, מותר לפנותו בכל ענין, **וכ"ש** אם אינו משתמר בזה הקבר, ויש חשש שמא יגנבו ממנו התכריכים או לסטים יוציאוהו מקברו, או שיבא עליו מים, או שהוא קבר הנמצא, דמותר לפנותו בכל עת שיכולים לפנותו ולקוברו בבה"ק, וכ"ש להביאו לקבורת ישראל – ערוה"ש›.

‹**עיין** בתשו' שבו"י שנשאל בשעת הדבר, בר מינן, שצוה השררה שלא יקברו המת בקברות אבותיו שיש בעיר, אם לא שישפוך עליו סיד לעבל, ובאם לאו יקברו אותו אל אחד היערים במקום שאין ישוב בני אדם, איזה מהם עדיף. **והאריך** שם לבאר דברי תשו' הרשב"א בזה, והעלה דעדיף לשפוך עליו סיד ולהיות קבור בשכונת קברות, ולא יקבר ביערים כקבורת חמור בלי שום שמירה, שאפשר שהכלבים יסחבוהו וכיוצא בזה, ע"ש. **ועיין** בס' הר אבל, שנשאל מחכם אחד אי שפיר עביד שצוה את בניו אחריו לתת סיד תוך קברו כדי שיתעכל מהרה, **והשיב** אף דדבר זה מותר כמ"ש ביו"ד סי' שס"ג, מ"מ אין לעשות התחכמות נגד פעולותיו של הקדוש ברוך הוא כו', **אמנם** מה שהמנהג להדר אחר עפר ארץ ישראל לפזר על גוף המת, הוא משום שנאמר וכפר אדמתו עמו, ויש לזה יסוד בירושלמי כלאים פי"ב סוף הלכה ג', ע"ש, **וכ"כ** בהקדמת נו"ב, שהגאון ז"ל צוה אחריו שאדמת קודש אשר הכין לו יוזר על גופו, ע"ש›.

‹**ובתשו'** נו"ב נשאל באחד שחלה בחולי אבן ר"ל, והרופאים חתכו כדרכם, ולא הועיל ומת, אם מותר לישראל לחתוך בגוף המת כדי לראות שורש המכה, ויבא מזה הצלת נפשות, **והשיב** דאם יש לפנינו חולה אחר בחולי זה, מותר, ואם לאו אסור, ע"ש. **גם** בתשו' ח"ס כתב, דאי הוי לפנינו חולה שיש לו מכה כיוצא בה, ורוצה לנתח המת הלז לרפואתו של זה, קרוב לודאי דמותר. **וכתב** עוד, בנדון מי שרוצה למכור עצמו בחיותו לרופאים שינתחוהו אחר מותו ללמוד ממנו הלכות הרופאים, **הנה** זה איננו נכנס בגדר פיקוח נפש כלל וכלל, וכיון שאין כאן פיקוח נפש, איכא משום איסור הנאה, וגם משום ניוול, אם על ניוול של עצמו לא חס, וכל שלא חס על כבוד קונו כו'›.

סעיף ג - אין מלקטין עצמות, לא מתוך הארון ולא מתוך הקבר, ‹מצד זה› **לצד זה, לקבור שם מת אחר, או לצורך המקום** - ‹ומן הטעם שאמרנו שאין מפנין מקבר לקבר, משום שמתייראין מיום הדין כו' – לבוש›.

‹**דלא** תימא דלהזיז המת מקברו אינו אסור רק כשבשרו עליו, מטעם שבארנו, אבל כשהוא עצמות מותר, קמ"ל דאסור, **וכן** לא תימא דוקא כשמזיזין אותו מקברו לגמרי אסור, אבל בתוך קבר זה לפנותם לצד זה מותר, **קמ"ל** דאסור, דהמת הזה קנה מקומו במקום ששוכב, ואסור להזיזו משם אם לא ע"פ אונס, כגון שהממשלה גזרה לפנותם משם וכיוצא בזה, או שלכתחלה נתנו שם לפי שעה – ערוה"ש›.

סעיף ד - מקום שנוהגין לקבור במהמורות (פי' גומות עמוקות, מן "במהמורות בל יקומו") – [פי' גומא], **בלא ארון, עד שיתעכל הבשר, ואחר כך מלקטין העצמות וקוברין אותן בארון, מותר** - ‹שעושין כן, משום שכשיתעכל הבשר סימן יפה לו שנוחו עצמותיו מן הדין – לבוש›. ‹**ומה** שנהגו כך מסתמא היה להם הכרח בזה, אבל גם כשנעשו עצמות אין לערבב עצמות של שני מתים ביחד, ויתבאר בסי' ת"ג – ערוה"ש›.

סעיף ה - ארון שפינוהו, אסור בהנאה - שכל מה שנקבר עם המת אסור בהנאה, כדלעיל ר"ס שמ"ט, **אם הוא של אבן ושל חרס, ישבר; ושל עץ, ישרף.**

‹**עיין** בשו"ת תשובה מאהבה, שהורה על ארון של מת שהושם בתוכו מת, והיה קטן מהכיל והוצרכו לתקן

ארון אחר, **דארון** הראשון מותר בהנאה, ומכ"ש דמותר ליתן בתוכו מת אחר, דאחרי שהארון לא היה מן המדה, שלא היה לפי מדת המת, אין זה בכלל צר ביה ואזמניה, ואע"פ שהניחו לשם בדוחק מעוקם לשאת אותו מפונדק עובד כוכבים לבית ישראל כפי הפקודה, בשביל זה לא נאסר, דהא דארון ותכריכין של מת וכיוצא בו אסורים בהנאה, היינו אם הם ראויים לקבור עמו, וע"ש. **ועיין** ספר הר אבל שחולק עליו, והביא דברי הר"ן דמבואר שם, דאף לפי שעה צר ביה ואזמניה קרינן ביה, **ומהך** דס"ס שמ"ט, אין ראיה דשאני מטה דמזומנת לכל המתים).

סעיף ו - המוצא נסרים בבית הקברות – [וכתוב בפרישה, ה"ה חרסים], **לא יזיזם ממקומם** - דחיישינן שמא מארון שפינוהו הם. ‹ומ"מ אינו מחוייב לשורפן, כיון שאינו יודע שהם מארון – ערוה"ש›.

סעיף ז - אסור לפתוח הקבר אחר שנסתם הגולל, אפילו אם עוררים היורשים לפתחו כדי לבדוק אם הביא שתי שערות – [פי' אם היה גדול, **ונפקא מינה לענין מכירתו שמכר אם הוא מכר**]. ‹**משום** טעמא שכתבנו ס"א וג', שמתיראין מיום הדין כו' – לבוש›. ‹**ויש** רבותא בדין זה, דמקודם נתבאר דלהזיזו מקברו למקום אחר אסור, ועתה קמ"ל דאפי' לבלי להזיזו, רק לפתוח הקבר ולראות בגופו מה שצריך, ג"כ אסור – ערוה"ש›.

(**עיין** בסוף שו"ת חות יאיר בתשו' הגאון מהר"ד אופנהיים כתב בשם הגאון מהר"ג ממיץ, בשני מתים שנקברו, ושכחו בכל אחד להלביש מלבוש א' מן המנהג לתכריכי מתים, ומת אחד היה יותר מבן כ', וא' פחות מכ', **וצוה** לפתוח קבר הקטן להלבישו מה שחסר מן הבגדים, דבקטן ליכא חרדת הדין, אבל הגדול אין לפתוח קברו מטעם חרדת אימת הדין, וכמו שאמר שמואל למה הרגזתני, **והוא** ז"ל הקשה עליו מש"ס ב"ב דף קנ"ה, ע"ש. **ועיין** בתשו' חכם צבי, ועיין בתשו' כנסת יחזקאל מש"כ בזה, והעלה דהגאון מהר"ג ז"ל טב הורה בלי פקפוק, ע"ש. **ועיין** בשו"ת שיבת ציון, בהרוג אחד שנמצא ולא ניכר בו שום צורת פנים, ומתוך הבגדים והכתבים נראה שהוא בעל אשה אחת אשר יצא מביתו זה חצי שנה, וקברו אותו, ואח"כ באה האשה ואמרה שיש לבעלה סימנים מובהקים בגופו, אם מותר לפתוח קברו לראות אחר הסימנים כדי להתירה מחבלי העיגון, **ודעת** הרב מהר"ר אלעזר פלעקלש להתיר, דהרי אפילו לקוחות יכולין לומר אנן זוזי יהבינן, לינוול ולינוול, אם לא מטעם דסימנים עשויים להשתנות, כמבואר במס' ב"ב דף קנ"ד, ‹**דדוקא** לטובת היורשים אין פותחין הקבר לראות, שהם לא אבדו בזה כלום, שלא הוציאו מכיסן, אבל אם הלקוחות דורשים לפתוח הקבר לטובתם, לא חיישינן בניוולו ופותחין ורואין – ערוה"ש›, **וא"כ** האשה הזאת שלא תהיה עגונה כל ימיה, תוכל לומר מה לי בניוולו, וסימנים אלו אין משתנים לעולם, ובפרט שזה גם לכבודו, שבניו יתאבלו ויאמרו קדיש. **והרב** המחבר נר"ו חולק עליו, והעלה לאסור, **וחזר** הרב מהרא"פ והודה לדבריו, מטעם דשם יודעין בודאי שזהו המת, אלא שנסתפקו אם הוא קטן, אבל בנ"ד שמא הוא אחר, והניוול בחנם ודאי אין להתיר, ע"ש. **שוב** ראיתי בתשו' כנסת יחזקאל, שכתב בפשיטות דמותר לפתוח הקבר לראותו כדי להתיר אשתו, ואין לאסור מטעם למה הרגזתני, דאף לקברו בשלו מותר לחטט קברו, ק"ו להתיר אשתו, ע"ש, **מיהו** אין ראייתו מוכרחת). ‹**ולענ"ד** עיקר כדברי המתירין, דזכות הוא לו, וכן אם החסירו דבר הכרחי מתכריכין, פותחין הקבר ומשימין שם. **כללו** של דבר, כל שהוא לצורך המת, או לצורך מצוה, או הפסד ממון לאחרים, אין חשש בפתיחת הקבר לראות מה שצריך – ערוה"ש›.

(**עבה"ט** של הרב מהרי"ט ז"ל שכתב בשם שבו"י, במעשה שחפר המתים והפשיטום ערומים, דמותר לחפור ולפתוח קבריהם לראות אם הם ג"כ ערומים, **ודוקא** במתים שנקברו מקרוב, כמו חדש ימים, אבל אותן שנקברים מקודם, אין לחפור כלל מכמה טעמים, ע"ש. **ועיין** בשו"ת ארבעה טורי אבן שחולק על השבו"י, ופסק דאין לפתוח שום קבר, ע"ש).

§ סימן שסד – איסור הנאה של קבר והאבן והבנין §

סעיף א - קבר של בנין, אסור בהנאה, אבל קרקע עולם של קבר, אינו נאסר - דילפינן מדכתיב וישלך את עפרה אל קבר בני העם, מקיש קבר לעבודת כוכבים, מה עבודת כוכבים אינו נאסר במחובר, כדלעיל סי' קמ"ה, אף קבר אין נאסר במחובר, **אבל** קבר של בנין הוי תלוש ולבסוף חברו,

דאסור כמו בית שבנאו לעבודת כוכבים כדלעיל סימן קמ"ה סעיף ג'.

הגה: וי"א דהקרקע שלקחו מן הקבר וחזרו ונתנו עליו, דהוי תלוש ולבסוף חברו, אסור בהנאה (טור בשם הר"ר ישעיה) - ואיזה הוא קרקע עולם, כגון החופר כוך בסלע, שהוא קרקע עולם שלא נתלש, טור, וכ"ש צדדי הקבר ותחתיתו שאין נאסר, אלא דאשמועינן בכוך, דאפי' העפר שעל גביו אינו נאסר משום דקרקע עולם הוא, וכ"כ בפרישה.

(**עיין** בתשו' רבינו עקיבא איגר ז"ל, שכתב דאם יש עפר אחר עליו, ויש לתלות שהעפר האסור נתבטל ברוב עפר המותר, אף אם אינו בבירור שיעור ביטול, מותר לדרוס עליו. **וכתב** עוד, לולא דמסתפינא הייתי אומר, דמ"ש הטור בשם ר' ישעיה שהעפר שמכסין בו את המת כו', י"ל דוקא כשיעור כסוי פני המת, שזהו לכבוד המת, **אבל** מה שהוא למעלה מזה, י"ל דעושים שיהא הקרקע שוה שלא יפול הנופל, **ואם** כן מה שחופרים עתה לפינוי המתים, מתערב זה עם זה והוי רוב. **אולם** מדברי הט"ז א"ח סי' תקכ"ו ס"ב ובמג"א שם סק"י לא משמע כן ע"ש).

(**ולכאורה** דברי הר' ישעיה מסתברים, דהא מת למדנו מעבודה זרה, ובשם תלוש ולבסוף חיברו הוה כתלוש ונאסר, **אמנם** באמת אין זה דמיון, דכל תלוש ולבסוף חיברו, הוא נתלש ממקום אחר וחיברו במקום אחר, וזהו באמת הטעם דקבר של בנין נאסר, אע"ג דעתה הוא מחובר, דזהו תלוש ולבסוף חיברו, **לאפוקי** עפר הקבר, שחופרין העפר כדי לשום בו המת ולהחזיר העפר לאותו מקום, זהו מחובר גמור, דישוב העפר על הארץ כשהיה, **וזהו** טעמן של כל רבותינו שחלקו אדברי הר' ישעיה, **ותמיהני** על רבינו הרמ"א שחשש לדבריו, והוא יחיד במקום רבים – ערוה"ש).

ויש אוסרין עוד לישב על האבן שנותנין על הקבר למצבה - (עיין בתשו' יד אליהו, שהביא דיש שני טעמים על זה, אחת מחמת איסור הנאה, ואחת משום דהוא בזיון למת, **ונ"מ** דלילך על גבי הקבר משום הנאה ליכא, דהא אי לא הוי הכא כלל קבר היה יותר טוב לילך על הארץ, ואינו אסור רק משום כבוד המת, ע"כ משום מצוה מותר לילך, **אבל** לישב ע"ג הקבר, דבזה יש הנאה, דאילו לא היה קבר לא היה ראוי לישב עליו, אסור משום הנאה, ובזה לא מהני שום מצוה, ע"ש).

וכתב בהגהת אשר"י, דאסור למכור מצבה שנשברה, ואסור להשען על המצבה, ואסור לדרוך ע"ג הקברים, דאסור בהנאה, וכתב הב"ח שכן נוהגין איסור.

[**ובפרק המוכר פירות פי' רשב"ם, דנושאי המטה שדורסין ע"ג המערות המוקפות מכל צד, כשמביאין את המטה לחצר, דבשביל הילוך לפי שעה לא קפיד ר"ש, עכ"ל, משמע דאין איסור כשדורסין ע"ג הקברים לפי שעה, בהילוך למקום שרוצים לילך שם**].

ויש חולקים ומתירים – [דס"ל דלא אסרו בגמרא אלא קבר של בנין לחוד], (**דסבירא** להו דלא דמי אפילו לבנין שעל הקבר, מפני שאינו נחשב כלל מן הקבר, אלא ציון שנותנין עליו אחר כך הוא – לבוש).

(**עיין** בתשובת הרדב"ז שכתב, דאנו נוהגים בזה להחמיר, שגם המצבה היא בכלל איסור הנאה, ע"ש).

(**נראה** ברור דכל הקדמונים שהזכירו מצבה, אינו כעין שלנו שמעמידים בצד הקבר, אלא היא על הקבר, **אבל** מצבות שלנו שמעמידין מן הצד, וודאי לא שייך להמת, וכולם מודים שמותרים לישב עליהם, דנעשו רק לציון כדי לידע מקום הקבר – ערוה"ש).

(**ודע**, דזה שנתבאר דקבר של בנין אסור בהנאה, פירושו כשבנו בתוך הקבר ונתנו המת שם, אבל אם אחד רוצה להעמיד בנין סביב הקבר, כמו שרגילים לעשות לעשירים ולגדולים, וקורין לזה אהל, אינו בכלל הקבר, שהרי נעשה אח"כ, ואינו שייך המת לכלל, ומשום כבוד החיים עושים כן, כמו במצבות שלנו, כנלע"ד, **אך** אם אומר מפורש שעושה לכבוד המת, אולי חמיר יותר ממצבה שוודאי הוא רק לציון לידע מקום הקבר שהרי כותבין עליו שם המת, **אך** שטות גדול הוא אם עושין לכבוד המת, ולא לכבוד הוא לפניו בעולם האמת, וכמה מהגדולים שצוו שלא יעשו להם כן, וגם לא מצבה יקרה, **וא"כ** אין זה אלא לכבוד החיים ומותר בהנאה – ערוה"ש).

(**ודע** שראיתי להגדולים שכתבו, דאסור לישען על המצבה, ואסור לדרוך על הקברים, שאסורים בהנאה, **והנה** במצבות שלנו בארנו לענ"ד דאין בזה איסור, **ואף** גם לדרוך על הקברים תמיהני על מה שאסרו, וזהו מפני שחששו לדעת הר' ישעיה שהביא הטור, דהעפר שעל המת אסור בהנאה, וכבר בארנו דרוב הפוסקים חולקים עליו, **ואף** גם לדעתו לא ידעתי אם ההילוך על הקבר מקרי הנאה, ולא מצינו בשום מקום שיהא אסור לעבור במקום האסור בהנאה, רק במדיר חבירו מנכסיו, מטעם דויתור אסור במודר הנאה, והוה כאוסרו

מפורש בדריכת הרגל, אבל בכל איסורי הנאה לא מצינו שאסור לדרוך עליהם, **ובוודאי** לישב על הקבר או לדרוך עליו דרך דריכה אסור משום בזיון המת, אבל לעבור דרך עליו אין כאן בזיון, ומי לנו גדול ממקום המקדש, שבכל הר הבית היה מותר לילך ולדרוך על הקרקע ועל הריצפה – ערוה"ש›.

(**וכתב** בספר ברכי יוסף, מעשה באלמנה שציוותה להניח אבן על קבר בעלה, ואחר ימים הלכה על קבר בעלה וראתה שהאבן היא קטנה, ורצתה להחליפה באחרת יפה הימנו, ולהוסיף מעות למוכר האבנים לכבוד בעלה, **נשאל** מורי ז"ל אי שרי לעשות כן, כיון שהיא אינה נהנית כלל מהאבן הזאת, ואדרבה היא מוסיפה מעות לכבוד בעלה, **או** דילמא כיון שאין נותנין לה האבן אחר בסך מעות שהיא מוסיפה, אלא ע"י האבן הזאת שנותנת למוכר שימכור למת אחר, הרי היא נהנית באבן זו שנאסרה בהנאה, וגם המוכר אותה אח"כ משתכר באיסורי הנאה, **והאריך** מורי ז"ל בתשובה כ"י, והעלה דאסורה למכור או להחליף בשום אופן, דבכל גווני הנאה מקרי, **והרב** מהר"י נבון בספרו קרית מלך רב, צידד להתיר בדין זה, להלכה ולא למעשה, ע"ש).

(**ועיין** בתשו' חתם סופר, אודות חומת בה"ק שנהרסה, ובנו אחרת טובה הימנה תחתיה, אם מותרים זט"ה לבנות מהאבנים הישנים בית שער לכניסת בית החולאים, לפי מה שנוהגים להחמיר במצבת הקברים. **והעלה** דפשוט להתיר מכמה טעמים, ויכולים הגבאים שהם כמו זט"ה לשנותה ולבנות האבנים והלבנים לבנין אחר הצריך לצבור, ע"ש).

הכלים שחופרים וקוברים בהם, מותרים בהנאה, ואין להשתמש בהן אלא מדעת הגבאי, כמו בשאר צדקה.

והא דקבר של בנין אסור לעולם, דוקא שבנאו לשם מת, ונתנו בו אפילו על דעת לפנותו – ‹משום דהוי הזמנה ומעשה – ערוה"ש›, **ואפילו לא נתן בו אלא נפל.**

‹והר"ן כ', דבעל דעת לפנותו, אפי' בנאו לשם מת מותר, **אלא** דמיירי דבתחלה הזמינו שיהא למת ולא הניח בו המת לשעתו, ולאח"ז בלא הסכמה אחרת הניח בו המת, {דאי הסכים אח"כ להניח בו רק אדעתא לפנותו, ס"ל להר"ן דשרי בכל גווני – בה"ל סי ל"ב}, בזה אם ההזמנה שמקודם היה ע"י מעשה בנין, נאסר בהנחת המת סתם שלאח"כ, אף על גב דפנייה להמת, **אבל** אם ההזמנה הוא רק בדיבור, לא נאסר, כיון דההזמנה היה שלא בשעת הנחת המת, **אבל** אם כשהניח המת הזמינו שיהיה מיוחד לכך, או שחשב כך בלבו, נאסר בלא מעשה, ע"ש – רעק"א›.

אבל אם בנאו לשמו, ולא נתנו בו, מותר. וכן אם נתנו בו אדעתא לפנותו, ולא הזמינו מתחלה, מותר לאחר שפינהו – ‹דמחוסר הזמנה – ערוה"ש›.

אבל אם נתנו בו על דעת להיות בו עולמית, אסור אפילו לאחר שפינהו, אפי' לא בנאו לשמו – ‹דאין כאן חסרון הזמנה, דכיון דנתנוהו אדעתא להיות שם לעולם, זהו הזמנתו, ובאו ההזמנה והמעשה כאחת – ערוה"ש›.

ואם לא בנאו לשמו, ונתנוהו בתוכו, והוסיף בו דימוס (פירוש נדבך, והוא שורת בנין החומה) לשמו, כולו אסור, אפילו לאחר שפינהו ואפילו שקברו שם על דעת לפנותו – ‹דנאסרה כל הבנין בשביל דימוס זה, ואין הכוונה שדימוס זה בכח לאסור, אלא משום דאינו ידוע לו איזה דימוס הוא – ערוה"ש›, **ואם מכיר הדימוס שהוסיף לשמו, מסירו, והוא לבדו אסור, ושאר הקבר מותר.**

סעיף ב - קבר הנמצא, מותר לפנותו - ולא חיישינן שמא מת מצוה הוא, דמת מצוה קלא אית ליה. **פינהו, מקומו טהור ומותר בהנאה** - שאין אדם אוסר דבר שאינו שלו, ומיירי בקבר של בנין, דאלו במחובר בלא"ה אין מחובר נאסר. **קבר הידוע** - שנקבר שם מדעת בעל השדה, **אסור לפנותו** – ‹ואם אינו יודע שנקבר שם שלא מדעת בעל השדה, אסור לפנותו – לבוש›, **פינהו, מקומו טמא** - גזירה דרבנן היא, שגזרו טומאה עולמית כדי שלא יפנוהו, **ואסור בהנאה.**

והרמב"ם גורס: קבר הנמצא, מותר לפנותו - וה"פ קבר הנמצא, דהיינו שלא היינו יודעים שהיה שם קבר, מותר לפנותו, דכיון שלא היה ידוע,

מסתמא נקבר שם שלא ברשות בעל השדה, **פינהו, מקומו טמא ואסור בהנאה** - כלומר השדה שסביבותיו, היכא דאיכא למיחש לקברים. **קבר הידוע** - שאין שם אלא הוא לבדו, «ומסתמא נקבר שם מדעת בעל השדה», **אסור לפנותו** - «כיון שמדעת בעל השדה נקבר שם - כסף משנה», **פינהו, מקומו טהור ומותר בהנאה** - כיון שידוע שאין שם קברים אחרים. **ונקבר** שם שלא מדעת בעל השדה, מותר לפנותו, ב"י.

(**עיין** בתשו' חות יאיר בתשובת הגאון מהר"ד אופנהיים, במעשה בעיר אחת שנפל בהכ"נ שלהם ורצו לבנות מחדש, וחפרו בעומק כמו קומת איש לבנות היסודות, ונמצא בקרן מערבית דרומית עצמות מתים מחוץ לחפירת היסוד, והשליכו האומנים ראש המת ואברים, ובצד מזרחית רחוק ה' אמות, חפרו שם ונמצא ב' קברים, וא' רחוק מחבירו ו' אמות, ובכותל מזרחית נמצא קבר א', ראשו של מת מונח תוך בהכ"נ ורגליו לחוץ, ובכותל צפונית רחוק כמו ו' אמות מקבר שנמצא בכותל מזרחית, נמצא בחפירת היסוד ג' קברים, והיו סמוכים זה לזה באורך כמו שתי אמות וכמו רוחב אדם, ולא נמצא שום קרש ולא חרס ולא היה ניכר צורת קבר, ויש עובד כוכבים זקן מסל"ת שעובדי כוכבים נקברו שמה בעת מלחמת השוידי"ן, **והנה** יש לספק בזה הרבה: א', די"ל דהוא שכונת קברות, כיון שנמצא יותר מג', ואסור לפנות, **ואף** דקי"ל במס' נזיר דס"ה וב"ב דף ק"א, דאם יש בין זה לזה מד' אמות עד ח' ה"ז שכונת קברות, וא"כ בנ"ד שרחוקים יותר מן ח' אמות באמה בת ו' טפחים, וגם אותן קברות שבצד צפון אינם רחוקים ד' אמות, אינו שכונת קברות, **אך** י"ל דזה השיעור הוא לפי מנהגם לקבור במערות, אבל כעת בכל ענין הוי שכונת קברות, וא"כ אסור לפנותו, ואם פינהו ממקומו טמא ואסור בהנאה. **ועוד** אף אם נאמר שאין זה שכונת קברות, כי קברות עובדי כוכבים היא, אי צריכה בדיקה בבהכ"נ כדי להציל הכהנים מטומאה. **ועד** היכן יבדוק ועד כמה יעמיק ועד כמה יטפל בזה. **והוצאה** זו על מי רמיא, על הכהנים לחוד או על כל בני הקהלה. **והאריך** מאד לבאר שיטת רש"י ושיטת הרמב"ם ושיטת תוס' בשם ר"י בזה, והעלה דבנ"ד אין שכונת קברות כמבואר בנזיר ס"ה, דאם נמצא שום שינוי בקבורה שיש ידים מוכיחות שהוא עובד כוכבים, מספיקא לא מחזיקין בשכונת קברות, **ואם** כן בנ"ד יש ג"כ ידים מוכיחות שהם עובדי כוכבים, כי ישראל כולם נקברים בחדא מחתא, ובסדר א' מונחים, ודרכיהם זה לקבור שלא כסדר, **ועוד** מאחר שלא נמצא שום חרס או קרש או צורת הקבר, שהרי מנהג ב"י תורה ליתן חרסים ע"ג העינים, **ואת"ל** שהיו ישראלים ונקברו בשעת הדחק בעתים אשר לא כסדרן בעת מלחמה או דבר ר"ל, הרי מפורש במס' שמחות דבשעת דבר ומלחמה אין חזקה לקברות. **נמצא** דפשיטא דמותר לפנות, **וגם** מה שנמצאו בקבר א' הצפונית עצמות ממתים הרבה, היא ג"כ הוכחה, שהרי אין דרך יהודים לקבור בקבר א' מתים הרבה, כדלעיל סי' שס"ב. **ונוסף** ע"ז שיש עובד כוכבים מסל"ת שהמה עובדי כוכבים, ואיסור פינוי **הוא** רק מדרבנן, מהמנינן לעובד כוכבים מסל"ת. **וא"צ** בדיקה סביב הקברים, כי הכהנים מותרים להלוך, כדלקמן סי' שע"ב, ואף הרא"ש שם מודה בנ"ד, שהוא ספק דלמא אין כאן קבר ועצמות כלל. **וגם** התפיסה א"צ ליטול. **ולענין** אם המקום מותר בהנאה, פשיטא דמותר, אף אם היו ודאי ישראלים, דהא מסקינן בש"ס דדוקא בקבר בנין, אבל במחובר אין בו איסור הנאה, מכ"ש בנ"ד דקרוב לודאי שעובדי כוכבים המה, ובפרטות שמותר לבנות בהכ"נ, דמצות לאו ליהנות ניתנו, **אך** כל זה לעיקר הדין, אמנם כדי שלא יהא מקום קדוש ובית תפלה במקום חשש טומאה, יש לחפור ולבדוק על כל פני הבהכ"נ לארכו ולרחבו בערך אמה וחצי, כדרך שחופרין שאר קברות, וכל העצמות שנמצאו יפנו, ואם לא ימצאו, העפר טהור, וסביב לבהכ"נ מותרים להלוך בלא בדיקה, כאשר נתבאר. **אמנם** באשר שבמקום א' קברו עצמות המתים, ובאותו מקום אסור לכהנים לילך, דאף ודאי קברי עובדי כוכבים נכון ליזהר, מכ"ש כאן שיש קצת ספק שמא ישראלים הם, ע"כ יפנו עוד מאותו המקום, או יציינו על המקום ההוא. **ולצורך** החפירה, צריך שיתנו כל הקהל אף הישראלים והלוים, כדאיתא בחו"מ סי' קס"ג ס"ג, ובפרט בנ"ד שישראל מוזהר ג"כ על הטומאה ברגל, וגם מצווים ישראלים לשמוע ברכת כהנים, וכל שאינו שומע במזיד אינו בכלל ברכה, א"כ בחדא מחתא המה לשלם מקופת הקהל מה שחופרין בבהכ"נ, ע"ש באריכות גדול).

סעיף ג- מת מצוה, שמצאו אדם בשדה וקברו שם, אפילו שלא מדעת בעל השדה, אסור לפנותו, שמת מצוה קונה מקומו - «שזה

אחד מעשרה תנאים שהתנה יהושע עם ישראל - לבוש. **וכל המוצאו צריך לקברו במקום שמצאו** - ‹ולא יזיזנו ממקומו – לבוש, ‹ואין בעל השדה יכול למחות בו, בין בא"י בין בחו"ל – ערוה"ש, וא"צ להוליכו לקברות. **וכתב** מהרש"ל, ומה שהאידנא אין נזהרים בזה, הוא לפי שאין הארץ שלנו, ואין לנו רשות לקבור בכל מקום, **ואף** אם נקבר אותו לשם, יש לחוש שהעובדי כוכבים יחזרו ויוציאו אותו כדי לפשוט בגדיו מעליו או משום זלזול, ע"כ מוליכין אותו לבה"ק מיוחד, עד כאן, והביאוהו האחרונים. ‹**ועכשיו** לא שייך דינים אלו, לפי שיש בזה חוקים ממשפטי המלכות, ואין ביכולתינו לעשות כרצונינו, ודינא דמלכותא דינא, **וכמדומני** שעתה גם מחוק המלכות כן הוא לקוברו במקום שנמצא – ערוה"ש.

ואם מצאו על המצר, שצריך לפנותו משם מפני הרבים שלא יאהילו עליו, אם מצאו בין שדה בור (פירוש שאינה חרושה וזרועה) לשדה ניר (פירוש ניר נחרש ולא נזרע), מפנהו לשדה בור. בין שדה ניר לשדה זרע, מפנהו לשדה ניר. בין שדה זרע לשדה אילן, מפנהו לשדה זרע. בין שדה אילן לשדה כרם, מפנהו לשדה אילן – ‹דלמעט בהזיקא עדיף, ואין בעל השדה יכול למחות, דכך היתה התקנה – ערוה"ש. **ואם שתיהם שוות, מפנהו לקרוב שבהם. ואם שתיהן שוות בקירוב, מפנהו לאיזהו מהם שירצה** – ‹ומ"מ נ"ל דאין לו לקבל ממון מצד א' שיוליכוהו לצד השני – ערוה"ש.

בד"א, במצאו חוץ לתחום. אבל אם מצאו בתוך התחום, מביאו לבית הקברות. ואינו נקרא מת מצוה, אא"כ מצא ראשו ורובו – [פי' וכ"ש אם נמצא כולו שלם]. ‹דכתיב כי קבור תקברנו, כולו משמע, ורובו ככולו – לבוש. ‹**אבל** איברים לא נקרא מת מצוה, ואין בו כל הדינים שנתבארו, אלא מוליכן לבה"ק אפילו בריחוק מקום, או לקבור במקום שהבעלים נותנים רשות, **ונ"ל** דה"ה בנפל ליכא דינים אלו – ערוה"ש.

סעיף ד - אם מצאו ישראל הרוג, יקברוהו כמו שמצאוהו, בלא תכריכין, ולא יחלצו בו אפילו מנעליו. הגה: וכן עושין ליולדת שמתה, או למי שנפל ומת (מהרי"ל). וי"א שמלבישין אותם למעלה מבגדיהם, תכריכין (הגהמ"י בשם ר"י מדורא). ונהגו שאין עושין להם תכריכין כשאר מתים, רק קוברין אותן בבגדיהם, ולמעלה מהם סדין, כשאר מתים.

במהרי"ל כתוב, דאם דם יצא ממנו, אז אין לטהר אותו, כי הדם יסתלק ממנו, אך יקברוהו במלבושיו.

וכ' הב"ח, ונראה דהיינו דוקא כשמת במלבושיו, אבל בנפל ולא מת מיד, אלא לאחר כמה ימים שכבר פשט מלבושיו, וגם אין דם יוצא ממנו שכבר פסק, ומת על מטתו מכח אותו נפילה, אז ודאי מטהרין אותו ועושין לו תכריכין כשאר בני אדם שמתין על מטתן, **ובדבר** הזה יש חילוק בין נפל מן הגג להרוג, דאלו בהרוג בידי עובד כוכבים, אע"פ שבשעה שמצאוהו כבר פסק הדם, קוברים אותו כאשר הוא נמצא, כדי להעלות חימה ולנקום נקם, וזה אין שייך בנפל מן הגג, **וכן** ביולדת שמתה ודם יוצא ממנה, אין לטהרה, אלא קוברים אותה בלבושיה, אבל אם לא מתה אלא לאחר כמה ימים ושבועות, וכבר פסק הדם, נוהגין עמה כמו בשאר מתים, לטהרה ולעשות לה תכריכין.

שוב מצאתי כתוב, שמעתי הטעם גבי הרוג, דהרי כבר יצאו כל הדמים ממנו והם מובלעים בבגדיו, וחיישינן שמא נבלע בתוכן הרביעית דם שהנפש יוצאת בו, ע"כ יקברוהו כמו שמצאוהו, ולא יחלצו אפילו מנעליו, דשמא הדמים שיצאו עם יציאת הנפש הם בתוך המנעלים, **וע"כ** נוהגין בהרוג, לחפור ולחתור במרא וחצינא בקרקע במקום שנמצא שם ההרוג, וכן כל דמו שיצא ממנו במקום קרוב לו, וקוברין אותו עפר שנבלע בו דמו עם ההרוג, דשמא באותו הדם יצא דם הנפש, **ומזה** הטעם ג"כ במי שנפל מן הגג ומת, או נפל עליו הבית ומת, ונעשה בגופו פצעים וחבורות ומוציא מהם דם, וזה גם כן טעם היולדת, דרובם אינם מתים אלא מחמת שנעשה באיברים הפנימים שלה פצעים כשכורעת לילד, וע"י כן יצא ממנה דם הרבה נבלעו בכתונות שעל גופה ובשאר בגדים שעליה, והדמים שיצאו עם יציאת הנפש נבלעו בתוכם, **משא"כ** כשאין שם פצעים, ולא יצא מהם דם כלל, דאז אין קוברין אותה בבגדיה אלא בתכריכין כשאר מתים ומטהרין

אותם, **ולפי"ז** מי שמת בדרך בקור גדול ושלג, נראה דפושטין מלבושיו ומטהרין ומלבישין אותו בתכריכין, כיון שאין בו פצעים ולא יצא ממנו דם, וכן מי שנטבע במים בבגדיו, דפושטין בגדיו ומטהרין אותו ומלבישין אותו תכריכין, וכמ"ש בסוף ספר מהרי"ל, ע"כ. **ואני** ראיתי בהרבה קהלות נוהגין לטהר כל יולדת ולהלבישה תכריכים, ולהלבישה בגדיה למעלה מהתכריכין, ולמעלה מהם הסדין.

[**והמנהג** לקבור בבגדים הנמצאים נטבעים, וכן יולדת שמתה בר מינן בבגדיה, והיותר תמוה, שמלבישין בגדים ומנעלים ליולדת שמתה אפי' כמה ימים אחר לידתה, **והוא שלא כדין לפענ"ד**].

‹**ואם** יש איזה מנהג בזה, יעשו כמנהגם, דאין בזה טעמים ברורים – ערוה"ש›.

(**ועיין** בתשו' חינוך ב"י במי שנטבע בנהר ר"ל, והורה לטהרו ולהלבישו תכריכין, ואף אם יצא דם ממנו לאחר מיתה. **ומעשה** שהיה קול רעם והמית לאחד, והסכימו הגאונים מהר"ר אפרים ומהר"ר ישעיהו בעל של"ה ז"ל, באם נמצא רושם מכה וחבלה בגופו דאפקי דמים, אזי נדון כהרוג, ובאם לאו, הוא כשאר בני אדם).

(**עיין** בתשובת שמן רוקח, שנשאל באשה מעוברת שמתה, ואי אפשר בשום אופן להוציא ולדה, אם יש לפתוח את בטנה ולהוציא את ולדה, **והשיב** דבגוף המנהג שנהגו להרעיש ע"ז, נעלם ממנו מקום מונח לזה, ובש"ס משמע איפכא דניוול הוא להוציא ולדה אחר מיתה, **ולפי"ז** גם לעכב קבורתה אין מהראוי לעבור על הלנת המת, ובפרט בנשים, **אך** הואיל וכעת הנהוג להרבות מפעלות להוציא ולדה, יש לעכב קבורתה עד יום שלישי, ולאיים עליה בכל איומים ולהרבות מפעלות מה שיש באפשרי, **ואם** ח"ו בתוך הזמן לא תצא ולדה, אז יש לקברה כך, ולא לפתוח בטנה ולזלזל בכבודה ח"ו, ע"ש).

סעיף ה - קבר המזיק את הרבים, כגון שהוא סמוך לדרך, אפילו נקבר שם מדעת בעל השדה, מותר לפנותו, ומקומו טהור – [דלא גזרו עליו מפני הנזק], **ואסור בהנאה** – [דאיסור דאורייתא הוא ולא פקע], **אם** הוא קבר של בנין, לאפוקי קרקע עולם אינה נאסרת, כדלעיל ריש הסימן, **אם קדם הקבר; אבל אם קדם הדרך, מקומו מותר בהנאה** - שהרי אין אדם אוסר דבר שאינו שלו, ולאו כל כמיניה לאסור של רבים.

סעיף ו - קבר שפינהו, היכא דמותר בהנאה, לא יעשנו בית התבן ולא בית העצים ולא בית האוצרות - דגנאי הוא למת לעשות כן. ‹**ויראה** לי, דבית לדור בו אין זה בזיון ומותר – ערוה"ש›.

סעיף ז - החוצב קבר לאביו וקברו במקום אחר, לא יקבר בו הוא עולמית, משום כבוד אביו - עיין בטור דמסיק בשם הרמב"ן, דכיון דטעמא הוא משום כבוד אביו, אפי' קרקע עולם נמי אסור, **אבל אחר, מותר ליקבר בו** – ‹ויראה לי, דכל קרוביו מותרים להקבר בו, לבד בניו ובנותיו של המת, **וה"ה** בשאר דבר שעשה למען אביו, כמו מצבה וכיוצא בזה, שאין לעשותה לעצמו – ערוה"ש›.

‹**אפילו** אם כבר נקבר בו מת ופנוהו, מותר לקבור בו מת אחר, דזה לא מקרי הנאה. ב"ה בשם הרשב"א, **אבל** בטור בתחילת סי' זה בשם רבינו ישעיה לא משמע כן, ועיין בתשו' שבות יעקב. **ובמוהריק"ש** כתב לאסור לקבור בו מת אחר, **ועיין** בתשו' רדב"ז, דנקט בפשיטות כהרשב"א הנ"ל, **ועיין** בתשו' דבר משה, שכתב ג"כ להקל – רעק"א›.

(**עיין** בשו"ת שיבת ציון, באחד שהזמין אבן לציון על קבר אביו ונחצב בו שם אביו, ומפני איזה סיבה לא אסתייעא מלתא להעמיד האבן הזאת לציון על קבר אביו, ונתעכב הדבר כמה שנים וביני ביני נשכח מקום קבר אביו, ובהמשך הזמן מת גם הבן, רשאים בניו של הבן ליקח אבן הזאת להעמידה לציון על קבר אביהם, למחוק שם אבי זקינם ולחקוק בה שם אביהם. **ודעת** מורה א' לאסור, כמו בחוצב קבר לאביו, דמצבה דמי לקבר, כמ"ש הרמ"א בס"א, דמצבה אסורה בהנאה כמו הקבר עצמו, אך עכ"פ היורשים רשאים למכור האבן לצורך מצבה למת אחר, כמו בקבר, **והסכים** עמו בעל המחבר נר"ו במה שאוסר להעמיד על קבר הבן, **אך** במ"ש דמותר להיורשים למכור לצורך מת אחר, חולק עליו, דמ"ש בטור ושו"ע: אבל אחר מותר ליקבר בו, אין הכוונה דאפילו הבן עצמו רשאי ליתן קבר זה לאחר, אלא מיירי שחצב קבר לאביו במקום הפקר, או בבית עלמין השייך לצבור, ויש רשות לכל אדם לקבור מתו במקום הזה, לכן כתבו דאחר מותר ליקבר בו,

אבל הבונה קבר לאביו בשדהו, פשיטא דאסור למכור או ליתן לאחר, וא"כ בנ"ד אסורים למכור המצבה, **ואף** שעתה גם הבן מת, מ"מ גם בני בנים חייבים בכבוד זקינם, כמ"ש הרמ"א לעיל סי' ר"מ סעיף כ"ד, **ומ"מ** העלה דהמורה להתיר להיורשים למכור המצבה הזאת למת אחר, אין לתפוש עליו, דיש לו עמודי עולם לסמוך להקל, היינו דעת הרא"ש, שהמצבה אינה נאסרת כלל, והרי דעת התוס', דכל שלא נאסר אין בו משום כבוד אביו, **וגם** לצרף דעת מהרי"ק, דבני בנים אין חייבים בכבוד זקינם, **ולפי** הנראה אף איסור זה הוא רק מדרבנן, לכן המיקל לא הפסיד. **וכתב** עוד דמה שהרמב"ם וטור ושו"ע נקטו, החוצב קבר לאביו, היינו לשון הת"ק דרשב"ג בברייתא בסנהדרין דף מ"ח, ולא כרשב"ג דאוסר גם בחוצב אבנים לאביו, **אין** זה מלתא דפסיקתא, ותליא בהני דעות, אם הא דקיי"ל כ"מ ששנה רשב"ג במשנתינו הלכה כמותו, הוא דוקא במשנה, או גם בברייתא, ע"ש).

§ סימן שסה – החופר קבר פטור מק"ש, וכמה מרחיקין הקברות מהעיר §

סעיף א - החופר כוך למת - ‹אפילו המת אינו קרובו - ערוה"ש›, **פטור מקריאת שמע ומן התפלה ומן התפילין ומכל מצות האמורות בתורה** - דעוסק במצוה הוא ופטור משאר מצות. ‹ואפי' יעבור זמן ק"ש, ואע"ג דק"ש מצוה עוברת, וקבורת המת אינה עוברת, ולמה לא יקרא ק"ש ואח"כ יגמור הכוך, **אך** בכל ענייני מת לא אמרינן כן משום כבוד המת, דכשהתחיל לעסוק בצרכיו אין לו להפסיק בשביל מצוה אחרת - ערוה"ש›.

ואם הם שנים, והגיע זמן ק"ש, אחד עולה וקורא ק"ש ומתפלל, וחוזר זה וחופר, ועולה חבירו וקורא ק"ש ומתפלל. ודוקא כוך, דלא חפיר ליה אלא חד, אבל אם היה מקום ששנים יכולים להתעסק בו כאחד, פטורים.

‹**ונ"ל** דלאו דווקא בחפירת קבר, אלא ה"ה בכל צרכי המת כשעוסק, אם הוא מוכרח לעסוק בזה, כגון שהאונן אין ביכולתו לעשות דבר זה, או שאין כאן אבלים, פטור העוסק מכל המצות. **ומיהו** נ"ל דכ"ז הוא כשעוסק בחנם לשם מצוה, אבל כשבא בשכרו, כגון הקברנים שנוטלים שכירות בעד טרחותם, לא נקראו עוסקי במצוה שיהיו פטורים ממצוה אחרת, שהרי לא לשם מצוה הם עוסקים, **ומיהו** אם א"א בלעדם, דרק המה ביכולתם לעסוק בזה ולא אחר, אין להם לבטל עשייתם מפני מצוה אחרת, מפני כבודו של מת - ערוה"ש›.

סעיף ב - מרחיקין הקברות מהעיר חמשים אמה - כתב העט"ז הטעם, שלא יפגעו בו תמיד ויתעצבו, **ולא** דק, דהטעם הוא מפני שריחה רע, וכדמשמע בלא יחפור, דקתני מרחיקין את הנבלות ואת הקברות ואת הבורסקי כו', וכן פירש"י ושאר מפרשים שם, וכ"כ הרמב"ם והמחבר בחו"מ סי' קנ"ה סכ"ג.

‹**אמנם** בכמה מקומות יש שהקברות בתוך העיר, ואולי מפני שלא היה להם מקום אחר - ערוה"ש›.

§ סימן שסו – דין המוכר קבר, ואשה שירשה קבר ממשפחתה §

סעיף א - המוכר קברו ודרך קברו, מקום מעמדו ומקום הספדו, באים בני המשפחה וקוברין אותו בעל כרחו של לוקח, ומחזירין את דמיו - שגנאי להם שבני המשפחה לא יהיו קבורים במקום אחד כמנהגם, **ואף** על גב דמי שצוה שאל יספידוהו שומעין לו, כדלעיל סי' שד"מ סעיף י', **שאני** התם דאמר כן בשעת מיתה, אבל הכא זוזי אנסוהו, **א"נ** התם לדידיה לחוד, אבל הכא מקום הספדו יורשיו ובני משפחתו נספדים שם, ואיכא פגם שלהן.

סעיף ב - אשה שירשה קבר ממשפחתה, נקברת בתוכו היא - ‹אפילו כשהבעל אומר תקבר אצלי, מפני שאנו אומדים דעתה שיותר נוח לה להקבר בקברה שירשתה›, **אבל לא יוצאי ירכה** - מפני שבניה מתייחסים על שם משפחות אביהם, וגנאי לבני משפחתה ליקבר אצלם, טור, **אלא אם כן ראתה אותם בחייה** - ‹והם ככרוכים אחריה, אין זה גנאי - ערוה"ש›.

סעיף ג - אביה אומר: תקבר אצלי, ובעלה אומר: תקבר אצלי, תקבר אצל בעלה. ויש גורסין תקבר אצל אביה. ואם יש לה בנים, ואומרת: אצל בני, קוברין אותה אצל בניה.

סעיף ד - אביה אומר: לא תקבר אצלי, ובעלה אומר: לא תקבר אצלי, קוברים אותה אצל בעלה - מפני שחייב בקבורתה, כמו שנתבאר באה"ע סימן פ"ט.

§ סימן שסז – קוברים מתי עכו"ם, ושלא יהלך בבית הקברות בתפילין וציצית §

סעיף א - קוברים מתי עובדי כוכבים - היינו שמשתדלין בקבורת מתים עובדי כוכבים, **ומנחמים אבליהם, מפני דרכי שלום** - ‹וכתב הכלבו, הרואה את המת חייב לעמוד מפניו ולנהוג בו כבוד, ואפילו מת שלהם מפני דרכי שלום – ערוה"ש.

סעיף ב - לא יהלך בבית הקברות או בתוך ד' אמות של מת ותפילין בראשו, משום לועג לרש, ואם הם מכוסים, מותר.

סעיף ג - לא יהלך בבית הקברות או בתוך ד' אמות של מת או של קבר וספר תורה בזרועו ויקרא בו או יתפלל, והוא הדין על פה אסור לקרות, אלא אם כן לכבוד המת, כמו שנתבאר. (וע"ל סימן סד"מ סעיף ט"ז).

‹**עיין** בתשו' מהריט"ץ שכתב, דהא דאסור לקרות ולהניח תפילין תוך ד"א של מת, היינו מי שהיה חייב במצות אלו בעת שהיה בחיים, ואחר מיתתו נעשה חפשי מן מצות אלו, הוי לועג לרש, **אבל** אשה וקטן שפטורים בחייהם, אין זה לועג לרש, ע"ש, **ועיין** בצל"ח דפשיטא ליה דגם במת קטן ואשה הוי לועג לרש, ע"ש).

‹**עיין** בתשו' נו"ב, שנשאל אם הולכים בעת צרה להתפלל על קברי צדיקים, אם נכון ליקח עמהם ס"ת לבית הקברות, **והשיב** דמדברי התלמוד והפוסקים אין מפורש אם באחיזה לחוד יש גם כן איסור, ‹**ואין** זה דומה לתפילין וציצית, שהם מצות שהאדם חייב בהם ואיכא לועג לרש, אבל לישא ס"ת בידיו אין זה מן המצות, ולמה יתראה כלועג לרש – ערוה"ש›, **אלא** שלשונו של הרמב"ם בהלכות ס"ת משמע לאיסור, ‹**שזהו** כאומר: אני אוחז הס"ת ולא אתה, ולא דמי לציצית שיתבאר דכשאינו נגרר על הארץ מותר, דשאני ס"ת שבה כתובים כל המצות – ערוה"ש›, **ועכ"פ** חלילה לעשות כן, דמבואר בזוהר פרשת אחרי, שאם ח"ו הספר ההוא חסר אות אחת, גורמים רעה גדולה ח"ו, וא"כ הרי אין לנו ס"ת שיהא בדוק בחסרות ויתרות, ע"ש).

סעיף ד - מותר ליכנס לבית הקברות או לתוך ד' אמות של מת או של קבר, והוא לבוש ציצית, והוא שלא יהא נגרר על הקבר. אבל אם נגרר, אסור משום: לועג לרש, במה דברים אמורים, בימיהם שהיו מטילים ציצית במלבוש שלובשים לצורך עצמן, אבל האידנא שאין אנו לובשין אותו אלא לשם מצוה, אסור, אפי' אינם נגררים. והני מילי כשהציציות מגולים, אבל אם הם מכוסים, מותר - כתב מהרש"ל, והעולם נוהגין היתר בטלית קטן, וכ"כ הב"ח, וסיים הטעם, כיון שהציציות מכוסים.

סעיף ה - יש נוהגין לקשור שני ציציות שבשני כנפים זה עם זה כשנכנסים לבית הקברות, ולא הועילו כלום בתקנתם. (ועיין באו"ח סימן כ"ג).

סעיף ו - כיון שהרחיק ד' אמות, קורא ומתפלל, ואפילו רואה הקבר או בית הקברות. ואם יש שם מחיצה, מותר אחר המחיצה, סמוך אפילו תוך ד' אמות לקבר.

‹**וגם** באמירת קדיש יש להרחיק ד' אמות מהקברים, **ותחינות** נוהגין לומר על הקברים, אף שיש בהם פסוקים, מפני שאומרים זה לכבוד המתים, **וגם** נהגו לומר תהילים אצל מת בעת שכיבתו על הארץ, מפני שעושין זה לכבודו ולתקון נשמתו, וקשה לבטל המנהג, **ומותר** לומר צדוק הדין סמוך לקבר – ערוה"ש.

§ סימן שסח – שלא לנהוג קלות ראש בבית הקברות §

סעיף א - בית הקברות, אין נוהגין בהן קלות ראש - מפני כבודן של מתים, **(כגון לפנות שם או לאכול ולשתות שם, ואין קורין ואין שונין שם** - ‹משום לועג לרש - גר"א›, **ואין מחשבין שם חשבונות)** - אפילו של רבים, **ואין מרעין בהם בהמות; ואין מוליכין בהם אמת המים; ולא יטייל בהם לקפנדריא (פי' למעבר מצד זה לצד זה); ולא ילקט מהם עשבים; ואם ליקט, (או) שצריך ללקטן לצורך בית הקברות, שורפן במקומן** - אין זה כבוד של מתים, אלא קנסא, או משום שלא יחשדוהו שמוליכם לבהמתו.

(**עיין** בתשו' חת"ס שכתב, והיינו אפי' שלא ע"ג קבר, אלא מקום שהוקצה לבה"ק לרבים, נאסר בקדושת בהכ"נ, והסברא נותן כך, דכל שהוקצה למצותו להתפלל בתוכו או ללמוד בתוכו או לקבור בתוכו, הכל הוקצה למצותו ואין ניאותין בהם. **ועובדא** דהאי חסיד במסכת ברכות שלן בבה"ק, י"ל חכמים ותלמידים שרי כמו דשרי בבהכ"נ, עכ"ד. **ונראה** דדוקא היכא שכבר נקבר באותה השדה אפילו מת א', אז נאסר כל השדה, אבל אם לא נקבר עדיין שום מת, רק ייחדוה לבה"ק, לא נאסר, כמ"ש באו"ח סי' קנ"ג ס"ח בענין בהכ"נ, דאינו קדוש עד שיתפללו בו, וע"ש בס"ה ובאחרונים שם. **איברא** דמלשון הש"ג לא משמע הכי, ע"ש, והדברים ארוכים ואכמ"ל).

הגה: וכן אין ליקח מקרקע עולם של קבר, אף על גב דמותר בהנאה. וכל זה אינו אלא משום כבוד המתים, ולכן אם צריך אותו לרפואה, שרי -

(עיין בשו"ת שיבת ציון שכתב, דזה דוקא אם הרפואה הוא דוקא מהקבר ולא ממקום אחר, אבל אם יכול למצוא אותן עשבים לקנות בגינה ובשדה, אף שצריך הוצאות ממון בלקיחת העשבים, אסור ללקוט אותם עשבים בבה"ק).

‹**משמע** דוקא של קבר, אבל מה שגדל שלא על קבר ממש, מותר, וה"נ משמע ממ"ש הרמ"א אח"כ: וכן מותר ליהנות מעשבים שעל הקברות או פירות אילנות, משמע דדוקא שעל הקברות הוא דצריכים להך היתירא, דלצורך קברות שרי, אבל שלא על הקברות בלא"ה שרי, וכייל לה בחדא עם פירות אילנות, דבודאי שלא על הקבר ממש בלא"ה שרי, כמ"ש המחבר ס"ב, והיינו כדעת הסמ"ג הובא בב"י, וכן כתב הריק"ש, ולא ילקט עשבים כשהן על הקברות עצמן, ועיין בד"מ, **ובדיבור** הסמוך כתבתי דהב"ח אוסר בעשבים בכל ענין – רעק"א›.

(**עיין** בתשו' חת"ס שכתב, דה"ה במקום שהחיים יודעים כולם שכך מנהגם, וידעי במיתתם שכך הוא ומוחלים על כבודם, הכל מותר, מאחר שאין כאן איסור הנאה, אלא משום כבוד מתים. **וכתב** עוד דלכאורה הרמ"א כאן אזיל לשיטת המתירים לעיל ר"ס שס"ד תלוש ולבסוף חברו, ‹דאלת"ה העשבים אסורים בהנאה מדינא לכאורה›, **אך** באמת הוא אפילו לדעת יש אוסרים שם, דמ"מ לא נאסרו עשבים הגדילים כו', ‹דהרי לא אתי איסורא אלא מעגלה ערופה, דכתיב ביה כפרה כקדשים, ובקדשי מזבח אין מעילה מן התורה בגידולים – שם›, **ולכך** נוהגים בני ח"ק למכור העשבים לצורך מתים ותכריכיהם, או לצורך רפואות חולים ועניים, ומנהג ישראל תורה ואין להרהר).

וכן מותר ליהנות מהעשבים שעל הקברות או פירות אילנות שעליהם לצורך הקברות, כגון שהמושל עובד כוכבים מרעה בהמות על הקברים, וא"א למחות בידו כי אם בהוצאה מרובה, ואין יד הקהל משגת - ‹הוי כמו: או אין וכו' - ערוה"ש›, **מוכרים דברים אלו כדי להציל הקברות מיד עובדי כוכבים, שזהו כבוד המתים** - ‹וראיה מחזקיה, שקצץ דלתות היכל כו' להציל שאר המקדש - גר"א›, **ואם אין דברים על הקברות למכור לצורך ההוצאה, אם יד הקהל משגת ושבידם למחות בהוצאה מועטת, צריכין למחות, אם אין חשש בדבר שהמושל יתגרה בהם ע"י זה; אבל בלאו הכי אין צריכין למחות** - ‹אפילו כשידם משגת להציל בהוצאה מרובה - ערוה"ש›.

(**עיין** בשו"ת שיבת ציון, במעשה שמושל העיר רצה לעשות דרך רבים בבה"ק של היהודים, והדרך יעבור על הקברים ברצפת אבנים, **ודעת** הרב מהר"ר איסרל ליסא, שאין הקהל צריכין לבזבז הרבה להכביד על אנשי

הקהילה להוציא הוצאות מרובים כדי לפעול להסב ולנטות הדרך מעל בה"ק, וכמ"ש הרמ"א כאן, והוא מתה"ד. **והרב** המחבר נר"ו האריך לסתור דברי התה"ד, וסיום דבריו: אם אין אני כדאי לחלוק על פסק הרב התה"ד, מ"מ הבו דלא לוסיף עלה, דהיינו שאין יד הקהל משגת, וגם שהוא להצלת הקברות מידו, שאם ימנעו מלרעות שם בהמות של מושל יש לחוש שיקח מהם הקברות, **וגם** שם מה שהיה עובד המושל רועה בהמות בבה"ק, אין זה דבר המתקיים, כי למחר יהיה עבד אחר או מושל אחר אשר לא ירעה בהמות שם, **אבל** בנ"ד לעשות דרך על הקברים, שהוא דבר המתקיים לעולם, ואיכא בזיון המתים כל שעה, וגם יש לחוש שברוב הימים יחפרו שם בדרך ויוציאו עצמות המתים והם ישליכום לחוץ, **לכן** צריכים להשתדל בזה ולהוציא הוצאות כדי יכלתם, אף שיכבד העול על הצבור, **ואם** יעלה הוצאות יותר מכדי יכלתם, טוב לפנות אותן קברות למקום המשתמר).

(**וע"ש** עוד שנשאל על כיוצא בזה בבית קברות ישן אשר פסקו לקבור שם מתים יותר ממאה שנים, ואדון העיר רוצה להרחיב בנין ארמונו, והוא צריך לאותו בה"ק להכניסו תוך הבנין, ורוצה לקנותו במחיר כסף או בחליפין על שדה אחרת, וא"א ליהודים לסרב בזה פן יהפך להם לאויב, ובידו להמציא להם צרות רבות, וגם בידו ליקח בחזקה שלא ברצונם, **והשיב** דאם לא היה כאן חשש רק שיקח בחזקה שלא ברצונם, היינו אומרים מוטב שיקח השר בע"כ ולא ימסרו לו ברצון, **אך** כיון שיש לחוש שיהפך לבבו ויכול להסתעף מזה כמה תקלות ליהודים, לכן אם אפשר להם להפוך לבב השר בריצוי כסף שיבטל דעתו שלא להכניס את בה"ק לתוך בנינו, צריכים להתאמץ בזה ואף להוציא הוצאות הרבה, **ואם** א"א, אזי יראו עכ"פ לפנות הקברים עד מקום שידם מגעת, ויקברו עצמות מכל קבר וקבר בפ"ע בביה"ק החדש, ויזהרו שלא יקברו משני מתים בקבר אחד, ע"ש).

סעיף ב - אילנות שנוטעין בבית הקברות, מותר ללקט פירותיהם, מאחר שאינם על הקברות עצמם - כתב הב"ח, מה שנוהגין הגבאים ללקוט הפירות למכרם, והדמים לצדקה, ומקצתם נותנים אותם לעובד כוכבים שומר בה"ק, והעובד כוכבים יעשה לו ג"כ גן בבה"ק, צריך ליזהר שלא יהא אילן נטוע, ולא הגן זרוע, אלא במקום שאין בו ספק קבר. (**דוקא** גן או אילנות מותר שלא ע"ג קבר, אבל עשבים אסור, כ"כ הב"ח שם – רעק"א. (**דגדלין** מעצמן בכל מקום, על הקברים ועל שאין שם קברים, השתא ודאי אם ירעו בהן בהמה או ילקטו העשבים, איכא חששא דכבודן של מתים, מפני הרואים שיאמרו שמרעין בהמה או לוקטין עשבים מעל הקברים עצמן – שם בב"ח).

סעיף ג - קבר חדש, נמדד ונמכר ונחלק; והישן, אינו נמדד ולא נמכר ולא נחלק - (כתב הטור, פי' אין מודדין אותו כמה מתים נקברים במקצתן, שיתנו אותו מדה למתים אחרים כנגדו, ולא נמכר משום פגם משפחה, ולא נחלק בין היורשים, אלא כולם נקברים שורות שורות לעצמם, והכל משום כבודם של מתים, ובה"ק חדש שאין בו אלא א' לא חששו לכבודו – באה"ט).

(**כלומר** קבר חדש שהזמינו לקבר ועדיין לא קברו בו, הזמנה לאו מילתא היא, אבל קבר ישן שכבר הניחו בו מת, אלא שנטלוהו משם לאיזו סיבה, אסור בהנאה, וממילא דלא נמכר ולא נחלק, והמדידה אין איסור, אלא דממילא כן הוא, דהמדידה אינה אלא לצורך חלוקה ומכירה, וזו שאסורה במכירה ובחלוקה, מה לו למדוד, עיין בטור וצ"ע – ערוה"ש).

§ סימן שסט – על איזה טומאה הכהן מוזהר §

סעיף א - הכהן מוזהר שלא ליטמא במת - (ולענין כהנים בזה"ז דבלא"ה כולם טמאי מתים, עיין בהשגת הראב"ד וסמ"ג – רעק"א. (**ומדברי** הרמב"ם מתבאר דגם בזה"ז חייב מלקות, **אבל** הסמ"ג כתב בשם ר"ת, דבזה"ז כולנו טמאים מטומאת מת, ואין לנו אפר פרה להטהר, ואפילו כהן כיון שנטמא לאחד משש מתי מצוה, הרי אין לו טהרה לעולם, ואינו מוסיף ימי טומאה, ולכן אינו לוקה, אבל איסור יש מן התורה – ערוה"ש).

[**אפי'** נפל]. (**ועיין** ברמב"ם רפ"ב מטומאת מת, מפורש שם דאע"פ שלא נתקשרו איבריו בגידין, מטמא באוהל, וכתב המשנה למלך שם, דבציר מארבעים יום אינו נקרא נפל ואינו מטמא, ע"ש. **ועיין** בתשו' נו"ב שנסתפק אם צריך ריקום, וכתב דמ"מ פשיטא לדידן שאין אנו בקיאין בבדיקת השפיר לידע אם הוא מרוקם, כל שמפלת אחר מ' יום מטמא באוהל, וצריך הכהן לפרוש, אם לא שודאי הוא פחות מארבעים יום לשימושה).

סימן שסט – על איזה טומאה הכהן מוזהר

‹ולכן אשה שהפילה אחר מ' יום להריונה, אסור לכהן להיות באותו בית שנפל שם, דקודם מ' יום הוה מים בעלמא, אבל אח"כ הוה ספק נפל, וכ"ש בנפל גמור, ואפילו אשתו של כהן הפילה, דאין הכהן מטמא לקרוביו כשהם נפלים, ולפי"ז כשמת לכהן בן או בת או אח או אחות כשהן פחות מל' יום, צריך הכהן לצאת מן הבית – ערוה"ש›.

‹**וכתב** עוד, דאשה שילדה ולד שיש לו צורת חיה ועוף, אינו מטמא באוהל, **ומ"מ** צריך הכהן לפרוש משפיר שאחר מ' יום, ולא הוי ס"ס, שמא לא נתרקם, ואת"ל נתרקם שמא היה צורת חיה ועוף, **דהוי** ספק חסרון ידיעה, ועוד רוב נשים ולד מעליא ילדן, וצורת חיה ועוף לא שכיח, ע"ש›.

‹**ועיין** בתשובת צמח צדק שנשאל, אזור העשוי מעור האדם, אי שרי לכהן לחגור אותו, **והשיב** דלפי דברי השואל דפשיטא ליה דלישראל ודאי שרי, ולא בא בשאלה אלא אי שרי לכהן, נראה דאסור לכהן לחגור אותו מדרבנן, כמ"ש הרמב"ם פ"ג דטומאת מת, דעור האדם אסור לכהן, ואפילו עבדו אסור מדרבנן, **ולפי"ז** אם צריך לאזור ההוא לרפואה, מותר לחגור בו, **אך** באמת נראה דאפילו לישראל אסור, משום דמת אסור בהנאה, ועור המת כבשרו ואסור מדאורייתא, **וא"כ** אפילו לרפואה אסור, ע"ש›.

‹**ועיין** בשאילת יעב"ץ שהעלה, דמת הנשרף במקרה ע"י דליקה, או כגון הקדושים הנשרפין לפי מנהגיהם, כהן מטמא לאפרו, אף אם יש לו קוברין ישראלים, **אלא** היכא דאיחרך איחרוכי, בזה יש להחמיר שלא במת מצוה, **והיינו** בכולו קיים וחרוך, אבל בנחסר טהור, **ושוב** הביא דברי ספר לחם הפנים, שאסור לכהן לטמא לאפר המת, והשיג עליו, ע"ש›.

ולא לכל טומאות הפורשות ממנו, ולא לגולל – [הוא אבן שנותנין על הקבר לציון], ‹**לענ"ד** נראה דאין זה מצבות שלנו שמעמידים מצד הקבר, אלא הם היו נותנים האבן על הקבר עצמו – ערוה"ש›, **ולא לדופק –** [היינו לפעמים סומכין אבן באבנים קטנים].

ולא לאבר מן החי שאין בו כדי להעלות ארוכה אם היה מחובר – ‹רמב"ם, והטור כתב: ועל אבר מן החי שיש עליו בשר... להעלות ארוכה, **אך** באמת לא פליגי, דהטור מיירי בדברים המטמאים באהל, ובאהל צריך שיהיה בו כדי להעלות ארוכה, והרמב"ם מיירי לטומאת מגע – ערוה"ש›.

‹**עיין** בתשו' נו"ב שכתב, דכהן שנחתך רגליו, ויש עליהם בשר באופן שמטמאים, דפשוט שאסור להכהן להחזיקם אצלו כדי להראות אשר נעשה בו למען יכמרו רחמים עליו, דאף באמ"ה של עצמו מוזהר, ע"ש, **ועיין** בספר הר אבל שכתב, דאם לאו אבר שלם הוא, רשאי ליגע בו, ולא שייך כאן חצי שיעור, כיון דליכא אבר שלם לא חל שם טומאה עליו›.

ולא לאילן המיסך על הארץ וענפיו מובדלים זה מזה, וטומאה תחת אחד מהן ואין ידוע תחת איזה - אף על פי שאין כאן אלא ספק טומאה, הכהן מוזהר עליו, **ומוכח** מכאן דאילן המיסך על המת, דיכול לעמוד תחת ענפיו שאינם מאהילין על המת, דהרי כאן לא אסר לעמוד תחת האילן אלא מטעם דאינו ידוע תחת איזו, פרישה, **או אבנים היוצאים מהגדר וטומאה תחת אחד מהם ואין ידוע תחת איזה, וכן שדה שנחרש בו קבר ואין ידוע מקומו.**

וכל ארץ העמים, אסור לכהן ליטמא בהן - פירוש בזמן שהיה א"י בטהרה, אסור לכהן לילך מארץ ישראל לארץ העמים שהוא חוצה לארץ, שהיו העובדי כוכבים קוברים מתיהם בכל מקום. ‹**ועכשיו** לא נהגו ליזהר, ואולי יש להקל מפני הפרנסה, כי היכי דשרי להציל מיד עובד כוכבים, **א"נ** מפני שכולנו טמאי מתים, הריק"ש – רעק"א›. ‹**עבה"ט** של הרב מהרי"ט ז"ל בשם שבו"י, שגם בזה"ז כו', ועיין בשבו"י, שגדול אחד השיב עליו בזה, והוא ז"ל חזר וכתב להעמיד דבריו, וסיים: הלואי שיהא כל שמעתין ברירין כדבר זה, דדין ארץ העמים נוהג בינינו אף בזה"ז, דלא כדעת אחרונים שנמשכו בזה אחר דברי מהרש"ל, ע"ש›.

‹**עיין** בתשו' חת"ס, בכהן אחד שנכנס לחצר אחת של ישמעאל, ומצא שם מצבת אבן טמונה בקרקע, והפכה על גבה ונמצא כתוב עליה: פ"נ איש הגון ר' זכריה בן ר' ידידיה נפטר בעיו"כ קנ"ט לפ"ק. וזה הוא יותר מתט"ו שנים, והישמעאל בעל החצר אמר שמקובל הוא מאבותיו מעולם, שהיה שם ובסביבות בית הקברות של ישראל. והישמעאל הזה מהימן להאי כהנא, אך אנו מקובלים שהעיר הזאת נתיישבו ישראל שם מאה שנים

לכל היותר, ועתה מה יהיה דין הכהנים או הכהן הזה דמאמין להישמעאל. **והנה** מה שמקובלים היהודים שלא היה שם קהלה קודם מאה שנה, אין מזה הכרח, כי ידוע שהיו קהלות גדולות בגלילות האלה בשנים קדמוניות וגורשו היהודים וחזרו ונתיישבו, **ולכן** צריכין לעיין בהך מילתא בג' ספיקות. א', אם נאמין שהיה שם קברות כלל. ב', אם היה שם אולי כבר פינו עצמות משם. ג', אם לא פינו משם אולי כבר נרקבו והיו כלא היו, דאע"ג דמלא תרווד רקב מטמא, היינו שנקבר בארון של שיש ערום, וזה לא שכיח. **והאריך** בזה בעוצם חריפותו ובקיאותו, ומסיק דמטעם לתלות שכבר נרקבו ליכא להתיר, דאוקי להאי גברא ר' זכריה אחזקת צדקות וכשרות, שלא היה בו קנאה, ואין עצמותיו מרקיבים עד שעה א' קודם תחיית המתים. **וגם** מטעם לתלות שמא פינו העצמות, אף על גב דסברא גדולה הוא שפינו, דממ"נ, אי יצאו ישראל מדעתם מן הארץ ההוא, בודאי לא הניחו הקברות בידיהם כו', ואי גורשו מן הארץ, פשיטא דחטטו שכבי והוציאו לחוץ העצמות טרם זרעו ובנו כו', **מ"מ** אין להתיר, די"ל הא דמצינו דהקילו כדאמר ר"ל בנזיר עילה מצאו כו', היינו משום שהוא ספק טומאה בר"ה, אבל האי עובדא דילן בחצר שהוא רה"י לטומאה, אפשר דלא תלינן להקל שמא פינן. **אך** יש להתיר מחמת ספק הא', דשמא לא היה שם טומאה מעולם, דאוקי קרקע בחזקת טהרה, ובחזקת בתולה שעדיין לא נחפר בה קבר, ואף שהוא חפורה לפנינו בחריצה או בנין, ממ"נ, אי חפרה בעומק, בודאי מצא העצמות ופינן, ואי לא חפרה כ"כ בעומק, תו נימא אוקי מכאן ואילך אחזקתיה, ולא צריך בדיקה כלל כל היכא דאיכא חזקה וליכא חזקה אחרת מנגדתה, כהסכמת מג"א סי' תל"ז סק"ד, **ואין** לומר דאיכא כאן חזקה מנגדתה, דהמצבה כאן נמצאת וכאן היתה מעולם, ושם מקום קבורה, **ז"א**, דאדרבה נימא פה היה מקום דירת איש מסתת אבנים וחוצב, או שזה היא חצר בה"ק, והועמד שם האבן ולא הספיקו להעמידו, והכל בחזקת טהרה, **ומה** שחוץ לחצר הוא ספק ברה"ר וספיקו טהור, ומזה הטעם אין צורך לטפל אם דברי הישמעאל בזה יש ממש, אף על גב שפשוט שדבריו כלא היה, אך אפילו היה ישראל האומר כן, הלא לא יאמר דבר ברור שבזה המקום ממש היה קבר, אלא שהיה המקום הזה קברות, ויש במשמעות זה שהיה חצר בה"ק, **ועוד** דאין עד א' נאמן להוציא דבר מחזקת טהרתו, וגם יש לצרף הספיקות הנ"ל, שמא פינן ושמא נרקבו, אף על פי שכבר נדחו, מ"מ חזי לאצטרופי, ושרי לכהנים בלי פקפוק לכנוס בחצר ההוא, **ומ"מ** אם יכול בנקל לומר להישמעאל לחפור בעומק אולי ימצא שם עצמות, מה טוב, **וגם** אם ירצה הכהן להחמיר שלא לפסוע על מקום האבן וד' אמות בסמוך לו מכל צד, תע"ב, ע"ש).

הגה: יש אומרים דכהנים אסורים ליטמא לחרב שנטמא במת - דחרב הרי הוא כחלל, וה"ה לכל מיני מתכות, (והוא דעת ר"ת, דלא אמרינן כלים הנוגעים במת שיהיו כמוהו אלא דוקא בכלי מתכות, וכן דעת רש"י וראב"ד, **אבל** הרי"מ ור"י ורמב"ם ורמב"ן וש"פ חולקין ע"ז, ודעתם שה"ה בכל הכלים ובגדים, לבד מכלי חרס שאינם נעשים אב הטומאה לעולם – גר"א), **ויש מקילין** - (דאע"ג דחומר טומאתו כטומאת מת להיות אבי אבות הטומאה, מ"מ אינו בכלל לנפש לא יטמא הנאמר בכהנים – לבוש), (דאין הנזיר מגלח על זה, וממילא דאין הכהן מוזהר בה – ערוה"ש).

וכן נהגו להקל ואין נזהרין מזה.

§ סימן שע – מי הוא החשוב כמת אף על פי שעודנו חי §

סעיף א - מי שנשברה מפרקתו ורוב בשר עמה - ומשמע בש"ס דחולין, דבזקן אפילו בלא רוב בשר מטמא באהל, וכ"כ מהרש"ל, **ומשמעותו** התם, דאם נעשה גיסטרא, שנחתך לרחבו בצואר כולה, או בשדרה עד חללה, או שנחלק לשנים, מטמא באוהל, **וכן מי שנקרע מגבו כדג** - אבל מלפניו לא, **אפילו עדיין הוא חי, חשיב כמת, ומטמא. אבל גוסס** - (בין גוסס בידי אדם ובין בידי שמים – ערוה"ש), **ומי שנשחטו בו ב' סימנים או פצוע פצעים הרבה, אינם מטמאין, עד שתצא נפשם** - (דכתיב: במותם, עד שימותו – לבוש). (**ויש** להסתפק כשנתלה בצוארו ועודנו חי, אם נחשב כמת, **ונראה** דלא נחשב כמת, שהרי אם יתירוהו אפשר להשיבו לתחיה – ערוה"ש).

ומ"מ אסור ליכנס לבית שיש בו גוסס - פי' אף על פי שטומאה אין כאן, חילול יש כאן, (משום

דכתיב: להחלו, ופירושו עד שעה שיחלה וימות בה, דהיינו גוסס - לבוש, **(ויש מתירין)** - ‹דלא משמע להו להחלו לרבות גוסס - לבוש›.

(וטוב להחמיר) - והב"ח כתב דמדינא צריך ליזהר,

ואין כאן מקום לפסוק לקולא, ע"ש, ‹ובזמנינו נזהרים הכהנים מזה ויוצאים מבית הגוסס, ויישר כחם שמקדשים את הכהונה - ערוה"ש›, **מיהו** נראה דא"צ להקיצו ולהגיד לו כשיש גוסס, כמו שצריכין להקיצו כשיש מת, כדלקמן סי' שע"ב, **וכן** אם הגידו לו והוא ערום, מותר להמתין עד שילבש עצמו ואח"כ יצא, **וקרוב** הדבר לומר, שא"צ לצאת כלל מבית שיש בו גוסס, דהכי משמע לישנא: דאסור ליכנס לבית כו', משמע דוקא ליכנס אסור, **אלא** שנכון להחמיר ולצאת, כי מדברי המרדכי ושאר פוסקים משמע דאין חילוק.

(**ועיין** בתשו' בית יעקב שכתב, דלדעת הב"ח דמדינא

צריך ליזהר, ואם הטעם משום טומאה, יש לאסור לכהן שהוא רופא מומחה לטמא לגוסס ליכנס לביתו לעשות לו רפואה, ע"ש טעמו, **ועיין** בנ"צ דחיתי דבריו, והעליתי דלכו"ע מותר הרופא כהן ליכנס לביתו של גוסס לעשות לו איזה רפואה, אף אם יש רופא אחר שאינו כהן, ע"ש, **שוב** נדפס תשובת חתם סופר, וראיתי שכתב ג"כ דפשוט יותר מביעא בכותחא, דאפי' להפוסקים דכהן אסור ליכנס לבית הגוסס מעיקר הדין, מ"מ משום ספק פיקוח נפש שרי, ויכנים ויעסוק ברפואתו אם אנו רואים שצריך לרופא, ‹ואם ימות יברח משם - ערוה"ש›, **וגדולה** מזו, דאפילו אחר שהחלטנוהו מת, אם אירע שהרגישו בו שום נדנוד ורפרוף, ימהר הכהן ויחוש ויכנוס משום ס"ס דפיקוח נפש, **אמנם** בענין אם יש רופא אחר שאינו כהן, מפקפק שם, משום דליכא מאן דס"ל כל התורה הותרה אצל פיקוח נפש, ורק דחויה היא, עיין ברא"ש פ' יה"ב סי' י"ד. **ולא** ידענא מדוע לא הזכיר מהא דסימן רכ"א ס"ד, דמבואר שם דזה לא תלי כלל אם הותרה ואם דחויה, משום דלא מכל אדם כו'. **וע"ש** עוד בנידון עיר א' שהרופא כהן, ומנימוסי המדינה שאין המתים נקברים עד אחר שבדקו הרופא ומעיד עליו שנתייאש, אם מותר לכהן הזה לכנוס ולבדוק. **ועלה** ע"ד רב אחד, שמו פלאי, להתיר לו אפילו ליגע, **והוא** ז"ל שפך סוללה והאריך בביטול של דבר, שחלילה וחלילה להרהר בזה ואין שום היתר כלל, **ובסוף** כתב שאח"כ התבונן, דהרופא הזה לא ביקש ולא שאל, והוא מהמון הפריצים, והשאלה הוא מכשירי יראי ה', אי מותר להם לקרוא לו, או אסור משום לפני עור, ומשום מסייע ידי עוברי עבירה, **ואם** כך הוא, נ"ל אם אפשר להם להשתדל לסלקו מכל וכל, מה טוב, ואם א"א, א"כ הרי המתים מוטלים בבזיון בלי קבורה, והו"ל מת מצוה שאין לו קוברים שכהן מטמא לו, **ונהי** שאין זה היתר והתנצלות להכהן, מ"מ כיון שהוא אינו שומע לקול מורים, ואין בידינו לסלקו, א"כ לדידן הו"ל מת מצוה ומותר, וזה היתר ברור, ע"ש באורך).

§ סימן שעא - דין אהל היאך מביא הטומאה §

סעיף א - אסור לכהן ליכנס תחת אהל שהמת תחתיו - כתב הרוקח, אשת כהן שמעוברת מותרת ליכנס באהל המת, דס"ס הוא, שמא נפל הוא, או שמא נקבה הוא. (**ועיין** במג"א באו"ח סי' שמ"ג ס"ב שהקשה עליו, דהרי בלא"ה מותר דטהרה בלועה אינה מיטמא, והניח בצ"ע, ע"ש, **ועיין** בתשובת רדב"ז שהקשה ג"כ הכי על הרוקח, ומתרץ דהרוקח מיירי באשה שקרבו ימיה ללדת, ויש לחוש שמא יוציא הולד ראשו, ונמצא שהוא כילוד ואינה טהרה בלועה, ומש"ה כתב דאפ"ה לא חיישינן דאבתי איכא ס"ס).

אפילו הוא גדול הרבה, ואפילו לבית אחר או לעליה אחרת הפתוחים לאותו בית בנקב שיש בו טפח על טפח - (וכתב הרמב"ם, בד"א בעשוי לתשמיש, אבל נקב העשוי לאורה, כגון שפתוח לאויר, שיעורו כפונדיון). **ובית לאותו בית, עד עולם.**

ואם סתם הנקב, מותר לו ליכנס לבית אחר, שהסתימה חוצצת, אפילו לא בטלו להיות שם עולמית - (עיין בתפל"מ, דדוקא אם סתם בכלים שאינם מקבלים טומאה דינא הכי, אבל באוכלים, אף שסתם כל הנקב, בעינן שיבטל להיות שם עולמית).

והני מילי, שסתם כל הנקב; אבל אם לא סתם כל הנקב, אלא מיעטו מטפח, אם נתנו

להיות שם עולמית, ממעט וחוצץ בפני הטומאה שלא תעבור; ואם לאו, אינו ממעט.

ובמשנה פ"ח דאהלות איתא, דסריגות שבחלונות חוצצין, פירוש שאם היה חלון בין ב' בתים והטומאה בבית א', והיו עצים דקים או טסי ברזל בחלונות בסירוג בקלוע, אף על פי שיש ביניהם אויר, כיון שאין שם פותח טפח אף באחד מהנקבים, הרי זה חוצץ, ולא יצטרפו נקבי הסריגות לפותח טפח, וכ"פ הרמב"ם וכ"כ הסמ"ג וכן כתב הב"ח.

הגה: וכל דבר המקבל טומאה אינו חוצץ בפני הטומאה – [זה קאי גם ארישא, דסותם כל הנקב דמועיל אפילו אין מבטלו שם, מ"מ בעינן שלא יהא דבר המקבל טומאה, אלא צריך לסתמו בעץ או באבן דבר שאינו כלי].

עיין ברמב"ם בהלכות כלים מהו הן הדברים המקבלים טומאה או לאו. (**עיין** במשנה למלך לענין דבר המקבל טומאה מדרבנן, אי חוצץ או לא).

ולא מיקרי סתימה בחלון, אא"כ יכול לעמוד בלא סמיכה – [בפרק לא יחפור כתבו התוס' טעם לזה, דכל שצריך סמיכה, מקרי סתימת עראי, **ועוד** טעם אחר, שהסמיכה לא תהיה על ידי דבר שהוא מקבל טומאה, אף על פי שהדבר עצמו שסותם הוא אינו מקבל טומאה, מכל מקום כיון שהדבר שסומכו מקבל טומאה, הוה כאלו הוא עצמו מקבל טומאה, וכ"פ הר"ש והרמב"ם. **ופשוט** הוא לדברי הכל, כל שמושיב באותו חלון עצים ואבנים כל כך הרבה עד שכותלי החלון מחזיקים אותם, זה ודאי מהני וחוצץ, דאין זה בכלל סמיכה כלל, כנ"ל פשוט].

[**ומעשה** שהיה בטומאה שהיתה בבית סמוך לבית הכנסת, באופן שהיתה נכנסת דרך חלון ביהכ"נ של נשים, וצוה מורה אחד לסתום החלון באותו פרוכת קטן שתלוי שם בקרסי הברזל תמיד, שהוא לצניעות שתולין אותו שם הנשים בשעה שאינן צריכין לראות ביהכ"נ של אנשים, **ואמרתי** שטעה המורה, דבהדיא אמרינן במתניתין דפרק ח' דאהלות, דסדין ומחצלת העשוין כאהלים חוצץ בפני הטומאה, אבל אם אין עשוים כאהלים אין חוצץ, וכתב שם הר"ש, כל שהוא עשוי כאהל חוצץ אף על גב דמקבל טומאה, ואם אין עשוי כאהל אינו חוצץ, וביאר ברמב"ם פרק י"ג דטומאת מת, שאין עשוי כאהל אלא מתוח בלבד, ואין להם שיפוע אהלים, ואין שם כתלים, עכ"ל, וה"ה כאן, שאין כאן אלא סתימה על החלון, ולא כותל ולא אהל, **ותו** דאותו הפרוכת תלוי בטבעות של ברזל, נמצא דהברזל עושה הקיום, ובהדיא כ' רמב"ם פרק י"ח דטומאת מת, אם הגיף א' את הדלת וסמכו במפתח כדי שלא יטמא את הבית, וכן אם היה אדם מבפנים או בחוץ סומך את הדלת, אם יכול הדלת לעמוד בפני עצמו, הבית טהור, ואם לאו הבית טמא, לפי שהאדם והכלים הוא שחוצץ בפני הטומאה, והאדם והכלים מביאין את הטומאה ואינם חוצצין, עכ"ל, וכן כתבו התוס' בפרק לא יחפור, לענין אם סגר הדלת במפתח, דבעינן דבר החוצץ עומד על ידי דבר שאינו מקבל טומאה, ולשונם אזכיר בסמוך, ה"ה נמי כאן, שהטבעות של ברזל מעמידין את הפרוכת, והם כלים, **ואין** לומר ממ"ש במשנה דכלים דף כ"א, דטבעות כלים טהורות, **דהא** איתא בפרק במה בהמה דף נ"ב ברש"י, וז"ל, ומיהו עם הרצועה מקבלת טומאה, אלא שאין מקבלת טומאה לעצמה, עכ"ל, **ממילא** כאן שהטבעות עם אותו פרוכת, הוה ודאי שם כלי עליהם, והוה כמפתח, ותו נראה, דאפי' אם אינו מקבל טומאה, מ"מ אינו חוצץ... דבתוס' פרק לא יחפור כתוב טעם, למה אמרינן דאם ינטלו אינם יכולים לעמוד דאינו חוצץ, וז"ל, והיינו טעמא, דסתימת עראי היא, כיון שאינו יכול לעמוד בפני עצמו, **אי** נמי משום דבעינן דבר החוצץ עומד על ידי דבר שאינו מקבל טומאה, **ומיהו** בפי' משניות מצא ר"י דמפרש, דאפי' במפתח שאינו מקבל טומאה איירי, ומטעמא דלא חשיב אהל לחוץ בפני הטומאה כיון שעומד ע"י כלי, אף על גב דאינו מקבל טומאה, עכ"ל... תחלה תירצו דמפתח לאו דוקא, אלא כל דבר שבעולם אם בא לסמוך בו דבר החוצץ, אינו חוצץ, ולא תליא מילתא במקבל טומאה, אלא סתימה מעלייתא בלא שום סמיכה בעינן, **ואח"כ** כתבו דדוקא מפתח נקט, שהוא מקבל טומאה... ומיירי ממפתח דעלמא שלא נעשה לקרקע, והוא מקבל טומאה, **ואח"כ** כתבו שבפי' המשניות ס"ל, דודאי מפתח דוקא נקט דאינו חוצץ, כיון שהוא על כל פנים כלי, מה שאין כן במידי דאינו כלי לגמרי, ולא תליא מילתא בטומאה... הנה לפנינו דמפתח שנועלין בו הדלת פשיטא דאינו חוצץ, ואפי' אינו מקבל טומאה, **אלא אפי'**

שאר דבר שאינו כלי לגמרי, אין יכול לסמוך בו הדלת לתירוצא קמא, ובמרדכי פרק לא יחפור כתב כתירוצא קמא, דצריך שיהיה עומד שם בחלון בלא סמיכת דבר אחר, וכ"כ רמ"א בסי' זה בסמוך. **ממילא** נשמע מזה, דלא מועיל חציצת דלת או חלון כל שאינה יכולה לעמוד בלא צירים של ברזל או שאר דבר של ברזל, אף על פי שהם לצורך קרקע, וזה מועיל שלא יקבלו טומאה, מ"מ אינם חוצצים כמו שזכרנו, **ולפי"ז** הא דאמרינן בס"ד, דמהני נעילת מפתחים לחצוץ, היינו אם הם בענין שיכולים לעמוד בלא שום סמיכה, ולא בישׁ לה צירים של ברזל, דאל"כ אינם חוצצין, דהוה כמפתח של משנה דאהלות, **ועיין** מה שאכתוב לקמן, שלא לסמוך להקל כדברי הדרישה לנעול הבית כדי לחוץ, ועל כן בודאי אינו חוצץ].

(**ועיין** בתשו' אא"ז פנים מאירות שהשיג עליו, גם על הדרישה שהביא הט"ז בסק"ו).

רוצה להוכיח דלא מועיל חציצת דלת או חלון, כל שאינה יכולה לעמוד בלא צירים של ברזל או שאר דבר של ברזל, אע"פ שהם לצורך הקרקע וכו', **ולפענ"ד** זה אינו, דא"כ הא דאיתא במשנה ופוסקים בכמה דוכתי בסתמא, דדלתות וחלונות חוצצין, הו"ל לפרושי דהיינו דדוקא בשיכולין לעמוד לבדן בלא ציר ומפתח הקבוע בהן, **ועוד** אמאי קתני דוקא במתני' דפ"ו דאהלות בקוברי המת כו' שסמכו במפתח, אם יכול הדלת לעמוד בפני עצמו כו', ולא קתני הכי בשום מקום אחר דקתני שהדלת חוצץ, דהיינו דוקא שיוכל לעמוד בלא מפתח שבו, **גם** מה שהבין בדברי הרמב"ם נ"ל דליתא, לפי שאין לשון הרמב"ם כמו שהעתיק הוא, שהוא העתיק לפי הבנתו, **ובאמת** לשון הרמב"ם שם כך הוא: ואם לאו הבית טמא, לפי שנמצא האדם הוא שחצץ בפני הטומאה, והאדם והכלים מביאם ואינם חוצצים, כמו שביארנו, עכ"ל, **הרי** שלא כתב אלא לפי שהאדם הוא שחצץ, ולא הזכיר כלי, לכך נ"ל דכוונת הרמב"ם לומר, דהאדם זה עשה החציצה, היינו שסמכו במפתח, ואי לאו שסמכו במפתח לא היה הדלת יכולה לעמוד בפני עצמה, א"כ האדם הוא שחצץ, והאדם אינו חוצץ, אבל מהמפתח לא מיירי הרמב"ם, דהמפתח לאו כלי הוא הוא כיון שמחובר לדלת, **ומה** שמסיים הרמב"ם: והאדם והכלים מביאים ואינם חוצצים, סירכא דלישנא, דכתב לעיל בפי"ג ה"ד, ואלו מביאים ולא חוצצים האדם והכלים, נקט, והיינו דנקט: כמו שביארנו, זה נ"ל ברור בדעת הרמב"ם, **וגם** נראה דהתוס' והמרדכי מודים בזה לדינא, אלא שהם מפרשים המשנה בענין אחר, שהם מפרשים המשנה אם יכול הדלת לעמוד בפני עצמה, היינו בלא המפתח, ומטעם שכתבו, דאל"כ הוי ליה סתימת עראי, **ומטעם** זה נ"ל פשוט, דהתוס' והמרדכי מיירי במפתח שאינו מחובר בדלת, רק שעכשיו סוגרו שם לפי שעה, ולכך הוי סתימת עראי, **ומשכחת** לה דאינו מקבל טומאה אע"פ שאינו מחובר, כגון שמחוסר תיקון, דהיינו שעתיד לשוף או לגרר או לשבץ או לכרכם או להקיש בקורנס, וכדאיתא בספ"ק דחולין וברמב"ם רפ"ח דכלים, **אבל** במפתח המחובר לדלת שהוא עשוי לסגור הדלת, ודאי דלא שייך לומר דהוי סתימת עראי, דהרי עשוי הוא לכך ומחובר שם תמיד, והרי הדלת והמנעול שמחובר בדלת, להכי אינו מקבל טומאה, מטעם שנעשו לקרקע, א"כ כיון דחשיבי כקרקע הרי חשיבי כגוף הדלת עצמה, וא"כ גם בצירים שבדלת וחלונות שנעשו לחברן בדלת ומחוברין בהן וחשיבי כקרקע, לא שייך לומר דהוי סתימת עראי, **ומ"מ** דעת המרדכי והאגודה, דאפי' לא הוי כלי כלל לא הוי חציצה, דבעינן שיעמוד דוקא מעצמו, וכשנויא קמא דתוס', וכן דעת הרב רמ"א, וכ"כ הב"ח, וכל זה ברור ודו"ק - נקה"כ.

[**ומטעם** זה יראה דאם יש סתימה בחלון של ברזל שהוא עשוי כמו סבכה שקורין בלשון אשכנז גיגאטי"ר, והוא של ברזל, אינו מועיל, כיון שהוא מקבל טומאה, ואינו עשוי כעין אהל, {**פי'** שהחלון ההוא בין עלייה לבית, אבל אם הוא באורך הכותל, הוי אהל וחוצץ אפי' אם מקבל טומאה – הגהות הט"ז}, **ועיין** מה שכתבתי מזה בסעיף ד', שעל פי זה אין להתיר לכהן להיות בבית ולסתום הפתח והחלון].

צ"ל דמיירי שהגאטי"ר אינו מחובר בכותל, דאל"כ אינו מקבל טומאה, **ואפשר** ס"ל דדוקא הנך דקחשיב במתניתין אין מקבלין טומאה כשנעשו לקרקע, אבל לא שאר דברים, **אבל** אין נראה כן, דכל שנעשה לקבעו בקרקע אינו מקבל טומאה וחוצץ, ודו"ק - נקה"כ.

סעיף ב - ארובה שבין בית לעליה ואין בה פותח טפח, וכזית מהמת למטה בבית כנגד הארובה, הבית טהור והעליה

טמאה - דטומאה בוקעת ועולה, כיון שהיא מונחת תחת הארובה, [והוה כאלו אין שם אהל עליה], ואף על פי שאין בארובה פותח טפח, ‹כיון שהטומאה תחתיו ממש – לבוש›, **ואין** הטומאה מתפשטת לצדדי הבית, הואיל שיש מקום לטומאה לעלות לארובה שכנגדה, **ואינה** חוזרת ויורדת לבית, כיון שאין בארובה טפח, **שאם** היה בארובה טפח, הוה חשבינן בית ועליה כמו חדר א'.

[**ואין להקשות, יהיה פתח הבית ההוא טמא, משום שסוף הטומאה לצאת דרך אותה פתח, כמו דאמרינן אחר כך בסי' זה, דכאן שאין שם רק כזית מן המת, ועליו אין אהל, הוה כמונח ברשות הרבים, ואינו מטמא כלל בבית, כנ"ל פשוט, ובחנם האריך על זה בדרישה. ומזה למדנו, שאם יש מת בבית בחדר *שאין עליו אהל, אין לכהן להיות בכל הבית, הן מטעם שהטומאה חוזרת ויורדת, הן מטעם שסוף הטומאה לצאת דרך הפתח, דלא הקיל הרא"ש כאן אלא אם אין פתח רק פחות מטפח**].

***אם** כוונתו שאין עליו אהל כלל, לענ"ד אין דבריו נכונים, אלא ע"כ צ"ל שכוונתו שאין עליו אהל, ר"ל על הבית, אבל על העלייה יש אהל, **מ"מ** מש"כ מטעם שסוף הטומאה לצאת, אינו מדוקדק, שמשמע שכל אחד טעם שפני עצמו, **וזה** אינו, כי אם לא היתה הטומאה חוזרת, לא היה שייך לומר סוף הטומאה לצאת, ודוק – עבודת הגרשוני›.

סעיף ג - שני חדרים פתוחים לבית - היינו כששני החדרים כל א' מהם פתחו פתוח לבית בפני עצמו, ושניהם הם לפנים מן הבית, **ובכל אחת חצי זית מהמת, ודלתותיהם נעולים, הבית טמא** - דסוף הטומאה לצאת, ורואה אני כאלו שני החצאי זיתים מונחים בבית, **והם טהורים** - [**הואיל ואין בכל אחד אלא חצי זית שהוא חצי שיעור**, ואין הטומאה נכנסת בחדרים כיון שדלתותיהם נעולות, **ואם נפתחו, גם הם טמאים** - דחוזרה הטומאה מן הבית לחדרים.

סעיף ד - חצר - כלומר בתי החצר **המוקפת זיזין ואכסדראות** - המה סביב לצד החצר, ולא לצד הב' דהיינו אחורי החצר, לכל בית יש ב' פתחים, וכן חלונות, א' פתוח לצד השני לאחורי החצר אשר אין שם זיזין, ‹וה"פ, דחצר זה מוקף זיזין לצד אחד, כמו להרחוב, ובצד השני ליכא זיזין, ויש בכל בית פתח לצד הזיזין ופתח לצד השני – ערוה"ש›, **וטומאה באחד מהבתים, אם כל פתחי הבתים והחלונות נעולים** - אם כל פתחי הבית והחלונות נעולים כו'. כצ"ל, **ור"ל** כשכל דלתות הבית שהטומאה בתוכו נעולות מכל צד, בין אותו צד הפתוח לחצר בין אותו צד שאחורי החצר, אז **טומאה יוצאת לתחת הזיזין והאכסדראות**, **(והטעם, משום דהואיל וסוף הטומאה לצאת דרך שם, רואין כאילו יצאה)** - וכל מה שתחתיהן טמא, דכיון דאין מקום לטומאה לצאת אלא דרך שם, חזינן לטומאה כאלו כבר הוא שם, דגזרו חכמים על כל המקומות שסוף הטומאה לצאת כאחד ואין ידוע דרך איזה יצא, ‹**והוא** הלכה למשה מסיני – לבוש›, **אבל** לא נ"מ מידי במה ששאר פתחי הבתים פתוחים או נעולים, דמ"מ הטומאה יוצאת לתחת הזיזין והאכסדראות, **אי** נמי אשמועינן דאם היו שאר פתחי הבתים פתוחים, אז היו ג"כ הבתים הפתוחים טמאים, וכל מה שבתוכה היה טמא, כי הטומאה יוצאת לתחת הזיזין כיון שסוף הטומאה לצאת, ואח"כ יוצאת מתחת הזיזין ונכנסת לבתים הפתוחים.

(ולכן יש מחמירין לכהנים לילך דרך שער העיר שסוף המת לצאת משם).

(ויש מתירין) – [**טעם לזה, דלא אמרינן סוף הטומאה לצאת טמא, אלא באותו פתח שמוציאין תחילה מתוך האהל, ולא מתוך האויר, הואיל ובאותה יציאה נטהר האוהל, ע"כ אותו פתח יטמא, ולא מכאן ואילך**], **(והמקיל לא הפסיד במקום שלא נהגו להחמיר).**

‹**עיין** בדגול מרבבה שהכריע להקל כיש מתירין אלו. **ועיין** בתשו' מהרי"ט שכתב, דודאי אילו היה טעם המחמירין משום סוף טומאה לצאת, היה העיקר כדעת יש מתירין, והיה ראוי לבטל המנהג, **אך** באמת הטעם הוא, שמא יביאוהו בפתע פתאום ויאהיל עליהם, ואף שלא מצינו שחשו חכמים בדבר, מ"מ נכון ליזהר במצות כו', **וכתב** דמש"ה הורה אביו הרב המבי"ט ז"ל, במעשה שמת אחד היה בבתים שסביבות השכונה באויר החצר, ומופלגין מפתח החצר ומבתים שסביבות החצר, והורה לכהן א' שהיה חוץ לחצר, שיכנס ביום השבת לביתו ולא יחוש

לחומרא של המנהג, מאחר שלא נהגו אלא מפני החשש שמא יבא עליהם המת, בטוחים הם בשבת שלא יבא).

אמנם אין להחמיר בבית של צדוק הדין, דאדרבה אותו הפתח בא לטמא את האהל, ‹ואמרי' דאין דנין ק"ו מהלכה›, פסקי מהרא"י, ‹**ואע"ג** דרש"י פ"ק דביצה פי' דגזירה דרבנן היא על הפתחים, פ' בתרא פי' להדיא דהלכה מסיני היא, ובפי' משניות פ"ג דאוהלות כתב נמי דגזירה דרבנן היא, **ומ"מ** נראה דמכ"ש יש לחלק דלא גזרו חכמים אלא בפתח הראשון שבו מוציאין המת לאויר העולם – לקט יושר תלמיד של מהרא"י›. **וכתב** בספר מע"מ, שטעם זה יספיק בבית צדוק הדין שאין בו אלא פתח אחד שבו מכנסין ומוציאין את המת, **אבל** אם יש בו ב' פתחים, שבפתח האחד מכניסן ובפתח אחד מוציאין, כמו שיש בבית צדוק הדין שבק"ק פראג, יש להחמיר שאין לכהנים ליכנס באותו הפתח שמוציאין ממנו המת.

ואם נפתח חלון או פתח - שיש בו ד' על ד', **מצד האחר** - שאחורי החצר, **ואותם של צד החצר כולם נעולים** – [צ"ל ואותו של צד החצר נעול], **לחנם** הגיה, דקאי אבית שהטומאה בתוכו, דאותם הפתחים של צד החצר של אותו הבית כולם נעולים, לאפוקי נפתח ג"כ אחד מהן, וכדקתני בתר הכי: ואם נפתח ג"כ אחד מהן וכו' - נקה"כ, **אין הטומאה יוצאת לתחת הזיזין** - שבאותו הפתח ‹שלצד אחורי החצר› יצא, שהרי לצד החצר הוא נעול. **ואם נפתח גם כן אחד מהן לצד הזיזין, הטומאה יוצאת מהבית לתחת הזיזין. וכן אם טומאה תחת הזיזין, נכנסת מתחתיהן לבית** - היינו כשהבית פתוח.

‹כלל, דכשאין הוכחה, אמרינן מסתמא יוציאו המת דרך הפתח שלצד הזיזין, ששם הוא עיקר היציאה, ורק כשיש הוכחה שיוציאוהו מצד השני, אז טהור תחת הזיזין – ערוה"ש›.

לכן גגים הבולטים - "וכן גגין הבולטין" כצ"ל, **למעלה לחוץ על פתחי הבתים, וטומאה באחד מהבתים, כל הבתים שפתחיהם פתוחים, טמאים** – [הטעם, שכיון שיש גגין על הפתח של הבתים כולם, ובאחד מהן יש שם מת, הטומאה הולכת דרך פתח ביתו תחת הגגין, ונכנסת לבתים אחרים שהם פתוחים תחת הגג שלהם].

אבל אם הן סתומים, טהורים, **ולפ"ז** אף כשהטומאה באה באיזה בית, אם דעת הכהנים לסגור פתח בתיהן וחלונותיהן ולא לצאת מהן עד אחר הוצאת המת, אין צריכין לצאת מבתיהן, וכ"כ בדרישה, **ולפ"ז** כהן שהוא בבית או בחדר שהטומאה נוגעת אליו, והוא נעול בדלת וחלונות, ונודע לו שהגיע הטומאה אליו, אסור לצאת מן החדר עד אחר הוצאת המת, שהרי כל זמן שלא נפתח החדר לא נכנסת הטומאה לתוכו, וכשיפתח תכנס הטומאה לתוכו.

[**וכתוב** בדרישה, אף אם הטומאה באה מפתח בית הטמא לתחת גגו, ומשם מגג לגג של בית אחר, מ"מ אם דעת הכהנים לסגור פתח בתיהן וחלונותיהן ולא לצאת משם עד אחר הוצאת המת, אין צריכין לצאת מבתיהן, **וגדולה** מזאת עשיתי, במת עמי ביום השבת, וצויתי להוציאו ולהניחו במרתף שתחת הבית, ופתח המרתף לצד חוץ, ולא היה גג על גבי פתח המרתף, והכהנים נשארו בבית, **אלא** שיש להקשות אהנחת מת במרתף ודלת המרתף סגורה בפתח המרתף, הא בעינן שיהיה ביציאת הקבר פותח טפח, וכמ"ש בסימן שע"ב, דהאידנא דכולו סתום, אפילו יש בו אויר טפח, כל שכנגדו טמא, וה"נ אף שבמרתף הוא חלל גדול סביב המת, מכל מקום ליכא ביציאת הפתח דהמרתף פותח טפח כל זמן שהוא סגור, והכהנים בבית ע"ג המרתף, ‹בת' עבודת הגרשוני כ', דכל שלא פרץ פצימיו אין הטומאה בוקעת ועולה – רעק"א›, **מיהו** אם בהדלת הפתח שבמרתף עשוים חורין חורין, כמו שקורין בל"א גיגאטי"ר, אף שאין בחור א' טפח, מ"מ כיון שיש בהצטרפות החורין יחד פתוח כמה טפחים, יש צד להקל, שהוא בכלל יציאתה פותח טפח, עכ"ל. **ותמהני** על פה קדוש יאמר כן נגד המשניות ערוכות הבאתים בתחלת סימן זה, שאין נקבי הגיגאטי"ר מצטרפות לטפח. **ובפירוש** אמרו במשנה פרק י"ב דאהלות, שאין הטומאה יוצאת מהבית כשאין שם נקב טפח במקום א', וא"כ נשארה הטומאה בבית, והוה כקבר סתום ומטמא עד לרקיע, והיאך כתב לקולא מחמת הצטרפות הנקבים להוציא הטומאה, כיון שהמרתף סגור מכל צד, **אע"ג** דאין הדלת מקרי חציצה, כמו שאכתוב בסמוך, מ"מ המרתף סתום, **ע"כ** אין לסמוך על היתר זה דהצטרפות הנקבים כלל].

[זה כתבתי לפי סברתו, **שהוא סובר דאם הוא סגור דהוי כקבר סתום**, ‹משמע דהט"ז לא ס"ל כן, אלא כיון דלא פרץ את פצימיו, אין לו דין קבר סתום, וכמש"כ לעיל מרעק"א›, **וחשיב כאן פתוח ולא סתום, וע"ז הקשיתי דאין כאן הצטרפות, אבל בלא"ה יש לתמוה, דמבואר דבבית שסגרו בדלת ולא פרץ את פצימיו, אין מטמא כל סביביו, אבל כנגד הפתח מטמא, ובפרץ פצימיו מטמא כל סביביו, וה"ה על גביו, וא"כ כאן נהי שתחשבו כפתוח, מ"מ מטמא ע"ג המרתף כשיעור שיש מלמטה תוך המרתף, ממקום הנחת המת עד חוץ לפתח, והאיך הלכו הכהנים ע"ג כל המרתף, ותמיהני האיך יצא מכשול כזה מתחת ידי הצדיק בעל הדרישה שלא הרגיש – הגהות הט"ז]**. ‹**נראה** דהט"ז ס"ל, דדין זה של לא פרץ את פצימיו, דמטמא למעלה כנגדו עד חוץ לפתח, הוי הדין כן אף כשיש פותח פתח בהדלת›.

[**גם מה שכתב להתיר לכהנים לסגור פתחיהם וחלון, זהו דבר הנמנע, דהא סגירת הפתח ע"י מפתח הוא, ואינו חוצץ, כדאיתא לעיל ר"ס זה סעיף א', הבאתיו בשם רמב"ם]**. **נמשך** לשיטתו דלעיל ריש הסי', וכבר כתבתי לעיל דליתא, ואדרבה מן הרמב"ם משמע דחוצץ, **גם** י"ל דהדרישה מיירי היכי דהדלת יכולה לעמוד בלא סמיכה, כמו שעשוי ברוב בתים - נקה"כ. [**ותו דהא הדלת תלויה ע"י צירים של ברזל, ודבר כזה אינו חוצץ, כמו שכתבתי לעיל בראיה ברורה]**. **לא** ידעתי מאי "ותו", הא היינו הך, ובאמת כ"ז אינו וכמ"ש לעיל - נקה"כ. [**ומעולם לא שמענו לנהוג בהיתר זה לכהנים, וכמה הקילו רבותינו להיות חס על הכהן שלא להגיד לו עד שילביש עצמו, ולא נהגו בהיתר זה, אלא ודאי דליתיה, כן נלע"ד ברור]**.

גם מ"ש ומעולם לא שמענו כו', לאו מילתא היא, היינו משום שדבר נמנע שיהא סגור בחדר כמו יושב בבית האסורים ולא יכנס ויצא, וגם לא יכנסו ויצאו אחרים אליו, **ועוד** י"ל דרבותינו מיירי במקום שא"א לסתום הנקבים - נקה"כ.

‹**ועי'** בתשו' נו"ב שהאריך בזה והעלה כדעת הש"ך, דדלת חוצצת מפני הטומאה, והצירים המחוברים לא מעכבי, **וגם** יכול הכהן לעשות דלת לפנים מדלת, כדי שיוכלו להביא לו איזה דבר, וטרם יפתחו דלת הפנימית יסגרו החיצונה, **אמנם** צריך ליזהר שצירי הברזל שעליה סובבת הדלת יהיה תחלת עשייתם לקבעם בדלת, שאם תחלת עשייתם לכלי, כבר ירדה עליהם טומאה, ושוב אף שקבעה במחובר לקרקע, הרי הם בטומאתם, ודבר הנסמך בהם אינו חוצץ, ע"ש, **וכתב** עוד, שאין חשש אם הדלת עשויה בזכוכית להביא אורה, כי אף שכלי זכוכית מקבל טומאה ואפילו מגבו, מ"מ הא הנך זכוכית לאו כלי קיבול נינהו, ופשוטי כלי זכוכית טהורין, **וגם** אין לחוש אחרי שההכרח לעשות חריצין בעץ שבו יקבע הזכוכית, הוא בית קיבול, וזה מחלוקת הקדמונים, בית קיבול העשוי למלאות אי שמיה בית קיבול, **חדא**, דנראה להכריע שמקבל טומאה מדרבנן אבל לא מה"ת, וא"כ אין חשש לענין לחוץ בפני הטומאה, **אלא** שאין רצוני להכריע, ולכן בתחלה יש לקבוע הזכוכית ע"י מסמרים קטנים של עץ, ולא יעשה נקבים לקבוע בהם המסמרות כו', **אמנם** בלא"ה מה שיעשה מתחלה לקובעו במחובר אינן מקבל טומאה›.

תימה על הדרישה ועליו, האיך סתמו וכתבו דבחור שבדלת המרתף שיעורו כפותח פתח, והא תנן פי"ג דאהלות מ"ג, החור שבדלת שיעורו מלא אגרוף דברי ר"ע, ר"ט אומר כו', וקי"ל הלכה כר"ע מחבירו, וכ"פ הרמב"ם בפי"ד מהל' טומאת מת דין ו', **ובע"כ** צ"ל לדבריהם, דהיינו דוקא בסתם חור שנעשה מתחילה ע"י אומן, אבל בחור שעשוי להוציא ולהביא, דהוי כעשוי לתשמיש, מודה ר"ע לר"ט, ויש סמך לזה מדברי הר"ש וברטנורה שם, ע"ש ודו"ק, **וא"כ** הו"ל לפרושי, דהוא חור שבדלת שעשוי לתשמיש דוקא, **וגם** הרמב"ם שם לא חילק בדבר, מטעם דס"ל דבכל גווני שיעורו כאגרוף, וצ"ע - נקה"כ.

גגים הבולטים כו' - כתב דרישה, הכל תלוי בגג שע"ג הפתח הבית שהמת בתוכו, ומשם באה מהגג שלפני הפתח להגג של הבית ‹השני›, ואף שאין הבתים סמוכים זה אצל זה, אלא שיש מחיצה ביניהם מן הצד, אף שאין עליה גג קטן, אם הקורה מונח עליה רחב טפח, דהא כשהטומאה באה מהפתח לגג, והגג מקיף את כל הבית, הרי טומאה מתחת הגג שהוא מן תחת אותה מחיצה, ואותה מחיצה מביא הטומאה תחת הגג הבית הסמוך לה, ונכנסה תוכו דרך פתחים או חורין, **אבל** כשאין גג ע"ג פתח הבית שהמת בתוכו, אף שיש לו גג מן הצד והוא מאהיל על הבתים שסמוכים לה מכל צד, אין הטומאה באה שם, עכ"ל, **ול"נ** שצריך שיהא גג אהל טפח מתחלה עד סוף, אבל כל שיש ביניהם הפסק

בחומה גבוהה, אף שהיא עבה כמה טפחים, כיון שאין אהל טפח, שוב אין לטומאה מקום לילך, וכן הסכימו רבים וגדולים, וכן המנהג פשוט.

כתב מהרש"ל והאחרונים בשם תשובת מהר"ח א"ז, במקום שיש עירוב, ועשו קורות שיש בהקיפן טפח ממבוי למבוי, {וכתב הב"ח, שהקורה צריך שתהיה עגולה ג"ט כדי שתהיה רחבה טפח, דכל שיש בהקיפו ג"ט רחבו טפח}, וראשי הקורות נכנסין תחת הגגין שמכאן ומכאן, והטומאה נכנסת תחתיה והקורה מביאה הטומאה מגג לגג ומתפשטת בכל הבתים מכאן ומכאן, א"כ כשיש מת ב"מ באחד מן הבתים, [אין כהן רשאי להיות בשום בית מן הבתים שבמבואות המחוברות ע"י קורה של העירוב, וזוכרני כשהיינו לומדים בבית מורי ר"מ ז"ל, והיה פתח פתוח מחצר הרב לחצר בית הכנסת, ומשקוף הפתח היה מגיע מצד א' תחת תקרת הבית שהיה בו מת, ואסר מורי לכהנים לצאת ולבוא דרך אותו הפתח כל זמן שהמת בבית, ע"כ לשון תשובת מהר"ר חיים. **וכתוב** בדרישה, ונראה לע"ד וגם שמעתי, דהיינו דוקא במחיצה שיש עליה גג קטן או מחיצה שמשקוף עליה רוחב טפח, ויש בו פתח פתוח לצאת ולבוא דרך תוכה, דנמצא שם משקוף עליה כיון שנכנסין ויוצאים דרך תוכה, אבל מחיצה מושכת מבית לבית ואין גג עליו, וגם אין פתח פתוח בתוך המחיצה, אפי' אם הקורה המונח עליו בעובי טפח, וגם גגות הבתים משני צדדי המחיצה בקצה שלהם מאהילים עליהם, מכל מקום אינו מביא הטומאה, כיון דבאמצעית המחיצה אין עליה גג ולא שם תקרה כיון שאין שם פתח, נקרא כסתום באמצע ואין בו כח להוליך הטומאה, עכ"ל. **משמע** מדבריו, באם יש מחיצה פנויה בלא גג עליה, ויש פתח באמצעיתה, מביאה את הטומאה מבית לבית, כיון שמראש המחיצה יש שם אוהל מן הגג של בית הטמא, אף על פי שאין הפתח מגיע עד אותו החלק שהוא תחת הגג, והיינו כיון שיש שם משקוף עליו, מאחר שנכנסין ויוצאין שם, **ותמיהני** מאד על דבר זה, כיון שיש הפסק בחלק המחיצה שהוא סותם קודם התחלת הפתח, בין החלק שמגיע תחת הגג ובין פתח, מי יכניס הטומאה מן תחת הגג להפתח שבאמצע, והלא אפילו ביש הפסק בפחות משלשה לא אמרינן לבוד להחמיר, וע"כ לא אסרו שם בתשובה שהבאתי בשם רש"ל, אלא שהתקרה היתה מונחת בלא מחיצה תחתיה, מן תחת הגג של בית הטמא לתחת הגג של בית אחר, נמצא שהיה חלל תחת התקרה מן בית הטמא לבית האחר בלי הפסק מחיצה סתומה, מה שאין כן בהך מילתא שיש הפסק מחמת המחיצה הבנויה על הארץ, ואין בה בליטה טפח סמוך לחלק שתחת הגג השני, ודאי אין כאן הבאת טומאה כלל, מידי דהוה אשני בתים סמוכים ואין גג בולט למעלה מהם, דאין נכנסת הטומאה מבית לבית אף על פי ששניהם פתוחים, דהא גגים בולטים בעינן כמ"ש בשולחן ערוך כאן, **ונראה** דאין לחוש לטומאה כשיש מחיצה בנויה, אף על פי שיש פתח באמצעה לא בתוך המחיצה כולה, אלא אם כן יש עליה גם כן גג קטן או בליטה טפח, מן אותו צד שנכנס תחת בית הטמא לחלק המגיע תחת הגג השני].

הגה: ב' גגין שאין נוגעין זה בזה, אף על פי שאין ביניהם רק פחות מג', לא הוי חבור לטומאה, דלא אמרינן לבוד להחמיר – [לכאורה משמע אבל להקל אמרינן לבוד, והוא תמוה, דא"כ לא תמצא טומאה יוצאת או נכנסת דרך נקב, דנימא כלבוד דמי והוה סתום, ועיינתי במקור, דכתב מהרי"ו וז"ל: הר"ר יעקב שאלני אם אמרינן לבוד גבי אהל המת, כגון ב' בתים הסמוכים זה לזה בבנין פחות מג' טפחים ומת באחד מהם, והשבתי לו דלא אמרינן לבוד, וראיה מפ"ק דעירובין גבי עור העסלא, ובסוכה פרק הישן גבי קורות הבית שאינם מכוונות, עי"ש בגמרא ורש"י, עכ"ל, **ועיינתי** בפ"ק דעירובין, כתבו שם התוספות, דבטומאה לא אמרינן לבוד, ולא זכרו מחומרא כלל, **ובפרק** הישן דף כ"ב אמרינן... **אלא** ודאי לטומאה לא אמרינן כלל לבוד, וא"כ צריכין לומר, מ"ש רמ"א כאן: דלא אמרינן לבוד, פי' אפי' להחמיר].

ואם היו זה למעלה מזה, אף על פי שאינן נוגעים – ‹מפני הגובה – ערוה"ש›, **אמרינן: חבוט רמי, וכאילו נוגעים** - כתב הב"ח, דאפי' היה הגג העליון הרבה למעלה מג' טפחים, כיון שיש בגגו טפח, אמרינן חביט רמי כו'.

(**עיין** בתשו' גבעת שאול, שכתב בכהן שמת א' בבית הסמוך לביתו שגגידהם נוגעים זה בזה, ואשת הכהן חלתה בעת ההיא כמעט נטתה למות, ושאלה על בעלה

מדוע לא בא הביתה לסעודה, כי היה בשבת קודם סעודת שחרית, וכל שערי תירוצים ננעלו, ועיקר הטעם לא יכלו להגיד לה, כי המת הוא אחיה ושמא תטרף דעתה, גלל כן ההכרח שבעלה יבא לביתו מפני פקוח נפש, **ונסתפקו** מה לעשות, אם לצוות לעובד כוכבים להסיר אותו מקצת הגג המאהיל על בית הכהן, או עדיף טפי שיכנס לביתו בלי שום תיקון, דטומאת אהל הוא ג"כ מדרבנן, כמ"ש הש"ך בסי' שע"ב סק"ב. **וכתב** דעדיף טפי לצוות לעובד כוכבים להסיר האוהל, כי מ"ש הש"ך דטומאה כזו היא מדרבנן, ליתא, **ואפילו** לדבריו, מ"מ הך איסור דאמירה לעובד כוכבים קילא טפי מטומאת אהל, דהתם כל שעה ושעה איסורא קא עביד כל זמן ששוהה באוהל המת, **משא"כ** באמירה לעובד כוכבים, דלא עביד איסורא רק פעם אחת).

הכהנים אינן יכולין לכוף לקרובי המת שיוציאו המת ממקומו כדי שהם יהיו רשאים ליכנס לביתם, אם לא במקום שדרך להוציא כל המתים - (כלומר דיש מקומות שאין מטהרין בבית אלא על בה"ק, ובשם כשרוצים לטהרו בבית יכולים למחות - ערוה"ש).

[**הטעם בתשובת מהרי"ל, וז"ל, אבל אי רגילין להשהותם משום כבודם, להשמיע עליו רבים שיתעסקו עמו, א"נ לטהרו בביתו, א"כ היאך מצינו לכופן לזלזל נגד המנהג, ולא שייך הכא על המזיק להרחיק עצמו, כיון דאנוס הוא, דהואיל ונהוג נהוג, עכ"ל].**

כתב הב"ח, נ"ל דאם הוא נפל, דליכא משום כבוד, כופין אותו להוציאו ממקומו כדי שיכנסו לביתם, [**דעל המזיק להרחיק עצמו, ע"כ].**

[**ואני תמהתי על דברי התשובה הנ"ל, דהא אין שייך כלל כאן לכוף אותו להוציאו מטעם על המזיק להרחיק עצמו, כדאיתא בחו"מ סימן קנ"ה בש"ע סעיף ל"ב, בהיה לו אילן סמוך לבור חבירו, אין בעל הבור יכול לומר הרי שרשי האילן מפסידים לבורי, שזה נזק הבא מאליו לאחר זמן, ובשעה שנטעו אינו מזיקו כו', ק"ו כאן שאין עושה לעולם שום מעשה להזיקו, אלא מן השמים הוא, היאך יכוף אותו, ונראה דעל זה נמי נתכוון בתשובה, במה שכתב דאונס הוא, כלומר דנעשה ממילא, ומה שסיים אחר זה: דהואיל ונהוג נהוג, בלאו הכי ראוי להגיה, דהיאך שייך לומר אונס, כיון שהוא מנהג, ולפי זה גם בנפל אין שייך לכופו להוציאו, כיון שאין שם מזיק עליו, אלא שאם הכהן רוצה לשלוח שם להוציא הנפל אל מקום אחר, אין אבי הנפל יכול לעכב, כיון שהוא ניזוק, וזה לא חסר כלל, כן נראה לע"ד].**

לא קשה מידי, דלא דמיא לאילן שסמוך לבורו, דהתם יש לו הפסד כשיקוץ האילן, לכך אינו יכול לכופו, אבל הכא מאי פסידא, אא"כ משום כבוד, ובנפל ליכא כבוד, ודו"ק - נקה"כ.

(**עיין** במג"א סי' שי"א ס"ק י"ד, שכתב דאם יש כהן חולה שאינו יכול לצאת מביתו, כופין הקרובים להוציא המת מביתו כדי שלא יעבור לאו דאורייתא, ע"ש. **ועיין** בשו"ת דת אש, באשת כהן שילדה בן זכר שאירע המילה בשבת, ובליל שבת מת אחד בשכונתה שמאהיל על בית היולדת, ואבי הבן הוא מוהל בעצמו, **וכתב** דכופין את הקרובים להוציא המת מהבית, חדא, דהעיקר כדעת הטור לקמן סי' שע"ג, שב"ד מצווים גם בקטנים להפרישם מטומאת המת, וא"כ הרי התינוק כמו כהן החולה שאינו יכול להוציאו מן הבית, (**ובכהן** קטן חולה יש לעיין - רעק"א), **ועוד** כיון שאבי הבן מוהל בעצמו ועליה רמיא המצוה, וא"כ אין יכולים למול התינוק בביתו כי האב כהן, וע"כ צריכם למולו בבהכ"נ, וא"כ יהיה אסור שוב להחזירו לבית אל אמו, דהוי כמו שמטמאים אותו בידים דאסור לכו"ע, ע"ש).

סעיף ה - אסור לקרב בתוך ארבע אמות של מת או של קבר. בד"א, שאין הקבר מסויים במחיצות גבוהות י' טפחים, אבל אם הוא מסויים במחיצות גבוהות עשרה טפחים, או בחריץ עמוק י' טפחים, אין צריך להרחיק ממנו אלא ד' טפחים.

(**עיין** בתשו' ר"ל בן חביב, שכתב דמה שלא כתב הרמב"ם ז"ל שהקבר תופס ד"א לטומאה, אלא כתב המת תופס כו', אולי הטעם הוא, דדוקא תופס המת ממקום שהוא בו ד"א, לא ממקום הקבר, ע"ש).

כתב הדרישה, מכאן מוכח דאפילו תוך ד' אמות של מת המונח לפנינו, אסור לקרב כהן, משום דתופס ד"א, או משום גזרה שמא יגע במת עצמו, אף שהוא מונח לפנינו והכל יודעים שאסור ליגע במת, מ"מ לא מחשב כמו מחיצה גבוהה י' טפחים, וכן המרדכי והג"מ כתבו דאסור וב"י הביאם, ע"ש, **ולא** כמו ששמעתי מקילין

לכהן הדורש לעמוד עליו אפי' תוך ארבע אמות של מת, כיון שהמת מונח לפנינו וניכר, עכ"ל, **ולי** נראה שטעם אותן המקילין, דדוקא במת שמונח בבית בהך גוונא דמיירי הטור וכן בהך דמרדכי, וה"ה במת המונח בספינה, דהוי כמונח בבית שהוא מקום קביעתו, תופס ארבע אמות, **אבל** לא המונח על המטה, וכן מחלק הרוקח וז"ל, מת בבית סתום, אסור לכהן ליקרב בתוך ארבע אמות, דמת תופס ד' אמות לטומאה כשהוא בקבר, אבל כשהוא במטה שמוציאין אותו, ובעת צדוק הדין מעמידין אותו, אינו תופס, דאין שם קביעותו, עכ"ל. **ומ"ש** מעמידין אותו, נראה דכ"ש כשנושאין אותו על המטה דאין תופס.

(**עיין** בס' חומות ירושלים, שכתב דצ"ע בתוך ד' אמות של קבר עובד כוכבים, [נראה דמיירי שאין הקבר מכוסה, דאיכא ג"כ חשש מגע, או אפשר דתיבת קבר ט"ס הוא, וצ"ל של עובד כוכבים], אי אסור למקרב, או דוקא בטומאת אהל החמירו ד' אמות שלא יאהיל).

(ומותר לכהן לעמוד אצל בית שיש בו מת, ומותר ליגע בכותליו, ובלבד שלא יהא שום דבר מאהיל עליו) - ואין חילוק בין בית פתוח או סתום לענין זה, **והב"ח** כתב דיש להחמיר, דאף בבית סתום אם פרץ פצימתו ומת בתוכו, תופס ד' אמות סביביו, וצריך להרחיק ארבע אמות מהבית, ע"כ, ‹וז"ל החכ"א: ואין חילוק אם הוא סתום או פתוח, אם לא שפרץ פצימיו, דאז דינו כקבר, ע"כ›, **וכ"כ** הרוקח, מת בבית סתום, אסור לכהן ליקרב בתוך ד' אמות.

סעיף ו - מת המונח בספינה, אם היא קטנה שמתנדנדת כשדורכין בה, אסור לכהן ליכנס בה - אפי' חוץ לד"א של מת, כיון שא"א שלא יסיט הטומאה, [**רש"ל הביא בשם הגהת מיי' וא"ז** שפסקו כרבינו משולם, להתיר אפי' בספינה קטנה, רק שלא יהא תוך ד' אמותיו, **ויש** להחמיר כיון שגם ב"י הביא זה להחמיר], **אבל** אם היא גדולה שאינה מתנדנדת כשדורכים בה, מותר חוץ לארבע אמות של מת.

§ סימן שעב – היתר טומאה במקום מצוה, ודין קברי עובדי כוכבים §

סעיף א - אף על פי שהכהן אסור ליכנס לבית הפרס - הוא שדה שנחרש בו קבר, **(פי': שדה שנאבד בה קבר, ושנחרש בה קבר, ושיעורה מאה אמה), או לארץ העמים, אם היה צריך לילך שם לישא אשה או ללמוד תורה, ואין לו דרך אחרת, יכול לעבור דרך שם, אפילו אם מוצא ללמוד במקום אחר** - ‹דלא מכל אדם, אדם זוכה ללמוד – לבוש›. **וכן אבל העובר דרך שם, יכול לילך אחריו לנחמו. וכן מטמא בטומאה של דבריהם, לדון עם עובדי כוכבים ולערער עמהם, מפני שהוא כמציל מידם, וכן כל כיוצא בזה** – [אבל לא על הקברות, אפילו לדבר מצוה, משום דהאידנא כולם סתומים, ויש בהקברים חלל הרבה, על כן טומאה בוקעת ועולה עד לרקיע, ואפילו נגד צד הריקן שבו, **משא"כ** אי הוה סתום ואין בתוכו חלל טפח, אינו מטמא אלא כנגד הטומאה ממש, לא נגד צד הריקן שבו].

(**עיין** בס' מראה הפנים על הירושלמי, שכתב בכהן היושב ושונה בבית שאין בו אלא טומאה דרבנן, כגון בסוף טומאה לצאת לדעת הש"ך, אפשר דאינו מחויב להפסיק ולצאת, ע"ש. **ועיין** בתשו' חות יאיר שכתב, שראה בכמה קהלות ביו"ט שבא השמועה שנפטר ילד סמוך לבהכ"נ, מיד רצים כל הכהנים חוצה ומבטלין מצות דוכן, **אף** שיש מקום לפקפק, מאחר שאין כאן רק טומאה דרבנן כמ"ש הש"ך, וגם לא נקרא הכהן השוהה עובר בל"ת בפועל, **רק** דבזה י"ל דאין עבירה כלל אפי' בעשה, כדק"ל כד יימרון להון כו', ע"ש, **מיהו** אם השמועה באה לאחר שקרא הש"ץ כהנים, צ"ע). ‹א"צ לצאת עד שיגמור הנ"כ, דנ"כ ד"ת וטומאה כזו אינה אלא מדרבנן, **אמנם** אם נודע לכהן קודם שנטל ידיו לעלות לדוכן, טוב יותר שיצא תיכף החוצה, פמ"ג, **ומה** דמספקא לה לפת"ש, פשיטא לה להפמ"ג, ולפלא שלא הביאו – מ"ב סי' קכ"ח ס"ק ח' ובשעה"צ שם›.

(**ועיין** בתשו' בתי כהונה, שכתב דמה שנהגו איזה כהנים להשתטח על קברי צדיקים, אין להם על מה שיסמוכו, **דאי** סמכי אהא דאיתא במדרש הובא בילקוט משלי, דאמר אליהו אין טומאה בת"ח, **ליתא**, שכבר כתבו

התוס' בפ' המקבל ובפ' הבע"י, שהיה דוחה אותו, ועיקר טעמו משום דהוי מת מצוה, והאריך לבאר מי הכריח להתוס' לפרש כן, **ואי** סמכי אהא דאיתא פ' מי שמת, מדלגין היינו ע"ג ארונות כו', א"כ ה"נ כיון דרוב ארונות יש בהם חלל טפח, הרי אין כאן טומאה דאורייתא, **אבל** להשתטח על קברי צדיקים לא מצינו בזה מצוה ידועה, או כבוד חכמים, **ועוד** דילמא לא נקברו כלל בארונות או נרקבו, והוי כקבר סתום, דהוא טומאה דאורייתא, **ולכן** שלא כדין עושין הנוהגין כן, ע"ש באריכות).

הגה: כהן שהוא ישן ערום, והוא באהל עם המת ולא ידע, אין להגיד לו, אלא יקראו לו סתם שילא, כדי שילביש עצמו תחלה – (ובדרך זה שרי משום כבוד הבריות, ואף על פי שמניחין אותו שוהה בטומאה, הואיל והוא לא ידע ושוגג הוא שרי – לבוש). **אבל אם כבר הגידו לו, אסור להמתין עד שילביש עצמו** – (עי' בדגמ"ר שחולק ע"ז, וכתב דעכ"פ מותר ללבוש הכתונת, דלא כתה"ד ורמ"א, ע"ש, וכן בתשו' אא"ז פנים מאירות השיג על הרמ"א בזה, **גם** הגאון מהר"ר עוזר ז"ל חלק על מהרא"י, והעלה דינא דיכול הכהן לשהות עד שילבש החלוק ובתי שוקיים, אבל אסור לשהות כדי ללבוש גם שאר הבגדים, **אך** בתשובת יריעות האוהל האריך בזה, והשיג על מהר"ר עוזר הנ"ל, והעלה הלכה למעשה כדעת מהרא"י והרמ"א ז"ל, דאסור לו להשהות כלל, אלא ילך משם תיכף בהיותו ערום, ע"ש, גם בתשובת חות יאיר יישב הקושיא על הרמ"א ז"ל).

ודוקא אם הוא באהל המת, שהוא טומאה דאורייתא, אבל אם הוא בבית הפרס או ארץ העמים, שהוא טומאה דרבנן, ילביש עצמו תחלה, דגדול כבוד הבריות, כמו שנתבאר לעיל סי' ש"ג לענין כלאים.

ודוקא אם הוא באהל המת - נראה דוקא נקט באוהל המת, אבל אם בבתים הסמוכים לבית שהמת בתוכו, אף על פי שהן ג"כ טמאים כדלעיל סימן שע"א ס"ד, מ"מ י"ל דאינו אלא טומאה דרבנן, כדאיתא בטור סי' זה ופוסקים עב"י, דדבר תורה אוהל שיש בו חלל פותח טפח טהור, ע"ש ודוק, **וכשהבית** שהמת בתוכו סתום מכל צד, נמי ליכא בבתים הסמוכים טומאה אלא מדרבנן, משום דסוף הטומאה לצאת, ואם כן בבתים הסמוכים בכל ענין ילביש עצמו תחלה. (**ודברים** תמוהים הם, דבכל הש"ס והפוסקים נראה להדיא, דכל דיני טומאה הוה הלכה למשה מסיני – ערוה"ש).

(**ועיין** במגן אברהם סימן שי"א ס"ק י"ד, שחולק על הש"ך במ"ש דבבתים הסמוכים ליכא אלא טומאה דרבנן, דזה אינו, ע"ש, **גם** בתשובת שער אפרים תמה על עמיתו הש"ך בזה, **ועיין** בשע"ת באו"ח סי' קכ"ו, שכתב דבדברי שמואל מיישב דגם הש"ך מודה בזה, ולא איירי אלא בסוף טומאה לצאת כמ"ש, וכ"כ בס' חכ"א. **וכ"כ** בתשובת חתם סופר, (וז"ל: ולשון הש"ך צע"ג, אחר שכבר כתב שהמשכת טומאה מבית לבית הוא דרבנן, אפי' כשפתוח הבית שהמת בתוכו ומושך טומאה ממקום תחת הזיזים ונכנס לחלונות הכל טהור, א"כ מכ"ש כשהפתח סתום וליכא אלא משום סוף טומאה לצאת, א"כ מאי האי שכ': וכשהבית שהמת בתוכו סתום נמי וכו', מאי "נמי", הלא כש"כ הוא, **אע"כ** האי "נמי" ט"ס הוא, והאי "ודוק" שכ' ט"ס הוא, וצ"ל "ודוקא", **והכי** צ"ל: ודוקא כשהבית שהמת מונח בתוכו סתום מכל צד, פי' אז היא מדרבנן, אבל המשכת טומאה ע"י זיזים וחורין דאורייתא היא. **שוב** עיינתי ואין צורך להגיה, שהרי מיד בתחלת דבריו כתב: בבתים הסמוכים לבית שהמת בתוכו אע"פ שהם ג"כ טמאים כדלעיל סי' שע"א ס"ד, ולא מייתי מסעיף א', אלא מסעיף ד', והיינו סוף טומאה לצאת דמיירי התם, וצדקו דבריו בפשטות), **ותמה** שם על הפני יהושע שנמשך אחר פשטות דברי הש"ך, ועייל פילא בקופא דמחטא, ע"ש. **עוד** האריך בתשו' חתם סופר בדין טומאה הנמשכת ע"י ביבים הקמורים ובאים תחת הקרקע, דהוא ג"כ דאורייתא, ודלא כתשו' פ"י שהובא בס' מאמר מרדכי ע"ש).

כהן שהוא ישן, ומת עמו באוהל, צריכין להקיצו ולהגיד לו כדי שילא - דאפילו בלא שהייה קעבר הכהן, **ואף** על גב דלא ידע, מ"מ איסורא עביד בשוגג, ואף על גב דאינו עושה מעשה, איסורא איכא, ולאחריני דידעי מצוה להפרישו, עכ"ל תשובת מהרי"ל, **ס"ל** אף על גב דאינו מעשה, ולאו שאין בו מעשה אין לוקין עליו, איסור דאורייתא מיהא איכא, **ולפי** זה משמע דבאיסורא דרבנן א"צ להקיצו, וא"כ למ"ש בסמוך, דהיכא דאינו באוהל עצמו עם המת רק בבית הסמוך לה ליכא אלא איסורא דרבנן, אין צריך להקיצו, **ואפשר** לזה דקדק הרב: ומת עמו באוהל צריכים להקיצו, וע"ל סי' שע"ג ס"ק א'.

‹וכן כהן קטן א"צ להקיצו, וכהן העוסק במצוה א"צ להגיד לו – ערוה"ש›.

אבל אם כבר הגידו לו כו', כהן שהוא ישן כו' - ‹עיין בספר משנת חכמים שכתב, דממרוצת לשון הרמ"א מבואר, דאף שנכנס תחלה בהיתר שהיה חי בעת ההיא, ומת אח"כ, ואף שמת פתאום דלא עשה שום איסור בהליכתו לבית, **ולכאורה** יש לדון בזה כיון דתחלת כניסתו בהיתר, לא יהא השהיה ששהה אח"כ כמעשה, ובשב וא"ת אמרינן דגדול כבוד הבריות, **ודוקא** אם הכניסה היה באיסור אף שהיה שוגג, חשיב השהיה כמעשה, **אבל** אם היה בהיתר לגמרי לא חשוב השהיה כמעשה, עיין ביבין שמועה שם שהאריך בזה›.

‹**ועיין** בתשו' שער אפרים במעשה שהיה רחוב מוקף בתים, והלך שם כהן אחד לבית א', ואמרו להכהן שיש פה מת, ויצא מן הבית ועמד תחת הרקיע באמצע הרחוב, ולא יוכל לצאת מן הרחוב כיון שהוא מוקף אהלים, וזה היה בחודש שבט בעת שהקור גדול, ושבת היה, ומוכרח לעמוד שם כל יום השבת וליל מוצאי שבת עד יום א' אחר חצות, אם רשאי לעבור תחת האוהל לילך לאיזה בית או לא, **והאריך** לבאר אם יש כאן איסור דאורייתא או לא, שנוכל להתיר לו, ולא נמצא שם סיום התשובה מאת הרב המחבר ז"ל, **ובנו** בהג"ה שם צידד להתיר, ע"ש, **ועיין** בתשו' חות יאיר שנשאל על ענין כזה ממש, והעלה ג"כ להתיר לרוץ החוצה דרך בית אחד, **וכתב** דכ"ש אם יצטרך הכהן הלז לנקביו, אם אין בחצר בית הכסא של כבוד, ונראה שאפילו אם יצטרך לקטנים כו', ע"ש, **ומשמע** דה"ה אם בימות החמה והחמה זורחת עליו או גשמים יורדים עליו, דמותר ג"כ›.

‹**ועיין** בספר הר אבל שכתב בשם ספר נוהג כצאן יוסף, בכהן שהוא בבית המוקף מחיצות ובנוים בתים סביביו, והכהן הוא דרך משל בחדר שבצד מזרח, והמת הוא בחדר שבצד מערב, ואז אין הכהן יכול לצאת לחוץ לרה"ר או לחדר אחרת, **תקנתו** שיניח קרש אחת מפתח החדר שהכהן שם או מחלון אותו החדר עד שער החצר, ואז יכול הכהן לילך מהחדר תחת הקרש עד שיבא לשער החצר, דאז חשיב הכל אוהל אחד ויכול לילך תחתיו עד שיגיע תחת תקרת שער החצר, ואז יכול לצאת לרה"ר›.

סעיף ב - קברי עובדי כוכבים, נכון ליזהר הכהן מלילך עליהם; (אף על פי שיש מקילין) (רמב"ם) - מטעם דכתיב אדם כי ימות באוהל וגו', ואתם קרוים אדם ואין העובדי כוכבים קרוים אדם, **אבל** במגע ומשא י"א דאפילו המקילים אוסרים, וכן נראה דעת ב"ח, ע"ש, **(ונכון להחמיר)** - ‹עיין בתשובת ושב הכהן שהעלה, דמדינא יש לפסוק הכי, ע"ש›. **(אבל קבר של מומר, מטמא כשל ישראל)** - ‹ולכן אף להרמב"ם אסור לכהן לילך על בה"ק שלהם, דאולי יש גם מהם, וכמדומני שהכהנים נזהרים מזה – ערוה"ש›.

‹**ועיין** בתשו' חת"ס ע"ד כהן שיש לו חולי נכפה ר"ל מסוכן מאד, ולפעמים נופל באחת הפחתים, ונמצא בספר שיתן ידו ליד מת ויאמר לחש: קח ממני החולי שאינו מזיק לך ולי אתה מטיב, וכבר ניסה א' רפואה זו ונתרפא, אם מותר הכהן לסמוך לטמא עצמו במגע על מת, **ואם** היה הרפואה בדוקה, פשוט דכיון שיש סכנת נפשות בהחולי אין לך דבר שעומד בפני פ"נ, אך נראה שאין הרפואה בדוקה כ"כ, אי יש לסמוך על הספק. **והעלה** להתיר לעשות פעולה הנ"ל, אם יארע יום שמת עליו מת ישראל בשכונתו באופן שנטמא באותו יום, ושוב יש לסמוך ארש"י ור"ת כו' ע"ש, ועיין בס"ק שאח"ז›.

‹**עיין** בדגמ"ר שכתב וז"ל, ולדעת הראב"ד פ"ה מנזירות הלכה י"ז, דהיכא שכבר טמא שוב אינו מוזהר על הטומאה, א"כ כהנים בזה"ז אינם מוזהרין על הטומאה, **ואף** דלא קי"ל כהראב"ד, מ"מ במת עכו"ם איכא ס"ס כו', **ולכן** נלע"ד דמי שרוצה לסמוך בזה להקל לענין טומאת אהל, אין מוחין בידו. **ושוב** כתב, דכל מה שכתבתי נמשכתי אחר דברי המל"מ פ"ג מאבל, דלדעתו סובר הראב"ד שאין איסור כלל לכהן שכבר נטמא לטמא עצמו, **אבל** עכשיו נתתי אל לבי, שאולי לא אמר הראב"ד אלא לענין חיוב מלקות כו', ולכן הדרנא בו מלהתיר לכהן לילך על קברי כו', עכ"ל ע"ש. **ועיין** בתשו' חת"ס, כתב עליו שלא ירד לעומק, והביא דהראב"ד בתמים דעים, פסק להדיא כהרמב"ם ורוב הפוסקים, ע"ש. **עוד** הביא שם דברי הרא"ש בהלכות טומאת כהנים, דמייתי דעת ר"ת, דבאותו יום שנטמא הכהן שוב אין באותו יום תוספת טומאה, ומה"ת מותר לטמאות עצמו עוד, **וכתב** דר"ת מפרש סוגיא דנזיר מ"ב: כפי' רש"י שם, נמצא לר"ת ורש"י

אי נטמא כבר באותו היום, שוב אין כאן איסור דאורייתא, וכ"פ ר"א ממיץ בס' יראים ע"ש, **והמל"מ** בפ"ג מאבל לא ידע אלא דעת הראב"ד, ולא דעת רש"י ור"ת ורא"מ. **ומסיק** במקום ספק סכנה יש לסמוך כו', ע"ש היטב. **ועיין** בתשו' שבו"י, במ"ש בענין כהני חו"ל אי מותרים לטמאות בטומאה דרבנן. וגם בתשו' חת"ס מש"כ בזה).

§ סימן שעג - איזה כהן מוזהר על הטומאה, ולאיזה מתים מטמא, ועד מתי מטמא §

סעיף א - כשם שהכהן מוזהר שלא לטמאות, כך מוזהרים הגדולים על הקטנים - [פי' הכהנים הגדולים, ובטור כתוב אם מטמאין מעצמן אין ב"ד מצווין להפרישו כו', ש"מ שעל ב"ד יש גם כן אזהרה שלא לטמאות בידים]. ‹והאיסור הזה בין על כהנים גדולים או ישראלים גדולים, שאסור לטמאות בידים לכהן קטן - ערוה"ש›.

(ודוקא לטמאותן בידים, אבל אם הקטנים מטמאין מעצמן, עיין באו"ח סימן שמ"ג אי צריך להפרישן) (הרשב"א ומהרי"ו וטור בשם הרמב"ם כתב כאן דאין צריך).

עיין באו"ח סי' שמ"ג - משמע כמו דאמרינן התם דא"צ להפרישן, הוא הדין הכא, ‹אבל אביו מחוייב להפרישו על דרך החינוך - ערוה"ש›, **מיהו** הביא הרב שם, די"א דהיינו דוקא שלא הגיע לחינוך, ע"ש, **ובאגודה** כתב, נ"ל על תינוקות הישנים באוהל המת, אין מחייבים להקיצם ולהוציאם, אך מפני חינוך טוב הוא, עכ"ל - ש"ך.

‹**עיין** בתשו' ושב הכהן שנסתפק לדעת הרמב"ם, שכתב בפ"ב מהלכות אבל, דטומאת כהן לקרוביו הוא משום אבילות, וכל היכא שאין מתאבל אסור לטמאות, **לפי"ז** בקטן צ"ע אם מותר להטמא לקרוביו, דקטן אינו חייב להתאבל, וא"כ יהיה קטן חמור מגדול בענין זה, **או** י"ל להרמב"ם שכתב שאביו חייב להפרישו כדי לחנכו, והחינוך הוא שיזהר לקיים המצוה כשיגדיל, וכיון דבגדלות מטמא לקרוביו, לא שייך לומר בו חינוך, והניח בצ"ע›.

סעיף ב - אפילו בעל מום, מוזהר מליטמאות, אבל חלל וכהנת, מותרים ליטמא - כתב הב"ח דוקא חלל דאורייתא, אבל של דבריהם כגון שנולד מחלוצה, אסור לטמא, **ואם** הוא נולד מספק חלוצה, הוי כהן גמור לכל דבר, ויתבאר באה"ע סי' ז' ע"ש.

סעיף ג - כל המתים האמורים בפרשה שכהן מטמא להם, מצוה שיטמא להם; ואם לא רצה, מטמאים אותו על כרחו, אחד האיש ואחד האשה - שהיתה כהנת, מצוה לה לטמאות. ‹דכי כתיב בני אהרן ולא בנות אהרן, בלא יטמא, אבל בלה יטמא, לא כתיב מיעוט - לבוש›.

סעיף ד - אלו הם הקרובים שמיטמא להם: אשתו נשואה שהיא כשרה - ‹היינו חופה, ואם מסרה לשלוחי הבעל, דעת רש"י והרא"ה והר"ן דאין מיטמא לה, דלא מקרי נשואה, ודעת תוספות והר"ן דמיטמא לה, ולענין אחותו הוא בהיפך, **ובמגיני** שלמה כתב לדעת רש"י, דשניהם אין מיטמאין לה, ע"ש, **ואם** היה חופת נדה ומתה עיין אה"ע - רעק"א›.

אבל פסולה, או גרושה - פי' אפי יש לו בנים ממנה, **או ארוסה, לא אונן ולא מיטמא לה; וכן היא, לא אוננת ולא מיטמאה לו** - כלומר אינה מחוייבת לטמא לו, אבל הרשות בידה לטמא.

ומיטמא לאמו, אפילו נתחללה - כגון אחר שנולד כהן זה ממנה, נשאת לכהן כשהיא גרושה, **ולבנו ולבתו דקים ליה שכלו לו חדשיו, או שהם משלשים יום ואילך** - לאפוקי ספק נפל, דאין מטמאין לו, וה"ה לאחיו ולאחותו הקטנים שהן ספק נפלים, אין מטמא להם.

אפילו הם פסולים; חוץ מבנו ובתו משפחה או כותית; ולאחיו ולאחותו מאביו, אפילו הם פסולים, אא"כ הם בני שפחה או כותית; אבל לאחיו ולאחותו מאמו, אינו מיטמא.

(וכן אינו מיטמא) לאחותו ארוסה, אפילו היא ארוסה לכהן - ‹עיין במשנה למלך, שנסתפק אם נתקדשה קדושין דרבנן מהו, מי אתי קדושין דרבנן ודחי

עשה דלה יטמא או לא, **והביא** ראיה דאין כח בקדושי דרבנן לדחות העשה דלה יטמא, ע"ש, **אבל** אין ראייתו מכרעת, דהגמ' דיבמות שהביא, לא איירי אלא שאין בכח קידושי דרבנן לעבור על ל"ת דלא יטמא, **משא"כ** הכא י"ל דיש בכח קידושי דרבנן לדחות העשה דלה יטמא בשב ואל תעשה. **וכ'** עוד, שמה שלא נסתפק אפילו בנשואה, וכגון קטנה שנשאה דנשואיה דרבנן, היינו משום דנשואה פשיטא דאינו מטמא לה, משום טעמא דבעולה, דקי"ל דאינו מטמא לאנוסה ולמפותה, ואפילו נכנסה לחופה ולא נבעלה, ג"כ אינו מטמא לה אחיה, דכל נשואה בחזקת בעולה, ע"ש).

ולא לאנוסה ומפותה; אבל מיטמא לאחותו ארוסה שנתגרשה - מן האירוסין, ‹וידאה לי, דאם נתקדשה בביאה, אינו מטמא לה גם משנתגרשה, דהא לאו בתולה היא – ערוה"ש›, **ובוגרת, ומוכת עץ.**

ומיטמא לשומרת יבם – ‹פירוש שומרת יבם של כהן שמתה, יבמה הכהן מטמא לה, ולא משום שהיא כאשתו מן התורה, אלא משום שאמרו שהוא יורש כל כתובתה, ואפילו נכסים הנכנסים ויוצאין עמה, כל שנפלו לה בחיי הבעל, והרי עשו אותו לגמרי כבעל לירושתה, ועתה מי מקרוביה יתעסק עמה בקבורתה, שיאמרו מי שיורשה הוא יקברנה, לפיכך עשו אותה כמת מצוה, דאי קרי ולא ענו ליה הוא – לבוש›, **אפילו אם כתב בכתובתה: אי מיתת בלא בנים תהדר כתובתה לבי נשא (פירוש לבית אביה)** – ‹מכל מקום כשיראו היורשים ששאר יבמים ישראלים חייבי בקבורת יבמותיהם, יסתלקו הם ממנה ולא יקברוה אף על פי שירשו אותה, שיאמרו הרי אנו רואים שאר יבמים ישראלים חייבים לקבור, והרי היא נשארה כמת מצוה דקרי ולא ענו ליה – לבוש›. ‹**וכן** אפילו נשא יתומה קטנה ומתה, דנשואיה הוא רק דרבנן, מ"מ מטמא לה, מפני שיורשה ודינה כמת מצוה – ערוה"ש›.

סעיף ה - כל אלו שמיטמא להם, אפילו שלא לצורך - מיטמא ומצוה ליטמא, **וי"א דדוקא לצורך** - קבורה או להביא לו ארון ותכריכים, ואז מצוה ליטמא, אבל שלא לצורך אסור לטמאות.

הגה: ולסברא הראשונה, אפילו מת לו מת בשבת, שאי אפשר לקוברו בו ביום, שרי לטמאות לו ולשמרו, כדי שלא יהא מוטל בבזיון - ‹תמוהים דברי הרמ"א, דמבואר מדבריו דלסברא האחרונה אסור לטמאות לו כדי שלא יוטל בבזיון, והרי אין לך צורך המת גדול מזה, ואטו הטלה בבזיון אינו כצורך קבורה, וצ"ע - ערוה"ש›.

ונכון להחמיר כסברא האחרונה, שלא לטמאות רק לצורך קבורה ולהביא לו ארון ותכריכין - ‹כתב הגאון ז"ל מליסא בסדור תפלה שלו, דמ"מ בחול מותר להיות בבית המת שמצוה לטמא לו, אף שאחרים עסוקין עמו, מ"מ צריך להיות שם שאפשר שיצטרכו שום דבר לצורך ארון ותכריכין וכדומה, הוי לצורך קבורה ומותר להיות שם›.

והעיקר כסברא הראשונה, וכן המנהג פשוט - נקה"כ.

סעיף ו - אינו מיטמא להם, אלא עד שיסתום הגולל. (ואם דעתו לפנותו, מותר לטמא לו לצורך, עד שיסתום גולל שני) - ע"ל ריש סי' שע"ה בטור מהו גולל, שרש"י פי' גולל, היינו כיסוי הארון, ור"ת פי' גולל הוא אבן שנותנים על הקבר כו', ע"ש, ובב"ח שם כתב דנקטינן כרש"י, **וכתב** הרמב"ן בת"ה ומביאו הטור שם, דלפירש"י כשנותנים אותו בבית בארון וסותמין הכסוי במסמרים ע"ד ליתן הארון בכוך או בקבר, הוי סתימה כו', **והוא** תמה עליו בת"ה, דהיאך אפשר לומר שאם סתמו ארונו בבית שלא יטמא בנו עליו כו', ומביאו ב"י שם, **ולפעד"נ** דמה שפירש"י בכל מקום גולל היינו כסוי הארון, אין ר"ל אפילו סתמו בבית, אלא ר"ל משיסתם כסוי הארון בקבר, **תדע**, דבפרק שואל ד' קנ"ב ע"ב, אמרינן כל שאומרי' בפני המת יודע עד שיסתום הגולל - ופירש"י גם כן התם גולל הוא כסוי שנותנים על ארונו - דכתיב וישוב העפר אל הארץ כשהיה, **פירש"י** גופו קרוי עפר, ומשעב אל הארץ כשהיה, מיד והרוח תשוב, שאין בו עוד רוח, ע"כ, **ולפי** זה אם נסתם הארון בבית במסמרים, גם לפירש"י בנו מיטמא עליו עד שיסתם בקבר.

סעיף ז - אסור לכהן להתטמא למת, אפילו בעת שמיטמא לקרוביו. לפיכך כהן שמת לו מת, צריך ליזהר ולקברו בסוף בית הקברות, כדי שלא ליכנס לבית הקברות ולא יתטמא בקברות אחרים כשיקבור מתו. הגה:

ודוקא לאחר שפירש ממתו, אבל בעוד שהוא עוסק במתו, מותר ליטמאות אף לאחרים - כלומר אין כאן איסור בהליכה, מפני שאז עוסק במתו ומותר לטמאות אז אף לאחרים, אלא האיסור הוא מפני שבחזרה יצטרך לילך על הקברים, וכבר פירש ממתו, **והב"ח** פסק, דאף בהליכה אסור להוסיף טומאה, כיון שאפשר לו לקברו בסוף בית הקברות, וכן נראה דעת המחבר, וכ"כ העטרת זהב דנכון להחמיר כסברא זו, **והמעדני** מלך מיקל בדבר. ‹וכן המנהג הפשוט, ומה שייך אפשר לקוברו בסוף, ואולי אין המקום הגון לפניו – ערוה"ש›.

סעיף ח - כהן שפירשו אבותיו מדרכי צבור, כגון המסורות, לא היה מיטמא להם; ולא להרוגי ב"ד; ולא למי שמאבד עצמו לדעת, ולא לספק, כגון שנתערב ולדה בולד חבירתה, או ספק בן ט' לראשון או בן ז' לאחרון - ‹הוא אינו מיטמא להם, והם אין מיטמאין לו, כך הוא במתני', וכדאיתא להדיא בשו"ע אה"ע סי' ג' ס"ט, **וזהו** דלא כשו"ת בית יעקב – רעק"א›. ‹עיין בתשו' בית יעקב שכתב, דהא דפסקינן כאן דאינו מטמא על הספק, כגון ס' בן ט' כו', דוקא האב על הבן אינו מטמא, אבל הבן מטמא לשניהם משום גזירת הכתוב, דגבי אב הספק כודאי. **ועיין** בנ"צ שהשגתי עליו›.

‹**ואם** הוא ספק בן ט' לראשון כהן, או בן ז' לשני ישראל, ומת רבו, י"ל דרשאי לטמא לו, עיין בהרא"ש שהביא ירושלמי דהוא איבעיא דלא אפשטא אם תלמיד יכול ליטמא לרבו, וכתב הרא"ש כיון דלא אפישטא, עבדינן לחומרא, וא"כ י"ל דהוי ס"ס, ספק שהוא ישראל, ואת"ל כהן, שמא מותר תלמיד כהן ליטמא לרבו – רעק"א›.

סעיף ט - אין הכהן מיטמא לאבר מן החי מאביו, ולא לעצם מעצמות אביו. וכן המלקט עצמות, אינו מיטמא להם, אף על פי שהשדרה קיימת. חסר ממנו - מן המת **כל שהוא, אפי' הוא מונח אצלו, אינו מיטמא לו, שאינו מיטמא אלא לשלם** - ‹עיין בתשו' הרדב"ז שכתב, דאם נמצאו התכריכין שלימים, והדבר ספק אם הוא שלם או מפורק האיברים, תלינן להקל ומטמא לו, **ואם** הדבר ידוע שנתפרקו אבריו, אע"פ שכל אבריו מונחים בתוך הארון, אינו מטמא לו כדעת המחמירים בזה›.

ויש מי שאומר דהני מילי כשחסר לאחר מיתה - או כשחסר בשעת מיתה, כגון שחתכו ראשו, שאינו עכשיו כמו שהיה בחיים, ולא קרינן ביה "לאביו", **אבל אם חסר ממנו אבר בחייו, ומת, מיטמא לו, אף על פי שאינו שלם.**

(וי"א שאינו מיטמא להרוג, דמקרי חסר, ונכון להחמיר) - ‹עיין ב"י בשם הכלבו, משום דהרוג חשבינן לחסר בכמה דוכתי, **ולא** ידעתי אנה נמצא כן, ואם נמצא אולי הכוונה כשיש באמת איזה חסרון כדרך רוב ההרוגים, אבל כשרואים אותו שלם למה נחשבנו כחסר, וצ"ע ודו"ק – ערוה"ש›.

§ סימן שעד – טומאת כהן למת מצוה, לנשיא ולרבו, ועל איזה מת מתאבלין §

סעיף א - מצוה להטמאות למת מצוה, אפילו הוא כהן גדול ונזיר, והולך לשחוט את פסחו, ולמול את בנו, ומצא מת מצוה, הרי זה מיטמא לו - ‹בתוספות נזיר כתבו, דאפילו לטלטלו מחמה לצל שלא יסריח שרי – רעק"א›. ‹**לא** רק לקבורה מיטמאין כהנים למת מצוה, אלא גם לכל הכבוד שצריך מדינא לעשות למת זה, מיטמאין, **ולכן** רשב"ג שהיה הנשיא וגדול העולם, ולא היה ר' ישמעאל כה"ג יכול לעשות לו שם במקום ההריגה אלא כבוד זה לבד, ליטול ראשו מהקרקע ולומר איך עתה לוחכת את העפר, אף שלא היה להחזיק הרבה זמן, אלא רק זמן קצר עד שהרגו אותו נמי, היה כבוד המחוייבין לעשות לרשב"ג, שאף כהנים מחוייבין – אג"מ›.

סעיף ב - אינו נקרא מת מצוה לענין זה, אלא אם כן מצא ראשו ורובו - ‹או שדרה וגולגולת, טור. **ואינו** כן דעת המחבר, שלא כתב כאן ובס"ס שנ"ג וסי' שס"ד סוף ס"ג וסי' שע"ה ס"ז, אלא ראשו ורובו, והשמיט שדרה וגולגולת שהזכיר הטור בכ"ז, ועב"י – רעק"א›.

ואם מצא ראשו ורובו חוץ מאבר אחד, חוזר ליטמא בשביל אותו אבר - כלומר דאע"ג דאינו מטמא עליו אלא כשמצא ראשו ורובו, היינו

לטמאות לכתחלה, אבל אם כבר קברו חוץ מאבר א', חוזר לטמאות על אותו אבר, ‹ואפשר דחוזר אפילו לאחר זמן, כיון שעליו היה החיוב מקודם – ערוה"ש›, **ובזה חמור** מהקרובים, שאינו מטמא להם אלא א"כ הם שלמים, כדלעיל ס"ס הקודם.

סעיף ג - איזהו מת מצוה, שמצאו בדרך או בעיר של עובדי כוכבים, ואין לו קוברים, וממקום שמצאו אינו יכול לקרות ישראל שיענהו ויבא ליטפל בו ולקוברו, אסור לו לזוז משם ולהניח את המת, אפי' לילך לעיר להביא קוברים, אלא יטמא עצמו ויקברנו - ‹מבואר להדיא, דאפילו יכול לקוברו ע"י גוים, מקרי מת מצוה וקוברו בעצמו ומטמא לו, **אבל** הסברא תמוה, דלמה נתיר לכהן לטמאות עצמו כשיכול לקוברו ע"י גוים, ומי גרע ממת ביום טוב ראשון שקוברין ע"י עממין, **ולכן** נלע"ד דוודאי בכה"ג לא נתיר לו לכהן לטמאות את עצמו, אלא משום דמסתמא הגוים לא יעשו בחנם אלא בשכר, והכהן אינו מחוייב להוציא הוצאות, כמ"ש רבינו הרמ"א – ערוה"ש›

אבל אם היו ישראל קרובים למקום המת, שהמוצא את המת קורא אותם והם עונים לו ובאים לקברו, אין זה מת מצוה שיטמא עליו הכהן, אלא קורא אותם והם קוברים. באו בני העיר, אם יש לו כל צרכו, מושך את ידיו – [כתב רש"ל, לעולם הוא מת מצוה **עד שיהיו שם נושאי המטה וקובריה. רוקח עכ"ל**].

‹**אבל** הטור כתב, אבל אם קרא וכו' לא יטמא אם יש לו שיתא אלפי גברא, ולמאן דמתני אין לו שיעור, וכן לנשיא מטמא לעולם, לרבו לא יטמא אם יש לו שיעור, עכ"ל, ודברי הטור מפורשים בירושלמי, **ומ"מ** כל הפוסקים לא הביאו דברי הטור – ערוה"ש›.

הגה: יש אומרים אם אינו מוצא שיקברוהו רק בשכר, אינו חייב לשכור משלו, אלא מיטמא אם ירצה – ‹אע"ג דלעבור על לא תעשה חייב להוציא כל ממונו לבלי לעבור, **שאני** הכא שהרי אין רצונו לעבור, ומצידו היה הולך לדרכו, אלא שהתורה הטילה עליו לקוברו, ולמה יוציא מכיסו, ולא זה הוא מה שהטילה עליו התורה – ערוה"ש›.

מת הנמצא, ולא ידעינן אם עובד כוכבים ואם ישראל הוא, אזלינן בתר רובא הנמצאים שם - ור"ל דאזלינן בתר רוב העוברים ושבים המצויים שם, או בתר רוב עיירות, אם רובו עובדי כוכבים, א"צ לקברו, ואם רובו ישראל, הוי מת מצוה, **ולא** אזלינן בתר העיר הקרובה, אפי' בקורבה דמוכח, אלא בתר רובו אזלינן, דכל דפריש מרובא פריש, כן הוא בתשו' הרשב"א.

אם יש שלא נוכל לומר כל קבוע כמחצה על מחצה - אם לא שנוכל לומר כל קבוע כמחצה כו', כצ"ל, **כגון** שידוע שהיו כאן ט' עובדי כוכבים וחד ישראל, ונהרג אחד מהן במקומו, דהו"ל קבוע, לא אזלינן בתר רוב עובדי כוכבים, אלא הוי כמחצה על מחצה, **וכתב** העט"ז, ולחומרא, ואין הכהן מטמא, עכ"ל, **ר"ל** דכיון דהוי כמחצה על מחצה, אם כן הוי ספיקא ואזלינן לחומרא וצריך לקברו, ומ"מ אין הכהן מיטמא מספק, כדלעיל סי' שע"ג ס"ח.

‹**עיין** בתשו' חת"ס, אודות אחד מאנשי חיל בארץ תוגר שמת בבתי החלאים, ויודע הדבר לגומלי חסדים מבני עמינו, ויבוקש הדבר וימצא כי הוא מהול, ויחקרו אצל שומר החלאים ואמר כי לא נודע לו ממנו כי בא אליו בחליו, והנה נמצא לו דמות פסל קשור בצוארו כנהוג אצל בעלי דת ההוא, ונסתפקו אי שפיר דמי להתעסק בקבורתו, **והורה** צורבא מרבנן להשתדל בקבורתו, וכן עשו וגם הביאוהו לקבר ישראל, ועתה פקפקו איזה לומדים על הוראה זו. **והוא** ז"ל האריך בזה והעלה, דודאי מחוייבים להתעסק בקבורתו, לא מבעיא אם נמצא מת שלא במקום קביעות אנשי החיל, אלא אפילו מת במקום קביעותם, גם כן איכא כמה טעמים לחיוב לעסוק בקבורתו, ולכן יפה עשו בזה שהשתדלו בקבורתו, **אך** מה שקברוהו בקברי ישראל שלא כדין עשו, דאין קוברין רשע אצל צדיק הוא איסורא דאורייתא מהלכה למשה מסיני, והולכין בספיקו להחמיר. **איברא** אחרי שכבר נקבר אין נראה לחטוטי שכבי מספיקא, ושב ואל תעשה עדיף, עש"ב›.

סעיף ד - כל הקרובים שהכהן מיטמא להם, שהם: אביו ואמו, ובנו ובתו, ואחיו, ואחותו מאביו הבתולה, ואשתו, מתאבלים עליהם – ‹מפני שהעיקר מה שהתירה התורה טומאת כהן לקרובים הוא מפני אבלות – ערוה"ש›.

‹ובפשוטו מתאבל על שומרת יבם כיון דמיטמא לה, כדלעיל סי' שע"ג ס"ד, ועיין בכה"ג – רעק"א. (**עיין** בתשו' פרח מטה אהרן, דשומרת יבם שמתה, אין היבם מתאבל עליה, ע"ש, **ועיין** בתשו' משאת משה חלק עליו, **והסכים** דחייב להתאבל, **אך** בתשו' נחפה בכסף הובא בספר ברכי יוסף, שקיל וטרי בכל דבריו ומסיק כדברי הרב פרח מטה אהרן, שאינו חייב להתאבל, ע"ש).

ועוד הוסיפו עליהם: אחיו מאמו; ואחותו מאמו, בין בתולה בין נשואה; ואחותו נשואה מאביו, שמתאבלים עליהם אף על פי שאין כהן מיטמא להם.

וכשם שהוא מתאבל על אשתו, כך היא מתאבלת עליו. ודוקא אשתו כשרה ונשואה, אבל פסולה או ארוסה, לא - ‹ואם היה לו קטט עמה והיה דעתו לגרשה, ומתה מתוך הקטט, כתב היש"ש דאינו מתאבל עליה. **ובנתגרשה** על תנאי ומת, עיין שו"ע אה"ע סי' קמ"ה ס"ט בהג"ה – רעק"א.

אבל בנו ובתו, ואחיו ואחותו, אפי' הם פסולים, מתאבל עליהם, חוץ מבנו ובתו ואחיו ואחותו משפחה וכותית, שאינו מתאבל עליהם.

סעיף ה - הגר שנתגייר הוא ובניו, או עבד שנשתחרר הוא ואמו, אין מתאבלין זה על זה. (והוא הדין גר שנתגייר עם אמו, אין מתאבל עליהם) (סברת הרב מהמרדכי הל' שמחות ממעשה שבא לפני ר"י, למאי דקיי"ל אבילות יום ראשון דרבנן) - ואע"פ דבמרדכי כ' דגר מתאבל על אמו, ‹אע"ג דאמרינן בפ"ק דקידושין, גר את הגר אינו לא מדברי תורה ולא מדברי סופרים, הנ"מ קורבת האב, אבל קורבת האם יש לו חייס, **היינו** למ"ד אבילות יום ראשון דאורייתא, ‹דאמרינן בפ"ב דיבמות, לא גזרו שניות בגרים אף מן האם משום דשניות מדרבנן, אבל אבלות יום אחד שהוא מדאורייתא, חייב, דילמא אתי לאיחלופי בישראל, כדאמרינן פ' נושאין, לענין מינסב נשי דהדדי, **וכיון** דיום אחד מתאבל דהוי דאורייתא, ה"ה לכל שאר האבלות, דלא מצינו יום אחד בלא שאר אבלות – ב"י, **ולא** לדידן דקי"ל לקמן ס"ס שצ"ט, דהוא מדרבנן, וכן כתב בד"מ.

סעיף ו - כל מי שמתאבל עליו, מתאבל עמו אם מת לו מת - ‹בכל עניני אבילות, וכן קריעה והבראה, וכל עניינים הנמשכים כל ז', וכן הנמשכים כל שלשים. **ואם** לא היה בעיר כשמת לו מת למי ששייך להתאבל עמו, ואפילו בא תוך ז', א"צ לקרוע, רשב"א – רעק"א.

ודוקא בעודו בפניו, אבל שלא בפניו אין צריך לנהוג אבילות.

חוץ מאשתו, שאע"פ שמתאבל עליה אינו מתאבל עמה אלא על אביה או על אמה משום כבוד חמיו וחמותו, אבל על אחיה ואחותה או בנה ובתה מאיש אחר, אינו מתאבל עמה. ומ"מ אינו יכול לכופה להתקשט, אבל יכולה למזוג לו הכוס ולהציע לו המטה ולרחוץ פניו ידיו ורגליו - ‹כיון שהוא אינו באבלות, אבל כשמת אביה או אמה אינה יכולה לעשות לו דברים הללו, כיון שגם הוא באבלות – ערוה"ש. **וכן היא אינה מתאבלת עמו, אלא כשמתו חמיה או חמותה, אבל שאר קרוביו שמתו, אינה מתאבלת עמו.**

(**עיין** בשו"ת תשובה מאהבה שכתב, במי שמת אשת אביו בחיי אביו, דצריך לנהוג מקצת אבילות עד מוצאי שבת הראשון, דאם משום כבוד חמיו וחמותו מראין אבילות, דאינו אלא סמך בעלמא, מכ"ש כבוד אשת אביו שהוא מן התורה מ"את אביך", **ובדקדוק** גדול נקטו הרמב"ם ושו"ע לקמן ס"ז, אבל על קורבא דקידושין שלהם כגון כו', **והשמיטו** אשת אביו ובעל אמו וחמיו וחמותו, כי אלו אף על פי שהמה מפאת קורבה דקדושין, מ"מ מתאבל עליהם משום שהוא חייב בכבודם, ע"ש).

הגה: וי"א דהאידנא נוהגין להקל באבלות זה של המתאבלים עמו, דאין זה אלא משום כבוד המתאבלים, ועכשיו נהגו כולם למחול - ‹ויראה לי דהאידנא אף אם יאמר האבל שאינו מוחל, ורוצה שקרובו יתאבל עמו בפניו כפי דינא דגמ', לאו כל כמיניה, כיון דכבר נתבטל מנהג זה – ערוה"ש.

וכן נוהגין האידנא שלא להתאבל כלל עם המתאבלים, וכל המחמיר בזה אינו אלא מן המתמיהים - ואינו כמכבד האבלים אלא כלועג להם, **ואף** על גב דמי שרוצה להחמיר ולהתאבל על מי שאינו צריך, הרשות בידו, וכמ"ש הרב בסוף ההג"ה, **היינו** דוקא כשמתאבל לגמרי כדין אבילות, אבל כשאינו מתאבל אלא לפניו, הוי כלועג לאבל, נ"ל. ‹**ועוד** יש לחלק בין כשעושה הדבר מצד רצון בעלמא, דבזה הרשות בידו, ובין שעושה מצד הדין, וכיון שכבר נתבטל, זה הוי כלועג בעלמא, באה"ט – ערוה"ש›.

ומ"מ נהגו שכל קרובי המת הפסולין לו לעדות, מראין קצת אבילות בעצמן כל שבוע הראשונה - עיין בחו"מ סי' ל"ג איזהו פסולין לעדות, **ומ"מ** נראה דדוקא פסולי עדות מחמת קורבה דשאר, ולא פסולי עדות מחמת קורבה דקידושין, כדלקמן בסעיף שאח"ז.

דהיינו עד אחר שבת הראשון - הן סמוך הן מופלג, **וכתב** הב"ח, דכ"ש דאסור לילך לסעודת מצוה כגון ברית מילה עד מוצאי שבת, ע"ש.

שאינן רוחצים - והכי נהוג שאינם רוחצים כי אם בפושרים גמורים, **ואין משנים קצת בגדיהם כמו בשאר שבת** – ‹פי' שמראים קצת אבילות במה שאין משנים כל בגדי חול שלהם ללבוש רק בגדי שבת, אלא משנים רק מקצת בגדי חול שלהם, ומקצת בגדיו לובש של חול – בדי השלחן›. **ויש מקומות שנהגו עוד להחמיר בענינים אחרים, והעיקר כמו שכתבתי** – ‹והיכי דנהוג נהוג והיכי דלא נהוג לא נהוג, כי מדינא אין כאן שום עיקר, ובסתמא ינהגו כרבינו הרמ"א, שאחריו אנו הולכים – ערוה"ש›.

ובתשו' משאת בנימין כתב וז"ל, קרובי המת שאינן חייבים להתאבל ומ"מ מראין קצת סימני אבילות, ראיתי מקומות חלוקים בזה: **יש** מקומות שנוהגין רק פסולי עדות למת מראין אבילות, אבל הכשרים לעדות אין מראין אבילות כלל, **ויש** מקומות שאפי' שלישי ברביעי מראין אבילות, והיכא דנהוג נהוג, **והיכא** דלא נהוג נראה דאין להראות אבילות רק הפסולים לעדות, וכדעת תרומת הדשן, **מ"מ** נראה דאין כל הקרובים שוים לזה, אלא קרוב קרוב קודם, ואותם קרובים שמן הדין היו חייבים להתאבל ממש, כדאמרינן כל שאתה מתאבל עליו אתה מתאבל עמו, אע"ג דהאידנא לא נהיגין הכי באבילות ממש, מ"מ צריכין להראות אבילות ביום המיתה או ביום השמועה אם הוא תוך ל' עד מוצאי שבת הא', ואין להחליף מבגדי חול לבגדי שבת, וגם אין לרחוץ בחמין גם לא לחוף הראש רק בצונן או במים פושרין, גם אין לאכול חוץ לביתו לא בסעודת מצוה ולא בסעודת מריעות, **אבל** כתונת לבן אין למנוע לכבוד שבת, גם אין לשנות את מקומם בבהכ"נ, אבל במו"ש מותר בכל דבר, בין אם הוא מופלג או סמוך, **ואותן** הקרובים שמן הדין אין מתאבלין, אין להחמיר עליהן ברחיצת חמין וחפיפת הראש, ולא בחילוף בגדי שבת כל כך, ודי להם בבגד העליון של חול, ושלא לאכול חוץ לבית, **וכ"ש** אותן מקומות שנהגו דאפילו הכשרים לעדות מראין קצת אבילות, שאין להחמיר כל כך, עכ"ל. **ומ"ש** להתיר ברחיצת חמין וחפיפת הראש באותן קרובים שאין מתאבלים עם מי שמתאבל עמהן, אין נראה כן מדברי תה"ד והרב, דהא אוסרין ברחיצה על קרובי המת הפסולים לעדות, דהיינו שני בשני, אע"ג שאין מתאבלין, **גם** מ"ש להחמיר שאין להחליף כלל מבגדי חול לשבת באותן שמתאבלין, אין נראה כן מדבריהם, אלא משנים רק קצת מבגדיהן, **ומ"מ** נראה דהולכים בדברים אלו אחר המנהג. ‹**ועיין** בדגמ"ר שהסכים עם המ"ב, וכתב שגם בדברי הרמ"א ז"ל יש ט"ס, שבתה"ד ובד"מ כתוב: וגם לא יחליפו בגדיהם כו', ע"ש›.

‹**עיין** בתשו' אא"ז פנים מאירות, דאם אירע רגל שמבטל גזרת שבעה, אז הקרובים שחייבים מדינא להתאבל, ישנו קצת בגדיהם, אבל אותן שאינם חייבים אלא משום כבוד, פטורים, ע"ש›.

‹**עיין** בשו"ת אדני פז שכתב, במי שמת לו קרוב מפסולי עדות במקום אחר, ויש לו מתאבלין פה שאין יודעים מזה עדיין, שאין צריך לשנות בגדיו כפי המנהג בשבת ראשונה, כיון דעיקר מנהג זה הוא משום כבוד המתאבלים, וכן משמע ברמ"א, דכתב משום כבוד המתאבלים עמו, א"כ הכא דאינם מתאבלים, פשיטא דפטור, ואפילו איסור יש משום זלזול כבוד שבת, ע"ש. **ולי** נראה דמ"ש רמ"א: ומ"מ נהגו, מיירי אפילו באין כאן קרובים המתאבלים, וכן מבואר בד"מ ע"ש, א"כ צריך לשנות בגדיו›.

וכ"ז בשמועה קרובה, או שהיה אצל המיתה; אבל בשמועה רחוקה, אין לאבילות זה מקום כלל.

מי שרוצה להחמיר על עצמו להתאבל על מי שאינו צריך, או ללבוש שחורים על קרובו, אין מוחין בידו – «היינו בדבר הרשות, חליצת מנעלים וכדומה, אבל לא לבטל מד"ת, או למנוע עונה מאשתו בליל טבילה, כנה"ג – רעק"א». (**עיין** בתשו' בשמים ראש שכתב, דמ"מ להתנהג בכל דיני שבעה לא יאות, והדיוט הוא העושה כן).

סעיף ז - אין מתאבלים עם הקרובים שמתאבלים עליהם, אלא כשמתאבלים על הקורבה דשאר, כגון בנו ואחיו שמתאבל על בן ובת שלהם; אבל על קורבה דקדושין שלהם, כגון שמתה אשת בנו או אשת אחיו או בעל בתו או בעל אחותו, אינו מתאבל עליהם – «והטעם נראה, משום דבעינן שיהיה להמתאבל איזה קורבה ממש עם המת, אבל קורבה דאישות אין הקורבה רק להבעל בלבד או להאשה בלבד. **ובטור** כתב עוד, די"א שלא אמרו להתאבל אלא כשהמת קרוב לו, אבל אחיו מאביו שמתאבל על אחיו מאמו, שאינו קרוב לו כלל, אינו נוהג עמו אבלות, עכ"ל, **וזהו** ג"כ מטעם שבארנו, **ורבינו** הב"י לא הביא זה לאו משום דלא ס"ל כן, אלא משום דזהו מילתא דפשיטא, שהרי אבלות על אחיו מאמו עיקרו דרבנן, נ"ל – ערוה"ש».

סעיף ח - תינוק, כל שלשים יום ויום שלשים בכלל, אין מתאבלים עליו, אפילו גמרו שערו וצפרניו – «שהוא ספק נפל, וספק אבלות לקולא, ואפילו להרמב"ם שסובר דאבלות יום ראשון דאורייתא, מ"מ כל ל' יום הוא בחזקת נפל – ערוה"ש», **ומשם ואילך מתאבל עליו, אלא אם כן נודע שהוא בן ח'.**

ואי קים ליה ביה שכלו לו חדשיו, כגון שבעל ופירש ונולד חי לט' חדשים גמורים, אפילו מת ביום שנולד, מתאבלים עליו – (עיין בתשו' מעיל צדקה, שכתב באשה אחת שטבלה לבעלה בכ"ה בניסן, ונזדקקה לו בכ"ז בו, ובבוקר נסע בעלה ממנו לדרכו, ונשתהה בדרך עד סוף ימי אלול, והיא נתעברה מביאת ימי ניסן והוכר עוברה והרגישה בו לפעמים בימים אשר בעלה חוץ לביתה, ואח"כ בליל ר"ח שבט המליטה ולד נגמר בשערו וצפרניו, וחי שמונה ימים והלך אח"כ לעולמו, ושנה הזאת היה חשוון וכסליו וטבת חסרים, **ונסתפקו** אם חייבים להתאבל על תינוק זה, אי בעינן הני ט' חדשים כולם בני שלשים יום שלמים, ואכתי חסר שני ימים או לא, **והשיב** דחייבים להתאבל עליו אחרי שכבר ידע בבירור שימי עיבורה ללבנה נשלם לה, ועוד לה ימים יתרים, מקרי כלו חדשיו, ע"ש).

(**עיין** בתשו' חת"ס, בנידון תינוק שמת ביום ל"א ללידתו טרם הגיע שעה שנולד בה, **והורה** רב אחד להתאבל עליו, דאין מחשבין שעות, **וערערו** עליו, כיון דעכ"פ איכא פלוגתא בתוס' ערכין ל"א, א"כ נהי דסוגיא דעלמא דלכל מילי לא בעי משעה לשעה, מ"מ לענין אבילות דקי"ל הלכה כדברי המיקל באבל, היה לו להקל, **והוא** ז"ל האריך בזה, ומסיק דטב הורה דצריך להתאבל בכה"ג, חדא, דע"כ לא פליגי אלא בשנים, אבל בימים לחשוב שעות ליומא, ליכא פלוגתא כלל, ולכ"ע לא בעי מעל"ע, **ועוד** דהא התוספות הקשו בכמה דוכתי, הא רובא בני קיימא ילדו, ותירצו משום חשש חומרת יבום כו', וכיון דהתם גופא לא מחשבינן שעות, א"כ איך נקל ונחשוב שעות באבילות, **ועוד** דלא אמרינן הלכה כדברי המיקל באבל אלא בפלוגתא דאינו נוגע רק לענין אבילות, אבל בפלוגתא במילי אחרינא ומסתעף מיניה דיני אבילות, ולשאר מילי כבר אפסיק דלא מחשבים שעות, אף על גב דמסתעף מיניה חומרא לענין אבילות, לא ניזל לקולא, **דאלת"ה** גם לענין פדיון בכור נמי, נימא מת ביום ל"א קודם זמן לידתו נאמר הלכה כדברי המיקל לענין ממון לנתבע, ויפטור האב מפדיונו ויטעון קים לי, וזה מבואר הביטול, אע"כ כיון דפלוגתתם לאו לענין ממון איתשל, וכ"כ מורי ז"ל בהפלאה, והו"נ דכוותיה, ע"כ הוראת הרב בלי שום פקפוק, עש"ב).

(ספק בן ט' לראשון (או) ובן ז' לאחרון, שניהם מתאבלים עליו) – [אע"ג דאבילות דרבנן, החמירו כאן בספק, «כיון דודאי קרוב לאחד – לבוש», **גנאי היה לו אם לא היו מתאבלין עליו כלל**].

(**ועיין** בס' תבת גמא, שכתב דדוקא בשניהם קיימים הדין כן, דגנאי הוא, אבל אם מת אחד, אין השני חייב להתאבל, דאין גנאי, דתולין שהיה של השני, ובמידי דרבנן ספיקא לקולא. **וכתב** עוד שהבן הספק חייב

להתאבל על שניהם אם מתו, ואם אחד מת כשהיה קטן, אפשר אינו חייב להתאבל על השני).

(עיין בשו"ת השיב רבי אליעזר שכתב דין חדש, הא דגבי ספק בן ט' לראשון או בן שבעה לאחרון נותנים עליו חומרי שניהם, היינו דוקא היכא דהיתה בפנינו כי מלאו שלשה חדשים ולא ניכר עוברה, ואז איתרע לה רובא, **אבל** היכא דלא היתה בפנינו עד אחר ג' חדשים דנשואי שני, תלינן דנתעברה מהראשון והוא בן ט' כדרך רוב הנולדים, וא"כ אין נותנין עליו רק חומרי הראשון ולא חומרי השני, **רק** לענין ירושה אינו יורש אף את הראשון, דאין הולכין בממון אחר הרוב, **אבל** לענין איסורא בודאי הולכין אחר הרוב, ואמרינן דלט' ילדה והוא מהראשון).

סעיף ט - יש מי שאומר דתאומים שמת א' מהם תוך שלשים יום, והשני חי ומת אחר ל' יום, אין מתאבלין עליו - והשני חי [עדיין] אחר שלשים יום כו', כצ"ל. **ור"ל** אין מתאבלין ע"ז שמת תוך ל', ולא אמרינן מדזה הוא חי והוא בן קיימא, אפילו גם זה שמת מסתמא בן קיימא הוי, **דלא** כהעט"ז שכתב שאין מתאבלין על זה השני שמת אחר שלשים, שמסתמא נמי נפל היה, [ואמר דהיינו דוקא כשהי' השני ג"כ חולה בשעת מיתת הראשון], **דהא** ודאי ליתא, וכבר השיג עליו הב"ח בזה, [ובאמת דעתו מתמיה מאד לפטור מאבילות מכח סברא חלושה כזאת], **וכן** משמע להדיא בא"ז גופיה שממנו מקור דין זה ומביאו בד"מ וז"ל: תשובה על תאומים שמת אחד מהן תוך ל' והשני חי, לא אמרינן מדהשני חי הראשון נמי בן קיימא הוי, ואין מתאבלין עליו, עכ"ל תשובת הרשב"א, וכן פירש בהגה' דרישה ועיקר. ‹**ולא** אמרינן כיון דמטיפה א' ונתחלקה לב', כיון דהשני חי אחר ל' והוא בן קיימא, מוכח דגם הראשון בר קיימא, דאין זה הכרח, דלמא מקצת טיפה נקלט מיד ומקצתה אחר ב' ימים - רעק"א. **גם** בתשו' מהר"מ מינץ מביא הלכות שמחות בפירוש דקאי על הראשון - נקה"כ. ‹**וכן** הסכים הב"ח והגאון מוהר"ר משה חריף ז"ל, דעל השני שמת אחר ל' ודאי דמתאבלין עליו, **ודלא** כמוהר"ם מלובלין בתשובה ששגג בזה ג"כ, עכ"ל הט"ז - באה"ט›.

סעיף י - על רבו שלמדו חכמה נוהג דיני אנינות – [ונכון להם שלא לשתות יין ולא לאכול בשר כל היום עד לאחר קבורה], ‹וקורע עליו›, **אלא שמברך ומזמן** - ‹דנוהג אנינות לחומרא, אבל לקולא לפוטרו מבהמ"ז אין סברא - ערוה"ש›. **ומתאבל עליו בחליצת סנדל וכל דיני אבילות יום אחד** – [בסימן רמ"ב מבואר דסגי במקצת יום ראשון]. **(וכתב הב"י בשם רבי שמחה שצריך לשנות מקומו בבהכ"נ, מיהו במקצת היום סגי).**

סעיף יא - נשיא, אף על פי שהכל מיטמאין לו, אין מתאבלים עליו - ‹מטמאין לו זהו משום כבודו, אבל אין מתאבלין עליו - לבוש›. ‹**רק** לענין טומאה עשאוהו כמת מצוה - ערוה"ש›.

הגה: י"א דאין מתאבלין על בן הראשון או בן הבכור שמת לאדם - ‹כיון שהוא קדוש לה', אין ראוי להתאבל עליו שאינו שלו - לבוש› **(כל בו וריב"ש וב"י הביאו מי שנהגו כן, והם כתבו שהוא טעות); והמנהג הוא מנהג טעות, אלא חייבים להתאבל עליהם. ומ"מ נשתרבב המנהג בעירנו שאין אב ואם הולכים אחר בניהם הראשון לבית הקברות** - אבל על בניהם השני הולכים, אף על פי שהראשון היה נפל, וכן נוהגין.

יש אומרים בשעת הדבר אין מתאבלים, משום ביעתותא - ‹והדמיון פועל בשעת סכנה, לפיכך בעי צילותא - לבוש›.

ושמעתי קצת נהגו כן - ‹ובודאי אם יש חשש פחד בזה, הוי כפקוח נפש, וכן נ"ל דכל חולה אף שאין בו סכנה, אם האבלות יגרום תוספת חולי, אין לו להתאבל - ערוה"ש›.

§ סימן שעה – אימתי מתחיל האבילות, ולמי שמפנין מקבר לקבר §

סעיף א - מאימתי חל האבילות, משנקבר ונגמר סתימת הקבר בעפר - ‹באופן שהארון לא נראה עוד, **אף** על פי שעדיין לא נתנו האבן על הקבר במקום שהמנהג כן, וכמו שהיה בזמן הקדמון, וזה היה נקרא גולל, [ומבואר מהגמר' דאבילות מאימתי קא מתחלת מסתימת הגולל], **מ"מ** חל האבלות, דעיקר סתימת הגולל

מקרי כשנתנו העפר על פני המת, וישוב העפר על הארץ כשהיה, וזה נקרא סתימת הגולל, משום דע"פ רוב הניחו תיכף אבן על פני הקבר, אבל אין זה לעיכובא – ערוה"ש›.

[**דמ"ש בגמרא עד שיסתום הגולל, פרש"י כסוי הארון, ופירש הרמב"ן דהיינו כשנותנין אותו בארון וסותמין הכיסוי בנסרים לדעת ליתן אותו ארון בכוך או קבר אח"כ, אז מונה משעת סתימת הארון, אבל אם מוציאין במטה או בארון פתוח לבה"ק, מונים משיסתום הקבר לגמרי, ור"ת פי' גולל הוא האבן שנותנין על הקבר למעלה לסתמו, ולא לעשות סימן לקבר, וכל זמן שהארון מגולה, דהיינו שלא ניתן עליו עפר עדיין, אע"פ שנשתקע במסמרים, אין אבילות עדיין**]. ‹**חידוש** לרש"י, דכשסתמו את הארון במסמרים באופן שלא יטלוהו עוד מהארון, מתחיל אז האבלות אף קודם קבורה – ערוה"ש›, ‹עי' ש"ך לעיל סי' שע"ג ס"ו – רעק"א›.

מיד מתחיל האבילות ומעטף ראשו, אבל אינו חולץ מנעליו עד שיגיע לביתו. ועכשיו נוהגים לחלוץ מנעל אחר סתימת הגולל מיד, כדאיתא בסימן שע"ו - ‹וי"ל טעם המנהג, משום דעטיפת הראש לא נהגו אצלינו, כמ"ש רבינו הרמ"א בסי' שפ"ו ע"ש, וא"כ אין שום היכר לאבלות, ולכן נהגו לחלוץ המנעלים מיד אחר סתימת הגולל – ערוה"ש›.

הגה: (וע"ל סימן שע"ב) - ‹ולא ידעתי כוונתו, ואולי משום דשם נתבאר דגדול כבוד הבריות, ולפי"ז אפשר דרק בבה"ק חולץ מנעליו, אבל כשיחזור לביתו נועלם, משום דבזיון הוא לילך יחף בחוץ, וכמדומני שכן המנהג – ערוה"ש›. ‹**ובלבוש** כתוב: "ועיין לקמן סימן שפ"ב סעיף ה", וכתב שם הרמ"א: י"א שצריך לילך יחף מבית הקברות לביתו אם מת אביו או אמו, ולא ראיתי נוהגין כן›.

היה סבור שנסתם הקבר והתחיל להתאבל, ואח"כ נודע לו שטעה, חוזר ומתחיל האבילות מחדש – ‹ולא ידעתי מאי בעי בזה, ואיזה נ"מ יש במה שנהג גם מקודם אבלות, ומאי דהוה הוה, **ונ"ל** דה"פ, כגון שזה היה בעוד יום בשעה שהתחיל להתאבל, ונודע לו שטעה וסתימת הקבר היה בלילה, אין היום העבר מן החשבון של ז' ימי אבלות, וכן מבואר בתשו' הרא"ש שממנו מקור דין זה – ערוה"ש›.

סעיף ב - מי שדרכם לשלוח המת למדינה אחרת לקוברו, ואינם יודעים מתי יקבר - ‹מלשון זה משמע דוקא כשאין יודעים מתי יקבר מונים מיד, וכ"כ מפורש הב"ח, דכיון שאין יודעים מתי תהיה סתימת הגולל, הו"ל לדידהו החזרת פניהם כסתימת הגולל, **אבל** מדברי הטור לא משמע כן, וביותר מדברי הנמק"י שכתב הטעם, דאותם שחוזרים פניהם כבר נתייאשו ממנו, ויאוש הוי כסתימת גולל, אבל וכו' עכ"ל, הרי לא תלה הטעם בהעדר ידיעת זמן הקבורה, **וגם** מלשון רבינו הב"י משמע דזה אינו לעיכובא, דאל"כ למה לו לחלק בין הנקבר כאן להנקבר בעיר אחרת, ליפליג בעיר אחרת גופה בין כשיודעים זמן הקבורה ובין כשאינם יודעים, אלא ודאי דלאו דוקא קאמרי, ואורחא דמילתא קאמרי, דכשנקבר שלא במקומו נעלם מהם זמן הקבורה, אבל לא לעיכובא, **ולכן** נלע"ד שכן הדין כמ"ש, ואולי גם הב"ח לא לעיכובא קאמר, וצ"ע – ערוה"ש›.

מעת שיחזרו פניהם מללוות, מתחילין למנות שבעה ושלשים ומתחילין להתאבל; וההולכים עמו, מונים משיקבר - משמע דוקא כששולחים אותו לעיר אחרת, אבל הקוברים בבית הקברות סמוך לעיר, החוזרים משערי העיר אינן מתאבלין עד שאמרו להם שנקבר, וכמ"ש הרמב"ן וכן כתב בבית יוסף, **ונ"מ** ע"כ לענין קובר מתו בערב הרגל, וכדאיתא בפוסקים בשם בעל הלכות.

‹**כתב** השו"ע לקמן סוף סי' שצ"ט, וז"ל: מת לו מת בעיו"ט ונתיירא שמא לא יספיק לקוברו מבעו"י, ומסרו לכותים שיוליכוהו לקברו, כיון שהוציאוהו מהעיר ונתכסה מעיני הקרובים חלה עליהם האבלות, ואם הוא שעה אחת קודם הרגל ונהגו בו אבלות, בטלה לה גזירת ז' אף על פי שנקבר ביום טוב, עכ"ל, **וקשה** דהא בסי' זה נתבאר דכשהקבורה היא בעיר הזאת אין מונים אלא מסתימת הגולל, וא"כ איך בטלה גזירת ז', הלא נקבר ביום טוב, **וצ"ל** דס"ל דיו"ט שאני, {ודלא כהש"ך}, דכיון שהישראל אין יכול לקבור בעצמו ביום טוב, א"כ מסולק ידיו מזה, והוי להישראל כאלו נקבר מקודם, ודינו כנקבר בעיר אחרת שמונין אותם שבכאן מחזרת פניהם, **ולפ"ז** אם אירע כן בערב שבת סמוך לחשכה, נחשב ע"ש ליום ראשון של שבעה, **אך** הדבר פשוט שאין לעשות כן לכתחלה, אם לא במקום דחק שא"א באופן אחר כפי הנראה לב"ד, שבהכרח לקוברו עתה, **דאל"כ** יניחו הקבורה עד אחר שבת – ערוה"ש›.

(**ועי'** בסידור תפלה של הגאון מליסא, שכתב דמ"מ אם חלצו הסנדל ונהגו אבילות קודם שבאו הקוברים מביה"ק, והיה סמוך לחשיכה, ואח"כ באו הקוברים מביה"ק בלילה, ואמרו שנסתם הגולל כשהיה יום קצת,

אף שהאבלים לא ידעו מזה, רק שמספק נהגו אבילות, עולה להם למנין ז' ול', **וכן** מוכח ממ"ש רמ"א בס"א: היה סבור כו' ואח"כ נודע שטעה, משמע שאם אח"כ נודע שנהג אבילות כדין, עולה לו מה שהתאבל).

ואם גדול המשפחה הולך עמו, אף אלו שבכאן אינם מונים אלא משיקבר - ‹היינו שהולך הגדול למקום שדר שם ונשאר שם, אבל אם הגדול חוזר אצלם אפילו ביום ז', מונה עמהם משעה שהחזירו פניהם, ש"ך לקמן ס"ק י"ב – רעק"א›.

ומדברי ראב"ן מבואר, דדוקא אם יכול לבא אל הקבר תוך ג' ימים, **אבל** אם אינו יכול לבוא תוך ג' ימים, אלו שבבית מונין מיד, וגדול הבית שבב"ה משיסתם הגולל, ואין נגררים עמו, ומפרש שם כך בש"ס הא דאתא גו תלתא כו', **ואפשר** גם המחבר וסייעתו מודים לזה, דלא מסתבר כלל אם יקבר המת במקום רחוק, שאלו שבכאן ישבו ימים רבים ולא יתחילו אבלות עד שיקבר, **אף** שפי' ראב"ן בש"ס דחוק, מ"מ הסברא נכונה.

וגדול המשפחה היינו דביתא סמוך עליה וגרירי כולהו בתריה, לא שנא אח לא שנא בן קטן; ויש מי שאומר והוא שיהא בן י"ג - לקמן כתבתי בשם הרשב"א, דמי שמתה אשתו, הבעל נקרא גדול הבית. ‹**ואם** האשה גדול הבית, כגון שהיא אלמנה ויושבת עם בניה, ומת אחד מהבית, אם היא עקרת הבית שמנהגת צרכי הבית, נקראת היא גדול הבית, **ובמקום** שיש איש ואשתו וזרעם, מקרי האיש גדול הבית, כשמת אחד מבני הבית, **וכשמת** האיש צריכין לראות מי יהיה המנהיג תחתיו, אם האשה או אחד מבניו, ומי שישאר מנהיג נקרא גדול הבית – ערוה"ש›.

משמע דוקא לחומרא אזלינן בתר גדול המשפחה, דאין מונין אלא משיקבר, אבל אי גדול המשפחה הוא אצל אלו שנשארו כאן, אין מעלה ומוריד, אלא אף על פי כן ההולכים עם המת אין מונין אלא משיקבר, וכדעת התוספות שמביא בית יוסף, **אבל** הטור כ', דהכל הולך אחר גדול הבית, דאם נשאר כאן, אלו ואלו מונין משיצא המת, וכן נראה דעת הרמב"ן והרא"ש במה שהביאו שם הירושלמי ע"ש, **ולא** עמדתי על סוף דעת בית יוסף, שכ' וגירסת הרמב"ן בירושלמי מגומגמת כו', שהרי גירסתו אות באות כגירסת הרא"ש, **מיהו** לפי מה שהביא הבית יוסף נוסח הירושלמי, מוכח לענין דינא כדעת התוספות הנ"ל, ונ"ל שגירסא זו עיקר, ונ"ל שכן דעת ראבי"ה שהביא מרדכי, ע"ש.

סעיף ג - אם מפנין את המת מקבר לקבר, אם קברוהו בקבר ראשון על דעת להיות קבור שם עולמית, אלא שאח"כ נמלכו לפנותו משם, אין מונין לו אלא משיקבר בקבר ראשון, אפילו פינוהו תוך ז'. אבל אם בתחלה קברוהו על דעת לפנותו כשיזדמן להם - ‹וכשיזדמן משמע אפילו לאחר זמן רב, והרי זו קבורה קצת›, **מתחילין אבלות מיד; ואם פינוהו תוך שבעה, חוזרין ומונין משיקבר שנית; ואם לא פינוהו עד לאחר שבעה, כבר עבר אבלותם ואין מתאבלין עליו פעם אחרת; ואם מתחלה היה דעתם לפנותו משם תוך שבעה** - ‹אין זו נקרא קבורה כלל›, **אין מתחילין למנות עד שיקבר בקבר השני** - ‹שהוא עיקר קבורתו – לבוש›.

סעיף ד - אם נתנו המת בארון, ונתנוהו בבית אחר לפי שהיתה העיר במצור, מונים לו מיד שבעה ושלשים, אע"פ שדעתם לקברו בבית הקברות אחר המצור, וסתימת ארון הוי כקבורה וחל עליהם אבלות מיד - כלומר אף על גב דקי"ל לעיל סעיף א', דאין אבילות חל אלא משיסתם הגולל, דהיינו משנקבר ונגמר סתימת הקבר בעפר, היינו בעלמא, **אבל** במצור מיד שנתנוהו בבית אחר וסתמו הארון הוי כקבורה, דהוי כשנתיאשו מלקברו, דאע"ג דרוצים לקברו אח"כ בבה"ק, מ"מ השתא במצור ה"ל קבורה מעליותא לדידהו, שהרי אם תלכד העיר לא יקברוהו בענין אחר, וכן נראה בב"י, ‹ונ"ל אפילו אם נסתלק המצור תוך ז' וקברוהו בבה"ק, מ"מ אין מתחילין האבלות מחדש, כיון שלא ידעו אז שיהיה סילוק המצור תוך ז', הוי כשנתייאשו – ערוה"ש›, **ובב"ח** טרח ליישב דברי המחבר בע"א, ע"ש.

סעיף ה - הרוגי מלכות שאין מניחים אותם ליקבר, מאימתי מתחילין להתאבל

עליהם ולמנות ז' ושלשים, משנתיאשו לשאול למלך לקברן - ואין חילוק בין נתיאשו תוך ל' או אחר ל', **אף על פי שלא נתיאשו מלגנוב אותם** - ‹דאף על גב שעדיין מתעסקין ומתחבלין לגונבו ולקוברו, מילתא דלא שכיחא היא שיוכלו לגונבו, והוי יאוש שמתייאשין לשאול אותו, הוי כחוזרים מן הקבורה ומתחיל האבילות – לבוש›.

סעיף ו - מי שהודיעוהו שצלבו עובדי כוכבים קרובו בעיר אחרת ונהג אבילות מיד, ואח"כ נודע לו שעדיין עומד בצליבה, אותו אבלות לא עלה לו, וחוזר ומונה משיקבר או משנתיאשו מלקברו (דעת ר"י ורמב"ן) – [מעשה ביהודי אחד שהרגוהו והשליכוהו בנהר רינו"ס, ובעשרה בטבת היה המעשה, ולפני אדר נתיאש בנו מלבקשו עוד, **והורה ר' יעקב למנות מעתה שבעה ושלשים, ולאחר שעברו ימי האבילות נמצא אביו בתוך הנהר, והובא לבה"ק, והורה לו הזקן רק לקרוע, והסכים עמו הרמב"ן**]. ‹**לפסק** השו"ע ס"ז חייבים להתאבל ביום המציאה, ואיני יודע א"כ למה העתיק מעשה זה – ב"מ›. ‹**ומ"ש** שנמצא אחר ימי האבלות, נ"ל דאף אם נמצא בתוך ימי האבלות הדין כן, ורק מעשה שהיה כך הוה – ערוה"ש›.

סעיף ז - מי שטבע במים שיש להם סוף, או שיצא קול שהרגוהו לסטים, או שגררתו חיה, מאימתי מונים, משנתיאשו לבקש.

במים שיש להם סוף - נראה להכי נקט מים שיש להם סוף, לאפוקי שאין להם סוף, דאין מתאבלין עליו כלל, **וכמ"ש** הב"י בשם העיטור בשם תשובת הרי"ף, מי שטבע במים שאין להם סוף, דאין היתר לאשתו, [**דבחזקת חי קיים**], לא ינהוג אבילות, והא דתניא באבל רבתי טבע בנהר, איכא למימר שנפל ומת, או שנפל למים שיש להם סוף, עכ"ל, **ולפ"ז** מ"ש או שיצא קול כו' או שגררתו חיה כו', היינו נמי בענין שמותרת אשתו להנשא, **ואע"ג** דמדברי רב האי ורב שרירא שהביא הטור משמע, דאפילו לא נתברר שמת, אלא קול יוצא בכך, מתאבלין עליו, **נראה** כיון דנדחו דבריהם בפוסקים, כדאיתא בטור וב"י, נדחו ג"כ בזה, **וכן** כתב הרב באה"ע סי' י"ז ס"ה, דאשתו אסורה להספיד או ללבוש שחורים כל זמן שאין כאן עדות שהוא ראוי להשיאה על ידו, ע"ש.

(**ועיין** בתשו' חינוך ב"י, באחד שנאבד ר"ל ולא נודע מה היה לו, והורה שבניו לא יאמרו קדיש עליו, דג"כ יש לחוש לתקלה כמו באבילות, **וחכם** א' חולק עליו, ומחלק בין אבילות לאמירת קדיש, **והוא** ז"ל חזר והשיב לו להעמיד דבריו, והסכימו עמו כמה גדולים, **וכתב** דמ"מ יעשו נחת רוח לנשמת המת באופן שלא תבא לתקלה, כגון לברך בהמ"ז ולהפטיר ולהתפלל לפרקים במקום שאינו דוחה שאר אבלים, **ואם** היתום קטן יש לעשות פעולות אחרות, כגון ליתן לצדקה עבורו, ולשכור אחד ללמוד עבורו, ע"ש. **ועיין** בתשו' שבו"י שהקשה מש"ס דכתובות דף ס"ב, דא"ל ר' ינאי כפו מטתו, אף על גב דודאי ע"פ אומדנא כזה שאינו מוכח אין משיאין את אשתו, **ולכן** מחלק, דדוקא בנאבד בעלה אין מתאבלין אא"כ בעדות ברור שמשיאין את אשתו, משא"כ בהלך בעלה למקום קרוב, שאפשר להתוודע הדבר תוך ימי אבלה, אין מוחין להתאבל עליו, כיון דהוא מילתא דעבידא לגלויי, ע"ש עוד).

(**עיין** בתשו' כנסת יחזקאל, כתב אף שמבואר בשו"ע שאין מניחין בניו ואשתו להתאבל, **אבל** אני נוהג מאחר שכבר מפורסם ששולחין שו"ת לרבנים, אני מתיר לבניו להגיד קדיש בביתה לעשות מנין, שבזה איכא פרסומי מלתא ולא חיישינן שיבא אחד ויעיד שפלוני מת סתם, **וגם** לאשתו ובניו אינו מוחה לילך בבגדי חול אף בשבת, **אבל** לא ללבוש בגדי אבל, עכ"ל ע"ש).

(**ועיין** בתשו' חת"ס, אודות נער פנוי שנטבע במים שאין להם סוף, אי מתאבלין עליו כיון דליכא חשש היתר עגונה, **וכתב** שדבר זה במחלוקת שנוי, דהגאון מהר"ם בן חביב בספר עזרת נשים, **פשיטא ליה שלא יתאבלו** אפילו על רווק, משום גזירה לגזירה, וכן הוא משמעות הש"ך כאן, ‹**חדא** מדכתב העיטור, דמאי דקתני בטבע נהר, מיירי דיש להם סוף, ולא קאמר דמיירי בפנוי או באשה וקטן, וכן מדנדחק ש"ך אתשו' ר' שרירא גאון ור' האי דס"ל מתאבלים על ידי קול, וקאמר דנדחו דבריהם, ולמה לא קיים דבריהם היכא דליכא חשש היתר עיגון, אע"כ לא פליג›, **אך** בתשו' שבו"י פשיטא ליה טובא דברווק מתאבלים, והשיב על הש"ך, **וכיון** דאיכא פלוגתא בזה, הנה אם היו חולקים בדין אבילות אם ראוי להתאבל על כיוצא בזה, היינו אומרים הלכה כדברי המיקל באבל, **אך** פלוגתתם רק אי נגזור גזירה לגזירה, אבל זולת זה פשיטא דראוי להתאבל על רוב כזה, דאפילו על ספק נפל היה ראוי להתאבל, רק

משום שלא להתיר ערוה כו', **א"כ** המיקל בגזירה לגזירה ומחמיר להתאבל אין מזחיחים אותו ותע"ב, ויש לו על מה לסמוך גברא רבא תשובת שבו"י, ע"ש).

(**ועיין** בתשו' משכנות יעקב שבא בשאלה לענין אמירת הבן קדיש אחר אביו אשר מיתתו לא נתבררה בבירור גמור שיהא בה כדי להתיר אשתו. **והאריך** לבאר שהש"ך וקצת תשובות אחרונים לא הרגישו שיש מחלוקת גדולה בזה בעיקר דין האבילות, ורוב פוסקים הראשונים חולקים וס"ל דכל שע"פ רוב הוא מת מתאבלין עליו. **גם** פסק השו"ע גופיה צ"ע בזה, ממ"ש בסי' של"ט ס"ב, מי שאמרו לו ראינו קרובך גוסס כו', **ובתשו'** שבו"י דחק לתרץ הסתירה, ולחלק דגבי גוסס שאינה רחוקה מבעלה רק מהלך ד' ימים, לא חיישינן כו', **אבל** באמת הם דעות חלוקים, ולדעת מהר"ם והרא"ש והטור גם במים שאל"ס אזלינן בתר רובא כו', **וגם** במשאל"ס גופא נמצא מחלוקת מפורשת, כי בתשו' מהר"ם ב"ב הביא תשובת ר"ש בן אברהם, שכתב בהדיא דהנטבעים במשאל"ס מתאבלין עליהם משעה שנתייאשו לבקש, אף שאשתו אסורה להנשא, וכ"כ בספר הראב"ן, **רק** לענין אנינות הביא שם מחלוקת, אם אסורין בבשר ויין כל זמן שלא נתייאשו לבקש. **ולפ"ז** מאחר דהרשב"א והראב"ן והר"ם וטור ומרדכי כולהו בחדא שיטה קיימו, לחייב באבילות ע"פ רובא, ודאי יש מקום לחייב גם באבילות במשאל"ס, **ובפרט** במקום שנמצא והוכר בט"ע וסימני בגדיו, עם שעדיין לא נתברר כל העדות על מכונו לענין היתר להנשא, **ומה** גם בענין אמירת קדיש שאינו דומה כ"כ לאבילות, כמבואר בתשובת שבות יעקב, ע"ש).

מצאוהו אברים אברים ומכירין אותו בסימני גופו, אין מונין לו עד שימצא ראשו ורובו או יתייאשו מלבקש; ואם נמצא אחר שנתייאשו ממנו, אין הקרובין צריכים לחזור ולהתאבל, אלא הבנים, אם הם שם בשעה שנמצא, מתאבלים אותו היום - (וגם קורעים - ב"מ, ולבוש כתב: וא"צ לחזור ולקרוע, שהרי כבר קרעו מיד כששמעו, וכ"כ הערוה"ש עיין לקמן, **ועיין** לעיל ס"ו בט"ז, וצ"ע), **דלא גרע מליקוט עצמות אביו אבל אם אינם שם, ושמעו אחר שעבר היום, אין צריכין להתאבל** - (ולא לקרוע - ב"מ, והחכ"א כתב דצריך לקרוע).

אם הם שם בשעה שנמצא - אורחא דמילתא נקט, דמסתמא כל שאינן שם לא שמעו באותו היום, **אבל** ודאי אף על פי שאינן שם ושמעו באותו היום, צריכין להתאבל כל אותו היום.

אין הקרובים צריכים להתאבל - כ"כ טור, ותמיה לי, דהא כיון דלא גרע מליקוט עצמות, אם כן גם הקרובים צריכין להתאבל, כדלקמן סימן ת"ג סעיף א' וסעיף ה', **ונראה** דמשמע ליה הכי מדכתב הרא"ש בשם מהר"ם, דאם קברוהו במקום בנו, וידע בנו את קבורתו, לא גרע מיום ליקוט עצמות כו', משמע ליה מהאי לישנא דוקא בנו, **אבל** הדבר ברור משום דמהר"ם שם קאי אעובדא דר' אליקום, שנהרג אחד בדרך וחפשו בנו ואח"כ נמצא, ולא הוזכר שם רק בנו, עלה קאי, **אבל** אה"נ דה"ה שאר קרובים, דהא מייתי ראיה מהא דתניא באבל רבתי, כל שקורעים במיתתו קורעים עליו בשעת ליקוט עצמות, עיין שם, **וגם** דברי רבינו ירוחם מגומגמים, שכתב ואם אחר כך נמצא ההרוג וקברוהו, הורה רבי אליקום דאין מתאבלין עליו אפילו בניו, אבל רבי מאיר כתב דבניו מתאבלין כל אותו היום כדין ליקוט עצמות כו', **ויש** לישב דבריו דנקט בניו והוא הדין שאר קרובים, **א"נ** אתא לאפוקי שאותן המתאבלין עם מי שמתאבלין, כדלעיל סימן שע"ד סעיף ו', א"צ להתאבל כאן, **אבל** דברי הט"ו אי אפשר ליישב כן, וצ"ע.

(**אין** זה ליקוט עצמות ממש, אלא קבורה ככל המתים, דאלו היה ליקוט עצמות ממש היו כל הקרובים חייבים להתאבל אותו היום, כמ"ש בסי' ת"ג, אלא לענין בניו משום כיבוד אב חשבינן כליקוט עצמות, ומתורץ קושית הש"ך, **ולפמ"ש** דאין זה ממש כליקוט עצמות, י"ל דדוקא כשהם שם כבודו הוא שיתאבלו בניו עליו, אבל כשאינם שם א"צ להתאבל אף כששמעו, **אך** מלשון השו"ע משמע, דכששמעו קודם שעבר היום צריכים להתאבל, וכן יש להורות, **וקריעה** אם לא קרעו מקודם חייבין עתה לקרוע כשמצאוהו - ערוה"ש).

הגה: אם שלחו מתיהם לעיר אחרת, שדינם להתחיל האבילות משיחזירו פניהם, והתחילו למנות האבילות, ואחר כך נתפס המת ולא ניתן לקבורה זמן ארוך, אין צריכין להפסיק אבלותן, ואין צריכין לחזור ולהתאבל אחר כך, דמאחר שדינם להתחיל מיד, אין צריכין להפסיק -

היינו היכא שלא הלך גדול הבית עמהם לעיר אחרת, כדלעיל סעיף ב', וכ"כ ב"י ומביאו בד"מ, **ולהכי** כתב הרב אם שלחו מתיהם לעיר אחרת כו', דאילו בבה"ק שבאותה העיר, אף החוזרים אינם מתאבלים עד שנאמר להם שנקבר, וכמ"ש לעיל ס"ק א'.

סעיף ח - מי שמת לו קרוב, ולא ידע עד שבא למקום שמת שם המת, או למקום קבורה - דוקא שבא אצלם למקום שמת או למקום קבורה, **אבל** אם לא היה לא מקום מיתה ולא מקום קבורה, כל אחד מונה לעצמו.

אם היה במקום קרוב שהוא מהלך י' פרסאות שאפשר שיבא ביום אחד - ‹דשיעור מהלך אדם בינוני הוא עשרה פרסאות ליום – ערוה"ש›, (**בספר** חמודי דניאל כ"י כתב, צריך לשער דוקא בפרסאות שהם שמונה אלף אמה, ולא מה שאנו נוהגין לקרות פרסה, **וגם** צ"ע שעכשיו אין כל אדם יכול לילך עשרה פרסאות ביום א', ע"ב). ‹**ונראה** דעכשיו שנתרבו מסילות הברזל ונוסעים במהירות גדול, מקרי מקום קרוב כל שביכולת לבא ביום אחד על המסילה, דזיל בתר טעמא, וכמדומני שכן מורין עתה הלכה למעשה – ערוה"ש›.

אפילו בא ביום הז', אם מצא מנחמים אצל גדול הבית, אפי' שנגערו לעמוד, הואיל ומצא מנחמים (דהיינו שנוהגים עדיין קצת אבלות) - ‹"והוא שבא ומצא מנחמין אצל אבלים", כלומר עדיין לא נסתלקו מן האבלות – ר"ח›, ‹כגון שמצאן עדיין בחליצת סנדלים ועטיפת הראש, הואיל ומצאן עם גדול הבית קודם שנגמר כל האבילות, והתאבל עמהם, אותו המעט עולה לו לשבעה – לבוש›, **עולה, ומונה לו עמהם תשלום שלשים יום** - ‹ואם בא ביום שבת והוא יום ז', י"ל דבעינן בא קודם הנץ החמה – רעק"א›.

ואם לא מצא מנחמים, מונה לעצמו. וכן אם היה במקום רחוק, אפילו בא ביום שני, מונה לעצמו שבעה ושלשים מיום שבא.

הגה: וי"א דאפילו אם בא אחד, ואין הגדול בבית רק שהלך ללורך המת - ‹כגון לעשות לו מצבה ובנין לקבר – לבוש›, **אם חזר תוך ג' ימים הוי כאילו הוא בבית, והבא תוך ג' מונה עמהם; ויש להקל כסברא זו** - ‹והש"ך אינו פוסק כרמ"א זה, עיין לקמן›.

וכל שדינו למנות עמהם, אפילו אם חזר אחר כך לביתו, מונה עמהם - ‹דגריר בתרייהו כיון שגדול הבית עמהם – לבוש›.

סעיף ט - במה דברים אמורים, כשלא שמע שמת עד שבא. אבל אם נודע לו ביום השני והתחיל להתאבל, לא יקצר אבלותו בשביל שבא אצלם.

‹**כתב** הב"ה בשם רשב"א, דאם בא גדול הבית אצלו ביום הב' והודיע לו שמת המת, אינו מונה עמו, דהבא נגרר אחר הנמצא, ולא הנמצא אחר הבא – רעק"א›.

העולה מזה: מי שמת קרוב ונודע לו במקומו, מונה לעצמו משנודע לו, ואפי' בא אח"כ למקום המת אצל שאר הקרובים שהתחילו כבר להתאבל, לא יקצר אבלתו בשביל זה. **וכן** אם בא אצל הקרובים ואינם במקום המת ולא במקום הקבורה, כל א' מונה לעצמו משעה שנודע לו.

אבל אם לא ידע שמת לו מת עד שבא אצל הקרובים שבמקום המת או מקום קבורה, אם היה במקום קרוב שהוא מהלך י' פרסאות, אפי' בא ביום הז', אם מצא מנחמין אצל גדול הבית, אפי' שננערו לעמוד, הואיל ומצא מנחמין עדיין שנוהגים קצת אבילות, מונה עמהן, דכיון שהגדול מונה עמהם, גם הוא מונה עמהם, **אבל** אם לא מצא אצלם גדול הבית, מונה לעצמו. **וכן** גדול הבית שבא ממקום קרוב, מונה לעצמו.

ואם בשעת קבורה הלכו מקצת הקרובים לבה"ק, מונין עם אלו שבבית, בין גדולים בין קטנים, בין שבה"ק קרוב או רחוק, בין באו תוך ג' בין ביום ז'.

והוא שבא ומצאו מנחמין אצלם, **אבל** אם לא מצאו מנחמין ביום ז', אותן שהלכו לבה"ק מונין לעצמן משיסתם הגולל.

וכן הבא ממקום אחר לשם ומצא שהלך הגדול לבה"ק, כיון שחזר הגדול אצלם אפי' ביום ז' ומונה עמהם, אף זה נגרר עמהם, ונמצא כולם מונין מנין א', והוא שבא ממקום קרוב. **ודוקא** שנשארו מקצתן בבית, אבל אם לא נשארו מקצתן בבית, מונה לעצמו, אם לא שבא תוך ג'.

ואם לא חזר הגדול תוך ז', שאז הגדול מונה לעצמו משיסתם הגולל, אז הבא ממקום קרוב ג"כ אינו מונה עם אותן שבבית משיצא המת, אלא מונה לעצמו משעה שנודע לו.

וכל זה שהלך הגדול לבה"ק במקום שאינו דר שם, אבל הלך למקום שדר שם ונשאר שם, אפי' אותן שנשארו כאן שהחזירו פניהם מהמת, הולכים אחריו ומונים משיסתם הגולל.

ודוקא שיכול לבא שם תוך שלשה, אבל אם אינו יכול לבא שם תוך שלשה, אלו שבכאן מונים מיד, וגדול שבבה"ק מונה משיסתם הגולל.

ואם התחילו אותן שבבית והגדול למנות אבילותן בשוה, הן משיצא המת או משיסתם הגולל, אז הבא ממקום קרוב מונה עמהן בכל ענין, אפי' בא ביום הז' בעוד שנוהגין קצת אבילות, כיון שחזר הגדול קודם שעמדו המנחמין ומונה עמהן.

אבל אם התחילו אבילותן בשוה, והלך הגדול אח"כ לבה"ק להתעסק בצרכי המת לעשות מצבה או בנין לקבר, ולא חזר כלל אחר שבא הקרוב, או שחזר אחר שעמדו המנחמין, אז דינא הכי: אם בא הקרוב תוך שלשה, מונה עמהם, ואם בא לאחר ג', מונה לעצמו.

ואם הלך הגדול לעסק אחר שלא לצורך המת, אפי' בא הקרוב תוך ג', מונה לעצמו, כיון שלא חזר הגדול לביתו.

ואם בא הקרוב ממקום רחוק, בכל ענין מונה לעצמו. **וכל** שדינו למנות עמהם, אפי' חזר אח"כ לביתו, מונה עמהם.

וכל גדול שבענין זה היינו כמו גדול דלעיל סעיף ב', וכן משמע מדברי הפוסקים בהדיא, **מיהו** היכא דאשתו מתה ובאו אחרים ושאר קרובים, הבעל נקרא גדול הבית, מפני שהוא חייב בקבורתה ולטפל יותר מן האח או האב, **ואין** הולכים אחר המצטער יותר, שאין כל הדעות שוות, כ"כ הרשב"א בתשובה.

‹**דוקא** אם הבא הוא נגרר אחר הגדול, כגון בניו וב"ב הסרים למשמעתו או סמוכים על שולחנו ויושבים ודרים בביתו, דאז נקרא הוא גדול הבית לדבר הזה, תשו' שמש צדקה. **וכתב** עוד, הוגד לי מפי מגידי אמת, שזקני העיר הזאת בעלי הוראה לא דנו דין גדול הבית, אלא בבנים לגבי אב, או אחים קטנים לגבי גדולים כשהיו אוכלים מתפיסת הבית, דאז גרירי אבתרייהו, **אבל** באחים הדרים בבית לבדם, ומופרדים איש מעל אחיו, לא דנו דין זה, עכ"ל – רעק"א›.

סעיף י - מי שהוא אבל, ובתוך ז' מת לו מת אחר, מונה ז' למת אחרון ועולים לו לתשלום שבעה ימי אבילות הראשון - ‹דאין מערבין שמחה בשמחה אמרו וילפוה מקראי, אבל אבילות באבילות לא מצינו שאין מערבין – לבוש›.

סעיף יא - מי שהתפלל ערבית, ועדיין הוא יום, ושמע שמת לו מת, יש מי שאומר שמונה מיום המחרת, ואותו יום אינו עולה – [דהוו תרי קולי דסתרי אהדדי]. (**ואם** מניח תפילין ביום המחרת, עי' מ"ש לקמן סי' שפ"ח מזה). ‹**לחומרא** אמרינן למנות מיום מחר, ולא לקולא לענין לפטור מתפילין, וכן נראה עיקר לדינא – ערוה"ש›.

כתב העט"ז, ולפי מש"כ לעיל ר"ס קצ"ו גבי לובשת לבנים, דהמיקל לא הפסיד, נ"ל דכ"ש באבל דהמיקל למנות יום ששמע ליום א', אף על פי שהתפללו הקהל ערבית לא הפסיד, נ"ל, עכ"ל, **ואין** נ"ל, דהא דין דהכא לקוח ממרדכי בשם מהר"ם ומביאו בת"ה, ויליף מינה לענין נדה, **וכתב** שם שאחד מן הגדולים כתב לו בתשובה, שאין לדמות נדה לאבלות, משום דאותה שעה דמתפלל ערבית אינו אלא סניף ותוספת ליום שלאחריו, ואינו עיצומו של יום, ולכך לענין אבלות לא חשיב כיום, דהא סניף הוא ותוספות ליום שלאחריו, **אבל** לענין ספירה לא קפדינן אלא אעיצומו של ז' ימים, ולא על התוספות, עכ"ד, **וא"כ** אנן קי"ל כגדול זה, וכן משמע מדברי הב"ח ושאר אחרונים דמקילין גבי נדה ולא הכא, **ואפשר** גם העט"ז לא קאמר, אלא כשהתפללו הקהל ערבית ולא הוא, דאז אותו יום עולה לו, וכמ"ש בסמוך.

אבל אם הוא עדיין לא התפלל ערבית, כתבו מהרש"ל והב"ח, שאותו יום עולה לו, אף ע"פ שהקהל התפללו ערבית, **אפילו** למ"ד לעיל ס"ס קצ"ו לענין נדה, דבתר צבורא גרירא, **שאני** אשה שרובן אינן מתפללים ונגררות אחר הקהל, לכן אף אם היא רגילה להתפלל לא חילקו בדבר, **משא"כ** הכא, כן כתב מהרש"ל שם. **וכן** כתב הגאון אמ"ו זצ"ל בתשובה, דאם לא התפלל הוא, אף על פי שהצבור התפללו, אותו היום עולה לו, דהא

בכה"ג לא עביד תרי קולי דסתרי אהדדי, **ואפי'** למאן דמחמיר לעיל סימן קצ"ו, שאני אבילות דרבנן דקי"ל הלכה כדברי המיקל באבל, **א"נ** יש לחלק דלעיל איירי שהקהל התפללו ערבית, והיא רצתה להקל על עצמה ולעשות יום וללבוש לבנים, לאו כל כמינה לאפוקי נפשה מצבורא, אבל כאן מן השמים שלחו לו אבלות בעודו יום ולא התפלל, יכול לומר לדידי יום הוא, **ומהרש"ל** בתשובה חילק בענין אחר, ולדעתי הוא חילוק קלוש, ויותר נ"ל כמש"כ, עכ"ל, ודבריו נכונים, **ולפי"ז** אם אירע אבילות זו לאשה שלא התפללה, אותו יום עולה לה, דלא כמהרש"ל, וכן עיקר.

(**עיין** בתשו' חינוך ב"י, שכתב דדוקא לענין אבילות, אבל לענין היארצייי"ט, אם אירע שמת אחר ערבית ועוד היום גדול, בין שהוא בימות החול בין שהוא בע"ש, לעולם חשבינן לימּמא לקבוע יא"צ ביום שעבר, ע"ש).

(**עבה"ט** מ"ש בשם הראנ"ח, ‹אחד שנקבר סמוך לשבת, ותיכף אחר הקבורה הפכו פניהם לבהכ"נ, ולא ישבו על הארץ, אעפ"כ עולה יום ו' למנין ז', דהפיכת פניהם הוי התחלת אבילות›, וכ"כ בתשו' חינוך בית יהודה). ‹**ואף** על גב דלענין רגל יתבאר בר"ס שצ"ט, דבעינן שינהוג אבלות ממש שעה קלה קודם הרגל, זהו מפני שהרגל מבטל האבלות לגמרי, וא"א שלא ינהוג אבלות כלל, אבל בע"ש דאינו אלא לענין שיעלה היום בחשבון, לא חיישינן לה – ערוה"ש›.

(**עיין** בתשו' רדב"ז החדשות, מבואר שם, דמי ששמע שמועה קרובה בין השמשות, חשבינן בין השמשות מן היום, ומונה אבילות מאותו יום, ע"ש).

§ סימן שעו – מנהג המנחמין, ודין מת שאין לו מנחמים §

סעיף א - אין המנחמים רשאים לפתוח, עד שיפתח האבל תחלה – ‹וטעמא דמסתבר הוא, כלומר שהוא מתחיל להראות צערו שמצטער מאד על מתו, ואחר כך מתחילין לנחמו, אבל מקודם אין שייך לנחמו, דשמא אינו מצער על מתו – לבוש›. ‹**ויראה** לי הטעם, דענין ניחום אבלים הוא להצדיק דינו של הקדוש ברוך הוא, כמו שאמר איוב, ד' נתן וד' לקח יהי שם ד' מבורך, ולנחמו מעצבונו, ולכן מחוייב האבל מקודם להצדיק דינו – ערוה"ש›.

והאבל מיסב בראש – ‹ונראה לי שזה גם כן טעמא דמסתברא הוא, שזה גם כן נחמה לו, שמכבדין אותו – לבוש›. ‹**ונ"ל** דזה לא שייך אלא כשעושין סעודה בבית האבל, כמו שהיה מקודם די' כוסות משקין אותו, בזה שייך לומר שיושב בראש סביב השולחן, אבל בניחום אבלים שלנו מה שייך יושב בראש, והרי האבל יושב על מקומו – ערוה"ש›.

וכיון שנענע האבל בראשו, בענין שנראה שפוטר את המנחמים, אינם רשאים לישב אצלו – ‹שזה גם כן נחמתו היא, כיון שמראה שרוצה להתנחם בהתבודדותו שילכו הם להם – לבוש›. ‹**וניענוע** ראש הוא בענין המובן שנראה שפוטר את המנחמים ורצונו שילכו להם, ולכן אין מדרך ארץ שישבו עוד, כי להגיד בפה מלא שילכו, אינו מדרך ארץ, לכך היה הסימן שהיה מנענע בראשו. **וכתב** הרמב"ם הטעם, שלא יטריחוהו יותר מדאי, ופשוט הוא, **ובטור** משמע דזהו כאומר לכו לשלום, אלא מפני שהאבל אסור בשאלת שלום לכן מנענע בראשו, ע"ש. **ואצלינו** אין ידוע הסימן הזה, ולכן צריכין המנחמים להרגיש בהאבל כשרוצה שילכו ממנו, וילכו להם לשלום – ערוה"ש›.

‹**והנה** בגמ' שם איתא עוד, דאין המנחמין רשאין לישב אלא על הקרקע, דכתיב באיוב וישבו אתו לארץ, והרי"ף והרא"ש והרמב"ם הביאו זה, אך הטור והשו"ע לא הביאו זה, וצ"ע, {**ועיין** בסי' שפ"ז ס"א דשם הביאו, וצ"ע}, **ואולי** משום דאצלינו הוא מן הנמנעות, ולא נאמרה אלא בימיהם שרוב ישיבתם היתה על הארץ – ערוה"ש›.

(אין אבל או חולה חייבים לעמוד, אפילו מפני נשיא) – ‹מפני שטרודים בצערם – לבוש›. ‹**דלא** הוי קימה שיש בה הידור, ומה"ט גם בט"ב הכי הוא, תשו' שבות יעקב – רעק"א›.

סעיף ב - הבא לכבד את חבירו ולקום מפניו, אומר לו: שב, אלא א"כ הוא אבל או חולה – ‹אם אירע שעמדו מפניו, אף שאין להם לעשות כן, מ"מ אם עשו כן לא יאמר להם שבו – ערוה"ש›, **דמשמע: שב באבלות שלך, שב בחולי שלך.**

הגה: לא יאמר אדם: לא נפרעתי כפי מעשי, או כיוצא בדברים אלו, שאל יפתח פיו לשטן – ‹בשעה שהדין עליו שורה, ולא דמי לשארי זמנים שאומרים בתפלות כעין זה, דהשטן מקטרג בשעת הסכנה, **ומזה** הטעם נ"ל מה שאין אומרים תחנון בבית האבל, מפני שאומרים "חטאתי" וכו', וכ"ש וידוי אין אומרים, שלא לעורר הדינים,

אלא יאמר "יה"ר מלפניך שתגדור פרצותינו" וכו', ולא יאמר "חטאתי" וכו', ולכן גם "והוא רחום" לא יאמרו, מפני שיש שם "לא כחטאינו תעשה לנו" וגו', וכיוצא באלו הדברים, ואין להזכירם בבית האבל – ערוה"ש.

ואל יאמר אדם לאבל: מה לך לעשות כי אי אפשר לשנות, שזהו כגדוף, דמשמע הא אם אפשר לשנות היה עושה – ‹כנגד רצונו של מקום, ואין גידוף גדול מזה – לבוש›, **אלא יקבל עליו גזירת הש"י מאהבה** – ‹וינחמו דכל מה דעביד רחמנא לטב עביד, ואין אנו יודעים מה נקרא טובה ומהו ההיפך, והוא יתברך יודע הכל, וכיוצא בדברים אלו – ערוה"ש›.

[**בפרק שור שנגח ד' וה' איתא כן, שלא רצה עולא ליל**ך לנחם את רבי שמואל בר יהודה, שאמר: מה לי בתנחומין של בני בבל, שאומרים: מה אית לך למיעבד, דמשמע הא אפשר למיעבד עבדי, וזו היא גידוף. **ורש"ל** דחה זה מהלכה, שאמר הלא גם דוד המע"ה אמר כן: האוכל להשיבו עוד, דמשמע אם היה אפשר להשיבו היה עושה. **ותמהני** על פה קדוש יאמר כן, דשאני גבי דוד שאמר: למה זה אני צם, האוכל להשיבו עוד, דודאי כל טצדקי תפלות וצומות יש לו לאדם לעשות כדי לבקש שלא ימות לו מת, ועל זה אמר דוד, כיון שכבר מת לא יועילו הצומות, **ועל** זה סיים ואמר: אני הולך אליו והוא לא ישוב אלי, דלכאורה הוא דבר שאינו מענין תשובה לעבדיו שם, **אלא** דהכי קאמר: שמא תאמרו דיועילו הצומות שאזכה לראותו בעודו בחיים כשיקום זה הילד בתחיית המתים, לזה אמר יודע אני שלא תהיה תחיית המתים בימי, ועל זה אמר: אני הולך אליו וגו', **אבל** אותן המנחמים שאומרים: אל תצער עצמך כי מה לך לעשות, אין אומרים על התפלה כן, אלא על הצער, שלא יצער עצמו כיון שא"א בענין אחר, דמשמע הא אפשר בענין אחר שפיר היה מצער עצמו על שלא יהיה כרצון האדם, וזהו גידוף, שמן הראוי להיות כרצון האל יתברך, לא כרצון האדם, וזה ברור לענ"ד].

סעיף ג - מת שאין לו אבלים להתנחם, באים עשרה בני אדם כשרים ויושבים במקומו כל ז' ימי האבלות, ושאר העם מתקבצים עליהם; ואם לא היו שם עשרה קבועים, בכל יום ויום מתקבצים עשרה משאר העם ויושבים במקומו. הגה: ולא ראיתי נוהגין כן. וכתוב במהרי"ל: נוהגים להתפלל בעשרה כל ז' במקום שנפטר שם האדם, והיינו על אדם שלא הניח קרובים ידועים להתאבל עליו, אבל יש לו בשום מקום שמתאבלים עליו, אין צריך (וכזה ראוי לנהוג) – ‹ובספרים מבואר דעיקר תקון המת הוא במקום שמת, והרמ"א עצמו בסי' שפ"ד כתב דראוי להתפלל במקום שמת, שיש בזה נחת רוח לנשמה, ע"ש, **ואולי** גם בשם כוונתו כשאין אבלים במקום אחר – ערוה"ש›.

[**באורח חיים סימן קל"א כ', דאין אומרים תחנון בבית** האבל, והיינו כל ז' הימים, וכ' הרוקח שאחר גמר התפלה אומרים תחנון. **ואין** קורין שם בבית האבל הלל בר"ח, לפי שיש שם אנינות, לכך אין אומרים: לא המתים יהללו יה, משום לועג לרש, עכ"ל. **וכתב** מו"ח ז"ל, דבימים נוראים אם האבל הגון ולא נמצא כמוהו, הוא קודם להתפלל, אפי' תוך ל' על אביו ואמו, וכן נמצא בהג"ה, ולא כיש מקפידים].

(**ועיין** בתשו' נו"ב שנתן טעם למה שנהגו, שהאבל הולך למקום אחר והצבור אומרים הלל, ולפי המנהג, גם אם מתפלל בבית שמת שם המת, ואין שם אבלים כלל, אומרים הלל, ע"ש. **ועיין** בתשו' הר הכרמל שכתב, דבבית האבל שאינו בית שמת שם המת, אלא שמת במקום אחר, אומרים הלל, **אך** האבל עצמו בלא"ה אין לו לומר הלל, מטעם שנאמר שם: זה היום עשה ה' נגילה ונשמחה בו, **וכן** בהבדלה שעושה תוך שבעה על הכוס, אף על גב דרשאי להבדיל, אין לו לומר פסוקי שמחה שקודם לה, רק יתחיל מהברכות, **וכל** מה דראוי לאבל שלא לומר, אפילו רצה להחמיר על עצמו ולומר, אינו רשאי מפני כבודו של מת, ע"ש. **ובכתבי** הרב הגדול מהר"ר דניאל זצ"ל כתב, אם אירע לאבל יום ז' בר"ח, יאמר הלל אחר יציאה מבהכ"נ, שאז אינו אבל).

סעיף ד - עכשיו נוהגים שאחר שנגמר סתימת הקבר מעפר (או לאחר שהפך האבל פניו מן המת), חולצין מנעל וסנדל ומרחיקין מעט מבית הקברות - כדי לומר קדיש, לפחות ד"א

שהמת תופס ד"א, **ואומרים קדיש דהוא עתיד לחדתא עלמא** - ‹וצדוק הדין אנו אומרים קודם הקבורה – ערוה"ש›. **כתוב** בב"ה בשם א"ח, אם נקבר בלילה, א"א לא צדוק הדין ולא קדיש בבה"ק. ‹**וכן** בימים שא"א תחנון א"א צדוק הדין, אך קדיש אומרים, ואומרים מזמור מ"ט, שמעו זאת כל העמים וגו', ואח"כ אומר קדיש – ערוה"ש›.

ואח"כ תולשין עפר ותולשין עשבים, ומשליכים אחר גווס - לומר דטומאה זו אינה נטהרת אלא בכעין ג' דברים הללו, מים ואפר פרה ואזוב, רמב"ן, **והכל** בו כתב תולשים עשבים בצרור עפרם וזורקם על ראשו דרך צער, ע"ד ויזרקו עפר על ראשיהם השמימה. **ואומרים** זכור כי עפר אנחנו, וגם הוא רמז לתחיית המתים שיחיו מעפרם, ע"ד ויציצו מעיר כעשב הארץ. ‹**בחוה"מ** אין תולשין עפר, שו"ע או"ח – רעק"א›.

ורוחצין ידיהם במים – ‹ואפשר שנהגו כן לטהר עצמם, כלומר אנו לא פשענו בו למעט ממנו צרכיו וביקורו בעת חליו, ועל דרך שנאמר ידינו לא שפכה את הדם הזה וגו' כפר לעמך ישראל וגו'. **ויש** מהם שאומרים אותו פסוק כפר לעמך ישראל וגו' עד בקרב עמך ישראל – לבוש›.

‹כתב הא"ר או"ח סי' רכ"ד וז"ל: כתב דרשות מהר"ש, כשהיה הולך על הקבר היה אומר: יה"ר שתהיה מנוחתו של פלוני בכבוד וזכותו יעמד לי. **אין** לילך על קבר ב' פעמים ביום א', כתבי האר"י. **כתב** בליקוטים, הקורא כתב שע"ג מצבה, קשה לשכחה, כדאיתא בסוף הוריות, {**ושם** איתא דקשה ללימוד, ופירש"י יהא קשה לשמוע, אבל לא דקשה לשכחה, ע"ש}, **וי"ל** אהבה רבה עד "באהבה", ומסוגל מאד לשכחה. **המנהג** שאין מעמידין מצבה עד אחר יב"ח, משום דהמצבה נראה לחשיבות, וביב"ח שלו יש לו צער, א"נ דהטעם דהמצבה שלא ישכח אותו מלב, והמת אינו נשכח עד אחר יב"ח. **נוהגין** שלא ליקח דבר קטן וגדול מבית אבל כל משך ז' ימי אבילות, משום שרוח הטומאה שורה שם כל ז'. **עוד** קצת נוהגין שלא למדוד בה"ק תוך ז' למת שנקבר. **הקדמונים** החרימו שלא ליטול מהנהר אחר הלוית המת, כי פעם א' בקשו העובדי כוכבים עלילה והרגו כמה יהודים. **נוהגין** להקפיד שלא ליטול מרא וחצינא כשקוברים מיד חבירו, אלא זורקים לארץ ואח"כ לוקחים. **בשעת** רחיצת הידים מקפידים שלא ליקח הכלי מיד הרוחץ, עכ"ל. **במג"א** כתב בשם מהרי"ל, דיש לרחוץ גם הפנים, וכ"כ בספר מטה משה בשם מהרי"ל, וכתב שכן מצא ג"כ ברוקח – רעק"א›.

הגה: וי"א שיושבים ז"פ, מפני שהרוחות מלוות אותו, וכל זמן שיושבין, בורחין ממנו - ועיין בעט"ז שכתב, דיש לישב ז"פ בפסוק דכי מלאכיו יצוה לך וגו', ויאמר אתה גבור כו', שיש בזה סוד הקבלה להבריח כחות הטומאה, ע"כ, וכ"כ בפרישה בשם מהרש"ל שקבל כך מאמ"ז, לומר ז' פעמים בפסוק כי מלאכיו גו', ע"ש, [דהיינו בפעם א' עד מלת "כי" ומלת "כי" בכלל. ובפעם הב' עד "כי מלאכיו". ובג' עד "כי מלאכיו יצוה". ובד' עד "יצוה לך". ובה' עד "לך לשמרך". ובו' עד "לשמרך בכל". ובז' עד "בכל דרכיך"].

ובמדינות אלו לא נהגו לישב רק ג"פ אחר שרחצו ידיהם, ואומרים כל פעם: ויהי נועם וגו', יושב בסתר וגו', וכשנקבר המת ביום טוב, יכולין לישב כך ג"פ כמו בחול. וה"ה אם נקבר סמוך לשבת, עושין כן בשבת. ונהגו להקפיד אם יכנס אדם לבית אחר קודם שירחץ וישב ג"פ, ומנהג אבותינו תורה – ‹והקפידא אינו אלא במי שהלך לבה"ק וחזר אחר קבורת המת, וכן הישיבות ז' פעמים או ג' פעמים אינו אלא בענין זה, ולא כשהולכין ללוות מטתו וחוזרין קודם הקבורה – ערוה"ש›.

ונמצא במדרשות לומר קדיש על אב – ‹הוא ענין גדול ובזה מזכים להמת, הן להצילו מגיהנם והן להעלותו במעלות, **אך** עקרי הקדישים הם מה שבתוך התפלה, אבל קדישים שאחר עלינו ושיר של יום אינם אלא בשביל הקטנים, אבל מי שיכול להתפלל לפני העמוד, יגיד הקדישים שבתוך התפלה שהם העיקרים, ושאחר התפלה יניח לקטנים ולא יגזול אותם, ורבים מעמי הארץ טועים לומר דעיקר הקדיש הוא מה שאחר התפלה ונקרא קדיש יתום, ואינם יודעים בין ימינם לשמאלם – ערוה"ש›.

ע"כ נהגו לומר על אב ואם קדיש בתרא י"ב חדש, וכן נהגו להפטיר בנביא, ולהתפלל ערבית במוצאי שבתות שהוא הזמן שחוזרין הנשמות לגיהנם, וכשהבן מתפלל ומקדש ברבים, פודה אביו ואמו מן הגיהנם. ונהגו לומר קדיש על האם, אע"פ שהאב חי עדיין אינו בידו למחות לבנו שלא יאמר קדיש על אמו - (משמע דאם שניהם

חיים לא יאמר קדיש, וזה דוקא קדיש יתום, אבל קדיש דרבנן יכול לומר›.

מצוה להתענות ביום שמת בו אביו או אמו - ‹לכפר על נפשם, ויש אומרים מפני שהוא יום סכנה לבן, שיחלש או ימות בו ביום – לבוש›. **ומי** שקשה עליו התענית, יפדה בממון ויחלקם לעניים. **ונהגו** ללמוד משניות, הן כל י"ב חודש, הן ביום היארצייט, אחר נשמתם, והוא תקון גדול להנשמה, כי משנה אותיות נשמה – ערוה"ש›.

‹**עיין** בתשו' חות יאיר שכתב, במי שנעדר בלא בן, וצוה שבתו תאמר קדיש, **מדינא** יש לה לומר, דגם בבת יש תועלת ונחת רוח לנפש, מ"מ יש לחוש שעי"ז יתחלשו כח המנהגים של ישראל, וכיון דאיכא פרסום יש למחות, ע"ש. **ועיין** בתשו' נו"ב במ"ש, ועל חיקור דין שלמעלה כו', לענ"ד בלא"ה פשיטא שאין לחלק בין אם מת קודם עשרים, דהא כתב הוא עצמו, דלאחר מיתה נענש על כל מעשיו, אפילו משהגיע לעונת הפעוטות כשכבר יודע שהוא עבירה, **ומה** שאמרו בשבת דף פ"ט שיצחק אמר דל עשרים דלא מענשת להו, דשם איירי בעודם בחיים, ע"ש›.

שלשה אחין ואיש נכרי - כלומר נכרי שאינו אח שלהן אפי' הוא תושב, **השלשה אחין נוטלין השלשה קדישין והאחר נוטל קדיש אחד** - ‹כלומר שאין הולכין אחר המת אלא אחרי החיים – ערוה"ש›.

ונהגו שאם מגיע לאדם יום שמת בו אביו ואמו, שאומרים עליהם קדיש יתום לעולם, ומי שיודע להתפלל כל התפלה, מתפלל.

ואם יש אבלים אחרים, נהגו שתוך שבעה לאבלם הם קודמים, ואין לו קדיש כלל - כתוב במנהגים, דאפי' הבן ז' הוא נכרי, דוחה את התושב אפי' בן ל' או יארצייט, **וכ"ז** דוקא בשבת שבתוך ז', אבל בחול אינו הולך לבהכ"נ, ‹**ומשכחת** נמי בחול, ביום הז' לתפלת מנחה, למ"ש המג"א בשם מהר"ן, דלענין קדיש לא אמרינן מקצת היום ככולו – רעק"א›. **אך** אם הבן ז' הוא קטן שאינו בר מצוה והולך לבהכ"נ כל ז' לומר קדיש, אז מי שאירע לו מיתת אב ואם תוך אותן ז', יאמר קדיש יתום פעם א', עכ"ל, **ונראה** דמי שבטלה אבלותו ברגל, כגון שעה א' לפני הרגל דבטלה ממנו גזירת ז' או ל', מ"מ דין ז' ול' יש לו אפי' בחול כמו בשבת, דהרי בדין הולך לבהכ"נ.

תוך שלשים, יש לו קדיש אחד - ליארצייט, ומשמע דאם יש שלשה קדישים כגון בשבת, אומר הבן ל' שני קדישים והיארצייט קדיש אחד, ‹דבן ל' עדיף מיארצייט›, **ובמנהגים** כתוב דיא"צ תושב דוחה את בן ל', ‹דס"ל דיא"צ עדיף מבן ל'›, **מיהו** הלבוש באו"ח סימן קל"ג השיג על זה, וז"ל ולי נראה שאין היארצייט דוחה את הבן ל' מכל וכל, אלא די לו בקדיש אחד, עכ"ל, וכן עיקר.

אבל לבן י"ב חדש ‹במקום בן ל'› אין לו כלום, שהתושב בן שלשים דוחה את התושב בן י"ב בתפלה ובקדיש לפני העמוד, **אך** בקדיש ובפריסת שמע שעל פתח בהכ"נ שניהם שוין בו ויחלקו בגורל, כ"כ במנהגים, **ויש** מנהגים אחרים בקדיש ופריסת שמע שעל הפתח, ונהרא נהרא ופשטיה, ועיין עוד במנהגים מדינים אלו.

כתב בתשו' מ"ב שדברי המנהגים סותרים זה את זה, דמתחלה כתב יום שמת אב ואם לתושב, דוחה את בן ל' מכ"ש בן י"ב חדש לתושב כל אותו יום התענית, דהיינו תפלת ערבית ושחרית ומנחה, וכן הקדישים של אותו יום שאומרים לפני העמוד, אלמא דסבירא ליה דיא"צ עדיף, **ושוב** כתב, דבן י"ב חדש ויארצייט אורח, יש לאורח קדיש א', אבל בן ל' אורח מחלק עמו כל הקדישים והתפלות, אלמא דבן ל' עדיף, **ותירץ** דברישא מיירי שיש הרבה יארצייט, ואיכא דוחק בקדישים ואינו מגיע לכל א' קדיש, אז נדחה הבן ל' מפני היא"צ, והטעם, שאם לא יאמר היא"צ באותו היום קדיש, אז עבר זמנו בטל קרבנו, משא"כ בבן ל' שיוכל לומר למחר, **אבל** היכא דאיכא רווחא בקדישים כגון בשבת, אז הבן ל' עדיף לומר ב' קדישים והיא"צ קדיש א', עכ"ל, [והסכים עמו הט"ז וכתב שחילוק נכון הוא], **ולא** משמע הכי ברישא דיש הרבה יארצייט, ועוד מדכתב דוחה את בן ל' מכ"ש בן י"ב חודש כו', אלמא דבגוווני דאיירי בי"ב חדש מיירי בל', ובי"ב חדש ודאי מיירי אפילו ביארצייט א', **ועוד** דא"כ מאי כ"ש הוא, דילמא היכא דליכא אלא יארצייט א' אינו דוחה אפילו י"ב חדש, והא דדוחה בן ל' היינו משום דיש הרבה יא"צ, **אלא** נראה דהדברים כפשטן דמיירי שיש רק יא"צ א', ואפ"ה דוחה את הבן ל', דס"ל למנהגים דיא"צ עדיפא מבן שלשים, וכן משמע מהעט"ז שהבאתי דדעת המנהגים כן, **ול"ק** מ"ש בסוף דאורח יא"צ יש לו רק קדיש א', והבן ל' חולק עם תושב בן י"ב, **די"ל** דודאי לענין אורח נגד תושב, בן ל' עדיף,

משום דמצי התושב לומר: מן הדין אין ליתן לך כלל, דהרי היכא דשניהם בן ל' או יארצייט או בני י"ב חדש, אין לאורח כלום, אלא כיון דאתה ל' ואני י"ב חדש אתה חולק עמי, **אבל** ביארצייט שזמנו קבוע וגם ידוע לו קודם לכן שנה תמימה ואתה באת בגבולי, די לך בקדיש אחד, אבל בבן ל' ליכא למימר הכי, **ולפי** זה לדידן דקים לן דבן ל' עדיף, א"כ אירע בן ל' תושב תוך ז' לקטן, יש לו ג"כ קדיש אחד, והכי נהוג.

וכתב עוד שם, דהיינו דוקא דליכא אלא יארצייט אחד ובן שלשים אחד, אבל היכא דבן שלשים ויארצייט הם רבים, ואי אפשר ליתן קדיש לכל אחד ואחד, ובע"כ נידחין קצתן, בכה"ג היארצייט עדיף ונדחה הבן שלשים מפני היארצייט, שאם לא יאמר היארצייט קדיש היום, למחר עבר זמנו ובטל קרבנו, מה שאין כן בבן שלשים, ע"כ, **ואף** על פי שהוציא כן מתוך מה שתירץ ליישב דברי מנהגים אהדדי, ואין דבריו מוכרחים בתירוץ זה וכמ"ש לעיל, מ"מ הסברא נכונה, וכן נהגו.

לאחר ל', כל הקדישים של אותו היום הם שלו.

‹וכתבו דביום שמפסיק מלומר קדיש, כל הקדישים של אותו היום הם שלו, ורק נותנין ליארציי"ט קדיש אחד, ונראה דגם לבן ל' נותנין קדיש אחד – ערוה"ש›.

[**נראה** לי דמי שמת בשבת או ביו"ט וא"א לקברו בו ביום, דעכ"פ יאמר קדיש תיכף אחר המיתה, דאין אמירת קדיש תלוי באבילות כלל, אבל בחול אין לעשות כן, דהא כשהוא אונן פטור מן התפלה, כן נ"ל]. **ול"נ**, כיון דטעם הקדיש הוא שפודה את אביו מגיהנם, א"כ כל זמן שלא נקבר אין בו דין גיהנם, וכמדומה שכן נוהגין - נקה"כ.

ומונין שבעה ול' מיום הקבורה, אף על פי שלא שמע האבל מיד.

ואם נכרי הוא כאחד מבני העיר לענין קדיש זו, הולכים אחר המנהג - יש קהילות דנהיגי דתושב דוחה את האורח, ויש מקומות דנהיגי דשוין הן, **ומקומות** דנהיגי דתושב דוחה את הנכרי, מ"מ פעם ראשונה יש רשות לנכרי להתפלל ולומר קדיש יתום פעם אחת, כ"כ במנהגים, **ונראה** לי דהא דיש לו לאורח קדיש אחד, היינו דהוי כמו תושב בן י"ב חדש, ולפי זה היכא דהתושב אין לו קדיש אחד, כגון שיש כאן בן שלשים וכה"ג, גם לאורח אין לו כלום.

וכתוב במנהגים, דהיכא ששניהם בני שלשים או שניהם יא"צ או שניהם שנים עשר חודש, דוחה את האורח לגמרי מלהתפלל ולומר קדיש על העמוד, **אך** בפריסת שמע וקדיש על הפתח שניהם שוין ויחלקו בגורל, **ואם** תושב ואורח שניהם בני שבעה, יחלקו בגורל, כי לענין שבעה אין שום עילוי לתושב על האורח, ע"כ, **וכתוב** בתשובה מ"ב שם דאפילו בן שבעה אחד גדול ותושב, ובן שבעה אחד קטן ואורח, אפ"ה חולקים בשוה.

כתוב במנהגים, אם אותו שמת יש לו בנים בעיר אחרת, ובאו לשם, אינם נקראים תושבים בשביל אביהם שנקבר שם, רק אותן הדרים תוך הקהלה, **וכל** דרי הקהלה נקראים תושבים, הן אותן שנותנים מס, או משרתי הקהלה, ואפי' עניי העיר שיש להם שם דירת קבע, כולם חשבינן כתושבים, **ואם** אדם קובע דירתו תוך הקהלה, אז משעה שהוא חייב לישא בעול עם דרי הקהלה, חשוב תושב, **אבל** לא משעה שגמר פיסוק המס על ההגמון, אף על גב שצריך ליתן המס להגמון, **וכן** איפכא, מי שעקר דירה מן הקהלה, אז משעה שאינו חייב לישא בעול עם דרי הקהלה, חשוב כאורח, אף על פי שחייב עדיין ליתן המס להגמון, **ואם** יש לבעל הבית מלמד או שמש המושכר לזמן, והוא פנוי שאין לו אשה ובנים, אז גם הוא נקרא תושב, **אבל** אם יש לו אשה ובנים במקום אחר, אז דינו כנכרי, ‹**ואם** לומד עם בנים של כמה בעלי בתים, אף שיש לו אשה במקום אחר, מקרי תושב – רעק"א›, **ואם** בעל הבית מגדל בביתו יתום אפילו בשכרו, ואין לו אב או אם במקום אחר, אז נקרא תושב, **אבל** אם יש לו אב או אם, אינו נקרא תושב, אפילו אם מגדלו בתורת צדקה, מכ"ש אם הוא אצלו בשכר, עכ"ל, **ונראה** דנערים ובחורים הלומדים בישיבה, אפילו יש להם אב או אם במקום אחר, יש להם דין תושב, **ואפי'** בעה"ב שלומד בישיבה, אף על פי שיש לו אשה ובנים במקום אחר, ונותן מס במקום שאשתו ובניו שם, מ"מ דין תושב יש לו במקום שהוא לומד, והכי נהוג.

‹**ועיין** באריכות בדברי הביאור הלכה סימן קל"ב בקונטרוס מאמר קדישין, דמסדר שמה כל אלו ההלכות בטוב טעם›.

(**עיין** בשו"ת דברי אגרת, שהוא ז"ל במדינתו תיקן, שכל האבלים יאמרו כולם קדיש יחד, ע"ש טעמו ונימוקו. **ועיין** בשו"ת הלכות קטנות, שנשאל לפעמים אומרים ג' וד' בני אדם קדיש ביחד, ואחד מקדים לחבירו, עם מי יענה

איש"ר, **והשיב** אם באים כל אחד תוך כ"ד של חבירו, יענה עם הראשון, **ואם** יש הפסק ביניהם, יענה אחר כל א' וא'). **ועתה** כולם אומרים קדיש, כי א"א לחלק ביניהם, ולענין להתפלל לפני העמוד, מי שהוא יותר מרוצה יתפלל – ערוה"ש.

ואין מקום לקדיש זו אלא על אב ואם בלבד, אבל לא בשאר קרובים. ואם אין בבהכ"נ אבל על אביו ואמו, אומר אותו קדיש מי שאין לו אב ואם, בעד כל מתי ישראל. ויש מקומות שנהגו שאר קרובים אומרים קדיש על קרוביהם כשאין אבלים על אביהם ואמם, ויש מקומות שאפילו יש אבלים על אביהם ואמם, אומרים שאר קרובים, אלא שעושים פשרה ביניהם שאין אומרים כל כך קדישים כמו האבלים על אב ואם; והולכין בכל זה אחר המנהג, ובלבד שיהא מנהג קבוע בעיר.

(**עבה"ט** של הרב מהרי"ט ז"ל בשם תשובת רמ"א, דאם אין לו בן, ראוי ליתן קדיש לבן בנו, אך שאר אבלים יאמרו ב' קדישים והוא קדיש אחד. **ועיין** בשו"ת תשובה מאהבה שכתב, דבמקום שאין אבל על אב ואם, ויש בן הבן שאומר קדיש על זקנו, ויש אחד שאומר בשביל אחד מקרוביו, או שהוא מושכר לומר קדיש בשביל אחד, יקח בן הבן ב' חלקים ואחר חלק א'. **וכתב** עוד, דיש להרהר בזה כמה פרטים, אם א' אומר בשביל זקינו, ואחד בשביל חמיו, **או** אחד בשביל אחיו הגדול, ואחד בשביל זקינו או חמיו, וכיוצא בו בכמה גווני אלא שאין רצוני להאריך בדבר שאין לו שורש בש"ס, ע"ש. **ומ"ש** הבה"ט עוד בשמו, וכן לבן הבת, עיין בזה בתשו' קרית חנה בשם הגאון מהר"י בעל כנסת יחזקאל, שדעתו דבן הבת, וכ"ש הבת, אין להם קדיש כלל בביהכ"נ, **ואם** רוצים לעשות מנין בביתם אז יש רשות לבן הבת או למי שרוצה לומר קדיש בגין המת. **ולנקבה** כלל לא, **ואף** לבן הבן, אין שום עילוי שבעה או שלשים או יא"צ, ע"ש. **ועיין** בתשו' חת"ס שהוכיח, דאין להשכיר שום זכיה במקום האבלים, ולכן הרמ"א כאן נקיט קרובים ושביק שכיר, עש"ב. **עוד** כתב שם ששמע בשם הגאון שב יעקב, שכל מי שאומר קדיש שמגיע לחבירו, לא הועיל לעצמו ולא הפסיד לחבירו, דמ"מ עולה לנשמת מי ששייך לו, וכתב דהוא מש"ס ב"ק, הגונב עולתו של חבירו והקריבה, פטור כו' ע"ש).

והאבלים אומרים קדיש אפילו בשבת ויו"ט, אבל לא נהגו להתפלל בשבת ויו"ט, אע"פ שאין איסור בדבר - וכן בימים נוראים אסור, וכ"פ מהרי"ל, מיהו היכא דליכא דעדיף מיניה מותר. (**ועיין** בתשו' נו"ב, דמותר להתפלל בימי הסליחות ועשי"ת, דלענין זה אינם נקראים ימים נוראים, ע"ש. **ועיין** בתשו' מאיר נתיבים, שהאריך להתיר להתפלל בשבת ויו"ט). ‹וכ"כ ד"מ בשם הרוקח ור"י מקורבי"ל, **אך** כיון שרבינו הרמ"א בשו"ע השמיט זה, ממילא דאין לאבל להתפלל בשבת ויו"ט, אם לא שהוא ש"ץ קבוע, **ומדלא** הזכיר רק שבת ויו"ט, ש"מ דבר"ח ושארי ימים שאין אומרים תחנון, אין קפידא ויכול האבל להתפלל לפני העמוד, **אך** בדרכי משה הביא בשם מהרי"ל, דגם בר"ח בשחרית מפני שאומרים בו הלל, ע"ש, ובשו"ע השמיט זה, **מיהו** עכ"פ בר"ח וחוה"מ ערבית ומנחה, וכל שכן שארי ימים שאין אומרים בהם תחנון, יכול האבל להתפלל לפני העמוד בפשיטות, וראיתי מקפידים בזה, ולא נהירא לי – ערוה"ש›.

אבל בימות החול, מי שיודע להתפלל יתפלל, ויותר מועיל מקדיש יתום שלא נתקן אלא לקטנים; ומי שאינו יודע להתפלל כל התפלה, יתפלל למנחה ובא לציון וכו' - ‹דהקדיש של אחר ובא לציון מעולה מהקדיש שאחר התפלה שאינו מעיקר התפלה – ערוה"ש›.

ונהגו שאין אומרים קדיש ותפלה רק י"א חדשים – ‹אפי' בשנת העיבור, ערוה"ש›, **כדי שלא יעשו אביהם ואמם רשעים, כי משפט רשע י"ב חדש** – [עיין מש"כ בסי' ר"מ ס"ט מזה דבר הגון]. (**עיין** בספר חומות ירושלים שכ', דמי שיודע באביו ואמו שהיו רשעים, מאותם שנידונים י"ב חודש, ראוי ומחויב שיאמר קדיש י"ב חודש).

ואם היו אבלים כאן ובאו אח"כ אבלים אחרים, השניים יש להם הקדישים והתפלות כל ל' יום מיום הקבורה, אף על פי שלא שמעו - ‹כלומר אף על פי שלא היו בעת המיתה והקבורה, מ"מ דין אחד להם עם האבלים שבכאן – ערוה"ש›.

י"א דמומר שנהרג ביד עכו"ם, בניו אומרים עליו קדיש - ‹דאחזיקינן ליה שהרהר בתשובה בעת הריגתו – לבוש›, **דוקא** נהרג, אבל מת על מטתו לא, וכן כתבתי לעיל סימן ש"מ, דכשנהרג יש לו כפרה, עכ"ל ד"מ.

§ סימן שעז – דין עבדים ושפחות ומנודה שיש להם אבילות §

סעיף א- העבדים והשפחות, אין עומדין עליהם בשורה, ואין אומרים עליהם תנחומי אבלים, אלא אומרים לו: המקום ימלא חסרונך, כשם שאומרים לאדם על שורו וחמורו - «ועכשיו לא שייך דין זה, כי אין לנו עבדים ושפחות – ערוה"ש».

סעיף ב- אבל מנודה, אין מברין אותו, ואין אומרים לו תנחומי אבלים - דכל דבר שהוא משום כבוד לחיים אין עושין לאבל שהוא מנודה.

סעיף ג- מנודה שמת, מנחמים אבליו - «שאם הוא מנודה אין קרוביו מנודים, וחייבים להתאבל עליו, לפיכך נוהגין עמהם כמו עם שאר אבלים – לבוש».

§ סימן שעח – דיני סעודת הבראה לאיש ולאשה §

סעיף א- אבל אסור לאכול משלו בסעודה ראשונה - «דא"ל הקדוש ברוך הוא ליחזקאל: ולחם אנשים לא תאכל. **וטעמו** של דבר לא נתברר לנו – ערוה"ש. **וכתב** רבינו ירוחם והטעם, כי האבל דואג ונאנח על מתו ואינו חושש לאכול, כי רצונו למות גם הוא, על כן צוה השם יתברך לאחרים שיאכילוהו משלהם, לפיכך הפוחת לא יפחות מסעודה ראשונה שהוא עיקר זמן מרירותו, אבל סעודה שניה מותר אפילו היא ביום ראשון. **ולי** נ"ל טעמא, שכל זה בכלל נחמה הוא, שמראין לאבל שמשימין אותו על לבם ולא ישליכוהו אחר גיוום, נ"ל – לבוש».

[**נראה דאם לא שלחו לו, או שהוא יחידי בעיר, אין חייב** לצער עצמו שלא לאכול כלל, דמש"ה כתב כאן הטור ושו"ע דמצוה על שכיניו שיאכילוהו שלא יאכל משלו, שזהו מיותר לכאורה, **אלא** הכוונה דעיקר מצוה על השכנים שלא יגרמו שיצטרך לאכול משלו, דאם לא ישלחו לו יהיה לו היתר לאכול משלו ע"י ההכרח].

אבל בשניה מותר, אפילו ביום ראשון - «ברוקח פסק כתוספות דכל היום אסור – רעק"א».

ומצוה על שכניו שיאכילוהו משלהם, כדי שלא יאכל משלו - כלומר הסעודה הראשונה מצוה שיאכילוהו משלהם, אבל בסעודה שניה אין כאן מצוה, שהרי יכול לאכול משלו.

ויכול אחד להאכיל את חברו בימי אבלו, והוא יחזור גם כן ויאכילנו בימי אבלו - פירוש אע"פ ששניהם אבלים, **ובלבד שלא יתנו בתחילה** - «שאם מתנין הוה חובה והוה כמו שאכלו משלהם – לבוש».

«ונראה דהעיקר הוא הלחם כלשון הכתוב, וכן לשון הגמ' שם, אסור לאכול לחם משלו, אבל תבשילין יכול לאכול משלו, וכן המנהג שמביאין להאבל לחם וביצים בלבד – ערוה"ש».

סעיף ב- אשה שאירעה אבל, אין לאנשים להברותה - «משום הרגל עבירה – לבוש», «נ"ל דכשהאיש והאשה שניהם אבלים, יכולים אנשים להביא לשניהם, דהעיקר הוא להבעה"ב, וממילא שגם היא אוכלת – ערוה"ש», **אבל נשים מברין אותה** - «והאשה המביאה נ"ל דא"צ לשאול מבעלה, וגם בלא דעתו ביכולתה להביא, ואין זה כדבר גדול שצריכה דעת הבעל, אלא כדבר קטן שמותר לקבל מהנשים בלא דעת הבעל, **אך** אם הבעל מוחה בה, אסורה להביא – ערוה"ש».

ואשה נשואה שאירעה אבל, אינה יכולה לאכול סעודה ראשונה משל בעלה - דכיון שחייב במזונותיה כמשלה דמי, **וכן מי שיש לו סופר או שכיר, אם אוכל בשכרו ואירעו אבל, לא יאכל סעודה ראשונה משל בעל הבית** - «וכן מי שהתחייב מזונות לבנו וכלתו או לבתו וחתנו, ואירע להם אבל, לא יאכלו משלו מטעם זה – ערוה"ש».

אבל מי שזן עני או יתום או לבנו ובתו, בלא תנאי, ואירעם אבל, יכולים לאכול סעודה ראשונה משל בעל הבית.

סעיף ג- אם רצה האבל שלא לאכול ביום הראשון, מותר לאכול משלו אפילו סעודה ראשונה - ביום שני או בלילה שאחר יום ראשון משלו אפילו סעודה ראשונה. «שלא צוה השם

יתברך אלא לאחרים שיברוהו, אבל לא מצינו שצוה עליו לאכול – לבוש›.

ומשמע דאם רצה האבל להתענות באותו היום מותר, וכ"פ הב"ח. ‹אבל האור זרוע פסק שלא יניחו את האבל להתענות, אא"כ הוא תענית ציבור, **אבל** בימים של עשי"ת אף שהיה דרכו להתענות, לא יתענה אז, שמצוה לאכול סעודת הבראה, ע"ש – ערוה"ש›.

הגה: וכן אם לא הברוהו ביום ראשון שנמשך עד הלילה, מותר לאכול בלילה משלו, ואין צריך הבראה – (עיין בתשו' נו"ב שכתב, דמי שמת לו מת וקבר אותו בלילה, מברין אותו בלילה, ואם לא אכל בלילה מברין אותו ביום שאחריו, **ודוקא** בנדחה יום הראשון אמר הרמ"א דא"צ הבראה בלילה, ע"ש).

סעיף ד - היו נוהגים להתענות ביום מיתת החכמים – ‹מפני הצער, שהיו אומרים הרואה תלמיד חכם שמת כרואה ספר תורה שנשרף דמי – לבוש›.

סעיף ה - מי שנקבר בערב שבת סמוך לחשכה קודם ביה"ש, יש מי שאומר שמברין אותו אז – ‹אף על פי שלא יכנס לשבת כשהוא מתאוה, דס"ל סעודת הבראה נמי מצוה היא כמו סעודת שבת – לבוש›. **ולי נראה דכיון שאינו חובה, טוב שלא להברותו אז מפני כבוד השבת, וכן נוהגין.**

סעיף ו - אין מברין על הקטן אא"כ הוא בן שלשים יום שלימים, או קים ליה ביה שכלו לו חדשיו.

סעיף ז - מרביצין ומכבדין בבית האבל, ומדיחין קערות, כוסות וצלוחיות וקיתונות, ואין מביאין שם לא בשמים ולא מוגמר – ‹שזה יש בו שמחה – לבוש›, **אבל מביאים אותם בבית שהמת שם** – [להעביר הסרחון], **ואין מברכים עליהם; ואין אומרים שמועה ואגדה בבית האבל** – ‹מפני שיש בו שמחה – לבוש›, **אלא יושבין ודוממים** – ‹ולפ"ז יש לתמוה על מנהגינו שכמה לומדים משניות בבית האבל, וגם גמ' לומדים אנשי חברה ש"ס כשהמת היה מהחברה – ערוה"ש›.

סעיף ח - כיון שנקבר המת, מותר לאכול בשר, ולשתות יין מעט בתוך הסעודה כדי לשרות אכילה שבמעיו, אבל לא לרוות - אבל קודם קבורה אסור בבשר ויין, דהוי אונן, וכלדעיל סימן שמ"א.

סעיף ט - מקום שנהגו להברות בבשר ויין ומיני מטעמים, עושים; ומברין תחילה בביצים – ‹ולא יקלוף האבל עצמו הביצים, דנראה כרעבתן, ב"ה בשם א"ח – רעק"א›, **או בתבשיל של עדשים, זכר לאבילות** - שאין להם פה כמו אבל שאין לו פה, **ואח"כ אוכלים כל צרכם.**

סעיף י - אין לאכול עם האבל כל כך בני אדם שיתחלקו לשני מקומות - דהוי כסעודת מריעות שיש בה שמחה.

סעיף יא - היכא שצריך למנות שבעה אחר הרגל, וכן אם שמע שמועה בשבת, צריך להברותו הבראה ראשונה שבימי אבלות – ‹והרי הוא מתחיל עכשיו אבלותו – ב"י›.

אם שמע שמועה בשבת - צ"ע, דבד"מ ס"ס זה פסק כב"י, שכ' בסי' שצ"ג דמברין בשבת, וכתב שכן פשט המנהג בכל העולם להברות בשבת, ולא נשמע בעולם שום פוצה פה ומצפצף. ‹ול"ק כלל, דבאמת בשו"ע השמיטו זה – ערוה"ש›.

(וי"א שכיון שנדחה יום ראשון אין מברין אותו, וכן נוהגים, ואפילו היכא דעולה לו למנין ז' כגון במקומות שעושין שני ימים, ששני עולה) - כלומר ואפי' במקום שעושים ב' ימים טובים, שהשני עולה למנין ז', וכמו שנתבאר באו"ח סי' תקמ"ח ס"ב, ולקמן סי' שצ"ט סי"ג, סד"א דיש להברותו אח"כ דהא לא נדחה, דהיה לו להברות ביום שני, שהרי שייך ביה אבילות כיון דעולה למנין ז', קמ"ל דאמרינן בזה ג"כ כיון דנדחה נדחה ואין צריך הבראה.

סעיף יב - אין מברין על שמועה רחוקה – ‹שאין בה מרירות כל כך – לבוש›.

סעיף יג - פריס (פירוש בוצע לחם לברך המוציא) מנחם גדול דבהון - ‹שנאמר פרשה ציון בידיה, מפני שאין מנחם לה, משמע הא יש לה מנחם, הוא פריס, ומסתברא שהגדול פורס שהוא עיקר המנחמים – לבוש›. **ובשבת פריס כאורחיה** - ‹שנאמר ברכת ה' תעשיר, והיא שבת, ולא יוסף עצב עמה – לבוש›. ‹**ובאו"ח** סי' קס"ז מבואר, דאין נותנין המוציא ליד האוכל, אלא מניח על השלחן ונוטל, ורק לאבל נותנין ביד, דכתיב פרשה ציון בידיה, ובשבת לא יתן גם לאבל בידו, ע"ש – ערוה"ש›.

§ סימן שעט – דין ברכת המזון בבית האבל §

סעיף א - כשמברכין בהמ"ז בבית האבל, אומר ברכה רביעית כנוסח זו: בא"י אלהינו מלך העולם האל אבינו מלכנו בוראנו גואלנו קדושנו קדוש יעקב - רוענו רועה ישראל המלך הטוב והמטיב לכל אל שבכל יום ויום הוא הטיב הוא מטיב הוא ייטיב לנו המלך החי הטוב והמטיב אל אמת דיין אמת כו', דודאי צריך לומר הברכה מתחלה כתיקון חכמים, **המלך החי הטוב והמטיב אל אמת דיין אמת שופט בצדק וכו'. הגה: לוקח נפשות במשפט שליט בעולמו לעשות בו כרצונו כי כל דרכיו במשפט ואנחנו עמו ועבדיו ובכל אנחנו חייבים להודות לו ולברכו גודר פרצות ישראל הוא יגדור הפרצה הזאת מעלינו ומעל אבל זה לחיים ולשלום** - הוא גמלנו כו' וכל טוב וכו' אל יחסרנו, הרחמן הוא כו'.

‹**עיין** בשאילת יעב"ץ שכתב, דמה שנהגו לתת כוס של בהמ"ז לאבל, לא נזכר בשום פוסק, והמנהג בא ממה שאמרו חז"ל שאבל מסב בראש, וכיון שנעשה שר לסרוחים יש לו דין גדול באותה סעודה שמסב בה, וקי"ל גדול מברך אפילו אתא לבסוף, **מיהו** זה דוקא בשבעת ימי אבלו, משא"כ בשאר הימים של יב"ח אין לו דין קדימה לענין זה, ע"ש עוד, ועמש"ל סי' שע"ה סק"ג›.

סעיף ב - יש מוסיפים בברכה שלישית: נחם ה' אלהינו את אבלי ירושלים ואת האבלים המתאבלים באבל הזה, נחמם מאבלם ושמחם מיגונם, כאמור: כאיש אשר אמו תנחמנו וכו' - כן אנכי אנחמכם ובירושלים תנוחמו, **בא"י מנחם ציון בבנין ירושלים** - אבל אין לומר מנחם אבלים ובונה ירושלים, דאין חותמים בשתים, **ומשמע** לכאורה דה"ה דאין לומר מנחם ציון ובונה ירושלים, דהו"ל חותמים בשתים, **והכי** אמרינן בש"ס פרק שלשה שאכלו, דמושיע ישראל ובונה ירושלים הוה ליה חתימה בשתים דאסור, **אבל** בנחם שאומרים בתשעה באב, איתא בכל הסידורים בא"י מנחם ציון ובונה ירושלים, **וצ"ל** דמנחם ציון ובונה ירושלים כולו חדא מילתא היא.

סעיף ג - יש אומרים בברכת זימון: נברך מנחם אבלים שאכלנו משלו - ‹והם אומרים ברוך מנחם וכו', והמברך חוזר כן, ואם יש עשרה, יאמר נברך אלקינו מנחם וכו', והם עונים כן, וחוזר כן – ערוה"ש›.

סעיף ד - בשבת, אם בירך ביחיד, או בג' אבלים, מברך כדרך שמברך בחול, דצינעא הוא. ואם אכלו אחרים עמו וברכו, אין מזכירין מעין המאורע, דכיון דאיכא אחרים לאו צינעה הוא - ואין אבילות דבפרהסיא נוהג בשבת, כדלקמן סי' ת'.

סעיף ה - אבל מצטרף לתפלה ולזימון, בין לג' בין לעשרה - ומדברי המרדכי נראה, דסעודה ראשונה שמברין את האבל שאסור לאכלה משלו, אין האבל מצטרף בברכת המזון, **וכן** כתב הרוקח, דכשמברכין בהמ"ז בשעת הבראתו אין האבלים מן המנין, כדאמרינן בפ"א דכתובות, **ור"ל** דאמרינן התם, דבברכת רחבה אין אבלים מן המנין, ופי' רש"י שם, דהיינו כשמברין את האבל סעודה ראשונה משל אחרים, כדאמרינן במו"ק היו מברין אותו ברחבה כו', **משמע** להו דה"ה האידנא דליכא רחבה, מ"מ בסעודת הבראה תליא מילתא, **ואע"פ** שהתוס' כתבו במגילה, דבבהמ"ז האבל מצטרף, אפשר דמודה בסעודה ראשונה דהבראה, ולא מיירי אלא בשאר אבילות. ‹**ועיין** בדגמ"ר, דדוקא לעשרה אין מצטרפין אותו, אבל לזימון של ג' מצטרף, ע"ש›.

§ סימן שפ – דברים שהאבל אסור בהם §

סעיף א - אלו דברים שהאבל אסור בהם: במלאכה, ברחיצה וסיכה ונעילת הסנדל ותשמיש המטה, ואסור לקרות בתורה, ואסור בשאלת שלום ובכביסה, וחייב בעטיפת הראש ובכפיית המטה, כל שבעה, ואסור להניח תפילין ביום הראשון, ואסור בגיהוץ ובתספורת ושמחה ואיחוי קרע כל ל' יום (וכל דברי אבלות נוהגין בין ביום בין בלילה) - ‹וכולם אינם אלא מדרבנן, ואסמכוה אקראי – לבוש›.

סעיף ב - מלאכה כיצד, כל ג' ימים הראשונים אסור במלאכה - ‹היינו כל היום הג' בכלל איסור, ולא אמרינן בזה מקצת היום ככולו, חיי אדם בקונטרס מצבת משה – רעק"א. ועיין סי' שצ"ה ס"א›, **אפילו עני המתפרנס מן הצדקה** - ‹דג' ימים לבכי, ואם יעשה במלאכה יסיח דעתו מן הבכי, ועוד דבירושלמי איתא, דכל ג' ימים הנפש מרחף על הגוף – ערוה"ש›.

מכאן ואילך, אם הוא עני ואין לו מה יאכל - ‹אפילו יכול להתפרנס מן הצדקה – ערוה"ש›, **עושה בצינעא בתוך ביתו, ואשה טווה בפלך בתוך ביתה** - פירוש אין מתירין לה ‹כלומר דלאשה לא התירו› אלא מלאכה של צינעה ושל עראי, כגון להיות טווה בפלך בתוך ביתה, **ואם** אינה מספקת בזה, עושה אומנות שלה בצינעה תוך ביתה, עכ"ל טור, ‹**צ"ע** למה לא חילק וכתב שגם האיש לא יעשה כי אם בצנעא ועראי – פרישה›, **אבל אמרו חכמים: תבא מארה לשכיניו שהצריכוהו לכך** - ‹אך אם אינו רוצה לקבל, ורוצה יותר להרויח, אין על השכנים עון – ערוה"ש›.

(כדרך שמותר לכתוב בחול המועד, כך מותר לכתוב בימי אבלו; אבל לא בענין אחר).

סעיף ג - כשם שהוא אסור בעשיית מלאכה, כך הוא אסור לישא וליתן בסחורה ולילך ממדינה למדינה בסחורה - ‹שכל זה בכלל מלאכה יחשב, דחד טעמא שייכא בהו – לבוש›.

סעיף ד - אפילו דבר האבד, אסור האבל לעשות, בין הוא בין עבדיו ושפחותיו ובניו ובנותיו שמעשה ידיהם שלו - פירוש אפי' הם גדולים אם סמוכים על שלחנו, עכ"ל טור ועט"ז, ור"ל כל שכן קטנים כשסמוכים על שלחנו, **אבל** אם אינם סמוכים על שלחנו, אפי' קטנים מעשה ידיהן לעצמן, כמו שנתבאר בח"מ סימן ע"ד ס"ב.

סעיף ה - אסור לעשות מלאכתו ע"י אחרים (אפי' עובד כוכבים), אא"כ הוא דבר האבד, שדבר האבד מותר לאבל לעשות ע"י אחרים; אפי' דבר האסור במועד משום טירחא, מותר - דדוקא במועד אסרו דברים של טורח מפני כבוד המועד, אבל באבל שעושה ע"י אחרים, מאי איכפת לן בטורח דאחרים, טור, **ואפילו הוא מעשה אומן.**

הגה: וי"א דאם לא יוכל לעשות ע"י אחרים, והוא דבר האבד, מותר לעשות האבל בעצמו - אפי' הוא דבר שיש בו טירחא ומעשה אומן, **מיהו** יעשה בצינעה, כן משמע בש"ס, **ולאחר ג' ימים הראשונים יש להקל, ואפי' תוך ג' והוא הפסד מרובה.**

‹**כתב** בספר חמודי דניאל כ"י, נראה קצת שאפשר להתיר להשכיר סוסיו בכדי להאבילם, שזה דבר האבד. **וכתב** עוד, דדבר האבד אפילו לאחר, מותר האבל לעשות, לפיכך מותר רופא לילך בתוך שבעה, **ואם** שלח חולה גדול לאחד שיבא אליו, והוא אבל, מותר לילך, ע"כ›. ‹**ואם** לאחר יש ענין דבר האבד, ואינו מוצא פועל למלאכתו רק אבל, עיין בח"א בקונטרס מצבת משה דצידד להקל – רעק"א›.

‹**יראה** לי דעני שאין לו מה יאכל, אם הוא יחידי באופן שא"א לו להתפרנס מצדקה, או אפילו כשהוא בעיר וא"א לצדקה או לשכניו לפרנסו, כמו בזמנינו שבעוה"ר רבתה העניות, יכול לעשות מלאכה גם ביום ראשון ובעצמו, אפילו מעשה אומן, ורק בצינעא, וכ"ש הוא מדבר האבד שהתיר רבינו הרמ"א, דכיון שא"א באופן אחר האם יגווע הוא ובני ביתו ברעב ח"ו, ופשוט הוא – ערוה"ש›.

סעיף ו - פרקמטיא שלו, בדבר האבד, שאם לא ימכור יפסיד מהקרן, נמכרת על ידי אחרים; אבל אם לא יפסיד מהקרן, אלא שאם ימכרנה עתה ירויח בה יותר משאם ימכרנה אח"כ, אסור.

‹**ואינו** מדויק, שפתחו בהפסד מהקרן, וסיימו שעתה ירויח בה יותר מכשימכרנה אח"כ, דמשמע שגם אח"כ ירויח רק עתה ירויח יותר, **ונלע"ד** דשני מיני פרקמטיא יש, דאדם שאין פרנסתו קבועה מפרקמטיא זו, אלא שנזדמן לו וקנאה וצריך למוכרה, אצלו לא הותר רק כשיפסיד מהקרן, **אבל** מי שפרנסתו בכך, גם הריוח המוכרח הוי כקרן, דחיותו היא, ובזה האיסור אינו אלא אם גם אח"כ ירויח, אלא שעתה ירויח יותר, דאז אסור, אבל אם אח"כ יצטרך למכור בלא ריוח כלל, מותר, וכמו שאמרו חז"ל, זבין וזבין תגרא איקרי, **ולכן** נראה דמי שהוא סוחר בתבואה או בשארי סחורות, ואירע לו אבלות, ועתה יש סוחרים לקנות ממנו בריוח, ואח"כ יכול להיות שלא ירויח, מותר לו למכור סחורתו ע"י אחרים, והיינו שהוא בעצמו לא ילך לשקול להם הסחורה ולמסור להם, וישלח אחר במקומו, דזהו ממש כדבר האבד, **וכפי** מה שנתבאר דדבר האבד כשאין ביכולת ע"י אחרים יכול לעשות בעצמו, ה"ה בכאן יכול לילך בצינעא אם אין ביכולת ע"י אחרים, ודבר זה תלוי בראיית עיני המורה, כנלע"ד – ערוה"ש.

(**כתב** בספר חמודי דניאל כ"י, דה"ה אם יש דבר האבד להקונה אם לא יקנה, מותר למכור לו ע"י אחר, ואפשר אפילו ע"י עצמו, ע"כ).

ומ"מ אם שיירות או ספינות באו, או שהם מבקשים לצאת, ומוכרים בזול או לוקחים ביוקר, מותר למכור ולקנות ע"י אחרים, אפי' שלא לצורך תשמישו, אלא לעשות סחורה להשתכר - הטעם, כיון שהוא דבר שאינו מצוי, וכן משמע בטושו"ע באו"ח סי' תקל"ט ס"ה, **דלא** כנראה מהעט"ז כאן, הטעם דהוי הפסד מרובה, ע"ש.

‹**וזהו** ענין אחר, דהנה מקודם נתבאר דאינו רשאי למכור אא"כ יודע בבירור שאח"כ יפסיד מהקרן או שלא ירויח כפי מה שבארנו, אבל בסתמא אסור, **ועתה** אומר שכשבאו שיירות או ספינות לקנות סחורה, זו רשאי למכור בכל ענין, דאמרינן שמסתמא יוזל אח"כ, כדרך המסחור שברבות הקונים הסחורה בתקפה ואח"כ הסחורה נופלת, ובזה לית מאן דפליג, **עיין** ש"ך, ולא פליגי, דלשניהם הוה כדבר האבד, ודו"ק – ערוה"ש.

‹**אמנם** כשבאו שיירות או ספינות למכור סחורתן, ומי שצריך לסחורה זו עתה הוא עת קנייתן, דאח"כ לא ישיגום או יהיו ביוקר, דעת הרמב"ן שאין האבל רשאי לקנות אא"כ נצרך לו לצרכי ביתו, אבל לקנותם לסחורה אסור, **והרא"ש** חולק עליו, דגם לקנות לסחורה הוי כדבר האבד, כיון שצריך לחיותו – ערוה"ש.

(**וכתב** בספר חמו"ד כ"י, דזה לא מהני אלא במשא ומתן, אבל אם נזדמן לו איזה מלאכה, אפילו אפשר להשתכר הרבה, אסור, **אך** אם אירע זה בליל ז', אפשר להתיר, שיש אומרים מקצת לילה ככולו, עכ"ד).

סעיף ז - להלוות לעובדי כוכבים ברבית, לאותם שרגילים ללוות ממנו, מותר להלוות להם ע"י אחרים, משום דהוי דבר האבד - שאם לא ילוה להם, ילכו לאחרים וילוו להם וירגילום לבא אצלם, ואיכא פסידא, טור.

‹**ומזה** יש לדון על כל מין מסחור תמידי הרגילים ליקח ממנו, ואם עתה לא ימצאו אצלו, יקחו מאחרים וירגילום לקנות אצלם, מותר להאבל למכור להם ע"י אחרים, **אך** בחנות יש דין אחר, דחנות הוה בפרהסיא – ערוה"ש.

סעיף ח - אי מסיק זוזי באינשי והאידנא משכח להו, ובתר הכי לא משכח להו, שרי לשדורי עלייהו - כלומר לשלוח אחרים שיתבעו המעות מהם, דה"ל דבר האבד.

סעיף ט - אם יש לו דין על אדם, אינו תובע כל ז'. ואם הוא דבר האבד, כגון שביקש לילך למדינת הים, או שעדיו חולים - וירא שמא ימותו, **עושה מורשה ודן עמו** - ‹ויראה לי אם ההכרח שיבא בעצמו לב"ד, מותר אם לא סגי בלא"ה – ערוה"ש.

סעיף י - כל הדברים שהתירו במועד משום צורך המועד - כלומר כל הדברים שלא התירו במועד משום דבר האבד וכה"ג, אלא משום צורך המועד, **כולם אסורים באבל, אפילו על ידי אחרים** - ‹דלא איתקש אבל למועד אלא לענין דבר האבד, דמה שייך צורך באבל, אם לא כשאין לו מה יאכל – ערוה"ש.

סעיף יא - אבל ששדהו ביד אחרים באריסות - היינו לשליש ולרביע, **או בחכירות** - שנותן לו סכום מפירות השדה בין עושה מעט או הרבה, **או בקבלנות** - שנותן לו מעות סכום ידוע, **הרי אלו עובדין כדרכן בימי האבל של בעל השדה** - ‹שהרי לא בשבילו הם עובדים אלא בשבילם, ואי משום שעי"ז מגיע לו ג"כ ריוח, מה איכפת לנו, כיון שהשדה ברשותם ולא ברשותו – ערוה"ש›. **ואפילו נשלם זמן חכירותם קודם ונשארו בשדה כמו שהיו** - ‹דסתם שדה לאריסות קיימא, והוי כאלו מקודם מסר להם על עוד זמן, ומקרי השדה ברשותם, **אבל** להשכיר בימי אבלו ודאי אסור, דאין זה דבר האבד – ערוה"ש›.

סעיף יב - אם האבל הוא אריס בשדה של אחרים, לא יעבוד הוא בעצמו, אבל על ידי אחרים מותר - שאין זה נקרא מלאכת האבל, אלא מלאכת בעל השדה. ‹**ולהאבל** מגיע ריוח ממילא, וא"א שאחרים יפסידו מפני אבלותו – ערוה"ש›.

סעיף יג - אם יש שכיר יום שעובד שדה האבל, אפילו בעיר אחרת, לא יעשה - כיון שאינו אצלו באריסות או בחכירות ובקבלנות, ‹וכל השדה היא של האבל – ערוה"ש›.

סעיף יד - אם יש לאבל חמור או ספינה מוחכר או מושכר ביד אחר - ומוחכר שייך בפירות ושכירות במעות, **הרי זה לא יעשה בימי אבלו של בעל החמור והספינה, אם לא ששכרו קודם שהתחיל האבלות ועדיין לא כלה הזמן** - ‹דשכירות קניא וחשובים כשלו ולא של אבל – לבוש›, **אבל אם כלה הזמן, אסור** - ‹ולא דמי לשדה דמסתמא קיימא לאריסות, והוה כמושכר גם על הזמן הבא, **משא"כ** באלו שאין עומדין להשכיר, והוה עתה כשכירות חדשה ואסור להשכיר בימי אבלו – ערוה"ש›.

סעיף טו - אם היה החמור והספינה ביד אחרים, למחצה, לשליש ולרביע, יש מתירים, ויש אוסרים - דדוקא בקרקע שרי דלאריסות קיימא, משא"כ הכא, ‹דלעולם נקראין על שם הבעלים – לבוש›, ‹**ודוקא** כשהיו מושכרים, דכל זמן השכירות הוא של אחרים מותר, **ונ"ל** דאפילו לדעתם, אם יש בזה דבר האבד מותר, שהרי אפילו בשלו לגמרי מותר – ערוה"ש›.

סעיף טז - אם האבל מושכר לאחר - ‹בחמור של האחר או בספינה, ועדיין לא כלה הזמן – ערוה"ש›, **לא יעשה מלאכה בימי אבלו. (אבל ע"י אחרים, שרי) (זכו מהרא"ש)** - משמע אפילו אינו דבר האבד, וכן משמע להדיא בעט"ז, וכ' דאע"פ דלעיל סעיף ב' וה' אסור אפי' ע"י אחרים, מ"מ הכא מותר על ידי אחרים, והוא יקח השכר מן הבעלים, שהרי אין עיקר המלאכה שלו, עכ"ל, **ודין** זה הוציא הרב מהרא"ש שכתב על פירש"י: מה שפי' שאם היה אבל מוחכר או מושכר אצל אחר שיעשה הוא עצמו מלאכה, **נ"ל** קולא גדולה, דהא אפילו עני המתפרנס מן הצדקה לא יעשה בצינעה בתוך ביתו שלשה ימים הראשונים, ומשום הפסד ממונו מעט שרית ליה לעשות מלאכה בפרהסיא, עכ"ל, **ומשמע** ליה להרב, מדכתב מאי שפירש כו' שיעשה הוא עצמו מלאכה נ"ל קולא גדולה כו', משמע הא על ידי אחרים שרי, **ולפענ"ד** נראה מדמדמי ליה לעני המתפרנס מן הצדקה, משמע דאפי' ע"י אחרים אסור, **ומש"כ** שיעשה הוא עצמו מלאכה נ"ל קולא גדולה כו', כתב כן כלפי מה שפירש"י שם על ואם היו מוחכרים או מושכרים, וז"ל: ואם היו מוחכרים או מושכרים הם או בהמתם אצל אחרים למהלך חדש או חדשים, הרי אלו יעשו הם לעצמם ולא יפסידו שכרם, עכ"ל, **עלה** קאי ואמר: מה שפי' שיעשה הוא עצמו מלאכה קולא גדולה, אלא קאי אבהמתן לחוד וכפי' הראב"ד, ולא כשהיה עצמו מושכר, **אבל** לא נחית הרא"ש לחלק כשהוא עצמו מושכר בין ע"י עצמו לע"י אחרים, וזה נראה דעת הטושו"ע שלא חילקו בכך.

‹**ונ"ל** דשני הדיעות אמת, דודאי אם לבעל החמור אין שום נ"מ אם יעשה או לא יעשה, אסור, **אם** לא בדבר האבד, כגון שצריך ליתן להחמור מזונות, או שמשלם לו בעד כל יום לפי החשבון, דבכה"ג אפילו בחמור שלו לגמרי, אם צריך ליתן לו תבן ומספוא כמו סוסים שלנו, אין לך דבר האבד יותר מזה, **ולכן** בעל עגלה כשהוא אבל מותר לו למסור סוסו לאחר שיסע עמו וישתכר על מזונותיו, **ואם** יש איזה נ"מ לבעל החמור, כגון שהיה המדובר ביניהם כשיהיה בטל לא יקח כל כך שכר כמו בעשייתו, מותר לו ע"י אחרים בכל גווני, כיון

שזהו טובת האחר, ולמה יסבול נזק בעד אבלותו, ולהאבל מגיע טובה ממילא – ערוה"ש.

סעיף יז - היתה מלאכת אחרים בידו, אפילו בדבר תלוש - שיכול לעשותו בצינעה, וכל שכן דבר מחובר שאינו יכול לעשותו אלא בפרהסיא, **כגון לארוג, בין בקבלנות בין שלא בקבלנות, לא יעשה. הגה: ואם הוא דבר האבד, יעשה על ידי אחרים (ד"ע)** - והעט"ז כתב וזה לשונו, ונ"ל אפילו אינו דבר האבד מותר לעשות ע"י אחרים, כיון שעיקר המלאכה אינו שלו, וכמ"ש בסעיף ט"ז גבי הוא עצמו מושכר, עכ"ל, **ודעת** הרב נראה, דדוקא התם שהוא מושכר לחדש או לחדשים שרי, משא"כ הכא, **ואף** שזהו של אחרים, מ"מ הרי יכול לעשות אחר האבלות, מרדכי – ערוה"ש, **ולפי** מ"ש בס"ק י"ז, דבהוא עצמו מושכר אסור ע"י אחרים, אם לא בדבר האבד, א"כ כל שכן הכא.

מותר לקבל מלאכה בימי אבלו לעשות אח"כ - ‹שהרי אינו עושה כלום אלא דיבור בעלמא, ועוד דשמא יתנוה לאחר, והוי קצת כדבר האבד - ערוה"ש›, **ובלבד שלא ישקול ולא ימדוד כדרך שהוא עושה בשאר פעמים.**

סעיף יח - היתה מלאכתו ביד אחרים, בקבלנות בדבר תלוש, בביתו לא יעשו - ‹שלא יאמרו שהוא ג"כ מסייע בהמלאכה, אי נמי שלא יאמרו בימי אבלו השכירו, רש"י - ערוה"ש›. **וכתב** רבינו ירוחם בשם המפרשים, שמכאן יש ללמוד, שאם היה לאבל מלמד או סופר או פועל, שלא יעשה בביתו, ומביאו ב"י, **בבית אחרים יעשו** - ‹אפילו אין בזה דבר האבד, שהרי בקבלנותן הן עוסקין. **ונ"ל** שאם הוא דבר האבד אם לא יעשו בביתו, שמותרים לעשות בביתו, וזה תלוי לפי ראות עיני המורה - ערוה"ש›.

(ובלבד שקבלו המלאכה קודם שנעשה אבל) - ‹ואם שכרן בימי האבלות, אסורים לעשות לו אפילו בבית אחרים - לבוש›.

סעיף יט - היה לו בנין ביד אחרים, בקבלנות, בחול או בחול המועד לא יעשה, אפילו הוא חוץ לתחום העיר - ואפי' מסרה להם קודם האבל או קודם חוה"מ, אסור מפני מראית העין, שכיון שיוכלו בני אדם ללכת שם ויראו המלאכה, יאמרו ראה זה שמסר מלאכתו לאחרים בימי האבל או בחול המועד, ולא ידעי דקבולת הוא גבייהו קודם לכן.

ואם אלו הקבלנים עובדי כוכבים, מותרים לבנותו בשבת ויו"ט שחלו בימי האבל, אם הוא חוץ לתחום העיר ואין עיר אחרת שבה ישראל בתוך תחום של אותו בית - דליכא למיגזר משום חשדא, שאין בני העיר מצוים שם שיבינו שמלאכת אבל או של ישראל היא.

סעיף כ - אם קבלו אחרים לחרוש ולזרוע שדהו, י"א שמותרין לחרוש ולזרוע בימי אבלו של בעל השדה - ‹כיון שהוא בקבלנות הוי דינו כמו באריסות דסעיף י"א, דאע"ג דהכא כולה מלאכה לבעל השדה ואין הקבלן נוטל חלק בפירות כלום, רק נוטל שכרו והולך לו ונשאר כל השדה לבעלים, **מ"מ** כיון שבשעת המלאכה אין רואין מי העובד עבודת השדה אלא זה הקבלן לבדו כמו האריס, אין כאן איסור מראית העין, דכיון דסתם שדות לאריסות קיימא, יאמרו אמר ודאי גם זה אריס הוא ויש לו חלק בפירות ומותר, **אע"ג** שיראו שלמחר יוצא ממנה זה, והבעל יאכל כל הפירות, לא חיישינן שבאותו הפעם יאמרו למפרע אנו רואין שזה עשה מלאכה בשדהו בשעת אבילותו, דלחשד למפרע לא חיישינן, שאין בני אדם פונין מכל עסקיהן לומר: פלוני זה חרש בכאן והיינו סבורים שהוא אריס ועכשיו בעלים אוכלין כל הפירות והרי נעשה מלאכתו באבילותו למפרע, כולי האי לא חיישינן, לפיכך מותר - לבוש›.

ויש מי שאוסר - ‹קשה לי, הא בסעיף י"א פסק בפשיטות להקל - רעק"א›. ‹**דכיון** שהוא לבדו אוכל הפירות נקרא הכל על שמו, וזהו כמחובר שהכל רואים - ערוה"ש›.

סעיף כא - שני שותפים חנוונים שאירע אבל לאחד מהם, נועלים חנותם - ‹היינו תוך ג' ימים הראשונים, אבל אח"כ מותר - רעק"א›, **שלא יעשה השותף בפרהסיא, אבל יכול לעשות בצינעא בתוך ביתו, אפילו בעסק השותפות.**

ואם האבל אדם חשוב, והשותפות נקרא על שמו, שאפילו אם יעשהו בצינעא בתוך

ביתו ידוע שיש לאבל חלק בו, אסור לשני לעשות אפילו בתוך ביתו.

‹שני אחין או שני שותפין חנונים שאירע אבל באחד מהם, הרי אלו נועלין חנותן, ירושלמי כתבו הרי"ף. **וגרסינן** בגמרא דידן, מריון בריה דרבין ומר בריה דרב אחא בריה דרבא הוה להו ההוא גמלא דתורי בהדי הדדי, איתרע ביה מילתא במר בריה דרב אחא בריה דרבא ופסקיה לגמליה, אמר רב אשי גברא רבא כמר בריה דרב אחא עביד הכי, נהי דלפסידא דידיה לא חייש לדאחרים לא חייש, והתניא אם היו מוחכרים או מושכרים אצל אחרים הרי אלו יעשו, והוא סבר אדם חשוב שאני. **וכתב** הרא"ש: הרי"ף לא הביא הך עובדא, והביא הירושלמי שני אחים שני שותפין וכו', ולכאורה נראה דפליג אגמרא דידן, דלגירסת הירושלמי יפה עשה דפסק לגמליה, דמלאכת שניהם בטילה. **והראב"ד** הקשה מהירושלמי אגמרא דידן, ותירץ דודאי נועלין חנותן ואין השותף מתעסק בעסק השותפות בפרהסיא, אבל בביתו מתעסק בעסק השותפות, ואע"פ שחולקין בשכר, כמו חמור וגמל וספינה שמוחכרין ביד אחר, הילכך לא הוי ליה למיפסקיה לגמליה, **ומסיק** אדם חשוב שאני, ואית ליה קלא ואמרי בהמתו של פלוני עושה מלאכה בימי אבלו והוי ליה פרהסיא, עכ"ל. **והרמב"ם** ז"ל הלך בדרך הרי"ף ז"ל, שכתב הירושלמי ולא ההוא עובדא. **ורבינו** סתם דבריו כדעת הראב"ד. **ולענין** הלכה כיון שהרי"ף והרמב"ם מסכימים לדעת אחת, הכי נקטינן – ב"י.

זה ‹מה שפסק המחבר לחלק בין בפרהסיא לבצנעא› **סותר** למ"ש בב"י: ולענין הלכה כיון שהרי"ף והרמב"ם מסכימים לדעת א', הכי נקטינן, **וראיתי** בב"ה שתיקן דבריו שבב"י, שצ"ל: הכי נקטינן וכתירוצו של הראב"ד, וכך הם דברי רבינו, עכ"ל, **אבל** צ"ע, דכיון דכתב הכי נקטינן על דברי הרי"ף והרמב"ם, היאך כ' וכתירוצו של הראב"ד, הא ודאי הרי"ף והרמב"ם אין מחלקים בין צינעה לפרהסיא כהראב"ד, וכדמשמע בהרא"ש ורמב"ן ובב"י, ע"ש, וע' בתשו' מהרש"ל.

‹**עיין** בתשו' משכנות יעקב שכתב, דנראה יותר כהרי"ף והרמב"ם, דלא מחלקי ‹בין צנעא לפרהסיא› ואסרי בשותפין בכל גוני, וכ"מ מהירושלמי דלא מפליג כלל, **ומה** שהקשה הרא"ש על הרי"ף וכתב דגמ' דילן פליג על הירושלמי, נ"ל דל"פ, דהני תרי עובדא לא דמי כלל, דהך עובדא דמריון, היה לכ"א מהם שור א' שאין ראוי לחרוש לבדו, ועשו שותפות לחרוש כל א' שדהו בשניהם, וכשאירעו האבל פסקינן לגמלא ולא נתן לשותפו לעשות מלאכתו, והרי משועבד ומושכר לו כו', **ואין** זה ענין כלל לשותפים בחנות, שהן שותפים במלאכה ומלאכת שניהם היא, ואידך שליחותא קא עביד ואסור, **ולפי"ז** יש להחמיר בשותפין בחנות אף בצנעא, ובהך עובדא דגמלא דתורא יש להתיר אף בפרהסיא, ע"ש).

‹**תשובת** רש"ל: ואם אינו בעיר ושלחו שליח להודיע לו, חזקה שליח עושה שליחותו, ואחר השיעור שיגיע לשם צריך זה לסגור חנותו. **רדב"ז:** ונ"ל כיון דשותפו האבל אינו בעיר, מי יודע שנודע להשותף, א"כ הוי כמו בצינעה. **גם** הוא ז"ל כ', דבכתבו לו מכתב שרי, דשמא נאבד הכתב – רעק"א.

‹**עיין** בתשו' חת"ס, שנשאל מרב אחד אודות שנהגו בעירו, דאונן מוכר חנותו בסחורות לא' ממיודעיו, והוא נושא ונותן כל ימי האבל, ואח"כ חוזר ומוכרו לבעלים הראשונים, אי שפיר עבדי. **והשיב**, הנה שמעתי מגאונים קשישאי, שאם היו שותפים ואחד מקרובי השיתוף גוסס, ציוו לשלוח ע"י אחד מנאמני הקהלה שמבטל השותפות ואינו רוצה להיות עוד שותף עמו, ועי"ז התירו לזה השותף לעסוק במו"מ כל ימי האבל, **והזהירו** שלא יגיע לזה האבל שום ריוח מהמו"מ של ימי האבל, **ואם** אח"כ נהגו בו טובת עין ומבליעו בחשבון, אין בכך כלום. **והוראה** זו נכונה, שהרי מוכר שלו בשעה שעדיין הקרוב חי כו', אבל בנ"ד כשזה עומד בחנותו יאמרו שכירו הוא, אפילו ידעו שמכר ע"י נאמני הקהלה, הוא בעיניהם כחוכא ואטלולא והערמה בעלמא, והוא אונן ואינו יכול לענות אמן על ברכה ומי יתיר למכור סחורתו כו', **אמנם** יש ללמוד קצת זכות על המתירים, דעל הרוב לא יכלו להתבטל מסחורתם כל ז' ימי האבל, וממציאים להם היתר אחר ג' ימים ואומרים שהוא דבר אבד, כשיירא עוברת ואין לו במה להתפרנס וכדומה, ע"כ בחרו הרע במיעוטו לבטל קצת בשעת אנינות, דבלא"ה איכא פלוגתא, ולסמוך אהמיקל באבל שיעמוד אחר בחנותו ע"י הערמת מכירה לאחר, ועי"ז יהיה פנוי להתאבל ימי אבלו כדינו כו', **ואם** כי אין דעתי נוחה מהמקילין, מ"מ אין למחות בכח, ומוטב שיהיו שוגגים).

‹**עיין** בתשו' ראנ"ח שכתב, דאפילו אם התנו מתחלה ביניהם שאם יקרה אבל לאחד מהם, יתעסק השותף האחר בעסק השותפות ויטול כל שכר השבוע ההוא, והשותף האחר יטול שכר שבוע אחר כנגדו, אסור, **דכיון** דמשום מראית עין נגעו בה, אפילו התנו מתחלה לא מהני, דלאו כולי עלמא ידעי שהתנו מתחלה, **ואף**

דבאיסור שבת אשכחן בעובד כוכבים וישראל שותפין דבבה"ג שרי, ולא חששו למ"ע, שאני התם שהוא דבר ההוה בכל שבת, אמרי אינשי בודאי התנו, אבל בנ"ד לא סברי אינשי לומר שהתנו, ע"ש).

סעיף כב - כבוד הבית, הדחת כוסות והצעת המטות, אין בהם משום מלאכה לאבל; וכן מותר לאשה לאפות ולבשל בימי אבלה (כל הצריך לה, אבל מה שאינו צריך לה אסור) - «דלאו כו"ע עשירים נינהו שיש להם משרתים שיעשו להם מלאכות אלו בימי אבלותם, והוי להו גזירה שאין רוב הצבור יכולין לעמוד בה, לפיכך לא גזרו עליהם והתירו לעשות מהם כל הצריך לו ולא יותר - לבוש». **וכן אשה המשרתת בבית בעל הבית אחד, ואירעה אבל, מותרת לאפות ולבשל ולעשות שאר צרכי הבית, בין שהיא משרתת בחנם בין בשכר** - «ואף שהיא מרווחת מזה, מ"מ אינה מחוייבת לשכור אחרת במקומה בדבר שבהכרח לה לעשות - ערוה"ש».

[**ואין להקשות, הא כתב בסט"ז, אם האבל מושכר לאחרים לא יעשה מלאכה בימי אבלו, דהתם** מיירי במלאכה גמורה שאסור לאבל בכל גווני, משא"כ במלאכת צרכי הבית דמותר לאשה עצמה, על כן מותר אפי' למשרתת, **אבל** עכ"פ לא תעשה המשרתת מלאכה שאינו לצורך הבית אלא להרויח, וכ"ש שלא תצא מן הבית כדין אבל].

[**וראיתי** מי שהורה לשמש שאירע לו אבל, שיעשה עבודתו וילך לבית הכנסת ולשמש בצרכי הקהל, **ולא יפה הורה, דטעה בטעם הדין הזה דהיתר משרתת].** (עיין בשו"ת לחמי תודה מהגאון מהר"י באסאן ז"ל, שהשיג על הט"ז בזה, והעלה בשמש בהכ"נ שאירעו אבל, רשאי לילך לבהכ"נ בערב שבת ימי אבלו להכין הנרות ולהדליקן ולעשות שאר צרכי בית הכנסת כדרכו, ע"ש).

[כתב רש"ל בשם אגודה, דאבל מותר להקיז דם. **וכתב** הכל בו דאבל שעושה מלאכה מנדין אותו].

סעיף כג - ההולך ממקום למקום לסחורה, ושמע שמועה קרובה, אם יכול למעט שלא לעשות שום עסק באותה העיר, מוטב; ואם לאו, שאם לא יקנה באותה העיר לא ימצא, יקנה לצורך הדרך דברים שיש בהם חיי נפש - «ופשוט דמיירי שאין כאן דבר האבד - ערוה"ש».

סעיף כד - על כל המתים, רצה למעט בעסק סחורה המותרת לו, כגון דבר האבד, ימעט; רצה, אינו ממעט - «ותוך ז' מיירי, דאז אסור במלאכה אם אינה דבר האבד». **על אביו ואמו, ימעט** - «כל מה שאפשר, אם לא יגיע לו נזק הרבה, דבנזק הרבה פשיטא שגם על אביו ואמו מותר. **ומדברי** הרמב"ם מתבאר, דזהו בתוך ל', דנכון ג"כ למעט בעסקיו אם ביכולתו לעשות כן, והיינו שאין כאן דבר האבד - ערוה"ש».

סעיף כה - על כל המתים אסור עד ל' יום לילך בסחורה למרחוק, דאיכא פרסום גדול ודומה לשמחה שהולך בשיירא גדולה ושמחים הרבה בדרך - «כמו שהיה בזמן הקדמון, והאידנא לא שייך דין זה - ערוה"ש». **באביו ואמו, עד שיגערו בו חביריו ויאמרו: לך עמנו.**

§ סימן שפא – איסור רחיצה וסיכה לאבל §

סעיף א - רחיצה כיצד, אסור לרחוץ כל גופו, אפילו בצונן; אבל פניו ידיו ורגליו, בחמין אסור - (עיין בס' תפארת למשה שכתב, דגם בפושרין אסור כל שנתחמם אצל האור, משום לא פלוג, וגם אין דרך לרחוץ בחמין יותר מדאי, וכשאסרו רחיצת חמין, פושרין אסרו). **בצונן, מותר. ואם היה מלוכלך מטיט וצואה, רוחץ כדרכו ואינו חושש.**

הגה: וכל זה מדינא אינו אסור רק שבעה, אבל אח"כ מותר ברחילה, אלא שנהגו האידנא לאסור (כל) רחילה כל ל' יום, ואפילו לחוף הראש אסור - «היינו בחמין, ובצונן מותר - ערוה"ש», **ואין לשנות המנהג, כי מנהג קדוש הוא ונתייסד על פי ותיקין (א"ז בשם רשב"א)** - [באור זרוע נתן טעם למנהג, דחיישינן דילמא אתא למסרק רישיה דאסור כל

שלשים, וא"כ לדידן דשרי לסרוק ראשו, כדאיתא סימן ש"ץ, היה מותר לרחוץ, ורש"ל נתן טעם, דאסרו משום תספורת, כי כן דרך הנכנס במרחץ לגלח שערות ראשו, ע"כ, ואין להקשות א"כ בחול המועד דאסור תספורת, ליהוי נמי רחיצה אסורה מטעם זה, נראה ליישב, דבחוה"מ יש איסור על כל העולם, ורבים לא יהיו נכשלים, אבל באבילות דאיסור על היחיד הוא, יש לחוש שמא ישכח באבילות ויגלח שערו כשאר בני אדם, וסברא זו מצינו בפרק חבית במשנה אבל עשרה בני אדם, ופירש"י הואיל ומרובים הם מדכרי אהדדי].

‹**לפי"ז** אפשר דאם פגע הרגל של פסח או סוכות בתוך שבעה, שאז לא בטל ממנו גזירת שלשים, כדלקמן סי' שצ"ט, מותר לרחוץ בחוה"מ, דלא שייך גזירה דתספורת, דהא אסור בלא"ה משום חוה"מ, ובזה לא יהיו נכשלים כיון שיש איסור על כל העולם. **איברא** דקשה לי על טעם זה של רש"ל, דא"כ אמאי לא אסרו רחיצה על אביו ואמו אף לאחר שלשים כל זמן שאסור לגלח, דהיינו עד שיגערו בו חביריו, כדלקמן סי' ש"צ ס"ד›.

אלא שנהגו האידנא - לאסור רחיצה כל ל' כו'. כצ"ל, וכן הוא בעט"ז, ולא כמו שנדפס בספרים: כל רחיצה כל ל', דודאי רחיצה בצונן ליכא איסורא כלל. ‹**נ"ל** כוונתו, דלפי הגירסא "כל רחיצה כל ל' יום", היה במשמע דהרמ"א בא להוסיף ב' חומרות, הא' במהות הרחיצה, דהמחבר מתיר רחיצת פניו ידיו ורגליו בצונן, ומצד המנהג אוסרים כל רחיצה אפי' פניו ידיו ורגליו בצונן. **הב'** במשך הזמן, דאסור כל ל', **ולזה** כתב הש"ך להגיה דצ"ל "רחיצה כל ל'", היינו דכל מה דאוסר המחבר מדינא כל ז', אסור מצד המנהג כל ל', דהיינו כל גופו בצונן, או פניו ידיו ורגליו בחמין, אבל פניו ידיו ורגליו בצונן קיימא אדינא, דאפילו בתוך ז' שרי, **ומה** דכתב הש"ך דודאי רחיצה בצונן ליכא איסור, היינו רחיצת פניו ידיו ורגליו בצונן, **וראיה** לזה מדברי הש"ך לקמן סי' שצ"ט סקט"ז, דאמאי לא תירץ בפשוטו דהרמ"א מיירי התם מרחיצת כל גופו בצונן, **אלא** ודאי דגם זה אסור כל ל', וברחיצת פניו ידיו ורגליו ליכא לאוקמי, דזהו גם בלא רגל מותר תוך ז', **ובזה** מיושב דברי הרמ"א באו"ח סי' תר"ו ס"ד, מותר לרחוץ ולטבול ערב יו"כ אף על פי שנהגו איסור רחיצה כל ל' וכו', והא יכול לקיים טבילת מצוה בהיתר, אלא ודאי דגם בצונן כל גופו אסור כל ל', **אח"ז** ראיתי באליהו רבה שם, שמכח דברי הש"ך דכאן נדחק, דכוונת הרמ"א היכא דאין לו צונן רק חמין, דאילו בצונן בלא"ה מותר כמ"ש הש"ך כאן.

נראה דהבין דכוונת הש"ך דרחיצה בצונן מותר אפילו כל גופו, ולענ"ד האמת יורה דרכו דכוונת הש"ך כמ"ש - רעק"א›.

‹**ועיין** בדגמ"ר שכתב, דדוקא פניו ידיו ורגליו, אבל כל גופו גם בצונן אסור לדידן כל שלשים, ע"ש, **ועיין** בתשו' תשואת חן שהאריך בזה, והעלה דירא שמים יחוש לאסור לעצמו אף בצונן רחיצה כל גופו, אבל לאחרים יש להורות להקל, ודוקא בע"ש דאיכא צורך מצוה קצת, אבל רחיצה של תענוג בנהרות יש לאסור, ע"ש).

‹**ואני** תמה, דהא לפי טעם השני שנתבאר, וודאי דלא שייך זה בצונן, דרק הנכנס למרחץ דרכו לגלח ראשו ולא הרוחץ בצונן, וטעם הראשון דסריקת הראש לא שייך לדידן כמ"ש, וא"כ מאיזה טעם נאסור בצונן, **ועוד** דרחיצה סתם אינו אלא בחמין, וא"כ כיון דהמנהג נאמר סתם רחיצה, אינו אלא בחמין, **ועוד** דבתענית שם אמרו כל שהוא משום תענוג בחמין אסור בצונן מותר, אלמא דבצונן ליכא תענוג, וא"כ למה לנו לאסור, ואי משום אבלות, הא שם אבלות אינה אלא שבעה, **ומ"ש** הגרע"א ראיה מהש"ך עצמו בסי' שצ"ט סקט"ז דאמאי לא תירץ דרמ"א מיירי בצונן, לפמ"ש אתי שפיר, דסתם רחיצה הוא בחמין, כדמוכח מכל המקומות שהבאנו, וכן נ"ל מדברי אור זרוע הגדול ודו"ק - ערוה"ש›.

‹**הדבר** פשוט, דמי שאינו בקו הבריאה אף שאינו חולה, אלא שלחזק בריאותו צריך אמבטי של חמין, שיש להתיר בתוך ל', כיון דאינו מדינא, אין לאסור כשנוגע לבריאותו, **אבל** בתוך ז' אסור, אא"כ הרופא צוה לעשות לו כן, אף על פי שהוא חולה שאין בו סכנה, דבמקום חולי לא גזרו, כמו אמירה לעכו"ם שבות שהותרה בשבת לחולה שאין בו סכנה, כמ"ש באו"ח סי' שכ"ח - ערוה"ש›.

סעיף ב - סיכה כיצד, אסור לסוך אפי' כל שהוא, אם מכוין לתענוג, אבל אם הוא להעביר הזוהמא מותר; וא"צ לומר משום רפואה, כגון שיש לו חטטין בראשו - ‹או צרעת בגופו, או מפני איזה מיחוש. **וכל** מין סיכה אסור, בין בשמן בין בבורית, וכ"ש בסיכות שיש בהם ריח טוב, כמו מיני פרפומ"א וכיוצא בהם. **ואיסור** הסיכה הוא בין בגופו בין בשערו, בין איש בין אשה - ערוה"ש›.

סעיף ג - יולדת אבלה שצריכה לרחוץ, מותר - אפילו ביום ראשון, ‹ואפילו בחמין - ערוה"ש›, מיהו אם אין לה צורך כל כך, יש להחמיר ביום ראשון, כן כתבו האחרונים. **וכן מאן דאית ליה ערבוביא**

ברישיה, מותר לחוף ראשו בחמין, דלא גרע מאסטניס (פי' קר הגוף ומלונן), שמותר לרחוץ כל גופו - (כתב בספר חמודי דניאל כ"י, נראה דכ"ש מי שיש לו ערבוביא במנא שרי בכיבוס, דהא איתא בנדרים, דערבוביתא דמנא גרע מרישיה, ע"כ). **ולא כל מי שאמר: אסטניס אני, מתירין לו, אלא דוקא שהוא ידוע שהוא אסטניס ומתנהג בנקיות, ואם לא ירחץ יצטער הרבה ויבא לידי מיחוש.**

סעיף ד - מי שתכפוהו אביליו, שאירעו שני אבילות זה אחר זה, מותר לרחוץ כל גופו בצונן - (והיינו בגמר שבעה דאבלות הראשון. **ויראה** לי דה"ה בגמר שלשים להראשון יכול לרחוץ כל גופו בחמין, דאם ברחיצת צונן דז' שאסור מדינא התירו לו, כ"ש בחמין דל' דאינו אלא מנהג שהוא מותר בזה – ערוה"ש).

סעיף ה - נדה שנזדמנה זמן טבילתה בימי אבלה, אינה טובלת - (דהא אפילו תטבול אסורה לבעלה, ועוד הטבילה בזמן הזה לנשותינו לעולם אינה בזמנה, שהרי סופרים ז' נקיים מספק שהן זבות, ואם כן אפילו למאן דאמר טבילה בזמנה מצוה, בזמן הזה אינה טובלת בימי אבלה שאינה בזמנה – לבוש).

הגה: וכל שכן שאינה רוחצת ללבוש לבנים - כלומר כיון דטבילה דאיכא למ"ד טבילה בזמנה מצוה, אסורה, כ"ש רחיצה ללבוש לבנים. **ובתשו'** משאת בנימין חלק על הרב, דדוקא טבילה קי"ל דאסור כיון שאינו לצורך, אבל רחיצה ללבון איכא צורך מצוה, הלכך בין בתשעה באב בין בז' ימי אבלה תלביש ותציע כדרכה כשאר ימות השנים, **והרחיצה** צריכה לשנות קצת, וכמ"ש הא"ז, והיינו שלא תרחוץ רק באותו מקום ובין ירכותיה בין בחמין בין בצונן, ע"כ דבריו.

[והוא תימה, דהא לאו רחיצה של תענוג היא ואמאי אסורה, והא דאסור רחיצה של טבילה, היינו שהיא ללא צורך כיון שאסורה בתשמיש, אבל רחיצה של ליבון אמאי אסורה, ועל כל פנים נ"ל דגם רמ"א לא נתכוין כאן לדחות לבישת הליבון לגמרי עד אחר ז', דזה פשיטא שאינו, שהרי אפשר לה ללבוש ליבון בלא רחיצה לגמרי, כמ"ש ביורה דעה סי' קצ"ו סעיף ג' בהג"ה, דאפילו לא רחצה רק פניה של מטה סגי, ובשעת הדחק סגי אפילו בלא רחיצה כלל, רק שהחלוק נקי כו', ולמה נדחה כאן בחנם לבישת הליבון, אלא ודאי שלא נתכוין רמ"א לדחות לבישת הליבון כלל, אלא הרחיצה לחוד הוא דאסור. **ושוב** ראיתי בתשו' משאת בנימין דמתיר אפי' לרחוץ בתוך שבעה ללבוש לבנים, וחולק על רמ"א בכאן, ודבריו נכונים, אלא דמ"מ למעשה נראה לי, דאין לה לרחוץ ללבישת ליבון, אלא שתרחץ פניה של מטה, ותלבוש חלוק נקי לא לבן ממש, ותספור שבעה נקיים, כנ"ל ברור ונכון, והמחמיר בזה לדחות לבישת הליבון לגמרי, הוא מן המתמיהים].

אבל מיד אחר ז', אף על פי שנהגו איסור ברחיצה כל ל', מ"מ היא מותרת, רק שתשנה רחיצה קצת, וחלוק לבן תלבוש וסדין לבן תציע, שלא תבא לידי ספק.

(ונדה שחל טבילתה במוצאי שבת, וביום ו' היא עדיין בימי אבלה, ובשבת יגמורו האבלות, מותרת לעשות לה חפיפה ביום ו', פמ"א – ערוה"ש).

[**כתב** רש"ל, מהר"ם היה בעל ברית תוך ל' יום של אביו, ורחץ בלילה שלפני המילה, ונתן טעם לדבריו, דהוה כרגל לגביה דידיה, וחומרא בעלמא נהגו אבותינו ברחיצה, עכ"ל].

סעיף ו - אשה לא תכחול ולא תפרקס בימי אבלה, שכל אלו אסורים כרחיצה - מיהו לענין זה חמור מרחיצה, שאסור אחר ז', אם לא באשת איש, ורחיצה שרי מדינא לאחר ז', כדלעיל ס"א, **ואשת איש אינה אסורה אלא תוך ז', אבל אחר ז' מותרת בכל, כדי שלא תתגנה על בעלה.**

כלה שאירעה אבל תוך שלשים יום לחופתה, מותרת להתקשט אפילו תוך ז'. בוגרת שאירעה אבל, כיון שעומדת לינשא, מותרת בכיחול ופירקוס - (שצריכה להתייפות – לבוש), **אבל אסורה ברחיצת חמין כל גופה** - (דרחיצה אינה לעיכובא – ערוה"ש). (וכ"ה לשון הטור, ותמוה לי, אמאי דייקי כל גופה, הא אפילו פניו ידיו ורגליו אסורה בחמין, כדאיתא להדיא בסוגיא פ"ק דתענית, אילימא

בחמין אין הבוגרת רשאי, והאמר רב חסדא אבל אסור להושיט אצבעו במים חמים וכו', וצלע"ג – רעק"א. (עיין בתשו' חת"ס, שכתב דט"ס יש כאן, וצ"ל: אסורה ברחיצת חמין וכל גופה בצונן, ע"ש).

נערה אבלה, אסורה אפילו בכיחול ופירקוס – «שאינה צריכה להתייפות, כיון שסתמא אין דרכה להנשא בעודה נערה – לבוש». «**אבל** קטנה מותרת וכן קטן, שאינן באבלות ולא שייך חינוך בזה – ערוה"ש».

§ סימן שפב – איסור נעילת הסנדל לאבל §

סעיף א - (אבל) אסור בנעילת הסנדל, דוקא של עור; אבל באנפליא של בגד או של גמי או של שער או של עץ, מותר, שאין מנעל אלא של עור. ואם הוא של עץ ומחופה עור, אסור.

סעיף ב - חיה מותרת לנעול כל ל' יום, מפני שהצנה קשה לה - וה"ה חולה ומי שיש לו מכה ברגלו, כדאיתא בא"ח סימן תרי"ד ס"ג.

סעיף ג - כל אדם מותר לנעול במקום שיש סכנת עקרב – [לפי מה שכתב המרדכי סוף מו"ק, דאם הולך לפני השר ויש הקפדה עליו אם ילך בלא מנעלים, יתן עפר במנעליו וילך, עכ"ל, ה"ה במקום סכנה ובכל מקום שצריך לילך במנעלים, יעשה כן].

סעיף ד - אבל ומנודה שהיו מהלכים בדרך, מותרים בנעילת הסנדל, וכשיגיעו לעיר, חולצין. ויש מי שאומר שאם היא עיר שרובה עובדי כוכבים, אין חולצין עד שיכנסו לרחוב היהודים - וכתב הרב באו"ח סימן תקנ"ד סעיף י"ז, שכן נהגו. «ועכשיו שדרין מעורבין, לא יחלוץ עד שיגיע לחצירו – ערוה"ש».

סעיף ה - אם צריך לחלוץ מנעל בבית הקברות אחר שנקבר המת, נתבאר בסימן שע"ה. הגה: י"א שצריך לילך יחף מבית הקברות לביתו אם מת אביו או אמו, ולא ראיתי נוהגין כן - היינו משום רשעת העובדי כוכבים, «שלא ילעגו עלינו», כדאיתא בכל בו על דין זה, ובזה נסתלקה תמיהת הב"ח על הרב, ע"ש, **מיהו** היכא דליכא חשש דרשעת העובדי כוכבים, יש לחלוץ מיד בבית הקברות, כדלעיל ר"ס שע"ה וסימן שע"ו ס"ד. «ונראה דעל כל המתים צריך לילך יחף מבה"ק אם רק אפשר, כמו כשליכא חשש לעג, והארץ יבישה – ערוה"ש».

§ סימן שפג – איסור תשמיש המטה לאבל §

סעיף א - אבל אסור בתשמיש המטה, אבל בשאר דבר קורבה מותר, אפי' במזיגת הכוס והצעת המטה והרחצת פניו ידיו ורגליו - «נ"ל טעמא דלא גזרו באבל, שאין הכל היו יכולין לעמוד בו, שאין להם מי שישמשם – לבוש», **בין באבלות דידיה בין באבלות דידה** - כ' הפרישה, פירוש אפילו באבילות דידה, דאיכא למיחש יותר הואיל והוא אינו אבל, דהכל ממנו ולא ממנה, עכ"ל, **ולא** דק, דאדרבה באבילות דידיה איכא למיחש יותר, דאם יצרו מתגבר עליו נשמעת לו דכיון דאינה אבלה, כדאיתא בפ"ק דכתובות דף ד', ע"ש.

(אבל חבוק ונשוק יש להחמיר) - «ראיתי נדפס בשם הגאון מוה' זלמן ווילנא זצ"ל, שכן מפורש בתרגום קהלת, עת לחבוק ועת לרחוק מחבק, עידן בחיר לגפפא איתתא, ועידן בחיר לרחקא מגפפא, בשבעת ימי אבלא, עכ"ל – רעק"א».

ומותרת לאכול עמו בקערה. ומותרת לישן עמו הוא בבגדו והיא בבגדה - «מפני שאין הכל יש לו שני כלים או ב' מטות – לבוש», **אבל** בלא בגדים אסור אפי' סינר מפסיק, אפילו בשבת ורגל, טור ורמב"ן, **ומיהו משום "לך לך אמרינן נזירא" יש להחמיר שלא ישן (עמה) במטה כלל.**

סעיף ב - במה דברים אמורים, בשאר אבלות; אבל אם מת אביו של חתן או אמה של כלה, שמכניסין את המת לחדר ואת החתן

ואת הכלה לחופה ובועל בעילת מצוה ופורש ונוהגים ז' ימי המשתה ואח"כ שבעת ימי אבלות, אסור להתייחד עמה כל י"ד יום, אלא הוא ישן בין האנשים והיא ישנה בין הנשים, כדאיתא בסימן שמ"ב - דכיון שהקילו לו רבנן והתירו לו לנהוג ז' ימי המשתה תחלה, חיישינן דאתי לזלזולי ביה.

אבל אם כנס לחופה והתחילו ימי המשתה שלו, ואח"כ מת לו מת, מותר להתייחד עמה כמו בשאר אבלות - ליכא למיחש דאתי לזלזולי, שהרי לא הקילו לו כלום, שקדמו להן ימי החופה. **וכן** מי שאירעו אבל ברגל, מותר לו להתייחד, כמ"ש הרב לקמן סימן שצ"ט ס"ב, שהרי לא הקילו לו שום דבר, אלא הרגל מעצמו הוא שנקבע, **וגם** לית ביה אפושי שמחה כל כך כמו חתן, כ"כ הפוסקים.

והוא שבעל; אבל אם לא בעל, אסור להתייחד עמה כל ימי האבל, בין בחול בין בשבת - ‹דעד שלא בעל תקיף יצרא טובא – ערוה"ש.

§ סימן שפד – האבל אסור בתלמוד תורה §

סעיף א - אבל, כל שבעה ימים אסור לקרות בתורה, נביאים וכתובים, משנה, גמרא, הלכות ואגדות - דכתיב פקודי ה' ישרים משמחי לב.

(**עיין** בתשו' חכם צבי שכתב, דטעמא הוא מפני שיכול ללמוד דברים הרעים שבירמיה והלכות אבילות, **ולכן** ברגל שאסור ללמוד דברים כאלה, מותר ללמוד כל דבר, דאינו נכון לישב בטל, עי"ש. **וצ"ע**, דהא לקמן סי' שצ"ט איתא, דנוהג ברגל בדברים שבצנעא, וממילא דאסור בת"ת, כמ"ש בסי' ת' דת"ת הוי דבר שבצנעא. **מיהו** למ"ש בסי' שצ"ט שם בשם תשובת דת אש, אתי שפיר. **ועיין** בשע"ת באורח חיים סימן תקנ"ד סק"א, שכתב בשם מח"ב, דבט"ב יכול לעלות לתורה ולהפטיר, כיון דהוי דברים הרעים, וכ"ע אסירי בתורה כמוהו, ע"ש).

ואם רבים צריכים לו להתלמד, מותר, ובלבד שלא יעמיד תורגמן אלא יאמר לאחר, והאחר לתורגמן, ותורגמן ישמיע לרבים. הגה: או ידרוש בעצמו - ‹וזהו כדי לעשות איזה שינוי, ובזמנינו לא שייך דין זה – ערוה"ש.

ויכול לפסוק איסור והיתר ליחיד השואל אותו, אם אין אחר אלא הוא, וצריכין לו - ‹אבל סידור הגט ודיני תורה נראה שאין לו לעסוק בזה, אם לא כשיש הכרח שאם לא יעסוק בזה יבא לידי קלקול, דאז מחוייב לעשות, וזה תלוי לפי ראות עינו בענין זה – ערוה"ש.

אבל אסור לומר הלכה לתלמידיו, וכן נוהגין, אף על פי שיש מקילין (תא"ו בשם י"א) - ‹ומקודם כתב או ידרוש בעצמו, ע"ש, דבעל דיעה זו סובר דרבים צריכים לו לא מקרי אלא לדרוש ברבים מה שבהכרח לדרוש עתה להורות איסור והיתר להשואלים כשאין שם אלא הוא, והדרשא ברבים הוא כמו בזמן הש"ס שהיו דורשים הלכות, **ונ"ל** דגם בעל דיעה זו יודה, כשהוא ראש ישיבה ואם לא יגיד השיעור יתבטלו הרבה תלמידים מת"ת, דאין לך צרכי רבים יותר מזה – ערוה"ש.

[**בתא"ו כתב, וראיתי לרבותי שהיו מגידים ההלכה אחר ג' ימים, מזה נ"ל במלמד שיכול ג"כ ללמוד ההלכה עם תלמידיו אחר ג' ימים, דזה הוה בכלל רבים צריכים לו, דתינוקות של בית רבן הבל פיהם חביב מלימוד הגדולים, כדאמרינן במס' שבת, אינו דומה הבל שיש בו חטא לאין בו חטא]. כתוב** בבדק הבית בשם א"ח, מלמדי תינוקות י"ל שדינן כרבים צריכים לו, ועוד דמלאכת האבד הוא כשהתינוקות בטלים, ע"כ. ‹וילמוד עמהם אפילו ביום ראשון – ערוה"ש.

[**ונראה פשוט שאבל מותר להשתמש בתשמישי התורה כשקורין, כגון גלילה וכיוצא בה, דקריאה לחוד אסור לו משום דכתיב משמחי לב, וכן ראיתי בהג"ה שזה לשונו, הרב ר"ח היה אבל בזמן שני וחמישי, והתפללו סליחות אצלו וקראו בתורה, והוא היה גולל ס"ת כו']. ‹ופשוט** הוא שהאבל יכול להיות הגבהה וגלילה והוצאה והכנסה לארון הקודש – ערוה"ש.

סעיף ב - אם האבל כהן, ואין בבהכ"נ כהן אחר, אסור לו לעלות לקרות בתורה - ‹כנ"ל בס"א, דוקא שרבים צריכין לו, משא"כ כה"ג שאינו אלא מפני דרכי שלום – גר"א.

מחבר **רמ"א** ש"ך ונקה"כ

כתב הב"ח, ותימה דבסימן ת' בדין שבת כ' הרב, דבאין שם כהן אחר אלא הוא מותר לקרותו, וכאן לא כ' כלום, עכ"ל, **ולק"מ**, דהכא טעמא דאיסורא דאבל אסור בדברי תורה אתא לאשמועינן, ומדין אבילות בשבת לא מיירי, **אבל** התם דמיירי בכל הסימן מדין איסור אבילות בשבת, קאמר דמותר לעלות, משום דאל"כ ה"ל אבילות דפרהסיא, ואין אבילות דפרהסיא נוהג בשבת, והכי משמע התם להדיא, ע"ש.

סעיף ג - אם אין שם מי שיתפלל להוציא את הרבים ידי חובתן, יכול האבל להתפלל להוציאן - ‹משמע כשיש אחר, אין לו להתפלל, וכבר חלקו על זה הרבה גדולים, והכריעו שאדרבא מצוה להאבל להתפלל, **ועוד** דזהו להוציא רבים, כמו שהיה בזמן הקדמון שרוב המון לא יכלו להתפלל, ולא כן עתה – ערוה"ש›.

הגה: ומלוה להתפלל שחרית וערבית במקום שמת שם, אפילו אין אבל, כי יש בזה נחת רוח לנשמה – ‹בחידושי הגרשוני כתב, דאיתא בכל בו, דאין מתפלל בביתו אם המת קטן פחות מבן שנה›. **והאבל מלטרף למנין** – ‹ואפי' ביום הראשון, ודלא כמהרמ"ל – רעק"א›.

‹**עיין** בתשו' זכרון יצחק שכ', דאבל בתפלתו כל ז' לא יאמר פטום הקטורת וסדר הקרבנות המבוארים באו"ח סי' א', וזה נלמד מדין ט"ב כמבואר בסי' תקנ"ט ס"ד ע"ש, ‹דלא מיקרי סדר היום, שאין כל אדם אומר אותו – מ"ב שם›. **ועיין** בס' חומות ירושלים שכתב כן בשם תב"ש, דאבל כל ז' לא יאמר פרשת הקרבנות, מטעם דאבל אינו משלח קרבנותיו, **והוא** ז"ל פקפק בזה, ודעתו נוטה דרשאי, ואפי' באונן אחר הקבורה דהוא דאורייתא, י"ל דשרי כל שאינו אומר יה"ר. **וצ"ע** דאמאי לא כתבו טעם של בעל זכרון יצחק הנ"ל›.

סעיף ד - אבל מותר לקרות באיוב ובקינות ובדברים הרעים שבירמיה ובהלכות אבלות. (ועיין באו"ח סימן תקנ"ד סעיף ג') - ‹שדברים אלו אינן משמחים אלא משברים את לבו – לבוש›.

‹**ויש** להסתפק אם מותר לעיין בהם בהעמקה ולחדש בהם חדושי תורה אם לאו, **וראיתי** ברכ"י שכתב בלשון זה, ראיתי לאחד מהגדולים בימי אבלו שהיה לומד הלכות אבלות בעיון בינו לבין עצמו, ומה שחידש היה כותב ומעלה על ספר, **ולי** נראה דלאו שפיר עביד, דודאי כיון שמעמיק בעיונו ומחדש אין שמחה לבעל תורה יותר מזה, ולא התירו אלא ללמוד פשטי דינים והשמועות. **ולי** נראה עיקר כדברי אותו גדול, דהנה רבינו הב"י בספרו הגדול באו"ח סי' תקנ"ד הביא תשו' מהרי"ל לענין ט' באב, דללמוד בעיון עדיף טפי, ע"ש, ולפי"ז ממילא כיון שלומד בעיון והוא אדם גדול, בהכרח שתתחדש לו איזה חידושי תורה, ומותר לכותבם כדי שלא ישכח, ואין לך דבר האבד יותר מזה, כמו שהתיר אחד מהגדולים לכתוב חידושי תורה בחוה"מ מטעם זה, **ואי** משום שמחה, זהו שמחה דממילא, ומה יעשה האבל אם עסקיו הרויחו לו הרבה מעות ובע"כ הלב שמח, או ילדה אשתו זכר והוא שמח, ומה יעשה האבל בשמחה של מצוה כשמניח תפילין או מתפלל בכוונה אם הגיע למדריגה זו, **ולא** אסרו לאבל אלא שלא יעשה לכתחלה מעשה של שמחה, כמו לימוד התורה שהיא עצם השמחה, אבל מה שהתירו לו והשמחה באה ממילא, לא נאסרה מעולם, **ובוודאי** לישב לכתחלה ללמוד איזה פלפול באבלות ובט"ב בהדברים שהותר לו, אסור, כמ"ש האחרונים באו"ח סי' תקנ"ד, אבל כשנתהוה החידוש מצד הלימוד, מה לו לעשות, **הגע** עצמך, ספר איוב הותרה לו לאבל, ואין לך ספר סתום יותר מאיוב, ועתה אם הוא לומד ונתחדש לו פירוש טוב באיזה פסוק, הימנע את עצמו מזה, אין זה אלא מן המתמיהין, וכנ"ל עיקר לדינא – ערוה"ש›. ‹**כתב** הט"ז, דאפילו במקום דמותר ללמוד, היינו שילמוד בפשוטן של דברים, אבל לא דרך פלפול, ואפילו בהרהור לפרש דבר חמור אסור, מטעם שיהיה לו שמחה אחר שיתיישב לו – מ"ב סי' תקנד ס"ב›.

והני מילי בינו לבין עצמו, אבל אינו לומד עם אחרים, אלא הם יושבים ונושאים ונותנין בהלכות אבלות, ואם טעו משיבן בשפה רפה, והוא אינו שואל. והני מילי שאין רבים צריכים לו, אבל אם רבים צריכים לו, אפילו בהלכות אחרות מותר, כדאמרינן.

‹**והדבר** פשוט שאסור לו לאבל ללמוד בשארי חכמות, וכ"ש לקרא בכתבי עתים או באיזה מחברת שהוא, שלא יסיח דעתו מאבלותו, וכ"ש אם יש לו עונג בקריאתם, דודאי אסור – ערוה"ש›.

סעיף ה - אבל שיש לו בנים קטנים, אין לו לבטלם מלימודם - דאין אבילות לקטן, כדלקמן ס"ס שצ"ו. ‹**אף** על גב שיש לו בו שמחה, בשבילו לא יבטלו בניו מתלמוד תורה – לבוש›.

‹**הא** הדין הוא לפי' הש"ך כשהקטן אבל, משום שאין אבילות לקטן, וא"כ למה נקט כשהאב אבל, דלא משכחת לה אלא במתה אשתו שהיא אימן, ובמת לו בן אחד שהוא אחיהם, דהא דין זה נוגע גם כשבניו הקטנים בעצמן אבלים ולא האב, כגון שגרש לאשתו מכבר ומתה, ובמת להן אח מאם. **אבל** נראה דהשמיענו, דאף באב הלומד בעצמו עם בניו, והוא והם אבלים, ג"כ הוא בעצמו מחוייב ללמוד עם בניו, ולא מחייבינן אותו שישלחם לימי דאבילות למלמד שבעיר, דהוא כבטלה קצת לבניו מאחר שהורגלו ללמוד עם אביהן, **דהא** לא דמי למלמד אבל, שצריך ללמוד עם תלמידיו שהן אינם אבלים משום הפסד ביטולם, אבל הכא שגם בניו הם אבלים, אף שמותר להן שלא לנהוג אבילות, יהיה אסור ללמוד עמהן מאחר שרשאין גם לנהוג אבילות כשירצו. **והשמיענו** שאף שרשאין להנהיג לקטנים שישמרו דיני אבילות, מ"מ בלימוד התורה מחוייבין לשלחן ללמוד, ואסור לחנכן לאבילות גם לענין איסור לימוד התורה, וממילא כשלומד האב עצמו עמהן, מחוייב גם האב כשהוא ג"כ אבל ללמוד עם בניו הקטנים אף שהן ג"כ אבלים, והוא פירוש נכון – אג"מ›.

§ סימן שפה – דין שאלת שלום באבל §

סעיף א- אבל אסור בשאלת שלום. כיצד, שלשה ימים הראשונים אינו שואל בשלום כל אדם, ואם אחרים לא ידעו שהוא אבל ושאלו בשלומו, לא ישיב להם שלום אלא יודיעם שהוא אבל – ‹מפני שג' ימים לבכי, ואיך יזכור שלום›. **מג' עד שבעה, אינו שואל** – ‹דכל ז' הוא אבלות ואין לו להזכיר שלום›, **ואם אחרים לא ידעו שהוא אבל ושאלו בשלומו, משיב להם** – ‹דאחר ג' כשנפסק הבכי משיב מפני הכבוד – ערוה"ש›.

מז' עד ל', שואל בשלום אחרים שהם שרויים בשלום – ‹ורשאי להזכיר שלום כיון ששלמו עיקר ימי אבלות›, **ואין אחרים שואלים בשלומו** – ‹שהרי אינו שרוי בשלום›, **וכ"ש שמשיב למי ששואל בשלומו** – ‹כשלא ידע – ערוה"ש›. **לאחר ל' יום, הרי הוא כשאר כל אדם. בד"א, בשאר קרובים, אבל על אביו ואמו שואל בשלום אחרים אחר שבעה, ואין אחרים שואלים בשלומו עד אחר י"ב חדש.**

הגה: ומאחר שאסור בשאלת שלום, כ"ש שאסור להרבות בדברים – ‹תוך ז' שאינם להכרח›. **ואם עושה לכבוד רבים, כגון שרבים באים לנחמו, מותר לומר להם: לכו לבתיכם לשלום, דלכבוד רבים שרי** – ‹אפי' בתוך ז' – ערוה"ש›.

ויש מקילין באידנא בשאלת שלום האבל לאחר ל' – על אביו ואמו, **ואין טעם להם, אם לא שיחלקו לומר שזה מה שאנו נוהגים לא מקרי שאלת שלום שבימיהם (סברת הרב)** – ובאמת אין זה טעם נכון, דא"כ תוך ל' נמי, ולא מצינו לשום פוסק שחילק בכך, ‹וכמדומני שעכשיו גם בתוך ל' אין נזהרין בזה, ואולי מטעם זה – ערוה"ש. **ועיין באו"ח סימן פ"ג.**

‹**ומיהו** אפשר לומר, כיון שרוב שאילת שלום שלנו אינו אלא שאומר צפרא טבא, וזה מותר, שאינו שאילת שלום ממש, כדאיתא באו"ח סי' פ"ה, **ועוד** מביא בב"י שם בשם ר"י, פרישת שלום כמו כריעה, אבל שלום בפה מותר, כמו צפרא דמרי טב וכיוצא בו, ע"ש. **וכתב** שם בד"מ, דבזוהר משמע דאינו אסור רק כשמזכיר השם, **וזה** שם לענין שלא יתן שלום לחבירו קודם שיתפלל, וש"מ שכל זה שאנו נוהגין אינו בכלל שאילת שלום – באה"ט›.

‹**ודע**, דנ"ל דכשם שאין שאילת שלום בבית האבל כל ז', לא האבל לאחרים ולא אחרים לאבל, כמו כן אחרים זה לזה לא ישאלו לשלום בבית האבל, דבתוך ימי שבעה אין להזכיר שלום בבית הזה – ערוה"ש›.

סעיף ב- המוצא את חבירו אבל בתוך ל' יום, מדבר עמו תנחומין ואינו שואל בשלומו. לאחר ל' יום, שואל בשלומו ואינו מדבר עמו תנחומים כדרכו, אלא מן הצד, שאינו מזכיר לו שם המת – ‹שלא לעורר אבילותו – לבוש›, **אלא אומר לו: תתנחם** – ‹ועכשיו לא נהגו בתתנחם לאחר ל' – ערוה"ש›.

מתה אשתו ונשא אחרת, אינו נכנס לביתו לדבר עמו תנחומין – ‹שלא להטיל שנאה בינו ובין אשתו, שתראה שזוכר את הראשונה בפניה – לבוש›. ‹**שאין** זה

דרך ארץ לפני האשה החדשה – ערוה"ש›. **מצאו בשוק, אומר לו: תתנחם, בשפה רפה ובכובד ראש. אבל אם לא נשא אחרת, מדבר עמו תנחומין עד שיעברו ג' רגלים** – ‹כיון שכל כך מתאבל עליה שאינו נושא אחרת – לבוש›, כדלקמן סימן שצ"ב ס"ב. ‹**ואח"כ** לא יזכיר לו כלל, דכבר הפיג צערו – ערוה"ש›.

ועל אביו ועל אמו מדבר עמו תנחומין כל י"ב חדש; לאחר י"ב חדש מדבר עמו מן הצד.

סעיף ג- מקום שנהגו להיות שואלים בשלום אבלים בשבת, שואלים – ואיתא בירושלמי הובא בפוסקים, ר' אושעיא רבא אזל לחד אתר וחמא תמן אבלים בשבתא, ושאל בהון, ואמר להון: איני יודע מנהג מקומכם, אבל שלום עליכם כמנהג מקומי. **וכתב הרמב"ם שהאבל נותן שלום לכל אדם בשבת, שהוא מכלל דברים שבפרהסיא.**

הגה: ואסור לשלוח מנות לאבל על אביו ואמו כל י"ב חודש, ואפי' בשבת, במקום שנהגו שלא לשאול בשלומו בשבת; אבל במקום שנהגו לשאול בשלומו בשבת, גם זה שרי.

‹**וכתב** מ"א באו"ח סי' תרנ"ו, ממשמעות דברי הרמ"א, דבמקום שאין נוהגים אבילות בפורים, דינו כשבת, ומותר לשלוח במקום שנהגו לשאול בשלומו, **וט"ז** כתב שם: אין נראה לסמוך על זה – באה"ט›.

[**כתב מו"ח ז"ל בשם הג"ה בשם רבינו יהודה, אבל תוך ל' אינו יכול להזמין לאחרים, או להזמן עם אחרים, ע"כ, ונראה דה"ה כל י"ב חדש על אביו ואמו**].

§ סימן שפו – עטיפת הראש באבל §

סעיף א- אבל חייב בעטיפת הראש, דהיינו שיכסה ראשו בטלית או בסודר ויחזיר קצתו על פיו ועל ראש החוטם; והני מילי שצריך עטיפה, בכל היום. אבל כשבאין מנחמים אצלו, מגלה ראשו לכבודם.

הגה: וי"א שאין נוהגין במדינות אלו בעטיפה – מפני שמביא לידי שחוק גדול מן העובדי כוכבים ועבדים ושפחות שבינינו, **וכן המנהג פשוט, ואין להחמיר לשנות במה שלא נהגו אבותינו** – מיהו יש לנהוג בעטיפה קצת, דהיינו למשוך הכובע למטה לפני העינים, וכן משמע בב"ח, ועיין לקמן סימן ת'. [**ובשבת** בצינעא ולא בפרהסיא. **וכתב** מו"ח ז"ל, לפי זה מיד כשמתחיל השליח צבור ברכו, אז יגביה האבל את הכובע, דלא להוי מילתא דבפרהסיא, עכ"ל]. ‹**שזה** שמביא לידי שחוק אינו אלא לפי הילוכם במדינתם בסודר סביב הראש, ועכשיו אצלינו העטיפה למשוך הכובע למטה לפני העינים, **ונכון** לאבל לבלי להסיר הכובע מראשו כל ז' ולישב באופן זה אם אפשר לו – ערוה"ש›.

§ סימן שפז – דיני כפיית המטה §

סעיף א- אבל חייב בכפיית המטה. ובשעת שינה ואכילה, יושב על מטה כפויה, אבל כל היום אינו יושב אפילו על מטה כפויה, אלא על גבי קרקע. וכן המנחמים אינם רשאים לישב אלא ע"ג קרקע.

‹**ענין** כפיית המטה נראה שהוא משני טעמים, האחד, מפני שדרכם היה לישב על המטות, והאבל צריך לישב על הקרקע, ולכן כופה מטתו, **מיהו** לא מטעם זה לבד הוי כפיית המטה, שהרי אמרו דאע"פ שישב וישן על גבי קרקע, לא יצא ידי חובתו אם לא קיים כפיית המטה, **וטעמא** דכפיית המטה הוא כדתני בר קפרא, שזהו כביכול כמו שהקב"ה אומר דמות דיוקני נתתי בכם, כי בצלם אלקים עשה את האדם, ובעוונותיכם הפכתיה, כפו מטותיהן עליה, **ולכן** אמרו חז"ל, שלא מטתו בלבד הוא כופה, אלא כל מטות שיש לו בתוך ביתו, לבד מטה המשמשת לכלים – ערוה"ש›.

‹**וכתב** בתשובת דברי יוסף, באבל תוך שבעה בעיוה"כ לאכול סעודה המפסקת בישיבה על כסא או ספסל, המיקל בזה לא הפסיד, **ודלא** כמג"א דמשמע מדבריו בסי' תר"ו שמחמיר בזה אפילו בשעת אבילת סעודה המפסקת, דהא עד שתחשך קאמר, ע"ש, וכ"כ בתשו' שמש צדקה›.

סעיף ב - עכשיו לא נהגו בכפיית המטה, מפני שיאמרו העובדי כוכבים שהוא מכשפות, ועוד שאין המטות שלנו עשויות כמטות שלהן כדי שיהא ניכר בהם כפייה - ‹שמטות שלהן לא היו ראשיהן בולטין כענין שלנו, והיה ניכר בהן הכפיה, שרגליהם למעלה, אבל מטות שלנו ראשיהם בולטין, ואין הכפייה ניכר בהן, לפיכך לא שייך בהן כפייה - לבוש. **ולדעתי** יש עוד טעם, מפני שאין ישיבתינו על המטות - ערוה"ש. ‹**ומ"מ** ראוי להפך הכר והכסת - רעק"א.

מ"מ אסור לו לישב על גבי ספסל או כרים וכסתות, כי אם על גבי קרקע. ‹**ולא** דוקא על הקרקע, אלא על ספסל קטן או על כרים וכסתות, הגרע"א - ערוה"ש, **אם לא** חולה וזקן שיש להם צער בישיבה על גבי קרקע, מותרים להשים כר קטן מתחתיו. ‹**ומי** שהוא חלוש בבריאותו או מעוברת, לא ישבו כלל על הארץ, אלא על מקום גבוה - ערוה"ש, **מיהו** יכול לילך ולעמוד, וא"צ לישב כלל רק כשהמנחמים אצלו צריך לישב ע"ג קרקע.

וה"ה דכשרוצה לישן, דצריך לישן על גבי קרקע. ‹**ועיין** בתשובת אא"ז פנים מאירות שחולק על זה). ‹**ומותר** להציע כרים וכסתות על הקרקע ולישן עליהם, תפל"מ - רעק"א. ‹**ועכשיו** רבים נהגו שלא לישן כל ז' ע"ג קרקע, אפשר מפני שטבעם חלוש, והוי כחולים לענין זה - באה"ט. ‹וכן המנהג - ערוה"ש. **מיהו המנחמים יושבים ע"ג ספסל, דמסתמא מחיל להו, כל זה מבואר בדרישה.**

‹**ובע"ש** איזה שעות קודם הלילה, יקומו מהארץ, וסמוך להדלקת נרות ינעלו מנעלים - ערוה"ש.

§ סימן שפח - אבל ביום ראשון אסור להניח תפילין §

סעיף א - אבל אסור להניח תפילין ביום ראשון - ‹דהיינו ביום קבורה אף שמת אתמול, כ"כ הא"ר או"ח - רעק"א. (**עבה"ט** באו"ח סי' ל"ח שכתב בשם מהריט"ץ, דדוקא יום המיתה שהוא יום הקבורה פטור מתפילין יום ראשון, אבל כשהמיתה יום אחד והקבורה יום אחר, חייב בתפילין אפילו ביום ראשון, עי"ש, **ועיין** בדגמ"ר שהביאו ג"כ והשיג עליו, והעלה דאפילו אם הוא יום קבורה לחוד אסור בתפילין, עי"ש. **ועיין** בשו"ת זכרון יצחק, שכתב שגם אביו הגאון בעל משנת חכמים השיג על דעת מהריט"ץ הנ"ל, ע"ש).

‹**כתב** עוד הא"ר שם, דאם מת לו מת ונקבר ביום טוב, דמניח תפילין ביום א' שלאחר יום טוב, דכבר נהגו בדברים שבצנעה, ע"ש, ובחו"ל דעושין ב' ימים י"ט, דיו"ט אחרון עולה ליום א', פשוט דמניח תפילין למחרתו ביום א' שלאחר יום טוב - רעק"א.

‹**וכתב** בספר אליה רבה באו"ח סי' ל"ח, דיש להסתפק באם שמע אחר שהתפלל ערבית, דקי"ל לעיל סוס"י שע"ה, דאותו יום אינו עולה ומונה מיום המחרת, אי מניח תפילין ביום שני שנקרא לו ראשון, **ומדברי** הט"ז לקמן סי' ת"ב סי"א משמע דמניח תפילין, עכ"ד, **ועיין** בס' חומות ירושלים שכתב, דשם לא משמע כן, ודעתו שיניח בלא ברכה ויכסה אותם, ע"ש). ‹**לחומרא** אמרינן למנות מיום מחר, ולא לקולא לענין לפטור מתפילין, וכן נראה עיקר לדינא - ערוה"ש.

ואם שמע שמועה קרובה, דינה כיום קבורה דאסור להניח תפילין.

ואחר שהנץ החמה ביום שני, מותר להניחם - ‹ויש פוסקים דאינו אסור אלא ביום ראשון, וביום ב' מותר מיד אפי' קודם הנץ החמה, וכ"פ הב"ח.

‹**ועיין** במג"א סי' ל"ח, דביום ב' אם באו פנים חדשות, אינו מניח עד שילכו, ואם הניח אינו חולץ, **ועיין** בד"מ כאן כתב בשם המרדכי, דביום ג' אפילו באו פנים חדשות מניח, **ולענ"ד** דברי המרדכי תמוהים, דהרי ר"א אמר מג' ואילך אם באו פנים חדשות אינו חולץ, עיין בסוגיא, א"כ מנ"ל לומר לדינא דבג' מניח, וצ"ע - רעק"א.

‹**והנוהגין** בתפילין דר"ת, לא יניחום כל ימי האבלות, **וראיתי** מי שכתב בשם האריז"ל להניחם, ולאו מר בר רב אשי חתום עלה, ובפרט לפי הטעם המבואר בזוהר פ' פנחס ברעיא מהימנא ע"ש - ערוה"ש.

‹**ואין** להקשות, מאי שנא תפילין שאינו מבטל אלא יום אחד, ותלמוד תורה מבטל כל ז', וכי חמור תפילין מתלמוד תורה. **דאין** זו קושיא, דתלמוד תורה יש בה משום שמחה, דכתיב פקודי ה' ישרים משמחי לב, ושמחה אסורה כל ז', אבל בתפילין אין בהן אלא משום פאר, וסגי שלא יתפאר יום ראשון ואחר כך מותר - שאין עיקר מרירותיה דאבל שמצטער הרבה אלא יום ראשון - **ועוד** שהרי אבל חייב בקריאת שמע, וקי"ל דקריאת שמע שחרית וערבית פוטר תלמוד תורה, והרי אינו

מבטל מתלמוד תורה כלל כל ז', **אבל** תפילין אף על גב דקילו מתלמוד תורה, סגי שיבטל מהם יום אחד – לבוש›.

סעיף ב - מבעי ליה לאבל ליתובי דעתיה לכווני לביה לתפילין שלא יסיח דעתו מהם, אבל בשעת הספד ובכי לא מנח להו - ‹גם בשארי ימים. **וזה** כשהולך כל היום בתפילין, אבל אצלינו שאין מניחים רק בשעת התפלה לא שייך זה - ערוה"ש›.

§ סימן שפט – אבל אסור בכביסת כסותו ודין גיהוץ §

סעיף א - אבל אסור לכבס כסותו כל שבעת הימים, אפילו במים לבד - ‹משום שני דברים, האחת משום מלאכה, דאסור בין ע"י עצמו ובין ע"י אחרים, כמ"ש בסי' ש"פ, והאחת איסור לבישה, אף שנתכבס קודם לכן – ערוה"ש›. **ולאחר שבעה, מותר**

וכשם שאסור לכבס, כך אסור ללבוש המכובסים קודם לכן.

(ולאחר ז' שרי) - היינו כשאין מגוהץ, או לדידן דגיהוץ שלנו ככיבוס שלהם, כדלקמן בסוף הסימן.

(והעולם נהגו בו איסור) - היינו שחוששים לסברת ריב"א וסייעתו, דאסור כיבוס כל ל', **ומשמע** בתוספות דמו"ק, דאינו אוסר אלא במכובס בנתר וחול, אבל לא במים לבד, **וכתב** הב"ח, ולפ"ז במכובס במים לבד אין צריך להלבישו אחר תחלה, ופשיטא דשרי לאחר ז' מיד.

(ונוהגין שאדם אחר לובשם תחלה, ואח"כ לובשם האבל) - ואפילו במגוהצין ג"כ באבן חלקה, מותר בכה"ג, וכ"כ הב"ח, **והמנהג עיקר. וכן נוהגין במדינות אלו לאחר שבעה)** - ‹ומבואר מדבריו דלא הותר לאחר ז' אלא כשאדם אחר ילבשנו תחלה, וכן הוא ג"כ להדיא בלבוש, **ומשמע** ג"כ דתוך ז' אסור אף אם אדם אחר לובשו תחילה – מנחת יצחק›.

(ואם לבשו אדם אחר רק שעה אחת די בכך) - כלומר זמן מה, וא"צ שעה זמניות, וכן משמע בפוסקים, וכן נוהגין, **ולא** כמ"ש בעט"ז שעה או שתים, ואולי גם הוא לאו דוקא קאמר.

‹**עיין** בשו"ת לחמי תודה שהעלה, דהא דלא התירו אלא לאחר ז', היינו דוקא במחליף לתענוג, **אבל** אם מחליף לצורך, כגון שהחלוק מלוכלך או משום עירבוביא, שרי אפילו בחול תוך שבעה ע"י כך, כמו ברחיצה דלא אסור אלא של תענוג, כמש"ל סי' שפ"א, ע"ש, **ומה** שלא בא הדבר הזה מפורש בפוסקים, אין זה אלא לרוב פשיטותו, שהוא דבר הלמד מדין רחיצה וסיכה, ע"ש שהאריך בזה, ועמש"ל סי' שפ"א סק"ב›.

‹**וכמדומני** שעתה אין נזהרים בזה ליתן לאחר ללבוש הכתונת, מפני שהרבה אנשים קצים בזה ללבוש כתונת שלבשו אחר, ועוד דבכתונות יש להקל אפילו לריב"א, דאין זה משום תענוג, אלא שא"א לילך בכתונת הישנה מפני הזיעה, ואפשר לומר דכוונת הריב"א הוא על שארי בגדים ולא על כתונת, **ובפרט** אנו שלובשין רק משבת לשבת, כבר כ' המהר"ש בתשו', דאפי' בתוך שבעה מותר ללבוש בשבת כתונת לבן, וכ' בזה"ל: בשבת של אבלות מי שאינו לובש כתונת מכובס, הוא חסידות של שטות, עכ"ל, **ועיין** פת"ש בשם לחמי תודה, דאפי' בחול מותר לאבל בתוך שבעה להחליף הכתונת אם הישנה מליאה זיעה או ערבוביא, וק"ו בשלשים בע"ש לא יעלה על הדעת לאסור כלל ללבוש כתונת מכובס ופוזמקאות מכובסים ומכנסים וכיוצא בהם שיש להגוף צער אם לא יחליפם – ערוה"ש›.

וא"צ לומר שאסור ללבוש חדשים. וגם הסדינים והמצעות של מטה אסור לכבסן ולהציע המכובסין. וכן מטפחות הידים, אף על פי שמותר לכבסן במועד - [כתב רש"ל: עיין באו"ח סי' תקנ"א, שהיתר פשוט לכבוד שבת לפרוס ‹על השלחן› המטפחת המכובסת, ע"כ], ‹וממילא דגם מטפחת לנגב הידים מותר לכבוד שבת – ערוה"ש›.

וכן כל אותן ששנינו שמותר לכבסן במועד, כגון היוצא מבית השביה ומבית האסורים, והמנודה שהתירו לו חכמים, והנשאל לחכם והותר, והבא ממדינת הים שהלך להרויח - לאפוקי לטיול, **ולא היה לו פנאי לגלח** - והוא הדין כאן לכבס, **אסורים בימי אבלו, שאם אירעו אחד מהם קודם האבלות, ונכנס מיד לתוך**

האבלות, אסור לכבס, אלא אם כן אירעו אחד מהם ותכפוהו מיד שני אבלות זה אחר זה, אז מותר לכבס אף בנתר וחול ואפילו תוך שבעה, ובלבד שיעשנו בצינעא בתוך ביתו. ואחר שתכפוהו אביליו זה אחר זה, מכבס במים אבל לא בנתר ואהל.

(עיין בתשו' פנים מאירות, שכתב במי שתכפוהו אבילות, מותר ללבוש לשבת בגד מכובס באפר ומים אף תוך שבעה, באופן שאדם אחר ילבוש תחלה שעה אחת, ע"ש).

סעיף ב - מותר לכבס בגדי קטנים שמת אביהם - ‹דקטנים א"א שלא להחליף בגדיהם, ומותר לכבסם בבית, דהכל רואים שזהו בגדי קטנים – ערה"ש›.

סעיף ג - אסור ללבוש תוך שבעה כלים חדשים צבועים וישנים יוצאים מתחת המכבש (פי' כלי לעצור בו הבגדים) - ‹והדין הזה אין בו רבותא כלל, שהרי אפי' כיבוס במים בלבד אסור, וכן ללבוש המכובסים מקודם במים בלבד אסור, כמו שנתבאר, וכ"ש הני, **אלא** משום דלענין שלשים כתב בס"ה, והוא שיהא לבן וחדש, קמ"ל דבשבעה אסור בכל – ערוה"ש›.

הגה: י"א דאסור ללבוש בגדי שבת תוך ד' שבועות הראשונים, אבל אח"כ מותר אפילו על אביו ואמו, וכן לעשות בגדים חדשים, אבל נהגו איסור כל י"ב חודש.

‹**וזה** כמאה שנה שלא נחה דעת גדולי הדור לילך בבגדי חול בשבת, דהוי כפרהסיא, וכן בשבת חזון, והנהיגו לילך בבגדי שבת, ובגד חשוב חדש וודאי אסור, אבל בגדים פשוטים כמכנסים וכיו"ב, **וגם** בגד חול כשיש הכרח לזה מותר לעשות, דאין זה בגד חשוב, **ובכל** בו כתב, דאם איש אחר ילבוש אותו ב' או ג' ימים, מותר בגד חדש, **ונראה** דהתיר באופן זה גם בבגד חשוב, ויש לסמוך על זה אם צריך לכך – ערוה"ש›.

(**עיין** בתשו' אא"ז פנים מאירות, שפסק באשה בתוך ל' לימי אבלה שהיתה יולדת, והגיע זמנה לילך לבהכ"נ כמנהג ארצנו, ובאותו יום כמו יום טוב שלה, ולובשת בגדי יקר ועדי זהב, **דמותרת** ללבוש בשבת זה בגדי שבת, אך לא בגדי יום טוב, שלא תזוח דעתה מלשכוח ימי אבילות. וגם אינה צריכה לשנות מקומה, ע"ש. **ועיין** בתשובת שבו"י, שנשאל אשה שיש לה פדיון הבן והיא תוך ימי אבלה, אי מותר ללבוש בגדיה, כיון שמנהג הנשים ללבוש בגדיהן החשובים בשעת הפדיון, **והשיב** כיון דלפי דעת כמה פוסקים מברכים שהשמחה במעונו, הוי לדידה באותו פעם כרגל, ותלביש עכ"פ בשעת הפדיון בגדי שבת, ע"ש).

סעיף ד - אסור תוך שבעה לכבס ולהניח - הטעם משום דאסור בעשיית מלאכה, **בין ע"י עצמו בין ע"י אחרים. ואם היתה כסותו בקבולת ביד אחרים** - ובבית אחרים, וכדלעיל סימן ש"פ סעיף י"ח ע"ש, **מכבס אותו כדרכו, כמו שאר מלאכתו בתלוש שביד אחרים בקבולת** - ‹לא כשכיר יום, אלא שלוקח מכל בגד כך וכך – ערוה"ש›.

סעיף ה - כל שלשים יום אסור ללבוש (או להציע תחתיו) בגד מגוהץ, והוא שיהא לבן וחדש, ואפילו הוא של פשתן - ‹דמתקלקל מהרה – לבוש›.

ועל אביו ועל אמו, אסור עד שיגיע הרגל אחר שלשים ויגערו בו חביריו - (משמע דתלתא בעינן, אחר ל', והגיע הרגל, והגערה, **אמנם** בשו"ת תשובה מאהבה כתב, דלאו דוקא נקט השו"ע, ולא למימרא דהני תלתא בעינן, **אלא** ר"ל הרגל אינו מבטל כמו הגערה, גם ל' לא מהני, אלא בעינן דוקא הגערה ולאחר ל', **אבל** ודאי הגערה אחר ל' מהני, ולא בעי רגל, **ומה** דנקטי הט"ו בלשונם רגל, בהוה נקטו, כמ"ש הרא"ש, משום דברגל דרך ללבוש כלים מגוהצים כו', ועמש"ל סי' ש"צ סק"ג).

סעיף ו - גיהוץ י"א צק"ל בלשון ערב - ‹נראה דזהו כעין פרע"ס שלנו – ערוה"ש›, **וי"א דהיינו כיבוס במים ואפר או בנתר ובורית.**

סעיף ז - אחר שבעה מותר לגהץ, בין לעצמו בין לאחרים; לא אמרו שלשים יום לגיהוץ, אלא ללבוש - ‹דבשבעה אסור במלאכה משא"כ בשלשים – ערוה"ש›. ‹**ואע"ג** דבשבוע שחל ט"ב להיות בתוכה אסור לגהץ, התם חמיר טפי דאבילות דרבים הוא – לבוש›.

סעיף ח - יש מי שאומר דהאידנא ליכא איסור גיהוץ, שהרי אמרו גיהוץ שלנו

ככיבוס שלהם – ‹ולפי"ז כל מיני גיהוץ שלנו מותר ללבוש בשלשים, **ואין** נוהגין כן, דוודאי לבנים וחדשים נוהגים איסור, ואפילו בצבועים נהגו איסור בחדשים, ורק בישנים מקילים – ערוה"ש›.

§ סימן שצ – דיני גילוח וסריקה באבל §

סעיף א - אבל אסור לגלח שערו, אחד שער ראשו ואחד שער זקנו ואחד כל שער שבו, ואפילו של בית הסתרים, כל ל' יום. ושער השפה ומהצדדים, כל שמעכב את האכילה, תוך ז' אסור; אחר שבעה, מותר - תימה, דכאן פסק כדעת הרי"ץ גיאות שבטור, ובב"י כתב דנקטינן כהראב"ד ורמב"ם, דאסור כלל, ואין חילוק בין שערות המעכבים האכילה או לא, ע"ש.

(**כתב** בספר חמודי דניאל כ"י, מותר להעמיד באנקע"ס בשלשים של אבל, אם צריך לכך הרבה, הגם שצריך לגלח הראש קודם עבור זה, וכן בחוה"מ, ע"כ).

(**עיין** בתשו' נו"ב, שכתב דאם אירע ברית מילה והאבל סנדק או מוהל, אפ"ה אסור בתספורת, ולא דמי למ"ש רמ"א לקמן סי' שצ"א ס"ב בהג"ה בשם מהרי"ל, מכמה טעמים, ע"ש).

סעיף ב - ישב לגלח, ואמרו לו: מת אביו, הרי זה משלים ראשו – ‹דבאמצע א"א להניח כך שיתראה כמשתגע – ערוה"ש›. ‹**ישב** לגלח – בירושלמי משמע דזהו חד שיעורא עם ההיא דקתני במתני', לא ישב לפני הספר סמוך למנחה, דאמרינן שם מאימתי התחלת תספורת, משיניח מעפורת ספרים על ברכיו – רעק"א›. ‹**וצ"ע** – ערה"ש›.

אחד המגלח ואחד המתגלח – [פי' שבשעת הגילוח נאמר למגלח שמת לו מת, יכול לגמור מלאכתו משום כבוד הבריות], ‹דגנאי הוא למתגלח שילך בחצי ראש גלוח – לבוש›. **ומה שהספר גומר, היינו בדליכא ספר אחר במתא** – ‹אבל אם יש ספר אחר במתא, אסור לזה לגלחו, אלא ישלימנו אחר – לבוש›.

סעיף ג - כל אותם שאמרו מותר לגלח בחול המועד, אם אירעו אחד מאלו קודם האבילות, ונכנס מיד תוך האבל, אסור לגלח. אבל אם אירעו אחד מאלו, ותכפוהו מיד שני אבלות זה אחר זה, מגלח כדרכו, בין בתער בין במספרים, ואפילו תוך שבעה. ואדם אחר שתכפוהו אביליו זה אחר זה, מיקל שערו בתער אבל לא במספרים – ‹מפני שיש יפוי יותר במספרים מבתער, לפיכך לא יעשה אלא בתער שאינו כל כך יפוי, **ועוד** שעיקר גילוח של בריות הוא במספרים, לפיכך אבל יעשה על ידי שינוי, ותער הוי שינוי, לפיכך התירו לו בתער, מיהו גם זה לא יעשה אלא בשינוי – לבוש›. ‹**דההיא** מיקל, ר"ל שחותך קצת מהשערות, ומניח תוך לראש קצת – תפארת למשה›. **(וכלבד שיעשנו בלינעא).**

סעיף ד - על כל המתים מגלח לאחר שלשים; על אביו ועל אמו, עד שיגערו בו חביריו – ‹משמע שאין בזה איזה שיעור זמן, אלא צריך גערה בפועל – בדי השלחן›.

ומהני אפי' לגלח ביום הל', אליה זוטא. **ואם** גערו בו תוך ל', פשיטא דלא מהני, דלא גרע משאר אבל – רעק"א.

הגה: ואין הרגל מהני אם פגע קודם שיגערו בו חביריו. ועיין באו"ח סימן תקמ"ח - (כ"כ גם המחבר באו"ח סי' תקמ"ח ס"ט ולקמן סי' שצ"ט ס"ד. **ונראה** דה"ה דאין הרגל עם הגערה מהני אם פגע קודם שלשים, וכן מבואר לעיל סי' שפ"ט ס"ה לענין גיהוץ, **ואף** אם פגע רגל תוך ל', לא אמרי' דרגל מבטל ל' ויהיה מהני הגערה, עיין סי' שפ"ט ס"ה – רעק"א, **אמנם** בשו"ת נו"ב, ע"ד השאלה אם הגיע זמן הגערה בחוה"מ, האריך בזה וסיים: באופן שבחוה"מ ודאי אין להתיר, ובערב הרגל אם גערו בו חביריו, יותר ראוי להתיר אף תוך למ"ד, וכ"ז נראה להלכה ולא למעשה עד אתיישב בדבר, עכ"ל. **ותימה** שלא זכר כלל מדברי הש"ע דסי' שפ"ט הנ"ל, דלית דין צריך בושש, כי גיהוץ ותספורת שוים. **שוב** מצאתי בשו"ת תשובה מאהבה שתמה עליו בזה, והאריך להביא הרבה פוסקים לאסור, וסיים: דאותם המורים המקילין בתוך ל' על אב ואם מפאת הרגל, וסומכים על הנו"ב הנ"ל, יהיה להם אשר להם, ואל יהי חלקי עמהם, ע"ש).

‹**ועיין** בא"ר בנושא אשה תוך ל' אפילו על אביו ואמו, מותר לגלח, ובמשבצות זהב שם הניח הדין בצ"ע – רעק"א›.

ושיעור גערה יש בו פלוגתא, ונוהגים בג' חדשים – ‹ר"ל דנוסף על ההיתר של גערה בפועל, גם שיעור זמן הראוי לגערה מתיר בגילוח – בדי השלחן›.

‹**עיין** בתשובת נו"ב שכתב, דמה שאמרו שיעור גערה ג"ח, היינו לאלו שמגלחין רק ראשם, אבל לאלו שמגלחין זקנם {ע"י מספרים או במשיחה} שיעור גערה זמן קצר יותר, **וכ"כ** בתשו' חת"ס, דלבני אשכנז שרגילים לגלח זקנם, שיעור גערה ל' יום, **ואם** תכפוהו שלשים לאביו ולאמו עם אבילות דרבים מי"ז בתמוז, יסתפר תספורת כל שהוא ביום י"ח תמוז, באופן שלא יהיה ראוי עוד לגערה, ע"ש. **וע"ש** עוד לענין אם הגיע זמן הגערה בחוה"מ, אם רשאי לגלח. **ועיין** בתשו' אדני פז שכתב, דכוונת רמ"א, דלאחר שעברו ג' חדשים שהוא שיעור גערה, מותר לספר עצמו כל זמן שירצה לפי מנהגו הראשון, ע"ש›.

ובמקומות אלו נוהגין שאין מסתפרין על אב ואם כל י"ב חדש, אם לא לצורך, כגון שהכביד עליו שערו, או שהולך בין עובדי כוכבים ומתנוול ביניהם בשערותיו, דמותר לספר (כן כתב הא"ז) – ‹בד"מ הביא הא"ז וז"ל: שאלת אם תוכל לספר אחר אביך תוך יב"ח, כי מתוך שאתה עסוק במזונותיך ומצוי בין השרים, **והנני** מודיעך שלא הוזכר יב"ח לענין גידול שער, רק עד שיגערו בו חביריו, ומה שנוהגין יב"ח אינו אלא חומרא בעלמא לכבוד אביו ואמו, ולכן מותר אתה לספר כדרכך, עכ"ל. **משמע** דמדינא אחר שהמתין שיעור גערה מותר לגלח אח"כ בכל פעם כדרכו, וא"צ להמתין בכל פעם שיעור גערה, **אלא** דהמנהג להחמיר כל יב"ח, וכיון דהולך בין השרים, א"צ לתפוס חומרא זו, וקם אדינא, דאחר הגערה מגלח כדרכו, **וזהו** כוונת הרמ"א כאן, בתחלה כתב ובמקומות אלו נוהגין כו', ועלה כ' אם לא וכו', והיינו דאז אין לחוש למנהג ההוא, **אבל** קודם זמן הגערה לא מהני מה שהולך בין השרים, **ואחר** שגילח לזמן הגערה, א"צ להמתין עוד שיעור גערה, אלא דמגלח אח"כ כדרכו כפי הרגלו – רעק"א›.

סעיף ה - אשה מותרת בנטילת שער אחר ז' - ‹כדי שלא תתנוול על בעלה – ב"ח›. **(הגה: ויש אוסרים אף לאשה, וכן עיקר)** - והב"ח פסק דבמקום שדרכה של אשה לגלח שערות אלו, כגון רבוי שערות דצידעא ובת צידעא, מותרת ליטלם אחר ז', ע"ש.

סעיף ו - לסרוק (ראשו) במסרק, מותר, אפילו תוך שבעה - ‹דזהו לאו תענוג אלא צער גדול למי שיש לו ערבוביא בראש, או הרגיל לסרוק בכל יום א"א לו לסבול בלא סריקה – ערוה"ש›.

‹**ובשו"ע** פסק: לסרוק "האשה" במסרק מותר תוך ז', עכ"ל, משמע דדוקא באשה שצריכה שלא יהיו מסוכסכים שערותיה כשתהא טובלת, לא החמירו בה, משא"כ באיש דנכון להחמיר, **אבל** מצאתי שטעות סופר הוא, וצריך להגיה לסרוק "ראשו" וכו', {וכ"כ הט"ז והש"ך}, **מיהו** בהג' סמ"ק כתב, והאו"ז אוסר לאיש לסרוק ראשו במסרק כל שלשים יום, אך לאשה מתיר לאחר ז', עכ"ל – ב"ח. **וכך** הביא הש"ך והנקה"כ›.

‹**יש** מתירין לחוף ראשו בצונן אפילו תוך שבעה, ואין נוהגין כן – לבוש›.

סעיף ז - כשם שאסור לגלח כל שלשים יום, כך אסור ליטול צפרנים בכלי - ‹בין בשל ידים בין של רגלים כלל, שכן דרך ליטלן בכלי, ויש בו משום יפוי – לבוש›, **אבל בידיו או בשיניו, מותר, אפילו תוך שבעה** – על ידי שינוי, שאין כאן לא תענוג ולא שמחה – לבוש›.

‹**בנטילת** צפרנים משמע דלא צריך גערה, הלק"ט – רעק"א›.

ואשה שאירע טבילתה אחר שבעה תוך שלשים, אם תטול צפרניה בידיה או בשיניה אינה נוטלת יפה, אלא תאמר לעובדת כוכבים ליטלם בתער או במספרים. הגה: ולאו דוקא עובד כוכבים, אלא הוא הדין ישראלית, וסרכא לישנא דחול המועד נקט (דעת עצמו) - ולפעד"נ דדוקא נקט עובדת כוכבים, דאלת"ה א"כ אפילו לאיש לשתרי לגלח או ליטול צפרניו על ידי ישראל אחר, אלא ודאי כיון דשלוחו הוא אסור, וא"כ אמאי שרי באשה טפי בשלוחה מבהיא עצמה, **וגם** דוחק לומר דסרכא דלישנא דחוה"מ נקט, דהא המחבר ס"ל באו"ח סי' תקל"ב, דמותר ליטול צפרניו בחוה"מ, **אלא** דהגמי' ס"ל דאסור ליטול צפרניו בחוה"מ, וקאמר דעל ידי עובד כוכבים מותר, דאמירה לעובד כוכבי' שבות, ובמקום מצוה לא גזור, **ואם** כן ה"ה באבל, דהא קי"ל אמירה לעובדי כוכבים שבות אפילו בדבר שאינו של שבת, וכדלעיל הלכות כלאי בהמה סי' רצ"ז ס"ד, וא"כ

הכא דוקא לעובד כוכבים שרי, דאמירה לעובד כוכבים לא אסור אלא משום שבות, ובמקום מצוה לא גזרו, **אבל** לישראל אסור, ודו"ק.

[תמוה לי, דאם יש איסור ליטול בעצמה, ודאי גם ע"י ישראלית אסור, דיש משום לפני עור וגו', **אבל** נראה לי, שהוצרכו ליטול ע"י ישראלית כדי שיהיה ע"י שינוי, כמ"ש בסמוך, דאילו בידיה או בשיניה אי אפשר לה להסירם היטב כפי הצורך לטבילה]. **זה** אינו, דע"י ישראלית לא הוי שינוי, דא"כ למה אמרו בש"ס ופוסקים ליטלם בידו או בשנוי, הו"ל לומר ע"י אחר, אלא ודאי אין זה שינוי, דכן הוא הרגילות שאחר נוטל צפרניו של חבירו, אלא הנכון כמ"ש בש"ך ודוק - נקה"כ. [**אבל** תימה לי על בעל השו"ע, שהרי פסק בסעיף ה', אשה מותרת בנטילת שער אחר ז', והיינו כרי"ף ורמב"ם וכמו שכ' ב"י, ולמה לא תהיה מותרת כאן ליטול צפרניה ע"י עצמה בלא שינוי, והלא צפרנים אינם חמורים משער]. **לא** קשה מידי, דהכא כיון שאפשר ע"י שינוי לא התיר אלא בשינוי, דכל מה דאפשר לתקן עדיף - נקה"כ. [**ועוד** קשיא אפי' לדעת רמ"א, והלא בסי' שצ"ג סעיף ג' התירו ליטול צפרנים בשביל למול, ולמה לא נתיר בשביל טבילת מצוה לכולי עלמא]. **לק"מ**, דהתם קאמר מותר לו לתקן צפרנים ולגלחם לצורך המילה, והתם אין כוונתו משום נוי, רק מתקן שתי צפרני אגודל שיש בהם צורך מילה כשהן משופעים ומחודדים, ומתקנן בצדיהן כדי שיהיו מחודדים לצורך הפריעה, וק"ל - נקה"כ. [**ולא** ראינו נשים נוהגות כן ליטול צפרנים על ידי אחר תוך שלשים]. ‹**דהעיקר**, דגם ע"י ישראלית מותר, ואפילו בעצמה מותרת ליטול אם תטלם יותר יפה, **וכמדומני** שכן המנהג – ערוה"ש›.

§ סימן שצא – אבל אסור בכל מיני שמחה §

סעיף א - אבל אסור בשמחה; לפיכך לא יקח תנוק בחיקו כל שבעה, שמא יבא לידי שחוק – ‹ואם היה עושה דבר של שחוק היה לו גנאי, שהוא צריך להתאבל והרי שוחק. מ"מ לא אמרו אלא תוך שבעה דהוי ליה גנאי גדול אם ישחוק, וגם הוא בכלל האנק דום, אבל אחר ז' לא אמרו – לבוש›. ‹**ודע** דשחוק הוא ג"כ כקצת שמחה ואינה כשמחה ממש, ואין לאסרה רק בתוך ז', דהשחוק הוא היפך הבכייה, כמו שאמר קהלת עת לבכות ועת לשחוק, ולכן בשבעה שהבכי מצוי אסור בשחוק, ולא בכל שלשים. **ולשון** השו"ע צריך ביאור, מאי הוא לשון "לפיכך", והרי שמחה אסור כל ל' יום, וזה איסורו רק בז', **וצ"ל** דה"ק, לפיכך כלומר כיון דשמחה אסורה כל ל', ולכן אף דשחוק לא הוי שמחה, מ"מ כל ז' אסורה גם השחוק, כיון דשמחה אסורה ל', ושחוק הוא חלק קצת משמחה – ערוה"ש›.

(**עמ"ש** לעיל סי' שע"ו סק"ב בשם תשובת הר הכרמל, שכתב דבהבדלה שעושה תוך שבעה על הכוס, לא יאמר פסוקי שמחה שקודם לה, רק יתחיל מהברכות, ע"ש. **ועיין** במג"א סי' תכ"ו שכתב, דאבל בז' ימי אבילות לא יקדש הלבנה, **אבל** אם לא השלים אבילתו עד יו"ד בחודש, לא ימתין עד ליל י"א, ויקדש בימי אבלו, ע"ש. **ובתשובת** שבו"י כתב, דמ"מ אין לו לקדש הלבנה עד אחר ג' לבכי, ואפילו אם בכלות ג' לבכי יהיה ליל י"ב לחודש, ימתין, ע"ש. **ובתשו'** שער אפרים כתב, דדוקא אם עובר הזמן שלא יכול לקדש שוב, יכול לקדש בימי אבלו, אבל כשיש עוד זמן לקדש, אינו יכול לקדש בימי אבלו). ‹**ואפילו** לא ישאר בכלות ימי אבילות רק לילה א', יש לו להמתין עד כלות ימי אבילותו, ולא חיישינן לשמא לא יוכל לקדש בלילה האחרונה, **אך** אם כשימתין יעבור הזמן, יכול לקדש בתוך ימי אבילותו, **ולענ"ד** הדין עם שער אפרים - מ"ב ובה"ל סי' תכ"ו›.

סעיף ב - על כל מתים נכנס לבית המשתה לאחר שלשים יום; על אביו ועל אמו, לאחר י"ב חדש. ואף אם השנה מעוברת, מותר לאחר י"ב חדש – ‹שאפילו רשע גמור אינו נידון יותר מי"ב חדש – לבוש›. [**משמע דאחר י"ב חדש הפסיק לגמרי האבילות, מדשרי לילך לבית המשתה, ותמהתי על שיש אנשים נוהגים קצת אבילות גם בחודש הי"ג, מאין להם דבר זה, והוא באמת דבר בטל, וכ"כ מו"ח ז"ל**].

ומיהו שמחת מריעות - שעושים ריעים זה עם זה, שאוכלים ושותים זה עם זה היום, וחוזרים ואוכלים עם זה למחר, **שהיה חייב לפרוע אותה מיד, מותר לעשותה מיד אחר ז'** – ‹מפני שהוא מחוייב לפרוע›, **אבל אם אינו חייב לפרעה, אסור ליכנס לה** – ‹היינו לעשותה, ולשון הש"ס נקט›, **עד ל'** – ‹ונראה פשוט, דליכנס לאחר בתוך ל' לסעודה, אף שהאחר חייב לו, אסור לו ליכנס – ערה"ש›. **ועל אביו ועל אמו, אע"פ שחייב לפרעה, אסור (עד) לאחר י"ב חדש.**

הגה: ובחבורת מצוה, כגון שמשיא יתום ויתומה לשם שמים, ואם לא יאכל שם יתבטל המעשה, מותר לאחר ל׳ - ‹ונ״ל דלאו דוקא יתבטל השידוך לגמרי, אלא שלב החתן והכלה יהיו כמצטערים, **ויראה** לי עוד, דאם באמת תתבטל השידוך, גם באביו ואמו מותר בתוך ל׳, דאין לך מצוה רבה כזו, ובוודאי לא העמידו חכמים גזירתן בענין כזה, אלא דלאו דווקא הוא – ערוה״ש›.

אבל תוך ל׳ אסור לכל סעודת מצוה שבעולם - משמע אפי׳ בשאר קרובים, וכן משמע בעט״ז, וכן הוא להדיא בהראב״ד, **וכן** לענין שאלת שלום לעיל סימן שפ״ה, ולענין נשואין לקמן סימן שצ״ב, אין חילוק בשלשים בין אביו ואמו לשאר קרובים, **והב״ח** לא פירש כן, ולפעד״נ כמ״ש. ‹**ולענ״ד** הא חזינן דבס״ב בסעודת מריעות תוך ל׳ שרי, ועל אביו ואמו כל יב״ח אסור, הרי דקי״ל דעל שאר קרובים תוך ל׳ מותר יותר מעל אביו ואמו אחר ל׳, וכיון דמשיא יתום מותר תוך יב״ח, מכ״ש תוך ל׳ לשאר קרובים, אח״כ בא לידי ספר דגול מרבבה, ומצאתי שכוונתי לדעתו בזה – רעק״א›. (**ועיין** בתשו׳ נו״ב שכתב, דנראה לו דעת הב״ח מוכרח, דק״ו הוא, ומה סעודת מריעות שאפילו חייב לפרעה אסור באב ואם תוך י״ב חודש, מותר בשאר קרובים תוך ל׳ כו׳, ע״ש).

אבל סעודת מצוה דלית ביה שמחה, מותר ליכנס בה, כגון פדיון הבן או סעודת ברית מילה - ‹דזה שאסרו אינו אלא על סעודת נשואין שאומרים שם "שהשמחה במעונו", אבל כל היכא דליכא "שהשמחה במעונו", מותר בסעודת מצוה, ולפ״ז סעודת פדיון הבן או בר מצוה או סיום מסכתא, כולם מותרים – ערוה״ש›, **ומותר לאכול שם אפי׳ תוך שבעה, ובלבד שלא יצא מפתח ביתו** - ‹וזהו בשבעה דאסור לו לילך, אבל משבעה ואילך לא שייך זה כמובן – ערוה״ש›. **ויש אוסרין בסעודת ברית מילה** - ‹דאיקרי ששון – לבוש›.

והמנהג שלא לאכול בשום סעודה בעולם - ‹כלומר לא של רשות ולא של מצוה, דכל סעודת מצוה נאסרה – ערוה״ש›, **כל י״ב חדש** – [וה״ה תוך ל׳ על שאר קרובים], **אם הוא חוץ לביתו; ובתוך הבית מקילין שאוכל בביתו בסעודת ברית מילה, וכ״ש בשאר סעודות שאין בהם שמחה** - (ובסיום מסכת, עי״ל סי׳ רמ״ו בש״ך ס״ק כ״ז. וסעודת בר מצוה משמע ביש״ש פרק מרובה שדינו כסיום מסכת, והיינו אם הנער דורש, או שהוא ממש ביום שנעשה ב״מ, דגמ״ר).

אבל בסעודת נישואין יש להחמיר, כן נראה לי - ‹אבל בסעודת יתום ויתומה גם לפי המנהג מותר. **ונלע״ד** במקום ההכרח יש לסמוך על דיעות המקילות, דהלכה כדברי המיקל באבל, ובשמחת בניו ונכדיו וודאי מותר – ערוה״ש›.

(**עיין** בתשו׳ אדני פז שכתב, דאם שכח והיה על סעודת זכר בליל שבת, שרי ליה לילך למחר בשבת על סעודת ברית מילה, דאם לא ילך יהיה מלתא דפרהסיא, ע״ש. **ואין** זה ברור).

אבל שהוא בעל ברית או מוהל, ילבש בגדי שבת עד לאחר המילה - (עיין בשו״ת נו״ב שפקפק על זה, ‹שהמוהל ילבש בגדי שבת›, ומ״מ כתב בסוף שמבטל דעתו נגד דעת מהרי״ל שמתיר, וכדאי הוא מהרי״ל לסמוך עליו, ע״ש).

ומותר ליכנס למילה לאכול שם, אם הוא לאחר ל׳, אף על פי שאין המילה בביתו (ב״י בשם תשובת מהרי״ל) – [תמוה לי שהרי בתשובת מהרי״ל סי׳ קט״ז משמע דאחר ז׳ מותר, וב״י מביאו]. **לא** קשה מידי, דהמעיין בתשו׳ מהרי״ל עצמו, כי הב״י הביאו בקוצר, יראה לעינים, דלא מתיר לו באביו ואמו... דלא שרי אלא לאחר שלשים, **ומ״ש** מהרי״ל שם בשם מהר״ם, דתוך ל׳ של אביו היה בעל ברית ורחץ, מ״מ לא ס״ל להקל בזה כמהר״ם, א״נ רחץ שאני דמותר מדינא מיד לאחר ז׳, כדלעיל סי׳ שפ״א - נקה״כ. [**שוב ראיתי בדרכי משה שהכריע כן מסברא דנפשיה, לאסור עד לאחר ל׳, והנה דבר פשוט שעל אביו ואמו קאי זה, דאלו בשאר קרובים פשיטא שמותר לאחר שלשים, דאין לומר דקמ״ל איסורא תוך ל׳, דא״כ היה לו לומר ואסור כל ל׳, אלא דעל אביו ואמו קאי, ובשאר קרובים אפי׳ תוך ל׳ שרי אחר ז׳ ימים**], **נ״ל** שיש חסרון בדבריו, וכך צ״ל: אלא דעל אביו ואמו קאי, ומו״ח ז״ל כתב דעל אביו ואמו קאי, ובשאר קרובים אפי׳ תוך ל׳ שרי אחר ז׳ ימים, והוא תמוה וכו׳ - נקה״כ. [**והוא תמוה**, דבהדיא כתב הרא״ש פרק אלו מגלחין, דתוך ל׳ שוה בשאר קרובים לאביו ואמו]. **אלא** שקשה לי עליו למה מביא אח״כ בס״ג בסתם דברי מו״ח ז״ל, דבתוך ל׳ בשאר קרובים מותר

ביתום ויתומה, ועיין בש"ך ס"ק ג' וה' - נקה"כ. [ומ"מ אין להקל בתוך ל' של אביו ואמו נגד הכרעת רמ"א].

סעיף ג - ליכנס לחופה שלא בשעת אכילה, לשמוע הברכות, יש מתירין, ויש אוסרין, אלא עומד חוץ לבית לשמוע הברכות. הגה: אבל לא יכנס לבית כלל בשעה שעומדים במזמוטי חתן וכלה - ‹וכ"ש בשעה שמזמרים - ערוה"ש›, **וכן נוהגים באשכנז ובמדינות אלו.**

וכל זה בבית שעושין החתונה ואוכלין ושותין ושמחין שם, אבל בחופה שעושין בבית הכנסת - ‹בחצר בהכ"נ - ערוה"ש›, **שמברכין שם ברכת אירוסין ונישואין ואין שמחה כלל, מותר מיד אחר שבעה** - ‹אך אם מזמרין שם כלי זמר, אסור להאבל לשמוע - ערוה"ש›. **ויש אוסרין עד שלשים, וכן נראה לי. ויש מקומות שמחמירין להיות האבל עומד כל י"ב חדש חוץ לבית הכנסת לשמוע הברכות. ומכל מקום נראה דהאבל יכול לברך ברכת אירוסין ונישואין תחת החופה שבבית הכנסת.**

וכן יוכל להכניס חתן כדרך ארצנו ששני אנשים מכניסין החתן תחת החופה. ויוכל ללבוש קצת בגדי שבת בשעה שמכניסין - בעט"ז השמיט תיבת "קצת", ואולי גם הרב לאו דוקא נקט, דה"ה דיכול ללבוש כל בגדי שבת, וכן נוהגין, **ובלבד שיהא אחר ל' (ד"ע), וכן נוהגין** – [כתב מו"ח ז"ל, ונראה דכ"ש שיש להתיר לאבל על שאר קרוביו תוך ל' להכניס החתן, דטפי יש להתיר תוך ל' על שאר קרוביו מתוך י"ב חדש על אביו ואמו], כמו בכניסת יתום ויתומה דלעיל, **ולשון** הרב לא משמע כן, אלא נראה כמ"ש בס"ק ג'. (**וכבר** כתבתי בשם נו"ב, דדעת הב"ח מוכרח).

(**וכתב** עוד, דע"כ לא אסר רמ"א להיות משני אנשים המכניסים את החתן תוך ל', אלא היכא שאין בזה דיחוי הנישואין, **אבל** אם יש בזה דיחוי הנישואין לבחור שלא קיים פריה ורביה, לא החמיר, מאחר שרבים מקילין בכל ענין בשאינו אוכל שם, ואפילו תוך ל' של אב או אם, ובפרט אם כבר הכינו ויש קצת פסידא, ע"ש).

‹ויראה לי, שאם הוא רב בעיר שעליו לסדר קדושין, יכול לסדר גם בתוך ל', אפילו על אביו ואמו, כיון שעליו הדבר מוטל, רק שלא ישמע הכלי זמר – ערוה"ש›.

[ונ"ל דלא התירו אלא להכניס החתן תחת החופה, אבל לא ליכנס לאכול על סעודת החתונה, דהא אפילו במשיא יתום ויתומה לא התירו לאכול בסעודה, **אם לא** בדרך שאם לא יהיה שם יתבטל המעשה, והא ודאי דמשיא יתומה הוה כמו אביה, וטפי הוה מסתבר להתיר מאותו שמכניס החתן תחת החופה, כנ"ל, שלא כקצת שנוהגים להקל בזה]. ‹ובבל"י כתב, דהמנהג בפולין שהשושבינין הולכין גם לאכול, אלא דבתחלה משמשין קצת – רעק"א›. (**עיין** בתשו' אא"ז פנים מאירות, כתב דאותם הנוהגים להקל לאכול שם, יש להם על מה שיסמוכו).

יש מתירין לאבל לאכול בסעודת נשואין או ברית מילה עם המשמשין, ובלבד שלא יהא במקום שמחה כגון בבית אחר - ‹דהאיסור הוא רק אם אוכל בבית החתונה שהקרואים אוכלים, אבל בבית אחר כלומר בחדר אחר עם המשמשין, מותר – ערוה"ש›. **ויש אוסרין** – ‹ס"ל דגם זה בית שמחה מקרי – ערוה"ש›, **(הגהות אשירי)** – ‹וכתב שם, וכמדומה לי שאם היה צריך להשלים עשרה להחתן, דמותר ליכנס ולאכול – רעק"א›, **וכן נוהגין, רק שהאבל משמש שם, אם ירצה, ואוכל בביתו ממה ששולחין לו מן הסעודה** - ‹נ"ל דווקא השימוש בבית המבשלות ובבית עריכות המאכלים מותר, ולא להושיט המאכלים להקרואים, דגם זה הוא כשמחה, **והעולם** נוהגים להקל בכך – ערוה"ש›.

יש מתירין לאבל לאכול באותה סעודה של דגים שעושים לאחר הנישואין - ‹היא ביום שאחר החופה - ערוה"ש›, **כי מאחר שכבר פסקו לומר "שהשמחה במעונו" אית ליה היכר שאין שמחה באותה סעודה, ושרי** – [לפי המנהג שכתב רמ"א שלא לאכול בשום סעודה כו', גם זה אסור]. ‹**כלומר** אפילו להאוסרים בכל הסעודות, מ"מ כאן שיש היכר מותר. **ונראה** שאצלם לא אמרו "שהשמחה במעונו" ביום המחרת, כמ"ש הב"ח והש"ך,

אבל אצלינו אומרים כל שבעה "שהשמחה במעונו" אם רק עושים סעודה, וא"כ בטל זה ההיתר – ערוה"ש.

כתב הב"ח, מיהו בליל ב', אף על פי דנוהגים בק"ק קראקא שלא לברך "שהשמחה במעונו", אין לאבל לאכול באותה סעודה, **דלא** דמי ליום ב' שכבר בעל בעילת מצוה בליל ב' כפי מנהגם, ולכך עושים סעודה של דגים ביום ב' משום ברכת דגים, כדאיתא פ"ק דכתובות, הלכך אינה נקראת סעודת שמחה, ואין אומרים לא "אשר ברא" ולא "שהשמחה במעונו", **אבל** בליל ב' מקמי בעילת מצוה, דמברכים "אשר ברא", לא נגמרו הנשואין, **ומה** שלא נהגו לומר "שהשמחה במעונו", הוא מפני דמתאספים שם אנשים ונשים כו', עיין שם.

יש אומרים דאסור לאכול בסעודה בלילה שביום המחרת מת אביו או אמו – ‹הוא יום היארצייט, לנהוג בו כאבלות – ערוה"ש. (**עיין** בשו"ת מקום שמואל שכתב, דזה איירי בסעודת חתונה שיש שם מזומטי חתן וכלה ויש בה שמחה, אבל בסעודת ברית מילה ופדיון הבן וסיום מסכתא מותר, ע"ש).

וכתב העטרת זהב, ולא ראיתי נוהגים כן, **ואני** אומר דבר שאינו מצוי לא שייך בו מנהג, כמו שכתב לעיל ר"ס ק"צ, ולא ראינו אינו ראיה, **ואני** ראיתי נוהגים לאיסור, גם לקמן ס"ס ת"ב כתב הרב בסתם לאיסור.

‹**ויש** שכתבו דהאיסור הוא רק ביארצייט ראשון ולא יותר, באה"ט בשם מג"א, **וכמדומני** שגם עתה אין נוהגים להחמיר, ויש להחמיר בשנה ראשונה. **ודע** שראיתי מי שכתב, דמי שפרנסתו מכלי זמר, אם הוא אבל מותר לו לנגן בתוך שנתו לאביו ואמו, ובתוך ל' לשאר קרוביו, כדי שלא יפסיד פרנסתו, באה"ט, **ובוודאי** כן הוא, דאצלו לא שייך שמחה, דבפרנסתו הוא עוסק – ערוה"ש.

§ סימן שצב – אבל אסור כל ל' יום לישא אשה §

סעיף א - אסור לישא אשה כל ל' יום, אפילו בלא סעודה; ולאחר שלשים, מותר, אפילו על אביו ואמו, ואפילו לעשות סעודה – ‹ואע"ג דבשארי דיני אבלות שלשים, הוה י"ב חודש באביו ואמו, מ"מ בנשואין לא רצו חז"ל להחמיר כיון שצריך ליקח אשה, ועשו אותם לענין זה כשארי קרובים – ערוה"ש.

ומותר לקדש אשה אפילו ביום המיתה – [שמא יקדמנו אחר ברחמים], **והוא שלא יעשה סעודה, אלא אם כן עברו שלשים יום. (וי"א דגם לארס אסור כל ל' יום) (וכן עיקר)** - מיהו לקשר עצמו בשידוכין בלא אירוסין, ודאי שרי אפי' ביום המיתה, ב"ח. ‹רק שלא יעשו סעודה תוך ל' – ערוה"ש.

סעיף ב - מתה אשתו, אסור לישא אחרת עד שיעברו עליה שלש רגלים – [לאו משום תוספת אבילות, אלא כדי שתשתכח הראשונה מדעתו בשעה שיהיה עם השניה, וע"י שמחת הרגלים הוא שוכח הראשונה]. ‹**אי נמי**, כדי שיהיה ג' רגלים בלא שמחה, ולא ישכח אהבת אשתו. **ואין** חילוק בין כשנשאה בתולה או אלמנה, ובין זיווג ראשון לשני, ובין היתה בריאה לחולנית, ובין היתה ביניהם שלום או קטטה, דלא פלוג רבנן בגזירתם, ומי יודע עוד כמה טעמים נסתרים בזה – ערוה"ש.

(אבל ליכנס לבית המשתה, דינו כמו בשאר קרובים) - לעיל סי' שצ"א, וכן כל שאר אבילות אינו נוהג רק ל' יום כמו בשאר קרובים.

וראש השנה ויום כפורים אינם חשובים כרגלים לענין זה – ‹דדרשינן ולא תתורו אחרי לבבכם, מכאן אמרו חכמים ז"ל לא ישתה אדם בכוס זה ויתן עיניו בכוס אחר, ואמרו עלה לא נצרכה אלא לשתי נשיו, הלכך צריך הרחקת זמן, וראש השנה ויום הכיפורים אינם כרגלים לדבר זה, שאינם מרוחקים בזמן, אלא קבעו הדבר והזמן ברגלים מרוחקים, **אף** על גב שאין הרחקת הזמן שוה בהם, שהרי אם מתה באסרו חג דאחד מן הרגלים, צריך להמתין שנה תמימה, ואם מתה קודם רגל אחד סמוך לו, כגון קודם עצרת, צריך להמתין יותר משאם מתה קודם סוכות, ומתה קודם סוכות, ממתין יותר משמתה קודם פסח, **מכל** מקום שמחת הרגלים מסייעת לשכחה מדעתו – לבוש.

[**באגודה פסק דחשיבי כרגלים אף לענין זה**]. **לא** ידעתי למה הביאו, דהא כל הפוסקים חלוקים עליו, וכן דעת כל האחרונים, וטעמייהו מסתבר - נקה"כ. ‹**ומיהו** נראה לפי המנהג שכתב רמ"א שרבים מקילין ובעל

נפש יחוש לעצמו, אבל אם עברו ג' רגלים עם ר"ה ויוה"כ, יוכל לסמוך על בעל אגודה – באה"ט).

(**עי'** בדגמ"ר שכתב, דשמיני עצרת חשוב רגל בפני עצמו גם לענין זה, ע"ש. **ועי'** בתשו' ח"ס, דחותנו הגאון ר"ע איגר זצ"ל כתב עליו, שלא נראה כן מהרא"ש פרק אלו מגלחין ע"ש).

(**וע"ש** עוד במי שחלתה אשתו בע"פ, ושבקה חיים ביום ג' דחוהמ"פ, ורוצה לישא אשה ביום כ' אדר שני, שעבר עליו יותר מיב"ח, אך לא ג' רגלים, **דעת** חותנו הגאון הנ"ל להתיר, והוא ז"ל האריך בזה והסכים עמו, כי יש הרבה צדדים להקל, ע"ש).

ואם לא קיים מצות פריה ורביה, או שיש לו בנים קטנים, או שאין לו מי שישמשנו - ‹נ"ל אם הוא בעל עסק, כמו חנוני או עסק אחר, שא"א לסמוך על אנשים זרים, זהו וודאי הוה כאין לו מי שישמשנו – ערוה"ש›, **מותר לקדש מיד ולכנוס אחר שבעה** - כתב הב"ח דהיינו לדעת המחבר, דמתיר בסעיף א' לקדש ביום המיתה, ולא קיימא לן הכי, אלא רשאי לקדשה ולכנסה מיד אחר ז', [ותימה על רמ"א שלא כ' כאן כלום], **לק"מ** דסמך אמ"ש לעיל בסמוך - נקה"כ, **ולא יבא עליה עד לאחר שלשים יום, אלא אם כן לא קיים מצות פריה ורביה, שאז מותר לבא עליה אחר שבעה.**

הגה: וכוא הדין בשאר אבלות, אפילו באבלות דאביו ואמו, מותר לישא ולבא עליה אחר שבעה, אם לא קיים פריה ורביה.

וי"א דאף מי שהוא עשיר ויכולת בידו לשכור לו משרתים ומשרתות, מכל מקום אם אין בתו או כלתו אצלו בביתו שתוכל לשמשו בחפיפת הראש או שאר דברים שמתביים מאחרים, מקרי אין לו מי שישמשנו, וכל כיוצא בזה - ‹משמע דחפיפת הראש ע"י כלתו מותר, ומ"מ לעיין בראשו ליטול כנים אסור, וגם בחפיפה יש להחמיר, ת' חב"י – רעק"א›, **ולכן נשתרבב המנהג שרבים מקילין בענין ונושאין נשים תוך שלש רגלים, ובעל נפש יחוש לעצמו.**

(**עי'** בתשובת חינוך בית יהודה שכתב, דכוונת הרמ"א שסומכין על קולא של ריצב"א הנ"ל: אם אין בתו כו', וע"ז כתב: בעל נפש יחוש לעצמו שלא לסמוך על קולא הנ"ל, דכל הראשונים פירשו סתמא אין לו מי שישמשנו, שאין בידו לשכור משרתים, **וגם** דקדק הרמ"א וכתב: ונושאין נשים תוך ג' רגלים, לומר אף על פי שמקילין כדעת ריצב"א, עכ"ז מחמירין להמתין ב' רגלים כר' יהודא, ‹דאף דקיי"ל כהש"ע דצריך ג' רגלים, מ"מ בשעת הדחק יש לסמוך על דעת המקילים בשני רגלים – ערוה"ש›, וגם הריצב"א צירף צדדים להקל לאחר ב' רגלים דוקא, **והרוצה** לפרש דברי הרמ"א שנוהגין להקל אפילו כשאין צדדים הנ"ל שחידש הריצב"א, הוא מגלה פנים שלא כהלכה, דחס ליה להרמ"א ז"ל לעקור דין המפורש בגמרא, ולכתוב שבעל נפש יחוש לעצמו, כאילו הוא מדת חסידות, ע"ש שהאריך בזה. **ועי'** בתשובת שבו"י שנשאל ע"ז, אם כוונת רמ"א דוקא היכא שיש צדדי היתר הנ"ל, או בכל ענין, **וכתב** דאף דבתשו' חינוך ב"י החמיר בזה מאד, חזינן דהעולם נהגו להקל בכל ענין, והעתיק שם צדדי היתר שכתב מהרא"י בזה, **וכתב** עוד ע"ז, דאפשר לומר עוד טעם להיתר, כי בכל יום פרוץ מרובה ורבו בעלי עבירות, ע"כ כדי לשמור אותו מן החטא טוב שלא לאחר, וזה גם כן כוונת רמ"א: ובעל נפש יחוש לעצמו, היינו אם יכול לאוקים נפשו מן העבירה, **וכתב** עוד, מדכתב הרמ"א: יחוש לעצמו, משמע דהוא עצמו יחוש לדבר להחמיר, אבל אם הוכן עצמו לקידושין ונישואין, אין להמורה לעכב סידור קידושיו, ולא כמו שעלה על דעת מורה אחד. **וכתב** עוד, שמונין מיום המיתה, ואין להחמיר כלל בשמועה רחוקה, ע"ש).

(**ובתשו'** ח"ס העלה להתיר לרב גדול א' שמתה אשתו, ורוצה לישא אשה אחרי ב' רגלים, **יען** כי אף שיש בביתו בתו וכלתו, אך לא הורגלו לשמש ביתו לפי כבוד רב ות"ח כמותו, ולפי כבוד הנכנסים הנכבדים המשכימים לפתחו, אבל הרבנית המדוברת לו הנהיגה בית בעלה הראשון בקהלה גדולה, **ובצרוף** כי האלמנה המדוברת היא בת ת"ח גדול ואלמנת ת"ח גדול, וגלי ים עברו על ראשה כו', ומצוה רבה להרנין לב האלמנה להוציא ממסגר נפשה, לכן פשוט להתיר לישא אותה אחר ב' רגלים, עש"ב). ‹**ואין** זה רק הוראת שעה ודו"ק – ערוה"ש›.

(עי' בדגמ"ר, וז"ל, ונראה דמה שנתפשט המנהג להקל, הוא מטעם כיון שבמדינות הללו מארסין ביום החופה, ואם לא יכנוס לא יארס ג"כ, ויש לחוש שמא יקדמנו אחר, **וכי** היכא שמותר לארס בחוה"מ ובט' באב משום שמא יקדמנו, ה"נ מותר אפילו לישא תוך שלש רגלים, כיון שבמדינתנו אין מארסין רק בשעת נישואין, **ואף** שבשביל זה לא נתיר לישא בחוה"מ או מר"ח אב עד התענית, מ"מ באיסור של שלש רגלים שהוא קיל, שהרי התירוהו בשביל שאין לו מי שישמשנו וכיוצא, יש להתיר ג"כ מטעם שמא יקדמנו, ‹**וטעם** חלוש הוא – ערוה"ש›, **ואפילו** כבר נתקשר בשידוכין, איכא למיחש לחזרה, **ובימי** הגמרא וכן עתה בשאר מדינות שמארסין ושוב אחר זמן נושאין, אסור לישא תוך שלש רגלים, דכיון שכבר אירס ליכא חשש שמא יקדמנו, עכ"ל. **ועי'** בתשו' ח"ס שהוסיף ליתן טוב טעם לקולא הנזכר לעיל, וכתב דחזי לאצטרופי, ע"ש).

‹**והירא** את דבר ד' יקיים דברי חכמים כתקונם, וימתין ג' רגלים, אם אין אחד מהג' התירים שנאמרו בגמ' וירושלמי: אם אין לו בנים, אם הניחה לו בנים קטנים, ואם אין לו מי שישמשנו – ערוה"ש›.

מי שתפסו השר ואינו רוצה להניחו מתפיסתו עד שישא אשה - ‹אותה אשה שהוא רוצה לתת לו – לבוש›, **תוך שלש רגלים אחר מיתת אשתו, יש מתירין משום צער דידיה, וכן נראה לי עיקר** - ‹שאם מפני חיי הבנים התירו לו, כל שכן מפני חייו, שאפשר שימות מצער התפיסה, ועוד דלא גרע צער התפיסה ממי שאין לו מי שישמשנו – לבוש›. ‹**וכבר** תמה רבינו הב"י בספרו הגדול על האוסר, וכתב דאפילו בספק שמא לא יקיים השר את דברו, ג"כ יש להתיר, דאין לך צער יותר משבוי, ולכן לא הביא דין זה – ערוה"ש›.

(**עי'** בתשו' ח"ס שהעלה, דמי שהתירו לו לישא בתוך שלשים ע"פ המבואר בש"ע, פשוט דמותר לכבס וללבוש, **דלרוב** הפוסקים אינו מן הדין לאסרו, ונהי דנהגינן להחמיר כריב"א כמבואר בש"ע סי' שפ"ט ובש"ך שם, הכא אין להחמיר דנפק מיניה קולא בימי חתונתו, ומכ"ש באיסור רחיצה דלכ"ע אינו אלא חומרא. **ולענין** תספורת פשוט ג"כ, דביום חתונתו ממש מותר להסתפר וליטול צפרני', **אמנם** בשאר יומי אם לא גילח ביום הנשואין, אסור לו לגלח נמי בשאר ימים, **ואם** גילח באותו היום, אזי יש להתיר לו גם בשארי הימים שבתוך ימי המשתה לגלח - **כן** הוא הלשון בסוף התשו' שם, אך מתוך פלפולו שם מבואר דלא קאמר רק על תספורת הזקן הנהוג במדינתו ומצער הרבה - **אם** אין שניהם אבלים, אבל אם גם היא אבילה, אזי לא הותרו אלא בכיבוס ורחיצה ולא בתספורת, **וכתב** עוד דעכ"פ אין הנשואים מבטלים ממנו גזירת שלשים, אלא אחר ימי הנשואים חוזר להשלים ימי אבלו הנשארים, וימי הנשואים עולים, **ולא** דמי לקובר מתו קודם רגל, שהרגל מבטלו לגמרי, דהתם אמרו הטעם באגדה, שהרגל מבטל מהנשמה דין שמים, וזה שייך ברגל דרבים, אבל הכא בי"ט שלו אין הדין מתבטל מהנשמה, ונהי שמצות שמחה דוחה לאיבול, מ"מ כשעברו ימי השמחה חוזר להשלים, ע"ש).

והיא שמת בעלה, אינה מתאבלת אלא ל' יום, **אלא** שאסורה ליארס ולינשא עד ג' חדשי' משום הבחנה, כדאיתא ביבמות, עכ"ל טור, וכ"כ הפוסקים, **וכתב** המרדכי, הטעם שאין האשה צריכה להמתין ג' רגלים, משום דאשה בכל דהו ניחא לה, ושוכחת אהבת הראשון לאחר ל' יום, **ואם** אירע שנשאת תוך ל' יום לאבילותן של שאר קרובים, לא תבעל, כן דעת הרמב"ם לפי מה שפירש הב"ח דבריו ע"ש. ‹**בפשוטו** י"ל דמיירי בהיתר, וכההיא דהג"ה בסוף סי' זה, והיכא דהוא אינו אבל, כגון שנהג אבילות קודם הרגל ובטלתו הרגל, והיא לא שמעה עד אחר הרגל, דהוי אצלה קרובה, דאסור לבעול מצד אבילות דידה – רעק"א›.

[**והנשים** נוהגות שמתאבלות שנה תמימה על בעליהן, ואיני יודע להם סמך וראיה, ואולי עושות בשביל בניהם שמתאבלין י"ב חדש].

סעיף ג - מי שלא קיים מצות פריה ורביה, ושידך אשה ואחר שהכין צרכי חופה, מת אחי המשודכת, מותר לכנסה ולבא עליה אחר שבעה - כיון דאיכא הפסד בדבר אם לא יכנוס, וגם לא קיים פריה ורביה, ‹אבל בשביל אחד מהם אין מתירין – לבוש›, וע"ל סי' שמ"ב.

[**בטור** איתא בלשון זה, מעשה באחד ששידך, ומת אחי המשודכת קרוב לחופה אחר שהזמין הקרואין, והתיר ר"ת שתכנס לחופה תוך ל' משום פריה ורביה שלו, כיון ששידך זאת ואם לא ישאנה לא ישא אחרת, אבל אם לא שידך, אף על פי שחפץ בזאת יותר מבאחרת,

אסור, וכן הורה אדוני אבי הרא"ש הלכה למעשה, לאחד ששידך והכין כל צרכי החופה, ומתה אחות המשודכת, והוא לא קיים פריה ורביה, והתיר לו לכנוס ולבעול אחר ז' ימים, שיהיה לו הפסד בדבר אם לא יכנוס, אבל בלא הפסד אמר שלא היה מתיר, עכ"ל, היתר זה הוא חידוש, דאע"פ שהיא אבילה ואינה חייבת בפריה ורביה, מ"מ התיר לה בשבילו שהוא יקיים פריה ורביה, וזה לא מצינו בגמרא להיתר בהדיא, והרא"ש לא סמך על ר"ת להתיר בזה אלא משום הפסד הסעודה שצירף לזה, ובאבן העזר סי' י"ד כתב הטור סתם, מי ששידך אשה ואירעה אבל כו', ולא זכר שם משום הפסד הסעודה, והיינו לדינא הוא כן, אבל למעשה אין היתר אלא משום הפסד סעודה וכהרא"ש, וכן פסק בשו"ע כאן]. ‹**ואולי** גם בכאן לא כתבו כן בדווקא, אלא משום דבמקור הדין היה המעשה כן, **ונלע"ד** דבשעת הדחק יש לסמוך ולהתיר במשודכתו אף בלא הפסד כדעת ר"ת – ערוה"ש›.

מותר לכנסה – **[הך לכנסה, הוא נמי אחר ז' דוקא, דאין לומר משום הפסד מותר לכנסה אפי' תוך ז', דהא כתב הרא"ש פרק אלו מגלחין בשם ר"ת, אפי' במקום פסידא לא התירו לכנוס תוך ז', אף באין לו בנים, דלא התירו אלא באביו של חתן ואמה של הכלה דוקא, וכל שכן שהיא אבילה ואינה מחויבת בפריה ורביה, אלא ודאי כמו שכתבתי, ובפרישה האריך בזה, ולא עיין בדברי ר"ת שכתב הרא"ש בשמו כמו שזכרתי].** ‹**ועיין** בש"ך לקמן דחולק›.

‹**ועיין** בשו"ת מאיר נתיבים בשם בנו הגאון מהר"ר שאול אב"ד מלובלין, שהורה באחד שהכין כל צרכי חופת בתו, ואח"כ מתה אשתו היא אם הכלה, **והנה** הדין פשוט מכניסים את המת לחדר כו' כדלעיל סי' שמ"ב, אך שם לא היה אפשר לנהוג כן, כי החתן לא בא עדיין בעת ההיא וא"א להלין המת כ"כ, ועוד מכמה טעמים, **ונשאל** הרב הנ"ל אם מותר לעשות נשואי בתו בתוך ז' ימי אבילות, כי אם יודחו עד אחר שבעה יהיה הפסד גדול, **ופסק** להתיר לעשות הנישואין אחר ג' ימים הראשונים, חדא דמש"כ השו"ע מותר לכנסה ולבא, נראה דהך לכנסה היינו מיד, מכמה הוכחות, **וגם** הט"ז שמחמיר בזה, היינו בדין דמתה אחות המשודכת, שיש מי שיטרח בעבורה פעם אחרת, אבל כאן שמתה אמה של כלה, יש להקל להתיר לעשות הנשואין אחר ג' ימים מהקבורה, **וכתב** שהסכים עמו בזה גדול אחד, וגם שמע בבירור שגדול אחד הורה בנדון כזה להתיר אפילו תוך ג' ימים, ע"ש באריכות›.

‹**ועיין** בתשו' חת"ס, במי שמתה אשתו ולא קיים פו"ר, ונתרצה לאחות אשתו משום עגמת נפש דידה, ונסתפק השואל, דאולי מותר לישא אותה בתוך שלשים לאבילות שניהם, **ואף** דליכא הכנת צרכי חופה, אפשר סגי לצרף עגמת נפש דידה, שאם ישא אחרת יופסד כל מה שירש הבעל מאחותה, והוי ותם לריק כחכם, ואף על גב דלזה סגי אירוסין בלי נישואין, מ"מ הא כתב הדגמ"ר כו', **והוא** ז"ל כתב דאין להתיר נשואין בשום אופן, דהא אין להתיר בלי טעם בטול פו"ר, כמבואר בש"ס כו', ואבילות דידה שאינה מצווה על פו"ר, אין להתיר אלא בצירוף שנתקשר בשידוכים, ואם לא ישא זו לא יוכל לישא אחרת ויתבטל מפו"ר, וצריך עוד לצרוף פסידא הכנסת צרכי חופה, **ונימא** עתה דעגמת נפש דידה יהיה במקום פסידא, הנה לזה סגי בקישור שידוכים, דממ"נ אם יתבטלו השידוכים, ליכא תו ביטול פו"ר, דישא אחרת, ומשום עגמת נפש דידה לחוד בלא ביטול פו"ר לא שרינן, **ואי** לא יתבטלו ולא יכול לישא אחרת ויהיה בטול פו"ר, א"כ תו ליכא משום עגמת נפש, ובלי צירוף לא שרינן אבילות דידה, א"כ אין מקום להתיר›.

הגה: וכן אם יש לו בנים קטנים ונתרצה לאחות אשתו, מותר לכנסה - מיד, ‹דאל"כ גם בלא אחותה מותר בבנים קטנים כמו שנתבאר, וזה אין לומר דבזה יש יותר רבותא מפני שהיא ג"כ אבילה, דלא נראה כן – ערוה"ש›, ‹**וכן** ודאי מפרש גם בלא קיים פו"ר ואיכא הפסד, וקאי הש"ך גם אדברי המחבר, ואפילו בתוך ג' ימים הראשונים, ודלא כהט"ז – אג"מ›.

ויבא עליה אחר שבעה, כן כתב העט"ז, **והב"ח** כתב דלא יבא עליה עד אחר שלשים, **ונראה** דלא פליגי, דהעט"ז מיירי בשלא קיים מצות פריה ורביה, והב"ח איירי כשקיים.

כי היא מרחמת על בני אחותה יותר מאחרת - ולכן מותר אפי' בלא הפסד. ‹**ובאם** נתרצה לאשה אחרת, בעינן שכבר שדכה ויש הפסד, כמו בלא קיים פו"ר – רעק"א›.

§ סימן שצג – מתי האבל יכול לצאת מביתו §

סעיף א - אבל, ג' ימים הראשונים אינו יוצא לבית האבל ולא לבית הקברות - אם מת לאחרים מת. **מכאן ואילך, אם מת לאחרים מת בשכונתו, יוצא אחר המטה לבית הקברות** - «וה"פ, אע"ג דאבל אינו יוצא מביתו בשבוע ראשונה כמו שיתבאר, מ"מ לבית האבל היה מותר כיון דשניהם אבלים, ומ"מ בג' ימים ראשונים לא התירו לו גם זה, דכיון דהלוכו בין הרבה אנשים, אסרוהו כמו בהליכה לבהכ"נ, וכמ"ש בס"ב – ערוה"ש».

(**עבה"ט** מ"ש: אבל אם מת לו, יוצא אפי' ביום «ראשון», כנ"ל, וכן פסק בתשו' חת"ס, דבמתו מחויב לעסוק בלויתו, וכן מפורש במרדכי).

ואינו יושב במקום המנחמים אלא במקום המתנחמים; ואם אין שם כדי מטה וקובריה, יוצא אפי' ביום ראשון ואפי' בשכונה אחרת. הגה: ומקלת יום ג' הרי הוא ככולו.

ולא ראיתי נוהגין כן עכשיו, כי אין אבל הולך לבית הקברות ולא לבית האבל כל שבעה; ואפשר שלאו חיוב הוא, אלא רשות, ומאחר שעכשיו אין מתנחמין כמו בימיהם, שב ואל תעשה עדיף - «וכוונתו, דבזמן הקדמון היו סדרים מיושרים בתנחומי אבלים, ולא כן עתה בעוונותינו, שרק ההולך לנחם אבל יושב מעט והולך לו, ואין אצלינו מקומות מיוחדים להאבלים ומקומות מיוחדים להמנחמים כמו שהיה בימי קדם – ערוה"ש».

סעיף ב - אבל, שבוע הראשון אינו יוצא מפתח ביתו - «יציאה מפתח ביתו אינו מהדברים האסורים באבל, אלא שממילא כן הוא, דכיון שאסור במלאכה ובמשא ומתן ולטייל, מה יעשה חוץ לביתו, **ועוד** כדי שיתבודד בביתו ולא ישכח אבלותו כשילך אצל בני אדם – ערוה"ש».

ואפילו לשמוע ברכות חופה או ברכות המילה - אע"ג דאבל חייב בכל המצות, היינו במצות עשה שבגופו, כגון ציצית ותפילין או למול את בנו, **אבל** לילך לחופה או למילה לשמוע הברכות בשביל גמילות חסד, אין לו לצאת מפתח ביתו, תשובת הרא"ש. «דאינו רשאי לבא למקום כנופיא – ערוה"ש».

הגה: מיהו המיקל לצאת בלילה - «לאחר שכלה רגל מן השוק – רעק"א», **מפני הצורך, לא הפסיד** - «כשיצא בלילה ואינו מתערב עם חבורת בני אדם, והולך יחידי או אחד או שנים הולכים עמו, ליכא כאן קפידא – ערוה"ש». **וכא דאסור לצאת חוץ לביתו, היינו דוקא לטייל, או למשא ומתן וכדומה, אבל אם שלח מושל אחריו או שצריך לילך בדרך, או לשאר דברים הצריכים לו הרבה, כגון דבר האבד, מותר לו לצאת, וכן נוהגין** - «ולא הזכיר לילה, והענין כן הוא, דודאי כשתלוי בו לבחור איזה זמן לצאת, ודאי דיותר טוב לצאת בלילה, ולא ביום מפני תמיהת בני אדם, **אבל** בשלח מושל אחריו או לדרך או לדבר האבד, שאין תלוי בו באיזה זמן לבחור, יכול לצאת אפילו ביום, ולכן לא הזכיר לילה, **רק** יתעטף שלא יכירוהו בני אדם, **ומ"מ** על המורה להבין ענין המוכרח לצאת, ואולי א"צ כלל לזה – ערוה"ש».

ודין נעילת סנדליו, עיין לעיל סימן שפ"ב - «כלומר דשם נתבאר דבדרך מותר בנעילת הסנדל, רק שישים אפר בתוך המנעלים – ערוה"ש».

שניה, יוצא ואינו יושב במקומו ואינו מדבר; שלישית, יושב במקומו ואינו מדבר. הגה: ואם רוצה שלא לישב במקומו בשבוע שלישית ולדבר, הרשות בידו.

ועכשיו נוהגין שאין יושבין במקומם כל שלשים; ועל אביו ואמו כל י"ב חדש, ואין למנהג זה עיקר, מכל מקום אין לשנות מן המנהג, כי כל מקום לפי מנהגו - «ולענ"ד נראה דיש למנהג זה שורש, דכבר כתבנו דכל מנהגי תנחומין אין אתנו, וכמעט שנבטלו כל המנהגות הקדמוניות, ולכן גם זה א"א לנו לחלק בין שבת שני לשלישי ובין שלישי לרביעי, ולכן תפסנו בדין בהמ"ד כבדין שארי אבלות, שלשים ועל אביו ואמו י"ב חודש, ונכון הוא, **ואין** זה סתירה לדברי הגמ', כי דברי הגמ' בענין זה הוא רק מנהגא בעלמא, והיכי דנהוג נהוג, והרי בזמן הגאונים וכן

באשכנז ובזמן הריב"ש נשתנו המנהגים, וזהו שמסיים רבינו הרמ"א: כי כל מקום לפי מנהגו - ערוה"ש›.

רביעית, הרי הוא כשאר כל אדם. אפילו לא שלמו שלשה שבועות, כגון שמת באמצע שבוע, מיד כשכלה אותו שבוע ושנים שאחריו, חשוב שבוע הבא רביעית.

סעיף ג - האבל אינו יוצא בחול לבית הכנסת - ‹ואם הוא אבל על אב ואם, וא"א לאסוף מנין, צ"ע אם מותר לילך לבהכ"נ ולומר קדיש, א"ר - רעק"א›. (**בספר** חכ"א בקונטרוס מצבת משה כתב, דזה עפמ"ש בסי' שע"ו, שמצוה להתפלל בבית האבל, וא"כ יש שם י', **אבל** במקום דא"א לכנוף י', ויתבטל ע"ז מקדיש וקדושה וברכו, מותר לילך, **אך** במג"א משמע דמתפלל ביחידי כו', **ולכן** אם יש מנין נגד ביתו באותו חצר, לכו"ע מותר).

אבל בשבת יוצא. (וכן לבית המדרש) (ב"י) - ‹ואינו מובן מה יעשה שמה, הלא אסור בד"ת כל שבעה, **ומזה** ראיה להמרדכי שכתב בשם ר"י, דאבל בשבת מותר בת"ת, ותמיהני למה לא הביאו כלל דיעה זו, וצ"ע - ערוה"ש›.

ואנו נוהגים שבכל יום קריאת התורה יוצא לבהכ"נ. הגה: ובמדינות אלו נוהגין שאין יוצא אלא בשבת.

ואם האבל מוהל או בעל ברית - פי' סנדק, **לאחר שלשה, מתפלל בביתו, וכשמביאין התינוק למול, הולך האבל לבית הכנסת. אבל תוך שלשה, לא יצא אא"כ אין מוהל אחר בעיר** - ואז מותר אפילו ביום ראשון.

אבל אבי הבן פשיטא דאפילו תוך שלשה ימים יצא לכולי עלמא. ‹**דוקא** לילך לבהכ"נ לעמוד על מילת בנו, אבל מ"מ כל דברי אבילות נוהג, א"ר - רעק"א›.

‹**וכדין** מוהל, כן הדין בכהן אבל שרוצה לפדות בן בכור, תוך ג' לא יצא, כיון דיש כהנים אחרים בעיר, ואחר ג' יצא, כנה"ג בספרו בעי חיי - רעק"א›.

ויש מקילין אפילו תוך שלשה, אפי' אם יש מוהל אחר בעיר - הוא הב"י, וק"ק דהרי הבית יוסף כ' דלפי מנהגו שהאבל יוצא לבהכ"נ להתפלל בכל יום קריאת התורה, כ"ש שיצא כדי למול אפילו תוך שלשה ימים ראשונים, ואפילו יש מוהל אחר בעיר, עכ"ל, **וא"כ** מאחר שכתב הרב דאנו נוהגין שאינו יוצא אלא בשבת, למה כתב סברת היש מקילין כאן.

ומותר לו לתקן הצפרנים ולגלח לצורך המילה, אבל אם יש מוהל אחר אסור - ‹היינו כל ל' - רעק"א›.

‹**בד"מ** השמיט תיבת "ולגלח", והוא הנכון לפענ"ד, דמה צורך מילה שייך לגלוח, **ומ"מ** לא רציתי למחקו, דאולי אצפרנים קאי, אלא שהלשון אינו מדוייק, ועוד דא"כ צ"ל "ולגלחם", ודוק - באר הגולה›. (**ועיין** בתשו' אא"ז פנים מאירות שכתב ג"כ, דהרמ"א קאי על צפרניו, דר"ל שמותר ליטלם אפי' במספרים, דכתבו הפוסקים בגנוסטרא אסור, פי' במספרים, קמ"ל דלצורך מצוה שרי אפילו במספרים). ‹**קאי** ג"כ אצפרנים, אבל גילוח אסור - רעק"א›.

וכן כל דבר מצוה שא"א לעשות בלא האבל, מותר לו לצאת לקיים המצוה - ‹דבר מצוה לא דמי להליכה לבהכ"נ, דכמה אנשים שמתפללים בביתם, משא"כ מצוה הכרחיות שרק בידו לעשותה, **עיין** ש"ך [לעיל מה שהקשה על רמ"א], ולפמ"ש אתי שפיר ודו"ק. **ויכול** לצאת בתוך שבעה לקדש הלבנה, אם יעבור הזמן אחר שבעה - ערוה"ש›.

‹**יולדת** תוך ז', ביום השבת שהולכת לבהכ"נ, לובשת בגדי שבת, ונשים מוליכות אותה לבהכ"נ, ויושבת על מקומה, וחוזרות ומוליכות אותה לביתה, ואין עושין הולקרייש, א"ר - רעק"א›.

סעיף ד - הנוהגים כשהם אבלים שלא לשנות מקומם בבית הכנסת בשבת, יפה הם עושים - ‹דס"ל דהוי להו מילתא דפרהסיא שאין נוהג בשבת - לבוש›. **הגה: ויש אומרים שגם בשבת ישנה מקומו, וכן המנהג פשוט, ואין לשנות המנהג** - דס"ל שאין זה דבר של פרהסיא, שאין אבילות ניכר בזה כל כך, שהרבה פעמים אדם מחליף מקומו אפילו אינו אבל, עכ"ל עט"ז מהנ"י, **ולמ"ש** לקמן ר"ס ת', דאבלות הנוהג כל שלשים נוהג אפילו בשבת, בלאו הכי ניחא.

(**וכתב** בס' חמודי דניאל כ"י, נראה כשאבל משנה מקומו, צריך להרחיק ד' אמות, שבלא זה כחד מקום חשיב, ע"כ, **וכ"כ** המג"א בסי' צ' לענין קובע מקום לתפלתו, דבתוך ד' אמות חשיב מקום א', ע"ש).

§ סימן שצה – מקצת יום השבעה והשלשים ככולו §

סעיף א- כיון שעמדו מנחמים מאצל האבל ביום שביעי, מותר בכל דברים שאסור בהם תוך שבעה, דמקצת היום ככולו, לא שנא מקצת יום שביעי, לא שנא מקצת יום שלשים, כיון שהנץ החמה ביום שלשים, בטלו ממנו גזרת שלשים - דביום ל' שאין מנחמים מותר מיד כשהנץ החמה.

‹**ואף** גם בדברים שהתרנו מיום השלישי ואילך, אמרינן ביום השלישי מקצת היום ככולו, כמ"ש בסי' שצ"ג ס"א ברמ"א ע"ש, **וראיתי** מי שכתב דבג' לא אמרינן מקצת היום ככולו, וזהו נגד דברי השו"ע שם – ערוה"ש. ‹**עיין** סי' ש"פ ס"ב›.

‹**וזה** נראה דבר פשוט, דכשאמרינן ביום ז' מקצת היום ככולו, דמותר גם בתשמיש לאחר מקצת היום, **אלא** שיש שחוששין בזה, עיין ט"ז או"ח סוף סי' תקנ"ה, שכתב דמהפוסקים נראה דמותר, אבל בס' חסידים וכן בתשו' מהר"ם מרוטנבורג אוסרים בתשמיש עד הלילה, ע"ש, **והוא** פלאי, שציין לתשו' מהר"ם סי' תקמ"ט, ועיינתי שם ומפורש ממש להיפך, דלכל מילי מקצת היום ככולו, ע"ש וצ"ע – ערוה"ש›.

הגה: ובמדינות אלו שאין המנחמין רגילין לבא ביום ז', צריך להמתין עד שעה שרגילין המנחמים לבא בשאר ימים, דהיינו לאחר יציאה מבית הכנסת שרגילין לבא מנחמין, כן נראה לי, ודלא כמו שרגילין להמתין שעה על היום, דאין הדבר תלוי רק בעמידת המנחמין.

‹**ולכאורה** כיון דמקצת היום ככולו, א"כ גם מקצת לילה די לענין שלשים, שכאשר עבר מקצת ליל השייך ליום ל' בטלה ממנו גזירת שלשים, **דבשלמא** בשבעה א"א להיות כן, דבעינן שיעמדו המנחמין מאצלו, והמנחמים באים ביום ולא בלילה, **אבל** לענין שלשים למה לא תחשב מקצת לילה כמקצת, ובאמת כן דעת הרמב"ן והרא"ש בשם הר"ם, **אבל** דעת הרשב"ם והריב"ם דבלילה אין הדבר ניכר ובעינן מקצת היום, ולא משום דמעיקר הדין כן הוא, אלא דכן מנהג העולם, וכן סתמו רבותינו בעלי השו"ע – ערוה"ש›.

‹**ועיין** בשו"ת הרדב"ז שהכריע, דלענין ת"ת ותשמיש המטה דאית בהו מצוה, אית לן למפסק כדברי המקילין דמקצת לילה ככל היום, **אבל** ברחיצה וסיכה ושאר הדברים דלית בהו מצוה, פסקינן כדברי המחמירים דבעו מקצת היום דוקא ולא מקצת הלילה, **ומיהו** צריך להמתין מלשמש בלילה יותר מעט ממה שהוא רגיל, כדי שידא נוהג גם בו מקצת אבילות, ע"ש›.

[**עיין** מה שכתבתי בטעם דין זה בסי' ת"ב, **ויש בו נפקא מינה לדינא**].

‹**עיין** בתשו' גבעת שאול, שנשאל באבל שחל יום שביעי שלו בשבת, אם מותר ללבוש חלוק לבן בבוקר קודם תפלת שחרית, **וכתב** דלפמ"ש הט"ז בסי' ת"ב סק"ה, דאותו אבילות שהוא בקום ועשה, כגון חליצת מנעלים וכפיית המטה, בזו דוקא צריך להמתין עד עמידת המנחמים, **אבל** אבילות שהוא בשב וא"ת, כגון גיהוץ ותספורת, סגי בהנץ החמה, ע"ש, **א"כ** הכא בלבישת חלוק דשב וא"ת הוא, נמי סגי בהנץ החמה, **אך** באמת דברי הט"ז תמוהין כו', **ע"ש** שהעלה דאף מה שהוא בשב ואל תעשה צריך ג"כ להמתין עד עמידת המנחמים, וה"ה לענין לבישת חלוק לבן דאסור עד אחר התפלה›.

סעיף ב- שמע שמועה רחוקה בלילה, כיון דסגי בשעה אחת, סלקא, אפילו בלילה - ‹דדוקא מילתא דתליא ביומי, כגון שבעה ושלשים, לא חשבינן הלילה שלפניו לכלום עד שיאיר היום ותנץ החמה, אבל מילתא דתלי בשעות, סלקא אפי' בלילה – לבוש›.

סעיף ג- מי שמת אביו או אמו בראש חדש ניסן, לא אמרינן בכ"ט באדר שאחריו מקצת היום ככולו, אלא צריך לנהוג דברים האסורים בי"ב חדש עד שיכנס ראש חדש ניסן - כיון דתליא בחדשים. [**הטעם** בת"ה, דכל שתלוי במנין ימים, אמרינן מקצת יום האחרון ככולו, **משא"כ** באבילות דתלוי בי"ב חודש בכל דוכתי, וא"כ אם תאמר מקצת ככולו, לא יצטרך להתאבל רק קצת מחודש האחרון, וזה ודאי אינו]. ‹**עיין** בתשו' הרדב"ז, שדעתו להקל›.

הגה: ונהגו להוסיף עוד היום שמת בו האב או האם לנהוג בו דין י"ב חדש, וכן הוא - ואפי' חל אותו היום בשבת, נוהג בו דין י"ב חדש, כן הוא

בתרומות הדשן. [בת"ה כתב הטעם, משום דאמרינן קדיש וברכו ומתענין בו דיום מיתה הוא כו', ולכך נוהגין ענין אבילות באותו יום, עכ"ל. ולפי"ז אפילו עד עולם כל יארצייט שלו הוה הדין כן. ומו"ח ז"ל כתב, דאם השנה מעוברת, מותר ליכנס לבית המשתה לאחר י"ב חודש, כדלעיל סי' שצ"א, ואז אין נוהג דין י"ב חודש ביום שמת בו אביו, ואף על פי שמתענה בו, כיון דכבר נכנס למשתה והפסיק אבילותו, שוב אינו חוזר לאבילותו כו', עכ"ל. ותמוהים דבריו, דהא עד עולם צריך לנהוג כן ביום יארצייט שלו, וכ"כ רמ"א סי' ת"ב סי"ב, שלעולם אין לאכול בסעודה בלילה של יום היארצייט].

לק"מ, דסעודת משתה ושמחה שאני, דהיא אסורה בכל יארצייט לעולם, וכדכתב הרב לקמן ס"ס ת"ב, כ"ש הכא, ולא קאמר הכא אלא בשאר דיני אבילות, וכמ"ש בש"ך - נקה"כ.

‹וזהו לפי שיטת הרמ"א בסי' שצ"א דיארצייט הוי כאבלות, אבל לפי"מ שנתבאר שם אינו כן, ע"ש, אך לפי האומרים דבשנה ראשונה יש לחוש, ודאי ינהוג כן. ויראה לי דאם י"ב חדש שלו כלתה בר"ח ששני ימים ר"ח, א"צ לנהוג אבלותו אלא עד יום ראשון, ואף על פי שלמספר ימי החדש הוא שייך לחדש העבר, מ"מ כיון דהוא ר"ח אין להחמיר בכך - ערוה"ש›.

[וכתוב בלבוש, אולי במקומו של רמ"א נהגו כן, כי ברוב המקומות שעברתי לא ראיתי נוהגים כן].

§ סימן שצו – דין אבל שלא נהג אבלותו כל שבעה §

סעיף א - אבל שלא נהג אבלותו תוך שבעה, בין בשוגג בין במזיד, משלים אותו כל שלשים – ‹אבל כשעברו ל' לא שייך לנהוג אבלות אפי' על אביו ואמו, דעיקר אבלות הוא רק ל', וראיה לזה משמועה רחוקה דאינו נוהג אלא שעה א' – ערוה"ש›.

חוץ מהקריעה, שאם לא קרע בשעת חימום אינו קורע אלא תוך שבעה, חוץ מאביו ואמו שקורע אפילו לאחר שבעה.

‹בתפל"מ כתב, דהיינו אם נהג אבילות ולא קרע אינו קורע אחר ז', אבל אם לא נהג אבילות כלל, בענין שצריך לנהוג להשלים כל ל', קורע ג"כ כשנוהג דין ז', ע"ש, ומפסקו של הרב כנה"ג בתשובתו בס' בעי חיי, מבואר דלא ס"ל הכי, דבכל ענין אינו קורע – רעק"א›.

כתב הב"ח, דהיכא שהיה אנוס, כגון שהיה חולה ומסוכן שאי אפשר לקרוע, או כגון שאין דעתו צלולה ומיושבת עליו, וחזר לבוריו ולדעתו אחר שבעה, שחשוב עכשיו כשעת חימום, **דלא** דמי לשוגג או מזיד דעבר שעת חימום, כיון שהיה בריא בשעה ששמע שמת לו מת, וחייב באותה שעה, **אבל** זה לא נתחמם אלא בשעה שחזר לבוריו ודעתו צלולה ומיושבת, ובאותה שעה חל עליו חובת קריעה, ע"כ.

[לענ"ד נראה, אם היה חולה ודעתו אינה מיושבת מחמת חולי, לא אזלינן בזה בתר שעת חימום, דהא אין יודע להתחמם, אלא כשתבוא לו דעה צלולה כשאר כל אדם אז הוה חימום שלו, **אבל** לא אכפת לן במה שהוא אינו יכול לקרוע מחמת שהוא מסוכן בחליו, דסוף סוף ידע בחימום בעת ההיא, ועל כן פטור אח"כ מלקרוע, כנ"ל]. ‹**דחוק** הוא, דע"פ רוב דעת החולה רפוי הוא, ולא מיקרי אז שעת חימום כלל, וקורע אח"כ דהוה אז שעת חימום הגמור, ודו"ק – ערוה"ש›. ‹**תמוה** מה שאין מזכיר דברי חמיו כדרכו – באה"ט›.

סעיף ב - במה דברים אמורים, בשלא נהג אבלות כלל כל שבעה; אבל אם זלזל במקצת הימים, ולא נהג בהם אבלות, כגון מי שאמרו לו שמת לו מת ביום הא', והיה בעיר אחרת ולא נהג אבלות, וביום השני בא לעירו ונהג אבלות, אין צריך להשלים, ומונה שבעה מיום הראשון – ‹ולאו דווקא כשהיה בעיר אחרת, רק אורחא דמילתא כן אצל בני אדם, דעד שבא לעירו אינו נוהג אבלות, אף שע"פ הדין אינו כן, דכל מה שיכול ליזהר בדרך מחוייב ליזהר, **אבל** ה"ה כשהיה בעיר ולא נהג ביום ראשון אבלות, דמ"מ מונה מיום הראשון, וכ"ש אם לא שמר האבלות באמצע השבעה. **כללו** של דבר, אם רק נהג מקצת אבלות, א"צ לנהוג עוד, אך הוא ישא עונו באם שלא שמר אבלותו במזיד – ערוה"ש›.

(**עיין** בתשו' רדב"ז, במי שבא לו שמועה שמת אביו, ואחד מקרוביו אמר לו שאין השמועה אמת, ואחר שעברו שני ימים א"ל אמת היתה, **וכתב** דקרובו זה לא טוב עשה, והיה סיבה שלא קיים אבילות מן התורה, שהוא יום

הקבורה, דיום שמועה קרובה כיום קבורה הוא, אבל לענין הדין אינו מונה אלא מיום השמועה הראשונה, ע"ש).

‹וכן הדין כשפסק האבלות מחמת שמועת שקר, כגון שאמרו לו מת לך מת והתחיל לנהוג באבלות, ואח"כ ביום השני אמרו לו שקר אמרו לך, וקם מאבלותו, ואח"כ בעוד ימים אמרו לו שהשני אמר שקר והראשון אמר אמת, וחזר וישב באבלות, מונה משמועה הראשונה אף שהפסיק כמה ימים באמצע, **ונ"ל** דאם אפילו אחר שבעה באה לו השמועה השלישית ששמועה הראשונה היתה אמת, ג"כ א"צ לנהוג אבלות עוד, כיון שנהג יום ראשון באבלות – ערוה"ש›.

סעיף ג - קטן שמת אביו ואמו, ואפילו הגדיל תוך שבעה, בטל ממנו כל דין אבלות ואינו חייב בו - (כתב בספר חכ"א, משמע דגם אבילות של יב"ח פטור, **ואפשר** שיש לחלק, דבשלמא ז' ול' שהם מצות שקבעו חז"ל באבל, וכיון דהיה פטור בשעת חובתו, אין לו תשלומין, **משא"כ** אבילות יב"ח, שאינו אלא משום כבוד אב ואם, י"ל דעכ"פ בזה חייב, עכ"ל).

[דין זה הוא במחלוקת בין מהר"ם להרא"ש תלמידו, דמהר"ם סבירא ליה חייב להתאבל אחר שיגדיל שבעה ושלשים מיום שנעשה גדול, והוה כשמע שמועה קרובה ברגל שמתאבל אחר הרגל ז' ול', **ואף** על גב דהתם ימי הרגל עולין למנין שלשים, היינו לפי שנהג בהם איסור גיהוץ ותספורת, אבל כאן בקטנותו לא נהג כלום, **ואף** על פי שיש לחלק קצת בין שמע ברגל לנדון זה, דהתם גברא בר חיובא הוא, אלא דיומא הוא דקגרים, אבל הכא גברא לאו בר חיובא הוא כלל, וא"כ נימא כיון דבשעת מיתה לא היה ראוי להתאבל, יפטור עולמית, **הא** ליתא, דאין דיחוי אצל מצות, כדאיתא פרק כיסוי הדם כו', **והרא"ש** חולק, ואומר: תופס אני אותה סברא שיש לחלק בין היכא דגברא בר חיובא הוא ויומא גרים, לקטן דבשעה שהיה לו להתאבל פטור מחמת קטנות, פקע מיניה חיוב אבילות לעולם, ודמי להא דאמר בפרק מי שהיה טמא, קטן שהגדיל בין ב' פסחים, דסבר רבי נתן שני תשלומין לראשון, וכל שאינו זקוק לראשון אינו זקוק לשני, **וכן** נמי הא דיושבים על שמועה קרובה ז' ול', אינה מצוה בפני עצמה, אלא תשלום לאבלות שהיה לו לעשות מיד אחר הקבורה כשידע, וכשלא ידע תקנו שיש לו תשלומין כל שלשים יום, והיכא דידע ולא נתחייב, לא שייך ביה תשלומין, מידי דהוה אחיגר ביום ראשון ונתפשט ביום שני של חג, דלא שייך ביה תשלומין כו' ע"כ. ‹**ואין** זה ענין למה דקיי"ל אין דיחוי אצל מצות, דוודאי אין דיחוי, מיהו זהו דווקא במצוה שחיובה נתחדשה עתה כמקודם, אבל אבלות אין החיוב רק בסתימת הגולל, ומשם נמשך שבעה ושלשים, אבל כל שהיה פטור בשעת סתימת הגולל, א"א שתחול עליו החיוב – ערוה"ש›. **וכ'** **רבינו ירוחם** שיש לפסוק כמהר"ם שהוא רבו של הרא"ש, והב"י הכריע כהרא"ש, דהלכה כדברי המיקל באבל, וכן פסק כאן בשו"ע דפטור].

[**ובימי** חרפי בא מעשה זה לידי, בקטן שהגדיל תוך ז', ועיינתי בו והוקשה לי בדברי הרא"ש, שכתב דאבלות הוה בו משום תשלומין, דבזה אין שייך תשלומין, אלא כל יום מן הז' הוא מצוה בפ"ע, דהא פסקינן כאן סעיף ב', אם זלזל במקצת ז' הימים דא"צ להשלים, ולמה כתבו הטור והשו"ע אפי' הגדיל בתוך שבעה. **והרציתי** הדברים הללו לפני מו"ח ז"ל, והשיב לי שבלא"ה סותרים דברי השלחן ערוך זה את זה, דבפרק מי שמתו יש ג"כ פלוגתא בין הרא"ש ורבינו יהודה ובין מהר"ם לענין הבדלה, דרבינו יהודה היה אונן במ"ש ולא הבדיל, ולמחר ביום א' אחר הקבורה לא רצה ג"כ להבדיל, מאחר שהיה פטור בשעת חיוב הבדלה, ודומה לחיגר שנתפשט ביום שני שזכרתי לעיל, והואיל ונדחה ידחה, **ומהר"ם** חולק שם וס"ל ביום המחרת חייב להבדיל, דהא קי"ל מי שלא הבדיל במ"ש מבדיל והולך כל השבת כולה, **והרא"ש** כ' שם שהוא הסכים לרבינו יהודה, דהא דאמרינן מי שלא הבדיל במ"ש כו', היינו כשלא היה לו יין במ"ש או אונס אחר שלא היה יכול להבדיל, אבל אונן דבשעה שחל עליו חיוב הבדלה היה פטור לגמרי, תו לא מתחייב, ודמיא לחיגר דלעיל, ע"כ, **והנה** לעיל סי' שמ"א פסק השו"ע שחייב להבדיל, והיינו כמהר"ם, וכאן פסק דפטור כשהגדיל, והיינו כהרא"ש, דטעם אחד לשתי הפלוגתות, ואין ישוב לזה, וע"כ פסק הוא בכל מקום כמהר"ם שהוא רבו של הרא"ש, וגם כאן חייב בז' ושלשים דלא כפסק הש"ע, וכן קבע הוא בחיבורו על היורה דעה כאן].

[**ואני** בעניי תמהתי ונפלאתי על פסק זה שנחלקו בו אבות העולם מהר"ם והרא"ש, ומתירא אני להכניס ראשי החלש בין הרים גדולים מאורי ישראל, ומ"מ עצור במלין לא אוכל, כי תלמוד ערוך הוא פסק זה לפע"ד שלא כדברי מהר"ם ולא כדברי הרא"ש במחילה מכבודם,

וע"פ זה יתבאר שפסקי השו"ע הם דברי אלהים חיים. **אמרינן** בפרק נגמר הדין, בהא דאמרינן לא היו קוברין אותן הרוגי בית דין בקברות אבותם, ואי ס"ד כיון דאיקטל הוי ליה כפרה, ליקברו, ומשני מיתה וקבורה בעינן, מתיב רב אדא, לא היו מתאבלין על הרוגי ב"ד אלא אוננין, ואי ס"ד כיון דאיקבר הוה ליה כפרה, ליתאבלו, ומשני בעינן נמי עיכול בשר. רב אשי אמר לעולם לא בעינן עיכול בשר, אלא צערא דחיבוט הקבר פורתא, וטעמא דלא היו מתאבלין, משום דאבילות מסתימת הגולל חיילא, כפרה מאימת הויא מכי חזי צערא דקברא פורתא, הלכך הואיל ואידחו ידחו, **פירש"י** הואיל ונדחו שלא נראו להתאבל בשעת התחלת האבלות, ידחו אף לאחר מכאן, ואף על גב דגבי קובר את מתו ברגל, תנן מונה ז' ימים אחר הרגל, ולא אמרינן הואיל ונדחו ידחו, התם לא אידחו לגמרי, שהרי אמרי' כל שהוא משום עיסקי רבים אין הרגל מפסיקן ורבים באים לנחמו, עכ"ל. והנה אתה רואה ק"ו כאן, דמה כאן בפרק נגמר הדין דאחר סתימת הגולל לא היה שום אבילות בעולם, כיון דהמת לא חזי לכך, דלא הוי ליה כפרה עדיין, והיה מן הראוי לומר דאחר שיהיה קצת בקבר ויכופר אז יתחיל אבילות שלו, כדרך שמתחיל בשאר מתים אחר סתימת הגולל, אפ"ה לא אמרינן כן, אלא אמרינן הואיל ואידחי בשעה שמתחיל לשאר העולם, לא יתאבלו עליו כלל אח"כ, ק"ו כאן שהיה אבילות בעולם, והמתאבל לא חל עליו החיוב, פשיטא הואיל ואידחי בשעת החיוב ידחה לעולם, ופשוט דהלכה כרב אשי דבתרא הוא, ותו אני אומר דגם תירוץ הראשון בגמ' אינו חולק על האי סברא דאידחי אידחי... **א"כ** מבואר דלא כמהר"ם שחייב לקטן והגדיל, וגם דלא כהרא"ש, דאילו להרא"ש הפטור משום דהוה תשלומין, וכל שפטור בשעת החיוב אין עליו תשלומין, משמע דאילו במקום שאין תשלומין, הוה חיוב ומודה למהר"ם, והרי כאן בפרק נגמר הדין שאין שם תשלומין, דהא לא היה ראוי לאבילות מתחלה, ואפ"ה אמרינן דפטור אח"כ, **אלא** דבר ברור הוא דהפטור לאו משום דלא שייך ביה תשלומין נגעו בו, אלא משום שחכמים הטילו עליו אבילות מן שעה ראשונה שהמרירות עליו ביותר, דהיינו משיסתום הגולל, ומן אותה שעה הוא מתאבל והולך כפי דינו, אבל כל שנפטר בשעת עיקר המרירות, דהיינו אחר סתימת הגולל, אין עליו שום חיוב אחר כך, ומשום הכי הרוגי ב"ד וכן קטן והגדיל פטורים לגמרי, כיון שהיו פטורים בשעת עיקר המרירות, **ויפה** מכוון לזה פי' רש"י שהעתקתי, שלא דמי לקובר מת ברגל שחייב בז' ול' אחר הרגל, ששם בשעת עיקר המרירות לא נפטר, שהרי יש עליו קצת אבילות גם ברגל, **ואין** כאן דמיון להבדלה שחייב לעשות ביום המחרת, אף על פי שבליל מ"ש היה פטור, כמ"ש השלחן ערוך בסי' שמ"א, דשם הוא עיקר זמן ההבדלה מתחלה כך, שימשוך זמנה כל השבת או עד ליל ד', ולא אמרינן דאם לא הבדיל במ"ש הוה ההבדלה שאח"כ תשלומין על מ"ש, אלא עדיין זמנה ממש, וזה דומה לתפלת ערבית וק"ש, שאחז"ל במסכת ברכות שזמנה קודם אכילה, וכל העובר חייב מיתה, ואעפ"כ זמנה כל הלילה, כמ"ש בפי' שזמנה כל הלילה, **והכי** נמי ממש כן הוא בהבדלה, וזהו נכלל במה שאמרו, מי שלא הבדיל במ"ש מבדיל והולך כל השבת כולה. **וכן** לא קשה ממה שמצינו בסוכה פרק הישן, בקטן שנתגדל בימי הסוכות, דחייב לעשות סוכה, **התם** נמי זמנה כן הוא כל ז' הימים, ואין בזה משום תשלומין על מה שלא ישב בסוכה בשעת קטנותו, כדאמרינן במתני' שם שאין תשלומין למי שלא אכל בסוכה, **משא"כ** באבילות שהעיקר תלוי בהתחלת האבילות בשעת עיקר המרירות, וכל שלא התחיל לא יגמור, **ע"כ** נראה להלכה ולמעשה כפסק הרא"ש לענין אבילות דפטור כאן, ולא מטעמיה אלא מטעם שאמרנו. ולענין הבדלה כדעת מהר"ם, וכפסק השו"ע בב' המקומות, והם צודקים וברורים, ומקום הניחו לנו רבותינו אבות העולם לזכות בו בסייעתא דשמיא].

האריך להוכיח כהרא"ש ולא מטעמיה מפ' נגמר הדין,

ולפענ"ד אין משם ראיה כלל, דהתם לא היה המת ראוי כלל להתאבל עליו שום אדם בעולם, והלכך כיון דכבר נתבטל האבלות ממנו בשעה הראשונה שהוא עיקר המרירות, שוב אין מרירות להתאבל עליו, ולכך אמרינן הואיל ואידחי ידחה, **ורש"י** דמקשה מרגל, היינו דמדמי דרגל נמי אין המת ראוי לשום אדם בעולם להתאבל, **אבל** הכא הרי המת ראוי להתאבל, ומרירות לבו עליו מיד והולך, א"כ מרירות לבו עדיין בו, אלא שהקטן אינו בר חיובא, וכשיגדיל הרי הוא בר חיובא, וזה ברור ודוק, **מיהו** מה שחילק בין הבדלה לכאן נכון הוא, וכן כתוב בש"ך, שבקל יש לחלק ביניהם - נקה"כ.

‹עיין בט"ז שהאריך להביא ראיה לפסק השו"ע, ועיין בשו"ת שיבת ציון שכתב ע"ז, לכאורה קשה, דהא הט"ז לעיל סי' ש"מ ס"ק ט"ו פסק, שקטן שהגיע לחינוך צריך לנהוג כל דיני אבילות, **ונראה** דעכ"פ יש נפקותא, דמטעם חינוך ליכא אלא כשיש להקטן אב שחייב לחנכו במצות, אבל היכא דליכא אב ליתא לחינוך כלל, כמ"ש המג"א בסי' שמ"ג ובסי' תרי"ו. **עוד** יש נפקותא, אם הקטן הולך לבית הספר ללמוד תורה, והגדיל תוך שבעה, דג"כ לא שייך חינוך, דמתוך זה אתה מבטלו מת"ת, בזה שייך פסק זה דבטל ממנו כל דין אבילות, אבל קטן שהוא עוסק באומנות ואינו עוסק בתורה, ויש לו אב, נוהג אבילות משום חינוך. **והנה** כל זה בקטן בן זכר, אבל בקטנה כתב המג"א בסי' שמ"ג, דאין האב מחויב לחנך בתו, **ואני** ראיתי בתוס' ישנים במסכת יומא דף פ"ב, דהאב חייב לחנך בתו, עכ"ד).

‹**עיין** בתשו' חתם סופר, שכ' ע"ד אותן דאיתרע בהו מילתא בשעת הדבר ר"ל, ולא התאבלו אז מחמת ביעתותא, כדלעיל ס"ס שע"ד, **ודאי** דאם עבר זעם בתוך שלשים, צריך להתאבל, כמ"ש בתשו' נ"ש בשם גאון מהר"ם שפירא, דחולה אבל אם נתרפא צריך להתאבל בתוך למ"ד, **דאפילו** הרא"ש דפליג אמהר"ם מרוטנבורג בקטן שהגדיל, מודה הכא, ע"ש, **אלא** שנ"ל פשוט, אם אירע רגל בינתיים, שהרגל מפסיקו, ואף על פי שלא נהג אבילות כלל, ‹דהרגל בעצמותו מפסיק, אפי' לא התחיל כלל להתאבל כך דינו של רגל להפסיק, אך מטעם קנסא שלא יהיה חוטא נשכר, ע"כ אפי' בשוגג מ"מ קצת קנס ופשיעה שייך, צריך לחזור ולהתאבל, אמנם אונס לא – המשך לשונו›.

‹**וחולה** שמת לו מת, אם לא ידע כלל עד שהבריא, בתוך ל' חייב לנהוג אבלות כל שבעה, **ואם** ידע רק שלא היה ביכולתו לנהוג אבלות מפני חליו, אף על פי שזהו הדין שנתבאר, מ"מ נ"ל דא"צ לנהוג אבלות, משום דלא ימלט שלא נהג אף במטתו איזה דבר אבלות שעה קלה בתוך השבעה, אם רק היה שפוי בדעתו, **אבל** כשלא היה שפוי, וודאי יש לו לנהוג אבלות אח"כ כשעדיין בתוך ל' – ערוה"ש›.

§ סימן שצז – דיני עדות לנהוג אבילות על פיהם §

סעיף א- מתאבלין על פי עד אחד, ועד מפי עד, ועובד כוכבים מסיח לפי תומו -

‹דמילתא דעבידי לגלויי לא משקרי אינשי – ערוה"ש›. **כתב** הרמב"ן: זה הכלל, כל עדות שמשיאים האשה על פיה, הקרובים מתאבלים, וכ"פ הב"ח, ועיין באה"ע סי' י"ז נתבאר עדות שמשיאין האשה על פיה. ‹**ואע"ג** דבאשה יש עוד טעם משום דדייקה ומינסבה, זהו מפני איסור א"א דחמיר טובא, אבל באבלות דקיל די בטעם זה בלבד – ערוה"ש›.

‹**ולענ"ד** נראה דכל שיש חשש בדדמי, א"צ להתאבל עד שתבורר הדבר. **ודוקא** כותי מסיח לפי תומו נאמן, אבל במתכוין להעיד אינו נאמן – ערוה"ש›.

[**כתב רש"ל וז"ל, עובדת כוכבים שספרה לפי תומה לראובן שמתה אחותו, פסק ראבי"ה שמתאבל על פיה, דנאמנת להחמיר, וא"מ פסק דהילכתא כדברי המיקל באבל, ועובד כוכבים אינו נאמן להחמיר במילי דאבילות, וה"ר ישעיה אומר דאין עובד כוכבים נאמן במסיח לפי תומו אלא לעדות אשה, או על פירות של עצמו מעיד דשל ערלה הן, אבל בכל עדיות דעלמא אין עובד כוכבים נאמן במסיח לפי תומו בין להקל בין להחמיר, ע"כ תשובת אור זרוע עכ"ל.** ‹**ויש** מגמגמים בכותי מסיח לפי תומו דאינו נאמן, עיין ט"ז, **ואם** יודעים שהכותי אינו שקרן, וודאי יש להאמינו – ערוה"ש›.

וכתב עוד הב"ח, היכא שכתבו לאחד שמת קרובו, ואיכא ספק אם הוא תוך ל', חייב להתאבל, דכל כמה דמצינן ליה לאוקמיה אחזקתיה מוקמינן, ואמרינן השתא מקרוב מת, וכן הוא בתשו' ן' לב, **וכן** כ' בתשו' ר"מ מינץ דצריך להתאבל, מטעם דמוקמינן אחזקתיה, [**וזה כלל דבריו, דיש סברא לומר כיון דהקילו בענין אבילות כיון דספיקא דרבנן הוא, והביא בשם הלכות שמחות דמהר"ם, דאין להחמיר באבילות בספק, דחומרא דאתי לידי קולא היא, שנוהג אבילות בשבת בדברים של צינעא, ומבטל תלמוד תורה כל ז' ימים, אך מטעם חזקה נ"ל להחמיר**].

[**ולפענ"ד לא נראה כן, דע"כ לא אמרינן דמוקמינן ליה בחזקת חי, אלא כל שלא ידענו עדיין שמת, משא"כ בדהשתא ודאי מת, שפיר אמרינן דכבר היה מת. ואין להקשות מ"ש משאר חזקות שאמרינן חזקה אפי' בכה"ג בהרבה דוכתי, נלע"ד לומר, דשאני במיתה דכל חי עומד למות, והוא מועד לכך בלי ספק, ע"כ שפיר אמרינן דודאי כל זמן שאינו מבורר שמת אמרינן עדיין חי הוא, אבל כשמבורר שמת, אזלא החזקה לענין שנאמר דהשתא הוא שמת, דאדרבה אמרינן שמעיקרא היה מת**

כיון שעמד לכך. **וכיון שזכינו לזה, נימא גם כאן דאין חייב להתאבל מכח ספק מחמת החזקה, דאין לך לומר השתא הוא דמת דוקא, ועל דברים אלו סמכתי עצמי, ופסקתי הלכה למעשה כן שאין חיוב אבילות על זה הספק, בפרט אחר היסוד הגדול שהולכין באבל להקל טפי מבשאר מילי דרבנן, ואין מן הראוי להחמיר, דאתי לידי קולא לחלל שבת, כמו שזכרנו בתשובה דלעיל].**

(**קשה** לי, דענין זה לא דמי לכל העניינים, שהרי בכאן אף אם נאמר שמת קודם ל', מ"מ היה חיוב עליו להתאבל, אלא שהוא לא ידע, וכיון דחיוב אבלות הוה וודאי, אין ספק מוציא מידי וודאי, **אם** לא שנאמר דאבלות קיל טובא, ואין להחמיר בספק, אבל מצד ענין חזקה איני רואה מקום לפוטרו – ערה"ש).

(**ועיין** בתשובת יריעות האוהל שהעלה כדעת הפוסקים דחייב להתאבל באינו יודע אם הוא תוך למ"ד או לאחר ל', ע"ש, וכן פסק בתשובת רדב"ז, וכ"כ בתשובת יד אליהו, וכן העלה בספר בכור שור ע"ש). (**וכיון** שיש פלוגתא, הלכה כדברי המיקל באבל – ערוה"ש).

מיהו היכא שהוא כתב יד של חכם, אמרינן מסתמא לאחר ל' הוא, דאם איתא דאפשר היה שיגיע הכתב לידו תוך ל', לא היה כותב בסתם אלא היה מבאר (שזהו תוך ל' – ערוה"ש), כ"כ הב"ח.

וכתב בתשו' ר"מ מינץ, דאם אירע שהורו דאין להתאבל מספק, ואח"כ נודע לו למפרע שמת תוך ל', צ"ע אם יחזור ויתאבל או לא, ע"ש, **ולפעד"נ** דצריך להתאבל בכה"ג, וע"ל ר"ס שצ"ו ודו"ק.

צ"ל: "ולפעד"נ דאין צריך להתאבל בכה"ג, וע"ל ר"ס שצ"ו ודו"ק", עכ"ל. **ולא** כמו שנדפס, דהא בר"ס שצ"ו משמע דאחר ל' אין צריך לחזור ולהתאבל - נקה"כ. (**ועיין** בתשו' רדב"ז, [הובא לעיל בסי' שצ"ו ס"ב], בבא לו שמועה קרובה ואח"כ אמר לו אחד לאיזה סיבה שאין השמועה אמת, ואחר שעברו ב' ימים נודע לו ששמועה הראשונה היה אמת, דאותן ימים עלו לו – רעק"א.

(**ועיין** בתשובת בית אפרים, שנשאל במי שכתבו לו שמת אביו זה שמונה ימים, ונפל ספק אם הכוונה שכבר עברו שמונה ימים קודם הכתיבה, וא"כ ביום הגיע האגרת כבר עברו שלשים והוי שמועה רחוקה, או הכוונה כי ביום הכתיבה הוא שמונה ימים, ונמצא כי עדיין לא עברו שלשים והוי שמועה קרובה וחייב לנהוג אבילות, **וכתב** דאע"ג דדעת הב"ח ושאר פוסקים, דבספק אם היא שמועה רחוקה מחויב להתאבל, מ"מ הכא א"צ להתאבל, דמשמעות הלשון נראה שהכוונה שכבר עברו ח' ימים, כמו זה לי עשרים שנה בביתך, וכן זה שנתים הרעב בקרב הארץ, ובפרט שהוא כתב חכם, ודאי מידק דייק וכתב לשון הקרא, **ועוד** יש לצרף דעת קצת גאונים, דשמע ביום שלשים הוי שמועה רחוקה, ואף דלא קיי"ל הכי, מ"מ יש לעשות זה סניף לכאן, ע"ש).

(**ועיין** בתשו' יד אליהו, בא' שנכתבו לו ממרחקים, איך שמת אחד, **ויש לו שתי משמעות**, או שמת רבו או שמת אביו, והוא לאחר ל', איך יתנהג בקריעה ואבילות, **והשיב** דממ"נ חייב לקרוע, ועולה לו אף אם נודע אח"כ שהוא אביו, ודומה למ"ש בסי' ש"מ סכ"ד. **ולענין** גיהוץ ותספורת א"צ לנהוג, כי ספיקא דרבנן הוא, ע"ש. **וכתב** עוד, דאם הספק הוא בין שני אנשים, שרבו של הא' הוא אביו של השני, וא"כ יש ספק אם הוא אביו של זה או של זה, והוא בתוך שלשים, מחויבים שניהם להתאבל, **דאף** דקיי"ל ספק באבל להקל, שאני הכא דאחד משני האנשים בודאי חייב להתאבל, חייבים שניהם מספק, והוא ג"כ הטעם בסי' שע"ד ס"ח בהג"ה, גבי ספק בן ט' לראשון כו', ע"ש, **ומבואר** עוד שם בלשון השאלה, דאם היה ג"כ ספק אם הוא תוך שלשים, הוי תרי ספיקות ופטורים שניהם).

סעיף ב - שנים אומרים: מת, ושנים אומרים: לא מת, אינו מתאבל – [הטעם, דכיון **דספיקא היא אזלינן בה להקל]. דמוקמינן** ליה אחזקתיה דחי. **וע"ל סי' של"ט ס"ב, דבאמרו לו ראינו קרובך גוסס היום ג' ימים, צריך להתאבל עליו.**

(**הדבר** פשוט דאם עד אומר מת ועד אומר לא מת, אינו מתאבל, **אבל** אחד כנגד שנים אינו נאמן – ערוה"ש).

§ סימן שצח – אבלות יום ראשון דאורייתא §

סעיף א - אבלות יום ראשון, אם הוא יום מיתה וקבורה, הוי דאורייתא – [לאפוקי מת ביום א' ונקבר למחר, או שמועה קרובה], **ושאר הימים, מדרבנן. במה דברים אמורים, בשבעה מתים המפורשים בתורה שכהן מטמא להם** - שהם: אביו ואמו בנו ובתו אחיו ואחותו

מחבר רמ"א ש"ך ונקה"כ

בתולה ואשתו נשואה, **אבל אותם שהוסיפו עליהם (כדאיתא בסימן שע"ד), אפילו ביום ראשון הם מדרבנן. ויש אומרים שאף אבילות יום ראשון דמיתה וקבורה הוי דרבנן בכל המתים** - והכי קי"ל כדלקמן סימן שצ"ט סי"ג.

[בטור סיים: אלא אנינות לחוד ביום ראשון דהוה דאורייתא, ואנינות לחוד ואבילות לחוד, האסור בזה מותר בזה, ואונן אינו אסור ביום ראשון מן התורה אלא באכילת קדשים ומעשר שני, ועוד החמירו בו חכמים בדברים המפורשים בפרק מי שמתו, עכ"ל, **פי'** אונן הוה ביום המיתה אפילו אחר שנקבר לענין אכילת קדשים ומעשר שני, כדאיתא בפרק טבול יום, **וחכמים החמירו** בו קודם שנקבר לענין אכילת בשר ויין ותשמיש ופטור מכל המצות, והיינו מטעם שמתו מוטל לפניו לקברו, ואז מותר בנעילת סנדל ורחיצה וגילוח וכל מה שאסור משום אבילות דלעיל, **עד** שיסתום הגולל, ואז מותר בבשר ויין, וחייב בכל המצות זולת תפילין ביום ראשון, **ומ"ש** הטור האסור בזה מותר בזה, לאו כללא הוא, דהא תשמיש אסור בשניהם, אלא על שאר החילוקים שזכרנו אמר כן].

§ סימן שצט – דיני אבלות ברגל בראש השנה וי"ט שני של גליות §

סעיף א - הקובר מתו קודם הרגל, בענין שחל עליו אבילות, ונהג בו אפילו שעה אחת קודם הרגל - פירוש כל שהוא, ולא בעינן שעה זמניות, [פירוש אפי' חליצת מנעל לחוד שנהג מעט, די בכך], **מפסיק האבלות ומבטל ממנו גזרת שבעה וימי הרגל עולים לו למנין שלשים, הרי שבעה לפני הרגל, וימי הרגל, ומשלים עליהם השלשים** - היינו ע"פ שנתבאר לקמן מסעיף ז' ואילך.

ודוקא שנהג אבלות באותה שעה, אפילו לא נהג אלא דברים שבצינעא, כגון ששמע שמועה קרובה ביום שבת שחל להיות בערב הרגל, שאע"פ שאינו נוהג אלא דברים שבצינעא - ‹כגון שימנע מת"ת שעה קלה או מרחיצה, ועשה כן בשביל האבלות - ערוה"ש›, **הרגל מפסיק.**

אבל אם שגג (או) הזיד ולא נהג אבילות, או שהיה קרוב לחשכה ולא היה יכול לנהוג, אין הרגל מבטל האבלות; וכ"ש אם לא ידע במיתת המת קודם הרגל, שאין הרגל מבטל, אלא נוהג ברגל דברים שבצינעא - (עיין בשו"ת דת אש שכתב, דהך דבר שבצנעא אינו אלא תשמיש דוקא, **משא"כ** בת"ת דאינו אסור לאבל אלא משום שמחה, דכתיב פקודי ה' ישרים משמחי לב, וברגל לא נאסר לאבל, ששמחת הרגל הוא דאורייתא, ואבילות הוא דרבנן, **ולכן** התיר לקרות לאבל תוך ז' שיעלה לתורה בשמיני עצרת, **ועוד** כי מנהג קדמונים שקורים כל בני הקהלה לס"ת בשמ"ע, ואם יהיה זה בבהכ"נ ולא יעלה לתורה, הוי פרסום).

ולענין מלאכה במועד, דינו כמ"ש הרב בסעיף ב'.

ומונה שבעה אחר הרגל, ובאותה השבעה מלאכתו נעשית ע"י אחרים, ועבדיו ושפחותיו עושים בצינעה בתוך ביתו, דכיון דכבר נתבטל בשבעת ימי הרגל ממלאכה, אף על פי שלא נתבטל מחמת האבל אלא מחמת הרגל, סוף סוף נהג בדין אבילות בענין מלאכה, הילכך אין להחמיר בו כמו בשאר אבילות ומלאכתו נעשית ע"י אחרים.

וכל ימי הרגל רבים מתעסקים בו לנחמו, הילכך אין מתעסקין בו לנחמו אחר הרגל.

ורגל עולה למנין שלשים - היינו בנודע לו מיתת המת ברגל, אע"פ שלא נודע לו קודם הרגל, דלא גרע מקובר מתו ברגל, **ולא** כמ"ש בב"י, דבנודע לו מיתת המת קודם הרגל מיירי, ואולי לאו דוקא קאמר, או ט"ס הוא, וצ"ל ברגל - ש"ך, ‹צ"ע, דקאי אשגג או הזיד ולא נהג אבילות קודם הרגל, דעולה למנין ל' אי נודע קודם הרגל, ודברי ב"י פשוטים בלי טעות - תפארת למשה›, **שהרי דין שלשים דהיינו גיהוץ ותספורת נוהגים ברגל, ולא מתורת רגל בלבד אסור בהם, אלא אף מתורת אבל, שהרי מתורת הרגל מותר ללבוש כלים מגוהצים חדשים ולבנים, ונוטל צפרניו**

(**ראיתי** בתשו' אא"ז פמ"א שפסק, ‹באשה בתוך ל' לימי אבילה והיתה יולדת, והגיע זמנה לילך לבה"כ כמנהג ארצינו›, דאינה צריכה לשנות מקומה, **וכתב** דאף לפי מש"כ הש"ך, מטעם כל האבילות הנוהג כל ל' נוהג אף בשבת, א"כ אין לחלק, **אך** כיון דשינוי מקום גופה בשבת יש בו מחלוקת, והדעת מכרעת ע"פ הדין שלא ישנה מקומו בשבת, במילי דרבנן אזלינן לקולא, עכ"ד).

(**עבה"ט** של הרב מהרי"ט ז"ל שכתב בשם תשו' מהר"ם לובלין, דאם מת לו מת ברגל, אינו משנה מקומו, ע"ש, וכ"כ בתשובת אא"ז פנים מאירות). (**וכתב** עוד הבה"ט שם בשם שבו"י, באחד שמתה לו אחותו ונהג שבעה, ובתוך שבעה בא אביו מן הדרך שלא ידע עדיין ממיתת בתו, מותר לבנו לצאת לקראתו תוך שבעה כדי שלא ירגיש אביו במיתת בתו, עכ"ד, **ועיין** בשבו"י שם, דמשמע מדבריו דדוקא אם בא אביו רשאי משום כבוד אביו, אבל אם בא אחיו אסור).

(**וכתב** עוד שם, דפשוט שהאבל רשאי לילך תוך שבעה אל השרפה בשביל הצלת ממון, ע"ש).

§ סימן שצד – שלא להתקשות על המת יותר מדאי §

סעיף א - אין מתקשין על המת יותר מדאי - ‹שזהו מנהגו של עולם, והמצער עצמו יותר על מנהגו של עולם, ה"ז טפש›, **וכל המתקשה עליו יותר מדאי, על מת אחר הוא בוכה; אלא שלשה ימים לבכי, שבעה להספד, שלשים לתספורת ולגיהוץ** - ‹מכאן ואילך אמר הקדוש ברוך הוא: אי אתם רחמנים יותר ממני – ערוה"ש›.

(**עבה"ט** של הרב מהרי"ט ז"ל מ"ש בשם ס"ח, אדם שמת בנו או בתו אל ינשק אותם. **ונ"ל** דדוקא לבנו ולבתו אסור, אבל לשאר מתים מותר, כדכתיב גבי יעקב ויבך עליו וישק לו). ‹**ולא** ינשק לשום מת, כ"כ בספר חסידים – ערוה"ש›.

סעיף ב - במה דברים אמורים, בשאר העם. אבל תלמידי חכמים, הכל לפי חכמתם; ואין בוכים עליהם יותר מל' יום; ואין מספידין עליהם יותר מי"ב חדש; וכן חכם שבא שמועתו לאחר י"ב חדש, אין מספידין אותו - אפי' ביום שמועה. ‹**אפי'** בשנת העיבור לא יספידוהו לאחר י"ב חודש, וכמ"ש גבי קדיש בסוף סי' שע"ו – ערוה"ש›.

סעיף ג - יוצאין לבית הקברות ופוקדים על המתים שלשה ימים, שמא עדיין הוא חי - ‹ואין בו משום דרכי האמורי – לבוש›. **כתב** הפרישה, זה היה דוקא בימיהם שהיו מניחין את המת בכוכין, והיה אפשר לגלות את המת ולראותו. ‹**ובימינו** לא שייך זה, ואין אנו קוברין בלא מיתה ודאית – ערוה"ש›.

(**ועיין** בתשו' חת"ס סי' של"ח מ"ש בזה). ‹**והובא** בפת"ש סי' שנ"ז ס"א, ע"ש›.

וכתב עוד הדרישה בשם מהרש"ל, אדם שמת לו מת, ובתוך שלשים נולד לו בן, אין עושין שמחה ומשתה ביום המילה, רוקח, עכ"ל, **וכמדומה** שאין נוהגין כן.

סעיף ד - כל שלשה ימים יראה האבל כאילו חרב מונחת לו בין כתפיו; מג' ועד שבעה, כאילו זקוף כנגדו בקרן זוית; משבעה ועד שלשים, כאלו עובר לפניו בשוק - ‹בשאר קרובים, ובאביו ואמו עד י"ב חודש, ולאחר מכאן חוזרת היא לתערה. **ובגמ'** אין הגירסא "מז' ועד ל'", אלא: "מכאן ואילך כאילו עוברת כנגדו בשוק" – ב"ח›. **וכל אותה השנה הדין מתוחה כנגד אותה משפחה; ואם נולד בן זכר באותה משפחה, נתרפאת כל המשפחה.**

סעיף ה - אחד מהחבורה שמת, תדאג כל החבורה - ‹שמדת הדין מתוח כנגד כל החבורה – לבוש›.

סעיף ו - כל מי שאינו מתאבל כמו שצוו חכמים, ה"ז אכזרי; אלא יפחד וידאג ויפשפש במעשיו ויחזור בתשובה - ‹אולי ינצל מחרבו של מלאך המות – לבוש›.

הרגל מנין הימים שניחמוהו ברגל, אבל מראים לו פנים - ‹אף דאינו בתנחומי אבלים, מבקרין אותו כל ימי אבלו – ערוה"ש›. **כגון אם קברו בשלשה ימים האחרונים של רגל, מלאכתו נעשית ע"י אחרים בשלשה ימים אחרונים של אבל.**

ובמקומות שעושים שני ימים, מונה השבעה מיום טוב שני האחרון, הואיל ומדבריהם הוא עולה מהמנין, ומונה מאחריו ששה ימים בלבד - כתב הב"ח ס"ס זה, דה"ה בשני י"ט של ר"ה, כגון שמת לו מת ביום טוב ראשון של ר"ה, מונה הז' מיו"ט הב', דהוי ג"כ מדבריהם, וע"ש.

‹**ועיין** בתשו' ב"ח החדשות שהאריך להחזיק דעה זו, דיום שני של ר"ה עולה לו, וכן יו"ט שני של גליות שחל בשבת, אף על גב דאפילו בא"י לא היה יכול לנהוג אבילות באותו יום, אעפ"כ עולה לו ומשלים עליו ששה, ע"ש, וכן פסק בתשובת רדב"ז, דיום שני של ר"ה עולה, ע"ש, וכ"כ בסוף ס' משאת בנימין, **אכן** בתשו' פרח מטה אהרן לא פסק כן, ומחלק דהיכא דהוי יום שני יום מיתה וקבורה, עולה, אבל אם מת ביום הראשון, דאין ביום ב' אבילות דאורייתא, אז אינו עולה, **ומפרש** כן דברי רדב"ז הנ"ל שכתב דעולה, היינו היכא דהוי יום מיתה וקבורה, והסכים עמו הרב מהר"ר מיכאל הכהן ז"ל, ע"ש).

‹**ועיין** לקמן סי"ג בדברי הט"ז, דעוסק בענין זה, ומחלק בין אם היה הקבורה ביום א' או ביום ב'›.

סעיף ג- אם קבר את מתו שבעה ימים קודם הרגל, ונהג בהם גזירת שבעה, הרגל מבטל ממנו גזירת שלשים, אפילו חל יום שביעי בערב הרגל, דמקצת היום ככולו ועולה לכאן ולכאן, ומותר לכבס ולרחוץ ולספר בערב הרגל - כלומר דאע"ג דתספורת נוהג כל ל', וכדלעיל ר"ס ש"צ, הכא בטל ממנו גזרת ל'.

ולרחוץ - ‹וקשה לי, הא רחיצה בלא"ה מותר ביום ז', דרחיצה אין אסור כי אם בז' ימי אבילות, אלא דהרמ"א כתב לעיל סי' שפ"א דמצד מנהג אסור, וצ"ע - רעק"א›.

הגה: סמוך לחשיכה (טור) - מה שנרשם כאן טור, הוא טעות, דבטור לא כתב ע"ש ריב"א, אלא דבחל יום א' דאבילות או יום ו' בערב הרגל, דמותר דוקא סמוך לחשכה, **אבל** נ"ל שהוא מהגהת אשר"י שהביא הב"י באו"ח סי' תקמ"ח, וז"ל, אפי' חל יום ח' או יום ט' בערב הרגל, צריך להמתין עד סמוך ללילה, שאז ניכר שבשביל הרגל הותר, כ"כ ראבי"ה ע"כ.

‹**ואינו** מובן הטעם מה שהצריך דוקא סמוך לחשיכה, והרי כיון דהרגל מבטל ממנו גזירת שלשים, ולכן התירו לו לגלח ולכבס ערב הרגל, א"כ מה לי סמוך לחשיכה או קודם לו, ובאמת מדברי רבינו הב"י מבואר להדיא דכל היום מותר ע"ש, **וראיתי** ש"ך שכתב דטעמו כדי שיהא ניכר שעושה כן בשביל הרגל, **מיהו** רבינו הרמ"א וודאי לא נתכוין לזה, שהרי נראה מדבריו דהוא לא כתב זה רק על אם חל שביעי בערב הרגל, ואי מטעם זה, גם בשמיני ותשיעי הדין כן כמ"ש ראבי"ה, **ונ"ל** דמהטור הוציא דין זה, שכתב וז"ל, אפילו אם חל יום ז' בערב הרגל דמקצת היום ככולו, ועולה תחלתו לסוף ז' וסופו עולה ליום שלשים, עכ"ל, **דקדק** לומר דסופו עולה לשלשים, ולכן פסק סמוך לחשכה דווקא, אבל בח' או בט' מותר כל היום, **ולא** חייש לטעמא דראבי"ה, דאין לנו לחדש גזירות מעצמנו, **ולפי"ז** אתי שפיר מה שנרשם בשו"ע על דין זה מקורו מהטור – ערוה"ש›.

ובערב פסח מותר בכל אחר חצות, דהיינו מזמן שחיטת הפסח ואילך - זה הוציא הרב מתשובת מהר"י מינץ, וצ"ע דאדרבה משמע שם דע"פ שוה לכל ערב יום טוב לענין כיבוס ורחיצה, דלא הותר אלא סמוך לחשיכה, **וראיתי** בב"ח שהעתיק דברי הרב והשמיט הא דבערב פסח מותר בכל, וצ"ע.

‹**ולפי** דברינו לעיל אתי שפיר, מה דבע"פ התיר אחר חצות, דכיון שהוא זמן שחיטת הפסח, הוי אותה שעה כיו"ט ומבטל השלשים, ולא סוף היום, **ודעתו** דנפשיה קאמר, וזה אינו מהר"י מינ"ץ, אלא לפי מה שדקדק מהטור – ערוה"ש›.

ועדיף שיגלח קודם חצות, הואיל ואחרים אסורים לגלח אחר חצות - דאין עושין מלאכה בערב פסח אחר חצות, וא"כ יצטרך לגלח על ידי עצמו, להכי עדיף טפי קודם חצות, וכן הוא בתשובת מהר"י מינץ שם, **ודלא** כהעט"ז שכתב: הואיל ואחרים הרבה נהגו איסור לגלח אחר חצות, גם הוא ינהוג איסור כו'.

וכן אם חל שמיני בשבת שבערב הרגל, מותר לכבס ולרחוץ ולספר בערב שבת - (עבה"ט של הרב מהרי"ט ז"ל שכתב בשם שבו"י, דמ"מ אסור

בלבישת לבנים ובגדי שבת וחזרת מקומו, ודלא כבה"י שמקיל בזה, ע"ש, **ועיין** בס' בית לחם יהודה שכתב כדעת הבה"י ולא כהשבו"י, ועיין בתשו' תשואת חן שהעלה ג"כ הכי, אך לא מטעמיה ע"ש, **ועיין** בשע"ת באו"ח שם שכתב ג"כ, דהמורה להקל אינו שגגת הוראה, כי יש לו על מה לסמוך, כי גם הב"ח בתשובת החדשות מתיר בזה, **ואפשר** דאי חזי השבו"י דברי הב"ח היה מבטל דעתו והיה מורה הלכה כבית הלל, **ומ"מ** לענין לבישת בגדי שבת נראה להחמיר אם הם חדשים ועדיין גיהוצין ניכר הרבה, **ואם** אין לו אחרים אפשר שיש להקל גם בזה, עכ"ד, ע"ש).

ואם לא גילח בערב יום טוב או בערב שבת, מותר לגלח אחר הרגל, שכבר נתבטל ממנו גזירת שלשים. אבל בחול המועד לא יגלח, כיון שהיה אפשר לו לגלח קודם הרגל.

ואם חל שביעי שלו בשבת ערב הרגל, אסור לגלח בערב שבת, ומותר לגלח אחר הרגל, וכן בחול המועד, כיון שלא היה יכול לגלח קודם הרגל.

סעיף ד - הא דרגל מבטל גזירת שלשים, בשאר מתים. אבל באביו ואמו, שאסור (לספר) עד שיגערו בו חביריו, אפילו פגע בו הרגל לאחר ל' יום, אינו מבטל.

סעיף ה - אם חל אחד מימי האבלות, חוץ מהשביעי, בערב הרגל, מותר לכבס - דכבר בטל ממנו גזרת ז', אבל לספר אסור דלא נתבטל ממנו גזרת ל', כיון דאין כאן ז' ימים קודם הרגל, **ולא ילבשנו עד הלילה. וטוב ליזהר מלכבס עד אחר חצות, כדי שיהא ניכר שמפני הרגל הוא מכבס. אבל לרחוץ, אסור עד הלילה** - כיון דאפשר משחשכה. **ויש מתירין לרחוץ אחר תפלת המנחה, סמוך לחשיכה** - ‹משום דרחיצה בחמין א"א ביום טוב – ערוה"ש›. **(וכן נוהגין).**

וכתוב בת"ה, דאפילו מת לו מת בע"ש, ואותו שבת הוא ערב הרגל, מותר לרחוץ בע"ש לפי מנהגינו. **ואין** להקשות דהיאך כ' הרב וכן נוהגין, *דהא לעיל ר"ס שפ"א כתב הרב, דאנן נהגינן איסור רחיצה כל ל', וכן לעיל ר"ס שפ"ט כתב, דנהגינן איסור כביסה כל ל', **י"ל** דאינו אלא חומרא ומדינא שרי, וכדמשמע מדברי הרב שם, והכא משום כבוד הרגל לא נהגו להחמיר, וכ"כ העט"ז, **ואע"ג** דבאו"ח סי' תקמ"ח ס"ח וס"י, כתב הרב דלדידן דנוהגים איסור רחיצה כל ל', אסור לרחוץ, דהא הרגל לא בטל ממנו רק גזרת ז', וה"ה לענין כיבוס במקום דנוהגין איסור כיבוס כל ל', עכ"ל, **היינו** משום דכך הוא ראוי להורות אי הוי איסור רחיצה וכיבוס כל ל' מן הדין, אבל כאן כתב דמ"מ המנהג אינו כן, וכ"כ הב"ח, [**וכ"כ הט"ז**], **אלא** דצריך ליישב לאיזה צורך כ' הרב שם כן, כיון דס"ס המנהג אינו כן, **ונ"ל** דס"ל דהא דהמנהג אינו כן, היינו משום כבוד הרגל, והלכך היכא דליכא משום כבוד הרגל, אסור, **ונ"מ** דלאחר הרגל אסור רחיצה וכביסה עד ל', דהרגל לא בטל ממנו רק גזרת ז', כנ"ל ודוק.

(**ועיין** בס' אליהו רבה באו"ח סימן תקמ"ח, שתמה על האחרונים שהביאו דעת התה"ד, ובד"מ כתב להדיא על דבריו, דלדידן דנוהגין איסור רחיצה כל ל', דינו כדין תספורת, ואין להתירו רק כשחל ח' שלו בשבת, וכן נוהגין, **ע"ש** שהעלה הלכה למעשה להחמיר כדעת הרמ"א בד"מ, **ועיין** בתשובת תשואת חן שהאריך בזה, והעלה ג"כ להחמיר בזה, ע"ש).

*‹**עיין** מה שכתבתי לעיל בגליון, להוכיח מזה דדעת הש"ך דרחיצת כל גופו בצונן נוהגין לאסור כל ל', **ועתה** ראיתי דבתפל"מ לעיל כ' בכוונת הש"ך, דרק חמין אסור, אבל רחיצת כל גופו בצונן מותר, **ובכאן** כ' באמת ליישב קושיית הש"ך כאן, דהרמ"א מיירי לענין צונן כל גופו – רעק"א›.

סעיף ו - ראש השנה ויום הכפורים חשובים כרגלים לבטל האבלות - ‹אף על גב דלא כתיב בהו שמחה, כולהו הוקשו להדדי בתורה דכתיב: אלה מועדי ה', ויש בכללם ראש השנה ויום הכיפורים – לבוש›.

סעיף ז - נהג שעה אחת לפני הפסח, אותה שעה חשובה כז', וח' ימי הפסח הרי ט"ו, ומשלים עליהם ט"ו אחרים.

סעיף ח - שעה אחת לפני עצרת חשובה כשבעה. ועצרת, כיון שאם לא הקריב קרבנות עצרת בעצרת יש לו תשלומין

כל שבעה, חשוב כשבעה, הרי י"ד, ומשלים עליהם ט"ז אחרים; ויום שני של עצרת עולה למנין הט"ז - כיון דיום טוב שני אינו אלא מדבריהם.

סעיף ט - שעה אחת לפני ר"ה, בטלה ממנו גזירת שבעה מפני ר"ה; וגזירת ל' מבטל ממנו יום כפורים; ומגלח ערב יום כפורים. וה"ה לקובר מתו בשלשה בתשרי, שמגלח בערב יוה"כ - ‹דכלו ז' ימים בערב יום כיפור, ועולה לכאן ולכאן, ומגלח בו ביום – לבוש›.

‹ונ"ל דמגלח אפילו בבוקר, ואפילו לרבינו הרמ"א דבכל ערב רגל אינו מותר אלא בסמוך לחשיכה, כמ"ש בס"ג, בעיה"כ מודה, דנחשב בעצמו קצת כיו"ט – ערוה"ש›.

‹קשה לי, אמאי לא כ' הטוש"ע דיום ר"ה נחשב לז' ימים כמו עצרת בס"ח, וכדאיתא להדיא בסוגיא, ואף דלענין גילוח ליכא נ"מ, דהא בעיוה"כ ממילא רשאי לגלח, מ"מ נ"מ דאחר ר"ה הוי שבוע ג' לענין יושב במקומו, כמו בסעיף י"ב, וצ"ע – רעק"א›.

סעיף י - שעה אחת לפני יום הכפורים בטלה ממנו גזירת ז' מפני יום כפורים, וגזירת ל' מבטל ממנו החג, ומגלח בערב החג.

סעיף יא - שעה אחת לפני החג והחג, הרי י"ד; ושמיני עצרת שבעה, הרי כ"א; ויום שני של שמיני עצרת, הרי כ"ב; ומשלים עליהם ח' אחרים.

[קשה, ליחשב שמיני עצרת כרגל בפ"ע גם לענין ביטול ל', כיון דנתבטל ז' קודם החג, והחג נחשב לשבעה, הרי י"ד, כמו דאמרינן בי"כ בסעיף י', תירץ הרא"ש, דשאני הכא שלא נהג דין ל' כלל, ואף על גב שנהג גיהוץ ותספורת, מ"מ הרי בלאו אבילות נמי *אסור באלו מחמת הרגל, **וצ"ע** לתרץ זה אליבא דרמב"ן, דסבירא ליה דיש באבילות איסור נוסף על איסור הרגל, כמוזכר לעיל סימן זה סעיף א', א"כ קשה למה לא יבטל שמיני עצרת את שלשים, כיון שכבר נהג בדין שלשים בתוספת האיסור, **ונראה** דמ"מ יש כאן שינוי משאר שלשים בחול, דהתם יש היכר בעיקר הדין גיהוץ ותספורת, משא"כ כאן שאין היכר אלא בתוספת, וזה אין הוכחה כ"כ, ודי בזה שנאמר שהרגל עולה למנין הל', אבל לא לענין דליהוי כנהג מקצת שלשים ממש, לענין שיבא שמיני עצרת ויבטל לגמרי שאר הל', כנ"ל].

*‹יש לעיין, הא מצד הרגל היה מותר לגלח, כיון דהיה אנוס ולא היה לו היתר לגלח קודם הרגל, וכמו חל ז' שלו בשבת ערב הרגל, דמותר לגלח ברגל, ועיין תשו' נוב"י – רעק"א›.

‹עיין בתשו' נו"ב שכתב, דלפמ"ש הרא"ש הטעם דאין שמ"ע מבטל גזירת ל' לגמרי, אף דכבר נהג גזירת ל' בחוה"מ דהיינו גיהוץ ותספורת, זה אינו אסור מחמת אבילות, דבלא"ה אסור משום הרגל, **לפי"ז** יתחדש לנו דין חדש, דלר"ת דס"ל דמי שגלח בערב הרגל מותר לגלח בחוה"מ, א"כ מי שגילח ערב החג ואח"כ מת לו מת שעה אחת לפני החג, שלזה איסור תספורת בחוה"מ הוא רק מטעם שלשים, א"כ שמ"ע יבטל גזירת ל' לגמרי, **והניח** בצ"ע, משום דבגמרא לא חילקו בכך›.

סעיף יב - הקובר את מתו שעה אחת לפני הרגל, אותה שעה והרגל חשובים כי"ד, ומיד אחר הרגל יש לו דין שבוע שלישית לענין שיושב במקומו ואינו מדבר - כדלעיל סימן שצ"ג סעיף ב', ואנן לא נהגינן הכי כמו שנתבאר שם.

סעיף יג - במקומות שעושין שני י"ט, מי שמת לו מת ביום טוב שני שהוא יום טוב האחרון של פסח או של חג, או ביום טוב שני של עצרת, וקברו בו ביום, נוהג בו האבלות, הואיל ויום טוב שני מדבריהם, ואבילות יום ראשון שהוא יום מיתה וקבורה של תורה, ידחה עשה של דבריהם מפני עשה של תורה. אבל אם מת בי"ט שני של ר"ה, וקברו בו ביום, אינו נוהג בו אבלות, ששני הימים כיום ארוך הם - ‹מ"מ אע"פ שהם כיום אחד לחומרא בדיניו המבוארים במקומו, אבל עולה לו למנין שלשים – לבוש›.

במה דברים אמורים בשבעה מתים המפורשים בתורה שהכהן מטמא להם, אבל אותם שהוסיפו עליהם (כדאיתא בסימן שע"ד), אין אבלותם אלא מדרבנן, לפיכך אינו

נוהג עליהם אבלות בשום יום טוב. **ואפילו באותם שאמרנו שנוהג אבילות ביום טוב שני, אינו קורע.**

והעולם נוהגין שלא להתאבל בי"ט שני של גליות על שום מת, אפילו הוא יום מיתה וקבורה. הגה: דסוברין כדעת האומרים שאין שום אבלות דאורייתא, וכן המנהג פשוט, ואין לשנות (ר"ת ור"י ורא"ש).

[ברמב"ם כאן לפני זה בבא אחרת, דהיינו: הקובר את מתו ברגל כו', המקומות שעושין ב' י"ט, מונה השבעה מיו"ט שני האחרון, אף על גב שאין נוהג בו אבילות, לפי שהוא מדבריהם, ע"כ עולה למנין ז', ומונה אחריו ששה בלבד, והשלחן ערוך לא הזכירו כאן, לפי שבאורח חיים סימן תקמ"ח הזכירו]. ‹אגב שיטפא דגירסא נעלם ממנו מה שכתב השו"ע בהדיא דין זה סוף ס"ב – פמ"א›.

[וכתוב במהרי"ל וז"ל, יום שני של ראש השנה איני מורה שיעלה למנין שבעה, ואמר שכן הוא במיימוני, אבל בשאר יום טוב מודה שעולה, עכ"ל, ורא"ה פסק גם הוא היכא שקברו ביום טוב אחרון, אבל קברו ברגל קודם לכן לא, ומ"מ אין לנו אלא כפסק השו"ע באו"ח, די"ט ב' של גליות עולה אפילו מת ונקבר בראשון על ידי עממים, וטעם שהחמיר מהרי"ל בר"ה, לפי שהוא כיומא אריכתא עם היום הראשון, וע"כ אין סברא למנות מיום שני כל שמת ונקבר ביום הראשון, דכשם שהראשון אינו עולה למנין ז', כך השני כחד יומא הם, **אבל** אם נקבר ביום שני של ר"ה, נראה פשוט דמונה ממנו, דהא עכ"פ מדבריהם הוא, כמ"ש הטור לדעת הרמב"ן והגאונים, אין בזה עיכוב לומר דהא שייך ליום הראשון, דזה ודאי דהא בכל דצריך מנין ימים ודאי מנינן ר"ה לשני ימים, רק באם הוה הקבורה ביום טוב ראשון של ר"ה, ואז לא מנינן אותו הראשון, אז גריר אבתריה גם יום השני מחמת דיומא אריכתא חשבינן ליה, משא"כ בנקבר ביום שני, כן נראה לי ברור].

‹אבל י"א דאין חילוק בין ר"ה לשארי רגלים, ואפילו בקברו ביום ראשון, השני עולה לו – ב"ח, ולזה הסכימו כמה גדולים וכן המנהג, כ"כ הבאה"ט בשם גינת וורדים ות"ח ע"ש, ותימה על הט"ז שלא הזכיר דברי הב"ח כלל – ערוה"ש›. ‹ועיין לעיל ס"ב בדברי הש"ך ופת"ש›.

סעיף יד - מת לו מת בערב יום טוב, ונתיירא שמא לא יספיק לקוברו מבעוד יום, ומסרו לעובדי כוכבים שיוליכוהו לקוברו, כיון שהוציאוהו מהעיר ונתכסה מעיני הקרובים חלה עליו אבלות - וכמו שנתבאר לעיל ר"ס שע"ה, ‹ואפילו למה שבארנו שם דנמסר לכתפיים אינו אלא בעיר אחרת, שאני הכא שהרי בכוונה רצונם לסלק את עצמם מזה, ולכן אצלם הוה כלאחר קבורה – ערוה"ש›, **ואם הוא שעה אחת קודם הרגל, ונהג בו אבילות, בטלה לה גזירת שבעה אף על פי שנקבר ביום טוב.**

[ראיתי להזכיר פה מה שראיתי במקצת מקומות, כשקוברין מת ביום טוב ראשון ע"י עממים, באין ישראלים ומחזירים העפר לתוך הקבר על המת עד זיבולא בתרייתא, והוא איסור גמור בעיני, דהרי מלאכה גמורה היא ויש בזה משום בונה, ופשיטא דאסור על ידי ישראל, ע"כ יש ליזהר בזה לעשות ע"י עממים, על כל צרה שלא תבוא].

§ סימן ת – דיני אבלות בשבת §

סעיף א - שבת אינו מפסיק אבלות - ‹שהרי אי אפשר שבעת ימים בלא שבת, ואם היה מפסיק לא יהיו לעולם שבעה ימים, וכבר אסמוכינו אקרא דימי אבילות הם שבעה, לפיכך עולה – לבוש›. **ועולה למנין שבעה, שהרי קצת דיני אבלות נוהגים בו, דהיינו דברים שבצינעא שהם: תשמיש המטה ורחיצה. אבל דברים שבפרהסיא (לא), דהיינו להסיר עטיפתו** - "אבל דברים שבפרהסיא דהיינו להסיר עטיפתו, אינו נוהג, ‹ר"ל שאינו נוהג אבילות בעטיפת הראש, אלא צריך להסיר עטיפתו›, וצריך ללבוש מנעליו ולזקוף המטה" כו', כן ראוי להיות.

(ודוקא כשהוא מעוטף עטיפות ישמעאלים כמו שנתבאר לעיל סימן שפ"ו, אבל קצת עטיפה שנוהגים בקצת מקומות כל לי, אין צריך

להסיר בשבת, כואיל ויש לו מנעלים ברגליו (מכרי"ו) - לא ידעתי מה ענין מנעלים ברגליו לכאן, דמאן דמתיר משום מנעלים ברגליו, מתיר אפי' בעטיפת ישמעאלים, כדמשמע בש"ס ורמב"ן, **ובאמת** במהרי"ו כ' דהכא מותר מטעם כיון שנוהגים בעטיפה זו גם אחר ז' ימי אבילות, דלא אסרינן דבר שבפרהסיא אלא מה שאינו רק תוך ז', **ואח"כ** כתב דמותר ג"כ מטעם דמנעלים ברגליו, עיין שם, **ובעט"ז** השמיט האי סיומא דהואיל ויש לו מנעלים ברגליו.

כתב הב"ח, דמהרי"ו מיירי באותה עטיפה שהוא לבוש שקורין קאפ"א, לפי מה ששמעתי שנוהגים להתעסק בה כל ל', **אבל** לשום הכובע לפני העינים שנוהגים במלכותינו כל ז' בלחוד, דזהו נקרא עטיפה לדידן, הוי פרהסיא בשבת, אם לא יגביה הכובע כדרך כל אדם, **הילכך** מיד שמתחיל הש"ץ ברכו, חייב להגביה הכובע, ע"כ.

וללבוש מנעליו, ולזקוף המטה מכפייתה, ושלא ללבוש בגד קרוע, אלא מחליפו, ואם אין לו להחליף מחזיר קרעו לאחריו - והאידנא לא נהגו לדקדק בזה, ואפשר דמנעלים מוכיחים עליהן, וכמ"ש הגהמ"י ומביאה בית יוסף, דהיכא דמנעלים ברגליו, אין צריך לחזרת קרע, עיין שם.

ות"ת הוי דבר שבצינעא, אבל לחזור הפרשה - כתוב בדרישה בשם מהרש"ל, דה"ה לחזור שנים מקרא ואחד תרגום מותר, ע"ש, **כיון שחייב אדם להשלים פרשיותיו עם הציבור, הוי כקורא את שמע ומותר** - [ובאגודה כתב: ונראה לאיסור, וכ' רש"ל להכריע, דבחול אסור, ובשבת שרי, שהוא זמנו והוא מחובת היום, עד כאן לשונו].

‹**באשל** אברהם כ', דאפשר אם חל יום ז' בשבת, צריך להמתין עד אחר יציאה מבהכ"נ, וישלים קודם אכילה - רעק"א.

‹**ועיין** בספר בית הלל בהג"ה לבן המחבר שכתב, לפי דברי הי"א באו"ח סי' רפ"ה, שעד רביעי בשבת הוי לאחר שבת לענין שיקרא הסדר שמו"ת, וא"כ כשישלים הז' ימי אבילות בא' או בב', אינו רשאי לקרות בשבת הסדר שמו"ת, אחר שיכול להשלים עד רביעי בשבת, עכ"ד, **ועיין** בשאלות ותשובות ארבעה טורי אבן שחולק עליו, וסובר דלעולם צריך לקיים המצוה כתקנה לקרות בשבת עצמו. **וכתב** עוד שם, דאסור ללמוד משניות מסכת שבת כמנהגו בכל שבת, ע"ש).

‹**וראיתי** לאחד מהגדולים שכתב, שמי שרגיל ללמוד בכל יום ח"י פרקים משניות, יכול ללמוד אותם גם בשבת שבימי אבלו, ולפי"ז אם יש לו שיעור קבוע ללמוד גמ' ופוסקים, ג"כ יכול ללמוד באותו שבת, וכן אם הוא רגיל ללמוד בכל שבת סדר הפרשה עם פירש"י, ג"כ יכול ללמוד, **אבל** ראיתי לאחד מהגדולים שכתב להיפך, דפרש"י של הסדרא אסור, וכן מי שרגיל לקרא בכל יום בספר חק לישראל, אסור באותו שבת, דלא התירו רק חיוב כללי כשנים מקרא ואחד תרגום, שכל ישראל עושין כן, **ואמנם** לענ"ד, כיון דלדעת הירושלמי גם בחול מותר ללמוד בדבר שאינו רגיל, וכן מתיר הירושלמי למי שהוא להוט אחר התורה, וכן יש מהסוברים דת"ת לא נאסרה רק יום ראשון כתפילין, ונהי דלא קיי"ל כן, מ"מ המיקל בשבת שבתוך האבלות במה שנתבאר, יש לו עמודים גדולים לסמוך עליהם - ערוה"ש›.

ואם קראו את האבל לעלות לתורה, צריך לעלות, שאם היה נמנע היה דבר של פרהסיא; ורבינו תם היו קורים אותו בכל פעם שלישי, ואירע בו אבלות ולא קראו החזן, ועלה הוא מעצמו ואמר כיון שהורגל לקרותו שלישי בכל שבת, הרואה שאינו עולה אומר שבשביל אבלות הוא נמנע, והוי דברים של פרהסיא.

(וכן אם הכהן אבל ואין כהן אחר בבהכ"נ, מותר לקרותו; אבל בענין אחר, אסור) (הגהות מיימוני) - (עיין בתשו' חת"ס, שהאריך קצת מדוע השמיט הרמ"א הא דאיתא בהגמי"י בשם מהר"ם מרוטנבורג, דטוב שיצא מבהכ"נ קודם שיקראו לתורה, ‹**נראה** דס"ל, דלומר לו אינו כדאי, דזה הוי כפרהסיא, ולכן טוב שיצא מעצמו קודם קריאת התורה, אבל כשהתחילו לקרות לא יצא, דמינכר טובא והוי כפרהסיא, ולכן יקראו אותו - ערוה"ש›, **ובסוף** כתב מ"מ פשוט, במקום דכהן רגיל לצאת מבהכ"נ כדי לקרוא ישראל במקומו, א"כ גם כשהוא אבל ליכא אבילות פרהסיא כולי האי אם יוצא מבהכ"נ, **ומ"מ** אם אינו יוצא וקורים אותו, אין בכך כלום, ע"ש).

[**וכתב** רש"ל בתשובה, **דאבל שיום מילת בנו בשבת, אין לו לעלות לתורה, אף על פי שנהגו בקצת מקומות**

שאבי הבן הוי חיוב לעלות ביום מילת בנו, מ"מ לא מקרי פרהסיא]. ‹וליתא לדידן דנוהגין לעשות שורה, והעולים עושים מי שבירך בעד אבי הבן, אין לך פרהסיא גדולה מזו, ושפיר דמי להעלותו לתורה – פר"ח›.

(עבה"ט של הרב מהרי"ט ז"ל בשם רש"ל, ועיין בתשו' דת אש שדעתו אינו כן, וכתב דאם אירע לאבל בשבת שתוך ז' הוא חיוב לעלות לתורה, כגון אם אשתו יולדת או שהוא יא"צ, מותר לעלות לתורה, דאם אינו עולה, יהיה אבילות דפרהסיא, ע"ש).

(עיין בתשו' גבעת שאול שכתב, דמה שנוהגים העולם בע"ש תוך ז' ימי אבילות, לישב על כסא וספסל וללבוש מנעלים תיכף אחר חצות היום מפני כבוד שבת, טעות הוא, וראוי לכל בעלי תורה למחות ולגעור באותם אנשים המקילים בדבר זה ולבטל מנהגם, ע"ש. ועיין בשו"ת שיבת ציון שכתב, דאבל בע"ש משעה שהקהל קבלו עליהם שבת, דהיינו באמירת ברכו, פסק דין אבילות, דאז הוא הכנסת שבת, וכן נוהגין, שהאבל עומד בע"ש למנחה בחליצת מנעלים חוץ לבהכ"נ, וקודם שמתחיל החזן ברכו קוראים להאבל שיכנוס, ונועל מנעליו, וכל זה אם האבל דר במקום שמתפללין בצבור, והיחיד נגרר אחר הצבור, אבל אם האבל דר במקום שאין שם מנין עשרה, ודאי שאין האבל רשאי להקדים לקבל עליו שבת בעוד היום גדול כדי לפטור עצמו מדיני האבילות, ואף שהוא נוהג בכל שבתות השנה להוסיף הרבה מחול על הקודש, אפ"ה בע"ש שבתוך האבילות אינו רשאי להסיר מעליו חיוב דיני אבילות קודם זמן מנחה קטנה, שהוא ב' שעות ומחצה קודם הלילה, אבל מזמן מנחה קטנה רשאי להקדים, ע"ש).

‹אבל לא ילבש מנעלים עד סמוך לשבת, והיינו מפלג המנחה ולמעלה, שהוא שעה ורביע קודם הלילה. ויכול ללבוש כתונת נקיה, דאין זה תענוג, אלא להסיר הזיעה והערבוביא, וראיתי מי שכתב, שיכול ללבוש גם בגדי שבת, ואין מנהגינו כן, ורק פושטין הבגד שבו הקריעה ולובשין בגד אחר, אבל לא בגדי שבת, ורק בתוך שלשים לובשים בגדי שבת, וגם בתוך שלשים יש שאין לובשין בגדי שבת, אבל בתוך שבעה לא ראינו מי שילבש בגדי שבת. ומהרי"ל לא היה מברך הילדים בשבת שבתוך אבלות כדרכו בכל השבתות, דאין זה ממילי דפרהסיא. ואצלינו המנהג בהרבה מקומות, שהאבל ממתין בע"ש קודם קבלת שבת בהפרוזדור של בהכ"נ או של בהמ"ד, וקודם קבלת שבת מכריז השמש: לכו נגד האבל, וקמים העם ממקומם ויוצאים נגדו, והוא נכנס לבהכ"נ או לבהמ"ד, וכמה שאין רצונם בזה, ועושים מנין בביתם לקבלת שבת – ערוה"ש›.

סעיף ב - גררתו חיה או הרגוהו לסטים, ובשבת נתייאש מלבקש, כיון דדברים שבצינעא נוהג בשבת, עולה לו ליום אחד - דכיון דנתייאשו לבקשו הוי ליה כנקבר, כדלעיל סימן שע"ה סעיף ז', ושבת עולה אפילו בתחלת המנין, כדלקמן סימן ת"ב ס"ז.

הגה: אם פגע יום ז' של אבלות בשבת ויום כ"ט בערב שבת, מותר לו לרחוץ בערב שבת, אף במקומות שנוהגין שלא לרחוץ כל שלשים, דהואיל ומדינא שרי לאחר שבעה, אלא שנהגו להחמיר כל ל', בכהאי גוונא שרי משום כבוד שבת.

וה"ה כל כיוצא בזה, כגון לחזור אל מקומו בליל שבת וללבוש בגדי שבת, דהא נמי אינו אלא מנהג בעלמא, כמו שנתבאר לעיל סי' שפ"ט וש"ל; ואף על פי שיש לחלק בין רחיצה שאסורה בשבת ובין דברים אלו שאפשר לו לעשות בשבת, מ"מ אין נ"ל לחלק בכך.

(עבה"ט של הרב מהרי"ט ז"ל לענין גלוח, ועיין בתשו' אא"ז פמ"א שכתב, דלהאוסרים גילוח ה"ה ליטול צפרניו בסכין אסר, ופסק כן ע"ש. ועיין בתשובת תשואת חן שהאריך בזה והעלה, דמי שאין לבו נוקפו יכול לסמוך ולהקל לכבוד שבת אף בגילוח, עיין שם). ‹ומבואר להדיא, דמה שאסור מדינא דגמ' כל שלשים, כמו גלוח ונטילת צפרניים בסכין, אסור בע"ש בכ"ט לאבלות, ולא דמי לחול שמיני שלו בשבת ערב הרגל דמותר לגלח מע"ש, כמ"ש בסי' שצ"ט, דבשם התירו מפני כבוד הרגל – ערוה"ש›.

§ סימן תא - דברים הנוהגים בחול המועד §

סעיף א - אין מניחין את המטה ברחוב בחוה"מ, שלא להרגיל את ההספד, שאסור להרגיל את ההספד בחוה"מ, אלא לכבוד ת"ח; לפיכך אין מוליכין המת לבית הקברות בחה"מ, עד שיהיה כל הקבר מתוקן ומזומן - «אבל תלמיד חכם מניחין את המטה ברחוב ומוליכין אותו לבית הקברות לכבודו, כדי שירגילו עליו את ההספד אפילו במועד - לבוש».

סעיף ב - אין קורעין בחוה"מ אלא מי שהוא חייב לקרוע (כדאיתא בסי' ש"מ), אבל מי שאינו חייב, ורוצה לקרוע מפני הכבוד, אסור - «כלומר לאפוקי מי שרוצה לקרוע על מת בשביל חכמתו ויראתו, או שהוא אדם כשר, או רבו, או שעומד בשעת יציאת נשמה, באלו אין קורעין בחוה"מ. [**תימה**, דזהו כנגד הגמ', וכנגד השו"ע בסי' ש"מ סל"א ואו"ח סי' תקמ"ז ס"ו]. **וכבר** נתבאר לעיל סי' ש"מ, דמנהגינו לבלי לקרוע ע"כ המתים בחוה"מ לבד על אביו ואמו, **וע"ש** דבמקום שאין מנהג יש לקרוע על כולם, דכן הוא מעיקר הדין, שעל ז' מתי מצוה מותר וצריך לקרוע בחה"מ - ערה"ש».

סעיף ג - שמע בחול המועד שמועה קרובה, חייב לקרוע.

סעיף ד - אין חולצין כתף במועד ואין מברין בו אלא קרוביו של מת; אבל הקרובים מברין - «וזה שנתבאר בסי' שע"ח, דאחר הרגל מברין ביום שנוהג אבלות, זהו הבראה אחרת לבד דחוה"מ, **אך** רבינו הרמ"א כתב שם, דאנחנו אין נוהגין בהבראה שלאחר המועד. **אמנם** עתה כמדומני שאין נוהגים בחוה"מ בהבראה - ערוה"ש». **וה"ה לחנוכה ופורים ור"ח. וכשמברין, אין מברין אלא על מטות זקופות.**

אבל ביו"ט, אפילו ביו"ט שני, אין קורעין ולא חולצין ולא מברין - «אף דהמחבר פסק סי' שצ"ט סי"ג, דאם יום מיתה וקבורה ביו"ט ב', מתאבלין, אפ"ה אין מברין, א"כ משמע דהבראה קיל יותר, וא"כ אמאי בחוה"מ הוא בהיפוך, דאין מתאבלין ומ"מ מברין, **וצ"ל** דהבראה אינו ענין לאבילות, אלא דהוא כעין הספד, ומש"ה אין מברין בי"ט ב', אבל בחה"מ מברין, דמ"מ לא הוי הספד, כ"כ תפל"מ - רע"א».

ובחוה"מ מברין הכל על החכם לתוך הרחוב, כדרך שמברין את הקרובים, שהכל כקרוביו.

סעיף ה - נשים בחול המועד מענות, דהיינו שכולן עונות כאחת; אבל לא מטפחות, דהיינו להכות כף על כף. בראש חדש, חנוכה ופורים, מענות ומטפחות - «כדי לעשות היכר בין ראש חדש חנוכה ופורים לחול המועד, להראות דחול המועד עדיף - לבוש». **אבל לא מקוננות, דהיינו שאחת מדברת וכולן עונות אחריה. נקבר המת, לא מענות ולא מטפחות.**

והני מילי לאינש דעלמא, אבל לתלמיד חכם, בין בחול המועד בין בראש חדש, חנוכה ופורים, מענות ומקוננות כדרכן בחול; והני מילי בפניו, אבל שלא בפניו, לא. ויום שמועה, אפילו רחוקה, כבפניו דמי - «ועכשיו אין אצלינו כל הדברים הללו, מיהו למדנו מזה דבחוה"מ ור"ח חנוכה ופורים טוב למעט בבכיות והספדים, לבד על ת"ח בפניו - ערוה"ש».

סעיף ו - אומרים על המת צדוק הדין וקדיש, כדרכן. וכן ביום טוב שני; אבל ביום טוב ראשון, כיון שאין מתעסקים במת אין אומרים אותו. הגה: ויש חולקין שלא לומר לדוק הדין במועד - «מפני שהוא כמו תחנה - לבוש», **וכן המנהג פשוט במדינות אלו שלא לומר לדוק הדין בכל הימים שאין אומרים בהם תחנון, ולכן אין אומרים ג"כ כשקוברין אחר חלות בערב שבת** - «מפני שהוא סמוך לשבת, וכמו שאין אומרים תחנון במנחה מפני שהוא סמוך לשבת - לבוש». **אבל** בערב ר"ח ובערב חנוכה *אומרים אפי' אחר חצות, דלא עדיפי כע"ש, כ"כ העט"ז, **ומשמע** דה"ה בעי"ט אחר חצות אין אומרים.

***ובעולת** שבת כתב ע"ז, ולי נראה דאם קוברין את המת אחר שהגיע זמן מנחה, אפי' מנחה גדולה, א"א צדוק הדין, **ובחק** יעקב כתב, ופה פראג המנהג שלא לומר אחר חצות בימים אלו, רק בער"ח, לפי שאומרים ג"כ סליחות שקורין יו"כ

קטן אחרי חצות, אומרים ג"כ צדוק הדין, **ובא"ר** שם העיד באופן אחר, שכתב פה פראג נוהגין שא"א אפילו בער"ח, **וסיים** שם וראשון עיקר, והיינו הש"ך כאן, דהא יש פוסקים דאפי' ביו"ט לומר, עכ"ל – רעק"א›.

‹**ועיין** בתשו' גבעת שאול, דבערב ט"ב אחר חצות אומרים צדוק הדין, אף דאקרי מועד›. ‹**וכן** בתענית אסתר אחר חצות, וערב ל"ג בעומר אחר חצות, שאומרים, **ובי"ד** באייר במקומות שאין אומרים מפני פסח שני, אין אומרים – ערוה"ש›.

י"א שאם קוברים המת בלילה, שאין אומרים קדיש ולא צדוק הדין – ‹שיש בו סוד שלא להגביר דינא, והבן, וכיון שאין אומרים צדוק הדין, גם קדיש אין אומרים, שאין הקדיש אלא בשביל פסוקי צדוק הדין – לבוש›.

סעיף ז - מת לו מת קודם פורים, ופגע בו פורים, אינו מפסיק האבילות; ומ"מ אין אבלות נוהג בו, לא בי"ד ולא בט"ו, אלא דברים שבצינעא נוהג, וחייב לשלוח מנות. ואף על פי שאינו מתאבל בהם, עולים לו ממנין השבעה, כמו שבת.

ומהרש"ל פסק דצריך לנהוג כל דיני אבילות, ושכן המנהג, והביאו הדרישה, ע"ש, וכ"כ המחבר באו"ח סי' תרצ"ו ס"ד, ‹וז"ל: כל דברי אבילות נוהגים בחנוכה ופורים›. **ודרישה** כתב ליישב דברי המחבר דלא סתרי אהדדי, דבאו"ח מיירי שמת לו מת בו ביום, וכאן מיירי שמת קודם לכן, ודוחק. ‹**ויש** שרוצים להגיה באו"ח, דהאי "בחנוכה" צ"ל "בצינעא", וה"ק כל דברי אבלות בצינעא נוהגים בפורים, ובזה מיושב מה שמזכיר שם חנוכה בהלכות פורים, והו"ל להביאו בהלכות חנוכה סי' ת"ע, ששם מזכיר דיני חנוכה בהספד, אלא ודאי שט"ס הוא וצ"ל "בצינעא" – באה"ט›. **והרב** בהג"ה שם פסק כהמחבר כאן, וכתב שכן נוהגין, והב"ח לא הביא אלא דברי מהרש"ל, ע"ש.

§ סימן תב – דין שמועה קרובה ורחוקה §

סעיף א - מי שבאה לו שמועה שמת לו קרוב, אם בתוך ל' יום הגיעה השמועה, אפילו יום ל' עצמו, הרי זו שמועה קרובה וחייב לנהוג שבעה ימי אבלות מיום שהגיע השמועה – ‹אף על גב דביום ל' אמרינן מקצת היום ככולו, כמ"ש בסי' שצ"ה, וא"כ כששמע ביום ל' באמצע היום נאמר דהוי שמועה רחוקה, דאינו כן, דדוקא כשנהג אבלות אמרינן מקצת היום ככולו, ולא בשלא נהג – ערוה"ש›.

וקורע ומונה ל' יום (מיום השמועה) לתספורת עם שאר דברים. כללו של דבר, יום שמועתו הקרובה כיום הקבורה – [מבואר בב"י סימן זה בשם הרמב"ן, דביום השמועה קרובה לא יניח תפילין כמו ביום הקבורה]. **כן** משמע להדיא במחבר גופיה ס"ב, מדכתב בשמועה רחוקה, אם היה לבוש תפילין א"צ לחלצן, מכלל דבקרובה צריך לחלצן, וכ"ש שלא יניחן - נקה"כ.

ואם שמע מיום ל' ואילך – ‹אפילו בלילה השייך ליום ל"א – ערוה"ש›, **א"צ לנהוג אלא שעה אחת** – ‹ולאו דוקא שעה שהוא אחד מכ"ד במעת לעת, אלא איזה עת – ערוה"ש›. ‹**דאע"ג** שאמרנו שמועה רחוקה דינה יום אחד, כבר אמרנו גם כן דלענין אבילות קיימא לן מקצת היום ככולו, לפיכך סגי בשעה אחת – לבוש›, **לא שנא שמע ביום לא שנא שמע בלילה, שאם שמע בלילה ונהג מקצת אבלות בלילה שעה אחת, עולה לו.**

ואפילו שמע על אביו ואמו. והני מילי לענין גזירת שבעה, אבל לענין גזירת שלשים – [פי' מה שתלוי בשאר קרובים במנין שלשים, דהיינו גיהוץ ותספורת, זה נוהג באביו עד שיגערו כו'], **נוהג על אביו ואמו בתספורת עד שיגערו בו חביריו, ובגיהוץ עד שיגיע הרגל ויגערו בו** – ‹עיין מש"כ הפת"ש בסי' שפ"ט ס"ה, אם צריך שיגיע הרגל›.

וכן בשאלת שלום וליכנס לבית המשתה – [ר"ל דברים האסורים בי"ב חדש], **ומונה מיום מיתה ולא מיום שמועה** – ‹דאבילות י"ב אינו אלא משום צער דינו שדנין אותו, ואין הדין תלוי בשמועתו, אלא מיום מיתתו – לבוש›, **לפיכך אם באה לו שמועה על אביו ואמו לאחר י"ב חדש, אינו נוהג אלא יום אחד** - כלומר שעה אחת, **אף בגזירת ל'.**

שיגערו - ‹ואם גערו בו תוך ל', ע' בשכנה"ג מחלוקת הפוסקים האחרונים בזה, [ועיין במ"ש רבינו סי' ש"ץ] – רעק"א›.

סעיף ב - השומע שמועה רחוקה, אין צריך לנהוג כל דין אבלות, אלא דיו בחליצת מנעל, ואין צריך לא עטיפה ולא כפיית המטה, ומותר במלאכה, רחיצה וסיכה ותשמיש המטה ובתלמוד תורה, ואם אין לו מנעלים ברגליו, צריך שיכפה מטתו או יעטוף ראשו, שצריך שיעשה מעשה שניכר בו שעושה משום אבלות - ‹וזהו לפי מנהגם, ואצלינו שאין לנו כפיית המטה ועיטוף, נ"ל שישב על הקרקע שעה אחת, דאצלינו הוא עיקר האבלות מה שיושבין על הקרקע, אבל בחולץ מנעליו גם זה א"צ – ערוה"ש›.

ואם היה עוסק בתורה או במלאכה, או שהיה רוחץ וסך, ובאה לו שמועה, מפסיק שעה אחת משום אבלות, וחוזר למה שבידו - ‹דאע"ג דמעיקר הדין אין חשש בזה כיון שחולץ מנעליו, מ"מ כיון שדברים אלו אסור בהם כל שבעה, צריך להפסיק מהם – ערוה"ש›, **אבל אם היה לבוש תפילין, אינו צריך לחלצן** - לפי שאף בשעת אבילות מניח תפילין ואינו חולץ, אלא ביום ראשון לבד, ולא תהא שמועה רחוקה חמורה מיום ב' של אבילות קרובה, עכ"ל רמב"ן, **ומ"מ אינו יוצא ידי אבלות בהפסק זה, וצריך שיעשה מעשה שניכר שעושה משום אבלות, כגון חליצת מנעל או כפיית המטה ועטיפה; ומיהו בחדא סגי.**

סעיף ג - אין מברין על שמועה רחוקה - ‹דלשני הטעמים שכתבתי לעיל סימן שע"ח ס"א בטעם הבראה, לא שייכי הכא – לבוש. **וע"ש** סי"ב שכתב: שאין בה מרירות כל כך›.

סעיף ד - אין קורעין על שמועה רחוקה; ועל אביו ואמו, קורע לעולם. (ובמקום שאין לו לקרוע, אסור להחמיר על עצמו ולקרוע (א"ז) - ‹דאין זה חומרא שנאמר שמחמיר על עצמו, דאסור משום בל תשחית – ערוה"ש›. **אם** לא על אביו ואמו, או אדם גדול שהיה רגיל להקשות לו בדבר הלכה דהוי מסתפי מיניה, אם בא לעשות מילתא יתירה לכבודו מותר, כ"כ הב"ח בשם א"ז. ‹**דעושה** כן מפני צער התורה שנחסר במיתתו, וכן על רבו שרוב חכמתו ממנו, קורע עליו אפילו בשמועה רחוקה, כמ"ש בסי' ש"מ ע"ש – ערוה"ש›.

סעיף ה - השומע שמועה בשבת או ברגל, ולמוצאי שבת ורגל נעשית רחוקה, אינו נוהג אלא יום אחד - כלומר שעה אחת, **ובשבת ורגל אסור בדברים של צינעא** – [וטעם לזה שאינו נוהג אבילות אחר השבת, אף על גב דביום השבת התחיל והוא ביום השלשים, **דכיון שאינו מתאבל** אבילות גמור באותו שבת רק בדברים שבצינעא, **על כן** אין גזירת אבילות אחריו, ‹**שאם** כן היה מה שהוא גורם חמור מהוא עצמו, שהרי בו עצמו אין כל אבילות נוהג בו, ומחמתו יהא כל דין אבילות נוהג, אין זה בדין שיהא חמור מה שיבואו בגרמתו יותר ממנו – לבוש›, **כך כתב ב"י בשם רשב"א, וכ' הרמב"ן, דבאותו שבת ורגל אסור בדבר** שבצינעא כל אותו יום, **ולא אמרינן בזה מקצתו ככולו, כיון שיש עליו חוב ליום שאחריו שעה אחת, היאך נאמר שיפסיק מאבילות ויחזור לו**].

ומכאן פסק הב"ח, לישב במוצאי שבת שעה א' על הארץ ולנהוג אבילות, ואפי' אם חל יום הז' בשבת צריך לנהוג אבילות שעה אחת במוצ"ש, דהא הכא אף על גב דדברים שבצנעא נוהג בשבת, לא נפטר בזה, וצריך לעשות במו"ש מעשה שניכר בו משום אבילות, עכ"ד, [**ודרך זה הוא רחוק מאד, דהיאך ישלים ביום השמיני מה** שהיה חייב בז', **אין זה אלא תימה, ותו דא"כ אם יש שבת באמצע שבוע של אבילות, היאך ישלים במ"ש מה** שחייב לעשות בשבת, **הלא אותו אבלות מה שעושה במוצאי שבת הוא משום חיוב יומא גופיה, והיאך תצרפו לעבר ולעתיד**]. **ולפע"ד** לא דמי כלל, דהכא כיון שחכמים חייבו לנהוג אבילות כראוי עכ"פ שעה אחת, וביום השבת אין נוהגין אבילות רק במקצת, א"כ מעולם לא נהג זה דין אבילות כראוי אפי' שעה אחת, לכן חייב למוצאי שבת או למוצאי הרגל לנהוג אבילות שעה א', **אבל** מי שנהג אבילות ז' ימים ותוך הז' חל יום השבת, למה יתחייב באבילות במו"ש, ואפילו זלזל במקצת הימים ולא נהג אבילות, קי"ל לעיל סי' שצ"ז דאין צריך להשלים, וכ"ש יום השבת דנהג אבילות כדינו.

עוד האריך הב"ח להוציא דברי הר' יחיאל מפשטן, ופסק דאם חל יום ז' של אבילות בשבת, צריך לנהוג דברים שבצינעא כל היום, כיון שאינו נוהג בשבת אלא דברים שבצינעא, והביא ראיה ממאי דקי"ל בסעיף ב', דצריך שיעשה מעשה הניכר משום אבילות, [**ורוצה** לאסור לאותו אבל לקרות בתורה אפי' במנחה, כיון שאין עושה מעשה הניכר בו משום אבילות, **ועפ"ז** כ' ליישב מה שנהגו איזה אנשים כשחל יום ז' בשבת, לישב במוצאי שבת שעה אחת על הארץ, כדי לעשות היכר לאבילות שביום השבת לא עשה היכר], **וכל** מעיין ישפוט בצדק, דדעת הר"ר יחיאל דגם בשבת אמרינן מקצת יום ככולו, ונוהג מקצת יום השבת ותו לא, ואין חולק עליו בזה, והכי משמע פשט לישנא דש"ס ופוסקים, דלא לישתמיט חד לפלוגי בהכי, **ולא** דמי לדלעיל סעיף ב' מטעם שכתבתי בסמוך.

[**ואפי'** בשחרית יש היתר לקרותו בתורה, אלא כיון שבחול ממתין עד אחר התפלה של שחרית, גם בשבת יעשה כן, אבל במנחה יש היתר גמור לקרותו לתורה, ואין עליו דין שביעי לגמרי].

[**ואותן** האנשים שיושבים על הארץ במוצאי שבת אחר יום השבת שהוא שביעי לאבילות, הם עושים מדעתם ומוסיפים אבילות שלא מדברי חכמים כלל, **ואפשר** שבא הטעות ההוא ממה שראו בסעיף ו', שבמוצאי שבת ורגל נוהג אבילות שעה אחת, נמשך להם הטעות שבכל שבת של אבילות הם סוברים לעשות כן, **והוא** טעות גמור, דשם הוה החיוב הגמור במוצאי שבת משום שמועה רחוקה, משא"כ בזה, **ואדרבה** משם ראיה למה שכתבתי, שהרי כתב שם הרמב"ן דבכל אותו שבת אסורים בדבר שבצינעא, כמו שזכרתי בסעיף ה', והיינו משום שיש עליו עדיין חיוב אבילות במוצאי שבת, **משמע** הא בלאו הכי לא אסור כל השבת, אלא מקצתו ככולו, וכן הוא עיקר בלי ספק, ואין ראיה מאותן אנשים דלאו דסמכי נינהו].

[**ואין** להקשות, הא אמרינן בסימן שצ"ה בענין מקצת היום ככולו של יום השביעי, דתלוי דוקא בעמדו המנחמים מאצלו, ולא סגי בהנץ החמה כמו ביום שלשים, **הא** לאו קושיא היא כלל, דבכל ענין שאמרו מקצתו ככולו, היינו שאותו מקצת צ"ל בו מאותו ענין שחייב בשאר ימים בכולו, **דהיינו** במקום שתלוי האבילות בקום עשה, כגון במנין שבעה שצריך לעשות מעשה בחליצת סנדל וזקיפת המטה וכיוצא בהם, בזה אמרינן דצריך באותו מקצת של יום השביעי לעשות מעשה החיוב עליו, ולא סגי בשב ואל תעשה, ונתנו גבול לזה המקצת עד קימת המנחמים מאצלו, שעד אותה שעה ראוי להיות בקום עשה מה שמוטל עליו בעת ההיא, מה שאין כן לדין ל' שאין עליו חיוב בקום עשה רק בשב ואל תעשה, דהיינו דאסור גיהוץ ותספורת, בזה סגי בהנץ החמה, כיון דכבר נהג איסור בשב ואל תעשה די בכך, **ומשום** הכי בשמע שמועה רחוקה שנוהגת שעה אחת, היינו נמי בקום עשה שצריך לעשות מעשה דוקא, כעין שצריך לעשות בשמועה קרובה שבעה ימים, כן יעשה ברחוקה אותה שעה, וכמ"ש בסעיף ב' בסי' זה, **ומשום** הכי כשחל יום שביעי של שבעה ימים בשבת, סגי במקצת אף על גב דאין עושה מעשה באותו מקצת, דהא גם ביום השבת כולו לא יעשה מעשה הניכר, אלא דעולה למנין משום דנוהג בו דבר שבצינעא, ובזה סגי במקצת ממנו, והוי כיום השלשים ממש שזכרנו, כנ"ל ברור].

[**אבל** אם שמע שמועה בשבת שהוא כ"ט, אז נוהג לאחר השבת שבעה ושלשים, רש"ל].

‹**ואם** שמע ביום א' דרגל שמועה קרובה, דהיינו שהוא יום כ"ח למיתה, וביום ג' דרגל נעשה רחוקה, י"ל דמיום ג' ואילך אינו נוהג דברים שבצנעה, כמו בשומע שמועה רחוקה ברגל כדבסמוך ס"ו, וצ"ע לדינא – רעק"א›.

סעיף ו - השומע שמועה רחוקה בשבת או ברגל, אינו נוהג אפילו דברים שבצינעא, ולמוצאי שבת ורגל נוהג שעה אחת, ודיו – ‹והטעם, דכיון שצריך לעשות דבר בפועל ממש מעניני האבלות שעה א' כמו שנתבאר, וזה א"א בשבת ויו"ט, דדברים שבצנעא אינו אלא העדר עשייה, ולכן בהכרח לו לנהוג שעה אחת באבלות במוצאי שבת ויו"ט, וא"כ למה לנו להטיל עליו שינהוג בדברים שבצנעא בשבת ויו"ט עצמם – ערוה"ש›.

סעיף ז - השומע שמועה קרובה בשבת, השבת עולה לו ליום אחד, ולמחר קורע, והוה ליה יום ששי שביעי לאבלות.

סעיף ח - עשרה ימים אחר חג הסכות שמע שמת לו מת בערב החג, אעפ"י שאם

נמנה שעה אחת לפני החג ז', ושבעת ימי החג ויום שמיני עצרת (הרי) כ"א, ועשרה ימים אחרים הרי ל"א, אין לזה דין שמועה רחוקה, אלא דין שמועה קרובה, שאין הרגל עולה למי שלא נהג אבלות קודם לו כלל; וכל שכן למי שלא היה יודע שמת לו מת - ומתחיל למנות ז' ול' משעה ששמע. **וכתבו** הב"ח והדרישה בסי' שצ"ט בשם מהרש"ל, דלפי זה, היכא דמת ביום א' ונקבר ביום ב', אף על פי שהקרובים שהיו אצל הקבורה מונים מיום הקבורה, כי אז היתה סתימת הגולל, **מ"מ** אותן שלא היו אצל הקבורה ולא נודע להן שמת עד שהגיע יום ל' מיום הקבורה, א"צ לנהוג אבילות, כיון דיום שמועה דידהו הוא יום ל"א מיום המיתה, והו"ל שמועה רחוקה, דלגבי דין שמועה יום המיתה הוא עיקר, ע"כ. [**דבתר יום** המיתה אזלינן בכל מילי, זולת לענין אבילות דמתחיל מסתימת הגולל]. **ואין** דבריו מוכרחים, גם צ"ע, שמהרש"ל הוציא כן מדברי ר' ירוחם ופוסקים, והרי ר' ירוחם גופיה כתב להדיא בדין זה להיפך, וז"ל, שמועה רחוקה נקראת ששמע שמת לו מת, ושמעה אחר שלשים יום לקבורתו כו', עכ"ל, הרי להדיא דמונין מיום הקבורה, וצ"ע - נקה"כ.

סעיף ט - שמע שתי שמועות רחוקות ביום אחד, אינו נוהג עליהן אלא יום אחד - כלומר שעה א'. **היו קרובות, או שמתו לו שני מתים כאחד, מונה לשתיהם כאחד שבעה ושלשים. שמע לזה היום ולזה למחר, מונה לשני מיום שמועה, שבעה ושלשים** - וכן במתו לו שנים זה אחר זה, כדלעיל סימן שע"ה ס"י.

סעיף י - שמע שמועה קרובה בשבת ערב הרגל, כיון דדברים שבצינעא נוהג, עולה לו אותו שבת למנין שבעה - ושוב הרגל מבטל ממנו גזרת ז', כדלעיל ר"ס שצ"ט. ‹ולא אמרינן כיון שאין כל גזירת ז' נוהג בו, לא יעלה לז' אלא ליום א', דכיון שמקיים מקצת גזירת ז' כמו שצוו חז"ל, עולה ג"כ לז' – לבוש›.

סעיף יא - מי שהתפלל כבר ערבית ועדיין יום הוא, ושמע שמועה קרובה, מונה מיום מחר, ואותו יום אינו עולה לו - ע"ל ס"ס שע"ה מ"ש בזה, ‹דאם הוא לא התפלל עדיין, אף שהצבור כבר התפללו, מונה מהיום גם לקולא – ערוה"ש›.

[**הטעם**, דהוי תרי קולי דסתרי אהדדי, כיון דעשה אותו לילה לתפלת ערבית, אל תעשהו יום, **ונראה** לי דאם שמע שמועה קרובה בסוף יום ל' אחר תפלת ערבית, ועדיין יום הוא, ודאי לא אמרינן דהוה לילה מכח התפלה, דלהחמיר אמרינן כן לענין שלא יעלה יום שעבר למנין ז', אבל לא להקל לומר שהוא שמועה רחוקה, אלא צריך להתאבל, ודומה למ"ש בסימן רס"ב לענין מילה, דלא איכפת לן בתפלה, ובזה ודאי מונה מיום שעבר ולא ממחרת, דאל"כ הוה עושה תרי מילי דסתרי, דכיון דחשבת ליה יום דלהוי שמועה קרובה, היאך יתחיל למנות מיום המחרת, דא"כ הוי לילה ואין כאן אבילות לגמרי]. ‹עיין בחי' הגרשוני שחולק על זה – רעק"א›.

‹ואם אחר שהתפללו קהל ערבית מת, ונקבר למחרתו, מ"מ היא"צ ביום המיתה ממש, ואין חושבין לענין זה לילה מכח תפלת ערבית, תשו' חינוך בית יהודה – רעק"א›.

סעיף יב - מי שמת לו מת ולא נודע לו, אינו חובה שיאמרו לו; ואפילו באביו ואמו; ועל זה נאמר: מוציא דבה הוא כסיל, ומותר להזמינו לסעודת אירוסין ונישואין וכל שמחה, כיון שאינו יודע - (כתב בספר חמודי דניאל כ"י, אחד בא אצל אחיו בתוך ל' למיתת אחותם, ולא היה רוצה שיתוודע אחיו מזה, נראה דמותר ללבוש בגדי שבת בכדי שלא יצטרך להגיד לו. **ועמש"ל** סוס"י שצ"ג בשם שבו"י לענין תוך שבעה).

מיהו אם שואל עליו, אין לו לשקר ולומר: חי הוא, שנאמר: מדבר שקר תרחק – [נראה דיש לומר בלשון דמשתמע לתרי אפי, דהיינו שאין מבואר בפירוש בדבריו שהוא מת, אלא הלשון סובל לחיים ולמיתה, וראיה מדאיתא ברבי חייא ששאל לרב: אבא קיים, א"ל אימא קיימת, ופירש רש"י דבלשון בתמיה אמר, עד שאתה שואלני על אבי שאלני על אמי, ומתוך זה הבין ר' חייא שמת אביו, שמע מיניה שלא אמר בפירוש שמת].

הגה: ומכל מקום בבנים זכרים, נהגו להודיע, כדי שיאמרו קדיש; אבל בבנות, אין מנהג כלל להודיעם - (עיין בתשו' אא"ז פמ"א שכתב, דבמועד שצריך לנהוג דברים שבצנעא, אסור להודיע משום מניעת שמחת יום טוב, ומביא ראיה מגמרא מו"ק דף ז' ע"ש. **והורה** ג"כ בפורים כן, שאין להגיד לו עד אחר פורים, ע"ש).

מלוה להתענות יום שמת בו אביו או אמו - ‹בתורת חיים שבועות ד"כ ע"א, כתב רמז לזה מסוגיא דלשם, ע"ש, ולפ"ז יהא ג"כ מצוה להתענות יום שמת רבו – רעק"א›.

ומתענין יום המיתה ולא יום הקבורה – [כתוב בתשובת מהר"ר בנימין, נראה דהיינו דוקא משנה ראשונה ואילך, אבל בשנה ראשונה לעולם עושין היאר צײ"ט ביום הקבורה ולא ביום המיתה, דאל"כ לפעמים לא ישלים אבילות של י"ב חדש, כגון אם מת בע"ש בר"ח שבט, ואין פנאי לקברו עד יום א' שהוא ג' שבט, ואם יהיה לו יאר צײ"ט ביום המיתה בר"ח שבט, גם האבילות יפסוק באותו היום, כי כבר נהוג עלמא שלא להתאבל רק עד היאר צײ"ט, וזה ודאי לאו שפיר, דהאבילות התחיל מיום הקבורה ולא מיום המיתה, וצריך להשלים האבילות עד יום הקבורה שהוא ג' שבט, עכ"ל. **ולא** אאמין שיצאו דברים אלו מפי אותו צדיק, דודאי לא מונה שום אדם י"ב חודש רק מיום המיתה, דאטו מי שלא שמע שמת אביו עד חצי שנה, ודאי לא ימנה רק חצי שנה באבילות. **דמ"ש** בסימן שצ"ד דכל אותה שנה הדין מתוח כו', היינו מן מיתת המת, לא מיום התחלת האבילות, והכי נמי ודאי יסיים האבילות ביום ו' בר"ח שבט, ואז יהיה לו יאר צײ"ט, ומה לנו במה שלא יתאבל י"ב חודש במילואם אם אי אפשר בכך, **ואדרבה** לדידיה יש לתמוה, דהא עכ"פ לא יתאבל יותר מיום ו' שהוא היום דאז כלו י"ב חודש ימי הדין שלו, וירחיק היא"ר צײ"ט מן סיום אבילות שלו, אלא לית מאן דחש לזה. הרחמן יגדור פרצת עמו ישראל, וינחם אותם בבנין ירושלים במהרה בימינו, אמן כן יהי רצון].

תמה על המ"ב שלא כדת, ואדרבה דבריו תמוהין, דמ"ש אטו מי שלא שמע שמת אביו עד חצי שנה כו', אינו ענין זה לזה כלל, **דהתם** לא שמע, ומה לו לעשות, וכיון שכבר יצא חצי שנה, נפטר מהאבילות, דודאי לא יצטרך להתאבל יותר ממשפט רשעים בגיהנם י"ב חדש, וכשיכלו י"ב חדש למת שוב אין כאן אבילות, **אבל** הכא הרי במזיד לא יתאבל י"ב חדש, דהרי משפט י"ב חדש הוא מיום הקבורה, ולכך אין האבילות מתחיל אלא מיום קבורה, ואפי' מי שלא נקבר אלא אחר כמה שבועות, אין האבילות מתחיל אלא מיום הקבורה, וכדלעיל סי' שע"ה, **וא"כ** כשיתחיל להתאבל ביום א', יצטרך להפסיק האבילות ג"כ ביום א', דהא צריך להתאבל כל י"ב חדש שהוא ימי דין שלו, דהיינו מיום הקבורה, וזה ברור. בלע המות לנצח ומחה ה' דמעה מעל כל פנים וגו' - נקה"כ.

ומעולם לא שמענו ולא ראינו לחלק שנות היאר צײ"ט, ולומר דבשנה ראשונה יש לעשות מיום הקבורה, ואחר כך מיום המיתה, **גם** מדברי כל האחרונים שכתבו סתמא דיש לעשות ביום המיתה, משמע גם שנה ראשונה, וכן משמע בת"ה דלקמן דגם בשנה ראשונה עושים היאר צײ"ט ביום המיתה, **ולענין** קושייתו, נראה לי דבלאו הכי נמי קשה, דהא לפעמים משכחת לה דיום המיתה יהא מרוחק הרבה מיום הקבורה, כגון שהוליכו למקום אחרת וכה"ג, כגון שמת בר"ח ניסן ונקבר בי"ד בניסן, דאין האבילות מתחיל אלא מיום הקבורה וכדלעיל סימן שע"ה, והיאר צײ"ט מתחיל מיום המיתה, **ודוחק** לומר דלענין אבילות די"ב חודש אזלינן בתר יום המיתה, **וגם** דוחק לומר דאם אירע בכהאי גוונא יש לעשות היארצײ"ט קודם י"ב חודש, **וכן** משמע בת"ה דלעולם עושים היאר צײ"ט בסוף תשלום האבלות, ולעולם מונים האבלות די"ב חודש משעת הקבורה, שכתב על מי שמת אביו בר"ח ניסן, דמן הדין מיד שיכנס אח"כ ר"ח ניסן שלים האבילות, דהא כבר כלו י"ב חודש, אלא שהעולם נוהגין דאפי' בר"ח ניסן, כל אותו היום אין מבטלין דין אבילות די"ב חודש, ואפשר משום דאמרינן קדיש וברכו ומתענים, כיום שמת בו אביו הוא, לכן נוהגין ענין אבילות באותו היום, אבל מן הדין אין צריך, וגם נ"מ למי שמתענה ואומר קדיש וברכו ביום המיתה, והוא מת ביום ונקבר למחר, דאבילות לעולם מיום קבורה מנינן, עכ"ל, **ע"כ** נראה דלעולם יש להתענות יום המיתה, אלא דאם אירע דיום המיתה מרוחק מיום הקבורה ג' או ד' ימים או יותר, יש להתענות בשנה ראשונה ביום הקבורה, כדי שיעשה היאר צײ"ט בתשלום האבלות, כיון דלא אפשר בענין אחר, וגם כיון דמילתא דלא

שכיחא היא, יש לסמוך בכה"ג אמ"ד לעשות ביום הקבורה, ומשנה ראשונה ואילך יתענה ביום המיתה, **אבל** מי שמת אביו ונקבר בו ביום או ביום שלאחריו, יש להתענות ביום המיתה אף בשנה ראשונה, כנ"ל ודו"ק.

(**עש"ך**, ונראה דאם השנה הזאת היא מעוברת, יתענה ביום המיתה, דהא כבר נשלם האבילות בכלות י"ב חודש, כמש"ל סי' שצ"א ס"ב, א"כ לא שייך טעם זה, והוא פשוט).

אם לא מי שהיה אצל הקבורה ולא אצל המיתה -

והעט"ז השיג על זה, דהא טעמא הוא דמתענין מפני הסכנה, דריע מזליה ביום זה שמת אביו או אמו, וא"כ אין חילוק ולעולם יש להתענות יום המיתה, עכ"ד, וכן משמע בתשובות מהר"י ברין שהביא בב"ח, **גם** בתשובת משאת בנימין הקשה על דברי הרב, דאטו שני אחים שדרים בעיר אחת, א' מהן היה אצל מיתת אביו, והב' לא היה בעיר כשמת אביו, וקודם הקבורה בא גם הב', שאז הא' יעשה יאר צייט ביום המיתה, והב' למחרתו, ואיכא משום לא תתגודדו, וגם דמי לחוכא ואיטלולא, ואנן בעינן דרכיה דרכי נועם, עכ"ל, **גם** מדברי שאר אחרונים משמע דלעולם מתענין יום המיתה ולא יום הקבורה.

ואם אירע יום זה ביום שאין אומרים בו תחנון, אין מתענין כלל.

(**עט"ז** באו"ח סי' תקס"ח סק"ה, שכתב דה"ה אם אירע לו ברית מילה של בנו ביום ההוא, דיו"ט שלו הוא, דלא יתענה, ואם רוצה להתענות א"צ להשלים, ע"ש. **ונראה** דה"ה המוהל וסנדק א"צ להתענות יא"צ, עיין באו"ח סי' תקנ"ט ס"ח בהג"ה, **וכ"כ** בתשו' הר הכרמל, וכתב שם דאף לכתחלה מותר לקבל עליו להיות סנדק או מוהל ביום היא"צ, ע"ש).

(**עיין** בתשו' אא"ז פמ"א, בכהן שיש לו יא"צ, וביום זה ניתן לו בן לפדות, מחוייב להשלים והוא יפדה ביום, **אך** לענין ברכה שנהגו שהכהן מברך על היין, כמש"ל סי' ש"ה ס"י בהגה"ה, נראה דלא יברך וליתן לשתות לאחרים, כמו במילה ביום התענית, **דהתם** לא אפשר בענין אחר, אבל הכא יותר טוב שאחרים יברכו, **ואם** רוצים שהכהן יהיה על הסעודה, יעשו הפדיון סמוך למנחה, והכהן ישלים תעניתו ויבא על הסעודה בלילה, ע"ש. **ועיין** בשע"ת באו"ח סי' תקס"א שחולק עליו, וכתב דאף אם נדחה זמן פה"ב, רשאי הכהן לאכול. **אלא** באבי הבן צ"ע. **עוד** כתב שם, שאם אירע שהיה לו סעודת מצוה ביום היא"צ, ופייסוהו שלא יתענה ויבא עמהם בסעודה, ולא רצה מחמת היא"צ, ולולי זה היה נמנה עמהם, הרי קבע עליו בנדר שאף בסעודת מצוה לא יאכל, ואם מתרמי לו יא"צ ויש לו סעודת מצוה כיוצא בה, אסור, וצריך התרה, ולכן יש ליזהר בכה"ג שיאמר שעושה כן בלי נדר, עכ"ד. **ועיין** פמ"ג באו"ח סי' תקע"ג, שכתב בשם תשובת דבר משה, דחתן אין מתענה יא"צ בז' ימי המשתה, ע"ש).

ואם מתו באדר ונתעברה השנה, העיקר להתענות באדר הראשון, אע"פ שיש חולקין, כך הוא עיקר – (העיקר להתענות באדר הראשון שבא כשפוסק אבילותו, שהרי בתריסר ירחי תליא מילתא, דאפילו פושעי ישראל אינם נידונים יותר מתריסר ירחי, ואדר הראשון שבא הוא חדש שנים עשר, לפיכך יתענה בו גם כן, **ואע"פ** שאם מת בחדש אחר בשנה שקודם העיבור, אינו מתענה אלא באותו חדש, כגון שמת בחדש ניסן או אחריו באייר או בסיון כו' בשנה שקודם העיבור, אינו מתענה בשנה הבא אלא באותו חדש, והוו שלשה עשר חדשים מיום המיתה עד יום התענית, **היינו** משום דהסכנה היא דוקא באותו חדש שהדין היה מתוח כנגד אביו או אמו, דשמא גרים הפתחון פה למקטרג שיקטרג עליו, אבל שני אדרים חד שמא הוא, לפיכך טוב הוא שיתענה בראשונה בראשון בסוף י"ב חדש, וכיון שהתחיל להתענות באדר הראשון מתענה כל ימיו באדר ראשון – לבוש).

ובאו"ח סימן תקס"ח מסיים הרב: מיהו יש מחמירין להתענות בשניהם, וכ"כ מהרש"ל שכן נוהגין, והביאו הבית חדש.

ואם מתו בשנת העיבור באדר השני, מתענה גם כן בעיבור באדר השני - וה"ה אם מתו בשנת העיבור באדר הראשון, מתענים בשנת העיבור באדר הראשון, וכן כתב מהרש"ל שם, דפשוט שאם מת בראשון או בשני, שכך מתענין בשנים מעוברות.

(**ועיין** בתשו' גבעת שאול, במת אביו בשנת העיבור בער"ח אדר שני שהוא כ"ט לאדר ראשון, יתענה בשנה פשוטה בכ"ט באדר ולא בכ"ט שבט, ע"ש).

ועיין באו"ח סימן תקס"ח סעיף ז'. ועיין לעיל סימן שצ"א שאין לאכול בסעודה בליל יום שמת בו אב ואם. ואם חל תענית זה בערב שבת,

דינו כשאר תענית, ועיין באו"ח סימן רמ"ט, מיהו אם בפעם ראשון השלים, ינהוג כן כל ימיו.

‹**עבה"ט** של הרב מהרי"ט ז"ל, ומש"כ עיין בט"ז שם, ר"ל דהט"ז שם סק"ג חולק, וכתב דלא מקרי דרך נדר אא"כ דעתו שינהג כן כל ימיו לעולם, ע"כ המיקל לא הפסיד, ובפרט מי שמצטער, ע"ש. **ועיין** בתשו' חוט השני שכתב, כשאירע היא"צ בתחלה בע"ש ‹ולא השלים›, א"צ להשלים כשאירע אח"כ ג"כ בע"ש, אבל כשחל בחול צריך להשלים, **וע"ש** עוד, דאף כשחל בתחלה בחול, מ"מ כשחל אח"כ בע"ש לא ישלים, דמסתמא לא היה קבלתו על ע"ש כו'. **ועיין** תשו' נחלת שבעה שכתב ג"כ, דאף שחל בחול, מ"מ כשחל אח"כ בע"ש א"צ להשלים, **וכאשר** עשה ביא"צ הראשון שאירע בע"ש, כן יעשה כל ימיו, וכמ"ש הרמ"א, **דלא** כיש טועין לפרש שהכל תלוי ביא"צ הראשון שלאחר יב"ח, דליתא, אלא על יא"צ הראשון שחל בע"ש קאמר, ע"ש. **ועיין** בתשו' חינוך בית יהודה, לא כתב כן, ע"ש. **ועיין** פמ"ג במשבצות שם שכתב להקל כשחל הראשון {ר"ל לאחר י"ב חודש} בע"ש, ודעתו שאף אם יארע בחול לא ישלים, כי בזמנינו הדורות חלושים, ע"ש).

‹**ואם** בתחלה כשהתחיל להתענות, יום שמת בו אביו ואמו או ער"ח, חל בחול, ובחול הלא משלימין, וע"כ יש פוסקים דס"ל דאפי' כשיארע אח"כ בע"ש, ג"כ צריך להשלים עד צה"כ, דמסתמא דעתו להתנהג כן תמיד, אם לא כשהתנה בפירוש שאין דעתו להתנהג כן לעולם, **ויש** חולקין ע"ז, וס"ל דמסתמא לא קבל על עצמו להשלים אף בע"ש, **וע"כ** מי שמצטער יוכל לסמוך על המקילין, ולאכול תיכף אחר יציאתו מבהכ"נ אף שהיום גדול – מ"ב סי' רמ"ט ס"ד›.

‹**ונ"ל** דאם אירע שהוא חלוש, א"צ התרה כלל, דלא יהא אלא תענית ציבור וכשהוא חלוש א"צ להתענית, **וטוב** שכל אחד ינהוג בעצמו ביארציי"ט הראשון כשרוצה להתענות, יאמר מפורש שאינו מקבל עליו להתענות בכל שנה, אלא מתי שירצה, **אמנם** אף אם לא אמר כן, אם רק לא גמר בלבו על כל השנים, אין זה נדר, כמ"ש בסי' רי"ד, ויכול בשנה אחרת לאכול – ערוה"ש›.

§ סימן תג – דיני המלקט עצמות §

סעיף א - המלקט עצמות אביו, או של שאר קרובים שמתאבלים עליהם – ‹מסתמא שעל ידי הליקוט לבו מתחמם בקרבו ומעורר לו אבילותו מחדש, לפיכך אמרו ז"ל... – לבוש›, **מתאבל עליהם כל היום כולו** – ‹אפי' הוא לא לקטן ולא ראה אותן אלא צרורות לו בסדינו – ערוה"ש›, **בכל הדברים הנוהגים באבל, בכפיית המטה ועטיפת הראש ונעילת הסנדל ותשמיש המטה ורחיצה וסיכה; ולערב אין מתאבל עליהם, אפילו צרורים לו בסדינו.**

היה עומד ומלקט, וחשכה לו, מותר ביום שלאחריו. לפיכך אין מלקטין אותם סמוך לחשכה, כדי שלא יהיה נמצא שלא התאבל על ליקוט עצמות אביו – ‹ויש לדקדק, דדוקא באביו ואמו אין לעשות כן, אבל בשאר קרובים מותר – ערוה"ש›.

(ואין אנינות בליקוט עצמות) - כלומר שיאסר קודם שיקברו העצמות באכילת בשר ושתיית יין, כדין אונן לעיל סימן שמ"א, **(רק חל עליו אבלות מיד)** - אף קודם שקברם, וע"ל סימן שע"ה ס"ז. ‹ולפי מה דמבואר מחת"ס בסמוך, יש לו דין אנינות דפטור מן המצות›.

כהן אינו רשאי ללקוט עצמות אביו, דשמא נחסר אביו, סא"ז מ"ו, **פירוש** אם נחסר כל שהוא מאביו אסור ליטמא לו, כדלעיל סוף סי' שע"ג, עכ"ל דרישה.

‹**עיין** בתשובת חתם סופר, שכתב ע"ד קברות ישנות שאינם משומרות כי שולטין במתיהם, וגם שטף מים רבים אליו יגיעו, ורוצים לפנותו אל בית הקברות חדשה, **פשוט** דמצוה לפנותו, כמ"ש הרב ר"ס שס"ג, **וגם** זה פשוט שצריכים הקרובים לקרוע ולהתאבל ביומו, **וכל** היודע כי יפנו היום עצמות קרוביו, פטור מכל המצות עד שהביאם למנוחתם בקבר, **ואחר** הקבורה מתאבל עד הערב, **וחייב** לקרוע בשעת פינוי או בשעת שמועה, **אבל** טוב לעשות תקנה ואיסור שלא להודיע לשום אדם שהגיע היום פינוי עצמות קרוביו, רק בעלי ח"ק ג"כ יבררו כל יום ביומו אנשים שלא יגיע לקרובי עצמם ביום ההוא, והוא מגמילת חסד, דהתורה חסה על ישראל וביטול זמניהם, **ושוב** אחר שנעשה תקנה זו בפומבי ע"י הרב ובד"צ, שוב אם יארע שאמר לו עד א' כן, א"צ להאמינו, כיון שהוא עבריין ועובר על תקנת הקהל. **ומ"ש** מהר"ם פישלש בתשובת

נו"ב, הובא קצת לעיל ר"ס שס"ג, א' מהטעמים שלא יפנו העצמות מפני ביטול מצות באותו היום, ולא כתב אותה תקנה הנ"ל, **היינו** לפי שהיה עיר קטנה, וביום א' החל וכלה כל העצמות הקבורים, א"כ באותו היום ידעו כל בני העיר כו'. **ובענין** קבורת העצמות, שאם יקברו כל מת בפ"ע, ימלאו קברות החדשה בעצמות ולא ישאר מקום שם קבר, **הנה** לשון הטור והש"ע לקמן ס"ח, ונותן כ"א לעצמו בארון של ארזים, הפרישה הוכיח דליכא קפידא בקבורתם בגומא א', דדוקא בעירוב עצמות קפיד רבי עקיבא, אבל אם לא יתערבו ויהיו מונחים עצמות מב' מתים בגומא אחת, ליכא קפידא, **ומה** שאמר ר"ע להניחם בארון ארזים, היינו להניח בארון א' עצמות כמה מתים כל גל בפ"ע כו', **ואף** אם לא יהיה כן כוונת הטור, לדינא נ"ל כי דברי הפרישה נכונים, **ומהיות** טוב יעשו ארון ארוך, ובין כל עצמות מת א' יעשו בתוכו מחיצה של עפר דק, וטוב יותר של חרס או רעפים שאינו ממהר להתעכל, שאף אם יתעכלו נסרי הארון ויפלו העצמות לחוץ, יהיו מובדלים במחיצה הנ"ל. **ואם** רוצים יכולים להעמיק הגומא, אך באופן שלא יגיעו שם מים, ויכולים לעשות כמה ארונות זע"ז בהפסק עפר, **בתנאי** שתהיה המחיצה המפסקת בין עליונה ותחתונה מעובה קצת יותר, באופן שלא יכבד משא העצמות העליונה על התחתונים, דא"כ הוי גנאי יותר מדאי, **ובארון** עצמו יכולים לעשות הפסקות מחיצות של חרסים כנ"ל, אבל בגובה בין ארון לארון צריך דוקא הפסק עפר שראוי שיתעכל כל העליון, אבל להפסיק במחיצה של חרס בגובה אינו נכון, דאינו ממהר להיות עפר, ומצוה שיעשה עפר, כמ"ש הטור וב"י סי' שס"ג, ע"ש באריכות).

סעיף ב - כל שקורע עליו בשעת מיתתו, קורע עליו בשעת ליקוט עצמות. וכל שאינו מתאחה בשעת מיתתו, אינו מתאחה בשעת ליקוט עצמות.

סעיף ג - עצמות, אין עומדין עליהם בשורה, אבל אומרים תנחומין לעצמם - ‹בביתם – לבוש›. **ואין מברין עליהם בחבר עיר** - ‹כלו' בפירסום – ערוה"ש›, **אבל מברין עליהם בביתו. ואין אומרים עליהם קינה ונהי, אבל אומרים עליהם קילוסין. (דהיינו שבחו של מת, ומשבחין להקב"ה שממית ומחיה) (בטור תמלא מבואר).**

סעיף ד - אין מלקטין עצמות אביו במועד - ‹כדי שלא לעורר עליו את האבל במועד›, **ואין צריך לומר עצמות שאר קרובים** - ‹דמ"מ התעוררות אבילות איכא – לבוש›.

סעיף ה - שמע שהיום לקטו עצמות אחד מקרוביו שהוא מתאבל עליהם, אף על פי שלא היה שם, מתאבל עליהם. (אבל שמע שנלקטו אתמול, אין מתאבל עליהם) - ‹ונקרא לענין זה שמועה רחוקה – ערוה"ש›.

(**עיין** בתשובת חתם סופר, דאשה שמת בעלה ונשאת לאחר, ואח"כ ליקטו עצמות בעלה הראשון, אינה מחויבת להתאבל ביום ליקוט עצמות. **ואפילו** גוף האבילות, כגון שמת ונתייאשו לקברו אחר שכבר נשאת לאחר, עיין סי' שע"ה ס"ו, אפשר שאינה מתאבלת, ומכ"ש יום ליקוט עצמות, **דנשואין** שניים מפקיעים קורבת הראשון לגמרי כו', וממילא שאינה ראויה להראות אבילות על בעל הראשון בפני בעלה השני, ודרכיה דרכי נועם וכל נתיבותיה שלום, ע"ש).

סעיף ו - אין מפרקין את העצמות ולא מפסיקין את הגידים - ‹דגנאי הוא לו למת, אלא קוברן כמו שמצאן – לבוש›.

סעיף ז - ליקוט עצמות אינו אלא משיכלה הבשר - ‹שכל זמן שלא כלה הבשר, הצורה עדיין ניכרת, וגנאי ובזיון הוא למת, שהוא בזוי אז בעיני העוסקים עמו – לבוש. **כלומר** לענין זה שילקטם הוא בעצמו, וכדמפרש ואזיל, אבל אה"נ דאף כשלא כלה הבשר חייב להתאבל כל היום, כדלעיל סימן שע"ה ס"ז ודוק›, **כלה הבשר, אין הצורה ניכרת בעצמות, לפיכך יכול ללקט בידו עצמות אביו ואמו; ואעפ"כ נכון הדבר שלא ילקטם הוא עצמו, מההיא דרבי אליעזר בר צדוק דבסמוך.**

סעיף ח - מלקט אדם עצמות שני מתים כאחד בראש אפרסקל - «זהו מין כלי - ערוה"ש», **מכאן, ובראש אפרסקל מכאן** - «כדי שלא יתערבו - לבוש», **דברי רבי יוחנן בן נורי. ר"א** - «רבי עקיבא - לבוש», **אומר: סוף אפרסקל להתעכל, וסוף עצמות להתעכל, ונמצאו עצמות שני מתים מתערבים, אלא מלקטין ונותנין כל אחד לעצמו בארון של ארזים. אמר רבי אליעזר בר צדוק: כך אמר לי אבא בשעת מיתתו: מתחלה קברוני בבקעה, ולבסוף לקוט עצמותי ותנם בארזים, ואל תלקטם אתה בידך, שלא יהיו בזויות עליך** - «פי' ויהיה זה לך עון שיהא עצמות אביך בזויות עליך כשתלקטם אתה בעצמך, אלא תניח ללקטם ע"י אחרים, ומסיים שם שאמר רבי אליעזר: וכן עשיתי לו, נכנס יוחנן וליקט ופירש עליהם את האפרסקל, ואחר כך נכנסתי אני וקרעתי עליהם ופרשתי עליהם את הסדין, וכשם שעשה אבא לאביו כך עשיתי לו - לבוש».

סעיף ט - המלקט עצמות, והמשמר את המת, והמוליך אותם ממקום למקום, פטור מק"ש ומתפלה ומהתפילין, ומכל מצות האמורות בתורה - «שהעוסק במצוה פטור מן המצוה - לבוש», **בין בחול בין בשבת** - «ליקוט לא שייך בשבת - ערוה"ש», **לא שנא עצמות קרובים לא שנא עצמות רחוקים, בין אם הוא בספינה או בדרך, ואפילו אם הם מלקטים רבים** - דוקא מלקטים רבים, אבל משמרים רבים, זה משמר וזה קורא, וכמ"ש באו"ח סימן ע"א ס"ד, **ואם רצה להחמיר על עצמו, לא יחמיר, מפני כבוד עצמות.**

סעיף י - המוליך עצמות ממקום למקום, הרי זה לא יתנם בשק או בדסקיא ויניחם על החמור וירכב עליהם, מפני שנוהג בהם מנהג בזיון - עיין לעיל סימן רפ"ב סעיף ג', **אבל אם מפשילו לאחוריו על החמור, שפיר דמי** - «וכן כשיושב בקרון לא ישב על העצמות, אלא מניחן בקרון מן הצד - ערוה"ש». **ואם היה מתירא מפני הגנבים והלסטים, מותר.**

הגה: וכתי יתן אל לבו דברים של מיתה; דיספד, יספדוניה - «דמי שסופד לאחרים יספדו אותו»; **דיקבר, יקברוניה; דיטעון, יטעיניה; דידל** - «בקול לבכות - ערוה"ש», **ידלוניה. וגדול השלום שניתן לצדיק, שבשעה שהצדיק נפטר ג' כתות של מלאכים יוצאים לו שלום, ואומרים: יבא שלום** - «הראשונה אומרת: יבא בשלום, והשניה אומרת: ינוחו על משכבותם, והשלישית אומרת: הולך נכוחו. ולא דיין לצדיקים שמיתתן בידי הכבוד, שנאמר: וכבוד ה' יאספך, אלא שמקלסין לפניו: יבא שלום יבא שלום, טור - לבוש». **(כל הכתוב לחיים קדוש יאמר לו).**

בלע המות לנצח ומחה ה' אלהים דמעה מעל כל פנים

תם ונשלם הלכות אבילות

[ט"ז] «רעק"א או ש"א או הוספת הסבר» (פת"ש)